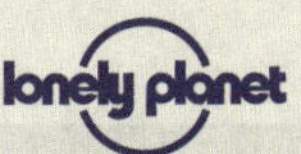

lonely planet

USA

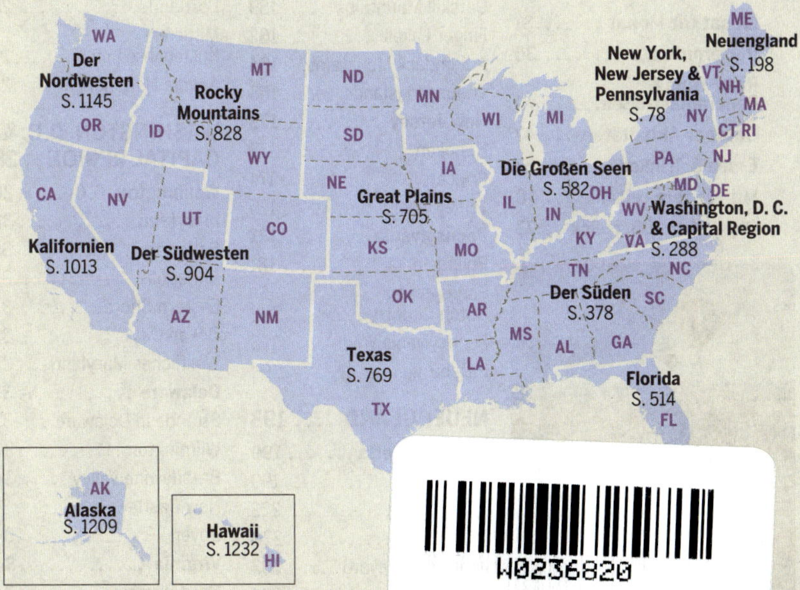
WA
Der Nordwesten S. 1145
OR
ID
MT
Rocky Mountains S. 828
WY
ND
SD
MN
WI
MI
New York, New Jersey & Pennsylvania S. 78
ME
Neuengland S. 198
VT
NH
MA
NY
CT RI
PA
NJ
IA
NE
Die Großen Seen S. 582
OH
MD
DE
CA
NV
UT
CO
Great Plains S. 705
IL
IN
WV
Washington, D. C. & Capital Region S. 288
VA
KY
Kalifornien S. 1013
Der Südwesten S. 904
KS
MO
TN
NC
OK
AR
Der Süden S. 378
SC
AZ
NM
MS
AL
GA
Texas S. 769
LA
Florida S. 514
TX
FL
AK
Alaska S. 1209
Hawaii S. 1232
HI

Benedict Walker, Kate Armstrong, Brett Atkinson, Carolyn Bain, Amy C. Balfour, Robert Balkovich, Ray Bartlett, Loren Bell, Greg Benchwick, Andrew Bender, Sara Benson, Alison Bing, Catherine Bodry, Cristian Bonetto, Celeste Brash, Jade Bremner, Nate Cavalieri, Gregor Clark, Michael Grosberg, Ashley Harrell, Alexander Howard, Mark Johanson, Adam Karlin, Brian Kluepfel, Stephen Lioy, Carolyn McCarthy, Craig McLachlan, Hugh McNaughtan, Becky Ohlsen, Christopher Pitts, Liza Prado, Josephine Quintero, Kevin Raub, Simon Richmond, Brendan Sainsbury, Andrea Schulte-Peevers, Adam Skolnick, Helena Smith, Regis St. Louis, Ryan Ver Berkmoes, John A. Vlahides, Mara Vorhees, Clifton Wilkinson, Luci Yamamoto, Karla Zimmerman

REISEPLANUNG

BRAD MCGINLEY PHOTOGRAPHY/GETTY IMAGES ©

BRYCE CANYON S. 983

DOUGLAS KLUG/GETTY IMAGES ©

SEELÖWE, ANACAPA ISLAND S. 1071

REISEZIELE IN DEN USA

Inhalt

REISEZIELE IN DEN USA

Inhalt

DIE USA VERSTEHEN

PRAKTISCHE INFORMATIONEN

SONDERSEITEN

Willkommen in den USA

Das große amerikanische Abenteuer wird aus unendlich vielen Dingen gemacht: etwa aus Bluegrass und Stränden, schneebedeckten Gipfeln und Redwood-Wäldern, Städten mit aufregender Gastroszene sowie dem endlos scheinenden Horizont.

Helle Lichter, große Städte

Amerika – hier liegen die Metropolen Los Angeles, Las Vegas, Chicago, Miami, Boston und New York City. Hört man diese Namen, denkt man an ein riesiges Angebot von Kultur, Küche und Unterhaltung. Wer genauer hinschaut, entdeckt aber noch mehr Vielfalt: die bunte Musikszene von Austin, den unbeschwerten Charme des Ende des 18. Jhs. gegründeten Savannah, das Umweltbewusstsein der Bevölkerung des freigeistigen Portland, die prächtige Küste vor San Francisco und die französischen Viertel des jazzverrückten New Orleans. Jede Stadt fügt dem großartigen Mosaik, das Amerika ist, seinen einzigartigen Stil hinzu.

On the Road Again

Die USA sind das Land der Road Trips und des weiten Himmels. 6,5 Mio. Kilometer Highway führen an von Bergen eingerahmten roten Wüsten und schier unendlichen Weizenfeldern vorbei. Die von der Sonne gebleichten Hügel der Great Plains, die üppigen Wälder des Nordwestens, die schwülen Sumpfgebiete des Südens und die reizvollen Landstraßen in Neuengland geben tolle Ausgangspunkte für einen herrlichen Road Trip ab. Es lohnt sich, die Highways so oft wie möglich zu verlassen und Amerika entlang idyllischer Nebenstraßen zu entdecken.

Kulinarische Vielfalt

Im riesigen Texas bekommt man dicke Grillrippchen, während an der Westküste Köche in preisgekrönten Restaurants frisches Biogemüse mit asiatischer Note zubereiten. Einheimische holen sich in Manhattans Upper West Side in einem jahrhundertealten Deli ihren Bagel mit Räucherlachs, während einige Staaten weiter in einem Diner im Stil der Fünfziger prall gefüllte Pancakes und Rührei verputzt werden. Hummer gibt's an Maines Pieren, Austern und Champagner in einer kalifornischen Weinbar und koreanische Tacos an einem Imbisswagen in Portland – und dies sind nur einige Seiten der US-Küche.

Kulturgigant

Die USA haben enorme Beiträge zur Kunst geleistet. O'Keeffes wilde Landschaften, Rauschenbergs surreale Collagen, Alexander Calders elegante Mobiles und Pollocks Gemälde sind in die Annalen der Kunst des 20. Jhs. eingegangen. Chicago und New York haben sich zu wahren Reißbrettern der Architekten der Moderne entwickelt. Und aus den USA kommen einige Musikrichtungen, die für die moderne Musik von großer Bedeutung sind, z. B. Blues aus dem Mississippi-Delta, Bluegrass aus den Appalachen, Motown aus Detroit, und dazu Jazz, Funk, Hip-Hop, Country und Rock'n'Roll.

Warum ich die USA liebe

Von Mark Johanson, Autor

Mit den himmelstürmenden Wolkenkratzern Chicagos, den Pueblos aus Lehm in New Mexico und den Antebellum-Plantagen der Carolinas widersetzt sich das Land meiner Geburt jeder einfachen Beschreibung. Nur wenige andere Länder bieten neben faszinierenden Städten riesige Naturschutzgebiete, die von Regenwäldern bis hin zu Wüsten, Vulkanen und Geysiren einzigartige Landschaften bewahren. Man erklimmt die Gipfel der Rocky Mountains, steigt in den Grand Canyon hinab oder paddelt durch die Everglades in Florida. Oder man fährt einfach geradeaus – ein Initiationsritus für jeden Amerikaner und meine liebste Form der Meditation.

Mehr über unsere Autoren gibt's ab S. 1369

Oben: Zion National Park (S. 985), Utah

USA

Seattle
Kaffeeverrückte, hippe Stadt nahe üppiger Wildnis (S. 1150)
Rocky Mountains
Alpine Landschaften, sagenhafte Abenteuer (S. 828)
San Francisco
Hügelige Grande Dame mit Boheme-Seele (S. 1084)
Yosemite National Park
Wasserfälle, Granitgipfel und traumhafte Landschaften (S. 1134)
Los Angeles
Multikultiviertel, Strände und Spaß ohne Ende (S. 1016)
Grand Canyon
Gigantisch, wundersam und einfach unvergesslich (S. 944)
Höhenstufen
4900 m
3660 m
2750 m
1500 m
610 m
300 m
150 m
0 m
-150 m
130°W
110°W
100°W
30°N
Lake Manitoba
KANADA
Vancouver
VICTORIA
Calgary
REGINA
Seattle
Washington
OLYMPIA
Cascade Range
Spokane
Portland
SALEM
Missoula
HELENA
Missouri
North Dakota
Montana
Bozeman
BISMARCK
Oregon
Idaho
BOISE
South Dakota
PIERRE
Rapid City
Snake River
Continental Divide
Rocky Mountains
Wyoming
Nebraska
Great Salt Lake
Reno
CARSON CITY
SALT LAKE CITY
CHEYENNE
SACRAMENTO
San Francisco
San Jose
Nevada
Utah
Boulder
DENVER
Kansas
Colorado
Colorado Springs
Las Vegas
California
Colorado
Los Angeles
Flagstaff
SANTA FE
Albuquerque
Arizona
PAZIFIK
San Diego
Tijuana
MEXICALI
PHOENIX
New Mexico
Fort Worth
Tucson
El Paso
Ciudad Juárez
Texas
San Antonio
Rio Grande
RUSSLAND
0 500 km
0 300 Meilen
Chukchi Sea
170°W
160°W
150°W
140°W
ARKTISCHER OZEAN
70°N
St. Lawrence Island
60°N
Seward Peninsula
Alaska
KANADA
Fairbanks
Nunivak Island
20°N
170°W
Bering-see
Anchorage
Aleutian Islands
Kodiak Island
JUNEAU
Golf von Alaska
150°W
140°W
120°W
110°W
Kauai
Niihau
Oahu
0 150 km
0 90 Meilen
HONOLULU
Molokai
Hawaii
Lanai
Maui
Kahoolawe
Kailua-Kona
Hilo
20°N
Hawaii
PAZIFIK
160°W
100°W

0 500 km
0 300 Meilen
Chicago
Erstaunliche Architektur und Feste am See (S. 586)
New York City
Berühmte Metropole und Kulturhauptstadt (S. 79)
Boston
Auf Kopfsteinpflaster den Spuren der Geschichte folgen (S. 199)
National Mall
Iconic monuments on America's front lawn (S. 292)
Blue Ridge Parkway
Durch die malerischen Appalachen cruisen (S. 370)
New Orleans
Kreolische Küche, Jazz und Mardi Gras (S. 489)
Austin
Kreative Hauptstadt der Musik mit Vorliebe für Indie (S. 772)
Miami
Kubanische Küche, Art déco und heißes Strandleben (S. 515)
90°W
80°W
70°W
40°N
30°N
20°N
WINNIPEG
Thunder Bay
Lake Superior
Minnesota
Wisconsin
ST PAUL
Minneapolis
Green Bay
Michigan
Lake Michigan
Lake Huron
St. Lorenz-Strom
QUÉBEC
Maine
Montréal
OTTAWA
Burlington
AUGUSTA
NH
MONTPELIER
VT
CONCORD
TORONTO
New York
ALBANY
MA
BOSTON
PROVIDENCE
HARTFORD
RI
CT
Pennsylvania
New York City
LANSING
Detroit
MADISON
Milwaukee
Cleveland
Philadelphia
TRENTON
NJ
HARRISBURG
DES MOINES
Chicago
Toledo
Baltimore
DOVER
DE
Omaha
Illinois
Indiana
Ohio
Pittsburgh
ANNAPOLIS
Iowa
COLUMBUS
WASHINGTON, D.C.
LINCOLN
INDIANAPOLIS
WV
MD
SPRINGFIELD
Cincinnati
Appalachian Mountains
RICHMOND
Kansas City
St Louis
CHARLESTON
Virginia
TOPEKA
FRANKFORT
JEFFERSON CITY
Kentucky
North Carolina
RALEIGH
Wichita
Missouri
NASHVILLE
Charlotte
Wilmington
South Carolina
Tennessee
Greenville
Tulsa
Arkansas
COLUMBIA
OKLAHOMA CITY
LITTLE ROCK
Memphis
Augusta
Charleston
ATLANTIK
ATLANTA
Oklahoma
Birmingham
Georgia
Savannah
Mississippi
MONTGOMERY
Dallas
JACKSON
Alabama
Jacksonville
BATON ROUGE
TALLAHASSEE
St. Augustine
Orlando
AUSTIN
Louisiana
New Orleans
Houston
Tampa
Florida
BAHAMAS
Fort Lauderdale
NASSAU
Miami
Corpus Christi
Key West
HAVANNA
KUBA
Golf von Mexiko
MEXIKO

USA Top 25

1

New York City

1 Die Heimat von Künstlern, Börsenmaklern und Einwanderern aus aller Welt erfindet sich immer wieder neu (S. 79) – und bleibt dabei weiterhin eines der Zentren für Mode, Theater, Essen, Musik, Verlage, Werbung und Finanzen. Auf fünf Stadtteile verteilt sich eine beeindruckende Vielzahl von Museen, Parks und ethnischen Vierteln. Am besten macht man es wie die New Yorker: raus auf die Straße! Jeder Block spiegelt den Charakter und die Geschichte dieses atemberaubenden Kaleidoskops wider, und selbst bei einem kurzen Spaziergang kann man ganze Kontinente durchqueren.

Yellowstone National Park

2 Weshalb der erste Nationalpark der Welt (S. 878) zu den beliebtesten zählt? Da wären zum einen all die geologischen Wunder, die Geysire und Thermalquellen, die Fumarolen und die gluckernden Schlammbecken. Und zum anderen ist da die Tierwelt: Grizzlys, Schwarzbären, Wölfe, Bisons und Elche, die die 9000 km² große Wildnis durchstreifen. Um einen Eindruck davon zu bekommen, weshalb der Westen wild genannt wird, schlägt man am besten sein Zelt im Yellowstone Grand Canyon auf, bewundert die Upper und Lower Falls, wartet auf den Ausbruch von Old Faithful und wandert schließlich durch die urzeitliche, rauchende Landschaft. Grand Prismatic Spring (S. 879)

MATT MUNRO/LONELY PLANET ©

2

NOPPAWAT TOM CHAROENSINPHON/GETTY IMAGES ©

3

4

San Francisco

3 Für diese Stadt (S. 1084) ist Veränderung Normalität. Derzeit boomt sie kräftig. Inmitten des Nebels und des Klapperns der Straßenbahnen laden vielfältige Viertel mit Indie-Läden, Spitzenrestaurants und einem super Nachtleben zum Bummeln ein. Zu den Highlights gehören Alcatraz, die Golden Gate Bridge, Tagestrips zu den nahen Redwood-Wäldern, die Pazifikküste, das Wine Country sowie mindestens eine Fahrt mit den Cable Cars. Sobald man von einem der Hügel aus den ersten atemberaubenden Blick aufs Meer geworfen hat, ist man der Stadt verfallen.

Grand Canyon

4 Es ist die Unermesslichkeit des Grand Canyon (S. 944), die einem den Atem raubt – er ist ein 2 Mrd. Jahre alter Riss in der Landschaft, der die geologischen Geheimnisse der Erde offenbart. Und es sind die künstlerischen Einflüsse der Natur, die Felsen, die roten Härtlinge, die Oasen und der schimmernde Fluss, die Besucher fesseln. Wer die Schlucht erkunden will, hat diverse Optionen: Wandern, Radeln, Rafting oder Maultierreiten. Oder aber man setzt sich irgendwo am Rim Trail hin und schaut zu, wie sich die Landschaft im wechselnden Licht verändert.

AARON M/500PX ©

National Mall

5 Knapp 3 km lang und gesäumt von Denkmälern und Marmorgebäuden, ist die National Mall (S. 292) der Mittelpunkt von Washingtons politischem und kulturellem Leben. Im Sommer finden hier Musik- und Food-Festivals statt. Und das ganze Jahr über wandern Besucher entlang des Grünstreifens durch die schönsten Museen Amerikas. Die National Mall ist der beste Ort, um die Geschichte der USA kennenzulernen, ob am Vietnam War Memorial oder am Lincoln Memorial, vor dem Martin Luther King Jr. seine berühmte Rede hielt.

Martin Luther King Jr. Memorial (S. 293)

Yosemite National Park

6 Man schlendert über Wiesen voller Wildblumen, in Tälern, die durch Flüsse und Gletscher geschaffen wurden – die Natur scheint in diesem Park (S. 1134) alles etwas größer gemacht zu haben: die donnernden Wasserfälle, die riesigen Granitkuppen von El Cap und Half Dome, die erklettert werden wollen, und die uralten Riesenmammutbäume. Selbst die subalpinen Wiesen von Tuolumne sind weitläufig. Besonders herrlich ist es, in einer Vollmondnacht den Glacier Point zu besuchen oder im Sommer über die schwindelerregende Tioga Road zu fahren.

Highways am Pazifik

7 Ein Roadtrip vom Feinsten! In Kalifornien führen der Pacific Coast Highway (Hwy 1; S. 42), der Hwy 101 und die I-5 vorbei an Klippen, unkonventionellen Strandorten und Metropolen: dem entspannten San Diego, dem rockigen Los Angeles und dem flippigen San Francisco. Nördlich der Redwood-Wälder geht's auf dem Hwy 101 nach Oregon mit seinen windumtosten Kaps und Gezeitenbecken. Fans der *Twilight*-Filme finden im Ecola State Park die Werwolf-Heimat La Push, WA. Und dann wartet da noch Washington mit dem Olympic National Park. Jedediah Smith Redwoods State Park (S. 1126)

New Orleans

8 New Orleans (S. 489) hat sich aus den Trümmern, die der Hurrikan Katrina 2005 hinterlassen hat, erhoben und die karibisch-koloniale Architektur, die kreolische Küche und die ausgelassene Stimmung hier sind verlockender denn je. Die Nächte verbringt man bei Dixieland-Jazz, Blues und Rock in Livemusik-Clubs und bei den weltberühmten jährlichen Events (Mardi Gras, Jazz Fest). „Nola" ist zudem eine Stadt, die ihre unzähligen kulinarischen Einflüsse feiert: Jambalaya, Krabben und Louisiana-*cochon* (Pulled Pork) sollte man probieren, bevor man in die Bars auf der Frenchmen St geht. Jambalaya

7

8

Neuengland im Herbst

9 Das herbstliche Farbenspiel in Neuengland (S. 198) ist ein Spektakel epischen Ausmaßes. Teilnehmen kann man daran überall, es reicht schon ein einziger grandioser Baum – schöner ist's natürlich mit sehr vielen grandiosen Bäumen: Von den Berkshires in Massachusetts und den Litchfield Hills in Connecticut bis zu den Green Mountains in Vermont leuchten ganze Hänge in Rot, Orange und Gelb. Überdachte Brücken, weiße Kirchen und Ahornbäume katapultieren Vermont und New Hampshire ganz nach oben in der Beliebtheitsskala. Vermont (S. 256)

Santa Fe & Taos

10 Santa Fe (S. 992) ist eine alte Stadt mit junger Seele. Freitagabends strömen Kunstfans in die Canyon Rd, um mit Künstlern zu plaudern, Wein zu trinken und die mehr als 80 Galerien zu erkunden. Kunst und Geschichte verschmelzen in den Museen, und auch das Essen und die Einkaufsoptionen sind toll. Vor dem türkisfarbenen Himmel wirkt die Stadt fast erhaben. Künstler treffen sich auch in Taos (S. 1001), wo es schräger zugeht – dank der Skifreaks, autonom lebenden Erdlingen und der Promis, die das Unkonventionelle lieben. Taos Pueblo (S. 1003)

DANIEL LADENHAUF/500PX ©

Musikalische Wurzeln

11 Egal welches Genre – wahrscheinlich steht hier seine Wiege. Das Mississippidelta brachte den Blues hervor, New Orleans den Jazz. Rock 'n' Roll entstand, als Elvis Presley das Sun Studio in Memphis betrat. Und Country entwuchs den Weilern in den Appalachen und arbeitete sich bis zu Nashvilles Grand Ole Opry vor. Über den Mississippi erreichte die Musik den Norden, wo Chicago und Detroit im Electric Blues und im Motown-Sound badeten. Das bedeutet: Es gibt überall in den USA eine tolle Livemusikszene (S. 1295). Musiker im Kingston Mines (S. 609), Chicago

Ureinwohner: Stätten & Kultur

12 Im Südwesten gibt es eine Reihe indianischer Stätten. Um etwas über die frühesten Bewohner des Kontinents zu erfahren, kann man in die Felsbehausungen der frühen Pueblo-Indianer im Mesa Verde National Park in Colorada klettern. Einblicke in die aktuelle Kultur der Ureinwohner vermittelt ein Besuch im Taos Pueblo, der Hopi Reservation oder der Navajo Nation in der Four-Corners-Region. Hier kann man Felsformationen des Monument Valley bestaunen oder mit einem Navajo-Führer in den Canyon de Chelly (S. 953) hinabsteigen. Mesa Verde (S. 866)

Portland

13 Gibt es das Portland der 1990er noch? Zumindest die Charaktere der preisgekrönten Indie-Serie *Portlandia* glauben das. Ihre satirischen Sketche verdeutlichen, wie einfach es ist, von dieser Stadt (S. 1180) zu schwärmen. Denn Portland ist liebenswert und mit seinen Studenten, Künstlern, Radfahrern, Hipstern, jungen Familien, alten Hippies, Öko-Freaks und Normalos so freundlich, wie eine Großstadt nur sein kann. Tolles Essen, geniale Musik, Kultur und ein starkes Umweltbewusstsein runden das Ganze ab. Vorsicht: Wer hier vorbeischaut, will vielleicht gar nicht mehr weg!

Der tiefe Süden

14 Fest in seiner Geschichte verwurzelt und von regionalen Stolz geprägt, ist Amerika hier am faszinierendsten: unter den bemoosten Eichen und in den Gärten voller Azaleen in Charleston (S. 404), in den Juke Joints des dunstigen Mississippideltas und den französischsprachigen Enklaven im Bayou-Country von Louisiana. Der tiefe Süden ist berühmt für Langsamkeit, hier dreht sich alles darum, die kleinen Freuden des Lebens zu genießen: Austern aus dem Golf in Alabama, Savannahs Antebellum-Gassen oder eine Teestunde auf der Veranda mit Freunden. Savannah (S. 460)

Walt Disney World® Resort

15 Wie legt man die Latte richtig hoch? Man nennt sich einfach „glücklichster Ort der Welt". das Walt Disney World ® Resort (S. 574) tut das und macht alles, um jedem das Gefühl zu geben, er sei die wichtigste Figur in der ganzen Show. Trotz der Achterbahnen, Shows und Nostalgie besteht der schönste Zauber darin, sein eigenes Kind dabei zu beobachten, wie es stolz Goofy zum Lachen gebracht hat, von Cinderella hofiert wurde, mit Buzz Lightyear die Galaxie gerettet und wie ein echter Jedi-Ritter gegen Darth Maul gekämpft hat. Magic Kingdom (S. 574)

14

15

Hawai'i Volcanoes National Park

16 Vom Kilauea, dem jüngsten und aktivsten Schildvulkan der Erde, über den Mauna Loa bis hin zum feurigen Lavakessel des Halema'uma'u-Kraters – nichts in den USA ist mit der Landschaft des Hawai'i Volcanoes National Park vergleichbar (S. 1249). Auf Big Island kann man durch dichte Baumfarnwälder wandern, tagsüber um den Krater herumklettern, um dann in der Nacht zum Pazifik hinabzusteigen, um das Glühen und Zischen geschmolzener Lava zu bestaunen, die ins Meer fließt.

Chicago

17 Die Windy City (S. 586) begeistert mit Architektur, Stränden am Seeufer und erstklassigen Museen. Doch die wahre Verlockung Chicagos ist seine Mischung aus Hochkultur und irdischen Freuden. Gibt es eine andere Metropole, die ihre Picasso-Skulptur in Sportkleidung hüllt? Wo stellen sich die Einheimischen für einen Hotdog ebenso lange an wie für einen Besuch einiger der besten Restaurants Nordamerikas? Die Winter sind brutal, doch sobald der Sommer die Stadt küsst, wird er mit Essens- und Musikfestivals entlang der Uferpromenade gefeiert.

16

17

SKY NOIR PHOTOGRAPHY BY BILL DICKINSON/GETTY IMAGES ©

DENISE LEBLANC/SHUTTERSTOCK ©

Las Vegas

18 Wenn man meint, verstanden zu haben, dass der Westen erhaben und erbaulich ist, stolpert man über Vegas (S. 909) mit all seinen sehr eigenen Verführungen. Unter den Neonlichtern des Strip wird ein berauschendes Spektakel geboten – tanzende Fontänen, Vulkan und Eiffelturm inklusive. In den Spielhöllen zeigt sich der Charme von seiner gefährlichsten Seite, denn die klimatisierten, bunten Säle kennen nur ein Ziel: den Besuchern das Geld aus der Tasche zu ziehen. Wer kann, hält sich an die guten Restaurants, den Cirque du Soleil, das Slotzilla und das Mob Museum.

Route 66

19 Das filigran wirkende, sich über 3218 km von Chicago nach Los Angeles windende Betonband, das bei seiner Einweihung 1926 als Mutter aller Straßen (S. 40) bekannt wurde, galt einst als *der* Roadtrip durch die USA und bietet auch heute noch Gelegenheit, von A nach B und in der Zeit zurück zu reisen. Unterwegs stoppt man, um riesige Stücke Kuchen zu essen oder um Fotos von Attraktionen wie dem Snow Cap Drive-In, dem Wigwam Motel, den Neonschildern von Tucumcari, den bettelnden Eseln von Oatman, AZ, und dem Gemini Giant, einem riesigen Raumfahrer aus Fiberglas, zu knipsen.

Acadia National Park

20 Im Acadia National Park (S. 284) treffen Berge auf Meer. Kilometerlange felsige Küsten und endlose Wander- und Radwege machen den Park zu Recht zum wohl beliebtesten Ausflugsziel Maines. Mit seinen 466 m ist der Cadillac Mountain der (buchstäbliche) Höhepunkt und zu Fuß, mit dem Rad oder dem Auto erreichbar. Frühaufsteher können vom Gipfel aus den ersten Sonnenaufgang über den USA sehen. Anschließend kann man sich auf tollen Wegen und Stränden Appetit zusammenspazieren, der sich am Jordan Pond mit Tee und Popovers stillen lässt.

Junger Fuchs

PIRIYA PHOTOGRAPHY MOMENT/GETTY IMAGES ©

Glacier National Park

21 Leider stimmen die Gerüchte: Die Gletscher im Glacier National Park (S. 895) schmelzen dahin. 1850 gab es 150 Gletscher, heute sind es nur noch 26. Aber auch ohne die riesigen Eiswürfel lohnt Montanas weitläufiger Nationalpark einen Besuch. Auf Straßenhelden wartet die Going-to-the-Sun Road, Tierbeobachter können nach Elchen, Wölfen und Grizzlys Ausschau halten (Abstand halten!), und Wanderern stehen zur Erkundung von Bäumen und anderer Flora – einschließlich Moose, Pilze und Wildblumen – rund 1290 km an Pfaden zur Verfügung.

Die Everglades

22 Die Everglades (S. 542) verunsichern: Hier gibt es keine Erhebungen, die majestätisch gen Himmel ragen, keine Täler, die einst von Gletschern geformt wurden. Die Everglades sind flach und wässrig, Schlick, ein Fluss aus Gras mit gelegentlichen kleinen, baumbestandenen Erhebungen, Mangroven und Zypressen. Hier kann man nicht wandern. Um die Everglades zu erkunden – und deren prähistorische Bewohner, etwa das Krokodil, zu treffen –, muss man den festen Boden verlassen, die Angst überwinden, ins Kanu steigen und die Wasserwege selbst erleben.

Los Angeles

23 Seit jeher strömen Träumer, Draufgänger und Gauner in die Küstenstadt (S. 1016) und befeuern mit ihrer Energie deren dynamischen Vibe. Die Tricks der Filmemacher lassen sich bei einer Studiotour bestaunen. In der Walt Disney Concert Hall erklingen symphonische Klänge. Ebenso erbaulich sind die Gärten und Galerien des Getty Museum. Und die Sterne? Die lassen sich vom Griffith Observatory aus betrachten oder, wenn es die im Boden sein sollen, im Grove. Wer ins Rampenlicht will, kann sich am Strand binnen einer Stunde den passenden Teint für Nahaufnahmen holen.

Venice Beach (S. 1030)

San Antonio

24 San Antonio (S. 782) verzaubert mit dem hübschen River Walk und viel Geschichte. Am besten beginnt man im Herzen der Stadt, an der Alamo, Texas' berühmtester Stätte. Dann geht's zu Fuß oder mit dem Leihrad am Ufer des San Antonio River entlang, vorbei an Museen, Restaurants und Läden. Nicht verpassen darf man die spanischen Missionen des 18. Jhs. Von diesen Attraktionen abgesehen, schätzen die Bürger die Vielfalt der Stadt und ihrer Menschen, die vor allem während der Festivals unübersehbar ist, besonders bei der Fiesta San Antonio. Flussweg (S. 783)

Wintersport in den Rockies

25 Der weichste, leichteste Schnee, den man je unter den Skiern hatte, in toller Landschaft auf jeder Art Terrain: Die Resorts im Westen gehören zu den besten der Welt. Aspen (S. 854), Vail (S. 852) und Jackson Hole (S. 874) mögen Tummelplätze für Reiche sein, aber Pisten- und Schneefans (und der Pulverschnee) haben bislang immer dafür gesorgt, dass der Sport im Zentrum steht. Ob man Schuss oder Buckelpiste fährt, Bäume umwedelt oder beim Snowboarden stürzt – der Tag wird mit einem Lächeln ausklingen. Snowboarder, Aspen (S. 854)

24

25

Gut zu wissen

Weitere Infos gibt's im Abschnitt „Praktische Informationen" (S. 1305)

Währung
US-Dollar (US$)

Sprache
Englisch

Visa
Besucher aus Deutschland, Österreich und der Schweiz benötigen für Aufenthalte von unter 90 Tagen Länge kein Visum. Die vorherige ESTA-Registrierung ist obligatorisch.

Geld
Geldautomaten gibt es quasi überall. Kreditkarten werden in den meisten Hotels, Restaurants und Läden akzeptiert.

Handys
In den USA funktionieren nur Triband- und Quadband-Handys. Wer kein solches besitzt, kann sich in den Staaten ein günstiges Prepaid-Handy kaufen.

Reisezeit

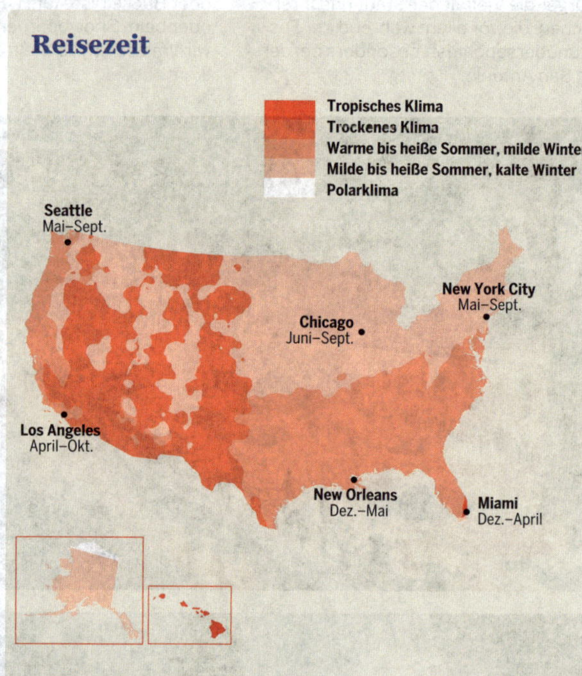

Hauptsaison
(Juni–Aug.)

- Warme Tage im ganzen Land, allgemein hohe Temperaturen.
- Geschäftigste Zeit mit großen Menschenmassen und höheren Preisen.
- In den Skigebieten ist zwischen Januar und März Hauptsaison.

Zwischensaison
(April–Mai & Sept.–Okt.)

- Mildere Temperaturen, weniger Menschen.
- Frühlingsblumen (April) und buntes Herbstlaub (Okt.) in vielen Teilen des Landes.

Nebensaison
(Nov.–März)

- Winterlich, Schnee im Norden, in einigen Regionen heftigere Regenfälle.
- Niedrigste Unterkunftspreise (außer in Ski- und wärmeren Urlaubsgebieten).

Infos im Internet

Lonely Planet (www.lonely planet.de/reiseziele/usa) Reiseinfos, Hotelbuchungen, Forum und Fotos.

National Park Service (NPS; www.nps.gov) Das Portal zu den größten Naturschätzen der USA: ihren Nationalparks.

Eater (www.eater.com) Kulinarische Einblicke in zwei Dutzend amerikanische Städte.

Punch (www.punchdrink.com) Spitzfindige Guides und viele nützliche Kenntnisse zu den Getränken der USA.

New York Times Travel (www.nytimes.com/travel) Reise-News, praktische Tipps und fesselnde Features.

Roadside America (www.roadsideamerica.com) Die schrulligen und schrägen Seiten der USA.

Wichtige Telefonnummern

Notruf	✆911
Landesvorwahl	✆1
Telefonauskunft	✆411
Internationale Telefonauskunft	✆00
Vorwahl für internationale Gespräche aus den USA	✆011

Wechselkurse

Eurozone	1 €	1,23 US$
	1 US$	0,81 €
Schweiz	1 SFr	1,07 US$
	1 US$	0,94 SFr

Aktuelle Wechselkurse sind unter ww.xe.com abrufbar.

Tagesbudget

Günstig: weniger als 150 US$

- B im Schlafsaal: 25–40 US$
- DZ in einem Budgetmotel: 45–80 US$
- Mittagessen in einem Café oder vom Food Truck: 6–12 US$
- Nutzung von Bussen, U-Bahnen und Zügen: 2–4 US$

Mittelteuer: 150–250 US$

- DZ im Mittelklassehotel: 100–250 US$
- Abendessen in einem beliebten Restaurant: 30–60 US$ für zwei Pers.
- Mietwagen: ab 30 US$/Tag

Teuer: mehr als 250 US$

- DZ in einem Resort oder Spitzenklassehotel: ab 200 US$
- Abendessen in einem Top-Restaurant: 60–100 US$
- Konzert- oder Theaterkarten: 60–200 US$

Öffnungszeiten

Die normalen Öffnungszeiten sind wie folgt:

Banken Mo–Do 8.30–16.30, Fr bis 17.30 Uhr (und eventuell Sa 9–12 Uhr)

Bars So–Do 17–24, Fr & Sa bis 2 Uhr

Nachtclubs Do–Sa 22–4 Uhr

Post Mo–Fr 9–17 Uhr

Einkaufszentren 9–21 Uhr

Läden Mo–Sa 9–18, So 12–17 Uhr

Supermärkte 8–20 Uhr; einige 24 Std.

Ankommen am …

JFK International Airport (New York) Vom JFK zur Penn Station nimmt man den AirTrain und den LIRR über die Jamaica Station (15 US$, 35 Min.) oder den AirTrain plus die U-Bahn (7,75 US$, 50–75 Min.). Eine Taxifahrt nach Manhattan kostet 52 US$ zzgl. Maut und Trinkgeld (45–90 Min.).

Los Angeles International Airport Der LAX Flyaway Bus zur Union Station kostet 9,75 US$ (30–50 Min.), der Tür-zu-Tür-Service Prime Time & SuperShuttle 17 bis 30 US$ (35–90 Min.); fürs Taxi nach Downtown zahlt man 51 US$ (25–50 Min.).

Miami International Airport SuperShuttle fährt für 20 bis 24 US$ nach South Beach (50–90 Min.), Taxis für 35 US$ nach Miami Beach (40–60 Min.); mit der Metrorail geht's für 2,25 US$ nach Downtown zum Government Center (15 Min.).

Zeitzonen

Eastern Standard Time (EST; MEZ –6 Std.) NYC, Boston, Washington D. C., Atlanta

Central Standard Time (CST; MEZ –7 Std.) Chicago, New Orleans, Houston

Mountain Standard Time (MST; MEZ –8 Std.) Denver, Santa Fe, Phoenix

Pacific Standard Time (PST; MEZ –9 Std.) Seattle, San Francisco, Las Vegas

Im größten Teil Alaskas ist es eine Stunde früher als in der PST-Zone (MEZ –10 Std.), auf Hawaii sind es zwei Stunden (MEZ –11 Std.). Wenn es 21 Uhr in New York ist, ist es 20 Uhr in Chicago, 19 Uhr in Denver, 18 Uhr in Los Angeles, 17 Uhr in Anchorage und 16 Uhr (Nov.–bis früher März) oder 15 Uhr (März–Okt.) in Honolulu.

Mehr Infos zum Thema **Unterwegs vor Ort** s. S. 1323

USA für Einsteiger

Weitere Infos gibt's im Kapitel „Allgemeine Informationen" (S. 1306)

Checkliste

- Alle Einreisebestimmungen rechtzeitig und sorgfältig in Erfahrung bringen.
- Überprüfen, ob das Handy in den USA funktioniert; Roaming-Gebühren erfragen.
- Zumindest die ersten Übernachtungen buchen, um den Trip stressfrei zu starten.
- Sich um eine Reiseversicherung kümmern.
- Bank und Kreditkartengesellschaft über die geplante Reise informieren.

An alles gedacht?

- Reisepass & Führerschein
- Handy (mit Ladegerät)
- Gute Wanderstiefel
- Schwimmausrüstung
- Regenjacke oder -schirm
- Netzadapter
- Kleidung mit flexiblem Bund (um die großzügigen Portionen amerikanischer Restaurants unterzubringen)

Top-Tipps

- Es lohnt sich, Kontakt zu Einheimischen zu knüpfen: Amerikaner sind meist sehr freundlich und geben gern Einblicke in ihre Stadt.
- Wer auf eigene Faust mit dem Auto unterwegs ist, verlässt am besten die Interstates und nimmt die Nebenstrecken: Ein paar der schönsten Landschaften liegen an den kurvigen Landstraßen.
- Vorausschauend planen, um dem schlimmsten Besucherandrang zu entgehen (d. h. Touristenzonen, beliebte Restaurants, Sehenswürdigkeiten am besten unter der Woche besuchen).
- Bei Besuchen in Bars und Clubs immer den Personalausweis dabei haben: Oft wird jeder überprüft, der Alkohol bestellen will – auch wenn er ganz offensichtlich schon über 21 ist.
- Bei der Einreise wirken die US-Grenzbeamten mitunter sehr einschüchternd. Um das Prozedere möglichst zu beschleunigen, alle Fragen vollständig, höflich und ruhig beantworten.
- Die einzelnen US-Bundesstaaten unterscheiden sich sehr stark in Sachen Gesetze und Toleranzgrenzen. Beispiel: Der Konsum von Marihuana ist in Colorado und Washington erlaubt, bringt aber z. B. in Texas oder South Carolina potenziell großen Ärger ein.

Bekleidung

In Amerika geht so ziemlich jedes Outfit klar – man wird sich in seinen Klamotten daher kaum unwohl fühlen. Dennoch empfiehlt es sich, auch etwas Schickeres für den Besuch von gehobenen Restaurants, Bars oder Nachtclubs mitzunehmen.

Schlafen

- **Hotels** Reichen von tristen Ketten-Unterkünften bis hin zu schmucken Boutique- oder Luxusadressen; die Preise variieren natürlich.
- **B&Bs** Kleine Gästehäuser bzw. Pensionen, die meist recht behaglich sind. Achtung: Für Kinder gilt oft ein Mindestalter.
- **Motels** Günstiger und einfacher als die meisten Hotels; hauptsächlich entlang der Interstates im ländlichen Amerika.

➡ Hostels Werden in den USA immer zahlreicher, konzentrieren sich aber bislang größtenteils auf städtische Ballungsräume.

➡ Camping Die Auswahl reicht von sehr einfachen Stellplätzen weit ab vom Schuss bis hin zu voll ausgestatteten privaten Campingplätzen in bester Lage.

Geld sparen

Die USA sind z.T. ein ziemlich teures Reiseziel. Genügsame Traveller können aber bei vielen Gelegenheiten etwas sparen:

➡ Hauptmahlzeiten mittags einnehmen: Restaurants servieren oft spezielle Mittagsangebote, normale Hauptgerichte haben dann ein besseres Preis-Leistungs-Verhältnis.

➡ Bei vielen Museen ist der Eintritt zumindest einmal pro Woche frei (z.B. Donnerstagabend oder Sonntagmorgen).

➡ Gleich außerhalb von Großstadtzentren sind Mietwagen häufig günstiger (gilt z.B. für Oakland oder Jersey City).

➡ Bei Vorab-Onlinebuchungen sind Bus- und Zugtickets viel billiger als beim Spontankauf.

Feilschen

Auf Flohmärkten ist moderates Feilschen normal. Ansonsten wird überall das Bezahlen der angegebenen Preise erwartet.

Trinkgeld

Trinkgeld ist in den USA obligatorisch und sollte nur bei ausgesprochen schlechtem Service verweigert werden.

➡ Gepäckträger (Flughäfen & Hotels) 2 US$ pro Gepäckstück, mindestens 5 US$ pro Gepäckwagen.

➡ Barkeeper Bis 20 % pro Runde, mindestens aber 1 US$ pro Getränk.

➡ Zimmerpersonal (Hotels) 2 bis 4 US$ pro Nacht (unter der dafür vorgesehenen Karte hinterlegen).

➡ Bedienung (Restaurants) 15 bis 20 %, sofern nicht bereits im Rechnungsbetrag enthalten; Trinkgeld unter 15 % wird als Unzufriedenheit gewertet.

➡ Taxifahrer 10 bis 15 % (auf den nächsten vollen Dollarbetrag aufrunden).

➡ Parkservice Mindestens 2 US$ bei Schlüsselrückgabe.

Etikette

➡ Begrüßung Sollte nicht zu übertrieben körperlich ausfallen: Manche Amerikaner umarmen andere Leute, Großstädter tauschen mitunter Wangenküsse aus. Die meisten Einheimischen (vor allem Männer) geben sich aber nur die Hand.

➡ Rauchen Die meisten Amerikaner haben etwas gegen das Rauchen – sogar im Freien ist es vielerorts tabu (z.B. in Parks, auf Promenaden oder an Stränden).

➡ Höflichkeit In den USA ist es üblich, das Ladenpersonal beim Hereinkommen zu grüßen und sich beim Hinausgehen zu verabschieden („hello" bzw. „have a nice day" reichen dabei aus). Außerdem lächeln Amerikaner sehr viel – wenn auch oft nur aus reiner Höflichkeit.

➡ Pünktlichkeit Äußerst angebracht – viele Amerikaner betrachten Wartenlassen als sehr unhöflich.

Essen

Einige Restaurants (zumeist die beliebtesten Adressen) akzeptieren keine Reservierungen. Falls doch, sollte man seinen Tisch vor allem fürs Wochenende rechtzeitig bestellen. Ist keine Reservierung erfolgt oder möglich, empfiehlt sich entweder ein frühes (17 oder 18 Uhr) oder spätes (21 Uhr) Abendessen, um langes Warten zu vermeiden.

➡ Restaurants Ob Diners, Burger-Buden, Seafood-Lokale oder Restaurants mit Michelin-Stern: Für jeden Geschmack und Geldbeutel ist hier etwas dabei. Eher zwanglose Restaurants sind in der Regel ab ca. 11 Uhr, schickere oft erst ab 17 Uhr geöffnet. Viele Küchen schließen um 22 Uhr.

➡ Cafés & Coffee Shops Haben tagsüber geöffnet (z.T. auch abends) und sind prima für ein entspanntes Frühstück oder Mittagessen. Oder natürlich auch nur für eine Tasse Kaffee.

➡ Imbisse Darunter fallen z.B. Food Trucks oder Stände auf Wochenmärkten; auch manche Bars servieren tolles Essen. Einige Ketten – wie Waffle House oder Huddle House – haben sogar rund um die Uhr geöffnet.

Was gibt's Neues?

Die Amerikanische Revolution

Nachdem man die Waffen, Briefe, Tagebücher und Kunstwerke aus der Revolutionszeit im neuen, 120 Mio. Dollar teuren Museum of the American Revolution (S. 183) bestaunt hat, kann man direkt nach Yorktown, Virginia, fahren, um es mit dem (ebenfalls) neu eröffneten American Revolution Museum (S. 357) zu vergleichen.

Gute Weine aus neuen Regionen

Da Regionen wie Texas Hill Country (S. 782) und Northern Virginia immer beliebter werden, beginnt das langjährige Monopol der Westküste in Sachen preisgekrönter Weingüter zu bröckeln.

Detroits Comeback

Detroit hat den Bankrott und seinen allgemein eher traurigen Ruf in einem erstaunlichen Tempo hinter sich gelassen und bringt ein Stadterneuerungsprojekt nach dem anderen an den Start, einschließlich des District Detroit, eines Sport- und Unterhaltungskomplexes, der sich über 50 Häuserblocks erstreckt, sowie der neuen QLine-Straßenbahn. (S. 650)

Elvis Presleys Memphis

Der knapp 18600 m² große und 45 Mio. Dollar teure Unterhaltungskomplex wurde im Jahr 2017 in der Nähe der prunkvollen Villa Graceland in Memphis eröffnet. (S. 418)

Chicagos West Loop

Der ehemalige Meatpacking District in Innenstadtnähe ist inzwischen ein Zentrum für Innovation und Kreativität. Hier befinden sich erstklassige Technologieunternehmen, mit dem James-Beard-Award ausgezeichnete Restaurants und ausgefallene neue Hotels. (S. 596)

Memorial to Peace and Justice

Die optisch fesselnde Gedenkstätte (www.eji.org/national-lynching-memorial), die die etwa 4000 afroamerikanischen Lynchopfer würdigt, die zwischen 1877 und 1950 von weißen Mobs getötet wurden, sollte 2018 in Montgomery, AL, eröffnet werden.

Meow Wolf

Dieses Kunstkollektiv aus New Mexico erhebt im House of Eternal Return seine atemberaubende Kunst mit einer dauerhaften Installation (Teil Klettergerüst, Teil Geisterhau), die 2016 im Rahmen einer verlassenen Bowlingbahn am Rande von Santa Fe eröffnet wurde, in neue Höhen. (S. 992)

Bears Ears National Monument

Das neueste und umstrittenste National Monument liegt im Südosten Utahs und schützt, neben archäologischen Pueblo-Stätten, Land, das den Pueblo-Indianern, den Navajo und den Ute heilig ist. (S. 972)

Lucky Dragon Hotel & Casino

Mit Blick auf den Asian Market eröffnete das erste neue Hotel-Casino seit 2010 auf dem Las Vegas Strip seine Pforten. Die Anlage ist in rot gehalten und bietet authentische chinesische Küche. (S. 913)

Queens im Aufschwung

New Yorks ethnisch vielfältigstes Viertel rückt immer mehr ins Rampenlicht. Hierfür sorgen kreative Kleinbrauereien, Kunstgalerien, neue Boutiquehotels, ein sanierter Uferbereich bei Rockaway und Essen aus wirklich aller Welt (S. 111).

Weitere Empfehlungen und Beschreibungen gibt's unter lonelyplanet.com/usa.

Wie wär's mit…

Strände

Von den schroffen Küsten Maines bis zu den Surfständen Südkaliforniens: Angesichts der Küsten zweier Ozeane und des Golfs von Mexiko haben Strandliebhaber die Qual der Wahl.

Point Reyes National Seashore Das Wasser ist kalt, doch die Landschaft dieses wilden Strandes in Nordkalifornien ist magisch. (S. 1113)

South Beach An diesem weltberühmten Strand geht es weniger um den Badespaß als darum, am beliebtesten Tummelplatz Miamis Leute zu beobachten. (S. 518)

Big Beach Mit türkisfarbenem Wasser, das den langen goldenen Strand umspielt, ist diese Schönheit Mauis einer der tollsten Strände auf Hawaii. (S. 1250)

Cape Cod National Seashore Riesige Sanddünen, malerische Leuchttürme und kühle Wälder laden zu endlosen Erkundungstouren an diesem Kap in Massachusetts ein. (S. 230)

Outer Banks Luftige Strände, Leuchttürme und Wildpferde (bei Corolla) entlang von 160 Strandkilometern an der Küste North Carolinas. (S. 382)

Santa Monica Erst geht's an den Strand, danach auf Promijagd in den Galerien und Nobelbistros. (S. 1030)

Themenparks

Amerikas Themenparks sind unglaublich vielfältig – von altmodischen Rummeln bis zur perfekten, riesigen Kinderwunderwelt.

Disneyland Trends kommen und gehen, doch die wahren Klassiker sterben nie. Auch in seinem siebten Jahrzehnt geht von Disneys Märchenwelt ein einzigartiger Zauber aus. (S. 1044)

Dollywood Ein Tribut an die Countrysängerin Dolly Parton mit Attraktionen rund um das Thema Appalachen in den Hügeln von Tennessee. (S. 436)

Cedar Point Amusement Park Ohios beliebtester Freizeitpark hat ein paar der größten und schnellsten Achterbahnen der Welt. (S. 632)

Universal Orlando Resort Die berühmte Heimat der Universal Studios und der Wizarding World of Harry Potter. (S. 576)

Santa Cruz Beach Boardwalk Im ältesten Vergnügungspark der Pazifikküste gibt's in der Achterbahn Giant Dipper Retro-Nervenkitzel. (S. 1082)

Wein

Der Besuch eines Weinguts bietet mehr als die Möglichkeit zu einer Weinprobe: Hier taucht man ein in eine herrliche Landschaft und lässt es sich an Ständen voller landwirtschaftlicher Erzeugnisse gut gehen.

Napa Valley Napa steht mit seinen mehr als 200 Winzern für Wein von Weltformat. (S. 1116)

Willamette Valley Die Region außerhalb Portlands, OR, bringt einige der köstlichsten Pinot Noirs der Welt hervor. (S. 1191)

Finger Lakes Das Hinterland New Yorks ist eine aufstrebende Weinregion. Nach ein paar Gläschen wird der Kopf beim Wandern wieder klar. (S. 162)

Santa Ynez Valley Die sonnenverwöhnten Weinberge nördlich von Santa Barbara laden mit ihren malerischen Hügeln zu Erkundungen ein. (S. 1073)

Virginia Wine Country Dieses im Aufschwung begriffene Weingebiet ist geschichtsträchtig: Besucher können sogar Weine probieren, die auf dem alten Landbesitz von Thomas Jefferson angebaut wurden. (S. 352)

Verde Valley Wer denkt, dass Arizona nur aus Wüste besteht, liegt falsch und sollte in diesem Tal an einer Führung über ein Gut teilnehmen. (S. 940)

Gutes Essen

So sieht das typische amerikanische Gourmet-Erlebnis aus: sich an den Hummer-

Na Pali Coast, Kauai (S. 1253), Hawaii

buden die Finger schmutzig machen, sich im Texas Hill Country durch ein Barbecue kämpfen und in Restaurants in New York, L.A. und andernorts schlemmen.

New York City Worauf auch immer man gerade Appetit hat: Die kulinarische Welthauptstadt hat es parat. (S. 119)

Neuengland Hier gibt's Hummer, Muscheln, Austern und Fisch in Hülle und Fülle. Die Cannoli aus den italienischen Bäckereien Bostons setzen dem Ganzen eine süße Krone auf. (S. 198)

Chicago Besucher sind begeistert von griechischen, vietnamesischen und mexikanischen Genüssen, der Molekularküche, den Chicagoer Pizzas und anderen Leckerbissen. (S. 603)

San Francisco Authentische Taquerias, die vielfältige asiatische Küche, tolle Bauernmärkte und gefeierte Köche tragen zum Weltniveau der kalifornischen Küche bei. (S. 1102)

Lockhart Wer Fleisch mag, sollte die legendäre Hauptstadt des köstlichen Brisket (Rinderbrust) nicht verpassen. (S. 781)

Portland Hier wartet man mit einer kreativen Gastroszene auf; an den Food Trucks gibt es aufregende Gerichte aus aller Herren Länder. (S. 281)

New Orleans Die Franzosen, die Spanier, die Philippiner, die Haitianer und andere Völker haben Nola zu einem überwältigenden kulinarischen Schmelztiegel gemacht. (S. 499)

Wandern

Die Kulisse ist perfekt: hohe Berge, nebelverhangene Regenwälder, rote Canyons und Klippen, die über dem rauen Ozean aufragen. Dies sind nur einige Beispiele für die Szenerien für Wanderungen in der großartigen amerikanischen Wildnis.

Appalachian Trail Auch wenn man nicht die ganzen 3505 km wandern will, lohnt der AT auf jeden Fall einen Abstecher. (S. 374)

Denali National Park Mit Karte und Kompass geht's durch einen Nationalpark, in dem man abseits ausgetretener Pfade wandern kann. (S. 1229)

North Cascades Gletscher! Zerklüftete Gipfel! Schöne Bergseen! (S. 1173)

Kalalau Trail Kauais klassischer Wanderweg verläuft an der Küste zwischen einsamen Stränden und steilen Klippen. (S. 49)

Rocky Mountain National Park Der grandiose Nationalpark in Colorado bietet schneebedeckte Gipfel, Täler voller Wildblumen und tolle Bergseen. (S. 846)

Presidential Range Anspruchsvolle Wege, Wälder, hohe Berge und ein grandioses Hüttennetz in den herrlichen White Mountains (New Hampshire). (S. 271).

Big Bend National Park Riesiger Park in Texas mit wüstenartiger Berglandschaft und rund 320 km an Wegen. (S. 816)

USA mal anders

Wer keine Lust mehr hat, durch Museen zu schlurfen und die Klassiker abzuklappern, kann sich in die schräge Welt des amerikanischen Kitsches und anderer Überraschungen stürzen.

Carhenge Diese Autos, die auf einem Feld in Nebraska aufgestellt wurden, sind eine Hommage an Stonehenge. (S. 748)

NashTrash Tours Die „Jugg Sisters" aus Nashville nehmen Besucher mit auf eine schräge Tour durchs gar nicht so konservative Nashville. (S. 428)

American Visionary Art Museum Dieses kuriose Museum in Baltimore zeigt Kunst von Außenseitern. (S. 325)

Loneliest Road Auf dem einsamen Highway 50 geht es quer durch Nevada. Unterwegs am Shoe Tree halten! (S. 926)

Mini Time Machine Museum of Miniatures Das skurrile Museum in Tucson widmet sich nur winzigen Dingen. (S. 959)

Marfa Mystery Lights Seltsame Lichter im Westen von Texas, die abends am Horizont flackern und angeblich schon von vielen gesehen wurden. (S. 821)

Architektur

Ob man nun ein Fan von Frank Lloyd Wright ist oder sich einfach gern schöne Bauwerke anschaut: die USA ist eine Schatztruhe architektonischer Wunder.

Chicago In Chicago, dem „Geburtsort" der Wolkenkratzer, stehen grandiose Bauten von vielen großen Architekten des 20. Jhs. (S. 586)

New York City Zu den oft fotografierten Klassikern zählen das Chrysler Building im Art-déco-Stil, das Guggenheim-Museum und die Brooklyn Bridge. (S. 79)

Miami Miamis Art-déco-Bezirk ist ein Farbenrausch. (S. 515)

San Francisco In der vielleicht europäischsten Stadt Amerikas stehen elegante viktorianische Gebäude und innovative Meisterwerke des 21. Jhs. (S. 1084)

Savannah Die markante Antebellum-Architektur dieser „Southern Belle" ruft Bewunderung hervor. (S. 460)

New Orleans Großartiges Zentrum aus der französischen Kolonialzeit, eine historische Straßenbahn und prächtige Antebellum-Anwesen. (S. 489)

Ureinwohner-Kultur

Die ersten Bewohner des Kontinents haben eine tief verwurzelte Bindung an das Land und seine Tiere. Im Südwesten zeigt sie sich am deutlichsten.

National Museum of the American Indian Das beste Museum, das den Ureinwohnern gewidmet ist, befindet sich in der Hauptstadt. (S. 300)

Mesa Verde Die faszinierende Stätte im Süden Colorados wurde von den frühen Pueblo-Indianern verlassen – die Gründe dafür sind mysteriös. (S. 866)

Pine Ridge Indian Reservation Hier wurden die Lakota von der US-Kavallerie niedergemetzelt. Nach dem Besuch zum Red Cloud fahren, um mehr über die Lakota zu erfahren! (S. 738)

Navajo Nation Man sieht tolle Landschaften und lernt viel über das stolze Volk. (S. 953)

Zuni Pueblo Hier gibt's wunderbar gearbeiteten Silberschmuck. Man kann in einem von den Zuni betriebenen Inn in New Mexico übernachten. (S. 992)

Historisches

An der Ostküste befinden sich die 13 ursprünglichen Kolonien, aus denen die USA entstanden. Aber auch im Süden und Westen kann man in die Vergangenheit eintauchen.

Philadelphia In der ersten Hauptstadt der Nation wuchs die Idee der ersten unabhängigen Nation. Davon erzählen hervorragende Museen. (S. 181)

Boston Hier kann man u. a. Paul Reveres früheres Wohnhaus und einen Friedhof aus dem 18. Jh. besuchen. (S. 199)

Williamsburg Die gut erhaltene Stadt Williamsburg, ist das größte Open-Air-Geschichtsmuseum der Welt und entführt Besucher zurück ins 18. Jh. (S. 354)

Mission Santa Barbara Die „Königin der Missionen" war Zeugin des Zusammentreffens der indigenen Chumash-Kultur und der spanischen Mönche des 19 Jhs. (S. 1070)

Washington, D.C. Einen Besuch lohnen die Stätten, wo Lincoln ermordet wurde, Martin Luther King Jr. seine berühmteste Rede hielt und Nixons Präsidentschaft ihr Ende nahm. (S. 289)

Harpers Ferry Eine faszinierendes Freilichtmuseum über das Dorfleben im 18. Jh. vor der bezaubernden Kulisse der Berge und Flüsse. (S. 373)

Bier & Brauereien

Die Beliebtheit von Klein- und Mikrobrauereien wächst stetig – und bis zum nächsten Glas Bier ist es nie weit. Berühmt sind Brauereien in Colorado, Vermont, Washington und Oregon.

Mountain Sun Pub & Brewery Die beliebteste Kleinbrauerei Boulders serviert eine Palette hervorragender Fassbiere und dazu gutes Essen. (S. 844)

Portland Im Stadtgebiet von Portland gibt es über 70 Kleinbrauereien. (S. 1188)

Mammoth Brewing Company Das kalifornische Mammoth Lakes sorgt für faszinierende Geschmackserlebnisse. (S. 1142)

Asheville In der Stadt, die die Renaissance des Bieres in North Carolina einläutete, gibt es mehr als 20 Kleinbrauereien und Brauereikneipen. (S. 399)

Geologiewunder

Dank roter Felswüsten, versteinerter Wälder, fauchender Geysire und eines riesigen Loches im Boden könnte man sich wie auf einem anderen Planeten fühlen.

Grand Canyon Die 1600 m tiefe und 16 km breite Schlucht entstand im Lauf von 6 Mio. Jahren – für einen Besuch sollte man sich viel Zeit nehmen. (S. 944)

Yellowstone National Park Gewaltige Geysire, Thermalbecken, die in allen Farben schimmern, und der Supervulkan, der unter all dem schlummert: Dieser Nationalpark bietet eine echte Show. (S. 878)

Hawai'i Volcanoes National Park Lavawüsten, rauchende Krater und höchst aktiver Vulkanismus – und das seit 70 Mio. Jahren. (S. 1249)

Badlands National Park Eindringlich gefärbte Felsnadeln erheben sich im westlichen South Dakota. (S. 737)

Carlsbad Caverns National Park In dem Nationalpark führt eine 3 km lange Höhlenwanderung zu einer Art unterirdischen Kathedrale. (S. 1012)

Nationalparks im Süden Utahs In den sieben Nationalparks und National Monuments des Red Rock County in Utah locken über 900 m tiefe, enge Canyons, erodierende Felsformationen und diverse Felsnadeln. (S. 976)

Livemusik

Amerikaner wissen, wo eine gute Band spielt, ob nun Memphis-Blues, Bluegrass aus den Appalachen, Jazz aus New Orleans, Rock, Salsa oder Country-Musik…

Austin Mit über 200 Veranstaltungsorten und dem größten Musikfestival des Landes ist Austin die stolze Musikhauptstadt der USA. (S. 779)

New Orleans Der Soundtrack von „Big Easy" ist so berauschend wie die Stadt selbst – von fettem Bigband-Jazz bis zu Indie-Rock gibt's alles. (S. 502)

Nashville Die Stadt am Cumberland River ist ein Mekka des Country, Bluegrass, Blues und Folk mit stimmungsvollen Honky-Tonk-Bars. (S. 431)

Los Angeles L.A. ist ein Magnet für aufstrebende Stars und zieht Talente an. Nicht verpassen: den Sunset Strip, wo Künstler ersten Ranges auftreten! (S. 1040)

Memphis Elvis lebt! In den Juke Joints und Kneipen spielen lautstark Bands. (S. 423)

Kansas City In der für ihre Barbecues bekannten Stadt am Missouri gibt es auch eine gute Livemusikszene. (S. 724)

Museen

Von den Palästen großstädtischer Kultur bis hin zu exzentrischen Kuriositäten abseits vom Schuss – die unvergleichliche Sammlung von Museen in den USA feiert alles von Kunst bis Rock'n'Roll.

Metropolitan Museum of Art Die Kunstsammlung in New York City umfasst Exponate aus sechs Kontinenten und aus Hunderten von Jahrhunderten (wirklich!). (S. 103)

Exploratorium 2019 feiert diese Besonderheit San Franciscos, in der Besucher jeden Alters Wissenschaft spielerisch entdecken können, ihr 50-jähriges Jubiläum. (S. 1084)

National Museum of African American History and Culture DCs neuestes Museum wird für seine vielschichtige Dokumentation afroamerikanischer Geschichte hochgelobt. (S. 296)

Field Museum of Natural History In Chicagos großartigem naturhistorischen Museum kann man durch eine ägyptische Grabkammer schlendern und dann Sue treffen, den Tyrannosaurus Rex. (S. 589)

Getty Villa Die künstlich-klassizistische Villa, mit einer Fundgrube an etruskischen, griechischen und römischen Antiquitäten, thront über dem Pazifik. (S. 1030)

Children's Museum of Indianapolis Bemerkenswertes, fünfstöckiges Kindermuseum (das größte der Welt) mit interaktiven Exponaten. (S. 618)

Rock and Roll Hall of Fame & Museum Elvis, Aretha, Chuck Berry, Bo Diddley, Buddy Holly und Marvin Gaye sind die Stars des musikalischen Pantheons dieses Cleveland-Klassikers. (S. 628)

Monat für Monat

TOP-EVENTS

Mardi Gras, Februar oder März

South by Southwest, März

National Cherry Blossom Festival, März

Chicago Blues Festival, Juni

Independence Day, Juli

Januar

Das neue Jahr beginnt frostig: Schnee bedeckt große Teile des Landes. In den Skiorten tanzt der Bär, Sonnenanbeter fliehen ins Warme (z. B. nach Florida).

Mummers Parade

Diese schillernde Parade ist die größte Veranstaltung Philadelphias (www.phillymummers.com). Clubs in der Stadt basteln monatelang an Kostümen und Umzugswagen, um am Neujahrstag Eindruck zu schinden. Für die gute Stimmung bei diesem traditionsreichen Fest sorgen auch Stringbands und Clowns.

Chinesisches Neujahrsfest

Überall dort, wo es eine Chinatown gibt, wird Ende Januar oder Anfang Februar ausgelassen gefeiert und geschlemmt. In NYC steigt ein festlicher Umzug, doch San Francisco mit seinen Festwagen, Feuerwerk, Livemusik und jeder Menge Spaß ist unübertroffen.

Sundance Film Festival

Anlässlich des legendären zehntägigen Sundance Film Festival (www.sundance.org;) Ende Januar kommen Hollywood-Stars, Independent-Regisseure und Filmfans nach Park City, Utah. Zeitig planen – die Festivalpässe sind schnell ausverkauft!

Februar

Viele Amerikaner fürchten den Februar mit seinen langen, dunklen Nächten und eisigen Tagen. Für Traveller kann es die günstigste Reisezeit sein: Mit etwas Glück gibt's Rabatte auf Flüge und in Hotels.

Mardi Gras

Mardi Gras findet am Tag vor Aschermittwoch (Feb./März) als krönender Abschluss des Karnevals statt. Legendär sind die bunten Umzüge, Maskenbälle und hedonistischen Ausschweifungen in New Orleans (www.mardigrasneworleans.com).

März

Der Frühling lockt die ersten Knospen hervor. Zumindest im Süden – der Norden friert noch immer bei kalten Temperaturen. In den Bergen ist noch Skihauptsaison. Gleichzeitig wird in Florida feuchtfröhlich Spring Break gefeiert.

St. Patricks Day

Am 17. März feiern die Iren ihren Schutzpatron mit Blaskapellen und viel Guinness. Riesige Umzüge gibt es in New York, Boston und Chicago (wo als Höhepunkt der Chicago River grün gefärbt wird).

National Cherry Blossom Festival

Mit einem vierwöchigen Fest wird rund um D. C.s Tidal Basin die zauberhafte Blüte der japanischen Kirschbäume mit Konzerten, Umzügen, Taiko-Trommeln, Drachensteigen und 90 anderen Events (www.nationalcherryblossomfestival.org) gefeiert. Bei jährlich mehr als 1 Mio. Besuchern lohnt es sich, rechtzeitig zu buchen.

South by Southwest

Jedes Jahr wird Austin, TX, zur Bühne eines der größten Musikfestivals (S. 776) Nordamerikas. Mehr als 2000 Künstler treten in knapp 100 Locations auf. Das SXSW ist zugleich ein großes Filmfestival und interaktives Fest – ein Forum für bahnbrechende Ideen.

April

Langsam wird's wärmer, aber der April ist im Norden noch immer unbeständig. Ins kühle Wetter mischen sich betörend warme Tage. Für den Süden ist der April auf jeden Fall eine gute Reisezeit.

Fiesta San Antonio

Mitte April ist die aufregendste Zeit für einen Besuch dieser hübschen, an einem Fluss gelegenen Stadt in Texas. Dann ist zehn Tage lang Fiesta (www.fiesta-sa.org) mit Rummel, Umzügen, Tanz und vielen kulinarischen Köstlichkeiten angesagt.

Jazz Fest

Beginnend am letzten Aprilwochenende findet in New Orleans das landesweit beste Jazzfest (www.nojazzfest.com) mit super viel guter Stimmung und erstklassigen Künstlern statt (übrigens gibt sich auch der hier lebende Harry Connick Jr. dabei gelegentlich die Ehre). Neben erstklassigem Jazz gibt's auch tolles Essen und interessantes Kunsthandwerk.

Juke Joint Festival

Das großartige Blues-Festival (www.jukejointfestival.com) findet jährlich Mitte April in Clarksdale, Mississippi, statt. Es erwarten den Traveller rund ein Dutzend Bühnen, viel gutes Essen, entspannte Stimmung und die ein oder andere originelle Veranstaltung (beispielsweise. Schweinerennen!).

Patriots' Day

Massachusetts' großer Feiertag fällt auf den dritten Montag im April. Es gibt Nachstellungen von Gefechten aus dem amerikanischen Unabhängigkeitskrieg und Umzüge in Lexington und Concord, den Boston Marathon und ein viel beachtetes Baseball-Heimspiel der Red Sox.

Gathering of Nations

Indigene Kultur kann man in Albuquerque Ende April beim Gathering of Nations (www.gatheringofnations.com) erleben, dem größten Zusammentreffen amerikanischer Ureinwohner. Es locken traditioneller Tanz, Musik, Essen, Kunsthandwerk und die Krönung der Miss Indian World.

Mai

Im Mai ist der Frühling endgültig angekommen. Der Wonnemonat ist einer der schönsten zum Reisen: Nun blühen die Wildblumen, das Wetter ist mild und sonnig – und noch bleiben einem die Menschenmassen und hohen Preise erspart.

Beale Street Music Festival

Blues-Fans zieht es Anfang Mai nach Memphis, wo drei Tage lang dieses ehrwürdige Musikfestival (S. 420) stattfindet.

Cinco de Mayo

Mexikos Sieg über die Franzosen wird im ganzen Land mit Salsamusik und Margaritas gefeiert. Die größten Feiern steigen in L.A., San Francisco und Denver.

Juni

Es ist Sommer: Die Amerikaner verbringen mehr Zeit in Cafés und fahren zur Küste und in die Nationalparks. Es ist Ferienzeit, man muss mit verstopften Autobahnen und hohen Preisen rechnen.

Bonnaroo Music & Arts Festival

Bei dem großen Musikfestival (www.bonnaroo.com) im Herzen von Tennessee stehen Mitte Juni vier Tage lang große Namen des Rock, Soul, Country usw. auf der Bühne.

Gay Pride

Mancherorts dauern die Gay-Pride-Feiern (www.sfpride.org) eine Woche, in San Francisco einen Monat. Am letzten Juniwochenende finden dort riesige Umzüge statt.

Chicago Blues Festival

Das dreitägige Blues-Festival (www.chicagobluesfestival.us) ist das größte der Welt und hat Chicago berühmt gemacht. Über 500 000 Besucher breiten Anfang Juni ihre Decken vor den vielen Bühnen im Grant Park aus.

Mermaid Parade

In Brooklyn, NYC, feiert man auf Coney Island (www.coneyisland.com) mit einer wunderbar kitschigen Parade den Beginn der Sommerhitze – verständlich, dass die Meerjungfrauen und -männer nur spärlich bekleidet sind.

CMA Music Festival

Bei Nashvilles legendären Country-Festival (www.cmaworld.com) treten mehr als 400 Künstler im Riverfront Park und im LP Field auf.

Telluride Bluegrass Festival

Bei diesem Festival (www.planetbluegrass.com) im bergigen Colorado spielt das Banjo eine Hauptrolle. Quasi rund um die Uhr finden Veranstaltungen statt, dazu gibt es regionale Spezialitäten und tolles Bier aus den Mikrobrauereien der Gegend. Glänzende Unterhaltung für jedermann! Viele Gäste zelten sogar hier.

Tanglewood Music Festival

Den ganzen Sommer über (von Ende Juni–Anfang Sept.) finden in bezaubernder Umgebung im westlichen Massachusetts (www.bso.org) Freiluftkonzerte statt.

Juli

Der Sommer ist in vollem Gang. Die Amerikaner grillen im Garten oder nehmen Kurs auf die Strände. Die Preise sind hoch, die Menschenmengen riesig. Es ist einfach was los!

Independence Day

Am 4. Juli begeht die Nation in fast allen Städten ihren Geburtstag mit Feuerwerk. Besonders schön sind die Feierlichkeiten in Washington, D.C., New York, Nashville, Philadelphia und Boston.

Oregon Brewers Festival

Die bierliebende Stadt Portland (www.oregonbrewfest.com) zieht mit dutzenden perfekt gebrauten Spezialbieren aus Mikrobrauereien aus dem ganzen Land (und sogar einigen wenigen aus dem Ausland) alle Register. Auch mit der Lage am Ufer des Willamette punktet das Oregon Brewers Festival.

Pageant of the Masters

Dieses achtwöchige Kunstfest (www.foapom.com) bringt etwas Surreales nach Laguna Beach (Kalifornien). Kostümierte kreieren lebende Bilder: Nachbildungen berühmter Kunstwerke. Begleitet wird das Ganze von Lesungen und einem Orchester.

Newport Folk Festival

In Newport (Richmond), einem Sommerurlaubsort für Gutbetuchte, findet Ende Juli ein Musikfestival von Weltrang (www.newportfolk.org) statt. Es treten erstklassige Folk-Künstler auf. Die Atmosphäre ist immer ausgelassen und wirklich einladend.

August

Es ist unglaublich heiß – je weiter man in den Süden reist, desto unerträglicher wird die Hitze. Die Strände sind brechend voll, die Preise hoch und die Städte an den Wochenenden leer, wenn die Bewohner an den Strand fliehen.

Lollapalooza

Bei dem gigantischen Rockfestival (www.lollapalooza.com) am ersten Augustwochenende treten von Donnerstag bis Samstag mehr als 100 Bands auf acht Bühnen im Chicagos Grant Park auf.

Iowa State Fair

Wer noch nie auf einer State Fair war, hat jetzt die Gelegenheit dazu. Bei dem 11-Tage-Event (www.iowastatefair.org) erwarten die Besucher Countrymusik, wunderliche Schnitzereien (aus Butter!), Ausstellungen von Farmtieren, Imbissbuden und eine richtig gute Zeit im Landesinneren Amerikas.

September

Der Sommer neigt sich dem Ende zu, die Tage werden kühler. Überall kann man tolle Ausflüge machen. Die Ferien sind vorbei und in Konzertsälen, Galerien und Theatern wird die neue Saison eingeläutet.

Santa Fe Fiesta

In Santa Fe steigt das älteste Festival des Landes (www.santafefiesta.org), ein zweiwöchiges Event mit Umzügen, Konzerten und dem Verbrennen des Old Man Gloom.

Burning Man Festival

Für eine Woche versammeln sich rund 50000 Feiernde, Künstler und Freigeister in der Black Rock Desert in Nevada, um vorübergehend eine Metropole der Kunstausstellungen, Themencamps und Kuriositäten zu schaffen. Der Höhepunkt dieses Festivals (www.burningman.com) ist das Verbrennen einer überdimensionalen Figur.

Oktober

Die Temperaturen sinken, der Herbst mit seinen feurigen Farben erreicht Nordamerika. Dort, wo die Blätter am stärksten leuchten (New England), ist Hauptsaison, anderswo fallen die Preise.

New York Film Festival

Dies ist nur eines der vielen Filmfestivals in NYC – ein anderes ist das Tribeca Film Fest Ende April. Beim diesem hier laufen Weltpremieren von Filmen aus aller Welt (www.filmlinc.com).

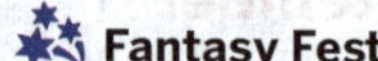

Fantasy Fest

Key Wests Pendant zu Mardi Gras lockt kurz vor Halloween über 100000 Feiernde in die subtropische Enklave – mit Umzügen, Partys und der Wahl des Königspaars (www.fantasyfest.net).

Halloween

In New York City kann man in ein Kostüm schlüpfen und sich bei einem Halloween-Umzug die Sixth Ave hinauf unter die Leute mischen. Ausgefallene Outfits sieht man in West Hollywood in Los Angeles und in San Franciscos Viertel Castro. In Salem, MA, finden im Oktober ebenfalls schwungvolle Events statt.

November

Im November ist überall Nebensaison. Trotz der niedrigen Preise (die aber zu Thanksgiving steigen) werden Besucher vom kalten Wind abgeschreckt. Kulturell ist in den Großstädten der USA viel los.

Thanksgiving

Am vierten Donnerstag im November versammeln sich die Amerikaner mit Familie und Freunden und feiern mit Putenbraten, Süßkartoffeln, Preiselbeersauce, Wein, Kürbiskuchen und anderen Gerichten. In NYC findet ein Umzug statt, im TV läuft Profi-Football.

Dezember

Wenn der Winter das Zepter übernimmt, beginnt die Skisaison in den Rockies (im Osten sind die Bedingungen erst im Januar so richtig ideal). Wer keinen Wintersport mag, macht es sich drinnen vor dem Kamin bequem.

Art Basel

Auf diesem gewaltigen viertägigen Kunstfestival (www.artbaselmiamibeach.com) in Miami Beach werden topaktuelle Kunst, Filme, Architektur und Design präsentiert. Über 200 Galerien stellen Arbeiten von rund 4000 Künstlern aus, begleitet von einem glamourösen Stelldichein der Schickimickis.

Silvester

Wenn es um Silvester geht, spaltet sich die Nation. Die einen feiern in einer Menschenmenge, die anderen flüchten vor dem Chaos. Wofür man sich auch entscheidet, man sollte rechtzeitig im Voraus buchen. Die Preise sind hoch (vor allem in NYC).

Reiserouten

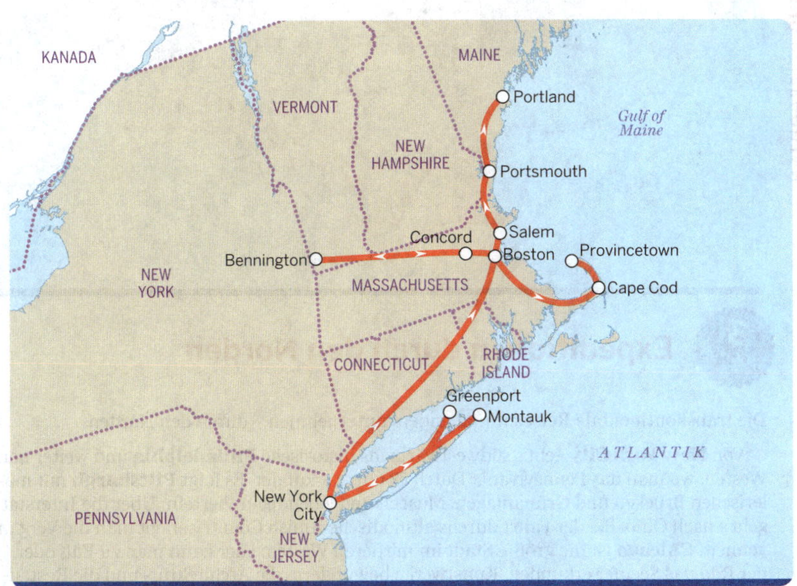

An der Ostküste

Große Städte, historische Ortschaften und ruhige Küsten bieten eine abwechslungsreiche Mischung an Highlights in Amerikas nordöstlicher Ecke.

Städtischer als in **New York City** kann Amerika nicht sein. Vier Tage sollte man für die Metropole einplanen und Viertel wie West Village, East Village, Soho und die Upper West Side besuchen. Auch die Museen der Upper East Side sollte man nicht verpassen. Dann schlendert man durch den Central Park, entlang der High Line und macht einen Abstecher nach Brooklyn und Queens. Zur Erholung geht's dann an die Strände in **Grenport** und **Montauk** auf Long Island. Wieder in New York geht es per Zug nach **Boston**, wo man zwei Tage für historische Sehenswürdigkeiten, ein Abendessen im North End und Kneipenhopping in Cambridge einplanen sollte. Dann auf zum **Cape Cod** mit seinen idyllischen Dünen und Wäldern und nach **Provincetown**, dem lebendigsten Ort der Halbinsel! Zurück in Boston mietet man ein Auto und macht eine dreitägige Tour über die kleine Straßen von New England. Übernachten kann man unterwegs in altmodischen B&Bs. Highlights sind **Salem** und **Concord** in Massachusetts, **Bennington** in Vermont und **Portsmouth** in New Hampshire. Bei einem Abstecher nach **Maine** locken köstlicher Hummer und die schöne, zerklüftete Küste. **Portland** ist ebenfalls ein toller Startpunkt.

Expeditionen durch den Norden

Die transkontinentale Reise einmal anders unternehmen – durch den Norden.

Von **New York City** geht's südwestwärts ins historische **Philadelphia** und weiter nach Westen, wo man das Pennsylvania Dutch Country erkundet. Es folgt **Pittsburgh** mit malerischen Brücken und Grünanlagen, Museen und lebendigen Vierteln. Über die Interstate geht's nach Ohio. Bei der Fahrt durchs altmodische Amish Country erlebt man die Vergangenheit. **Chicago** ist die größte Stadt im mittleren Westen. Hier kann man zu Fuß oder per Rad das Seeufer erkunden, Kunstwerke bewundern, die Architektur- und die Restaurantszene besuchen. Weiter im Norden wartet die jugendliche Unistadt **Madison**.

Es folgt ein Abstecher nach Norden ins Land der 10 000 Seen (Minnesota). Etappenziele sind **Minneapolis** und das historische St. Paul auf der anderen Flussseite. Zurück auf der I-90 lässt man den Blick über die Felder, den **Corn Palace** und die Ebenen von South Dakota schweifen. Gebremst wird erst im „Wilden Westen", am **Badlands National Park**. In den **Black Hills** konkurriert das Präsidentendenkmal Mt. Rushmore mit dem von Crazy Horse. Dann geht's gen Norden nach **Deadwood**, wo Schießereien nachgestellt werden.

Auf halbem Weg durch Wyoming macht man einen Abstecher nach **Cody** und schaut sich ein Sommer-Rodeo an. Dann locken die Wunder des **Yellowstone National Park**. Ein Abstecher führt nach Süden an den kristallklaren Seen und Gipfeln des **Grand Teton National Park** vorbei. Nun geht die Fahrt zurück nach Norden und gen Westen durchs ländliche Montana. **Bozeman** und **Missoula**, wo Outdoor großgeschrieben wird, bieten sich für einen Stopp an, von hier kann man die alpine Schönheit des **Glacier National Park** erkunden.

Nach der Wildnis ist **Spokane** mit seinem Uferstreifen und dem historischen Viertel mit Lokalen und Bars ideal, um die Batterien aufzuladen. Weiter westlich in **Seattle** herrscht kosmopolitischeres Flair. Die Stadt hat eine super Kaffeekultur und reges Nachtleben; man ist schnell auf den Inseln des Puget Sounds. Zu entdecken gibt's in der Umgebung u.a. den **Mt. Rainier**, den **Olympic National Park** und die **San Juan Islands**.

Von Küste zu Küste

Der große amerikanische Roadtrip ist ein Mythos, der in Hunderten Versionen erzählt wurde. Jetzt ist der Zeitpunkt gekommen, den Traum zu leben – von Küste zu Küste.

Start ist in **New York City** (das Auto mietet man aber günstiger in New Jersey). Die erste Station: **Philadelphia**, eine historische Stadt mit dynamischer Gastro-, Kunst- und Musikszene. Weiter gehts in die Hauptstadt, **Washington, D.C.** Sie hat jede Menge Sehenswürdigkeiten, tolle Restaurants und ein aufregendes Nachtleben zu bieten. Nun führt die Fahrt gen Süden durch Virginia, mit einem Abstecher zur fantastischen historischen Kolonialsiedlung **Williamsburg**. Man fährt weiter Richtung Süden, immer dicht an der Küste, und besucht unterwegs **Cape Hatteras** mit seinen unberührten Dünen, Sümpfen und Wäldern. Mit der Fähre geht es zur entlegenen **Ocracoke Island**, wo Ponys wild leben. Weiter südlich locken die Antebellum-Städte **Charleston** und **Savannah**. Der nächste Stopp ist **Splinter Hill Bog** in Alabama, wo man die Artenvielfalt der Küste erforscht, dann geht es in die Jazz-Stadt **New Orleans** mit Fun-Brassbands.

Nun erreicht man Texas mit seinem weiten Himmel. In **Galveston** geht es an den Strand. Man folgt dem Mission Trail und schlendert in **San Antonio** über die baumgesäumte Flusspromenade. Dann stürzt man sich in die Musik- und Ausgehszene **Austins**. Auf der Fahrt durchs Hill Country schlägt man sich den Bauch voll, in **Marfa** pausiert man, um Kunst und sternenklare Nächte zu genießen, dann wandert man im **Big Bend National Park**. Auf der Fahrt nach New Mexico folgt man dem Turquoise Trail ins kunstsinnige **Santa Fe** und nach **Taos**. Weiter geht's durch Colorado, in den Gebirgsort **Durango**, nach **Mesa Verde** und zum Treffpunkt **Four Corners,** wo vier Staaten auf einander treffen. Der **Grand Canyon** ist der nächste Stopp. Man sollte ruhig länger bleiben und sich Zeit für dieses großartige Naturwunder lassen. Danach versucht man sein Glück in **Las Vegas**, ehe man auf der Fahrt nach Kalifornien die Wüstenlandschaft des **Death Valley** bewundert. Von hier geht es in die Wälder der **Eastern Sierra**, danach locken Wanderungen und Tiere im **Yosemite National Park**. Die letzte Station ist **San Francisco** zwischen dem Ozean und der Bay, mit schönen Ausblicken und Kultur-Highlights. Der krönende Abschluss ist **Napa Valley** mit köstlichem Wein und Spezialitäten.

PHOTO SPIRIT/SHUTTERSTOCK ©

Oben: Eastern Sierra (S. 1140), Kalifornien
Links: Amish Country (S. 633), Ohio

Abseits ausgetretener Pfade

Bei dieser Tour warten u. a. unbekannte Städte, Inseln in Seen und Country-Musik.

Start ist in **Detroit**, welches im letzten Jahrzehnt ein bemerkenswertes Comeback hingelegt hat. Man kann einen Bummel am Flussufer machen, die Geschichte der Stadt erkunden (Motown, Autos) und ins Untergrund-Nachtleben von Motor City eintauchen. Danach geht's zum nahen **Ann Arbor** mit dem entspannten Charme einer Collegestadt (Cafés, Bauernmärkte, Kneipen und Bars) und weiter nach Westen zum Lake Michigan. Die Fahrt führt durch Uferstädte (vielleicht mit Zwischenstopp in **Saugatuck**, wo man sich in den Galerien umschaut) und weiter bis zur **Sleeping Bear Dunes National Lakeshore** mit seiner dramatischen Sand-Landschaft.

Von hier geht's zurück nach **Ludington** und mit der Fähre über den Lake Michigan nach **Manitowoc** in Wisconsin. Im Süden liegt **Milwaukee**, eine der schönsten Kleinstädte Amerikas. Nach viereinhalbstündiger Fahrt gen Süden erreicht man **Springfield**. Hier kann man den Spuren Abraham Lincolns folgen, des Helden der Stadt und beliebtesten Präsidenten der USA. Zwei Stunden weiter südlich liegt **St. Louis**, wo man zu Fuß die Viertel und Grünanlagen erkunden und den Blues, Grillpartys und die pulsierenden Musiktreffs genießen kann. Stichwort Musik: Als nächstes ist **Nashville** dran, das Mekka für Country- und Blues-Fans. Die Fahrt geht weiter in die Appalachen (am besten beginnt man in **Floyd**, VA). Dort erwartet einen eine authentische Musikszene inmitten der idyllischen Landschaft des südöstlichen Virginia. Im Norden liegt **Fayetteville** in West Virginia, das Tor zur atemberaubenden **New River Gorge**, die sich hervorragend für Wander-, Kletter-, Mountainbike- und Wildwasserraftingtouren anbietet.

In fünf Stunden gelangt man zur größten Amish-Gemeinde Amerikas im **Amish Country** in der Nähe von Kidron in Ohio – es ist wie eine Reise in die Vergangenheit mit den Antiquitätenläden, altmodischen Farmen und Bäckereien und anheimelnden Gasthöfen aus dem 19. Jh. Danach geht's auf schnellstem Weg nach **Cleveland**, in jene Stadt voller aufstrebender Gastropubs, neu ausgebauter Kunstmuseen, Obst- und Gemüsemärkte und mit der Rock and Roll Hall of Fame. Zurück nach Detroit sind es weniger als drei Stunden.

Reiseplanung

Road Trips & Panoramastraßen

Volltanken und anschnallen! Wie jeder weiß, lässt sich die USA am besten mit dem Auto erkunden. Man kann kreuz und quer durch die Bundesstaaten fahren, auf der Route 66 in Erinnerungen schwelgen, spektakuläre Sonnenuntergänge über dem Pacific Coast Highway bestaunen oder das ehrfurchtgebietende Panorama der Appalachen oder des gewaltigen Mississippis in sich aufnehmen.

Tipps für Road Trips

Highlights

Umwerfende Küstenlandschaften vom Pacific Coast Highway aus genießen; reizvolle, kaum besuchte Ziele an der Route 66 entdecken; tolle Sonnenuntergänge über den Appalachen auf dem Blue Ridge Pkwy erleben; Memphis Blues in einer Musikkneipe an der Great River Rd hören

Wichtigste Ausgangspunkte

Route 66: Chicago oder Los Angeles; Pacific Coast Highway: Seattle oder San Diego; Blue Ridge Pkwy: Waynesboro, VA oder Cherokee, NC; Great River Rd: Itasca State Park, MN oder Venice, L.A.

Wichtigste Sehenswürdigkeiten

Route 66: Grand Canyon; Pacific Coast Highway: Point Reyes National Seashore; Blue Ridge Pkwy: Peaks of Otter; Great River Rd: Shawnee National Forest.

Route 66

Die gute, alte Route 66 ist der Klassiker unter den Road Trips. Der Schriftsteller John Steinbeck verpasste dem aus Land- und Kleinstadthauptstraßen bestehenden Streckenabschnitt, der 1926 erstmals Chicago – die Stadt „mit den breiten Schultern" – mit den wippenden Palmen von Los Angeles verband, den Kosenamen „Mother Road", „Mutter aller Straßen".

Auf zur Route 66!

Ob man „Retro-Americana" erkunden oder weite Horizonte und Landschaften abseits der Menschenmassen erleben möchte: Die Route 66 hat all das zu bieten. Die Strecke führt an einigen der spektakulärsten Naturwunder der USA vorbei – nicht nur am Grand Canyon, sondern auch am Mississippi, an der Painted Desert und am Petrified Forest National Park in Arizona – und endet am Pazifikstrand Südkaliforniens.

Weitere Highlights unterwegs sind altmodische Museen mit Überbleibseln der Vergangenheit, Norman Rockwell'sche Zapfhähne, familiengeführte Lokale, funktionstüchtige Tankstellen, die aber aussehen, als wären sie Teil eines James-Dean-Films und (teils auch angehende) Geisterstädte am Rand der Wüste.

KURIOSITÄTEN AM STRASSENRAND: ROUTE 66

Kitschige, aus der Zeit gefallene und schlicht bizarre Attraktionen am Straßenrand? Massenweise an der Route 66! Hier ein paar ihrer heiß geliebten Wahrzeichen:

- Eine wuchtige Statue des legendären Holzfällers Paul Bunyan in Illinois, der einen Hotdog umklammert.
- Der Schwarze-Madonna-Schrein in Pacific, Missouri und Red Oak II außerhalb von Carthage.
- Der 24 m lange Blauwal in Catoosa, OK.
- Das Devil's Rope Museum, die Cadillac Ranch und die Slug Bug Ranch in Texas.
- Das Snow Cap Drive-In in Seligman und das WigWam Motel und der Meteor Crater in Holbrook in Arizona.
- Roy's Motel & Cafe in Amboy, mitten in der kalifornischen Mojave-Wüste.

Aber die Route 66 kann einem auch in kultureller Hinsicht die Augen zu öffnen: Vorurteile über das Leben in amerikanischen Kleinstädten verschwinden, das Positive der von Küstenbewohnern oft abwertend als „Flyover" bezeichneten Bundesstaaten wird aufgezeigt. Man kann sich in Illinois unter Farmer und in Missouri unter Country- und Westernstars mischen, in Oklahoma den Cowboy- und Indianerlegenden lauschen und im Südwesten Indianerstämme und moderne Pueblos besuchen und dabei die Traditionen der Ureinwohner kennenlernen. Dann dringt man auf den Spuren der Goldgräber und Schurken tief in den Wilden Westen vor.

Reisezeit

Die beste Monate für eine Reise auf der Route 66 sind Mai bis September, wenn es warm ist und man draußen viel unternehmen kann. Im Hochsommer (Juli/Aug.) muss man aufpassen, denn die Hitze kann unerträglich werden – vor allem in Wüstengebieten. Man sollte nicht im Winter (Dez.–März) reisen, wenn die Straßen schneebedingt gefährlich glatt sein können oder komplett gesperrt werden.

Die Route

Die Reise beginnt in Chicago, westlich der Michigan Ave, führt dann über etwa 2400 Meilen (3840 km) durch acht Bundesstaaten und endet in Los Angeles beim Santa Monica Pier. Die Straße ist eine endlose Baustelle – alte Abschnitte werden wieder geöffnet oder verschwinden wegen der Umtrassierung anderer Hauptverkehrsstraßen.

Die Geschichte der „Mother Road"

Größere Bedeutung erlangte die Route 66 erst während der Weltwirtschaftskrise, als Farmer auf ihr aus der Dust Bowl, den Great Plains, flüchteten. Der neue Reichtum der Babyboom-Jahre nach dem Zweiten Weltkrieg ermutigte dann viele Amerikaner, *to get their kicks on Route 66.*

Doch schnell begann die Route 66 an Glanz zu verlieren. Im Zuge eines ehrgeizigen neuen Interstate-Projekts wurde sie systematisch zubetoniert – und die neue, glänzende Asphaltstraße passierte die familienbetriebenen Diners, die Drugstore-Oasen und die einst hippen Motels nicht. Die Siedlungen an der Route 66 gerieten in Vergessenheit, über die Rastplätze legte sich Staub; Städte begannen zu verschwinden.

Gesellschaften zum Erhalt der Mother Road schalteten sich ein, um den verbliebenen Abschnitt des historischen Highways zu retten, nachdem im Jahr 1985 die Route 66 offiziell still gelegt worden war. Nur deshalb findet man heute, wenn man den unbefestigten Nebenstraßen und den blau markierten Highways folgt, die das Herz der USA durchqueren, auch heute noch sein persönliches Abenteuer auf der Route 66. Man fühlt sich wie in einer Zeitmaschine und entdeckt Orte, die in den 1950er-Jahren hängengeblieben zu sein scheinen.

Vom Weg abkommen

Wer der Route 66 heute folgen will, muss ein wenig Detektivarbeit leisten: Neue Streckenverläufe, auf Feldern endende Sackgassen, schlechte Straßenbedingungen und tiefe Spurrillen behindern das Vorankommen. Ab und zu vom Weg abzukommen, ist unausweichlich, aber das ist egal: Die Route 66 bietet einen Zeitsprung, der zeigt, wie Amerika einst war und manchmal noch ist. Nostalgie vom Feinsten!

Infos im Internet & Karten

Bevor man losfährt, sollte man sich mit Karten und Insidertipps wappnen, damit die Reise optimal gestaltet werden kann.

Here It Is: Route 66 Karten mit Wegbeschreibungen (für Reisen von Ost nach West und von West nach Ost), ohne die man ganz bestimmt nicht aufbrechen möchte; erhältlich in Buchläden.

Historic Route 66 (www.historic66.com) Tolle Website mit detaillierten Wegbeschreibungen für jeden Bundesstaat.

Route 66: EZ66 Guide for Travelers Von Jerry McClanahan; bekannt für die Hochglanzkarten.

Route 66: The Mother Road Von Michael Wallis; ein Blick in die Geschichte der großartigen Straße – mit alten Fotos, die sie lebendig werden lassen.

Pacific Coast Highway

Die klassische Reise entlang der Westküste von Kalifornien, Oregon und Washington führt an Weltstädten, Surforten und Küstenenklaven vorbei, die nur darauf warten, erkundet zu werden. Für viele Reisende liegt der eigentliche Reiz des Pacific Coast Hwy in der herrlichen Landschaft: einsame Strände, der Blick von den Klippen hinab auf die Brandung, sanft geschwungene Hügel und üppige Wälder (Redwood- und Eukalyptusbäume), die teilweise direkt am Stadtrand beginnen.

Auf zum PCH!

Der Pacific Coast Highway führt durch ein Paradies für Kajakfahrer, Taucher und alle anderen Outdoor-Enthusiasten, zu Lande und zu Wasser. Wer lieber von Sonnenauf- bis Sonnenuntergang im Cabrio am Meer dahincruist, dem bietet der PCH mit seinen wunderschönen Landschaften auch das.

Der PCH eignet sich für Verliebte, Wanderer, Alternative, Beatniks und Neugierige, die in Vergessenheit geratene Strandorte und Bauerndörfer erkunden wollen.

Reisezeit

Es gibt keine wirklich ungünstige Jahreszeit für den PCH, auch wenn es in den nördlicheren Gegenden im Winter mehr regnet und schneit. Hauptreisezeit ist von Juni bis August, obwohl viele Küstenabschnitte im Frühsommer im Nebel versinken („June Gloom"). Die Zwischensaison vor dem Memorial Day (April/Mai) und nach dem Labor Day (Sept./Okt.) ist dank sonniger Tage, knackig kalter Nächte und weniger Touristen die ideale Reisezeit.

BEVOR ES LOSGEHT

Damit der Road Trip ein gelungenes Abenteuer wird, sollte man einiges beachten:

- Einem Automobilclub beitreten, der für seine Mitglieder einen 24-Stunden-Pannendienst sowie Rabatte bei Unterkünften und Sehenswürdigkeiten anbietet. Einige internationale Clubs haben Partnerprogramme mit amerikanischen Autoverbänden – also vorher abchecken und den Mitgliedsausweis mitnehmen!
- Ersatzreifen, Werkzeugkasten (z. B. Wagenheber, Starthilfekabel, Eiskratzer, Reifendruckmesser) und die Notfalleinrichtungen des Autos (wie etwa die Warnblinkanlage) überprüfen. Wer ein Auto gemietet hat, in dem diese wichtigen Sicherheitsgegenstände fehlen, sollte sich diese vor der Abfahrt noch zulegen.
- Gute Karten mitnehmen, besonders wenn man offroad oder abseits der Highways unterwegs ist. Sich nur auf GPS-Geräte zu verlassen, ist riskant. Sie funktionieren manchmal nicht richtig, teilweise gar nicht (z. B. in Canyons oder Wäldern).
- Führerschein und Versicherungsnachweis immer mitführen!
- Ausländische Traveller sollten sich mit der Straßenverkehrsordnung der USA vertraut machen und sich auf die üblichen Verkehrsrisiken einstellen.
- Häufig tanken, da es auf den malerischen Nebenstrecken der USA nur wenige Tankstellen gibt, die recht weit voneinander entfernt liegen!

Panoramastraßen

Die Route

Der PCH ist einer von mehreren Küsten-Highways. Er schließt den Hwy 101 ein, der sich über fast 2000 Meilen (3200 km) von Tijuana in Mexiko bis nach British Columbia in Kanada erstreckt. Diese Straße verbindet einige der bemerkenswertesten Städte der Westküste miteinander: Los geht's im San Diego der Surfer über Los Angeles und San Francisco, CA, dann in Richtung Norden nach Seattle, WA.

Wer beim Anblick der Stadtstraßen Beklemmungen bekommt, sollte einfach wieder aus der Stadt rausfahren und einen Abstecher nord- oder südwärts zur Küste machen. Die Richtung ist egal – der Ausblick und die Highlights entlang des Weges belohnen jede Erkundung.

Am besten umfährt man die Großstädte und hält sich an die Flecken dazwischen: an die fast schon zu perfekten Strände von Kaliforniens Orange County (O.C.) und von Santa Barbara, das verrückte Santa Cruz, Unistadt und Surferparadies, die Redwood-Wälder von Big Sur und nördlich von Mendocino, die Dünen, die Orte am Meer und die Fischerdörfer an der Küste Oregons, Washingtons Olympic Peninsula mit ihren Regenwäldern und die San Juan Islands, die Fähren mit der Küste verbinden.

Blue Ridge Parkway

Auf dem Blue Ridge Pkwy, der sich über 469 Meilen (750 km) durch die südlichen Appalachen windet, kann man großartig wandern, Wildtiere beobachten, altmodische Musik hören und eine fesselnde Berglandschaft sehen – all das sorgt für einen unvergesslichen, kurzweiligen Road Trip.

Der Bau des Parkway begann 1935 unter Präsident Franklin D. Roosevelt und war eines der großen New-Deal-Projekte, ein riesiges Bauvorhaben, das bis zu seiner Fertigstellung 1987 über 52 Jahre brauchte.

Auf zum Blue Ridge Parkway!

Wenn man zuschaut, wie die Sonne still über den unberührten Wäldern, Bergen und den friedlichen Bächen untergeht, hat man den Eindruck, einige Jahrhunderte in der Zeit zurückgereist zu sein. Obwohl er an Dutzenden kleinerer Städte und einigen Ballungsgebieten vorbeiführt, scheint der Blue Ridge Pkwy weit vom modernen Amerika entfernt zu sein. Hier sind die Berghänge immer noch mit rustikalen Holzhütten übersät, auf deren Veranden Schaukelstühle stehen. Zudem locken die Schilder

WEITERE TOLLE ROAD TRIPS

ROUTE	STAAT(EN)	START/ZIEL	SEHENSWERTES & AKTIVITÄTEN	BESTE REISEZEIT
Rte 28	NY	Stony Hollow/ Arkville	Catskills Mountains, Seen, Flüsse, wandern, Herbstfarben bewundern, Tubing	Mai–Sept.
Old Kings Hwy	MA	Sagamore/ Provincetown	Historische Orte, historische Wohnsitze, Küstenlandschaft	April–Okt.
Natchez Trace Hwy	AL/MS/TN	Nashville/Natchez	Geschichte des „Alten Südens", archäologische Stätten, malerische Flüsse, Radfahren, campen, wandern	März–Okt.
Beartooth Hwy	MT	Red Lodge/ Yellowstone	Wildblumen, Berge, alpine Landschaften, campen	Juni–Sept.
Alpine Loop Backcountry Byway	CO	Ouray/Lake City	Berge, Ausblicke, Taler, verlassene Minen	Juni–Sept.
Great River Rd	IA	Effigy Mounds National Monument/ Keokuk	Malerische Ausblicke, schöne Uferlandschaften, wenig besuchte Städte und Dörfer	Mai–Sept.
Hwy 61	MN	Duluth/Kanadische Grenze	State Parks, Wasserfälle, malerische kleine Städte, wandern	Mai–Sept.
Hwy 2	NE	I-80/Alliance	Grasbedeckte Sanddünen, freier Ausblick	Mai–Sept.
El Camino Real	TX	Lajitas/Presidio	Wüsten- & Berglandschaften, Thermalquellen, wandern, reiten	Feb.–April & Okt.–Nov.
Sawtooth Scenic Byway	ID	Ketchum/ Stanley	Zerklüftete Berge, grüne Wälder, Rucksacktouren, wandern, Wildtiere beobachten	Mai–Sept.
Turquoise Trail	NM	Albuquerque/ Santa Fe	Bergbaustädte, eigenartige Museen & Volkskunst, Rad fahren, wandern	März–Mai & Sept.–Nov.
US 50	NV	Fernley/Baker	„Einsamste Straße Amerikas", schöne Wildnis, Radfahren, wandern, Höhlen erkunden	Mai–Sept.
Historic Columbia River Hwy	OR	Portland/ The Dalles	Landschaft, Wasserfälle, Wildblumen, Rad fahren, wandern	April–Sept.
Monument Valley	UT	Monument Valley	Kultige Berge, Filmkulissen, Fahrten mit dem Geländewagen, reiten	ganzjährig
VT 100	VT	Stamford/ Newport	Hügelige Weiden, grüne Berge, wandern, Ski fahren	Juni–Sept.
Kancamagus Hwy	NH	Conway/ Lincoln	Berge, Bäche & Wasserfälle, campen, wandern, schwimmen	Mai–Sept.
Maui's Road to Hana	HI	Paia/Hana	Wasserfälle im Urwald, Strände, wandern, schwimmen, surfen	ganzjährig

der Kunsthandwerker und Kneipen mit Bluegrass-Musik in die Seitenstraßen. In diesen Waldgebieten – einst Stammesareal der Tscherokesen, später Siedlungsgebiet und Schlachtfeld im Bürgerkrieg – scheint Geschichte in der Luft zu liegen.

Es gibt unterwegs schöne Plätze zum Übernachten und Essen. Wer sich all die Extrakalorien der Küche des Südens wieder abtrainieren will, erreicht vom Blue Ridge Pkwy aus mehr als 100 Wanderwege – von entspannten Naturpfaden und mühelosen Aufstiegen zu Berggipfeln bis zu anspruchsvollen Strecken am Appalachian Trail. Oder man erklimmt den Rücken eines Pferdes und lässt sich durch die kühlen Wälder tragen, erkundet im Kanu, Kajak oder Reifen Flüsse oder angelt an einem der kleinen Seen. Das Auto kann man auch getrost ganz stehen lassen: Der Parkway bietet tolle Radwanderstrecken.

Reisezeit

Man sollte bedenken, dass die Witterung je nach Höhe sehr unterschiedlich sein kann. Während im Winter auf den Bergen schon Schnee liegt, kann es in den Tälern noch warm sein. Die meisten Visitor Centers am Parkway haben nur von April bis Oktober geöffnet. Der Mai ist der beste Monat, um Wildblumen zu sehen, die meisten Besucher kommen aber im Herbst wegen der bunten Blätter. Frühling und Herbst sind eine gute Zeit, um Vögel zu beobachten: Am Himmel über dem Parkway wurden fast 160 Arten gezählt. Wer im Sommer oder Frühherbst kommt, sollte sich auf großen Andrang gefasst machen.

Die Route

Die hüglige, landschaftlich reizvolle Nebenstraße verbindet nach wie vor den Shenandoah National Park in Virginia mit dem Great Smoky Mountains National Park. Sie verläuft an der Grenze zwischen North Carolina und Tennessee und passiert Boone und Asheville in North Carolina sowie Galax und Roanoke in Virginia. Auch Charlottesville (VA) ist nur eine kurze Fahrt entfernt. Washington, D.C. (140 Meilen bzw. 224 km) und Richmond, VA (95 Meilen bzw. 152 km) liegen in Reichweite des Parkway.

Abstecher: Skyline Drive

Wer seine Reise durch diese Gegend noch ausdehnen möchte, kann eine Schleife auf dem Skyline Dr. drehen. Das Nordende des Blue Ridge Pkwy trifft bei Rockfish Gap auf diese 105 Meilen (170 km) lange Straße (die weiter nach Nordosten führt).

Man kommt auf dieser Straße nur langsam vorwärts (Geschwindigkeitsbeschränkung 35 Meilen/h), aber so kann man die Landschaft besser betrachten (im Frühling Wildblumen auf den Hügeln, blauen Himmel im Sommer, viele Farben im Herbst). Der Shenandoah National Park rund um den Skyline Dr. hat viele tolle Wanderwege, von denen einige auf Berggipfel mit Panoramablick führen. Im Park gibt es Campingplätze und schön gelegene Ferienhäuschen. In der Nähe liegen das Bergstädtchen Staunton (mit einem Shakespeare-Theater und Farm-to-Table-Restaurants) und das Höhlensystem der Luray Caverns.

Ein Wermutstropfen: Der Skyline Dr. ist kostenpflichtig (7-Tage-Pass Winter 25 US$ pro Fahrzeug). Dabei handelt es sich nicht um eine Maut, sondern eher um die Eintrittsgebühr für den Shenandoah National Park. An Wochenenden ist viel Verkehr.

Infos im Internet & Karten

Blue Ridge Parkway (www.blueridgeparkway.org) Karten, Aktivitäten und Übernachtungsmöglichkeiten an der Strecke. Man kann den kostenlosen Blue Ridge Parkway Travel Planner herunterladen.

Hiking the Blue Ridge Parkway Von Randy Johnson; genaue Wegbeschreibungen, topografische Wegekarten und andere Infos für kurze und lange Wanderungen (auch mit Übernachtungen).

Recreation.gov (www.recreation.gov) Hierüber kann man bei einigen Campingplätzen reservieren.

Skyline Drive (www.visitskylinedrive.org) Unterkünfte, Wanderwege, Tiere und mehr: ein vollständiger Überblick über den Nationalpark, der diese malerische Straße umgibt.

Great River Road

Die Ende der 1930er-Jahre eingerichtete Great River Rd ist eine abenteuerliche Route, die von den Quellflüssen des Mississippi an den Seen im nördlichen Minnesota flussabwärts bis zu der Stelle führt, wo der Fluss bei New Orleans in den Golf von Mexiko mündet. Wer einen Blick auf ein Amerika werfen möchte, das über die kulturellen Kluften – Nord und Süd, Stadt und Land, Baptisten und Boheme – hinausgeht, der sollte diesen Road Trip unternehmen.

Auf zur Great River Road!

Wer dem zweitlängsten Fluss Nordamerikas folgt, wird von der Schönheit der Landschaft, von Iowas Hügeln und den ausgedörrten Baumwollfeldern im Mississippi-Delta ergriffen sein. Kalksteinfelsen, dichte Wälder, Blumenwiesen und dunstige Sumpfgebiete sind ebenso Teil der Ku-

Point Reyes National Seashore (S. 1113), Kalifornien

lisse wie Schornsteine, Kasino-Schiffe und die Zersiedelung der Landschaft. Das sind die guten, die schlechten und die hässlichen Aspekte des Lebens am Mississippi. Ein Ganzes wird aber erst daraus, wenn auch die großartige Musik, das leckere Essen und der herzliche Empfang in den Städten, die abseits der Reiseroute am Flussufer liegen, Beachtung finden.

Die Kleinstädte geben Einblick in die amerikanische Kultur: Da wäre beispielsweise Hibbing, MN, wo der Folk Rocker Bob Dylan aufgewachsen ist, oder Brainerd, MN, das im Film *Fargo* der Coen-Brüder zu sehen ist. In Spring Green, WI, sammelte der Architekt Frank Lloyd Wright erste Erfahrungen, im ländlichen Hannibal, MO, wuchs Mark Twain auf, und in Metropolis, IL, steht die Telefonzelle, in der sich Superman sein Heldenkostüm überstreifte.

Der südliche Abschnitt dieser Strecke erzählt die Geschichte der amerikanischen Musik, vom Rock'n'Roll in St. Louis über den Blues in Memphis bis hin zum Jazz in New Orleans. Und Hunger muss man auch nicht leiden: Unterwegs kommt man an zahllosen Retro-Lokalen des Mittleren Westens, Southern-Barbecue-Schuppen und Räucherkammern vorbei und kann die Cajun-Tavernen und Tanzlokale in Louisiana ausgiebig erkunden.

Reisezeit

Die beste Reisezeit ist von Mai bis Oktober, wenn es am wärmsten ist. Die Winterzeit, in der man womöglich mit Schneestürmen kämpfen müsste, lieber meiden (außer man bleibt ganz unten im Süden).

Die Route

Die Great River Rd ist keine einzelne Straße, sondern eine Ansammlung von Abschnitten, die dem 2300 Meilen (3680 km) langen Mississippi folgen und die Reisenden durch zehn Bundesstaaten führen. Zu den Ballungszentren, die einen einfachen Zugang zur Great River Rd bieten, gehören New Orleans, Memphis, St. Louis und Minneapolis.

Infos im Internet

Mississippi River Travel (www.experiencemississippiriver.com) „Zehn Staaten, ein Fluss" ist das Motto dieser offiziellen Website mit Infos zu Geschichte, Freizeitaktivitäten, Livemusik ....

Reiseplanung

Outdoor-Aktivitäten

Mammutbäume, Schluchten, schneebedeckte Berge und dramatische Küsten – an spektakulären Kulissen für Abenteuer mangelt es den USA nicht. Wandern, Radfahren, Kajakfahren, Rafting, Surfen, Reiten, Klettern – wonach einem der Sinn auch steht, hier findet sich immer ein super Plätzchen für großartige Outdoor-Aktivitäten.

Wandern & Trekken

Die fitnessorientierten Amerikaner sind sehr stolz auf ihr großartiges Netz von Wanderwegen – es umfasst Zehntausende Kilometer –, und es gibt einfach keine bessere Möglichkeit als eine Wandertour, um die Landschaft hautnah und in der gewünschten Geschwindigkeit kennenzulernen.

Die Wildnis ist erstaunlich gut zugänglich und leicht auszukundschaften. Die Nationalparks sind besonders gut geeignet für kurze und lange Wanderungen. Wer schon immer einmal in der Wildnis unter dem Sternenhimmel übernachten wollte, sollte sicherheitshalber vorab eine Backcountry-Genehmigung einholen, insbesondere für Ziele wie den Grand Canyon – die Plätze sind begrenzt, besonders im Sommer.

Neben den Parks gibt es in jedem Bundesstaat vielerorts wahre Juwelen von Wanderwegen, auf denen sich so unterschiedliche Landschaften erkunden lassen: Die Palette reicht von sonnenverbrannten Hoodoos (Gesteinssäulen) und den roten Spitzen der Chiricahua Mountains von Arizona über die tropfenden Bäume und bemoosten Winkel des Washingtoner Hoh River Rainforest bis zu dem von Hornstrauch überwucherten Wild Azalea Trail in Louisiana und dem Tropenparadies der Na Pali Coast von Kauai. Fast überall gibt

Beste Outdoor-Abenteuer

Tiere beobachten

Bären im Glacier National Park, MT; Wapitis, Bisons und Wölfe im Yellowstone National Park, WY; Alligatoren, Manatis und Meeresschildkröten in den Florida Everglades; Wale und Delfine in der Monterey Bay, CA.

Wassersport

Wildwasserrafting auf dem New River, WV; surfen auf perfekten Wellen in Oahu, HI; tauchen und schnorcheln vor den Florida Keys; Kajak fahren in der unberührten Penobscot Bay, ME.

Mehrtägige Abenteuer

Wandern auf dem Appalachian Trail; Mountainbiken auf dem Kokopelli's Trail, UT; Klettern auf dem 4197 m hohen Grand Teton im Grand Teton National Park, WY; Kanufahren, Portagen und Campen in den weitläufigen Boundary Waters, MN.

Wintersport

Skifahren in Vail, CO; Snowboarden in Stowe, VT; Langlaufen am Lake Placid, NY.

Skifahren am Lake Tahoe (S. 1142), Kalifornien

es großartige Wander- und Backpacking-Möglichkeiten, auch mit kurzen Entfernungen. Alles, was man benötigt, sind ein Paar feste Schuhe (Sneakers od. Wanderstiefel) und eine Wasserflasche.

Wanderinfos im Internet

American Hiking Society (www.americanhiking.org) Links zu Freiwilligenprojekten, im Rahmen derer man beim Anlegen von Wanderwegen helfen kann.

Backpacker (www.backpacker.com) Beste nationale Zeitschrift für Backpacker, sowohl für Newbies als auch für alte Hasen.

Rails-to-Trails Conservancy (www.railstotrails.org) Verwandelt stillgelegte Bahntrassen in Wander- und Radwege und veröffentlicht auf www.traillink.com kostenlose Bewertungen zu Wanderwegen.

Survive Outdoors (www.surviveoutdoors.com) Informationen zu den Themen Sicherheit und Erste Hilfe sowie hilfreiche Fotos von gefährlichen Tieren.

Wilderness Survival Gregory Davenport hat damit wohl die beste Lektüre zum Überstehen nahezu aller Eventualitäten geschrieben.

Radfahren

Radfahren wird immer beliebter, selbst Großstädte wie New York weisen zunehmend Radwege aus und verpassen sich ein fahrradfreundlicheres Image. Und auch auf dem Land findet man immer mehr Wege im Grünen. Mehrere Veranstalter bieten geführte Radtouren für verschiedene Niveaus und von unterschiedlicher Dauer an. Die besten Infos zu Touren und Fahrradverleihs bekommt man in den Radläden vor Ort. Oder man recherchiert im Internet, was die Gegend, die man besucht, so zu bieten hat.

In vielen US-Staaten werden mehrtägige Radevents veranstaltet, bei denen man mit anderen Leuten in Kontakt kommt, so beispielsweise beim Ride the Rockies (www.ridetherockies.com) in Colorado. Gegen eine Gebühr kann man sich dem Pulk anschließen und sich auf eine malerische Radtour auf gut instand gehaltenen Wegen freuen. Die Ausrüstung der Teilnehmer wird jeden Tag ins jeweilige Nachtlager transportiert. Weitere tolle Radstrecken sind z. B. in Arizona der 45 km lange Anstieg von der Sonoran Desert auf den

2791 m hohen Mt. Lemmon, bei dem die Oberschenkel ordentlich brennen werden, oder der Cherohala Skyway, der über herrliche 82 km auf sanft gewellten Straßen durch Tennessee führt und tolle Ausblicke auf den Great Smoky Mountain gewährt.

Die besten Städte für Radler

- **Portland, OR** Eine der radfahrerfreundlichsten Städte Amerikas voller toller Möglichkeiten für Radler.
- **San Francisco, CA** Radelt man über die Golden Gate Bridge, findet man sich in den atemberaubend schönen und ebenso hügeligen Marin Headlands wieder.
- **Madison, WI** Die 193 km an Radwegen führen auch an den hübschen Seen, Parks und am Uni-Campus vorbei.
- **Boulder, CO** Der Liebling aller Outdoor-Enthusiasten hält auch eine Unmenge toller Radwege bereit, darunter der knapp 13 km lange Boulder Creek Trail.
- **Austin, TX** Die Stadt des Indie-Rock kann mit einem über 300 km langen Wegenetz aufwarten und das Wetter ist das ganze Jahr über großartig.

DIE SCHÖNSTEN WANDERWEGE IN DEN USA

Fragt man zehn Personen nach den schönsten Wanderwegen in den USA, wird vermutlich keine einzige Strecke zweimal genannt. Das Land ist so vielfältig und die Entfernungen sind derartig groß, dass auch die Meinungen weit auseinandergehen. Und dennoch wird man bei der folgenden All-Stars-Auswahl kaum falsch liegen:

Appalachian Trail (www.appalachiantrail.org) Der 1937 fertiggestellte Trail ist mit über 3375 km Länge der längste Wanderweg der USA. Er führt durch sechs Nationalparks und acht National Forests und durchquert zwischen Georgia und Maine insgesamt 14 Bundesstaaten.

Pacific Crest Trail (PCT; www.pcta.org) Schlängelt sich am Grat der Cascades und der Sierra Nevada entlang und passiert auf der 4265 km langen Strecke von Kanada nach Mexiko zwei der sieben Ökozonen Nordamerikas.

John Muir Trail im Yosemite National Park, CA (www.johnmuirtrail.org) Die malerischen 357 km vom Yosemite Valley hinauf zum Mt. Whitney sind eine wahre Wonne.

Enchanted Valley Trail, Olympic National Park, WA Eine traumhafte Berglandschaft, umherstreifende Wildtiere und üppige Regenwälder – all das halten die knapp 21 km dieses abgeschiedenen Wanderwegs bereit.

Great Northern Traverse, Glacier National Park, MT Der 93 km lange Wanderweg führt mitten durch das Land der Grizzlys und überquert die kontinentale Wasserscheide. Weitere Informationen finden sich im englischsprachigen Lonely Planet Band *Banff, Jasper & Glacier National Parks*.

Kalalau Trail, Na Pali Coast, Kauai, HI Auf knapp 18 km zeigt sich das wilde Hawaii von seiner besten Seite: mit Wasserfällen im Grünen, versteckten Stränden, saftigen Tälern und einer tosenden Brandung.

Mt. Katahdin, Baxter State Park, ME Die etwas über 15 km lange Wanderung führt über diese 1605 m hohe Bergspitze und beschert Wanderern einen Panoramablick über die 46 Gipfel des Parks.

South Kaibab/North Kaibab Trail, Grand Canyon, AZ Bei dieser mehrtägigen Wanderung geht es quer durch den Grand Canyon. Der Weg führt von der einen Seite des Canyons hinunter bis zum Colorado River und auf der anderen Seite wieder hinauf zur Kante.

South Rim, Big Bend National Park, TX Ein 21 km langer Rundweg durch die rötlich gefärbten, bis zu 2134 m hohen Chisos Mountains mit Blick auf das benachbarte Mexiko.

Tahoe Rim Trail, Lake Tahoe, CA (www.tahoerimtrail.org) Dieser 265 km lange Weg verläuft hoch über dem See, umrundet diesen und bietet dabei einen herrlichen Blick auf die Sierra.

➡ **Burlington, VT** Dieses Paradies für Radfahrer im Nordosten hat tolle Touren zu bieten; die bekannteste läuft am Lake Champlain entlang.

Surfen

Hawaii

Gesegnet sei der Bundesstaat, in dem alles begann und in dem die besten Wellen gewöhnlich zwischen November und März auflaufen.

➡ **Waikiki (Südküste von Oahu)** Hawaiis einstige Könige surften auf Holzbrettern, schon lange bevor die Missionare des 19. Jhs. den Sport als gottlos verdammten. Dank des warmen Wassers und der sanft anrollenden Wellen ist Waikiki perfekt für Anfänger und ermöglicht lange Ritte auf dem schaumigen Meer.

➡ **Pipeline und Sunset Beach (Nordküste von Oahu)** Hier gibt's die klassischen *tubes*, die entstehen, wenn riesige Wellen auf ein Riff auflaufen und brechen. Die Wellentunnel sind nur für geübte Surfer geeignet, den Zuschauern kann aber nichts Spektakuläreres geboten werden.

Westküste

➡ **Huntington Beach, CA, (auch bekannt als Surf City, USA)** Dies ist die ultimative Surfer-Hauptstadt in den USA: Hier sind Dauersonne und perfekte Wellen garantiert. Besonders toll ist es bei ruhigen Winden im Winter.

➡ **Black's Beach, San Diego, CA** An dem 3,2 km langen Sandstreifen am Fuß der gut

VERRÜCKT NACH MOUNTAINBIKEN

Ein wahres Nirwana aus Radwegen erwartet Mountainbike-Fans in Boulder (CO), Moab (UT), Bend (OR) und Ketchum (ID), aber auch beispielsweise in Marin (CA), wo Gary Fisher und Co. auf ihren selbst umgebauten Rädern die felsigen Flanken des Mt. Tamalpais hinunterrasten und so das Mountainbiken mitsamt Bunny Hops bekannt machten. Mehr Infos zu den Radwegen und zur Ausrüstung und jede Menge Tipps gibt's im *Bicycling Magazine* (www.bicycling.com) oder bei IMBA (www.imba.com).

Kokopelli Trail, UT Einer der besten Mountainbike-Trails in den Südweststaaten erstreckt sich über 225 bergige Kilometer zwischen Loma (CO) und Moab (UT). Weitere Optionen in der Nähe sind z. B. der 331 km lange Trail zwischen Telluride (CO) und Moab (UT), der jeden Abend Rast in einer anderen Hütte ermöglicht, und die kürzere, jedoch sehr anspruchsvolle 61 km lange Strecke von Aspen nach Crested Butte, die nicht minder atemberaubend ist.

Maah Daah Hey Trail, ND Ein 154 km langes Abenteuer über die sanften Hügel am Little Missouri River.

Sun Top Loop, WA Eine rund 35 km lange Bike-Strecke an den westlichen Hängen der Cascade Mountains in Washington mit anspruchsvollen Anstiegen, die aber mit einem herrlichen Ausblick auf den Mt. Rainier und die umliegenden Gipfel belohnt werden.

Flume Trail, CA Eine moderat anspruchsvolle Strecke mit herrlichem Blick auf den Lake Tahoe. Der 22,5 km lange Pfad führt von rund 2130 m auf 2440 m Höhe, gut 7 km sind als Singletrail ausgewiesen.

Finger Lakes Trail, Letchworth State Park, NY Ein recht unbekanntes Schmuckstück, 35 Meilen (56 km) südlich von Rochester im Bundesstaat New York gelegen. Hier fährt man auf einem 32 km langen Singletrail an den Felsen des „Grand Canyon of the East" entlang.

McKenzie River Trail, Willamette National Forest, OR (www.mckenzierivertrail.com) Ein herrlicher Singletrail von über 35 km Länge schlängelt sich durch dichte Wälder und Vulkanformationen. Der Ort McKenzie liegt 50 Meilen (80 km) östlich von Eugene.

Porcupine Rim, Moab, UT Der 48 km lange, ehrwürdige Porcupine Rim ist ein Rundweg. Er beginnt im Ort und verläuft durch die Mojave-Wüste – mit wunderschönen Ausblicken und buchstäblich atemberaubenden Downhills.

900 m hohen Klippen in La Jolla gibt's dank einer Unterwasserschlucht unmittelbar vor der Küste einen der stärksten Beach Breaks in Südkalifornien.

➡ **Oceanside Beach, Oceanside, CA** Einer der schönsten Strände Südkaliforniens rühmt sich eines der am verlässlichsten guten Surfspots im Sommer. Familien sind hier ebenfalls herzlich willkommen.

➡ **Rincon, Santa Barbara, CA** Eine der Top-Destinationen der Welt; fast jeder Surfchampion hat Rincon schon beehrt.

➡ **Steamer Lane and Pleasure Point, Santa Cruz, CA** Hier existieren elf Weltklasse-Breaks, darunter Pointbreaks über die Klippen entlang der Landzunge.

➡ **Swami's, Encinitas, CA** Beliebter Surfstrand unterhalb des Seacliff Roadside Park mit mehreren ordentlichen Breaks, die fantastische Wellen garantieren.

Ostküste

In den an der Atlantikküste gelegenen Bundesstaaten finden sich einige grandiose und unerwartete Spots, besonders für Fans einer moderateren Brandung. Am wärmsten ist das Wasser vor der Golfküste Floridas.

➡ **Cocoa Beach, Melbourne Beach, FL** Weil er nicht überfüllt ist und hier eher sanfte Wellen auflaufen, bietet er sich für Anfänger und Longboarder an. Südlich davon liegt das Inlet, bekannt für beständig gute Surfmöglichkeiten und übersichtliche Menschenmengen.

➡ **Reef Rd, Palm Beach, FL** Hier brechen die Wellen am Strand und an den Klippen und sorgen besonders bei Ebbe für konstant gute Bedingungen, besonders im Winter.

➡ **Cape Hatteras Lighthouse, NC** In dieser sehr beliebten Gegend findet man einige gute Spots und endlose Wellen – graziöse Dünungen jeder Größenordnung und Winde aus allen Richtungen.

➡ **Long Island, Montauk, NY** Über ein Dutzend Spots säumen ganz Long Island, von den oft überfüllten Ditch Plains von Montauk bis zum Long Beach von Nassau County mit sich kräuselnden Wellen auf fast 5 km Länge.

➡ **Casino Pier, Seaside Heights, NJ** Das Pier wurde nach dem Hurrikan Sandy 2012 inzwischen wieder weitgehend aufgebaut und ist einer der besten Surfspots in New Jersey. Die Einheimischen sind froh, es wieder zu haben (und entsprechend voll ist's hier auch).

➡ **Point Judith, Narragansett, RI** Rhode Island hat mit mehr als 30 Surfspots an einer 64 km langen Küstenlinie einige der besten Brandungen zu bieten, u. a. diesen felsigen Pointbreak mit sanften bis *tube*-artigen Wellen. Nichts für Anfänger!

➡ **Coast Guard Beach, Eastham, MA** Als Teil der Cape Cod National Seashore ist dieser familienfreundliche Strand bekannt für seine den ganzen Sommer anhaltende und für Short- wie Longboards gleichermaßen geeignete konstante Dünung.

Rafting

Östlich des Mississippis bietet West Virginia sagenhafte Wildwasserareale. Zunächst wäre da der New River Gorge National River, trotz seines Namens einer der ältesten Flüsse der Welt. Er verläuft von North Carolina bis nach West Virginia, schneidet eine tiefe Schlucht, die als „Grand Canyon of the East" bekannt ist, und erzeugt mit seinem Sog schäumende Stromschnellen. Dann gibt es da noch den Gauley, der wohl zu den herrlichsten Wildwassern der Welt zählt. Der Appalachenfluss wird wegen seiner extrem steilen und turbulenten Stromschnellen geschätzt und verspricht eine wahre Achterbahnfahrt. Auf einer Strecke von gerade einmal 45 km hat er ein Gefälle von mehr als 200 m! In seiner Nähe befinden sich noch sechs weitere Flüsse, die unerfahreneren Wasserratten als Trainingsgelände dienen. North Carolina hat zwei Spots für Paddler: das US National Whitewater Center außerhalb von Charlotte und das Nantahela Outdoor Center in Bryson City.

Auch im Westen gibt es zahlreiche Möglichkeiten, sich in ein malerisches wie spektakuläres Rafting-Abenteuer zu stürzen: etwa im Cataract Canyon in Utah, bei einer mitreißenden Fahrt zwischen den roten Felsen des Cayonlands National Park oder auf dem Rio Grande in Texas, einem eher trägen Flusslauf durch hübsche Kalksteinschluchten. Der North Fork, die nördliche Gabelung des Owyhee, welcher sich vom Hochplateau des südwestlichen Oregon bis zu den Weiden Idahos erstreckt, ist nicht umsonst sehr beliebt und wird auf seinem Weg von hoch aufragenden Hoodoos gesäumt. In Kalifornien warten der Tuolumne River und der American River mit mäßigen bis extremen Stromschnellen auf, während Idahos Middle Fork (die mittlere Gabelung des Salmon River) wirklich alles zu bieten hat: zahlreiche Wildtiere an seinen Ufern, mitreißende Stromschnellen, eine bewegte Geschichte, Wasserfälle und Thermalquellen. Wenn man so gut organisiert ist, dass man seine Reise schon ein paar Jahre im Voraus buchen kann, sollte man unbedingt einen ultimativen Rafting-Trip auf dem Colorado River unternehmen. Aber auch wer nicht auf abenteuerliche Stromschnellen steht, wird in den USA fündig: Viele Flüsse haben Abschnitte, die für einen gemächlichen Bootstrip oder zum Dahingleiten in aufblasbaren Schläuchen geeignet sind – da darf ein kühles Bierchen in der Hand natürlich nicht fehlen.

Kajak- & Kanufahren

Ruhige Gewässer (ohne Stromschnellen, ohne Brandungen) erkundet man am besten mit dem Kanu oder dem Kajak. Kajaks sind zwar seetüchtig, aber nicht in jedem Fall für den Transport von sperriger Ausrüstung geeignet. Auf großen Seen und an der Küste (u.a. rund um die San Juan Islands) ist ein Seekajak meist die bessere Wahl. Ein Kanu eignet sich bei mehrtägigen bis monatelangen Trips durch die Wildnis sehr gut – etwa auf den 19 000 km langen Wasserwegen in den Boundary Waters von Minnesota oder auf dem Bartram Canoe Trail in Alabama mit seinen über 1200 km² sumpfiger Flussarme, Seen und ruhiger Flüsse.

Kajak- oder Kanufahren ist in den USA so gut wie überall möglich, auch Kurse und Equipment sind nicht schwer zu finden – und zwar von der Apostle Islands National Seashore in Wisconsin über Utahs viel gelobten Green River bis zur Na Pali Coast auf Hawaii. Man kann sich in der Penobscot Bay in Maine Kajaks ausleihen und vor der Küste rund um die von Fichten gesäumten Inselchen herumpaddeln oder sich in Sausalitos Richardson Bay in Kalifornien einer Tour bei Vollmond anschließen.

Skifahren & Wintersport

In über 40 US-Bundesstaaten kann man auf Pisten hinunter ins Tal sausen, die Auswahl an Skigebieten und -resorts ist schier grenzenlos. Am besten auf einem oder zwei Brettern gen Tal sausen kann man in Colorado, aber auch Kalifornien, Vermont und Utah sind Topziele. Die Skisaison dauert für gewöhnlich von Mitte Dezember bis April, wobei manche Skiorte auch länger Saison haben. Im Sommer nehmen viele Wintersportgebiete ihre Sessellifte für Mountainbiker und Wanderer in Betrieb. Skisportpakete inklusive Flug, Hotel und Liftpass können unkompliziert über Ferienorte, Reisebüros und auf Reisewebsites – hier gibt's mitunter echte Schnäppchen – gebucht werden.

Egal wo man sich die Bretter anschnallt – ein billiges Vergnügen wird's definitiv nicht. Die besten Angebote bekommt man, wenn man werktags auf die Pisten geht, gleich Mehrtagestickets kauft, weniger bekannte Ferienorte ansteuert (z. B. die Alpine Meadows am Lake Tahoe) oder Hänge ausfindig macht, an denen normalerweise vor allem Einheimische anzutreffen sind, wie etwa im Mad River Glen in Vermont, in der Santa Fe Ski Area oder am Wolf Grad in Colorado.

Die besten Ski- & Snowboardgebiete

Das erstklassige Stowe in Vermont ist etwas für alte Wintersporthasen – im Lift friert man sich zwar einen ab, dafür kann man sich beim Après-Ski in holzverkleideten Bars mit einheimischen Biersorten zünftig wieder aufwärmen. Mehr Schnee, höhere Berge und jede Menge Glamour findet man hingegen ganz im Westen in Vail, CO, in Squaw Valley, CA, und in der Glitzerwelt von Aspen, CO, vor. Eine recht unprätentiöse Szene und steile Pisten gibt's in Alta, UT, Telluride, CO, Jackson, WY, und Taos, NM. Außerhalb von Juneau, Anchorage und Fairbanks durchschneiden die Skipisten Alaskas eine spektakuläre Landschaft; die nördlichsten Sessellifte Nordamerikas – und außerdem von Mitte September bis Mitte April grün-blau schimmernde Polarlichter – sind im Mt. Aurora SkiLand zu finden.

Klettern

Kletterer zieht es in Scharen in die sonnendurchtränkte Wüste Südkaliforniens zum Joshua Tree National Park, der für sie ei-

Surfer am California Beach

nem überirdischen Heiligtum gleichkommt. Dort, zwischen schroffen Monolithen und den namensgebenden Bäumen des Parks, können mehr als 8000 Routen gemeistert werden, die über blanke Steilhänge, scharfe Kanten und zahlreiche Felsspalten führen; und eine hervorragende Kletterschule bietet Kurse für jedes Niveau. Im Zion National Park, UT, lernt man in mehrtägigen Canyoning-Kursen die hohe Kunst des Abstiegs: das Abseilen an glatten Sandsteinwänden hinunter in prächtige, rot schimmernde und mit Bäumen übersäte Felsschluchten. Bei einigen der sportlicheren Varianten geht's im Trockenanzug an den Flanken tosender Wasserfälle hinunter ins eiskalte Wasser. Und das sind bei Weitem noch nicht alle tollen Klettergebiete:

➡ **Grand Teton National Park, WY** Ein Topziel für Kletterer mit und ohne Erfahrung. Anfänger lernen in einem Kurs die Grundlagen, die Erfahreneren können sich auf zweitägigen Expeditionen hinauf zum Gipfel des 4200 m hohen Grand Teton machen, der die Mühen mit einem majestätischem Ausblick entlohnt.

➡ **City of Rocks National Reserve, ID** Hier gibt's über 500 Routen, die an windgepeitschtem Granit und wolkenkratzerhohen Felsnadeln hinaufführen.

➡ **Yosemite National Park, CA** In diesem Kletterschrein werden hervorragende Kurse (S. 1135) angeboten und es ist sowohl etwas für Anfänger als auch für diejenigen Durchgeknallten dabei, die von einer Nacht in einer Hängematte in 3000 m Höhe träumen.

➡ **Bishop, CA** Südöstlich des Yosemite National Park liegt dieses bei vielen Top-Kletterern beliebte, verschlafene Städtchen in der Eastern Sierra, die das Tor zu hervorragenden Kletterrevieren in der nahe gelegenen Owens River Gorge und in den Buttermilk Hills ist.

➡ **Red Rock Canyon, NV** Gut 15 km westlich von Las Vegas erstreckt sich eines der besten Sandstein-Klettergebiete der ganzen Welt.

➡ **Enchanted Rock State Natural Area, TX** Dieser rund 110 km westlich von Austin gelegene State Park wartet mit riesigen rosafarbenen Granitkuppeln und Hunderten von Kletterrouten auf, die herrliche Ausblicke auf das Texas Hill Country bieten.

➡ **Rocky Mountain National Park, CO** Alpines Bergsteigen in der Nähe von Boulder.

➡ **Flatirons, CO** In der Nähe von Boulder gibt es tolle Mehrseillängentouren.

➡ **Chattanooga, TN** Weltklasseziel dank vieler nahe gelegener Klettergebiete wie der Tennessee Wall mit über 400 festen Routen.

➡ **Red River Gorge, KY** Mit über 100 Felsen und rund 2000 verschiedenen Routen ein wahres Kletterparadies – das gilt umso mehr angesichts der Lage der Schlucht innerhalb üppig bewaldeter Landschaft.

➡ **Shawangunk Ridge, NY** Zwei Stunden Autofahrt nördlich von NYC liegt dieser etwa 80 km lange Bergkamm. Hier in den „Gunks" haben viele Kletterer von der Ostküste ihre ersten Kraxelversuche unternommen.

➡ **Hueco Tanks, TX** Zählt zwischen Oktober und Anfang April, wenn andere beliebte Touren wegen des Wetters nicht mehr geklettert werden können, zu den besten Zielen der nördlichen Hemisphäre. Dafür sind die Felsen im Sommer aufgrund der unerbittlichen Wüstensonne meist zu heiß zum Anfassen.

Kletter- & Canyoning-Infos im Internet

➡ **American Canyoneering Association** (www.canyoneering.net) Online-Datenbank mit Canyons und Links zu Kletterkursen, lokalen Klettergruppen und mehr.

➡ **Climbing** (www.climbing.com) Seit 1970 erhält man hier die aktuellsten Kletter-News und -Infos.

➡ **SuperTopo** (www.supertopo.com) Hier bekommt man alles, von Kontaktdaten von Kletterguides über kostenlose topografische Karten bis hin zu Routenbeschreibungen.

Sporttauchen & Schnorcheln

Das exotischste Unterwasserreiseziel der USA ist Hawaii. In den schillernden, aquamarinfarbenen Gewässern mit ganzjährig warmen Wassertemperaturen bekommt man eine gigantische Vorstellung aus surrealen Farben und Formen geboten. Man schwimmt inmitten von Meeresschildkröten, Tintenfischen und bunten Papageienfischen – von den Vulkanhöhlen und schwarzen Korallen ganz zu schweigen. Zurück an Land geht der Tagtraum mit einem *poke* aus frisch gefangenem Gelbflossen-Thun *(ahi)* weiter.

Die schönsten Tauchgebiete liegen vor der Küste und zwischen den Inseln, weshalb ein mehrtägiger Tauchausflug auf einem Boot die beste Möglichkeit ist, die Unterwasserwelt zu erkunden. Der Aloha State bietet ein Unterwasserparadies von unvorstellbarer Schönheit: von Suppenschildkröten über Wracks aus dem Zweiten Weltkrieg vor Oahu bis zu den Lavaskulpturen nahe der kleinen Insel Lanai. Allerdings sollte alles gut geplant werden, da sich die Tauchspots je nach Saison ändern.

Auf dem US-amerikanischen Festland hat Florida mit einer Küsten von über 1600 km Länge, die in 20 einzigartige Unterwassergebiete aufgeteilt ist, den Löwenanteil an tollen Tauchmöglichkeiten abgekommen. Es gibt Hunderte Spots und zahllose Tauchläden, die die nötige Ausrüstung und geführte Tauchgänge anbieten. Südlich von West Palm Beach ist das Wasser wunderbar klar und man kann das ganze Jahr über an dem weitläufigen Riff tauchen. Am Panhandle, dem nördlichen Teil des Bundesstaats, laden die ruhigen und warmen Gewässer des Golfs von Mexiko zum Tauchen ein, vor Pensacola und Destin gibt es hervorragende Möglichkeiten zum Wracktauchen und nahe Crystal River kann man mit Seekühen tauchen.

Die Florida Keys, eine Inselkette aus 31 Inseln, sind das Beste, was die US-Küste zu bieten hat. Hier warten eine herrliche Mischung aus marinen Lebensräumen, der einzige lebendige Korallengarten Nordamerikas und das eine oder andere Schiffswrack darauf, erkundet zu werden. Zu Key Largo gehört der John Pennekamp Coral Reef State Park, der mit mehr als 215 km² paradiesischer Unterwasserwelt aufwartet.

Entlang der Mangrovensümpfe des Florida Reefs erstreckt sich schließlich das drittgrößte Korallenriff-System der Welt, das hervorragend Tauch- und Schnorchelspots (und wesentlich wärme Wassertemperaturen) bietet. Vor der Küste von Islamorada sollte man nach Seekühen Ausschau halten. Und eine Tour nach Dry Tortugas eröffnet einem die Welt eines weitläufigen Riffs, das von Barrakudas und Meeresschildkröten nur so wimmelt; rund 200 gesunkene Schiffe liegen hier auf dem Meeresgrund.

Noch mehr Unterwasserwelten

Aktuelle Infos zu Tauchspots in den USA und darüber hinaus findet man unter Scuba Diving (www.scubadiving.com) und im

DT Mag unter dem Abschnitt Tauchen in den USA (www.dtmag.com/travelresource/divetravel).

➡ **Hanauma Bay Nature Preserve, Oahu, HI** Trotz der Menschenmassen ist dies noch immer einer der weltweit besten Orte zum Schnorcheln. Hier leben über 450 Arten von Rifffischen.

➡ **San Diego-La Jolla Underwater Park** Mehr als 2400 ha großes Schutzgebiet mit hervorragenden ufernahen Tauchspots inmitten vier verschiedener Lebensräume. Es warten zwei Riffe und sieben Höhlen – und bei rund 9 m Sicht bieten sich tolle Möglichkeiten, eine breite Vielfalt an Meeresbewohnern zu beobachten, so auch Aale, Garibaldi und Leopardenhaie.

➡ **Channel Islands, CA** Vor diesen Inseln zwischen Santa Barbara und Los Angeles liegen zahllose Tauchspots, der Lebensraum u. a. von Langusten und Engelhaien; am besten erreicht man sie mit einem Charterboot.

➡ **Jade Cove, CA** Etwa 10 Meilen (16 km) südlich von Lucia am Hwy 1 gelegen. An dem treffend benannten Ort findet sich das weltweit einzige Unterwasservorkommen von Jade, was einen unvergesslichen Tauchgang garantiert.

➡ **Cape Hatteras National Seashore, NC** Entlang der nördlichen Küste von North Carolina können Taucher historische Wracks aus dem Bürgerkrieg erforschen und dabei mitunter auch auf Sandtigerhaie treffen. Außerdem gibt es zahllose Möglichkeiten für Tauchausflüge in die Outer Banks und ins Gebiet rund um Cape Lookout.

➡ **Great Lakes, MI** Der vielleicht verblüffendste Tauchspot der USA: Der Lake Superior und der Lake Huron in Michigan haben Tausende von Schiffswracks zu bieten, die auf ihrem sandigen Grund verstreut liegen. Bunte Korallenfische darf man hier natürlich nicht erwarten.

Reiten

Möchtegern-Cowboys werden sich freuen zu hören, dass Reiten jeglicher Art, von seiner sattellosen Form bis hin zum Western-

DIE FERTIGKEITEN AUSBAUEN – ODER SICH NEUE ANEIGNEN

Bei diesen Programmen mit hohem Thrill-Faktor kann man ein paar neue Tricks und Kniffs erlernen, z. B. auf Wellen zu reiten oder an Klippen zu baumeln.

Chicks Climbing & Skiing (www.chickswithpicks.net) Die Gruppe mit Sitz in Ridgway, CO, veranstaltet landesweit Workshops für Frauen im Bergsteigen, Klettern, Eisklettern und Skifahren im Hinterland.

Club Ed Surf Camp (www.club-ed.com) Bringt Travellern zwischen Manresa Beach und Santa Cruz das Wellenreiten bei und veranstaltet Exkursionen zum Surfmuseum und zu Herstellern von Surfbrettern.

Craftsbury Outdoor Center (www.craftsbury.com) Hierher kommt man zum Rudern, Langlaufen und Laufen – inmitten der Wälder und Berge von Vermont.

Joshua Tree Rock Climbing School (www.joshuatreerockclimbing.com) Einheimische Guides führen Anfänger und Cracks auf 7000 verschiedenen Kletterrouten im Joshua Tree National Park, CA.

LL Bean Discovery Schools (www.llbean.com) Der berühmte Anbieter in Maine veranstaltet Kurse im Kajakfahren, Schneeschuhlaufen, Langlaufen, Überleben in der Wildnis, Fliegenfischen u. v. m.

Nantahala Outdoor Center (www.noc.com) Bei diesem Veranstalter aus North Carolina lernt man in den Great Smoky Mountains Paddeln wie ein Profi.

Otter Bar Lodge Kayak School (www.otterbar.com) Der großartige Unterricht im Wildwasserkajakfahren weiß zu überzeugen. Gleiches gilt auch für die Saunas, die heißen Bäder, die Abendessen mit Lachs und die in der nördlichen Wildnis Kaliforniens versteckte Waldhütte.

Steep & Deep Ski Camp (www.jacksonhole.com/steep-ski-camp.html) Auf extremem Terrain gewandt Ski fahren (und unberührte Pisten einweihen) und sich danach auf einer Dinnerparty entspannen – toll! Man kann auch mal mit Olympiasieger Tommy Moe die Piste hinunterbrettern.

reiten, überall in den USA möglich ist. Im Westen finden sich die wirklich unvergesslichen Reiterlebnisse, von einwöchigen Expeditionen durch die Canyons im Süden von Utah über den Viehtrieb in Wyoming bis hin zum Ponyreiten entlang der Küste von Oregon. Ein Pferd zu finden, ist nicht schwer: In vielen der Nationalparks bzw. in ihrer Umgebung gibt es Reitschulen und Reitställe, die Pferde vermieten. Erfahrene Pferdenarren können allein auf Erkundungstour gehen oder einen Führer mitnehmen, der die örtliche Flora, Fauna und Geschichte kennt. Halb- und ganztägige Wanderritte in Gruppen, die üblicherweise ein Mittagessen auf einer mit Wildblumen übersähten Wiese beinhalten, sind sehr beliebt und werden überall angeboten.

Kalifornien ist ein fantastischer Ort zum Reiten: In Nebel gehüllte Pfade führen an der Point Reyes National Seashore an Klippen entlang, zudem gibt es längere Exkursionen zu den hoch gelegenen Seen der Adams Wilderness sowie mehrtägige Reittouren im Yosemite Park und im Kings Canyon. Auch die Nationalparks Capitol Reef und Canyonlands in Utah eignen sich hervorragend für spektakuläre Ausflüge auf dem Rücken eines Pferdes, ebenso wie die Berge, Bäche und Ebenen von Colorado, Arizona, New Mexico, Montana und Texas.

Ferienranches (à la „Urlaub auf dem Bauernhof“) gibt es in allen möglichen Formen, vom luxuriösen Aufenthalt mit Daunendecken bis hin zum Stalldienst auf einer Rinderfarm. Zu finden sind die Ranches in den meisten westlichen und sogar in einigen östlichen Staaten (wie Tennessee oder North Carolina). Und echte Cowboys gibt's gratis obendrauf!

Reiseplanung

Essen & Trinken wie die Einheimischen

Die USA haben eine vielfältige Küche, die nutzt, was der Kontinent hergibt: Von Meeresfrüchten aus dem Nordatlantik bis hin zu den Erzeugnissen des fruchtbaren Mittleren Westens und dem Fleisch aus dem Westen. Steaks aus Omaha, Marylands Krabbenkuchen und roter Reis aus Charleston sind nur einige der regionalen Spezialitäten.

Kulinarische Revolution

Erst in den 1960er-Jahren machten amerikanische Zeitungen, Magazine und das Fernsehen Essen und Wein zum großen Thema. Den Anfang machte die Kalifornierin Julia Child: Von Bostons Sendeanstalt aus zeigte sie den Amerikanern im Schwarz-Weiß-Fernsehen, wie man französische Gerichte kocht. Schon in den 1970er-Jahren begannen dann nicht nur Hippies, sondern auch die breite Masse sich für Bio-Lebensmittel, natürliche Ernährung und nachhaltige Landwirtschaft zu interessieren. In den 1980er- und 1990er-Jahren ermutigte der Begriff „Foodie Revolution" Unternehmer vom Süden bis zum Pazifischen Nordwesten, Restaurants zu eröffnen, die eine regionale amerikanische Küche etablierten und sich mit den besten europäischen Lokalen messen konnten.

Langsam, lokal, bio

Die Slow-Food-Bewegung gewinnt in amerikanischen Restaurants im Zuge der neu entflammten Begeisterung für vor Ort angebaute Bio-Lebensmittel immer mehr an Bedeutung. Diesen Trend begründete in den USA wohl 1971 Starköchin Alice Waters im Chez Panisse (S. 1115) in Berkeley. In Michelle Obama – einer First Lady für

Das kulinarische Jahr

In einem Land dieser Größe gibt's natürlich das ganze Jahr über Food-Festivals und Spezialitäten:

Frühjahr (März–Mai)

Eine der besten Jahreszeiten, um sich auf den Märkten anzusehen, was Farmen und Äcker zu bieten haben (Wildlauch, Erdbeeren, Rhabarber, Lämmer ...). Dazu kommen österliche Leckereien. Bei Festen überall im Land stehen u. a. Langusten, Grillspeisen und Austern im Mittelpunkt.

Sommer (Juni–August)

Eine tolle Zeit für einen Meeresfrüchteschmaus am Strand, Grillen im Freien und Jahrmärkte. Beeren, Pfirsiche, Mais etc. sind der Renner.

Herbst (September–November)

Wenn es kühler wird, gibt's Äpfel, Kürbis-Pies, herbstliche Weinfeste und große Feste, bei denen das Essen im Mittelpunkt steht, u. a. Thanksgiving.

Winter (Dezember–Februar)

In dieser Jahreszeit sind herzhafte Eintöpfe, gebratenes Spätherbstgemüse und aufwendige Feiertagsgerichte angesagt. Man wärmt sich am Kamin und trinkt dazu einen Grog oder ein anderes Heißgetränk.

Ernährung, wie sie im Buche steht – und ihren Töchtern hat sie prominente Nachahmerinnen gefunden; auf dem Rasen des Weißen Hauses hatten diese einen Öko-Garten angelegt. Im ganzen Land gibt es immer mehr Bauernmärkte, die eine tolle Gelegenheit sind, Einheimische zu treffen und ein paar Happen aus der Fülle der Lebensmittel zu probieren: alte Obst- und Gemüsesorten ebenso wie frische, herzhafte und süße Delikatessen aus der jeweiligen Region.

Alltägliches & Spezialitäten

Heerscharen von Immigranten bereicherten die amerikanische Gastronomie, indem sie fremde Ideen an die heimische Küche anpassten, von italienischer Pizza und deutschen Hamburgern bis hin zum osteuropäischen Borschtsch, mexikanischen Huevos Rancheros und japanischem Sushi.

Pizza

Anfang des 20. Jhs. brachten italienische Einwanderer die Pizza nach New York. 1905 eröffnete hier die erste Pizzeria in Amerika: das Lombardi's in Manhattans Little Italy. Die Pizza-Begeisterung verbreitete sich schnell im ganzen Land, wobei sich bald regionale Vorlieben herausbildeten. So ist die typische Chicago-Pizza – „Deep Dish" – eine Pfannenpizza mit dickem Boden, während die kalifornische eher leichter daherkommt. In New York ist man stolz auf die besonders dünne Kruste.

Mexikanisch & Tex-Mex

Egal, wo man sich in den USA aufhält, es ist sehr wahrscheinlich, dass es bis zum nächsten mexikanischen oder Tex-Mex-Restaurant nicht weit ist (die Mühe, die Unterschiede zwischen diesen beiden zu benennen, kann man sich sparen – die Übergänge sind fließend). Überraschend ist das nicht, schließlich sind mehr als 11% der amerikanischen Bevölkerung mexikanischer Abstammung. Tacos, Burritos und andere schnelle Gerichte gehören zu den Favoriten, Snack-Buden und Food Trucks sind bei Menschen aller Gesellschaftsschichten beliebt. Lokale wie Chipotle, wo weitgehend Bio-Tex-Mex zackig auf den Tisch kommt, gehören zu den am stärksten wachsenden Ketten. Aber auch lässige Restaurants, in denen Margaritas, Pommes und Salsa ein nahezu wesentlicher Bestandteil jeder Mahlzeit sind, erfreuen sich größter Beliebtheit.

Barbecue

Barbecue, gegrilltes Fleisch (BBQ), ist in Amerika eine enorm wichtige Sache. Obwohl das ganz besonders für die südlichen Staaten gilt, steht gegrilltes, zartes Fleisch von San Francisco bis New York City fast überall auf der Speisekarte. Das amerikanische Barbecue geht auf die Kolonialzeit zurück, und selbst George Washington, der auf seinem Landsitz in Mt. Vernon eine eigene Räucherei hatte, war ein Fan. Die Zubereitung ist simpel: Fleisch wird langsam auf einem Rost über Feuer gegrillt, bis es zart ist. Es gibt eine breite Palette an Zubereitungsarten und Spezialitäten. In Kansas City, Missouri, gibt es Fleisch, darunter Lamm, und – ganz wichtig – dickflüssige, süße Saucen. In den Carolinas macht Pulled Pork das Rennen. In Memphis zieht man Rippchen vor, entweder „dry" oder „wet" (d.h. dick mit Sauce bestrichen) serviert. In Texas ist Rind die erste Wahl – kein Wunder, denn es gilt als Land der Rinder. Hier findet man auch einige der besten Barbecue-Läden der Nation: Wenn's um Geräuchertes und Fleisch geht, kommt man an Lockhart nicht vorbei.

Hausmannskost

Food-Trends kommen und gehen, doch die Liebe der Amerikaner zu einer einfachen und herzhaften Mahlzeit vergeht nie. Hausmannskost wie „von Muttern" besteht aus traditionellen Gerichten, die Erinnerungen an die Aromen der Kindheit wecken. Klassiker wie Mac'n'Cheese (Makkaroni mit Käse), Hühnersuppe mit Nudeln, Lasagne, Schmorbraten, gegrillte Käse-Sandwichs, Biscuits & Gravy (eine Art Brötchen mit heller Sauce), Hähnchen, Hamburger und Pasta gehören in diese Kategorie. Dementsprechend kommen in amerikanischen Diners vorwiegend diese unkomplizierten, altbewährten Gerichte auf den Tisch. Kreativere Versionen kriegt man auch in Gastro-Pubs, Bistros, gehobenen Restaurants und Bars: Mac'n'Cheese mit frischem Krabbenfleisch, Burger mit über Apfelholz geräuchertem Speck und

Poke (Hawaiische Spezialität aus gewürfeltem, rohem Fisch)

Ziegenkäse, serviert mit in Entenfett frittierten Pommes, oder würzige Thai Chicken Noodle Soup mit Kokosmilch und Curry.

Regionale Spezialitäten

New York City: Paradies für Feinschmecker

Es heißt, man könne in New York jeden Abend seines Lebens in einem anderen Restaurant speisen und hätte immer noch nicht alle Möglichkeiten ausgeschöpft. Angesichts von geschätzten 24 000 Restaurants in den fünf Stadtbezirken und unzähligen Neueröffnungen jedes Jahr dürfte das wahrscheinlich stimmen. Wegen der vielen Einwanderer und des Stromes von mehr als 50 Mio. Travellern im Jahr gewinnt New York mühelos den Titel als die Stadt mit der größten Gastronomieszene in den USA. In den unterschiedlichen Vierteln findet man authentische italienische Küche samt Pizza mit dünnem Boden, alle Arten asiatisches Essen, französische Haute-Cuisine und klassische jüdische Deli-Kost von Bagels bis hin zu dick aufgetürmten Pastrami-Roggenbrot-Sandwichs. Auch exotischere Küchen (von äthiopisch bis skandinavisch) sind hier vertreten.

Magazine wie *Eater New York* (www.ny.eater.com), *New York* (www.nymag.com) oder *Time Out* (www.timeout.com/newyork) veröffentlichen Kritiken, informieren über aktuelle Restaurantneueröffnungen und berühmte oder aufstrebende Chefköche. Und noch etwas sei gesagt: New York City muss nicht teuer sein. Man kann hier gut essen, ohne sich zu ruinieren, vor allem, wenn man es mit den Cocktails nicht übertreibt. Kostenlos wird man hier zwar nicht zu Mittag essen, aber im Vergleich zu anderen Weltstädten ist ein Essen zum Schnäppchenpreis durchaus möglich.

Neuengland: Clambakes & Hummer

Neuenglands Anspruch, die besten Meeresfrüchte landesweit zu bieten, lässt sich kaum widerlegen, liefert der Nordatlantik doch Venus- und Miesmuscheln, Austern und riesige Hummer, Maifisch, Blaubarsch und Kabeljau. Die Neuengländer lieben ein gutes *chowder* (Meeresfrüchteeintopf) und ein gutes *clambake*, ein fast schon rituelles Mahl, bei dem die Meeresfrüchte in einer Feuergrube mit Mais, Hähnchen, Kartoffeln und Würstchen gebacken werden. Panierte, gebratene Muscheln und Hummerbrötchen mit Mayonnaise erhält man überall in der Region. Weitere Spezialitäten sind ausgezeichneter Käse aus Vermont, die (besonders zu Thanksgiving) beliebten Cranberrys aus Massachusetts und Ahornsirup, der in Neuenglands Wäldern gezapft wird. An der Küste Maines sind überall Hummerbuden zu finden, gebackene Bohnen und dunkles Brot sind Bostoner Spezialitäten, während man in Rhode Island Coffee Milk (eine Mischung aus Kaffeesirup und Milch) trinkt und traditionelle Fladen aus Maisgrütze isst.

Mittelatlantikstaaten: Crabcakes & Cheesesteaks

Von New York bis hinunter nach Maryland und Virginia teilen sich die Mittelatlantikstaaten eine lange Küste und jede Menge Apfel-, Birnen- und Beeren-Plantagen. New Jersey und Long Island im Bundesstaat New York sind berühmt für ihre Kartoffeln. Die Blaukrabben der Chesapeake Bay sind die besten, während Virginia gepökelten Schinken liefert, den man auf Biscuits (ungesüßten weichen Brötchen) isst. In Philadelphia kann man sich mit „Philly"-Cheesesteaks vollstopfen, einem Brötchen mit dünn geschnittenem, sautiertem Rindfleisch, Zwiebeln und Schmelzkäse. Und in den Gebieten der deutschen Einwanderer in Pennsylvania bieten Farmrestaurant Hühnerfleischpasteten, Nudeln und *scrapple* (eine Art Zwischending aus Hackbraten und Blutwurst).

Südstaaten: Barbecue, Biscuits & Gumbo

Keine Region ist stolzer auf ihre kulinarische Tradition als der Süden, wo schon früh englische, französische, afrikanische, spanische und indianische Einflüsse in Gerichten wie langsam gegartem Barbecue zusammenkamen, von dem es so viele Fleisch- und Saucenvarianten gibt wie Städte im Süden. Das Südstaaten-Brathähnchen ist außen knusprig und innen saftig. In Florida werden Gerichte aus Alligatorfleisch, Garnelen und Muscheln mit scharfen Chilischoten und tropischen Gewürzen zubereitet. Das Frühstück ist sehr umfangreich, und die Rezepte für vielschichtige Torten und Kuchen mit Pekannüssen, Bananen und Zitrusfrüchten werden in Ehren gehalten. Lockere, warme Bis-

DIE BESTEN VEGETARISCHEN RESTAURANTS

In zahlreichen US-amerikanischen Städten gibt es sehr viele Restaurants, die Vegetarier und Veganer bewirten. In den ländlichen Gebieten und abseits der Küsten werden diese Angebote deutlich seltener. Restaurants mit guten Angeboten für Vegetarier und Veganer sind in diesem Band mit dem Symbol gekennzeichnet. Weitere vegetarische und vegane Restaurants finden sich im Online-Adressbuch unter www.happycow.net. Hier ein paar besonders empfehlenswerte Lokale im ganzen Land:

Greens (S. 1105), San Francisco, Kalifornien

Native Foods Cafe (S. 603), Chicago, Illinois

Clover Food Lab (www.cloverfoodlab.com; 1326 Massachusetts Ave; Hauptgerichte 8–11 US$; Mo–Sa 7–24, So 9–22 Uhr; ; Harvard) , Boston, Massachusetts

Green Elephant (S. 281), Portland, Maine

Moosewood Restaurant (S. 163), Ithaca, New York

Sweet Melissa's (S. 872), Laramie, Wyoming

Sitka & Spruce (S. 1160), Seattle, Washington

Fud (S. 723), Kansas City, Missouri

Zenith (S. 196), Pittsburgh, Pennsylvania

High Noon Cafe (S. 478), Jackson, Missouri

Hangawi (S. 126), New York City

cuits werden gut gebuttert serviert, und Maisgrütze lieben die Südstaatler so leidenschaftlich wie kühle Pfefferminz-Cocktails.

Louisianas legendäre Küche ist von den früheren Kolonialherren aus Frankreich und Spanien, von afrokaribischer Kochkunst und den Traditionen der Choctaw beeinflusst. Die Cajun-Küche in den Sumpfgebieten des Mississippi-Deltas verbindet heimische Gewürze wie Sassafras und Chilischoten mit französischer Hausmannskost. Zu den berühmten Gerichten zählen Gumbo, ein mit Mehlschwitze zubereiteter Eintopf mit Hähnchen und Meeresfrüchten, Würstchen und oft auch Okraschoten, Jambalaya, ein Reisgericht mit Tomaten, Würstchen und Garnelen sowie schließlich scharf gebratener Wels. Die kreolische Küche ist städtischer und hat ihr Zentrum in New Orleans, wo Gerichte wie Garnelen-Remoulade, Ravigote (Kräutersauce) mit Krabbenfleisch, Flusskrebs-*étouffée* und Beignets allgegenwärtig sind.

Great Plains & Great Lakes: Burger, Schinken & Bier

Die Einwohner der Great Plains und Great Lakes Region essen viel und gern. Die Portionen sind gewaltig – schließlich ist das Bauernland, wo die Menschen eine ordentliche Grundlage für den Arbeitstag brauchen. Also beginnt der Tag mit Eiern, Schinken und Toast, mittags folgt ein Cheeseburger mit Kartoffelsalat, und abends gibt's Steaks und Ofenkartoffeln und dazu ein kaltes Bier, oft aus einer der immer zahlreicher werdenden Kleinbrauereien. Barbecues sind sehr beliebt, besonders in Kansas City, St. Louis und Chicago. Chicago ist außerdem ein ethnisch vielfältiges kulinarisches Zentrum mit einigen der besten Restaurants des Landes. Am besten für Kostproben der regionalen Küche eignen sich ländliche Volksfeste, wo es von Bratwürsten über Schmalzgebackenes bis zu gebratenen Maiskolben alles Mögliche gibt. Und vor allem in den Städten kann man in Diners und familiengeführten Restaurants den diversen Einflüssen der Einwanderer aus Osteuropa, Skandinavien, Lateinamerika und Asien nachspüren.

Der Südwesten: Chili, Steak & Salsa

Zwei ethnische Gruppen prägen die Esskultur des Südwestens: die Spanier und die Mexikaner, die bis weit ins 19. Jh. das Gebiet von Texas bis Kalifornien beherrschten. Wirklich spanische Gerichte gibt es hier heute kaum, aber die Spanier brachten das Rind nach Mexiko, was die Mexikaner in ihre eigene, auf Mais und Chili beruhende Küche aufnahmen und Tacos, Enchiladas, Burritos, Chimichangas und andere Gerichte aus Mais- oder Weizenmehlpfannkuchen, gefüllt mit allem Möglichen von Hackfleisch und Geflügel bis zu Bohnen, erfanden. In New Mexico sollte man sich eine Schüssel mit scharfem grünem Chilieintopf nicht entgehen lassen. Steaks und Gegrilltes sind auf den Speisekarten im Südwesten immer zu finden, und Bier ist das Getränk der Wahl zum Abendessen und auf Partys.

DOS & DON'TS

- Trinkgeld geben: 15 bis 20 % des Rechnungsbetrages (vor Steuern) sind üblich.
- Es ist normal, sich die Serviette auf den Schoß zu legen, auch schon bevor die Mahlzeit serviert wird.
- Man sollte es vermeiden, die Ellbogen auf den Tisch zu legen.
- Man fängt erst an zu essen, wenn alle bedient wurden.
- Bei formellen Anlässen warten die Gäste üblicherweise, bis der/die Gastgeber(in) die Gabel hebt.
- Manche Amerikaner sprechen zu Hause vor der Mahlzeit ein Gebet; es ist in Ordnung, dabei nur still sitzen zu bleiben.

Kalifornien: Farm-to-Table & Taquerias

Dank seiner Größe und der vielen Klimazonen ist Kalifornien das US-amerikanische Mekka für Obst und Gemüse. Die natürlichen Ressourcen des Bundesstaats sind überwältigend: Es gibt Wildlachs, Dungeness-Krabben und Austern aus dem Pazifik, das ganze Jahr über Obst und Gemüse und dazu von Hand hergestellte Produkte wie Käse, Brot, Olivenöl, Wein und Schokolade. Ab den 1970er- und 1980er-Jahren bahnten Star-Köche wie Alice Waters und Wolfgang Puck der kalifornischen Küche den Weg, indem sie beste heimische

Tacos

Zutaten zu schlichten, köstlichen Gerichten verarbeiteten. Der Einfluss asiatischer Immigranten, besonders nach dem Vietnamkrieg, bereicherte die Kulinarik in den Städten um China-, Korea- und Japantowns, während die Enklaven der US-Amerikaner mexikanischer Abkunft überall ihre eigenen kulinarischen Traditionen bewahren. Global-Fusion-Restaurants gehören ebenso zu Kalifornien. Nicht verpassen darf man die langen Burritos in San Franciscos Mission District und San Diegos Fisch-Tacos.

Pazifischer Nordwesten: Lachs & Kaffeekultur

Die Küche des Pazifischen Nordwestens stützt sich auf die Traditionen der amerikanischen Ureinwohner, deren Ernährung traditionell auf Wild, Meeresfrüchten – insbesondere Lachs – sowie Pilzen, Früchten und Beeren beruhte. Seattle löste mit Starbucks den Boom der modernen Kaffeehausketten aus – obwohl heute Portland mit seiner ausgezeichneten Café-Szene, zu der einige der besten Kaffeeröstereien im Land gehören, mehr Aufmerksamkeit verdient.

Hawaii: Inselstil

Mitten im Pazifik gelegen, ist Hawaii den kulinarischen Traditionen Polynesiens verpflichtet. Auf dem Speiseplan stehen vor allem Fisch wie *mahimahi*, *opakapaka*, *ono* oder *ahi* (Gelbflossenthun). Bei einer traditionellen Luau-Feier darf auch das Kalua-Schwein nicht fehlen, das in Palmblätter gewickelt in einer Erdgrube auf heißen Steinen gegart wird. Hawaiis Küche setzt auf frisches Gemüse und bedient sich großzügig bei den vielen Einwanderergruppen aus Asien und Europa. Hawaii ist auch der einzige US-Bundesstaat, in dem kommerziell Kaffee angebaut wird: 100%-Kona-Bohnen von der Insel Hawaii (Big Island) genügen höchsten Gourmet-Ansprüchen.

Gastronomische Erlebnisse

Küche der Spitzenklasse

➡ **Alinea** (S. 605) Man muss schon sehr viel Glück haben, ein Ticket für dieses Highlight der Molekular-Gastronomie in Chicago zu ergattern.

➡ **Black's Barbecue** (S. 781) Dieser Laden serviert in stimmungsvoller Atmosphäre in Lockhart, Texas, Rinderbruststücke vom Feinsten.

➡ **Lobster Dock** (S. 283) Es lohnt sich auf jeden Fall, nach Maine zu pilgern, um in einem zwanglosen Lokal am Ufer wie diesem in Boothbay Harbor frisch gefangene, saftige Hummer zu genießen.

➡ **Faidley's** (S. 327) In dieser Institution in Baltimore gibt's keinen Schnickschnack und keinen Meerblick, nur himmlische Jumbo-Krabbenkuchen.

➡ **Peche Seafood Grill** (S. 501) Meeresfrüchte perfekt zubereitet über einem Holzfeuer im Warehouse District von New Orleans.

➡ **Rolf & Daughters** (☎615-866-9897; www.rolfanddaughters.com; 700 Taylor St; Hauptgerichte 15–26 US$; ⏲17.30–22 Uhr; 📶) Bietet in einem munteren Lokal in Nashville erstklassige modern-italienische Küche.

➡ **French Laundry** (S. 1118) Das Essen mag ein Monatsgehalt kosten, aber dieses Kultlokal in Nordkalifornien beeindruckt immer wieder aufs Neue.

➡ **Salt** (S. 844) Liefert köstliche regionale und saisonale Bio-Gerichte in Boulder.

➡ **Imperial** (☎503-568-1079; www.imperialpdx.com; 410 SW Broadway; Hauptgerichte 12–42 US$; ⏲Mo–Do 6.30–22, Fr bis 23, Sa 8–23, So bis 22 Uhr) Gesunde Gerichte in einer warmen Atmosphäre – typisch Portland im Pazifischen Nordwesten.

➡ **Grey Plume** (S. 749) Das Restaurant in Omaha wirkt mit saisonalem Fleisch und Gemüse aus der Region Wunder.

➡ **Eataly** (S. 125) In dieser großen Foodhall in New York City kann man sich mit unzähligen italienischen Köstlichkeiten ins Delirium futtern.

Gut & Günstig

➡ **Food-Trucks** In Städten wie Portland, San Francisco, Los Angeles oder Austin ist die Vielfalt des Gebotenen erstaunlich.

➡ **Tacos** Überall in den USA ungeheuer beliebt: Die besten bekommt man meistens bei Food-Trucks und anderen Verkaufsständen.

➡ **Green Chili** Ein Klassiker aus den Rocky Mountains, am besten auf einem Burger.

➡ **Donuts** Nicht nur für Polizisten. Gourmet-Varianten gibt's u. a. mit Pistazien, Hibiskusblüten oder Ingwer-Zitrone.

➡ **Brathähnchen** Zu den berühmten Hähnchenbratereien im Süden zählen das **Prince's Hot Chicken** (123 Ewing Dr; viertel/halbes/ganzes Hähnchen 5/11/22 US$; ⏲Di–Do 11.30–22, Fr 11.30–4, Sa 14–4 Uhr) in Nashville und das Willie Mae's (S. 500) in New Orleans.

➡ **Frozen Custard** Nichts schmeckt an einem heißen Tag so gut wie ein Sahneeis, insbesondere wenn es von Ted Drewes (S. 714) in St. Louis kommt.

➡ **Gebratene Muscheln Clams** Ein günstiger und sättigender Snack, den es an der Ostküste fast überall gibt.

➡ **Beignets** Die fettgebackenen Krapfen mit Puderzucker sind bei einem Besuch in New Orleans unverzichtbar.

➡ **Half Smokes** Die größere, schärfer gewürzte Version des Hotdog ist eine Spezialität in Washington D. C.

Unbedingt probieren

➡ **Querrippe vom Bison** Steht manchmal in den Rockies auf der Speisekarte; in Yellowstone findet man das Gericht bestimmt.

➡ **Alligator** Eine Raststätten-Spezialität in einigen Teilen der Südstaaten. Probieren kann man das im **Joannie's Blue Crab Café** (☎239-695-2682; www.joaniesbluecrabcafe.com; 39395 Tamiami Trail E; Hauptgerichte 12–17 US$; ⏲Do–Di 11–17 Uhr; saisonal geschl., vorab anrufen; 🖉) in den Everglades.

➡ **Poke** Eine hawaiianische Spezialität aus gewürfeltem, rohem Fisch (oft Gelbflossen-Thun) – einfach sagenhaft gut.

➡ **Hummer-Eiscreme** Nachdem man diese beliebte Eisspezialität im **Ben & Bill's Chocolate Emporium** (☎508-548-7878; www.benandbills.com; 209 Main St; Hörnchen 5 US$;

HAPPY HOUR

Gastropubs, Kleinbrauereien, die auch Mahlzeiten servieren, aber auch traditionelle Restaurants mit Plätzen an der Bar haben oft Happy Hours mit tollen Angeboten. Manchmal bekommt man vor dem Abend-Andrang (meist 15–17 od. 16–18 Uhr) frische Austern, Vorspeisen und andere kleine Gerichte zu absoluten Schnäppchenpreisen. Nimmt man dazu noch die günstigen Drinks (Cocktails oft zum halben Preis), startet man gut und billig in den Abend.

⌚Juni–Aug 9–23 Uhr, sonst kürzer) draußen in Cape Cod erst mal probiert hat, will man von Erdbeereis nichts mehr wissen.

➡ **Steak** Aber nicht irgendein Steak, sondern einen 72 oz (etwas über 2 kg) schweren Trümmer bekommt man im **Big Texan Steak Ranch** (www.bigtexan.com; 7701 I-40 E, Ausgang 75; Hauptgerichte 10–40 US$; ⌚7–22.30 Uhr) vorgesetzt. Wer den samt aller Beilagen in weniger als einer Stunde verputzt, braucht nichts zu bezahlen!

➡ **Triple Bypass Burger** Im Vortex (S. 453) in Atlanta kann man sich an einem Stapel aus drei großen Pattys mit 18 Scheiben amerikanischem Käse, 18 Speckstreifen und drei Spiegeleiern gütlich tun, die zudem zwischen zwei gegrillten Käsesandwichs stecken.

➡ **Schweineohr-Sandwich** Wird seit den 1930er-Jahren im **Big Apple Inn** (☎601-354-4549; 509 N Farish St; Hauptgerichte 2 US$; ⌚Di–Fr 7.30–21, Sa ab 8 Uhr) in Jackson, Missouri, mit Elan serviert.

➡ **Dirty Water Dog** Man muss schon großen Hunger haben, um einen Hotdog zu wollen, der den ganzen Tag über in einem New Yorker Imbisskarren in trübem Wasser lag.

Öffnungszeiten & Reservierungen

Manche Restaurants (vor allem die beliebtesten) nehmen keine Reservierungen an. Bei allen anderen sollte man unbedingt vorher einen Tisch bestellen, vor allem am Wochenende. Wenn man keine Reservierung hat (oder keine machen kann), sollte man frühzeitig (17–18 Uhr) oder spät (21 Uhr) essen, um lange Wartezeiten zu vermeiden.

➡ **Restaurants** Amerikanische Restaurants decken alle Preise und Gerichte ab: Diner, Burgerläden, Krabben- und Hummerbuden, Speiselokale mit Michelin-Sternen und jegliche Küchen, die man sich vorstellen kann. Informellere Lokale öffnen meistens ab etwa 11 Uhr; gehobenere Restaurants sind häufig erst ab 17 Uhr geöffnet. Viele Restaurantküchen schließen um 22 Uhr.

➡ **Cafés & Coffeeshops** Cafés sind den ganzen Tag (und manchmal abends) geöffnet und eignen sich darum für ein gemütliches Frühstück oder Mittagessen, oder einfach für eine Tasse Kaffee.

➡ **Informelle Lokale** Food Trucks, Bauernmärkte und andere entspannte Optionen (und auch in manchen Bars gibt's tolles Essen). Ein paar Ketten – wie Waffle House oder Huddle House – sind 24 Stunden geöffnet.

Sitten & Gebräuche

Außerhalb der Großstädte sind Amerikaner in der Regel in Restaurants und zu Hause früh dran mit den Mahlzeiten, darum sind die Lokale schon um 12 bzw. 17.30 Uhr gut gefüllt. In kleineren Städten kann es schwierig werden, nach 20.30 oder 21 Uhr noch was zu essen zu bekommen. Dinnerpartys beginnen normalerweise ge-

LUST AUF RETRO-COCKTAILS?

In amerikanischen Städten ist es ausgesprochen cool geworden, Partys im Stil der Goldenen Zwanziger zu feiern und Retro-Cocktails aus der Zeit zu trinken, als – es ist noch kein Jahrhundert her – Alkohol in den ganzen Vereinigten Staaten verboten war. Statt eine Nation von Abstinenzlern hervorzubringen, verfestigte die gute alte Prohibition natürlich nur eine Kultur, in der das Verbotene reizvoll wurde, junge Frauen ein Fläschchen Gin in der Handtasche trugen und sich sogenannte ehrbare Bürger in geheimen *speakeasies* (Flüsterkneipen) versammelten, um schwarz gebrannten Schnaps zu trinken und zu heißem Jazz die Hüften zu schwingen.

Schneller Vorlauf ins 21. Jh. Obwohl keine Gefahr besteht, dass die Prohibition zurückkommt, findet man jede Menge Kneipen, in denen der Geist der Roaring Twenties – und der verbotenen 1930er-Jahre – weiterlebt. Inspiriert von altmodischen Rezepten, mixen geschniegelte Barkeeper Spirituosen und Elixiere – nicht vergessen, damals konnte man nicht einfach eine Flasche Scotch im Lebensmittelladen holen! – mit Zutaten wie Likör, Eischnee, von Hand zerstoßenem Eis und frischen Früchten liebevoll zu Cocktails zusammen und betrachten dabei ihren Beruf als Mischung aus Kunst und Wissenschaft.

LEGENDÄRE AMERIKANER UND IHRE WEISHEITEN

Obwohl die im Folgenden genannten Amerikaner für ihre Talente in Sachen Kunst oder Unterhaltung berühmt wurden, hatten sie auch unbestreitbar einen Hang zum Alkohol (und waren durchaus berüchtigt dafür). Hier eine Auswahl ihrer Weisheiten.

➡ Ernest Hemingway: „Mache nüchtern immer das, was du betrunken gesagt hast, tun zu wollen. Das wird dich lehren, deinen Mund zu halten."

➡ Frank Sinatra: „Alkohol mag der schlimmste Feind des Mannes sein, aber in der Bibel steht: ‚Liebe Deine Feinde'."

➡ Dorothy Parker: „Ich habe lieber eine Flasche vor mir als eine frontale Lobotomie."

➡ W. C. Fields: „Eine Frau hat mich zum Trinken verführt, und ich besaß nie die Höflichkeit, ihr dafür zu danken."

➡ William Faulkner: „Die Werkzeuge, die ich für meine Arbeit brauche, sind Papier, Tabak, Essen und ein kleiner Whiskey."

➡ Homer Simpson: „Alkohol – die Ursache und die Lösung für alle Probleme im Leben."

gen 18.30 oder 19 Uhr mit Cocktails, gefolgt von einem Buffet oder Abendessen am Tisch. Bei einer Einladung zum Abendessen gehört es zum guten Umgangston, nicht mehr als eine Viertelstunde nach der angegebenen Zeit zu erscheinen.

Amerikaner verhalten sich beim Abendessen ungezwungen, doch mit dem Essen fangen sie erst an, wenn alle bedient wurden. Vieles wird mit den Fingern gegessen, ein Stück Brot kann mit Butter bestrichen und mit einem Happs verdrückt werden. Zur Überraschung einiger Touristen sind Bierflaschen auf dem Abendbrottisch nicht ungewöhnlich.

Frühstück

Lang haben amerikanische Ernährungsexperten das Frühstück als „wichtigste Mahlzeit des Tages" angepriesen. Inzwischen ist es in den USA zu einem großen Geschäft geworden – egal, wie viele Leute behaupten, es ausfallen zu lassen. Angefangen mit einem riesigen Stapel Buttermilch-Pancakes im klassischen Diner bis hin zum üppigen Sonntagsbrunch – die Amerikaner lieben Eier mit Schinken, Waffeln und Kartoffelpuffer sowie ihre großen Gläser mit Orangensaft. Vor allem lieben sie auch ihr anscheinend unveräußerliches Recht auf eine dampfende Tasse Morgenkaffee mit unbegrenztem Nachschub (wer in anderen Ländern umsonst nachgeschenkt haben möchte, erntet alles von Augenrollen über ein Schmunzeln bis hin zu ausgesprochener Verwirrung).

Mittagessen

Nach der üblichen Kaffeepause am Vormittag gibt es für die arbeitende Bevölkerung mittags nur ein Sandwich, einen schnellen Burger oder einen herzhaften Salat. Das formelle „Arbeitsessen" gehört eher in die großen Städte wie New York, wo Essen nicht notwendigerweise so wichtig ist wie die Konversation.

Zwar sieht man durchaus noch Leute, die sich ein Bier oder ein Glas Wein zum Mittagessen gönnen, aber die Tage, als ein „Drei-Martini-Lunch" gesellschaftsfähig war, sind lange vorbei. Mitte des 20. Jhs. war diese Praxis so verbreitet, dass sie zum Synonym für ausschweifende Geschäftsessen wurde, die meist von der Steuer abgesetzt wurden. Tatsächlich ist das typische Mittagsgetränk weit entfernt von einem Martini: Es ist Eistee (und ja, fast immer wird gratis nachgefüllt).

Abendessen

Normalerweise früh am Abend lassen sich Amerikaner werktags zu einem reichhaltigeren Abendessen nieder, das ihn Anbetracht der Arbeitsbelastung vieler amerikanischer Familien, in denen beide Elternteile arbeiten, oft vom Italiener oder Chinesen oder aus der Mikrowelle kommt. Als Nachtisch gibt es häufig Eis, Kuchen oder Gebäck. Manche Familien bereiten immer noch ein traditionelles Sonntagabendessen zu und laden dazu Verwandte und Freunde ein. Die traditionellen Mahlzeiten bestehen

GARYTOG/GETTY IMAGES ©

Verkostung im Sonoma Valley (S. 1118), Kalifornien

häufig aus Brathähnchen mit den üblichen Beilagen (Kartoffelbrei, grüne Bohnen und Maiskolben). In der wärmeren Jahreszeit sind auch Barbecues beliebt: Es gibt Steaks, Burger und Gemüse mit jeder Menge kaltem Bier und Wein.

Bier, Wein & mehr

Was Getränke angeht, hat Amerika eine wirklich erstaunliche Auswahl zu bieten. Wegen der boomenden Kleinbrauereiszene gibt es in jeder Ecke des Landes ausgezeichnete Biersorten. US-amerikanische Winzer keltern weiterhin hervorragende Tropfen – und nicht die kalifornischen Reben bringen Köstliches hervor. Die Kaffeekultur ist auch weiterhin auf dem Vormarsch, Cafés und Röstereien erheben die einstmals bescheidene Tasse Kaffee zur hohen Kunst.

Bier

Es lässt sich kaum bezweifeln, dass Bier zu Amerika gehört wie Chevrolet, Football und Apple Pie: Die Werbung während der Super-Bowl-Übertragung (Amerikas beliebtestes TV-Event mit den teuersten Werbeeinblendungen) zeigt, wie sehr Bier mit den kulturellen Werten Amerikas verflochten ist. Die Slogans feiern Individualität („This Bud's for You"), Geselligkeit („It's Miller Time!"), Robustheit („Head for the Mountains") und Glaubwürdigkeit („Real Men Drink Bud Light").

Die beliebten amerikanischen Biersorten mögen allgegenwärtig sein, doch wurden sie aufgrund ihres niedrigen Alkoholgehalts und des „leichten" Geschmacks im Ausland lange Zeit belächelt. Doch egal, was Kritiker sagen: Wenn man den Verkaufszahlen Glauben schenkt, ist amerikanisches Bier beliebter denn je – und weil die Anzahl der Kleinbrauereien mit eigenen Sorten raketenartig in die Höhe geschnellt ist, müssen selbst Biersnobs zugeben, dass amerikanisches Bier sich neu erfunden hat.

Craft-Bier & Kleinbrauereien

Heute verkosten Bierliebhaber (auch *beer geeks* genannt) ihr Getränk, als wäre es Wein. Manche städtischen Restaurants haben Bierprogramme, -Sommeliers und -Keller. Viele Kleinbrauereien und Restaurants bieten auch Bierdinner an – eine Gelegenheit auszuprobieren, wie gut welches Bier zu verschiedenen Gerichten passt.

Die Kleinbrauereien und die Craft-Bier-Hersteller schießen wie Pilze aus dem Boden; der Einzelhandelsumsatz der heimischen Bierproduktion betrug 2016 bereits etwa 22 Mrd. US$. Es gibt aktuell um die 5000 solcher kleiner Brauereien in den USA. Portland, Oregon, ist mit mehr als 100 davon momentan die Hauptstadt dieser Industrie – mehr gibt es in keiner anderen Stadt auf diesem Planeten. Seit einigen Jahren ist es in den ganzen USA möglich, „lokal zu trinken", siedeln sich doch die Kleinbrauereien in städtischen Zentren, Kleinstädten und an unerwarteten Orten an.

Wein

Im bahnbrechenden Film *Der Pate* aus dem Jahr 1972 sinniert Marlon Brando als Vito Corleone: „Ich trinke Wein lieber als früher." Bald tat es ihm das ganze Land gleich, und einige Jahrzehnte später trinken die Amerikaner mehr Wein als je zuvor. Heute konsumieren die USA mehr Wein als Frankreich (pro Kopf schlägt Frankreich mit 40 l die USA mit 9 l allerdings um Längen).

Zur Überraschung der europäischen Winzer, die kalifornische Weine in der Vergangenheit als zweitklassig ansahen, gewinnen viele amerikanische Weine mittlerweile prestigeträchtige internationale Preise. Das Land ist hinter Italien, Frankreich und Spanien sogar der viertgrößte Weinproduzent der Welt.

Wein ist in den USA nicht billig, denn es gilt eher als Luxusgut und weniger als Alltagsprodukt – daran dürften die Puritaner schuld sein. Dennoch ist es möglich, in einem Spirituosengeschäft oder einem Weinladen für unter 12 US$ eine gute Flasche Wein zu kaufen.

Weinregionen

Heute stammen fast 90 % der US-amerikanischen Weine aus Kalifornien, doch auch Tropfen aus anderen Regionen haben inzwischen internationalen Rang erreicht. Vor allem die Weine von den Finger Lakes, aus dem Hudson Valley und von Long Island (alle New York) sind eine Kostprobe wert, ebenso die Weine aus Washington und Oregon, insbesondere Pinot Noir und Riesling.

Die Wiege des Weintourismus liegt zweifellos im Norden Kaliforniens, unmittelbar jenseits der Bay Area im Napa Valley und im Sonoma Valley. Auch andere Gegenden wie das Willamette Valley in Oregon oder das Hill Country in Texas haben mit ihrer Aufwertung zu Weinregionen eine ganze Industrie des B & B-Tourismus hervorgebracht, die scheinbar Hand in Hand mit der Suche nach dem perfekten Pinot Noir geht.

Welches sind denn nun die besten amerikanischen Weine? Erstaunlicherweise haben ziemlich viele Rebsorten in der fruchtbaren amerikanischen Erde Wurzeln geschlagen und bringen gute Erträge. Dabei ist es nur wenige Jahrzehnte her, dass viele amerikanische Restaurants auf ihrer Getränkekarte lediglich zwischen Rot- und Weißwein und allenfalls noch Rosé unterschieden. Die beliebtesten in den USA angebauten weißen Sorten sind Chardonnay und Sauvignon Blanc, bei den roten verkaufen sich Cabernet Sauvignon, Merlot, Pinot Noir und Zinfandel am besten.

Harte Sachen

Die meisten werden ihn unter seinem Vornamen Jack kennen (richtig – der Nachname ist Daniels). Der gute alte Jack Daniels bleibt die weltweit bekannteste amerikanische Whiskeymarke, die 1870 gegründete Brennerei ist die älteste und wohl erfolgreichste der USA.

Whiskey und Bourbon sind die beliebtesten amerikanischen Exporte, aber auch Rye, Gin und Wodka werden in den USA gebrannt. Der aus Mais hergestellte Bourbon ist der einzige wirklich hiesige Schnaps; er wird traditionell in Kentucky gebrannt.

Cocktails wurden schon vor dem Bürgerkrieg in Amerika erfunden. Der erste, der Sazerac, wurde in New Orleans gemixt, eine angemessen feierwütige Stadt für Amerikas Beitrag zur Geschichte gepflegter Besäufnisse. Bei diesem Cocktail handelt es sich um eine Mischung aus Roggenwhiskey oder Brandy, einfachem Sirup, einem Bitter und einem Hauch von Absinth (jedenfalls bis dieser 1912 verboten wurde). Zu den unverwüstlichen Klassikern amerikanischer Cocktails, die im späten 19. und frühen 20. Jh. in den Bars erfunden wurden, zählen der Martini, der Manhattan und der Old Fashioned.

Nicht alkoholische Getränke

Leitungswasser kann man in den USA bedenkenlos trinken, auch wenn der Geschmack je nach Region und Stadt variiert. Die meisten nichtalkoholischen Getränke sind recht süß und werden auf Eis serviert, von Eistee aus den Südstaaten über Limonade bis hin zu uramerikanischen Softdrinks wie Coca-Cola, Pepsi und Dr. Pepper. Ferner gibt es alte und neue Softdrinks, die häufig mit Rohrzucker statt Maissirup gesüßt werden.

Interessanterweise werden kohlensäurehaltige nicht alkoholische Getränke je nach Region unterschiedlich benannt, je nachdem wo man sie bestellt. In vielen Teilen des Südens ist eine „Coke“ jede Art von Soda, sodass der Kellner beim Bestellen nachfragen wird, welche Sorte es sein darf. Bei den Great Lakes, den nördlichen Great Plains und im Pacific Northwest wird ein Sodagetränk „Pop“ genannt, an der Ostküste und anderswo heißt es dagegen einfach „Soda“. Da soll einer schlau daraus werden …

Kaffee-Wahnsinn

Amerikaner entspannen beim Bier und schalten mit Wein ab, doch das Land läuft nur unter Koffein. Der Kaffeewahn hat sich in den letzten 30 Jahren sogar noch intensiviert, seit sich die Café-Kultur explosionsartig in den Städten ausgebreitet und über das ganze Land ausgedehnt hat.

Schuld daran hat Starbucks – mit dem Kaffee, den Amerika vor allen anderen liebt (oder auch hasst). Die größte Kaffeekette der Welt wurde 1971 inmitten der fortschrittlichen Kaffeekultur des Nordwestens geboren, als Starbucks gegenüber dem Pike Place Market in Seattle seinen ersten Laden eröffnete. Die Idee, eine Vielzahl gerösteter Bohnen aus der ganzen Welt in einem gemütlichen Café zusammenzubringen, füllte die Kaffeebecher der Amerikaner mit raffinierteren, komplexeren (und teureren) Getränken als dem allgegenwärtigen Folgers-Kaffee oder dem Kaffee im Diner. In den frühen 1990er-Jahren begannen die Kaffeeläden ihren Siegeszug durchs ganze Land.

Viele Coffee-Ketten haben nur Platz für ein paar Stühle und einen Verkaufstresen, vor allem die unabhängigen Läden aber unterstützen eine Kaffeehauskultur, die zum Verweilen einlädt: Sie bieten kostenloses WLAN, komfortable Sitzgelegenheiten drinnen und draußen sowie leckere Snacks oder leichte Gerichte. In den hervorragendsten Cafés lassen sich erfahrene Baristas gerne über die Details der verschiedenen Röstungen aus (der letzte Schrei sind solche mit nur einem Ursprung im Gegensatz zu den Mischungen) und teilen ihre Vorstellungen zur Mahlstufe der Bohnen und allerhand andere Tricks gerne mit ihren Gästen.

Trinkgeld

In den USA, wo Restaurants und Bars oft nur den gesetzlichen Mindestlohn (oder weniger) zahlen, sind die Kellner für ihren Lebensunterhalt auf das Trinkgeld angewiesen. Faustregel: 1 US$ pro Drink (bei teuren Cocktails mehr) oder 15 bis 20 % der Gesamtrechnung geben.

DUIs

DUI (driving under the influence; Fahren unter dem Einfluss psychoaktiver Substanzen) wird in den USA sehr ernst genommen. Bei Gruppen, die gemeinsam in Restaurants, Bars, Nachtclubs oder auf Partys Alkohol trinken, ist es inzwischen üblich, dass eine Person als Fahrer ausgewählt wird und nüchtern bleibt.

Glossar Essen

barbecue – langsam gegartes, gewürztes und mit Fett begossenes Fleisch auf einem Grill

beignet – Donutähnliches Schmalzgebäck aus New Orleans mit Puderzucker bestreut

biscuit – hefefreies Blätterteig-Brötchen aus dem Süden

blintz – jüdischer Pfannkuchen mit Marmelade-, Käse- oder Kartoffel-Füllung

BLT – Sandwich mit Schinken, Salat und Tomaten

blue plate – Tagesgericht in einem Diner oder einer Imbissstube

Boston baked beans – Bohnenauflauf mit Sirup und Schinken

Buffalo wings – frittierte Hähnchenflügel mit scharfer Buttersauce und einem Dressing aus Blauschimmelkäse; ursprünglich aus Buffalo, NY

burrito – Weizentortilla, gefüllt mit Bohnen, Fleisch, Salsa und Reis; mexikanischer Ursprung

California roll – Fusion-Sushi mit Avocado, Krabbenfleisch und Salatgurke, eingewickelt in Sushireis und *nori* (Algenblätter)

chili – herzhafter Fleischeintopf mit gemahlenen Chilis, Gemüse und Bohnen; auch Chili con Carne genannt

clam chowder – Kartoffelsuppe mit Venusmuscheln, Gemüse und manchmal Schinken, mit Milch eingedickt

club sandwich – dreilagiges Sandwich mit Hähnchen oder Truthahn, Schinken, Salat und Tomaten

corned beef – gepökeltes Rindfleisch, traditionell mit Kohl serviert am St. Patrick's Day (17. März)

crab cake – paniertes, gebratenes Krabbenfleisch

eggs Benedict – pochierte Eier, Schinken und Sauce Hollandaise auf englischen Muffins

French toast – Arme Ritter mit Ahornsirup

grits – Maisbrei; im Süden zum Frühstück oder als Beilage serviert

guacamole – Avocado-Dip mit Limette, Zwiebeln, Chilis und Koriander, Beilage zu Tortilla-Chips

hash browns – Kartoffelpuffer, Röstis

huevos rancheros – mexikanisches Frühstück aus Maistortillas mit Spiegelei und Salsa

jambalaya – Eintopf mit Reis, Schinken, Würstchen, Shrimps und Gewürzen; aus Louisiana

lobster roll – mit Mayonnaise und Gewürzen verrührtes Hummerfleisch in einem getoasteten Hotdog-Brötchen

lox – jüdische Zubereitungsart von gepökeltem Lachs

nachos – gebratene Tortillachips, oft mit Käse, Rinderhackfleisch, Jalapeños, Salsa und Sauerrahm serviert; mexikanischer Ursprung

pastrami – geräuchertes und gewürztes Pökelfleisch; jüdischer Ursprung

pickle – Essiggurke

Reuben sandwich – Corned-Beef-Sandwich aus Roggenbrot mit Schweizer Käse und Sauerkraut

smoothie – dickflüssiges Kaltgetränk mit pürierten Früchten, Eis und manchmal Joghurt

stone crab – Krabbe aus Florida, deren Scherenfleisch mit geschmolzener Butter oder einer Senf-Mayonnaise-Sauce gegessen werden

surf 'n' turf – gemischte Platte mit Meeresfrüchten (oft Hummer) und Steak

wrap – Tortilla oder Pitabrot mit unterschiedlichen Füllungen

Reiseplanung

Mit Kindern reisen

Zwischen den Küsten finden sich tolle Attraktionen für Kinder jedes Alters: Buddelspaß am Strand, Vergnügungsparks, Zoos, Aquarien, Naturausstellungen, interaktive Museen, Campingabenteuer, Historisches, Wanderungen in Naturschutzgebieten, Radtouren durch ländliche Gegenden und vieles mehr, das die Kleinen begeistert.

Beste Ziele für Kids

New York City

N.Y. lockt mit Museen, Kutschfahrten und Rudern im Central Park, Bootsfahrten auf dem Hudson River und Themenlokalen am Times Square.

Kalifornien

In den Universal Studios guckt man hinter die Kulissen, dann geht's zum Strand bzw. nach Disneyland oder zum San Diego Zoo Safari Park. Toll sind auch die Mammutbäume, das Exploratorium in San Francisco und das Monterey Bay Aquarium.

Washington, D.C.

Washington ist mit seinen kostenlosen Museen, den Pandas im Zoo und den vielen Grünflächen eine familienfreundliche Stadt. Von hier ist es nicht weit nach Williamsburg, VA, wo kostümierte Darsteller einen Einblick ins 18. Jh. geben.

Florida

Um die Walt Disney World kann man einen ganzen Urlaub planen. Die Strände sind auch herrlich.

Colorado

Die Skiresorts geben im Sommer Vollgas und bieten Sommercamps, Mountainbiken, Sommerrodelbahnen und Ziplines.

USA mit Kindern

Beim Reisen mit Kindern erschließt sich eine andere Dimension des Landes. Die Einheimischen (besonders wenn sie eigene Kinder haben) sind freundlich und schließen einen wie Verwandte ins Herz, sodass es viel leichter ist, engere Kontakte zu knüpfen. Die meisten Einrichtungen sind auf die Bedürfnisse von Kids eingestellt, in der Stadt ebenso wie auf dem Land.

Für Familien geeignete Sehenswürdigkeiten, Aktivitäten, Restaurants und Unterhaltungsangebote erkennt man am Symbol für „kinderfreundlich" (👪).

Mit Kindern im Restaurant

Die Gastronomie scheint auf die Verköstigung von Familien eingestellt: Kinder sind fast überall willkommen, und es gibt oft Kinderkarten mit kleineren Portionen zu geringeren Preisen. In manchen Restaurants essen Kids bis zu einem bestimmten Alter gratis. Hochstühle und Sitze werden in Restaurants meist zur Verfügung gestellt. In manchen Restaurants gibt's auch Buntstifte und Puzzles für die Kleinen, und gelegentlich treten Trickfiguren live auf.

Restaurants ohne Kinderkarte sehen Kinder nicht automatisch ungern. In Lokalen der höheren Preiskategorie kann das aber der Fall sein. Doch auch in vielen gehobenen Lokalen kann man mit Kindern stressfrei essen, wenn man früh kommt (direkt zur abendlichen Küchenöffnung, oft 17 Uhr od. 18 Uhr). Wahrscheinlich werden sich dann auch andere Familien einstellen. Man kann fragen, ob die Küche eine kleinere Portion des Gerichts liefern kann (und zu welchem Preis) oder ob es möglich ist, eine normale Portion auf zwei Teller zu verteilen. Falls der Nachwuchs mäkelig ist, fährt man oft mit chinesischen, mexikanischen oder italienischen Restaurants am besten.

Bauernmärkte werden beliebter; in jedem größeren Ort gibt's pro Woche mindestens einen. Hier kann man sich ein Picknick zusammenstellen, Regionales probieren und dabei auch die kleinen Produzenten vor Ort unterstützen. Mit den Vorräten geht's dann in einen Park oder an ein Ufer.

Unterkünfte

Motels und Hotels haben in der Regel Zimmer mit zwei großen Betten, was für Familien super ist. Manche bieten Beistell- oder Kinderbetten, die gegen Aufpreis ins Zimmer gestellt werden. Bei Letzteren handelt es sich meist um Reisebetten, in denen nicht alle Kids gut schlafen. In manchen Hotels übernachten Kinder bis zwölf, manchmal sogar bis 18 Jahren gratis. Vorsicht bei B&Bs: Einige lehnen Kinder ab, daher vorher nachfragen!

Babysitter

Manche Resorts haben einen Babysitter-Service auf Abruf; wenn nicht, kann man die Mitarbeiter bitten, einen Babysitter zu besorgen. Immer danach fragen, ob die Babysitter lizenziert und registriert (also qualifiziert und versichert) sind, wie hoch der Stundensatz pro Kind ist, ob es einen Mindestpreis gibt und ob Kosten für Transport oder Mahlzeiten anfallen! Die meisten Visitor Centers haben Verzeichnisse der Kinderbetreuungs- und Freizeitangebote, medizinischen Einrichtungen etc.

Toiletten, Autovermieter & Flugverkehr

In vielen öffentlichen Toiletten gibt es Wickeltische (manchmal auch auf der Herrentoilette). Auf Flughäfen existieren auch geschlechterneutrale „Familientoiletten".

Die medizinische Versorgung in den USA hat ein hohes Niveau; Babynahrung, Säuglingsmilch und Windeln, auch Bioprodukte, sind in den Supermärkten erhältlich.

Alle Autovermieter sollten Kindersitze bereitstellen; sie sind in allen Bundesstaaten vorgeschrieben. Man muss sie allerdings schon bei der Buchung anfordern und 10 bis 14 US$ pro Tag dafür bezahlen.

Auf Inlandsflügen fliegen Kinder unter zwei Jahren kostenlos. Ältere brauchen einen Sitz, da sind Rabatte unwahrscheinlich. Selten bieten Resorts (z.B. Disneyland) Sonderangebote, bei denen Kinder gratis fliegen. Das nationale Bahnunternehmen Amtrak gewährt Kindern unter 12 Jahren 50% Ermäßigung auf den Fahrkartenpreis.

ERMÄSSIGUNGEN

Bei Touren, Eintritt und Verkehrsmitteln erhalten Kinder häufig Rabatte um bis zu 50%. Die Altersgrenze variiert zwischen 12 und 16 Jahren. Nur sehr wenige beliebte Sehenswürdigkeiten bieten ermäßigte Familientickets; wo es sie gibt, spart man im Vergleich zu Einzeltickets ein paar Dollar. Nachwuchs unter zwei Jahren hat fast überall freien Eintritt.

Highlights

Outdoor-Abenteuer

In allen Nationalparks gibt's Junior-Ranger-Programme; am Ende erhalten die Kinder Broschüren und Abzeichen.

- **Florida Everglades, FL** (S. 542) Kajak- und Kanutouren sowie geführte Wanderungen.
- **Yellowstone National Park, WY** (S. 878) Mächtige Geysire bewundern, Tiere beobachten und großartige Wanderungen unternehmen.
- **Grand Canyon National Park, AZ** (S. 944) Hier kann man eines der größten Naturwunder bestaunen und erkunden.
- **Black Hills, South Dakota und Wyoming** (S. 744) State und National Parks wie Mt. Rushmore sind voller kinderfreundlicher Naturattraktionen; die Büffel laufen wirklich frei rum.
- **New River Gorge National River, WV** (S. 376) Hier locken Wildwasserfahrten.
- **Zion National Park, UT** (S. 985) Man kann im Virgin River waten und zu den Emerald Pools am Fuß der roten Canyonwände wandern.

Themenparks & Zoos

➡ **Bronx Zoo, NY** (S. 109) Einer der größten und besten Zoos liegt nur eine U-Bahn-Fahrt von Manhattan entfernt.

➡ **Walt Disney World® Resort, FL** (S. 574) Vier Parks voller Action auf knapp 110 km² bescheren Kindern ein unvergessliches Erlebnis.

➡ **Disneyland, CA** (S. 1044) Kids ab vier Jahren lieben Disneyland, Teenager toben sich nebenan im California Adventure aus.

➡ **San Diego Zoo Safari Park, CA** (S. 1051) In dem tollen Zoo leben über 6500 Tiere jeder Größe auf rund 7,7 km².

➡ **Six Flags** (www.sixflags.com) Eine der beliebtesten Vergnügungsparkketten der USA mit 11 Standorten im ganzen Land.

➡ **Cedar Point, OH** (S. 632) Einige der krassesten Achterbahnen der Welt, ein 1,6 km langer Strand, ein Wasserpark und Liveunterhaltung.

Reisen in die Vergangenheit

➡ **Plimoth Plantation, MA** (☎508-746-1622; www.plimoth.org; 137 Warren Ave, Plymouth; Erw./Kind 28/16 US$; ⌚Apr.–Nov. 9–17 Uhr; 👪) In Kostüme aus dem 18. Jh. schlüpfen und den ebenfalls kostümierten Führern durch die geschichtsträchtigen Stätten folgen.

➡ **Fort Mackinac, MI** (S. 659) Sich die Ohren zuhalten, wenn Soldaten in Kostümen aus dem 19. Jh. Musketen und Kanonen abfeuern.

➡ **Freedom Trail, Boston, MA** (S. 213) Mit Ben Franklin (naja, seinem Double) spazieren gehen.

➡ **Lincoln Presidential Library & Museum, Springfield IL** (S. 615) Interaktive Ausstellung, durch die man alles über einen der größten Präsidenten lernt.

➡ **St. Augustine, FL** (S. 557) In einer Kutsche durch die historischen Straßen rumpeln.

Aktivitäten für Regentage

➡ **National Air and Space Museum, Washington, D. C.** (S. 293) Raketen, Raumfahrzeuge, altmodische Doppeldecker und Flugsimulatoren begeistern kleine Piloten.

➡ **American Museum of Natural History, N. Y. C.** (S. 99) Kids jedes Alters sind von dem Planetarium, den gigantischen Saurierskeletten und 30 Mio. weiteren Artefakten begeistert.

➡ **City Museum, St. Louis, MO** (S. 711) Ein Rummelplatz der ungewöhnlichen Exponate – samt Riesenrad auf dem Dach.

➡ **Port Discovery, Baltimore, MD** (S. 326) Drei Stockwerke voller Abenteuer und (geschickt verpackter) Bildung: Zu sehen sind u. a. ein ägyptisches Grabmal, ein Bauernmarkt, ein Zug, ein Atelier und physikalische Messstationen.

➡ **Pacific Science Center, Seattle, WA** (S. 1156) Faszinierende interaktive Exponate, ein IMAX-Kino, ein Planetarium und Lasershows.

➡ **Children's Museum of Indianapolis, IN** (S. 618) Das größte Kindermuseum der Welt mit fünf Stockwerken voll witziger Dinge (u. a. Dinosauerierausstellungen).

➡ **Strawbery Banke Museum, Portsmouth, NH** (S. 269) In dem interaktiven Family Discovery Centre wird die Geschichte Neuenglands von der Kolonialzeit bis in die 1940er-Jahre erläutert.

Reiseplanung

Die Witterung und der Massenandrang sind die wichtigsten Punkte, die bei der Planung eines Familienurlaubs in den USA zu bedenken sind. Hauptsaison ist im ganzen Land von Juni bis August. In diese Zeit fallen die Schulferien, und die Temperaturen sind am höchsten. Man muss mit hohen Preisen und Menschenmassen rechnen – mit langen Schlangen in Themen- und Wasserparks, ausgebuchten Resorts und starkem Verkehr. Für beliebte Ziele muss man weit im Voraus reservieren. Gleiches gilt für die Wintersportresorts (in den Rockys, am Lake Tahoe und in den Catskills) während der Hauptsaison dort (Ende Dez.–März).

Infos und Tipps finden sich im Lonely Planet *Travel with Children*. Für Tipps zur Unterhaltung der Kinder gibt's *Not for Parents: USA* (ebenso von Lonely Planet).

Infos im Internet

Baby's Away (www.babysaway.com) Standorte im ganzen Land; vermietet Kinderbetten, -stühle, Autokindersitze, Kinderwagen und sogar Spielzeug.

Family Travel Files (www.thefamilytravelfiles.com) Ferienideen zum Improvisieren, Beschreibungen von Reisezielen und Tipps für Traveller.

Kids.gov (www.kids.usa.gov) Thematisch umfassende Website, die das ganze Land abdeckt. Bietet auch Songs zum Herunterladen, Aktivitäten und sogar einen Link zur Kinder-Website der CIA.

Travel BaBees (www.travelbabees.com) Ein renommiertes Unternehmen mit Filialen im ganzen Land, das Babyausrüstung verleiht.

Die USA im Überblick

Der irre Flickenteppich der Kulturen und Landschaften schafft eine packende Vielfalt regionaler Identitäten. Da wären der aufregende Großstadtcharme von New York, Chicago, New Orleans oder San Francisco, Trendsetter wie Austin oder Portland, der südliche Charme von Charleston oder das malerische Kleinstadtleben Neuenglands. Hawaiis Vulkane, Alaskas vergletscherte Pracht, die Weiten der Great Plains, die Felsformationen des Südwestens oder das Grün des Nordwestens – alle sind eine Entdeckung wert. Die legendären Strände Kaliforniens laden zum Surfen ein, die Gipfel der Rockies wollen erklommen werden; und dann ist da auch noch die birkengesäumte Küste der Great Lakes.

Jede Region bietet Einzigartiges: Maine protzt mitHummer, in Texas weiß man, was ein BBQ ist, Memphis verzaubert mit Blues, Kalifornien mit Wein. Welche Wahl man auch trifft, es warten unvergessliche Erlebnisse. Und wenn die Zeit nicht für den mehrmonatigen „Great American Road Trip" reicht: Erst ein, zwei Regionen besuchen – und dann wiederkommen!

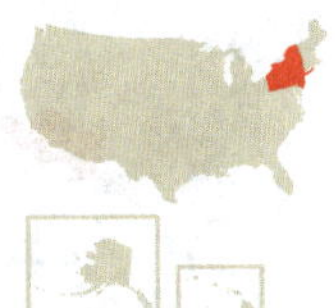

New York, New Jersey & Pennsylvania

Kunst
Geschichte
Outdoor

Kulturstätte

Heimat der Met, des Museum of Modern Art und des Broadway – und all das allein in NYC! Auch Buffalo, Philadelphia und Pittsburgh haben weltberühmte Kultur.

Zeugnisse der Vergangenheit

Von Herrenhäusern im Hudson Valley über den Independence National Historic Park Philadelphias bis hin zu Stätten, die der Gründung der Nation gewidmet sind – hier lernt man viel über die USA.

Wilde Natur

Jenseits der Städte wartet die Natur und lockt mit Wanderungen in den Adirondacks und den Catskills, Rafting auf dem Delaware River, Segeln auf dem Atlantik und Tagen an der Jersey Shore und in den Hamptons.

S. 78

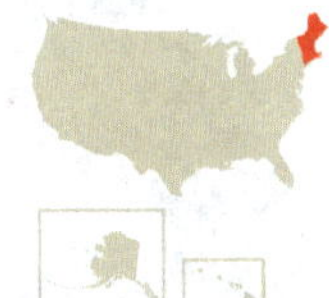

Neuengland

Seafood
Geschichte
Landschaft

Hummer-Hochburg

Neuengland ist berühmt für seine fangfrischen Meeresfrüchte. An der Küste isst man Austern, Hummer und Fisch, während draußen im Hafen schon das nächste Fischerboot ankommt.

Legenden der Vergangenheit

Von der Landung der Pilger in Plymouth und der Hexenhysterie in Salem bis zum Kurierritt Paul Reveres – Neuenglands Beitrag zur US-Geschichte ist beachtlich.

Herbstlaub

Der Indian Summer ist legendär: Von den Litchfield Hills (Connecticut) bis hinauf zu den White Mountains (New Hampshire und Maine) tauchen bunte Blätter ganz New England in ein leuchtendes Farbenmeer.

S. 198

Washington D. C. & Capital Region

Kunst
Geschichte
Essen

Erstklassige Kunst

Washington hat tolle Museen. Auf Virginias Crooked Road findet man Mountain Music, berühmte Theater und in Baltimore ausgefallene Kunst.

Die Anfänge

Eine Lektion über Kolonialgeschichte gibt's in Jamestown, Williamsburg und Yorktown sowie auf dem Land, das mit Schlachtfeldern aus dem Bürgerkrieg übersät ist. Hier stehen auch Präsidentenvillen wie Mount Vernon und Monticello.

Kulinarische Highlights

Maryland Blue Crabs, Austern und Seafood; internationale Lokale in D.C., Zutaten direkt vom Erzeuger in Baltimore, Charlottesville und Staunton.

S. 288

Der Süden

Essen
Musik
Charme

Die Küche des Südens

Vom Memphis-BBQ über Soul Food in Mississippi bis hin zur Cajun-Küche in Louisiana ist der Süden ein vielfältiger und toller Ort zum Schlemmen.

Country, Jazz & Blues

Nirgendwo sonst auf der Welt gibt es ein so einflussreiches Musikrepertoire wie im Süden. Wer eine authentische Musikerfahrung sucht, wird in den Musikhochburgen fündig: Country in Nashville, Blues in Memphis und Bigband-Jazz in New Orleans.

Südstaatenschönheit

Charleston, Savannah u. v. m. sind Orte wie aus dem Bilderbuch. Sie ziehen Besucher mit ihren historischen Straßen, ihrer Vorkriegsarchitektur und ihrer Gastfreundlichkeit in den Bann.

S. 378

Florida

Spaß
Wildtiere
Strände

Herrliche Zeiten

Florida ist die Heimat von Miamis Art déco District und Little Havana und bietet historische Sehenswürdigkeiten in St. Augustine, Themenparks in Orlando sowie die Inseln der Keys.

Wale, Vögel & Alligatoren

Bei einem Schnorchel- oder Tauchausflug erkundet man das Leben unter Wasser. Größere Kaliber sieht man bei einer Walbeobachtungstour oder in den Everglades, wo Alligatoren, Reiher, Seekühe und andere Wildtiere zu Hause sind.

Auf zum Strand

Neben Sandstränden (z. B. Pensacolas ruppige Küste, der heiße South Beach und der noble Palm Beach) warten hier auch Sanibel und Captiva Island mit ihren vielen Muschelschalen.

S. 514

Die Großen Seen

Essen
Musik
Sehenswertes

Heartland Cuisine

Von ausgezeichneten Restaurants (James Beard Award) in Chicago und Minneapolis bis hin zum frischen Milchshake direkt aus der Molkerei – dank der regionalen Farmen, Obstplantagen und Brauereien wird hier jeder Feinschmecker glücklich.

Rock & Roll

Heimat der Rock'n'Roll Hall of Fame, ausgelassener Festivals wie dem Lollapalooza und vieler Clubs – die Great Lakes rocken, Baby!

Skurriles

Ein riesiges Knäuel, ein Senfmuseum und Kuhfladenweitwurf: So schräge Dinge denkt man sich im Mittleren Westen aus, wo die Menschen Leidenschaft, Fantasie und vielleicht etwas zu viel Zeit haben.

S. 582

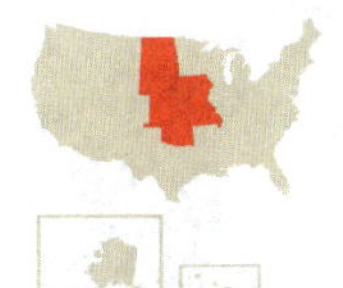

Great Plains

Landschaft
Geologie
Nachtleben

On the Road

Auf seinem Weg zum Horizont führt der Highway unter einem endlosen Himmel an Feldern, Flusstälern und Gipfeln vorbei – dazu gibt's abgefahrene Museen und gemütliche Cafés, und fertig ist der große Roadtrip durch die USA.

Faszinierende Natur

Die Badlands sind alles andere als *bad*. Zu den geologischen Wundern gesellen sich die schönen, von zahllosen Wildtieren bewohnten Black Hills und der Theodore Roosevelt National Park.

Großstadt-Soundtrack

Wenn außerhalb der Städte die Gehwege hochgeklappt werden, fängt in St. Louis und Kansas City der Spaß erst richtig an. In Clubs und Bars wird legendärer Jazz, Blues und Rock gespielt.

S. 705

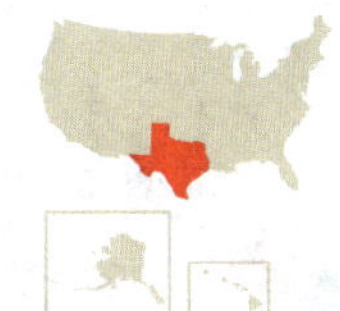

Texas

Essen
Livemusik
Outdoor

Barbecue-Vergnügen

Fleischliebhaber werden sich hier wie im Himmel fühlen. Das Barbecue von Lockhart in der Nähe von Austin gehört weltweit zu den besten. Rindfleisch, Rippchen und Würstchen vom Grill gibt's aber auch überall sonst im Bundesstaat.

Im Takt bewegen

Austin hat sich zur Hauptstadt der Livemusik ernannt. In Honky Tonks und Tanzhallen in ganz Texas wirbelt man zu Livemusik über abgewetzte Holzbühnen.

Naturkino

Schluchten, Berge und Thermalquellen versprechen einen unvergesslichen Ausflug. Wie wär's mit Raften auf dem Big Bend River? Oder doch lieber an der Golfküste faul am Strand liegen?

S. 796

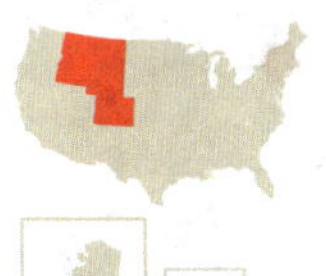

Rocky Mountains

Outdoor
Kultur
Landschaft

Hohe Berge

Skifahren, wandern und mit dem Boot fahren – die Rockies sind eine wahre Spielwiese mit einem unglaublichen Netz aus Parks, Routen und Hütten.

Alt trifft Neu

Früher war dies das Land der Stetsons und Bauernkleider, heute tragen die Leute eher Lycra, gehen Mountainbiken und lassen sich ein Bier oder eine Latte schmecken. Doch das Motto „hart arbeiten, geruhsam leben" ist immer noch Programm.

Fantastische Aussichten

Die schneebedeckten Rockies mit ihren schroffen Gipfeln, klaren Flüssen und rot schimmernden Felsen sind majestätisch. Hier finden sich einige der berühmtesten Parks – und viel frische Bergluft.

S. 828

Der Südwesten

Landschaft
Outdoor
Kulturen

Naturschönheit

Im Südwesten gibt es spektakuläre Parks, etwa den Grand Canyon, Monument Valley und die riesigen Carlsbad Caverns.

Wandern & Skifahren

Park City lockt mit Tiefschneepisten, der Slide Rock State Park verführt zum Planschen, White Sands ist optimal zum Sandboarden und im Bryce Canyon, im Zion Natioal Park und an vielen anderen Orten kann man wandern.

Ureinwohner

Dies ist Indianerland. Ein Besuch bei den Hopi oder Navajo ist eine tolle Einführung in das Leben der indigenen Völker. Die Erkundung der Felsbehausungen, die von den frühen Pueblo-Indianern verlassen wurden, ist eine Reise in die Vergangenheit.

S. 904

Kalifornien

Strände
Abenteuer
Essen

Sonnenstrände

1760 km Küste: schroffe, unberührte Badestellen im Norden und überfüllte Juwelen im Süden, dazu überall an der Küste tolle Möglichkeiten zum Surfen, Kajakfahren und Spazierengehen.

Freizeitsport

Schneebedeckte Berge, glitzerndes Meer und Primärwälder bilden die perfekte Kulisse für Ski-, Wander- und Radtouren, um in den Wellen zu toben und Wildtiere zu beobachten.

Die kalifornische Küche

Fruchtbares Land und talentierte Köche machen Kalifornien zu einem großartigen Gourmetziel, egal ob man nun über die Märkte schlendert, die Produkte der vielen Weingüter kostet oder in einem gefeierten Restaurant diniert.

S. 1013

Der Nordwesten

Essen & Wein
Outdoor
National Parks

Kulinarische Vielfalt

Seattle und Portland sind bekannt für ihre kulinarische Szene mit fangfrischem Fisch, erstklassigen Weinen und regional angebautem Gemüse aus ganz Northwest Bounty.

Pulverschnee

Mit ganzjährig befahrbaren Pisten, hübsch gelegenen Langlaufloipen und dem Snowboarderparadies Mt. Baker steht die Region für ein Wintersporterlebnis, das seinesgleichen sucht. Die Skigebiete in Methow Valley sind weltbekannt.

Naturvielfalt

Es gibt hier vier Nationalparks: drei Klassiker aus der Roosevelt-Ära mit historischen Lodges – Olympic, Mt. Rainier und Crater Lake – und einen „jungen Wilden", den North Cascades.

S. 1145

Alaska

Wildtiere
Gletscher
Outdoor

Große & kleine Tiere

Alaska bietet einige der besten Möglichkeiten, Wildtiere zu sehen. Im Südosten einen Wal oder einen Bären zu beobachten, ist ein unvergessliches Erlebnis, während im Denali National Park Karibus, Elche, Dall-Schafe und Alaskas berühmte Grizzlybären leben.

Dramatische Natur

Der Glacier Bay National Park ist für Kreuzfahrtschiffe das Ziel schlechthin und zudem auch bei Kajakfahrern sehr beliebt.

Wandern

Ein paar von Nordamerikas „rauesten" Wandermöglichkeiten (z. B. der Chilkoot Trail im Klondike und der Denali National Park mit seiner unberührten Tundra) finden sich in Alaska.

S. 1209

Hawaii

Strände
Abenteuer
Landschaft

Tropische Gebiete

Waikiki ist der perfekte Ort, um Leute zu beobachten. Atemberaubende schwarze Sandstrände säumen die Kona Coast, während überall erstklassige Surfspots warten.

Outdoor Highlights

Eine Regenwald-Wanderung, ein Kajaktrip an der Na Pali Coast, Ziplining auf den vier größten Inseln oder doch lieber eine Begegnung mit der Unterwasserwelt der Hanauma Bay? Man hat die Qual der Wahl.

Traumhafte Landschaften

Hawaii ist reich an Hinguckern – und damit sind nicht nur seine Menschen gemeint: Hier gibt's Vulkane, uralte Regenwälder, malerische Wasserfälle, Dschungeltäler, tolle Aussichtsfelsen und funkelndes Meer.

S. 1232

Reiseziele in den USA

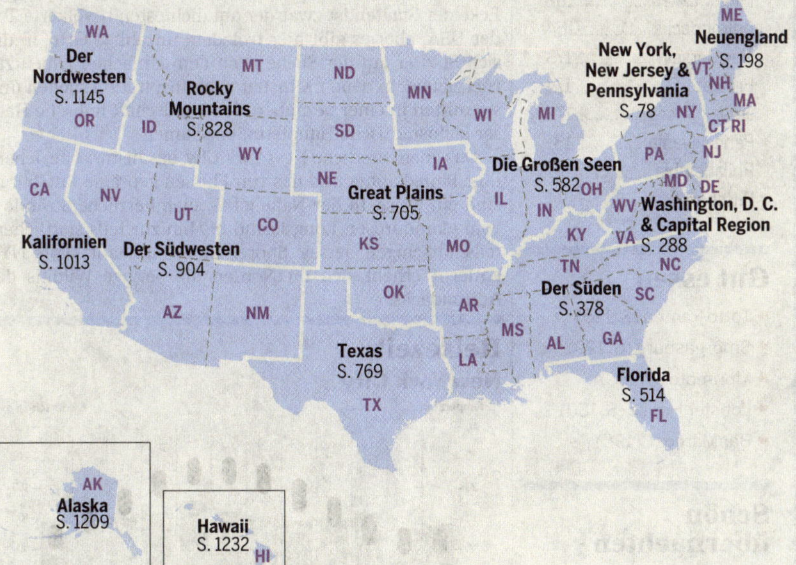

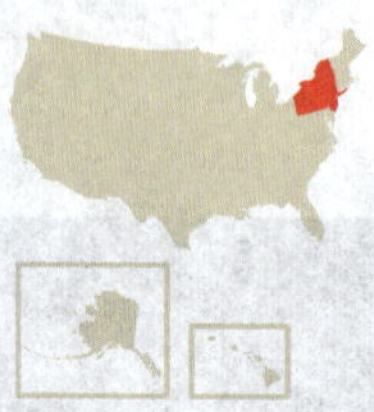

New York, New Jersey & Pennsylvania

Inhalt ➡

Gut essen

- Totto Ramen (S. 125)
- Smorgasburg (S. 129)
- Morimoto (S. 188)
- Lobster House (S. 180)
- Bar Marco (S. 196)

Schön übernachten

- Yotel (S. 117)
- Scribner's Catskill Lodge (S. 160)
- White Pine Camp (S. 167)
- Priory Hotel (S. 195)
- Asbury Hotel (S. 176)

Auf nach New York, New Jersey & Pennsylvania!

Wo sonst könnte man innerhalb von ein paar Tagen eine Amish-Farm besuchen, auf einem Berg zelten, die Unabhängigkeitserklärung lesen und dann vom 86. Stock eines Art-déco-Wahrzeichens New York bestaunen? Diese Ecke der Staaten ist zwar der am dichtesten bevölkerte Teil der USA, aber es gibt hier trotzdem unzählige Orte, in die sich Städter auf der Suche nach dem einfachen Leben zurückziehen, in denen Künstler nach Inspiration suchen und wo mitten in einer bezaubernden Landschaft hübsche Häuser kleinstädtische Hauptstraßen säumen.

Das abenteuerliche New York City, das historische, lebendige Philadelphia und das von Flüssen geprägte Pittsburgh sind ein Muss. In der Nähe gibt's auch herrliche Strände – vom glamourösen Long Island bis hin zur teils stattlichen, teils kitschigen Jersey Shore. Eine Tagesfahrt von NYC entfernt erhebt sich im Norden die bergige Wildnis der Adirondacks.

Reisezeit

New York City

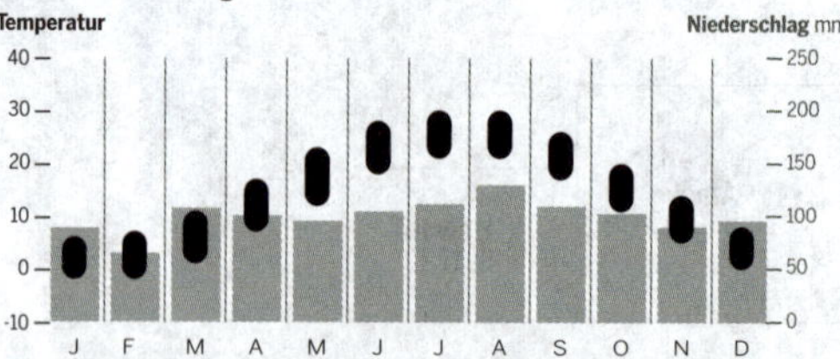

Feb. Wintersportler zieht es in die Berge der Adirondacks, Catskills und Poconos.

31. Mai–5. Sept. Vom Memorial Day bis zum Labor Day sind die Strände von Montauk bis Cape May beliebt.

Okt.–Nov. Der Herbst bringt NYC kühlere Temperaturen, Festivals und den Marathon.

NEW YORK CITY

Epizentrum der Kunst. Hauptstadt des guten Essens und Einkaufens. Trendsetterin. New York City ist eine Stadt der Superlative und strahlt eine unwiderstehliche Anziehungskraft aus.

Dabei hat NYC eine recht übersichtliche Größe – und die Straßen sind voller Hingucker: architektonische Meisterwerke, schöne europäische Cafés, stimmungsvolle Buchläden und kuriose Geschäfte. Ein Stadtspaziergang ist ein einziger Genuss für alle Sinne. Mehr als 200 Nationalitäten haben hier eine neue Heimat gefunden. oft muss man nur ein paar Straßen überqueren, um sich wie auf einem anderen Kontinent zu fühlen. So kann man von Chinatown mit seinen bunten buddhistischen Tempeln, dampfenden Nudelküchen und stinkenden Fischhändlern direkt nach Nolita gehen, um bezaubernde Boutiquen, leckeren Kaffee und angesagtes Kunsthandwerk zu genießen. Jedes Viertel zeigt ein ganz anderes Gesicht von New York City: von den 100 Jahre alten jüdischen Feinkostgeschäften in der Upper West Side bis hin zu den verschlungenen Kopfsteinpflastergassen in Greenwich Village. Um all das zu sehen und zu erleben, geht man am besten zu Fuß durch diese faszinierende Stadt.

Sehenswertes

Financial District & Lower Manhattan

Kühne architektonische Wahrzeichen, Restaurants und eine wachsende Wohnbevölkerung prägen heute das südliche Manhattan, das ehemals ein reines Geschäftsviertel war. Im Financial District (FiDi) befinden sich das Mahnmal und Museum zum 11. September, das One World Observatory und die Wall Street sowie bedeutende historische Stätten wie das Fraunces Tavern Museum, die Federal Hall und, direkt vor der Küste, natürlich Ellis Island und die Freiheitsstatue. Zentrales Wahrzeichen des Viertels ist die City Hall, der Amtssitz des Bürgermeisters. Nördlich des FiDi sind die umgebauten Lagerhäuser von Tribeca, das nun eine wohlhabende Gegend mit guten Restaurants und Bars, Spitzengalerien und vornehmen Geschäften ist.

★ Brooklyn Bridge BRÜCKE

(Karte S. 84; S 4/5/6 to Brooklyn Bridge-City Hall; J/Z to Chambers St; R/W to City Hall) Eines der großen Wahrzeichen von New York verbindet Brooklyn mit Manhattan und war die erste Stahl-Kettenbrücke der Welt. Als sie 1883 eröffnet wurde, war sie mit einer Spannweite von 486,5 m auch die längste, die jemals gebaut worden war. Obwohl der Bau von Katastrophen aller Art überschattet war, wurde die Brücke zu einem der schönsten Beispiele städtebaulicher Ingenieursleistung und inspirierte unzählige Dichter, Schriftsteller und Maler. Vom Fußgängerbereich aus hat man einen tollen Blick auf Lower Manhattan, den East River und das sich rasant verändernde Ufer von Brooklyn.

★ National September 11 Memorial MAHNMAL

(Karte S. 84; www.911memorial.org; 180 Greenwich St; ⌚7.30–21 Uhr; S E bis World Trade Center; R/W bis Cortlandt St; 2/3 bis Park Pl) GRATIS Den Mittelpunkt des Mahnmals zum 11. September bildet **Reflecting Absence**, zwei imposante Wasserbecken mit spiegelglatter Oberfläche, die die Fundamente der unglückseligen Zwillingstürme nachbilden. Vom Rand der beiden Becken fließt ständig Wasser in das 9 m tiefer gelegene Loch in der Mitte. In die Bronzetafeln rund um die Becken sind die Namen der Menschen eingraviert, die bei dem Terroranschlag am 11. September 2001 und bei der Explosion einer Autobombe vor dem World Trade Center am 26. Februar 1993 ums Leben kamen.

Direkt neben dem Mahnmal ist das **Museum** (17–20 Uhr, Erw./Kind 24/15 US$, Di frei; ⌚So–Do 9–20, Fr & Sa 9–21 Uhr, letzter Einlass 2 Std. vor Schließung). Erschütternd und zutiefst berührend erzählt das Museum die Geschichte dieses schrecklichen Tages und die Auswirkungen auf Amerika und die ganze Welt.

★ One World Observatory AUSSICHTSPUNKT

(Karte S. 84; ☎844-696-1776; www.oneworldobservatory.com; Ecke West St & Vesey St; Erw./Kind 34/28 US$; ⌚9–20 Uhr, Ticketverkauf bis 19.15 Uhr; S E bis World Trade Center; 2/3 bis Park Pl; A/C, J/Z, 4/5 bis Fulton St; R/W bis Cortlandt St) Das Observatorium erstreckt sich vom 100. bis zum 102. Stockwerk des höchsten Gebäudes der westlichen Hemisphäre. Der Panoramablick auf die Stadt ist überwältigend. An einem klaren Tag kann man über alle fünf Stadtteile hinweg bis zu den angrenzenden Staaten sehen. Kein Wunder, dass es äußerst populär und immer gut besucht ist. Deshalb sollte man die Tickets unbedingt im Voraus online kaufen.

Highlights

1 In **New York City** (S. 79) einmal um die ganze Welt reisen, ohne die Stadt zu verlassen. Die Vielfalt der unterschiedlichen Viertel und Kulturen macht's möglich

2 An der **Jersey Shore** (S. 175) die Küste, die Ruhe, Kitsch und leckeres Popcorn genießen

3 Im **Independence National Historic Park** (S. 182) in Philadelphia den Spuren der Gründungsväter folgen

4 Durch die dichten Wälder der **Catskills** (S. 159) wandern

5 In den majestätischen **Adirondacks** (S. 164) paddeln

6 Auf **Thousand Islands** (S. 168) am Sankt-Lorenz-Strom campen

7 Tolle moderne Kunst und alte Industrien in **Pittsburgh** (S. 194) bewundern

8 In **North Fork** (S. 154) auf Long Island süffige Rot- und Weißweine probieren

9 Auf kleinen Straßen durch das **Pennsylvania Dutch Country** (S. 192) fahren

10 Auf einem Boot gemütlich durch die idyllische Landschaft des **Delaware Water Gap** (S. 177) schippern (oder Wildwasser-Raften – je nach Saison)

National Museum of the American Indian MUSEUM
(Karte S. 84; ☎212-514-3700; www.nmai.si.edu; 1 Bowling Green; ⏲Fr–Mi 10–17, Do 10–20 Uhr; S 4/5 bis Bowling Green; R/W bis Whitehall St) GRATIS Das elegante Museum zur Kultur der Indianer befindet sich in dem von Cass Gilbert 1907 errichteten, spektakulären **Custom House**, einem der schönsten Beaux-Arrts-Gebäude in New York. Es gehört zur Smithsonian Institution und präsentiert unter der riesigen elliptischen Kuppel ständig Wechselausstellungen zu Kunst, Kultur, Leben und Religion der Ureinwohner. In der Dauerausstellung des Museums sind wunderbare Kunstwerke, Textilien und Kultobjekte zu sehen, die sehr gut die Unterschiede in den Kulturen der einzelnen Völker in Amerika dokumentieren.

★ **Freiheitsstatue** DENKMAL
(Karte S. 83; ☎212-363-3200, tickets 877-523-9849; www.nps.gov/stli; Liberty Island; Erw./Kind inkl. Ellis Island 18,50/9 US$, inkl. Krone 21,50/12 US$; ⏲8.30–17.30, saisonale Änderungen s. Website; ⛴nach Liberty Island, S 1 bis South Ferry; 4/5 bis Bowling Green) Wer den atemberaubenden Blick von der Krone der Freiheitsstatue genießen möchte, muss die Tickets sehr lange (bis zu 6 Monate) im Voraus buchen. Wer das versäumt, besorgt sich ein Ticket für den Sockel, von dem man auch einen tollen Blick hat. Und wenn alle Stricke reißen, fährt man einfach nur mit der Fähre nach Liberty Island. Im Fährticket enthalten ist der Zugang zum Gelände am Fuße der Statue sowie die **Führung mit einem Parkranger** oder die Besichtigung auf eigene Faust mit einem Audioguide. Um nirgends lange anstehen zu müssen, sollte man alle Tickets online buchen (www.statuecruises.com).

1865 plante der französische Intellektuelle Edouard Laboulaye die Freiheisstatue eigentlich als Symbol der republikanischen Ideale, auf denen Frankreich und die USA beruhten, doch gilt sie heute im Allgemeinen als Symbol für Chancengleichheit und Freiheit.

Der französische Bildhauer Frédéric-Auguste Bartholdi reiste 1871 nach New York, um den Standort auszuwählen, und verbrachte dann 10 Jahre in Paris mit der Planung und Ausführung der knapp 46 m hohen *Liberty Enlightening the World*-Statue. Nach der Fertigstellung wurde sie nach New York transportiert, auf einer kleinen Insel im Hafen aufgestellt und 1886 feierlich enthüllt. Sie besteht aus einem (von Gustave Eiffel entworfenen) Eisenskelett und einer Außenhaut aus Kupfer, die mit festen, biegsamen Metallstangen daran befestigt ist. Der Aufstieg in die Fackel ist seit 1916 verboten.

Liberty Island wird in der Regel zusammen mit dem benachbarten Ellis Island besucht. Die **Fähren** (Karte S. 84; ☎877-523-9849; www.statuecruises.com; Erw./Kind ab 18,50/9 US$; ⏲8.30–16 Uhr S 4/5 bis Bowling Green; R/W bis Whitehall St; 1 bis South Ferry) legen im Battery Park ab. Die nächsten Subway-Stationen sind South Ferry und Bowling Green. (Im Fährticket ist der Zugang zu beiden Sehenswürdigkeiten enthalten.)

★ **Ellis Island** WAHRZEICHEN, MUSEUM
(Karte S. 83; ☎212-363-3200, Tickets unter 877-523-9849; www.nps.gov/elis; Ellis Island; Fähre inkl. Freiheitsstatue Erw./Kind 18,50/9 US$; ⏲9.30–15.30 Uhr; ⛴bis Ellis Island, S 1 bis South Ferry; 4/5 bis Bowling Green) Ellis Island ist das berühmteste und wichtigste Tor nach Amerika. Von 1892 bis 1924 betraten mehr als 12 Mio. Einwanderer durch dieses Tor das Land ihrer Träume. Heute zollt das **Immigration Museum** diesen Einwanderern einen bewegenden Tribut mit Berichten von Historikern, den Einwanderern selbst sowie weiteren Quellen. Bei der Führung sieht man auch die stattliche Sammlung persönlicher Gegenstände, offizieller Dokumente, Fotografien und Filme. Um den ebenso erschütternden Warteschlangen zu entgehen, sollte man die Tickets unbedingt online kaufen (www.statuecruises.com).

South Street Seaport STADTVIERTEL
(Karte S. 84) Das Viertel liegt zwar direkt am Fluss im Osten des Financial District, scheint aber Welten davon entfernt zu sein. Die Straßen mit Kopfsteinpflaster und alten Gebäude erinnern immer noch an seine stolze Vergangenheit als Hafenviertel. Bars und Restaurants sind zwanglos und abgefahren, und es gibt jede Menge interessante Geschäfte.

★ **Museum of Jewish Heritage** MUSEUM
(Karte S. 84; ☎646-437-4202; www.mjhnyc.org; 36 Battery Pl; Erw./Kind 12 US$/frei, Mi 16–20 Uhr frei; ⏲Mitte März–Mitte Nov. So–Di 10–18, Mi & Do 10–20, Fr 10–17 Uhr, übriges Jahr Sa geschl.; 👪; S 4/5 bis Bowling Green; R/W bis Whitehall St) Das aufschlussreiche Museum am Wasser zeigt von religiösen Traditionen bis hin zu künstlerischen Werken vielfältige Aspekte des modernen jüdischen Lebens und der Kultur. Im Mittelpunkt des Museums steht eine aus-

New York City

0 — 10 km
0 — 5 Meilen

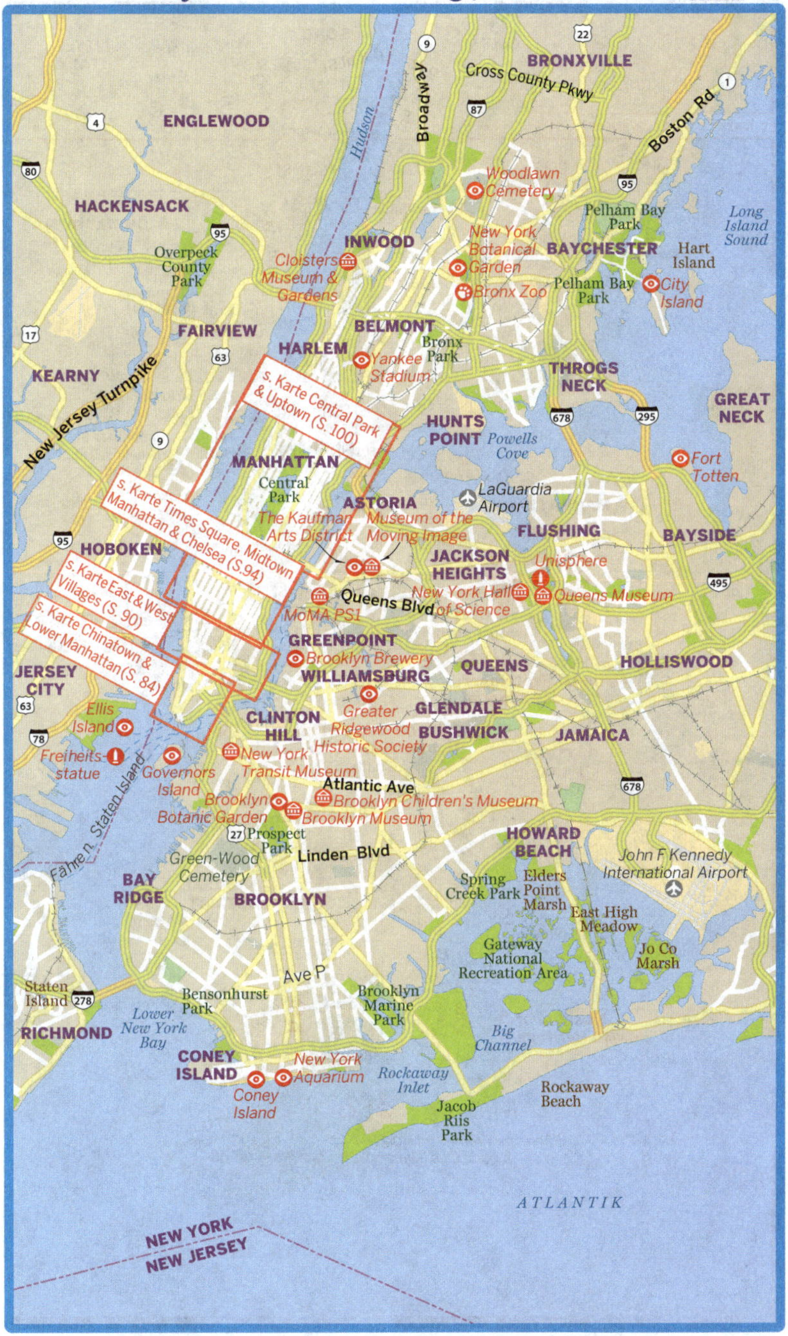

BRONXVILLE
Cross County Pkwy
Broadway
Hudson
Boston Rd
ENGLEWOOD
HACKENSACK
Woodlawn Cemetery
Pelham Bay Park
Long Island Sound
Overpeck County Park
INWOOD
Cloisters Museum & Gardens
New York Botanical Garden
BAYCHESTER
Hart Island
Bronx Zoo
Pelham Bay Park
City Island
FAIRVIEW
BELMONT
HARLEM
Bronx Park
Yankee Stadium
KEARNY
New Jersey Turnpike
THROGS NECK
GREAT NECK
s. Karte Central Park & Uptown (S. 100)
HUNTS POINT
Powells Cove
Fort Totten
MANHATTAN
Central Park
s. Karte Times Square, Midtown Manhattan & Chelsea (S. 94)
ASTORIA
LaGuardia Airport
The Kaufman Arts District
Museum of the Moving Image
FLUSHING
BAYSIDE
HOBOKEN
JACKSON HEIGHTS
Unisphere
s. Karte East & West Villages (S. 90)
Queens Blvd
New York Hall of Science
Queens Museum
MoMA PS1
s. Karte Chinatown & Lower Manhattan (S. 84)
GREENPOINT
Brooklyn Brewery
WILLIAMSBURG
QUEENS
HOLLISWOOD
JERSEY CITY
Ellis Island
Greater Ridgewood Historic Society
GLENDALE
CLINTON HILL
BUSHWICK
JAMAICA
Freiheitsstatue
Governors Island
Staten Island Fähren
New York Transit Museum
Atlantic Ave
Brooklyn Botanic Garden
Brooklyn Children's Museum
Brooklyn Museum
Prospect Park
HOWARD BEACH
Linden Blvd
John F Kennedy International Airport
Green-Wood Cemetery
BAY RIDGE
Spring Creek Park
Elders Point Marsh
BROOKLYN
East High Meadow
Gateway National Recreation Area
Jo Co Marsh
Ave P
Staten Island
Bensonhurst Park
Brooklyn Marine Park
Lower New York Bay
RICHMOND
Big Channel
CONEY ISLAND
New York Aquarium
Coney Island
Rockaway Inlet
Rockaway Beach
Jacob Riis Park
ATLANTIK
NEW YORK
NEW JERSEY

Chinatown & Lower Manhattan

führliche Ausstellung zum Holocaust, in der persönliche Gegenstände, Fotografien und Dokumentarfilme für eine sehr persönliche Erfahrung sorgen. Im Außenbereich ist die Installation „**Garden of Stones**" zu bewundern. Der Künstler Andy Goldsworthy widmete sie all jenen, die ihre Angehörigen im Holocaust verloren haben. Auf dem schmalen Fußweg aus 18 Steinbrocken sollen die Besucher über die Zerbrechlichkeit des Lebens nachdenken.

Skyscraper Museum MUSEUM

(Karte S. 84; ☎212-968-1961; www.skyscraper.org; 39 Battery Pl; $5; ⏰Mi–So 12–18 Uhr; Ⓢ4/5 bis Bowling Green; R bis Whitehall) In der kleinen Hochglanzgalerie kommen alle Fans phallischer Architektur auf ihre Kosten. Wolkenkratzer werden hier als Objekte von Design, Ingenieurskunst und städtischer Erneuerung erläutert. Die ständig wechselnden Ausstellungen widmen sich immer einem bestimmten Thema, etwa der neuen Generation von superschmalen Wohntürmen in New York oder den immer höher werdenden Gebäuden der Welt. Ständig verfügbar sind Infos zur Konstruktion des Empire State Building und des World Trade Center.

Battery Park PARK

(Karte S. 84; www.nycgovparks.org; Broadway, Battery Pl; ⏰Sonnenaufgang–1 Uhr; Ⓢ4/5 bis Bowling Green; R bis Whitehall St; 1 bis South Ferry) Die fast 5 ha große Oase bedeckt das südliche Ende von Manhattan. Durch den Park schlängeln sich Spazierwege zu schönen Gärten und öffentlich zugänglichen Kunstwerken. Außerdem sind dort ein Holocaust Memorial und das Irish Hunger Memorial zu finden. Nachdem sich holländische Siedler 1623 auf diesem Teil der Insel niedergelassen hatten, wurde hier die erste „Batterie" von Kanonen stationiert, um die junge Siedlung New Amsterdam zu schützen. Hier befinden sich auch das historische **Castle Clinton** (Karte S. 84; ☎212-344-7220; www.nps.gov/cacl/index.htm; ⏰7.45–17 Uhr) und die Anlegestellen der Fähren nach Ellis Island und zur Statue of Liberty.

New York Stock Exchange GEBÄUDE

(Karte S. 84; www.nyse.com; 11 Wall St; ⏰nicht zugänglich; Ⓢ J/Z bis Broad St; 2/3, 4/5 bis Wall St) Die bekannteste Börse der Welt und die gesamte Wall Street sind die Symbole des US-Kapitalismus. Hinter der einschüchternden romanischen Fassade werden täglich gut 1 Mrd. Aktien gehandelt. Aus Sicherheitsgründen hat die Öffentlichkeit leider keinen

Chinatown & Lower Manhattan

Highlights
1 Brooklyn Bridge E4
2 Brooklyn Bridge Park F5
3 Chinatown E2
4 Museum of Jewish Heritage B6
5 National September 11 Memorial B4
6 National September 11 Memorial Museum B4
7 One World Observatory B4

Sehenswertes
8 Battery Park C6
9 Castle Clinton C6
10 Federal Reserve Bank of New York C4
11 Museum at Eldridge Street Synagogue E1
12 National Museum of the American Indian C6
13 Skyscraper Museum B6
14 South Street Seaport E4

Aktivitäten, Kurse & Touren
15 Downtown Boathouse A2
16 Staten Island Ferry D7

Schlafen
17 Wall Street Inn D5

Essen
18 Bâtard B1
19 Brookfield Place B4
20 Da Mikele C1
21 Fish Market E4
Hudson Eats ..... (siehe 19)
Le District ..... (siehe 19)
22 Locanda Verde B2
23 Nice Green Bo D1

Ausgehen & Nachtleben
24 Apothéke E2
25 Cowgirl Seahorse E4
26 Dead Rabbit D6
27 Keg No 229 ..... E4
28 Smith & Mills B1
29 Terroir Tribeca B2

Unterhaltung
30 Flea Theater C2

Zutritt mehr. So bleibt einem nur, das imposante Gebäude, das durch Barrieren und die aufmerksamen Beamten des NYPD (New York Police Department) geschützt wird, von außen zu betrachten.

Federal Reserve Bank of New York GEBÄUDE
(Karte S. 84; ☎ 212-720-6130; www.newyorkfed.org; 33 Liberty St, an der Nassau St, Eingang 44 Maiden Lane; Reservierung erforderlich; ⏲ Führungen Mo–Fr 13 & 14 Uhr; S A/C, J/Z, 2/3, 4/5 bis Fulton St) GRATIS Ein guter Grund, die US-Notenbank zu besuchen, ist die Möglichkeit, einen (ganz) kurzen Blick in den Hochsicherheits-Safe zu werfen. Dort liegen 24 m unter der Erde über 10 000 t Goldreserven. Besucher bekommen nur einen kleinen Teil dieses Vermögens zu Gesicht, aber schon das ist die Mühe wert. Um überhaupt in die Nähe des Safes zu gelangen, muss man sich einer kostenlosen Führung anschließen. Am besten schon mehrere Monate im Voraus buchen.

SoHo & Chinatown

SoHo (= South of Houston), NoHo (= North of Houston) und Nolita (= North of Little Italy) sind die derzeit angesagtesten Viertel von Manhattan. Sie sind bekannt für ihre unglaublich schicken Boutiquen, Bars und Restaurants. Südlich davon locken dagegen die ausufernde, geschäftige Chinatown und der nostalgische Teil von Little Italy noch mit traditionellem Lebensstil. Die Canal St zwischen Manhattan Bridge und West Side Hwy ist zwar eine der stauanfälligsten Hauptverkehrsstraßen der Stadt, aber auch eine ganz eigene Welt. Alle Viertel zusammen bieten ein herrlich widersprüchliches Bild aus alter schmiedeeiserner Architektur, modischen Trendsettern, heiligen Tempeln und von der Decke baumelnden Enten und Salamis.

★ Chinatown STADTVIERTEL
(Karte S. 84; www.explorechinatown.com; südlich der Broome St & östlich des Broadway; S N/Q/R/W, J/Z, 6 bis Canal St; B/D bis Grand St; F bis East Broadway) Ein Spaziergang durch das farbenprächtige Viertel bietet immer etwas Neues, egal, der wievielte es ist. Immer gleich ist aber der Geruch nach frischem Fisch und reifen Persimonen, das Klacken der Mahjongg-Steine auf den einfachen Holztischen und die im Schaufenster baumelnden gebratenen Enten. Hier kann man von Laternen aus Reispapier über Imitate teurer Uhren und Bügeleisen bis hin zu offenen Gewürzen alles kaufen. Dies ist die größte chinesische Gemeinde der USA.

★ Little Italy STADTVIERTEL
(Karte S. 90; S N/Q/R/W, J/Z, 6 bis Canal St; B/D bis Grand St) Mitte des 20. Jhs. wanderten aus dem einst großen, starken italienischen Viertel (Regisseur Martin Scorsese wuchs in

der Elizabeth St auf) die Einwohner massenweise in modernere Viertel wie Brooklyn und andere ab. Heute beschränkt sich Little Italy weitgehend auf die Mulberry St zwischen der Broome St und Canal St. Hier wimmelt es noch von (zumeist mittelmäßigen) italienischen Restaurants mit rotkarierten Tischdecken. Ende September wird ausgelassen und lautstark das San Gennaro Festival (S. 115) zu Ehren des Stadtheiligen von Neapel gefeiert.

International Center of Photography GALERIE

(ICP; Karte S. 90; ☎ 212-857-0003; www.icp.org; 250 Bowery zw. Houston & Prince; Erw./Kind 14 US$/frei, Do 18–21 Uhr gegen Spende; ⏲ Di–So 10–18, Do 10–21 Uhr; Ⓢ F bis 2nd Ave; J/Z bis Bowery) Das hervorragende ICP legt den Schwerpunkt auf Fotojournalismus und veranstaltet ständig wechselnde Ausstellungen zu den verschiedensten Themen. So waren in der Vergangenheit bereits die Arbeiten von Sebastião Salgado, Henri Cartier-Bresson, Man Ray und Robert Capa zu sehen. Nachdem sie früher in Midtown war, befindet sich die 1022 m² große Galerie seit 2016 in Downtown und damit näher am Epizentrum der Kunstszene.

New York City Fire Museum MUSEUM

(Karte S. 90; ☎ 212-691-1303; www.nycfiremuseum.org; 278 Spring St zw. Varick St & Hudson St; Erw./Kind 8/5 US$; ⏲ 10–17 Uhr; Ⓢ C/E bis Spring St) Das Museum in einer wunderbaren alten Feuerwache von 1904 ist den heroischen Feuerwehrleuten gewidmet und zeigt eine fantastische Sammlung historischer Gerätschaften. Es beginnt mit alten Pferdewagen der Feuerwehr, ebenso alten zylinderförmigen Feuerwehrhelmen und endet bei Chief, einer vierbeinigen Feuerwehrlegende in Brooklyn. Die Ausstellung zeichnet die Entwicklung der New Yorker Feuerwehr nach. Mit den vielen tollen Exponaten und den freundlichen Mitarbeitern ist es auch ein tolles Ausflugsziel für Kinder. Nachdem die Hälfte der New Yorker Feuerwehrleute beim Einsturz des World Trade Center am 11. September 2001 ums Leben kam, ist eine ständige Ausstellung mit Erinnerungsstücken und Andenken zu sehen. Im Museumsshop werden Bücher zur Geschichte der Feuerwehr und offizielle Kleidungsstücke und Abzeichen der New Yorker Feuerwehr verkauft.

Museum of Chinese in America MUSEUM

(Karte S. 90; ☎ 212-619-4785; www.mocanyc.org; 215 Centre St zw. Grand St & Howard St; Erw./

NEW YORK, NEW JERSEY & PENNSYLVANIA IN ...

... einer Woche

Am besten beginnt man in Philadelphia (S. 181), dem Geburtsort der amerikanischen Unabhängigkeit. Nach dem Besuch der Independence Hall (S. 181) und des neuen Museum of the American Revolution (S. 183) erkundet man abends die großartigen Restaurants und das Nachtleben in so aufstrebenden Stadtvierteln wie Fishtown. Dann geht's nach New Jersey, wo man eine Nacht im idyllischen Cape May (S. 179) verbringt. Der verschlafene Strandort ist voller viktorianischem Charme. Nach einer kurzen Rundfahrt auf dem Ocean Dr verbringt man die nächste Nacht im kitschigen Küstenort Wildwood (S. 179), in dem die Zeit in den 1950er-Jahren stehen geblieben zu sein scheint. Danach geht es weiter in Richtung Norden bis nach New York City (S. 79), wo man die nächsten Tagen mit dem Besuch der wichtigsten Sehenswürdigkeiten wie dem Top of the Rock (S. 93) und dem Central Park (S. 98) verbringt. Abends warten Restaurants mit Gerichten aus aller Welt und das pulsierende Nachteben.

... zwei Wochen

Mit NYC im Rückspiegel fährt man entlang des majestätischen Hudson und der Palisades in Richtung Norden bis nach Beacon (S. 156). Dort verbringt man ein, zwei Tage und fährt dann weiter in die Catskills (S. 159). Nach der Erkundung dieser herrlichen Region geht es weiter gen Norden, bis man die wunderbare Landschaft der Adirondacks (S. 164) erreicht. Danach braust man durch die Region der Finger Lakes (S. 162) zurück in Richtung Süden. Unterwegs kann man immer wieder einen Abstecher zu einem der vielen Weingüter oder Parks mit Wasserfällen unternehmen. Eine Nacht sollte man auch in der wunderbaren Collegestadt Ithaca (S. 162) verbringen. Von hier aus kann man entweder nach Buffalo (S. 169) und zu den Niagara Falls (S. 171) an der kanadischen Grenze oder in Richtung Südwesten nach Pittsburgh (S. 194) fahren.

Kind 10/5 US$, 1. Do im Monat frei; ⌚ Di, Mi & Fr–So 11–18, Do 11–21 Uhr; Ⓢ N/Q/R/W, J/Z, 6 bis Canal St) Das facettenreiche Museum in einem von der Architektin Maya Lin entworfenen Gebäude (sie hat auch das berühmte Vietnam Memorial in Washington, D.C., entworfen) zeigt in interessanten Dauer- und Wechselausstellungen das Leben der chinesischen Amerikaner in Vergangenheit und Gegenwart. Die Besucher können sich durch interaktive Multimedia-Dateien mit Karten, Zeitleisten, Fotos, Filmen und Briefen klicken und jede Menge Stücke bewundern. Das Glanzstück der Ausstellung *With a Single Step: Stories in the Making of America* bietet einen tiefen Einblick in Themen wie Einwanderung, kulturelle Identität und rassistische Stereotypen.

East Village & Lower East Side

Die Kurzfassung der aufregenden Mischung von alt und neu dieser beiden Viertel sind das New Museum und das Tenement Museum. Waren die beiden Viertel früher von einer ständigen Weiterentwicklung und wiederholten Einwanderungswellen geprägt, so sind sie heute die heißesten Adressen für schummrige Bars, Clubs mit Livemusik und preiswerte Restaurants, die Studenten, Banker und etwas verlotterte Typen gleichermaßen anziehen. Luxuriöse Wohntürme und schicke Boutiquehotels stehen neben Mietskasernen.

★ Lower East Side Tenement Museum — MUSEUM

(Karte S. 90; ☎ 877-975-3786; www.tenement.org; 103 Orchard St zw. Broome St & Delancey St; Führung Erw./Student & Senior 25/20 US$; ⌚ Fr–Mi 10–18.30, Do 10–20.30 Uhr; Ⓢ B/D bis Grand St; J/M/Z bis Essex St; F bis Delancey St) Anhand von drei Mietwohnungen aus der Zeit der letzten Jahrhundertwende erzählt das Museum die erschütternde, aber interessante Geschichte dieses Viertels. Zu sehen sind die Wohnung und das Bekleidungsgeschäft der polnischen Familie Levine vom Ende des 19. Jhs. und zwei Wohnungen von Einwandererfamilien während der Weltwirtschaftskrisen von 1873 und 1929. Der Besuch der Wohnungen ist nur im Rahmen einer der zahlreichen Führungen möglich.

★ New Museum of Contemporary Art — MUSEUM

(Karte S. 90; ☎ 212-219-1222; www.newmuseum.org; 235 Bowery zw. Stanton St & Rivington St; Erw./Kind 18 US$/frei, Do 19–21 Uhr gegen Spende; ⌚ Di, Mi & Fr–So 11–18, Do 11–21 Uhr; Ⓢ R/W bis Prince St; F bis 2nd Ave; J/Z bis Bowery; 6 bis Spring St) Das aufregende Museum für zeitgenössische Kunst ist ein unvergesslicher Anblick: Weiße, scheinbar schwerelose Kisten, die gleich abzustürzen drohen, sind zu sieben Stockwerken gestapelt. Entworfen wurde dieses Kunstwerk von Kazuyo Sejima und Ryue Nishizawa von den Architekturbüros SANAA in Tokio und der Firma Gensler in New York. Als es 2007 gebaut wurde, sorgte es für viel frischen Wind in der ansonsten tristen und rauen Bowery. Seitdem sind jedoch weitere supermoderne Gebäude hinzugekommen und haben die ehemals heruntergekommene Avenue in eine strahlende Prachtstraße verwandelt.

Tompkins Square Park — PARK

(Karte S. 90; www.nycgovparks.org; E 7th St & 10th St zw. Ave A & Ave B; ⌚ 6–24 Uhr; Ⓢ 6 bis Astor Pl) Dieser ca. 4 ha große Park ist wie ein netter Dorfplatz für die Anwohner, die sich hier an Betontischen zum Schachspielen, an warmen Tagen auf dem Rasen zum Picknick und auf den grasbedeckten Hügelchen zu spontanen Gitarren- oder Trommelsessions treffen. Außerdem gibt's Basketballplätze, einen kleinen öffentlichen Swimmingpool für Kinder, einen Hundeauslauf (ein eingezäunter Bereich, wo Frauchen und Herrchen ihre Lieblinge frei herumlaufen lassen können), Sommerkonzerte und einen viel besuchten Kinderspielplatz.

Museum at Eldridge Street Synagogue — MUSEUM

(Karte S. 84; ☎ 212-219-0302; www.eldridgestreet.org; 12 Eldridge St zw. Canal St & Division St; Erw./Kind 14/8 US$, Mo Spende empfohlen; ⌚ So–Do 10–17, Fr 10–15 Uhr; Ⓢ F bis East Broadway) Das beeindruckende Gotteshaus von 1887 war das Zentrum des jüdischen Gemeindelebens, bevor es in den 1920er-Jahren zunehmend verfiel. Nachdem sie 20 Jahre lang für 20 Mio. US$ komplett restauriert worden war, wurde sie 2007 im alten Glanz wiedereröffnet. Im Museumseintritt ist eine **Führung** durch die Synagoge enthalten. Diese beginnen immer zur vollen Stunde, die letzte um 16 Uhr.

Astor Place — PLATZ

(Karte S. 90; 8th St zw. Third Ave & Fourth Ave; Ⓢ N/R bis 8th St-NYU; 6 bis Astor Pl) Auch mit dem restaurierten *Alamo*, dem zumeist als „Würfel" bezeichneten öffentlichen Kunstwerk, das nach vielen Jahren endlich wieder an seinem Platz steht, ist der Astor Place nicht mehr der alte. Er ist auch kein richtiger „Plaza" mehr, seit die Punks und Hausbesetzer hier nicht mehr abhängen. Der hübsche, saubere Platz zwischen Broadway und Lafayette ist umgeben von schicken, strahlenden Gebäuden und mit gut durchdachten Bänken und Granitblöcken zum Sitzen geschmückt.

West Village, Chelsea & Meatpacking District

Die drei freundlichen, lauten, malerischen und modern herausgeputzten Innenstadtviertel sind voller Widersprüche. Die verwinkelten Straßen von West Village laden zu einem Spaziergang ein, in den gut erhaltenen Stadthäusern sind gemütliche Restaurants und Bars untergebracht. Die Gegend rund um den Washington Square Park ist von der ständig steigenden Zahl von Studenten der New York University geprägt. In den letzten Jahren hat sich der Meatpacking District zu einer Art Fleischmarkt mit trendigem Nachtleben entwickelt. Nördlich davon befindet sich Chelsea, in dem Kunstgalerien und eine dynamische Schwulenszene zu Hause sind. All diese Viertel werden durch die High Line, den berühmten Höhenpark der Stadt, miteinander verbunden. Sie reicht bis zu den Hudson Yards, einem riesigen, nagelneuen Gebäudekomplex.

★ High Line — PARK

(Karte S. 84; ☎ 212-500-6035; www.thehighline.org; Gansevoort St; ⏲ Juni–Sept. 7–23 Uhr, April, Mai, Okt. & Nov. 7–22 Uhr, Dez.–März 7–19 Uhr; 🚌 M11 bis Washington St; M11, M14 bis 9th Ave; M23, M34 bis 10th Ave, Ⓢ A/C/E, L bis 14th St-8th Ave; C/E bis 23rd St-8th Ave) Es ist kaum zu glauben, dass anstelle des High Line, einem gelungenen Beispiel genialer Stadtverschönerung, einmal eine verwahrloste Bahnlinie durch ein schmuddeliges Viertel voller Schlachthäuser führte. Heute ist diese heißgeliebte grüne Lunge eine der größten Sehenswürdigkeiten der Stadt, in der die Besucher 9 m über der Stadt spazieren gehen, sich ausruhen, ein Picknick machen oder einfach nur den fantastischen Blick auf das sich ständig wandelnde Manhattan genießen. Der Park reicht bis zur 34th St, wo er den riesigen Gebäudekomplex der Hudson Yards umschließt.

★ Whitney Museum of American Art — MUSEUM

(Karte S. 90; ☎ 212-570-3600; www.whitney.org; 99 Gansevoort St, in Washington; Erw./Kind 22 US$/frei; ⏲ Mo, Mi, Do & So 10.30–18, Fr & Sa bis 22 Uhr; Ⓢ A/C/E, L bis 14th St–8th Ave) Nach jahrelangen Bauarbeiten eröffnete das neue Innenstadtdomizil des Whitneys 2015 mit großem Tamtam. Es liegt am Fuße der High Line in einem architektonisch beeindruckenden Gebäude von Renzo Piano und bietet den passenden Rahmen für die hervorragende Sammlung des Museums. In den weitläufigen Galerien im Inneren sind Arbeiten von großen amerikanischen Künstlern ausgestellt, darunter Edward Hopper, Jasper Johns, Georgia O'Keeffe und Mark Rothko.

★ Chelsea Market — MARKT

(Karte S. 94; ☎ 212-652-2121; www.chelseamarket.com; 75 Ninth Ave Ecke W 15th St; ⏲ Mo–Sa 7–21, So 8–20 Uhr; Ⓢ A/C/E bis 14th St; L bis 8th Ave) Nach umfangreichen Umbau- und Sanierungsmaßnahmen wurde aus einer ehemaligen Fabrik ein Einkaufsparadies für Feinschmecker. Mehr als zwei Dutzend Verkaufsstände bieten nun ihre verführerischen Köstlichkeiten an, darunter Exoten wie **Mokbar** (Ramen mit koreanischem Touch), **Takumi Taco** (japanisch-mexikanische Kreationen), **Tuck Shop** (australische Pies), **Bar Suzette** (Crêpes), **Num Pang** (kambodschanische Sandwiches), **Ninth St Coffee** (perfekter Latte), **Doughnuttery** (Mini-Donuts frisch aus dem Backofen) und **L'Arte de Gelato** (üppig sahniges Eis).

★ Hudson River Park — PARK

(Karte S. 90; www.hudsonriverpark.org; 👪) Der Höhenpark High Line steht zwar immer noch im Mittelpunkt des Interesses, doch nur einen Häuserblock von ihm entfernt erstreckt sich ein 8 km langer Grünstreifen, der die Stadt in den letzten 10 Jahren gründlich verändert hat. Der 222,5 ha große Park, der sich vom Battery Park im Süden Manhattans bis zur 59th St in Midtown erstreckt, ist der wunderbare Hinterhof von Manhattan.

★ Rubin Museum of Art — GALERIE

(Karte S. 94; ☎ 212-620-5000; www.rmanyc.org; 150 W 17th St zw. Sixth Ave & Seventh Ave; Erw./Kind 15 US$/frei, Fr 18–22 Uhr frei; ⏲ Mo & Do 11–17, Mi 11–21, Fr 11–22, Sa & So 11–18 Uhr; Ⓢ 1 bis 18th St) Als erstes Museum der westlichen Welt widmet sich diese Galerie der Kunst der Regionen rund um den Himalaja. Die beeindruckende Sammlung umfasst bestickte Textilien aus China, Metallskulpturen aus Tibet, pakistanische Steinfiguren und kunstvolle Gemälde aus Bhutan sowie religiöse

East & West Villages

Objekte und Tanzmasken aus verschiedenen Regionen Tibets, die alle aus dem 2. bis 19. Jh. stammen.

★ Washington Square Park PARK
(Karte S. 90; Fifth Ave Ecke Washington Sq N; 🚻; Ⓢ A/C/E, B/D/F/M bis W 4th St-Washington Sq; R/W bis 8th St-NYU) Der ehemalige Armenfriedhof und Hinrichtungsplatz ist heute der inoffizielle Versammlungsplatz von Greenwich Village, auf dem sich Studenten, Straßenmusiker, merkwürdige Hunde und ihre Besitzer sowie professionelle Schnellschachspieler tummeln. Bei gutem Wetter planschen Kinder barfuß im Brunnen.

Union Square, Flatiron District & Gramercy

Mittelpunkt und Zentrum dieser drei geschäftigen, wild pulsierenden Viertel ist der Union Square. Nachdem er seine trostlose Vergangenheit hinter sich gelassen hat, ist er heute ein äußerst gepflegter Treffpunkt für New Yorker aller Art. Das spitzige Flatiron Building und die grüne Lunge des Madison Square Park grenzen bereits an die Häuserschluchten von Midtown nördlich davon. Das stattliche Wohngebiet Gramercy Park hat eine ganz eigene, romantische Ausstrahlung, die zu einem Spaziergang einlädt.

★ Union Square PLATZ
(Karte S. 94; www.unionsquarenyc.org; 17th St zw. Broadway & Park Ave S; Ⓢ 4/5/6, N/Q/R, L bis 14th St-Union Sq) Der Union Square ist eine Art Arche Noah von New York, denn hier sind immer zumindest zwei der typischen Betonbauten vertreten. Auch das Publikum ist eine überaus bunte Mischung, die so auf einem öffentlichen Platz wohl kaum irgendwo sonst zu finden ist: Geschäftsleute im feinen Anzug, die in ihrer Mittagspause etwas frische Luft schnappen, Müßiggänger mit Rastalocken, die auf ihren Tablas herumtrommeln, Skateboarder, die auf den Stufen im

Südosten ihre neuesten Sprünge üben, wilde Collegeschüler, die sich das Essen mit Schülerrabatt schmecken lassen, und laute Demonstranten, die für ihre Anliegen eintreten.

★ Flatiron Building HISTORISCHES GEBÄUDE
(Karte S. 94; Broadway, Ecke Fifth Ave & 23rd St; S N/R, F/M, 6 bis 23rd St) Das von Daniel Burnham entworfene 20-stöckige Hochhaus von 1920 sieht wie ein riesiges Bügeleisen oder der Bug eines Schiffs aus. Die Beaux-Arts-Fassade aus Kalksandstein und Terrakotta über dem Stahlgerüst erscheint umso schöner und komplizierter, je länger man sie betrachtet. Am besten zu sehen ist das ungewöhnliche Gebäude von der Verkehrsinsel nördlich der 23rd St zwischen Broadway und Fifth Ave. Anfang des 20. Jhs. beherrschte es als einer der ersten Wolkenkratzer den Platz.

Union Square Greenmarket MARKT
(Karte S. 94; ☎ 212-788-7476; www.grownyc.org; E 17th St zw. Broadway & Park Ave S; ⏲ Mo, Mi, Fr & Sa 8–18 Uhr; S 4/5/6, N/Q/R/W, L bis 14th St-Union Sq) Dieser Obst- und Gemüsemarkt auf der Nordseite des Union Square ist der beliebteste der insgesamt 53 Märkte von fünf Stadtteilen. Auch berühmte Küchenchefs kaufen hier Raritäten wie Farnspitzen und alte Tomatensorten.

National Arts Club KULTURZENTRUM
(Karte S. 94; ☎ 212-475-3424; www.nationalartsclub.org; 15 Gramercy Park S; Zeichenkurs 15–25 US$; S N/R, 6 bis 23rd St) Das Zentrum wurde 1898 gegründet, um die Öffentlichkeit stärker für Kunst zu interessieren. Heute sind die Kunstausstellungen in der Regel montags bis freitags von 10 bis 17 Uhr geöffnet (der Veranstaltungskalender findet sich auf der Homepage). Calvert Vaux, einer der Schöpfer des Central Park, entwarf das Gebäude, dessen Eingangshalle von einer Buntglasdecke überwölbt ist. Es war einmal das Wohnhaus von Samuel J. Tilden, einem Gouverneur von New York, der 1876 die Präsidentschaftswahl verlor.

East & West Villages

Highlights
1 High Line B1
2 Hudson River Park B3
3 Little Italy E4
4 Lower East Side Tenement Museum F3
5 New Museum of Contemporary Art E3
6 Washington Square Park D2
7 Whitney Museum of American Art A1

Sehenswertes
8 Astor Place E2
9 Children's Museum of the Arts C3
10 International Center of Photography E3
11 Museum of Chinese in America E4
12 New York City Fire Museum C4
13 Tompkins Square Park F1

Aktivitäten, Kurse & Touren
14 Great Jones Spa E2
15 Russian & Turkish Baths F1

Schlafen
16 Bowery Hotel E2
17 Bowery House E3
18 Jane Hotel A1
19 Soho Grand Hotel D4
20 Solita SoHo E4
21 St Mark's Hotel E2
22 Standard A1
23 Standard East Village E2

Essen
24 Bánh Mì Saigon Bakery E4
25 Blue Hill C2
26 Butcher's Daughter E3
27 Café Gitane E3
28 Clinton Street Baking Company G3
29 Degustation E2
30 Dutch D3
31 El Rey F3
32 Estela E3
33 Grey Dog E3
34 Jeffrey's Grocery C2
35 Katz's Delicatessen F3
36 La Esquina E4
37 Meatball Shop F3
38 Momofuku Noodle Bar F1
39 Red Bamboo C2
40 RedFarm B2
41 Rosemary's C1
42 Tacombi Fonda Nolita E3
43 Uncle Boons E3
44 Upstate F2
45 Vanessa's Dumpling House F4
46 Veselka E1

Ausgehen & Nachtleben
47 Angel's Share E1
48 Bar Goto F3
49 Berlin F2
50 Buvette C2
51 Employees Only B2
52 Genuine Liquorette E4
Happiest Hour ..... (siehe 41)
53 Henrietta Hudson C2
54 Marie's Crisis C2
55 Mulberry Project E4
56 Pegu Club D3
57 Rue B F1
58 Spring Lounge E3
59 Stonewall Inn C2
60 Ten Bells F4
61 Wayland G1
62 Webster Hall E1

Unterhaltung
63 Anthology Film Archives E2
64 Blue Note C2
65 Comedy Cellar C2
Duplex ..... (siehe 59)
66 Film Forum C3
67 Joe's Pub E2
68 La MaMa ETC E2
69 Metrograph F4
70 New York Theatre Workshop E2

Shoppen
71 Evolution Nature Store D2
72 Obscura Antiques F1
73 Strand Book Store D1

★ **Gramercy Park** PARK

(Karte S. 94; E 20th St zw. Park Ave & Third Ave; S N/R, 6 bis 23rd St) Der romantische Gramercy Park wurde 1831 von Samuel Ruggles angelegt, nachdem er die Sümpfe der Gegend trocken gelegt und Straßen im englischen Stil gebaut hatte. Der (einzige) Privatpark in Manhattan ist nicht zugänglich, doch man kann einen Blick durchs Tor erhaschen und sich vorstellen, wie der coole James Cagney ihn geliebt haben muss. Der Schauspieler wohnte einst in 34 Gramercy Park E. Ein paar Häuser weiter befindet sich in 15 Gramercy Park S der National Arts Club, in dem auch Martin Scorsese, Uma Thurman und Ethan Hawke Mitglieder sind.

Midtown

Als Dreh- und Angelpunkt der Stadt und nach Meinung einiger auch der ganzen Welt ist Midtown *das* Bilderbuchviertel von New York. Mehr als 300 000 Menschen hasten hier jeden Tag durch die fußgängerfreundlichen Straßen. Es ist zwar sauberer und geschäftsmäßiger als früher, doch immer noch ungemein aufregend und unterhaltsam. Immerhin befinden sich hier der Times Square, die Theater am Broadway, das Grand Central Terminal, das Empire State Building und Tiffany & Co Fifth Ave. Zu den kulturellen Highlights gehören das MoMA, die New York Public Library und das Morgan Library & Museum sowie die schwulenfreundlichen Fressmeilen im benachbarten Hell's Kitchen.

★Museum of Modern Art (MoMA) MUSEUM
(MoMA; Karte S. 94; ☎212-708-9400; www.moma.org; 11 W 53rd St zw. Fifth Ave & Sixth Ave; Erw./Kind 25 US$/frei, Fr 16–20 Uhr frei; ⏲Sa–Do 10.30–17.30, Fr 10.30–20 Uhr; 👪; Ⓢ E, M bis 5th Ave-53rd St) Der Superstar der modernen Kunstszene präsentiert all die großen Meister wie Van Gogh, Matisse, Picasso, Warhol, Lichtenstein, Rothko, Pollock und Bourgeois. Seit seiner Gründung 1929 hat das Museum knapp 200 000 Kunstwerke gesammelt, die die Entwicklungen und Richtungen der Kunst vom Ende des 19. Jhs. bis heute anschaulich dokumentieren. Ein Eldorado für alle Kunstliebhaber.

★Times Square STADTVIERTEL
(Karte S. 94; www.timessquarenyc.org; Broadway, at Seventh Ave; Ⓢ N/Q/R/W, S, 1/2/3, 7 bis Times Sq-42nd St) Man liebt sie oder man hasst sie: Mit den gelben Taxis, goldenen Bögen, hohen Wolkenkratzern und den marktschreierischen Markisen des Broadway gilt die Kreuzung von Broadway und Seventh Ave weltweit als der Inbegriff von New York. Doch genau hier hat es Al Jolson in dem Film *The Jazz Singer* von 1927 „geschafft", gelang dem Fotoreporter Alfred Eisenstaedt sein berühmter Schnappschuss, wie ein Matrose am V-J Day 1945 eine Krankenschwester küsst, und hier haben Alicia Keys und Jay-Z den „Betondschungel, aus dem die Träume gemacht sind" besungen.

Fifth Avenue STADTVIERTEL
(Karte S. 94; Fifth Ave zw. 42nd St & 59th St; Ⓢ E, M bis 5th Ave-53rd St; N/R/W bis 5th Ave-59th St) Die durch Musik und Film unsterblich gewordene Fifth Avenue begründete ihren edlen Ruf Anfang des 20. Jhs. als „ländliche" Straße mit viel Freiraum. Die Reihe der Herrenhäuser der sogenannten **Millionaire's Row** reichte einst bis zur 130th St. Die meisten Häuser oberhalb der 59th St wurden in der Folge abgerissen oder in kulturelle Einrichtungen verwandelt, die heute die Museum Mile bilden. Trotz der rasanten Zunahme der allgegenwärtigen Kettengeschäften finden sich zumindest im Abschnitt von Midtown immer noch so glanzvolle Namen wie **Tiffany & Co** (Karte S. 100; ☎212-755-8000; www.tiffany.com; 727 Fifth Ave Ecke E 57th St; ⏲Mo–Sa 10–19, So 12–18 Uhr; Ⓢ F bis 57th St; N/R/W bis 5th Ave-59th St).

Der dunkel verglaste **Trump Tower** an der Ecke Fifth Ave und 56th St, Wohnhaus von Präsident Trump und seiner Familie, ist eine Sehenswürdigkeit an sich geworden und beliebtes Ziel von Demonstranten. Die Sicherheitsvorkehrungen rund um das Gebäude sind extrem hoch, und der Verkehr fließt nur langsam daran vorbei.

★Grand Central Terminal HISTORISCHES GEBÄUDE
(Karte S. 94; www.grandcentralterminal.com; 89 E 42nd St Ecke Park Ave; ⏲5.30–2 Uhr; Ⓢ S, 4/5/6, 7 bis Grand Central-42nd St) Der 1913 fertiggestellte Bahnhof ist auch unter der technisch falschen Bezeichnung Grand Central Station bekannt, und ist eines der schönsten Beaux-Art-Gebäude in New York. Der Marmorfußboden stammt aus Tennessee, die Marmorplatten der Schalter aus Italien. Nach Entwürfen des französischen Malers Paul César Helleu ist die Gewölbedecke der Haupthalle mit Sternbildern geschmückt.

★Rockefeller Center HISTORISCHES GEBÄUDE
(Karte S. 94; www.rockefellercenter.com; Fifth–Sixth Ave zw. W 48th St & 51st St; Ⓢ B/D/F/M bis 47th-50th Sts-Rockefeller Center) Mit dem Bau der knapp 9 ha großen „Stadt in der Stadt" wude auf dem Höhepunkt der Weltwirtschaftskrise begonnen. Bauunternehmer John D. Rockefeller Jr. überschritt damit erstmals die Marke von 100 Mio. US$. Nach neun Jahren Bauzeit war es das erste Mehrzweckgebäude der USA mit Einzelhandelsgeschäften, Unterhaltungsstätten und Büros. Von den 19 Gebäuden sind 14 noch im Originalstil der Moderne. 1987 wurde das Center zum nationalen Wahrzeichen erklärt. Highlights sind die Aussichtsplattform Top of the Rock und die NBC Studio Tours (S. 114).

Top of the Rock AUSSICHTSPUNKT
(Karte S. 94; ☎212-698-2000; www.topoftherocknyc.com; 30 Rockefeller Plaza, Eingang in W 50th St zw. Fifth Ave & Sixth Ave; Erw./Kind 39/33 US$, Kombiticket für Sonnenaufgang und Sonnenuntergang 54/48 US$; ⏲8–24 Uhr, letzte Fahrt nach oben 23 Uhr; Ⓢ B/D/F/M bis 47th-50th Sts-Rockefeller Center) Die 1933 eröffnete Aussichtsplattform befindet sich im 70. Stock des **GE Building**, dem höchsten Wolkenkratzer des

Times Square, Midtown Manhattan & Chelsea

NEW YORK, NEW JERSEY & PENNSYLVANIA NEW YORK CITY

500 m
0,25 Meilen
s. Karte Central Park & Uptown (S. 100)
s. Karte East & West Villages (S. 90)
Museum of Modern Art
Rockefeller Center
St. Patrick's Cathedral
Rockefeller Plaza
DIAMOND DISTRICT
Grand Central Terminal
Chrysler Building
Morgan Library & Museum
HERALD SQUARE
Empire State Building
KOREATOWN
MURRAY HILL
LITTLE INDIA
FLATIRON DISTRICT
Flatiron Building
Gramercy Park
UNION SQUARE
Union Square
STUYVESANT TOWN
New York University Medical Center
Bellevue Hospital Center
Roosevelt Island
East River
Queens-Midtown Tunnel
FDR Dr
Franklin D Roosevelt Dr

Times Square, Midtown Manhattan & Chelsea

Highlights
1 Chelsea Market ... C7
2 Chrysler Building ... F3
3 Empire State Building ... E4
4 Flatiron Building ... E6
5 Gramercy Park ... F6
6 Grand Central Terminal ... F3
7 Morgan Library & Museum ... F4
8 Museum of Modern Art ... E1
9 Rockefeller Center ... E2
10 Rubin Museum of Art ... D7
11 Times Square ... D3
12 Union Square ... F7

Sehenswertes
13 Bryant Park ... E3
14 Fifth Avenue ... E1
15 Intrepid Sea, Air & Space Museum ... B3
16 Museum of Sex ... E5
17 National Arts Club ... F6
18 New York Public Library ... E3
19 Paley Center for Media ... E1
20 Top of the Rock ... E2
21 Union Square Greenmarket ... F7
22 United Nations ... G3

Aktivitäten, Kurse & Touren
23 NBC Studio Tours ... E2
24 Schooner Adirondack ... B6

Schlafen
25 414 Hotel ... C2
26 Carlton Arms ... F6
27 High Line Hotel ... C6
28 Marcel at Gramercy ... F6
29 Pod 51 ... F2
30 Townhouse Inn of Chelsea ... D6
31 Yotel ... C3

Essen
32 Bait & Hook ... G7
33 Burger Joint ... D1
Chelsea Market ... (siehe 1)
34 Cookshop ... C6
35 Craft ... F6
36 Eataly ... E6
37 Eisenberg's Sandwich Shop ... E6
38 El Parador Cafe ... G4
39 Eleven Madison Park ... E6
40 Foragers Table ... D6
41 Gansevoort Market ... C7
Gramercy Tavern ... (siehe 35)
Grand Central Oyster Bar & Restaurant ... (siehe 6)
42 Hangawi ... E5
43 Le Bernardin ... D2
44 Margon ... D3
45 Pio Pio ... C3
46 Shake Shack ... E6
47 Tacombi Café El Presidente ... E6
48 Totto Ramen ... C2
49 Tuck Shop ... C7
50 ViceVersa ... C2
51 Virgil's Real Barbecue ... D3

Ausgehen & Nachtleben
52 Bar SixtyFive ... E2
Birreria ... (siehe 36)
53 Flaming Saddles ... C1
54 Flatiron Lounge ... E6
55 Industry ... C1
56 Le Bain ... C7
57 Old Town Bar & Restaurant ... F7
58 Pete's Tavern ... F7
59 Raines Law Room ... E7
60 Therapy ... C2
61 Top of the Strand ... E4
62 Waylon ... C2

Unterhaltung
63 Al Hirschfeld Theatre ... D3
64 Ambassador Theatre ... D2
65 Carnegie Hall ... D1
66 Caroline's on Broadway ... D2
67 Eugene O'Neill Theatre ... D2
68 Irving Plaza ... F7
69 Joyce Theater ... D7
70 Madison Square Garden ... D5
71 Playwrights Horizons ... C3
72 Richard Rodgers Theatre ... D3
73 Sleep No More ... B5
74 Upright Citizens Brigade Theatre ... C5

Shoppen
75 Grand Central Market ... F3
76 Hell's Kitchen Flea Market ... C4
77 Screaming Mimi's ... D7

Rockefeller Centers. Zu Ehren der großen Luxusliner wurde sie wie ein Schiff gestaltet. Die Plattform Top of the Rock schlägt das Empire State Building in mehrerer Hinsicht: Es ist weniger los, die Aussichtsfläche (außen und innen) ist viel größer und man sieht von hier das Empire State Building selbst.

★ Chrysler Building HISTORISCHES GEBÄUDE
(Karte S. 94; 405 Lexington Ave Ecke E 42nd St; Eingangshalle Mo–Fr 8–18 Uhr; S S, 4/5/6, 7 bis Grand Central-42nd St) Das von William Van Alen in den 1930er-Jahren entworfene Gebäude mit 77-Stockwerken ist ein Meisterwerk der Architektur. Die Verbindung aus Moderne und Gotik ist mit stählernen Adlern geschmückt und von einem Turm gekrönt, der von *Frankensteins Braut* inspiriert sein könnte. Walter P. Chrysler ließ das Gebäude als Firmensitz seines Automobilimperiums errichten. Da er mit den Produktionszahlen seiner Konkurrenten Ford

und General Motors nicht mithalten konnte, versuchte er sie mit der Beherrschung der Skyline und einer der schönsten Eingangshallen der Welt zu übertrumpfen.

★ Empire State Building — HISTORISCHES GEBÄUDE

(Karte S. 94; www.esbnyc.com; 350 Fifth Ave Ecke W 34th St; Aussichtsplattform 86. St. Erw./Kind 34/27 US$, inkl. Aussichtsplattform 102. St. 54/47 US$; ⏲8–2 Uhr, letzte Fahrt nach oben 1.15 Uhr; Ⓢ B/D/F/M, N/Q/R/W to 34th St-Herald Sq) Das klassische Kalksandsteingebäude wurde in nur 410 Tagen errichtet, mit 7 Mio. Arbeitsstunden mitten in der Weltwirtschaftskrise. Der Ausblick von den beiden Plattformen im 86. und 102. Stock ist atemberaubend. Dementsprechend lang sind immer die Warteschlangen. Um nicht anstehen zu müssen, sollte man entweder sehr früh oder sehr spät kommen und die Tickets lange im Voraus online kaufen. Die zuätzliche Gebühr von 2 US$ lohnt sich allemal!

★ Morgan Library & Museum — MUSEUM

(Karte S. 94; ☎212-685-0008; www.themorgan.org; 225 Madison Ecke E 36th St, Midtown East; Erw./Kind 20 US$/frei; ⏲Di–Do 10.30–17,Fr 10.30–21, Sa 10–18, So 11–18 Uhr; Ⓢ 6 bis 33rd St) Die frühere Villa des Stahlmagnaten J.P. Morgan wurde zu einem prachtvollen Kulturzentrum ausgebaut, das nun eine spektakuläre Sammlung von Manuskripten, Büchern und Wandteppichen beherbergt (darunter nicht weniger als drei Gutenberg-Bibeln). Das mit Renaissance-Kunst aus Italien und den Niederlanden ausgestattete Arbeitszimmer wird nur noch von der Bibliothek (East Room) übertroffen, einem außergewöhnlich schönen Raum mit Gewölbedecke voller Bücherschränke aus Walnussholz, mit einem holländischen Wandteppich aus dem 16. Jh. und Sternkreiszeichen an der Decke. Die wechselnden Ausstellungen des Zentrums sind zumeist hervorragend, ebenso die regelmäßigen Kulturveranstaltungen.

New York Public Library — HISTORISCHES GEBÄUDE

(Stephen A Schwarzman Building; Karte S. 94; ☎917-275-6975; www.nypl.org; Fifth Ave Ecke W 42nd St; ⏲Mo & Do–Sa 10–18, Di & Mi 10–20, So 13–17 Uhr, Führungen Mo–Sa 11 & 14, So 14 Uhr; Ⓢ B/D/F/M bis 42nd St-Bryant Park; 7 bis 5th Ave) GRATIS Das Beaux-Arts-Gebäude ist eine der schönsten kostenlosen Sehenswürdigkeiten von New York. Es wird bestens bewacht von „Patience" und „Fortitude", zwei Marmorlöwen direkt an der Fifth Ave. Als die führende New Yorker Bibliothek 1911 eröffnet wurde, war sie das größte Marmorgebäude, das jemals in den USA erbaut worden war. Der erst kürzlich restaurierte **Rose Main Reading Room** hat eine atemberaubend schöne Kassettendecke. Doch sie ist nur eines von vielen Highlights der Bibliothek, zu denen auch der **DeWitt Wallace Periodical Room** zählt.

United Nations — HISTORISCHES GEBÄUDE

(Karte S. 94; ☎212-963-4475; http://visit.un.org; Besuchereingang First Ave Ecke 46th St, Midtown East; Führung Erw./Kind 20/13 US$, Kinder unter 5 Jahren haben keinen Zutritt, Außengelände Sa & So frei; ⏲Führungen Mo–Fr 9–16.45 Uhr, Besucherzentrum auch Sa & So 10–16:45 Uhr; Ⓢ S, 4/5/6, 7 bis Grand Central-42nd St) Herzlich willkommen am Sitz der Vereinten Nationen, jener Organisation, die sich der Einhaltung internationalen Rechts und der Wahrung der Sicherheit und Menschenrechte auf der ganzen Welt verschrieben hat. Während das von Le Corbusier entworfene Sekretariatsgebäude nicht zugänglich ist, können im Rahmen einer Führung der restaurierte Saal der Vollversammlung sowie die Säle des Sicherheitsrates, Treuhandrates und des Wirtschafts- und Sozialrates besichtigt werden. Außerdem werden Ausstellungen über die Arbeit der UNO und von Mitgliedsstaaten gespendete Kunstwerke besucht. Führungen unter der Woche müssen online gebucht werden. Am Eingang ist ein Lichtbildausweis vorzulegen.

St. Patrick's Cathedral — KATHEDRALE

(Karte S. 94; www.saintpatrickscathedral.org; Fifth Ave zw. E 50th St & 51st St; ⏲6.30–20.45 Uhr; Ⓢ B/D/F/M bis 47th-50th Sts-Rockefeller Center; E/M bis 5th Ave-53rd St) Die größte katholische Kathedrale der USA wurde soeben für 200 Mio. US$ umfangreich restauriert und erstrahlt nun wieder in ihrem gotischen Glanz. Die für knapp 2 Mio. US$ während des Bürgerkriegs errichtete Kathedrale hatte ursprünglich keine Türme an der Vorderseite. Die beiden Türme wurden erst 1888 hinzugefügt. Im Inneren beeindrucken der von Louis Tiffany gestaltete **Altar** und die herrliche **Rosette** von Charles Connick, die sich über der Orgel mit 7000 Pfeifen befindet. Fast täglich werden **Führungen** angeboten, die man nicht im Voraus buchen muss. Ausführliche Infos findet man auf der Website.

Museum of Arts & Design — MUSEUM

(MAD; Karte S. 100; ☎212-299-7777; www.madmuseum.org; 2 Columbus Circle zw. Eighth Ave & Broadway; Erw./Kind 16 US$/frei, Do 18–21 Uhr gegen

Spende; ⌚ Di, Mi, Fr, Sa & So 10–18, Do 10–21 Uhr; ; S A/C, B/D, 1 bis 59th St-Columbus Circle) Auf vier Stockwerken präsentiert das Museum Design der Superlative und hervorragendes Kunsthandwerk wie mundgeblasenes Glas, Holzschnitzereien und Silberschmuck. Dazu kommen erstklassige, sehr innovative Wechselausstellungen wie die Ausstellung über die Kunst der Parfümherstellung. In der Regel bieten Künstler am ersten Sonntag des Monats familienfreundliche Führungen durch das Museum an. Danach können die Besucher an einem Workshop zum Thema der aktuellen Ausstellungen teilnehmen. Im Museumsshop wird schöner moderner Schmuck verkauft, in der Restaurantbar Robert im 9. Stock (S. 136) kann man einen Cocktail trinken und dabei den Panoramablick genießen.

Paley Center for Media KULTURZENTRUM

(Karte S. 94; ☎ 212-621-6800; www.paleycenter.org; 25 W 52nd St zw. Fifth Ave & Sixth Ave; empfohlene Spende Erw./Kind 10/5 US$; ⌚ Mi & Fr–So 12–18, Do 12–20 Uhr; S E, M bis 5th Ave-53rd St) Im digitalen Katalog des Museums der Popkultur finden sich mehr als 160 000 Fernseh- und Radiosendungen aus der ganzen Welt. So kann man sich an einem Regentag einfach die Lieblingssendung(en) noch einmal ansehen. Außerdem gibt es regelmäßig ausgezeichnete Vorführungen, Festivals, Vorträge und Auftritte darstellender Künstler.

Bryant Park PARK

(Karte S. 94; ☎ 212-768-4242; www.bryantpark.org; 42nd St zw. Fifth Ave & Sixth Ave; ⌚ Juni–Sept. Mo–Fr 7–24, Sa & So 7–23 Uhr, übriges Jahr verkürzte Öffnungszeiten; S B/D/F/M bis 42nd St-Bryant Park, 7 bis Fifth Ave) Europäische Kaffeestände, Schach im Freien, Sommernachtskino, Eislaufen: Es ist kaum zu glauben, dass der Park in den 1980er-Jahren noch als „Nadelpark" bezeichnet wurde. In dem ungewöhnlichen Park hinter der New York Public Library kann man sich gut vom Wahnsinn in Midtown erholen. Oder endlich Italienisch lernen, einen Yoga- oder Jonglierkurs machen, an einem Quizwettbewerb teilnehmen oder sich für die Vogelbeobachtung einsingen? All das ist hier möglich, und zwar täglich.

Intrepid Sea, Air & Space Museum MUSEUM

(Karte S. 94; ☎ 877-957-7447; www.intrepidmuseum.org; Pier 86, Twelfth Ave Ecke W 46th St; Intrepid & U-Boot Growler Erw./Kind 26/19 US$, inkl Space Shuttle Pavilion Erw./Kind 36/29 US$; ⌚ April–Okt. Mo–Fr 10–17, Sa & So 10–18 Uhr, Nov.-März Mo–So 10–17 Uhr; ; M42, M50in westl. Richtung bis 12th Ave, S A/C/E bis 42nd St-Port Authority Bus Terminal) Die USS *Intrepid* überlebte im Zweiten Weltkrieg sowohl einen Bombenanschlag als auch die ganzen Kamikaze-Angriffe. Heute wird der riesige Flugzeugträger zum Glück nicht mehr so stark beansprucht, sondern dient nur noch als interaktives Militärmuseum, in dem seine Geschichte anhand von Videos, historischen Gegenständen und original erhaltenen Quartieren und Kajüten erzählt wird. Auf dem Flugzeugdeck sind Kampfflugzeuge und Militärhubschrauber zu bewundern. Dies soll die Besucher animieren, den High-tech-Flugsimulator auszuprobieren.

Museum of Sex MUSEUM

(Karte S. 94; ☎ 212-689-6337; www.museumofsex.com; 233 Fifth Ave Ecke 27th St; Sa & So Erw. 17,50 US$, 20,50 US$; ⌚ So–Do 10–21, Fr & Sa 11–23 Uhr; S N/R bis 23rd St) In dieser schicken Hommage an die Fleischeslust wird man über Online-Fetische, die homosexuelle Nekrophilie bei Stockenten und vieles mehr aufgeklärt. In der ständigen Ausstellung sind auch erotische Lithografien und merkwürdige Anti-Masturbations-Gerätschaften zu sehen. Die ständig wechselnden Ausstellungen widmen sich zusätzlich bereits dem Cyber-Sex und umstrittenen Künstlern.

Upper West Side & Central Park

Die ehemals recht chaotische Upper West Side wurde durch Banken und Kettengeschäfte weitgehend homogenisiert, doch irgendwie fühlt man sich in dem Viertel immer noch wie in einem Film von Woody Allen. Und hier befinden sich viele kulturelle Einrichtungen von Weltklasse, außerdem grenzt das Viertel an zwei schöne Parks: Der Riverside Park erstreckt sich entlang des Hudson River, der Central Park am östlichen Rand ist der grüne Hinterhof für Millionen Menschen, in dem sie der Betonwüste und dem Verkehrslärm entgehen können.

★ Central Park PARK

(Karte S. 100; www.centralparknyc.org; 59th St–110th St zw. Central Park West & Fifth Ave; ⌚ 6–1 Uhr;) Die berühmteste Grünfläche der Welt ist gut 341 ha groß und umfasst hügeliges Grasland, mit Felsbrocken durchsetzte Gesteinslandschaften, von Ulmen gesäumte Spazierwege, gepflegte Gärten im europäischen Stil, einen See und einen Wasserspeicher, und außerdem noch ein Freilichttheater, ein John-Lennon-Denkmal, das idyllische Restaurant am Wasser **Loeb Boathouse** (Karte S. 100; ☎ 212-517-2233; www.thecentralparkboathouse.com; Central Park Lake, Central Park Ecke E 74th St; Hauptgerichte 25–36 US$; ⌚ Restaurant ganzjährig Mo–Fr 12–16, Sa & So 9.30–16 Uhr, April–Nov. 17.30–21.30 Uhr; Ⓢ B, C bis 72nd St; 6 bis 77th St) – und eine sehr berühmte Statue von Alice im Wunderland. Zu den Highlights gehören die Liege- und Spielwiese **Sheep Meadow**, die schönen großen Tiere des **Central Park Zoo** (Karte S. 100; ☎ 212-439-6500; www.centralparkzoo.com; Central Park, 64th St Ecke Fifth Ave; Erw./Kind 12/7 US$; ⌚ Mo–Fr 10–17, Sa & So 10–17.30 Uhr; 👪; Ⓢ N/Q/R bis 5th Ave-59th St) und die schmalen Wege durch den waldähnlichen **Ramble** (Karte S. 94; Central Park, Parkmitte von 73rd St–79th St; Ⓢ B,C bis 81st St), der auch bei Vogelbeachtern sehr beliebt ist.

Genau wie die Subway der Stadt sorgt die riesige, majestätische Freifläche des Central Park mitten in Manhattan für die Aufhebung der Klassenunterschiede, was auch so gewollt war. Der Park wurde in den 1860er- und 1870er-Jahren von Frederick Law Olmsted und Calvert Vaux im Marschland nördlich der Stadt angelegt. Hier sollten alle New Yorker, egal welcher Hautfarbe, Klasse oder Herkunft, ihre Freizeit verbringen können. Er ist auch eine willkommene Oase der Ruhe im irren Trubel der Stadt. Der grüne Rasen, die kühlen Wäldchen, blühenden Gärten, klaren Gewässer und schönen Wege stillen das Bedürfnis der New Yorker nach Natur.

Olmsted und Vaux, die auch den Prospect Park (S. 108) in Brooklyn schufen, legten großen Wert darauf, Fußgängerwege und Verkehrsstraßen voneinander zu trennen. Dieses Problem lösten sie ganz geschickt, indem sie die Wege als Brücken bauten, unter denen die Verkehrsadern der Stadt verlaufen. Dass eine riesige Fläche in allerbester Lage so lange unbebaut blieb, beweist, dass nichts so groß wie das Herz, die Seele und der Stolz ist, auf denen die Größe dieser Stadt beruht.

Bis heute ist dieser „Volkspark" eine der populärsten Sehenswürdigkeiten der Stadt, aber auch die New Yorker lieben die kostenlosen Freiluftkonzerte auf dem **Great Lawn** (Karte S. 100; www.centralparknyc.org; Central Park zw. 79th St & 86th St; ⌚ Mitte April –Mitte Nov.; Ⓢ B, C bis 86th St) und erstklassigen Theateraufführungen beim jährlichen *Shakespeare in the Park* (S. 115), das im Sommer unter freiem Himmel im Delacorte Theater (S. 142) stattfindet. Einen Besuch lohnen auch der reich verzierte Bethesda-Brunnen am See und das Loeb Boathouse (S. 114), wo man ein Ruderboot mieten oder in einem Café im Freien zu Mittag essen kann, sowie der **Shakespeare Garden** am westlichen Rand zwischen 79th St und 80th St, der mit üppigen Pflanzen und einem tollen Blick auf die Skyline beeindruckt. Während bestimmte Teile des Parks an den Wochenenden voller Jogger, Inline-Skater, Musiker und Touristen sind, ist es an den Nachmittagen unter der Woche deutlich ruhiger, insbesondere abseits der ausgetretenen Pfade oberhalb der 72nd St, wo sich das **Harlem Meer** und die **North Meadow** (nördlich der 97th St) befinden.

Selbst im Winter strömen die Menschen in den Park, wenn nach heftigen Schneestürmen Langlauf und Rodeln möglich sind, oder einfach nur um einen Spaziergang durch das weiße Winterwunderland zu unternehmen. Außerdem findet immer an Silvester ein Mitternachtslauf statt. Das Central Park Conservancy (S. 115) bietet ständig wechselnde **Führungen** durch den Park an, darunter auch solche, die öffentliche Kunst, Tiere und Pflanzen oder Interessantes für Kinder zum Thema haben.

Bethesda Fountain BRUNNEN

(Karte S. 100; Central Park; Ⓢ B, C bis 72nd St) Der neoklassizistische Brunnen ist einer der größten in New York. Er wird gekrönt vom *Engel über den Gewässern*, der von vier Cherubinen gehalten wird. Der Brunnen wurde 1868 von der feministischen Bildhauerin Emma Stebbins gestaltet und ist ein guter Treffpunkt und ideal, um Leute zu beobachten.

★ Lincoln Center KULTURZENTRUM

(Karte S. 100; ☎ 212-875-5456, tours 212-875-5350; www.lincolncenter.org; Columbus Ave zw. W 62nd St & 66th St; Führung Erw./Student 25/20 US$; 👪; Ⓢ 1 bis 66th St-Lincoln Center) GRATIS Der imposante Komplex aus funkelnden modernistischen Tempeln in Manhattan ist die Heimat so bedeutender Theater- und Musikensembles wie New York Philharmonic, New York City Ballet und der Metropolitan Opera, deren Eingangshalle mit Wandgemälden von Marc Chagall in kräftigen Farben geschmückt ist. Auf und rund um den knapp 6,5 ha großen Campus befinden sich noch ein Theater und die renommierte **Juilliard School**.

★ American Museum of Natural History MUSEUM

(Karte S. 100; ☎ 212-769-5100; www.amnh.org; Central Park West Ecke W 79th St; empfohlene Spen-

Central Park & Uptown

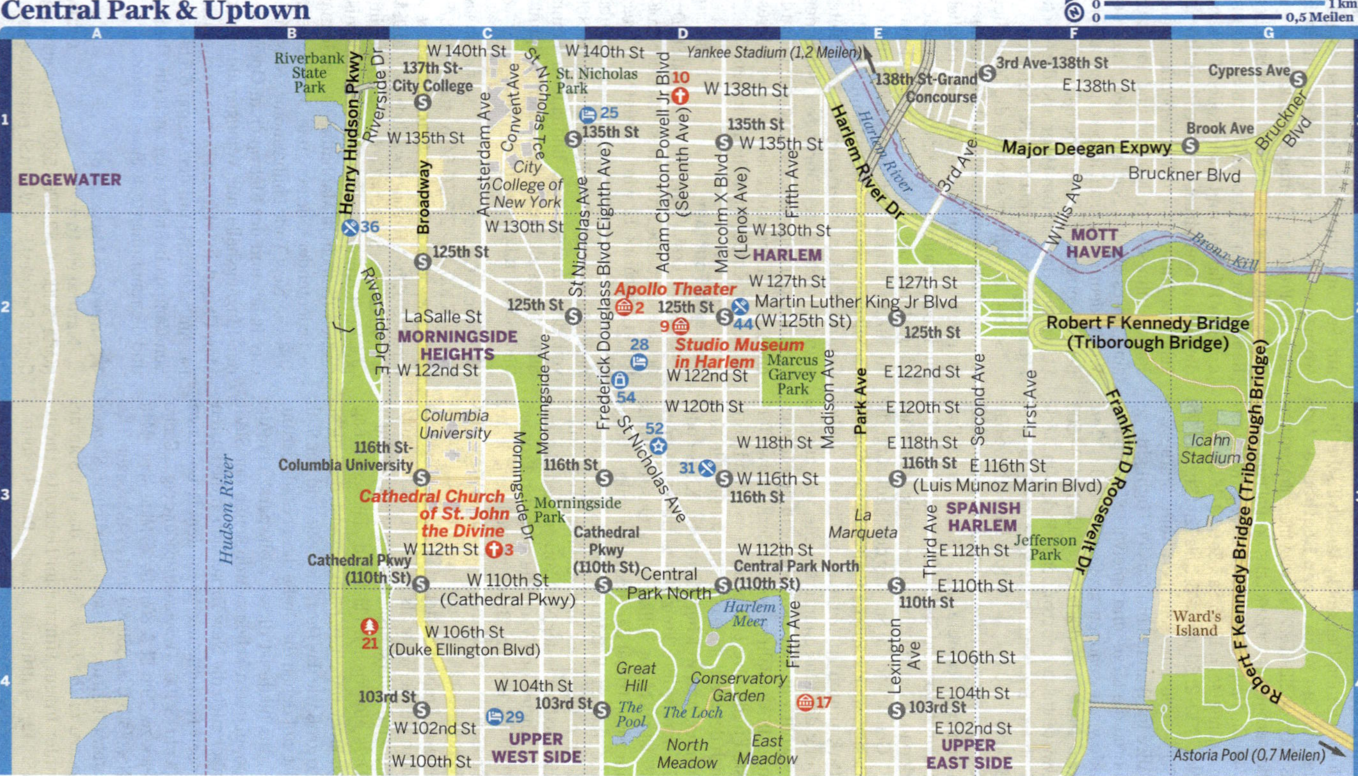

NEW JERSEY
NEW YORK
UNION CITY
ASTORIA
LONG ISLAND CITY
West Side Hwy
Riverside Dr
Riverside Park
West End Ave
Broadway
Amsterdam Ave
Central Park West
Ninth Ave
W 97th St
96th St
W 96th St
W 94th St
W 92nd St
W 90th St
W 88th St
86th St
W 85th St
W 83rd St
W 81st St
81st St-Museum of Natural History
79th St
W 77th St
W 75th St
72nd St
W 72nd St
W 70th St
66th St-Lincoln Center
W 66th St
W 62nd St
W 60th St
59th St-Columbus Circle
W 57th St
American Museum of Natural History
Lincoln Center
Central Park
Great Lawn
Turtle Pond
The Ramble
The Lake
Bethesda Fountain
Sheep Meadow
Naumburg Bandshell
The Mall
Literary Walk
The Pond
Conservatory Water
West Dr
East Dr
Fifth Ave
Madison Ave
Park Ave
Lexington Ave
Third Ave
Second Ave
First Ave
York Ave
East End Ave
Franklin D Roosevelt Dr
Guggenheim Museum
Metropolitan Museum of Art
Frick Collection
E 99th St
E 97th St
E 96th St
E 94th St
E 92nd St
E 90th St
E 88th St
E 86th St
E 84th St
E 82nd St
E 80th St
E 79th St
77th St
E 77th St
E 75th St
E 72nd St
E 70th St
68th St-Hunter College
E 68th St
E 65th St
Lexington Ave-63rd St
E 62nd St
5th Ave-59th St
E 59th St
Lexington Ave-59th St
E 57th St
Rockefeller University
Carl Schurz Park
Mill Rock Island
Mill Rock Light Park
East River
East Channel
Roosevelt Island
Main St
Rainey Park
Vernon Blvd
Ed Koch Queensboro Bridge
Roosevelt Island Bridge
Local NYC (0,7 Meilen); Dutch Kills (0,8 Meilen); Alobar (1,6 Meilen); Casa Enrique (1,6 Meilen); The Kaufman Arts District (1,6 Meilen); Icon Bar (1,8 Meilen); Pye BoatNoodle (2 Meilen); Bohemian Hall & Beer Garden (2,5 Meilen); Museum of the Moving Image (1,5 Meilen); Jackson Heights Historic District (3,6 Meilen)
s. Karte Times Square, Midtown Manhattan & Chelsea Karte (S. 94)
1
4
5
6
7
8
11
12
13
14
15
16
18
19
20
22
23
24
26
27
30
32
33
34
35
37
38
39
40
41
42
43
45
46
47
48
49
50
51
53
55
56
A
B
C
D
E
F
G
5
6
7
8

Central Park & Uptown

Highlights
1 American Museum of Natural History . C6
2 Apollo Theater D2
3 Cathedral Church of St. John the Divine C3
4 Central Park D6
5 Frick Collection E7
6 Guggenheim Museum E5
7 Lincoln Center C8
8 Metropolitan Museum of Art D6
9 Studio Museum in Harlem D2

Sehenswertes
10 Abyssinian Baptist Church D1
11 Arsenal D8
12 Central Park Zoo D8
13 Cooper-Hewitt National Design Museum E5
14 Great Lawn D6
15 Jewish Museum E5
16 Museum of Arts & Design D8
17 Museum of the City of New York E4
18 Neue Galerie E6
19 New-York Historical Society D7
20 Ramble D7
21 Riverside Park B4

Aktivitäten, Kurse & Touren
22 Central Park Bike Tours D8
23 Central Park Conservancy E8
24 Loeb Boathouse D7

Schlafen
25 Allie's Inn D1
26 Bentley Hotel F8
27 Empire Hotel C8
28 Harlem Flophouse D2
29 Hostelling International New York C4
30 Lucerne C6

Essen
31 Amy Ruth's Restaurant D3
32 Barney Greengrass C6
33 Boqueria F7
34 Burke & Wills C6
35 Candle Cafe E7
36 Dinosaur Bar-B-Que B2
37 Dovetail C6
38 Earl's Beer & Cheese E5
39 Jacob's Pickles C6
40 Jones Wood Foundry F7
41 Lakeside Restaurant at Loeb Boathouse D7
42 Peacefood Cafe C6
43 PJ Clarke's C8
44 Red Rooster D2
45 Tanoshi F7
46 West 79th Street Boat Basin Café B6

Ausgehen & Nachtleben
47 Auction House F5
48 Dead Poet C6
49 Drunken Munkey F5
Ginny's Supper Club .... (siehe 44)
Manhattan Cricket Club .... (siehe 34)
Robert .... (siehe 16)

Unterhaltung
50 Delacorte Theater D6
Elinor Bunin Munroe Film Center .... (siehe 7)
Film Society of Lincoln Center .... (siehe 7)
51 Jazz at Lincoln Center C8
Metropolitan Opera House .... (siehe 7)
52 Minton's D3
New York City Ballet .... (siehe 7)
New York Philharmonic .... (siehe 7)
53 Walter Reade Theater C8

Shoppen
54 Flamekeepers Hat Club D2
55 Flying Tiger Copenhagen C6
56 Tiffany & Co. E8

de Erw./Kind 22/12,50 US$; ⌚10–17.45 Uhr, Rose Center Fr bis 20.45 Uhr; 👪; S B, C bis 81st St-Museum of Natural History, 1 bis 79th St) Das klassische Museum von 1869 ist eine wahre Fundgrube mit mehr als 30 Mio. Ausstellungsstücken, darunter Skelette von angsteinflössenden Dinosauriern und das supermoderne Planetarium des **Rose Center for Earth & Space**. Von September bis Mai beherbergt das Museum auch das **Butterfly Conservatory**, ein Glashaus mit mehr als 500 Schmetterlingsarten aus der ganzen Welt.

New-York Historical Society MUSEUM
(Karte S. 100; ☎212-873-3400; www.nyhistory.org; 170 Central Park West Ecke 77th St; Erw./Kind 20/6 US$, Fr 18–20 Uhr gegen Spende, Bibliothek frei; ⌚Di–Do & Sa 10–18, Fr 10–20, So 11–17 Uhr; 👪; S B, C bis 81st St-Museum of Natural History) Wie die altmodische Schreibweise mit Bindestrich vermuten lässt, ist die Historische Gesellschaft das älteste Museum der Stadt. Es wurde 1804 gegründet, um die für die Geschichte und Kultur bedeutsamen Artefakte zu sammeln und zu bewahren. Heute besteht die Sammlung aus 60 000 faszinierenden und skurrilen Objekten wie dem Stuhl, auf dem George Washington in sein Amt eingeführt wurde, einem (vergoldeter) Eisbecher aus Tiffanyglas- und einer bemerkenswerten Sammlung von Bildern der Hudson River School. Dennoch ist das

Museum alles andere als verstaubt, sondern ist mit neuer Energie und Zielsetzung ins 21. Jh. gestartet.

Riverside Park PARK

(Karte S. 100; ☎ 212-870-3070; www.riversideparknyc.org; Riverside Dr zw 68th St & 155th St; ⏲ 6–1 Uhr; 👪; Ⓢ 1/2/3 bis jede Station zw. 66th St & 157th St) Die klassische Schönheit wurde ebenfalls von den Architekten des Central Park, Frederick Law Olmsted und Calvert Vaux gestaltet. Der üppig grüne Park liegt direkt am Wasser nördlich der Upper West Side und zwischen der 59. und 155. Straße ist auch das Ufer des Hudson River mit einbezogen. Die vielen Fahrradwege, Spielplätze und Hundezonen sind besonders bei Familien beliebt. Vom Park sieht selbst Jersey am gegenüberliegenden Ufer des Hudson ganz schön aus.

Arsenal HISTORISCHES GEBÄUDE

(Karte S. 100; ☎ Galerie 212-360-8163; www.nycgovparks.org; Central Park Ecke Fifth Ave & E 64th St; ⏲ Mo–Fr 9–17 Uhr; Ⓢ N/R/W bis 5th Ave-59th St) GRATIS Das von 1847 bis 1851 (also noch vor dem Central Park) errichtete Munitionslager der New York State National Guard sollte wie eine mittelalterliche Burg aussehen. Heute ist in dem markanten Backsteingebäude eine kleine **Galerie** untergebracht, in der zumeist Werke mit den Themen Geschichte oder Umwelt zu sehen sind, etwa zur Natur in der Stadt, lebendigen Wahrzeichen oder den Wasserfällen im nördlichen Teil des Bundesstaats New York.

Upper East Side

Trotz der mehrstöckigen Villen und unverschämt hohen Pro-Kopf-Einkommen leben hier nicht nur die typischen Vorstadtfrauen. Östlich des lebhaften Geschäftsviertels an der Lexington Ave teilen sich Hochschulabsolventen die Wohnungen in Hochhäusern. Die Park Ave ist gesäumt von Apartmenthäusern aus der Vorkriegszeit, in deren Marmor-Eingangshallen livrierte Portiers ihren Dienst tun. Und, ja, Botox hat hier den Stellenwert von Vitaminpillen. Teure Boutiquen sind das Markenzeichen der Madison Ave und der Fifth Ave, die parallel zum Central Park verläuft und in einem architektonischen Rausch namens Museum Mile endet. Die Museumsmeile ist die Straße mit der höchsten Kulturdichte der Stadt, wenn nicht der ganzen Welt.

★ Metropolitan Museum of Art MUSEUM

(Karte S. 100; ☎ 212-535-7710; www.metmuseum.org; 1000 Fifth Ave Ecke 82nd St; empfohlene Spende Erw./Student/Kind 25/12 US$/frei; ⏲ So–Do 10–17.30, Fr & Sa 10–21 Uhr; 👪; Ⓢ 4/5/6, Q bis 86th St) Das weitläufige Museum wurde 1870 eröffnet und umfasst eine der größten Kunstsammlungen der Welt. Die umfassende Sammlung enthält mehr als 2 Mio. Objekte, von ägyptischen Tempeln bis hin zu amerikanischen Gemälden. Das im Allgemeinen nur als „The Met" bezeichnete Museum umfasst eine Ausstellungsfläche von knapp 7 ha, die von mehr als 6 Mio. Menschen im Jahr besucht wird. Damit ist es die größte Sehenswürdigkeit von New York. Man sollte sich möglichst viel Zeit dafür nehmen, denn es ist einfach nur *RIESIG*.

★ Guggenheim Museum MUSEUM

(Karte S. 100; ☎ 212-423-3500; www.guggenheim.org; 1071 Fifth Ave Ecke E 89th St; Erw./Kind 25 US$/frei, Sa 17.45–19.45 Uhr gegen Spende; ⏲ So–Mi & Fr 10–17.45 ,Sa 10–19.45, Do geschl.; 👪; Ⓢ 4/5/6 bis 86th St) Das Museum ist ein Kunstwerk für sich, denn das von Frank Lloyd Wright entworfene Gebäude stellt die darin untergebrachte Sammlung von Kunst des 20. Jhs. fast in den Schatten. Dabei zeigt das Museum Werke von Kandinsky, Picasso und Jackson Pollock. Dazu kommen Gemälde von Monet, Van Gogh und Degas, Fotografien von Robert Mapplethorpe und die wichtigsten Werke des Surrealismus. Die größte Attraktion sind jedoch die Wechselausstellungen, in denen oft verblüffende Installationen großer zeitgenössischer Visionäre zu sehen sind, die perfekt auf ihre Umgebung abgestimmt sind.

★ Frick Collection GALERIE

(Karte S. 100; ☎ 212-288-0700; www.frick.org; 1 E 70th St Ecke Fifth Ave; Erw./Student 22/12 US$, Mi 14–18 Uhr Pay what you wish; ⏲ Di–Sa 10–18, So 11–17 Uhr; Ⓢ 6 bis 68th St-Hunter College) Die spektakuläre Sammlung ist in einem prachtvollen Herrenhaus untergebracht, das sich der schwierige Stahlmagnat Henry Clay Frick in der Fifth Ave bauen ließ, die auch als „Millionaires Row" bekannt war. In mehr als einem Dutzend Räume zeigt das Museum die Meisterwerke von Tizian, Vermeer, Gilbert Stuart, El Greco, Joshua Reynolds, Goya und Rembrandt. Skulpturen, Keramiken, Antiquitäten und alte Uhren sind ebenfalls zu sehen.

Cooper-Hewitt National Design Museum MUSEUM

(Karte S. 100; ☎ 212-849-8400; www.cooperhewitt.org; 2 E 91st St Ecke Fifth Ave; Erw./Kind 18 US$/frei, Sa 18–21 Uhr Pay what you wish; ⏲ So–Fr

Central Park

DIE GRÜNE LUNGE VON NEW YORK

Das grüne Rechteck in Manhattans Zentrum legte man Mitte des 19. Jhs. an. Die Sumpflandschaft wurde in einen idyllischen Park verwandelt, der die New Yorker – und seien sie noch so verschieden – auf unerwartete Art zusammenbrachte. Der Central Park diente den Reichen dazu, ihre Nobelkutschen zur Schau zu stellen (1860er-Jahre), Arme genossen Gratis-Sonntagskonzerte (1880er-Jahre) und Aktivisten hielten hier ihre „Be-ins" gegen den Vietnamkrieg ab (1960er-Jahre).

Seitdem besuchen Heerscharen von Einheimischen und Touristen den Park, in dem man wunderbar spazieren gehen, picknicken, sonnenbaden, Ball spielen und kostenlosen Konzerten und Shakespeare-Aufführungen lauschen kann.

Duke Ellington Circle
Harlem Meer
The Blockhouse
North Woods
97th St Transverse
Fifth Ave
86th St Transverse
The Great Lawn
Central Park West

Loeb Boathouse

Das historische Loeb Boathouse am Seeufer bietet eine traumhafte Kulisse für ein romantisches Essen. Hier kann man Ruderboote und Fahrräder mieten oder sich in einer venezianischen Gondel über den See schippern lassen.

Conservatory Garden

Der einzige echte Garten im Central Park ist vielleicht der ruhigste Ort im Park. Am Nordrand blühen Ende Oktober Chrysanthemen. Im Süden steht ein riesiger Holzapfelbaum gleich neben der Burnett Fountain.

STUDIOLASKA/SHUTTERSTOCK ©

Jacqueline Kennedy Onassis Reservoir

Das fast 43 ha große Wasserbecken nimmt grob ein Achtel der Parkfläche ein. Ursprünglich sollte es die Stadt mit sauberem Wasser versorgen. Heute kann man hier Wasservögel beobachten.

LULU AND ISABELLE/SHUTTERSTOCK ©

Belvedere Castle

Das gotisch-romanische Schloss, eine „viktorianische Verrücktheit", dient ausschließlich als grandioser Aussichtspunkt. Es wurde 1869 von Calvert Vaux, einem der beiden Landschaftsplaner des Central Parks, entworfen.

Der Park ist unglaublich vielfältig. Im Norden gibt's bewaldete Hügelchen, im Süden einen bei Joggern beliebten See. Es gibt Gärten im europäischen Stil, einen Zoo und viele Teiche. Ein tolles Erlebnis ist es, an einem sonnigen Tag zur Sheep Meadow gehen, wo sich ganz New York in der Sonne aalt.

Der Central Park ist nicht nur eine Grünanlage – er ist New York Citys Hinterhof.

KURZINFOS

- Die Landschaftsarchitekten waren Frederick Law Olmsted und Calvert Vaux
- Beginn der Bauarbeiten: 1858
- Fläche des Parks: 3,4 km^2
- Viele Filme entstanden hier, von Blockbustern aus der Wirtschaftskrise wie *Gold Diggers* (1933) bis zum Monster-Streifen *Cloverfield* (2008)

Conservatory Water

Der Teich ist in der warmen Jahreszeit beliebt bei Kindern, die hier ihre Modellsegelboote gleiten lassen. Er ist den Pariser Modellboot-Teichen aus dem 19. Jh. nachempfunden und spielte eine wichtige Rolle in E. B. Whites Klassiker *Klein Stuart*.

CHRISTOPHER PENLER/SHUTTERSTOCK ©

KRIDSADA KAMSOMBAT/SHUTTERSTOCK ©

Bethesda Fountain

Der neoklassizistische Brunnen ist einer der größten New Yorks. Er wird überragt vom *Engel über den Gewässern*, getragen von vier Cherubinen. Der Brunnen wurde 1868 von der Künstlerin und Frauenrechtlerin Emma Stebbins errichtet.

Strawberry Fields

Ein Mosaik erinnert an den Musiker John Lennon, der auf der anderen Straßenseite vor dem Dakota Building erschossen wurde. Der Name des von Yoko Ono gestalteten Denkmals basiert auf dem Beatles-Song *Strawberry Fields Forever*.

The Mall/ Literary Walk

Am südlichen Teil der Promenade im Pariser Stil – dem einzigen geraden Weg im Park – stehen Statuen von Literaten wie Burns und Shakespeare. Die Strecke ist von raren Nordamerikanischen Ulmen gesäumt.

10–18, Sa 10–21 Uhr; S 4/5/6 bis 86th St) Das Museum, das zur Smithsonian Institution in Washington, D.C., gehört, widmet sich als einziges der USA sowohl dem historischen als auch dem zeitgenössischen Design. In dem Wohnhaus mit 64 Zimmern auf 3 Stockwerken, das sich der Millardär Andrew Carnegie 1901 bauen ließ, sind 210 000-Ausstellungsstücke aus den letzten 3000 Jahren zu sehen. Nach umfangreicher Renovierung umfasst die Ausstellung nun auch interaktive Touch-Screens und einen tollen elektronischen Stift, mit dem die Besucher ihr eigenes Designerstück entwerfen und auf einer Website speichern können.

Neue Galerie MUSEUM

(Karte S. 100; ☎212-628-6200; www.neuegalerie.org; 1048 Fifth Ave Ecke 86th St; Erw./Student 20/10 US$, 1. Fr des Monats 18–20 Uhr frei; ⏰Do–Mo 11–18 Uhr; S 4/5/6 bis 86th St) Das schön restaurierte Herrenhaus von Carrère und Hastings von 1914 beherbergt eine wunderbare Sammlung österreichischer und deutscher Kunst mit Werken von Paul Klee, Ernst Ludwig Kirchner und Egon Schiele. Glanzstück der Ausstellung ist das goldene Porträt von Adele Bloch-Bauer von Gustav Klimt von 1907, das der Kosmetikunternehmer Ronald Lauder für sagenhafte 135 Mio. US$ für das Museum erworben hat. Die faszinierende Geschichte dieses Bildes wird in dem Film *Die Frau in Gold* von 2015 erzählt.

Museum of the City of New York MUSEUM

(Karte S. 100; ☎212-534-1672; www.mcny.org; 1220 Fifth Ave zw. E 103rd St & 104th St; empfohlener Eintritt Erw./Kind 18 US$/frei; ⏰10–18 Uhr; S 6 bis 103rd St) Das Museum in einem Gebäude im Georgian Colonial Revival-Stil widmet sich einzig und allein der Vergangenheit, Gegenwart und Zukunft der Stadt New York. Zur Einführung sollte man sich unbedingt den 28-minütigen Film *Timescapes* (im 2. Stock) ansehen, der die Entwicklung New Yorks vom winzigen Handelsposten zur blühenden Metropole aufzeigt.

Jewish Museum MUSEUM

(Karte S. 100; ☎212-423-3200; www.thejewishmuseum.org; 1109 Fifth Ave, zwischen E 92nd 93rd Sts; Erw./Kind 15 US$/frei, Sa frei, Do 17–20 Uhr gegen Spende; ⏰Sa–Di 11–18, Do & Fr bis 16 Uhr, Mi geschl.; 👪; S 6 bis 96th St) Dieses Museum ist ein wahres Juwel der Stadt. Es ist in einem Herrenhaus der französischen Gotik aus dem Jahr 1908 untergebracht, das 30 000 Judaika sowie Skulpturen, Gemälde und dekorative Kunstwerke behrbergt. Zu sehen sind auch hervorragende Wechselausstellungen, in denen so einflussreiche Personen wie Art Spiegelman beleuchtet werden und Berühmtheiten wie Marc Chagall, Édouard Vuillard und Man Ray in Ausstellungen von Weltklasse zu sehen sind.

Harlem & Upper Manhattan

Im 17. Jh. war Harlem eine Siedlung holländischer Bauern, denen später irische, italienische und jüdische Einwanderer folgten. Heute ist das Viertel untrennbar mit der afroamerikanischen Bevölkerung und ihrer Identität verbunden. Trotz steigender Gentrifizierung ist Harlem immer noch geprägt von leidenschaftlichen Predigern und Gospelchören, Soul Food und lebhaften Jazzclubs. Mittlerweile gibt es aber auch viele Restaurants, die frankophonen Afrikanern und gebürtigen Franzosen gehören. Das Arbeiterviertel East Harlem, das auch Spanish Harlem oder El Barrio genannt wird, ist die lebhafte Heimat hispanischer Einwanderer, während sich die Columbia University immer weiter nach West Harlem ausdehnt. Zu den nördlichen Bezirken gehört das grüne Inwood, in dem sich wahre mittelalterliche Schätze befinden.

★ Cathedral Church of St. John the Divine KATHEDRALE

(Karte S. 100; ☎Führungen 212-316-7540; www.stjohndivine.org; 1047 Amsterdam Ave, at W 112th St, Morningside Heights; empfohlene Spende 10 US$, Highlighttour 14 US$, Verticaltour 20 US$; ⏰7.30–18 Uhr, Highlighttour Mo 11 & 14, Di–Sa 11 & 13, ausgewählte So 13 Uhr, Verticaltour Mo 10, Mi & Fr 12, Sa 12 & 14 Uhr; S B, C, 1 bis 110th St-Cathedral Pkwy) Das größte Gotteshaus der USA ist immer noch unvollendet – und wird es wahrscheinlich noch einige Zeit bleiben. Doch bei der berühmten Bischofskathedrale sind schon jetzt viele Details bemerkenswert: die reich verzierte Fassade im byzantinischen Stil, die volltönende alte Orgel und das außergewöhnlich gegliederte Kirchenschiff, das doppelt so breit ist wie das der Westminster Abbey in London. Neben der einstündigen **Highlighttour** gibt es die ebenfalls einstündige **Verticaltour**, bei der die Besucher auch die steilen Treppen zum Dach der Kathedrale hinaufsteigen (Taschenlampe mitbringen!).

★ Apollo Theater HISTORISCHES GEBÄUDE

(Karte S. 100; ☎212-531-5300, Führungen 212-531-5337; www.apollotheater.org; 253 W 125th St zw. Frederick Douglass Blvd & Adam Clayton Powell Jr Blvd,

Harlem; Karten ab 16 US$; S A/C, B/D bis 125th St) Das Apollo ist ein wesentlicher Bestandteil der Geschichte und Kultur von Harlem. Seit 1914 finden hier Konzerte und politische Versammlungen statt. In den 1930er- und 1940er-Jahren standen von Duke Ellington bis hin zu Billie Holiday alle großen schwarzen Künstler auf der altehrwürdigen Bühne. Jahrzehnte später begannen hier die Karrieren unzähliger Stars wie Diana Ross, Aretha Franklin, Michael Jackson und Lauryn Hill. Bis heute zieht das üppige Programm aus Musik, Tanz, Vorführungen der Musikhochschule und besonderen Veranstaltungen ein begeistertes Publikum an.

Abyssinian Baptist Church KIRCHE
(Karte S. 100; ☎ 212-862-7474; www.abyssinian.org; 132 Odell Clark Pl, btwn Adam Clayton Powell Jr & Malcolm X Blvds, Harlem; ⏲ Gospel Sep–Jul So 11.30 Uhr; S 2/3 to 135th St) Der hervorragende Sonntagsgottesdienst ist laut und gefühlsbetont und einer der bekanntesten in der Stadt. So muss man mindestens eine Stunde vor Beginn da sein und sich anstellen. Für den Zutritt gelten strenge Vorschriften: keine ärmellosen Tops, Flip-Flops, Shorts, Leggings oder Rucksäcke. Der Eingang für Touristen ist im Südosten, an der Ecke West 138th Street und Adam Clayton Powell Jr. Blvd.

★ **Cloisters Museum & Gardens** MUSEUM
(Karte S. 83; ☎ 212-923-3700; www.metmuseum.org/cloisters; 99 Margaret Corbin Dr, Fort Tryon Park; empfohlene Spende Erw./Kind 25 US$/frei; ⏲ 10–17.15 Uhr; S A bis 190th St) Das Klostermuseum auf einem Hügel über dem Hudson River ist ein seltsames architektonisches Gebilde, das aus verschiedenen Teilen europäischer Klöster und anderer historischer Gebäude besteht. Gebaut wurde es in den 1930er-Jahren, um die mittelalterlichen Schätze des Metropolitan Museum aufzunehmen. Die Fresken, Wandteppiche und Gemälde sind nun in Galerien zu sehen, die rund um einen romantischen Innenhof angeordnet sind. Zwischen den Galerien verlaufen großartige Bogengänge mit maurischen Terrakotta-Dächern. Zu den vielen außergewöhnlichen Schätzen dieser Sammlung gehört auch die Folge faszinierender Wandteppiche mit dem Titel *Die Jagd nach dem Einhorn* aus dem 16. Jh.

★ **Studio Museum in Harlem** MUSEUM
(Karte S. 100; ☎ 212-864-4500; www.studiomuseum.org; 144 W 125th St Ecke Adam Clayton Powell Jr Blvd, Harlem; empfohlene Spende 7 US$, So frei; ⏲ Do & Fr 12–21, Sa 10–18, So 12–18 Uhr; S 2/3 bis 125th St) Das kleine kulturelle Schmuckstück zeigt seit mehr als 40 Jahren die Werke afroamerikanischer Künstler. Dabei ist es nicht einfach nur ein weiteres Kunstmuseum, sondern veranstaltet auch regelmäßig faszinierende Wechselausstellungen. Außerdem ist es ein wichtiger Treffpunkt von Kulturbeflissenen aller Art in Harlem, die sich die ständig wechselnden Shows ansehen, Filmvorführungen besuchen oder über ihre Arbeit sprechen.

Brooklyn

Das aus mehreren, schachbrettartig angeordneten Stadtteilen bestehende Brooklyn ist dreimal so groß wie Manhattan und natürlich wesentlich vielfältiger und umfassender. Einen tollen Blick auf die Skyline hat man von Brooklyn Heights mit seinen braunen Sandsteinhäusern, während man in Williamsburg schöne alte Sachen kaufen und nachts durch die Bars ziehen kann.

★ **Brooklyn Bridge Park** PARK
(Karte S. 84; ☎ 718-222-9939; www.brooklynbridgepark.org; East River Waterfront zw. Atlantic Ave & Adams St; ⏲ 6–1 Uhr; 👪; S A/C bis High St; 2/3 bis Clark St; F bis York St) GRATIS Unter den neuen Sehenswürdigkeiten in Brooklyn ist dieser mehr als 34 ha große Park eine der beliebtesten. Er erstreckt sich über gut 2 km entlang einer Biegung des East River vom östlichen Ende der Manhattan Bridge in Dumbo bis zum westlichen Ende der Atlantic Ave in Cobble Hill. Mit dem Park wurde das ehemalige Brachland am Flussufer zu neuem Leben erweckt und die längst aufgegebenen Piers in eine schöne Parklandschaft verwandelt, die nun einen atemberaubenden Blick auf Manhattan bietet. Aber es gibt auch sonst viel zu sehen und zu unternehmen auf Spielplätzen, Spazierwegen und gepflegten Rasenflächen.

★ **Coney Island** STADTVIERTEL
(Karte S. 83; www.coneyisland.com; Surf Ave & Boardwalk zw. W 15th St & W 8th St; S D/F, N/Q bis Coney Island-Stillwell Ave) Der beliebte Strandort ist nur gut 50 Minuten mit der Subway von Midtown entfernt und bietet sich für einen schönen Tagesausflug an. Der breite Sandstrand mit der Holzpromenade hat einen kitschig-nostalgischen und leicht anrüchigen Charme. Besonders bekannt ist die Zyklon-Achterbahn von 1927, die heute mitten in einem modernen Vergnügungspark

steht. Bei Nathan's Famous (S. 130) gibt's leckere Hot Dogs, und das **New York Aquarium** (www.nyaquarium.com) ist der Hit für Kids. Oder man schaut sich am Nachmittag ein Spiel im Baseball-Stadion des **MCU Park** an (☎ 718-372-5596; www.brooklyncyclones.com; 1904 Surf Ave Ecke 17th St, Coney Island; Karten 10–20 US$, Mi alle Karten 10 US$; S D/F, N/Q bis Coney Island-Stillwell Ave). Das Stadion direkt am Wasser ist das Heimstadion der Brooklyn Cyclones, die in der Minor League spielen.

Die ersten Vergnügungsparks dieser Gegend entstanden Mitte der 1800er-Jahre, als die Bewohner der zunehmend industrialisierten Stadt im Sommer aus ihren unerträglich heißen Wohnungen flüchteten. Ende des 19. Jhs. war das Viertel unter dem Spitznamen „Sodom am Meer" als Schauplatz derber, wilder Partys verschrien. Anfang des 20. Jhs. wurden die Vergnügungsparks dann familienfreundlicher. Insbesondere der 1903 eröffnete Luna Park war für seine Kamele und Elefanten und die traumhafte Beleuchtung mit mehr als einer Million Glühbirnen bekannt. Bis heute sind das (1920 eröffnete) Wonder Wheel und die Zyklon-Achterbahn von 1927 in Betrieb. In den 1980er-Jahren wurde das Viertel zu einer Art Geisterstadt, doch mittlerweile lockt es mit Hot Dogs, Ausstellungen und Jahrmärkten sowie der jährlichen **Mermaid Parade** (⏲ Ende Juni), bei der sich alle wie punkige Meerjungfrauen verkleiden, die New Yorker wieder an. Natürlich ist es nicht Disneyworld – aber das will es auch gar nicht sein.

★ Brooklyn Museum — MUSEUM

(Karte S. 83; ☎ 718-638-5000; www.brooklynmuseum.org; 200 Eastern Pkwy, Prospect Park; empfohlene Spende 16 US$, Kind & Jugendl. unter 19 Jahren frei; ⏲ Mi & Fr–So 11–18, Do 11–22 Uhr; 👪; S 2/3 to Eastern Pkwy-Brooklyn Museum) Das umfangreiche Museum befindet sich in einem fünfstöckigen Gebäude im Beaux-Arts-Stil, das von McKim, Mead & White entworfen wurde. Auf einer Ausstellungsfläche von 52 000 m² präsentiert es mehr als 1,5 Mio. Objekte, darunter Artefakte aus der Antike, Zimmer im Stil des 19. Jhs. sowie Skulpturen und Gemälde aus mehreren Jahrhunderten. Es ist eine gute Alternative zu den oft hoffnungslos überlaufenen Museen in Manhattan, und veranstaltet zudem oft recht provozierende moderne Ausstellungen. Am ersten Samstag des Monats (außer im September) finden zudem besondere Veranstaltungen (Livemusik, Tanz und Theater) statt. Dann ist das Museum bis 23 Uhr geöffnet.

★ Prospect Park — PARK

(☎ 718-965-8951; www.prospectpark.org; Grand Army Plaza; ⏲ 5–1 Uhr; S 2/3 bis Grand Army Plaza; F bis 15th St-Prospect Park) Die Schöpfer dieses knapp 237 ha großen Parks, Frederick Law Olmsted und Calvert Vaux, sahen darin die Vollendung ihres anderen Projekts in New York, dem Central Park. So weist der 1866 angelegte Prospect Park auch viele Gemeinsamkeiten mit seinem Vorgänger auf. Der prachtvolle Park verfügt über eine lange Wiese entlang des gesamten westlichen Rands, auf der es Spielfelder für Fußball, Football, Cricket und Baseball sowie unzählige Grillstellen gibt. In der östlichen Hälfte des Parks erstrecken sich bewaldete Hügel und ein hübscher See mit Bootshaus.

New York Transit Museum — MUSEUM

(Karte S. 83; ☎ 718-694-1600; www.mta.info/mta/museum; Schermerhorn St Ecke Boerum Pl; Erw./Kind 10/5 US$; ⏲ Di–Fr 10–16, Sa & So 11–17 Uhr; 👪; S 2/3, 4/5 bis Borough Hall; R bis Court St) Das kinderfreundliche Museum in einer ehemaligen Subway-Station, die 1936 gebaut und bereits 1946 wieder aufgegeben wurde, erzählt die Geschichte von mehr als 100 Jahren Nahverkehr in der Stadt. Der schönste Teil befindet sich im Untergeschoss, wo man in 13 original erhaltene U-Bahn- und Hochbahnwagen von 1904 einsteigen kann. In Wechselausstellungen wird zudem die faszinierende Geschichte der Subway, darunter auch der erst kürzlich eröffneten Second Ave Line erzählt. Im Museumsshop gibt's die beliebten Souvenirs mit den Netzplänen der Subway.

Brooklyn Botanic Garden — GÄRTEN

(Karte S. 83; www.bbg.org; 150 Eastern Pkwy, Prospect Park; Erw./Kind 12 US$/frei, Sa 10–12 Uhr und Di frei; ⏲ Di–Fr 8–18, Sa & So 10–18 Uhr, im Winter variieren die Öffnungszeiten; 👪; S 2/3 bis Eastern Pkwy-Brooklyn Museum) Eine der malerischsten Attraktionen in Brooklyn ist diese 21 ha große Gartenanlage mit Tausenden von Pflanzen und Bäumen sowie einem **Japanischen Garten**, in dem Flussschildkröten vor einem Shinto-Schrein durchs Wasser gleiten. Die beste Zeit für einen Besuch ist Ende April oder Anfang Mai, wenn die Kirschbäume (ein Geschenk aus Japan) in voller Blüte stehen und das **Sakura Matsuri** (Kirschbaumblütenfest) gefeiert wird.

Brooklyn Children's Museum — MUSEUM

(Karte S. 83; ☎ 718-735-4400; www.brooklynkids.org; 145 Brooklyn Ave Ecke St Marks Ave, Crown

Heights; 11 US$, Do 14–18 Uhr frei; ⌚Di–So 10–17 Uhr; 👪; Ⓢ C bis Kingston-Throop Aves; 3 bis Kingston Ave) Das beliebte, interaktive Kindermuseum, das bereits 1899 eröffnet wurde, befindet sich in einem leuchtend gelben, L-förmigen Gebäude. Zu sehen sind knapp 30 000 kulturelle Gegenstände (Musikinstrumente, Masken und Puppen) und naturgeschichtliche Ausstellungsstücke (Felsgestein, Mineralien und das komplette Skelett eines asiatischen Elefanten). Doch typisch für den Standort in Brooklyn gibt es auch eine restaurierte Bodega, eine kleine Pizzeria und einen karibischen Markt, bei dem die Kinder mitmachen dürfen. Das Museum in der Nähe des Brower Park ist etwa 1 Meile (1,6 km) von der Grand Army Plaza entfernt.

Brooklyn Brewery BRAUEREI

(Karte S. 83; ☎718-486-7422; www.brooklynbrewery.com; 79 N 11th St zw. Berry St & Wythe Ave, Williamsburg; Führungen Sa & So frei, Mo–Do 15 US$; ⌚Führungen Mo–Do 17, Sa 13–17, So 13–16 Uhr, Probierstube Fr 18–23, Sa 12–20, So 12–18 Uhr; Ⓢ L bis Bedford Ave) Die Brauerei stammt noch aus der Zeit, als dieses Viertel das Brauzentrum New Yorks war. Heute kann man das ganze Unternehmen im Rahmen von Führungen besichtigen.

Brooklyn Heights Promenade AUSSICHTSPUNKT

(zw. Orange St & Remsen St; ⌚24 Std.; 👪; Ⓢ 2/3 bis Clark St) Alle in Ost-West-Richtung verlaufenden Straßen in Brooklyn Heights (wie die Clark St und Pineapple St) führen zur bedeutendsten Sehenswürdigkeit des Viertels, einem schmalen Park mit atemberaubendem Blick auf Lower Manhattan und New York Harbor, unter dem der vielbefahrene Brooklyn-Queens Expressway (BQE) hindurchführt. In dem kleinen Streifen städtischer Naturschönheit kann man auch gut den Sonnenuntergang beobachten.

The Bronx

Die Heimat des Hiphop und der rauen Straßenkultur der South Bronx ist von einem dichten Netz von Schnellstraßen durchzogen, auf denen die New Yorker einfach nur möglichst schnell in Richtung Norden fahren wollen. Dabei ist die Bronx ebenso grün wie städtisch. Wave Hill, Van Cortlandt Park, Pelham Bay Park und New York Botanical Gardens sind nur einige der grünen Lungen des Viertels. Im Sommer strömen die Massen zum Orchard Beach, der „Riviera der Bronx", und auch der älteste und größte Zoo der USA befindet sich hier. Der Grand Concourse ist voller architektonischer Kleinode im Art-Déco-Stil, in der Arthur Ave gibt's jede Menge italienischer Restaurants der alten Schule.

Yankee Stadium STADION

(Karte S. 83; ☎718-293-4300, Führungen 646-977-8687; www.newyork.yankees.mlb.com; E 161st St Ecke River Ave; Führung 20 US$; Ⓢ B/D, 4 bis 161st St-Yankee Stadium) Die Boston Red Sox sind unglaublich stolz auf ihre acht Weltmeistertitel in den letzten 90 Jahren. Doch die Yankees haben in dieser Zeit 27-mal die Weltmeisterschaft gewonnen. Ganz offensichtlich hat der Zauber dieser Mannschaft nicht unter dem Umzug von der 161st St in das neue Yankee Stadium gelitten. Das war 2009 und in ihrer ersten Saison im neuen Stadion gewannen sie gleich die Weltmeisterschaft in sechs hart umkämpften Spielen gegen die Phillies. Die Saison dauert von April bis Oktober.

Bronx Zoo ZOO

(Karte S. 83; ☎718-220-5100; www.bronxzoo.com; 2300 Southern Blvd; All-inclusive-Ticket Erw./Kind 37/27 US$, Mi Spende empfohlen; ⌚April–Okt. Mo–Fr 10–17, Sa & So 10–17.30 Uhr, Nov.–März 10–16.30 Uhr; Ⓢ 2, 5 bis West Farms Sq-E Tremont Ave) Der gut 107 ha große Zoo ist der größte und älteste der USA. Hier leben mehr als 6000 Tiere in nachgebildeten Lebensräumen der ganzen Welt, von der afrikanischen Steppe bis hin zu den Regenwäldern Asiens. So ist er zu Recht sehr beliebt und vor allem mittwochs, am Wochenende und den ganzen Juli und August hindurch immer gut besucht. Am wenigsten los ist Montag morgens. Wer mit der U-Bahn kommt, sollte das südwestliche Asia Gate (ein paar Häuserblocks nördlich der Station West Farms Sq-E Tremont Ave in der Boston Rd) als Eingang benutzen.

New York Botanical Garden BOTANISCHER GARTEN

(Karte S. 83; ☎718-817-8716; www.nybg.org; 2900 Southern Blvd; Wochentage Erw./Kind 23/10 US$, Wochenende 28/12 US$, Mi & Sa 9–10 Uhr freier Eintritt auf dem Gelände; ⌚Di–So 10–18 Uhr; 👪; 🚆Metro-North bis Botanical Garden) Der 1891 eröffnete Garten umfasst nicht nur 20 ha alten Urwalds, sondern auch das wunderbar restaurierte **Enid A. Haupt Conservatory**, ein großartiges viktorianisches Gewächshaus aus Eisen und Glas, das mittlerweile zu den Wahrzeichen New Yorks zählt. Die

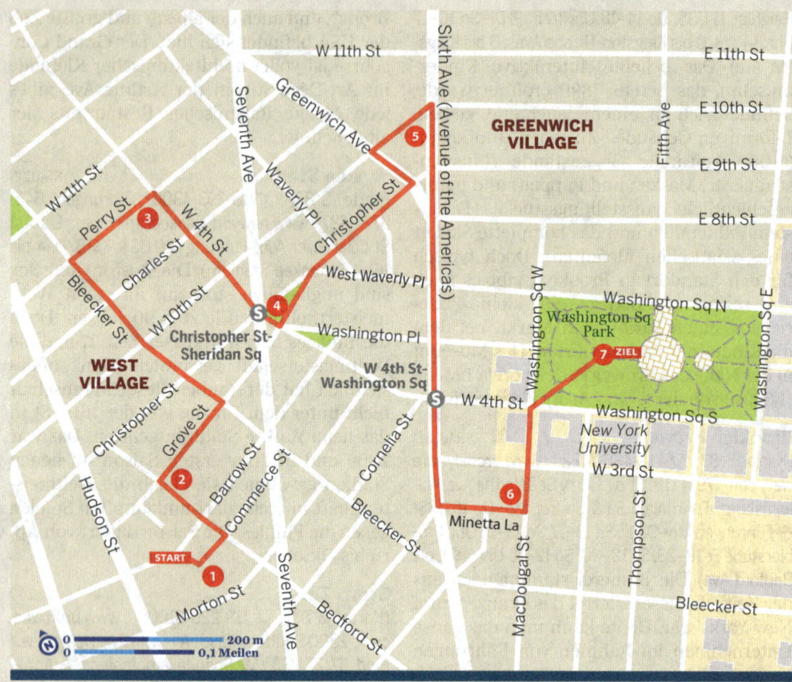

Stadtspaziergang
Ein Bummel durch das Village

START COMMERCE ST
ZIEL WASHINGTON SQUARE PARK
LÄNGE/DAUER 1,9 KM; 1 STD

Unter New Yorks Vierteln ist Greenwich Village das fußgängerfreundlichste. Hier hebt sich das Kopfsteinpflaster noch von den typischen Straßen im Schachbrettmuster ab, das sonst die Insel prägt. Der Spaziergang beginnt am 1 **Cherry Lane Theater**. Das kleine, 1924 gegründete Theater ist die am längsten durchgängig betriebene Kultureinrichtung abseits des Broadway. In den 1940er-Jahren war es sogar das Zentrum der kreativen Aktivitäten der Stadt.

In der Bedford St geht es nach links bis zur Ecke Grove St. Das 2 Haus Nr. **90 Bedford** auf der rechten Seite ist das fiktive Mietshaus aus der Serie *Friends*. Zu einem weiteren Schauplatz gelangt man, wenn man in der Bleecker St weiter geht und rechts in die Perry St einbiegt: Auf der Treppe vor dem Haus 3 **66 Perry St** wurde eine Szene mit Carrie Bradshaw für *Sex and the City* gedreht.

Danach geht's rechts in die W 4th St zum 4 **Christopher Park**, der von zwei Statuen gleichgeschlechtlicher Paare bewacht wird. Am nördlichen Rand des Parks befindet sich das legendäre Stonewall Inn, wo 1969 einige genervte Drag Queens den Kampf um ihre Bürgerrechte begannen. Dies war zugleich der Anfang der Schwulenbewegung.

Von der Christopher St geht es in die Sixth Ave, wo sich die 5 **Jefferson Market Library** erhebt. Der Turm im Stil der Ruskin'schen Gotik diente einst als Feuerwachturm. In den 1870er-Jahren war hier das Gericht untergebracht, heute eine Bibliothek.

Ein Stück weiter in der Sixth Ave biegt man links in die Minetta Lane ein. Dort liegt das berühmt-berüchtigte 6 **Cafe Wha?**, wo die Karriere so vieler Musiker und Komiker wie Bob Dylan und Richard Pryor begann.

Von dort geht es in der MacDougal St zum 7 **Washington Square Park**, dem Ziel des Spaziergangs. In dem inoffziellen Stadtpark hängen Studenten ab, spielen Musikanten auf und empören sich Demonstranten über Missstände in der Stadt und der Welt der.

regelmäßig stattfindenden Veranstaltungen wie Rundgänge zu bestimmten Themen, Vorlesungen für Kinder und Filmaufführungen sind auf der Website zu finden.

City Island INSEL

(Karte S. 83; Bx29) Obwohl City Island noch zur Bronx gehört, erinnert die Insel eher an die kleinen Fischerorte an der Atlantikküste im Norden. Die etwa 2,4 km lange Insel ist geprägt von bezaubernden Häusern, gut besuchten Bars, den besten Meeresfrüchten der fünf Stadtviertel und natürlich dem spektakulären Blick auf den Long Island Sound. So bietet die kleine Insel eine ganz einzigartige Erfahrung von New York.

Woodlawn Cemetery FRIEDHOF

(Karte S. 83; 877-496-6352, 718-920-0500; www.thewoodlawncemetery.org; Webster Ave Ecke E 233rd St; 8.30–16.30 Uhr; S 4 bis Woodlawn) Der knapp 162 ha große Friedhof ist ebenso elegant wie der Green-Wood-Cemetery in Brooklyn und die renommierteste Ruhestätte der Bronx. Auf dem im Bürgerkrieg (1863) angelegten Friedhof sind sogar mehr Persönlichkeiten als auf dem konkurrierenden Green Wood begraben. So befinden sich unter den mehr als 300 000 Gräbern auch die von Herman Melville und der Jazzlegenden Miles Davis und Duke Ellington. Fotografieren ist nur mit Genehmigung (am Eingang) erlaubt.

Queens

Der größte von fünf Stadtteilen ist wirklich eine Welt für sich, denn mehr als die Hälfte der Einwohner sind nicht in den USA geboren. Doch im Gegensatz zu den Hochhaussiedlungen Flushing und East River ist Queens von niederen Häusern mit Vorstadtflair (wie sie in der Fernsehserie *King of Queens* zu sehen sind) und einer bunten Mischung aus verschiedenen Gemeinschaften geprägt. Für viele New Yorker ist Queens *Terra incognita* und meilenweit entfernt vom modischen Brooklyn, doch einige Gegenden des Viertels sind ebenso faszinierend wie die ganze Stadt. In den Restaurants und Delikatessengeschäften sind die Küchen und Spezialitäten aus der ganzen Welt zu finden, Surfen am Rockaway Beach ist total hip, und überall finden sich moderne Kunstzentren.

★ Museum of the Moving Image MUSEUM

(Karte S. 83; 718-777-6888; www.movingimage.us; 36-01 35th Ave, Astoria; Erw./Kind 15/7 US$, Fr 16–20 Uhr frei; Mi & Do 10.30–14, Fr 10.30–20, Sa & So 11.30–19 Uhr; S M, R bis Steinway St) Der schicke Komplex ist weltweit eines der besten Museen zu Film, Fernsehen und Video. Die Ausstellung umfasst mehr als 130 000-Artefakte, darunter auch Elizabeth Taylors Perücke aus *Cleopatra,* so ziemlich alles zur Fernsehserie *Seinfeld* und einen ganzen Raum voller alter Arcade-Spiele. Anhand von interaktiven Stationen – wie der Herstellung eines eigenen Daumenkinos – wird die Technik hinter den bewegten Bildern erklärt.

★ MoMA PS1 GALERIE

(Karte S. 83; 718-784-2084; www.momaps1.org; 22-25 Jackson Ave, Long Island City; empfohlene Spende Erw./Kind 10 US$/frei, mit MoMA-Ticket frei, Einführungsparty online/vor Ort 18/20 US$; Juli–Aug. Do–Mo 12–18 Uhr, Einführungsparty Sa 15–21 Uhr S E, M bis Court Sq-23rd St; G, 7 bis Court Sq) Im schicken Außenposten des MoMA, das sich in einer früheren Schule befindet, schaut man Videos durch den Fußboden, plaudert zur Musik von Party-DJs und diskutiert über die Bedeutung nichtstatischer Strukturen, während man durch ein Loch in der Wand starrt.

Fort Totten HISTORISCHE STÄTTE

(718-352-4793; https://www.nycgovparks.org/parks/fort-totten-park; Ecke Totten Ave & 15 Rd, Bayside; 7–21 Uhr; Q16) GRATIS Der Park ist nach den Überresten einer Festung aus dem Bürgerkrieg benannt, aber das ist nicht alles, was es hier zu sehen gibt. Auf dem Gelände gibt es noch eine Vielzahl weiterer historischer Gebäude, wogende Felder und sogar einen öffentlichen Swimmingpool. Von den vielen Veranstaltungen und Führungen, die das ganze Jahr über angeboten werden, ist die Geistertour mit Laternen an Halloween ein absolutes Muss. Der Park am äußersten Ende der Stadt ist eine seltene Oase der Ruhe in New York.

New York Hall of Science MUSEUM

(Karte S. 83; 718-699-0005; www.nysci.org; 47-01 111th St; Erw./Kind 16/13 US$; Fr 14–17 & So 10–11 Uhr frei; Mo–Fr 9.30–17, Sa & So 10–18 Uhr; S 7 bis 111th St) Das Wissenschaftsmuseum in einem seltsamen Gebäude voller Buntglas von 1965 ist langweilig und anspruchslos. Auch der Minigolfplatz und Spielplatz vor der Tür stellen keine höheren geistigen Anforderungen an die Besucher.

Queens Museum MUSEUM

(Karte S. 83; QMA; 718-592-9700; www.queensmuseum.org; Flushing Meadows Corona Park,

Queens; empfohlene Spende Erw./Kind 8 US$/frei; ⌚ Mi–So 11–17 Uhr; S 7 bis 111th St oder Mets-Willets Point) Dieses Museum ist eine der erstaunlichsten Vergnügungen der Stadt. Die bekannteste Installation ist das Panorama von New York City, ein 867 m² großes Modell von New York, in dem alle Gebäude zu finden sind und mit einer 15-minütigen Lichtschau ein Tag in der Stadt von morgens bis abends simuliert wird. Außerdem finden hier erstklassige Ausstellungen zu moderner Kunst der ganzen Welt statt, die auch die Vielfalt von Queens zum Ausdruck bringen. So werden in einer faszinierenden Ausstellung demnächst einige interessante Beispiele für avantgardistisches Design aus New York gezeigt, die nie verwirklicht wurden und jetzt anhand von Zeichnungen und 3D-Modellen präsentiert werden.

Greater Ridgewood Historic Society WOHNHAUS
(Karte S. 83; www.onderdonkhouse.org; 1820 Flushing Ave, Ridgewood; empfohlene Spende 3 US$; ⌚ Sa 13–16, So 12–16 Uhr; S L bis Jefferson St) In einem weitgehend verlassenen Häuserblock an der Grenze zwischen Bushwick, Brooklyn, Ridgewood und Queens steht das älteste holländische Steinhaus aus der Kolonialzeit der Stadt. Das Grundstück und die Außenanlagen sind sorgfältig gepflegt, im Inneren ist eine Dauerausstellung zur Geschichte des Hauses und New Yorks zu sehen. Samstags und sonntags kann man das Haus im Rahmen einer Führung besichtigen. Außerdem werden das ganze Jahr über weitere Veranstaltungen angeboten.

The Kaufman Arts District KUNSTZENTRUM
(http://www.kaufmanartsdistrict.com/; 34-12 36th St; S Bahn M oder R-bis Steinway St, Bahn N oder Q bis 36th St) Das von den legendären Kaufman-Studios in Long Island City hier errichtete, aufstrebende Kunstzentrum sollte man sich unbedingt ansehen, bevor es zu einem zweiten Chelsea wird. Neben Einrichtungen wie dem Noguchi-Museum finden in dem Kunstzentrum auch Veranstaltungen statt, und in der gesamten Umgebung sind öffentliche Kunstwerke zu bewundern. Dazwischen kann man sich in den vielen Restaurants und Bars stärken.

Unisphere DENKMAL
(Karte S. 83; Flushing Meadows Park; S 7 bis 111th St oder Mets-Willets Point) Die für die Weltausstellung 1964 entworfene Stahlkugel ist 12 Stockwerke hoch und als Mittelpunkt des Flushing Meadows Park mittlerweile das Wahrzeichen von Queens. (Heute ist die Kugel wohl wesentlich bekannter vom Plattencover von *Licensed to Ill* der Beastie Boys oder aus Filmen wie *Men in Black* und *Iron Man 2*). Im Sommer ist sie von plätschernden Springbrunnen umgeben, ansonsten flitzen Skateboarder um die Kugel herum.

Staten Island

Staten Island scheint Welten von Manhattan entfernt zu sein. Es ist das Land der Shaolin (jedenfalls nach Meinung des Wu Tang Clan), der Jogginganzüge aus Samt, der Nudeln mit Bratensauce (oder Fleischsauce), des Starts des New York-Marathons, der Holzhäuser mit Aluminiumverkleidung und der Wohnort von drei Schauspielern der Fernsehserie *Jersey Shore*. Gäbe es nicht die gleichnamige Fähre, die im Zentrum von St. George an der Nordostspitze der Insel, würde sie wohl zumeist übersehen. Dabei hat die altmodisch vorstädtische Insel durchaus ihre Vorzüge, insbesondere kultureller und kulinarischer Art, und es wird auch investiert, vor allem in St. George – etwa in das neue 191,5 m hohe Riesenrad, das derzeit größte der Welt.

Aktivitäten

★ Staten Island Ferry FÄHRE
(Karte S. 84; www.siferry.com; Whitehall Terminal, 4 South St Ecke Whitehall St; ⌚ 24 Std.; S 1 bis South Ferry; R/W bis Whitehall St; 4/5 bis Bowling Green) GRATIS Sind die riesigen, orangeroten Fähren für die Inselbewohner ein normales Nahverkehrsmittel, so sehen sie die Bewohner von Manhattan eher als romantischen Geheimtipp an einem schönen Frühlingstag. Und viele Touristen verfallen ebenfalls dem Zauber der Fähre und betrachten ihre 8 km lange Überfahrt in 25 Min. von Lower Manhattan nach St. George auf Staten Island als aufregendes, kostenloses Abenteuer in New York.

Central Park Bike Tours RADFAHREN
(Karte S. 100; ☎ 212-541-8759; www.centralparkbiketours.com; 203 W 58th St Ecke Seventh Ave; Fahrrad 14/28 US$ für 2 Std./pro Tag, 2-stündige Tour 49 US$; ⌚ 9–20 Uhr; S A/C, B/D, 1 bis 59th St-Columbus Circle) Der Veranstalter verleiht nicht nur gute Fahrräder inklusive Helm, Schloss und Radkarte, sondern organisiert auch zweistündige Touren durch den Central Park und rund um die Brooklyn Bridge.

Russian & Turkish Baths BADEHAUS
(Karte S. 90; ☎ 212-674-9250; www.russianturkishbaths.com; 268 E 10th St zw. First Ave & Ave A;

INSIDERWISSEN

SUBWAY-FAHREN LEICHT GEMACHT

Hier ein paar Tipps, um sich im Chaos der New Yorker Subway zurechtzufinden:

Buchstaben, Zahlen und Farben Die farbigen U-Bahn-Linien sind mit einen Buchstaben oder einer Zahl gekennzeichnet. Auf den meisten Linien verkehren zwei bis vier Züge.

Express- und Stadtzüge Touristen machen häufig den Fehler, in einen „Expresszug" einzusteigen, der dann aber nicht an der gewünschten Haltestelle hält. Dazu muss man wissen, dass auf jeder farblich markierten Linie sowohl die Stadt- als auch die Expresszüge verkehren. Die Expresszüge halten in Manhattan nur an ausgewählten Stationen, die mit einem weißen Kreis im Netzplan gekennzeichnet sind. So sind z. B. die Züge 2 und 3 der roten Linie Expresszüge, während der langsamere Zug 1 in allen Stationen der Stadt hält. Wer eine größere Strecke zurücklegen will, um etwa von der Upper West Side zur Wall St zu kommen, sollte besser in einen Expresszug steigen, der in der Regel am Bahnsteig gegenüber den Stadtzügen abfährt. Damit spart man eine Menge Zeit.

Den richtigen Eingang in die Station finden Einige U-Bahn-Stationen, etwa Spring St Station der Linie 6 in SoHo, haben unterschiedliche Eingänge für die Linien in Richtung Innenstadt oder in die Nobelviertel. Die Richtung ist jeweils auf den Schildern angegeben. Wer dennoch in den falschen Eingang hineingeht, was auch Einheimischen hin und wieder passiert, kann entweder bis zur nächsten Station fahren, wo man kostenlos umsteigen kann, oder man verlässt die Station, bezahlt noch einmal 2,75 US$ und geht zum richtigen Eingang, der sich in der Regel auf der anderen Straßenseite befindet, wieder hinein. Außerdem sollte man die grünen und roten Lichter über den Treppen zu jeder Station beachten: Grün bedeutet, dass die Station immer geöffnet ist, bei Rot wird sie zeitweise, vor allem nachts, geschlossen.

Wochenende Am Wochenende ist alles ganz anders. Dann werden manche Linien zusammengelegt, andere fahren nicht, es werden nicht mehr alle Stationen angefahren, während in einigen nur am Wochenende gehalten wird. Touristen und Einheimische stehen gleichermaßen verwirrt auf den Bahnsteigen und werden manchmal richtig wütend. Infos zu den Fahrplänen am Wochenende gibt's auf www.mta.info. Entsprechende Hinweisschilder sind oft erst zu erkennen, wenn man schon auf dem Bahnsteig steht.

45 US$/Besuch; ⌚Mo–Di & Do–Fr 12–22, Mi 10–22, Sa 9–22, So 8–22 Uhr; Ⓢ L bis 1st Ave; 6 bis Astor Pl) Schon seit 1892 zieht das enge, leicht schmuddelige Bad eine bunte, polyglotte Mischung aus Schauspielern, Studenten, sexuell aufgeschlossenen Paaren, Singles auf Partnersuche, russischen Stammgästen und Einheimischen der alten Schule an. Sie alle ziehen sich bis auf die Unterhose aus (oder schlüpfen in eine der Baumwollshorts des Hauses) und wandern dann zwischen Dampfbad, Abkühlbecken, Sauna und Sonnenterrasse hin und her. Meist kann man gemischt baden (Textilzwang), aber es gibt auch Zeiten nur für Männer oder Frauen (kein Textilzwang). Es gibt auch Massagen, Peelings und russische Eichblattbehandlungen.

Great Jones Spa — SPA

(Karte S. 90; ☎212-505-3185; www.greatjonesspa.com; 29 Great Jones St zw. Lafayette St & Bowery; ⌚9–22 Uhr; Ⓢ 6 bis Bleecker St; B/D/F/M bis Broadway-Lafayette St) Die Dienste dieses Feng-Shui-Bads in der Innenstadt sollte man sich keinesfalls entgehen lassen. Im Angebot sind Peelings mit marokkanischem Rosenmeersalz und Kosmetikbehandlungen mit Stammzellen. Wer mindestens 100 US$ pro Person ausgibt (was nicht schwer ist, denn eine Massage kostet ab 145 US$ für eine Stunde, eine einstündige Kosmetikbehandlung ab 135 US$) kann sich auch in der water lounge mit Thermalbecken, Sauna, Dampfbad und Abkühlbecken (nur mit Badebekleidung) entspannen.

Downtown Boathouse — KAJAKFAHREN

(Karte S. 84; www.downtownboathouse.org; Pier 26 in der Nähe der N Moore St; ⌚Mitte Mai–Mitte Okt. Sa & So 9–17 Uhr, Mitte Juni–Mitte Sept. auch Di–Do 17–19.30 Uhr; Ⓢ 1 bis Houston St) GRATIS Am Wochenende und an manchen Abenden unter der Woche bietet das aktivste öffentliche Bootshaus von New York kostenlose Kajakkurse (inkl. Ausrüstung) in einer geschützten Bucht des Hudson River.

Die Kurse dauern 20 Minuten, nachdem die Teilnehmer zum Startpunkt gelaufen sind. Infos zu weiteren Aktivitäten wie Kajaktouren, Stehpaddeln und Stehpaddelkurse sowie die vier anderen Anbieter von Kajak-Aktivitäten am Hudson River findet man auf www.hudsonriverpark.org. Im Sommer gibt es noch einen weiteren Kajak-Veranstalter auf **Governors Island** (Karte S. 83; ☎ 212-825-3045; www.govisland.com; ⏲ Mai–Okt. Mo–Fr 10–18, Sa & So 10–19 Uhr; Ⓢ 4/5 bis Bowling Green; 1 bis South Ferry) GRATIS.

Loeb Boathouse BOOTSFAHRTEN, RADFAHREN
(Karte S. 100; ☎ 212-517-2233; www.thecentralparkboathouse.com; Central Park zw. E 74th St & 75th St; Bootsfahrt 15 US$, Leihfahrrad 9–15 US$; ⏲ April–Nov. 10–18 Uhr ; 👪; Ⓢ B, C bis 72nd St; 6 bis 77th St) Das Bootshaus im Central Park verfügt über 100 Ruderboote und eine Gondel im venezianischen Stil für bis zu sechs Personen. Bei gutem Wetter werden auch Fahrräder inklusive Helm verliehen. Hierfür sind ein Ausweis und eine Kreditkarte erforderlich.

Schooner Adirondack BOOTSFAHRTEN
(Karte S. 94; ☎ 212-627-1825; www.sail-nyc.com; Chelsea Piers Complex, Pier 62 in der W 22nd St; Bootsfahrt 52–86 US$; Ⓢ C, E to 23rd St) Von Mai bis Oktober werden täglich vier zweistündige Segeltörns mit dem Zweimaster *'Dack* im Hafen von New York angeboten. Die ganze Woche über laufen auch die 24 m lange *Manhattan* und die 30 m lange *Manhattan II*, beide im Stil der 1920er-Jahre, zu Törns aus. Die aktuellen Termine und Zeiten erfährt man per Telefon oder auf der Website.

Geführte Touren

NBC Studio Tours FÜHRUNG
(Karte S. 94; ☎ 212-664-3700; www.thetouratnbcstudios.com; 30 Rockefeller Plaza, Eingang 1250 Sixth Ave; Führung Erw./Kind 33/29 US$, kein Zutritt für Kinder unter 6 Jahren; ⏲ Mo–Fr 8.20–14, Sa & So 8.20–17 Uhr; Ⓢ B/D/F/M bis 47th-50th Sts-Rockefeller Center) Bei den einstündigen Führungen durch einen Teil der Fernsehstudios, wo Shows wie *Saturday Night Live* und *The Tonight Show Starring Jimmy Fallon* wird auch so manche Anekdote erzählt. Gezeigt werden in der Regel die wunderbar restaurierte Rotunde im Art-Déco-Stil, zwei Studios und das NBC Nachrichtenzentrum. Bei der interaktiven „Tour Studio" dürfen die Besucher ihren persönlichen Teil einer Talk-Show spielen oder produzieren. Um nicht anstehen zu müssen, sollte man die Tickets online buchen.

On Location Tours BUSTOUREN
(☎ 212-683-2027; www.onlocationtours.com; Tour 49 US$) Wer in New York ist, will auch mal auf der Treppe vor Carrie Bradshaws Wohnung sitzen oder in die Bar gehen, in der Michael Keaton in *Birdman* Stammgast ist. Die

NEW YORK MIT KINDERN

Ein absolutes Muss ist das American Museum of Natural History (S. 99) mit seinen Dinos, Planetarien, IMAX-Kinos und der Unterwasserwelt. Obwohl fast alle großen Museen, etwa das Metropolitan Museum of Art (S. 103), das Museum of Modern Art (S. 93), das Guggenheim Museum (S. 103), das Museum of the City of New York (S. 106) und das Cooper-Hewitt National Design Museum (S. 103) spezielle Programme für Kinder anbieten, sind doch viele kleinere Einrichtungen wesentlich interessanter für die Kleinen. So unterhält selbst die New-York Historical Society (S. 102) ein Geschichtsmuseum für Kinder.

Kinder bis fünf Jahre

Für Kinder im Alter von ein bis fünf Jahren empfehlen sich das **Children's Museum of the Arts** (Karte S. 90; ☎ 212-274-0986; www.cmany.org; 103 Charlton St zw. Greenwich St & Hudson St; Eintritt 12 US$, Do 16–18 Uhr gegen Spende; ⏲ Mo 12–17, Do & Fr 12–18, Sa & So 10–17 Uhr; 👪; Ⓢ 1 bis Houston St; C/E bis Spring St) in West SoHo und das Brooklyn Children's Museum (S. 108) in Crown Heights. In beiden Museen gibt es Vorlesezeiten, Kunstkurse, Bastel- und Malstunden.

Älter als fünf Jahre

Ältere Kinder können im New York Transit Museum (S. 108) in alten U-Bahn-Wagen herumklettern oder im New York City Fire Museum (S. 87) an einer Stange herunterrutschen. Das Museum of the Moving Image (S. 111) in Astoria hat interaktive Ausstellungsstücke für Kinder.

verschiedenen Touren des Unternehmens führen zu den Schauplätzen von *Gossip Girl, Sex and the City, The Sopranos, Real Housewives of NYC* und zu weiteres Fernseh- und Filmdrehorten im Central Park.

Big Onion Walking Tours STADTFÜHRUNGEN
(☎888-606-9255; www.bigonion.com; Stadtführung 25 US$) Zur Auswahl stehen fast 30 Führungen, darunter zur Brooklyn Bridge und nach Brooklyn Heights, die Official Gangs of New York Tour, Führungen zur Geschichte der Schwulen und Lesben in der Stadt, zu Before Stonewall, nach Chelsea und zur High Line.

Municipal Art Society STADTFÜHRUNGEN
(☎212-935-3960; www.mas.org; Führung ab 25 US$) Die zahlreichen Führungen sind zumeist der Architektur und Geschichte gewidmet. Die 75-minütige Führung durch das Grand Central Terminal (S. 93) beginnt täglich um 12.30 Uhr in der Haupthalle des Bahnhofs.

Central Park Conservancy FÜHRUNGEN
(Karte S. 100; ☎212-310-6600; www.centralparknyc.org/tours; 14 E 60th St zw. Madison Ave & Fifth Ave; Ⓢ N/R/W bis 5th Ave-59th St) Die gemeinnützige Organisation, die sich um die Pflege des Central Park kümmert, bietet auch verschiedene Führungen durch den Park an. Einige Führungen (wie Heart of the Park, die zu den Highlights des Parks führt) sind kostenlos, andere kosten 15 US$ und müssen im Voraus gebucht werden.

Big Apple Greeter (Accessible) TOUREN
(☎212-669-8198; www.bigapplegreeter.org) GRATIS Der Veranstalter beschäftigt mehr als 50 Freiwillige mit sichtbaren und unsichtbaren Behinderungen, die den Besuchern gerne ihre Lieblingsorte in der Stadt zeigen. Die Touren sind kostenlos und es wird auch kein Trinkgeld erwartet. Wer sich für eine solche Tour interessiert, sollte sich drei bis vier Wochen vorher anmelden.

Queens Historical Society STADTSPAZIERGÄNGE
(☎718-939-0647; www.queenshistoricalsociety.org; 143-35 37th Ave, Flushing; Eintritt 5 US$, Führung ab 20 US$; ⌚Di, Sa & So 14.30–16.30 Uhr; Ⓢ 7 bis Flushing-Main St) Das kleine Museum der Historical Society befindet sich im Haus der Kingsland Homestead aus dem 18. Jh. Der Schwerpunkt ihrer Aktivität sind aber Stadtspaziergänge durch die verschiedenen Viertel von Queens. Dazu gehören auch Orte in der Umgebung, die im Zusammenhang mit den Anfängen der religiösen Befreiungsbewegungen und dem späteren Netzwerk der Underground Railroad stehen.

Feste & Events

Shakespeare in the Park THEATER
(www.publictheater.org) Das sehr beliebte Festival zu Ehren des großen Barden bietet kostenlose Vorführungen im Central Park. Ein wirklich zauberhaftes Theatererlebnis. Der Haken? Für die Tickets muss man stundenlang anstehen oder sie in der Online-Verlosung gewinnen.

Tribeca Film Festival FILM
(☎212-941-2400; www.tribecafilm.com; ⌚April) Das Filmfestival wurde im Jahr 2003 von Robert De Niro und Jane Rosenthal begründet und ist heute ein Höhepunkt im Reigen der unabhängigen Filmfestivals. Jedes Frühjahr geben sich Scharen von Promis hier die Ehre.

Restaurant Week ESSEN & TRINKEN
(☎212-484-1222; www.nycgo.com/restaurant-week; ⌚Jan./Feb. & Juli/Aug.) Das Festival bietet zweimal im Jahr die Gelegenheit, in den besten Restaurants zu supergünstigen Preisen zu schlemmen. So kostet ein Drei-Gänge-Mittagsmenü gerade einmal 29 US$, ein Abendessen um die 42 US$.

San Gennaro Festival STRASSENKARNEVAL
(www.sangennaro.org; ⌚Sept.) Lautstarke Einheimische feiern ausgelassen in den engen Straßen von Little Italy und essen dazu Sandwichs mit Wurst und gebratener Paprika, Kekse und Massen anderer italienischer Spezialitäten, die an einem Abend kaum zu schaffen sind. Den zehntägigen Karneval Mitte September haben die italienischen Einwanderer aus Europa mitgebracht. 2017 wurde er bereits zum 90. Mal gefeiert.

Schlafen

Unterkünfte in New York sind in der Regel teuer und klein. Der Preis richtet sich nach der Verfügbarkeit und nicht nach Hoch- oder Nebensaison. So ist es in Ferienzeiten natürlich besonders teuer. Trotzdem sind die Unterkünfte, vor allem im Sommer, schnell ausgebucht. Das Angebot reicht von engen, immer gleichen Kettenhotels bis hin zu schicken Boutiquehotels. In keinem Viertel von Manhattan herrscht ein bestimmter Stil vor, aber die besseren Hotels findet man meist in Brooklyn und Queens.

Financial District & Lower Manhattan

Wall Street Inn HOTEL $$
(Karte S. 84; ☎ 212-747-1500; www.thewallstreetinn.com; 9 S William St; Zi. 140–280 US$; ❄ 📶; Ⓢ 2/3 bis Wall St) Die nüchterne Steinfassade des erschwinglichen, gemütlichen Hotels steht in krassem Gegensatz zum freundlichen Inneren im Kolonialstil. Die Betten sind groß und luxuriös, die Zimmer mit glänzenden Holzmöbeln und langen Vorhängen eingerichtet. Die Bäder sind voller netter Annehmlichkeiten wie Whirlpools in den Deluxe-Zimmern und Badewannen in den anderen Zimmern. WLAN und Frühstück sind im Preis inbegriffen.

SoHo & Chinatown

Bowery House HOSTEL $
(Karte S. 90; ☎ 212-837-2373; www.thebowery house.com; 220 Bowery zw. Prince St & Spring St; EZ/DZ mit Gemeinschaftsbad ab 80/130 US$; ❄ 📶; Ⓢ R/W bis Prince St) Auf der gegenüberliegenden Straßenseite des New Museum wurde diese ehemalige Absteige aus den 1920er-Jahren als Hostel der gehobenen Preisklasse wiedergeboren. Die Zimmer sind mit Bowery-Filmpostern und maßgeschneiderten Matratzen (d.h. kürzer und schmaler als normal) versehen, dafür haben die Gemeinschaftsbäder Regenduschen und eine Fußbodenheizung. Es gibt auch einen stilvollen Lounge-Bereich mit Chesterfield-Sofas und Kronleuchtern, eine brummende Bar und eine Dachterrasse.

Wer einen leichten Schlaf hat, sollte dieses Hostel meiden, da es Feierwütige anlockt; in jedem Zimmer liegen Ohrstöpsel bereit.

Soho Grand Hotel BOUTIQUEHOTEL $$
(Karte S. 90; ☎ 212-965-3000; www.sohogrand.com; 310 W Broadway; DZ 255–700 US$; ❄ @ 📶 🐾; Ⓢ A/C/E bis Canal St) Das ursprünglichste Boutiquehotel des Viertels beeindruckt immer noch mit seiner umwerfenden Treppe in der Eingangshalle aus Glas und Schmiedeeisen. Die 367 Zimmer sind schick und sauber und haben edle Bettwäsche, Plasma-Flachbild-TVs und hochwertige Pflegeprodukte. In der Grand Lounge der Eingangshalle mischt sich unter das Szenepublikum gelegentlich auch eine prominente Persönlichkeit. Hunde sind auch willkommen und werden mit den gleichen Annehmlichkeiten wie Frauchen und Herrchen verwöhnt.

Solita SoHo HOTEL $$
(Karte S. 90; ☎ 212-925-3600; www.solitasoho hotel.com; 159 Grand St Ecke Lafayette St; DZ 185–285 US$; ❄ 📶; Ⓢ N/Q/R, 6 bis Canal St) Das Hotel eignet sich gut für alle, die das Flair von Chinatown und (dem immer kleiner werdenden) Little Italy genießen wollen. Es gehört zur Ascend-Kette und hat eine saubere, funktionale Eingangshalle, kleine, fast achteckige Zimmer mit breiten Betten und eigenem Bad mit Doppelmassageduschköpfen. In der Nebensaison kosten die Zimmer oft nur 150 US$.

East Village & Lower East Side

St. Mark's Hotel HOTEL $
(Karte S. 90; ☎ 212-674-0100; www.stmarkshotel.net; 2 St Marks Pl Ecke Third Ave; DZ ab 130 US$; ❄ 📶; Ⓢ 6 bis Astor Pl) Das Budgethotel in East Village ist besonders beliebt bei jungen Nachtschwärmern, denn die größte Konzentration an Bars und Restaurants der Stadt befindet sich direkt vor der Haustür. Für den niedrigen Preis darf man natürlich nicht viel erwarten. Die Zimmer sind recht klein und veraltet. Der Straßenlärm kann sehr störend sein, und es gibt keinen Aufzug.

Bowery Hotel BOUTIQUEHOTEL $$$
(Karte S. 90; ☎ 212-505-9100; www.thebowery hotel.com; 335 Bowery zw. 2nd St & 3rd St; Zi. 295–535 US$; ❄ @ 📶; Ⓢ F/V bis Lower East Side-Second Ave; 6 bis Bleecker St) Hier gibt es noch altmodische goldene Zimmerschlüssel mit roter Troddel. Die Eingangshalle ist dunkel, still und voller antiker Stühle mit Samtpolstern und fadenscheiniger Perserteppiche. Korridore mit Mosaikfliesenböden führen zu den Zimmern mit riesigen Fenstern und eleganten Himmelbetten. Außerdem gibt es große Plasma-TVs und luxuriöse Badeartikel.

Zum Hotel gehört eine Bar, eine Gartenterrasse und das rustikale italienische Restaurant Gemma. In allen dreien ist immer was los.

West Village, Chelsea & Meatpacking District

Jane Hotel HOTEL $
(Karte S. 90; ☎ 212-924-6700; www.thejanenyc.com; 113 Jane St zw. Washington St & West Side Hwy; Zi. mit Gemeinschaftsbad/eigenem Bad ab 115/295 US$; Ⓟ ❄ 📶; Ⓢ L bis Eighth Ave; A/C/E bis 14th St; 1/2 bis Christopher St-Sheridan Sq) Die winzigen Zimmer sind nichts für Leute mit

Platzangst. Alle anderen können sich in dem schön restaurierten Backsteingebäude wie ein Matrose im Luxusurlaub fühlen, denn es wurde Anfang des 20. Jhs. für Seeleute auf Landgang gebaut und im Jahr 1912 wurden hier viele Überlebende der *Titanic* untergebracht. Der prachtvolle Ballsaal mit Bar scheint dagegen eher zu einem Fünf-Sterne-Hotel zu gehören. Die teureren Kapitänszimmer haben auch eine eigene Toilette.

Townhouse Inn of Chelsea B&B **$$**

(Karte S. 94; ☎212-414-2323; www.townhouseinnchelsea.com; 131 W 23rd St zw. Sixth Ave & Seventh Ave; DZ 150–300 US$; ❄📶; Ⓢ F/V, 1 bis 23rd St) Das freistehende fünfstöckige Stadthaus aus dem 19. Jh. hat freiliegendes Mauerwerk, Holzfußböden und 14 Zimmer. Es ist ein hübsches Kleinod in der geschäftigen 23rd St. Bei der umfassenden Renovierung 1998 wurde auch ein Aufzug eingebaut. Die Zimmer sind groß und freundlich, mit fantasievoller Bettwäsche in großen Messing- oder Himmelbetten. Der Fernseher ist in einen großen Schrank eingebaut.

Standard BOUTIQUEHOTEL **$$$**

(Karte S. 90; ☎212-645-4646; www.standardhotels.com; 848 Washington St Ecke 13th St; DZ ab 509 US$; ❄📶; Ⓢ A/C/E bis 14th St; L bis Eighth Ave) Trend-Hotelier André Balazs hat den breiten Glasturm über der High Line errichten lassen. Von jedem Zimmer blickt man direkt auf den Meatpacking District. Das wie in Kaskaden einfallende Sonnenlicht lässt die Betten mit glänzendem Holzrahmen und die Badezimmer mit Marmor in einem besonders warmen Glanz erstrahlen. Ein weiteres supermodernes Hotel **Standard** gibt's im East Village.

Zu den erstklassigen Annehmlichkeiten gehören auch ein gemütlicher deutscher Biergarten, eine Brasserie im Erdgeschoss (mit Kunsteisbahn im Winter) und ein nobler Nachtclub im obersten Stock. Die Lage ist unschlagbar, denn das Beste, was New York zu bieten hat, liegt direkt vor der Haustür.

High Line Hotel HOTEL **$$$**

(Karte S. 94; ☎212-929-3888; www.thehighlinehotel.com; 180 Tenth Ave zw. 20th St & 21st St; DZ ab 470 US$) In dem neogotischen Gebäude war einst das Allgemeine Theologische Seminar untergebracht, das sich jetzt gleich um die Ecke befindet. Die 60 schönen Zimmer sind modern, aber mit Antiquitäten eingerichtet. Das Hotel ist ganz in der Nähe der Galerien von Chelsea und des schattigen High Line Park zu finden.

Union Square, Flatiron District & Gramercy

Carlton Arms HOTEL **$**

(Karte S. 94; ☎212-679-0680; www.carltonarms.com; 160 E 25th St Ecke Third Ave; DZ mit Gemeinschaftsbad/eigenem Bad 120/150 US$; ❄📶; Ⓢ 6 bis 23rd St oder 28th St) Das Innere des Hotels ist über und über mit einer Mischung aus Kunst, die im letzten Jahr noch avantgardistisch war, und Werken von Künstlern aus der ganzen Welt geschmückt. Entlang der Treppen in fünf Stockwerke sowie in den winzigen Zimmern und Gemeinschaftsbädern befinden sich überall Wandgemälde. In jedem Zimmer befindet aich auch ein kleines Waschbecken.

Marcel at Gramercy BOUTIQUEHOTEL **$$**

(Karte S. 94; ☎212-696-3800; www.themarcelatgramercy.com; 201 E 24th St Ecke Third Ave; DZ ab 300 US$; ❄@📶; Ⓢ 6 bis 23rd St) Das minimalistische Hotel mit 97 Zimmern ist ein schickes Boutiquehotel für das kleinere Budget, und das ist durchaus nicht negativ gemeint. Die Zimmer sind einfach und modern (in der Standardvariante aber sehr klein). Zu den vorherrschenden Grau- und Beigetönen bilden die knallgelben Kopfenden der Chesterfield-Betten einen krassen Kontrast. Die Badezimmer sind ziemlich langweilig, aber dafür sauber. Von den Zimmern, die auf die Straße hinausgehen, hat man einen ganz guten Ausblick. In der eleganten Bar im Erdgeschoss kann man sich gepflegt entspannen.

Midtown

★Yotel HOTEL **$$**

(Karte S. 94; ☎646-449-7700; www.yotel.com; 570 Tenth Ave Ecke 41st St, Midtown West; Zi. ab 250 US$; ❄📶; Ⓢ A/C/E bis 42nd St-Port Authority Bus Terminal; 1/2/3, N/Q/R, S, 7 bis Times Sq-42nd St) Halb futuristischer Raumflughafen, halb Kulisse für *Austin Powers* hat das supercoole Hotel seine insgesamt 669 Zimmer nach Buchungsklassen im Flugzeug eingeteilt: Premium cabin (=Economy), First cabins (= Business Class) und VIP-Suiten (= First Class). Einige der First cabins und VIP-Suiten haben auch eine eigene Terrasse mit Whirlpool. Die kleinen, aber geschickt gestalteten Premium cabins haben elektrisch verstellbare Betten, und alle Cabin-Zimmer haben raumhohe Fenster mit einem sagenhaften Ausblick, schicke Badezimmer und iPod-Konnektivität.

Pod 51 HOTEL $$

(Karte S. 94; ☎ 212-355-0300; www.thepodhotel.com; 230 E 51st St zw. Second Ave & Third Ave, Midtown East; Zi. mit Gemeinschaftsbad/eigenem Bad ab 165/210 US$; ❄ 📶; Ⓢ 6 bis 51st St; E/M bis Lexington Ave-53rd St) Ein Traum für alle, die sich wie in einem engen Kokon fühlen wollen. Das bezahlbare Hotel in bester Lage hat eine große Auswahl an Zimmern, die aber zumeist nicht viel größer als das Bett darin sind. Dafür ist das Bettzeug hell und bunt, es gibt einen winzigen Schreibtisch, Flachbild-TVs, iPod-Dockingstationen und Regenduschen. Bei gutem Wetter kann man auf der Dachterrasse etwas trinken.

414 Hotel HOTEL $$$

(Karte S. 94; ☎ 212-399-0006; www.414hotel.com; 414 W 46th St zw. Ninth Ave & Tenth Ave, Midtown West; DZ ab 256 US$; ❄ 📶; Ⓢ C/E bis 50th St) Das freundliche Hotel aus zwei miteinander verbundenen Sandsteingebäuden ein paar Blocks westlich des Times Sq wirkt eher wie eine Pension. Es hat 22 hübsche Zimmer, die einfach, aber geschmackvoll eingerichtet sind und über Kabel-TV, kostenloses WLAN und ein eigenes Bad verfügen. Die Zimmer, die zum schattigen Innenhof hinausgehen, sind am ruhigsten. In dem Innenhof wird in der warmen Jahreszeit auch das Frühstück serviert, das im Preis enthalten ist.

Upper West Side & Central Park

Hostelling International New York HOSTEL $

(HI; Karte S. 100; ☎ 212-932-2300; www.hinewyork.org; 891 Amsterdam Ave Ecke 103rd St; B 54–75 US$; ❄ 📶; Ⓢ 1 bis 103rd St) Die 672 blitzsauberen, gepflegten Stockbetten befinden sich in einem roten Backsteinhaus aus den 1880er-Jahren. Eigentlich ist es ein für das 19. Jh. typisches Industriegebäude, doch es hat schöne Gemeinschaftsbereiche, einen Hinterhof, wo im Sommer gegrillt wird, eine Gemeinschaftsküche und ein Café. Außerdem werden von Wanderungen bis hin zu Club-Besuchen jede Menge Aktivitäten angeboten. Neben den Schlafsälen gibt es auch schöne Zimmer mit eigenem Bad.

Lucerne HOTEL $$

(Karte S. 100; ☎ 212-875-1000; www.thelucernehotel.com; 201 W 79th St Ecke Amsterdam Ave; DZ ab 300 US$; ❄ 📶; Ⓢ B, C bis 81st St) Bei dem ungewöhnlichen Gebäude von 1903 wurde auf den damals üblichen Beaux-Arts-Stil zugunsten einer Barockvariante verzichtet. Hinter der kunstvoll verzierten Fassade in Terracottarot verbirgt sich ein prachtvolles Hotel mit 200 Zimmern, das ideal für Paare und Familien mit Kindern ist, denn der Central Park und das American Museum of Natural History sind nur einen Katzensprung entfernt. Die Zimmer der neun Kategorien haben einen leicht viktorianischen Touch.

Empire Hotel HOTEL $$$

(Karte S. 100; ☎ 212-265-7400; www.empirehotelnyc.com; 44 W 63rd St Ecke Broadway; Zi. ab 370 US$; ❄ 📶 🏊; Ⓢ 1 bis 66th St-Lincoln Center) Nach der Entkernung und umfangreichen Sanierung des alten Empire gegenüber dem Lincoln Center erstrahlt das Hotel nun in warmen Erdtönen mit moderner Ausstattung und bietet eine überdachte Terrasse mit Swimmingpool, eine tolle Bar auf dem Dach und eine schummrig beleuchtete Lounge in der Eingangshalle mit Sofas im Zebramuster. Die mehr als 400-Zimmer in verschiedenen Kategorien sind in freundlichen Farben gehalten und mit edlen dunklen Ledermöbeln eingerichet.

Upper East Side

Bentley Hotel BOUTIQUEHOTEL $$$

(Karte S. 100; ☎ 212-644-6000; www.bentleyhotelnyc.com; 500 E 62nd St Ecke York Ave; DZ ab 350 US$; ❄ 📶; Ⓢ N/R bis Lexington Ave/59th St, Q bis Lexington Ave-63rd St) Das Hotel bietet einen tollen Blick auf den East River und den gesamten östlichen Teil des Franklin D Roosevelt Dr. Aus dem ehemaligen Bürogebäude ist ein schickes Boutiquehotel mit prachtvoller Eingangshalle und eleganten Zimmern geworden. Ein großer Nachteil ist die weite Entfernung zu Subway, Restaurants und anderen Essentials.

Harlem & Upper Manhattan

Harlem Flophouse PENSION $

(Karte S. 100; ☎ 347-632-1960; www.harlemflophouse.com; 242 W 123rd St zw. Adam Clayton Powell Jr Blvd & Frederick Douglass Blvd, Harlem; DZ mit Gemeinschaftsbad 99–150 US$; 📶; Ⓢ A/B/C/D, 2/3 bis 124th St) In dem stimmungsvollen Stadthaus aus den 1890er-Jahren wird Harlems große Zeit des Jazz wieder lebendig. Die nostalgischen Zimmer haben Messingbetten, polierte Holzfußböden und alte Radios, bei denen ein Jazzsender der Stadt eingestellt ist. Zu der Zeitreise passen auch die Gemeinschaftsbäder und die fehlenden

Klimaanlagen und Fernseher. Der Inhaber ist zudem eine unerschöpfliche Quelle für Infos über die Stadt.

Allie's Inn B&B $$

(Karte S. 100; ☎646-283-3068, 212-690-3813; www.alliesinn.com; 313 W 136th St zw. Frederick Douglass Blvd & Edgecombe Ave, Harlem; DZ 175–259 US$, Suite 310–340 US$; ❄📶; Ⓢ B, C bis 135th St) Die bezaubernde Pension hat nur drei saubere, gemütliche Zimmer, die mit Eichenfußboden, einfachen modernen Möbeln und einer kleinen Küchenzeile ausgestattet sind. Es ist eine erfreuliche Abwechslung inmitten der Wohntürme von Midtown und ideal für alle, die sich in das üppige Harlemer Leben stürzen wollen, denn hervorragende Restaurants und Bars sind ganz in der Nähe, die Subway-Station gleich um die Ecke. Man muss mindestens zwei Nächte bleiben.

Brooklyn

Wythe Hotel BOUTIQUEHOTEL $$

(☎718-460-8000; www.wythehotel.com; 80 Wythe Ave Ecke N 11th St, Williamsburg; DZ ab 265 US$; ❄📶; Ⓢ L bis Bedford Ave; G bis Nassau Ave) Das Hotel in einem umgebauten Fabrikgebäude von 1901 bringt echtes Design nach Williamsburg. Die Zimmer in dem roten Backsteingebäude sind im rustikalen Industrieschick gehalten. Die Betten sind aus Altholz gefertigt, die speziell hergestellten Tapeten bestehen aus Flavor Paper aus Brooklyn, es gibt freiliegendes Mauerwerk, glänzende Betonfußböden und Decken mit den originalen, knapp 4 m langen Holzbalken.

Nu Hotel HOTEL $$

(☎718-852-8585; www.nuhotelbrooklyn.com; 85 Smith St; DZ ab 220 US$; ❄@📶; Ⓢ F, G bis Bergen St) Die 93 Zimmer des Hotels im Zentrum von Brooklyn sind schlicht und ganz in Weiß gehalten (Wände, Bettwäsche). Die Möbel bestehen aus recyceltem Teakholz, die Fußböden aus Kork. Für kleinere Gruppen könnte die Stockbetten-Suite etwas sein: Hier haben die Stockbetten einmal die Breite eines französischen Betts und zwei die eines Doppelbettes. Wer mag, bucht das 'nu perspectives'-Zimmer, das mit Wandmalereien von Künstlern aus Brooklyn geschmückt ist.

Queens

Local NYC HOSTEL $

(☎347-738-5251; www.thelocalny.com; 13-02 44th Ave, Long Island City; B/DZ ab 60/169 US$; ❄📶; Ⓢ E, M bis Court Sq-23rd St) Das Hostel hat saubere, kleine, einfach ausgestattete Zimmer, die jedoch über gemütliche Betten und viel Tageslicht verfügen. Die Gäste können die gut ausgestattete Küche benutzen. Im luftigen Café mit Bar kann man sich mit anderen Reisenden austauschen, tagsüber guten Kaffee und abends Wein oder Bier trinken. Unter der Woche ist auch regelmäßig für Unterhaltung gesorgt (Kinoabend, Livemusik, Pubquiz).

Essen

New Yorks Restaurantszene ist unendlich vielseitig, allumfassend und ein Spiegel der bunten Einwohnerschaft aus der ganzen Welt. Von inspirierten Abwandlungen der Weltküche, die sich nur Unternehmensbosse mit hohem Spesenkonto leisten können, bis hin zu typisch regionalem Essen wie Hotdogs und Pizza findet man hier alles. Selbst wer nicht als ausgewiesener Feinschmecker die letzten ethnischen Enklaven oder neu eröffneten Restaurants der Starköche sucht, wird überall hervorragend essen.

Financial District & Lower Manhattan

Hudson Eats FASTFOOD $

(Karte S. 84; ☎212-417-2445; www.brookfieldplaceny.com/directory/food; Brookfield Place, 230 Vesey St Ecke West St; Hauptgericht ab 7 US$; ⏲Mo–Sa 10–21, So 12–19 Uhr; 📶; Ⓢ E bis World Trade Center; 2/3 bis Park Place; R/W bis Cortlandt St; 4/5 bis Fulton St; A/C bis Chambers St) Im restaurierten Büro- und Einzelhandelskomplex Brookfield Place befindet sich nun ein eleganter Food Court. Der Fußboden besteht aus Terrazzo, die Arbeitsplatten sind aus Marmor, und durch die raumhohen Fenster blickt man auf Jersey City und den Hudson.

Fish Market SEAFOOD $

(Karte S. 84; ☎917-363-8101; 111 South St, New York City; Sandwich ab 9 US$, Hauptgerichte 9–24 US$; ⏲Mo–Fr 18–24, Sa & So 12–24 Uhr) Die kleine Bar mit ihrer abwechslungsreichen Meeresfrüchtekarte knüpft an die Tradition des Hafenviertels an der South Street an. Es gibt den ganzen Tag über preiswerte Getränke, und das Personal und die Stammgäste sind gleichermaßen freundlich. Spezialitäten des Hauses sind Popcorn-Shrimps und ein Po'boy-Sandwich mit Meeresfrüchten.

Brookfield Place FOOD COURT, MARKTHALLE $$

(Karte S. 84; ☎212-978-1698; www.brookfieldplaceny.com; 230 Vesey St Ecke West St; 📶; Ⓢ E bis

World Trade Center; 2/3 bis Park Place; R/W bis Cortlandt St; 4/5 bis Fulton St; A/C bis Chambers St) In dem noblen Büro- und Einzelhandelskomplex befinden sich zwei fantastische Food Courts. Französische Küche gibt es in Le District, einer bezaubernden Hochglanz-Markthalle mit eigenständigen Restaurants und Ständen, an denen von würzigem Käse bis *Steak frites* alles zu haben ist. Im Stockwerk darüber ist Hudson Eats, eine schicke Enklave feinen Fastfoods von Sushi und Tacos bis hin zu Salate und Burgern.

Da Mikele PIZZERIA **$$**

(Karte S. 84; ✆ 212-925-8800; www.luzzosgroup.com/about-us-damikele; 275 Church St zw. White St & Franklin St; Pizza 17–21 US$; ⏲ So–Mi 12–22.30, Do–Sa 12–23.30 Uhr; **S** 1 bis Franklin St; A/C/E, N/Q/R, J/Z, 6 bis Canal St) Die Mischung aus Italien und Tribeca, wo Zinnblech und Altholz auf altmodische Vespas trifft, verleiht jedem Abend der Woche mit dem *aperitivo* (17–19 Uhr), bei dem es zu jedem Getränk leckere Knabbereien gibt, etwas *dolce vita* (süßes Leben). Doch im Wesentlichen geht es um Pizza. Diese ist eine leichte, ebenso knusprige wie saftige Offenbarung aus dem Holzkohleofen, bei der selbst echte Neapolitaner ins Schwärmen geraten.

Le District FRANZÖSISCH **$$**

(Karte S. 84; ✆ 212-981-8588; www.ledistrict.com; Brookfield Place, 225 Liberty St Ecke West St; Hauptgerichte in der Markthalle 16–24 US$, Hauptgerichte im Restaurant Beaubourg 18–38 US$; ⏲ Mo–Sa 8.30–23, So 8.30–22 Uhr; 📶; **S** E bis World Trade Center; 2/3 bis Park Place; R/W bis Cortlandt St; 4/5 bis Fulton St; A/C bis Chambers St) Die weitläufige Markthalle ist ein Stück Paris am Hudson. Hier gibt es von knallbunt glasiertem Gebäck und leckeren *tartines* bis hin zu würzigem Käse und *Steak frites* alles, was das französische Feinschmeckerherz begehrt. Das große Restaurant **Beaubourg** hat eine umfangreiche Speisekarte mit Bistrogerichten, doch für eine Kleinigkeit auf die Schnelle empfehlen sich eher die Stände **Market District** (Burger) und **Cafe District** (Crêpes).

★ **Locanda Verde** ITALIENISCH **$$$**

(Karte S. 84; ✆ 212-925-3797; www.locandaverdenyc.com; 377 Greenwich St Ecke N Moore St; Hauptgerichte mittags 19–29 US$, abends 25–40 US$; ⏲ Mo–Do 7–23, Fr 7–23.30, Sa 8–23.30, So 8–23 Uhr; **S** A/C/E bis Canal St; 1 tbis Franklin St) Durch dicke Samtvorhänge gelangt man in einen Raum voller Männer mit offenen Hemdkragen, Frauen in schwarzen Kleidern und flotten Barkeepern hinter der langen Theke, an der dicht gedrängt die Gäste sitzen. Das hochgelobte Restaurant serviert moderne, italienisch inspirierte Küche wie hausgemachte Bandnudeln mit Lammbolognese, Minze und Schafsricotta oder sizilianischer Heilbutt mit Kürbis einer alten Sorte und Mandeln. Beim nicht minder kreativen Brunch am Wochenende gibt's Scampi mit Grütze und Zitronenricotta-Pfannkuchen mit Blaubeeren. Unbedingt reservieren.

Bâtard MODERN-AMERIKANISCH **$$$**

(Karte S. 84; ✆ 212-219-2777; www.batardtribeca.com; 239 W Broadway zw. Walker St & White St; 2-/3-/4-Gänge Menü 58/75/85 US$; ⏲ Mo–Sa 17.30–22.30, Fr auch 12–14.30 Uhr; **S** 1 bis Franklin St; A/C/E bis Canal St) Küchenchef des freundlichen Guide-Michelin-Restaurants ist der Österreicher Markus Glocker. In dem extrem nüchtern gehaltenen Innenraum lenkt nichts von dem hervorragenden Essen ab. Vom knusprigen Wolfsbarsch mit Cocktailtomaten, Basilikum und Spargel über Risotto mit Kaninchenwurst oder Brokkolikraut mit Salzzitronen bis hin zu Kammmuschel-*Crudo* mit Avocadopüree, Limette, Rettich und schwarzem Sesam sind alle Gerichte herrlich ausgewogen und schön strukturiert.

SoHo & Chinatown

Bánh Mì Saigon Bakery VIETNAMESISCH **$**

(Karte S. 90; ✆ 212-941-1541; www.banhmisaigonnyc.com; 198 Grand St zw. Mulberry St & Mott St; Sandwich 3,50–6 US$; ⏲ 8–18 Uhr; **S** N/Q/R, J/Z, 6 bis Canal St) Bei der einfachen Bäckerei gibt es die besten *bánh mi* der Stadt: getoastetes Baguette, das üppig mit Chili, eingelegten Karotten, Rettich, Gurke, Koriander und Fleisch nach Wahl belegt wird. Am besten ist der Klassiker mit gegrilltem Schweinefleisch. Allerdings sollte man spätestens um 15 Uhr da sein, denn die leckeren *bánh mi* sind schnell ausverkauft und dann schließt der Laden früher. Hier kann nur bar bezahlt werden.

Café Gitane MEDITERRAN **$**

(Karte S. 90; ✆ 212-334-9552; www.cafegitanenyc.com; 242 Mott St Ecke Prince St; Salate 9,50–16 US$, Hauptgerichte 14–17 US$; ⏲ So–Do 8.30–24, Fr & Sa 8.30–0.30 Uhr; 🖉; **S** N/R bis Prince St; 6 bis Spring St) Nicht nur der dichte Tabakrauch erinnert an Paris, auch die Atmosphäre in dem bistroähnlichen Café ist leicht anrüchig. Es gilt als beliebter Ort, um zu sehen und gesehen zu werden. So gehören zu den Gästen auch kalorienbewusste Models und einige Hollywood-Promis. Zu essen gibt's leckere Friands (französische Muffins) mit Blaubeeren und Mandeln, Palmherzensalat und marokkanisches Couscous mit Biohühnchen. Hier kann nur bar bezahlt werden.

Grey Dog AMERKANISCH **$**
(Karte S. 90; ☎ 212-966-1060; www.thegreydog.com; 244 Mulberry St; Hauptgerichte 8–15 US$; ⏲ Mo–Fr 7–22, Sa & So 8–22; Ⓢ F/M/D/B Bahn bis Broadway-Lafayette) Neben Käsepommes für mehrere Personen und typischem New Yorker Brunch gibt es hier vor allem fantastische Abwandlungen amerikanischer Klassiker, die äußerst schmackhaft, aber keineswegs überkandidelt sind. Bestellt wird an der Theke des stets gut besuchten Lokals.

Nice Green Bo CHINESISCH **$**
(New Green Bow; Karte S. 84; ☎ 212-625-2359; www.nicegreenbo.com; 66 Bayard St zw. Elizabeth St & Mott St; Hauptgerichte 5,95–19,95 US$; ⏲ 11–24 Uhr; Ⓢ N/Q/R, J/Z, 6 bis Canal St; B/D bis Grand St) Der Name hat sich geändert, aber sonst blieb alles beim alten, selbst das Namensschild. Und das ist auch gut so, denn hier dreht sich alles ums Essen. Das wunderbare *xiao long bao* wird immer noch in kochend heißen Töpfchen mit riesigen Portionen von Nudeln und sautiertem Spinat serviert. Hier kann nur bar bezahlt werden.

Tacombi Fonda Nolita MEXIKANISCH **$**
(Karte S. 90; ☎ 917-727-0179; www.tacombi.com; 267 Elizabeth St zw. E Houston St & Prince St; Tacos 4–7 US; ⏲ Mo–Mi 11–24, Do–Sa 11–1 Uhr; Ⓢ F bis 2nd Ave; 6 bis Bleecker St) Kunstvoll arrangierte Lichterketten, Klappstühle und Mexikaner, die in einem alten VW-Bus leckere Tacos zaubern. Wer es nicht ganz bis Yucatan geschafft hat, kann hiermit vorliebnehmen. Die lässig freundliche, äußerst beliebte Imbissbude serviert superfrische Tacos mit feinen Füllungen, darunter die mit *barbacoa* (gebratenes Fleisch vom schwarzen Angusrind). Dazu gibt's einen kühlen Krug Sangria. Und danach kann man sich dann immer noch überlegen, ob man weiter nach Süden reisen will.

★ **Uncle Boons** THAILÄNDISCH **$$**
(Karte S. 90; ☎ 646-370-6650; www.uncleboons.com; 7 Spring St zw. Elizabeth St & Bowery; kleine Gerichte 12–16 US$, große Gerichte 21–29 US$; ⏲ Mo–Do 17.30–23, Fr & Sa 17.30–24, So 17.30–24 Uhr; 📶; Ⓢ J/Z bis Bowery; 6 bis Spring St) Die mit einem Michelin-Stern ausgezeichnete Thai-Küche wird in einem witzigen, holzgetäfelten Speiseraum im Retro-Look serviert. Die Wände sind mit einem wilden Durcheinander von thailändischen Filmplakaten und alten Familienfotos geschmückt. Auch beim Essen wird Alt und Neu miteinander verbunden, was zu extrem gut gewürzten Gerichten wie dem fantastisch knackigen *mieng kum* (Betelblatt-Wrap mit Ingwer, Limette, getoasteter Kokosnuss, getrockneten Shrimps, Erdnüssen und Chili), *kao pat puu* (gebratener Reis mit Krabben) und Bananenblütensalat führt.

Butcher's Daughter VEGETARISCH **$$**
(Karte S. 90; ☎ 212-219-3434; www.thebutchersdaughter.com; 19 Kenmare St Ecke Elizabeth St; Salat oder Sandwich 12–14 US$, Hauptgerichte abends 16–18 US$; ⏲ 8–23 Uhr; 📶✍; Ⓢ J bis Bowery; 6 bis Spring St) In offener Rebellion gegen ihren Vater serviert die „Metzgerstochter" ausschließlich frische pflanzliche Kost in ihrem weißgetünchten Café. Dieses Essen ist gesund und alles andere als langweilig. Vom gut eingeweichten Biomüsli über würzigen Caesar Salad mit Kohl und Parmesanmandeln bis hin zum „Butcher's Burger" (aus Gemüse und schwarzen Bohnen mit Cashew-Käse) ist alles superlecker.

La Esquina MEXIKANISCH **$$**
(Karte S. 90; ☎ 646-613-7100; www.esquinanyc.com; 114 Kenmare St Ecke Petrosino Sq; Tacos ab 3,25 US$, Hauptgerichte im Café 15–25 US$, im Restaurant 18–34 US$; ⏲ Taqueria tgl. 11–1.45, Café Mo–Fr 12–24, Sa & So 11–24, Restaurant tgl. 18–2 Uhr; Ⓢ 6 bis Spring St) Das schräge, kleine, überaus beliebte Lokal besteht eigentlich aus drei Teilen: einer Verkaufstheke für Tacos zum Mitnehmen oder im Stehen essen, einem zwanglosen mexikanischen Café (Eingang in der Lafayette St) und ein winziges, schummriges Restaurant im Untergeschoss, wo man im Voraus reservieren muss. Besonders zu empfehlen sind hier *elotes callejeros* (gegrillter Mais mit Cotija-Käse, Mayonnaise und Chilipulver), Tacos mit *pulled pork* und Mango-Yambohnen-Salat.

★ **Dutch** MODERN-AMERIKANISCH **$$$**
(Karte S. 90; ☎ 212-677-6200; www.thedutchnyc.com; 131 Sullivan St Ecke Prince St; Hauptgerichte mittags 18–35 US$, abends 25–58 US$; ⏲ Mo–Do 11.30–23, Fr 11.30–23.30, Sa 10–23.30, So 10–23 Uhr; Ⓢ C/E bis Spring St; R/W bis Prince St; 1 bis Houston St) Ob an der Theke oder im gemütlichen Hinterzimmer des alteingesessenen Restaurants, das gute Essen ist pfiffig und

mit Zutaten aus der Region zubereitet. Und natürlich geht es hier auch um's Sehen und Gesehenwerden. Auf der Speisekarte ist die ganze Welt vertreten, von Süßkartoffeltempura mit thailändischem Basilikum und scharfer Chiisauce bis hin zu Ricotta-Ravioli mit Mangold und Walnusspesto. Besonders abends und am Wochenende sollte man unbedingt vorher reservieren.

★ Estela MODERN-AMERIKANISCH **$$$**
(Karte S. 90; ☎ 212-219-7693; www.estelanyc.com; 47 E Houston St zw. Mulberry St & Mott St; Hauptgerichte 15–38 US$; ⏲ So–Do 17.30–23, Fr & Sa 17.30–23.30 Uhr; Ⓢ B/D/F/M bis Broadway-Lafayette St; 6 bis Bleecker St) Obwohl sehr gut (am Ende eines unscheinbaren Treppenaufgangs) versteckt, finden die Feinschmecker der Stadt doch mühelos den Weg in die enge Weinbar, deren Essen ebenso hervorragend wie der Wein ist. Marktfrische Produkte der Saison werden zu riesigen Gerichten für mehrere Personen verarbeitet, das Rindfleischtatar enthält auch Rinderherz, die leckeren Muscheln *escabeche* werden auf Toast serviert, und der Endiviensalat mit Walnüssen und Anchovis ist einfach nur cool.

East Village & Lower East Side

Bait & Hook SEAFOOD **$**
(Karte S. 94; ☎ 212-260-8015; www.baitandhooknyc.com; 231 2nd Ave; Tagesgericht ab 5 US$, Hauptgerichte 12–18 US$; ⏲ So–Mi 12–23, Do–Sa 12–24 Uhr; Ⓢ L bis 1st Ave) Die Bar in Manhattan hat unglaubliche Angebote zur Happy Hour und Mottotage, die man keinesfalls verpassen sollte. Aber auch sonst lohnt es sich, herzukommen. Das Restaurant ist hell und freundlich und mit viel maritimen Schnickschnack sehr geschmackvoll ausgestattet.

El Rey CAFÉ **$**
(Karte S. 90; ☎ 212-260-3950; www.elreynyc.com; 100 Stanton St zw. Orchard & Ludlow; kleine Gerichte 8–15 US$; ⏲ Mo–Fr 7–19, Sa & So 8–19 Uhr; 🖉; Ⓢ F bis 2nd Ave) In dem weißen, minimalistischen Café glaubt man eher, in Südkalifornien zu sein als in der Lower East Side. Es ist bekannt für seine Produkte frisch vom Feld, die sehr kreativ zu herzhaften, vegetarischen Gerichten verarbeitet werden. Die Preise sind durchaus angemessen. Bier aus kleinen Brauereien, guter Kaffee (aus einer Strada-Espressomaschine) und ausgezeichnete Weine runden das Angebot ab.

Meatball Shop ITALIENISCH **$**
(Karte S. 90; ☎ 212-982-8895; www.themeatballshop.com; 84 Stanton St zw. Allen St & Orchard St; Sandwich 13 US$; ⏲ So–Do 11.30–2, Fr & Sa 11.30–4 Uhr; Ⓢ 2nd Ave; F bis Delancey St; J/M/Z bis Essex St) Hier wird das einfache Fleischbällchen zum Kunstwerk und in fünf saftigen Varianten serviert, darunter auch als vegetarische Linsenbällchen oder Käsemakkaroni-Bällchen. Die Bällchen werden auf einem sogenannten *hero* (langen Brötchen) mit Mozzarella und scharfer Tomatensauce angerichtet und ergeben so eine leckere, preiswerte Mahlzeit. Es herrscht eine rustikale Rock'n'Roll-Atmosphäre mit tätowiertem Personal und bekannten Songs aus den Lautsprechern. Sechs weitere Filialen sind über die ganze Stadt verteilt. Ausführliche Infos gibt's im Internet.

Vanessa's Dumpling House CHINESISCH **$**
(Karte S. 90; ☎ 212-625-8008; www.vanessas.com; 118A Eldridge St zw. Grand St & Broome St; Teigtaschen 1,50–6 US$; ⏲ Mo–Sa 10.30–22.30, So 10.30–22 Uhr; Ⓢ B/D bis Grand St; J bis Bowery; F bis Delancey St) Die köstlichen Teigtaschen werden blitzschnell gedämpft, frittiert oder in Brühe gekocht und zu unschlagbar günstigen Preisen serviert.

Veselka OSTEUROPÄISCH **$**
(Karte S. 90; ☎ 212-228-9682; www.veselka.com; 144 Second Ave Ecke 9th St; Hauptgerichte 10–19 US$; ⏲ 24 Std.; Ⓢ L bis 3rd Ave; 6 bis Astor Pl) Die geschäftige Erinnerung an die große ukrainische Vergangenheit des Viertels serviert original *varenyky* (hausgemachte Knödel) und Kalbsgulasch sowie all die anderen Gerichte der schweren, fetthaltigen osteuropäischen Küche. Das Restaurant ist die ganze Nacht über geöffnet, aber auch tagsüber gut besucht. Die Stammkundschaft besteht aus Schriftstellern, Schauspielern und kauzigen Typen aus East Village.

★ Momofuku Noodle Bar NUDELN **$$**
(Karte S. 90; ☎ 212-777-7773; www.noodlebar-ny.momofuku.com; 171 First Ave zw. E 10th St & 11th St; Hauptgericht 16 US$; ⏲ So–Do 12–23, Fr & Sa 12–1 Uhr; Ⓢ L bis 1st Ave; 6 bis Astor Pl) Mit nur 30 Plätzen an der Theke und ohne die Möglichkeit einer Tischreservierung muss man in diesem stets rappelvollen Phänomen immer anstehen. Aber das Warten auf die interessanten Kombigerichte und besonders die namensverwandte Spezialität des Hauses lohnt sich. Die hausgemachten Ramennudeln werden in der Brühe mit po-

chiertem Ei und Schweinebauch serviert. Die Karte wechselt täglich, enthält aber immer gedämpfte Brötchen (mit Rinderbrust und Meerrettich), Snacks (wie geräucherte Hähnchenflügel) und Desserts.

★ Clinton Street Baking Company AMERIKANISCH $$
(Karte S. 90; ☎ 646-602-6263; www.clintonstreetbaking.com; 4 Clinton St zw. Stanton St & Houston St; Hauptgerichte 12–20 US$; ⏲ Mo–Sa 8–16 & 17.30–23, So 9–17 Uhr; Ⓢ J/M/Z bis Essex St; F bis Delancey St; F bis Second Ave) Der außergewöhnliche Familienbetrieb verdient viele Auszeichnungen, für die besten (Blaubeer-) Pfannkuchen, die besten Muffins, die besten Po'boys-Sandwichs (im Stil der Südstaaten), die besten Kekse usw. So kann man sicher sein, zu jeder Tageszeit ewas erstklassiges genießen zu können. Abends gibt's entweder „Frühstück zum Abendessen" (Pfannkuchen und Eggs Benedict), Fisch-Tacos oder ausgezeichnetes gebratenes Buttermilch-Hähnchen.

Katz's Delicatessen FEINKOST $$
(Karte S. 90; ☎ 212-254-2246; www.katzsdelicatessen.com; 205 E Houston St Ecke Ludlow St; Sandwichs 15–22 US$; ⏲ Mo–Mi 8–22.45, Do 8–2.45, Fr 8–8 Uhr, Sa 24 Std; Ⓢ F bis 2nd Ave) Dieses ausgezeichnete Feinkostgeschäft gehört zu den wenigen Überbleibseln der klassischen jüdischen Restaurantszene in der Lower East Side. Hier spielte auch Meg Ryan ihren legendären Orgasmus im Film *Harry und Sally* von 1999. Wer klassische Feinkost wie Pastrami oder Salami auf Roggenbrot mag, könnte hier ebenfalls in orgiastische Wallungen verfallen. Mittlerweile ist die Warteschlange immer atemberaubend lang und die Preise schwindelerregend hoch. So kostet das typische, warme Pastrami-Sandwich saftige 20 US$.

Upstate SEAFOOD $$
(Karte S. 90; ☎ 212-460-5293; www.upstatenyc.com; 95 First Ave, zw. E 5th St & 6th St; Hauptgerichte 15–30 US$; ⏲ 17–23 Uhr; Ⓢ F bis 2nd Ave) Das Upstate serviert ausgezeichnete Gerichte mit Meeresfrüchten und traditionell gebrautes Bier. Auf der kleinen Speisekarte finden sich ständig wechselnde Gerichte wie in Bier gedünstete Muscheln, Meeresfrüchteeintopf, Jakobsmuscheln auf Pilzrisotto, Butterkrebse und eine erstaunliche Auswahl an Austern. Eine Tiefkühltruhe gibt es hier nicht: Die Meeresfürchte kommen jeden Tag frisch vom Markt. Man kann sich also darauf verlassen, dass nur frischeste Zutaten verarbeitet werden. Es gibt oft Warteschlangen, also lieber früher kommen.

Degustation MODERN- EUROPÄISCH $$$
(Karte S. 90; ☎ 212-979-1012; www.degustation-nyc.com; 239 E 5th St zw. Second Ave & Third Ave; kleine Gerichte 12–22 US$, Verkostungsmenü 85 US$; ⏲ Mo–Sa 18–23.30, So 18–22 Uhr; Ⓢ 6 bis Astor Pl) In dem engen Restaurant mit nur 19 Plätzen werden die Küchen Iberiens, Frankreichs und der Neuen Welt geschickt miteinander kombiniert. Das Verkostungsmenü umfasst eine gute Auswahl von Gerichten im Tapas-Stil. In gemütlicher Atmosphäre sitzen die Gäste an einer langen, runden Holztheke, in deren Mitte Küchenchef Oscar Islas Díaz und sein Team knusprigen Tintenfisch braten, Lammbauch mit pochierten Eiern und Paella mit Flussgarnelen und Chorizo-Wurst zubereiten.

West Village, Chelsea & Meatpacking District

★ Chelsea Market MARKTHALLE $
(Karte S. 94; www.chelseamarket.com; 75 9th Ave zw. 15th St & 16th St; ⏲ Mo–Sa 7–21, So 8–20 Uhr; Ⓢ A/C/E bis 14th St) Durch umfangreiche Renovierung und Sanierung wurde aus einer ehemaligen Fabrikhalle des Keksgiganten und Erfinders der Oreo-Kekse Nabisco eine mehr als 240 m lange Markthalle für Feinschmecker. An Stelle der riesigen Industriebacköfen befinden sich hier nun kleine Restaurants mit bunt gemischtem Angebot.

Gansevoort Market MARKTHALLE $
(Karte S. 94; www.gansmarket.com; 353 W 14th St Ecke Ninth Ave; Hauptgerichte 5–20 US$; ⏲ 8–20 Uhr; Ⓢ A/C/E, L bis 14th St-8th Ave) Die weitläufige Markthalle in einem Backsteingebäude mitten im Meatpacking District ist die neueste und beste der Stadt. In dem nur von Deckenlampen beleuchteten, nackten Industriegebäude verkaufen Dutzende von Stände feine Tapas, Arepas, Tacos, Pizza, Fleischpasteten, Eiscreme, Gebäck und vieles mehr.

Red Bamboo CHINESISCH $
(Karte S. 90; ☎ 212-260-7049; www.redbamboo-nyc.com/; 140 West 4th St; Hauptgerichte 8–13 US$; ⏲ Mo–Do 12.30–23, Fr 12.30–23.30, Sa 12–23.30 , So 12–23 Uhr; Ⓢ D/B/F, M/A/C/E bis West 4th Street) Herrliche Popcorn Shrimps, leckeres Parmesanhühnchen, üppiger Schokoladenkuchen – all das und noch viel mehr, vor allem asiatisches Essen für die Seele, bietet dieses Restaurant. Der Haken? Alle

Gerichte sind rein vegan, wobei manche auch mit richtigem Käse angeboten werden. So ist es ein absolutes Muss für alle Veganer, Vegetarier und Experimentierfreudige, die etwas Neues probieren möchten.

Rosemary's ITALIENISCH **$$**

(Karte S. 90; ☎ 212-647-1818; www.rosemarysnyc.com; 18 Greenwich Ave, at W 10th St; Hauptgerichte 14–40 US$; ⏲ Mo–Do 8–16 & 17–23, Fr 8–16 & 17–24, Sa & So 10–16 & 17–23; **S** 1 bis Christopher St-Sheridan Sq) Eines der besten Restaurants in West Village serviert erstklassiges italienisches Essen, das den Lobpreisungen mehr als gerecht wird. In rustikaler Bauernhaus-Atmosphäre genießen die Gäste riesige Portionen hausgemachter Pasta, üppige Salate und Holzteller voller Käse und *salumi* (getrocknete Fleisch- und Wurstwaren). Vom einfachen Walnusspesto bis hin zur saftigen geräucherten Lammschulter ist alles unglaublich lecker.

Cookshop MODERN-AMERIKANISCH **$$**

(Karte S. 94; ☎ 212-924-4440; www.cookshopny.com; 156 Tenth Ave zw. W 19th St & 20th St; Hauptgerichte Brunch 14–20 US$, mittags 16–24, abends 22–48 US$; ⏲ Mo–Fr 8–23.30, Sa 10–23.30, So 10–22 Uhr; **S** L bis 8th Ave; A/C/E bis 23rd St) Hier kann man sich mit einem üppigen Brunch stärken, bevor (oder nachdem) man die Erkundung des High Line Park gegenüber in Angriff nimmt. Mit seinem sagenhaften Brunch hat das lebhafte Restaurant eine Nische entdeckt, die es bestens ausfüllt. Der Service ist ausgezeichnet, die extravaganten Cocktails (wie Bacon-Lettuce-Tomato Mary) treiben den letzten Schlaf aus den Augen, es gibt körbeweise perfekt gebackenes Brot und eine Auswahl kreativer Eiergerichte.

★ **Blue Hill** AMERIKANISCH **$$$**

(Karte S. 90; ☎ 212-539-1776; www.bluehillfarm.com; 75 Washington Pl zw. Sixth Ave & Washington Sq W; Menü 88–98 US$; ⏲ Mo–Sa 17–23, So 17–22 Uhr; **S** A/C/E, B/D/F/M bis W 4th St-Washington Sq) Das Restaurant für wohlhabende Slow-Food-Anhänger war auch einer der Pioniere der Bewegung „Local is Better". Der talentierte Küchenchef Dan Barber stammt selbst aus einer Farmerfamilie in den Berkshire Mountains, Massachusetts, und verarbeitet die Produkte von dort und von anderen Farmen für seine hochgelobten Gerichte.

★ **Foragers Table** MODERN-AMERIKANISCH **$$$**

(Karte S. 94; ☎ 212-243-8888; www.foragersmarket.com/restaurant; 300 W 22nd St Ecke Eighth Ave; Hauptgerichte 17–32 US$; ⏲ Mo–Fr 17.30–22, Sa & So auch 9–14.30, So 17.30–21 Uhr; 🖉; **S** C/E, 1 bis 23rd St) Die Besitzer dieses hervorragenden Restaurants betreiben auch eine 11 ha große Farm im Hudson Valley, von der die meisten Zutaten für das saisonabhängige Speiseangebot stammen. Auf der ständig wechselnden Speisekarte standen erst kürzlich Köstlichkeiten wie Entenbrust von Long Island mit gebratenem Eichelkürbis, Äpfeln, Pfifferlingen und Feigen oder gegrillter Rochen mit rotem Quinoa, Grünkohl in Rahmsauce, *cippolini*-Zwiebeln und gehackten Eiern mit scharfem Dijon-Senf.

★ **Jeffrey's Grocery** MODERN-AMERIKANISCH **$$$**

(Karte S. 90; ☎ 646-398-7630; www.jeffreysgrocery.com; 172 Waverly Pl Ecke Christopher St; Hauptgerichte 25–39 US$; ⏲ Mo–Fr 8–23, Sa & So 9.30–23 Uhr; **S** 1 bis Christopher St-Sheridan Sq) Der Klassiker in West Village ist ein lebhaftes Restaurant mit Bar, das einfach alles richtig macht. Dabei liegt der Schwerpunkt auf Meeresfrüchten. Es gibt eine Austernbar und eine feine Auswahl perfekt zubereiteter Gerichte wie Messermuscheln mit Kaviar und Dill oder ganze gebratene Dorade mit Curry sowie gemischte Platten für mehrere Personen. Bei den Fleischgerichten stehen Brathähnchen mit Topinambur und etwas dürftige, aber saftige Pastrami-Burger.

★ **RedFarm** FUSION **$$$**

(Karte S. 90; ☎ 212-792-9700; www.redfarmnyc.com; 529 Hudson St zw. W 10th St & Charles St; Hauptgerichte 19–57 US$, Teigtaschen 14–20 US$; ⏲ tgl. 17–23.45, Sa & So auch 11–14.30, So 17–23 Uhr; **S** A/C/E, B/D/F/M bis W 4th St-Washington Sq; 1 bis Christopher St-Sheridan Sq) Hier wird die chinesische Küche zur kulinarischen Kunst in reinster Form erhoben. Ergebnisse sind Bruschetta mit frischen Krabben und Auberginen, saftiges Rib-Eye-Steak (das über Nacht in Papaya, Ingwer und Sojasauce mariniert wird), und Pastrami-Frühlingsrollen. Weitere Gerichte dieser brillanten Fusionküche sind knuspriges, scharfes Rindfleisch, gebratene Lammteigtaschen und Rotes Curry mit gegrillten Riesenshrimps.

Um nicht allzu lange anstehen zu müssen, sollte man früh genug da sein. Reservierungen werden nur für Gruppen von mindestens 8 Personen angenommen. Die Bar im Untergeschoss, **Decoy**, wird von den Inhabern des Restaurants RedFarm betrieben. Die hiesige Spezialität ist eine ganze Pekingente. In der Bar ist in der Regel weniger los als oben und sie hat auch nur eine kleine Speisekarte, doch wenn man freundlich darum bittet, kann der Barkeeper auch gefüllte Teigtaschen organisieren.

Union Square, Flatiron District & Gramercy

Tacombi Café El Presidente MEXIKANISCH $

(Karte S. 94; ☎212-242-3491; www.tacombi.com; 30 W 24th St, zw. Fifth & Sixth Ave; Tacos 4–5,50 US$, Quesadillas 6–9 US$; ⌚Mo–Sa 11–24, So 11–22.30 Uhr; Ⓢ F/M, R/W bis 23rd St) Das in Pink- und Grüntönen gehaltene Tacombi im Stil der Cafés in Mexico City ist sowohl Saft- und Schnapsbar als auch Tacolokal. Nachdem man einen Platz ergattert und eine Margarita bestellt hat, muss man sich zwischen den vielen mexikanischen Straßensnacks und anderen Leckereien entscheiden. Eine gute Wahl sind *esquites* (gegrillte Maiskolben mit *cotija*-Käse und Chipotle-Mayonnaise, serviert im Pappbecher) und wohlschmeckende Tacos mit *carnitas michoacan* (in Bier mariniertes Schweinefleisch).

Shake Shack BURGER $

(Karte S. 94; ☎646-889-6600; www.shakeshack.com; Madison Square Park, Ecke E 23rd St & Madison Ave; Burger 4,20–9,50 US$; ⌚11–22.30 Uhr; Ⓢ R/W, F/M, 6 bis 23rd St) Im Shake Shack, dem Aushängeschild von Chefkoch Danny Meyers Gourmetkette, kommen hyperfrische Burger, handgeschnittene Pommes und ein ständig wechselndes Angebot an *frozen custards* aus der Küche. Für Vegetarier gibt's knusprige Portobello-Burger. Die Schlangen sind lang, aber das Warten lohnt sich. Außerdem kann man wunderbar Leute beobachten, sowohl von den Plätzen im Lokal als auch von den Bänken im Park.

Eisenberg's Sandwich Shop SANDWICH $

(Karte S. 94; ☎212-675-5096; www.eisenbergsnyc.com; 174 Fifth Ave, zw. W 22nd & 23rd St; Sandwiches 4–13 US$; ⌚Mo–Fr 6.30–20, Sa 9–18, So 9–17 Uhr; Ⓢ R/W bis 23rd St) In diesem altmodischen Diner, der fast schon eine Absonderheit in dieser vornehmen Ecke ist, treffen sich von morgens bis abends unzählige Stammgäste, um traditionelle jüdische Gerichte wie gehackte Leber, Pastrami und Felchen-Salat zu genießen. Auf einem Hocker an der langen Bar sitzt man Seite an Seite mit einer bunten Mischung aus Gästen, die genau wissen, dass Hackbraten was richtig Handfestes ist.

Eataly FOODCOURT $$

(Karte S. 94; ☎212-229-2560; www.eataly.com; 200 Fifth Ave, an der W 23rd St; ⌚7–23 Uhr; ; Ⓢ R/W, F/M, 6 bis 23rd St) Mario Batalis großer eleganter Tempel der italienischen Gastronomie ist ein wahres Schlaraffenland. Die vielen Essensstände bieten so ziemlich alles von *crudo* (roher Fisch) über *fritto misto* (frittiertes Gemüse) bis hin zu Pasta und Pizza. Alternativ bestellt man sich an der Bar einen Espresso oder stellt sich an den vielen Tresen und Regalen ein Picknick zusammen, das selbst *nonna* schmecken würde.

★Gramercy Tavern MODERN-AMERIKANISCH $$$

(Karte S. 94; ☎212-477-0777; www.gramercytavern.com; 42 E 20th St, zw. Broadway & Park Ave S; Hauptgerichte in der Taverne 29–36 US$, 3-Gänge-Menü im Restaurant 125 US$, Probiermenü 140–165 US$; ⌚Taverne So–Do 12–23, Fr & Sa 12–24 Uhr, Restaurant Mo–Do 12–14 & 17.30–22, Fr 17.30–23, Sa 12–13.30 & 17.30–23, So 17.30–22 Uhr; ; Ⓢ R/W, 6 bis 23rd St) In dem seit Ewigkeiten beliebten Restaurant werden vorwiegend saisonale Zutaten aus der Region verwendet. Es ist eine pulsierende Institution im Landhausstil mit Wandleuchtern aus Kupfer, Wandgemälden und umwerfenden Blumenarrangements. Hier kann man wählen zwischen der Taverne mit ihrem Angebot à la carte oder dem eleganteren Restaurant mit seinen Festpreis- und Probiermenüs. Zu den Highlights in der Taverne gehört Enten-Hackbraten mit Pilzen, Kastanien und Rosenkohl.

★Craft MODERN-AMERIKANISCH $$$

(Karte S. 94; ☎212-780-0880; www.craftrestaurant.com; 43 E 19th St, zw. Broadway & Park Ave S; Hauptgerichte mittags 29–36 US$, abends 28–45 US$; ⌚Mo–Do 12–22, Fr 12–23, Sa 17.30–23, So 17.30–22 Uhr; ; Ⓢ 4/5/6, N/Q/R/W, L bis 14th St-Union Sq) Das muntere, noble Craft steht für Produkte, die von kleinen familienbetriebenen Bauernhöfen und Lebensmittelerzeugern stammen. Egal, ob man den hervorragend scharf angebratenen Tintenfisch, die samtweichen Jakobsmuscheln oder die Kürbis-Teigtaschen mit Salbei bestellt – jede Zutat kommt hier bestens zur Geltung. Mittwochs bis samstags sollte man im Voraus reservieren oder vor 18 bzw. nach 21.30 Uhr erscheinen.

Midtown

★Totto Ramen JAPANISCH $

(Karte S. 94; ☎212-582-0052; www.tottoramen.com; 366 W 52nd St, zw. Eighth & Ninth Ave; Ramen ab 11 US$; ⌚Mo–Sa 12–16.30 & 17.30–24, So 16–23 Uhr; Ⓢ C/E bis 50th St) Es gibt zwar noch zwei andere Filialen in Midtown, aber Puristen wissen, dass die anderen beiden nicht mit dem kleinen Original mit nur 20 Sitzplätzen mithalten können. Zunächst hängt man einen Zettel mit seinem Namen und der Anzahl der Gäste an die Pinnwand und wartet dann, bis man dran ist. Als Belohnung winken köstliche Ramen. Man sollte sich auf Schweinefleisch in Gerichten wie Miso Ramen (mit fermentierter Sojabohnenpaste, Eiern, Frühlingszwiebeln, Sojasprossen, Zwiebeln und hausgemachter Chili-Paste) konzentrieren.

Burger Joint BURGER $

(Karte S. 94; ☎ 212-708-7414; www.burgerjointny.com; Le Parker Meridien, 119 W 56th St, zw. Sixth & Seventh Ave; Burger ab 9,50 US$; ⌚ So–Do 11–23.30, Fr & Sa 11–24 Uhr; Ⓢ F bis 57th St) Dieses preiswerte Burger-Lokal versteckt sich hinter dem Vorhang in der Lobby des Hotels Le Parker Meridien und macht nur mit einem kleinen Neonburger auf sich aufmerksam. Das Lokal mag ja nicht mehr so „hip" oder „geheim" sein wie früher, aber die Wände sind noch immer mit Graffiti übersät und die Sitznischen noch immer im Retro-Stil gehalten und das nette Personal serviert noch immer hervorragende Burger.

Margon KUBANISCH $

(Karte S. 94; ☎ 212-354-5013; 136 W 46th St, zw. Sixth Ave & Seventh Ave; Sandwichs 4–8 US$, Hauptgerichte ab 9 US$; ⌚ Mo–Fr 6–17, Sa ab 7 Uhr; Ⓢ B/D/F/M bis 47th-50th Sts-Rockefeller Center) Dieses immer gut besuchte kubanische Mittagslokal scheint im Jahr 1973 stehengeblieben zu sein. Orangefarbener Laminex und fettige Leckereien sind hier jedenfalls immer noch groß in Mode. Unbedingt das legendäre Cubano Sandwich probieren, ein plattgepresstes Brötchen voll mit leckerem gebratenem Schweinefleisch, Salami, Käse, Essiggurken und Mayo Sauce – wenn schon, denn schon. Es ist obszön gut!

Hangawi KOREANISCH, VEGAN $$

(Karte S. 94; ☎ 212-213-0077; www.hangawirestaurant.com; 12 E 32nd St, zw. Fifth Ave & Madison Ave; Hauptgerichte mittags 11–30 US$, abends 19–30 US$; ⌚ Mo–Fr 12–14.30 & 17.30–22.15, Sa 13–22.30, So 17–21.30 Uhr; 🖉; Ⓢ B/D/F/M, N/Q/R/W bis 34th St-Herald Sq) Fleischfreie koreanische Speisen sind der Renner im Hangawi. Bevor man den beruhigend wirkenden, zenartigen Raum mit der meditativen Musik betritt, muss man die Schuhe am Eingang ausziehen. Die raffinierten Speisen nimmt man auf dem Fußboden auf Kissen sitzend oder an niedrigen Tischen ein. Der Clou sind u. a. die Lauch-Pancakes und der verführerisch weiche Tofu aus dem Tontopf in Ingwersauce.

Virgil's Real Barbecue BARBECUE $$

(Karte S. 94; ☎ 212-921-9494; www.virgilsbbq.com; 152 W 44th St, zw. Broadway & Sixth Ave, Midtown West; Hauptgerichte 14–38 US$; ⌚ Mo 11.30–23, Di–Fr 11.30–24, Sa 11–24, So 11–23 Uhr; 📶; Ⓢ N/Q/R, S, 1/2/3, 7 bis Times Sq-42nd St) Im Virgil's hat man sich einfach auf alle amerikanischen Barbecue-Arten und nicht nur auf eine bestimmte spezialisiert. Die Speisekarte kommt somit in der Tat als Barbecue-Landkarte daher – von Schweinerippchen nach Memphis-Art über paniertes Beefsteak aus Georgia bis hin zu texanischen Rinderbrustscheiben. Das Fleisch wird mit einem Mix aus Hickory-, Eichen- und Obstbaumholz geräuchert und ist so lecker, dass man sich einfach die Finger ablecken muss.

Pio Pio PERUANISCH $$

(Karte S. 94; ☎ 212-459-2929; www.piopio.com; 604 Tenth Ave, zw. W 43rd & 44th St; Hauptgerichte 14–26 US$; ⌚ So–Do 11–23, Fr & Sa 11–24 Uhr; Ⓢ A/C/E bis Port Authority-42nd St) Das peruanische Restaurant gehört zu den Lieblingslokalen der New Yorker, denn neben köstlichem Essen und schaumigen Pisco Sours gibt es hier auch noch eine atemberaubend tolle Stimmung. Die Spezialität des Hauses sind perfekt gewürzte Grillhähnchen, die auf ganz unterschiedliche Art und Weise (aber immer mit reichlich würziger, grüner *Aji*-Sauce) zusammen mit klassischen lateinamerikanischen Beilagen wie Kochbananen und Avocado-Salat serviert werden.

El Parador Cafe MEXIKANISCH $$

(Karte S. 94; ☎ 212-679-6812; www.elparadorcafe.com; 325 E 34th St, zw. First & Second Ave, Midtown East; Hauptgerichte mittags 10–22 US$, abends 18–32 US$; ⌚ Mo 12–22, Di–Sa 12–23 Uhr; Ⓢ 6 bis 33rd St) Der etwas abgelegene, alteingesessene Mexikaner war früher das Lieblingslokal von notorisch untreuen Ehemännern. Die zwielichtigen Stammgäste sind verschwunden, aber der altmodische Charme existiert noch immer, von schiefen Kerzenhaltern und adretten lateinamerikanischen Kellnern bis hin zu typischen Leckereien von südlich der Grenze, die einfach nur glücklich machen.

★ ViceVersa ITALIENISCH $$$

(Karte S. 94; ☎ 212-399-9291; www.viceversanyc.com; 325 W 51st St, zw. Eighth & Ninth Ave; 3-Gänge-Mittagsmenü 29 US$, Hauptgerichte abends 24–

33 US$; ⌚Mo–Fr 12–14.30 & 16.30–23, Sa 16.30–23 Uhr, So 11.30–15 & 16.30–22 Uhr; Ⓢ C/E bis 50th St) Das ViceVersa ist durch und durch italienisch: zuvorkommend und kultiviert, leutselig und lecker. Auf der Speisekarte stehen raffinierte Gerichte aus verschiedenen Regionen, etwa Arancini mit schwarzen Trüffeln und Fontina-Käse. Ein beliebter Klassiker sind die *casoncelli alla bergamasca* (Teigtaschen gefüllt mit Kalbshack, Rosinen und Amarettini, gewürzt mit Salbei, Butter, Pancetta und Grana Padano) – der Chefkoch Stefano Terzi kommt schließlich aus der Lombardei.

★ Le Bernardin SEAFOOD $$$

(Karte S. 94; ☎212-554-1515; www.le-bernardin.com; 155 W 51st St, zw. Sixth & Seventh Ave; Festpreis-Mittagessen/-Abendessen 87/150 US$, Probiermenü 180–270 US$; ⌚Mo–Do 12–14.30 & 17.15–22.30, Fr 17.15–23, Sa 17.17–23 Uhr; Ⓢ 1 bis 50th St; B/D, E bis 7th Ave) Das Interieur wurde zwar etwas aufgepeppt, um auch einer „jüngeren Klientel" zu gefallen (das atemberaubende Sturm-Triptychon stammt von dem Brooklyner Künstler Ran Ortner), aber das mit drei Michelin-Sternen ausgezeichnete Le Bernardin ist nach wie vor ein luxuriöser Gourmettempel. Am Ruder steht der in Frankreich geborene Starkoch Éric Ripert, dessen trügerisch schlicht aussehendes Seafood an ein transzendentales Erlebnis grenzt.

Grand Central Oyster Bar & Restaurant SEAFOOD $$$

(Karte S. 94; ☎212-490-6650; www.oysterbarny.com; Grand Central Terminal, 42nd St, an der Park Ave; Hauptgerichte 15–39 US$; ⌚Mo–Sa 11.30–21.30 Uhr; Ⓢ S, 4/5/6, 7 bis Grand Central-42nd St) Das quirlige Restaurant mit Bar im Grand Central verströmt mit seiner gekachelten Gewölbedecke des katalanischen Ingenieurs Rafael Guastavino jede Menge Flair. Auf der langen Speisekarte steht alles Mögliche, von Muschelsuppe über Meeresfrüchteeintopf bis hin zu in der Pfanne gebratenen Butterkrebsen. Der wahre Grund für einen Besuch dieses Restaurants sind aber zwei Dutzend verschiedene Austernvariationen.

Upper West Side & Central Park

Peacefood Cafe VEGAN $

(Karte S. 100; ☎212-362-2266; www.peacefoodcafe.com; 460 Amsterdam Ave, an der 82nd St; Hauptgerichte 12–18 US$; ⌚10–22 Uhr; ✎; Ⓢ 1 bis 79th St) In dem hellen, luftigen Paradies für Veganer kommen die beliebten Seitan-Panini (hausgemachte Focaccia mit Cashewnüssen, Käse, Rucola, Tomaten und Pesto) sowie Pizza, Platten mit geröstetem Gemüse und ausgezeichneter Quinoa-Salat aus der Küche. Zum täglichen Angebot gehören Rohkost-Specials, Energie-Säfte und reichhaltige Desserts. Gesund und gut für Mensch, Tier und Umwelt.

West 79th Street Boat Basin Café CAFÉ $

(Karte S. 100; ☎212-496-5542; www.boatbasincafe.com; W 79th St, am Henry Hudson Parkway; Hauptgerichte 14 US$; ⌚April–Okt. 11–23 Uhr, je nach Wetter; Ⓢ 1 bis 79th St) Die neuen Betreiber und ein vom Culinary Institute of America ausgezeichneter Chefkoch verleihen diesem seit Ewigkeiten beliebten Café am Wasser frischen Wind. Der Rundbau aus der Robert-Moses-Ära mit seiner eleganten Kolonnade bietet einen Blick auf Jachthafen und Hudson. Auf der Speisekarte des seit eh und je für einen Sundowner beliebten Cafés stehen jetzt auch Salate, Sandwichs, Seafood und kreatives „NYC Street Food".

Jacob's Pickles AMERIKANISCH $$

(Karte S. 100; ☎212-470-5566; www.jacobspickles.com; 509 Amsterdam Ave, zw. W 84th & 85th St; Hauptgerichte 15–26 US$; ⌚Mo–Do 10–2, Fr 10–4, Sa 9–4, So 9–2 Uhr; Ⓢ 1 bis 86th St) In dem einladenden, in warmem Licht erstrahlenden Jacob's wird aus einfachen Pickles etwas ganz Besonderes. Neben Salzgurken und anderem Eingemachten gibt's hier hochwertige Hausmannskost in großen Portionen, z. B. Wels-Tacos, in Wein geschmorte Putenkeule und Mac'n'Cheese mit Pilzen. Die *biscuits* sind grandios.

Barney Greengrass FEINKOST $$

(Karte S. 100; ☎212-724-4707; www.barneygreengrass.com; 541 Amsterdam Ave, an der W 86th St; Hauptgerichte 12–22 US$; ⌚Di–Fr 8.30–16, Sa & So 8.30–17 Uhr; Ⓢ 1 bis 86th St) Das selbst zum „King of Sturgeon" (Störkönig) ernannte Barney Greengrass serviert noch immer wie bei der Eröffnung vor 100 Jahren große Portionen Eier und Räucherlachs, Unmengen Kaviar und zartschmelzende Schoko-Babkas. Wie wär's mit einem schnellen Frühstück oder Mittagessen (in den Gängen zwischen den vollgestopften Vitrinen und Regalen stehen ein paar wackelige Tische)?

PJ Clarke's AMERIKANISCH $$

(Karte S. 100; ☎212-957-9700; www.pjclarkes.com; 44 W 63rd St, Ecke Broadway; Burger 18–26 US$, Hauptgerichte 21–26 US$; ⌚11.30–2 Uhr;

S 1 bis 66th St-Lincoln Center) Gegenüber dem Lincoln Center gelegen erfreut dieses Restaurant mit einer aufgeschlossenen Klientel, freundlichen Barkeepern und einer soliden Essensauswahl, serviert auf rotkarierten Tischdecken. Wer es eilig hat, kann sich an der Bar einen Black Angus Burger und ein Brooklyn Lager genehmigen. Die Auswahl an frischen Meeresfrüchten umfasst Muscheln (Long Island Little Neck und Cherry Stone) sowie Shrimps-Cocktails von ansehnlicher Größe.

Dovetail MODERN-AMERIKANISCH **$$$**
(Karte S. 100; 212-362-3800; www.dovetailnyc.com; 103 W 77th St, Ecke Columbus Ave; Festpreismenü 68–88 US$, Probiermenü 145 US$; Mo–Do 17.30–22, Fr & Sa 17.30–23, So 17–22 Uhr; ; S B, C bis 81st St-Museum of Natural History; 1 bis 79th St) Dieses mit einem Michelin-Stern gekürte Restaurant zeichnet sich durch Schlichtheit aus, angefangen beim Dekor (unverputzte Ziegelsteinwände, nackte Tische) bis hin zu der einfachen, saisonal wechselnden Speisekarte. Es gibt z. B. Felsenbarsch mit Topinambur und Sommertrüffeln sowie Wild mit Bacon, Rote Bete und Blattgemüse. Jeden Abend gibt es zwei siebengängige Probiermenüs: eines für Fleischfreunde (145 US$) und eines für Vegetarier (125 US$).

Burke & Wills MODERN-AUSTRALISCH **$$$**
(Karte S. 100; 646-823-9251; www.burkeandwillsny.com; 226 W 79th St, zw. Broadway & Amsterdam Ave; Hauptgerichte mittags 19–30 US$, abends 19–39 US$; Mo–Fr 12–15 & 17.30–open end, Sa & So ab 11 Uhr; S 1 bis 79th St) Dieses auf rustikale Art schöne Bistro mit Bar bringt einen Touch Outback in die Upper West Side. Auf der Speisekarte steht vor allem modern-australische Kneipenkost: saftige Känguru-Burger mit dreifach gebratenen Pommes, gegrillte Garnelen, gemischter Salat mit Grünkohl, geschmorter Schweinebauch mit Apfel-Sellerie-Salat und Meeresfrüchteplatten mit Austern, Muscheln und Krebsscheren.

Upper East Side

★ **Earl's Beer & Cheese** AMERIKANISCH **$**
(Karte S. 100; 212-289-1581; www.earlsny.com; 1259 Park Ave, zw. 97th & 98th St; Käsetoast 8 US$; So–Do 11–24, Fr & Sa 11–2 Uhr; S 6 bis 96th St) Der kleine, von Geschwistern geführte Außenposten für Hausmannskost hat es geschafft, Hipster vor das Wandgemälde mit Riesenhirsch im Wald und den ausgestopften Rammlerkopf zu locken. Einfacher Grillkäse erscheint im neuen Gewand mit Schweinebauch, Spiegelei und Kimchi. Außerdem gibt's Mac' n' Cheese (mit Ziegenkäse und knusprigem Rosmarin) und Tacos (mit geschmorter Schweineschulter und *queso fresco*).

Boqueria SPANISCH **$$**
(Karte S. 100; 212-343-2227; www.boquerianyc.com; 1460 Second Ave, zw. 76th & 77th St; Tapas 6–18 US$, Paella für zwei 38–46 US$; So–Do 12–22.30, Fr & Sa 11–23.30 Uhr; ; S 6 bis 77th St; Q bis 72nd St) Das quirlige, sehr beliebte Tapas-Lokal beschert der Upper East Side ein bisschen cooles Downtown-Flair und Leckereien wie pikante *patatas bravas,* zarten *jamon ibérico* und saftige *pulpo a la plancha* (gegrillter Tintenfisch). Der aus Barcelona stammende Chefkoch Marc Vidal ist auch für die exzellente Seafood-Paella verantwortlich. Und zu all den Leckereien sollte man sich eine Karaffe mit köstlicher Sangria bestellen.

Jones Wood Foundry BRITISCH **$$**
(Karte S. 100; 212-249-2700; www.joneswoodfoundry.com; 401 E 76th St, zw. First Ave & York Ave; Hauptgerichte mittags 16–28 US$, abends 17–34 US$; 11–23 Uhr; S Q bis 72nd St–2nd Ave) In einem länglichen Backsteingebäude – einer ehemaligen Eisenhütte – serviert der britisch angehauchte Gastropub erstklassige, in Bierteig gebackene Fish & Chips, Würstchen mit Kartoffelbrei, Lamm-Rosmarin-Pies und andere herzhafte Versuchungen. An warmen Tagen kann man sich an die Tische im Innenhof setzen.

Candle Cafe VEGAN **$$**
(Karte S. 100; 212-472-0970; www.candlecafe.com; 1307 Third Ave, zw. 74th & 75th St; Hauptgerichte 15–22 US$; Mo–Sa 11.30–22.30, So 11.30–21.30 Uhr; ; S Q bis 72nd St-2nd Ave) Wohlhabende Yoga-Freaks bevölkern das nette vegane Café und freuen sich über die lange Speisekarte mit Sandwichs, Salaten, Hausmannskost und saisonalen Specials. Die Spezialität ist hausgemachter Seitan. Zudem gibt es eine Saftbar und glutenfreie Gerichte.

★ **Tanoshi** SUSHI **$$$**
(Karte S. 100; 917-265-8254; www.tanoshisushinyc.com; 1372 York Ave, zw. E 73rd & 74th St; Sushi-Auswahl des Küchenchefs 80–100 US$; Platzvergabe Mo–Sa 18, 19.30 & 21 Uhr; S Q bis 72nd St) Es ist nicht einfach, einen der 20 Hocker in dem winzigen, äußerst beliebten Tanoshi zu ergattern. Die Location mag recht beschei-

den anmuten, aber das Essen schmeckt wirklich fantastisch. Aufgetischt wird ausschließlich Sushi, und das auch nur in Form von *omakase* (d.h. in der vom Küchenchef vorgegebenen Auswahl) – das können dann Jakobsmuscheln mit Hokkaido, Königslachs oder köstliche *uni* (Seeigel) sein. Bier, Sake oder was auch immer kann selbst mitgebracht werden. Es ist empfehlenswert, lange im Voraus zu reservieren.

Harlem & Upper Manhattan

★ Red Rooster MODERN-AMERIKANISCH **$$**
(Karte S. 100; ☎212-792-9001; www.redroosterharlem.com; 310 Malcolm X Blvd, zw. W 125th & 126th St, Harlem; Hauptgerichte 18–30 US$; ⏲Mo–Do 11.30–22.30, Fr 11.30–23.30, Sa 10–23.30, So 10–22 Uhr; Ⓢ2/3 bis 125th St) Starkoch Marcus Samuelsson verpasst in seiner quirligen, coolen Brasserie gediegener Hausmannskost das gewisse Etwas. Genauso zeitgenössisch wie die hier ausgestellten Werke von in New York lebenden Künstlern sind auch die Speisen: Käsemakkaroni tun sich hier mit Hummer zusammen, der scharf angebratene Wels vermählt sich mit eingelegter Mango und die spektakulären schwedischen Hackfleischbällchen erinnern an Samuelssons Heimat. Das Mittagsmenü für 25 US$ ist ein echtes Schnäppchen.

Dinosaur Bar-B-Que BARBECUE **$$**
(Karte S. 100; ☎212-694-1777; www.dinosaurbarbque.com; 700 W 125th St, an der Twelfth Ave, Harlem; Hauptgerichte 12,50–25 US$; ⏲Mo–Do 11.30–23, Fr & Sa 11.30–24, So 12–22 Uhr; Ⓢ1 bis 125th St) Sportler, Hipster, Mamas und Papas – alle zieht es in dieses tolle Grillrestaurant. Hier darf man sich schon mal die Finger fettig machen mit marinierten, langsam gegarten Rippchen, saftigen Steaks und üppigen Burgern. Wer auf die Figur achten will, bestellt sich ein leicht gewürztes Brathähnchen. Zu den (sehr) wenigen vegetarischen Angeboten zählt eine fantastische Version kreolisch gewürzter gefüllter Eier.

Amy Ruth's Restaurant AMERIKANISCH **$$**
(Karte S. 100; ☎212-280-8779; www.amyruths.com; 113 W 116th St, zw. Malcolm X & Adam Clayton Powell Jr Blvd, Harlem; Waffeln 10–18 US$, Hauptgerichte 14–25 US$; ⏲Mo 11–23, Di–Do 8.30–23, Fr & Sa 24 Std., So bis 23 Uhr; ⓈB/C 2/3 bis 116th St) In diesem immer gut besuchten Restaurant wird klassisches Südstaaten-Soulfood von gebratenem Wels über Mac'n'Cheese bis hin zu fluffigem Gebäck serviert. Berühmt ist das Amy Ruth's aber für seine Waffeln. Es gibt 14 verschiedene Sorten, eine davon sogar mit Shrimps. Unser Favorit ist „Rev Al Sharpton", Waffeln mit saftigem, gebratenem Hähnchenfleisch.

Brooklyn

Smorgasburg MARKT
(www.smorgasburg.com; ⏲Sa & So 11–18 Uhr) Beim größten Feinschmecker-Event in Brooklyn wird an über 100 Ständen eine unglaublich bunte Palette an Leckereien geboten: italienische Straßensnacks, Enten-Confit, indische Fladenbrot-Tacos, Burger mit gebratenen Pilzen, vegane äthiopische Hausmannkost, Meersalz-Karamell-Eiscreme, Passionsfrucht-Donuts und vieles mehr. Smorgasburg findet je nach Saison an unterschiedlichen Orten statt.

Von April bis Oktober findet der Markt derzeit samstags in Williamsburg am **Wasser** (☎718-782-2731; www.parks.ny.gov/parks/155; Kent Ave, zw. 8th & 9th St; ⏲9 Uhr–Sonnenuntergang; ⓈL bis Bedford Ave) statt, sonntags im Prospect Park an der **Lakeside** (☎718-462-0010; www.lakesideprospectpark.com; East Dr, Prospect Park, unweit Ocean Ave & Parkside Ave; Schlittschuhlaufen 6–9 US$, Schlittschuhverleih 6 US$; ⏲Mo–Do 9–17.15, Fr 9–21, Sa 11.30–21, So bis 17.15 Uhr; 👪; ⓈB/Q bis Prospect Park) und in den Wintermonaten gibt's an den Wochenenden eine kleinere Indoor-Version in One Hanson Place in Fort Greene.

★ Dough BÄCKEREI **$**
(☎347-533-7544; www.doughdoughnuts.com; 448 Lafayette Ave, Ecke Franklin Ave, Clinton Hill; Donuts um die 3 US$; ⏲6–21 Uhr; 📶; ⓈG bis Classon Ave) Dieser winzige Laden befindet sich an der Grenze zwischen Clinton Hill und Bed-Stuy. Er liegt zwar etwas abseits, ist für Backwarensüchtige aber ein absolutes Muss. Die lockeren Donuts werden in unzählig viele unterschiedliche Glasuren getunkt, z.B. Pistazie, Blutorange und Hibiskus. Nahezu göttliche Donuts für jeden Geschmack!

Chuko JAPANISCH **$**
(☎347-425-9570; www.chukobk.com; 565 Vanderbilt Ave, Ecke Pacific St, Prospect Heights; Ramen 15 US$; ⏲12–15 & 17.30–23 Uhr; 🖊; ⓈB/Q bis 7th Ave; 2/3 bis Bergen St) Mit dem modern-minimalistisch eingerichteten Ramenlokal haben erstklassige Nudeln in Prospect Heights Einzug gehalten. Dampfende Schüsseln mit auf den Punkt gekochten Nudeln werden in einer der vielen herrlich duftenden Brühen

(mit Schwein oder auch vegetarisch) serviert. Auch die Vorspeisen sind sehr lecker, besonders die aromatischen Hühnchenflügel mit Salz und Pfeffer.

Nathan's Famous HOTDOGS $
(☎718-333-2202; www.nathansfamous.com; 1310 Surf Ave, Ecke Stillwell Ave, Coney Island; Hotdog ab 4 US$; ⊙10–24 Uhr; S D/F bis Coney Island-Stillwell Ave) Da der Hotdog 1867 auf Coney Island erfunden wurde, ist es einfach ein Muss, hier einen davon zu essen. Und das tut man bereits seit 1916 am besten bei Nathan's Famous. Die Hotdogs sind wirklich ihr Geld wert. Auf der Speisekarte steht außerdem die ganze Palette von gebratenen Muscheln bis hin zu Chicken Fingers.

Hungry Ghost CAFÉ $
(☎718-797-3595; www.hungryghostbrooklyn.com/; 781 Fulton St; Sandwichs ab 7 US$, Frühstück ab 3 US$, Kaffee ab 3 US$; ⊙7–21 Uhr; S G bis Fulton Street; C bis Lafayette Ave) In nur wenigen Jahren hat es der Hungry Ghost geschafft, sich einen Namen als bestes Café in North Brooklyn zu machen. Das Interieur ist umwerfend minimalistisch und passt genau zu dem unprätentiösen Aroma des hier servierten starken Kaffees. Im Angebot sind außerdem Gebäck, hausgemachte Sandwichs, und was sonst noch so zu Kaffee passen könnte.

Green Grape Annex AMERIKANISCH $
(www.greenegrape.com/annex; 753 Fulton St; Hauptgerichte 7–9 US$; ⊙Mo–Do 7–21, Fr 7–22, Sa 8–22, So 8–21 Uhr; S G bis Fulton Ave; C bis Lafayette Ave) Lust auf einen schnellen, perfekt zubereiteten, hochqualitativen Kaffee oder etwas Herzhaftes? Das Green Grape Annex ist ein nett eingerichtetes Café in Fort Greene. Es ist in einem großen, hellen Raum untergebracht, in dem man fast immer einen Platz findet. Neben einer großen Auswahl an Gerichten und Getränken bekommt man hier auch Bier und Wein.

67 Burger BURGER $
(☎718-797-7150; www.67burger.com; 67 Lafayette Ave, Brooklyn; Burger ab 8 US$; ⊙Mo–Do 11.30–22, Fr & Sa 11.30–23 Uhr; S G bis Fulton Street) Wenn es ein Lokal gibt, das Shake Shack den Kampf ansagen kann, dann ist es 67 Burger. Zur Auswahl stehen Burger-Spezialitäten wie Parisian (mit sautierten Zwiebeln, Pilzen und Dijonsenf) oder Oaxaca (Avocado, Cheddar und hausgemachte Chipotle-Mayo). Man kann sich aber auch einen dicken, leckeren Messie-Burger zusammenstellen.

★ **Pok Pok** THAI $$
(☎718-923-9322; www.pokpokny.com; 117 Columbia St, Ecke Kane St, Columbia Street Waterfront District; Platten für mehrere Personen 12–20 US$; ⊙Mo–Fr 17.30–22, Sa & So ab 12 Uhr; S F bis Bergen St) Andy Ricker's New Yorker Filiale ist ein Riesenerfolg und begeistert seine Gäste mit einem vielfältigen und komplexen Speisenangebot, das von den Straßensnacks Nordthailands inspiriert ist. Chicken Wings mit einer feurigen Fischsauce, scharfer Papayasalat mit gesalzener Schlammkrabbe, Salat aus gegrillten Auberginen mit rauchigem Aroma und Schweinebauch mit Ingwer, Kurkuma und Tamarinde sind nur einige der einzigartigen Gerichte. Die Location ist nett und etwas heruntergekommen. Im Voraus reservieren!

Nick's Lobster House SEAFOOD $$
(☎718-253-7117; www.nickslobsterhouse.com; 2777 Flatbush Ave, Brooklyn; Hauptgerichte ab 18 US$; ⊙Di–Do 14–22, Fr 12–23, Sa 11–23, So 11–22 Uhr) Nettes Lokal direkt am Wasser im Brooklyner Viertel Mill Basin. Auf der Speisekarte steht einfaches, aber perfekt zubereitetes Seafood à la Northeast: Hummerschwanzsuppe, Gegrilltes und natürlich Hummer. In dem Restaurant mit Schanklizenz kommt man von jedem Platz in den Genuss eines grandiosen Blicks aufs Wasser.

Sidecar AMERIKANISCH $$
(☎718-369-0077; http://sidecarbrooklyn.com/; 560 5th Ave, Brooklyn; Hauptgerichte 14–27 US$; ⊙Mo–Mi 18–2, Do 18–4, Fr 15–4, Sa 11–4, So 11–2Uhr; S F/G/R bis 4th Ave-9th St; R bis Prospect Ave) Bessere typisch amerikanische Gerichte als im Sidecar gibt's wohl nirgendwo. Das stimmungsvolle Restaurant serviert einfache Klassiker mit modernem Touch, z. B. Brathähnchen mit pikantem Wurzelpüree und sautiertem Grünkohl. Und wie wär's mit einem Cocktail dazu? Wer will, kann sich auch an die Bar setzen und nur etwas trinken.

Zenkichi JAPANISCH $$
(☎718-388-8985; www.zenkichi.com; 77 N 6th St, an der Wythe Ave, Williamsburg; kleine Teller 7–18 US$ Probiermenü 75 US$; ⊙Mo–Sa 18–24, So 17.30–23.30 Uhr; S L bis Bedford Ave) Das Zenkichi ist ein Tempel der feinen japanischen Küche. Es serviert in einem stimmungsvollen Ambiente, das Feinschmecker aus Nah und Fern anlockt, schön zubereitete Gerichte. Empfehlenswert ist das *omakase*, ein saisonales achtgängiges Probiermenü mit Highlights wie Winterobst mit Tofu-Sauce

und frittiertem Suzuki-Felsenbarsch, Zwiebeln und Karotten mit einer süßen, reichhaltigen Vinaigrette mit Chilipfeffer drauf.

Rabbit Hole MODERN-AMERIKANISCH **$$**

(☎ 718-782-0910; www.rabbitholerestaurant.com; 352 Bedford Ave, zw. S 3rd & S 4th St, Williamsburg; Frühstück 10–14 US$, Abendessen 13–22 US$; ⏲ 9–23 Uhr; ✎; Ⓢ L bis Bedford Ave; J/M/Z bis Marcy Ave) Das sehr nette Rabbit Hole ist ein einladendes Restaurant in South Williamsburg, in dem man wunderbar Zuflucht suchen kann, besonders wenn es um das Frühstück (bis 17 Uhr) geht. Im vorderen Bereich kann man einen guten Kaffee und leckere hausgemachte Backwaren genießen. Hinten oder im Garten kann man ganz entspannt cremige Eggs Benedict oder frisches Obst und Müsli futtern.

Buttermilk Channel AMERIKANISCH **$$**

(☎ 917-832-8490; www.buttermilkchannelnyc.com; 524 Court St; Hauptgerichte Brunch 8–18 US$, abends 16–28 US$; ⏲ Mo–Mi 11.30–22, Do 11.30–23, Fr 11.30–24, Sa 10–24, So 10–22 Uhr; tgl. von 15–17 Uhr geschl.; Ⓢ F/G bis Smith and 9th St) Was gibt es Besseres als ein knuspriges Brathähnchen oder eine pikante Platte mit Eiern, Lachs und Frühlingszwiebeln? Im Buttermilk Channel werden zum Brunch und abends einfache, aber perfekt zubereitete Menüs serviert. Die lange Cocktailkarte mit Bloody Mary zum Brunch allein lohnt schon den Besuch in diesem Lokal, sie rundet die tolle kulinarische Erfahrung ab.

Olea MEDITERRAN **$$$**

(☎ 718-643-7003; www.oleabrooklyn.com; 171 Lafayette Ave, Brooklyn; Hauptgerichte 24–32 US$; ⏲ Mo–Do 10–23, Fr & Sa 10–24 Uhr; Ⓢ G bis Fulton Street; G/C bis Clinton-Washington) Das Olea ist ein betriebsames mediterranes Restaurant mit zauberhaftem Interieur und Speisen von Weltklasse. Auf der Abendkarte stehen cremige Paellas und leichte, köstliche, vegetarische Pasta, wohingegen es zum Brunch herkömmliche mediterrane Gerichte wie Lamm-Hackbraten gibt. Wer nur eine Kleinigkeit essen möchte, findet auf der Tapaskarte bestimmt das Passende.

Die Bronx

Tony's Pier SEAFOOD **$**

(☎ 718 885-1424; 1 City Island Ave, Bronx; Seafood ab 16 US$; ⏲ Mo–Do 11.30–23.30, Fr–So 11.30–1 Uhr; 🚌 Bx29) In diesem Lokal gibt's die Meeresfrüchte gebraten oder frittiert in einer Papiertüte mit Dip nach Wahl. Tony's Pier liegt direkt am Wasser und – wie der Name vermuten lässt – auf einem langen Pier mit tollem Blick auf den Long Island Sound. Hier sollte man sich zumindest ein Bier oder ein schaumiges Mixgetränk gönnen.

Ohne Auto zur City Island zu kommen, mag etwas abschrecken, ist aber möglich! Aus der Bronx kommt man mit Bus Bx29 auf die Insel. Dieses Ziel ist die Mühe wert.

Queens

★ Pye Boat Noodle THAI **$**

(☎ 718-685-2329; 35-13 Broadway, Astoria; Nudeln 10–13 US$; ⏲ 11.30–22.30, Fr & Sa bis 23 Uhr; ✎; Ⓢ N/W bis Broadway; M, R bis Steinway) Junge Thai-Kellnerinnen mit Filzhut begrüßen die Gäste in dem niedlichen Restaurant, das wie ein Landhaus aus alter Zeit eingerichtet ist. Spezialität des Hauses sind die reichhaltigen, mit Sternanis gewürzten *boat noodles* mit knusprigem Schwein. Außerdem gibt's leckere *yen ta fo*, eine milde, rosafarbene Meeresfrüchtesuppe, die in NYC nur selten zu finden ist. Dazu passt ein Papaya-Salat (mit einer Extra-Portion fermentiertem Krebsfleisch).

★ Golden Shopping Mall CHINESISCH **$**

(41-36 Main St, Flushing; Gerichte ab 3 US$; ⏲ 10–21.30 Uhr; Ⓢ 7 bis Flushing-Main St) Der Food-Court im Erdgeschoss der Golden Mall, ein chaotisches Wirrwarr aus herabhängenden Enten, fliegenden Nudeln und schmierigen Kunststofftischen, bietet fantastisches Imbissessen. Man sollte sich nicht vom Fehlen englischsprachiger Speisekarten abschrecken lassen. An den meisten Ständen arbeitet mindestens eine Person, die englisch kann. Aber auch Stammgäste helfen gern mit Empfehlungen aus, seien es handgezogene Lanzhou-Nudeln oder pikante Schweineohren.

Nan Xiang Xiao Long Bao DUMPLINGS **$**

(☎ 718-321-3838; 38-12 Prince St, Queens; Dumplings 5,50 US$; ⏲ 8–1 Uhr; Ⓢ 7 bis Main St.) Saftige, schmackhafte Dumplings, dicke, klebrige Nudeln, scharfe Wan Tans – im Nan Xiang Xiao Long Bao gibt's wirklich alles, was man in einem Dumpling-Lokal erwartet. In dem einfachen Restaurant herrscht in der Regel ziemlich viel Trubel, aber die Gäste halten sich nicht allzu lange hier auf, und das Essen wird schnell serviert. Ideal für ein üppiges Mahl im Freundeskreis.

Rockaway Surf Club TACOS **$$**

(www.rockawaybeachsurfclub.com; 302 Beach 87th St; 3,50 US$, Cocktails 9 US$; ⏲ 12–23 Uhr) Auf der Rockaway Peninsula gibt's mit die besten Tacos der Stadt. Der Rockaway Surf Club erinnert an die kalifornischen Taquerias am Strand. Drinnen gibt's eine Bar, draußen einen großen Essbereich mit Bedienung, die die Bestellungen aufnimmt. Für Surfer oder Sonnenanbeter ist es der perfekte Ort nach einem langen Tag am Strand.

Casa Enrique MEXIKANISCH **$$**
(☎347-448-0640; www.henrinyc.com/casa-enrique.html; 5-48 49th Ave, Long Island City; Hauptgerichte 18–28 US$; ⏰Mo–Fr 17–23.30, Sa & so 11–15.45 & 17–23 Uhr; Ⓢ7 bis Vernon Blvd; G bis 21st St/Van Alst) Man sollte sich von der langweiligen Fassade des Casa Enrique nicht abschrecken lassen, denn das vornehme Lokal hat einen Michelin-Stern und serviert das beste mexikanische Essen in New York City. Auf der Speisekarte stehen unzählige traditionelle mexikanische Speisen – *Chile relleno*, *Carne asada* und viele verschiedene Mole-Saucen. Und natürlich wird hier alles mit absoluter Perfektion zubereitet. Da es nur wenige Plätze gibt, ist es empfehlenswert, rechtzeitig einen Tisch zu reservieren.

Alobar AMERIKANISCH **$$**
(☎718-752-6000; http://www.alobarnyc.com/; 46-42 Vernon Blvd, Long Island City; Hauptgerichte abends 22–29 US$, Brunch 12–16 US$; ⏰Di & Mi 17–21.30, Do 17–22, Fr 17–23, Sa 11–23, So 11–21 Uhr; ⓈE, M bis Court Square, 23rd St; 7 bis Vernon Blvd-Jackson Ave, G bis 21st St-Van Alst Station) Das große, luftige Alobar befindet sich im trendigen Viertel Hunter's Point in Long Island City, Queens, und passt perfekt in diesen Kiez. Hier kommen klassische amerikanische Gerichte wie Muscheln und Schweinekoteletts aus der Küche. Oder wie wär's mit einem leckeren Brunch oder dem in Brooklyner Muss, den *huevos rancheros*?

Ausgehen & Nachtleben

Die Stadt bietet Trinklokale jeder Art, von hippen Cocktail-Lounges und alten Kneipen bis hin zu Craft-Bier-Schenken und Kaffeehäusern der dritten Generation, und dazu noch die legendäre Clubszene, von Promi-Spielwiesen bis hin zu Indie-Schuppen. Das Hauptausgehviertel der Stadt, die niemals schläft, sind Downtown und Brooklyn.

Financial District & Lower Manhattan

★**Dead Rabbit** COCKTAILBAR
(Karte S. 84; ☎646-422-7906; www.deadrabbitnyc.com; 30 Water St, zw. Broad St & Coenties Slip; ⏰Taproom 11–4 Uhr, Parlor Mo–Sa 17–2, So 17–24 Uhr; ⓈR/W bis Whitehall St; 1 bis South Ferry) Die nach einer gefürchteten irisch-amerikanischen Gang benannte Bar wird regelmäßig zu den besten der Welt gekürt. In dem Taproom mit Sägemehl auf dem Fußboden gibt's Bierspezialitäten, Mixgetränke nach altbewährtem Rezept sowie *pop-inns* (Ale mit Hopfennote und verschiedenen Geschmacksnoten). Abends zieht es die Gäste nach oben in den gemütlichen Parlor, in dem köstliche Cocktails kredenzt werden.

Smith & Mills COCKTAILBAR
(Karte S. 84; ☎212-226-2515; www.smithandmills.com; 71 N Moore St, zw. Hudson & Greenwich St; ⏰So–Mi 11–2, Do–Sa 11–3 Uhr; Ⓢ1 bis Franklin St) Das kleine Smith & Mills erfüllt alle Coolness-Kriterien: kein Schild vor der Tür, ein Interieur im Industrie-Look und fachkundig gemixte Cocktails mit einem Hang zu Klassikern. Es gibt nicht viel Platz, wer also auf einer bequemen Sitzbank Platz nehmen möchte, sollte früh da sein. Auf der saisonalen Karte stehen Snacks und ein superleckerer Burger mit karamellisierten Zwiebeln.

Cowgirl Seahorse BAR
(Karte S. 84; ☎646-362-0981; http://cowgirlseahorse.com/; 259 Front St; ⏰Mo–Do 11–23, Fr 11–24, Sa 10–24, So 10–23 Uhr; Ⓢ2/3/4/5/6 bis Brooklyn Bridge-City Hall) In dem Meer sehr seriöser Bars und Restaurants ist das Cowgirl Seahorse ein Party-Schiff mit viel Nautischem und perfektem Baressen – riesige Nacho-Platten mit dampfendem Fleisch und Frozen Margaritas, die so süß und zugleich würzig sind, dass man einem zweiten Glas kaum widerstehen kann. Einfach ein wunderbarer Ort zum Chillen.

Keg No 229 BIERHALLE
(Karte S. 84; ☎212-566-2337; www.kegno229.com; 229 Front St, zw. Beekman St & Peck Slip; ⏰So–Mi 11–24, Do–Sa 11–1 Uhr; ⓈA/C, J/Z, 2/3, 4/5 bis Fulton St; R/W bis Cortlandt St) Von Butternuts Pork Slap bis hin zu New Belgium Fat Tire – die unzähligen Fass-, Flaschen- und Dosenbiere sind das Who's Who amerikanischer Craft-Biere. Alle, die nicht mitzählen wollen, können „selbst zapfen", eine witzige, möglicherweise aber auch kostspielige Angelegenheit.

Terroir Tribeca WEINBAR
(Karte S. 84; ☎212-625-9463; www.wineisterroir.com; 24 Harrison St, an der Greenwich St; ⏰Mo & Di 16–24, Mi–Sa 16–1, So 16–23 Uhr; Ⓢ1 bis Franklin St) Das preisgekrönte Terroir hält Weinlieb

haber mit seinen gut sortierten, preiswerten Weinen bei Laune (die ausgefallene, unterhaltsame Weinkarte muss man einfach studieren). Die Tropfen stammen aus der Alten und der Neuen Welt, darunter Bioweine und Rebsäfte von kleinen Erzeugern. Viele Weine sind auch glasweise erhältlich und somit genau das Richtige für eine Weinweltreise. Es gibt eine frühe und eine späte Happy Hour.

SoHo & Chinatown

Pegu Club COCKTAILBAR

(Karte S. 90; ☎212-473-7348; www.peguclub.com; 77 W Houston St, zw. W Broadway & Wooster St; ⏲So–Mi 17–2, Do–Sa 17–4 Uhr; S B/D/F/M bis Broadway-Lafayette St; C/E bis Spring St) Der dunkle, elegante Pegu Club (benannt nach einem legendären Herrenclub aus der Kolonialzeit in Rangun) ist ein absolutes Muss für Cocktailkenner. Auf weichen Samtsofas genießen die Gäste perfekte Mixturen wie den samtweichen Earl Grey MarTEAni (Gin mit Tee, Zitronensaft und rohem Eiweiß). Die Gaumenfreuden sind mitunter asiatisch angehaucht, darunter Wan-Tans mit Entenfüllung sowie Mandalay-Kokos-Shrimps.

Spring Lounge BAR

(Karte S. 90; ☎212-965-1774; www.thespringlounge.com; 48 Spring St, an der Mulberry St; 8–4, So 12–4 Uhr; S 6 bis Spring St; R/W bis Prince St) Dieser neonrote Rebell hat sich seinen Spaß nie verderben lassen. In Zeiten der Prohibition wurde hier eimerweise Bier verkauft. In den 1960er-Jahren diente der Keller als Spielhölle. Heute beruht sein Ruhm auf seinen verrückten ausgestopften Haien, Stammkunden, die schon morgens einen kippen, und nächtlicher, allumfassender Partystimmung. Die Bar ist genau das Richtige für den Absacker nach einer Kneipentour.

Genuine Liquorette COCKTAILBAR

(Karte S. 90; ☎212-726-4633; www.genuineliquorette.com; 191 Grand St, an der Mulberry St; ⏲Di & Mi 18–24, Do–Sa 18–2 Uhr; S J/Z, N/Q/R/W, 6 bis Canal St; B/D bis Grand St) Wie könnte man eine quirlige Kellerbar mit Cocktails aus der Dose und Toiletten mit Farah-Fawcett-Motto nicht mögen? Man kann sich sogar Flaschen und Mixer greifen und seine eigenen Drinks herstellen (die Flaschen werden vorher und nachher gewogen). Am Ruder steht der erfolgreiche Mixexperte Eben Freeman, der regelmäßig New Yorks beste Barkeeper einlädt, um hier Cocktails aus weniger begehrten Spirituosen zuzubereiten.

Mulberry Project COCKTAILBAR

(Karte S. 90; ☎646-448-4536; www.mulberryproject.com; 149 Mulberry St, zw. Hester & Grand St; ⏲So–Do 18–2, Fr & Sa 18–4 Uhr; S N/Q/R, J/Z, 6 bis Canal St) Die intime, große Cocktailbar versteckt sich hinter einer nicht beschilderten Tür und ist mit ihrem stimmungsvollen „Gartenpartyhof" eine der besten Locations im Viertel zum Chillen. Cocktails nach Wunsch sind die Spezialität des Hauses. Man muss dem Barkeeper nur seine Vorlieben mitteilen und der erledigt dann den Rest. Hungrige können zwischen verschiedenen Kleinigkeiten wählen, u. a. Pfirsichsalat mit Pecorino.

Apothéke COCKTAILBAR

(Karte S. 84; ☎212-406-0400; www.apothekenyc.com; 9 Doyers St; ⏲Mo–Sa 18.30–2, So 20–2 Uhr; S J/Z bis Chambers St; 4/5/6 bis Brooklyn Bridge-City Hall) Es ist nicht ganz leicht, die ehemalige Opiumhöhle und spätere Apotheke in der Doyers St zu finden. Drinnen mixen erfahrene Barkeeper wie umsichtige Apotheker aus saisonalen Erzeugnissen vom Markt starke, schmackhafte Rezepturen. Das Verhältnis der einzelnen Zutaten ist immer genau richtig, beispielsweise die Ananas-Koriander-Mischung im Sitting Buddha, einem der besten Drinks auf der Cocktailkarte.

East Village & Lower East Side

Bar Goto BAR

(Karte S. 90; ☎212-475-4411; www.bargoto.com; 245 Eldridge St, zw. E Houston & Stanton St; ⏲Di–Do & So 17–24, Fr & Sa 17–2 Uhr; S F bis 2nd Ave) Der eigenwillige Mixkünstler Kenta Goto fesselt Cocktailkenner in seiner angesagten Bar. Hier gibt's toll zubereitete, elegante Drinks, die auf Kotos japanische Herkunft anspielen (der Sakura Martini mit Sake ist umwerfend). Dazu werden authentische japanische Kleinigkeiten wie *okonomiyaki* (herzhafte Pfannkuchen) serviert.

Berlin CLUB

(Karte S. 90; ☎646-827-3689; 25 Ave A, zw. First & Second Ave; ⏲20–4 Uhr; S F bis 2nd Ave) Das Berlin, unter den immer weiter gentrifizierten Straßen des East Village wie ein Geheimbunker versteckt, ist eine Zeitreise zurück in die turbulenteren Tage des Viertels. Wenn man den nicht gekennzeichneten Eingang gefunden hat, geht's hinunter in den grottenartigen Raum mit Backstein-

Gewölbedecke, einer langen Bar und winziger Tanzfläche, auf der man nach funkigen, ausgefallenen Grooves abtanzen kann.

Angel's Share BAR

(Karte S. 90; ☎ 212-777-5415; 1. OG, 8 Stuyvesant St, unweit Third Ave & E 9th St; ⌚ So–Mi 18–1.30, Do–Sa 18–2.30 Uhr; Ⓢ 6 bis Astor Pl) In diesem verborgenen Juwel hinter einem japanischen Restaurant auf dem gleichen Stockwerk ist frühes Erscheinen angesagt. Bleiben darf nämlich nur, wer einen Tisch oder einen Platz an der Theke ergattert hat – und die sind schnell weg. In der ruhigen, eleganten Bar mixen talentierte Barkeeper kreative Cocktails. Außerdem gibt's eine fantastische Auswahl an Whiskeys.

Ten Bells BAR

(Karte S. 90; ☎ 212-228-4450; www.tenbellsnyc.com; 247 Broome St, zw. Ludlow St & Orchard St; ⌚ Mo–Fr 17–2, Sa & So ab 15 Uhr; Ⓢ F bis Delancey St, J/M/Z bis Essex St) Diese bezaubernde, versteckt liegende Tapasbar erinnert mit den flackernden Kerzen, dunklen Zinndecken und der U-förmigen Bar von innen an eine Grotte und ist der ideale Ort, um mit neuen Freunden ins Gespräch zu kommen.

Wayland BAR

(Karte S. 90; ☎ 212-777-7022; www.thewaylandnyc.com; 700 E 9th St Ecke Ave C; ⌚ 17–4 Uhr; Ⓢ L bis 1st Ave) Weiß getünchte Wände, verwitterte Holzböden und aus dem Müll gerettete Lampen verleihen dieser Kneipe Mississippi-Flair. Dazu passt dann auch die Livemusik (Bluegrass, Jazz, Folk), die montag- bis mittwochabends geboten wird. Die größte Anziehungskraft üben aber die Drinks aus. Wie wär's mit „I Hear Banjos", der mit *apple-pie moonshine*, Roggenwhiskey und Apfelholz-Rauch hergestellt wird und wie ein Lagerfeuer (wenn auch weniger feurig) schmeckt?

Rue B BAR

(Karte S. 90; ☎ 212-358-1700; www.ruebnyc188.com; 188 Ave B, zw. E 11th & 12th St; ⌚ 12–4 Uhr; Ⓢ L bis 1st Ave) In der winzigen, bernsteinfarben beleuchteten Kneipe auf der Barmeile in der Ave B spielen jeden Abend ab ca. 20.30 Uhr Jazz- oder Rockabilly-Bands. Das Publikum ist jung und feierlustig und der Laden so klein, dass man aufpassen muss, nicht auf dem Schoß des Posaunisten zu landen. Schwarz-Weiß-Fotos mit den Großen des Jazz und anderer New Yorker Idole tragen darüber hinaus zu der tollen Stimmung bei.

Webster Hall CLUB

(Karte S. 90; ☎ 212-353-1600; www.websterhall.com; 125 E 11th St, unweit Third Ave; ⌚ Do–Sa 22–4 Uhr; Ⓢ L, N/Q/R/W, 4/5/6 bis 14th St-Union Sq) Die Webster Hall, ein Urgestein der Dancehalls gibt es schon so lange (die ersten Veranstaltungen fanden hier 1886 statt), dass sie in 2008 unter Denkmalschutz gestellt wurde. Gemäß des alten Sprichworts „Man soll nicht reparieren, was nicht kaputt ist" gibt's hier preiswerte Drinks, Billardtische und auf der Tanzfläche ausreichend Platz, um so richtig ins Schwitzen zu kommen.

NYC FÜR SCHWULE UND LESBEN

Von Händchen haltenden Ehepaaren auf den Straßen von Hell's Kitchen bis hin zum in Regenbogenfarben leuchtenden Empire State Building anlässlich des NYC Pride gehört New York ganz ohne Frage zu den großen Schwulen- und Lesbengemeinden der Welt. Nur wenige Orte können es mit der Vielfalt und Angebotsfülle der hiesigen Queer-Szene aufnehmen, von Variétés und Clubs bis hin zu Festivals und Lesungen.

Nützliche Infos für Touristen stehen in der Online-Version und der gedruckten Fassung der beliebten Führer *Next Magazine* und *Get Out!*. Die Gay City News (www.gaycitynews.nyc) enthalten Interessantes und Aktuelles sowie Kunst- und Reiseberichte.

West Village, Chelsea & Meatpacking District

Employees Only BAR

(Karte S. 90; ☎ 212-242-3021; www.employeesonlynyc.com; 510 Hudson St, zw. W 10th & Christopher St; ⌚ 18–4 Uhr; Ⓢ 1 bis Christopher St-Sheridan Sq) Die Bar versteckt sich hinter der Neonreklame mit der Aufschrift „Psychic". Die Barkeeper sind Meister ihres Fachs und mixen verrückte Kreationen wie Ginger Smash und Mata Hari mit Suchtpotenzial. Nachteulen werden die Bar lieben, nicht nur wegen der Drinks, sondern auch weil es im dazugehörigen Restaurant bis 3.30 Uhr hausgemachte Hühnersuppe gibt. Je später der Abend, desto voller die Bar.

Happiest Hour COCKTAILBAR

(Karte S. 90; ☎ 212-243-2827; www.happiesthournyc.com; 121 W 10th St, zw. Greenwich St & Sixth Ave; ⌚ Mo–Fr 17 Uhr–open end, Sa & So ab 14 Uhr; Ⓢ A/C/E, B/D/F/M bis W 4th St-Washington

Sq; 1 bis Christopher St-Sheridan Sq) Die supercoole Cocktailbar im Südseestil wartet mit Palmendrucken, 1960er-Jahre-Pop und verspielten Mixgetränken auf. Das Publikum besteht aus After-Work-Schlipsträgern und Online-Datern. Im Geschoss darunter befindet sich die seriöse Schwester **Slowly Shirley**, ein unterirdischer Art-déco-Tempel, in dem gut zubereitete, sorgfältig ausgewählte Drinks serviert werden.

Buvette WEINBAR

(Karte S. 90; ☎212-255-3590; www.ilovebuvette.com; 42 Grove St zw. Bedford St & Bleecker St; ⊙Mo–Fr 7–2, Sa & So ab 8 Uhr Uhr; Ⓢ1 bis Christopher St-Sheridan Sq; A/C/E, B/D/F/M bis W 4th St–Washington Sq) Die rustikal-schicke Einrichtung hier (fein gearbeitete Zinnplättchen und eine auffällige Marmortheke) machen die Bar zur perfekten Adresse für ein Glas Wein, egal zu welcher Tages- oder Nachtzeit. Am besten lässt man sich komplett auf das Flair der selbsternannten *gastrotèque* ein, schnappt sich einen Tisch und bestellt sich zum europäischen Wein (vor allem aus Frankreich und Italien) noch einen leckeren Snack.

Le Bain CLUB

(Karte S. 94; ☎212-645-7600; www.standardhotels.com; 444 W 13th St, zw. Washington St & Tenth Ave; ⊙Mi–Fr 22–4, Sa 14–4, So 14–24 Uhr; ⓈA/C/E, L bis 14th St-8th Ave) In der großen Dachbar des fürchterlich hippen Standard-Hotels tummeln sich schrille Partygänger, die ihr Ding jeden Tag in der Woche durchziehen. Zu erwarten sind im Le Bain ein umwerfender Blick auf die Skyline, ein riesiges Jacuzzi, das in die Tanzfläche eingelassen ist, und die unterschiedlichsten Gäste, die sich gern mit teurem Alkohol betrinken.

Stonewall Inn SCHWULE

(Karte S. 90; ☎212-488-2705; www.thestonewallinnnyc.com; 53 Christopher St; ⊙14–4 Uhr; Ⓢ1 bis Christopher St-Sheridan Sq) Die im Stonewall-Aufstand von 1969 eine wichtige Rolle spielende Bar wird wegen ihrer historischen Bedeutung fast schon als Pilgerstätte angesehen. Allabendlich kommen die unterschiedlichsten Leute zu den Partys, die für jeden unter dem schwul-lesbischen Regenbogen etwas zu bieten haben. Die Bar ist absolut nicht trendy, sondern vielmehr eine einladende, normale Kneipe, die man ohne ihre Vergangenheit leicht übersehen würde.

Henrietta Hudson LESBEN

(Karte S. 90; ☎212-924-3347; www.henriettahudson.com; 438 Hudson St; ⊙16–4 Uhr; Ⓢ1 bis Houston St) Junge Frauen aller Art, viele aus dem benachbarten New Jersey und Long Island, stürmen diese schicke Bar, in der unterschiedliche Themenabende mit DJs auf dem Programm stehen, die einem bestimmten Musikstil (Hip-Hop, House, Rock) frönen. Die in Brooklyn geborene Betreiberin Lisa Canistraci ist eine beliebte Förderin der Welt des lesbischen Nachtlebens und stürzt sich oft selbst ins Getümmel.

Marie's Crisis BAR

(Karte S. 90; ☎212-243-9323; 59 Grove St, zw. Seventh Ave & Bleecker St; ⊙Mo–Do 16–3, Fr & Sa 16–4, So 16–24 Uhr; Ⓢ1 bis Christopher St-Sheridan Sq) Alternde Broadway-Queens, schwule Großstadtneulinge, kichernde Touristen und diverse andere Musicalfans stehen um das Klavier und singen abwechselnd kitschige Songs. Oft grölt der ganze Laden mit – und manchmal sogar ein Promi. Es ist ein richtig schöner altmodischer Spaß. Egal wie erschöpft man reingeht, man kommt bestimmt begeistert wieder raus.

Union Square, Flatiron District & Gramercy

★ **Flatiron Lounge** COCKTAILBAR

(Karte S. 94; ☎212-727-7741; www.flatironlounge.com; 37 W 19th St, zw. Fifth & Sixth Ave; ⊙Mo–Mi 16–2, Do 16–3, Fr 16–4, Sa 17–4 Uhr; 📶; ⓈF/M, R/W, 6 bis 23rd St) Wer den dramatischen Bogen durchschritten hat, gelangt in dunkle, vom Art-déco inspirierte Räumlichkeiten mit lippenstiftroten Sitznischen, flotten Jazz-Klängen und einem schicken Publikum, das sich an saisonalen Drinks labt. Lecker ist z. B. der Lincoln Tunnel (dunkler Rum, Apfelschnaps, Ahornsirup und Magenbitter). Zur Happy Hour (wochentags 16–18 Uhr) kosten die Cocktails nur 10 US$.

Birreria BIERHALLE

(Karte S. 94; ☎212-937-8910; www.eataly.com; 200 Fifth Ave, an der W 23rd St; ⊙So–Do 11.30–23, Fr & Sa11.30–24 Uhr; ⓈR/W, F/M, 6 bis 23rd St) Das I-Tüpfelchen des italienischen Feinschmeckermarktes Eataly (S. 125) ist sein zwischen den Bürotürmen des Flatiron versteckter Biergarten auf dem Dach. Auf der Bierkarte in enzyklopädischen Ausmaßen stehen einige der besten Brauerzeugnisse der Welt. Wer Hunger hat, kann sich die in Bier (worin sonst) geschmorte Schweineschulter bestellen oder etwas von der je nach Saison wechselnden Speisekarte des hiesigen Pop-Up-Restaurants wählen (Hauptgerichte 17–37 US$).

Der Aufzug zum Dach versteckt sich bei den Kassen auf der zur 23rd St gewandten Seite des Geschäfts.

Raines Law Room COCKTAILBAR

(Karte S. 94; www.raineslawroom.com; 48 W 17th St, zw. Fifth & Sixth Ave; ⌚ Mo–Mi 17–2, Do–Sa 17–3, So 19–1 Uhr; Ⓢ F/M bis 14th St, L bis 6th Ave, 1 bis 18th St) Ein Meer aus Samtvorhängen und Ledersesseln, das perfekte Maß an Backsteinelementen und fachmännisch gemixte Cocktails unter Verwendung bestens gealterter Spirituosen – wenn es um gediegene Atmosphäre geht, bleibt hier nichts dem Zufall überlassen. Reservierungen (empfohlen) sind nur sonntags bis dienstags möglich. Doch egal, wann man sich in eine weitaus opulentere Epoche entführen lassen möchte, man sollte sich unbedingt aufbrezeln.

Pete's Tavern BAR

(Karte S. 94; ☎ 212-473-7676; www.petestavern.com; 129 E 18th St, am Irving Pl; ⌚ 11–2.30 Uhr; Ⓢ 4/5/6, N/Q/R/W, L bis 14th St-Union Sq) Die dunkle, stimmungsvolle Kneipe mit Spiegeln, Presszinndecke und Rosenholztheke aus dem 19. Jh. ist ein New Yorker Klassiker. Hier gibt's gute Prime-Rib-Burger und 17 verschiedene Biere vom Fass. Das Publikum ist recht gemischt: Paare, die nach einem Theaterbesuch hereinschneien, treffen auf irische Einwanderer, NYU-Studenten und manchmal auch auf einen Promi, wie die Fotos bei den Toiletten zeigen.

Old Town Bar & Restaurant BAR

(Karte S. 94; ☎ 212-529-6732; www.oldtownbar.com; 45 E 18th St, zw. Broadway & Park Ave S; ⌚ Mo–Fr 11.30–1, Sa 12–2, So 13–24 Uhr; Ⓢ 4/5/6, N/Q/R/W, L bis 14th St-Union Sq) Dank der Bar aus Mahagoni, der original gefliesten Böden und der Zinndecken sieht es hier immer noch so aus wie 1892. Das Old Town ist ein echter Ausgehklassiker und sogar Madonna hat sich hier – als Rauchen in Bars noch erlaubt war – in ihrem Video zu *Bad Girl* mal eine Zigarette angezündet. Cocktails stehen zwar auch auf der Karte, die meisten Gäste zieht es aber auf ein Bier und einen Burger (ab 11,50 US$) hierher.

Midtown

★ Bar SixtyFive COCKTAILBAR

(Karte S. 94; ☎ 212-632-5000; www.rainbowroom.com; 30 Rockefeller Plaza, Eingang in der W 49th St; ⌚ Mo–Fr 17–24, So 16–21 Uhr; Ⓢ B/D/F/M bis 47th-50th St-Rockefeller Center) Das elegante SixtyFive auf Level 65 im GE Building des Rockefeller Center (S. 93) muss man gesehen haben. Schick anziehen (keine Sportsachen und keine Personen unter 21) und vor 17 Uhr hier sein, um sich einen Platz mit Superblick zu sichern. Wer keinen Platz auf der Galerie oder am Fenster ergattert, kann draußen das umwerfende Panorama New Yorks genießen.

Flaming Saddles SCHWULE

(Karte S. 94; ☎ 212-713-0481; www.flamingsaddles.com/nyc; 793 Ninth Ave, zw. 52nd & 53rd St, Midtown West; ⌚ Mo–Fr 15–4, Sa & So 12–4 Uhr; Ⓢ C/E bis 50th St) In Midtown gibt's doch tatsächlich eine Country-and-Western-Bar für Schwule! In dieser Bar in Hell's Kitchen mit tanzenden Barkeepern in hautengen Jeans, städtischen Freizeitcowboys und raubeinigem Ambiente trifft *Coyote Ugly* auf *Calamity Jane*. Also nichts wie rein in die Wranglers und rauf auf den Sattel. Das wird ein wilder, promilleträchtiger Ritt. Für Hungrige gibt's Tex-Mex-Kleinigkeiten an der Bar.

Therapy SCHWULE

(Karte S. 94; ☎ 212-397-1700; www.therapy-nyc.com; 348 W 52nd St, zw. Eighth & Ninth Ave, Midtown West; ⌚ So–Do 17–2, Fr & Sa 17–4 Uhr; Ⓢ C/E, 1 bis 50th St) Das sich über mehrere Etagen erstreckende Therapy war der erste schwule Lounge-Club, der die Massen nach Hell's Kitchen zog. Die allabendlichen Shows (von Livemusik bis hin zu Interviews mit Broadway-Stars) und von Sonntag bis Freitag das recht ordentliche Essen (besonders beliebt sind die Quesadillas) locken noch immer reichlich Gäste an. Die Getränkenamen passen zum Thema: etwa „Oral Fixation" und „Size Queen", um nur zwei davon zu nennen.

Robert COCKTAILBAR

(Karte S. 100; ☎ 212-299-7730; www.robertnyc.com; Museum of Arts & Design, 2 Columbus Circle, zw. Eighth Ave & Broadway; ⌚ Mo & So 11.30–22, Di 11.30–23, Mi–Sa 11.30–24 Uhr; Ⓢ A/C, B/D, 1 bis 59th St-Columbus Circle) Das von den 1960er-Jahren inspirierte Robert im 8. OG des Museum of Arts & Design (S. 97) ist eigentlich ein modern-amerikanisches Restaurant der Spitzenklasse mit zufriedenstellenden Gerichten. Hierher sollte man am Spätnachmittag oder spätabends kommen, sich einen Platz auf einem der Sofas suchen und mit einem MAD Manhattan (Bourbon, Blutorangenwermut und in Alkohol eingelegte Kirschen) in der Hand den Blick über den Central Park genießen. Infos über Livejazz-Sessions findet man auf der Website.

Waylon BAR
(Karte S. 94; ☎ 212-265-0010; www.thewaylon.com; 736 Tenth Ave, an der W 50th St; ⏲ 12–4 Uhr; Ⓢ C/E bis 50th St) Los, Stiefel an, in Hell's ist die Hölle los! In dieser saloonartigen Kneipe trällert Tim McGraw mit gebrochenem Herzen aus der Jukebox, die Barkeeper servieren amerikanischen Whiskey und Tequila und an Essbarem gibt's texanischen *frito pie* und Steak-Sandwichs.

Industry SCHWULE
(Karte S. 94; ☎ 646-476-2747; www.industry-bar.com; 355 W 52nd St, zw. Eighth & Ninth Ave; ⏲ 16–4 Uhr; Ⓢ C/E, 1 bis 50th St) In dem ehemaligen Parkhaus befindet sich jetzt eine der heißesten Schwulenbars von Hell's Kitchen – ein schicker, 370 m² großer Laden mit einladenden Loungebereichen, einem Billardtisch und einer Bühne für Drag-Diven erster Güte. Man sollte entweder zwischen 16 und 21 Uhr zur Special-Hour (2 Drinks zum Preis von 1) kommen oder sich später reinquetschen und unter das attraktive Partyvolk mischen. Nur Barzahlung.

Top of the Strand COCKTAILBAR
(Karte S. 94; ☎ 646-368-6426; www.topofthestrand.com; Marriott Vacation Club Pulse, 33 W 37th St, zw. Fifth & Sixth Ave, Midtown East; ⏲ Mo & So 17–24, Di–Sa 17–1 Uhr; Ⓢ B/D/F/M, N/Q/R bis 34th St) „Oh, mein Gott, ich bin in New York!" Diesen Kick erleben die Gäste der Dachbar des Hotels Marriott Vacation Club Pulse (ehemaliges Strand Hotel), wenn sie einen Martini („extra dirty") bestellen und sich diskret, aber mit offenem Mund umschauen. Von der Bar mit den gemütlichen Sitzplätzen im Cabana-Stil, der erfrischend gemischten Gästeschar und dem gläsernen Schiebedach ist der Blick aufs Empire State Building einfach unvergesslich.

Upper West Side & Central Park

Manhattan Cricket Club LOUNGE
(Karte S. 100; ☎ 646-823-9252; www.mccnewyork.com; 226 W 79th St, zw. Amsterdam Ave & Broadway; ⏲ 18 Uhr–open end; Ⓢ 1 bis 79th St) Die elegante Lounge über einem australischen Bistro (S. 128) ahmt die anglo-australischen Kricketclubs des frühen 20. Jhs. nach. Sepiafarbene Fotos von Schlagmännern in action zieren die goldfarbenen Wände, während Mahagoni-Bücherwände und Chesterfield-Sofas ein tolles Ambiente für einen (teuren) Cocktail bieten. Perfekt für ein Date!

Dead Poet BAR
(Karte S. 100; ☎ 212-595-5670; www.thedeadpoet.com; 450 Amsterdam Ave, zw. W 81st & 82nd St; ⏲ 12–4 Uhr; Ⓢ 1 bis 79th St) Der schmale, mit Mahagoniholz getäfelte Pub gehört schon seit der Jahrtausendwende zu den beliebtesten Bars im Viertel. Hier trifft sich eine bunte Mischung aus Einheimischen und Studenten auf ein oder mehrere Guinness. Die Cocktails tragen die Namen toter Dichter – wie wär's mit einem Walt Whitman Long Island Iced Tea (12 US$) oder der mit Rum verfeinerten Pablo-Neruda-Sangria (11 US$)? Komisch, bei Neruda denkt man doch eigentlich eher an Pisco Sour…

Upper East Side

Drunken Munkey LOUNGE
(Karte S. 100; ☎ 646-998-4600; www.drunkenmunkeynyc.com; 338 E 92nd St, zw. First & Second Ave; ⏲ Mo–Do 16.30–2, Fr 16.30–3, Sa 11–3, So 11–2 Uhr; Ⓢ Q, 6 bis 96th St) Die verspielte Lounge vermählt das Bombay der Kolonialzeit mit alten Tapeten, Kricketball-Türgriffen und fesch gekleidetem Personal. Die Affenlüster sind vielleicht etwas schrullig, aber bei den Cocktails und schmackhaften Currys (klein bedeutet hier: reicht für zwei) geht es ernsthaft zur Sache. Das Getränk der Wahl ist Gin, was sonst? Tipp: Den Bramble mit Bombay-Gin, Brombeerlikör, frisch gepresstem Zitronensaft und Brombeeren probieren.

Auction House BAR
(Karte S. 100; ☎ 212-427-4458; www.theauctionhousenyc.com; 300 E 89th St, an der Second Ave; ⏲ So–Do 19.30–2, Fr & Sa 19.30–4 Uhr; Ⓢ Q bis 86th St) Hinter dunkelrotbraunen Türen verbirgt sich eine von Kerzen beleuchtete Bar mit Dielenböden und Plüschsofas und -sesseln im viktorianischen Stil. Es ist der ideale Ort für einen entspannten Drink. Wer mit einem gut gemixten Cocktail in der Hand einen Platz am Kamin ergattert, kann die Szene wunderbar in den goldgerahmten Wandspiegeln auf sich wirken lassen.

Harlem & Upper Manhattan

Ginny's Supper Club COCKTAILBAR
(Karte S. 100; ☎ 212-421-3821, Reservierung zum Brunch 212-792-9001; www.ginnyssupperclub.com; 310 Malcolm X Blvd, zw. W 125th & 126th St, Harlem; ⏲ Do 18–23, Fr & Sa 18–3, So Brunch 10.30–14 Uhr; Ⓢ 2/3 bis 125th St) Der tolle Supper Club im Untergeschoss könnte direkt aus der TV-Serie *Boardwalk Empire* stammen. Hier

trinken stilvoll gekleidete Stammgäste Cocktails, essen Soulfood und Häppchen aus aller Welt (aus der Küche des Red Rooster (S. 129) im Obergeschoss) und tanzen donnerstags bis samstags ab 19.30 Uhr zu Livejazz und freitags und samstags zu Musik vom Plattenteller. Den sonntäglichen Gospel Brunch sollte man sich nicht entgehen lassen (Reservierung empfohlen).

Brooklyn

★ Maison Premiere — COCKTAILBAR

(☎347-335-0446; www.maisonpremiere.com; 298 Bedford Ave, zw. S 1st & Grand St, Williamsburg; ⌚Mo–Do 16–2, Fr 16–4, Sa 11–4, So 11–16 Uhr; Ⓢ L bis Bedford Ave) Hier würde sich niemand wundern, wenn Dorothy Parker plötzlich durch die Tür käme. Die guten alten Zeiten bestimmen das Flair in dieser eleganten Bar mit vielen Sirupsorten und Essenzen, Barkeepern mit Hosenträgern und Jazz wie im French Quarter in New Orleans. Cocktails sind hier eine ernste Sache: Auf der ellenlangen Karte stehen über ein Dutzend Absinth-Drinks, mehrere Juleps und Specials.

Excelsior — SCHWULE & LESBEN

(☎718-788-2710; www.excelsiorbrooklyn.com; 563 Fifth Ave, Brooklyn; ⌚Mo–Fr 18–4, Sa & So 14–4 Uhr; Ⓢ F/G/R bis 4th Ave/ 9th St; R bis Prospect Ave) Die beliebte Kiezbar für Schwule und Lesben ist vor Kurzem hierher umgezogen und kommt jetzt im schicken Gewand daher – mit einer Terrasse auf dem Hof und einem Veranstaltungsraum für Tanzpartys, Drag-Shows und Karaoke-Events im Obergeschoss. Im Excelsior trifft sich ein vorwiegend älteres Publikum (aber natürlich ist hier jeder gern gesehen). Außerdem ist die Bar für ihre angenehme Atmosphäre und die vergnügten Barkeeper bekannt.

Union Hall — BAR

(☎718-638-4400; www.unionhallny.com; 702 Union St; Drinks ab 7 US$; ⌚Mo–Fr 16–4, Sa & So 13–4 Uhr; Ⓢ R bis Union St) Wer wie ein echter Brooklyner den Abend verbringen möchte, ist in der Union Hall am Ziel seiner Träume. Die Bar und Event-Location befindet sich in einem alten Lagerhaus mit Kamin, hohen Bücherregalen, Ledersofas und zwei Indoor-Boccia-Bahnen. Im Untergeschoss stehen Livemusik und Comedy auf dem Programm.

Spuyten Duyvil — BAR

(☎718-963-4140; www.spuytenduyvilnyc.com; 359 Metropolitan Ave, zw. Havemayer & Roebling St, Williamsburg; ⌚Mo–Fr 17 Uhr–open end, Sa & So ab 12 Uhr; Ⓢ L bis Lorimer St; G bis Metropolitan Ave) Die lockere Bar in Williamsburg sieht aus als bestünde sie aus Sperrmüll. Die Decken sind rot gestrichen, an den Wänden hängen alte Karten und das Mobiliar besteht aus ramponierten Sesseln. Aber das Bierangebot ist hervorragend, die Leute aus der Nachbarschaft kommen zum Quatschen hierher und es gibt einen schönen Hof mit grünen Bäumen, der bei gutem Wetter geöffnet ist.

Skinny Dennis — BAR

(www.skinnydennisbar.com; 152 Metropolitan Ave, zw. Wythe Ave & Berry St, Williamsburg; ⌚12–4 Uhr; Ⓢ L bis Bedford Ave) Man muss nicht unbedingt nach Austin fliegen – eine Honky-Tonk-Kneipe gibt's auch hier in Billyburg, nämlich diesen quirligen Saloon in der Metropolitan Ave. Neben Kinky-Friedman-Postern, einem Ehrfurcht gebietenden Gemälde von Willie Nelson, Erdnussschalen auf dem Boden und einer Jukebox in der Ecke mit viel Patsy Cline bekommt das red- und bierselige Publikum hier jeden Abend Livemusik mit Country-Schnulzen geboten.

Bossa Nova Civic Club — CLUB

(☎718-443-1271; 1271 Myrtle Ave, zw. Evergreen & Central Ave, Bushwick; ⌚17–4 Uhr; Ⓢ M bis Central Ave) Der recht kleine Club ist ein weiterer Grund, Brooklyn eigentlich nicht verlassen zu müssen. Hier legen DJs in irgendwie tropisch angehauchtem Ambiente die unterschiedlichsten Sounds zum Abtanzen auf. Tolle Musikanlage, Drinks zu fairen Preisen (zumindest für Clubverhältnisse), und für Hungrige gibt's Snacks (Empanadas, langsam gegartes Schweinefleisch, Arepas).

Radegast Hall & Biergarten — BIERHALLE

(☎718-963-3973; www.radegasthall.com; 113 N 3rd St, an der Berry St, Williamsburg; ⌚Mo–Fr 12–2, Sa & So 11–2 Uhr; Ⓢ L bis Bedford Ave) Die österreichisch-ungarische Bierhalle in Williamsburg hat eine riesige Auswahl an bayerischen Bieren und leckeren Fleischgerichten im Angebot. Hier kann man wählen zwischen der dunklen, holzverkleideten Bar und der benachbarten Halle mit Schiebedach und Gemeinschaftstischen, an denen man wunderbar Brezeln, Würstchen und Burger verputzen kann. Jeden Abend gibt's Livemusik.

Queens

★ Bohemian Hall & Beer Garden — BIERGARTEN

(☎718-274-4925; www.bohemianhall.com; 29-19 24th Ave, Astoria; ⌚Mo–Do 17–1, Fr 17–3, Sa

12–3, So 12–24 Uhr; S N/Q bis Astoria Blvd) Dieser tschechische Treffpunkt löste den New Yorker Biergartenboom aus, aber bisher kommt kein anderer in puncto Größe und Stimmung an ihn heran. Im Sommer ist buchstäblich jeder Picknicktisch unter den hohen Bäumen besetzt. Hier gibt's natürlich auch das obligatorische Essen wie Klöße und Würstchen, doch im Mittelpunkt steht kühles tschechisches Bier.

Dutch Kills BAR

(☎ 718-383-2724; www.dutchkillsbar.com; 27-24 Jackson Ave, Long Island City; Cocktail-Specials ab 13 US$, Bier & Wein ab 6 US$; ⏲ 17–2 Uhr; S E, M, oder R bis Queens Plaza; G bis Court Square) Kaum dass man durch die unscheinbare Tür in dem alten Fabrikgebäude in Long Island City den Fuß ins Dutch Kills gesetzt hat, fühlt man sich in alte Zeiten zurückversetzt. Die Bar im Stil einer Speakeasy-Kneipe, die nur so vor Atmosphäre strotzt, bietet umwerfende Cocktails. Die Karte mit kreativen Drink-Specials ist ellenlang, wer aber etwas Altherkömmliches wünscht, kann sich voll und ganz auf die erfahrenen Barkeeper verlassen.

Icon Bar SCHWULE

(☎ 917-832-6364; 31-84 33rd St, Astoria; Drinks ab 7 US$; ⏲ 17–4 Uhr; S N/W bis Broadway Station) New Yorks berühmte Schwulenszene endet nicht an der Grenze von Manhattan. Die Icon Bar bringt harte Drinks und kokettes Ambiente nach Astoria. Es werden häufig tolle DJ-Abende und Drag-Shows geboten. Außerdem gibt es in der Woche abends eine 2-for-1-Happy-Hour.

Unterhaltung

Schauspieler, Musiker, Tänzer und Künstler fühlen sich von den hellen Lichtern des Big Apple angezogen und hoffen, im Showbiz Karriere zu machen – ganz getreu dem Motto: „if you can make it here, you can make it anywhere". Wobei ungewiss ist, was „make" heutzutage eigentlich bedeutet. Das Publikum jedenfalls wird verwöhnt von dem ständigen Zustrom äußerst begabter, engagierter und Grenzen überschreitender Interpreten, die dafür sorgen, dass die Stadt auch weiterhin den Status als eine der Kulturhauptstädte der Welt behält.

Livemusik

Minton's JAZZ

(Karte S. 100; ☎ 212-243-2222; www.mintonsharlem.com; 206 W 118th St, zw. St Nicholas Ave & Adam Clayton Powell Jr Blvd; ⏲ Mi–Sa 18–23, So 12–15 & 18–22 Uhr; S B/C, 2/3 bis 116th St) Dieser Harlemer Jazz- und Dinner-Club, die Geburtsstätte des Bebop, ist ein musikalischer heiliger Gral. Jeder von Dizzy Gillespie bis Louis Armstrong hat hier schon gejammt. Ein Abendessen (Hauptgerichte 18–34 US$) oder ein Sonntagsbrunch (12–18 US$) in dem Speisesaal mit seinen getönten Spiegeln ist ein echtes Erlebnis. Rechtzeitig buchen, aufbrezeln und zu honigsüßem Live-Jazz Südstaaten-Speisen genießen.

★ Jazz at Lincoln Center JAZZ

(Karte S. 100; ☎ Tickets für Dizzy's Club Coca-Cola 212-258-9595, Tickets für Rose Theater & Appel Room 212-721-6500; www.jazz.org; Time Warner Center, Columbus Circle, Broadway an der W 59th St; S A/C, B/D, 1 bis 59th St-Columbus Circle) Das oben im Time Warner Center beherbergte Jazz at Lincoln Center besteht aus drei hochmodern ausgestatteten Veranstaltungsorten: dem mittelgroßen **Rose Theater**, dem verglasten **Appel Room** mit Panoramablick und dem intimen, stimmungsvollen **Dizzy's Club Coca-Cola**. Letzteren wird man wahrscheinlich am ehesten besuchen, denn hier finden jeden Abend Veranstaltungen statt. Es treten oft außergewöhnlich talentierte Künstler auf und der Blick auf den Central Park ist einfach nur traumhaft.

★ Carnegie Hall LIVEMUSIK

(Karte S. 94; ☎ 212-247-7800; www.carnegiehall.org; 881 Seventh Ave, an der W 57th St; ⏲ Führungen Okt.–Juni Mo–Fr 11.30, 12.30, 14 & 15 Uhr, Sa 11.30 & 12.30 Uhr; S N/R/W bis 57th St-7th Ave) Das legendäre Konzerthaus mag weder das größte noch das eleganteste der Welt sein, aber es gehört definitiv zu denen mit der besten Akustik. Größen aus Oper, Jazz und Folk treten im Isaac Stern Auditorium auf, in der beliebten Zankel Hall dagegen gibt's Freejazz, Pop, Klassik und Weltmusik und in der kleineren Weill Recital Hall werden Kammermusikkonzerte, Uraufführungen und Podiumsdiskussionen geboten.

New York Philharmonic KLASSISCHE MUSIK

(Karte S. 100; ☎ 212-875-5656; www.nyphil.org; Lincoln Center, Columbus Ave an der W 65th St; 👪; S 1 bis 66 St-Lincoln Center) Das älteste Berufsorchester der USA (seit 1842) spielt alljährlich in der **David Geffen Hall** (bis 2015 unter dem Namen Avery Fisher bekannt) unter der Leitung des neuen Musikdirektors Jaap van Zweden, der 2017 von Alan Gilbert das Zepter übernahm. Das Orchester spielt eine Mischung aus klassischen (Tschaikowski,

Mahler, Haydn) und moderneren Kompositionen und gibt Konzerte speziell für Kinder.

Blue Note JAZZ
(Karte S. 90; ☎ 212-475-8592; www.bluenote.net; 131 W 3rd St, zw. Sixth Ave & MacDougal St; Ⓢ A/C/E, B/D/F/M bis W 4th St-Washington Sq) Dies ist der mit Abstand berühmteste (und teuerste) Jazzclub der Stadt. Für die meisten Shows muss man an der Bar 15 bis 30 US$ und an einem Tisch 25 bis 45 US$ hinblättern. Wenn große Stars auftreten kann es auch teurer werden. Sonntags um 11.30 Uhr gibt es einen Jazz-Brunch. Am besten ist ein normaler Abend, an dem man allerdings nicht quatschen, sondern sich voll und ganz auf die Bühne konzentrieren sollte!

Joe's Pub LIVEMUSIK
(Karte S. 90; ☎ 212-539-8778, Tickets 212-967-7555; www.joespub.com; Public Theater, 425 Lafayette St, zw. Astor Pl & 4th St; Ⓢ 6 bis Astor Pl; R/W bis 8th St-NYU) Das kleine Joe's ist teils Bar, teils Cabaret, teils Veranstaltungsort und bietet sowohl aufstrebende Acts als auch Top-Künstler. Aufgetreten sind hier schon Patti LuPone, Amy Schumer, Leonard Cohen und die britische Sängerin Adele (2008 gab sie hier ihr allererstes Konzert in Amerika).

Irving Plaza LIVEMUSIK
(Karte S. 94; ☎ 212-777-6817; www.irvingplaza.com; 17 Irving Pl, an der 15th St; Ⓢ 4/5/6, N/Q/R, L bis 14th St-Union Sq) Im Irving Plaza rockt es seit 1978. Hier sind schon die Ramones, Bob Dylan, U2 oder Pearl Jam aufgetreten, um nur einige zu nennen. Heute ist dies eine tolle Bühne für nicht ganz so bekannte, aber originelle Rock- und Pop-Acts wie die Indie-Chicks Sleater-Kinney oder die Hardrocker Disturbed. Im Parkett um die Bühne herum ist es recht gemütlich, und vom Zwischengeschoss hat man einen guten Blick.

Brooklyn Bowl LIVEMUSIK
(☎ 718-963-3369; www.brooklynbowl.com; 61 Wythe Ave, zw. N 11th & N 12th St, Williamsburg; ⊙ Mo–Fr 18–2, Sa & So 11–2 Uhr; Ⓢ L bis Bedford Ave; G bis Nassau Ave) In der 2130 m² großen Location in dem ehemaligen Werk der Hecla Iron Works Company gibt's ein Bowlingzentrum (eine Bahn pro 30 Min./25 US$., Schuhverleih 5 US$), Biere aus Kleinbrauereien, ein Restaurant und fetzige Livemusik. Neben Bands, die hier regelmäßig auftreten, gibt es außerdem NFL-Liveübertragungen, Karaoke- und DJ-Abende. Außer an den Wochenenden von 11 bis 18 Uhr muss man mindestens 21 Jahre alt sein, um reinzukommen.

Bell House LIVEMUSIK
(☎ 718-643-6510; www.thebellhouseny.com; 149 7th St, zw. Second & Third Ave, Gowanus; ⊙ 17–4 Uhr; 📶; Ⓢ F/G/R bis 4th Ave-9th St) Der große, alteingesessene Veranstaltungsort in der etwas trostlosen Gegend von Gowanus bietet Top-Liveauftritte, Indie-Rock-Konzerte, DJ-Abende, Comedy-Shows und Burlesque-Partys. Das schön umgestaltete Lagerhaus verfügt über einen großen Konzertsaal und eine nette, kleine Bar im vorderen Raum mit flackernden Kerzen und Ledersesseln, außerdem gibt's um die zehn Biere vom Fass.

Sport

Madison Square Garden BESUCHERSPORT, KONZERTE
(MSG, "The Garden"; Karte S. 94; www.thegarden.com; 4 Pennsylvania Plaza, Seventh Ave, zw. 31st & 33rd St; Ⓢ A/C/E, 1/2/3 bis 34th St-Penn Station) In NYCs wichtigstem Veranstaltungsort – Teil des riesigen Komplexes, in dem sich auch die Penn Station (S. 147) befindet – treten die ganz Großen des Showgeschäfts auf, von Kanye West bis hin zu Madonna. Außerdem gibt's ein Sportstadion, in dem die **New York Knicks** (www.nba.com/knicks.com) und **New York Liberty** (www.liberty.wnba.com) Basketball spielen und die **New York Rangers** (www.nhl.com/rangers) Hockeyspiele austragen, aber auch Boxkämpfe und Veranstaltungen wie die Annual Westminster Kennel Club Dog Show finden hier statt.

USTA Billie Jean King National Tennis Center BESUCHERSPORT
(☎ 718-760-6200; www.usta.com; Flushing Meadows Corona Park, Corona; ⊙ 6–24 Uhr; Ⓢ 7 bis Mets-Willets Pt) Die US Open, eines der bedeutendsten Sportereignisse der Stadt, finden Ende August hier statt. 2016 hat das Arthur Ashe Stadium (mit Platz für 23 771 Zuschauer) ein Schiebedach bekommen, es gibt ein neues Stadion (Grandstand, das den Old Grandstand abgelöst hat) und die umliegenden Courts wurden erneuert. Tickets bekommt man in der Regel im April und Mai bei Ticketmaster, allerdings ist es schwer, Karten für Weltklassespiele zu ergattern. An Tickets für die Vorrunden kommt man einfacher ran.

Staten Island Yankees BASEBALL
(☎ 718-720-9265; www.siyanks.com; Richmond County Bank Ballpark, 75 Richmond Tce; Tickets 12 US$; ⊙ Vorverkauf Mo–Fr 9–17 Uhr; ⛴ Staten Island) Die Yanks haben den Titel New York-Penn allein seit 2005 vier Mal eingeheimst. Auch wenn man keinen Flugball fangen

kann, so kann man von dem Stadium am Wasser doch einen tollen Blick auf die Skyline Manhattans einfangen. Das Stadion liegt zu Fuß knapp 500 m nördlich des Fährterminals und ist schon von Weitem an dem gigantischen Riesenrad, das 2018 in Betrieb genommen werden sollte, zu erkennen.

Theater

★ Al Hirschfeld Theatre THEATER

(Karte S. 94; ☎ Tickets 877-250-2929; www.kinkybootsthemusical.com; 302 W 45th St, zw. Eighth & Ninth Ave; Ⓢ A/C/E bis 42nd St-Port Authority Bus Terminal) Frei nach dem britischen Indie-Film aus 2005 erzählt Harvey Fiersteins und Cyndi Laupers Riesenerfolg **Kinky Boots** die Geschichte einer dem Untergang geweihten englischen Schuhfabrik, die unerwartet von der cleveren Drag-Queen Lola gerettet wird. Die guten Darsteller und die übersprudelnde Energie haben die Kritiker wahrhaft beeindruckt. Das Musical wurde 2013 mit sechs Tony Awards ausgezeichnet, u. a. als „Bestes Musical".

★ Eugene O'Neill Theatre THEATER

(Karte S. 94; ☎ Tickets 212-239-6200; www.bookofmormonbroadway.com; 230 W 49th St, zw. Broadway & Eighth Ave; Ⓢ N/R/W bis 49th St; 1 bis 50th St; C/E bis 50th St) Die subversive, obszöne, urkomische und sarkastische Musical-Satire **Book of Mormon** ist das Werk der *South-Park*-Erfinder Trey Parker und Matt Stone sowie des *Avenue-Q*-Komponisten Robert Lopez. Das mit neun Tony Awards ausgezeichnete Musical erzählt die Geschichte von zwei naiven Mormonen, die nach Uganda gesandt werden, um dort ein Dort zu „retten".

★ Richard Rodgers Theatre THEATER

(Karte S. 94; ☎ Tickets 877-250-2929; www.hamiltonbroadway.com; 226 W 46th St, zw. Seventh & Eighth Ave; Ⓢ N/R/W bis 49th St) Lin-Manuel Miranda erzählt in seinem gefeierten Broadway-Musical **Hamilton** im modernen Hip-Hop-Takt die Geschichte von Alexander Hamilton, Amerikas erstem Finanzminister. Dazu inspiriert wurde er von Ron Chernows Biographie *Alexander Hamilton*. Das Musical wurde mit elf Tony Awards (unter anderem als „Bestes Musical") ausgezeichnet, bekam einen Grammy als „Best Musical Theater Recording", zwei Platin-Grammys und den Pulitzer-Preis in der Kategorie Theater.

Sleep No More THEATER

(Karte S. 94; ☎ 866-811-4111; www.sleepnomorenyc.com; 530 W 27th St, zw. Tenth & Eleventh Ave; Tickets ab 105 US$; ⏱ Mo–Sa 19–24 Uhr; Ⓢ C/E bis 23rd St) *Sleep No More* ist eines der ganzheitlichsten Theatererlebnisse, die je konzipiert wurden. Ein Stück frei nach *Macbeth*, das in mehreren Lagerhäusern in Chelsea spielt, die so umgebaut wurden, dass sie wie das McKittrick Hotel aus den 1930er-Jahren mitsamt der wilden Jazzbar aussehen.

Die Zuschauer stellen sich ihr eigenes Abenteuer zusammen, sie können frei in den aufwendig gestalteten Räumen (Ballsaal, Friedhof, Tierpräparationsladen, Irrenanstalt) umherlaufen und den Schauspielern, die verschiedene ans Bizarre und Frivole grenzende Szenen spielen, folgen oder mit ihnen interagieren. Achtung: Gäste müssen bei Eintritt alles abgeben (Jacken, Taschen, Handys usw.) und eine Maske tragen – wie im Film *Eyes Wide Shut*.

Playwrights Horizons THEATER

(Karte S. 94; ☎ 212-564-1235; www.playwrightshorizons.org; 416 W 42nd St, zw. Ninth & Tenth Ave, Midtown West; Ⓢ A/C/E bis 42nd St-Port Authority Bus Terminal) Eine hervorragende Bühne, um den womöglich nächsten großen Publikumserfolg zu sehen, denn dieses altbewährte „Autorentheater" hat sich der Förderung zeitgenössischer amerikanischer Werke verschrieben. Zu den zuletzt gezeigten herausragenden Produktionen gehören Kenneth Lonergans *Lobby Hero*, Bruce Norris' mit dem Tony Award ausgezeichneter *Clybourne Park* sowie Doug Wrights *I Am My Own Wife* und *Grey Gardens*.

BAM Harvey Theater THEATER

(Harvey Lichtenstein Theater; ☎ 718-636-4100; www.bam.org; 651 Fulton St, an der Rockwell Pl, Fort Greene; Ⓢ B, Q/R bis DeKalb Ave; 2/3, 4/5 bis Nevins St) Dieses Theater ist eine wichtige Kulturinstitution für Brooklyn und New York City. Hier standen schon Künstler wie Tony Kushner, Peter Brook und Laurie Anderson auf der Bühne. Das Gebäude selbst ist eine umwerfende Kombination aus schnörkeliger Eleganz und Industriedesign – typisch Brooklyn eben. (Die schmalen, erhöhten Plätze im ersten Rang sind etwas unbequem, von einigen hat man darüber hinaus auch noch eine schlechte Sicht).

★ Flea Theater THEATER

(Karte S. 84; ☎ Tickets 212-226-0051; www.theflea.org; 20 Thomas St, zw. Church St & Broadway; 👪; Ⓢ A/C, 1/2/3 bis Chambers St; R/W bis City Hall) Das Flea ist eine der besten Off-Off-Broadway-Bühnen New Yorks und berühmt für innovative, zeitgemäße neue Stücke. In einem brandneuen Haus gibt's drei Bühnen, von denen eine nach Sigourney Weaver, die hier in ihren frühen Jahren auf den Brettern stand, benannt wurde. Zum ganzjährigen Programm gehören Musik- und Tanzproduktionen, Shows für ein junges Publikum (ab 5 Jahre) und spätabends die witzigen 10-Minuten-Stücke.

Delacorte Theater THEATER

(Karte S. 100; www.publictheater.org; Central Park, Eingang W 81st St; S B/C bis 81st St) Jeden Sommer präsentiert das Joseph Papp Public Theater hier die grandiose Produktion *Shakespeare in the Park* (S. 115). Papp begann damit bereits 1954, lange bevor das nette Open-Air-Theater im Grünen überhaupt gebaut wurde. Die Produktionen sind im Allgemeinen hervorragend, aber ungeachtet ihrer Qualität ist dies eine magische Erfahrung und das Schlange stehen nach Karten ist für New-York-Neulinge ein Ritus des Ankommens in der Stadt.

Ambassador Theatre THEATER

(Chicago; Karte S. 94; ☎ tickets 212-239-6200; www.chicagothemusical.com; 219 W 49th St, zw. Broadway & Eighth Ave; S N/R/W bis 49th St; 1, C/E bis 50th St) Das Ambassador Theatre aus den 1920er-Jahren ist fast schon ein Wahrzeichen New Yorks. Eigenartigerweise wurde es übers Eck gebaut, um auf der kleinen zur Verfügung stehenden Fläche mehr Sitzplätze unterbringen zu können. Wie viele andere Theater auch wurde es in den 1930er-Jahren von den Eigentümern verkauft, von TV- und Filmleuten benutzt und 1956 schließlich von der Familie zurückgekauft. Seitdem ist es ein Theater und derzeit die Bühne für *Chicago*, eine der beliebtesten Broadway-Shows.

New York Theatre Workshop THEATER

(Karte S. 90; ☎ 212-460-5475; www.nytw.org; 79 E 4th St, zw. Second & Third Ave; S F bis 2nd Ave) Seit über 30 Jahren ist diese innovative Produktionsstätte ein Kleinod für alle, die topaktuelle, zeitgenössische, gehaltvolle Stücke wünschen. Hier entstanden die beiden großen Broadwayhits *Rent* und *Urinetown* – auch hatte das Musical *Once* hier seine Off-Broadway-Premiere – und überhaupt wird hier nonstop Spitzentheater gezeigt.

La MaMa ETC THEATER

(Karte S. 90; ☎ 212-352-3101; www.lamama.org; 74a E 4th St, zw. Bowery & Second Ave; Tickets ab 20 US$; S F bis Second Ave) Das La MaMa ist längst etabliert als Heimat des experimentellen Theaters (ETC steht für Experimental Theater Club). Heute gehören drei Theater, ein Café, eine Kunstgalerie und ein getrenntes Studiogebäude zum Komplex, das Avantgardestücke, Sketch-Comedy und Lesungen aller Art anbietet. Pro Show gibt es zehn 10-$-Tickets. Für ein Schnäppchen ist frühzeitiges Buchen angesagt!

Comedy

★ Upright Citizens Brigade Theatre COMEDY

(UCB; Karte S. 94; ☎ 212-366-9176; www.ucbtheatre.com; 307 W 26th St, zw. Eighth & Ninth Ave; frei–10 US$; ⌚ 19–24 Uhr; S C/E bis 23rd St) In dem kleinen Kellertheater mit 74 Plätzen gibt's hauptsächlich Comedy-Sketch- und Improvisations-Shows – gelegentlich geben sich sogar Casting-Chefs und des Öfteren bekannte TV-Größen ein Stelldichein. Eintritt, Bier und Wein sind billig. Allabendlich beginnt um ca. 19.30 Uhr eine tolle Show, aber die sonntägliche Asssscat Improv Session ist der Renner.

Comedy Cellar COMEDY

(Karte S. 90; ☎ 212-254-3480; www.comedycellar.com; 117 MacDougal St, zw. W 3rd St & Minetta Lane; Eintritt 12–24 US$; S A/C/E, B/D/F/M bis W 4th St-Washington Sq) Der alteingesessene Kellerclub in Greenwich Village zeigt Mainstream-Shows und verfügt über ein ansehnliches Stammpersonal (Colin Quinn, Judah Friedlander, Wanda Sykes) und gelegentlich kommen auch Hochkaräter wie Dave Chappelle, Jerry Seinfeld und Amy Schumer. Und der Erfolg dauert an: Der Comedy Cellar hat jetzt einen weiteren Standort im Village Underground um die Ecke in der W 3rd St.

Caroline's on Broadway COMEDY

(Karte S. 94; ☎ 212-757-4100; www.carolines.com; 1626 Broadway, an der 50th St, Midtown West; S N/Q/R bis 49th St; 1, C/E bis 50th St) Mancher kennt vielleicht diesen großen, hellen, altbewährten Mainstreamclub von Comedy-Specials, die hier aufgenommen wurden. Eine Toppadresse, um amerikanische Comedy- und Sitcomstars zu sehen.

Kinos

Film Society of Lincoln Center KINO

(Karte S. 100; ☎ 212-875-5367; www.filmlinc.com; S 1 bis 66th St-Lincoln Center) Die Film Society gehört zu New Yorks Kino-Highlights. Sie ist eine unschätzbare Plattform für die unterschiedlichsten Genres, angefangen bei Dokumentarfilmen und Spielfilmen über Independent-Produktionen bis hin zu ausländischen und Avantgarde-Streifen. Im Lincoln Center gibt es zwei Bühnen: das **Elinor Bunin Munroe Film Center** (Karte S. 100; ☎212-875-5232; Lincoln Center, 144 W 65th St) mit einer experimentierfreudigen, intimeren Atmosphäre und das Walter Reade Theater mit wunderbar breiten Sitzen.

Metrograph KINO

(Karte S. 90; ☎212-660-0312; www.metrograph.com; 7 Ludlow St, zw. Canal & Hester St; Tickets 15 US$; **S** F bis East Broadway; B/D bis Grand St) Das neueste Mekka für Filmliebhaber in Downtown besteht aus zwei Sälen mit roten Samtsitzen. Gezeigt werden hier sorgsam ausgesuchte Arthouse-Filme. Die meisten Filme laufen nicht in den Multiplex-Kinos, gelegentlich stehen aber auch Mainstream-Filme wie *Magic Mike* auf dem Programm. Außerdem gibt's für Filmfreaks einen Buchladen und im Obergeschoss ein Restaurant mit Bar.

Film Forum KINO

(Karte S. 90; ☎212-727-8110; www.filmforum.com; 209 W Houston St, zw. Varick St & Sixth Ave; **S** 1 bis Houston St) In den drei gemeinnützigen Kinos laufen die unterschiedlichsten Indie-Filme, Neuinszenierungen und Retrospektiven über Größen wie Orson Welles. Die Säle (mitsamt Leinwand) sind klein, sodass frühes Erscheinen angesagt ist, wenn man einen guten Platz ergattern will. Zu den Vorführungen gibt's oft Gespräche mit Regisseuren sowie Gesprächsrunden zum Thema Film, an denen Hardcore-Cineasten besonders gern teilnehmen.

Walter Reade Theater KINO

(Karte S. 100; ☎212-875-5601; www.filmlinc.com; Lincoln Center, 165 W 65th St; **S** 1 bis 66th St-Lincoln Center) Im Walter Reade Theater sitzt man auf wunderbar breiten Kinositzen. Jedes Jahr im September steigt hier das **New York Film Festival** mit New Yorker und Weltpremieren en masse. Ansonsten werden hier Indie-Filme, Retrospektiven und unter einem bestimmten Motto stehende Filme gezeigt.

Anthology Film Archives KINO

(Karte S. 90; ☎212-505-5181; www.anthologyfilmarchives.org; 32 Second Ave, an der 2nd St; **S** F bis 2nd Ave) Das Kino wurde 1970 eröffnet und widmet sich dem Film als Kunstform. Es zeigt Independentfilme neuer Filmemacher ebenso wie Klassiker und düstere Oldies, von surrealistischen Werken des spanischen Regisseurs Luis Buñuel bis hin zu Ken Browns psychedelischen Werken.

Darstellende Künste

Metropolitan Opera House OPER

(Karte S. 100; ☎Tickets 212-362-6000, Führungen 212-769-7028; www.metopera.org; Lincoln Center, Columbus Ave an der W 64th St; **S** 1 bis 66th St-Lincoln Center) New Yorks Oper Nummer 1 ist die Bühne schlechthin für Klassiker wie *Carmen*, *Madame Butterfly* und *Macbeth*, ganz zu schweigen von Wagners *Ring*. Zudem finden hier Premieren und Neuinszenierungen modernerer Stücke statt, z. B. John Adams' *The Death of Klinghoffer*. Die Opernsaison geht von September bis April.

New York City Ballet TANZ

(Karte S. 100; ☎212-496-0600; www.nycballet.com; Lincoln Center, Columbus Ave an der W 63rd St; 👪; **S** 1 bis 66th St-Lincoln Center) Der erste Leiter dieses angesehenen Ensembles war in den 1940er-Jahren der berühmte, in Russland geborene Choreograph George Balanchine. Heute ist das Ballett mit 90 Tänzern die größte Ballettorganisation in den USA. 23 Wochen im Jahr wird im **David H. Koch Theater** im Lincoln Center getanzt. Besonders bekannt ist die alljährliche Inszenierung des Nussknackers zur Weihnachtszeit.

Duplex KABARETT

(Karte S. 90; ☎212-255-5438; www.theduplex.com; 61 Christopher St, an der Seventh Ave S; Eintritt 10–25 US$; ⏲16–4 Uhr; **S** 1 bis Christopher St-Sheridan Sq) Im legendären Duplex darf man nichts anderes erwarten als Kabarett, Karaoke und exaltierte Tänze. An den Wänden hängen Bilder von Joan Rivers, und die Performer ahmen gerne ihre kecke Selbstironie nach, wenn sie nicht gerade das Publikum auf den Arm nehmen. Lustig und unprätentiös, aber nichts für Schüchterne.

Joyce Theater TANZ

(Karte S. 94; ☎212-691-9740; www.joyce.org; 175 Eighth Ave, an der W 19th St; **S** C/E bis 23rd St; A, L bis 14th St-8th Ave; 1 bis 18th St) Die kleine Bühne in einem renovierten Kino mit 472 Sitzplätzen ist wegen der guten Sicht und des ausgefallenen Programms bei Tanzfans beliebt. Schwerpunkt sind moderne Ensembles wie Martha Graham, die Stephen Petronio Company und Parsons Dance sowie internationale Stars wie Dance Brazil, das Ballet Hispanico und die MalPaso Dance Company.

Shoppen

Für eine Hauptstadt des Kommerzes, der Kreativität und der Mode ist es nicht überraschend, dass New York zweifellos eine der besten Shopping-Destinationen der Welt ist. Jede Nische ist gefüllt. Von Indie-Designer-Boutiquen über traditionelle Kaufhäuser, Gebrauchtwarenläden, Haute-Couture-Boutiquen und Plattenläden bis hin zum Apple Store, von Antiquitäten bis hin zu Feinkostläden – einen Mangel an Gelegenheiten zum Geldausgeben gibt es nicht.

 Brooklyn

Brooklyn Flea MARKT

(www.brooklynflea.com; 90 Kent Ave, zw. N 7th & N 10th St, Williamsburg; April–Okt. Sa 10–17 Uhr; ; S L bis Bedford Ave) Auf dem Gelände des East River State Park (S. 129) in Williamsburg bieten jeden Samstag über 100 Verkäufer ihre Waren an: Antiquitäten, Schallplatten, Vintage-Mode und Kunsthandwerk. Flea teilt sich den Platz mit dem Smorgasburg-Markt (S. 129). Sonntags findet der Markt in Dumbo in der Nähe des Torbogens an der Pearl St 80 unter der Manhattan Bridge statt.

Beacon's Closet VINTAGE

(718-486-0816; www.beaconscloset.com; 74 Guernsey St, zw. Nassau & Norman Ave, Greenpoint; 11–20 Uhr; S L bis Bedford Ave; G bis Nassau Ave) Für junge Menschen um die 20 ist dieses 500 m² große Lagerhaus sowohl Goldgrube als auch Resterampe. Unmengen an Mänteln, Polyester-Tops und T-Shirts aus den 1990er-Jahren werden nach Farbe sortiert präsentiert – angesichts der gigantischen Auswahl sollte man viel Zeit einplanen. Außerdem gibt es hier Schuhe, Flanellhosen, Hüte, Handtaschen, Modeschmuck und bunte Sonnenbrillen.

Rough Trade MUSIK

(718-388-4111; www.roughtradenyc.com; 64 N 9th St, zw. Kent & Wythe Ave, Williamsburg; Mo–Sa 11–23, So 11–21 Uhr; S L bis Bedford Ave) In dem 930 m² großen Plattenladen – ein Import aus London – gibt's Tausende von Titeln auf Schallplatte und CD. Außerdem bietet der Laden DJs, Hörstationen, Kunstaustellungen sowie Kaffee und Donuts vom Brompton Bike Cafe. In einem angeschlossenen kleinen Konzertsaal finden die ganze Woche lang Konzerte statt (Eintritt je nach Konzert).

 Downtown

★ **Strand Book Store** BÜCHER

(Karte S. 90; 212-473-1452; www.strandbooks.com; 828 Broadway, an der E 12th St; Mo–Sa 9.30–22.30, So 11–22.30 Uhr; S L, N/Q/R/W, 4/5/6 bis 14th St-Union Sq) Der heiß geliebte, legendäre Buchladen ist für New Yorker Intellektuelle und Büchernarren die fantastische Welt von Oz. In diesem Laden vergaßen schon ganze Generationen von Leseratten die Zeit. Das 1927 gegründete Strand verkauft neben neuen und gebrauchten Büchern auch Raritäten. In drei labyrinthartigen Stockwerken werden auf einer Regalfläche von unglaublichen 29 km mehr als 2,5 Mio. Bücher angeboten.

Screaming Mimi's VINTAGE

(Karte S. 94; 212-677-6464; www.screamingmimis.com; 240 W 14th St, zw. Seventh & Eighth Ave; Mo–Sa 12–20, So 13–19 Uhr; S A/C/E/L bis 8th Ave-14th St) Wer auf Vintage-Klamotten steht, flippt hier aus. Dieser witzige Laden hat eine grandiose Auswahl an Kleidungsstücken aus alten Zeiten, die alle fein nach Jahrzehnten sortiert sind, von den 1950er- bis zu den 1990er-Jahren. (Unbedingt auch nach der gebunkerten Kleidung aus den 1920er- bis 1940er-Jahren fragen).

Evolution Nature Store GESCHENKE & SOUVENIRS

(Karte S. 90; 212-343-1114; www.theevolutionstore.com; 687 Broadway; 11–20 Uhr; S N/Q/R/W bis 8th Ave-NYU; 4/5/6 bis Astor Place) Bedarf für einen Schrumpfkopf? Oder soll es vielleicht doch lieber ein getrockneter Blatthornkäfer sein? Der beliebte Shop in SoHo führt viel Kurioses aus aller Welt. Der riesige Laden ist oft rappelvoll.

Obscura Antiques ANTIQUITÄTEN

(Karte S. 90; 212-505-9251; www.obscuraantiques.com; 207 Ave A, zw. E 12th & 13th St; Mo–Sa 12–20, So 12–19 Uhr; S L bis 1st Ave) Dieses kleine Kuriositätenkabinett gefällt sowohl Liebhabern des Makaberen als auch notorischen Antiquitätenjägern. Zu bestaunen gibt es ausgestopfte Tierköpfe, Schädel und Skelette von kleinen Nagetieren, Schmetterlingssammlungen in Glaskästen, Fotos von verstorbenen Menschen, beunruhigende kleine (Zahnarzt?)-Instrumente, deutsche Landminenflaggen (um von Panzerinsassen gesehen zu werden), alte Giftflaschen und Glasaugen.

 Midtown

Grand Central Market MARKT

(Karte S. 94; www.grandcentralterminal.com/market; Grand Central Terminal, Lexington Ave, an der 42nd St, Midtown East; Mo–Fr 7–21, Sa 10–19, So 11–18 Uhr; S S, 4/5/6, 7 bis Grand Central-42nd St) Grand Central ist nicht nur ein Bahnhof. Hier gibt es auch einen über 70 m langen

Gang mit perfekt präsentiertem Obst und Gemüse sowie Kunstgewerbe. Wie wär's mit knusprigem Brot, Obsttörtchen, Hummer, Hühnerpastete, spanischem Quittenbrei, Obst und Gemüse oder frisch gerösteten Kaffeebohnen? Selbst Murray's-Cheese-Stand mit seinen grandiosen Milchprodukten wie im Keller gereiftem Greyerzer ist hier vertreten.

Hell's Kitchen Flea Market MARKT

(Karte S. 94; ☎ 212-220-0239; www.annexmarkets.com; W 39th St, zw. Ninth & Tenth Ave; ⌚ Sa & So 9–17 Uhr; Ⓢ A/C/E bis 42nd St-Port Authority Bus Terminal) Mit seinem wunderbaren Angebot an alten Möbeln, Accessoires, Kleidungsstücken und nicht identifizierbaren Gegenständen aus vergangener Zeit lockt dieser Wochenend-Flohmarkt sowohl Sammler als auch Neugierige an.

 Uptown

Flamekeepers Hat Club MODE & ACCESSOIRES

(Karte S. 100; ☎ 212-531-3542; 273 W 121st St, an der St Nicholas Ave; ⌚ Di & Mi 12–19, So–Sa 12–20, So 12–18 Uhr; Ⓢ A/C, B/D bis 125th St) In dem kecken kleinen Hutladen des leutseligen Harlemers Marc Williamson können Kunden wunderbar an ihrem Erscheinungsbild herumtüfteln. Das sorgfältig zusammengestellte Sortiment ist der Traum eines jeden Hutliebhabers: samtweiche Barbisio-Fedoras aus Italien, Selentino-Zylinder aus Tschechien und karierte Wollkappen von Hanna Hats of Donegal aus Irland. Die Preise liegen zwischen 85 und 350 US$, für echte Individualisten gibt's einen Anpass-Service.

Flying Tiger Copenhagen HAUSHALTSWAREN

(Karte S. 100; ☎ 646-998-4755; www.flyingtiger.com; 424 Columbus Ave, zw. 80th & 81st St; ⌚ Mo–So 10–20 Uhr; 👪; Ⓢ B, C bis 81st St-Museum of Natural History) Lust auf nett designten, witzigen, preiswerten Schnickschnack und Nippes? Dann ist dieser Däne genau das Richtige. Der Laden mutet wie ein Mini-Ikea an! Die Artikel sind thematisch geordnet (Küche, Kinder, Kunsthandwerk etc.) – man lernt schnell, dass es Dinge gibt, von denen man gar nicht wusste, dass man sie braucht. Preisschild ab und verschenken: Die Beschenkten denken mit Sicherheit, dass dies ein viel zu teures Geschenk ist.

 Praktische Informationen

INTERNETZUGANG

In den meisten öffentlichen Parks der Stadt gibt es jetzt kostenloses WLAN. Die bekanntesten sind u. a. High Line, Bryant Park, Battery Park, Central Park, City Hall Park, Madison Square Park, Tompkins Square Park und Union Square Park (und auch die Parks in Brooklyn und Queens). Weitere Details stehen unter www.nycgovparks.org/facilities/wifi.

Selbst in den Bahnhöfen der Subway gibt's jetzt kostenloses WLAN, sodass die Fahrgäste sich die Zeit vertreiben oder Jobs erledigen können, wenn sie wegen Signalproblemen oder Zugverspätungen warten müssen. Das 2016 eingeführte Programm LinkNYC (www.link.nyc) soll die unzeitgemäßen Münztelefone (die Telefonzellen waren einst Kultsymbol der Stadt und schon Superman wechselte darin seine Unterwäsche) durch kostenlose Internet-Stationen mit Ladeanschluss und WLAN ersetzen. Momentan gibt 's noch ein paar Anfangsschwierigkeiten, denn einige der Stationen werden von weniger betuchten Menschen als Treffpunkt benutzt. Es ist geplant, in allen fünf Bezirken Tausende dieser Internet-Stationen einzurichten.

Es gibt kaum eine Unterkunft in New York City, die kein WLAN anbietet, allerdings nicht immer kostenlos. Natürlich bieten die meisten Cafés – so auch die allgegenwärtigen Starbucks – ihren Kunden kostenloses WLAN an.

MEDIZINISCHE VERSORGUNG

Notfalldienste können stressig und langsam sein (außer in wirklich akuten Fällen). Die Notaufnahme sollte mölichst gemieden werden, wenn andere medizinische Dienste zur Linderung der Beschwerden zur Verfügung stehen.

New York-Presbyterian Hospital (☎ 212-305-2500; www.nyp.org/locations/newyork-presbyterian-columbia-university-medical-center; 630 W 168th St, an der Ft Washington Ave; Ⓢ A/C, 1 bis 168th St) Krankenhaus mit gutem Ruf.

Bellevue Hospital Center (☎ 212-562-4141; www.nychealthandhospitals.org/bellevue; 462 First Ave, an der 27th St, Midtown East; Ⓢ 6 bis 28th St) Großes öffentliches Krankenhaus mit Notaufnahme und Unfallklinik.

New York County Medical Society (☎ 212-684-4670; www.nycms.org) Wer hier anruft, bekommt für sein Problem und seine Sprache zuständige Ärzte empfohlen.

Tisch Hospital (New York University Langone Medical Center; ☎ 212-263-5800; www.nyulangone.org/locations/tisch-hospital; 550 First Ave; ⌚ 24 Std.) Große, moderne Einrichtung mit sehr angesehenen Abteilungen jeder Fachrichtung.

Callen-Lorde Community Health Center (☎ 212-271-7200; www.callen-lorde.org; 356 W 18th St, zw. Eighth & Ninth Ave; ⌚ Mo–Do 8.15–20.15, Fr 8.15–16.45, Sa 8.30–15.15 Uhr; Ⓢ A/C/E, L bis 8th Ave-14th St) Medizinisches Zentrum für die LGBT-Gemeinde und Menschen mit HIV/AIDS. Hier wird jeder behandelt, egal ob er bezahlen kann oder nicht.

Lenox Hill Hospital (☎212-434-2000; www.northwell.edu/find-care/locations/lenox-hill-hospital; 100 E 77th St, an der Lexington Ave; ⏲24 Std.; Ⓢ6 bis 77th St) Gutes Krankenhaus in der Upper East Side mit 24-Stunden-Notaufnahme und Übersetzern für zahlreiche Sprachen.

Mount Sinai Hospital (☎212-241-6500; www.mountsinai.org/locations/mount-sinai; 1468 Madison Ave, an der 101st St; ⏲24 Std.; Ⓢ6 bis 103rd St) Ausgezeichnetes Krankenhaus in der Upper East Side.

Planned Parenthood (Margaret Sanger Center; ☎212-965-7000; www.plannedparenthood.org; 26 Bleecker St, zw. Mott & Elizabeth St; ⏲Mo, Di, Do & Fr 8–18.30, Mi 8–20.30, Sa 8–16.30 Uhr; ⓈB/D/F/V bis Broadway-Lafayette St; 6 bis Bleecker St) Familienplanung, Geschlechtskrankheiten und gynäkologische Behandlungen.

TOURISTENINFORMATION

NYC Information Center (Karte S. 94; ☎212-484-1222; www.nycgo.com; Broadway Plaza, zw. W 43rd & 44th St; ⏲9–18 Uhr; ⓈN/Q/R/W, S, 1/2/3, 7 bis Times Sq-42nd St) In der ganzen Stadt gibt es offizielle NYC Visitor Information Center. Die Hauptstellen sind in Midtown.

In der digitalisierten Welt gibt es unendlich viele Möglichkeiten, hochaktuelle Infos über New York zu bekommen. Wer es lieber persönlich mag, kann eines der offiziellen Büros der NYC & Company (www.nycgo.com) am **Times Square**, **Macy's Herald Square** (Karte S. 94; ☎212-484-1222; www.nycgo.com; Macy's, 151 W 34th St, am Broadway; ⏲Mo–Fr 9–19, Sa 10–19, So 11–19 Uhr; ⓈB/D/F/M, N/Q/R/W bis 34th St-Herald Sq), in der **City Hall** (Karte S. 84; ☎212-484-1222; www.nycgo.com; City Hall Park, am Broadway; ⏲Mo–So 9–18 Uhr; Ⓢ4/5/6 bis Brooklyn Bridge-City Hall; R/W bis City Hall; J/Z bis Chambers St) und am South Street Seaport besuchen.

Das **Brooklyn Tourism & Visitors Center** (www.nycgo.com; 209 Joralemon St, zw. Court St & Brooklyn Bridge Blvd, Downtown; ⏲Mo–Fr 10–18 Uhr; Ⓢ2/3, 4/5 bis Borough Hall) bietet allerlei Infos zu diesem beliebten Viertel.

ℹ An- & Weiterreise

New York rollt seinen roten Teppich an drei belebten Flughäfen, zwei Hauptbahnhöfen und einem riesigen Busbahnhof aus, um alljährlich Millionen von Besucher zu begrüßen, die gerne einmal vom Big Apple kosten wollen.

Von den meisten amerikanischen und internationalen Großstädten gibt es Direktflüge nach New York. Der Flug dauert beispielsweise ab Los Angeles sechs Stunden, ab Berlin neun Stunden. Wer schon in den USA ist und mit dem Zug statt mit dem Auto oder Flugzeug anreist, erlebt eine besondere Mischung aus ländlichen und städtischen Kulissen, ohne unnötige Verkehrsstaus und Sicherheitschecks ertragen zu müssen oder übermäßigen CO_2-Verbrauch zu verursachen.

Flüge, Touren und Züge können online unter www.lonelyplanet.com/bookings gebucht werden.

FLUGZEUG

John F. Kennedy International Airport

Der **John F. Kennedy International Airport** (JFK; ☎718-244-4444; www.kennedyairport.com; ⓈA bis Howard Beach oder E, J/Z bis Sutphin Blvd-Archer Ave und weiter mit dem JFK Airtrain) ist 15 Meilen (24 km) von Midtown im Südwesten von Queens entfernt, hat sechs Terminals und fertigt jährlich fast 50 Mio. Passagiere aus aller Welt ab. Mit dem AirTrain (auf dem Flughafengelände kostenlos) kommt man von einem Terminal zum nächsten.

Vor Kurzem wurden 10 Mrd. US$ für Umbauarbeiten genehmigt, wann das geschehen soll, ist aber noch ungewiss. Im Fokus stehen architektonische und bauliche Veränderungen, aber auch wesentliche Verbesserungen der Annehmlichkeiten sowie Beförderungsalternativen sind geplant.

LaGuardia

Der hauptsächlich für Inlandsflüge benutzte Flughafen **LaGuardia** (LGA; ☎718-533-3400; www.panynj.gov; 🚌M60, Q70) ist kleiner als JFK und nur 8 Meilen (13 km) von Midtown Manhattan entfernt. Hier werden jährlich rund 30 Mio. Passagiere abgefertigt.

Die sowohl von Politikern als auch normalen Reisenden viel geschmähten Terminals sollen von 2018 bis 2021 für 4 Mrd. US$ überholt werden. Es ist geplant, einen einzigen, einheitlichen Terminal anstelle der vier vorhandenen Einzelterminals zu errichten. Natürlich sollen auch die Annehmlichkeiten und Beförderungsalternativen verbessert werden.

Newark Liberty International Airport

Wer einen Flug nach New York buchen will, sollte auch New Jersey auf dem Radar haben. **Newark** (EWR; ☎973-961-6000; www.panynj.gov) ist etwa genauso weit von Midtown entfernt wie JFK (16 Meilen/26 km) und wird von vielen New Yorkern (etwa 40 Mio. Passagiere jährlich) benutzt. Der Flughafen ist Knotenpunkt für United Airlines und bietet in der Region um New York City die einzigen Nonstop-Flüge nach Havana, Cuba, an. Die 2,4 Mrd. US$ teure Neugestaltung von Terminal A soll 2022 abgeschlossen sein.

BUS

Start und Ziel aller Fernbusse ist der mit über 65 Mio. Fahrgästen pro Jahr verkehrsreichste Busbahnhof der Welt, der **Port Authority Bus Terminal** (Karte S. 94; ☎212-502-2200; www.panynj.gov; 625 Eighth Ave, an der W 42nd

St; S A/C/E bis 42nd St-Port Authority Bus Terminal). Immer wieder stehen Bemühungen auf der Agenda, den in die Jahre gekommenen und kaum ansehnlichen Bahnhof an einen anderen Ort zu verlegen. Er wird u. a. von folgenden Busunternehmen genutzt:

Greyhound (www.greyhound.com) Verbindet New York mit größeren Städten im ganzen Land.

Peter Pan Trailways (www.peterpanbus.com) Tägliche Expressbusse nach Boston, Washington, D. C., und Philadelphia.

Short Line Bus (www.shortlinebus.com) Fährt ins nördliche New Jersey und Upstate New York vor allem in Unistädte wie Ithaca und New Paltz; gehört zu Coach USA.

Trailways (www.trailwaysny.com) Busse nach Upstate New York, u.µa. nach Albany, Ithaca und Syracuse sowie nach Montreal, Kanada.

Etliche Billigbuslinien starten an verschiedenen Orten am Westrand von Midtown:

BoltBus (Karte S. 94; ☎877-265-8287; www.boltbus.com; W 33rd St, zw. Eleventh & Twelfth Ave; ☎) Fährt von New York nach Philadelphia, Boston, Baltimore und Washington, DC. Je früher man sich das Ticket kauft, desto billiger. Es gibt kostenloses WLAN an Bord, das manchmal sogar funktioniert.

Megabus (Karte S. 94; https://us.megabus.com; 34th St, zw. 11th & 12th Ave; ☎; S 7 bis 34th St-Hudson Yards) Verkehrt u. a. zwischen New York und Boston, Washington, D. C., und Toronto, Kanada. Kostenloses (manchmal sogar funktionierendes) WLAN. Die Busse starten an der 34th St unweit des Jacob K. Javits Convention Center und kommen an der 27th und 7 th an (Karte S. 94; 7th Ave & 27th St).

Vamoose (Karte S. 94; ☎212-695-6766; www.vamoosebus.com; S 1 bis 28th St; A/C/E, 1/2/3 bis 34th St-Penn Station) Busse nach Arlington, Virginia, und Bethesda, Maryland, beide kurz vor Washington, D. C.

SCHIFF/FÄHRE

Seastreak (www.seastreak.com) pendelt täglich zwischen den Atlantic Highlands und den Highlands, New Jersey und Pier 11 in der Nähe der Wall St und E 35th St. Im Sommer gibt's auch eine Verbindung nach Sandy Hook (hin & zurück 46 US$) in New Jersey. Nach Martha's Vineyard (einfache Fahrt/hin & zurück 165/240 US$, 5 Std.) in Massachusetts geht's an den Wochenenden im Sommer vor der E 35th St.

Kreuzfahrtschiffe legen am Manhattan Cruise Terminal in Hell's Kitchen an der Westseite Manhattans an diversen Piers (W 46th bis 54th St) an.

Wer mit seiner eigenen Jacht in NYC ankommt, kann in einem der exklusiven Jachthäfen am World Financial Center oder an dem Langzeitanleger am 79th St Boathouse in der Upper West Side festmachen.

ZUG

Penn Station (W 33rd St, zw. Seventh & Eighth Ave; S 1/2/3, A/C/E bis 34th St-Penn Station) Oft verschmähter Startpunkt aller Amtrak-Züge (www.amtrak.com), darunter auch der Acela Express nach Princeton, New Jersey, und Washington, D. C. (Achtung: Expresszüge sind doppelt so teuer wie normale Züge). Die Fahrpreise variieren je nach Wochentag und Uhrzeit. An der Penn Station gibt es keine Gepäckaufbewahrung. Entgleisungen und Wartungsprobleme sind seit Frühjahr 2017 auf den Amtrakstrecken ein Problem. Reparaturarbeiten führen häufig zu Beeinträchtigungen – wie lange noch, steht in den Sternen.

Long Island Rail Road (www.mta.info/lirr) Long Island Rail Road befördert jeden Tag über 300 000 Pendler von der Penn Station zu Zielen in Brooklyn und Queens sowie auf Long Island. Die Preise richten sich nach Zonen. Eine Fahrt in der Rush-Hour von der Penn Station zur Jamaica Station (auf der Strecke nach JFK via AirTrain) kostet 10,25 US$, wenn man sein Ticket am Bahnhof kauft (im Zug 16 US$!).

NJ Transit (www.njtransit.com) bietet Verbindungen von der Penn Station in die Vororte und an die Jersey Shore.

New Jersey PATH (www.panynj.gov/path) Eine Option für alle, die in NJs Norden, z. B. nach Hoboken und Newark wollen. Die Züge (2,75 US$) starten an der Penn Station und folgen der Sixth Ave mit Stopps an der 33rd, 23rd, 14th, 9th St und der Christopher St sowie am neueröffneten World Trade Center.

Metro-North Railroad (www.mta.info/mnr) Die Metro-North Railroad fährt von dem traumhaften Grand Central Terminal nach Connecticut, ins Westchester County und ins Hudson Valley.

ℹ Unterwegs vor Ort

Infos über die öffentlichen Verkehrsmittel (Busse und Subway) stehen auf der Website der Metropolitan Transportation Authority (www.mta.info), darunter eine praktische Fahrplanauskunft und Aktuelles über Verspätungen oder Alternativstrecken aufgrund von Wartungsarbeiten. Leider steigen Häufigkeit und Dauer von Verspätungen mit den Fahrgastzahlen.

Subway Die U-Bahn ist billig, zuverlässig und fährt rund um die Uhr, kann aber für Neulinge etwas verwirrend sein. Mit der MetroCard kostet die einfache Fahrt 2,75 US$. Der 7-Day Unlimited Pass kostet 32 US$.

Busse In verkehrsschwachen Zeiten sind Busse gut geeignet, vor allem für Fahrten zwischen den Gebieten im Osten und Westen der Stadt. Die MetroCard ist auch in Bussen gültig, der Preis entspricht dem der Subway.

Taxi Die Grundgebühr beginnt bei 2,50 US$ plus 5 US$ pro 20 Blocks. Details siehe www.nyc.gov/taxi.

Fahrrad Das beliebte städtische Fahrrad-Sharing-Programm Citi Bike bietet Stationen fast überall in Manhattan, und ständig kommen auch in anderen Stadtteilen neue dazu.

Fähren zwischen den Stadtteilen Verschiedene Anlegestellen am East River in Manhattan, Brooklyn, Queens (und bald auch in der Bronx) und auch an den Rockaway-Stränden in Queens werden von der New York City Ferry (www.ferry.nyc) angesteuert. New York Water Taxi (www.nywatertaxi.com) fährt zu festen Zeiten einige Piers an. Den New York Harbor kann man kostenlos mit der für Pendler bestimmten Staten Island Ferry (S. 112) überqueren.

VOM/ZUM FLUGHAFEN

John F. Kennedy International Airport

Taxi Von Manhattan zum Flughafen fahren die Yellow Cabs mit Taxameter. Der Preis (um die 60 US$) schwankt je nach Verkehrsaufkommen, die Fahrt dauert zwischen 45 und 60 Minuten. Vom JFK verlangen Taxis einen Festpreis von 52 US$ zu den meisten Zielen in Manhattan (Maut und Trinkgeld sind nicht enthalten); die Fahrt dauert in der Regel zwischen 45 und 60 Minuten. Von und nach Brooklyn sollte der Preis bei etwa 45 US$ (Coney Island) bis 62 US$ (Downtown Brooklyn) liegen. Für die Überquerung der Williamsburg Bridge, Manhattan Bridge, Brooklyn Bridge und Queensboro–59th St Bridge wird keine Maut verlangt, der Queens–Midtown Tunnel und der Hugh L. Carey Tunnel (alias Brooklyn–Battery Tunnel) kosten in Richtung Manhattan 8,50 US$.

Die Preise für Fahrten über Apps wie Lyft und Uber variieren je nach Tageszeit.

Kleinbusse & Fahrdienste Kleinbusse wie die von **Super Shuttle Manhattan** (www.supershuttle.com) kosten je nach Fahrziel 20 bis 26 US$ pro Person. Fahrdienste von NYC zum Flughafen haben einen Festpreis ab 45 US$.

Expressbus Der **NYC Airporter** (www.nycairporter.com) fährt vom JFK zur Grand Central Station, Penn Station und zum Port Authority Bus Terminal. Die einfache Fahrt kostet 18 US$.

Subway Die Subway ist das billigste, aber auch langsamste Verkehrsmittel nach Manhattan. Am Flughafen nimmt man den AirTrain (5 US$, bezahlt wird beim Ausstieg) zum Sutphin Blvd-Archer Ave (Jamaica Station) mit Anschluss an die Linien E, J und Z (und die Long Island Rail Road). Wer zur Linie A will, nimmt den AirTrain bis Howard Beach. Der Zug der Linie E nach Midtown hat die wenigsten Haltestellen, er braucht etwas mehr als eine Stunde.

Long Island Rail Road (LIRR) Die Bahn ist das bei Weitem gemütlichste Verkehrsmittel in die Stadt. Vom Flughafen geht's mit dem AirTrain (5 US$, bezahlt wird beim Ausstieg) zur Jamaica Station. Von dort fahren häufige LIRR-Züge zur Penn Station in Manhattan und zum Atlantic Terminal in Brooklyn (nahe Fort Greene, Boerum Hill und Barclay Center). Von Bahnhof zu Bahnhof dauert die Fahrt etwa 20 Minuten. Die einfache Fahrt zur Penn Station oder zum Atlantic Terminal kostet 7,50 US$ (in der Rushhour 10,25 US$).

LaGuardia

Taxi Die ungefähr halbstündige Fahrt ab/nach Manhattan kostet ca. 42 US$, es gibt keine Festpreise. Die Preise für über Lyft oder Uber angeforderte Taxis variieren.

Fahrdienst Fahrdienste nach LaGuardia kosten um die 35 US$.

Expressbus Der **NYC Airporter** (www.nycairporter.com) kostet 15 US$ und fährt nach/ab Grand Central, Penn Station und Port Authority Bus Terminal.

Subway & Bus LaGuardia ist mit öffentlichen Verkehrsmitteln nicht so bequem zu erreichen wie die anderen Flughäfen. Die beste Subway-Verbindung bietet die Station 74 St-Broadway (Linie 7 oder Linien E, F, M und R am Umsteigebahnhof Jackson Heights-Roosevelt Ave) in Queens, wo man in den Q70 Express Bus zum Flughafen (ca. 10 Min. zum Flughafen) einsteigen kann. Es gibt aber auch den Bus M60, der an mehreren Subway-Stationen in Upper Manhattan und Harlem und an der N/Q-Haltestelle in der Hoyt Ave-32st St hält.

Newark Liberty International Airport

Fahrdienst Fahrdienste verlangen für die 45-minütige Fahrt von Midtown zwischen 50 und 70 US$. Ein Taxi kostet etwa das Gleiche. Eine teure Mautgebühr von 15 US$ wird Richtung NYC fällig am Lincoln Tunnel (an der 42nd St), am Holland Tunnel (an der Canal St) und weiter nördlich an der George Washington Bridge. Zurück nach New Jersey fallen keine Gebühren an. Günstigere Gebühren werden auf einigen Highways in New Jersey erhoben. Wer dies umgehen will, bittet den Fahrer, Hwy 1 oder Hwy 9 zu nehmen.

Subway/Zug Züge von NJ Transit (www.njtransit.com) (mit Anschluss an den AirTrain, 5,50 US$) zwischen dem Flughafen Newark (EWR) und der New Yorker Penn Station kosten für die einfache Fahrt 13 US$ und brauchen 25 Minuten. Zwischen 4.20 Uhr und ca. 1.40 Uhr fahren sie alle 20 bis 30 Minuten. Die Fahrkarte unbedingt aufheben, denn man muss sie beim Aussteigen am Flughafen zeigen.

Expressbus Newark Liberty Airport Express (www.newarkairportexpress.com) betreibt eine Buslinie zwischen Flughafen und Port Authority Bus Terminal, Bryant Park und Grand Central Terminal in Midtown (einfache Fahrt 16 US$, Fahrtdauer 45 Min.). Abfahrt alle 15 Minuten zwischen 6.45 und 11.15 Uhr, alle 30 Minuten zwischen 4.45 und 6.45 Uhr und zwischen 23.15 und 1.15 Uhr.

FAHRRAD

In den letzten zehn Jahren wurden Hunderte Meilen ausgewiesener Fahrradwege angelegt.

Hinzu kommt noch das ausgezeichnete Fahrrad-Sharing-Programm Citi Bike (www.citibikenyc.com) und fertig ist eine überraschend fahrradfreundliche Stadt. An Hunderten von Citi-Bike-Stationen in Manhattan und Teilen von Brooklyn stehen die kultigen, leuchtend blauen, sehr stabilen Räder, die für kurze Leihdauern recht preisgünstig sind. Fast 14 Mio. City Bike „Trips" wurden 2016 registriert, das System baut auf geschätzt 12 000 Fahrräder.

Wer ein Citi Bike benutzen möchte, muss sich einen 24-Stunden- oder 3-Tage-Pass (ca. 12 bzw. 24 US$ inkl. Steuer) an einer Citi Bike Station kaufen. Danach bekommt man einen fünfstelligen Code, mit dem man ein Rad entriegeln kann. Wer sein Rad innerhalb von 30 Minuten an irgendeiner Station zurückgibt, vermeidet Extra-Gebühren. Die Kreditkarte reinstecken (sie wird nicht belastet) und den Anweisungen folgen, um erneut ein Fahrrad zu entnehmen. Innerhalb von 24 Stunden bzw. drei Tagen kann man das Rad beliebig oft für 30 Minuten ausleihen.

Helme sind vom Gesetz nicht vorgeschrieben, werden aber dringend empfohlen. Städtische Parks wie der Central Park, der Brooklyn Waterfront Greenway und der Prospect Park in Brooklyn eignen sich wunderbar zum Testen in einer Umgebung ist, die weit weniger stressig ist als die chaotischen Straßen der Stadt. Am wichtigsten ist aber für die eigene Sicherheit als auch für die anderer, dass man die gesetzlich vorgeschriebenen Verkehrsregeln beachtet.

Strecken und Fahrradwege für jeden Stadtbezirk gibt es auf NYC Bike Maps (www.nycbikemaps.com). Stadtpläne und individuelle Fahrtrouten von A nach B können auf NYC DOT (www.nyc.gov/html/dot/html/bicyclists/bikemaps.shtml) heruntergeladen werden. Kostenlose Fahrradkarten sind auch in den meisten Fahrradläden erhältlich.

VERKEHRSMITTEL & -WEGE

Tickets und Pässe

- Die gelb-blaue MetroCard (www.mta.info/metrocard) ist eine Magnetkarte, die in allen öffentlichen Verkehrsmitteln in NYC gültig ist. Kauf und Aufladung sind an einfach zu bedienenden Automaten möglich, die an jeder Haltestelle stehen. Bei jeder Fahrt mit Subway und Bus (außer mit Expressbussen) werden 2,75 US$ von der Karte abgezogen.
- Die MetroCard kostet an Automaten an Subway-Stationen 1 US$. Man sollte sie gleich mit einem Guthaben aufladen (z. B. 20 US$, damit kann man acht Mal fahren und hat noch etwas übrig). Wer öfter mit den Öffentlichen fahren will, für den lohnt sich der sieben Tage gültige Unlimited Pass (32 US$). Diese Karten sind für Touristen recht praktisch, vor allem wenn man an einem Tag mehrere Orte besichtigen will.
- Die Automaten akzeptieren Kredit- und EC-Karten (größere Automaten auch Bargeld). Zum Aufladen muss man die Karte einführen und den Anweisungen folgen. (Tipp: Der Automat fragt nach der Postleitzahl. Wer keinen Wohnsitz in den USA hat, gibt einfach die „99999" ein).
- Umsteigen von Subway in Bus und umgekehrt ist kostenfrei. Einfach die Karte durchziehen/einstecken, es entstehen keine Extra-Gebühren.

NEW YORK STATE

Für die meisten beginnt und endet die Reise in den Empire State in der Kultmetropole New York City. Wer aber seinen Trip nur auf die fünf Stadtbezirke und einige Vororte beschränkt, wird viel Tolles verpassen.

Upstate New York – d.h. alles außerhalb von NYC – ist ein Traumziel für all diejenigen, die Outdoorabenteuer ebenso lieben wie Barbesuche in der Lower East Side. Der mächtige Hudson River verläuft – wie eine Art Fluchtweg – von NYC aus direkt nach Norden. Von Albany fließt der 843 km lange Erie Canal nach Westen bis zum Lake Erie, vorbei an den spektakulären Niagarafällen und Buffalo, einer faszinierenden, im Rust-Belt gelegenen Stadt, die gerade ziemlich im Aufwind ist.

Der St.-Lorenz-Strom bildet in der wunderschönen Region der Thousand Islands die Grenze zu Kanada. Gute Weine kann man rund um die Finger Lakes genießen, die tollen Adirondack- und Catskills-Bergketten eignen sich perfekt zum Wandern und an den Sandstränden von Long Island kann man die Seele baumeln lassen.

ℹ Praktische Informationen

511 NY (www.511ny.org) Verkehrsinfos für den Bundesstaat.

I Love NY (www.iloveny.com) Großes Tourismusbüro des Bundesstaates mit dem kultigen Herzlogo.

DVEIGHT (www.dveightmag.com) Online- und Print-Magazine mit Erfahrungsberichten von Städtern über Upstate New York.

New York State Office of Parks, Recreation and Historic Preservation (https://parks.ny.gov) Infos über Camping und Unterkünfte sowie allgemeine Auskünfte über alle State Parks.

And North (http://andnorth.com) Guter Online-Führer für Upstate New York.

Escape Brooklyn (http://escapebrooklyn.com) Angesehener Blog von Brooklyner Insidern über Kurztrips nach Upstate New York.

Lonely Planet (www.lonelyplanet.com/usa/new-york-state) Infos über Ziele, Hotelbuchungen, Traveller Forum und mehr.

Long Island

Formal gesehen gehören zur 190 km langen Long Island auch noch die Stadtteile Brooklyn und Queens an ihrem westlichen Ende dazu, in der allgemeinen Vorstellung der Leute beginnt „Long Island" aber erst dort, wo die Stadt endet, nämlich in einem Gewühl von verstopften Schnellstraßen und Vororten, die jeder Teenager so schnell wie möglich verlassen möchte (Levittown, die erste Planstadt der 1950er-Jahre, befindet sich im Zentrum von Nassau County). „Lohn-gai-lend" (so der lokale Akzent) hat aber noch weit mehr zu bieten. Hat man den Vorstadtstreifen erst hinter sich gelassen, zeigen sich windgepeitschte Dünen, schillernde Badeorte, grüne Farmen und Weinberge sowie Walfänger- und Fischerdörfchen, die im 17. Jh. gegründet wurden, und man versteht, warum treue Einwohner den Spitznamen „Strong Island" (starke Insel) bevorzugen.

Anreise & Unterwegs vor Ort

Dank der Long Island Rail Road (LIRR; www.mta.info/lirr), die von der Penn Station in NYC drei Linien bis ans äußerste östliche Ende der Insel betreibt, kann Long Island auch ohne Auto bereist werden. Hinzu kommen die Busgesellschaften **Hampton Jitney** (www.hamptonjitney.com) und **Hampton Luxury Liner** (www.hamptonluxuryliner.com), die von Manhattan zu verschiedenen Orten in den Hamptons und nach Montauk fahren. Hampton Jitney hat auch Busse nach/ab Brooklyn und fährt außerdem die North Fork an. Dennoch ist es mit einem Auto einfacher, mehrere Orte auf der Insel in einem Aufwasch zu besuchen. Die I-495, auch Long Island Expwy (LIE) genannt, verläuft einmal mitten über die Insel. Für die Fahrt sollte man aber die Hauptverkehrszeit meiden, wenn die ganzen Pendler im Stau stecken.

South Shore

Die Strände sind leicht mit öffentlichen Verkehrsmitteln zu erreichen und mitunter sehr voll, sie sind aber dennoch ein schönes Ziel für einen tollen Tagesauflug. Die Orte auf den Barriereinseln sind lange nicht so schick wie die in den Hamptons, sie sind auch weitaus egalitärer und haben alle ihren ganz eigenen Charme. Hier kann man in der Menge untergehen oder auch allein durch die Dünen wandern. **Long Beach** liegt direkt hinter der Grenze zu Queens. Die Hauptstraße des Orts ist übersät mit Eisdielen, Bars und Lokalen.

Sehenswertes

Fire Island National Seashore INSEL
(☎631-687-4750; www.nps.gov/fiis) GRATIS Die zum bundesstaatlichen Schutzgebiet gehörende Insel bietet Sanddünen, Wälder, saubere Strände, Campingoptionen (Genehmigungen zum Campen in den Dünen kosten 20 US$), Wanderwege, Gasthäuser, Restaurants, 15 Weiler und zwei Dörfer. Hier gibt es autofreie Gegenden mit Sommerresidenzen und gut besuchten Nachtclubs ebenso wie Strandabschnitte, an denen es nichts weiter gibt als Zelte und Hirsche.

Der größte Teil der Insel ist nur mit der **Fähre** (☎631-665-3600; www.fireislandferries.com; 99 Maple Ave, Bay Shore; eine Strecke Erw./Kind 10/5 US$, 1-Uhr-Fähre 19 US$) zu erreichen und somit autofrei – die Urlaubsgäste transportieren ihr Gepäck deshalb auf kleinen Wägelchen. Man kann zu beiden Enden der Insel fahren (zum Leuchtturm oder zum Wilderness Visitor Center), dazwischen gibt es keine Autostraße. Die Insel ist von ungefähr einem Dutzend winziger Weiler gesäumt, in denen vorwiegend Einheimische leben. In der Partyhochburg **Ocean Beach Village** und dem ruhigeren **Ocean Bay Park** (die Fähren vom LIRR-Halt Bayshore fahren hierher) gibt's ein paar Hotels. **Cherry Grove** und **The Pines** (Fähren ab Sayville) sind Schwulenenklaven, in denen es ebenfalls Hotels gibt.

Robert Moses State Park STATE PARK
(☎631-669-0449; www.parks.ny.gov; 600 Robert Moses State Pkwy, Babylon, Fire Island; 10 US$/Auto, Liegestuhl 10 US$, Golf 11 US$; ⏲Sonnenaufgang–Sonnenuntergang) Der Robert Moses State Park, ein kleiner mit dem Auto erreichbarer Abschnitt der Fire Island, befindet sich am westlichen Ende der Insel und bietet breite Sandstrände, an denen sich ein reiferes Publikum tummelt als am Jones Beach. Ganz in der Nähe befindet sich auch das **Fire Island Lighthouse** (Fire Island National Seashore; ☎631-661-4876; www.nps.gov/fiis; Robert Moses Causeway; Erw./Kind 7/4 US$; ⏲Juli & Aug. 9.30–18 Uhr, Sept–Juni Mo–Fr 10–16, Sa & So 10–17 Uhr), das gut zu Fuß zu erreichen ist.

Sunken Forest WALD
(☎631-597-6183; www.nps.gov/fiis; Fire Island; ⏲Visitor Center Mitte Mai–Mitte Okt.) GRATIS Dieser 300 Jahre alte, überraschend dichte Wald hinter den Dünen ist leicht über einen 1,4 km langen Plankenweg zu erkunden, der eine Schleife durch das Waldgebiet beschreibt. Im Sommer ist es hier schön schat-

tig, im Herbst malt das Laub ein buntes Bild. Zu erreichen ist der Wald über einen eigenen Fähranleger (Sailors Haven, wo es auch ein Visitor Center gibt) oder im Winter nach Ende des Fährverkehrs mittels eines langen Spaziergangs. Es werden auch von Rangern geführte Touren angeboten.

Schlafen & Essen

Seashore Condo Motel HOTEL **$$**
(☎631-583-5860; www.seashorecondomotel.com; Bayview Ave, Ocean Bay Park, Fire Island; Zi. ab 240 US$;) Kleine, holzgetäfelte Zimmer ohne viel Schnickschnack – trotz des nicht gerade günstigen Preises.

Madison Fire Island Pines BOUTIQUEHOTEL **$$$**
(☎631-597-6061; www.themadisonfi.com; 22 Atlantic Walk, Fire Island Pines, Fire Island; Zi. ab 225 US$;) Das erste „Boutiquehotel" von Fire Island kann sich mit allem messen, was Hotels in Manhattan an Annehmlichkeiten zu bieten haben, hat aber darüber hinaus noch eine Dachterrasse mit sagenhaftem Ausblick.

Sand Castle SEAFOOD **$$**
(☎631-597-4174; www.fireislandsandcastle.com; 106 Lewis Walk, Cherry Grove, Fire Island; Hauptgerichte 15–30 US$; Mai–Sept. Mo, Di & Do–Sa 11–23, So 9.30–23 Uhr) Das Sand Castle, eins der wenigen Restaurants auf Fire Island, das am Ozean (und nicht an der Bucht) liegt, serviert gute Vorspeisen (gebratene Calamari, panierte Pilze) und jede Menge köstliches Seafood (Muscheln, Krebsküchlein, sautierte Jakobsmuscheln). Außerdem kann man hier mit einem guten Cocktail in der Hand wunderbar Leute beobachten.

An- & Weiterreise

Mit dem Auto kommt man nach Fire Island über den Long Island Expwy bis Exit 53 (Bayshore), 59 (Sayville) oder 63 (Patchogue).

Wer mit den öffentlichen Verkehrsmitteln anreist, fährt mit der LIRR zu einer der drei Haltestellen Patchogue (www.davisparkferry.com), Bayshore (www.fireislandferries.com) oder Sayville (www.sayvilleferry.com), wo man Anschluss an die Fähre hat. In Patchogue kann man vom Bahnhof zur Fähre laufen. Bei der Bahn ist auch ein Zug-Taxi-Kombiticket für Ausflüge zum Sunken Forest und ein Zug-Bus-Kombiticket nach Jones Beach erhältlich.

LIRR-Züge (www.mtainfo.com/lirr) fahren von der New Yorker Penn Station direkt nach Long Beach (55 Min.). Es gibt spezielle Ausflugstickets.

Die Hamptons

Diese Reihe von Dörfern ist für die wohlhabendsten Bewohner Manhattans, die im Hubschrauber zu ihren Villen fliegen, ein Sommerrefugium. Normalsterbliche nehmen den Hampton-Jitney-Bus und mieten sich ein lautes Ferienhaus. Hinter all dem Glamour steckt eine lange Geschichte, denn in der Vergangenheit haben hier berühmte Künstler und Schriftsteller gelebt. Darüber hinaus wird auch noch die lebensgefährliche Tradition der Fischerei aufrechterhalten.

Sehenswertes

EAST HAMPTON

East Hampton Town Marine Museum MUSEUM
(www.easthamptonhistory.org; 301 Bluff Rd, Amagansett; 4 US$; April–Okt. Sa 10–17, So 12–17 Uhr) Dieses kleine Museum kurz vor der Ortsausfahrt in Richtung Montauk ist ebenso interessant wie sein Pendant in Sag Harbor. Es beleuchtet die Fischerei- und Walfang-Industrie und zeigt Harpunen, Boote, die halb so groß sind wie ihr Fang, und wunderschöne Schwarz-Weiß-Fotos der hiesigen Fischer und ihrer Familien.

Osborn-Jackson House MUSEUM
(☎631-324-6850; www.easthamptonhistory.org; 101 Main St; Spende 4 US$; Di–Sa 10–16 Uhr) Wer einen Ausflug in die koloniale Vergangenheit East Hamptons machen möchte, besucht am besten die East Hampton Historical Society. Die Society pflegt fünf historische Sehenswürdigkeiten rund um East Hampton, darunter alte Bauernhäuser und Villen aus der Kolonialzeit sowie ein Meeresmuseum.

Pollock-Krasner House KUNSTZENTRUM
(☎631-324-4929; www.stonybrook.edu/pkhouse; 830 Springs Fireplace Rd; 5 US$, Führung 10 US$; Mai–Okt. Do–Sa 13–17 Uhr) Das Haus des berühmten Künstlerehepaars Jackson Pollock und Lee Krasner lohnt schon wegen des mit Farbklecksen überzogenen Fußbodens von Pollocks Studio den Besuch. Die Führungen um 12 Uhr müssen vorab reserviert werden.

SAG HARBOUR

Sag Harbor Whaling & Historical Museum MUSEUM
(☎631-725-0770; www.sagharborwhalingmuseum.org; 200 Main St; Erw./Kind 6/2 US$; April–Nov. 10–17 Uhr) Die coole Sammlung besteht u.a. aus echten Artefakten von Walfangschif-

fen aus dem 19. Jh.: scharfe Flensmesser, ramponierte Gefäße für Walfischspeck, aus Walrosszähnen geschnitzte Gegenstände und mehr. Es ist trotzdem irgendwie befremdlich, in einem Dorf, das jetzt ein kleiner netter Urlaubsort ist, Fotos von riesigen Meeressäugern zu sehen.

SOUTHAMPTON

Parrish Art Museum MUSEUM

(☎631-283-2118; www.parrishart.org; 279 Montauk Hwy, Water Mill; Erw./Kind 10 US$/frei, Mi frei; ⏲Mo, Mi, Do, Sa & So 10–17, Fr bis 20 Uhr) In einer eleganten, langgezogenen Scheune, die von Herzog & de Meuron entworfen wurde, werden hier regionale Künstler wie Jackson Pollock, Willem de Kooning und Chuck Close ausgestellt.

Southampton Historical Museum MUSEUM

(☎631-283-2494; www.southamptonhistoricalmuseum.org; 17 Meeting House Lane; Erw./Kind 4 US$/frei; ⏲März–Dez. Mi–Sa 11–16 Uhr) Schon bevor die Hamptons die Hamptons wurden, existierte diese Ansammlung von Häusern, die sich heute schön gepflegt präsentieren. Das Haupthaus des Museums ist Rogers Mansion, das einst dem Kapitän eines Walfängers gehörte. Lohnenswert ist auch der Besuch des ehemaligen Trockengut-Lagers um die Ecke in der Main St (heute eine Bijouterie) und des aus dem 17. Jh. stammenden Halsey House (Juli–Okt. nur Sa).

St. Andrew's Dune Church KIRCHE

(www.standrewsdunechurch.com; 12 Gin Lane; ⏲Gottesdienst Juni–Sept. 11 Uhr) Die drei Türme dieser roten Holzkirche aus dem 19. Jh. leuchten im Nachmittagslicht ganz wunderbar. Wer Lust hat, kann den Gottesdienst am Sonntag besuchen und dabei gleich die Glasfenster und schönen Holzbänke bewundern. Oder man spaziert einfach an dem skurrilen Eisentopf vorbei, einem Geschenk eines früheren Gemeindemitglieds, und läuft gemütlich am Wasser entlang. Hier befand sich einst die erste Lebensrettungsstation in New York. Die kurze Fahrt oder Wanderung ab Downtown lohnt sich.

Schlafen

★ **Topping Rose House** BOUTIQUEHOTEL $$$

(☎631-537-0870; www.toppingrosehouse.com; 1 Bridgehampton-Sag Harbor Turnpike, Bridgehampton; Zi. ab 695 US$; P ❄ 📶 🏊) Das supermoderne Boutiquehotel in einem Gebäude von 1842 hat 22 Zimmer, darunter sechs Suiten, die mit Werken hiesiger Künstler geschmückt sind. Ein Manhattaner Galerist kuratiert die wechselnde Kunstsammlung (die Werke werden natürlich zum Kauf angeboten). Außerdem gibt es ein Spa, einen beheizten Pool und ein Restaurant mit 75 Plätzen. Die Zutaten kommen direkt vom Bauernhof auf den Tisch, ein Teil des Gemüses stammt aus dem 4000 m² großen, hoteleigenen Garten.

1708 House INN $$$

(☎631-287-1708; www.1708house.com; 126 Main St; Zi. ab 250 US$; ❄ 📶) Geschichtsfreaks werden von dieser Spitzenunterkunft bestimmt entzückt sein. Sie befindet sich im Zentrum von Southampton und erstrahlt im Charme der Jahrhundertwende.

Essen

Candy Kitchen DINER $

(☎631-537-9885; 2391 Montauk Hwy, Bridgehampton; Hauptgerichte 5–12 US$; ⏲7–21 Uhr; 👪) Der Eckdiner ist der Gegenpol zum Glitzer und Glamour und serviert schon seit 1925 gute Suppen, hausgemachtes Eis und andere Leckereien. Da hier alles etwas altmodisch ist, wird auch nur Barzahlung akzeptiert.

★ **Fellingham's** KNEIPENESSEN $$

(Restaurant Sports Bar; ☎631-283-9417; www.fellinghamsrestaurant.com; 17 Cameron St; Burger 11 US$, Hauptgerichte 19–21 US$; ⏲11–23 Uhr) Einen Touch von Lokalkolorit bekommt man in dieser beliebten Sportsbar mit zahlreichen historischen Fotos und Erinnerungsstücken. Sie befindet sich hinter der Bank in einer kleinen Straße unweit der Main St und bietet eine Speisekarte mit herzhaften Gerichten wie den nach der Baseball-Legende Babe Ruth benannten Bacon-Cheeseburger und den Sharapova-Burger mit – natürlich – russischem Dressing. Für viele Einheimische gilt das Fellingham's als die „Cheers" von Southampton. Als Hauptgericht gibt's vorwiegend Steaks und Koteletts.

★ **Dockside Bar and Grill** SEAFOOD $$$

(☎631-725-7100; www.docksidesagharbor.com; 26 Bay St; Hauptgerichte 26–32 US$; ⏲11.30–22 Uhr) Auf der seafoodlastigen Speisekarte des bei Einheimischen beliebten Lokals in der American Legion Hall (der Originaltresen ist noch erhalten) stehen neben zahlreichen weiteren Köstlichkeiten eine preisgekrönte Muschelsuppe sowie leckere Frühlingsrollen mit Hummerfüllung. Im Sommer ist es auf der Terrasse besonders nett.

An- & Weiterreise

Wer auf dem Montauk Hwy (Rte 27) von/nach New York unterwegs ist, sollte sorgfältig planen, wenn man nicht im Stau stehen will. Auch in den Hamptons geht an einigen Wochenenden in puncto Verkehr gar nichts. Man sollte lieber in Manhattan oder Brooklyn in einen der beliebten Hampton-Jitney-Busse steigen. Die bequemen Busse fahren häufig und bedienen die gesamten Hamptons. Auch LIRR-Züge sind eine gute, wenn auch zeitintensive Option.

Unterwegs vor Ort

Hampton Hopper (www.hamptonhopper.com) fährt auf App-Basis mit coolen, umgebauten, türkisfarbenen Schulbussen durch die Hamptons. Mit ihnen kann man preiswert und stressfrei durch die Orte fahren.

Montauk

In Richtung der nach Osten zeigenden Spitze der South Fork von Long Island liegen das nette Städtchen Montauk, oder „The End", sowie der bekannte Surferstrand **Ditch Plains**. Mit den Surfern kamen auch die wohlhabenden Hipster und Hotels im Boho-Chic in den Ort. Aber es gibt hier noch immer eine stolze Arbeiterschaft und legere Fischrestaurants. Östlich vom **Napeague State Park** teilt sich die Route 27. Der Montauk Hwy verläuft weiter durch die Mitte der Halbinsel, der Old Montauk Hwy folgt der Küste. Die Straßen treffen sich wieder im Zentrum von Montauk an dem kleinen See Fort Pond. 2 Meilen (3,2 km) östlich befindet sich eine große Bucht mit dem Namen Lake Montauk, an deren Ufer zahlreiche Jachthäfen aneinander gereiht sind.

Sehenswertes

Lost at Sea Memorial DENKMAL

(2000 Montauk Hwy, Montauk Lighthouse; Montauk State Park Parkplatzgebühr 8 US$; ⌚ Mitte Jun–Aug. So–Fr 10.30–17.30, Sa 10.30–19 Uhr, Mitte April–Mitte Juni & Sept.–Nov. verkürzte Öffnungszeiten) Besucher des Montauk Lighthouse nehmen das kleinere, 4,5 m hohe Gebilde am Ostzipfel des Parks, wo die 18 m hohen Klippen ins Meer abfallen, gar nicht sofort wahr. Die hiesigen Fischer erinnert es aber Tag für Tag aufs Neue an ihren Kampf mit dem Meer. Die 1,5 m große, 1180 kg schwere Bronzestatue steht auf einem 2 m hohen Granitblock, auf dem die Namen der von der Kolonialära in New York bis heute in den Wellen ums Leben gekommenen Fischer eingraviert sind.

Montauk Point State Park STATE PARK

(☎ 631-668-3781; www.parks.ny.gov; 2000 Montauk Hwy/Rte 27; 8 US$/Auto; ⌚ Sonnenaufgang–Sonnenuntergang) Am Ostzipfel von South Fork befindet sich der Montauk Point State Park mit einem beeindruckenden **Leuchtturm** (☎ 631-668-2544; www.montauklighthouse.com; Erw./Kind 11/4 US$; ⌚ Mitte Juni–Aug. So–Fr 10.30–17.30, Sa 10.30–19 Uhr, Mitte April–Mitte Juni & Sept.–Nov. kürzer). Der Park eignet sich perfekt für einen windumtosten Spaziergang, zum Surfen, zum Angeln in der Brandung (Genehmigung erforderlich) und zum Beobachten von Seehunden.

Schlafen

Hither Hills State Park CAMPING $

(☎ 631-668-2554; www.parks.ny.gov; 164 Old Montauk Hwy; Stellplatz New-York-State-Einwohner/Gebietsfremde 35/70 US$, Reservierungsgebühr 9 US$) Die bewaldeten Dünen bilden eine natürliche Barriere zwischen Montauk und den Hamptons. Es gibt 189 Stellplätze für Zelte und Wohnmobile, Angelspots (Genehmigung erforderlich) und Wanderwege durch die Dünen. Online-Reservierung ist ein Muss.

★ **Sunrise Guesthouse** PENSION $$$

(☎ 631-668-7286; www.sunrisebnb.com; 681 Old Montauk Hwy; Zi./Suite 395/495 US$; P ❄ ⓦ) Das geschmackvoll eingerichtete B&B mit vier heimeligen Zimmern ist 1 Meile (1,6 km) vom Ort entfernt, gleich gegenüber der Straße, die zum Strand führt. Das umfangreiche, köstliche Frühstück wird in einem gemütlichen Speiseraum serviert – den Traumblick gibt's gratis dazu.

Surf Lodge MOTEL $$$

(☎ 631-483-5037; www.thesurflodge.com; 183 Edgemere St; Zi. 250–300 US$; ❄ ⓦ) Das Hipster-Paradies am Fort Pond, 800 m nördlich des Strands, war führend an der Umgestaltung Montauks beteiligt. Die schicke, freundliche Unterkunft bietet Zimmer mit eigenen Terrassen und Kochern sowie mit Bettzeug von Frette.

Essen & Ausgehen

Lobster Roll SEAFOOD $$

(☎ 631-267-3740; www.lobsterroll.com; 1980 Montauk Hwy, Amagansett; Hauptgerichte 14–28 US$; ⌚ Juni–Sept. 11.30–21.30 Uhr, Mai Mo 11.30–16.30, Fr–So 11.30–20 Uhr) Westlich von Montauk muss man am Straßenrand nur nach dem Schild „Lunch" Ausschau halten. Es markiert die Bude, in der es schon seit 1965 Muscheln und Hummer gibt.

★ Clam Bar at Napeague SEAFOOD $$
(☎631-267-6348; www.clambarhamptons.com; 2025 Montauk Hwy, Amagansett; Speisen 15–30 US$; ⌚April–Okt. 11.30–18 Uhr, Nov. & Dez. Sa & So 11.30–18 Uhr) Frischere Meeresfrüchte und „salzigeres" Personal gibt's wohl nirgendwo. Und – bei der heiligen Makrele – die Hummerbrötchen sind himmlisch, auch wenn der Preis etwas hoch erscheinen mag. In dem seit drei Jahrzehnten bestehenden und bei Einheimischen äußerst beliebten Lokal werden keine Kreditkarten akzeptiert. Zu finden ist es in der Straße zwischen Amagansett und Montauk.

Montauk Brewing Company KLEINBRAUEREI
(☎631-668-8471; www.montaukbrewingco.com; 62 S Erie Ave; ⌚Mo–Fr 14–19, Sa & So 12–19 Uhr) „Come as you are", heißt der Slogan dieser kleinen Schankstube der Familie Cobain. Hier werden überaus leckere *cervezas* – von Lager bis Stout – angeboten, die man bei entsprechendem Wetter auch draußen auf der Terrasse genießen kann.

Montauket BAR
(☎631-668-5992; 88 Firestone Rd; ⌚12–22 Uhr) Kenner sind sich einig: Dies ist Long Islands beste Location, um sich den Sonnenuntergang anzuschauen. Das bescheidene Haus mit schieferblauen Schindeln hat viel Montauk-Atmosphäre (und einheimische Gäste).

An- & Weiterreise

Montauk ist die letzte Haltestelle des gen Osten fahrenden Jitney-Busses (www.hamptonjitney.com; 28 US$) und der Long Island Railroad. Der hier endende Suffolk-County-Bus 10C kommt aus East Hampton und hat Anschluss an Bus 94, der weiter bis zum Leuchtturm fährt.

North Fork & Shelter Island

Die North Fork von Long Island ist vor allem für ihr Ackerland und ihre Weingüter bekannt. Am Wochenende können aber lärmende Weingut-Gruppentouren in Limousinen über das Gebiet herfallen. Die Rte 25, die Hauptverbindungsstraße zwischen den Orten **Jamesport**, **Cutchogue** und **Southold**, ist hübsch und von Ständen gesäumt.

Der größte Ort der North Fork ist **Greenport**, ein entspannter Ort, dessen Fischerboote immer noch auslaufen und das auf eine Geschichte als Walfängerort zurückblicken kann. Im Harbor Front Park steht ein altes Karussell. Greenport ist recht klein und kann vom LIRR-Bahnhof aus leicht zu Fuß erkundet werden. Zwischen North und South Fork liegt, wie ein kleines Juwel in der Klaue Long Islands, Shelter Island. Die Insel ist eine kleinere, maßvollere Version der Hamptons, mit einer Prise maritimem New England. Die Parkmöglichkeiten sind begrenzt. Am langen **Crescent Beach** z.B. kann man nur mit Parkgenehmigung parken. Wen ein paar Hügel nicht abschrecken, der kann die Insel auch prima mit dem Fahrrad erkunden.

Sehenswertes

Mashomack Nature Preserve NATURSCHUTZGEBIET
(☎631-749-1001; www.shelter-island.org/mashomack.html; Rte 114, Shelter Island; Spende Erw./Kind 3/2 US$; ⌚März–Sept. 9–17 Uhr, Okt.–Feb. 9–16 Uhr) Das 8 km² große Naturschutzgebiet auf Shelter Island ist übersät von kleinen Flüssen und Sumpfgebieten und eignet sich hervorragend zum Kajakfahren, Vögelbeobachten und Wandern (Radfahren ist verboten). Zecken sind ein ständiges Problem auf der Insel – also Vorsicht.

Orient Beach State Park STRAND
(☎631-323-2440; www.parks.ny.gov; 40000 Main Rd, Orient; 10 US$/Auto, Kajak 25 US$/Std.; ⌚8 Uhr–Sonnenuntergang, Baden nur im Juli & Aug.) Ein Strandzipfel am Ende von North Fork, an dem man (im Juli und August) im ruhigen Ozean baden oder in der kleinen Bucht mit Mietkajaks paddeln kann. Wahre Fans können vier verschiedene Leuchttürme besichtigen, darunter das Orient Point Lighthouse, das unter Seeleuten wegen seiner Reichweite „Coffee Pot" heißt.

Horton Point Lighthouse LEUCHTTURM
(☎631-765-5500; www.southoldhistoricalsociety.org/lighthouse; 3575 Lighthouse Rd, Southold; 5 US$; ⌚Juni–Sept. Sa & So 11.30–16 Uhr) Auch Horton Point, die kleinere Schwester des berühmten Leuchtturms von Montauk, wurde von Präsident Washington in Auftrag gegeben, aber erst 60 Jahre später von dem Schotten William Sinclair, einem Ingenieur von Brooklyn Navy Yard, errichtet. Über einen schönen Naturweg im benachbarten Park kommt man zu zwei Aussichtspunkten mit Blick über den Long Island Sound und zu Stufen hinunter zum Strand.

Schlafen & Essen

Greenporter Hotel BOUTIQUEHOTEL $$$
(☎631-477-0066; www.greenporterhotel.com; 326 Front St, Greenport; Zi. ab 309 US$; ❄📶🏊) Hier wurde ein älteres Motel renoviert – die Wän-

de bekamen einen weißen Anstrich und die Zimmer wurden mit Ikea-Möbeln ausgestattet. Für die Gegend bietet das Greenporter ein gutes Preis-Leistungs-Verhältnis.

Love Lane Kitchen MODERN-AMERIKANISCH **$$**
(☎631-298-8989; www.lovelanekitchen.com; 240 Love Lane, Mattituck; Hauptgerichte mittags 13–16 US$, abends 16–32 US$; ⊙Di & Mi 7–16, Do–Mo 8–21.30 Uhr) Beliebtes Restaurant in einer hübschen Straße, auf dessen Abendkarte vor allem Fleisch und Gemüse aus der Region stehen: Burger (selbstverständlich), feurige Kichererbsen sowie Enten-Tajine.

North Fork Table & Inn AMERIKANISCH **$$$**
(☎631-765-0177; www.nofoti.com; 57225 Main Rd, Southold; 3-Gänge-Festpreismenü 70 US$; ⊙Mo, Do & So 17.30–20, Fr & Sa 17.30–22 Uhr) Die Nobelunterkunft ist bei Feinschmeckern sehr beliebt. Sie wartet mit vier Zimmern (ab 250 US$) und einem hervorragenden Restaurant auf, das seine Zutaten direkt vom Bauernhof bezieht. Es wird von ehemaligen Köchen des angesehenen Restaurants Gramercy Tavern in Manhattan geführt. Zu Abend essen kann man donnerstags bis montags, wer mittags Appetit hat, kann sich an diesen Tagen von 11.30 bis 15.30 Uhr am Foodtruck vor dem Restaurant etwas Leckeres zum Mitnehmen bestellen.

ℹ An- & Weiterreise

Der Hampton-Jitney-Bus fährt in Manhattans East Side an der 96th, 83rd, 77th, 69th, 59th und 40th St ab und hält auf der North Fork in zehn Orten.

Mit dem eigenen Auto fährt man von Manhattan durch den Midtown Tunnel auf den I-495/Long Island Expwy und weiter bis zum Ende in Riverhead, dort folgt man den Schildern zur Rte 25, die zu allen Orten im Osten führt. Schneller ist aber die North Rd (Rte 48), da sie nicht durch die Stadtzentren geht.

Die Long Island Rail Road verläuft von der Penn Station und Brooklyn bis nach Greenport. Die Linie wird oft als Ronkonkoma Branch bezeichnet.

Von der North Fork zur South Fork (und umgekehrt) gelangt man mit der North Ferry (11 US$, www.northferry.com) und der South Ferry (15 US$, www.southferry.com), die über Shelter Island fährt. Es gibt keine direkte Fährverbindung – man muss erst die eine und dann die andere Fähre nehmen.

Hudson Valley

Die kurvigen Straßen zu beiden Ufern des Hudson River führen vorbei an pittoresken Farmen, viktorianischen Cottages, Apfelplantagen und Landsitzen des alten New Yorker Geldadels. Die Maler der Hudson River School romantisierten diese Landschaften, die sich im Herbst, der besten Zeit für eine Reise, besonders schön präsentieren.

Wegen der Pendlerzuglinie zwischen New York City und Albany ist die Seite östlich des Flusses belebter. Mehrere prächtige Wohnsitze finden sich in der Nähe von Tarrytown und Sleepy Hollow. Die frühere Industriestadt Beacon wurde als ein Vorposten zeitgenössischer Kunst wiederbelebt, während das historische Hudson mit seinem restaurierten Opernhaus, kleinen Galerien und Antiquitätenläden wohlhabendere Wochenendgäste anlockt.

Wer ein Auto hat, kann auf der Westseite des Flusses mehrere State Parks, die Militärakademie West Point sowie New Paltz, das Tor zu hervorragenden Klettermöglichkeiten im Minnewaska State Park Preserve und im Mohonk Preserve, erkunden.

ℹ An- & Weiterreise

Die Metro-North Railroad (www.mta.info/mnr) führt von der Grand Central Station in NYC bis nach Poughkeepsie; eine weitere Strecke der New Jersey Transit (www.njtransit.com) verläuft durch New Jersey bis nach Harriman. Amtrak (www.amtrak.com) hält auch in Rhinecliff (für Rhinebeck), Poughkeepsie und Hudson. Nach New Paltz gelangt man mit dem Bus.

Lower Hudson Valley

Das als Schauplatz der Geschichte vom kopflosen Reiter (*The Legend of Sleepy Hollow*) im 19. Jh. durch Washington Irving berühmt gewordene Sleepy Hollow und der größere Nachbarort Tarrytown sind die Sprungbretter zu drei historischen Landgütern und zum Stone Barn Center for Food & Agriculture, einem Anlaufpunkt für Gourmets und an Landwirtschaft Interessierte.

Seit der Eröffnung des Dia: Beacon im Jahr 2003, eines hervorragenden Museums zeitgenössischer Kunst, hat sich die Arbeiterstadt Beacon am Hudson River zu einem Magneten für Kreative, Pendler und Besitzer von Zweitwohnungen entwickelt. Die Stadt vor der Kulisse des Mt. Beacon, des höchstens Gipfels im Hudson Valley und eines lohnenden Wanderziels, bietet auch tolle Einkaufsmöglichkeiten in den Boutiquen, Galerien und Kunsthandwerksläden an der zu den malerischen Fishkill Falls hinunterführenden Main St. Die Stadt ist zwar gerade ziemlich hip, bekennt sich aber stolz zu ihrer Verwurzelung in der Arbeiterklasse und ist dadurch nur umso attraktiver.

Sehenswertes

★ Dia: Beacon GALERIE
(☎845-440-0100; www.diaart.org; 3 Beekman St; Erw./Kind 15 US$/frei; ⊙April–Okt. Do–Mo 11–18 Uhr, Nov.–März Fr–Mo 11–16 Uhr) Die 27900 m² große ehemalige Kartonfabrik der Nabisco am Hudson River ist heute ein Ausstellungsgelände für faszinierende Monumentalwerke von Künstlern wie Richard Serra, Dan Flavin, Louise Bourgeois oder Gerhard Richter. Die Dauersammlung wird durch Sonderausstellungen großer Skulpturen und Installationen ergänzt. Das Museum ist ein Muss für alle Freunde zeitgenössischer Kunst.

Boscobel House & Gardens HISTORISCHES GEBÄUDE
(☎845-265 3638; www.boscobel.org; 1601 Rte 9D, Garrison; Haus & Garten Erw./Kind 17/8 US$, nur Garten 11/5 US$; ⊙Führungen April–Okt. Mi–Mo 10–16 Uhr, Nov. & Dez. bis 15 Uhr) Boscobel, die elegante Kulisse des im Sommer stattfindenden **Hudson Valley Shakespeare Festival** (☎845-265-9575; www.hvshakespeare.org; Tickets ab 45 US$; ⊙Mitte Mai–Anf. Sept.), wurde 1808 erbaut und gilt als eines der schönsten Beispiele der Federal-Style-Architektur im Bundesstaat. Das Haus, 8 Meilen (12,9 km) südlich von Beacon, kann nur im Rahmen einer Führung (50 Min.) besichtigt werden. Die Führungen finden regelmäßig den ganzen Tag statt.

Stone Barn Center for Food & Agriculture FARM
(☎914-366-6200; http://story.stonebarnscenter.org; 630 Bedford Rd, Pocantico Hills; Erw./Kind 20/10 US$; ⊙Mi–So 10–17 Uhr) Führungen über diese berühmte Farm und die Möglichkeit, sich an Aktivitäten wie Eiersammeln oder Salat pflanzen zu beteiligen oder der Schafherde zu begegnen, machen Kindern und landverbundenen Erwachsenen Spaß. Es gibt einen guten Laden und ein kleines Café mit Essen zum Mitnehmen.

Sunnyside HISTORISCHES GEBÄUDE
(☎914-591-8763, Mo–Fr 914-631-8200; www.hudsonvalley.org; 3 W Sunnyside Lane, Tarrytown; Erw./Kind 12/6 US$; ⊙Führungen Mai–Mitte Nov. Mi–So 10.30–15.30 Uhr) Der Schriftsteller Washington Irving, berühmt für Erzählungen wie *Die Legende von Sleepy Hollow*, baute dieses fantasievolle Haus, das nach seiner eigenen Aussage mehr Ecken und Winkel hat als ein Dreispitz. Die Führer in Kostümen des 19. Jhs. haben gute Geschichten auf Lager, und die Glyzinien, die Irving vor mehr als 150 Jahren pflanzte, klettern immer noch an den Mauern empor.

Der Sunnyside nächstgelegene Bahnhof ist Irvington, ein Halt vor Tarrytown.

Schlafen & Essen

★ Roundhouse BOUTIQUEHOTEL $$
(☎845-765-8369; www.roundhousebeacon.com; 2 E Main St; Zi. ab $189; P⊖❄📶) Das Roundhouse, das eine frühere Schmiede und eine Hutfabrik an beiden Ufern des Fishkill Creek einnimmt, ist ein vorbildliches Beispiel für die Wiederauferstehung Beacons als Tourismusziel. In den geräumigen Zimmern mit Designer-Lampen, Bettkopfteilen aus Holz und Decken aus Alpaka-Wollen verbinden sich nahtlos Elemente der industriellen Vergangenheit der Gebäude mit zeitgenössischem Komfort.

Der mit zwei Michelin-Sternen ausgezeichnete Chefkoch Terrance Brennan leitet das ausgezeichnete **Restaurant and Lounge** (Ramen 16–21 US$, Hauptgerichte 26–36 US$, Verkostungsmenü ab 85 US$; ⊙Mo & Di 15–21, Mi & Do 11.30–21, Fr & Sa bis 22, So 11–20 Uhr; ☑) des Hotels, wo nachhaltige Farm-Cuisine angesagt ist. Nicht versäumen sollte man das hervorragende Ramen, das in der Lounge aufgetischt wird.

Homespun Foods CAFÉ $
(☎845-831-5096; www.homespunfoods.com; 232 Main St; Hauptgerichte 5–10 US$; ⊙8–17 Uhr; ☑) Hierzulande eine entspannte Feinschmecker-Legende, tischt das Homespun nur frisch zubereitete Gerichte auf, darunter kreative Salate, Sandwichs und einen vegetarischen Hackbraten aus Nüssen und Käse.

★ Blue Hill at Stone Barns AMERIKANISCH $$$
(☎914-366-9600; www.bluehillfarm.com; 630 Bedford Rd, Pocantico Hills; Menu 258 US$; ⊙Mi–Sa 17–22, So 13–19.30 Uhr) 🍃 Regionale Produkte pur gibt's auf Chefkoch Dan Barbers Farm (die auch sein Restaurant in Manhattan beliefert). Das erstaunliche mehrgängige Menü basiert auf der Ernte des Tages und dauert mindestens drei Stunden – die Bedienung ist so theatralisch wie die Präsentation der Gerichte. Man sollte rund zwei Monate im Voraus buchen und den Dresscode beachten: Die Herren tragen Sakko und Krawatte, Shorts sind verboten.

An- & Weiterreise

Pendlerzüge von Metro-North (www.mta.info/mnr) verbinden New York City mit Beacon (einfache Strecke verkehrsarme/Spitzenzeit 23/28 US$, 90 Min.).

Vom **Bahnhof Tarrytown Station** (www.mta.info/mnr; 1 Depot Plaza, Tarrytown) gibt's regelmäßige Zugverbindungen mit New York City (17–20 US$, 40–50 Min.). Irvington, ein Halt vor Tarrytown, ist der Sunnyside nächstgelegene Bahnhof, während Philipse Manor, ein Halt nach Tarrytown, in Gehweite vom Philipsburg Manor liegt.

Die größte Flexibilität, sich in der Gegend umzuschauen, hat man mit einem gemieteten Auto.

New Paltz

In New Paltz, eine kurze Autofahrt entfernt vom Westufer des Hudson, herrscht immer noch Hippie-Atmosphäre. Im Ort gibt's einen Campus der State University of New York, und er ist das Sprungbrett zum Shawangunk Ridge („The Gunks"), wo es ausgezeichnete Möglichkeiten zum Wandern und Klettern gibt.

Sehenswertes & Aktivitäten

Historic Huguenot Street HISTORISCHE STÄTTE
(☎ 845-255-1660; www.huguenotstreet.org; 86 Huguenot St; geführte Tour 15 US$) Beim Spaziergang rund um die malerische Enklave von Gebäuden, die von der 1678 gegründeten Hugenottensiedlung übrig geblieben sind, erlebt man einen Ausflug in die Vergangenheit.

Zu dem 4 ha großen National Historic Landmark District gehören ein Besucherzentrum (der Ausgangspunkt für geführte Touren), sieben historische Steinhäuser, der Nachbau der Hugenottenkirche von 1717 und ein Begräbnisplatz.

Mohonk Preserve PARK
(☎ 845-255-0919; www.mohonkpreserve.org; 3197 Rte 55, Gardiner; Tagespass Wanderer/Kletterer & Radfahrer 15/20 US$; 9–17 Uhr) Das 3723 ha große Gelände einer Privatstiftung bietet Wege und andere Einrichtungen, die aus den Eintrittsgebühren unterhalten werden. Die Klettermöglichkeiten zählen zu den besten an der Ostküste.

Rock & Snow ABENTEUERSPORT
(☎ 845-255-1311; www.rockandsnow.com; 44 Main St; Mo–Do 9–18, Fr & Sa bis 20, So 8–19 Uhr) Der seit Langem bestehende Veranstalter vermietet Zelte und Ausrüstung zum Klettern, Eisklettern und für andere Aktivitäten und vermittelt Guides für Kletter- und weitere Outdoor-Abenteuer in „The Gunks".

Schlafen & Essen

New Paltz Hostel HOSTEL $
(☎ 845-255-6676; www.newpaltzhostel.com; 145 Main St; B/Zi. ab 30/70 US$;) Das Hostel in einem großen alten Haus neben dem Busbahnhof ist von der ortstypischen Hippie-Atmosphäre geprägt und bei Kletterern und Wanderern beliebt. Die Schlafräume haben zwei Stockbetten und ein Doppelbett sowie ein angeschlossenes Bad. Es gibt auch eine gute Gemeinschaftsküche.

★ **Mohonk Mountain House** RESORT $$$
(☎ 855-436-0832; www.mohonk.com; 1000 Mountain Rest Rd; Zi. ab 259 US$; @) Das riesige „viktorianische Schloss" thront über einem dunklen See und bietet seinen Gästen allen erdenklichen Luxus, von üppigen Mahlzeiten über Golf bis hin zu Spa-Einrichtungen und einer Palette von Outdoor-Aktivitäten, darunter Wanderungen und Ausritte. Im Preis inbegriffen sind alle Mahlzeiten und die meisten Aktivitäten. Man hat die Wahl zwischen Zimmern im Hauptgebäude, in Cottages und in der luxuriösen Grove Lodge.

Huckleberry AMERIKANISCH $$
(☎ 845-633-8443; www.huckleberrynewpaltz.com; 21 Church St; Hauptgerichte 12–20 US$; Mo–Do 12–2, Fr & Sa bis 4, So 10–2 Uhr;) In dem niedlichen, meergrün angestrichenen Haus, das versteckt abseits der Hauptstraße liegt, gibt's eine ansprechende Auswahl von Gourmet-Gerichten, darunter Wagyu-Burger (auf Wunsch auch mit glutenfreien Brötchen), Fisch-Tacos und gehaltvolle Käsemakkaroni, dazu einfallsreiche Cocktails und Craft-Biere. Es gibt einen hübschen Schankgarten.

An- & Weiterreise

Trailways (☎ 800-776-7548; www.trailwaysny.com; 139 Main St) verbindet New Paltz mitwith New York City (21,75 US$, 1½ Std.) und Woodstock (6,25 US$, 1 Std.).

Poughkeepsie

Poughkeepsie (pu-*kip*-sie), die größte Stadt im Hudson Valley, ist Sitz des prestigeträchtigen Vassar College, das bis 1969 eine reine Frauenhochschule war, sowie eines IBM-Büros – in der einstigen Hauptniederlassung wurden Computer gebaut. das Highlight ist die längste Fußgängerbrücke der Welt, auf der man den Hudson River überqueren kann.

Sehenswertes

Franklin D. Roosevelt Home HISTORISCHES GEBÄUDE
(☎845-486-7770; www.nps.gov/hofr; 4097 Albany Post Rd; Erw./Kind 18 US$/frei, nur Museum Erw./Kind 9 US$/frei; ⏲9–17 Uhr) Ranger veranstalten interessante einstündige Führungen rund um Springwood, den Wohnsitz von Franklin D. Roosevelt, der als einziger US-Präsident viermal gewählt wurde und die USA aus der Weltwirtschaftskrise und zum Sieg im Zweiten Weltkrieg führte. Angesichts des Reichtums seiner Familie ist das Anwesen recht bescheiden; im Sommer kann unangenehm starker Publikumsandrang herrschen. Im Haus sind Gegenstände des Privatlebens erhalten, darunter Roosevelts Schreibtisch, der so belassen wurde wie am Vortag seines Todes, und der handbetriebene Aufzug, den der unter den Folgen von Kinderlähmung leidende Präsident benutzte, um ins obere Stockwerk zu gelangen.

Das Haus ist Teil eines 615 ha großen Anwesens, das früher mal eine Farm war. Hier gibt's Wanderwege und das **FDR Presidential Library and Museum** (☎845-486-7770; www.fdrlibrary.org; Erw./Kind 18 US$/frei; ⏲April–Okt. 9–18 Uhr, Nov.–März bis 17 Uhr), das die wichtigen Leistungen von Roosevelts Präsidentschaft würdigt. Die Eintrittstickets gelten zwei Tage und enthalten die Führung durch Springwood und die Besichtigung der Präsidentenbibliothek.

Walkway Over the Hudson PARK
(☎845-834-2867; www.walkway.org; 61 Parker Ave; ⏲7 Uhr–Sonnenuntergang) Dies ist der östliche Haupteingang (mit Parkplatz) zu der früheren Eisenbahnbrücke über den Hudson, die heute mit 2,06 km die längste Fußgängerbrücke der Welt sowie ein State Park ist. Von der Brücke bietet sich ein atemberaubender Blick auf die Landschaft am Fluss.

Schlafen & Essen

★ **Roosevelt Inn** MOTEL $
(☎845-229-2443; www.rooseveltinnofhydepark.com; 4360 Albany Post Rd; Zi. 70–155 US$; ⏲März–Dez.; ❄📶) Das seit 1971 bestehende Straßenmotel ist ein Familienbetrieb mit tollem Preis-Leistungs-Verhältnis, insbesondere, was die mit Kiefernholz getäfelten „rustikalen" Zimmer anbetrifft. Die Deluxe-Zimmer im Obergeschoss bieten etwas mehr Platz.

Es gibt zwar kein Frühstück, aber vor Ort befindet sich ein Café.

Eveready Diner AMERIKANISCH $
(☎845-229-8100; www.theevereadydiner.com; 4184 Albany Post Rd/Rte 9; Hauptgerichte 10–13 US$; ⏲So–Do 6–24 Uhr, Fr & Sa 24 Std.) Es fällt schwer, der Versuchung zu widerstehen, vom Highway abzufahren, um diesen chromfunkelnden, riesigen Diner zu besuchen. Einen Diner gab es hier schon seit den 1950er-Jahren, und auch wenn das heutige Gebäude von 1995 stammt, ist es ein Klassiker mit authentischer Inneneinrichtung und umfangreicher Speisekarte.

An- & Weiterreise

Züge von Amtrak fahren vom **Bahnhof Poughkeepsie Station** (☎800-872-7245; www.amtrak.com; 41 Main St) nach New York City (27 US$, 1½ Std.) und den Hudson hinauf nach Albany (27 US$, 65 Min.) und weiter. Die Busse von Short Line (https://web.coachusa.com/shortline) ab/nach New York City (22 US$, 2½ Std.) halten ebenfalls am Bahnhof.

Rhinebeck

Rhinebeck liegt auf halber Strecke an der Ostseite des Hudson und besitzt eine bezaubernde Main Street und das Flair einer wohlhabenden Gegend. Im Umland finden sich Farmen und Weingüter sowie das ganzheitliche Omega Institute und 8 Meilen (12,9 km) nördlich das äußerst liberale Bard College, dessen von Frank Gehry entworfenes Fisher Center for the Performing Arts einen Besuch lohnt.

Sehenswertes

Staatsburg State Historic Site HAUS
(☎845-889-8851; https://parks.ny.gov/historic-sites/25/details.aspx; Old Post Rd, Staatsburg; Erw./Kind 8 US$/frei; ⏲Führungen Mitte April–Okt. Do–So 11–16 Uhr) GRATIS Die Beaux-Arts-Villa, das Heim von Ogden Mills und seiner Frau Ruth, lohnt eine Besichtigung. Flämische Brokatteppiche, vergoldeter Stuck, Gemälde aus der Entstehungszeit und orientalische Kunst schmücken die 79 luxuriösen Zimmer. Das Anwesen liegt 6 Meilen (9,7 km) südlich von Rhinebeck gleich abseits der Rte 9.

Old Rhinebeck Aerodrome MUSEUM
(☎845-752-3200; www.oldrhinebeck.org; 9 Norton Rd, Red Hook; Mo–Fr Erw./Kind 12/8 US$, Flugschau Erw./Kind 25/12 US$, Flug 75 US$; ⏲Mai–Okt. 10–17 Uhr, Flugschauen Sa & So ab 14 Uhr) Das Museum, eine kurze Fahrt nördlich des Zentrums von Rhinebeck, besitzt eine Sammlung alter Flugzeuge und zum Flugbetrieb

gehörender Fahrzeuge und Artefakte, die bis in das Jahr 1900 zurückreichen. An Wochenenden gibt's Flugschauen, und man kann auch selber in einer alten Doppeldecker-Maschine mitfliegen.

Schlafen & Essen

Olde Rhinebeck Inn B&B $$$
(☎845-871-1745; www.rhinebeckinn.com; 340 Wurtemberg Rd; Zi. 250–325 US$;) Der von deutschen Siedlern zwischen 1738 und 1745 erbaute und kundig restaurierte Gasthof mit Eichenbalken strahlt Behaglichkeit und Authentizität aus. Er wird von einer charmanten Frau geführt, die die vier gemütlichen Zimmer schön ausstaffiert hat.

Bread Alone Bakery & Cafe BÄCKEREI $
(☎845-876-3108; www.breadalone.com/rhinebeck; 45 E Market St; Sandwichs 8–10 US$; 7–17 Uhr;) Erstklassige Backwaren, Sandwichs und Salate erhält man in dieser beliebten Bäckerei samt Café. Man kann auch in einem Speisesaal mit Bedienung essen, das Angebot ist aber genau das gleiche wie im Laden.

Unterhaltung

Fisher Center for the Performing Arts KUNSTZENTRUM
(☎845-758-7900; www.fishercenter.bard.edu; Robbins Rd, Bard College, Annandale-on-Hudson; Führungen Mo–Fr 10–17 Uhr) Architekturfans kommen, um sich das von Frank Gehry entworfene Gebäude anzuschauen, das wirkt, als sei ein mit Edelstahl-Schindeln verkleidetes Ufo auf dem gepflegten Rasen des Bard College gelandet. Das Haus verfügt über zwei Theatersäle und Studioflächen; hier finden Konzerte, Tanzdarbietungen und Theater-Events statt.

An- & Weiterreise

Amtrak-Züge fahren von/nach New York City (29 US$, 1¾ Std.). Der **Bahnhof Rhinecliff-Kingston** (☎800-872-7245; www.amtrak.com; 455 Rhinecliff Rd, Rhinecliff) liegt 3 Meilen (4,8 km) westlich des Zentrums von Rhinebeck.

Catskill Mountains

Die schöne Gebirgsregion westlich des Hudson Valley ist seit dem 19. Jh. ein beliebtes Ausflugsziel der New Yorker. Das romantische Bild der moosbewachsenen Schluchten und runden Gipfel, das die Maler der Hudson River School verbreiteten, rief eine Gebietsschutzbewegung hervor: 1894 wurde die Verfassung des Bundesstaats um einen Zusatz ergänzt, nach dem Tausende Hektar „auf ewig als unerschlossenes Waldland bestehen bleiben" sollen.

Im frühen 20. Jh. wurden die Catskills zum Synonym für die Hotels des „Borschtsch-Gürtels", der Feriensitze vieler New Yorker Juden aus der Mittelschicht. Die meisten dieser Hotels bestehen nicht mehr, aber in vielen Orten gibt es noch blühende jüdisch-orthodoxe Gemeinden und darüber hinaus zahllose kleine Farmen mit einem naturverbundenen Hippie-Ethos.

Anreise & Unterwegs vor Ort

Es fahren einige Buslinien, doch am nützlichsten ist Trailways (www.trailwaysny.com) mit Bussen von New York City nach Woodstock und Phoenicia. Für eine Erkundung der Gegend ist ein Auto aber eigentlich unverzichtbar.

Phoenecia

Das urige Dorf an beiden Ufern des Esopus Creek ist ideal, um das Zentrum der Catskills zu erkunden. Outdoor-Aktivitäten lassen sich leicht organisieren, dazu zählen Wandern, Radfahren, das Treibenlasen auf dem Bach in Reifenschläuchen oder das Schwimmen in Bergseen im Sommer sowie im Winter das Skifahren auf dem nahegelegenen Belleayre Mountain. Der Herbst ist die beste Zeit für einen Besuch und auch für die Fahrt in einem offenen Waggon auf der Delaware & Ulster Railroad zwischen den nahegelegenen Orten Arkville und Roxbury.

Sehenswertes & Aktivitäten

Empire State Railway Museum MUSEUM
(☎845-688-7501; www.esrm.com; 70 Lower High St, Phoenicia; Spende erbeten; Juni–Okt. Sa & So 11–16 Uhr) GRATIS Das seit 1960 von engagierten Bahnfans geführte kleine Museum residiert in einem alten Bahnhof der weitgehend eingestellten Delaware & Ulster-Bahnlinie.

Delaware & Ulster Railroad RAIL
(☎800-225-4132; www.durr.org; 43510 Rte 28, Arkville; Erw./Kind 18/12 US$; Juli–Okt. Sa & So) Die Fahrt in den offenen Abteilen dieser Touristenbahn auf der 24 Meilen (38,8 km) langen Strecke zwischen Arkville und Roxbury dauert rund zwei Stunden; die schönste Aussicht bietet sich im Herbst.

Belleayre Beach SCHWIMMEN
(☎845-254-5202; www.belleayre.com/summer/belleayre-beach; 33 Friendship Manor Rd, Pine Hill;

pro Pers./Auto 3/10 US$; ⌚Mitte Juni–Aug. Mo–Fr 10–18, Sa & So bis 19 Uhr) Der See nahe der Basis des Skiresorts Belleayre Mountain ist eine beliebte und erfrischende Badestelle. Boote, Kajaks und Paddelbretter werden vermietet, und es gibt Volleyball- und Basketballplätze sowie eine Kletterwand.

Schlafen & Essen

★ Graham & Co MOTEL **$$**
(☎845-688-7871; www.thegrahamandco.com; 80 Rte 214, Phoenicia; Zi. 150–275 US$; ❄📶🏊) Vieles spricht für dieses hippe Motel in kurzer Gehentfernung zum Ortszentrum. Die Zimmer präsentieren sich weiß und minimalistisch; die billigsten befinden sich in der „Schlafbaracke" und haben Gemeinschaftsbäder. Zu den Extras zählen ein komfortabler Aufenthaltsraum mit Kamin, ein Lebensmittelladen, ein Freiluftpool, ein Wigwam und Spielflächen auf dem Rasen.

Foxfire Mountain House BOUTIQUEHOTEL **$$**
(www.foxfiremountainhouse.com; 72 Andrew Lane, Mt. Tremper; Zi. 175–325 US$; ⌚Restaurant Fr–So abends; P⊖❄📶) Das schicke Hotel liegt versteckt im Wald und hat elf individuell eingerichtete Zimmer sowie ein Cottage mit drei Schlafzimmern, die allesamt mühelose Catskills-Coolness ausstrahlen. Das gemütliche Restaurant (Fr–So abends) samt Bar ist auch für Nichtgäste geöffnet und bietet französisch inspirierte Cuisine, z.B. *Steak au poivre* oder *coq au cidre*.

★ Phoenicia Diner AMERIKANISCH **$**
(☎845-688-9957; www.phoeniciadiner.com; 5681 Rte 28, Phoenicia; Hauptgerichte 9–12 US$; ⌚Do–Mo 7–17 Uhr; 🖉) Hipster und Familien sind gleichermaßen Gäste in diesem klassischen Diner am Straßenrand. Auf der ansprechenden Karte stehen ganztägiges Frühstück, Pfannengerichte, Sandwichs und Burger.

★ Peekamoose AMERIKANISCH **$$$**
(☎845-254-6500; www.peekamooserestaurant.com; 8373 Rte 28, Big Indian; Hauptgerichte 20–36 US$; ⌚Do–Mo 16–22 Uhr) In dem renovierten Farmhaus residiert eines der besten Restaurants in den Catskills, das schon seit mehr als einem Jahrzehnt farmfrische Kost zubereitet. Die Karte ändert sich täglich, aber die geschmorten Rippchen stehen immer drauf.

An- & Weiterreise

Trailways (www.trailwaysny.com) betreibt Busse von New York City nach Phoenicia (33,25 US$, 3 Std., tgl. 7-mal).

Tannersville

Die kleine Ortschaft Tannersville, die hauptsächlich das nahegelegene Skigebiet Hunter Mountain bedient, gibt auch Zugang zu den prächtigen Kaaterskill Falls. Es gibt erstklassige Wanderwege und Straßentouren in der Gegend sowie als Unterkünfte rustikal-charmante Hotels, von denen aus man die schöne Gebirgslandschaft bestaunt. Tannersville selber besitzt eine Main Street mit bunt angemalten Läden und Häusern.

Sehenswertes & Aktivitäten

Kaaterskill Falls WASSERFALL
Den besten Ausblick auf den mit 79 m höchsten Wasserfall des Bundesstaats – die Niagarafälle sind nur 50,9 m hoch – genießt man ohne anstrengende Wanderung von der **Aussichtsplattform** (Laurel House Rd, Palenville) aus. Bekannte Gemälde von Malern der Hudson River School von der Mitte des 19. Jhs. brachten dem zweistufigen Wasserfall Kultstatus ein und machten ihn zu einer Attraktion für Wanderer, Künstler und Naturfreunde.

Hunter Mountain SKIFAHREN
(☎518-263-4223; www.huntermtn.com; 64 Klein Ave, Hunter; Liftpass werktags/Wochenende 70/80 US$ pro Tag; ⌚Dez.–März 9–16 Uhr) Die spektakulären Ausblicke von den 56 Trails (darunter einige anspruchsvolle schwarze Pisten voller Buckel) locken Scharen von Schneebegeisterten nach Hunter Mountain – wer an den Liften nicht anstehen will, vermeidet Wochenenden und Feiertage. Schneekanonen sorgen dafür, dass die ganze Saison, unabhängig vom Wetter, Ski gefahren werden kann.

Zipline New York ABENTEUERSPORT
(☎518-263-4388; www.ziplinenewyork.com; Hunter Mountain, Rte 23A; Seilrutsche 89–129 US$) In Hunter Mountain steht das ganze Jahr über ein Zip-Line-Parcours zur Verfügung, der nichts für Leute mit schwachen Nerven ist.

Schlafen & Essen

★ Scribner's Catskill Lodge LODGE **$$**
(☎518-628-5130; www.scribnerslodge.com; 13 Scribner Hollow Rd; Zi. ab 110 US$; P⊖❄📶🏊🐾) Das von supercoolem Personal geführte Motel aus den 1960er-Jahren wurde stilvoll und zeitgemäß renoviert. Die strahlend weißen Zimmer, von denen einige über einen Gaskamin verfügen, stehen in Kontrast zu den warmen Farben in der Bibliothekslounge,

die einen Billardtisch und gemütliche Nischen bietet.

Deer Mountain Inn BOUTIQUEHOTEL **$$$**
(☎518-589-6268; www.deermountaininn.com; 790 Rte 25; Zi./Cottage ab 250/700 US$; ⏲Restaurant Mo, Do & So 17–21, Fr & Sa bis 22 Uhr; P ⊖ ❄ 📶) In diesem prächtigen Hotel im Arts-and-Crafts-Stil, das sich auf einem großen, am Berg gelegenen Anwesen versteckt, gibt's nur sechs Zimmer und zwei Cottages (mit Platz für bis zu 9 Pers.). Die Innenräume sind designtechnisch voll am Limit.

Last Chance Cheese Antiques Cafe AMERIKANISCH **$$**
(☎518-589-6424; www.lastchanceonline.com; 6009 Main St; Hauptgerichte 10–27 US$; ⏲Fr & Sa 11–22, So bis 20 Uhr) Das Lokal, seit 1970 eine feste Adresse an der Main St, ist teils Rasthaus mit Livebands, teils ein Laden für Süßwaren und Käse und teils ein Restaurant, das deftige Mahlzeiten serviert. Die vielen Antiquitäten und Kuriositäten, die das Lokal dekorieren, stehen alle auch zum Verkauf.

An- & Weiterreise

Die Fahrt auf der Rte 23A von und nach Tannersville gehört zu den malerischsten in den Catskills, man muss aber wegen mehrerer Haarnadelkurven sehr vorsichtig fahren. Tannersville ist von New York City aus mit Bussen von Trailways (www.trailwaysny.com) erreichbar, man muss aber in Kingston umsteigen.

Woodstock

Ein winziges Detail zu Beginn: Das Musikfestival von 1969 fand tatsächlich in Bethel, eine Fahrtstunde westlich, statt. Die Stadt Woodstock lockt aber immer noch ein für Kunst und Musik aufgeschlossenes Publikum an und kultiviert den freien Geist jener Ära mit Batik in Regenbogenfarben und Basisbewegungen, mit Radio, einem angesehenen Indie-Filmfestival und einem Bauernmarkt.

Sehenswertes

Center for Photography at Woodstock KUNSTZENTRUM
(☎845-679-9957; www.cpw.org; 59 Tinker St; ⏲Do–So 12–17 Uhr) GRATIS Die 1977 gegründete kreative Einrichtung veranstaltet Kurse, Vorträge und Ausstellungen, die dank eines munteren Gastkünstler-Programms die Grenzen der Kunstform erweitern.

Der Ort war früher das Café Espresso, über dem Bob Dylan seine Schreibstube hatte – er schrieb hier den Covertext für *Another Side of Bob Dylan* (1964) – und in dem Janis Joplin regelmäßig auftrat.

Opus 40 Sculpture Park & Museum PARK
(☎845-246-3400; www.opus40.org; 50 Fite Rd, Saugerties; Erw./Kind 10/3 US$; ⏲Mai–Sept. Do–So 11–17.30 Uhr) Harvey Fite arbeitete fast 40 Jahre (ab 1938) daran, einen verlassenen Steinbruch in ein riesiges Stück Land Art mit gewundenen Steinwänden, Schluchten und Teichen zu verwandeln.

Karma Triyana Dharmachakra BUDDHISTISCHES KLOSTER
(☎845-679-5906; www.kagyu.org; 335 Meads Mountain Rd; ⏲8.30–17.30 Uhr) In diesem wunderbaren buddhistischen Kloster rund 3 Meilen (4,8 km) außerhalb von Woodstock, kann man sich gestressten New Yorkern und anderen, die mal eine spirituelle Auffrischung benötigen, anschließen, und Karma und Chakras neu sortieren. Auf dem gepflegten Gelände findet man zu heiterer Gelassenheit. Der Schrein beheimatet eine riesige vergoldete Buddhastatue; wer hier meditieren will, muss seine Schuhe ausziehen.

Schlafen & Essen

Woodstock Inn on the Millstream INN **$$**
(☎845-679-8211; www.woodstock-inn-ny.com; 48 Tannery Brook Rd; Zi./Cottage ab 159/375 US$; ❄ 📶) Einige der in ruhigen Pastelltönen gestalteten Zimmer in diesem Gasthof inmitten eines heiteren, mit Blumen bepflanzten Geländes verfügen über Kochnischen und elektrische Kamine.

White Dove Rockotel INN **$$**
(☎845-306-5419; www.thewhitedoverockotel.com; 148 Tinker St; Zi./Suite ab 125/250 US$; 📶 🐾) Das purpurrot angestrichene viktorianische Hotel hebt sich deutlich von der Masse ab, und das gilt erst recht für seine Zimmer. Die sechs Wohneinheiten, die sich auf zwei Grundstücke verteilen, sind in psychedelischen Farben und mit Plakaten, Plattenspielern und alten Schallplatten ausstaffiert. Die Suiten verfügen auch über Küchen.

★ **Garden Cafe** VEGAN **$**
(☎845-679-3600; www.thegardencafewoodstock.com; 6 Old Forge Rd; Hauptgerichte 9–20 US$; ⏲Mo & Mi–Fr 11.30–21, Sa & So 10–21 Uhr; 🖉) In diesem entspannten, bezaubernden Café werden nur Bio-Zutaten verwendet. Die Gerichte – u.a. Salate, Sandwichs, Reisschalen und vegetarische Lasagne – sind ansprechend, schmackhaft und frisch.

ABSTECHER

SAUGERTIES

Rund 10 Meilen (16 km) nordöstlich von Woodstock liegt die Ortschaft Saugerties (www.discoversaugerties.com), die auf die Holländer zurückgeht, die hier Mitte des 17. Jhs. siedelten. Heute gibt es hier ein paar Attraktionen, die sich für einen Tagesausflug lohnen. **Opus 40 Sculpture Park & Museum** (S. 161) ist das Resultat der Arbeit des Künstlers Harvey Fite, der fast 40 Jahre darauf verwandte, einen verlassenen Steinbruch in ein riesiges Kunstwerk zu verwandeln. Das malerische, 1869 erbaute **Saugerties Lighthouse** (☎845-247-0656; www.saugertieslighthouse.com; 168 Lighthouse Dr, Saugerties; Führung empfohlene Spende Erw./Kind 5/3 US$; ⏲Trail Sonnenaufgang–Sonnenuntergang) steht an der Mündung des Esopus Creek in den Hudson und ist über einen 800 m langen Naturpfad zu erreichen. Fans von klassischem Rock dürfte auch **Big Pink** (www.bigpink-basement.com; Parnassus Lane, West Saugerties; Haus 480 US$; ❄📶) interessieren, jenes Haus, das durch Bob Dylan und The Band berühmt wurde, allerdings an einer Privatstraße steht. Man kann im Leuchtturm und im Big Pink übernachten, muss die Unterkunft aber weit im Voraus buchen.

Finger Lakes

Die sanft geschwungenen Hügel im westlichen zentralen New York werden von elf schmalen, fingerförmigen Seen durchschnitten. Die Region ist ein Outdoor-Paradies und mit mehr als 120 Weingütern die wichtigste Weinbauregion im Bundesstaat.

Ithaca, am Südufer des Cayuga Lake, ist Sitz der zu den Ivy-League-Universitäten gehörenden Cornell University, das Tor zur Region und ein gutes Basisquartier. Auch Geneva, an der Nordspitze des Seneca Lake, ist ein hübsches und dank der Studenten der Hobart and William Smith Colleges auch munteres Städtchen, dessen restauriertes Smith Opera House von 1894 ein Zentrum der darstellenden Künste bildet. Im Westen liegt der Y-förmige Keuka Lake zwischen zwei kleinen State Parks und ist daher ziemlich unberührt und bei Forellenanglern beliebt. Am besten wohnt man in dem niedlichen kleinen Dorf Hammondsport am südwestlichen Ende des Sees. Freunde von Kunsthandwerk sollten einen Stopp in Corning einlegen, um sich das faszinierende Glasmuseum anzuschauen.

ℹ Anreise & Unterwegs vor Ort

Ithaca ist das regionale Verkehrszentrum mit täglich mehreren Busverbindungen nach New York City (53,50 US$, 5 Std.).Vom **Ithaca Tompkins Regional Airport** starten Direktflüge nach Detroit, Newark und Philadelphia.

Ithaca

Das idyllische College-Städtchen Ithaca an der Südspitze des Cayuga Lake ist voller Studenten und Althippies und die größte Stadt in der Region Finger Lakes. Mit seinen Programmkinos, guten Restaurants und Wandermöglichkeiten (in den Schluchten und Wasserfällen der Umgebung) ist es sowohl eine Destination an sich als auch ein praktischer Zwischenstopp auf halbem Weg zwischen NYC und den Niagarafällen.

Das Zentrum der Stadt bildet eine Fußgängerstraße namens Commons. Auf einem steilen Hügel über Ithaka thront die 1865 gegründete Ivy League Cornell University. Vor den Campustoren liegt das kleine Gewerbezentrum Collegetown. Die Fahrt von Ithaca über die malerische Rte 89 (westliche Seite) oder die Rte 90 (östliche Seite) zu den Seneca Falls dauert etwa eine Stunde.

◉ Sehenswertes

★Herbert F. Johnson Museum of Art MUSEUM

(☎607-255-6464; www.museum.cornell.edu; 114 Central Ave; ⏲Di–So 10–17 Uhr) GRATIS I. M. Peis brutalistisches Gebäude ragt wie ein riesiger Betonroboter aus den verzierten, neugotisch geprägten Bauten des Campus der Cornell University heraus. Drinnen findet sich eine bunt zusammengewürfelte Sammlung, die von mittelalterlichen Holzschnitzereien bis hin zu Gemälden modernder Meister reicht. Auch wer sich für Kunst nicht erwärmen kann, wird von dem Panoramablick auf Ithaca und den Cayuga Lake begeistert sein, der sich aus den Sälen im obersten Stockwerk bietet.

Cornell Botanic Gardens GARTEN

(☎607-255-2400; www.cornellbotanicgardens.org; 124 Comstock Knoll Dr; ⏲Gelände Sonnenaufgang–Sonnenuntergang, Besucherzentrum 10–16 Uhr) GRATIS Zu den Grünflächen im und rund um den Campus zählen ein 40 ha großer Baumgarten, ein botanischer Garten und zahlreiche Wege. Lagepläne und Infos zu Führungen erhält man im Nevin Welcome Center.

Ein schöner Weg hierher, der in der Nähe des Zentrums beginnt, führt durch die spektakuläre **Cascadilla Gorge** (College Ave Bridge).

Robert H. Treman State Park STATE PARK
(607-273-3440; www.parks.ny.gov; 105 Enfield Falls Rd; April–Okt. 8 US$/Auto) 5½ Meilen südwestlich von Ithaca bietet der größte State Park in der Gegend ein umfangreiches Wegenetz und eine sehr beliebte **Badestelle** (Ende Juni–Anf. Sept.). Der Gorge Trail führt an 12 eindrucksvollen Wasserfällen vorbei; unbedingt sehenswert sind Devil's Kitchen und die **Lucifer Falls**, wo der Enfield Creek in mehreren Stufen über die Felsen 30 m in die Tiefe stürzt.

Schlafen

Firelight Camps CAMPING $$
(607-229-1644; www.firelightcamps.com; 1150 Danby Rd; Zelt So–Do /Fr & Sa 189/259 US$; Mitte Mai–Okt.;) Luxuscamping bietet dieser attraktive, an das La Tourelle Hotel angeschlossene Platz mit schnellem Zugang zu den Wegen im nahegelegenen Buttermilk Falls State Park nach Ithaca. Die Safarizelte stehen auf Hartholzplattformen und besitzen bequeme Betten. Das Badehaus ist separat.

★ **William Henry Miller Inn** B&B $$
(877-256-4553; www.millerinn.com; 303 N Aurora St; Zi. ab 195 US$;) Das anmutige, großzügige historische Wohnhaus ist nur ein paar Schritte von den Commons entfernt. Es gibt hier luxuriöse Zimmer (zwei mit Whirlpool und zwei in einer separaten Remise), ein Gourmetfrühstück und ein Dessertbuffet.

★ **Inns of Aurora** HISTORISCHES HOTEL $$$
(315-364-8888; www.innsofaurora.com; 391 Main St, Aurora; Zi. 200–400 US$; P) Das schöne historische Hotel besteht aus vier Gebäuden: dem 1833 erbauten und außen wenig veränderten Aurora Inn mit 10 liebenswerten Zimmern und einem herrlichen Speisesaal, dem Rowland House mit zehn weiteren Zimmern, dem E. B. Morgan House mit sieben Zimmern sowie der Wallcourt Hall, dem modernsten der Häuser, von dem aus man aber keinen Seeblick hat.

Essen & Ausgehen

Ithaca Bakery CAFE $
(607-273-7110; www.ithacabakery.com; 400 N Meadow St; Sandwiches 5–11 US$; So–Do 6–20, Fr & Sa bis 21 Uhr) Die schier endlose Auswahl an Gebäck, Smoothies, Sandwichs und Gerichten zieht Einheimische jeglicher Couleur an. Perfekt für die Zusammenstellung eines Picknicks und für Vegetarier und Veganer.

★ **Moosewood Restaurant** VEGETARISCH $$
(607-273-9610; www.moosewoodcooks.com; 215 N Cayuga St; Hauptgerichte 8–18 US$; 11.30–20.30 Uhr;) Das 1973 eröffnete vegetarische Restaurant ist eine Legende und wird von einer Gemeinschaft betrieben. Das Flair ist etwas gehobener, die Bar vollausgestattet und die Speisekarte bietet Gerichte aus aller Welt.

Sacred Root Kava Lounge & Tea Bar TEEHAUS
(607-272-5282; www.sacredrootkava.com; 139 W State St; 16–24 Uhr) Dieses entspannte Kellerlokal ist für Ithacas Verhältnisse ziemlich alternativ. Hier gibt's das nichtalkoholische, aber psychoaktive Kava der Polynesier zu trinken. Wem das nicht so schmeckt, hält sich an die große Teeauswahl. Besondere Events stehen auf der Website.

An- & Weiterreise

Delta und United sind die auf dem **Ithaca Tompkins Regional Airport** (ITH; 607-257-

ABSTECHER

AURORA

Rund 45 km nördlich von Ithaca liegt am Ostufer des Cayuga Lake das malerische Aurora. Mehr als 50 Gebäude des 1795 gegründeten Dorfs stehen auf der US-amerikanischen Denkmalliste, darunter auch Teile des Campus des Wells College, das 1868 als höhere Bildungsstätte für Frauen gegründet wurde, inzwischen aber allen Geschlechtern offen steht. Die Inns of Aurora, bestehend aus vier prachtvollen Gasthöfen – dem Aurora Inn (1833), dem E. B. Morgan House (1858), dem Rowland House (1903) und der Wallcourt Hall (1909) – sind eine tolle Unterkunft. Man kann aber auch einfach im hübschen Speisesaal des Aurora Inn mit Blick auf den See etwas essen und sich dort eine Broschüre für einen Rundgang durch das Dorf mitnehmen.

0456; www.flyithaca.com; 1 Culligan Dr) vertretenen Fluglinien. Die Busse von Greyhound und Shortline (50 US$, 5 Szd., tgl.) nutzen die **Ithaca Bus Station** (710 W State St).

Seneca Falls

Die ruhige, postindustrielle Ortschaft Seneca Falls soll den Filmregisseur Frank Capra bei einem Aufenthalt zur Erfindung von Bedford Falls inspiriert haben, der fiktiven amerikanischen Kleinstadt in seinem Klassiker *Ist das Leben nicht schön?* Hier kann man auf der Brücke über dem Fluss stehen, der durch den Ort fließt, und sich vorstellen, dass auch Jimmy Stewart hier stand. Der Ort hat zudem besondere Bedeutung für die Demokratisierung des Landes, da hier die Kapelle steht, in der Elizabeth Cady Stanton und ihre Mitstreiter 1848 erklärten, dass Männer und Frauen mit gleichen Rechten geschaffen seien.

Sehenswertes

Women's Rights National Historical Park MUSEUM
(☎315-568-0024; www.nps.gov/wori; 136 Fall St; ⌚Fr–So 9–17 Uhr) GRATIS Man kann die Kapelle besuchen, in der Elizabeth Cady Stanton und ihre Freunde 1848 erklärten: „alle Männer und Frauen sind gleichberechtigt erschaffen" – und damit den ersten Schritt zur Forderung nach der Gleichberechtigung der Frau machten. Das angrenzende Museum erzählt die Geschichte und erläutert auch das schwierige Verhältnis zwischen den Emanzipationsbewegungen der Frauen und der Afroamerikaner.

National Women's Hall of Fame MUSEUM
(☎315-568-8060; www.womenofthehall.org; 76 Fall St; Erw./Kind 4 US$/frei; ⌚Mi–Fr 12–16, Sa 10–16 Uhr) Die kleine National Women's Hall of Fame ehrt vorbildliche Frauen der USA. Zu den 256 Geehrten, über die man hier etwas erfährt, zählen Abigail Adams, die Ehefrau und Beraterin des zweiten Präsidenten der USA, Clara Barton, die Gründerin des amerikanischen Roten Kreuzes, und die Bürgerrechtsaktivistin Rosa Parks.

Schlafen & Essen

Gould Hotel BOUTIQUEHOTEL $$
(☎877-788-4010; www.thegouldhotel.com; 108 Fall St; Zi. 169 US$; ❄📶) Das Gebäude in Downtown, ursprünglich ein Hotel der 1920er-Jahre, wurde stilvoll, aber mit Blick auf die Vergangenheit renoviert – die Mahagoni-Theke stammt aus einem alten Saloon der Stadt. Die Standardzimmer sind klein, aber die Dekoration in metallischem Purpur und Grau ist sehr schick. In dem gehobenen Restaurant und der Taverne des Hotels gibt's Gerichte, Weine und Biere aus der Region.

Mac's Drive In BURGER $
(☎315-539-3064; www.macsdrivein.net; 1166 US-20/Rte 5, Waterloo; Hauptgerichte 4–8 US$; ⌚April–Okt. Fr–So 10.30–22 Uhr) Das klassische Drive-in-Restaurant auf halber Strecke zwischen Seneca Falls und Geneva wurde 1961 gegründet und hat sich seither wenig verändert. Es kommen Burger, Brathähnchen und Fischgerichte zu Schnäppchenpreisen auf den Tisch.

Adirondack Mountains

Die Adirondacks (www.visitadirondacks.com) können sich zwar in puncto Höhe und Dramatik nicht mit den Gebirgen im Westen der USA messen, nehmen es aber flächenmäßig ganz leicht mit ihnen auf: Der Gebirgszug umfasst 24 281 km² und reicht vom Zentrum New Yorks gleich nördlich der Bundesstaatshauptstadt Albany, bis hinauf zur kanadischen Grenze. Und mit 46 Gipfeln von mehr als 1200 m Höhe bieten die Adirondacks mit die wildesten Naturgebiete im Osten des Landes. Wie bei den Catskills im Süden sind große Teile der Seen und dichten Wälder in den Adirondacks durch die Verfassung des Bundesstaats geschützt. Die Gegend ist fabelhaft, um den Blätterfall im Herbst zu beobachten. Wandern, Kanufahren und Campen im Hinterland sind hier die beliebtesten Aktivitäten.

Anreise & Unterwegs vor Ort

Der wichtigste Flughafen in der Region befindet sich in Albany; Cape Air (www.capeair.com) bietet Verbindungen vom **Adirondack Regional Airport** (☎518-891-4600; www.adirondackairport.com; 96 Airport Rd) in Saranac Lake nach Boston.

Busse von Greyhound (www.greyhound.com) und Trailways (www.trailwaysny.com) bedienen Albany und diverse Orte in den Adirondacks, zu deren gründlicher Erkundung man aber ein Auto braucht.

Züge der Amtrak (www.amtrak.com) fahren von New York City nach Albany (ab 43 US$, 2½ Std.) und weiter nach Ticonderoga (68 US$, 5 Std.) und Westport (68 US$, 6 Std.) am Lake Champlain mit Busanschluss nach Lake Placid (93 US$, 7 Std.).

Albany

Das zwischen 1965 und 1976 entstandene architektonische Ensemble von Regierungsgebäuden an Albanys zentraler Empire State Plaza ist ein toller Anblick. Hier finden sich das ausgezeichnete New York State Museum und eine feine Sammlung moderner öffentlicher Kunst. In der Downtown und rund um den grünen Washington Park künden stattliche Bauten und elegante Stadthäuser vom einstigen Wohlstand der Hauptstadt des Bundesstaats.

Albany wurde 1797 dank seiner zentralen Lage und seiner strategischen Bedeutung für den Pelzhandel zur Hauptstadt von New York. Heute ist die Stadt Synonym für Macht und Ohnmacht des Parlamentarismus. Leerstehende und aufgegebene Gebäude verraten, dass es mit der Wirtschaft nicht zum Besten steht. Albany verdient gleichwohl mehr als einen Blick im Vorübergehen: Die Einwohner sind freundlich, und die Stadt ist nützlich als Sprungbrett in die Adirondacks und zum Hudson Valley.

Sehenswertes

★ Empire State Plaza ÖFFENTLICHE KUNST
(☎518-473-7521; www.empirestateplaza.org) GRATIS Das Ensemble der Gebäude, die rund um einen Teich an der Plaza stehen, ist wahrlich eindrucksvoll, aber das eigentliche Highlight ist die herrliche Sammlung moderner amerikanischer Kunst, die vor, in und unter dem Komplex zu sehen ist. Zu dieser Sammlung gehören Skulpturen und kolossale Gemälde von Mark Rothko, Jackson Pollock, Alexander Calder und vielen anderen Stars der Kunstwelt.

★ New York State Museum MUSEUM
(☎518-474 5877; www.nysm.nysed.gov; 222 Madison Ave; Di–So 9.30–17 Uhr) GRATIS Eine der Sonderbarkeiten, die mit dem Status von Albany als Hauptstadt des Bundesstaats verbunden ist, besteht darin, dass ein großer Teil dieses wundervollen Museums der Geschichte von New York City gewidmet ist. Die Ausstellung zu 9/11, in der u.a. ein beschädigtes Löschfahrzeug und Schutt von dem Gelände zu sehen sind, ist sehr bewegend. Etwas ganz anderes ist dann die Fahrt auf dem prächtigen alten Karussell (1 US$) in der 4. Etage.

New York State Capitol HISTORISCHES GEBÄUDE
(☎518-474-2418; www.hallofgovernors.ny.gov; Washington Ave; ⏲Führungen Mo–Fr 10, 12, 14 & 15 Uhr) GRATIS Das prachtvolle, 1899 fertiggestellte Gebäude ist das Zentrum der Regierung des Bundesstaats. Das Innere ist aufwendig mit Verzierungen aus Stein und Holz, Fliesen und Mosaiken geschmückt. Zu den Highlights zählen das westliche Treppenhaus, der Empfangssaal des Gouverneurs und der Sitzungssaal des Senats.

Schlafen & Essen

★ Washington Park Inn BOUTIQUEHOTEL $$
(☎518-225-4567; www.washingtonparkinn.com; 643 Madison Ave; Zi. 119–139 US$; ❄@📶) Schaukelstühle auf der überdachten Veranda und Tennisschläger für die Gäste, die damit auf den Plätzen im Park auf der anderen Straßenseite spielen, stimmen auf die entspannte Atmosphäre in diesem ansprechenden Hotel ein, das in einem der historischen Gebäude von Albany residiert. Die Zimmer sind groß und stilvoll dekoriert; aus der gut bestückten Küche kann man sich rund um die Uhr etwas zu essen und zu trinken holen.

Cafe Madison FRÜHSTÜCK $
(☎518-935-1094; www.cafemadisonalbany.com; 1108 Madison Ave; Hauptgerichte 10–15 US$; ⏲Mo–Do 7.30–14, Fr–So bis 15 Uhr; 🌱) Das Frühstückslokal mit freundlichem Personal ist so beliebt, dass man insbesondere am Wochenende nicht selten eine halbe Stunde auf eine der gemütlichen Sitzecken oder einen Tisch warten muss. Auf der Karte stehen einfallsreiche Omeletts, Kartoffelpuffer, Crêpes, vegane Optionen und diverse Cocktails.

★ Ginger Man AMERIKANISCH $$$
(☎518-427-5963; www.albanygingerman.com; 234 Western Ave; Hauptgerichte 22–30 US$; ⏲Mo–Fr 11.30–22.30, Sa 16.30–23 Uhr) Weinkenner lieben das Ginger Man wegen seiner wunderbaren Weinkarte, aber auch regionale Biere und Spirituosen stehen in reicher Auswahl bereit. Das Essen überzeugt genauso: Großzügige Käse- und Wurstteller machen noch mehr Lust auf die köstlichen Hauptgerichte wie Kalbs-Ossobuco oder Paella über.

An- & Weiterreise

Als Hauptstadt des Bundesstaats besitzt Albany die volle Palette an Verkehrsverbindungen. Der **Albany International Airport** (☎518-242-2200; www.albanyairport.com; Albany Shaker Rd, Colonie) liegt 10 Meilen (16 km) nördlich der Downtown. Von der **Albany-Rensselaer Station** (☎800-872 7245; www.amtrak.com; 525 East St, Rensselaer) der Amtrak, die am Ostufer des Hudson River liegt, fahren Züge zu anderen

Orten im Bundesstaat. Die Busse von Greyhound und Trailways nutzen das zentral gelegenen **Bus Terminal** (☎ 518-427-7060; 34 Hamilton St).

Lake George

Lake George (www.visitlakegeorge.com), das südliche Tor zu den Adirondacks ist ein Touristenort mit Einkaufspassagen, Feuerwerk (Juli & Aug. jeden Do) und Fahrten mit Schaufelraddampfern auf dem kristallklaren, 51,5 km langen See. Der Ort lebt vom Saisongeschäft; zwischen November und Mai ist hier nicht viel los. Eleganter ist das Dorf **Bolton Landing** 11 Meilen (18 km) weiter nördlich am Westufer des Lake George.

Sehenswertes & Aktivitäten

Fort William Henry Museum MUSEUM
(☎ 518-668-5471; www.fwhmuseum.com; 48 Canada St; Erw./Kind 17/8 US$, Geistertouren 18/8 US$; ⌚ Mai–Okt. 9.30–18 Uhr; 👪) Guides im Kostüm britischer Soldaten des 18. Jhs. führen die Besucher über das Gelände dieses Nachbaus des aus Holz gezimmerten Forts von 1755. Es gibt nachgestellte Schlachten, bei denen mit alten Musketen geschossen und Kanonen abgefeuert werden. Details zu den abendlichen Geistertouren stehen auf der Website.

Hyde Collection Art Museum MUSEUM
(☎ 518-792-1761; www.hydecollection.org; 161 Warren St, Glens Falls; Erw./Kind 12 US$/frei; ⌚ Di–Sa 10–17, So 12–17 Uhr) Die tolle Kunstsammlung wurde von der Zeitungserbin Charlotte Pryun Hyde zusammengetragen. In ihrem Landhaus im Stil der florentinischen Renaissance, 12 Meilen (19,3 km) südlich von Lake George, finden sich Gemälde von Rembrandt, Rubens, Matisse und Eakins sowie Wandteppiche, Skulpturen und Möbel aus der Zeit um 1900.

Lake George Steamboat Cruises BOOTSTOUR
(☎ 518-668-5777; www.lakegeorgesteamboat.com; 57 Beach Rd; Erw./Kind ab 16/7,50 US$; ⌚ Mai–Okt.) Im Jahr 2017 feierte dieses Unternehmen, das Bootsfahrten auf dem Lake George veranstaltet, sein 200-jähriges Bestehen. In der Saison werden Kreuzfahrten mit drei Booten angeboten: dem authentischen Dampfschiff *Minnie-Ha-Ha,* der 1907 gebauten *Mohican* und dem Flaggschiff *Lac du Saint Sacrement.*

Essen

Saltwater Cowboy MEERESFRÜCHTE $$
(☎ 518-685-3116; 164 Canada St; Hauptgerichte 11–28 US$; ⌚ Mai–Okt. 11–21 Uhr) Man sollte sich nicht an dem Ambiente eines zwanglosen Selbstbedienungslokals stören: Hier gibt's ausgezeichnete gebratene Kamm- und Jakobsmuscheln und mächtige Hummerbrötchen, die man mit frischer Limonade herunterspült.

An- & Weiterreise

Der Albany International Airport liegt 50 Meilen (80,5 km) südlich von Lake George. Die Amtrak-Züge halten in Fort Edwards, rund 20 Autominuten von Lake George entfernt. Fernbusse von Greyhound und Trailways steuern die Region ebenfalls an. Im Gebiet um den See kommt man am besten mit einem Mietwagen herum.

Lake Placid

Der Ferienort Lake Placid steht für Wintersport – hier fanden 1932 und 1980 die Olympischen Winterspiele statt, und Spitzensportler bereiten sich hier noch immer auf Wettkämpfe vor. Aber auch normale Urlauber können sich dort auf eine echte Bobbahn wagen oder Eisschnelllauf ausprobieren. Der Mirror Lake (der größte See im Ort) friert im Winter so stark zu, dass man auf ihm Schlittschuhlaufen und Schlittenfahren kann – auch mit Hundeschlitten. Als inoffizielles Zentrum der High-Peaks-Region der vielen Seen in der Gegend ist das Städtchen auch im Sommer schön.

Sehenswertes & Aktivitäten

Eine Hauptattraktionen in Lake Placid ist die Möglichkeit, sich wie ein Olympionike zu fühlen (oder den Athleten auch nur beim Training zuzuschauen). Die meisten Aktivitäten werden vom Skigebiet **Whiteface Mountain** (☎ 518-946-2223; www.whiteface.com; 5021 Rte 86, Wilmington; Liftticket ganzer Tag Erw./Kind 92/58 US$, nur Gondel 22 US$/frei; ⌚ Dez.–April 8.30–16 Uhr) angeboten (hier wurden die olympischen Abfahrtsrennen ausgetragen), finden aber in Orten in der Umgebung statt. Man kann unter anderem die 800 m lange Bobschlittenbahn (95 US$) hinunterdüsen oder eine Biathlonvariation (Langlauf und Schießen; 55 US$) ausprobieren. Im Olympic Center kann man sich im **Eisschnelllauf** versuchen (Einführung und Organisation durch einen privaten Anbieter; 20 US$). Viele Sportarten werden im Sommer in abgewandelter Form angeboten, etwa Bobschlittenfahren auf Rädern. Der Olympic Sites Passport (35 US$), ist an allen von Whiteface verwalteten Orten erhältlich, was sich lohnen kann, da in dem Pass der

GREAT CAMPS

Die „Great Camps" der Adirondacks sind kein Meer von Leinwandzelten, sondern waren in der Regel große Anwesen mit Blick auf Seen und Berge sowie mit grandiosen Holzhütten, die sehr reiche Leute sich in der zweiten Hälfte des 19. Jhs. als rustikale Refugien errichteten. Ein hervorragendes Beispiel ist das **Great Camp Sagamore** (Sagamore Institute; ☎315-354-5311; www.greatcampsagamore.org; Sagamore Rd, Raquette Lake; Führungen Erw./Kind 16/8 US$; ⊙Mitte Mai–Mitte Okt. unterschiedliche Zeiten), ein ehemaliges Feriengut der Vanderbilts im Westen der Adirondacks, das heute für die Öffentlichkeit bei Führungen, Workshops und bei gelegentlich stattfindenden historischen Wochenenden (auch mit Übernachtung) zugänglich ist.

Nicht so pompös ist das **White Pine Camp** (☎518-327-3030; www.whitepinecamp.com; 432 White Pine Rd, Paul Smiths; Zi./Hütte ab 165/315 US$; ᯤ), 12 Meilen (19,3 km) nordwestlich von Saranac Lake. Die rustikal-gemütlichen Hütten stehen in Kiefernwäldern, in Feuchtgebieten und am malerischen Osgood Pond – dort führt ein Steg hinaus zu einer Insel mit einem Teehaus japanischen Stils und einer altmodischen, aus Holz gebauten Bowlingbahn. Dass Präsident Calvin Coolidge hier 1926 einige Sommermonate verbrachte, ist eine interessante historische Fußnote, aber der Charme des Camps liegt in Details von bescheidenem Luxus wie Badewannen mit Löwenfüßen und Kaminen. Die von Naturkundlern geführten Spaziergänge an ausgewählten Tagen zwischen Mitte Juni und September stehen auch Nichtgästen offen.

Eintritt zu mehreren Sehenswürdigkeiten (etwa der Turm der Skisprungschanze und die Gondelfahrt auf den Whiteface Mountain) sowie Vergünstigungen bei verschiedenen Aktivitäten enthalten sind.

Olympic Center STADION

(☎518-523-3330; www.whiteface.com; 2634 Main St; Führung 10 US$, Erw./Kind Eislaufen 8/5 US$, Eiskunstlauf-Show 10/8 US$; ⊙10–17 Uhr, Eiskunstlauf-Shows Fr 16.30 & Juli & Aug. 19.30 Uhr; 👪) Das ist der Schauplatz des „Wunders auf dem Eis", bei dem 1980 die US-amerikanischen Außenseiter über die für unschlagbar gehaltene sowjetische Mannschaft triumphierten. Im Winter kann man auf dem äußeren Oval eislaufen und ganzjährig an der einstündigen Stadionführung teilnehmen. Vor Ort befindet sich auch ein kleines **Museum** (☎518-523-3330; www.whiteface.com; 2634 Main St; Erw./Kind 7/5 US$; ⊙10–17 Uhr). Freitags und im Hochsommer auch samstags gibt's Eiskunstlauf-Shows.

Whiteface Veteran's Memorial Highway PANORAMASTRASSE

(www.whiteface.com; Rte 431; Fahrer & Fahrzeug 15 US$, Mitfahrer 8 US$; ⊙Mitte Juni–Mitte Okt. 8.45–17.15 Uhr) Der Whiteface Mountain ist der fünfthöchste Gipfel im Bundesstaat (1483 m) und der einzige in den Adirondacks, der per Auto erreichbar ist; oben befinden sich ein wie eine Burg gestalteter Aussichtspunkt und ein Café. Der Berg kann wolkenverhüllt sein, dann wird die Anfahrt zu einer aufreibenden Strapaze. Wenn sich der Nebel aber verzieht, ist der Panoramablick einfach traumhaft. Die Maut bezahlt man in Lake Steven.

Schlafen & Essen

★Adirondack Loj LODGE $

(☎518-523-3441; www.adk.org; 1002 Adirondack Loj Rd; B/Zi. $60/169, Anbau/Hütte ab Unterstand/179 US$; P ᯤ) Der Adirondack Mountain Club betreibt dieses rustikale Refugium am Ufer des hübschen Heart Lake. Alle Zimmer der Lodge teilen sich die Bäder. Im Preis ist das Frühstück inbegriffen, da die Lodge aber 8 Meilen (12,9 km) südlich von Lake Placid steht, wird man wahrscheinlich auch Mittag- und Abendessen in der Lodge vereinbaren.

★Lake Placid Lodge HISTORISCHES HOTEL $$$

(☎518-523-2700; www.lakeplacidlodge.com; 144 Lodge Way; Zi. 500–1000 US$; ⊙Mai–März; P @ ᯤ) Das Luxushotel über Lake Placid verströmt mit seinen 13 prächtig dekorierten Zimmern und Hütten den rustikalen Glanz der klassischen Adirondack Lodges der Gründerzeit. Die Hütten sind Originale aus dem 19. Jh., das Hauptgebäude ist der bemerkenswerte Nachbau des alten Hotels, das 2008 einem Brand zum Opfer fiel.

Liquids & Solids at the Handlebar AMERIKANISCH $$

(☎518-837-5012; www.liquidsandsolids.com; 6115 Sentinel Rd; Hauptgerichte 10–20 US$; ⊙Di–Sa 16–22, So 17–21 Uhr) In diesem rustikalen Bar-restaurant, wo die Kielbasa-Würstchen und anderen Wurstwaren im Haus gemacht werden, dreht sich alles um Craft-Biere, kreative Cocktails und frische, einfallsreiche Gerichte. Als Hauptgericht gibt's z.B. gebratene Forelle oder knusprigen Schweinekopf.

An- & Weiterreise

Trailways (www.trailwaysny.com) bedient Lake Placid. Amtrak (www.amtrak.com) fährt einmal täglich nach Westport mit Busanschluss nach Lake Placid (93 US$, 7 Std.).

Vom Adirondack Regional Airport (S. 164), 17 Meilen (27,4 km) nordwestlich nahe Saranac Lake, fliegt Cape Air (www.capeair.com) nach Boston.

Thousand Islands

Für die Bewohner von New York City ist diese Region vor allem der Ursprung des Thousand-Islands-Salatdressings aus Ketchup, Mayonnaise und Würzsauce. Tatsächlich ist die Region ein malerisches Wunderland am Ontariosee und dem St.-Lorenz-Strom, das mit 1864 Inseln jeder Form und Größe zu beiden Seiten der US-amerikanisch-kanadischen Grenze durchsetzt ist. Ende des 19. Jhs. war diese Region eine Spielwiese der Reichen, heute ist sie weniger elitär. Für die Region sprechen wunderschöne Sonnenuntergänge, preisgünstige Unterkünfte und die Nähe Kanadas, gleich jenseits der Gewässer; gegen sie die Langeweile im Winter und sehr große Stechmücken im Sommer (ausreichend Insektenschutzmittel einpacken!).

Die historische Hafenstadt Oswego ist das südliche Tor zur Region und ein guter Ausgangspunkt zur Erkundung von Orten wie Sackets Harbor, wo kostümierte Darsteller jährlich ein „War of 1812 Weekend“ veranstalten. An der Nordseite bieten Clayton und Alexandria Bay Bootstouren zu den Inseln im St.-Lorenz-Strom , und im Wellesley Island State Park kann man inmitten herrlicher Natur campen.

> **ABSTECHER**
>
> **SARANAC LAKE**
>
> Saranac Lake ist weniger touristisch als der Nachbarort Lake Placid und vermittelt einen besseren Eindruck vom Alltagsleben in den Adirondacks. Die Ortschaft entstand im frühen 20. Jh. als Refugium für Tuberkulosekranke. Sie besitzt eine attraktive altmodische Hauptstraße, die zum See führt. Viele weitere Gewässer liegen ringsum in den bewaldeten Hügeln, sodass der Ort ein tolles Sprungbrett für Wanderungen, Kajak- und Kanutouren ist; was in der Gegend los ist, erfährt man im Detail unter www.saranaclake.com.

Anreise & Unterwegs vor Ort

Der wichtigste Flughafen der Region ist der **Syracuse Hancock International Airport** (☎ 315-454-4330; www.syrairport.org; 1000 Colonel Eileen Collins Blvd, Syracuse) mit Flügen ab/nach New York City (angeboten von JetBlue und Delta), Newark, Washington, D.C. und Chicago (United) sowie Toronto (Air Canada). Autos mieten kann man am Flughafen oder in der Downtown von Syracuse, das per Bus und Zug mit anderen Teilen des Bundesstaats verbunden ist.

Alexandria Bay

Alexandria Bay (auch A-Bay oder Alex Bay), ein Ferienort aus dem frühen 20. Jh., ist das Zentrum des Tourismus auf der US-amerikanischen Seite der Thousand-Islands-Region. Der Ort ist zwar etwas heruntergekommen und etwas kitschig, es gibt hier aber genügend Dinge, die einen bei Laune halten, zumal Alex Bay und das nahegelegene Schermerhorn Harbor Ausgangspunkte für Bootstouren zu den fantastischen Schlössern sind, die während des Gilded Age von Tycoonen auf Heart Island und Dark Island errichtet wurden.

Sehenswertes & Aktivitäten

★ Boldt Castle SCHLOSS
(☎ 800-847-5263; www.boldtcastle.com; Heart Island; Erw./Kind 9,50/6,50 US$; ⏲ Mai–Mitte Okt. 10–18.30 Uhr) Dieses Juwel im Stil einer deutschen Burg wurde von dem Hotel-Magnaten George C. Boldt in den letzten Jahren des 19. Jhs. begonnen. Als seine Frau 1904 mitten während der Bauarbeiten starb, ließ er die Arbeiten von einem Tag auf den anderen einstellen. Seit 1977 verwendet die Thousand Islands Bridge Authority Millionen auf eine Restaurierung, die dem Gebäude seine alte Pracht teilweise wiedergeben soll.

Singer Castle SCHLOSS
(☎ 877-327-5475; www.singercastle.com; Dark Island; Erw./Kind 14,50/7,50 US$; ⏲ Mitte Mai–Mitte Okt. 10–16 Uhr) Das aus Stein errichtete Schloss auf Dark Island mitten im St.-

Lorenz-Strom wurde 1905 von dem US-amerikanischen Unternehmer Frederick Bourne errichtet. Das Gebäude steckt voller Geheimgänge und versteckter Türen – es gibt sogar ein Verlies. All das kann man sich bei einer Besichtigung anschauen. Uncle Sam betreibt Ausflugsboote ab Alex Bay; Touren werden auch von **Schermerhorn Harbor** (☎315-324-5966; www.schermerhornharbor.com; 71 Schermerhorn Landing, Hammond; Shuttle zum Singer Castle 31 US$; ⏲Mai–Sept. 10.30–14.30 Uhr) angeboten.

Uncle Sam Boat Tour BOOTSTOUR
(☎315-482-2611; www.usboattours.com; 45 James St, Alexandria Bay; 2-std. Tour Erw./Kind 23/11,50 US$) Der größte Veranstalter von Bootstouren in der Region; besonders beliebt ist die zweistündige Fahrt längs der US-amerikanischen und kanadischen Seite des Flusses mit Zwischenhalt am Boldt Castle.

Schlafen & Essen

Bonnie Castle RESORT $$
(☎800-955-4511; www.bonniecastle.com; 31 Holland St; Zi. 100–250 US$;) Das etwas schäbige Resort gehört zu den größten in Alex Bay und ist ganzjährig geöffnet. Die Zimmer sind unterschiedlich, manche haben einen schönen Blick über den St.-Lorenz-Strom zum Boldt Castle.

Dockside Pub AMERIKANISCH $$
(☎315-482-9849; www.thedocksidepub.com; 17 Market St; Hauptgerichte 8–18 US$; ⏲So–Do 11–24, Fr & Sa bis 2 Uhr;) Einfache Kneipenkost: Burger, Fritten, Pizza und ein paar Spezialitäten. Anders als der Name vermuten lässt, liegt der Laden im Hinterland ohne Blick auf die Anlegestelle.

Westliches New York

Viele Aktivitäten in der Region spielen sich rund um Buffalo ab, die zweitgrößte Stadt im Bundesstaat New York. Um 1900 trug sie den Spitznamen Queen City, weil sie die größte und wohlhabendste Metropole an den Großen Seen war. Im 20. Jh. erlebte die Stadt wirtschaftlich schwere Zeiten, erholt sich aber seither wieder. Der große Bestand an historischer Architektur wird zusehends restauriert und zu Hotels, Museen und Unternehmenssitzen umgewandelt.

Das Gebiet florierte zuerst wegen der Wasserkraft der Niagarafälle und des Eriekanals, der die Großen Seen mit dem Atlantik verband. Heute sind die Fälle vor allem als Touristenattraktion bekannt, zu der alljährlich Millionen von Besuchern strömen. Mehr über den Kanal kann man in der Stadt Lockport erfahren. Einen Besuch lohnen auch East Aurora, der einstige Sitz der Kunsthandwerkergemeinde Roycroft, sowie der Letchworth State Park mit seinen prächtigen Wasserfällen.

ABSTECHER

WELLESLEY ISLAND STATE PARK

Auf halber Strecke zwischen Clayton und Alexandria Bay führt die Thousand Islands International Bridge (Maut 2,75 US$) hinüber nach Wellesley Island, der größten der Thousand Islands auf der US-amerikanischen Seite der Grenze. Ein 10,67 km² großes Stück an der Südspitze der Insel bildet den **State Park** (☎315-482-2722; www.parks.ny.gov; Fineview; Strand ganzer Tag /ab 16 Uhr 7/4 US$; ⏲State Park ganzjährig, Baden Juli & Aug. 11–19 Uhr) GRATIS, der voller Wildtiere ist und ein **Nature Center** (☎315-482-2479; www.parks.ny.gov; Nature Center Rd, Fineview; ⏲8.30–16 Uhr) GRATIS, einen schönen Badestrand und ausgezeichnete **Campingmöglichkeiten** (☎315-482-2722; www.parks.ny.gov; 44927 Cross Island Rd, Fineview; Stellplatz/Hütte/Cottage ab 18/68/100 US$) bietet – samt Zeltplätzen am Fluss, Hütten und Cottages für Familien.

Anreise & Unterwegs vor Ort

Der Buffalo Niagara International Airport (S. 171) ist das regionale Luftkreuz mit dem größten Angebot an Flügen, man kann aber auch vom/zum Niagara Falls International Airport (S. 173) fliegen. Züge von Amtrak fahren nach Buffalo und Niagara, wo es Verbindungen ab/nach New York City, Albany und Toronto sowie in Buffalo ab/nach Chicago gibt. Auch Greyhound-Busse fahren Buffalo und Niagara an. Die anderen Orte in der Region erreicht man am besten mit einem Mietwagen.

Buffalo

Die Winter mögen lang und kalt sein, aber Buffalo trotzt der Kälte mit einer lebhaften, kreativen Gemeinschaft und ausgeprägtem Lokalpatriotismus. Die Stadt wurde 1758 von den Franzosen besiedelt – und vielleicht ist ihr Name eine Verballhornung von *beau fleuve* („schöner Fluss“ auf Französisch). Mit der Wasserkraft aus den nahen Niagarafällen erlebte die Stadt im frühen 20. Jh. einen Boom: Hier wurden Pierce-Arrow-Autos gebaut, und Buffalo führte als erste US-amerikanische Stadt elektrische Straßenlaternen ein. Als größte und wohlhabendste Stadt an den Großen Seen erhielt Buffalo den Spitznamen Queen City.

Die Zeiten einer prosperierenden Wirtschaft sind längst vergangen und haben viele aufgegebene Industriebauten hinterlassen. Aber auch eine Wiederbelebung liegt in der Luft: Architektonische Meisterwerke des späten 19. und frühen 20. Jhs., darunter Entwürfe von Frank Lloyd Wright und Henry Hobson Richardson, wurden prächtig restauriert. Das schöne Parksystem stammt von Frederick Law Olmsted, dem berühmten Planer des New Yorker Central Park, und es gibt wundervolle Museen und eine nicht zu übersehende positive Stimmung.

Sehenswertes & Aktivitäten

★ Buffalo City Hall ARCHITEKTUR
(☎ 716-852-3300; www.preservationbuffaloniagara.org; 65 Niagara Sq; ⊙ Führungen Mo–Fr 12 Uhr) GRATIS Mit seinen 32 Stockwerken dominiert das 1931 errichtete, innen und außen schön detaillierte Art-déco-Meisterwerk das Zentrum. Bei der lohnenden Gratis-Führung besichtigt man das Büro des Bürgermeisters und den Ratssaal und kann von der offenen Aussichtsterrasse auf die Stadt blicken.

★ Martin House Complex ARCHITEKTUR
(☎ 716-856-3858; www.darwinmartinhouse.org; 125 Jewett Pkwy; Führung Standard/erw. 19/37 US$; ⊙ Führungen Mi–Mo 10–15 Uhr stündl.) Das 1394 m² große Haus wurde von Frank Lloyd Wright für seinen Freund und Gönner Darwin D. Martin entworfen und zwischen 1903 und 1905 realisiert. Es ist ein repräsentatives Beispiel für Wrights Prairie-School-Phase und besteht aus sechs miteinander verbundenen Gebäuden. Der gesamte Komplex wird sorgfältig restauriert, einzelne Gebäude mussten komplett wiederaufgebaut werden.

★ Albright-Knox Art Gallery MUSEUM
(☎ 716-882-8700; www.albrightknox.org; 1285 Elmwood Ave; Erw./Kind 12/6 US$; ⊙ Di–So 10–17 Uhr) Die hervorragende Sammlung der Galerie, die von Degas und Picasso bis hin zu Ruscha, Rauschenberg und anderen abstrakten Expressionisten reicht, residiert in einem neoklassizistischen Gebäude, das für die Pan-American Expo von 1905 in Buffalo errichtet wurde. Besonders kreativ und interessant sind die Wechselausstellungen.

Graycliff Estate ARCHITEKTUR
(☎ 716-947-9217; www.graycliffestate.org; 6472 Old Lake Shore Rd, Derby; 1-/2-std. Führung 18/34 US$) Auf einer dramatischen Klippenspitze am Eriesee, 16 Meilen (25,7 km) südlich der Downtown von Buffalo, erhebt sich das Ferienhaus, das Frank Lloyd Wright in den 1920er-Jahren für die wohlhabende Familie Martin entwarf. Die Anlage war ziemlich verfallen und wird seit 20 Jahren restauriert. Bei den interessanten Führungen (im Voraus buchen!) erfährt man viel über Wrights Gesamtplanung.

Guaranty Building ARCHITEKTUR
(Prudential Building; www.hodgsonruss.com/Louis-Sullivans-Guaranty-Building.html; 140 Pearl St; ⊙ Besucherzentrum 7.15–21 Uhr) GRATIS Das 1896 für die Guaranty Construction Company errichtete prachtvolle Gebäude besitzt eine aufwendig mit Terrakottafliesen verkleidete Fassade und im Foyer eine wundervolle Buntglasdecke. Im Besucherzentrum wird genau erläutert, wie bahnbrechend der Entwurf von Adler & Sullivan seinerzeit war.

Explore Buffalo TOUREN
(☎ 716-245-3032; www.explorebuffalo.org; 1 Symphony Circle) Busrundfahrten, Stadtspaziergänge, Rad- und Kajaktouren rund um Buffalo mit dem Schwerpunkt auf Architektur und Geschichte.

Schlafen

Hostel Buffalo Niagara HOSTEL $
(☎ 716-852-5222; www.hostelbuffalo.com; 667 Main St; B/Zi. 30/85 US$; ❄@📶) Das Hostel, das praktisch im Theater District in Buffalos Downtown liegt, ist in einem dreistöckigen ehemaligen Schulgebäude untergebracht und hat im Erdgeschoss einen Aufenthaltsraum, große Küchen- und Gemeinschaftsbereiche, eine kleine Kunstgalerie sowie makellos saubere, wenn auch charakterlose Badezimmer. Es gibt hier außerdem einen Wäschereiservice, kostenlose Leihfahrräder und viele Infos zu Musik, Restaurants und Kunstausstellungen in der Stadt.

★ InnBuffalo off Elmwood PENSION $$
(☎ 716-867-7777; www.innbuffalo.com; 619 Lafayette Ave; Suite 139–249 US$; ❄📶) Ellen und Joe Lettieri haben Hervorragendes bei der Restaurierung dieser Villa von 1898 geleistet, die ursprünglich für den örtlichen Messing- und Gummi-Magnaten H. H. Hewitt errichtet worden war. Die Arbeiten sind noch nicht abgeschlossen, aber das Gebäude hat

schon viel von seiner Pracht zurückgewonnen. Die neun Suiten sind schön dekoriert, einige mit originalen Details wie einer viktorianischen Nadelstrahl-Dusche.

Hotel Henry HISTORISCHES HOTEL **$$**
(☎716-882-1970; www.hotelhenry.com; Ecke Rockwell Rd & Cleveland Circle; Zi. ab 199 US$; P ❄ 📶) Das Hotel Henry bewahrt viel von der repräsentativen Architektur des New York State Asylum, das Henry Hobson Richardson im späten 19. Jh. entwarf. Sehr breite Korridore führen zu den 88 Zimmern mit hohen Decken und topaktuellem Dekor.

Essen

Betty's AMERIKANISCH **$$**
(☎716-362-0633; www.bettysbuffalo.com; 370 Virginia St; Hauptgerichte 16–24 US$; ⏲Di–Do 8–21, Fr bis 22, Sa 9–22, So bis 14 Uhr; ✎) An einer ruhigen Ecke in Allentown serviert das lässige Lokal aromatische, frische Versionen von amerikanischer Hausmannskost wie Hackbraten. Der Brunch ist zu Recht beliebt, und es gibt auch eine nette Bar.

Auf der Karte stehen auch viele vegetarische, glutenfreie und milchfreie Optionen.

Cole's AMERIKANISCH **$$**
(☎716-886-1449; www.colesonelmwood.com; 1104 Elmwood Ave; Hauptgerichte 11,50–15 US$; ⏲Mo–Do 11–23, Fr & Sa bis 24 , So bis 22 Uhr; 📶) Seit 1934 tischt dieses stimmungsvolle Restaurant mit Bar örtliche Gerichte wie *beef on weck* (Roastbeef auf Kümmelbrötchen) auf – als Beilage passen würzige Buffalo-Chicken-Wings gut dazu, man kann aber auch zu einem saftigen Burger greifen. Die Lage ist praktisch für ein Mittagessen, wenn man das Gebiet um den Delaware Park mit seinen Museen besucht.

In der geräumigen Bar, die mit altmodischem Schnickschnack vollgestopft ist, gibt's viele Biere vom Fass.

Black Sheep INTERNATIONAL **$$$**
(☎716-884-1100; www.blacksheepbuffalo.com; 367 Connecticut St; Hauptgerichte 28–42 US$; ⏲Di–Do 17–22, Fr & Sa bis 23, So 11–14 Uhr) Das Black Sheep beschreibt seine farmfrische Küche als „global-nomadisch", d. h. man findet hier beispielsweise einen Schweinskopf-Eintopf neben dem (sehr zu empfehlenden) Paprikahuhn nach dem Rezept der Großmutter von Chefkoch Steve Gedra. Man kann auch an der Bar essen, wo kreative Cocktails und örtliche Craft-Biere ausgeschenkt werden.

Ausgehen & Unterhaltung

★ **Resurgence Brewing Company** KLEINBRAUEREI
(☎716-381-9868; www.resurgencebrewing.com; 1250 Niagara St; ⏲Di–Do 16–22, Fr bis 23.30, Sa 12–23.30, So bis 17 Uhr) Die Kleinbrauerei ist ein schönes Beispiel für die kreative Umnutzung vorhandener Infrastruktur in Buffalo: Sie befindet sich in einer ehemaligen Maschinenfabrik, die später als städtisches Hundeasyl diente. Die Biere (Verkostungsgedeck 8 US$) sind ausgezeichnet. Es gibt rund 20 verschiedene Ales vom Fass – vom fruchtig-süßen Loganberry Wit bis hin zu einem Porter mit erstaunlichem Erdnussbutter-Aroma.

Kleinhans Music Hall KLASSISCHE MUSIK
(☎716-883-3560; www.kleinhansbuffalo.org; 3 Symphony Circle) Der schöne Konzertsaal mit wunderbarer Akustik ist Sitz des Buffalo Philharmonic Orchestra. Das denkmalgeschützte Gebäude wurde nach dem Entwurf von Eliel und Eero Saarinen, dem berühmten finnischen Vater-Sohn-Architektengespann, errichtet.

ℹ An- & Weiterreise

Der **Buffalo Niagara International Airport** (BUF; ☎716-630-6000; www.buffaloairport.com; 4200 Genesee St) liegt etwa 10 Meilen (16 km) östlich des Zentrums und ist ein regionaler Verkehrsknotenpunkt. Jet Blue Airways bietet ab NYC erschwingliche Hin- und Rückflüge.

NFTA (www.nfta.com), das für den öffentlichen Nahverkehr zuständig ist, schickt den Expressbus 204 zum **Buffalo Metropolitan Transportation Center** (☎716-855-7300; www.nfta.com; 181 Ellicott St) im Zentrum. (Greyhound-Busse fahren auch ab hier.) Der NFTA-Nahverkehrsbus 40 fährt bis zur US-amerikanischen Seite der Niagarafälle (2 US$, 1 Std.), der Expressbus 60 fährt auch in diese Richtung, man muss zwischendurch aber umsteigen.

Von der **Exchange Street Station** (☎716-856-2075; www.amtrak.com; 75 Exchange St) der Amtrak in Downtown fahren Züge nach New York City (66 US$, 8¾ Std.), Niagara Falls (14 US$, 1 Std.), Albany (52 US$, 6 Std.) und Toronto in Kanada (44 US$, 4 Std.). Alle Züge halten auch an der **Buffalo-Depew Station** (www.amtrak.com; 55 Dick Rd), 8 Meilen (12,9 km) weiter östlich, wo man auch in Züge nach Chicago (94 US$, 11 Std.) einsteigen kann.

Niagara Falls

Die beiden Städte Niagara Falls, New York (USA), und Niagara Falls, Ontario (Kanada), blicken beide auf das Naturwunder der Niagarafälle – wo 570 000 l Wasser in der Sekunde über 300 m in die Tiefe stürzen 1000 ft –, und beide liefern drum herum eine Menge Touristenkitsch. Die kanadische Stadt ist viel größer, und von der kanadischen Seite hat man obendrein die etwas bessere Aussicht. Aber auch der Ausblick von der US-amerikanischen Seite ist eindrucksvoll, und die Umgebung des Wasserfalls ist hier weit schöner, weil sie zu einem landschaftlich schön gestalteten Nationalpark gehört. Und die Stadt ist nicht so stark vom Rummel geprägt wie die auf der kanadischen Seite – wer das bevorzugt, geht einfach über die Rainbow Bridge – wenn man den Pass nicht vergessen hat.

Sehenswertes & Aktivitäten

★ Cave of the Winds AUSSICHTSPUNKT

(☎716-278-1730; www.niagarafallsstatepark.com; Goat Island Rd; Erw./Kind 17/14 US$; ⌚Mitte Mai–Okt. 9–19.30 Uhr) Am Nordende von Goat Island fährt ein Aufzug hinunter zu Laufgängen, die nur 7,6 m vom tosenden Wasser am Fuß der Bridal Veil Falls verlaufen. Man sollte einen Souvenir-Regenponcho kaufen; Sandalen werden gestellt.

Old Fort Niagara MUSEUM

(☎716-745-7611; www.oldfortniagara.org; Youngstown; Erw./Kind 12/8 US$; ⌚Juli & Aug. 9–19 Uhr, Sept.–Juni bis 17 Uhr) Diese 1726 von den Franzosen erbaute und in den 1930er-Jahren restaurierte Festung verteidigte einst die strategisch wichtige Stelle, an der der Niagara River in den Ontariosee mündet. Es gibt eine interessante Präsentation von indianischen Artefakten, kleinen Waffen, Möbeln und Kleidungsstücken und einen atemberaubenden Blick von den Festungswällen.

Whirlpool State Park STATE PARK

(☎716-284-4691; www.parks.ny.gov; Robert Moses State Pkwy) Dieser Park 3 Meilen (4,8 km) nördlich der Fälle befindet sich über einer Biegung des Niagara River – einer Biegung, die einen riesigen Wirbel erzeugt, der von diesem Aussichtspunkt aus gut sichtbar ist. Stufen führen 91 m hinunter in die Schlucht – aufpassen, dass man nicht stürzt!

Rainbow Bridge BRÜCKE

(www.niagarafallsbridges.com; ⌚Fußgänger & Radfahrer 0,50 US$, Auto 3,75 US$) Für den Spaziergang oder die Autofahrt über die Brücke, die die US-amerikanische mit der kanadischen Seite der Fälle verbindet, braucht man seinen Pass. Der Ausblick ist eindrucksvoll.

★ Maid of the Mist BOOTSTOUR

(☎716-284-8897; www.maidofthemist.com; 1 Prospect St; Erw./Kind 18,25/10,65 US$; ⌚Juni–Aug. 9–19.30 Uhr, April, Mai, Sept. & Okt. bis 17 Uhr) Die traditionelle Art, die Niagarafälle zu sehen, ist die Fahrt mit diesem Boot, das schon seit 1846 Besucher in die Stromschnellen gleich unterhalb der Fälle bringt. Unbedingt den blauen Poncho überziehen, der gestellt wird, sonst durchnässt einen die Gischt der Fälle.

Schlafen & Essen

Seneca Niagara Resort & Casino RESORT $$

(☎877-873-6322; www.senecaniagaracasino.com; 310 4th St; Zi. ab 195 US$; P ⊖ ❄ @ ☜ ≋) Mit rund 600 geräumigen Zimmern und Suiten sowie einem munteren Kasino stellt dieser purpurfarbene, glasverkleidete Turm die Antwort der US-amerikanischen Stadt auf den touristischen Glitzer drüben auf der kanadischen Seite der Fälle dar. Es gibt hier auch eine Reihe von Musik- und Comedy-Shows mit recht bekannten Künstlern.

Giacomo BOUTIQUEHOTEL $$$

(☎716-299-0200; www.thegiacomo.com; 222 1st St; Zi. 259 US$; P ❄ @ ☜) Das luxuriöse Giacomo belegt einen Teil eines prächtigen Art-déco-Büroturms und ist mit seinen großzügigen, aufwendig dekorierten Zimmern eine stilvolle Ausnahme unter den vielen langweiligen Kettenhotels und -motels in Niagara. Auch wenn man nicht hier wohnt, sollte man sich einen Drink in der Lounge im 19. Stock (Bar ab 17 Uhr) gönnen – die Aussicht ist spektakulär, und samstags gibt's Musik.

Third Street Retreat Eatery & Pub AMERIKANISCH $

(☎716-371-0760; www.thirdstreetretreat.com; 250 Rainbow Blvd; Hauptgerichte 6–11 US$; ⌚Di–Do 8–21, Fr & Sa bis 22, So 9–16 Uhr) Die Wände in diesem bei Einheimischen beliebten Lokal, wo es den ganzen Tag Frühstück und leckere Kneipenkost gibt, sind mit alten Schallplattenhüllen bedeckt. Es gibt ein gutes Sortiment an Fass- und Flaschenbieren und im Obergeschoss einen Billardtisch und Darts.

An- & Weiterreise

Der NFTA-Bus 40 (www.nfta.com) verbindet das Zentrum von Buffalo mit Niagara Falls (2 US$, 1 Std.). Die Haltestelle in Niagara Falls befindet sich an der Ecke 1st St und Rainbow Blvd. Der Expressbus 60 fährt zu einem Busbahnhof östlich vom Zentrum, wo man in den Bus 55 zum Fluss umsteigen muss. Der **Amtrak-Bahnhof**

NICHT VERSÄUMEN

GRENZÜBERGANG: KANADISCHE SEITE DER NIAGARAFÄLLE

Von der kanadischen Seite aus bietet sich ein grandioser Blick auf die Niagarafälle. Die Horseshoe Falls liegen an der Westseite des Flusses und sind breiter als die Bridal Veil Falls am Ostufer (USA). Besonders fotogen sind sie vom Queen Victoria Park aus.

Der Ort auf der kanadischen Seite ist lebhaft – und übermäßig touristisch. Hier gibt's vor allem Hotelketten und Restaurants, aber auch ein HI-Hostel und einige ältere Motels haben noch die klassischen Badewannen in Herzform für Pärchen in den Flitterwochen.

Das Überqueren der Rainbow Bridge kostet (inkl. Rückweg) 3,75/0,50 US$ pro Auto/Fußgänger. Zu Fuß ist man etwa zehn Minuten unterwegs; der Autoverkehr kommt im Sommer oder wenn in Toronto ein Event stattfindet, nicht selten zum Erliegen. Ausländische Besucher müssen bei der Einreise auf beiden Seiten der Brücke einen Reisepass vorzeigen. Wer mit einem Mietwagen aus den USA die Grenze überqueren will, sollte keine Probleme kriegen. Trotzdem empfiehlt es sich, dies mit der Autovermietung abzuklären.

(☎716-285-4224; www.amtrak.com; 825 Depot Ave) liegt etwa 2 Meilen (3,2 km) nördlich vom Zentrum; der Bahnhof auf der kanadischen Seite ist zentraler, wer aber aus NYC kommt, muss erst den kanadischen Zoll passieren. Von Niagara Falls fahren täglich Züge nach Buffalo (14 US$, 35 Min.), Toronto, Kanada (33 US$, 3 Std.) und NYC (66 US$, 9 Std.). Die Busse von **Greyhound** (www.greyhound.com; 240 1st St) starten am Quality Inn.

Allegiant Air und Spirit Airlines fliegen aus Florida und South Carolina zum **Niagara Falls International Airport** (☎716-297-4494; www.niagarafallsairport.com; 2035 Niagara Falls Blvd).

NEW JERSEY

Das, was das Fernsehen über New Jersey verbreitet – von den protzigen, riesigen Villen der *Real Housewives of New Jersey* bis hin zum starken Akzent der *Sopranos* – ist zumindest teilweise wahr. Aber Jersey (Einheimische lassen das „New" gern unter den Tisch fallen) ist auch von Hightech-Unternehmen und Bankenzentralen sowie von grünem Farmland (das ein Viertel seiner Fläche ausmacht und dem Bundesstaat den Spitznamen „Garden State" eingebracht hat) und Pinienwäldern geprägt. An den bezaubernden Stränden (ca. 204 km) finden sich zwar auch die Guidos und Guidettes der Reality-Serie *Jersey Shore,* aber auch viele nette charaktervolle Küstenorte.

Im Osten erlebt man Jerseys Stadtdschungel, im Westen das Gegenteil: die friedliche, frische Landschaft des Delaware Water Gap.

Anreise & Unterwegs vor Ort

Die Menschen in NJ fahren zwar am liebsten Auto, aber es gibt durchaus auch öffentliche Verkehrsmittel:

PATH Train (www.panynj.gov/path) Zugverbindung zwischen Lower Manhattan und Hoboken, Jersey City und Newark.

NJ Transit (www.njtransit.com) Betreibt Busse und Züge im gesamten Bundesstaat, darunter Busverbindungen zur Port Authority in New York City und zur Downtown von Philadelphia sowie Züge zur Penn Station in New York City. Der Zugbetrieb ist im letzten Jahrzehnt allerdings stark zurückgegangen.

New York Waterway (www.nywaterway.com) Die New-York-Waterway-Fähren fahren auf dem Hudson und vom NJ-Transit-Bahnhof in Hoboken zum World Financial Center.

Hoboken

Die „Square Mile City" gehört zu den angesagtesten Adressen mit entsprechenden Grundstückspreisen. An den Wochenenden erwachen die Bars zum Leben, und in der Washington St finden sich viele Restaurants. Während man an aufgehübschten Hunden, großen Kinderwagen und lauernden schwarzen Uber-Autos mit New Yorker Nummernschildern vorbeikommt, kann man gut in der Stadt spazieren gehen und die herrliche Aussicht auf New York City genießen.

Sehenswertes

Hoboken Historical Museum MUSEUM

(☎201-656-2240; www.hobokenmuseum.org; 1301 Hudson St; Erw./Kind 4 US$/frei; ⏲Di–Do 14–19, Fr–So 13–17 Uhr) Das kleine Museum vermittelt den Eindruck eines Hoboken, das man sich heute kaum noch vorstellen kann: von einer Stadt eingewanderter katholischer Arbeiter aus Irland und Italien, die auf den Werften und auf den Docks schufteten. Es gibt auch selbstgeführte Stadtrundgänge zu Frank Sinatras Lieblingsorten in Hoboken und zu den Schauplätzen des Films *Die Faust im Nacken*.

Essen

La Isla KUBANISCH $
(☎201-659-8197; www.laislarestaurant.com; 104 Washington St; Frühstück 8–11 US$, Sandwichs 8–10 US$, Hauptgerichte 18–21 US$; ⊙7–22 Uhr) Im seit 1970 bestehenden authentischsten kubanischen Restaurant der Stadt klirren die Resopal-Theken unter den Tellern mit gegrillten kubanischen Sandwichs, *maduros* (gebratenen Kochbananen) und Reis mit Straucherbsen. Spanische Gespräche und Salsa bestimmen die Geräuschkulisse, und an den Wänden hängen Porträts von Celia Cruz. Dies ist der echte Laden – und nicht zu vergleichen mit der uninteressanten, wenn auch schickeren Filiale in Uptown.

Amanda's GASTRONOMIE $$$
(☎201-798-0101; www.amandasrestaurant.com; 908 Washington St; Hauptgerichte 24–36 US$; ⊙Mo–Fr 17–22, Sa 11–15 & 17–23, So 11–15 & 17–21 Uhr) Seit drei Jahrzehnten serviert die Familie Flynn in den zusammenhängenden, umgebauten Stadtvillen, in denen jeder Raum ein anderes Thema hat, erstklassiges Essen. Die umfangreiche Weinkarte und die einmal im Monat stattfindenden Weinabende machen das Lokal zu einer Option mit Klasse. Das Bar-Dinner-Sonderangebot (So–Do) hat ein tolles Preis-Leistungs-Verhältnis.

ℹ An- & Weiterreise

NY Waterway (www.nywaterway.com) betreibt die Fähre zwischen der 39th St an Manhattans West Side und Hoboken (9 US$, 8 Min.). Von Lower Manhattan fahren häufig überfüllte NJ-PATH-Züge zum Hoboken Terminal. Die Parkplatzsituation ist unerträglich – man sollte nicht im Traum daran denken, mit dem Auto zu fahren.

Princeton

Das kleine Städtchen, das von einem englischen Quäkermissionar gegründet wurde, besitzt schöne Bauten und mehrere sehenswerte Stätten, unter denen die Ivy-League-Universität die Hauptattraktion ist. Princeton ist allerdings nicht in erster Linie akademisch, sondern vornehm, und teure Boutiquen säumen den zentralen Palmer Sq.

Wie jede gute Universitätsstadt hat Princeton einen Buchladen, einen Plattenladen, einen Brauerei-Pub und ein unabhängiges Kino, die alle im Umkreis der Straßen und Gassen rund um den Palmer Sq liegen. Hinzu kommen noch zahlreiche Süßwarenläden, Cafés und Spezialitäten-Eisdielen.

Sehenswertes

★**Institute Woods** WALD
(www.ias.edu; 1 Einstein Dr; ⊙Sonnenaufgang–Sonnenuntergang) Läuft man 2,4 km die Mercer St hinunter, gelangt man zu einem beschaulichen Wäldchen, das Welten von den verstopften Durchfahrten des Campusgeländes entfernt wirkt. Das fast 240 ha große Naturgebiet mit seinen weichen Lehmwegen ist bei Vogelfreunden (vor allem während des Zugs der Waldsänger im Frühjahr), Joggern und Hundeführern beliebt.

Princeton University UNIVERSITÄT
(☎609-258-3000; www.princeton.edu) Die Mitte des 18. Jhs. gegründete Institution wurde zu einem der größten Gebäudekomplexe der amerikanischen Kolonien. Heute gehört die Universität zur Ivy League und damit zu den besten des Landes. Man kann sich auf eigene Faust umschauen oder an einer von Studierenden geleiteten Führung teilnehmen.

Morven Museum & Garden MUSEUM
(☎609-924-8144; www.morven.org; 55 Stockton St; Erw./Kind 10/8 US$; ⊙Mi–So 10–16 Uhr) Das Museum zeigt eine schöne Sammlung von Kunstgewerbe und im Stil der Zeit eingerichtete Zimmer. In anderen Sälen finden Wechselausstellungen statt. Die Gärten und das Haus allein lohnen schon den Besuch. Das perfekt gestaltete koloniale Herrenhaus wurde von Richard Stockton erbaut, einem prominenten Juristen aus der Mitte des 18. Jhs. und Mitunterzeichner der amerikanischen Unabhängigkeitserklärung.

Schlafen & Essen

Inn at Glencairn B&B $$
(☎609-497-1737; www.innatglencairn.com; 3301 Lawrenceville Rd; Zi. ab 199 US$; 📶) Hier gibt's das beste Preis-Leistungs-Verhältnis rund um Princeton: fünf ruhige Zimmer in einem renovierten georgischen Herrenhaus etwa zehn Autominuten vom Campus entfernt.

Mediterra Restaurant & Taverna MEDITERRAN $$
(☎609-252-9680; www.mediterrarestaurant.com; 29 Hulfish St; Hauptgerichte 19–30 US$; ⊙Mo–Do 11.30–23, Fr & Sa bis 24, So bis 22 Uhr) Das zentral am Palmer Sq gelegene Mediterra ist ein gehobenes, modernes, für eine Collegestadt typisches Restaurant für Eltern auf Besuch,

wohlhabende Studenten und Einheimische. Für die Gerichte werden regionale und Bio-Zutaten verwendet. Die Küche verrät die Herkunft der Eigentümer aus Chile bzw. Italien.

★ Mistral MEDITERRAN $$$

(☎ 609-688-8808; www.mistralprinceton.com; 66 Witherspoon St; Teller zum Teilen 13–36 US$; ⏲ Mo & Di 17–21, Mi–Sa 11.30–15 & 17–21, So 10.30–15 & 16–21 Uhr) Princetons kreativstes Restaurant serviert Gerichte, die man sich teilen kann; die Palette reicht von der Karibik bis nach Skandinavien. Vom Tresen des Chefkochs hat man einen Überblick über das kontrollierte Chaos in der offenen Küche.

ℹ An- & Weiterreise

Die Expressbusse 100 und 600 von Coach USA (www.coachusa.com) verkehren häufig zwischen Manhattan und Princeton (15 US$, 1½ Std.). Züge von NJ Transit (www.njtransit.com) fahren oft von der New Yorker Penn Station zum Bahnhof Princeton Junction (16 US$, 1–1½ Std.). Der „Dinky"-Shuttle bringt einen von dort zum Campus der Princeton University (3 US$, 5 Min.).

Jersey Shore

Der wohl berühmteste und am meisten geschätzte Teil New Jerseys ist seine fulminante Küste – ein Besuch am Strand ist ein nicht wegzudenkendes Sommerritual –, die sich von Sandy Hook bis nach Cape May erstreckt. Von geschmacklos bis klassisch reiht sich hier ein Ferienort an den anderen. Hurrikan Sandy verwüstete 2012 den Großteil der Küste und die Achterbahn in Seaside Heights stürzte sogar ins Meer (später wurde sie komplett abgerissen). Aber nun sind alle Strandpromenaden wieder hergerichtet und die Gegend ist mittlerweile größtenteils wieder so lebhaft wie zuvor. An den Wochenenden im Sommer wimmelt es hier nur so vor Menschen (vor allem an den Brücken, die hinüber auf die Barriereinseln führen, ist der Verkehr ein echter Albtraum) und eine günstige Unterkunft zu finden ist fast so schwierig, wie einen Körper, der nicht mit Tattoos übersät ist. Eine gute, budgetfreundliche Option sind die Campingplätze der Gegend. Kaum hat dann der Herbst Einzug gehalten, findet man sich teilweise sogar ganz alleine am Strand wieder.

ℹ Anreise & Unterwegs vor Ort

Steckt man auf dem Garden State Pkwy im zäh fließenden Verkehr fest, kann man sich leicht einen Sonnenbrand holen – fährt man im Sommer zu den Ausflugszielen, ist eine frühe Abfahrt daher ein Muss.

- New Jersey Transit (www.njtransit.com) betreibt von Juni bis September zweimal täglich spezielle Shore-Express-Züge mit Halt in Asbury Park, Bradley Beach, Belmar, Spring Lake, Manasquan, Point Pleasant Beach und Bay Head. Mit dem Zugticket kann man auch gleich die Strandplakette kaufen. Abends fahren zwei Expresszüge zurück nach Norden.
- NJ-Transit-Busse der New Yorker Port Authority bedienen Seaside Heights/Seaside Park, den Island Beach State Park, Atlantic City, Wildwood und Cape May.
- Greyhound (www.greyhound.com) betreibt Sonderbusse nach Atlantic City.

Asbury Park & Ocean Grove

Während der Jahrzehnte der ökonomischen Stagnation konnte die Stadt Asbury Park nur darauf verweisen, dass der aus New Jersey stammende Bruce Springsteen hier Mitte der 1970er-Jahre seine ersten Auftritte hier im Nachtclub Stone Pony hatte. Doch seit 2000 erleben die Blocks früher leerstehender viktorianischer Häuser eine so starke Wiederbelebung, dass Asbury manchmal als das „Brooklyn am Strand" bezeichnet wird. Tausende weiterer Häuser sollen in den nächsten Jahren gebaut werden.

Im Downtown-Areal, das mehrere Blocks an der Cookman und der Bangs Ave umfasst, finden sich Antiquitätenläden, hippe Restaurants (von vegan bis hin zu französischen Bistros) und ein anspruchsvolles Kino. 39 Bars (es werden immer mehr) locken Zugladungen von partylustigen jungen New Yorkern in den mit NJ Transit leicht erreichbaren Ort.

Unmittelbar südlich von Asbury Park liegt Ocean Grove, das nicht nur einer anderen Zeit, sondern auch einer anderen Kultur zu entstammen scheint. Es wurde im 19. Jh. von Methodisten zur Massenevangelisation gegründet und ist bis heute als „Gottes Quadratmeile an Jerseys Küste" bekannt und eine „trockene" Stadt (also kein Alkoholverkauf). Sogar der Strand ist sonntagmorgens geschlossen. Die Gebäude im viktorianischen Stil sind so reichlich verziert, dass sie an Pfefferkuchenhäuser erinnern und man versucht ist, reinzubeißen. Im Zentrum befindet sich ein aus Holz errichtetes Auditorium mit 6500 Sitzplätzen und einer riesigen Orgel. Die **Tent City** ist eine historische Stätte – das ehemalige Evangelisationslager – und zeigt über 100 altertümliche Segeltuchzelte, die als Sommerunterkünfte dienten.

Sehenswertes & Aktivitäten

Historic Village at Allaire MUSEUM

(☎732-919-3500; www.allairevillage.org; 4263 Atlantic Ave, Farmingdale; Parkplatz Mai–Sept. 7 US$; ⊙Bäckerei Mo–Fr 10–16 Uhr, historisches Dorf Sa & So 11–17 Uhr) GRATIS Nur 15 Fahrtminuten entfernt von Asbury Park und der Gegenwart schützt dieses idyllische Museum die Überreste von Howell Works, das im 19. Jh. ein blühendes Dorf war.

Silver Ball Museum Arcade SPIELHALLE

(Pinball Hall of Fame; ☎732-774-4994; www.silverballmuseum.com; 1000 Ocean Ave; 10/15 US$ pro Std./halber Tag; ⊙Mo–Do 11–24, Fr & Sa bis 1, So 10–22 Uhr) Dutzende Flipperautomaten in fabrikfrischem Zustand, von mechanischen Spielautomaten der 1950er Jahre bis hin zu modernen Klassikern wie *Addams Family*.

Schlafen

★ **Asbury Hotel** BOUTIQUEHOTEL $$

(☎732-774-7100; www.theasburyhotel.com; 210 5th Ave; Zi. 125–275 US$; P❄🛜≋) Dieses recht neue Hotel aus dem Jahr 2016, ist durch und durch cool – von der mit Langspielplatten, alten Büchern und einem Solarium ausstaffierten Veranstaltungsfläche/Lobby bis hin zur Bar auf der Dachterrasse. Das Hotel ist zwei Blocks von der Convention Hall und der Promenade entfernt; man kann den ganzen Tag drinnen am Pool oder auf der Dachterrasse verweilen.

Quaker Inn INN $$

(☎732-775-7525; www.quakerinn.com; 39 Main Ave; Zi. 90–200 US$; ❄🛜) Der großartige, knarrende viktorianische Gasthof hat 28 Zimmer, von denen sich manche zu umlaufenden Veranden oder Balkonen öffnen. Es gibt einen netten Gemeinschaftsbereich/Bibliothek, wo man beim Kaffee verweilen kann. Die Eigentümer sind Musterbeispiele für den Charme und die Gastlichkeit der Stadt.

Essen & Ausgehen

Moonstruck ITALIENISCH $$$

(☎732-988-0123; www.moonstrucknj.com; 517 Lake Ave; Hauptgerichte 22–38 US$; ⊙Mi, Do & So 17–22, Fr & Sa bis 23 Uhr) Angesichts des Ausblicks auf den Wesley Lake, der Asbury und Ocean Grove teilt, und einer langen Martinikarte gibt es hier nichts zu meckern. Die Karte ist bunt zusammengewürfelt mit einem Fokus auf italienischer Küche, wie sich an den Pastagerichten zeigt; die Fleisch- und Fischgerichte zeigen verschiedene ethnische Einflüsse.

Asbury Festhalle and Biergarten BIERGARTEN

(☎732-997-8767; www.asburybiergarten.com; 527 Lake Ave; ⊙Mo–Fr 16–1, Sa & So 11–1 Uhr) Ein Stück Deutschland am Meer: Im Biergarten auf dem Dach kann man unter 41 Fassbieren wählen, und Livemusik gibt's in einem Saal mit klassischen langen Bierbänken, der so groß ist wie zwei Scheunen. Zu essen bekommt man riesige Brezeln und Wurstplatten (Hauptgerichte 13–20 US$), zu trinken außer dem Bier auch zwölf Schnäpse.

An- & Weiterreise

Bei der Fahrt auf der S Main St (Rte 71) von Norden nach Süden erblickt man die eindrucksvollen Tore, die den Eingang zur Main Ave von Ocean Grove markieren. Nimmt man den Shore Express von NJ Transit, fährt man bis zum benachbarten Asbury Park und geht von dort zu Fuß oder fährt mit einem Taxi hinüber nach Ocean Grove. Mit einem Bus von der Port Authority (22 US$) muss man in Lakewood umsteigen.

Der New-Jersey-Transit-Bahnhof Asbury Park liegt an der Kreuzung der Cookman mit der Main St und ist rund 45 Minuten von New York City entfernt. Im Sommer fahren auch Nachtzüge.

Barnegat Peninsula

Die Einheimischen bezeichnen diese 35,4 km lange Landzunge als „die Barriereinsel“, obwohl es sich eigentlich um eine Halbinsel handelt, die bei **Point Pleasant Beach** mit dem Festland verbunden ist. Surfer sollten den **Inlet Beach** in Manasquan ansteuern, unmittelbar nördlich (nicht auf der Halbinsel); dort finden sich ganzjährig die verlässlichsten Wellen der Jersey Shore.

Südlich von **Mantoloking** und **Lavallette**, auf halber Strecke die Insel hinunter, bringt eine Brücke vom Festland (bei Toms River) die Massen nach **Seaside Heights**, der Location der MTV-Realityshow *Jersey Shore* und Inbegriff der nett kitschigen Shore-Kultur. Es ist nach wie vor ein klebriges Vergnügen, ein Orangen-Vanilleeis bei Kohr zu essen und zwischen der lärmenden, gebräunten und spärlich bekleideten Menge auf der Promenade herumzuspazieren und unterwegs in den Bars, von denen es hier überdurchschnittlich viele gibt, einzukehren. Sehenswert sind das Dentzel-Looff-Karussell von 1910, das 95 m hohe Riesenrad und die deutsche Achterbahn, die 2017 hinzugekommen ist.

Wer etwas Ruhe sucht, begibt sich Richtung Süden in das Wohnviertel **Seaside Park** und in die dahinter beginnende Wildnis des Island Beach State Park.

ABSTECHER

DELAWARE WATER GAP

Die schöne Stelle, wo der Delaware River eine enge S-Kurve durch den Kamm der Kittatinny Mountains beschreibt, war in den Zeiten vor Einführung der Klimaanlage ein beliebtes Ausflugsziel. 1965 wurde die **Delaware Water Gap National Recreation Area** (☎570-426-2452; www.nps.gov/dewa; 1978 River Rd, Bushkill) geschaffen, die Gebiete in New Jersey und in Pennsylvania umfasst und immer noch ein unberührtes Erholungsgebiet ist – gerade einmal 70 Meilen (112,7 km) östlich von New York City.

Die Old Mine Rd, eine der ältesten ständig benutzten Wirtschaftsstraßen der USA, verläuft am Ostufer des Delaware. Ein paar Meilen landeinwärts führt ein 40 km langer Abschnitt des Appalachian Trail am Kittatinny Ridge entlang. Bei einer Tageswanderung kann man den Gipfel des 472 m hohen Mt. Tammany im **Worthington State Forest** (☎908-841-9575; www.state.nj.us/dep/parksandforests/parks/worthington.html; Old Mine Rd, Warren County; ⌚Sonnenaufgang–Sonnenuntergang) besteigen und den herrlichen Ausblick genießen (der 2,9 km lange Blue Dot Trail ist die leichteste, aber trotzdem anstrengende Route) oder zum heiteren Gletschersee Sunfish Pond wandern. Falken, Weißkopfseeadler und Raben ziehen über dem Hemlocktannenwald ihre Kreise. Von New York City bringt einen eine rund zweistündige Busfahrt in das Gebiet. Coach USA (www.coachusa.com) bietet eine Busverbindung von der Port Authority nach Milford, Pennsylvania (25 US$), Martz Trailways (www.martztrailways.com) fährt nach Stroudsburg, Pennsylvania (37 US$). NJ Transit plant, einen Bahnhof in Smithfield Township gleich außerhalb des Parks zu schaffen, der aber erst noch gebaut werden muss.

Sehenswertes

Island Beach State Park PARK
(☎732-793-0506; www.islandbeachnj.org; Seaside Park; werktags/Wochenende Mai–Sept. 12/20 US$, Okt.–April 5/10 US$; ⌚Mai–Sept. Mo–Fr 8–20, Sa & So 7–20 Uhr, Okt.–April 8 Uhr–Sonnenuntergang) Die schöne Gezeiteninsel bietet Angelstellen, allerlei Wildtiere (darunter Füchse, Fischadler und Watvögel), mehr als 40 Baumarten und Sträucher, darunter Zimterlen und Kaktusfeigen, sowie einen herrlichen Blick auf das Barnegat Lighthouse, das scheinbar nur eine Armlänge entfernt auf dem anderen Ufer steht. Von dem 16 km langen Strand sind 1,6 km als Badestrand ausgewiesen, die übrige Strecke eignet sich für eine schöne Radtour. Die Gezeitenmarschen auf der Buchtseite bieten sich zum Kajakfahren an.

Casino Pier VERGNÜGUNGSPARK
(☎732-793-6488; www.casinopiernj.com; 800 Ocean Tce, Seaside Heights; Rides ab 5 US$, Wasserpark Erw./Kind 35/29 US$; ⌚Juni–Aug. 12 Uhr–open end, Sept.–Mai wechselnde Öffnungszeiten) Hier ist gleich eine ganze Anlegestelle in einen Vergnügungspark umgewandelt worden. Er liegt am nördlichen Ende der Seaside-Promenade und bietet neben ein paar Rides für kleinere Kinder auch Attraktionen mit mehr Nervenkitzel für Erwachsene und Kinder über 1,20 m an. Es gibt auch einen Sessellift, der oberhalb der Uferpromenade verläuft. Nicht weit entfernt befindet sich der Wasserpark **Breakwater Beach** mit vielen großen Wasserrutschen.

Schlafen & Essen

Luna-Mar Motel MOTEL $$
(☎732-793-7955; www.lunamarmotel.com; 1201 N Ocean Ave, Seaside Park; Zi. ab 129 US$; ❄📶🏊) Das saubere Motel gegenüber vom Strand hat Fliesenböden (keine sandigen Teppiche). Im Preis ist der Eintritt zum Strand enthalten.

★ **Klee's** KNEIPENESSEN $$
(☎732-830-1996; www.kleesbarandgrill.com; 101 Boulevard, Seaside Heights; Pizza ab 12 US$, Hauptgerichte 14–28 US$; ⌚Mo–Do 10.30–23, Fr & Sa bis 24 Uhr) Klingt zwar etwas seltsam, ist aber so: Diese irische Bar hat die besten und knusprigsten Pizzas an der Küste.

An- & Weiterreise

NJ Transit (www.njtransit.com) betreibt den Shore-Express-Zug (ohne Umsteigen) zu den Strandorten zwischen Asbury Park und Bay Head; im Sommer ist die Strandplakette im Ticket inbegriffen. NJ Transit betreibt von Ende Juni bis zum Labor Day auch Direktbusse nach Seaside Heights von der Port Authority in New York City (Bus 137; 27 US$, 1½ Std.) und der Penn Station in Newark (Bus 67; 17 US$, 1 Std.).

Atlantic City

Atlantic City, die größte Stadt an der Küste, galt früher einmal als eine Art Las Vegas der

STRANDGEBÜHREN

Viele Gemeinden am Jersey Shore erheben eine Gebühr von 5 bis 9 US$ für den Zugang zum Strand. Dafür erhält man eine Tagesplakette (einen sogenannten *tag*). Von Long Beach Island nordwärts bis in die Nähe von Sandy Hook sind alle Strände gebührenpflichtig; die südliche Küste hingegen ist überwiegend, wenn auch nicht vollständig, gebührenfrei. Wenn man ein paar Tage bleibt, lohnt sich der Kauf einer Wochenplakette.

Ostküste. Diese Zeiten sind zwar längst passé und viele Kasinos mussten mittlerweile Konkurs anmelden, die Hotels sind jedoch mitunter sehr preiswert und die hübschen, kostenlosen Strände nicht selten menschenleer, da die meisten Besucher auch weiterhin drinnen an Spielautomaten sitzen. Im Gegensatz zu vielen homogenen Strandenklaven ist die Bevölkerung hier viel bunter.

Vom Glamour der Zeit der Prohibition, der in der HBO-Fernsehserie *Boardwalk Empire* so lebhaft dargestellt wird, ist heute nur noch wenig übrig. Immerhin kann man noch in schicken Korbsesseln auf Rädern über den Boardwalk rollen (in jedem Sessel ist eine Preisliste angebracht). Während man dies tut, sollte man sich in Erinnerung rufen, dass der Boardwalk in AC die erste Uferpromenade dieser Art weltweit war. Außerdem stammen die Straßennamen in der US-amerikanischen Version des Spiels *Monopoly* alle aus Atlantic City (etwa die Baltic Ave). Später wurden auch die Wahlen zur Miss America hier ausgetragen, die mittlerweile in Las Vegas stattfinden. Diese Lücke wird heute von der Drag-Queen-Wahl „Miss'd America" (www.missdamerica.org) ausgefüllt.

Sehenswertes

Steel Pier VERGNÜGUNGSPARK
(☎866-386-6659; www.steelpier.com; 1000 Boardwalk; ⏲Juni–Aug. Mo–Fr 15–24, Sa & So 12–1 Uhr, April & Mai Sa & So 12–24 Uhr) Der Steel Pier direkt vor dem Kasino Taj Mahal war die Stätte, wo von den 1920er- bis in die 1970er-Jahre Pferde vor den Zuschauermassen vom Sprungturm in den Atlantik sprangen. Heute gibt's hier Fahrgeschäfte, Glücksspiele, Süßwarenstände und eine Gokart-Bahn.

Ripley's Believe it or Not! MUSEUM
(Odditorium; ☎609-347-2001; www.ripleys.com; 1441 Boardwalk; Erw./Kind 17/11 US$; ⏲Mo–Fr 11–20, Sa & So 10–20 Uhr) Der Begriff Museum ist etwas hochgegriffen, aber Robert Ripley hat sein Leben damit zugebracht, bizarre Dinge zu sammeln, und davon finden sich hier allerhand. Zweiköpfige Ziegenföten, ein Jimi-Hendrix-Kopf aus Bindedraht, das kleinste Auto der Welt und ein Roulette-Rad aus 14 000 Geleebohnen – solche Dinge unterhalten einen gut, und der Eintritt kostet so viel wie eine Kinokarte.

Atlantic City Historical Museum MUSEUM
(☎609-347-5839; www.atlanticcityexperience.org; 1 N Tennessee Ave, Atlantic City Free Public Library; ⏲Mo, Fr & Sa 9.30–17, Di–Do bis 18 Uhr) GRATIS In dem kleinen, aber informativen Museum erfährt man die skurrilsten Dinge über die Stadt, so etwa von den turmspringenden Pferden, die einst von einem 12 m hohen Turm am Steel Pier ins Wasser sprangen.

Schlafen & Essen

Tropicana Casino and Resort HOTEL $$
(☎609-340-4000; www.tropicana.net; 2831 Boardwalk; Zi. ab 105 US$; P ❄ 📶 🏊) Das Trop ist eine ausgedehnte Stadt-in-der-Stadt mit einem Kasino, der Disco Boogie Night, einem Spa und Restaurants der gehobenen Kategorie. Wir empfehlen den neueren „Havana"-Flügel und dort wegen der spektakulären Aussicht ein Zimmer über der 40. Etage.

★ **Kelsey & Kim's Café** SÜDSTAATENKÜCHE $
(Kelsey's Soul Food; ☎609-350-6800; www.kelseysac.com; 201 Melrose Ave; Hauptgerichte 9–12 US$; ⏲7–22 Uhr) Das freundliche Café in dem hübschen Wohnviertel Uptown bietet ausgezeichnete einfache Südstaatenkost, von Frühstücksgrütze und Waffeln bis hin zu gebratenem Weißfisch und gegrillter Rinderbrust. Ein echt gutes Angebot, zumal man sein Bier selber mitbringen kann.

An- & Weiterreise

Der kleine **Atlantic City International Airport** (ACY; ☎609-573-4700; www.acairport.com; 101 Atlantic City International Airport, Egg Harbor Township) liegt 20 Autominuten vom Zentrum entfernt. Wer gerade aus Florida kommt (von dort kommt die Mehrzahl der hier landenden Flugzeuge), kann von hier aus alle Ziele in South Jersey und Philadelphia bequem erreichen.

NJ Transit (www.njtransit.com) unterhält die einzige Zugverbindung nach Atlantic City. Seine Züge nach und ab Philadelphia (einfache Strecke 11 US$, 1½ Std.) starten/enden hier am **Bahnhof** (☎973-491-9400; 1 Atlantic City Expwy) neben dem Kongresszentrum. Am

Busbahnhof (☎ 609-345-5403; www.njtransit.com; 1901 Atlantic Ave) verkehren NJ-Transit- und Greyhound-Busse nach NYC (25–36 US$, 2½ Std.) und Philadelphia (17 US$, 1½ Std.). Kasinos erstatten oft den Großteil des Fahrpreises (in Form von Chips, Münzen oder Coupons), wenn man mit dem Bus, z. B. Greyhounds Lucky Streak, direkt bis vor ihre Tür fährt. Busse, die AC verlassen, halten zunächst an den verschiedenen Kasinos; am Busbahnhof halten sie nur, wenn sie nicht bereits voll sind.

Wildwood

Wildwood und seine Nachbarstädte North Wildwood und Wildwood Crest sind ein regelrechtes Freilichtmuseum für Neonschilder und Motelarchitektur der 1950er-Jahre. Die Gemeinde hat eine entspannte Atmosphäre, irgendwas zwischen Lässigkeit und wilder Party. Der Strand ist der breiteste in ganz New Jersey, und er kann kostenlos betreten werden. An der 3,2 km langen Strandpromenade liegen mehrere riesige Piers mit Achterbahnen und Rides, die sich gut als Training für Astronauten eignen würden.

Sehenswertes

Doo Wop Experience MUSEUM
(☎ 609-523-1958; www.doowopusa.org; 4500 Ocean Ave; ⌚ tgl. 12–21 Uhr, Trolley-Touren Juni–Aug. Di & Do 20 Uhr) GRATIS Die Doo Wop Preservation League betreibt dieses kleine Museum, das von der Glanzzeit der Wildwoods in den 1950ern erzählt. Im „Neonschilder-Garten" sind die Überbleibsel nicht mehr stehender Gebäude gesammelt. An einigen Sommerabenden beginnt hier eine Trolley-Tour (Erw./Kind 12/6 US$).

Schlafen & Essen

Heart of Wildwood HOTEL $$
(☎ 609-522-4090; www.heartofwildwood.com; Ecke Ocean & Spencer Ave; Zi. 125–245 US$; P ❄ 📶 🏊) Wer wegen der Wasserrutschen und Achterbahnen gekommen ist, bucht ein Zimmer im Heart of Wildwood gegenüber den Vergnügungspiers. Das Hotel ist nicht schick, punktet aber mit Sauberkeit (auch dank der gefliesten Böden). Vom beheizten Pool auf dem Dach kann man zuschauen, wie das Riesenrad sich dreht.

Starlux BOUTIQUEHOTEL $$
(☎ 609-522-7412; www.thestarlux.com; 305 E Rio Grande Ave; Zi. ab 205 US$, Wohnwagen 240 US$; P 📶 🏊) Das pieksaubere Starlux in Meergrün und Weiß ragt in die Höhe und prunkt mit Lavalampen, mit Bumerangs verzierten Tagesdecken und Spiegeln in Segelbootform. Noch mehr Retro-Authentizität bieten die beiden verchromten Airstream-Wohnwagen.

Key West Cafe FRÜHSTÜCK $
(☎ 609-522-5006; 4701 Pacific Ave; Hauptgerichte 8–10 US$; ⌚ 7–14 Uhr) Hier gibt's jede erdenkliche Version von Pfannkuchen und Eigerichten, alle frisch zubereitet. Mittagessen bekommt man auch, und der Laden ist das ganze Jahr über geöffnet.

An- & Weiterreise

New Jersey Transit (www.njtransit.com) betreibt Busse von New York City (46 US$, 4½ Std.) nach Wildwood und im Sommer Expressbusse von der 30th St Station in Philadelphia (30 US$, 2½ Std.) nach Wildwood. Mit dem Auto gelangt man vom Garden State Pkwy über die Rte 47 nach Wildwood; von Süden her ist die schönere Strecke aus Cape May die Rte 109, dann der Ocean Dr.

Cape May

Das 1620 gegründete Cape May blickt auf eine lange Geschichte zurück und besitzt rund 600 wundervolle Bauten aus viktorianischer Zeit. Die breiten Strände machen den Ort im Sommer zu einer Attraktion, weil hier aber rund 4000 Menschen das ganze Jahr über wohnen, ist das Städtchen – anders als der größte Teil der Jersey Shore –, auch außerhalb der Saison ein munteres Ziel. Vom Mai bis Dezember kann man vor der Küste Wale beobachten, und zahlreiche Zugvögel bevölkern die Gegend im Frühjahr und Herbst – einfach im Cape May Bird Observatory vorbeischauen! Sechs verschiedene Weingüter vertreten die boomende Weinindustrie des Bundesstaats, darunter das trendige Willow Creek. Und dank der Lage an der Südspitze von New Jersey (Exit 0 von der Mautstraße) kann man die Sonne über dem Meer sowohl auf- als auch untergehen sehen.

Sehenswertes

Cape May Point State Park STATE PARK
(www.state.nj.us/dep/parksandforests/parks/capemay.html; 707 E Lake Dr; ⌚ 8–16 Uhr) Im 77 ha großen Cape May Point State Park gleich abseits der Lighthouse Ave können Besucher auf 3,2 km Wegen wandern und das berühmte **Cape May Lighthouse** (☎ 609-884-5404; www.capemaymac.org; 215 Lighthouse Ave; Erw./Kind 8/5 US$; ⌚ Mai–Sept. 10–17 Uhr, März & April 11–15 Uhr, Feb., März & Okt.–Dez. Sa 11–15

ABSEITS DER ÜBLICHEN PFADE

SANDY HOOK

Die nördlichste Spitze der Jersey Shore ist die **Sandy Hook Gateway National Recreation Area** (☎718-354-4606; www.nps.gov/gate; 128 S Hartshorne Dr, Highlands; Parkplatz Mai–Sept. 15 US$; ⏲April–Okt. 5–21 Uhr) GRATIS, bestehend aus einer 11 km langen Barriereinsel am Eingang des New York Harbor. Vom Badehandtuch aus erblickt man die Skyline von New York City. Die breiten Strände, zu denen auch **Gunnison** gehört, der einzige legale FKK-Strand in New Jersey, sind von einem Netz aus Radwegen gesäumt, und die der Bucht zugewandte Seite ist prima zum Angeln und zur Vogelbeobachtung geeignet.

Das historische Fort Hancock und der landesweit älteste noch betriebene **Leuchtturm** (☎732-872-5970; www.nps.gov/gate; 85 Mercer Road, Highlands; ⏲Besucherzentrum 9–17 Uhr, Führungen 13–16.30 Uhr halbstündl.) GRATIS vermitteln einen Eindruck von Sandy Hooks einstiger nautischer und militärischer Bedeutung.

Uhr) besichtigen Der 1859 erbaute, 48 m hohe Leuchtturm wurde in den 1990ern für 2 Mio. US$ restauriert; sein vollständig rekonstruiertes Leuchtfeuer ist vom Meer aus noch aus 40 km Entfernung zu sehen. Im Sommer kann man die 199 Stufen bis zur Spitze erklimmen. Die Öffnungszeiten variieren; Details telefonisch erfragen!

Cape May Bird Observatory VOGELSCHUTZGEBIET
(☎609-884-2736; www.birdcapemay.org; 701 East Lake Dr; ⏲April–Okt. 9–16.30 Uhr, Nov.–März Mi–Mo) GRATIS Cape May ist einer der landesweit besten Orte für Vogelbeobachtungen. Mehr als 400 Arten sind während der Vogelzug-Saison hier vertreten. Der 1,6 km lange Rundweg gibt einen guten Einblick, und im hiesigen Buchladen gibt's viele Bücher, Feldstecher und Vogelbeobachtungs-Schnickschnack.

Schlafen & Essen

★ **Congress Hall** HOTEL $$$
(☎609-884-8421; www.caperesorts.com; 200 Congress Pl; Zi. ab 259 US$; ❄📶🏊) Die 1816 eröffnete, riesige Congress Hall ist ein städtisches Wahrzeichen, das nun zweckmäßig modernisiert wurde, ohne dem alten Gebäude zu viel von seiner Geschichte zu rauben. Die Betreiberfirma hat in der Gegend noch mehrere hervorragende Hotels.

Mad Batter AMERIKANISCH $
(☎609-884-5970; www.madbatter.com; Carroll Villa Hotel, 19 Jackson St; Brunch 8–11 US$; ⏲Mai–Aug. 8–21 Uhr, Sept.–April variierende Öffnungszeiten) In einem weißen viktorianischen B&B versteckt sich dieses wegen des Brunches bei den Einheimischen sehr beliebte Restaurant. Man bekommt hier lockere Haferpfannkuchen und sämige Muschelsuppe. Das Dinner ist gut, aber teurer (Hauptgerichte rund 30 US$).

Die Eier Benedict à la Chesapeake Bay mit Krabbenfüllung sind prima.

★ **Lobster House** SEAFOOD $$
(☎609-884-8296; www.thelobsterhouse.com; 906 Schellengers Landing Rd; Hauptgerichte 14–30 US$; ⏲April–Dez. 11.30–15 & 16.30–22 Uhr, Jan.–März bis 21 Uhr) Das klassische Lokal mit Club-Atmosphäre am Kai serviert Austern aus der Region und Muscheln. Man kann nicht reservieren und könnte daher lange warten müssen, was sich vermeiden lässt, wenn man früh oder spät kommt oder sich erst mal einen Drink an Bord des Barboots *Schooner American* genehmigt, das neben dem Restaurant vertäut ist.

Ausgehen & Nachtleben

★ **Willow Creek Winery** WEINGUT
(☎609-770-8782; www.willowcreekwinerycapemay.com; 168 Stevens St; ⏲Mo–Do 11–17, Fr bis 21.30, Sa & So bis 19 Uhr) Das „Baby" der sechs Weingüter von Cape May ist diese ehemalige Limabohnen- bzw. Milchfarm, auf der 2011 die ersten Flaschen abgefüllt wurden und die seither ein solides Sortiment von Rot- und Weißweinen produziert. Die Tapaskarte und die Sangriabar am Wochenende sind sehr beeindruckend, und die Rundfahrt über das 20 ha große Weingut mit einer elektrischen Tram macht Spaß.

An- & Weiterreise

Busse von NJ Transit (www.njtransit.com) fahren von New York City (48 US$, 3 Std.; manchmal mit Umsteigen in Atlantic City) nach Cape May, und in den Sommermonaten gibt's auch einen verbilligten Expressbus aus Philadelphia (hin & zurück 33 US$, 3 Std.). Wer mit dem Auto unterwegs ist, kann die **Cape May-Lewes Ferry** (☎800-643-3779; www.cmlf.com; 1200 Lincoln Blvd; Auto/Mitfahrer 47/10 US$; ⏲April–Okt.

7–18 Uhr) nehmen, die in eineinhalb Stunden die Bucht nach Lewes in Delaware (nahe Rehoboth Beach) überquert.

PENNSYLVANIA

Der Bundesstaat Pennsylvania erstreckt sich auf einer Länge von ca. 480 km von der Ostküste bis zum Mittleren Westen und ist dabei unglaublich facettenreich. Philadelphia, das einstige Zentrum des britischen Kolonialreichs ist fester kultureller Bestandteil der Ostküste und ein Verbindungspunkt auf der Metrostrecke Boston–Washington. Hat man die Stadt jedoch einmal hinter sich gelassen, wird die Gegend ländlicher, was nicht zuletzt durch die Pennsylvania Dutch – Angehörige der Mennoniten, Amischen oder anderer Bevölkerungsgruppen – verstärkt wird, die ihre Ländereien immer noch von Hand bewirtschaften, als befänden sie sich im 18. Jh. Westlich von hier beginnen die Appalachen sowie die sogenannten Pennsylvania Wilds, ein Streifen kaum besiedelter, dichter Waldregion. Ganz im Westen des Bundesstaats liegt Pittsburgh, Pennsylvanias einzige Großstadt neben Philadelphia, und ein ehemaliges florierendes Zentrum der Stahlherstellung, das mit seiner Mischung aus niedergehendem Rust-Belt-Wohlstand und neuer Energie fasziniert.

Anreise & Unterwegs vor Ort

Pennsylvania besitzt diverse Flughäfen, darunter mehrere mit Auslandsflügen, und liegt nahe dem riesigen Luftkreuz des Newark International Airport in New Jersey, wo es Verbindungen in alle Welt gibt. Züge bedienen die meisten größeren Städte, Busse die meisten Ortschaften. Da aber viele Attraktionen in diesem Bundesstaat abseits der gebahnten Pfade liegen, empfiehlt sich zur genaueren Erkundung ein Mietwagen.

Philadelphia

Philadelphia, oder „Philly", wie die Stadt liebevoll genannt wird, besitzt den Glamour von New York City oder Washington, D.C., hat sich aber gleichzeitig kleinstädtischen Charme bewahrt. Weil die ältesten Gebäude der Stadt gut erhalten sind, werden die frühe Geschichte der USA und die Rolle der Stadt beim Aufbau der Demokratie hier teilweise besser nachvollziehbar als in der Hauptstadt. Die Stadt mit ihren Plätzen und Kopfsteinpflastergassen ist hübsch und lohnt eine Erkundung.

Vom Beginn des Unabhängigkeitskriegs bis 1790 (als Washington, D.C., gegründet wurde) war Philadelphia sogar die Hauptstadt der jungen Nation. Mit der Zeit lief NYC Philadelphia den Rang als Kultur-, Wirtschafts- und Industriezentrum ab und für Philly begann eine Talfahrt, die durch den Verlust der Arbeitsplätze in der Industrie noch verschlimmert wurde. Einige Gebiete der Stadt sind immer noch heruntergekommen, das Zentrum, von den gepflegten Anlagen der University of Pennsylvania bis zu den roten Backsteingebäuden der Altstadt, erstrahlt jedoch in neuem Glanz.

Sehenswertes & Aktivitäten

★ **Barnes Foundation** MUSEUM
(Karte S. 182; ☎215-278-7200; www.barnesfoundation.org; 2025 Benjamin Franklin Pkwy; Erw./Kind 25/10 US$; ⌚Mi–Mo 10–17 Uhr) In der ersten Hälfte des 20. Jhs. trug der Sammler und Pädagoge Albert C. Barnes eine bemerkenswerte Sammlung von Werken von Cézanne, Degas, Matisse, Renoir, Van Gogh und anderen berühmten europäischen Künstlern zusammen. Gleichzeitig sammelte er wunderschöne Volkskunst aus Afrika und vom amerikanischen Kontinent – eine Mischung, die damals noch schockierend war. Die heutige Barnes Foundation ist ein modernes Gebilde, in dessen Innerem eine originalgetreue Wiedergabe von Barnes' ursprünglichem Haus zu sehen ist. Dieses steht noch immer in einem Vorort Philadelphias.

Die Kunstwerke sind nach Barnes Vision aufgehängt, ein sorgfältig durchdachtes Nebeneinander von Farben, Themen und Materialien. In einem Raum scheint es, als blickten alle Porträtierten auf einen zentralen Punkt. Viel bemerkenswerter ist aber, dass man die meisten der Werke wahrscheinlich noch nie gesehen hat, da in Barnes' Testament eine Obergrenze für Vervielfältigungen und Leihgaben festgelegt ist.

★ **Independence Hall** HISTORISCHES GEBÄUDE
(Karte S. 186; ☎877-444-6777; www.nps.gov/inde; 520 Chestnut St; ⌚9–17 Uhr, Ende Mai–Anfang Sept. bis 19 Uhr) GRATIS Als „Wiege der amerikanischen Unabhängigkeit" gilt dieses Quäker-Gebäude, in dem Delegierte aus den 13 Kolonien am 4. Juli 1776 zusammentraten, um die Unabhängigkeitserklärung zu verabschieden. Der Eingang liegt an der Kreuzung der Chestnut und der 5th St. Die Warteschlangen können weit über den Block hinaus reichen – der Bau ist die Hauptattraktion in einer Stadt

Philadelphia

voller Geschichte. Man muss mindestens eine Stunde Wartezeit einplanen.

★ **Independence National Historic Park** PARK

(Karte S. 186; ☎215-965-2305; www.nps.gov/inde; 3rd & Chestnut St; ⏲Besucherzentrum & meiste Stätten 9–17 Uhr; 🚌9, 21, 38, 42, 47, Ⓤ SEPTA 5th St Station) Der L-förmige Park wurde zusammen mit Philadelphias Old City als „Amerikas geschichtslastigste Quadratmeile" bezeichnet. Das einstige Rückgrat der US-Regierung ist heute der Stützpfeiler des Tourismus in Philadelphia. Bei einem Rund-

gang erblickt man die geschichtsträchtigen Gebäude, in denen der Unabhängigkeitskrieg vorbereitet wurde und die amerikanische Demokratie heranreifte. Man findet hier auch schöne, schattige Grünflächen voller kostümierter Darsteller, Eichhörnchen und Tauben.

★ **Museum of the American Revolution** MUSEUM

(Karte S. 186; ☎ 215-253-6731; www.amrevmuseum.org; 101 S 3rd St; Erw./Kind 19/12 US$; ⌚ Sept.–Ende Mai 10–17 Uhr, Ende Mai–Aug. 9.30–18 Uhr) Das riesige neue Multimedia-Museum lässt die Besucher virtuell an der

Philadelphia

Highlights
1 Barnes Foundation ... C2
2 City Hall ... D4
3 Philadelphia Museum of Art ... A1
4 Rodin Museum ... B2

Sehenswertes
5 Eastern State Penitentiary ... B1
6 Edgar Allen Poe National Historic Site ... F1
7 Mütter Museum ... B4
8 Philly from the Top ... D4

Aktivitäten, Kurse & Touren
9 Taste of Philly Food Tour ... E3

Schlafen
10 Alexander Inn ... E5
11 Independent ... E5
12 Le Méridien ... D3
13 Rittenhouse Hotel ... C5
14 Windsor Suites ... C3

Essen
15 Baril ... C5
16 Big Gay Ice Cream ... D6
17 Gran Caffè L'Aquila ... C4
18 Jim's Steaks ... G6
19 Luke's Lobster ... C4
20 Morimoto ... F4
21 Tom's Dim Sum ... E3

Ausgehen & Nachtleben
22 1 Tippling Place ... C4
23 Dirty Franks ... D5
24 Double Knot ... D4
25 Monk's Cafe ... D5
26 R2L Restaurant ... D4
27 Tavern on Camac ... E5
28 Trestle Inn ... E2

Unterhaltung
29 PhilaMOCA ... E2
30 Wanamaker Organ ... D4

Shoppen
31 AIA Bookstore & Design Center ... E3
32 Omoi Zakka Shop ... C5

Amerikanischen Revolution teilnehmen. Interaktive Dioramen und 3-D-Installationen zeichnen den Weg von der anfänglichen Zufriedenheit mit der britischen Herrschaft bis zur schlussendlichen Auflehnung nach. So erfährt man viel über die Ereignisse und die Menschen, Kulturen und Religionen, die an einer der folgenreichsten Revolutionen der Menschheitsgeschichte beteiligt waren. Die vielen interaktiven Exponate und Videos sorgen dafür, dass auch Kinder ihren Spaß haben. Achtung: Die Tickets sind zeitgebunden, möglichst früh online reservieren!

★ Philadelphia Museum of Art MUSEUM
(Karte S. 182; ☎215-763-8100; www.philamuseum.org; 2600 Benjamin Franklin Pkwy; Erw./Kind 20 US$/frei; ⏰Di, Do Sa & So 10–17, Mi & Fr bis 20.45 Uhr) Viele verbinden mit diesem Gebäude lediglich die prächtige Freitreppe, die Sylvester Stallone 1976 im Film *Rocky* hinaufrannte. Aber natürlich steckt hinter dieser Fassade noch weit mehr. Es ist die bedeutendste Schatztruhe der Nation mit hervorragenden Sammlungen asiatischer Kunst, Meisterwerken der Renaissance, postimperialistischen Gemälden und modernen Werken von Picasso, Duchamp und Matisse. Besonders sehenswert sind die Themenräume: ein mittelalterliches Kloster, ein chinesischer Tempel und ein österreichisches Landhaus.

Es gibt so viel zu sehen, dass das Ticket zwei Tage gültig ist. Damit kommt man ins Museum, das separate Perelman Building, zwei nahe gelegene Wohnhäuser und das Rodin Museum (S. 185). Mittwochs und freitags gibt's keine festen Eintrittspreise (jeder bezahlt, was er möchte), das Perelman Building ist an beiden Tagen geschlossen.

Mütter Museum MUSEUM
(Karte S. 182; ☎215-560-8564; www.muttermuseum.org; 19 S 22nd St; Erw./Kind 15/10 US$; ⏰10–17 Uhr) Wer weiß, was ein Bezoar ist, ist morbide genug, diese Schatztruhe medizinischer Kuriositäten zu schätzen. Die Einrichtung des College of Physicians, ein Museum der seltenen, seltsamen und verstörenden Krankheiten, ist eine Attraktion, die man in den USA so nur in Philadelphia findet.

★ Benjamin Franklin Museum MUSEUM
(Karte S. 186; ☎215-965-2305; www.nps.gov/inde; Market St, zw. 3rd & 4th St; Erw./Kind 5/2 US$; ⏰9–17 Uhr, Ende Mai–Anfang Sept. bis 19 Uhr) In einem Hof südlich der Market St befindet sich das unterirdische Museum, das Benjamin Franklins vielseitigem Leben als Drucker (er gründete die erste Zeitung des Landes), Erfinder (u. a. des Blitzableiters und der Bifokalbrille) und Politiker (er war Mitunterzeichner der Unabhängigkeitserklärung) gewidmet ist.

★ Rodin Museum
MUSEUM

(Karte S. 182; ☎ 215-763-8100; www.rodinmuseum.org; 2151 Benjamin Franklin Pkwy; Eintritt gegen Spende 10 US$; ⏲ Mi–Mo 10–17 Uhr) In diesem kürzlich renovierten Museum finden sich Abgüsse von Rodins bekanntesten Werken, dem *Denker* und den *Bürgern von Calais*, sowie 138 weitere Skulpturen aus allen Schaffensperioden des berühmten französischen Bildhauers.

Liberty Bell Center
HISTORISCHE STÄTTE

(Karte S. 186; ☎ 215-965-2305; www.nps.gov/inde; 526 Market St; ⏲ 9–17 Uhr, Ende Mai–Anfang Sept. bis 19 Uhr) GRATIS Diese Ikone der Geschichte Philadelphias wird durch einen Glasbau vor den Elementen geschützt. Man kann sich die Glocke von außen ansehen oder sich in die Schlange der Wartenden einreihen, um direkt an ihr vorbeigeschoben zu werden und dabei auf Infotafeln Fakten zur Geschichte des 943,5 kg schweren Kolosses zu lesen. Die Reihe der Wartenden beginnt am Nordende des Gebäudes, wo die Fundamente von George Washingtons Wohnhaus auf dem Boden markiert sind. Eine kurze Zusammenfassung der Hintergründe: Die Glocke wurde 1751 als Erinnerung an das 50. Jubiläum der Verfassung Pennsylvanias gegossen und in der Independence Hall (S. 181) aufgehängt, wo sie bei der ersten öffentlichen Verlesung der Unabhängigkeitserklärung erklang. Im 19. Jh. wurde die Glocke schwer ramponiert und läutet aufgrund eines Risses seit 1846 nicht mehr.

Philly from the Top
OBSERVATORIUM

(One Liberty Observation Deck; Karte S. 182; ☎ 215-561-3325; http://phillyfromthetop.com; 1650 Market St; Erw./Kind 14/9 US$; ⏲ 10–20 Uhr) Von der 269 m hoch gelegenen Terrasse in der 57. Etage des One Liberty Place genießt man den Blick auf die Stadt von oben. Spektakulär ist die Aussicht bei Dunkelheit.

Shofuso Japanese House & Garden
GARTEN

(☎ 215-878-5097; www.japanesehouse.org; Horticultural Dr, Fairmount Park; Erw./Kind 10/5 US$; ⏲ April–Okt. Mi–Fr 10–16, Sa & So 11–17 Uhr) Das malerische Wohnhaus mit Teehaus im Stil des 16. Jhs. steht inmitten traditionell gestalteter Gärten auf einem 0,5 ha großen Gelände. Besonders prächtig ist die Anlage im Frühjahr während der Kirschblüte.

★ City Hall
GEBÄUDE

(Karte S. 182; ☎ 215-686-2840; www.phlvisitorcenter.com; Ecke Broad St & Market St; Turm 6 US$, Führung & Turm 12 US$; ⏲ Mo–Fr 9–17, ein Sa im Monat auch 11–16 Uhr, Führung 12.30 Uhr, Turmschließung Mo–Fr 16.15 Uhr) Das 1901 fertiggestellte Rathaus nimmt einen kompletten Häuserblock ein und ist mit 167 m – die 27 t schwere Bronzestatue von William Penn nicht eingerechnet – das weltweit höchste Bauwerk ohne Stahlträger. Von der Aussichtsplattform nahe der Spitze des Turms blickt man über fast die ganze Stadt (Tickets vorab reservieren!). Auch die täglich angebotenen Führungen durch das Innere des Gebäudes lohnen sich. Im Winter wird auf der Westseite der Plaza eine Schlittschuhbahn aufgebaut.

Eastern State Penitentiary
MUSEUM

(Karte S. 182; ☎ 215-236-3300; www.easternstate.org; 2027 Fairmount Ave; Erw./Kind 14/10 US$; ⏲ 10–17 Uhr) Das moderne Gefängnis, wie man es heute kennt, entstand nicht einfach, sondern wurde erfunden und geplant. Das Eastern State Penitentiary war das erste; es wurde 1829 in Betrieb genommen und 1971 endgültig geschlossen. Mit einem Audio-Guide besichtigen Besucher die unheimlichen, hallenden Korridore, eine Station ist die luxuriöse Zelle Al Capones. In dem Gebäude gibt's auch Infos zum gegenwärtigen Gefängnissystem der USA und viele Kunstinstallationen. Die Strafanstalt ist eine Attraktion; in den Spitzenzeiten ist der Andrang groß.

Edgar Allen Poe National Historic Site
HISTORISCHE STÄTTE

(Karte S. 182; ☎ 215-597-8780; www.nps.gov/edal; 532 N 7th St; ⏲ Fr–So 9–12 & 13–17 Uhr) GRATIS Edgar Allen Poe, der Erfinder der Kurzgeschichte, lebte sieben Jahre in Philadelphia. Dieses Haus ist das einzige erhaltene der Häuser, in denen er hier wohnte. Es wurde in ein kleines, aber interessantes Museum mit vielen originalen Zeugnissen und restaurierten Zimmern umgewandelt. Unbedingt anschauen sollte man sich auch den aus Backstein gemauerten Keller (voller Spinnweben), der Poe zu seinem Meisterwerk *Die schwarze Katze* inspiriert haben soll. Eine Statue des Raben steht draußen.

Mural Tours
GEFÜHRTE TOUR

(☎ 215-925-3633; www.muralarts.org/tours; 22–32 US$) Geführte Touren im Trolleybus, mit dem Zug oder zu Fuß vorbei an den vielen verstreut in der Stadt sichtbaren Wandmalereien. Wer sich diese auf eigene Faust anschauen möchte, findet online eine kostenlose Straßenkarte.

Philadelphia - Old City

0 — 200 m
0 — 0,1 Meilen

Vine St
Race St
Quarry St
Arch St
Cuthbert St
Church St
Commerce St
Market St
Ludlow St
Ranstead St
Chestnut St
Sansom St
Walnut St
James St
Locust St
Dock St
Spruce St
Cypress St
N 7th St
N 6th St
N 5th St
N 4th St
N 3rd St
N 2nd St
N Front St
S 6th St
S 5th St
S 4th St
S 3rd St
S 2nd St
Bank St
Strawberry St
Letitia St
S Front St
Columbus Blvd (Delaware Ave)
Delaware Expwy
Franklin Square
Independence National Historical Park
Christ Church Burial Ground
Independence Mall
5th St
2nd St
Washington Square
Rose Garden
Magnolia Garden
City Park
1 Benjamin Franklin Museum
2 Independence Hall
3 Independence National Historic Park
4 Museum of the American Revolution
5
6
7
8
9

Taste of Philly Food Tour
ESSEN & TRINKEN

(Karte S. 182; ☎800-838-3006; www.tasteofphillyfoodtour.com; 51 N 12th St; Erw./Kind 17/10 US$; ⊙Mi & Sa 10 Uhr) Bei dem 75-minütigen Spaziergang mit einem örtlichen Autor über den Reading Terminal Market erfährt man viel über Phillys kulinarische Kultur und isst auch selbst was. Reservierung erforderlich!

Feste & Events

Feastival
ESSEN & TRINKEN

(☎267-443-1886; http://phillyfeastival.com/; 140 N Columbus Blvd; 300 US$) Bei dem beliebten Food-Festival, das jedes Jahr an einem Septemberabend zur Unterstützung von Fringe Art, der Kulturorganisation, die das Fringe Festival veranstaltet, ausgerichtet wird, isst man und trifft sich. Der Abend ist nicht billig, aber wer ihn sich leisten kann, wird ihn nicht vergessen.

Mummers Parade
KARNEVAL

(www.mummers.com; ⊙1. Jan.) Typisch Philly: Der Umzug mit aufwendigen Kostümen, Musik und viel Tradition ist noch am ehesten mit dem Mardi Gras in New Orleans zu vergleichen, findet aber in schneidender Winterkälte statt. Die Parade auf der Broad St im Stadtzentrum zieht sich nicht selten über 1,6 km und länger.

Philadelphia - Old City

Fringe Festival DARSTELLENDE KUNST
(www.fringearts.com; ⏲ Mitte Sept.) Philadelphias Festival der darstellenden Kunst gibt's schon seit 1996: An 17 Tagen stehen Mitte September Events, Theater und Verrücktheit auf dem Programm.

Schlafen

★ **Apple Hostels** HOSTEL $
(Karte S. 186; ☎215-922-0222; www.applehostels.com; 33 Bank St; B/DZ 20/95 US$; ❄@📶) Das fröhliche Hostel breitet sich am Ende einer Gasse der Old City auf beiden Seiten der Straße aus. Das apfelgrüne Farbschema passt zum Namen, ansonsten zeichnet sich dieses HI-Hostel durch seine Details aus: zwei makellose Küchen, Lounges und eine Bibliothek sowie Steckdosen in den Schließfächern, USB-Ports und Leselampen an jedem Bett, kostenlosen Kaffee und Ohrstöpsel.

Es gibt nach Geschlechtern getrennte und gemischte Schlafsäle sowie zwei Privatzimmer. Das nette Personal bietet Aktivitäten wie Stadtspaziergänge, Pasta-Abende und donnerstags einen Kneipenbummel an.

Chamounix Mansion Hostel HOSTEL $
(☎215-878-3676; www.philahostel.org; 3250 Chamounix Dr, West Fairmount Park; B HI-Mitglieder/Nichtmitglieder 22/25 US$, DZ 55 US$; ⏲15. Dez.–15. Jan. geschl.; P@; 🚌38 & 40) Dieses HI-Hostel liegt in einem hübschen Waldgebiet im Norden der Stadt und eignet sich daher am besten für Gäste mit Auto. Die Gemeinschaftsbereiche, die mit Möbeln aus dem 19. Jh. ausgestattet sind, sind eher B&B- als hosteltypisch; die Schlafsäle sind schlicht. Doch wegen all der Antiquitäten, einer Harfe, Orientteppichen und Gemälden wirkt das Haus regelrecht luxuriös.

Das Gebäude steht auf der Baudenkmalsliste von Philadelphia.

★ **Alexander Inn** BOUTIQUEHOTEL $$
(Karte S. 182; ☎215-923-3535; www.alexanderinn.com; Ecke 12th & Spruce St; EZ/DZ ab 143/182 US$; ❄@📶) Die Fotos im Internet werden dieser Unterkunft nicht gerecht. Die makellos gepflegten Zimmer haben eine unaufdringliche, leicht traditionelle Anmutung; einige verfügen über altmodische Sitzbadewannen. Das kontinentale Frühstück ist durchschnittlich, aber eine bequeme Option, wenn man nicht die Zeit hat, die anderen Frühstücksmöglichkeiten in der Nähe zu erkunden.

Independent BOUTIQUEHOTEL $$
(Karte S. 182; ☎215-772-1440; www.theindependenthotel.com; 1234 Locust St; Zi. ab 175 US$; 🚭❄@📶) Eine gute Option in Center City, untergebracht in einem hübschen Backsteingebäude im georgianischen Stil mit einem viergeschossigen Atrium. Der Anstrich des Fahrstuhls täuscht vor, es handele sich um eine Folge von Türen. Die 24 Zimmer mit Holzboden sind großzügig bemessen und sonnig, und der kostenlose Pass für das Fitnesscenter außerhalb des Hauses und Wein und Käse, die montags bis donnerstags serviert werden, runden das Angebot ab.

Le Méridien HOTEL $$
(Karte S. 182; ☎215-422-8200; www.starwoodhotels.com; 1421 Arch St; DZ ab 231 US$; P🚭❄@📶🐾) Das Hotel gehört zwar zu einer Luxuskette, zeichnet sich aber durch seine Lage und die geschmackvolle Anpassung eines alten Gebäudes an die Bedürfnisse eines modernen Hotels aus. Das Haus ist gänzlich rauchfrei, nimmt Haustiere auf, bietet eine große Palette von Einrichtungen – Fitnessraum, Businesscenter, Parkplatz – und liegt recht zentral in der City Hall.

Windsor Suites HOTEL $$
(Karte S. 182; ☎215-981-5678; www.thewindsorsuites.com; 1700 Benjamin Franklin Pkwy; Suite ab 229 US$; P🚭❄📶🐾) Die komfortablen Suiten besitzen voll ausgestattete Küchen und können auch länger, etwa für einen Monat, gemietet werden. Das Hotel hat eine kom-

fortable Lage zwei Blocks vom Logan Sq entfernt und ist sehr haustierfreundlich: Vierbeiner können kostenlos mitkommen, und es gibt sogar besondere Einrichtungen für sie. Bei Online-Buchung werden wesentlich günstigere Preise berechnet.

★ Rittenhouse Hotel HOTEL **$$$**
(Karte S. 182; 215-546-9000; www.rittenhousehotel.com; 210 W Rittenhouse Sq; DZ 400 US$;) Die Zimmer des Fünf-Sterne-Hotels am Rittenhouse Square haben Marmorbäder. Unter den Optionen im Stadtzentrum mit Pool ist diese eine der schönsten. Es gibt einen erstklassigen Brunch und einen entspannenden Nachmittagstee mit Musik. Von Donnerstag bis Samstag spielt live eine Jazzband in der Bibliothek/Bar.

Essen

Big Gay Ice Cream EIS **$**
(Karte S. 182; 267-886-8024; www.biggayicecream.com; 521 S Broad St; Eiscreme ab 3 US$; So–Do 13–22, Fr & Sa bis 23 Uhr; Lombard South) Das Big Gay Ice Cream zählt zu den besten Eiscremeketten der Welt. Sie stammt nicht aus Philadelphia, sondern aus New York City. Das Markenzeichen, die Eiswaffel „Salty Pimp" (Vanille, *dulce de leche* und Schokoladenmantel) ist auf alle Fälle unwiderstehlich. Die Beschreibungen der verschiedenen Eiswaffeln sind schön doppeldeutig und geben Anlass zum Schmunzeln.

Luke's Lobster SEAFOOD **$**
(Karte S. 182; 215-564-1415; www.lukeslobster.com; 130 S 17th St; Hummerbrötchen 16,50 US$; So–Do 11–21, Fr & Sa bis 22 Uhr) Das Lokal gehört zu einer entspannten, kleinen Ostküstenkette und serviert authentische Kost aus Maine, für die nachhaltig gefangene Meeresfrüchte verwendet werden. Zum gebutterten Hummerbrötchen passt der Blaubeer-Soda hervorragend.

Tom's Dim Sum CHINESISCH **$**
(Karte S. 182; 215-923-8880; www.tomsdimsumpa.com; 59 N 11th St; Hauptgerichte 8–12 US$; 11–22.30, Fr–So bis 23 Uhr) Schmackhafte Brötchen und Suppenklößchen in einem zwanglosen Lokal nahe dem Busbahnhof.

Zahav NAHÖSTLICH **$$**
(Karte S. 186; 215-625-8800; www.zahavrestaurant.com; 237 St. James Pl, abseits der Dock St; Hauptgerichte 15 US$, Verkostungsmenüs 45–54 US$; So–Do 17–22, Fr & Sa bis 23 Uhr) Das Restaurant bietet raffinierte modern-israelische Küche, deren Gerichte hauptsächlich nordafrikanisch, persisch und levantinisch geprägt sind. Man stellt sich selbst Meze und Grillspeisen zusammen oder entscheidet sich für das Verkostungsmenü Mesibah („Partyzeit"). Das Restaurant ist in einem etwas unpassenden Gebäude auf dem Gelände der Society Hill Towers untergebracht und nimmt keine Reservierungen von.

White Dog Cafe AMERIKANISCH **$$**
(215-386-9224; www.whitedog.com; 3420 Sansom St; Hauptgerichte abends 18–29 US$; Mo–Fr 11.30–21.30, Sa 10–22, So 10–21 Uhr) Dass die zwölf Boston-Terrier an der Wand nicht recht zum Essen passen, braucht einen nicht zu kümmern, denn dieses Restaurant serviert schon seit 1983 farmfrische Gerichte. Hier gibt's Trüffel und traditionell hergestellten Käse, Sommertomaten und vieles mehr. Dass der bevorzugte Drink hier Greyhound (nach der Hunderasse) heißt, versteht sich angesichts des Namens des Lokals wohl von selbst.

★ Cuba Libre KARIBISCH **$$**
(Karte S. 186; 215-627-0666; www.cubalibrerestaurant.com; 10 S 2nd St; Hauptgerichte 15–24 US$; Mo–Mi 11.30–22, Do 11.30–23, Fr 11.30–2, Sa 10.30–2, So 10–2 Uhr) In diesem munteren, mehrstöckigen kubanischen Lokal mit Rum-Bar wirkt das koloniale Amerika ganz weit entfernt. Zu den kreativen Gerichten zählen Shrimp-*ceviche*, kubanische Sandwiches und mit Guave aromatisierte Grillspeisen. Die Mojitos sind ausgezeichnet. Das Verkostungsmenü für 43 US$ beinhaltet eine Auswahl der Spezialitäten – der Preis versteht sich pro Portion, nicht pro Person, sodass man sich das Menü auch teilen kann. Die Rechnung wird in einer Zigarrenschachtel überreicht.

Baril FRANZÖSISCH **$$$**
(Karte S. 182; 267-687-2608; www.barilphilly.com; 267 S 19th St; Hauptgerichte ab 25 US$, Festpreismenü 35 US$; Di–Fr 16–2, Sa & So ab 10.30 Uhr) Dieses Restaurant am Rittenhouse Sq serviert französische Haute Cuisine, die kreativ in einem rustikalen, von Holz geprägten Ambiente aufgetischt wird. Man sollte unbedingt vom Käsekarren wählen – der Eigentümer oder das Personal empfehlen dazu den jeweils passenden Wein. Die kundig gemixten Cocktails sind hervorragend.

★ Morimoto JAPANISCH **$$$**
(Karte S. 182; 215-413-9070; www.morimotorestaurant.com; 723 Chestnut St; Hauptgerichte 30 US$; Mo–Do 11.30–14 & 17–22, Fr & Sa

INSIDERWISSEN

TYPISCHE PHILLY-SANDWICHES

Die Einwohner Philadelphias streiten sich über die unterschiedlichen Ausführungen der Cheesesteaks – ein warmes Sandwich, das aus dünn geschnittenem, scharf angebratenem Rindfleisch in einem weichen Brötchen besteht –, als seien sie Bibelgelehrte, die über das Fünfte Buch Mose debattieren. Besucher sollten vor allem wissen, wie man den Philly-Klassiker bestellt. Zuerst wählt man die Käseart – *prov* (Provolone), American (gelber Schmelzkäse) oder *whiz* (geschmolzene, orangefarbene Käsesauce) – und hängt dann noch ein *wit* (with) oder *widdout* (without) für mit oder ohne Röstzwiebeln an. Daraus wird also *prov wit* oder *whiz widdout*.

Pat's King of Steaks (215-468-1546; www.patskingofsteaks.com; 1237 E Passyunk Ave; Sandwiches 8 US$; ⌚24 Std.) Hier wurde das Cheesesteak 1930 erfunden.

Jim's Steaks (Karte S. 182; ☎215-928-1911; www.jimssouthstreet.com; 400 South St; Sandwiches 10 US$; ⌚10–1, Fr & Sa bis 3, So ab 11 Uhr) Pizza Steak – mit Tomatensauce – ist eine Option, genauso *hoagies* (Sandwiches auf langen Brötchen mit kaltem Belag). Der Laden ist komfortabler als die meisten: Es gibt hier Bier und Sitzplätze drinnen.

Tony Luke's (☎215-551-5725; www.tonylukes.com; 39 E Oregon Ave; Sandwiches 7–11 US$; ⌚Mo–Do 6–24, Fr & Sa bis 2, So 11–20 Uhr) Der Laden ist berühmt für seine Schweinebraten-Sandwiches mit Provolone und Rübstiel (ein etwas bitteres Grüngemüse aus der Familie der Kreuzblütengewächse). Auch das vegetarische Sandwich ist prima.

John's Roast Pork (☎215-463-1951; www.johnsroastpork.com; 14 E Snyder Ave; Sandwiches 8–12 US$; ⌚Mo–Sa 9–19 Uhr) Dieser typische Sandwichladen, in dem bar bezahlt werden muss, existiert schon seit 1930 an seiner Ecke weit im Süden der Stadt neben einer Fabrik.

bis 24, So 17–22 Uhr) Das Morimoto gibt sich ausgesprochen stylish – vom Speisesaal, der aussieht wie ein futuristisches Aquarium, bis zu der Karte, die von bunten Kombinationen und Einflüssen aus aller Welt geprägt ist. Ein Mahl in diesem Restaurant, das bei *Iron Chef* dabei ist, hat etwas von einer Theatervorstellung. Wer es sich leisten kann, bestellt *omakase*, das vom Koch zusammengestellte Überraschungsmenü.

★Gran Caffè L'Aquila ITALIENISCH $$$

(Karte S. 182; ☎215-568-5600; http://grancaffelaquila.com; 1716 Chestnut St; Hauptgerichte 18–30 US$; ⌚Mo–Do 7–22, Fr 7–23, Sa 8–23, So 8–22 Uhr, Bar öffnet 1 Std. später) *Mamma mia*, das ist wirklich eindrucksvolles italienisches Essen, so aromatisch, wie man es sich nur wünschen kann. Einer der Eigentümer ist ein preisgekrönter *gelato*-Hersteller, und im 2. Stock gibt's sogar eine eigene Eisfabrik. Manche Hauptgerichte sind mit pikantem Eis garniert. Der Kaffee wird im Haus geröstet, und das adrette Personal ist sehr ums Wohl der Gäste bemüht.

Die drei Besitzer des Restaurants kamen ins Land, nachdem ihr Dorf in Italien 2014 bei einem Erdbeben zerstört worden war. Wer nicht längere Zeit warten will, sollte unbedingt reservieren.

Ausgehen & Nachtleben

1 Tippling Place BAR

(Karte S. 182; ☎215-665-0456; http://1tpl.com; 2006 Chestnut St; Cocktails 8–15 US$; ⌚Di–So 17–2 Uhr) Ob man an der Bar oder auf einem gemütlichen Sofa Platz nimmt – dieses Lokal hat alles, was man von einer gehobenen Cocktailbar erwartet. Extrapunkte für alle, die mehr als vier Schreibfehler auf der Karte finden! Achtung: Das Lokal wirkt geschlossen, auch wenn es geöffnet ist, denn draußen ist kein Schild zu sehen!

★Monk's Cafe BAR

(Karte S. 182; ☎215-545-7005; www.monkscafe.com; 264 S 16th St; ⌚11.30–2 Uhr, Küche bis 1 Uhr) Bierfreunde versammeln sich in diesem gemütlichen, holzgetäfelten Lokal mit belgischen und amerikanischen Kleinbrauereibieren vom Fass. Es gibt auch eine Speisekarte mit vernünftigen Preisen, auf der z. B. Muscheln und Pommes sowie täglich ein veganes Angebot stehen. Wer sich bei der Wahl seines Getränks nicht sicher ist, wirft einen Blick in die „Bierbibel".

R2L Restaurant LOUNGE

(Karte S. 182; ☎215-564-5337; https://r2lrestaurant.com; 50 S 16th St; Cocktails 15 US$; ⌚Lounge Mo–Do 16–1, Fr & Sa 16–2, So 16–23 Uhr) Hier dreht sich alles um die Aussicht. Den Blick aufs nächtliche Philadelphia gibt's hier zu allem dazu, was auf der Karte steht. Die Cocktails sind mild und ausbalanciert, aber beim Blick auf das Lichtermeer kommt einem selbst Leitungswasser vor wie eine erlesene Spezialität. Hier kann man einen besonderen Abend mit jemandem verbringen, der einem am Herzen liegt.

★Trestle Inn BAR

(Karte S. 182; ☎267-239-0290; www.thetrestleinn.com; 339 N 11th St; ⏰Mi–Do 17–1, Fr & Sa 17–2 Uhr) Eine aufgewertete alte Kneipe in einer dunklen Ecke des sogenannten „Eraserhood" (das teilweise als Industriegebiet dienende Viertel, in dem der Regisseur David Lynch die Inspiration zu seinem Film *Eraserhead* fand) mit sorgfältig zubereiteten Cocktails und Go-Go-Tänzerinnen.

Double Knot BAR

(Karte S. 182; ☎215-631-3868; www.doubleknotphilly.com; 120 S 13th St; Cocktails 10–15 US$; ⏰7–24 Uhr) Die japanisch inspirierte Bar ist einer der wenigen Orte in Philly, wo Sake richtig kredenzt wird (in einem überfließenden Glas, das in einem *masu*-Holzbecher steht). Das Double Knot macht auch prima Cocktails und serviert köstliches Essen. Das Lokal ist oft überfüllt, aber dank der stilvollen, modernen Deko und der freundlichen Bedienung ein netter Ort für einen Happen und einen Drink am späteren Abend.

Tavern on Camac SCHWULE & LESBEN

(Karte S. 182; ☎215-545-0900; www.tavernoncamac.com; 243 S Camac St; ⏰Pianobar 16–2 Uhr, Restaurant Mi–Mo 18–1, Club Di–So 21–2 Uhr) Dies ist eine der ältesten Schwulenbars in Philadelphia und besitzt eine Pianobar und ein Restaurant im Erdgeschoss. Im Obergeschoss befindet sich der kleine Club Ascend mit einer Tanzfläche. Mittwochs ist Frauenabend, freitags und samstags legen DJs auf. Allemal lohnen ist der Showtune Sunday.

Dirty Franks BAR

(Karte S. 182; ☎215-732-5010; www.dirtyfranksbar.com; 347 S 13th St; DF-Special 2,50 US$; ⏰11–2 Uhr) Die Stammgäste nennen diese Bar nicht ohne eine gewisse Ironie eine Institution. Wie in vielen Kneipen Phillys bekommt man hier einen „Citywide Special", bestehend aus einem Jim Beam und einer Dose Pabst Blue Ribbon für 2,50 US$. Wem das zu viel ist, der versucht ein DF Shelf of Shame für nur 2 US$

★ Unterhaltung

PhilaMOCA DARSTELLENDE KUNST

(Philadelphia Mausoleum of Contemporary Art; Karte S. 182; ☎267-519-9651; www.philamoca.org; 531 N 12th St) Erst war er ein Lager für Grabsteine, dann das Studio des Produzenten Diplo, und heute ist dieser Laden eine Location u. a. für Filmvorführungen, Liveshows, Kunst und Comedy.

Wanamaker Organ LIVEMUSIK

(Macy's; Karte S. 182; ☎484-684 7250; www.wanamakerorgan.com; 1300 Market St; ⏰Konzerte Mo–Sa 12 & Mo, Di, Do & Sa 17.30, Mi & Fr 19 Uhr) Als Macy's noch Wanamaker's war, ließ Inhaber John Wanamaker 1909 diese riesige Pfeifenorgel aufstellen, um die Käufer mit Gratis-Konzerten zu unterhalten und zum längeren Bleiben zu verführen. Diese Tradition gibt es noch: Mehrmals täglich füllen klassische und Pop-Melodien das zentrale Atrium des Kaufhauses. Die Angestellten sind davon nicht begeistert, aber die Besucher freut es.

Johnny Brenda's LIVEMUSIK

(☎215-739-9684; www.johnnybrendas.com; 1201 N Frankford Ave; Tickets 10–15 US$; ⏰Küche 11–1 Uhr, Vorstellungsbeginn variiert; Ⓜ Girard) Die großartige kleine Location mit Balkon ist der Mittelpunkt der Indie-Szene in Fishtown/Northern Liberties. Gleichzeitig fungiert sie als solides Lokal mit Bar, die ebenso individuelle Biere vorrätig hat.

Shoppen

AIA Bookstore & Design Center BÜCHER

(Karte S. 182; ☎215-569-3188; www.aiabookstore.com; 1218 Arch St; ⏰Mo–Sa 10–18, So 12–17 Uhr) Der vom American Institute of Architects geführte Buchladen hat kreatives Kinderspielzeug, z. B. Lego-Bausätze, und andere ungewöhnliche Geschenke, die irgendwie mit Architektur und Innenarchitektur zusammenhängen. Selbstverständlich gibt's auch jede Menge Bücher über Architektur.

Omoi Zakka Shop MODE & ACCESSOIRES

(Karte S. 182; ☎215-545-0963; http://omoionline.com; 1608 Pine St; ⏰Mo 12–19, Di –Sa 11–19, So 12–18 Uhr) Dieser Laden widmet sich allem, was japanisch ist. Die Modeartikel, Bücher, Kleidungsstücke, Haushaltswaren, Briefpapiere etc. zeigen den japanisch inspirierten Sinn für Schönheit und gutes Design.

Shane Confectionery ESSEN & TRINKEN

(Karte S. 186; ☎215-922-1048; www.shanecandies.com; 110 Market St; ⏰11–20, Fr & Sa bis 22

Uhr) Dieser wundervolle Süßwarenladen alter Schule macht wunderschöne Leckereien nach alten Vorbildern; hinten ist sogar eine historische Maschine für heiße Schokolade in Betrieb.

Praktische Informationen

Independence Visitor Center (Karte S. 186; ☎800-537-7676; www.phlvisitorcenter.com; 599 Market St; ⊙Sept.–Mai 8.30–18 Uhr, Juni–Aug. 8.30–19 Uhr) Das vom Independence Visitor Center Corps und dem National Park Service geführte Besucherzentrum hat Infos zum Nationalpark und zu allem Sehenswerten in Philadelphia.

Sister Cities Park Visitor Center (Karte S. 182; ☎267-514-4760; www.phlvisitorcenter.com; 200 N 18th St; ⊙Mai–Sept. Mo–Sa 9.30–17.30, So bis 17 Uhr) Das regionale Besucherzentrum nahe dem Brunnen auf dem Logan Sq verkauft Tickets und informiert über die Attraktionen der Stadt.

An- & Weiterreise

AUTO & MOTORRAD

Von Nord nach Süd verläuft die I-95 (Delaware Expwy) am östlichen Stadtrand am Delaware River entlang und hat mehrere Ausfahrten Richtung Center City. Die I-276 (Pennsylvania Turnpike) verläuft in östlicher Richtung durch den Norden der Stadt, überquert den Fluss und bietet Anschluss an den New Jersey Turnpike.

BUS

Greyhound (www.greyhound.com), Peter Pan Bus Lines (www.peterpanbus.com) und NJ Transit (www.njtransit.com) fahren alle an der **Central Bus Station** (Karte S. 182; 1001 Filbert St) in der Innenstadt nahe dem Kongresszentrum ab; Greyhound steuert Ziele im ganzen Land an, Peter Pan konzentriert sich auf den Nordosten, und NJ Transit bedient New Jersey. Bei Onlinebuchung sind die Preise der ersten beiden Anbieter günstiger – so kann eine Fahrt nach Washington, D. C., mit Greyhound z. B. mitunter gerade einmal 16 US$ (3½ Std.) kosten.

Megabus (Karte S. 182; http://us.megabus.com; JFK Blvd & N 30th St) fährt nahe der 30th St Station ab und bedient alle größeren Städte im Nordosten sowie Toronto. Nach NYC und Boston bietet die Greyhound-Tochter **Bolt Bus** (Karte S. 182; ☎877-265-8287; www.boltbus.com; JFK Blvd & N 30th St) die geräumigsten Busse; bei Onlinebuchung kann die Fahrt nach NYC (2½ Std.) beispielsweise gerade einmal 9 US$ kosten.

FLUGZEUG

Der **Philadelphia International Airport** (PHL; ☎215-937-6937; www.phl.org; 8000 Essington Ave; Ⓡ Airport Line) liegt 10 Meilen (16 km) südlich der Center City und ist ein Drehkreuz von American Airlines sowie das Ziel internationaler Direktfüge.

ZUG

Unmittelbar westlich der Innenstadt liegt auf der anderen Seite des Schuylkill die schöne, im neoklassizistischen Stil erbaute **30th St Station** (www.amtrak.com; 2955 Market St), die ein wichtiges Drehkreuz des Bahnverkehrs ist. Amtrak bietet von hier aus auf seiner Nord-Ost-Korridor-Strecke Verbindungen nach New York City (56–190 US$, 1–1½ Std.), Boston (130–386 US$, 5–5¾ Std.) und Washington, D. C., (56–216 US$, 2 Std.) sowie nach Lancaster (20–40 US$, 1 Std.) und Pittsburgh (ab 64 US$, 7½ Std.) an.

Langsamer, aber preiswerter kommt man nach NYC, indem man einen SEPTA-Regionalzug (☎215-580-7800; www.septa.org) bis nach Trenton (9 US$, 50 Min.) nimmt und dort in einen NJ-Transit-Bus (www.njtransit.com) bis zu New York Citys Penn Station (16,75 US$, 1½ Std.) steigt.

Unterwegs vor Ort

SEPTA (www.septa.org) betreibt Philadelphias öffentliche Verkehrsmittel, darunter die Airport-Line-Züge (8 US$, 25 Min., alle 30 Min.), die in University City und Center City halten. Ein Taxi ins Zentrum kostet pauschal 28,50 US$. Mit dem Independence Pass (Pers./Fam. 12/29 US$) kann man einen Tag unbegrenzt alle Busse, Züge und U-Bahnen nutzen, einschließlich der Airport Line.

Die Entfernungen im Zentrum sind kurz – zwischen den Flüssen Delaware und Schuylkill sind es gerade einmal 3,2 km –, sodass die meisten Strecken zu Fuß zurückgelegt werden können. Wer seine Beine schonen oder etwas weiter fahren möchte, steigt in einen der SEPTA-Busse, eine der beiden U-Bahn-Linien oder den Trolleybus (Fahrpreis 2,25 US$). Günstiger wird es, wenn man eine Key-Card (wird stufenweise eingeführt) mit Guthaben auflädt. Die Market St ist die Hauptverkehrsstraße. Hier kann man in einen Bus steigen, der quer durchs Zentrum fährt, oder einen unterirdisch verkehrenden Trolleybus nach University City nehmen. In der Hauptsaison fährt der lilafarbene Phlash-Bus (www.ridephillyphlash.com) eine Rundroute entlang der wichtigsten Sehenswürdigkeiten. Ein Fahrt kostet 2 US$, ein Tagespass 5 US$. Im Bus passend bezahlen!

Philadelphias Bike-Sharing-Dienst ist Indego (www.rideindego.com). Ohne Anmeldung werden 4 US$ für 30 Minuten fällig; eine 30-tägige Mitgliedschaft ist mit 15 US$ ein echtes Schnäppchen, allerdings muss man die entsprechende Karte rechtzeitig im Voraus bestellen.

Vor allem im Zentrum kann man an der Straße ganz einfach ein Taxi heranwinken. Der Startpreis beträgt 2,70 US$, dann kommen pro Meile 2,30 US$ hinzu. Alle lizenzierten Taxis haben ein Navigationssystem und akzeptieren meist Kreditkarten. Hier fahren auch Uber und Lyft.

Pennsylvania Dutch Country

Lancaster County und seine weitere Umgebung, grob gesagt zwischen Reading und dem Susquehanna River, gelten als Zentrum der Gemeinschaft der sogenannten Pennsylvania Dutch. Dabei handelt es sich um eine Vielzahl von religiösen Orden und Kulturen mit deutschen Wurzeln, die sich im 18. Jh. hier ansiedelten. Am bekanntesten sind die Amish, Mennoniten und die German Baptists (Schwarzenauer Brüder), die alle eine kulturelle Gemeinsamkeit besitzen: Sie haben sich alle verschiedenen Ausprägungen einer einfachen, technologiearmen Lebensweise verschrieben.

Ironischerweise ist es genau dieses einfache Leben mit den malerischen Pferdekutschen und Ochsenkarren, mit denen die Felder gepflügt werden, das busladungsweise Besuchern anzieht und eine überraschend kitschige Touristenindustrie mit sich bringt, die oft eher abstoßend ist. Hält man sich jedoch an die Nebenstraßen, kann man auch weiterhin die Ruhe genießen, die sich diese religiösen Gemeinschaften bewahrt haben.

Zu den kleinen Siedlungen in diesem Gebiet zählen das winzige Christiana und das eisenbahnverrückte Strasburg. Lititz ist der Sitz von Wilbur Chocolates (dessen Produkte die Einheimischen Hershey's vorziehen) und von Sturgis, der ersten Brezelfabrik der USA. Ephrata ist die Zentrale von Ten Thousand Villages, einem riesigen, von Mennoniten geführten Fair-Trade-Importunternehmen, das überall Filialen hat.

Sehenswertes

★ Railroad Museum of Pennsylvania MUSEUM

(☎ 717-687-8628; www.rrmuseumpa.org; 300 Gap Rd, Ronks; Erw./Kind 10/8 US$; ⏲ April–Okt. Mo–Sa 9–17, So 12–17 Uhr, Nov.–März Mo geschl.; 👪) Das auf einem 7 ha großen Gelände gelegene Railroad Museum of Pennsylvania besitzt 100 gigantische mechanische Wunderwerke, die man bewundern und auf denen man herumklettern kann. Es gibt Kombitickets, die auch für die **Strasburg Railroad** (☎ 866-725-9666; www.strasburgrailroad.com; 301 Gap Rd, Ronks; 2. Klasse Erw./Kind 15/8 US$; ⏲ unterschiedliche Zeiten; 👪) auf der anderen Straßenseite gelten.

★ National Toy Train Museum MUSEUM

(☎ 717-687-8976; www.nttmuseum.org; 300 Paradise Lane, Ronks; Erw./Kind 7/4 US$; ⏲ Mai–Okt. 10–17 Uhr, Nov.–April variierende Öffnungszeiten; 👪) Die auf Knopfdruck funktionierenden interaktiven Dioramen sind so aktuell und clever (z. B. der *Drive-in Movie* – ein Live-Video von Kindern, die die Züge bedienen) und die Wände sind so vollgepackt mit glänzenden Triebwagen, das man sich wie ein Kind am Weihnachtsabend fühlt.

Auch wer nicht im Ort übernachtet, sollte einen Halt im **Red Caboose Motel** (☎ 717-687-5000; www.redcaboosemotel.com; 312 Paradise Lane, Ronks; EZ/DZ ab 95/130 US$; ❄📶) neben dem Museum einlegen: Man kann auf das Silo hinter der Anlage klettern (0,50 US$), um die Aussicht zu genießen, und die Kinder werden den kleinen Streichelzoo lieben.

Landis Valley Museum MUSEUM

(☎ 717-569-0401; www.landisvalleymuseum.org; 2451 Kissel Hill Rd; Erw./Kind 12/8 US$; ⏲ März–Dez. Di–Sa 9–17, So 12–17 Uhr, Jan. & Feb. verkürzte Öffnungszeiten) Das Freilichtmuseum basiert auf einem Dorf aus dem 18. Jh. und ist die beste Möglichkeit, sich einen Überblick über die frühe Pennsylvania-Dutch-Kultur und die Mennoniten im Besonderen zu verschaffen. Verkleidete Mitarbeiter zeigen den Besuchern beispielsweise, wie ein Blechschmied zu jener Zeit arbeitete. Zudem gibt's eine Taverne, ein Waffengeschäft und eine Ausstellung wunderschöner Handarbeiten.

Schlafen & Essen

Cork Factory BOUTIQUEHOTEL $$

(☎ 717-735-2075; www.corkfactoryhotel.com; 480 New Holland Ave, Suite 3000; Zi. ab 190 US$; P ⊖ ❄📶) In dem Backsteinkoloss nur ein paar Autominuten von Lancasters Zentrum entfernt, der lange leer stand, ist heute dieses stilvolle Hotel mit 93 schicken Zimmern untergebracht.

★ Maison EUROPÄISCH $$$

(☎ 717-293-5060; www.maisonlancaster.com; 230 N Prince St; Hauptgerichte 26–30 US$; ⏲ Mi–Sa 17–23 Uhr; 🖉) Ein Ehepaar betreibt das gemütliche, aber gut bewirtschaftete Lokal im Zentrum und zaubert aus regionalen

Farmzutaten rustikale italienische und französische Gerichte: In Milch geschmortes Schweinefleisch, hausgemachte Kaninchen-Würstchen, gebratene Kürbisblüten oder hausgemachte Gnocchi zählen zu den saisonalen Gerichten.

★ **Lancaster Brewing Co** KNEIPENKOST **$$**
(☎717-391-6258; www.lancasterbrewing.com; 302 N Plum St; Hauptgerichte 16–24 US$; ⊙11.30–21.30 Uhr;) Die 1995 gegründete Brauerei ist bei den Einheimischen sehr beliebt. Das Restaurant serviert herzhafte, reichhaltige Kost (z. B. Lammkoteletts mit Tzatziki) und hausgemachte Wurst. Man sitzt an Tischen mit Platten aus Kupfer, von denen man eine gute Sicht auf die Braukessel hat. Die Sonderangebote – *All-you-can-eat*-Hühnerflügel für 5 US$; Bier-Verkostungsgedeck 6 US$ – sind unschlagbar.

An- & Weiterreise

Lancaster liegt im Zentrum des zusammengequetschten H, das von der Rte 30, der Rte 283 und der Rte 222 gebildet wird. Busse fahren nach Philadelphia und Pittsburgh, wenn man sich in der Region umschauen will, ist aber ein Mietwagen die beste Option. Um nach Strasburg zu kommen, nimmt man von Lancaster die Rte 30 nach Osten.

Pennsylvania Wilds

Der zentrale Norden von Pennsylvania, bekannt als „Wilds", ist vorwiegend von dichten Wäldern geprägt, in denen vereinzelte majestätische Gebäude und prächtige Herrenhäuser verstreut liegen. Diese sind die Überreste einer Zeit, als Holz, Kohle und Öl für großen Wohlstand in dieser heute nur wenig besuchten Ecke des Bundesstaats sorgten. Mehrere Museen (in **Titusville**, **Bradford** und **Galeton**) schildern den Aufstieg und den Niedergang der Gegend. Seit jenem Niedergang verfallen die zwölf Countys wieder in ihren ursprünglichen Zustand, und der Großteil der Fläche gehört entweder zu einem National Forest oder zu einem State Park.

Die malerische Rte 6 verläuft von Ost nach West, wobei das kleine Universitätsstädtchen **Mansfield** als östliches Zugangstor fungiert. Westlich von hier liegt die nach Süden verlaufende **Pine Creek Gorge**. Ihr tiefer gelegenes Ende (442 m) befindet sich unten in der Nähe von Waterville, es ist aber leichter zugänglich und bietet eine schöne Aussicht und gute Wanderwege, die am Abgrund entlang verlaufen oder hinunter in die Schlucht führen; das nördliche Ende liegt im **Colton Point State Park** (www.visitpaparks.com; 927 Colton Rd, Wellsboro; ⊙Sonnenaufgang–Sonnenuntergang). Im hübschen, von Gaslampen beleuchteten Ort **Wellsboro** ist der Weg zum Park ausgeschildert.

Sehenswertes

★ **Cherry Springs State Park** STATE PARK
(☎814-435-5011; http://dcnr.state.pa.us; 4639 Cherry Springs Rd, Coudersport; ⊙24 Std.) Der auf einer Hochebene gelegene Park gilt als einer der besten Orte östlich des Mississippi, um in den Sternenhimmel zu schauen. Der Park ist zwar groß, aber für den Juli und August, wenn die Milchstraße fast direkt über einem am Himmel steht, sollte man dennoch weit im Voraus buchen. Wer das erste Mal kommt, zahlt eine zusätzliche einmalige Gebühr von 5 US$ (nicht pro Tag).

Leonard Harrison State Park STATE PARK
(☎570-724-3061; www.visitpaparks.com; 4797 Rte 660, Wellsboro; ⊙Park Sonnenaufgang–Sonnenuntergang, Visitor Center Mo–Do 10–16.30, Fr–So bis 18.30 Uhr) In diesem Park hat man die volle Sicht auf die Pine Creek Gorge, die auch als der Grand Canyon Pennsylvanias bezeichnet wird. Wege führen 244 m hinunter zum Bach. Im Visitor Center gibt's eine schlichte Ausstellung zur örtlichen Fauna. Dank vorhandener Toiletten und einer Aussichtsterrasse ist diese Seite besser für Leute zugänglich, die nicht wandern wollen. Wer die unerschlossene Seite kennenlernen will, fährt stattdessen zum Colton Point State Park.

★ **Kinzua Bridge Skywalk** BRÜCKE
(☎814-778-5467; www.visitpaparks.com; 1721 Lindholm Rd, Mt. Jewett; ⊙Skywalk 8 Uhr–Sonnenuntergang, Visitor Center 8–18 Uhr) GRATIS Bei ihrer Errichtung im Jahr 1882 war die 92 m hohe Bahnbrücke die höchste der Welt, 1900 wurde sie als Stahlkonstruktion erneuert, stürzte aber 2003 bei einem Tornado der Stärke F1 teilweise ein. Das stehen gebliebene, in die Luft ragende Teilstück ist heute eine Aussichtsterrasse mit einem eindrucksvollen, schwindelerregenden Blick auf die Stümpfe der Stahlpfeiler unten im Tal.

Schlafen & Essen

Mansfield Inn MOTEL **$**
(☎570-662-2136; www.mansfieldinn.com; 26 S Main St, Mansfield; Zi. ab 70 US$; P) Vielleicht gibt es noch bezauberndere B & Bs, die noch tiefer in den Pennsylvania Wilds ver-

steckt liegen, dieses 24-Zimmer-Motel hier ist aufgrund seines Preis-Leistungs-Verhältnisses jedoch fast unschlagbar.

★ **Night & Day Coffee Cafe** CAFÉ $
(☎570-662-1143; http://nightanddaycoffee.wixsite.com/cafe; 2 N Main St, Mansfield; Sandwiches 7–10 US$; ⊙Mo–Fr 7–19, Sa bis 17, So 8–17 Uhr;) Das Café, das sich rühmt, die Nachbarschaft mit Latte zu versorgen, lohnt einen Abstecher. Dank Kaffeespezialitäten, tollem Chai und einer großartigen Auswahl von Salaten und Sandwiches ist das Lokal perfekt zum Frühstücken oder Mittagessen.

Pittsburgh

Pittsburgh liegt zwischen dem Monongahela River, dem Allegheny River und einem Berg, der Mt. Washington genannt wird, und besitzt einen einmaligen Charakter, den man gleich bei der Ankunft spürt. Die rumpelnden Güterzüge und berühmten Brücken bilden einen Kontrast zu den futuristischen Uber-Vehikeln, die die Straßen mit rotierenden Lidar-Geräten scannen. Pittsburgh hat Zeiten des Booms und des Niedergangs erlebt und befindet sich heute wieder einmal in einer Aufschwungsphase (Immobilien, die einst 30 000 US$ kosteten, bringen nun 300 000 US$). Ein Besuch in der Stadt mit den erstklassigen Museen, tollen Gärten und Parks und dem hervorragenden Essen (von schlichter Kost bis zu Haute Cuisine) macht Spaß. Die einst von Problemen gebeutelte Stadt hat sich als kulinarisches und Bier-Mekka neu erfunden.

Der schottische Einwanderer Andrew Carnegie hat sich hier durch die Modernisierung der Stahlproduktion einen Namen gemacht, und sein Vermächtnis ist immer noch fest mit der Stadt und ihren vielen Kultur- und Bildungseinrichtungen verbunden. Der zweite Name, um den man in Pittsburgh nicht herumkommt, ist Heinz. Der Ketchuphersteller ließ sich hier 1869 nieder.

Sehenswertes & Aktivitäten

Die interessanten Stellen in Pittsburgh verteilen sich über alle Viertel, und die Abstände zwischen ihnen sind zu Fuß wegen der Hügel nur beschwerlich zu überwinden. Fahrräder, Taxis und Busse (in manchen Gebieten auch die Stadtbahn) sind am besten geeignet, um die Vorstädte zu erkunden. Man kann auch eines der futuristischen, selbst fahrenden Uber-Vehikel reservieren.

★ **Andy Warhol Museum** MUSEUM
(☎412-237-8300; www.warhol.org; 117 Sandusky St; Erw./Kind 20/10 US$, Fr 17–22 Uhr 10/5 US$; ⊙Di–Do, Sa & So 10–17, Fr bis 22 Uhr) In dem sechsstöckigen Museum wird Pittsburghs coolster Sohn gefeiert, der nach New York City ging, sich die Nase richten ließ und als Pop-Art-Künstler berühmt wurde. Die Ausstellung beginnt mit den frühesten Zeichnungen und Werbeillustrationen Warhols und zeigt u.a. ein simuliertes Velvet-Underground-Spektakel, einen DIY-Screen-Test sowie einige Stücke aus Warhols riesiger Schnickschnack-Sammlung. Wer schon immer eine aufblasbare Campell's-Soup-Dose wollte: Hier kann man sie kaufen.

★ **Duquesne Incline** STANDSEILBAHN
(☎412-381-1665; www.duquesneincline.org; einfache Strecke Erw./Kind 2,50/1,25 US$; ⊙Mo–Sa 5.30–00.45, So 7–12.45 Uhr) Diese tolle Standseilbahn und ihr Zwilling **Monongahela Incline** (5 Grandview Ave; einfache Strecke Erw./Kind 2,50/1,25 US$; ⊙Mo–Sa 5.30–12.45, So 7–12.45 Uhr) gleich die Straße runter wurden beide im späten 19. Jh. gebaut und sind Wahrzeichen von Pittsburgh. Sie fahren im Fünf- bis Zehnminutentakt die steilen Hänge des Mt. Washington hinauf und hinunter. Sie sind nicht nur praktisch für Pendler, sondern bieten – besonders bei Dunkelheit – auch einen tollen Blick auf die Stadt. Man kann mit der einen Bahn hinauf und mit der anderen hinunter fahren; dafür geht man, nachdem man oben angekommen ist, über die treffend benannte Grandview Ave (etwa 1,6 km oder mit Bus 40) zur anderen Bahnstation und steigt dort ein.

Wenn die Zeit nur für eine Fahrt reicht, ist die Duquesne (sprich: du-*kaine*) die bessere Wahl. Oben kann man für 0,50 US$ die Getriebe und Kabel in Aktion anschauen.

Frick Art & Historical Center MUSEUM
(☎412-371-0600; www.thefrickpittsburgh.org; 7227 Reynolds St; ⊙Di–Do, Sa & So 10–17, Fr bis 21 Uhr) GRATIS Henry Clay Frick, berühmt durch das Frick Museum in Manhattan, baute sein Stahlimperium in Pittsburgh auf. Dieses Museum zeigt eine kleine Kunstsammlung (u.a. mit schönen mittelalterlichen Ikonen) und seine Autos. Noch mehr Kunst und Pracht bietet die Führung (Erw./Kind 12/6 US$) durch den Familiensitz Clayton. Das hiesige Café ist ausgezeichnet, vorab reservieren!

Carnegie Museums MUSEUM
(☎412-622-3131; www.carnegiemuseums.org; 4400 Forbes Ave; Erw./Kind beide Museen 20/12 US$;

⌚Mo & Mi–Sa 10–17, So 12–17 Uhr; 👪) Diese beiden benachbarten Museen wurden 1895 gegründet und beherbergen einen ungeheuren Wissensschatz. Das **Carnegie Museum of Art** stellt europäische Meisterwerke aus und hat eine hervorragende architektonische Sammlung, während das **Carnegie Museum of Natural History** ein vollständiges Skelett eines Tyrannosaurus Rex und wunderschöne alte Dioramen zeigt.

Cathedral of Learning TURM

(☎412-624-6001; www.tour.pitt.edu; 4200 Fifth Ave; ⌚Mo–Sa 9–16, So 11–16 Uhr) GRATIS Mitten auf dem Campus der University of Pittsburgh ragt der prächtige, 42 Stockwerke hohe gotische Turm in den Himmel und bildet so ein Wahrzeichen der Stadt. Ein Besuch lohnt auch, um die herrlichen Nationality Rooms zu sehen – das sind Unterrichtsräume für Russisch, Syrisch und afrikanische Sprachen. Am Samstag und Sonntag kann man eine Audioführung buchen (Erw./Kin 4/2 US$)

Center for PostNatural History MUSEUM

(☎412-223-7698; www.postnatural.org; 4913 Penn Ave; Eintritt gegen Spende; ⌚So 12–16 Uhr) GRATIS „Postnatürliche Geschichte", damit bezeichnet der Künstler, der dieses skurrile Museum schuf, Pflanzen und Tiere, die von Menschen designt wurden. Hier erfährt man von Ziegen, die in ihrer Milch Spinnenseide produzieren, von selektiver Züchtung und mehr. Das Museum ist vielleicht nicht die beste Adresse für ein erstes Date, aber definitiv ein witziges, unkonventionelles Fleckchen, um etwas über die vom Menschen manipulierte Natur zu erfahren.

Pittsburgh Glass Center KUNST

(☎412-365-2145; www.pittsburghglasscenter.org; 5472 Penn Ave; ⌚Mo–Do 10–19, Fr–So bis 16 Uhr) Hier kann man sich unterschiedliche Verfahren der Glasherstellung anschauen und sich bei einer Vorführung auch selbst darin versuchen. Das PGC bietet auch Kurse an, von Kursen für Anfänger bis zu Kursen für Experten (unterschiedliche Preise).

'Burgh Bits & Bites ESSEN & TRINKEN

(☎412-901-7150; www.burghfoodtour.com; Tour 42 US$) Die zweistündigen kulinarischen Touren durch diverse Viertel sind eine coole Art, die einmaligen Ethno-Lokale der Stadt kennenzulernen. Am beliebtesten ist die Tour durch den Strip District, aber es gibt noch weitere, u. a. durch Bloomfield, Brookline, Lawrenceville und South Side.

Pittsburgh History & Landmarks Foundation STADTSPAZIERGANG

(☎412-471-5808; www.phlf.org; Führungen gratis–20 US$) Kostenlose Stadtspaziergänge, die freitags um 12 Uhr am Market Sq beginnen. Es werden auch andere Führungen angeboten.

Schlafen

Residence Inn by Marriott North Shore HOTEL $$

(☎855-239-9485; www.marriott.com; 574 W General Robinson St; DZ/Suite ab 190/225 US$; P ⊖ ❄ @ 📶 🏊) Das kürzlich renovierte Kettenhotel bietet einen Pool, ein Fitnesscenter, kostenloses Frühstück und hochherrschaftliche Zimmer. Das Haus ist gut gelegen: Eine kurze Fahrt bringt einen über die Brücken nach Downtown, und man wohnt in Gehweite zu einigen Teilen und Attraktionen der North Side. Achtung: Bei einem Spiel der Pirates oder auf dem Heinz Field kann großer Trubel herrschen!

★ **Priory Hotel** INN $$

(☎412-231-3338; www.thepriory.com; 614 Pressley St; EZ/DZ/Suite ab 115/210/270 US$; P ❄ 📶) Als das Gebäude noch ein katholisches Kloster war, lebten die Mönche hier nicht schlecht: Das Haus hat geräumige Zimmer, hohe Decken und einen Kamin im Salon. Das Frühstück mit Gebäck und kaltem Aufschnitt erinnert an das in einem europäischen Hostel. Der Gasthof befindet sich in North Side, genauer in dem historischen, aber heruntergekommenen Gebiet von Deutschtown. Die winzige **Monk's Bar** gleich neben dem Foyer ist täglich von 17 bis 23 Uhr geöffnet und perfekt für einen Drink am Abend.

★ **Omni William Penn Hotel** HOTEL $$$

(☎412-281-7100; www.omnihotels.com; 530 William Penn Pl; Zi. 215–540 US$; P ⊖ ❄ 📶) Pittsburghs stattlichstes altes Hotel wurde von Henry Frick erbaut und verfügt über ein riesiges Foyer und über im Jahr 2016 umgestaltete Luxussuiten. Die großzügigen Gemeinschaftsbereiche verleihen ihm eine Pracht, die manch anderem Luxushotel fehlt. Das Haus ist sehr zu empfehlen, wenn man das nötige Kleingeld hat oder ein Zimmer zu einem Sonderpreis ergattert.

Essen

In der E Carson St in South Side findet sich die dichteste Konzentration von Restaurants, aber der Strip District folgt mit geringem Abstand gleich auf Platz zwei. Wie in vielen anderen Bereichen ist Lawrenceville auch in dieser Hinsicht besonders aufstrebend. Wegen des großen katholischen Bevölkerungsanteils steht in vielen Restaurants der Stadt freitags Fisch auf dem Speiseplan. Besonders beliebt sind Sandwiches mit Bratfisch – und die sind richtig lecker, auch wenn die Stadt nicht an der Küste liegt!

Pittsburgh Public Market MARKT
(☎412-281-4505; www.pittsburghpublicmarket.org; 2401 Penn Ave; ⏲Mi–Fr & So 10–16, Sa 9–17 Uhr) Die riesige Markthalle versorgt die Downtown mit frischem Obst und Gemüse, Fleisch, Käse und anderen regionalen Produkten. Viele Verkäufer haben auch montags und dienstags geöffnet.

Conflict Kitchen FAST FOOD $
(☎412-802-8417; www.conflictkitchen.org; 221 Schenley Dr; Hauptgerichte 8–14 US$; ⏲Mo–Sa 11–18 Uhr) Dieser Imbissstand nahe der Cathedral of Learning erfindet sich von Zeit zu Zeit neu und bereitet jeweils Speisen aus einem Land zu, das mit den USA im Krieg steht oder stand. Bislang gab es hier u. a. afghanische, palästinensische, kubanische und indianische Gerichte.

★ **La Prima** CAFÉ $
(☎412-281-1922; www.laprima.com; 205 21st St; Gebäck 2–4 US$; ⏲Mo–Mi 6–16, Do bis 19, Fr & Sa bis 17, So 7–16 Uhr) Wegen des tollen italienischen Kaffees und des Gebäcks bilden sich zu den Spitzenzeiten Schlangen bis vor die Tür. Das Almond Mele ist die leckere süße Spezialität des Hauses, aber es gibt noch viele weitere leckere Dinge (*sfogliatelle*, Tarts, Kekse etc.). Wer italienisch versteht, kann über das Zitat des Tages nachdenken, das jeden Morgen auf die grüne Tafel geschrieben wird.

Zenith VEGAN $
(☎412-481-4833; www.zenithpgh.com; 86 S 26th St; Hauptgerichte 7–10 US$; ⏲Do–Sa 11.30–20.30, So 11–14.30 Uhr; ☑) Alle Mahlzeiten hier sind vegan, auf Wunsch gibt's aber Käse. Beim Essen fühlt man sich wie in einem Antiquitätenladen, denn alles, einschließlich der Resopaltische, steht zum Verkauf. Zum sonntäglichen Brunch-Büfett (11,50 US$) kommen viele Stammgäste.

★ **Bar Marco** ITALIENISCH $$
(☎412-471-1900; www.barmarcopgh.com; 2216 Penn Ave; Hauptgerichte 15–26 US$; ⏲Di–Fr 17–23, Sa & So 10–15 & 17–23 Uhr) Das beliebte Lokal im Strip District ist eines der anspruchsvolleren Restaurants der Stadt. Es bietet auch einen ausgezeichneten Brunch an. Die Cocktails sind einmalig, man kann aber auch den Empfehlungen des Barkeepers folgen, ausgehend davon, welchen Drink man mag. Erfrischend ist, dass kein Trinkgeld erwartet wird, weil das Personal fair und angemessen entlohnt wird.

Legume FUSION $$$
(☎412-621-2700; www.legumebistro.com; Hauptgerichte 23–36 US$, 3-Gänge-Verksotungsmenü 38 US$; ⏲Mo–Sa 16.30–24 Uhr) Für die täglichen wechselnden Gerichte werden farmfrische Zutaten und ausgezeichnetes Fleisch sowie hervorragender Fisch verwendet. Wenn verfügbar, sollte man die Brennnesselsuppe wählen – weil so etwas nur selten auf der Karte steht und weil die Suppe wundervoll schmeckt.

★ **Paris 66** FRANZÖSISCH $$$
(☎412-404-8166; www.paris66bistro.com; 6018 Centre Ave; Hauptgerichte abends 26–33 US$; ⏲Mo–Do 11–22, Fr & Sa bis 23, So 10–15 Uhr) Mit einem *merci* kann man die Kellner hier nicht beeindrucken, denn sie sprechen fließend Französisch. In einem gemütlichen Bistro-Ambiente gibt's hier französische Kost vom Feinsten, sodass man glauben könnte, man wäre in Frankreich.

Ausgehen & Unterhaltung

Church Brew Works KLEINBRAUEREI
(☎412-688-8200; www.churchbrew.com; 3525 Liberty Ave; ⏲So–Do 11.30–21, Fr & Sa bis 23 Uhr) Für manche ist ein guter Umtrunk etwas Himmlisches, und für solche Leute ist das Church Brew Works wie gemacht. Die glänzenden, funkelnden Brauereifässer stehen auf der ehemaligen Kanzel. Für wen das Gotteslästerung ist, der sollte gehen, aber bedenken, dass die besten belgischen Biere von frommen Mönchen gebraut werden.

Wigle Whiskey DESTILLERIE
(☎412-224-2827; www.wiglewhiskey.com; 2401 Smallman St; Führung ab 25 US$; ⏲Mo 11–18, Di–Sa 10–18, So bis 16 Uhr) Die von einer Familie geführte kleine Destillerie in einem Backsteinlagerhaus im Strip veranstaltet samstags (und an einigen Freitagen) Führungen und bietet auch günstige Verkostungsgedecke (10 US$) mit vielen ihrer Spezialitäten. Whiskey steht im Mittelpunkt, es gibt aber auch Gin, Wodka, Magenbitter und sogar einen hausgemachten Absinth.

Spice Island Tea House TEEHAUS
(☎ 412-687-8821; www.spiceislandteahouse.com; 253 Atwood St; ⏲ Mo–Do 11.30–20.45, Fr & Sa bis 21.45 Uhr) Wenn man eine Tasse Tee (3,50–5,50 US$) schlürfen will, während sich die Begleitung einen Cocktail gönnt, ist man hier genau richtig. Neben einer Reihe köstlicher Tees gibt's auch Gerichte der südostasiatischen Fusion-Küche.

★ **Allegheny Wine Mixer** WEINBAR
(☎ 412-252-2337; www.alleghenywinemixer.com; 5326 Butler St; ⏲ Di–Do 17–24, Fr–So bis 1 Uhr) Das Allegheny vereint all die Vorteile einer hochwertigen Weinbar – großartige Weinkarte, pfiffiges Personal, leckere Knabbereien – mit der Gemütlichkeit einer Nachbarschaftskneipe.

Rex Theater LIVEMUSIK
(☎ 412-381-6811; www.rextheatre.com; 1602 E Carson St) In dem beliebten umgebauten Filmtheater in South Side treten tourende Jazz-, Rock- und Indie-Bands auf.

★ **Elks Lodge** LIVEMUSIK
(☎ 412-321-1834; www.elks.org; 400 Cedar Ave; Eintritt 5 US$; ⏲ Bluegrass Mi 20 Uhr, Big Band 1. & 3. Do im Monat 19 Uhr) Bei einer Banjo Night im Elks wird schnell klar, warum Pittsburgh als das Paris der Appalachen gilt. Dann ist die Bühne brechend voll, und das Publikum singt zu den Bluegrass-Klassikern munter mit. Zweimal im Monat tritt auch eine Big Band auf; davor gibt's Tanzunterricht. In Deutschtown in der North Side.

ℹ Praktische Informationen

VisitPITTSBURGH Main Branch (☎ 412-281-7711; www.visitpittsburgh.com; 120 Fifth Ave, Suite 2800; ⏲ Mo–Fr 8.30–16.40 Uhr) Gibt den *Official Visitors Guide* heraus und versorgt Traveller mit Stadtplänen und Tipps.

ℹ An- & Weiterreise

AUTO & MOTORRAD

Pittsburgh ist über die großen Highways leicht zu erreichen: von Norden oder Süden über die I-76 bzw. die I-79, von Westen über die Rte 22 und von Osten über die I-70. Die Fahrt mit dem Auto von NYC dauert ca. acht Stunden, von Buffalo etwa drei Stunden.

BUS

Vom **Greyhound-Busbahnhof** (Grant Street Transportation Center; ☎ 412-392-6514; www.greyhound.com; 55 11th St) am äußersten Ende des Strip District fahren Busse nach Philadelphia (ab 20 US$, 6–7 Std.), NYC (ab 30 US$, 8½–11 Std.) und Chicago (72 US$, 11–14 Std.).

FLUGZEUG

Am **Pittsburgh International Airport** (☎ 412-472-3525; www.flypittsburgh.com; 1000 Airport Blvd), 18 Meilen (ca. 29 km) westlich von Downtown, bieten mehrere Fluglinien Direktflüge nach Europa, Kanada und in US-amerikanische Großstädte an.

ZUG

Pittsburgh hat einen wunderschönen alten Bahnhof. Die Züge von **Amtrak** (☎ 800-872-7245; www.amtrak.com; 1100 Liberty Ave) halten aber in einem modernen, trostlosen Gebäude dahinter. Es gibt Verbindungen nach Philadelphia (ab 64 US$, 7½ Std.), NYC (ab 97 US$, 9½ Std.), Chicago (90 US$, 10 Std.) und Washington, D. C. (52 US$, 8 Std.).

ℹ Unterwegs vor Ort

PortAuthority (www.portauthority.org) ist für das öffentliche Verkehrsnetz in Pittsburgh zuständig, auch für den 28X Airport Flyer (2,75 US$, 40 Min., 5.30–24 Uhr alle 30 Min.), der vom Flughafen ins Zentrum und nach Oakland fährt. Ein Taxi vom Flughafen bis ins Zentrum kostet um die 40 US$ (Trinkgeld nicht inkl.). Es gibt auch mehrere Shuttle-Busse, die für etwa 25 US$ pro Nase in die Downtown fahren.

Selbst mit dem Auto in Pittsburgh herumzufahren, kann frustrierend sein – Straßen enden unvermittelt oder führen plötzlich über eine Brücke. Parkplätze sind in der Innenstadt sowieso ein kostbares Gut. Wann immer es möglich ist, sollte man auf das umfangreiche Busnetz zurückgreifen, das auch schnellere Expressbusse hat (die Namen der Routen beginnen mit P). Es gibt noch ein kleines Straßenbahnsystem namens „T", das ganz praktisch ist für Fahrten zwischen Downtown und South Side. Fahrten innerhalb Downtown Pittsburgh sind mit der T-Linie kostenlos. Sonst bezahlt man innerhalb der Stadt pro Fahrt 2,50 US$, fürs Umsteigen 1 US$.

Neuengland

Inhalt ➡

Gut essen

- TJ Buckley's (S. 259)
- Simon Pearce Restaurant (S. 262)
- Captain Daniel Packer Inne (S. 252)
- Row 34 (S. 216)
- birch (S. 242)

Schön übernachten

- Liberty Hotel (S. 215)
- Carpe Diem (S. 229)
- Attwater (S. 245)
- Hopkins Inn (S. 250)
- Ale House Inn (S. 269)

Auf nach Neuengland!

Neuenglands Geschichte ist die Geschichte der USA: In dieser Region landeten die Pilgerväter am Plymouth Rock, und später kämpften hier die Minutemen für Amerikas Unabhängigkeit. Im Lauf der Jahrhunderte setzten in Neuengland auch viele fortschrittliche Denker ihre Ideen in die Tat um, während diverse Philosophen und Schriftsteller (z.B. Ralph Waldo Emerson oder Harriet Beecher Stowe) ihre Werke verfassten. Zahllose Einwanderer haben ebenfalls dazu beigetragen, dass die Region bis heute sehr dynamisch ist.

Sanfte Hügel und die uralten Gipfel der Appalachen locken in die freie Natur. Die fast 8000 km lange Küste bietet unendlich viele Gelegenheiten zum Angeln, Baden, Surfen und Segeln. Für den mächtigen Appetit, den solche Aktivitäten todsicher aufbauen, ist ebenfalls gesorgt, denn Neuengland ist ein Füllhorn kulinarischer Freuden: Es winken in Ahornsirup getränkte Pfannkuchen, frisch gepflücktes Obst, würziger Cheddar-Käse und vor allem herrlich frische Meeresfrüchte, das Markenzeichen der Region.

Reisezeit

Boston

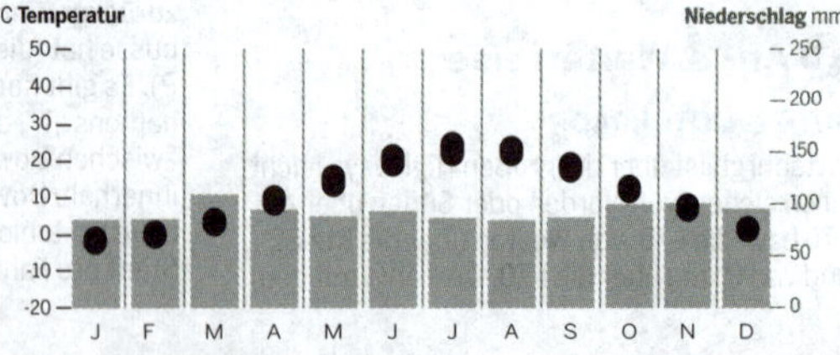

Mai–Juni Wenige Wanderer, keine Menschenmassen; Beginn der Walbeobachtungszeit.

Juli–Aug. Hauptsaison mit Sommerfestivals und wärmerem Meerwasser.

Sept.–Okt. Höhepunkt von Neuenglands Herbstlaubpracht (Mitte Sept.–Mitte Okt.).

Geschichte

Als die ersten europäischen Siedler in Neuengland eintrafen, fanden sie hier ca. 100 000 indigene Ureinwohner vor. Die meisten davon waren Algonkin, die in kleinen Stämmen zusammenlebten. Die Stämme im Norden waren ausschließlich Jäger bzw. Sammler, während die im Süden auch Brandrodungen (Mais, Speisekürbisse, Bohnen) betrieben.

1602 landete der englische Kapitän Bartholomew Gosnold in Cape Cod und segelte nordwärts nach Maine weiter. Erst Kapitän John Smith kartografierte 1614 im Auftrag von König Jakob I. die Küste und taufte das Land „Neuengland". Mit der Ankunft der Pilgerväter in Plymouth im Jahr 1620 begann die Besiedlung des Gebiets durch die Europäer. Im folgenden Jahrhundert wuchsen die Kolonien – vielfach auf Kosten der indigenen Bevölkerung.

Die Bürger Neuenglands waren zwar Untertanen der britischen Krone, besaßen aber eine Selbstverwaltung mit Gesetzgebung und sahen ihre Interessen nicht unbedingt als identisch mit denen Englands an. Um 1770 erließ König Georg III. eine Reihe Steuern, um Englands Beteiligung an kostspieligen Kriegen zu finanzieren. Die im britischen Parlament nicht vertretenen Kolonisten reagierten mit einer Steuerrevolte unter dem Motto *no taxation without representation* (keine Besteuerung ohne parlamentarische Vertretung). Versuche, die Proteste niederzuschlagen, führten schließlich zu den Schlachten von Lexington und Concord, mit denen der Amerikanische Unabhängigkeitskrieg begann, in dessen Folge 1776 die USA gegründet wurden.

Mit der staatlichen Unabhängigkeit wurde Neuengland zu einer Wirtschaftsmacht: In den Häfen boomten Schiffbau und Handel. Die berühmten Yankee Clippers fuhren bis China und Südamerika. Der Walfang brachte Nantucket und New Bedford beispiellosen Wohlstand. Auf Rhode Island wurde 1793 die erste mit Wasserkraft betriebene Baumwollspinnerei der USA gegründet. Aber kein Aufschwung hält ewig an. Im frühen 20. Jh. waren viele der Fabriken in den Süden verlegt worden. Heute sind Bildung, Finanzwesen, Biotechnologie und Tourismus die Stützen der Wirtschaft in der Region.

ℹ Infos im Internet

Visit New England (www.visitnewengland.com) Verzeichnisse mit Events, Sehenswürdigkeiten, Restaurants und Hotels.

New England Guide (www.boston.com/travel/newengland) Reisetipps und Routenvorschläge vom *Boston Globe*.

Lonely Planet (www.lonelyplanet.com/usa/new-england) Regional- bzw. Lokalinfos plus Travellerforum, Hotelbuchungen und mehr.

Appalachian Mountain Club (www.outdoors.org) Super Infos zum Wandern, Radeln, Campen, Klettern und Paddeln in Neuenglands großartiger Natur.

New England Lighthouses (www.lighthouse.cc) Verzeichnis mit regionalen Leuchttürmen (nach Bundesstaaten sortiert).

MASSACHUSETTS

Ob Cape Cod mit seinen Sandstränden, das Pioneer Valley mit seinen College-Städten oder die bewaldeten Hügel der Berkshires: Massachusetts punktet mit Vielfalt. Zudem ist Neuenglands bevölkerungsreichster Bundesstaat äußerst geschichtsträchtig. So kann man z. B. an der Küste bei Plymouth den Landungsort der Pilgerväter in der Neuen Welt besuchen oder die Schlachtfelder von Lexington und Concord, auf denen die ersten Schüsse des Amerikanischen Unabhängigkeitskriegs fielen. Bei Stadtspaziergängen über das Kopfsteinpflaster von Salem, Nantucket und New Bedford locken alte Häfen, an denen einst Walfang- und Handelsschiffe festmachten. Das moderne, dynamische Massachusetts ist gleichsam facettenreich, wobei Boston als kulturelle und politische Hauptstadt zweifellos die Hauptrolle spielt. Doch auch kleinere Städte in der Region (z. B. Provincetown oder Northampton) haben lebendige Kunst- und Kulturszenen, aktive Schwulengemeinden und allerlei tolle Optionen für Outdoorfans.

ℹ Praktische Informationen

Massachusetts Department of Conservation and Recreation (☎617-626-1250; www.mass.gov/dcr) Bietet Campingplätze in 29 State Parks.

Boston

Die Geschichte Bostons steht für Revolution und Wandel. Und bis heute ist Boston eine der fortschrittlichsten und freigeistigsten Großstädte der USA.

Außerdem florieren hier nach wie vor Kunst und Kultur, was Boston bereits im 19. Jh. den Spitznamen „amerikanisches Athen" einbrachte. Damals ergötzte sich die

Highlights

1 **Freedom Trail** (Boston; S. 213) Den Spuren der amerikanischen Unabhängigkeitskämpfer folgen

2 **Cape Cod National Seashore** (S. 230) Mit Wind in den Haaren durch Dünen wandern

3 **Nantucket Whaling Museum** (S. 231) In die Geschichte des Walfangzentrums aus dem 19. Jh. eintauchen

4 **Tanglewood Music Festival** (Lenox; S. 237) Erstklassiger Musik unter dem Sternenzelt lauschen

5 **Lincoln Woods Trail** (White Mountains; S. 272) Strahlend buntes Herbstlaub bei erholsamen Wanderungen bewundern

6 **Mad River Glen** (Mad River Valley; S. 263) Vom letzten

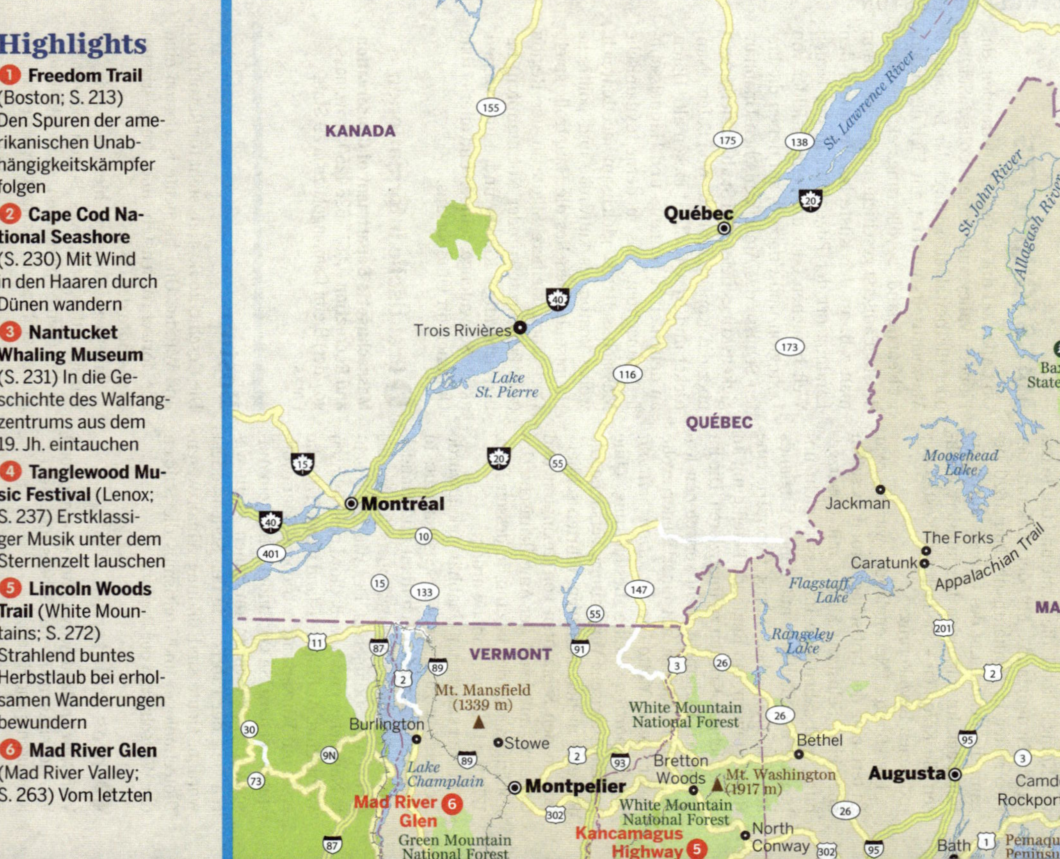

einsitzigen Sessellift der kontinentalen USA auf halsbrecherische Skipisten hinabschauen

7 VINS Nature Center (bei Woodstock; S. 262) Den Atem anhalten, wenn Greifvögel herabstoßen

8 Acadia National Park (Mount Desert Island; S. 284) Die Landschaft von Neuenglands einzigem Nationalpark genießen

9 Lobster Dock (Boothbay Harbor; S. 283) Fangfrisch gekochte Hummer knacken

Boston

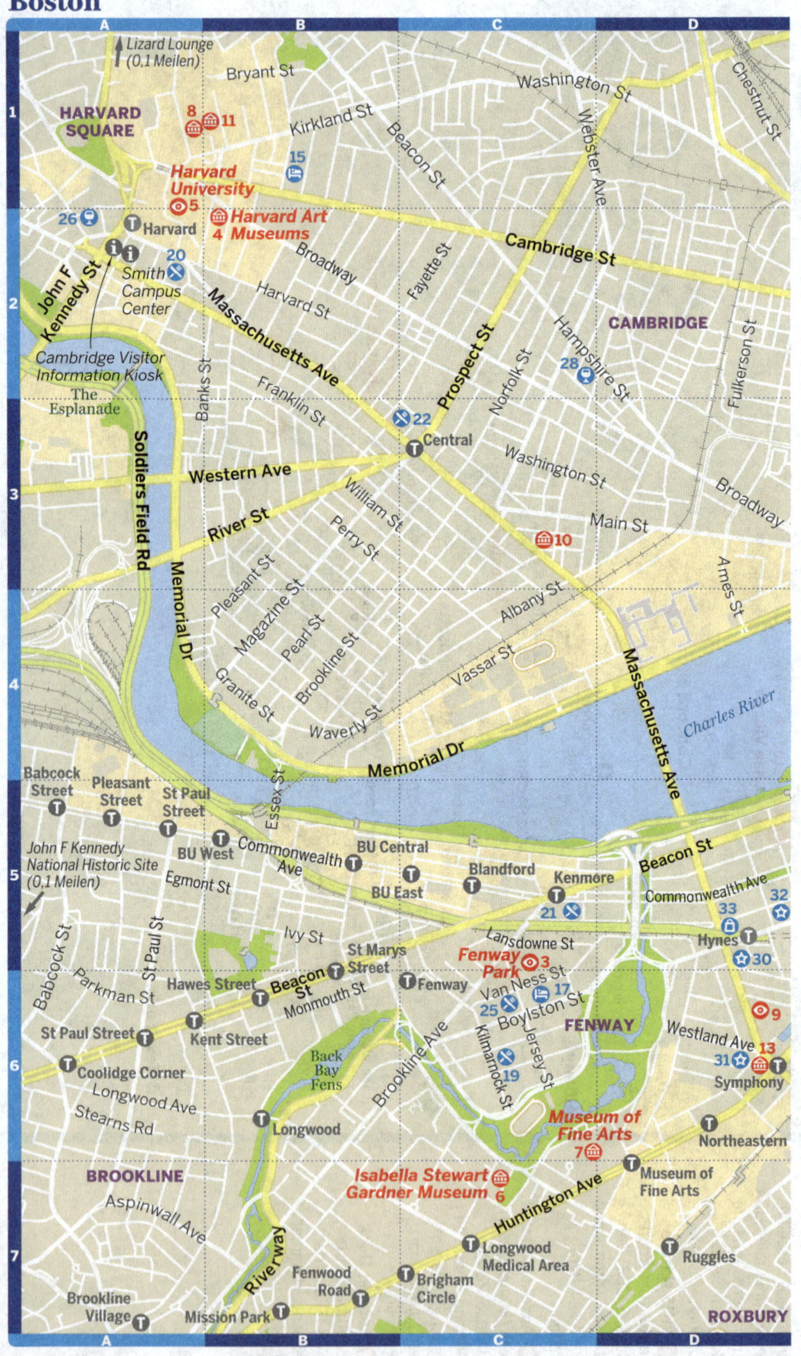
A
B
C
D
1
2
3
4
5
6
7
Lizard Lounge
(0,1 Meilen)
HARVARD SQUARE
Bryant St
Kirkland St
Beacon St
Washington St
Webster Ave
Chestnut St
8
11
15
Harvard University
5
Harvard Art Museums
4
26
Harvard
20
Smith Campus Center
John F Kennedy St
Broadway
Harvard St
Cambridge St
Fayette St
Massachusetts Ave
Prospect St
Norfolk St
Hampshire St
28
CAMBRIDGE
Fulkerson St
Cambridge Visitor Information Kiosk
The Esplanade
Banks St
Franklin St
22
Central
Washington St
Soldiers Field Rd
Western Ave
William St
Broadway
Main St
River St
Perry St
10
Memorial Dr
Pleasant St
Magazine St
Pearl St
Brookline St
Albany St
Ames St
Vassar St
Granite St
Waverly St
Massachusetts Ave
Charles River
Memorial Dr
Essex St
Babcock Street
Pleasant Street
St Paul Street
BU West
Commonwealth Ave
BU Central
John F Kennedy National Historic Site (0,1 Meilen)
Egmont St
BU East
Blandford
Kenmore
Beacon St
Commonwealth Ave
21
32
33
Hynes
Ivy St
Lansdowne St
Babcock St
St Paul St
Parkman St
Hawes Street
St Marys Street
Beacon St
Monmouth St
Fenway
Fenway Park
3
Van Ness St
17
Boylston St
30
25
9
St Paul Street
Kent Street
FENWAY
Westland Ave
13
Coolidge Corner
31
Symphony
Longwood Ave
Back Bay Fens
Brookline Ave
Kilmarnock St
Jersey St
19
Stearns Rd
Longwood
Museum of Fine Arts
7
Northeastern
BROOKLINE
Isabella Stewart Gardner Museum
6
Museum of Fine Arts
Aspinwall Ave
Huntington Ave
Riverway
Longwood Medical Area
Ruggles
Fenwood Road
Brigham Circle
Brookline Village
Mission Park
ROXBURY

0 1 km
0 0,5 Meilen
CHARLESTOWN
Bunker Hill Monument
Charlestown Navy Yard
s. Karte Boston Zentrum (S. 206)
WEST END
NORTH END
BEACON HILL
DOWNTOWN
BACK BAY
CHINATOWN
SOUTH END
SEAPORT DISTRICT
Boston Common
Public Garden
Fort Point Channel
Longfellow Bridge
Institute of Contemporary Art (0,2 Meilen); Yankee Lobster Co (0.6 Meilen); Harpoon Brewery & Beer Hall (0,7 Meilen)
Community College
Lechmere
Science Park
North Station
Kendall/MIT
Charles/MGH
Bowdoin
Haymarket
Government Center
State
Aquarium
Park St
Downtown Crossing
South Station
Boylston
Chinatown
Arlington
Copley
Tufts Medical Center
Back Bay/South End
Prudential
Broadway
Massachusetts Avenue
Rutherford Ave
Bunker Hill St
Medford St
High St
Main St
Northern Expwy
First Ave
Monsignor O'Brien Hwy
Gore St
Third St
Charles St
First St
Binney St
Memorial Dr
Cambridge St
Atlantic Ave
State St
Beacon St
Storrow Dr
Berkeley St
Congress St
Marlborough St
Newbury St
Boylston St
Essex St
Kneeland St
Tremont St
Herald St
Dorchester Ave
A St
Appleton St
Warren Ave
Columbus Ave
E Berkeley St
Randolph St
South Boston Bypass
W 1st St
Bolton St
W Broadway
Tremont St
Shawmut Ave
Washington St
Harrison Ave
Albany St
SE Expwy
Old Colony Ave
D St
E St
Lenox St

Boston

Highlights
1 Bunker Hill Monument ... G1
2 Charlestown Navy Yard ... G2
3 Fenway Park ... C5
4 Harvard Art Museums ... B2
5 Harvard University ... A1
6 Isabella Stewart Gardner Museum ... C7
7 Museum of Fine Arts ... C6

Sehenswertes
8 Harvard Museum of Natural History ... A1
9 Mary Baker Eddy Library & Mapparium ... D6
10 MIT Museum ... C3
11 Peabody Museum of Archaeology & Ethnology ... B1
12 Prudential Center Skywalk Observatory ... E5
13 Symphony Hall ... D6
14 USS Constitution ... G2

Schlafen
15 Irving House at Harvard ... B1
16 Newbury Guest House ... E5
17 Verb Hotel ... C6

Essen
18 Courtyard ... E5
19 El Pelon ... C6
20 Hokkaido Ramen Santouka ... A2
21 Island Creek Oyster Bar ... C5
22 Life Alive ... C3
23 Myers & Chang ... F6
24 Sweetgreen ... E5
25 Tasty Burger ... C6

Ausgehen & Nachtleben
26 Beat Brasserie ... A2
27 Beehive ... F6
Hawthorne ... (siehe 21)
28 Lord Hobo ... C2
29 Top of the Hub ... E5

Unterhaltung
30 Berklee Performance Center ... D5
Boston Red Sox ... (siehe 3)
31 Boston Symphony Orchestra ... D6
32 Red Room @ Café 939 ... D5

Shoppen
33 Converse ... D5
34 Three Wise Donkeys ... E5

intellektuelle Elite der Stadt an ausgezeichneten Gemälden und klassischer Musik, förderte aber auch selbst die Verbreitung des kulturellen Reichtums. Der Öffentlichkeit bescherte dies u.a. Museen, Bibliotheken und Sinfonieorchester. Die altehrwürdigen Institutionen beglücken Einheimische (und Besucher) noch heute und sind Säulen des kulturellen Lebens. Parallel bietet Boston aber auch viel moderne Kunst, Musik und Theater.

Geschichte

In jeglicher Hinsicht ist Boston die älteste Großstadt der USA. Beim Bummeln übers Kopfsteinpflaster stößt man hier überall auf Geschichtsträchtiges. Durch die ganze Stadt schlängelt sich der Freedom Trail zu 16 bedeutenden historischen Stätten – darunter Amerikas erste öffentliche Schule, Bostons älteste Kirche und diverse Originalschauplätze des Amerikanischen Unabhängigkeitskriegs. All dies kombiniert ergibt quasi ein riesiges urbanes Freilichtmuseum.

Sehenswertes

Beacon Hill & Boston Common

Der Boston Common ist der älteste öffentliche Park der USA und das Herzstück der Stadt. Er grenzt an den Beacon Hill, auf dem die vergoldete Kuppel des Massachusetts State House über zauberhaften Geschäfts- und Wohnstraßen emporragt – ein Motiv, das die meisten Bostoner Postkarten ziert.

★ Boston Common PARK
(Karte S. 206; zw. Tremont, Charles, Beacon & Park St; ⏲6–24 Uhr; P 👪; T Park St) Im Lauf der Jahre hat dieser Park schon vielen Zwecken gedient. So war er z.B. ein Lagerplatz für britische Truppen im Amerikanischen Unabhängigkeitskrieg und bis in die 1830er-Jahre eine Viehweide. Offiziell dürften Rinder hier immer noch grasen. Auf den Rasenflächen tummeln sich heute aber nur noch Menschen, die picknicken, sich sonnen und Leute beobachten. Im Winter lädt der **Frog Pond** (Karte S. 206; www.bostonfrogpond.com; Boston Common; Erw./Kind 6 US$/frei, Schlittschuhverleih 12/6 US$; ⏲Mitte Nov.–Mitte März Mo 10–15.45, Di–Do & So 10–21, Fr & Sa 10–22 Uhr; 👪; T Park St) zum Eislaufen ein, während Theaterfans im Sommer zum **Shakespeare on the Common** (Karte S. 206; www.commshakes.org; Boston Common; ⏲Juli & Aug.) strömen. Der Park ist zudem Startpunkt des Freedom Trail.

★ Massachusetts State House GEBÄUDE
(Karte S. 206; www.sec.state.ma.us; Ecke Beacon St & Bowdoin St; ⏲Mo–Fr 8.45–17 Uhr, Führungen

Mo–Fr 10–15.30 Uhr; T Park St) GRATIS Oben auf dem Beacon Hill setzen Massachusetts' Regierung und Parlamentarier im State House ihre Ideen in konkrete Politik und Gesetze um. John Hancock stellte das Land zur Verfügung, und Charles Bulfinch entwarf das monumentale State Capitol, das Oliver Wendell Holmes „das Zentrum (engl. *hub*) des Sonnensystems" nannte. Bei den kostenlosen 40-minütigen Führungen erhalten Besucher Einblick in Geschichte, Kunst, Architektur und Politik in dem Gebäude.

★ Public Garden GARTEN

(Karte S. 206; www.friendsofthepublicgarden.org; Arlington St; Sonnenaufgang–Sonnenuntergang; ; T Arlington) Der fast 10 ha große Garten neben dem Boston Common ist eine botanische Oase mit viktorianischen Blumenbeeten, grünen Rasenflächen und einem idyllischen Teich im Schatten von Trauerweiden. Darauf schwimmen altmodische **Schwanen-Tretboote** (Swan Boats; Karte S. 206; www.swanboats.com; Public Garden; Erw./Kind 3,50/2 US$; Mitte April–Mitte Juni 10–16 Uhr, Ende Juni–Aug. 10–17 Uhr, 1.–15. Sept. 12–16 Uhr), die Kinder seit Generationen erfreuen. Die bezauberndste Attraktion ist die **Make Way for Ducklings Statue** (Karte S. 206), die den beliebten Protagonisten von Robert McCloskeys gleichnamigem Bilderbuch (spielt in Boston) gewidmet ist: Die Bronzeskulptur zeigt die Stockente Mrs. Mallard und ihre acht Küken.

Granary Burying Ground FRIEDHOF

(Karte S. 206; Tremont St; 9–17 Uhr; T Park St) Der stimmungsvolle Friedhof von 1660 ist voller historischer Grabsteine, viele mit berührenden (und unheimlichen) Inschriften. Hier ruhen viele Helden aus dem Unabhängigkeitskrieg, z. B. Paul Revere, Samuel Adams, John Hancock und James Otis. Benjamin Franklin wurde in Philadelphia begraben, aber seine Eltern liegen im hiesigen Familiengrab.

Innenstadt & Uferbereich

Geschäftsleben und Tourismus konzentrieren sich in Boston hauptsächlich auf die belebte Innenstadt. Diese mixt viel moderne Architektur mit allerlei kolonialzeitlichen Bauten, darunter die Faneuil Hall und der Quincy Market.

★ Old State House HISTORISCHES GEBÄUDE

(Karte S. 206; www.bostonhistory.org; 206 Washington St; Erw./Kind 10 US$/frei; Juni–Aug. 9–18 Uhr, Sept.–Mai bis 17 Uhr; T State) Das Old State House von 1713 ist das älteste erhaltene öffentliche Gebäude in Boston. Vor der

BOSTON IN ...

... einem Tag

Der erste bzw. einzige Tag in Boston steht ganz im Zeichen des Freedom Trail (S. 213), der ab dem Boston Common (S. 204) durch die Innenstadt führt. Unterwegs reicht die Zeit nicht für alle Museen, man kann aber die Architektur bewundern und erfährt allerlei zur Geschichte. Zu den Highlights gehören das Old South Meeting House, das Old State House und die Faneuil Hall (S. 209).

Nachmittags geht's entlang des Freedom Trail weiter nach North End, um das historische Paul Revere House (S. 209), die Old North Church (S. 209) und den Copp's Hill Burying Ground (S. 212) zu besichtigen. Letzte Station ist dann das noble Liberty Hotel (S. 215) im früheren Charles Street Jail.

... zwei Tagen

Zunächst folgt man dem Plan des ersten Tages. Der zweite Tag beginnt mit Bostons bedeutendsten Architekturschätzen im Umkreis des Copley Sq (S. 210): der Boston Public Library voller Kunst und Bücher, der Trinity Church mit herrlichen Buntglasfenstern und dem John Hancock Tower mit seiner klaren Linienführung.

Der Nachmittag ist für eins von Bostons großartigen Kunstmuseen reserviert. Dabei hat man die Qual der Wahl zwischen dem Museum of Fine Arts (S. 211) mit seiner erlesenen Riesensammlung und dem kleineren, aber gleichsam außergewöhnlichen Isabella Stewart Gardner Museum (S. 211) – Enttäuschung jeweils ausgeschlossen!

Abends heißt's dann das Boston Symphony Orchestra in der Symphony Hall (S. 211) bei grandioser Akustik erleben. Wer's trivialer mag, verfolgt stattdessen ein Baseballspiel im Fenway Park (S. 211) oder zieht durch die Bars an der Lansdowne St.

Boston Zentrum

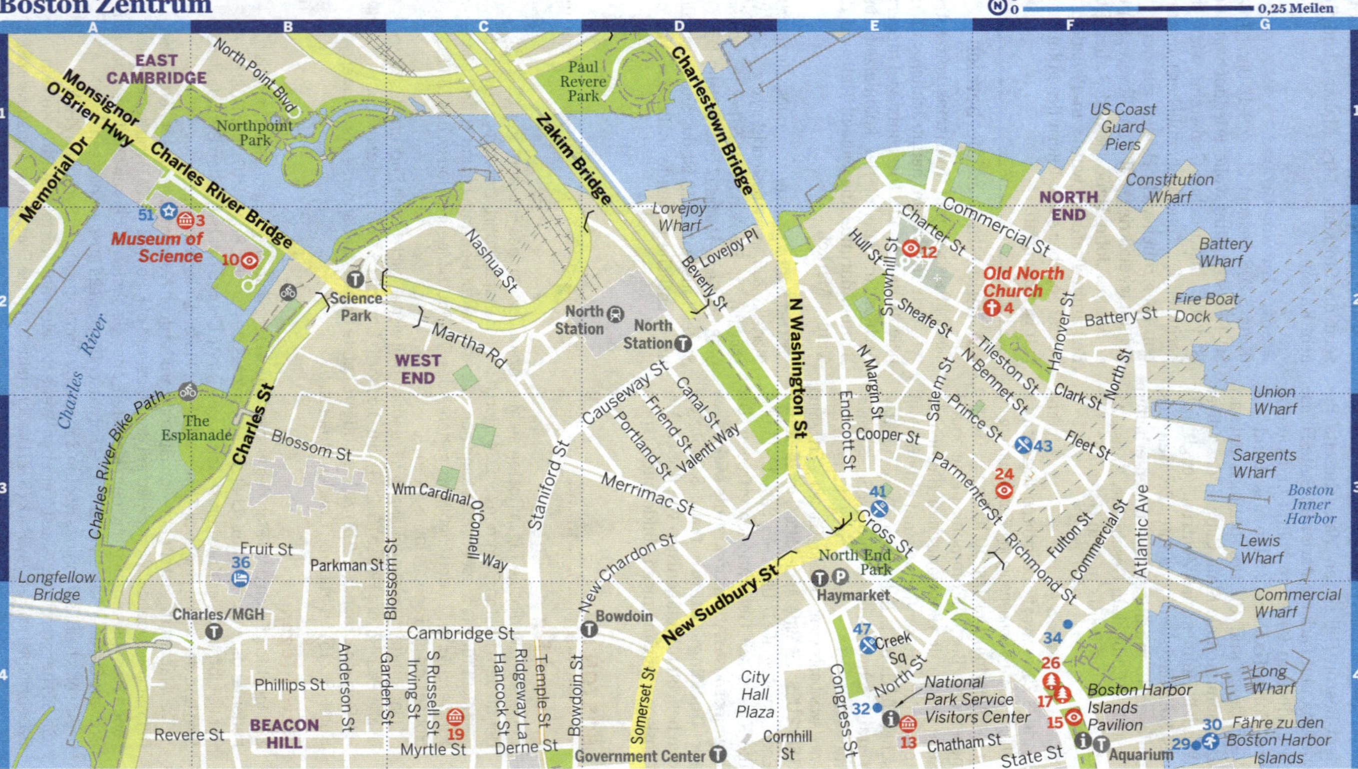

Pinckney St
Joy St
Massachusetts State House
Storrow Dr
Brimmer St
Charles St
Cedar La Way
W Cedar St
Willow St
Mt Vernon St
Walnut St
Lime St
River St
Chestnut St
Branch St
Byron St
Beacon St
Boston Common
Park St
Public Garden
Charles St
Boston Common
Marlborough St
Arlington St
The Lagoon
Central Burying Ground
Commonwealth Ave
BACK BAY
Newbury St
Arlington
Boylston St
Boylston
Park Plaza
Charles St S
Providence St
St James Ave
Statler Park
Stuart St
Berkeley St
Stuart St
Columbus Ave
Piedmont St
THEATER DISTRICT
Stanhope St
Isabella St
Melrose St
Fayette St
Cortes St
Tremont St
Massachusetts Turnpike
Marginal Rd
Shawmut Ave
Tremont St
Tufts Medical Center
Washington St
Oak St W
Chinatown
Beach St
CHINATOWN
Kneeland St
Harvard St
Harrison Ave
Tyler St
Hudson St
Surface Rd
Oxford St
Chinatown Park
Essex St
Tufts St
East St
Lincoln St
Utica St
South St
Atlantic Ave
Mason St
Avery St
West St
Temple Pl
Harlem Pl
Ave de Lafayette
Winter St
Downtown Crossing
Summer St
Chauncy St
Kingston St
Bedford St
Hawley St
Otis St
Arch St
Devonshire St
Federal St
Congress St
High St
Purchase St
Court St
State
Old State House
School St
Province Ct
Bromfield St
Water St
DOWNTOWN
Franklin St
Pearl St
Oliver St
High St
Central St
India St
Milk St
Batterymarch St
Atlantic Ave
India St
Wharf District Parks
Central Wharf
Rowes Wharf
Old Northern Ave Bridge
Northern Ave
Institute of Contemporary Art (0,2 Meilen)
South Station
South Station Bus Terminal
South Station
Dorchester Ave
Fort Point Channel
Summer St Bridge
Congress St Bridge
Seaport Blvd
Sleeper St
Farnsworth St
Thomson Pl
Stillings St
Congress St
Summer St
Melcher St
Necco Ct
A St
SEAPORT DISTRICT

Boston Zentrum

Highlights
1 Boston Common ... C6
2 Massachusetts State House ... C5
3 Museum of Science ... A2
4 Old North Church ... F2
5 Old State House ... E5
6 Public Garden ... B6

Sehenswertes
7 Boston Children's Museum ... G7
8 Boston Massacre Site ... E5
9 Boston Tea Party Ships & Museum ... F7
10 Charles Hayden Planetarium ... B2
11 Chinatown Gate ... D7
12 Copp's Hill Burying Ground ... E2
13 Faneuil Hall ... E4
14 Granary Burying Ground ... D5
15 Greenway Carousel ... F4
16 King's Chapel & Burying Ground ... D5
17 Labyrinth ... F4
18 Make Way for Ducklings Statue ... B6
19 Museum of African American History ... C4
20 Old City Hall ... D5
21 Old Corner Bookstore ... E5
22 Old South Meeting House ... E5
23 Park St Church ... D5
24 Paul Revere House ... F3
25 Rings Fountain ... F5
26 Rose Kennedy Greenway ... F4

Aktivitäten, Kurse & Touren
27 Black Heritage Trail ... C5
28 Boston Common Frog Pond ... C5
29 Boston Harbor Cruises ... G4
30 Codzilla ... G4
31 Freedom Trail ... C6
32 NPS Freedom Trail Tour ... E4
33 Swan Boats ... B6
34 Urban AdvenTours ... F4

Schlafen
35 HI-Boston ... C7
36 Liberty Hotel ... B3
37 Omni Parker House ... D5

Essen
38 Clover Food Lab ... D5
39 Gene's Chinese Flatbread ... D6
40 James Hook & Co ... F6
41 Maria's Pastry ... E3
42 Paramount ... B5
43 Pomodoro ... F3
44 Row 34 ... G8
45 Taiwan Cafe ... D7
46 Tatte ... B5
47 Union Oyster House ... E4
48 Winsor Dim Sum Cafe ... D7

Ausgehen & Nachtleben
49 Club Café ... A8
50 Highball Lounge ... D5

Unterhaltung
51 Mugar Omni Theater ... A2
52 Shakespeare on the Common ... B6

Shoppen
53 Eugene Galleries ... B5
54 Greenway Open Market ... F5

Revolution tagte hier die Massachusetts Assembly. Das Gebäude kennt man vor allem wegen seines Balkons, auf dem 1776 die Unabhängigkeitserklärung verkündet wurde. Drinnen befindet sich ein kleines Museum mit Andenken aus der Revolutionszeit. Videos und Multimedia-Darbietungen berichten über das Massaker von Boston, das sich vor den Türen des Gebäudes abspielte.

Old South Meeting House HISTORISCHES GEBÄUDE
(Karte S. 206; www.osmh.org; 310 Washington St; Erw./Kind 6/1 US$; April–Okt. 9.30–17 Uhr, Nov.–März 10–16 Uhr; ; Downtown Crossing, State) Unter der Parole „Keine Teesteuer!" trafen sich hier am 16. Dezember 1773 rund 5000 wütende Kolonisten, um gegen die britische Steuerpolitik zu protestieren. Die historische Versammlung war das Vorspiel zur Boston Tea Party; ihr Ablauf lässt sich als Hörspiel von der Website des Museums herunterladen. Die Ausstellungen informieren über dieses Ereignis und auch über die Geschichte des schmucken Gebäudes.

Rose Kennedy Greenway PARK
(Karte S. 206; www.rosekennedygreenway.org; ; Aquarium, Haymarket) Der Rose Kennedy Greenway ist das Tor zum kürzlich wiederbelebten Uferbereich. Wo einst ein Highway auf mächtigen Pfeilern verlief, ist inzwischen ein 11 ha großer Grünstreifen mit Landschaftsgärten, Springbrunnen und öffentlichen Kunstinstallationen entstanden. Am Wochenende verkaufen Künstler ihre Werke auf dem **Greenway Open Market** (Karte S. 206; www.newenglandopenmarkets.com; Sa 11–17 Uhr, Mai–Okt. auch am 1. & 3. So des Monats; ; Aquarium). Auf Parkbesucher warten zudem Foodtrucks (Mo–Fr mittags) und seit 2017 auch ein neuer Biergarten im europäischen Stil. Die skurrile **Rings Fountain** lädt zum Planschen ein, während der ruhige **Irrgarten** und das eigens entworfene **Greenway Carousel** für weitere Unterhaltung sorgen.

Faneuil Hall HISTORISCHES GEBÄUDE

(Karte S. 206; www.nps.gov/bost; Congress St; ⌚9–17 Uhr; Ⓣ State, Haymarket, Government Center) GRATIS „Wer freie Rede nicht ertragen kann, sollte besser nach Hause gehen“, sagte Wendell Phillips. „Faneuil Hall ist kein Ort für Sklavenherzen.“ Tatsächlich wurden an diesem öffentlichen Versammlungsort so viele stürmische Reden gehalten, dass er den Spitznamen „Cradle of Liberty“ (Wiege der Freiheit) erhielt. Nach der Unabhängigkeit gab es hier Versammlungen für die Abschaffung der Sklaverei, die Einführung des Frauenwahlrechts und zu Fragen von Krieg und Frieden. Der historische Saal im 2. Stock ist normalerweise für die Öffentlichkeit zugänglich; Ranger des National Park Service (NPS) erläutern die Geschichte des Gebäudes.

Design Museum Boston MUSEUM

(www.designmuseumboston.org; ⌚wechselnde Öffnungszeiten) Diese Einrichtung definiert den Begriff „Museum“ ganz neu: Die tollen „Pop-Up“-Ausstellungen finden an öffentlichen Orten (z. B. Einkaufszentren, Parks, Flughäfen) in ganz Boston statt.

West End & North End

Das West End und North End grenzen direkt aneinander, unterscheiden sich aber stark in puncto Atmosphäre: Im West End gibt's größtenteils nur langweilige Zweckbauten, das North End ist dagegen mit seinen vielen italienischen Restaurants und *salumerie* (Feinkostläden) sehr abwechslungsreich.

★Museum of Science MUSEUM

(Karte S. 206; www.mos.org; Charles River Dam; Erw./Kind 25/20 US$; ⌚Juli & Aug. Sa–Do 9–19 Uhr, Sept.–Juni 9–17 Uhr, ganzjährig Fr 9–21 Uhr; P; Ⓣ Science Park/West End) Das riesige Wissenschaftsmuseum wartet mit über 600 interaktiven Exponaten auf. So können kleine wie große Besucher sehr abwechslungsreiche Entdeckungsreisen zu Themen wie (Computer-)Technologie, Vögel, Bienen oder Humanevolution unternehmen – teils unterstützt durch Karten und Modelle. Zu den Highlights zählen dabei der weltgrößte Blitzgenerator, eine Raumkapsel in Originalgröße, eine eindrucksvolle Dinosaurier-Ausstellung und ein Display, das das Wachstum der Weltbevölkerung in Echtzeit anzeigt. Unter den neuesten Attraktionen sind die Hall of Human Life mit Brutstationen für Hühnerküken und die Yawkey Gallery mit deckenhohen Fenstern, durch die man wunderbar auf den Charles River schaut.

Zum Museum gehören auch das Discovery Center (ein interaktiver Spielbereich für Kinder unter acht Jahren), das **Charles Hayden Planetarium** (Karte S. 206; www.mos.org; Museum of Science, Charles River Dam; Erw./Kind 10/8 US$; ⌚Sa–Do 9–17, Fr 9–21 Uhr) und das **Mugar Omni Theater** (Karte S. 206; www.mos.org; Museum of Science, Charles River Dam; Erw./Kind 10/8 US$;).

★Old North Church KIRCHE

(Karte S. 206; www.oldnorth.com; 193 Salem St; erbetene Spende 3 US$, Führung Erw./Kind 6/4; ⌚Juni–Okt. 9–18 Uhr, März–Mai, Nov. & Dez. 9–17 Uhr, Jan. & Feb. 10–16 Uhr; Ⓣ Haymarket; North Station) Longfellow verewigte diese würdevolle Kirche in seinem berühmten Gedicht „Paul Reveres Ritt“. In der Nacht des 18. April 1775 hängte der Küster hier zwei Laternen an den Turm – das vereinbarte Signal, falls britische Schiffe übers Meer auf Lexington und Concord vorrückten. Die anglikanische Old North Church (auch Christ Church genannt; erb. 1723) ist zudem Bostons älteste Kirche.

Paul Revere House HISTORISCHE STÄTTE

(Karte S. 206; www.paulreverehouse.org; 19 North Sq; Erw./Kind 5/1 US$; ⌚Mitte April–Okt. 9.30–17.15 Uhr, Nov.–Mitte April bis 16.15 Uhr, Jan.–März Mo geschl.; Ⓣ Haymarket) Als der Silberschmied Paul Revere seinen berühmten Ritt unternahm, um die Patrioten vor dem Vormarsch der britischen Truppen auf Lexington und Concord zu warnen, machte er sich von diesem Haus am North Sq auf den Weg. Das kleine Schindelhaus wurde 1680 erbaut und ist damit das älteste Wohnhaus Bostons. Bei einem Rundgang (Gebäude & Hof) erhält man einen kleinen Einblick in den Alltag der Familie Revere (mit 16 Kindern!).

Seaport District

Der Seaport District in South Boston (alias Southie) mausert sich momentan schnell zu einem attraktiven Uferviertel. Hierfür sorgen frische Meeresluft, ein Museum für moderne Kunst, viele neue Restaurants, jede Menge Bier und etwas Geschichte.

★Institute of Contemporary Art MUSEUM

(ICA; www.icaboston.org; 25 Harbor Shore Dr; Erw./Kind 15 US$/frei; ⌚Di, Mi, Sa & So 10–17, Do & Fr bis 21 Uhr; ; SL1, SL2, Ⓣ South Station) Vor allem dieses Museum hat Boston im 21. Jh. zu einem Zentrum der modernen

Kunst gemacht. Bereits das Gebäude ist ein Kunstwerk für sich: Die verglaste und lichtdurchflutete Konstruktion schwebt frei über einem Platz am Ufer. Die riesigen Innenräume bieten genügend Platz für Multimedia-Präsentationen, Bildungsprogramme, Künstlerateliers und die Erweiterung der ständigen Sammlung des ICA.

Boston Children's Museum MUSEUM
(Karte S. 206; www.bostonchildrensmuseum.org; 308 Congress St; Eintritt 16 US$, Fr 17–21 Uhr 1 US$; ⏲ Sa–Do 10–17, Fr bis 21 Uhr; 🚻; Ⓣ South Station) 🍃 Die interaktiven und lehrreichen Ausstellungen des tollen Museums unterhalten Kinder stundenlang. Unter den Highlights finden sich ein Seifenblasen-Generator, Kletterwände, interkulturelle Erfahrungen und eine Baustelle zum Mitmachen. Im lichtdurchfluteten Atrium ragt ein super Kletterlabyrinth mit drei Ebenen empor. Bei schönem Wetter können die Kinder im Freien essen und sich in einem Wasserpark vergnügen. Vor dem Gebäude steht die markante, große Hood Milk Bottle am Ufer des Fort Point Channel.

Boston Tea Party Ships & Museum MUSEUM
(Karte S. 206; www.bostonteapartyship.com; Congress St Bridge; Erw./Kind 28/18 US$; ⏲ 10–17 Uhr; 🚻; Ⓣ South Station) „Der Boston Harbor wird heute zur Teekanne!": Aus Protest gegen unfaire Steuern kippten aufrührerische Kolonisten 342 Kisten mit Tee ins Wasser. Mit der Boston Tea Party begannen 1773 jene Ereignisse, die in den Amerikanischen Unabhängigkeitskrieg mündeten. Heute liegen die nachgebauten Schiffe im Griffin's Wharf vor Anker, und gleich nebenan widmet sich ein ausgezeichnetes interaktives Museum dem Auslöser der Revolution. Mithilfe von Nachbildungen, Multimedia-Exponaten und anderen Ausstellungsstücken beleuchtet das Museum alle Aspekte der Boston Tea Party.

South End & Chinatown

Chinatown, der Theater District und der Leather District gehen nahtlos ineinander über. In umgebauten Gemäuern aus der Zeit von Bostons Schuh- und Lederindustrie sind dort viele funkelnde Theater, chinesische Restaurants, Nachtclubs und Lofts untergebracht. Die viktorianischen Reihenhäuser des benachbarten South End beherbergen heute u. a. Künstlerateliers, Galerien und belebte Restaurants.

Chinatown Gate WAHRZEICHEN
(Karte S. 206; Beach St; Ⓣ Chinatown) Das schmucke Tor *(paifong)* ist ein Geschenk der taiwanesischen Hauptstadt Taipeh. Als offizieller Eingang zu Chinatown hat es nicht nur für Besucher eine symbolische Bedeutung: Nach wie vor lassen sich hier Einwanderer nieder, um Familien und neue Existenzen zu gründen.

Back Bay

Die Newbury St in Back Bay ist Bostons hippste Meile in puncto Schaufensterbummeln, Latteschlürfen und Leutebeobachten. Zudem prunkt das Viertel mit den elegantesten Bauten der ganzen Stadt.

Am schönsten ist diesbezüglich der **Copley Square** (Plaza), der diverse Architekturströmungen würdevoll miteinander vereint: Dort findet man z. B. die **Boston Public Library** (www.bpl.org) im Stil der Neorenaissance, die **Trinity Church** (www.trinitychurchboston.org) als Vertreterin der „Richardsonian Romanesque" (eine Spielart der Neoromanik) oder den modernistischen John Hancock Tower. Ein Besuch von Back Bay sollte daher stets mit diesem Platz beginnen, auf dem man locker ein paar Stunden oder sogar einen ganzen Tag verbringen kann.

Mary Baker Eddy Library & Mapparium BIBLIOTHEK
(Karte S. 202; www.marybakereddylibrary.org; 200 Massachusetts Ave; Erw./Kind 6/4 US$; ⏲ Di–So 10–16 Uhr; 🚻; Ⓣ Symphony) Einer von Bostons versteckten Schätzen: Das Mapparium in der Mary Baker Eddy Library ist ein Riesenglobus aus Buntglas, den Besucher mittels einer Glasbrücke durchqueren können. Das Gebilde stammt aus dem Jahr 1935 und zeigt daher die damalige Weltkarte. Die grandiose Akustik überraschte einst sogar den Konstrukteur: In dem kreisrunden Raum ist selbst das leiseste Flüstern noch deutlich zu vernehmen.

Prudential Center Skywalk Observatory AUSSICHTSPUNKT
(Karte S. 202; www.skywalkboston.com; 800 Boylston St; Erw./Kind 18/13 US$; ⏲ März–Okt. 10–22 Uhr, Nov.–Feb. bis 20 Uhr; 🅿🚻; Ⓣ Prudential) Das nicht zu übersehende Gebäude ist nur ein schickes Einkaufszentrum und heißt eigentlich „Shops at Prudential Center". Aber vom Skywalk im 50. Stock hat man hinter Glas einen spektakulären Panoramablick auf Boston und Cambridge. Dazu

gibt's auch eine unterhaltsame Audiotour (und eine speziell auf Kinder zugeschnittene Version). Für den Preis eines Drinks kann man die gleiche Aussicht auch vom **Top of the Hub** (Karte S. 202; ☎617-536-1775; www.topofthehub.net; 800 Boylston St; ⏲11.30–1 Uhr; 📶; Ⓣ Prudential) genießen.

Kenmore Square & Fenway

Zu Fenway gehören u.a. der Kenmore Square und der Fenway Park, in dessen Umkreis sich Baseballfans und Nachtschwärmer tummeln. Die Avenue of the Arts (Huntington Ave) wird von vielen Attraktionen für Kunst- und Kulturfans gesäumt.

★ Fenway Park — BASEBALLSTADION

(Karte S. 202; www.redsox.com; 4 Yawkey Way; Führungen Erw./Kind 20/14 US$, exklusive Führung 35 US$; ⏲9–17 Uhr; Ⓣ Kenmore) Was macht den Fenway Park von 1912 zu „Amerikas beliebtestem Baseballstation"? Erstens: Hier sind die Boston Red Sox zu Hause. Zweitens: Es ist das älteste amerikanische Baseballstadion mit aktivem Spielbetrieb. Und obendrein können hier viele einzigartige Kuriositäten bei Führungen besichtigt werden.

★ Museum of Fine Arts — MUSEUM

(MFA; Karte S. 202; www.mfa.org; 465 Huntington Ave; Erw./Kind 25 US$/freier Eintritt; ⏲Sa–Di 10–17, Mi–Fr bis 22 Uhr; Ⓣ Museum of Fine Arts, Ruggles) Seit 1876 ist das Museum of Fine Arts Bostons wichtigster Ausstellungsort für das Werk regionaler, landesweit bekannter und ausländischer Künstler. Heute umfasst die enzyklopädische Sammlung Kunstwerke aus allen Epochen vom Altertum bis zur Gegenwart und aus allen Gegenden der Welt. Mit den eindrucksvollen neuen Flügeln, die sich der Kunst des amerikanischen Doppelkontinents und zeitgenössischer Kunst widmen, unterstreicht das Museum Bostons Rolle als Kunstzentrum des 21. Jhs.

★ Isabella Stewart Gardner Museum — MUSEUM

(Karte S. 202; www.gardnermuseum.org; 25 Evans Way; Erw./Kind 15 US$/frei; ⏲Mi–Mo 11–17, Do bis 21 Uhr; 👪; Ⓣ Museum of Fine Arts) Der prächtige Palazzo venezianischen Stils, in dem sich das Museum befindet, wurde von „Mrs. Jack" Gardner bis zu ihrem Tod 1924 bewohnt. Mit seinen etwa 2500 unbezahlbaren Objekten vorwiegend europäischen Ursprungs, darunter herrlichen Gobelins und Gemälden der italienischen Renaissance und aus dem Goldenen Zeitalter der niederländischen Malerei, ist das Museum ein Denkmal für den exquisiten Kunstgeschmack dieser Frau. Der vierstöckige, gewächshausartige Innenhof ist eine ruhige Oase, die allein schon den Eintritt lohnt.

Symphony Hall — HISTORISCHES GEBÄUDE

(Karte S. 202; www.bso.org; 301 Massachusetts Ave; ⏲wechselnde Öffnungszeiten; Ⓣ Symphony) Die majestätische Heimat des Boston Symphony Orchestra wurde 1900 von dem Architektentrio McKim, Mead & White erbaut, das auch die berühmte BPL entwarf. Besucher können die öffentlichen Bereiche besichtigen und bei Gratisführungen (1 Std., wechselnde Zeiten; Reservierung erforderlich) einen Blick hinter die Kulissen werfen.

BOSTON MIT KINDERN

Boston ist ein riesiges Geschichtsmuseum, das zu vielen abwechslungsreichen und informativen Erkundungen animiert. Die Kopfsteinpflasterstraßen und kostümierten Tourguides der Stadt erwecken historische Ereignisse zum Leben, die Kinder sonst nur aus Büchern kennen. Lehrreiche Unterhaltung bieten hier ansonsten auch allerlei interaktive Ausstellungen mit Exponaten für Experimentierfreudige.

➡ Boston by Little Feet (S. 214) heißt der einzige Stadtspaziergang, der den Freedom Trail speziell für Sechs- bis Zwölfjährige aufbereitet. Vor dem Start empfiehlt es sich, unter www.thefreedomtrail.org einen kindgerechten Podcast oder Literaturtipps zum Thema herunterzuladen.

➡ Mit Boston Duck Tours können Kinder jeden Alters per „Duck" (Ente; ein Amphibienfahrzeug) über den wilden Charles River (S. 213) schippern und dabei gern laut quaken.

➡ **Urban AdvenTours** (Karte S. 206; ☎617-670-0637; www.urbanadventours.com; 103 Atlantic Ave; Touren ab 40 US$, Fahrradverleih 40–75 US$/24 Std.; ⏲April–Sept. 9–20 Uhr, Okt.–März kürzere Öffnungszeiten; Ⓣ Aquarium) veranstaltet super Radtouren für alle Altersklassen. Die Firma verleiht auch Kinderfahrräder, Schutzhelme und Fahrradanhänger für Kleinkinder.

Stadtspaziergang Freedom Trail

START BOSTON COMMON
ZIEL BUNKER HILL MONUMENT
LÄNGE/DAUER 4 KM/3 STD.

Los geht's am 1 **Boston Common** (S. 204), dem ältesten öffentlichen Park der USA. Am Nordrand thront das 2 **Massachusetts State House** (S. 204) mit vergoldeter Kuppel auf dem Beacon Hill. Dann der Tremont St gen Norden folgen – vorbei am Turm der 3 **Park Street Church** und am ägyptisch angehauchten Eingangstor des 4 **Granary Burying Ground** (S. 205).

An der School St steht die von Säulen gezierte 5 **King's Chapel** am Rand eines weiteren Friedhofs. Nun entlang der School St ostwärts bis zur 6 **Old City Hall** laufen: Eine Tafel erinnert hier daran, dass dort einst die erste öffentliche Schule der Stadt war.

Die nächste Station ist der 7 **Old Corner Bookstore**. Schräg gegenüber nahm die Boston Tea Party ihren Anfang im 8 **Old South Meeting House** (S. 208). Weiter nördlich an der Washington St wurde die amerikanische Unabhängigkeitserklärung im 9 **Old State House** (S. 205) erstmals öffentlich in Boston verlesen. Vor dem State House markiert ein Ring aus Pflastersteinen den Ort des 10 **Massakers von Boston**, das die Revolutionsbestrebungen weiter befeuerte. Die 11 **Faneuil Hall** (S. 209) jenseits der Kreuzung dient seit über 250 Jahren als Markt- und Versammlungshalle.

Von dort aus der Hanover St über den Rose Kennedy Greenway folgen. Nach einem Block gen Osten erblickt man am North Sq das 12 **Paul Revere House** (S. 209). Danach geht's zurück zur Hanover St, um von der Paul Revere Mall aus einen Panoramablick auf die 13 **Old North Church** (S. 209) zu genießen. Von der Kirche aus führt die Hull St nun westwärts zum 14 **Copp's Hill Burying Ground**: Hier schaut man wunderbar auf Charlestowns anderes Flussufer.

Jenseits der Charlestown Bridge liegt an der Constitution Rd der Charlestown Navy Yard mit der 15 **USS Constitution**, dem dienstältesten Kriegsschiff der Welt. Durch die historischen Straßen von Charlestowns Zentrum führt der Weg zum 16 **Bunker Hill Monument**, wo die erste Schlacht des Amerikanischen Unabhängigkeitskriegs tobte.

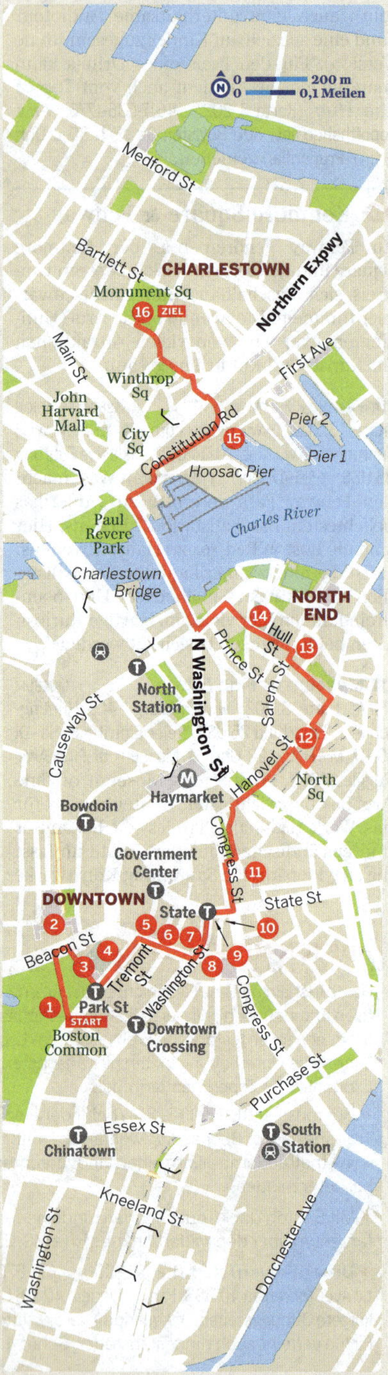

Cambridge

★ Harvard University UNIVERSITÄT

(Karte S. 202; www.harvard.edu; Massachusetts Ave; Führungen gratis; Ⓣ Harvard) Die älteste Hochschule der USA wurde 1636 ursprünglich zur Ausbildung von Geistlichen gegründet. Zu den Absolventen der allerersten Ivy-League-Universität zählen neben acht US-Präsidenten auch viele Pulitzer- und Nobelpreisträger. Herz des Campus ist der historische und höchst akademisch wirkende Harvard Yard, dessen rote Backsteingebäude am Rand von grünen Spazierwegen bei Gratisführungen ab dem **Smith Campus Center** (Karte S. 202; www.harvard.edu/visitors; 30 Dunster St; ⌚ Mo–Sa 9–17 Uhr; Ⓣ Harvard) besichtigt werden können. Alternativ sind auch Erkundungen auf eigene Faust möglich.

★ Harvard Art Museums MUSEUM

(Karte S. 202; www.harvardartmuseums.org; 32 Quincy St; Erw./Stud. 15/10 US$, Kind frei; ⌚ 10–17 Uhr; Ⓣ Harvard) 2014 renovierte und erweiterte der Stararchitekt Renzo Piano die Kunstmuseen auf dem Campus. Seitdem ist die gigantische Harvard-Sammlung (250 000 Stücke) unter einem sehr stilvollen Dach vereint. Die ausgestellten Werke stammen aus aller Welt. Im früheren Arthur M. Sackler Museum warten separate Abteilungen zu asiatischer und islamischer Kultur. Das ehemalige Busch-Reisinger Museum ist den nordeuropäischen und deutschsprachigen Ländern gewidmet. Weitere Kunst im westlichen Stil (vor allem des europäischen Modernismus) zeigt das einstige Fogg Museum.

MIT Museum MUSEUM

(Karte S. 202; http://mitmuseum.mit.edu; 265 Massachusetts Ave; Erw./Kind 10/5 US$; ⌚ Juli & Aug. 10–18 Uhr, Sept.–Juni 10–17 Uhr; Ⓟ 👪; Ⓣ Central) Hinter Bostons schrägstem Museum stecken die schelmischen Superhirne des Massachusetts Institute of Technology (MIT). Aktuelle Arbeiten des Instituts im Bereich der künstlichen Intelligenz werden u. a. im Rahmen der Ausstellung „Robots and Beyond" vorgestellt. Besucher machen Bekanntschaft mit Androiden wie dem aufmerksamen Cog oder dem freundlichen Kismet – und müssen dann entscheiden, ob diese menschenähnlichen Roboter schlauer als ihre echten Vorbilder sind.

Harvard Museum of Natural History MUSEUM

(Karte S. 202; www.hmnh.harvard.edu; 26 Oxford St; Erw./Kind/Stud. 12/8/10 US$; ⌚ 9–17 Uhr; 👪; 🚌 86, Ⓣ Harvard) Berühmt ist dieses Museum vor allem für seine botanische Sammlung, die auch ca. 3000 mundgeblasene Blumen und Pflanzen aus Glas umfasst – komplex gestaltete Beispiele für einen eindrucksvollen Mix aus Kunst und Wissenschaft. Die Stücke der vergleichsweise kleineren Zusatzausstellung „Sea Creatures in Glass" stammen von denselben Künstlern. Die zoologischen Säle nebenan beeindrucken mit zahllosen Fossilien und Tierpräparaten (darunter zusammengesetzte Skelette). Weitere coole Ausstellungen widmen sich Gliederfüßern, funkelnden Edelsteinen und dem Klimawandel.

Peabody Museum of Archaeology & Ethnology MUSEUM

(Karte S. 202; www.peabody.harvard.edu; 11 Divinity Ave; Erw./Kind/Stud. 12/8/10 US$; ⌚ 9–17 Uhr; 🚌 86, Ⓣ Harvard) Herzstück dieses Museums ist die eindrucksvolle Hall of the North American Indian: Hier erfahren Besucher, wie Nordamerikas Ureinwohner auf die europäische Einwanderung (15.–18. Jh.) reagierten. Die anderen Ausstellungen beleuchten indigene Kulturen auf dem übrigen amerikanischen Kontinent. Sehr faszinierend ist dabei u. a. der Vergleich zwischen den Höhlen- bzw. Wandbildern der Awatovi (New Mexico), Maya (Guatemala) und Moche (Peru).

Aktivitäten

Angesichts der Studentenscharen und großen Grünflächen in Boston überrascht es kaum, dass hier viele urbane Outdoorfans auf der Esplanade joggen oder durch das Emerald Necklace radeln. Der Charles River und der Boston Harbor bieten verschiedene Möglichkeiten für Wasserratten (Kajakfahren, Segeln und sogar Schwimmen).

★ Freedom Trail STADTSPAZIERGANG

(Karte S. 206; www.thefreedomtrail.org; Ⓣ Park St) Der rote Backsteinpfad (4 km) durch die Innenstadt passiert Bostons wichtigste Sehenswürdigkeiten aus der Zeit der amerikanischen Revolution. Zwischen dem Boston Common und dem Bunker Hill Monument portraitiert er dabei die örtlichen Ereignisse vor und nach dem Amerikanischen Unabhängigkeitskrieg. Die gut ausgeschilderte Route erfordert keinen Guide. Details zum Stadtspaziergang gibt's auf S. 213.

Codzilla BOOTFAHREN

(Karte S. 206; www.bostonharborcruises.com/codzilla; 1 Long Wharf; Erw./Kind 29/25 US$; ⌚ Mai–Anfang Okt., wechselnde Zeiten; T Aquarium) „Bootfahren" ist wohl ein zu harmloses Wort für die Trips mit diesem Schnellboot, das dank 2800 PS ein Höchsttempo von bis zu 64 km/h erreicht. Die spezielle Rumpfkonstruktion wird am Bug von einem breiten Haigrinsen geziert und meistert auch die heftigsten Meereswellen.

Boston Harbor Cruises BOOTFAHREN
(BHC; Karte S. 206; ☎617-227-4321; www.bostonharborcruises.com; 1 Long Wharf; Erw./Kind 29/25 US$; T Aquarium) Nach eigenen Angaben ist BHC die älteste und größte Passagierbootfirma der USA. Im Sommer veranstaltet das Unternehmen pro Tag über 300 Fahrten mit 50 verschiedenen Kähnen. Das riesige Angebot beinhaltet u. a. Walbeobachtungen, Sonnenuntergangstrips, Wochenendausflüge zu Leuchttürmen und eine schlichte Historic Sightseeing Tour durch den Inner Harbor.

Geführte Touren

Boston by Foot STADTSPAZIERGANG
(www.bostonbyfoot.com; Erw./Kind 15/10 US$;) Die Stadtspaziergänge (jeweils 90 Min.) der gemeinnützigen Organisation widmen sich bestimmten Stadtvierteln bzw. Themen (z. B. „Hub of Literary America", „Dark Side of Boston"). Die Variante „Boston by Little Feet" bereitet den Freedom Trail kindgerecht auf.

Black Heritage Trail STADTSPAZIERGANG
(Karte S. 206; www.nps.gov/boaf; ⏲ Juli & Aug. Mo–Sa 10, 12 & 13 Uhr; T Park St) Die super Stadtspaziergänge (90 Min.) unter der Leitung des NPS beleuchten die Geschichte der Sklavenbefreiung in den USA und erkunden die afroamerikanische Siedlung auf dem Beacon Hill. Die informativen Trips starten jeweils am Robert Gould Shaw Memorial im Boston Common. Wer lieber auf eigene Faust loszieht, lädt sich die NPS-App zum Freedom Trail herunter (www.nps.gov/bost/planyourvisit/app.htm) und/oder holt sich einen Routenplan beim **Museum of African American History** (Karte S. 206; www.maah.org; 46 Joy St; Erw./Kind 5 US$/frei; ⏲ Mo–Sa 10–16 Uhr; T Park St, Bowdoin).

Boston Duck Tours BOOTFAHREN
☎617-267-3825; www.bostonducktours.com; Erw./Kind 39,50/27 US$; ; T Aquarium, Science Park, Prudential) Die ungemein beliebten Trips mit Amphibienfahrzeugen aus dem Zweiten Weltkrieg führen zunächst durch die Straßen der Innenstadt und dann hinaus auf den Charles River. Die 80-minütigen Fahrten beginnen am Museum of Science, dem Prudential Center oder dem New England Aquarium. Im Voraus reservieren!

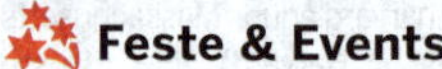

Feste & Events

★ **Boston Marathon** SPORT
(www.baa.org; ⏲ 3. Mo im April) Der Boston Marathon am Patriots Day, einem Feiertag (3. Mo im April) in Massachusetts, ist einer der prestigeträchtigsten des Landes. Der 42,16 km lange Lauf endet am Copley Sq.

Boston Pride Festival SCHWULE & LESBEN
(☎617-262-9405; www.bostonpride.org; ⏲ Juni) Während der ersten kompletten Juniwoche feiert Boston wie andere US-Großstädte dieses LGBT-Festival, das hier stets mit dem Hissen der Regenbogenflagge auf der City Hall Plaza beginnt. Das Programm mit täglichen Events gipfelt in der Pride Parade and Festival am zweiten Samstag im Juni.

Independence Day KULTUR
(www.bostonpopsjuly4th.org; ⏲ 4. Juli) Am Unabhängigkeitstag steigt in Boston eine der größten Partys der USA. Die Boston Pops geben auf der Esplanade ein Gratiskonzert, und das Feuerwerk wird landesweit im Fernsehen übertragen.

Schlafen

Bostons großes Unterkunftsangebot reicht von einladenden Pensionen in historischen Vierteln bis hin zu Nobelhotels mit allen Annehmlichkeiten. Obwohl dies eine Universitätsstadt ist, gibt's hier überraschend wenig kostengünstige Bleiben für Backpacker und Budgetreisende.

HI-Boston HOSTEL $
(Karte S. 206; ☎617-536-9455; www.bostonhostel.org; 19 Stuart St; B ab 40 US$, DZ mit Bad ab 170 US$; ; T Chinatown, Boylston) Mit seinem modernen, umweltschonenden Standort im historischen Dill Building bildet das HI-Boston die Bezugsgröße für die Hostels der Stadt. Die eigens für diesen Zweck geschaffenen Zimmer und die zugehörigen Gemeinschaftsbäder sind komfortabel und sauber. Zu den vielen Gemeinschaftseinrichtungen gehören eine komplett ausgestattete Küche und das trendige Café im Erdgeschoss. Jede Menge Aktivitäten werden außerdem angeboten.

Irving House at Harvard PENSION $$
(Karte S. 202; ☎617-547-4600; www.irvinghouse.com; 24 Irving St; Zi. mit/ohne Bad ab 255/155 US$;

P ❄ @ 📶; T Harvard) Die große Pension – oder das heimelige Hotel – ist das Richtige für weit gereiste Traveller. Die 44 verschieden großen Zimmer haben Betten mit Steppdecken und große Fenster, durch die viel Licht fällt. Im Untergeschoss mit seinen Ziegelwänden herrscht Bistro-Atmosphäre: Man stöbert in den dortigen Büchern, plant seine Reise oder genießt das kostenlose kontinentale Frühstück.

★ Liberty Hotel HOTEL **$$$**
(Karte S. 206; ☎ 617-224-4000, 866-961-3778; www.libertyhotel.com; 215 Charles St; Zi. ab 515 US$; P ❄ 📶; T Charles/MGH) Absichtliche Ironie: Das berüchtigte Charles Street Jail beherbergt heute das luxuriöse Liberty Hotel, dessen grandiose Lobby eine Deckenhöhe von 27 m hat. Die 298 Zimmer warten mit hochwertiger Bettwäsche und Hightech-Extras auf. 18 der Zimmer befinden sich im originalen Gefängnisflügel und besitzen deckenhohe Fenster mit Traumblick auf den Charles River bzw. Beacon Hill.

★ Verb Hotel BOUTIQUEHOTEL **$$$**
(Karte S. 202; ☎ 617-566-4500; www.theverbhotel.com; 1271 Boylston St; Zi. 349–399 US$; P ❄ 📶 🏊 🐾; T Kenmore) Aus einem heruntergekommenen Kettenhotel ist Bostons rockigstes Retro-Hotel geworden. Musik ist das Thema, im Stil hält es sich an den Modernismus der Mitte des vorigen Jahrhunderts. Überall finden sich Erinnerungsstücke, und im Foyer dudelt die Jukebox. Die Zimmer haben Klasse und klare Linien und blicken entweder auf den Pool oder den Fenway Park. Service und Stil verdienen eine 1+.

Newbury Guest House PENSION **$$$**
(Karte S. 202; ☎ 617-670-6000, 800-437-7668; www.newburyguesthouse.com; 261 Newbury St; DZ ab 269 US$; P ❄ 📶; T Hynes, Copley) Diese Pension erfreut sich einer super Lage am mittleren Abschnitt der Newbury St. Ihre drei miteinander verbundenen Gebäude von 1882 bestehen aus Backstein und rötlich-braunem Sandstein. Bei der kürzlichen Renovierung sind die zauberhaften historischen Elemente (z. B. offene Zimmerkamine und Deckenornamente) erhalten geblieben. Die Quartiere punkten nun aber auch mit klaren Linien, feiner Bettwäsche und modernen Extras.

Omni Parker House HISTORISCHES HOTEL **$$$**
(Karte S. 206; ☎ 617-227-8600; www.omnihotels.com; 60 School St; Zi. ab 345 US$; P ❄ 📶 🐾; T Park St) Das Parker House ist äußerst geschichtsträchtig: John F. und Jackie Kennedy verlobten sich in diesem Hotel. Malcolm X arbeitete hier als Hilfskellner, Ho Chi Minh als Konditor. Und unter demselben Dach wurde auch noch die Bostoner Cremetorte (offizielles Staatsdessert von Massachusetts) erfunden. Die komfortablen Zimmer erfreuen sich einer unschlagbaren Lage im Herzen des Freedom Trail.

Essen

Beacon Hill & Boston Common

★ Tatte BÄCKEREI **$**
(Karte S. 206; www.tattebakery.com; 70 Charles St; Backwaren ab 3 US$; ⊙ Mo–Fr 7–20, Sa 8–20, So 8–19 Uhr; T Charles/MGH) Hier reicht die Warteschlange bis auf die Straße: Die tolle Bäckerei im Untergeschoss des Charles Street Meeting House empfängt Kunden mit herrlichem Butterduft. Köstlichkeiten wie himmlische Frühstücksbrötchen mit Zimt, Schoko-Haselnuss-Stangen oder Sandwiches mit Pilzen und Avocados laden zum Schwelgen ein. Noch besser schmeckt's, wenn man einen Tisch auf der sonnigen Vorderterrasse ergattern kann.

★ Paramount CAFETERIA **$$**
(Karte S. 206; www.paramountboston.com; 44 Charles St; Hauptgerichte morgens & mittags 8–15 US$, abends 17–24 US$; ⊙ Mo–Fr 7–22, Sa & So 8–22 Uhr; 🖉 👪; T Charles/MGH) Die altmodische Cafeteria ist in dem Viertel sehr beliebt. Es gibt sehr gute einfache Speisen wie Pfannkuchen, Bratkartoffeln, Burger, Sandwiches und herzhafte Salate. Zum Brunch sind Arme Ritter mit Bananen und Karamell angesagt. Erst hinsetzen, wenn man sein Essen geholt hat!

Innenstadt & Uferbereich

Gene's Chinese Flatbread CHINESISCH **$**
(Karte S. 206; 86 Bedford St; Sandwiches 4,50 US$, Hauptgerichte 6–11 US$; ⊙ Mo–Sa 11–18.30 Uhr; T Chinatown) Chinesische Restaurants außerhalb von Chinatown (in diesem Fall nur ein paar Blocks entfernt) werden von uns generell nur sehr selten empfohlen. Doch der Abstecher zu diesem unscheinbaren Lokal in einer Ladenzeile lohnt sich wirklich: Hier locken u. a. Nudeln im Xi'an-Stil. Besonders beliebt sind die Gerichte Nr. 9 (Lammfleisch mit Kreuzkümmel plus von Hand hergestellte Nudeln) und Nr. 4 (Fladenbrot-Sandwich mit Schweinefleisch).

James Hook & Co SEAFOOD $$

(Karte S. 206; www.jameshooklobster.com; 15–17 Northern Av; Hummerbrötchen 20–24 US$; ⏲ Mo–Do & Sa 10–17, Fr 10–18, Sa 10–16 Uhr) Lust auf spitzenmäßige Hummerbrötchen in Zentrumsnähe? Dann ist der schlichte Seafood-Schuppen am Hafen genau die richtige Adresse. Nahe der Brücke zum Seaport District warten hier Tische im Freien, die an Sonnentagen perfekt für ein Mittagessen zwischen Museumsbesuchen sind.

Union Oyster House SEAFOOD $$$

(Karte S. 206; www.unionoysterhouse.com; 41 Union St; Hauptgerichte mittags 14–26 US$, abends 22–32 US$; ⏲ So–Do 11–21.30, Fr & Sa bis 22 Uhr; Ⓣ Haymarket) Das älteste Restaurant in Boston, das Union Oyster House, serviert schon seit 1826 in diesem roten Ziegelhaus Meeresfrüchte. Historische Persönlichkeiten wie Daniel Webster und John F. Kennedy haben hier schon an der Bar gesessen (Kennedy soll vor allem die Hummercremesuppe gemocht haben). Der Laden ist überteuert, aber stimmungsvoll.

West End & North End

Maria's Pastry BÄCKEREI $

(Karte S. 206; www.mariaspastry.com; 46 Cross St; Backwaren 2–5 US$; ⏲ Mo–Sa 7–19, So bis 17 Uhr; ✎; Ⓣ Haymarket) Drei Italienerinnen (Tochter, Mutter und Großmutter) aus Merola produzieren das authentischste italienische Gebäck der ganzen Stadt. Viele behaupten, dass Maria die besten Cannoli im North End machen würde. Das Angebot umfasst aber auch komplexere Kreationen wie *sfogliatelle* (muschelförmige Blätterteigtaschen mit Ricottafüllung) oder *aragosta* („Hummerschwänze"; mit einer Füllung aus Konditorcreme).

★ Pomodoro ITALIENISCH $$

(Karte S. 206; ☎ 617-367-4348; 351 Hanover St; Hauptgerichte 23–24 US$; ⏲ Mo–Fr 17.30–23; Ⓣ Haymarket) Das verlockende Pomodoro ist eines der romantischsten Lokale im North End mit leckerer italienischer Küche. Das Essen ist einfach, aber perfekt zubereitet: frische Pasta, würzige Tomatensauce, Fisch und Fleisch vom Grill und offene Weine. Wer Glück hat, bekommt noch etwas von dem kostenlosen Tiramisu zum Nachtisch ab.

Seaport District

Yankee Lobster Co SEAFOOD $

(www.yankeelobstercompany.com; 300 Northern Ave; Hauptgerichte 10–25 US$; ⏲ Mo–Sa 10–21, So 11–18 Uhr; 🚌 SL1, SL2, Ⓣ South Station) Angehörige der Familie Zanti sind seit drei Generationen Fischer – sie kennen sich also mit Meeresfrüchten bestens aus. Ein ziemlich neuer Zuwachs ist dieser Fischladen, in dem auch ein paar Tische stehen, wenn man gleich hier essen will. Und das sollte man auch tun. Wer etwas Einfaches wie einen Muscheleintopf oder ein Hummerbrötchen und ein kaltes Bier bestellt, wird nicht enttäuscht werden.

★ Row 34 SEAFOOD $$

(Karte S. 206; ☎ 617-553-5900; www.row34.com; 383 Congress St; Austern 2–3 US$, Hauptgerichte 13–29 US$; ⏲ So–Do 11.30–22, Fr & Sa bis 23 Uhr; Ⓣ South Station) Diese Bar liegt im Herzen des neuen Seaport District. In einem schnittigen Gewerbeambiente gibt's hier ein Dutzend verschiedene rohe Austern und Muscheln und eine überzeugende Auswahl an Kleinbrauereibieren sowie eine ganze Karte mit gekochten und gebratenen Meeresfrüchten, mal auf traditionelle, mal auf trendige Art.

South End & Chinatown

Taiwan Cafe TAIWANESISCH $

(Karte S. 206; www.taiwancafeboston.com; 34 Oxford St; Hauptgerichte 6–16 US$; ⏲ 11–1 Uhr; ✎; Ⓣ Chinatown) Das Taiwan Cafe liegt etwas abseits der Hauptstraße, was die Wartezeit potenziell reduziert. Unter den taiwanesischen Spezialitäten auf der Karte sind z. B. hervorragende Teigtaschen mit einer Füllung aus Fleisch und Brühe. Stammgäste loben besonders die Pfannkuchen mit Roastbeef und Schalotten. Wie die meisten anderen Lokale in Chinatown ist der Laden günstig und kaum dekoriert. Nur Barzahlung.

Winsor Dim Sum Cafe CHINESISCH $

(Karte S. 206; 10 Tyler St; Dim Sum ab 3,50 US$, andere Gerichte 7–14 US$; ⏲ 9–22 Uhr; ✎; Ⓣ Chinatown) Dieser schlichte Lokalfavorit in Chinatown empfiehlt sich vor allem wegen seiner Garnelenklöße und Sandwiches mit gedünstetem Schweinefleisch. Leider gibt's keine Direktauswahl per Servierwagen – der Laden ist zu klein dafür! Daher muss man sein Essen anhand von Fotos auf der Speisekarte bestellen. Das macht aber nichts: Die Gerichte sind lecker und stets frisch zubereitet.

★ Myers & Chang ASIATISCH $$

(Karte S. 202; ☎ 617-542-5200; www.myersandchang.com; 1145 Washington St; kleine Gerichte 9–19 US$; ⏲ So–Do 11.30–22, Fr & Sa bis 23 Uhr;

; SL4, SL5, T Tufts Medical Center) Das super hippe Asia-Restaurant kredenzt einen kulinarischen Mix aus Thailand, China und Vietnam. So gibt's hier leckere Klöße, Pikantes aus dem Wok und natürlich jede Menge Nudeln. Wer möglichst viel durchprobieren will, freut sich über die zahlreichen kleinen Gerichte. Optimal für Dim Sum am Abend.

Back Bay

Sweetgreen VEGETARISCH $
(Karte S. 202; 617-936-3464; www.sweetgreen.com; 659 Boylston St; Hauptgerichte 7–13 US$; 10.30–22.30 Uhr; ; T Copley) Vegetarier, Gesundheitsfanatiker, Glutenhasser und alle anderen Menschen lieben die köstliche Küche dieses Lokals. Gäste können hier Salate und Wraps bei Bedarf auch selbst zusammenstellen. Alternativ lässt man sich von einem der schmackhaften und frisch zubereiteten Kombigerichte (teils mit regionalen Spezialitäten) überraschen. Rundum zu empfehlen.

★ **Courtyard** AMERIKANISCH $$$
(Karte S. 202; 617-859-2251; www.thecateredaffair.com/bpl; 700 Boylston St; Nachmittagstee Erw./Kind 39/19 US$, inkl. Sekt 49 US$; Mo–Sa 11.30–15 Uhr; T Copley) Kaum zu glauben, aber die Boston Public Library ist die beste Adresse für Nachmittagstee in eleganter Atmosphäre: Am Rand eines schönen Innenhofs mit italienischem Touch schenkt dieses Nobelrestaurant allerlei Schwarz-, Grün- und Kräuterteesorten aus. Dazu gibt's kunstvoll gemachte Sandwiches, Scones und Süßigkeiten sowie optional auch ein Glas Sekt. Vor allem für den Samstag unbedingt rechtzeitig reservieren!

Kenmore Square & Fenway

El Pelon MEXIKANISCH $
(Karte S. 202; www.elpelon.com; 92 Peterborough St; Tacos 4 US$, Burritos 6–8 US$; 11–23 Uhr; ; T Fenway) Bei kleinem Geldbeutel und großem Hunger hilft das El Pelon: Bostons beste Burritos, Tacos und Tortas werden in diesem Restaurant aus super frischen Zutaten hergestellt. Besonders lecker sind die *tacos de la casa* – vor allem die *pescado*-Variante mit isländischem Dorsch und Chili-Mayonnaise. Die Gäste essen mit Plastikbesteck von Papptellern.

Tasty Burger BURGER $
(Karte S. 202; www.tastyburger.com; 1301 Boylston St; Burger 5–6 US$; 11–2 Uhr; T Fenway) Vor dem retromäßigen Burgerschuppen in einer früheren Mobil-Tankstelle stehen Picknicktische; drinnen gibt's einen Pooltisch. Der Name des Lokals ist eine Hommage an *Pulp Fiction* – ebenso das Riesenposter von Samuel L. Jackson an der Wand. Dessen Filmcharakter hätte sicherlich zugestimmt: „Das ist ein leckerer Burger!"

Island Creek Oyster Bar SEAFOOD $$$
(Karte S. 202; 617-532-5300; www.islandcreekoysterbar.com; 500 Commonwealth Ave; Austern 2,50–3,50 US$, Hauptgerichte mittags 12–27 US$, abends 17–36 US$; Mo–Fr 16–23, Sa 11.30–23.30, So 10.30–23 Uhr; T Kenmore) Das Ziel des Island Creek ist es, „Bauernkost, gehobene Küche und Diner unter einem Dach" zu vereinen – und das in einem ätherisch anmutenden New-Age-Ambiente. Hier gibt's die besten Austern und Meeresfrüchte aus der Region. Die Spezialität – geschmorte Rippchen und gebratener Hummer auf Nudeln

SCHWULEN- & LESBENSZENE IN BOSTON

Bostons Schwulengemeinde ist in der ganzen Stadt aktiv (vor allem in South End und in Jamaica Plain).

So gibt's hier auch ein großes und vielfältiges Unterhaltungsangebot für die LGBTQ-Szene, das von Travestieshows bis hin zu Lesbenabenden reicht.

Größtes Jahresevent ist dabei die einwöchige Boston Pride (Juni; S. 214) mit Paraden, Partys, Festivals und dem Hissen der Flaggen.

Empfehlenswerte Infoquellen zur lokalen Schwulen- und Lesbenszene:

Bay Windows (www.baywindows.com) Die gedruckte Ausgabe dieser LGBTQ-Tageszeitung erscheint in ganz Neuengland. Die Website liefert ebenfalls hervorragende News und Infos.

Edge Boston (www.edgeboston.com) Bostoner Präsenz des Edge-Mediennetzwerks, das die LGBTQ-Szene landesweit mit News, Unterhaltung und lokalspezifischen Nightlife-Tipps (inklusive Kulturevents und Club-Reviews) versorgt.

mit Hummerrogen – erklärt, warum der Laden so beliebt ist.

Cambridge

Hokkaido Ramen Santouka JAPANISCH $

(Karte S. 202; www.santouka.co.jp/en; 1 Bow St; Hauptgerichte 11–17 US$; Mo–Do 11–21.30, Fr & Sa bis 22.30, So bis 21 Uhr; T Harvard) Die globale Restaurantkette serviert etwas schlichte Raffinesse à la Japan nun auch am Harvard Sq. Der freundliche und schnelle Service verköstigt einen mit rundum perfekten Ramen-Nudeln. Nicht wundern, wenn das Personal gelegentlich laute Rufe ausstößt: Hierbei handelt es sich um die Begrüßung bzw. Verabschiedung von Gästen auf traditionelle japanische Art.

★ **Life Alive** VEGETARISCH $

(Karte S. 202; www.lifealive.com; 765 Massachusetts Ave; Hauptgerichte 6–10 US$; Mo–Sa 8–22, So 11–19 Uhr; ; T Central) Dieses fröhliche Fastfood-Lokal verfolgt einen gesunden und nachhaltigen Ansatz: Hier gibt's ungewöhnliche Köstlichkeiten ohne tierische Zutaten – meist in Schüsseln (z. B. Salate) oder als Wraps.

Ausgehen & Nachtleben

Innenstadt & Uferbereich

Highball Lounge COCKTAILBAR

(Karte S. 206; www.highballboston.com; 90 Tremont St; Mo & Di 17–24, Mi–Sa bis 2 Uhr; T Park St) Ob Connect Four für Verliebte oder Jenga für Gruppen: Wer auf Gesellschaftsspiele aller Art steht, ist in der Highball Lounge goldrichtig. Auf der Karte stehen Biere aus der Region, einfallsreiche Cocktails und verführerische Snacks (z. B. Nachos aus frittierten Kartoffelbällchen oder knackiger Rosenkohl). Das Essen wird mit einem 3D-View-Master ausgewählt. Bis aufs Bechern fühlt man sich wieder wie ein Kind.

Seaport District

Harpoon Brewery & Beer Hall BRAUEREI

(www.harpoonbrewery.com; 306 Northern Ave; Schankraum So–Mi 11–19, Do–Sa bis 23 Uhr, Führungen Mo–Mi 12–17, Do–Sa 12–18, So 11.30–17.30 Uhr; SL1, SL2, T South Station) Bei den Führungen (1 Std., 5 US$) durch die größte Brauerei des Bundesstaats kann man auch deren Produkte probieren. Alternativ ist dies auch am Tresen der hauseigenen Bierstube möglich.

South End & Chinatown

★ **Beehive** COCKTAILBAR

(Karte S. 202; 617-423-0069; www.beehiveboston.com; 541 Tremont St; Mo–Mi 17–24, Do bis 1, Fr bis 2, Sa 9.30–2, So bis 24 Uhr; T Back Bay) Das Beehive im Kellergeschoss des Boston Center for the Arts erinnert an einen Pariser Jazzclub aus den 1920er-Jahren. Hier geht's mehr ums Ambiente als um die Musik, die oft von Studenten des Berklee College of Music gespielt wird. Der Vibe ist aber definitiv angesagt; das Essen geht ebenfalls in Ordnung. Tische müssen reserviert werden.

Back Bay

Club Café SCHWULENCLUB

(Karte S. 206; www.clubcafe.com; 209 Columbus Ave; 11–2 Uhr; T Back Bay) Der glamouröse Schwulenclub ist ein extravaganter Mix aus Disco, Café und Kabarett-Theater. Hier wird für jeden Geschmack etwas geboten: Sechsmal pro Woche gibt's Live-Kabarett im Napoleon Room. Im Hauptbereich mit Sitzgelegenheiten und Tanzfläche stehen Teepartys, Salsatanzen, Quizwettbewerbe, Karaoke, Bingo und klassische Disco-Abende auf dem Programm.

Kenmore Square & Fenway

Hawthorne COCKTAILBAR

(Karte S. 202; www.thehawthornebar.com; 500a Commonwealth Ave; 17–1 Uhr; T Kenmore) Die Cocktailbar mit Wohnzimmer-Stil lockt Bostons Schickeria ins Kellergeschoss vom Hotel Commonwealth. Auf vornehmem Mobiliar schlürft man individuell zubereitete Drinks.

Cambridge

★ **Beat Brasserie** BAR

(Karte S. 202; www.beatbrasserie.com; 13 Brattle St; Mo–Fr 16 Uhr–open end, Sa & So 10 Uhr–open end; T Harvard) Die attraktive Kundschaft des großen unterirdischen Bistros drängt sich um internationale Speisen, Cocktails mit Klasse und lauscht Livejazz und Blues. Der angesagte Treff bezieht sich zwar auf die Autoren der Beat-Generation und im Namen auf das heruntergekommene Pariser Motel, in dem sie wohnten, ist aber alles andere als abgerissen und schäbig.

★ **Lord Hobo** KLEINBRAUEREI

(Karte S. 202; www.lordhobo.com; 92 Hampshire St; Mo–Mi 16–1, Do & Fr bis 2, Sa 11–2, So bis 1

Uhr; T Central, Kendall/MIT) Fans von hochwertigen und von Hand gebrauten IPA-Bieren sollten sich schleunigst zu dieser unscheinbaren Kleinbrauerei an einer Straßenecke nördlich vom Central Sq begeben. Der Laden war zuerst nur ein lokaler Geheimtipp, gewann dann aber ungemein an Popularität. So liefert er seine Aushängeschilder (Hobo Life, Boom Sauce, Consolation Prize) heute bis hinunter nach Colorado.

☆ Unterhaltung

Boston Red Sox BASEBALL

(Karte S. 202; www.redsox.com; 4 Yawkey Way; Tickets unüberdachte Tribüne 10–45 US$, Haupttribüne 23–87 US$, Loge 38–189 US$; T Kenmore) Von April bis Oktober spielen die Red Sox im Fenway Park, dem ältesten und legendärsten Baseballstadion der USA. Einen weiteren nationalen Rekord halten leider die Preise für die stets heiß begehrten Tickets. An manchen Spieltagen gibt's Last-Minute-Karten (Verkaufsstart 90 Min. vor Spielbeginn).

★ Boston Symphony Orchestra KLASSISCHE MUSIK

(BSO; Karte S. 202; 617-266-1200; www.bso.org; 301 Massachusetts Ave; Tickets 30–145 US$; T Symphony) Die makellose Akustik passt zum ehrgeizigen Spielplan des weltbekannten Boston Symphony Orchestra. Von September bis April spielt das BSO für ein schick gekleidetes Publikum in der schönen Symphony Hall (S. 211), die eine hohe, ornamental verzierte Decke hat.

★ Red Room @ Café 939 LIVEMUSIK

(Karte S. 202; www.cafe939.com; 939 Boylston St; T Hynes) Das von Berklee-Studenten betriebene Red Room ist einer der besten, immer wieder Überraschungen bietenden Musikclubs in Boston. Es gibt hier eine ausgezeichnete Musikanlage und einen Stutzflügel. Das Wichtigste aber ist die bunte Mischung aus interessanten, aufstrebenden Musikern, die hier auftreten. Tickets kann man vorab im **Berklee Performance Center** (Karte S. 202; www.berklee.edu/bpc; 136 Massachusetts Ave; Tickets 8–58 US$; T Hynes) kaufen.

Lizard Lounge LIVEMUSIK

(www.lizardloungeclub.com; 1667 Massachusetts Ave; Eintritt 8–15 US$; So & Mo 19.30 Uhr–open end, Di–Sa 20.30 Uhr–open end; T Harvard) Dieser Kellerclub ist zugleich ein Rock- und Jazzschuppen. Hauptmagnet ist der Poetry Slam (So) mit Jazz vom Jeff Robinson Trio. Ebenfalls beliebt sind die Open-Mike Challenge (Mo) und die regelmäßigen Konzerte der populären Lokalband Club d'Elf. Die Bar serviert Pommes aus Süßkartoffeln zu hervorragenden Bieren aus Neuengland.

Im Kellergeschoss des Restaurants Cambridge Common liegt der Laden etwa 400 m nördlich vom Park Cambridge Common.

Shoppen

Converse SCHUHE

(Karte S. 202; www.converse.com; 348 Newbury St; Mo–Fr 10–19, Sa bis 20, So 11–18 Uhr; T Hynes) Gleich die Straße rauf, in Malden, MA, begann Converse 1908 Schuhe herzustellen. In den 1920er-Jahren stieß Chuck Taylor zum Team, und der Rest ist Geschichte. Dieses Outlet hat Sneakers, Jeans und andere Klamotten im Angebot. Die kultigen Schuhe gibt's in allen Farben und Mustern – und noch besser: Man kann sie sich in der Customization Area im 2. Stock auch nach eigenen Vorstellungen gestalten.

Three Wise Donkeys BEKLEIDUNG

(Karte S. 202; www.facebook.com/ThreeWiseDonkeys; 51 Gloucester St; Mo–Do 11–18, Fr & Sa bis 20, So 12–17 Uhr; T Hynes Convention Center) Cooles Konzept, tolle Designs und hochwertige Produkte – das ist das Erfolgsrezept dieses Ladens, der direkt mit den (teils einheimischen) Künstlern kooperiert, von denen die einzigartigen Werke an den Wänden stammen. Kunden können hier T-Shirts aus Bio-Baumwolle (Farbe und Schnitt wählbar) mit Designs ihrer Wahl bedrucken lassen, was jeweils insgesamt ca. 15 Minuten dauert.

Eugene Galleries ANTIQUITÄTEN

(Karte S. 206; www.eugenegalleries.com; 76 Charles St; Mo–Sa 11–18, So 12–18 Uhr; T Charles/MGH) Der winzige Laden führt eine bemerkenswerte Auswahl von alten Drucken und Karten, wobei der Schwerpunkt auf dem alten Boston liegt. Anhand von Plänen aus dem 18. und 19. Jh. lässt sich hier die historische Stadtentwicklung nachvollziehen – inklusive der Aufschüttung von Back Bay und

i PREISWERTE TICKETS

BosTix (www.bostix.org) verkauft vergünstigte Karten für Theatervorstellungen in ganz Boston und gewährt bei Online-Reservierung bis zu 25 % Rabatt. Bis zu 50 % Ermäßigung gibt's bei Theater-Tickets für denselben Tag (persönliches Abholen erforderlich).

der Begrünung Bostons. Die historischen Drucke mit örtlichen Wahrzeichen sind klasse Souvenirs der altmodischen Art.

Praktische Informationen

Greater Boston Convention & Visitors Bureau (www.bostonusa.com) Die Website liefert u. a. viele Infos zu Hotels, Restaurants, Sonderveranstaltungen, LGBTQ-Adressen und Besuchen mit Kindern.

Boston Harbor Islands Pavilion (Karte S. 206; www.bostonharborislands.org; Rose Kennedy Greenway; Mitte Mai–Juni & Sept.–Anfang Okt. 9–16.30 Uhr, Juli & Aug. 9–18 Uhr; ; T Aquarium) In perfekter Lage am Rose Kennedy Greenway gibt's alle relevanten Infos für die Planung von Trips zu den Boston Harbor Islands. Neben dem Zentrum befindet sich die interessante Skulptur *Harbor Fog*, die Passanten optisch und visuell in den Hafen versetzt.

Cambridge Visitor Information Kiosk (Karte S. 202; 617-441-2884; www.cambridge-usa.org; Harvard Sq; Mo–Fr 9–17, Sa & So bis 13 Uhr; T Harvard) Aktuelle und detaillierte Lokalinformationen zu Cambridge plus Broschüren für Stadtspaziergänge auf eigene Faust.

Massachusetts Office of Travel & Tourism (www.massvacation.com) Erteilt Infos zu Events bzw. Aktivitäten im ganzen Bundesstaat und gibt einen super Öko-Touristenführer heraus.

National Park Service Visitors Center (NPS; Karte S. 206; www.nps.gov/bost/faneuil-hall-vc.htm; Faneuil Hall; 9–18 Uhr; T State) Liefert viele Infos zu den Sehenswürdigkeiten am Freedom Trail und ist Startpunkt der kostenlosen **NPS Freedom Trail Tour** (Karte S. 206; www.nps.gov/bost; Faneuil Hall; Juli–Sept. 10–15 Uhr stündl.; T State). Der NPS betreibt ein weiteres Visitor Center am **Charlestown Navy Yard** (Karte S. 202; www.nps.gov/bost; Mai–Sept. Di–So 9–17 Uhr, Okt.–April Do–So 13–17 Uhr; 93 ab Haymarket, Inner Harbor Ferry ab Long Wharf, T North Station).

An- & Weiterreise

Die meisten Traveller erreichen und verlassen Boston per Flieger über den **Logan International Airport** (800-235-6426; www.massport.com/logan), an dem häufig In- und Auslandsverbindung besteht. Die Alternativen sind der Manchester Airport in New Hampshire und der Green Airport bei Providence (Rhode Island): Diese beiden kleineren Regionalflughäfen bieten ebenfalls guten Anschluss nach Boston; zudem sind Flüge dorthin teilweise günstiger.

Die meisten Amtrak-Züge (www.amtrak.com) halten an Bostons **South Station** (Karte S. 206; www.south-station.net; 700 Atlantic Ave), die der nördliche Endbahnhof des Northeast Corridor ist. Diese Bahnstrecke bietet regelmäßige Verbindung nach NYC (3½–4½ Std.), Philadelphia (Pennsylvania; 5–6 Std.) und Washington, DC (6¾–8 Std.). Der *Lake Shore Limited* fährt täglich ab der South Station nach Buffalo (New York State; 11 Std.) und Chicago (22 Std.). Ab der North Station rollt der *Downeaster* nach Portland (Maine; 2½ Std.).

Ziele im Großraum Boston sind am besten mit Regionalbussen zu erreichen. Parallel verbindet Greyhound (www.greyhound.com) die Stadt mit den übrigen USA. Seit einigen Jahren fahren auch ein paar neue Busfirmen günstig und gut organisiert von Boston nach New York City (4–5 Std.).

Flüge, Mietwagen und geführte Touren lassen sich online unter lonelyplanet.com/bookings buchen.

Unterwegs vor Ort

VOM/ZUM FLUGHAFEN

Boston Logan International Airport Von 5.30 bis 0.30 Uhr fahren Busse der Silver Line (gratis) und U-Bahnen der Blue Line (2,25–2,75 US$) ins Zentrum von Boston. Die Alternative sind Taxis (25–30 US$).

Manchester Airport Shuttlebusse der Flight Line Inc fahren stündlich zum Logan International Airport (Reservierung erforderlich). Zudem besteht unregelmäßig eine Greyhound-Busverbindung zur South Station im Zentrum, wo auch die U-Bahnen der Red Line halten.

Green Airport Pendlerzüge zur South Station (12 US$).

ÖFFENTLICHER NAHVERKEHR

T (U-Bahn) Schnellste und bequemste Option zu den meisten Zielen in Boston (Betriebszeit von 5.30 oder 6 Uhr bis 0.30 Uhr).

Hubway Städtisches Bikesharing-Programm mit 1600 Leihfahrrädern an 185 Stationen.

MBTA-Stadtbusse Ergänzen das U-Bahn-Netz.

Nordwestlich von Boston

Lexington

Der belebte Nobelvorort Lexington liegt 18 Meilen (29 km) von Bostons Zentrum entfernt. Zwischen weißen Kirchen und historischen Kneipen parken Tourbusse rund um die Dorfwiese, auf der am 19. April 1775 das berühmte Scharmützel zwischen den Minutemen und den britischen Truppen stattfand – der Auftakt zum Amerikanischen Unabhängigkeitskrieg. Immer am 19. April wird das Ereignis am Originalschauplatz aufwendig von Historikern und Patrioten nachgestellt, die mit historischen Kostümen und Gewehren ausstaffiert sind.

Dieses Stück Lokalgeschichte wird hier auch ansonsten gefeiert und bewahrt, steht aber in starkem Kontrast zur friedvollen und fast biederen Idylle der heutigen Ortschaft: Ein paar Blocks von der Dorfwiese entfernt wähnt man sich irgendwo in den USA – auf den Anfang von Amerikas Unabhängigkeit weist dort kaum etwas hin. Allerdings hat Lexington eine nette Hauptstraße mit Restaurants, Läden und eindrucksvoller georgianischer Architektur an beiden Enden.

★Minute Man National Historic Park PARK

(www.nps.gov/mima; 3113 Marrett Rd; April–Okt. 9–17 Uhr;) GRATIS Durch diesen Park verläuft die Route, auf der die britischen Truppen einst gen Concord vorrückten. Das Visitor Center am östlichen Ende zeigt eine multimediale Präsentation, die viele Infos zu Paul Reveres Ritt und den darauf folgenden Schlachten liefert. Deren Schauplätze sind auf dem Gelände über die Battle Rd (8 km) miteinander verbunden. Dieser Waldweg verläuft von der Meriam's Corner (wo sich die Briten unter amerikanischem Beschuss zurückzogen) bis zur Stelle von Paul Reveres Gefangennahme.

Der Park liegt rund 2 Meilen (3,2 km) westlich von Lexingtons Zentrum an der Rte 2A.

Concord

Am 18. April 1775 marschierten britische Truppen von Boston aus gen Westen, um nach einem versteckten Waffenlager der Kolonialisten zu suchen. Am nächsten Morgen lieferten sie sich in Lexington eine Auseinandersetzung mit den Minutemen und zogen danach weiter nach Concord. An der dortigen North Bridge entbrannte dann zwischen Rotröcken und Freiheitskämpfern die erste echte Schlacht des Amerikanischen Unabhängigkeitskriegs.

Concord ist heute ein würdevolles Städtchen, in dem hohe weiße Kirchtürme zwischen alten Eichen, Ulmen und Ahornbäumen emporragen. Auch hier weist allgemein kaum etwas auf die revolutionären Aktivitäten vor mehreren Jahrhunderten hin. Besucher können vielmehr leicht nachvollziehen, warum sich Schriftsteller wie Ralph Waldo Emerson, Nathaniel Hawthorne, Henry David Thoreau und Louisa May Alcott von diesem Ort inspirieren ließen. Concord war auch die Heimat des berühmten Bildhauers Daniel Chester French, dem Schöpfer des Lincoln Memorial in Washington D.C.

Der Patriots' Day (www.lexingtonma.gov/patriotsday) wird hier mit viel Begeisterung gefeiert. Eintauchen in die Lokalgeschichte ermöglichen ansonsten auch die vielen örtlichen Attraktionen mit literarischem Bezug.

Sehenswertes & Aktivitäten

★Old North Bridge HISTORISCHE STÄTTE

(www.nps.gov/mima; Monument St; Sonnenaufgang–Sonnenuntergang) GRATIS Die Holzbrücke im Zentrum von Concord, 800 m nördlich vom Monument Sq, war der Schauplatz des „Schusses, den die ganze Welt hörte", wie das Emerson im Gedicht *Concord Hymn* formulierte. Hier schossen die aufgebrachten Minutemen auf britische Truppen und zwangen sie zum Rückzug nach Boston. Daniel Chester Frenchs Statue *Minute Man* blickt von der anderen Seite der Brücke auf den Park.

★Sleepy Hollow Cemetery FRIEDHOF

(www.friendsofsleepyhollow.org; Bedford St) Auf diesem Friedhof ruhen Concords berühmteste Einwohner. Der Eingang liegt nur einen Block östlich des Monument Sq. Wer den interessantesten Bereich namens **Authors' Ridge** besichtigen will, muss jedoch einen Fußmarsch (15 Min.) entlang der Bedford St unternehmen. Aber es lohnt sich: Dort liegen Henry David Thoreau und seine Familie begraben – ebenso die Alcotts, die Hawthornes und Ralph Waldo Emerson, dessen großes Grabmal aus einem unbehauenen Rosenquarzbrocken ein passendes Symbol für den Transzendentalismus ist.

An- & Weiterreise

Ab Boston fahren Pendlerzüge der MBTA (www.mbta.com) nach Concord.

Lexington ist per Bus erreichbar (außer So). Der Besuch des Minute Man National Historic Park erfordert jedoch ein eigenes Auto.

Rund um Boston

Salem

Salems Name beschwört Bilder von teuflischer Hexerei und Verbrennungen auf dem Scheiterhaufen herauf. Die berüchtigten Hexenprozesse von 1692 sind Teil der nationalen Erinnerung. Ihr Image pflegt die „Hexenstadt" vor allem zu Halloween: Dann wirft sich hier jedermann für Paraden und Partys in Schale, während die Läden allen möglichen Hexenkram verkaufen.

All dies verschleiert aber den wahren Grund für den Ruhm der Stadt: Salem erlebte vor allem eine Blütezeit als Seehafen des Fernosthandels. Elias Hasket Derby, Amerikas erster Millionär, erbaute hier die Derby Wharf, die heute das Herz der Salem Maritime National Historic Site bildet.

Das moderne Salem ist ein Bostoner Vorort, in dem Pendler aus der Mittelschicht in beneidenswerter Lage am Meer wohnen. Doch egal ob Hexen, Schiffe oder Kunst – die facettenreiche Lokalgeschichte und -kultur sind nach wie vor faszinierende Touristenmagneten.

Ab der North Station in Boston fahren MBTA-Pendlerzüge (www.mbta.com) entlang der Rockport/Newburyport Line zum Salem Depot (7,50 US$, 30 Min.). Von Montag bis Freitag verkehren morgens und abends die Züge zur Hauptverkehrszeit alle 30 Minuten, den restlichen Tag über stündlich und am Wochenende noch seltener.

Plymouth

Plymouth zelebriert sich als „America's Hometown", denn hier gingen im Winter 1620 die Pilgerväter auf ihrer Suche nach einem Ort, an dem sie ihre Religion ohne Behinderung durch die Regierung frei ausüben konnten, an Land. Ein nichtssagender, verwitterter Granitfelsen – der berühmte Plymouth Rock – markiert die Stelle, an der sie angeblich zum ersten Mal das fremde Land betraten. Viele Museen und historische Gebäude in den umliegenden Straßen erinnern an ihre Kämpfe, Opfer und Siege.

Ab der South Station in Boston nimmt man einen der MBTA-Pendlerzüge (www.mbta.com) zum Bahnhof am Cordage Park in Plymouth (11,50 US$, 90 Min., 3- bis 4-mal tgl.). Mit PAL besteht dort Busanschluss zum Zentrum.

Cape Cod

Malerische Fischerdörfer, kitschige Touristenfallen und vornehme Kleinstädte – Cape Cod besitzt viele Facetten, die jeweils ihre eigenen Fans haben. Die Cape Cod Bay auf der ruhigeren Nordseite des Kaps ist dank der sanften Wellen bei Familien mit Kindern populär. Gestresste Studenten strömen abends zum Feiern nach Falmouth oder Wellfleet. Und egal ob Kunstliebhaber, Walbeobachter, Schwule oder Lesben: Das beliebte Provincetown bietet für fast jeden Geschmack etwas.

Anreise & Unterwegs vor Ort

Cape Cod lässt sich am besten mit einem eigenen Fahrzeug erkunden. Eine Alternative sind die Regionalbuslinien der Cape Cod Regional Transport Authority (Fahrplan- und Routendetails unter www.capecodrta.org) – im Sommer ergänzt durch Zusatzverbindungen nach Falmouth, Hyannis und Provincetown.

Sandwich

Sandwich ist die älteste Stadt des Kaps (gegr. 1637) und vermittelt einen perfekten ersten Eindruck, wenn man vom Festland her über den Kanal anreist. Der Weg führt dann am besten direkt in den Ortskern: Weiße Kirchtürme, historische Wohnhäuser und eine bewirtschaftete Getreidemühle umgeben dort einen idyllischen Schwanenteich.

Sehenswertes

★ Heritage Museums & Gardens MUSEUM, GARTEN

(☎ 508-888-3300; www.heritagemuseumsandgardens.org; 67 Grove St; Erw./Kind 18/8 US$; ⌚ Mitte April–Mitte Okt. 10–17 Uhr; 👪) Dieses Museum ist ein Spaß für Groß und Klein: Auf dem 40 ha großen Gelände warten u.a. ungewöhnliche Sammlungen von Volkskunst, ein historisches Karussell aus dem Jahr 1908 (Fahrten im Eintritt enthalten) und ein runder Schuppen im Shaker-Stil, der einen tollen Oldtimer-Fuhrpark beherbergt. Hinzu kommt einer von Amerikas schönsten Rhododendrongärten, dessen zahllose „Rhodies" von Mitte Mai bis Mitte Juni in voller Farbenpracht erstrahlen. Und dank des neuen **Adventure Park** (☎ 508-866-0199; www.heritageadventurepark.org; Tickets 34–45 US$/2 Std.; ⌚ Juni & Juli 8–20 Uhr, Aug. 8–19 Uhr, Mitte April–Mai & Sept.–Mitte Nov. kürzere Öffnungszeiten; 👪) kommen auch Adrenalinjunkies auf ihre Kosten.

Sandwich Boardwalk UFERPROMENADE

(Boardwalk Rd; Parken Juli & Aug. 15 US$, übriges Jahr gratis) Sandwichs malerische Uferpromenade wird von den meisten Reisenden links liegen gelassen. Das letzte Stück (ca. 410 m) des Plankenstegs führt über eine weite Wattfläche hinaus zum **Town Neck Beach**. Das leicht felsige Gestade dort ist nicht unbedingt optimal zum Schwimmen, aber prima zum Spazierengehen und Sammeln von Strandgut. Am Strandeingang beginnt rechts ein Rundweg (2,4 km), der zunächst der Küste folgt und dann entlang eines Bachs zurück zur Promenade führt.

Cape Cod, Martha's Vineyard & Nantucket

Schlafen & Essen

Belfry Inn & Bistro B&B $$$

(☎508-888-8550; www.belfryinn.com; 6 Jarves St; Zi. 179–275 US$; ❄📶) Wer schon immer mal in einer Kirche übernachten wollte, wird dieses noble B&B lieben: Die Zimmer (teils mit Buntglasfenstern) befinden sich in einem früheren Gotteshaus, das einfallsreich umgebaut wurde. Schlafen unter den Augen des Erzengels Gabriel ist aber potenziell nicht Jedermanns Sache. So betreiben die Inhaber in der Nähe noch zwei weitere Unterkünfte mit vergleichsweise konventionelleren, aber ebenso hochwertig eingerichteten Zimmern.

Seafood Sam's SEAFOOD **$$**
(☎508-888-4629; www.seafoodsams.com; 6 Coast Guard Rd; Hauptgerichte 7–25 US$; ⊙März–Okt. 11–21 Uhr;) Gegenüber vom Cape Cod Canal Visitor Center leitet eine Familie dieses schlichte Lokal mit solidem Seafood (z. B. Fish & Chips, gebratene Venusmuscheln und Hummerbrötchen). Für den Laden sprechen auch die Kindergerichte (7 US$) und die Picknicktische mit perfektem Blick auf vorbeifahrende Fischerboote.

An- & Weiterreise

Bei Anreise über die US 6 gelangen Fahrer mit einem eigenen Auto über die Ausfahrt/Exit 2 (MA 130) nach Sandwich. In dessen Zentrum treffen die Water (MA 130), Main und Grove St am Shawme Pond aufeinander. Abseits der MA 6A führt die Tupper Rd zum Cape Cod Canal.

Falmouth

Belebte Strände, ein großartiger Radweg und das malerische Küstendorf Woods Hole sind die Hauptattraktionen von Falmouth. Die zweitgrößte Ortschaft des Kaps ist mächtig stolz auf ihre berühmte Tochter Katharine Lee Bates, die einst den Text für *America the Beautiful*, der beliebtesten patriotischen Hymne der USA, schrieb.

Schlafen & Essen

Falmouth Heights Motor Lodge MOTEL **$$**
(☎508-548-3623; www.falmouthheightsresort.com; 146 Falmouth Heights Rd; Zi. 149–269 US$; ⊙Mai–Okt.;) Der Name täuscht: Das saubere Falmouth Heights ist kein normales Motel und liegt nicht einmal am Highway. Zur Auswahl stehen hier überdurchschnittlich gute Zimmer in acht verschiedenen Varianten. Dabei reicht die Palette von klein und günstig bis hin zu größeren Quartieren mit Kochgelegenheit. Zudem können Gäste ihre eigenen Partys schmeißen: Auf dem großen Gelände gibt's auch einen Picknickbereich mit Gasgrills.

Tides Motel of Falmouth MOTEL **$$**
(☎508-548-3126; www.tidesmotelcapecod.com; 267 Clinton Ave; Zi. 120–260 US$; ⊙Mitte Mai–Mitte Okt.;) Bei diesem Motel mit eigenem Privatstrand dreht sich alles ums Wasser: Von den Terrassen aus könnten Gäste hier direkt ins Meer spucken. Ansonsten ist das Ganze aber recht schlicht – die spartanischen Zimmer (in vielen Fällen mit Kochgelegenheit) würden anderswo wohl nur Gähnen ernten. Das abendliche Wellenrauschen und die Traumaussicht im Sommer sorgen dennoch für einen stetigen Strom von Stammgästen; rechtzeitige Reservierung ist daher ratsam.

Maison Villatte CAFÉ **$**
(☎774-255-1855; 267 Main St; Snacks 3–10 US$; ⊙Di–Do & So 7–17, Fr & Sa bis 19 Uhr) Zwei Franzosen mit weißen Mützen stehen an den Öfen der belebten Bäckerei mit Café. Hier gibt's u.a. knuspriges Brot, lockere Croissants und verführerisches Süßgebäck. Mittags empfehlen sich die herzhaften Sandwiches und der kräftige Kaffee.

An- & Weiterreise

Falmouth liegt in der südwestlichen Ecke des Kaps und ist über die MA 28 erreichbar, die im Ortskern zur Main St wird. Busverbindungen bestehen nach Boston und zu anderen Zielen auf Cape Cod.

Fähren nach Martha's Vineyard (S. 232) starten am Falmouth Harbor (nur im Sommer) und in Woods Hole (ganzjährig), das 4,5 Meilen (7 km) vom Ortskern entfernt liegt.

Hyannis

Hyannis ist das Wirtschaftszentrum von Cape Cod und ein Teil der größeren Gemeinde Barnstable. Vor Ort bestehen Bus- und Flugverbindungen – ergänzt durch Fähren nach Nantucket und Martha's Vineyard. An- und Weiterreise gestalten sich daher recht leicht. Der sanierte Ortskern und vor allem der Hafenbereich laden zu einem netten Zwischenstopp ein.

Kennedy-Fans pilgern außerdem nach Hyannis: Bis zum Tod von Senator Edward „Teddy" Kennedy im Jahr 2009 im hiesigen Kennedy Compound war hier der Sommersitz des Clans. Hyannis Harbor mit den Uferrestaurants und Fährkais liegt nur ein paar Gehminuten von der Main St entfernt.

Sehenswertes

★ **John F. Kennedy Hyannis Museum** MUSEUM
(☎508-790-3077; www.jfkhyannismuseum.org; 397 Main St; Erw./Kind 10/5 US$; ⊙Juni–Okt. Mo–Sa 9–17, So 12–17 Uhr, Mitte April–Mai & Nov. Mo–Sa 10–16, So 12–16 Uhr) Jahrzehntelang war Hyannis der Sommersitz der Kennedys. Auch John F. Kennedy verbrachte hier die warmen Monate, was dieses Museum wun-

derbar mit Fotos und Videos dokumentiert. Das Leben des früheren US-Präsidenten wird dabei von der Kindheit bis zur Zeit im Weißen Haus abgedeckt. Die fesselnden Ausstellungen widmen sich jedes Jahr einem anderen Thema. Gezielt beleuchtet wurden dabei schon die Matriarchin Rose Kennedy oder die brüderliche Beziehung zwischen Jack und Bobby.

Cape Cod Potato Chip Factory FABRIK

(☎888-881-2447; www.capecodchips.com; 100 Breed's Hill Rd; ⌚Mo–Fr 9–17 Uhr) GRATIS Nichts für Laptops, aber umso mehr für den Gaumen: Die beliebten Chips dieser Firma bestehen nicht aus Silikon, sondern aus Kartoffeln. Die Fabrik kann auf eigene Faust besichtigt werden. Hierbei schaut man quasi nur durch Fenster auf die Produktions- und Verpackungsmaschinen, bekommt aber auch ein paar Kostproben. Der ganze Besuch dauert rund zehn Minuten.

Gleich westlich des Flughafens zweigt von der MA 132 die Independence Rd ab und führt etwa 0,5 Meilen (800 m) gen Norden zur Fabrik.

Schlafen & Essen

HI Hyannis HOSTEL $

(☎508-775-7990; www.hiusa.org; 111 Ocean St; B 35–40 US$, DZ 79–99 US$, 4BZ 99–129 US$; ⌚Mitte Mai–Mitte Okt.; P @ ☎) Dieses Hostel mit Hafenblick bietet eine Traumaussicht zum Budgettarif. Beim Bau des Komplexes 2010 wurde ein historisches Wohnhaus um moderne Flügel erweitert. Die belebte Main St, die Strände und die Fährkais sind von hier aus gut zu Fuß erreichbar. In den Schlafsälen und Privatzimmern stehen aber insgesamt nur 42 Betten zur Verfügung – daher unbedingt rechtzeitig reservieren!

Die angegebenen Preise gelten für HI-Mitglieder und beinhalten Frühstück plus Bettwäsche. Gäste ohne HI-Ausweis bezahlen jeweils 3 US$ mehr.

Tumi SEAFOOD $$

(☎508-534-9289; www.tumiceviche.com; 592 Main St; Ceviche 9–23 US$, Hauptgerichte 19–31 US$; ⌚11.30–22 Uhr; ✎) Wer Meeresfrüchte liebt, aber auch Abwechslung mag, ist in diesem versteckten italienisch-peruanischen Lokal gerade richtig. Zur Auswahl stehen neun Sorten Ceviche (auch vegetarische), andere rohe Meeresfrüchte, Nudeln mit Meeresfrüchten und ein paar interessante peruanische Gerichte.

Brewster

Das bewaldete Brewster auf der Buchtseite des Kaps ist prima für Outdoorfans: Der Cape Cod Rail Trail führt mitten durch das Städtchen, und man kann hier super campen und Wassersport treiben. Zudem hat Brewster für seine Größe äußerst viele und gute Restaurants. Alle wichtigen Einrichtungen liegen im Bereich der Main St (MA 6A), die sich über die komplette Ortslänge erstreckt.

Sehenswertes & Aktivitäten

Cape Cod Museum of Natural History MUSEUM

(☎508-896-3867; www.ccmnh.org; 869 MA 6A; Erw./Kind 15/6 US$; ⌚Juni–Aug. 9.30–16 Uhr, Sept. 11–15 Uhr, übriges Jahr kürzere Öffnungszeiten; 👪) Dieses familienfreundliche Museum informiert über die Flora und Fauna von Cape Cod. Neben einem Aquarium und einem Schmetterlingshaus gibt's auch einen **Plankenweg**, der durch Salzmarschen zu einem einsamen Strand mit Gezeitenbecken führt. Auf dem Veranstaltungskalender stehen viele Vorträge, Kinderprogramme und Wanderungen unter der Leitung von Naturkundlern.

Jack's Boat Rental BOOTFAHREN

(☎508-896-8556; www.jacksboatrental.com; Flax Pond, Nickerson State Park; Bootsverleih 11–31 US$/30 Min.; ⌚Mitte Juni–Mitte Sept. 10–18 Uhr) Am Flax Pond im schönen Nickerson State Park kann man Kanus, Kajaks und Stehpaddelbretter ausleihen.

Schlafen & Essen

★Old Sea Pines Inn B&B $$

(☎508-896-6114; www.oldseapinesinn.com; 2553 Main St/MA 6A; Zi. 125–170 US$, Suite 190–210 US$; @ ☎) Antiquitäten, Schlittenbetten und Sepia-Fotos im Verwaltungsbüro: Dieses frühere Mädcheninternat von 1840 erin-

PANORAMAFAHRT: MA 6A

Beim Erkunden des Kaps ignoriert man den schnellen Mid-Cape Hwy (US 6) am besten zugunsten des kurvigen Old King's Hwy (MA 6A): Der historische Straßenabschnitt entlang der Cape Cod Bay ist in den USA der längste durchgängige seiner Art. Unterwegs laden altehrwürdige Wohnhäuser, Antiquitätenläden und Kunstgalerien zu Zwischenstopps ein.

nert etwas an Omas Häuschen. Bei den 24 Zimmern reicht die Palette von kleinen Varianten bis hin zu geräumigen Quartieren mit offenen Kaminen (teils auch für Familien geeignet). Auf der Veranda mit Schaukelstühlen lässt sich die altmodische Atmosphäre besonders gut genießen.

★ Brewster Fish House SEAFOOD **$$$**
(☎ 508-896-7867; www.brewsterfishhouse.com; 2208 Main St/MA 6A; Hauptgerichte mittags 12–20 US$, abends 21–39 US$; ⏲ 11.30–15 & 17–21.30 Uhr) Dieses Lokal serviert leckeres Seafood hinter hässlicher Fassade. Am besten beginnt man mit der Hummercremesuppe, die mit natürlicher Süße und dicken Fleischbrocken überzeugt. Danach ist die Wahl quasi egal: Die einfallsreichen Hauptgerichte aus frischen Zutaten sind allesamt empfehlenswert. Der Laden hat nur ein Dutzend Tische und bietet keine Reservierungsmöglichkeit. Wer nicht lange warten will, kommt daher am besten mittags oder am frühen Abend.

ℹ An- & Weiterreise

Zwischen Dennis und Orleans säumt Brewster die Cape Cod Bay. Die Anfahrt erfolgt am besten über die MA 6A. Von Süden her empfehlen sich die MA 124 oder MA 137 ab Harwich.

Chatham

Unter den Ortschaften auf Cape Cod ist Chatham so etwas wie ein Patriarch. Die ruhige Eleganz des Städtchens verkörpert besonders die Main St mit ihren noblen Läden und schicken Unterkünften. Dennoch ist hier für jeden Geschmack etwas geboten: Die örtliche Robbenkolonie lockt Familien an, während Vogelbeobachter zum nahegelegenen Naturschutzgebiet pilgern. Und natürlich wären da auch noch die vielen Strände: Chatham liegt am „Ellenbogen" des Kaps. Um das Kap herum säumen insgesamt 97 herrliche Küstenkilometer den Atlantik, den Sund, zahllose Buchten und diverse Meeresarme.

Chatham ist wie gemacht für Spaziergänge. Die MA 28 führt direkt zur Main St, an der die meisten Läden und Restaurants der Stadt liegen. Zudem gibt's dort Gratisparkplätze. Alternativ kann man sein Auto gebührenfrei hinter dem Chatham Squire abstellen.

ℹ An- & Weiterreise

Am „Ellenbogen" des Kaps liegt Chatham an der MA 28, die als Main St durch den Ortskern führt.

Über die MA 137 besteht von Chatham aus Anschluss zur US 6.

Wellfleet

Wellfleet lockt Besucher mit Kunstgalerien, genialen Surferstränden und seinen berühmten Austern. Auch ansonsten gibt's hier – bis auf Menschenmassen – so gut wie alles. Zudem versetzt einen das Küstendorf in frühere Zeiten zurück. Hierfür sorgen u. a. ein Autokino und ein schmucker Ortskern, die sich seit den 1950er-Jahren jeweils kaum verändert haben.

Mitte Oktober verwandelt das **Wellfleet OysterFest** (www.wellfleetoysterfest.org) das Ortszentrum ein Wochenende lang in eine Schlemmerzone mit einem Biergarten, einem Wettbewerb im Austernknacken und natürlich mit tonnenweise leckeren Schalentieren. Während des ungemein beliebten Events zeigt sich Wellfleet von seiner fröhlichsten Seite.

◎ Sehenswertes & Aktivitäten

Wellfleet Bay Wildlife Sanctuary NATURSCHUTZGEBIET
(☎ 508-349-2615; www.massaudubon.org; 291 US 6, South Wellfleet; Erw./Kind 5/3 US$; ⏲ Pfade 8 Uhr–Sonnenuntergang, Naturlehrzentrum Ende Mai–Anfang Okt. 8.30–17 Uhr; 👪) Die Mass Audubon Society verwaltet dieses 3,8 km² große Schutzgebiet, das von vielen Vogelbeobachtern besucht wird. Wanderwege (insgesamt 8 km) führen hier zu Prielen, Salzwiesen und Stränden. Am beliebtesten ist der **Goose Pond Trail** (hin & zurück 2,4 km): Über diese Route geht's hinaus zu Salzwiesen mit zahlreichen Möglichkeiten zum Beobachten von Vögeln und Meerestieren. Das Naturschutzgebiet veranstaltet auch geführte Touren (Wanderungen, Kajaktrips, Robbenbeobachtung per Boot) und Sommerprogramme für Kinder.

SickDay Surf Shop SURFEN
(☎ 508-214-4158; www.sickday.cc; 361 Main St; Leihsurfbrett pro Tag/Woche 30/150 US$; ⏲ Mai–Okt. Mo–Sa 9–21 Uhr) Bietet Surfausrüstung, Neoprenanzüge, Bodyboards und Stehpaddelbretter an (auch zum Ausleihen); zudem gibt's Kurse und Lokalinfos.

🛏 Schlafen & Essen

Even'Tide Motel MOTEL **$$**
(☎ 508-349-3410; www.eventidemotel.com; 650 US 6, South Wellfleet; Zi. 95–207 US$, Cottage 1400–2900 US$/Woche; ⏲ Mai–Mitte Okt.; ❄ 📶 🏊) Abseits vom Highway versteckt sich dieses sehr empfehlenswerte Motel in einem

Kiefernhain. Neben normalen Motelzimmern gibt's hier auch zehn verschiedene Arten von Cottages (2–10 Pers.; meist nur Wochenmiete möglich). Auf dem 2 ha großen Waldgelände warten zudem Picknicktische und Sporteinrichtungen wie ein großes beheiztes Hallenbad.

★ PB Boulangerie & Bistro BÄCKEREI **$**
(☎ 508-349-1600; www.pbboulangeriebistro.com; 15 Lecount Hollow Rd, South Wellfleet; Backwaren 3–5 US$; ⏲ Bäckerei Mi–So 7–19 Uhr, Bistro Mi–So 17–21.30 Uhr) Ein französischer Bäcker mit Michelinstern eröffnet ein Geschäft im winzigen Wellfleet? Klingt zunächst nicht unbedingt erfolgsträchtig, doch vor der markanten Fassade mit rosa Anstrich reicht die Warteschlange bis hinaus auf die Straße: Etwas abseits der US 6 findet man hier Vitrinen voller Obstkuchen, Schoko-Mandel-Croissants und Baguette-Sandwiches, die einen direkt nach Paris versetzen.

Mac's on the Pier SEAFOOD **$$**
(☎ 508-349-9611; www.macsseafood.com; 265 Commercial St, Wellfleet Town Pier; Hauptgerichte 8–33 US$; ⏲ Ende Mai–Anfang Okt. 11–20.30 Uhr;) Das Lokal punktet mit fangfrischem Seafood zu Schnäppchenpreisen. Neben dem üblichen Bratfisch stehen auf der Karte z. B. auch Po'boy-Sandwiches mit Austern, Sushirollen oder gegrillter Felsenbarsch. Gäste bestellen ihr Essen am Verkaufsfenster und futtern dann an Picknicktischen mit Blick auf den Wellfleet Harbor.

ℹ An- & Weiterreise

Östlich der US6 gehört Wellfleet größenteils zum Cape Cod National Seashore. Von der US 6 führen die Main St und School St westwärts zum Ortskern.

Provincetown

Provincetown ist buchstäblich die Spitze: Auf Cape Cod kann man sich nicht weiter hinauswagen (nicht nur in geografischer Hinsicht). Vor 100 Jahren erlagen unkonventionelle Künstler und Schriftsteller erstmals dem unwiderstehlichen Reiz der Stadt und erkoren sie zu ihrem Sommerdomizil. Heute ist der sandige Außenposten das angesagteste schwul-lesbische Reiseziel im ganzen Nordosten der USA. Schriller Trubel auf den Straßen, großartige Kunstgalerien und ausschweifendes Nachtleben prägen den Ortskern. Doch das ist noch längst nicht alles: Rund um Provincetown lädt eine wilde Küste mit weiten Stränden zu Erkundungen ein. Ob Walbeobachtungen per Boot, Feiern bis zum frühen Morgen oder Streifzüge durch die Dünen: Diese einzigartige und freigeistige Ecke Neuenglands sollte man auf keinen Fall verpassen.

> **INSIDERWISSEN**
>
> **AUTOKINO-NOSTALGIE**
>
> Lust auf einen nostalgischen Abend? Dann auf zum **Wellfleet Drive-In** (☎ 508-349-7176; www.wellfleetcinemas.com; 51 US 6, South Wellfleet;Tickets Erw./Kind 11/8 US$; ⏲ Ende Mai–Mitte Sept.;), das zu Amerikas allmählich aussterbenden Autokinos gehört. Beim Bau der Anlage in den 1950er-Jahren war Cineplex noch ferne Zukunftsmusik. Heute ist hier bis auf die eigentlichen Streifen auf der Großleinwand (natürlich laufen darauf stets Doppelfilme) noch fast alles so wie damals – inklusive der originalen Mono-Lautsprecher zum Einhängen am Autofenster. Vor Ort gibt's auch eine altmodische Snackbar. Und am Eingangstor gilt „nur Bares ist Wahres".
>
> Etwas Moderne hat aber selbst hier Einzug gehalten: Zwecks freien Blicks für alle Besucher ist die Parkfläche nun in zwei separate Bereiche für SUVs und normale Autos unterteilt. Wer die sperrigen Fensterlautsprecher scheut, kann den Filmton auch per Autoradio auf einer FM-Frequenz empfangen. Ansonsten hat sich das Ganze kaum verändert – Decke und Insektenspray nicht vergessen!

◉ Sehenswertes

Ein Bummel beginnt am besten an der Commercial St, dem pulsierenden Herz von Provincetown: Entlang dieser uferseitigen Café-, Galerie- und Clubmeile tummeln sich täglich Transvestiten, Motorradfahrer in Lederkluft, kaum bekleidete Inlineskater und gleichgeschlechtliche Paare, die Hand in Hand spazieren gehen – ein Anblick, der manch heterosexuellen Reisenden auf dem Weg zu einer Walbeobachtung verblüfft.

★ Provincetown Art Association & Museum MUSEUM
(PAAM; ☎ 508-487-1750; www.paam.org; 460 Commercial St; Erw./Kind 10 US$/frei; ⏲ Juli & Aug. Mo–Do 11–20, Fr bis 22, Sa bis 18, So bis 17 Uhr, übriges Jahr kürzere Öffnungszeiten) Das facetten-

NICHT VERSÄUMEN

CAPE COD RAIL TRAIL

Der herrliche Cape Cod Rail Trail (CCRT) ist der schönste Radweg des Kaps und zählt in ganz Neuengland zu den attraktivsten seiner Art. Die befestigte Strecke (36 km) entlang einer alten Bahntrasse passiert Wälder, Sümpfe mit Moosbeerenbüschen und Badeteiche mit sandigen Ufern.

Die ländliche Route beginnt in Dennis an der MA 134 und führt dann durch den **Nickerson State Park** (☎508-896-3491; www.mass.gov/dcr; 3488 MA 6A; Parken 15 US$; ⏲Sonnenaufgang–Sonnenuntergang; 👪) in Brewster. Danach geht's durch Orleans und über den Cape Cod National Seashore (S. 230) bis hinaus nach South Wellfleet.

Unterwegs sieht man jede Menge vom guten alten Cape Cod und kann zwecks Essen oder Sightseeing zu diversen Dörfern abbiegen. Wenn man nur Zeit für einen Wegabschnitt hat, beginnt man unbedingt am Nickerson State Park und fährt zum National Seashore – die Landschaft ist einfach unglaublich!

Leihfahrräder gibt's an den Routenanfängen in Dennis bzw. Wellfleet, im Nickerson State Park und gegenüber vom Visitor Center des National Seashore in Eastham. Dort kann jeweils auch geparkt werden(meistens gratis; nur im State Park mit einer geringen Gebühr verbunden).

reiche Museum wurde 1914 als Hommage an die florierende Künstlergemeinde der Stadt gegründet. So zeigt es zahllose Werke von Künstlern, die einst Inspiration auf dem Lower Cape fanden. Viele der ausgestellten Stücke stammen von Charles Hawthorne, der früher die Kunstbewegung in Provincetown anführte. Ebenfalls stark vertreten ist Edward Hopper, der einst in den Truro Dunes ein Wohnhaus mit Galerie besaß.

★Pilgrim Monument & Provincetown Museum MUSEUM

(☎508-487-1310; www.pilgrim-monument.org; 1 High Pole Hill Rd; Erw./Kind 12/4 US$; ⏲April, Mai & Sept.–Nov. 9–17 Uhr, Juni–Aug. bis 19 Uhr) Wer zur Spitze des höchsten Vollgranitbaus der USA (77 m; erbaut 1910) hinaufsteigt, wird mit weiter Aussicht auf die Stadt, die Strände und die Mitte des Lower Cape belohnt. Bei gemütlichem Tempo dauert der Aufstieg über die 116 Stufen und 60 Rampen rund zehn Minuten. Das faszinierende Museum am Fuß des Turms beleuchtet die Landung der Pilgerväter mit der *Mayflower* und andere Aspekte aus der Stadtgeschichte.

Provincetown Public Library BIBLIOTHEK

(☎508-487-7094; www.provincetownlibrary.org; 356 Commercial St; ⏲Mo & Fr 10–17, Di–Do bis 20, Sa & So 13–17 Uhr; 👪) Dieses Gebäude von 1860 war ursprünglich eine Kirche und wurde 100 Jahre später zu einem Museum umgebaut. Es beherbergte u.a. ein Modell (Maßstab 1:2) des berühmten Segelschoners *Rose Dorothea*, der für Provincetown diverse Regatten gewann. Als das Museum Pleite machte, verwandelte die Stadtverwaltung den Bau wiederum in eine Bibliothek. Dabei konnte das Bootsmodell im Obergeschoss aufgrund seiner Größe nicht entfernt werden. So wird es dort bis heute von Bücherregalen umgeben – ein interessanter Anblick.

Race Point Beach STRAND

(Race Point Rd) Der atemberaubende Sandstrand an der Spitze des Kaps gehört zum Cape Cod National Seashore (S. 230). Donnernde Brandungswellen und wellige Dünen erstrecken sich hier bis zum Horizont – nicht nur Kinder ziehen da gern mal die Schuhe aus und rennen über den weichen, körnigen Sand. Der Strand animiert auch zu kilometerlangen Spaziergängen, bei denen man allerhöchstens ein paar Angler trifft, die es auf Blaubarsche abgesehen haben. Im Sommer kostet das Parken 20 US$ (Zugangsgebühr für den National Seashore).

Aktivitäten

Durch die Wälder und Dünen des Cape Cod National Seashore (S. 230) führen die asphaltierten Radwege des großartigen Province Lands Bike Trail (insgesamt 12 km; Details unter www.nps.gov/caco). Dieser bietet auch Gelegenheit zum Abkühlen im Meer: Von der Hauptroute (ein 9 km langer Rundkurs) zweigen unbefestigte Pisten zum **Herring Cove Beach** (Province Lands Rd) und Race Point Beach ab.

★Dolphin Fleet Whale Watch WALBEOBACHTUNG

(☎800-826-9300, 508-240-3636; www.whalewatch.com; 307 Commercial St; Erw./Kind 47/31 US$;

Mitte April–Okt.;) In der Hauptsaison veranstaltet diese Firma pro Tag bis zu zehn Walbeobachtungen (jeweils 3–4 Std.), die mit nassem Spaß aufwarten: Unterwegs zeigen Buckelwale ihre akrobatischen Possen und kommen überraschend nahe an die Boote heran, was tolle Gelegenheiten für Fotos bietet. Die mitfahrenden Naturkundler wissen alles über die riesigen Meeressäuger und spielen auch eine zentrale Rolle bei der Überwachung des Walbestands.

Schlafen

Moffett House PENSION $$
(508-487-6615; www.moffetthouse.com; 296a Commercial St; DZ ohne Bad 75–164 US$, mit Bad 115–184 US$;) Die ruhige Pension an einer Seitengasse punktet u.a. mit zwei kostenlosen Leihfahrrädern pro Zimmer und Gratisfrühstück (Bagels und Kaffee) im Sommer. Zudem hat man hier Zugang zur Küche und man kann prima Kontakt zu anderen Travellern knüpfen. Die einfachen Zimmer erinnern jedoch mehr an die Bude eines Kumpels als an ein B&B.

★ **Carpe Diem** BOUTIQUEHOTEL $$$
(508-487-4242; www.carpediemguesthouse.com; 12–14 Johnson St; Zi. 199–549 US$;) Buddhas, Orchideen und künstlerisches Dekor machen das elegante, entspannte Ambiente aus. Jedes Zimmer widmet sich einem anderen homosexuellen Schriftsteller. So punktet das nach dem Dichter Raj Rao benannte Quartier mit aufwendig bestickten Stoffen und handgefertigten indischen Möbeln.

Essen

Cafe Heaven CAFÉ $
(508-487-9639; www.facebook.com/cafeheavenptown; 199 Commercial St; Hauptgerichte 8–17 US$; 8–14 & 18–22 Uhr;) Das helle, luftige und stets volle Café in einer Ladenzeile wird von vielen Kunstwerken geziert. Am bekanntesten ist der Laden für sein günstiges Ganztagesfrühstück; Mittag- und Abendessen werden hier aber auch serviert. Auf der Karte stehen z.B. gesunde Salate und köstliche Arme Ritter aus Plunderteig. Unter den tollen Sandwiches sind Croque-Varianten mit Hühnerfleisch, Pesto und Schmelzkäse. Keine Panik wegen der Wartezeit: Die Tische werden recht schnell wieder frei.

Lobster Pot SEAFOOD $$$
(508-487-0842; www.ptownlobsterpot.com; 321 Commercial St; Hummer-Sandwiches 12–23 US$, Hauptgerichte 25–34 US$; April–Nov. 11.30–21 Uhr) Der Name ist Programm: Das belebte Seafood-Lokal mit Hafenblick und reizvollem Retro-Neonschild ist die beste örtliche Adresse für Hummer. Zuerst bestellt man idealerweise die Hummercremesuppe, danach heißt's einen Latz anlegen und eins der perfekt gegarten Krustentiere knacken. Auf der Karte stehen auch viele glutenfreie Optionen. Mitten am Nachmittag ist am wenigsten los.

★ **Mews Restaurant & Cafe** MODERN-AMERIKANISCH $$$
(508-487-1500; www.mews.com; 429 Commercial St; Hauptgerichte 22–44 US$; 17–22 Uhr) Das beste Restaurant in Provincetown punktet mit leckerem Essen, Traumblick aufs Wasser und der hippsten Martinibar der ganzen Stadt. Unten labt man sich (bei Bedarf direkt auf dem Sand) an Gourmetküche wie Hummer-Risotto oder Filet Mignon. Im Obergeschoss gibt's vergleichsweise einfachere Bistrogerichte, darunter Burger mit saftigem Fleisch vom Angusrind. Eine Reservierung ist ratsam.

Ausgehen

Aqua Bar BAR
(774-593-5106; www.facebook.com/aquabarptown; 207 Commercial St; Ende April–Nov. Mo–Do 11–20, Fr–So bis 23 Uhr) Ein Food-Court mit Rohfischtheke, Sushi, Eiscreme und anderen internationalen Leckereien, dazu eine gut bestückte Bar, in der großzügige Barkeeper Drinks ausschenken. Und all das in toller Uferlage mit Blick auf einen kleinen Strand und einen schönen Hafen bei Sonnenuntergang: Das ist die Aqua Bar.

EAST END GALLERY DISTRICT

In Provincetown haben schon viele Künstler gearbeitet. So überrascht es auch nicht, dass hier ein paar der besten regionalen Kunstgalerien warten. Ein Bummel beginnt idealerweise am **PAAM**, anschließend folgt man der Commercial St ein par Blocks weit gen Südwesten. Dabei findet man hinter jedem zweiten Schaufenster eine andere interessante Galerie.

Details zu lokalen Galerien (inkl. Lageplan und Eventkalender) liefern der *Provincetown Gallery Guide* (www.provincetowngalleryguide.com) und die dazugehörige Website.

Boatslip Beach Club SCHWULENCLUB

(☎508-487-1669; www.boatslipresort.com; 161 Commercial St; ⊙Tea Dances tgl.ab 16 Uhr) Bei den äußerst beliebten Tanzpartys am Nachmittag (*tea dances*; 16–19 Uhr) des Strandclubs feiern oft viele hübsche Männer mit. Donnerstags heizen DJs die Stimmung zusätzlich mit Dance-Klassikern der 1970er- und 1980er-Jahre an. Der Club vermietet auch Zimmer.

Crown & Anchor SCHWULEN- & LESBENCLUB

(☎508-487-1430; www.onlyatthecrown.com; 247 Commercial St; ⊙wechselnde Öffnungszeiten) Das Zentrum der lokalen LGBT-Szene ist ein mehrteiliger Gebäudekomplex mit einer Disco, einer Videobar, einer Lederbar, einem Restaurant und Gästezimmern. Hier steigen außerdem eine spaßige, maximal schlüpfrige Kabarettshow und allerlei andere Events (z. B. Konzerte mit Broadwaymusik, Drag-Revues, Varietévorstellungen). Die Website mit Möglichkeit zum Ticketkauf informiert über das aktuelle Veranstaltungsprogramm.

ℹ An- & Weiterreise

Bei Anfahrt über die US 6 ab dem Cape Cod Canal braucht man je nach Verkehrsaufkommen etwa eineinhalb Stunden (65 Meilen/105 km) bis Provincetown. Die Commercial St ist schmal und wird von vielen Passanten bevölkert. Die autofreundlichere Bradford St ist daher die bessere Alternative für Fahrten durch die Stadt.

BUS

Busse der Plymouth & Brockton Street Railway Co. (www.p-b.com) verbinden die South Station und den Logan Airport in Boston mit dem **MacMillan Pier** (einfache Strecke 32–38 US$, 3–3½ Std., mehrmals tgl.). Unterwegs halten sie in weiteren Ortschaften auf Cape Cod.

SCHIFF/FÄHRE

Etwa von Mai bis Oktober verbinden Passagierfähren den **MacMillan Pier** in Provincetown mit Boston und Plymouth. Die Fahrpläne mit Ankunft am Morgen und Rückfahrt am späten Nachmittag zielen auf Tagesausflügler ab. Autos werden nicht transportiert; Passagiere können aber Fahrräder mitnehmen (hin & zurück ca. 12 US$). Vor allem am Wochenende und im Hochsommer sollten die Fährtickets rechtzeitig gebucht werden.

Bay State Cruise Co (www.boston-ptown.com) Schnellfähren ab dem World Trade Center Pier in Boston (3-mal tgl., einfache Strecke 1½ Std.).

Boston Harbor Cruises (www.bostonharbor cruises.com) Schnellfähren ab der Long Wharf in Boston (bis zu 3-mal tgl., einfache Strecke 1½ Std.).

Plymouth-to-Provincetown Express Ferry (www.captjohn.com) Normale Fähren von Plymouth zum MacMillan Pier in Provincetown (1-mal tgl., einfache Strecke 1½ Std.).

CAPE COD NATIONAL SEASHORE

An der Atlantikküste zwischen Orleans und Provincetown erstreckt sich der ca. 40 Meilen (65 km) lange **Cape Cod National Seashore** (☎508-255-3421; www.nps.gov/caco; Fußgänger/Radfahrer/Motorrad/Auto 3/3/10/20 US$/pro Tag) rund um das Outer Cape. Der vom NPS verwaltete Park ist ein Paradies mit unberührten Stränden, Dünen, Salzmarschen, Wäldern und Naturlehrpfaden. Dank John F. Kennedys Unterstützung wurde das riesige Gebiet in den 1960er-Jahren unter Naturschutz gestellt. Kurz darauf befiel ein Bauboom das übrige Cape Cod, das auch die Heimat des früheren US-Präsidenten war.

Nantucket

Für einen Besuch von Nantucket muss man kein Millionär sein, schaden kann das aber nicht: Die übersichtliche Insel (48 km südlich von Cape Cod) wurde im 19. Jh. durch den Walfang reich. Vor ein paar Jahrzehnten kam sie dann wieder als Sommerdomizil der Gutbetuchten in Mode. So tummeln sich hier bis heute z. B. Firmenbosse und Promis aus Boston oder NYC.

Das ist auch kein Wunder: Auf Nantucket zeigt sich Neuengland von seiner malerischsten Seite. Hier findet man überall Rosen, Kopfsteinpflasterstraßen und Sandstrände, die selbst im Hochsommer mitunter menschenleer sind. Hinzu kommen viele Outdoor-Aktivitäten, tolle Museen, schicke Restaurants und unterhaltsame Bars.

Die einzige größere Siedlung auf der Insel ist Nantucket (alias „Town"), das als einzige Ortschaft der USA komplett unter Denkmalschutz steht. Dort lag auch einst die größte Walfangflotte der Welt vor Anker. Unter den würdevollen Gebäuden an den grünen Straßen ist die landesweit größte Gruppe von Häusern, die vor 1850 errichtet wurden. Auch diese Zeugen der facettenreichen Lokalgeschichte machen Nantucket zum perfekten Pflaster für stimmungsvolle Spaziergänge.

Sehenswertes

★ Nantucket Whaling Museum MUSEUM

(☎ 508-228-1894; www.nha.org; 13 Broad St; Erw./Kind 20/5 US$; ⏲ April & Mai 11–16 Uhr, Juni–Okt. 10–17 Uhr, Nov., Dez. & Mitte Feb.–März kürzere Öffnungszeiten, Jan.–Mitte Feb. geschl.) Eins der Highlights auf der Insel: Das faszinierende Museum befindet sich in einer alten Fabrik von 1847, die einst Kerzen aus Walöl produzierte. Die tollen Ausstellungen versetzen einen zurück in Nantuckets Blütezeit als *das* Walfangzentrum des 19. Jhs. Zu sehen gibt's hier u.a. ein interessantes, wenn auch etwas langes Doku-Video (54 Min.) zur Inselgeschichte. Ausgestellt sind außerdem das 14 m lange Skelett eines Pottwals und eindrucksvolle *scrimshaws* (Schnitzereien bzw. Gravuren), die von Seeleuten aus Walzähnen, -knochen oder -barten angefertigt wurden. Unbedingt auch die Dachterrasse mit schöner Aussicht aufsuchen!

Schlafen

Im Sommer wird ein Aufenthalt auf Nantucket ganz schön teuer, sofern man nicht privat bei Freunden übernachten kann. Motels oder Campingplätze sind hier nicht vorhanden: Die noble Insel steht ganz im Zeichen von Pensionen und B&Bs. Viele davon werden gerade spektakulär zu Vorzeigeadressen – ähnlich denen aus Designermagazinen – umgebaut.

★ HI Nantucket HOSTEL $

(Star of the Sea; ☎ 508-228-0433; www.hiusa.org; 31 Western Ave; B 39–45 US$; ⏲ Mitte Mai–Mitte Okt.; @ 📶) Wenige Gehminuten vom Surfside Beach entfernt erfreut sich dieses coole Hostel (auch bekannt als Star of the Sea) einer grandiosen Lage. Das Gebäude ist eine denkmalgeschützte Seenotrettungsstation von 1873. Als einzige Budgetoption auf Nantucket sind die 49 Betten immer schwer gefragt, weshalb man so früh wie möglich buchen sollte!

Die Preise (ohne HI-Mitgliedsausweis jeweils zzgl. 3 US$) beinhalten Frühstück und Bettwäsche.

Barnacle Inn B&B $$

(☎ 508-228-0332; www.thebarnacleinn.com; 11 Fair St; Zi. ohne Bad 125–300 US$, Zi. mit Bad 155–420 US$, Suite 180–550 US$; ⏲ Ende April–Anfang Nov.; ❄ 📶) Genau das erwartet man vom alten Nantucket: herzliche Inhaber und schlichte, malerische Quartiere aus früheren Tagen (hier aus der Zeit der vorletzten Jahrhundertwende). In den Zimmern gibt's weder TV noch Telefon. Allerdings sind vor allem die Varianten mit Gemeinschaftsbädern für hiesige Verhältnisse recht erschwinglich.

INSIDERWISSEN

STRASSENBUMMEL

„Go laning" bedeutet in etwa „auf zum Straßenbummel" und wurde in den 1930er-Jahren von den Einwohnern Nantuckets als Begriff für (vor allem frühabendliche) Spaziergänge durch die schmalen Altstadtstraßen geprägt. Die schönste Route folgt dem Kopfsteinpflaster der Main St: Nahe der Pacific National Bank von 1818 reihen sich dort die prächtigsten Villen aus der Walfängerzeit aneinander. Beliebte „laning"-Reviere sind auch die Gardner St und die Liberty St sowie das Gassengewirr zwischen Federal St und S Water St.

Essen & Ausgehen

Downyflake DINER, BÄCKEREI $

(☎ 508-228-4533; www.thedownyflake.com; 18 Sparks Ave; Hauptgerichte 5–13 US$; ⏲ April–Mitte Jan. Mo–Sa 6–14, So bis 13 Uhr) In dem schlichten Diner am Stadtrand stärken sich viele einheimische Arbeiter mit einfacher Hausmannskost und Ganztagsfrühstück (üppige Omelettes, Heidelbeerpfannkuchen). Die dazugehörige Bäckerei verkauft selbstgemachte Donuts.

Black-Eyed Susan's MODERN-AMERIKANISCH $$$

(☎ 508-325-0308; www.black-eyedsusans.com; 10 India St; Hauptgerichte morgens 8–13 US$, abends 26–29 US$; ⏲ April–Okt. tgl. 7–13, Mo–Sa auch 18–22 Uhr; 🖉) Das kleine, ruhige und allseits beliebte Gourmetrestaurant ist schon lange im Geschäft. Morgens empfehlen sich hier die Armen Ritter mit Sauerteigtoast, Zimt, Pekannüssen und Orangenbutter. Abendgäste schauen vom Tresen aus zu, wie die Köche wahre Wunder in ihrer winzigen Küche vollbringen. Der Fisch des Tages ist oft das Highlight unter den generell hervorragenden Gerichten. Alkohol muss selbst mitgebracht werden.

★ Cisco Brewers BRAUEREI

(☎ 508-325-5929; www.ciscobrewers.com; 5 Bartlett Farm Rd; Führungen 20 US$; ⏲ Brauerei ganzjährig Mo–Sa 11–19, So 12–18 Uhr, Führungen nur Mitte Mai–Dez.) Die super freundliche Brauerei steht für das „andere" Nantucket: In der ruhigen Bierstube geht's deutlich spaßiger und zwangloser zu als in den vielen teureren Schänken auf der Insel. Neben Gerstensaft (Tipp: das hopfige Whale's Tale) gibt's hier auch eine kleine **Brennerei**, Livemusik und einen ebenso geselligen Außenbereich. Zudem halten Food Trucks regelmäßig draußen vor dem Eingang.

Praktische Informationen

Visitor Services & Information Bureau (508-228-0925; www.nantucket-ma.gov; 25 Federal St; Mitte April–Mitte Okt. tgl. 9–17 Uhr, übriges Jahr nur Mo–Sa) Touristeninformation in Nantucket.

Nantucket.net (www.nantucket.net) Privat geführte Verzeichnisse mit Restaurants, Unterkünften, Kunstadressen und Freizeitmöglichkeiten.

Inquirer and Mirror (www.ack.net) Lokalzeitung mit anständigem Besucherführer.

An- & Weiterreise

FLUGZEUG

Der **Nantucket Memorial Airport** (508-325-5300; www.nantucketairport.com; 14 Airport Rd) liegt 3 Meilen (4,8 km) südöstlich von Nantucket Town. Cape Air (www.capeair.com) fliegt von hier aus nach Boston, Hyannis, New Bedford, Martha's Vineyard (jeweils ganzjährig) und NYC (nur saisonal). Mit Delta, American, United und JetBlue bestehen saisonal Verbindungen nach NYC, Newark und Washington, D.C.

Zwischen Flughafen und Stadt verkehren Lokalbusse (2 US$; nur Mitte Juni–Anfang Sept.).

SCHIFF/FÄHRE

Die meisten Besucher reisen mit Fähren von Steamship Authority oder Hy-Line Cruises ab Hyannis an.

Steamship Authority (www.steamshipauthority.com) schickt ganzjährig Linienfähren von Hyannis (Steamboat Wharf) nach Nantucket.

Hy-Line Cruises (www.hylinecruises.com) betreibt ganzjährig schnelle Passagierfähren zwischen Hyannis (Steamboat Wharf) und Nantucket. Im Sommer kommt täglich noch eine normale Fähre zwischen Nantucket und Oak Bluffs (Martha's Vineyard) hinzu.

Seastreak (www.seastreak.com) schickt Hochgeschwindigkeits-Passagierfähren im Sommer (Mitte Mai–Anfang Sept.) täglich von New Bedford (Massachusetts) nach Nantucket – ergänzt durch Wochenendverbindungen ab New Jersey und NYC.

Martha's Vineyard

Die malerische Schönheit von Martha's Vineyard fasziniert nicht nur Tagesausflügler: Auf der Insel suchen Großstädter nach ruhigen Refugien, während einige Promis hier ihre Zweitwohnsitze haben. Unter den 15 000 permanenten Einwohnern sind viele Künstler, Musiker und Naturfans. Von allumfassender Kommerzialisierung wie auf dem Festland blieb Martha's Vineyard bislang verschont. So gibt's hier keinerlei Kettenrestaurants oder -motels – dafür aber gemütliche Pensionen, Lokale unter der Leitung von Chefköchen, zahlreiche grüne Farmen und viele tolle Strände. Zudem bietet das Eiland für jeden Geschmack etwas: Besucher können z. B. einen Tag lang Spitzenküche im noblen Edgartown genießen und sich dann am nächsten Morgen mit Zuckerwatte und Karussells in Oak Bluffs vergnügen.

Martha's Vineyard (maximale Breite ca. 37 km) ist Neuenglands größte Insel und liegt nur etwa 11 km vor Cape Cod im offenen Meer. Dennoch wähnen sich die Einheimischen so sehr in ihrer eigenen Welt, dass sie das Festland oft als „Amerika" bezeichnen.

Sehenswertes & Aktivitäten

★ Campgrounds & Tabernacle HISTORISCHE STÄTTE

(508-693-0525; www.mvcma.org) Ab der Mitte des 19. Jhs. war Oak Bluffs das Sommerdomizil einer Erweckungskirche, deren Mitglieder Strandtage genauso sehr genossen wie Gottesdienste. So übernachteten sie hier zuerst in Zelten, errichteten dann aber rund 300 Holzhäuschen mit wunderlichen und filigranen Zierornamenten.

Flying Horses Carousel HISTORISCHES KARUSSELL

(508-693-9481; www.mvpreservation.org; Oak Bluffs Ave; Einzelfahrt/10 Fahrten 3/25 US$; Mitte Juni–Mitte Sept. 10–22 Uhr;) Nostalgie pur: Das älteste funktionierende Karussell der USA verzückt Kinder jeden Alters seit 1876 und steht heute unter Denkmalschutz. Die historischen Holzpferde haben Mähnen aus echtem Rosshaar.

Anderson's Bike Rentals FAHRRADVERLEIH

(508-693-9346; www.andersonsbikerentals.com; Circuit Ave Extension; Leihfahrrad pro Tag/Woche 22/95 US$; Mai–Okt. 9–18 Uhr) Am Fährkai gibt's diverse Fahrradverleiher. Dennoch lohnt sich der etwas weitere Fußmarsch zu diesem alteingesessenen Shop: Zu günstigen Preisen vermietet eine Familie gut gewartete Drahtesel, die optional auch direkt zu den Kunden gebracht werden.

ABSEITS DER ÜBLICHEN PFADE

UP-ISLAND

Die ländliche Westhälfte von Martha's Vineyard wird auch Up Island genannt. Wilde Truthähne und Hirsche bevölkern diesen Flickenteppich aus sanften Hügeln, kleinen Farmen und weiten Feldern. Das malerische Fischernest **Menemsha** erfreut die Augen und den Magen: Dort laden Boote ihre fangfrischen Meeresfrüchte direkt hinter Seafood-Buden aus. Diese knacken Austern und kochen Hummer vor den Augen ihrer Gäste, die dann im Freien auf Bänken am Hafen das Essen genießen.

Die **Aquinnah Cliffs** (oder auch Gay Head Cliffs) an der Küste sind ein National Natural Landmark. Das herrliche Farbenspiel der 46 m hohen Klippen wirkt spätnachmittags am schönsten. Direkt darunter kann man am **Aquinnah Public Beach** relaxen oder von dort aus gen Norden zu einem beliebten FKK-Strand laufen (ca. 1,6 km).

Abseits der State Rd führt im **Cedar Tree Neck Sanctuary** (508-693-5207; www.sheriffsmeadow.org; Obed Daggett Rd abseits der Indian Hill Rd; 8.30–17.30 Uhr) GRATIS ein einladender, 4 km langer Wanderpfad durch natürliche Sümpfe und Wälder zu Küstenklippen mit Aussicht auf Cape Cod. Die Massachusetts Audubon Society verwaltet das **Felix Neck Wildlife Sanctuary** (508-627-4850; www.massaudubon.org; 100 Felix Neck Dr; Erw./Kind 4/3 US$; Pfade Sonnenaufgang–Sonnenuntergang, Visitor Center Juni–Sept. Mo–Fr 9–16, Sa & So 10–15 Uhr;), das Vogelbeobachter mit einem 6,4 km langen Wegenetz am Rand von Feuchtgebieten und Teichen begeistert.

Schlafen

HI Martha's Vineyard HOSTEL $

(508-693-2665; www.hiusa.org; 525 Edgartown–West Tisbury Rd; B 36–42 US$, 2 BZ 99 US$, 4BZ 125–149 US$; Mitte Mai–Anfang Okt.;) Dieser Zweckbau in der Inselmitte bietet alles, was Backpacker brauchen: eine anständige Küche, einen Aufenthaltsraum mit Gesellschaftsspielen, Leihfahrräder und freundliches Personal. Außerdem hat das Hostel keine Sperrstunde, liegt direkt am Radweg und bietet direkten Zugang zu einer öffentlichen Bushaltestelle. Die Schlafsäle und Privatzimmer sind schwer gefragt – unbedingt rechtzeitig reservieren!

Nashua House PENSION $$

(508-693-0043; www.nashuahouse.com; 9 Healy Way; Zi. 119–219 US$;) Das malerische Nashua von 1873 steht für das alte Martha's Vineyard. Die schlichten, blitzsauberen und charaktervollen Zimmer machen dennoch auch ein paar Zugeständnisse an die Moderne (teils in Form von TV und/oder eigenen Bädern). Direkt vor der Tür findet man Restaurants und Kneipen. Die Pension bietet im Sommer ein gutes Preis-Leistungs-Verhältnis und ist in der Nachsaison dank hoher Rabatte (bis zu 50 %) ein echtes Schnäppchen.

Essen & Ausgehen

★ **ArtCliff Diner** CAFÉ $

(508-693-1224; 39 Beach Rd; Hauptgerichte 8–20 US$; Do–Di 7–14 Uhr) Das beste Frühstücks- und Mittagslokal der Insel: Inhaberin und Küchenchefin Gina Stanley ist Absolventin des renommierten Culinary Institute of America. Ihr kulinarisches Talent äußert sich in allen Gerichten auf der vielfältigen Karte (darunter Arme Ritter mit Mandelkruste und Tacos mit frischem Fisch). Die meisten Zutaten stammen von regionalen Bauernhöfen. Hier lohnt sich die Wartezeit!

Among the Flowers Café CAFÉ $$

(508-627-3233; 17 Mayhew Lane; Mittagessen 8–20 US$, Hauptgerichte abends 22–35 US$; Mitte April–Mai, Sept. & Okt. 8–16 Uhr, Juni–Aug. bis 22 Uhr;) Der Name ist Programm: Zwischen blühenden Pflanzen tummeln sich Gäste, die sich auskennen, unter den gestreiften Markisen einer Gartenterrasse. Auf der Karte stehen selbstgemachte Suppen, Waffeln, Sandwiches, Crêpes und sogar Hummerbrötchen. Obwohl das Essen auf Papptellern serviert und Plastikbesteck benutzt wird, wirkt die Atmosphäre leicht affektiert. Im Sommer (dann kredenzt das Café auch Abendessen) ist das kulinarische Niveau etwas höher.

★ **Offshore Ale Co** KLEINBRAUEREI

(508-693-2626; www.offshoreale.com; 30 Kennebec Ave; So–Do 11.30–21, Fr & Sa bis 22 Uhr) Diese Kleinbrauerei ist sowohl bei Einheimischen als auch bei Travellern sehr beliebt. Bier (Tipp: das Hop Goddess Ale) und klasse Kneipenessen (Highlight: die Hummerbrötchen) gehen hier mit entspanntem Ambien-

LEUCHTTÜRME AUF MARTHA'S VINEYARD

Leuchttürme sind typisch für Neuengland. Die landesweit größte Gruppe davon findet man auf Martha's Vineyard.

West Chop (erb. 1838) Der letzte bemannte Leuchtturm der Insel steht auf der Westseite des Vineyard Haven Harbor.

East Chop (erb. 1875) Die gusseiserne Konstruktion ist das Wahrzeichen von Oak Bluffs.

Edgartown (erb. 1828) Dieser Leuchtturm stand ursprünglich auf einer Insel, die heute eine Landverbindung zu Edgartown hat (der einst dazwischen befindliche Meeresarm versandete komplett).

Cape Poge (erb. 1801) Starke Winderosion erforderte die viermalige Standortverlegung des Leuchtturms auf Chappaquiddick Island.

Gay Head (erb. 1844) Der rote Backsteinbau auf den Aquinnah Cliffs ist der wohl malerischste Leuchtturm der Insel.

te einher: An der Decke hängen Bootsmodelle, während Erdnussschalen einfach auf den Boden geworfen werden.

An- & Weiterreise

FLUGZEUG

Regionalbusse bedienen den Martha's Vineyard Airport (MVY; www.mvyairport.com), der rund 6 Meilen (10 km) südlich von Vineyard Haven in der Inselmitte liegt. Cape Air (www.capeair.com) startet hier gen Boston, Nantucket (jeweils ganzjährig), Hyannis, NYC und New Bedford, MA (jeweils saisonal). Mit Delta und JetBlue besteht saisonal Flugverbindung ab dem JFK Airport in NYC.

SCHIFF/FÄHRE

Linienfähren von Steamship Authority (www.steamshipauthority.com) verbinden Vineyard Haven (Martha's Vineyard) ganzjährig mit Woods Hole, das südlich von Falmouth auf Cape Cod liegt. Hinweis: Nur diese Passagen (einfache Strecke 45 Min., bis zu 14-mal tgl. in beide Richtungen) bieten eine Möglichkeit zur Kfz-Mitnahme (rechtzeitige Reservierung erforderlich).

Unterwegs vor Ort

Vor Ort geht's ganz gut per Auto voran. Allerdings sind die Straßen schmal; im Sommer bilden sich zudem oft Staus in den größeren Siedlungen. Die Insel lässt sich aber auch leicht ohne eigenes Vehikel erkunden: Das große Lokalbusnetz verbindet alle Ortschaften miteinander.

Radeln ist eine weitere tolle Option. Leihfahrräder gibt's in Edgartown, Oak Bluffs und Vineyard Haven.

Zentrales Massachusetts

Das Pioneer Valley und die Berkshires verbinden kosmopolitische Kultiviertheit kunstvoll mit rustikaler Ländlichkeit. Das Ergebnis ist ein verführerischer Mix aus Kunst, Kultur, grünen Hügeln und idyllischen Feldern.

Auf Wanderwegen warten der höchste Berg des Bundesstaats und die Naturschutzgebiete auf den umliegenden Hügeln. Alternativ können Besucher die Anwesen einstiger Berühmtheiten erkunden und Spitzenküche aus frischen Zutaten vom Bauernhof genießen. Oder auf gepflegten Rasenflächen picknicken und dabei Musikern von Weltrang lauschen. Mit dem Abklappern der regionalen Wildnisgebiete lässt sich leicht ein ganzer Sommer verbringen, wobei Tanzfestivals, Theatervorstellungen und tolle Konzerte immer wieder für Abwechslung sorgen.

Das zentrale Massachusetts hat außerdem viele Studentenstädte mit schattigen Uni-Campussen, unkonventionellen Cafés und außergewöhnlichen Kunstmuseen. Und im Herbst kann man hier Äpfel pflücken, während der Blick auf Hänge voller strahlend buntem Herbstlaub fällt.

Northampton

Die Region ist für ihre zauberhaften Universitätsstädte bekannt. Den größten Reiz hat dabei Northampton: An verwinkelten Innenstadtstraßen voller Passanten stehen alte, rote Backsteingebäude – prima für Stadtbummel in belebter Atmosphäre. Währenddessen klappert man die zahllosen Cafés, Rockclubs und Buchläden ab, denen die Stadt ihren Spitznamen „NoHo" verdankt. Der malerische Geschäftsbezirk grenzt direkt an den idyllischen Campus des Smith College. Berühmt ist Northampton zudem für seine Liberalität und seine Lesbengemeinde: Regenbogenfahnen sieht man hier überall.

Sehenswertes

Smith College COLLEGE

(☎413-584-2700; www.smith.edu; Elm St) Das Smith College wurde 1875 „zur Erziehung der intelligenten Dame“ gegründet. Mit 2600 Studentinnen zählt es heute zu den größten Mädchen-Colleges der USA. Studiert haben hier Berühmtheiten wie Sylvia Plath, Julia Child oder Gloria Steinem. Auf dem begrünten Gelände (ca. 51 ha) umgibt ein bunter Architekturmix aus fast 100 Gebäuden einen hübschen Teich (Paradise Pond). Nach dessen Umrundung und einer Campuserkundung nicht vergessen, den japanischen Teepavillon zu fotografieren!

Smith College Museum of Art MUSEUM

(☎413-585-2760; www.smith.edu/artmuseum; 20 Elm St; Erw./Kind 5 US$/frei; ⏲Di–Sa 10–16, So 12–16 Uhr) Bei der eindrucksvollen Sammlung (25000 Stücke) des Campusmuseums liegt ein Schwerpunkt auf europäischen und nordamerikanischen Malern des 19. und 20. Jhs. (z.B. Degas, Winslow Homer, Picasso, James Abbott McNeill Whistler). Als weiteres Highlight wartet hier „Gebrauchskunst“ von zeitgenössischen US-Künstlern. Darunter sind bemerkenswerte Toiletten und diverse Sitzbänke, die sich allesamt normal benutzen lassen.

Aktivitäten

Norwottuck Rail Trail (nor-wah-tuk; www.mass.gov/eea/agencies/dcr/massparks/region-west/norwottuck-rail-trail.html) Entlang der früheren Boston & Maine Railroad führt dieser Multifunktionsweg (18 km) von Amherst nach Hadley und Northampton (Vorfahrtsrecht in dieser Richtung). Größtenteils parallel zur MA 9 verläuft die Route durch weites Farmland. Dabei überquert sie auch eine historische Holzbrücke (457 m) über dem breiten Connecticut River.

Zugang zum Trail (inkl. Parkmöglichkeiten) bieten die Station Rd in Amherst, die Mountain Farms Mall an der MA 9 in Hadley und der Elwell State Park an der Damon Rd in Northampton. **Northampton Bicycle** (www.nohobike.com; 319 Pleasant St; Fahrradverleih ab 25 US$/Tag; ⏲Mo–Fr 9.30–19, Sa bis 17, So 12–17 Uhr) verleiht Drahtesel.

Schlafen & Essen

Hotel Northampton HISTORISCHES HOTEL $$

(☎413-584-3100; www.hotelnorthampton.com; 36 King St; Zi. 186–286 US$; P 📶) Dieser Oldtimer erfreut sich einer perfekten Lage im Zentrum von Northampton und ist seit 1927 das beste Hotel der Stadt. Die 100 luftigen Zimmer sind attraktiv mit traditionellen Möbeln, Vorhängen und Blumensteppdecken eingerichtet. Im ganzen Haus herrscht mondäne Ruhe. Zudem macht es Spaß, Postkarten über das altmodische Briefkastensystem zu verschicken.

Bela VEGETARISCH $

(☎413-586-8011; www.belaveg.com; 68 Masonic St; Hauptgerichte 8–13 US$; ⏲Di–Sa 12–20.30 Uhr; 🍴👪) Bei seiner selbstgekochten Hausmannskost legt das vegetarische Restaurant größten Wert auf Frische: Das Angebot auf der Kreidetafel wechselt analog zur Tagesernte der örtlichen Farmer. Das Ambiente ist behaglich und familienfreundlich – hier gibt's sogar Spielzeug für Kinder. Nur Barzahlung.

Paul & Elizabeth's SEAFOOD $$

(☎413-584-4832; www.paulandelizabeths.com; 150 Main St; Hauptgerichte 8–21 US$; ⏲So–Do 11.30–21, Fr & Sa bis 21.45 Uhr; 📶🍴👪) Das luftige Restaurant (auch bekannt als P&E's) im obersten Stockwerk des Thornes Marketplace ist das führende Naturkostlokal der Stadt. Zwischen Zierpflanzen gibt's vegetarische Küche und Seafood (oft mit asiatischem Touch). Bei einem Besuch zwischen Herbst und Frühlingsanfang unbedingt auch den traditionellen Indian Pudding probieren!

An- & Weiterreise

Rund 18 Meilen (29 km) nördlich von Springfield liegt Northampton an der I-91. Wer an der Main St keinen Parkplatz findet, nutzt einfach die öffentlichen Abstellflächen am **Thornes Marketplace** (www.thornesmarketplace.com; 150 Main St; ⏲Mo–Mi 10–18, Do–Sa bis 20, So 12–17 Uhr) im Stadtzentrum.

Die Pioneer Valley Transit Authority (www.pvta.com) schickt Regionalbusse mit Fahrradständern durch die ganze Five College Area. Die Route Northampton–Amherst wird dabei am häufigsten bedient.

Amherst

Amherst ist eine regionaltypische Universitätsstadt: Am Rand des Stadtparks liegt das renommierte Amherst College als Vertreter der „Junior Ivy League“. Zudem findet man hier die riesige University of Massachusetts und das heimelige Hampshire College, das sich den Geisteswissenschaften widmet. Der beste Ausgangspunkt für Erkundungen ist der Stadtpark an der Kreuzung von MA 116 und MA 9. An den umliegenden Straßen warten einige abgefahrene Kunstgalerien, diverse Buchläden und zahllose Cafés. Hinzu kommen ein paar kleine, aber sehenswerte Museen, die teilweise zu den Universitäten gehören.

Emily Dickinson Museum MUSEUM

(413-542-8161; www.emilydickinsonmuseum.org; 280 Main St; Führung Erw./Kind 15 US$/frei; Juni–Aug. Mi–Mo 10–17 Uhr, April, Mai & Sept.–Dez. Mi–So 11–16 Uhr, März Sa & So 11–16 Uhr) Zu ihren Lebzeiten veröffentlichte Emily Dickinson (1830–86) nur sieben Gedichte. Weitere 1000 davon wurden jedoch nach ihrem Tod entdeckt und gedruckt. Mit ihren Versen über Liebe, Natur und Unsterblichkeit zählt Dickinson zu den bedeutendsten US-Poetinnen. Den Großteil ihres Lebens verbrachte sie in fast völliger Einsamkeit auf diesem stattlichen Anwesen nahe Amhersts Zentrum.

Über ihre Person und ihr Werk informieren Führungen (60 Min.; für Zeiten s. Website), die das Dickinson Homestead und die angrenzenden Evergreens besichtigen. Das Gelände kann auch auf eigene Faust per Audioguide erkundet werden.

Eric Carle Museum of Picture Book Art MUSEUM

(413-559-6300; www.carlemuseum.org; 125 W Bay Rd; Erw./Kind 9/6 US$; Di–Fr 10–16, Sa bis 17, So 12–17 Uhr;) Mitbegründer dieses tollen Museums ist Eric Carle, der Autor und Illustrator von *Die kleine Raupe Nimmersatt.* Zu sehen gibt's hier Buchillustrationen aus aller Welt. Die ständige Sammlung wird dabei durch Wechselausstellungen in drei separaten Räumen ergänzt. Darüber hinaus können alle kleinen und großen Besucher ihre eigene Kreativität in einem interaktiven Atelier ausdrücken.

Berkshires

Nur wenige andere Orte in den USA kombinieren Kultur und Landleben so gewandt wie die Berkshire Hills: Neben erstklassigen Musik-, Tanz- und Theaterfestivals (z. B. Tanglewood und Jacob's Pillow) warten auch kilometerlange Wanderrouten durch weites Farmland.

Vom Mt. Greylock, dem höchsten Berg in Massachusetts, erstrecken sich die Berkshires südwärts bis zur Staatsgrenze zu Connecticut. Vor über 100 Jahren erkoren die ersten Reichen bzw. Prominenten die Region zu ihrem Sommerdomizil und errichteten prachtvolle „Cottages". Viele dieser Anwesen beherbergen heute Pensionen oder Veranstaltungsbühnen. Und nach wie vor fahren zahllose Großstädter in die luftigen Berkshires, wenn die Bostoner und New Yorker Bürgersteige an Sommerwochenenden richtig kochen.

Anreise & Unterwegs vor Ort

Die Berkshires werden hauptsächlich von Selbstfahrern ab Boston, Hartford oder NYC besucht. Eine Anreise per Bus oder Zug ist ebenfalls möglich. Für das Erkunden der ländlicheren Ecken empfiehlt sich ein eigenes Fahrzeug. Alternativ verkehren Regionalbusse der Berkshire Regional Transit Authority (www.berkshirerta.com; Einzelfahrt 1,75 US$) zwischen den größeren Ortschaften.

Great Barrington

An der Main St von Great Barrington gab es einst nur Eisenwarengeschäfte, Trödelläden, eine Filiale von Woolworth's und ein heruntergekommenes Diner. Nun findet man dort stattdessen künstlerisch angehauchte Boutiquen, Antiquitätenhändler, Cafés und die besten Restaurants der ganzen Region. In Ortsnähe führen Wanderwege hinein in die herrliche Landschaft der umliegenden Hügel.

Gleich östlich der zentralen Main St (US 7) fließt der Housatonic River durch den Ortskern.

Sehenswertes & Aktivitäten

Beartown State Forest PARK

(413-528-0904; www.mass.gov/dcr; 69 Blue Hill Rd, Monterey; Parken 15 US$) Der reizende State Forest erstreckt sich rund um den Benedict Pond, der sich ideal zum Schwimmen, Angeln, Kanu- und Kajakfahren eignet. Das kilometerlange Wanderwegnetz des Parks umfasst auch einen Abschnitt des Appalachian Trail. Die entlegensten Waldecken beheimaten Hirsche, Bären, Rotluchse und Fischermarder (Pekans). Für weniger ambitionierte Wanderer empfiehlt sich der Benedict Pond Loop (2,4 km).

Housatonic River Walk SPAZIERGANG

(www.gbriverwalk.org; April–Nov. Sonnenaufgang–Sonnenuntergang) GRATIS Mitten durch Great Barrington fließt der malerische Housatonic River, dessen Anblick sich entlang dieses Spazierwegs ideal genießen lässt. Zugang zum Pfad bieten die Main St (hinter der Rite-Aid-Filiale) und die Bridge St.

Essen & Ausgehen

Baba Louie's PIZZA $$

(☎ 413-528-8100; www.babalouiespizza.com; 286 Main St; Pizzas 10–20 US$; ⏲ 11.30–15 & 17–21.30 Uhr;) Das Baba's ist bekannt für Pizzas mit Bio-Sauerteigboden, die von jungen Männern mit Dreadlocks produziert werden. Die Auswahl für jeden Geschmack reicht von der beliebten Dolce Vita (Feigen, Gorgonzola und Prosciutto) bis hin zur glutenfreien Vegetazione (Artischockenherzen, Brokkoli, Tofu und Mozzarella aus Sojamilch).

Barrington Brewery KLEINBRAUEREI

(☎ 413-528-8282; www.barringtonbrewery.net; 420 Stockbridge Rd; ⏲ 11.30–21.30 Uhr;) Gut fürs Gewissen: In der Barrington Brewery trinkt man Bier, das mit Solarstrom gebraut wird. Zur schaumig-hopfigen Hauptattraktion gibt's anständige Burger mit Fleisch vom Freilandrind. Ebenfalls prima sind die Tische im Freien für laue Sommerabende.

Stockbridge

Bei sorgfältiger Betrachtung von Stockbridges breiter Main St fällt auf, dass hier bestimmte Dinge fehlen: Weder Ampeln noch Telefonmasten trüben den Anblick – es ist fast noch so wie in den Tagen von Norman Rockwell, der die letzten 25 Jahre seines Lebens vor Ort verbrachte und hier auch arbeitete.

Heute lockt Stockbridge im Sommer und Herbst jede Menge Reisende an, die durch die Straßen bummeln, die Läden durchstöbern und auf der Veranda des historischen Red Lion Inn in Schaukelstühlen relaxen. Zudem steuern zahllose Tourbusse das Norman Rockwell Museum am Stadtrand an.

Die konservierte Idylle äußert sich jedoch auch in hohen Preisen. Und außerhalb vom Zentrum herrscht hier genau derselbe Betrieb wie in den Nachbarorten.

Norman Rockwell Museum MUSEUM

(☎ 413-298-4100; www.nrm.org; 9 Glendale Rd/MA 183; Erw./Kind 20 US$/frei; ⏲ Mai–Okt. 10–17 Uhr, Nov.–April bis 16 Uhr) Norman Rockwell (1894–1978) wurde in NYC geboren und gestaltete ab 1916 im Lauf von 50 Jahren insgesamt 322 Titelbilder für die *Saturday Evening Post*. Parallel kreierte er auch Bilder für viele Bücher, Plakate und andere Magazine. Heute gilt Rockwell als beliebtester Illustrator der US-Geschichte. Dieses tolle kleine Museum zeigt die landesweit größte Sammlung von Originalwerken des Meisters. Zu sehen gibt's hier auch Rockwells Atelier, das sich ursprünglich in dessen örtlichem Wohnhaus befand.

Anfahrt: Der MA 102 ab Stockbridge gen Westen folgen, dann nach links (südwärts) in die MA 183 einbiegen.

Lenox

Das würdevolle und wohlhabende Lenox ist eine historische Besonderheit: Die Industrialisierung konnte dem Charme der Stadt nichts anhaben. Die ländliche Idylle begeisterte wiederum Industriellenfamilien (z. B. Carnegie, Vanderbilt und Westinghouse), die hier Sommerdomizile bauten, aber anderswo mit ihren Fabriken reich geworden waren.

Von dieser glorreichen Vergangenheit zeugt auch bis heute, dass Lenox das kulturelle Zentrum der Berkshires ist. Das Highlight unter den lokalen Veranstaltungen ist das sehr beliebte Tanglewood Music Festival, das im Sommer viele Besucher aus NYC, Boston und dem übrigen Neuengland anzieht.

Tanglewood Music Festival MUSIK

(☎ 888-266-1200; www.tanglewood.org; 297 West St/MA 183, Lenox; Tickets für die Rasenfläche Erw./Kind 12 US$/frei; ⏲ Ende Juni–Anfang Sept.) Das Musikfestival fand 1934 zum ersten Mal statt und gehört heute zu den renommiertesten Sommer-Konzertreihen der Welt. Das Programm (klassische Sinfonien, Kammermusik, Pop, Jazz, Blues) wird von weltberühmten Gastkünstlern und Dirigenten dargeboten. Darunter sind z. B. regelmäßig der bekannte Cellist Yo-Yo Ma, der Stargeiger Joshua Bell oder der Liedermacher James Taylor.

Schlafen & Essen

Birchwood Inn PENSION $$$

(☎ 413-637-2600; www.birchwood-inn.com; 7 Hubbard St; Zi. Standard 199–289 US$, Deluxe 359–394 US$;) Ein paar Blocks vom Zentrum entfernt beherbergt das älteste Wohnhaus der Stadt (erb. 1767) diese hübsche Pension. Auf einem Hügel warten elf geräumige und romantische Luxuszimmer. Das Dekor variiert zwischen altmodischen Blumenmustern und klassischem Country-Stil. Die Deluxe-Quartiere haben Kingsize-Betten und offene Kamine.

Über einen Kamin verfügt auch der Speiseraum, in dem das selbstgemachte Frühstück (z. B. Florentiner Käseauflauf sowie Eierkuchen mit Heidelbeeren oder Käse) serviert wird.

Haven Cafe & Bakery CAFÉ $
(☎413-637-8948; www.havencafebakery.com; 8 Franklin St; Hauptgerichte 8–16 US$; ⏲Mo–Fr 7.30–15, Sa & So ab 8 Uhr;) Das Haven sieht aus wie ein normales Café, bietet aber kulinarische Raffinesse der gehobenen Art: Morgens gibt's hier u.a. Einfallsreiches aus Eiern (z.B. Rührei mit Lachs) und Arme Ritter aus Croissants. Auf der Mittagskarte stehen appetitliche Salate und Sandwiches. Alle Gerichte basieren auf regionalen Bio-Zutaten. Unbedingt auch das Süßgebäck an der Backwarentheke probieren!

★ **Nudel** AMERIKANISCH $$$
(☎413-551-7183; www.nudelrestaurant.com; 37 Church St; Hauptgerichte 26 US$, Festpreismenü mit 3/4 Gängen 45/55 US$; ⏲Di–Sa 17–21.30, So bis 21 Uhr) Das Nudel ist eine Institution der regionalen Naturkostszene: Fast alles besteht aus saisonalen und regionalen Zutaten. Die Gerichte sind schlicht, aber einfallsreich und sehr aromatisch – trotz täglichen Wechsels sind Enttäuschungen quasi ausgeschlossen. So hat das Lokal viele treue Stammgäste, was rechtzeitiges Reservieren vor allem in der Hauptsaison ratsam macht.

Williamstown

Das kleine, aber stolze Williamstown liegt mitten im Purple Valley – benannt nach dem violetten Schimmer, den die umliegenden Berge oft in der Abenddämmerung absondern. Im freundlichen Ortskern (nur zwei Blocks lang) treffen sich die Einheimischen, während Kinder und Hunde auf den lokalen Grünflächen herumtollen.

Zudem ist Williamstown eine typische College-Stadt in dieser Region: Zwischen den zauberhaften Straßen und Parks ziert Marmor die stattlichen Backsteingebäude des Williams College. Zum vielfältigen Kulturleben vor Ort tragen zwei außergewöhnliche Kunstmuseen und eins von Neuenglands renommiertesten Sommer-Theaterfestivals bei.

Sehenswertes

★ **Clark Art Institute** MUSEUM
(☎413-458-2303; www.clarkart.edu; 225 South St; Erw./Kind 20 US$/frei; ⏲Sept.–Juni Di–So 10–17 Uhr, Juli & Aug. tgl.) Selbst Kunstmuffel sollten dieses Museum unbedingt besuchen: Allein schon das sanft gewellte, 57 ha große Gelände mit weiten Rasenflächen und Blumenwiesen ist eine großartige Attraktion. Gleiches gilt für das Hauptgebäude, das sich in einem Wasserbecken mit drei Ebenen spiegelt. Bei den Ausstellungen liegt ein Schwerpunkt auf Meistern des Impressionismus (z.B. Monet, Pissarro und Renoir). Die moderne amerikanische Malerei vertreten hier u.a. Werke von Mary Cassatt, Winslow Homer und John Singer Sargent.

Williams College Museum of Art MUSEUM
(☎413-597-2429; https://wcma.williams.edu; 15 Lawrence Hall Dr; ⏲10–17, So 10–20 Uhr, Sept.–Mai Mi geschl.) GRATIS Das Schwestermuseum des Clark Art Institute liegt im Ortskern und kann sogar gratis besichtigt werden. Es hat eine eigene Sammlung mit 13 000 Stücke, die etwa zur Hälfte aus der sogenannten American Collection besteht. Diese umfasst auch Werke von Berühmtheiten wie Edward Hopper *(Morning in a City)*, Winslow Homer oder Grant Wood. Die ebenso bemerkenswerte Fotografiesammlung zeigt z.B. Arbeiten von Man Ray und Alfred Stieglitz.

Feste & Events

Williamstown Theatre Festival THEATER
(☎Theaterkasse 413-458-3253; www.wtfestival.org; 1000 Main St; ⏲3. Woche im Juni–3. Woche im Aug.;) Berühmte Bühnenschauspieler nehmen jedes Jahr an diesem Festival teil, das weithin als beste Sommer-Theaterreihe der Region gilt. Als allererstes Event dieser Art in Neuengland wurde das Ganze 2002 mit dem Art Regional Theatre Tony Award ausgezeichnet.

Schlafen & Essen

Maple Terrace Motel MOTEL $$
(☎413-458-9677; www.mapleterrace.com; 555 Main St; DZ 119–178 US$;) Am östlichen Stadtrand steht diese schlichte Bleibe mit 15 behaglichen Zimmern. Das Motel ist zwar nicht sonderlich schick, punktet aber mit Komfort und sehr freundlichem bzw. aufmerksamem Service. Dank der schwedischen Inhaber lädt auch ein schöner Garten zum Verweilen ein.

River Bend Farm B&B B&B $$
(☎413-458-3121; www.riverbendfarmbb.com; 643 Simonds Rd/US 7; Zi. 120 US$; ⏲April–Okt.;) Im Jahr 1770 war dieses B&B im georgianischen Kolonialstil noch eine Kneipe und gehörte Benjamin Simonds. Die heutigen Inhaber, Judy und Dave Loomis, haben das ganze Gebäude äußerst originalgetreu restauriert. Die vier einfachen, aber komfortablen Doppelzimmer teilen sich zwei Gemein-

ABSTECHER

NORTH ADAMS: MASS MOCA

Die schöne, aber auch etwas düstere Innenstadt von North Adams stammt aus dem 19. Jh. und scheint auf den ersten Blick nicht so recht zu den übrigen Berkshires zu passen: Hier geht es nicht so lebhaft zu und die Annehmlichkeiten sind vergleichsweise geringer. Doch dafür entschädigt schon nach kurzer Zeit die Hauptattraktion: das Mass MoCA ist ein beispielhaftes Museum für moderne Kunst. Der riesige Komplex ist fast so groß wie ein ganzes Dorf und beherbergt auch ein paar der besten örtlichen Restaurants, Bars und Läden.

Mit 5,3 ha Innenstadtfläche nimmt das **MASS MoCA** (Massachusetts Museum of Contemporary Art; ☎413-662-2111; www.massmoca.org; 1040 MASS MoCA Way; Erw./Kind 20/8 US$; ⏲Juli & Aug. So–Mi 10–18, Do–Sa bis 19 Uhr, Sept.–Juni Mi–Mo 11–17 Uhr; 👪) ein Drittel des ganzen Geschäftsbezirks von North Adams ein. Das Museum befindet sich im früheren Werk der Sprague Electric Company, das nach seiner Schließung 1985 für rund 31 Mio. US$ zur „größten Galerie der USA" umgebaut wurde. In den 25 Gebäuden (insgesamt 2,06 ha Innenfläche) findet man neben 19 Galerien auch Künstlerateliers und Bühnensäle. Eine Ausstellungshalle ist so groß wie ein Fußballfeld, um Installationskünstlern gezielt Gelegenheit für Gigantomanie zu bieten – also besser Laufschuhe anziehen!

schaftsbäder mit Klauenfuß-Badewannen. Gäste frühstücken im früheren Schankraum mit Holzvertäfelung und großem offenem Steinkamin.

Der Name täuscht: Das B&B liegt nicht auf einer Farm, sondern direkt an der US 7 (nördlich der kleinen Brücke über den Hoosic River).

Pappa Charlie's Deli FEINKOST **$**

(☎413-458-5969; 28 Spring St; Hauptgerichte 5–8 US$; ⏲Mo–Sa 8–20, So bis 19 Uhr; 🖉) In dem einladenden Frühstückslokal bestellen Einheimische tatsächlich „das Übliche". Die Sandwiches zum Mittagessen wurden eigenhändig von Promis kreiert und sind auch nach diesen benannt. Beliebt ist z. B. die Variante „Mary Tyler Moore" (Speck, Kopfsalat, Tomaten, Avocados). Diese gibt's alternativ auch mit Soja-Ersatzspeck, da die Schauspielerin später zum Vegetarismus konvertierte. Die Option „Politician" ist komplett individuell gestaltbar.

★ **Mezze Bistro & Bar** FUSION **$$**

(☎413-458-0123; www.mezzerestaurant.com; 777 Cold Spring Rd/US 7; Hauptgerichte 18–28 US$; ⏲So–Do 17–21, Fr & Sa bis 22 Uhr) Das moderne Nobellokal auf großartigem Gelände (1,2 ha) bereitet Gästen immer wieder Überraschungen: Die saisonalen und stets leckeren Gerichte wechseln regelmäßig. Hier wird viel Wert auf frische Agrarerzeugnisse gelegt, was mit einem Hausgarten voller essbarer Pflanzen beginnt. Ein Großteil des übrigen Angebots, darunter Bio-Fleisch und limitierte Craft-Biere, stammt ebenfalls aus der Region.

RHODE ISLAND

Der kleinste US-Bundesstaat ist in Wirklichkeit gar keine Insel und lässt sich in nur 45 Minuten komplett durchqueren. Dafür hat dieses kleine Wunderland eine über 640 km lange Küstenlinie mit menschenleeren Buchten, schroffen Klippen, einsamen Leuchttürmen und dem besten weißen Sandstrand des Nordostens zum Baden.

Rhode Islands Küste wird außerdem von großartigen Ferienorten, extravaganten Villen und malerischen Dörfern aus der Kolonialzeit gesäumt. Im Land dahinter findet man Weinberge, ertragreiche Beerenplantagen und zwei Zentren der Pferdezucht (Middletown und Portsmouth). In der Region gibt's auch zwei Großstädte: Providence ist tief in der Arbeiterklasse verwurzelt, und Newport dagegen verdankt seine Existenz altem Geld aus oft obskuren Quellen. Beide Städte zählen zu den schönsten urbanen Zielen in Neuengland. Hierfür sorgen jeweils viele tolle Museen, Stadtviertel mit herrlichen historischen Häusern, spitzenmäßige Restaurants und coole Bars. Da verwundert es nicht, dass nach wie vor Neureiche zwecks Sommervergnügen hierherkommen.

Geschichte

Roger Williams gründete Providence im Jahr 1636, nachdem er als religiöser Abweichler aus Boston vertrieben worden war. Seitdem ist die Stadt von einem Hang zur Freigeistigkeit geprägt: Williams' oberstes Prinzip war die Glaubensfreiheit des Individuums, was auch zu seiner Verbannung aus

Massachusetts führte. Bei der Gründung von Providence setzte er seine liberalen Ansichten dann in die Tat um: Er kaufte Land von den indigenen Narragansett und pflegte mit diesen auch danach noch freundliche Beziehungen – damals ein kühnes Experiment in Sachen Toleranz und friedlicher Koexistenz.

Williams' Projekterfolge wurden jedoch rasch wieder zunichte gemacht. Als Providence und Newport wuchsen und zu einer großen Kolonie verschmolzen, kam es zu bewaffneten Konflikten mit Indianerstämmen. Diese Auseinandersetzungen führten schließlich zur Dezimierung der indigenen Wampanoag, Pequot, Narragansett und Nipmuck. Zudem war Rhode Island ein Zentrum des amerikanischen Sklavenhandels, der in den ersten Jahren nach dem Unabhängigkeitskrieg größtenteils von hier aus kontrolliert wurde.

Die Industrialisierung der USA begann 1790 mit der Slater Mill in Pawtucket, die durch Wasserkraft angetrieben wurde. Steigende Industrie- und Siedlungsdichte prägten den Charakter von Providence und deren Umgebung (vor allem entlang des Blackstone River). Doch wie viele andere Kleinstädte an der Ostküste erlebten diese urbanen Gebiete in den 1940er- und 1950er-Jahren einen raschen Niedergang, als die örtliche Fertigungsindustrie (Textilien und Modeschmuck) einbrach. In den 1960er-Jahren sorgten Denkmalschutzmaßnahmen für den Erhalt der historischen Stadtbilder von Providence und Newport – letzteres hat heute eine der schönsten historischen Innenstädte des ganzen Landes.

Auch Providence ist nun wieder eine stilvolle Stadt mit einem pulsierenden Zentrum und einer dynamischen Wirtschaft. Größtenteils ist dies ein Verdienst von Buddy Cianci, dessen zwei Amtszeiten als Bürgermeister (1975–1984, 1991–2002) jeweils mit gerichtlichen Verurteilungen endeten. Cianci wird zugutegehalten, den industriellen und urbanen Verfall der Stadt mit einem groß angelegten Sanierungsprojekt gestoppt zu haben. Dabei wurden u.a. vormals verdohlte Wasserläufe freigelegt und zu einem künstlichen See im Stadtzentrum umgeleitet. Das äußerst beliebte WaterFire Festival (S. 241) ist heute ein spektakuläres und stolzes Symbol für die phönixgleiche Wiedergeburt von Providence, das einst am Zusammenfluss dreier Flüsse gegründet wurde. Cianci starb 2016 im Alter von 74 Jahren.

ℹ Praktische Informationen

Rhode Island Division of Parks & Recreation (www.riparks.com) Listet u. a. alle regionalen State Beaches auf.

Rhode Island Tourism Division (www.visitrhodeisland.com) Offizielle Touristeninformation des Bundesstaats.

Providence

Die Staatshauptstadt von Rhode Island liegt am Zusammenfluss der Flüsse Providence, Moshassuck und Woonasquatucket. Hier warten ein paar der schönsten Stadtspaziergänge in ganz Neuengland – z.B. durch die Landschaftsgärten entlang des Riverwalk Trail oder über den historischen Campus der Brown University auf dem College Hill aus dem 18. Jh. Hippe Cafés, Programmkinos, trendige Bars und Fusion-Restaurants säumen die schmucken Straßen und Gassen im Stadtzentrum.

Ein Schicksal als weitere US-Industrieruine blieb Providence dank Buddy Cianci erspart: Der zweimalige (und umstrittene) Bürgermeister sanierte die Innenstadt mittels eines Großprojekts. Dabei wurden vormals verdohlte Flüsse zwecks Umleitung freigelegt, Brachflächen neu belebt und historische Fassaden restauriert. Das Ergebnis bewahrt historische Schätze nicht nur einfach, sondern integriert sie vielmehr in eine kreative Gegenwart: Architekturstile aus 30 Jahren verschmelzen hier zu einer bunten urbanen Landschaft, die zugleich kühn, wunderschön und sehr cool wirkt. Auch dank der vielen Studenten ist bei aktuellen Events der örtlichen Kunst- und Kulturszene immer ordentlich was los.

Sehenswertes

★ Providence Athenaeum BIBLIOTHEK
(☎401-421-6970; www.providenceathenaeum.org; 251 Benefit St; ⌚Mo–Do 10–18, Fr 9–17 Uhr, Sa 10–14 Uhr) GRATIS Die Bibliothek im Greek-Revival-Stil gehört zu den markantesten Gebäuden an der Benefit St. Sie wurde von William Strickland entworfen und im Jahr 1838 vollendet. Ihre traditionelle Inneneinrichtung füllt die Lücken zwischen den Bücherregalen mit Gipsbüsten und Ölgemälden. Edgar Allen Poe ging hier oft auf Schürzenjagd. Über die lokale Architektur und Kunst informiert die **Raven Tour**, bei der man das Gebäude auf eigene Faust anhand einer Broschüre erkundet. Der Prospekt ist vor Ort erhältlich.

★ **Rhode Island State House** HISTORISCHES GEBÄUDE

(☎ 401-222-3983; www.sos.ri.gov; 82 Smith St; ⏱ Besichtigung ohne Guide Mo–Fr 8.30–16.30 Uhr, Führungen Mo–Fr 9, 10, 11, 13 & 14 Uhr) GRATIS Das Rhode Island State House wurde 1904 von McKim, Mead & White entworfen. Der Bau dominiert das Stadtbild von Providence und ist aus mehreren Kilometern Entfernung zu sehen. Die freitragende Marmorkuppel (die viertgrößte der Welt) ist teilweise dem Dach des Petersdoms in Rom nachempfunden. Im Inneren hängt eins der Originalportraits, die Gilbert Stuart von George Washington malte.

★ **John Brown House** MUSEUM

(☎ 401-331-8575, Durchwahl 362; www.rihs.org; 52 Power St; Erw./Kind 10/6 US$; ⏱ Führungen April–Nov. Di–Fr 13.30 & 15, Sa 10.30, 12, 13.30 & 15 Uhr) John Quincy Adams bezeichnete die Backsteinvilla aus dem Jahr 1786 auf dem College Hill einst als „schönstes und elegantestes Anwesen, das ich auf diesem Kontinent jemals gesehen habe".

★ **Brown University** UNIVERSITÄT

(☎ 401-863-1000; www.brown.edu) Die Brown University versprüht ihren Ivy-League-Charme auf dem höchsten Punkt des College Hill, worunter sich die East Side des Viertels erstreckt. Herzstück des Campus ist die aus Backstein bestehende **University Hall** von 1770, die während des Amerikanischen Unabhängigkeitskriegs als Kaserne diente. Der beste Startpunkt für eine Erkundung des Geländes sind die schmiedeeisernen Eingangstore am oberen Ende der College St – von dort aus einfach über den Rasen in Richtung Thayer St laufen.

Benefit Street ARCHITEKTUR

Gleich östlich der Innenstadt liegt das Viertel College Hill. Durch dessen East Side führt die Benefit St, an der Gebäude aus dem 18. Jh. von der örtlichen Kolonialgeschichte zeugen. Diese Häuser sind zumeist in Privatbesitz, können aber häufig im Juni am Wochenende des **Festival of Historic Homes** bei einer Führung besichtigt werden. Die Benefit St ist ein passendes Symbol für die Renaissance von Providence: In den 1960er-Jahren verhinderten einheimische Denkmalschützer ihre bevorstehende komplette Zerstörung durch fehlgeleitete Stadtsanierungsmaßnahmen.

RISD Museum of Art MUSEUM

(☎ 401-454-6500; www.risdmuseum.org; 224 Benefit St; Erw./Kind 12/3 US$, Eintritt So bis 13 Uhr frei; ⏱ Di–So 10–17, am 3. Do des Monats 10–21 Uhr; 👪) Das herrlich vielfältige Kunstmuseum der Rhode Island School of Design zeigt z. B. Antikes aus Griechenland oder US-amerikanische Gemälde und Kunsthandwerksgegenstände aus dem 20. Jh.

Roger Williams Park PARK

(1000 Elmwood Ave) GRATIS Betsey Williams (Ur-Ur-Urenkelin des Stadtgründers) stiftete 1871 ihre Farm, um Providence diesen öffentlichen Park (174 ha) zu bescheren. Ein paar Fahrtminuten südlich vom Zentrum warten dort heute Seen, Teiche, Wäldchen, weite Rasenflächen, Picknicktische, Gewächshäuser und ein funktionierendes Karussell aus viktorianischer Zeit. Ebenfalls vor Ort findet man das **Planetarium and Museum of Natural History** (☎ 401-680-7221; www.providenceri.com/museum; Museum/Planetarium 2/3 US$; ⏱ 10–16 Uhr; 👪) und das frühere Cottage von Betsey Williams.

Feste & Events

★ **WaterFire** STRASSENFEST

(☎ 401-273-1155; www.waterfire.org; ⏱ wechselnde Termine) Vor allem im Sommer verwandeln sich große Teile der Innenstadt regelmäßig in ein Straßenfest, dessen Existenzgrund seit 1994 die äußerst beliebte Kunstinstallation „WaterFire" von Barnaby Evans ist. Am Zusammenfluss des Providence, Moshassuck und Woonasquatucket River werden dabei alljährlich 100 schwimmende Feuerschalen verankert. Vom Ufer und von den Brücken aus schauen Scharen von Passanten auf das flammende Spektakel.

Schlafen

Christopher Dodge House B&B $$

(☎ 401-351-6111; www.providence-hotel.com; 11 W Park St; Zi. 149–189 US$; P) Dieses B&B im Federal Style (erb. 1858) wartet mit historischen amerikanischen Stilmöbeln, Holzböden und offenen Kaminen aus Marmor auf. Große Fenster mit Klappläden zieren die nüchterne, aber elegant proportionierte Fassade.

Old Court B&B B&B $$

(☎ 401-751-2002; www.oldcourt.com; 144 Benefit St; Zi. Mo–Fr 155–195 US$, Sa & So 185–225 US$) Das dreistöckige Wohnhaus von 1863 mit italienischem Touch versprüht seinen Charme in perfekter Lage: Um das B&B herum stehen die historischen Gebäude von College Hill. Gäste freuen sich hier über abgefahrene Tapeten, leckere Frühstücksmarmelade und gelegentliche Rabatte im Winter.

Providence Biltmore HISTORISCHES HOTEL $$
(☎401-421-0700; www.providencebiltmore.com; 11 Dorrance St; Zi. 165–379 US$; P 📶) Das Biltmore aus den 1920er-Jahren ist sozusagen der Großvater aller örtlichen Hotels. Die lauschig-mondäne Lobby paart dunkles Holz mit Kronleuchtern und Wendeltreppen. Die vielen Stockwerke mit 292 gepflegten Zimmern ragen hoch über der Altstadt empor. Wer gern eine gute Aussicht haben möchte, wählt am besten ein Quartier weiter oben.

Essen

Louis Family Restaurant DINER $
(☎401-861-5225; www.louisrestaurant.org; 286 Brook St; Hauptgerichte 4–9 US$; ⊙5–15 Uhr; 👪) Unter den Stammgästen dieses Diners sind Zimmerleute und übernächtigte Studenten, die sich hier in aller Frühe stärken (lange bevor das übrige College Hill erwacht). Zu Filterkaffee serviert das Lokal u.a. Pfannkuchen mit Bananen und Erdbeeren.

Haven Brothers Diner DINER $
(☎401-603-8124; www.havenbrothersmobile.com; Ecke Dorrance & Fulton St; Gerichte 5–12 US$; ⊙17–3 Uhr) Das mobile Diner befindet sich hinten auf einem Lastwagen, der seit Jahrzehnten abends an der selben Stelle neben der City Hall parkt. Über eine klapperige Leiter geht's hinauf in den Innenraum, in dem sich die Gäste an einfacher Diner-Kost (Tipp: der Murder Burger) laben. Das Publikum reicht von prominenten Politikern bis hin zu Studenten auf Sauftour.

Local 121 MODERN-AMERIKANISCH $$
(☎401-274-2121; www.local121.com; 121 Washington St; Hauptgerichte 17–30 US$; ⊙Mi & Do 17–22, Fr bis 23, Sa 10–15 & 17–23, So 10–15 & 17–21 Uhr) Das opulente Restaurant huldigt dem Trend zu Regionalprodukten in Form von US-Klassikern mit einem leicht modernen Touch. Es befindet sich im alten Dreyfus Hotel aus den 1890er-Jahren, das heute zum Kunstzentrum AS220 gehört. Das Ambiente ist zugleich zwanglos, schlicht und elegant. Unter den saisonal wechselnden Köstlichkeiten waren schon Po'boy-Sandwiches mit perfekt gegarten Jakobsmuscheln oder Pizza mit Entenschinken.

★ **birch** MODERN-AMERIKANISCH $$$
(☎401-272-3105; www.birchrestaurant.com; 200 Washington St; 4-gängiges Menü 49 US$, passende Getränke 35 US$; ⊙Do–Mo 17–22 Uhr) Küchenchef Benjamin Sukle und seine Ehefrau Heidi zählen das Noma in Kopenhagen und das tolle Dorrance im Biltmore Hotel zu ihren Referenzen. Nun betreiben sie ihr eigenes Lokal: das dezent eingerichtete birch mit super Küche. Das lauschige und stilvolle Ambiente zeugt von einem Auge fürs Detail (Ein Beispiel: Die Gäste sitzen an einem U-förmigen Tresen). Gleiches gilt für die strikt saisonalen Gerichte aus Zutaten, die generell selten verwendet und/oder nur in Kleinmengen produziert werden.

Ausgehen & Nachtleben

AS220 KUNSTZENTRUM
(☎401-831-9327; www.as220.org; 115 Empire St; ⊙Bar Di–Sa 17–1 Uhr, Café Di–Sa 12–22 Uhr) Das AS220 (sprich: A-S-two-twenty) ist schon lange ein Zentrum für alle kreativen Ausdrucksformen, die Rhode Island zu bieten hat. Für regen Betrieb sorgen Experimentalmusik, Lesungen und Kunstausstellungen. Die hauseigene Cafébar (wechselnde Öffnungszeiten) serviert u.a. Kaffee, Spinatauflauf und vegane Kekse.

Salon BAR, CLUB
(☎401-865-6330; www.thesalonpvd.com; 57 Eddy St; ⊙Di–Do 19–1, Fr & Sa bis 2 Uhr) Im Obergeschoss des Salon warten auf die Gäste Tischtennisplatten, Flipperautomaten, 1980er-Jahre-Pop und Picklebacks (Whiskey plus Gurkenessig zum Nachspülen). Unten werden Liveshows, Open-Mike-Events, DJs und Tanzpartys geboten. Für Hungrige gibt's Sandwiches mit Erdnussbutter und Marmelade.

ℹ Anreise & Unterwegs vor Ort

In Providence finden sich Fahrer mit einem eigenen Auto eventuell etwas schwer zurecht: Hügel, zwei Interstates und zwei Flüsse prägen die Innenstadt. Dort und in Bahnhofsnähe herrscht zudem oft Parkplatzmangel. Wer im Zentrum parken will, benutzt am besten das große Parkhaus der Providence Place Mall und lässt sein Ticket von einem der Geschäfte entwerten. Im Bereich der East Side sind meistens recht viele Parkplätze an der Straße frei.

Große Autovermieter sind am Flughafen und im Zentrum vertreten.

Providence ist klein, hübsch und fußgängerfreundlich, weshalb man wahrscheinlich häufig zu Fuß unterwegs sein wird.

Die Rhode Island Public Transit Authority (www.ripta.com) betreibt zwei „Trolley"-Linien: Die Green Line rollt ab der East Side durch die Innenstadt zum Federal Hill. Die Gold Line fährt vom Marriott Hotel südwärts zum Krankenhaus (über die Kennedy Plaza und den Fähranleger an der Point St).

BUS

- Alle Fernbusse und die meisten Lokalbusse halten am **Intermodal Transportation Center** (Kennedy Plaza; ⌚6–19 Uhr) im Stadtzentrum. Greyhound (www.greyhound.com) und Peter Pan Bus Lines (www.peterpanbus.com) betreiben dort Ticketschalter. Das Personal verteilt auch Übersichtspläne zum Stadtbusnetz.
- Peter Pan verbindet den Green Airport in Providence mit der South Station (ab 9 US$, 1 Std., 12-mal tgl.) und dem Logan International Airport (ab 18 US$, 70 Min., 10-mal tgl.) in Boston.
- Greyhound (www.greyhound.com) fährt ab Providence z. B. nach Boston (ab 9 US$, 65 Min.) und NYC (ab 15 US$, 5½–6 Std.).

ZUG

- Ab Providence schickt die Amtrak (www.amtrak.com) u. a. Acela-Hochgeschwindigkeitszüge nach Boston (ab 12 US$, 50 Min.) und NYC (ab 50 US$, 3–3½ Std.).
- Mit Pendlerzügen der MBTA (www.mbta.com) besteht ebenfalls Verbindung nach Boston (11,50 US$, 60–75 Min.).

Newport

Der „neue Hafen" wurde von moderaten religiösen Siedlern gegründet und florierte prächtig in der unabhängigen Kolonie Rhode Island, die sich hier 1776 zum Staat erklärte. Im Stadtzentrum knipsen Fotonarren an gefühlt jeder Ecke begeistert die makellos erhaltene Architektur und die Wahrzeichen aus der Kolonialzeit.

Doch so faszinierend Newports frühe Geschichte auch ist, wirklich interessant wurde es erst in den 1850er-Jahren, als wohlhabende Industrielle begannen, opulente Sommerhäuser entlang der Bellevue Ave auf den Klippen zu errichten. Die stilsicheren italienisch inspirierten Palazzi, die französischen Châteaus und elisabethanischen Prachtvillen sind heute grandios restauriert und mit unbezahlbaren Antiquitäten gefüllt - und ihre atemberaubende Lage muss man gesehen haben, um es zu glauben. Die Kuriosität, Vielfältigkeit, Extravaganz und Einzigartigkeit dieses spektakulären Ortes ist unvergleichlich.

Newport hält auch seine maritimen Wurzeln in Ehren und ist nach wie vor ein weltweites Zentrum für Jachtfreunde. Kein Wunder: Die Sommer hier sind glänzend. Die Einheimischen haben ausgezeichneten Geschmack und wissen, wie man eine Party schmeißt. Es ist immer was los, so gibt es u.a. mehrere Cross-Genre-Festivals, die zu den besten in den USA gehören.

Sehenswertes & Aktivitäten

Im 19. Jh. wählten die reichsten New Yorker Bankiers- und Industriellenfamilien Newport als ihren Sommerspielplatz und bauten entlang der Bellevue Ave fabelhafte Herrenhäuser. Zehn dieser Villen (ausgenommen Rough Point und Ochre Court) werden von der **Preservation Society** (☎401-847-1000; www.newportmansions.org; 424 Bellevue Ave; Ticket für 5 Häuser Erw./Kind 35/12 US$) verwaltet und sind saisonal zwischen Juni und November geöffnet, manche auch das ganze Jahr über. Kombitickets sind günstiger, falls man plant, mehrere Häuser zu besuchen. Einige Touren sollte man vorab buchen, dies gilt besonders für die Hauptsaison. Die Tickets gibt's online oder vor Ort. Die Gesellschaft bietet außerdem verschiedene Events zu den Themen Wein und Essen an.

Alternativ kann man sich ein Fahrrad ausleihen, die Bellevue Ave entlang radeln und den Blick auf die Villen und schicken Anwesen genießen. Oder man schlendert über den berühmten Cliff Walk, einem Fußweg, der zwischen den Herrenhäusern mit Meerblick an der Landzunge verläuft.

★ **The Breakers** HISTORISCHES GEBÄUDE
(☎401-847-1000; www.newportmansions.org; 44 Ochre Point Ave; Erw./Kind 24/8 US$; ⌚April–Mitte Okt. 9–17 Uhr, Mitte Okt.–März abweichend; P) Das Breakers ist ein gigantischer italienischer Renaissance-Palast mit 70 Zimmern. Es ist von den Palazzi des 16. Jhs. aus Genua inspiriert und das prachtvollste Herrenhaus in Newport. Das Gebäude wurde auf Geheiß von Cornelius Vanderbilt II. erbaut und größtenteils von Richard Morris Hunt entworfen (die dekorativen Feinarbeiten wurden aber von Handwerkern aus der ganzen Welt erledigt). 1895 wurde der Palast fertiggestellt, der sich mit grandiosem Blick auf den Ozean in der Ochre Point Ave befindet. Das **Children's Cottage** auf dem Gelände sollte man nicht verpassen.

★ **The Elms** HISTORISCHES GEBÄUDE
(☎401-847-1000; www.newportmansions.org; 367 Bellevue Ave; Er./Kind 17,50/8 US$, Touren zum Leben der Dienstboten Erw./Kind 18/7,50 US$; ⌚April–Mitte Okt. 10–17 Uhr, Mitte Okt.–März unterschiedliche Öffnungszeiten; P 👪) Das Elms wurde 1901 von Horace Trumbauer entworfen und ist dem 1750 nahe Paris erbauten Château d'Asnières nachempfunden. Die Tour „Hinter den Kulissen" führt durch die Dienstbotenquartiere und aufs Dach. Unterwegs erfährt man alles über die Aufgaben

der Heerscharen an Bediensteten und die architektonischen Details, die sie vor jenen verbargen, die in den edlen Salons Port nippten.

★ Rough Point HISTORISCHES GEBÄUDE
(☎ 401-849-7300; www.newportrestoration.com; 680 Bellevue Ave; Erw./Kind 25 US$/frei; ⌚ April–Anfang Mai Do–So 9.30–14, Anfang Mai–Anfang Nov. Di–So 9.30–15.30 Uhr; Ⓟ) Allein die unvergleichliche Lage und Pracht des Anwesens sind den Eintrittspreis wert, aber dieses nachgebaute englische Herrenhaus beherbergt darüber hinaus auch die eindrucksvolle Kunstsammlung der Erbin und Philanthropin Doris Duke. Mittelalterliche Wandteppiche, Möbel aus dem Besitz französischer Kaiser, Keramiken der Ming-Dynastie und Gemälde von Renoir und Van Dyck gehören u. a. zu dieser einmaligen Sammlung.

★ Fort Adams State Park STATE PARK
(www.fortadams.org; Harrison Ave; ⌚ Sonnenaufgang–Sonnenuntergang) Das Herzstück dieses wunderschönen State Parks, der in die Narragansett Bay hineinragt, ist **Fort Adams** (☎ 401-841-0707; 90 Fort Adams Dr; Touren Erw./Kind 12/6 US$; ⌚ Ende Mai–Okt. 10–16 Uhr, Nov. & Dez. kürzere Öffnungszeiten). In Amerikas größter Küstenfestung finden Newports **Jazz Festival** (www.newportjazz.org; Tickets 65–89 US$, 3 Tage 170 US$; ⌚ Juli/Aug.) und Folk Festival (S. 244) sowie viele weitere Events statt. Ein Strand, Picknick- und Angelbereiche sowie eine Bootsrampe sind täglich geöffnet.

Museum of Newport History MUSEUM
(☎ 401-841-8770; www.newporthistory.org; 127 Thames St; empfohlene Spende Erw./Kind 4/2 US$; ⌚ 10–17 Uhr) Newports ausgezeichnetes Museum für Lokalgeschichte erweckt die Vergangenheit der Stadt wieder zum Leben.

International Tennis Hall of Fame MUSEUM
(☎ 401-849-3990; www.tennisfame.com; 194 Bellevue Ave; Erw./Kind 15 US$/frei; ⌚ Sept.–Juni 10–17, Juli & Aug. bis 18 Uhr, Jan.–März Di geschlossen) Wer einen Einblick davon gewinnen möchte, wie die amerikanische Aristokratie im 19. Jh. ihre Freizeit gestaltete, sollte dieses Museum besuchen. Die Tennis Hall of Fame befindet sich im historischen Gebäude des Newport Casino (1880), das Newports wohlhabendsten Einwohnern als Sommerclub diente. Die US National Lawn Tennis Championships, die die Vorläufer der heutigen US Open waren, fanden 1881 hier statt. Eine Schatzsuche bringt Kindern acht Jahrhunderte des Tennis näher; Zubehör ist am Empfang des Museums erhältlich.

Feste & Events

Newport Folk Festival MUSIK
(www.newportfolk.org; Fort Adams State Park; 1-/3-Tagespass 85/199 US$, Parken 15 US$/Tag; ⌚ Ende Juli) Große Stars und aufstrebende Talente treten im Fort Adams State Park (S. 244) und an anderen Orten in der ganzen Stadt auf. Man sollte unbedingt einen Sonnenschutz mitbringen.

Newport Music Festival MUSIK
(www.newportmusic.org; Tickets 25–50 US$; ⌚ Mitte Juli) Dieses international renommierte Festival bietet Klassikkonzerte in vielen der grandiosen Herrenhäuser.

NEWPORTS BESTE STRÄNDE

Newports öffentliche Strände befinden sich entlang des Memorial Blvd auf der Ostseite der Halbinsel. Alle sind im Sommer von 9 Uhr bis 18 Uhr geöffnet; die Parkgebühr beträgt 10/20 US$ an Werktagen/am Wochenende (außer am Gooseberry Beach, der die ganze Woche 20 US$ fürs Parken verlangt).

Easton Beach (First Beach; Memorial Blvd) Dies ist der größte Strand am Ort. In einem pseudo-viktorianischen Pavillon sind Bäder und Duschen, eine Snackbar und ein großes Karussell untergebracht. Außerdem kann man dort Sonnenschirme, Stühle und Surfbretter ausleihen.

Sachuest Beach (Second Beach; ☎ 401-846-6273; http://parks.middletownri.com; Sachuest Point Rd, Middletown) Der schönste Strand auf Aquidneck Island umringt die Sachuest Bay und grenzt an das 180 ha große Norman Bird Sanctuary.

Third Beach (Third Beach Rd, Middleton) Der Third Beach ist bei Familien dank seiner vor dem offenen Meer geschützten Lage beliebt. Hier tummeln sich aber auch Windsurfer, da das Wasser sehr ruhig und der Wind gleichmäßig ist.

Gooseberry Beach (130 Ocean Ave) Ruhiges Wasser, weißer Sand und ein Restaurant.

Schlafen

Newport International Hostel HOSTEL $
(William Gyles Guesthouse; ☎401-369-0243; www.newporthostel.com; 16 Howard St; B 29–99 US$, DZ 59–200 US$; ⏲Mai–Nov.; 📶) Wer in Rhode Islands einzigem Hostel absteigen möchte, sollte so früh wie möglich buchen. Der Gastgeber ist ebenso entspannt wie sachkundig. Die winzige Unterkunft bietet einfache Frühstücksmöglichkeiten, eine Waschmaschine und zusätzliche saubere Betten in einem Schlafsaal.

Sea Whale Motel MOTEL $$
(☎888-257-4096; www.seawhale.com; 150 Aquidneck Ave, Middletown; DZ werktags 139–149 US$, Wochenende 209–239 US$; 🅿📶) Der Besitzer dieses hübschen Motels wohnt selbst hier. Die Unterkunft blickt auf den Easton's Pond und überall sieht man Blumen. Die Zimmer sind eher schlicht, aber gemütlich und ordentlich; außerdem gibt's jeweils einen Kühlschrank, eine Mikrowelle und gratis Tee und Kaffee.

★ **Attwater** BOUTIQUEHOTEL $$$
(☎401-846-7444; www.theattwater.com; 22 Liberty St; Zi. 259–599 US$; 🅿❄📶) Das neueste Hotel in Newport versprüht das auffällige Flair einer sommerlichen Strandparty mit türkisfarbenen, limettengrünen und korallenroten Drucken, Ikat-Kopfteilen und ungewöhnlichen Teppichen mit geometrischem Muster. Die Panoramafenster und Veranden fangen das Sommerlicht ein und die Zimmer sind mit durchdachtem Luxus ausgestattet, z. B. iPads, Apple TV und Strandtaschen.

Essen

★ **Rosemary & Thyme Cafe** BÄCKEREI, CAFÉ $
(☎401-619-3338; www.rosemaryandthymecafe.com; 382 Spring St; Gebäck 2,50–5 US$, Sandwiches 8–11 US$; ⏲Di–Sa 7–14, So bis 11.30 Uhr; 👪) Mit einem deutschen Bäcker in der Küche überrascht es wenig, dass sich in der Theke des Rosemary & Thyme butterzarte Croissants, Apfel- und Kirschkuchen und große Muffins stapeln. Zum Mittagessen gibt's Gourmet-Sandwiches mit Ziegenkäse und getrockneten Tomaten aus der Toskana, kubanische Schweinelende à la Havanna und traditionell hergestellte Käsesorten. Die Kinderkarte ist ein weiteres aufmerksames Detail.

Flo's Clam Shack FISCH & SEAFOOD $$
(☎401-847-8141; www.flosclamshacks.com; 4 Wave Ave, Middletown; Hauptgerichte 11–22 US$; ⏲Mitte Mai–Mitte Sept. So–Do 11–21, Fr & Sa bis 22 Uhr, Mitte Sept.–Mitte Mai kürzere Öffnungszeiten) Diese unauffällige lokale Institution ist seit den 1930er-Jahren die erste Wahl für Fish & Chips, Fischsuppe, gebratene Venusmuscheln und „Quahog Stuffies" (diese typisch regionale Mischung aus Brotsamen und Muscheln wird auf der Hälfte einer Venusmuschel gebacken). Eine Austern-Bar gibt's hier ebenfalls.

★ **Fluke Wine Bar** FISCH & SEAFOOD $$$
(☎401-849-7778; www.flukenewport.com; 41 Bowens Wharf; Hauptgerichte 26–36 US$; ⏲Mai–Okt. tgl. 17–23 Uhr, Nov.–April Mi–Sa) Im skandinavisch inspirierten Gastraum des Fluke mit hellem Holz und Panoramafenstern bestellt man von einer Fisch- und Meeresfrüchtekarte, auf der gebratener Seeteufel, saisonaler Wolfsbarsch und pralle Jakobsmuscheln stehen.

Unterhaltung

Newport Blues Café LIVEMUSIK
(☎401-841-5510; www.newportblues.com; 286 Thames St; ⏲Di–So 19–1 Uhr) Diese beliebte Rhythm-and-Blues-Bar mit Restaurant lockt erstklassige Musiker in ein altes Brownstone-Gebäude, das einst als Bank fungierte. In diesem heimeligen Laden genießen die Gäste Quahogs (Venusmuscheln), im Haus geräucherte Spare Ribs oder Schweinelende an den Tischen vor der kleinen Bühne. Abendessen gibt's zwischen 19 Uhr und 22 Uhr; die Musik beginnt um 21.30 Uhr.

Newport Polo Club ZUSCHAUERSPORT
(☎401-846-0200; www.nptpolo.com; 250 Linden Lane, Portsmouth; Rasenplätze Erw./Kind 12 US$/frei; ⏲Einlass ab 13 Uhr) Im Sommer kann man hier die Polospiele des Clubs besuchen (Termine stehen auf der Website) und einen authentischen Einblick in das Leben der High Society von Newport gewinnen.

Praktische Informationen

Newport Visitor Center (☎401-845-9131; www.discovernewport.org; 23 America's Cup Ave; ⏲9–17 Uhr) Bietet Karten, Broschüren, Infos zu Nahverkehrsbussen, Tickets zu den wichtigsten Attraktionen, öffentliche Toiletten und einen Geldautomaten.

An- & Weiterreise

Parken kann in Newport schwierig werden. Kostenlose Parkplätze an der Straße sind zwar hier und da vorhanden, allerdings sollte man sich immer vergewissern, dass sie nicht für die Anwohner reserviert sind.

ABSEITS DER ÜBLICHEN PFADE

BLOCK ISLAND

Schon vom Deck der Fähre aus sieht man eine Ansammlung von Mansardendächern und Lebkuchenhäuschen, die malerisch im Dörfchen Old Harbor aufragen, wo sich seit 1895 wenig verändert hat – abgesehen vom Anschluss ans Stromnetz und den Spültoiletten! Wer auch nach der Abreise der Massen mit der letzten Fähre noch bleibt, wird von der Größe und Ruhe der Insel entweder begeistert oder enttäuscht sein: Die einen lieben die herrliche Stille, andere kriegen schnell einen Inselkoller.

Block Islands schlichte Hauptvergnügen sind Spaziergänge am Strand, der sich von Old Harbor aus nach Norden erstreckt, Radtouren durch die sanften Hügel des Inselfarmlands und das Erlernen der Stimmen von verschiedenen Vögeln, die auf dem Eiland zu Hause sind. Während der Nebensaison, wenn die Bevölkerung auf ein paar Hundert Einwohner schrumpft, erinnert die Landschaft an die karge, unheimliche Atmosphäre eines Andrew-Wyeth-Gemäldes: Steinmauern markieren jahrhundertealte Grenzlinien und ein paar Bäume versperren hier und da den spektakulären Blick auf den Ozean.

Im Sommer gilt in vielen Häusern ein Mindestaufenthalt von zwei oder drei Tagen; von November bis April sind sie oft geschlossen. Reservierungen sind vorab erforderlich. Die Hauptsaison dauert etwa von Mitte Juni bis zum Labor Day. In der Nebensaison sind die Preise oft viel günstiger als die hier aufgeführten. Campen ist auf der Insel nicht erlaubt.

Das **Visitor Center** (☎ 401-466-2982; www.blockislandchamber.com; Water St, Old Harbor Ferry Landing; ⏲ Ende Mai–Anf. Sept. 9–17, Rest des Jahres 10–16 Uhr) in der Nähe des Fährdocks weiß, wo noch Zimmer frei sind und versucht zu helfen, falls man ohne Reservierung anreist.

Die Insel ist nur per Fähre oder Flugzeug zu erreichen:

Block Island Ferry (☎ 401-783-7996; www.blockislandferry.com) unterhält eine ganzjährige traditionelle Autofähre sowie eine Expressfähre von Point Judith in Narragansett, die vom Memorial Day bis Mitte Oktober verkehrt. Von Newport und Fall River, MA, verkehren außerdem reine Express-Passagierfähren.

Block Island Express (www.goblockisland.com) bietet zwischen Mai und September Verbindungen aus New London, CT, nach Old Harbor auf Block Island.

New England Airlines (☎ 800-243-2460; www.block-island.com/nea; 56 Airport Rd; einfach/hin & zurück 54/99 US$) fliegt zwischen dem Westerly State Airport an der Airport Rd abseits des RI 78 und dem Block Island State Airport (12 Min.).

Bonanza Bus Lines unterhält Busse nach Boston (ab 22 US$, 1¾–2 Std, 4-mal tgl.); Abfahrt ist am Newport Visitor Center.

Bus 60 von **RIPTA** (www.ripta.com) fährt fast stündlich nach Providence (2 US$, 1 Std.). Zum Amtrak-Bahnhof West Kingston gelangt man mit Bus 64 (2 US$, 1 Std., fünf Busse von Montag bis Freitag, drei am Samstag). Bus 14 verkehrt zum TF Green Airport (2 US$, 1 Std.) in Warwick. Die meisten RIPTA-Busse fahren zum und ab dem **Newport Visitor Center**.

East Bay

Die schroffe East Bay in Rhode Island ist eine Art Mikrokosmos der amerikanischen Frühgeschichte, von den Gräbern der ersten Siedler in Little Compton über die Höfe und Häuser der Walfänger und Farmer in Warren und Barrington bis hin zu den Villen der Sklavenhändler in Bristol.

Abgesehen vom historischen, pittoresken **Tyler Point Cemetery**, einem Friedhof in Barrington zwischen dem Warren und Barrington River, sowie von der Ansammlung von frühen (im 18. und 19. Jh.) aus Stein und Schindeln erbauten Kirchen in Warren ist Bristol die wohl interessanteste Gemeinde hier. Weiter südlich liegt Sakonnet, das von den Wampanoag als „Ort der schwarzen Gänse" bezeichnet wird. Diese ländliche Gegend aus Weiden und Wäldern umrahmt die beiden kleinen Städtchen Tiverton und Little Compton.

Sehenswertes

Colt State Park STATE PARK
(☎ 401-253-7482; www.riparks.com; RI 114; ⏲ Sonnenaufgang–Sonnenuntergang; P) GRATIS Der Colt State Park in Bristol ist der malerischste Park von Rhode Island. Sein Westrand grenzt an die von 6 km langen Radwegen

und schattigen Picknicktischen gesäumte Narragansett Bay.

Blithewold Mansion HISTORISCHES GEBÄUDE

(☎401-253-2707; www.blithewold.org; 101 Ferry Rd; Erw./Kind 14/5 US$; ⊙April–Mitte Okt. Di–Sa 10–16, So bis 15 Uhr; P) Der ortsansässige Augustus Van Wickle kaufte 1895 eine 22 m lange Herreshoff-Jacht für seine Frau Bessie. Leider hatte er keinen geeigneten Platz, um sie festzumachen und musste das Blithewold Mansion bauen. Die Kunsthandwerker-Villa steht in unvergleichlicher Lage in der Narragansett Bay und ist im Frühling besonders schön, wenn Narzissen am Ufer blühen.

Wilbor House HISTORISCHE STÄTTE

(☎401-635-4035; www.littlecompton.org; 548 West Main Rd; Erw./Kind 6/3 US$; ⊙April–Okt. 13–17, Nov.–März Di–Fr 9–15 Uhr) Wilbor House stammt aus dem 17. Jh. und gehörte dem frühen Siedler Samuel Wilbor, der 1690 von Portsmouth den Sakonnet River überquerte und dieses riesige Haus baute, das seiner Familie über acht Generationen als Zuhause diente.

Schlafen & Essen

Stone House Inn HISTORISCHES HOTEL $$$

(☎401-635-2222; www.newportexperience.com/stonehouse; 122 Sakonnet Point Rd; DZ 229–544 US$; P 📶) Als dieses unverhohlen teure Hotel 2016 seine Türen öffnete, befürchtete Little Comptons auf Privatsphäre bedachte Elite, die Auswärtigen könnten scharenweise einfallen. Bei nur 13 (wenn auch sehr luxuriösen) Zimmern kann man jedoch kaum von einer Invasion sprechen. Wer das nötige Kleingeld hat und neugierig ist: Hier hat man die Chance, einen Blick auf das Leben der „anderen" zu erhaschen.

Das Gebäude ist im National Register of Historic Places verzeichnet und beherbergte einst eine Pension und eine Flüsterkneipe, bevor es in der Versenkung verschwand. Heute ist die einzigartige Unterkunft mit eigener Privatjacht, Luxus-Wellnessbereich, Bar und dem exzellentem Service, der wie in guten alten Zeiten ist, eine echte Attraktion. In besonderer, geschützter Umgebung punktet sie mit wunderschöner historischer Neuengland-Architektur.

Provender Fine Foods FEINKOST $

(☎401-624-8084; www.provenderfinefoods.com; 3883 Main Rd; Essen 4–18 US$; ⊙Di–So 9–17 Uhr) Im „Four Corners" in Tiverton lässt man sich im Provender ein herzhaftes Sandwich aus frischem Brot oder leckere Kekse schmecken.

Gray's Ice Cream EISCREME $

(☎401-624-4500; www.graysicecream.com; 16 East Rd; Kugel ab 3 US$; ⊙6.30–21 Uhr) Gray's Ice Cream ist seit 1923 im Geschäft und produziert täglich vor Ort über 40 Sorten frisches Milcheis. Man kann sich einen „coffee cabinet" (Milchshake mit Eiscreme) schmecken lassen, wie es die Strandbesucher seit Jahrzehnten tun.

CONNECTICUT

New Yorks Nachbarstaat ist für seine Pendler-Städte bekannt und ein Synonym für die wohlhabenden Straßen und Villen aus *Die Frauen von Stepford* und der TV-Serie *Gilmore Girls*. In Greenwich (hier sitzt das alte Geld), den Litchfield Hills und Quiet Corner wirken diese Darstellungen ziemlich treffend.

Viele betrachten den Bundesstaat als bloßes Sprungbrett ins „echte" Neuengland, von dessen Touristenboom Connecticut bislang verschont blieb. Der Vorteil ist, dass sich Connecticut (noch) authentischer anfühlt. Der Nachteil ist hingegen der langsame Verfall früherer Schwergewichte wie Hartford und New London. Hier können Besucher über den Preis des Fortschritts nachdenken und sich von der urbanen Wiederbelebung begeistern lassen. New Haven, das Zuhause der Yale University, ist einer dieser Orte, die sich als lebendiges, kulturelles Zentrum neu erfinden.

Die vielen historischen Attraktionen und die idyllische Natur inspirieren Künstler noch genauso sehr wie vor hundert Jahren. Connecticut ringt förmlich um die Aufmerksamkeit der Besucher und verdient einen Platz auf jeder Neuengland-Reiseroute.

Geschichte

Als die ersten europäischen Entdecker, allen voran die Holländer, im frühen 17. Jh. hier ankamen, lebten verschiedene Stämme amerikanischer Ureinwohner (insbesondere die Pequot und die Mohegan, deren Bezeichnung für den Fluss zum Namen des Staates geworden ist) in dem Gebiet. Die erste englische Siedlung entstand 1635 mit Old Saybrook, gefolgt von der ein Jahr später von den Puritanern aus Massachusetts unter der Führung von Thomas Hooker gegründeten Connecticut Colony. Eine dritte Kolonie entstand 1638 in New Haven. Nach dem Pequot-Krieg (1637) waren die amerikanischen Ureinwohner keine Hürde mehr für die koloniale Expansion in Neuengland, sodass die

Einwohnerzahl der Engländer in Connecticut wuchs. 1686 wurde Connecticut in das Dominion of New England aufgenommen.

Die Amerikanische Revolution fegte durch Connecticut und hinterließ nach großen Schlachten bei Stonington (1775), Danbury (1777), New Haven (1779) und Groton (1781) viele Narben. Connecticut wurde 1788 zum fünften Bundesstaat der USA. Es folgte eine Periode des Wohlstands, befeuert durch den Walfang, den Schiffsbau, die Landwirtschaft und die Fertigungsindustrie (von Feuerwaffen bis hin zu Fahrrädern und Haushaltsgegenständen), die bis ins 19. Jh. hinein anhielt.

Das 20. Jh. brachte die Weltkriege und die Weltwirtschaftskrise, aber Connecticut konnte sich gut behaupten, vor allem dank der Rüstungsindustrie, denn hier wurde alles von Flugzeugen bis zu U-Booten gebaut. Und als die Bedeutung der Verteidigungsindustrie in den 1990er-Jahren in dem Bundesstaat schwand, füllten andere Wirtschaftszweige (z.B. die Versicherungsbranche) die entstehende Lücke.

Infos im Internet

Connecticut Office of Tourism (www.ctvisit.com) Die offizielle Seite für Tourismus in Connecticut.

CTNow (www.ctnow.com) Regelmäßig aktualisierte Auflistungen und Informationen zu allem, was wann und wo angesagt ist.

Connecticut River Valley and Shoreline Travel Information (www.ctrivervalley.com) Eine private Quelle und Touristeninformation rund um das Connecticut River Valley.

Lonely Planet (www.lonelyplanet.com/usa/new-england/connecticut) Informationen zu verschiedenen Zielen und Hotelbuchungen, ein Traveller-Forum und mehr.

Hartford

Connecticuts Hauptstadt ist eine der ältesten Städte Amerikas. Sie ist als Geburtsstätte der lukrativen Versicherungsindustrie bekannt, die sich entwickelte, als ein örtlicher Landbesitzer nach einer Feuerversicherung suchte. Für die Dokumente der Policen wurden Druckmaschinen benötigt, was wiederum zu einem Boom in der Verlagsbranche führte und Mark Twain, Harriet Beecher Stowe und Wallace Stevens anlockte. 1855 entwickelte Samuel Colt außerdem die lukrative Massenproduktion des Revolvers. Hartford war damals ganz groß im Geschäft.

Es ist schon eine Ironie, dass die Branchen, die für den Wohlstand der Stadt verantwortlich waren (Versicherung und Waffen), auch zu ihrem langsamen Niedergang beitrugen: Hartford liegt in den Kriminalstatistiken recht weit vorne. Auch wenn sich die Situation allmählich verbessert, sollte man dies im Hinterkopf behalten. Das alte Geld hat aber auch ein wirklich beeindruckendes Vermächtnis großartiger historischer Attraktionen hinterlassen, die auf keinem Neuengland-Reiseplan fehlen sollten. Wer im Frühling kommt, wenn die hübschen Blüten sprießen, oder im Sommer, wenn die Bäume grün sind und der Himmel blau, wird mit ziemlicher Sicherheit angenehm überrascht sein.

Sehenswertes

★ Mark Twain House & Museum MUSEUM

(☎ 860-247-0998; www.marktwainhouse.org; 351 Farmington Ave, Parken in 385 Farmington Ave; Erw./Kind 20/11 US$; ⊙ 9.30–17.30 Uhr, Jan. & Feb. Di geschlossen; P) 17 Jahre lang, in der produktivsten Phase seines Lebens, wohnte Samuel Langhorne Clemens (1835–1910) mit seiner Familie in diesem wunderschönen orange-schwarzen viktorianischen Backsteinhaus. Damals war diese Gegend der Stadt, Nook Farm, noch ein eher ländliches Gebiet. Der Architekt Edward Tuckerman Potter verzierte es üppig mit Türmchen, Giebeln und Veranden, während ein Teil des Inneren von Louis Comfort Tiffany entworfen wurde. Der Eintritt zum Haus und Museum ist nur im Rahmen einer geführten Tour möglich. Es ist empfehlenswert, die Karten vorab zu kaufen.

★ Wadsworth Atheneum MUSEUM

(☎ 860-278-2670; https://thewadsworth.org; 600 Main St; Erw./Kind 15 US$/frei; ⊙ Mi–Fr 11–17, Sa & So ab 10 Uhr) Das älteste Kunstmuseum des Landes eröffnete 2015 nach fünfjähriger und 33 Mio. US$ teurer Renovierung mit 32 neuen Galerien und 15 öffentlichen Räumen wieder. Das Wadsworth beherbergt fast 50 000 Kunstwerke in einem burgartigen neugotischen Gebäude. Zu sehen sind Gemälde von Mitgliedern der Hudson River School – darunter einige von dem in Hartford geborenen Frederic Church – sowie impressionistische Werke aus dem 19. Jh. Darüber hinaus gibt es Möbel aus dem Neuengland des 18. Jhs., Skulpturen des aus Connecticut stammenden Künstlers Alexander Calder und eine außergewöhnliche Sammlung surrealistischer Nachkriegswerke sowie zeitgenössischer Kunstwerke.

Old State House HISTORISCHES GEBÄUDE
(☎860-522-6766; www.ctoldstatehouse.org; 800 Main St; Erw./Kind 6/3 US$; ⏲Juli–Mitte Okt. Di–Sa 10–17, Mitte Okt.–Juni Mo–Fr 10–17 Uhr; 👪) Connecticuts ursprüngliches Kapitol (von 1797 bis 1873) wurde von Charles Bulfinch entworfen, der auch für das Massachusetts State House in Boston verantwortlich war. Hier fand der Prozess gegen die Gefangenen der Amistad statt. Gilbert Stuarts berühmtes Porträt von George Washington (1801) hängt in der Senatskammer. In den erst kürzlich erweiterten Räumlichkeiten befinden sich an Kinder gerichtete interaktive Ausstellungen sowie ein **Museum of Curiosities**, das ein zweiköpfiges Kalb, das Horn eines Narwals und verschiedene mechanische Geräte zeigt.

Harriet Beecher-Stowe Center MUSEUM
(☎860-522-9258; www.harrietbeecherstowe.org; 77 Forest St; Erw./Kind 14/8 US$; ⏲Mo–Sa 9.30–17, So 12–17 Uhr; P) Neben dem literarischen Giganten Mark Twain lebte auch Harriet Beecher Stowe, die Autorin von *Onkel Toms Hütte*, dem bedeutenden Roman gegen Sklaverei, in Hartford. Nach einem Treffen mit Stowe soll Abraham Lincoln angeblich gesagt haben: „Das ist also die kleine Dame, die diesen großen Krieg angezettelt hat." Zentrum des Komplexes ist das 1871 erbaute und 2017 restaurierte Stowe House. Es spiegelt die überzeugten Ansichten der Schriftstellerin zu Einrichtung und häuslicher Effizienz wieder, die sie auch in ihrem Bestseller *American Woman's Home* ausdrückte (der fast so beliebt war wie ihr berühmter Roman).

Schlafen

Leider gibt's in der Innenstadt von Hartford kaum anständige Hotels und die Preise können für das, was man kriegt, ziemlich gesalzen sein. Ein besseres Preis-Leistungs-Verhältnis bieten die Ketten-Optionen außerhalb des Zentrums.

Daniel Rust House B&B **$$**
(☎860-742-0032; www.thedanielrusthouse.com; 2011 Main St, Coventry; DZ 120–185 US$; P 🚭 📶) In den vier traditions- und geschichtsreichen Zimmern steigen seit 1800 Gäste ab. Am schönsten ist das Anna-White-Zimmer mit antikem Himmelbett, aber das Mary Rose bietet einen Geheimschrank, der benutzt wurde, um Sklaven zu verstecken, die mit der Underground Railroad den Weg in die Freiheit suchten.

Essen & Ausgehen

Salute ITALIENISCH **$$**
(☎860-899-1350; www.salutehartford.com; 100 Trumbull St; Hauptgerichte mittags 8–18 US$, abends 16–36 US$; ⏲Mo–Do 11.30–23, Fr & Sa bis 24, So 15–22 Uhr; 🖉) Charmanter Service ist das Markenzeichen dieses urbanen Restaurants, das zeitgemäße Abwandlungen italienischer Gerichte serviert. Stammgäste rühmen das Knoblauchbrot mit Käse, es gibt aber auch raffiniertere Speisen. Von der hübschen Terrasse blickt man auf den Bushnell Park.

★**City Steam Brewery Café** BRAUEREI
(☎860-525-1600; www.citysteam.biz; 942 Main St; ⏲Mo–Do 11.30–24, Fr & Sa bis 1, So 11–22 Uhr) In diesem großen, lauten Laden gibt's hausgebrautes Bier vom Fass. Das Naughty Nurse Pale Ale ist ein Bestseller, aber die saisonalen Optionen lohnen ebenfalls eine Verkostung. Im Keller der Brauerei befindet sich der **Brew Ha Ha Comedy Club** (☎860-525-1600; www.citysteam.biz; 942 Main St; Ticketpreise variieren; ⏲Showzeiten variieren), in dem Comedians aus New York und Boston die Gäste zum Lachen bringen. Mit dem leckeren Essen kann man das ganze Ale prima aufsaugen.

An- & Weiterreise

Die zentral gelegene **Union Station** (www.amtrak.com; 1 Union Pl) ist das Transportzentrum der Stadt. Hier fahren Züge, Flughafen-Shuttles, Stadtbusse und Taxis.

Litchfield Hills

Die sanften Hügel in der Nordwestecke Connecticuts sind von Seen, Wäldern und State Parks durchzogen. Das historische Litchfield ist das Zentrum der Region, aber auch die weniger bekannten Orte Bethlehem, Kent und Norfolk locken mit ähnlich illustrer Geschichte und sind mindestens so fotogen.

Dank der absichtlich gedämpften Entwicklung in der Gegend hat sie sich ihren ländlichen Charakter bewahrt: Unterkünfte sind begrenzt und Ehrenamtliche schmeißen von Juni bis November die nützliche kleine Touristeninformation im Stadtpark von Litchfield.

Wer ein Auto hat, kann die schier endlose Postkartenidylle in den Litchfield Hills auf eigene Faust erkunden. Besonders schön ist die Strecke zwischen Cornwall Bridge auf dem CT 4 nach Westen und dann auf dem CT 41 weiter Richtung Norden nach Salisbury.

Anreise & Unterwegs vor Ort

Die Litchfield Hills erstrecken sich von Danbury nach Norden und nehmen den Nordwestteil des Bundesstaats bis zur Grenze mit Massachusetts bzw. New York im Norden bzw. Westen ein.

Die Highways US 7 und CT 8 sind die wichtigsten Nord-Süd-Verbindungen. Man braucht auf jeden Fall ein Auto.

Litchfield

Litchfield ist Connecticuts am besten erhaltene Stadt aus dem 18. Jh. Hier wurde auch die erste juristische Fakultät des Landes eröffnet. Die Stadt selbst erstreckt sich über ein langes grünes Oval und ist von noch grünerem Naturschutzgebiet umgeben, das zum Wandern und Picknicken einlädt.

Litchfield wurde 1719 gegründet und florierte zwischen 1780 und 1840 durch den dank der Postkutsche möglichen Handel auf der Strecke zwischen Hartford und Albany, NY. Mitte des 19. Jhs. machte die Eisenbahn die Postkutschen überflüssig, während industrielle, wasserbetriebene Maschinen Litchfields Handwerker vom Markt vertrieben. Der Glanz der Stadt verblasste nach und nach immer mehr. Heute sind Landwirtschaft und Tourismus die wichtigste Einnahmequelle.

Sehenswertes & Aktivitäten

Litchfield History Museum MUSEUM

(☎860-567-4501; www.litchfieldhistoricalsociety.org; 7 South St; ⌚Mitte April–Nov. Di–Sa 11–17, So 13–17 Uhr) GRATIS Dieses Museum zeigt eine kleine Dauerausstellung, darunter eine bescheidene fotografische Chronik der Stadt und eine Kiste mit Kleidung aus der Kolonialzeit, die Kinder anprobieren können. Außerdem gibt's Wechselausstellungen zu lokalen Themen.

Reeve House & Litchfield Law School HISTORISCHE STÄTTE

(☎860-567-4501; www.litchfieldhistoricalsociety.org; 82 South St; ⌚Mitte April–Nov. Di–Sa 11–17, So 13–17 Uhr) GRATIS 1775 rief Tapping Reeve in seinem Wohnhaus die erste juristische Fakultät der englischsprachigen Welt ins Leben. Als der Andrang die Kapazitäten seines Heims überstieg, baute er im Hof nebenan das perfekt erhaltene Schulhaus, das nur über ein einziges Zimmer verfügt. John C. Calhoun sowie 13 Kongressabgeordnete studierten hier.

White Memorial Conservation Center SPAZIERGANG

(☎860-567-0857; www.whitememorialcc.org; 80 Whitehall Rd, ab US 202; Park frei, Museum Erw./Kind 6/3 US$; ⌚Park Sonnenaufgang–Sonnenuntergang, Museum Mo–Sa 9–17, So 12–17 Uhr) GRATIS Dieser über 1500 ha große, herrlich friedliche Park bietet zwei Dutzend Spazierwege (300 m bis 10 km lang), die kreuz und quer über das Zentrum verlaufen, darunter Sumpfpfade auf einem erhöhten Holzsteg. Das Zentrum unterhält außerdem drei Campingplätze und ein kleines Naturkundemuseum. Es liegt 3 km westlich von Litchfield am US 202.

Lake Waramaug

Der Lake Waramaug, nördlich von New Preston, sticht unter den zahlreichen Seen und Teichen in den Litchfield Hills besonders hervor. Entlang seines Ufergebiets, das teilweise zu einem State Park gehört, stehen hübsche Pensionen verstreut.

★Hopkins Inn PENSION $$

(☎860-868-7295; www.thehopkinsinn.com; 22 Hopkins Rd, Warren; Zi. 135–145 US$, ohne Bad 125 US$, Apt. 160–250 US$; P ❄ 🐾) Das Hopkins Inn aus dem 19. Jh. lockt mit einem vielgelobten Restaurant, das österreichisch inspirierte Landesküche serviert, und verschiedenen Unterkunftsoptionen, von schlichten Zimmern mit Gemeinschaftsbad bis hin zu Apartments mit Seeblick. Egal, in welcher Jahreszeit, es hat immer etwas Magisches, auf der Veranda zu sitzen und auf den Lake Waramaug und die Hügel dahinter zu blicken.

Connecticuts Küste

In der südostlichen Ecke Connecticuts befindet sich die Hauptattraktion des Bundesstaats, die gleichzeitig das größte Seefahrtmuseum des Landes ist: Mystic Seaport. Es wurde 1929 am Standort einer ehemaligen Schiffsbauwerft errichtet und feiert mit der Seefahrtgeschichte der Region eine Zeit, in der Fischer, Walfänger und Klipper-Ingenieure Geschwindigkeitsweltrekorde brachen und Kanonenboote und Kriegsschiffe für den Bürgerkrieg bauten.

Westlich von Mystic liegt Groton, die U-Boot-Hauptstadt der USA. In dieser Stadt sowie auf der anderen Seite des Thames River, in New London, baute General Dynamics im Zweiten Weltkrieg U-Boote. Weiter östlich befindet sich das historische Fischerdorf Stonington, das sich über eine schmale,

1,5 km lange Halbinsel ins Meer erstreckt. Es gehört zu den charmantesten Küstenstädtchen in Neuengland. Hier ist Connecticuts einzige verbliebene Handelsflotte noch immer aktiv. Im Sommer gehen außerdem Jachtliebhaber an Land und genießen die hübschen Restaurants in der Water St.

Anreise & Unterwegs vor Ort

Die Gegend ist gut ans Straßennetz angeschlossen. Der I-95 führt mitten durch New London und rund um die Vororte von Mystic. Der I-395 verläuft Richtung Nordosten nach Norwich und darüber hinaus.

Viele Amtrak-Züge aus New York City halten in New London (ab 39 US$, 3 Std.) und Mystic (ab 41 US$, 3¼ Std.). Auf der Rückfahrt halten die Züge aus Boston ebenfalls in Mystic (ab 26 US$, 80 Min.) und anschließend in New London (ab 29 US$, 1½ Std.).

SEAT (www.seatbus.com) unterhält Nahverkehrsbusse, die Norwich, New London, Groton und Mystic miteinander verbinden.

Mystic

Bei der Fahrt hinein in die Stadt auf dem US 1 wird man von einer Skyline aus Masten begrüßt. Sie gehören zu den Schiffen, die sanft im Postkartenidyll des Hafens schaukeln. Hier liegt ein Hauch von Zufriedenheit und Gelassenheit in der Luft – bis plötzlich das ohrenbetäubende Pfeifen eines Dampfschiffs ertönt, gefolgt vom fröhlichen Schrillen der Glocke einer Zugbrücke. Dann weiß man, dass man in Mystic ist.

Mystic entstand im 17. Jh. als kleines Dorf, wurde dann aber zu einem wohlhabenden Zentrum des Walfangs und Schiffbaus an der Ostküste. Mitte des 19. Jhs. liefen Klipper, Kanonenboote und Transportfahrzeuge der Marine in den Werften vom Stapel. Viele wurden vom George Greenman & Co Shipyard gebaut, wo sich heute das Mystic Seaport Museum befindet.

Sehenswertes & Aktivitäten

★ Mystic Seaport Museum — MUSEUM

(☎ 860-572-0711; www.mysticseaport.org; 75 Greenmanville Ave; Erw./Kind 29/19 US$; ⏲ April–Okt. 9–17, Nov.–Mai Do–So 10–16 Uhr; P 👪) Mystic Seaport ist mehr als nur ein Museum. Es ist der Nachbau eines kompletten neuenglischen Walfangdorfes, das sich auf dem Gelände der ehemaligen Schiffbauwerft George Greenman & Co über 7 Hektar erstreckt. Die Vergangenheit lebt hier mit 60 historischen Gebäuden, vier Großseglern und fast 500 kleineren Schiffen wieder auf, die auf dem Mystic River versammelt sind. Überall sind Helfer anzutreffen, die gerne mehr zu traditionellem Handwerk und Handel erzählen. Am interessantesten sind die Darstellungen zu Schiffsrettung, Austernfang und dem Stapellauf von Walbooten.

Mystic Aquarium & Institute for Exploration — AQUARIUM

(☎ 860-572-5955; www.mysticaquarium.org; 55 Coogan Blvd; Erw./Jugendlicher/Kind 36/30/26 US$; ⏲ April–Aug. 9–17.50, März & Sept.–Nov. 9–16.50, Dez.–Feb. 10–16.50 Uhr; 👪) Das hochmoderne Aquarium beherbergt über 6000 Arten von Meerestieren sowie einen Pinguin-Pavillon und einen Aussichtspunkt unter freiem Himmel, von dem aus man Robben und Seelöwen beobachten kann. Die berühmtesten (und kontroversesten) Bewohner des Aquariums sind die drei Weißwale, die in der Ausstellung „Arctic Coast" zu Hause sind. Tierschutzgruppen sind der Ansicht, es sei belastend für die Wale, sie in geschlossenen Becken zu halten.

Argia Mystic Cruises — BOOTSTOUR

(☎ 860-536-0416; www.argiamystic.com; 12 Steamboat Wharf; Erw./Kind 50/40 US$) Dieser Anbieter hat zwei- und dreistündige Touren an Bord des authentischen Nachbaus des Schoners *Argia* aus dem 19. Jh. im Programm. Sie finden tagsüber oder bei Sonnenuntergang statt und führen auf dem Mystic River zum Fishers' Island Sound.

Schlafen & Essen

Whaler's Inn — PENSION $$

(☎ 860-536-1506; www.whalersinnmystic.com; 20 E Main St; DZ 159–299 US$; P @ 📶) Dieses Hotel in der Innenstadt von Mystic, gleich neben der historischen Zugbrücke, vereint ein viktorianisches Haus von 1865 mit einem rekonstruierten Luxushotel aus derselben Zeit (das ursprüngliche Wahrzeichen der Stadt, „Hoxie House", wurde in den 1970er-Jahren durch einen Brand zerstört) und einem modernen Motel mit dem Namen Stonington House. Es sind saisonale Pauschalangebote erhältlich, in denen das Abendessen und diverse Attraktionen der Gegend inbegriffen sind. In den Zimmerpreisen sind Frühstück sowie die Nutzung eines kleinen Fitnessstudios und der Leihfahrräder enthalten.

★ Steamboat Inn — PENSION $$$

(☎ 860-536-8300; www.steamboatinnmystic.com; 73 Steamboat Wharf; DZ 220–350 US$; P ❄ 📶) Die Zimmer dieser direkt in Mystics Stadtkern gelegenen historischen Pension bieten alle Blick aufs Wasser und luxuriöse Annehmlichkeiten, etwa Whirlpool-Wannen für zwei Personen, Kabelfernsehen, kostenlose Stadtgespräche und Kamine. Die Antiquitäten verleihen dem Inneren ein romantisch-traditionelles Flair und der Service mit Gebäck zum Frühstück, kostenlosem Fahrradverleih und Bootsanleger ist einfach erstklassig.

★ Captain Daniel Packer Inne AMERIKANISCH **$$$**
(☎860-536-3555; www.danielpacker.com; 32 Water St; Hauptgerichte 14–34 US$; ⏲11–16 & 17–22 Uhr) Dieses historische Gebäude von 1754 hat tief liegende Deckenbalken und knarrende Fußböden. Unten befindet sich eine Kneipe; an der Bar sitzen Stammgäste und lassen sich Bier vom Fass und das ausgezeichnete Essen schmecken: Wir empfehlen Fish & Chips. Oben bietet der Speisesaal Blick auf den Fluss und eine einfallsreiche amerikanische Speisekarte, auf der z.B. Petite Filet Mignon mit Gorgonzolasoße und Walnuss-Demi-glace stehen. Vorab reservieren.

★ Oyster Club FISCH & SEAFOOD **$$$**
(☎860-415-9266; www.oysterclubct.com; 13 Water St; Austern 2–2,50 US$, Mittagessen Hauptgerichte 13–20 US$, Abendessen Hauptgerichte 18–40 US$; ⏲Fr & Sa 12–15 & 17–22, So 10–15 & 17–21, Mo–Do 17–21 Uhr; 🅿🐾) Dieses Restaurant bietet edle Speisen in lässiger Atmosphäre. Hinten auf der Terrasse lassen sich die Einheimischen Austern schmecken. Außerdem gibt's gegrillten Hummer, in der Pfanne gebratenen Seeteufel oder Flunder, Kalbfleisch, Steaks und saftige Burger. Wenn Austern wirklich ein Aphrodisiakum sind, könnte an der Bar bei der täglichen Happy Hour (16–18 Uhr) alles passieren: Dann gehen die Austern für einen Dollar pro Stück über die Theke.

New London

Während seiner goldenen Jahre Mitte des 19. Jhs. war New London mit rund 200 Walfangbooten das größte Walfangzentrum und eine der reichsten Hafenstädte der USA. 1858 rutschte der Wert von Walöl durch die Entdeckung von Rohöl in Pennsylvania schlagartig in den Keller. Für die Stadt begann ein langsamer Verfall, von dem sie sich nie vollständig erholte. Trotzdem ist New London noch heute eng mit seiner Seefahrervergangenheit verbunden (die Akademie der US-Küstenwache und der U-Boot-Stützpunkt der US Navy sind hier) und das Stadtzentrum ist im National Register of Historic Places verzeichnet. Auch wenn der Ort nicht mit denselben, beinahe sterilen Touristenattraktionen lockt wie die benachbarten Mystic und Stonington sind überall in New London noch immer Überbleibsel seiner ruhmreichen, opulenten Vergangenheit zu erkennen. Die Stadt ist eines der überraschendsten Ziele in Connecticut, wenn man sich für Geschichte, Architektur und urbane Soziologie interessiert.

Lower Connecticut River Valley

Der Connecticut River, Neuenglands längster Fluss, fließt von seiner bescheidenen Quelle am Fourth Connecticut Lake, nur 300 m von der kanadischen Grenze in New Hampshire entfernt, über 660 km Richtung Süden. Er bildet die Grenze zwischen Vermont und New Hampshire, bevor er sich durch Massachusetts und Connecticut schlängelt und schließlich im Long Island Sound in den Atlantik mündet. Glücklicherweise entkam er der boomenden Industrie und dem schnellen Kommerz, die viele Flüsse im Nordosten für immer zeichneten.

Heute säumen gut erhaltene historische Städte das Flussufer. Besonders hübsch sind Old Lyme, Essex, Ivoryton, Chester und East Haddam. Sie verzaubern Besucher mit stilvoll-ländlichen B&Bs, edlen Restaurants, Zugfahrten und Flussexkursionen, die einen authentischen Einblick in das provinzielle Leben auf dem Connecticut gewähren.

Old Lyme

In der Nähe der Mündung des Connecticut River schmiegt sich Old Lyme an den kleineren Lieutenant River. Im 19. Jh. waren hier rund 60 Schiffskapitäne zu Hause. Seit Beginn des 20. Jhs. ist Old Lyme jedoch als das Zentrum der Lyme Art Colony bekannt, die den aufstrebenden amerikanischen Impressionismus kultivierte. Zahlreiche Künstler, darunter William Chadwick, Childe Hassam, Willard Metcalfe und Henry Ward Ranger, kamen hierher, um zu malen und sie wohnten in der Villa der örtlichen Kunstpatronin Florence Griswold.

Sehenswertes

Florence Griswold Museum MUSEUM
(☎860-434-5542; http://florencegriswoldmuseum.org; 96 Lyme St; Erw./Kind 10 US$/frei; ⏲Di–Sa

ABSTECHER

GILLETTE CASTLE

Das auffällige, mittelalterlich anmutende **Gillette Castle** (☎860-526-2336; www.ct.gov/deep/gillettecastle; 67 River Rd; Erw./Kind 6/2 US$; ⏲Burg Ende Mai–Anfang Sept. Do–So 11–17 Uhr, Gelände ganzjährig 8 Uhr–Abenddämmerung; P) wurde 1919 vom Schauspieler William Hooker Gillette erbaut, der sein Vermögen dank der Darstellung von Sherlock Holmes machte. Die exzentrische, mit zahlreichen Türmen verzierte Feldstein-Burg erhebt sich auf einem der Hügel der Seven Sisters über East Haddam und ist den mittelalterlichen deutschen Burgen im Rheinland nachempfunden. Die Aussicht von den Terrassen ist schlichtweg spektakulär. Das 50 ha große Land ringsum ist als State Park verzeichnet.

Im Sommer kann man mit der Chester–Hadlyme Ferry (www.ctvisit.com/listings/chesterhadlyme-ferry) über den Connecticut River schippern. Bei der kurzen Überfahrt, die nur fünf Minuten dauert, genießt man einen tollen Blick und wird am Fuß des Gillette Castle abgesetzt.

10–17, So 13–17 Uhr; P) Das Florence Griswold Museum ist das „Zuhause des amerikanischen Impressionismus". Es zeigt 6000 Werke solider Sammlungen amerikanisch-impressionistischer Bilder und Barbizon-Gemälde sowie Skulpturen und dekorative Kunst. Das Haus, das von den Künstlerfreunden der Patronin mit Wandgemälden dekoriert wurde (oft anstatt Miete zu zahlen), ist heute das Florence Griswold Museum. Das Anwesen umfasst das Wohnhaus im georgianischen Stil, die Krieble Gallery, das Chadwick-Atelier und Griswolds geliebte Gärten.

Lyme Academy of Fine Arts GALERIE
(☎860-434-5232; www.lymeacademy.edu; 84 Lyme St; ⏲Mo–Sa 10–16 Uhr) GRATIS Die Lyme Academy of Fine Arts, ein College der University of New Haven, ist ein Nachbar des Florence Griswold Museum und zeigt wechselnde studentische Ausstellungen mit Zeichnungen, Gemälden und Skulpturen.

Schlafen

★ **Bee & Thistle Inn** PENSION $$
(☎860-434-1667; www.beeandthistleinn.com; 100 Lyme St; Zi. 129–289 US$; P 📶) Diese stilvolle Unterkunft in einem hübschen niederländischen Kolonialfarmgebäude von 1756 verfügt über wunderschöne, gut gepflegte Gärten, die sich bis zum Lieutenant River erstrecken. Die meisten der elf schicken, gut ausgestatteten Zimmer bieten Antiquitäten in Hülle und Fülle sowie ein Himmelbett.

Der romantische Speisesaal ist die perfekte Kulisse für die hervorragende modern-amerikanische Küche. Mittag- und Abendessen (Hauptgerichte 30–60 US$) werden mittwochs bis sonntags serviert und oft von Harfenmusik untermalt. Reservierungen sind hier erforderlich.

Essex

Das von Bäumen gesäumte Essex wurde 1635 gegründet und ist die größte Stadt im Connecticut River Valley. Sie ist einen Besuch wert und sei es nur, um die wunderschönen, gut erhaltenen Gebäude im Federal-Stil zu bewundern, die den Rum- und Tabakvermögen aus dem 19. Jh. zu verdanken sind. Außerdem ist die Stadt ein Lieblingsziel all jener, die sich für Dampfzüge und Flussschiffe begeistern können.

Sehenswertes & Aktivitäten

Hammonasset Beach State Park STATE PARK
(☎203-245-2785; www.ct.gov/deep/hammonasset; 1288 Boston Post Rd; Werktags/Wochenende 15/22 US$; ⏲8 Uhr–Sonnenuntergang; P) Dieser gut 3 km lange, flache Sandstrand im Hammonasset Beach State Park liegt alles andere als ab vom Schuss und beherbergt im Sommer locker größere Menschenmassen. Dies ist der ideale Strand, um einen Stuhl mit Sonnenschirm aufzustellen, ein Buch aufzuschlagen und den Rest der Welt zu vergessen. Die Brandung ist harmlos und man kann hier wunderbar schwimmen. Die Toiletten und Duschen sind sauber und zahlreich vorhanden, und ein Holzsteg verläuft über die gesamte Länge des Parks.

Connecticut River Museum MUSEUM
(☎860-767-8269; www.ctrivermuseum.org; 67 Main St; Erw./Kind 10/6 US$; ⏲Okt.–Mai 10–17 Uhr, Mo geschlossen; P 👪) Dieses Museum befindet sich neben Essex' Dampfschiff-Dock. Die perfekt präsentierten Ausstellungen erzählen die regionale Geschichte, u. a. mit einer Nachbildung des ersten U-Boots der Welt, der *American Turtle:* Dieses hand-

betriebene, fassartige Gefährt wurde 1776 von dem Yale-Studenten David Bushnell erbaut und im nahen Old Saybrook zu Wasser gelassen. Das Museum zeigt außerdem Wanderausstellungen, veranstaltet Sommer-Workshops und organisiert Flussfahrten. Termine und Preise variieren.

★ Essex Steam Train & Riverboat Ride TOUREN

(☎860-767-0103; www.essexsteamtrain.com; 1 Railroad Ave; Erw./Kind 19/10 US$, inkl. Bootsfahrt 29/19 US$; ⏲Mai–Okt.;) Diese Attraktion mit Dampflokomotive und antiken Waggons erfreut sich großer Beliebtheit. Die Reise geht über knapp zehn malerische Kilometer nach Deep River, wo man per Boot zum **Goodspeed Opera House** (☎860-873-8668; www.goodspeed.org; 6 Main St; Tickets 45–85 US$) in East Haddam fahren kann, bevor es mit dem Zug wieder nach Essex zurückgeht. Die Zugfahrt dauert hin und zurück etwa eine Stunde, inklusive Bootstour 2½ Stunden.

Es sind verschiedene Ausflüge buchbar – auf der Website gibt's Näheres zu Preisen, Zeiten und weiteren Details. Wer in Essex übernachtet (hier ist das Angebot zum Abendessen begrenzt), kann auch den **Essex Clipper Dinner Train** buchen: Im Preis von 80 US$ (inkl. Steuer) sind die 2½-sündige Hin- und Rückfahrt mit dem Zug und ein Vier-Gänge-Menü inbegriffen (Getränke an der Bar kosten extra).

Schlafen

Griswold Inn PENSION $$

(☎860-767-1776; www.griswoldinn.com; 36 Main St; DZ/Suite ab 195/240 US$;) Das legendäre Griswold Inn ist eine der ältesten Unterkünfte des Landes mit durchgängigem Betrieb und seit 1776 Essex' soziales und eigentliches Herzstück. Das Frühstücksbuffet „Hunt Breakfast" (sonntags zwischen 11 und 13 Uhr) ist seit dem Krieg von 1812 eine Tradition: Damals besetzten britische Soldaten Essex und verlangten nach etwas zu essen.

Ansonsten kann man im sehr beliebten Restaurant traditionelle Neuengland-Küche in historischer Kulisse genießen.

New Haven

Während man über den ehrwürdigen Campus der Yale University schlendert und die wunderschöne pseudo-gotische und viktorianische Architektur bewundert, kann man sich nur schwer vorstellen, dass New Haven verzweifelt versucht, seinen Ruf als gefährliche, verfallende Hafenstadt abzuschütteln.

Connecticuts zweitgrößte Stadt strahlt vom hübschen New Haven Green aus, das im 17. Jh. von puritanischen Siedlern angelegt wurde. Rundum bietet Yales über 300 Jahre alter Campus Besuchern eine Fülle erstklassiger Attraktionen, von Museen und Galerien bis hin zu einem lebendigen Konzertprogramm und geführten Touren mit Geschichten über Geheimorganisationen. New Haven versucht, sich als florierendes Zentrum für Kunst, Architektur und den menschlichen Geist neu aufzustellen – und es gibt gute Neuigkeiten: Der Tourismus erfreut sich eines Aufwärtstrends, während die Kriminalitätsrate sinkt.

Yale hat New Haven bekannt gemacht, aber auch jenseits des Campus gibt's viel zu entdecken. Dank der Kneipen, Multikulti-Restaurants, Grilllokale und Cocktailbars ist die Gegend fast so lebendig wie der Harvard Square in Cambridge – nur mit besserer Pizza und weniger Ego.

Sehenswertes

★ Yale University UNIVERSITÄT

(☎203-432-2300; www.yale.edu/visitor; 149 Elm St; ⏲Visitor Center Mo–Fr 9–16.30, Sa & So 11–16 Uhr) GRATIS Jedes Jahr pilgern Tausende High-School-Studenten nach Yale und träumen davon, an der drittältesten Universität des Landes angenommen zu werden, die so prominente Absolventen wie Noah Webster, Eli Whitney, Samuel Morse und die ehemaligen Präsidenten William H. Taft, George H.W. Bush, Bill Clinton und George W. Bush hervorgebracht hat. Man braucht die Ambitionen der Studenten aber natürlich nicht zu teilen, um über den Campus zu bummeln. Einen Campusplan erhält man im Visitors Center. Es gibt auch kostenlose einstündige Führungen.

★ Yale Center for British Art MUSEUM

(☎203-432-2800; www.ycba.yale.edu; 1080 Chapel St; ⏲Di–Sa 10–17, So 12–17 Uhr) GRATIS Diese fantastische Galerie wurde 2016 nach umfassender Renovierung wiedereröffnet. Sie war der letzte Auftrag des Architekten Louis Kahn und beherbergt die größte Sammlung britischer Kunst außerhalb des Vereinigten Königreichs. Die Ausstellungen umspannen drei Jahrhunderte, von der elisabethanischen Zeit bis ins 19. Jh. Sie sind sowohl thematisch als auch chronologisch angeordnet und bieten einen unvergleichlichen Einblick in die Kunst, das Leben und die Kultur Großbritanniens. Ein Besuch hier ist ein absolutes Muss für alle, die sich für schöne Dinge interessieren. Und ja, der Eintritt ist frei. Geführte Touren, auch für Privatgruppen, sind möglich.

★ Yale University Art Gallery MUSEUM
(☎ 203-432-0600; http://artgallery.yale.edu; 1111 Chapel St; ⌚ Di–Fr 10–17, Do bis 20, Sa & So 11–17 Uhr) GRATIS Das hervorragende Museum war das erste Werk des Architekten Louis Kahn. Es beherbergt die älteste Universitätskunstsammlung des Landes, darunter Vincent Van Goghs *Das Nachtcafé* und europäische Meisterwerke von Frans Hals, Peter Paul Rubens, Manet und Picasso. Außerdem zeigen Ausstellungen ebenso meisterhafte amerikanische Werke von Winslow Homer, Edward Hopper und Jackson Pollock, Silber aus dem 18. Jh. sowie Kunst aus Afrika, Asien und dem prä- und postkolumbianischen Amerika. Das Beste ist aber, dass man all das völlig kostenlos bewundern kann.

★ Shore Line Trolley Museum MUSEUM, STRASSENBAHN
(☎ 203-467-6927; www.shorelinetrolley.org; 17 River St, East Haven; Erw./Kind 10/7 US$; ⌚ Juli & Aug. tgl. 10.30–16.30 Uhr, Mai, Juni, Sept. & Okt. Sa & So; 👪) Wer die Küste von East Haven auf besondere Art besichtigen möchte, kann mit dieser offenen antiken Straßenbahn fahren. Es ist die älteste durchgehend betriebene Vorstadt-Straßenbahn des Landes. Die Fahrt geht über 5 km, von der River St in East Haven nach Short Beach in Branford. Hinterher kann man das Museum und die schön erhaltenen Waggons besichtigen. Zum Mittagessen am besten ein Picknick mitbringen.

New Haven Green PARK
New Havens weitläufiger Stadtpark ist das spirituelle Zentrum der Stadt, seit er 1638 von den Puritanern als möglicher Ort der Wiederkunft Jesu Christi angelegt wurde. Seither befanden sich dort der Gemeindefriedhof (die Gräber wurden später auf den Grove St Cemetery umgebettet), mehrere staatliche Gebäude und verschiedene Kirchen, von denen drei noch immer vorhanden sind.

Schlafen

Hotel Duncan HISTORISCHES HOTEL $
(☎ 203-787-1273; 1151 Chapel St; EZ 65–80 US$, DZ 85–100 US$; ❄ 📶) Auch wenn der Glanz dieses New-Haven-Schmuckstücks ein wenig verblasst ist – die Teppiche sind fleckig, der Wasserdruck instabil und die Handtücher zerschlissen – freuen sich viele über seine beständigeren Details, etwa die elegante Lobby und den handbetriebenen Fahrstuhl inklusive Liftboy in Uniform. Die Zimmer werden langfristig und für Einzelübernachtungen vermietet. Wer keinen Luxus erwartet, wird vielleicht angenehm überrascht.

Farnam Guest House B&B $$
(☎ 203-562-7121; www.farnamguesthouse.com; 616 Prospect St; Zi. 149–199 US$, mit Gemeinschaftsbad 89–139 US$; P ❄ 📶) Die Farnams sind seit Langem mit Yale verbunden – als Studenten, Spender und Professoren. Man steigt in ihrer grandiosen georgianischen Kolonialvilla in der besten Gegend der Stadt ab und kann den Charme der alten Welt mit Chippendale-Sofas, Ohrensesseln, viktorianischen Antiquitäten und weichen Orientteppichen erwarten. Im Salon steht ein Steinway-Flügel.

The Study at Yale HOTEL $$$
(☎ 203-503-3900; www.thestudyatyale.com; 1157 Chapel St; Zi. 219–389 US$; P 📶) The Study at Yale erweckt ein stilvolles, modernes Ambiente wie aus der Mitte des Jahrhunderts (man könnte es auch *Mad-Men-Schick* nennen), ohne dabei übertrieben oder einschüchternd zu wirken. Zu den ultra-modernen Extras in den Zimmern gehören iPod-Dockingstationen und Fitnessgeräte mit eingebautem Fernseher. Zudem gibt's ein hauseigenes Restaurant und Café, in dem man sich morgens eine kleine Stärkung holen kann.

Essen

Frank Pepe PIZZA $
(☎ 203-865-5762; www.pepespizzeria.com; 157 Wooster St; Pizza 7–29 US$; ⌚ So–Do 10.30–22, Fr & Sa bis 23 Uhr; 🌶 👪) Das Pepe kann von sich behaupten, die „beste Pizza in Amerika" zu backen – eine Auszeichnung, die das Lokal drei Mal in Folge gewinnen konnte. Wir lassen natürlich jeden selbst urteilen, können aber bestätigen, dass hier köstliche Pizzas aus dem Kohle-Ofen kommen, genau wie schon 1925. Heute gibt's jedoch noch weitere über ganz Connecticut verstreute Filialen, wodurch ein konstantes Niveau etwas schwerer zu halten ist. Nur Barzahlung.

Die weiße Pizza mit Venusmuscheln loben übrigens die Gäste am meisten.

★ Caseus Fromagerie & Bistro BISTRO $$
(☎ 203-624-3373; http://caseusnewhaven.com; 93 Whitney Ave; Hauptgerichte 12–30 US$; ⌚ Mo–Sa

11.30–14.30 & Mi–Sa 17.30–21 Uhr; ✎) Mit einer Feinschmeckerkäsetheke voller Käsesorten aus der Region und einer durchdachten Speisekarte rund um *le grand fromage* trifft das Caseus voll ins Schwarze. An den perfekt zubereiteten Käsemakkaroni oder der gefährlich leckeren Poutine (Pommes mit Käsebruch und Bratensauce) ist rein gar nichts auszusetzen.

Miya's Sushi SUSHI **$$$**
(☎ 203-777-9760; www.miyassushi.com; 68 Howe St; Hauptgerichte 11–35 US$; ⌚ Mi 17–23, Do–Sa bis 24 Uhr; ✎) Der zweifache Gewinner des Taste of the Nation Award, Küchenchef Bun Lai, zaubert makellos präsentierte, nachhaltige Sushi- und Sashimi-Kreationen mit fantastischen Namen. Aber noch fantastischer sind die Frische und der Geschmack der rohen Zutaten. Man kann perfekte Schlichtheit genießen (Sashimi) oder sich auf Buns abenteuerliche Zutatenkombinationen einlassen. Fans des modernen amerikanischen Sushis werden beeindruckt sein.

Ausgehen & Unterhaltung

Egal, ob man Lust auf einen kunstvollen Cocktail in schicker Umgebung oder auf ein Bier aus der Region in einer altmodischen Kneipe hat: New Haven bietet ein buntes Nachtleben mit einem Publikum aus unkonventionellen Künstler-Typen, geschiedenen Professoren und Millionären von morgen, mit denen man ganz entspannt einen trinken kann.

Toad's Place LIVEMUSIK
(☎ 203-624-8623; www.toadsplace.com; 300 York St) Das Toad's ist vielleicht die beste Musik-Location in Neuengland. Es hat sich seinen Ruf durch Auftritte solcher Größen wie den Rolling Stones, U2 und Bob Dylan verdient. Auch heute tritt hier noch eine ausgefallene Mischung aus Künstlern auf der kleinen Bühne auf, darunter They Might Be Giants und Martin & Wood.

Shubert Theater THEATER
(☎ 203-562-5666; www.shubert.com; 247 College St) Das Shubert trägt den Beinamen „Geburtsstätte der größten Hits des Landes". Seit 1914 finden hier die Testaufführungen von Balletten und Broadway-Musicals statt, bevor sie nach New York City weiterziehen. In jüngster Vergangenheit hat das Haus sein Repertoire etwas erweitert und leiht seine Bühne auch einer Interviewreihe und musikalischen Darbietungen.

ℹ Praktische Informationen

INFO New Haven (☎ 203-773-9494; www.infonewhaven.com; 1000 Chapel St; ⌚ Mo–Sa 10–21, So 12–17 Uhr) Diese Touristeninformation im Stadtzentrum bietet Karten und hat hilfreiche Tipps.

ℹ An- & Weiterreise

New Haven liegt 227 km südwestlich von Boston, 58 km südlich von Hartford, 120 km außerhalb von New York und 162 km von Providence entfernt und ist über Interstate Highways erreichbar.

Züge von Metro-North (www.mta.info/mnr) verkehren zwischen der Union Station und dem Grand Central Terminal in New York City beinahe stündlich zwischen 7 Uhr und 24 Uhr.

Shore Line East (www.shorelineeast.com) unterhält Regionalzüge, die an der Küste des Long Island Sound entlang nach Old Saybrook (45 Min.) und New London (70 Min.) führen sowie Commuter-Connection-Busse, die Passagiere von der Union Station (abends) und von der State St Station (morgens) nach New Haven Green bringen.

Amtrak-Expresszüge (www.amtrak.com) fahren von der Penn Station in New York City nach New Haven (ab 32 US$, 1¾ Std.).

Peter Pan Bus Lines (www.peterpanbus.com) verbindet New Haven mit New York City (ab 12 US$, 2 Std., 8-mal tgl.), Hartford (ab 12 US$, 1 Std., 6-mal tgl.) und Boston (ab 11 US$, 4–5 Std., 7-mal tgl.), ebenso macht das Greyhound (www.greyhound.com). Die Busse fahren in der Union Station in New Haven ab.

Connecticut Limousine (www.ctlimo.com) ist ein Flughafen-Shuttle, das den Bradley Airport in Hartford, den JFK- und LaGuardia-Flughafen in New York und den Newark Airport in New Jersey ansteuert. Man kann an der Union Station und ausgewählten Hotels im Zentrum von New Haven ein- bzw. aussteigen. Die Verbindungen nach Newark sind teurer.

VERMONT

Egal, ob es unter einer Schneedecke liegt, vor buntem Herbstlaub leuchtet oder im Frühling und Sommer in saftigem Grün erstrahlt: Vermonts Mischung aus idyllischem Farmland, Bergen und malerischen kleinen Dörfern macht den Bundesstaat zu einem der ansprechendsten des Landes. Wanderer, Radfahrer, Skifahrer und Kajakfahrer kommen hier zu jeder Jahreszeit auf ihre Kosten, sei es auf den weiten Wassern des Lake Champlain, dem preisgekrönten Kingdom Trails Network, den 500 km langen Wanderwegen des Long bzw. Catamount Trail oder den legendären Hängen von Killington, Stowe und Sugarbush.

Auch Feinschmecker lieben diese Region: Kleine Farmen haben Vermont in ein Paradies für Gourmets verwandelt, und die größte Dichte an Craft-Brauereien in ganz Amerika tut ein Übriges. Doch Vermont zeichnet sich vor allem durch seinen Freigeist aus: Dies ist der einzige Bundesstaat mit einem sozialistischen Senator und ohne McDonald's-Filiale in der Hauptstadt. Vermont ist und bleibt ein Hafen für skurrile Kreativität, ein Musterbeispiel in Sachen Basisdemokratie und eine Hochburg des Mottos „Kleiner ist schöner" – das findet man sonst nirgendwo in Amerika.

Geschichte

Der Franzose Samuel de Champlain erkundete 1609 Vermont und war somit der erste Europäer, der diese seit Langem von den einheimischen Abenaki bewohnte Gegend besuchte.

Vermont spielte 1775 eine Schlüsselrolle im Amerikanischen Unabhängigkeitskrieg, als Ethan Allen mit seiner örtlichen Miliz, den Green Mountain Boys, nach Fort Ticonderoga zog und es von den Briten eroberte. 1777 erklärte sich Vermont zur unabhängigen Republik und verabschiedete die erste Verfassung in der neuen Welt, in der die Abschaffung der Sklaverei und der Aufbau eines öffentlichen Schulsystems festgeschrieben waren. 1791 trat Vermont als 14. Bundesstaat den USA bei.

ℹ Praktische Informationen

Vermont Chamber of Commerce (www.visitvt.com) Hält eine Fülle an Informationen rund um den Bundesstaat bereit.

Vermont Division of Tourism (www.vermontvacation.com) Unterhält ein Welcome Center am I-91 nahe der Grenze zu Massachusetts sowie eins am VT-4A in der Nähe der Grenze zu New York und drei weitere entlang des I-89 zwischen der White River Junction und der kanadischen Grenze. Eine kostenlose, detaillierte Karte und ein Campingführer werden auch herausgegeben.

Vermont Public Radio (www.vpr.net) Vermonts öffentlicher Radiosender bietet ausgezeichnete lokale Programme, darunter „Vermont Edition" (werktags um 12 Uhr) mit allem Wichtigen zu aktuellen Events sowie die skurrile, mit Infos vollgepackte Wettervorhersage „Eye on the Sky".

Vermont Ski Areas Association (www.skivermont.com) Nützliche Informationen für die Planung von Skiausflügen und Sommerabenteuern in Vermonts Skigebieten.

Südliches Vermont

Weiße Kirchen und Pensionen umschließen die Stadtparks im historischen Süden Vermonts, einer Region mit mehreren Städten aus der Zeit vor der Amerikanischen Revolution. Im Sommer schlängeln sich die Straßen zwischen den drei „Städten" Brattleboro, Bennington und Manchester über grüne Hügel, im Winter führen sie zu den Skipisten des Mt. Snow, Vermonts südlichstem Tummelplatz für kalte Tage. Wanderer können den Appalachian und den Long Trail in Angriff nehmen, die hier durch den Green Mountain National Forest führen und besonders im Herbst mit dem bunten Laub eine tolle Kulisse bieten.

ℹ Anreise & Unterwegs vor Ort

Wer von Massachusetts, Connecticut oder Rhode Island hierher fährt, trifft höchstwahrscheinlich auf einer von zwei Routen im Süden Vermonts ein: über den I-91 im Osten oder den US 7 im Westen. Der öffentliche Nahverkehr ist auf einen Bus oder Zug pro Tag begrenzt; beide fahren durch das Connecticut River Valley. Im südlichen Vermont gibt's keinen kommerziellen Flughafen, aber die Flughäfen in Albany, NY, Hartford, CT, und Manchester, NH, liegen jeweils ein bis zwei Stunden von der Grenze Vermonts entfernt.

Brattleboro

Brattleboro liegt am Zusammenfluss des Connecticut und West River und ist ein wahres Schmuckstück. Wer durch die Straßen der Stadt schlendert und durch die zahlreichen unabhängigen Läden und Lokale bummelt, wird ihrem Charme schnell erliegen. Eine dynamische Mischung aus alternden Hippies und gepiercten und tätowierten Hipstern unterstreicht die niveauvolle Vielfalt, garantiert eine bunte Kulturszene und sorgt für eine politisch linke Ausrichtung.

Der Whetstone Brook fließt durch den Süden der Stadt, wo 1724 eine Einfriedung aus Holz errichtet wurde, die den Namen Fort Dummer trägt. Es war die erste europäische Siedlung in Vermont, dessen Wildnis zuvor ausschließlich von den indigenen Einwohnern bevölkert wurde.

In der Old Town Hall (am Standort der heutigen Main Street Gallery) diskutierten gefeierte Denker und Unterhalter, darunter Oliver Wendell Holmes, Horace Greeley und Will Rogers, über bürgerliche und politische Angelegenheiten. Rudyard Kipling heiratete 1892 eine Frau aus Brattleboro und schrieb *Das Dschungelbuch*, während er hier lebte.

Vermont & New Hampshire

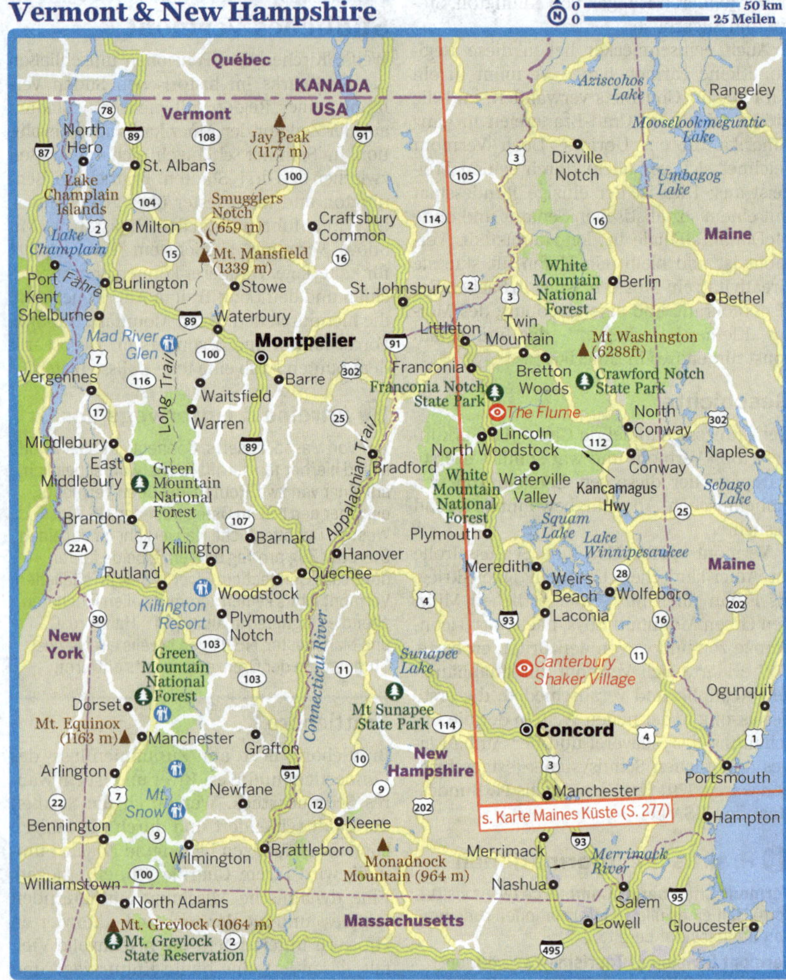

Sehenswertes

Das meiste Leben in Brattleboro spielt sich im Geschäftsviertel in der Innenstadt ab, aber die umliegenden Hügel sind von Farmen, Käseherstellern und Kunsthandwerkern durchzogen, die nur darauf warten, auf einem Ausflug ins Grüne erkundet zu werden.

Brattleboro Museum & Art Center MUSEUM
(☎802-257-0124; www.brattleboromuseum.org; 10 Vernon St; Erw./Kind 8 US$/frei; ⌚Mi–Mo 11–17 Uhr) Dieses Museum ist in einem Bahnhofsgebäude von 1915 untergebracht und zeigt eine Fülle einfallsreicher Ausstellungen mit verschiedenen Medien von lokalen Künstlern. Zudem gibt's ein wechselndes Multimedia-Programm mit zeitgenössischer Kunst.

Schlafen & Essen

Latchis Hotel HOTEL $$
(☎802-348-4070, 800-798-6301; www.latchishotel.com; 50 Main St; Zi. 100–200 US$, Suite 180–240 US$; 📶) Die Lage dieser 30 Zimmer und Suiten zu vernünftigen Preisen – direkt im Epizentrum der Innenstadt, neben dem historischen Theater desselben Namens – ist einfach unschlagbar. Die Art-déco-Elemente des Hotels sind wirklich erfrischend und in Neuengland eine wunderbare Überraschung.

★ **Inn on Putney Road** B&B $$$
(☎802-254-6268; www.vermontbandbinn.com; 192 Putney Rd; Zi. 179–299 US$; @📶) Das hübsche Vintage-B&B nördlich der Stadt ist seit 2016 unter neuer Führung. Es verfügt über einen schönen Innenhof, fünf Zimmer und eine Luxussuite mit Kamin. Das Haus mit Blick über das Mündungsgebiet des West River bietet ideale Möglichkeiten zum Wandern, Radfahren und Bootfahren direkt vor der Tür sowie jede Menge Aktivitäten für regnerische Tage, z. B. Billard, Brettspiele, DVDs, eine Gästebibliothek und einen Innen-Whirlpool.

★ **TJ Buckley's** AMERIKANISCH $$$
(☎802-257-4922; www.tjbuckleysuptowndining.com; 132 Elliot St; Hauptgerichte 45 US$; ⌚ganzjährig Do–So 15.30–21 Uhr, Mitte Juni–Anfang Okt. auch Mi) Küchenchef und Besitzer Michael Fuller eröffnete dieses außergewöhnliche kleine Edelrestaurant vor über 30 Jahren in einem authentischen Diner. Seither präsentiert er mündlich eine Speisekarte mit vier saisonal variierenden Gerichten, die hauptsächlich von regionalen Farmen stammen. Die Einheimischen sind sich einig: Hier gibt's das beste Essen in Brattleboro. Das Lokal bietet nur Platz für 18 Personen, also unbedingt reservieren. Keine Kreditkarten.

Praktische Informationen

Brattleboro Chamber of Commerce (☎802-254-4565, 877-254-4565; www.brattleborochamber.org; 180 Main St; ⌚Mo–Fr 9–17 Uhr) Zuverlässige ganzjährige Informationsquelle für Reisende.

Brattleboro Chamber of Commerce Information Booth (80 Putney Rd; ⌚Ende Mai–Mitte Okt. Sa & So) Im Park, gleich nördlich des Stadtzentrums.

Bennington

Bennington ist eine Mischung aus historischen Vermont-Dorf (Old Bennington), Arbeiterstadt (Bennington-Zentrum) und Collegestadt (North Bennington). Außerdem steht hier das berühmte **Bennington Battle Monument** (☎802-447-0550; www.benningtonbattlemonument.com; 15 Monument Circle, Old Bennington; Erw./Kind 5/1 US$; ⌚Mitte April–Okt. 9–17Uhr), das an die entscheidende Schlacht von Bennington während der Amerikanischen Revolution erinnert. Hätten Colonel Seth Warner und die örtlichen „Green Mountain Boys" während dieser Schlacht nicht geholfen, die britischen Verteidigungslinien zu schwächen, wären die Kolonien möglicherweise doch gespalten worden.

Die charmante Kulisse auf einem Hügel im kolonialen Old Bennington ist von 80 Gebäuden im georgianischen bzw. Federal-Stil durchzogen (sie wurden zwischen 1761, Benningtons Gründungsjahr, und 1830 erbaut). Der Dichter Robert Frost liegt hier begraben und ein Museum in seinem alten Wohnhaus zollt ihm Tribut. Da Bennington im Green Mountain National Forest liegt, findet man zahlreiche Wandermöglichkeiten, darunter die „Urgroßmütter aller Wanderwege": den Appalachian Trail und den Long Trail.

Sehenswertes

Bennington Museum MUSEUM
(☎802-447-1571; www.benningtonmuseum.org; 75 Main St; Erw./Kind 10 US$/frei; ⌚Juni–Okt. tgl. 10–17 Uhr, Nov.–Mai Do–Di, Jan. geschlossen) Zwischen dem Zentrum und Old Bennington bietet das Museum, das ständig erweitert wird, 14 Galerien mit Dauer- und Wechselausstellungen. Es zeigt die weltweit größte Sammlung mit Gemälden von Grandma Moses, aber auch Töpferwaren aus Bennington sowie eine große Auswahl an Gemälden, dekorativer Kunst und Volkskunst aus Vermont vom 18. Jh. bis heute. Hier gibt's einfach alles: von Vermonts „Goldenem Zeitalter" über Bennington-Modernismus bis hin zu „Art bru". 2015 entstand die „Works on Paper Gallery", die Drucke, Lithografien, Fotografien und vieles mehr von anerkannten nationalen Künstlern zeigt.

Old First Church HISTORISCHE STÄTTE
(☎802-447-1223; www.oldfirstchurchbenn.org; Ecke Monument Ave & VT 9; ⌚Juli–Mitte Okt. Mo–Sa 10–16, So 13–16 Uhr, Ende Mai–Juni nur am Wochenende) GRATIS Die historische Kirche wurde 1805 im palladianischen Stil erbaut und schmückt das Zentrum von Old Bennington. Auf dem Friedhof sind die sterblichen Überreste von fünf Vermonter Gouverneuren, zahlreichen Soldaten der Amerikanischen Revolution sowie des Dichters Robert Frost (1874–1963) begraben. Die Grabinschrift des bekanntesten und vielleicht beliebtesten amerikanischen Dichters des 20. Jhs. lautet: „Ich hatte einen Liebestreit mit der Welt."

Schlafen & Essen

Greenwood Lodge & Campsites HOSTEL, CAMPINGPLATZ $
(☎802-442-2547; www.campvermont.com; VT 9, Prospect Mountain; Stellplatz 2-Pers.-Zelt/Wohn-

mobil 30/39 US$, B 35–38 US$, Zi. 79 US$; ⌚Mitte Mai–Ende Okt.; 📶) Dieser 50 ha große Platz mit drei Teichen in den Green Mountains in Woodford bietet das vielleicht am schönsten gelegene Hostel in ganz Vermont. Zu den Unterkünften gehören 17 Budgetbetten und 40 Campingplätze. Sie sind leicht zu finden: Sie liegen 13 km östlich von Bennington am VT 9 im Skigebiet Prospect Mountain. Zur Ausstattung gehören warme Duschen und ein Spielzimmer.

Blue Benn Diner DINER **$**
(☎802-442-5140; 314 North St; Hauptgerichte 6–14 US$; ⌚Mo & Di 6–17, Mi–Fr bis 20, Sa bis 16, So 7–16 Uhr; 🌱) Das klassische 50er-Jahre-Diner serviert den ganzen Tag Frühstück sowie eine gesunde Mischung aus amerikanischen, asiatischen und mexikanischen Favoriten, darunter auch vegetarische Optionen. Kleine Jukeboxen auf den Tischen runden das Retro-Flair perfekt ab. Man kann z.B. *Moonlight in Vermont* von Willie Nelson oder Chers *Gypsies, Tramps and Thieves* laufen lassen, bis die Tischnachbarn um Gnade flehen.

★ **Pangaea** INTERNATIONAL **$$**
(☎802-442-7171; www.vermontfinedining.com; 1 Prospect St, North Bennington; Hauptgerichte Lounge 10–24 US$, Restaurant 31 US$; ⌚Lounge tgl. 17–22, Restaurant Di–Sa 17–21 Uhr) Egal, ob man sich für den geschmackvoll eingerichteten Speisesaal, die intime Lounge oder die kleine Terrasse am Fluss entscheidet – überall bekommt man köstliches Essen. Die Karte ist voll von frischen Zutaten und internationalen Einflüssen: Die thailändischen Shrimps auf Bio-Udon-Nudeln in Curry-Erdnuss-Soße oder das in Kräuter der Provence getauchte Steak mit Gorgonzola sollte man probieren. Das Pangaea ist eins der edelsten Restaurants in ganz Vermont.

ℹ Praktische Informationen

Bennington Welcome Center (☎802-447-2456; www.informationcenter.vermont.gov; 100 VT 279; ⌚7–21 Uhr) Benningtons schicke neue Touristeninformation bietet jede Menge Infos, lange Öffnungszeiten sowie kostenlosen Kaffee und Tee. Es liegt an der Highway-Kreuzung des VT 279 und US 7.

Manchester

Manchester ist seit fast 200 Jahren ein angesagter Ferienort. Heute zieht es im Winter vor allem Skifahrer und Schnäppchenjäger an (das Outlet-Zentrum bietet über 100 Läden, von Armani bis Banana Republic).

Zwei Familien machten Manchester berühmt. Ein Sohn der Stadt, Franklin Orvis (1824–1900), arbeitete sich zu einem einflussreichen New Yorker Geschäftsmann hoch, kehrte jedoch wieder nach Manchester zurück und eröffnete dort das Equinox House Hotel (1849). Franklins Bruder Charles gründete 1856 die Orvis Company, die Zubehör fürs Fliegenfischen herstellte. Die noch immer in Manchester ansässige Firma erfreut sich heute einer weltweiten Kundenschaft.

Die zweite Familie war die von Abraham Lincoln (1809–65). Seine Frau, Mary Todd Lincoln (1818–82), und ihr gemeinsamer Sohn, Robert Todd Lincoln (1843–1926), kamen während des Bürgerkriegs hierher. Robert kehrte einige Jahre später zurück und baute in der Stadt eine Villa: Hildene.

Sehenswertes & Aktivitäten

★ **Hildene** HISTORISCHE STÄTTE
(☎802-362-1788; www.hildene.org; 1005 Hildene Rd/VT 7A; Erw./Kind 20/5 US$, geführte Touren 7,50/2 US$; ⌚9.30–16.30 Uhr) Das im georgianischen Stil erbaute und 24 Zimmer umfassende Herrenhaus von Robert Todd Lincoln, dem Sohn von Abraham und Mary Lincoln, liegt außerhalb von Manchester und ist ein nationales Denkmal. Mitglieder der Familie Lincoln lebten hier bis 1975, als das Haus in ein Museum umgewandelt und mit zahlreichen persönlichen Familiengegenständen und Möbeln eingerichtet wurde. Dazu gehören auch der Hut, den Abraham Lincoln wahrscheinlich bei der Gettysburg Address trug, und der eindrucksvolle Messingabdruck seiner Hände: Die rechte Hand ist vom vielen Händeschütteln während des Präsidentschaftswahlkampfs ganz geschwollen.

Mt. Equinox Skyline Drive PANORAMASTRASSE
(☎802-362-1114; www.equinoxmountain.com; VT 7A, zw. Manchester & Arlington; Auto & Fahrer 15 US$, jeder zusätzliche Passagier 5 US$, unter 13 Jahre frei; ⌚Mai–Okt. 9–16 Uhr) Wer ein außergewöhnliches Panorama genießen will, kann den irrsinnig steilen, 8 km langen Skyline Dr entlang fahren, eine private Mautstraße, die zum Gipfel des 1172 m hohen Mt. Equinox führt. Der höchste Berg in der Taconic Range befindet sich südlich von Manchester, gleich abseits des VT 7A.

Schlafen & Essen

Aspen Motel MOTEL **$$**
(☎802-362-2450; www.theaspenatmanchester.com; 5669 Main St/VT 7A; Zi. 95–160 US$; 

(🅿) Dieses familiengeführte Hotel ist eine erfreulich erschwingliche Option. Es befindet sich in ruhiger Kulisse abseits der Straße und hat 25 gemütliche Zimmer, einen Pool und eine praktische Lage in Gehweite zum Zentrum von Manchester.

Ye Olde Tavern AMERIKANISCH **$$$**
(☎802-362-0611; www.yeoldetavern.net; 5183 Main St; Hauptgerichte 19–34 US$; ⊙17–21 Uhr) Das stilvolle Lokal aus den 1790er-Jahren liegt direkt an der Straße. Das Abendessen wird bei Kerzenschein am Kamin serviert – eine stimmungsvolle Erfahrung. Die Karte ist umfangreich: Von „Yankee"-Klassikern wie traditionellen in hauseigenen Ale geschmorten Braten über frischen Fisch aus Neuengland (mit Vermonter Cheddar überbacken und mit Semmelbröseln, Sherry und Zitrone verfeinert) bis hin zu lokalem Wild (am Freitag oft das Tagesgericht) ist alles dabei.

ℹ Praktische Informationen

Green Mountain National Forest Ranger Station (☎802-362-2307; www.fs.usda.gov/gmfl; 2538 Depot St, Manchester Center; ⊙Mo–Fr 8–16.30 Uhr) Hier gibt's Infos zum Appalachian bzw. Long Trail, Wanderkarten und Näheres zu kürzeren Tageswanderungen.

Zentrales Vermont

Im Herzen Vermonts lockt die vielleicht schönste ländliche Idylle Neuenglands. Schon ein Stück nördlich von Rutland (Vermonts zweitgrößter Stadt mit spektakulären 16500 Einwohnern) sind Kühe den Menschen zahlenmäßig überlegen. Wer die Natur liebt, kehrt immer wieder ins Landesinnere von Vermont zurück – vor allem in die Feriengebiete Killington, Sugarbush und Mad River Glen, die im Winter unzählige Skifahrer und im Sommer begeisterte Wanderer anziehen. Wer sich lieber drinnen vergnügt, kann zwischen Antiquitätenläden und Kunstgalerien wählen, die sich in den Nebenstraßen zwischen malerischen überdachten Brücken verstecken.

ℹ Anreise & Unterwegs vor Ort

Am besten bewegt man sich im zentralen Vermont mit eigenem fahrbarem Untersatz fort, egal ob per Auto oder Fahrrad. Die wichtigsten Verbindungsstraßen sind der US 4 von Ost nach West und der VT 100 von Nord nach Süd, die sich in Killington kreuzen. Der öffentliche Nahverkehr beschränkt sich auf den einmal täglich auf der Ost-West-Route verkehrenden Bus von Vermont Translines zwischen Rutland, VT, und Hanover, NH, sowie den einmal täglich fahrenden *Vermonter*-Zug von Amtrak. Letzterer rauscht zwischen Brattleboro und Burlington am Connecticut und White River entlang. In Rutland gibt's einen kleinen Flughafen, der jedoch nur Pendlerflüge nach/von Boston bietet.

Woodstock & Quechee

Woodstock wurde 1761 gegründet und ist seit 1766 Hauptstadt des malerischen Windsor County. Viele grandiose Häuser umrahmen den ovalen Stadtpark, und vier Kirchen des Ortes warten mit von Paul Revere gegossenen Glocken auf. Der Senator Jacob Collamer, ein Freund von Abraham Lincoln, bemerkte einst: „Die guten Menschen von Woodstock haben weniger Grund als andere, sich nach dem Himmel zu sehnen."

Woodstock ist auch heute noch sehr schön und sehr reich. Man kann durch den Park spazieren, der von im Federal- und neoklassischen Stil erbauten Häusern und öffentlichen Gebäuden umgebenen ist, oder am Ottauquechee River entlangschlendern, über den sich drei überdachte Brücken spannen. Die Rockefellers und Rothschilds besitzen Anwesen in dieser Gegend und die Schönen und Reichen steigen gerne im großartigen Woodstock Inn & Resort ab.

Etwa fünf Minuten Fahrt östlich von Woodstock liegt das kleine putzige Quechee Village, in dem sich die Quechee Gorge – Vermonts Miniaturformat-Antwort auf den Grand Canyon – und einige hervorragende Restaurants befinden.

◉ Sehenswertes

★**Quechee Gorge** SCHLUCHT
(US 4, Quechee) GRATIS Diese Schlucht lauert unter dem US 4, ca. 1 km östlich von Quechee Village. Die 50 m tiefe Narbe schneidet sich gut 900 m an einem Fluss entlang durch das Land. Man kann sie von einer der Brücken aus betrachten, aber sie ist von der Straße aus auch leicht über mehrere Fußwege zugänglich. Eine Reihe gut markierter, einfacher Wanderwege, von denen keiner mehr als eine Stunde dauern sollte, führen in die Schlucht hinunter.

Billings Farm & Museum FARM
(☎802-457-2355; www.billingsfarm.org; 69 Old River Rd, Woodstock; Erw./Kind 15/8 US$; ⊙April–Okt. tgl. 10–17, Nov.–Feb. Sa, So & Feiertage bis 16 Uhr, März geschl.; 👪) 1,5 km nördlich von Woodstocks Stadtpark liegt diese im 19. Jh.

vom Eisenbahnmagnaten Frederick Billings gegründete Farm. Sie erfreut Kinder mit spielerischen Aktivitäten rund um das traditionelle Farmleben. Zahlreiche Farmtiere gibt's auch, z. B. hübsche von der britischen Insel Jersey stammende Kühe. Die familienfreundlichen saisonalen Events, etwa Kutsch- und Schlittenfahrten, Kürbis- und Apfelfeste und altmodische Halloween-, Erntedank- und Weihnachtsfeste, sind ebenfalls beliebt.

Marsh-Billings-Rockefeller National Historical Park PARK
(☎802-457-3368; www.nps.gov/mabi; 54 Elm St, Woodstock; Villa-Tour Erw./Kind 8 US$/frei, Wege & Kutschstraßen frei; ⏲Besucherzentrum & Touren Ende Mai–Okt. 10–17 Uhr, Wege & Kutschstraßen ganzjährig) Vermonts einziger Nationalpark umschließt das historische Wohnhaus des frühen amerikanischen Naturschützers George Perkins Marsh, und hier wird die Beziehung zwischen Landverwaltung und Umweltschutz erforscht. Die 32 km Wanderwege und Kutschstraßen auf dem Gelände laden zu einer Erkundungstour zu Fuß, auf Langlaufski oder mit Schneeschuhen ein.

VINS Nature Center NATURRESERVAT
(Vermont Institute of Natural Science; ☎802-359-5000; www.vinsweb.org; 6565 Woodstock Rd, Quechee; Erw./Kind 15/13 US$; ⏲Mitte April–Okt. 10–17, Nov.–Mitte April bis 16 Uhr; 🅜) Das Wissenschaftszentrum in der Nähe von Quechee beherbergt zwei Dutzend Raubvogelarten, vom winzigen 85 g schweren Sägekauz bis zum mächtigen Weißkopfseeadler. Vögel, die hier untergebracht sind, haben permanente Verletzungen erlitten und können nicht mehr in die Wildnis zurückkehren. Es stehen regelmäßig lehrreiche Präsentationen sowie drei selbstgeführte Touren auf Naturpfaden auf dem Programm. Das Naturreservat ist beim Wandern im Sommer ebenso schön wie bei einer Schneeschuh-Tour im Winter.

Schlafen & Essen

Shire HOTEL $$
(☎802-457-2211; www.shiremotel.com; 46 Pleasant St/US 4, Woodstock; Zi. 159–269 US$; ❄📶🐾) Dieses vor Kurzem renovierte Hotel liegt in Fußweite von Woodstocks Zentrum am US 4 und hat 44 gemütliche Zimmer (die besten sind die mit Kamin). Whirlpools und/oder Terrassen mit Schaukelstuhl bieten Blick auf den Ottauquechee River. Viele Zimmer wurden 2015 mit neuen Betten ausgestattet, und alle verfügen über brandneue Bettwäsche. Von Zimmer 218 und 405 ist die Aussicht auf den Fluss besonders schön.

Ardmore Inn B&B $$$
(☎802-457-3887; www.ardmoreinn.com; 23 Pleasant St, Woodstock; Zi. inkl. Frühstück 189–299 US$; ❄📶) Das angenehme, zentral gelegene B&B nimmt ein stattliches viktorianisch-neoklassisches Gebäude ein und verfügt über vier Zimmer, die mit Antiquitäten, Orientteppichen und Marmorbädern ausgestattet sind. Die Besitzer sind unglaublich hilfsbereit, und das Frühstück nimmt scheinbar gar kein Ende.

★ **Simon Pearce Restaurant** MODERN AMERIKANISCH $$$
(☎802-295-1470; www.simonpearce.com; 1760 Quechee Main St, Quechee; Hauptgerichte mittags 14–19 US$, abends 22–40 US$; ⏲Mo–Sa 11.30–14.45 & 17.30–21, So ab 10.30 Uhr) Man sollte im Simon Pearce unbedingt einen Fensterplatz mit Blick auf den Wasserfall reservieren. Der Speisesaal in dieser umgebauten Backsteinmühle schwebt scheinbar über dem Fluss. Regionale Zutaten werden zu einfallsreichen Köstlichkeiten verarbeitet, etwa gegrillten Sandwiches mit Krebs und Kabeljau oder sautiertem Hühnchen mit gerösteter Mais-Mascarpone-Polenta. Die Gläser des Restaurants werden in der Glasbläserei nebenan handgefertigt.

Praktische Informationen

Woodstock Area Chamber of Commerce Welcome Center (☎888-496-6378, 802-457-3555; www.woodstockvt.com; 3 Mechanic St, Woodstock; ⏲Ende Mai–Mitte Okt. 9–17, Rest des Jahres 10–17 Uhr) Woodstocks Besucherzentrum ist in einem hübschen roten Backsteingebäude in einer Nebenstraße am Fluss, zwei Blocks vom Standpark entfernt, untergebracht. Außerdem gibt's im Park selbst einen kleinen Infokiosk. Beide helfen bei der Buchung von Unterkünften.

Killington

Killington ist das größte Skigebiet im Osten und erstreckt sich über sieben Berge, die vom 1292 m hohen Killington Peak dominiert werden, dem zweithöchsten Berg in Vermont. Mindestens 20 000 Besucher können hier in einem Umkreis von rund 30 km eine Unterkunft finden, und die vielen Outdoor-Möglichkeiten liegen zentral direkt am Berg. Die offizielle Stadt am Berg ist Killington Village, aber in der Gegend spielt sich alles entlang der Killington Rd auf dem Weg nach oben ab.

Wirklich alle Besucher sind hier, um Ski zu fahren – was bedeutet, dass die Berg-Lodges und -hütten für viele die erste Wahl sind. Allerdings findet man auch im umliegenden „Tiefland" jede Menge Alternativen entlang des US 4 und VT 100: von Motels über Campingplätze bis hin zu einer historischen Pension direkt am Wanderweg, die schon zahlreiche müde Wanderer auf dem Long Trail empfangen hat.

Killington Resort SKIFAHREN
(☎Info 800-734-9435, Reservierung 800-621-6867; www.killington.com; 4763 Killington Rd; Liftpass Erw./Jugendliche/Senioren 105/89/81 US$) Vermonts bestes Skigebiet ist als „Beast of the East" bekannt. Es ist schlichtweg gigantisch und wird so effizient betrieben, dass es nie überfüllt wirkt. Man kann aus fünf verschiedenen Lodges wählen, alle mit etwas anderem Fokus. Es locken 29 Lifts und 148 km Piste. Die Skisaison dauert von November bis Anfang Mai und wird durch das größte Schneekanonen-System Amerikas unterstützt.

Praktische Informationen

Killington Welcome Center (☎802-773-4181; http://killingtonpico.org; 2319 US 4; ⊙Mo–Fr 9–16, Sa & So 10–14 Uhr) Allgemeine Touristeninformation in praktischer Lage am US 4.

Killington/Pico Central Reservations (☎800-621-6867; www.killington.com; 4763 Killington Rd; ⊙Nov.–April 8–21, Mai–Okt. bis 16 Uhr) Tipps zu Unterkünften und Pauschalangeboten.

Mad River Valley

Der VT 100 nördlich von Killington ist einer der schönsten Straßenabschnitte des Landes: eine idyllische Mischung aus sanften Hügeln, überdachten Brücken, weißen Kirchtürmen und fruchtbarem Farmland. Hier findet man auch das Mad River Valley, in dem sich die hübschen Dörfer Waitsfield und Warren in die Schatten zweier bekannter Skigebiete schmiegen: Sugarbush und Mad River Glen.

Wer einen atemberaubenden Blick ins Tal genießen möchte, sollte die Nebenstraßen auf beiden Seiten des VT 100 erkunden. Man kann den Asphalt hinter sich lassen und sich an der Ostseite des Tals hinaufschlängeln, indem man der Brook, E Warren, Common, North und Pony Farm Rd von Warren aus Richtung Norden nach Moretown folgt. Alternativ kann man auf der Lincoln Gap Rd nach Westen fahren, der höchsten, steilsten und vielleicht schönsten der „Gap"-Straßen, die von Ost nach West über die Green Mountains verlaufen. Auf dem Lincoln Gap (738 m) kann man über den 5 km langen **Long Trail** zum Mt. Abraham (1224 m) wandern, dem fünfthöchsten Berg in Vermont.

Aktivitäten

★**Mad River Glen** SKIFAHREN
(☎802-496-3551; www.madriverglen.com; VT 17, Waitsfield; Liftpass Erw./Kind Wochenende 79/63 US$, werktags 65/60 US$) Mad River ist das zerklüftetste mit Liften ausgestattete Skigebiet im Osten und noch dazu eins der skurrilsten. Es wird von einer Kooperative gemanagt, nicht von einem der großen Skikonzerne. Es verzichtet weitgehend auf Kunstschnee und auch Snowboards sind verboten, aber dafür ist Amerikas letzter Einer-Sessellift – das antike Modell stammt von 1948! – noch immer in Benutzung.

Vermont Icelandic Horse Farm REITEN
(☎802-496-7141; www.icelandichorses.com; 3061 N Fayston Rd, Waitsfield; 1–3-stündige Ausritte 60–120 US$, ganzer Tag inkl. Mittagessen 220 US$, mehrtägige Treks 675–1695 US$; ⊙nach Vereinbarung; 👪) Hier kann man die malerische Hügellandschaft oberhalb von Waitsfield auf dem Rücken wunderschöner, sanfter und leicht zu reitender Islandpferde erkunden. Die Ausritte dauern von einstündigen Touren bis zu mehrtägigen Ausflügen, die von B&B zu B&B führen.

Schlafen & Essen

★**Inn at Round Barn Farm** PENSION **$$$**
(☎802-496-2276; www.roundbarninn.com; 1661 E Warren Rd, Waitsfield; Zi. inkl. Frühstück 179–359 US$; 📶🏊) Die Pension hat ihren Namen der angeschlossenen Rundscheune von 1910 zu verdanken, eines der wenigen noch verbliebenen authentischen Beispiele in Vermont. Die entschieden teurere Unterkunft bietet Zimmer mit antiken Möbeln, Kamin, Himmelbett und Blick auf die Wiesen und Berge. Im Winter stellen die Gäste die Schuhe an der Tür ab, um den Hartholzboden zu schützen. Das ländliche Frühstück ist sehr reichlich.

★**Warren Store** SANDWICHES **$**
(☎802-496-3864; www.warrenstore.com; 284 Main St, Warren; Sandwiches & leichte Gerichte 5–9 US$; ⊙Mo–Sa 7.45–19, So bis 18 Uhr) Dieser stimmungsvolle ländliche Laden serviert die besten Sandwiches weit und breit und dazu köstliches Gebäck und Frühstück. Im

Sommer kann man vorne auf der Veranda bei einem Kaffee in der New York Times blättern oder auf der Terrasse mit Blick auf den Wasserfall einen Happen essen und sich anschließend bei einem Bad zwischen vom Fluss geformten Felsen abkühlen. Wer gern shoppen geht, wird sich über die bunte Sammlung an Kleidern, Spielzeug und Schmuck auf der oberen Etage freuen.

Praktische Informationen

Mad River Valley Chamber of Commerce (☎800-828-4748, 802-496-3409; www.madrivervalley.com; 4061 Main St/VT 100, Waitsfield; ⌚Mo–Fr 8–17 Uhr) Das Personal hier hilft bei der Buchung von Unterkünften und hält aktuelle Infos für Skifahrer bereit. Außerdem gibt's einen 24-Stunden-Infokiosk mit öffentlichen Toiletten für Besucher.

Nördliches Vermont

Im nördlichen Vermont befinden sich die größte Stadt des Bundesstaates, Burlington, und seine Hauptstadt, Montpelier. Aber keine Angst: Auch diese Region versprüht denselben ländlichen Charme, den man auch im restlichen Vermont findet. Selbst in Burlington gehen die von Cafés gesäumten Straßen nahtlos in malerische Wege am Ufer des Lake Champlain bzw. des Winooski River über. Weiter nördlich reizt das ländliche Northeast Kingdom mit einer Fülle von Outdoor-Aktivitäten mitten im Herzen der Berge (von Ski bis hin zu Rad fahren).

Anreise & Unterwegs vor Ort

Burlington verfügt über den einzigen internationalen Flughafen in Vermont und die besten Busverbindungen, was die Stadt zur logischen ersten Anlaufstelle für Besucher macht, die mit dem Flugzeug oder den öffentlichen Verkehrsmitteln anreisen. Aber auch mit dem Auto kommt man im nördlichen Vermont – dank der beiden Interstate Highways I-89 zwischen Montpelier und Burlington und I-91 zwischen St. Johnsbury und dem Northeast Kingdom schneller und effizienter voran als in anderen Teilen des Bundesstaats. Wenn man jedoch auf die pittoresken Nebenstraßen ausweicht – etwa den VT 108, der über das schöne Smugglers Notch führt –, geht es geruhsamer zu.

Montpelier

Montpelier (Mont-piel-yer) würde in den meisten Gegenden höchstens als größeres Dorf durchgehen. Im spärlich besiedelten Vermont ist es hingegen die Hauptstadt – die kleinste des Landes (und die einzige ohne McDonald's, falls sich das jemand gefragt hat). Für eine Stadt mit nur 8000 Einwohnern ist sie überraschend kosmopolitisch. Ihre beiden Hautschlagadern – State St und Main St – laden mit netten Buchläden, Boutiquen und Lokalen zu einem angenehmen Bummel ein.

Montpeliers kleinerer Arbeiterklasse-Nachbar Barre (bär-ie) bezeichnet sich selbst als „Granithauptstadt der Welt" und liegt 15 Minuten Fahrt in südöstliche Richtung entfernt.

State House HISTORISCHES GEBÄUDE

(☎802-828-1411; www.vtstatehousefriends.org; 115 State St; ⌚geführte Touren Juli–Mitte Okt. Mo–Fr 10–15.30, Sa 11–14.30, Mitte Okt.–Juni Mo–Fr 9–15 Uhr) GRATIS Montpeliers Wahrzeichen, das Capitol-Gebäude mit goldener Kuppel, kann man das ganze Jahr über im Rahmen einer von Ehrenamtlichen geführten Tour besuchen, aber es gibt auch selbstgeführte Audiotouren auf Englisch, Französisch, Spanisch und Deutsch. Die Eingangstüren werden von einer mächtigen Statue des amerikanischen Revolutionshelden Ethan Allen bewacht. Das Fundament, das die goldene Kuppel stützt, wurde 1836 aus im nahen Barre gewonnenen Granit erbaut.

La Brioche CAFÉ, BÄCKEREI $

(☎802-229-0443; www.neci.edu/labrioche; 89 Main St; Gebäck 1–5 US$, Sandwiches 5–8 US$; ⌚Mo–Fr 7–18, Sa bis 15 Uhr) Diese entspannte Bäckerei mit Café ist das erste Lokal des New England Culinary Institute und hier werden köstliches Gebäck und Kaffee zum Frühstück serviert, gefolgt von Suppen, Salaten und Sandwiches aus hausgebackenem Brot zum Mittagessen.

Praktische Informationen

Capitol Region Visitors Center (☎802-828-5981; www.informationcenter.vermont.gov; 134 State St; ⌚Mo–Fr 6–17, Sa & So 9–17 Uhr) Gegenüber vom Vermont State Capitol.

Stowe

Das ultimative, entspannt-lebendige Vermont-Städtchen Stowe (gegründet 1794) liegt in einem schnuckeligen Tal, in dem der West Branch River in den Little River fließt und in allen Richtungen Berge aufragen. Der Ort erfreut sich seit Langem des Rufs als eines der stilvollsten Bergresorts im Osten und zieht gut betuchte Städter aus Boston, New York und darüber hinaus an. Zahlreiche Pensionen und Restaurants säumen die Hauptstraßen, die nach Smuggler's Notch führen. Dieser ist ein traumhafter, von Felswänden flankierter schmaler Pass durch die Green Mountains, direkt unterhalb des Mt. Mansfield (1339 m), dem höchsten Punkt in Vermont. Über 300 km Langlaufloipen, einige der besten Mountainbike-Strecken und alpine Skipisten im Osten sowie erstklassige Fels- und Eisklettermöglichkeiten machen die Gegend zu einem Mekka für Adrenalinjunkies.

Waterbury, 16 km südlich am Interstate Highway, ist das Tor nach Stowe. Zu seinen Attraktionen gehören zwei hervorragende Restaurants, eine beliebte Brauerei und die berühmte Ben & Jerry's Ice Cream Factory.

Sehenswertes & Aktivitäten

★ Ben & Jerry's Ice Cream Factory FABRIK

(☎ 802-882-2047; www.benjerrys.com; 1281 VT 100, Waterbury; Erw./Kind unter 13 Jahre 4 US$/frei; ⊙ Juli–Mitte Aug. 9–21, Mitte Aug.–Mitte Okt. bis 19, Mitte Okt.–Juni 10–18 Uhr;) 1978 übernahmen Ben Cohen und Jerry Greenfield eine verlassene Tankstelle in Burlington und brachten trotz minimaler Ausbildung ungewöhnliche Geschmackssorten auf den Markt, die die Eiscremeherstellung für immer verändern sollten. Eine Tour durch die Ben & Jerry's Ice Cream Factory ist zwar keine abgedrehte Willy-Wonka-Erfahrung, aber sie umfasst ein kitschiges Video, das den langen, seltsamen Weg des Unternehmens zum Konzernriesen nacherzählt – auch wenn es ein sehr netter Riese mit inspirierender Ansicht zu Gemeinschaftsbildung und Führungsgeist ist.

★ Stowe Recreation Path OUTDOOR-AKTIVITÄTEN

(⊙ ganzjährig;) Der flache bis sanft geschwungene 9 km lange Stowe Recreation Path beginnt an der Stowe Community Church mit dem spitzen Kirchturm im Ortskern und bietet ein fantastisches Naturerlebnis für alle Altersklassen. Er schlängelt sich durch Wälder, Wiesen und Skulpturengärten am West Branch des Little River entlang. Der weite Ausblick auf den Mt. Mansfield in der Ferne ist einfach grandios.

Man kann Rad fahren, wandern, Eis laufen oder Ski fahren – oder in einem der Badelöcher entlang des Weges schwimmen.

Schlafen & Essen

Stowe Motel & Snowdrift MOTEL, APARTMENT $$

(☎ 802-253-7629, 800-829-7629; www.stowemotel.com; 2043 Mountain Rd; Zi. 99–210 US$, Suite 190–250 US$, Apt. 169–275 US$;) Neben den „efficiency rooms“ (Zimmer mit Küchenzeile) stehen in dem Motel auch Suiten, Apartments sowie Häuser mit zwei bis sechs Zimmern (Preise variieren stark, am besten telefonisch informieren) zur Verfügung. Sie sind über ein weitläufiges 6 ha großes Gelände verteilt, das zudem einen Tennisplatz, Whirlpools, Badmintonfelder und Rasenspiele bietet.

Pie-casso PIZZA $$

(☎ 802-253-4411; www.piecasso.com; 1899 Mountain Rd; Hauptgerichte 8–22 US$; ⊙ So–Do 11–21, Fr & Sa bis 22 Uhr) Das Pie-casso ist vor allem für seine große Auswahl an Pizzas bekannt: Die mit Würstchen und Peperoni überfrachtete „Heart Stopper“ ist ebenso lecker wie die vegetarische „Vienna“ mit Spinat, Oliven, sonnengetrockneten Tomaten und Mozzarella. Aber es gibt auch Auberginen-Parmesan-Sandwiches, Fettuccine Alfredo, Penne mit Pesto und vieles mehr. Glutenfreie Pizza mit Mehl von der nahen West Meadow Farm ist ebenfalls erhältlich.

Bistro at Ten Acres FUSION $$$

(☎ 802-253-6838; www.tenacreslodge.com; 14 Barrows Rd; Hauptgerichte 19–32 U$; ⊙ Mi–So 17–22 Uhr) Dieses ungemein beliebte Restaurant mit Dielenboden in einem Farmhaus aus den 1820er-Jahren vereint eine gemütliche Atmosphäre mit dem köstlichen Essen des in New York ausgebildeten Kochs Gary Jacobson (z.B. Steak mit Pommes, langsam gebratene Ente oder Hummer mit Bourbon-Estragon-Soße und Polenta). Die angeschlossene Bar serviert eine gute Auswahl an Cocktails und Bier vom Fass sowie eine günstigere Speisekarte mit Burger-Schwerpunkt.

Praktische Informationen

Green Mountain Club Visitors Center (☎ 802-244-7037; www.greenmountainclub.org; 4711 Waterbury-Stowe Rd/VT 100, Waterbury Center; ⊙ Mitte Mai–Mitte Okt. tgl. 9–17, Mitte Okt.–Mitte Mai Mo–Fr 10–17 Uhr) Man kann in dieser Filiale (8 km südlich von Stowe) vorbeischauen oder sich auf der Website über Näheres zum Long Trail sowie kürzere Tageswanderungen in der Region informieren.

Stowe Area Association (☎ 802-253-7321, 800-467-8693; www.gostowe.com; 51 Main

St; ⌚Mo–Sa 9–17, So 11–17 Uhr; 📶) Diese gut organisierte Gesellschaft hilft bei der Reiseplanung und reserviert beispielsweise Mietwagen und lokale Unterkünfte.

Burlington

Vermonts größte Stadt liegt am Ufer des Lake Champlain und würde in den meisten anderen Bundesstaaten als winzig gelten. Seine relativ geringe Größe trägt aber nur zu Burlingtons besonderem Charme bei. Dank der University of Vermont (UVM) ist die Stadt um 13 400 Studenten, eine lebendige Kulturszene und ein aktives Sozialleben reicher. Burlington versprüht einen freien, jugendlichen Charakter, und in Sachen Nachtleben ist es das Epizentrum Vermonts.

Südlich der Stadt liegt Shelburne, ein schickes Dorf und das Zuhause eines der Kronjuwelen Vermonts, des Shelburne Museums. Das Dorf wird jedoch eher als Erweiterung Burlingtons denn als separater Vorort betrachtet und viele kommen abends hierher, um in einem der edlen Restaurants zu speisen.

Burlington liegt weniger als eine Stunde Fahrt von Stowe und anderen Green-Mountain-Orten entfernt. Die Stadt eignet sich bestens als Basislager für die Erkundung von Vermonts Nordwesten.

Sehenswertes & Aktivitäten

★ Shelburne Museum MUSEUM
(☎802-985-3346; www.shelburnemuseum.org; 6000 Shelburne Rd/US 7, Shelburne; Erw./Kind/Jugendlicher 24/12/14 US$; ⌚Mai–Dez. tgl. 10–17 Uhr, Jan.–April Mi–So; 👪) Das außergewöhnliche Museum erstreckt sich über 18 Hektar. Es liegt 9 km südlich von Burlington und zeigt die unbezahlbaren Americana-Sammlungen von Electra Havemeyer Webb (1888–1960) und ihren Eltern, insgesamt sind es 150 000 Exponate. Die Mischung aus Volks- und dekorativer Kunst und vielem mehr ist auf 39 historische Gebäude verteilt. Die meisten wurden aus anderen Teilen Neuenglands hierher versetzt, um sie besser erhalten zu können.

★ Intervale Center FARM
(☎802-660-0440; www.intervale.org; 180 Intervale Rd) GRATIS Man würde es nie vermuten, wenn man an einer der geschäftigen Straßenecken in Burlington steht, aber einer der idyllischsten, grünsten Orte in ganz Vermont liegt nur 3 km außerhalb des Stadtzentrums. Das Intervale Center schmiegt sich an die sanften Kurven des Winooski River und umfasst ein Dutzend Bio-Farmen und ein tolles Netz aus Wegen, die an 365 Tagen im Jahr zum Wandern, Rad fahren, Ski fahren, Beeren sammeln und sehr vielem mehr geöffnet sind.

Echo Leahy Center for Lake Champlain AQUARIUM
(☎802-864-1848; www.echovermont.org; 1 College St; Erw./Kind 16,50/13,50 US$; ⌚10–17 Uhr; 👪) Dieses kinderfreundliche Museum am See widmet sich der bunten Vergangenheit, Gegenwart und Zukunft des Lake Champlain. In den verschiedenen Aquarien wuselt es nur so, und die naturorientierten Ausstellungen laden zum Nachdenken und mitmachen ein: Hier kann man spritzen, testen, lauschen und selber krabbeln. Die regelmäßigen Wechselausstellungen konzentrieren sich auf wissenschaftliche Themen – von Windenergie über Rieseninsekten bis zu Dinosauriern und Kadavern – und bieten zahlreiche interaktive Elemente.

Whistling Man Schooner Company BOOTSTOUR
(☎802-825-7245; www.whistlingman.com; Burlington Community Boathouse, 1 College St, am Lake Champlain; 2-stündige Bootstour Erw./Kind 50/35 US$; ⌚3–4 Touren tgl., Ende Mai–Anfang Okt.) An Bord der *Friend Ship*, einer klassischen 13 m langen Neuengland-Schönheit, die Platz für 17 Passagiere bietet, kann man mit Wind im Haar und einem Vermonter Mikrobier in der Hand über den Lake Champlain schippern. Die Kapitäne kennen die Gegend wie ihre Westentasche und Passagiere dürfen gern ein Picknick mitbringen. Private Chartertouren sind ebenfalls möglich (ab 450 US$ für zwei Stunden).

Schlafen

Burlington Hostel HOSTEL $
(☎802-540-3043; www.theburlingtonhostel.com; 53 Main St, 2. St.; B inkl. Frühstück werktags/Wochenende 39/49 US$; ⌚Mai–Okt.; ❄@📶) Burlingtons Hostel liegt nur wenige Minuten von den Epizentren in der Church St und am Lake Champlain entfernt. Es bietet Platz für 48 Gäste in gemischten und reinen Frauenschlafsälen.

★ Willard Street Inn PENSION $$
(☎802-651-8710; www.willardstreetinn.com; 349 S Willard St; Zi. inkl. Frühstück 169–269 US$; 📶) Diese Villa steht auf einem Hügel in praktischer Fußentfernung zur UVM und dem Church St Marketplace. Das Haus wurde in

den späten 1880er-Jahren erbaut und vereint den neugeorgianischen Stil mit Queen-Anne-Elementen. Es besticht durch dezente Eleganz mit edlem Holz und geschliffenem Glas und strahlt dennoch einladende Wärme aus. Viele Zimmer bieten Blick auf den Lake Champlain.

★ Inn at Shelburne Farms PENSION **$$$**
(☎802-985-8498; www.shelburnefarms.org/staydine; 1611 Harbor Rd, Shelburne; Zi. 270–525 US$, ohne Bad 160–230 US$, Hütten & Häuser 270–850 US$; ⏲Anfang Mai–Ende Okt.; 📶) Diese Unterkunft gehört zu den zehn besten in Neuengland. Sie liegt 11 km südlich von Burlington abseits des US 7 und war einst die Sommerresidenz der wohlhabenden Familie Webb. Heute werden die Gäste im eleganten Landhaus am See sowie in vier frei stehenden, mit einer Küche ausgestatteten Hütten und Ferienhäusern untergebracht, die auf dem Gelände verstreut stehen, das man auch besuchen kann, wenn man nicht hier absteigt (Erw./Kind 8/5 US$). Von Mitte Mai bis Mitte Oktober kann man auf den kilometerlangen Wegen wandern, die Tiere im „Children's Farmyard" besuchen oder sich einer geführten Tour anschließen.

Essen

★ Penny Cluse Cafe CAFÉ **$**
(☎802-651-8834; www.pennycluse.com; 169 Cherry St; Hauptgerichte 6–14 US$; ⏲Mo–Fr 6.45–15, Sa & So 8–15 Uhr) Im Herzen der Innenstadt serviert eins der beliebtesten Frühstückscafés in Burlington Pfannkuchen, *biscuits and gravy*, Frühstücks-Burritos, Omeletts und Tofu-Gebratenes sowie Sandwiches, Fisch-Tacos, Salate und das beste *chile relleno* östlich des Mississippi. Am Wochenende muss man mit einer Stunde Wartezeit rechnen.

Stone Soup VEGETARISCH **$**
(☎802-862-7616; www.stonesoupvt.com; 211 College St; Buffet 11,25 US$/1 Pfund (453 g), Sandwiches 9,50–12 US$; ⏲Mo–Fr 7–21, Sa 9–21 Uhr; 📶🌱) Dieser Laden ist seit Langem ein Favorit der Einheimischen. Er ist vor allem für sein ausgezeichnetes vegetarier- und veganerfreundliches Buffet bekannt, bietet aber auch hausgemachte Suppen, Sandwiches mit selbstgebackenem Brot, eine Salatbar, Gebäck und Fleisch aus der Region.

★ American Flatbread PIZZA **$$**
(☎802-861-2999; www.americanflatbread.com; 115 St Paul St; Flatbread 14–23 US$; ⏲Mo–Fr 11.30–15 & 17–23.30, Sa & So 11.30–23.30 Uhr) 🍃 Die zentrale Lage, die gesellige Atmosphäre, das leckere Bier vom Fass aus der hauseigenen Mikrobrauerei Zero Gravity und das ausgezeichnete Flatbread (sehr dünne Pizza) mit regional erzeugten Zutaten sind Grund genug, diesen Laden zur ersten Anlaufstelle fürs Mittag- oder Abendessen in Burlington zu machen.

Revolution Kitchen VEGAN, VEGETARISCH **$$**
(☎802-448-3657; http://revolutionkitchen.com; 9 Center St; Hauptgerichte 14–18 US$; ⏲Di–Sa 17–22 Uhr; 🌱) Vegetarische Haute Cuisine? Noch dazu in romantischer Atmosphäre? Ja, in diesem gemütlichen Restaurant mit offenen Backsteinwänden gibt's beides. Es nutzt Vermonts Fülle an Bio-Zutaten auf ebenso umfangreiche wie kreative Weise. Die Favoriten des Hauses sind asiatisch, mediterran und lateinamerikanisch beeinflusst, z. B. die Revolution-Tacos, die knusprige Seitan-Piccata oder der Laksa-Nudeltopf. Die meisten Gerichte sind vegan.

Ausgehen & Unterhaltung

Citizen Cider MIKROBRAUEREI
(☎802-497-1987; www.citizencider.com; 316 Pine St; ⏲Mo–Sa 11–22, So bis 19 Uhr) Die belebte Cider-Manufaktur ist eine lokale Erfolgsgeschichte. Sie ist in einem Gebäude im Industrie-Chic-Stil mit gestrichenen Betonböden und langen Holztischen untergebracht. Hier werden nur Äpfel aus Vermont verarbeitet und die Cider-Palette wächst stetig. Für 7 US$ kann man fünf davon in kleiner Menge verkosten, z. B. den das ganze Jahr über beliebten, klassisch-frischen Unified Press oder den Dirty Mayor, der mit Ingwer und Zitronenschale verfeinert ist.

★ Light Club Lamp Shop LIVEMUSIK
(☎802-660-9346; www.facebook.com/LightClubLampShop; 12 N Winooski Ave; ⏲Mo–Do 19–2, Fr–So 17–2 Uhr) Dieser Schuppen gehört zu den coolsten und skurrilsten Läden in Burlington und dient gleichzeitig als Lampenladen (das unglaubliche Sortiment hängt an der Decke und den Wänden), Weinbar und Livebühne. Die Shows (in der Regel kostenlos) sind vielfältig, von Indie-Singer-Songwritern über Gedichtlesungen bis hin zu Comedy ist alles dabei.

Nectar's LIVEMUSIK
(☎802-658-4771; www.liveatnectars.com; 188 Main St; ⏲Mo & Di 19–2, Mi–So 17–2 Uhr) Die Indie-Lieblinge Phish fanden einst hier ihr Sprungbrett und auch heute noch bringen

Nachwuchstalente den Laden zum Rocken. Man kann sich in eine Sitznische setzen, an der Bar abhängen oder oben im Club Metronome (http://clubmetronome.com) die Tanzfläche stürmen, wenn verschiedene Mottopartys stattfinden (freitags ist 90er-Abend) oder größere Liveacts auftreten.

ℹ Praktische Informationen

BTV Information Center (☎802-863-1889; www.vermont.org; Burlington International Airport; ⌚16–24 Uhr) Dieses hilfsbereite Zentrum im Flughafen von Burlington wird vom Lake Champlain Regional Chamber of Commerce gemanagt.

Lake Champlain Regional Chamber of Commerce (☎877-686-5253, 802-863-3489; www.vermont.org; 60 Main St; ⌚Mo–Fr 8–17 Uhr) Touristeninformation im Herzen der Innenstadt.

Waterfront Tourism Center (College St; ⌚Ende Mai–Aug. tgl. 10–20, Sept.–Mitte Okt. bis 18 Uhr) Saisonal geöffnet; in der Nähe des Sees.

ℹ An- & Weiterreise

Wer mit dem Auto aus Boston (3½ Std., 348 km) anreist, kommt über die I-93 oder I-89 hierher. Von Burlington nach Montreal in Kanada sind es weitere 1¾ Stunden (153 km) Richtung Norden.

BUS

Greyhound (www.greyhound.com) bietet mehrere Busse täglich vom Burlington International Airport nach Montreal, Kanada (ab 16 US$, 2½ Std.), und Boston (ab 29 US$, 4½–5½ Std.).

Megabus (☎877-462-6342; www.megabus.com; 119 Pearl St) bietet einmal täglich eine Busverbindung nach Boston (ab 10 US$, 4 Std.) und gelegentliche Busse nach New York City von Burlingtons brandneuem **GMT Downtown Transit Center** (Green Mountain Transit; ☎802-864-2282; www.ridegmt.com; Ecke St. Paul & Cherry St). GMT unterhält außerdem ein paar Langstreckenbusse in andere Städte im Nordwesten Vermonts. Auf der Website (www.ridegmt.com) gibt's Näheres zu Preisen und Fahrplänen.

Middlebury Route 46 und 76

Montpelier Route 86

FLUGZEUG

Mehrere nationale Fluglinien, darunter JetBlue, nutzen den **Burlington International Airport** (BTV; ☎802-863-2874; www.btv.aero; 1200 Airport Dr, South Burlington), 5 km östlich des Stadtzentrums. Am Flughafen findet man auch alle großen Mietwagenfirmen.

ZUG

Der tägliche *Vermonter*-Zug von Amtrak (www.amtrak.com/vermonter-train) bietet Verbindungen in den Süden bis nach New York City und Washington, D.C. Er hält in Essex Junction, 8 km von Burlington entfernt.

NEW HAMPSHIRE

New Hampshire lockt Besucher mit zerklüfteten Bergen, malerischen Tälern und von Wäldern umringten Seen, die in jeder Ecke dieses wild-romantischen Bundesstaats zu finden sind. Die Natur lädt zu unzähligen Outdoor-Aktivitäten ein, die von Kajakfahren in den versteckten Buchten der Lakes Region bis zu Wanderungen auf die hohen Gipfel rund um den Mt. Washington reichen. Jede Jahreszeit bietet zahlreiche Möglichkeiten für einen Adrenalinschub und andere Zeitvertreibe: Ski fahren und Schneeschuh-Touren im Winter, wunderschöne Wanderungen und Panoramafahrten in bunter Kulisse im Herbst und im Sommer schwimmt man in kühlen Bergflüssen und pflückt Beeren.

Kolonialsiedlungen wie Portsmouth sind wahre Schmuckstücke und verströmen eine angenehme Atmosphäre, während unverfälschte Dörfer wie Keene und Peterborough mit historischen Reizen und Kleinstadtkultur glänzen. Trotzdem liegt über allem eine gelassene Grundstimmung – man kann in aller Ruhe aufs von Seetauchern übersäte Wasser blicken, sich bei einer malerischen Eisenbahnfahrt entspannt zurücklehnen oder bei Sonnenuntergang mit dem Boot über einen See schippern. Nebenbei lässt man sich natürlich immer einen Teller mit gebratenen Venusmuscheln oder ein Hummer-Brötchen schmecken.

Geschichte

New Hampshire erhielt seinen Namen 1629 nach der englischen Grafschaft Hampshire und war eine der ersten amerikanischen Kolonien, die 1776 ihre Unabhängigkeit von England erklärten. Während des Industrialisierungs-Booms im 19. Jh. entwickelte Manchester eine derartige Wirtschaftskraft, dass seine Textilfabriken die größten auf der ganzen Welt wurden.

Eine wichtige Rolle in der Weltpolitik spielte New Hampshire im Jahr 1944, als Präsident Franklin D. Roosevelt die Regierungen aus 44 verbündeten Staaten zu einer Konferenz in das abgelegene Bretton Woods einlud, um ein stabiles Währungssystem zu begründen. Im Rahmen der Bretton-Woods-Konferenz wurden die Weltbank und der

Internationale Währungsfonds (IWF) ins Leben gerufen.

Im Jahr 1963 fand New Hampshire, lange berüchtigt für seine steuerfeindliche Haltung, ein neues Mittel, um Einkünfte zu erzielen: Es war der erste Bundesstaat der USA, in dem eine legale Lotterie aus der Taufe gehoben wurde.

Praktische Informationen

New Hampshire Division of Parks & Recreation (www.nhstateparks.org) Bietet Informationen zu einem Netz aus Radwegen, das sich über den ganzen Bundesstaat erstreckt, und einen umfassenden Campingführer.

New Hampshire Division of Travel & Tourism Development (www.visitnh.gov) Bietet u. a. aktuelle Infos zu Skibedingungen und zur Herbstlaubsituation.

Portsmouth

Portsmouth liegt am Piscataqua River und ist eine der elegantesten Städte in New Hampshire mit historischem Stadtkern, von Bäumen gesäumten Straßen und Kolonialgebäuden aus dem 18. Jh. Trotz der ehrwürdigen Geschichte als frühes Zentrum der amerikanischen Schiffsindustrie versprüht die Stadt jugendliche Energie, und Traveller wie Einheimische füllen die zahlreichen Restaurants und Cafés. Viele Museen und historische Gebäude erlauben Besuchern einen Einblick in die vielschichtige Vergangenheit der Stadt, während ihr die Nähe zur Küste sowohl Hummer-Festmahle als auch regelmäßig eine dichte Nebeldecke beschert.

Portsmouth macht seinem Namen noch immer alle Ehre und ist nach wie vor eine aktive Hafenstadt, deren Wirtschaftskraft von der Flottenwerft (die eigentlich auf der anderen Flussseite in Maine liegt) und dem Zustrom von Hightech-Unternehmen angekurbelt wird.

Sehenswertes & Aktivitäten

★ Strawbery Banke Museum MUSEUM

(☎603-433-1100; www.strawberybanke.org; 14 Hancock St; Erw./Kind 19,50/9 US$; ⌚Mai–Okt. 10–17 Uhr; Nov.–Apr. Sonderveranstaltung) Auf einem Gelände von 4 ha Fläche zeigt das Strawbery Banke Museum eine bunte Mischung alter Häuser, die bis in die 1690er-Jahre zurückdatieren. Kostümierte Führer schildern die Geschichten, die sich um diese 40 Häuser (zehn davon sind möbliert) ranken. Dazu gehören die **Pitt Tavern** (1766), eine Brutstätte des revolutionären Gedankens, die **Goodwin Mansion**, ein prächtiges Herrenhaus aus dem 19. Jh. aus der Blütezeit von Portsmouth, und der **Abbott's Little Corner Store** (1943). Die Eintrittskarte gilt für zwei aufeinanderfolgende Tage.

USS Albacore MUSEUM

(☎603-436-3680; www.ussalbacore.org; 600 Market St; Erw./Kind 7/3 US$; ⌚Ende Mai–Mitte Okt. 9.30–17 Uhr; kürzere Öffnungszeiten im restlichen Jahr) Wie ein gestrandeter Fisch liegt das 63 m lange U-Boot heute auf einer Rasenfläche am Strand und dient als Museum. Die *Albacore*, die im Jahr 1953 im Portsmouth Naval Shipyard vom Stapel lief, war früher einmal das schnellste U-Boot der Welt.

Isles of Shoals Steamship Co BOOTSTOUR

(☎603-431-5500; www.islesofshoals.com; 315 Market St; Erw./Kind ab 28/18 US$; 👪) Von Mitte Juni bis Oktober veranstaltet dieser Anbieter ausgezeichnete Touren durch den Hafen und zu den historischen Isles of Shoals. Das Schiff ist einer Fähre aus dem frühen 20. Jh. nachempfunden. Außerdem stehen geführte Wanderungen auf Star Island und Party-Bootstouren mit DJs oder Livebands auf dem Programm.

Schlafen & Essen

Portsmouth ist ein Traumziel für Feinschmecker. Hier gibt's alles: von Hummer-Brötchen über internationales Streetfood bis hin zu ausgezeichneter vegetarischer Küche und Nouvelle Cuisine à la Neuengland.

Port Inn MOTEL $$

(☎603-436-4378; www.portinnportsmouth.com; 505 US 1 Bypass; Zi. 189–339 US$; ❄@📶🏊🐾) Das einladende Motel rund um einen kleinen Hof hat eine praktische Lage abseits der I-95, rund 1,5 Meilen (2,4 km) südwestlich von Downtown. In den Zimmern geben einfarbige Kissen und Tagesdecken der klassischen Möblierung etwas Farbe. Für mitgebrachte Haustiere werden 20 US$ pro Nacht berechnet.

★ Ale House Inn PENSION $$$

(☎603-431-7760; www.alehouseinn.com; 121 Bow St; Zi. 209–379 US$; P❄📶) Das ehemalige aus Backstein erbaute Lagerhaus der Portsmouth Brewing Company ist heute die schickste Boutique-Pension der Stadt. Sie vereint zeitgenössisches Design mühelos mit Gemütlichkeit. Die Zimmer sind modern und mit strahlend weißer Bettwäsche, Flachbildfernsehern und – in den Suiten – herrlichen, dunklen Plüschsofas ausgestattet. In den Luxuszimmern gibt's sogar ein iPad. Im Preis ist die Nutzung der Vintage-Fahrräder inbegriffen.

Surf FISCH & SEAFOOD **$$**

(☎603-334-9855; www.surfseafood.com; 99 Bow St; Mittagessen 10–24 US$, Abendessen 12–42 US$; ⏲Di & Mi 16–21, Do & So 11–21, Fr & Sa bis 22 Uhr) Wir sind uns nicht sicher, ob in diesem luftigen Restaurant der – vor allem bei Sonnenuntergang – grandiose Blick auf den Piscataqua River das wundervolle Essen unterstreicht oder umgekehrt. So oder so, hier kann man den Tag wunderbar ausklingen lassen. Aus Fisch und Meeresfrüchten werden globale Geschmackserlebnisse gezaubert, darunter finden sich auch Schellfisch-Tacos, portugiesischer Meeresfrüchte-Eintopf oder Shrimp-Vindalho.

★**Black Trumpet Bistro** INTERNATIONAL **$$$**

(☎603-431-0887; www.blacktrumpetbistro.com; 29 Ceres St; Hauptgerichte 17–32 US$; ⏲17–21 Uhr) Dieses Bistro mit Backsteinwänden und stilvollem Ambiente serviert einzigartige Kombinationen – von hausgemachten Würstchen mit Kakaobohnen bis zu sautiertem Schellfisch mit Yuzu (eine asiatische Zitrusfrucht). Man kann auch oben in der Weinbar, die ähnlich einfallsreiche Cocktails zaubert, von der kompletten Speisekarte bestellen.

ℹ Praktische Informationen

Greater Portsmouth Chamber of Commerce (☎603-610-5510; www.portsmouthchamber.org; 500 Market St; ⏲ganzjährig Mo–Fr 9–17, Mai–Mitte Okt. auch Sa & So 10–17 Uhr) Unterhält außerdem den saisonal geöffneten **Infokiosk** (Market Sq) im Stadtzentrum.

ℹ An- & Weiterreise

Portsmouth liegt gleich weit (92 km) von Boston und Portland, ME, entfernt. Die Fahrt auf dem I-95 nach Portland dauert ca. 1¼ Stunden, nach Boston 1½ Stunden. Während Stoßzeiten und in der Hochsaison kann das Verkehrsaufkommen jedoch locker doppelt oder drei Mal so hoch sein.

Lakes Region

Die Lakes Region mit ihrer seltsamen Mischung aus natürlicher Schönheit und kommerziellem Kitsch ist eins der beliebtesten Ferienziele New Hampshires. Der riesige Lake Winnipesaukee, das Herzstück der Region, umfasst 295 km Küstenlinie sowie über 300 Inseln und bietet ausgezeichnete Voraussetzungen fürs Lachsfischen. Wer einmal den frühen Morgennebel über den See hat wabern sehen, versteht, warum die amerikanischen Ureinwohner ihm den Namen „Lächeln des Großen Geistes" gaben. Die schönsten Gegenden sind die Südwestecke zwischen Glendale und Alton (an der Uferstraße Belknap Point Rd) und die Nordostecke zwischen Wolfeboro und Moultonborough (am NH 109). Gleich nördlich befinden sich die kleineren Squam Lake und Little Squam Lake.

Die Straßen, die das Seeufer säumen und die hiesigen Städte miteinander verbinden, warten mit einem bunten Sammelsurium provinzieller Americana-Kultur auf: Spielhallen, Gokart-Bahnen, Muschellokale, Fastfoodläden und Bootsstege.

ℹ Anreise & Unterwegs vor Ort

Am schnellsten erreicht man die Lakes Region über den I-93. Von Boston und anderen Orten im Süden nimmt man die Ausfahrt 15E nach Wolfeboro, Ausfahrt 20 nach Weirs Beach, Ausfahrt 23 nach Meredith oder Ausfahrt 24 nach Holderness (Squam Lake).

Weirs Beach

Weirs Beach wurde von den amerikanischen Ureinwohnern „Aquedoctan" genannt und hat seinen englischen Namen den Wehren (*weirs*) zu verdanken, die die ersten europäischen Siedler entlang des kleinen Sandstrands fanden. Heute steht Weirs Beach für fröhlich-lautes, kindliches Vergnügen in der Lake-Winnipesaukee-Region und ist für Videospielarkaden und *fried dough* (süßer Snack) berühmt. Die Uferpromenade am See, der öffentliche Strand und das Dock für kleine Boote bieten die perfekten Voraussetzungen für einen entspannten Urlaub. Außerdem gibt's in der Nähe einen Wasserpark und ein Autokino. Abseits des Trubels am Seeufer wartet interessante viktorianische Architektur, die in dieser Hauptstadt des Kitschs fast etwas deplatziert wirkt.

Südlich von Weirs Beach liegen **Laconia**, die größte Stadt der Region, der es allerdings an echten Sehenswürdigkeiten mangelt, und das sich an den See schmiegende **Gilford**. Zur Information: Diese Seite des Sees wird jedes Jahr im Juni während der Laconia Motorcycle Week (www.laconiamcweek.com), der ältesten Motorradrallye der Welt, neun Tage lang von Bikern in Beschlag genommen.

MS Mount Washington BOOTSFAHRT
(☎603-366-5531; www.cruisenh.com; 211 Lakeside Ave; Erw./Kind reguläre Bootstour 32/16 US$, Bootstour mit Sonntagsbrunch 50/25 US$) Die klassische MS *Mount Washington* legt zwischen Mitte Mai und Mitte Oktober jeden Tag in Weirs Beach ab und unternimmt eine entspannte 2½-stündige Panoramatour auf dem Lake Winnipesaukee mit Halt in Wolfeboro und gelegentlichen Abstechern nach Alton Bay, Center Harbor und/oder Meredith. Spezielle Events gibt es ebenfalls, etwa die wöchentliche Champagner-Rundfahrt am Sonntag und verschiedene Motto-Fahrten im Sommer.

Winnipesaukee Scenic Railroad EISENBAHN
(☎603-745-2135; www.hoborr.com; 211 Lakeside Ave; Erw./Kind 1 Std. 18/14 US$, 2 Std. 20/16 US$) Die touristische Scenic Railroad bietet ein- und zweistündige Ausflüge am See entlang. Man sitzt in Zugwaggons aus den 1920er- und 30er-Jahren. Abfahrt ist in Weirs Beach und Meredith (154 Main St). Der Zug fährt zur Südspitze des Lake Winnipesaukee in Alton Bay, bevor er einen U-Turn macht.

Praktische Informationen

Lakes Region Chamber of Commerce (☎603-524-5531; www.lakesregionchamber.org; 383 S Main St, Laconia; ⏲Mo–Fr 9–15 Uhr) Bietet Informationen zur Gegend rund um Laconia/Weirs Beach.

Weirs Beach Information Booth (513 Weirs Blvd; ⏲24 Std. Ende Mai–Anfang Sept.) Hilfreich bei der kurzfristigen Buchung von Unterkünften am selben Tag.

Wolfeboro

Wolfeboro liegt am Ostufer des Lake Winnipesaukee. In dieser idyllischen Stadt scharen sich Kinder an warmen Sommerabenden immer noch um den Eis-Stand, während es Jung und Alt zu den wöchentlichen Konzerten in den grünen Park am See treibt. Der Ort ist nach General Wolfe benannt, der beim Sieg über Montcalm in der Schlacht auf der Abraham-Ebene in Quebec fiel. Wolfeboro (gegründet 1770) bezeichnet sich selbst als „ältestes Sommerresort in Amerika“. Ob das nun stimmt oder nicht, es ist definitiv eins der charmantesten Resorts mit hübschen Stränden am See, interessanten Museen, wunderbarer Neuengland-Architektur (von georgianisch über Federal bis zu neoklassisch und Second Empire), gemütlichen B&Bs und einem schönen Wanderweg, der an mehreren Seen entlang aus der Stadt führt.

Schlafen & Essen

Wolfeboro Campground CAMPINGPLATZ $
(☎603-569-9881; www.wolfeborocampground.com; 61 Haines Hill Rd; Stellplatz Zelt/Wohnwagen 29/33 US$; ⏲Ende Mai–Mitte Okt.; 📶) 7 km nördlich von Wolfeboros Stadtzentrum liegt dieser Campingplatz abseits des NH 28 und verfügt über 50 private bewaldete Stellplätze.

Wolfe's Tavern AMERIKANISCH $$
(☎603-569-3016; www.wolfestavern.com; 90 N Main St; Hauptgerichte abends 15–34 US$; ⏲So–Do 7–21, Fr & Sa bis 22 Uhr) Die umfangreiche Karte des rustikalen Wolfe's Tavern reicht von Pizzas bis zu Burgern, Meeresfrüchten und Steak und bietet darüber hinaus vegetarische und glutenfreie Optionen. Bei gutem Wetter kann man auf der Terrasse sitzen.

Praktische Informationen

Wolfeboro Chamber of Commerce Information Booth (☎603-569-2200; www.wolfeborochamber.com; 32 Central Ave; ⏲Ende Mai–Mitte Okt. Mo–Sa 10–15, So bis 12 Uhr, Rest des Jahres kürzere Öffnungszeiten) Diese kleine Touristeninformation im alten Bahnhof weiß alles über die Aktivitäten vor Ort.

White Mountains

Die weitläufigen White Mountains bedecken ein Viertel der Fläche New Hampshires (und Teile von Maine). Diese spektakuläre Region mit hoch aufragenden Gipfeln und grünen Tälern lockt mit den zerklüftetsten Bergen Neuenglands. Man kann sich mit unzähligen Aktivitäten die Zeit vertreiben: von Wandern über Campen bis hin zu Ski- oder Kanufahren. Ein Großteil der Gegend – 3200 km² – sind als White Mountain National Forest (WMNF) vor Überbauung geschützt, damit diese wunderschöne Natur noch viele Jahre erhalten bleibt. Man sollte jedoch wissen, dass die Region äußerst beliebt ist: Sechs Millionen Besucher strömen alljährlich hierher und machen den Park zum meistbesuchten des Landes (gleich nach dem Great Smoky Mountains).

Für bestimmte Wege und Parkplätze im National Forest braucht man einen „Recreation Pass“ (5/30 US$ pro Tag/Jahr). Man kann die Pässe an jedem Besucherzentrum der Gegend oder an Automaten am Beginn der Wege kaufen.

Praktische Informationen

Rangerstationen an den wichtigsten Straßen durch den National Forest halten Informationen zu Wanderwegen und Sehenswürdigkeiten bereit. Auf der Website (www.fs.usda.gov/white mountain) erfährt man, wo sie zu finden sind.

Anreise & Unterwegs vor Ort

Der I-93 führt von Boston Richtung Norden nach St. Johnsbury, VT, und bietet den einfachsten Zugang zu den White Mountains. Man kann an jeder beliebigen Ausfahrt zwischen Waterville Valley im Süden und Littleton im Norden abfahren, um die kleineren Ost-West-Routen zu erkunden, die tiefer in die Berge führen.

Kancamagus Highway

Der Kancamagus Hwy (NH 112) schlängelt sich über 56 km zwischen Lincoln und Conway mitten durch den White Mountain National Forest (WMNF) und über den Kancamagus Pass (874 m) und gehört zu den schönsten Panoramastraßen in New Hampshire. Der „Kanc" wurde erst 1964 asphaltiert und ist von kommerzieller Entwicklung weitgehend verschont geblieben. Er bietet einfachen Zugang zu den Campingplätzen des US Forest Service (USFS), zu schönen Wanderwegen und fantastischer Landschaft.

Die Route ist nach Chief Kancamagus („Der Furchtlose") benannt, der um 1684 zum *sagamore* (Anführer) des amerikanischen Ureinwohnerstammes der Penacook wurde. Er war der letzte *sagamore* und folgte auf seinen Großvater, den großen Passaconaway, und seinen Onkel Wonalancet. Kancamagus versuchte, den Frieden zwischen den indigenen Stämmen und den europäischen Entdeckern und Siedlern zu erhalten, aber die Neuankömmlinge strapazierten seinen Geduldsfaden so sehr, dass er schließlich riss. Am Ende zog er in die Schlacht, um die Region von den Europäern zu befreien. 1691 waren er und sein Stamm jedoch gezwungen, nach Norden zu fliehen.

★ Lincoln Woods Trail WANDERN

(NH 112/Kancamagus Hwy, 8 km östlich des I-93) Zu den einfachsten und beliebtesten Wanderwegen im White Mountain National Forest gehört auch der 4,5 km lange Lincoln Woods Trail in 353 m Höhe, der einem ausgedienten Gleisbett zur Grenze der Pemigewasset Wilderness (442 m Höhe) folgt. Man erreicht den Beginn des Weges, indem man dem Kancamagus Hwy östlich des I-93 für 8 km folgt; parken kann man am Lincoln Woods Visitor Center.

Sobald man die Grenze der Pemigewasset Wilderness erreicht, kann man entweder auf demselben Weg wieder zurückgehen oder auf 10 km dem leichten **Wilderness Trail** weiter zur Stillwater Junction (628 m Höhe) folgen, von wo man auf dem **Cedar Brook** bzw. **Hancock Notch Trail** wieder zum Kancamagus Hwy zurückwandern kann (9 km östlich des Parkplatzes am Lincoln Woods).

Saco Ranger District Office TOURISTENINFORMATION

(☎603-447-5448; 33 Kancamagus Hwy, Conway; ⏲Di–So 8–16.30, Mo 9–16.30 Uhr) Im Saco Ranger District Office am Ostende des Kancamagus Hwy in der Nähe von Conway gibt's WMNF-Broschüren und Wanderkarten.

North Woodstock & Lincoln

North Woodstock und sein Nachbarort Lincoln ziehen eine Mischung aus Abenteuerlustigen und Reisenden auf der Durchreise zum Kancamagus Hwy (NH 112) an. North Woodstock versprüht eine geschäftige Kleinstadtatmosphäre mit etwas altersschwachen Motels und Diners entlang der Hauptstraße sowie mit einem parallel dazu verlaufenden gurgelnden Fluss. Das Nahe Lincoln hat weniger Charme, ist aber der Startpunkt der unterhaltsamen Hobo Railroad und bietet weitere familienfreundliche Aktivitäten, z. B. Seilrutschen und einen abenteuerlichen Kletterpark.

Schlafen & Essen

Woodstock Inn Station & Brewery PENSION $$

(☎603-745-3951; www.woodstockinnnh.com; 135 Main St/US 3, North Woodstock; Zi. inkl. Frühstück 102–257 US$; ❄📶) Diese viktorianisch-ländliche Pension ist das Herzstück von North Woodstock. Sie bietet 33 individuell eingerichtete Zimmer in fünf Gebäuden (drei stehen nebeneinander, zwei auf der anderen Straßenseite), alle mit modernen Annehmlichkeiten, aber altmodischem Stil. Das hauseigene Restaurant, Woodstock Inn Station & Microbrewery, lockt mit Tischen im Freien auf der hübschen, üppig mit Blumen dekorierten Terrasse.

Woodstock Inn Station & Brewery KNEIPENESSEN $$

(☎603-745-3951; www.woodstockinnnh.com; 135 Main St/US 3, North Woodstock; Hauptgerichte

9–27 US$; ⌚11.30–1 Uhr) Dieses Lokal war früher ein Bahnhof und versucht, es allen recht zu machen – und mit über 150 Angeboten auf der Karte sollten hier auch sämtliche Gelüste abgedeckt sein. Wir finden die Pasta-Gerichte, Sandwiches und Burger am Interessantesten.

Praktische Informationen

Western White Mountains Chamber of Commerce (☎603-745-6621; www.lincolnwoodstock.com; 126 Main St/US 3, North Woodstock; ⌚Mo–Fr 8–16 Uhr) Allgemeine Touristeninformation.

White Mountains Visitor Center (☎Info National Forest 603-745-3816, Besucherinfo 603-745-8720; www.visitwhitemountains.com; 200 Kancamagus Hwy, abseits I-93, Ausfahrt 32, North Woodstock; ⌚Besucherinfo ganzjährig tgl. 8.30–17, Info National Forest Mitte Mai–Okt. tgl. 9–15.30 Uhr, Rest des Jahres Fr–So) Infos zu Wanderwegen und „Recreation-Pässe" für den National Forest.

Franconia Notch State Park

Die Franconia Notch ist ein wirklich dramatischer Gebirgspass – die schmale Schlucht, die über Millionen von Jahre von einem Wildbach geformt wurde, schneidet sich durch den zerklüfteten Granit. Hier konnte man lange Zeit den vielgeliebten Old Man of the Mountain bewundern, eine natürliche Felsformation, die zum Wahrzeichen des Granite State wurde. Leider stürzte der Old Man 2003 ein – was Traveller jedoch nicht davon abhält, hierher zu reisen und sich die unscheinbaren Überreste der Felsen anzuschauen. Doch trotz des Verlusts des „Alten Mannes" hat die Franconia Notch zahlreiche Attraktionen zu bieten, von der dramatischen Wanderung durch die Flume Gorge bis zur fantastischen Aussicht von der Presidential Range.

Die malerischsten Teile sind im schmalen Franconia Notch State Park geschützt. Der I-93 quetscht sich hier – begrenzt auf zwei Spuren – durch die Schlucht. Tankstellen findet man in Lincoln und North Woodstock im Süden bzw. in Franconia und Littleton im Norden.

Sehenswertes & Aktivitäten

Cannon Mountain Aerial Tramway SEILBAHN
(☎603-823-8800; www.cannonmt.com; 260 Tramway Dr, abseits I-93, Ausfahrt 34B; hin & zurück Erw./Kind 18/16 US$; ⌚Juni–Mitte Okt. 8.30–17 Uhr; 👪) Diese Seilbahn klettert an der Seite des Cannon Mountain hinauf und bietet einen atemberaubenden Blick auf die Franconia Notch. 1938 wurde die erste Passagier-Gondelbahn Nordamerikas an diesem Hang erbaut. Sie wurde 1980 durch die heutige größere Seilbahn ersetzt, die 80 Passagiere zum Gipfel des Cannon Mountain transportieren kann. Die 1,6 km lange Fahrt steigt 616 Höhenmeter auf und dauert weniger als zehn Minuten. Man kann aber auch auf den Berg hinaufwandern und mit der Bahn wieder runterfahren (Erw./Kind 13/10 US$).

ABSTECHER

MONADNOCK STATE PARK

Der majestätische 965 m hohe **Mt. Monadnock** (☎603-532-8862; www.nhstateparks.org; 169 Poole Rd, Jaffrey; Tageskarte Erw./Kind 5/2 US$) ist das Herzstück dieses beliebten State Parks zwischen Keene und Jaffrey. Am Besucherzentrum kann man sich über Wanderungen informieren und sich dann zu einer malerischen Rundtour zum kahlen Gipfel über den White Dot bzw. White Cross Trail aufmachen (hin & zurück ca. 3½ Std.). Wer über Nacht bleiben möchte, kann auf dem **Gilson Pond Campground** (☎Info 603-532-2416, Reservierungen 877-647-2757; 585 Dublin Rd/NH 124, Jaffrey; Zeltplatz 25 US$; ⌚Mai–Okt.) zelten.

Echo Lake Beach STRAND
(☎603-745-8391; www.nhstateparks.org; I-93, Ausfahrt 34C; Erw./Kind 4/2 US$; ⌚Ende Mai–Anfang Okt. 9–17 Uhr) Trotz seiner Nähe zum Highway ist dieser kleine See am Fuß des Cannon Mountain ein angenehmer Ort, um sich einen Nachmittag mit Schwimmen, Kajak- oder Kanufahren (ab 11 US$/Std.) im kristallklaren Wasser zu vertreiben.

★ **Flume Gorge & the Basin** WANDERN
(☎603-745-8391; www.flumegorge.com; I-93, Ausfahrt 34A; Erw./Kind 16/14 US$; ⌚Anfang Mai–Ende Okt. 8.30–17 Uhr) Ein Wunder der Natur ist diese 3,6 bis 6,1 m breite Felsspalte im Granit, durch die ein 244 m langer begehbarer Plankenweg führt. Zu beiden Seiten ragen die Granitwände 21 bis 27 m in die Höhe, und aus den gefährlich wirkenden Nischen und Spalten wachsen Pflanzen und Moos. Schilder entlang des Weges erläutern, wie die Natur dieses Phänomen erschaffen hat.

Praktische Informationen

Franconia Notch State Park Visitor Center (☎ 603-745-8391; www.nhstateparks.org; I-93, Ausfahrt 34A; ⏲ Anfang Mai–Ende Okt. 8.30–17 Uhr) Das Besucherzentrum des State Parks befindet sich an der Flume Gorge und ist saisonal geöffnet. Es bietet Informationen rund um den Park und die Umgebung. Außerdem gibt's eine Cafeteria und einen Souvenirladen.

Mt. Washington Valley

Die winzigen Dörfer in diesem beliebten Gebirgsziel sind von dramatischer Bergkulisse umgeben. Die Gegend lädt zu zahlreichen Outdoor-Abenteuern ein: Man kann wunderbar wandern, Ski fahren, Kajak fahren und raften, idyllisch in Bächen planschen, in hübschen Farmhäusern übernachten oder einfach die Landschaft erkunden.

Das Mt. Washington Valley erstreckt sich von Conway nach Norden, am Ostende des Kancamagus Hwy, und bildet den Ostrand der White Mountains. Die zentrale Stelle des Tals ist North Conway, aber auch alle anderen Städte entlang des NH 16/US 302 (auch White Mountain Hwy genannt) können als Tor in die Berge dienen. Namensgeber des Tals ist natürlich der Mt. Washington, Neuenglands höchster Gipfel (1916 m), der im Nordwesten über dem Tal thront.

MT. WASHINGTON

Der Mt. Washington ist mit 1916 m Höhe der höchste Berg in Neuengland. Er ist für sein äußerst schlechtes Wetter bekannt – die Durchschnittstemperatur auf dem Gipfel beträgt -3 °C. Das Thermometer ist schon mal auf -43 °C gefallen, aber nur auf 22 °C gestiegen. Und jedes Jahr fallen über 6 m Schnee (in einem Jahr waren es sogar 14 m). Ab und zu herrscht ein ähnliches Klima wie in der Antarktis, und orkanartige Winde fegen etwa alle drei Tage über den Berg. Tatsächlich wurde hier bei einem Sturm 1934 die zweithöchste Windgeschwindigkeit aller Zeiten gemessen: Einzelne Böen erreichten 372 km/h.

Wer den Aufstieg zum Gipfel wagen will, sollte warme, winddichte Kleidung und Schuhe einpacken, auch im Hochsommer, und vorher immer mit dem Hüttenpersonal des Appalachian Mountain Club (AMC) sprechen. Man sollte sich auch nicht scheuen, umzukehren, falls sich das Wetter verschlechtert. Dutzende Wanderer ignorierten in der Vergangenheit derartige Warnzeichen und ließen ihr Leben. Am Wegesrand wird mit Denkmälern und Kreuzen an sie erinnert.

Bei gutem Wetter ist die Wanderung allerdings ein erhebendes Erlebnis. Die einzige Enttäuschung, wenn man nach dem stundenlangen anstrengenden Anstieg und der Erkundung abgeschiedener Seitenpfade endlich den Gipfel erreicht, ist der riesige Parkplatz mit all den Autos, die einfach hochgefahren sind. Aber was soll's? Man kann sich ja trotzdem einen „Dieses Auto hat den Mt. Washington bestiegen"-Aufkleber kaufen.

BRETTON WOODS & CRAWFORD NOTCH

Dieser wunderschöne 540 m hohe Bergpass am Westhang des Mt. Washington ist tief in den Legenden New Hampshires verwurzelt. 1826 lösten sintflutartige Regenfälle hier Erdrutsche aus und töteten die Familie Willey unten im Tal. Zeitungen berichteten damals über den dramatischen Vorfall, der auch die Fantasie des Malers Thomas Cole und des Schriftstellers Nathaniel Hawthorne anregte: Beide ließen sich von der Katastrophe inspirieren und machten Crawford Notch damit unwissentlich zu einem Touristenziel.

Trotzdem war die Gegend lange Zeit nur den Einheimischen und wohlhabenden Sommerurlaubern bekannt, die im luxuriösen Mt. Washington Hotel in Bretton Woods abstiegen – bis Präsident Roosevelt 1944 eine Konferenz in dem Hotel abhielt, die sich mit der Weltwirtschaftsordnung nach dem Zweiten Weltkrieg befasste.

Auch heute ist das Hotel noch genauso grandios wie früher, nur dass nun viel mehr Besucher auf den Mt. Washington strömen – zu Fuß oder an Bord einer Dampflokomotive der atemberaubenden Mount Washington Cog Railway.

Sehenswertes & Aktivitäten

★ **Crawford Notch State Park** STATE PARK
(☎ 603-374-2272; www.nhstateparks.org; 1464 US 302, Harts Location; ⏲ Besucherzentrum Ende Mai–Mitte Okt. 9.30–17 Uhr, Park ganzjährig, sofern nicht anders angegeben) GRATIS Dieser hübsche Park verfügt über ein umfangreiches Netz aus Wanderwegen. Vom Besucherzentrum am Willey House kann man den leichten 800 m langen Pond Loop Trail, den 1,6 km langen Sam Willey Trail und den Ripley Falls Trail absolvieren, der 1,6 km vom US 302 über den Ethan Pond Trail führt. Der Beginn des Wegs zu den Arethusa Falls (2,2 km) befindet sich 800 m südlich des Dry River Campground am US 302. Wer

eine anspruchsvollere Wanderung sucht, kann den längeren Aufstieg zum Mt. Washington wagen.

★ Mount Washington Cog Railway EISENBAHN
(☎ 603-278-5404; www.thecog.com; 3168 Base Station Rd; Erw. 69–75 US$, Kind 39 US$; ⏲ Juni–Okt. tgl., Ende April, Mai & Nov. Sa & So) Puristen wandern und wer faul ist, der fährt – aber die skurrilste Art, den Gipfel des Mt. Washington zu erklimmen, ist eine Fahrt mit dieser Zahnradbahn. Die mit Kohle angeheizten Dampflokomotiven absolvieren den malerischen, 5,5 km langen Anstieg (hin & zurück 3 Std.) über die steilen Berghänge seit 1869. Zwei altmodische Dampfzüge fahren täglich von Ende Mai bis Oktober, zusätzlich verkehren noch von Ende April bis November Biodiesel-Züge.

Bretton Woods Canopy Tour ABENTEUER
(☎ 603-278-4947; www.brettonwoods.com; US 302; 89–110 US$/Pers.; ⏲ Touren ganzjährig 2-mal tgl., während der Hochsaison zusätzliche Zeiten) Diese Klettertour durch die Baumwipfel findet bei allen Jahreszeiten statt. Man wandert durch die Wälder, spaziert über hohe Seilbrücken und saust an Seilrutschen mit 50 km/h über 300 m von einer Baumplattform zur anderen.

Schlafen

AMC Highland Lodge LODGE $$
(☎ Rezeption 603-278-4453, Reservierungen 603-466-2727; www.outdoors.org; NH 302, Bretton Woods; mit Frühstück & Abendessen Erw./Kind/Jugendlicher Zi. ab 163/50/95 US$, ohne eigenes Bad 113/50/95 US$; 📶) Die gemütliche Lodge des Appalachian Mountain Club (AMC) liegt inmitten der landschaftlichen Schönheiten von Crawford Notch und ist ein ideales Basislager zur Erkundung der Wanderwege, die sich kreuz und quer durch die Presidential Range ziehen. Das Anwesen ist schön, die Zimmer sind schlicht, aber komfortabel und die Mahlzeiten herzhaft. Die Gäste, die hier wohnen, sind Outdoorfans; für AMC-Mitglieder gibt's Rabatt.

★ Omni Mt. Washington Hotel & Resort HOTEL $$$
(☎ 603-278-1000; www.omnihotels.com; 310 Mt. Washington Hotel Rd, Bretton Woods; Zi. 259–849 US$; ❄@📶🏊) Das prächtige Hotel gibt es schon seit 1902, und es hat Sinn für Humor, wie an dem Elchkopf im Foyer und den eingerahmten Wildblumen aus der Gegend in vielen der Zimmer deutlich wird. Es gibt hier auch einen Golfplatz mit 27 Löchern, einen Tennisplatz mit Lehmboden, ein Reitzentrum und ein Spa. Die Resortgebühr beträgt 25 US$ pro Tag.

Praktische Informationen

Twin Mountain-Bretton Woods Chamber of Commerce (☎ 800-245-8946; www.twinmountain.org; Ecke US 302 & US 3; ⏲ Infokiosk besetzt Ende Mai–Mitte Okt. Fr–So 9–17 Uhr, Juli & Aug. tgl., Rest des Jahres Selbstbedienung) Hier gibt's das ganze Jahr über eine Infotafel und einen saisonal besetzten Infokiosk. An der Kreuzung US 3–US 302 einfach nach den bunt bemalten Eisenbahnwaggons Ausschau halten.

Hanover

Hanover ist eine typische neuenglische Collegestadt. An warmen Tagen werfen Studenten auf dem weitläufigen Rasen vor den mit Efeu bedeckten georgianischen Gebäuden Frisbees, während sich Einheimische und Akademiker in den entspannten Cafés, Restaurants und Läden tummeln, die die Main St säumen. Das Dartmouth College ist seit Langem das Herz der Stadt und bringt Kunst nach Hanover.

Dartmouth wurde 1769 hauptsächlich „zur Bildung und Anleitung der Jugend der Indianerstämme" gegründet. Damals befand sich die Schule noch in den Wäldern, in denen ihre zukünftigen Schüler lebten. Auch wenn die Ausbildung „englischer und anderer Jugendlicher" nur ein Nebenzweck war, machten dort de facto nur wenige amerikanische Ureinwohner ihren Abschluss und schon bald wurde die Schule fast ausschließlich von Kolonisten besucht. Der berühmteste Absolvent des Colleges ist Daniel Webster (1782–1852), der 1801 seinen Abschluss machte und ein bekannter Anwalt, US-Senator, Staatsekretär und der vielleicht meistgeschätzte Redner der USA wurde.

Sehenswertes & Aktivitäten

Dartmouth College UNIVERSITÄT
(☎ 603-646-1110; www.dartmouth.edu) In Hanover dreht sich alles um das Dartmouth College, also steuert man am besten direkt den Campus an. Dort kann man sich einer kostenlosen von Studenten geführten **Campus-Tour** (☎ 603-646-2875; http://dartmouth.edu; 6016 McNutt Hall, 10 N Main St) anschließen oder an der Anmeldung einfach eine Karte mitnehmen und alles allein erkunden.

Die **Baker Berry Library** (☎603-646-2560; http://dartmouth.edu; 25 N Main St; ⏲Mo–Fr 8–2, Sa & So 10–2 Uhr) sollte man nicht versäumen; hier hängt das Werk *Epic of American Civilization* des freimütigen mexikanischen Wandmalers José Clemente Orozco (1883–1949). Er unterrichtete in den 1930er-Jahren in Dartmouth.

Sanborn Library GEBÄUDE
(Dartmouth College; ⏲tgl. 8–24, Teezeit Mo–Fr 16 Uhr) Die Sanborn Library ist nach Professor Edwin Sanborn benannt, der fast 50 Jahre lang an Dartmouths englischer Fakultät unterrichtete. Die Bibliothek ist auf zwei Ebenen mit aufwendigen Holzarbeiten, weichen Ledersesseln und bis unter die Decke gefüllten Bücherregalen ausgestattet. Zu den schönsten Traditionen von Dartmouth gehört der Nachmittagstee, der an Werktagen zwischen 16 und 17 Uhr serviert wird: Tee kostet 10 ¢, Kekse 15 ¢. Besucher sind willkommen, werden jedoch gebeten, aus Rücksicht auf die fleißig büffelnden Studenten leise zu sein.

Gile Mountain WANDERN
Dieser Berg erhebt sich gleich auf der anderen Flussseite in Norwich, VT, 11 km von Hanover entfernt. Er ist bei Dartmouth-Studenten beliebt, wenn sie der geistigen Schinderei mal für eine Weile entfliehen wollen. Nach einer halbstündigen Wanderung – und dem schnellen Aufstieg auf den **Fire tower** – werden Abenteurer mit einer unglaublichen Aussicht auf das Connecticut River Valley belohnt.

Schlafen & Essen

Hanover Inn PENSION $$$
(☎603-643-4300; www.hanoverinn.com; 2 E Wheelock St; Zi. 259–619 US$; @📶🐾) Hanovers hübscheste Pension ist im Besitz von Dartmouth und steht direkt gegenüber dem College-Campus. Sie bietet nett eingerichtete Zimmer mit eleganten Holzmöbeln. Eine Weinbar und ein preisgekröntes Restaurant gibt es ebenfalls.

Lou's DINER $
(☎603-643-3321; www.lousrestaurant.net; 30 S Main St; Hauptgerichte 9–15 US$; ⏲Mo–Fr 6–15, Sa & So 7–15 Uhr) Das älteste Etablissement in Hanover ist seit 1947 eine echte Dartmouth-Institution. Der Laden ist immer voll mit Studenten, die sich auf einen Kaffee treffen oder ihre Nase in die Bücher stecken. Man kann sich an einen der Retro-Tische setzen oder direkt an der Resopal-Theke bestellen. Zur Auswahl stehen Diner-Klassiker wie Eier, Sandwiches und Burger.

Ausgehen & Unterhaltung

Murphy's on the Green PUB
(☎603-643-4075; www.murphysonthegreen.com; 11 S Main St; ⏲Mo–Do 16–0.30, Fr–So 11–0.30 Uhr) In der klassischen Collegekneipe treffen sich Studenten und Dozenten auf ein Bier. Es gibt mehr als zehn Biere vom Fass, darunter auch welche von Kleinbrauereien aus der Region (z. B. das Long Trail Ale). Im Murphy's wird zudem sättigendes Kneipenessen serviert.

Hopkins Center for the Arts DARSTELLENDE KUNST
(☎603-646-2422; http://hop.dartmouth.edu; 4 E Wheelock St) Es ist ein langer Weg von den Großstadtlichtern New Yorks und Bostons bis hierher. In diesem hervorragenden Kulturzentrum sorgt das Dartmouth College selbst für Unterhaltung und zeigt während der Spielzeit so ziemlich alles von Filmen bis zu Liveauftritten internationaler Ensembles.

Praktische Informationen

Hanover Area Chamber of Commerce
(☎603-643-3115; www.hanoverchamber.org; 53 S Main St, Suite 208; ⏲Mo–Fr 9–12 & 13–16 Uhr) unterhält auch einen Informationsstand (Dartmouth Green; ⏲Mitte Juni–Mitte Sept.) am Town Green.

Anreise & Unterwegs vor Ort

Die Fahrt von Boston nach Hanover dauert je nach Verkehr zwei bis drei Stunden; man fährt vom I-93 über den I-89 zum I-91. Von Hanover nach Burlington, VT, dauert es weitere 1½ Stunden auf dem I-89.

Advance Transit (www.advancetransit.com) bietet kostenlose Verbindungen zur White River Junction sowie nach Lebanon, West Lebanon und Norwich. Bushaltestellen sind durch ein blau-gelbes AT-Symbol gekennzeichnet.

MAINE

In Maine gibt's mehr Hummer, Leuchttürme und charmante Feriendörfer, als man Selfies schießen kann – es ist der Kult-Bundesstaat Neuenglands. Das Meer spielt hier mit kilometerlangen zerklüfteten Klippen, friedlichen Häfen und herrlichen Kiesstränden eine zentrale Rolle. Man kann sich durch das nach Essen und Bier verrückte Portland

Maines Küste

schlemmen – eine der coolsten Kleinstädte Amerikas –, die historischen Schiffsbau-Dörfer an der Midcoast erkunden, durch den Acadia National Park wandern (eine spektakuläre Insel mit Bergen und Fjord-Mündungsgebieten), sich vom Küstenwind durchpeitschen lassen und die salzige Luft einatmen. Oder man unternimmt einen Ausflug ins Landesinnere des Bundesstaats, einer weiten Wildnis aus Kiefernwäldern und schneebedeckten Gipfeln.

Geschichte

Die ersten Einwohner von Maine waren die Nachfahren eiszeitlicher Jäger, die als Wabanaki („Volk der Morgendämmerung") bezeichnet werden. Ihre Zahl belief sich auf rund 20 000, als die ersten englischen Siedler Anfang des 17. Jhs. eintrafen.

Im Laufe des 17. Jhs. entstand in der Provinz Maine eine Reihe englischer Siedlungen, aber die Menschen hatten sehr unter den harschen Wintern und den Spannungen mit den Ureinwohnerstämmen zu leiden, die den europäischen Neuankömmlingen gegenüber (zu Recht) misstrauisch waren: Diese entführten oft Eingeborene, um sie zu Hause in England zur Schau zu stellen. 1692 wurde alles noch schlimmer, als Maine seine Souveränität verlor und Massachusetts die schwächelnde Kolonie übernahm.

Über mehrere Generationen hinweg tobten blutige Schlachten, die ganze Dörfer in Maine zerstörten. Die Siedler kämpften mit der indigenen Bevölkerung, mit den Franzosen und später den Briten um das Land. All dies endete erst mit dem Krieg von 1812, als die Briten sich schließlich aus Maine zurückzogen. 1820 wurde Maine zum 23. Bundesstaat der Union.

Das 19. Jh. bescherte dem jungen Staat eine starke Wachstumsperiode, als sich neue Industrien ansiedelten. Holz brachte dem Landesinneren Wohlstand, und Bangor stieg in den 1830er-Jahren zur Holzhauptstadt der Welt auf. Auch Fischerei, Schiffsbau, Granitabbau und Landwirtschaft wurden zu florierenden Industriezweigen, ebenso wie die Fertigungsindustrie, wobei Textil- und Papierfabriken einen Großteil der Bevölkerung beschäftigten.

Leider war dieser Boom nur von kurzer Dauer. Sägewerke mussten schließen und das Meer war hoffnungslos überfischt. Zu Beginn des 20. Jhs. stagnierte das Bevölkerungswachstum und Maine wurde wieder zum Nebenschauplatz. Heute trägt der Tourismus 15 % zur Wirtschaft des Bundesstaates bei (verglichen mit durchschnittlich 6 % im Rest Neuenglands).

ℹ Praktische Informationen

Maine Office of Tourism (www.visitmaine.com) Umfangreiche Website; man kann sich Karten und Broschüren zuschicken lassen.

Maine Tourism Association (www.mainetourism.com) Unterhält Informationszentren auf den wichtigsten Routen nach Maine: Calais, Fryeburg, Hampden, Houlton, Kittery, West Gardiner und Yarmouth. Alle sind in der Regel von 9 bis 17.30 Uhr geöffnet, im Sommer länger (8 bis 18 Uhr).

Maine Bureau of Parks & Lands (☎ 207-287-3821; www.parksandlands.com) Verwaltet 48 State Parks und historische Stätten. Näheres zu den einzelnen Parks (u. a. zu Aktivitäten und Camping) gibt's auf der Website.

Lonely Planet (www.lonelyplanet.com/usa/new-england/maine) Gezielte Informationen, Hotelbuchungen, Traveller-Forum und mehr.

Maines Südküste

Maines Südküste verkörpert den Beinamen des Bundesstaats, „Vacationland" (Urlaubsland), perfekt. Die geschäftigen Zentren, Sandstrände und Ferienorte sind in den Sommermonaten rappelvoll. Doch trotz der Massen hat diese Gegend großen Charme: Kittery gleicht einer langen Einkaufsmeile, und Ogunquit lockt mit einem hübschen Strand und gilt als Maines Schwulen-Mekka. Zwischen den beiden befinden sich das altmodische York Village und das beliebte York Beach. Dahinter liegen die Kennebunks, kleine historische Siedlungen mit feudalen Villen (die heute teilweise als B & Bs dienen) in der Nähe von hübschen Stränden und der rauen Küstenlinie. Auch wenn man seine Fantasie ein wenig spielen lassen muss: Die Südküste ist eng mit den Werken des amerikanischen Künstlers Winslow Homer verbunden, der seine Sommer in Prouts Neck verbrachte (gleich südlich von Portland) und die wundervolle Landschaft dort genoss.

ℹ An- & Weiterreise

Der US 1 ist die wichtigste Zugangsstraße für diesen Teil des Bundesstaats. Man sollte jedoch wissen, dass der Verkehr auf den Küstenstraßen während der Touristensaison im Sommer ein Albtraum sein kann. Wer schneller ankommen will, sollte den I-95 nehmen.

Der nächste große Flughafen ist in Portland.

Ogunquit

Der Stamm der Abenaki nennt Ogunquit „den wunderschönen Ort am Meer", und er ist zu Recht für seinen 5 km langen Sandstrand berühmt. An dem weiten Küstenstreifen tost die wilde Atlantikbrandung, während die geschützten Buchten mit ihrem warmen Wasser eine malerische Kulisse zum Schwimmen bieten. Im Sommer zieht der Strand Horden von Besuchern aus nah und fern an, wodurch die Bevölkerung der Stadt explosionsartig ansteigt.

Bevor es zum Ferienziel wurde, war Ogunquit im 17. Jh. ein Zentrum des Schiffsbaus. Später entwickelte es sich zu einem wichtigen Kunstzentrum, als 1898 die Künstlerkolonie gegründet wurde. Heute ist Ogunquit das nordöstlichste Schwulen- und Lesben-Mekka der USA und versprüht einen Hauch der offenen San-Francisco-Kultur im ansonsten eher konservativen Maine.

Sehenswertes & Aktivitäten

Ogunquit Beach STRAND

(Zugang über Beach St) Der Ogunquit Beach ist ein herrlicher, familienfreundlicher Küstenstreifen. Man erreicht ihn in fünf Gehminuten entlang der Beach St, östlich des US 1. Im Sommer bietet es sich an, zu Fuß zum Strand zu gehen, da die Parkplätze schon früh voll sind (und 4 US$ pro Stunde kosten!). Der 5 km lange Strand grenzt im Süden an die Ogunquit Bay; auf der Westseite des Strandes lockt das wärmere Wasser des Tideflusses Ogunquit River.

★ **Marginal Way** WANDERN

(Zugang über Shore Rd) Ogunquits berühmter 1,6 km langer Wanderweg schlängelt sich über den tosenden grauen Wellen an der Küste entlang und bietet einen grandiosen Blick auf die felsigen Buchten – hier kann man wunderbar von einem Traumhaus am Meer träumen. Der gut asphaltierte Pfad ist auch für Kinder und langsame Spaziergänger geeignet und bietet zahlreiche einladende Bänke für Erholungspausen. Er beginnt südlich der Beach St an der Shore Rd und endet nahe der Perkins Cove.

Schlafen & Essen

Ogunquit Beach Inn B&B **$$**

(☎ 207-646-1112; www.ogunquitbeachinn.com; 67 School St; Zi. 169–249 US$; ⏲ Mai–Okt.; ❄ 📶) Das schwulen- und lesbenfreundliche B&B in einem ordentlichen Bungalow im Craftsman-Stil bietet fünf farbenfrohe, heimelige Zimmer und hat gesellige Besitzer, die alles über die besten neuen Bistros und Bars des Ortes wissen. Dank der zentralen Lage findet sich in gemächlicher Gehweite sicher auch ein Abendessen.

★ **Gazebo Inn** B&B **$$**

(☎ 207-646-3733; www.gazeboinnogt.com; 572 Main St/US 1; Zi. 169–369 US$; ❄ 📶 🏊) Dieses stattliche Farmhaus mit umgebauter Scheune von 1847 bietet 14 Zimmer und Suiten und versprüht eher das Flair einer Boutique-Lodge. Rustikal-schicke Elemente runden das Bild ab, und es gibt großzügige Gemeinschaftsbereiche, darunter eine einladende Lounge-Bar mit Deckenbalken. Weitere Pluspunkte sind der hübsche Poolbereich und die ruhige, reife Atmosphäre (Kinder sind nicht erlaubt).

Lobster Shack FISCH & SEAFOOD **$$**

(☎ 207-646-2941; www.lobster-shack.com; 110 Perkins Cove Rd; Hauptgerichte 5–28 US$; ⏲ April–Okt. 11–21 Uhr) Wer guten Fisch und Meeresfrüchte genießen will, aber keinen großen Wert auf die Aussicht legt, ist in dem freundlichen, zuverlässigen Lokal goldrichtig. Es serviert Hummer in allen Darreichungsformen: von Hummer-Brötchen bis Hummer in der Schale, als Suppe, mit gedämpften Muscheln, als Fisch-Tacos und sogar als Cheeseburger.

An- & Weiterreise

Es gibt keine Direktbusse nach Ogunquit; die nächstgelegene Haltestelle von Greyhound (www.greyhound.com) ist in Portsmouth, NH, 26 km südlich.

Amtraks *Downeaster-Zug* (www.amtrakdowneaster.com) hält auf seiner Schleife Portland–Boston in Wells.

Unterwegs vor Ort

Von Ende Juni bis zum Labour Day (Anfang Oktober) fahren rote Pendelbusse (Erw./Kind 2/1,50 US$ pro Fahrt) durch Ogunquit (alle 20–30 Min., 8–23 Uhr). Vom Labour Day bis zum Columbus Day (Mitte Oktober) verkehren sie zwischen 9 und 17 Uhr. In dieser furchtbar überfüllten Stadt überlässt man das Fahren am besten den Busfahrern: Sie bringen Passagiere vom Zentrum zum Strand oder zur Perkins Cove und sogar bis nach Wells im Norden.

Kennebunks

Die Kennebunks bestehen aus den Städten Kennebunk und Kennebunkport. Sie sind seit Langem ein beliebtes Ferienziel wohlhabender Ostküstenbewohner.

Kennebunk ist eine bescheidene Stadt, die sich hauptsächlich um den US 1 erstreckt und abgesehen von den hübschen Stränden kaum Touristenattraktionen bietet. Gleich am anderen Flussufer wimmelt es im stolzen, weiß-protestantischen Kennebunkport das ganze Jahr über von Besuchern. Das Epizentrum ist der Dock Square, der von Cafés, Kunstgalerien und teuren Boutiquen gesäumt ist, die todschicke Must-haves verkaufen (wie wäre es mit Shorts, die mit Walen bedruckt sind?). Man kann die Ocean Ave entlangfahren und die prächtigen Villen und Hotels bestaunen, von denen man auf die Brandung blickt. Unter ihnen befindet sich auch das riesige Anwesen von George H. W. Bush, das sich auf einer geschützten Landzunge namens Walker's Point erstreckt.

Am Ostende der School St lockt das charmante Dörfchen **Cape Porpoise**, in dem erschwingliche Hotels und Restaurants zu finden sind.

Schlafen & Essen

Franciscan Guest House PENSION $$

(207-967-4865; www.franciscanguesthouse.com; 26 Beach Ave, Kennebunk; DZ 89–189 US$; FZ 135–259 US$;) In der zu einer Pension umgebauten Schule auf dem friedlichen Anwesen des St. Anthony Monastery kann man fast die Tafelkreide riechen. Die früheren Klassenzimmer sind heute einfache, schmucklose Gästezimmer mit Schallschutz, unechter Holzverkleidung und Motelbetten.

Bandaloop INTERNATIONAL $$

(207-967-4994; www.bandaloop.biz; Cross St, Kennebunkport; kleine Teller 9–21 US$, Hauptgerichte 18–31 US$; Di–So 17–21, Fr & So bis 22 Uhr;) Das Bandaloop zaubert aus regionalen Bio-Zutaten köstliche, innovative Gerichte (von gegrilltem Rib-Eye-Steak bis zu gebackenem Tofu mit Hanfsamenkruste). Als Vorspeise sind die in der Pfanne gegarten Muscheln perfekt, dazu schmeckt ein Peak Organic Ale. Die Salate sind eine Geschmacksoffenbarung und die Cocktails mindestens so kreativ. Veganer und Vegetarier kommen hier auf jeden Fall voll auf ihre Kosten.

An- & Weiterreise

Die Kennebunks liegen auf halber Strecke (45 km von jeder Stadt entfernt) zwischen Portsmouth, NH, und Porland, ME, gleich abseits des I-95 am ME 9.

Es gibt keine Direktbusse nach Kennebunkport; Greyhound (www.greyhound.com) hält in Portland und Portsmouth.

Der *Downeaster*-Zug von Amtrak(www.amtrakdowneaster.com) macht auf seiner Schleife Boston–Portland Halt in Wells, 14 km südlich.

Portland

Maines größte Stadt wusste Kapital aus ihrer Hafenvergangenheit zu schlagen: Die roten Backstein-Lagerhäuser, die viktorianischen Villen der Schiffsbauer und die schmalen Pflasterstraßen haben sich in die vielleicht hippste, lebendigste Kleinstadt Amerikas verwandelt. Mit dem lebendigen Uferbereich, den ausgezeichneten Museen und Galerien, jeder Menge Grün und einer Gastro- und Brauereiszene, um die sie viele größere Städte beneiden würden, lohnt sich Portland nicht nur für einen kurzen Zwischenstopp.

Portland liegt auf einer Halbinsel, die in das graue Wasser der Casco Bay ragt, und war schon immer eine typische Stadt am Meer. Sie wurde 1633 als Fischerdorf gegründet und wuchs zu Neuenglands größtem Hafen heran. Heute ist das Viertel Old Port das historische Herz der Stadt mit hübsch restaurierten Backsteingebäuden, in denen Cafés, Läden und Bars untergebracht sind. Die Werften sind noch immer in Betrieb und sorgen dafür, dass der Ort nicht zu schick oder museumsartig wird: Fischhändler in Gummistiefeln mischen sich hier fröhlich unter gut betuchte Yankee-Damen.

Sehenswertes & Aktivitäten

★ **Fort Williams Park** PARK

(207-767-3707; www.fortwilliams.org; 1000 Shore Rd, Cape Elizabeth; Sonnenaufgang–Sonnenuntergang) GRATIS Der 36 ha große Fort Williams Park, 4 Meilen (6,4 km) südöstlich von Portland am Cape Elizabeth, lohnt schon wegen des tollen Panoramas und der Picknickmöglichkeiten einen Besuch. Beim Bummel zwischen den Ruinen des Fort, einem Artilleriestützpunkt aus dem späten 19. Jh., sieht man auch die aus dem Zweiten Weltkrieg stammenden Bunker und Geschützstellungen auf dem hügeligen Rasen.

Portland Head Light LEUCHTTURM

(207-799-2661; https://portlandheadlight.com; 1000 Shore Rd, Cape Elizabeth; Museum Erw./Kind

2/1 US$; ⌚Museum Juni–Okt. 10–16 Uhr, April, Mai & Nov. nur Sa & So) Portland Head Light ist der älteste der 52 noch aktiven Leuchttürme in Maine. Er wurde 1791 von Präsident George Washington erbaut und war bis 1989 besetzt; seither wird er maschinell betrieben. Das Haus des Leuchtturmwärters ist heute ein **Museum**, das die maritime und militärische Geschichte der Region nacherzählt.

Portland Museum of Art MUSEUM
(☎207-775-6148; www.portlandmuseum.org; 7 Congress Sq; Erw./Kind 15 US$/frei, Fr 16–20 Uhr frei; ⌚Sa–Mi 10–18, Do & Fr bis 20 Uhr, Okt.–Mai kürzere Öffnungszeiten) Dieses renommierte Museum wurde 1882 eröffnet und zeigt eine hervorragende Sammlung amerikanischer Künstler. Künstler aus Maine sind besonders stark vertreten, etwa Winslow Homer, Edward Hopper, Louise Nevelson und Andrew Wyeth. Außerdem sind einige Werke europäischer Meister zu sehen, u.a. von Monet, Degas, Picasso und Renoir.

★**Maine Brew Bus** BUS
(☎207-200-9111; https://themainebrewbus.com; 79 Commercial St; Touren 55–80 US$) Lust, sich durch Portland zu trinken? Das können wir nachvollziehen. Zum Glück kann man an Bord dieses grünen Busses eine Verkostungstour durch einige der beliebtesten Brauereien, Brauerei-Kneipen und Destillerien der Stadt machen, darunter finden sich sowohl etablierte als auch aufstrebende, neue Unternehmen.

Casco Bay Lines BOOTSTOUR
(☎207-774-7871; www.cascobaylines.com; Maine State Pier, 56 Commercial St; Postboot Erw./Kind 16/8 US$) Dieser Anbieter schippert das ganze Jahr über zu den Inseln der Casco Bay und transportiert dabei Post, Fracht und Passagiere. **Peaks Island**, nur 17 Minuten von Portland entfernt, ist für Tagesausflüge beliebt (hin & zurück 7,70 US$); hier kann man wandern oder Rad fahren (auf der Insel gibt's einen Fahrradverleih).

Schlafen & Essen

Morrill Mansion B&B $$
(☎207-774-6900; www.morrillmansion.com; 249 Vaughan St; Zi. 179–259 US$; P❄📶) Charles Morrill, der ursprüngliche Besitzer dieses Stadthauses aus dem 19. Jh. im West End, machte sein Glück mit der Gründung von B&M Baked Beans; die Dosen füllen auch heute noch die Vorratskammern in Maine. Sein Haus wurde mittlerweile in ein hübsches B&B mit acht schicken und klassisch möblierten Gästezimmern umgewandelt.

Portland Harbor Hotel HOTEL $$$
(☎207-775-9090; www.portlandharborhotel.com; 468 Fore St; Zi. ab 299–519 US$; P❄@📶🐾) Das stattliche unabhängige Hotel hat eine klassisch eingerichtete Lobby, in der es sich die Gäste auf den gepolsterten Ledersesseln rund um den glühenden Kamin gemütlich machen können.

Green Elephant VEGETARISCH, ASIATISCH $
(☎207-347-3111; http://greenelephantmaine.com; 608 Congress St; Hauptgerichte 12–15 US$; ⌚Mo–Sa 11.30–14.30 & 17–21.30, So 17–21 Uhr; 🌶) Selbst Fleischfresser sollten das vegetarische Essen in diesem thailändisch inspirierten Café mit schicker Zen-Atmosphäre nicht verpassen (das auch zahlreiche vegane und glutenfreie Optionen bietet). Man kann mit den knusprigen Spinat-Wontons beginnen und dann zu einem der allseits beliebten Wok-, Nudel- oder Curry-Gerichte übergehen, z.B. Tofu Tikka Masala oder malaysisches *char kway teow* (gebratene flache Reisnudeln).

★**Fore Street** MODERN-AMERIKANISCH $$$
(☎207-775-2717; www.forestreet.biz; 288 Fore St; kleine Teller 12–15 US$, Hauptgerichte 26–38 US$; ⌚So–Do 17.30–22, Fr & Sa bis 22.30 Uhr) Das Fore Street ist ein gefeiertes, seit Langem erfolgreiches Restaurant, das viele für die Quelle der heutigen Gourmetwelle in Portland halten. Küchenchef und Besitzer Sam Hayward hat Braten in eine hohe Kunst verwandelt: Hähnchen drehen sich an Spießen in der offenen Küche, während die Köche Eisenkessel voller Muscheln in den Holzofen schieben.

Ausgehen & Unterhaltung

Allagash Brewing Company BRAUEREI
(☎207-878-5385; www.allagash.com; 50 Industrial Way; ⌚Verkostungen 11–18 Uhr) Das Allagash ist landesweit für seine belgisch inspirierten Biere bekannt und öffnet seine Türen täglich für kostenlose Touren und Verkostungen (Touren vorab online buchen, am Wochenende sind sie besonders beliebt). Die Brauerei liegt 5,5 km nordwestlich von Portlands Old Port abseits der Forest Ave.

Port City Music Hall KONZERTHALLE
(☎207-956-6000; www.portcitymusichall.com; 504 Congress St) In dieser dreistöckigen Veranstaltungshalle treten berühmte Bands auf, aber auch kleinere Darbietungen werden auf der Bühne präsentiert.

Praktische Informationen

Ocean Gateway Information Center (☎ 207-772-5800; www.visitportland.com; 14 Ocean Gateway Pier; ⌚ Juni–Okt. Mo–Fr 9–17, Sa & So bis 16 Uhr, Rest des Jahres kürzere Öffnungszeiten) Touristeninformation am Wasser.

Visitor Information Booth (☎ 207-772-6828; www.portlandmaine.com; Tommy's Park, Exchange St; Juni–Okt. 10–17 Uhr) Im Sommer ist dieser Infokiosk in Old Port geöffnet.

An- & Weiterreise

BUS

Greyhound (☎ 800-231-2222, 207-772-6588; www.greyhound.com; 950 Congress St) bietet täglich Direktverbindungen nach Bangor und Boston mit Anschluss in den Rest der USA.

Concord Coach Lines (www.concordcoachlines.com) unterhält tägliche Busse zwischen Boston (auch zum Logan Airport) und Portland, es gibt dann auch Anschluss in die Städte am mittleren Abschnitt von Maines Küste. Zudem bestehen Verbindungen zwischen Boston, Portland und den Städten Augusta, Waterville und Bangor. Darüber hinaus verkehren täglich zwei Busse zwischen Portland und New York City.

FLUGZEUG

Der **Portland International Jetport** (PWM; ☎ 207-874-8877; www.portlandjetport.org; 1001 Westbrook St) ist Maines größter und chaotischster Flughafen. Er wird von nationalen Airlines genutzt und bietet Direktflüge in Städte im Osten der USA. Metro-Bus 5 bringt Passagiere für 1,50 US$ ins Stadtzentrum. Ein Taxi in die Innenstadt kostet rund 20 US$.

ZUG

Der *Downeaster* von Amtrak (www.amtrak.com) verkehrt fünf Mal täglich zwischen Boston und Portland (2½ Std.); Abfahrt ist im **Portland Transportation Center** (100 Thompson's Point Rd). Einige der Züge fahren weiter nach Freeport und Brunswick.

Mittlerer Küstenabschnitt

Die dramatisch zerklüftete Küste am mittleren Abschnitt wurde von uralten Gletschern geformt. Wilde, natürliche Schönheit und bodenständige Einwohner – genau das stellen sich die meisten Menschen vor, wenn sie an Maine denken: Man fährt Fahrrad in Bilderbuchdörfern am Meer und bummelt durch Antiquitätenläden, unternimmt gemütliche Fahrten ins Blaue auf ländlichen Halbinseln und segelt an Bord eines der berühmten Windjammern über das blaue Meer. Diese Landschaft lädt zu gemächlichen, ziellosen Erkundungen ein. Man weiß nie, wann man zufällig auf das nächste großartige Hummer-Lokal, ein weiteres in der Zeit verlorenes Fischerdorf oder die nächsten üppigen Heidelbeerbüsche trifft.

Die Engländer siedelten sich 1607 erstmals in dieser Region an, zur selben Zeit, als die Siedlung Jamestown in Virginia entstand. Im Gegensatz zu ihren Landsleuten weiter südlich kehrten diese frühen Siedler bereits nach einem Jahr nach England zurück. Die britische Kolonisierung wurde erst 1620 fortgesetzt. Nachdem die Region schwer unter dem Siebenjährigen Krieg in Nordamerika gelitten hatte, entwickelte sich jedoch eine florierende Schiffsbauindustrie, die bis heute besteht.

Anreise & Unterwegs vor Ort

Der US 1 ist die wichtigste Zugangsroute für diesen Teil des Bundesstaats, aber man sollte wissen, dass die Küstenstraßen während der Touristensaison im Sommer im Verkehr ertrinken.

Concord Coach Lines (www.concordcoachlines.com) unterhält tägliche Busse zwischen Boston (einschließlich Logan Airport) und Portland, die in Städte von Maines mittleren Küstenabschnitt weiterfahren (Bath, Belfast, Brunswick, Camden, Damariscotta, Lincolnville, Rockland, Searsport und Waldoboro). Greyhound (www.greyhound.com) hält in Bangor, Portland, Bath, Rockland und diversen anderen Orten.

Freeport

In der natürlichen Schönheit der felsigen Küsten Maines versteckt sich eine Stadt, die sich fast ausschließlich dem Einkaufsvergnügen widmet. Knapp 200 Geschäfte säumen den 1,5 km langen Abschnitt des US 1 durch die Stadt und verursachen im Sommer lange Verkehrsstaus. Strenge Bauvorschriften verbieten das Abreißen historischer Gebäude. So kommt es, dass ein McDonald's in einem neoklassischen Wohnhaus aus den 1850er-Jahren und ein Outlet von Abercrombie & Fitch in einer Bibliothek aus dem frühen 20. Jh. untergebracht sind. Alles in allem entsteht dadurch ein etwas seltsames „Main Street, USA"-Flair.

Freeports Ruhm und Wohlstand reichen etwa ein Jahrhundert zurück, als Leon Leonwood Bean einen Laden eröffnete und Ausrüstung an Jäger und Fischer verkaufte, die auf dem Weg in die Wälder im Norden Maines waren. Sein Erfolg lockte später auch andere Einzelhändler in die Gegend, die Freeport zu dem machten, was es heute ist.

Bath

Diese skurrile Stadt am Kennebec River ist als „Stadt der Schiffe" bekannt. Einst befanden sich hier über 20 Schiffswerften, die über ein Viertel der frühen Holzsegelschiffe Amerikas bauten. Zu Baths Blütezeit im 19. Jh. gehörte es zu den größten Städten in Maine und hatte einem lebendigen Stadtkern voller Banken und imposanter öffentlicher Gebäude. In Bath gebaute Schoner und Klipper segelten über die sieben Weltmeere und der Name der Stadt war in nah und fern bekannt.

Im Stadtzentrum säumen Gehwege aus rotem Backstein und solide Gebäude aus dem 19. Jh. die altmodische Front St, während man ein Stück bergab von einem kleinen grünen Park aus aufs Wasser blickt. Südlich von Bath erstrecken sich zwei malerische Halbinseln, die definitiv einen Abstecher wert sind: Der ME 209 führt nach **Phippsburg**, das mit ausgezeichneten Stränden und einer historischen Festung lockt, während der ME 127 nach **Georgetown** im Süden verläuft und an einem großartigen Hummer-Lokal mit Blick auf die von Inseln gespickte Bucht endet.

★ Maine Maritime Museum MUSEUM
(☎ 207-443-1316; www.mainemaritimemuseum.org; 243 Washington St; Erw./Kind 16/10 US$; ⏱ 9.30–17 Uhr) Dieses wundervolle Museum am Westufer des Kennebec River bewahrt Kennebecs lange Schiffsbautradition mithilfe von Gemälden, Modellen und interaktiven Ausstellungen, die die Geschichte der Seefahrt der letzten 400 Jahre nacherzählen. Zu den Highlights gehören die Überreste der *Snow Squall*, eines Dreimaster-Klippers von 1851. Auch der Percy & Small Shipyard aus dem 19. Jh., Amerikas letzte noch verbliebene Holzschiffswerft, befindet sich noch auf dem Gelände und wird ebenfalls von dem Museum erhalten. Außerdem gibt's eine lebensgroße Skulptur der *Wyoming*, des größten jemals gebauten Holzsegelschiffs.

Boothbay Harbor

Boothbay Harbor war einst ein wunderschönes kleines Seefahrerdorf an einem weiten blauen Hafen und ist heute im Sommer ein sehr beliebtes Touristenziel, in dessen schmalen sich windenden Gassen es von Besuchern nur so wimmelt. Trotzdem gibt es gute Gründe, sich den Massen in diesem malerischen Städtchen anzuschließen: Mit Blick auf einen hübschen Hafen krönen prächtige, gut erhaltene viktorianische Gebäude die zahlreichen Hügel der Stadt und eine Fußgänger-Holzbrücke spannt sich über den Hafen. Von Mai bis Oktober sind Walbeobachtungen die Hauptattraktion.

Nach einem Spaziergang durch die Commercial St am Wasser und das Geschäftsviertel in der Todd bzw. Townsend Ave kann man durch die McKown St auf den **McKown Hill** wandern und die tolle Aussicht genießen.

Schlafen & Essen

Topside Inn B&B **$$$**
(☎ 207-633-5404; www.topsideinn.com; 60 McKown St; Zi. 219–369 US$; ⏱ Mai–Mitte Okt.; ❄ 📶) Die prächtige graue Villa oben auf dem McKown Hill, die jetzt neue Eigentümer hat, bietet den besten Hafenblick in Boothbay. Die Zimmer sind elegant mit spritzigen Seefahrtsdrucken und Strandfarben gestaltet. Die Zimmer im Haupthaus verströmen historischen Charme, aber auch die Zimmer in den zwei modernen Gästehäusern nebenan sind sonnig und hübsch.

Lobster Dock FISCH & SEAFOOD **$$**
(☎ 207-633-7120; www.thelobsterdock.com; 49 Atlantic Ave; Hauptgerichte 15–29 US$; ⏱ Ende Mai–Mitte Okt. 11.30–20.30 Uhr) Von allen Hummer-Lokalen in Boothbay Harbor ist dieses große aus Holz erbaute Restaurant am Wasser eins der besten und günstigsten. Es serviert traditionelle gebratene Fischplatten, Sandwiches und Dampfgegartes, aber der ganze, vor Butter triefende Hummer ist definitiv das Highlight. Hummer-Brötchen (17 US$) gibt's warm mit Butter oder kalt mit Majo.

Praktische Informationen

Boothbay Harbor Region Chamber of Commerce (☎ 207-633-2353; www.boothbayharbor.com; 192 Townsend Ave; ⏱ ganzjährig Mo–Fr 8–17, Ende Mai–Anfang Okt. auch Sa 10–16 Uhr) Bietet gute Informationen auf der Website; unterhält im Sommer außerdem die **Touristeninformation** (17 Commercial St; ⏱ Ende Mai–Anfang Okt. 9–18 Uhr) in der Innenstadt.

Rockland

Dieser florierende kommerzielle Hafen kann sich einer großen Fischereiflotte rühmen. Zudem verleiht die stolze ganzjährige Bevölkerung Rockland ein lebendiges Flair, das einige andere Städte am mittleren Küstenabschnitt vermissen lassen. Die Main St spiegelt die soziokulturelle Vielfalt der Stadt bestens wider und lockt mit einer bunten Mischung aus günstigen Diners, trendigen Cafés und teuren Restaurants sowie Galerien, altmodischen Läden und einem der besten Kunstmuseen des Bundesstaates, dem **Center for Maine Contemporary Art** (CMCA; www.cmcanow.org). Rockland geht inzwischen ein Ruf als neues Kunstzentrum voraus, nicht zuletzt wegen des **Farnsworth Art Museum** (www.farnsworthmuseum.org) und der Tatsache, dass das CMCA 2016 hierher umsiedelte.

Rockland wurde 1769 gegründet und war einst ein wichtiges Schiffsbau- und Transportzentrum, von dem aus Waren an der Küste auf und ab befördert wurden. Auch heute noch füllen Segelschiffe mit hohen Masten den Hafen: Rockland ist (neben Camden) das Herz von Maines florierender Windjammer-Kreuzfahrtindustrie.

★ Rockland Breakwater Lighthouse LEUCHTTURM

(207-542-7574; www.rocklandharborlights.org; Samoset Rd; Ende Mai–Mitte Okt. Sa & So 10–17 Uhr) GRATIS Man kann sich auf den rauen, steinernen Wellenbrecherdamm wagen, der sich vom Jameson Point am Nordufer des Hafens für 1,5 km nach Rockland erstreckt. Dieser aus Granitblöcken erbaute „Spazierweg" – sein Bau dauerte 18 Jahre – endet am Rockland Breakwater Lighthouse, einem hübschen Leuchtturm, der auf einem Backsteingebäude aufragt und einen tollen Blick über die Stadt bietet.

Maine Windjammer Association BOOTSFAHRT

(800-807-9463; www.sailmainecoast.com; Touren Ende Mai–Mitte Okt.) Auch wenn das Reisen an Bord eines Schoners zu Beginn des 20. Jhs. allmählich aus der Mode kam, können Abenteuerlustige noch heute die raue Küste Maines auf diese altmodische Weise erkunden. Die schnellen Segelschiffe werden als Windjammern bezeichnet, und neun der Mehrmaster liegen in Rockland und Camden vor Anker und bieten verschiedene Ausflüge an, die von Übernacht-Touren bis zu elftägigen Trips durch die Penobscot Bay reichen.

Camden

Camden ist mit seinem Bilderbuchhafen, der von den Bergen des Camden Hills State Park eingerahmt wird, einer der hübschesten Orte in ganz Maine. Hier ist die große und zu Recht berühmte Windjammer-Flotte des Bundesstaats zu Hause, und Camden ist wie in alten Zeiten auch heute noch eng mit dem Meer verbunden. Die meisten Urlauber kommen zum Segeln hierher, aber die Stadt bietet auch Galerien, schicke Restaurants und Nebenstraßen, die sich prima zum Schlendern eignen. Beim Chamber of Commerce gibt's einen Stadtführer zu den historischen Gebäuden des Ortes, und im benachbarten State Park kann man wunderbar wandern, picknicken und campen.

Wie viele andere Gemeinden entlang der Küste Maines blickt auch Camden auf eine lange Schiffsbautradition zurück. Der mächtige Sechsmast-Schoner *George W. Wells* wurde 1900 hier gebaut und stellte einen neuen Weltrekord für die meisten Masten an einem Segelschiff auf.

Genau wie im nahen Rockland werden in Camden zahlreiche Windjammer-Touren angeboten, von zweistündigen Ausfahrten bis zu mehrtägigen Trips entlang der Küste.

Verschiedene Boote brechen vom Camden's Town Landing oder dem benachbarten Bayview Landing zu zweistündigen Rundfahrten auf (u.a. bei Sonnenuntergang); die Preise sind überall ähnlich. Online findet man die Fahrpläne der **Appledore II** (207-236-8353; https://appledore2.com; Bayview Landing; Erw./Kind 45/25 US$; Juni–Okt.), **Olad** (207-236-2323; www.maineschooners.com; Public Landing; Erw./Kind 43/33 US$; Ende Mai–Mitte Okt.) und **Surprise** (207-236-4687; http://schoonersurprise.com; Public Landing; Erw./Kind 43/33 US$; Ende Mai–Mitte Okt.) – so sieht die ultimative Sightseeing-Tour durch Maine aus.

Das **Penobscot Bay Regional Chamber of Commerce** (207-236-4404; www.camdenrockland.com; 2 Public Landing; Ende Mai–Mitte Okt. Mo–Fr 9–17, Sa & So 10–16, Rest des Jahres Mo–Fr 9–16 Uhr) verfügt über ein Informationsbüro am öffentlichen Anleger in Camden.

Acadia National Park

Der Acadia National Park (207-288-3338; www.nps.gov/acad; 7-Tage Eintritt pro Auto/Motorrad 25/20 US$, Fußgänger & Radfahrer 12 US$) ist der einzige Nationalpark Neuenglands und feierte 2016 seinen 100. Geburtstag – und für sein Alter sieht er wirklich blendend aus. Er lockt mit beeindruckender Küstenlandschaft und zahlreichen Aktivitäten.

Motorisierte und nicht-motorisierte Besucher können sich bei John D. Rockefeller und anderen wohlhabenden Landbesitzern für die ästhetischen Brücken, Aussichtspunkte und Steintreppen bedanken, die dem Park auch künstlerischen Wert geben. Vor allem Rockefeller arbeitete unermüdlich mit Architekten und Steinmetzen zusammen, um sicherzustellen, dass sich die Infrastruktur an die Umgebung anpasst.

Im Acadia Welcome Center (☎ 207-288-5103, 800-345-4617; www.acadiainfo.com; 1201 Bar Harbor Rd/ME 3, Trenton; ⏲ Ende Mai–Mitte Okt. Mo–Sa 9–17, So 10–16, Mitte April–Mitte Okt. Mo–Fr 9–17 Uhr) in Trenton gibt's Broschüren, Karten und lokale Infos. Es befindet sich nördlich der Brücke zur Mt. Desert Island (18 km vor Bar Harbor).

PARKSCHLEIFE

Für einige Besucher ist die 43 km lange Fahrt auf der Park Loop Rd das einzige Erlebnis im Acadia National Park. Auf dem Abschnitt mit dem Namen Ocean Dr kann man am hübschen **Sand Beach** und **Thunder Hole** eine Pause einlegen und zusehen, wie die Brandung in einer Granitspalte tost. Bei starker auflaufender Flut ist der Effekt besonders dramatisch.

Otter Cliff, nicht weit südlich von Thunder Hole, ist eigentlich nichts weiter als eine rosa Wand aus Granit, die aus dem Meer aufragt. Diese Ecke ist bei Felskletterern beliebt.

Die Straße ist größtenteils eine Einbahnstraße. Im Sommer kann man die Strecke auch mit dem Insel-Explorer-Bus zurücklegen (Shuttle-Route 4; www.exploreacadia.com). Im Winter ist die Straße gesperrt; die Wiedereröffnung kann sich durch starken Schneefall schon mal verzögern.

Downeast Maine

Keine Frage: So sieht das typische Maine aus. Je weiter man der Küste Richtung Kanada folgt, desto schmaler wirken die Halbinseln, die sich scheinbar immer weiter ins Meer erstrecken. Auch die Fischerdörfer wirken immer kleiner, während die Hummer-Lokale noch näher am Wasser stehen. Wer einmal direkt an den Rand der Küste fahren möchte, sollte es hier südlich des US 1 tun. „Downeast" beginnt am Penobscot River, wo eine Brücke mit Observatorium inoffiziell die Grenze markiert. Die Region setzt sich weiter nach „Downeast" fort, von Acadia bis zur Grenze mit New Brunswick in Kanada.

Nähere Informationen zur Region gibt's online unter www.downeastacadia.com.

Bar Harbor

Bar Harbor ist ein gutes Basislager für einen Besuch in Acadia. Der Ort ist die meiste Zeit des Jahres von Urlaubern und Kreuzfahrtpassagieren überfüllt. Das Zentrum ist voll von Souvenirläden, Eisdielen, Cafés und Bars, die alle mit noch längeren und besseren Happy Hours, Tagesgerichten und Zwei-für-eins-Angeboten locken. In den ruhigeren Nebenstraßen der Wohngebiete scheint es fast so viele B&Bs wie Privathäuser zu geben.

Auch wenn Bar Harbors wildes Treiben nicht jedem gefällt, bietet der Ort mit Abstand die meisten Annehmlichkeiten in dieser Gegend. Selbst wenn man wo anders absteigt, wird man sich früher oder später hier wiederfinden, um etwas zu essen, sich einen Drink zu gönnen oder eine Kajak-, Segel- oder Felsklettertour zu buchen. Bar Harbors Hochsaison dauert von Ende Juni bis August. Nach dem Labor Day (Anfang September) gibt's eine kurze Verschnaufpause, bevor es während der farbenprächtigen Herbstzeit, die bis Mitte Oktober dauert, wieder turbulenter wird. Die Saison endet schließlich mit dem Mount Desert Island Marathon (www.runmdi.org).

Sehenswertes & Aktivitäten

Abbe Museum MUSEUM
(☎ 207-288-3519; www.abbemuseum.org; 26 Mount Desert St; Erw./Kind 8/4 US$; ⏲ Mai–Okt. 10–17, Nov.–April 10–16 Uhr) Dieses Museum im Stadtzentrum zeigt eine faszinierende Sammlung kultureller Artefakte zur Geschichte der amerikanischen Ureinwohner in Maine. Die Ausstellung umfasst über 50 000 Exponate, etwa Tonwaren, Werkzeuge, Kämme und Angelausrüstung, die über 2000 Jahre zurückreichen. Zu den zeitgenössischen Stücken gehören filigran gearbeitete Holzschnitzereien, Behälter aus Birkenrinde und Körbe. Das Museum verfügt auch über eine kleinere, nur im Sommer geöffnete **Zweigstelle** (☎ 207-288-3519; www.abbemuseum.org; ME 3 & Park Loop Rd; Erw./Kind 3/1 US$; ⏲ Ende Mai–Okt. 10–17 Uhr) in grüner Parkumgebung in Sieur de Monts Spring im Acadia National Park.

National Park Sea Kayak Tours KAJAKFAHREN
(☎800-347-0940; www.acadiakayak.com; 39 Cottage St; Halbtagstour 52 US$; ⏲Ende Mai–Mitte Okt.) Die vierstündigen Kajaktouren beginnen zu unterschiedlichen Zeiten (morgens, nachmittags, abends). Man erkundet die „Quietside" (ruhige Seite) der Mount Desert Island: die abgeschiedene Westküste. In kleinen Gruppen verbringt man zweieinhalb bis drei Stunden auf dem Wasser. Für den Transport von Bar Harbor zur Ablegestelle wird gesorgt.

Schlafen & Essen

Moseley Cottage Inn & Town Motel B & B, MOTEL $$
(☎207-288-5548; http://moseleycottage.net; 12 Atlantic Ave; Zi. 175–305 US$; ❄📶) Diese Unterkunft bietet zwei Optionen und befindet sich in einer ruhigen Straße, nur wenige Schritte von der Main St entfernt. Hier gibt's alles, was man braucht: neun große, charmante mit Antiquitäten gefüllte B & B-Zimmer in einer traditionellen Pension von 1884 (teils mit Kamin und Privatterrasse) sowie ein paar billigere Zimmer im Motelstil nebenan. Alle bieten einen durchgängig hohen Standard.

★ **Bass Cottage Inn** PENSION $$$
(☎207-288-1234; www.basscottage.com; 14 The Field; Zi. 230–440 US$; ⏲Mitte Mai–Okt.; ❄📶) Auch wenn die meisten B & Bs in Bar Harbor in Sachen Stilsicherheit eine „Fünf" erreichen, hat diese Gilded-Age-Villa definitiv eine „Elf" verdient. Die zehn sonnendurchfluteten Zimmer erstrahlen in elegantem Sommerhaus-Schick mit strahlend weißer Bettwäsche und unaufgeregten botanischen Drucken.

2 Cats FRÜHSTÜCK $
(☎207-288-2808; http://twocatsbarharbor.com; 130 Cottage St; Hauptgerichte 9–15 US$; ⏲7–13 Uhr; 🌶) Frühstück ist bekanntlich die wichtigste Mahlzeit des Tages und das 2 Cats widmet ihm seine komplette Aufmerksamkeit. Am Wochenende stehen die Gäste in diesem sonnigen, kleinen, künstlerischen Café für Bananen-Pekannuss-Pfannkuchen, Omeletts mit geräucherter Forelle, Tofu-Pfannen und hausgemachte Muffins Schlange. Im Geschenkeladen kann man noch ein „katzenartiges" Souvenir mitnehmen.

★ **Havana** LATEINAMERIKANISCH $$$
(☎207-288-2822; www.havanamaine.com; 318 Main St; Hauptgerichte 27–39 US$; ⏲Mai–Okt. 17–21 Uhr) Das Wichtigste zuerst: unbedingt einen grandiosen Cuba Libre oder Mojito bestellen. Wenn das erledigt ist, kann man sich mit der Speisekarte und der epischen Weinkarte Zeit lassen. Das Havana verleiht seinen Gerichten aus regionalen Zutaten eine lateinamerikanische Note und die Zubereitung ist wirklich fantastisch. Am besten sind die Crab Cakes, Paella und das köstlich leichte Hummer-*moqueca* (Eintopf). Reservierungen empfohlen.

Praktische Informationen

Für Besucher gibt's verschiedene Informationsquellen. Die erste Anlaufstelle für alle motorisierten Urlauber ist das **Acadia Welcome Center** (S. 285) direkt beim Eintreffen auf Mt. Desert Island (18 km nordwestlich von Bar Harbor), gefolgt vom **Hulls Cove Visitor Center** (☎207-288-8832; www.nps.gov/acad; ME 3; ⏲Mitte April–Juni, Sept. & Okt. 8.30–16.30, Juli & Aug. 8–18 Uhr) des NPS im Acadia National Park.

Das **Bar Harbor Chamber of Commerce** (Acadia Welcome Center; ☎207-801-2558, 800-345-4617; www.barharborinfo.com; Ecke Main & Cottage St; ⏲Mitte Juni–Sept. 8–20, Sept.–Mitte Juni 9–17 Uhr) unterhält eine zentral gelegene, ganzjährig geöffnete Touristeninformation in Bar Harbor.

Das Landesinnere Maines

Der Interstate 95 (I-95), der wichtigste Nord-Süd-Highway der Ostküste, verläuft 488 km durch Maine, von der Grenze zu New Hampshire nahe Kittery bis zur kanadischen Grenze bei Houlton. Unterwegs führt er an Maines größten Städten vorbei: Portland, Augusta (der Hauptstadt) und Bangor. In Augusta und Bangor (ebenso wie im nahen Waterville) gibt's Colleges, eine Handvoll anständiger Museen und ein paar gute Restaurants, aber sie sind eigentlich keine Touristenziele.

Nördlich von Bangor nimmt das Verkehrsaufkommen dramatisch ab. Hier liegt das Tor zu den North Woods und dem weiten, spärlich besiedelten Aroostook County.

Bethel

Bethel liegt 90 Minuten Fahrt nordwestlich von Portland und ist für eine auf allen Seiten von tiefen, düsteren Wäldern umgebene Stadt überraschend lebendig. Besucher kommen schon seit dem frühen 19. Jh. im Sommer hierher, um der Schwüle der Küste zu entkommen, und viele der schicken alten

Häuser sind noch immer im Geschäft. Die Stadt ist einer der schönsten Orte während der Farbenpracht des Indian Summer, aber auch zur Skisaison im Winter.

Sehenswertes & Aktivitäten

Grafton Notch State Park STATE PARK
(☎ 207-824-2912; www.maine.gov/graftonnotch; 1941 Bear River Rd/ME 26; Erw./Kind 4/1 US$; ⏲ Mitte Mai–Mitte Okt. 9 Uhr–Sonnenuntergang) Dieser wilde Park umschließt den Grafton Notch Scenic Byway in der Mahoosuc Range und ist schlichtweg atemberaubend. Der Einschnitt im Gelände wurde von einem Gletscher geformt, der sich vor 12 000 Jahren zurückzog, und ist ein Spielplatz für alle Jahreszeiten. Hier gibt's Wasserfälle, Schluchten, luftige Aussichtspunkte und Wanderwege, darunter eine anstrengende 19 km lange Strecke des **Appalachian Trail** (www.appalachiantrail.org).

Bethel Outdoor Adventure & Campground KAJAKFAHREN
(☎ 207-824-4224; www.betheloutdooradventure.com; 121 Mayville Rd/US 2; Kajak pro Tag mit/ohne Shuttle 45/32 US$; ⏲ Mitte Mai–Ende Okt. 8–18 Uhr) Dieser Anbieter befindet sich auf einem idyllischen Campingplatz am Fluss und verleiht Kanus, Kajaks und Stehpaddel-Boards. Er bringt seine Kunden per Shuttle zum Startpunkt, von wo man wieder flussabwärts paddelt.

Schlafen

Chapman Inn B&B $
(☎ 207-824-2657; www.chapmaninn.com; 2 Church St; B 35 US$, Zi. 59–139 US$; ❄📶) Dieses großzügige B&B im Stadtzentrum wird von einem freundlichen, weitgereisten Rentner geführt und hat jede Menge Charakter. Die zehn Privatzimmer sind mit Blumenmuster und Antiquitäten eingerichtet, und der leicht abschüssige Boden zeugt vom hohen Alter des Hauses.

Praktische Informationen

Bethel Area Chamber of Commerce (☎ 800-442-5826, 207-824-2282; www.bethelmaine.com; 8 Station Pl; ⏲ ganzjährig Mo–Fr 9–17 Uhr, an Wochenenden in der Hochsaison abweichende Öffnungszeiten) Diese hilfreiche Touristeninformation befindet sich im Gebäude der Bethel Station und bietet jede Menge Broschüren zu verschiedenen Sehenswürdigkeiten, Wanderwegen und Aktivitäten.

Baxter State Park

Der Baxter State Park zeigt Maine von seiner ursprünglichsten Seite: Der Wind peitscht um Dutzende Berggipfel, Schwarzbären streunen durchs Gehölz und Wanderer sind oft meilenweit unterwegs, ohne einer Menschenseele zu begegnen. Besucher können den Park auf den Hunderten von Kilometern an Wanderwegen erkunden, die kargen Klippen erklimmen (dies ist ein Paradies für Kletterer), in den Teichen und Flüssen Fliegenfischen oder wilde Tiere beobachten, z. B. Weißkopfseeadler, Elche und fuchsähnliche Marder. Der Park ist in den wärmeren Monaten am beliebtesten, aber auch in der Wintersportsaison geöffnet, etwa zum Schneemobil fahren. Der 1605 m hohe **Mt. Katahdin** – die Krone der Schöpfung im Park – ist der höchste Berg in Maine und das nördlichste Ende des 3524 km langen Appalachian Trail.

Katahdin Area Chamber of Commerce TOURISTENINFORMATION
(☎ 207-723-4443; www.katahdinmaine.com; 1029 Central St, Millinocket; ⏲ Mo–Fr 9–15 Uhr) Infos rund um die Gegend, auch zu Unterkünften.

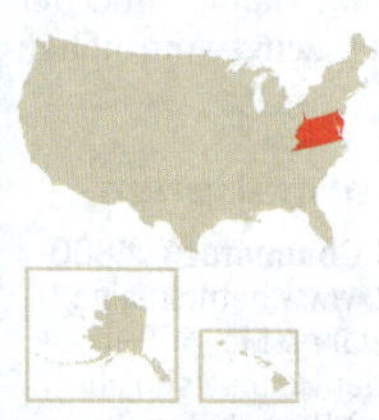

Washington, D. C. & Capital Region

Inhalt ➡

Gut essen

- Rose's Luxury (S. 312)
- Woodberry Kitchen (S. 328)
- L'Opossum (S. 353)
- Public Fish & Oyster (S. 361)
- Faidley's (S. 327)

Schön übernachten

- Hotel Lombardy (S. 309)
- Inn at 2920 (S. 327)
- Georges (S. 366)
- HI Richmond (S. 352)

Auf nach Washington, D. C., & in die Capital Region!

Es ist schwer, dem Charme der US-Hauptstadt nicht zu verfallen: Symbolträchtige Denkmäler, großartige Museen, die man kostenlos besichtigen kann, und erstklassige Restaurants mit Gerichten aus aller Welt sind nur einige der Highlights, die einen hier erwarten. Es gibt weitläufige Märkte, ein multikulturelles Nachtleben und grüne Parks zu entdecken – ganz zu schweigen von den Zentren der Macht. Jenseits des Beltway bietet die vielfältige Landschaft von Maryland, Virginia, West Virginia und Delaware genug Gründe, der Hauptstadt den Rücken zu kehren. Zerklüftete Berge, reißende Ströme und große Naturschutzgebiete (darunter Inseln mit Wildpferden), glitzernde Strände, historische Dörfer und die wundervolle Chesapeake Bay sind die passende Kulisse für Abenteuer. Nicht minder spannend ist es, alte Traditionen zu erkunden, sei es nun an der Geburtsstätte der Nation oder in Virginias Bluegrass-Szene.

Reisezeit

Washington, D. C.

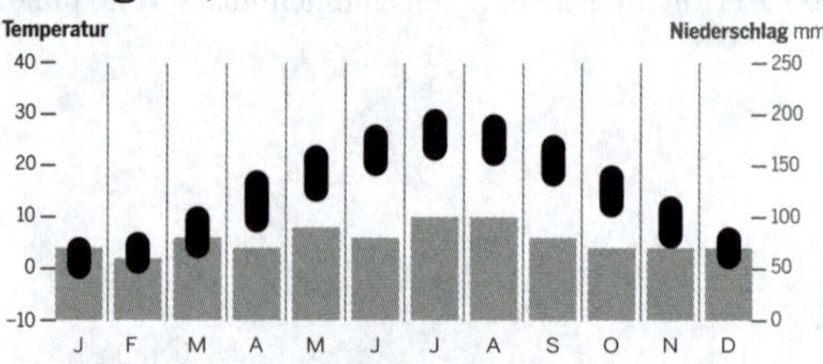

März–April Während des beliebtesten Festes von D. C. lockt die Kirschblüte Besuchermassen an.

Juni–Aug. Hauptsaison an den Stränden: hohe Hotelpreise und kaum freie Unterkünfte.

Sept.–Okt. Weniger Menschen, niedrigere Preise, angenehmeres Klima und herbstliche Farben.

Geschichte

Die Ureinwohner Amerikas lebten in dieser Gegend schon lange, bevor die ersten europäischen Siedler kamen. Viele geografische Landmarken tragen noch heute ihren indianischen Namen, etwa die Bucht von Chesapeake, die Appalachen oder die Flüsse Shenandoah und Potomac. 1607 gründeten 108 englische Kolonisten die erste dauerhafte europäische Siedlung in der Neuen Welt: Jamestown. Von Anfang an hatten die Siedler mit dem harten Winter, Hunger, Krankheiten und immer wieder auch mit feindlichen Ureinwohnern zu kämpfen.

Doch Jamestown überdauerte. 1624 wurde die Royal Colony of Virginia ins Leben gerufen, zehn Jahre später gründete der vor dem englischen Bürgerkrieg geflohene Lord Baltimore eine katholische Kolonie namens Maryland. Es gab eine Stadtversammlung, zu der auch ein schwarzer portugiesischer Seemann und Margaret Brent gehörte, die erste Frau, die in der nordamerikanischen Politik wählte. Und alle zusammen ließen sich von einem spanisch-jüdischen Arzt behandeln. Delaware wurde 1631 von Holländern als Walfangstation eingerichtet, von ansässigen Indianern praktisch dem Erdboden gleichgemacht und später nochmals von Briten in Besitz genommen. Aus England vertriebene Kelten ließen sich in den Appalachen nieder und schufen eine komplett unabhängige Kultur, die bis heute besteht. Grenzstreitigkeiten zwischen Maryland, Delaware und Pennsylvania führten zur Entstehung der Mason-Dixon-Linie, die letztlich den industrialisierten Norden vom landwirtschaftlich geprägten, Sklaven haltenden Süden trennte.

1781 endete der handgreifliche Teil des Unabhängigkeitskriegs mit der britischen Kapitulation bei Yorktown. Um die regionalen Spannungen etwas zu entkrampfen, wurde die Hauptstadt der neuen Nation auf einem sumpfigen Gebiet gegründet, das Teile Marylands und Virginias umfasste: Washington im District of Columbia (D.C.) war geboren. Doch Klassen-, Rassen- und wirtschaftliche Unterschiede waren zu stark, und so zerriss die Region während des Amerikanischen Bürgerkriegs (1861–1865) an ihren Nähten. Virginia trennte sich von der Union. Und die verarmten Bauern im Westen Virginias – schon lange aufgebracht gegen die affektierten Plantagenbesitzer – trennten sich vom Osten des Bundesstaats. Maryland dagegen blieb in der Union, doch seine weißen Sklavenhalter polterten gegen die Nordstaatentruppen, während Tausende von Afroamerikanern der Unionsarmee beitraten.

WASHINGTON, D.C.

Symbolträchtige Monumente, großartige Museen und Machtzentren, in denen sich Visionäre und Demagogen tummeln, muss man in der Hauptstadt der USA nicht lange suchen. Doch gibt es hier noch so viel mehr: von Bäumen gesäumte Viertel, pulsierende Märkte, eine Gastroszene mit imposanter ethnischer Vielfalt, eine große Einwanderergemeinde und eine unmittelbar unter der Oberfläche brodelnde Dynamik. Hier ist immer etwas geboten – kein Wunder, zieht doch keine andere Stadt vergleichbarer Größe mehr Talente und Macher an. Besucher sind tagsüber vollauf mit Sightseeing und den zahllosen Museen beschäftigt, von denen die meisten übrigens keinen Eintrittsgebühr verlangen. Abends kann man sich unter die Städter mischen und in brummenden Vierteln wie an der U St und am Logan Circle in gemütlichen Restaurants essen und an einem hausgebrauten Bier nippen.

Geschichte

Nach dem Unabhängigkeitskrieg einigten sich die Politiker aus dem Norden und dem Süden auf den Kompromiss, die neue Hauptstadt irgendwo zwischen den Machtbasen beider Gruppen anzusiedeln. Mögliche Hauptstädte wie Boston, Philadelphia oder Baltimore wurden von den Plantagenbesitzern aus den Südstaaten als zu städtisch und industrialisiert abgelehnt, weshalb man sich entschied, eine neue Stadt an den Ufern des Potomac River in der geografischen Mitte der 13 Gründerstaaten zu erbauen. Maryland und Virginia traten das hierzu benötigte Land ab.

Der D.C. wurde von den Briten im Krieg von 1812 marodiert und die Stadt in Brand gesteckt. Als Forderungen nach Abschaffung der Sklaverei die Hauptstadt in Atem hielten, wurde 1846 die sklavenhaltende Hafenstadt Alexandria am Südufer an Virginia zurückgegeben. Mit dem Jahren entwickelte sich die Hauptstadtregion in zwei unterschiedliche Richtungen: einerseits zu einem Marmortempel der Bundesregierung, andererseits zu einem städtischen Ghetto von nach Norden ziehenden Afroamerikanern und Einwanderern aus Übersee. Nach-

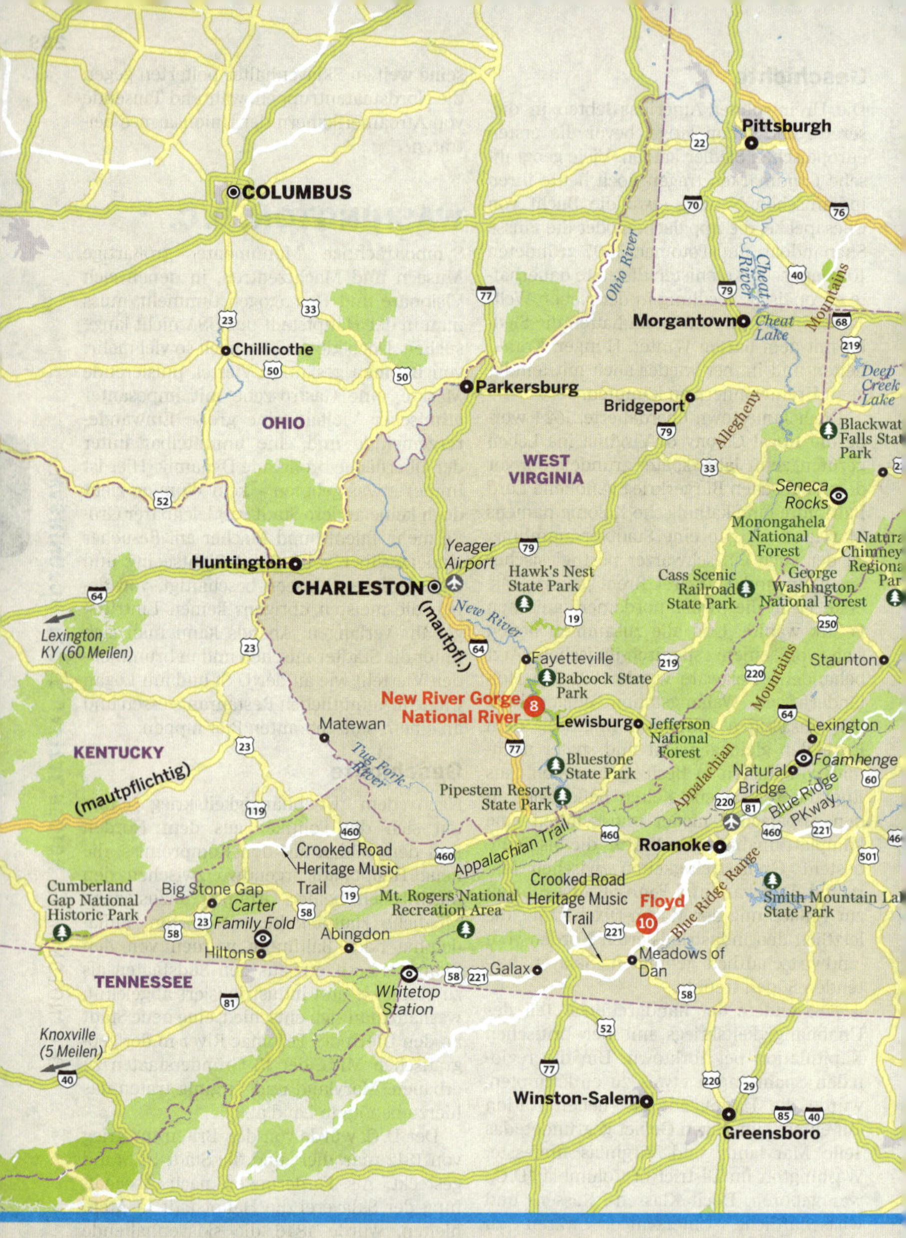

Highlights

1 National Air and Space Museum (S. 293) Die Museen der Hauptstadt besichtigen

2 Lincoln Memorial (S. 293) Den Sonnenuntergang am Denkmal genießen

3 Colonial Williamsburg (S. 356) Die Geschichte Amerikas hautnah erleben

4 Annapolis (S. 329) Bei einem Bummel durch das Capitol, die Naval Academy und entlang der Main St zur Ego Alley die nautische Geschichte der Stadt erkunden

5 Shenandoah National Park (S. 365) An einem Sonntag über den Skyline

Drive hierher fahren und nach einer Wanderung unter den Sternen übernachten

6 Monticello (S. 360) Das Meisterwerk von Thomas Jefferson bewundern

7 Rehoboth Beach (S. 339) Schlendern im familien- und schwulenfreundlichen Ferienort

8 New River Gorge National River (S. 376) Dem Gauley River folgen

9 Faidley's (S. 327) Einen der besten Krabbenkuchen in Baltimore genießen

10 Floyd (S. 371) Bei einem Jamboree den Rhythmus der alten Musik spüren

dem die Stadt fast zwei Jahrhunderte direkt vom Kongress regiert worden war, erhielt sie 1973 ihren ersten Bürgermeister (Walter Washington, einer der ersten Afroamerikaner, der Bürgermeister einer größeren US-amerikanischen Stadt wurde). Heute werden die Einwohner des D.C. besteuert wie alle anderen US-Bürger, haben aber keine demokratisch gewählte Vertretung im Kongress.

Seit den späten 1990er-Jahren erlebt die Hauptstadt eine weitreichende Gentrifizierung. Mit der Wahl von Barack Obama 2008 zog eine gewisse Coolness ein – heute zieht es New Yorker hierher, während es früher umgekehrt war. Leider sind auch die Lebenshaltungskosten heftig gestiegen. Sie gehören inzwischen zu den landesweit höchsten. Und da die Wirtschaft in der Stadt boomt, dürfe sich daran wenig ändern.

Sehenswertes

National Mall

The Mall, auch bekannt als Amerikas Vorgarten, beinhaltet die meisten der Smithsonian-Museen sowie die wichtigsten Denk-

WASHINGTON, D.C., IN ZWEI TAGEN

Tag eins

Man kann auch gleich mit dem Wichtigen beginnen: Das Lincoln Memorial steht für Washington, D.C., wie kein anderes Wahrzeichen. Mit Abraham, der am Ende der langen Allee sitzt, bietet es sich auch als Ausgangspunkt an. Geht man weiter gen Osten, kommt man zum mächtigen Vietnam Veterans Memorial. Dann folgt das Washington Monument (S. 293), das man unmöglich übersehen kann, weil es D.C.s größtes Bauwerk ist.

Zu Mittag gibt es Sandwiches neben einem künstlichen Wasserfall im Cascade Café in der National Gallery of Art, bevor man die Galerie besichtigt.

Dann wird es Zeit, das National Museum of African American History and Culture zu besuchen, vorausgesetzt, man konnte ein Ticket ergattern. Aber man sollte sich für eine Seite entscheiden: moderne Kunst im Osten, Impressionisten und andere Klassiker im Westen. Danach spaziert man über den Rasen zum National Air and Space Museum (S. 293), wo beeindruckende Dinge von der Decke hängen. Die Geschosse und das Originalflugzeug der Gebrüder Wright sind definitiv cool.

Für ein herzhaftes, bodenständiges Abendessen eignet sich **Duke's Grocery** (☎202-733-5623; www.dukesgrocery.com; 1513 17th St NW; Hauptgerichte 12–16 US$; ⏲Mo & Di 11–22, Mi & Do 11–1, Fr 11–2, Sa 10–2, So 10–22 Uhr; 📶; Ⓜ Red Line bis Dupont Circle) bestens. Dann kann man sich einen köstlichen Drink in der Bar Charley (S. 319) gönnen – die Nacht ist noch jung! Wer es ruhiger mag, kann im Board Room (S. 319) Brettspiele spielen.

Tag zwei

Heute ist das Regierungsviertel an der Reihe. Den Beginn macht das Capitol (S. 301) mit seinen von Statuen gesäumten Gängen. Auf der anderen Straßenseite geht's die Stufen zum Supreme Court (S. 301) hinauf, in dem man mit Glück eine Verhandlung verfolgen kann. Nebenan raubt einem die Library of Congress (S. 301) mit ihren kilometerlangen Buchreihen den Atem.

Wer mal inmitten von Politikern einen Burger essen will, der geht am besten in den **Old Ebbitt Grill** (☎202-347-4800; www.ebbitt.com; 675 15th St NW; Hauptgerichte 18–28 US$; ⏲Mo–Fr 7.30–1, Sa & So ab 8.30 Uhr; Ⓜ Red, Orange, Silver, Blue Lines bis Metro Center).

Wer klug war, hat die Führung durchs Weiße Haus (S. 302) schon im Voraus gebucht. Wer nicht, der macht das noch im White House Visitor Center. In der Round Robin kann man schauen, ob irgendwelche großen Persönlichkeiten oder Lobbyisten miteinander anstoßen. Um 18 Uhr findet im Kennedy Center (S. 320) eine kostenlose Show statt.

Zum Abendessen geht's in das elegante, französische Chez Billy Sud (S. 316) in Georgetown, und im Anschluss bietet sich ein Bier in einem freundlichen Pub wie dem Tombs (S. 319) an. An lauen Sommerabenden kann man sich vor die Cafés im Georgetown Waterfront Park (S. 305) setzen und den Booten zusehen. Und man sollte sich informieren, ob in dem berühmten Jazzclub Blues Alley (www.bluesalley.com) ein interessanter Act auftritt.

mäler. Das Lincoln Memorial, Washington Monument, Luft- und Raumfahrtmuseum, die National Gallery of Art und vieles mehr finden sich an dieser 3 km langen Wiese.

★ Lincoln Memorial MONUMENT
(www.nps.gov/linc; 2 Lincoln Memorial Circle NW; 24 Std.; Circulator, M Orange, Silver, Blue Lines bis Foggy Bottom-GWU) GRATIS Das westliche Ende der Mall wird vom Schrein für Abraham Lincoln begrenzt, dessen Statue friedlich von ihrem neo-klassizistischem Domizil mit den dorischen Säulen über den **Reflecting Pool** blickt. An der nördlichen und der südlichen Wand sind die Worte der Gettysburg-Rede und seiner zweiten Amtsantrittsrede zu lesen. Auf den Treppenstufen hielt Martin Luther King Jr. seine berühmte *I have a dream*-Rede; eine Gravur kennzeichnet die Stelle.

★ National Air and Space Museum MUSEUM
(202-633-2214; www.airandspace.si.edu; Ecke 6th St & Independence Ave SW; 10–17.30 Uhr, an einigen Tagen bis 19.30 Uhr; ; Circulator, M Orange, Silver, Blue, Green, Yellow Lines zur L'Enfant Plaza) GRATIS Das Air and Space Museum zählt zu den beliebtesten Museen der Smithsonian Institution. Besuchermagneten sind die Flugmaschinen der Brüder Wright, Chuck Yeagers *Bell X-1,* Charles Lindberghs *Spirit of St Louis,* Amelia Earharts flottes rotes Flugzeug und die Apollo-Mondlandefähre. Außerdem gibt's ein IMAX-Kino, ein Planetarium und Flugsimulatoren (je 8–10 US$). Weitere Maschinen finden sich in Virginia im **Steven F. Udvar-Hazy Center** (703-572-4118; www.airandspace.si.edu/visit/udvar-hazy-center; 14390 Air & Space Museum Pkwy, Chantilly; 10–17.30 Uhr; ; M Wiehle-Reston East zum Bus 983) GRATIS, einer Filiale für die Exponate, die im Museum keinen Platz fanden.

★ Vietnam Veterans Memorial MONUMENT
(www.nps.gov/vive; 5 Henry Bacon Dr NW; 24 Std.; Circulator, M Orange, Silver, Blue Lines bis Foggy Bottom-GWU) GRATIS Das schwarze, in den Boden eingelassene „V" ist das genaue Gegenstück zum üblichen weißen, glänzenden Marmor Washingtons. Es verkörpert die Narbe, die der Vietnamkrieg in der nationalen Seele der USA hinterlassen hat. Das Denkmal reicht bis in die Erde, und in seine dunkle, spiegelglatte Wand sind die Namen der über 58300 Opfer gemeißelt – chronologisch in Reihenfolge ihres Todes. Das Ganze ist ein schlichtes, aber ergreifendes Monument, das erstaunlicherweise 1981 von der Studentin Maya Lin entworfen wurde.

★ National Gallery of Art MUSEUM
(202-737-4215; www.nga.gov; Constitution Ave NW, zw. 3rd St & 7th St; Mo–Sa 10–17, So 11–18 Uhr; Circulator, M Green, Yellow Lines bis Archives) GRATIS Die Sammlung umfasst den Zeitraum vom Mittelalter bis heute. Im neoklassizistischen Westgebäude wird europäische Kunst des 19. Jhs. ausgestellt; zu den Highlights gehört das einzige Werk Da Vincis in der westlichen Hemisphäre und viele impressionistische und postimpressionistische Arbeiten. Im von Ioeh Ming Pei entworfenen Westgebäude werden moderne Kunst mit Werken von Picasso, Matisse und Pollock sowie in der Lobby ein riesiges Mobile von Calder ausgestellt. Nach der vor Kurzem erfolgten Renovierung und Erweiterung erstrahlt dieser Flügel in neuem Glanz. Die beiden Gebäude sind durch einen abgefahrenen Tunnel verbunden.

★ Washington Monument MONUMENT
(www.nps.gov/wamo; 2 15th St NW; 9–17 Uhr, Juni–Aug. bis 22 Uhr; Circulator, M Orange, Silver, Blue Lines bis Smithsonian) GRATIS Das Washington Monument ist mit einer Höhe knapp 170 m das höchste Gebäude im Bezirk und wurde aus 36000 Steinblöcken errichtet. Es wurde so viel Material verwendet, dass aus dem ursprünglich genutzten Steinbruch nicht genug Werkstoff gewonnen werden konnte. Auf einem Drittel der Höhe erkennt man die farbliche Grenze zwischen den alten und den neuen Marmorblöcken. Leider ist das Denkmal aufgrund von Reparaturarbeiten bis zum Frühling 2019 gesperrt, weshalb man bis dahin warten muss, um den Sternenhimmel von der Aussichtsplattform betrachten zu können.

★ Martin Luther King Jr. Memorial MONUMENT
(www.nps.gov/mlkm; 1850 W Basin Dr SW; 24 Std.; Circulator, M Orange, Silver, Blue Lines bis Smithsonian) GRATIS Das 2011 eingeweihte Denkmal ist das neueste auf der Mall und das erste, das einen Afroamerikaner ehrt. Es wurde von dem Bildhauer Lei Yixin gemeißelt. Neben Dr. Kings auffälligem, 9 m hohen Bildnis, das als Stein der Hoffnung bekannt ist, stehen zwei Granitblöcke, die den Berg der Hoffnungslosigkeit repräsentieren sollen. Eine Wand mit Kings bewegenden Zitaten zu Demokratie, Gerechtigkeit und

Washington, D. C.

0 1 km
0 0,5 Meilen
MERIDIAN HILL
COLUMBIA HEIGHTS
PLEASANT PLAINS
Howard University
McMillan Park
Glenwood Cemetery
Prospect Hill Cemetery
St. Marys
LE DROIT PARK
LOGAN CIRCLE
SHAW
UPPER NORTHEAST DC
DOWNTOWN
PENN QUARTER
CAPITOL HILL
SOUTHWEST DC
SOUTHEAST DC
Maple (0,6 Meilen)
Union Market (0,4 Meilen)
Ethiopic (0,1 Meilen); Little Miss Whiskey's Golden Dollar (0,5 Meilen); Copycat Co (0,7 Meilen); Toki Underground (0,7 Meilen); Granville Moore's (0,75 Meilen)
Jimmy T's (0,15 Meilen); William Penn House (0,15 Meilen)
Tune Inn (75 m)
Ted's Bulletin (0,3 Meilen)
Rose's Luxury (0,3 Meilen)
Bluejacket Brewery (0,9 Meilen); Nationals Park (0,6 Meilen)
DEA Museum (2 Meilen)
U Street-Cardozo/African American Civil War Memorial
Shaw-Howard
Mt. Vernon Sq/7th St Convention Center
Gallery Place-Chinatown
Metro Center
McPherson Sq
Judiciary Sq
Union Station
Archives
Smithsonian
L'Enfant Plaza
Federal Center SW
Capitol South
Reynolds Center for American Art & Portraiture
National Museum of African American History and Culture
National Archives
National Gallery of Art
US Capitol
Library of Congress
United States Holocaust Memorial Museum
National Air and Space Museum
NBEP-Ticket-kiosk
Logan Circle
Thomas Circle
Franklin Sq
Mt. Vernon Sq
Kennedy Playground
Federal Triangle
National Mall
Capitol Plaza
Union Station Plaza
Hancock Park
Benjamin Banneker Park
Rhode Island Ave NW
Rhode Island Ave NE
Florida Ave NW
New York Ave NW
Massachusetts Ave NW
Pennsylvania Ave NW
Louisiana Ave NW
Vermont Ave NW
Georgia Ave NW
New Jersey Ave NW
North Central Fwy
Constitution Ave NE
Independence Ave SE
Virginia Ave SW
Dwight D Eisenhower Fwy
N Capitol St
S Capitol St
E Capitol St
Delaware Ave NE
Lincoln Rd NE
WASHINGTON, D.C. & CAPITAL REGION
WASHINGTON, D.C.

Washington, D. C.

Highlights
1 Arlington National Cemetery A7
2 Embassy Row C2
3 Library of Congress H6
4 Lincoln Memorial C6
5 Martin Luther King Jr. Memorial C6
6 National Air and Space Museum F6
7 National Archives F5
8 National Gallery of Art F6
9 National Museum of African American History and Culture E6
10 Reynolds Center for American Art & Portraiture F5
11 United States Holocaust Memorial Museum E6
12 US Capitol H6
13 Vietnam Veterans Memorial C6
14 Washington Monument D6
15 Weißes Haus D5

Sehenswertes
16 African American Civil War Memorial F2
17 Bureau of Engraving & Printing E7
18 District of Columbia Arts Center D1
19 Dumbarton Oaks A2
20 Folger Shakespeare Library H6
Ford's Theatre Center for Education and Leadership...... (siehe 38)
21 Franklin Delano Roosevelt Memorial C7
22 Freer-Sackler Museums of Asian Art E6
23 George Washington Memorial Parkway B7
24 Georgetown Waterfront Park A4
25 Hirshhorn Museum F6
26 International Spy Museum F5
27 Jefferson Memorial D7
28 Mt. Zion Cemetery B2
29 National Geographic Museum D3
30 National Museum of American History E6
31 National Museum of Natural History F6
32 National Museum of the American Indian G6
33 National Postal Museum H5
34 National Sculpture Garden F6
35 National WWII Memorial D6
36 Newseum F5
37 Oak Hill Cemetery B2
38 Petersen House E5
39 Phillips Collection C2
40 Reflecting Pool C6
41 Renwick Gallery D4
42 Smithsonian Castle E6
43 Supreme Court H6
44 Textile Museum C4
45 Tudor Place A2
46 Union Station H5
47 White House Visitor Center E5

Aktivitäten, Kurse & Touren
48 Bike & Roll – L'Enfant Plaza F7
DC Brew Tours .... (siehe 10)
Eislaufbahn .... (siehe 34)
Old Town Trolley Tours .... (siehe 38)
49 Tidal Basin Boathouse E7

Schlafen
50 Chester Arthur House E3
51 Club Quarters D4
52 Embassy Circle Guest House C2
53 Graham Georgetown A3
54 Hay-Adams Hotel D4

Frieden befindet sich neben dem Monument. Die Anlage liegt auf einem hübschen Fleckchen Erde um Ufer des Tidal Basin.

★National Museum of African American History and Culture MUSEUM

(☎844-750-3012; www.nmaahc.si.edu; 1400 Constitution Ave NW; ⏰10–17.30 Uhr; 👪; 🚌Circulator, Ⓜ Orange, Silver, Blue Lines bis Smithsonian od. Federal Triangle) GRATIS Das neueste der Smithsonian-Museen, das 2016 eröffnet wurde, widmet sich den vielfältigen Erfahrungen der Afroamerikaner und ihrem Beitrag zur Nation. Die Sammlung umfasst beispielsweise Harriet Tubmans Gesangbuch, Emmet Tills Sarg und die Trompete von Louis Armstrong. Da das Museum sehr beliebt ist, sollte man sich um eine der kostenlosen Eintrittskarten bemühen. Der einfachste Weg, an Tickets zu kommen, ist der Same-Day-Online-Release auf der Homepage des Museums, bei dem diese ab 6.30 Uhr zu bekommen sind. Man muss aber schnell sein, da sie innerhalb von Minuten vergriffen sein können.

National Sculpture Garden GÄRTEN

(Ecke Constitution Ave NW & 7th St NW; ⏰Mo–Do & Sa 10–18, Fr 10–20.30, So 11–18 Uhr; 🚌Circulator, Ⓜ Green, Yellow Lines bis Archives) GRATIS Im 2,4 ha großen Garten der National Gallery of Arts stehen skurrile Skulpturen, wie Roy Lichtensteins *House*, ein riesiger Schreibmaschinenradiergummi von Claes Cloppenburg oder Louise Bougeois' spindeldürre *Spider*. Die Werke verteilen sich um einen Springbrunnen, in dem man im Sommer prima die Füße kühlen kann. Von Mitte November bis Mitte März wird der Brunnen zu einer beliebten **Eislaufbahn** (Erw./Kind

8,50/7,50 US$, Schlittschuhverleih 3 US$; ⏲ Mitte Nov.–Mitte März Mo–Do 10–21, Fr 10–23, Sa 11–23, So 11–21 Uhr; 🚌 Circulator, Ⓜ Green, Yellow Lines bis Archives), und der Garten bleibt ein bisschen länger geöffnet.

National Museum of Natural History

MUSEUM

(☎ 202-663-1000; www.naturalhistory.si.edu; Ecke 10th St & Constitution Ave NW; ⏲ 10–17.30 Uhr, an einigen Tagen bis 19.30 Uhr; 👪; 🚌 Circulator, Ⓜ Orange, Silver, Blue Lines bis Smithsonian od. Federal Triangle) GRATIS Keines der Smithsonian-Museen ist beliebter – man sollte sich auf Menschenmassen einstellen. Man winkt dem Elefanten Henry in der Rotunde zu und schaut sich im 2. Stock den Hope-Diamanten an. Auf dem 45,52 Karat schweren Klunker soll ein Fluch lasten – auch Marie Antoinette gehörte zu seinen Besitzern. Die Dinosaurierhalle wird bis 2019 renoviert, doch der Riesenkalmar (1. Stock, Ocean Hall) und die Fütterung der Taranteln (2. Stock, Insektarium) sorgen bei Kids trotzdem für gespannte Aufmerksamkeit.

National Museum of American History

MUSEUM

(☎ 202-663-1000; www.americanhistory.si.edu; Ecke 14th St & Constitution Ave NW; ⏲ 10–17.30 Uhr, an einigen Tagen bis 19.30 Uhr; 👪; 🚌 Circulator, Ⓜ Orange, Silver, Blue Lines bis Smithsonian od. Federal Triangle) GRATIS Das Museum sammelt alle möglichen Artefakte zur amerikanischen Geschichte. Hauptattraktion ist die Fahne, die im Britisch-Amerikanischen Krieg von 1812 über Fort McHenry in Baltimore wehte und Francis Scott Key zum Text der amerikanischen Nationalhymne *(The Star-Spangled Banner)* inspirierte. Weitere

National Mall

TAGESTOUR

So abwegig ist es nicht, die Mall als „Amerikas Vorgarten“ zu bezeichnen. Tatsächlich besteht sie größtenteils aus einer Wiese, die sich vom Capitol westwärts bis zum Lincoln Memorial erstreckt. Der größte öffentliche Platz der USA war oft Zeuge von Demonstrationen und Protestmärschen vor der monumentalen Kulisse aus Gedenkstätten, die Werte und Errungenschaften der ganzen Nation repräsentieren.

Man kann recht viel an einem einzigen, wenn auch anstrengenden Tag sehen, bei dem man ungefähr 6 km zu Fuß zurücklegt.

Man startet am **1 Vietnam Veterans Memorial** und geht gegen den Uhrzeigersinn um die Mall, am **2 Lincoln Memorial**, **3 Martin Luther King Jr. Memorial** und am **4 Washington Monument** vorbei. Wer will, kann auch Abstecher zum Korean War Veteran Memorial, zum National WWII Memorial und weiteren Monumenten im westlichen Teil der Mall machen.

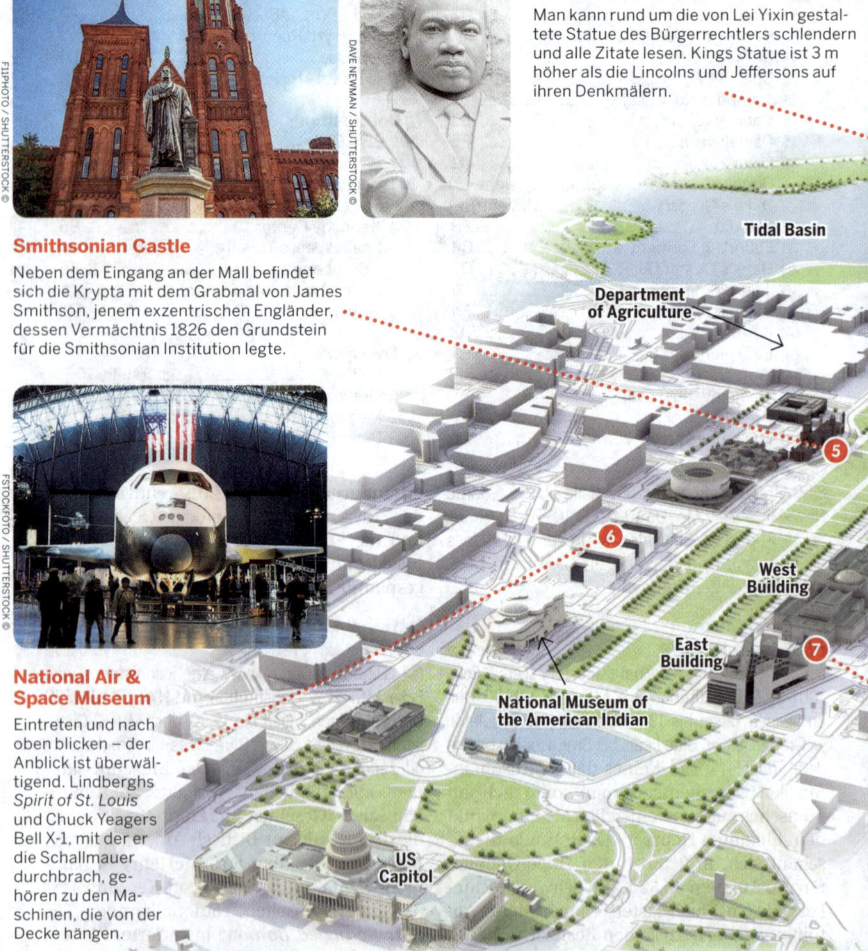

Martin Luther King Jr. Memorial

Man kann rund um die von Lei Yixin gestaltete Statue des Bürgerrechtlers schlendern und alle Zitate lesen. Kings Statue ist 3 m höher als die Lincolns und Jeffersons auf ihren Denkmälern.

Smithsonian Castle

Neben dem Eingang an der Mall befindet sich die Krypta mit dem Grabmal von James Smithson, jenem exzentrischen Engländer, dessen Vermächtnis 1826 den Grundstein für die Smithsonian Institution legte.

National Air & Space Museum

Eintreten und nach oben blicken – der Anblick ist überwältigend. Lindberghs *Spirit of St. Louis* und Chuck Yeagers Bell X-1, mit der er die Schallmauer durchbrach, gehören zu den Maschinen, die von der Decke hängen.

Danach geht's weiter zu den Museen, die allesamt hervorragend und noch dazu kostenlos sind. Beginnen sollte man im **5 Smithsonian Castle** wo man alle Infos bekommt und dem Menschen huldigen kann, der die großartigen Einrichtungen ermöglicht hat. Danach geht es weiter mit dem Rundgang durch **6 National Air & Space Museum**, **7 National Gallery of Art & National Sculpture Garden** und **8 National Museum of Natural History**.

TOP-TIPPS

Man sollte, vor allem im Sommer, früh aufbrechen – so entgeht man den Massen und der brütenden Hitze. Bis 10.30 Uhr sollte man die Gedenkstätten besichtigt haben, um sich dann in die klimatisierten Räume der Museen flüchten zu können. Und Snacks nicht vergessen – das kulinarische Angebot auf der Mall ist dürftig!

Lincoln Memorial

Zuerst betracht man den sitzenden Lincoln, dann geht man die Treppen hinunter zu der Stelle, an der Martin Luther King Jr. über seinen „Traum" sprach. Der Blick auf den Reflecting Pool und das Washington Monument ist ein Highlight eines D. C.-Besuchs.

1
2
3
4
8

Korean War Veterans Memorial

National WWII Memorial

National Museum of African American History & Culture

National Museum of American History

National Sculpture Garden

ADAM PARENT / SHUTTERSTOCK ©

Vietnam Veterans Memorial

Man sollte auf das Symbol neben jedem Namen achten: Eine Raute steht für „gefallen, Leiche geborgen", ein Plus-Zeichen für „vermisst, Umstände ungeklärt" – auf fast 1200 Soldaten trifft Letzteres zu.

Washington Monument

Bei der Annäherung an den Obelisken sollte man den Blick nach oben wenden: Ungefähr ab dem ersten Drittel wird der Stein dunkler, da die Erbauer auf einen anderen Marmor zurückgreifen mussten.

National Museum of Natural History

Nachdem man den Elefanten Henry begrüßt hat, geht's hinauf zum Hope-Diamanten. Der 45,52 Karat schwere Edelstein belegte seine Besitzer, u. a. auch Marie Antoinette, angeblich mit einem Fluch.

KAMIRA / SHUTTERSTOCK ©

National Gallery of Art & National Sculpture Garden

Besonders sehenswert ist das einzige Gemälde Leonardos, das in den USA aufbewahrt wird (im West Building). Draußen schlendert man inmitten skurriler Skulpturen von Miró, Calder und Roy Lichtenstein umher. Ein Hingucker ist auch das von I. M. Pei entworfene East Building.

Highlights sind Julia Childs Küche (1. Stock, *Food Exhibition*), George Washingtons Schwert (3. Stock, *Price of Freedom*-Ausstellung), Dorothys rubinrote Schuhe und ein Stück des Plymouth Rock (beide im 2. Stock, Ausstellung *American Stories*).

Jefferson Memorial DENKMAL
(www.nps.gov/thje; 900 Ohio Dr SW; 24 Std.; Circulator, M Orange, Silver, Blue Lines bis Smithsonian) GRATIS Die Gedenkstätte inmitten von Kirschbäumen am Südufer des Tidal Basin ehrt den politischen Philosophen Thomas Jefferson, den dritten Präsidenten der USA, der zudem die Unabhängigkeitserklärung verfasste und die University of Virginia gründete. Die Rotunde, von John Russell Pope in Anlehnung an Jeffersons Entwurf der Bibliothek von Virginia errichtet, wurde anfangs als „Jefferson Muffin" verspottet.

National World War II Memorial DENKMAL
(www.nps.gov/wwii; 17th St; 24 Std.; Circulator, M Orange, Silver, Blue Lines bis Smithsonian) GRATIS Die 2004 eingeweihte Gedenkstätte, eine ovale Anlage mit zentralem Springbrunnen, ehrt die 400 000 US-Amerikaner, die in diesem Krieg starben, sowie die 16 Mio. G.I.s, die zwischen 1941 und 1945 ihren Dienst verrichteten. Die beiden steinernen Pavillons symbolisieren den Sieg auf dem europäischen (atlantischen) und dem asiatischen (pazifischen) Kriegsschauplatz. Die 56 Pfeiler stehen für die einzelnen US-Bundesstaaten und -Territorien

Hirshhorn Museum MUSEUM
(202-633-1000; www.hirshhorn.si.edu; Ecke 7th St & Independence Ave SW; 10–17.30 Uhr; ; Circulator, M Orange, Silver, Blue, Green, Yellow Lines zur L'Enfant Plaza) GRATIS In dem zylindrischen Museum für moderne Kunst des Smithsonian sind Gemälde und Skulpturen von der Frühzeit des Modernismus über die Pop-Art bis zur zeitgenössischen Kunst ausgestellt. Sonderausstellungen nehmen den 2. Stock ein, Wechselausstellungen aus der Dauersammlung den 3. Stock, wo es auch einen schicken Sitzbereich mit Sofas, deckenhohen Fenstern und einen Aussichtsbalkon zur National Mall hinaus gibt.

Smithsonian Castle GEBÄUDE
(202-633-1000; www.si.edu; 1000 Jefferson Dr SW; 8:30am-5:30pm; Circulator, M Orange, Silver, Blue Lines bis Smithsonian) James Renwick entwarf das von Türmen bekrönte, 1855 fertiggestellte rote Sandsteingebäude, das an ein Märchenschloss erinnert. Heute beherbergt die „Burg" das **Smithsonian Visitors Center**, eine gute erste Anlaufstelle auf der National Mall. Im Haus gibt es historische Exponate, mehrsprachige Touchscreens, einen mit Personal besetzten Informationsschalter, kostenlose Lagepläne, ein Café – und das Grab von James Smithson, der den USA sein Vermögen zum Aufbau einer Einrichtung zur Verbreitung des Wissens hinterließ. Die Krypta befindet sich in einem kleinen Raum am Haupteingang abseits der Mall.

Freer-Sackler Museums of Asian Art MUSEUM
(202-633-1000; www.asia.si.edu; Ecke Independence Ave & 12th St SW; 10–17.30 Uhr; Circulator, M Orange, Silver, Blue Lines bis Smithsonian) GRATIS Ein hübsches Museum, in dem sich gut ein Nachmittag in Washington verbringen lässt: Japanische Seidenwandschirme, lächelnde Buddhas, seltene islamische Manuskripte und chinesische Schmuckstücke aus Jade verteilen sich über die stillen, kühlen Säle. Das Freer und das Sackler sind eigentliche separate Einrichtungen, die aber durch einen Tunnel verbunden sind. Das Sackler konzentriert sich mehr auf Wechselausstellungen, während das Freer, recht zusammenhangslos, auch Werke des US-amerikanischen Malers James Whistler präsentiert. Unbedingt anschauen sollte man sich den blau-goldenen, mit Keramik überfüllten Pfauensaal.

National Museum of the American Indian MUSEUM
(202-663-1000; www.nmai.si.edu; Ecke 4th St & Independence Ave SW; 10–17.30 Uhr; ; Circulator, M Orange, Silver, Blue, Green, Yellow Lines zur L'Enfant Plaza) GRATIS Das Gebäude mit seiner kurvigen Fassade aus honiggelbem Sandstein fällt ins Auge. Drinnen finden sich kulturelle Artefakte, Kostüme, Bild- und Tonaufnahmen der indigenen Völker des amerikanischen Doppelkontinents. Die Ausstellungen wurden überwiegend von den jeweiligen Völkern selbst konzipiert, woraus sich ein persönlich gefärbtes, manchmal etwas zusammenhangloses Gesamtbild ergibt. Faszinierend ist die Galerie *Our Universes* (Ebene 4), die sich mit den Glaubensvorstellungen und Schöpfungsmythen der Ureinwohner befasst.

Franklin Delano Roosevelt Memorial DENKMAL
(www.nps.gov/frde; 400 W Basin Dr SW; 24 Std.; Circulator, M Orange, Silver, Blue Lines bis Smith-

sonian) GRATIS Die 3 ha große Gedenkstätte ist dem Präsidenten mit der längsten Amtszeit der US-Geschichte und seiner Ära gewidmet. Die Besucher werden durch vier von rotem Granit eingefasste „Räume" geleitet, in denen Statuen und Inschriften von Roosevelts Amtszeit von der Weltwirtschaftskrise über die New-Deal-Politik bis zum Zweiten Weltkrieg erzählen. Dazwischen finden sich Brunnen und friedliche Nischen. Die Anlage ist besonders reizvoll bei Nacht, wenn sich der Marmor in dem ruhigen Wasser des Tidal Basin spiegelt.

Capitol Hill

Das geografische Herz der Stadt – und auch das Herz der amerikanischen Gesetzgebung – überrascht dadurch, dass es überwiegend aus herrschaftlich anmutenden Reihenhäusern besteht. Auf diesem riesigen Areal finden sich wichtige Sehenswürdigkeiten, etwa das Capitol, die Kongressbibliothek und das Holocaust Memorial Museum. Im Bereich zwischen dem Eastern Market und der H St NE befindet sich der Mittelpunkt des sozialen Lebens der Einheimischen mit netten Restaurants und einem tollen Nachtleben.

★ Capitol — WAHRZEICHEN

(☎202-226-8000; www.visitthecapitol.gov; 1st St NE & E Capitol St; ⌚Mo–Sa 8.30–16.30 Uhr; Ⓜ Orange, Silver, Blue Lines bis Capitol South) GRATIS Seit 1800 tritt hier die Legislative der USA – also der Kongress – zusammen, und beschließt die Gesetze des Landes. Die 435 Abgeordneten des Repräsentantenhauses und die 100 Mitglieder des Senats versammeln sich im Süd-, bzw. Nordflügel des Hauses. Besucher betreten das Gebäude über das unterirdische Besucherzentrum unterhalb der East Plaza. Die Führungen sind kostenlos, man benötigt jedoch eine Eintrittskarte, die nur begrenzt verfügbar sind. Außerdem muss man mit langen Wartezeiten rechnen. Es ist sinnvoll, die Tickets im Voraus gebührenfrei zu reservieren (keine Bearbeitungsgebühr).

Die einstündige Tour zeigt ausführlich die Vergangenheit eines Gebäudes auf, das vor Geschichte nur so strotzt. Zuerst sieht man sich einen kitschigen Film an, wird dann von den Mitarbeitern in die kunstvollen Hallen und ruhige Kammern gebracht, die mit Büsten, Statuen und Andenken an Generationen von Kongressmitgliedern geradezu vollgestopft sind.

Um sich eine Sitzung des Kongresses anschauen zu dürfen, benötigt man einen speziellen Pass. US-Bürger bekommen diesen von ihrem Abgeordneten oder Senator. Ausländische Besucher gehen mit ihrem Reisepass zum House and Senate Appointment Desk im oberen Stockwerk. Die interessanteren und inhaltsreicheren sind die Ausschussanhörungen des Kongresses, wenn man an einer echten Debatte interessiert ist. Man kann sich bezüglich der Termine und Räumlichkeiten der häufig öffentlichen Debatten auf www.house.gov und www.senate.gov informieren.

★ United States Holocaust Memorial Museum — MUSEUM

(☎202-488-0400; www.ushmm.org; 100 Raoul Wallenberg Pl SW; ⌚10–17.20 Uhr, April & Mitte Juni längere Öffnungszeiten; 🚌Circulator, Ⓜ Orange, Silver, Blue Lines bis Smithsonian) GRATIS Für ein umfassendes Verständnis des Holocaust – seiner Opfer, Täter und Zuschauer – ist ein Besuch in diesem erschütternden Museum ein Muss. In der Hauptausstellung erhält jeder Besucher den Ausweis eines bestimmten Holocaust-Opfers. Dessen Geschichte folgt man dann auf dem gewundenen Rundgang in die höllische, von Ghettos, Viehwaggons und Vernichtungslagern geprägte Vergangenheit. Gezeigt werden aber auch Aspekte der Menschlichkeit anhand vieler Beispiele, in den Menschen Risiken in Kauf nahmen, um den Verfolgten zu helfen.

★ Library of Congress — BIBLIOTHEK

(☎202-707-8000; www.loc.gov; 1st St SE; ⌚Mo–Sa 8.30–16.30 Uhr; Ⓜ Orange, Silver, Blue Lines bis Capitol South) GRATIS Die weltweit größte Bibliothek hat einen Bestand von 164 Mio. Büchern, Manuskripten, Karten, Bildern, Filmen und anderen Objekten und beeindruckt in Größe und Design. Das Herzstück ist das 1897 errichtete Jefferson Building. Besucher bestaunen den mit Buntglas, Marmor und Mosaiken mystischer Figuren geschmückten großen Saal, das Exemplar der Gutenberg-Bibel von ca. 1455 und Thomas Jeffersons Bibliothek sowie den Aussichtsbereich des Lesesaals. Zwischen 10.30 und 15.30 Uhr finden halbstündig kostenlose Führungen statt.

Supreme Court — WAHRZEICHEN

(☎202-479-3030; www.supremecourt.gov; 1 1st St NE; ⌚Mo–Fr 9–16.30 Uhr; Ⓜ Orange, Silver, Blue Lines bis Capitol South) GRATIS Das höchste Gericht der USA residiert in einem altgriechisch anmutenden Tempel, der von 5897 kg schweren Türen geschützt wird. Frühaufsteher können bei Verhandlungen zuschauen (Okt.–April regelm. Mo–Mi). Die Dauerausstellung und die Wendeltreppe aus Marmor und Bronze über fünf Stockwerke können ganzjährig besichtigt werden. An sitzungsfreien Tagen gibt es auch Lesungen im Gerichtssaal (stündlich zur halben Stunde). Man sollte beim Verlassen darauf achten, dass man durch die Türen zu den majestätischen Vordertreppen geht.

National Postal Museum MUSEUM

(☎202-633-5555; www.postalmuseum.si.edu; 2 Massachusetts Ave NE; ⏲10–17.30 Uhr; ♿; Ⓜ Red Line zur Union Station) GRATIS Das von der Smithsonian Institution geführte Postmuseum ist viel cooler, als man es vielleicht erwartet. Unten (Ebene 1) gibt es eine Ausstellung zur Postgeschichte von den Zeiten des Pony Express bis zur Gegenwart – zu sehen sind beispielsweise alte Postflugzeuge und anrührende Briefe von Soldaten und Pionieren. Auf Ebene 2 findet sich die weltweit größte Briefmarkensammlung. Philatelisten ziehen die Schubladen heraus und machen Schnappschüsse der seltensten Marken (z. B. der Benjamin Franklin Z Grill). Man kann auch selbst mit dem Sammeln anfangen, indem man aus Tausenden kostenlosen Marken aus Ländern wie Guyana, dem Kongo oder Kambodscha wählt.

Folger Shakespeare Library BIBLIOTHEK

(☎202-544-4600; www.folger.edu; 201 E Capitol St SE; ⏲Mo–Sa 10–17, So 12–17 Uhr; Ⓜ Orange, Silver, Blue Lines bis Capitol South) GRATIS Shakespeare-Fans werden begeistert sein: Die Bibliothek besitzt den weltweit größten Bestand seiner Werke. Im Großen Saal sind elisabethanische Artefakte, Gemälde, Kupferstiche und Manuskripte ausgestellt. Das Highlight ist die Möglichkeit, eine seltene erste Shakespeare-Gesamtausgabe von 1623 digital zu durchblättern. Man kann auch das schöne, dort befindliche **Theater** (www.folger.edu/theatre; Tickets ab 30 US$) besuchen, eine Nachbildung des Elizabethan Globe Theatre. Und abends kommt man wieder, um sich ein Stück anzusehen.

Bureau of Engraving & Printing WAHRZEICHEN

(☎202-874-2330; www.moneyfactory.gov; Ecke 14th St & C St SW; ⏲März–Aug. Mo–Fr 9–10.45, 12.30–15.45 & 17–18 Uhr, Sept.–Feb. kürzere Öffnungszeiten; 🚌Circulator, Ⓜ Orange, Silver, Blue Lines bis Smithsonian) GRATIS Hier wird richtig Geld gemacht! Die Banknoten des Landes werden hier entworfen und gedruckt. Im Rahmen der 40-minütigen Führungen blickt man in die Werkhalle hinunter, wo Millionen US-Dollar aus der Presse laufen und per Fallbeil zurechtgeschnitten werden. Aber das Ganze ist eine recht trockene Tour; man sollte keine tollen Bilder oder flotten Sprüche erwarten. In der Hauptsaison (März–Aug.) braucht man terminierte Eintrittskarten, die man sich frühzeitig am **Ticketkiosk** (Raoul Wallenberg Pl, aka 15th St; ⏲8 Uhr–Tickets ausverkauft sind; Ⓜ Orange, Silver, Blue Lines bis Smithsonian) besorgen sollte. Er öffnet um 8 Uhr; um 10 Uhr sind die Tickets häufig schon vergeben.

Weißes Haus & Foggy Bottom

Der Präsident lebt mitten *in da 'hood.* Das State Department, die Weltbank und andere Einrichtungen befinden sich ganz in der Nähe in Foggy Bottom. Das ist tagsüber ein belebtes Viertel, aber außer beim Kennedy Center für darstellende Kunst ist hier abends wenig los.

★Weißes Haus WAHRZEICHEN

(☎202-456-7041; www.whitehouse.gov; 1600 Pennsylvania Ave NW; ⏲geführte Touren Di–Do 7.30–11.30, Fr & Sa bis 13.30 Uhr; Ⓜ Orange, Silver, Blue Lines bis Federal Triangle od. McPherson Sq) GRATIS Das „Haus des Präsidenten" wurde zwischen 1792 und 1800 erbaut. Falls man das Glück hat, an einer öffentlichen Führung teilnehmen zu können, besichtigt man mehrere Räumlichkeiten, alle vollgestopft mit präsidialer Geschichte. Diese Führungen müssen im Vorfeld organisiert werden. Wer kein US-Bürger ist, kann das bei der Botschaft des eigenen Landes in Washington tun. Die Anträge können zwischen 21 Tagen und drei Monaten im Voraus gestellt werden – je früher, desto besser.

White House Visitor Center MUSEUM

(☎202-208-1631; www.nps.gov/whho; 1450 Pennsylvania Ave NW; ⏲7.30–16 Uhr; Ⓜ Orange, Silver, Blue Lines bis Federal Triangle) GRATIS Wem die Zugangsprozeduren fürs Weiße Haus zu mühselig sind, der kann sich mit diesem Museum begnügen. Hier gibt's Artefakte zu sehen, etwa den Schreibtisch, von dem Franklin D. Roosevelt seine Kaminansprachen hielt, oder den Stuhl, auf dem Lincoln bei Kabinettssitzungen Platz nahm. Multimediapräsentationen ermöglichen einen virtuellen Rundgang durchs Weiße Haus.

Das ist natürlich kein Erlebnis aus erster Hand, doch das Besucherzentrum macht seine Sache ganz gut: Man bekommt einen historischen Einblick, garniert mit Anekdoten über die First Ladys, Kinder, Haustiere und Speisevorlieben der Präsidenten.

Textile Museum MUSEUM
(☎202-994-5200; www.museum.gwu.edu; 701 21st St NW; empfohlene Spende 8 US$; ⌚Mo & Fr 11–17, Mi & Do 11–19, Sa 10–17, So 13–17 Uhr; Ⓜ Orange, Silver, Blue Lines bis Foggy Bottom-GWU) Dieses Schmuckstück ist das einzige Textilmuseum des Landes. In seinen Sälen sind exquisite Stoffe und Teppiche auf zwei Ebenen ausgestellt. Die (einige Male im Jahr wechselnden) Ausstellungen beschäftigen sich mit bestimmten Themen, z. B. mit asiatischen Textilien mit Drachenmotiven oder Geweben der Kuba aus der Demokratischen Republik Kongo. Und das Gute ist: Das Museum teilt sich das Gebäude mit der Washingtonia-Sammlung der George Washington University, die historische Pläne, Zeichnungen u. Ä. zur Hauptstadt umfasst.

Renwick Gallery MUSEUM
(☎202-633-7970; http://renwick.americanart.si.edu; 1661 Pennsylvania Ave NW; ⌚10–17.30 Uhr; Ⓜ Orange, Silver, Blue Lines bis Farragut West) GRATIS Die zum Smithsonian-Imperium gehörende Galerie residiert in einer prächtigen Villa aus dem Jahr 1859 und zeigt eine verspielte Sammlung amerikanischen Kunsthandwerks.

Downtown & Penn Quarter

Das Penn Quarter erstreckt sich rund um die Pennsylvania Ave, vom Weißen Haus bis zum Capitol. Die Innenstadt befindet sich von hier aus in westlicher Richtung. Die wichtigsten Sehenswürdigkeiten sind die National Archives, das Reynolds Center for American Art & Portraiture, sowie das Ford's Theatre. Des Weiteren beheimatet es mehrere Theater und das Basketball- und Eishockey-Stadion.

★ National Archives WAHRZEICHEN
(☎866-272-6272; www.archives.gov/museum; 700 Pennsylvania Ave NW; ⌚10–17.30 Uhr; Ⓜ Green, Yellow Lines bis Archives) GRATIS Es ist kaum möglich, nicht zumindest ein bisschen Ehrfurcht zu empfinden, wenn man vor den berühmten Dokumenten in den National Archives steht: der Unabhängigkeitserklärung, der Verfassung und der Bill of Rights (erste zehn Verfassungszusätze) sowie einer von vier Kopien der Magna Carta. Gemeinsam verdeutlichen diese Dokumente dem Besucher, wie radikal dieses „Experiment USA" in der damaligen Zeit war. Die Public Vaults sind lediglich ein Kratzen an der Oberfläche des gesamten archivierten Materials – und eine spektakuläre Ergänzung zur Hauptausstellung.

Newseum MUSEUM
(☎202-292-6100; www.newseum.org; 555 Pennsylvania Ave NW; Erw./Kind 25/15 US$; ⌚9–17 Uhr; 👪; Ⓜ Green, Yellow Lines bis Archives) Das sechsstöckige, hochgradig interaktive Nachrichtenmuseum ist das Eintrittsgeld wert. Man kann die wichtigsten Ereignisse der letzten Jahre Revue passieren lassen (den Fall der Berliner Mauer, 09/11, Hurrikan Katrina), stundenlang Filmmaterial anschauen und in mit dem Pulitzer-Preis ausgezeichneten Fotos stöbern. Auf einem Stockwerk ist FBI-Material zu bekannten Fällen ausgestellt, etwa die Hütte des Unabomber oder der Fischerhut des Verbrechers Whitey Bluger.

Ford's Theatre Center for Education and Leadership MUSEUM
(☎202-347-4833; www.fords.org; 514 10th St NW; ⌚9–17 Uhr; Ⓜ Red, Orange, Silver, Blue Lines bis Metro Center) GRATIS Noch mehr Exponate zum Fall Lincoln! Gegenüber dem berühmten Theater, in dem Lincoln erschossen wurde, wird man durch das **Petersen House** (www.nps.gov/foth) geführt, wo er starb. Man arbeitet sich vom 4. Stock, in dem dargestellt wird, wie sich Lincolns Amtszeit bis auf die heutige Politik und Popkultur auswirkt, bis in den 2. Stock vor, der einen Blick auf die Herrscher vermittelt, die von Lincolns Handeln beeinflusst waren und sind. Das Ticket für das Ford's Theatre und das Petersen House gilt auch hier.

★ Reynolds Center for American Art & Portraiture MUSEUM
(☎202-633-1000; www.americanart.si.edu; Ecke 8th & F St NW; ⌚11.30–19 Uhr; Ⓜ Red, Yellow, Green Lines bis Gallery Pl-Chinatown) GRATIS Wer bei einem Washington-Besuch nur Zeit für ein Museum hat, sollte sich für das Reynolds Center entscheiden, das die National Portrait Gallery mit dem American Art Museum vereint. Es gibt schlicht keine bessere Sammlung US-amerikanischer Kunst als in diesen beiden Smithsonian-Museen. Berühmte Werke von Edward Hopper, Georgia O'Keeffe, Andy Warhol, Winslow Homer und vielen weiteren bedeutenden Künstlern füllen die Säle.

International Spy Museum MUSEUM

(☎202-393-7798; www.spymuseum.org; 800 F St NW; Erw./Kind 22/15 US$; ⊙Mitte April–Mitte Aug. 9–19 Uhr, restliches Jahr 10–18 Uhr; ; Ⓜ Red, Yellow, Green Lines bis Gallery Pl-Chinatown) Eines der beliebtesten Museen D.C.s.: Es ist grell, ein bisschen übertrieben und definitiv für schuldig befunden, das Leben eines James-Bond-Fans zu bereichern. Und das möchte man hier erreichen! Im Prinzip kommen Besucher hierher, um einen Blick in Qs Labor zu werfen – und so ist das ganze Museum. Man sieht Bonds mit Waffen und Gadgets vollgepackten Aston Martin, die als Lippenstift getarnte Pistole des KGB und vieles mehr. Kinder lieben das. Aber Achtung: Hier bilden sich schon früh lange Schlangen! Eine Online-Reservierung im Voraus spart Wartezeit.

Logan Circle, U Street & Columbia Heights

Diese Viertel haben sich in den letzten Jahren stärker verändert als die meisten anderen in Washington. Der U Street Corridor hat das ausgeprägteste Nachtleben vor Ort und schon so einiges erlebt: Hier befand sich einst der „Black Broadway“ wo Duke Ellington und Ella Fitzgerald zwischen den 1920er- und 1950er-Jahren auftraten und 1968 das Zentrum der Rassenunruhen lag. Hier gab es – nach einem beunruhigenden Niedergang – in den letzten Jahren eine echte Wiedergeburt. Ein Bummel durch das Viertel ist ein Muss und lohnt sich wegen der Wandbilder in den Straßen, der heißen Musikbars und der Antiquitätenläden.

Die U Street gehört zum größeren Viertel Shaw, das derzeit besonders angesagt ist. Dabei ist es aber nicht auf nervige Weise trendy: Die Brauereien, Bars und Cafés, die hier jede Woche neu hinzuzukommen scheinen, werden schnell Orte, an denen sich die Bewohner des Viertels und vor allem Studenten (die Howard University befindet sich hier) gern treffen. Der Logan Circle direkt nebenan boomt ebenfalls. Wenn man die 14th St NW hinunterläuft, entdeckt man Weinbars angesagter Chefköche, Kneipen, Tapas-Lokale und Austernbars. In den Seitenstraßen stehen stattliche alte Villen, die dem Viertel seine Klasse verleihen.

Columbia Heights im Norden hat den Ruf, eine Enklave für lateinamerikanische Einwanderer und Hipster zu sein. Hier gibt es keine Sehenswürdigkeiten, aber die günstige Ethno-Küche und die schlichten Bars versprechen einen netten Abend.

Northeast D.C. besteht aus einem langen Streifen herrschaftlicher Häuser mit vielen verstreuten Sehenswürdigkeiten und Brauereien. Naturliebhaber können tolle Landschaften erkunden, vorausgesetzt, sie verfügen über ein Auto oder es macht ihnen nichts aus, längere Zeit in öffentlichen Verkehrsmitteln zu verbringen.

African American Civil War Memorial MONUMENT

(www.afroamcivilwar.org; Ecke U St & Vermont Ave NW; Ⓜ Green, Yellow Lines bis U St) Dieses bronzene Denkmal auf einem Granitplatz stellt bewaffnete Truppen dar und ist das erste wichtige Kunstwerk in D.C., das von dem schwarzen Bildhauer Ed Hamilton gefertigt wurde. Die Statue wird auf drei Seiten von der Wall of Honor eingerahmt, auf der die Namen von 209 145 farbigen Soldaten verewigt sind, ebenso wie die der 7000 Weißen, die mit ihnen gedient haben. Mithilfe eines Verzeichnisses ist es möglich, einen bestimmten Namen innerhalb der einzelnen Regimenter ausfindig zu machen.

Um zu dem Denkmal zu kommen, verlässt man die Metrostation in Richtung 10th St, indem man den *Memorial*-Schildern folgt, nachdem man den Zug verlassen hat.

Mexican Cultural Institute BEMERKENSWERTES GEBÄUDE

(☎202-728-1628; www.instituteofmexicodc.org; 2829 16th St NW; ⊙Mo–Fr 10–18, Sa 12–16 Uhr; Ⓜ Green, Yellow Lines bis Columbia Heights) GRATIS Das Mexican Cultural Institute wirkt verschlossen und einschüchternd. Nicht abschrecken lassen! Das mit viel Gold geschmückte, kunstvolle Herrenhaus ist für die Öffentlichkeit zugänglich und beherbergt herausragende Kunst und kulturelle Exponate mit Bezug auf Mexiko. Man kann dort Diego Riveras Kunst, religiöse Artefakte der Maya oder Octavio Paz’ Schriften sehen. Einfach an der Tür klingeln!

Dupont Circle & Kalorama

Dupont verfügt über schillernde, neue Restaurants, hippe Bars, Cafés und coole Buchläden. Es ist auch das Herz der hier ansässigen Lesben-Schwule-Bi-Transgender-Gemeinde. Hier lebten auch viele der Internetmillionäre, die um die Jahrtausendwende reich wurden. Heute haben in der gegend zudem viele Botschaften ihren Sitz. Kalorama liegt in der nordwestlichen Ecke und vervollständigt dieses hoheitsvolle Gebiet.

★ **Embassy Row** ARCHITEKTUR
(www.embassy.org; Massachusetts Ave NW, zw. Observatory Circle & Dupont Circle NW; Ⓜ Red Line bis Dupont Circle) Eine Reise um die Welt gefällig? Man spaziert in nordwestlicher Richtung vom Dupont Circle aus entlang der Massachusetts Ave und kommt an über 40 Botschaften vorbei, die in Villen untergebracht sind – von unauffällig über elegant bis herrschaftlich. Tunesien, Chile, Turkmenistan, Togo, Haiti – die Flaggen wehen über schweren Toren und zeigen an, welches Hoheitsgebiet man beträte, während Limousinen mit getönten Scheiben Diplomaten hinein- oder herausbringen. Im Bezirk gibt es 130 weitere Botschaften, aber dies ist die Hauptschlagader.

National Geographic Museum MUSEUM
(☎202-857-7700; www.nationalgeographic.org/dc; 1145 17th St NW; Erw./Kind 15/10 US$; ⏲10–18 Uhr; Ⓜ Red Line bis Farragut North) Das Museum am Hauptsitz der National Geographic Society kann mit dem riesigen Angebot der Smithsonians nicht mithalten, lohnt sich aber, abhängig von der aktuellen Ausstellung, durchaus ebenfalls. Die Exponate sind Mitbringsel von den bestens bekannten Expeditionen von National Geographic in die entlegensten Winkel der Erde und wechseln regelmäßig.

Phillips Collection MUSEUM
(☎202-387-2151; www.phillipscollection.org; 1600 21st St NW; Di–Fr Eintritt frei, Sa & So 10 US$, Ausstellung 12 US$/Tag; ⏲Di, Mi, Fr & Sa 10–17, Do bis 20.30, So 12–19 Uhr; Ⓜ Red Line bis Dupont Circle) Das landesweit erste Museum für moderne Kunst eröffnete 1921. Es beherbergt eine kleine, aber exquisite Sammlung europäischer und amerikanischer Werke. Renoirs *Frühstück der Ruderer* ist eines der Highlights, überdies werden Gemälde von Gauguin, van Gogh, Matisse, Picasso und vielen anderen bedeutenden Meistern gezeigt. In den Sälen der restaurierten Villa kommt man den Kunstwerken ungewohnt nah. An Werktagen ist die Dauerausstellung kostenlos. Für eine Audio-Tour kann man die kostenlose App herunterladen oder 202-595-1839 anrufen.

Adams Morgan

Adams Morgan war lange Zeit die Gegend Washingtons, die für Spaß und Nachtleben stand. Außerdem galt es als eine Art globales Dorf. Daraus ist mittlerweile ein lebhaftes Viertel an der 18th St NW geworden. Klassische Boutiquen, Plattenläden und Lokale mit Speisen aus aller Herren Länder schießen zwischen coolen Bars und einer wachsenden Anzahl von stylischen Gourmetparadiesen aus dem Boden.

District of Columbia Arts Center KUNSTZENTRUM
(DCAC; ☎202-462-7833; www.dcartscenter.org; 2438 18th St NW; ⏲Mi–So 14–19 Uhr; Ⓜ Red Line bis Woodley Park-Zoo/Adams Morgan) GRATIS Das bodenständige DCAC gibt aufstrebenden Künstlern eine Bühne, um ihre Arbeit vorzuführen. Die knapp 75 m² große Galerie bietet wechselnde Visual-Art Exponate, und in dem 50 Sitze fassenden Saal finden Schauspiele, Improvisationen, Avantgarde-Musicals und andere Theateraufführungen statt. Der Besuch der Galerie ist kostenlos. Ein Besuch lohnt sich immer, schon um mal zu schauen, was dort gerade geboten ist.

Georgetown

Georgetown ist D.C.s aristokratischste Ecke, die Heimat von Elite-Studenten, Akademikern in ihren Elfenbeintürmen und Diplomaten. Hier reihen sich elegante Markenboutiquen, edelholzverkleidete Bars und Spitzenklasserestaurants aneinander. Hübsche Parks und Gärten bilden einen schönen Rahmen.

Dumbarton Oaks GARTEN, MUSEUM
(☎202-339-6401; www.doaks.org; 1703 32nd St NW; Museum Eintritt frei, Garten Erw./Kind 10/5 US$; ⏲Museum Di–So 11.30–17.30 Uhr, Garten 14–18 Uhr; 🚌Circulator) Der 4 ha große, bezaubernde Landschaftsgarten wirkt wie einem Märchenbuch entnommen. Im Frühjahr ist der Anblick der Blüten – insbesondere der Kirschblüten – einfach überwältigend. Auch die Villa lohnt eine Besichtigung; die Sammlung umfasst exquisite byzantinische und präkolumbische Kunst (u. a. El Grecos *Heimsuchung*) sowie eine faszinierende Bibliothek mit vielen seltenen Bänden.

Georgetown Waterfront Park PARK
(www.georgetownwaterfrontpark.org; Water St NW, zw. 30th St & Key Bridge; 👪; 🚌Circulator) Der Park ist beliebt bei Liebespärchen, Familien auf einem Abendspaziergang und Yuppies, die mit ihren großen Jachten protzen. Bänke säumen den Weg, von denen aus man den Ruderern auf dem Potomac River zuschauen kann. Freiluftrestaurants ballen sich nahe dem Hafen an der 31st St NW. Sie umringen eine ter-

rassierte Plaza voller Springbrunnen (die im Winter zu einer Eisbahn wird). Hier ankern auch die Sightseeing-Boote, die auf dem Potomac nach Alexandria, VA, schippern.

Georgetown University UNIVERSITÄT
(☎ 202-687-0100; www.georgetown.edu; Ecke 37th & O St NW; 🚌 Circulator) Die Georgetown, eine der führenden Universitäten des Landes, besitzt eine Studentenschaft, die kräftig zu arbeiten und zu feiern versteht. 1789 gegründet, ist sie zugleich die älteste römisch-katholische Akademikerschmiede des Landes. Bill Clinton und gekrönte Häupter und Staatsführer aus aller Welt zählen zu den berühmten „Hoyas" (Alumni; der Begriff ist abgeleitet vom lateinischen Schlachtruf *hoya saxa*, der in etwa „was für Felsen" bedeutet). Nahe dem Osttor des Campus beeindruckt die mittelalterlich wirkende **Healy Hall** mit einem hohen Uhrenturm, der auch in Hogwarts eine gute Figur abgäbe. Dahinter versteckt sich die hübsche **Dalghren Chapel** mit ihrem ruhigen Hof.

Exorcist Stairs FILM-LOCATION
(3600 Prospect St NW; 🚌 Circulator) Die steile Treppe hinunter zur M St ist eine beliebte Jogging-Strecke, vor allem aber bekannt als die Stelle, wo der von Dämonen besessene Father Karras in dem Horror-Klassiker *Der Exorzist (1973)* zu Tode stürzt. An einem nebligen Abend wirken die Steinstufen tatsächlich ganz schön gruselig.

Tudor Place MUSEUM
(☎ 202-965-0400; www.tudorplace.org; 1644 31st St NW; Haus 1-stündige Führung Erw./Kind 10/3 US$, Gartentour auf eigene Faust 3 US$; ⏱ Di–Sa 10–16, So ab 12 Uhr, Jan. geschl.; 🚌 Circulator) Die klassizistische Villa von 1816 gehörte einst Martha Custis Peter, der Enkelin von Martha Washington, und ihrem Mann Thomas. Heute ist die Villa ein kleines Museum mit Kunstwerken und Möbeln aus Mount Vernon, das einen guten Einblick in amerikanisches Kunsthandwerk gewährt. Rosen, Lilien, Pappeln und Palmen schmücken den prächtigen, 2 ha großen Garten.

Upper Northwest DC

★ Washington National Cathedral KIRCHE
(☎ 202-537-6200; https://cathedral.org; 3101 Wisconsin Ave NW; Erw./Kind 12/8 US$, So frei; ⏱ Mo–Fr 10–17.30, Sa 10–16, So 8–16 Uhr; Ⓜ Red Line bis Tenleytown-AU, dann südwärts mit Bus 30, 31, 33 od. 37) Die neugotische Kathedrale ist ebenso überwältigend wie ihre europäischen Pendants. Ihre architektonischen Schätze verbinden das Geistliche mit dem Weltlichen. Die bunten Glasfenster sind atemberaubend (toll ist das Space Window mit dem eingebetteten Mondstein). Um den Darth-Vader-Wasserspeier an der Außenfassade zu entdecken, benötigt man ein Fernglas. Spezielle Führungen tauchen tiefer ins Esoterische ein; vorher anrufen oder online nachschauen!

National Zoo ZOO
(☎ 202-633-4888; www.nationalzoo.si.edu; 3001 Connecticut Ave NW; ⏱ Mitte März–Sept. 9–18 Uhr, Okt.–Mitte März bis 16 Uhr, Gelände Mitte März–Sept. 8–19 Uhr, Okt.–Mitte März bis 17 Uhr; Ⓜ Red Line bis Cleveland Park od. Woodley Park-Zoo/Adams Morgan) GRATIS Mehr als 1800 Tiere, die über 300 Arten angehören, leben im National Zoo in natürlicher Umgebung. Berühmtheit erlangte der Zoo zuletzt mit seinen Großen Pandas Mei Xiang und Tian Tian. Weitere Attraktionen sind afrikanische Löwen, asiatische Elefanten und Orang-Utans, die in 15 m Höhe an zwischen Türmen befestigten Stahlseilen herumturnen.

Aktivitäten

Wandern & Radfahren

Capital Bikeshare RADFAHREN
(☎ 877-430-2453; www.capitalbikeshare.com; 1/3 Tag(e) 8/17 US$) In der Region stehen Interessierten über 3700 Mietfahrräder an 440 Stationen zur Verfügung. An Automaten kann man die Pässe dafür sofort kaufen. Einfach eine Kreditkarte einschieben und mithilfe des Codes ein Rad losmachen! Die ersten 30 Minuten sind kostenlos, danach steigen die Preise rasant, wenn man das Rad nicht wieder anschließt.

Capital Crescent Trail RADFAHREN
(www.cctrail.org; Water St; 🚌 Circulator) Der herrliche (und sehr beliebte) Jogging- und Radweg erstreckt sich zwischen Georgetown und Bethesda (Maryland) und wird ständig erweitert. Die knapp 18 km lange asphaltierte Strecke folgt einer stillgelegten Bahnlinie und eignet sich perfekt für einen Tagesausflug. Man radelt durch Waldgebiete und elegante Viertel und genießt den Ausblick auf den Potomac River.

Bootstouren

Tidal Basin Boathouse BOOTSTOUR
(☎ 202-479-2426; www.boatingindc.com/boathouses/tidal-basin; 1501 Maine Ave SW; Boot für

2/4 Pers. 18/30 US$; ⌚ Mitte März–Mitte Okt. 10–18 Uhr; Circulator, M Orange, Silver, Blue Lines bis Smithsonian) Verleiht Tretboote für die Fahrt auf dem Tidal Basin. Unbedingt die Kamera mitnehmen: Vom Wasser aus hat man großartige Sicht, ganz besonders auf das Jefferson Memorial!

Key Bridge Boathouse KAJAKFAHREN
(☎ 202-337-9642; www.boatingindc.com/boathouses/key-bridge-boathouse; 3500 Water St NW; ⌚ Mitte April–Okt. Öffnungszeiten variieren; Circulator) Das Bootshaus unter der Key Bridge verleiht Kanus, Kajaks und SUP-Bretter (ab 15 US$/Std.). Im Sommer werden auch geführte 90-minütige Kajaktouren (45 US$/Pers.) angeboten, bei denen man bei Sonnenuntergang am Lincoln Memorial vorbeikommt. Das Bootshaus ist nur ein paar Stufen vom Capital Crescent Trail entfernt, also für Radler prima zu erreichen.

Geführte Touren

DC by Foot STADTSPAZIERGANG
(☎ 202-370-1830; www.freetoursbyfoot.com/washington-dc-tours) Bei diesem Spaziergang bezahlt man die Guides nach eigenem Ermessen. Sie kennen faszinierende Geschichten und historische Einzelheiten, z. B. zur National Mall, zu Lincolns Ermordung, den Geistern des Dupont Circle und noch viele mehr. Die meisten Teilnehmer geben rund 10 US$ pro Nase. Im Voraus reservieren, um sicher einen Platz zu bekommen!

DC Metro Food Tours STADTSPAZIERGANG
(☎ 202-851-2268; www.dcmetrofoodtours.com; 30–65 US$/Pers.) Bei diesen Stadtspaziergängen erkundet man die kulinarischen Geheimnisse der Viertel und bleibt unterwegs oft zum Essen stehen. Es geht u. a. zum Eastern Market, zur U St, nach Little Ethiopia, Georgetown und Alexandria, VA. Die meisten Touren dauern zwischen eineinhalb und dreieinhalb Stunden. Unterschiedliche Startorte.

DC Brew Tours BUS
(☎ 202-759-8687; www.dcbrewtours.com; 801 F ST NW; geführte Touren 65–90 US$; M Red, Yellow, Green Lines bis Gallery Pl-Chinatown) Das Unternehmen veranstaltet fünfstündige Kleinbustouren, bei denen drei bis vier Brauereien besucht werden. Die Routen variieren, u. a. können DC Brau, Bardo, Capital City und Port City auf dem Programm stehen. Die Verkostung von mehr als 15 Bieren und eine Mahlzeit rund ums Bier sind im Preis inbegriffen. Bei der dreieinhalbstündige Sips-and-Sights-Tour lässt man die Mahlzeit aus und hält dafür noch am Lincoln Memorial, am Pentagon und an weiteren Sehenswürdigkeiten. Die Touren beginnen in Downtown am Reynolds Center.

Bike & Roll – L'Enfant Plaza RADFAHREN
(☎ 202-842-2453; www.bikeandrolldc.com; 955 L'Enfant Plaza SW; geführte Touren Erw./Kind 45/35 US$; ⌚ Mitte März–Anfang Dez.; M Orange, Silver, Blue, Yellow, Green Lines bis L'Enfant Plaza) Dieser Fahrradverleih (ab 16 US$/2 Std.) ist der Mall am nächsten. Zusätzlich zu Leihrädern bietet das Unternehmen geführte Touren an. Bei den dreistündigen Trips kommt man am Capitol Hill und an der National Mall vorbei.

Old Town Trolley Tours BUS
(☎ 202-832-9800; www.trolleytours.com; 1001 E St NW; Erw./Kind 40/30 US$; M Red, Orange, Silver, Blue Lines bis Metro Center) Die offenen Hop-On-Hop-Off-Busse verkehren zwischen 25 Sehenswürdigkeiten rund um die Mall, in Arlington und Downtown. Das Unternehmen bietet auch die Monuments-by-Moonlight-Tour und die DC-Ducks-Tour an, bei der es mit einem Amphibienfahrzeug in den Potomac River geht. Tickets gibt's beim Washington Welcome Center (1001 E St NW), an der Union Station oder online.

Feste & Events

Independence Day KULTUR
(⌚ 4. Juli) Am 4. Juli versammeln sich die Menschenmassen an der Mall, um Paraden zu sehen und zu hören, wie die Unabhängigkeitserklärung von den Stufen der National Archives laut vorgelesen wird. Später gibt das National Symphony Orchestra ein Konzert auf den Stufen des Capitols, gefolgt von einem gigantischen Feuerwerk.

National Cherry Blossom Festival KULTUR
(www.nationalcherryblossomfestival.org; ⌚ Ende März–Mitte April) Bei diesem regionalen Fest wird der Frühling mit Bootsfahrten im Tidal Basin, Laternenläufen am Abend, kulturbetonten Märkten und einer Parade willkommen geheißen. Das dreiwöchige Event von Ende März bis Mitte April erinnert auch an die 3000 Kirschbäume, die Washington 1912 von Japan geschenkt bekommen hat, und ist das schönste der Region.

Smithsonian Folklife Festival KULTUR
(www.festival.si.edu; ⌚ Ende Juni – Anfang Juli; ; Circulator, M Orange, Silver, Blue, Green, Yellow Lines bis L'Enfant Plaza) Bei diesem spaßigen

Stadtspaziergang
Vornehmes Georgetown

START MT. ZION CEMETERY
ZIEL GEORGETOWN WATERFRONT PARK
LÄNGE/DAUER 4,8 KM; 3 STD.

Der afroamerikanische 1 **Mt. Zion Cemetery** nahe der Kreuzung von 27th St und Q St stammt aus dem frühen 19. Jh. Eine Kirche in der Nähe war eine Haltestelle der Underground Railroad und versteckte entflohene Sklaven in einer Gruft des Friedhofs.

Der Eingang zum 2 **Oak Hill Cemetery** (Mo–Fr 9–16.30, Sa 11–16, So 13–16 Uhr) befindet sich ein paar Blocks weiter an der 30th St und R St NW. Bei einem Bummel über die mit Obelisken verzierte Anlage kann man nach Gräbern berühmter Washingtoner (z. B. Edwin Stanton, Lincolns Kriegssekretär) Ausschau halten. Die Straße rauf bietet 3 **Dumbarton Oaks** (S. 305) tolle byzantinische Kunst im Gebäude und tolle Gärten mit Brunnen draußen. Herrlich im Frühling!

Die neoklassische Villa 4 **Tudor Place** (S. 306) in der 1644 31st St NW gehörte einst George Washingtons Stiefenkelin Martha Custis Peter. Hier sind einige von Georges Möbeln aus Mount Vernon ausgestellt, und die Gärten sind hübsch gestaltet.

In 5 **Martin's Tavern** (www.martinstavern.com) in der Wisconsin Ave NW hat John F. Kennedy seiner Jackie den Heiratsantrag gemacht. Läuft man auf der N St gen Westen, kommt man im Block 3300 an Stadthäusern im Federal-Stil vorbei. JFK und Jackie haben von 1958 bis 1961 in der 6 **3307 N St** gewohnt. An der Ecke 36th NW St und Prospect St befinden sich die 7 **Exorcist Stairs** (S. 306). Hier stürzt der von einem Dämon besessene Pater Karras in *Der Exorzist* zu Tode. Tagsüber rennen Jogger die Stufen rauf und runter, aber nachts ist es hier gruselig.

In der M St NW gibt es viele Boutiquen und moderne Geschäfte. An der Thomas Jefferson St rechts abbiegen und immer der Nase nach zum 8 **Baked & Wired** (S. 316) laufen, wo man sich mit einem Riesen-Cupcake und einem Cappuccino stärkt. Von hier kann man zum 9 **Georgetown Waterfront Park** (S. 305) spazieren und die Boote und das Treiben auf dem Potomac River beobachten.

Familienfest, das an zehn Tagen Ende Juni bis Anfang Juli stattfindet, werden internationale und die amerikanischen Kulturen gefeiert. Geboten werden Volksmusik, Tanz, Kunsthandwerk, Erzähl-Events und Ethnoküche. Es findet am Ostende der Mall statt.

Schlafen

Capitol Hill

William Penn House HOSTEL $

(☎202-543-5560; www.williampennhouse.org; 515 E Capitol St SE; B 45–55 US$; ; M Orange, Silver, Blue Lines bis Capitol South od. Eastern Market) Das freundliche, von Quäkern geführte Hostel mit Garten bietet saubere, ordentliche Schlafsäle. Allerdings könnte es ein paar mehr Badezimmer geben. Insgesamt stehen Gästen 30 Betten zur Verfügung, u.a. ein Vierbettzimmer für Familien (150 US$/Nacht). Man muss nicht gläubig sein, um in dieser Unterkunft übernachten zu dürfen, aber das religiöse Motto zieht sich überall durch, und Gäste, die sich aktiv in die Gemeinde einbringen, sind gern gesehen.

Kimpton George Hotel BOUTIQUEHOTEL $$

(☎202-347-4200; www.hotelgeorge.com; 15 E St NW; Zi. 269–389 US$; P; M Red Line bis Union Station) Washingtons ältestes Boutiquehotel ist immer noch eines der besten. Elegante Möbel und moderne Kunst sorgen für klar gestaltete Innenräume. Die Zimmer sind in nüchternen Cremetönen gehalten und vermitteln eine Zen-Atmosphäre. Die Pop-Art-Elemente – grell, bunt und überdimensionale Präsidentendarstellungen von amerikanischen Geldscheinen – sind vielleicht ein wenig zu viel des Guten, mehr gibt's aber in der wohl schicksten Unterkunft auf dem Hill wirklich nicht zu bemängeln.

Weißes Haus & Foggy Bottom

Club Quarters HOTEL $$

(☎202-463-6400; www.clubquarters.com/washington-dc; 839 17th St NW; Zi. 179–259 US$; P; M Orange, Silver, Blue Lines bis Farragut West) Das Club Quarters ist ein sachlich-funktionales Hotel, in dem gern Geschäftsleute auf der Durchreise absteigen. Die Zimmer sind klein, haben weder Aussicht noch Pfiff oder Charme, die Betten aber sind bequem, die Schreibtische brauchbar, das WLAN ist ziemlich schnell und die Kaffeemaschine gut gefüllt. Und die Preise sind für eine Gegend, in der sie sonst durch die Decke schießen, wirklich erstaunlich moderat.

★ **Hotel Lombardy** HISTORISCHES HOTEL $$

(☎202-828-2600; www.hotellombardy.com; 2019 Pennsylvania Ave NW; Zi. 180–330 US$; P; M Orange, Silver, Blue Lines bis Foggy Bottom-GWU) Das venezianisch mit Flügeltüren und Wänden in warmen Goldtönen aufgemachte Boutiquehotel im europäischen Stil ist bei Angehörigen der Weltbank und des State Department beliebt. Es hat mehrsprachiges Personal und wirkt auch sonst international – in den Korridoren hört man genauso oft Französisch oder Spanisch wie Englisch. Der Stil setzt sich auch in den Zimmern fort, die mit Originalkunstwerken und europäischen Antiquitäten dekoriert sind.

★ **Hay-Adams Hotel** HISTORISCHES HOTEL $$$

(☎202-638-6600; www.hayadams.com; 800 16th St NW; Zi. ab 400 US$; P; M Orange, Silver, Blue Lines bis McPherson Sq) Eines der großartigen Heritage Hotels der Stadt: Das Hay befindet sich in einem schönen, alten Gebäude mit gutem Blick aufs Weiße Haus, einem an einen Palazzo erinnernden Foyer und den wohl besten Luxuszimmern altmodischer Art – mit wolkenweichen, freistehenden Himmelbetten, die mit goldenen Quasten verziert sind.

St. Regis Washington HOTEL $$$

(☎202-638-2626; www.stregiswashingtondc.com; 923 16th St NW; Zi. ab 500 US$; P; M Orange, Silver, Blue Lines bis McPherson Sq) Das St. Regis im Neo-Renaissance-Stil ist eines der prächtigsten Hotels der Stadt. Wie sonst könnte man ein Gebäude beschreiben, das einem italienischen Palazzo gleicht? Die Zimmer sind natürlich mit handgeschnitzten Schränken, Doppelwaschbecken aus Marmor und TVs in den Badspiegeln ausgestattet. WLAN kostet 7 US$ pro Tag.

Downtown & Penn Quarter

Hostelling International – Washington, D.C. HOSTEL $

(☎202-737-2333; www.hiwashingtondc.org; 1009 11th St NW; B 33–55 US$, Zi. 110–150 US$; ; M Red, Orange, Silver, Blue Lines bis Metro Center) Die beste Budgetadresse vor Ort. Das große, freundliche Hostel lockt mit seinen vielen Annehmlichkeiten – gemütliche Clubzimmer, Billardtisch und ein 60-Zoll-Fernseher für Filmabende – ein entspanntes internationales Publikum an. Kostenlose

Extras sind geführte Touren, kontinentales Frühstück und WLAN-Zugang.

Morrison-Clark Inn HISTORISCHES HOTEL **$$**
(☎202-898-1200; www.morrisonclark.com; 1011 L St NW; Zi. 180–310 US$; P⊖❄@📶; M Green, Yellow Lines bis Mt. Vernon Sq/7th St-Convention Center) Als historische Stätte ausgezeichnet und von fürsorglichem Personal geleitet: Das elegante Morrison Clark mit 114 Zimmern ist in zwei viktorianischen Gebäuden von 1864 mit schönen antiken Möbeln, traumhaften Kronleuchtern und vergoldeten Spiegeln untergebracht. Ein neuerer Flügel mit asiatisch beeinflusstem Dekor befindet sich in der umgebauten chinesischen Kirche nebenan. Das klingt vielleicht ein bisschen seltsam, ist aber hübsch und würdevoll.

Logan Circle, U Street & Columbia Heights

★ Chester Arthur House B&B **$$**
(☎877-893-3233; www.chesterarthurhouse.com; 23 Logan Circle NW; Zi. 180–215 US$; ⊖❄📶; M Green, Yellow Lines bis U St) Die Unterkunft verfügt über vier Zimmer in einem schönen Reihenhaus am Logan Circle, nur einen Steinwurf entfernt von der boomenden Restaurantszene an der P und der 14th St. Das Haus von 1883 prunkt mit Kronleuchtern, antiken Ölgemälden, Orientteppichen, Mitbringseln von den Reisen der Besitzer und einem mahagonigetäfelten Treppenhaus.

Kimpton Mason & Rook Hotel HOTEL **$$**
(☎202-742-3100; www.masonandrookhotel.com; 1430 Rhode Island Ave NW; Zi. 189–399 US$; P⊖❄@📶🏊🐾; M Orange, Silver, Blue Lines bis McPherson Sq) 🍃 Versteckt in einem von Bäumen gesäumten Viertel in der Nähe der 14th St wirkt das Mason & Rook wie das schicke Apartment eines Freundes aus der City. Die Lobby gleicht einem Wohnzimmer mit bequemen Sitzmöbeln, Bücherregalen und ausgefallener Kunst. Die großen Zimmer sind mit eleganten Stoffen, dunklem Holz und Möbeln mit Leder sowie mit Marmorbadezimmern samt begehbaren Duschen ausgestattet. Mit den kostenlosen Leihrädern kann man prima die Stadt erkunden.

Dupont Circle & Kalorama

Embassy Circle Guest House B&B **$$**
(☎202-232-7744; www.dcinns.com; 2224 R St NW; Zi. 200–310 US$; ⊖❄📶; M Red Line bis Dupont Circle) Botschaften umgeben das 1902 im französischen Landhausstil errichtete Haus, das nur ein paar Blocks von Duponts Nachtleben entfernt ist. Die elf Zimmer mit großen Fenstern sind mit Perserteppichen und originalen Kunstwerken eingerichtet, es gibt keinen Fernseher, jedoch WLAN in allen Zimmern. Gäste werden den ganzen Tag gut versorgt: Morgens gibt's ein warmes Biofrühstück, nachmittags Kekse und abends eine Soiree mit Wein und Bier.

★ Tabard Inn BOUTIQUEHOTEL **$$**
(☎202-785-1277; www.tabardinn.com; 1739 N St NW; Zi. 200–270 US$, ohne Bad 115–170 US$; ⊖❄@📶; M Red Line bis Dupont Circle) Benannt nach dem Gasthof in Chaucers *Canterbury*-Geschichten, umfasst das Tabard drei Reihenhäuser aus viktorianischer Zeit. Die 40 Zimmer sind schwer auf einen Nenner zu bringen: Alle haben alte Elemente wie eiserne Bettgestelle oder Ohrensessel, kleine Akzente – ein à la Matisse bemaltes Kopfstück hier, an die Amish erinnernde Decken da –, sind jedoch auch individuell. Es gibt keine Fernseher, und das WLAN kann holpern – im Großen und Ganzen fühlt man sich hier also in frühere Zeiten versetzt.

Adams Morgan

Adam's Inn B&B **$**
(☎202-745-3600; www.adamsinn.com; 1746 Lanier Pl NW; Zi. 109–204 US$, ohne Bad 89–110 US$; P⊖❄@📶; M Red Line bis Woodley Park-Zoo/Adams Morgan) Das in einer schattigen Wohnstraße versteckte Gästehaus mit 27 Zimmern ist bekannt für seinen persönlichen Service, flauschige Bettwäsche und eine Lage nur ein paar Blocks entfernt von der globalen Melange an der 18th St. Die einladenden, gemütlichen Zimmer verteilen sich auf zwei nebeneinander stehende Stadthäuser und eine Remise. Zu den Gemeinschaftsbereichen zählt ein hübscher Gartenhof; Sherry und Chintz prägen die Atmosphäre.

HighRoad Hostel HOSTEL **$**
(☎202-735-3622; www.highroadhostels.com; 1804 Belmont Rd NW; B. 42–60 US$; ❄📶; M Red Line bis Woodley Park-Zoo/Adams Morgan) Die viktorianische Fassade dieses Reihenhauses, in dem das HighRoad untergebracht ist, täuscht über die brandneue Inneneinrichtung hinweg. In den modernen Schlafsälen stehen vier bis vierzehn Betten, teils in für beide Geschlechter gedachten Räumen, teils in nach Geschlechtern getrennten Quartieren. Alle haben schlichte weiße Wände,

graue Metallstockbetten und schwarze Schließfächer. Es gibt eine schicke (aber kleine) Gemeinschaftsküche und einen Gemeinschaftsraum mit Kamin und einem riesigen TV mit Netflix. Nachteulen können sich in der nahe gelegenen 18th St vergnügen.

Georgetown

Graham Georgetown BOUTIQUEHOTEL **$$**
(☎202-337-0900; www.thegrahamgeorgetown.com; 1075 Thomas Jefferson St NW; Zi. 300–375 US$; P ⊖ ❄ @ ; Circulator) Das Graham liegt mitten in Georgetown und bietet einen Mix aus vornehmer Tradition und modernistischem Schick. Die geräumigen Zimmer sind mit Möbeln in geschmackvollen Silber-, Crème- und Schwarztönen mit weinroten geometrischen Akzenten eingerichtet. Auch in den einfachsten Zimmer gibt es Bettzeug von Liddell Ireland und Kosmetikartikel von L'Occitane, wodurch Gäste so frisch, sauber und hübsch erstrahlen wie das umliegende Georgetown.

Essen

Die einst so steife Gastroszene von Washington, D.C., erlebt eine regelrechte Revolution – prägend sind dabei selbst angebaute bzw. erzeugte Lebensmittel. Logisch, bei den vielen Farmen vor den Toren der Stadt, der florierenden hiesigen Wirtschaft und dem Einfluss von mehr und mehr jüngeren Bürgern! Kleine, unabhängige, von einheimischen Chefköchen geführte Lokale geben jetzt den Ton an. Und die Köche machen ihren Job so gut, dass die Stadt sich ihre Michelin-Sterne verdient hat.

Capitol Hill

Capitol Hill war lange Zeit ein Außenposten der typischen Burgerläden von D.C.: Es gab unauffällige Bars, in denen sich die Gäste die Ärmel hochkrempelten, sich Ketchup auf die Burger schmierten und dazu ein paar Bier hinunterkippten. Angesagte, gehobene Restaurants haben das Viertel revolutioniert, vor allem entlang der Pennsylvania Ave, der Barracks Row (z.B. 8th St SE, nahe den Marine Barracks) und rund um den Navy Yard (in der Nähe des Baseball-Felds). In der H St NE, östlich der Union Station, steppt der Bär. Die ehemals ruhige Gegend hat sich in ein Vergnügungsviertel mit ausgefallenen Restaurants und Bars verwandelt, das sich von der 4th St bis zur 14th St erstreckt.

Toki Underground ASIATISCH **$**
(☎202-388-3086; www.tokiunderground.com; 1234 H St NE; Hauptgerichte 13–15 US$; ⏰Mo–Do 11.30–14.30 & 17–22, Fr & Sa bis 24 Uhr; M Red Line bis Union Station, dann Straßenbahn) Würzige Ramen mit Nudeln und Teigtaschen dominieren die Speisekarte im winzigen Toki. Die geschäftigen Köche schuften im Dampf der Töpfe, während die Gäste ihr Essen schlürfen und zufrieden seufzen. Da das Restaurant nur begrenzt Reservierungen annimmt, sind Warteschlangen an der Tagesordnung. Man sollte die Gelegenheit nutzen, die umliegenden Bars zu erkunden – das Toki schickt eine Textnachricht, wenn der Tisch bereit ist. Das Lokal ist nicht ausgeschildert: einfach nach der Bar Pug Ausschau halten – das Toki befindet sich darüber!

Maine Avenue Fish Market SEAFOOD **$**
(1100 Maine Ave SW; Hauptgerichte 7–13 US$; ⏰8–21 Uhr; M Orange, Silver, Blue, Yellow, Green Lines zum L'Enfant Plaza) Der geruchsintensive, offene Fischmarkt an der Maine Ave ist ein hiesiges Wahrzeichen. Wortkarge Händler verkaufen superfrische Fische, Krabben, Austern und andere Meeresfrüchte. Sie töten, schälen, zerlegen die Tiere, nehmen sie aus und frittieren oder dämpfen sie nach Kundenwunsch. Sein Mahl verzehrt man anschließend auf den Bänken am Ufer (die Möwen im Auge behalten!).

Jimmy T's DINER **$**
(☎202-546-3646; 501 E Capitol St SE; Hauptgerichte 6–10 US$; ⏰Di–Fr 6.30–15, Sa & So ab 8 Uhr; ; M Orange, Silver, Blue Lines bis Eastern Market) Das Jimmy T's ist ein richtig altmodischer Diner, in den die Gäste noch mit ihren Hunden kommen, die Zeitung lesen, einen Burger, einen Kaffee oder ein Omelett bestellen (es gibt den ganzen Tag lang Frühstück) und einfach nur sie selbst sein können. Wer an einem Sonntagmorgen einen Kater hat, kann sich hier hervorragend auskurieren. Nur Barzahlung möglich.

Ted's Bulletin AMERIKANISCH **$$**
(☎202-544-8337; www.tedsbulletincapitolhill.com; 505 8th St SE; Hauptgerichte 11–19 US$; ⏰So–Do 7–22.30, Fr & Sa bis 23.30 Uhr; ; M Orange, Silver, Blue Lines bis Eastern Market) Hier kann man in eine Bude mit Art-déco-Flair einfallen und gleich einmal den Gürtel lockern. Beer Biscuits & Sausage Gravy zum Frühstück, Hackbraten mit Ketchup-Glasur zum Abendessen und andere hippe Leckereien zieren den Tisch. Man muss einen Ort bewundern, an dem man statt Toast Maistörtchen mampfen

INSIDERWISSEN

KULINARISCHE STRASSEN

14th St NW (Logan Circle) Die munterste Straße in D.C. schickt ein großes Aufgebot von Bars und Restaurants renommierter Köche ins Rennen.

18th St NW (Adams Morgan) Koreanische, westafrikanische, japanische und lateinamerikanische Restaurants sowie noch spätabends geöffnete Imbisse.

11th St NW (Columbia Heights) Eine ständig wachsende Szene von Hipster-Cafés und angesagten Gastropubs.

8th St SE (Capitol Hill) Die „Barracks Row" ist die Lieblingsadresse der Einheimischen – hier haben sich nette Lokale niedergelassen, die schlichte, vertraute Gerichte anbieten.

H St NE (Capitol Hill) Eine hippe Meile von Pie-Cafés, Nudelläden und kulinarisch anspruchsvollen Pubs.

darf. Frühstück wird den ganzen Tag über serviert.

Ethiopic ÄTHIOPISCH $$

(☎202-675-2066; www.ethiopicrestaurant.com; 401 H St NE; Hauptgerichte 13–19 US$; ⏰Di–Do 17–22, Fr–So ab 12 Uhr; 🖉; Ⓜ Red Line bis Union Station) In einer Stadt, in der es an äthiopischen Lokalen nicht mangelt, nimmt das Ethiopic den Spitzenplatz ein. Besonders empfohlen seien die diversen *wats* (Eintöpfe) und die ausgezeichneten *tibs* (sautiertes Fleisch und Gemüse) mit zartem Lamm, das in Kräutern und scharfen Gewürzen mariniert wurde. Auch für Veganer gibt es hier eine große Auswahl von leckeren Gerichten.

★ **Rose's Luxury** AMERIKANISCH $$$

(☎202-580-8889; www.rosesluxury.com; 717 8th St SE; kleine Gerichte 13–16 US$, Familienportion 28–33 US$; ⏰Mo–Sa 17–22 Uhr; Ⓜ Orange, Silver, Blue Lines bis Eastern Market) Das Rose's ist eines der mit Michelin-Sternen ausgezeichneten Restaurant in D.C., um die derzeit der größte Wirbel gemacht wird. In dem halbfertig wirkenden Gastraum stürzen sich die Massen im Kerzenschein und unter funkelnden Lampen auf die kleinen Häppchen im Südstaaten-Style. Das Rose's nimmt keine Reservierungen an; man kann aber Zeit sparen, wenn man sein Essen in der Bar im Obergeschoss bestellt (zumal die Cocktails lecker sind).

Weißes Haus & Foggy Bottom

Woodward Takeout Food AMERIKANISCH $

(☎202-347-5355; http://woodwardtable.com; 1426 H St NW; Hauptgerichte 7–11 US$; ⏰Mo–Fr 7.30–16.30 Uhr; Ⓜ Orange, Silver, Blue Lines bis McPherson Sq) Das Woodward Takeout ist die kleine Mitnehmfiliale des Woodward Table, eines eleganten Restaurants, in dem es keine Takeaway-Gerichte gibt. Traveller können sich zu den Büroangestellten in die Schlange stellen und ein Reuben-Sandwich, Pastrami auf Schwarzbrot oder Butternusskürbis auf Fladenbrot bestellen. Die Wartezeiten sind nicht lang. Auch das Frühstück ist beliebt: Es gibt z.B. Eiersandwiches mit krümeligen Biskuits und gesalzene Schokocroissants.

Ein paar eng aneinander stehende Tische bieten Sitzmöglichkeiten. Man kann über die Website vorbestellen und so Zeit sparen.

Founding Farmers AMERIKANISCH $$

(☎202-822-8783; www.wearefoundingfarmers.com; 1924 Pennsylvania Ave NW; Hauptgerichte 15–28 US$; ⏰Mo 7–22, Di–Do 7–23, Fr 7–24, Sa 9–24, So 9–22 Uhr; 🖉; Ⓜ Orange, Silver, Blue Lines bis Foggy Bottom-GWU od. Farragut West) 🌿 Pickles in Einmachgläsern dienen in diesem geschäftigen Lokal im IMF-Gebäude als Deko. Die Kombination aus rustikaler Coolness und moderner Kunst findet sich hier auch in den Speisen wieder: Es gibt moderne amerikanische Gerichte aus regionalen Zutaten. In Buttermilch gegartes Hähnchen mit Waffeln und Butternusskürbis-Mascarpone-Ravioli sind nur einige der Köstlichkeiten, die auf die Holztische kommen.

Downtown & Penn Quarter

★ **A Baked Joint** CAFÉ $

(☎202-408-6985; www.abakedjoint.com; 440 K St NW; Hauptgerichte 5–11 US$; ⏰Mo–Do 7–20, Fr 7–21, Sa & So 8–20 Uhr; Ⓜ Red, Yellow, Green Lines bis Gallery Pl-Chinatown) Man bestellt am Tresen und nimmt das üppige Sandwich aus selbst gemachtem Brot dann mit an einen der Tische in dem großen, offenen Speisesaal. Vielleicht eines mit gebratenen Süßkartoffeln und Ziegenkäse auf Focaccia? Oder das Nutella-Bananen-Sandwich aus Vollkornteig? Die hohen Fenster lassen viel Licht rein, und wer keinen Hunger hat, kann auch nur einen Latte Macchiato trinken.

Daikaya JAPANISCH $

(☎202-589-1600; www.daikaya.com; 705 6th St NW; Hauptgerichte 12–14 US$; ⏰So & Mo 11–22,

Di & Mi bis 22.30, Do–Sa bis 23 Uhr; Ⓜ Red, Yellow, Green Lines bis Gallery Pl-Chinatown) Das Daikaya besteht aus zwei Läden: Unten befindet sich ein zwangloses Ramen-Lokal, wo sich Einheimische zum Essen mit Freunden in den schicken hölzernen Sitznischen niederlassen. Im Obergeschoss residiert eine japanische Izakaya (Kneipe), wo der Sake in Strömen fließt und mittags Reis- und abends kleine Fischgerichte serviert werden. Der Laden im Obergeschoss bleibt zwischen Mittag- und Abendessen (14–17 Uhr) geschlossen.

Rasika INDISCH **$$**

(☎ 202-637-1222; www.rasikarestaurant.com; 633 D St NW; Hauptgerichte 14–28 US$; ⏲ Mo–Fr 11.30–14.30, Mo–Do 17.30–22.30, Fr & Sa 17–23 Uhr; ✎; Ⓜ Green, Yellow Lines bis Archives) Das Rasika ist ein echter Hammer in puncto indischer Küche. Man könnte glauben, man sei in einem Palast in Jaipur, den eine Schar hipper Kunstgaleristen dekoriert hat. Ganz hervorragend ist das *murgh mussalam*, saftiges Hühnchen aus dem Tandur mit Cashew-Nüssen und Wachteleiern. Das schlichte *dal* (Linsen) ist genau richtig mit Bockshornklee gewürzt. Veganer und Vegetarier werden sich hier pudelwohl fühlen.

Matchbox Pizza PIZZA **$$**

(☎ 202-289-4441; www.matchboxrestaurants.com; 713 H St NW; 25 cm-Pizza 13–15 US$; ⏲ Mo–Do 11–22.30, Fr 11–23.30, Sa 10–23.30, So 10–22.30 Uhr; 👪; Ⓜ Red, Yellow, Green Lines bis Gallery Pl-Chinatown) Die Pizza hier hat viele treue Fans, und das Restaurant mit der gemütlichen Deko und den Backsteinwänden ist immer gut besucht. Das Geheimnis? Frische Zutaten, dünner, blättriger Teig wie von Engeln gebacken und noch mehr frische Zutaten. Ach ja, und die Bierauswahl ist der absolute Wahnsinn: Hier fließen belgisches Ale und Hopfen-Craft-Biere aus den Zapfhähnen. Wer nicht warten will, sollte im Voraus reservieren.

Kinship AMERIKANISCH **$$**

(☎ 202-737-7700; http://kinshipdc.com; 1015 7th St NW; Hauptgerichte 16–28 US$; ⏲ Sa–Fr 17.30–22 Uhr; Ⓜ Yellow, Green Lines bis Mount Vernon Square 7th Street-Convention Center) In diesem Restaurant von Eric Ziebold, das mit Michelin-Sternen geadelt wurde, kann man prima einen netten Abend mit Freunden verbringen. Die Speisekarte ist in fünf Kategorien unterteilt, welche die Leidenschaften des Kochs widerspiegeln: Zutaten (Trogmuscheln, Rohan-Ente), Geschichte (Klassiker), Handwerk (mit bestimmten Küchentechniken zubereitet), Genuss (Kaviar, weiße Trüffel) und For the Table.

★ Dabney AMERIKANISCH **$$$**

(☎ 202-450-1015; www.thedabney.com; 122 Blagden Alley NW; kleine Teller 14–22 US$; ⏲ Di–Do 17.30–22, Fr & Sa 17.30–23, So 17–22 Uhr; Ⓜ Green, Yellow Line bis Mount Vernon Square/7th St-Convention Center) Chefkoch Jeremiah Langhorne hat auf seiner Mission, die lange verschwunden geglaubte mittelatlantische Küche wiederzubeleben, historische Kochbücher studiert und Rezepte entdeckt, die lokale Zutaten und kaum bekannte Aromen beinhalten. Die meisten Gerichte werden sogar über einem Holzfeuer gekocht. Das heißt aber nicht, dass das Restaurant wirkt wie aus Zeiten George Washingtons. Langhorne hat dem Lokal einen sehr modernen Touch verliehen – was ihm einen Michelin-Stern eingebracht hat.

Logan Circle, U Street & Columbia Heights

★ Ben's Chili Bowl AMERIKANISCH **$**

(☎ 202-667-0909; www.benschilibowl.com; 1213 U St; Hauptgerichte 6–10 US$; ⏲ Mo–Do 6–2, Fr 6–4, Sa 7–4, So 11–24 Uhr; Ⓜ Green, Yellow Lines bis U St) Das Ben's ist eine Institution in Washington. Das beste Geschäft macht es mit seinen Half-Smokes, die stärker geräucherte und fleischigere Hauptstadtversion eines Hotdogs, in aller Regel mit viel Senf, Zwiebeln und Chili. Seit fast 60 Jahren schlagen sich Präsidenten, Rockstars und Richter des Obersten Gerichtshofs in dem bescheidenen Diner den Bauch voll. Doch trotz all des Rummels ist das Ben's ein echter Nachbarschaftstreff geblieben. Nur Barzahlung.

★ Compass Rose INTERNATIONAL **$$**

(☎ 202-506-4765; www.compassrosedc.com; 1346 T St NW; kleine Gerichte 10–15 US$; ⏲ Mo–Do 17–2, Fr & Sa 17–3, So 11–2 Uhr; Ⓜ Green, Yellow Lines bis U St) In einem unscheinbaren Stadthaus nur ein kleines Stück vom Trubel der 14th St entfernt befindet sich das wie ein geheimnisvoller Garten wirkende Compass Rose. Die unverputzten Backsteinwände, die rustikale Holzdeko und die himmelblaue Decke schaffen ein zwanglos-romantisches Flair. Auf der Karte stehen einfache Gerichte aus aller Welt; ein Abendessen kann beispielsweise aus chilenischem *lomito* (Schweinefleisch-Sandwich), libanesischen *kefta* (gewürzte Lamm-Köfte) und georgischem *chatscha-*

puri (überbackenes, butteriges Käsebrot) bestehen.

Estadio SPANISCH $$

(☎202-319-1404; www.estadio-dc.com; 1520 14th St NW; Tapas 6–17 US$; ⊙Mo–Do 17–22, Fr & Sa bis 23, So bis 21, Fr–So 11.30–14 Uhr; Ⓜ Green, Yellow Lines bis U St) Im Estadio sorgt schummrige Beleuchtung für romantische Stimmung. Das Tapas-Angebot (auf dem der Schwerpunkt liegt) schürft richtig tief. Es gibt drei Variationen von Iberico-Schinken und köstliche belegte Brote mit Gänseleber, Rührei und Trüffeln. Dazu gibt's traditionelles *calimocho* (Rotwein mit Cola). Für die Zeit nach 18 Uhr kann nicht reserviert werden, sodass man in der Regel einige Zeit an der Bar warten muss.

Busboys & Poets CAFÉ $$

(☎202-387-7638;www.busboysandpoets.com;2021 14th St NW; Hauptgerichte 11–21 US$; ⊙Mo–Do 8–24, Fr 8–2, Sa & So ab 9 Uhr; 📶; Ⓜ Green, Yellow Lines bis U St) Das Busboys & Poets ist der Dreh- und Angelpunkt der U St. Die Einheimischen kommen wegen des Kaffees, des WLANs und des progressiven Vibes (und des angrenzenden Buchladens) hierher, der San Francisco konservativ erscheinen lässt. Auf der üppigen Speisekarte stehen Sandwiches, Pizzas und Südstaatengerichte wie Shrimps und Maisgrütze. Die Open-Mic-Poetry-Lesungen am Dienstagabend (Eintritt 5 US$, 9–23 Uhr) ziehen viele Gäste an.

Maple ITALIENISCH $$

(☎202-588-7442; www.dc-maple.com; 3418 11th St NW; Hauptgerichte 16–23 US$; ⊙Mo–Do 17.30–23.30, Fr 17–1, Sa 10.30–1, So 10.30–23 Uhr; Ⓜ Green, Yellow Lines bis Columbia Heights) Im gemütlichen Maple stecken Ladys in knappen Kleidern und schwarzen Spitzenstrümpfen ihre Gabeln in deftige Pastagerichte, während neben ihnen tätowierte Kerle in T-Shirts an der Holzbar stehen. Hausgemachter Limoncello, italienisches und Craft-Bier sowie ausgefallene Weine werden ebenfalls über den langen Tresen geschoben.

Bistro Bohem OSTEUROPÄISCH $$

(☎202-735-5895; www.bistrobohem.com; 600 Florida Ave NW; Hauptgerichte 14–22 US$; ⊙Mo 11–22, Di–Do 11–23, Fr 17–24, Sa 10–24, So 10–22 Uhr; 📶; Ⓜ Green, Yellow Lines bis Shaw-Howard U) Das gemütliche Bistro Bohem ist bei den Einheimischen wegen der fantastischen tschechischen Küche (Schnitzel, Gulasch, Pilsner) sehr beliebt. Werke örtlicher Künstler schmücken die Wände, und gelegentlich werden tschechische Filme gezeigt. Bei dem freundlichen, böhmischen Ambiente fühlt man sich im Nu nach Prag versetzt.

Le Diplomate FRANZÖSISCH $$$

(☎202-332-3333; www.lediplomatedc.com; 1601 14th St NW; Hauptgerichte 23–35 US$; ⊙Mo–Do 17–23, Mi & Do 17–23, Fr 17–24, Sa 9.30–24, So 9.30–23 Uhr; Ⓜ Green, Yellow Lines bis U St) Das charmante, französische Bistro ist ungeheuer beliebt. Jede Menge Promis quetschen sich auf die Lederbänke oder bevölkern die Tische auf dem Bürgersteig, um ein authentisches Stück Paris zu genießen, vom Coq au vin bis zu den aromatischen Baguettes. Skurrile Antiquitäten zieren den Raum und Aktfotos die Toiletten. Reservierung empfohlen!

Dupont Circle & Kalorama

Zorba's Cafe GRIECHISCH $

(☎202-387-8555; www.zorbascafe.com; 1612 20th St NW; Hauptgerichte 13–16 US$; ⊙Mo–Sa 11–23.30, So bis 22.30 Uhr; 👪; Ⓜ Red Line bis Dupont Circle) Üppige Portionen Moussaka und Souvlaki sowie Rolling-Rock-Bier machen das familiengeführte Zorba's Cafe zu einem der besten günstigen Restaurants in D.C. An warmen Tagen ist die Terrasse voller Einheimischer. Bei all der Bouzouki-Musik, die im Hintergrund spielt, fühlt man sich fast wie auf den griechischen Inseln.

Afterwords Cafe AMERIKANISCH $$

(☎202-387-3825; www.kramers.com; 1517 Connecticut Ave NW; Hauptgerichte 17–21 US$; ⊙So–Do 7.30–1, Fr & Sa bis 3 Uhr; Ⓜ Red Line bis Dupont Circle) Das an Kramerbooks angeschlossene, quirlige Lokal ist kein durchschnittliches Buchladenlokal. An den vollbesetzten Tischen und der winzigen Theke drinnen sowie auf der Terrasse draußen herrscht beste Stimmung. Auf der Karte stehen schmackhafte Bistrogerichte und eine reiche Auswahl von Bieren, sodass man hier prima zur Happy Hour, zum Brunch und am Wochenende (da ist bis 3 Uhr morgens geöffnet) jederzeit einkehren kann.

Viele Einheimischen verbringen ihr Wochenende damit, zuerst die Bücherregale zu durchstöbern und sich dann den Bauch vollzuschlagen.

★ **Bistrot du Coin** FRANZÖSISCH $$

(☎202-234-6969; www.bistrotducoin.com; 1738 Connecticut Ave NW; Hauptgerichte 16–29 US$; ⊙Mo–Mi 11.30–24, Do & Fr 11.30–1, Sa 12–1, So 12–24 Uhr; Ⓜ Red Line bis Dupont Circle) Das mun-

INSIDERWISSEN

FOOD TRUCKS

Über 150 Food Trucks rollen durch D.C., und das Viertel rund ums Weiße Haus profitiert am meisten davon. Sie stehen an Werktagen zwischen 11.30 und 13.30 Uhr am Farragut Sq, am Franklin Sq, am State Department und an der George Washington University. Man kann einfach den Einheimischen folgen, wenn man Lust auf köstliches Essen für unter 15 US$ hat, etwa auf ein Hummerbrötchen mit Butter oder eine Schüssel Drunken Noodles. Food Truck Fiesta (www.foodtruckfiesta.com) verfolgt die immer größer werdende Flotte und twittert. Hier sind ein paar Tipps:

Lilypad on the Run (twitter.com/LilypadontheRun) Äthiopische Fleischgerichte und vegetarische Angebote, die einem das Wasser im Mund zusammenlaufen lassen.

Far East Taco Grille (twitter.com/fareasttg) Asiatisch-inspirierte Tacos mit Fleisch oder Tofu, Mais- oder Weizentortillas.

DC Pie Truck (twitter.com/ThePieTruckDC) Unglaublich leckere Pasteten werden in zwei roten Trucks ausgefahren. Das Personal reicht die süßen und herzhaften Teile durch die Fenster. Die Geschmacksrichtungen reichen von Spinat mit Ziegenkäse über Schokocreme bis hin zu Kokosnuss.

Red Hook Lobster Truck (twitter.com/LobsterTruckDC) Hier gibt es Hummerbrötchen mit Mayo, wie sie in Maine gegessen werden, oder mit Butter à la Connecticut.

tere Bistrot du Coin ist wegen seiner unprätentiösen französischen Imbissgerichte überall im Viertel beliebt. Die Küche liefert gute Zwiebelsuppe, klassische *steak-frites* (gegrillte Steaks mit Pommes), Cassoulet, belegte Brote und neun Varianten der berühmten *moules* (Miesmuscheln). Weine aus allen Regionen Frankreichs, erhältlich im Glas, in der Karaffe oder Flasche, komplettieren das Essen.

★ Little Serow THAI $$$

(www.littleserow.com; 1511 17th St NW; Menü 49 US$; ⏲ Di–Do 17.30–22, Fr & Sa bis 22.30 Uhr; Ⓜ Red Line bis Dupont Circle) Kein Telefon, keine Reservierung, kein Schild über der Tür – nur Gruppen von höchstens vier Personen finden Platz (größere werden getrennt), aber dennoch stehen die Leute noch um die Ecke an, und zwar wegen der erstklassigen nordthailändischen Küche. Man bekommt ein einziges Menü mit meist sechs scharf gewürzten Gängen, das jede Woche wechselt.

Komi FUSION-KÜCHE $$$

(☎ 202-332-9200; www.komirestaurant.com; 1509 17th St NW; Menü 150 US$; ⏲ Di–Sa 17.30–22 Uhr; Ⓜ Red Line bis Dupont Circle) Die wechselnde Speisekarte des Komi, die ziemlich griechisch geprägt ist, ist erfrischend einfach und weist viele verschiedene Einflüsse auf – hauptsächlich von Genialem. Für abends gibt es etwa zwölf Gerichte auf der Karte, z.B. Spanferkel, Muscheln und Trüffel oder gebratenes Zicklein. In dem märchenhaften Speiseraum des Komi haben nur Gruppen von bis zu vier Personen Platz, und man muss im Voraus reservieren. Am besten einen Monat vorher anrufen!

Hank's Oyster Bar SEAFOOD $$$

(☎ 202-462 4265; www.hanksoysterbar.com; 1624 Q St NW; Hauptgerichte 22–30 US$; ⏲ Mo & Di 11.30–1, Mi–Fr 11.30–2, Sa 11–2, So 11–1 Uhr; Ⓜ Red Line bis Dupont Circle) In Washington, D.C., gibt es mehrere Austernbars, aber das winzige Hank's punktet als absolutes Highlight, weil es eine Mischung aus Sportsbar und altmodischer Tradition ist. Wie zu erwarten, ist die Austernauswahl reichhaltig und ausgezeichnet. Es gibt immer mindestens vier Sorten auf den Teller. Hier ist es zu jeder Zeit recht voll, und man muss oft auf einen Tisch warten – aber das machen die himmlischen Gerichte wieder wett.

Adams Morgan

Diner AMERIKANISCH $

(☎ 202-232-8800; www.dinerdc.com; 2453 18th St NW; Hauptgerichte 9–18 US$; ⏲ 24 Std.; ; Ⓜ Red Line bis Woodley Park-Zoo/Adams Morgan) Der Diner serviert zu jeder Tages- und Nachtzeit herzhafte, einfache Gerichte. Er eignet sich perfekt, um spät in der Nacht ein reichhaltiges Frühstück einzunehmen, oder immer dann, wenn einem der Sinn nach schlichter, gut zubereiteter amerikanischer Kost steht. Der Bloody-Mary-Brunch am Wochenende ist großartig (sofern einen der

Massenandrang nicht stört). Omeletts, dicke Pancakes, Mac'n'Cheese, gegrillte Tofu-Tacos und Burger landen flink auf dem Tisch. Auch für Kinder gut geeignet.

★ Donburi JAPANISCH **$**
(202-629-1047; www.facebook.com/donburidc; 2438 18th St NW; Hauptgerichte 10–15 US$; 11–22 Uhr; Red Line bis Woodley Park-Zoo/Adams Morgan) In dem kleinen Ladenlokal gibt's 15 Sitze an der Holztheke, von denen aus man den Köchen beim Schnippeln und Würfeln des Essens zuschauen kann. *Donburi* ist das japanische Wort für „Schale" – das Essen, z. B. mit Panko panierte Garnelen auf Reis mit süß-scharfer Sauce, kommt denn auch in dampfenden Schalen. Hier erwarten einen schlichte, authentische Gerichte. Oft bilden sich Schlangen, die aber fix bedient werden. Keine Reservierung möglich.

Julia's Empanadas LATEINAMERIKANISCH **$**
(202-328-6232; www.juliasempanadas.com; 2452 18th St NW; Empanadas ab 5 US$; Mo–Do 10–24, Fr & Sa bis 4, So bis 20 Uhr; Red Line bis Woodley Park-Zoo/Adams Morgan) Das Julia's gehört laut Umfragen zu den besten Lokalen in Washington, D.C., wenn es darum geht, spätabends noch gut essen zu gehen. Die Teigtaschen hier sind mit Chorizo, jamaikanischem Beef-Curry, Spinat und Ähnlichem gefüllt. Die Aromen werden noch intensiver, wenn man getrunken hat. Die kleine Restaurantkette hat auch noch ein paar Läden in der Stadt, wo man Take-aways kriegt. Nur Barzahlung möglich.

★ Tail Up Goat MEDITERRAN **$$**
(202-986-9600; www.tailupgoat.com; 1827 Adams Mill Rd NW; Hauptgerichte 18–27 US$; Mo–Do 17.30–22, Fr–So 17–22 Uhr; Red Line bis Woodley Park-Zoo/Adams Morgan) Mit den blassblauen Wänden, dem hellen Holzdekor und den Laternenlichtern hoch über den Köpfen verströmt das Tail Up Goat Inselflair. Die Spezialität des Hauses sind die Lammrippen – knusprig und sehr fettig mit gegrillten Zitronen, Feigen und Gewürzen. Das hausgemachte Brot und die Aufstriche können ebenfalls punkten, etwa Leinsamensauerteig mit Roter Bete. Kein Wunder, dass der Laden einen Michelin-Stern hat!

Georgetown

★ Simply Banh Mi VIETNAMESISCH **$**
(202-333-5726; www.simplybanhmidc.com; 1624 Wisconsin Ave NW; Hauptgerichte 7–10 US$; Di–So 11–19 Uhr; ; Circulator) Das kleine Lokal im Kellergeschoss hat nichts Elegantes an sich, und auf der kompakten Speisekarte stehen überwiegend Sandwiches und Bubble Tea. Aber die Besitzer wissen, wie man ein knuspriges Sandwich zubereitet. Sie füllen es mit leckerem, mit Zitronengras gewürztem Schweinefleisch (oder anderen Fleischsorten oder Tofu) und verschönern ihren Gästen damit den Tag.

Baked & Wired BÄCKEREI **$**
(202-333-2500; www.bakedandwired.com; 1052 Thomas Jefferson St NW; Backwaren 3–6 US$; Mo–Do 7–20, Fr 7–21, Sa 8–21, So 8–20 Uhr; Circulator) Im freundlichen Baked & Wired gibt es köstlichen Kaffee, Bacon-Cheddar-Buttermilch-Biscuits und riesige Cupcakes (z. B. den Elvis mit Banane und Erdnussbutter-Glasur). Hier trifft man viele Studenten und Radler von den nahegelegenen Trails.

Chez Billy Sud FRANZÖSISCH **$$$**
(202-965-2606; www.chezbillysud.com; 1039 31st St NW; Hauptgerichte 26–37 US$; Di–Fr 11.30–14, Sa & So 11–14, zusätzl. Di–Do & So 17–22, Fr & Sa 17–23 Uhr; ; Circulator) Das bezaubernde, kleine Bistro versteckt sich in einem Wohnblock. Minzgrüne Wände, vergoldete Spiegel und eine winzige Marmortheke strahlen entspannte Eleganz aus, und schnauzbärtige Kellner bringen Körbchen mit warmem Brot an die weiß eingedeckten Tische. Zu den Gerichten zählen knuspriger Schweinebraten, Würstchen mit Pistazien, Goldforelle, Nizzasalat mit Thunfisch und als Nachspeise üppige Éclairs.

Ausgehen & Nachtleben

Als Andrew Jackson 1800 den Amtseid schwor, hat der selbst ernannte Populist Glanz und Gloria in die Stadt gebracht und jede Menge Partys geschmissen. Die Leute wurden so hemmungslos, dass sie anfingen, Kunst aus dem Weißen Haus zu stehlen. Aus dieser Geschichte ist zu lernen, dass in Washington gern gefeiert wird, und heutzutage geht das auch außerhalb der riesigen Politikervillen.

Capitol Hill

Copycat Co COCKTAILBAR
(202-241-1952; www.copycatcompany.com; 1110 H St NE; So–Do 17–2, Fr & Sa bis 3 Uhr; Red Line bis Union Station, dann Straßenbahn) Wenn man das Copycat betritt, kommt man sich vor wie in einem chinesischen Fast-Food-Re-

staurant. Im Erdgeschoss gibt es nämlich so etwas wie einen chinesischen Straßenimbiss. Im 1. Stock werden an einer schummrig beleuchteten Bar, die ein bisschen an eine Opiumhöhle erinnert, ausgefallene Drinks und Cocktails serviert. Das Personal ist unaufdringlich und hilft Neulingen gern mit der langen Getränkekarte.

Little Miss Whiskey's Golden Dollar BAR
(www.littlemisswhiskeys.com; 1104 H St NE; ⌚So–Do 17–2, Fr & Sa bis 3 Uhr; Ⓜ Red Line bis Union Station, dann Straßenbahn) Wäre Alice infolge ihrer Beinahe-Enthauptung so traumatisiert aus dem Wunderland zurückgekehrt, dass sie etwas Hochprozentiges gebraucht hätte, wäre sie sicher im Little Miss Whiskey's eingekehrt. Ihr hätte das Dekor – halb skurril, halb Alptraum – bestimmt zugesagt. Und sie hätte wohl ihren Spaß gehabt mit den Club-Kids, die am Wochenende auf der Tanzfläche im Obergeschoss abfeiern.

Bluejacket Brewery BRAUEREI
(☎202-524-4862; www.bluejacketdc.com; 300 Tingey St SE; ⌚So–Do 11–1, Fr & Sa bis 2 Uhr; Ⓜ Green Line bis Navy Yard) Bierfreunde kommen im Bluejacket richtig auf Touren. Man zieht sich einen Hocker an die moderne, Theke im Industrial-Look, blickt auf die silbernen Tanks, in denen das anspruchsvolle Gebräu heranreift, und hat die Qual der Wahl zwischen 25 Fassbieren. Ein hopfiges Kölsch? Ein süßes Stout? Ein im Fass gereiftes Farmhouse-Ale? Kleine Probiergläschen helfen bei der Auswahl.

Granville Moore's PUB
(☎202-399-2546; www.granvillemoores.com; 1238 H St NE; ⌚Mo–Do 17–24, Fr 17–3, Sa 11–3, So 11–24 Uhr; Ⓜ Red Line bis Union Station, dann Straßenbahn) Abgesehen davon, dass diese Kneipe mit die besten Pommes und Steaksandwiches in D.C. hat, punktet sie vor allem mit ihrer großen Auswahl von belgischen Bieren, die alle Fans dieser Spezialität zufriedenstellt. Mit roh gezimmerten Holzmöbeln und Wänden, die aussehen, als seien sie aus Lehm und Schlamm gemacht, erinnert der Innenraum an ein mittelalterliches Feldlager. Der Platz am Kamin ist an Winterabenden goldrichtig.

Tune Inn BAR
(☎202-543-2725; 331 Pennsylvania Ave SE; ⌚So–Do 8–2, Fr & Sa bis 3 Uhr; Ⓜ Orange, Silver, Blue Lines bis Capitol South od. Eastern Market) Diese Kneipe existiert schon seit Jahrzehnten; hier treffen sich ältere Leute aus dem Viertel, um ein paar Budweiser zu kippen. Die Rehköpfe an der Wand und der Geweih-Kronleuchter prägen die Atmosphäre; die ganztägig erhältlichen Frühstücks- und sonstigen Kneipengerichte verzehrt man in den mit Vinyl verkleideten Sitzecken.

BIER

In dieser Stadt wird Bier sehr ernst genommen; ein großer Teil des Gebrauten wird hier nicht nur konsumiert, sondern auch produziert. Der Trend begann 2009, als mit DC Brau die erste neue Brauerei seit mehr als 50 Jahren ihren Betrieb in Washington aufnahm – inzwischen sind weitere neue Bierproduzenten hinzugekommen. In den Bars der Stadt sollte man deshalb Ausschau halten nach hiesigen Schöpfungen von 3 Stars, Atlas Brew Works, Hellbender und Lost Rhino (Letztere aus dem Norden Virginias).

Weißes Haus & Foggy Bottom

★ **Off The Record** BAR
(☎202-638-6600; 800 16th St NW, Hay-Adams Hotel; ⌚So–Do 11.30–24, Fr & Sa bis 0.30 Uhr; Ⓜ Orange, Silver, Blue Lines bis McPherson Sq) Trauliche rote Sitzecken und eine versteckte Lage im Untergeschoss eines der edelsten Hotels der Stadt, direkt gegenüber vom Weißen Haus – kein Wunder, dass die einflussreichen Leute von Washington im Off The Record abtauchen, wo sie nicht gesehen und gehört werden! Erfahrene Barkeeper mixen Martinis und Manhattans für die Anzugträger. An den Wänden hängen lustige gerahmte Karikaturen von Politikern.

Downtown & Penn Quarter

★ **Columbia Room** COCKTAILBAR
(☎202-316-9396; www.columbiaroomdc.com; 124 Blagden Alley NW; ⌚Di–Do 17–0.30, Fr & Sa bis 1.30 Uhr; Ⓜ Green, Yellow Lines bis Mt. Vernon Sq/7th St-Convention Center) Im Columbia Room wird das Cocktailmixen sehr ernst genommen. Hier holt man sich noch Quellwasser aus Kentucky oder Schottland und verwendet Zutaten wie eingelegte Kirschblüten und Gerstentee. Aber all das geschieht in einer erfrischend lockeren Atmosphäre. Es gibt hier drei verschiedene Bereiche: den festlichen Punch Garden draußen auf der Dachterrasse, die gemütliche, mit

Ledersesseln ausgestattete Spirits Library und den Tasting Room mit 14 Plätzen und fixen Menüs.

Logan Circle U Street, & Columbia Heights

★ **Right Proper Brewing Co.** BRAUEREI

(☎202-607-2337; www.rightproperbrewery.com; 624 T St NW; ⏲Mo–Do 17–24, Fr & Sa 11.30–1, So 11.30–23 Uhr; Ⓜ Green, Yellow Lines bis Shaw-Howard U) Wow, was für ein Kunstwerk: ein Wandgemälde der Großen Pandas aus dem National Zoo, die mit Laseraugen die Downtown von D. C. zerstören! Doch damit nicht genug – die Right Proper Brewing Co. in einem Gebäude, in dem einst Duke Ellington Billard spielte, macht auch noch ein ausgezeichnetes Ale. Dieser große, sonnige Schuppen, wo die Menschen an alten Holztischen sitzen, ist das Clubhaus der Leute aus dem Shaw-Viertel.

★ **Dacha Beer Garden** BIERGARTEN

(☎202-350-9888; www.dachadc.com; 1600 7th St NW; ⏲Mo–Do 16–22.30, Fr & Sa 11.30–24, So 11–22.30 Uhr; Ⓜ Green, Yellow Lines bis Shaw-Howard U) Pures Glücksgefühl herrscht in diesem lockeren Biergarten vor. Kinder und Hunde tollen um die Picknicktische, während die Erwachsenen Glasstiefel mit deutschem Bier an die Lippen setzen. Wenn die Temperaturen frisch werden, bringen die Kellner Heizkörper und Decken und bestücken die Feuergrube – alles unter dem sinnlichen Blick von Elizabeth Taylor (beziehungsweise eines riesigen Wandgemäldes von ihr).

Churchkey BAR

(☎202-567-2576; www.churchkeydc.com; 1337 14th St NW; ⏲Mo–Do 16–1, Fr 16–2, Sa 12–2, So 11.30–1 Uhr; Ⓜ Orange, Silver, Blue Lines bis McPherson Sq) Das kupferbetonte, modern-industrielle Ambiente des Churchkey wirkt durch und durch hip. Hier gibt's 50 Biere vom Fass, darunter fünf hirnvernebelnde, fassgereifte Ales. Wem das noch nicht reicht, der kann noch aus rund 500 Flaschenbieren wählen (auch ein paar glutenfreie sind zu haben). Unter dem Churchkey befindet sich das zugehörige **Birch & Barley** (☎202-567-2576; www.birchandbarley.com; Hauptgerichte 16–29 US$; ⏲Di–Do 17.30–22, Fr & Sa 17.30–23, So 11–20 Uhr), ein beliebtes Restaurant mit modernen, schlichten Gerichten, von denen man viele auch oben an der Bar bestellen kann.

Cork Wine Bar WEINBAR

(☎202-265-2675; www.corkdc.com; 1720 14th St NW; ⏲Di & Mi 17–24, Do–Sa 17–1, So 11–15 & 17–22 Uhr; Ⓜ Green, Yellow Lines bis U St) Die dunkle, gemütliche Weinbar ist gleichzeitig ein Gourmettempel und ein freundlicher Nachbarschaftstreff. Zur Auswahl stehen rund 50 tolle, offene Weine und 160 Flaschenweine. Für den kleinen Hunger gibt's Käse- und Wurstteller.

U Street Music Hall CLUB

(☎202-588-1889; www.ustreetmusichall.com; 1115 U St NW; ⏲unterschiedliche Zeiten; Ⓜ Green, Yellow Lines bis U St) Hier kann man grooven – ohne die Leute, die auf VIP- und Bottle Service stehen. Zwei örtlichen DJs gehört der Kellerclub, den sie auch selbst betreiben.

SCHWULEN- & LESBENSZENE IN WASHINGTON, D.C.

Washington, D.C., ist eine der schwulenfreundlichsten Städte in den USA. Ihre progressive Geschichte ist beeindruckend, und die Szene hat so Einiges zu bieten. Der klassische Homosexuelle hier ist ein gut angezogener Geschäftsmann und Aktivist, der sich politisch für die Rechte von Homosexuellen einsetzt, beispielsweise in Sachen Homo-Ehe (seit 2010 legal). Die Szene hat ihren Schwerpunkt in Dupont Circle, aber auch in den Vierteln U Street, Shaw, Capitol Hill und Logan Circle gibt es viele schwulenfreundliche Läden.

Capital Area Gay & Lesbian Chamber of Commerce (www.caglcc.org) Sponsert viele Networking-Events in der ganzen Stadt.

LGBT DC (https://washington.org/lgbtq) Das Portal der Touristeninformation von Washington, D.C., mit Events, Treffen in den einzelnen Vierteln und einem Reiseführer.

Metro Weekly (www.metroweekly.com) Kostenloses Wochenmagazin, das auf jüngere Leser ausgerichtet ist als das Rivalblatt *Washington Blade*.

Washington Blade (www.washingtonblade.com) Kostenloses Wochenmagazin mit politischen Themen sowie Business- und Unterhaltungstipps.

Der Laden wirkt wie ein primitiver Rock-Schuppen, hat aber eine Profi-Musikanlage, eine mit Kork ausgelegte Tanzfläche und weitere Requisiten eines richtigen Dance-Clubs. Alternative-Bands sorgen ein paar Mal die Woche abends für aktuelle Sounds.

 Dupont Circle & Kalorama

Bar Charley BAR
(☎202-627-2183; www.barcharley.com; 1825 18th St NW; ⌚Mo–Do 17–0.30, Fr 16–1.30, Sa 10–1.30, So 10–0.30 Uhr; Ⓜ Red Line bis Dupont Circle) Die Bar Charley lockt ein gemischtes Publikum aus dem Viertel an: Junge, Alte, Schwule und Heteros. Sie kommen wegen der für D.C. günstigen Cocktails, die beschwingt in alten Gläsern und Tiki-Keramikbechern schwappen. Unser Tipp: der Suffering Bastard mit Gin und Ginger Ale. Die Bierkarte ist zwar nicht umfangreich, hat aber einige prima Ales zu bieten. Angeboten werden außerdem rund 60 verschiedene Weine.

Board Room BAR
(☎202-518-7666; www.boardroomdc.com; 1737 Connecticut Ave NW; ⌚Mo–Do 16–2, Fr 16–3, Sa 12–3, So 12–2 Uhr; Ⓜ Red Line bis Dupont Circle) Hier zieht man sich einen Stuhl an einen der Tische und versucht, seinen Gegner beim Hungry Hungry Hippos zu schlagen. Oder man testet das Quija-Brett und spricht mit den Geistern. Im Board Room fühlt man sich durch die vielen Brettspiele wieder in die eigene Kindheit zurückversetzt. Schiffeversenken, Risiko, Doktor Bibber – hier kann man sich alles für nur 2 US$ ausleihen.

JR's SCHWULENBAR
(☎202-328-0090; www.jrsbar-dc.com; 1519 17th St NW; ⌚Mo–Do 16–2, Fr 16–3, Sa 13–3, So 13–2 Uhr; Ⓜ Red Line bis Dupont Circle) Button-down-Hemden sind in dieser Schwulenbar, die von hart arbeitenden Leuten zwischen 20 und 40 besucht wird, an der Tagesordnung. Einige hiesige DJs behaupten, die Klientel im JR's verkörpere die konservative Natur der Schwulenszene der Hauptstadt, aber auch wenn man diese Atmosphäre hasst (was viele tun), versteht diese Bar etwas von einer guten Happy Hour und ist meistens voll.

Cobalt SCHWULENBAR
(☎202-232-4416; www.cobaltdc.com; 1639 R St NW; ⌚So–Do 16–2, Fr & Sa bis 3 Uhr; Ⓜ Red Line bis Dupont Circle) Ins Cobalt kommen gut gekleidete Leute zwischen Ende 20 und Ende 30, die lustige (aber laute!) Partys feiern wollen – und zwar an jedem Tag der Woche. Hier sieht man die ausgefallensten Frisuren und Körper frisch aus dem Fitnessstudio. Der Club befindet sich im 2. Stock eines Gebäudes, das im Erdgeschoss ein Restaurant und im 1. Stock eine Lounge beherbergt.

 Adams Morgan

★ **Dan's Cafe** BAR
(☎202-265-0299; 2315 18th St NW; ⌚Di–Do 19–2, Fr & Sa bis 3 Uhr; Ⓜ Red Line bis Woodley Park-Zoo/Adams Morgan) Dies ist eine der tollsten Kneipen von D.C. Innen wirkt sie mehr oder weniger wie eine schäbige Hinterwäldler-Kneipe mit ganz unironischer altmodischer „Kunst", billiger Täfelung und schummriger Beleuchtung, die den ganzen Schmuddel kaum erhellen. Der Laden ist berühmt für seine Drinks zum Selbermixen: Man bekommt eine Spritzflasche mit Schnaps, eine Büchse Soda und einen Eimer Eis für ganze 20 US$. Gezahlt wird ausschließlich bar.

Songbyrd Record Cafe & Music House CAFÉ
(☎202-450-2917; www.songbyrddc.com; 2477 18th St NW; ⌚So–Do 8–2, Fr & Sa bis 3 Uhr; 📶; Ⓜ Red Line bis Woodley Park-Zoo/Adams Morgan) Tagsüber kann man im altmodischen Café ausgezeichneten Kaffee trinken, köstliche Sandwiches mampfen und die kleine Auswahl von Soul- und Indie-Platten durchstöbern, die hier verkauft werden. In dem alten Tonstudio kann man für 15 US$ sogar eine eigene Platte aufnehmen. Abends verlagert sich die Party in die Bar, wo es Bier, Cocktails, Burger und Tacos gibt. In dem Kellerclub spielen immer wieder Indie-Bands.

 Georgetown

Tombs PUB
(☎202-337-6668; www.tombs.com; 1226 36th St NW; ⌚Mo–Do 11.30–1.30, Fr & Sa bis 2.30, So 9.30–1.30 Uhr; 🚌 Circulator) Jedes College mit einem Stammbaum hat seine ureigene Kneipe, in der Fakultätsangehörige und Studenten unter Sportmemorabilia ihr Bier schlürfen – für die Georgetown ist dies das Tombs. Wem der Laden vertraut vorkommt: Die Kneipe war einer der Schauplätze im Film *St. Elmo's Fire – Die Leidenschaft brennt tief.*

 Unterhaltung

Livemusik

★ **Black Cat** LIVEMUSIK
(☎202-667-4490; www.blackcatdc.com; 1811 14th St NW; Ⓜ Green, Yellow Lines bis U St) Das

verschlissene Black Cat ist seit den 1990er-Jahren ein Grundpfeiler der Rock- und Indieszene in D.C. Hier sind alle Größen der vergangenen Jahre aufgetreten (u.a. White Stripes, die Strokes und Arcade Fire). Wer für die Bands auf der Hauptbühne im oberen Stock (oder die kleinere Backstage unten) keine 20 US$ bezahlen möchte, wählt lieber den Red Room mit seiner Jukebox, Billard, Flipper und starken Cocktails.

9:30 Club LIVEMUSIK
(☎ 202-265-0930; www.930.com; 815 V St NW; Ⓜ Green, Yellow Lines bis U St) Der Club 9:30, der bis zu 1200 Menschen an einem überraschend gemütlichen Ort vereint, ist der Vorreiter der Livemusikszene von D.C. Alle, die Rang und Namen haben und in dieser Stadt auftreten, landen schließlich auf dieser Bühne. Und ein Konzert hier ist für viele Teenager von D.C. eine bleibende Erinnerung. Die Stars beginnen meist zwischen 22.30 und 23.30 Uhr. Tickets kosten 20 bis 35 US$.

Darstellende Kunst

★ **Kennedy Center** DARSTELLENDE KUNST
(☎ 202-467-4600; www.kennedy-center.org; 2700 F St NW; Ⓜ Orange, Silver, Blue Lines bis Foggy Bottom-GWU) Das prächtige, sich auf 6,9 ha erstreckende Kennedy Center am Potomac River hat eine beeindruckende Anzahl Aufführungen: Mehr als 2000 pro Jahr gibt es an diversen Spielstätten, darunter die Concert Hall (Sitz der National Symphony) und das Opera House (Sitz der National Opera). Ein kostenloser Shuttle-Bus pendelt alle 15 Minuten zwischen dem Center und der Metrostation (Mo–Sa 9.45–24, So ab 12 Uhr).

Shakespeare Theatre Company THEATER
(☎ 202-547-1122; www.shakespearetheatre.org; 450 7th St NW; Ⓜ Green, Yellow Lines bis Archives) Das führende Shakespeare-Ensemble des Landes präsentiert neben dessen Meisterwerken auch Stücke von George Bernard Shaw, Oscar Wilde, Eugene O'Neill und anderen berühmten Dramatikern. In der Saison gibt's jedes Jahr rund ein halbes Dutzend Produktionen, hinzu kommt Ende August die vierzehntägige, kostenlose Shakespeare Series.

Woolly Mammoth Theatre Company THEATER
(☎ 202-393-3939; www.woollymammoth.net; 641 D St NW; Ⓜ Green, Yellow Lines bis Archives) Woolly Mammoth ist die ausgefallenste experimentelle Theatergruppe in D.C. Für die meisten Aufführungen sind Stampede-Plätze für 20 US$ zwei Stunden vor Beginn am Ticketschalter erhältlich. Die Kartenanzahl ist begrenzt, und wer zuerst kommt, mahlt zuerst. Also früh da sein!

Capitol Steps KOMÖDIE
(☎ 202-397-7328; www.capsteps.com; Ronald Reagan Bldg, 1300 Pennsylvania Ave NW; Tickets 40,50 US$; ⊙ Shows Fr & Sa 19.30 Uhr; Ⓜ Orange, Silver, Blue Lines bis Federal Triangle) Diese Singgruppe sagt von sich selbst, dass sie die einzige in Amerika ist, die witziger ist als der Kongress. Sie besteht aus aktuellen und ehemaligen Mitarbeitern des Kongresses, die Ahnung von Politik haben – auch wenn das manchmal doch sehr kitschig ist. Die parteiübergreifende Satire verspricht Spaß für beide Seiten.

Sports

★ **Nationals Park** STADION
(☎ 202-675-6287; www.mlb.com/nationals; 1500 S Capitol St SE; 📶; Ⓜ Green Line bis Navy Yard) Das Major-League-Baseballteam der Washington Nationals spielt in diesem schicken Stadion am Anacostia River. Anschauen sollte man sich im vierten Inning die „Racing Presidents" – ein skurriler Wettlauf von Darstellern mit den riesigen, karikierten Köpfen von George Washington, Abraham Lincoln, Thomas Jefferson, Teddy Roosevelt und William Taft. Das Stadion ist von hippen Bars und Lokalen sowie schönen Grünflächen umgeben. Die Gentrifizierung der Gegend führt dazu, dass noch weitere hinzukommen werden.

ℹ Praktische Informationen

Cultural Tourism DC (www.culturaltourismdc.org) Stadtviertelorientierte Veranstaltungen und Touren.

Destination DC (www.washington.org) Offizielle Tourismus-Website mit Infos zu Sehenswürdigkeiten und Veranstaltungen.

Lonely Planet (www.lonelyplanet.com/usa/washington-dc) Infos zu Reisezielen, Hotelbuchungen, Travelerforum und mehr.

Washingtonian (www.washingtonian.com) Spezialisiert sich auf Restaurants, Unterhaltung und lokale Koryphäen.

ℹ An- & Weiterreise

BUS

Es gibt jede Menge günstige Busverbindungen von/nach Washington, D.C. Für eine einfache Fahrt nach NYC (4–5 Std.) verlangen die meisten Anbieter 25 bis 30 US$. Viele Busse fahren an der Union Station ab, aber es gibt noch weitere

Haltestellen überall in der Stadt, die per Metro zu erreichen sind. Die Tickets müssen in der Regel online gekauft werden, manchmal kann man das aber auch im Bus selbst tun, falls noch Sitzplätze frei sind.

BestBus (☎202-332-2691; www.bestbus.com; 20th St & Massachusetts Ave NW; 📶; Ⓜ Red Line bis Dupont Circle) Täglich mehrere Fahrten ab/nach NYC. Die wichtigste Haltestelle liegt am Dupont Circle, eine weitere an der Union Station.

BoltBus (☎877-265-8287; www.boltbus.com; 50 Massachusetts Ave NE; 📶; Ⓜ Red Line bis Union Station) Fährt mehrmals täglich nach NYC und in andere Städte an der Ostküste. Verspätungen und schlechte WLAN-Verbindung können vorkommen. Die Busse starten an der Union Station.

Greyhound (☎202-589-5141; www.greyhound.com; 50 Massachusetts Ave NE; Ⓜ Red Line bis Union Station) Verbindungen in alle Ecken des Landes. Die Busse fahren von der Union Station ab.

Megabus (☎877-462-6342; http://us.megabus.com; 50 Massachusetts Ave NE; 📶; Ⓜ Red Line bis Union Station) Bietet die meisten Fahrten nach NYC (etwa 20 pro Tag) an sowie weitere Verbindungen in Städte an der Ostküste. Die Busse starten an der Union Station bzw. kommen dort an, und sie sind oft unpünktlich.

Peter Pan Bus Lines (☎800-343-9999; www.peterpanbus.com; 50 Massachusetts Ave NE; Ⓜ Red Line bis Union Station) Verkehrt im Nordosten der USA. Busse starten an der Union Station.

Vamoose Bus (☎212-695-6766; www.vamoosebus.com; 1801 N Lynn St) Verbindungen zwischen NYC und Arlington, VA (die Bushaltestelle liegt nahe der Metrostation Rosslyn).

Washington Deluxe (☎866-287-6932; www.washny.com; 1610 Connecticut St NW; 📶; Ⓜ Red Line bis Dupont Circle) Gute Expressverbindungen ab/nach NYC. Hält am Dupont Circle und an der Union Station.

FLUGZEUG

Washington Dulles International Airport (IAD; www.flydulles.com) Der Flughafen liegt am Rand von Virginia, 42 km westlich von D. C. Es gibt dort kostenlose WLAN-Verbindung, mehrere Wechselstuben und Restaurants in den Terminals. Der berühmte Architekt Eero Saarinen hat das beeindruckende Hauptgebäude entworfen. Bis Ende 2019 soll die Metro Silver Line endlich bis zum Flughafen fahren.

Ronald Reagan Washington National Airport (DCA; www.flyreagan.com) Dieser Flughafen liegt 7,2 km südlich von Downtown Arlington, VA. Es gibt kostenloses WLAN, mehrere Lokale und eine Wechselstube (National Hall, Concourse Level).

Baltimore/Washington International Thurgood Marshall Airport (BWI; ☎410-859-7111; www.bwiairport.com) 48 km nordöstlich von D. C. in Maryland.

ZUG

Die prächtige, im Beaux-Arts-Stil errichtete **Union Station** (www.unionstationdc.com; 50 Massachusetts Ave NE; Ⓜ Union Station) ist der wichtigste Bahnhof der Stadt. Von der Metrostation (Red Line) fahren Züge weiter in die Stadt.

Amtrak (www.amtrak.com) kommt mindestens stündlich aus den größeren Städten der Ostküste hier an. Die Züge von Northeast Regional sind günstiger, aber auch langsamer (NYC–D. C. ca. 3½ Std.).

Die Züge von Acela Express sind teurer, aber schneller (NYC–D. C. 2¾ Std.; Boston–D. C. 6½ Std.). Die Expresszüge haben auch breitere Sitze und andere Annehmlichkeiten der Business Class.

MARC-Züge (www.mta.maryland.gov) kommen regelmäßig aus Downtown Baltimore (1 Std.) und anderen Städten in Maryland sowie aus Harpers Ferry, WV, hier an.

ℹ Unterwegs vor Ort

In der Stadt bewegt man sich am besten mit der Metro fort. An der Metrostation kann man sich die wiederaufladbare SmarTrip Card kaufen, die man beim Betreten und beim Verlassen der Station braucht.

Metro Schnell, regelmäßig, allgegenwärtig (außer während Wartungsarbeiten am Wochenende). Sie fährt zwischen 5 und 24 Uhr (Fr & Sa bis 3 Uhr). Tickets kosten 1,85 bis 6 US$, je nach Fahrtdauer. Ein Tagesticket gibt's für 14,50 US$.

DC Circulator Bus Gute Verbindungen zur Mall, nach Georgetown, Adams Morgan und in andere Gegenden, in denen die Metro nicht regelmäßig fährt. Die Fahrt kostet 1 US$.

Fahrrad Capital-Bikeshare-Stationen sind allgegenwärtig. Ein Tagespass kostet 8 US$.

Taxi Relativ einfach zu finden (außer in der Nacht), aber teuer. Im District sind überwiegend die Unternehmen Uber, Lyft und Via unterwegs.

VOM/ZUM FLUGHAFEN

Washington Dulles International Airport

Der Silver Line Expressbus von Washington Flyer (www.washfly.com) fährt zwischen 6 und 22.40 Uhr (Wochenende ab 7.45 Uhr) alle 15 bis 20 Minuten vom Flughafen Dulles (Hauptterminal, Ankunftshalle, Tor 4) zur Metrostation Wiehle-Reston East. Die Fahrt ins Zentrum von D. C. dauert 60 bis 75 Minuten und kostet rund 11 US$.

Metrobus 5A (www.wmata.com) fährt zwischen 5.50 (Sa & So 6.30 Uhr) und 23.35 Uhr alle 30 bis 40 Minuten vom Flughafen Dulles zur Metrostation Rosslyn (Blue, Orange und Silver Lines) und weiter ins Zentrum von D. C. (L'Enfant Plaza). Die Fahrt ins Zentrum dauert etwa 60 Minuten und kostet 7 US$.

Die Vans von Supershuttle (www.supershuttle.com) fahren zwischen 5.30 und 0.30 Uhr für 30 US$ ins Stadtzentrum. Die Fahrt dauert 30 bis 60 Minuten.

Taxifahrten ins Stadtzentrum dauern 30 bis 60 Minuten (je nach Verkehr) und kosten 62 bis 73 US$. Den Schildern mit der Aufschrift *Ground Transportation* oder *Taxi* folgen!

Ronald Reagan Washington National Airport

Der Flughafen hat seine eigene Metrostation (www.wmata.com), an der die Blue und Yellow Lines halten. Die Züge (2,60 US$) fahren zwischen 5 und 24 Uhr (Fr & Sa bis 3 Uhr) alle zehn Minuten ab und brauchen 20 Minuten ins Stadtzentrum. Sie verbinden auch die Terminals B und C miteinander.

Die Vans von Supershuttle (www.supershuttle.com) fahren zwischen 5.30 und 0.30 Uhr für 16 US$ ins Zentrum (10–30 Min.).

Taxifahrten ins Stadtzentrum dauern zwischen 10 und 30 Minuten (je nach Verkehr) und kosten 15 bis 22 US$. Die Taxis halten vor jedem Terminal bei der Gepäckausgabe.

Baltimore-Washington International Thurgood Marshall Airport

Der Metrobus B30 (www.wmata.com) fährt vom BWI zur Metrostation Greenbelt (letzter Halt an der Green Line). Er fährt alle 40 Minuten von Haltestellen in der Flughalle für internationale Flüge und in der Halle A/B ab. Die Fahrt kostet 11 US$ und dauert rund 75 Minuten.

Die Vans von Supershuttle (www.supershuttle.com) fahren zwischen 5.30 und 0.30 Uhr für 37 US$ ins Stadtzentrum. Die Fahrt dauert zwischen 45 und 60 Minuten.

Eine Taxifahrt nach D. C. dauert etwa 45 Minuten und kostet 90 US$. Die Taxis halten vor der Gepäckausgabe des Marshall Terminals.

Züge von MARC (Maryland Rail Commuter; www.mta.maryland.gov) und Amtrak (www.amtrak.com) fahren zur Union Station in Washington, D. C. Sie fahren von einem Terminal 1 Meile (1,6 km) vom BWI entfernt, ab. Ein kostenloser Shuttle-Bus bringt die Passagiere dorthin. Die Züge fahren ein- oder zweimal pro Stunde ab; nach 21.30 Uhr gibt es keine Verbindungen mehr (am Wochenende noch weniger). Die Fahrt dauert 30 bis 40 Minuten und kostet ab 7 US$.

MARYLAND

Maryland wird oft auch als „Miniatur-Amerika" beschrieben. Und das mit gutem Grund. Auf der Fläche des kleinen Staates liegen einige der schönsten Flecken des Landes, etwa die Appalachen im Westen oder die weißen Sandstrände im Osten. Eine Mischung aus Nordstaaten-Cleverness und Südstaaten-Bodenständigkeit beschert dem Bundesstaat zwischen den alten Fronten eine ausgewachsene Identitätskrise. Baltimore, die wichtigste Metropole Marylands, ist eine pfiffige, fordernde Hafenstadt, während an der Ostküste künstlerisch angehauchte Stadtmigranten und hart arbeitenden Fischer leben. Die Vororte von D.C. werden dagegen von Regierungsangestellten und anderen Büromenschen bewohnt, die sich nach der Natur sehnen, aber auch von ärmeren Schichten, die vor allem auf die niedrigen Mieten aus sind. Trotzdem funktioniert das alles irgendwie. Köstliche Blaukrabben, Natty-Boh-Bier und die herrliche Landschaft von Chesapeake sind der Kitt, der alles miteinander verbindet. Schließlich ist Maryland auch ein sehr vielfältiger und liberaler US-Staat, der u. a. als einer der ersten die gleichgeschlechtliche Ehe legalisierte.

Geschichte

George Calvert gründete Maryland 1634 als Zuflucht für verfolgte englische Katholiken. Dafür kaufte er den Piscataway, mit denen er friedlich koexistieren wollte, St. Mary's City ab. Puritanische Flüchtlinge entrissen den Piscataway und den Katholiken die Kontrolle und verlagerten das Zentrum nach Annapolis. Die Schikanierung der Katholiken führte zum Tolerance Act, einem lückenhaften, aber wegweisenden Gesetz, das in Maryland jede Form des (christlichen) Gottesdienstes zuließ – zum ersten Mal in Nordamerika.

Diese Verpflichtung zur Diversität hat den Staat schon immer gekennzeichnet, trotz gemischter Einstellungen gegenüber der Sklaverei. Obwohl Maryland während des Bürgerkriegs gespalten war, wurde 1862 bei Antietam eine Invasion der Konföderation gestoppt. Nach dem Krieg nutzte das Land seine schwarze, weiße und zugewanderte Arbeiterschaft, um die Wirtschaftskraft zwischen Baltimores Industrien und Werften aufzuteilen; später kamen noch Dienstleistungen für Washington hinzu. All das macht heute den Marylander aus: Der Bundesstaat vermischt Reiche, Arme, Fremde, urbane Weltenbummler und ländliche Dörfchen wie wenige andere Staaten.

ABSTECHER

SCENIC DRIVE: MARITIMES MARYLAND

Maryland und die Chesapeake Bay waren schon immer untrennbar miteinander verbunden; es gibt noch einige Orte, an denen sich die althergebrachte Lebensweise an der Bay im Lauf der vergangenen Jahrhunderte kaum verändert zu haben scheint.

Etwa 150 Meilen (241 km) südlich von Baltimore, am Rand des Eastern Shore, liegt **Crisfield**, die größte Stadt Marylands, die noch vom Wasser lebt. Nähere Infos über Sehenswertes gibt's im **J. Millard Tawes Historical Museum** (☎410-968-2501; www.crisfieldheritagefoundation.org/museum; 3 9th St, Crisfield; Erw./Kind 3/1 US$; ⏲Juni–Aug. Mi–Sa 11–17 & So 11–15 Uhr; restliches Jahr geschl.), das gleichzeitig als Touristeninformation dient. Alle Gerichte mit Meeresfrüchten, die man hier vorgesetzt bekommt, sind vorzüglich. Wer aber ein richtiges maritimes Erlebnis sucht, ist im legendären **Watermen's Inn** (☎410-968-2119; www.crisfield.com/watermens; 901 W Main St, Crisfield; Hauptgerichte 8–27 US$; ⏲Do 15–20, Fr & Sa bis 21 Uhr, So 12–20 Uhr) genau richtig; in einem anspruchslosen Ambiente kann man den lokalen Fang bei einem sich regelmäßig ändernden Menü genießen. Den einheimischen Fischern begegnet man in ihrem Stammlokal, wenn sie um 4 Uhr morgens einen Kaffee im **Gordon's Confectionery** (☎410-968-0566; 831 W Main St, Crisfield; Hauptgerichte 2–7 US$; ⏲4–20.30 Uhr) trinken, bevor sie hinaus aufs Meer fahren und die Netze auswerfen.

Mit dem Boot – aber ohne Auto – geht es von hier weiter nach **Smith Island** (www.smithisland.org), der einzigen Siedlung von Maryland außerhalb des Festlands. Vor etwa 400 Jahren ließen sich Fischer aus den westlichen Regionen Englands hier nieder. Seither spricht die winzige Inselgemeinde immer noch eine Sprache, der Linguisten eine nahe Verwandtschaft zum Walisischen des 17. Jhs. attestieren.

Um ehrlich zu sein: Das ist eher ein dahinsterbendes Fischerdorf als eine reizvolle Sehenswürdigkeit, obwohl es B&Bs und Restaurants gibt (Details gibt's auf der Website). Zugleich ist Smith Island aber die letzte Verbindung zur Vergangenheit des Bundesstaats, und wenn man sich dem Eiland auf diese Weise annähert, versteht man, warum es hier noch deutlich einfacher zugeht. Zudem besteht die Möglichkeit zu einer Paddeltour durch unberührtes Sumpfland am östlichen Meeresufer (www.paddlesmithisland.com). Die Fähre bringt einen (am selben Tag) um 15.30 Uhr zurück aufs Festland.

Baltimore

Einst eine der wichtigsten Hafenstädte Amerikas, ist Baltimore – oder „Bawlmer", wie die Einheimischen es nennen – eine Stadt der Gegensätze. Baltimore bleibt immer noch eine trotzige Arbeiterstadt, der ihre nautische Vergangenheit anhaftet, hat sich aber in den letzten Jahren wirtschaftlich deutlich gemausert, was Besucher wie Einheimische gleichermaßen beeindruckt: Es gibt neue Boutiquehotels, moderne Ausstellungen in erstklassigen Museen und einst verlassene Stadtviertel, in denen jetzt angesagte Läden und Restaurants entstehen, die mit farmfrischen Zutaten arbeiten. Aber Traditionsbewusste müssen sich keine Sorgen machen – die hiesige Kultur und der Sport (von Lacrosse bis Baseball) sind immer noch Bestandteil der Stadt.

Besucher „B'mores" (so ein weiterer Spitzname) sollten auf jeden Fall einen Ausflug ans Wasser machen, wo der an Disneyland erinnernde Inner Harbor, die kopfsteingepflasterten Straßen des Hafenviertels Fell's Point oder die Buchten von Fort McHenry, Geburtsstätte der amerikanischen Nationalhymne *The Star-Spangled Banner*, auf sie warten. Es herrscht eine intensive, aufrichtige Freundlichkeit in dieser Stadt, was auch erklärt, warum Baltimore seinem letzten und treffendsten Spitznamen „Charm City" (Bezaubernder Stadt) voll gerecht wird.

Sehenswertes

Harborplace & Inner Harbor

Hier starten viele Touristen ihren Rundgang – und beenden ihn leider auch gleich wieder. Das Gebiet um den Inner Harbor wurde umfassend und glanzvoll erneuert. Deshalb schimmern hier Glasfassaden, locken klimatisierte Einkaufspassagen und glitzernde Bars, die es irgendwie schaffen, in einer familienfreundlichen Verpackung das maritime Herz der Stadt zu bewahren. Im Viertel gibt es ein beeindruckendes Aquarium und mehrere eindrucksvolle historische Schiffe, aber diese Sehenswürdigkeiten sind nur die Spitze des Eisbergs.

National Aquarium AQUARIUM
(☎ 410-576-3800; www.aqua.org; 501 E Pratt St, Piers 3 & 4; Erw./Kind 3–11 Jahre 40/25 US$; ⊙ So–Do 9-17, Fr bis 20, Sa bis 18 Uhr) Das Aquarium mit seinen sieben Stockwerken und der Glaspyramide auf der Spitze gilt vielen als das beste Amerikas. Es beherbergt fast 20 000 Tiere (die mehr als 700 Arten angehören), einen Regenwald auf dem Dach, ein mehrstöckiges Haibecken und eine Nachbildung eines indopazifischen Riffs, in dem Schwarzspitzen-Riffhaie, eine Grüne Meeresschildkröte und Stachelrochen leben. Außerdem gibt es einen Nachbau der Umbrawarra Gorge aus dem Northern Territory Australiens mit einem 10 m hohen Wasserfall, Felsklippen, frei fliegenden Vögeln und herumkriechenden Echsen.

Downtown & Little Italy

Man kann leicht von Downtown Baltimore nach Little Italy zu Fuß gehen, sollte dabei aber dem ausgeschilderten Weg folgen, da es an einem ungemütlichen Block vorbeigeht.

National Great Blacks in Wax Museum MUSEUM
(☎ 410-563-3404; www.greatblacksinwax.org; 1601 E North Ave; Erw./Student/Kind 3–11 Jahre 15/14/12 US$; ⊙ Di–Sa 9–17, So 12–17 Uhr, Juli & Aug. auch Mo & So bis 18 Uhr) Dieses einfache, aber nachdenklich machende Museum über die afroamerikanische Geschichte widmet sich u.a. Frederick Douglass, Jackie Robinson, Martin Luther King Jr. und Barack Obama sowie anderen weniger bekannten Persönlichkeiten wie dem Entdecker Matthew Henson. Das Museum informiert auch über die Sklaverei, die Jim-Crow-Ära und afrikanische Anführer – alle dargestellt auf surrealistische, aber informative Art mit Wachsfiguren à la Madame Tussauds. Unverhohlene und anschauliche Ausstellungen über den Schrecken der Sklavenschiffe und Lynchmorde sind nichts für kleinere Kinder.

Star-Spangled Banner Flag House & 1812 Museum MUSEUM
(☎ 410-837-1793; www.flaghouse.org; 844 E Pratt St; Erw./Kind 8/6 US$; ⊙ Di–Sa 10–16 Uhr; 👪) In diesem historischen Haus aus dem Jahr 1793 hat Mary Pickersgill die gigantische Flagge genäht, die zur Inspiration für Amerikas Nationalhymne wurde. Mithilfe kostümierter Guides und von Exponaten aus dem 19. Jh. reisen Besucher zurück in eine dunkle Zeit während des Krieges von 1812; für Kinder gibt's auch eine Ausstellung zum Anfassen.

Jewish Museum of Maryland MUSEUM
(☎ 410-732-6400; www.jewishmuseummd.org; 15 Lloyd St; Erw./Student/Kind 4–12 Jahre 10/6/4 US$; ⊙ So–Do 10–17 Uhr) Maryland ist traditionell die Heimat einer der größten und aktivsten jüdischen Gemeinden des Landes. Und das Museum ist ein toller Ort, um die jüdische Seite Amerikas kennenzulernen. Es beherbergt außerdem zwei der am besten erhaltenen historischen Synagogen. Termine für die Führungen in der Synagoge erhält man telefonisch oder online.

Edgar Allan Poe House & Museum MUSEUM
(☎ 410-462-1763; www.poeinbaltimore.org; 203 N Amity St; Erw./Student/Kind 5/4 US$/frei; ⊙ Di–So 11–16 Uhr) Von 1832 bis 1835 lebte in diesem Haus der berühmteste Ziehsohn Baltimores, Edgar Allan Poe, der genial-makabre Dichter und Schriftsteller, der nach dem Gewinn von 50 US$ in einem Kurzgeschichtenwettbewerb ersten Ruhm erlangte. Nachdem er ein paar Jahre unterwegs gewesen war, kehrte Poe 1849 nach Baltimore zurück, wo er unter mysteriösen Umständen verstarb. Sein Grab befindet sich auf dem Westminster Cemetery.

Mt. Vernon

★ **Walters Art Museum** MUSEUM
(☎ 410-547-9000; www.thewalters.org; 600 N Charles St; ⊙ Mi–So 10–17, Do bis 21 Uhr) GRATIS Die herrliche Chamber of Wonders sieht aus wie das Studierzimmer eines weitgereisten Gelehrten mit Sinn für Abenteuer. Die angrenzende Waffen- und Rüstungsgalerie ist die beeindruckendste Sammlung mittelalterlicher Waffen, die man außerhalb von *Game of Thrones* sehen kann. Das heißt, man sollte dieses ausgezeichnete, bunt gemischte Museum auf keinen Fall verpassen! Es umfasst einen Zeitraum von der Antike bis zur Gegenwart. Gezeigt werden außergewöhnliche Schätze aus Asien, seltene und reich verzierte Handschriften und Bücher sowie eine umfassende Sammlung französischer Gemälde.

Washington Monument MONUMENT
(www.mvpconservancy.org; 699 Washington Pl; empfohlene Spende 5 US$; ⊙ Mi–Fr 11–15, Sa & So 10–17 Uhr) Wer den besten Blick über Balti-

more genießen will, muss die 228 Stufen der 54 m hohen dorischen Säule hinaufklettern, die George Washington, dem Gründervater der USA, gewidmet ist. Sie wurde von Robert Mills entworfen, der auch das Washington Monument in D. C. schuf, und sieht nach einer 6 Mio. US$ teuren Restaurierung besser aus den je. Im Erdgeschoss informiert ein Museum über Washingtons Leben. Um die Säule zu besteigen, kauft man das Ticket entweder vor Ort oder reserviert online (Erw./Kind unter 14 Jahren 6/4 US$).

Maryland Historical Society MUSEUM
(☎410-685-3650; www.mdhs.org; 201 W Monument St; Erw./Kind 3–18 Jahre 9/6 US$; ⌚Mi–Sa 10–17, So 12–17 Uhr) Mit mehr als 350 000 Objekten und 7 Mio. Büchern und Dokumenten ist dies eine der weltweit größten Sammlungen zur amerikanischen Geschichte. Zu den Highlights zählen eine von zwei erhaltenen Offiziersuniformen aus dem Amerikanischen Unabhängigkeitskrieg, Fotos der Bürgerrechtsbewegung in Baltimore aus den 1930er-Jahren und Francis Scott Keys Originalmanuskript der US-amerikanischen Nationalhymne (wird zur vollen Stunde zur Schau gestellt). Die 3 m hohe Nachbildung eines Mastodons – das Original wurde von dem aus Maryland stammenden Künstler Charles Wilson Peale konserviert – ist beeindruckend. Auch ein paar der Originalknochen sind ausgestellt.

Federal Hill & Umgebung

Auf einem Steilhang oberhalb des Hafens gibt der Federal Hill Park seinen guten Namen an das nette Viertel weiter, das sich rund um den Cross Street Market erstreckt und erst nach Sonnenuntergang so richtig zum Leben erwacht.

★American Visionary Art Museum MUSEUM
(AVAM; ☎410-244-1900; www.avam.org; 800 Key Hwy; Erw./Kind 16/10 US$; ⌚Di–So 10–18 Uhr) Das Museum beherbergt eine atemberaubende Sammlung von Art-Brut- bzw. autodidaktischer Kunst – Werke von einer unbändigen Kreativität, völlig frei von dem gespreiztem Gehabe der Kunstwelt. Auf zwei Gebäuden und zwei Skulpturengärten verteilt findet man hier Collagen aus Spiegelstückchen, selbst gebastelte Roboter und Flugmaschinen, aufwendige Skulpturen aus Nadelspitze und riesige Modellschiffe, die sorgsam aus Streichhölzern gebastelt sind. Auf keinen Fall die skurrilen Automaten im Cabaret Mechanical Theater verpassen!

Fort McHenry National Monument & Historic Shrine HISTORISCHE STÄTTE
(☎410-962-4290; www.nps.gov/fomc; 2400 E Fort Ave; Erw./Kind unter 16 Jahren 10 US$/Eintritt frei; ⌚9–17 Uhr) Während der Schlacht von Baltimore hat dieses sternförmige Fort am 13. und 14. September 1814 erfolgreich einem Angriff der britischen Marine standgehalten. Nach einer langen Nacht mit unzähligen Kanonenschlägen sah der Gefangene Francis Scott Key im ersten Licht des Tages die immer noch wehende, wenn auch zerrissene US-Flagge. Das inspirierte ihn zu *The Star-Spangled Banner*, das er zur Melodie eines beliebten Trinklieds verfasste.

Fell's Point & Canton

Fell's Point, das einstige Zentrum der berühmten Schiffsbauindustrie von Baltimore, ist heute ein historisches Stadtviertel mit kopfsteingepflasterten Straßen und einer hübschen Mischung aus Wohnhäusern aus dem 18. Jh., Restaurants, Bars und Geschäften. In dem recht bürgerlichen Ambiente wurden verschiedene Kinofilme und Fernsehserien gedreht, allen voran natürlich die Folgen der Krimiserie *Homicide*. Weiter östlich breiten sich die Straßen des etwas feineren Canton rund um den mit Gras bewachsenen zentralen Platz aus, der von Restaurants und Bars umgeben ist.

North Baltimore

Der Ausruf *hon* als Ausdruck der Zuneigung ist eine oft nachgeahmte, aber nie erreichte Besonderheit des in Baltimore gesprochenen Dialekts „Bawlmerese" und stammt aus **Hampden**, einem Stadtteil, der einen Mix aus Arbeitern und hyperkreativen Hipstern beheimatet. Man kann einen gemütlichen Nachmittag damit verbringen, in den Läden an der **Avenue** (der W 36th St) nach Kitsch, Antiquitäten und Vintage-Klamotten zu stöbern. Nach Hampden gelangt man auf der I-83 N, die (in nördlicher Richtung) zur Falls Rd wird; die Avenue zweigt rechts von dieser ab. In der Nähe befindet sich die renommierte **Johns Hopkins University** (☎410-516-8000; www.jhu.edu; 3400 N Charles St). Südlich der Universität, direkt östlich der I-83, markieren neue Restaurants und Wohnungskomplexe das sich schnell entwickelnde **Remington**, ein Viertel, das man

BALTIMORE MIT KINDERN

Die meisten Attraktionen konzentrieren sich auf den Inner Harbor, wo sich auch das perfekt für Kinder geeignete National Aquarium (S. 324) befindet. Von den Befestigungsanlagen des historischen **Fort McHenry National Monument & Historic Shrine** sind Kinder ebenfalls begeistert.

Das **Maryland Science Center** (☎410-685-2370; www.mdsci.org; 601 Light St; Erw./Kind 3–12 Jahre 25/19 US$; ⌚Mo–Fr 10–17, Sa bis 18, So 11–17 Uhr, im Sommer verlängerte Öffnungszeiten) ist ein überwältigendes Zentrum mit einem dreistöckigen überdachten Innenhof, jeder Menge interaktiven Ausstellungen zu Dinosauriern, dem Weltraum und dem menschlichen Körper sowie dem – bei solchen Museen unvermeidlichen – IMAX-Kino (zzgl. 4 US$).

Zwei Blocks weiter nördlich lockt **Port Discovery** (☎410-727-8120; www.portdiscovery.org; 35 Market Pl; 15 US$; ⌚Juni–Aug. Mo–Sa 10–17 & So 12–17 Uhr, Sept.–Mai früher geschl.) in einem umgebauten Fischmarkt mit einem Baumhaus, einem Labor und einem Künstleratelier. Hier kann sich der Nachwuchs richtig austoben. Im **Maryland Zoo in Baltimore** (www.marylandzoo.org; 1 Safari Place, Druid Hill Park; Erw./Kind 2–11 Jahre 18/14 US$; ⌚März–Dez. tgl. 10–16 Uhr, Jan. & Feb. Fr–Mo 10–16 Uhr) können die Kleinen den ganzen Tag über Seerosenblätter hüpfen, Abenteuer mit Billy der Moorschildkröte erleben und Tiere streicheln.

gut zu Fuß erkunden kann und das in puncto Demografie Hampden gleicht.

★ **Evergreen Museum** MUSEUM
(☎410-516-0341; http://museums.jhu.edu; 4545 N Charles St; Erw./Kind 8/5 US$; ⌚Di–Fr 11–16, Sa & So 12–16 Uhr) Die prächtige Villa aus dem 19. Jh. vermittelt einen faszinierenden Einblick in das Leben der Oberschicht von Baltimore im 19. Jh. und lohnt die Anfahrt. Das Haus ist vollgepackt mit Meisterwerken der bildenden und dekorativen Kunst: Gemälden von Modigliani, Glasgegenständen von Louis Comfort Tiffany und exquisites asiatisches Porzellan, außerdem eine erstaunliche Bibliothek mit 32 000 Bänden, darunter viele bibliophile Raritäten.

Geführte Touren

Baltimore Ghost Tours STADTSPAZIERGANG
(☎410-357-1186; www.baltimoreghosttours.com; Erw./Kind 15/10 US$; ⌚März–Nov Fr & Sa 19 Uhr) Bietet mehrere Spaziergänge, bei denen man die gespenstische und bizarre Seite von Baltimore kennenlernt. Der beliebte Fell's Point Ghost Walk beginnt beim Max's am Broadway (731 S Broadway). Wer online bucht, spart 2 US$ pro Ticket.

Feste & Events

Artscape KUNST
(www.artscape.org; 140 W Mt Royal Ave, Patricia & Arthur Modell Performing Arts Center; ⌚Mitte Juli) Amerikas größtes Festival für freie Künste mit Ausstellungen, Musik, Theater und Tanz.

Honfest KULTUR
(www.honfest.net; ⌚Juni) Hierfür sollte man seinen besten „Bawlmerese"-Akzent einstudieren und sich nach Hampden aufmachen. Denn es wird gefeiert: mit Kitsch, Beehive-Frisuren, Strassbrillen und anderen Exzentrizitäten aus Baltimore.

Schlafen

Die meisten stilvollen und erschwinglichen B&Bs stehen in den Vierteln Canton, Fell's Point und Federal Hill. Neue Boutiquehotels bringen eine frische und hippe Atmosphäre nach Downtown und Mt. Vernon.

HI-Baltimore Hostel HOSTEL $
(☎410-576-8880; www.hiusa.org/baltimore; 17 W Mulberry St, Mt. Vernon; B 29–30 US$; ❄@📶) Das HI-Baltimore Hostel befindet sich in einem wundervoll restaurierten Herrenhaus von 1857 und verfügt über Schlafräume mit vier, acht oder zwölf Betten. Das hilfsbereite Personal, das reizende Haus und die klassisch-elegante Einrichtung machen es zu einem der besten Hostels dieser Gegend.

Hotel Brexton HOTEL $$
(☎443-478-2100; www.hotelbrexton.com; 868 Park Ave, Mt. Vernon; Zi. 159–219 US$; P❄📶🐾) Das Haus aus rotem Backstein ist ein Wahrzeichen aus dem 19. Jh. und hat kürzlich seine Wiedergeburt als ein ansprechendes, wenn auch nicht übermäßig prunkvolles Hotel erlebt. Die Zimmer präsentieren sich mit Holzböden oder Teppichen, komfortablen Matratzen, Kleiderschränken mit

Spiegeln und eingerahmten Stichen an den Wänden. Historisch bemerkenswertes Schmankerl: Wallis Simpson, jene Frau, derentwegen Edward VIII. auf den britischen Thron verzichtete, lebte einst als junges Mädchen in diesem Haus.

★Inn at 2920 B&B **$$**
(☎410-342-4450; www.theinnat2920.com; 2920 Elliott St, Canton; Zi. 195–235 US$;) Das Boutique-B&B ist in einem ehemaligen Bordell untergebracht. Die fünf individuell eingerichteten Zimmer bestechen durch die feine Bettwäsche, die elegante avantgardistische Einrichtung und das Partyviertel Canton direkt vor der Tür.

Essen

Baltimore ist eine ethnisch sehr vielfältige Stadt. Es liegt zudem in einer Region, die überreich mit großartigten Meeresfrüchten gesegnet ist und sich immer wieder sowohl vom bodenständigen Süden als auch von den Innovationen des Nordostens kulinarisch inspirieren lässt.

Papermoon Diner DINER **$**
(www.papermoondiner24.com; 227 W 29th St, Harwood; Hauptgerichte 10–18 US$; ⏲So 7–21, Mo, Mi & Do bis 22, Fr & Sa bis 22 Uhr) Das bunte, für Baltimore typische Restaurant ist mit Tausenden Spielsachen, gruseligen Puppen und anderem skurrilem Krimskrams dekoriert. Das Highlight ist das zu jeder Zeit angebotene Frühstück: Es gibt fluffige Buttermilch-Pancakes, knusprigen Speck und Omeletts mit Krabben und Artischockenherzen. Zum Runterspülen empfiehlt sich ein Milchshake mit Karamell und Meersalz.

Artifact CAFÉ **$**
(www.artifactcoffee.com; 1500 Union Ave, Woodberry; Hauptgerichte 7–14 US$; ⏲Mo–Fr 7–19, Sa & So 8–19 Uhr;) Im Artifact gibt's den besten Kaffee der Stadt und dazu kleine Gerichte wie Eiermuffins, Spinatsalat, vegetarisches *banh mi* oder Pastrami-Sandwiches. Das Café befindet sich in einem früheren Fabrikgebäude, das schön umgestaltet wurde, zwei Gehminuten von der Straßenbahnhaltestelle Woodberry entfernt.

Vaccaro's Pastry ITALIENISCH **$**
(www.vaccarospastry.com; 222 Albemarle St, Little Italy; Desserts 3–7 US$; ⏲So–Do 9–22, Fr & bis 24 Uhr) Seit mehr als 60 Jahren serviert das Vaccaro's Kaffee und Desserts, die zu den besten der Stadt zählen. Die Cannoli sind legendär.

Lexington Market FAST FOOD **$**
(www.lexingtonmarket.com; 400 W Lexington St, Mt. Vernon; ⏲6.30–18 Uhr) Der Lexington Market in Mt. Vernon besteht seit etwa 1782 und ist einer der traditionsreichsten Lebensmittelmärkte. Von außen wirkt er etwas heruntergekommen, die Lebensmittel aber sind erste Sahne.

Faidley's SEAFOOD **$$**
(☎410-727-4898; www.faidleyscrabcakes.com; 203 N Paca St, Lexington Market; Hauptgerichte 10–20 US$; ⏲Mo–Mi 9–17, Do–Sa bis 17.30 Uhr) Ein schönes Beispiel für ein Restaurant, dass die Presse und die Touristen schon vor langer Zeit für sich entdeckt haben, dessen Brillanz aber durch die Bekanntheit nicht geschmälert wurde: Das Faidley's ist berühmt für *crab cakes, in-claw meat, backfin* (Körperfleisch) und alle Formen von *lump* (die größten Teile vom Körperfleisch). Einfach mit einem kalten Bier an den Tresen stellen und das Seafood genießen!

★Thames St. Oyster House SEAFOOD **$$**
(☎443-449-7726; www.thamesstreetoysterhouse.com; 1728 Thames St, Fell's Point; Hauptgerichte 12–29 US$; ⏲Mi–So 11.30–14.3 & So–Do 17–21.30, Fr & Sa bis 22.30 Uhr) Ein Wahrzeichen am Fell's Point: In der alten Speise- und Trinkhalle gibt's mit die besten Meeresfrüchte in Baltimore. Man speist in dem eleganten Speisesaal im Obergeschoss mit Blick aufs Ufer, nimmt im Hof Platz oder setzt sich vorn an die Bar (die bis 24 Uhr geöffnet ist) und schaut den Barmixern und Austernknackern zu. Das Hummerbrötchen ist auch zu empfehlen.

Birroteca PIZZERIA **$$**
(☎443-708-1934; www.bmorebirroteca.com; 1520 Clipper Rd, Roosevelt Park; Pizzas 18–22 US$; ⏲Mo–Fr 17–23, Sa 12–23, So 12–22 Uhr) Zwischen Steinwänden und Indie-Rock liefert das Birroteca köstliche Pizzas mit dünnem Boden in schrillen Kombinationen (z. B. Entenconfit mit Feigen-Zwiebel-Marmelade). Man darf sich auf Bier aus Kleinbrauereien, gute Weine, einfallsreiche Cocktails und Barkeeper mit eindrucksvollen Bärten freuen. Die Bar ist rund 800 m sowohl von Hampdens 36th St als auch von der Straßenbahnhaltestelle Woodberry entfernt.

Helmand AFGHANISCH **$$**
(☎410-752-0311; www.helmand.com; 806 N Charles St, Mt. Vernon; Hauptgerichte 14–19 US$; ⏲So–Do 17–22, Fr & Sa bis 23 Uhr) Das Helmand ist seit Langem wegen seines *kaddo boraw-*

ni (Kürbis in Joghurt-Knoblauchsauce), seiner Gemüsegerichte und der aromatischen Bällchen aus Rind- oder Lammfleisch beliebt. Und dann wäre da noch die leckere Kardamom-Eiscreme. Wer noch nie afghanisch gegessen hat, sollte es hier einmal probieren.

LP Steamers SEAFOOD **$$**
(☎ 410-576-9294; www.locustpointsteamers.com; 1100 E Fort Ave, South Baltimore; Hauptgerichte 8–27 US$; ⏰ So–Do 11.30–21.30, Fr & Sa bis 22 Uhr) Das LP ist die beste Adresse Baltimores in Sachen Seafood: Arbeiter, Frotzeleien und die frischesten Krabben.

★ **Woodberry Kitchen** AMERIKANISCH **$$$**
(☎ 410-464-8000; www.woodberrykitchen.com; 2010 Clipper Park Rd, Woodberry; Hauptgerichte 20–35 US$; ⏰ Abendessen Mo–Do 17–22, Fr & Sa bis 23, So bis 21 Uhr, Brunch Sa & So 10–14 Uhr) Das Woodberry schafft alles heran, was die Region Chesapeake zu bieten hat, packt es in eine Industriehalle und vollbringt damit kulinarische Wunder. Die Speisekarte liest sich wie ein kreatives Puzzle aus den besten regionalen Gemüsesorten, Meeresfrüchten und Fleischsorten, von Wolfsbarsch aus Maryland mit kalifornischer Maisgrütze über Lamm aus dem Shenandoah Valley mit Blattkohl bis hin zu herzhaften Gerichten mit Grünzeug von nahe gelegenen Farmen. Vorab reservieren!

Food Market MODERN-AMERIKANISCH **$$$**
(☎ 410-366-0606; www.thefoodmarketbaltimore.com; 1017 W 36th St, Hampden; Hauptgerichte 18–36 US$; ⏰ So–Do 17–23, Fr & Sa bis 24 Uhr, zusätzlich Fr–So 9–15 Uhr) Das Food Market schlug bei seiner Eröffnung an Hampdens geschäftiger Restaurant- und Shoppingmeile im Jahr 2012 sofort ein. Der preisgekrönte hiesige Küchenchef Chad Gauss erhebt amerikanische Alltagskost mit Gerichten wie paniertem Seebarsch mit schwarzer Trüffel-Vinaigrette oder Crab Cakes mit Hummer-Mac-'n'-Cheese zur hohen Kunst.

Ausgehen & Nachtleben

Am Wochenende verwandeln sich Fell's Point und Canton in Stätten ungehemmter Zechgelage, die selbst einen römischen Kaiser vor Neid hätten erblassen lassen. In Mt. Vernon und North Baltimore geht es etwas gesitteter zu, gemütliche Kneipen wird man aber in keinem Stadtteil von Baltimore vergeblich suchen. Sperrstunde ist meistens um 2 Uhr früh.

Brewer's Art PUB
(☎ 410-547-6925; www.thebrewersart.com; 1106 N Charles St, Mt. Vernon; ⏰ Mo–Fr 16–1.45, Sa & So 12–1.45 Uhr) In einer Villa aus dem frühen 20. Jh. serviert das Brewer's Art der entspannten Kundschaft aus Mt. Vernon gute Biere belgischer Art aus Kleinbrauereien. An der Bar gibt's schmackhafte Kneipenkost (Mac'n'Cheese, Champignon-Wraps), hinten im eleganten Speisesaal gehobene amerikanische Küche. Rauer geht es unten in der Kellerkneipe zu. Während der Happy Hour (16–19 Uhr) kostet das Hausbier nur 3,75 US$.

Ale Mary's BAR
(☎ 410-276-2044; www.alemarys.com; 1939 1939 Fleet St, Fell's Point; ⏰ Mo–Do 16–2, Fr 14–2, Sa & So 10–2 Uhr) Der Name und die Einrichtung mit den vielen Kruzifixen und Rosenkränzen erinnern an Marylands katholische Wurzeln. Das muntere Publikum aus dem Viertel labt sich hier an Hochprozentigem und gutem Kneipenessen wie Tater Tots – eine Art Kroketten – oder Käse-Steak-Sandwiches sowie an Muscheln. Sonntags gibt's einen Brunch.

Little Havana BAR
(☎ 410-837-9903; www.litlehavanas.com; 1325 Key Hwy, Federal Hill; ⏰ Mo–Do 11.30–24, Fr & Sa 11.30–2, So 11–24 Uhr) Das ehemalige Ziegellager ist der richtige Treffpunkt, um auf der Terrasse direkt am Wasser den Feierabend zu genießen und an Mojitos zu nippen. Es wird gern auch an warmen, sonnigen Tagen angesteuert (vor allem wochenends zur Brunch-Zeit).

Club Charles BAR
(☎ 410-727-8815; www.clubcharles.us; 1724 N Charles St, Mt. Vernon; ⏰ 18–2 Uhr) Hipster in ihrer üblichen Uniform aus hautengen Jeans und auf alt getrimmten T-Shirts, aber auch Typen, die nicht dem Mainstream folgen, strömen in diese Cocktailbar im Art-déco-Stil der 1940er-Jahre. Sie bekommen gute Musik auf die Ohren und preiswerte Drinks in die Kehlen.

Unterhaltung

Die Einwohner von Baltimore *lieben* Sport. Sie sind mit vollem Einsatz dabei – etwa bei „Tailgate-Partys" auf Parkplätzen, bei denen man sich aus der Ladefläche von Kombis bedient, oder bei Liveübertragungen in den zahlreichen Kneipen.

★ **Oriole Park at Camden Yards** STADION
(☎ 888-848-2473; www.orioles.com; 333 W Camden St, Downtown) Die **Baltimore Orioles**

spielen hier, im wohl besten Baseball-Stadion Amerikas. Während der Saison (April–Sept.) gibt's täglich Führungen (Erw./Kind unter 15 Jahren 9/6 US$).

M&T Bank Stadium STADION
(☎410-261-7283; www.baltimoreravens.com; 1101 Russell St, Downtown) Hier spielen die **Baltimore Ravens** von September bis Januar Football.

Praktische Informationen

Baltimore Area Visitor Center (☎877-225-8466; www.baltimore.org; 401 Light St, Inner Harbor; ⏲Okt.–April 10–17, Mai–Sept. 9–16 Uhr, Jan. & Feb. Mo geschl.) Liegt am Inner Harbor. Hier wird der Harbor Pass verkauft (Erw./Kind 52/38 US$), der zum Eintritt zu fünf Hauptsehenswürdigkeiten berechtigt.

University of Maryland Medical Center (☎410-328-8667; www.umm.edu; 22 S Greene St, University of Maryland-Baltimore) 24-Stunden-Notaufnahme.

An- & Weiterreise

Der **Baltimore/Washington International Thurgood Marshall Airport** (S. 322) befindet sich 10 Meilen (16 km) südlich vom Zentrum an der I-295.

Am Busbahnhof 2 Meilen (3,2 km) südwestlich vom Inner Harbor gibt es mehrere Verbindungen von Greyhound (www.greyhound.com) und **Peter Pan Bus Lines** (☎800-343-9999; www.peterpanbus.com; 2110 Haines St, Carroll-Camden) von/nach Washington, D. C., (8–12 US$, ca. alle 45 Min., 1 Std.) und New York (15–42 US$, tgl. 14- bis 17-mal, 4½ Std.). **BoltBus** (☎877-265-8287; www.boltbus.com; 1578 Maryland Ave; 📶; 15–34 US$) hat sechs bis zehn Busse täglich von/nach New York City; die Busse fahren an der Straße vor Baltimores Penn Station ab.

Die **Penn Station** (https://mta.maryland.gov/marc-train; 1500 N Charles St, Charles North) befindet sich im Norden der Stadt. MARC betreibt werktags Pendlerzüge von/nach Washington, D. C. (8 US$, etwa 1 Std.). Die Züge von **Amtrak** (☎www.amtrak.com) steuern Städte an der Ostküste und darüber hinaus an.

Unterwegs vor Ort

Die Light-Rail (http://mta.maryland.gov/light-rail) fährt alle 5 bis 10 Minuten vom Flughafen BWI zum Lexington Market und zur Penn Station. MARC-Züge verkehren werktags stündlich und an Wochenenden täglich sechs- bis neunmal zwischen der Penn Station und dem Flughafen BWI (5 US$). Alle regionalen Fahrpläne finden sich online bei der Maryland Transit Administration (www.mtamaryland.gov).

Supershuttle (www.supershuttle.com) bietet einen Kleinbusservice vom BWI zum Inner Harbor (23 US$).

Baltimore Water Taxi (☎410-563-3900; www.baltimorewatertaxi.com; Inner Harbor; Tageskarte Erw./Kind 3–12 Jahre 14/6 US$; ⏲Mitte Mai–Aug. 10–24 Uhr, restliches Jahr kürzere Öffnungszeiten) legt bei allen Attraktionen im Hafengebiet an.

Annapolis

Annapolis ist so bezaubernd wie die Hauptstadt eines Bundesstaats nur sein kann. Die Gebäude aus der Kolonialzeit, das Kopfsteinplaster, die flackernden Straßenlaternen und die Reihenhäuser aus Backstein scheinen einem Roman von Charles Dickens zu entstammen – aber das Ganze ist wirklich echt. Diese Stadt hat ihr historisches Erbe nicht neu geschaffen, sondern tatsächlich bewahrt.

In Annapolis, das sich in die Chesapeake Bay schmiegt, dreht sich alles um die maritimen Traditionen der Stadt. Hier befindet sich die US Naval Academy, an der künftige Marineoffiziere ausgebildet werden, die in ihren weißen Uniformen durch die Stadt stolzieren. Segeln ist hier nicht nur eine Freizeitbeschäftigung, sondern ein Lebensgefühl. Der Hafen ist voller Schiffe jeder Art und Größe. Mit ihren historischen Sehenswürdigkeiten, den Wassersportangeboten und den tollen Restaurants und Geschäften ist Annapolis definitiv mehr als nur einen Tagesausflug wert.

Sehenswertes

US Naval Academy UNIVERSITÄT
(☎Visitor Center 410-293-8687; www.usnabsd.com/for-visitors; Randall St zw. Prince George St & King George St) Das Undergraduate College der US Navy ist eines der exklusivsten in den USA. Im Armel-Leftwich Visitor Center kann man geführte Touren buchen und sich alles ansehen, was mit der Akademie zu tun hat. An Werktagen besteht die Möglichkeit, exakt um 12.05 Uhr beim Exerzieren zuzuschauen. Dann zeigen 4000 Kadettinnen und Kadetten im Hof eine 20-minütige Parade. Einlass wird nur gewährt, wenn man einen Personalausweis oder Reisepass hat. Wer etwas über die Geschichte der US Navy erfahren will, sollte das **Naval Academy Museum** (☎410-293-2108; www.usna.edu/museum; 118 Maryland Ave; ⏲Mo–Sa 9–17, So 11–17 Uhr) GRATIS ansteuern.

Maryland State House HISTORISCHES GEBÄUDE
(☎410-946-5400; http://msa.maryland.gov/msa/mdstatehouse/html/home.html; 91 State Circle; ⌚9–17 Uhr) GRATIS Das älteste Capitol eines US-Staats, das durchgehend für die Legislative genutzt wurde, steht in Annapolis. Das prächtige State House von 1772 diente 1733/34 auch als Sitz der US-Regierung. General George Washington hat hier 1783 nach dem Unabhängigkeitskrieg seinen Dienst als Oberbefehlshaber der Kontinentalarmee quittiert und so sichergestellt, dass die Befehlsgewalt mit dem Kongress geteilt wird. Von Januar bis April tagt hier der Senat. Die Eichel auf der Kuppel symbolisiert Weisheit.

Hammond Harwood House MUSEUM
(☎410-263-4683; www.hammondharwoodhouse.org; 19 Maryland Ave; Erw./Kind 10/5 US$; ⌚April–Dez. Di–So 12–17 Uhr) Von den vielen historischen Wohnhäusern vor Ort sollte man sich dieses unbedingt anschauen. In dem 1774 erbauten Haus zeigt eine tolle Sammlung von Kunstgewerbe u. a. Möbel, Gemälde und Gebrauchsgrafiken aus dem 18. Jh.; überdies ist es eines der schönsten erhaltenen Wohnhäuser aus der britischen Kolonialzeit in den USA. Kundige Guides erwecken bei den 50-minütigen Führungen (jeweils zur vollen Stunde) die Vergangenheit zum Leben.

William Paca House & Garden HISTORISCHES GEBÄUDE
(☎410-990-4543; www.annapolis.org; 186 Prince George St; ganzes Haus & Garten 10 US$, 1. Stock & Garten 8 US$, nur Garten 5 US$; ⌚Mo–Sa 10–17, Ende März–Dez. So 12–17 Uhr) Bei den Führungen (jeweils stündlich zur halben Stunde) durch dieses georgianische Herrenhaus gewinnt man einen Einblick ins Leben der Upperclass von Maryland im 18. Jh. Im Frühling auch den blühenden Garten anschauen!

Kunta Kinte–Alex Haley Memorial MONUMENT
Neben dem City Dock markiert das Kunta Kinte–Alex Haley Memorial den Punkt, an dem Kunta Kinte, ein Vorfahr des *Roots*-Autors Alex Haley, in Ketten aus Afrika hergebracht wurde. Die Statuen stellen Haley dar, wie er drei Kindern die Geschichte seines Vorfahren erzählt.

Geführte Touren

Four Centuries Walking Tour STADTSPAZIERGANG
(☎410-268-7601; www.annapolistours.com; 2¼-stündige Tour Erw./Kind 3–11 Jahre 18/10 US$) Ein kostümierter Führer zeigt auf dieser hervorragenden Einführungstour alles Sehenswerte in Annapolis. Die Tour um 10.30 Uhr beginnt am Visitor Center, um 13.30 Uhr geht's am Infokiosk am City Dock los. Die Touren unterscheiden sich ein wenig, führen jedoch beide an zahlreichen Gebäuden aus dem 18. Jh. vorbei und erzählen von einflussreichen Afroamerikanern und dem Geist der Kolonialzeit, der einfach nicht verschwinden will. Die zusätzliche einstündige **Pirates of the Chesapeake Cruise** (☎410-263-0002; www.chesapeakepirates.com; 311 3rd St; 22 US$; ⌚Mitte April–Sept.; 👪) bietet jede Menge „Joho"-Spaß.

Woodwind BOOTSTOUR
(☎410-263-7837; www.schoonerwoodwind.com; 80 Compromise St; Bootstour in der Abenddämmerung Erw./Kind unter 12 Jahren 46/29 US$; ⌚Mitte April–Okt.) Die Crew des traumhaften, 23 m langen Schoners veranstaltet zweistündige Rundfahrten tagsüber und in der Abenddämmerung. Oder man bucht das „Boat & Breakfast"-Angebot, eine der ungewöhnlichsten Unterkünfte der Stadt.

Schlafen

Die historische Altstadt ist voller Pensionen und B&Bs. Mehrere Hotels säumen die West St, die vom Church Circle in westlicher Richtung verläuft. Nationale Hotelketten sammeln sich in der Nähe der Exits 22 und 23 der USA 50/301.

Historic Inns of Annapolis HOTEL $$
(☎410-263-2641; www.historicinnsofannapolis.com; 58 State Circle; Zi. ab 189 US$; P ❄ 📶) Die Historic Inns umfassen drei verschiedene Boutique-Gästehäuser in je einem historischen Gebäude im Herzen des alten Annapolis: das Maryland Inn, das Governor Calvert House und das Robert Johnson House. Die Gemeinschaftsbereiche prunken mit Elementen der Entstehungszeit und die besten Zimmer mit Antiquitäten, einem Kamin und einer schönen Aussicht (die preiswerteren sind sehr klein). Eingecheckt wird im Governor Calvert House.

ScotLaur Inn PENSION $$
(☎410-268-5665; www.scotlaurinn.com; 165 Main St; Zi. 119–149 US$; P ❄ 📶) Die Leute vom Chick & Ruth's Delly vermieten zehn Zimmer mit schmiedeeisernen Betten, Blümchentapeten und Bad. Die Zimmer sind klein, aber nett (die Pension ist nach Scott und Lauren benannt, den Kindern der Besitzer).

O'Callaghan Hotel HOTEL $$

(☎ 410-263-7700; www.ocallaghanhotels-us.com; 174 West St; Zi. ab 180 US$; P ❄ 📶) Das Hotel der irischen Kette punktet mit attraktiv eingerichteten, gut ausgestatteten Zimmern mit großen Fenstern, einem Schreibtisch, Messingarmaturen und bequemen Matratzen. Das Haus steht an der West St, nur einen kurzen Spaziergang von einer ganzen Reihe Bars und Restaurants entfernt; ca. zwölf Gehminuten sind es in die Altstadt.

 Essen & Ausgehen

Dank der Chesapeake Bay vor der Haustür kann Annapolis mit erstklassigem Seafood aufwarten. Die neu eröffneten Restaurants, die darauf Wert legen, frische Zutaten auf den Tisch zu bringen, haben der Gastroszene entlang der Main St und in der Nähe des Docks eine gewisse Tiefe verliehen.

Die historische Altstadt brummt freitag- und samstagabends entlang der Main St und der Uferpromenade nur so vor Action – rund um das Dock kippen sehr viele Leute auf den Terrassen zur Straße hin sehr viel Bier runter und beobachten dabei die Schiffe, die vorüberziehen. Downtown gibt es eine Menge gemütlicher Pubs.

49 West CAFÉ $

(☎ 410-626-9796; www.49westcoffeehouse.com; 49 West St; Frühstück 6–14 US$; Hauptgerichte mittags 9–15 US$, abends 9–24 US$; ⊙ So–Do 7.30–24, Fr & Sa bis 2 Uhr; 📶) Das gemütliche, mit Kunst geschmückte Kaffeehaus ist tagsüber ein guter Ort für einen Kaffee und einen kleinen Happen (Sandwiches, Suppen, Salate) sowie abends für herzhaftere Bistrogerichte, einen Wein oder Cocktail. An manchen Abenden gibt's Livemusik.

Chick & Ruth's Delly DINER $

(☎ 410-269-6737; www.chickandruths.com; 165 Main St; Hauptgerichte 8–15 US$; ⊙ So–Do 6.30–23.30, Fr & Sa bis 12.30 Uhr; 👪) Dieser Diner ist eine der tragenden Säulen von Annapolis – er strotzt nur so vor liebenswerter Schrulligkeit und hat eine riesige Speisekarte. Wert wird vor allem auf Sandwiches und Frühstück gelegt. US-Patrioten können hier ihre Grundschulzeiten nacherleben und werktags um 8.30 Uhr (Sa & So um 9.30 Uhr) den Treueschwur gegenüber den USA schwören.

★ **Vin 909** AMERIKANISCH $$

(☎ 410-990-1846; www.vin909.com; 909 Bay Ridge Ave; kleine Gerichte 12–20 US$; ⊙ Di–So 17.30–22 & Mi–Sa 12–15 Uhr, im Winter Di & So ab 21 Uhr geschl.) Mit der Lage auf einem kleinen, bewaldeten Hügel und einem traulichen, aber netten und zwanglosen Ambiente ist das Vin die beste gastronomische Adresse in Annapolis. Frischen Produkten direkt vom Erzeuger begegnet man hier in der Form von Entenconfit, Grill-Sandwiches und hausgemachten Pizzas mit Belägen wie Wildpilzen, Foie Gras oder spanischer Chorizo. Es gibt auch eine tolle Weinkarte mit mehr als drei Dutzend offenen Weinen.

★ **Jimmy Cantler's Riverside Inn** SEAFOOD $$

(☎ 410-757-1311; www.cantlers.com; 458 Forest Beach Rd, Annapolis; Hauptgerichte 10–34 US$; ⊙ So–Do 11–23, Fr & Sa bis 24 Uhr) Eines der besten Krabbenlokale im ganzen Bundesstaat, in dem das Verspeisen von geräucherten Krabben zu einer Art Kunstform erhoben wird – ein aktives, chaotisches Unterfangen, das normalerweise von einem Maiskolben und einem eiskalten Bier begleitet wird. Das Cantler's liegt ein kleines bisschen außerhalb von Annapolis, aber wie viele andere Krabbenlokale ist es gut mit dem Auto oder dem Boot erreichbar (die Lage am Wasser ist Standard in der Krabbenindustrie).

Boatyard Bar & Grill SEAFOOD $$

(☎ 410-216-6206; www.boatyardbarandgrill.com; 400 4th St ; Hauptgerichte 10–27 US$; ⊙ Mo–Fr 7.30–24, Sa & So 8–24 Uhr; 👪) Das helle, maritim aufgemachte Restaurant ist ein einladendes Plätzchen, um Crab Cakes, Fish & Chips, Fischtacos und andere Seafood-Gerichte zu genießen. Die Happy Hour (Mo–Fr 15–19 Uhr) mit Austern für 0,99 US$ und Bier für 3 US$ ist ein Renner. Das Restaurant liegt jenseits der Spa Creek Bridge, eine kurze Fahrt (bzw. zehn Gehminuten) vom City Dock entfernt.

Rams Head Tavern KNEIPENKOST $$$

(☎ 410-268-4545; www.ramsheadtavern.com; 33 West St; Hauptgerichte 10–30 US$; ⊙ Mo–Sa 11–2, So ab 10 Uhr) Die Schenke serviert Kneipenkost und erfrischende Biere aus Kleinbrauereien in attraktivem Ambiente mit unverputzten Backsteinwänden und Eichenholztäfelung. Bekannte Bands spielen nebenan im **Rams Head On Stage** (Tickets 23–115 US$).

Fox's Den PUB

(☎ 443-808-8991; www.foxsden.com; 179 Main St; ⊙ Mo, Mi & Do 17–23, Fr 17–24, Sa 16–24, So 16–23 Uhr) Ab in den Untergrund – da gibt's Biere aus Kleinbrauereien und ganz eigene

Cocktails, alle serviert in einem gemütlichen Pub mitten im Trubel der Main St.

Praktische Informationen

Es gibt ein **Visitor Center** (☎410-280-0445; www.visitannapolis.org; 26 West St; ⏲9–17 Uhr) in der West St und einen Infoschalter am City Dock (März–Okt. 9–17 Uhr). Informationen über Touren und Sehenswürdigkeiten in der Naval Academy bekommt man beim **Armel-Leftwich Visitor Center** (☎410-293-8687; www.usnabsd.com/for-visitors; 52 King George St, Gate 1, City-Dock-Eingang; geführte Touren Erw./Kind 11/9 US$; ⏲März–Dez. 9–17 Uhr, Jan. & Feb. 9–16 Uhr) am Yard in der Nähe des Ufers.

An- & Weiterreise

Greyhound (☎800-231-2222; www.greyhound.com; 275 Harry S Truman Pkwy) lässt Busse nach Washington, D.C. (12–15 US$, tgl.) tuckern, die von einer Haltestelle 8 km westlich der historischen Altstadt abfahren.

Eastern Shore

Gleich jenseits der Chesapeake Bay Bridge weichen ausdruckslose Vororte kilometerlangen Sumpfgebieten voller Wasservögel, friedlichen Wasserlandschaften, endlosen Maisfeldern, feinen Sandstränden und freundlichen, kleinen Dörfern. Die Ostküste hat sich ihren Charme trotz der vielen Tagesausflügler und der Zuwanderung von Yuppies aus der Stadt erhalten. In dieser Gegend dreht sich alles ums Wasser: Die Einwohner der kleinen Küstensiedlungen leben immer noch von der Chesapeake Bay und ihren Zuflüssen; Bootfahren, Angeln, Krabbenfischen und Jagen sind hier Teil des Alltags. Wer hierher kommt, kann die Natur zu Fuß, per Boot oder Fahrrad erkunden, am Strand ein Buch lesen, in die Geschichte der Region eintauchen und natürlich das ausgezeichnete Seafood genießen.

Anreise & Unterwegs vor Ort

Die Region kann am besten mit dem Auto erkundet werden. Baltimore liegt 112 km von Easton und 241 km von Ocean City entfernt.

St. Michaels & Tilghman Island

St. Michaels, das hübscheste kleine Dorf an der Ostküste, wird seinem Namen als „Herz und Seele der Chesapeake Bay" mehr als gerecht. Am US 33 gelegen, ist es ein Mix aus alten viktorianischen Häusern, idyllischen B&Bs, Boutiquen und Fischerdocks, die noch immer in Betrieb sind. Stadtflüchtlinge aus Washington mischen sich unter die erfahrenen Fischer. Im Amerikanisch-Britischen Krieg von 1812 hängten die Bewohner Laternen in den benachbarten Wald und verdunkelten die Stadt. Die Kanonen der britischen Schiffe beschossen die Bäume, während St. Michaels der Vernichtung entging. Das heute als **Cannonball House** (Mulberry St, St. Michaels) bekannte Gebäude wurde als einziges getroffen.

Am Ende der Insel und auf dem US 33 gelangt man über eine Zugbrücke auf die winzige **Tilghman Island**, auf der Fischer immer noch ihrem Gewerbe nachgehen und die Kapitäne Besucher schon mal auf ihren Segelschiffen mit auf den Ozean nehmen.

Sehenswertes & Aktivitäten

Chesapeake Bay Maritime Museum MUSEUM
(☎410-745-2916; www.cbmm.org; 213 N Talbot St, St. Michaels; Erw./Kind 6–17 Jahre 15/6 US$; ⏲Mai–Okt. 9–17 Uhr, Nov.–April 10–16 Uhr; 👪) Die Innen- und Außenausstellungen des Chesapeake Bay Maritime Museum widmen sich dem engen Band zwischen der Küstenbevölkerung und Amerikas größtem Meeresarm. Im Innern des versetzten Leuchtturms von 1879 kann man alles über das Leben eines Leuchtturmwärters im 19. Jh. lernen.

Lady Patty Classic Yacht Charters BOOTSFAHRTEN
(☎410-886-1127; www.ladypatty.com; 6176 Tilghman Island Rd, Tilghman Island; Cruise Erw./Kind unter 13 Jahren ab 40/25 US$; ⏲geführte Touren Mai–Okt. Mi–Mo) Veranstaltet denkwürdige zweistündige Segeltouren in der Chesapeake Bay auf einer Rennjacht von 1935.

Schlafen & Essen

Parsonage Inn GASTHAUS $$
(☎410-745-8383; www.parsonage-inn.com; 210 N Talbot St, St Michaels; Zi. 210–290 US$; P❄📶) Das klassische viktorianische Dekor wird hier und da von unerwarteten Farbakzenten aufgehellt – ist das da etwa ein hawaiianischer Quilt? Das Gasthaus in dem roten Backsteingebäude hat mittlerweile eine neue Leitung. Aufs Frühstück wird hier sehr viel Wert gelegt; eventuell findet man Scotch Eggs (Eier mit Fleischhülle) auf der Karte. Liegt in der Nähe des Maritime Museum.

Crab Claw SEAFOOD $$
(☎410-745-2900; www.thecrabclaw.com; 304 Burns St, St. Michaels; Hauptgerichte 11–30 US$;

Mitte März–Okt. 11–22 Uhr) Gleich neben dem Chesapeake Bay Maritime Museum serviert das Crab Claw schmackhafte Maryland-Blaukrabben bei prächtigem Ausblick auf den Hafen. Den gemischten Meeresfrüchteteller sollte man nicht nehmen, wenn man kein Fan von Frittiertem ist.

An- & Weiterreise

St. Michaels und Tilghman Island liegen auf einer schmalen, kurvigen Halbinsel und grenzen an den US 33. Der US 33 führt von Easton aus in westliche Richtung zu den Städten. Wenn man einen Freund mit einem Boot in der Chesapeake Bay hat, sollte man ihn jetzt um eine Fahrt bitten – beide Städte haben Bootsanleger. Die gibt es auch in Talbot County, was über 965 km vor der Küste liegt.

Berlin

Wenn man sich eine typisch nordamerikanische Hauptstraße einer Kleinstadt vorstellt und das Ganze noch ein wenig schrumpft, hat man eine ungefähre Vorstellung von dem Küstendorf Berlin. Die meisten Gebäude der Region, in der es bezeichnend viele Antiquitätenläden gibt, sind hübsch restauriert. Ein paar großartige Restaurants verteilen sich im gut zu Fuß erkundbaren Ortskern. Das Dorf ist ein praktischer Ausgangspunkt für Ausflüge nach Assateague Island (S. 335) und in die umliegenden Gebiete der Ostküste.

Für so einen kleinen Ort hat Berlin überraschend viele Restaurants zu bieten, die großartiges Seafood und Amerikanisches servieren. Die meisten liegen in fußläufiger Entfernung vom historischen Inn in der Altstadt.

Essen

Drummer's Cafe AMERIKANISCH $$

(https://atlantichotel.com/drummers-cafe-atlantic-hotel; 2 N Main St; Hauptgerichte mittags 10–16 US$, Hauptgerichte abends 18–34 US$; 11–21 Uhr) Das Lokal des Atlantic Hotel ist genauso prächtig wie das Hotel selbst: große Fenster, natürliches Licht und am Abend flackernde Kerzen. Das Essen bekommt die besten Kritiken in der Region – das Filet Mignon wird mit einem Crab Cake sogar noch dekadenter. Abends ist es besonders toll, bei einem Drink auf der Hotelterrasse die Leute beim Vorbeigehen zu beobachten.

Fins Ale House & Raw Bar SEAFOOD $$

(410-641-3000; www.facebook.com/FinsAleHouseBerlin; 119 N Main St; Hauptgerichte 12–30 US$; So–Do 11–21.15, Fr & Sa bis 22 Uhr) Der Lump Crab Cake ist so umwerfend gut, dass man sich fast überlegt, seine Sachen zu packen und nach Berlin zu ziehen. Und unter den geselligen Leuten, die sich hier treffen, sind bestimmt einige dabei, die genauso denken. Das Lokal liegt nicht am Wasser, aber aufmerksamer Service, große Fenster, eine gemütliche Terrasse und köstliches Seafood aller Art machen das Fins zum Besten, wo man – außer vielleicht in einem Krabbenlokal am Wasser – einkehren kann.

An- & Weiterreise

Berlin liegt an der Kreuzung des Hwy 113 und dem US 50, etwa 13 km südwestlich von Ocean City.

Ocean City

Von Juni bis August kann „O.C." mit einem Wort beschrieben werden: Partyzentrale.

MARYLANDS BLAUKRABBEN

In einer Krabbenbude zu essen, wo sich die Kleiderordnung auf Shorts und Badelatschen beschränkt, ist ein absolut typisches Erlebnis an der Chesapeake Bay. Für die Leute hierzulande sind die Krabben eine wichtige Sache. Stundenlang können sie darüber debattieren, wie man sie schält, sie richtig zubereitet und wo man die besten findet. In einem sind sich die Marylander aber vollkommen einig: Es müssen Blaue Schwimmkrabben (Blaukrabben, wissenschaftlich: *Callinectes sapidus*) sein. Leider sind deren Bestände wegen der anhaltenden Verschmutzung der Chesapeake Bay zurückgegangen, weshalb viele der hier servierten Krabben mittlerweile von anderswo her importiert werden.

Gedämpfte Krabben werden einfach nur mit Bier und der Gewürzmischung Old Bay zubereitet. Eine der besten Krabbenbuden weit und breit ist Jimmy Cantler's Riverside Inn (S. 331). Vom Zentrum von Annapolis ist's nur ein Katzensprung: Der Laden befindet sich 4 Meilen (6,4 km) nordöstlich des Maryland State House jenseits der Severn River Bridge. Eine weitere gute Adresse ist das Crab Claw auf der anderen Seite der Bucht.

Hier lernt man ein amerikanisches Strandresort von der wildesten Seite kennen. Für die einen ist das Ganze geschmacklos, für die anderen einfach nur Spaß. Hier kann man sich an Fahrgeschäften erfreuen, die wahlweise das Adrenalin in die Höhe jagen oder Übelkeit hervorrufen, ein T-Shirt mit schmierigen Sprüchen kaufen und in billigen Themenbars bis zum Umfallen saufen. Das Zentrum der Action ist die 4 km lange Uferpromenade, die von der Flussmündung bis zur 27th St reicht. Der Strand ist zwar recht hübsch, wird aber oft von lüsternen Teenagern, dichtem Verkehr und lärmenden Massen in Beschlag genommen. An den Stränden nördlich der Promenade ist es viel ruhiger. Im Sommer kommen ca. 3,4 Mio. Besucher nach Ocean City – in eine Stadt, in der es ganzjährig nur knapp über 7000 Einwohner gibt!

Sehenswertes

Ocean City Life-Saving Station Museum MUSEUM

(☎ 410-289-4991; www.ocmuseum.org; 813 S Atlantic Ave; Erw./Kind 6–17 Jahre 3/1 US$; ⏲ Mai & Okt. 10–16 Uhr, Juni–Sept. bis 18 Uhr, April & Nov. Mi–So 10–16 Uhr) Am südlichen Ende der Promenade befindet sich dieses kleine, aber interessante Museum in einer Rettungsschwimmerstation von 1891. Hier lebten der Wärter und sechs bis acht Surfer, die auf Notrufe von Schiffen warteten. Ausstellungen erzählen Geschichten von nahen Wracks und zeigen die Ausrüstung der Rettungsschwimmer, u.a. ein 8 m langes Rettungsboot, das in einem Sturm wohl eher klein und zerbrechlich aussehen würde.

Trimpers Rides VERGNÜGUNGSPARK

(☎ 410-289-8617; www.trimpersrides.com; S 1st St & Boardwalk; unbegrenzte Fahrten nachmittags 26 US$; ⏲ Mo–Fr 15–24, Sa & So 12–24 Uhr, Öffnungszeiten variieren) Wer so richtig kitschigen Spaß haben möchte, der sollte sich Trimpers Rides, einen der ältesten Vergnügungsparks, auf keinen Fall entgehen lassen. Hier gibt es Pommes mit Essig, jede Menge Spielautomaten und Teenager, die vor lauter sommerlichen Hormonen zu tanzen beginnen. Die Tickets kosten je 0,60 US$, wobei für jede Fahrt eine gewisse Anzahl Tickets nötig ist.

Schlafen

Hotels und Motels säumen die Uferpromenade und die Straßen, die parallel zum Ozean verlaufen. Die Übernachtungsmöglichkeiten sind eine Mischung aus nationalen Hotelketten und unabhängigen Unterkünften. Von Juni bis August sind sie bereit für jede Menge Gäste. Wer es ruhiger mag, der sollte sein Glück in einem B&B versuchen oder die Nacht in Berlin, 12,8 km weiter südlich, verbringen.

King Charles Hotel PENSION $$

(☎ 410-289-6141; www.kingcharleshotel.com; 1209 N Baltimore Ave, Ecke N Baltimore Ave & 12th St; Zi. 169–189 US$; ) Diese Pension könnte eine malerische Sommerhütte sein, wäre sie nicht so nah dran an der Action der Uferpromenade. Die Zimmer sind veraltet, aber sauber und haben eine kleine Veranda. Und es ist ruhig (also kein Partyhotel).

Essen & Ausgehen

Surf'n'Turf und All-You-Can-Eat-Angebote gibt's hier rund um die Uhr und an jeder Ecke.

Bier. Wein. Schnaps. Süße Cocktails. Das alles findet man hier zur Genüge. Und häufig geradezu lächerlich günstig, vor allem während der Happy Hour am späten Nachmittag. Die Uferpromenade ist bis in die Nacht hinein ein lebhafter Ort mit einem Vergnügungspark, kitschigen Museen und Straßenkünstlern, die das Ganze interessant machen.

Liquid Assets MODERN-AMERIKANISCH $$

(☎ 410-524-7037; https://la94.com/; 9301 Coastal Hwy, Ecke 94th St & Coastal Hwy; Hauptgerichte 13–34 US$; ⏲ So–Do 11.30–23, Fr & Sa bis 24 Uhr) Wie ein Rohdiamant liegt dieses Bistro und Weingeschäft verborgen in einer Einkaufsstraße im Norden von O.C. Die Speisekarte bietet einen erfrischenden Mix von innovativen Spezialitäten aus Meeresfrüchten und gegrilltem Fleisch sowie regionalen Klassikern.

Seacrets BAR

(☎ 410-524-4900; www.seacrets.com; 117 49th St, Ecke W 49th St & Bay; ⏲ 11–24 Uhr) Die fast schon mit Rum getränkte Bar im Jamaika-Look scheint direkt aus MTVs *Spring Break* zu stammen. Man kann sich in einem Reifen auf dem Wasser umhertreiben lassen, dabei an einem Drink nippen und die Leute auf O.C.s berühmtestem Fleischmarkt beobachten. Wenn es darum geht, wo die wildeste Strandparty steigt, müssen sich alle anderen Anwärter mit dieser Bar messen. Die Destillerie, die 2016 eröffnet hat, ist ein bisschen überflüssig.

ABSTECHER

ASSATEAGUE ISLAND

Nur 8 Meilen (13 km) südlich von Ocean City und doch eine Weltreise entfernt, erstreckt sich die Küste von Assateague Island, eine karge Landschaft aus Sanddünen und wunderschönen, abgeschiedenen Stränden. Auf der unerschlossenen Düneninsel lebt eine Herde Wildpferde, die durch das Buch *Misty of Chincoteague* berühmt geworden ist.

Die Insel ist in drei Abschnitte unterteilt. In Maryland befinden sich der **Assateague State Park** (☎410-641-2918; Rte 611; Eintritt 6 US$; Stellplätze 28–39 US$; ⏲Tagesbesucher 7 Uhr–Sonnenuntergang, Campingplatz Ende April–Okt.) und die vom Bundesstaat verwaltete **Assateague Island National Seashore** (☎410-641-1441; www.nps.gov/asis; Rte 611; 5/20 US$ pro Fußgänger/Fahrzeug & Woche; ⏲Visitor Center März–Dez. 9–17 Uhr, Jan. & Feb. Di & Mi geschl.). Das **Chincoteague National Wildlife Refuge** (www.fws.gov/refuge/chincoteague; 8231 Beach Rd, Chincoteague Island; Tages-/Wochenpass für Fahrzeug 8/15 US$; ⏲Mai–Sept. 5–22 Uhr, Nov.–März 6–18 Uhr, April & Okt. bis 20 Uhr; P) gehört zu Virginia. Einen Überblick über die drei Abschnitte bieten der *Plan Your Visit*-Bereich auf der Website des Nationalparks (www.nps.gov/asis) und die Broschüre *Assateague Island National Seashore*, die eine hilfreiche Karte beinhaltet.

Schwimmen, Sonnenbaden, Vögelbeobachten, Kajak- und Kanufahren, Krabbenfischen und Angeln bestimmen das Freizeitprogramm auf der Insel. Auf der Maryland-Seite der Insel gibt es keine Versorgungsmöglichkeiten. Essen und Trinken muss selbst mitgebracht werden. Auf keinen Fall sollte man Insektenschutzmittel vergessen – die Moskitos und Bremsen sind bösartige Biester!

ℹ Anreise & Unterwegs vor Ort

Ocean City ist über den Hwy 10 und den US 50 225 km südöstlich von Baltimore entfernt. Greyhound-Busse steuern Ocean City nicht mehr an.

Der **Coastal Highway Beach Bus** (☎410-723-2174; http://ococean.com/explore-oc/getting-around-oc; Tagespass 3 US$; ⏲24 Std.) fährt ganzjährig rund um die Uhr den Strand rauf und runter. Es gibt auch eine **Straßenbahn** (☎410-289-5311; http://ococean.com/explore-oc/getting-around-oc; 3 US$/Fahrt, Tagespass 6 US$; ⏲Juni–Aug. 11–24 Uhr), die von Juni bis September an der Uferpromenade entlangtuckert (https://oceancitymd.gov/oc). Infos zu Transport und Fahrplänen außerhalb der Hauptsaison gibt es unter www.shoretransit.org.

Westliches Maryland

Marylands westliches Rückgrat ist gebirgig. Die Gipfel der Appalachen erreichen Höhen von über 900 m über dem Meeresspiegel; zerklüftete Landschaften und Schlachtfelder des Amerikanischen Bürgerkriegs prägen die umliegenden Täler. Dies ist Marylands Abenteuerspielplatz, wo Outdoor-Fans wandern, Ski fahren, klettern oder raften.

Bei der Reiseplanung sollte man bedenken, dass der schmale Landzipfel Marylands an Virginia, West Virginia und Pennsylvania grenzt. Wer Schlachtfelder aus dem Bürgerkrieg erkunden möchte oder größere Städte für eine Übernachtung ansteuern möchte, kann sich die Karte am Anfang des Kapitels anschauen. Darauf sind Möglichkeiten eingezeichnet, die vielleicht nur ein paar Kilometer hinter der Staatsgrenze liegen.

ℹ Anreise & Unterwegs vor Ort

Auf der Karte sieht es vielleicht so aus, als lägen die Städte des westlichen Maryland nah beieinander, aber die schmalen und kurvigen Bergstraßen können die Fahrtdauer ziemlich verlängern. Die Hauptstraßen, die von Osten nach Westen verlaufen, sind die I-70 und die I-68, während die I-81 von Nord nach Süd durch die Region verläuft. Züge von MARC halten in **Frederick** (☎301-682-9716; https://mta.maryland.gov/marc-train; 100 S East St, Frederick), und Amtrak-Züge fahren nach Cumberland (S. 337). Greyhound-Busse halten sowohl in Cumberland als auch in Frederick. Wer fliegen will: Als Ziele kommen die Flughäfen Dulles (S. 321) oder der Baltimore/Washington International Thurgood Marshall Airport (S. 322) infrage.

Frederick & Mt. Airy

Das zentral gelegene Frederick ist einfach perfekt. Sein historisches, fußgängerfreundliches Zentrum mit Reihenhäusern aus rotem Backstein ist voller verschiedenster Restaurants. Hier finden Traveller auch eine motivierte und kultivierte Kunstszene vor, die vom ausgezeichneten Weinberg Center for the Arts unterstützt wird. Der gewundene Carroll Creek schlängelt sich durch die

Stadt und wird von einem hübschen Park mit einer bemalten Brücke an der Carrol St flankiert. Anders als andere Gemeinden in der Gegend, die historische Viertel besitzen, ist Frederick auch ein wichtiger Ort für Pendler, die bei der Regierung angestellt sind, und ein biotechnologischer Verkehrsknotenpunkt.

Mt. Airy liegt 11 km östlich von Frederick. Im kompakten historischen Zentrum stehen viele Gebäude aus dem 19. und 20. Jh. Der Ortskern war einst ein geschäftiger Halt der B&O Railroad und ist heute ein hübsches Fleckchen, um während einer Fahrt entlang der National Historic Road (www.visitmaryland.org), die Baltimore mit dem westlichen Maryland verbindet, ein Päuschen einzulegen. In der Region gibt es viele Weingüter.

Sehenswertes

Brunswick Visitor Center MUSEUM

(☎301-834-7100; www.nps.gov/choh; 40 W Potomac St, Brunswick; Rail Museum Erw./Kind 7/4 US$; ⏲Do & Fr 10–14, Sa bis 16, So 13–16 Uhr) Das kleine Brunswick Visitor Center des C&O Canal fungiert gleichzeitig als Brunswick Rail Museum. So ruhig dieses Städtchen auch ist, einst war es der Standort des längsten Bahndepots der Welt (11 km lang), das einer einzigen Gesellschaft gehörte. Diese Zeiten sind zwar längst passé, aber das Museum ist für Bahnliebhaber trotzdem sehr interessant, und man muss schon ein Herz aus Stein haben, um nicht von der 158 m² großen Modelleisenbahn verzaubert zu sein, die das alte Schienennetz von Baltimore und Ohio darstellt.

Elk Run Vineyards WEINGUT

(☎410-775-2513; www.elkrun.com; 15113 Liberty Rd, Mt Airy; Verköstigungen ab 6 US$, geführte Touren Eintritt frei; ⏲Mai–Sept. Di, Mi & Sa 10–18, Fr bis 21, So 13–17 Uhr, Okt.–April Mi–Sa 10–17, So 12–17 Uhr) Mit Elk Run Vineyards, das auf halber Strecke zwischen Mt. Airy und New Market liegt, kann man eigentlich nichts falsch machen. An den Wine Down Fridays (5 US$, 15–17 Uhr) gibt's hier Livemusik.

National Museum of Civil War Medicine MUSEUM

(☎301-695-1864; www.civilwarmed.org; 48 E Patrick St; Erw./Student/Kind 9,50/7 US$/frei; ⏲Mo–Sa 10–17, So ab 11 Uhr) Das National Museum of Civil War Medicine bietet einen faszinierenden, wenn auch mitunter grausigen Einblick in die hygienischen und medizinischen Bedingungen, mit denen Soldaten und Ärzte im Bürgerkrieg konfrontiert waren. Es zeigt aber auch die Fortschritte in der Medizin, die durch den Krieg erreicht wurden.

Antietam National Battlefield HISTORISCHE STÄTTE

(☎301-432-5124; www.nps.gov/anti; 5831 Dunker Church Rd, Sharpsburg, MD; 3-Tagespass pro Pers./Fahrzeug 5/10 US$; ⏲Anlage Sonnenaufgang–Sonnenuntergang, Visitor Center 9–17 Uhr) Der Ort des blutigsten Tages in der Geschichte Amerikas ist heute äußerst friedvoll, ruhig und eindringlich, ja schlicht, sieht man einmal von den Plaketten und Statuen ab. Am 17. September 1862 kam General Robert E. Lees erster Versuch einer Invasion der Nordstaaten hier zum Stillstand. Bei dem militärischen Patt wurden mehr als 23 000 Soldaten getötet, verwundet oder als vermisst gemeldet – mehr Opfer als in allen vorangegangenen Kriegen zusammen. Erst die Ausstellungen im Visitor Center begutachten und dann übers Gelände laufen!

Schlafen & Essen

Hollerstown Hill B&B B&B $$

(☎301-228-3630; www.hollerstownhill.com; 4 Clarke Pl, Frederick; Zi. 149 US$; P ❄ 📶) Im eleganten, freundlichen Hollerstown finden Gäste vier stark gemusterte Zimmer, zwei Terrier und ein elegantes Billardzimmer vor. Das hübsche viktorianische Gästehaus liegt mitten in dem historischen Stadtzentrum von Frederick, in Gehweite zu allen Sehenswürdigkeiten.

Brewer's Alley KNEIPENESSEN $$

(☎301-631-0089; www.brewers-alley.com; 124 N Market St, Frederick; Hauptgerichte 9–22 US$; ⏲12–23.30 Uhr; 📶) Dieser lebhafte Pub mit Brauerei ist aus verschiedenen Gründen einer der besten Orte in Frederick. Erstens wäre da das Bier: selbst gebraut, viele Variationen, köstlich. Zweitens sind da die Burger: riesige, einfach himmlisch schmeckende Portionen. Drittens punktet die restliche Speisekarte: ausgezeichnetes Chesapeake-Seafood (darunter Holzofenpizza mit Krabben) und Zutaten und Fleisch von den Farmen aus Frederick. Die kleine Terrasse lädt an sonnigen Tagen zum Verweilen ein.

An- & Weiterreise

Busse von Greyhound (www.greyhound.com) und Züge von MARC (S. 374) halten am Bahnhof von Frederick gegenüber der **Touristeninformation** (☎301-600-4047; www.visit

frederick.org/visit/visitor-center; 151 S East St; ⌚ 9–17.30 Uhr). Die Brunswick Line von MARC verbindet Frederick mit Harpers Ferry, WV, Silver Spring, MD und Washington, D.C.

Cumberland

Am Potomac River liegt der Grenzposten Fort Cumberland (nicht zu verwechseln mit der Cumberland Gap zwischen Virginia und Kentucky). Er war für die Pioniere das Tor über die Allegheny Mountains bis nach Pittsburgh und zum Ohio River. Heute steht der Ort für Erholung in der freien Natur mit ihren Flüssen, Wäldern und Bergen. Die hier aufgeführten Sehenswürdigkeiten sind nur einen kurzen Fußweg von den fußgängerfreundlichen Straßen der Innenstadt entfernt zu finden.

Sehenswertes

C&O Canal National Historic Park NATIONALPARK
(☎ 301-739-4200; www.nps.gov/choh; ⌚ Sonnenaufgang–Sonnenuntergang) GRATIS Das Meisterwerk der Ingenieurskunst wurde entworfen, um parallel zum Potomac River die Chesapeake Bay mit dem Ohio River zu verbinden. Der Bau des Kanals begann 1828, wurde aber 1850 an den Appalachen gestoppt. In dem durch den Park geschützten, 298 km langen Korridor gibt's einen 4 m breiten Treidelpfad zum Wandern und Radeln, der den ganzen Weg von hier bis nach Georgetown in D.C. führt. Das **Cumberland Visitor Center** (☎ 301-722-8226; www.nps.gov/choh; 13 Canal St; ⌚ 9–17 Uhr; P) illustriert chronologisch die Bedeutung des Flusshandels für die Geschichte der Ostküste.

Allegany Museum MUSEUM
(☎ 301-777-7200; www.alleganymuseum.org; 3 Pershing St; ⌚ Di–Sa 10–16, So ab 13 Uhr) GRATIS Das im alten Gerichtsgebäude untergebrachte Museum gibt die faszinierende Gelegenheit, in Cumberlands Vergangenheit einzutauchen. Man sieht u.a. Werke des von hier stammenden Volkskünstlers und Holzschnitzers Claude Yoder, ein Modell der alten Barackensiedlung, die sich am Kanal entwickelte, Feuerwehrausrüstung aus den 1920er-Jahren, schön herausgeputzte Puppen und andere Kuriositäten.

Western Maryland Scenic Railroad GEFÜHRTE TOUR
(☎ 800-872-4650; www.wmsr.com; 13 Canal St; Erw./Kind 46/31 US$; ⌚ normalerweise Fr & Sa 11.30 Uhr, Mitte April–Okt. So 13 Uhr, Uhrzeit & Touren variieren saisonal) Vor dem Cumberland Visitor Center, unweit des Beginns des C&O Canal, kann man mit einem von einer Dampflok gezogenen Zug auf Tour gehen. Er fährt durch Wälder und tiefe Schluchten zum Frostburg Depot. Hin und zurück dauert das dreieinhalb Stunden.

Cumberland Trail Connection RADFAHREN
(☎ 301-777-8724; www.ctcbikes.com; 14 Howard St, Canal Pl; halber Tag/Tag/Woche ab 20/30/150 US$; ⌚ April–Okt. 8–19 Uhr, Nov.–März 10.30–18 Uhr) Praktisch neben dem Anfang des C&O Canal gelegen. Dieser Ausrüster verleiht Fahrräder (Cruiser, Tourenräder und Mountainbikes) und organisiert auch einen Shuttle-Service von überall in Pittsburgh und Washington, D.C.

Schlafen & Essen

Inn on Decatur PENSION $$
(☎ 301-722-4887; www.theinnondecatur.net; 108 Decatur St; Zi. 142 US$; ❄ 📶) Gemütliche Gästezimmer nur ein kurzes Stück von der verkehrsberuhigten Baltimore St im Zentrum von Cumberland entfernt. Die freundlichen Inhaber wissen eine Menge über die Gegend und haben Fahrrad-Shuttle-Angebote.

Queen City Creamery & Deli DINER $
(☎ 301-777-0011; www.queencitycreamery.com; 108 W Harrison St; Hauptgerichte 4–9 US$; ⌚ Mo–Do 7–21, Fr 7–22, Sa 8–22, So 8–21 Uhr) In diesem Retro-Laden kommt man sich vor wie in den 1940er-Jahren. Auf den Tischen landen cremige Shakes und hausgemachtes Vanilleeis, dicke Sandwiches und ein supersättigendes Frühstück.

An- & Weiterreise

Der **Amtrak-Bahnhof** (www.amtrak.com; 201 E Harrison St) ist nicht weit vom Zentrum entfernt. Cumberland liegt auf der Strecke der Capitol-Limited-Linie, die Washington, D.C., täglich mit Chicago verbindet. Pittsburgh liegt 160 km nordwestlich der Stadt. Auch Greyhound-Busse halten hier. Vom Osten Marylands gelangt man über die I-70 und die I-68 nach Cumberland.

DELAWARE

Das kleine Delaware, mit 155 km Länge und 56 km Breite der zweitkleinste Bundesstaat der USA, steht im Schatten seiner Nachbarn und wird von Besuchern der Capital Region oft übersehen. Das ist schade, hat doch Delaware viel mehr zu bieten als nur steuerfreies Einkaufen und Hühnerfarmen.

Lange, weiße Sandstrände, putzige kolonialzeitliche Dörfer, gemächliches Landleben und kleinstädtischer Charme charakterisieren diesen Staat, der sich selbst als „Kleines Wunder" bezeichnet. Es ist auch der Heimatstaat des ehemaligen Vizepräsidenten und US-Senators Joe Biden, der aus Wilmington kommt.

Geschichte

In der Kolonialzeit war das Land von Delaware Gegenstand eines erbitterten Streits zwischen holländischen, schwedischen und britischen Siedlern. Während Holländer und Schweden eine Gesellschaft aufbauten, in der nach dem Vorbild nordeuropäischer Länder das Bürgertum das Sagen haben sollte, errichteten die Briten eine Aristokratie der Plantagenbesitzer. Dies erklärt zum Teil, warum Delaware bis heute eine für die Mittelatlantikstaaten typische hybride Kultur aufweist.

Den vielleicht größten Moment seiner Geschichte erlebte der kleine Staat am 7. Dezember 1787, als Delaware als Erster die amerikanische Verfassung unterzeichnete und damit der erste Staat der Union wurde. Der Union blieb Delaware während des gesamten Bürgerkriegs treu, obwohl der Staat die Sklaverei befürwortete. Die Wirtschaftskraft Delawares beruhte in dieser Zeit – wie nahezu im gesamten Verlauf seiner Geschichte – auf der chemischen Industrie. 1802 gründete der französische Einwanderer Eleuthère Irénée du Pont eine Fabrik zur Herstellung von Sprengstoff. Heute ist DuPont der zweitgrößte Chemiekonzern der Welt. Im 20. Jh. lockten die niedrigen Steuersätze weitere Firmen an und ließen den Staat wachsen und gedeihen.

Anreise & Unterwegs vor Ort

Die Küstenstädte liegen 193 km von Washington, D.C., und Baltimore entfernt. Wilmington liegt am nördlichen Rand des Bundesstaats, 120 nordöstlich von Baltimore über die I-95 und 48 km südlich von Philadelphia über die I-95 – und nur ein paar Meilen von der Staatsgrenze zu Pennsylvania entfernt. Amtrak fährt auf sieben Routen durch Wilmington. Der Wilmington am nächsten gelegene Flughafen ist der Philadelphia International Airport.

Strände in Delaware

Mit Strandorten für jeden Geschmack und traumhaften Ausblicken auf die Küste sind Delawares 45 km langen Sandstrände am Atlantik der beste Grund, hier zu verweilen. Sie sind auch für Stadtbewohner aus Washington, D.C., Baltimore und NYC, die nach einer Auszeit suchen, schnell zu erreichen. Die meisten Läden und Einrichtungen sind ganzjährig geöffnet. Außer von Juni bis August gibt es jede Menge günstige Angebote.

Lewes

1631 gaben die Holländer dieser Walfangsiedlung den hübschen Namen Zwaanendael (Schwanental), wurden aber kurz darauf von den hier ansässigen Nanticokes niedergemetzelt. Der Name wurde in Lewes (gesprochen *lu*-iss) geändert, als William Penn die Kontrolle über dieses Gebiet übernahm. Heute ist die Stadt ein attraktiver Küstenort mit einer Mischung aus englischer und niederländischer Architektur. Der hübsche Cape Henlopen State Park liegt 4 km vom Stadtzentrum entfernt.

Sehenswertes & Aktivitäten

Cape Henlopen State Park STATE PARK
(☎302-645-8983; www.destateparks.com/park/cape-henlopen; 15099 Cape Henlopen Dr; pro Auto innerstaatlich/außerstaatlich 10/5 US$; ⌚8 Uhr–Sonnenuntergang) 1,6 km östlich von Lewes liegt dieser schöne, über 16 km² große State Park mit Küstendünen, Pinienwäldern und Feuchtgebieten, der bei Vogelbeobachtern, Strandgängern und Campern sehr beliebt ist. Vom Aussichtsturm kann man bis nach Cape May sehen. Der **North Shores Beach** zieht viele schwule und lesbische Pärchen an. Es stehen auch Stellplätze (30–54 US$) und Hütten (120 US$) zur Verfügung. Der Eintritt kann nur bar bezahlt werden.

Zwaanendael Museum MUSEUM
(☎302-645-1148; www.http://history.delaware.gov/museums/zm/zm_main.shtml; 102 Kings Hwy; ⌚Di 10–17, Mi–Sa bis 16.30, So 13.30–16.30 Uhr; nur März–Okt. Mi–Sa geöffnet) GRATIS Das kleine, ansprechende Museum ist ein gutes Örtchen, um etwas über die niederländischen Wurzeln von Lewes zu erfahren.

Quest Fitness Kayak KAJAKFAHREN
(☎302-745-2925; www.questkayak.com; 514 E Savannah Rd; Kajakverleih pro 2/8 Std. 25/50 US$; ab 8 Uhr, Öffnungszeiten variieren von Mai–Sept., Reservierungen nur Okt.–April) Der Anbieter betreibt einen Kajakverleih neben dem Beacon Motel. Er veranstaltet auch malerische Paddeltouren rund ums Kap (65 US$).

Schlafen & Essen

Hotel Rodney HOTEL **$$**

(☎302-645-6466; www.hotelrodneydelaware.com; 142 2nd St; Zi. 179–259 US$, Suite 329 US$; P ❄ @ 📶 🏊) Das charmante Boutiquehotel punktet mit feinem Bettzeug und restaurierten Antikmöbeln, verzichtet aber nicht auf jede Menge moderne Annehmlichkeiten, die dem Ganzen eine frische Atmosphäre verleihen.

Wharf SEAFOOD **$$**

(☎302-645-7846; www.thewharflewes.com; 7 Anglers Rd; Hauptgerichte 13–30 US$; ⏲Mitte Mai–Anfang Okt. 11.30–1 Uhr; P 👪) Das Lokal jenseits der Zugbrücke liegt hübsch am Ufer und serviert eine große Auswahl von Meeresfrüchten und Kneipenkost. An den Wochenenden gibt's Livemusik.

An- & Weiterreise

Cape May–Lewes Ferry (☎800-643-3779; www.capemaylewesferry.com; 43 Cape Henlopen Dr; pro Motorrad/Auto 39/47 US$, pro Erw./Kind 6–13 Jahre 10/5 US$) verkehrt täglich in 90 Minuten über die Delaware Bay nach New Jersey; ihr Anleger befindet sich gut 1,5 km vom Stadtzentrum von Lewes entfernt. Für Fußgänger fährt während der Saison ein Shuttle-Bus (5 US$) von der Anlegestelle nach Lewes. Reservierung empfohlen. Die Stadt liegt an der Küste abseits des Coastal Hwy/Rte 1.

Rehoboth Beach

Rehoboth Beach ist zwar rund 200 km von Washington, D.C., entfernt, aber der der Hauptstadt am nächsten gelegene Sandstrand, weshalb er scherzhaft auch als „Sommerhauptstadt der USA" bezeichnet wird. Der Ort ist ein familien- wie auch schwulenfreundliches Ausflugsziel. Um dem Chaos auf der geschäftigen Rehoboth Ave (und am stark bebauten Ortsrand) zu entgehen, schlendert man im Ort am besten die Nebenstraßen mit ihren viktorianischen Häusern, die baumgesäumte Straßen, an schicken Restaurants und an Vergnügungsstätten für Kinder entlang. Toll ist auch der breite Strand mit seiner kilometerlangen Promenade.

Schlafen

★ Cottages at Indian River Marina COTTAGE **$$$**

(☎302-227-3071; www.destateparks.com/camping/cottages; 39415 Inlet Rd; pro Woche Haupt-/Neben-/Nachsaison 1900/1250/850 US$, 2 Tage Nebensaison 300 US$; P ❄) Diese Cottages im Delaware Seashore State Park, 8 km südlich der Stadt, sind wirklich schöne Unterkünfte. Nicht unbedingt wegen der Einrichtung, aber wegen der Terrassen und des ungetrübten Blicks über den einsamen Strand auf den Ozean. Jedes Cottage verfügt über zwei Schlafzimmer und ein Loft.

Crosswinds Motel MOTEL **$$$**

(☎302-227-7997; www.crosswindsmotel.com; 312 Rehoboth Ave; Zi. 269–299 US$; P ❄ 📶) In diesem schlichten, aber nett gestalteten Motel im Zentrum von Rehoboth versprühen die Zimmer mit willkommenen Annehmlichkeiten (Mini-Kühlschrank, Kaffeemaschine, Flachbild-TV) und freundlichem Service ein frisches, modernes Flair. Bis zum Strand sind es zwölf Gehminuten. An Werktagen und in der Nebensaison sinken die Preise erheblich.

Hotel Rehoboth BOUTIQUEHOTEL **$$$**

(☎302-227-4300; www.hotelrehoboth.com; 247 Rehoboth Ave; Zi. 359 US$; P ❄ @ 📶 🏊) Dieses Boutiquehotel ist für seinen großartigen Service und die luxuriösen Annehmlichkeiten bekannt. Außerdem bietet es einen kostenlosen Shuttle-Service zum Strand an.

Essen & Ausgehen

Henlopen City Oyster House SEAFOOD **$$$**

(☎302-260-9193; www.hcoysterhouse.com; 50 Wilmington Ave; Hauptgerichte 10–36 US$; ⏲Happy Hour 15 – 17 Uhr, Abendessen ab 17 Uhr, in der Nebensaison mittags) Wer gern Meeresfrüchte isst, sollte sich dieses Lokal mit prima Rohfischtheke und leckeren Seafood-Gerichten nicht entgehen lassen. Die Menschen kommen in Scharen hierher – da nicht reserviert werden kann, sollte man frühzeitig aufschlagen. Gute Biere aus Kleinbrauereien, Cocktails und Weine.

★ Dogfish Head Brewings & Eats MIKROBRAUEREI

(☎302-226-2739; www.dogfish.com; 320 Rehoboth Ave; Hauptgerichte 12–25 US$; ⏲11–23 Uhr) An der Tafel stehen all die vielen Biersorten, die hier serviert werden. Die ausgezeichnete Brauerei serviert auch schmackhafte Pizzas, Burger, Crab Cakes und andere Kneipengerichte, die prima zu dem preisgekrönten Indian Pale Ale passen. Es gibt auch Kindermenüs für 6 US$. Das Dogfish, das sich seit 22 Jahren in dem jetzigen Gebäude befindet, hat zur Zeit der Recherche geplant, nebenan einen 4 Mio. US$ teuren Pub zu errichten, in dem es auch Livemusik gibt.

An- & Weiterreise

BestBus (www.bestbus.com) hat Busverbindungen von Washington, D. C., (40 US$, 2 ¼ Std.) und NYC (49 US$, 4 ½ Std.) nach Rehoboth, allerdings nur im Sommer (Ende Mai–Anfang Sept.).

Der Jolly Trolley (www.jollytrolly.com) verbindet Rehoboth mit den Stränden von Dewey und hält mehrmals auf der Strecke. Hin- und Rückfahrt kosten 5 US$, und der Trolley fährt von Juni bis August zwischen 8 und 2 Uhr. Nur Barzahlung möglich.

Wilmington

Ein einmaliger kultureller Mix aus afroamerikanischen, jüdischen und karibischen Einflüssen und eine lebendige Kunstszene machen diese Stadt besuchenswert. Wilmington ist auch eine gute Basis für Ausflüge in das schöne Brandywine Valley, knapp 10 km weiter nördlich. Und keine Beschreibung von Wilmington ist vollständig, wenn man den von hier stammenden Politiker Joe Biden nicht erwähnt. Der ehemalige Vizepräsident und US-Senator ist regelmäßig mit dem Amtrak-Zug zwischen Wilmington und Washington, D.C., gefahren. Als seine Vizepräsidentschaft 2017 endete, ist er mit dem Zug auch wieder nach Hause gefahren.

Sehenswertes

Delaware Art Museum MUSEUM
(☎ 302-571-9590; www.delart.org; 2301 Kentmere Pkwy; Erw./Kind 7–18 Jahre 12/6 US$, Do abends & So Eintritt frei; Mi & Fr–So 10–16, Do bis 20 Uhr) Gezeigt werden Arbeiten der Künstler der hiesigen Brandywine School, darunter Werke von Edward Hopper, John Sloan und drei Generationen der Wyeth-Familie.

Delaware Center for the Contemporary Arts MUSEUM
(☎ 302-656-6466; www.thedcca.org; 200 S Madison St; Di & So 12–17, Mi 12–19, Do–Sa 10–17 Uhr) GRATIS Zeigt innovative Ausstellungen.

Delaware History Museum MUSEUM
(☎ 302-656-0637; www.dehistory.org; 504 N Market St; Erw./Kind 3–18 Jahre 6/4 US$; Mi–Sa 11–16 Uhr) Dieses Museum ist in einem Art-déco-Woolworth-Gebäude untergebracht und wird von der Delaware Historical Society betrieben. Es beweist mit historischen Dokumenten, Bekleidung und verschiedenen Artefakten, dass der erste Bundesstaat weit mehr getan hat, als sich einfach nur seinen Spitznamen zu verdienen.

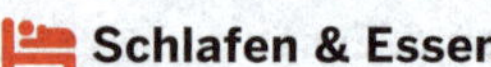

Schlafen & Essen

Inn at Wilmington HOTEL $$
(☎ 855-532-2216; www.innatwilmington.com; 300 Rocky Run Pkwy; Zi./Suite 129/159 US$;) Eine charmante Unterkunft mit gutem Preis-Leistungs-Verhältnis, 5 Meilen (8 km) nördlich der Downtown.

Hotel du Pont HOTEL $$$
(☎ 302-594-3100; www.hoteldupont.com; Ecke Market St & 11th St; Zi. ab 199 US$;) Das beste Hotel im Bundesstaat ist luxuriös und elegant genug, um seinem Namen alle Ehre zu machen (es ist nach einer der erfolgreichsten Industrialistenfamilien der USA benannt). Das Hotel zeigt eine Art-déco-Pracht, die Jay Gatsby stolz gemacht hätte. Und das gilt nicht nur für die beeindruckende Lobby, sondern auch für die schön eingerichteten Zimmer. Die Nähe zu einer Shopping-Arkade ist auch praktisch.

Iron Hill Brewery KNEIPENESSEN $$
(☎ 302-472-2739; www.ironhillbrewery.com; 620 Justison St; Hauptgerichte 12–30 US$; Mo–Fr 11.30–23, Sa & So ab 11 Uhr) Die geräumige und luftige, mehrstöckige Iron Hill Brewery residiert in einem umgebauten Lagerhaus aus Backstein am Flussufer. Die ganz guten Biere passen prima zur herzhaften Kneipenkost, die es hier gibt.

An- & Weiterreise

Gleich abseits der I-95 liegt Wilmington auf halbem Weg zwischen Washington, D. C., und New York City und ist somit etwa zwei Stunden von jeder der beiden Städte entfernt. Busse von **Greyhound** (101 N French St) halten im Stadtzentrum. Züge von Amtrak (www.amtrak.com) fahren an der **Joseph R. Biden Jr. Railroad Station** (☎ 800-872-7245; www.amtrak.com; 100 S French St) ab und verbinden Wilmington mit D. C. (1 ½ Std.), Baltimore (45 Min.) und New York (2 Std.).

Brandywine Valley

Nachdem sie vermögend geworden war, verwandelte die aus Frankreich stammende Familie Du Pont das Brandywine Valley in eine Art amerikanisches Loire-Tal, in dem sich bis heute mit Vorliebe die Wohlhabenden und die Aufschneider niederlassen. Der Delaware-Abschnitt ein paar Meilen nördlich vom Stadtzentrum Wilmingtons ist nur ein Teil des 906 km² großen Tals, das dem Brandywine River bis hinüber nach Pennsylvania folgt.

Sehenswertes & Aktivitäten

Winterthur HISTORISCHE STÄTTE
(☎302-888-4600; www.winterthur.org; 5105 Kennett Pike (Rte 52); Erw./Kind 2–11 Jahre 20/5 US$; ⌚Di–So 10–17 Uhr) 6 Meilen (9,6 km) nordwestlich von Wilmington befindet sich der 175 Zimmer umfassende Landsitz des Industriellen Henry Francis du Pont mit seiner Sammlung von Antiquitäten und amerikanischer Kunst, die zu den größten der Welt zählt. Der Garten ist auch schön.

Brandywine Creek State Park STATE PARK
(☎302-577-3534; www.destateparks.com/park/brandywine-creek/; 41 Adams Dam Rd; 8 US$/Fahrzeug; ⌚8 Uhr–Sonnenuntergang) Der State Park ist das Kleinod der Region. Die weite Grünfläche wäre überall eindrucksvoll, ganz besonders ist sie das aber hier in der Nähe so dichter Besiedlung. Naturpfade und flache Bäche winden sich durch den Park.

Wilderness Canoe Trips KANUFAHREN
(☎302-654-2227; www.wildernesscanoetrips.com; 2111 Concord Pike; Kajak 53 US$ Tandem-Kajak- od. Kanutrip ab 63 US$, Gummischlauch 23 US$) Für Infos zu Paddeltouren und Fahrten im Gummischlauch auf dem dunkelgrünen Brandywine Creek sollte man diesen Veranstalter anrufen.

Schlafen & Essen

Im Zentrum von Wilmington gibt es mehrere Kettenhotels. B&Bs und Pensionen liegen in der Landschaft rund um den Brandywine River, gleich nördlich vom Stadtzentrum, und im nahen südlichen Pennsylvania verstreut.

Wer eine größere Auswahl bevorzugt, der muss nach Wilmington fahren. In Chadd's Ford und am Kennett Sq direkt hinter der Staatsgrenze zu Pennsylvania gibt es gute Restaurants, Tavernen und Pubs.

An- & Weiterreise

Greyhound-Busse halten am Wilmington Transportation Center. Züge von Amtrak (www.amtrak.com) fahren ebenfalls von hier ab und verbinden Wilmington mit Washington (1½ Std.), Baltimore (45 Min.) und New York (2 Std.).

New Castle

Superniedlich – das fällt einem am ehesten zu dem am Fluss gelegenen New Castle mit seinem Gewirr aus kopfsteingepflasterten Straßen und gut erhaltenen Häusern aus dem 18. Jh. ein (leider ähnelt das Umland einer urbanen Ödnis). Zu den Sehenswürdigkeiten gehören das Old Court House, das Arsenal on the Green, Kirchen und Friedhöfe, die bis ins 17. Jh. zurückreichen und historische Gebäude.

Sehenswertes

Amstel House MUSEUM
(☎302-322-2794; www.newcastlehistory.org; 2 E 4th St; Erw./Kind 6–12 Jahre 6/2 US$, mit Dutch House 10/3 US$; ⌚Mi–Sa 10–16 Uhr, April–Dez. So ab 12 Uhr) Dieses Haus ist eines der drei Museen von der New Castle Historical Society und ein Überbleibsel der Kolonialpracht der 1730er-Jahre. Von April bis Dezember werden geführte Touren angeboten.

Dutch House MUSEUM
(☎302-322-2794; www.newcastlehistory.org; 32 E 3rd St; Erw./Kind 6–12 Jahre 6/2 US$, mit Amstel House 10/3 US$; ⌚Mi–Sa 10–16 Uhr, April–Dez. So ab 12 Uhr) Ein kleines Beispiel für ein Wohnhaus vom Ende des 17. Jhs. Um 13 und 15 Uhr werden geführte Touren angeboten.

Old Court House MUSEUM
(☎302-323-4453; http://history.delaware.gov; 211 Delaware St; ⌚Di–Sa 10–16.30, So 13.30–16.30 Uhr) GRATIS Stammt aus dem 17. Jh. und wird mittlerweile vom Staat als Museum betrieben.

Schlafen & Essen

Terry House B&B B&B $
(☎302-322-2505; www.terryhouse.com; 130 Delaware St; Zi. 90–110 US$; P 📶) Manchmal spielt der Besitzer des Terry House B&B auf dem Klavier, während die Gäste, die in den fünf Zimmern wohnen, ihr Frühstück genießen. Das ist schon toll, aber noch beeindruckender sind das historische Gelände und die äußerst gemütlichen Zimmer. Es gibt nichts Besseres, als von einem Spaziergang durch ein historisches Dorf in eine ebenso historische Herberge zu kommen.

Dog House AMERIKANISCH $
(☎302-328-5380; 1200 N Dupont Hwy; Hauptgerichte unter 10 US$; ⌚10.30–24 Uhr) Dieser unauffällige Diner am Rand von New Castle ist vielleicht das beste Lokal der Stadt. Man sollte sich nicht vom Namen täuschen lassen: Obwohl hier natürlich Hotdogs verkauft werden, die ausgezeichnet schmecken (die mit Chili sind besonders lecker), gibt es auch fantastische Sandwiches und Cheese-

steaks, die sogar in Philadelphia punkten würden.

Jessop's Tavern AMERIKANISCH $$

(☎ 302-322-6111; www.jessops-tavern; 114 Delaware St; Hauptgerichte 12–24 US$; ⏲ Mo–Do 11.30–22, Fr & Sa bis 23, So bis 21 Uhr) Hier wird in kolonialer Atmosphäre gefeiert wie 1679. Auf den Tisch kommen holländisches Schmorfleisch, Pilgrim's Feast (im Ofen gebratener Truthahn mit allem, was dazu gehört) und belgisches Bier. 21 Fassbiere sind im Angebot – elf belgische und zehn Craft-Biere. Das Gebäude stammt aus dem Jahr 1674.

An- & Weiterreise

New Castle grenzt an den Delaware River. Der Hwy 9 verbindet New Castle mit Wilmington, das sich 7 Meilen (11 km) weiter nördlich befindet.

Dover

Dovers Stadtzentrum ist recht hübsch; Reihenhäuser mit Restaurants und Läden säumen die Straßen, und ausladende Bäume spenden in den hübschen kleinen Gassen Schatten. Die meisten Museen und historischen Stätten befinden sich im Stadtzentrum in der Nähe des Capitols, ein paar liegen auch südlich von Downtown abseits der Rte 1.

Sehenswertes

Old State House MUSEUM

(☎ 302-744-5055; http://history.delaware.gov/museums; 25 The Green; ⏲ Mo–Sa 9–16.30 Uhr, April–Sept. auch So 13.30–16.30 Uhr) GRATIS Man sollte sich die Zeit nehmen und an der kurzen Dozententour durch das kleine, aber interessante Gebäude teilnehmen. In dem 1791 errichteten und später restaurierten Old State House befinden sich Kunstgalerien und vertiefende Ausstellungen zur Geschichte und Politik des ersten Bundesstaats der USA. Hier erfährt man auch, dass in jedem State House der USA ein Porträt von George Washington hängt.

First State Heritage Park Welcome Center & Galleries MUSEUM

(☎ 302-739-9194; www.destateparks.com/park/first-state-heritage/; 121 Martin Luther King Blvd N; ⏲ Mo–Fr 8–16.30, Sa 9–16.30, So 13.30–16.30 Uhr) GRATIS Im First State Heritage Park, der als Besucherzentrum für die Stadt Dover, den Bundesstaat Delaware und das angrenzende State House dient, kann man tief in die Geschichte Delawares eintauchen. Zu diesem nicht abgegrenzten Areal gehören rund zwei Dutzend historische Stätten, die nur ein paar Blocks voneinander entfernt sind. Am besten beginnt man im Welcome Center & Galleries mit den Ausstellungen zur Geschichte Delawares. Weiter Infos erhält man hier und bei anderen wichtigen Stätten in der Nähe.

John Dickinson Plantation MUSEUM

(☎ 302-739-3277; http://history.delaware.gov/museums; 340 Kitts Hummock Rd; ⏲ Di–Sa 10–16.30 Uhr, April–Sept. auch So 13.30–16.30 Uhr; P) GRATIS Dies ist das im 18. Jh. gebaute und inzwischen restaurierte Haus des Gründervaters John Dickinson, der wegen seiner eloquenten Argumente für die Unabhängigkeit auch als „Schönschreiber der Revolution" bekannt war.

Air Mobility Command Museum MUSEUM

(☎ 302-677-5938; www.amcmuseum.org; 1301 Heritage Rd; ⏲ Di–Sa 9–16 Uhr) GRATIS Wer sich für Luftfahrt interessiert, wird an diesem Museum seine Freude haben: Auf dem nahe gelegenen Flugplatz stehen über 30 restaurierte alte Cargo- und Frachtflugzeuge, darunter C-130s, eine C-7 aus der Zeit des Vietnamkriegs und eine Flying Boxcar aus dem Zweiten Weltkrieg.

Die Dover Air Force Base (AFB) ist ein Symbol für die amerikanische Militärmacht und rückt nachdrücklich ins Bewusstsein, wie hoch der Preis für einen Krieg ist. Hier befindet sich die größte Leichenhalle des Verteidigungsministeriums, und die Überreste der amerikanischen Soldaten, die in Übersee getötet wurden, kommen stets zuerst hierher.

Bombay Hook National Wildlife Refuge NATURSCHUTZGEBIET

(☎ 302-653-9345; www.fws.gov/refuge/Bombay_Hook; 2591 Whitehall Neck Rd, Smyrna; 4/2 US$ pro Fahrzeug/Fußgänger; ⏲ Sonnenaufgang–Sonnenuntergang) Hunderttausende Wasservögel nutzen dieses geschützte Feuchtgebiet als eine Zwischenstation bei ihren jahreszeitlichen Wanderungen. Ein 12 Meilen (19,2 km) langer, mit dem Auto befahrbarer Naturpfad führt durch das 6577 ha große Gebiet mit Salzmarschen, Schlickgras und Gezeitenbecken, das die zurückhaltende Schönheit der DelMarVa-Halbinsel in einem perfekt erhaltenen ökologischen System präsentiert. Kurze Wanderwege und einige Beobachtungstürme laden Besucher zum Verweilen ein.

Schlafen

Dover ist zwar recht klein, aber immerhin die Hauptstadt des Bundesstaats. Also gibt es hier auch jede Menge Unterkünfte.

State Street Inn B&B $$
(☎302-734-2294; www.statestreetinn.com; 228 N State St; Zi. 100–135 US$; ❄) Zur Zeit der Recherche wechselte dieses B&B den Besitzer, also können sich Veränderungen ergeben. Aber im Moment gibt es hier nette Zimmer mit Blumentapeten. Unschlagbar zentral!

Essen & Ausgehen

Flavors of India INDISCH $$
(☎302-677-0121; www.flavorofindia.com; 348 N Dupont Hwy; Hauptgerichte 12–19 US$; ⌚11–22 Uhr; P 🥗 👪) Zu sagen, dass dieses Lokal ein unerwartetes Juwel ist, wäre eine Untertreibung. Erstens befindet es sich in einem Super 8 Motel abseits des Hwy, zweitens ist es einfach fantastisch! Die Standardgerichte wie Vindaloo, Korma und Tikka Masala sind hervorragend. Ziegen-Palakwala (Ziegencurry mit Spinat)? Köstlich. Hier gibt es auch die besten Veggie-Gerichte der Gegend.

Golden Fleece PUB
(☎302-674-1776; www.goldenfleecetavern.com; 132 W Loockerman St; Hauptgerichte 4–11 US$; ⌚Sa–Do 18–1, Fr ab 16 Uhr) Die beste Bar in Dover serviert auch recht gutes Essen – das man beim einheimischen Pizzaservice bestellen kann. Oberste Priorität hat hier die Erhaltung der Atmosphäre eines alten englischen Pubs, der sich wunderbar ins Zentrum von Dover mit seinen roten Backsteingebäuden einfügt. An Sommerabenden kann man draußen auf der Terrasse sitzen.

An- & Weiterreise

Dover liegt, wenn man über die Rte fährt, 50 Meilen (80 km) südlich von Wilmington. Der US 301 verbindet Dover mit Baltimore, das 85 Meilen (137 km) westlich liegt. Der DART-Bus 301 verkehrt zwischen Wilmington und dem **Dover Transit Center** (www.dartfirststae.com), welches 0,5 Meilen (800 m) von Dovers Zentrum entfernt ist. Die einfache Fahrt kostet 6 US$. **Greyhound-Busse** (☎800-231-2222; www.greyhound.com; 654 N Dupont Hwy) halten 3,2 km nördlich von Downtown.

VIRGINIA

Der Commonwealth of Virginia trieft nur so vor Geschichte und Tradition: Hier wurde Amerika geboren, hier gründeten englische Siedler 1607 die erste dauerhafte Kolonie der Neuen Welt. Bis heute hat Virginia eine tragende Rolle in fast jedem großen Drama der amerikanischen Geschichte gespielt, sei es während des Unabhängigkeitskriegs, des Bürgerkriegs, in der Bürgerrechtsbewegung oder bei den Anschlägen vom 11. September 2001.

So verschiedenartig und vielfältig wie die Geschichte und Bevölkerung Virginias ist auch dessen Landschaft: die Chesapeake Bay und die breiten Sandstrände am Atlantik im Osten, Pinienwälder, Sumpfgebiete und sanft wellige grüne Hügel der Region Piedmont in der Mitte, der raue Gebirgszug der Blue Ridge Mountains und das beeindruckende Shenandoah Valley im Westen.

Jenseits des nördlichen Virginia schüttelt der Staat seine Spinnweben und veralteten Traditionen ab. Ein alter Witz geht so: Wie viele Einwohner Virginias braucht es, um eine Glühbirne zu wechseln? Zwei. Einen, der die Glühbirne wechselt, den anderen, um darüber zu reden, wie gut doch die alte Birne war. In diesem Witz steckt zwar ein Funken Wahrheit, aber selbst bisher etwas aus der Zeit gefallene Städte wie Richmond und Roanoke werden in letzter Zeit lebhafter. Die Veränderung kommt in Form einer wachsenden Kunstszene, mehrerer neuer Restaurants und Kleinbrauereien sowie Werbekampagnen, die auf Outdoor-Aktivitäten (wie die neuen Radwege und Rudermöglichkeiten) hinweisen und nicht nur auf die verstaubte Geschichte.

Geschichte

Seit mindestens 5000 Jahren leben Menschen im Gebiet des heutigen Bundesstaats Virginia. Es waren einige Tausend Ureinwohner, die im Mai 1607 mit ansehen mussten, wie Kapitän James Smith mit seiner Mannschaft die Chesapeake Bay hinaufsegelte und Jamestown gründete, die erste dauerhafte englische Kolonie in der Neuen Welt. Benannte nach der Virgin Queen, der jungfräulichen Königin Elisabeth I., erstreckte sich die Kolonie ursprünglich über fast die gesamte Ostküste Amerikas. Nachdem 1610 die meisten Siedler auf der Suche nach Gold verhungert waren, entdeckte John Rolfe, der Ehemann von Pocahontas, den wahren Reichtum Virginias: den Tabak.

Aus dem Tabakanbau entstand eine feudale Aristokratie. Viele Sprösslinge des niederen Adels wurden zu Gründungsvätern, nicht zuletzt der hier geborene George Washington. Im 19. Jh. wucherte das auf Sklaverei basierende Plantagensystem unaufhaltsam – und geriet in einen immer schärfer werdenden Widerspruch zur industrialisierten Wirtschaft des Nordens. 1861 spaltete sich Virginia schließlich von der Union ab und wurde zum Zentrum des Bürgerkriegs. Nach der Niederlage vollführte der Bundesstaat einen kulturellen Drahtseilakt. Er musste sich eine vielschichtige Identität zulegen, zu der ältere Aristokraten, eine ländliche und städtische Arbeiterklasse, Einwanderer und schließlich auch die Bewohner der florierenden technologielastigen Vorstädte von Washington, D.C., ihren Beitrag leisteten. Der Staat zehrt von seiner Geschichte, will aber dennoch beim amerikanischen Experiment in der ersten Reihe mitmischen. Obwohl Virginia die Rassenschranken in den 1960er-Jahren nur widerstrebend aufhob, beherbergt es heute eine der ethnisch vielfältigsten Bevölkerungen in Amerikas Neuem Süden.

Anreise & Unterwegs vor Ort

Die größten regionalen Flughäfen sind der **Washington Dulles International Airport** (IAD; www.metwashairports.com;) in Nord-Virginia, der Richmond International Airport (S. 354) in Richmond, der **Norfolk International Airport** (NIA; 757-857-3351; www.norfolkairport.com; 2200 Norview Ave;) in Norfolk und der **Roanoke-Blacksburg Regional Airport** (540-362-1999; www.roanokeairport.com; 5202 Aviation Dr NW) in Südwest-Virginia. American und Delta fliegen den Albemarle Airport (S. 362) in Charlottesville im Piedmont an.

Amtrak-Züge halten in Richmond an der Main St Station (S. 354) und an der Staples Mill Rd Station (S. 354). Es gibt auch Bahnhöfe in Charlottesville (S. 360) und in Staunton (S. 363). In und rund um Nord-Virginia halten die Züge von Amtrak in Fredericksburg (S. 350) und in der Nähe des Manassas National Battlefield Park (S. 345).

Nord-Virginia

Sicher, umweltbewusst, gepflegt und voller Überraschungen: Nord-Virginia (NoVa) ist der perfekte Nachbar für Washington, D.C., und liegt gleich auf der anderen Seite des Potomac River. Die Gemeinden von Nord-Virginia sind eigentlich Vororte von Washington und alle mit der Metro zu erreichen. Die Städte Arlington und Alexandria vereinen wichtige historische Stätten mit gemütlichen Pubs und einer wachsenden Gastro-Szene.

Den Anfang macht Arlington. Die Stadt liegt nur eine Metrostation von D.C. entfernt und bietet die zwei Hauptgründe, die Grenze zu überqueren: den Arlington National Cemetery und das Pentagon. Für diese beiden Attraktionen sollte man einen halben Tag einplanen. Außerhalb von Arlington befindet sich noch das beeindruckende Steven F. Udvar-Hazy Center, auch bekannt als Erweiterung des National Air and Space Museum, in dem es dreimal so viele Jets und Raketen gibt wie in dem Gebäude an der Mall. Ebenfalls in dieser Richtung liegen das Eden Center, ein Gastro-Imperium im Saigon-Stil, in dem sich die vietnamesische Gemeinde trifft, und Annandale, der Mittelpunkt der koreanischen Gemeinde. Leider kommt man hier ohne Auto nicht hin.

Das charmante Dorf Alexandria liegt 5 Meilen (8 km) und gefühlte 250 Jahre von Washington entfernt. Alexandria war einst ein Hafenort – den Einheimischen nun als Altstadt bekannt – und ist heute eine schicke Ansammlung von roten Backsteinhäusern, Kopfsteinpflasterstraßen, Gaslaternen und einer Uferpromenade. Boutiquen, Straßencafés und Bars säumen die Hauptstraße und machen den Ort zu einem schönen Ausflugsziel für einen Nachmittag oder Abend. Alexandria ist auch ein guter Ausgangspunkt für einen Ausflug nach Mount Vernon.

Arlington

Sehenswertes

★ Pentagon GEBÄUDE
(703-697-1776; www.pentagontours.osd.mil; Arlington; Memorial 24 Std., geführte Touren nach Vereinbarung Mo–Do–10–16, Fr 12–16 Uhr; M Blue, Yellow Lines bis Pentagon) Südlich des Arlington Cemetery befindet sich das Pentagon, das größte Bürogebäude der Welt. Draußen kann man das **Pentagon Memorial** (www.pentagonmemorial.org; 24 Std.) GRATIS besichtigen: Mit 184 beleuchteten Bänken wird der Opfer gedacht, die hier bei dem Terroranschlag auf das Pentagon am 11. September 2001 ums Leben kamen. Um ins Innere des Gebäudes zu gelangen, muss man auf der Website 14 bis 90 Tage im Voraus eine kostenlose einstündige Führung buchen und seinen Pass bereithalten.

Nicht weit vom Pentagon entfernt sieht man die drei Bogen des **Air Force Memorial** (703-247-5805; www.airforcememorial.org;

1 Air Force Memorial Dr; April–Sept. 9–21 Uhr, Okt.–März 8–20 Uhr) GRATIS aufragen, die die Kondensstreifen von Jets darstellen sollen.

★ **Arlington National Cemetery** FRIEDHOF
(877-907-8585; www.arlingtoncemetery.mil; April–Sept. 8–19 Uhr, Okt.–März bis 17 Uhr; M Blue Line bis Arlington Cemetery) GRATIS Arlington ist die düstere letzte Ruhestätte von mehr als 400 000 Militärbediensteten und ihren Angehörigen. Auf dem 248 ha großen Gelände liegen Veteranen aller Kriege, die die USA seit der Revolution geführt haben. Zu den Highlights zählen das Tomb of the Unknown Soldier (Grab des unbekannten Soldaten) mit der aufwendigen Zeremonie beim Wachwechsel (Okt.–März immer zur vollen Std; April–Sept. alle 30 Min.) und die mit einer ewigen Flamme gekennzeichnete Grabstätte von John F. Kennedy und seiner Familie.

Vom Visitor Center fahren Hop-on-hop-off-Busse zu den Attraktionen des Friedhofs. Zu weiteren interessanten Highlights zählen das **Space Shuttle Challenger Memorial**, das **USS Maine Memorial**, das durch den riesigen Mast des Kriegsschiffes gekennzeichnet ist, das kontroverse **Confederate Memorial**, das die Kriegstoten des Bürgerkriegs aus den Sezessionsstaaten ehrt, und das Grab von **Pierre L'Enfant**, dem Stadtplaner von Washington, D.C. Das **Iwo Jima Memorial** (M Blue Line bis Arlington Cemetery), welches das bekannte Hissen der Flagge über dem Mt. Suribachi zeigt, befindet sich am Rand des Friedhofs.

Der Großteil des Friedhofs wurde auf dem Gelände des **Arlington House** (703-235-1530; www.nps.gov/arho; 9.30–16.30 Uhr) GRATIS gebaut, des ehemaligen Hauses von Robert E. Lee und seiner Frau Mary Anna Custis Lee, einer Nachfahrin von Martha Washington. Als Lee das Haus verließ, um Virginias Armee im Bürgerkrieg anzuführen, haben Truppen der Union das Anwesen konfisziert, um hier ihre Toten zu begraben.

George Washington Memorial Parkway PARKWAY
(703-289-2500; www.nps.gov/gwmp; M Blue Line bis Arlington Cemetery) Die 40 km dieses Hwy, die durch Virginia führen, ehren den Namensgeber des Hwy mit Erholungsgebieten und Memorials den ganzen Weg in südliche Richtung bis zum alten Anwesen von Mount Vernon. Der Parkway ist gesäumt von Überresten von Georges Washingtons Leben und Arbeit, etwa seinem alten Patowmack-Company-Kanal (im Great Falls National Park) und Parks, die einst zu seinem Farmland gehörten (Riverside Park, Fort Hunt Park). Der knapp 30 km lange **Mount Vernon Trail** verläuft parallel zum Parkway.

ABSEITS DER ÜBLICHEN PFADE

MANASSAS NATIONAL BATTLEFIELD PARK

Der **Manassas National Battlefield Park** (703-361-1339; www.nps.gov/mana; 12521 Lee Hwy; Park Sonnenaufgang–Sonnenuntergang, Touristeninformation 8.30–17 Uhr, geführte Touren Juni–Aug. 11.15, 12.15 & 14.15 Uhr) ist die Stätte zweier wichtiger Siege der Konföderierten zu Beginn des Bürgerkriegs. Heute ist die grüne Hügellandschaft durch Holzzäune in Wiesen mit hohem Gras und Wildblumen unterteilt. Die Tour beginnt am **Henry Hill Visitor Center** (703-361-1339; www.nps.gov/mana; 8.30–17 Uhr) GRATIS mit einem Infofilm. Hier kann man auch Park- und Wegekarten mitnehmen. Es werden auch geführte Touren angeboten.

Kennedy Gravesites GRAB
(M Blue Line bis Arlington Cemetery) Neben der schlichten, aber bewegenden Grabstätte flackert eine ewige Flamme, die die letzte Ruhestätte von Präsident John F. Kennedy und Jacqueline Kennedy Onassis markiert.

DEA Museum MUSEUM
(United States Drug Enforcement Agency Museum; 202-307-3463; www.deamuseum.org; 700 Army Navy Dr, Eingang in der S Hayes St; Di–Fr 10–16 Uhr; M Blue, Yellow Lines bis Pentagon City) GRATIS In diesem bedrückenden Museum der Drug Enforcement Agency (DEA) gibt's wahrlich nichts zu lachen. Ausstellungen decken die letzten 150 Jahre der Geschichte des Drogenmissbrauchs ab: von den Opiumhöllen des 19. Jhs. über die Kokain verteilenden Apotheker der 1920er, die Trips der 1960er und die Crack-Epidemie der 1980er-Jahre bis hin zur heutigen Zeit mit Crystal-Meth-Laboren und Pulverdrogen, die sich das moderne Partyvolk reinzieht.

Schlafen & Essen

Zusätzlich zu den Hotels gibt es am Clarendon Blvd und am Wilson Blvd in der Nähe der Metrostationen Rosslyn und Clarendon noch schicke Restaurants und Bars.

El Pollo Rico LATEINAMERIKANISCH $

(☎703-522-3220; www.elpolloricorestaurant.com; 932 N Kenmore St; Hühnchen mit Beilage 7–18 US$; ⌚11.30–20.30 Uhr; Ⓜ Orange, Silver Lines bis Clarendon od. Virginia Sq-GMU) Die Einheimischen gehen schon seit Jahrzehnten zu diesem Peruaner, der zartes, saftiges und geschmackvolles Geflügel mit leckeren (und höchst süchtig machenden) Saucen, knusprigen Pommes und frischem Krautsalat serviert. Zum Abendessen stehen die Leute hier vor der Tür Schlange.

Myanmar BIRMANISCH $

(☎703-289-0013; 7810 Lee Hwy, Falls Church; Hauptgerichte 10–14 US$; ⌚12–22 Uhr; Ⓜ Orange Line bis Dunn Loring Merrifield) Die Einrichtung ist äußerst schlicht, der Service lahm, und die Portionen sind klein. Doch das köstliche Essen lässt einen all das vergessen. Zu den typisch birmanischen Gerichten zählen mit viel Knoblauch, Kurkuma und Öl zubereitete Currys, Chili-Fisch, Mangosalate und Hähnchen mit reichhaltiger Bratensauce.

Yechon KOREANISCH $$

(☎703-914-4646; www.yechon.com; 4121 Hummer Rd, Annandale; Hauptgerichte 7–40 US$; ⌚24 Std.; Ⓜ Blue, Yellow Lines bis King St) Es wurde schon viel darüber diskutiert, wer der beste Koreaner rund um D.C. ist – das Yechon liegt aber immer auf den vorderen Plätzen. Das *kalbi* (Spare Ribs) ist herzhaft, rauchig und sehr geschmackvoll und wird mit raffiniertem Seetang und heißem Kimchi serviert.

Ausgehen & Unterhaltung

Continental LOUNGE

(www.continentalpoollounge.com; 1911 N Fort Myer Dr; ⌚Mo–Fr 11.30–2, Sa & So 18–2 Uhr; Ⓜ Rosslyn) Einen Steinwurf von den vielen Hotels in Rosslyn entfernt, verbreitet diese muntere Pool-Lounge mit Wandmalereien von Palmen, übergroßen Tiki-Köpfen und bunten Barhockern eine schwüle Tropenatmosphäre. Hier kann sich mit Billard, Tischtennis und Shuffleboard vergnügen.

Whitlow's on Wilson BAR

(☎703-276-9693; www.whitlows.com; 2854 Wilson Blvd; ⌚Mo–Fr 11–2, Sa & So 9–2 Uhr; Ⓜ Clarendon) Das Whitlow's on Wilson belegt fast einen ganzen Block gleich östlich der Metrostation Clarendon und bietet etwas für jedermann: Burger, Brunch und Soulfood stehen auf der Speisekarte. Während der Happy Hours lernt man leicht Leute kennen. Außerdem gibt es zwölf Biersorten vom Fass, einen Billardtisch, eine Jukebox, Livemusik und eine entspannte Atmosphäre. In den wärmeren Monaten kann man die Tiki Bar auf dem Dach aufsuchen.

★ **Iota** LIVEMUSIK

(☎703-522-8340; www.iotaclubandcafe.com; 2832 Wilson Blvd; Karten 10–15 US$; ⌚Mo–Do 16–2, Fr–So ab 10 Uhr; 📶; Ⓜ Clarendon) Mit Veranstaltungen an fast jedem Abend in der Woche ist das Iota die beste Adresse für Livemusik in Clarendons Musikviertel. Die hier auftretenden Bands beschäftigen sich mit diversen Genres wie Folk, Reggae, Irish Folk oder Südstaatenrock. Die Karten sind nur am Eingang erhältlich (kein Vorverkauf) und oft schnell weg.

ℹ An- & Weiterreise

Arlington liegt an der I-66 und ist zum Teil von der I-495 umgeben, die auch um Washington, D.C., führt.

Der riesige **Washington Dulles International Airport** (S. 321) liegt 26 Meilen (42 km) westlich von D.C.

Von Washington aus nimmt man die Metro gen Arlington Cemetery (Blue Line), um zum Friedhof und zum Pentagon (Blue und Yellow Lines) zu kommen.

Alexandria

Sehenswertes

★ **Mount Vernon** HISTORISCHE STÄTTE

(☎800-429-1520, 703-780-2000; www.mountvernon.org; 3200 Mount Vernon Memorial Hwy; Erw./Kind 6–11 J. 20/10 US$; ⌚April–Aug. 8–17 Uhr, Nov.–Feb. 9–16 Uhr, März, Sept. & Okt. bis 17 Uhr, Getreidemühle & Destillerie April–Okt. 10–17 Uhr) Mount Vernon ist eine der am häufigsten besuchten historischen Stätten des Landes. Hier lebten George und Martha Washington während ihrer Ehe von 1759 bis zu Georges Tod 1799. Das Anwesen befindet sich heute im Besitz der Mount Vernon Ladies Association und gibt Einblicke in das Farmerleben des 18. Jhs. und in den Alltag des ersten Präsidenten als Landwirt. Mount Vernon vertuscht auch nicht, dass der Gründervater ein Sklavenhalter war: Besucher können die Sklavenquartiere und den Friedhof besichtigen.

★ **Carlyle House** HISTORISCHES GEBÄUDE

(☎703-549-2997; www.novaparks.com; 121 N Fairfax St; Erw./Kind 6–12 Jahre 5/3 US$; ⌚Di–Sa 10–16, So 12–16 Uhr; Ⓜ King St, Old Town) Wem in Alexandria nur Zeit für die Besichtigung eines einzigen historischen Hauses bleibt, der sollte sich für dieses entscheiden. 1753 erbaute der Kaufmann und Stadtgründer John Carlyle den seinerzeit prächtigsten Wohnsitz der Stadt (die zu dieser Zeit eigentlich nur aus Blockhütten und schlammigen Gassen bestand). Die georgianische Villa im palladianischen Stil ist vollgepackt mit Gemälden, historischen Relikten und Möbeln aus früheren Zeiten, die die Vergangenheit wieder aufleben lassen.

Freedom House Museum MUSEUM

(☎ 708-836-2858; www.visitalexandriava.com/listings/freedom-house/4676; 1315 Duke St; ⏲ Mo–Fr 10.30–14.30 Uhr, geführte Touren & am Wochenende nach Vereinbarung; Ⓜ King St, Old Town) GRATIS Dieses nüchterne Reihenhaus im Federal Style hat eine tragische Geschichte. Als Alexandria nach New Orleans das zweitgrößte Sklavenzentrum der Nation war, beherbergten das Gebäude und das umliegende Anwesen ein florierendes Sklavenhandelsunternehmen. Ein gut gestaltetes Museum im Erdgeschoss, das von der Northern Virginia Urban League gegründet wurde, erzählt die Geschichten der Tausenden versklavten Menschen, die hier durchgeschleust wurden. Persönliche Videoaufnahmen und Artefakte zeugen von diesen herzzerreißenden Schicksalen.

George Washington Masonic National Memorial MONUMENT

(☎ 703-683-2007; www.gwmemorial.org; 101 Callahan Dr at King St; Erw./Kind unter 13 Jahren 15 US$/ Eintritt frei; ⏲ 9–17 Uhr; Ⓜ Blue, Yellow Lines bis King St, Old Town) Alexandrias auffallendstes Wahrzeichen gewährt einen tollen Ausblick: Vom 101,5 m hohen Turm erspäht man das Capitol, den Mount Vernon und den Potomac River. Es ist dem Leuchtturm der ägyptischen Stadt Alexandria nachempfunden und wurde zu Ehren des ersten Präsidenten erbaut (dieser trat 1752 in Fredericksburg der Freimaurerloge bei und wurde später zum Großmeister der Alexandria-Loge Nr. 22). Im Säulengang steht eine imposante, 5 m hohe Statue von George Washington. Beim Rundgang sieht man die Artefakte, die von Washingtons Familie gespendet wurden, u. a. die Familienbibel von 1792.

Torpedo Factory Art Center KUNSTZENTRUM

(☎ 703-746-4570; www.torpedofactory.org; 105 N Union St; ⏲ Fr–Mi 10–18, Do bis 21 Uhr; Ⓜ King St) GRATIS Was anfangen mit einer ehemaligen Munitions- und Waffenfabrik? Wie wäre es, daraus eine der führenden Kunststätten der Region zu machen? Drei Stockwerke mit Ateliers und voller freier künstlerischer Kreativität gibt's hier in der Altstadt Alexandrias, und auch die Möglichkeit, Gemälde, Skulpturen, Glasarbeiten, Textilien und Schmuck direkt bei den Künstlern zu erwerben. Die Torpedo Factory ergänzt das neu gestaltete Hafengebiet Alexandrias mit seinem Jachthafen, den Parks, Alleen, Wohnvierteln und Restaurants.

National Inventors Hall of Fame & Museum MUSEUM

(☎ 571-272-0095; www.invent.org/honor/hall-of-fame-museum/; 600 Dulany St, Madison Bldg; ⏲ Mo–Fr 10–17, Sa 11–15 Uhr; Ⓜ Blue, Yellow Lines bis King St) GRATIS Dieses Museum im Atrium des US Patent and Trademark Office erzählt die Geschichte des amerikanischen Patents. Im Inneren sieht man, wie die Geschichte 1917 in Memphis, Tennessee begann, als ein Händler namens Clarence etwas erfand und patentieren ließ, was er damals „Selbstbedienungsläden" nannte – heute bekannt als Supermärkte.

Schlafen

In und rund um die Altstadt liegen teure Boutiquehotels. Wer günstigere Unterkünfte sucht, wird etwas außerhalb fündig.

Alexandrian HISTORISCHES HOTEL $$

(☎ 703-549-6080; www.thealexandrian.com; 480 King St; Zi. 209–259 US$; ; Ⓜ Blue, Yellow Lines bis King St-Old Town) Mutige Farben und lustige Details (moderne Dekokissen und geometrische Teppiche) verleihen den 241 Zimmern und Suiten dieses einzigartigen, eleganten Hotels einen künstlerischen Touch. Das Hotel ist in einem historischen sechsstöckigen roten Backsteingebäude untergebracht, und zwar zentral in der King St, nur vier Blocks vom Wasser entfernt. Gäste können sich über freundliches Personal, die unmittelbare Nähe zu Restaurants und Läden und einen beheizten Indoor-Pool freuen.

Morrison House BOUTIQUEHOTEL $$

(☎ 703-838-8000; www.morrisonhouse.com; 116 S Alfred St; Zi. 199–259 US$, Suite 329 US$; P ; Ⓜ Blue Line bis King St) Dieses schicke Boutiquehotel ist eine romantische Unterkunft in der Altstadt und wird mittlerweile als Teil der Autograph-Collection-Hotelkette vom Marriott verwaltet. Das schöne Hotel im Federal Style verbindet moderne Details mit alter Tradition: Himmelbetten, orange karierte Teppiche, hellblaue Kunstwerke, Badezimmer mit italienischem Marmor und überall viel natürliches Licht.

Essen

In der King St und ihren Nebenstraßen in der Altstadt reihen sich gut besuchte Restaurants und Bars aneinander. Entlang der Mt. Vernon Ave im Viertel Del Ray, nur eine kurze Fahrt von der Altstadt entfernt, findet man eine wachsende Anzahl von Cafés und Restaurants, von denen viele über eine einladende Terrasse verfügen. Der kostenlose Shuttle-Bus von der Metrostation King St fährt zu Alexandrias Restaurants und Lokalen in der Altstadt.

Stomping Ground FRÜHSTÜCK **$**
(☎703-364-8912; www.stompdelray.com; 309 Mt. Vernon Ave; Hauptgerichte 9–12 US$; ⏲Di–Sa 7–15, So 9–15 Uhr) Hat hier jemand etwas von Biskuit gesagt? Oh ja! Und zwar von selbst gemachten Buttermilch-Biskuits, die nach eigenem Belieben gefüllt werden können: mit Brathähnchen und Benton's Bacon, aber auch mit pochierten Eiern, Paprika-Käse und Avocado. Oder man kommt einfach mit seinem Laptop hierher und trinkt einen Kaffee. Am Tresen bestellen und es sich dann in einer der rustikal-schicken Sitzecken gemütlich machen!

Caphe Banh Mi VIETNAMESISCH **$**
(☎703-549-0800; www.caphebahnmi.com; 407 Cameron St; Hauptgerichte 6–12 US$; ⏲Mo–Fr 11–15 & 17–21, Sa 11–21, So 11–20 Uhr; Ⓜ King St) Ein beliebtes Lokal im Viertel, das leckere *Banh mi*-Sandwiches, große Schüsseln mit Pho, Brötchen mit geräuchertem Bauchspeck und weitere einfache, aber gut zubereitete vietnamesische Gerichte serviert. Das kleine, aber gemütliche Lokal zieht immer jede Menge Gäste an; man sollte also früh kommen, wenn man zum Abendessen noch einen Tisch ergattern will.

Hank's Oyster Bar SEAFOOD **$$**
(☎703-739-4265; www.hanksoysterbar.com; 1026 King St; Hauptgerichte mittags 13–25 US$, abends 14–32 US$; ⏲Mo–Fr 11.30–24, Sa & So ab 11 Uhr) Während der Happy Hour (Mo–Fr 15–19 Uhr) kosten die Austern in diesem neuen Lokal des beliebten Dupont-Circle-Flaggschiffs nur 2,50 US$ pro Stück. Wer sich nicht entscheiden kann, welche der vielen Sorten er nehmen soll, für den wird eine Auswahl zusammengestellt. Die Seafood-Gerichte und verschiedenen kleinen Platten schmecken ebenfalls hervorragend. Diese Bar ist ein absolutes Muss.

Brabo Tasting Room BELGISCH **$$**
(☎703-894-5252; www.braborestaurant.com; 1600 King St; Frühstück 14–16 US$, Hauptgerichte mittags & abends 14–22 US$; ⏲Mo–Do 7.30–10.30 & 11.30–23, Fr 7.30–10.30 & 11.30–24, Sa 8–11 & 11.30–24, So 8–11 & 11.30–22 Uhr; Ⓜ King St) Das einladende und sonnige Brabo Tasting Room serviert Muscheln (sein Markenzeichen), schmackhafte Tarts aus dem Holzofen und Gourmetsandwiches und bietet eine gute Auswahl von Bieren und Weinen. Vormittags gibt's Arme Ritter aus Brioche und Bloody Marys. Das Restaurant Brabo nebenan ist die gehobene Version und liefert Gerichte aus saisonalen Zutaten.

Restaurant Eve AMERIKANISCH **$$$**
(☎703-706-0450; www.restauranteve.com; 110 S Pitt St; Hauptgerichte mittags 17–26 US$, abends 27–42 US$, 5-Gänge-Menü 105 US$; ⏲Mo–Fr 11.30–14, Mo–Sa 17.30–22 Uhr; ; Ⓜ King St) Eines der besten (und teuersten) Restaurants in Alexandria: Das Eve vereint großartige, amerikanische Zutaten, präzise französische Zubereitung und erstklassigen Service. Die Verkostungsmenüs sind ein kulinarisches Erlebnis vom Feinsten. Mittags lockt das Lickety-Split-Menü (15 US$; 2 Gerichte von einer kleineren Karte) jede Menge Gäste an.

Ausgehen & Unterhaltung

In der King St gibt es jede Menge Bars mit Gästen, die wirken, als wären sie immer noch an der University of Virginia, der Virginia Tech oder der George Mason University eingeschrieben.

Captain Gregory's COCKTAILBAR
(www.captaingregorys.com; 804 N Henry St; ⏲Mi & Do 18–24, Fr & Sa 17.30–2, So 17.30–23 Uhr) Diese billige Kneipe mit nautischem Motto versteckt sich in einer Zuckerhütte mit Donut-Shop, was den dekadenten Feinschmecker-Donut auf der Karte erklärt. Was die Drinks angeht, sind die Namen (von Anais Needs a Vacay bis Moaning Myrtles Morning Tea) so ausgefallen wie die Zutaten: Liköre in verschiedenen Geschmacksrichtungen, Spirituosen sowie verschiedene Obstsorten und Gewürze. Die Cocktails kosten zwischen 14 und 16 US$, und die Speisekarte wechselt regelmäßig. Im Voraus reservieren!

Union Street Public House PUB
(☎703-548-1785; www.unionstreetpublichouse.com; 121 S Union St; ⏲Mo–Do 11.30–22, Fr 11.30–

23, Sa 10–23, So 10–21 Uhr; Ⓜ King St) Gaslampen am Eingang leuchten Travellern und Einheimischen den Weg in diesen geräumigen Pub, wo sie kühles Bier, Bar-Snacks und tägliche Dinner-Specials bekommen.

Birchmere LIVEMUSIK
(www.birchmere.com; 3701 Mt Vernon Ave; Tickets 25–70 US$; ⏲ Ticketschalter 17–21 Uhr, Shows 19.30 Uhr; Ⓜ Pentagon City) In diesem 50 Jahre alten Laden, der sich selbst als „Amerikas legendäre Musikhalle" bezeichnet, treten von klassischen Folk-Musikern bis hin zu Country-, Blues- und R&B-Stars alle möglichen Künstler auf. Ab und zu gibt es auch Burlesque-Shows, Indie-Rockbands und Comedians auf der Bühne zu sehen.

ℹ An- & Weiterreise

Um vom Zentrum D. C.s nach Alexandria zu kommen, nimmt man die Metro bis zur King St. Ein kostenloser **Shuttle** (www.dashbus.com/trolley; ⏲ So–Mi 10–22.15, Do–Sa bis 24 Uhr) verkehrt zwischen der Metro-Haltestelle und der Uferpromenade. **Capitol Bikeshare** (☎ 877-430-2453; www.capitalbikeshare.com) hat 31 Stationen in Alexandria.

Fredericksburg

Fredericksburg ist eine hübsche Stadt mit einem historischen Viertel, das schon fast klischeeartig „typisch amerikanische Kleinstadt" schreit. In den Straßen und der Umgebung des Ortes, in dem George Washington aufgewachsen ist, brach einst der Bürgerkrieg aus. Heute finden sich an der Hauptstraße Buchläden, Gaststätten und Cafés.

Sehenswertes

Ellwood Manor HISTORISCHE STÄTTEC SITE
(☎ 540-786-2880; www.nps.gov/frsp; Rte 20, gleich westlich der Rte 3; ⏲ Sa & So 10–17 Uhr) Dieses faszinierende Anwesen steht auf dem Gelände des Wilderness Battlefield. Der Landsitz aus dem Jahr 1790 umfasste einst gut 200 ha und ist u. a. dafür bekannt, dass hier der amputierte Arm des Konföderierten-Generals Stonewall Jackson begraben liegt – die Stelle ist markiert. Im Haus erfahren Besucher viel über die interessante Geschichte dieses Hauses. Hier hat einst schon der Marquis de Lafayette diniert.

Fredericksburg & Spotsylvania National Military Park HISTORISCHE STÄTTE
(☎ 540-693-3200; www.nps.gov/frsp; 1013 Lafayette Blvd; ⏲ Fredericksburg & Chancellorsville Touristeninformationen 9–17 Uhr, andere Ausstellungsräume variierende Öffnungszeiten) GRATIS Mehr als 13 000 Amerikaner fielen während des Amerikanischen Bürgerkriegs in vier Schlachten in einem Umkreis von 27 km, der heute diesen Park bildet: Fredericksburg, Chancellorsville, die Wilderness und Spotsylvania Courthouse. Heute wird das gesamte Areal vom National Park Service verwaltet. Auf der Website des Parks ist die Lage der verschiedenen Visitor Centers und Ausstellungsräume beschrieben, und es wird darüber informiert, welche Einrichtungen wann besetzt sind. Für die Führungen über die Schlachtfelder kann man sich Audioguides ausleihen (20 US$ Kaution).

James Monroe Museum & Memorial Library HISTORISCHE STÄTTE
(☎ 540-654-1043; http://jamesmonroemuseum.umw.edu; 908 Charles St; Erw./Kind 6–17 Jahre 6/2 US$; ⏲ Mo–Sa 10–17, So ab 13 Uhr, Dez.–Feb. bis 16 Uhr) Das Museum ist nach dem fünften Präsidenten der USA benannt. Wer sich für die amerikanische Geschichte interessiert, findet hier eine kleine, kuriose Sammlung von Monroe-Andenken, darunter den Schreibtisch, an dem er die berühmte Monroe-Doktrin formulierte. Auch sein Diplomatenanzug, den er bei der Krönung Napoleons getragen hat und der um ca. 1785 genäht wurde, ist hier ausgestellt.

Mary Washington House HISTORISCHS GEBÄUDE
(☎ 540-373-1569; www.washingonheritagemuseums.org; 1200 Charles St; Erw./Kind 6–18 Jahre 7/3 US$; ⏲ März–Okt. Mo–Sa 10–16 & So 12–16 Uhr, Nov.–Feb. Mo–Sa 11–16 & So 12–16 Uhr) In dem aus dem 18. Jh. stammenden Haus der Mutter von George Washington erläutern kundige, kostümierte Guides bei Führungen die Persönlichkeit der Frau und die Lebensumstände ihrer Zeit. In dem schönen Garten kann man sich von all den Fakten erholen.

Schlafen & Essen

Richard Johnston Inn B&B $$
(☎ 540-899-7606; www.therichardjohnstoninn.com; 711 Caroline St; Zi. 165–300 US$; P ❄ 📶) Das gemütliche B&B ist in einer Backsteinvilla aus dem 18. Jh. untergebracht und punktet mit Lage, Komfort und Gastfreundlichkeit. Die Cookies, die nachmittags angeboten werden, sind hervorragend.

Sammy T's AMERIKANISCH $
(☎ 540-371-2008; www.sammyts.com; 801 Caroline St; ⏲ Mo, Mi & Do 11.30–21, Fr & Sa 11.30–22,

So 9.30–19 Uhr;) Untergebracht in einem Gebäude von ca. 1805 im Herzen der Altstadt von Fredericksburg, serviert das Sammy T's Suppen, Sandwiches, Kneipenkost und eine gute Auswahl vegetarischer Gerichte wie Veggie-Lasagne und Quesadillas mit Schwarzen Bohnen.

Foode AMERIKANISCH **$$**
(540-479-1370; www.facebook.com/foodeonline; 900 Princess Anne St; Hauptgerichte mittags 10–12 US$, abends 15–26 US$; Di–Do 11–21, Fr 11–22, Sa 9–22, So 9–15 Uhr;) In einem rustikalen, aber künstlerisch angehauchten Ambiente serviert das Foode Gerichte aus Zutaten frisch von der Farm. Abends gibt es viele kleine Gerichte zum Teilen. Der Service ist sehr aufmerksam.

Bistro Bethem AMERIKANISCH **$$$**
(540-371-9999; www.bistrobethem.com; 309 William St; Hauptgerichte mittags 9–22 US$, abends 17–32 US$; Di–Sa 11.30–14.30 & 17–22, So bis 21 Uhr) Die modern-amerikanische Speisekarte, die saisonalen Zutaten und die bodenständige, aber angenehme Atmosphäre sorgen für gastronomische Glückseligkeit. Hier gibt es jederzeit Enten-Confit mit Quinoa und Salat mit gerösteter Beete und Muscheln aus der Gegend.

An- & Weiterreise

Der Virginia Railway Express (www.vre.org; 11,90 US$, 1½ Std.) und Züge von Amtrak (20–67 US$, 1¼ Std.) fahren vom **Bahnhof in Fredericksburg** (www.amtrak.com; 200 Lafayette Blvd) nach Washington, D. C., Greyhound-Busse fahren von/nach D. C. (10–24 US$, 4- od. 5-mal tgl., 1½ Std.) und Richmond (10–30 US$, 2- od. 3-mal tgl., 1 Std.). Der **Greyhound-Busbahnhof** (540-373-2103; www.greyhound.com; 1400 Jefferson Davis Hwy) befindet sich ca. 3 km westlich des historischen Viertels. Fredericksburg liegt an der I-95 auf halber Strecke zwischen Washington, D. C., und Richmond, VA. Es sind ca. 55 Meilen (88 km) in nördliche Richtung nach Washington und 60 Meilen (96 km) in südliche Richtung nach Richmond.

Richmond

Richmond ist aus einem sehr langen Schlaf aufgewacht – zum Glück. Die Hauptstadt des Commonwealth of Virginia seit 1780 und der Konföderierten Staaten von Amerika während des Bürgerkriegs ist eine altmodische Südstaatenstadt, in der die Südstaatentradition tief verwurzelt ist. Jahrzehntelang waren die Sehenswürdigkeiten aus dem Bürgerkrieg die Hauptattraktionen hier, und die Einwohner haben sich nicht viele Gedanken über die Straßen und Schulen gemacht, die alle nach Generälen der Konföderation benannt sind.

Aber der Einfluss von neuen, kreativen jungen Bürgern weckt die Gemeinde auf und modernisiert sie. Heute ist die „River City" ein dynamisches Pflaster mit munterer Gastronomie und einer aktiven Künstlerszene. Auch der tosende James River ist mehr in den Mittelpunkt gerückt und zieht immer mehr Abenteuersportler an. Richmond ist zweifellos eine schöne Stadt mit Reihenhäusern aus rotem Backstein, stattlichen Alleen und grünen Parks.

Sehenswertes & Aktivitäten

Virginia State Capitol GEBÄUDE
(804-698-1788; www.virginiacapitol.gov; Ecke 9th St & Grace St, Capitol Sq; Mo–Sa 9–17, So 13–17 Uhr) GRATIS Das State Capitol wurde von Thomas Jefferson entworfen und 1788 fertiggestellt. Es beherbergt das älteste gesetzgebende Organ der westlichen Hemisphäre, die Virginia General Assembly, die 1619 eingerichtet wurde. Kostenlose Führungen sind möglich, und auf der Website findet man eine Broschüre für Touren auf eigene Faust.

Virginia Museum of Fine Arts MUSEUM
(VMFA; 804-340-1400; www.vmfa.museum; 200 N Blvd; So–Mi 10–17, Do & Fr bis 21 Uhr) GRATIS Das Museum besitzt eine bemerkenswerte Sammlung europäischer Kunst, religiöser Kunst des Himalaja und eine der größten Sammlungen von Fabergé-Eiern außerhalb Russlands. Draußen im Skulpturengarten warten Andy Warhols Triple Elvis und die faszinierende Chloe-Skulptur von Jaume Plansa auf Bewunderer. Es werden auch hervorragende Wechselausstellungen gezeigt (Eintritt frei–22 US$). Nach einem Vormittag im Museum ist das Restaurant **Amuse** mit den großen Fenstern ein schöner Ort zum Mittagessen.

Virginia Historical Society MUSEUM
(www.vahistorical.org; 428 North Blvd; Mo–Sa 10–17 Uhr) GRATIS Nach einer Renovierung, die viele Millionen geschluckt hat, wirkt die VHS heute prächtiger denn je. Wechsel- und Dauerausstellungen zeichnen die Geschichte des Commonwealth von prähistorischen Zeiten bis zur Gegenwart nach. Das Museum vermittelt einen guten Einblick in die Geschichte, bevor man die vielen Sehenswürdigkeiten des Bundesstaats erkundet.

St. John's Episcopal Church KIRCHE
(☎804-648-5015; www.historicstjohnschurch.org; 2401 E Broad St; geführte Touren Erw./Kind 7–18 Jahre 8/6 US$; ⏲Mo–Sa 10–16, So ab 13 Uhr) An dieser Stelle hat der Hitzkopf Patrick Henry seinen berühmten Schlachtruf („Gebt mir Freiheit, oder gebt mir den Tod!") während der rebellischen Second Virginia Convention im Jahr 1775 von sich gegeben. Die kurze, aber informative Führung klärt über die Geschichte der Kirche und die berühmte Rede auf. Das seltene Schallbrett von 1741 über der Kanzel ist einen genaueren Blick wert, wenn es von der Sonne angestrahlt wird. Im Sommer wird Henrys Rede jeden Sonntag um 13 Uhr nachgestellt.

Statuen an der Monument Avenue STATUE
(zw. N Lombardy St & Roseneath Rd) Die Monument Ave, ein von Bäumen gesäumter Boulevard im Nordosten von Richmond, wartet mit Statuen von verehrten Südstaatengrößen auf, darunter J.E.B. Stuart, Robert E. Lee, Matthew Fontaine Maury, Jefferson Davis, Stonewall Jackson und – um die ethnische Vielfalt nicht zu kurz kommen zu lassen – der afroamerikanische Tennischampion Arthur Ashe. Gehässige Studenten der nahe gelegenen Universität von Richmond bezeichnen die Avenue als „größte Sammlung von Silberpokalen in Amerika".

American Civil War Museum: Historic Tredegar MUSEUM
(☎804-649-1861; www.acwm.org; 500 Tredegar St; Erw./Kind 6–17 Jahre 10/5 US$; ⏲9–17 Uhr) Das faszinierende, in einer Geschützgießerei von 1861 untergebrachte Museum erkundet die Ursachen und den Verlauf des Amerikanischen Bürgerkriegs aus der Sicht der Union, der Konföderation und der Afroamerikaner. Gleich nebenan geht eine vom National Park Service verwaltete, kostenlose Stätte auf Richmonds Rolle im Bürgerkrieg ein. Sie gehört zu 13 geschützten Stätten in der Gegend, die zusammen den **Richmond National Battlefield Park** (☎804-771-2145; www.nps.gov/rich; 470 Tredegar St; ⏲Schlachtfeld Sonnenaufgang–Sonnenuntergang, Tredegar Visitor Center 9–17 Uhr) GRATIS bilden.

Belle Isle PARK
(www.jamesriverpark.org; 300 Tredegar St) Eine lange Fußgängerbrücke führt von der Tredegar St (gleich hinter der Nationalparkstätte) hinüber auf die autofreie Insel. Früher befanden sich hier (zu verschiedenen Zeiten) ein Steinbruch, ein Kraftwerk und während des Bürgerkriegs ein Gefangenenlager, inzwischen hat sie sich aber zu einem der schönsten Stadtparks von Richmond gemausert. Die großen, flachen Felsen laden zum Sonnenbaden ein, und es gibt viele Wander- und Radwege. Man sollte aber auf keinen Fall im James River baden – der Fluss hat gefährliche Strömungen.

Canal Walk UFERPROMENADE
(www.rvariverfront.com; zw. 5th & 17th St) Der rund 2 km lange Canal Walk ist ein hübscher Uferweg zwischen dem James River, dem Kanawha (ka-*noh*-wha) Canal und dem Haxall Canal, auf dem man ein Dutzend Highlights aus Richmonds Geschichte auf einmal zu sehen bekommt. Eine Fußgängerbrücke führt hinüber zur Belle Isle, einer etwas ungepflegten, aber interessanten Insel im James River.

Poe Museum MUSEUM
(☎804-648-5523; www.poemuseum.org; 1914-16 E Main St; Erw./Kind 7–17 Jahre 8/6 US$; ⏲Di–Sa 10–17 Uhr, So ab 11 Uhr) Das Museum besitzt die weltgrößte Sammlung von Manuskripten von dem und Erinnerungsstücken an den Dichter und Horrorgeschichtenautor Edgar Allan Poe, der in Richmond gelebt und gearbeitet hat. Die Ausstellungen beinhalten den ersten Druck von *Der Rabe*, Poes Weste, sein Taschenmesser und einen Schreibtischstuhl, bei dem die Lehne fehlt – man sagt, dass sein Chef beim *Southern Literary Messenger* wollte, dass Poe aufrecht saß. Unnützes Wissen… Jeden vierten Donnerstag im Monat findet hier die Unhappy Hour statt (April–Okt. 18–21 Uhr, 8 US$).

Hollywood Cemetery FRIEDHOF
(☎804-648-8501; www.hollywoodcemetery.org; 412 S Cherry St, Eingang Ecke Albemarle St & Cherry St; ⏲8–18 Uhr) GRATIS Der ruhige Friedhof liegt oberhalb der Stromschnellen des James River und beherbergt die Gräber von zwei US-Präsidenten (James Monroe und John Tyler), vom einzigen Präsidenten der Konföderierten (Jefferson Davis) und von 18 000 konföderierten Soldaten. Von April bis Oktober gibt es montags bis samstags und im November nur sonntags um 10 Uhr geführte Touren (15 US$/Pers.). Wer das Gelände auf eigene Faust erkunden will, kann sich vorher auf der Website die virtuelle Tour ansehen.

Riverside Outfitters KANUFAHREN
(☎804-560-0068; www.riversideoutfitters.net; Brown's Island, Downtown; Kayak-/SUP-/Fahrradverleih pro Std. 15/15/10 US$; ⏲Juni–Aug. 11–

ABSTECHER

VIRGINIAS WEINGÜTER

Mit rund 230 Weingütern erlangt Virginia zunehmend Beachtung in der Weinwelt. Empfehlenswerte Adressen für eine erste Erkundungstour finden sich gleich außerhalb von Washington im Loudon County. Lagepläne, Weinrouten und viele andere Infos zum Thema Wein gibt's auf der Website www.virginiawine.org.

King Family Vineyards (434-823-7800; www.kingfamilyvineyards.com; 6550 Roseland Farm, Crozet; Verkostung 10 US$; Di–Do 10–17.30, Mi bis 20.30 Uhr;) Das Weingut zählt beständig zu den besten in Virginia. Man bringt ein Picknick mit (auf dem Gut wird aber auch allerlei Feinkost angeboten) und genießt die herrliche Landschaft. Sonntags kann man um 13 Uhr kostenlos bei einem Polo-Spiel zuschauen (Ende Mai–Mitte Okt.). Die „Königsfamilie" hat ihr Domizil 18 Meilen (29 km) östlich von Charlottesville.

Jefferson Vineyards (434-977-3042; www.jeffersonvineyards.com; 1353 Thomas Jefferson Pkwy; Verkostung 12 US$; 11–18 Uhr;) Das Weingut in der Nähe von Charlottesville profitiert von dem namensgleichen Original-Weingut von 1774. Im Sommer gibt's zweimal im Monat Gratiskonzerte unter freiem Himmel.

Bluemont Vineyard (540-554-8439; www.bluemontvineyard.com; 18755 Foggy Bottom Rd, Bluemont; Verkostung 10 US$; Sa–Do 11–18, Fr bis 20 Uhr;) Das Bluemont keltert rubinrote Nortons und markante Viogniers, ist aber auch für seine spektakuläre Lage berühmt – auf 285 m über dem Meer hat man einen weiten Blick über das Land.

Chrysalis Vineyards (540-687-8222; www.chrysaliswine.com; 39025 John Mosby Hwy; Verkostung 7–10 US$; 10–18 Uhr;) Das Gut greift stolz auf die autochthon amerikanische Rebsorte Norton zurück, die erstmals 1830 beschrieben wurde. Aus seinen Fässern rinnen sehr trinkbare Rot- und Weißweine, darunter ein erfrischender Viognier. Auf dem hübschen Gut findet im Oktober ein Bluegrass-Festival statt.

Tarara Vineyard (703-771-7100; www.tarara.com; 13648 Tarara Lane; Verkostung 6–10 US$; Mo–Do 11–17, Fr–So bis 18 Uhr) Das 192 ha große Weingut auf einem Steilhang über dem Potomac veranstaltet Führungen, die den Weg der Trauben vom Stock bis ins Glas erläutern. Das Weingut hat einen 560 m^2 großen Keller; Besucher können im Obstgarten Früchte pflücken und auf dem fast 10 km langen Wegenetz durch die hügelige Landschaft wandern. Im Sommer gibt's drei größere Weinfeste und samstagabends Konzerte.

18 Uhr) Hier kann man ein Kajak, SUP-Brett oder Fahrrad mieten. Der Laden liegt auf Brown's Island, gegenüber vom Historic Tredegar in der 500 Tredegar St. Hier werden auch geführte Rafting-Touren angeboten, die an verschiedenen Orten starten.

Virginia Capital Trail RADFAHREN
(www.virginiacapitaltrail.org) Der neue, 84 km lange geteerte Fuß- und Radweg verbindet Richmond mit Jamestown und den Vororten von Williamsburg und führt an Plantagen vorbei. Auf der nützlichen Website gibt es eine Karte mit Parkplätzen, Klos, Fahrradgeschäften, Restaurants und Unterkünften. Am Weg liegen jede Menge historische Stätten und Markierungen. Er beginnt an der Kreuzung S 17th ST und Dock St.

Schlafen

HI Richmond HOSTEL $
(804-729-5410; www.hiusa.org; 7 N 2nd St; B 30–34 US$, Zi. 90–135 US$, Nichtmitglieder zzgl. 3 US$;) Das schicke, umweltfreundliche Hostel in einem historischen Gebäude von 1924 hat eine tolle zentrale Lage und helle Zimmer (Schlafsäle und Privatzimmer) mit hohen Decken und vielen Originaldetails. Es gibt eine Gästeküche und einladende Gemeinschaftsbereiche. Das Haus ist vollständig barrierefrei eingerichtet.

Linden Row Inn BOUTIQUEHOTEL $$
(804-783-7000; www.lindenrowinn.com; 100 E Franklin St; Zi. ab 139 US$, Suite 289 US$;) Die Perle aus der Antebellum-Ära (bis 1861) hat 70 hübsche Zimmer mit Möbeln aus der viktorianischen Zeit. Das Haus ist von Gebäuden im amerikanischen Greek-Revival-Stil umgeben und steht in ausgezeichneter Lage in der Innenstadt. Die herzliche Südstaaten-Gastfreundlichkeit, angemessene Preise und aufmerksame Extras (kostenlose YMCA-Pässe, ein kostenloser Shuttle-Service in der Stadt und Frühstück) komplettieren das gute Angebot.

★ **Jefferson Hotel** LUXUSHOTEL $$$
(☎804-649-4750; www.jeffersonhotel.com; 101 W Franklin St; Zi. ab 355 US$; P ❄ 📶 🏊) Das Jefferson ist Richmonds prächtigstes Hotel und eines der schönsten in den USA. Das Hotel im Beaux-Arts-Stil war die Vision des Tabakbarons und Konföderiertenmajors Lewis Ginter und wurde 1895 fertiggestellt. Die Zimmer sind schick und einladend; man schläft wunderbar. Es heißt, die opulente Treppe im Foyer sei das Vorbild der berühmten Treppe aus *Vom Winde verweht* gewesen.

Essen

Kuba Kuba KUBANISCH $
(☎804-355-8817; www.kubakuba.info; 1601 Park Ave; Hauptgerichte 5–20 US$; ⏲Mo–Do 9–21.30, Fr & Sa bis 22, So bis 20 Uhr) Das winzige Ladenlokal im Viertel Fan wirkt wie eine Bodega aus dem alten Havanna. Serviert werden leckere Schweinefleischgerichte, Omeletts auf spanische Art und Panini zu supergünstigen Preisen.

Mama J's AMERIKANISCH $
(☎804-225-7449; www.mamajskitchen.com; 415 N 1st St; Hauptgerichte 7–10 US$; ⏲So–Do 11–21, Fr & Sa bis 22 Uhr) Im historischen afroamerikanischen Viertel Jackson Ward bereitet das Personal des Mama J's köstliche Brathähnchen, den legendären gebratenen Wels (der vielleicht nicht besonders aussieht, aber dafür himmlisch schmeckt) mit Blattkohl, Süßkartoffeln, Mac'n'Cheese und andere Beilagen zu. Der Service ist freundlich, die Warteschlange lang – daher früh kommen!

Sidewalk Cafe AMERIKANISCH, GRIECHISCH $
(☎804-358-0645; www.sidewalkinthefan.com; 2101 W Main St; Hauptgerichte 9–18 US$; ⏲Mo–Fr 11–2, Sa & So ab 9.30 Uhr) Das Café ist ein beliebter Nachbarschaftstreff und erinnert mit seiner ganzjährigen Weihnachtsbeleuchtung, den holzgetäfelten Wänden und der kitschigen Kunst an eine Kneipe. Das Essen ist aber erstklassig. Man kann draußen auf dem Bürgersteig sitzen, es gibt täglich Sonderangebote und am Wochenende einen Brunch.

Burger Bach KNEIPENESSEN $
(☎804-359-1305; www.theburgerbach.com; 10 S Thompson St; Hauptgerichte 9–13 US$; ⏲So–Do 11–22, Fr & Sa bis 23 Uhr; ❄ 🍸 👪) 🍃 Burger Bach ist das einzige Restaurant in der Gegend, das sich als neuseeländisch inspiriertes Burgerlokal klassifiziert. Die Lammburger sind ausgezeichnet, aber auch die Rindfleischburger von hiesigen Rindern und die vegetarischen Angebote sind sehr gut. Zu den dick geschnittenen Pommes wählt man eine von 14 Saucen.

Daily Kitchen & Bar MODERN-AMERIKANISCH $$
(☎804-342-8990; www.thedailykitchenandbar.com; 2934 W Cary St; Hauptgerichte mittags 9–20 US$, abends 9–26 US$; ⏲So–Do 7–23, Fr & Sa bis 1 Uhr; 🍸) 🍃 Das Daily im Herzen von Carytown ist zu allen Tageszeiten eine prima Anlaufstelle, egal ob man nun Hunger, Durst oder beides hat. Als Frühstück gibt's üppige Krabbenomeletts, mittags BLT-Sandwiches mit schwarz mariniertem Mahi-Mahi und abends scharf angebratene Muscheln. Verschiedene vegane Angebote, erstklassige Cocktails und das muntere, künstlerisch gestaltete Ambiente runden das Ganze zusätzlich ab.

Millie's Diner MODERN-AMERIKANISCH $$
(☎804-643-5512; www.milliesdinner.com; 2603 E Main St; Hauptgerichte mittags 9–14 US$, abends 16–29 US$; ⏲Di–Fr 11–14.30 & 17.30–22.30, Sa & So 9–15 & 17.30–22.30 Uhr) Mittagessen, Dinner oder Wochenend-Brunch – Richmonds Ikone bietet das alles in bester Qualität. Das kleine, aber hübsch gestaltete Restaurant überzeugt mit kreativen saisonalen Gerichten. Das Devil's Mess – ein Omelett, belegt mit scharfer Wurst, Curry, Gemüse, Käse und Avocado – ist legendär.

Croaker's Spot SEAFOOD $$
(☎804-269-0464; www.croakersspot.com; 1020 Hull St; Hauptgerichte 10–26 US$; ⏲Mo–Mi 11–21, Do bis 22, Fr bis 23, Sa 12–23, So 12–21 Uhr; P) Das Croaker's ist eine Institution in der Gegend und das Rückgrat der hiesigen afroamerikanischen Restaurantszene. Richmonds berühmtestes Soul Food ist köstlich, befriedigend und liegt gern mal wie ein Stein im Magen. Besonders verlockend ist das Fish Boat: gebratener Wels, Maisbrot und Mac'n'Cheese.

★ **L'Opossum** AMERIKANISCH, FRANZÖSISCH $$$
(☎804-918-6028; www.lopossum.com; 626 China St; Hauptgerichte 18–32 US$; ⏲Di–Sa 17–24 Uhr) Das L'Opossum ist ein sehr skurriles Lokal, aber es scheint zu funktionieren. Der Name ist schrecklich, überall stehen Statuen von Michelangelos David rum, und die Gerichte haben Namen, die fast schon zu hip sind, um sie zu verstehen: beispielsweise Darth Grouper Held at Bay by a Rebellious Coalition.

Ausgehen & Unterhaltung

Saison COCKTAILBAR
(☎804-269-3689; www.saisonrva.com; 23 W Marshall St; ⏰17–2 Uhr) Die Bar in Jackson Ward unweit der Downtown hat Klasse und lockt passionierte Cocktail-Kenner an, die hier mit kreativ gemixten Cocktails oder Bieren aus Kleinbrauereien anstoßen und sich die Gerichte aus farmfrischen Zutaten schmecken lassen.

Veil Brewing MIKROBRAUEREI
(www.theveilbrewing.com; 1301 Roseneath Rd; ⏰Di–Do 16–21, Fr bis 22, Sa 12–22, So 12–18 Uhr) Wenn eine lange Schlange Geschäftsmänner vor einem unauffälligen Backsteingebäude in der Roseneath Rd gleich westlich der Broad St steht, ist wahrscheinlich Dienstag. Dann gibt es in dieser vielgepriesenen neuen Brauerei nämlich limitiertes Bier, das schnell ausverkauft ist. Eine der beliebtesten Craft-Bier-Brauereien in dem aufstrebenden Viertel Scott's Addition.

Byrd Theater KINO
(☎804-353-9911; www.byrdtheatre.com; 2908 W Cary St; Karten ab 4 US$) Die Preise in diesem klassischen Kino von 1928 sind unschlagbar. Hier laufen alte Filme und absolute Klassiker. Vor den Samstagabendvorführungen gibt's Wurlitzer-Konzerte.

Anreise & Unterwegs vor Ort

Die Züge von Amtrak (www.amtrak.com) halten am **Staples Mill Rd-Bahnhof** (www.amtrak.com; 7519 Staples Mill Rd), 11 km nördlich der Stadt (Bus 27 fährt ins Zentrum). Bequemer, aber weniger zahlreich sind die Verbindungen mit Halt im Zentrum an der **Main St Station** (www.amtrak.com; 1500 E Main St).

Der **Greyhound/Trailways-Busbahnhof** (☎804-254-5910; www.greyhound.com) liegt am 2910 North Blvd.

Die Taxifahrt vom **Richmond International Airport** (RIC; ☎804-226-3000; www.flyrichmond.com; 1 Richard E Byrd Terminal Dr), 10 Meilen (16 km) östlich der Stadt, kostet zwischen 30 und 35 US$.

Im Herbst 2017 sollte ein neues **Bike-Sharing-Programm** ins Leben gerufen werden.

Die Greater Richmond Transit Company (www.ridegrtc.com) betreibt Stadtbusse, in denen passend gezahlt werden muss.

Historic Triangle

Willkommen im „Historischen Dreieck", der Geburtsstätte der Vereinigten Staaten von Amerika. Nirgendwo sonst hat ein so kleines Gebiet eine so entscheidende Rolle für den Verlauf der amerikanischen Geschichte gespielt. In Jamestown, der ersten dauerhaften englischen Siedlung in der Neuen Welt, wurde der Grundstein der Nation gelegt. Das Feuer des Amerikanischen Unabhängigkeitskriegs wurde in Williamsburg entfacht, damals Hauptstadt der britischen Kolonie Virginia. Und in Yorktown schließlich errang Amerika die uneingeschränkte Unabhängigkeit von Großbritannien. Um der Bedeutung des historischen Dreiecks annähernd gerecht zu werden, sollte man für den Besuch mindestens zwei Tage einplanen.

Anreise & Unterwegs vor Ort

Das Historic Triangle umgibt die I-64. Der größte regionale Flughafen ist der Norfolk International Airport (S. 344), gefolgt vom Newport News/Williamsburg International Airport (PHF; www.flyphf.com).

Williamsburg

Wer in Virginia nur einen historischen Ort besuchen will oder kann, sollte sich für Williamsburg entscheiden. In Colonial Williamsburg, einem der größten und umfangreichsten Museumsdörfer der Welt, wird Geschichte wirklich gelebt. Es gibt kaum einen besseren Ort, um Kindern Geschichte zu vermitteln. Aber natürlich werden auch die Erwachsenen ihren Spaß haben.

Die heutige Stadt Williamsburg, die von 1699 bis 1780 die Hauptstadt von Virginia war, präsentiert sich recht herrschaftlich. Den Studenten des College of William & Mary ist es jedoch zu verdanken, dass es auch so etwas wie eine Jugendkultur gibt: lässige Cafés, günstige Kneipen und Modeboutiquen.

Sehenswertes

★ **Colonial Williamsburg** HISTORISCHE STÄTTE
(☎888-974-7926; www.colonialwilliamsburg.org; Erw./Kind 6–12 Jahre 1 Tag 41/21 US$, mehrere Tage 51/26 US$; ⏰9–17 Uhr) Die rekonstruierte Hauptstadt von Englands größter Kolonie in der Neuen Welt ist eine Attraktion für Besucher jedes Alters. Diese erwartet kein kitschiger, eingezäunter Themenpark, sondern ein lebendes, atmendes und arbeitendes Geschichtsmuseum, so sorgfältig und gestaltet, dass es brillant den Alltag der amerikanischen Kolonisten im 18. Jh. einfängt.

Auf dem rund 120 ha großen Gelände stehen 88 Originalgebäude aus dem 18. Jh. und mehrere Hundert originalgetreue Nachbauten. Kostümierte Darsteller und Guides in historischer Aufmachung gehen ihrer Arbeit als Schmied, Apotheker, Bardame, Drucker, Soldat oder Patriot nach und fallen nur kurz aus ihrer Rolle, um für einen Schnappschuss zu posieren.

Kostümierte Darsteller von Patrioten wie Patrick Henry oder Thomas Jefferson schwingen immer noch leidenschaftliche Freiheitsreden, aber auch Amerikas weniger glorreiche Momente werden nicht schamhaft verschwiegen. Die Schauspieler debattieren heute auch über die Sklaverei, das Frauenwahlrecht, die Rechte der indigenen Amerikaner und ob es überhaupt moralisch legitim ist, sich an einer Revolution zu beteiligen.

Das historische Viertel einschließlich der Läden und Tavernen kostet keinen Eintritt, für die Führungen durch die Gebäude und für die meisten Ausstellungen wird aber ein Ticket benötigt. Besonders im Sommer muss man mit Massenandrang, Warteschlangen und quengelnden Kindern rechnen.

Um zu parken und die Eintrittskarten zu kaufen, folgt man der Ausschilderung zum **Visitor Center** (☎757-220-7645, 888-965-7254; www.colonialwilliamsburg.com; 101 Visitor Center Dr; ⌚8.45–21 Uhr), das sich nördlich des historischen Viertels zwischen dem Hwy 132 und dem Colonial Pkwy befindet; für Kinder gibt es dort auch historische Kostüme zum Ausleihen (25 US$/Tag). Im Center wird ein 30-minütiger Film über Williamsburg gezeigt, und man kann sich nach den aktuell angebotenen Veranstaltungen und Events erkundigen.

Die Parkplätze sind kostenlos; wer von hier nicht den von Bäumen gesäumten Fußweg einschlagen will, kann die häufig fahrenden Shuttle-Busse zum historischen Viertel nutzen. Eintrittskarten erhält man auch am **Informationskiosk am Merchants Square** (W Duke of Gloucester St; ⌚9–17 Uhr).

College of William & Mary
HISTORISCHES GEBÄUDE

(☎757-221-4000; www.wm.edu; 200 Stadium Dr) Das 1693 gegründete College of William & Mary ist das zweitälteste College der USA. Zu ihm gehört auch das **Sir Christopher Wren Building**, das älteste akademische Gebäude der USA, das ununterbrochen als solches genutzt wurde. Zu den Absolventen dieses Colleges gehörten Thomas Jefferson, James Monroe und der Komiker Jon Stewart. Es gibt eine kostenlose Campus-Audioführung.

Schlafen & Essen

Governor's Inn
HOTEL $

(☎757-220-7940; www.colonialwilliamsburg.com; 506 N Henry St; Zi. inkl. Frühstück 74–89 US$; P ᯤ ≋) Williamsburgs offizielle Budgetunterkunft ist einfach nur ein großer Kasten, aber die Zimmer sind sauber, und die Gäste können den Pool und die Einrichtungen im Woodlands Hotel benutzen. Das Haus hat zudem eine großartige Lage nahe dem Visitor Center, drei Blocks vom historischen Viertel entfernt.

PLANTAGEN AM JAMES RIVER

Die prächtigen Häuser der Sklavenhalter-Aristokratie von Virginia waren ein klares Zeichen der Klassentrennung dieser Zeit. Ein paar von ihnen säumen den schönen Hwy 5 am Nordufer des Flusses, aber nur wenige sind für die Öffentlichkeit zugänglich. Gut zu wissen für Radfahrer: Der Virginia Capital Trail (S. 352) verbindet Richmond mit Williamsburg und verläuft entlang der Rte 5.

Berkeley Plantation (☎804-829-6018; www.berkeleyplantation.com; 12602 Harrison Landing Rd, Charles City; Erw./Kind 6–16 Jahre 12/7 US$; ⌚9.30–16.30 Uhr) In Berkeley wurde 1619 das erste offizielle Thanksgiving gefeiert. Es war die Geburtsstätte und der Heimatort von Benjamin Harrison V., einem Unterzeichner der Unabhängigkeitserklärung, und seines Sohnes William Henry Harrison, dem 9. US-Präsidenten.

Shirley Plantation (☎800-829-5121; www.shirleyplantation.com; 501 Shirley Plantation Rd, Charles City; Erw./Kind 7–16 Jahre 12,50/8,50 US$; ⌚9.30–16 Uhr) Shirley – malerisch am Fluss gelegen – ist die älteste Plantage in Virginia (1613) und das vielleicht beste Beispiel dafür, wie eine Plantage nach britischem Vorbild wirklich entstanden ist: von der ordentlichen Anordnung an Handels- und Dienstleistungshäusern aus Backstein (Werkzeugschuppen, Eishaus, Wäscherei, etc.) bis hin zum Haupthaus.

Williamsburg Woodlands Hotel & Suites HOTEL $$
(☎757-220-7960; www.colonialwilliamsburg.com; 105 Visitor Center Dr; Zi./Suite 179/209 US$; P❄📶🏊) Das Hotel mit gutem Preis-Leistungs-Verhältnis hat gemütliche, mit Teppichen ausgelegte Zimmer (bei einigen sind die gemusterten Tapeten etwas heftig ausgefallen). Es befindet sich in der Nähe der Haupttouristeninformation von Colonial Williamsburg. Dank Wasserpark, Spielen (Minigolf, Volleyball) und kostenlosem Frühstück ist das Haus bei Familien sehr beliebt. Allerdings ist es ein bisschen unpersönlicher als die meisten anderen Unterkünfte.

Colonial Williamsburg Historic Lodging – Colonial Houses PENSION $$$
(☎888-965-7254, 757-565-8440; www.colonialwilliamsburg.com; 136 E Francis St; Zi. 199 US$) Wer wirklich ins 18. Jh. eintauchen will, kann in einem der 26 Originalhäuser der Kolonialzeit auf dem Gelände des Colonial Williamsburg übernachten. Sie sind zwar individuell eingerichtet und dekoriert, haben aber alle vorzügliches historisches Mobiliar, Himmelbetten und Kamine, die auch tatsächlich mit Holz befeuert werden.

Cheese Shop DELI $
(☎757-220-0298; www.cheeseshopwilliamsburg.com; 410 W Duke of Gloucester St, Merchants Sq; Hauptgerichte 6–8 US$; ⏲Mo–Sa 10–20, So 11–18 Uhr) Dieses Feinschmecker-Deli serviert einige schmackhafte Sandwiches und Antipasti, Baguettes, Gebäck, Wein, Bier und köstlichen Käse. Am besten bestellt man sich ein Sandwich und ein Glas Wein – an verschiedenen Theken – und beobachtet dann während dem Essen die Leute von der Terrasse aus.

Aromas CAFÉ $
(☎757-221-6676; www.aromasworld.com; 431 Prince George St; Hauptgerichte mittags 7–9 US$, Hauptgerichte abends 7–15 US$; ⏲Mo–Do 7–22, Fr & Sa bis 1, So 8–20 Uhr; 📶) Das einladende Kaffeehaus einen Block nördlich des Merchants Sq serviert Salate, Sandwiches und ein paar Hauptgerichte am Abend wie geschwärzten Lachs und Barbecue Chicken mit Mac'n'Cheese. Dazu gibt es Wein und Bier. Man kann im Freien sitzen, und es gibt Livemusik (dienstags Jazz, am Wochenende bunt gemischt).

King's Arms Tavern MODERN-AMERIKANISCH $$$
(☎866-348-9022; www.colonialwilliamsburg.com; 416 E Duke of Gloucester St; Hauptgerichte mittags 14–16 US$, abends 25–40 US$; ⏲11.30–14.30 & 17–20 Uhr) Diese traditionelle Taverne serviert moderne amerikanische Gerichte wie Wildpastete – Wild, Kaninchen und Ente geschmort in Portweinsauce. Von den vier Restaurants in Colonial Williamsburg ist dieses hier das eleganteste. Manchmal kann man zum Essen Flötenmusik lauschen, und das Personal gibt gerne Geschichten zum Essverhalten während der Kolonialzeit zum Besten.

An- & Weiterreise

Züge von Amtrak (www.amtrak.com) starten zweimal am Tag vom **Williamsburg Transportation Center** (☎757-229-8750; www.williamsburgva.gov; 468 N Boundary St, Ecke Boundary St & Lafayette St; ⏲7.30–22 Uhr) nach Washington, D. C., (46 US$, 4 Std.) und Richmond (22 US$, 90 Min.), beides auf der Northeast Regional-Route.

Jamestown

Am 14. Mai 1607 ließen sich 104 englische Männer und Jungen auf dieser sumpfigen Insel nieder, ausgestattet mit einem Freibrief der Virginia Company of London, nach Gold und anderen Reichtümern suchen zu dürfen. Stattdessen aber fanden sie Hunger und Krankheiten. Im Januar 1608 lebten nur noch etwa 40 Kolonisten, die Überlebenden schreckten in ihrer Verzweiflung gar vor Kannibalismus nicht zurück. Die Kolonie überlebte diese Hungerzeit dank der Führung von Captain James Smith und der Hilfe des Häuptlings der Powhatan. 1619 trat das gewählte House of Burgesses zusammen, das damit zur ersten demokratischen Regierung auf dem amerikanischen Kontinent wurde.

Sehenswertes

Historic Jamestowne HISTORISCHE STÄTTE
(☎757-856-1250; www.historicjamestowne.org; 1368 Colonial Pkwy; Erw./Kind unter 16 Jahren 14 US$/frei; ⏲9–17 Uhr) Die faszinierende, vom NPS geleitete Stätte befindet sich an der Stelle des originalen Jamestown, der ersten dauerhaften englischen Siedlung in Nordamerika, die 1607 errichtet wurde. Der Besuch beginnt im Museum mit Blick auf die Statuen von Pocahontas und John Smith. Die Ruinen der originalen Siedlung wurden 1994 wiederentdeckt; Besucher können bei den anhaltenden archäologischen Grabungen zuschauen. Im Archaearium kann man über 4000 Artefakte bewundern, darunter

auch den Schädel eines jungen Siedlers, der wahrscheinlich dem Kannibalismus zum Opfer fiel.

Jamestown Settlement HISTORISCHE STÄTTE
(☎757-253-4838; www.historyisfun.org; 2110 Jamestown Rd; Erw./Kind 6–12 Jahre 17/8 US$, inkl. American Revolutionary Museum in Yorktown 23/12 US$; ⏲9–17 Uh, Mitte Juni–Mitte Aug. bis 18 Uhr; P 👪) Bei Kindern beliebt ist die vom Bundesstaat Virginia betriebene Jamestown Settlement mit Rekonstruktionen des James Fort von 1607, eines Indianerdorfs und den originalgroßen Nachbauten der ersten Schiffe, die die Siedler nach Jamestown brachten. Dazu gibt's jede Menge lebendige Geschichte, Multimedia-Ausstellungen und kostümierte Schauspieler, die das 17. Jh. zum Leben erwecken. Außerhalb der Ferien sind oft Schulklassen hier, und es kann ziemlich voll werden. Am besten schon sehr früh kommen!

ℹ An & Weiterreise

Am besten kommt man mit dem Auto nach Jamestown. Züge von Amtrak (www.amtrak.com) halten in der Nähe von Williamsburg, wo vom Williamsburg Transportation Center zweimal täglich Züge nach Washington, D. C., (46 US$, 4 Std.) und Richmond (22 US$, 90 Min.) fahren, beides auf der Northeast Regional-Route.

Yorktown

Am 19. Oktober 1781 kapitulierte hier der britische General Cornwallis vor George Washington, womit der Amerikanische Unabhängigkeitskrieg de facto beendet war. Angesichts der Übermacht der US-amerikanischen Artillerie an Land und auf See durch die Franzosen vom Nachschub abgeschnitten, befanden sich die Briten in einer hoffnungslosen Lage. Washington hatte zwar mit einer wesentlich längeren Belagerung gerechnet, doch Cornwallis, vom unausgesetzten Sperrfeuer entnervt, ergab sich schon nach wenigen Tagen.

Das gegenwärtige Yorktown ist ein angenehmes Uferdorf am York River mit einer netten Reihe von Läden, Galerien, Restaurants und Pubs.

Sehenswertes

American Revolution Museum at Yorktown MUSEUM
(☎757-887-1776; www.historyisfun.org; 200 Water St; Erw./Kind 6–12 Jahre 12/7 US$; inkl. Jamestown Settlement Erw./Kind 23/12 US$; ⏲9–17 Uhr, Mitte Juli–Mitte Aug. bis 18 Uhr; P 👪) Dieses neue und erweiterte Ausstellungszentrum und Geschichtsmuseum, einst das Yorktown Victory Center, erzählt vom Weg bis zum Revolutionskrieg, vom Krieg selbst und vom Alltagsleben an der Heimatfront. Der spannende, 90-minütige 4D-Film *Siege* beleuchtet die Schlacht von Yorktown, die den Krieg beendet hat. Hier sind auch viele bedeutenden Artefakte ausgestellt, etwa ein früher Druck der Unabhängigkeitserklärung. In einem nachgebauten Militärcamp auf dem Außengelände erläutern kostümierte Soldaten Details über das Leben in einem Kriegslager.

Yorktown Battlefield HISTORISCHE STÄTTE
(☎757-898-2410; www.nps.gov/york; 1000 Colonial Pkwy; Erw./Kind unter 16 Jahre 7 US$/frei; ⏲9–17 Uhr; P 👪) Das vom NPS geführte Yorktown Battlefield ist der Schauplatz der letzten großen Schlacht des amerikanischen Unabhängigkeitskriegs. Eine Tour beginnt man am besten am Visitor Center, wo man sich den Film zur Orientierung und das dort ausgestellte originale Zelt von Washington anschaut. Die gut 11 km lange Battlefield Rd Tour führt an den wichtigsten Sehenswürdigkeiten des Geländes vorbei. Man sollte auf keinen Fall die letzten Abwehrstellungen der Briten an den Schanzen 9 und 10 auslassen, die über die Ballard St zu erreichen sind.

ℹ An- & Weiterreise

Am besten kommt man mit dem Auto nach Yorktown. Alle 20 bis 35 Minuten verkehrt ein kostenloser Shuttle zwischen den historischen Stätten und dem Dorf (April–Mitte Nov. 11–17 Uhr, Juni–Aug. verlängerte Öffnungszeiten).

Hampton Roads

Die Region Hampton Roads ist nicht nach Straßen, sondern nach dem James River, dem Nansemond River und dem Elizabeth River benannt, die hier allesamt in die Chesapeake Bay münden. Hampton Roads war schon immer eine erstklassige Wohngegend. Die Powhatan-Indianer angelten in den Gewässern ihre Fische und jagten das Wild entlang der Küste Virginias schon Tausende von Jahren, bevor John Smith 1607 hier landete. Heute ist die Region Hampton Roads wegen ihrer verstopften Straßen – vor allem rund um den Chesapeake Bay Bridge

Tunnel – und des kulturellen Mischmaschs aus Geschichte, Militär und Kunst berühmt. In Norfolk hofft man, dass ein brandneues Restaurant- und Vergnügungsviertel die Innenstadt wiederbeleben wird.

Anreise & Unterwegs vor Ort

Der Norfolk International Airport (S. 344) ist der Hauptflughafen der Gegend. Die I-64 ist die Haupt-Interstate. Rund um den Hampton Roads-Bridge Tunnel, der Newport News und Norfolk miteinander verbindet, gibt es immer wieder Staus. Wenn auf den elektronischen Schildern steht, dass man die I-664 nehmen soll, sollte man diesem Rat folgen.

Norfolk

Norfolk ist der Standort des weltgrößten Flottenstützpunkts – und so überrascht es nicht, dass es lange den Ruf hatte, eine raue Hafenstadt voller betrunkener Seeleute zu sein. In den vergangenen Jahren hat die Stadt aber hart daran gearbeitet, dieses Image mithilfe von Bauprogrammen, Gentrifizierungsmaßnahmen und der Konzentration auf eine aufstrebende Kunstszene aufzupolieren. Der Waterside District, ein neues Restaurant- und Vergnügungsviertel am Elizabeth River im Stadtzentrum, hat im Frühjahr 2017 eröffnet.

Sehenswertes

Chrysler Museum of Art MUSEUM

(757-664-6200; www.chrysler.org; 1 Memorial Pl; Di–Sa 10–17, So 12–17 Uhr) GRATIS Ein hervorragender Standort für eine vielfältige Kunstsammlung. Das Chrysler Museum vereint Objekte aus dem alten Ägypten bis zur Gegenwart, darunter Werke von Henri Matisse, Albert Bierstadt, Georgia O'Keeffe Jackson Pollock und Andy Warhol, und nennt auch eine große Sammlung von Glasgegenständen aus den letzten 3000 Jahren sein Eigen. Auf jeden Fall die mundgeblasenen Tiffany-Gläser besichtigen! Täglich um 14 Uhr gibt es Vorträge in der Galerie.

Naval Station Norfolk MUSEUM

(757-444-7955; www.cnic.navy.mil/norfolksta; 9079 Hampton Blvd, nahe Gate 5; Erw./Kind 3–11 Jahre 10/5 US$; Tourzeiten variieren) Die weltweit größte Marinebasis und einer der betriebsamsten Flugplätze des Landes ist ein Muss für Besucher der Region. Die 45 Minuten langen Bustouren werden von Marineangehörigen durchgeführt und müssen im Voraus gebucht werden (wechselnde Anfangszeiten). Erwachsene benötigen den Reisepass oder Personalausweis.

Nauticus MUSEUM

(757-664-1000; www.nauticus.org; 1 Waterside Dr; Erw./Kind 4–12 Jahre 16/11,50 US$; tgl. Juni–Aug. 10–17 Uhr, Sept.–Mai Di–Sa 10–17 & So 12–15 Uhr) Das riesige interaktive Meeresmuseum zeigt Ausstellungen zur Unterwasserforschung und zum Leben in der Chesapeake Bay. Außerdem gibt es hier Geschichten über die US Navy. Das Highlight des Museums ist die Möglichkeit, auf den Decks und im Innern der **USS Wisconsin** herumzuklettern. Das 1943 gebaute und 270 m lange Schlachtschiff war eines der größten und letzten Schiffe dieser Art, die die US Navy vom Stapel laufen ließ.

Schlafen

Residence Inn HOTEL $$

(757-842-6216; www.marriott.com; 227 W Brambleton Ave; Zi./Suite 164/174 US$;) Einen kurzen Spaziergang von den Restaurants in der Granby St entfernt liegt dieses freundliche Kettenhotel mit gemütlicher Atmosphäre und eleganten, geräumigen Zimmern mit kleiner Küchenzeile und hervorragender Ausstattung.

Main Hotel HOTEL $$$

(757-763-6200; www.3hilton.com; 100 E Main St; Zi. 239–329 US$, Suite 369 US$;) Dieses neue Mitglied der Hilton-Familie hat erst vor Kurzem eröffnet und verfügt über kleine, aber recht schicke Zimmer. Ein Zimmer mit Blick auf den Elizabeth River ist teurer, aber das ist vielleicht gar nicht nötig. Man kann sich auch auf der Dachterrasse einen Drink im **Grain** gönnen und dabei prima die Aussicht auf den Fluss genießen. Diese Bar ist nur eine von dreien innerhalb des Geländes.

Essen & Ausgehen

Luna Maya MEXIKANISCH $$

(757-622-6986; www.lunamayarestaurant.com; 2010 Colley Ave; Hauptgerichte 13–19 US$; Di–Sa 16.30–22 Uhr) Mit Mauervorsprüngen, einer Zinndecke und einem kleinen Speisesaal mit großen Fenstern ist dieses belebte und beliebte Lokal absolut hip. Der freundliche Service und die fantastischen Burritos heben den Laden von den anderen Restaurants in der quirligen Colley Ave ab. Ganz zu schweigen von den leckeren Margaritas und der großen Auswahl von vegetarischen Gerichten …

Press 626 Cafe & Wine Bar MODERN-AMERIKANISCH $$
(☎757-282-6234; www.press26.com; 626 W Olney Rd; Hauptgerichte mittags 10–13 US$, abends 10–24 US$; ⌚Mo–Fr 11–23, Sa 17–23, So 10.30–14.30 Uhr; ✎) Als Vertreter der Slow-Food-Bewegung hat das sehr ansprechende Press 626 eine umfangreiche Karte. Es gibt Gourmetsandwiches (mittags), gedämpfte Muscheln, Bouillabaisse und eine tolle Weinauswahl.

Smartmouth Brewing BRAUEREI
(☎757-624-3939; www.smartmouthbrewing.com; 1309 Raleigh Ave; ⌚Mi–Fr 16.30–21, Sa 12–19, So 13–17 Uhr) Im aufkeimenden Künstlerviertel Chelsea befindet sich diese Brauerei, in der man drinnen und draußen sitzen kann. Die Atmosphäre ist sehr einladend, und es gibt einen Food Truck für hungrige Gäste. Wer gern Hefeweizen trinkt, der sollte das saisonale Sommer Fling (April–Dez.) probieren.

An- & Weiterreise

Die Region wird vom Norfolk International Airport (S. 344), 7 Meilen (11,3 km) nordöstlich des Zentrums von Norfolk, bedient. **Greyhound** (☎757-625-7500; www.greyhound.com; 701 Monticello Ave) hat Busse nach Virginia Beach (16 US$, 35 Min.), Richmond (32 US$, 2¾ Std.) und Washington (50 US$, 6½ Std.).

Busse von Hampton Roads Transit (www.gohrt.com; 1,75 US$) fahren vom Zentrum durch die ganze Stadt sowie nach Newport News und Virginia Beach.

Virginia Beach

Angesichts eines 56 km langen Sandstrands, einer fast 5 km langen, betonierten Strandpromenade und eines großen Freizeitprogramms in der Umgebung überrascht es nicht, dass Virginia Beach ein sehr beliebtes Touristenziel ist. Die Stadt hat hart daran gearbeitet, ihren Ruf als ungehobelte „Redneck Riviera" abzuschütteln – tatsächlich ist der Strand jetzt breiter und sauberer und nicht mehr voller Rüpel. Abseits des Strandes locken auch einige hübsche Parks und Naturgebiete hinter den überfüllten Bettenburgen am Ufer. Im Sommer drängen sich die Massen, der Verkehr staut sich, und die Preise steigen.

Sehenswertes

Virginia Aquarium & Marine Science Center AQUARIUM
(☎757-385-3474; www.virginiaaquarium.com; 717 General Booth Blvd; Erw./Kind 3–11 Jahre 25/20 US$; ⌚9–17 Uhr) Wer ein gut konzipiertes Aquarium sehen möchte, ist hier genau richtig. In verschiedenen Habitaten sieht man eine große Menge Meeresbewohner, darunter Meeresschildkröten, Fischotter und Komodowarane. Wenn die Kinder noch nicht ausgelastet sind, können sie im neuen Abenteuerpark in den Bäumen zwischen den Gebäuden des Aqariums den Klettergarten ausprobieren (Erw./Kind 7–11 Jahre 52/44 US$).

Virginia Museum of Contemporary Art MUSEUM
(☎757-425-0000; www.virginiamoca.org; 2200 Parks Ave; Erw./Kind 7,70/5,50 US$; ⌚Di 10–21, Mi–Fr bis 17, Sa & So bis 16 Uhr) In dem neuen, ultramodernen Gebäude werden tolle Sonderausstellungen gezeigt.

Back Bay National Wildlife Refuge NATURSCHUTZGEBIET
(☎757-301-7329; www.fws.gov/refuge/back_bay; 4005 Sandpiper Rd; April–Okt. pro Fahrzeug/Fußgänger 5/2 US$, Nov.–März freier Eintritt; ⌚Sonnenaufgang–Sonnenuntergang) Das 37,4 km² große Sumpflandreservat für Wildtiere und Zugvögel ist vor allem während der Zugsaison im Dezember atemberaubend.

First Landing State Park NATURSCHUTZGEBIET
(☎757-412-2300; www.dcr.virginia.gov; 2500 Shore Dr; 7–9 US$/Fahrzeug; ⌚8 Uhr–Sonnenuntergang) In dem 1169 ha großen Waldgebiet gibt es **Wanderwege** von insgesamt 23 km Länge sowie Möglichkeiten zum Campen, Radfahren, Angeln, Kajakfahren und Baden. Ein wunderbarer Ort zum Erholen!

Schlafen & Essen

First Landing State Park CAMPING $
(☎800-933-7275; http://dcr.virginia.gov; Cape Henry; Stellplatz 28–41 US$, Hütten ab 83 US$; P) Es gibt keinen malerischeren Campingplatz als diesen im Naturschutzgebiet entlang der Bucht, auch wenn die Hütten keinen Ausblick aufs Wasser bieten.

Hilton Virginia Beach Oceanfront HOTEL $$$
(☎757-213-3000; www.hiltonvb.com; 3001 Atlantic Ave; Zi. ab 417 US$; P ⓦ ≋) Das 20-stöckige Hotel ist luxuriös und die beste Unterkunft am Strand. Die Zimmer mit Meerblick sind geräumig, komfortabel und voller Annehmlichkeiten wie Flatscreen-TV, kuscheliger Bettwäsche und großem Balkon mit Blick auf Strand und Neptune Park. Im Sommer sinken die Preise werktags um 100 US$.

Blue Pete's SEAFOOD $$
(☎757-426-2278; www.bluepetespungo.com; 1400 N Muddy Creek Rd; Hauptgerichte 11–32 US$; ⏲Mo–Fr 17–22, Sa 12–23.45, So 12–22 Uhr) Oberhalb eines friedlichen Baches nahe der Back Bay hat das Blue Pete's eine bezaubernde Lage im Wald. Auf der vielseitigen Karte stehen u. a. Crab Cakes, Rinderbrust-Sandwiches, Pastagerichte und Garnelen im Kokosmantel.

Esoteric AMERIKANISCH $$$
(☎757-822-6008; www.esotericvb.com; 501 Virginia Beach Blvd; Hauptgerichte 10–30 US$; ⏲Mo–Mi 16–22, Do bi 23, Fr bis 24, Sa 12–24 Uhr) Gourmet-Sandwiches und das vielfältige Sortiment von typisch amerikanischen Gerichten machen die Einheimischen hier glücklich – genau wie das Craft-Bier. Das Betreiberehepaar, das die Seele hinter diesem stylischen Lokal verkörpert, unterstützt die hiesigen Lebensmittelhändler und Arbeiter.

An- & Weiterreise

Greyhound (☎757-422-2998; www.greyhound.com; 971 Virginia Beach Blvd) Busse fahren täglich nach Richmond (ab 14 US$; 3½ Std.). Sie halten auch in Norfolk und Hampton; für Verbindungen nach Washington, Wilmington, New York City und darüber hinaus muss man allerdings in Richmond umsteigen. Die Busse starten am Circle D Food Mart, rund 1,5 km westlich der Promenade.

Hampton Roads Transit betreibt den Virginia Beach Wave Trolley (Fahrkarte 2 US$), der im Sommer die Atlantic Ave entlangfährt.

Piedmont

Die sanft gewellten Hügel und Hochebenen im Herzen Virginias trennen die flache Küstenebene von einer Gebirgskette. In dem fruchtbaren Tal befinden sich Dutzende Weingüter, ein paar ländliche Dörfer und einige prächtige Anwesen aus der Kolonialzeit. Stetig neu entstehende Kleinbrauereien, Destillerien und Cider-Lokale ziehen zudem immer mehr Aufmerksamkeit auf sich.

Anreise & Unterwegs vor Ort

Das Piedmont wird von den Interstates I-81 und I-64 flankiert. Am besten erkundet man die Gegend mit dem Auto. In Charlottesville gibt es einen **Flughafen** und einen **Amtrak**-Bahnhof. Freitags sind immer viele Studenten der UVA im Zug nach Washington, D. C.

Charlottesville

Das im Schatten der Blue Ridge Mountains gelegene Charlottesville landet bei Umfragen regelmäßig unter den Orten mit der höchsten Lebensqualität in den USA. Die Stadt hat eine vielfältige Kultur und ist der Standort der University of Virginia (UVA), die die alten Südstaaten-Aristokraten genauso anzieht wie künstlerisch angehauchte Linksgerichtete. Der UVA-Campus und die Fußgängerzone in der Innenstadt mit dem Einkaufszentrum sind fest in der Hand von Studenten, Pärchen, Professoren und der einen oder anderen Berühmtheit, während am makellos blauen Himmel die Sonne lacht – kurz: „C-Ville" ist eigentlich perfekt.

Sehenswertes

Monticello HISTORISCHE STÄTTE
(☎434-984-9800; www.monticello.org; 931 Thomas Jefferson Pkwy; Erw./Kind 5–11 Jahre 28/9 US$; ⏲Mo–Fr 8.30–18, Sa & So bis 19 Uhr, Öffnungszeiten variieren saisonal) Monticello ist ein architektonisches Meisterwerk. Es wurde von Thomas Jefferson, dem Gründervater und dritten Präsidenten der USA, entworfen und bewohnt, der 40 Jahre damit verbracht hat, sein Traumhaus zu bauen, das 1809 schließlich fertiggestellt wurde. Heute ist es das einzige Wohnhaus in Amerika, das den Titel UN-Weltkulturerbe trägt. Jefferson hat einst geschrieben, dass er nirgendwo anders so glücklich sei wie hier und dass in Monticello all seine Wünsche ihre Erfüllung fänden – und seine Lebenszeit enden solle.

University of Virginia UNIVERSITÄT
(☎434-924-0311; www.virginia.edu; Charlottesville) Thomas Jefferson hat die University of Virginia gegründet, deren klassisch entworfene Gebäude und Anwesen den Geist des gemeinschaftlichen Lebens und Lernens, von dem Jefferson geträumt hat, verkörpern. Während des Semesters bieten Studenten kostenlose Führungen an, die täglich um 10, 11 und 14 Uhr an der Rotunda beginnen (www.uvaguides.org; Sept.–April). Jene von Jefferson entworfene **Rotunda** (☎434-924-7969; www.rotunda.virginia.edu; 1826 University Ave; ⏲9–17 Uhr), eine maßstabsgetreue Nachbildung des Pantheons in Rom, kann man auch besichtigen. Im **Fralin Art Museum** (☎434-924-3592; http://uvafralinartmuseum.virginia.edu/; 155 Rugby Rd; ⏲Di, Mi, Fr & Sa 10–17, Do bis 19, So 12–17 Uhr) GRATIS gibt es eine eklektische Sammlung amerikanischer, europäischer und asiatischer Kunst.

Ash Lawn-Highland HISTORISCHES GEBÄUDE
(☎ 434-293-8000; www.ashlawnhighland.org; 2050 James Monroe Pkwy; Erw./Kind 6–11 Jahre 14/8 US$; ⏲ April–Okt. 9–18 Uhr, Nov.–März 11–17 Uhr) Diese historische Stätte war von 1799 bis 1823 die Heimat von James Monroe (dem 5. US-Präsidenten) und seiner Frau Elizabeth.

Schlafen

Fairhaven PENSION $
(☎ 434-933-2471; www.fairhavencville.com; 413 Fairway Ave; Zi. 80 US$; P ❄ 📶) Das freundliche und einladende Gästehaus ist eine tolle Option, sofern es einen nicht stört, sich das Bad zu teilen (es gibt nur ein Badezimmer für die Gäste der drei Zimmer). Jedes Zimmer hat einen Holzboden, komfortable Betten und einen farbenfrohen Anstrich. Die Gäste können die Küche, das Wohnzimmer und den Hinterhof benutzen. Bis zur Fußgängerzone muss man ca. 1,5 km gehen.

South Street Inn B&B $$
(☎ 434-979-0200; www.southstreetinn.com; 200 South St; Zi. 169–219 US$, Suite 249–259 US$; P ❄ 📶) Das elegante, 1856 erbaute Gebäude im Herzen von Charlottesville hat eine wechselvolle Geschichte hinter sich: Zunächst war es ein Mädchenpensionat, dann eine Pension und schließlich ein Bordell. Heute sind die insgesamt zwei Dutzend Zimmer im Stil des 19. Jhs. eingerichtet, was diesem Ort eine persönlichere Note und größere Vielfalt verleiht, als man sie in einem gewöhnlichen B&B fände.

Hyatt Place HOTEL $$
(☎ 434-995-5200; https://charlottesville.place.hyatt.com; 2100 Bond Pl; Zi. ab 209 US$; P @ 📶 🐾) Manchmal will man einfach kein historisches Gasthaus oder geselliges B&B. Manchmal will man schicke Möbel, funktionierendes WLAN und ein gutes, kostenloses Frühstück, bei dem man sich nicht mit fremden Menschen über seine Pläne für den Tag unterhalten muss. Da ist das neue Hyatt Place genau das Richtige. Wer sein Haustier mitbringt, zahlt 75 US$ pro Aufenthalt.

Essen & Ausgehen

Citizen Burger AMERIKANISCH $
(☎ 434-979-9944; www.citizenburgerbar.com; 212 E Main St; Hauptgerichte 12–15 US$; ⏲ So–Do 12–24, Fr & Sa bis 2 Uhr) Das Personal dieses Lokals in der Fußgängerzone serviert in seinem gut besuchten, mit Backstein verkleideten Speisesaal köstliche Burger und Biere aus Kleinbrauereien. Regionale Bio-Produkte sind hier Trumpf (Rindfleisch, Käse und Biere aus Virginia). Die Trüffelfritten sollte man sich nicht entgehen lassen.

ABSTECHER

MONTPELIER

In dieser Gegend dreht sich alles um Thomas Jefferson, aber es lohnt sich auch, James Madisons **Montpelier** (www.montpelier.org; 11350 Constitution Hwy; Erw./Kind 20/7 US$; ⏲ April–Okt. 9–17 Uhr, Nov.–März 10–16 Uhr) einen Besuch abzustatten. Das spektakuläre Anwesen liegt 40 km nordöstlich von Charlottesville (abseits des Hwy 20). Madison war ein genialer, aber schüchterner Mann, der sich ganz seinen Büchern verschrieben hat. Er hat fast ganz allein die amerikanische Verfassung formuliert und aufgeschrieben. **Geführte Touren** beleuchten das Leben von James und seiner talentierten und charismatischen Frau Dolley sowie von anderen Bewohnern des Anwesens.

Oakhart Social MODERN-AMERIKANISCH $$
(☎ 434-995-5449; www.oakheartsocial.com; 511 W Main St; kleine Gerichte 10–23 US$; ⏲ Di–So 17–24, Fr & Sa bis 2 Uhr) Das stilvolle Lokal bringt in einem hübschen und entspannten Ambiente kreative, saisonal inspirierte kleine Gerichte (gegrillter Oktopus mit Kichererbsen-Püree, süß-knuspriger Schweinebauchsalat) sowie Holzofenpizza auf die Tische. Auf der Vorderveranda kann man schön sitzen und einen erfrischenden Corpse Reviver #2 und andere gut gemixte Cocktails schlürfen.

★ **Public Fish & Oyster** SEAFOOD $$$
(☎ 434-995-5542; www.publicfo.com; 513 W Main St; Hauptgerichte 19–29 US$; ⏲ Mo–Do 16–21.30, Fr & Sa bis 22, So bis 21 Uhr) Das helle, einladende Restaurant ist ein richtiger Blickfang. Aber letztlich sind es die saisonalen Seafood-Gerichte, die Besucher dazu bringen, Teller um Teller voller Austern, Muscheln und anderen Meeresfrüchten zu bestellen. Wer noch nie rohe Austern gegessen hat, sollte das hier ändern. Die belgischen Pommes mit Meersalz sind fantastisch.

Whiskey Jar COCKTAILBAR
(☎ 434-202-1549; http://thewhiskeyjarcville.com; 227 W Main St; Hauptgerichte mittags 10–15 US$, abends 12–32 US$; ⏲ Mo–Do 11–24, Fr & Sa bis 2, So 10–14.30 Uhr) Das Whiskey Jar in der

Fußgängerzone bietet eine riesige Auswahl von Whiskeys (über 125 Sorten!) in rustikalem Ambiente samt Holzmobiliar. Das Personal trägt karierte Hemden, und die Drinks werden in Einmachgläsern serviert. Und wer seine Bloody Mary scharf mag, der bekommt sie hier auch scharf. Dazu gibt es einfache Gerichte der modernen Südstaatenküche und tolles Grillfleisch.

Anreise & Unterwegs vor Ort

Amtrak (www.amtrak.com; 810 W Main St) Hat täglich zwei Züge nach Washington, D. C. (ab 30 US$, 3 Std.).

Charlottesville Albemarle Airport (CHO; ☎ 434-973-8342; www.gocho.com) 10 Meilen (16 km) nördlich vom Zentrum; Direktflüge zu Zielen an der Ostküste und nach Chicago.

Greyhound/Trailways Terminal (☎ 434-295-5131; www.greyhound.com; 310 W Main St) Lässt täglich drei Busse nach Richmond (ab 18 US$, 1¼ Std.) und einen nach Washington, D.C. (ab 21 US$, 3 Std.), fahren.

Ein kostenloser Shuttle verkehrt zwischen W Main St und UVA.

Appomattox

Im McLean House im Ort Appomattox Court House besiegelte General Robert E. Lee die Kapitulation seiner Nord-Virginia-Armee vor dem Nordstaaten-General Ulysses S. Grant. Damit war der Bürgerkrieg offiziell beendet.

Heute ist Appomatox (3 Meilen/4,8 km südwestlich des Nationalparks) eine kleine, aber malerische Stadt mit einer Hauptstraße, in der sich Antiquitätenläden aneinanderreihen (eine wahre Goldgrube für Liebhaber von Bürgerkriegsmemorabilia).

VIRGINIAS BREW RIDGE TRAIL

Von Charlottesville in westliche Richtung nach Crozet und entlang des Hwy 151, der unterhalb des Blue Ridge Pkwy durch die Ausläufer der Blue Ridge Mountains führt, reihen sich ein paar fantastische Craft-Brauereien aneinander. Als Teil des Brew Ridge Trail (www.brewridgetrail.com) bieten viele der Brauereien leckeres Craft-Bier, Ausblick auf die Berge und großartiges Essen. An schönen Tagen sind die Terrassen voller Bierkenner und Outdoor-Abenteurer. Charlottesville Hop on Tours (www.cvillehopontours.com) hat einen Shuttle-Service zwischen den Brauereien.

Sehenswertes

Appomattox Court House National Historic Park PARK

(☎ 434-352-8987; www.nps.gov/apco; 111 National Park Dr; ⌚ 9–17 Uhr) GRATIS Am 9. April 1865 fand hier im McClean House die Kapitulation der Nord-Virginia-Armee statt. Der Park umfasst über zwei Dutzend restaurierte Gebäude, von denen einige für Besucher geöffnet sind und noch über die Originalmöbel aus dem Jahr 1865 verfügen.

Zu den Highlights zählen das Wohnzimmer des **McLean House**, in dem Lee und Grant zusammentrafen, die **Clover Hill Tavern**, in der Soldaten der Union 30 000 Entlassungspapiere für kriegsgefangene konföderierte Soldaten druckten, und der mit Trockengut angefüllte **Meeks General Store**.

Schlafen & Essen

Longacre B&B $$

(☎ 434-352-9251; www.longacreva.com; 1670 Church St; Zi. ab 115 US$; P ❄) Das Longacre wirkt, als wäre es von irgendwo in England auf dem Land nach Virginia versetzt worden. Die eleganten Zimmer sind mit Antiquitäten ausstaffiert, und ein üppig grünes Gelände umgibt das weitläufige Haus im Tudor-Stil.

Baine's Books and Coffee CAFÉ $

(☎ 434-432-3711; www.bainesbooks.com; 205 Main St; Snacks 2–6 US$; ⌚ Mo–Mi 7–20, Do & Fr bis 21.30, Sa 8.30–21.30, So 9–17 Uhr) Hier gibt es Sandwiches, Quiche und Scones (dazu an manchen Abenden in der Woche Livemusik).

Shenandoah Valley

Der einheimischen Überlieferung zufolge soll Shenandoah das indianische Wort für „Tochter der Sterne" sein. Ob das nun stimmt oder nicht – das hier ist wirklich Gottes eigenes Land und einer der schönsten Flecken in den USA. Das 320 km lange Tal und die Blue Ridge Mountains sind übersät mit idyllischen Kleinstädten, malerischen Weingütern, Kleinbrauereien, geschützten Schlachtfeldern und Höhlen. Hier verlief einst die Westgrenze des kolonialen Amerikas, wo sich schottisch-irische Pioniere niedergelassen hatten, die aus dem schottischen Hochland vertrieben worden waren, weil dort flächendeckend Schafe gezüchtet werden sollten. Wer sich unter freiem Himmel austoben – sprich wandern, Fahrrad fahren, campen, angeln, reiten oder Kanu fahren – möchte, findet hierzu Möglichkeiten in Hülle und Fülle.

Anreise & Unterwegs vor Ort

Die I-81 und die I-64 sind die Haupt-Interstates in der Gegend. Der größte Flughafen ist der Roanoke-Blacksburg Regional Airport (S. 344). Amtrak-Züge halten am Bahnhof in Staunton (www.amtrak.com; 1 Middlebrook Ave).

Front Royal & Luray

Das nördlichste Ende des Skyline Dr in Front Royal wirkt wie eine triste Straße mit Tankstellen, aber es gibt hier eine recht freundliche Hauptstraße und einige coole Höhlen in der Nähe. Bevor man ins Tal hineinfährt, sollte man am **Visitor Center** (800-338-2576; https://frontroyalva.com/101/Visiting; 414 E Main St; 9–17 Uhr) halten. Luray ist zwar vor allem für seine Höhlen bekannt, aber man kann auch einen schönen Spaziergang durch die Innenstadt unternehmen.

Sehenswertes

Luray Caverns HÖHLE
(540-743-6551; www.luraycaverns.com; 970 US Hwy 211 W, Luray; Erw./Kind 6–12 Jahre 27/14 US$; Mitte Juni–Aug. tgl. 9–19 Uhr, Sept.–Nov. & April–Mitte Juni bis 18 Uhr, Dez.–März Mo–Fr bis 16 & Sa & So bis 17 Uhr) Wer auf seiner Reiseroute nur eine Höhle unterkriegt, der sollte zu den herrlichen Luray Caverns, 25 Meilen (40 km) südlich von Front Royal, fahren und der „Stalagpipe-Orgel" lauschen, die das größte Musikinstrument der Welt sein soll. An Wochenenden mit viel Betrieb können einem die Führungen wie Massenveranstaltungen vorkommen, aber die atemberaubenden Formationen entschädigen für das Gedränge. Wer sich am Eingang Zeit sparen möchte, der kann sein Ticket vorher schon online kaufen und muss nicht mehr warten.

Museum of the Shenandoah Valley MUSEUM
(540-662-1473, 888-556-5799; www.themsv.org; 901 Amherst St, Winchester; Erw./Schüler 13–18 Jahre/Kind 10/8 US$/frei, Mi frei; April–Dez. Di–So 10–17 Uhr, Jan.–März 11–16 Uhr) Das im Städtchen Winchester rund 25 Meilen (40 km) nördlich von Front Royal gelegene Museum umfasst ein Haus aus dem 18. Jh. mit zeitgenössischem Mobiliar, einen 2,4 ha großen Park und ein Multimedia-Museum, das sich mit der Geschichte des Tals befasst.

Skyline Caverns HÖHLE
(800-296-4545; www.skylinecaverns.com; 10344 Stonewall Jackson Hwy, Anfang des Skyline Dr, Front Royal; Erw./Kind 7–13 Jahre 22/11 US$; 9–17 Uhr, Öffnungszeiten variieren saisonal) Front Royal verdankt seinen Ruhm den Skyline Caverns mit ihren seltenen weißen, mineralischen Nadelformationen, die an Seeigel erinnern.

Schlafen & Essen

Yogi Bear's Jellystone Park Campsite CAMPING $
(540-743-4002; www.campluray.com; 2250 Hwy 211 E, Luray; Stellplatz/Hütte ab 45/116 US$) Minigolfplätze, Wasserrutschen und Paddelboote erwarten einen auf diesem tollen Gelände. Zu den günstigen Preisen für Stellplätze und Hütten kommt noch die Chance hinzu, reich zu werden, wenn man in der Old Faceful Mining Company nach Gold gräbt.

Woodward House on Manor Grade B&B $$
(540-635-7010, 800-635-7011; www.acountryhome.com; 413 S Royal Ave/US 320, Front Royal; Zi. 110–155 US$, Cottage 225 US$; P) Die Unterkunft verfügt über sieben freundliche Zimmer und ein separates Cottage. Während man seinen Kaffee auf der Terrasse trinkt, lenkt man sich am besten mit dem Blick auf die Blue Ridge Mountains von der stark befahrenen Straße unterhalb der Anlage ab.

Element FUSION $$
(540-636-9293; www.jsgourmet.com; 317 E Main St, Front Royal; Hauptgerichte mittags 8–10 US$, abends 14–28 US$; Di–Sa 11–15 & 17–21 Uhr;) Das Restaurant wird unter Genießern wegen seiner leckeren Bistrogerichte geschätzt. Auf der kleinen Abendkarte stehen wechselnde Spezialitäten wie gebratene Wachteln mit mexikanischem Maissalat und Süßkartoffeln.

An- & Weiterreise

Am besten erkundet man die Gegend mit dem Auto. Washington, D. C., liegt 70 Meilen (112 km) östlich von Front Royal. Luray grenzt an den US 211 zwischen der I-81 und dem Thornton-Gap-Eingang zum Nationalpark.

Staunton

Das hübsche, kleine Städtchen hat viel zu bieten: ein historisches, gut zu Fuß erkundbares Stadtzentrum, tolle Restaurants, großartige Kleinbrauereien, ein paar faszinierende Museen, regelmäßige Livekonzerte in der Innenstadt und ein erstklassiges Theater. Da in der Nähe auch noch jede Menge Outdoor-Spaß winkt, guckt sich der eine oder andere vielleicht sogar auf dem hiesigen Immobilienmarkt um.

 Sehenswertes

Im fußgängerfreundlichen, hübschen Zentrum gibt es über 200 Gebäude, die vom bekannten viktorianischen Architekten T.J. Collins entworfen wurden. Der kleinen geisteswissenschaftlichen Mary Baldwin University ist es zu verdanken, dass in der Stadt eine lockere Atmosphäre herrscht.

Frontier Culture Museum MUSEUM
(☎540-332-7850; www.frontiermuseum.org; 1290 Richmond Rd; Erw./Student/Kind 6–12 Jahre 12/11/7 US$; ⊙Mitte März–Nov. 9–17 Uhr, Dez.–Mitte März 10–16 Uhr) Das ausgezeichnete Frontier Culture Museum ist cooler, als der Name vermuten lässt. Auf dem mehr als 40 ha großen Museumsgelände finden sich authentische historische Gebäude aus Deutschland, Irland und England, Nachbauten westafrikanischer Hütten sowie in einem separaten Bereich Behausungen aus dem amerikanischen Grenzland.

Woodrow Wilson Presidential Library HISTORISCHE STÄTTE
(www.woodrowwilson.org; 20 N Coalter St; Erw./Student/Kind 6–12 Jahre 14/7/5 US$; ⊙Mo–Sa 9–17, So ab 12 Uhr) Geschichtsinteressierte sollten sich die Woodrow Wilson Presidential Library in der Nähe der Innenstadt nicht entgehen lassen. Das auf einem Hügel thronende klassizistische Haus aus dem Jahr 1856, in dem der 28. US-Präsident Woodrow Wilson aufwuchs, wurde sorgsam in den Originalzustand zurückversetzt.

 Schlafen & Essen

Frederick House B&B $$
(☎540-885-4220; www.frederickhouse.com; 28 N New St; Zi. 145–208 US$; P ❄ 📶) Im Herzen der Innenstadt gelegen, besteht das leuchtend violette und überaus gastfreundliche Frederick House aus fünf historischen Domizilen mit insgesamt 25 verschiedenen Zimmern und Suiten, die alle über ein eigenes Bad verfügen; einige Zimmer sind mit Antiquitäten eingerichtet und haben Terrassen.

Stonewall Jackson Hotel HOTEL $$
(☎540-885-4848; www.stonewalljacksonhotel.com; 24 S Market St; Zi./Suite 179/385 US$; P ❄ 📶 🏊 🐾) Das Stonewall, ein restaurierter und renovierter Klassiker in Staunton, punktet mit Schick und verhaltenem Commonwealth-Stil. Die Eingangshalle könnte direkt einem Kapitel von *Der große Gatsby* entstammen (wenn die Geschichte im alten Virginia gespielt hätte). Die Zimmer sind gemütlich und werden dem klassischen Ambiente der Eingangshalle gerecht. Hinzu kommen noch jede Menge schicke Details.

Byers Street Bistro MODERN-AMERIKANISCH $$
(☎540-887-6100; www.byersstreetbistro.com; 18 Byers St; Hauptgerichte mittags 10–19 US$, abends 10–28 US$; ⊙11–24 Uhr) Das Bistro am Bahnhof zaubert hochwertige Kneipenkost wie Pizza mit über Apfelholz geräuchertem Schinken und karamellisierten Zwiebeln, Mahimahi-Tacos, Burger vom Angus-Rind oder langsam gegarte Babyback Ribs. An warmen Tagen schnappt man sich am besten draußen einen Tisch. Am Freitag- und Samstagabend treten Bands (Bluegrass, Blues und Folk) auf.

Zynodoa SÜDSTAATENKÜCHE $$$
(☎540-885-7775; www.zynadoa.com; 115 E Beverley St; Hauptgerichte 19–32 US$; ⊙So–Di 17–21.30, Mi–Sa bis 22.30 Uhr; 🍷) 🌿 Das Restaurant mit Klasse liefert feine Gerichte aus erlesenen Zutaten, darunter traditionell hergestellter Käse aus Virginia, gebratene Hähnchen aus dem Shenandoah Valley oder aus der Region stammende Regenbogenforellen von Casta Line. Hiesige Farmen und Weingüter bestücken also die Vorratskammer des Zynodoa.

 Ausgehen & Unterhaltung

Yelping Dog WEINBAR
(☎540-885-2275; www.yelpingdogwine.com; 9 E Beverly St; ⊙Di–Do 11–21, Fr & Sa bis 22, So 12–18 Uhr) In dieser einladenden Weinbar mitten im Stadtzentrum kann man wunderbar mit Freunden ein Glas Wein trinken und dazu eine Käseplatte genießen. Wer möchte, kann sich auch eines der ausgezeichneten gegrillten Käsesandwiches (9–10 US$) bestellen.

Redbeard Brewery MIKROBRAUEREI
(www.redbeardbrews.com; 102 S Lewis St; ⊙Di–Do 16–23, Fr–So 13–23 Uhr) Die Brauerei produziert Bier in kleinen Chargen, z.B. leckere India Pale Ales, Amber Ales und andere saisonale Köstlichkeiten.

★ **Blackfriars Playhouse** THEATER
(☎540-851-1733; www.americanshakespearecenter.com; 10 S Market St; Tickets 29–49 US$)

Man sollte nicht in Staunton gewesen sein, ohne sich eine Vorstellung im Blackfriars Playhouse angesehen zu haben. In der originalgetreuen Nachbildung von Shakespeares Indoor-Theater tritt regelmäßig die American Shakespeare Center Company auf. Die Schauspieler sind ganz nah am Publikum, und wer sich traut, kann sich direkt neben die Bühne setzen.

An- & Weiterreise

Staunton liegt neben der I-81, nicht weit von der Kreuzung mit der I-64 E entfernt. Amtrak-Züge (S. 363) halten dreimal die Woche hier.

Lexington & Rockbridge County

Hier gibt sich der Südstaatenadel besonders stattlich, wenn die Kadetten des Virginia Military Institute an den angesehenen Akademikern der Washington & Lee University vorbeitrotten. Zwei Generäle aus dem Bürgerkrieg – Robert E. Lee und Stonewall Jackson – sind hier begraben, und Lexington ist schon lange ein beliebter Ort bei denen, die sich für den Bürgerkrieg interessieren. Heute sieht man hier viele Wanderer, Radfahrer und Paddler, die Lexington als Basislager für Abenteuerausflüge in die nahe gelegenen

NICHT VERSÄUMEN

SHENANDOAH NATIONAL PARK

Einer der spektakulärsten Nationalparks im Land ist der **Shenandoah National Park** (☎540-999-3500; www.nps.gov/shen; Skyline Dr; Wochenpass 25 US$/Auto). Hier lacht wahrlich die Natur: Im Frühling und Sommer stehen die Wildblumen in voller Blüte, im Herbst färben sich die Blätter rot und orange, und im Winter setzt eine kalte, unglaublich schöne Ruhephase ein. Weißwedelhirsche sind hier keine Seltenheit, und wer Glück hat, bekommt auch einen Schwarzbären, einen Rotluchs oder wildlebende Truthähne zu Gesicht. Der Park befindet sich nur 75 Meilen (120 km) westlich von D.C.

Zuerst sollte man beim **Dickey Ridge Visitors Center** (☎540-635-3566; www.nps.gov/shen; Meile 4,6, Skyline Dr; ⏲Mitte April–Nov. 9–7 Uhr), in der Nähe des nördlichen Endes des Skyline Dr, oder dem **Byrd Visitors Center** (☎540-999-3283; www.nps.gov/shen; Meile 51, Skyline Dr; ⏲Ende März–Nov. 9–17 Uhr) halten. In beiden gibt es Ausstellungen über die Flora und Fauna, sowie Karten und Infos über Wanderwege und Aktivitäten.

Der Shenandoah National Park ist eine Wohltat für die Augen: Die Kulisse besteht aus den traumhaften Blue Ridge Mountains, alten Granitformationen und metamorphem Gestein, die über 1 Mrd. Jahre alt sind. Der Park selbst wurde 1935 als Erholungsgebiet für Bewohner der Ostküste eingerichtet. Man kann problemlos einen Tagesausflug von Washington, D.C., aus hierher unternehmen, aber wer kann, sollte länger bleiben. Die über 800 km langen Wanderwege, 75 Aussichtspunkte, 30 Bäche zum Angeln, sieben Picknickplätze und vier Campingplätze sorgen für jede Menge Abwechslung.

Der **Skyline Drive** ist die atemberaubende Straße, die dem Hauptkamm der Blue Ridge Mountains folgt und sich knapp 170 km durch die Mitte des Parks schlängelt. Er beginnt in Front Royal, in der Nähe des westlichen Endes der I-66, und endet im südlichen Teil des Gebirgskamms nahe Rockfish Gap an der I-64. Meilensteine am Straßenrand erleichtern die Orientierung. Durch den Park führen lange, schöne Wanderwege.

Der bekannteste Weg im Park ist der Abschnitt des 3500 km langen **Appalachian Trail** (AT), der 162 km von Süden nach Norden durch Shenandoah führt. Der Appalachian Trail zieht sich durch 14 Bundesstaaten. Zugang hat man vom parallel verlaufenden Skyline Dr aus. Abgesehen vom Appalachian Trail hat Shenandoah noch über 640 km an Wanderwegen innerhalb des Parks zu bieten. Zu kürzeren Wanderungen gehören der **Compton Peak** (Meile 10,4; 3,9 km; leicht–mittel), **Traces** (Meile 22,2; 2,7 km; leicht), **Overall Run** (Meile 22,2; 9,7 km; mittel) und **White Oak Canyon** (Meile 42,6; 7,4 km; schwer). Der **Hawksbill Mountain Summit** (Meile 46,7; 3,4 km; mittel) ist der höchste Gipfel im Park.

Züge von Amtrak (www.amtrak.com) fahren täglich von Washington, D.C., nach Charlottesville (ab 35 US$, 2 Std. 45 Min.) und mittwochs, freitags und sonntags nach Staunton (ab 55 US$, 4 Std.). Wer den Park erkunden will, braucht auf jeden Fall ein Auto. Mehrere Ausfahrten von der I-81 führen hin.

In Big Meadows Wayside gibt es eine **Tankstelle** (Meile 51,2, Skyline Dr).

Blue Ridge Mountains nutzen, wo der Blue Ridge Pkwy und der Appalachian Trail das Tal und den James River überblicken. Neue Hotels, Bars und Restaurants haben die Innenstadt wieder zum Leben erweckt.

Sehenswertes & Aktivitäten

Virginia Military Institute UNIVERSITÄT

(VMI; www.vmi.edu; Letcher Ave) Man kann nur beeindruckt oder abgestoßen sein von dem extremen Drill der Kadetten des Virginia Military Institute, der einzigen Universität, die ihren ganzen Abschlussjahrgang in den Krieg schicken muss (die Gedenktafeln für gefallene Kadetten sind anrührend und allgegenwärtig). Im **VMI Museum** (540-464-7334; 9–17 Uhr) GRATIS werden Stonewall Jacksons ausgestopftes Pferd und eine amerikanische Flagge gezeigt, die ein ehemaliger Absolvent als Kriegsgefangener in Vietnam anfertigte. Überdies wird der Studenten des VMI gedacht, die im Krieg gegen den Terror ums Leben kamen.

Kostenlose Campusführungen (um 12 Uhr) können direkt im Museum vereinbart werden. In der Vorlesungszeit finden an den meisten Freitagen um 16.30 Uhr Paraden in voller Uniform statt. Das zum Institut gehörende **George C. Marshall Museum** (540-463-2083; www.marshallfoundation.org/museum/; Erw./Student 5/2 US$; Di–Sa 11–16 Uhr) ehrt den Schöpfer des Marshallplans zum Wiederaufbau Europas nach dem Zweiten Weltkrieg.

Washington & Lee University UNIVERSITÄT

(540-458-8400; www.wlu.edu) Dieses hübsche, adrette und liberale Kunst-College ist nach George Washington und Robert E. Lee benannt und wurde 1749 gegründet. George Washington hat die junge Schule 1796 gerettet, indem er ihr 20 000 US$ gespendet hat. Der Konföderierten-General Robert E. Lee war nach dem Bürgerkrieg der Präsident der Universität und hatte die Hoffnung, das Land durch Bildung zu vereinen. Heute können die Besucher die traumhafte rote Backstein-Kolonnade entlangschlendern und das **Lee Chapel & Museum** (540-458-8768; http://leechapel.wlu.edu; Nov.–März Mo–Sa 9–16 & So 13–16 Uhr, April–Okt. bis 17 Uhr) besuchen.

Natural Bridge State Park BRÜCKE

(540-291-1326; www.dcr.virginia.gov; 6477 S Lee Hwy; Erw./Kind 6–12 Jahre 8/6 US$; 8 Uhr–Sonnenuntergang) Dieser neue State Park gehörte einst Thomas Jefferson, und er hat ihn auch in seinem Buch *Betrachtungen über den Staat Virginia* beschrieben: „Die Emotionen, die an diesem erhabenen Ort in einem aufsteigen, sind überwältigend. Man fühlt sich so leicht und himmelhochjauchzend, als spränge man dem Himmel entgegen. Das Glücksgefühl, das man hier empfindet, ist einfach unbeschreiblich!" Der Park mit seiner fotogenen 66 m hohen Naturbrücke ist nicht mehr länger nur eine kitschige Touristenfalle.

Dinosaur Kingdom II VERGNÜGUNGSPARK

(540-464-2253; www.facebook.com/dinosaurkingdom; 5781 S Lee Hwy, Lexington; Erw./Kind 3–12 Jahre 10/3 US$; 10–18 Uhr;) Dieser kitschige Vergnügungspark ist bis jetzt eine der schrulligsten Attraktionen des Künstlers und kreativen Wunderkinds Mark Cline. Er befördert seine Besucher in eine andere Realität: ein bewaldetes Königreich, in dem Soldaten der Union versuchen, lebensgroße Dinosaurier als Massenvernichtungswaffen gegen die konföderierten Streitkräfte im Bürgerkrieg einzusetzen. Sogar Präsident Lincoln versucht hier, mit einem Lasso einen fliegenden Pteranodon zu fangen. Die Kreaturen aus Styropor und Fiberglas sind lebensecht genug, um jüngere Kinder zu begeistern, und die historischen Absurditäten werden auch den grummeligsten Erwachsenen amüsieren.

Twin River Outfitters KANUFAHREN, TUBING

(540-261-7334; https://canoevirginia.net/; 653 Lowe St, Buchanan; 2-stündiger Paddelausflug ab 34 US$; April–Okt. 9–17 Uhr) Dieser beliebte Anbieter wird von Zwillingsbrüdern geführt und bietet Kanufahren und Tubing auf dem neuen Upper James River Paddling Trail des James River an, bei denen man Adler und Rehe sehen kann. Länge, Zeit und Schwierigkeitsgrad der Touren variieren. Im Preis ist ein Shuttle-Service inbegriffen.

Upper James River Water Trail KANUFAHREN

(www.upperjamesriverwatertrail.com; Botetourt) Diese neue Paddelroute folgt dem James River durch die ersten Ausläufer der Blue Ridge Mountains Richtung Richmond und an der Küste entlang.

Schlafen & Essen

Georges BOUTIQUEHOTEL $$

(540-463-2500; www.thegeorges.com; 11 N Main St; Zi. ab 205 US$; P) Das in zwei historischen Gebäuden auf den beiden entgegengesetzten Seiten der Main St untergebrachte

Hotel hat wunderbar gestaltete Zimmer, die individuell mit hochwertigen Möbeln eingerichtet sind. Die tolle Lage, der freundliche Service und die Restaurants im Haus tragen zum Reiz bei.

Applewood Inn & Llama Trekking INN $$
(☎540-463-1962; www.applewoodbb.com; 242 Tarn Beck Lane; Zi. 169–175 US$, Cottage ab 235 US$; P ❄) Das charmante und umweltbewusst arbeitende Applewood Inn & Llama Trekking bietet Unterkünfte und eine ganze Menge Outdoor-Aktivitäten (darunter wirklich auch Treks mit Lamas). Untergebracht ist das Ganze auf einer Farm in einem beschaulichen Tal, das nur zehn Fahrtminuten von Lexingtons Innenstadt entfernt ist. Man sollte erwähnen, dass man während der Wanderungen nicht auf den Lamas reitet – man geht Seite an Seite wie mit alten Freunden. Die einen manchmal anspucken.

Blue Sky Bakery SANDWICHES $
(☎540-463-6546; 125 W Nelson St; Sandwiches 8 US$; ⏲Mo–Fr 10.30–16 Uhr) Das bei Einheimischen beliebte Lokal tischt schmackhafte Focaccia, herzhafte Suppen und frische Salate auf.

SCENIC DRIVE: VIRGINAS PFERDELAND

Rund 64 km westlich von Washington, D. C., weichen die ausufernden Vororte endlosen grünen Farmen, Weinbergen, idyllischen Dörfern, palastartigen Landsitzen und den Mustangs. Willkommen im „Pferdeland", wo wohlhabende Hauptstädter ihrer Reitleidenschaft frönen!

Die folgende Route ist die landschaftlich reizvollste Strecke in den Shenandoah National Park (S. 365). Von D. C. geht's auf der Rte 50 West nach **Middleburg**, das ein durch und durch niedliches Städtchen mit B & Bs, Tavernen, Weinläden und Boutiquen ist. Die **National Sporting Library** (☎540-687-6542; www.nationalsporting.org; 102 The Plains Rd; Museum Erw./Kind 13–18 Jahre 10/8 US$, Bibliothek Eintritt frei; ⏲Mi–So 10–17 Uhr) ist ein Museum und eine Forschungseinrichtung, die sich dem Pferd sowie den diversen Pferdesportarten wie der Fuchsjagd, der Dressur, dem Jagdrennen und dem Polo widmet. 20 Meilen (32 km) nordöstlich von Middleburg liegt **Leesburg**, ein weiteres Städtchen mit kolonialem Charme und historischen Sehenswürdigkeiten. Einen Halt lohnt der **Morven Park** (☎703-777-2414; www.morvenpark.org; 17263 Southern Planter Lane; Anlage Eintritt frei, geführte Touren durch das Gebäude Erw./Kind 10/5 US$; ⏲Anlage tgl. 8–17.45 Uhr, geführte Touren Sa–So stündl. 12–17 Uhr, letzte Tour 16 Uhr), ein 400 ha großes, beeindruckendes Landgut. Wer noch mehr Greek-Revival-Pracht sehen will, kann sich auch noch die **Oatlands Plantation** (☎703-777-3174; www.oatlands.org; 20850 Oatlands Plantation Lane; Erw./Kind 6–16 Jahre 15/8 US$, nur Anlage 10 US$; ⏲April–Dez. Mo–Sa 10–17 & So 13–17 Uhr, Jan. – März geschl.) außerhalb der Stadt anschauen.

In der Gegend gibt es viele ansprechende Restaurants. Das **Shoes Cup & Cork** (☎703-771-7463; www.shoescupandcork.com; 17 N King St; Hauptgerichte mittags 10–18 US$, abends 11–25 US$; ⏲Mo–Do 7–21, Fr bis 22, Sa 9–22, So 9–21 Uhr) in Leesburg serviert kreative amerikanische Gerichte, das **Chimole** (☎703-777-7011; www.facebook.com/CH1MOLE; 10 S King St; Tapas 8–18 US$; ⏲Mo–Fr 11–14, Mi & Do 17–22, Fr & Sa 17–1 Uhr) dagegen Wein und lateinamerikanische Tapas. In Middleburg wartet das **Red Fox Inn & Tavern** (☎540-687-6801; www.redfox.com; 2 E Washington St; Hauptgerichte morgens 12–15 US$, abends 26–58 US$; ⏲Mo–Fr 8–10 & 17–21, Sa 11.30–14.30 & 17–21, So 11.30–14.30 & 17–20 Uhr) in einem schönen restaurierten Speisesaal von 1728 mit erstklassiger amerikanischer Cuisine auf.

6 Meilen (9,7 km) westlich von Middleburg vermietet das **Welbourne B&B** (☎540-687-3201; www.welbourneinn.com; 22314 Welbourne Farm Lane; Zi. 147 US$; ❄ 📶 ≋ 🐾) fünf historisch eingerichtete Zimmer. Untergebracht ist es in einem denkmalgeschützten Haus von ca. 1770, das von einem 210 ha großen Gelände umgeben ist. Das **Leesburg Colonial Inn** (☎703-777-5000; www.theleesburgcolonialinn.com; 19 S King St; Zi. 129–179 US$) zeichnet sich durch eine tolle zentrale Lage und unschlagbare Preise aus.

Folgt man der Straße ein Stück weiter, gelangt man nach **Sperryville** in den Ausläufern der Blue Ridge Mountains. Antiquitätenfans sollten sich hier unbedingt die vielen Galerien und Läden anschauen. Nach weiteren 9 Meilen (14,5 km) westwärts erreicht der Skyline Dr den Eingang Thornton Gap des Shenandoah National Park.

Red Hen SÜDSTAATENKÜCHE $$$
(☎540-464-4401; www.redhenlex.com; 11 E Washington St; Hauptgerichte 24–28 US$; ⊙Di–Sa 17–21.30 Uhr;) Für ein denkwürdiges Mahl im Red Hen muss man rechtzeitig im Voraus reservieren. Die kreativen Gerichte sind ausschließlich aus den besten Zutaten aus der Region zubereitet. Außerdem gibt's tolle Cocktails und Desserts.

Ausgehen & Unterhaltung

Taps BAR
(☎540-463-2500; www.thegeorges.com; 11 N Main St, Georges; ⊙Mo–Do 15–23, Fr & Sa ab 11 Uhr) Diese gemütliche Bar im Georges ist gleichzeitig das Wohnzimmer Lexingtons, in dem es sich Studenten, Professoren und andere Einheimische auf den kuscheligen Sofas und am Tresen bequem machen. Hier gibt es auch Craft-Bier, gute Cocktails und jede Menge Klatsch und Tratsch. Die wenigen Gerichte auf der Speisekarte sind ebenfalls hervorragend.

Hull's Drive-in KINO
(☎540-463-2621; www.hullsdrivein.com; 2367 N Lee Hwy/US 11; Erw./Kind 5–11 Jahre 7/3 US$; ⊙Mai–Okt. Fr & Sa Einlass 19 Uhr;) Altmodische Unterhaltung in einem Autokino, das 8,8 km nördlich von Lexington liegt. Die Filme fangen immer 20 Minuten nach Sonnenuntergang an.

An- & Weiterreise

Lexington liegt an der Kreuzung der I-81 und der I-64. Der nächste Flughafen ist der Roanoke-Blacksburg Regional Airport (S. 344), 88 km südlich. In der Nähe von Staunton befindet sich ein Amtrak-Bahnhof (S. 363), von dem dreimal in der Woche Züge nach Washington, D.C., fahren.

Blue Ridge Highlands & Südwest-Virginia

Die Blue Ridge Highlands und das Roanoke Valley sind zwei der schönsten Regionen im Bundesstaat. Die Täler zwischen den Blue Ridge Mountains und den Allegheny Mountains sind mit kleinen Dörfern gesprenkelt. Der Blue Ridge Pkwy und der Appalachian Trail schlängeln sich hier durch die Berge, wo sich auch schöne Flüsse, Stromschnellen und Seen finden. Es ist regelmäßig traditionelle Mountain Music zu hören, und die Weingüter und Craft-Brauereien bieten in den kleinen Dörfern und an den Hängen Verkostungen an. Die Südwestspitze Virginias ist der raueste Teil der Region – und des Bundesstaats. Hier hat auch die Mountain Music ihren Ursprung. Biegt man in eine Nebenstraße, versinkt man in Streifen aus Hartriegelgewächsen und Tannen, die lediglich von ungezähmten Strömen und Wasserfällen durchbrochen werden. In den Kleinstädten wehen Konföderiertenflaggen. Hinter all dem Gerede über Unabhängigkeit kommt aber schnell eine herzliche Gastfreundschaft zum Vorschein.

Anreise & Unterwegs vor Ort

Die I-81 ist die Haupt-Interstate der Region, die von Norden nach Süden durch den westlichen Teil des Staates führt. Der Blue Ridge Pkwy verläuft parallel zur I-81, aber dort kommt man viel langsamer voran. Der größte Flughafen der Gegend ist der Roanoke Regional Airport (S. 344).

Roanoke

Roanoke, das von einem riesigen Stern auf dem Gipfel des Mill Mountain beleuchtet wird, ist die größte Stadt im Roanoke Valley und die selbst ernannte „Hauptstadt des Blue Ridge". Da Roanoke in der Nähe des Blue Ridge Pkwy und des Appalachian Trail liegt, gibt es ein prima Basislager für Erkundungstouren in der Gegend ab. In den letzten Jahren haben neue Grünanlagen, eine aufstrebende Kunstszene und jede Menge neue Craft-Brauereien die Stadt wiederbelebt.

Sehenswertes & Aktivitäten

Center in the Square MUSEUM
(☎540-342-5700; www.centerinthesquare.org; 1 Market Sq; ⊙Di–Sa 10–17, So ab 13 Uhr) Dies ist das kulturelle Herz der Stadt. Hier findet man vier Museen, einen Schmetterlingsgarten, ein Theater und eine Aussichtsplattform auf dem Dach. Die Museen decken die afroamerikanische Kultur, die Geschichte des Flipper-Spiels, Wissenschaft und die hiesige Geschichte ab. Im Erdgeschoss befinden sich sechs Aquarien. Im Center Pass (Erw./Kind 21/16 US$) sind alle Attraktionen außer der Eintritt zum Roanoke Pinball Museum enthalten.

Harrison Museum of African American Culture MUSEUM
(☎540-857-4395; www.harrisonmuseum.com; 1 Market Sq; Erw./Kind 5–17 Jahre 7/4,75 US$; ⊙Di–Sa 10–17, So ab 13 Uhr) GRATIS Dieses Museum im Center in the Square zeigt Ausstellungen

zur hiesigen afroamerikanischen Kultur und traditionelle und zeitgenössische afrikanische Kunst. Der Eintritt ist im Center Pass enthalten, genau wie der für die anderen Museen im Center in the Square.

Roanoke Star & Mill Mountain Park PARK
(☎ 540-853-2236; www.playroanoke.com; 2000 JP Fishburn Pkwy) Im Mill Mountain Park gibt's Wanderwege, ein Discovery Center, einen Zoo (Erw./Kind 3–11 Jahre 9/7 US$) und einen tollen Blick auf Roanoke. Hier befindet sich auch der riesige **Roanoke Star**, der nachts über der Stadt leuchtet.

Taubman Museum of Art MUSEUM
(www.taubmanmuseum.org; 110 Salem Ave SE; ⏲ Mi–Sa 10–17, So 12–17, Do & 1. Fr im Monat bis 21 Uhr; P) GRATIS Das eindrucksvolle Taubman Museum of Art residiert in einem skulpturalen Gebäude aus Stahl und Glas, das stark an das Guggenheim Museum in Bilbao erinnert. Drinnen findet sich eine wundervolle Sammlung von Kunstwerken aus 3500 Jahren.

Greenways OUTDOOR
(www.roanokeoutside.com/land/greenways/) Bevor man sich ins Auto setzt und zur nächsten Attraktion von Roanoke fährt, sollte man schauen, ob man nicht auch zu Fuß oder mit dem Rad über eine der neuen Grünanlagen der Stadt dorthin gelangt.

Schlafen & Essen

Hotel Roanoke HOTEL $$$
(☎ 540-985-5900; www.hotelroanoke.com; 110 Shenandoah Ave NW; Zi. 189–224 US$, Suite 289–414 US$; P @ 🛜 🏊) Dieses elegante Hotel im Tudor-Stil gehört schon fast seit einem Jahrhundert zu der Stadt zu Füßen der Blue Ridge Mountains und gibt einen willkommenen Rückzugsort ab. Unten im **Pine Room** können Gäste einen Drink zu sich nehmen. Das Hotel gehört mittlerweile zur Hilton-Kette.

Local Roots MODERN-AMERIKANISCH $$
(☎ 540-206-2610; www.localrootsrestaurant.com; 1314 Grandin Rd; Hauptgerichte mittags 11–14 US$, abends 26–31 US$; ⏲ Di–Sa 11.30–14 & 17–22, So 11–14.30 & 17–21 Uhr) Das einladende Restaurant, in dem die Zutaten frisch vom Bauernhof kommen, tischt Köstlichkeiten wie Garnelen mit Grütze, Felsenbarsch und die wahrscheinlich besten Hamburger der Stadt auf. Dabei ändert sich der Großteil der Speisekarte saisonal.

★ **Lucky** MODERN-AMERIKANISCH $$
(☎ 540-982-1249; www.eatatlucky.com; 18 Kirk Ave SW; Hauptgerichte 18–29 US$; ⏲ Mo–Mi 17–21, Do–Sa bis 22 Uhr) Das Lucky hat ausgezeichnete Cocktails (z. B. The Cube), saisonal inspirierte kleine Gerichte (über Hickory-Rauch geräucherten Porchetta, gebratene Austern) und herzhaftere Hauptgerichte (in Buttermilch angebratenes Hähnchen, Gnocchi mit Morcheln und Spargel). Das Team des Lucky hat auch den gleichermaßen guten Italiener **Fortunato** (www.fortunatorestaurant.com) ein paar Häuser weiter eröffnet.

An- & Weiterreise

Der Flughafen (S. 344) liegt 5 Meilen (8 km) nördlich der Innenstadt und bedient die Regionen Roanoke und Shenandoah Valley. Wer mit dem Auto kommt, gelangt über die I-81 und die I-581 in die Stadt. Der Blue Ridge Pkwy befindet sich 5 Meilen (8 km) vom Zentrum entfernt.

Mt. Rogers National Recreation Area

Diese Gegend von erhabener Schönheit ist für Outdoor-Fans fast schon ein Muss. Unter uralten Laubbäumen und mit Blick auf den höchsten Gipfel Virginias kann man hier wandern, angeln, oder langlaufen. Der 54 km lange Virginia Creeper Trail, der durch das Erholungsgebiet führt, ist besonders bei Radfahrern sehr beliebt. Seinen Proviant kann man in den Orten Abingdon oder Marion aufstocken. Am besten kommt man mit dem Auto zu den Wanderwegen und Campingplätzen. Das schmale Erholungsgebiet erstreckt sich von Nord nach Süd, mit der I-81 im Westen und dem Blue Ridge Pkwy im Osten. Die Grenzen zu Tennessee und North Carolina sind nicht weit entfernt. Hier führt der Appalachian Trail durch die Berge, und auch der Virginia Creeper Trail durchquert das Gebiet.

Abingdon

Abingdon ist eine der fotogensten Städte in Virginia. Im historischen Viertel sind schöne Beispiele für die Federal-Style- und die viktorianische Architektur erhalten. Das regionale Theater im Stadtzentrum, das schon sehr lange besteht, zieht Publikum aus dem ganzen Bundesstaat an, genau wie der wunderschöne Virginia Creeper Trail. Der bei Radfahrern und Wanderern sehr beliebte Wanderweg ist üppig bewachsen und verläuft in einem alten Schienenbett.

BLUE RIDGE PARKWAY

Wo der Skyline Dr endet, fängt der Blue Ridge Pkwy an. Letzterer wird vom National Park Service verwaltet und ist wunderschön. Er erstreckt sich vom südlichen Appalachian-Kamm im Shenandoah National Park (bei Meile 0) bis zum Great Smoky Mountains National Park (bei Meile 469) in North Carolina. Im Frühling blühen hier Wildblumen, und im Herbst färbt sich alles spektakulär. An nebligen Tagen sollte man aufpassen: Fehlende Leitplanken erschweren die Fahrt. Entlang des Blue Ridge Pkwy befinden sich Dutzende Visitor Centers, die alle einen guten Ausgangspunkt für eine Tour darstellen. Während der gesamten Fahrt bekommt man keine einzige Ampel zu Gesicht, dafür aber jede Meng Wild. Eine hilfreiche Website ist www.blueridgeparkway.org.

Entlang des Blue Ridge Pkwy gibt es Wege zu den **Peaks of Otter** (www.peaksofotter.com; Meile 86, Blue Ridge Pkwy;). Insgesamt finden sich hier drei Gipfel: Sharp Top, Flat Top und Harkening Hill. Shuttle-Busse fahren hoch zum Sharp Top, oder man versucht sich an der ziemlich anstrengenden Wanderung (hin & zurück 4,8 km) zum Gipfel und retour. Der Panoramablick auf die Blue Ridge Mountains vom felsigen Gipfel aus ist fantastisch. Ein kurzer Weg führt zu der nahe gelegenen Johnson Farm, auf der vor der Errichtung des Blue Ridge Pkwy Äpfel für den hiesigen Gasthof gepflanzt worden sind.

Mehr Informationen gibt es unter www.nps.gov/blri.

Sehenswertes & Aktivitäten

Heartwood KUNSTZENTRUM
(276-492-2400; www.myswva.org/heartwood; One Heartwood Circle; Mo–Mi, Fr & Sa 9–17, Do bis 21, So 10–15 Uhr) Das Heartwood ist ein Schaufenster für regionales Kunsthandwerk, Kulinarisches (Sandwiches, Salate, Weine aus Virginia) und traditionelle Musik. Am Donnerstagabend locken Bluegrass-Bands und ein Barbecue.

Virginia Creeper Trail RADFAHREN, WANDERN & TREKKEN
(www.vacreepertrail.com) Dieser 54 km lange Wanderweg entlang einer alten Eisenbahnstrecke schlängelt sich durch die Mount Rogers National Recreation Area und verbindet das erhabene Whitetop mit Damascus und schließlich auch mit Abingdon. Hiesige Fahrradläden verleihen Räder und bieten einen Shuttle-Service an.

Schlafen

Alpine Motel MOTEL $
(276-628-3178; www.alpinemotelabingdon.com; 882 E Main St; Zi. ab 59–69 US$; P) Das Alpine Motel ist eine schlichte Unterkunft mit gutem Preis-Leistungs-Verhältnis. Die Zimmer sind mit Teppichen und alten TVs ausgestattet; gegenüber zwitschern die Vögel. Das Motel befindet sich rund 2 Meilen (3,2 km) westlich vom Stadtzentrum.

Martha Washington Inn HOTEL $$$
(276-628-3161; www.themartha.com; 150 W Main St; Zi./Suite ab 215/425 US$; P @) Das beste historische Hotel der Gegend mit viel Schmiedeeisen und viktorianischer Eleganz. Die Schaukelstühle auf der Veranda laden zum Entspannen ein.

Essen & Ausgehen

128 Pecan MODERN-AMERIKANISCH $$
(276-698-3159; www.128pecan.com; 128 Pecan St; Hauptgerichte mittags 8–17 US$, abends 8–23 US$; Di–Sa 11–21 Uhr;) Das bei Einheimischen beliebte Lokal serviert ausgezeichnete Sandwiches, Tacos und herzhafte Fleisch- oder Seafood-Gerichte, die auf der Veranda eingenommen werden können.

Rain AMERIKANISCH $$$
(276-739-2331; www.rainabingdon.com; 283 E Main St; Hauptgerichte mittags 9–10 US$, abends 22–29 US$; Di–Sa 11–14 & 17–21 Uhr; P) Tolle modern-amerikanische Küche, inspiriert von den Appalachen. Die Hauptgerichte, beispielsweise getrockneter Lachs und Schweinekoteletts mit süßem Senf, sind hervorragend zubereitet und bestehen aus den besten Zutaten. Besser kann man in der Stadt nirgendwo essen.

Wolf Hills Brewing Co KLEINBRAUEREI
(276-451-5470; www.wolfhillsbrewing.com; 350 Park St; Mo–Fr 17–21, Sa ab 13 Uhr, So 13–18 Uhr) Gute Biere aus Kleinbrauereien und gelegentlich Livemusik.

An- & Weiterreise

Abingdon breitet sich an der I-81 in der Nähe der Grenze zu Tennessee aus. Die Stadt liegt 366 Meilen (590 km) südwestlich von Washington, D.C., und 180 Meilen (290 km) nordwestlich von Charlotte, NC. Die nächsten Flughäfen sind der Asheville Regional Airport in Asheville, NC und der Roanoke-Blacksburg Regional Airport (S. 344) in Roanoke.

The Crooked Road

Als schottisch-irische Fideln und der Reel (Volkstanz) auf afroamerikanische Banjo- und Percussion-Klänge trafen, wurde die amerikanische Mountain Music geboren, auch Old-Time-Music genannt, darunter Country und Bluegrass. Letzteres dominiert immer noch die Blue Ridge Mountains und den Virgina's Heritage Music Trail, die 330 Meilen (531 km) lange Crooked Road (www.myswva.org/tcr). Sie führt an neun Stätten vorbei, die mit dieser Geschichte verbunden sind; obendrein gibt's noch ein tolles Bergpanorama, so weit das Auge reicht. Es lohnt sich auf alle Fälle, diesen Umweg zu machen und sich zu den musikliebenden Fans aller Altersklassen zu gesellen, die bei den festlichen Jamborees mit ihren Schuhen stampfen (viele kommen eigens mit Steppschuhen hierher). Während einer Liveshow kann man die Lebensfreude rüstiger Senioren sehen, die noch intakte Verbindungen zu ihren kulturellen Wurzeln haben, und erlebt zugleich die Generation von Musikern, die das Erbe am Leben erhalten. Zu den besten Veranstaltungsorten gehören freitagabends der Floyd Country Store und samstagabends der **Carter Family Fold** (☎276-386-6054; www.carterfamilyfold.org; 3449 AP Carter Hwy, Hiltons; Erw./Kind 6–11 Jahre 10/2 US$; ⏲Sa 19.30 Uhr; 👪).

FLOYD

Versteckt in den Ausläufern der Blue Ridge Mountains, ist das winzige, pittoreske Floyd nichts weiter als eine Kreuzung zwischen dem Hwy 8 und dem Hwy 221. Tatsächlich gibt es in der ganzen Gegend nur eine wirkliche Attraktion. Freitagabends erwacht die Stadt zum Leben, wenn beim Friday Night Jamboree im **Floyd Country Store** (☎540-745-4563; www.floydcountrystore.com; 206 S Locust St; 5 US$; ⏲Di–Do 10–17, Fr bis 22.30, Sa bis 18, So 11–18 Uhr) und in den umliegenden Straßen Leute von nah und fern kommen, um zu Mountain Music das Tanzbein zu schwingen und zu plaudern.

Schlafen & Essen

Oak Haven Lodge — INN $

(☎540-745-5716; www.oakhavenlodge.com; 323 Webb's Mill Rd, Rte 8; Zi./Suite 75/90 US$; P❄📶) Nur 1,5 km nördlich von Floyd hat diese Unterkunft mit gutem Preis-Leistungs-Verhältnis geräumige Zimmer (einige mit Whirlpool), die mit einem Gemeinschaftsbalkon voller Schaukelstühle verbunden sind.

Hotel Floyd — HOTEL $$

(☎540-745-6080; www.hotelfloyd.com; 300 Rick Lewis Way; Zi. 139 US$, Suite 169–199 US$; P❄📶🐾) 🍃 Das aus umweltfreundlichen Materialien erbaute Hotel Floyd ist ein Musterbeispiel in Sachen Nachhaltigkeit. Werke örtlicher Kunsthandwerker schmücken die Zimmer.

Oddfella's — TEX-MEX $$

(☎540-745-3463; www.facebook.com/Oddf3llows; 110 N Locust St; Hauptgerichte 11–25 US$; ⏲Mi–Sa 11–21, So 10.30–14.30 Uhr; P🖉) Ausgelaugt? Dann kann man in diesem gemütlichen Lokal bei amerikanischen Gerichten und leckeren Bieren aus Kleinbrauereien wieder auftanken. Der Name des Ladens bezieht sich auf die drei vorherrschenden Menschentypen der Stadt, die auf dem Schild über der Tür abgebildet sind: Hippies, Bauern und Geschäftsleute.

Dogtown Roadhouse — PIZZA $$

(☎540-745-6836; www.dogtownroadhouse.com; 302 S Locust St; Hauptgerichte 8–18 US$; ⏲Mi & Do 16–21, Fr 16–24, Sa 12–24, So 12–21 Uhr) In diese belebte Pizzeria stapft schon mal ein Bauer, der gerade die Zutaten für die Holzofenpizzas liefert. Wer Pizza und Bier aus Kleinbrauereien liebt, der muss hierherkommen. Freitag- und Samstagabend wird live gerockt.

An- & Weiterreise

Floyd liegt 20 Meilen (32 km) südöstlich der I-81. Der nächste Flughafen ist der Roanoke-Blacksburg Regional Airport (S. 344), etwa 50 Meilen (80 km) nördlich.

GALAX

Galax erhebt den Anspruch, Welthauptstadt der Old-Time-Music zu sein, wirkt aber außerhalb des Zentrums – das im nationalen Denkmalregister steht – wie eine x-beliebige Kleinstadt.

Schlafen & Essen

Fiddlers Roost — HÜTTE $$

(☎276-236-1212; http://fiddlersroostcabins.com; 485 Fishers Peak Rd; Hütten 120–300 US$; P) Diese acht Hütten erinnern an Holzspielzeug für Kinder. Innen sind sie altmodisch-schick eingerichtet und gewinnen zwar keine Preise von Designermagazinen, sind aber gemütlich und mit Gasofen, Küche, TV und DVD-Player ausgestattet. Bei allen Hütten außer der Cabin on the Blue ist das Frühstück im Preis inbegriffen.

Creek Bottom Brewing MIKROBRAUEREI
(☎276-236-2337; www.cbbrews.com; 307 N Meadow St; Hauptgerichte 6–16 US$; ⊙Di & Mi 11–21, Do–Sa 11–22, So 12–18 Uhr) Hier wird ein wechselndes Sortiment von Craft-Bieren offeriert, zu denen man gut die Holzofenpizza oder die vor Ort gegrillten Chicken Wings genießen kann.

Unterhaltung

Blue Ridge Music Center LIVEMUSIK
(☎276-236-5309; www.blueridgemusiccenter.net; 700 Foothills Rd, Meile 213, Blue Ridge Pkwy; ⊙Mai–Okt. Wochenendshows) Ein Kunst- und Musikzentrum, das sich auf lokale Musiker spezialisiert hat, die die Tradition der Appalachen-Musik aufrecht halten.

Rex Theater LIVEMUSIK
(☎276-236-0329; www.rextheatergalax.com; 113 E Grayson St) Eine muffige, mit roten Vorhängen prunkende altmodische Bühne. Häufig spielen hier Bluegrass-Musiker, vor allem aber lockt freitagabends die Liveshow von WBRF 98.1 (5 US$).

An- & Weiterreise

Galax grenzt 10 Meilen (16 km) südwestlich der I-77 an den US 58. Der Roanoke-Blacksburg Regional Airport (S. 344) liegt 90 Meilen (145 km) nordöstlich und ist über die I-77 nach Norden und über die I-81 N zu erreichen. Der Ort liegt 10 Meilen (16 km) vom Blue Ridge Pkwy entfernt.

WEST VIRGINIA

Bereit für ein raues Ostküsten-Abenteuer vor einer einzigartigen Bergkulisse? Dann auf ins wilde und wunderschöne West Virginia, das von amerikanischen wie ausländischen Reisenden oft übersehen wird. Das liegt wohl daran, dass der Staat anscheinend nicht in der Lage ist, all die negativen Klischees, die mit ihm verbunden sind, zu widerlegen. Das ist jammerschade, den West Virginia ist einer der schönsten Bundesstaaten der USA. Die ursprünglichen, grün bewaldeten Berge mit rauschenden Wildwasserläufen und schneereichen Wintersportorten sind ein wahres Paradies für Outdoor-Fans. Der Staat liegt mit dem Auto auch nur ein paar Stunden von Washington, D.C., Pittsburgh, PA, und Richmond, VA, entfernt.

Die Menschen hier halten sich immer noch für die ärmlichen Nachfahren der einstigen Minenarbeiter – und diese Einstellung ist gar nicht mal so weit von der Realität entfernt. Aber der Mountain State wird gerade gentrifiziert, und in diesem Fall ist das eine gute Sache. Im Tal blüht die Kunst, und einige Städte gewähren eine willkommene Abwechslung von all den Outdoor-Aktivitäten.

Geschichte

Virginia war früher einmal der größte Bundesstaat der USA und erstreckte sich von den Plantagen der Küstenregion bis zu den Bergen, die jetzt West Virginia bilden. Letztere waren besiedelt von beinharten Farmern, die ihre Besitzrechte über die Appalachen hinaus ausdehnten. Ihren östlichen Schwestern und Brüdern gegenüber waren sie immer ein wenig skeptisch eingestellt – vor allem in Bezug auf die Ausbeutung von billiger (d.h. Sklaven-)Arbeitskraft, die diese betrieben. Und so erklärte das Bergvolk von West Virginia seine Unabhängigkeit, als Virginia versuchte, sich während des Bürgerkriegs von den USA abzuspalten.

Die konfrontationslustige „Unabhängig um jeden Preis"-Einstellung wurde im späten 19. und frühen 20. Jh. auf die Probe gestellt, als die Minenarbeiter Gewerkschaften gründeten und in einer der blutigsten Auseinandersetzungen der amerikanischen Arbeiterbewegung ihre Arbeitgeber bekämpften. Der seltsame Mix aus einer Art Allergie gegen sämtliche Autoritäten und einem besorgten nachbarschaftlichen Gemeinschaftssinn prägt auch das heutige West Virginia noch.

Praktische Informationen

Die West Virginia Division of Tourism (www.wvtourism.com) betreibt Visitor Centers an den Staatsgrenzen und in **Harpers Ferry** (☎304-535-2627; www.discoveritallwv.com; 37 Washington Ct; ⊙9–17 Uhr). Auf der Website findet man Infos zu den unzähligen Outdoor-Aktivitäten im Bundesstaat.

Anreise & Unterwegs vor Ort

Der Eastern Panhandle beginnt etwa 60 Meilen (97 km) nordwestlich von Washington, D. C. Die

Fahrt von der belebten Metropolregion aus ist recht einfach zu bewältigen – von den Staus mal abgesehen. Züge von Amtrak und MARC halten am **Bahnhof** in Harpers Ferry. Wer die Nationalparks und die südlichen Regionen des Bundesstaats erkunden will, braucht ein Auto. Dann kommt man über zweispurige Straßen, die von der I-81, der I-64 und der I-79 abgehen, auch in die Bergdörfer und die Parks. Aber auch wenn die Entfernung kleiner ist, braucht man länger als über die Interstate.

Eastern Panhandle

Der zugänglichste Teil West Virginias war schon immer ein bergiger Rückzugsort für die Menschen aus D.C., denn die Region liegt nur 70 Meilen (113 km) westlich der Hauptstadt. Hier ist für Besucher jede Menge geboten: Bürgerkriegsgeschichte, Thermalquellen, grüne Landschaften und jede Menge Möglichkeiten für Outdoor-Aktivitäten auf Pfaden und Flüssen. Am besten nimmt man sich dafür ein langes Wochenende Zeit.

Da hier drei Bundesstaaten praktisch überlappen – West Virginia, Virginia und Maryland – und Pennsylvania direkt im Norden angrenzt, kann es ein bisschen kompliziert sein, den Panhandle zu bereisen. Bei der Planung sollte man die Landkarten gründlich studieren, damit man auch wirklich alle Attraktionen in dieser Mehrstaatenregion mitnimmt.

Harpers Ferry

Das hübsche Dorf mit seinen steilen, kopfsteingepflasterten Straßen wird von den Shenandoah Mountains und dem Zusammenfluss der rauschenden Flüsse Potomac und Shenandoah eingerahmt. Hier wird Geschichte lebendig: Der untere Teil der Stadt ist ein Freiluftmuseum mit über einem Dutzend Gebäuden, die man erkunden kann, um eine Vorstellung vom Leben in einer Kleinstadt des 19. Jhs. zu bekommen. In Ausstellungen wird die Rolle der Stadt als Vorposten zur Expansion gen Westen, in der amerikanischen Industrialisierung und – am berühmtesten – in der Geschichte der Antisklavereibewegung erzählt. 1859 versuchte der alte John Brown, hier einen Sklavenaufstand anzuzetteln und wurde für seine Bemühungen gehängt. Der Vorfall vertiefte die Spannungen zwischen Norden und Süden bis hin zu den Schlachten des Bürgerkriegs.

Sehenswertes & Aktivitäten

Harpers Ferry National Historic Park PARK
(☎304-535-6029; www.nps.gov/hafe; 171 Shoreline Dr; pro Pers./Fahrzeug 5/10 US$; ⏲Trails 9 Uhr–Sonnenuntergang, Visitor Center 9–17 Uhr; P) Am Harpers Ferry National Historic Park Visitor Center nördlich der Stadt am Hwy 340 bekommt man einen Pass, mit dem man die historischen Gebäude und Museen besuchen kann. Hier stehen auch Parkplätze (in Harpers Ferry selbst gibt es nur wenige Parkmöglichkeiten) und ein Shuttle-Bus zur Verfügung. Es ist eine kurze und landschaftlich schöne Fahrt.

John Brown Museum MUSEUM
(www.nps.gov/hafe; Shenandoah St; ⏲9–17 Uhr) GRATIS Gegenüber vom Arsenal Sq und von einem der Museen des Parks gibt diese Galerie in drei Räumen einen guten Überblick über den legendären Angriff John Browns (mithilfe von Videos und historischen Dokumenten).

Black Voices MUSEUM
(www.nps.gov/hafe; High St; ⏲9–17 Uhr) GRATIS Als Teil des National Parks erzählt das lohnende interaktive Museum Geschichten vom Leiden und von hart erfochtenen Siegen der Afroamerikaner aus der Zeit von der Sklaverei bis zur Bürgerrechtsbewegung. Auf der anderen Straßenseite gibt die Ausstellung im ehemaligen Storer College einen Überblick über die Pionierarbeit dieser schwarzen Bildungsstätte und über die Niagara-Bewegung, die in ihrem Umkreis entstand.

Master Armorer's House HISTORISCHE STÄTTE
(☎304-535-6029; www.nps.gov/hafe; Shenandoah St; ⏲9–17 Uhr) GRATIS Das Haus von 1858 steht inmitten der kostenlos zugänglichen Stätten im historischen Viertel. Hier wird erläutert, wie die Neuerungen im Gewehrbau, die vor Ort entwickelt wurden, die Waffenindustrie revolutionierten.

Storer College Campus HISTORISCHE STÄTTE
(www.nps.gov/hafe; Fillmore St) Das unmittelbar nach dem Amerikanischen Bürgerkrieg gegründete Storer College entwickelte sich von einer Einraumschule für befreite Sklaven zu einem angesehenen College, das Schülern aller Ethnien und Glaubensbekenntnisse offenstand. Das College wurde 1955 geschlossen. Besucher können kostenlos über den historischen Campus spazieren. Man erreicht ihn über den Pfad zur Oberstadt vor-

bei an der St. Peter's Church, Jefferson Rock und dem Harper Cemetery.

C&O Canal National Historic Park RADFAHREN, WANDERN & TREKKEN
(www.nps.gov/choh) Der knapp 300 km lange Weg führt auf der Maryland-Seite am Potomac River entlang. Unter www.nps.gov/hafe findet man Zugangspunkte zum Pfad und eine Liste der Fahrradverleihs.

Appalachian Trail Conservancy WANDERN
(☎304-535-6331; www.appalachiantrail.org; Ecke Washington St & Jackson St; ⊙9–17 Uhr) Der 3476 km lange Appalachian Trail wird von seinem Hauptquartier in diesem riesengroßen Informationszentrum für Wanderer aus verwaltet. Der AT führt durch die nahe gelegene Stadt, und Wanderer – und andere – können hier Halt machen, um Informationen und News über den Pfad zu bekommen, um sich zu unterhalten und um auf die Toilette zu gehen. In der Lounge für Wanderer gibt es WLAN, einen Computer und ein kostenlos nutzbares Telefon – neben einem großen Schild, mit dem die Wanderer daran erinnert werden, ihre Mütter anzurufen.

O Be Joyfull STADTSPAZIERGANG
(☎732-801-0381; www.obejoyfull.com; 110 Church St, Thomas Hall bei der St. Peter's Church; geführte Touren Erw./Kind 8–12 Jahre 34/15 US$) Bietet interessante historische Stadtspaziergänge rund um Harpers Ferry (3–4 Std.).

River Riders ABENTEUERSPORT
(☎800-326-7238; www.riverriders.com; 408 Alstadts Hill Rd; ⊙Juni–Aug. 8–18 Uhr, restliches Jahr andere Öffnungszeiten) Wer raften, Kanu fahren, Tubing betreiben, Kajak fahren oder mehrtägige Wanderungen machen möchte, der ist hier richtig. Außerdem gibt es einen Fahrradverleih und eine 365 m lange Zipline.

Schlafen & Essen

HI-Harpers Ferry Hostel HOSTEL $
(☎301-834-7652; www.hiusa.org; 19123 Sandy Hook Rd, Knoxville, MD; B 25 US$; ⊙Mai–Mitte Nov.; P ❄ @ ☎) Das sympathische Hostel liegt 2 Meilen (gut 3 km) von der Innenstadt entfernt auf der Maryland-Seite des Potomac River und hat jede Menge Annehmlichkeiten zu bieten, so etwa eine Küche, eine Wäscherei und einen Aufenthaltsbereich mit Spielen und Büchern.

Jackson Rose B&B $$
(☎304-535-1528; www.thejacksonrose.com; 1167 W Washington St; Zi. werktags/Wochenende 140/160 US$; Jan. & Feb. geschl.; P ❄ ☎) Elegante Gärten umgeben die herrliche Backsteinresidenz aus dem 18. Jh. In einem der drei hübschen Gästezimmer hat Stonewall Jackson während des Bürgerkriegs für kurze Zeit gewohnt. Alte Möbel und Kuriositäten sind über das Haus verteilt. Das Frühstück ist ausgezeichnet.

Beans in the Belfry AMERIKANISCH $
(☎301-834-7178; www.beansinthebelfry.com; 122 W Potomac St, Brunswick, Maryland; Sandwiches rund 7 US$; ⊙Mo–Do 9–21, Fr 9–22, Sa 8–22, So 8–19 Uhr; ☎ ♿) Die umgebaute Kirche aus rotem Backstein befindet sich rund 10 Meilen (16 km) östlich in Maryland, auf der anderen Seite des Brunswick River. Der Laden punktet mit bunt zusammengewürfelten Sofas, kitschüberladenen Wänden, kleinen Gerichten und einer winzigen Bühne, auf der mehrmals pro Woche abends Folk-, Blues- und Bluegrass-Bands aufspielen. Der sonntägliche Jazz-Brunch (18 US$) ist ein echter Hit.

Anvil AMERIKANISCH $$
(☎304-535-2582; www.anvilrestaurant.com; 1290 W Washington St; Hauptgerichte 11–28 US$; ⊙Mi–So 11–21 Uhr) In der Region gefangene Forelle in Honig-Pekanuss-Butter und der elegante, föderale Speisesaal zeugen von der Klasse des Anvil.

An- & Weiterreise

Amtrak-Züge (www.amtrak.com) fahren vom Bahnhof **Harpers Ferry Station** (www.amtrak.com; Potomac St & Shenandoah St) auf der Capitol-Limited-Route zur Union Station in Washington (tgl., 90 Min.). Züge von MARC (http://mta.maryland.gov) verkehren an Werktagen dreimal täglich auf der Brunswick Line.

Berkeley Springs

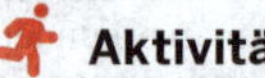

Aktivitäten

Berkeley Springs State Park SPA
(☎304-258-2711; www.berkeleyspringssp.com; 2 S Washington St; 30-minütiges Bad 27 US$, 1-stündige Massage 99–111 US$; ⊙10–18 Uhr) Man sollte sich nicht von der Umkleide der Römischen Bäder des Berkeley Springs State Park abschrecken lassen – dies ist der beste Wellness-Deal der Stadt. Im Brunnen vor der Tür kann man seine Flasche mit dem magischen Wasser auffüllen, und im Sommer werden die Kids ihren Spaß im gechlorten Freibad mit Quellwasser haben (Erw./Kind unter 12 Jahren 5/3 US$).

Schlafen & Essen

Cacapon Resort State Park HÜTTEN $$
(☎ 304-258-1022; www.capaconresort.com/; 818 Cacapon Lodge Dr; Zi. ab 154 US$) Im Cacapon State Park gibt's schlichte Unterkünfte in einer Lodge und moderne, rustikale Hütten (einige mit Kamin) in friedlicher Waldlage 9 Meilen (14,5 km) südlich von Berkeley Springs (abseits des US 522).

Country Inn of Berkeley Springs HOTEL $$
(☎ 304-258-1200; www.thecountryinnwv.com; 110 S Washington St; Zi./Suite ab 119/199 US$; P ❄ 📶) Das Country Inn gleich neben dem Park hat Pauschalangebote mit Unterkunft und luxuriösen Anwendungen. Vor Ort gibt's auch ein gutes Restaurant.

Tari's FUSION $$
(☎ 304-258-1196; www.tariscafe.com; 33 N Washington St; Hauptgerichte mittags 9–14 US$, abends 20–29 US$; ⏲ Mo–Sa 11–21, So bis 19 Uhr; 🖉) Das Tari's ist ein für Berkeley Springs typisches Restaurant, wo man Gerichten aus frischen, regionalen Lebensmitteln und gute vegetarische Angebote bekommt. Die Atmosphäre ist so entspannt, dass am guten Karma nicht zu zweifeln ist.

An- & Weiterreise

Berkeley Springs liegt 40 Meilen (64 km) westlich der I-95. Die Fahrt von Washington, D.C., hierher dauert 90 Minuten.

Monongahela National Forest

Fast die gesamte östliche Hälfte von West Virginia erscheint auf der Landkarte als grüne Parklandschaft – dieser ganze Reichtum wird vom überwältigenden Monongahela National Forest geschützt. Auf einer Fläche von mehr als 3600 km² finden sich reißende Flüsse, Höhlen und der höchste Gipfel des Bundesstaats, der **Spruce Knob**. Zu dem rund 1370 km umfassenden Netz von Wanderwegen gehören auch der 200 km lange, bei Wanderern beliebte **Allegheny Trail** sowie der 121 km lange **Greenbrier River Trail**.

Elkins, an der westlichen Grenze des Parks gelegen, ist ein guter Ausgangspunkt. Auch das **Snowshoe Mountain Resort** (☎ 877-441-4386; www.snowshoemtn.com; 10 Snowshoe Dr; 👪) im Süden auf dem Gipfel des Cheat Mountain eignet sich gut als Basislager für Unternehmungen.

Die surreal wirkende Landschaft der **Seneca Rocks**, 35 Meilen (56 km) südöstlich von Elkins, zieht Kletterer an, die die 274 m hohen Sandsteinwände besteigen.

Sehenswertes

Cranberry Mountain Nature Center MUSEUM
(☎ 304-653-4826; www.fs.usda.gov; Ecke Hwy 150 & Hwy 39/55; ⏲ Mitte April–Mitte Okt. Do–Mo 9–16.30 Uhr) Die Exkremente-Ausstellung an der Wand ist ein echter Hingucker – genau wie die lebenden Schlangen, die in mehreren Terrarien dieses Naturzentrums am südlichen Ende des Waldes leben. Das Cranberry Mountain Nature Center hat 2017 seinen 50. Geburtstag gefeiert und bietet wissenschaftliche Informationen über den Wald und das umliegende 3 km² große Sumpf-Ökosystem.

Blackwater Falls State Park STATE PARK
(☎ 304-259-5216; www.blackwaterfalls.com; 1584 Blackwater Lodge Rd) GRATIS Der Wasserfall stürzt in eine 13 km lange Schlucht, die von Amerikanischen Rot-Fichten, Hickory-Bäumen und Hemlocktannen gesäumt ist. Es gibt hier jede Menge Wanderwege. Ausschau halten nach dem Pendleton Point Overlook, der über dem tiefsten und breitesten Punkt des Canaan Valley thront!

Schlafen & Essen

Im National Forest befinden sich 23 Campingplätze, aufgeteilt auf sechs verschiedene Bezirke. Man sucht sich also zuerst sein Areal aus und macht sich von dort auf den Weg. Einer der Campingplätze erstreckt sich über zwei Districts, und im Greenbrier District gibt es Hütten. Wer es komfortabler braucht, für den stehen in Elkins etwa ein halbes Dutzend Hotels parat. Snowshoe bietet ebenfalls Unterkünfte, von einfachen Studios bis hin zu eleganten Hütten.

Seneca Shadows Campground CAMPING $
(☎ 877-444-6777; www.recreation.gov; Stellplätze 17–50 US$; ⏲ April–Okt.) Umgeben von Bergen und mit Blick auf die Kletterfelsen der Seneca Rocks stehen auf diesem grünen Campingplatz Picknicktische, Feuerstellen und Toiletten mit Spülung bereit.

Vintage MODERN-AMERIKANISCH $$
(☎ 304-636-0808; www.vintageelkins.com; 25 Randolph Ave, Elkins; Hauptgerichte 15–33 US$; ⏲ Mo–Do 11–22, Fr & Sa bis 23, So bis 21 Uhr) Ein

tolles Plätzchen für Holzofenpizza und Wein nach einem langen Wandertag.

An- & Weiterreise

Um diese abgeschiedene und raue Region erkunden zu können, braucht man ein Auto. Elkins liegt 155 Meilen (250 km) von Pittsburgh entfernt, Snowshoe 230 Meilen (370 km) von Washington, D. C.

Südliches West Virginia

Dieser Teil von West Virginia hat sich zum nicht zu unterschätzenden Abenteuerspielplatz an der Ostküste gemausert: Es gibt Wildwasser-Rafting, coole Möglichkeiten zum Mountainbiken, jede Menge Wanderwege durchs Grüne und einladende kleine Städte, die hier alles zusammenhalten. Das vornehme Greenbrier Resort lockt Geldgeber und Golfer in die Gegend.

New River Gorge National River

Der New River ist genau genommen einer der ältesten Flüsse der Welt. Seine urzeitliche, bewaldete Schlucht gehört zu den faszinierendsten Flussläufen in den Appalachen. Der NPS schützt einen Abschnitt des New River, der auf einer Strecke von 80 km 228 Höhenmeter hinunterrauscht; am nördlichen Ende gibt's dicht aneinandergedrängte Stromschnellen bis Klasse V. Das **Canyon Rim Visitor Center** (☎304-574-2115; www.nps.gov/neri; 162 Visitor Center Rd Lansing, WV, GPS 38,07003 N, 81,07583 W; ⏲9–17 Uhr; 👪) 🍃, unmittelbar nördlich der imposanten Brücke über die Schlucht, ist nur eines von vier Visitor Centers des NPS am Flussufer. Hier bekommen Interessierte Infos zu Panoramafahrten (beispielsweise zur denkwürdigen Tour zu der verlassenen Bergwerkssiedlung **Nuttallburg**), zu Anbietern von Wassersportausrüstung, zum Klettern in den Schluchten, zum Wandern, Mountainbiken und zu Raftings auf dem **Gauley River** im Norden. Während der Dammöffnung im Herbst auf dem Gauley River zu raften, ist eine der aufregendsten Erfahrungen, die man in den USA überhaupt machen kann. Wanderwege auf Bergkämmen und in Schluchten gewähren wunderschöne Ausblicke. Hinter der Touristeninformation beginnt ein kurzer Weg, von dem aus man eine herrliche Aussicht auf die Brücke hat. Es gibt hier einige einfache und kostenlose Campingmöglichkeiten.

Sehenswertes & Aktivitäten

Hawks Nest State Park STATE PARK
(☎304-658-5212; www.hawksnestsp.com; 49 Hawks Nest Park Rd; Lodge-Zi./Suite ab 124/151 US$) GRATIS Hier gibt es Wanderwege, ein Naturzentrum und eine Seilbahn (Mai–Okt.; Erw./Kind 7/5 US$), die von der Lodge runter zum Fluss führt. Die gemütlichen Zimmer bieten eine tolle Aussicht auf die Schlucht.

Babcock State Park STATE PARK
(☎304-438-3004; www.babcocksp.com; 486 Babcock Rd; Hütten 66–223 US$, Stellplatz 25–28 US$) Im Babcock State Park können Outdoor-Fans wandern, Kanu fahren, reiten, campen und in Hütten übernachten. Das Highlight des Parks ist die malerische **Glade Creek Grist Mill**.

Mystery Hole MUSEUM
(☎304-658-9101; www.mysteryhole.com; 16724 Midland Trail, Ansted; Erw./Kind 7/6 US$; ⏲Juni–Okt. 10.30–17.30 Uhr) Das Mystery Hole ist eine der größten Straßenrandattraktionen der ganzen USA. Hier wird den Gesetzen der Physik und den Grenzen des guten Geschmacks ein Schnippchen geschlagen. Alles in diesem Irrenhaus ist irgendwie ein bisschen schräg.

Adventures on the Gorge ABENTEUER
(☎855-379-8738; www.adventuresonthegorge.com; 219 Chestnutburg Rd, Lansing; Hütte ab 89 US$) Der angesehene Veranstalter Adventures on the Gorge hat jede Menge Aktivitäten im Programm, darunter Wildwasser-Rafting, Ziplining, Abseilen und mehr. Er betreibt auch diverse Hütten (ein paar davon mit Whirlpool) und mehrere beliebte Restaurants, darunter das **Smokey's Steakhouse** (Hauptgerichte 18–36 US$) in der Nähe der Schlucht.

Bridgewalk WANDERN
(☎304-574-1300; www.bridgewalk.com; 69 US$/Pers.; ⏲10–15 Uhr) Im Rahmen der geführten Wanderungen genießen die Teilnehmer den tollen Ausblick auf die New River Gorge von einem Weg unterhalb der berühmten Brücke aus.

An- & Weiterreise

Es gibt einen Flughafen in Charleston, WV, 70 Meilen (113 km) nördlich. Züge von Amtrak (www.amtrak.com) halten an drei Orten im Park, z. B. am Prince Depot, 23 Meilen (37 km) südlich von Fayetteville. Greyhound-Busse (www.greyhound.com) halten in Beckley (360 Prince St).

Fayetteville

Das winzige Fayetteville ist der perfekte Anlaufpunkt für diejenigen, die den Nervenkitzel auf dem New River suchen, und zugleich ein künstlerisch angehauchtes Bergstädtchen.

Sehenswertes & Aktivitäten

Beckley Exhibition Coal Mine MINE
(☎304-256-1747; www.beckley.org/general-information-coal-mine; 513 Ewart Ave, Beckley; Erw./Kind 20/12 US$; ⏲April–Okt. 10–18 Uhr) Diese Mine in Beckley ist heute ein Museum über die Kohlegeschichte der Stadt. Besucher können 450 m in eine alte Zeche einfahren, Ausstellungen über den Alltag in einer Mine bestaunen und das Bergwerkslager im Ort erkunden.

Cantrell Ultimate Rafting RAFTING
(☎304-877-8235; www.cantrellultimaterafting.com; 49 Cantrell Dr; Lower/Upper Gauley Rafting ab 130/144 US$) Unter den vielen staatlich lizenzierten Rafting-Anbietern in der Gegend sticht Cantrell Ultimate Rafting mit seinen Wildwassertouren hervor.

Long Point Trail WANDERN
(www.nps.gov/neri/planyourvisit/longpoint_trail.htm; Newtown Rd, Fayetteville) Dieser 4,8 km lange Rundweg führt zu Aussichtspunkten auf die New River Gorge und die New River Gorge Bridge.

New River Bikes RADFAHREN
(☎304-574-2453; www.newriverbikes.com; 221 N Court St; Leihfahrrad 35 US$/Tag, geführte Touren 79–110 US$; ⏲Mo–Fr 10–18, Sa bis 16 Uhr) In der Gegend gibt es tolle Möglichkeiten zum Mountainbiken, besonders auf den abgestuften Hängen der Arrowhead Trails.

Schlafen & Essen

River Rock Retreat Hostel HOSTEL $
(☎304-574-0394; www.riverrockretreatandhostel.com; Lansing-Edmond Rd; B 23 US$; P❄) Dieses Hotel mit einfachen, sauberen Zimmern und großen Gemeinschaftsbereichen befindet sich knapp 1,5 km nördlich der New River Gorge Bridge. Die Besitzerin Joy Marr weiß viel über die Region.

Cathedral Café CAFÉ $
(☎304-574-0202; www.facebook.com/cathedralcafe; 134 S Court St; Hauptgerichte mittags 8–9 US$, abends 11–14 US$; ⏲So–Do 7.30–16, Fr & Sa bis 21 Uhr; 📶🌶) Man startet gut in den Tag mit Frühstück unter den Buntglasfenstern.

An- & Weiterreise

Mittwochs, freitags und samstags halten Züge von Amtrak (www.amtrak.com) am **Prince Depot** (www.amtrak.com; 5034 Stanaford Rd), 23 Meilen (37 km) südlich von Fayetteville auf der Cardinal-Route, die NYC, Washington, D. C., und Chicago verbindet. Der Bahnhof ist abgelegen, und es gibt keine Autovermietungen vor Ort. Man muss sich hinfahren lassen.

Der Süden

Inhalt ➡

Gut essen

- Peche Seafood Grill (S. 501)
- Hattie B's (S. 430)
- Dish Dive (S. 454)
- Edmund's Oast (S. 408)
- Saw's Soul Kitchen (S. 469)

Schön übernachten

- Bunn House (S. 399)
- Urban Oasis B&B (S. 452)
- Crash Pad (S. 434)
- 21c Museum Hotel (S. 441)
- Shaker Village at Pleasant Hill (S. 443)

Auf in den Süden!

Der Süden war vermutlich die erste Region der USA, die als solche betrachtet wurde – eine „Region" mit besonderen kulturellen und geografischen Eigenschaften, die sich durch ihre eigene Küche, Landschaft, Literatur und Musik, ihren eigenen Akzent und durch ihre eigene Geschichte auszeichnet, die ebenso lang und prachtvoll wie brutal und blutig ist.

Der Süden erstreckt sich von den Granitfelsen und bewaldeten Landstrichen Kentuckys und Tennessees über raue Hügel und dichte Wälder, bevor er in das Land der Flüsse übergeht, darunter auch der längste in Nordamerika, der Mississippi. Diese sumpfigen, sonnengetränkten Marschen verlieren sich schließlich in den salzigen Weiten des Atlantischen Ozeans und des Golfs von Mexiko. Auch wenn sich die Einwohner des Südens Land und Wasser sehr verbunden fühlen, leben die meisten von ihnen in tief in der amerikanischen Seele verwurzelten Städten, vom schweißgetränkten, schwarz geprägten Charleston oder New Orleans bis hin zum kunterbunten Atlanta, das jeden offen empfängt.

Reisezeit

New Orleans

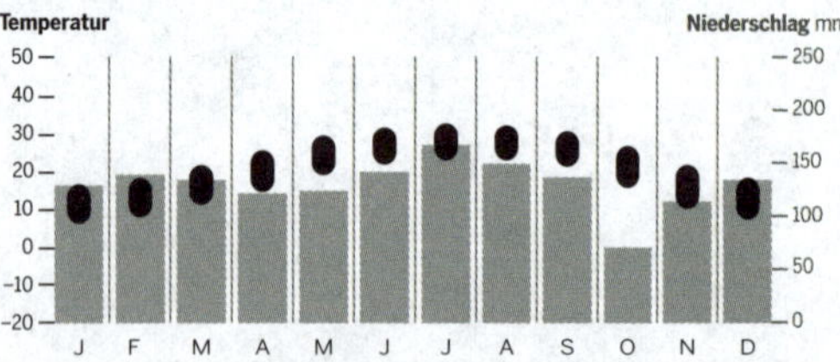

Nov.–Feb. Der Winter ist im Süden meist mild, und Weihnachten wird mit viel Inbrunst gefeiert.

April–Juni Der Frühling ist grün und warm, es blühen duftender Jasmin, Gardenien und Tuberosen.

Juli–Sept. Im Sommer ist es oft sehr schwül, und die Einheimischen stürmen die Strände.

NORTH CAROLINA

Der konservative Old South und der liberale New South kämpfen im schnell wachsenden „Tar Heel State", dem Zuhause von Hipstern, Schweinefarmern, Hightech-Wunderkindern und einer stetig steigenden Zahl an Craft-Bier-Brauereien, um die politische Vorherrschaft. Meist existieren die verschiedenen Kulturen und Gemeinden hier friedlich nebeneinander, von den uralten Bergen im Westen bis zu den vorgelagerten, sandigen Inseln im Atlantik.

Mit 52218 über den Bundesstaat verteilten Farmen ist die Landwirtschaft eine starke Wirtschaftskraft. North Carolina ist landesweit führend in der Tabakproduktion und der zweitgrößte Schweinelieferant. Aber auch neue Technologien kurbeln die Wirtschaft an: Über 200 Unternehmen haben sich allein im Research Triangle Park angesiedelt. Weitere wichtige Industriezweige sind Finanzen, Nanotechnologie und Weihnachtsbäume – und die Craft-Bier-Brauer trugen über 2 Mrd. US$ bei.

Am besten schnappt man sich einen Grillteller, gießt sich ein lokales Bierchen ein und schaut zu, wie die Duke Blue Devils auf dem Basketballplatz gegen die Carolina Tar Heels kämpfen – Collegemannschaften sind in der Seele Carolinas fast genauso tief verwurzelt wie Jesus.

Geschichte

Schon seit über 10000 Jahren leben amerikanische Ureinwohner in North Carolina. Zu den größten Stämmen zählten die Cherokee in den Bergen, die Catawba im Piedmont und die Waccamaw in der Küstenebene.

Der Bundesstaat – benannt nach dem englischen König Karl I. (lat. Carolus) – war das zweite Gebiet, das die Briten kolonisierten, und die erste Kolonie, die für die Unabhängigkeit von der britischen Krone stimmte. Mehrere wichtige Schlachten des Unabhängigkeitskriegs wurden hier ausgefochten.

Bis weit ins 19. Jh. hinein blieb North Carolina ein verschlafene, von der Landwirtschaft geprägte provinzielle Region, was ihm den Spitznamen „Rip Van Winkle State" eintrug (nach dem Held aus Irvings Erzählung *Rip Van Winkle*). In der Sklavereifrage gespalten – die meisten Einwohner waren schlichtweg zu arm, um sich Sklaven zu halten –, schloss es sich im Bürgerkrieg als letzter Bundesstaat der Sezession an, stellte dann jedoch mehr Soldaten für die konföderierte Armee als jeder andere.

In der Mitte des 20. Jhs. war North Carolina ein Zentrum der Bürgerrechtsbewegung. So fanden in Greensboro von den Medien stark beachtete Sit-ins statt, und in Raleigh wurde das einflussreiche Student Nonviolent Coordinating Committee (SNCC) gegründet. In der zweiten Hälfte des 20. Jhs. siedelten sich in Charlotte die Finanzindustrie und in der Region Raleigh-Durham Technologie- und Pharmaunternehmen an. Das führte zu einem hohen Bevölkerungszuwachs und zu deutlich mehr kultureller Vielfalt.

Auch in jüngerer Vergangenheit war North Carolina einmal mehr wegen Diskriminierung und sozialer Probleme in den Schlagzeilen, als es 2016 das berüchtigte „Toilettengesetz" verabschiedete, das es Städten untersagte, Transgender-Menschen die freie Toilettenwahl zu erlauben, je nachdem, mit welchem Geschlecht sie sich identifizieren. Die Aktion kostete den Bundesstaat (bisher) rund 630 Mio. US$ an verlorenen Einkünften (die NBA etwa verlegte ihr jährliches All-Star Game nach New Orleans, die NCAA strich für 2016 und 2017 gar alle Turniere im Bundesstaat). Dies riss zwar kein riesiges Loch in North Carolinas jährlichen BIP-Topf von 510 Mrd. US$, aber es war auch nicht nur Kleingeld. Gouverneur Roy Cooper setzte das Gesetz daher im Frühjahr 2017 wieder außer Kraft, kaum ein Jahr nach seiner Verabschiedung.

Küste North Carolinas

Die Küste North Carolinas erstreckt sich über fast 500 km. Sie ist erstaunlich wenig erschlossen; oft sieht man den Strand schon von der Küstenstraße aus. O.k., südlich von Corolla bis Kitty Hawk hat man mitunter das Gefühl, die Cottage-Fluten würden niemals abebben, der Großteil der Küste des Bundesstaats ist bisher aber von grellen, kommerzialisierten Urlaubsorten verschont geblieben. Stattdessen findet man hier schroffe, windgepeitschte Düneninseln, koloniale, einst von Piraten heimgesuchte Dörfer und entspannte Strandorte, in denen die Eisdielen noch den Einheimischen gehören und die Motels noch Familienbetriebe sind. Selbst die touristischsten Strände versprühen eine sympathische Kleinstadtatmosphäre.

Für echte Abgeschiedenheit fährt man zu den abgelegenen Outer Banks, wo die Fischer noch immer vom Garnelenfang leben und die älteren Leute einen archaischen,

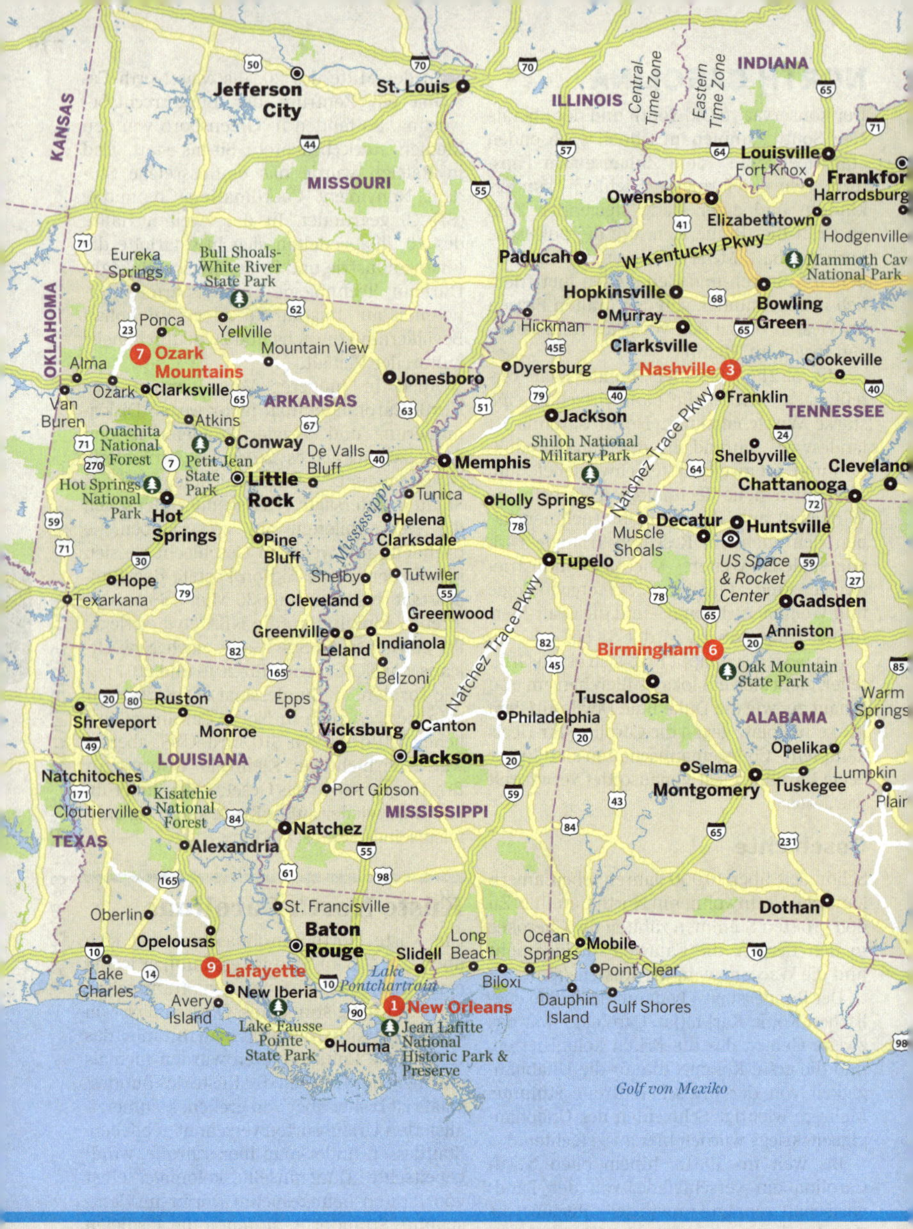

Highlights

❶ **New Orleans** (S. 489) Der Magie von Amerikas ungewöhnlichster Stadt erliegen

❷ **Great Smoky Mountains National Park** (S. 401) In der spektakulärsten Landschaft des Südens wandern und campen

❸ **Nashville** (S. 424) Durch Honky-Tonk-Bars ziehen

❹ **Outer Banks** (S. 382) Auf dem windumtosten Hwy 12 North Carolina der Länge nach „erfahren"

❺ **Charleston** (S. 404) Häuser aus der Vorbürgerkriegszeit und die Küche des Low Country entdecken

6 Birmingham Civil Rights Institute (S. 468) Die Geschichte der Bürgerrechtsbewegung kennenlernen

7 Ozark Mountains (S. 485) Höhlen, Berge, Flüsse, Wälder und Folkmusik der Hochlandregion erleben

8 Savannah (S. 460) Sich von der Romantik und der Gastfreundschaft der Südstaaten verführen lassen

9 Lafayette (S. 509) Tolles Essen und noch bessere Musik genießen

10 Atlanta (S. 446) Sich von der Energie der größten Stadt des Südens mitreißen lassen

britisch gefärbten Dialekt sprechen. Das weiter im Süden gelegene Wilmington ist ein Zentrum für Film- und Fernsehproduktionen, und an den umliegenden Stränden tummeln sich Traveller sowie – während des Spring Break – massenhaft Studenten.

An- & Weiterreise

Die den Outer Banks am nächsten gelegenen kommerziellen Flughäfen sind der Norfolk International Airport (S. 344), 132 km nördlich in Virginia, und der Raleigh-Durham International Airport (S. 392) in North Carolina, 309 km westlich. Fähren verbinden die isoliertere Ocracoke Island in den Outer Banks mit Hatteras Island und Cedar Island sowie Swan Quarter auf dem Festland.

Wilmington hat einen eigenen Flughafen, den **Wilmington International Airport** (ILM; ☎ 910-341-4125; www.flyilm.com; 1740 Airport Blvd).

Outer Banks

Die Outer Banks (kurz: OBX) bilden ein zartes Band aus Sand, das sich über 160 km an die Küste schmiegt und durch Meerengen und Wasserstraßen vom Festland getrennt ist. Von Norden nach Süden reihen sich die Inseln Bodie (ausgesprochen: „Body"), Roanoke, Hatteras und Ocracoke aneinander. Im Prinzip sind sie nichts anderes als durch Brücken und Fähren verbundene Sandbänke. Ganz im Norden liegen die wunderbar ruhigen, teuren Gemeinden **Corolla** (ausgesprochen „kur-all-ah", nicht wie das Auto), **Duck** und **Southern Shores**, ehemalige Entenjagdgebiete der Schönen und Reichen aus dem Nordosten. Die beinahe zusammenhängenden Städte **Kitty Hawk**, **Kill Devil Hills** und **Nags Head** auf Bodie Island sind stark bebaut und eher touristisch, mit Fisch-Schnellrestaurants, Drive-in-Bierläden, Motels und Dutzenden Geschäften mit Strandzubehör. **Roanoke Island**, westlich von Bodie, bietet Kolonialgeschichte und das altmodische Hafenstädtchen **Manteo**. Weiter südlich liegt **Hatteras Island**, ein nationales Meeresschutzgebiet mit winzigen Dörfern und wilder, windiger Schönheit. Am äußersten Südende von OBX knacken alte Seebären auf der nur per Fähre zu erreichenden **Ocracoke Island** Austern und weben Hängematten.

Sehenswertes

Corolla, die nördlichste Stadt am Hwy 158, ist für ihre Wildpferde berühmt. Die Pferde, Nachkommen der kolonialen spanischen Mustangs, streifen frei über die Dünen im Norden; zahlreiche Anbieter haben entsprechende Touren im Programm. Der von Dörfern unterbrochene Cape Hatteras National Seashore lockt mit mehreren sehenswerten Leuchttürmen. Eine Fahrt auf dem Hwy 12, der viele der Outer Banks miteinander ver-

DER SÜDEN IN ...

... einer Woche

Nach der Ankunft in New Orleans (S. 489) vertritt man sich bei einem Spaziergang durch das legendäre French Quarter erst einmal die Beine und verbringt die verbleibende Zeit dann in einem Zydeco-Schuppen, wo man in die Jazzgeschichte eintaucht und die Nacht zum Tag macht. Auf dem Weg ins entspannte Delta lohnt sich ein Halt in Clarksdale, wo ein temperamentvoller Blues-Abend in den Juke Joints ansteht, bevor man, in Memphis (S. 416) angekommen, in Graceland (S. 418) auf den Spuren des King of Rock 'n' Roll wandelt. Von hier aus geht's den Music Hwy hinunter nach Nashville (S. 424), wo im Country Music Hall of Fame and Museum (S. 425) Elvis' goldener Cadillac ausgestellt ist. In den Country-Kneipen (Honky Tonks) des District kann man dann an seinen Fähigkeiten im Line Dance arbeiten.

... zwei bis drei Wochen

Von Nashville aus geht es gen Osten zu einer Wanderung inmitten der zerklüfteten Gipfel und Wasserfälle des Great Smoky Mountains National Park (S. 401), bevor man eine erholsame Nacht im künstlerisch angehauchten Gebirgsstädtchen Asheville (S. 397) verbringt und das unverschämt protzige Biltmore Estate (S. 398), das größte Privathaus der USA, besichtigt. Danach führt die Reise weiter an die atlantische Küste, wo die sandigen Düneninseln der abgelegenen Outer Banks zum Entspannen einladen. Etwas weiter die Küste hinunter liegt Charleston (S. 404), das mit kulinarischen Köstlichkeiten und traumhaft schöner Architektur einen gelungenen Abschluss bildet.

bindet und einen Abschnitt des Outer Banks National Scenic Byway (mit seinen 21 Küstenorten) einnimmt, gehört zu den schönsten amerikanischen Panoramastraßen, egal, ob man in den erstaunlich einsamen Wintermonaten oder im sonnigen Sommer kommt.

Wer über die Strände der Outer Banks oder des Cape Hatteras National Seashore fahren will, braucht eine Fahrerlaubnis für Geländefahrzeuge (ORVs); sie kostet 25 US$ bis 50 US$. Näheres gibt's unter www.outerbanks.org/plan-your-trip/beaches/driving-on-beach.

Whalehead Club HISTORISCHES GEBÄUDE

(☎ 252-453-9040; www.visitcurrituck.com; 1160 Village Lane, Corolla; Erw./Kind 6–12 Jahre 7/5 US$; ⏲ Touren Mo–Sa 10–16 Uhr, kann saisonal abweichen) Der sonnenblumengelbe Whalehead Club wurde in den 1920er-Jahren im Jugendstil als „Jagdhütte" für einen Industriemagnaten aus Philadelphia erbaut. Das Gebäude ist das Herzstück des Currituck Heritage Park im Städtchen Corolla.

Currituck Beach Lighthouse LEUCHTTURM

(www.currituckbeachlight.com; 1101 Corolla Village Rd, Corolla; Erw./Kind unter 8 Jahre 10 US$/frei; ⏲ März–Nov. 9–17 Uhr) 220 Stufen führen auf diesen Leuchtturm aus rotem Backstein, der immer noch in Betrieb ist.

Wright Brothers National Memorial PARK, MUSEUM

(☎ 252-473-2111; www.nps.gov/wrbr; 1000 North Croatan Hwy, Kitty Hawk; Erw./Kind unter 16 Jahre 7 US$/frei; ⏲ 9–17 Uhr) Die autodidaktischen Ingenieure Wilbur und Orville Wright starteten am 17. Dezember 1903 den ersten erfolgreichen Flug mit einem Flugzeug (er dauerte 12 Sekunden). Die Startstelle ist durch einen Felsen markiert. Man kann auf den nahen Hügel steigen, auf dem die Brüder frühe Gleiter-Experimente durchführten, und der Blick aufs Meer und die Meerenge ist auch nicht schlecht. Das **Wright Brothers Visitor Center** soll nach einer Komplettrenovierung im Sommer 2018 wiedereröffnen und zeigt Ausstellungen und eine Reproduktion des Flugapparats von 1903.

Fort Raleigh National Historic Site HISTORISCHE STÄTTE

(www.nps.gov/fora; 1401 National Park Dr, Manteo; ⏲ Gelände Sonnenaufgang–Sonnenuntergang) Ende der 1580er-Jahre, drei Jahrzehnte, bevor die Pilgerväter am Plymouth Rock an Land gingen, verschwand eine Gruppe von 116 britischen Kolonisten spurlos aus ihrer Siedlung auf Roanoke Island. Wurden sie Opfer einer Dürre? Flohen sie mit einem Stamm von Ureinwohnern? Das Schicksal der „Verlorenen Kolonie" bleibt eines der größten Rätsel Amerikas. Im Visitor Center kann man ihre Geschichte erforschen.

Zu den Hauptattraktionen der Stätte gehört das beliebte Musical **Lost Colony Outdoor Drama** (☎ 252-473-6000; www.thelostcolony.org; 1409 National Park Dr, Manteo; Erw./Kind ab 20/10 US$; ⏲ Ende Mai–Mitte Aug. Mo–Sa 19.45 Uhr), das von Ende Mai bis August aufgeführt wird. Das Stück des mit dem Pulitzer-Preis ausgezeichneten, aus North Carolina stammenden Dramatikers Paul Green erzählt vom Schicksal der Kolonisten und feierte 2017 seinen 80. Jahrestag. Es wird den ganzen Sommer über im Waterside Theater gezeigt. Zu den weiteren Attraktionen gehören Ausstellungen, Landkarten und ein kostenloser, die Fantasie anregender Film (17 Min.) im Visitor Center. Die **Elizabethan Gardens** (☎ 252-473-3234; www.elizabethangardens.org; 1411 National Park Dr, Manteo; Erw./Kind 6–17 Jahre 9/6 US$; ⏲ Juni–Aug. 9–19 Uhr, Sept.–Mai kürzere Öffnungszeiten) im Stil des 16. Jhs. umfassen einen shakespearesken Kräutergarten und reihenweise wunderschön angelegte Blumenbeete. Am Eingang wacht eine imposante Statue von Elizabeth I.

Cape Hatteras National Seashore INSEL

(☎ 255-475-9000; www.nps.gov/caha) Über rund 110 km erstreckt sich südlich von Nags Head bis zum Südende der Ocracoke Island eine fragile Inselkette, die zum Glück von starker Bebauung verschont blieb. Hier lockt die Natur mit Wasservögeln (sowohl Stand- als auch Zugvögel), Sümpfen, Wäldern, Dünen und meilenlangen leeren Stränden.

Bodie Island Lighthouse LEUCHTTURM

(☎ 255-473-2111; www.nps.gov/caha; Bodie Island Lighthouse Rd, Nags Head; Museum Eintritt frei, Führung Erw./Kind bis 11 Jahre 8/4 US$; ⏲ Visitor Center 9–17 Uhr, Leuchtturm Ende April–Anfang Okt. Bis 16.30 Uhr 👪) Der fotogene, 1872 erbaute Leuchtturm ist seit 2013 für Besucher zugänglich. Der 50 m hohe Turm hat noch immer seine originale Fresnel-Linse – eine Seltenheit. Bis nach oben sind es mehr als 200 Stufen. Im ehemaligen Leuchtturmwärterhäuschen ist heute das Visitor Center untergebracht.

Pea Island National Wildlife Refuge NATURRESERVAT

(☎ 252-987-2394; www.fws.gov/refuge/pea_island; Hwy 12, Rodanthe; ⏲ Visitor Center 9–16 Uhr,

Wege Sonnenaufgang–Sonnenuntergang) Dieses 2361 ha große Reservat (reine Landmasse) ist ein Paradies für Vogelbeobachter, mit zwei Naturpfaden (beide rollstuhlgerecht) und 21 km unberührtem Strand für die 365 hier verzeichneten Arten. Die Beobachtungsstationen im Visitor Center bieten Blick auf den benachbarten Teich.

Cape Hatteras Lighthouse LEUCHTTURM
(☎252-475-9000; www.nps.gov/caha; 46368 Lighthouse Rd, Buxton; Turmbesteigung Erw./Kind bis 12 Jahre 8/4 US$; ⏲Visitor Center 9–17 Uhr, Leuchtturm Mitte April–Anfang Okt. bis 16.30 Uhr) Der beeindruckende schwarz-weiß gestreifte Bau ist mit einer Höhe von 63,4 m der höchste aus Backsteinen erbaute Leuchtturm der USA und eines der größten Wahrzeichen North Carolinas. Nachdem man die 257 Stufen bis nach oben bezwungen hat, kann man sich die interessante Ausstellung über die Lokalgeschichte im Museum of the Sea anschauen, das im ehemaligen Leuchtturmwärterhaus untergebracht ist.

Graveyard of the Atlantic Museum MUSEUM
(☎252-986-2995; www.graveyardoftheatlantic.com; 59200 Museum Dr, Hattaras; ⏲10–16 Uhr) GRATIS Ausstellungen über Schiffwracks, Piraterie und geborgene Schiffsfracht sind die Highlights des Schifffahrtsmuseums am Ende der Straße. Vor der Küste der Outer Banks liegen mehr als 2000 Schiffwracks. Eine Ausstellung schildert, wie 2006 nahe Frisco ein Container mit Tausenden Doritos-Chipstüten an Land gespült wurde.

Aktivitäten

Kitty Hawk Kites ABENTEUERSPORT
(☎252-441-6800; www.kittyhawk.com; 3933 S Croatan Hwy, Jockey's Ridge Crossing, Nags Head; E-Bike-Verleih 15 US$/Tag, Kajak 39–59 US$, Stehpaddelbrett 59–69 US$) Das schon seit mehr als 30 Jahren bestehende Kitty Hawk Kites hat mehrere Standorte an der Küste der Outer Banks. Im Angebot sind Anfängerkurse im Kiteboarden (5 Std., 400 US$) in Rodanthe sowie Hängegleiterkurse im Jockey's Ridge State Park (ab 109 US$). Vermietet auch Kajaks, Segelboote, Stehpaddelbretter, Fahrräder und Inlineskates.

Corolla Outback Adventures TOUREN
(☎252-453-4484; www.corollaoutback.com; 1150 Ocean Trail, Corolla; 2-stündige Tour Erw./Kind unter 13 Jahren 50/25 US$) Der Tourenbetreiber Jay Bender, dessen Familie die ersten geführten Touren in Corolla anbot, weiß bestens über die Geschichte und die Pferde der Umgebung Bescheid. Im Geländewagen geht's hinunter zum Strand und durch die Dünen, um die wilden Mustangs zu beobachten, die über die nördlichen Outer Banks streifen.

Schlafen

Breakwater Inn MOTEL $
(☎252-986-2565; www.breakwaterhatteras.com; 57896 Hwy 12, Hattaras; Zi./Suite ab 179/213 US$, Zi. Motel ab 117 US$; P❄📶🏊🐾) Diese dreistöckige, mit Schindeln gedeckte Unterkunft ist gar nicht so übel. Die Zimmer bieten Küchenzeile und Privatterrasse mit Blick auf die Meerenge. Bei kleinem Budget kann man auf eines der „Fisherman's Quarters"-Zimmer mit Mikrowelle und Kühlschrank ausweichen.

Shutters on the Banks HOTEL $$
(☎252-441-5581; www.shuttersonthebanks.com; 405 S Virginia Dare Trail; Zi. 69–269 US$; P❄📶🏊) Dieses einladende Strandhotel mit 86 Zimmern liegt zentral in Kill Devil Hills und versprüht ein fröhlich-buntes Flair. Die hübschen Zimmer bieten Lamellenfenster und farbenfrohe Kunst sowie Flachbild-TVs, Kühlschrank und Mikrowelle.

Sanderling Resort & Spa RESORT $$$
(☎252-261-4111; www.sanderling-resort.com; 1461 Duck Rd, Duck; Zi. 160–599 US$, Suite 599–750 US$; P❄📶🏊) Die umgestalteten Zimmer geben dieser teuren Unterkunft einen stilvollen Kick. Sportleggings nicht vergessen: Das Resort bietet Yoga am Strand bei Sonnenaufgang an. Die Einrichtung ist makellos geschmackvoll, und die zugehörigen Balkone laden dazu ein, das Rauschen des Ozeans und die sanfte Brise zu genießen.

Essen & Ausgehen

John's Drive-In SEAFOOD, EIS $
(www.johnsdrivein.com; 3716 N Virginia Dare Trail, Kitty Hawk; Hauptgerichte 2,25–9.50 US$; ⏲Do–Di 11–17 Uhr) Die Institution in Kitty Hawk verkauft perfekt gebratene Goldmakrelen, die man draußen an den Picknicktischen verdrücken kann. Zum Runterspülen kann man unter Hunderten Milchshakes wählen.

★ **Kill Devil Grill** FISCH & SEAFOOD, AMERIKANISCH $$
(☎252-449-8181; www.thekilldevilgrill.com; 2008 S Virginia Dare Trail, Kill Devil Hills; Mittagessen 7–13 US$, Abendessen 10–22 US$; ⏲Di–Do 11.30–21, Fr & Sa bis 22 Uhr) Uns fällt nur ein Wort ein: Wow! Dieses historische Restaurant – der

Eingang ist ein denkmalgeschütztes Diner von 1939 – serviert Klassiker und Fisch & Meeresfrüchte, alles sehr lecker und in üppigen Portionen. Bei den speziellen Tagesgerichten glänzt die Küche so richtig.

★ Blue Moon Beach Grill SEAFOOD, SANDWICHES **$$**
(☎252-261-2583; www.bluemoonbeachgrill.com; 4104 S Virginia Dare Trail, Nags Head; Hauptgerichte 10–29 US$; ⏲11.30–21 Uhr) Kann man bei Pommes ins Schwärmen geraten? Kann man. Denn in diesem zwanglosen Strandlokal sind die leicht gewürzten Fritten wirklich fantastisch. Selbiges gilt für die Sandwiches mit getrockneten Goldmakrelen, Applewood-Schinken, lokalen Currituck-Tomaten und Jalapeño-Remoulade.

ℹ Praktische Informationen

Die besten Infoquellen sind die großen Visitor Centers; viele kleinere sind nur saisonal geöffnet. Ebenfalls nützlich: www.outerbanks.org.

Aycock Brown Welcome Center (☎877-629-4386; www.outerbanks.org; 5230 N Croatian Hwy, Kitty Hawk; ⏲9–17 Uhr) An der Umgehungsstraße in Kitty Hawk; bietet Karten und Informationen.

Fort Raleigh National Historic Site Visitor Center (☎252-475-9001; www.nps.gov/fora; 1401 National Park Dr; ⏲Mo–Sa 9–16, So 12–16 Uhr)

Hatteras Island Visitor Center (☎252-475-9000; www.nps.gov/caha; 46368 Lighthouse Rd, Buxton; ⏲9–17 Uhr) Neben dem Leuchtturm von Cape Hatteras.

Ocracoke Island Visitor Center (☎252-475-9701; www.nps.gov/caha; 38 Irvin Garrish Hwy; ⏲9–17 Uhr) Nahe dem südlichen Fährdock.

Sarah Owen Welcome Center (☎877-629-4386; www.outerbanks.org; 1 Visitors Center Cir, Manteo; ⏲9–17 Uhr) Gleich östlich der Virginia Dare Memorial Bridge am US 64 Bypass auf Roanoke Island.

Whalebone Welcome Center (☎877-629-4386; www.outerbanks.org; 2 NC Hwy 12, Nags Head; ⏲März–Dez. 8.30–17 Uhr) An der Kreuzung Hwy 64 und Hwy 12 in Nags Head.

ℹ An- & Weiterreise

Zu oder auf den Outer Banks gibt's keinen öffentlichen Nahverkehr.

Wer selbst fährt, sollte im Sommer möglichst nicht am Wochenende ankommen oder abreisen, dann treibt einen der Verkehr in den Wahnsinn. Das Outer Banks Visitors Bureau bietet auf seiner Website einen umfassenden Straßenführer für OBX mit vielen Tipps und alternativen Routen, damit man seinen Urlaub nicht nur im Auto verbringt (www.outerbanks.org).

FÄHRE

Das North Carolina Ferry System (www.ncdot.gov/ferry) unterhält verschiedene Verbindungen, u. a. die kostenlose Autofähre Hatteras–Ocracoke (1 Std.), die in der Hochsaison von Hatteras stündlich bzw. halbstündlich 36-mal zwischen 5 Uhr und Mitternacht fährt; Reservierungen sind nicht möglich. Die North-Carolina-Fähren fahren zudem ca. alle drei Stunden zwischen Ocracoke und Cedar Island (einfache Strecke Auto/Motorrad 15/10 US$, 2¼ Std.) sowie Ocracoke und Swan Quarter auf dem Festland (15/10 US$/2¾ Std.); Reservierungen sind im Sommer auf beiden Strecken empfehlenswert.

Ocracoke Island

Ocracoke Village ist eine lässige kleine Gemeinde, in der es ziemlich entspannt zugeht.

OCRACOKES EINGEZÄUNTE PONYS

Der Legende zufolge sind die „wilden" Ponys von Ocracoke Island Nachfahren der ungezähmten spanischen Mustangs, die von den Entdeckern im 16. und 17. Jh. ausgesetzt wurden, nachdem sie Schiffbruch erlitten hatten. Damals war es üblich, Vieh abzuladen, um die Fracht zu verringern und wieder auf die offene See fahren zu können, wenn man auf Grund gelaufen war. Die als „Banker Ponys" bekannten Tiere sind in der Pferdewelt einzigartig – sie haben eine andere Zahl an Wirbeln und Rippen, eine ganz eigene Form, Haltung, Farbe und Größe und ein anderes Gewicht als alle anderen Pferde. Am faszinierendsten an den Ocracoke-Ponys ist jedoch, dass sie in den 1950er-Jahren schließlich von einer Pfadfindertruppe eingefangen und gezähmt wurden – im Pony Island Restaurant kann man sich die Fotos dazu anschauen. 1959 wurden sie in einem *pony pen* (Pony-Koppel) eingezäunt, um eine Überweidung zu vermeiden und die Tiere vor den Gefahren des NC Hwy 12 zu schützen, der damals gebaut wurde. Heute leben 17 Ponys im Ocracoke Pony Pen am Pony Pen Beach. Sie werden vom National Park Service versorgt, können sich am Strand frei bewegen und auch im Meer baden. Von einer Aussichtsterrasse kann man sie beobachten.

Abgesehen von diesem Dorf ist die gesamte Insel im Besitz des National Park Service.

Die älteren Einwohner sprechen noch immer den als „Hoi Toide" („high tide", dt. „Flut") bezeichneten britischen Dialekt aus dem 17. Jh. und nennen Nicht-Inselbewohner *dingbatters* (auch wenn diese Tradition wohl bald aussterben wird). Edward Teach – alias Blackbeard, der Pirat – versteckte sich in der Gegend und wurde 1718 hier getötet. Man kann am Pony Pen Beach zelten, wo sich wilde Ponys tummeln und manchmal sogar schwimmen gehen, in einer lokalen Kneipe ein Fisch-Sandwich genießen, durch die schmalen Gassen des Dorfes radeln oder entlang der 25 km langen Küste in den Sanddünen lümmeln und Sonne tanken.

Ocracoke ist als Tagesausflug von Hatteras aus beliebt, aber dank seiner lebendigen Kultur und des entspannten Flairs lohnt sich auch ein längerer Aufenthalt von ein oder zwei Nächten. Zur Wahl stehen eine Handvoll B&Bs, ein paar Motels, ein Campingplatz des Park Service in Strandnähe und Hütten.

Sehenswertes & Aktivitäten

Ocracoke Lighthouse LEUCHTTURM
(www.nps.gov/caha; Lighthouse Rd) Dieser Leuchtturm wurde 1823 erbaut und ist der älteste in North Carolina, der noch im Dienst ist. Besteigen kann man ihn aber nicht.

Ocracoke Pony Pen AUSSICHTSPUNKT
(www.nps.gov/caha; Hwy 12) Von der Aussichtsterrasse des National Park Service kann man einen Blick auf Ocracokes „wilde" Ponys erhaschen, die hier seit Ende der 1950er-Jahre in einem Gehege leben und vom NPS versorgt werden. Die Gehege befinden sich vom Ocracoke-Hatteras-Fähranleger 10 km entfernt am Hwy 12.

Portsmouth Island ATV Tours GESCHICHTE
(☎252-928-4484; www.portsmouthislandatv.com; 396 Irvin Garrish Hwy; Tour 90 US$; ⊙April–Okt.) Bietet täglich zwei faszinierende Touren (8 & 13 Uhr) zur nahen Insel Portsmouth, eine 20-minütige Bootsfahrt von Ocracoke entfernt. Dort wartet eine Outer-Banks-Geisterstadt, die in den 1970er-Jahren verlassen wurde. Die geführten Touren in einer Art Strandbuggy legen den Fokus auf Muschel sammeln, Vögel beobachten und schwimmen.

Ride the Wind KAJAKFAHREN
(☎252-928-6311; www.surfocracoke.com; 486 Irvin Garrish Hwy; 2–2½-stündige Touren Erw. 39–45 US$, Kind unter 13 Jahre 18 US$; ⊙Mo–Sa 10–19, So 18 Uhr) Wer hinaus aufs Wasser will, ist bei dieser Kajaktour von Ride the Wind goldrichtig. Die Touren bei Sonnenuntergang sind schonender für die Arme.

Schlafen & Essen

Ocracoke Campgrounds CAMPING $
(☎252-928-6671; www.recreation.gov; 4352 Irvin Garrish Hwy; Stellplatz Zelt 28 US$; ⊙Mitte April–Ende Nov.) Umfasst 136 Plätze auf dem Sand von Ocracoke Island. Spültoiletten, Trinkwasser, kalte Duschen und Grills gibt's auch.

★**Eduardo's Taco Stand** MEXIKANISCH $
(950 Irvin Garrish Hwy; Hauptgerichte 4–11 US$; ⊙Mo–Sa 8–21 Uhr) Dieser tolle kleine Taco-Stand bietet eine lange Liste mit Tacos, Burritos und frischen, scharfen Salsas. Wer von gebratenen Muscheln und Crab Cakes genug hat, kann sich Tacos mit erstklassigem Rindfleisch und Salsa *de xoconostle* schmecken lassen, aber der Fisch mit cremigem Chipotle-Apfel-Krautsalat und die Poblano-Suppe mit Krabben oder Muscheln sind auch lecker.

Howard's Pub KNEIPENESSEN $
(www.howardspub.com; 1175 Irvin Garrish Hwy; Hauptgerichte 8–26 US$; ⊙Anfang März–Ende Nov. 11–22 Uhr, Fr & Sa manchmal länger) Diese große alte (frisch renovierte!) Kneipe aus Holz ist eine Inselinstitution. Sie serviert seit den 1850er-Jahren Bier und Frisches aus dem Meer. Gute Auswahl an lokalen Craft-Bieren.

An- & Weiterreise

Das Dorf liegt am Südende der 22 km langen Ocracoke Island und ist von Hatteras aus mit der kostenlosen Hatteras–Ocracoke-Fähre zu erreichen (www.ncdot.gov/ferry; wer zuerst kommt, fährt zuerst). Die Fähre legt am Nordostende der Insel an. Alternativ kommt man mit der Cedar Island–Ocracoke-Fähre (15 US$) oder der Swan Quarter–Ocracoke-Fähre hierher, die am südlichen Dock anlegen. Reservierungen möglich.

Crystal Coast

Der südliche Teil der Outer Banks wird unter dem Namen „Crystal Coast" zusammengefasst – zumindest zu Werbezwecken der Touristeninformationen. Dieser Küstenabschnitt ist weniger zerklüftet als die Strände im Norden. Es gibt hier mehrere historische Küstenorte, dünn besiedelte Inseln und urlaubstaugliche Strände.

Ein industriell und kommerziell geprägter Abschnitt der US 70 führt durch **More-**

head City, wo es viele Kettenhotels und Restaurants gibt. Die **Bogue Banks** liegen gegenüber von Morehead City auf der anderen Seite der Meerenge und sind über den Atlantic Beach Causeway zu erreichen. Dort gibt es mehrere viel besuchte Strandorte – wer den Duft von Sonnenöl mit Kokosaroma und von Donuts mag, ist in Atlantic Beach bestens aufgehoben.

Gleich nördlich liegt das Bilderbuchörtchen **Beaufort** (sprich: Bo-fort), die drittälteste Ortschaft im Bundesstaat mit einer hübschen Promenade und vielen B&Bs. Es heißt, dass Blackbeard höchstpersönlich im Hammock House in einer Seitenstraße der Front St gewohnt hat. Das Haus selbst darf man nicht betreten, aber einige schwören, sie hätten nachts die Schreie der ermordeten Frau des Piraten gehört.

Sehenswertes & Aktivitäten

Fort Macon State Park FORT
(www.ncparks.gov/fort-macon-state-park; 2303 E Fort Macon Rd, Atlantic Beach; ⌚9–17.30 Uhr) GRATIS Die robuste fünfeckige Festung mit 26 Räumen mit Gewölbedecken wurde 1834 fertiggestellt. Die Ausstellungen nahe dem Eingang beschäftigen sich mit dem Bau der Festung und dem Alltag der Soldaten, die hier stationiert waren. Die aus Ziegeln und Steinen konstruierte Festung wechselte im Bürgerkrieg zweimal den Besitzer.

North Carolina Maritime Museum MUSEUM
(http://ncmaritimemuseums.com/beaufort.html; 315 Front St; ⌚Mo–Fr 9–17, Sa 10–17, So 13–17 Uhr) GRATIS Der Pirat Blackbeard war Anfang des 18. Jhs. ein häufiger Besucher in der Gegend von Beaufort. 1996 wurde das Wrack seines Flaggschiffs, der *Queen Anne's Revenge*, auf dem Grund des Beaufort Inlet entdeckt. Man sieht Teller, Flaschen und andere Artefakte von Bord des Schiffes in diesem kleinen, aber spannenden Museum, das auch den Fischfang und Meeresschutzprojekte beleuchtet.

Hungry Town Tours ESSEN & TRINKEN, GESCHICHTE
(☎252-648-1011; www.hungrytowntours.com; 400 Front St; Touren 20–60 US$) Bietet empfehlenswerte Spaziergänge mit geschichtlichem oder kulinarischem Thema sowie Touren mit Cruiser Bikes.

Schlafen & Essen

Hampton Inn Morehead City HOTEL $$
(☎252-240-2300; www.hamptoninn3.hilton.com; 4035 Arendell St, Morehead City; Zi. ab 169 US$;) Das Hotel gehört zwar zu einer landesweiten Kette, aber die hilfsbereiten Angestellten und der Blick auf den Bogue Sound machen dieses Hampton Inn zu einer guten Wahl. Außerdem hat es eine gute Anbindung an die US 70, die für diejenigen praktisch ist, die die Küste entlangfahren. Im Sommer sinken die Preise werktags erheblich.

★ **Inn on Turner** B&B $$
(☎919-271-6144; www.innonturner.com; 217 Turner St; Zi. 200–250 US$; P) Unglaublich geschmackvolles Küstendekor in Aqua-Tönen – hier gibt's keine verstaubten Antiquitäten – dominieren dieses B&B mit vier Zimmern. Es ist in einem historischen Wohnhaus von 1866 untergebracht, zwei Blocks vom Wasser entfernt. Die Besitzer, Kim und John, sind der Inbegriff der Südstaaten-Gastfreundschaft, obwohl sie gar nicht aus dem Süden stammen.

El's Drive-In SEAFOOD $
(www.elsdrivein.com; 3706 Arendell St, Morehead City; Hauptgerichte 1,60–14,25 US$; ⌚So–Do 10–22, Fr & Sa bis 23 Uhr) In dem legendären Meeresfrüchtelokal, das es schon seit 1959 gibt, wird einem das Essen direkt ans Auto gebracht. Sehr zu empfehlen ist der Burger mit gebratenen Shrimps, Ketchup und Krautsalat und Pommes als Beilage. Nur Barzahlung.

Beaufort Grocery MODERN-AMERIKANISCH $$$
(☎252-728-3899; www.beaufortgrocery.com; 117 Queen St; Hauptgerichte 25–42 US$; ⌚Mi–Mo 11.30–14 & 17.30–21.30 Uhr;) Angesichts der schlichten, unaufdringlichen Einrichtung würde man nie vermuten, dass Koch Charles Park mal den James Beard Award gewonnen hat. Das Essen ist erstklassig, vom geräucherten Tunfisch mit Meersalz und Chili-Joghurt über die Ente auf zwei Arten mit Süßkartoffel-Karamell bis hin zu in Salbei gewickelten Hühnchen-Saltimbocca mit Tagliatelle. Wir haben kein schlechtes Wort über dieses Restaurant gehört – und wurden auch nicht enttäuscht.

Wilmington

Auf der Fahrt entlang der Küste lohnt es sich, ein oder zwei Tage für das hübsche Wilmington einzuplanen. Der charmante Küstenort mag zwar nicht so bekannt sein wie Charleston oder Savannah, hat aber als größte Stadt im Osten North Carolinas viele historische Viertel, Gärten voller Azaleen und nette Cafés. Hinzu kommen vernünftige Hotelpreise. Abends wird das historische Zentrum am Flussufer zur Spielwiese von College-Studenten, Craft-Bier-Fans, Travellern und dem einen oder anderen Hollywood-Star – hier gibt es so viele Filmstudios, dass die Stadt den Spitznamen „Wilmywood" hat. Schließlich kennt man *Dawson's Creek*, oder?

Sehenswertes & Aktivitäten

Battleship North Carolina HISTORISCHE STÄTTE
(www.battleshipnc.com; 1 Battleship Rd; Erw./Kind 6–11 Jahre 14/6 US$; Sept.–Mai 8–17 Uhr, Juni–Aug. bis 20 Uhr) Das 45 000 t schwere Megaschiff verdiente sich im Zweiten Weltkrieg bei den Schlachten im Pazifik 15 Battle Stars, bevor es 1947 ausgemustert wurde. Heute kann man es besichtigen und auf den Decks herumlaufen. Sehenswert sind u.a. die Bäckerei und die Bordküche, die Druckerei, der Maschinenraum, das Pulvermagazin und die Funkzentrale. Vorsicht: Die Treppen zu den Unterdecks sind steil!

Airlie Gardens GARTEN
(www.airliegardens.org; 300 Airlie Rd; Erw./Kind 4–12 Jahre 9/3 US$; 9–17 Uhr, Jan.–März Mo geschl.) Das 27 ha große Wunderland besteht aus bezaubernden Blumenbeeten, saisonal gestalteten Bereichen, Kiefern, Seen und Wegen. Im Frühjahr schlendert man hier an Tausenden bunter Azaleen vorbei. Die Airlie-Eiche stammt von 1545.

Cape Fear Serpentarium SCHLANGENZOO
(910-762-1669; www.capefearserpentarium.com; 20 Orange St; 9 US$; Mo–Fr 11–17, Sa & So bis 18 Uhr) Das Museum des Herpetologen (Lurch- und Kriechtierforschers) Dean Ripa ist nicht nur sehr informativ, sondern es macht auch noch Spaß, ein oder zwei Stunden hier zu verbringen – solange man bei dem Gedanken an ein Gebäude voller Giftschlangen, meterlanger Würgeschlangen und Krokodilen mit Riesenzähnen nicht gleich Reißaus nimmt. Natürlich gibt es eine Glaswand, die Besucher und Bewohner trennt. Bleibt nur zu hoffen, dass es kein Erdbeben gibt… Auf einem Schild ist nachzulesen, was passiert, wenn man von einer Schlange der Gattung Buschmeister gebissen wird: „Am besten legt man sich einfach unter einen Baum und ruht sich aus, da man sowieso bald sterben wird." Na dann viel Spaß! Nur Bargeldzahlung möglich.

In der Nebensaison ist das Serpentarium manchmal montags und dienstags geschlossen. An Samstagen und Sonntagen kann man um 15 Uhr bei der Fütterung der Tiere zusehen. Termine vorab telefonisch bestätigen lassen!

Schlafen & Essen

Best Western Plus Coastline Inn HOTEL $$
(910-763-2800; www.bestwestern.com; 503 Nutt St; Zi. 89–199 US$, Suite 129–279 US$;) Wir sind uns nicht sicher, was uns am besten gefällt: der wundervolle Blick auf den Cape Fear River, die Holzpromenade zum Schlendern oder der kurze Weg ins Herz der lebendigen Stadt. Die Standardzimmer sind nicht sehr groß, machen dies aber mit einem Hauch von modernem Flair locker wett. Jedes Zimmer bietet Blick auf den Fluss. Haustiere kosten 20 US$ pro Tag und man kann nagelneue Fahrräder ausleihen.

★ **CW Worth House** B&B $$
(910-762-8562; www.worthhouse.com; 412 S 3rd St; Zi. 164–200 US$;) Eines unserer Lieblings-B&Bs in North Carolina ist dieses mit Türmen versehene Haus im Queen-Anne-Stil von 1893 voller Antiquitäten und viktorianischer Details, das aber trotzdem entspannt und gemütlich wirkt. Das Frühstück ist erste Sahne. Das B&B ist nur ein paar Häuserblocks vom Zentrum entfernt.

Flaming Amy's Burrito Barn MEXIKANISCH $
(www.flamingamys.com; 4002 Oleander Dr; Burritos 8 US$; 11–22 Uhr) Das Flaming Amy's ist in einem chaotischen Schuppen voller kitschiger Deko mit Themen von Elvis bis Route 66 untergebracht. Die Burritos, z.B. der Philly Phatboy, der Thai Mee Up oder der vor Peperoni und Paprikaschoten strotzende Flaming Amy, sind üppig und lecker. Wer nicht sowieso schon da ist, ist gerade auf dem Weg hierher.

★ **PinPoint** SÜDSTAATENKÜCHE $$$
(910-769-2972; www.pinpointrestaurant.com; 114 Market St; Hauptgerichte 21–38 US$; Di–Fr 17.30–22.30, Sa & So 10.30–14 Uhr;) Das PinPoint wurde vom Magazin Southern Living 2016 zu einem der besten neuen Restaurants im Süden gewählt – und sie haben nicht übertrieben! Koch Dean Neff hat sich im ausgezeichneten Five & Ten in Athens, Georgia, die Küche mit Hugh Acheson geteilt und glänzt nun in Wilmington auch solo. Er kennt alle Farmer und Fischer persönlich und man merkt, wie viel Liebe in seinen fantastischen Gerichten steckt.

Ausgehen & Unterhaltung

★ Satellite Lounge BAR

(www.facebook.com/satellitebarandlounge; 120 Greenfield St; Mo–Sa 16–2, So 14–2 Uhr;) Wer in North Carolinas grandiosester Bar einen draufmachen will, muss Wilmingtons historischen Stadtkern verlassen und sich in das aufstrebende Lagerhausviertel South Front begeben. Dieses wunderschön renovierte Gasthaus bietet ziemlich professionelle Cornhole-Bahnen, eine Feuerstelle und ein Open-Air-Kino.

Dead Crow Comedy Room COMEDY

(910-399-1492; www.deadcrowcomedy.com; 265 N Front St; Tickets 15–18 US$, Di–Do ab 19 Uhr, Fr & Sa ab 18 Uhr) Dunkel, beengt, im Keller und mitten im Zentrum – genauso muss ein Comedyclub sein. Vor der Abreise unbedingt reinschauen und einen Abend mit Improvisationscomedy, Open-Mike oder Gastauftritten von tourenden Comedians miterleben!

Praktische Informationen

Visitor Information Center (877-406-2356, 910-341-4030; www.wilmingtonandbeaches.com; 505 Nutt St; Mo–Fr 8.30–17, Sa 9–16, So 13–16 Uhr) In einem Lagerhaus aus dem 19. Jh.; hier sind Stadtpläne für Stadtspaziergänge erhältlich.

Anreise & Unterwegs vor Ort

American Airlines und Delta Airlines fliegen von Atlanta, Charlotte, New York und Philadelphia zum Wilmington International Airport (S. 382). Der **Greyhound**-Busbahnhof (910-791-8040; www.greyhound.com; 505 Cando St) liegt unpraktische 5 Meilen (8 km) östlich des Zentrums.

Downtown Wilmington kann man prima zu Fuß erkunden, aber von morgens bis abends verkehrt auch ein kostenloser Bus (www.wavetransit.com) durch das historische Viertel

Triangle

Die Städte Raleigh, Durham und Chapel Hill bilden ein etwa gleichseitiges Dreieck im Zetrum der Region Piedmont. In diesem Gebiet liegen drei führende Forschungsuniversitäten – die Duke, die University of North Carolina und die North Carolina State – sowie ein über 28 km² großer Campus mit Bürokomplexen der Computer- und Biotechnologieindustrie, der Research Triangle Park genannt wird. Hochintelligente Programmierfreaks und bärtige Friedensaktivisten trifft man hier ebenso an wie hippe, junge Familien. Obwohl die Städte nur wenige Kilometer voneinander entfernt liegen, hat jede ihren ureigenen Charme. Wenn im März College-Basketball angesagt ist, spielen hier alle – wirklich alle – völlig verrückt.

Anreise & Unterwegs vor Ort

Der Raleigh-Durham International Airport (S. 392) liegt 21 km nordwestlich des Zentrums von Raleigh. Es gibt Direktflüge aus 48 Städten, darunter London, Paris und Cancún.

Der **Greyhound-Bahnhof** (919-834-8275; www.greyhound.com; 2210 Capital Blvd) liegt 5 km nordöstlich des Zentrums von Raleigh und ist zu Fuß schlecht zu erreichen. Besser versucht man es am **Greyhound-Bahnhof** (www.greyhound.com; 515 W Pettigrew St) in Durham, in der Nähe des **Amtrak-Bahnhofs** (www.amtrack.com; 601 W Main St) im Durham Station Transportation Center.

Die Triangle Transit Authority (www.triangletransit.org) unterhält Busverbindungen zwischen Raleigh, Durham, Chapel Hill und dem Flughafen. Bus 100 fährt von Raleighs Innenstadt zum Flughafen und zum Regional Transit Center in der Nähe des Research Triangle Park, wo Anschluss nach Durham und Chapel Hill besteht. Fahrpreis für Erwachsene 2,25 US$.

Raleigh

Raleigh wurde 1792 speziell als Hauptstadt des Bundesstaats gegründet, ist heute aber eher eine biedere Verwaltungsstadt, die dazu neigt, immer weiter zu wuchern. Dennoch findet man im hübschen Zentrum ein paar nette (kostenlose) Museen und Galerien. Auch die Restaurant- und Musikszene ist auf dem Vormarsch.

Sehenswertes

★ North Carolina Museum of Art MUSEUM

(www.ncartmuseum.org; 2110 Blue Ridge Rd; Di–Do, Sa & So 10–17, Fr bis 21 Uhr, Park Sonnenaufgang–Sonnenuntergang) GRATIS Das lichtdurchflutete West Building aus Glas und eloxiertem Stahl erhielt bei seiner Eröffnung im Jahr 2010 viel Lob von Architekturexperten aus dem ganzen Land. Mindestens ebenso sehenswert ist die gute, umfassende Sammlung, die von antiken griechischen Skulpturen bis zu bekannten Gemälden amerikanischer Landschaftsmaler und kunstvollen afrikanischen Masken reicht.

North Carolina Museum of History MUSEUM

(www.ncmuseumofhistory.org; 5 E Edenton St; Mo–Sa 9–17, So 12–17 Uhr) GRATIS In dem fesselnden Museum gibt's wenig technischen Schnickschnack, dafür aber jede Menge verständliche Informationen. In der Ausstellung *Story of North Carolina* sind u.a. ein 3000 Jahre altes Kanu, das älteste Haus des Bundesstaats (es stammt von 1742), eine restaurierte Sklavenbaracke und eine Sitztheke aus den 1960er-Jahren zu sehen. Meist gibt's auch eine hervorragende Sonderausstellung.

North Carolina Museum of Natural Sciences MUSEUM
(www.naturalsciences.org; 11 W Jones St; ⌚ Mo–Sa 9–17, So 12–17 Uhr) GRATIS Walskelette hängen von der Decke, Schmetterlinge umschwirren einen, Grüne Hundskopfboas lassen einen schaudern, und haufenweise Grundschulkinder stürmen an einem vorbei, wenn man an einem Schultag nach 10 Uhr hier ankommt. Das nur zur Warnung. Das schicke, neue **Nature Research Center** mit seinem drei Stockwerke hohen Globus direkt vor der Tür rückt verschiedene Wissenschaftler und ihre Projekte ins Rampenlicht und gibt Besuchern die Möglichkeit, den Forschern bei ihrer Arbeit zuzusehen. Ein verglaster Übergang führt ins Hauptgebäude des Museums, in dem Habitat-Dioramen und präparierte Tiere ausgestellt sind.

Nicht versäumen sollte man die Ausstellung über den Acrocanthosaurus, einen 3 t schweren fleischfressenden Dino, der als Schrecken des Südens bekannt ist.

Schlafen & Essen

Umstead Hotel & Spa HOTEL $$$
(☎ 919-447-4000; www.theumstead.com; 100 Woodland Pond Dr; Zi. 329–389 US$, Suite 409–599 US$; P ❄ @ 📶 🏊 🐾) Das Umstead befindet sich in einem grünen Büroviertel in der Vorstadt und richtet sich an Bio-Tech-Manager auf Geschäftsreise. Es bietet einfache, teure Zimmer (luxuriöse Badewannen, Doppelwaschbecken) und einen 1500 m² großen Zen-Wellnessbereich mit Innenhof zum Meditieren. Hinter dem Anwesen liegt ein 1,2 ha großer Teich mit 400 m langem Spazierweg. Haustiere kosten 200 US$ pro Aufenthalt und das Hotel bietet einen neuen, eingezäunten Hunde-Spielplatz, DogWoods.

Raleigh Times KNEIPENKOST $
(www.raleightimesbar.com; 14 E Hargett St; Hauptgerichte 8–14 US$; ⌚ 11–2 Uhr; 📶) In der beliebten Kneipe in der Innenstadt bekommt man gegrillte Nachos, Fisch in Bierteig mit Chips und Craft-Biere aus North Carolina.

Beasley's Chicken + Honey SÜDSTAATENKÜCHE $
(www.ac-restaurants.com/beasleys; 237 Wilmington St; Hauptgerichte 7–13 US$; ⌚ Mo–Mi 11.30–22, Do & Fr 11.30–24, Sa 11–24, So 11–22 Uhr) Nach einem Essen in diesem Projekt der James-Beard-Preisträgerin und Restaurantexpertin Ashley Christensen wird man wohl seinen Gürtel weiter schnallen müssen. In dem schicken Restaurant in der Innenstadt dreht sich alles um Brathähnchen – auf einem Biscuit, mit Waffeln, im Schmortopf. Auch die Beilagen sind dekadent.

★ **Bida Manda** LAOTISCH $$
(☎ 919-829-9999; www.bidamanda.com; 222 S Blount St; Mittagessen 11–21 US$, Abendessen 18–30 US$; ⌚ Mo–Do 11.30–14 & 17–22, Fr 11.30–14 & 17–24, Sa 17–24 Uhr; 📶) Alle Gerichte in diesem angesagten laotischen Lokal – eines von nur einer Handvoll in den USA – sind mindestens so grandios wie die dekorative Kombination aus frei liegenden Lüftungsrohren und üppigem Bambus im gesamten Restaurant. Hier werden laotische Traditionen mit einem Hauch von Thailand, Vietnam und China vereint und führen zu einer wahren Geschmacksexplosion.

Praktische Informationen

Raleigh Visitor Information Center (☎ 919-834-5900; www.visitraleigh.com; 500 Fayetteville St; ⌚ Mo–Fr 8.30–17, So 9–17 Uhr) Hat Karten und sonstige Infos. Das Büro ist sonntags geschlossen, doch der Stadtführer und der Stadtplan sind am Schalter erhältlich.

Durham

Durham war früher eine düstere, von der Tabak- und Eisenbahnindustrie beeinflusste Stadt, die in den 1960er-Jahren in eine wirtschaftliche Krise schlitterte, von der sie sich erst vor Kurzem wieder erholt hat. Im Grunde ist sie noch immer eine typische Südstaaten-Arbeiterstadt, allerdings lockt die renommierte Duke University kreative Geister an, die Durham in ein Zentrum für Feinschmecker, Künstler, Schwule und Lesben verwandelt haben.

Sehenswertes

★ **Duke Lemur Center** ZOO
(☎ 919-401-7240; www.lemur.duke.edu; 3705 Erwin Rd; Erw./Kind 12/9 US$; 👪) Das Geheimnis ist keines mehr: Das Lemur Center ist die coolste Attraktion in Durham. Es befindet sich rund 2 Meilen (3,2 km) vom Hauptcampus

entfernt. Das Forschungs- und Naturschutzzentrum beherbergt die größte Sammlung dieser gefährdeten Feuchtnasenaffen (z.B. Lemuren) außerhalb ihrer Heimatinsel Madagaskar. Nur ein Holzklotz könnte von den süßen Wuschelköpfen mit riesigen Augen ungerührt bleiben. Besichtigen kann man die Anlage nur im Rahmen einer Führung. Um sich einen Platz bei einer Führung zu sichern, muss man sich jedoch so früh wie möglich telefonisch anmelden. Man sollte mindestens drei Wochen vor dem Besuch anrufen, wenn man werktags kommen will, und fürs Wochenende sogar einen bis zwei Monate vorab reservieren.

Duke University UNIVERSITÄT
(www.duke.edu; Campus Dr) Diese Universität ist dem Zigaretten-Vermögen der Familie Duke zu verdanken. Der Ost-Campus ist im georgianischen Stil gehalten, der West-Campus im neugotischen. Parken auf dem Campus kostet 2 US$ pro Stunde.

Duke Chapel KAPELLE
(https://chapel.duke.edu; 401 Chapel Dr; 8–22, Sommer bis 20 Uhr) Die imposante Duke Chapel aus den 1930er-Jahren blickt über den West-Campus der Universität. Die atemberaubende Kapelle mit ihrem 64 m hohen Turm und 77 farbenfrohen Fenstern mit Bibelszenen ist einen Besuch wert.

American Tobacco Campus HISTORISCHE STÄTTE
(https://americantobaccocampus.com; 318 Blackwell St) Heute werden Durhams Rechnungen nicht mehr mit Zigaretten bezahlt, aber diese riesige ehemalige Tabakfabrik, die bis in die 1950er-Jahre die American Tobacco Company beherbergte, füllt nach wie vor die Kassen der Stadt. Teile des Gebäudes sind dank des National Register of Historic Places denkmalgeschützt. Es bietet eine bunte Mischung aus Restaurants, Bars und Unterhaltung auf über 90 000 m², darunter eine Menge Optionen für ein köstliches Essen unter freiem Himmel.

Schlafen & Essen

★ **Durham** BOUTIQUEHOTEL $$
(919-768-8830; www.thedurham.com; 315 E Chapel Hill St; Zi. ab 209 US$;) Es war nur eine Frage der Zeit, bevor das wiederbelebte Zentrum von Durham sein eigenes Hipster-Hotel bekam. Das schicke Durham mit 53 Zimmern erstrahlt in herrlicher Mid-Century-Pracht und füllt genau diese Nische. Es eröffnete 2015, nachdem man ein ehemaliges Bankgebäude in ein strikt lokales Etablissement mit perfektem Retro-Charme verwandelt hatte.

JB Duke Hotel BOUTIQUEHOTEL $$
(919-660-6400; www.jbdukehotel.com; 230 Science Dr; Zi. 159–279 US$, Suite 329–529 US$;) Man kann es schlimmer treffen, als auf dem wunderschönen Duke-Campus zu übernachten. Dieses schicke neue Hotel mit 198 Zimmern balanciert auf einem schmalen Grat zwischen modern und rustikal. Die angenehme Lobby mit Teppichboden, plüschigen Möbeln, rauen knorrigen Tischen aus Walnussholz und einer Bar mit dunklem Quarzit und metallisch-glasierten Stahlkacheln harmoniert wunderbar mit dem Duke Forest. Die geräumigen Zimmer bieten Schreibtische, Kaffeeautomaten und Blick auf den Campus.

Toast SANDWICHES $
(www.toast-fivepoints.com; 345 W Main St; Sandwiches 8 US$; Mo 11–15, Di–Sa bis 20 Uhr) Familien, Pärchen, Singles und zur Mittagszeit auch die Angestellten aus der Downtown strömen in diesen winzigen, von allen geliebten italienischen Sandwich-Laden. Er ist einer von mehreren Lokalen, die zur Wiederbelebung der Innenstadt Durhams beigetragen haben. An der Theke Panini (warm und gegrillt), Tramezzini (kalt) oder Crostini (ein Leckerbissen!) bestellen, dann, wenn möglich, einen Tisch am Fenster schnappen und die Leute draußen beobachten!

★ **Mateo** TAPAS $$
(919-530-8700; www.mateotapas.com; 109 W Chapel Hill St; Di–Do 11.30–14.30 & 15–22.30, Fr 11.30–14.30 & 17–24, Sa 17–24, So 17–21.30 Uhr) Man kann nicht über Durhams unglaubliches Comeback sprechen, ohne das Mateo zu erwähnen. Die Tapas hier, teilweise mit Südstaaten-Touch, waren für den James Beard Award nominiert und sind der kulinarische Anker der Stadt. Das *pan com tomate* mit Manchego, der Rosenkohl mit Pinienkernen, Rosinen und Safranjoghurt und das Spiegelei mit Käse (das „Weiße" ist gebratener Frischkäse!) sind eine echte Offenbarung.

Ausgehen & Unterhaltung

★ **Cocoa Cinnamon** KAFFEE
(www.cocoacinnamon.com; 420 W Geer St; Espresso/heiße Schokolade ab 2,75/3,50 US$; Mo–Do 7.30–22, Fr bis 22.30, Sa 8–22.30, So bis 22 Uhr;

INSIDERWISSEN

DER BARBECUE-TRAIL

North Carolinas meistgeliebter Beitrag zur kulinarischen Tradition ist das Pulled-Pork-Barbecue, das in einigen Teilen des Bundesstaates beinahe als Religion betrachtet wird. Hin und wieder kommt es zu offenen Auseinandersetzungen zwischen den Anhängern des östlichen Stils (mit dünner Essigsauce und eindeutig säuerlichen, afrikanisch inspirierten Aromen) und des westlichen Stils (mit süßer Sauce auf Tomatenbasis). Die North Carolina Barbecue Society veröffentlicht eine interaktive Karte, die Barbecue Trail Map (www.ncbbqsociety.com), die Pilger zu den wichtigsten Zielen führt.

) Wenn jemand sagt, dass man im Cocoa Cinnamon unbedingt eine heiße Schokolade bestellen *muss*, dann muss er sich genauer ausdrücken: Dieses angesagte Café serviert Kakao in den unterschiedlichsten Variationen, und Neulingen wird von der Fülle an schokoladigen Köstlichkeiten schon mal schwindelig. Die ehemalige Tankstelle bietet neben Kakao aber auch Tee, Single-Source-Kaffee und eine lebendige Atmosphäre.

Fullsteam Brewery BRAUEREI
(www.fullsteam.ag; 726 Rigsbee Ave; Glas/Krug 5/18 US$; Mo–Do 16–24, Fr 14–2, Sa 12–2, So 12–24 Uhr;) Das Fullsteam beschreibt sich selbst als „vom Pflug ins Glas"-Brauerei. Sie hat sich dank ihrer Biere in den wildesten Südstaaten-Kreationen einen landesweiten Ruf erarbeitet und unterstützt dabei lokale Farmer und örtliche landwirtschaftliche Unternehmen, indem sie wann immer möglich Zutaten aus Carolina verwendet.

Durham Bulls Athletic Park STADION
(www.dbulls.com; 409 Blackwell St; Tickets 7–10 US$) Hier kann man einen typisch amerikanischen Nachmittag mit Bier und Basketball erleben. Die Durham Bulls (bekannt durch den Kevin-Costner-Film *Bull Durham* von 1988) spielen von April bis Anfang September in der Minor League.

Praktische Informationen

Durham Visitor Info Center (919-687-0288; www.durham-nc.com; 212 W Main St; Mo 9–17, Di–Fr 9–18, Sa 10–18 Uhr) Informationen und Karten in einem historischen Bankgebäude.

An- & Weiterreise

Durhams Flughafen ist der **Raleigh-Durham International Airport** (RDU; 919-840-2123; www.rdu.com; 1000 Trade Dr) in Morrisville, 22 km südöstlich der Stadt. Außerhalb der Stoßzeiten kostet es mit Uber zum Flughafen ca. 20 US$. Greyhound (S. 389) und Amtrak (S. 389) befinden sich einander gegenüber in der Nähe des Durham Station Transportation Center.

Chapel Hill & Carrboro

Chapel Hill ist eine hübsche Südstaaten-Collegestadt, deren Kultur stark von den knapp 30 000 Studenten der renommierten University of North Carolina geprägt ist. Sie wurde 1789 als erste staatliche Universität des Landes gegründet. Zusammen mit dem benachbarten Carrboro ist das hippe, vorausdenkende Chapel Hill für seine Indie-Rock-Szene bekannt und stolz auf seine Hippie-Kultur.

Sehenswertes

University of North Carolina UNIVERSITÄT
(www.unc.edu) Die älteste öffentliche Universität der USA hat einen klassischen, von blühenden Birnbäumen gesäumten Campus mit prächtigen Gebäuden aus der Zeit vor dem Bürgerkrieg. Sehenswert ist auch der **alte Brunnen**, der Studenten, die aus ihm trinken, angeblich Glück bringt. Einen Campusplan erhält man im **Visitor Center** (919-962-1630; www.unc.edu/visitors; 250 E Franklin St; Mo–Fr 9–17 Uhr) im Morehead Planetarium and Science Center sowie im **Chapel Hill Visitor Center** (919-245-4320; www.visitchapelhill.org; 501 W Franklin St; Mo–Fr 8.30–17 Uhr, Sa 10–15 Uhr).

Carolina Basketball Museum MUSEUM
(www.goheels.com/fls/3350/museum; 450 Skipper Blowles Dr, Ernie Williamson Athletics Center; Mo–Fr 10–16, Sa 9–13 Uhr) GRATIS Die Zahlen sprechen für sich: sechs Landesmeisterschaften, 19-mal unter den ersten vier, 30 ACC-Meisterschaften während der regulären Saison und 47-mal Erster beim NBA Draft. Egal, welches Team man unterstützt – Basketballfans werden diesen kleinen, aber feinen Tempel der Tar-Heel-Werfer zu schätzen wissen. Er ist randvoll mit Andenken, Trophäen und Videoclips, darunter auch eine Michael Jordan gewidmete Ausstellung mit dem Original seines National Letter of Intent und anderen interessanten Dokumenten.

Schlafen & Essen

★ Carolina Inn HOTEL $$

(☎ 919-933-2001; www.carolinainn.com; 211 Pittsboro St; Zi. ab 179 US$; P ❄ 📶) Selbst wenn man kein *tar heel* (Zugehöriger der University of North Carolina) ist, wird einen diese liebenswerte Bleibe mitten auf dem Campus mit ihrer Gastfreundlichkeit und ihrem historischem Flair begeistern. Der Charme beginnt bereits in der schicken Lobby und setzt sich in den mit Fotos von Alumni und Meisterteams gesäumten Fluren fort. Das von Südstaatenantiquitäten inspirierte Dekor verleiht den 185 hellen, mit Bildern berühmter Alumni geschmückten Zimmern eine frische Atmosphäre.

Neal's Deli FRÜHSTÜCK, FEINKOST $

(www.nealsdeli.com; 100 E Main St, Carrboro; Frühstück 3,50–6,75 US$, Mittagessen 5,50–8,50 US$; ⏲ Di–Fr 7.30–16, Sa & So 8–16 Uhr; 📶) Bevor der Tag beginnt, kann man sich in diesem winzigen Feinkostladen im Herzen von Carrboro ein köstliches Frühstück mit Buttermilchbrötchen schmecken lassen. Eier, Käse und Speck sind ebenfalls lecker. Zum Mittagessen serviert das Neal's Sandwiches und belegte Baguettes, von Hühnersalat bis zu Pastrami und Drei-Käse-Pimiento mit einem Spritzer Bourbon. Das beste Café in Chapel Hill/Carrboro, das **Open Eye Cafe**, ist direkt nebenan.

★ Lantern ASIATISCH $$$

(☎ 919-969-8846; www.lanternrestaurant.com; 423 W Franklin St; Hauptgerichte 23–32 US$; ⏲ Mo–Sa 17.30–22 Uhr) Wer nur Zeit für ein Abendessen im Triangle hat, sollte hier speisen. Dieses moderne asiatische Lokal verwendet Zutaten aus North Carolina und schart eine große Fangemeinde um sich. Küchenchefin Andrea Reusing hat außerdem den James Beard Award gewonnen.

Ausgehen & Unterhaltung

Beer Study CRAFT-BIER

(www.beerstudy.com; 106 N Graham St; Glas 3–7 US$; ⏲ Mo–Mi 10–24, Do–Sa bis 1, So 12–24 Uhr; 📶) Rund um Chapel Hill gibt's mehrere Brauereien, aber in diesem lässigen Schuppen – halb Kneipe, halb Laden – ist man besser aufgehoben. Aus 18 Zapfhähnen fließen lokale und regionale Craft-Biere und es stehen über 500 Flaschen zu Wahl (man kann sie einzeln kaufen, aber nicht im Sixpack). Laut städtischer Vorschrift müssen hundefreundliche Läden Plastikbecher verwenden, aber das ist ein kleiner Preis für einen glücklichen Vierbeiner.

Cat's Cradle LIVEMUSIK

(☎ 919-967-9053; www.catscradle.com; 300 E Main St, Carrboro) Alle, von Nirvana bis Arcade Fire, haben schon im Cradle gespielt. Hier tritt seit drei Jahrzehnten die Crème de la Crème der Indie-Szene auf. Die meisten Gigs sind ohne Altersbeschränkung.

ℹ An- & Weiterreise

Der Raleigh-Durham International Airport in Morrisville liegt 29 km östlich von Chapel Hill. Außerhalb der Stoßzeiten kostet es mit Uber zum Flughafen rund 25 US$.

Charlotte

Charlotte ist die größte Stadt in North Carolina und nach New York das größte Bankenzentrum der USA. Die Stadt wirkt wie viele Großstädte in den Außenbereichen des New South zersiedelt und stellenweise gesichtslos. Doch obwohl die „Queen City" in erster Linie ein Geschäftszentrum ist, hat sie ein paar gute Museen, stattliche alte Viertel und viele gute Restaurants und Bars zu bieten.

Sehenswertes & Aktivitäten

NASCAR Hall of Fame MUSEUM

(www.nascarhall.com; 400 E Martin Luther King Blvd; Erw./Kind 5–12 Jahre 20/13 US$; ⏲ 10–18 Uhr) Der erstaunlich realistisch wirkende Autorennen-Simulator in diesem hervorragenden Museum versetzt einen auf die Piste in einem Rennen gegen acht Autos. Ansonsten erfährt man hier viel über die Geschichte des typisch amerikanischen Sports (dessen Geschichte auf den Schmuggel von schwarz gebranntem Alkohol zurückgeht), kann sich sechs Generationen von Rennwagen ansehen und seine eigenen Fähigkeiten im Boxenteam testen. NASCAR ist übrigens die Abkürzung für National Association for Stock Car Auto Racing.

Levine Museum of the New South MUSEUM

(www.museumofthenewsouth.org; 200 E 7th St; Erw. 8 US$, Kind 6–18 Jahre 5 US$; ⏲ Mo–Sa 10–17, So 12–17 Uhr) Wer sich für die komplizierte Nachbürgerkriegsgeschichte des Südens interessiert, sollte für einen Besuch der umfangreichen Ausstellung „Von Baumwollfeldern zu Wolkenkratzern" ein bis zwei Stunden einplanen. Dieses elegante Museum widmet sich der Baumwollindustrie, den

Jim-Crow-Gesetzen, Sitzstreiks, Frauenförderung und der jüngsten Einwanderungsentwicklung. Tipp: Wer im Parkhaus in der 7th Street Station nebenan parkt, steht dort zwei Stunden lang gratis.

Billy Graham Library RELIGIÖSE STÄTTE
(www.billygrahamlibrary.org; 4330 Westmont Dr; ⌚Mo–Sa 9.30–17, letzte Tour 15.30 Uhr) GRATIS Diese Multimedia-„Bibliothek" ist eine Hommage an das Leben des Evangelisten-Superstars und „Pastors der Präsidenten" Billy Graham, der aus Charlotte stammte. Die 90-minütige Tour „Reise des Glaubens" beginnt mit einer mechanischen, das Evangelium predigenden Kuh, bevor sie wichtige Momente in Grahams Leben zeigt, darunter auch seine transformative Erweckungspredigt 1949 in Los Angeles (mit der er auch den durch *Unbroken* bekannten Olympia-Teilnehmer Louis Zamperini inspirierte).

Die Tour ist ebenso fesselnd wie informativ, vor allem, wenn man neugierig auf Grahams eigene Reise und die Wurzeln des modernen Evangelikalismus ist (die aber in christlicher Propaganda und Anwerbungsversuchen ertrinkt). Man kann auch Grahams Kindheitszuhause von 1927 besuchen, das von seinem ursprünglichen Standort 5 km weiter hierher versetzt wurde.

★ **US National Whitewater Center** ABENTEUERSPORT
(www.usnwc.org; 5000 Whitewater Center Pkwy; Tageskarte für alle Sportarten Erw./Kind bis 10 Jahre 59/49 US$, einzelne Aktivitäten 25 US$, Baumwipfeltour 3 Std. 89 US$; ⌚Sonnenaufgang–Sonnenuntergang) Die 162 ha große Anlage, eine Mischung aus Naturzentrum und Wasserpark, ist der absolute Hammer! Hier gibt es den größten künstlich angelegten Wildwasserfluss der Erde. Kanu- und Kajakteams trainieren für die Teilnahme an den Olympischen Spielen auf den hiesigen Stromschnellen. Besucher können im Rahmen einer geführten Raftingtour paddeln oder einen anderen Abenteuersport ausprobieren.

Schlafen & Essen

Dunhill Hotel BOUTIQUEHOTEL $$
(☎704-332-4141; www.dunhillhotel.com; 237 N Tryon St; Zi. 149–349 US$; P ❄ @ 📶) Das Personal in diesem Hotel im Herzen von Uptown ist einfach grandios. Das Haus empfängt seit 1929 Gäste und war das erste Hotel in Charlotte mit Zimmern mit eigenem Bad. Das klassische Dekor ist eine Hommage an die 1920er-Jahre, aber die Flachbild-TVs, die Kaffeeautomaten und die Smartphone-Dockingstationen sichern ihm einen Platz im 21. Jh.

★ **Ivey's Hotel** BOUTIQUEHOTEL $$$
(www.theiveyshotel.com; 127 N Tryon St; Zi. 299–450 US$; P @ 📶 🐾) Die 42 von Paris inspirierten Zimmer des Ivey's liegen alle im 2. Stock eines Kaufhauses von 1924. Seine bemerkenswerte Geschichte (400 Jahre alte, von einem französischen Weingut stammende Holzböden) strömt aus allen Poren und harmoniert perfekt mit dem modernen Flair (55-Inch-Flachbild-TVs, Bose-Soundbars). Die Top-Suiten mit Balkon, sonnendurchfluteten Fenstern und frei liegenden Backsteinwänden sind einfach himmlisch.

Price's Chicken Coop SÜDSTAATENKÜCHE $
(www.priceschickencoop.com; 1614 Camden Rd; Hauptgerichte 3,25–12,25 US$; ⌚Di–Sa 10–18 Uhr) Das leicht schmuddelige Price's ist eine Institution in Charlotte, und seine Brathähnchen schaffen es regelmäßig auf die Liste der „Best Fried Chicken in America". Einfach anstellen und bei einem der zahllosen Köche in weißen Kitteln ein Dark Quarter oder White Half bestellen und das Ganze dann draußen (keine Sitzplätze) genießen! Der nur ein paar Blocks östlich an der E Park Ave gelegene Latta Park eignet sich gut zum Picknicken. Es ist nur Barzahlung möglich, aber es gibt einen Geldautomaten vor Ort.

★ **Soul Gastrolounge Tapas** SUSHI, SANDWICHES $$
(☎704-348-1848; www.soulgastrolounge.com; 1500 Central Ave; kleine Teller 7–20 US$, Sushi 4–14 US$, Sandwiches 9–15 US$; ⌚17–2 Uhr) Dieses etwas schwüle, aber einladende Lokal in Plaza Midwood serviert eine global inspirierte Auswahl kleiner Gerichte. Sie reichen von Spießen und Sushi-Rollen bis zu kubanischen und vietnamesischen Sandwiches, aber die Küche verleiht jedem Bissen eine einzigartige, köstliche Note. Die Tunfisch-Rollen mit Jalapeños und zweierlei würziger Mayo sind sehr zu empfehlen, wenn man es scharf mag.

Ausgehen & Nachtleben

★ **NoDa Brewing Co** KLEINBRAUEREI
(www.nodabrewing.com; 2921 N Tryon St; Glas 4–7 US$; ⌚Mo–Do 16–21, Fr bis 22, Sa 12–22, So 12–19 Uhr; 📶) Charlottes bestes Craft-Bier versteckt sich hinter NoDas neuer, leicht zu übersehender Brauerei in North End. Wir

sind freitagabends mit Uber hingefahren und alles wirkte menschenleer, aber der Eindruck täuschte: Hinten erwartete uns ein vollgepackter Spielplatz mit Bier und Boule-Ausrüstung.

ℹ Praktische Informationen

Visitor Info Center (☎800-231-4636; www.charlottesgotalot.com; 501 S College St, Charlotte Convention Center; ⏲Mo–Sa 9–17 Uhr) Die Haupttouristeninformation in Downtown Charlotte befindet sich im Charlotte Convention Center; es gibt jeweils einen Schalter nahe dem Eingang S College St und E MLK Jr Blvd. Außerdem gibt's einen Kiosk im Levine Museum of the New South und einen am Flughafen. Veröffentlicht Karten und einen Reiseführer.

ℹ Anreise & Unterwegs vor Ort

Der **Charlotte Douglas International Airport** (CLT; ☎704-359-4013; www.cltairport.com; 5501 Josh Birmingham Pkwy) ist ein Drehkreuz von US Airways und bietet Direktflüge aus Europa. Sowohl der **Greyhound-Bahnhof** (☎704-375-3332; www.greyhound.com; 601 W Trade St) als auch der **Amtrak-Bahnhof** (www.amtrak.com; 1914 N Tryon St) liegen praktisch in Uptown.

Charlottes öffentliches Nahverkehrssystem heißt CATS (Charlotte Area Transit System; www.charlottenc.gov/cats) und umfasst Stadtbusse, eine Stadtbahn (LYNX Blue Line) und eine Straßenbahn (CityLYNX Gold Line). Eine einfache Fahrt kostet 2,20 US$ bis 4,40 US$. Das **Charlotte Transportation Center** (www.ridetransit.org; 310 East Trade St) befindet sich in Uptown in der Brevard St, zwischen der 4th und Trade St. In Charlotte gibt's auch ein Bike-Sharing-System (https://charlotte.bcycle.com).

North Carolina Mountains

Die Cherokee kamen in diese alten Berge um zu jagen, schottisch-irische Einwanderer hofften im 18. Jh. auf ein besseres Leben, und vornehme Orte wie Blowing Rock lockten Kranke mit ihrer frischen Höhenluft an. Heute zieht es Abenteurer und Naturfans zu den schönen Panoramastraßen, Waldwanderwegen und tosenden Flüssen.

Zu den Appalachen im westlichen Teil des Bundesstaats gehören die Gebirgsketten der Great Smoky, Blue Ridge, Pisgah und Black Mountains. Die kühlen Hügel erscheinen durch den Bewuchs mit Hemlocktannen, Kiefern und Eichen blaugrün; in den Wäldern leben Pumas, Hirsche, Schwarzbären, wilde Truthähne und Virginia-Uhus. Möglichkeiten zum Wandern, Campen, Klettern und Raften gibt es in Hülle und Fülle, und nach jeder Kurve zeigt sich ein neues, atemberaubendes Fotomotiv.

ℹ Anreise & Unterwegs vor Ort

Der Asheville Regional Airport (S. 400) ist das Tor in die Berge von North Carolina, mit Direktflügen nach/von Atlanta, Charlotte, Chicago, New York und anderen Städten. Außerdem gibt's in Asheville einen Greyhound-Bahnhof (S. 400).

High Country

Der nordwestliche Teil des Bundesstaats nennt sich „High Country". Die größten Orte hier sind Boone, Blowing Rock und Banner Elk, die alle eine kurze Fahrt vom Blue Ridge Parkway entfernt sind. In dem lebendigen Collegestädtchen Boone sitzt die Appalachian State University (ASU). Blowing Rock und **Banner Elk** sind idyllische Touristenzentren in der Nähe der Skigebiete.

BLOWING ROCK

Das winzige Blowing Rock, ein altehrwürdiges, malerisches Bergdorf, lockt Besucher charmant in 1200 m Höhe und ist der einzige Ort am Blue Ridge Parkway, in dem es alles gibt, was man braucht. Man lässt sich leicht von der Postkartenidylle der Main St verführen, die von Antiquitätenläden, überladenen Boutiquen, Töpfereien, Silberschmieden, Süßwarenläden, geselligen Kneipen und ausgezeichneten Lokalen gesäumt ist. Sie alle schaffen es, nicht in Kitsch zu verfallen, was in anderen Touristenhochburgen nur allzu schnell passiert. Hier gibt's sogar ein paar Bilderbuch-Seen, auf denen Enten schwimmen. Man könnte sich beinahe wie im Märchen fühlen.

◉ Sehenswertes & Aktivitäten

Grandfather Mountain WANDERN & TREKKEN

(☎828-733-4337; www.grandfather.com; Blue Ridge Pkwy, Mile 305, Linville; Erw./Kind 4–12 Jahre 20/9 US$; ⏲Juni–Aug. 8–19 Uhr, Herbst, Winter & Frühling kürzere Öffnungszeiten) Wie jetzt? Hängt die Mile High Suspension Bridge etwa wirklich 1 Meile (1,6 km) über dem Erdboden? Nicht wirklich – Höhenphobiker brauchen keine Angst zu haben. Tatsächlich befindet sich die Hängebrücke, die Attraktion des Parks, 1 Meile *über dem Meeresspiegel*, und die Schlucht darunter ist (nur) 24 m tief. Das ist zwar auch nicht zu verachten, aber nicht ganz so furchterregend.

River and Earth Adventures OUTDOOR-AKTIVITÄTEN
(828-963-5491; www.raftcavehike.com; 1655 Hwy 105; Rafting halber/ganzer Tag ab 60/100 US$;) Bietet alles Mögliche von familienfreundlichen Höhlenwanderungen bis hin zu Raftingtouren auf Stromschnellen der Kategorie V in der Watauga Gorge. Die umweltbewussten Guides versorgen die Teilnehmer sogar mit Bio-Lunch-Paketen. Verleiht auch Kanus (60 US$), Kajaks (35–60 US$) und Reifen (20 US$).

Schlafen & Essen

Cliff Dwellers Inn MOTEL $$
(828-414-9596; www.cliffdwellers.com; 116 Lakeview Terrace; Zi./Apt. ab 99/149 US$;) Dieses passend benannte Motel liegt hoch über der Stadt. Es lockt seine Gäste mit gutem Service, vernünftigen Preisen, stilvollen Zimmern und Balkonen mit Panoramablick.

Green Park Inn HISTORISCHES HOTEL $$
(828-414-9230; www.greenparkinn.com; 9239 Valley Blvd; Zi. 89–299 US$;) Die

NICHT VERSÄUMEN

SCENIC DRIVE: BLUE RIDGE PARKWAY

Auf dem gesamten Blue Ridge Parkway, der die südlichen Appalachen vom Shenandoah National Park in Virginia (Meile 0) bis zum Great Smoky Mountains National Park in North Carolina (Meile 469 bzw. Km 755) durchquert, gibt es keine einzige Ampel.

Der von Präsident Franklin D. Roosevelt während der Weltwirtschaftskrise als Arbeitsbeschaffungsprojekt in Auftrag gegebene Parkway ist eine der klassischen Panoramastraßen der USA. Der North Carolina durchziehende 262 Meilen (422 km) lange Abschnitt windet sich durch eine atemberaubende Berglandschaft.

Der **National Park Service** (828-298-5330; www.nps.gov/blri; Meile 384; 9–15 Uhr) betreibt Campingplätze und Visitor Centers. Toiletten und Tankstellen sind auf der Strecke dünn gesät. Infos über die Haltepunkte entlang der Strecke gibt's unter www.blueridgeparkway.org.

Hier einige Highlights und Campingplätze:

Cumberland Knob (Meile 217,5) NPS Visitor Center; zum Knob führt ein einfacher Spazierweg.

Doughton Park (Meile 241,1) Wanderwege und Campingmöglichkeiten.

Blowing Rock (Meile 291,8) Kleine Ortschaft, die nach einer zerklüfteten, kommerziell genutzten Klippe benannt ist, die einen tollen Ausblick und gelegentliche Aufwinde bietet sowie der Schauplatz einer indianischen Liebesgeschichte ist.

Moses H. Cone Memorial Park (Meile 294,1) Hübsches, altes Anwesen mit breiten Wegen und einem Kunsthandwerksladen.

Julian Price Memorial Park (Meile 296,9) Campingplatz.

Grandfather Mountain (Meile 305,1) Sehr beliebt wegen seiner hoch gelegenen Fußgängerhängebrücke. Es gibt auch ein Nature Center und ein Schutzgehege für Kleintiere.

Linville Falls (Meile 316,4) Kurze Wanderwege zum Wasserfall; Stellplätze.

Little Switzerland (Meile 334) Traditioneller Höhenkurort.

Mt. Mitchell State Park (Meile 355,5) Höchster Gipfel östlich des Mississippis (2037 m); Wander- und Campingmöglichkeiten.

Craggy Gardens (Meile 364) Entlang der Wanderwege blühen im Sommer prächtige Rhododendren.

Folk Art Center (Meile 382) Verkauf von hochwertigem Kunsthandwerk der Appalachenregion.

Blue Ridge Pkwy Visitor Center (Meile 384) Hervorragender Film, interaktive Karte und Infos zu Wanderwegen.

Mt. Pisgah (Meile 408,8) Wander- und Campingmöglichkeiten, Restaurant, Inn.

Graveyard Fields (Meile 418) Kurze Wanderwege zu einem Wasserfall.

Östliche Kontinentale Wasserscheide verläuft direkt durch die Bar dieses mit weißen Schindeln gedeckten Grandhotels, das 1891 eröffnete. Es heißt, die Schriftstellerin Margaret Mitchell hätte bei ihrem Aufenthalt hier an *Vom Winde verweht* gearbeitet.

★ Bistro Roca MODERN-AMERIKANISCH **$$**
(☎828-295-4008; www.bistroroca.com; 143 Wonderland Trail; Mittagessen Hauptgerichte 9–16 US$, Abendessen Hauptgerichte 9–34 US$; ⊙Mi–Mo 11–15 & 17–22 Uhr; 📶) Dieses gemütliche, lodge-artige Bistro versteckt sich abseits der Main St in einem Gebäude aus der Prohibitionszeit und serviert edle New-American-Kost (Hummer, Käse-Makkaroni mit Schweinebauch, Habanero-Burger mit Kick, Holzofenpizzas, *bánh mì*-Sandwiches mit Bergforelle), vieles lokal erzeugt. Wer was mit Entenspeck bestellt, liegt immer richtig

ℹ An- & Weiterreise

Blowing Rock liegt 13 km südlich von Boone am Blue Ridge Parkway. Der nächste kommerzielle Flughafen ist der Charlotte Douglas International Airport (S. 395), 140 km südöstlich.

BOONE

Boone ist eine fröhlich-lebendige Stadt in den Bergen und das Zuhause der geschäftigen Appalachian State University. Die junge Bevölkerung hat ein Faible für Outdooraktivitäten. Der Ort ist eine Domäne der Bluegrass-Musiker und Geschichtenerzähler aus den Appalachen und nach dem berühmten Pionier und Entdecker Daniel Boone benannt, der oft sein Lager dort aufschlug, wo die Stadt heute steht. Boones Geschichte wird seit 1952 jeden Sommer in dem Theaterstück *Horn in the West* erzählt, das in einem Freiluft-Amphitheater oberhalb des Ortes aufgeführt wird.

Boones Innenstadt besteht aus einer netten Mischung aus niedrigen Ziegelgebäuden und Colonial-Revival-, Art-déco- und Stromlinien-Moderne-Architektur. In vielen Gebäuden sind heute charmante Boutiquen und Cafés untergebracht.

Ansonsten bietet die Stadt hauptsächlich standardmäßige Kettenhotels, aber hin und wieder finden sich in und um Boone auch historische B&Bs, Ferienfarmhäuser oder gemütliche Blockhütten. Das Horton Hotel, Boones erstes Boutiquehotel, öffnet 2018.

Folk Art Center KULTURZENTRUM
(☎828-298-7928; www.southernhighlandguild.org; Mile 382; ⊙April–Dez. 9–18, Jan.–März bis 17 Uhr) Wenn man die Lobby des Folk Art Center betritt, sollte man erst mal nach oben schauen: Unter der Decke hängt eine Reihe handgefertigter „Appalachian"-Klappstühle. Sie sind eine beeindruckende Visitenkarte für die Galerie hier, die sich dem Südstaaten-Handwerk widmet. Die Stühle sind Teil der Dauerausstellung der Southern Highland Craft Guild, die über 2400 traditionelle und moderne Handwerke umfasst. Stücke aus der Sammlung sind im 2. Stock zu sehen.

★ Melanie's Food Fantasy CAFÉ **$$**
(www.melaniesfoodfantasy.com; 664 W King St; Frühstück 6–10 US$, Mittag- & Abendessen 9–14 US$; ⊙Mo–Mi 8–14, Do & Fr 8–14 & 17–21, Sa 8–14.30 & 17–21, So 8.30–14.30 Uhr; 🖉) In diesem beliebten Café in der hübschen King St lassen sich urbane Hippies üppige Frühstücksklassiker (Rührei, Eier Benedict, Omeletts, Waffeln, Pfannkuchen) und hausgemachte Bratkartoffeln schmecken, alles aus lokalen Zutaten und immer mit vegetarischer Option (Tempeh, Sojawürstchen usw.).

Dan'l Boone Inn SÜDSTAATENKÜCHE **$$**
(☎828-264-8657; www.danlbooneinn.com; 130 Hardin St; Frühstück Erw. 11 US$, Kind 6–8 US$, Abendessen Erw. 18 US$, Kind 7–11 US$; ⊙Juni–Okt. Mo–Do 11.30–20.30, Fr & Sa bis 21, So bis 20.30 Uhr, Rest des Jahres variierende Öffnungszeiten; 📶👪) In diesem Restaurant wird Quantität großgeschrieben und die Familiengerichte sind für hungrige Wanderer ein wahrer Segen. Seit 1959 geöffnet. Nur Barzahlung oder Scheck.

ℹ An- & Weiterreise

Der Boone am nächsten gelegene kommerzielle Flughafen ist der Charlotte Douglas International Airport (S. 395), 94 Meilen (151 km) südöstlich.

Asheville

Dank seiner lokalen Mikrobrauereien, dekadenten Schokoladenläden und stilvollen New-Southern-Lokale ist Asheville eine der trendigsten Kleinstädte im Osten. Hochglanzmagazine schwärmen für diesen Ort. Aber man sollte sich von all dem Glamour nicht abschrecken lassen: Im Herzen ist Asheville noch immer ein zugewucherter Bergort, der tief in seinen Traditionen verwurzelt ist. Man muss sich nur umschauen: In der Biltmore Ave fiedelt ein Straßenmusiker ein Bluegrass-Stück, ein wenig entfernt füllen Wanderer nach der Besteigung des Mt. Pisgah die Energiereserven wieder auf und Autos rauschen zum und vom Blue Ridge Parkway, der um die Stadt herum verläuft. In Asheville leben vieler Künstler und eine Gemeinde sehr präsenter Hippies, die dafür sorgen, dass niemand zu sehr abhebt.

Sehenswertes & Aktivitäten

★ Biltmore Estate GEBÄUDE

(☎800-411-3812; www.biltmore.com; 1 Approach Rd; Erw./Kind 10–16 Jahre 65/32,50 US$; ⊙Haus 9–16.30 Uhr, saisonal abweichend) Dies ist das landesweit größte Haus in Privatbesitz und Ashevilles größte Touristenattraktion: Das Biltmore wurde 1895 für den Erben eines Schiffs- und Eisenbahnimperiums, George Washington Vanderbilt II., erbaut. Es ist drei französischen Loire-Schlössern nachempfunden, die er auf seinen zahlreichen Europareisen sah. Der Besuch des Hauses und der 100 ha großen, wunderschön angelegten Gärten dauert mehrere Stunden.

Chimney Rock Park PARK

(www.chimneyrockpark.com; Hwy 64/74A; Erw./Kind 5–15 Jahre 15/7 US$; ⊙Mitte März–Nov. 8.30–18 Uhr, Nov.–Mitte März 10–16.30 Uhr) Der Chimney Rock ist ein 96 m hoher Granitmonolith, und der Blick von dort oben auf den Broad River und den Lake Lure ist einfach herrlich. Ein Aufzug bringt die Besucher hinauf, doch das Highlight ist die wunderbare Wanderung rund um die Klippen zu einem 123 m hohen Wasserfall. Der Park befand sich früher in Privatbesitz und ist heute ein State Park. Der Zugang zum Felsen wird jedoch auch weiterhin kommerziell verwaltet. Der Park liegt 20 Meilen (32 km) südöstlich von Asheville.

BREW-ed BRAUEREI

(☎828-278-9255; www.brew-ed.com; 37–50 US$) Diese geschichtlichen Brauereitouren durch die Innenstadt unter Führung von Cicerone-zertifizierten Bierfans finden donnerstags (17.30 Uhr), freitags (14 Uhr), samstags (11.30 Uhr und 14 Uhr) und sonntags (13 Uhr) statt.

Smoky Mountain Adventure Center OUTDOOR-AKTIVITÄTEN

(☎828-505-4446; www.smacasheville.com; 173 Amboy Rd; ⊙Mo 10–20, Di–Do 9–22, Fr & Sa bis 21.30, So 12–20 Uhr) Gegenüber dem French Broad River im Viertel River Arts gibt's hier alles, was das Outdoor-Fanherz begehrt: Leihfahrräder für eine Erkundung des Blue Ridge Parkway, Schlauchreifen und Paddleboards für den Fluss sowie geführte Touren, z. B. Felsklettern, Treks, Tageswanderungen, Eisklettern und Bergsteigen in den umliegenden Bergen.

Schlafen

Sweet Peas Hostel HOSTEL $

(☎828-285-8488; www.sweetpeashostel.com; 23 Rankin Ave; B/Pod 32/40 US$, Zi. ohne/mit Bad 75/105 US$; ❄@📶) Dieses brandneue Hostel erstrahlt im IKEA-Stil mit makellosen Stockbetten aus Stahl und Schlaf-„Pods“ aus hellem Holz. Die loftartigen Räumlichkeiten sind wunderbar offen, aber es kann recht laut zugehen (die Lexington Ave Brewery unten trägt ihren Teil dazu bei, aber dafür gibt's dort auch Rabatt). Was man an Privatsphäre und Ruhe einbüßt, bekommt man jedoch an Stil, Sauberkeit, Geselligkeit und der unschlagbar zentralen Lage wieder zurück.

Campfire Lodgings CAMPING $$

(☎828-658-8012; www.campfirelodgings.com; 116 Appalachian Village Rd; Stellplatz Zelt 35–40 US$, Stellplatz Wohnmobil 50–70 US$, Jurte 115–135 US$, Hütte 160 US$; P❄📶) Wenn doch nur alle Jurten der Welt mit einem Flachbild-TV ausgestattet wären … In diesen komplett möblierten Zelten mit mehreren „Zimmern“ an einem Hang nächtigen die wohl stilvollsten mongolischen Nomaden der Welt. Es gibt auch Hütten und Stellplätze für Zelte. Die Wohnwagenstellplätze haben WLAN-Zugang sowie einen wunderschönen Blick auf das Tal.

Omni Grove Park Inn HISTORISCHES HOTEL $$$

(☎828-252-2711; www.omnihotels.com; 290 Macon Ave; Zi. 149–419 US$; P❄@📶🏊🐾) Diese riesige, kunstvolle historische Lodge lässt die Zeit des amerikanischen Gebirgs-Glamours wiederaufleben und versprüht mit seinem gesund-und-munteren Charme echte Abenteuerlust. Schon die Kamine in der Lobby gesehen? Wie könnte man nicht: In die 10 m breiten Kolosse passt ein aufrecht stehender erwachsener Mann und in jedem führt ein Aufzug zum Schornstein hinauf!

Aloft Asheville HOTEL $$$

(☎828-232-2838; www.aloftasheville.com; 51 Biltmore Ave; Zi. ab 320 US$; P❄@📶🏊🐾) Mit seiner riesigen Kreidetafel im Foyer, den coolen, jungen Angestellten und einem Laden für Outdoor-Klamotten im 1. Stock wirkt das Hotel wie eine Hipster-Community. Das einzige, was noch fehlt, ist ein bärtiger Typ mit

Wollmütze und einem Craft-Bier in der Hand – ach halt, da drüben ist er ja! O.k., kleiner Scherz. Aber wenn man sich erst einmal auf das Aloft einlässt, merkt man schnell, dass die Angestellten sich gut auskennen und die Zimmer schön groß und bunt sind.

Bunn House BOUTIQUEHOTEL **$$$**
(☎828-333-8700; www.bunnhouse.com; 15 Clayton St; Zi. 249–424 US$; P❄☺) Ashevilles vielleicht geschmackvollste Option: In diesem grandios restaurierten Haus von 1905 wurden Schlüssel gegen Codes eingetauscht. Frei liegende Ziegelmauern und dunkles Holz ziehen sich durch alle sechs Zimmer und Suiten. Die beheizten Badezimmerböden und mit kleinen Kacheln gefliesten Dampfduschen sind an einem kühlen Morgen in den Bergen einfach himmlisch. In den Minibars und Gemeinschaftsbereichen stehen kostenlos Snacks von Herban Baker und Bier der Asheville Brewing Company bereit.

Essen

Asheville ist ein wahres Paradies für Gourmets. In Downtown, South Slope und dem aufstrebenden River Arts District entlang des French Broad River wimmelt es nur so von gutem Essen, das von simplen (aber hippen!) Südstaaten-Cafés über Multikulti-Lokale bis zu eleganter Modern-American- und Appalachian-Küche reicht. Direkt vom Erzeuger zum Verbraucher ist das generelle Motto und „lokal, Bio und nachhaltig" werden großgeschrieben.

Early Girl Eatery CAFÉ **$**
(www.earlygirleatery.com; 8 Wall St; Hauptgerichte 4–15 US$; ⊙Mo–Mi 7.30–15, Do & Fr bis 21, Sa & So 9–21 Uhr) In diesem Vom-Erzeuger-zum-Verbraucher-Café kann man den ganzen Tag Frühstück (wir empfehlen das „Benny" mit Tomaten, Spinat, Avocado und pochierten Eiern auf Grit Cakes) oder ein gegrilltes Pimiento-Käse-Sandwich bestellen. Man genießt sie im sonnigen, aber überfüllten Gastraum mit Blick auf einen kleinen Platz.

White Duck Taco Shop MEXIKANISCH **$**
(www.whiteducktacoshop.com; 12 Biltmore Ave; Tacos 3,45–5,25 US$; ⊙11.30–21 Uhr) In diesem Taco-Laden im Zentrum ist die Speisekarte eine Schiefertafel. Alle Optionen klingen nach grandiosen Geschmacksexplosionen – wie soll man sich da nur entscheiden? Scharfes Buffalo-Hühnchen mit Blauschimmelkäse-Sauce, knuspriger Schweinebauch, gebratene Mole-Ente und Krabben und Grits! Noch besser? Diese weichen Tacos machen richtig satt. Gruppen können vorher Chips und dreierlei Salsa bestellen.

★**12 Bones** GRILLGERICHTE **$**
(www.12bones.com; 5 Foundy St; Gerichte 5,50–22 US$; ⊙Mo–Fr 11–16 Uhr) Wie gut es in die-

DIE BIER-HAUPTSTADT DER USA

Wenn es je eine Stadt gab, die sich durch die Craft-Bier-Bewegung verändert hat, dann ist es Asheville. Der Ort hat sich vom recht verschlafenen Gebirgsstädtchen zu einer der wichtigsten Pilgerstätten für trinkfreudige Hopfenfans in Nordamerika entwickelt, seit dort 1994 mit Highland Brewing die erste Brauerei eröffnete.

Heute gibt's in Buncombe County 33 Brauereien (27 davon im Stadtgebiet von Asheville) bei einer Bevölkerung von rund 87 000 – eine der höchsten Brauereizahlen pro Einwohner des ganzen Landes. Hier unsere Favoriten:

Burial (www.burialbeer.com; 40 Collier Ave; Glas 5 US$; ⊙Mo–Do 16–22, Fr ab 14, Sa & So 12–22 Uhr; ☺) Klein und gemütlich; produziert mit die besten und experimentellsten belgisch inspirierten Biere (saisonale Farmhouse-Varianten, starke Dubbels und Tripels). Gilt fast allen als die beste Brauerei der Stadt.

Funkatorium (www.wickedweedbrewing.com/locations/funkatorium; 147 Coxe Ave; Bier 4,50–10 US$; ⊙Mo–Do 14–22, Fr & Sa 12–24, So 12–22 Uhr; ☺) Im neuen Zapfraum des Wicked Weed gibt's nur Sauerbier – dieser lässig-herbe Tempel ist einer Pilgerreise würdig.

Wedge (www.wedgebrewing.com; 37 Paynes Way; Glas 3,50–6 US$; ⊙12–22 Uhr; ☺) In diesem geselligen Biergarten sind alle willkommen: Hunde, Kinder auf Dreirädern, verliebte Pärchen und aktive Outdoor-Typen.

Wicked Weed (www.wickedweedbrewing.com; 91 Biltmore Ave; Glas 4,50–6,40 US$; ⊙Mo & Di 11.30–23, Mi & Do bis 24, Fr & Sa bis 1, So 12–23 Uhr; ☺) Eine ehemalige Tankstelle hat sich in dieses Craft-Bier-Wunderland verwandelt. 58 Sorten vom Fass!

sem Grillrestaurant schmeckt? Nun, auch Ex-Präsident Obama und seine Frau Michelle haben vor ein paar Jahren hier gegessen. Das langsam gegrillte Fleisch ist rauchig-zart und die Beilagen – von Jalapeño-Käse-Grits bis zu geräuchertem Kartoffelsalat – treffen mitten ins Herz des wilden Südens.

★ **Cúrate** TAPAS $$
(☎828-239-2946; www.curatetapasbar.com; 13 Biltmore Ave; kleine Teller 4–18 US$; ⏲Di–Do 11.30–23.30, Fr & Sa bis 23, So bis 22.30 Uhr) Dieses fröhliche Lokal feiert den einfachen Charme und die sinnlichen Aromen traditioneller spanischer Tapas, hin und wieder mit feiner Südstaaten-Note. Es gehört einem echten Katalanen und seiner hippen Frau aus Asheville. Highlights gibt's viele: *pan con tomate* (gegrilltes Brot mit frischen Tomaten), kurz gebratene Aubergine mit Honig und Rosmarin und die sagenhafte Sepia-Tinten-„Paella" mit Vermicelli.

Smoky Park Supper Club MODERN-AMERIKANISCH $$
(☎828-350-0315; www.smokypark.com; 350 Riverside Dr; Hauptgerichte 10–34 US$; ⏲Di–Do 17–21, Fr & Sa 16–22, So 10.30–21 Uhr; 📶) Das SPSC ist eines der coolen Aushängeschilder im aufstrebenden Rivers Arts District und viel mehr als die Summe seiner Teile – 19 Schiffscontainer, um genau zu sein. Es ist damit das größte aus Containern erbaute Restaurant in den USA. Bei den auf Holz gegrillten Köstlichkeiten hat man die Qual der Wahl: ein halbes Hähnchen mit Knoblauch und Zitrone, in Gusseisen sautierter Carolina-Fisch oder Käse-Dip mit Chorizo und Poblano- Schoten?

Ausgehen & Unterhaltung

Trade & Lore KAFFEE
(www.tradeandlore.com; 37 Wall St; Kaffee 2–5,25 US$; ⏲8–19 Uhr; 📶) In diesem trendigen Café in Downtown bereiten kompetente Baristas grandiosen Kaffee zu. Die industrielle Coolness des Dekors wird durch vereinzelte Vintage-Möbel ergänzt. Der Espresso kommt aus einer edlen La Marzocco-Maschine und man kann aus verschiedenen Espresso-mit-Milch-Kreationen wählen. Die Unisex-Toiletten sind ein kleiner Seitenhieb auf die Regierung des Bundesstaats.

Orange Peel LIVEMUSIK
(www.theorangepeel.net; 101 Biltmore Ave; Tickets 10–30 US$; ⏲Shows ab 20 Uhr) Wer Lust auf Livemusik hat, ist in diesem lagerhausartigen Laden richtig, in dem bekannte Indie- und Punk-Acts auftreten.

Praktische Informationen

Das glänzende **Visitor Center** (☎828-258-6129; www.exploreasheville.com; 36 Montford Ave; ⏲Mo–Fr 8.30–17.30, Sa & So 9–17 Uhr) liegt an der I-240, Ausfahrt 4C. Hier gibt's 10 US$ Rabatt auf Eintrittskarten für Biltmore. In Downtown Asheville gibt's eine Außenstelle des **Visitor Center** mit Toiletten (☎828-258-6129; www.exploreasheville.com; 80 Court Pl; ⏲April–Okt. Fr–So 9–17 Uhr), direkt neben dem Pack Square Park.

Anreise & Unterwegs vor Ort

Der **Asheville Regional Airport** (AVL; ☎828-684-2226; www.flyavl.com; 61 Terminal Dr, Fletcher) liegt 20 Minuten südlich der Stadt und bietet eine Handvoll Direktflüge, u. a. nach/von Atlanta, Charlotte, Chicago und New York. Der **Greyhound**-Bahnhof (☎828-253-8451; www.greyhound.com; 2 Tunnel Rd) befindet sich 1,5 km nordöstlich des Zentrums.

Kostenloses Parken ist in Downtown Asheville fast ein Ding der Unmöglichkeit, aber öffentliche Parkhäuser sind zumindest für die erste Stunde gratis und kosten danach nur 1 US$ pro Stunde, es könnte also schlimmer sein. Passport (https://passportinc.com) ist eine praktische App, die über Parkgebühren und gebührenpflichtige Parkplätze hier (und in ein paar anderen US-Städten) informiert.

Asheville Transit (☎828-253-5691; www.ashevilletransit.com; 49 Coxe Ave; ⏲Mo–Fr 6–21.30, Sa 7–21.30, So 8.30–18 Uhr) fährt auf 18 lokalen Busrouten, von Montag bis Samstag etwa zwischen 5.30 und 22.30 Uhr, an Sonntagen kürzer. Tickets kosten 1 US$. Fahrradgepäckträger kostenlos. Die Route S3 verbindet die Art Station in Downtown zehnmal täglich mit dem Flughafen.

Great Smoky Mountains National Park

Egal, ob man die mit einem Initiationsritus vergleichbare Wanderung durch die Wälder des Appalachian Trail in Angriff nimmt, den umwerfenden Panoramablick vom 2025 m hohen Clingmans Dome genießt oder in Cades Cove das gut erhaltene Zuhause der Pioniere besucht, der Great Smoky Mountains National Park ist eine amerikanische Legende in Sachen Natur und Geschichte. Dieser stimmungsvolle, magische Park erstreckt sich in North Carolina und Tennessee über 2100 km². Er gehört zu den vielfältigsten Landschaften der Welt, die von dichten, dunklen Fichtenwäldern über sonnige, mit Gänseblümchen und Bischofskraut bedeckte Wiesen bis zu kaffeebraunen Flüssen reichen. Wander- und Campingmöglichkeiten sind schier endlos, aber man kann auch reiten, Rad fahren und Fliegenfischen. Leider ist es hier dank der jährlich 10 Mio. Besucher – mehr als jeder andere Nationalpark der USA – oft ziemlich überfüllt. Die North-Carolina-Seite ist jedoch leerer als die Tennessee-Seite. Dort kann man sich selbst auf dem Höhepunkt der Touristensaison im Sommer noch wunderbar frei bewegen.

Sehenswertes

Great Smoky Mountains National Park NATIONALPARK

(www.nps.gov/grsm) GRATIS Dieser 2100 km² große Park ist der meistbesuchte des Landes. Die Hauptwege und -attraktionen können zwar ziemlich voll sein, aber 95 % der Besucher entfernen sich nie weiter als 100 m von ihrem Auto, daher ist es ein Leichtes, den Massen zu entkommen. Im Gegensatz zu den meisten anderen Nationalparks ist der Eintritt zum Great Smoky frei. 2016 wurden 40 km² des Parks durch Waldbrände (s. Kasten unten) zerstört, darunter auch der sehr beliebte **Chimney Tops Trail**, der zum Zeitpunkt der Recherche noch immer gesperrt war. Am besten informiert man sich vorab telefonisch über den aktuellen Stand.

Im Visitor Center gibt's eine Karte des Parks sowie den kostenlosen Smokies Guide. Die Überreste der Siedlung **Cades Cove** aus dem 19. Jh. gehören zu den beliebtesten Sehenswürdigkeiten des Parks, was auch die nervtötenden Staus auf der Ringstraße im Sommer beweisen. Der Mt. LeConte ist ein tolles Wandergebiet und bietet mit der **LeConte Lodge** die einzige Übernachtungsmöglichkeit, die kein Campingplatz ist. Allerdings erreicht man die rustikalen, nicht ans Stromnetz angeschlossenen Hütten nur zu Fuß über einen von fünf Aufstiegen, die zwischen 9 km (**Alum Cave Trail**) und 13 km (**Boulevard**) lang sind. Die Unterkunft ist jedoch so beliebt, dass man mindestens ein Jahr im Voraus reservieren muss. Der schwindelerregende Gipfel des **Clingmans Dome** ist auch mit dem Auto zu erreichen. Auf dem dritthöchsten Berg östlich des Mississippi steht ein futuristischer Aussichtsturm.

DIE WALDBRÄNDE IN DEN GREAT SMOKY MOUNTAINS 2016

Am 23. November 2016 kam es im Great Smoky Mountains National Park zu einer Katastrophe, als auf dem Chimney Tops Trail, einem der beliebtesten Wanderwege des Parks, ein Feuer gemeldet wurde, das sich mit verheerenden Folgen im gesamten Park und in Gatlinburg ausbreiten und zum tödlichsten Flächenbrand im Osten der USA seit den Great Fires von 1947 entwickeln sollte.

Der Brand wurde von den Feuerwehrleuten „Chimney Tops 2" getauft (eine Woche zuvor war auf dem Chimney Tops bereits ein kleineres Feuer ausgebrochen). Die Eindämmung erfolgte nicht schnell genug (es vergingen mehrere Tage, bevor etwas unternommen wurde). Am 28. November rollte ein mächtiger Feuerball mit erschreckender Geschwindigkeit auf Gatlinburg zu. Am 5. Dezember erfolgte schließlich ein Großeinsatz der Feuerwehr: 25 Bodencrews, 61 Löschfahrzeuge, sechs Helikopter und insgesamt 780 Feuerwehrleute. Doch erst im Januar gelang es ihnen, das Feuer zu über 90 % einzudämmen. Die Stadt Gatlinburg blieb dank des heroischen Einsatzes der Feuerwehrleute verschont – das einzige wirkliche Opfer in der Stadt war der Gatlinburg Sky Lift, an dem im oberen Bereich und der Bergstation gravierende Schäden entstanden. Andernorts waren jedoch schreckliche Verluste zu beklagen: 14 Tote, über 175 Verletzte, über 2400 beschädigte oder zerstörte Gebäude und die Zwangsevakuierung von 14 000 Einwohnern. Der finanzielle Schaden? Über 500 Mio. US$.

Im Park verbrannten rund 40 km² Fläche, wobei Chimney Tops am schlimmsten betroffen war. Einer der beliebtesten Wanderwege des Parks musste gesperrt werden. Parkoffizielle schätzen, dass es 80 Jahre dauern könnte, bis sich die Gegend wieder vollständig regeneriert hat. Der Wanderweg könnte für mehrere Jahre unzugänglich bleiben.

Zwei Jugendliche aus Tennessee wurden beschuldigt, das Feuer ausgelöst zu haben. Sie wurden festgenommen und der schweren Brandstiftung angeklagt. Falls sie vor Gericht als Erwachsene behandelt werden – worüber die Einwohner von Gatlinburg hitzig diskutieren – könnten ihnen über 60 Jahre Gefängnis drohen.

Neben dem Chimney Tops waren zum Zeitpunkt der Recherche auch der Road Prong Trail, der Sugarland Mountain Trail und der Bullhead Trail auf unbestimmte Zeit gesperrt. Am besten vorher anrufen.

 Aktivitäten

Egal, ob man den unwiderstehlichen Drang verspürt, einen Berg zu besteigen oder einfach nur ein bisschen frische Luft schnappen möchte: Wandern im Great Smoky Mountains National Park ist die beste Art, die grandiose Schönheit seiner Natur zu erleben. Auch wenn man nur Zeit für einen kurzen Besuch hat, sollte man mindestens eine Wanderung machen. Die Wege reichen von flachen, einfachen kurzen Pfaden bis zu längeren, anstrengenderen Alternativen. Viele eignen sich hervorragend für Familien, einige sind rollstuhlgerecht und die Mehrheit beginnt an einer der Hauptattraktionen. Körperliche Fitness und Ausdauer spielen hier praktisch keine Rolle: Der Park bietet für jeden die passende Option.

Hier ein paar unserer Favoriten:

Charlies Bunion WANDERN

Ein 13 km langer Rundweg, der dem Appalachian Trail vom Aussichtspunkt Newfound Gap über 6,5 km zu einem Felsvorsprung mit tollem Blick über Berge und Täler folgt.

Big Creek Trail WANDERN

Man kann auf einem gut 3 km langen Weg zu den Mouse Creek Falls wandern oder noch knapp 5 km zu einem Campingplatz im Hinterland anschließen. Der Weg beginnt nahe des I-40 am Nordostrand des Parks.

Boogerman Trail WANDERN

Mäßig schwieriger, 12 km langer Rundweg, der an alten Farmen vorbeiführt; über die Cove Creek Rd erreichbar.

Chasteen Creek Falls WANDERN

Dieser 5,8 km lange Rundweg führt vom Smokemont Campground aus an einem kleinen Wasserfall vorbei.

Oconaluftee River Trail WANDERN

Einer von nur zwei Wegen im Park auf denen angeleinte Hunde und Fahrräder erlaubt sind: Dieser knapp 5 km lange Rundweg beginnt am Oconaluftee Visitor Center und folgt dem Fluss für 2,5 km.

Schlafen & Essen

Der Great Smoky Mountains National Park bietet diverse Campingoptionen. Die LeConte Lodge ist die einzige Unterkunft, in der man ein Zimmer mieten kann, aber man muss den Gipfel eines Berges erklimmen, um dieses Privileg genießen zu können. Gatlinburg bietet die meisten Unterkünfte aller Städte rund um den Park, aber die Preise haben's in sich. Im nahen Pigeon Forge, 16 km nördlich des Sugarlands Visitor Center, und dem 27 km nördlich gelegenen Sevierville gibt's günstigere Alternativen.

Der National Park Service unterhält zehn Campingplätze im Park. Jeder verfügt über Waschräume mit kaltem Wasser und Spültoiletten, aber es gibt weder Duschen noch Strom- oder Wasseranschlüsse (einige Campingplätze haben jedoch Strom für Notfälle). Jeder Stellplatz hat einen eigenen Feuerkorb und einen Picknicktisch, viele Plätze kann man im Voraus unter www.recreation.gov buchen (einen, Cataloochee, muss man sogar vorab reservieren).

Mit über 1000 auf die Campingplätze verteilten Stellplätzen sollte man meinen, dass man immer irgendwo unterkommt. In der überfüllten Sommersaison ist dies jedoch nicht der Fall, also unbedingt gut planen. Einige Plätze kann man vorab reservieren, bei anderen gilt: Wer zuerst kommt, zeltet zuerst. Cades Cove und Smokemont sind das ganze Jahr über geöffnet, andere nur von März bis Oktober.

Zelten im Hinterland ist eine hervorragende Option und nur in den ersten fünf Nächten gebührenpflichtig (4 US$/Nacht, danach kostenlos). Eine Genehmigung ist erforderlich. Man kann Reservierungen online unter www.smokiespermits.nps.gov durchführen, die Genehmigungen bekommt man in den Rangerstationen oder den Visitor Centers.

Außer Nüssen und Beeren gibt's im Great Smoky Mountains National Park nichts zu essen, abgesehen von den nur für Gäste erhältlichen Mahlzeiten in der LeConte Lodge, den Automaten im Sugarlands Visitor Center und dem mageren Angebot im Laden des Cades Cove Campground. Zum Glück bieten die umliegenden Städte eine große Auswahl an Restaurants.

Touristeninformation

Im Park gibt's vier Visitor Centers:

Sugarlands Visitor Center (☎865-436-1291; www.nps.gov/grsm; 107 Park Headquarters Rd; ⏰Juni–Aug. 8–19.30 Uhr, Sept.–Mai variabel) Am Nordeingang des Parks in der Nähe von Gatlinburg.

Cades Cove Visitor Center (☎865-436-7318; Cades Cove Loop Rd; ⌚Mai–Juli 9–19 Uhr, Sept–März früher) Auf halber Strecke der Cades Cove Loop Rd, 39 km abseits des Hwy 441 vom Gatlinburg-Eingang.

Oconaluftee Visitor Center (☎828-497-1904; www.nps.gov/grsm; 1194 Newfound Gap Rd, North Cherokee, NC; ⌚Juni–Aug. 8–19.30 Uhr, Sept.–Mai variabel) Am Südeingang des Parks nahe Cherokee in North Carolina.

Clingmans' Dome Visitor Center (☎865-436-1200; Clingmans Dome Rd; ⌚April–Juni & Aug.–Okt. 10–18 Uhr, Nov. 9.30–17 Uhr)

ℹ An- & Weiterreise

Die nächsten großen Flughäfen sind der McGhee Tyson Airport in Knoxville (S. 436), 40 Meilen (64 km) vom Sugarlands Visitor Center entfernt auf der Tennessee-Seite, und der Asheville Regional Airport (S. 400), 58 Meilen (93 km) östlich des Oconaluftee Visitor Center auf der North-Carolina-Seite. Beide werden von Greyhound angefahren.

SOUTH CAROLINA

Mit Moos bewachsene Eichen, stattliche Herrenhäuser, breite Strände, wellige Hügellandschaften und ein widerspenstiger Charakterzug prägen South Carolina. Hier im tiefen Süden sind der Dialekt und die Traditionen ausgeprägter. Von seinen Patrioten im Amerikanischen Unabhängigkeitskrieg und den Sezessionisten der 1860er-Jahre bis hin zu der streitsüchtigen Führungsriege von heute hat der Palmetto State nie eine Konfrontation gescheut.

Die meisten Traveller beschränken ihre Reise auf die Küste mit ihren hübschen Städten aus der Antebellum-Ära und die palmengesäumten Strände. Doch das Hinterland wartet mit einer Vielzahl verschlafener alter Städtchen, rauer, nicht erschlossener State Parks und gespenstisch düsterer Sümpfe auf, und auf den Inseln im Ozean kann man die sanften Gesänge der Gullah hören. Die Sprache und die Kultur wurden von ehemaligen Sklaven begründet, die über die Jahrhunderte hinweg an vielen ihrer westafrikanischen Traditionen festhielten. Ob man nun das vornehme, nach Geranien duftende Charleston oder das grelle, kitschige Myrtle Beach besucht: South Carolina ist immer ein einnehmendes Reiseziel.

Geschichte

Im Gebiet des heutigen South Carolina lebten mehr als 28 verschiedene Indianerstämme. Viele gehörten dem Volk der Cherokee an, das in den 1830er-Jahren über den „Pfad der Tränen" gewaltsam umgesiedelt wurde.

Die Engländer gründeten die Kolonie Carolina im Jahr 1670, die ersten Siedler kamen vom britischen Vorposten Barbados, sodass die damals „Charles Towne" genannte Hafenstadt einen karibischen Touch erhielt. Um die Küstensümpfe in Reisfelder zu verwandeln, wurden westafrikanische Sklaven ins Land verschleppt. Mitte des 18. Jhs. war das Land tief gespalten: Im „Lowcountry" herrschte eine Schicht Sklaven haltender Aristokraten, im ländlichen „Backcountry" siedelten arme Bauern aus Schottland, Irland und Deutschland.

South Carolina war der erste Staat, der sich von der Union abspaltete; die erste Schlacht des Amerikanischen Bürgerkriegs wurde bei Fort Sumter im Hafen von Charleston geschlagen. Am Ende des Krieges war ein großer Teil des Bundesstaates verwüstet.

Im 20. Jh. lebte die Bevölkerung des Bundesstaats vorrangig vom Baumwoll- und Textilhandel. Auch heute noch ist South Carolina ein relativ armer Agrarstaat, auch wenn die Tourismusindustrie an der Küste Zuwachs verzeichnet.

In den letzten Jahren machte der Palmetto State mit seinen Politikern Schlagzeilen, von Nikki Haley, der ersten Frau als Gouverneurin und der ersten mit indianischen Wurzeln in diesem Amt, bis hin zum Kongressabgeordneten Joe Wilson, der während einer Rede von Präsident Obama im Kongress ausrief „Du lügst!", oder dem Kongressabgeordneten Mark Sanford, der während seiner Amtszeit als Gouverneur dadurch berühmt wurde, dass er behauptet hatte, eine Wanderung auf dem Appalachian Trail gemacht zu haben, während er in Wirklichkeit seine argentinische Geliebte besuchte.

Nachdem bei einem offenkundig rassistisch motivierten Attentat im Jahr 2015 neun Gemeindemitglieder einer traditionell von Schwarzen besuchten Kirche erschossen worden waren, beschloss das Parlament, die Konföderiertenflagge vom Gelände des State Capitol zu entfernen, wo sie seit 1962 geflattert hatte.

ℹ Praktische Informationen

Das South Carolina Department of Parks, Recreation & Tourism (☎803-734-0124; www.discoversouthcarolina.com) gibt den offiziellen

Ferienführer für South Carolina heraus. In allen neun Highway Welcome Centers gibt es kostenloses WLAN. Das Passwort holt man sich drinnen.

Charleston

Diese liebenswürdige Stadt empfängt Besucher mit der Wärme und Gastfreundschaft eines alten, geliebten Freundes – der leider im 18. Jh. verstarb. Na ja, das mag vielleicht etwas übertrieben sein, aber die Kanonen, Friedhöfe und Kutschfahrten erinnern wirklich an eine vergangene Ära. Und diese historische Romantik, das kulinarische Angebot und die Liebenswürdigkeit des Südens machen Charleston zu einem der beliebtesten Reiseziele im amerikanischen Süden mit jährlich mehr als 4,8 Mio. Besuchern.

Wie genießt man den Charme nun am besten? Nun, Charleston ist eine Stadt, für die man sich Zeit nehmen sollte – für einen Spaziergang zwischen den historischen Gebäuden, um die Antebellum-Architektur zu bestaunen, den Duft des blühenden Jasmin aufzusaugen und ein ausführliches Abendessen auf der Veranda zu zelebrieren. Aber die Stadt ist auch sehr romantisch: An jeder Ecke steht eine glückliche Braut auf den Stufen einer hübschen Kirche. Aber vor allem kann man sich hier von der berühmten Südstaaten-Gastfreundschaft verführen lassen. Charleston Charme lässt auch den letzten Schweißtropfen auf der Stirn vergessen.

Geschichte

Bereits lange vor dem Amerikanischen Unabhängigkeitskrieg war Charles Towne (benannt nach Karl II.) einer der geschäftigsten Häfen an der Ostküste und das Zentrum einer prosperierenden Reisanbau- und -handelskolonie. Durch Einflüsse aus Westindien, Afrika, Frankreich und anderen europäischen Ländern entwickelte es sich zu einer kosmopolitischen Stadt, die oft mit New Orleans verglichen wurde.

Einen tragischen, doch bedeutenden Bestandteil der Geschichte der Stadt bildet die Sklaverei. Charleston war ein wichtiger Hafen und die Drehscheibe des Sklavenhandels mit florierenden Auktionshäusern für Sklaven nahe dem Cooper River. Die ersten Schüsse des Bürgerkriegs fielen bei Fort Sumter im Hafen von Charleston. Als nach dem Krieg mit der Abschaffung der Sklaverei die arbeitsintensiven Reisplantagen unrentabel wurden, verlor die Stadt ihre Bedeutung.

Sehenswertes

In dem Viertel südlich der Beaufain St und der Hasell St befinden sich die meisten Herrenhäuser aus der Zeit vor dem Bürgerkrieg sowie viele Geschäfte, Bars und Cafés. Ganz im Süden der Halbinsel stehen die Vorkriegsvillen von Battery. Der **Gateway Walk** windet sich von der **St. John's Lutheran Church** (www.stjohnscharleston.org; 5 Clifford St) an mehreren Kirchen und Friedhöfen vorbei zur **St. Philip's Church** (www.stphilipschurchsc.org; 146 Church St).

Historisches Viertel

Old Exchange & Provost Dungeon HISTORISCHES GEBÄUDE

(www.oldexchange.org; 122 E Bay St; Erw./Kind 7–12 Jahre 10/5 US$; ⌚9–17 Uhr; 👪) Kinder lieben das gruselige Verlies, in dem einst im Unabhängigkeitskrieg amerikanische Patrioten von den Briten gefangen gehalten wurden. Die engen Zellen befinden sich unterhalb des stattlichen georgianisch-palladianischen Zollhauses von 1771. Die Führung durch das Verlies wird von kostümierten Guides geleitet. In den oberen Etagen lässt sich eine Ausstellung über die Stadt besichtigen.

Old Slave Mart Museum MUSEUM

(www.nps.gov/nr/travel/charleston/osm.htm; 6 Chalmers St; Erw./Kind 5–17 Jahre 8/5 US$; ⌚Mo–Sa 9–17 Uhr) Der Ryan's Mart war ein Freiluftmarkt, auf dem bis Mitte des 19. Jhs. afrikanische Männer, Frauen und Kinder verkauft wurden, die größte von rund 40 ähnlichen Auktionen. Die schändliche Geschichte South Carolinas wird in textreichen Ausstellungen erzählt, die auch auf die Erfahrungen der Sklaven eingehen. Die Artefakte, z. B. Beinfesseln, sind besonders verstörend.

Gibbes Museum of Art GALERIE

(www.gibbesmuseum.org; 135 Meeting St; Erw./Kind 12/6 US$; ⌚Di & Do–Sa 10–17, Mit bis 20, So 13–17 Uhr) Beherbergt eine anständige Sammlung an Werken aus Amerika und dem Süden. Die zeitgenössische Sammlung umfasst Arbeiten lokaler Künstler, mit Schwerpunkt auf der Darstellung des Lowcountry-Lebens.

Battery & White Point Gardens GARTEN

(Ecke East Battery & Murray Blvd) Battery wird die südlichste, von der Ufermauer geschützte Spitze der Charleston Peninsula genannt. Beim Bummel durch die Gartenanlagen kommt man vorbei an Kanonen und den

Statuen von Kriegshelden. Von der Promenade blickt man auf Fort Sumter.

Kahal Kadosh Beth Elohim SYNAGOGE
(www.kkbe.org; 90 Hasell St; ⌚Touren Mo–Do 10–12 & 13.30–15.30, Fr 10–12 & 13–15, So 13–15.30 Uhr) Die älteste, durchgehend genutzte Synagoge des Landes. Die von Ehrenamtlichen geführten Touren kosten 10 US$. Mehr über die Tourzeiten gibt's auf der Website.

Rainbow Row GEBIET
(83 E Bay St) Dieser Abschnitt der unteren E Bay St mit seinen bonbonfarbenen Häusern ist der meistfotografierte Teil der Stadt.

Historische Wohnhäuser

Aiken-Rhett House HISTORISCHES GEBÄUDE
(www.historiccharleston.org; 48 Elizabeth St; Erw./Kind 6–16 Jahre 12/5 US$; ⌚Mo–Sa 10–17, So 14–17, letzte Tour 16.15 Uhr) Dieses Gebäude von 1820 ist das einzige überlebende Stadthaus und gewährt auf den 45-minütigen selbstgeführten Audiotouren einen faszinierenden Einblick in das urbane Leben in der Zeit vor dem Bürgerkrieg. Die Rolle der Sklaven wird besonders hervorgehoben und man kann ihre schlafsaalartigen Quartiere hinter dem Haupthaus besuchen, bevor man erfährt, wie die Reichen und Berühmten damals lebten.

Die Historic Charleston Foundation erhält das Haus im „vorgefundenen Zustand“: Ziel ist es, das Gebäude zu erhalten, aber nicht zu restaurieren. Es wurden daher kaum Änderungen vorgenommen und die Besucher sehen es im Originalzustand, inklusive abblätternder Pariser Tapete.

Joseph Manigault House HISTORISCHES GEBÄUDE
(www.charlestonmuseum.org; 350 Meeting St; Erw./Kind 13–17 Jahre/Kind 3–12 Jahre 12/10/5 US$; ⌚Mo–Sa 9–17, So 12–17, letzte Tour 16.30 Uhr) Dieses dreistöckige Haus im Federal-Stil wurde 1803 erbaut und war einst der ganze Stolz eines französisch-hugenottischen Reisbauers. Der winzige neoklassizistische Tempel im Garten war damals einer von nur dreien in den USA.

Nathaniel Russell House HISTORISCHES GEBÄUDE
(www.historiccharleston.org; 51 Meeting St; Erw./Kind 6–16 Jahre 12/5 US$; ⌚Mo–Sa 10–17, So 14–17, letzte Tour 16.30 Uhr) Die spektakuläre selbsttragende Wendeltreppe ist das Highlight dieses 1808 im Federal-Stil von einem Rhode Islander erbauten Hauses, der in Charleston als „der König der Yankees“ bekannt war. Dank einer makellosen, noch andauernden Restaurierung kommen auch die feinsten Details zur Geltung, etwa die 1000 Streifen 22-karätigen Blattgolds im Salon. Außerdem wurden 20 Schichten Farbe bis zum Originalanstrich abgetragen und handgefertigte Konturteppiche aus Großbritannien importiert, genau wie es die Russells damals taten.

Marion Square

Der 4 ha große Park beherbergte einst das Waffenarsenal des Bundesstaats und ist heute mit seinen verschiedenen Monumenten und einem exzellenten Farmers Market an Samstagen quasi die Wohnstube von Charleston.

Charleston Museum MUSEUM
(www.charlestonmuseum.org; 360 Meeting St; Erw./Kind 13–17 Jahre/Kind 3–12 Jahre 12/10/ 5 US$; ⌚Mo–Sa 9–17, So 12–17 Uhr) Das 1773 gegründete Museum ist angeblich das älteste des Landes. Es ist sehr hilfreich und informativ, wenn man vor einem Bummel durch die Altstadt erst einmal etwas über den historischen Hintergrund erfahren will. Die Ausstellung beleuchtet verschiedene Epochen der verwickelten Geschichte Charlestons.

Aquarium Wharf

Die Aquarium Wharf umgibt den hübschen Liberty Sq. Hier kann man prima umherschlendern und dabei zusehen, wie Schlepper Schiffe in den viertgrößten Containerhafen der USA ziehen. Der Kai ist zudem einer von zwei Landeplätzen, an denen die Bootstouren nach Fort Sumter beginnen. Der andere ist Patriot's Point.

Fort Sumter National Monument HISTORISCHE STÄTTE
(www.nps.gov/fosu) Die ersten Schüsse im Amerikanischen Bürgerkrieg wurden vom Fort Sumter aus abgegeben, einer fünfeckigen Insel im Hafen. Die Festung der Konföderierten wurde zwischen 1863 und 1865 von den Unionstruppen bis auf ihre Grundmauern niedergeschossen. Ein paar wenige originale Geschütze und Befestigungsanlagen lassen die ereignisreiche Geschichte lebendig werden.

Plantagen am Ashley River

Drei spektakuläre Plantagen säumen den Ashley River rund 20 Fahrtminuten vom

Zentrum Charlestons entfernt. Alle drei wird man an einem Tag nicht schaffen, aber zwei schon; trotzdem sollte man für jede mindestens ein paar Stunden einplanen. Die Ashley River Rd, auch SC 61 genannt, ist von der Innenstadt Charlestons über den Hwy 17 erreichbar.

★ **Middleton Place** HISTORISCHES GEBÄUDE
(☎843-556-6020; www.middletonplace.org; 4300 Ashley River Rd, Summerville; Gärten Erw./Kind 6–13 Jahre 28/10 US$, Hausmuseumstour zusätzlich 15 US$; ⏱9–17 Uhr) Die weitläufigen Gärten dieser Plantage wurden 1741 angelegt und sind die ältesten in den USA. Unzählige Sklaven haben hier jahrelang das Land in Terrassen verwandelt und präzise geometrische Kanäle für den Besitzer gegraben, den wohlhabenden Politiker Henry Middleton aus South Carolina. Das faszinierende Anwesen ist eine Mischung aus klassisch angelegten französischen Gärten und romantischen, von überfluteten Reisfeldern begrenzten Wäldern. Außerdem sind hier seltene Nutztiere zu Hause. Unions-Soldaten brannten das Haupthaus 1865 nieder. Der Gästeflügel von 1755, in dem heute das **Hausmuseum** untergebracht ist, steht noch.

Magnolia Plantation HISTORISCHES GEBÄUDE
(☎843-571-1266; www.magnoliaplantation.com; 3550 Ashley River Rd; Erw./Kind 6–10 Jahre 15/10 US$, Führung 8 US$; ⏱März–Okt. 8–17.30 Uhr, Nov.–Feb. bis 16.30 Uhr) Lust auf einen gespenstischen Bummel? Dann einfach an der „Audubon Swamp Garden"-Führung teilnehmen, bei der es auf einem Plankenweg unter den Bäumen entlang durch den Sumpf geht – ein einzigartiges Erlebnis! Die 200 ha große Plantage, die sich seit 1676 im Besitz der Familie Drayton befindet, ist ein richtiger Themenpark samt Kleinbahn, Streichelzoo und Führung durchs Haus. Die „Slavery to Freedom"-Führung durch die rekonstruierten Sklavenbaracken beleuchtet das Leben auf der Plantage aus der Sicht der afroamerikanischen Sklaven.

Drayton Hall HISTORISCHES GEBÄUDE
(☎843-769-2600; www.draytonhall.org; 3380 Ashley River Rd; Erw./Kind 22/10 US$, nur Außengelände 12 US$; ⏱Mo–Sa 9–17, So 11–17 Uhr, letzte Führung 15.30 Uhr) Das palladianische Landhaus wurde 1738 aus Backsteinen errichtet und überstand als einziges Plantagenhaus am Ashley River den Unabhängigkeitskrieg, den Bürgerkrieg und das große Erdbeben von 1886. Das leere Haus kann im Rahmen einer Führung besichtigt werden. Es ist gut erhalten, wurde aber nicht restauriert.

 Geführte Touren

Alle Spazier-, Pferdekutschen-, Bus- und Bootstouren in Charleston aufzuzählen, würde ewig dauern. Im Visitor Center gibt's die ganze Palette.

Charleston Footprints STADTSPAZIERGANG
(☎843-478-4718; www.charlestonfootprints.com; 2-stündige Tour 20 US$) Beliebte Stadtführung, bei der die historischen Sehenswürdigkeiten Charlestons zu Fuß erkundet werden.

Culinary Tours of Charleston ESSEN & TRINKEN
(☎843-727-1100; www.culinarytoursofcharleston.com; 18 Anson St; 2½-stündige Führung 60 US$) Bei dem Spaziergang „Savor the Flavors of Charleston" durch die Restaurants und Märkte der Stadt wird man mit Maisgrütze, Pralinen und Grillfleisch verköstigt.

Adventure Harbor Tours BOOTSFAHRT
(☎843-442-9455; www.adventureharbortours.com; 56 Ashley Point Dr; Erw./Kind 3–12 Jahre 55/30 US$) Unterhaltsame Bootstouren zur unbewohnten Morris Island, auf der man wunderbar Muscheln sammeln kann.

 Feste & Events

Spoleto USA DARSTELLENDE KÜNSTE
(☎843-579-3100; www.spoletousa.org; ⏱Mai/Juni) Dieses 17-tägige Festival für darstellende Künste ist das größte Event in South Carolina. Es umfasst Opern, Theater und Konzerte überall in der Stadt.

Lowcountry Oyster Festival ESSEN & TRINKEN
(www.charlestonrestaurantassociation.com/lowcountry-oyster-festival; 1235 Longpoint Rd, Boone Hall Plantation, Mt. Pleasant; Austern-Eimer 12–14 US$; ⏱Jan.) Austernliebhaber in Mt. Pleasant lassen sich im Januar knapp 40 000 kg der salzigen Muscheltiere schmecken.

MOJA Arts Festival DARSTELLENDE KÜNSTE
(www.mojafestival.com; ⏱Sept./Okt.) Bei diesem Festival zu Ehren der afroamerikanischen und karibischen Kultur stehen zwei Wochen lang Lesungen und Gospelkonzerte im Mittelpunkt des Geschehens.

Schlafen

Not So Hostel HOSTEL $
(☎843-722-8383; https://notsohostel.com; 156 Spring St; B 28–32 US$, Zi. 75–106 US$; 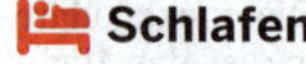) Charlestons einziges Hostel knarrt

zwar ein wenig, ist aber sehr einladend. Es ist größtenteils in einem wunderschönen Gebäude von 1840 untergebracht, inklusive atmosphärischer, Geister vertreibender blauer Veranda und eigenartiger Zwillingsarchitektur. Man kann aus einem gemischten Schlafsaal für acht, mehreren Vier-Bett-Zimmern nur für Frauen bzw. Männer und netten, aber engen Privatzimmern wählen, die auf drei Häuser mit mehreren Gemeinschaftsküchen verteilt sind. Grüne Aktivitäten gibt's zuhauf.

1837 Bed & Breakfast B&B **$$**
(☎843-723-7166; www.1837bb.com; 126 Wentworth St; Zi. 175–290 US$; P ❄ ᯤ) Dieses B&B liegt in der Nähe des College of Charleston und erinnert so manchen Gast an seine exzentrische, in Antiquitäten vernarrte Tante. Das 1837 erbaute Haus hat neun charmant überdekorierte Zimmer, darunter drei im alten Backsteingebäude. Und keine Angst, es liegt nicht am Alkohol: Die Verandas sind wirklich furchtbar schief, stecken aber voller Geschichte.

Indigo Inn BOUTIQUEHOTEL **$$**
(☎843-577-5900; www.indigoinn.com; 1 Maiden Lane; Zi. 209–359 US$; P ❄ ᯤ 🐾) Dieses schicke Hotel mit 40 Zimmern lockt mit bester Lage mitten im historischen Viertel und einem oasenhaften privaten Innenhof, in dem die Gäste neben einem Brunnen kostenlos Wein und Käse genießen können. Das Dekor ist eine Hommage ans 18. Jh. und ein bisschen verspielt, aber die Betten sind gemütlich und die kürzlich renovierten Bäder modern. Haustiere kosten 40 US$ pro Nacht.

Town & Country Inn & Suites HOTEL **$$**
(☎843-571-1000; www.thetownandcountryinn.com; 2008 Savannah Hwy; Zi. 99–299 US$, Suite ab 249–299 US$; P ❄ @ ᯤ ≋) Knapp 10 km vom Zentrum entfernt bietet das Town & Country moderne, stilvolle Zimmer zu vernünftigen Preisen. Das Hotel ist eine gute Bleibe, wenn man am nächsten Morgen die Plantagen am Ashley River besuchen will.

★ **Ansonborough Inn** HOTEL **$$**
(☎800-522-2073; www.ansonboroughinn.com; 21 Hasell St; Zi. ab 169–329 US$; P ❄ @ ᯤ) Skurrile neoviktorianische Details wie der winzige britische Pub und die hochherrschaftlichen Porträts von Hunden offenbaren in diesem traulichen, wie ein altes Segelschiff wirkenden Hotel in der Altstadt einen gewissen Sinn für Humor. Eine Mischung aus Alt und Neu prägt die riesigen Gästezimmer mit abgewetzten Ledersofas, hohen Decken und Flachbild-TVs.

★ **Restoration** BOUTIQUEHOTEL **$$$**
(☎843-518-5100; www.therestorationhotel.com; 75 Wentworth St; Suite ab 399 US$; P ❄ ᯤ ≋) Von Louisiana-Moos überwucherte, 200 Jahre alte B&Bs sind natürlich toll, aber wer eher für hip und zeitgenössisch als Antebellum-Stil und antik ist, dürfte sich in dieser Hipster-Enklave, die nur über Suiten verfügt und tief in die amerikanische Kitsch- und Kunstkiste greift, bestens aufgehoben fühlen. Die mit recyceltem Holz verkleideten Flure führen zu 54 über mehrere Gebäude verteilten Zimmern, alle mindestens 45 m² groß und in modernem Indigo gehalten, einige mit Küchenzeile, Waschmaschine und Trockner.

Essen

Charleston gehört zu den Gourmetzentren des Landes – es gibt hier genügend gute Restaurants für eine dreimal so große Stadt. Die klassischen Lokale sind auf raffinierte Meeresfrüchtegerichte mit französischem Touch spezialisiert, während viele aufstrebende, moderne Restaurants innovative Südstaatenküche mit Fokus auf der kulinarischen Vielfalt der Region servieren, von Austern über Reis bis hin zu traditionellen Schweinefleischgerichten.

Artisan Meat Share SANDWICHES **$**
(www.artisanmeatsharecharleston.com; 33 Spring St; Sandwiches 7–12 US$; ⏲ Mo–Fr 11–19, Sa & So 10–19 Uhr) Hier dreht sich alles ums Fleisch: in ein Biscuit gestopft, aufgetürmt auf Kartoffelbrot oder auf alle erdenkliche Art in der Wurst- und Fleischtheke. Man bestellt an der Theke, sucht sich einen Sitzplatz und erhält dann das Gewünschte. Das Geheimnis: Alles ist frisch, hausgemacht und lecker, und die Zutaten stammen aus der Region.

Gaulart & Maliclet FRANZÖSISCH **$**
(www.fastandfrenchcharleston.com; 98 Broad St; Frühstück 5–11 US$, Mittag- & Abendessen 10–14 US$; ⏲ Mo 8–16, Di–Do bis 22, Fr & Sa bis 22.30 Uhr) Einheimische drängen sich um die Gemeinschaftstische des winzigen Bistros, das auch als „Fast & French" bekannt ist, und lassen sich französischen Käse und Wurst, Fondues und die Abendmenüs (21–24 US$) mit Brot, Suppe, einem Hauptgericht und Wein schmecken.

Xiao Bao Biscuit ASIATISCH **$$**
(www.xiaobaobiscuit.com; 224 Rutledge Ave; Mittagessen 12 US$, abends Hauptgerichte 12–16 US$;

(⌚Mo–Sa 11.30–14, 17.30–22 Uhr) Freiliegende Ziegelwände und Betonboden prägen das in einer ehemaligen Tankstelle untergebrachte gemütliche und zugleich stilvolle Restaurant, das in Bezug auf hippes Ambiente hohe Maßstäbe setzt. Auf der kurzen, aber verführerischen Speisekarte stehen einfache pan-asiatische Gerichte mit Zutaten aus der Region und schmackhaften Gewürzen.

★ Edmund's Oast BRAUEREIKNEIPE $$

(☎843-727-1145; www.edmundsoast.com; 1081 Morrison Dr; Hauptgerichte 16–30 US$, Glas 5–10 US$; ⌚Mo–Do 16.30–22, Fr & Sa bis 23, So 10–22 Uhr; 📶) Charlestons interessanteste nächtliche Zerstreuung ist in einem ehemaligen Eisenwarenladen im gentrifizierten NoMo (North Morrison) untergebracht. Die schicke Brauereikneipe führt mit ihren 48 Zapfhähnen (darunter 8 mit Cocktails, Met und Sherrys, und 12 eigene Craft-Biere) zu echten Alkohol-Auswahlproblemen. Zu essen gibt's im Haus gepökeltes Fleisch, hervorragenden frischen Fang auf französische Art und köstlichen kalabrischem Blumenkohl mit Chili.

Hominy Grill SÜDSTAATENKÜCHE $$

(www.hominygrill.com; 207 Rutledge Ave; Frühstück 4,50–11 US$, Hauptgerichte mittags & abends 9–22 US$; ⌚Mo–Fr 7.30–21, Sa 9–21, So 9–15 Uhr; 🚭) Das etwas abseits der ausgetretenen Pfade gelegene Café serviert moderne, vegetarierfreundliche Gerichte der Lowcountry-Küche in einem alten Friseurladen. Die schattige Veranda ist ideal zum Brunchen.

Fleet Landing FISCH & SEAFOOD $$

(☎843-722-8100; www.fleetlanding.net; 186 Concord St; Mittagessen 9–24 US$, Abendessen 13–26 US$; ⌚tgl. 11–16, So–Do 17–22, Fr & Sa bis 23 Uhr; 📶) Hier gibt's das vielleicht beste Mittagessen in Charleston: Flussblick, eine Tasse Krebssuppe mit einem Schuss Sherry und eine große Schüssel mit Krabben und Grits. Das Restaurant befindet sich in einem ehemaligen Entmagnetisierungsgebäude der Marine an einem Pier und ist ein praktisches, malerisches Plätzchen, wenn man nach einem anstrengenden Morgen auf städtischer Erkundungstour Lust auf frischen Fisch, eine Platte mit gebratenen Meeresfrüchten oder einen Burger hat

Ordinary FISCH & SEAFOOD $$$

(☎843-414-7060; www.eattheordinary.com; 544 King St; kleine Teller 6–18 US$, große Teller 21–55 US$; ⌚Di–So 17–22.30 Uhr) Dieses geschäftige Fischrestaurant mit Austern-Bar in einem riesigen Bankgebäude von 1927 versprüht die beste Stimmung der Stadt. Die Karte ist übersichtlich, aber die köstlichen Gerichte sind raffiniert zubereitet.

★ FIG SÜDSTAATENKÜCHE $$$

(☎843-805-5900; www.eatatfig.com; 232 Meeting St; Hauptgerichte 30–42 US$; ⌚Mo–Do 17.30–22.30, Fr & Sa bis 23 Uhr; 📶) 🌿 Das FIG ist schon lang ein Favorit der Feinschmecker und man sieht sofort, warum: Das Personal ist freundlich, der Service effizient, aber nicht hektisch und die von James-Beard-Award-Gewinner Mike Lata gezauberten Südstaaten-Klassiker aus nachhaltigen Zutaten erstklassig. Die sechs allabendlich wechselnden Gerichte bestehen aus frischen lokalen Zutaten aus dem Meer und von örtlichen Farmen und Mühlen. FIG steht für Food is Good. Das können wir unterschreiben!

Ausgehen & Nachtleben

★ Eclectic KAFFEE

(www.eclecticcafeandvinyl.com; 132 Spring St; ⌚Mo, Mi & Do 7–21, Fr 7–23, Sa 9–23, So 9–21 Uhr; 📶) Unser Lieblingscafé in Charleston ist dieser fantastische, in Indigo gehaltene Neuzugang in Cannonborough/Elliotborough: Die Wände zieren zum Verkauf stehende Schallplatten, die in perfektem Kontrast zu den Hartholzböden, freiliegenden Ziegelmauern, silbervergoldeten Decken und der wunderschönen, handgearbeiteten Arbeitsfläche aus Holz stehen, das aus einem alten Pferdehof in South Dakota stammt. Auf der Karte stehen Kaffee, Wein, Bier und teures Café-Essen.

Rooftop at the Vendue BAR

(www.vendueinn.com; 23 Vendue Range; ⌚So–Do 11.30–22, Fr & Sa bis 24 Uhr) Die Dachbar bietet den besten Blick auf die Stadt – was auch die vielen Gäste belegen. Sonntags Biere, Cocktails und Livemusik genießen!

Closed for Business KNEIPE

(www.closed4business.com; 453 King St; ⌚11 Uhr–open end) 42 Zapfhähne mit lokalen und nationalen Craft-Bieren und eine rustikal-hippe Einrichtung geben diesem einladenden „Brau-Emporium" eine gesellige Atmosphäre mit dem gewissen Etwas.

Shoppen

Shops of Historic Charleston Foundation GESCHENKE & SOUVENIRS

(www.historiccharleston.org; 108 Meeting St; ⌚Mo–Sa 9–18, So 12–17 Uhr) Dieser Laden bietet von den historischen Wohnhäusern der Stadt inspirierten Schmuck, Möbel und Einrichtungsgegenstände, darunter viel chinesisches blaues Porzellan.

Blue Bicycle Books BÜCHER
(www.bluebicyclebooks.com; 420 King St; ⌚Di–Do 10–18, Fr & Sa 10–19, So 13–18 Uhr) Hervorragender Buchladen für alte und gebrauchte Bücher mit einer tollen Auswahl von Literatur zur Geschichte und Kultur der Südstaaten.

ℹ Praktische Informationen

Charleston Visitor Center (☎843-724-7174; www.charlestoncvb.com; 375 Meeting St; ⌚April–Okt. 8.30–17 Uhr, Nov.–März bis 17 Uhr) Hilft bei der Suche nach Unterkünften und Touren und zeigt einen halbstündigen Videofilm über die Geschichte von Charleston. Befindet sich in einem großen renovierten Lagerhaus.

ℹ Anreise & Unterwegs vor Ort

Der **Charleston International Airport** (CHS; ☎843-767-7000; www.chs-airport.com; 5500 International Blvd) liegt 12 Meilen (20 km) außerhalb der Stadt in North Charleston und bietet Direktflüge zu 18 Zielen. Der **Greyhound-Bahnhof** (☎843-744-4247; www.greyhound.com; 3610 Dorchester Rd) und der **Amtrak-Bahnhof** (www.amtrak.com; 4565 Gaynor Ave) befinden sich ebenfalls in North Charleston.

CARTA (www.ridecarta.com) unterhält ein stadtweites Busnetz; eine einfache Fahrt kostet 2 US$. Die kostenlosen DASH-Straßenbahnen fahren vom Visitor Center aus auf drei Schleifen. Parken ist definitiv ein Problem, aber städtische Parkplätze kosten nur 2 US$ pro Stunde.

Mt. Pleasant

Jenseits des Cooper River liegen das Wohn- und Ausflugsviertel Mt. Pleasant, ursprünglich ein Sommerrefugium der Einwohner Charlestons, und die schmalen Barriereinseln **Isle of Palms** und **Sullivan's Island**. Trotz des zunehmenden Verkehrs und der wachsenden Zahl von Einkaufszentren hat die Stadt immer noch Charme, besonders im historischen Zentrum **Old Village**

Sehenswertes

Boone Hall Plantation HISTORISCHES GEBÄUDE
(☎843-884-4371; www.boonehallplantation.com; 1235 Long Point Rd; Erw./Kind 6–12 Jahre 20/10 US$; ⌚Anfang März–Aug. Mo–Sa 8.30–18.30, So 12–17 Uhr, Sept.–Jan. verkürzte Öffnungszeiten) Nur 11 Meilen (18 km) von der Innenstadt Charlestons entfernt liegt am Hwy 17N die Boone Hall Plantation. Sie ist für ihre zauberhafte Avenue of Oaks berühmt, die 1743 von Thomas Boone angelegt wurde. Auf Boone Hall werden noch immer Ernten eingefahren, aber Erdbeeren, Tomaten und Weihnachtsbäume haben die Baumwolle als wichtigstes Produkt längst abgelöst. Das Haupthaus wurde 1936 errichtet und ist das vierte Haus auf dem Gelände. Am beeindruckendsten sind die Hütten an der Slave St, die zwischen 1790 und 1810 gebaut worden sind.

Patriot's Point Naval & Maritime Museum MUSEUM
(☎866-831-1720; www.patriotspoint.org; 40 Patriots Point Rd; Erw./Kind 6–11 Jahre 22/14 US$; ⌚9–18.30 Uhr) Dieses Museum ist das Zuhause der USS Yorktown, eines gigantischen Flugzeugträgers, der im Zweiten Weltkrieg oft zum Einsatz kam. Man kann sich einer Tour anschließen, die das Flugdeck, die Brücke und die Bereitschaftsräume des Schiffs einschließt und einen Einblick in das Leben der Seeleute gewährt. Außerdem gibt's ein U-Boot, einen Marinezerstörer, das Medal of Honor Museum und einen nachgebildeten „Artilleriestützpunkt" aus Vietnam – diese besondere Ausstellung bietet viel mehr

KULTUR DER GULLAH

Afrikanische Sklaven wurden aus der als Reisküste bekannten Region (Sierra Leone, Senegal, Gambia und Angola) in eine Welt abgelegener Inseln verschleppt, die mit ihren sumpfigen Küstengebieten, der tropischen Vegetation und den heißen, schwülen Sommermonaten ihrer Heimat überraschend stark ähnelte.

Diese neuen Afroamerikaner konnten selbst nach der Abschaffung der Sklaverei und bis weit ins 20. Jh. hinein an vielen ihrer alten Traditionen festhalten. Die sich daraus entwickelnde Gullah-Kultur (in Georgia auch als Geechee-Kultur bekannt) hat eine eigene Sprache – eine auf dem Englischen basierende Kreolsprache mit zahlreichen afrikanischen Wörtern und eigenem Satzbau – und bewahrte sich viele Traditionen wie das Erzählen von Geschichten, die Kunst, Musik und das Kunsthandwerk. Die Gullah-Kultur wird jedes Jahr mit dem munteren **Gullah Festival** (www.theoriginalgullahfestival.org; ⌚Ende Mai) in Beaufort gefeiert.

als nur ein ausgedientes altes Schiff. Wer Lust hat, kann auch eine **Fort-Sumter-Bootstour** (☎ Bootstour 843-722-2628, Park 843-883-3123; www.fortsumtertours.com; 340 Concord St; Erw./Kind 4–11 Jahre 21/13 US$) unternehmen.

Lowcountry

Die Südhälfte der Küste von South Carolina ist ein durch schmale Buchten und Tidemarschen vom Festland getrenntes Gewirr aus Inseln. Hier leben die als Gullah bekannten Nachkommen westafrikanischer Sklaven noch immer in kleinen Gemeinden, trotz der stetig steigenden Zahl an Resorts und Golfplätzen. Die Landschaft reicht von unberührten, in Austerngrau schimmernden Sandstreifen bis zu wilden, von Moos überwucherten maritimen Wäldern.

Das äußerste Südende von South Carolinas Küste ist vor allem bei wohlhabenden Golfern und B&B-Fans beliebt, aber die Gegend versprüht auch für alle anderen jede Menge skurrilen Charme.

Charleston County Sea Islands

Ein Dutzend Inseln, nur eine Autostunde von Charleston entfernt, bilden die Charleston County Sea Islands. **Sullivan's Island** liegt 16 km südöstlich von Charleston auf der Mt.-Pleasant-Seite und lockt Tagesausflügler mit dem Genuss von Wein und kulinarischen Köstlichkeiten unter blauem Himmel an. 6 km in der anderen Richtung wartet **James Island**, eine der urbansten unter den Charleston vorgelagerten Inseln. 9 Meilen (14 km) südlich der Stadt eignet sich **Folly Beach** prima für einen Tag voller Sonne und Sand. Das andere Ende der Insel ist bei Surfern beliebt.

Kiawah Island besticht vor allem durch teure Mietshäuser, Golfplätze und das schicke Sanctuary Resort. Die Insel liegt 26 Meilen (42 km) südwestlich von Charleston. Wer das Glück hat, hier absteigen zu können, fährt gern mal mit dem Rad zu den herrlichsten Stränden der Südstaaten, während das benachbarte **Edisto Island** vor allem für Familienurlaube beliebt ist und keine einzige Verkehrsampel hat.

Sehenswertes

★ Kiawah Beachwater Park STRAND
(www.ccprc.com; 8 Beachwalker Dr; ⏲ Mai–Sept. 9–20 Uhr, Rest des Jahres kürzer) Dieser idyllische, sonnenüberflutete Sandstreifen am Südende von Kiawah Island gilt als einer der zehn besten Strände der USA und ist der einzige öffentlich zugängliche Strand der Insel. Am besten kommt man per Fahrrad: Der kompakte Sand eignet sich prima für eine Tour entlang der 16 km langen Inselküste.

Schlafen & Essen

James Island County Park CAMPING $
(☎ 843-795-4386; www.ccprc.com; 871 Riverland Dr, James Island; Stellplätze Zelt ab 31 US$, 8-Pers.-Hütten 194 US$; 📶) Dieser 260 ha große Park südwestlich des Stadtzentrums besteht aus Wiesen, einem Sumpf und einem Hundepark. Man kann Fahrräder (4 US$/Std.) und Kajaks (5,50 US$/Std.) leihen, joggen gehen oder mit dem Hund herumtollen. Der Park bietet einen Shuttleservice in die Innenstadt und nach Folly Beach (10 US$) an. Reservierungen sind dringend empfohlen. Der Campingplatz bietet 125 Stellplätze und zehn ans Sumpfland angrenzende Hütten.

Sanctuary at Kiawah Island Golf Resort RESORT $$$
(☎ 843-768-2121; www.kiawahresort.com; 1 Sanctuary Beach Dr, Kiawah Island; Zi./Suite ab 560/1100 US$, Villa ab 260 US$, Haus ab 5500 US$/Woche; ❄@📶🏊) Lust, mal so richtig aufzudrehen? Dafür ist die Idylle im Sanctuary wie geschaffen. Es hat 21 Meilen (34 km) südlich von Charlestons Zentrum eine hübsche Lage am Meer. Die Hotelzimmer glänzen mit frischer, klassischer Einrichtung (z.B. hellgrüne Töne, Himmelbetten, italienische Bettwäsche, eigens angefertigte Matratzen und Marmorduschen). Es stehen auch Villen und Ferienhäuser zur Auswahl. Zum Anwesen gehören zwei Tenniskomplexe, Golfplätze mit insgesamt 90 Löchern, ein Spa und das Kamp Kiawah für die Kids.

Cory's Grilled Cheese SANDWICHES $
(www.corysgrilledcheese.com; 1739 Maybank Hwy, James Island; Sandwiches 4–8,50 US$; ⏲ Mo–Sa 9–21, So bis 17 Uhr) Hier gibt's kein Hipster-Getue, sondern nur ganz normale Sandwiches mit gegrilltem Käse. Die Wände sind von Löchern übersät – ein Andenken an die wilden Headbanger-Exzesse der Heavy-Metal-Konzerte an den Wochenenden. Corys Grillkäse-Sandwiches sind klebrig-buttrige Perfektion (uns schmeckt vor allem die Lowcountry-Variante mit Pimiento-Käse, Munster, Avocado und Speck auf Sauerteig). Bier gibt's natürlich auch.

★ **Poe's Tavern** KNEIPENESSEN $$
(☎843-883-0083; www.poestavern.com; 2210 Middle St, Sullivan's Island; Hauptgerichte 9–13 US$; ⊙11–24 Uhr) An einem sonnigen Tag ist die Veranda vor dem Poe's auf Sullivan's Island *die* Adresse schlechthin. Edgar Allan Poe, der Meister des Makaberen und Namensgeber der Taverne, war einst im nahe gelegenen Fort Moultrie stationiert. Die Burger sind ein Traum, und zum Amontillado gibt's leckere Guacamole, Jalapeño Jack, Pico de Gallo und Chipotle Sour Cream dazu. Sprach der Rabe: „Immer mehr!"

Praktische Informationen

Kiawah Island Visitor Center (☎800-774-0006; www.charlestoncvb.com; 22 Beachwalker Dr, Kiawah Island; ⊙9–15 Uhr) Karten, Touristeninfo und Hilfe bei der Buchung von Unterkünften und Touren in und um Charleston.

An- & Weiterreise

Charlestons Barrier Sea Islands sind über eine Reihe von Byways und Brücken aus der Stadt erreichbar, wenn auch nicht immer eine Verbindung zwischen den einzelnen Inseln besteht. Wer etwa von Sullivan's Island nach Kiawah oder Edisto will, muss den langen Weg nehmen. Aus dem Süden kommend sind Edisto (über SC 174) sowie Kiawah und Johns (über SC 17) ohne den Umweg über Charleston zu erreichen. Von der Nordküste führt der SC 17 außerdem nach Sullivan's und zur Isle of Palms, ohne dass man durch die Stadt muss.

Beaufort & Hilton Head

Die hübsche Kolonialstadt Beaufort (sprich: „bju-fort") auf Port Royal Island dient oft als Kulisse für Hollywoodfilme. Die Straßen des historischen Viertels sind von Antebellum-Häusern und von vor Louisiana-Moos triefenden Magnolien gesäumt. Das Flussufer in der Innenstadt ist voller Cafés und Galerien, die zum Verweilen einladen.

Südlich von Beaufort quälen sich 20 000 junge Männer und Frauen jedes Jahr durch das Bootcamp des **Marine Corps Recruit Depot** auf Parris Island, das durch Stanley Kubricks *Full Metal Jacket* Berühmtheit erlangte (obwohl er gar nicht hier gedreht wurde). Die Kaserne heißt seit über 100 Jahren Rekruten „willkommen". Bei den Abschlussfeiern am Freitag kann man zusehen, wie frisch gebackene Marines bei der Parade stolz an ihren Familien und Freunden vorbeiziehen. Amerikaner müssen einen Ausweis vorlegen (Ausländer einen Reisepass),

NICHT VERSÄUMEN

BOWENS ISLAND RESTAURANT

Das **Bowens Island Restaurant** (www.bowensisland.biz; 1870 Bowens Island Rd, Folly Island; Hauptgerichte 8–18 US$; ⊙Di–Sa 17–21.30 Uhr) befindet sich an einer langen unbefestigten Straße durch das Sumpfland des Lowcountry in der Nähe von Folly Beach. Der nicht gestrichene Holzschuppen ist eines der renommiertesten Fischrestaurants der Südstaaten – am besten schnappt man sich ein Austernmesser und knackt drauflos! Ein halber/ganzer Teller kostet 11/16 US$. Kühles Bier und freundliche Einheimische geben dem Laden Seele.

bevor sie auf den Stützpunkt fahren. Östlich von Beaufort verbindet der Sea Island Pkwy/Hwy 21 eine Reihe sumpfiger, ländlicher Inseln, darunter auch **St. Helena Island**, das Herzstück des Gullah-Lands und Heimat eines staatlichen Küstenparks.

Auf der anderen Seite des Port Royal Sound liegt Hilton Head Island, South Carolinas größte vorgelagerte Insel und eines der besten Golfziele Amerikas. Hier warten Dutzende von Plätzen, viele in schicken privaten Wohnanlagen (früher als „Plantagen" bezeichnet, heute oft „Resorts" genannt). Die Insel war der erste ökologisch geplante Ort der USA. Gründer Charles Fraser fand, ein Resort sollte mit der Natur verschmelzen: Gedämpfte Farben, strenge Bauverordnungen (kein Gebäude ist höher als fünf Stockwerke, Beschilderungen müssen niedrig angebracht und von unten beleuchtet werden) und das auffällige Fehlen von Straßenlaternen sind charakteristisch für die Umgebung. Trotzdem können einen der Verkehr im Sommer und unzählige Ampeln davon abhalten, die Schönheit dieser Insel wirklich zu genießen. Es gibt aber auch einige herrlich grüne Naturschutzgebiete, weite weiße Strände, die hart genug zum Radfahren sind und jede Menge Delfine.

Sehenswertes

Parris Island Museum MUSEUM
(www.parrisislandmuseum.com; 111 Panama St; ⊙Mo–Mi, Sa & So 10–16.30, Do & Fr 8–16.30 Uhr) GRATIS Dieses faszinierende Museum widmet sich der Geschichte des Marinecorps und zeigt antike Uniformen und Waffen. Am fesselndsten sind jedoch die Ausstellungen zur

ABSTECHER

GLÜHWÜRMCHEN & LOUISIANAMOOS: CONGAREE NATIONAL PARK

Tintenschwarzes Wasser, gefärbt von der Gerbsäure verwesender Pflanzenstoffe. Knochenweiße Zypressenstümpfe, die an die Oberschenkelknochen längst verstorbener Riesen erinnern. Louisianamoos, so trocken und grau wie Hexenhaar. Eine Wander- oder Kanutour durch die außerirdische Sumpflandschaft South Carolinas – das größte zusammenhängende Auen-Primärwaldgebiet –, ist mit nichts zu vergleichen. Hier kommt man sich vor wie eine Figur in einem Gothic-Roman der Südstaaten. Im 9000 ha großen **Congaree National Park** (☎803-776-4396; www.nps.gov/cong; 100 National Park Rd, Hopkins; ⏲Visitor Center Di–Sa 9–17 Uhr) gibt's Campingmöglichkeiten und eine begrenzte Anzahl kostenloser, saisonaler von Rangern geführter Kanutouren (vorab reservieren).

Tagesausflügler können auf dem 4 km langen erhöhten Spaziersteg durch den Park wandern. Das Blue-Sky-Wandgemälde im Visitor Center sollte man sich genau ansehen – es scheint sich zu verändern, wenn man sich bewegt. Von Mitte Mai bis Anfang Juni blinken *Photinus carolinus*, eine seltene Glühwürmchenart, in perfektem Einklang und verwandeln den Waldboden in eine schillernde Lichtershow. Das Spektakel findet weltweit nur an einer Handvoll Orten statt. Das **River Runner Outdoor Center** (☎803-771-0353; www.shopriverrunner.com; 905 Gervais St) in Columbia bietet Spaß auf dem Wasser. Der Park liegt nur 30 Minuten Fahrt vom Zentrum Columbias entfernt.

mörderisch anspruchsvollen und ziemlich furchteinflößenden (die CS-Gaskammer-Übung!) 13-wöchigen Marine-Grundausbildung, die hier und in einer zweiten Kaserne in San Diego, Kalifornien, stattfindet.

Penn Center MUSEUM
(☎843-838-2474; www.penncenter.com/museum; 16 Penn Center Circle W, St. Helena Island; Erw./Kind 6–16 Jahre 7/3 US$; ⏲Di–Sa 9–16 Uhr) Die Penn School war eine der landesweit ersten Schulen für befreite Sklaven. Heute betreibt das Penn Center hier ein kleines Museum zur Kultur der Gullah und zur Geschichte der Schule.

Hunting Island State Park STATE PARK
(☎843-838-2011; www.southcarolinaparks.com/huntingisland; 2555 Sea Island Pkwy; Erw./Kind 6–15 Jahre 5/3 US$; ⏲Visitor Center Mo–Fr 9–17, Sa & So 11–17, Nature Center Di–Sa 9–17 Uhr, Juni–Aug. tgl.) Der wunderbar grüne, einladende Hunting Island State Park beeindruckt Besucher mit riesigen, unheimlichen maritimen Wäldern, Tidelagunen und einem leeren, knochenweißen Strand. Die Vietnamkriegsszenen aus *Forrest Gump* wurden hier in den Sümpfen gedreht – ein wahres Paradies für Naturliebhaber. Im Sommer sind die **Campingplätze** (☎Reservierungen 866-345-7275; www.southcarolinaparks.com; Stellplatz Zelt 18,50–20 US$, Stellplatz Wohnmobil 18–45 US$, Hütte 249 US$; ⏲6–18, Anfang März–Anfang Nov. bis 21 Uhr) schnell voll. Wer den **Leuchtturm** (2 US$) besteigt, wird mit einem herrlichen Blick auf die Küste belohnt.

Schlafen & Essen

City Loft Hotel HOTEL $$
(☎843-379-5638; www.cityloftDhotel.com; 301 Carteret St; Zi./Suite 169/209 US$; P 📶 🐾) Das schicke City Loft Hotel verleiht einer Stadt voller historischer Gebäude und stattlicher Eichen eine erfrischend moderne Note. Es gibt Flachbild-TVs im Schlaf- und Badezimmer, kunstvoll geflieste Duschen und Betten mit Memory-Schaum-Matrazen. Außerdem kommt man in den Genuss eines Fitnessstudios, kostenlosen Fahrradverleihs und hauseigenen Cafés (5-US$-Gutschein im Preis inbegriffen).

★ **Cuthbert House Inn** B&B $$$
(☎843-521-1315; www.cuthberthouseinn.com; 1203 Bay St; Zi. 179–245 US$; P ❄ 📶) Dieses prächtige Herrenhaus mit weißen Säulen ist das romantischste B&B in Beaufort und könnte direkt aus *Vom Winde verweht* stammen. Überall stehen alte Möbel, aber die einfarbigen Wände verleihen ihm einen frischen, modernen Touch. Einige Zimmer bieten Flussblick (3 haben auch einen Kamin). General William T. Sherman übernachtete hier 1865 auf seinem Marsch durch den Süden.

★ **Lowcountry Produce** SÜDSTAATENKÜCHE $
(www.lowcountryproduce.com; 302 Carteret St; Frühstück 9–15 US$, Sandwiches 10–18 US$; ⏲8–15 Uhr; 📶) Dieses fantastische Café verkauft Picknick-Leckereien wie Kuchen, hausgemachte Chutneys, lokalen Käse und alle nur

denkbaren Lowcountry-Köstlichkeiten (abgesehen von der Frischkäse-Lasagne, die war nicht unser Ding). Man kann sich aber auch ein Oooey Gooey schmecken lassen, ein gegrilltes Sandwich mit Pimiento-Käse, Speck und Knoblauch-Paprika-Marmelade (scharf und klebrig!), oder das leckere Crab-Cake-Sandwich mit Rosenkohlsalat probieren.

Praktische Informationen

Beaufort Tourist Info Center (☎843-525-8500; www.beaufortsc.org; 713 Craven St; ⌚Mo–Sa 9–17 Uhr) Im Beaufort History Museum.

Nordküste

Die Küstenregion zwischen der südlichen Grenze zu North Carolina und der Stadt Georgetown ist als Grand Strand bekannt. Auf 60 Meilen (ca. 100 km) reihen sich Fast-Food-Läden, Strandresorts und Souvenirshops aneinander. Was einst ein relaxtes Sommerziel für die Arbeiterklasse war, ist heute einer der am stärksten erschlossenen Landstriche im ganzen Land. Ob man nun in einem Riesen-Resort unterkommt oder im Zelt in einem staatlichen Park übernachtet – um den Aufenthalt zu genießen, braucht man nur ein Paar Badelatschen, eine Margarita und ein paar Münzen für den Flipper.

Myrtle Beach

Das hoch aufragende Sky Wheel ist ein fantastisches Riesenrad am Ufer im Zentrum von Myrtle Beach; Letzteres besitzt einen fast 100 km langen, sonnengebleichten Strand. Ob man es nun mag oder nicht – Myrtle Beach bedeutet Sommerurlaub auf typisch amerikanische Art. Radfahrer nutzen das Fehlen einer Helmpflicht aus, um den ergrauenden Pferdeschwanz im Wind flattern zu lassen, Teenager im Bikini spielen Computerspiele und essen Hotdogs in verrauchten Ladenpassagen, und Familien rösten auf dem weißen Sand wie Hähnchen auf dem Grill.

North Myrtle Beach ist praktisch eine eigene Ortschaft. Hier geht es etwas entspannter zu; außerdem hat der Ort eine eigene Kultur, die auf dem „Shag" beruht – nein, das ist hier kein vulgärer Ausdruck für Sex, sondern schlicht ein bestimmter Tanz, der an den Jitterbug erinnert und hier in den 1940er-Jahren erfunden wurde. Für Naturliebhaber ist das alles nichts, aber dank der riesigen Shopping Malls, zahllosen Minigolfplätzen, Wasserparks, Daiquiri-Bars und T-Shirt-Shops kann man schon gut einen draufmachen und auch für die Kids ist das hier definitiv ein Hit.

Sehenswertes & Aktivitäten

SkyWheel VERGNÜGUNGSPARK
(www.myrtlebeachskywheel.com; 1110 N Ocean Blvd; Erw./Kind 3–11 Jahre 14/9 US$; ⌚11–24 Uhr) Das 57 m hohe SkyWheel ragt über der 2 km langen Uferpromenade auf. Mit einem Ticket kann man drei Runden auf diesem Riesenrad in einer geschlossenen Gondel drehen. Abends, wenn man auf Millionen blinkender bunter Lichter blickt, ist das Ganze besonders bezaubernd.

Brookgreen Gardens GÄRTEN
(www.brookgreen.org; 1931 Brookgreen Garden Dr, Murrells Inlet; Erw./Kind 4–12 Jahre 16/8 US$; ⌚9.30–17 Uhr) Diese magischen Gärten, 25 km südlich der Stadt am Hwy 17S, beherbergen die größte Sammlung amerikanischer Skulpturen des ganzen Landes. Sie sind auf 3500 ha ehemaliger, in ein tropisches Gartenparadies verwandelter Reisfelder verteilt.

Schlafen & Essen

Myrtle Beach State Park CAMPING $
(☎843-238-5325; www.myrtlebeachsp.com; 4401 S Kings Hwy; rustikales Zelt 18–36 US$ nur Ostern–Labor Day, Stellplatz Zelt & Wohnmobil 21–50 US$, Hütte 65–205 US$; P) Man kann unter den Kiefern schlafen oder sich eine Hütte mieten, nur wenige Schritte vom Ufer entfernt. Der Park liegt 5 km südlich des Zentrums von Myrtle Beach und umfasst einen netten Strand, einen tollen Angelpier und weite, geschützte maritime Wälder.

Hampton Inn Broadway at the Beach HOTEL $$$
(☎843-916-0600; www.hamptoninn3.hilton.com; 1140 Celebrity Circle; Zi./Suite ab 249/389 US$; @) Die hellen renovierten Zimmer mit Blick auf den See und das Broadway at the Beach sind eine hervorragende Wahl, zumal das Hotel weniger hektisch wirkt als die Hotels am Ocean Blvd. Wer mit kleinen Kindern unterwegs ist, wird sich in den angrenzenden Läden und Attraktionen vermutlich sicherer fühlen als an der Uferpromenade.

Prosser's BBQ SÜDSTAATENKÜCHE $$
(www.prossersbbq.com; 3750 Business Hwy 17, Murrells Inlet; Frühstücksbüfett 7 US$, Mittages-

sen 10–11 US$, Abendessen 13–15 US$; ⌚Mo–Sa 6.30–10.30, Mo–Sa 11–14, So 11–14.30, Di–Sa 16–20 Uhr; 👪) Eigentlich sollte man in der „Restaurantmeile" von Murrells Inlet ja nur Fisch und Meeresfrüchte futtern – aber jeder, wie er mag. Das Mittagsbuffet in diesem Laden ist ebenso üppig wie köstlich. Es gibt gebratenen Fisch und Hühnchen, Süßkartoffel-Soufflé, Makkaroni mit Käse, grüne Bohnen und Pulled Pork in Essigmarinade.

★ Wicked Tuna FISCH & SEAFOOD $$

(☎843-651-9987; www.thewickedtuna.com; 4123 Hwy 17 Bus, Murrells Inlet; Hauptgerichte 14–42 US$; ⌚11–24 Uhr; 📶) Murrells Inlet ist voller kitschiger Fischrestaurants und auf den ersten Blick macht das Wicked Tuna da keine Ausnahme. Man sollte jedoch genauer hinschauen: Der Weg hierher lohnt sich, nicht nur wegen des Blicks auf die schöne Bucht. Sechs Fischerboote fahren für das Lokal zu drei- bis sechstägigen Touren aufs Meer hinaus und kehren jedes Mal mit über 250 kg frischem Fisch wieder zurück.

Die Boote legen direkt an der Küchentür an – hier kommt wirklich alles frisch vom Haken auf den Tisch. Auf der umfangreichen Karte stehen Sushi und andere Verlockungen. Am besten wählt man den Fang des Tages, setzt sich auf die Terrasse am Wasser und schickt uns Dankesschreiben per E-Mail!

Ausgehen & Unterhaltung

American Tap House CRAFT-BIER

(www.broadwayatthebeach.com/listing/american-tap-house; 1320 Celebrity Circle; Glas 5,50–9 US$; 📶) Im Broadway at the Beach gibt's Craft-Bier auch in Supersize: In dieser gehobenen, vom Koch geführten Kneipe findet man 53 nationale Biere vom Fass.

★ Fat Harold's Beach Club TANZ

(www.fatharolds.com; 212 Main St; ⌚So–Do ab 16, Fr & Sa ab 11 Uhr) In dieser Institution in North Myrtle, die sich selbst „Home of the Shag" nennt, wird zu Doo-Wop und gutem altem Rock'n' Roll das Tanzbein geschwungen. Jeden Dienstag um 19 Uhr gibt's kostenlosen Shag-Unterricht (im Englischen mag das Wort zwar doppeldeutig sein – hier ist aber ganz sicher der Tanzstil gemeint).

ℹ Praktische Informationen

Myrtle Beach Visitor Information (☎843-626-7444; www.visitmyrtlebeach.com; 1200 N Oak St; ⌚8.30–17 Uhr) Bietet Karten und Broschüren.

ℹ Anreise & Unterwegs vor Ort

Der Verkehr auf dem Hwy 17 Business/Kings Hwy kann in beide Richtungen katastrophal sein. Um „the Strand" komplett zu vermeiden, bleibt man am besten auf dem Hwy 17 Bypass oder nimmt den Hwy 31/Carolina Bays Pkwy, der parallel zum Hwy 17 zwischen Hwy 501 und Hwy 9 verläuft.

Der **Myrtle Beach International Airport** (MYR; ☎843-448-1589; www.flymyrtlebeach.com; 1100 Jetport Rd) liegt innerhalb des Stadtgebiets, ebenso wie der **Greyhound-Bahnhof** (☎843-448-2472; www.greyhound.com; 511 7th Ave N). Ersterer bietet direkte Inlandsflüge aus über 30 Städten.

Greenville & Upcountry

Einst streiften die Cherokee-Indianer durch die Gebirgsausläufer, die sie „die großen blauen Hügel Gottes" nannten. Heute wird diese Region Upcountry genannt. Im Hinblick auf die Geografie befindet sich hier der Punkt, an dem die Blue Ridge Mountains dramatisch abfallen und auf das Piedmont treffen.

Das Zentrum der Region ist Greenville mit einer der schönsten Innenstädte des Südens. Der Reedy River schlängelt sich durch das Zentrum und stürzt als spektakulärer Wasserfall unterhalb der Main St am Falls Park (www.fallspark.com) in die Tiefe.

4 km außerhalb der Innenstadt liegt das Dorf West Greenville, das dank aus dem Boden sprießender Kunstgalerien, Restaurants, Boutiquen und anderer Neuansiedlungen momentan ein Revival erlebt.

Sehenswertes & Aktivitäten

Table Rock State Park STATE PARK

(☎864-878-9813; www.southcarolinaparks.com; 158 Ellison Lane, Pickens; Juni–Nov Erw./Kind 6–15 Jahre 5/3 US$, Dez.–Mai Erw./Kind unter 16 Jahre 2 US$/frei; ⌚So–Do 7–19, Fr & Sa bis 21 Uhr, längere Öffnungszeiten Mitte Mai–Anfang Nov.) Die größte Naturattraktion des Upcountry ist der Table Rock Mountain, ein 952 m hoher Berg mit atemberaubender Granitwand. Die 11,6 km lange Rundwanderung zum Gipfel ist eine beliebte lokale Herausforderung. Zum Übernachten gibt's **Campingplätze** (☎864-878-9813; www.southcarolinaparks.com; Stellplatz 16–25 US$, Hütte 52–181 US$; ❄) für Zelte und Wohnwagen und ein paar vom Civilian Conservation Corps gebaute Hütten.

BMW Performance Center MOTORSPORT

(☎864-968-3000; www.bmwperformancecenter.com; 1155 Hwy 101 S, Greer; 1-/2-tägiger Kurs ab 849/1699 US$) Temposüchtige können ihren

Durst nach Geschwindigkeit in Amerikas einziger BMW Performance Driving Academy stillen. Die ein- und zweitägigen Kurse in verschiedenen Fahrzeugen versprechen unglaubliche Erlebnisse hinter dem Steuer in bester *Fast and Furious*-Manier. Man testet die leistungsstarke M-Serie oder absolviert Stunt-Fahrstunden in einem Mini – *The Italian Job* ist dagegen eine gemütliche Kaffeefahrt.

Schlafen

★ Swamp Rabbit Inn B&B **$$**

(☎ 864-517-4617; www.swamprabbitinn.com; 1 Logan St; Zi. mit/ohne Bad 155/105 US$; P ❄ 📶) Dieses fröhliche B&B im Zentrum ist in einer ehemaligen Pension aus den 1950er-Jahren untergebracht. Es erinnert an ein Hostel, bietet aber bunt eingerichtete Privatzimmer, die genauso gemütlich und skurril sind wie der Süden an sich. Zu den wunderbaren Gemeinschaftsbereichen gehören eine moderne Gästeküche und eine holzgedeckte Terrasse mit Grill.

Westin Poinsett HOTEL **$$$**

(☎ 864-421-9700; www.westinpoinsettgreenville.com; 120 S Main St; Zi. 189–309 US$; P ❄ @ 📶 🐾) Dieses Grand Hotel eröffnete erstmals 1925. Es liegt im Herzen der Downtown, nur wenige Schritte von den Reedy River Falls entfernt. Hier stiegen schon Amelia Earhart, Cornelius Vanderbilt und Bobby Kennedy ab. Es bietet neue Teppichböden, Scones und Schallplatten an den Wänden des ganzen Hauses, aber die Zimmer sind eher schlicht (die Bäder sollen allerdings demnächst renoviert werden).

Essen & Ausgehen

Stax Omega Diner DINER **$**

(www.staxs.net; 72 Orchard Park Dr; Frühstück 4–14 US$, Mittag- & Abendessen 9–15 US$; ⏲ 6.30–21 Uhr; 📶) Niemand kann opulentes Frühstück so gut wie die USA, und dieses geschäftige Diner in Familienbesitz, 6 km östlich der Innenstadt, bietet alles, was daran so fantastisch ist. Der Laden ist riesig – es gibt Platz für 500 Gäste! – und weiß, was er tut: Omeletts, Pfannkuchen, Arme Ritter, Eier Benedict, Rührei – die Liste ist endlos.

Soby's SÜDSTAATENKÜCHE **$$**

(www.sobys.com; 207 S Main St; Hauptgerichte 18–31 US$; ⏲ Mo–Do 17.30–21, Fr 17.30–22, Sa 17–22, So 10.30–13.30 & 17–21 Uhr; 📶) Man kann eine der intimen Sitznischen mit frei gelegten Ziegelwänden in dieser Bastion der New Southern Cuisine in Greenville reservieren, die auch Weinliebhaber begeistert (die Karte mit 5000 Flaschen wurde von *Wine Spectator* 19 Jahre in Folge mit dem Award of Excellence ausgezeichnet). Die Speisekarte ändert sich ständig, steckt aber immer voller Produkte lokaler Farmer und Rancher.

Dark Corner Distillery DESTILLERIE

(www.darkcornerdistillery.com; 241 N Main St; ⏲ Mo–Sa 11–19 Uhr) Hier kann man Butterscotch Whiskey oder Wildbeeren-Schnaps verkosten. „Dark Corner" war der Spitzname der verschwiegenen oberen Ecke des Greenville County, die für ihre Schwarzbrennereien und in Armut lebenden schottisch-irischen Einwohner bekannt war.

An- & Weiterreise

Der **Greenville-Spartanburg International Airport** (☎ 864-877-7426; www.gspairport.com; 2000 GSP Dr, Greer) befindet sich 13 Meilen (21 km) östlich der Stadt, fast auf halber Strecke zwischen Greenville und Spartanburg. Der **Greyhound-Bahnhof** (☎ 864-235-4741; www.greyhound.com; 9 Hendrix Dr) liegt ebenfalls in dieser Richtung, 7 Meilen (11 km) südlich des Zentrums. Der Amtrak-Bahnhof (www.amtrak.com; 1120 W Washington St) liegt viel praktischer gleich westlich des Zentrums.

TENNESSEE

Die meisten Bundesstaaten haben eine offizielle Hymne – Tennessee hat sieben. Und es gibt einen Grund dafür: Tief in der Seele Tennessees lebt die Musik. Hier traf der Folk der schottisch-irischen Bergbewohner im Osten auf die Blues-Rhythmen der Afroamerikaner im Mississippidelta des Westens, und heraus kam die moderne Country-Musik, die Nashville so berühmt gemacht hat.

Die drei geografischen Regionen des Staates, East, Middle und West Tennessee – auf der Fahne von Tennessee durch drei Sterne symbolisiert –, sind von einer jeweils ganz eigenen Schönheit: Die von lilafarbenem Heidekraut bedeckten Gipfel der Great Smoky Mountains weichen den üppig-grünen Tälern des Zentralplateaus um Nashville und schließlich den heißen, schwülen Niederungen bei Memphis.

In Tennessee kann man morgens auf schattigen Gebirgspfaden wandern und abends in einer Kneipe in Nashville ein Tänzchen wagen oder aber mit dem Geist Elvis' durch die Straßen von Memphis ziehen.

Praktische Informationen

Department of Environment & Conservation (www.state.tn.us/environ ment/parks) Die übersichtliche Website informiert übers Campen, Wandern und Angeln in den über 50 State Parks in Tennessee.

Department of Tourist Development (615-741-2159; www.tnvacation.com) Unterhält Welcome Centers an den Bundesstaatsgrenzen.

Memphis

Memphis ist nicht nur ein Touristenmagnet, es ist ein Touristen-Mekka. Musikfans verlieren sich im Klang der Blues-Gitarren auf der Beale St. Grillfreunde schlagen sich den Bauch bis zum Platzen mit rauchigem Schweinefleisch und Rippchen voll. Elvis-Fans fliegen aus aller Herren Länder hierher, um dem King vor seinem Altar in Graceland zu huldigen. Man könnte Tage damit verbringen, die Museen und historischen Stätten abzuklappern und zwischendurch nur an dem einen oder anderen Grillrestaurant Halt zu machen – und trotzdem wäre es ein erfüllter Aufenthalt.

Die Stadt präsentiert sich in groteskem barockem Verfall, was zugleich traurig und anziehend wirkt. Die Armut grassiert zwar – viktorianische Herrenhäuser stehen neben verfallenen Shotgun-Hütten (sehr schmale, besonders im Süden beliebte Wohnhäuser), und College-Gebäude liegen im Schatten unheimlicher, verlassener Fabriken – doch in der Luft liegt der Hauch von Erneuerung. Viertel wie South Main, Binghampton und Crosstown, die einst heruntergekommen, verlassen und/oder von Unkraut überwuchert waren, sind heute mit kitschigen Boutiquen, schicken Lofts und frechen Restaurants zu neuem Leben erwacht und tragen zu Memphis' rauem Uferstadtcharme bei.

Sehenswertes

Downtown

Der autofreie Abschnitt der Beale St ist rund um die Uhr eine Partyzone, in der frittierte Funnel Cakes (süßes Gebäck), Stände mit Bier zum Mitnehmen und Musik, Musik und nochmals Musik das Ambiente prägen. Auch wenn hier kaum Einheimische sind, scheinen Besucher diesen Hokuspokus zu mögen.

★ National Civil Rights Museum MUSEUM
(Karte S. 419; www.civilrightsmuseum.org; 450 Mulberry St; Erw./Student & Senior/Kind 15/14/12 US$; Mo & Mi–Sa 9–17 Uhr, So 13–17 Uhr) Dem Lorraine Motel gegenüber, in dem Martin Luther King am 4. April 1968 einem Attentat zum Opfer fiel, ist das ergreifende National Civil Rights Museum untergebracht. Es liegt fünf Häuserblocks südlich der Beale St und dokumentiert durch umfangreiche Exponate und eine detaillierte Chronik den Kampf der Afroamerikaner für Freiheit und Gleichheit. Sowohl die kulturellen Errungenschaften als auch die Ermordung des Bürgerrechtlers dienen als Ansatzpunkte für einen Einblick in die Bürgerrechtsbewegung, ihre Vorläufer und ihren unauslöschlichen Einfluss auf das Leben in den USA.

Die türkisfarbene Fassade des Motels aus den 1950er-Jahren sowie zwei Innenräume sind größtenteils genau so erhalten, wie sie zum Zeitpunkt der Ermordung Martin Luther Kings aussahen.

Memphis Rock'n'Soul Museum MUSEUM
(Karte S. 419; www.memphisrocknsoul.org; 191 Beale St; Erw./Kind 12/9 US$; 10–19 Uhr) Im Museum der Smithsonian Institution neben dem FedEx Forum wird untersucht, wie sich im Mississippi-Delta afroamerikanische und weiße Musikstile vermischten und daraus der moderne Rock und die Soulmusik entstanden.

W.C. Handy House Museum MUSEUM
(Karte S. 419; www.wchandymemphis.org; 352 Beale St; Erw./Kind 6/4 US$; Winter Di–Sa 11–16 Uhr, Sommer 10–17 Uhr) An der Ecke 4th St steht dieses Gebäude, das einst dem Komponisten W.C. Handy gehörte, der als erster den Zwölfer-Takt transponierte. Er wird auch der „Vater des Blues" genannt und schrieb 1916 das Stück *Beale Street Blues*.

Nördlich von Downtown

Mud Island PARK
(www.mudisland.com; 125 N Front St; Mitte April–Okt. Di–So 10–17 Uhr;) GRATIS Die kleine, in den Mississippi hineinragende Halbinsel ist die beliebteste Grünanlage im Zentrum. Entweder man setzt sich in die Tram (www.mudis land.com; 125 N Front St; 4 US$; 10–17 Uhr), die mit Eintritt ins Mississippi River Museum inklusive ist, oder man überquert die Brücke, die in den Park führt, zu Fuß und joggt dort eine Runde bzw. leiht sich ein Fahrrad.

Slave Haven Underground Railroad Museum/Burkle Estate MUSEUM
(Karte S. 417; www.slavehavenundergroundrail roadmuseum.org; 826 N 2nd St; Erw./Kind

Großraum Memphis

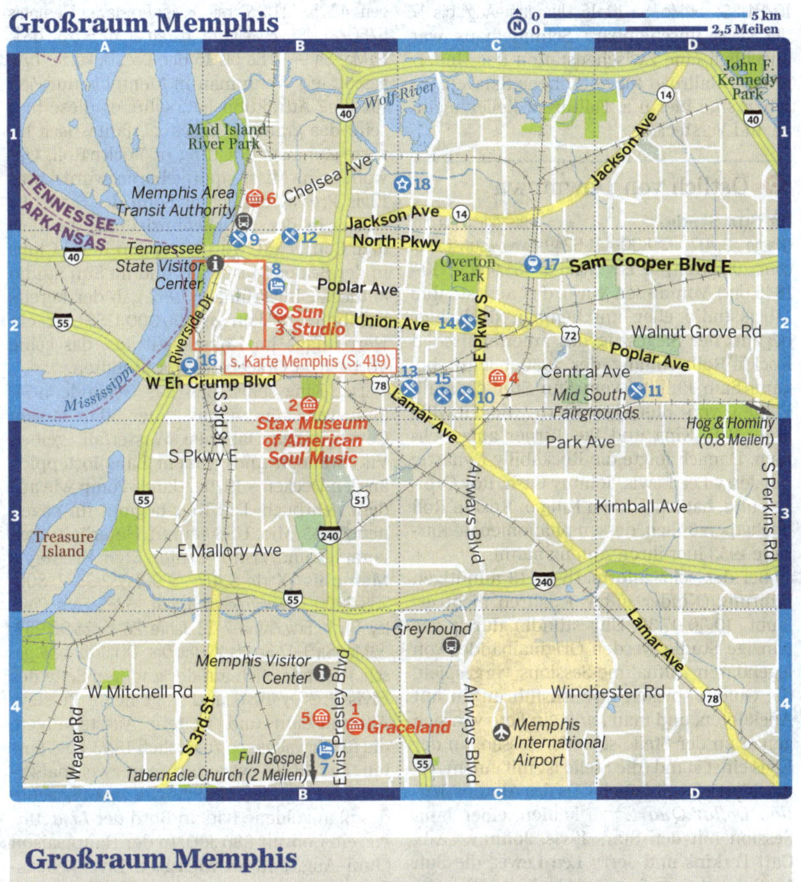

Großraum Memphis

Highlights
1 Graceland ... B4
2 Stax Museum of American Soul Music ... B2
3 Sun Studio ... B2

Sehenswertes
4 Children's Museum of Memphis ... C2
5 Elvis Presley's Memphis ... B4
6 Slave Haven Underground Railroad Museum/Burkle Estate ... B1

Schlafen
7 Days Inn Graceland ... B4
Graceland RV Park & Campground ... (siehe 5)
Guest House at Graceland ... (siehe 1)
8 James Lee House ... B2

Essen
9 Alcenia's ... B2
10 Alchemy ... C2
Bar DKDC ... (siehe 10)
11 Brother Juniper's ... D2
12 Cozy Corner ... B2
Imagine Vegan Cafe ... (siehe 10)
13 Payne's Bar-B-Q ... C2
14 Restaurant Iris ... C2
Soul Fish Cafe ... (siehe 10)
15 Sweet Grass ... C2

Ausgehen & Nachtleben
Hammer & Ale ... (siehe 15)
16 Loflin Yard ... A2
17 Wiseacre Brewing Co ... C2

Unterhaltung
18 Wild Bill's ... C1
Young Avenue Deli ... (siehe 15)

10/8 US$; ⌚Mo–Sa 10–16 Uhr, Juni–Aug. bis 17 Uhr) Das unscheinbare Schindelhaus war angeblich eine Zwischenstation der Underground Railroad für entflohene Sklaven. Zu sehen sind hier u.a. Falltüren, Kellerzugänge und Verstecke.

Östlich von Downtown

★ Sun Studio HISTORISCHER ORT

(Karte S. 417; ☎800-441-6249; www.sunstudio.com; 706 Union Ave; Erw./Kind 12 US$/frei; ⌚10–18.15 Uhr) Von außen wirkt das angestaubte Musikstudio eher unscheinbar, doch hier begann der Siegeszug des amerikanischen Rock'n'Roll. Anfang der 1950er-Jahre begann Sam Phillips vom Sun Studio damit, Platten von Blues-Künstlern wie Howlin' Wolf, B.B. King und Ike Turner aufzunehmen. Danach folgte die Rockabilly-Dynastie mit Jerry Lee Lewis, Johnny Cash, Roy Orbison und, natürlich, dem King of Rock'n'Roll höchstpersönlich, dessen phänomenale Karriere 1953 hier ihren Anfang nahm.

Bei der sehr informativen 45-minütigen Führung (Kinder unter 4 Jahren nicht erlaubt, 10.30–17.30 Uhr stündl.) durch das winzige Studio werden Originalbänder von legendären Aufnahme-Sessions vorgespielt, die Guides spicken ihre Ausführungen mit Anekdoten, und man kann ein Foto von sich genau an der Stelle schießen lassen, an der Elvis einst stand (die Stelle ist mit einem „X" markiert). Es gibt auch CDs des Albums *Million Dollar Quartet* zu kaufen, einer Jam-Session mit den Stars Elvis, Johnny Cash, Carl Perkins und Jerry Lee Lewis, die Sun 1956 spontan aufgenommen hatte. Die Geschichte wird Musik-Fans mit den Tränen kämpfen lassen. Der kostenlose Shuttle-Bus des Studios fährt ab 11.15 Uhr stündlich einen Rundkurs zwischen dem Sun Studio, der Beale St und Graceland.

Children's Museum of Memphis MUSEUM

(Karte S. 417; www.cmom.com; 2525 Central Ave; 15 US$; ⌚9–17, Sommer bis 18 Uhr; 👪) Hier können die Kleinen sich mal so richtig austoben und in, auf oder mit den Ausstellungsstücken, etwa einem Flugzeugcockpit, einem Webstuhl oder einem Wasserrad, spielen.

Südlich von Downtown

★ Graceland HISTORISCHES GEBÄUDE

(Karte S. 417; ☎901-332-3322; www.graceland.com; Elvis Presley Blvd/US 51; nur Haus Erw./Kind 7–12 Jahre 38,75/17 US$, mit Flugzeugen 43,75/22 US$, mit Elvis Presley's Memphis 57,50/27 US$, erweiterte Touren ab 62,50/32 US$; ⌚Mo–Sa 9–17, So bis 16 Uhr, Dez. Di kürzer bzw. geschl.; P) Wenn man in Memphis nur Zeit für eine Attraktion hat, sollte es diese hier sein: das grandios kitschige, fantastisch bizarre Zuhause des King of Rock n Roll. Obwohl er in Mississippi geboren wurde, war Elvis Presley ein echter Sohn der Stadt. Er wuchs in der Sozialwohnsiedlung Lauderdale Courts auf, wurde von den Blues-Clubs in der Beale St inspiriert und im Sun Studio entdeckt. Im Frühjahr 1957 gab der bereits berühmte 22-Jährige 100 000 US$ für ein Herrenhaus im Kolonialstil aus, das seine Vorbesitzer Graceland getauft hatten.

Der King selbst ließ das Gebäude 1974, ähm, verschönern: mit einer 50 m langen Couch, einem falschen Wasserfall, gelben Vinylwänden und grünem Langflorteppich an den Decken – 1970er-Jahre Pomp wie aus dem Lehrbuch. Die Tour beginnt im nagelneuen, 45 Mio. US$ teuren Unterhaltungskomplex und Visitor Center. **Elvis Presley's Memphis** (Karte S. 417; ☎901-332-3322, 800-238-2000; www.graceland.com; 3765 Elvis Presley Blvd; Erw./Kind 7–12 Jahre 28,75/25,90 US$; ⌚Mo–Sa 9–17, So bis 16 Uhr, Dez. Di kürzer bzw. geschl.) befindet sich auf der anderen Seite des Elvis Presley Blvd und zeigt heute Presleys Automuseum und weitere Ausstellungen, die für Erwachsene zusätzlich 18,75 US$ kosten. Für 5 US$ extra darf man zwei maßgefertigte Flugzeuge besichtigen (man beachte das blau-goldene Bad an Bord der *Lisa Marie*, ein Convair 880 Jet). In der Hauptsaison (Juni–Aug. und an wichtigen Elvis-Lebensdaten) sollte man vorab buchen, damit man sicher an der Tour teilnehmen kann. Für die selbstgeführten Touren durch die Villa bekommt man ein Multimedia-iPad mit interessanten, von John Stamos eingelesenen Erklärungen.

Priscilla Presley, die 1973 von Elvis geschieden wurde, öffnete Graceland 1982 für Besichtigungstouren. Heute kommen Millionen Menschen hierher, um ihrem King zu huldigen. Er starb 1977 im Badezimmer im Obergeschoss an Herzversagen. Zahllose Fans trauern auch heute noch an seinem Grab, das hinter dem Haus gleich neben dem Swimmingpool liegt. Graceland befindet sich 9 Meilen (14,5 km) südlich der Innenstadt am US 51, der auch „Elvis Presley Blvd" genannt wird. Auch der kostenlose Shuttle-Bus des Sun Studio (S. 418) fährt hierher. Parken kostet 10 US$.

Memphis

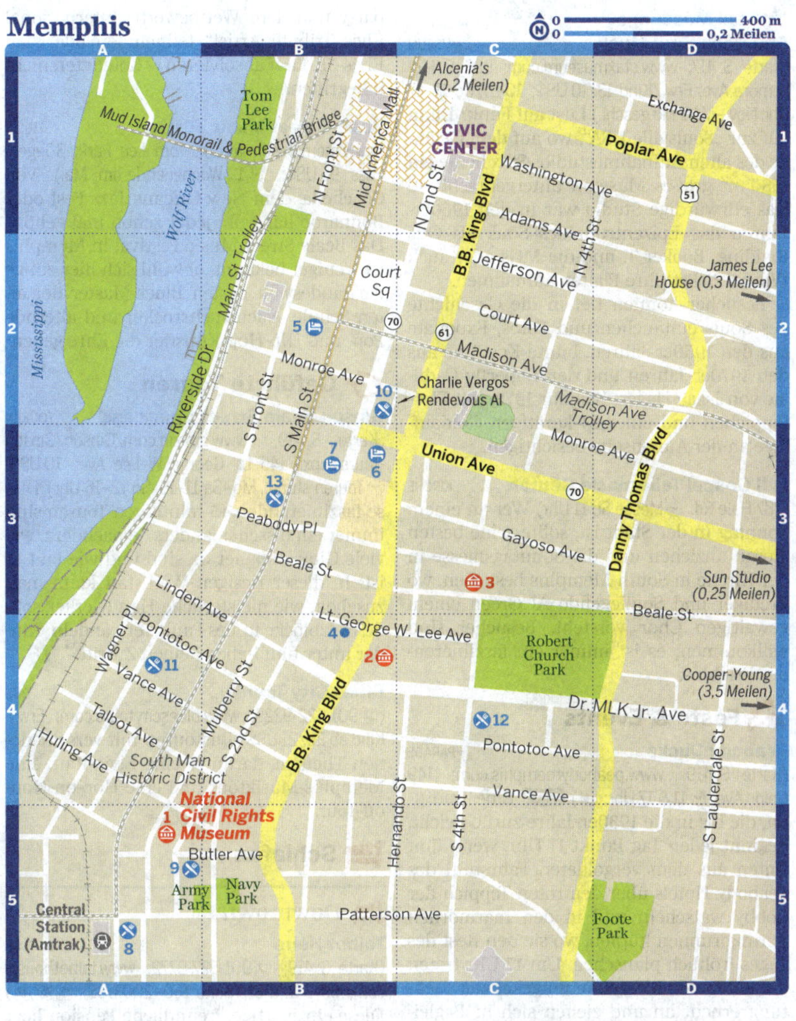

Memphis

Highlights
1 National Civil Rights Museum A5

Sehenswertes
2 Memphis Rock 'n' Soul Museum B4
Peabody Ducks .... (siehe 6)
3 WC Handy House Museum C3

Aktivitäten, Kurse & Touren
4 Gibson Beale Street Showcase B4

Schlafen
5 Madison Hotel B2
6 Peabody Hotel B3
7 Talbot Heirs B3

Essen
8 Arcade A5
9 Central BBQ A5
10 Charlie Vergos' Rendezvous B2
11 Gus's World Famous Fried Chicken A4
12 LUNCHBOXeats C4
13 Majestic Grille B3

★ Stax Museum of American Soul Music MUSEUM

(Karte S. 417; www.staxmuseum.com; 926 E McLemore Ave; Erw./Kind 13/10 US$; 10–17, So 13–17 Uhr, Nov.–März Mo geschl.) Lust auf Funk? Dann auf zur „Soulsville USA", wo auf dem Gelände des alten Aufnahmestudios Stax heute ein 1580 m² großes Museum untergebracht ist. Das ehrwürdige Studio war in den 1960er-Jahren das Epizentrum des Soul, als Otis Redding, Booker T. und die MGs oder auch Wilson Pickett ihre Platten aufnahmen.

Besucher können tief in die Geschichte des Souls eintauchen und Fotos, Exponate aus den 1960er-Jahren, bunte Kostüme aus den 1970er-Jahren und den Superfly Cadillac von Isaac Hayes, Baujahr 1972, mit Florteppichen und einer 24-karätigen Goldauflage an der Außenseite besichtigen.

Full Gospel Tabernacle Church KIRCHE

(787 Hale Rd; Messe So 11 Uhr) Wer an einem Sonntag in der Stadt ist, sollte seine besten Hosen anziehen und die Sonntagsmesse in der Kirche in South Memphis besuchen, wo Prediger und Soullegende Al Green einem gewaltigen Chor vorsteht. Besucher sind willkommen; es ist immer ein faszinierendes Erlebnis.

Feste & Events

Peabody Ducks PARADE

(Karte S. 419; www.peabodymemphis.com; 149 Union Ave; 11 & 17 Uhr;) GRATIS Eine Tradition, die bis in die 1930er-Jahre zurückreicht, beginnt jeden Tag Punkt 11 Uhr, wenn fünf Enten aus dem vergoldeten Fahrstuhl des Peabody Hotels über den roten Teppich der Lobby watscheln und in den marmornen Springbrunnen hüpfen, wo sie den Rest des Tages fröhlich planschen. Um 17 Uhr treten die Enten den Marsch in umgekehrter Richtung erneut an und ziehen sich in Begleitung ihres in einen roten Mantel gehüllten „Entenmeisters" wieder in ihr Penthouse zurück.

Elvis Week KULTUR

(901-332-3322, 800-238-2000; www.elvisweek.com; Elvis Presley Blvd, Graceland) In ganz Memphis wird während der „Elvis Week" Mitte August dem Leben und Tod des Kings gedacht. Dann pilgern Zehntausende Fans mit glänzenden Augen für die neuntägigen Feierlichkeiten in die Stadt – *das* ist Weird America. Man kann sich eine Vorführung von *Tolle Nächte in Las Vegas* oder *Aloha From Hawaii* anschauen, an einer Tanzparty und dem Wettbewerb „International Elvis Tribute Artist" teilnehmen oder den Elvis-5K-Lauf absolvieren – Koteletten nicht inbegriffen.

Beale Street Music Festival MUSIK

(www.memphisinmay.org; Tom Lee Park; 3-Tages-Pass 95 US$; 1. Wochenende im Mai) Von Coachella, dem New Orleans Jazz Fest oder Bonnaroo hat wohl jeder schon mal gehört. Das Beale Street Music Festival in Memphis ist weniger bekannt, obwohl sich hier einige der landesweit besten Blues-Master der alten Schule, Nachwuchsrocker und alternde Pop- und Hip-Hop-Künstler die Ehre geben.

Geführte Touren

Gibson Beale Street Showcase TOUREN

(Karte S. 419; www.gibson.com/Gibson/Gibson-Tours.aspx; 145 Lt. George W Lee Ave; 10 US$; Touren stündl. Mo–Sa 11–16, So 12–16 Uhr) Diese faszinierenden 45-minütigen Touren sind immer ein bisschen anders, je nachdem, wie viele Gitarrenbauer da sind und wie laut es ist. In dieser riesigen Werkstatt kann man zusehen, wie meisterliche Handwerker solide Holzblöcke in Les Pauls verwandeln. Kinder unter fünf haben keinen Zutritt.

Blues City Tours BUS

(901-522-9229; www.bluescitytours.com; Erw./Kind ab 26/21 US$) Bustouren mit verschiedenen Themen, darunter eine Elvis-Tour, eine Memphis-Musiktour und eine Hop-on-Hop-off-Tour.

Schlafen

Downtown

Talbot Heirs PENSION $$

(Karte S. 419; 901-527-9772; www.talbothouse.com; 99 S 2nd St; Suite 160–200 US$;) Diese einzigartige, freundliche Pension liegt unauffällig im 2. Stock in einer geschäftigen Straße in Downtown und gehört zu den bestgehüteten Geheimnissen von Memphis. Die geräumigen Suiten, alle mit jüngst renoviertem Bad, sind eher hippe Studio-Apartments als Hotelzimmer. Sie bieten asiatische Teppiche, ausgefallene lokale Kunst und mit (kostenlosen!) Snacks ausgestattete Küchen.

Peabody Hotel HOTEL $$

(Karte S. 419; 901-529-4000; www.peabodymemphis.com; 149 Union Ave; Zi. ab 229–365 US$;) Im legendärsten Hotel von Memphis nächtigt seit den 1860er-Jahren das Who's Who des Südstaatenadels. Der heutige 13-stöckige Bau im italienischen Neorenaissancestil stammt aus den 1920er-Jahren. Das Hotel ist auch weiterhin ein gesellschaftlicher Treffpunkt mit Spa, Geschäften, Restaurants, einer stimmungsvollen Bar im Foyer und 464 Gästezimmern in wohltuenden Türkistönen.

Madison Hotel BOUTIQUEHOTEL **$$$**
(Karte S. 419; ☎901-333-1200; www.madisonhotelmemphis.com; 79 Madison Ave; Zi. ab 279 US$; P❄@📶🏊🐾) Wer sich mal was Schickes leisten will, der steigt in diesem feinen, mit Musik als prägendem Thema eingerichteten Boutiquehotel ab. Von der Sky Terrace (Nicht-Gäste 10 US$) auf dem Dach kann man wunderbar den Sonnenuntergang beobachten. Die stilvollen Zimmer weisen nette Details wie Holzflure, hohe Decken und italienische Bettwäsche auf.

★ **James Lee House** B&B **$$$**
(Karte S. 417; ☎901-359-6750; www.jamesleehouse.com; 690 Adams Ave; Zi. 250–450 US$; P❄@📶) Diese exquisite viktorianische Villa stand 56 Jahre lang verlassen im historischen Victorian Village der Stadt am Rand der Downtown. Dank 2 Mio. US$ und dem sicheren Auge für Details und Design des Besitzers gehört sie heute zu den ersten Adressen in Memphis.

Südlich von Downtown

Graceland RV Park & Campground CAMPING **$**
(Karte S. 417; ☎901-396-7125; www.graceland.com/lodging/graceland_campground; 3691 Elvis Presley Blvd; Stellplatz Zelt/Hütte ab 25/47 US$; P📶🏊) Wer hier zeltet oder in einer der schlichten Blockhütten (mit Gemeinschaftsbad) direkt neben Graceland übernachtet, sorgt dafür, dass Lisa Marie weiter über die Runden kommt…

Days Inn Graceland MOTEL **$**
(Karte S. 417; ☎901-346-5500; www.daysinn.com; 3839 Elvis Presley Blvd; Zi. ab 105 US$; P❄📶🏊) Das Days Inn bietet mit Pool in Gitarrenform, goldenen Schallplatten und Elvis-Memorabilien in der Lobby sowie neonfarbenen Cadillacs auf dem Dach eine Menge Elvis zu moderaten Preisen. Die Zimmer an sich sind sauber, aber nichts Besonderes.

Guest House at Graceland BOUTIQUEHOTEL **$$**
(Karte S. 417; ☎800-238-2000, 901-443-3000; www.guesthousegraceland.com; 3600 Elvis Presley Blvd; Zi./Suite ab 159/249 US$; P@📶🏊🐾) Das Guest House, Gracelands neues Flaggschiff, klingt intimer, als es ist: Diese Unterkunft mit 450 Zimmern ist ein Hotelkoloss. Die stilvollen schiefergrauen Standardzimmer sind geräumig, mit Dreamcatcher-Betten, dreiseitigen Uhren, Schreibtischen und 55-Zoll-Flachbild-TV. Die Suiten wurden von Priscilla Presley mitentworfen und nach Themen aus Elvis' Leben eingerichtet (in einer gibt's einen rot umhüllten TV unter der Decke, direkt über dem Bett!).

Essen

Die Einheimischen streiten sich darüber, welche Schweinehacksandwiches oder marinierten Rippchen denn nun die besten in der Stadt sind. Grilllokale sind überall in Memphis zu finden, wobei nicht selten die mit der hässlichsten Fassade das leckerste Essen haben. Die hippen, jungen Einheimischen zieht es in den South Main Arts District oder in die Viertel Cooper-Young oder Overton Square in der Midtown, die alle abends sehr angesagt sind.

Downtown

★ **Central BBQ** GRILLGERICHTE **$**
(Karte S. 419; www.cbqmemphis.com; 147 E Butler Ave; Platten 10–25 US$, Sandwiches ab 5 US$; ⏲So–Do 11–21, Fr & Sa bis 22 Uhr) Dank der Lage dieses in Memphis legendären Grillrestaurants in der Downtown ist es die perfekte Adresse nach einem Nachmittag im National Civil Rights Museum. Das Pulled Pork – das fast immer zum besten der Stadt gewählt wird – ist nicht von dieser Welt und sollte unbedingt mit all den verschiedenen Saucen begossen werden, die so köstlich schmecken, dass man sie am liebsten glasweise trinken würde.

Gus's World Famous Fried Chicken FAST FOOD **$**
(Karte S. 419; www.gusfriedchicken.com; 310 S Front St; Teller 6,40–11,65 US$; ⏲So–Do 11–21, Fr & Sa bis 22 Uhr) Brathähnchenfans aus aller Welt wälzen sich nachts im Bett herum und träumen von den zarten, goldbraun gebratenen Hähnchen, die in Memphis' Downtown in diesem Betonbau mit witzigem, neonbeleuchtetem Ambiente und einer alten Jukebox serviert werden. Wenn viel los ist, wartet man schon mal über eine Stunde.

LUNCHBOXeats SÜDSTAATENKÜCHE **$**
(Karte S. 419; www.lunchboxeats.com; 288 S 4th St; Sandwiches 8–13 US$; ⏲Mo–Sa 10.30–15 Uhr;

JACKS ZUHAUSE

Welche Ironie: Die **Jack Daniel's Distillery** (www.jackdaniels.com; 182 Lynchburg Hwy, Lynchburg; Touren 13–75 US$; ⌚9–16.30 Uhr) liegt in einem „Trockengebiet"! Laut lokaler Gesetze ist es verboten, Spirituosen innerhalb des Countys zu verkaufen. Aber keine Angst: Obwohl man bei wenigstens einer der Touren auf dem Trockenen sitzt, stehen auch „vernünftige" Alternativen zur Auswahl, die vom 90-minütigen „Flight of Jack Daniel's" bis zur dreistündigen „Taste of Lynchburg" reichen, die eine köstliche Mahlzeit im **Miss Mary Bobo's Boarding House** (☎931-759-7394; 295 Main St, Lynchburg; ⌚Mo–Sa 11–14 Uhr) und reichlich Whiskey einschließt.

Man muss alle Touren vorab online buchen. Dies ist die älteste registrierte Destillerie in den USA: Die Jack-Daniels-Experten lassen schon seit 1866 Whiskey durch mehrere Schichten Kohle tröpfeln, damit er danach in Eichenfässern reifen kann. Sie liegt abseits des Hwy 55 im winzigen Lynchburg.

📶) Der kreative Sandwich-Laden verleiht klassischem Soul Food einen leckeren Dreh. Das Resultat ist entsprechend verdreht: So gibt's u.a. Hühnchen auf belgischen Waffeln (statt Brot), Sloppy Joe mit Krebs-Étouffée (eine Art Hamburger mit Krebsfleischsauce), Club-Sandwiches mit Schweinekamm, Zwiebeln und Käsemakkaroni, serviert auf traditionellen Tabletts.

Alcenia's SÜDSTAATENKÜCHE $
(Karte S. 417; www.alcenias.com; 317 N Main St; Hauptgerichte 9,55–13 US$; ⌚Di–Fr 11–17, Sa bis 15 Uhr) Gibt es noch etwas, das süßer ist als Alcenia's bekannter „Ghetto-Aid", ein Fruchtgetränk, das den Blutzuckerspiegel in die Höhe schnellen lässt? Ja, und zwar die Besitzerin Betty Joyce „B.J." Chester-Tamayo, die Gästen gern mal einen Kuss auf die Stirn drückt.

Arcade DINER $
(Karte S. 419; www.arcaderestaurant.com; 540 S Main St; Hauptgerichte 7–10 US$; ⌚So–Mi 7–15, Do–Sa bis 23 Uhr) Schon Elvis speiste in diesem Retro-Diner, dem ältesten in Memphis – seine Sitznische befindet sich strategisch günstig in der Nähe des Hinterausgangs. Der King genehmigte sich hier in einer gusseisernen Pfanne gebratene Erdnussbutter-Bananen-Sandwiches und stürmte sofort aus der Tür, sobald er das Gekreische der Fans hörte. Noch heute locken die himmlischen Süßkartoffelpuffer – fluffig, buttrig und verführerisch wie eh und je – die Menschen an.

Charlie Vergos' Rendezvous BARBECUE $$
(Karte S. 419; ☎901-523-2746; www.hogsfly.com; 52 S 2nd St; Hauptgerichte 8–20 US$; ⌚Di–Do 16.30–22.30, Fr 11–23, Sa ab 11.30 Uhr) In einer kleinen Seitengasse der Monroe Ave bringt dieses alteingesessene Kellerlokal jede Woche unglaubliche 5 t der ausgezeichneten marinierten Rippchen an den Mann. Zu den Rippchen gibt's keine Sauce, zur Schweineschulter schon – am besten probiert man beides, dann reicht die Sauce locker.

Majestic Grille EUROPÄISCH $$$
(Karte S. 419; ☎901-522-8555; www.majesticgrille.com; 145 S Main St; Lunch 9–32 US$, Abendessen 10–23 US$; ⌚Mo–Fr 11–open end, Sa & So 11.30–14.30 & 16–open end; 📶) Das Restaurant in einem alten Stummfilmkino nahe der Beale St mit einem hübschen, mit dunklem Holz verkleideten Innenraum und in alter Stummfilmmanier blinkenden schwarzen und weißen Lichtern serviert klassische europäische Gerichte von halben Grillhähnchen bis zu gebratenem Thunfisch, gegrillten Schweinemedaillons und vier Varianten von handgeschnittenem Filet Mignon.

Midtown

Imagine Vegan Cafe VEGAN $
(Karte S. 417; www.imaginevegancafe.com; 2158 Young Ave; Hauptgerichte 6–14 US$; ⌚11–21 Uhr; 📶🖉) Veganer und Vegetarier kämpfen in Memphis (und überall in den Südstaaten) einen nahezu aussichtslosen Kampf. Dieses innovative Café in Cooper-Young treibt allein in einem Meer aus Pulled Pork und Brathähnchen und zaubert legendäre Südstaatenklassiker, nur eben vegan (weshalb man sie normalerweise links liegen lassen würde) – und sie ändern noch nicht mal die Namen der Gerichte.

Bar DKDC INTERNATIONAL $
(Karte S. 417; www.bardkdc.com; 964 S Cooper St; Gerichte 6–12 US$; ⌚17–3 Uhr) Günstiges, geschmackvolles und – teilweise globales – Street Food ist die Spezialität dieses sich stets weiterentwickelnden Lokals in Cooper-Young. Auf der Karte stehen Muffalatas, vietnamesische *bánh mì*-Sandwiches, thailändische Hähnchenklöße und vieles mehr.

Soul Fish Cafe FISCH & SEAFOOD $
(Karte S. 417; www.soulfishcafe.com; 862 S Cooper St; Hauptgerichte 9,50–16 Uhr; Mo–Sa 11–22, So bis 21 Uhr) Dieses nette Betonziegel-Café im Viertel Cooper-Young ist für seine köstlichen *po'boys*, Platten mit gebratenem Fisch und sehr sündigen Kuchen bekannt.

Alchemy TAPAS $$
(Karte S. 417; 901-726-4444; www.alchemymemphis.com; 940 S Cooper St; Tapas 9–18 US$, Hauptgerichte 17–24 US$; Mo 16–1, Di–Do bis 23, Fr & Sa 16.30–1.30, So 10.30–15 & 16–22 Uhr) Dieser schicke Laden in Cooper-Young serviert leckere Südstaaten-Tapas, z. B. mit Trüffel gefüllte Eier mit Blaukrabben-Remoulade und Kaviar, Krabben und Grits mit geräuchertem Gouda und Chorizo-Sauce oder Jakobsmuschel-Bruschetta mit Gremolata und *ponzu*-Vinaigrette.

Sweet Grass SÜDSTAATENKÜCHE $$$
(Karte S. 417; 901-278-0278; www.sweetgrassmemphis.com; 937 S Cooper St; Hauptgericht 19–34 US$; Di–Sa 17 Uhr–open end, So 11–14 & 17 Uhr–open end;) Die zeitgenössische Lowcountry-Küche (vor allem Seafood-Gerichte von den Küsten South Carolinas und Georgias) begeistert die Gäste dieses Restaurants in Midtown. Es unterteilt sich in die etwas lautere Bar **Next Door** und das edlere Bistro mit gehobener Karte und schicker neuer Bar, das unvergessliche Krabben und Grits serviert.

Östlich von Downtown

★ Payne's Bar-B-Q BARBECUE $
(Karte S. 417; 1762 Lamar Ave; Sandwiches 5–9 US$, Teller 7,50–11 US$; Di–Sa 11–17 Uhr) In der umgebauten Tankstelle gibt's das wohl beste Schweinehacksandwich der Stadt. Einfach selbst probieren!

Cozy Corner BARBECUE $
(Karte S. 417; www.cozycornerbbq.com; 735 N Pkwy; Teller 6,75–14 US$; Di–Sa 11–21 Uhr) In dem wunderbar hässlichen Kultlokal macht man sich's in einer der abgewetzten Sitznischen bequem und verschlingt ein ganzes Brathähnchen (11,75 US$) der Haushuhnrasse Indischer Kämpfer, die Spezialität des kürzlich renovierten Hauses. Auch die Rippchen und Chicken Wings sind grandios, ganz zu schweigen vom fluffigen Süßkartoffelkuchen, einem typischen Südstaatendessert.

Brother Juniper's FRÜHSTÜCK $
(Karte S. 417; www.brotherjunipers.com; 9514 Walker Ave; Gerichte 4–13 US$; Di–Fr 6.30–13, Sa 7–12.30, So 8–13 Uhr) Das bescheidene Frühstückslokal begann als Kette in San Franciscos Viertel Haight-Ashbury zur Verpflegung von Obdachlosen. Heute ist nur noch dieses Lokal in Memphis übrig, doch hier bekommt man zweifellos das beste Frühstück in der ganzen Stadt. Es gibt große Portionen Omelett, Pfannkuchen, Frühstücks-Burritos, Waffeln, Biscuits und hausgemachte Pommes. Der Besuch hier ist ein Muss!

Hog & Hominy SÜDSTAATENKÜCHE, ITALIENISCH $$
(901-207-7396; www.hogandhominy.com; 707 W Brookhaven Circle; Pizzas 12–16 US$; Di–Do 11–14 & 17–22 Uhr, Fr & Sa open end, So 10.30–22 Uhr;) Dieses angesagte, vom Koch gemanagte, tief im Süden verwurzelte italienische Restaurant am Brookhaven Circle hat sich im ganzen Land einen Namen gemacht und wurde seit seiner Eröffnung 2011 von so namhaften Magazinen wie GQ und Food & Wine mehrfach zum besten neuen dies und besten neuen das gekürt. Kleine Leckereien und Steinofen-Pizzas sind die „Hauptgerichte", und dazu gibt's saisonale Cocktails und Craft-Bier.

★ Restaurant Iris SÜDSTAATENKÜCHE $$$
(Karte S. 417; 901-590-2828; www.restaurantiris.com; 2146 Monroe Ave; Hauptgerichte 27–39 US$; Mo–Sa 17–22 Uhr) Chefkoch Kelly English kreiert zur Freude von Feinschmeckern Spezialgerichte der modernen Südstaaten-Fusion-Küche und wurde daher für den James-Beard-Preis nominiert. Zur Wahl stehen mit gebratenen Austern gefüllte Steaks, himmlische Shrimps mit Maisgrütze sowie köstlicher Rosenkohl mit Räucherschinken und Sherry. Serviert wird alles in einem feinen Wohnhaus. Direkt daneben hat Kelly English noch das Second Line eröffnet, ein etwas erschwinglicheres New-Orleans-Bistro.

Ausgehen & Unterhaltung

Die Beale St ist das Partymekka, auch wenn hier fast zu 100 % Touristen feiern. Die Einheimischen zieht es in die Viertel Cooper-Young und Overton Square in East Memphis. Sie bieten die größte Dichte an hippen Bars und Restaurants. Beide liegen 6,5 km östlich von Downtown. Um 3 Uhr ist meist alles dicht. Die erste Destillerie der Stadt, **Old Dominick**, eröffnete 2017.

Hammer & Ale KNEIPE
(Karte S. 417; www.hammerandale.com; 921 S Cooper St; Pints ab 5 US$; Di–Do 14–21, Fr & Sa

11–22, So 13–18 Uhr; 📶) Süchtige zieht es in diese scheunenartige Kneipe für Craft-Biere, die sich in Cooper-Young befindet und gänzlich mit hellem Zypressenholz verkleidet ist. Unter den 24 überwiegend aus den Südstaaten stammenden Craft-Bier-Sorten aus dem Fass sind auch die der in Memphis ansässigen Brauereien Wiseacre, High Cotton, Memphis Made und Ghost River vertreten. Keine Barzahlung möglich!

★ **Loflin Yard** BIERGARTEN, COCKTAILBAR
(Karte S. 417; www.loflinyard.com; 7 W Carolina Ave; Cocktails 9–12 US$, Hauptgerichte 9–12 US$; ⏰ Mi & Do 16–22, Fr 11.30–24, Sa 12–24, So bis 21 Uhr; 📶) Dieser neue, angesagte Laden ist ein riesiger, auf ländlich getrimmter Spielplatz für Erwachsene in Downtown Memphis. Der Biergarten mit Schrottplatz-Ästhetik nimmt gut 4000 m² auf dem alten Gelände der Loflin Safe & Lock Co ein und schmiegt sich an die tröpfelnden Überreste des Gayoso Bayou. Beinahe stehlen die Cocktails dem Schuppen die Schau, aber die vorwiegend geräucherten Leckereien (Chicken Wings, Rinderbrust) sind auch nicht zu verachten.

★ **Wiseacre Brewing Co** KLEINBRAUEREI
(Karte S. 417; www.wiseacrebrew.com; 2783 Broad Ave; Glas 5–6 US$; ⏰ Mo–Do 16–22, Fr & Sa 13–22 Uhr; 📶) Unser Favorit unter den Brauerei-Kneipen in Memphis liegt im Lagerhausviertel Binghampton, 8 km östlich von Downtown. Man kann draußen auf der Terrasse ganzjährige und saisonale Craft-Biere verkosten oder sich auf die Rundum-Veranda setzen, die zwei riesige, fast 100 Jahre alt Weizensilos aus Beton umschlingt.

Young Avenue Deli LIVEMUSIK
(Karte S. 417; www.youngavenuedeli.com; 2119 Young Ave; ⏰ 11–3 Uhr; 📶) Dieser Favorit in Midtown bietet Essen, Billard und gelegentlich Livemusik, die sich an ein entspanntes, junges Publikum richtet, das dank der 36 Craft-Biere vom Fass und weiterer 130 Alternativen in Dosen und Flaschen bester Stimmung ist.

★ **Wild Bill's** BLUES
(Karte S. 417; 1580 Vollintine Ave; ⏰ Do 17–21, Fr & Sa 22–3 Uhr) Man sollte nicht mal daran denken, vor Mitternacht in diesem schäbig-coolen Schuppen aufzutauchen. Man bestellt sich ein Bier und eine Portion Chicken Wings, lehnt sich zurück und genießt freitags und samstags ab 23 Uhr die besten Blues-Musiker in Memphis. Man kann ein paar schiefe Blicke von den Einheimischen erwarten, aber die phänomenale, ultra-authentische Musik ist das allemal wert.

ℹ Praktische Informationen

Memphis Visitor Center (Karte S. 417; ☎ 888-633-9099; www.memphistravel.com; 3205 Elvis Presley Blvd; ⏰ 9–17 Uhr) Städtische Touristeninformation nahe der Ausfahrt nach Graceland.

Tennessee State Visitor Center (Karte S. 417; ☎ 901-543-6757; www.tnvacation.com; 119 N Riverside Dr; ⏰ 7–23 Uhr) Infobroschüren zum ganzen Bundesstaat; nahe Mud Island.

ℹ Anreise & Unterwegs vor Ort

Der **Memphis International Airport** (MEM; Karte S. 417; ☎ 901-922-8000; www.flymemphis.com; 2491 Winchester Rd) liegt ca. 10,5 Meilen (17 km) südöstlich der Beale St und ist über den I-55 erreichbar. Taxis nach Downtown kosten zwischen 25 US$ und 30 US$. Die **Memphis Area Transit Authority** (MATA; Karte S. 417; www.matatransit.com; 444 N Main St; Fahrpreis 1,75 US$) unterhält Nahverkehrsbusse; Bus 2 und 4 fahren zum Flughafen.

MATAs altmodische Busse (1 US$, alle 12 Min.) fahren normalerweise in der Main St und Front St durch Downtown, waren zum Zeitpunkt der Recherche aber wegen Wartungsarbeiten außer Betrieb; sie sollten inzwischen aber wieder im Einsatz sein. Der **Greyhound-Bahnhof** (Karte S. 417; ☎ 901-395-8770; www.greyhound.com; 3033 Airways Blvd) befindet sich im MATA Airways Transit Center in der Nähe des Memphis International Airport. Der zentrale **Amtrak-Bahnhof** (www.amtrak.com; 545 S Main St) befindet sich mitten in Downtown.

Nashville

Angenommen, man ist ein hoffnungsvoller Country-Sänger und kommt nach mehrtägigem Trampen nur mit einer ramponierten Gitarre im Gepäck in Nashville an. Geblendet von den Neonlichtern am Lower Broadway, atmet man tief die rauch- und biergeschwängerte Luft ein, spürt das Rumpeln der vielen Stiefel aus den überfüllten Kneipen und sagt sich dann: „Ich hab's geschafft!"

Für Country-Fans und Möchtegern-Liedermacher aus aller Welt ist eine Reise nach Nashville die ultimative Pilgerfahrt. Schon seit den 1920er-Jahren zieht die Stadt Musiker an, die das Country-Genre vom Hillbilly des frühen 20. Jhs. über den glatten Nashville-Sound der 1960er-Jahre bis zum punkigen Alternative Country der 1990er-Jahre weiterentwickelt haben.

Die musikalischen Attraktionen Nashvilles reichen von der Country Music Hall of Fame über die ehrwürdige Grand Ole Opry bis zu Jack Whites Plattenlabel für Nischenmusik. Daneben gibt's eine lebhafte Studentengemeinde, ausgezeichnete Hausmannskost sowie einige herrlich kitschige Souvenirs.

Sehenswertes

Nashville liegt auf einer Anhöhe am Cumberland River, die an ihrer höchsten Stelle vom State Capitol beherrscht wird. Die besten Museen sind in der Downtown angesiedelt, aber viele kulturelle Attraktionen findet man in und um die Universitäten. Etwas außerhalb der Stadt ziehen einstige Schlachtfelder und Forts all jene an, die sich für den Amerikanischen Bürgerkrieg und Geschichte begeistern. Die Stadt lockt mit einladenden Parks, von denen einige durch Grünflächen mit gepflasterten Wegen miteinander verbunden sind. Südlich der Downtown bieten der Zoo und ein Science Center reiche Abwechslung für Kids.

Downtown

In Richtung SoBro geht es zur Country Music Hall of Fame und dem Johnny Cash Museum. Überfüllte Kneipen säumen den Lower Broadway, während das Ryman Auditorium und Kunstgalerien sich nördlich, entlang der 5th Ave aneinanderreihen. Nördlich vom Broadway liegen auch die Hauptbibliothek, die Bicentennial Capitol Mall und der Nashville Farmers Market. Zwei Blocks westlich der 2nd Ave N glitzert die Printer's Alley bei Nacht mit ihren bunten Lichtern und lebhaften Bars. Das Westufer des Cumberland River wird vom riesigen Riverfront Park gesäumt, der über die Fußgängern vorbehaltene John Seigenthaler Pedestrian Bridge die Verbindung zum Cumberland Park am anderen Flussufer herstellt.

★ Country Music Hall of Fame & Museum MUSEUM

(www.countrymusichalloffame.com; 222 5th Ave S; Erw./Kind 25/15 US$, mit Audioguide 30/20 US$, Führung mit Studio B 1 Std. 40/30 US$; ⌚9–17 Uhr) Nach seiner 100 Mio. US$ teuren Erweiterung (2014) und dem 50-jährigen Jubiläum (2017) ist dieses monumentale Museum, das die fast biblische Bedeutung der Country-Musik für die Seele von Nashville widerspiegelt, ein Muss, egal ob man ein Fan dieser Musik ist oder nicht. Bestaunen kann man die blauen Wildlederschuhe von Carl Perkins, den goldenen (eigentlich weißen) Cadillac von Elvis, sein goldenes (tatsächlich goldenes) Klavier und den im Western-Stil geschneiderten Anzug mit Musiknotenapplikationen von Hank Williams.

Ryman Auditorium HISTORISCHES GEBÄUDE

(www.ryman.com; 116 5th Ave N; Erw./Kind Rundgang 20/15 US$, Backstage-Führung 30/25 US$; ⌚9–16 Uhr) Die sogenannte „Mutterkirche der Country-Musik" hat bereits viele große Künstler von Martha Graham bis Elvis und Katherine Hepburn bis Bob Dylan beherbergt. Das hohe Backsteingebäude wurde 1892 von dem reichen Flusskapitän Thomas Ryman als Haus für religiöse Erweckungsveranstaltungen erbaut. Von einem der 2362 Sitze aus einer Show zu folgen, hat auch heute noch etwas von einer spirituellen Erfahrung.

Johnny Cash Museum & Store MUSEUM

(www.johnnycashmuseum.com; 119 3rd Ave S; Erw./Kind 19/15 US$; ⌚9–19 Uhr) Nashvilles Museum, das dem „Man in Black" gewidmet ist, ist zwar klein, enthält aber die umfassendste Sammlung von Artefakten und Memorabilien zu Johnny Cash und wurde mit Unterstützung der Familie Cash zusammengetragen. Im zweiten Stock des Gebäudes wurde inzwischen außerdem ein Museum zu Patsy Cline eröffnet.

Frist Center for the Visual Arts GALERIE

(www.fristcenter.org; 919 Broadway; Erw./Senior/Kind 12/9 US$/frei; ⌚Mo–Mi & Sa 10–17.30, Do & Fr bis 21, So 13–17:30 Uhr; P) In dem erstklassigen Kunstmuseum, das in einem renovierten Postamt untergebracht ist, sind Ausstellungen von amerikanischer Volkskunst bis hin zu Picasso zu sehen.

Tennessee State Capitol HISTORISCHES GEBÄUDE

(www.capitol.tn.gov; Charlotte Ave; ⌚Führungen Mo–Fr 8–16 Uhr) GRATIS Beim Bau des zwischen 1845 und 1859 im klassizistischen Stil aus regionalem Kalkstein und Marmor errichteten Gebäudes arbeiteten Sklaven und Sträflinge neben europäischen Handwerkern. An der Rückseite führt eine steile Treppe hinunter zur **Tennessee Bicentennial Mall**, deren Außenmauern historische Fakten zur Geschichte Tennessees schmücken, und zum wunderbaren, täglich stattfindenden **Farmers Market**.

Zu jeder vollen Stunde von 9 bis 15 Uhr starten Führungen durchs Capitol vom Infoschalter im 1. Stock.

Nashville

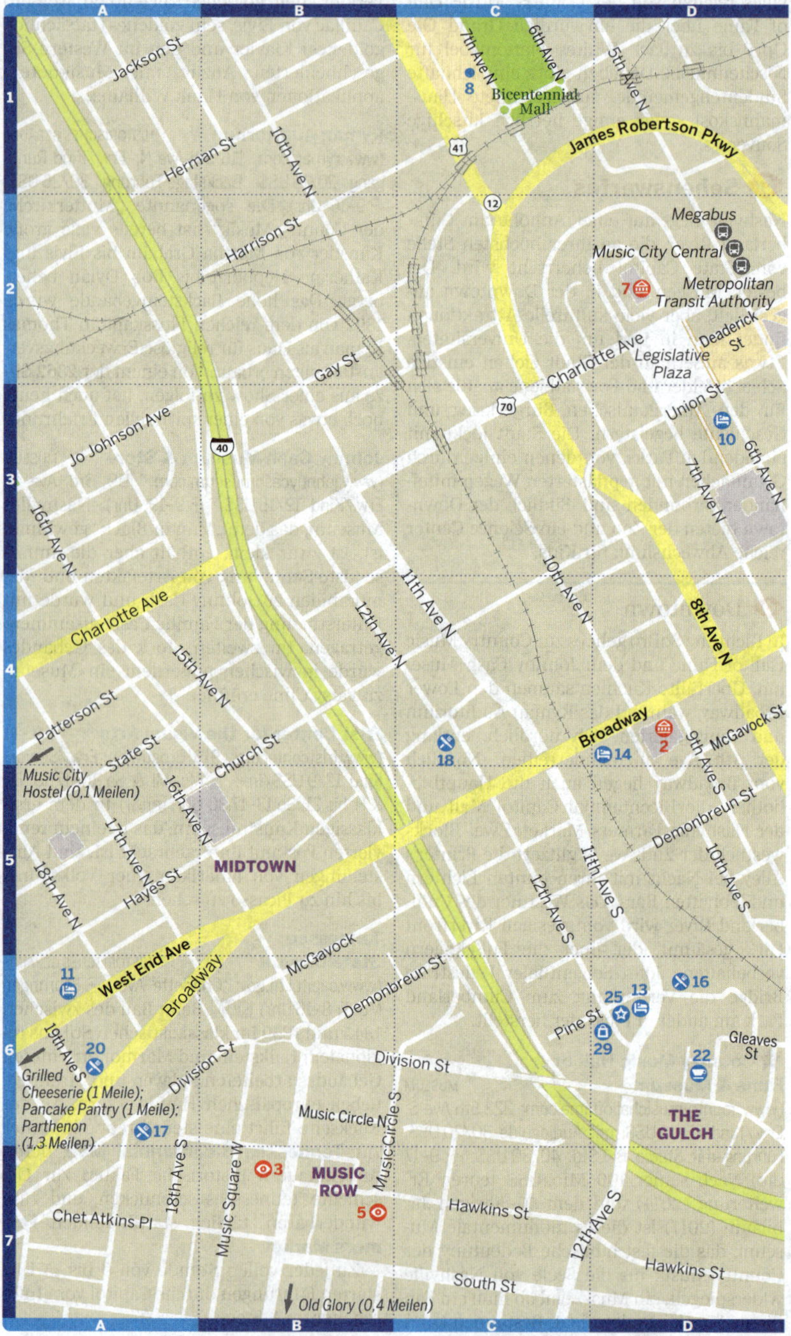

A B C D
1 2 3 4 5 6 7
Jackson St
Herman St
10th Ave N
Harrison St
7th Ave N
6th Ave N
5th Ave N
8
Bicentennial Mall
41
James Robertson Pkwy
12
Megabus
Music City Central
Metropolitan Transit Authority
7
Deaderick St
Legislative Plaza
Charlotte Ave
Gay St
70
Union St
10
6th Ave N
7th Ave N
40
Jo Johnson Ave
16th Ave N
Charlotte Ave
11th Ave N
12th Ave N
10th Ave N
8th Ave N
15th Ave N
Patterson St
State St
Church St
Music City Hostel (0,1 Meilen)
18
Broadway
14
2
McGavock St
9th Ave S
Demonbreun St
16th Ave N
17th Ave N
18th Ave N
Hayes St
MIDTOWN
11th Ave S
12th Ave S
10th Ave S
11
West End Ave
Broadway
McGavock
Demonbreun St
16
25
13
Pine St
29
Gleaves St
19th Ave S
20
Grilled Cheeserie (1 Meile); Pancake Pantry (1 Meile); Parthenon (1,3 Meilen)
Division St
Division St
22
17
Music Circle N
Music Circle S
THE GULCH
18th Ave S
Music Square W
3
MUSIC ROW
5
Hawkins St
12th Ave S
Chet Atkins Pl
Hawkins St
South St
Old Glory (0,4 Meilen)

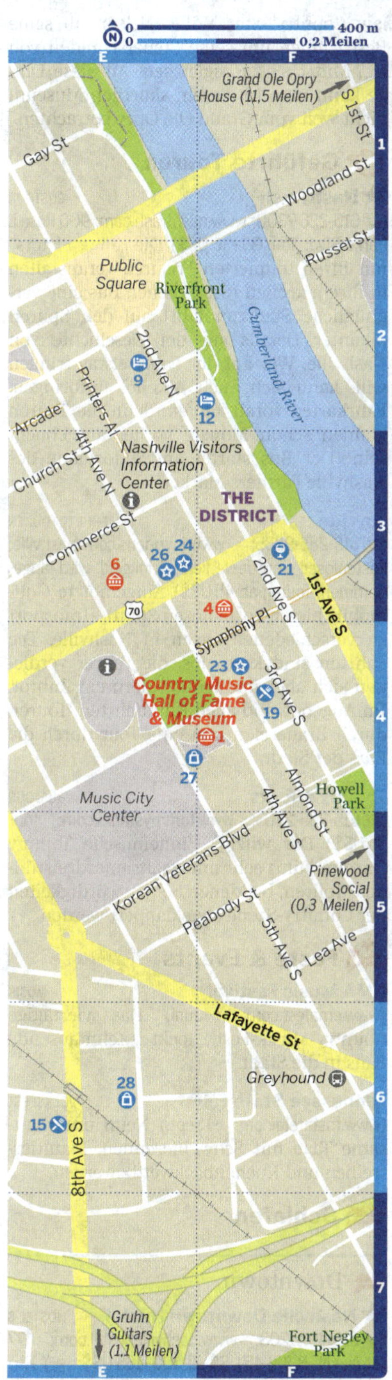

Nashville

Highlights
1 Country Music Hall of Fame & Museum F4

Sehenswertes
2 Frist Center for the Visual Arts D4
3 Historic RCA Studio B B7
4 Johnny Cash Museum & Store F3
5 Music Row B7
6 Ryman Auditorium E3
7 Tennessee State Capitol D2

Aktivitäten, Kurse & Touren
8 NashTrash C1

Schlafen
9 21c Museum Hotel E2
10 Hermitage Hotel D3
11 Hutton Hotel A6
12 Nashville Downtown Hostel F2
13 Thompson Nashville D6
14 Union Station Hotel D4

Essen
15 Arnold's E6
16 Biscuit Love D6
17 Catbird Seat A6
18 Chauhan Ale & Masala House C4
19 Etch F4
20 Hattie B's A6

Ausgehen & Nachtleben
21 Acme Feed & Seed F3
22 Barista Parlor D6

Unterhaltung
23 Nashville Symphony F4
24 Robert's Western World E3
25 Station Inn D6
26 Tootsie's Orchid Lounge E3

Shoppen
27 Hatch Show Print E4
28 Third Man Records E6
29 Two Old Hippies D6

Midtown

Den Kern der Midtown bilden die Universitäten und Parks. Der Centennial Park, in dem das Parthenon steht, und das Belmont Mansion sind die Hauptattraktionen. Hier befindet sich auch die Music Row, die nicht besonders sehenswert ist, außer man nimmt an einer Führung durch die Country Music Hall of Fame teil.

Parthenon HISTORISCHES GEBÄUDE
(www.nashville.gov/Parks-and-Recreation/Parthenon; Centennial Park; Erw./Kind 4–17 Jahre/Senior

6/4/4 US$; ⌚ Di–Sa 9–16.30, So 12.30–16.30 Uhr) Nashvilles Parthenon, das 1897 anlässlich des 100-jährigen Bestehens des Bundesstaates Tennessee errichtet wurde, ist ein massstabsgetreuer Nachbau des Athener Parthenons und wird innen von einer riesigen Statue der Göttin Athene dominiert. Zu den weiteren Exponaten zählen Gipsabgüsse des Giebels und in den Galerien sind Gemälde amerikanischer Künstler des 19. und 20 Jhs. zu sehen.

Music Row VIERTEL

(Music Sq West & Music Sq East) Unmittelbar westlich der Innenstadt findet man auf zwei Abschnitten der 16th Ave und der 17th Ave (genannt Music Sq West und Music Sq East) die Produktionsfirmen, Plattenlabels, Agenten, Manager und Promoter, die das Geschäft mit der Country-Musik in Nashville am Leben erhalten.

Historic RCA Studio B WAHRZEICHEN

(www.studiob.org; 1611 Roy Acuff Pl; Führung Erw./Kind 40/30 US$) Es ist eines der ältesten Studios in der Music Row und hier spielten Elvis, die Everly Brothers und Dolly Parton viele Hits ein. Letztere hat sogar noch mehr getan, denn als sie einmal zu spät zu einer Aufnahme-Session eintraf, fuhr sie versehentlich mit ihrem Wagen in die Wand des Gebäudes und die Spuren sind heute noch sichtbar. Im Rahmen eines vom Country Music Hall of Fame & Museum angebotenen „Platinum Package" kann man eine Tour durch das Historic RCA Studio B buchen, wobei die Karte auch für das Museum gültig ist.

Music Valley

Grand Ole Opry House MUSEUM

(☎ 615-871-6779; www.opry.com; 2804 Opryland Dr; Führung Erw./Kind 26/21 US$, mit Ryman Auditorium 36/35 US$; ⌚ Führungen 9–16 Uhr) In diesem bescheidenen modernen Backsteingebäude mit 4400 Sitzen findet von März bis November dienstags, freitags und samstags sowie von Juni bis August mittwochs die Grand Ole Opry (S. 432) statt. Von Oktober bis Februar gibt es täglich alle 15 Minuten Führungen durch den Backstage-Bereich; eingefleischte Fans können für 125 US$ eine Backstage-Tour nach der Show buchen.

Willie Nelson & Friends Museum Showcase MUSEUM

(www.willienelsongeneralstore.com; 2613 McGavock Pike; Erw./Kind 8 US$/frei; ⌚ 8.30–21 Uhr) Anfang der 1990er-Jahre verkaufte der „Outlaw Country"-Star Willie Nelson all seine Besitztümer, um seine Steuerschulden von 16,7 Mio. US$ zu begleichen. All diese Dinge kann man in diesem skurrilen Museum nicht weit vom Grand Ole Opry betrachten.

Geführte Touren

★ NashTrash BUSTOUR

(☎ 615-226-7300; www.nashtrash.com; 900 Rosa L Parks Blvd; Tour 33–36 US$) Die „Jugg Sisters" mit ihren toupierten Frisuren veranstalten in ihrem großen rosafarbenen Bus eine vergnügliche Stadtrundfahrt auf den Spuren pikanter Details aus der Geschichte von Nashville. Wer auf der Fahrt etwas trinken will, kann sich auch Alkohol mitbringen. Fahrkarten vorab kaufen, denn die Touren können schon Monate vorher ausgebucht sein! Der Bus startet am Südostende des Nashville Farmers Market.

Joyride GEFÜHRTE TOUREN

(☎ 615-285-9835; www.joyrideus.com/nashville; kostenloser Shuttle-Verkehr, Trinkgeld wird angenommen, Touren ab 45 US$) Aufgemotzte Golfmobile bieten kostenlosen Shuttle-Transport zu verschiedenen Orten in Nashville. Die Fahrten sind kostenlos, die Fahrer verdienen sich aber mit Trinkgeldern ein Zubrot. Im Angebot sind auch Rundfahrten, Touren durch Brauereien und eine Tour durch die Bars der Stadt.

Tommy's Tours BUSTOUR

(☎ 615-335-2863; www.tommystours.com; Tour 35 US$) Der witzige Einheimische Tommy Garmon führt sehr unterhaltsame, dreistündige Touren, bei denen Sehenswürdigkeiten der Country-Szene abgeklappert werden.

Feste & Events

CMA Music Festival MUSIK

(www.cmafest.com; ⌚ Juni) Das viertägige Country-Musik-Fest lockt Zehntausende Fans in die Stadt.

Tennessee State Fair VOLKSFEST

(www.tnstatefair.org; ⌚ Sept.) Neun unterhaltsame Tage mit Schweinerennen, Maultiertreiben und Kuchenbackwettbewerben.

Schlafen

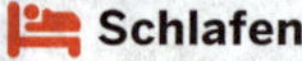

Downtown

★ Nashville Downtown Hostel HOSTEL $

(☎ 615-497-1208; www.nashvillehostel.com; 177 1st Ave N; B 32–45 US$, Zi. 100–165 US$; P) Ein sehr stilvolles und zweckmäßiges Hostel in guter Lage. Der fürstliche Gemeinschaftsbereich im Keller mit unverputzten Steinwänden und Balkendecken ist rund um die Uhr sehr gesellig. Im 3. und 4. Stock finden sich die Schlafsäle mit hübschen Holzböden, freiliegende Holzpfeilern, silbernen Deckenbalken und jeweils vier, sechs oder acht Etagenbetten.

21c Museum Hotel BOUTIQUEHOTEL **$$**

(615-610-6400; www.21cMuseumHotels.com; 221 2nd Ave N; Zi. ab 299 US$; P ❄ ᯤ) Nashvilles neuestes Boutiquehotel prunkt mit Werken zeitgenössischer Kunst. Dieser Mix aus hippem Südstaaten-Hotel und Museum ist unweit der Printer's Alley in dem von Grund auf modernisierten historischen Gray & Dudley Building untergebrcht. Zusätzlich zu den 124 mit moderner Kunt ausgestatteten Zimmern, von denen sieben eine Dachterrasse mit Blick auf den Cumberland River haben, gibt es einen tollen Wellness-Bereich und sechs Galerien.

★ **Union Station Hotel** HOTEL **$$$**

(615-726-1001; www.unionstationhotelnashville.com; 1001 Broadway; Zi. ab 300 US$; P ❄ ᯤ) Die hoch aufragende, neoromanische graue Steinburg war zu den Glanzzeiten des Eisenbahnverkehrs der Bahnhof von Nashville. Heute ist hier das kultigste Hotel der Stadt untergebracht. Das gewölbte Foyer ist in Pfirsich- und Goldtönen gehalten und hat einen Marmorboden mit Intarsien sowie eine Buntglasdecke.

Thompson Nashville BOUTIQUEHOTEL **$$$**

(615-262-6000; www.thompsonhotels.com; 401 11th Ave S; Zi. ab 349 US$; P @ ᯤ) Das neue Thompson Nashville besticht durch seine Hochglanzeinrichtung im Stil der coolen, modernen 1950er-Jahre und ist im Stadtviertel The Gulch ein echter Blickfang, egal ob man sich in der Lobby den Klängen aus der Vinylsammlung des Labels Third Mans Record hingibt oder in der überaus hippen Dachterrasse **LA Jackson** entspannt.

Hermitage Hotel HOTEL **$$$**

(888-888-9414, 615-244-3121; www.thehermitagehotel.com; 231 6th Ave N; Zi. ab 300 US$; P ❄ ᯤ) Nashvilles erstes millionenschweres Hotel war bei seiner Eröffnung 1910 *der* Hit in Promikreisen. Die Lobby im Beaux-Arts-Stil, die locker mit einem Zarenpalast mithalten könnte, schmücken dicke Wandbehänge und ornamentale Verzierungen. Die originale, aus den 1930er-Jahren stammende Herrentoilette im Art-déco-Stil lohnt ebenso einen Blick wie das Restaurant Capital Grille mit Zutaten von der restauranteigenen Farm.

Midtown

Music City Hostel HOSTEL **$**

(615-497-1208; www.musiccityhostel.com; 1809 Patterson St; B 33–46 US$, DZ 110–126 US$, 3BZ 128–156 US$; P ❄ @ ᯤ) Diese flachen Backsteinbungalows sind zwar nicht sehr pittoresk, doch das Hostel in Nashvilles West End ist munter und einladend und hat eine Gemeinschaftsküche, draußen einen Grill und eine Feuerstelle. Die Gäste sind jung, kommen aus aller Welt und haben es auf Spaß und die zu Fuß erreichbaren Bars von West End abgesehen.

Hutton Hotel BOUTIQUEHOTEL **$$**

(615-340-9333; www.huttonhotel.com; 1808 West End Ave; Zi. ab 279 US$; P ❄ @ ᯤ) Eines der besten Boutiquehotels von Nashville gibt sich ganz im modernen Stil der Mitte des 20. Jhs. mit bambusverkleideten Wänden und Holzböden, deren Material von Baracken aus dem Ersten Weltkrieg stammt. Die geräumigen Zimmer in Rost- und Schokotönen sind gut mit elektrisch regulierbaren Regenduschen aus Marmor, Glaswaschbecken, übergroßen Betten, großen Tischen, breiten Flachbild-TVs, hochwertigen Teppichen und Qualitätsbettwäsche ausgestattet.

Music Valley

Gaylord Opryland Resort RESORT **$$**

(615-889-1000; www.marriott.com/hotels/travel/bnago-gaylord-opryland-resort-and-convention-center; 2800 Opryland Dr; Zi. ab 189 US$; P ❄ @ ᯤ) Das gewaltige Hotel hat 2888 Zimmer und ist eine Welt für sich! Es ist das größte Nicht-Casino-Resort in den USA. Warum einen Fuß nach draußen setzen, wenn man in dem Hotel und seinen drei großen Glasatrien auf einem künstlichen Fluss Tretboot fahren, unter einem künstlichen Wasserfall im Wintergarten Sushi essen oder in einer Villa im Stil der Zeit vor dem Bürgerkrieg einen Scotch Whisky nippen kann?

Essen

Downtown

Arnold's SÜDSTAATENKÜCHE **$**

(www.arnoldscountrykitchen.com; 605 8th Ave S; Fleisch & 3 9,74 US$; Mo–Fr 10.30–14.45 Uhr) Das Arnold's ist der King in Sachen *meat*

ABSTECHER

FRANKLIN

Die 17 Meilen (27,4 km) südlich von Nashville gelegene Stadt Franklin (www.visitfranklin.com) hat ein reizvolles Zentrum mit zahlreichen Boutiquen, historischen Läden und lebhaften Gaststätten. Hier fand eine der blutigsten Schlachten des Bürgerkriegs statt. Am 30. November 1864 kämpften rund 37 000 Männer (20 000 Soldaten der Konföderiertentruppen und 17 000 Soldaten auf Seiten der Union) um einen 3,2 km breiten Streifen vor den Toren Franklins. Ein Großteil des Schlachtfeldes fiel der Ausdehnung Nashvilles zum Opfer und ist heute Teil seiner Vororte, dennoch blieben einige historischen Gebäude als Zeichen jenes erbitterten Konfliks erhalten.

Die ländliche Gemeinde **Arrington**, wo sich ein beliebtes Weingut befindet, liegt 10 Meilen (16 km) südöstlich des Stadtzentrums.

& three. Man schnappt sich ein Tablett und reiht sich in die Schlange aus Collegestudenten, Müllsammlern und Countrymusik-Stars ein. Das saftige Roastbeef ist die Spezialität des Hauses; dazu gibt's gebratene grüne Tomaten, zwei Arten Maisbrot und große Stücke klebrigen Schokoladencremekuchen.

★ **Biscuit Love** FRÜHSTÜCK $
(www.biscuitlove.com; 316 11th Ave S; Biscuit 8–10 US$; ⌚7–15 Uhr; 📶) Das Biscuit Love, das 2012 als Food Truck begann, steht für alles, was beim amerikanischen Frühstück ungesund ist. Die köstlichen Gourmet-Versionen des südstaatlichen Biscuit kamen überaus gut an, sodass es bald in diesem extrem coolen Standort in The Gulch Fuß fasste.

Chauhan Ale & Masala House INDISCH $$
(☎615-242-8426; www.chauhannashville.com; 123 12 Ave N; Hauptgerichte 12–29 US$; ⌚So–Do 11–14 & 17–22, Fr –Sa bis 23 Uhr; 📶) Namaste und Nashville begegnen sich in dem Lokal des pandschabischen Promi-Kochs Maneet Chauhan in The Gulch, der eine einfallsreiche indische Fusion-Küche mit internationalem Touch präsentiert. Hier treffen typisch indische Speisen auf mexikanische, kanadische, britische und amerikanische Einflüsse – dunkle Erbsen mit Tikka-Burger (großartig), Hähnchen-Pakora und Tandoori-Hähnchen mit Poutine gehen köstlich einher mit würzigem Craft-Bier und fantasievollen Cocktail-Kreationen.

★ **Etch** MODERN-AMERIKANISCH $$$
(☎615-522-0685; www.etchrestaurant.com; 303 Demonbreun St; Hauptgerichte 23–39 US$; ⌚Mo–Do 11–14 & 17–22, Fr 11–14 & 17–22.30, Sa 17–22.30 Uhr; 📶) Die aus Nashville stammende bekannte Chefköchin Deb Paquette kreiert in ihrem Restaurant ein paar der einfallsreichsten Gerichte in Nashville – Essen für die Seele, das in Geschmack und Konsistenz derart verführerisch kombiniert ist, dass bei jedem Bissen alle Erwartungen übertroffen werden.

Midtown

Pancake Pantry FRÜHSTÜCK $
(www.thepancakepantry.com; 1796 21st Ave S; Hauptgerichte 7–10 US$; ⌚Mo–Fr 6–15, Sa & So bis 16 Uhr) Seit über 50 Jahren stehen die Gäste in diesem kultigen Frühstückslokal Schlange wegen der hoch aufgestapelten Pfannkuchen aller Art. Ehrlich gesagt sind die Pfannkuchen nichts Besonderes – bis man sie in den Zimt-Sahne-Sirup taucht. Einfach himmlisch!

Grilled Cheeserie AMERIKANISCH $
(www.grilledcheeserie.com; 2003 Belcourt Ave; Sandwiches 7,50–8 US$; ⌚11–21 Uhr; 📶) Man sollte sich beeilen und auf die aufgebrezelten Gourmet-Versionen eines amerikanischen Klassikers warten: das gegrillte Käse-Sandwich. Es wird auf die unterschiedlichsten Arten so toll zubereitet, dass man vergisst, dass es je auch schlichtere Versionen davon gegeben hat. Unbedingt die Käse-Makkaroni mit rotem Paprika in eine cremige Tomatensauce tunken – es schmeckt einfach köstlich! Danach sollte man einen jener unglaublichen Gourmet-Cocktails bestellen.

★ **Hattie B's** SÜDSTAATENKÜCHE $
(www.hattieb.com; 112 19th Ave S; Viertel-/halber Teller ab 8,50/12 US$; ⌚Mo–Do 11–22, Fr & Sa open end, So bis 16 Uhr) Das Hattie's mag zwar die aufgehippte Social-Media-verliebte Version des schlichten Prince's Hot Chicken sein, aber wenn es hier nicht Nashvilles bestes, mit Cayenne-Pfeffer eingeriebenes, scharfes Brathähnchen gibt, dann sind wir echte Banausen. Die perfekt saftigen Vögel von bester Qualität werden so teuflisch scharf serviert, dass einem die Tränen in die Augen schießen und man nur noch „verdammt scharf!" stammeln kann.

★ Catbird Seat INTERNATIONAL $$$
(☎ 615-810-8200; www.thecatbirdseatrestaurant.com; 1711 Division St, über Patterson House; Abendessen 115 US$; ⌚ Mi–Sa ab 17.30 Uhr) Für die 22 glücklichen Gäste, die sich zum Abendessen um die offene Küche scharen, inszeniert Küchenhef Ryan Poli mitsamt seinem gepflegten Team ein unvergessliches 10-Gang-Menü. Man kann mit Poli und seinen Sous-Chefs interagieren, während sie die einzelnen Gerichte zubereiten, für die sowohl frische, lokale Zutaten als auch solche aus der ganzen Welt verwendet werden.

East Nashville

I Dream of Weenie HOTDOGS $
(www.facebook.com/IDreamofWeenie; 113 S 11th St; Hotdog 2,75–4,50 US$; ⌚ Mo–Do 11–16, Fr bis 17, Sa & So 10.30–17) Hier geht's schnell und einfach. Der in einen Hotdog-Stand umgewandelte VW-Bus steht in Five Points und verkauft Rinder-, Puten- und vegetarische Würstchen mit köstlichen Saucen (ein Tipp: *pimento cheese* mit Chili!).

★ The Pharmacy BURGER, BIERGARTEN $
(www.thepharmacynashville.com; 731 McFerrin Ave; Burger 8,50–11 US$; ⌚ So–Do 11–22, Fr & Sa bis 23 Uhr; 📶) Hier muss man bereit sein, Krieg zu führen, um einen Tisch zu bekommen, egal ob es am einladenden Gemeinschaftstisch, an der Bar oder im spektakulären Biergarten im Hinterhof ist. Die tätowierten Angestellten servieren in dieser Burger-Bar, die wiederholt zur besten Nashvilles gekürt wurde, Burger, Würstchen und altmodische Beilagen (Kartoffelrösti!), die man mit einem der Spezialbiere und handgemixten Limos hinunterspülen kann.

Ausgehen & Nachtleben

★ Barista Parlor CAFÉ
(www.baristaparlor.com; 610 Magazine St; Kaffee 4,50–7 US$; ⌚ Mo–Fr 7–20, Sa–So ab 8 Uhr; 📶) Nashvilles bestes Kaffeehaus hat sich im Gulch als Downtown-Standort für eine alte Werkstatt entschieden, aber der exklusive Espresso – er kommt aus einer 18 000 US$ teuren, von Hand gebauten Kaffeemaschine der Marke Slayer – bleibt ebenso denkwürdig wie der originelle Standort in East Nashville.

★ Old Glory COCKTAILBAR
(www.facebook.com/oldglorynashville; 1200 Villa Pl; Cocktail 12–13 US$; ⌚ So–Do 16–1, Fr & Sa bis 2 Uhr) Wie ein Altar ragt der Schornstein in einer Ecke dieser Flüsterkneipe empor, die sich im Edgehill Village in einer Seitenallee versteckt. Das Gebäude diente in den 1930er-Jahren als Heizraum für eine Wäscherei. Die rohen Ziegelwände, die mächtigen Rohrleitungen, der hohe Raum und eine Freitreppe bilden die Kulisse der erstaunlichsten Cocktailbar von Nashville – sofern man sie findet.

Urban Cowboy Public House COCKTAILBAR
(www.urbancowboybnb.com/public-house; 103 N 16th St; Cocktail 13 US$; ⌚ So–Do 4–23, Fr & Sa open end; 📶) Hinter Nashvilles hippstem B&B (das ebenfalls den Namen Urban Cowboy trägt) liegt diese Neueröffnung von 2016. Sie ist eine noch heißere Adresse als der 5 m hohe, offene Grillkamin und die angrenzende Feuerstelle, die den Mittelpunkt des Innenhofes bildet, wohin die Einwohner von East Nashville strömen. Eine Wucht ist auch der von einem Doppelgaragentor getrennte Innenbereich mit Harthölzern und Sitzbänken, die mit Pendleton-Überzügen mit Südwestmotiven bedeckt sind.

Pinewood Social BAR
(☎ 615-751-8111; http://pinewoodsocial.com; 33 Peabody St; ⌚ Mo–Fr 7–13, Sa & So 9–13 Uhr; 📶) Man könnte locker ein Wochenende im Pinewood Social verbringen und sich dennoch nicht langweilen. Es gibt Sofas, die zum Entspannen einladen, Brettspiele, eine große, runde Bar, an der raffinierte Cocktails zubereitet werden und eine Bar des in Nashville so beliebten Kaffeehauses Crema. Die Atmosphäre genießen kann man auch im Freien am Pool, bei einem Boccia-Spiel oder einer Partie Tischtennis. Ach ja, es gibt auch noch eine Bowlingbahn!

Acme Feed & Seed BAR
(www.theacmenashville.com; 101 Broadway; ⌚ Mo–Do 11–23, Fr & Sa bis 2, So 10–23 Uhr; 📶) Dieses ambitionierte, vierstöckige Lokal befindet sich in einem alten Lagerhaus von 1875 und bietet den Einwohnern von Nashville endlich einen Grund, in die Downtown zu fahren, selbst wenn man keine Familienbesuche macht. Im 1. Stock gibt's schnelle Kneipengerichte, dazu Bier aus 27 Zapfhähnen und Livemusik, die an den meisten Abenden eindeutig nicht an Country-Musik erinnert (Südstaaten-Rock, Indie, Roots-Musik usw.).

Unterhaltung

In Nashville gibt's unendlich viele Möglichkeiten, Livemusik zu hören. Neben den großen Veranstaltungsstätten spielen viele talentierte Country-, Folk- Bluegrass-, Süd-

NICHT VERSÄUMEN

BONNAROO MUSIKFESTIVAL

Bonnaroo (www.bonnaroo.com; Manchester, TN; ⌚Mitte Juni) ist eines der wichtigsten Musikfestivals Amerikas und das einzige 24/7-Groß-Event im Land. Das Festival steigt auf einem 283 ha großen Bauernhof, der 60 Meilen (96,5 km) südöstlich von Nashville liegt. Das Festival ist eine Mischung aus Camping, Comedy, Kino, Essen, Trinken und Kunst, die das Gemeinschaftsgefühl fördert. Im Mittelpunkt steht aber die Musik, die an vier ausgelassenen Tagen alles beherrscht.

staatenrock- und Bluessänger in verruchten Kneipen, College-Bars, Cafés und Biokaffeehäusern für ein Trinkgeld. Nur selten zahlt man Eintritt. Der Sänger oder Songwriter wird genauso verehrt wie ein Superstar im Stadion; also sollte man nach gut besuchten Abenden mit Songwritern auf kleineren Bühnen Ausschau halten.

★ **Station Inn** LIVEMUSIK
(☎615-255-3307; www.stationinn.com; 402 12th Ave S; ⌚Open Mike 19 Uhr, Livebands 21 Uhr) Man sitzt an einem der kleinen Cocktail-Tische, die dicht an dicht auf dem abgewetzten Holzfußboden stehen. Bei einem Glas Bier (es gibt keinen anderen Alkohol) kann man unter den Scheinwerfern und Neonschildern die blitzschnellen Finger von Bluegrass-Musikern bewundern. Dabei kommen Kontrabass, Banjo, Mandoline, Fiedel und ab und an sogar noch etwas Jodelkunst zum Einsatz.

Bluebird Cafe LIVEMUSIK
(☎615-383-1461; www.bluebirdcafe.com; 4104 Hillsboro Rd; Eintritt frei–30 US$) Auch wenn der Club in einer Einkaufsstraße im Vorort South Nashville liegt, sind auf seiner winzigen Bühne schon einige der besten traditionellen Liedermacher des Landes aufgetreten, darunter Steve Earle, Emmylou Harris und die Cowboy Junkies. Das Bluebird diente zudem als Kulisse für die beliebte CMT-Fernsehserie *Nashville*. Montags kann jeder, der will, bei den OpenMic-Abenden sein eigenes Talent unter Beweis stellen.

Grand Ole Opry LIVEMUSIK
(☎615-871-6779; www.opry.com; 2804 Opryland Dr; Tickets 38–95 US$) Die ganze Woche über werden in der Stadt viele Country-Musik-Shows veranstaltet, eine Pflichtveranstaltung ist aber das *Grand Ole Opry*, eine aufwendige Aufführung, die von Februar bis Oktober jeden Dienstag, Freitag und Samstag abends der klassischen Nashville-Country-Musik Tribut zollt. Von November bis Januar finden die Shows im Ryman statt.

Tootsie's Orchid Lounge KNEIPE
(☎615-726-7937; www.tootsies.net; 422 Broadway; ⌚10–2.30 Uhr) Das Tootsie's ist die am meisten verehrte Spelunke in Downtown und bietet immer Musik auf drei Stockwerken. Es ist ein überaus beliebter Ort mit reichlich Fußgestampfe, Country-Musik und Bierseligkeit. In den 1960er-Jahren förderte die Clubbesitzerin und Kneipenmutter „Tootsie" Bess die beginnende Karriere von Willie Nelson, Kris Kristofferson und Waylon Jennings.

Nashville Symphony KLASSISCHE MUSIK
(☎615-687-6400; www.nashvillesymphony.org; 1 Symphony Pl) Hier treten große Maestros, das städtische Sinfonieorchster und bekannte Popstars von Randy Travis bis Smokey Robinson in der Schermerhorn Symphony Hall auf, einem brandneuen Gebäude, das dennoch herrlich antiquiert wirkt.

Robert's Western World KNEIPE
(www.robertswesternworld.com; 416 Broadway; ⌚Mo–Sa 11–2, So 12–2 Uhr) Das Robert's ist schon seit Langem sehr beliebt in der Gegend und versorgt seine Gäste mit Stiefeln, Bier und Burgern. Die Musik beginnt ab etwa 11 Uhr und ist bis weit in die Nacht hinein zu hören. Brazilbilly, die hauseigene Band, heizt an den Wochenenden ab 22 Uhr ein. Vor 18 Uhr haben hier alle Altersklassen Zutritt; danach wird streng darauf geachtet, dass die Gäste mindestens 21 Jahre alt sind.

Shoppen

★ **Hatch Show Print** KUNST, SOUVENIRS
(www.hatchshowprint.com; 224 5th Ave S; Führung 18 US$; ⌚9.30–18 Uhr) Im Hatch, einer der ältesten Plakatdruckereien der USA, wurden seit den frühen Vaudeville-Veranstaltungen altmodische, von Hand geschnittene Blöcke für den Druck der kultigen bunten Plakate eingesetzt. Das Unternehmen hat für fast jeden Country-Star Reklamezettel und Plakate gedruckt und ist inzwischen in den neuen Anbau der umgebauten Country Music Hall of Fame umgezogen.

★ **Third Man Records** MUSIK
(www.thirdmanrecords.com; 623 7th Ave S; ⌚10–17 Uhr) In einem der letzten Industriegebiete in der Downtown befindet sich Jack Whites

Boutique-Plattenlabel mit Laden und einer Lounge für Neuerscheinungen, die einen eigenen Drehteller und eine Livemusikbühne hat. Verkauft werden hier überwiegend Third-Man-Aufnahmen auf Vinyl und CD, T-Shirts für Sammler, Aufkleber, Kopfhörer und Pro-Ject-Plattenspieler. Man findet hier auch Whites gesamten Aufnahmenkatalog und man kann sich auch selbst auf Vinyl aufnehmen (20 US$).

Two Old Hippies BEKLEIDUNG, LIVEMUSIK
(www.twooldhippies.com; 401 12th Ave S; ⌚Mo–Do 10–17, Fr–Sa bis 20, So 11–17 Uhr) Das gibt's wohl nur in Nashville: Der Laden mit gehobener Retro-Bekleidung hat eine eigene Bühne, auf der regelmäßig erstklassige Liveshows dargeboten werden. Und wie bei der Bekleidung ist auch bei der Musik Country-mäßiger Hippie-Rock angesagt. Im Laden selbst bekommt man maßgeschneiderte T-Shirts, tolle Gürtel, in Tennessee hergestellten Schmuck, Kerzen, Rockerbekleidung sowie eine Menge bühnengerechter Hemden und Jackets sowie ein paar unglaubliche Akustikgitarren.

Gruhn Guitars MUSIK
(www.guitars.com; 2120 8th Ave S; ⌚Mo–Sa 10–18 Uhr) Der berühmte Laden für alte Musikinstrumente hat fachkundige Angestellte. Außerdem kann jederzeit irgendein unscheinbarer Virtuose reinschneien, sich eine Gitarre, eine Mandoline oder ein Banjo von der Wand schnappen und drauflos spielen.

ℹ Praktische Informationen

In Downtown Nashville und in den Gemeinschaftsparks gibt's kostenloses WLAN, ebenso wie in vielen Hotels, Restaurants und Cafés.

Nashville Visitors Information Center (☎615-259-4747; www.visitmusiccity.com; 501 Broadway, Bridgestone Arena; ⌚Mo–Sa 8–17.30, So 10–17 Uhr) im Glasturm bietet kostenlose Stadtpläne an.

Nashville Visitors Information Center (www.visitmusiccity.com; 150 4th Ave N; ⌚Mo–Fr 8–17 Uhr) Die kleinere Touristeninformation befindet sich in ihren Firmenbüros in der Lobby der Regions Bank.

INTERNETQUELLEN

Nashville Public Radio (www.nashvillepublicradio.org) Nachrichten, Musik und Hörfunkprogramme des NPR auf 90,3 WPLN FM.

Nashville Scene (www.nashvillescene.com) Kostenloses alternatives Wochenblatt mit Veranstaltungskalender.

Tennessean (www.tennessean.com) Nashvilles Tageszeitung.

ℹ An- & Weiterreise

Nashville liegt im zentralen Teil von Tennessee am Schnittpunkt dreier Interstates: I-40, I-65 und I-24. Der 9 Meilen (14,5 km) vom Zentrum entfernte **Nashville International Airport** (BNA; ☎615-275-1675; www.flynashville.com; One Terminal Dr) bietet Direktflüge von 28 US-Städten sowie von Mexiko und den Bahamas. Die Busbahnhöfe von **Greyhound** (☎615-255-3556; www.greyhound.com; 709 5th Ave S) und **Megabus** (www.megabus.com; 5th Ave N, zw. Gay St & Charlotte Ave) befinden sich beide in der Downtown und bieten Busverbindungen zu den anderen US-Bundesstaaten.

Flüge, Mietwagen und geführte Touren können über www.lonelyplanet.com/bookings online gebucht werden.

ℹ Unterwegs vor Ort

BUS

Die MTA (www.nashvillemta.org) betreibt den städtischen Busverkehr ab dem **Music City Central** (400 Charlotte Ave) in Downtown. Dazu gehört auch der kostenlose Music City Circuit mit drei Linien, die zu den meisten Sehenswürdigkeiten von Nashville fahren. Expressbusse fahren zum Music Valley.

FAHRRAD

Nashvilles öffentliches Bike-Sharing-Programm Nashville B-Cycle (https://nashville.bcycle.com) unterhält mehr als 30 Stationen im Zentrum. Die erste Stunde ist gratis; danach werden von der Kreditkarte pro halber Stunde 1,50 US$ abgebucht. Außerdem sind Leihfahrräder auch pro Tag, Woche oder Monat erhältlich. Stadtpläne gibt's am Informationszentrum des Flughafens bei der Gepäckausgabe oder online.

ZUM/VOM FLUGHAFEN

Bis ins Zentrum braucht man etwa 35–40 Minuten mit dem Bus 18 (1,70 US$) der **MTA** (MTA; www.nashvillemta.org; 400 Charlotte Ave; Preise 1,70–2,25 US$), der am Flughafen abfährt. Mit dem Express 18 dauert es etwa 20 Minuten. Die Bushaltestelle am Flughafen befindet sich auf Ebene 1 im Bereich der Ground Transportation.

Den offiziellen Flughafen-Shuttleservice betreibt Jarmon Transportation (www.jarmontransportation.com). Der Fahrpreis in die Downtown oder zu den Hotels in West End beträgt 20 US$ bzw. 25 US$. Der Shuttle hält bei Ground Transportation/Ebene 1. Auf der Website des Flughafens findet man auch eine Liste anderer Shuttle-Betreiber.

Taxis berechnen einen Pauschaltarif von 25 US$ für eine Fahrt nach Downtown oder Opryland. Ein Taxi nach Vanderbilt/West End kostet etwa 27 US$. Für eine Fahrt nach Franklin ist mit 55–60 US$ zu rechnen.

Östliches Tennessee

Dolly Parton, die berühmteste Persönlichkeit aus dem Osten Tennessees, liebt ihre Heimatregion so sehr, dass sie früher einmal Lieder über junge Frauen schrieb, die für den falschen Glanz der Großstadt die nach Heckenkirschen duftenden Smoky Mountains verlassen haben und das am Ende immer bereuen. Das Glück war ihr hold – sie machte damit Karriere. Das östliche Drittel des Bundesstaats ist eine überwiegend ländliche Region mit kleinen Ortschaften, sanften Hügeln und Flusstälern. Hier fühlt man sich dank der freundlichen Menschen, des herzhaften Essens und des ländlichen Charmes wie zu Hause. In den üppigen, mit Heidekraut bewachsenen Great Smoky Mountains lässt es sich prima wandern, campen und raften. Die beiden wichtigsten städtischen Regionen, Knoxville und Chattanooga, sind entspannte Ortschaften am Fluss mit vielen munteren Studenten, einer spannenden Musikszene, guten Restaurants und unterhaltsamen Craft-Bier-Brauereien.

Chattanooga

Heute ist Chattanooga eine der grünsten Städte mit kilometerlangen, gut genutzten Uferwegen, Elektrobussen und Fußgängerbrücken über dem Tennessee River, sodass man sich kaum vorstellen kann, dass es in den 1960er-Jahren als schmutzigste Stadt der USA galt. Mit ihren erstklassigen Möglichkeiten zum Klettern, Wandern, Radfahren und Wassersport ist sie auch eine der besten Städte im Süden Amerikas für Outdoor-Fans. Und wie großartig die Stadt heute ist, zeigt sich bei einem Blick vom Bluff View Art District!

Die Stadt war im 19. und 20. Jh. ein bedeutender Knotenpunkt im Eisenbahnverkehr. Daher auch der Begriff „Chattanooga Choo-Choo", der ursprünglich auf den Personenzug der Cincinnati Southern Railroad von Cincinnati nach Chattanooga verwies und 1941 zum Titel eines Glen-Miller-Song wurde. Die leicht zu Fuß zu erkundende Innenstadt ist ein zunehmend nobler werdendes Labyrinth aus historischen Stein- und Backsteingebäuden und ein paar toller Gourmetrestaurants, Kleinbrauereien und brennereien. „The Noog", wie Chattanooga genannt wird, hat hat jede Menge Liebenswertes zu bieten.

Sehenswertes & Aktivitäten

Songbirds MUSEUM
(www.songbirdsguitars.com; 35 Station St, Chattanooga Choo Choo Hotel; Erw./Kind 15,95/12,95 US$, Eintritt 38,95/35,95 US$; ⌚Mo–Mi 10–18, Do–Sa bis 20, So 12–18 Uhr) Das 2017 eröffnete Museum mit seiner verblüffenden Gitarrensammlung – der weltweit größten Sammlung von Vintage- und seltenen Gitarren – ist Chattanoogas neueste Attraktion von Weltrang. Über 500 Gitarren, die meisten davon in zeitlicher Abfolge angeordnet, von der Fender Broadcaster von 1950 (der ersten in Massenfertigung produzierten Massivkorpus-E-Gitarre) bis zu den Instrumenten der 1970er-Jahre füllen den kleinen Raum. Darunter befinden sich auch Gitarren von Rock-Stars wie Chuck Berry, BB King, Bo Diddly, Roy Orbison und Robbie Krieger von The Doors.

Hunter Museum of American Art GALERIE
(www.huntermuseum.org; 10 Bluff View; Erw./Kind 10 US$/kostenlos; ⌚Mo, Di, Fr & Sa 10–17, Do bis 20, Mi & So 12–20 Uhr) Dieser auffällige Bau aus Stahl und Glas auf den Klippen am Fluss ist zweifelsohne die bemerkenswerteste architektonische Leistung in Tennessee. Und ebenso fantastisch ist die Kunstsammlung mit Werken des 19. und 20. Jhs. Am ersten Donnerstag im Monat ist zwischen 16 und 20 Uhr der Eintritt zu den Dauerausstellungen frei (Sonderausstellungen 5 US$).

Coolidge Park PARK
(150 River St) Er ist ein guter Ausgangspunkt für einen Spaziergang am Fluss. Es gibt ein Karussell, viel genutzte Sportplätze und eine 15 m hohe Kletterwand , die an einem Pfeiler der Walnut Street Bridge, der weltgrößten Fußgängerbrücke, angebracht ist.

Lookout Mountain OUTDOOR-AKTIVITÄTEN
(☎800-825-8366; www.lookoutmountain.com; 827 East Brow Rd; Erw./Kind 50/27 US$; ⌚wechselnde Öffnungszeiten; 👪) Einige der ältesten und beliebtesten Attraktionen von Chattanooga liegen 6 Meilen (9,6 km) außerhalb der Stadt. Im Eintrittspreis enthalten sind die Fahrt mit der **Incline Railway**, die einen Steilhang des Bergs hinauftuckert, der weltweit höchste unterirdische Wasserfall, die **Ruby Falls**, sowie **Rock City**, ein Garten mit einer Felsklippe mit tollem Ausblick.

Schlafen & Essen

★ **Crash Pad** HOSTEL $
(☎423-648-8393; www.crashpadchattanooga.com; 29 Johnson St; B/DZ/3BZ 35/85/110 US$;

P ❄ @ ≋) 🌿 Das von Kletterern betriebene Hostel ist das beste der Südstaaten und setzt ganz auf Nachhaltigkeit und Coolness. Es ist in Southside, dem hippsten Viertel im Zentrum von Noog. Die Schlafsäle, in denen beide Geschlechter übernachten können, sind mehr als nur gut: Es gibt eingebaute Lampen, Steckdosen, Ventilatoren und Vorhänge zur Wahrung der Privatsphäre an jedem Bett. Die privaten Zimmer haben unverputzte Betonwände und ans Bett angebaute Nachttische. Für den Zugang im ganzen Haus bekommt man hochmoderne Schlüssel; Bettwäsche, Schließfächer und Frühstückszutaten sind im Preis inbegriffen.

Dwell Hotel BOUTIQUEHOTEL **$$**
(☎ 423-267-7866; www.thedwellhotel.com; 120 E 10th St; Zi. 225–325 US$; P ❄ ≋) Es ist schwer, das Gute noch besser zu machen, aber das einstige Stone Fort Inn – heute heißt es Dwell – hat dies geschafft. Der neue Besitzer hat dieses historische Downtown-Hotel vollständig zu einem Designerhotel im Retro-Stil der 1950er-Jahre erbaut. Die 16 umgestalteten Zimmer sind ausgestattet mit tadellos erhaltenen Vintage-Möbeln in Erdtonfarben, Regenduschen und Badewannen.

Flying Squirrel MODERN-AMERIKANISCH **$**
(www.flyingsquirrelbar.com; 55 Johnson St; Gerichte 6–18 US$; ⏲ Di–Do 17–1, Fr & Sa bis 2, So 10.30–15 Uhr; ≋) Das Flying Squirrel grenzt an das coolste Hostel des Südens (dieselben Besitzer) und ist eigentlich nur eine überaus coole Bar (Zugang ab 21 Jahren, außer sonntags zum Brunch), aber die kleinen Teller mit Gerichten aus Regionalerzeugnissen passen sind gehobenes Kneipenessen.

St. John's Meeting Place AMERIKANISCH **$$**
(☎ 423-266-4571; www.stjohnsmeetingplace.com; 1274 Market St; Hauptgerichte 12–29 US$; ⏲ Mo–Do 17–21.30, Fr & Sa bis 22 Uhr) Dieser kulinarische Anker in Southside gilt weithin als bestes Abendrestaurant von Chattanooga. Das im Johnny-Cash-Schwarz gehaltene Ambiente (schwarzer Granitboden, Kronleuchter aus schwarzem Glas, schwarze Bänke) gibt dem Innenraum eine für ein Speiselokal unorthodoxe, aber moderne Eleganz. Die farmfrische Küche umfasst geräuchertes Lammfleisch, Schweinefilet und Nacho-Burger mit Chorizo und eingelegten Jalapeños.

ℹ Praktische Informationen

Visitor Center (☎ 800-322-3344; www.chattanoogafun.com; 215 Broad St; ⏲ 10–17 Uhr) Das Visitor Center in einem öffentlichen Verbindungsgang ist leicht zu übersehen.

ℹ Anreise & Unterwegs vor Ort

Chattanoogas bescheidener **Flughafen** (CHA; ☎ 423-855-2202; www.chattairport.com; 1001 Airport Rd) befindet sich östlich der Stadt. Der **Greyhound-Busbahnhof** (☎ 423-892-1277; www.greyhound.com; 960 Airport Rd) liegt gleich am Ende der Straße.

Zu den meisten Sehenswürdigkeiten im Zentrum gelangt man mit den kostenlosen Elektrobus **Downtown Electric Shuttle** (www.gocarta.org), der im Zentrum und an der North Shore pendelt. Im Visitor Center gibt's einen Streckenplan.

Bike Chattanooga (www.bikechattanooga.com) ist Chattanoogas städtisch gefördertes Bike-Sharing-Programm. Die Leihfahrräder stehen an 33 Stationen in der ganzen Stadt verteilt. Radfahrer kaufen einen Radpass (ab 8 US$ für 24 Std.) mit der Kreditkarte an allen Kiosken der Stationen. Fahrten unter 1 Stunde sind kostenlos.

Knoxville

Knoxville, das wegen seiner vielen Textilfabriken früher den Beinamen „Welthauptstadt der Unterwäsche" trug, ist heute der Standort der University of Tennessee und Sitz der leidenschaftlichen Fans der College-Football-Mannschaft. Wenn ein College-Spiel ansteht, ist die ganze Stadt in Orange getaucht, denn zehntausende Fans pilgern dann ins Neyland Stadium, um zu verfolgen, wie die heißgeliebten Volunteers auf dem Footballfeld auflaufen. Knoxville hat aber mehr zu bieten als nur das ovale Leder. Seitdem es sich nicht mehr damit zufriedengibt, hinter dem nahen Chattanooga und Asheville die zweite Geige zu spielen, erfuhr die Stadt eine positive Neuausrichtung und mausert sich zunehmend zu einem bedeutenden Zentrum von Outdoor-Aktivitäten, Gastronomie und Craft-Bier-Enthusiasten sowie als Ausgangspunkt für Touren durch den Great Smoky Mountains National Park. Knapp 29 Meilen (46,6 km) vom Sugarlands Visitors Center entfernt, ist Knoxville bestens für Tagesausflüge geeignet und weitaus empfehlenswerter für Essen und Trinken als andere Städte in der Nähe des Parks.

◉ Sehenswertes & Aktivitäten

Women's Basketball Hall of Fame MUSEUM
(www.wbhof.com; 700 Hall of Fame Dr; Erw./Kind 7,95/5,95 US$; ⏲ Sommer Mo–Sa 10–17 Uhr, Winter Di–Fr 11–17, Sa 10–17 Uhr; 👪) Unübersehbar

ist der gewaltige orangefarbene Basketball vor der raffinierten Women's Basketball Hall of Fame. Drinnen bekommt man einen Einblick in die Geschichte des Sports, angefangen bei der Zeit, als Frauen noch in langen Kleidern spielen mussten.

Ijams Nature Center OUTDOOR-AKTIVITÄTEN
(☎865-577-4717; www.ijams.org; 2915 Island Home Ave; ⏲Mo–Sa 9–17, So 11–17 Uhr) Es ist der einzige Laden in Knoxville für Aktivitäten im Freien. Hier gibt's Wanderkarten für die städtische Parklandschaft Knoxville's Urban Wilderness, Infos über Outdoor-Aktivitäten und man kann Ausrüstung für eine Tour auf dem Mead's Quarry Lake leihen.

Schlafen & Essen

★ **Oliver Hotel** BOUTIQUEHOTEL $$
(☎865-521-0050; www.theoliverhotel.com; 407 Union Ave; Zi $160–360 US$; P❄@📶) Hippe Angestellte an der Rezeption begrüßen die Gäste im einzigen Boutiquehotel von Knoxville. Es hat 28 moderne, stilvolle Zimmer mit lustig gefliesten Regenduschen, hochwertiger Bettwäsche, Teppichen und tollen handgefertigten Kaffeetischen. Die Bar **Peter Kern Library** lockt abends Cocktailfans an. Das neue Restaurant **Oliver Royale** ist sehr zu empfehlen (Hauptgerichte 15–46 US$).

★ **Oli Bea** FRÜHSTÜCK $
(www.olibea.net; 119 S Central St; Hauptgerichte 7–12 US$; ⏲Mo–Fr 7–13, Sa 8–14 Uhr; 📶) Eine Übernachtung in Knoxville lohnt sich schon wegen des üppigen, mexikanisch angehauchten Südstaaten-Frühstücks aus farmfrischen Produkten in diesem Frühstückslokal in der Altstadt. Es gibt aufgepeppte Standardgerichte (Rohschinken, Salbeiwürstchen, Bio-Hähnchen), einen himmlisch gut gegrillen Käse mit Buttermilch-Cheddar, Enteneier, Blattkohl, fabelhaftes Schweinefleisch-Confit *carnitas tostadas* und *chilaquiles*.

Praktische Informationen

Visitor Center (Visit Knoxville: ☎800-727-8045; www.visitknoxville.com; 301 S Gay St; ⏲Mo–Fr 8.30–17, Sa 9–17, So 12–16 Uhr) Im Visitor Center neben der Touristeninformation spielen auch Bands des gesamten Americana-Genres für das **Blue Plate Special** des Radiosenders WDVX, einer kostenlosen Konzertreihe von Montag bis Samstag um 12 Uhr.

Anreise & Unterwegs vor Ort

Knoxvilles **McGhee Tyson Airport** (☎865-342-3000; www.flyknoxville.com; 2055 Alcoa Hwy, Alcoa) liegt 15 Meilen (24,1 km) südlich der Stadt und unterhält etwa 20 Inland-Direktflüge. Der Busbahnhof von **Greyhound** (☎865-524-0369; www.greyhound.com; 100 E Magnolia Ave) liegt nur knapp 1 Meile (1,6 km) nördlich des Zentrums und ist daher eine bequeme Option für alle Überlandreisende.

Gatlinburg

Das furchtbar kitschige und familienfreundliche Gatlinburg liegt am Eingang zum Great Smoky Mountains National Park und verführt Wanderer mit dem Duft von Toffee, Zuckerwatte und Pfannkuchen sowie etlichen kuriosen Museen und skurrilen Attraktionen. Hier gibt's alles, was man den USA an Gutem und Schlechtem nachsagt und es zeigt sich als knallbunte Explosion von magischen Shows und Mondschein. Man kann über die Stadt sagen, was man will, aber nicht, dass Gatlinburg keine guten Zeiten erlebt hat.

Mit Ausnahme des Gatlinburg Sky Lift blieb die Stadt an sich bei den verheerenden Waldbränden in den Great Smoky Mountains von 2016 weitgehend verschont, sodass die guten Zeiten andauerten, aber die Menschen, die dabei umkamen, und die allgemeinen Schäden (14 Todesopfer, 7246 ha verbranntes Land inneralb und außerhalb des Parks und über 2400 bis auf die Grundmauern zerstörte Gebäude) bedeuten, dass Gatlinburg weiterhin trauert. Glücklicherweise gibt es einen Hoffnungsschimmer!

Sehenswertes & Aktivitäten

Dollywood VERGNÜGUNGSPARK
(☎865-428-9488; www.dollywood.com; 2700 Dollywood Parks Blvd, Pigeon Forge; Erw./Kind 67/54 US$; ⏲April–Dez.) Dollywood ist eine Hommage an die Schutzheilige des östlichen Tennessee, die langhaarige und großbusige Country-Sängerin Dolly Parton. Der Park umfasst thematisch auf die Appalachen zugeschnittene Fahrgeschäfte und Attraktionen, einen Wasserpark, das DreamMore Resort und weitere Sehenswürdigkeiten. Er befindet sich 9 Meilen (14,5 km) nördlich von Gatlinburg über dem Ort Pigeon Forge, das einem Las Vegas aus zweiter Hand ähnelt und von amerikanischem Kitsch strotzt.

Gatlinburg Sky Lift SEILBAHN
(☎865-436-4307; www.gatlinburgskylift.com; 765 Parkway; Erw./Kind 16,50/13 US$; ⏲Juni–Aug. 9–23 Uhr, im übrigen Jahr unterschiedliche Öffnungszeiten) Dieser umfunktionierte Sessellift bringt die Gäste hoch hinauf auf die

Smokies, von wo man grandiose Ausblicke genießt. Nachdem er 2016 während der Waldbrände in den Great Smoky Mountains beschädigt wurde, wurde er von Grund auf überholt und nahm im Sommer 2017 den Betrieb wieder auf. Die Besucher genießen eine bequeme Fahrt in den nunmehr dreisitzigen statt früher zweisitzigen Sesseln.

★ **Ole Smoky Moonshine Holler** BRENNEREI
(www.olesmokymoonshine.com; 903 Parkway; ⏲10–22 Uhr) Auf den ersten Blick wirkt die Brennerei in dem Stein- und Holzgebäude, die erste Schwarzbrennerei Tennessees mit Lizenz, als ob sie ein Disney-Produkt wäre. Doch ein Besuch lohnt sich, denn die Zeit, die man hier bei den hysterischen Barkeepern, ihren bunten Kommentaren und den Gratisverkostungen der 13 Schnapsvarianten verbringt, ist die beste in Gatlinburg.

Schlafen & Essen

Rocky Waters Motor Inn MOTEL $
(☎865-436-7861; www.rockywatersmotorinn.com; 333 Parkway; DZ 49–169 US$; P ❄ ᯤ) Das angenehme Retro-Motel liegt über dem Fluss und hat saubere, komfortable Zimmer mit neuen Hartholzböden und großen begehbaren Duschen. Vom Hotel, das abseits von Lärm und Lichtern liegt, ist das Zentrum zu Fuß gut erreichbar.

Buckhorn Inn INN $$
(☎865-436-4668; www.buckhorninn.com; 2140 Tudor Mountain Rd; DZ 125–205 US$, Pension mit 2 Schlafzi. ab 240 US$; P ❄ @ ᯤ) Nur wenige Fahrminuten, aber Lichtjahre entfernt vom Kitsch und den Menschenmengen aus dem Zentrum von Gatlinburg gelegen, bietet das ruhige Buckhorn neun elegante Zimmer, sieben Einzelhütten und vier Pensionen auf einem Gelände, das wie ein sorgfältig gepflegter privater Himmel wirkt. Wem der freie Blick auf den Mt. LeConte nicht reicht, kann durch das Meditationslabyrinth aus unbehauenen Steinen schlendern.

Three Jimmys AMERIKANISCH $
(www.threejimmys.com; 1359 East Pkwy; Hauptgerichte 9–28 US$; ⏲11–22 Uhr; ᯤ) Hier kann man beim Essen den Touristenhorden an der Hauptstraße entkommen. Das bei den Einheimischen beliebte Lokal hat freundliche Bedienungen und eine lange Speisekarte mit allem Möglichen: Grillfleisch, Reuben-Sandwich mit Pute, Burger, Champagner-Hähnchen, Steak, köstlichen Spinatsalat usw.

Praktische Informationen

Gatlinburg Welcome Center (☎865-277-8947; www.gatlinburg.com; 1011 Banner Rd; ⏲8.30–17.30 Uhr) Offizielle Infos und Karten, einschließlich einer handlichen Wasserfall-Karte (1 US$), über Gatlinburg ebenso wie über den Great Smoky Mountains National Park.

Anreise & Unterwegs vor Ort

Die meisten Reisenden kommen in Gatlinburg mit dem Auto an. Der nächste Flughafen ist Knoxvilles **McGhee Tyson Airport**, der 41 Meilen (66 km) entfernt ist. Es gibt keinen regelmäßigen Überland-Busverkehr.

Verkehr und Parkmöglichkeiten sind eine echte Herausforderung in Gatlinburg. Der Gatlinburg Trolley (www.gatlinburgtrolley.org) verkehrt im Zentrum und die braune Trolley-Linie (2 US$) fährt von Juli bis Oktober zum Park und hält beim Sugarlands Visitor Center, den Laurel Falls und dem Elkmont Campground. Parkplätze kosten in der Stadt im Allgemeinen 10 US$ pro Tag, aber im Ole Smoky Moonshine Holler sind nur 5 US$ fällig.

KENTUCKY

Angesichts einer Wirtschaft, die auf Bourbon-Whiskey, Pferderennen und Tabak basiert, könnte man meinen, Kentucky mache Las Vegas den Ruf als Hort der Sünde streitig. Die Antwort lautet: ja und nein. Auf jede whiskeylastige Bar in Louisville kommt ein „trockener" County, wo man nichts Stärkeres bekommt als Ginger Ale. Und auf jede Pferderennbahn kommt eine Kirche. Kentucky ist voller solcher Gegensätze. Der Bundesstaat, an einem geografischen wie kulturellen Scheideweg gelegen, vereint in sich die Freundlichkeit des Südens, seine Geschichte als Grenze zum Wilden Westen, die Industrie des Nordens und den aristokratischen Charme des Ostens. Jede Ecke des Bundesstaats ist eine Augenweide, es gibt aber nur wenig, das so herzzerreißend schön ist wie die sanften Sandsteinhügel des „Pferdelands", in dem die Vollblutzucht ein viele Millionen Dollar schweres Geschäft ist. Im Frühling blühen auf den Weiden winzige himmelblaue Blumen, denen der Staat auch seinen Beinamen „Bluegrass State" verdankt.

Praktische Informationen

Kentucky State Parks (☎502-564-2172; www.parks.ky.gov) Hat sinnvolle Informationen zum Wandern, Höhlenwandern, Angeln, Campen etc. in Kentuckys 52 State Parks. Die sogenannten Resort Parks sind mit Lodges ausgestattet, während es in den Recreation Parks weniger komfortabel zugeht.

Kentucky Travel (800-225-8747; www.kentuckytourism.com) Gibt eine detaillierte Broschüre über die Attraktionen Kentuckys aus.

Louisville

Das zweifellos coole Louisville (oder „Luhvul", wie die Einheimischen sagen) wird oft etwas unterschätzt und ist vor allem für das Kentucky Derby bekannt. Die größte Stadt Kentuckys, die während der Erschließung des Westens ein wichtiges Schifffahrtszentrum am Ohio River war, ist heute ein aufstrebendes Zentrum mit angesagten Bars, exzellenten Restaurants (die Frisches aus der Region verarbeiten) und einer einnehmenden, jungen und immer fortschrittlicher denkenden Bevölkerung. Hier kann man gut ein oder zwei Tage damit verbringen, die Museen anzuschauen, durch die alten Viertel zu schlendern und Bourbon zu trinken.

Sehenswertes & Aktivitäten

★ Churchill Downs WAHRZEICHEN

(502-636-4400; www.churchilldowns.com; 700 Central Ave) Am ersten Samstag im Mai wirft sich Amerikas Oberschicht mit Nadelstreifenanzügen und superschrägen Hüten in Schale, um die „zwei großartigsten Minuten des Sports" zu erleben: das Kentucky Derby, das am längsten bestehende Sportereignis in Nordamerika.

Kentucky Derby Museum MUSEUM

(www.derbymuseum.org; Gate 1, Central Ave; Erw./Senior/Kind 15/14/8 US$; 15. März–30. Nov. Mo–Sa 8–17, So 11–17 Uhr, Dez.–14. März Mo–Sa ab 9, So 11–17 Uhr) Das Museum auf dem Gelände der Rennbahn zeigt eine Ausstellung zur Geschichte des Derbys. Man erhält u. a. einen Einblick in den Alltag der Jockeys und lernt die berühmtesten Pferde kennen. Zu den Highlights gehören ein 360°-HD-Film über das Rennen, die 30-minütige Führung durch die Tribünen (mit ein paar spannenden Geschichten) und der tolle Mint Julep im Museumscafé.

Die 90-minütige Inside the Gates Tour (11 US$) führt durch die Quartiere der Jockeys und in den totschicken VIP-Bereich, auch Millionaire's Row genannt.

Muhammad Ali Center MUSEUM

(www.alicenter.org; 144 N 6th St; Erw./Senior/Kind 12/11/7 US$; Di–Sa 9.30–17, So 12–17 Uhr) Das Zentrum ist ein Liebesbeweis an die Stadt von ihrem berühmtesten Sohn. Der Besuch hier ist ein absolutes Muss. Dass ein Schwarzer aus dem Süden stolz seine Größe und Schönheit zur Schau stellte, war seinerzeit revolutionär und eine Inspiration. Das Museum fängt all das ein.

Louisville Slugger Museum & Factory MUSEUM

(www.sluggermuseum.org; 800 W Main St; Erw./Senior/Kind 14/13/8 US$; Mo–Sa 9–17, So 11–17, Juli bis 18 Uhr) Ein fast 37 m großer Baseballschläger lehnt sich von außen an das Museum. Hillerich & Bradsby Co. stellen hier seit 1884 den berühmten Louisville Slugger her. Im Eintritt inbegriffen ist eine Führung durch die Fabrik und durch die Ausstellung mit Erinnerungsstücken aus der Geschichte des Baseballs (auch der Schläger von Babe Ruth ist zu sehen) sowie ein kostenloser Minischläger als Souvenir.

Frazier History Museum MUSEUM

(www.fraziermuseum.org; 829 W Main St; Erw./Senior/Kind 12/10/8 US$; Mo–Sa 9–17, So 12–17 Uhr) Das für die mittelgroße Stadt erstaunlich ambitionierte, hochmoderne Museum dokumentiert 1000 Jahre Regionalgeschichte mittels Dioramen von grausamen Schlachten und mittels kostümierten Darstellern, die Schwertkämpfe und hitzige Debatten nachstellen.

Kentucky Science Center MUSEUM

(502-561-6100; www.kysciencecenter.org; 727 W Main St; Erw./Kind 13/11 US$; So–Do 9.30–17.30, Fr & Sa bis 21 Uhr) In einem historischen Gebäude an der Main St ist hier auf drei Ebenen eine familientaugliche und bei Kindern sehr beliebte Ausstellung zu sehen, die Themen aus der Biologie, Physiologie, Physik, Computerwissenschaft und mehr beleuchtet. Für weitere 8 bis 10 US$ kann man sich auch noch einen Film im IMAX-Kino anschauen.

Feste & Events

Kentucky Derby Festival SPORT

(www.kdf.org; Tickets für das Kickoff Event ab 30 US$) Das Kentucky Derby Festival, zu dem eine Ballonwettfahrt, ein Marathonlauf, eine Dampfbootfahrt und das größte Feuerwerk Nordamerikas gehören, beginnt zwei Wochen vor dem großen Event.

First Friday Trolley Hop KUNST

(www.firstfridayhop.com; Main St & Market St; 1. Fr im Monat 17–23 Uhr) Die Zahl unglaublicher Küchen nimmt jedes Jahr exponenziell zu, vor allem im reizenden NuLu-Viertel, wo man am First Friday Trolley Hop zahlreiche Galerien und Boutiquen mit der Straßenbahn erkunden kann.

Geführte Touren

Waverly Hills Sanatorium GEFÜHRTE TOUR
(☎502-933-2142; www.therealwaverlyhills.com; 4400 Paralee Lane; 2/6/8 Std. Führung 25/75/100 US$; ⊙März–Aug. Fr & Sa) Das verlassene Waverly Hills Sanatorium thront wie die Burg eines verrückten Königs über Louisville. Einst beherbergte es die Opfer einer Tuberkulose-Epidemie Anfang des 20. Jhs. Die Leichname der verstorbenen Patienten wurden über eine Rutsche in den Keller befördert – kein Wunder, dass es in dem Gebäude spuken soll! Wer auf Geisterjagd gehen möchte, kann sich einer nächtlichen Führung anschließen. Wahrhaft Furchtlose können hier sogar die Nacht verbringen. Viele Besucher sprechen hinterher über die Klinik als den unheimlichsten Ort, an dem sie je gewesen sind.

Big Four Bridge STADTSPAZIERGANG, RADFAHREN
(www.louisvillewaterfront.com; East River Rd; ⊙24 Std.) Die zwischen 1888 und 1895 erbaute Big Four Bridge führt über den Ohio River hinüber nach Indiana. Seit 1969 ist sie für den Fahrzeugverkehr gesperrt, wurde aber 2013 für Fußgänger und Radfahrer wieder geöffnet. Von überall auf der Brücke bietet sich ein hübscher Blick auf Stadt und Fluss.

Schlafen

Rocking Horse B&B B&B **$$**
(☎888-467-7322; 502-583-0408; www.rockinghorse-bb.com; 1022 S 3rd St; Zi. 125–250 US$; P ❄ 📶) Nahe der Universität von Louisville an einem Abschnitt der 3rd St, die einst Millionaire's Row genannt wurde, liegt dieses neoromanische Herrenhaus von 1888 mit vielen bemerkenswerten historischen Elementen. Die sechs Gästezimmer sind mit viktorianischen Antiquitäten und prächtigen, original erhaltenen Buntglasfenstern geschmückt. Gäste können im englischen Garten ihr Zwei-Gänge-Frühstück oder im Salon kostenlosen Portwein genießen.

★ **21c Museum Hotel** HOTEL **$$$**
(☎502-217-6300; www.21chotel.com; 700 W Main St; Zi. ab 199 US$; P ❄ 📶) Das Hotel, das zugleich ein Museum für zeitgenössische Kunst ist, fällt durch sein außergewöhnliches Design auf: Während die Gäste auf den Aufzug warten, werden ihre verzerrten Abbilder und Stimmen auf eine Videoleinwand übertragen, und in den Herren-WCs finden sich Urinale aus durchsichtigem Glas. Die Zimmer sind zwar nicht ganz so interessant wie die fünf Galerieräume mit zeitgenössischer Kunst, die zugleich als Gemeinschaftsbereiche fungieren, aber mit iPod-Stationen und allem Nötigen zur Zubereitung von Mint Juleps ausgestattet.

Brown Hotel HOTEL **$$$**
(☎502-583-1234; www.brownhotel.com; 335 West Broadway; Zi. 200–600 US$; P ⊖ ❄ 📶) Opernstars, Königinnen und Ministerpräsidenten sind schon über die Marmorböden dieses legendären Hotels in Downtown geschritten. Nach der Renovierung erstrahlt es mit seinen 294 komfortablen Zimmern und der beeindrucken Bourbon-Bar in der Lobby unter der original erhaltenen vergoldeten Decke im Stil der englischen Renaissance nun wieder im glorreichen Glanz der 1920er-Jahre.

Essen

Gralehaus MODERN-AMERIKANISCH **$**
(www.gralehaus.com; 1001 Baxter Ave; Hauptgerichte 6–13 US$; ⊙So–Di 8–16, Mi–Sa bis 22 Uhr; 📶) In dem kleinen Lokal in einem historischen Haus aus dem frühen 20. Jh. gibt's den ganzen Tag über Frühstück. Man sollte sich die Abwandlungen der traditionellen Südstaatenküche, die der Chefkoch hier rund um die Uhr fabriziert (wie Biscuits mit regionalen Zutaten, Entenschmalz, Lamm und Maisgrütze), nicht entgehen lassen. Gute Kaffees sind ebenfalls zu haben.

The Post DELI **$**
(www.thepostlouisville.com; 1045 Goss Ave; Hauptgerichte 3–13 US$; ⊙Mo–Mi 11 Uhr–open end, Do–Fr bis 2, Sa 12–2 Uhr, So 12 Uhr–open end; 📶) Im nobler werdenden Germantown schaffen die Pizza auf New Yorker Art, die Sub-Sandwiches und das tolle Ambiente (vorn eine sonnige Veranda, hinten eine gemütliche Bar mit 16 Zapfhähnen) ein teureres Flair und eine coolere Stimmung, als es die Rechnung vermuten lässt.

Silver Dollar KALIFORNISCH, SÜDSTAATENKÜCHE **$$**
(☎502-259-9540; www.whiskeybythedrink.com; 1761 Frankfort Ave; Hauptgerichte 9–27 US$, Brunch 9–14 US$; ⊙Mo–Fr 17–2, Sa & So ab 10 Uhr; 📶) Das Silver Dollar zeigt sich gastronomisch unverbindlich – die Küche bezeichnen wir als kalifornisch inspirierte Südstaatenküche –, aber unverhohlen bourbonlastig. Man genießt Hähnchen und Waffeln, *beer can hen*

(gebratenes Junghuhn mit einer Dose Old Milwaukee-Bier) oder fantastische *chilaquiles,* gefolgt von einem Schluck Bourbon.

Garage Bar KNEIPENESSEN $$

(www.garageonmarket.com; 700 E Market St; Gerichte 9–18 US$; ⌚Mo–Do 17–22, Fr–So 11–22 Uhr; 📶) An einem heißen Nachmittag gibt es nichts Besseres, als sich in dieser absolut angesagten, umgebauten Tankstelle in NuLu (mit ihren beiden „sich küssenden" Chevrolets nicht zu übersehen) einen Basilikum-Gimlet und eine Schinkenplatte zu bestellen (eine Kostprobe von 4 Schinkensorten aus der Region mit frischem Brot und Kompott; 26 US$).

★ **Butchertown Grocery** MODERN-AMERIKANISCH $$$

(☎502-742-8315; www.butchertowngrocery.com; 1076 E Washington St; Hauptgerichte 15–25 US$; ⌚Restaurant Mi–Fr 11–22, Sa & So ab 11 Uhr, Bar Mi–So 18 Uhr–open end, Do–Sa bis 2 Uhr; 📶) Louisvilles angesagtestes neues Restaurant setzt auf den schmalen Grat zwischen bodenständig und raffiniert und bietet europäisch inspirierte, aber amerikanisch geprägte Küche in einem unaufdringlichen Ziegelbau des 19. Jhs. Das Innere schmücken verwitterte Holzdecken und Marmortische sowie ein Schwarzweiß-Mosaikboden.

★ **Proof** MODERN-AMERIKANISCH $$$

(☎502-217-6360; www.proofonmain.com; 702 W Main St; Hauptgerichte 13–38 US$; ⌚Mo–Do 7–10, 11–14 & 17.30–22, Fr bis 23, Sa 7–15 & 17.30–23, So bis 13 Uhr; 📶) Es ist wohl das beste Restaurant in Louisville. Die Cocktails (10–12 US$) sind fabelhaft, die Wein- und Bourbonkarte ist lang und erlesen (im Proof gibt's die exklusiven und seltenen Whiskeys Woodford Reserve und Van Winkle), während die überraschenden Gerichte von einem feinen gegrillten Käse bis zu einem köstlichen Bison-Burger oder raffinierten scharfen Brathähnchen reichen.

Ausgehen & Nachtleben

★ **Holy Grale** KNEIPE

(http://holygralelouisville.com; 1034 Bardstown Rd; Fassbiere ab 6 US$; ⌚Mo–Do 16–1, Fr & Sa bis 2, So 12 Uhr–open end; 📶) Eine der besten Bars von Louisville befindet sich in einer alten Kirche und bietet gehobene Kneipenkost (belgische Gourmet-Fritten, Muscheln mit grünem Curry, Rippchen mit Poutine; Hauptgerichte 6–14 US$) und eine aufregende Bierkarte mit selteneren deutschen, dänischen, belgischen und japanischen Bieren vom Fass. Die stärksten Biere (bis zu 13 % Alkoholgehalt) werden auf der Chorempore serviert. Halleluja!

Mr. Lee's COCKTAILBAR

(www.mrleeslounge.com; 935 Goss Ave; Cocktails 10–12 US$; ⌚Mo–Do 14 Uhr–open end, Fr & Sa bis 2, So bis 23 Uhr) Germantowns Cocktail-Hochburg ist diese neue, überzeugende Retro-Bar mit ihrer kleinen, aber beachtenswerten Liste von Alkoholika aus der Zeit vor der Prohibition. Die halbkreisförmige Bar aus rotem Leder schafft dank des Stils der 1950er-Jahre mit seinen intimen Tischen und Sitzbänken eine Atmosphäre, die perfekt für einen feuchtfröhlichen Abend ist. Es gibt sogar Teppichboden!

Monnik Beer Company KLEINBRAUEREI

(www.monnikbeer.com; 1036 E Burnett Ave; Bier ab 4 US$; ⌚Di–Do 11 Uhr–open end, Fr & Sa bis 1, So bis 22 Uhr; 📶) Unsere bevorzugte Brauerei in Louisville befindet sich im aufstrebenden Schnitzelburg. Es gibt 20 Zapfhähne – erwähnenswert ist vor allem der Zapfhahn für IPA-Biere – in diesem recht engen, hippen Raum, in dem nicht nur das Bier fabelhaft ist. Der Bierkäse mit Vollkornbrot ist derartig lecker, dass man ihn auf Rezept verschreiben sollte. Und auch die Burger von nur mit Gras gefütterten Rindern sind perfekt!

Praktische Informationen

Visitor Center (☎502-379-6109; www.gotolouisville.com; 301 S 4th Ave; ⌚Mo–Sa 10–17, So 12–17 Uhr) Hat Broschüren und hilfsbereite Angestellte.

Anreise & Unterwegs vor Ort

Der International Airport von Louisville (S. 443) liegt etwa 5 Meilen (8 km) südlich der Stadt an der I-65. Hierher gelangt man mit einem Taxi zum Pauschalpreis von 19,55 US$ oder mit dem Stadtbus 2. Der Busbahnhof von **Greyhound** (☎800-231-2222; www.greyhound.com; 720 W Muhammad Ali Blvd) befindet sich gleich westlich der Downtown.

Die Stadtbusse (1,75 US$) der TARC (www.ridetarc.org) fahren ab dem historischen Betriebsbahnhof **Union Station Depot** (502-585-1234; 1000 W Broadway). Der kostenlose ZeroBus ist ein Elektrobus, der die Main St, Market St und 4th St entlang pendelt, wo sich die meisten Sehenswürdigkeiten und coolsten Restaurants der Stadt befinden. In den Bussen muss man zwar nicht passend zahlen, allerdings erhält man kein Wechselgeld zurück.

Bluegrass Country

Wer an einem sonnigen Tag durch das Bluegrass Country im Nordosten Kentuckys fährt, wird nicht nur über die grünen Hügeln staunen, die mit kleinen Teichen, Pappeln und hübschen Landhäusern übersät sind, sondern auch zahllose Pferde beim Grasen beobachten können. Die einst wilden Wald- und Wiesengebiete sind seit fast 250 Jahren ein Zentrum der Pferdezucht, und die Weiden der Region sollen aufgrund der natürlichen Kalksteinvorkommen in der Gegend – auf die majestätisch aufragenden Kalksteinfelsen achten! – besonders nährstoffreich sein.

Lexington

In Lexington gibt's Häuser, die Millionen Dollar kosten, ja sogar Pferde, für die ebenfalls Sümmchen mit etlichen Nullen fällig werden, und selbst das Gefängnis sieht aus wie ein Country-Club. Die einst wohlhabendste und kultivierteste Stadt westlich der Allegheny Mountains, die auch „Athen des Westens" genannt wurde, ist heute Sitz der University of Kentucky und das Zentrum der Vollblutzucht. Im kleinen Zentrum finden sich ein paar hübsche viktorianische Viertel.

Sehenswertes

Kentucky Horse Park MUSEUM, PARK

(www.kyhorsepark.com; 4089 Iron Works Pkwy; im Sommer Erw./Kind 20/10 US$, im Winter Erw./Kind 12/6 US$, März–Okt. Reiten 25 US$; ⌚15. März–5. Nov. 9–17, 6. Nov.–14. März Mi–So 9–17 Uhr; 👪) Das Zentrum für Pferdesport mit lehrreichem Themenpark liegt gleich nördlich von Lexington auf einem 485 ha großen Gelände. Pferde aus 50 verschiedenen Zuchtlinien leben hier und wirken bei besonderen Liveshows mit.

Ashland HISTORISCHES GEBÄUDE

(www.henryclay.org; 120 Sycamore Rd; Erw./Kind 12/6 US$; ⌚März–Dez. Di–Sa 10–16 Uhr, April–Nov. So 13–16 Uhr) Nur 1,5 Meilen (2,5 km) östlich der Downtown gelegen, ist Ashland teils historisches Wohnhaus eines der beliebtesten Söhne Kentuckys und teils öffentlicher Park. Das italienisch angehauchte Anwesen gehörte einst dem berühmten Staatsmann und großen Redner Henry Clay (1777–1852).

Lexington Art League at Loudoun House GALERIE

(www.lexingtonartleague.org; 209 Castlewood Dr; ⌚Di–Do 10–16, Fr 10–20, Sa & So 13–16 Uhr) Kunst- und Architektur-Fans werden diese Galerie mit trendiger, zeitgenössischer Kunst nicht missen wollen, die in einem prächtigen, im Stil des American Gothic Revival erbauten Herrenhauses in NoLi untergebracht ist. Es ist eines von fünf noch erhaltenen Bauwerken dieser Art in den USA. Die topaktuellen Ausstellungen, etwa sechs pro Jahr, sind recht herausfordernd für Lexington-Standards und der nette geschäftsführende Direktor ist stolz, damit provozieren zu können.

Mary Todd-Lincoln House HISTORISCHES GEBÄUDE

(www.mtlhouse.org; 578 W Main St; Erw./Kind 12/5 US$; ⌚15. März–30. Nov. Mo–Sa 10–15 Uhr) Das bescheidene Haus von 1806 beherbergt Gegenstände aus der Kindheit der First Lady und aus ihrer Zeit als Gattin von Abraham Lincoln. Darunter sind auch Originalstücke aus dem Weißen Haus. Führungen gibt's zu jeder vollen Stunde; die letzte beginnt um 15 Uhr.

Schlafen

Gratz Park Inn HOTEL $$

(☎859-231-1777; www.gratzparkinn.com; 120 W 2nd St; Zi. ab 179 US$; P ❄ @ 📶) In Lexingtons historischem Viertel steht dieses Hotel, in dem man einst die Brokatvorhänge zuzog und in einem Himmelbett aus dem 19. Jh. einschlief. Inzwischen wurden die Zimmer renoviert und übrig blieben nur einige wenige alte Himmelbetten für die Gäste. Die überholten Zimmer bewahren aber ihr einstiges Flair, während die Badezimmer mit ihren modernen Duschen mit gefliesten Böden trendig und industriell wirken.

★ **Lyndon House** B&B $$

(☎859-420-2683; www.lyndonhouse.com; 507 N Broadway; Zi. ab 179 US$; P ❄ @ 📶) Ein ordinierter Geistlicher und Feinschmecker mit viel Liebe fürs Detail ist der Gastgeber in diesem anspruchsvollen, geräumigen B&B in einem historischen Herrenhaus von 1885 in Downtown. Anton nimmt es mit der Gastfreundschaft sehr ernst und macht sogar das Frühstück. Die sieben Zimmer sind mit altmodischen Möbeln und allen modernen Annehmlichkeiten ausgestattet. Zudem findet man viele Restaurants und Kneipen quasi direkt vor der Haustür.

★ **21c Museum Hotel** BOUTIQUEHOTEL $$

(☎859-899-6800; www.21cmuseumhotels.com; 167 W Main St; Zi. ab 219 US$; P ❄ 📶) Dieses

ABSTECHER

MAKER'S MARK

Eine Führung im **Maker's Mark** (☎270-865-2099; www.makersmark.com; 3350 Burks Spring Rd, Loretto; Führung 12 US$; ⌚Mo–Sa 9.30–15.30, So 11.30–15.30 Uhr) ist wie ein Besuch in einem kleinen, aber feinen historischen Themenpark. Man sieht die alte Gristmühle, das Haus des Brennmeisters aus den 1840er-Jahren und eine altmodische Feuerwache aus Holz mit dem historischen Löschfahrzeug. Und vor Ort, im neuen Star Hill Provision, kann man sich dem Genuss von Bourbon bei schmackhafter Südstaatenküche hingeben.

Man sieht den hellbraunen Brei in riesigen Fässern aus Zypressenholz gären, verfolgt, wie der Whiskey zweimal in Kupferkesseln gebrannt wird, und kann den Bourbon in alten Holzlagern reifen sehen – danach geht's heim mit der eigenen Bourbon-Flasche, die man zuvor eigenhändig in geschmolzenes rotes Wachs getaucht und versiegelt hat.

Designerhotel in der Downtown besticht durch die verbogenen Straßenlaternen auf dem Gehsteig vor dem Eingang, deren mundgeblasenes Glas aus Venedig stammt. Es gibt schon mehrere Nachahmer dieses Hotels auch in anderen Bundesstaaten, das man als Museum mit Hotel, aber ebenso gut als Hotel mit Museum bezeichnen könnte. Auf jeden Fall beherbergt es vier Galerien mit zeitgenössischer Kunst (sowie Dauerausstellungen mit Kunst aus der Region auf jedem Stockwerk).

Essen & Ausgehen

★ **County Club** BARBECUE $

(www.countyclubrestaurant.com; 555 Jefferson St; Hauptgerichte 9–13 US$; ⌚Di–Do 17–22, Fr–So ab 11 Uhr; 📶) Das Heiligtum des rauchig-saftigen Fleisches befindet sich in der ehemaligen Lagergarage einer Sunbeam-Brotfabrik. Die Bedienung kann zwar bestenfalls als hip und distanziert beschrieben werden, aber das Essen – Burger, Rinderbrust auf Roggenbrot, geräucherte Chicken Wings mit Sriracha-Limetten, Schweinebauch *bánh mì* usw. – ist saftig, zart und perfekt rauchig. Dazu gibt's vier hausgemachte Saucen (Essig, süß, geräucherte Habenero-Paprika und Senf – oh, diese Senfsauce ist einfach göttlich!).

Stella's Kentucky Deli DELI $

(www.stellaskentuckydeli.com; 143 Jefferson St; Sandwich 4,50–10 US$; ⌚Mo–Di 10.30–16, Mi–Do bis 21, Fr 10.30–22, Sa 9–22, So 9–21 Uhr; 📶🍴) 🌿 Dieser Feinkostladen hat 30 Jahre auf den Buckel, ist aber einen Besuch wert. Die aktuellen Inhaber haben ihn vor ein paar Jahren neu ausgerichtet, ihn cooler gemacht und konzentrieren sich seither auf hochwertige Produkte örtlicher Farmer. Es gibt tolle Sandwiches, Suppen und Salate sowie saisonale Biere, die in einem farbenprächtigen historischen Haus mit wiederverwertetem Blechdach und geselliger Bar serviert werden.

Doodles CAFÉ $

(www.doodlesrestaurant.com; 262 N Limestone; Frühstück 3–12 US$; ⌚Di–So 8–14 Uhr; 📶) 🌿 In der ehemaligen Tankstelle kann man prima frühstücken: Es gibt tolles Essen für die Seele, angefangen bei Shrimps und Maisgrütze (mit grüner Zwiebel-Remoulade und Rohschinken), Haferflocken-Brûlée und Eierauflauf – alles soweit möglich nur mit Bio-Zutaten aus der Region.

Middle Fork MODERN-AMERIKANISCH $$

(☎859-309-9854; www.middleforkkb.com; 1224 Manchester St; kleine Teller 6–22 US$, Hauptgerichte 15–35 US$; ⌚Mo–Di & Do–Sa 17–22 Uhr, Jan.–April So 17–20 Uhr; 📶) Chefkoch Mark Jensen schaffte den Aufstieg vom Food Truck zur kulinarischen Hochburg auf dem Old Pepper Distillery Campus, Lexingtons angesagtestem gastronomischen Viertel. Er bereitet auf einem speziell für ihn angefertigten Holzofengrill nach argentinischer Art die meisten seiner fleischlastigen Gerichte zu, deren Zutaten frisch aus regionaler Produktion stammen. Er hat amerikanische Klassiker veredelt, neu erfunden und der Einsatz von Erdnussbutter und Marmelade mag schockieren oder Ehrfurcht gebieten.

★ **Country Boy Brewing** KLEINBRAUEREI

(www.countryboybrewing.com; 436 Chair Ave; Bier 3–6 US$) Getreu seinem Namen, bietet das von Trucker-Hüten, ausgestopften Tieren und Tarnfarben geprägte Country Boy das beste Bier in authentischem Kentucky-Ambiente. Bis zu 24 Zapfhähne sind für die eigenen experimentellen Schöpfungen vorbehalten, die mit einem ländlich abgewandelten Ansatz à la Mikkeller gebraut werden (im Eichenfass ausgebautes Bier mit Erdbeeren, rauchige Jalapeño-Porter, im Eichenfass ausgebaute DIPA-Biere). Im Angebot sind auch Biere von Fremdbrauereien.

Es gibt kein Essen, aber irgendein Food Truck hält hier jeden Abend von 17 bis 22 Uhr (So 15–21 Uhr). Eine zweite Brauerei eröffnete 2017 im nahen Georgetown.

 Unterhaltung

Keeneland PFERDERENNEN

(☎859-254-3412; www.keeneland.com; 4201 Versailles Rd; Eintritt 5 US$; ⊙Rennen April & Okt.) Was die Qualität der Rennen betrifft, kommt diese Rennbahn nach den Churchill Downs gleich an zweiter Stelle. Die Rennen finden jeweils im April und im Oktober statt. In der Saison kann man auch von Sonnenaufgang bis 10 Uhr beim Training der Champions zuschauen. Die häufig stattfindenden Pferdeauktionen locken Scheichs, Sultane, Hedgefonds-Fürsten sowie deren Gefolge an.

The Burl LIVEMUSIK

(www.theburlky.com; 375 Thompson Rd; Gedeck 5–12 US$; ⊙Mo–Do 18–2.30, Fr–So ab 16 Uhr) Jenseits der Bahngleise vom Gelände der Old Pepper Distillery und in einem sorgfältig restaurierten Zugdepot von 1928 befindet sich das Burl, das Lexingtons Livemusikszene verändert hat. Diese verfügt nun endlich über einen angemessenen Ort für Auftritte lokaler und regionaler Darsteller.

Praktische Informationen

Visitor Center (VisitLEX; ☎859-233-7299; www.visitlex.com; 401 W Main St; ⊙Mo–Fr 9–17, Sa ab 10) Hier bekommt man Stadtpläne und Infos über die Gegend. Befindet sich in der Downtown in einem gehobenen Restaurantkomplex, der Square genannt wird.

Anreise & Unterwegs vor Ort

Der **Blue Grass Airport** (LEX; ☎859-425-3100; www.bluegrassairport.com; 4000 Terminal Dr) liegt westlich der Stadt und fertigt rund ein Dutzend Inlandsdirektflüge ab. **Greyhound** (☎800-231-2222; www.greyhound.com; 477 W New Circle Rd) findet sich 2 Meilen (3,2 km) von der Downtown entfernt.

Lex-Tran (☎859-253-4636; 150 East Vine St; ⊙Mo–Fr 6–18, Sa & So 8–16 Uhr) betreibt die Stadtbusse (1 US$; Bus 6 fährt zum Greyhound-Busbahnhof, Bus 21 zum Flughafen und zur Keeneland-Rennbahn).

Zentrales Kentucky

Anschnallen, verehrte Damen und Herren, Sie sind im Bourbon-Land! Kentuckys weltberühmte hier gebrannten Spirituosen lassen die Einnahmen sprudeln, halten die Bewohner bei guter Laune und fügen der lokalen Küche sogar noch einen Schuss Hochprozentiges hinzu. Das kleine, malerische Bardstown ist die „Welthauptstadt des Bourbon“ und sorgt jeden September für ausgelassene Stimmung, wenn beim **Kentucky Bourbon Festival** (www.kybourbonfestival.com) alle Teilnehmer wegen des braunen Fusels des Bluegrass-Bundesstaates völlig aufgedreht sind. Das nur 40 Meilen (64 km) südöstlich von Louisville gelegene Bardstown ist eine frohe, künstlerisch angehauchte Kentucky-Stadt, deren Ruhm durch den Bourbon und amerikanische Sportlegenden begründet wurde. Hier ist die Heimat des Kentucky Derby, der Geburtsort von Muhammad Ali und der Louisville Slugger. Die Stadt hat sich aber im letzten Jahrzehnt zu einer der kulinarischen Hochburgen unter den mittelgroßen Städten des Südens entwickelt und ist heute ein reizender Ort, um essen zu gehen, und ein Museums-Stopp zwischen den Versuchen, Amerikas perfekten Old-Fashioned-Cocktail zu finden.

Shaker Village at Pleasant Hill MUSEUM

(www.shakervillageky.org; 3501 Lexington Rd, Pleasant Hill; Erw./Kind 10/5 US$, Bootsfahrt auf dem Fluss 10/5 US$; ⊙Di–Do & So 10–17, Fr & Sa bis 20 Uhr) Dieses Gebiet war bis zum Anfang des 20. Jhs. die Heimat der Mitglieder der religiösen Shaker-Sekte. Man kann 14 tadellos restaurierte Gebäude besichtigen, die inmitten von Wiesen mit Butterblumen liegen und von steinigen Pfaden umgeben sind. Es gibt auch einen Inn, ein Restaurant und einen Souvenirladen, in dem man die berühmten von den Shakern hergestellt kunsthandwerklichen Erzeugnisse kaufen kann.

Shaker Village Inn INN $$

(☎859-734-5611; www.shakervillageky.org; 3501 Lexington Rd, Pleasant Hill; DZ 110–300 US$; P 📶) Das Hauptgebäude diente einst als Verwalterbüro der Siedlung und besitzt eine kunstvoll gearbeitete doppelte Wendeltreppe. Die Zimmer sind groß, freundlich, lichtdurchflutet, haben hohe Decken, Holzmöbel und zwei Schaukelstühle. Die Zimmer in den anderen 13 Gebäuden sind ähnlich eingerichtet.

Anreise & Unterwegs vor Ort

Der **Louisville International Airport** (SDF; ☎502-367-4636; www.flylouisville.com; 600 Terminal Dr), international nur dem Namen nach, ist Kentuckys größter Flughafen, auf dem u. a. direkte Inlandflüge von Atlanta, Charlotte,

DER BOURBON TRAIL

Der weiche, karamellfarbene Bourbon wurde vermutlich erstmals um 1789 im Bourbon County nördlich von Lexington destilliert. Dank des reinen, durch Kalkstein gefilterten Wassers stammen heute 90 % des in den USA produzierten Bourbons aus Kentucky. Bourbon muss mindestens 51 % Mais enthalten und mindestens zwei Jahre in gebeizten Eichenfässern lagern. Kenner trinken ihn pur oder mit Wasser, die Südstaatler aber gerne auch als Mint Julep, ein Drink aus Bourbon, Zuckersirup und zerstoßener Minze.

Mit alten Schwarzbrennereien und anderen Artefakten erzählt das **Oscar Getz Museum of Whiskey History** (www.whiskeymuseum.com; 114 N 5th St; ⌚Di–Sa 10–16, So 12–16 Uhr) in Bardstown die Geschichte des Bourbon.

Die meisten Destillerien Kentuckys liegen in der Gegend von Bardstown und Frankfort und veranstalten auch Führungen. Infos gibt's auf Kentuckys offizieller Bourbon Trail Website (www.kybourbontrail.com), die aber nicht alle Brennereien aufführt. Folgende Brennereien sind in der Nähe von Bardstown:

Heaven Hill (☎502-337-9593; www.bourbonheritagecenter.com; 1311 Gilkey Run Rd; Führung 10–20 US$; ⌚März–Dez. Mo–Fr 10–17.30, So 12–16 Uhr, Jan.–Feb. Di–Sa 10–17 Uhr) Destillerie-Führungen, man kann aber auch das interaktive Bourbon Heritage Center erkunden.

Jim Beam (☎502-543-9877; www.jimbeam.com; 526 Happy Hollow Rd, Clermont; Führung 12 US$; ⌚Geschenkladen Mo–Sa 9–17.30, So 12– 16 Uhr, Führung Mo–Sa 9–15.30, So 12.30–15 Uhr) In der größten Bourbon-Brennerei des Landes kann man einen Film über die Familie Beam anschauen und kleine Kostproben der Produkte konsumieren. Beam produziert den (guten) Knob Creek, den (besseren) Knob Creek Single Barrel, den (weichen) Basil Hayden's und den fabelhaften Booker's, ein hochprozentiges Erlebnis.

Maker's Mark (S. 442) Die restaurierte viktorianische Brennerei ist ein Bourbon-Themenpark.

Willet (☎502-348-0899; www.kentuckybourbonwhiskey.com; Loretto Rd; Führung 12 US$; ⌚Laden März–Dez. Mo–Fr 9.30–17.30, So 12–16.30 Uhr, Führung Mo–Sa 10–16, So 12.30–15.30 Uhr) Familienbetrieb, der nach eigenem patentierten Verfahren Bourbon in kleinen Chargen produziert. Das 49 ha große Anwesen ist sehr schön. Führungen gibt's den ganzen Tag.

Zu den Brennreien rund um Frankfort/Lawrenceburg gehören:

Buffalo Trace (☎800-654-8471; www.buffalotracedistillery.com; 1001 Wilkinson Blvd, Frankfort; ⌚Laden Mo–Sa 9–17.30, So 12–17 Uhr, Führungen Mo–Sa 9–16, So 12–15 Uhr) GRATIS Die älteste kontinierlich betriebene Brennerei der USA veranstaltet sehr empfehlenswerte Führungen und bietet Gratis-Verkostungen an.

Four Roses (☎502-839-3436; www.fourrosesbourbon.com; 1224 Bonds Mills Rd, Lawrenceburg; Führung 5 US$; ⌚Laden Mo–Sa 9–16, So 12–16 Uhr, Führungen Mo–Sa 9–15, So 12–15 Uhr) Eine der malerischsten Brennereien; sie ist in einem am Flussufer gelegenen Gebäude im spanischen Missionsstil untegebracht.

Woodford Reserve (☎859-879-1812; www.woodfordreserve.com; 7855 McCracken Pike, Versailles; Führung 14–30 US$; ⌚Laden Mo–Sa 9–17, So 12–16 Uhr, Führungen Mo–Sa 10–15, So 13–15 Uhr, Jan.–Feb. geschl.) Die an einem Bach gelegene historische Stätte wurde restauriert und erstrahlt wieder im Glanz des 19. Jhs. In der Brennerei werden noch altmodische Kupferkessel verwendet. Sie ist die bei Weitem reizvollste unter allen Brennereien.

Dem Dilemma, ob man trinken oder Auto fahren soll, kann man leicht entgehen, indem man sich bequem zurücklehnt und, das Whiskeyglas in der Hand, eine Tour mit **Mint Julep Tours** (☎502-583-1433; www.mintjuleptours.com; 140 N 4th St, Ste 326, Louisville; Tour inkl. Lunch wochentags/Wochenende ab 129/149 US$) macht.

Chicago, Minneapolis, New York und Washington, D. C., landen.

Der Bluegrass Pkwy führt von der I-65 im Westen bis zur Rte 60 im Osten und verläuft dabei durch einige der üppigsten Weidelandschaften von Kentucky. Bardstown und das Herz des Bourbon Country liegen 40 Meilen (64 km) südlich von Louisville, und weitere rund 70 Meilen (112,6 km) nach Süden sind es bis zum Mammoth Cave National Park. Der Daniel Boone

National Forest liegt 105 Meilen (169 km) südlich von Lexington. Ein Leihwagen ist eindeutig die beste Option, um diese Ziele zu erreichen.

Daniel Boone National Forest

Über 2800 km² zerklüfteter Schluchten und Sandsteinbogen, die der Erdanziehung zu trotzen scheinen, bedeckten weite Teile der Ausläufer der Appalachen im östlichen Kentucky. Auf dem Gebiet des Daniel Boone National Forest liegen die Klippen und natürlichen Bogenformationen der **Red River Gorge**, die zu den besten Kletterzielen im Land zählen. Der angrenzende familienfreundliche **Natural Bridge State Resort Park** besitzt außer dem berühmtesten Sandsteinbogen, der eindrucksvolle 20 m aufragt und 23,7 m lang ist, über 20 Meilen (32 km) an Wanderwegen sowie Camping- und Übernachtungsmöglichkeiten.

Natural Bridge State Resort Park STATE PARK
(☎606-663-2214; www.parks.ky.gov; 2135 Natural Bridge Rd, Slade; P 👪) Der an die Red River Gorge angrenzende Park ist vor allem für seinen Sandsteinbogen bekannt. Es ist ein familienfreundlicher Park mit Campingplätzen, Zimmern und Cottages in der **Hemlock Lodge** (☎606-663-2214, 800-255-7275; www.parks.ky.gov; Hemlock Lodge Rd, Slade; Zi./Cottage ab 85/117 US$) und 20 Meilen (32 km) an kurzen Wanderwegen. Wer nicht selbst laufen will, kann mit der Seilbahn über dem Bogen schweben (13 US$ hin & zurück).

Red River Outdoors ABENTEUER
(☎859-230-3567; www.redriveroutdoors.com; 415 Natural Bridge Rd; ganztägige geführte Klettertour für 2 Pers. ab 130 US$) Der Veranstalter bietet geführte Klettertouren, Hütten (110–145 US$) am Rand der Schlucht sowie Yoga-Unterricht.

Der Natural Bridge State Resort Park liegt 58 Meilen (93,3 km) südöstlich von Lexington und ist mit dem eigenen Wagen erreichbar.

Mammoth Cave National Park

In diesem **Nationalpark** (☎800-967-2283; www.nps.gov/maca; 1 Mammoth Cave Pkwy, Ausfahrt 53 der I-65; Führung Erw. 7–55 US$, Kind 5–20 US$; ⏲8–18 Uhr, Sommer bis 18.30 Uhr) befindet sich das größte Höhlensystem der Erde mit mehr als 627 km kartierter Gänge. Die Mammoth Cave ist mindestens dreimal so groß wie jede andere bekannte Höhle und birgt gewaltige Felskathedralen, scheinbar bodenlose Abgründe und seltsame, wellenförmige Felsformationen. Die Höhlen wurden in prähistorischer Zeit als Mineralsammelstellen genutzt, später lieferten sie Salpeter für Schießpulver und dienten auch einmal als Hospital für Schwindsüchtige. Seit 1816 werden Führungen durch die Höhlen angeboten.

Sie wurden 1941 zum Nationalpark erklärt und ziehen heute 600 000 Besucher pro Jahr an.

Die einzige Möglichkeit, die Höhlen mit eigenen Augen zu sehen, ist im Rahmen einer der ausgezeichneten **Ranger-Führungen**, die man besser im Voraus bucht – vor allem im Sommer. Die Führungen reichen von unterirdischen Spaziergängen bis hin zu ganztägigen Abenteuern unter Tage (nur Erw.). Besonders interessant ist die historische Führung.

Neben den Höhlen bietet der Park 85 Meilen (137 km) an Wanderwegen, 60 Meilen (96,5 km) an Reitwegen und 25 Meilen (40,2 km) an Radwegen für Mountainbiking. Außerdem gibt es drei Campingplätze mit sanitären Anlagen, allerdings haben nur wenige Stellplätze Strom- und Wasseranschluss (Stellplatz ab 20 US$); auf 13 Campingplätzen im Hinterland kampiert man kostenlos. Es gibt auch ein Hotel und Hütten. Buchungen für Campingplätze (www.recreation.gov) und für Unterkünfte (www.mammothcavelodge.com) sind online möglich. Die Genehmigung zum Zelten erhält man im Visitor Center des Parks.

GEORGIA

Der größte Bundesstaat östlich des Mississippi ist ein Potpourri geografischer und kultureller Extreme: rechtsgerichtete Politiker der Republikaner in den ländlichen Gebieten stehen einem liberalen Idealismus in Atlanta und Savannah gegenüber; konservative Kleinstädte verschmelzen mit den sich ausdehnenden fortschrittlichen und finanzstarken Großstädten, im Norden ragen die Gipfel bis in die Wolken und entspringen reißende Flüsse, während in den Marschen der Küstengebiete das Riedgras wogt und es von Winkerkrabben wimmelt. Georgias südliche Strände und Inseln sind ebenso wie die Küche und die Bars ein Traum und – in der Tat – widersprüchlich.

ℹ Praktische Informationen

Discover Georgia (☎800-847-4842; www.exploregeorgia.org) Hat Touristeninfos für den ganzen Bundesstaat.

NICHT VERSÄUMEN

ZOMBIE-JÄGER: WILLKOMMEN IN WOODBURY!

Die postapokalyptische Welt menschenfressender Zombies in der AMC-Serie *The Walking Dead* hat seit der Ausstrahlung der ersten Staffel 2010 weltweit Massen von Zuschauern vor den Fernsehbildschirm gebannt und der Endzeit-Showdown findet nirgendwo anders als hier im Peach State statt. Atlanta und die etwa eine Fahrtstunde südlich davon gelegene historische Kleinstadt Senoia samt ihrer Umgebung bilden den Schauplatz dieser ungeheuer beliebten Serie. Atlanta Movie Tours bietet zwei vergnügliche Zombie-Touren zu den Drehorten: einmal zu denen in Atlanta und einmal zu denen rund um Senoia (unser Favorit). Als Guides dienen Statisten aus der Serie, die alle möglichen Insider-Schmankerl über die Stars und die Dreharbeiten preisgeben. Da die Kulisse von Mai bis November immer noch für Dreharbeiten genutzt wird, kann man die Schauspieler oft rund um Senoia bei einem Morgenkaffee im **Senoia Coffee & Cafe** (770-599-8000; www.senoiacoffeeandcafe.com; 1 Main St, Senoia; Mo–Sa 7–17 Uhr;) sehen.

Der ganze Ort, der im National Register of Historic Places steht, hat sich in eine Zombie-Zentrale verwandelt. Man sollte sich den **Woodbury Shoppe** (770-727-9394; www.woodburyshoppe.com; 48 Main St, Senoia; Mo–Sa 11–17, So 13–17 Uhr) nicht entgehen lassen, den offiziellen *Walking-Dead*-Souvenirladen, zu dem auch ein *Walking-Dead*-Café im Erdgeschoss und ein kleines Museum gehören.

Georgia Department of Natural Resources (800-864-7275; www.gastateparks.org) Hat Infos zum Campen und zu Aktivitäten in den State Parks.

Atlanta

Mit 5,7 Mio. Einwohnern in der Stadt und den Vororten erlebt die sogenannte Hauptstadt des Südens einen beispiellosen Boom dank der in den Süden ziehenden Einheimischen und der Einwanderer aus dem Ausland. Neben den altbekannten Attraktionen findet man hier eine ganze Reihe hervorragender Restaurants, einen spürbaren Einfluss von Hollywood (Atlanta hat sich zu einem beliebten Filmproduktionszentrum entwickelt) und eine bedeutende afroamerikanische Geschichte. Letztere kann nicht geleugnet werden: Jede landesweite afroamerikanische intellektuelle, politische oder künstlerische Bewegung hatte in Atlanta entweder ihre Wurzeln oder fand hier einen Wirkungsort.

Ohne natürliche Grenzen, welche die Ausbreitung einschränken könnten, wirkt Atlanta zgegebenermaßen eher wie eine Region als wie eine Stadt. Trotz ihres steten Wachstums und der weiteren Ausdehnung der Vorstädte gibt es einen hübschen Stadtkern mit vielen Bäumen und eleganten Häusern. Die unterschiedlichen Stadtviertel ähneln freundlichen Kleinstädten. Die Wirtschaft ist stabil, die Bevölkerung jung und kreativ und die soziale Szene zeigt sich erfreulich unterschiedlich.

Sehenswertes & Aktivitäten

Downtown

Die Innenstadt Atlantas befindet sich gerade wieder im Wandel. Entwickler und Politiker setzen darauf, sie immer lebendiger und lebenswerter zu gestalten.

★ **Center for Civil & Human Rights** MUSEUM
(www.civilandhumanrights.org; 100 Ivan Allen Jr Blvd; Erw./Senior/Kind 15/13/10 US$; Mo–Sa 10–17, So 12–17 Uhr) 2014 kam in Atlantas **Centennial Olympic Park** (www.centennialpark.com; 265 Park Ave NW) ein eindrucksvoller Neubau hinzu: die 68 Mio. US$ teure ernüchternde Gedenkstätte der amerikanischen Bürgerrechts- und der weltweiten Menschenrechtsbewegung. Das schön gestaltete und durchdacht ausgeführte Museum ist ein unbestreitbares Highlight, in dessen Mittelpunkt eine erschütternde interaktive Simulation an einer nachgebildeten Woolworth-Theke steht, die einen sprachlos macht und die Tränen in die Augen treibt.

College Football Hall of Fame MUSEUM
(www.cfbhall.com; 250 Marietta St; Erw./Senior/Kind 22/19/18 US$; So–Fr 10–17, Sa 9–18 Uhr; P) Die Bedeutung des College-Footballs für die amerikanische Kultur kann man gar nicht genug hervorheben. Dieses Museum, das 2014 von Indiana in diese dreistöckige, 8756 m² große Institution verlegt wurde, ist ein supercooler, passender Schrein für den Sport.

World of Coca-Cola MUSEUM
(☎404-676-5151; www.woccatlanta.com; 121 Baker St; Erw./Senior/Kind 17/15/13 US$; ⊙Di–Sa 9–19, So 10–17 Uhr) Das selbstgefällige Museum mag für Fans koffeinhaltiger Limo und grenzenloser Kommerzialisierung unterhaltsam sein. Den Höhepunkt des Besuchs bildet die Verkostung von Coke-Produkten aus aller Welt – ein echtes Erlebnis für den Gaumen. Zu sehen sind aber auch Werke von Andy Warhol und ein 4-D-Film. Zudem gibt's jede Menge Infos zur Unternehmensgeschichte und Werbematerial. Wir haben in jeder Ecke des Museums nach dem berühmten Geheimrezept für Coca-Cola gesucht und können es daher hier präsentieren:

Atlanta Movie Tours GEFÜHRTE TOUREN
(☎855-255-3456; www.atlantamovietours.com; 327 Nelson St SW; geführte Touren Erw./Kind ab 20/10 US$) Im Angebot sind mehrere Touren zu Filmschauplätzen, darunter eine Tour ins imaginäre Woodbury aus *The Walking Dead,* mit Zeugnissen aus der TV-Serie, ergänzt durch Einblicke in diese Produktion, die allerlei Insider-Infos über die Mitwirkenden vermitteln. Auf anderen Touren geht's zu den Schauplätzen von *Die Tribute von Panem, Taken* und anderen Produktionen.

CNN Center GEFÜHRTE TOUREN
(☎404-827-2300; http://tours.cnn.com; 1 CNN Center; geführte Tour Erw./Senior/Kind 15/14/ 12 US$; ⊙Mo–Sa 9–17 Uhr, VIP-Touren 9.30, 23.30, 13.30 & 15.30 Uhr, VIP-Tour 33 US$) Die 55-minütige Führung hinter die Kulissen der Zentrale des internationalen, 24-Stunden-Nachrichtensenders verspricht Fans eine gute Zeit. Obwohl die Besucher Wolf Blitzer (oder seinen Leuten) nicht sehr nah kommen, hat man in der Sendezeit von 9 bis 12 Uhr die besten Chancen, die Moderatoren live auf Sendung zu erleben. Während einer VIP-Tour betritt man das Nachrichtenstudio, die Kontrollräume und die Produktionsstudios.

Midtown

Mit ihren vielen tollen Bars, Restaurants und Kulturstätten ist die Midtown eine hippere Version der Downtown.

★High Museum of Art GALERIE
(www.high.org; 1280 Peachtree St NE; Erw./Kind unter 5 Jahren 14,50 US$/frei; ⊙Di–Do & Sa 10–17, Fr bis 21, So 12–17 Uhr) Atlantas modernes High Museum war das erste Museum der Welt, das Leihgaben aus dem Louvre zeigte, und ist wegen seiner Architektur und seiner erstklassigen Exponate einen Besuch wert. Das eindrucksvolle, weiß getünchte Gebäude beherbergt auf mehreren Etagen eine Dauerausstellung mit faszinierenden Möbelstücken aus dem späten 19. Jh., frühe Malereien der American-Modern-Ära von Künstlern wie George Morris und Albert Gallatin sowie Nachkriegswerke von Mark Rothko.

Atlanta Botanical Garden GÄRTEN
(☎404-876-5859; www.atlantabotanicalgarden.org; 1345 Piedmont Ave NE; Erw./Kind 19/13 US$; ⊙April–Okt. Di–So 9–19, Nov.–März bis 17 Uhr; P) In der nordwestlichen Ecke des Piedmont Park liegt der eindrucksvolle, 12 ha große botanische Garten mit einer japanischen Anlage, verschlungenen Wegen und dem faszinierenden Fuqua Orchid Center.

Margaret Mitchell House & Museum MUSEUM
(☎404-249-7015; www.atlantahistorycenter.com; 979 Crescent Ave NE; Erw./Student/Kind 13/10/ 8,50 US$; ⊙Mo–Sa 10–17, So 12–17.30 Uhr) Das vom Atlanta History Center betriebene Haus wurde in eine Gedenkstätte für die Autorin von *Vom Winde verweht* umgewandelt. Mitchell schrieb ihren Roman in der kleinen Kellerwohnung dieses historischen Gebäudes im Tudor-Revival-Stil, das auf der Liste des National Register of Historic Places steht. Ausgestellt sind Zeugnisse aus Mitchells Leben, zu ihrer schriftstellerischen Laufbahn sowie Material zu der berühmten Verfilmung.

Die Eintrittskarte berechtigt auch zum Besuch des **Atlanta History Center** (☎404-814-4000; www.atlantahistorycenter.com; 130 West Paces Ferry Road NW; Erw./Kind 16,50/11 US$; ⊙Mo–Sa 11–16, Sa ab 13 Uhr).

Piedmont Park PARK
(☎404-875-7275; www.piedmontpark.org; 400 Park Dr NE; ⊙6–23 Uhr) GRATIS Ein herrlicher, weitläufiger Stadtpark, der Schauplatz vieler Kultur- und Musikfestivals ist. Im Park gibt es fantastische Radwege und einen samstäglichen Flohmarkt.

Skate Escape RADFAHREN
(☎404-892-1292; www.skateescape.com; 1086 Piedmont Ave NE; Fahräder & Inlineskates ab 6 US$/ Std.; ⊙11–19 Uhr) Verleiht Fahrräder, Inlineskates, Tandems (12 US$/Std.) und Mountainbikes (25/35 US$/Tag/über Nacht).

Sweet Auburn

In der Auburn Ave schlug zu Beginn des 20. Jhs. das wirtschaftliche und kulturelle

Atlanta

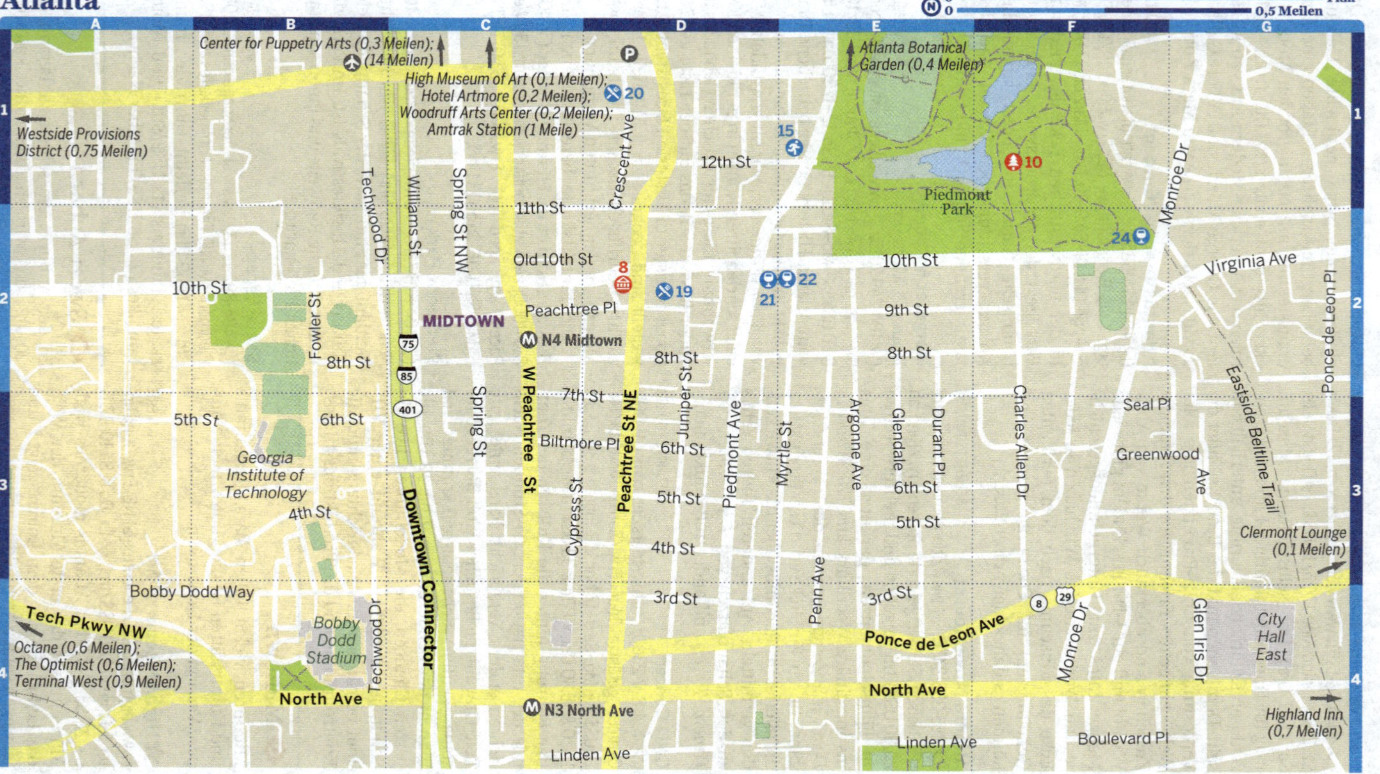
0 — 1 km
0 — 0,5 Meilen
Center for Puppetry Arts (0,3 Meilen); (14 Meilen)
High Museum of Art (0,1 Meilen); Hotel Artmore (0,2 Meilen); Woodruff Arts Center (0,2 Meilen); Amtrak Station (1 Meile)
Westside Provisions District (0,75 Meilen)
Atlanta Botanical Garden (0,4 Meilen)
Piedmont Park
Clermont Lounge (0,1 Meilen)
Highland Inn (0,7 Meilen)
Octane (0,6 Meilen); The Optimist (0,6 Meilen); Terminal West (0,9 Meilen)
City Hall East
MIDTOWN
N4 Midtown
N3 North Ave
Georgia Institute of Technology
Bobby Dodd Stadium
Downtown Connector
Eastside Beltline Trail
Tech Pkwy NW
Bobby Dodd Way
Techwood Dr
Williams St
Spring St NW
Spring St
W Peachtree St
Peachtree St NE
Peachtree Pl
Crescent Ave
Juniper St
Piedmont Ave
Myrtle St
Penn Ave
Argonne Ave
Glendale
Durant Pl
Charles Allen Dr
Greenwood Ave
Seal Pl
Monroe Dr
Virginia Ave
Ponce de Leon Pl
Ponce de Leon Ave
Glen Iris Dr
Boulevard Pl
North Ave
Linden Ave
Cypress St
Biltmore Pl
Fowler St
12th St
11th St
Old 10th St
10th St
9th St
8th St
7th St
6th St
5th St
4th St
3rd St
75
85
401
29
8
A
B
C
D
E
F
G
1
2
3
4
8
10
15
19
20
21
22
24

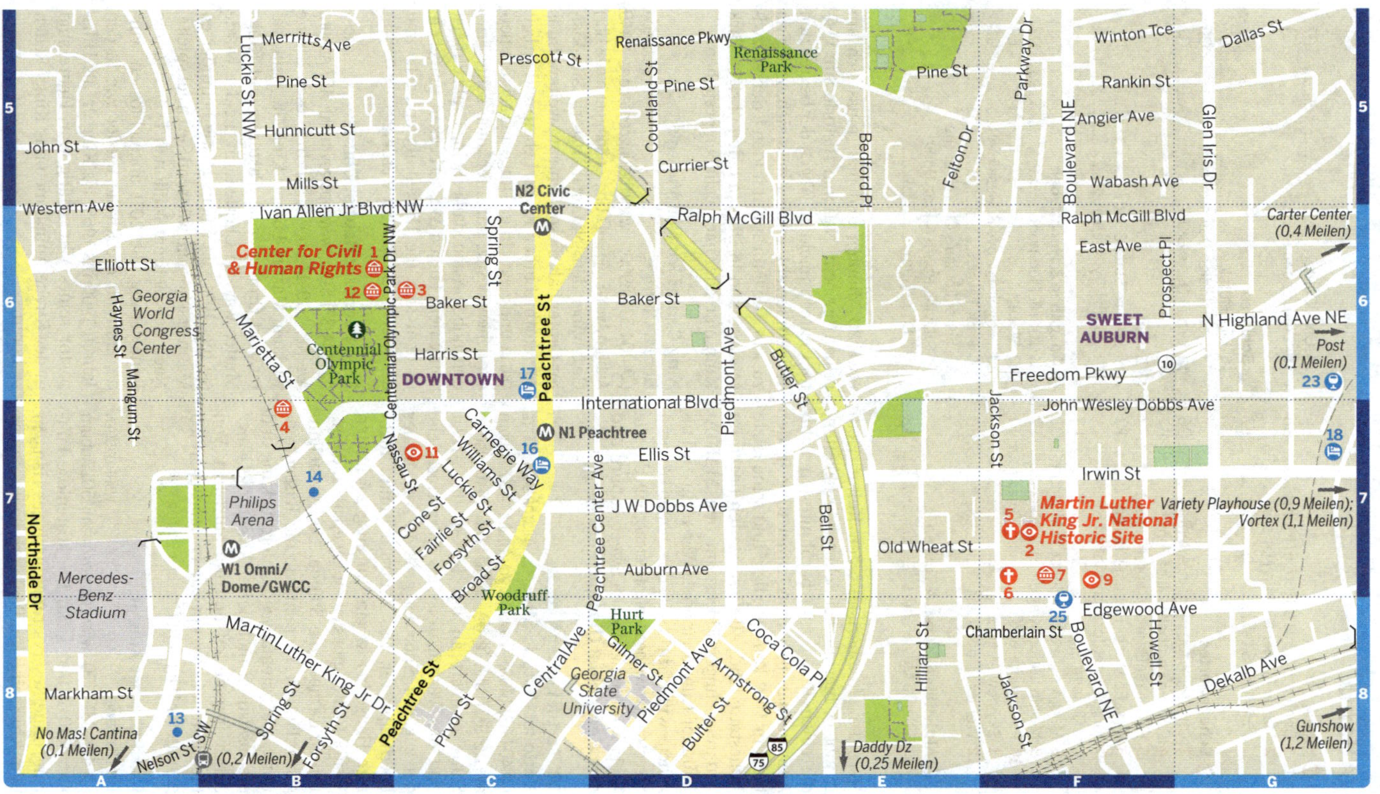
Merritts Ave
Prescott St
Renaissance Pkwy
Renaissance Park
Pine St
Winton Tce
Dallas St
Luckie St NW
Pine St
Pine St
Courtland St
Parkway Dr
Rankin St
Angier Ave
Glen Iris Dr
John St
Hunnicutt St
Currier St
Bedford Pl
Felton Dr
Boulevard NE
Mills St
Wabash Ave
Western Ave
Ivan Allen Jr Blvd NW
N2 Civic Center
Ralph McGill Blvd
Ralph McGill Blvd
Carter Center (0,4 Meilen)
East Ave
Prospect Pl
Elliott St
Center for Civil & Human Rights
1
12
3
Centennial Olympic Park Dr NW
Spring St
Baker St
Peachtree St
Baker St
Haynes St
Georgia World Congress Center
SWEET AUBURN
N Highland Ave NE
Post (0,1 Meilen)
Marietta St
Centennial Olympic Park
Harris St
Mangum St
DOWNTOWN
17
Piedmont Ave
Butler St
Freedom Pkwy
10
23
International Blvd
John Wesley Dobbs Ave
Jackson St
4
Carnegie Way
N1 Peachtree
18
Nassau St
11
Williams St
16
Ellis St
14
Luckie St
Irwin St
Philips Arena
Cone St
J W Dobbs Ave
Peachtree Center Ave
Bell St
Martin Luther King Jr. National Historic Site
5
2
Variety Playhouse (0,9 Meilen); Vortex (1,1 Meilen)
Northside Dr
Fairlie St
Forsyth St
Old Wheat St
W1 Omni/ Dome/GWCC
Broad St
Auburn Ave
6
7
9
Mercedes-Benz Stadium
Woodruff Park
25
Edgewood Ave
Hurt Park
Coca Cola Pl
Hilliard St
Chamberlain St
Boulevard NE
Howell St
MartinLuther King Jr Dr
Central Ave
Gilmer St
Piedmont Ave
Armstrong St
Dekalb Ave
Georgia State University
Markham St
Spring St
Forsyth St
Peachtree St
Pryor St
Bulter St
Jackson St
13
No Mas! Cantina (0,1 Meilen)
Nelson St SW
(0,2 Meilen)
85
75
Daddy Dz (0,25 Meilen)
Gunshow (1,2 Meilen)
A
B
C
D
E
F
G
5
6
7
8

Atlanta

Highlights
1 Center for Civil & Human Rights B6
2 Martin Luther King Jr. National Historic Site F7

Sehenswertes
3 Children's Museum of Atlanta C6
4 College Football Hall of Fame B7
5 Ebenezer Baptist Church (New) F7
6 First Ebenezer Baptist Church F7
7 King Center for Non-Violent Social Change F7
8 Margaret Mitchell House & Museum ... D2
9 Martin Luther King Jr. Birthplace F7
10 Piedmont Park F1
11 Skyview Atlanta C7
12 World of Coca-Cola B6

Aktivitäten, Kurse & Touren
13 Atlanta Movie Tours A8
14 CNN Center B7
15 Skate Escape E1

Schlafen
16 Ellis Hotel C7
17 Hotel Indigo Downtown C6
18 Urban Oasis B&B G7

Essen
19 Empire State South D2
20 South City Kitchen D1

Ausgehen & Nachtleben
21 10th & Piedmont D2
22 Blake's E2
23 Ladybird Grove & Mess Hall G6
24 Park Tavern F2
25 Sister Louisa's Church of the Living Room & Ping Pong Emporium F8

Herz der afroamerikanischen Kultur. Heute gibt es hier allerlei Sehenswürdigkeiten, die einen Bezug zum berühmtesten Sohn Auburns haben, Martin Luther King Jr., der hier zur Welt kam, predigte und seine letzte Ruhestätte fand. All diese Stätten liegen im Umkreis einiger Blocks um den MARTA-Bahnhof King Memorial. Wer nicht zu Fuß gehen will, fährt mit der neuen Atlanta Streetcar (www.theatlantastreetcar.com), die alle 10–15 Minuten zwischen Sweet Auburn und dem **Centennial Olympic Park** pendelt.

★ Martin Luther King Jr. National Historic Site
HISTORISCHE STÄTTE

(☎404-331-5190; www.nps.gov/malu; 450 Auburn Ave; ⏱9–17 Uhr; P 👪) GRATIS Die historische Stätte erinnert an das Leben, die Arbeit und das Vermächtnis des Bürgerrechtlers, der zugleich einer der größten Amerikaner überhaupt war. Das Zentrum nimmt mehrere Häuserblocks ein. Im ausgezeichneten Visitor Center gibt's einen Lageplan und eine Broschüre über die Stätten. Die Ausstellungen erläutern Themen wie die Rassentrennung, die systematische Unterdrückung und die rassistisch motivierte Gewalt, die Kings Arbeit inspirierten und ihn antrieben. Von hier führt ein 2,4 km langer, landschaftlich gestalteter Weg zum Carter Center.

Martin Luther King Jr. Birthplace
WAHRZEICHEN

(☎404-331-5190; www.nps.gov/malu; 501 Auburn Ave; ⏱10–16 Uhr) GRATIS Die kostenlose Führung ohne Reservierung durch das Haus, in dem King seine Kindheit verbrachte, dauert etwa 30 Minuten und man muss sich am selben Tag beim National Historic Site Visitor Center anmelden. Wegen der begrenzten Teilnehmerzahl empfiehlt es sich, zeitig da zu sein. Die Führungen finden jederzeit zwischen 10 und 16 Uhr statt, den übrigen Park kann man aber nach Belieben besuchen.

King Center For Non-Violent Social Change
MUSEUM

(☎404-526-8900; www.thekingcenter.org; 449 Auburn Ave NE; ⏱9–17 Uhr, im Sommer bis 18 Uhr) Gegenüber dem National Historic Site Visitor Center hält dieses Zentrum weitere Infos zu Martin Luther Kings Leben und Arbeit parat und zeigt einige Dinge aus seinem persönlichen Besitz, darunter auch seine Friedensnobelpreismedaille. Seine Grabstätte ist von einem langen Wasserbecken umgeben, in dem sich die Umgebung spiegelt, und kann jederzeit besucht werden.

First Ebenezer Baptist Church
KIRCHE

(☎404-331-5190; www.nps.gov/malu; 407 Auburn Ave NE; ⏱9–17 Uhr) GRATIS In dieser Kirche wirkten Martin Luther King Jr., sein Vater und Großvater als Pastoren und Kings Mutter war die Chorleiterin. Leider wurde sie hier 1974 von einem geistig behinderten Mann erschossen, während sie Orgel spielte. Nach der mehrere Millionen Dollar teuren Renovierung, die 2011 abgeschlossen wurde, erstrahlt die Kirche wieder wie in den Jahren 1960 bis 1968, als King Jr. als Hilfspastor seines Vaters tätig war. Heute sind in der Kirche Aufnahmen aus Kings Reden zu hören.

Die Gottesdienste werden sonntags nun in der neuen **Ebenezer-Kirche** (☎ 404-688-7300; www.historicebenezer.org; 101 Jackson St NE; ⏲ Gottesdienste So 9.30 & 11 Uhr) auf der gegenüberliegenden Straßenseite gehalten.

Virginia-Highland

Dieser Stadtteil mit seinen historischen Häusern und ruhigen, grünen Straßen abseits der North Highland Ave ist bei Familien sehr beliebt. Eine Art Zentrum bildet die Gegend rund um die dreieckige Virginia-Highland-Kreuzung, die sich zu einem Geschäftsviertel entwickelt hat und in der es vor Lokalen, Cafés und Boutiquen – Ketten und unabhängige Läden – nur so wimmelt.

Carter Center MUSEUM
(☎ 404-865-7100; www.jimmycarterlibrary.org; 441 Freedom Pkwy; Erw./Senior/Kind 8/6 US$/frei; ⏲ 8–17 Uhr; P) Auf einem Hügel oberhalb des Zentrums zeigt dieses Museum Ausstellungen zur Präsidentschaft Jimmy Carters (1977–1981), darunter eine Nachbildung des Oval Office und seinen Nobelpreis. Besonders hübsch sind der idyllische japanische Garten und der neue Schmetterlingsgarten hinter dem Gebäude.

Der 2,4 km lange begrünte **Freedom Park Trail** führt von hier zur Martin Luther King Jr. National Historic Site. Er verläuft durch den Freedom Park.

Feste & Events

Atlanta Jazz Festival MUSIK
(www.atlantafestivals.com; Piedmont Park; ⏲ Mai) Der Höhepunkt dieses einen Monat andauernden Festivals sind die Livekonzerte im Piedmont Park, die am Wochenende des Memorial-Day stattfinden.

Atlanta Pride Festival SCHWULE & LESBEN
(www.atlantapride.org; ⏲ Okt.) Atlantas jährliches LGBT-Festival.

National Black Arts Festival KULTUR
(☎ 404-730-7315; www.nbaf.org; ⏲ Juli) Künstler aus dem ganzen Land treffen sich auf diesem afroamerikanischen Musik-, Theater-, Literatur- und Filmfestival.

Schlafen

Die Preise in den Downtown-Hotels schwanken stark, je nachdem, ob gerade ein großer Kongress in der Stadt stattfindet. Am günstigsten kommt man in einem der zahlreichen Kettenhotels entlang der Schienen der MARTA-Linie außerhalb der Innenstadt unter. Zum Sightseeing geht es dann mit dem Zug in die Stadt.

Ellis Hotel BOUTIQUEHOTEL $$
(☎ 877-211-2545; www.ellishotel.com; 176 Peachtree St NW; Zi. 150–190 US$; P ❄ 📶 🐾) Das Ellis ist ein Downtown-Juwel mit Zimmern im Business-Chic, die in warmen Holztönen gehalten sind und coole weiße Bettwäsche haben. Zu beachten ist, dass es auch ein Stockwerk für Gäste mit Haustieren gibt, ein nur Frauen vorbehaltenes Stockwerk sowie ein „Saubere Luft"-Stockwerk (mit eigenem Eingang und speziellen Sauberkeitsregeln für jene, die an Allergien leiden).

Hotel Artmore BOUTIQUEHOTEL $$
(☎ 404-876-6100; www.artmorehotel.com; 1302 W Peachtree St; Zi. 170–200 US$, Suit ab 220 US$; P ❄ @ 📶) Das 1924 im spanisch-mediterranen Stil erbaute architektonische Wahrzeichen wurde komplett renoviert und zu einem künstlerisch angehauchten Boutiquehotel umgebaut, das Trendsettern mit einem Bedürfnis nach Diskretion als urbane Zuflucht dient. Es besticht mit exzellentem Service, einem herrlichen Innenhof mit Feuerstelle und einer tollen Lage gegenüber dem MARTA-Bahnhof Arts Center.

Hotel Indigo Downtown BOUTIQUEHOTEL $$
(☎ 888-233-9450; www.hotelindigo.com; 230 Peachtree St NE; Zi. 135–160 US$; P ❄ @ 📶 🐾) Atlantas zweites Hotel Indigo punktet durch seine Top-Lage nahe dem Centennial Park und erfüllt die Erwartungen an Bequemlichkeit: ein moderner Bau nach Entwürfen des in Atlanta geborenen John Portman. In den hellen und klaren Zimmern setzen historische Fotos und Flecken von Regenbogenfarben durchdachte Akzente.

Highland Inn INN $$
(☎ 404-874-5756; www.thehighlandinn.com; 644 N Highland Ave; EZ/DZ ab 75/105 US$; P ❄ 📶) Das 1927 im europäischen Stil erbaute eigenstän-

ATLANTA CITYPASS

Mit dem **Atlanta CityPass** (www.citypass.com; Erw./Kind 75/59 US$) geht es in die Welt von Coca-Cola, ins CNN Center, ins Georgia Aquarium, in den Zoo Atlanta oder ins Center for Civil & Human Rights, und in die College Football Hall of Fame oder das Fernbank Museum of Natural History. Online erhältlich.

dige Inn mit 65 Zimmern hat im Lauf der Jahre viele tourende Musiker beherbergt. Die Zimmer sind nicht sehr groß, aber das Hotel punktet mit seiner Top-Lage in der Virginia-Highland-Gegend in der Downtown und seinem Komfort. Es ist eine der wenigen Unterkünfte, die auch Einzelzimmer haben.

★Urban Oasis B&B B&B $$

(☎770-714-8618; www.urbanoasisbandb.com; 130a Krog St NE; Zi. 140–215 US$; P❄📶) In einem umzäunten und umgewandelten Baumwollsortierlager der 1950er-Jahre versteckt sich dieses wunderbare B&B in einem modernen Retro-Loft und ist eine Stadtwohnung vom Feinsten. Nach dem Betreten gelangt man in einen riesigen, flippigen Gemeinschaftsraum mit großen Fenstern, durch die viel Tageslicht fällt. Danach geht man weiter zu einem der drei Zimmer, die alle mit anspruchvollen Haywood-Wakefield-Möbeln im Stil des 1950er-Modernismus ausgestattet sind.

★The Social Goat B&B B&B $$

(☎404-626-4830; www.thesocialgoatbandb.com; 548 Robinson Ave SE; Zi. 125–245 US$; P❄📶) Das direkt am Grant Park gelegene und wunderbar restaurierte viktorianische Herrenhaus von 1900 im Queen-Anne-Stil hat sechs Zimmer im französischen Landhausstil mit vielen Antiquitäten. Wichtiger ist aber, dass man sich das Anwesen mit Ziegen, Truthähnen, Hühnern und Katzen teilt. Es ist ein echtes ländliches Refugium, angesiedelt in einer der landesweit größten Städte.

Essen

Nach New Orleans hat Atlanta die beste Restaurantszene des Südens. Die Gastronomie-Kultur ist hier schon fast eine Obsession. Der Westside Provisions District, der Krog Street Market und der Ponce City Market sind alle recht neue und hippe Wohn- und Restaurantgegenden inmitten der sich ständig verändernden Stadtviertel Atlantas.

Downtown & Midtown

Empire State South SÜDSTAATENKÜCHE $$

(www.empirestatesouth.com; 999 Peachtree St; Hauptgerichte 12–36 US$; ⏲Mo–Do 7–22, Do–Sa bis 23, So 10–15 Uhr; 📶) Das rustikal-hippe Bistro in Midtown serviert einfallsreiche Gerichte der modernen Südstaatenküche und enttäuscht nicht – weder beim Frühstück noch zu anderen Tageszeiten. Sie machen ihre eigenen Bagels, schenken dem Kaffee genauso viel Aufmerksamkeit wie die Baristas im Nordwesten und mischen Brathähnchen mit Schinken und *pimento cheese*!

No Mas! Cantina MEXIKANISCH $$

(☎404-574-5678; www.nomascantina.com; 180 Walker St SW; Hauptgerichte 7–20m US$; ⏲8–22 📶👪) Die Einrichtung wirkt zwar etwas überzogen – als ob man in einer *piñata* speisen würde –, doch die Einheimischen sind begeistert von dem festlich-mexikanischen Ambiente dieser *cantina* in der Downtown in Castleberry Hill. Trotz der ruhigen Lage liegen das Mercedes-Benz Stadium, die Phillips Arena, das CNN Center und der Centennial Park in Gehweite.

Daddy Dz BARBECUE $$

(☎404-222-0206; www.daddydz.com; 264 Memorial Dr SE; Sandwiches 7–13 US$, Teller 13–23 US$; ⏲Mo–Do 11–22.30, Fr & Sa bis 23, So 12–21 Uhr; P) Diese Barbecue-Spelunke wurde wiederholt zu einer der besten der Stadt gewählt. Das Restaurant hat viel Charme, begonnen mit den Graffiti-Malereien auf den roten, weißen und blauen Außenwänden, dem rauchigen Interieur und bis zu den recycelten Sitznischen auf der überdachten Terrasse. Wer die saftigen Rippchen bestellt, verlässt zufrieden lächelnd das Lokal.

South City Kitchen SÜDSTAATENKÜCHE $$$

(☎404-873-7358; www.southcitykitchen.com; 1144 Crescent Ave; Hauptgerichte 18–40 US$; ⏲Mo–Fr 11–15.30 & 17–22, Sa 10–15 & 17–22.30, So 10–15 & 17–22 Uhr) Das gehobene Südstaatenrestaurant bietet köstliche, modernisierte Gerichte wie Buttermilch-Brathähnchen mit sautiertem Kohl und Kartoffelpüree sowie pfannengebratene Forelle aus Georgia mit gerösteten Möhren. Vor einem Kinobesuch bieten sich gebratene grüne Tomaten an, eine Spezialität der Südstaatenküche.

Westside

West Egg Cafe DINER $

(☎404-872-3973; www.westeggcafe.com; 1100 Howell Mill Rd; Hauptgerichte 6–15 US$; ⏲Mo–Fr 7–16, Sa & So bis 17 Uhr; P📶👪) Man stellt sich an den marmornen Frühstückstresen oder schnappt sich einen Tisch und genießt schwarze Bohnen und Eier, Putenwürstchen Benedict, Omelett mit *pimiento cheese* und Schinken oder ein Sandwich mit gebratenen grünen Tomaten. Alle Gerichte sind fantasievoll abgewandelte Versionen alter Klassiker, die in einem stilvollen, spartanisch eingerichteten Speisesaal serviert werden.

ATLANTA MIT KINDERN

Atlanta hat eine Fülle von Aktivitäten, die Kinder bei Laune halten, begeistern und zugleich lehrreich sind.

Center for Puppetry Arts (☎ Tickets 404-873-3391; www.puppet.org; 1401 Spring St NW; Museum 10,50 US$, Führungen 14 US$; ⏲ Di–So 9–17 Uhr, Mo geschl.; 👪) Das Museum ist ein Wunderland für Besucher aller Altersgruppen und zweifellos eine von Atlantas ungewöhnlichsten Sehenswürdigkeiten. Es birgt einen wahren Schatz an Puppen, von denen die Besucher manche auch in die Hand nehmen können. Ein bedeutender Zuwachs ist das **Worlds of Puppetry Museum** mit der weltweit umfassendsten Sammlung an Jim-Henson-Puppen und -Ausstellungsstücken.

Children's Museum of Atlanta (www.childrensmuseumatlanta.org; 275 Centennial Olympic Park Dr NW; $15; ⏲ Mo–Fr 10–16, Sa & So bis 17 Uhr; 👪) Ein interaktives Museum, das sich an Kinder bis zu acht Jahren richtet; Erwachsene haben nur in Begleitung eines Kindes Zutritt.

Skyview Atlanta (☎ 678-949-9023; www.skyviewatlanta.com; 168 Luckie St NW; Erw./Senior/Kind 14/12/9 US$; ⏲ So–Do 12–22, Fr bis 23, Sa 10–23 Uhr; 👪) In dem 20-stöckigen, 2013 in Betrieb genommenen Riesenrad mit 42 Kabinen schwebt man in 60 m Höhe über der Skyline von Atlanta.

Fernbank Museum of Natural History (☎ 404-929-6300; www.fernbankmuseum.org; 767 Clifton Rd; Erw./Kind 18/16 US$; ⏲ 10–17 Uhr; P 👪) Man kann durch mehrere Hektar große Hartholzwälder wandern oder die riesigen Dinosaurier-Exponate bestaunen.

Star Provisions SUPERMARKT $
(☎ 404-365-0410; www.starprovisions.com; 1198 Howell Mill Rd; ⏲ Mo–Sa 10–24 Uhr; 📶) Wer sich seine Gourmetspeisen gern selbst zubereitet, wird sich hier sehr wohl fühlen. Denn angeschlossen an eines der besten Restaurants der Stadt, das **Bacchanalia** (☎ 404-365-0410; www.starprovisions.com/bacchanalia; 1198 Howell Mill Rd; Festpreis 95 US$/Pers.; ⏲ ab 17.30 Uhr; P), findet man hier Käseläden, Fleischereien, Bäckereien, ein Bio-Café und Küchengeschäfte. Gut fürs nächste Picknick!

★ **Cooks & Soldiers** BASKISCH $$
(☎ 404-996-2623; www.cooksandsoldiers.com; 691 14th St; kleine Teller 6–19 US$; ⏲ So–Mi 17–22, Do bis 23, Fr & Sa bis 2 Uhr; 📶🍸) Dieses baskisch inspirierte Restaurant ist ein bahnbrechender Newcomer in Westside, dessen Spezialitäten *pintxos* (bskische Vorspeisen) und *asadas* (Grillspeisen) aus dem Holzofen sind. Sowohl die Gerichte als auch die Cocktails sind hervorragend. Ein Highlight sind der Blutorangen-Gin-Tonic, der gegrillte amerikanische Weißkäse mit schwarzen Trüffeln, gebratene Austern mit Sauce und Lammrippchen mit gewürztem Joghurt.

★ **The Optimist** SEAFOOD $$$
(☎ 404-477-6260; www.theoptimistrestaurant.com; 914 Howell Mill Rd; Hauptgerichte 22–34 US$; ⏲ Mo–Do 11.30–14.30 & 17–22, Fr & Sa 17–23, So 17–22 Uhr; 📶) 🌿 Kein Reiseführer könnte dieses nachhaltige Meeresfrüchterestaurant in Westside genügend loben. Es ist einfach großartig! Man beginnt mit Muscheln in rotem Curry, macht weiter mit in Entenschmalz gedünstetem Schwertfisch oder einer sämigen Muschelsuppe mit Schinken und weißen Bohnen und beendet das Mahl mit einer Kugel hausgemachtem Salzkaramell-Eis.

Virginia-Highland

Vortex BURGER $$
(☎ 404-688-1828; www.thevortexbarandgrill.com; 438 Moreland Ave NE; Burger 8,25–18 US$; ⏲ So–Do 11 Uhr–open end, Fr & Sa bis 2 Uhr) In dem mit US-Memorabilien vollgestopften Burger-Laden für Erwachsene ab 17 Jahren, der als Vater aller Burger-Schuppen Atlantas gilt, treffen alternative Hipster auf texanische Touristen und Morehouse-College-Studenten. Die Vielfalt der Burger reicht von eindrucksvoll bis ausgefallen, sie gehören aber immer zu den meistgepriesenen in Atlanta. Die mit einem 6 m hohen Totenschädel versehene Fassade der Filiale in Little Five Points entstand im Zuge der baulichen Maßlosigkeit vor den Olympischen Spielen und ist heute ein Wahrzeichen.

★ **Octopus Bar** FUSION $$
(☎ 404-627-9911; www.octopusbaratl.com; 560 Gresham Ave SE, East Atlanta; Gerichte 9–15 US$; ⏲ Di–Sa 22.30–2.30 Uhr) Die Vorbehalte soll-

te man am besten im Hotel lassen – das ist ein Punk-Rock-Restaurant – und darauf gespannt sein, was dieses Lokal mit Innen- und Außenbereich, graffitibedeckten Wänden und sphärischer Elektromusik bietet. Man kann nicht reservieren, also heißt es, früh kommen und den geräucherten Branzino mit Grapefruit, die Ramen-Nudeln mit Bauchspeck oder einen Tunfisch sowie andere innovativen, neuen Gerichte der Fusion-Küche genießen. Sind die Öffnungszeiten seltsam? Ergattert man nur schwer einen Sitzplatz? Dauert es so lange, bis man sein Gericht bekommt, weil die Köche zu beschäftigt sind, die vielen Beschwerden der Schar von Hilfsköchen und Kellnern entgegenzunehmen? Die Antwort auf all dies lautet klar: ja.

East Atlanta

Dish Dive AMERIKANISCH **$**

(☎404-957-7918; www.dishdivekitchen.com; 2233 College Ave NE; Hauptgerichte 8–16 US$; ⌚Di–Sa 17–22 Uhr) In einem nicht gekennzeichneten Haus nahe von Bahngleisen befindet sich das Dish Dive, das vermutlich cooler ist seine Gäste. Das Gute ist, dass das keinen stört. Hier ist jeder willkommen, und die frischen, saisonalen Speisen, wie Seewolf aus der Region mit Schweinefleisch und Kohl, die Hähnchenfleischpastete oder die selbstgemacht Lasagne, sind genauso günstig wie Chips.

Northern China Eatery CHINESISCH **$**

(☎770-458-2282; http://northernchinaeatery.com; 5141 Buford Hwy NE; Hauptgerichte 7–14 US$; ⌚Mi–Mo 10–22 Uhr, Di geschl.) Ein beliebtes Restaurant, das schon vom Namen her – und in seiner Küche – eindeutig ist. Im Eatery gibt es echte nordchinesische Küche: würzige Rindslungen, Dan-Dan-Nudeln, gegrilltes Lamm und mehr Knödel, als man mit den Stäbchen greifen kann.

★ **Gunshow** MODERN-AMERIKANISCH **$$$**

(☎404-380-1886; www.gunshowatl.com; 924 Garrett St SE; Gerichte 12–20 US$; ⌚Di–Sa 18–21 Uhr; 📶) Die jüngste Erleuchtung des Promikochs Kevin Gillespie ist ein unorthodoxes kulinarisches Erlebnis. Die Gäste können aus den rund zwölf kleinen Gerichten wählen, die die Köche mit Blut, Schweiß und Tränen in der offenen Küche zaubern und anschließend *dim sum*-mäßig an den Tisch bringen. Es kann schon eine Qual sein, die geräucherte und eingelegte Schinkenhachse zurückzuweisen, weil man auf das Tartar vom Kobe-Rind nach Saigon-Art wartet, aber das Erlebnis ist einmalig und das Restaurant das hippste in Atlanta.

ATLANTA BELTLINE

Atlanta BeltLine (www.beltline.org) ist ein riesiges, nachhaltiges Sanierungsprojekt, in dessen Rahmen ein bestehender, 35 km langer Bahnkorridor rund um die Stadt in ein Netz aus verbundenen Wegen für unterschiedliche Nutzung mit einer Gesamtlänge von 53 km verwandelt werden soll. Es ist das größte Verkehrs- und Wirtschaftsentwicklungsprojekt, das je in Atlanta gestartet wurde, und gehört zu den größten und weitreichendsten Stadtentwicklungsprojekten, an denen gegenwärtig in den USA gearbeitet wird. Für Traveller am interessantesten ist der 3,5 km lange **Eastside Trail**, der das hippe städtische Viertel Inman Park mit dem Piedmont Park in Midtown verbindet.

Decatur

Das unabhängige Städtchen Decatur liegt 6 Meilen (10 km) östlich der Downtown und hat sich zu einer Gegenkultur-Enklave und einem Feinschmeckerparadies entwickelt. Wie in den meisten traditionellen Südstaatenorten ist der von einem Pavillon gekrönte Courthouse Square Mittelpunkt allen Geschehens. Rundherum finden sich verschiedene Restaurants, Cafés und Geschäfte.

Leon's Full Service FUSION **$$**

(☎404-687-0500; www.leonsfullservice.com; 131 E Ponce de Leon Ave; Hauptgerichte 13–27 US$; ⌚Mo 17–1, Di–Do & So 11.30–1, Fr & Sa bis 2 Uhr; 📶) Das Leon's kommt etwas überheblich rüber, doch die fantastische Betontheke, die offene Raumaufteilung und die groovige beheizte und von Balken überspannte Terrasse machen aus der ehemaligen Tankstelle ein cooles Restaurant, das immer gut besucht ist.

Cakes & Ale MODERN-AMERIKANISCH **$$$**

(☎404-377-7994; www.cakesandalerestaurant.com; 155 Sycamore St; Hauptgerichte 10–36 US$; ⌚Café Di–Do 8–22, Fr & Sa bis 23, So 9–15 Uhr, Restaurant Di–Do 6–23, Fr & Sa 17.30–24 Uhr) Ein Schüler des Chez Panisse und Meister der Backkunst betreibt dieses hippe Restaurant. Die Bäckerei nebenan verkauft neben köstlichem Gebäck eine heiße Schokolade, die einfach göttlich ist. Das Restaurant bietet ein kleines, aber erlesenes Sortiment, z.B. perfekt

SCHWULEN- & LESBENSZENE IN ATLANTA

Atlanta – oder „Hotlanta", wie manche sagen – ist einer der wenigen Orte in Georgia mit einer erkennbaren und aktiven Schwulen- und Lesbengemeinde. Midtown bildet das Zentrum des schwulen Lebens, das Epizentrum befindet sich rund um den Piedmont Park und die Kreuzung 10th St und Piedmont Ave, wo sich das **Blake's** (☎404-892-5786; www.blakesontheparkatlanta.com; 227 10th St NE; ⊙Mo–Fr 15–3, Sa 13–3, So 13–1 Uhr), Atlantas klassische Schwulenbar, oder das **10th & Piedmont** (www.communitashospitality.com/10th-and-piedmont; 991 Piedmont Ave NE; ⊙Mo–Do 10–15 & 17–22, Fr 10–15 & 17–23, Sa 10–16 & 17–23, So 10–21 Uhr) befindet, in dem man essen und spät abends etwas erleben kann. Im Städtchen Decatur, östlich von Atlantas Downtown, gibt es eine beträchtliche Lesbengemeinde. News und Infos gibt's im *David Atlanta* (www.davidatlanta.com) sowieonline unter www.gayatlanta.com.

Das **Atlanta Pride Festival** ist ein riesiges jährliches Fest der Schwulen- und Lesbengemeinde der Stadt. Es findet im Oktober im und rund um den Piedmont Park statt.

gegrillte *framani-soppresata*-Sandwiches mit Mangold, Salzzitronen-Ricotta und Dijon-Senf (mittags ein Renner!) und abends Schweinefleisch, Perlhuhn oder Lamm.

Ausgehen & Nachtleben

Atlanta hat eine lebendige Barszene, die von kleinen Buden bis zu hippen Nachbarschaftslokalen reicht, die als unscheinbare, kleine Lokale gelten wollen, aber eigentlich angesagte nächtliche Treffpunkte der Reichen und Schönen sind. Wo immer man auch hingeht, es fällt auf, dass im landesweiten Vergleich in dieser Stadt die Überwindung der Rassengrenzen besonders gut gelungen ist – Grund genug, um darauf das Glas zu erheben.

★ Sister Louisa's Church of the Living Room & Ping Pong Emporium BAR

(☎404-522-8275; www.sisterlouisaschurch.com; 466 Edgewood Ave; ⊙Mo–Fr 17–3, Sa 13–3, So bis 24 Uhr; 📶) Die Wiege der wiederbelebten Barszene in Edgewood ist wie eine Kirche aufgemacht, aber noch lange keine Westminster Abbey. Jeden freien Fleck an den Wänden schmückt Sakrileg-Kunst der offensiven Art, die in manchen Teilen der Welt zu Kriegen führt. Man kann hier seine Widerstandskraft gegenüber ausgefallenen Cocktails testen und sich der Gemeinde anschließen, über die Kunst schmunzeln oder spannenden Tischtennisspielen zuschauen.

★ Argosy KNEIPE

(☎404-577-0407; www.argosy-east.com; 470 Flat Shoals Ave SE; ⊙Mo–Fr 17–2.30, Sa 12–2.30, So open end; 📶) Dieser Gastropub in East Atlanta punktet mit einer langen Liste von seltenen Craft-Bieren, mit perfekten Bargerichten und einer Atmosphäre, die zum Verweilen den ganzen Abend lang einlädt. Die mehreckige Theke schlängelt sich durch einen Raum mit rustikalem Chic und einen Lounge-Bereich im Wohnzimmerstil.

Ladybird Grove & Mess Hall BAR

(☎404-458-6838; www.ladybirdatlanta.com; 684 John Wesley Dobbs Ave NE; ⊙Di–So 11 Uhr–open end, Mo geschl.) Dank seiner beneidenswerten Lage (und dem enormen Innenhof) mit Blick auf die BeltLine bietet das Ladybird seinen Stammkunden einen der tollsten Standorte in Atlanta.

Brick Store Pub BAR

(☎404-687-0990; www.brickstorepub.com; 125 E Court Sq, Decatur; Fassbier 5–12 US$; ⊙So & Mo 11–1, Di–Sa bis 2 Uhr) Bierfans zieht es zu diesem Pub in Decatur mit dem reichhaltigsten Angebot an Craft-Bieren in Atlanta. Zur Wahl stehen ca. 30 sorgfältig ausgewählte Fassbiere (einschließlich jener in der gemütlicheren belgischen Bierbar im Obergeschoss) sowie fast 300 Sorten Flaschenbiere aus dem mit 15000 Flaschen bestückten Keller. Wohl deshalb trifft man hier allabendlich junge, gutgelaunte Gäste.

Kimball House COCKTAILBAR

(☎404-378-3502; www.kimball-house.com; 303 E Howard Ave, Decatur; ⊙So–Do 17 Uhr–open end, Fr & Sa bis 1 Uhr) Das Kimball House in einem restaurierten und etwas abseits gelegenen Bahndepot in Decatur erinnert in gewisser Weise an einen Saloon. Es bietet Craft-Cocktails, Getränke mit Absinth und eine lange Liste mit frisch eingeflogenen Austern.

Park Tavern BAR

(☎404-249-0001; www.parktavern.com; 500 10th Street NE; ⊙Mo–Fr 16.30 Uhr–open end, Sa & So 11.30 Uhr–open end; 📶) Die Außenterrasse des Kleinbrauerei-Restaurants am Rand des Piedmont Park ist einer der schönsten Orte in Atlanta, um an einem Wochenendnachmittag herumzusitzen und etwas zu trinken.

Unterhaltung

Clermont Lounge TANZ
(☎404-874-4783; http://clermontlounge.net; 789 Ponce de Leon Ave NE; ⌚Mo–Sa 13– 3 Uhr) Wie lässt sich das Clermont beschreiben? Zunächst ist es ein Strip-Club, der älteste in Atlanta, aber nicht nur ein Strip-Club. Es ist eine Institution in der Szene von Atlanta, in der Tänzer jeden Alters, jeder Hautfarbe und jeden Körperbaus willkommen sind. Kurzum, es ist ein Strip-Club für Stripper, obwohl auch die Zuschauer – und jeder landet irgendwann mal hier – einen tollen Abend erleben.

Terminal West LIVEMUSIK
(☎404-876-5566; www.terminalwestatl.com; 887 W Marietta St) Diese Konzertstätte zählt zu Atlantas besten Livemusikclubs und befindet sich in einer schön umgebauten, 100 Jahre alten Eisen- und Stahlgießerei in Westside.

Woodruff Arts Center KUNSTZENTRUM
(☎404-733-4200; www.woodruffcenter.org; 1280 Peachtree St NE) Auf dem Campus dieses Kunstzentrums findet man das High Museum, das Atlanta Symphony Orchestra und das Alliance Theatre.

Variety Playhouse LIVEMUSIK
(☎404-524-7354; www.variety-playhouse.com; 1099 Euclid Ave NE) Diese ausgebuchte und gut geführte Konzertveranstaltungsstätte, in der verschiedene tourende Künstler auftreten, sichert Little Five Points einen festen Platz in der Musikszene.

Praktische Informationen

INFOS IM INTERNET

Scout Mob (www.scoutmob.com) Tipps zu allem, was in Atlanta neu und hip ist.

Atlanta Travel Guide (www.atlanta.net) Offizielle Website des Atlanta Convention & Visitors Bureau mit ausgezeichneten Links zu Läden, Restaurants, Hotels und anstehenden Events. Auf der Website kann man außerdem den City-Pass (S. 451) kaufen.

MEDIEN

Atlanta (www.atlantamagazine.com) Das Monatsmagazin für lokale Themen, Kunst und Gastronomie.

Atlanta Daily World (www.atlantadailyworld.com) Die Atlanta Daily World ist die älteste kontinuierlich herausgegebene afroamerikanische Tageszeitung (seit 1928).

Atlanta Journal-Constitution (www.ajc.com) Atlantas wichtigste Tageszeitung mit gutem Reiseteil am Sonntag.

Creative Loafing (www.clatl.com) Das kostenlose alternative Wochenblatt, das immer mittwochs erscheint, liefert heiße Tipps zu Musik, Kunst und Theater.

NOTFALL & MEDIZINISCHE VERSORGUNG

Atlanta Medical Center (Wellstar Atlanta Medical Center; ☎404-265-4000; www.atlantamedcenter.com; 303 Parkway Dr NE) Seit 1901 Atlantas bestes Krankenhaus.

MARTIN LUTHER KING JR.: GALIONSFIGUR DER BÜRGERRECHTE

Martin Luther King Jr., die bedeutendste Figur der US-amerikanischen Bürgerrechtsbewegung und die wohl größte Führungspersönlichkeit Amerikas, wurde 1929 als Sohn eines Predigers und einer Chorleiterin in Atlanta geboren. Dieser Hintergrund war nicht nur von Bedeutung, weil er seinem Vater als Pfarrer der Ebenezer Baptist Church folgte, sondern auch, da seine späteren politischen Reden von einer nicht unbedeutenden Kanzelrhetorik geprägt waren.

Der „Busboykott" von Montgomery, Alabama, wurde 1955 von King angeführt, woraufhin der Oberste Gerichtshof der USA die Gesetze aufhob, die eine Rassentrennung in Bussen vorschrieben. Von diesem Moment an war King die inspirierende Stimme mit moralischem Gewicht. Kings Ablehnung von Gewalt bei der Durchsetzung der Rassengleichheit und des Rassenfriedens folgte dem Vorbild Gandhis und diente als mächtige Waffe gegen Hass, Rassentrennung und rassistisch motivierte Gewalt. King wurde 1968, vier Jahre, nachdem er den Friedensnobelpreis erhalten hatte und fünf Jahre nach seiner legendären Washingtoner *I Have a Dream*-Rede, auf dem Balkon eines Hotels in Memphis erschossen.

King bleibt eine der anerkanntesten und am meisten respektierten Persönlichkeiten des 20. Jhs. Zehn Jahre lang führte er eine Bewegung an, um ein System der rechtlichen Diskriminierung zu beenden, das seit der Entstehung des Landes gegolten hatte.

An- & Weiterreise

Atlantas riesiger Flughafen **Hartsfield-Jackson International Airport** (ATL; ☎800-897-1910; www.atl.com) liegt 12 Meilen (19 km) nördlich von Downtown Atlanta und ist ein wichtiges Drehkreuz für den regionalen und internationalen Luftverkehr. Er ist hinsichtlich der Passagierzahlen der größte Flughafen der Welt und sieht auch danach aus.

Die **Greyhound-Haltestelle** (☎404-584-1728; www.greyhound.com; 232 Forsyth St) befindet sich neben der MARTA-Station Garnett. Von hier aus starten Busse nach Nashville (5 Std.), New Orleans (10½ Std.), New York (20 Std.), Miami (16 Std.) nd Savannah (4¾ Std.).

Atlantas Amtrak-Hauptbahnhof (www.amtrak.com; 1688 Peachtree St NW) liegt direkt nördlich der Downtown. Von hier verkehren Züge nach Nordosten sowie in südlich gelegene Städte wie Birmingham und New Orleans.

Unterwegs vor Ort

Die Züge der **Metropolitan Atlanta Rapid Transit Authority** (MARTA; www.itsmarta.com) fahren vom Flughafen in die Downtown und zurück, sie bedienen aber auch einige weniger nützliche Pendlerrouten. Jeder Kunde muss eine Breeze Card (www.breezecard.com) erwerben; sie kostet 2 US$ und kann bei Bedarf aufgeladen werden. Die MARTA-Gebühr beträgt 2,50 US$. Die Shuttle-Anbieter und Autovermietungen haben Büros im Flughafen, auf der Etage der Gepäckausgabe.

Das Atlanta Streetcar ist eine tolle Möglichkeit, in der Innenstadt von Atlanta voranzukommen. Das einfache Ticket kostet 1 US$ (oder als Tageskarte 3 US$). Das Streetcar hat mehr als ein Dutzend Haltestellen auf einer 4,3 km langen Rundstrecke vom Centennial Olympic Park bis zur Martin Luther King Jr. National Historic Site.

Nördliches Georgia

Georgia ist ein geografisch vielgestaltiger Bundesstaat. Im Inneren erstrecken sich Seen und Wälder, an der Küste prägen Sümpfe und vorgelagerte Inseln das Bild. Und wer eine Gebirgslandschaft sucht, muss ins nördliche Georgia aufbrechen, das sich an den südlichen Ausläufern der Appalachen erstreckt. Die Berge und das sie umgebende Vorland sowie die landeinwärts gelegenen Regionen schaffen eine großartige Gebirgslandschaft, sorgen aber auch für gute Weine und reißende Flüsse. Die herbstliche Farbenpracht setzt hier später ein und erreicht ihren Höhepunkt im Oktober. Man sollte einige Tage einplanen, um Sehenswürdigkeiten wie die 366 m tiefe Tallulah Gorge, die Berglandschaft und die Wanderwege im Vogel State Park und Unicoi State Park zu erkunden.

Dahlonega

1828 war Dahlonega Schauplatz des ersten Goldrauschs in den USA. Heute boomt hier der Tourismus, denn der Ort ist von Atlanta aus bequem an einem Tag zu erreichen und zudem ein fantastisches Ziel für einen Abstecher in die Berge. Die Stadt ist nicht nur ein Hotspot für Outdoor-Aktivitäten, die Downtown von Dahlonega rund um den Courthouse Square ist eine tolle Mischung aus Weinverkostungslokalen, Gourmet-Kaufhäusern, großartigem Essen, ländlichen Geschäften und dem Charme eines Bergortes.

Sehenswertes & Aktivitäten

Amicalola Falls State Park STATE PARK
(☎706-265-4703; www.gastateparks.org/amicalolafalls; 280 Amicalola Falls State Park Rd, Dawsonville; 5 US$/Fahrzeug; ⏲7–22 Uhr; P) In diesem 18 Meilen (29 km) westlich von Dahlonega am Hwy 52 gelegenen State Park befinden sich die 222 m hohen Amicalola Falls – der höchste Wasserfall im Südosten. Der Park hat eine spektakuläre Landschaft, eine **Lodge** (☎800-573-9656; www.amicalolafalls.com; 418 Amicalola Falls State Park Rd, Dawsonville; Stellplatz ab 30 US$, Zi. & Cottage 140–240 US$; P ❄ @) und bietet ausgezeichnete Wege zum Wandern und Mountainbiken.

Frogtown Cellars WEINGUT
(☎706-865-0687; www.frogtownwine.com; 700 Ridge Point Dr; Verkostung 15 US$; ⏲Mo–Fr 12–17, Sa bis 18, So 12.30–17 Uhr) Dieses schöne Weingut hat eine tolle Veranda, auf der man Weine probieren und Käse knabbern kann. Es behauptet von sich, das meistprämierte Weingut außerhalb Kaliforniens zu sein, was zwar nicht bestätigt werden kann, aber der Wein passt sehr gut zu einem Sonnenuntergang in den Bergen.

Dahlonega Courthouse Gold Museum MUSEUM
(☎706-864-2257; www.gastateparks.org/dahlonegagoldmuseum; Public Sq; Erw./Kind 7/4,50 US$; ⏲Mo–Sa 9–17, So 10–17 Uhr) Wer Interesse für Münzen, Währungen und Finanzgeschichte hat, muss dieses Museum besuchen. Dahlonegas Wurzeln liegen in der Zeit des Goldrauschs, als die Stadt es schnell zu Wohlstand brachte. 1838 eröffnete die Bundesregierung eine Münzanstalt am Markplatz,

wo über 6 Mio US$ als Goldmünzen bis zum Ausbruch des Bürgerkriegs geprägt wurden, als die Münze schloss.

Schlafen & Essen

Hiker Hostel HOSTEL $
(☎770-312-7342; www.hikerhostel.com; 7693 Hwy 19N; B/Zi. 25/70 US$, Hütte 90–110 US$; P ❄ @ 📶) Zwei begeisterte Rad- und Freizeitsportler betreiben dieses Hostel am Hwy 19N, etwa 7 Meilen (11 km) vom Ort entfernt. Die umgebaute Blockhütte richtet sich vor allem an Wanderer, die den Appalachian Trail erkunden möchten, und bietet saubere, nette Zimmer mit Etagenbetten und jeweils einem eigenem Bad.

Es gibt auch zwei schicke Hütten aus Schiffscontainern, für deren Einrichtung aus ganz Georgia zusammengetragene Materialien wiederverwertet wurden.

Cedar House Inn & Yurts B&B $$
(☎706-867-9446; www.georgiamountaininn.com; 6463 Highway 19 N; Zi. 125–145 US$, Jurte 145 US$; P ❄ 📶) Gebetsfahnen, eine Permakulturfarm, Flaschenbäume und – was naheliegend ist – eine fortschrittliche, umweltbewusste und nachhaltige Einstellung der Natur und dem Leben gegenüber prägen die Atmosphäre im Cedar House, das am Hwy 19 nördlich der Stadt liegt. Auf Wunsch bereitet das Personal glutenfreies und veganes Frühstück zu. Die gemütlichen Zimmer und die zwei bunten Jurten (ohne Klimaanlage) laden zu einem Nickerchen ein.

Spirits Tavern BURGER $
(☎706-482-0580; www.spirits-tavern.com; 19 E Main St; Burger 12–15 US$; ⊙So–Do 11–23, Fr bis 1 Uhr, So open end; 📶) Diese Bar tischt erstaunlich einfallsreiche Burger mit Fleisch von Angus-Rindern oder freilaufenden, hormonfrei gefütterten Truthähnen auf. Die Burger gibt's mit knusprigen Käsemakkaroni, auf griechische, asiatische und Cajun-Art.

Back Porch Oyster Bar SEAFOOD $$
(☎706-864-8623; www.backporchoysterbar.net; 19 N Chestatee St; Hauptgerichte 9–31 US$; ⊙Mo–Do 11.30–21, Fr & Sa bis 22, So bis 20 Uhr; 📶) Austern, Thunfisch, Muscheln und andere Meeresfrüchte werden täglich frisch geliefert und in diesem Nachbarschaftsrestaurant gesäubert, frittiert oder gedünstet.

Praktische Informationen

Visitors Center (☎706-864-3711; www.dahlonega.org; 13 S Park St; ⊙Mo–Fr 9–17.30, Sa 10–17 Uhr) Bietet haufenweise Infos zu den regionalen Sehenswürdigkeiten und Aktivitäten wie Wandern, Kanu- und Kajakfahren, Raften und Mountainbiken.

Anreise & Unterwegs vor Ort

Dahlonega liegt ca. 70 Meilen (113 km) nördlich von Atlanta; am schnellsten gelangt man von dort auf dem Hwy 19 hierher. Es gibt keine Busverbindung.

Athens

Athens ist eine gesellige, künstlerisch angehauchte und lässige College-Stadt, die etwa 80 Meilen (129 km) östlich von Atlanta liegt. Es hat ein extrem beliebtes Footballteam (die University of Georgia Bulldogs), eine weltweit berühmte Musikszene, eine aufstrebende Restaurantkultur und ein überraschend vielseitiges Nachtleben. Die Universität – UGA – ist der Antriebsmotor für das Kulturleben und sichert einen nie versiegenden Nachschub an jungen Barbesuchern und Konzertgängern, von denen etliche nach ihrem Abschluss hierbleiben und sich in der Stadt niederlassen. Die hübsche Downtown, die man gut zu Fuß erkunden kann, bietet eine Fülle an hippen Restaurants, Bars und Geschäften.

Sehenswertes

★**Georgia Museum of Art** MUSEUM
(☎706-542-4662; www.georgiamuseum.org; 90 Carlton St; ⊙Di–Mi, Fr & Sa 10–17, Do bis 21, So 13–17 Uhr) GRATIS In der schicken, modernen Galerie betreiben geistreiche, kunstinteressierte Gestalten in der Lobby Selbststudien, und Kunstkenner beäugen die modernen Skulpturen im Hofgarten und die beeindruckende Sammlung von Werken amerikanischer Realisten der 1930er-Jahre.

State Botanical Garden of Georgia GÄRTEN
(www.botgarden.uga.edu; 2450 S Milledge Ave; ⊙8–18 Uhr) GRATIS Mit seinen gewundenen Wegen und seiner soziohistorischen Ausrichtung ist dieser großartige botanische Garten ein Juwel für eine Stadt dieser Größe. Schilder informieren über die eindrucksvolle Pflanzensammlung mit ihren seltenen und bedrohten Arten. Außerdem gibt's fast 8 km an tollen bewaldeten Wanderwegen.

Schlafen & Essen

★**Graduate Athens** INN $$
(☎706-549-7020; www.graduateathens.com; 295 E Dougherty St; Zi. 100–170 US$, Suite 280–

390 US$;) Dieses wundervoll gestaltete Boutiquehotel bildete den Auftakt für eine College-Campus-Kette und ist von aufgepepptem Retro-Schick geprägt – angefangen bei den mit Topfpflanzen bestückten altmodischen Dewey-Decimal-Karteikartenschränken in der Lobby, bis zu den süßen Crosley-Plattenspielern und den Videospielklassikern in den Suiten.

Lokale Akzente wie das Kreidetafel-Kunstwerk mit der chemischen Formel für süßen Tee verstärken den Reiz des Hauses. Auf dem Gelände befinden sich in einer alten Eisengießerei der Konföderierten auch ein tolles Café, eine Bar mit Grill und eine Livemusikbühne.

Hotel Indigo BOUTIQUEHOTEL **$$**
(706-546-0430; www.indigoathens.com; 500 College Ave; Zi./Suite ab 160/265 US$;) Das Boutiquehotel mit viel Öko-Schick gehört zur Indigo-Kette, hat geräumige Zimmer, die an ein cooles Loft erinnern, und wurde mit dem goldenen LEED-Zertifikat für energie- und umweltbewusstes Design ausgezeichnet. Es gibt Aufzüge, die mit Öko-Energie betrieben werden, bei der Parkplatzvergabe haben Hybridfahrzeuge Vorrang, und beim Bau des Gebäudes wurden 30 % recycelte Materialien verwendet.

Pouch PIES **$**
(706-395-6696; www.pouchpies.com; 151 E Broad St; Pies 5,50 US$; Mo–Mi 11–22, Do–Sa bis 23 Uhr;) In den Südstaaten bedeutet „Pie" gemeinhin etwas Süßes und Butterhaltiges, das als Nachtisch serviert wird. Für die südafrikanischen Besitzer des Pouch sind „Pies" köstliche Backwaren aus aller Welt, darunter australische Pasteten mit Rindfleisch und Sauce, portugiesische Pasteten mit Piri-Piri, Weißweinsauce und Chorizo und sogar eine cheeseburgerähnliche amerikanische Pie! Großartige Gerichte zu einem erschwinglichen Preis!

White Tiger BARBECUE **$**
(706-353-6847; www.whitetigergourmet.com; 217 Hiawassee Ave; Hauptgerichte 6,75–10,50 US$; Mo–Sa 11–15, Do 18–20, So 10–14 Uhr;) Das 100 Jahre alte Gebäude wirkt zwar nicht gerade vertrauenserweckend, doch am abseits gelegenen, bei den Einheimischen sehr beliebten Grill werden hammermäßige Sandwiches mit holzgeräuchertem Pulled Pork, Burger und sogar auf dem Grill geräucherter Tofu für Vegetarier zubereitet. Chefkoch Ken Manring hat seine kulinarische Kunst bereits in gehobeneren Restaurants unter Beweis gestellt, bevor er sich in Athens niederließ.

home.made SÜDSTAATENKÜCHE **$$**
(706-206-9216; www.homemadeathens.com; 1072 Baxter St; Hauptgerichte 13–25 US$; Di–Sa 11–14 & 17.30–21.30) Das home.made setzt neue Maßstäbe, wenn es um die neue Südstaatenküche geht. Die Speisekarte wechselt

NATUR & ABENTEUER IM NÖRDLICHEN GEORGIA

Tallulah Gorge (706-754-7981; www.gastateparks.org/tallulahgorge; 338 Jane Hurt Yarn Dr, Tallulah Falls; Eintritt 5 US$/Auto; 8 Uhr –Sonnenuntergang;) Die 366 m tiefe Tallulah Gorge schneidet eine dunkle Schneise in die bewaldeten Hügel des nördlichen Georgia. Man überquert die eines Indiana Jones würdige Hängebrücke und hält Ausschau nach Wanderwegen, die zum Schluchtrand führen. Oder man kann sich für eine Wanderung auf dem Grund der Schlucht entscheiden; dazu werden aber nur 100 Genehmigungen täglich (nach dem Prinzip „wer zuerst kommt, mahlt zuerst") ausgestellt.

Vogel State Park (706-745-2628; www.gastateparks.org/vogel; 405 Vogel State Park Rd, Blairsville; Eintritt 5 US$/Auto; 7–22 Uhr;) Dieser Park am Fuß des Berges mit dem suggestiven Namen Blood Mountain ist der älteste seiner Art in Georgia und bildet einen Flickenteppich aus bewaldeten Bergen, die einen 89 000 m² großen See einschließen. Es gibt etliche Wanderwege, sowohl für Anfänger als auch für erfahrene Wanderer. Viele der hier vorhandenen Einrichtungen wurden vom Civilian Conservation Corp geschaffen; ein saisonales Museum erzählt die Geschichte dieser Arbeitsteams, die den Park gegründet haben und während der Weltwirtschaftskrise die lokale Wirtschaft retteten.

Unicoi State Park (706-878-2201; www.gastateparks.org/unicoi; 1788 Hwy 356, Helen; Eintritt 5 US$/Auto; 7–22 Uhr;) In diesem auf Abenteuer-Aktivitäten ausgerichteten Park können die Besucher Kajaks (10 US$/Std.) mieten, an Stehpaddel-Kursen teilnehmen (25 US$), auf 19,3 km langen Pfaden wandern, mit dem Mountainbike fahren oder mit der Seilrutsche über den Baumkronen des Waldes schweben (59 US$).

oft, je nach den verfügbaren Zutaten, aber welcher Herkunft auch immer die Produkte sind, stets entstehen kreative, köstliche Gerichte, die ihren Ursprung in der lokalen Küche haben; nicht selten sind sie aber verspielt verrückt, so z. B. die in der Pfanne sautierte Flunder mit Reisgrieß mit Kurkuma.

Five & Ten AMERIKANISCH **$$$**
(☎706-546-7300; www.fiveandten.com; 1073 S Milledge Ave; Hauptgerichte 22–36 US$; ⏲So–Do 17.30–22, Fr & Sa bis 23, So 10.30–14.30 Uhr;) Das Five & Ten, das nachhaltig erzeugte Zutaten verwendet und eine bodenständige, nur leicht verspielte Speisekarte mit Kalbsbries, Augenbohnen-Hummus und Frogmore Stew (Kartoffel-Mais-Eintopf mit Würstchen) hat, zählt zu den besten Restaurants der Südstaaten. Reservierung ist Pflicht.

Ausgehen & Unterhaltung

Trapeze Pub CRAFT-BIER
(☎706-543-8997; www.trappezepub.com; 269 N Hull St; ⏲Mo–Sa 11–2, So 24 Uhr;) Die beste Craft-Bier-Bar in der Downtown gab es schon vor dem Bier-Hype. Es gibt Dutzende Biere vom Fass, darunter das lokale, sehr beliebte Creature Comforts, sowie weitere rund 100 Flaschenbiere. Dazu passen Pommes nach belgischer Art, die besten der Stadt.

The Old Pal BAR
(☎706-850-4340; www.theoldpal.com; 1320 Prince Ave; ⏲Mo–Sa 16–2 Uhr;) Das Old Pal ist die Bar der Denker in Normal Town und setzt auf saisonale Craft-Cocktails und ein wohl durchdachte Bourbon-Karte. Der schöne, dunkle Raum hat schon viele örtliche Denkmalschutzpreise bekommen.

Normal Bar BAR
(☎706-548-6186; www.facebook.com/normal.bar.7; 1365 Prince Ave; ⏲Mo–Fr 16–2, Sa 11.30–2 Uhr;) Die liebenswerte, dunkle Ladenfrontbar ist überhaupt keine Studentenkneipe, aber dennoch typisch für Athens. Das Bier reicht vom billigen PBR-Bier bis zum hochwertigen Kleinbrauerei-IPA. Es gibt eine fabelhafte Weinkarte und das Publikum ist nett, jung und entspannt.

40 Watt Club LIVEMUSIK
(☎706-549-7871; www.40watt.com; 285 W Washington St; Eintritt 5–25 US$) Athens' legendärster Schuppen bietet diverse Lounges, eine Tiki-Bar und PBR-Biere zu 2,50 US$. Auf der Bühne wird seit R.E.M., den B-52s und der Widespread Panic Indie-Rock gespielt und hier treten immer noch die großen Bands auf, wenn sie in der Stadt sind.

ℹ Praktische Informationen

Athens Welcome Center (☎706-353-1820; www.athenswelcomecenter.com; 280 E Dougherty St; ⏲Mo–Sa 10–17, So 12–17 Uhr) Das Visitor Center, das in einem historischen Antebellum-Gebäude an der Ecke der Thomas St untergebracht ist, hat Stadtpläne und Infos zu Touren durch die Region.

An- & Weiterreise

Die College-Stadt liegt etwa 70 Meilen (113 km) östlich von Atlanta. Es gibt keinen großen Highway, der hierher führt, sodass man sich mit Bundes- und Nebenstraßen begnügen muss. Der örtliche **Greyhound-Busbahnhof** (☎706-549-2255; www.greyhound.com; 4020 Atlanta Hwy, Bogart) liegt etwa 6 Meilen (10 km) westlich der Downtown von Athens. Es gibt Busverbindungen nach Atlanta (7½ Std., 2-mal tgl.) und Savannah (14 Std., 1-mal tgl.).

Die Küste Georgias

Im Vergleich zu den städtischen, vorstädtischen oder stadtnahen Bezirken, die Atlanta umgeben, oder dem bergigen Landesinneren des nördlichen Georgia prägen den südlichen Teil des Bundesstaates uraltes Louisianamoos und Lebenseichen. Das in Sümpfen liegende Savannah präsentiert sich als unwiderstehliche Südstaaten-Schönheit. Aber diese Region hat mehr zu bieten als Antebellum-Häuser und Louisianamoos – die wilde, mit geschützten Düneninseln übersäte Küste Georgias ist eine oft übersehene, spektakuläre Landschaft.

Savannah

Savannah ist zweifellos ein Hingucker. Erbaut rund um einen historischen Kern mit vornehmen Stadthäusern, Antebellum-Villen, riesigen Lebenseichen und öffentlichen, mit Louisianamoos bedeckten Grünflächen, ist Savannah eine überaus attraktive Stadt.

Die Stadt hat aber mehr als nur ein schönes Gesicht zu zeigen. Wenn Savannah eine Südstaatenschönheit ist, dann trägt sie auch einen Schuss Whiskey und eine Flasche scharfer Sauce in sich und zeigt vielleicht mit Stolz ihre unrasierten Beine. Diese Stadt ist anmutig – der Ausdruck „Mondschein und Magnolien“ ist zwar abgedroschen, trifft hier aber völlig zu –, sie ist allerdings auch etwas grobschlächtig und ausgelassen grenzüberschreitend. Dies erklärt sich zum Teil durch Savannahs Toleranz des Fehlverhaltens (nur teilweises Verbot des Konsums von Alkohol in der Öffentlichkeit!) und die Anwesenheit der Studenten vom Savannah College of Art & Design (SCAD), einer der besten Kunstakademien des Landes.

Sehenswertes & Aktivitäten

★ Wormsloe Plantation Historic Site HISTORISCHE STÄTTE

(☎912-353-3023; www.gastateparks.org/Wormsloe; 7601 Skidaway Rd; Erw./Senior/Kind 6–17 Jahre/Kind 1–5 Jahre 10/9/4,50/2 US$; ⏱Di–So 9–17 Uhr; P) Nur eine kurze Autofahrt vom Zentrum entfernt auf der schönen Isle of Hope gelegen, ist dies eines der beliebtesten Fotomotive der Stadt. Sobald man sich auf der Zufahrtstraße nähert, fühlt man sich wie in einen Traum versetzt, während man auf einen Korridor aus mit Moos bewachsenen uralten Eichen blickt, der sich über 1,5 Meilen (2,4 km) dahinzieht und als Avenue of the Oaks bekannt ist.

Forsyth Park PARK

GRATIS Der Central Park von Savannah ist eine weitläufige rechteckige Grünfläche, die von einem schönen Springbrunnen dominiert wird, der ein beliebtes Fotomotiv ist.

Mercer-Williams House HISTORISCHES GEBÄUDE

(☎912-236-6352; www.mercerhouse.com; 429 Bull St; Erw./Student 12,50/8 US$; ⏱Mo–Sa 10.30–16.10, So 12–16 Uhr) Obwohl Jim Williams, der Kunsthändler aus Savannah, den Kevin Spacey im Film *Mitternacht im Garten der Lüste* spielte, bereits 1990 gestorben ist, wurde sein berüchtigtes Wohnhaus erst 2004 zum Museum. Das Obergeschoss, in dem Williams' Familie noch lebt, ist nicht zugänglich, das Erdgeschoss hingegen ist der Traum eines jeden Innenarchitekten.

Owens-Thomas House HISTORISCHES GEBÄUDE

(☎912-790-8800; www.telfair.org/visit/owens-thomas; 124 Abercorn St; Erw./Senior/Kind 20/18/15 US$; ⏱So & Mo 12–17, Di–Sa 10–17 Uhr) Die vom britischen Architekten William Jay 1819 fertiggestellte großartige Villa ist ein Beispiel der für ihre Symmetrie bekannten englischen Regency-Architektur. Bei der Führung wird man ein bisschen mit Details aus dem aristokratischen Leben überhäuft, man erfährt aber Interessantes über über die mit „gespensterblauen" Farbe (hergestellt aus zerstoßenem Indigo, Buttermilch und zerriebenen Austernschalen) gestrichenen Decken der Sklavenquartiere und darüber, dass dieses Herrenhaus fast 20 Jahre vor dem Weißen Haus schon fließendes Wasser hatte.

Telfair Academy of Arts & Sciences MUSEUM

(☎912-790-8800; www.telfair.org/visit/telfair; 121 Barnard St; Erw./Kind 20/15 US$; ⏱So & Mo 12–17, Di–Sa 10–17 Uhr) Das historische Herrenhaus der Familie Telfair gilt als bestes Kunstmuseum in Savannah und beherbergt amerikanische Kunst und Silber des 19. Jhs. sowie einige wenige Werke aus Europa. Das ockerfarbene Gebäude selbst ist großartig und schon an sich ein Kunstwerk, das Besucher in Staunen versetzt.

SCAD Museum of Art MUSEUM

(www.scadmoa.org; 601 Turner Blvd; Erw./Kind unter 14 Jahre 10 US$/frei; ⏱Di–Mi 10–17, Do bis 20, Fr & Sa bis 17, So 12–17 Uhr) Architektonisch auffallend – was könnte man anderes erwarten von dieser Designschule? – macht dieses Langhaus aus Ziegelstein, Stahl, Beton und Glas den Besucher sofort mit der zeitgenössischen Kunst bekannt. Es gibt tolle, kreative Sitzbereiche drinnen und draußen und verschiedene Wechselausstellungen, die die bedeutendsten Talente der zeitgenössischen Kunstszene präsentieren.

Jepson Center for the Arts GALERIE

(JCA; ☎912-790-8800; www.telfair.org/visit/jepson; 207 W York St; Erw./Kind 20/15 US$; ⏱So & Mo 12–17, Di–Sa 10–17 Uhr; 👪) Das vom berühmten Architekten Moshe Safdie errichtete JCA, das für die Standards von Savannah recht futuristisch aussieht, widmet sich, was auch das Gebäude selbst andeutet, der Kunst des 20. und 21. Jhs. Es lohnt sich, nach Wechselausstellungen von SCAD-Studenten und solchen zu Themen von Rennen bis zur Kunst in VR-Videospielen Ausschau zu halten.

Savannah Bike Tours RADFAHREN

(☎912-704-4043; www.savannahbiketours.com; 41 Habersham St; Tour 25 US$; ⏱jahreszeitlich unterschiedliche Zeiten) Dieser Veranstalter bietet mit seiner Radflotte zweistündige Radtouren durch leichtes, ebenes Gelände an. Abfahrtszeiten der Touren telefonisch erfragen oder auf der Website nachschauen.

Schlafen

Savannah Pensione PENSION $

(☎912-236-7744; www.savannahpensione.com; 304 E Hall St; EZ/DZ ohne Bad ab 55/65 US$; P❄@) Das Savannah war etwa 15 Jahre lang ein

Savannah

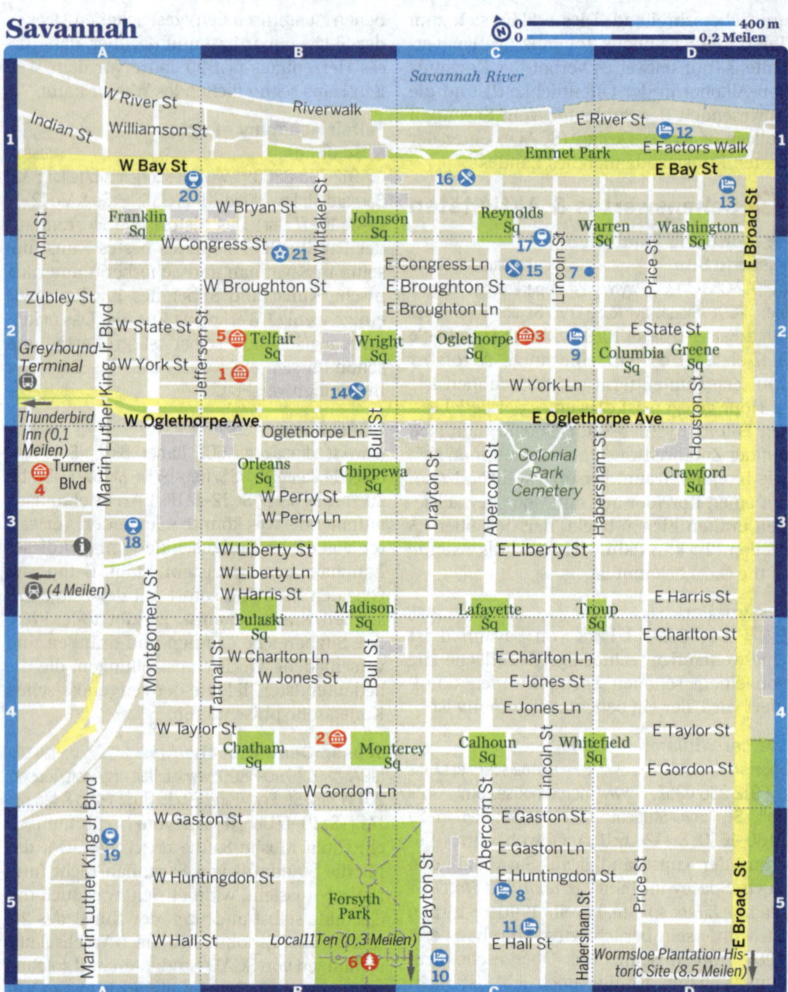

Hostel, doch der Inhaber der einfachen Nachbarschaftsherberge hatte wohl genug davon, dass in seinem italienisch angehauchten Herrenhaus von 1884 Backpacker die historischen Treppen rauf- und runtertrampeln. Heute ist es eine spärlich eingerichtete, nicht gerade stimmungsvolle Pension, hat aber immer noch die preiswertesten historischen Zimmer im Viertel. Zudem ist das Potenzial des Hauses noch lange nicht ausgeschöpft.

★ The Kimpton Brice HOTEL **$$**

(☎ 912-238-1200; www.bricehotel.com; 601 E Bay St; Zi. ab 175 US$; ❄ 📶 🏊) Die Kimpton-Kette ist bekannt für ihre designbewussten Hotels, also war zu erwarten, dass sie auch in dieser Stadt, die zu den führenden Designzentren des Landes gehört, ein solches eröffnen würde. Und tatsächlich enttäuscht das Kimpton Brice weder in dieser noch in einer anderen Hinsicht. Die modernen Zimmer bestechen durch die verspielten Farbmuster, während Eingang und Lobby des Hotels das Gefühl vermitteln, man betrete einen coolen Club.

Thunderbird Inn MOTEL **$$**

(☎ 912-232-2661; www.thethunderbirdinn.com; 611 W Oglethorpe Ave; Zi. 120–150 US$; P ❄ 📶 🐾) „Eine Prise Palm Springs, ein Hauch Las Vegas" beschreibt das altmodisch-schicke

Savannah

Sehenswertes
1 Jepson Center for the Arts B2
2 Mercer-Williams House B4
3 Owens-Thomas House C2
4 SCAD Museum of Art A3
5 Telfair Academy of Arts & Sciences B2
6 Forsyth Park B5

Aktivitäten, Kurse & Touren
7 Savannah Bike Tours C2

Schlafen
8 Azalea Inn C5
9 Kehoe House C2
10 Mansion on Forsyth Park C5
11 Savannah Pensione C5
12 Old Harbour Inn D1
13 The Kimpton Brice D1

Essen
14 Collins Quarter B2
15 Leopold's Ice Cream C2
16 Treylor Park C1

Ausgehen & Nachtleben
17 Abe's on Lincoln C2
18 Distillery Ale House A3
19 Chromatic Dragon A5
20 Club One A1

Unterhaltung
21 The Jinx B2

Motel von 1964 am besten. Es gewinnt seinen eigenen Beliebtheitswettbewerb: Ein Schild mit der Aufschrift *Hippest Hotel in Savannah* begrüßt die Gäste in der Lobby mit 1960er-Jahre-Hintergrundmusik. Unter den vielen biederen B&Bs in der Gegend ist das groovige Thunderbird wie eine Oase, das durch die Werke von Studenten des Savannah College of Art & Design nur noch mehr aufgewertet wird.

Azalea Inn INN $$
(☎912-236-6080; www.azaleainn.com; 217 E Huntingdon St; Zi./Villa ab 200/300 US$; P) Das hübsche, kanariengelbe historische Inn in einer ruhigen Straße nahe dem Forsyth Park ist ein Kracher. Die zehn schlichten Zimmer sind nicht sehr groß, aber hübsch mit dunkel lackierten Holzböden, Deckenstuck und Himmelbetten eingerichtet. Hinter dem Haus gibt's noch einen kleinen Pool. Für längere Aufenthalte bieten die drei neuen Villen etwas mehr modernen Luxus.

Kehoe House B&B $$$
(☎912-232-1020; www.kehoehouse.com; 123 Habersham St; Zi. ab 240 US$;) Das romantische, gehobene B&B im Stil der Neorenaissance stammt von 1892. Angeblich sollen hier in einem Kamin Zwillinge ums Leben gekommen sein, was das Haus zu einem der berüchtigtsten Spukhotels der USA macht. Wer auf Nummer sicher gehen will, bleibt den Zimmern 201 und 203 lieber fern. Von den Geistern mal abgesehen, ist das Kehoe eine hübsch eingerichtete, lohnende Luxusbleibe am malerischen Columbia Square.

Mansion on Forsyth Park HOTEL $$$
(☎912-238-5158; www.mansiononforsythpark.com; 700 Drayton St; Zi. werktags/Wochenende 220/360 US$; P@) Das 1672 m² große, schicke Hotel in erstklassiger Lage bietet Luxus pur – allein die Bäder sind den Preis schon fast wert. Das Beste an diesem Hotel-Spa sind die umwerfenden über 400 Kunstwerke von lokalen und internationalen Künstlern an den Wänden und in den Fluren.

Old Harbour Inn BOUTIQUEHOTEL $$$
(☎912-234-4100; www.oldeharbourinn.com; 508 East Factors Walk; Suite 205–290 US$;) Die schicken Suiten dieses Hotels am Flussufer verbinden historische Atmosphäre und modernes Feeling, angefangen vom großzügigen Raumgefühl (auch wenn es nur 42–60 m² sind) bis zu den gedämpften Farben und den Hochglanzböden aus Hartholz. Jeden Abend gibt's einen kostenlosen Empfang mit Wein und Käse.

Essen

★ **B's Cracklin' BBQ** BARBECUE $
(☎912-330-6921; www.bscracklinbbq.com; 12409 White Bluff Rd; Hauptgerichte 9–19 US$; Di–Sa 11–21, So bis 18 Uhr; P) Hier gibt's ein richtig gutes Barbecue. Grillmeister Bryan Furman hat seinen Job als Schweißer an den Nagel gehängt, um Schweine zu züchten und für regionale Zutaten für seine Gerichte zu sorgen. Das Ergebnis ist himmlisch: butterweiches Bruststück, Rippen mit superzartem Fleisch und perfekt zubereitetes Schweinefleisch nach Carolina-Art. Die Portionen sind riesig, sodass man richtig satt vom Tisch aufsteht. Das B's liegt etwa 8 Meilen (14,5 km) südlich der Innenstadt.

Leopold's Ice Cream EISDIELE $
(☎912-234-4442; www.leopoldsicecream.com; 212 E Broughton St; Kugel 3–5,50 US$; So–Do 11–23,

Fr & Sa bis 24 Uhr; 📶) In dieser typisch amerikanischen Eisdiele wird schon seit 1919 cremiges Eis nach griechischen Rezepten serviert. Hier wurde die Sorte Tutti Frutti erfunden, aber auch die Sorten Kaffee, Pistazie, Honig-Mandel und Sahne oder Karamell sind nicht zu verachten. Einfach aufkreuzen und sich in die Schlange einreihen!

Sweet Spice JAMAIKANISCH $

(☎ 912-335-8146; www.sweetspicesavannah.net; 5515 Waters Ave; Hauptgerichte 6–14 US$; ⊙ Mo–Do 11–20, Fr & Sa bis 21 Uhr) Dieses entspannte jamaikanische Lokal liegt etwa 4,5 Meilen (7,2 km) südöstlich der Innenstadt und ist eine willkommene Abwechslung von den fast überall gleichen amerikanischen und Südstaatengerichten, die in diesem Teil der Welt serviert werden. Ein großer Teller mit Ziegencurry oder Jerk-Brathähnchen kostet kaum mehr als ein Fast-Food-Gericht, ist aber umwerfend köstlich. Und sättigt dazu für fast den Rest des Jahres!

Treylor Park SÜDSTAATENKÜCHE $

(☎ 888-873-9567, 912-495-5557; www.treylorparksavannah.com; 115 E Bay St; Hauptgerichte 6–15 US$; ⊙ Mo–Mi 12–1, Fr bis 2, Sa 10–2, So 10–1 Uhr) Alle hippen Jugendlichen zieht es in den „Treylor Park“, der im Retro-Chic eines Airstream-Wohnwagens schwelgt. Und das Essen? Es gibt gut zubereitete Südstaatenklassiker: Brathähnchen auf einem Brötchen mit Würstchensauce und würzigem Kohl, oder ein gegrilltes Apple-Pie-Sandwich. Man sucht sich das Gewünschte aus und trinkt dazu einen leckeren Cocktail im angenehm beleuchteten Innenhof.

Collins Quarter CAFÉ $$

(☎ 912-777-4147; www.thecollinsquarter.com; 151 Bull St; Hauptgerichte abends 17–32 US$; ⊙ Mo 6.30–17, Di bis 12, Mi–So bis 22 Uhr; 📶) Wer sich schon mal mit Australiern über Kaffee unterhalten hat, wird wissen, dass sie total verrückt nach ihrem Java sind. Das sehr beliebte neue Café mit australischem Inhaber macht aus australisch geröstetem Brooklyn-Kaffee die von den Australiern heiß geliebten Flat Whites und Long Blacks. Neben dem besten Kaffee in Savannah gibt's hier auch exzellente Fusion-Gerichte, darunter einen Rinderbrust-Burger, bei dem einem schon beim Angucken das Wasser im Mund zusammenläuft. Alkohol bekommt man ebenso.

★ **Local11Ten** MODERN-AMERIKANISCH $$$

(☎ 912-790-9000; www.local11ten.com; 1110 Bull St; Hauptgerichte 26–45 US$; ⊙ 18–22 Uhr; 🍷) Gehoben, nachhaltig, regional und frisch – das ist das Geheimrezept dieses eleganten, gut geführten Restaurants, das zweifellos zu den besten in Savannah zählt. Los geht's mit Kaninchen-Ravioli, weiter mit fabelhaften gebratenen Meermuscheln in Minz-Butter-Sauce oder mit in Harissa mariniertem Bison-Nierenzapfen-Steak, und zum Schluss gibt's Pot de crème mit Salzkaramell. Die Speisekarte wechselt ständig.

Ausgehen & Unterhaltung

Die River St mit ihren Plastikbechern und dem Gesetz über öffentlichen Alkoholkonsum ist das Zentrum des Nachtlebens und des Bar-Hoppings, Savannahs Nachtleben ist aber mehr als aber nur Gelage – hier gibt es einige tolle, äußerst interessante Bars.

★ **Chromatic Dragon** BAR

(☎ 912-289-0350; www.chromaticdragon.com; 514 Martin Luther King Jr. Blvd; ⊙ So–Do 11–23, Fr & Sa bis 2 Uhr) Wem der Name dieser Bar ein Schmunzeln entlockt, der ist gerade richtig in dieser Zocker-Kneipe mit ihren Videospielkonsolen, Brettspielen und phantasievollen Drinks wie z. B. dem Butterbier aus *Harry Potter* und der von Fantasy-Storys inspirierten Health Potion. Es herrscht eine warme, freundliche Stimmung, auch wenn es *das* ultimatives Stammlokal für Nerds ist.

Abe's on Lincoln BAR

(☎ 912-349-0525; www.abesonlincoln.com; 17 Lincoln St; ⊙ Mo–Sa 16–3 Uhr) In dieser dunklen, schwülen, ganz mit Holz verkleideten Bar kann man gemütlich mit SCAD-Studenten oder Einheimischen ein oder zehn Bier herunterkippen. Sie lockt unterschiedlichste Gäste an, die angetrunken bestaunen, welch komisches Verhalten in der Bar gerade abgeht und von den Barkeepern toleriert wird.

Distillery Ale House BAR

(☎ 912-236-1772; www.distilleryalehouse.com; 416 W Liberty St; ⊙ Mo–Sa 11 Uhr–open end, So 12 Uhr–open end) Die Bar befindet sich in der ehemaligen Kentucky Distilling Co, die 1904 eröffnete und während der Prohibition geschlossen wurde. Seltsamerweise ist das aber kein Lokal für Hochprozentiges, sondern eher eine Bar für Craft-Biere. Reisende und Familien schätzen hier auch das Bar-Essen.

Club One SCHWULEN & LESBEN

(☎ 912-232-0200; www.clubone-online.com; 1 Jefferson St; ⊙ 17–3 Uhr) Drag-Shows (der lokale Star Lady Chablis war in *Mitternacht im Garten von Gut und Böse* zu sehen), tolle

Tanzabende und regelmäßig viele Flirts in dieser Schwulenbar, die ansonsten ein lässig-entspannter Ort ist, wo eine Mischung von SCAD-Studenten und Einheimischen Billard spielen und gemütlich plaudern.

The Jinx LIVEMUSIK

(☎912-236-2281; www.thejinx912.com; 127 W Congress St; ⏲16–3 Uhr) Das Jinx, ein gutes Beispiel von Savannahs komisch-verrücktem Nachtleben, ist bei Studenten, Einheimischen, Musikern und all jenen beliebt, die leicht heruntergekommene, günstige Stammkneipen mit Livemusik – von Rock und Punk bis Alt-Country-Musik und Hip-Hop – und abgefahrenem Kram, der die Wände schmückt, mögen.

ℹ Praktische Informationen

Candler Hospital (☎912-819-4100; www.sjchs.org; 5353 Reynolds St; ⏲24 Std.) Das etwa 4 Meilen (6,4 km) südlich der Downtown gelegene Candler Hospital bietet rund um die Uhr und an allen Wochentagen gute medizinische Versorgung. Einen weiteren Campus gibt es auf dem 11075 Mercy Blvd.

Savannah Visitors Center (☎912-944-0455; www.savannahvisit.com; 301 Martin Luther King Jr. Blvd; ⏲9–17.30 Uhr) Das Zentrum, das in dem restaurierten Bahnhof der 1860er-Jahre untergebracht ist, bietet exzellente Infos und Dienstleistungen. Von hier starten viele privat betriebene Stadtrundfahrten. Es gibt auch einen kleinen interaktiven Touristeninformationskiosk im Visitor Center am Forsyth Park.

ℹ Anreise & Unterwegs vor Ort

Savannah liegt abseits der I-95, etwa 110 Meilen (177 km) südlich von Charleston, SC. Der **Savannah/Hilton Head International Airport** (SAV; ☎912-964-0514; www.savannahairport.com; 400 Airways Ave) liegt etwa 5 Meilen (8 km) westlich der Downtown. Er unterhält vor allem Inlandflüge an die Ostküste, in den Süden und in die Städte des Mittleren Westens. **Greyhound** (☎912-232-2135; www.greyhound.com; 610 W Oglethorpe Ave) hat Verbindungen nach Atlanta (ca. 5 Std.), Charleston, SC, (ca. 2 Std.) und Jacksonville, FL (2½ Std.). Der **Amtrak-Bahnhof** (www.amtrak.com; 2611 Seaboard Coastline Dr) ist wenige Kilometer westlich des historischen Viertels; es gibt Verbindungen nach Charleston und Jacksonville und von dort weitere Anschlüsse.

Savannah ist sehr fußgängerfreundlich. Die Chatham Area Transit (www.catchacat.org) betreibt Stadtbusse mit Bio-Dieselmotoren, darunter auch ein kostenloses Shuttle (The Dot), das durch das historische Viertel pendelt und in der Nähe fast aller größerer Sehenswürdigkeiten hält. Der Preis beträgt 1,50 US$ pro Fahrt.

CAT Bike (www.catbike.bcycle.com; ⏲Tages-/Wochenmitglieder 5/20 US$, 2 US$/30 Min.) ist ein komfortables Leihfahrrad-Projekt der Chatham Area Transit. Man muss eine Mitgliedskarte kaufen. Die erste Stunde Radfahren ist gratis. Stationen gibt es überall in der Stadt.

Eine Taxifahrt vom Flughafen ins historische Viertel kostet pauschal 28 US$.

Brunswick & Golden Isles

Brunswick mit seiner großen Shrimps-Fangflotte und einem historischen Viertel im Schatten mächtiger Eichen hat einen Charme, der einem entgeht, wenn man auf der I-95 oder dem Golden Isle Pkwy (US Hwy 17) unterwegs ist. Die Stadt wurde 1733 gegründet und ist nicht so stark touristisch ausgerichtet wie andere Orte an der Küste, Besucher dürften dies aber als wohltuende Abwechslung empfinden.

Mary Ross Waterfront Park PARK

(Bay St) Während des Zweiten Weltkriegs bauten die Werften von Brunswick 99 Liberty-Transportschiffe für die Marine. Heute erinnert im Mary Ross Waterfront Park ein 7 m großes Modell an jene Schiffe und ihre Erbauer.

Hostel in the Forest HOSTEL $

(☎912-264-9738; www.foresthostel.com; 3901 Hwy 82; 30 US$/Pers.; P 🐾) 🍃 Die einzige Budgetunterkünfte in dieser Gegend sind diese kahlen, achteckigen Zedernhütten und Baumhäuser (ohne Klimaanlage und Heizung) auf einem umweltfreundlichen, nachhaltig genutzten Gelände. Wer hier übernachten will, muss einen Mitgliedsbeitrag von 10 US$ zahlen; das Abendessen ist inbegriffen. Wie man leicht erraten kann, liegt das Hostel mitten im Wald etwa 10 Meilen (16 km) außerhalb von Brunswick. Nur telefonische Reservierung.

ℹ Anreise & Unterwegs vor Ort

Brunswick liegt abseits des Hwy 17. Die Busse von **Greyhound** (☎800-231-2222; 2990 Hwy 17 S) halten an der Tankstelle Flying J, 10 Meilen (16 km) westlich der Stadt. Busverbindungen gibt es u. a. nach Savannah (16 US$, 2 Std., 2-mal tgl.) und Jacksonville (15 US$, 70 Min., 2-mal tgl.) Von beiden Städten sind Anschlussfahrten möglich.

ST. SIMONS ISLAND

Die für ihre Golfplätze, Resorts und majestätischen Lebenseichen berühmte St. Simons

ABSTECHER

CUMBERLAND ISLAND NATIONAL SEASHORE

Ein unberührtes Paradies, ein Backpackertraum, ein Ziel für Tagesausflüge und längere Aufenthalte – kein Wunder, dass sich die Carnegie-Familie für **Cumberland Island National Seashore** (☎912-882-4336; www.nps.gov/cuis) als Landsitz entschied. Fast die Hälfte dieses 147,4 km² großen Schutzgebiets besteht aus Marschen, Sumpfebenen und Prielen. An der dem Ozean zugewandten Seite gibt's einen 26 km langen, breiten Sandstrand, den man nicht selten ganz für sich allein hat. Maritimer Wald prägt das Inselinnere.

Island ist die größte und am besten erschlossene Insel der Golden Isles. Während es auf diesen jede Menge reizender Strände gibt, erschließt sich die natürliche Schönheit von St. Simons aufgrund der hohen Siedlungsdichte als Wohn- und Erholungsgegend nicht so leicht wie im Fall der anderen Inseln. So ist z. B. die Insel Little St. Simons ein naturbelassenes Juwel, das aber ausschließlich für Gäste der exklusiven Lodge on Little St. Simons zugänglich ist. Wer andererseits etwas Golf spielen möchte, ist auf dieser Insel gerade richtig.

Lighthouse Museum MUSEUM
(☎912-638-4666; www.saintsimonslighthouse.org; 610 Beachview Dr; Erw./Kind 5–11 Jahre 10/5 US$; ⌚Mo–Sa 10–17, So 13.30–17 Uhr) Der erste, 1807 erbaute und 26 m hohe, Leuchtturm wurde von den konföderierten Truppen zerstört, als diese hier 1862 landeten. Der zweite Leuchtturm, den man heute besichtigen kann, stammt von 1872. Der Turm hat eine eiserne, 129 Stufen zählende Wendeltreppe und eine angrenzende Wohnung für den Leuchtturmwärter.

Schlafen & Essen

St. Simons Inn By The Lighthouse INN $$
(☎912-638-1101; www.saintsimonsinn.com; 609 Beachview Dr; Zi. 140–160 US$; P❄📶🏊) Diese nette komfortable Unterkunft mit einem guten Preis-Leistungs-Verhältnis hat weiße Fensterläden aus Holz und verströmt einen Hauch von Lebhaftigkeit. Das Inn liegt praktisch nahe des Stadtzentrums und ist nur einen kurzen Radweg vom East Beach entfernt. Im Preis ist ein kontinentales Frühstück inbegriffen.

Lodge on Little St. Simons Island LODGE $$$
(☎888-733-5774; www.littlestsimonsisland.com; 1000 Hampton River Club Dr, Little St. Simons Island; DZ ab 425 US$; ❄📶) Die abgelegene historische Lodge steht auf der unberührten, in Privatbesitz befindlichen Insel Little St. Simons. Im Preis sind die Übernachtung, der Bootsransfer von und zur Insel, drei zubereitete Mahlzeiten, Getränke (inklusive Softdrinks, Bier und Wein), sämtliche Aktivitäten (darunter Ausflüge unter Führung eines Naturwissenschaftlers) und die Benutzung aller Urlaubsutensilien inbegriffen. Die Zimmer verströmen einen rustikalen Hüttenflair, auch wenn sie über alle modernen Annehmlichkeiten verfügen.

Southern Soul BBQ BARBECUE $
(☎912-638-7685; www.southernsoulbbq.com; 2020 Demere Rd; Hauptgerichte 7,50–20 US$; ⌚Mo–Sa 11–21, So bis 18 Uhr; 👪) Saftiges, langsam über Eichenholz geräuchertes Pulled Pork, geschmorte Rinderbrust und Tagesspezialitäten wie Burritos mit marinierten Brathähnchen sorgen dafür, dass sich in diesem Lokal immer zufriedene Grill-Fans drängen. Es gibt eine Reihe wunderbarer hausgemachter Saucen sowie eine tolle Terrasse, auf der man alles genießen kann.

★ **Halyards** SEAFOOD $$$
(☎912-638-9100; www.halyardsrestaurant.com; 55 Cinema Lane; Hauptgerichte 18–42 US$; ⌚Mo–Mi 17–21, Do–Sa bis 22 Uhr; 📶) 🍃 Chefkoch Dave Snyders typisches Meeresfrüchtelokal, das auf Nachhaltigkeit setzt, wurde schon mehrfach als bestes Restaurant auf St. Simons ausgezeichnet – und das mit Recht. Am besten wählt man die Chef's Highlights, wie etwa Goldmakrele auf Maisgrütze aus Boursin-Frischkäse mit grünen Bohnen und Orangen-Vanille-Butter – einfach perfekt!

JEKYLL ISLAND

Jekyll, das im späten 19. und frühen 20. Jh. ein exklusives Refugium für Millionäre war, ist eine 4000 Jahre alte Düneninsel mit einem 16 km langen Strand. Heute ist die Insel ein ungewöhnlicher Mix aus Wildnis, denkmalgeschützten historischen Häusern, modernen Hotels und einem riesigen Campingplatz. Die Fortbewegung auf Jekyll ist nicht schwierig, egal ob man mit dem Auto, mit dem Pferd oder dem Fahrrad unterwegs ist.

Sehenswertes & Aktivitäten

Georgia Sea Turtle Center SCHUTZGEBIET
(912-635-4444; www.georgiaseaturtlecenter.org; 214 Stable Rd; Erw./Kind 7/5 US$, geführte Tour 22–6 US$; 9–17 Uhr, Nov.–März geschl.;) Eine reizende Attraktion ist das Georgia Sea Turtle Center, ein Naturschutzzentrum und Schildkrötenhospital, in dem die Patienten von den Besuchern beobachtet werden können. Auf dem Programm stehen u. a. Führungen hinter die Kulissen (15 Uhr) und Schildkrötenspaziergänge (Juni & Juli).

4-H Tidelands Nature Center MUSEUM
(http://caes2.caes.uga.edu/georgia4h/tidelands; 100 S Riverview Dr; Mo–Fr 9–16, Sa & So 10–14 Uhr;) Das Tidelands, das von einigen engagierten Studenten der Naturwissenschaften der University of Georgia betrieben wird, ist ein kinderfreundliches Naturzentrum mit hübschen Schaukästen zur lokalen Umwelt und der einheimischen Tierwelt, darunter einem Baby-Alligator. In der Nähe gibt es ein reizendes Netz von Naturpfaden durch Sumpfland und Küstenwald.

★ **Kayak Tours & Canoe Rentals** BOOTSFAHRTEN
(912-635-5032; http://caes2.caes.uga.edu/georgia4h/tidelands/tours; 100 S Riverview Dr; Einzel-/2-Pers.-Kajaktour 55/95 US$, Kanuverleih pro Std./Tag 15/30 US$) Das 4-H Tidelands Nature Center organisiert sehr empfehlenswerte 3-stündige Touren durch das Marschland; an jedem beliebigen Tag kann man Kajakfahrten unternehmen und Waldstörche, Amerikanische Graureiher, Pelikane und Delfine beobachten. Dies ist die bei Weitem beste Art, mit lokalen Mitteln die Schönheit der salzigen Marschen dieser Düneninsel zu erkunden. Man kann auch Kanus leihen.

Schlafen & Essen

Villas By The Sea FERIENWOHNUNG $
(912-635-2521; www.villasbythesearesort.com; 1175 N Beachview Dr; Zi./Ferienwohnung ab 125/235 US$;) Die Villas sind eine hübsche Bleibe an der Nordküste in der Nähe der besten Strände. Es gibt geräumige Zimmer und die zwar nicht so schicken, aber recht komfortablen Ferienwohnungen mit einem, zwei oder drei Schlafzimmern in einem über den Garten verteilten Hüttenkomplex.

Jekyll Island Club Hotel HISTORISCHES HOTEL $$
(855-535-9547; www.jekyllclub.com; 371 Riverview Dr; DZ/Suite ab 200/300 US$, Resortgebühr 15 US$;) Das vornehme, mehrstöckige Hotel bildet das Rückgrat der Insel und bietet eine große Auswahl von Zimmern, die über fünf historische Gebäude verteilt sind. Jedes Gebäude scheint wie aus einem Roman über die dekadente Jazz-Epoche zu stammen, obwohl die Atmosphäre heute eher an einen Hilton Head Country Club erinnert.

Driftwood Bistro SÜDSTAATENKÜCHE $$
(912-635-3588; www.driftwoodbistro.com; 1175 Beach View Dr; Hauptgerichte 9,50–16,50 US$; Mo–Sa 17–21 Uhr;) Im Driftwood Bistro gibt's ordentliche Seafood-Gerichte nach Lowcountry-Art zubereitet, die in einem altmodischen, familienfreundlichen Lokal in Resortstil serviert werden. Auf der Karte stehen meist lokale, aus Georgia stammende Shrimps, in Sauce gekocht als kreolische Shrimps, oder einfach nur gedünstet, um sie selbst auslösen zu können. Wie auch immer, man sollte diese fülligen, süßen Delikatessen nicht verpassen.

ALABAMA

Alabama ist voller Geschichte. Diese Aussage könnte zwar auch auf viele andere Bundesstaaten zutreffen, aber bei kaum einem anderen ist die Geschichte dermaßen emotional überfrachtet. Die amerikanischen Ureinwohner der Mississippi-Kultur errichteten Städte und schichteten imposante Erdhügel *(mounds)* auf. Mobile ist übersät mit franko-karibischer Architektur. Aber für viele steht Alabama vor allem für die amerikanische Bürgerrechtsbewegung.

Vielleicht musste dieser Bundesstaat mit seinen klassisch wirkenden Plantagenanlagen, dem kargen Ackerland und seinem hartnäckig verteidigten Heimatgefühl so einen Kampf durchleben – mit all dem Edelmut und all der Verzweiflung, die damit verbunden waren. Vom kleinsten Kaff bis zu den Großstädten am Fluss hat Alabama einen unverwechselbaren Charakter. Manche Besucher tun sich schwer mit der teilweise verstörenden Geschichte dieses Bundesstaats, aber die Leidenschaft der Menschen zeigt sich in Alabama überall: im Essen, in der Kunst und in der Kultur.

Praktische Informationen

Das Alabama Tourism Department (http://alabama.travel) gibt einen Führer für Urlauber heraus und hat eine Website mit umfangreichen Infos für Traveller.

An- & Weiterreise

Es gibt zwar einige mittelgroße Flughäfen für Inlandflüge in Mobile und Montgomery, nach Alabama reist man aber meist über den Birmingham-Shuttlesworth International Airport (S. 470) an.

Alabama wird von den Bundesstaaten Mississippi, Florida, Georgia und Tennessee begrenzt. Die Golfküste von Alabama ist nur knapp eine Stunde von den schönsten Stränden des Florida Panhandle entfernt. Wenn man mit dem Auto unterwegs ist, sind es nach Birmingham von Atlanta, GA, rund 150 Meilen (241 km), von Nashville,TN, 200 Meilen (322 km) und von Oxford, MS, rund 190 Meilen (306 km).

Dier wichtigsten Fernstraßen des Bundesstaates sind die I-10 entlang des Golfs von Mexiko; die I-65, die von Nord nach Süd verläuft; die I-20, die den mittleren und nördlichen Teil waagerecht durchquert, und die I-59, die diagonal nordöstlich von Chattanooga verläuft.

In größeren Städten gibt es Greyhound-Busbahnhöfe. Amtrak unterhält eine Bahnverbindung nach Birmingham; diskutiert wird auch die Wiedereröffnung einer Amtrak-Strecke entlang der Küste des Golfs von Mexiko.

Birmingham

Birmingham mag es an einem unverwechselbaren Erkennungsmerkmal fehlen, so wie etwa New Orleans und Nashville als Hochburgen der Musik oder Atlanta und Houston als Wirtschaftszentren gelten. Dafür zeigt sich Alabamas größte Stadt unerwartet cool. Innovative Projekte zur städtischen Erneuerung und Verschönerung scheinen an allen Ecken aus dem Boden zu sprießen – zumindest an jenen, wo sich keine fantastischen Bars und Restaurants befinden. Und während die Meinungen über die Stadt unterschiedlicher nicht sein könnten, zeigt sie sich weitaus liberaler, als man es angesichts der politischen Neigung des Bundesstaates erwarten würde.

Die hügelige Stadt, die um eine Eisenerzgrube herum entstand, ist noch heute ein Produktionszentrum: Viele Einwohner von Birmingham arbeiten bei Mercedes Benz USA in Tuscaloosa. Zudem sind hier viele Universitäten und Colleges angesiedelt. All das schafft die Voraussetzung, dass es in der Stadt eine uneingeschränkt hervorragende Restaurant- und Barszene gibt. Es gibt aber auch die Schatten der Vergangenheit, als Birmingham auch „Bombingham" genannt wurde, und die Geschichte der Bürgerrechtsbewegung liegt geradezu in der Luft.

Sehenswertes & Aktivitäten

Das trendige **Five Points South** ist voller Art-déco-Gebäude, in denen man Geschäfte, Restaurants und Nachtclubs findet. Im früher industriell geprägten **Avondale** sammeln sich heute die Hipster. Ebenso bemerkenswert ist das gehobene **Homewood** mit seiner malerischen Geschäftsstraße 18th St S. Nicht weit entfernt thront die beleuchtete Vulcan Statue über der Stadt, die Tag und Nacht von nahezu jedem Punkt der Stadt sichtbar ist.

★ Birmingham Civil Rights Institute — MUSEUM

(☎ 866-328-9696; www.bcri.org; 520 16th St N; Erw./Kind 12/5 US$, So Spende erwünscht; ⌚ Di–Sa 10–17, So 13–17 Uhr) Viele bewegende Ton-, Video- und Fotodokumente erzählen die Geschichte der Rassentrennung und der Bürgerrechtsbewegung in den USA und hebt vor allem die Geschehnisse in Birmingham hervor. Eine umfangreiche Ausstellung widmet sich der 16th St Baptist Church (auf der anderen Straßenseite), gegen die 1963 ein Bombenanschlag verübt wurde. Hier beginnt auch der Civil Rights Memorial Trail.

★ Sloss Furnaces — FABRIK

(☎ 205-254-2025; www.slossfurnaces.com; 20 32nd St N; ⌚ Di–Sa 10–16, So 12–16 Uhr; P) GRATIS Die Sloss Furnaces sind eine von Birminghams Stätten, die man gesehen haben muss. Von 1882 bis 1971 war dies ein riesiges Werk, in dessen Hochöfen Roheisen erzeugt wurde und das einen bedeutenden Pfeiler in der Wirtschaft von Birmingham darstellte. Statt einer Industrieruine ist es heute ein National Historic Landmark und die riesige, rote Masse an verbautem Stahl und verrosteten Trägern ist ein eindrucksvollen Denkmal der amerikanischen Industrie geworden. Stille Wege führen durch von Spinnweben überzogene Werkhallen und Produktionsstätten, die ein Traummotiv für Fotografen darstellen. Ein kleines Museum auf dem Gelände illustriert die Geschichte des Werkes.

Railroad Park — PARK

(☎ 205-521-9933; www.railroadpark.org; ⌚ 7–23 Uhr; 🐾) GRATIS Ehre, wem Ehre gebührt: Birminghams Railroad Park, der in der Downtown eine Fläche von rund 7,7 ha einnimmt, ist ein Geniestreich urbaner Planung. Der Park, die grüne Lunge der Stadt, ist mit seinen kilometerlangen Pfaden, den öffentlichen Kunstwerken und der netten

Beleuchtung einfach fantastisch. Ein guter Zugang zum Park befindet sich auf der 1st Ave South, zwischen der 14th St South und der 18th St South.

Vulcan Park PARK
(205-933-1409; www.visitvulcan.com; 1701 Valley View Dr; Aussichtsturm & Museum Erw./Kind 6/4 US$, 18–22 Uhr 4 US$; Park 7–22 Uhr, Aussichtsturm tgl. 10–18 Uhr, Museum Mo–Sa 10–18, So ab 12 Uhr;) Man stelle sich die Christusstatue in Rio vor, aber aus Eisen und als muskelbepackten römischen Gott des Feuers und der Schmiede. Die Vulkan-Statue ist in der Stadt von überall zu sehen. Tatsächlich ist sie die weltweit größte gusseiserne Statue, und der Park, in dem sie steht, bietet tolle Ausblicke und einen **Aussichtsturm**. Das kleine Museum auf dem Gelände erläutert die Geschichte Birminghams.

Birmingham Museum of Art GALERIE
(205-254-2565; www.artsbma.org; 2000 Rev Abraham Woods Jr Blvd; Di–Sa 10–17, So 12–17 Uhr) GRATIS Das wirklich gute Museum besitzt eine eindrucksvolle Sammlung, wenn man bedenkt, dass Birmingham eine nur mittelgroße Stadt ist. Im Inneren werden Werke aus Asien, Afrika, Europa und Amerika gezeigt. Nicht versäumen darf man die Arbeiten von Rodin, Botero und Dalí im Skulpturengarten.

16th Street Baptist Church KIRCHE
(205-251-9402; www.16thstreetbaptist.org; Ecke 16th St & 6th Ave N; 5 US$; geführte Pfarramt-Touren Di–Fr 10–15 Uhr, Sa 10–13 nur nach Vereinbarung) Die Kirche wurde in den 1950er- und 1960er-Jahren zu einem Treffpunkt für organisierte Demonstrationen und zu einem Ausgangspunkt von Protestkundgebungen in Birmingham. Während einer gegen die weißen Händler der Innenstadt gerichteten Kampagne gegen die Rassentrennung legten Mitglieder des Ku Klux Klan 1963 Bomben, die bei einem Kindergottesdienst explodierten, wobei vier kleine Mädchen getötet wurden. Heute dient die wiederaufgebaute Kirche als Mahnmal und als Gotteshaus (Gottesdienst So 11 Uhr).

Birmingham Civil Rights Memorial Trail STADTSPAZIERGANG
(www.bcri.org; 520 16th St N) Der sieben Häuserblocks lange Rundgang ist ergreifend. Er wurde 2013 anlässlich des 50. Jahrestags der Bürgerrechtskampagne eingeweiht. In seinem Verlauf werden mit Tafeln, Statuen und Fotografien 22 Szenen nachgestellt; manche davon sind sehr bewegend, z. B. ein Wall aus zuschnappenden Hundefiguren, durch den sich die Fußgänger ihren Weg bahnen müssen. So wird deutlich, wie viel Schweiß und Blut es gekostet hat, die Kampagne zu führen, die Amerika verändern sollte.

BIRMINGHAM MOUNTAIN RADIO

Wenn man in Birmingham ist, sollte man das Radio einschalten, auf 107,3 FM einstellen und den Sender nicht wechseln, bevor man die Stadt verlassen hat. Auf dieser Wellenlänge sendet das Birmingham Mountain Radio, einer der besten unabhängigen Radiosender des Landes. Die DJs präsentieren eine unglaublich vielfältige Musik, deren Bandbreite von Country und Rock bis Hip-Hop reicht. Es gibt nur wenige Sender im Land – ja, in der ganzen Welt – die man ohne Unterbrechung einen ganzen Tag lang hören kann, und einer davon ist Mountain Radio. In Tuscaloosa ist der Sender auf 97,5 zu empfangen.

Schlafen

Hotel Highland HOTEL $$
(205-933-9555; www.thehotelhighland.com; 1023 20th St S; Zi. ab 150 US$;) Das farbenfrohe, leicht schräge, aber moderne Hotel neben dem lebhaften Viertel Five Points kombiniert Komfort mit gutem Preis-Leistungs-Verhältnis. Die Zimmer sind zum Glück nicht ganz so bunt und flippig wie die Lobby.

Redmont Hotel HISTORISCHES HOTEL $$
(205-957-6828; www.redmontbirmingham.com; 2101 5th Ave N; Zi./Suite ab 170/230 US$;) Das Klavier und der Kronleuchter in der Lobby des 1925 erbauten Hotels vermitteln das historische Flair einer vergangenen Welt. Sämtliche Luxuszimmer wurden erst vor Kurzem renoviert und erhielten einen modernen Touch. Auch die geräumige Dachbar ist gelungen. Vom Hotel sind die Sehenswürdigkeiten der Bürgerrechtsbewegung gut zu Fuß erreichbar.

Essen

★ **Saw's Soul Kitchen** BARBECUE $
(205-591-1409; www.sawsbbq.com; 215 41st St S; Hauptgerichte 9–16 US$; Mo–Sa 11–20, So bis 16 Uhr;) Das Saw's ist mit einem großen Knall in der Grilllokalszene Birminghams

aufgetaucht. Hier kommen ein paar der besten Fleischstücke der Stadt auf die Teller, und die Atmosphäre ist familienfreundlich. Gefüllte Kartoffeln sind eine leckere Beilage, und das geräucherte Hähnchen mit würziger weißer Sauce ist himmlisch. Trotzdem sind die Rippchen nicht zu übertreffen.

★ **Tacos Dos Hermanos** MEXIKANISCH $
(98 14th Street N; Hauptgerichte 2–6 US$; ⌚ Mo–Fr 10–14 Uhr; ✎) Vorzügliche Tacos – einfach, köstlich, günstig und … es muss nochmals gesagt werden: köstlich. Die Leute hier kreieren ein einfaches Menü, denken auch an Vegetarier, arbeiten hart und locken massenweise Gäste an, vom einfachen Bauarbeiter bis zum Manager.

Eagle's Restaurant AMERIKANISCH $
(☎205-320-0099; www.eaglesrestaurant.com; 2610 16th St N; Hauptgerichte 6,75–17 US$; ⌚ So–Fr 10.30–15.30 Uhr) Versteckt in einer einsamen Straße bietet das Eagle's das beste Soul Food Birminghams. Das beliebte Lokal serviert Fleisch mit zwei oder drei Beilagen nach diesem Muster: Man bestellt ein Hauptgericht, z. B. ein Steak mit Sauce, ein Nackensteak mit Kartoffeln oder Chicken Wings, und wählt dann am Büfett die gewünschten Beilagen. Alles ist lecker, billig und ortstypisch.

★ **Galley & Garden** FRANZÖSISCH $$$
(www.galleyandgarden.com; 2220 Highland Ave S; Hauptgerichte Abendessen 28–36 US$) Südstaatenküche trifft auf französische rustikale (und haute) Cuisine in diesem Lokal, das in Birmingham rasch zur ersten Adresse unter Kennern und jenen, die ein gutes Abendlokal suchten, aufstieg. Die superfrischen Gerichte sind vorzüglich. Zu empfehlen sind die gut zubereiteten Hauptgerichte, z. B. Red Snapper und langsam zubereitete Short Ribs.

Ausgehen & Nachtleben

★ **Garage Café** BAR
(☎205-322-3220; www.garagecafe.us; 2304 10th Terrace S; ⌚ So–Mo 15–2, Di–Sa 11–2 Uhr) Eine bunte Mischung aus Hipstern und älteren Gästen genießt das Bier und lauscht der Livemusik in einem Garten voller Gerümpel, Antiquitäten, Tonfiguren und einem Spülbecken.

★ **Marty's** BAR
(1813 10th Ct S; ⌚ 20–6, zusätzl. Sa 10–15 Uhr) Das Marty's wendet sich an Hipster, coole Kids und langweilige Zeitgenossen, die es alle in eine freundliche Bar zieht, die vollgepackt ist mit Comics, *Star Wars*-Memorabilien, Rollenspielutensilien und die DJ-Abende und Pop-up-Abende bietet. Gelegentlich gibt's auch Livemusik. Die Bar hat keine Telefonnummer.

41 Street Pub & Aircraft Sales BAR
(☎205-202-4187; www.41ststreetpub.com; 130 41st St S; ⌚ Mo–Do 16.30–24, Fr 16.30–2, Sa 13–2, So 13–24 Uhr) Ein schicker Holztresen empfängt die Gäste vorn in einem großen, offenen Raum, in dem auch einige Shuffleboard-Tische stehen. Hinter der Bar werden den attraktiven, hippen Gästen starke Drinks in glänzenden Kupferbechern serviert (Gewinner ist eindeutig der Moscow Mule).

The Collins Bar BAR
(☎205-323-7995; www.thecollinsbar.com; 2125 2nd Ave N; ⌚ Di–Do 16–24, Fr & Sa bis 2, So 18–24 Uhr) Birminghams schöne Menschen zieht es nach der Arbeit und am Wochenende in diese coole Bar, wo sie unter riesigen Papierflugzeugen und einem Periodensystem der Elemente mit Birmingham im Zentrum einzeln zubereitete Cocktails schlürfen. Es gibt keine Getränkekarte – man sagt dem Barkeeper einfach, was man mag, und der mixt dann was Passendes.

Anreise & Unterwegs vor Ort

Der **Birmingham-Shuttlesworth International Airport** (BHM; ☎205-599-0500; www.flybirmingham.com) liegt etwa 5 Meilen (8 km) nordöstlich der Downtown von Birmingham.

Greyhound (☎205-252-7190; www.greyhound.com; 618 19th St N), nördlich der Innenstadt, steuert verschiedene Städte an, u. a. Huntsville (1¾ Std., 22 US$, 3-mal tgl.), Montgomery (1¾ Std., 25 US$, 3-mal tgl.), Atlanta, GA, (2½ Std., 17 US$, 5-mal tgl.), Jackson, MS, (4½ Std., 20 US$, 4-mal tgl.) und New Orleans, LA, (9 Std., 56 US$, 1-mal tgl.).

Vom **Amtrak-Bahnhof** (☎205-324-3033; www.amtrak.com; 1 19th St North) im Zentrum verkehren täglich Züge nach New York (22 Std., 124 US$) und New Orleans (7½ Std., 47 US$).

Die **Birmingham Transit Authority** (www.bjcta.org) betreibt die MAX-Stadtbusse. Erwachsene zahlen 1,25 US$. In die Umgebung kann man auch über das Fahrrad-Sharingprogramm **Zyp** (☎844-997-2453; www.zypbikeshare.com; 24 Std.-/1-Woche-Mitgliedschaft 6/20 US$) reisen.

Montgomery

Alabamas Hauptstadt ist ein netter, wenn auch etwas verschlafener Ort; von ein paar

Ausnahmen abgesehen, stehen die meisten Sehenswürdigkeiten im Zusmmenhang mit der Bürgerrechtsbewegung, in der die Stadt eine Hauptrolle spielte. 1955 weigerte sich Rosa Parks, in einem städtischen Bus ihren Sitzplatz einem Weißen zu überlassen, und löste damit einen Busboykott aus, der von Martin Luther King Jr., dem damaligen Pastor der Dexter Avenue Baptist Church in Montgomery, angeführt wurde. Innerhalb kurzer Zeit kam es zu grauenvollen Gewaltexzessen seitens der weißen Einwohner, die die Rassentrennung unterstützten. Schließlich kam es zur Aufhebung der Rassentrennung in den Bussen, die Bürgerrechtsbewegung wurde im ganzen Land aktiv und schuf die Voraussetzungen für die Protestmärsche von Selma nach Montgomery im März 1965.

Sehenswertes

★ Dexter Avenue Parsonage
HISTORISCHE STÄTTE

(☎ 334-261-3270; www.dexterkingmemorial.org/tours/parsonage-museum; 309 S Jackson St; Erw./Kind 7,50/5,50; ⏲ Di–Fr 10–15, Sa bis 13 Uhr; P) Im Haus von Martin Luther King Jr. und Coretta Scott King scheint die Zeit stehen geblieben zu sein – es wirkt wie die Momentaufnahme eines Hauses aus den 1950er-Jahren mit Möbeln im Stil der *Mad Men*-Epoche, den Haushaltsgeräten und den Aschenbechern (King war Raucher). Der faszinierendste Teil der Führung ist Kings altes Arbeitszimmer, in dem immer einige der Bücher stehen, die seine theologischen, philosophischen Ansichten und seinen Aktivismus beeinflusst haben. Hinter dem Haus gibt's einen Garten mit zahlreichen Steinen, die mit christlichen Tugenden beschriftet sind.

Civil Rights Memorial Center
GEDENKSTÄTTE

(☎ 334-956-8200; www.splcenter.org/civil-rights-memorial; 400 Washington Ave; Mahnmal frei, Museum Erw./Kind 2 US$/frei; ⏲ Mahnmal 24 Std., Museum Mo–Fr 9–16.30, Sa 10–16 Uhr) Mit seiner runden, von Maya Lin entworfenen Form erinnert das bewegende Mahnmal an die 40 Märtyrer der Bürgerrechtsbewegung. Einige Fälle wurden bis heute nicht aufgeklärt. Martin Luther King Jr. war das berühmteste Opfer, aber es gab noch viele namenlose Opfer, sowohl Weiße, als auch Afroamerikaner. Die Gedenkstätte ist Teil des Southern Poverty Law Center, einer Stiftung, die sich für Rassengleichheit und Gleichheit vor dem Gesetz einsetzt.

Scott & Zelda Fitzgerald Museum
MUSEUM

(☎ 334-264-4222; www.fitzgeraldmuseum.net; 919 Felder Ave; Spende Erw./Kind 10 US$/frei; ⏲ Di–Sa 10–15, So 12–17 Uhr) Das Gebäude, in dem das Schriftstellerehepaar von 1931 bis 1932 lebte hat, beherbergt heute diverse Erstausgaben, Übersetzungen und Originalkunstwerke von Zelda aus ihren letzten Jahren, die sie in einer Nervenheilanstalt verbracht hat. Das Highlight sind die handgeschriebenen liebevollen Briefe von Zelda an ihren Ehemann Scott. Anders als viele Häuser anderer berühmter Leute umgibt dieses Museum der Charme einer Bruchbude – Besucher fühlen sich ein wenig, als ob sie plötzlich auf den Dachboden der Fitzgeralds geraten wären.

Rosa Parks Museum
MUSEUM

(☎ 334-241-8615; www.troy.edu/rosaparks; 251 Montgomery St; Erw./Kind 4–12 Jahre 7,50/5,50 US$; ⏲ Mo–Fr 9–17, Sa 9–15 Uhr; 👪) Das Museum, das vor der Bushaltestelle steht, an der Rosa Parks so klar Stellung bezog, zeigt eine Videopräsentation jenes denkwürdigen Augenblicks, der 1955 den Boykott auslöste. Die Besucher werden stark gelenkt – man hat kaum die Möglichkeit, sich auf eigene Faust umzusehen. Ansonsten wirkt das Museum fast wie ein interaktiver Film. Zum Preis einer weiteren Eintrittskarte kann man sich den Kinderflügel anschauen, in dem eine kindgerechte Zeitreise in die Zeit zurückführt, als in den USA noch der Rassismus dominierte.

Schlafen & Essen

Renaissance Hotel
HOTEL $$

(☎ 334-481-5000; www.marriott.com; 201 Tallapoosa St; Zi. ab 140 US$; P ❄ @ 📶 🏊) Das Kettenhotel ist zwar etwas nichtssagend, es punktet aber durch seine Lage am Fluss und gehört zu den besten Adressen in Montgomery. Die Zimmer haben den für ein Kettenhotel üblichen Standard-Chic, sie sind aber sauber und komfortabel.

Davis Cafe
AMERIKANISCH $

(☎ 334-264-6015; 518 N Decatur St; Hauptgerichte 3–7 US$; ⏲ Mo–Fr 7–14 Uhr) Das etwas baufällige Restaurant liegt in einer einsamen Straße, man sollte dessen bauliche Instabilität aber nicht beachten und einfach eintreten: Man kommt in eine Institution von Montgomery, in der Südstaatenfrühstück und Mittagsteller serviert werden – Leber mit Zwiebeln, Brathähnchen, Ochsenschwanz und Tagesspezialitäten, die ihr Geld mehr als wert sind. Das Davis schließt, wenn das Essen zu Ende geht.

Central STEAK $$$
(☎334-517-1121; www.central129coosa.com; 129 Coosa St; Hauptgerichte 16–32 US$; ⊙Mo–Fr 11–14, Mo–Do 17.30–22, Fr & Sa bis 23 Uhr;) Das überwältigende Restaurant mit luftigem Innenraum, hübschen Sitznischen und einer Theke aus wiederverwertetem Holz ist bei Feinschmeckern beliebt. Hier wurde schon mit farmfrischen Zutaten gekocht, bevor das modern wurde. Das Central hat sich auf Fisch, Hühnchen, Steaks und Koteletts aus der Region spezialisiert, die über Holzfeuer gebraten werden. Für Vegetarier gibt's gute Gerichte wie Pasta mit Walnusspesto.

Praktische Informationen

Montgomery Area Visitor Center (☎334-261-1100; www.visitingmontgomery.com; 300 Water St; ⊙Mo–Sa 8.30–17 Uhr) Hält Infos für Traveller bereit und hat eine hilfreiche Website.

Anreise & Unterwegs vor Ort

Der **Montgomery Regional Airport** (MGM; ☎334-281-5040; www.montgomeryairport.org; 4445 Selma Hwy) liegt ca. 15 Meilen (24 km) vom Zentrum entfernt und wird täglich ab Atlanta, Charlotte und Dallas angeflogen. **Greyhound** (☎334-286-0658; www.greyhound.com; 950 W South Blvd) fährt auch die Stadt an. Montgomery liegt rund 100 Meilen (160 km) südlich von Birmingham über die I-65.

Das **Montgomery Area Transit System** (http://montgomerytransit.com) betreibt den städtischen Busverkehr. Eine Fahrkarte kostet 2 US$.

Selma

Selma ist eine ruhige Stadt mitten im „Black Belt" von Alabama, so genannt wegen des dunklen, fruchtbaren Bodens und des hohen Anteils an Afroamerikanern in der Bevölkerung. Sie wurde bekannt wegen des „blutigen Sonntags" (Bloody Sunday), dem 7. März 1965. Die Medien berichteten, wie die Polizei und ihre Hilfskräfte unweit der Edmund Pettus Bridge Afroamerikaner und weiße Sympathisanten zusammenschlugen und mit Tränengas besprühten. Selma ist ein Muss für all jene, die sich für die Geschichte der Bürgerrechtsbewegung interessieren.

Sehenswertes

Edmund Pettus Bridge WAHRZEICHEN
(Broad St & Walter Ave) Nur wenige Stätten sind für die US-amerikanische Bürgerrechtsbewegung so symbolträchtig wie die Pettus Bridge. Am 7. März 1965 waren Demonstranten auf dem Weg nach Montgomery, um gegen die Ermordung eines hiesigen schwarzen Aktivisten zu demonstrieren, der während einer Kundgebung über das Thema Wahlrecht von der Polizei umgebracht worden war. Als sich jene Aktivisten zusammenschlossen, richteten sich die Kameras der Fernsehsender auf die Brücke, wo Sicherheitskräfte mit ihren Hunden die friedlichen Demonstranten angriffen.

National Voting Rights Museum MUSEUM
(☎334-418-0800; www.nvrmi.com; 6 US Hwy 80 East; Erw./Senior & Student 6,50/4,50 US$; ⊙Mo–Do 10–16 Uhr, Fr–So nur nach Vereinbarung; P) Das Museum nahe der Edmund Pettus Bridge erzählt die Geschichte des Marsches von Selma nach Montgomery und zeigt Exponate zum Frauenwahlrecht, dem gewaltfreien Widerstand und anderen Bewegungen, die die Ziele der Bürgerrechtsbewegung teilten.

Selma Interpretive Center MUSEUM
(☎334-872-0509; www.nps.gov/semo; 2 Broad St; ⊙Mo–Sa 9–16.30 Uhr) Das Museum neben der nördlichen Seite der Pettus Bridge umfasst eine kleine interpretative Stätte zur Geschichte der Jim-Crow-Gesetze und dem anschließenden Kampf gegen die Legalisierung der Rassentrennung.

Lowndes County Interpretive Center MUSEUM
(☎334-877-1983; www.nps.gov/semo; 7002 US Hwy 80; ⊙Mo–Sa 9–6.30 Uhr; P) Dieses Zentrum befindet sich auf halber Strecke zwischen Selma und Montgomery, wohin der Protestzug unterwegs war, und zeigt eine kleine, fundierte Ausstellung über die Jim-Crow-Gesetze und die Bürgerrechtsbewegung.

Schlafen & Essen

Zum Zeitpunkt der Recherche stand das historische **St. James Hotel** zum Verkauf. Es ist die einzige wirklich nennenswerte Unterkunft in Selma, wo ansonsten die üblichen amerikanischen Mittelklasse-Hotelketten vertreten sind.

An- & Weiterreise

Es gibt einen Busbahnhof von **Greyhound** (☎800-231-2222; 434 Broad St) an der Broad St (US 80). Um sich aber in der Gegend fortbewegen zu können, benötigt man unbedingt einen eigenen fahrbaren Untersatz. Tuscaloosa liegt rund 75 Meilen (121 km) nördlich an der US 80 und Montgomery 50 Meilen (80,5 km) östlich.

Mobile

Mobile (sprich: mo-*biel*) ist die einzige echte Küstenstadt Alabamas. Sie liegt zwischen den Bundesstaaten Mississippi und Florida und zeigt sich als ein geschäftiger Industriehafen mit Grünflächen, schattigen Boulevards und vier historischen Vierteln. Zum Frühlingsanfang leuchten hier überall die Azaleen, und den ganzen Februar hindurch feiert die Stadt ausgelassen den Mardi Gras – und das schon seit fast 200 Jahren (und damit noch länger als New Orleans).

Im übrigen Jahr ist sie eine bedeutende Hafenstadt mit ein paar schönen historischen Vierteln und der allgegenwärtigen Präsenz der Coast Guard, deren Flugschulungszentrum sich ganz in der Nähe befindet.

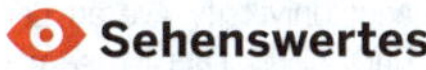

Sehenswertes

USS Alabama MUSEUMSSCHIFF

(☎251-433-2703; www.ussalabama.com; 2703 Battleship Pkwy; Erw./Kind $15/6; ⌚April–Sept. 8–18 Uhr, Okt.–März 8–17 Uhr; P) Das 210 m lange Schlachtschiff mit dem Spitznamen *Lucky A* ist berühmt dafür, dass es im Zweiten Weltkrieg neun Schlachten unbeschadet überstanden hat und nicht ein einziger seiner Matrosen im Dienst ums Leben kam. Das gigantische Meisterwerk der Technik kann auf eigene Faust besichtigt werden, was unbedingt zu empfehlen ist. Und wenn man schon mal da ist, sollte man auch noch eine Führung durch ein U-Boot mitmachen und ein Militärflugzeug besichtigen. Parken kostet 2 US$.

Gulf Coast Exploreum MUSEUM

(☎251-208-6893; www.exploreum.com; 65 Government St; Erw./Student/Kind 12/10,50/10 US$ mit IMAX-Kino 16/15/13,50 US$; ⌚Di–Do 9–16, Fr & Sa 9–17, So 12–17 Uhr; 👪) Das Wissenschaftsmuseum präsentiert in drei Galerien gut 150 Ausstellungsstücke zum Anfassen. Außerdem gibt's ein IMAX-Kino und Vorführungen in den Chemie- und Biologielabors.

Feste & Events

Mardi Gras KULTUR

(www.mobilemardigras.com; ⌚Ende Feb./Anfang März) In Mobile wird schon seit fast 200 Jahren der Mardi Gras gefeiert. Höhepunkt ist der Fat Tuesday (Di vor dem Aschermittwoch), wenn bei den großen Umzügen Perlen und anderes geworfen wird und die ganze Stadt mit viel Musik und politisch völlig inkorrekten Wagen feiert.

Schlafen & Essen

Battle House HOTEL $$

(☎251-338-2000; www.marriott.com; 26 N Royal St; Zi. 170–240 US$, Suite ab 375 US$; P ❄ @ 📶 🏊) Mit Abstand das beste Hotel der Stadt. Der original erhaltene alte Flügel hat eine reich verzierte Eingangshalle aus Marmor und mit einer Kuppel, der neue Wohnturm steht dafür direkt am Wasser. In beiden Gebäuden sind die Zimmer geräumig, luxuriös und mit Vier-Sterne-Schick und -Komfort ausgestattet. Bei Buchungen im Voraus gibt's Ermäßigung.

Callaghan's Irish Social Club KNEIPENESSEN $

(☎251-433-9374; www.callaghansirishsocialclub.com; 916 Charleston St; Burger 8–10 U$; ⌚Mo–Do 11–23, Fr & Sa 11–24, So 10–23 Uhr) Der heruntergekommene Pub befindet sich in einem Gebäude aus den 1920er-Jahren, das früher den Fleischmarkt beherbergte. Heute werden hier mittelmäßige Burger und kaltes Bier serviert, dazu gibt's oft Livemusik.

Mary's Southern Cooking AMERIKANISCH $

(☎251-476-2232; 3011 Springhll Ave; Hauptgerichte 6–12 US$; ⌚11–18 Uhr; 👪) Das Mary's serviert Soul Food mit einem freundlichen Lächeln. Auf der täglich wechselnden Karte finden sich Spezialitäten wie Rindergeschnetzeltes, Schweinsfüße und Hühnchenpastete, die mit Unmengen von Beilagen wie Kohlgemüse, Reis, Bratensauce und Kartoffelpüreee serviert werden.

An- & Weiterreise

Anfang 2017 beschloss man, Mobile wieder an das Eisenbahnnetz anzuschließen. Bis es tatsächlich so weit ist, fährt man am besten mit einem **Greyhound-Bus** (☎251-478-6089; www.greyhound.com; 2545 Government Blvd) oder einem eigenen Fahrzeug dorthin, denn die Stadt liegt günstig an der Kreuzung von I-10 und I-65, nur 60 Meilen (96 km) westlich von Pensacola und 150 Meilen (240 km) östlich von New Orleans.

MISSISSIPPI

Der Bundesstaat wurde nach dem wichtigsten Fluss Nordamerikas benannt und umfasst so viele Identitäten, wie der Fluss lang ist. In Mississippi existieren fürstliche Herrenhäuser und ländliche Armut, gespenstische Baumwollebenen und üppig-grünes Hügelland, honiggelbe Sandstrände an der Küste sowie einsames Ackerland im Norden.

Oft mythologisiert und missverstanden, zeigen sich die Geschichte und die Musik hier so rau wie kaum anderswo in den USA.

Praktische Informationen

Mississippi Division of Tourism Development (☎866-733-6477, 601-359-3297; www.visitmississippi.org) Hier gibt's ein Verzeichnis der Touristeninformationen und Routenvorschläge zu bestimmten Themen, die meist gut durchdacht sind und einen guten Einblick gewähren.

Mississippi Wildlife, Fisheries, & Parks (☎800-467-2757; www.mississippistateparks.reserveamerica.com) Bei der Organisation kann man einen Campingplatz in den Staats- und Nationalparks buchen.

An- & Weiterreise

Für die Reise durch Mississippi bieten sich drei beliebte Routen an. Die I-55 und der Hwy 61 durchqueren beide den Staat von Nord nach Süd. Während der Hwy 61 durch das Delta verläuft, führt die I-55 durch Jackson. Der wunderbare Natchez Trace Parkway ist die Querverbindung von Tupelo nach Natchez.

Oxford

Oxford bestätigt und übertrifft alle Vorstellungen, die man von der berühmtesten College-Stadt Mississippis hat. Es gibt sie, die Jungs der Studentenverbindungen in ihren Ford-Pick-ups und die Debütantinnen ihrer Schwesternschaften. Doch daneben gibt es auch Doktoranden, die über die Kritische Theorie diskutieren, und eine lebhafte Kunst- und Kulturszene. Die Lokalkultur spielt sich rund um den Square (aka Courthouse Sq) ab, wo sich Bars, Restaurants und recht ordentliche Shoppingmöglichkeiten befinden und um die fürstliche University of Mississippi, die auch Ole Miss genannt wird. Rundum erstrecken sich ruhige Wohnstraßen mit Antebellum-Häusern im Schatten majestätischer Eichen.

Sehenswertes & Aktivitäten

Der fabelhafte, 1 km lange und nicht sehr anspruchsvolle **Bailee's Woods Trail** verbindet zwei der beliebtesten Sehenswürdigkeiten der Stadt, nämlich Rowan Oak und das University of Mississippi Museum. **The Grove**, das schattige Herz der Ole Miss, ist normalerweise sehr friedlich – außer wenn samstags ein Football-Spiel ansteht und zuvor eine der unvergesslichsten Partys im amerikanischen Universitätssport abgeht.

Rowan Oak HISTORISCHES GEBÄUDE
(☎662-234-3284; www.rowanoak.com; Old Taylor Rd; Erw./Kind 5 US$/frei; ⏲Sept–Mai Di–Sa 10–16, So 13–16 Uhr, Juni–Aug. Di–Sa 10–18, So 13–18 Uhr) Literaturfans eilen zum wunderschönen, aus den 1840er-Jahren stammenden Wohnhaus von William Faulkner. Viele seiner brillanten und tiefgründigen Romane spielen auch in Mississippi. Sein Werk wird alljährlich im Juli mit einer Tagung in Oxford gewürdigt. Von 1930 bis zu seinem Tod im Jahr 1962 lebte Faulkner in Rowan Oak, das aus gutem Grund, um seine eigenen Worte abzuwandeln, als sein „Herkunftssiegel" bezeichnet werden kann. Besucher können sich das Anwesen Faulkners auf eigene Faust anschauen.

University of Mississippi Museum MUSEUM
(www.museum.olemiss.edu; University Ave an der 5th St; ⏲Di–Sa 10–18 Uhr) GRATIS Das Museum zeigt Kunstwerke, Volkskunst sowie eine Vielzahl kleiner naturwissenschaftlicher Wunder, etwa ein Mikroskop oder einen Elektromagneten aus dem 19. Jh.

Schlafen & Essen

Inn at Ole Miss HOTEL $$
(☎662-234-2331; www.theinnatolemiss.com; 120 Alumni Dr; Zi. ab 99–149 US$; P❄@☎≋) Wenn am Wochenende nicht gerade Football gespielt wird, bekommt man eigentlich immer eines der 180 hübschen Zimmer des Hotels mit Kongresszentrum direkt am Ole Miss Grove. Ansonsten muss man lang im Voraus buchen. Es ist zwar sehr unpersönlich, aber dennoch gemütlich und vor allem günstig gelegen. Die Innenstadt ist gut zu Fuß zu erreichen.

Neon Pig SÜDSTAATENKÜCHE $
(☎662-638-3257; http://oxford.eatneonpig.com; 711 N Lamar Blvd; Hauptgerichte 7–14 US$; ⏲Mo–Sa 11–21, So 11–16 Uhr; P) Eine Theke mit Barhockern, freundliches Personal am Grill, Regale voller frischer Produkte aus der Region, Käse und Fleisch – die Atmosphäre ist wirklich nichts Besonderes hier. Doch das Essen ist fantastisch und reicht von Wraps mit Schweinebauch und Salat über gegrillten Käse mit Harissa bis zum ganz speziellen Smash Burger (aus grob gehacktem Rinderfilet, Rib-Eye-Steak und Speck).

Taylor Grocery SEAFOOD $$
(☎662-236-1716; www.taylorgrocery.com; 4 1st St; Gerichte 9–15 US$; ⏲Do–Sa 17–22, So bis 21 Uhr; P) In dem grandios rustikalen Restaurant,

das sich auf Welse spezialisiert hat, muss man mit Wartezeiten rechnen – sogar auf dem Parkplatz. Den Wels gibt's gebraten oder gegrillt (beides ist lecker), und wer einen Stift dabei hat, kann sich an der Wand verewigen. Das Restaurant liegt etwa 7 Meilen (11 km) südlich der Innenstadt Oxfords an der Old Taylor Rd.

Ravine AMERIKANISCH $$$
(☎662-234-4555; www.oxfordravine.com; 53 County Rd 321; Hauptgerichte 21–36 US$; ⌚Mi–Do 18–21, Fr & Sa bis 22, So 10.30–14 & 18–21 Uhr; 📶) Das schlichte, gemütlich-elegante Restaurant liegt rund 3 Meilen (5 km) außerhalb von Oxford direkt am Waldrand. Chefkoch Joel Miller holt viele der Zutaten und Kräuter aus seinem Garten und kauft ansonsten, soweit möglich, nur lokale Bio-Produkte – und das tat er schon lang, bevor es Mode wurde, regionale Bio-Kost zu verwenden. Das Ergebnis sind einfache, leckere Gerichte und ein wunderbares kulinarisches Erlebnis.

Unterhaltung

Proud Larry's LIVEMUSIK
(☎662-236-0050; www.proudlarrys.com; 211 S Lamar Blvd; ⌚Auftritte 21 Uhr) In dieser kultigen Musikstätte am Square treten immer sehr gute Bands auf. Außerdem ist das Kneipenessen, das hier mittags und abends vor Beginn der Shows serviert wird, echt lecker.

The Lyric LIVEMUSIK
(☎662-234-5333; www.thelyricoxford.com; 1006 Van Buren Ave) In diesem alten Backsteinhaus ist ein gemütliches, kleines Theater mit Betonboden, freiliegenden Dachsparren und einem Zwischengeschoss untergebracht – genau das Richtige, um Indie-Rocker und Folk-Musiker zu erleben.

An- & Weiterreise

Oxford ist am besten über die I-55 oder die I-22 zu erreichen. Alternativen sind die US 278 oder MS 7; wobei letztere die landschaftlich reizvollere Strecke ist.

Mississippi-Delta

Das flache Delta mit seinen unendlichen Baumwollfeldern unter dem bleiernen Himmel ist voller surrealer, schauerlicher Extreme. In der feudalen Gesellschaft aus hochherrschaftlichen Anwesen und sklavischer Ergebenheit entstanden die Lieder über Arbeit und Liebe, die zur Grundlage der amerikanischen Popmusik wurden. Die Lieder kamen von Afrika auf die Felder des Südens und gingen schließlich im Blues, dem Vater des Rock'n'Roll auf. Der Tourismus in dieser Gegend, die noch immer von bitterer Armut auf dem Land geprägt ist, dreht sich vor allem um die Entdeckung der schweißgetränkten Wurzeln dieser uramerikanischen Kunstform. Der legendäre Hwy 61 führt an den endlosen, bis weit zum Horizont reichenden Feldern entlang, die hin und wieder von Farmhäusern und Industriegebäuden, winzigen Kirchen und verfallenen Friedhöfen unterbrochen werden.

Clarksdale

Die Stadt ist der beste Ausgangspunkt für die Erkundung des Deltas. Im Umkreis von ein paar Fahrtstunden findet sich alles Sehenswerte für Blues-Fans, und an den Wochenenden treten regelmäßig die Stars der Szene hier auf. Dabei ist Clarksdale immer noch eine sehr arme Stadt, in der sich die Stadtränder allmählich auflösen und die verblichenen Schaufensterfronten schon lange jenseits des romantischen Verfalls sind. Es ist auch erschreckend, wie viele Unternehmen nachts von privaten Sicherheitsdiensten überwacht werden müssen. Andererseits strahlt Clarksdale eine Wärme und Herzlichkeit aus, die dazu führt, dass viele Besucher doch länger bleiben als geplant.

Sehenswertes

Delta Blues Museum MUSEUM
(☎662-627-6820; www.deltabluesmuseum.org; 1 Blues Alley; Erw./Senior & Student 10/5 US$; ⌚März–Okt. Mo–Sa 9–17 Uhr, Nov.–Feb. ab 10 Uhr; P) Hier ist eine kleine, aber gut präsentierte Sammlung von Erinnerungsstücken zu sehen. Zum Schrein für die Delta-Legende Muddy Waters gehört auch die Hütte, in der er einst aufwuchs. Ausstellungen regionaler Kunst und ein Souvenirladen runden das Gesamtpaket Museum ab. Gelegentlich wird freitagabends sogar Livemusik gespielt.

The Crossroads SKULPTUR
(Hwy 61 & Hwy 49) GRATIS Die Kreuzung der Hwys 61 und 49 ist angeblich der Ort, an dem der große Robert Johnson seinen Bund mit dem Teufel schloss, den er in seinem *Cross Road Blues* verewigte. Wegen der kitschigen Skulptur ist von der Einsamkeit, Furcht und dunklen Mystik wenig zu spüren. Außerdem sind sich die Historiker gar nicht einig, ob dies wirklich die richtige Kreuzung ist.

ABSTECHER

DIE SEELE DES DELTAS

Es lohnt sich, einen Abstecher in das kleine Deltastädtchen Indianola zu machen. Es liegt eine Autostunde südlich von Clarksdale und bietet das sehenswerte **BB King Museum and Delta Interpretive Center** (☎662-887-9539; www.bbkingmuseum.org; 400 2nd St; Erw./Student/Kind 15/10 US$/frei; ⏲Di–Sa 10–17, So–Mo 12–17 Uhr, Nov.–März Mo geschl.; P). Natürlich widmet sich das moderne Museum in erster Linie dem legendären Bluesmusiker, zeigt aber auch die vielen Aspekte des Lebens im Delta. Es ist voller interaktiver Ausstellungsstücke, Videofilme und unterschiedlichster Artefakte, die alle sehr eindrucksvoll die Geschichte und das Vermächtnis des Blues erläutern und damit ein Licht auf die Seele des Delta werfen.

Schlafen & Essen

Riverside Hotel HISTORISCHES HOTEL $
(☎662-624-9163; ratfrankblues@yahoo.com; 615 Sunflower Ave; Zi. ohne/mit Bad 65/75 US$; ❄ 📶) Das verwitterte Äußere des Hotels sollte Besucher nicht abschrecken, denn es steckt voller Blues-Geschichte: Die Bluessängerin Bessie Smith starb hier, als das Gebäude noch ein Krankenhaus war, und mit den Blues-Größen, die hier übernachtet haben – von Sonny Boy Williamson II. bis zu Robert Nighthawk – ließe sich ein ganzes Festival organisieren. Die Zimmer sind sauber und ordentlich, und das Personal ist wirklich herzlich. Seit 1944 wird die Unterkunft von einer Familie geführt; in jener Zeit war es das „Hotel für Schwarze" der Stadt.

Bluesberry Cafe SÜDSTAATENKÜCHE $
(☎662-627-7008; 235 Yazoo Ave; ⏲Sa & So 7.30–13, Mo 12–18 Uhr) Das Café ist durch und durch schmuddelig, aber was soll's? Das köstliche Essen – Eier, Speck, hausgemachte Würste und riesige Sandwiches – wird frisch zubereitet, und manchmal kommt morgens auch eine Blues-Legende vorbei und spielt zum Frühstück auf. Vorsicht vor der höllisch scharfen Sauce!

Shack Up Inn INN $$
(☎662-624-8329; www.shackupinn.com; 001 Commisary Circle; vom Hwy 49; DZ 75–165 US$; P ❄📶) In dem „Bed & Beer" auf der Hopson Plantation wohnt man in aufgemöbelten Pächterhütten oder einer kreativ renovierten Halle, in der früher Baumwolle aufgearbeitet wurde. Die Hütten haben überdachte Veranden und sind mit alten Möbeln und Musikinstrumenten ausgestattet.

Yazoo Pass CAFÉ $$
(☎662-627-8686; www.yazoopass.com; 207 Yazoo Ave; Hauptgerichte mittags 6–10 US$, abends 13–26 US$; ⏲Mo–Sa 7–21 Uhr; 📶) Ein modernes Lokal, in dem morgens frisches Teegebäck und Croissants, mittags Salate vom Büfett, Sandwiches und Suppe und zum Abendessen in der Pfanne gebratener Gelbflossen-Thun, Filet Mignon, Burger und Pasta serviert werden.

Unterhaltung

★ **Red's** BLUES
(☎662-627-3166; 395 Sunflower Ave; Grundpreis 7–10 US$; ⏲Livemusik Fr & Sa 21 Uhr) Clarksdales bester Juke Joint wird von neonrotem Stimmungslicht erhellt, die Decken sind mit Plastikplanen abgehängt, und das Ganze vermittelt den Eindruck wehmütigen Verfalls – dies ist also genau der richtige Ort, um den Blues richtig wirken zu lassen. Red betreibt die Bar, kennt die Musik und die Musiker und schiebt einem ein kaltes Bier rüber, wenn man es braucht.

An- & Weiterreise

Die Haltestelle der Greyhound-Busse ist in der State St. Clarksdale liegt nahe der Hwys 49 und 61, 80 Meilen (128 km) südlich von Memphis, TN, und 70 Meilen (112 km) westlich von Oxford, MS.

Vicksburg

Die hübsche Stadt liegt auf einer Klippe hoch über dem Mississippi. Während des Bürgerkriegs belagerte General Ulysses S. Grant die Stadt 47 Tage lang, bevor sie sich am 4. Juli 1863 ergab, wodurch die Nordstaaten die Kontrolle über den größten Fluss der USA bekamen. Trotz der Belagerung und folgenden Schlacht sind viele alte Wohnhäuser erhalten, sodass die historische Altstadt als eine der schönsten in Mississippi gilt.

Sehenswertes

Vicksburg National Military Park HISTORISCHER ORT
(☎601-636-0583; www.nps.gov/vick; 3201 Clay St; Fahrrad/Auto 5/15 US$; ⏲8–17 Uhr; ♿) 🍃 Vicksburg beherrschte den Zugang zum Mississippi, deshalb markierte die Einnahme der

Stadt einen Wendepunkt im Bürgerkrieg. Eine 16 Meilen (26 km) lange Strecke führt an Schautafeln vorbei, die das historische Schlachtengeschehen und Schlüsselmomente der langen Belagerung verdeutlichen, während der die Einwohner wie die Maulwürfe unter der Erde lebten, um dem Granatenbeschuss durch die Nordstaatler zu entgehen. Für die ganze Tour sollte man mindestens 90 Minuten einplanen; sie lässt sich auch wunderbar mit einem Fahrrad unternehmen. Die Einheimischen nutzen den malerischen Park zum Spazierengehen und Joggen.

Lower Mississippi River Museum MUSEUM
(601-638-9900; www.lmrm.org; 910 Washington St; Mo–Sa 9–16, So 13–16 Uhr;) GRATIS Stolz und Freude der Innenstadt von Vicksburg ist dieses interessante Museum, das sich Themen wie dem berüchtigten Hochwasser von 1927 oder dem Army Corps of Engineers widmet, das den Fluss seit dem 18. Jh. reguliert. Kinder freuen sich über das Aquarium und klettern auf dem im Trockendock liegenden Forschungsschiff MV *Mississippi IV* herum.

Essen & Ausgehen

Walnut Hills SÜDSTAATENKÜCHE $$
(601-638-4910; www.walnuthillsms.net; 1214 Adams St; Hauptgerichte 8–25 US$; Mo–Sa 11–21, So bis 14 Uhr) Ein kulinarisches Erlebnis wie in alter Zeit bietet dieses Restaurant mit deftiger, bodenständiger Südstaatenküche, die man in familiärer Atmosphäre verdrückt.

★ **Highway 61 Coffeehouse** KAFFEE
(601-638-9221; www.61coffee.blogspot.com; 1101 Washington St; Mo–Fr 7–17, Sa ab 9 Uhr;) Das tolle Kaffeehaus, das Fairtrade-Kaffee ausschenkt, ist ein energiegeladenes Zentrum für Kunst, Dichterlesungen und dergleichen. Am Samstagnachmittag gibt's gelegentlich Livemusik.

An- & Weiterreise

Die Haltestelle der Greyhound-Busse befindet sich etwas außerhalb im Süden der Stadt. Vicksburg liegt an der I-20 und dem Hwy 61, rund 50 Meilen (80 km) westlich von Jackson.

Jackson

In der Hauptstadt von Mississippi, die auch die größte Stadt im Bundesstaat ist, mischen sich stattliche Wohnviertel und große, öde Areale. Das überraschend abgefahrene Herz der Künstler- und Hipsterszene ist der Fondren District. Da es auch einige ordentliche Bars, gute Restaurants und viel Livemusik gibt, kann man hier problemlos seinen Spaß haben.

Sehenswertes

Mississippi Museum of Art GALERIE
(601-960-1515; www.msmuseumart.org; 380 South Lamar St; Sonderausstellungen 5–12 US$; Di–Sa 10–17, So 12–17 Uhr) GRATIS Diese Attraktion sollte man sich bei einem Aufenthalt in Jackson nicht entgehen lassen: Die Sammlung von Kunst aus Mississippi und die Dauerausstellung *The Mississippi Story* sind hinreißend, und das umgebende Gelände wurde hübsch in einen freundlichen, skurrilen Garten verwandelt.

Old Capitol Museum MUSEUM
(601-576-6920; www.mdah.ms.gov/oldcap; 100 State St; Di–Sa 9–17, So 13–17 Uhr) GRATIS Das Gebäude im Greek-Revival-Stil diente von 1839 bis 1903 als Kapitol von Mississippi und beherbergt heute ein Museum zur Geschichte des Bundesstaats, das zahlreiche Filme und Ausstellungen zeigt. So erfährt man etwa, dass die Sezession alles andere als eine einstimmige Sache war und dass nach der Reconstruction einige der strengsten Black Codes (Gesetze zur Einschränkung der Rechte Schwarzer) eingesetzt wurden, die es in den Südstaaten vor der Zeit der Rassentrennung gab.

Eudora Welty House HISTORISCHES GEBÄUDE
(601-353-7762; www.eudorawelty.org; 1119 Pinehurst St; Erw./Student/Kind 5/3 US$/frei; Führungen Di–Fr 9, 11, 13 & 15 Uhr) Literaturinteressierte sollten sich für eine Führung durch das Haus der mit dem Pulitzerpreis ausgezeichneten Autorin anmelden, die hier mehr als 75 Jahre gelebt hat. Das neo-elisabethanische Haus wurde bis ins kleinste Detail rekonstruiert. Die Besichtigung ist jeweils am 13. jedes Monats frei, sofern es sich dabei um einen normalen Werktag handelt.

Museum of Natural Science MUSEUM
(601-576-6000; www.mdwfp.com/museum; 2148 Riverside Dr; Erw./Kind 6/4 US$; Mo–Fr 8–17, Sa 9–17, So 13–17 Uhr;) Das Museum befindet sich mitten im wunderbaren Lefleur's Bluff State Park und zeigt die in Mississippi heimische Flora und Fauna. Es gibt auch einige Aquarien sowie einen künstlichen Sumpf und insgesamt 4 km an

Wanderwegen durch das 121 ha große Naturschutzgebiet.

International Museum of Muslim Cultures MUSEUM
(☎601-960-0440; www.muslimmuseum.org; 201 E Pascagoula St; ⊙Mo–Fr 10–17 Uhr) GRATIS Das kleine Museum hat ein paar interessante Ausstellungen über Timbuktu und das maurische Spanien. Weitere bedeutende muslimische Kulturen werden in Wechselausstellungen präsentiert Die einzelnen Ausstellungsstücke sind zwar nicht sehr bemerkenswert, doch das Museum an sich bietet für alle Interessierten eine gute Einführung in die muslimische Welt und ihre Kultur.

Schlafen & Essen

Old Capitol Inn BOUTIQUEHOTEL $$
(☎601-359-9000; www.oldcapitolinn.com; 226 N State St; Zi./Suite ab 99/145 US$; P ❄ @ ☜ ≋) Das tolle Boutiquehotel mit 24 Zimmern liegt ganz in der Nähe von Museen und Restaurants. Die Zimmer sind gemütlich und sehr individuell einzigartig eingerichtet. Im Preis enthalten sind ein komplettes Frühstück im Stil des Südens sowie Käse und Wein am frühen Abend. Zum Dachgarten gehört auch ein Thermalbecken.

Fairview Inn INN $$$
(☎601-948-3429, 888-948-1908; www.fairviewinn.com; 734 Fairview St; Suite 200–340 US$; P ❄ @ ☜) In den 18 Zimmern des Hotels in einem alten Herrenhaus fühlt man sich in die Kolonialzeit zurückversetzt. Die Einrichtung mit vielen Antiquitäten ist überwältigend und kein bisschen muffig, sondern sehr geschmackvoll dem Thema des jeweiligen Zimmers angepasst. Es gibt auch einen komplett ausgestatteten Wellnessbereich.

High Noon Cafe VEGETARISCH $
(☎601-366-1513; www.rainbowcoop.org; 2807 Old Canton Rd; Hauptgerichte 7–12 US$; ⊙Mo–Fr 11.30–14 Uhr; ☜ ✍) Wer genug vom ewig gleichen Gebratenen und Riesenportionen von *pulled pork* hat, findet im Lebensmittelladen Rainbow Co-op im Fondren District ein bio-vegetarisches Grillrestaurant, das Burger mit Rote Beete, Pilz-Sandwiches und andere gesunde Köstlichkeiten serviert. Und natürlich kann man sich auch mit Bio-Lebensmitteln eindecken.

Saltine SEAFOOD $$
(☎601-982-2899; www.saltinerestaurant.com; 622 Duling Ave; Hauptgerichte 12–26 US$; ⊙Mo–Do 11–22, Fr bis 23, So bis 21 Uhr) Der verspielte Laden hat es zu seiner leckeren Aufgabe gemacht, Austern in die kulinarische Welt von Jackson einzuführen. Die Schalentiere werden in mehreren Versionen angeboten: roh, über Holzfeuer gegart, mit weißer Alabama-Barbecuesauce und „Nashville", d.h. *(sehr)* scharf. Man tunkt die Austernsauce mit dem leckeren pfannengebratenen Maisbrot auf und probiert dann die Regenbogenforelle.

Walker's Drive-In SÜDSTAATENKÜCHE $$$
(☎601-982-2633; www.walkersdrivein.com; 3016 N State St; mittags Hauptgerichte 8–17 US$, abends 29–37 US$; ⊙Mo–Fr 11–14 & Di–Sa ab 17.30–22 Uhr) Der Retro-Diner wurde mit viel Liebe restauriert und mit moderner Südstaaten-Feinschmeckerküche aufgepeppt. Mittags gibt's ausgezeichnete Diner-Kost wie gegrillte Rotbarsch-Sandwiches, zarte Burger und gegrillte Austern-Po'boys oder den außergewöhnlichen Salat mit schonend gegartem, mit Chili ummanteltem Thunfisch, zu dem scharf gewürzte Tintenfischringe und Seetang serviert werden.

Ausgehen & Unterhaltung

The Apothecary at Brent's Drugs COCKTAILBAR
(www.apothecaryjackson.com; 655 Duling Ave; ⊙Di–Do 17–1, Fr & Sa bis 2 Uhr) Versteckt hinten in einem Limonaden-Laden im Stil der 1950er-Jahre befindet sich diese ganz eindeutig aus dem frühen 21. Jh. stammende Cocktailbar: Die Barkeeper tragen Brillen mit dicken, auffälligen Rahmen, und die Getränke auf der umfangreichen Karte sind alle fachkundig gemixt.

Martin's BAR
(☎601-354-9712; www.martinslounge.net; 214 S State St; ⊙Mo–Sa 10–1.30, So bis 24 Uhr) Dies ist eine nette Schmuddelkneipe, also einer jener Orte, wo die Barkeeper die Telefonnummern ihrer Stammgäste kennen – zur Sicherheit, falls diese vom Barhocker kippen. Zu dem gemischten Publikum gehören ältere Leute, Angestellte aus der Staatsverwaltung, schmierige Lobbyisten und Rechtsverdreher, die aus einem Roman von John Grisham stammen könnten.

F Jones Corner BLUES
(☎601-983-1148; www.fjonescorner.com; 303 N Farish St; ⊙Di–Fr 11–14, Do–Sa 22 Uhr–open end) Wenn die anderen Lokale schließen, strömt alles in diesen bodenständigen Club in der Farish St. Dort spielen authentische Delta-Musiker schon mal bis zum Sonnenaufgang.

Praktische Informationen

Convention & Visitors Bureau (☎ 800-354-7695; www.visitjackson.com; 111 E Capitol St, Suite 102; ⌚ Mo–Fr 8–17 Uhr) Kostenlose Infos.

An- & Weiterreise

Jackson liegt an der Kreuzung der I-20 mit der I-55 und ist deshalb leicht zu erreichen. Der internationale **Flughafen** (☎ 601-939-5631; JAN; www.jmaa.com; 100 International Dr) liegt 10 Meilen (16 km) östlich der Downtown. Busse von **Greyhound** (☎ 601-353-6342; www.greyhound.com; 300 W Capitol St) fahren nach Birmingham, Memphis und New Orleans. Der Amtrak-Zug *City of New Orleans* hält am hiesigen Bahnhof.

Natchez

Rund 668 Häuser im klassizistischen Antebellum-Stil zieren die älteste europäische Siedlung am Mississippi (2 Jahre älter als New Orleans!). Natchez ist zudem der Ausgangs- oder Endpunkt des malerischen 710 km langen Natchez Trace Pkwy, dem schönsten Rad- und Wanderweg des Bundesstaates. Führungen durch die historische Innenstadt und zu den Antebellum-Herrenhäusern beginnen beim Visitor and Welcome Centre. In der „Pilgersaison" im Frühjahr und Herbst sind diese Häuser sogar für Besucher geöffnet.

Sehenswertes & Aktivitäten

Emerald Mound ARCHÄOLOGISCHE STÄTTE
(www.nps.gov/natr; Natchez Trace Pkwy Meile 10,3; ⌚ Sonnenaufgang–Sonnenuntergang; P 🐾) GRATIS Direkt am Trace Pkw außerhalb der Stadt liegen die grasbewachsenen Ruinen einer Stadt der amerikanischen Ureinwohner, die über den zweitgrößten präkolumbischen Erdhügel der USA verfügte. Mit einfachen Steinwerkzeugen verwandelten die präkolumbischen Vorfahren der heutigen Bewohner den Erdhügel mit einer Grundfläche von 3,24 ha in eine Pyramide mit abgeflachter Spitze. Sie gilt heute als zweitgrößte Stätte dieser Art in der USA. In Richtung des kleinen Baches gibt es schattige Picknickplätze, und man sollte unbedingt auf die Pyramide hinaufsteigen, wo sich ein riesiger Rasen befindet.

Auburn Mansion WAHRZEICHEN
(☎ 601-446-6631; www.auburnmuseum.org; 400 Duncan Ave; Erw./Kind 15/10 US$; ⌚ Di–Sa 11–15 Uhr, letzte Führung um 14.30 Uhr; 👪) Die rote Backsteinvilla ist berühmt für ihre freistehende Wendeltreppe. Die Architektur dieser 1812 errichteten Villa beeinflusste den Bau zahlloser Herrenhäuer im Süden der USA.

Natchez Pilgrimage Tours GESCHICHTE
(☎ 800-647-6742, 601-446-6631; www.natchezpilgrimage.com; 640 S Canal St; Führung ab 20 US$) Wer sich für alte Wohnhäuser und die Antebellum-Architektur interessiert, ist bei diesem Veranstalter richtig. Die Touren führen das ganze Jahr über zu einem guten Dutzend alter Wohnhäuser und informieren zugleich über die Geschichte dieser Gegend.

Schlafen & Essen

Historic Oak Hill Inn INN $$
(☎ 601-446-2500; www.historicoakhill.com; 409 S Rankin St; Zi. inkl. Frühstück 135–160 US$, Suite

ABSTECHER

DER NATCHEZ TRACE PARKWAY

Wer durch Mississippi fährt, sollte zumindest einen Teil seiner Reise im Hinblick auf eine der ältesten Straßen Nordamerikas planen: den Natchez Trace. Dieser ca. 710 km lange Weg folgt einem natürlichen Gebirgskamm, der von prähistorischen Tieren vielfach bei deren Weidezügen benutzt wurde; so trampelten diese Tiere einen Pfad, den die Völker der amerikanischen Ureinwohner als Handelsroute nutzten. Daraus wurde dann schließlich der Natchez Trace, eine wichtige, oft von Banditen heimgesuchte Straße ins westliche Landesinnere der jungen USA.

1938 wurde der Abschnitt des Trace, der sich von Pasquo in Tennessee in südwestlicher Richtung nach Natchez in Mississippi erstreckt, als Natchez Trace Pkwy (www.nps.gov/natr) unter den Schutz des Bundes gestellt und der Verwaltung des National Park Service unterstellt. Die hübsche, malerische Fahrt führt durch eine ganze Palette südlicher Landschaften: dichte, dunkle Wälder, sumpfige Feuchtgebiete, sanft gewelltes Hügelland und große Flächen Farmland. Es gibt mehr als 50 Zugangspunkte zum Parkway und ein hilfreiches **Visitor Center** (☎ 800-305-7417, 662-680-4025; www.nps.gov/natr; Natchez Trace Pkwy Meile 266; ⌚ 8–17 Uhr, Weihnachten geschl.; 👪 🐾) 🌿 außerhalb von Tupelo.

235 US$; P ❄ 📶) Hier wird der Traum vom Übernachten in einem der schönen alten Wohnhäuser wahr. In dem klassischen B&B leben die Gäste genau wie die Aristokratie des Südens vor dem Krieg: Geschlafen wird in einem Originalbett von 1835, gegessen vom feinen Porzellan der Vorkriegszeit unter Waterford-Gaskronleuchtern von 1850.

Magnolia Grill SÜDSTAATENKÜCHE **$$**
(☎601-446-7670; www.magnoliagrill.com; 49 Silver St; Hauptgerichte 13–22 US$; ⊙11–21, Fr & Sa bis 22 Uhr; 👪) Der Grill in einem Ladengeschäft in einem attraktiven Holzhaus mit freiliegenden Balken und Außenveranda befindet sich unten am Fluss – ein guter Ort für ein Schweinelenden-Po'boy oder einen Salat mit gebratenen Krebsen und Spinat!

Ausgehen

Under the Hill Saloon BAR
(☎601-446-8023; 25 Silver St; ⊙10 Uhr–open end) Die ungemein witzige, historische Bar war einst die Stammkneipe von Samuel Clemens, einem Flussschiffkapitän, der aber unter seinem Pseudonym Mark Twain besser bekannt ist. Die Bar schließt erst, wenn auch der letzte Gast gegangen ist.

ℹ Praktische Informationen

Das **Visitor and Welcome Center** (☎800-647-6724; www.visitnatchez.org; 640 S Canal St; ⊙Mo–Sa 8.30–17, So 9–16 Uhr) ist eine große, gut gemachte Touristeninformation, in der Ausstellungsstücke zur Geschichte der Gegend zu sehen und Unmengen von Infos über die Sehenswürdigkeiten der Region erhältlich sind.

ℹ An- & Weiterreise

Natchez liegt am Hwy 61 und bildet auch den Endpunkt (oder Startpunkt) des Natchez Trace Pkwy. Die Haltestelle der Busse von **Greyhound** (☎601-445-5291; 127 Wood Ave) liegt etwa 3,5 Meilen (5,6 km) östlich der Stadt.

Golfküste

Die flache Golfküste von Mississippi ist eine lange Abfolge von windgepeitschten Dünen, Flecken von Strandgras, Kunstgalerien am Meer und Casinos im Stil von Las Vegas. Das Erholungsgebiet ist sehr beliebt bei Familien und Militärangehörigen, denn mehrere große Stützpunkte liegen an dieser Küste zwischen Florida und Texas.

Das bezaubernde Bay St. Louis zieht vor allem Angestellte der Bundesbehörden an, darunter auch viele Wissenschaftler des Stennis Space Center an der Grenze zu Louisiana. So erscheinen die Einwohner dieses Städtchens auch deutlich fortschrittlicher als in anderen Städten und Orten in Mississippi. Yogastudios, Antiquitätenläden und Kunstgalerien säumen die Hauptstraße.

Ocean Springs ist ein friedliches Refugium mit einem Hafen, in dem Shrimps-Boote neben noblen Jachten liegen, einer historischen Altstadt und einem feinen weißen Sandstrand am Golf.

An den Abfahrten der I-10 zu den verschiedenen Städten der Golfküste befinden sich überall preiswerte Kettenhotels. In den Städten selbst gibt es nette B&Bs und mehrstöckige Hotels, die sich an Tagesausflügler richten.

ℹ An- & Weiterreise

Ocean Springs liegt an der I-10, 33 Meilen (53 km) östlich von Bay St. Louis und 60 Meilen (96 km) westlich von Mobile. In dieser Gegen verkehren keine öffentlichen Verkehrsmittel.

ARKANSAS

Arkansas (sprich: *ar*-ken-soh), das gebirgige Verbindungsstück zwischen dem Mittleren Westen und den eigentlichen Südstaaten, ist ein oft übersehenes landschaftliches Juwel, geprägt von reißenden Strömen, dunklen, grünen Tälern, zinnenartigen Granitfelsen und den verwitterten Gebirgskämmen der Ozark und der Ouachita (sprich: wa-schitoh) Mountains. Im gesamten Bundesstaat locken ausnehmend gut aufgemachte State Parks und kleine, einsame Straßen, die durch dichte Wälder zu hinreißenden Aussichtspunkten oder lieblichen Wiesen mit grasenden Pferden führen. In den Gebirgsstädtchen trifft man auf evangelikalen Fundamentalismus, Hippie-Kommunen und Biker-Bars, aber alle diese sehr unterschiedlichen Kulturen eint die Liebe zur atemberaubenden Natur ihres Heimatstaats.

ℹ Praktische Informationen

Arkansas State Parks (☎888-287-2757; www.arkansasstateparks.com) Die 52 State Parks von Arkansas werden tadellos verwaltet, 30 von ihnen bieten Campingmöglichkeiten (Stellplatz Zelt & Wohnmobil 12–55 US$, je nach Ausstattung). Einige der Parks haben sogar eigene Lodges und Hütten. Letztere sind sehr beliebt, und deshalb muss man am Wochenende und in den Ferien reservieren und mehrere Nächte bleiben.

Little Rock

Little Rock wird seinem Namen absolut gerecht: Die charmante Hauptstadt des Bundesstaats wirkt wirklich ziemlich klein. Gleichwohl ist sie aber auch das Zentrum des städtischen Lebens in Arkansas und dabei recht cool – in den grünen Wohnvierteln trifft man auf freundliche Bars, neue Restaurants, viele Radwege und einen toleranten Lebensstil. Die Stadt ist klein, hat aber eine wunderbare Lage am Arkansas River, und, wie es zu diesem Bundesstaat voller Naturwunder passt, man ist im Handumdrehen in üppig bewaldeten Flusstälern.

Sehenswertes

William J. Clinton Presidential Center MUSEUM
(☎501-374-4242; www.clintonlibrary.gov; 1200 President Clinton Ave; Erw./Student & Senior/Kind 10/8/6 US$; ⌚Mo–Sa 9–17, So 13–17 Uhr; P 👪) 🍃 Diese Bibliothek beherbergt das größte Archiv einer US-amerikanischen Präsidentschaft. Es umfasst 80 Mio. Seiten an Dokumenten und 2 Mio. Fotografien (leider kaum etwas zum Skandal um eine gewisse Praktikantin). Das Ganze fühlt sich wie eine Zeitreise in die 1990er-Jahre an. Zu sehen und zu begehen ist auch eine Nachbildung des Oval Office in Originalgröße. Außerdem sind Ausstellungsstücke zu allen Stationen von Bill Clintons Leben und die Geschenke ausländischer Besucher zu bewundern. Das Gebäude wurde nach umweltfreundlichen Vorgaben errichtet.

Die Bibliothek befindet sich auf einem hügeligen Campus, den Fußwege durch Waldgebiete und ein 5 ha großes Sumpfgebiet durchziehen.

Riverfront Park PARK
(☎501-371-4770; Ottenheimer Plaza; ⌚Sonnenaufgang–Sonnenuntergang) GRATIS Der hübsche Park, der sich entlang des Arkansas River erstreckt, ist bei Spaziergängern und Radfahrern gleichermaßen beliebt. Er ist die gelungene Integration einer speziellen Landschaft (des Flusses) in die Stadt. Sein bemerkenswertestes Wahrzeichen ist die Clinton Presidential Park Bridge, die imposante Fußgängerbrücke über den Fluss.

Little Rock Central High School HISTORISCHE STÄTTE
(☎501-374-1957; www.nps.gov/chsc; 2125 Daisy L Gatson Bates Dr; ⌚9–16.30 Uhr; P) GRATIS Die interessanteste Sehenswürdigkeit von Little Rock ist der Ort, wo ein Vorfall der Bürgerrechtsbewegung 1957 das Land für immer veränderte. Es war an dieser damals noch rein weißen High School, dass neun afroamerikanischen Studenten der Zutritt verboten wurde (obwohl ein einstimmig gefasster Beschluss des Obersten Gerichtshofs bereits 1954 die öffentlichen Schulen zur Integration zwang). Die Studenten wurden später als die Little Rock Nine bekannt.

Museum of Discovery MUSEUM
(☎501-396-7050; www.museumofdiscovery.org; 500 President Clinton Ave; Erw./Kind 10/8 US$; ⌚Di–Sa 9–17, So 13–17 Uhr, Sommer Mo 9–17 Uhr; 👪) Das großartige Wissenschafts- und Naturkundemuseum ist vor allem für Familien interessant. Zu sehen sind Exponate zum menschlichen Körper, den Ökosystemen in Arkansas, Wirbelstürmen, Paläontologie und vieles mehr.

Schlafen & Essen

★Capital Hotel BOUTIQUEHOTEL $$
(☎501-374-7474; www.capitalhotel.com; 111 W Markham St; Zi./Suite ab 220/375 US$; P ❄ @ 📶) Das ehemalige Bankgebäude von 1872 mit der selten gewordenen schmiedeeisernen Fassade ist heute eines der besten Hotels in Little Rock. Auf dem Balkon kann man herrlich Cocktails schlürfen, und im ganzen Hotel herrscht eine sehr gediegene, elegante Atmosphäre. Eigentlich müsste in jedem Sessel ein vornehmer Lobbyist mit Zigarre sitzen.

Rosemont B&B $$
(☎501-766-0355; www.rosemontoflittlerock.com; 515 W 15th St; Zi. 105–195 US$; P ❄ 📶 🐾) Das restaurierte Farmhaus aus den 1880er-Jahren liegt nahe der Governor's Mansion und ist voller südlichem Charme. Es werden auch einige rustikale, alte Cottages vermietet (ab 135 US$). Und es ist eines der wenigen B&Bs, in denen Haustiere erlaubt sind.

Big Orange AMERIKANISCH $
(☎501-379-8715; www.bigorangeburger.com; 207 N University Ave; Hauptgerichte 8–14 US$; ⌚So–Do 11–22, Fr & Sa 11–23 Uhr; P 🌶 👪) Manchmal muss es einfach ein Burger sein, aber dann nicht irgendeiner, sondern einer mit richtig viel Fleisch zwischen zwei Brötchenhälften. Dieses Restaurant bietet alle nur erdenklichen Variationen von Burgern, die vom Klassiker mit amerikanischem Käse und weißem Trüffel bis zur vegetarischen Falafel-Version reichen.

Three Fold Noodles and Dumpling Co CHINESISCH $

(☎501-372-1739; http://eat3fold.com; 215 Center St; Teigtaschen & Nudeln 7–8 US$; ⏲Mo–Sa 11–20 Uhr) In Little Rock erwartet man nicht unbedingt hervorragende chinesische Küche, doch dieses Restaurant mit leckerer Hühner-Nudel-Suppe, hausgemachten frittierten und gedämpften Teigtaschen belehrt jeden eines besseren. Und es ist auch nicht viel teurer als bei McDonald's.

★ **South on Main** AMERIKANISCH $$

(☎501-244-9660; www.southonmain.com; 1304 S Main St; Hauptgerichte 16–24 US$; ⏲Mo–Fr 11–14.30, Di–Sa 17–22, So 10–14 Uhr) Das wunderbare Restaurant ist ein gastronomisches Lieblingsprojekt des *Oxford American*, der wichtigen literarischen Vierteljahresschrift des Südens. Es widmet sich der Küche der Region mit kreativ-köstlicher Verve und Energie, z. B. mit Wels mit Maispfannkuchen oder Kaninchenkeule im Schinkenmantel. Eine tolle Bar und häufige Livemusik runden das Erlebnis ab.

Ausgehen & Unterhaltung

The New 610 Center SCHWULENBAR

(☎501-374-4678; http://610center.com; 610 Center St; ⏲Mo–Do 16–24, Fr 16–1, Sa 18–1, So 11–22 Uhr) Markenzeichen dieser lässigen Bar sind die ausgezeichneten Martinis, eine freundliche Stimmung und das einheimische, zumeist schwule Publikum. Damit ist sie ideal für einen starken Drink und vielleicht auch mal eine Drag-Show oder eine Bear Night.

White Water Tavern LIVEMUSIK

(☎501-375-8400; www.whitewatertavern.com; 2500 W 7th St; ⏲Mo–Fr 12–2, Sa 18–1 Uhr) Das White Water versammelt ausgezeichnete Musiker und Bands aller Stilrichtungen (von Hardcore-Rock über Alt-Country bis zu Indie-Pop und Hip-Hop) auf seiner Bühne. Wenn gerade kein Konzert gegeben wird, ist der Laden eine ausgezeichnete, freundliche Eckkneipe.

Arkansas Repertory Theatre THEATER

(☎501-378-0405; www.therep.org; 601 Main St) „The Rep" ist eines der dynamischsten kleinen Regionaltheater des Südens. Das fantastische Repertoire reicht von Broadway-Musicals zu schrägen Indie-Shows.

ℹ Praktische Informationen

Das **Little Rock Convention Center & Tourism Bureau** (☎501-376-4781; www.littlerock.com; 101 S Spring St; ⏲Mo–Fr 8.30–17 Uhr) ist ein sehr informatives Tor in die Stadt.

ℹ Anreise & Unterwegs vor Ort

Der **Bill & Hillary Clinton National Airport** (LIT; Little Rock National Airport; ☎501-372-3439; www.fly-lit.com; 1 Airport Dr) liegt östlich der Innenstadt. Von der Haltestelle der **Greyhound-Busse** (☎501-372-3007; www.greyhound.com; 118 E Washington St, North Little Rock) in North Little Rock fahren Busse nach Hot Springs (19 US$, 1–2 Std., 2-mal tgl), Memphis, TN, (31 US$, 2½ Std., 7-mal tgl) und New Orleans (93 US$, 18 Std., 2-mal tgl). In der **Union Station** (☎501-372-6841; 1400 W Markham St) hält der *Texas Eagle* von Amtrak, der von Chicago (100 US$, 14 Std.) nach Los Angeles (154 US$, 19 Std.) fährt und unterwegs in einem guten Dutzend Städte hält.

Central Arkansas Transit (www.cat.org) betreibt den städtischen Busverkehr. Die **River Rail Streetcar** ist eine Straßenbahn, die in der W Markham und der President Clinton Ave verkehrt (Erw./Kind 1,35/0,60 US$).

Hot Springs

Dass Hot Springs ein schmuckes Gebirgsstädtchen ist, haben wir bestimmt nicht als Erste entdeckt. Die heilkräftigen Quellen, nach denen der Ort benannt ist, haben schon die amerikanischen Ureinwohner angelockt, im frühen 20. Jh. dann Gesundheitsfanatiker und schließlich mehr als nur eine Größe des organisierten Verbrechens in den USA. In seiner Blütezeit in den 1930er-Jahren war Hot Springs ein Tummelplatz von Glücksspielern, Schwarzbrennern, Prostituierten und Stinkreichen.

Heutzutage lockt der Ort nicht mehr mit den eigentlichen Thermalquellen, sondern mit der touristischen Infrastruktur, die an die alte Badekultur erinnert. So gibt es in der Bathhouse Row, die sich unter schattigen Magnolien im Osten der Central Ave erstreckt, einige sorgfältig restaurierte Badehäuser, die Wellnessbehandlungen der alten Schule anbieten. Ansonsten ist Hot Springs eine interessante, schattige Stadt, die es geschafft hat, ihr historisches Zentrum zu bewahren, was schon viel wert ist.

Sehenswertes & Aktivitäten

Hot Springs National Park MUSEUM

(Fordyce Bathhouse; ☎501-620-6715; www.nps.gov/hosp; 369 Central Ave; ⏲9–17 Uhr) GRATIS An der Bathhouse Row zeigt das NPS Visitor Center, das im Fordyce-Badehaus von 1915 untergebracht ist, in seinem Museum Exponate zur Geschichte des Parks, der einst eine Freihandelszone der Ureinwohner und um die Wende zum 20. Jh. ein Kurbad nach europäischem Vorbild war. Am faszinierendsten sind die Einrichtungen des Kurbads aus dem frühen 20. Jh.: Das Buntglas und die griechischen Statuen sind reizend, auf die kahlen weißen Wände, den Mörtel und die Elektroschocktherapie können wir hingegen gut und gern verzichten.

Hot Springs Mountain Tower AUSSICHTSPUNKT

(☎ 501-881-4020; 401 Hot Springs Mountain Rd; Erw./Kind 7/4 US$; ⌚ Sept.–Mai 9–17 Uhr, Juni–Aug. bis 21 Uhr; P) Auf dem Gipfel des Hot Springs Mountain bietet sich von dem 65 m hohen Turm eine spektakuläre Aussicht auf die umliegenden Berge, die mit Hornsträuchern, Hickory-Bäumen, Eichen und Kiefern bewachsen sind, welche im Frühjahr und Herbst ihre volle Pracht entfalten.

Gangster Museum of America MUSEUM

(☎ 501-318-1717; www.tgmoa.com; 510 Central Ave; Erw./Kind 15/6 US$; ⌚ So–Do 10–17, Fr & Sa 10–18 Uhr) Hier erfährt man alles über die sündig glorreiche Zeit der Prohibition, als diese kleine Stadt im Nirgendwo dank den Alkoholschmugglern aus Chicago wie Al Capone und ihren Partnern in New York zu üppigem Wohlstand gelangte. Zu den Glanzstücken des Museums gehören alte Original-Spielautomaten, jede Menge alter Fotos und eine Maschinenpistole.

Galaxy Connection MUSEUM

(☎ 501-276-4432; www.thegalaxyconnection.com; 626 Central Ave; 7 US$; ⌚ Mo–Do 11–17,Fr & Sa bis 20, So 12.30–17 Uhr) Mal etwas ganz anderes: ein *Star-Wars*-Museum. Der fantastisch-kitschige Tempel ist das Werk eines besonders besessenen Fans aus Arkansas und vielleicht etwas amateurhaft. Es hat aber doch so viele Attraktionen – von lebensgroßen Boba-Fett-Puppen bis hin zu einem Areal, in dem man sich als Jedi verkleiden kann –, dass echte Fans in jedem Fall nostalgisch werden.

Buckstaff Bathhouse THERMALBAD

(☎ 501-623-2308; www.buckstaffbaths.com; 509 Central Ave; Thermalbad 33 US$, mit Massage 71 US$; ⌚ tgl. 8–11.45 Uhr sowie März–Nov. Mo–Sa 13.30–15 Uhr, Dez.–Feb. Mo–Fr 13.30–15 Uhr) Wellness im Stil von Hot Springs war noch nie sonderlich luxuriös, doch hier wird man noch wie in ganz alten Tagen behandelt. Wie in den 1930er-Jahren hetzt das energische Personal die Besucher durch die Bäder, Behandlungen und Massagen. Trotzdem ist es schlicht wunderbar.

Schlafen & Essen

★ Alpine Inn INN $

(☎ 501-624-9164; www.alpine-inn-hot-springs.com; 741 Park Ave; Zi. 65–95 US$; P ❄ 📶 🏊) Die freundlichen schottischen Betreiber des Inns, das weniger als eine Meile (1,6 km) von der Bathhouse Row entfernt liegt, haben das alte Motel mehrere Jahre lang einer Renovierung unterzogen – mit beeindruckendem Ergebnis. Die Zimmer sind tadellos, komfortabel und haben Flachbild-TVs sowie gemütliche Betten.

Arlington Resort Hotel & Spa HISTORISCHES HOTEL $

(☎ 501-623-7771; www.arlingtonhotel.com; 239 Central Ave; EZ/DZ/Suite ab 99/120/180 US$; P ❄ 📶 🏊) Das imposante historische Hotel thront über der Bathhouse Row und erinnert immer noch ausdauernd an seine Glanzzeit, auch wenn die mittlerweile vorbei ist. In dem prächtigen Foyer herrscht abends, wenn vielleicht auch eine Liveband spielt, viel Betrieb. Es gibt ein Spa im Haus, und die Zimmer sind gut gepflegt, wenn auch nicht mehr die Allerneuesten. Die Eckzimmer mit Aussicht sind ein Schnäppchen.

Colonial Pancake House DINER $

(☎ 501-624-9273; 111 Central Ave; Hauptgerichte 6–10 US$; ⌚ 7–15 Uhr; 👪) Dieser Klassiker in Hot Springs hat türkisfarbene Sitznischen sowie Quilts und Zierdeckchen an den Wänden, die dem Diner einen heimeligen Touch verleihen und einen zurück in Omas Küche versetzen. Neben Pfannkuchen werden auch Arme Ritter (mit Texas-Toast) sowie Malz- und Buchweizenwaffeln (lecker, mit Pekannüssen!) serviert, die noch besser schmecken als die von Großmutter. Mittags gibt's auch Burger und andere typische Diner-Gerichte.

McClard's BARBECUE $$

(☎ 501-623-9665; www.mcclards.com; 505 Albert Pike; Hauptgerichte 4–15 US$; ⌚ Di–Sa 11–20 Uhr) Am südwestlichen Rand der Downtown von Hot Springs liegt das Lieblingsgrillrestaurant des kleinen Bill Clinton. Es ist auch heute noch wegen seiner Rippchen, der schonend gegarten Bohnen, der Chilis und Tamales beliebt.

Ausgehen & Nachtleben

Maxine's BAR

(☎501-321-0909; www.maxineslive.com; 700 Central Ave; ⊙Mo–Fr 15–3, Sa bis 2, So 12–24 Uhr) Wem abends der Sinn nach (lauter) Musik steht, der sollte sich zu diesem Livemusikschuppen aufmachen, der früher ein berüchtigtes Bordell war. Hier treten regelmäßig Bands aus Austin auf.

Superior Bathhouse Brewery and Distillery BRAUEREI

(☎501-624-2337; www.superiorbathhouse.com; 329 Central Ave; ⊙11–21, Fr & Sa bis 23 Uhr) Erstaunlich, dass in einem Ort mit so vielen Outdoor-Begeisterten, Wanderern und Hipstern bislang eine Kleinbrauerei fehlte. Aber es war nur eine Frage der Zeit, und nun es ist soweit. Und das örtliche Gebräu ist köstlich und bestens geeignet, jeden gesundheitlichen Zuwachs, den man sich in Hot Springs versehentlich zugezogen haben könnte, gleich wieder gründlich wegzuspülen.

An- & Weiterreise

Die Busse von **Greyhound** (☎501-623-5574; www.greyhound.com; 100 Broadway Tce) fahren von Hot Springs nach Little Rock (1½ Std., ab 13 US$, ca. 3-mal tgl). Hot Springs liegt an der I-30, etwa 60 Meilen (96 km) südwestlich von Little Rock.

Tri-Peaks

Das Gebiet von Tri-Peaks ist das Kronjuwel im großartigen, grünen Arkansas-Tal und eine der bedeutendsten geografischen Zonen des Bundesstaates. Im Schatten von Tri-Peaks befinden sich vier State Parks mit fantastischen Möglichkeiten zum Wandern, Trekken und Bootfahren.

Die Gegend erstreckt sich über mehrere Counties des Staates. Benannt ist sie nach den drei Gipfeln des Mt. Magazine, Mt. Nebo und Petit Jean Mountain. Es gibt keinen großen zentralen Ort, der als Basislager geeignet wäre, doch kann man sich in den zahlreichen kleinen Orten gut mit Proviant eindecken. Der größte dieser Orte ist Russellville. Bei der folgenden Beschreibung der State Parks sind jeweils die nächstgelegenen Städte zu den Parkeingängen angegeben.

Sehenswertes & Aktivitäten

Mit Ausnahme des vom Wasser geprägten Lake Dardanelle Park verfügt jeder der folgenden Parks über eine Vielzahl von **Wanderwegen**, die von einfachen Naturpfaden in der Ebene bis zu steil ansteigenden Bergwanderwegen reichen. Ein vollständiges Verzeichnis der einzelnen Wanderwege findet man auf der Website des jeweiligen Parks. Über den aktuellen Zustand der Wege geben die Ranger Auskunft.

Mount Magazine State Park STATE PARK

(☎479-963-8502; www.mountmagazinestatepark.com; 577 Lodge Drive, Paris, GPS: N 35°09'52.4 W 93°38'49.7"; ⊙24 Std.) Der wunderbare Park verfügt über ein Wegenetz von insgesamt 22,4 km, das rund um den höchsten Gipfel von Arkansas führt. Die Aussicht ist spektakulär, denn man blickt auf die herrlichen Bergwälder entlang des gesamten Arkansas-Tals. Wer keine Zeit für einen kurzen Aufenthalt hat, kann auf dem **Mount Magazine Scenic Byway** durch den Park fahren und einige der fantastischen Ausblicke genießen. Lebensmittel und Benzin gibt es in Paris, rund 17 Meilen (27 km) entfernt.

Mount Nebo State Park STATE PARK

(☎479-229-3655; www.arkansasstateparks.com/mountnebo; 16728 West State Hwy 155, Dardanelle, GPS: N 35°13'41.0" W 93°15'19.7"; ⊙Sonnenaufgang–Sonnenuntergang; P 👪 🐾) GRATIS Der unglaublich schöne Park ist von einem Wegenetz von insgesamt 22,5 km Länge durchzogen, das bis zu den dicht bewaldeten Berghängen führt. Der anstrengende Nebo Springs Trail ist ein Rundweg, der durch eine moosbewachsene Wasserlandschaft führt. Die nächstgelegene Stadt Dardanelle befindet sich 8 Meilen (12,8 km) östlich des Parks.

Petit Jean State Park STATE PARK

(☎501-727-5441; www.petitjeanstatepark.com; 1285 Petit Jean Mountain Rd, Morrilton, GPS: N 35°07'04.3" W 92°56'17.8"; ⊙Sonnenaufgang–Sonnenuntergang; P 👪 🐾) GRATIS Die bestens gepflegten Wanderwege des ältesten State Parks von Arkansas führen zu einem 29 m hohen Wasserfall, romantischen Höhlen und dichten Wäldern. Überall bieten sich den Besuchern wunderbar weite Ausblicke, z. B. auf eine natürliche Steinbrücke mitten in der Wildnis und die riesigen Sumpfgebiete des Arkansas-Tals. Die nächstgelegene Stadt ist Morrilton (18 Meilen/28,8 km entfernt), doch auch Little Rock liegt nur 70 Meilen (112 km) südöstlich des Parks, sodass man von dort aus gut einen Tagesausflug unternehmen kann.

Lake Dardanelle State Park STATE PARK
(www.arkansasstateparks.com/lakedardanelle; 100 State Park Dr (Breakwater Rd), Russellville; Visitor Center tgl. 8–17 Uhr, Mai–Aug. 8–20 Uhr; P) Das 13 881 ha große Naturschutzgebiet ist von kilometerlangen, eisblauen Wasserwegen durchzogen, an denen sich überall Bootsrampen befinden und tolle Ausblicke bieten. Im großen Visitor Center in Russellville gibt es eine aufschlussreiche Ausstellung für Kinder sowie Aquarien und Kajakverleihe.

Buffalo National River RAFTING
(870-439-2502; www.nps.gov/buff; 170 Ranger Road, St Joe, Tyler Bend Visitor Center;) Der 216 km lange Fluss, ein weiteres wenig beachtetes Juwel in Arkansas, fließt an spektakulären Klippen vorbei durch den unberührten Wald der Ozarks. Der obere Abschnitt weist die meisten Stromschnellen auf, im unteren Teil fließt der Fluss gemächlicher, sodass man dort angenehm paddeln kann.

Der Buffalo National River (S. 488) hat zehn **Campingplätze** und drei ausgewiesene Schutzgebiete. Am einfachsten erreicht man diese über das Tyler Bend Visitor Center, 11 Meilen (17,6 km) nördlich von Marshall am Hwy 65, wo es auch eine Liste der zugelassenen Anbieter für Rafting- und Kanutouren auf eigene Faust gibt – die beste Art, den Park zu erkunden und die gigantischen Kalksteinklippen zu bestaunen. Oder man wendet sich an das Buffalo Outdoor Center (S. 488), das weitere Auskünfte erteilt und auch schöne Hütten im Wald vermietet.

Kajakfahren BOOTSFAHRTEN
(479-967-5516; www.arkansasstateparks.com; 100 State Park Drive (Breakwater Rd), Russellville; pro Std./halber Tag/Tag ab 8/14/20 US$) Es werden Einer- und Zweierkajaks verliehen, um den Lake Dardanelle auf eigene Faust zu erkunden, und auch 90-minütige Kajaktouren für einen Aufpreis von 12/6 US$ pro Erw./Kind angeboten.

Schlafen & Essen

In den Städten rund um die State Parks von Tri-Peaks gibt es einige langweilige Kettenhotels und Hotels, doch schöner ist es, in den Parks selbst zu übernachten, sei es auf einem einfachen Campingplatz oder in einer schicken Lodge.

Campingplätze (www.arkansasstateparks.com/camping-cabins-lodging; 12–32 US$) stehen in den vier State Parks in Hülle und Fülle zur Verfügung. Die Ausstattung reicht von primitivem Camping ohne Anschlüsse bis hin zu Strom, fließendem Wasser und Toiletten. Infos über die einzelnen Campingplätze gibt's bei den Parks direkt, gebucht wird über die jeweilige Homepage.

Mit Ausnahme des Lake Dardanelle, der sich in Russellville befindet, sollte man sich für jeden Park mit ausreichend Proviant eindecken.

Praktische Informationen

Das **Tyler Bend Visitor Center** (870-439-2502; www.nps.gov/buff; 170 Ranger Rd, St Joe; 8.30–16.30 Uhr) ist ein Muss für alle, die den Buffalo National River erkunden wollen.

An- & Weiterreise

Die Region Tri-Peaks liegt im nördlichen Zentrum von Arkansas und hat in etwa die Form von Arkansas. Die vier Parks sind über die bei den einzelnen Parks aufgeführten Städte zu erreichen. Keiner ist weiter als zwei Autostunden von Little Rock entfernt.

Am schönsten, wenn auch langwierigsten, ist die Fahrt auf dem spektakulären Hwy 23/Pig Trail Byway, der durch Wälder und den Ozark National Forest von Eureka Springs zum Mount Magazine State Park (S. 484) führt.

Ozark Mountains

Vom nordwestlichen und zentralen Arkansas bis hinein nach Missouri erstrecken sich die Ozark Mountains, eine uralte, einst von Meer umgebene Gebirgskette, die inzwischen vom Zahn der Zeit mächtig angenagt wurde. Grüne Berge folgen auf nebelverhangene Felder und karge Farmen, dramatische Karstformationen säumen funkelnde Seen, rauschende Flüsse und winzige Nebenstraßen. Die Bewohner der Region sind stolz auf ihr Unabhängigkeitsstreben und ihr Heimatgefühl – eine Einstellung, die sie zumindest teilweise den viele Generationen zurückreichenden Familiengeschichten und der langen Geschichte als Region der Armut verdanken. Als Lektüre auf der Reise bietet sich Daniel Woodrells Krimi *Winters Knochen* an, der auch mit großem Erfolg verfilmt wurde (*Winter's Bone*, 2010).

An- & Weiterreise

Das riesige Gebiet der Ozarks wird von unzähligen Bergstraßen durchzogen, die teilweise schon richtige Schnellstraßen sind. Die wichtigsten Verbindungen sind Hwy 62, AR 21, AR 43 und

AR 66. Der nächste Regionalflughafen ist der **Northwest Arkansas Regional Airport** (XNA; ☎479-205-1000; www.flyxna.com; 1 Airport Blvd) bei Bentonville. Nach Eureka Springs fahren auch die Busse von **Greyhound** (☎800-451-5333; 131 E Van Buren).

Mountain View

Dem Städtchen ist es gelungen, die Kultur der Ozarks touristisch so zu nutzen, dass daraus eine Gemeinschaft entsteht. Die traditionelle Lebensweise und Kreativität der Bergbewohner werden uneingeschränkt ausgelebt, und wenn diejenigen, die die Kultur suchen, auf diejenigen, treffen, die diese Kultur schaffen, ergibt sich eine merkwürdige Mischung aus tief religiösem Christentum, Hippiemusik und herzlicher Gastfreundschaft.

Das **Visitor Information Center** (☎870-269-8068; www.yourplaceinthemountains.com; 122 W Main St; ⏲Mo–Sa 9–16.30 Uhr) erhebt Mountain View zur „Welthauptstadt des Folks“. Auch wenn das sehr ehrgeizig ist, tut es der prinzipiellen Freundlichkeit der Stadt keinen Abbruch. Egal aus welcher Richtung man nach Mountain View kommt, man fährt unweigerlich durch die stark gebeutelten, heruntergekommenen Städte der Ozarks. Mountain View ist genau das Gegenteil: es bewahrte seine Geschichte, indem es eine zeitgemäße Stimme und Energie fand, die die globalisierte Welt mit den uralten regionalen Traditionen verbindet.

Sehenswertes & Aktivitäten

Blanchard Springs Caverns HÖHLE
(☎870-757-2211, 877-444-6777; www.blanchardsprings.org; NF 54, Forest Rd, nahe Hwy 14; Drip Stone Tour Erw./Kind 10/5 US$, Wild Cave Tour 75 US$; ⏲wechselnde Öffnungszeiten; 🚻) Die spektakulären Höhlen 15 Meilen (24 km) nordwestlich von Mountain View entstanden durch einen unterirdischen Fluss und können mit den berühmten Carlsbad Caverns durchaus mithalten – und damit ist auch dies eine weitgehend unbekannte, atemberaubende Sehenswürdigkeit in Arkansas. Das Angebot von Three Forest Service reicht von behindertengerechten Führungen bis zu abenteuerlichen drei- bis viertägigen Höhlenforschungstouren. Die Höhlen sind je nach Saison unterschiedlich geöffnet, meist aber von 9.30 Uhr bis Sonnenuntergang.

Ozark Folk Center State Park STATE PARK
(☎870-269-3851; www.ozarkfolkcenter.com; 1032 Park Ave; Auditorium Erw./Kind 12/7 US$; ⏲April–Nov. Di–Sa 10–17 Uhr, Abendvorstellung 18 Uhr; P) Die größte kulturelle Sehenswürdigkeit der Stadt liegt nördlich von Mountain View und bietet ständig handwerkliche Vorführungen, einen traditionellen Kräutergarten und abends Livemusik vor begeistertem Publikum. Neben diesen ständigen Shows veranstaltet das Zentrum auch regelmäßig Konzerte mit den besten Folk- und Bluegrassmusikern der USA.

LocoRopes OUTDOOR-AKTIVITÄTEN
(☎888-669-6717, 870-269-6566; www.locoropes.com; 1025 Park Ave; 7,50 US$/Seilrutsche; ⏲1. März–30: Nov. 10–17 Uhr) Der beliebte Veranstalter bietet einen Hochseilgarten, eine Kletterwand und drei Seilrutschen.

Schlafen & Essen

Wildflower B&B B&B $
(☎870-269-4383; www.wildflowerbb.com; 100 Washington St; Zi. 99–139 US$; P❄📶) Das B&B liegt direkt am Court Square und bietet seinen Gästen eine umlaufende Veranda mit Schaukelstühlen und coole Volkskunst an den Wänden. Am besten bucht man das Zimmer nach vorne hinaus im Obergeschoss: Hier genießt man die Nachmittagssonne, schläft in einem großen Bett oder sieht im angeschlossenen Wohnzimmer fern. Online buchen!

Tommy's Famous Pizza and BBQ PIZZERIA, GRILLRESTAURANT $
(☎870-269-3278; www.tommysfamous.com; Ecke Carpenter St & W Main St; Pizzas 7–26 US$, Hauptgerichte 7–13 US$; ⏲ab 15 Uhr) Das Restaurant wird von den freundlichsten Alt-Hippies geleitet, die man sich nur vorstellen kann. In der BBQ-Pizza werden beide Spezialitäten des Hauses genial miteinander kombiniert. Der liebenswürdige Besitzer ist ein ehemaliger Rocker aus Memphis und macht auch heute noch großartige Musik und gute Stimmung. In seinem Lokal gelten zwei Bedingungen: keine Attitüden und keine lauten Kinder.

Das Restaurant schließt eine Stunde, nachdem der letzte Gast bezahlt hat.

PJ's Rainbow Cafe AMERIKANISCH $
(☎870-269-8633; 216 W Main St; Hauptgerichte 5,50–13 US$; ⏲Di–Sa 7–20, So bis 14 Uhr; 🖉🚻) Das Country-Café serviert sehr schmackhaftes Diner-Essen mit Pfiff, beispielsweise Schweinshaxe mit Spinatfüllung oder Regenbogenforelle aus den örtlichen Flüssen. Nur Barzahlung.

Eureka Springs

Unweit der nordwestlichen Ecke von Arkansas liegt Eureka Springs in einem steil abfallenden Tal. Der Ort ist geprägt von viktorianischen Gebäuden, krummen Straßen und landverbundenen, ökologisch denkenden Leuten, die Menschen jeglicher Couleur willkommen heißen – deswegen ist Eureka Springs auch einer der offensten, schwulenfreundlichsten Orte in den Ozarks. Hier findet sich ein seltsamer Mix aus (für amerikanische Verhältnisse) liberaler Politik, Regenbogenflaggen und bikerfreundlichen Harley-Bars. Besucher finden viele Möglichkeiten zum Wandern, Radfahren und Reiten vor.

Im **Visitor Center** (☎479-253-8737; www.eurekaspringschamber.com; 516 Village Circle, Hwy 62 E; ⌚9–17 Uhr) gibt's Infos über Unterkünfte, Aktivitäten, Touren und örtliche Attraktionen. Infos für LGBTQ-Besucher in der Region findet man unter Out In Eureka (www.gayeurekasprings.com).

Sehenswertes & Aktivitäten

Historic Loop HISTORISCHE STÄTTE
(www.eurekasprings.org) GRATIS Der 5,6 km lange Rundweg führt durch die Innenstadt von Eureka Springs und die angrenzenden Wohnviertel. Entlang des Wegs stehen mehr als 300 viktorianische Wohnhäuser, die vor 1910 gebaut wurden, und alle in einem beeindruckend guten Zustand sind. Zum Startpunkt des Rundwegs kann man mit der Straßenbahn fahren oder laufen (aber Achtung: die Straßen sind sehr steil!). Ein Stadtplan mit der Route und die Fahrkarten für die Straßenbahn sind im Visitor Center erhältlich.

Thorncrown Chapel KIRCHE
(☎479-253-7401; www.thorncrown.com; 12968 Hwy 62 W; ⌚April–Nov. 9–17 Uhr, März & Dez. 11–16 Uhr; P) GRATIS Das prächtige Gotteshaus aus Glas wird von einer fast 15 m hohen Holzkonstruktion gestützt und hat nicht weniger als 425 Fenster. Zwischen dem eigenen Gebet und Gottes grüner Erde ist hier wirklich nicht viel. Die Kirche steht gleich außerhalb von Eureka Springs in den Wäldern. Spende erbeten.

1886 Crescent Hotel HISTORISCHES GEBÄUDE
(☎855-725-5720; www.crescent-hotel.com; 75 Prospect Ave) Das 1886 erbaute Crescent ist ein prächtiges, immer noch bewirtschaftetes Relikt eines vergangenen Zeitalters. Betritt man das mit dunklem Holz ausgekleidete Foyer mit seinen Teppichen und dem knisternden Feuer im Kamin, das durch ein paar Stilelemente aus den 1920er-Jahren aufgepeppt wird, fühlt man das unbändige Verlangen, einen Cognac zu bestellen und Daisy Buchanan (aus *Der Große Gatsby*) dafür auszuschimpfen, dass sie den Flegel Tom Buchanan geheiratet hat. Das Haus thront auf einem Hügel und bildet ein schönes Ziel für einen Drink oder den Blick von der Dachterrasse.

Lake Leatherwood City Park PARK
(☎479-253-7921; www.lakeleatherwoodcitypark.com; 1303 Co Rd 204; ⌚24 Std.; P 👪) In dem großen Park gibt es 34 km an Wander- und Radwegen, die kreuz und quer durch die bewaldeten Berge und rund um einen 34 ha großen See führen. Der Park befindet sich rund 3,5 Meilen (5,6 km) vom Zentrum von Eureka Springs entfernt und ist das Eureka Springs am nächsten liegende Naturreservat.

Eureka Trolley TOUREN
(☎479-253-9572; www.eurekatrolley.org; 137 W Van Buren St; Tageskarte Erw./Kind 6/2 US$; ⌚Mai–Okt. So–Fr 10–18, Sa 9–20 Uhr, kürzere Betriebszeiten zu anderen Zeiten; 👪) Der altmodische Trolley, in den bzw. aus dem beliebig oft ein- und ausgestiegen werden darf, pendelt auf vier Routen durch den Großraum Eureka Springs. Jede Fahrt dauert rund 20 bis 30 Minuten und enthüllt andere Seiten des Lebens in dem Gebirgsstädtchen. Wann der Trolley unterwegs ist, erfährt man online oder telefonisch.

Schlafen & Essen

★ **Treehouse Cottages** COTTAGES $$
(☎479-253-8667; www.treehousecottages.com; 165 W Van Buren St; Cottage 149–169 US$; P ❄ 📶) Die netten, kitschigen aber geräumigen Holzhäuschen auf Stelzen stehen mitten in einem 13,35 ha großen Kiefernwald. Die Bäder sind hübsch gefliest, vom Whirlpool blickt man über die Bäume, auf dem eigenen Balkon steht ein betriebsbereiter Grill und es gibt auch Flachbild-TV und Kamin. Mindestaufenthalt sind zwei Nächte.

The Crescent Hotel HISTORISCHES HOTEL $$
(☎855-725-5720; www.crescent-hotel.com; 75 Prospect Ave; Zi. 160–200 US$, Suite 200–280 US$; P 📶) Von all den schönen alten Gebäuden in Eureka Springs ist dieses mit Abstand das schönste: es wirkt wie *Downton Abbey* im

Zeitalter des Jazz in den 1920er-Jahren (4. Staffel, oder?). Die Zimmer sind eine gelungene Mischung aus historischen Akzenten und modernem Komfort, und das ganze Haus hat eine elegante und zugleich witzige Ausstrahlung. Am Wochenende ist es teurer.

★ FRESH MODERN-AMERIKANISCH **$$**
(☎ 479-253-9300; www.freshanddeliciousofeurekasprings.com; 179 N Main St; Hauptgerichte 10–27 US$; ⌚ Mo–Do 11–21, So 10–14 Uhr; 📶) In dem hübschen Café werden nur Produkte direkt vom Erzeuger verarbeitet, u. a. zu fantastischen Backwaren. Das Personal ist etwas schräg. Frisch gebackenes französisches Weißbrot wird üppig mit Schinkenstreifen und mehr belegt, für Vegetarier gibt's Salate oder Pasta mit Pesto. Abends ist das Angebot feiner. Dann kommt Pastete mit gebratenem Hühnchen und gebratener Gelbflossen-Thunfisch auf den Tisch.

★ Stone House MODERN-AMERIKANISCH **$$$**
(☎ 479-363-6411; www.eurekastonehouse.com; 89 S Main St; Käseplatte 25–47 US$; ⌚ Do–Sa 13–22, So bis 20 Uhr) Das Stone House hält alle Zutaten für einen gelungenen Abend bereit: viele Weine, eine auf Käse, Brot, Oliven, Honig und Wurstwaren spezialisierte Karte, Livemusik, einen hübschen Hof und wirklich viel Wein. Das Lokal ist bis 22 Uhr geöffnet, und zu dieser Zeit das einzige in Eureka Springs, in dem es noch etwas zu essen gibt.

Ausgehen & Unterhaltung

Chelsea's Corner Cafe & Bar BAR
(☎ 479-253-8231; www.chelseascornercafe.com; 10 Mountain St; ⌚ So–Do 12–22, Fr & Sa bis 24 Uhr) Livebands stehen oft auf der Bühne in dieser Bar, die eine für Eureka Springs typische Mischung aus Hippies und Bikern anlockt. Die Küche ist eine der wenigen vor Ort, die noch nach 21 Uhr geöffnet sind, und sie liefert ihre Pizza auch außer Haus.

Opera in the Ozarks OPER
(☎ 479-253-8595; www.opera.org; 16311 Hwy 62 West; Karten ab 20 US$) Dieses vielgepriesene Programm hält die Oper in den Bergen gut am Leben. Der vollgepackte Veranstaltungskalender und das Theater gleich außerhalb der Stadt sind der ganze Stolz von Eureka Springs.

Buffalo National River

Für die Erkundung des Buffalo National River bietet sich Ponca als Basislager an. Am besten lässt man sich die atemberaubende Landschaft mit der vom Fluss geprägten Wildnis, bunten Klippen und rauschenden Wasserfällen im Rahmen einer Abenteuer-Tour zeigen. Oder man paddelt auf dem Fluss durch den Park. In Ponca gibt es mehrere Outdoor-Veranstalter, die solche Touren organisieren können.

Aktivitäten

Buffalo Outdoor Center ABENTEUERTOUREN
(BOC; ☎ 870-861-5514; www.buffaloriver.com; 4699 AR 43; Kajak/Kanu 55/62 US$ pro Tag, Seilrutschen 89 US$; ⌚ März–Okt. 8–18 Uhr, Nov.–Feb. 8–17 Uhr; 👪🐾) Im Angebot sind Paddeltouren, Wanderungen, Ausritte und Seilrutschen. Die Plätze müssen im Voraus gebucht werden.

Big Bluff via Centerpoint & Goat Trail WANDERN
(AR 43 & Fire Tower Rd, GPS Centerpoint Trail: N 36°03'50.7" W 93°21'43.6") Der knapp 168 m hohe kahle Big Bluff ist der höchste Felsengipfel zwischen den Rocky Mountains und den Appalachen. Zum Gipfel führt der Centerpoint Trail, der 3 Meilen (4,8 km) nördlich von Ponca an der AR 43 beginnt (der Startpunkt ist bei der Kreuzung mit der Fire Tower Rd). Dort nimmt man den schmalen Weg, den Goat Trail, der zum Gipfel führt. Auf dem 4 km langen Rundweg geht es zumeist steil bergauf.

Lost Valley Canoe KANUFAHREN
(☎ 870-861-5522; www.lostvalleycanoe.com; AR 43; Kajak ab 55 US$/Tag, Shuttle-Service ab 20 US$) Der erfahrene Veranstalter verleiht Kanus und Kajaks und bietet auch den entsprechenden Shuttle-Service. Auperdem werden gemütliche Hütten (mit Whirlpool) für zwei Personen vermietet (125 US$, jede weitere Pers. 15 US$).

An- & Weiterreise

Ponca liegt weit abseits aller üblichen Wege etwa 50 Meilen (80 km) südlich von Eureka Springs und 80 Meilen (128 km) östlich von Bentonville. Es ist nur mit einem eigenen Fahrzeug zu erreichen.

LOUISIANA

Louisiana war einst eine französische Kolonie und wurde dann zu einem Protektorat Spaniens, das schließlich von den USA eher unwillig gekauft wurde. Das Land besteht im Süden, am Golf von Mexiko, aus Sümpfen und Bayous (langsam fließende oder stehende Gewässer) und im Norden aus einem Flickenteppich aus Prärie und Ackerland. Doch überall eint die Menschen die tiefe, unerschütterliche Vorliebe für die guten Dinge des Lebens, vor allem das Essen und die Musik.

New Orleans, die wichtigste Stadt im Bundesstaat, ist ohne diese Qualitäten gar nicht denkbar – ihre Restaurants und Musikstätten sind unvergleichlich. Aber überall im Bundesstaat ist die gleiche *joie de vivre* spürbar. Dass wir hier eine französische Formulierung einflechten, hat einen guten Grund: Zwar ist die Sprache im Norden Louisianas kulturell nicht verankert, aber nahe der I-10 und südlich davon wird sie in den Familien teilweise auch heute noch gesprochen – oder wurde das zumindest noch von der Elterngeneration.

Geschichte

Das Gebiet des unteren Mississippi war von der Moundbuilder-Kultur („Hügelbauer") geprägt, bis um 1592 die Europäer auf der Bildfläche erschienen und die Ureinwohner mit der üblichen Kombination aus Krankheiten, Knebelverträgen und offener Feindseligkeit dezimierten.

Das Land wurde in der Folgezeit zwischen Frankreich, Spanien und England hin und her gereicht. Unter dem französischen „Code Noir" waren Sklaven zwar nicht frei, hatten aber doch ein paar Freiheiten mehr und konnten somit ihre Kultur besser pflegen als ihre Leidensgenossen in Britisch-Nordamerika.

Nach der Amerikanischen Revolution ging das gesamte Gebiet 1803 durch den berühmten Louisiana Purchase in den Besitz der USA über, und Louisiana wurde 1812 zum amerikanischen Bundesstaat. Die daraus resultierende Mischung aus amerikanischen und französisch-spanischen Traditionen gepaart mit dem Einfluss afrokaribischer Gemeinden verlieh Louisiana eine einzigartige Kultur, die es sich bis heute bewahrt hat.

Nach dem Bürgerkrieg wurde Louisiana 1868 wieder in die Union aufgenommen. In den 30 darauffolgenden Jahren sah der Bundesstaat politisches Gerangel, eine stagnierende Wirtschaft und die erneute Diskriminierung der afroamerikanischen Bevölkerung.

Der Hurrikan Katrina (2005) und die von BP verursachte Ölpest im Golf von Mexiko (2010) haben sowohl der Wirtschaft als auch der Infrastruktur vor Ort schwer zugesetzt. Louisiana rangiert auch weiterhin auf den hinteren Plätzen, was das Pro-Kopf-Einkommen und das Bildungsniveau anbelangt. Gleichzeitig ist es aber in den nationalen Zufriedenheitsumfragen ganz vorne mit dabei.

ℹ Praktische Informationen

Louisiana Office of Tourism (☎ 800-677-4082, 225-635-0090; www.louisianatravel.com) Insgesamt 16 Welcome Centers verteilen sich entlang der Freeways in Louisiana. Man kann das Hauptbüro aber auch direkt kontaktieren.

Louisiana State Parks (☎ 888-677-1400; www.crt.state.la.us/louisiana-state-parks; Primitiver/Premium-Stellplatz ab 18/25 US$) In 22 State Parks von Louisiana gibt es auch Campingplätze. In einigen Parks werden zudem Lodges und Hütten vermietet. Die Plätze können online, telefonisch oder vor Ort gebucht werden. Von April bis September ist es etwas teurer.

New Orleans

New Orleans ist ganz typisch für Amerika – und doch auch wieder ganz anders. Die Stadt, die von Franzosen gegründet, von Spaniern (und dann wieder Franzosen) verwaltet wurde, ist die europäischste Stadt der USA. Doch mit Voodoo, ständigen Umzügen, Mardi-Gras-Indians, Jazz, Blasmusik und Gumbo ist sie zugleich die am stärksten afrikanisch und karibisch geprägte Stadt der USA.

New Orleans feiert das Leben. Während Amerika von Terminen und Fristen beherrscht wird, werden hier nach einem ausgedehnten Mittagessen erst einmal ein paar Cocktails geschlürft. Deswegen sind die Menschen hier aber keinesfalls faul, denn sonst hätten sie ihre Häuser nach den vielen Überflutungen und Wirbelstürmen nicht jedes Mal wieder aufgebaut.

„Alles zu tolerieren und daraus zu lernen" ist eine Art Motto dieser Stadt. Wenn die Einwohner von New Orleans dem allumfassenden kreolischen Ideal entsprechen wollen, demzufolge das Ganze größer als die Summe seiner Einzelteile ist, entstehen daraus Jazz, die Nouveau Cuisine von Louisiana, Geschichtenerzähler von den afrikanischen *griots* (westafrikanische Barden) über Rapper aus Seventh Ward bis zu Ten-

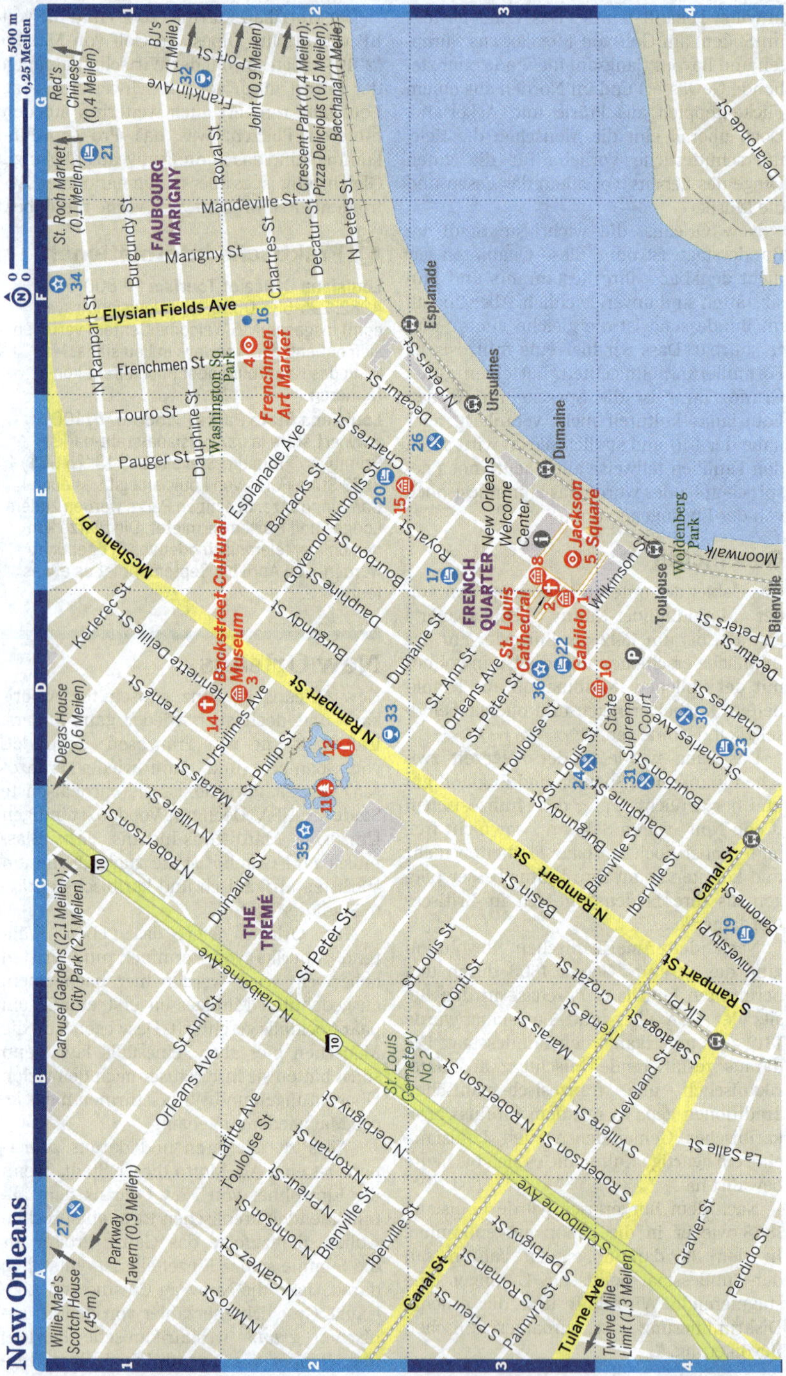
New Orleans
0 500 m
0 0,25 Meilen
Willie Mae's Scotch House (45 m)
27
Parkway Tavern (0,9 Meilen)
Carousel Gardens (2,1 Meilen); City Park (2,1 Meilen)
Degas House (0,6 Meilen)
St. Roch Market (0,1 Meilen)
21
Red's Chinese (0,4 Meilen)
32
B.J's (1 Meile)
Joint (0,9 Meilen)
Crescent Park (0,4 Meilen); Pizza Delicious (0,5 Meilen); Bacchanal (1 Meile)
Franklin Ave
Port St
Royal St
Burgundy St
FAUBOURG MARIGNY
Mandeville St
Marigny St
Chartres St
Decatur St
N Peters St
34
Elysian Fields Ave
N Rampart St
Frenchmen St
16
4
Frenchmen Art Market
Washington Sq Park
Touro St
Dauphine St
Pauger St
Esplanade Ave
Esplanade
Ursulines
Dumaine
26
Barracks St
Governor Nicholls St
20
15
Royal St
Bourbon St
Dauphine St
Burgundy St
McShane Pl
Kerlerec St
Henriette Delille St
Backstreet Cultural Museum
3
14
Ursulines Ave
Treme St
Marais St
N Villere St
N Robertson St
St Philip St
12
11
35
33
N Rampart St
Dumaine St
17
FRENCH QUARTER
New Orleans Welcome Center
Jackson Square
5
8
2
St. Louis Cathedral
Cabildo
1
Wilkinson St
Woldenberg Park
Moonwalk
Toulouse
Bienville
St. Ann St
Orleans Ave
St. Peter St
36
22
10
Toulouse St
St. Louis St
24
State Supreme Court
Chartres St
Charles Ave
30
23
St Charles Ave
Bourbon St
31
Dauphine St
Burgundy St
Bienville St
Iberville St
N Rampart St
Basin St
Canal St
Baronne St
19
University Pl
S Rampart St
Elk Pl
S Saratoga St
Cleveland St
Crozat St
Treme St
Marais St
THE TREMÉ
Dumaine St
St Peter St
St Ann St
Orleans Ave
N Claiborne Ave
St Louis St
Conti St
St. Louis Cemetery No 2
N Robertson St
N Derbigny St
N Roman St
N Prieur St
N Johnson St
N Galvez St
N Miro St
Lafitte Ave
Toulouse St
Bienville St
Iberville St
Canal St
S Villere St
S Robertson St
S Claiborne Ave
S Derbigny St
S Roman St
S Prieur St
S Palmyra St
Tulane Ave
Twelve Mile Limit (1,3 Meilen)
La Salle St
Gravier St
Perdido St
Delaronde St
N Peters St
Decatur St
10

DER SÜDEN NEW ORLEANS

New Orleans

Highlights
1 Cabildo ... D3
2 St. Louis Cathedral ... E3
3 Backstreet Cultural Museum ... D2
4 Frenchmen Art Market ... F2
5 Jackson Square ... E3
6 Ogden Museum of Southern Art ... C7

Sehenswertes
7 National WWII Museum ... C7
8 Presbytère ... E3
9 Blaine Kern's Mardi Gras World ... E8
10 Historic New Orleans Collection ... D4
11 Louis Armstrong Park ... C2
12 Louis Armstrong Statue ... D2
13 Louisiana Children's Museum ... D6
14 St. Augustine's Church ... D1
15 Beauregard-Keyes House ... E2

Aktivitäten, Kurse & Touren
16 Confederacy of Cruisers ... F2

Schlafen
17 Cornstalk Hotel ... E3
18 Le Pavillon ... C5
19 Roosevelt New Orleans ... C4
20 Soniat House ... E2
21 Auld Sweet Olive Bed & Breakfast ... G1
22 Hotel Maison de Ville ... D3
23 Hotel Monteleone ... D4

Essen
24 Bayona ... D3
25 Cochon Butcher ... D7
26 Coop's Place ... E3
Croissant D'Or Patisserie ... (siehe 15)
27 Dooky Chase ... A1
28 Peche Seafood Grill ... C6
29 Restaurant August ... D5
30 Café Beignet ... D4
31 Café Beignet ... D4

Ausgehen & Nachtleben
32 Mimi's in the Marigny ... G1
33 Tonique ... D2

Unterhaltung
34 AllWays Lounge ... F1
35 Mahalia Jackson Theater ... C2
36 Preservation Hall ... D3
Spotted Cat ... (siehe 4)

nessee Williams, französische Stadthäuser neben noblen Herrenhäusern, die unter duftender Myrte und Bougainvillea verschwinden, sowie der Mardi Gras, in dem sich heidnische Mythen mit katholischem Prunk vereinen.

Und nicht zu vergessen: die Nachsicht und Hingabe, denn diese „Kreolisierung" funktioniert nur, wenn man sich ihr mit Geist und Seele hingibt.

Sehenswertes

French Quarter

Das auch als Vieux Carré (sprich: wu-ker-*rey;* Altes Viertel) oder nur „the Quarter" bekannte „Französische Viertel" ist der Ursprung der Stadt, wie sie die Franzosen Anfang des 18. Jhs. geplant haben. Hier befindet sich die berühmt-berüchtigte Bourbon St – doch wesentlich interessanter sind das Netz der alten, eleganten Schaufensterfronten, die schmiedeeisernen Lampen und die schönen Gärten in den Hinterhöfen. Die meisten Besucher beginnen die Stadtbesichtigung in diesem Viertel und bleiben dann für immer dort. Das heißt nicht, dass das French Quarter nicht schön ist, aber es ist auch ein klein wenig wie Disney World: von Touristen und Straßenverkehr überlaufen und (abgesehen von Barkeepern und Bedienungen) weitgehend frei von Einheimischen.

★ Jackson Square PLATZ

(Decatur St/St. Peter St) Der Platz ist eine der schönsten innerstädtischen Grünflächen der USA und das Zentrum des Viertels. Umrahmt von Kathedralen, Bürogebäuden und Geschäften mit Pariser Flair sitzen hier Müßiggänger, Porträtzeichner, Wahrsager und Straßenkünstler einträchtig nebeneinander. Die identischen, einen Häuserblock langen Pontalba Buildings erheben sich majestätisch über der Szene.

★ St. Louis Cathedral KATHEDRALE

(☎504-525-9585; www.stlouiscathedral.org; Jackson Sq; Spenden erwünscht, Beichtigung 1 US$; ⌚8–16 Uhr, Hl. Messe Mo–Fr 12, Sa 17, So 9 & 11 Uhr) Die Kathedrale mit drei Türmen ist eines der schönsten Beispiele französischer Architektur im ganzen Land. Sie ist dem französischen König Ludwig IX. geweiht, der 1297 heilig gesprochen wurde. Damit ist sie ein äußerst harmloses Symbol des gallischen Erbes mitten in einer US-amerikanischen Stadt. Zu den Gottesdiensten versammeln sich hier schwarze, weiße und kreolische Gläubige ebenso wie die Einwohner, in denen sich nach bester Tradition von New Orleans, all diese Einfläusse mischen, wie die Voodoo-Königin Marie Laveau.

★Cabildo MUSEUM

(☎800-568-6968,504-568-6968; http://louisianastatemuseum.org/museums/the-cabildo; 701 Chartres St; Erw./Stud./Kind bis 12 Jahre 6/5 US$/frei; ⌚Di–So 10–16.30 Uhr, Mo geschl.; 👪) Der frühere Sitz des Gouverneurs im kolonialen Louisiana dient heute als Ausgangspunkt zur Erkundung der Geschichte des Bundesstaats und von New Orleans. Allein schon das Gebäude ist prächtig: Das elegante Cabildo vereint Elemente der spanischen Kolonialarchitektur mit französischem Stadtdesign besser als die meisten anderen Gebäude in der Stadt. Die Ausstellungen reichen von Werkzeugen der amerikanischen Ureinwohner und den Steckbriefen entflohener Sklaven bis zu vielen Gemälden, auf denen alte Einwohner der Stadt mit stoischen Gesichtern abgebildet sind.

Presbytère MUSEUM

(☎800-568-6968,504-568-6968; http://louisianastatemuseum.org/museums/the-presbytere; 751 Chartres St; Erw./Student 6/5 US$; ⌚Di–So 10–16.30 Uhr) 🍃 Das hübsche Presbytère-Gebäude wurde 1791 als Pfarrhaus der St. Louis Cathedral erbaut und dient heute als Mardi-Gras-Museum. Man entdeckt hier, dass an den berühmtesten Festivitäten der Stadt mehr dran ist als bloße Ausschweifung. Zumindest versteht man, wie viele Bedeutungsebenen hinter der Ausschweifung stecken. Es gibt hier jede Menge Material über die Vereine, Geheimgesellschaften, Kostüme und ethnischen Hintergründe des Mardi Gras.

Historic New Orleans Collection MUSEUM

(THNOC; ☎504-523-4662; www.hnoc.org; 533 Royal St; Eintritt frei, Führung 5 US$; ⌚Di–Sa 9.30–16.30, So 10.30–16.30, Führungen Di–Sa 10, 11, 14 & 15 Uhr) Mit den vielen gut erhaltenen Gebäuden, Museen und Forschungszentren bietet das Museum eine gute Einführung in die Geschichte der Stadt. Im Mittelpunkt des Komplexes befindet sich der Royal St Campus, wo die Ausstellungsstücke regelmäßig wechseln und gelegentlich auch längerfristig zu sehen sind. Zu den Ausstellungsstücken gehören ein Originalposter des Jazz Fests, Dokumente über den Verkauf Louisianas und verstörende Anzeigen aus der Zeit des Sklavenhandels.

◉ Mid-City & Tremé

Als ältestes afroamerikanisches Viertel der USA ist Tremé von einfacher Architektur und niederen Wohnblocks geprägt, die teilweise von der Mittelschicht bewohnt werden, zumeist aber ärmlich, heruntergekommen und verwahrlost sind. Einige wur-

CAJUNS, KREOLEN UND ... KREOLEN

Traveller in Louisiana verwenden die Bezeichnungen „Cajun" und „Kreolen" oft synonym, doch beide Kulturen unterscheiden sich erheblich. „Kreolen" bezieht sich auf die Nachkommen der ersten europäischen Siedler in Louisiana, die überwiegend französische und spanische Vorfahren hatten. Die Kreolen haben meist familiäre Bindungen an New Orleans und betrachten sich als kultivierte Städter.

Die Cajuns führen ihre Abstammung auf die Akadier zurück, Kolonisten aus dem ländlichen Frankreich, die sich in Nova Scotia angesiedelt hatten. Nach der Eroberung Kanadas durch die Briten weigerten sich die stolzen Akadier, vor der neuen Krone niederzuknien, und wurden daraufhin in der Mitte des 18. Jhs. verbannt (das Ereignis ging als Le Grand Dérangement, die Deportation der Akadier, in die Geschichte ein). Viele der Vertriebenen ließen sich im Süden Louisianas nieder, da sie wussten, dass dieses Gebiet französisch war. Allerdings wurden die Akadier („Cajun" ist eine englische Verballhornung des Wortes) von den Kreolen oft als Bauerntrampel behandelt. Die Akadier (also die Cajuns) siedelten sich an den Bayous und in den Prärien an, weshalb ihre Kultur bis zum heutigen Tag einen eher ländlichen Grenzlandcharakter hat.

Um die Verwirrung perfekt zu machen, werden in vielen ehemaligen französischen Kolonien alle Menschen gemischter Abstammung als „Kreolen" bezeichnet. So natürlich auch in Louisiana – doch hier gibt es einen kulturellen Unterschied zwischen den Kreolen mit französisch-spanischen Wurzeln und den Kreolen mit anderen gemischten Wurzeln, selbst wenn diese beiden Gruppen sehr wahrscheinlich eine Blutsverwandtschaft verbindet.

den auch gentrifiziert. Im Westen grenzt das Viertel an Mid-City, ein sehr uneinheitliches Viertel mit langen Reihen einfacher Shotgun-Häuser, Armenprojekten, dem üppig grünen City Park, den eleganten Herrenhäusern der Esplanade Ave und dem hübschen, gemächlichen Bayou St. John.

★ Backstreet Cultural Museum MUSEUM

(☎ 504-522-4806; www.backstreetmuseum.org; 1116 Henriette Delille St; 10 US$/Pers.; ⏲ Di–Sa 10–16 Uhr) Das informative Museum widmet sich den charakteristischen Elementen der afroamerikanischen Kultur in New Orleans. Dabei ziehen die bunten Kostüme der Mardi-Gras-Indians mit ihren fein gearbeiteten Details sämtliche Aufmerksamkeit auf sich. Das Museum im ehemaligen Bestattungsinstitut in Blandin ist nicht sonderlich groß, aber wer sich für die Kostüme und Rituale der Mardi-Gras-Indians oder für die Second-Line-Umzüge und die Social Aid & Pleasure Clubs (die hiesige Version von Bürgervereinen der schwarzen Gemeinden) interessiert, muss einfach mal reingeschaut haben.

★ City Park PARK

(☎ 504-482-4888; www.neworleanscitypark.com; Esplanade Ave & City Park Ave; Ⓟ) Lebenseichen, Louisianamoos und langsam fließende Gewässer prägen dieses grüne Meisterwerk der Stadtplanung. Der knapp 5 km lange und 1,6 km breite Park ist voller Gärten, Wasserwege und Brücken. Außerdem befindet sich hier auch ein tolles Kunstmuseum. Der City Park ist größer als der Central Park in New York und die schönste Grünfläche der Stadt. Trotz eines sorgfältig gepflegten Golfplatzes ist die natürliche Schönheit der ursprünglichen Wälder und Sumpfgebiete Louisianas noch gut zu erkennen.

Natur- und Kunstliebhaber sollten sich mindestens einen Tag Zeit für diesen herrlichen Park nehmen. Im Mittelpunkt steht das stattliche New Orleans Museum of Art, in dem die Werke von Künstlern aus der Region und dem ganzen Land zu sehen sind. Von dort geht es an den skurrilen Skulpturen des **Sydney & Walda Besthoff Sculpture Garden** (www.noma.org/sculpture-garden; One Collins Diboll Circle; ⏲ Mo–Fr 10–18, Sa & So 10–17 Uhr) GRATIS vorbei in den üppig blühenden **Botanischen Garten**. Wer mit Kindern unterwegs ist, kann einen Abstecher zum **Carousel Gardens Amusement Park** (☎ 504-483-9402; www.neworleanscitypark.com; 7 Victory Ave, City Park; Erw./Kind bis 91,5 cm 4 US$/frei, 1 Fahrt 4 US$; ⏲ März–Mai & Aug.–Okt. Sa & So 11–18 Uhr, Juni & Juli Di–Fr 11–17, Sa & So 11–18 Uhr) machen oder auf den fantastischen Statuen im Storyland herumklettern.

Louis Armstrong Park PARK

(835 N Rampart St; ⏲ Sonnenauf–Sonnenuntergang) Am Eingang dieses gewaltigen Parks steht eines der schönsten Portale in den USA: Der malerische Bogen könnte problemlos das Schlussbild in einem Kostümfilm über das New Orleans des Jazz Age bilden. In dem Park findet man den originalen Congo Sq sowie die **Louis Armstrong Statue** und eine **Büste von Sidney Bechet**. Im **Mahalia Jackson Theater** (☎ 504-525-1052, Theaterkasse 504-287-0350; www.mahaliajacksontheater.com; 1419 Basin St) werden Opern und Broadway-Produktionen gezeigt.

New Orleans Museum of Art MUSEUM

(NOMA; ☎ 504-658-4100; www.noma.org; 1 Collins Diboll Circle; Erw./Kind 7–17 Jahre 12/6 US$; ⏲ Di–Do 10–18, Fr 10–21, Sa 10–17, So 11–17 Uhr) Das elegante Museum im City Park wurde 1911 eröffnet und lohnt den Besuch nicht nur wegen der vielen Sonderausstellungen, sondern auch wegen dem prachtvollen Innenhof aus Marmor und den Ausstellungen zu afrikanischer, asiatischer, indianischer und ozeanischer Kunst. Die hervorragende Sammlung des Skulpturengartens steht auf einem üppig grünen, sorgfältig geplanten Gelände.

St. Augustine's Church KIRCHE

(☎ 504-525-5934; www.staugchurch.org; 1210 Governor Nicholls St; ⏲ Hl. Messe So 10 & Mi 17 Uhr) Die 1841 geweihte Kirche ist die zweitälteste afroamerikanische Kirche der USA. Hier beteten kreolische Auswanderer aus Santo Domingo neben freien Farbigen, nur für die Sklaven waren eigene Bänke reserviert. Wer die Kirche besichtigen möchte, muss vorher anrufen. Bei der Besichtigung sollte man unbedingt das Grab des Unbekannten Sklaven besuchen, das ein düsteres Kreuz aus Kettengliedern kennzeichnet.

Faubourg Marigny & Bywater

Nördlich des French Quarter erstrecken sich die kreolischen *faubourgs* (wörtlich „Vororte", die aber noch innerhalb der Stadt liegen und deshalb eher Stadtviertel sind). Die beiden *faubourgs* Marigny und Bywater wurden vor kurzem gründlich gentrifiziert, und die Einheimischen beklagen nun, dass sich viele Bewohner die enorm gestiegenen Mieten nicht mehr leisten können und die Viertel zunehmend verlassen. Dabei sind diese Viertel wirklich wunderschön. Die Häuser sind in freundlichen Pastellfarben gestrichen, und die vielen Künstler und Designer sorgen für eine revolutionäre Stimmung.

★ Frenchmen Art Market — MARKT

(☎504-941-1149; www.frenchmenartmarket.com; 619 Frenchmen St; ⊙Do–Sa 19–1, So 18–24 Uhr) Unabhängige Künstler und Handwerker bevölkern diesen Straßenmarkt, auf dem man garantiert ein einzigartiges Souvenir von New Orleans findet. Zu „Kunst" zählen in diesem Fall auch witzige T-Shirts, handgefertigter Schmuck, jede Menge Plunder und auch hübsche Kunstdrucke und echte Kunstwerke. Ein Ableger des Markts befindet sich in 2231 St. Claude Ave.

Crescent Park — PARK

(☎504-636-6400; www.crescentparknola.org; Piety, Chartres St & Mazant St; ⊙6–18.30 Uhr, Mitte März–Anfang Nov. 6–19.30 Uhr; P) Dieser schöne Park am Wasser ist der beste Ort in der Stadt, um sich wirklich am Mississippi zu fühlen. Egal, ob man über die gigantische Brücke an der Piety St und Chartres St oder über die Treppe von Marigny und N Peters kommt, der Blick auf die vom Nebel umhüllte Skyline ist spektakulär. Eine Promenade schlängelt sich an dem eckigen Metall- und Betongerüst des neuen „Kais" (neben den Überresten des abgebrannten Handelskais) vorbei. Beim Eingang an der Mazant St befindet sich auch ein Hundepark.

CBD & Warehouse District

Die Canal St ist die große Trennlinie zwischen dem French Quarter und dem Geschäftsviertel CBD sowie dem Warehouse District. Hier befinden sich zwischen Bürogebäuden und unbedeutenden Verwaltungsgebäuden die besten Museen der Stadt, viele schicke Restaurants, ein hässliches Kasino, Kunstgalerien und ausgezeichnete Kunstspazierwege. Mit seinen Hochhäusern und umgebauten Apartmentblocks ist dieser District das am wenigstens für New Orleans typische Viertel der Stadt.

★ Ogden Museum of Southern Art — MUSEUM

(☎504-539-9650; www.ogdenmuseum.org; 925 Camp St; Erw./Kind 5–17 Jahre 13,50/6,75 US$; ⊙Mi–Mo 10–17, Do 10–20 Uhr) Eines der besten Museen der Stadt ist schön, lehrreich und bescheiden zugleich. Unternehmer Roger Houston Ogden aus New Orleans hat hier eine der schönsten Sammlungen von Kunst des Südens zusammengetragen, die von impressionistischen Landschaftsbildern über Volkskunst von schrägen Außenseitern bis zu zeitgenössischen Installationen reicht. Donnerstags nach Feierabend treten tolle Musiker des Südens auf. Das fröhliche, kunstbegeisterte Publikum trinkt dazu leckeren Wein inmitten der Kunstwerke.

National WWII Museum — MUSEUM

(☎504-528-1944; www.nationalww2museum.org; 945 Magazine St; Erw./Senior/Kind 26/22,50/16,50 US$, mit 1 Film 5/10 US$ extra; ⊙9–17 Uhr) Das umfangreiche Museum präsentiert eine recht gründliche Analyse des Zweiten Weltkriegs. Die riesigen Ausstellungsstücke, die in mehreren großen Pavillons gezeigt werden, sind überwältigend. Deckenhohe Fotografien zeigen das Chaos am D-Day, während es beim Gang durch die verschneiten Wälder der Ardennen richtig frostig wird. So werden die Ereignisse zu ganz persönlichen, Ehrfurcht gebietenden Erlebnissen der Besucher. Allerdings wird dieser größte Krieg aller Zeiten alleine aus der amerikanischen Perspektive dargestellt, in der die Geschichte der anderen Alliierten nicht vorkommt.

Blaine Kern's Mardi Gras World — MUSEUM

(☎504-475-2057; www.mardigrasworld.com; 1380 Port of New Orleans Pl; Erw./Senior/Kind 2–11 Jahre 20/16/13 US$; ⊙Führungen 9.30–16.30 Uhr) Tagsüber ist das Museum einer der fröhlichsten Orte in New Orleans, doch nachts dürfte es sich in eine der schrecklichsten Geisterbahnen der Welt verwandeln. Das liegt an all den *Gesichtern*: Drachen, Clowns, Könige und Elfen, lüstern und mit toten Augen. Dennoch ist das Lager von Blaine Kern (Mr. Mardi Gras) und seiner Familie, die seit 1947 die fantastischen Wagen für die Umzüge baut, unbedingt einen Besuch wert. Eine Führung dauert 30 bis 45 Minuten.

Garden, Lower Garden & Central City

Geht man entlang des Mississippi in Richtung Süden, stellt man fest, dass nach der großen Flussschleife die Straßen von mehr Bäumen gesäumt sind und die Häuser deutlich prachtvoller werden. Das sind die Viertel Garden und Lower Garden, die den Beginn des „amerikanischen Sektors" von New Orleans markieren, denn sie entstanden erst nach der Louisiana Purchase. Hier wohnen junge Akademiker und Angestellte, zu denen die hippen Geschäfte und Bars passen.

★ Lafayette Cemetery No. 1 FRIEDHOF
(Washington Ave, an der Prytania St; ⏲7–15 Uhr) Dem im Schatten von grünen Hecken gelegenen Friedhof haftet ein gewisses subtropisches Südstaaten-Gruselflair an. Er wurde 1833 angelegt und ist durch zwei Fußwege, die die Form eines Kreuzes bilden, unterteilt. Sehenswert sind die Krypten von Bruderschaften wie der Jefferson Fire Company No. 22, die für ihre Mitglieder und deren Angehörige große Gemeinschaftsgräber erbauten. Einige der Gräber der reicheren Familien wurden aus Marmor erbaut und sind aufwendig verziert; die meisten bestehen aber aus billigem verputztem Backstein.

Geführte Touren

Confederacy of Cruisers RADFAHREN
(504-400-5468; www.confederacyofcruisers.com; 634 Elysian Fields Ave; Radtour ab 49–89 US$) Bei unserem Lieblingsanbieter von Radtouren in New Orleans schwingt man sich auf die Räder mit dicken Reifen und gepolsterten Sätteln und kurvt durch Nolas (wie New Orleans auch genannt wird) ebene, aber von Schlaglöchern durchsetzte Straßen. Die längste Radtour zum Thema „kreolisches New Orleans" führt vorbei am Großartigsten, was die Architekten in Marigny, Bywater, an der Esplanade Ave und im Tremé umgesetzt haben. Im Angebot sind außerdem die Radtour „History of Drinking" (für 21-jährige oder älter) und eine kulinarische Tour mit vielen Leckereien.

Feste & Events

Mardi Gras KULTUR
(www.mardigrasneworleans.com; ⏲Feb. oder Anfang März) Der „Fat Tuesday" im Februar oder Anfang März ist Höhepunkt und Ende der ausgelassenen Karnevalssaison. An diesem Tag feiert die ganze Stadt mit Umzügen, Wagen, verrückten Kostümen und wilden Gelagen.

Jazz Fest MUSIK
(www.nojazzfest.com; ⏲April–Mai) Das weltberühmte Musikfestival am letzten Wochenende im April und ersten Wochenende im Mai ist fester Bestandteil im Veranstaltungskalender von New Orleans. Dann gibt es Musik, Essen, Kunsthandwerk und Lebensfreude im Überfluss. Für Unterhaltung sorgen sowohl internationale Größen als auch Künstler aus der Region.

St. Joseph's Day – Super Sunday KULTUR
(⏲19. März) Am 19. März und dem nächstgelegenen Sonntag ziehen die Mardi-Gras-Indians scharenweise mit Federschmuck und Trommelwirbeln durch die Straßen. Der Umzug am Super Sunday beginnt in der Regel gegen 12 Uhr am Bayou St. John und der Orleans Ave, folgt aber keiner festen Route.

French Quarter Festival MUSIK
(504-522-5730; www.fqfi.org; ⏲April) Am zweiten Wochenende im April findet im French Quarter das größte Musikfestival des Landes statt.

Schlafen

★ Le Pavillon HISTORISCHES HOTEL $$
(504-581-3111; www.lepavillon.com; 833 Poydras Ave; Zi. 135–200 US$, Suite ab 600 US$; P ❄ 📶 🏊) Das Le Pavillon ist von einer altmodischen Lebensfreude geprägt, der man sich nicht entziehen kann. Geriffelte Säulen stützen die Wagenauffahrt vor der Alabasterfassade, und am Eingang begrüßt ein Portier mit weißen Handschuhen und Zylinder (was irgendwie albern aussieht) die Gäste. Die privaten und öffentlichen Bereiche sind mit historischen Porträts, prächtigen Kronleuchtern, Marmorböden und schweren Gardinen ausgestattet.

★ Auld Sweet Olive Bed & Breakfast B&B $$
(504-947-4332; www.sweetolive.com; 2460 N Rampart St; Zi. inkl. Frühstück 145–180 US$, Suite 180–290 US$; 🚭 ❄ 📶) An diesem großartigen B&B führt beim Mardi Gras der Krewe-de-Vieux-Umzug vorbei. Doch auch außerhalb des Karnevals gibt es hier viel Närrisches zu sehen, so etwa das König-Endymion-Kostüm des Miteigentümers. Das Haus selbst erinnert eher an ein Theater. Kein Wunder, es gehörte einst einem Bühnenbildner und einem Wandmaler. So sind die einzelnen Zimmer auch sehr dekorativ ausgestattet, mit Holzimitaten und Magnolienblüten.

Columns Hotel HISTORISCHES HOTEL $$
(504-899-9308; www.thecolumns.com; 3811 St Charles Ave; Zi. inkl. Frühstück 145–180 US$; ❄ 📶) Das 1883 errichtete Herrenhaus mit der weißen Veranda sieht immer noch aus wie in der großen alten Zeit des Südens. Zum Glück ist diese Vergangenheit nicht mehr allzu gegenwärtig. Eine wunderbare Maha-

Stadtspaziergang French Quarter

START/ZIEL JACKSON SQ
LÄNGE/DAUER 1,8 KM; 1½ STD.

Der Spaziergang beginnt am 1 **Presbytère** (S. 493) am Jackson Sq. Von dort geht's die Chartres St runter bis zur Ecke Ursulines Ave. Gegenüber, in der Chartres St Nr. 1113, verbindet das 1826 erbaute 2 **Beauregard-Keyes House** (www.bkhouse.org) kreolische und amerikanische Stilelemente. Weiter geht es auf der Ursulines Ave zur Royal St. Der Sodabrunnen bei der 3 **Royal Pharmacy** ist ein Relikt aus jenen Tagen, als es noch Soda Shops gab.

In Bezug auf Postkartenmotive hat die Royal St die Nase vorn. Gusseiserne Balkone zieren die Gebäude, und eine Fülle hübscher Blumen schmückt die Fassaden.

In der Royal St Nr. 915 steht das 4 **Cornstalk Hotel** (www.cornstalkhotel.com) hinter einem der meistfotografierten Zäune. An der Orleans Ave füllen Magnolien und tropische Pflanzen den 5 **St. Anthony's Garden** hinter der 6 **St. Louis Cathedral** (S. 492).

Am Garten entlang führt die Pirate's Alley, von der man rechts in die Cabildo Alley und dann wieder rechts in die St. Peter St einbiegt und Richtung Royal St läuft. In der St. Peter St Nr. 632 lebte Tennessee Williams von 1946 bis 1947 im 7 **Avart-Peretti House**, während er *Endstation Sehnsucht* schrieb.

Weiter geht's links in die Royal St. An der Ecke Royal und Toulouse St stehen zwei Häuser, die Jean François Merieult in den 1790er-Jahren baute. Der Bau in der Royal St 541 wird 8 **Court of Two Lions** genannt und öffnet sich zur Toulouse St; nebenan ist die 9 **Historic New Orleans Collection** (S. 493).

Im nächsten Block liegt das gewaltige 10 **State Supreme Court Building** von 1909, in dem viele Szenen für Oliver Stones Film *JFK – Tatort Dallas* gedreht wurden.

Einmal drehen, rechts in die Toulouse St einbiegen, bis zur Decatur St gehen und dann links einbiegen! Die Straße überqueren und am Fluss entlang. Wenn der Jackson Sq in Sicht kommt, liegt auf der anderen Straßenseite das 11 **Cabildo** (S. 493), dem Presbytère sehr ähnlich.

gonitreppe führt an Buntglasfenstern vorbei zu den Zimmern, die von recht kleinen Doppelzimmern bis zur Pretty-Baby-Suite mit zwei Zimmern reichen, die nach dem Film von Louis Malle benannt ist, der hier in den 1970er-Jahren gedreht wurde. Der Außenbereich ist nicht so toll, aber liebevoll gepflegt.

Degas House HISTORISCHES HOTEL **$$**
(☎504-821-5009; www.degashouse.com; 2306 Esplanade Ave; Zi. 130–250 US$, Suite ab 300 US$; P ❄ 📶) In dem italienisch angehauchten Haus von 1852 lebte der französische Impressionist Edgar Degas, als er Anfang der 1870er-Jahre die Familie seiner Mutter besuchte. In Erinnerung an diese Zeit sind die Zimmer mit Stilmöbeln und Kopien seiner Werke eingerichtet. Die Suiten haben Balkon und Kamin. Dagegen sind die preiswerten Zimmer im Dachgeschoss nur enge Dachkammern, die einst die Dienerschaft der Familie Degas beherbergte. Im Preis inbegriffen ist ein warmes Frühstück.

★ **Roosevelt New Orleans** HOTEL **$$$**
(☎504-648-1200; www.therooseveltneworleans.com; 123 Baronne St; Zi./Suite ab 300/400 US$; P @ 📶 🏊) Die majestätische, bis zur Rückseite des Hauses reichende Empfangshalle stammt noch vom Anfang des 20. Jhs, dem goldenen Zeitalter luxuriöser Hotels und prachtvoller Unterkünfte. Die noblen Zimmer sind sehr klassisch eingerichtet, doch die wirklichen Pluspunkte des Hotels sind der Wellnessbereich, das Restaurant John Besh, die legendäre Sazerac Bar und die schicke Jazz-Lounge. Nicht zu vergessen den Pool auf dem Dach. Und das French Quarter ist nur einen kleinen Spaziergang entfernt.

★ **Soniat House** BOUTIQUEHOTEL **$$$**
(☎504-522-0570, 800-544-8808; www.soniathouse.com; 1133 Chartres St; Zi./Suite ab 245/

NEW ORLEANS MIT KINDERN

New Orleans ist eine Märchenstadt mit bunten Perlen, wöchentlichen Kostümfesten und Musik ohne Ende. Der gleiche irreale Zauber, der einst Dichter und Künstler in die Stadt lockte, macht sie auch heute noch zu einem Wunderland für Kinder.

Im Bauch der Stadt

Das **Louisiana Children's Museum** (☎504-523-1357; www.lcm.org; 420 Julia St; Eintritt 8,50 US$; ⏲Di–Sa 9.30–16.30, So 12–16.30 Uhr; 👪) ist für Kleinkinder eine gute Einführung in die Region. Für größere Kinder und Teenager sind eher das Ogden Museum (S. 495), Cabildo (S. 493) und Presbytère (S. 493) geeignet. Kleine Kinder sind auch hellauf begeistert von den farbigen Häusern im French Quarter, dem *faubourg* Marigny und der Oberstadt. Die **Latter Library** (☎504-596-2625; www.nolalibrary.org; 5120 St. Charles Ave; ⏲Mo–Do 10–20, Fri & Sa 10–17, So 13–17 Uhr; 👪) befindet sich in einem schönen alten Herrenhaus in der St. Charles Ave und hat eine gute Auswahl an Kinderbüchern. Die Friedhöfe der Stadt, vor allem der Lafayette Cemetery No 1 (S. 496) im Garden District sind authentische Zeugen der Geschichte und immer gut für einen gruseligen Spaziergang.

Festivalspaß

Bei den vielen Straßenfesten und Festivals in New Orleans gibt es immer jede Menge Essensstände und natürlich tolle Musik, zu der die Kinder tanzen können. Mit Kindern sollte man sich auf die Festivals beschränken, die tagsüber stattfinden, wie z. B. das Bayou Boogaloo (www.thebayouboogaloo.com).

Mardi Gras mit der Familie

Der Mardi Gras wie auch die ganze Karnevalsaison sind außerhalb der berüchtigten Trinkgelage im French Quarter überraschend familienfreundlich. In der St. Charles Ave finden tagsüber viele Umzüge mit bunten Wagen statt, bei denen die Familien der Stadt Grills und Zelte aufbauen. Betrunkene sind hier nicht gern gesehen. Die Kleinen werden in spezielle Hochstühle gesetzt (www.momsminivan.com/extras/ladderseat.html), damit sie das Geschehen auf Augenhöhe der Erwachsenen verfolgen und die von den Wagen geworfenen Süßigkeiten auffangen können. Die verrückten Kostüme tragen ebenfalls zum kinderfreundlichen Spaß bei. Siehe auch www.neworleansonline.com/neworleans/mardigras/mgfamilies.html.

450 US$; ⊖❄📶) Das auf drei Häuser verteilte Hotel im Lower Quarter verkörpert kreolische Eleganz vom Feinsten. Durch eine coole Loggia gelangt man in einen Innenhof voller Farne und mit einem plätschernden Springbrunnen. Manche Zimmer gehen zum Hof hinaus, und eine Wendeltreppe führt zu den eleganten Suiten hinauf. Große Aufmerksamkeit wurde auf die Kunst und die Antiquitäten im gesamten Hotel verwendet.

Hotel Maison de Ville HISTORISCHES HOTEL **$$$**
(☎504-324-4888; www.hotelmaisondeville.com; 727 Toulouse St; Zi. ab 275 US$; ❄📶) Das elegante Hotel verfügt über eine Reihe umgestalteter Suiten, Cottages und Apartments, darunter auch die Suiten des Audubon Cottage mit ein bis zwei Schlafzimmern, in denen der Maler John J. Audubon bei seinem Aufenthalt in der Stadt lebte und arbeitete. Das für das French Quarter so typische Hotel ist ganz im historischen Tropenstil ausgestattet. Im üppig grünen Innenhof scheint die Zeit stehengeblieben zu sein.

Hotel Monteleone HOTEL **$$$**
(☎504-523-3341, 866-338-4684; www.hotelmonteleone.com; 214 Royal St; Zi. 190–270 US$, Suite ab 370 US$; ❄📶🐾) Das wohl älteste und angesehenste Hotel der Stadt ist zugleich das größte in diesem Viertel. Kurz nach seiner Fertigstellung setzten Denkmalschützer einen Baustopp für so große Gebäude unterhalb der Iberville St durch. Seit der Eröffnung 1866 übernachteten hier viele große Schriftsteller wie William Faulkner, Truman Capote und Rebecca Wells. Die Zimmer sind im europäischen Stil mit französischen Toile-Stoffen und Kronleuchtern eingerichtet.

Essen

French Quarter

Café Beignet CAFÉ **$**
(☎504-524-5530; www.cafebeignet.com; 334 Royal St; Hauptgerichte 6–8 US$; ⏲7–22 Uhr) Auf der schattigen Terrasse mit Blick auf die Royal St serviert das gemütliche Café Omelettes, belgische Waffeln, Quiches und natürlich Beignets. Im Streit, ob die Beignets hier besser sind als die des bekannteren Café du Monde konnten sich die Feinschmecker bis jetzt nur darauf einigen, dass letztere mit mehr Puderzucker bestäubt sind. Eine Filiale des Café Beignet gibt es auch im **Musical Legends Park** (311 Bourbon St, Musical Legends Park; ⏲So–Do 8–22, Fr & Sa 8–24 Uhr).

Café du Monde CAFÉ **$**
(☎800-772-2927; www.cafedumonde.com; 800 Decatur St; Beignet 3 US$; ⏲24 Std.) Das Café ist das beliebteste Ziel von Touristen in New Orleans und dementsprechend meistens überfüllt. Wer dennoch einen Platz ergattert, wird mit superleckeren Beignets (mit Puderzucker bestäubte Krapfen) und köstlichem Café au lait belohnt. Beides wird hier schon seit 1862 serviert. Das Café ist jeden Tag rund um die Uhr geöffnet, nur an Weihnachten ist es geschlossen.

Croissant D'Or Patisserie BÄCKEREI **$**
(☎504-524-4663; www.croissantdornola.com; 617 Ursulines Ave; Gerichte 3–7 US$; ⏲Mi–Mo 6–15 Uhr) Viele Einheimische beginnen ihren Tag mit einem Frühstück in dieser blitzblanken Bäckerei im ruhigeren Teil des French Quarter. Man bringt sich seine Zeitung mit, bestellt einen Kaffee und ein Croissant (oder Tarte, Quiche oder Sandwich mit Béchamelsauce) und lässt sich's gutgehen. Am Eingang fällt das Emailleschild mit der Aufschrift „Ladies Entrance" ins Auge – ein Überbleibsel aus früherer Zeit.

Coop's Place CAJUN-KÜCHE **$**
(☎504-525-9053; www.coopsplace.net; 1109 Decatur St; Hauptgerichte 8–20 US$; ⏲11–3 Uhr) Das Coop's ist ein echter Cajun-Schuppen, aber etwas rockiger. Damit keine Missverständnisse aufkommen: Es ist ein schäbiger, chaotischer Laden, die Kellner sind affektiert, und die Einrichtung ist nervig. Aber das Essen macht all das wieder wett: Kaninchen-Jambalaya, Hühnchen mit Shrimps und *tasso* (Räucherschinken) in Sahnesauce – hier kann nichts „zu schwer" sein.

★ **Bayona** LOUISIANA-KÜCHE **$$$**
(☎504-525-4455; www.bayona.com; 430 Dauphine St; Hauptgerichte 28–34 US$; ⏲Mi–So 11.30–13.30 sowie Mo–Do 18–21.30, Fr & Sa 17.30–22 Uhr; 🖉) Das Restaurant ist eine heißgeliebte Extravaganz im French Quarter. Es ist üppig, aber nicht überwältigend, elegant und bescheiden, innovativ, aber nicht überheblich und ganz einfach ein richtig gutes Restaurant. Die Speisekarte wechselt täglich, enthält jedoch immer frischen Fisch, Geflügel und Wild, das sehr fein und zutiefst wohltuend zubereitet wird.

Mid-City & Tremé

Parkway Tavern SANDWICHES **$**
(☎504-482-3047; www.parkwaypoorboys.com; 538 Hagan Ave; Po'boy-Sandwich als Hauptgericht

8–13 US$; Mi–Mo 11–22 Uhr;) Wer weiß schon, wo die besten Po'boy-Sandwiches in New Orleans gemacht werden? Die Einheimischen sind sich weitgehend darin einig, dass es die besten Sandwiches hier gibt. Das gebratene Rindfleisch, das viele Sandwichbuden angeblich schon nicht mehr so richtig hinbekommen sollen, ist wild zerfleddert und schmeckt höllisch gut.

Willie Mae's Scotch House SÜDSTAATEN $

(504-822-9503; www.williemaesnola.com; 2401 St. Ann St; Brathähnchen 11 US$; Mo–Sa 10–17 Uhr) Laut James Beard Foundation, Food Network und anderer Fachmedien soll es hier die besten Brathähnchen der Welt geben, und das ist keineswegs übertrtrieben. Die weißen Bohnen sind aber auch hervorragend. Leider hat sich das schon weit herumgesprochen, sodass die Warteschlange manchmal um den ganzen Häuserblock reicht. Eine Filiale gibt's in 7457 St. Charles Ave, mitten in den Wohnvierteln.

★ Dooky Chase KREOLISCH $$

(504-821-0600; www.dookychaserestaurant.com; 2301 Orleans Ave; Buffet 20 US$, Hauptgerichte 20–25 US$; Di–Do 11–15, Fr 11–15 & 17–21 Uhr) Ray Charles schrieb seinen Song „Early in the Morning" über das Dooky's; in den 1960er-Jahren war es das inoffizielle Hauptquartier der Bürgerrechtsbewegung, und Barack Obama kam nach seiner Amtseinführung hierher. Die umtriebige Leah Chase ist das Rückgrat von Tremé, und ihre Büfetts sind der Stoff, aus dem kulinarische Träume sind: eine Riesenauswahl an erstklassigen Gumbos und Brathähnchen, die an Tischen mit weißen Tischdecken serviert werden.

Das vegetarische *gumbo z'herbes*, das es immer donnerstags in der Fastenzeit gibt, besteht aus Kapern, Roter Beete, Spinat, Grünkohl, anderem Kohl und vielem mehr, das Leahs Geheimnis bleibt. Das schmeckt so gut, dass es selbst Fleischfans probieren sollten.

Faubourg Marigny & Bywater

★ Bacchanal MODERN-AMERIKANISCH $

(504-948-9111; www.bacchanalwine.com; 600 Poland Ave; Hauptgerichte 8–18 US$, Käse ab 6 US$; So–Do 11–23, Fr & Sa bis 24 Uhr) Von außen wirkt das Bacchanal wie eine klapprige Hütte, doch drinnen findet man Regale voller Wein und stinkenden, aber echt leckeren Käse. Im Garten spielen Musiker, und die Köche verteilen Schmankerl aus der Küche hinten auf die Pappteller. Man sollte unbedingt die mit Chorizo gefüllten Datteln oder die zart gegarten Muscheln probieren.

Pizza Delicious ITALIENISCH $

(504-676-8482; www.pizzadelicious.com; 617 Piety St; Stück Pizza ab 2,25 US$, ganze Pizza ab 15 US$; Di–So 11–23 Uhr;) Die New York-Style-Pizza ist außen knusprig, hat einen dünnen, weichen Boden und ist *superlecker*. Die Konzeption ist ganz einfach, doch die Zutaten sind immer superfrisch und von bester Qualität. In dem hübschen Restaurant herrscht eine zwanglose, familienfreundliche Atmosphäre. Und es gibt auch gutes Bier.

St. Roch Market MARKT $

(504-609-3813; www.strochmarket.com; 2381 St. Claude Ave; Preise je nach Verkaufsstand; So–Do 7–22, Fr & Sa 7–23 Uhr;) In dieser Markthalle deckten sich einst die einfachen Arbeiter dieses Viertels mit Meeresfrüchten und anderen Lebensmitteln ein. Doch nach der Zerstörung durch den Hurrikan Katrina wurde sie als schicker Food Court wieder aufgebaut. Jetzt befinden sich in der luftigen Halle 13 Restaurants, die Crêpes, Burritos und haitianische Küche servieren.

Die Preise sind abhängig von den einzelnen Anbietern, doch nirgends kostet ein Hauptgericht mehr als 15 US$.

Joint BARBECUE $

(504-949-3232; www.alwayssmokin.com; 701 Mazant St; Hauptgerichte 7,50–18 US$; Mo–Sa 11.30–22 Uhr) Wie der betörende Gesang der Sirenen lockt der Duft des geräucherten Fleischs den modernen Reisenden in den köstlichen Tod des Fleischgenusses (die Analogie zur griechischen Mythologie endet besser *hier*). Die Grillrippchen, *pulled pork* oder Rinderbrust genießt man mit süßem Eistee im Garten hinter dem Haus. Wer das Leben jetzt noch nicht genießen kann, ist selber schuld.

★ Red's Chinese CHINESISCH $$

(504-304-6030; www.redschinese.com; 3048 St Claude Ave; Hauptgerichte 5–17 US$; 12–23 Uhr) Mit seiner aufgewerteten chinesischen Küche setzt dieses Restaurant ganz neue Maßstäbe in New Orleans. Dabei gelingt es dem Küchenchef, Einflüsse der Küche Louisianas einfließen zu lassen, ohne dass sich eine echte Fusionsküche ergibt. Die scharfe Sichuan-Würze dominiert deutlich, passt aber gut zum Cayenne der Südstaaten. Besonders zu empfehlen ist „General Lee's Chicken".

WAS IST KREOLISCH?

Nach dem Louisiana Purchase 1803 wurde New Orleans von den USA absorbiert. Wie nicht anders zu erwarten, kam es dabei zu Spannungen zwischen den überwiegend protestantischen Angloamerikanern und den katholischen Kreolen der Stadt. Letztere empfanden Erstere als ungehobelt und langweilig, während die Kreolen als schwach und träge galten. Auch andere jahrhundertealte regionale Klischees wurden bemüht.

Doch New Orleans hat schon immer Neuankömmlinge aufgenommen und sie nach der Stadt geformt. In mehreren Einwanderungswellen legten sich immer neue Schichten auf die Bevölkerung, doch die ursprünglich kreolische Stadt pickte sich aus jeder neuen Schicht des Bevölkerungskuchens etwas für New Orleans Typisches heraus, wie z. B. die Liebe zu Essen, Spaß und Musik.

So bereicherten die Italiener das Essen und die Musik der Stadt mit *muffuletta*-Sandwiches und Schnulzensängern wie Louis Prima. Ebenso brachten die Vietnamesen ihre Essen und die Liebe zu Festivals nach New Orleans. Das vietnamesische Neujahrsfest ist heute fester Bestandteil im Veranstaltungskalender der ganzen Bevölkerung. Kreolisch steht für Vermischung und diese beherrscht New Orleans meisterhaft, auch wenn es nicht immer leicht fällt.

CBD & Warehouse District

Cochon Butcher SANDWICHES $

(☎504-588-7675; www.cochonbutcher.com; 930 Tchoupitoulas St; Hauptgerichte 10–14 US$; ⏲Mo–Do 10–22, Fr & Sa bis 23, So bis 16 Uhr) Hinter dem etwas formelleren Cochon versteckt sich dieser Sandwich- und Fleischladen, der sich selbst als „Swine Bar and Deli“ bezeichnet und einer der besten in der Stadt, wenn nicht sogar des gesamten Südens ist. Von dem geselligen Mittagspublikum bis hin zu den herzhaften Sandwiches und den witzigen Cocktails vereint der Laden das Beste von New Orleans.

★Peche Seafood Grill SEAFOOD $$

(☎504-522-1744; www.pecherestaurant.com; 800 Magazine St; kleine Gerichte 9–14 US$, Hauptgerichte 14–27 US$; ⏲So–Do 11–22, Fr & Sa 11–23 Uhr) Die Meeresfrüchtegerichte werden hier zwar ganz einfach zubereitet, kitzeln die Geschmacksnerven aber mit überraschenden Aromen – von Salz, Gewürzen oder anderen Wundermitteln. Die Stimmung ist gut, die stylischen, gut gelaunten Gäste genießen das Essen zwischen Backsteinwänden und Holzbalken. Spezialität des Hauses ist ein ganzer Fisch für mehrere Personen. Für den Anfang empfiehlt sich jedoch der geräucherte Thunfisch-Dip mit frittiertem Brot und Meersalz.

★Restaurant August KREOLISCH $$$

(☎504-299-9777; www.restaurantaugust.com; 301 Tchoupitoulas St; Mittagessen 23–42 US$, Abendessen 37–47 US$, Verkostungsmenü mit 5 Gängen 97 US$, mit Wein 147 US$; ⏲tgl. 17–22, Fr 11–14 Uhr; 🖉) Der Außenposten des Restaurant-Imperiums von John Besh ist ideal für ein romantisches Abendessen zu zweit. Das Restaurant befindet sich in einem ehemaligen Tabaklager des 19. Jhs und ist in sanften, warmen Tönen gehalten. Zusammen mit den Kerzen auf den Tischen ist es eindeutig das nobelste Restaurant der Stadt, hat aber gleichzeitig eine heimelige, irgendwie lebendige Atmosphäre. Das köstliche Essen ist Kochkunst der Spitzenklasse. Spezialität des Hauses ist der Gefleckte Umberfisch Pontchartrain, der in Schichten mit Krabbenfleisch, wilden Pilzen und Sauce Hollandaise zubereitet wird.

Garden, Lower Garden & Central City

Surrey's Juice Bar AMERIKANISCH $

(☎504-524-3828; www.surreysnola.com; 1418 Magazine St; Frühstück & Mittagessen 6,50–13 US$; ⏲8–15 Uhr; 🖉) Die schlichten Sandwiches mit Schinken und Ei machen in Sachen Geschmack – und Aussehen – das beste Frühstück aus, das man wohl je hatte. Boudin Biscuit, Rührei mit Lachs, Biscuit mit Würstchen in Salzsauce und Shrimps mit Maisgrütze und Schinken sind so gut, dass sie verboten werden müssten. Und auch die Säfte sind, wie man vermuten wird, superfrisch.

Ausgehen & Nachtleben

★Tonique BAR

(☎504-324-6045; www.bartonique.com; 820 N Rampart St; ⏲12–2 Uhr) Das Tonique ist die Bar der Barkeeper. Ganz ehrlich: Sonntagnachts, wenn der Wochenendansturm vorüber ist, treiben sich hier mindestens drei der besten Barkeeper der Stadt rum. Warum? Na, um selbst mal zu entspannen, und weil hier die besten Drinks der Stadt gemixt werden und die Getränkekarte so lang ist wie ein Tolstoi-Roman.

★ Twelve Mile Limit BAR
(☎504-488-8114; www.facebook.com/twelve.mile.limit; 500 S Telemachus St; ⊙Mo–Mi 17–2, Do & Fr 11–2, Sa 10–2, So 10–24 Uhr) Eine großartige Bar: Die Leute hinter dem Tresen und in der Küche sind Profis, die in Vier-Sterne-Lokalitäten gearbeitet haben, aber lieber einen Laden in einem Viertel für die Leute in dem Viertel eröffnen wollten. Die gemixten Drinks sind hervorragend und können sich mit jedem Cocktail eines Fachmanns aus Manhattan messen. Und wie die Stimmung beweist, kommt der Schuppen super an.

NOLA Brewing BRAUEREI
(☎504-301-1117; www.nolabrewing.com; 3001 Tchoupitoulas St; ⊙Ausschank 11–23 Uhr, Führungen Fr 14–15, Sa & So 14–16 Uhr) Die winzige Brauerei bietet am Wochenende kostenlose Führungen an. Diese beginnen mit einigen süffigen Bierproben und einer Stärkung an dem oder den Food Trucks vor der Tür. Ansonsten ist der Schankraum geöffnet, wo es jede Menge Bier vom Fass gibt, das man auch auf der Dachterrasse genießen kann.

Mimi's in the Marigny BAR
(☎504-872-9868; http://mimismarigny.com; 2601 Royal St; ⊙Mo–Fr 15 Uhr–open end, Sa & So 11 Uhr–open end) Eigentlich müsste die Bar „Mimi's *is* the Marigny" heißen, denn sie ist eine Institution in dem Viertel. Die angenehm schmuddelige Bar ist gemütlich eingerichtet, hat Billardtische und im Obergeschoss eine Tanzfläche, die wie eine kreolische Punkervilla ausgestattet ist und mit der düster bräunlichen Beleuchtung wie eine alte Sepia-Fotografie wirkt. Wann die Bar schließt entscheiden die Barkeeper.

BJ's BAR
(www.facebook.com/bjs.bywater; 4301 Burgundy) In dieser kleinen Kneipe trifft sich das ganze Viertel, um preiswertes Bier zu trinken, sich gegenseitig auf die Schippe zu nehmen und die regelmäßigen Veranstaltungen zu genießen, die von Bluesrock mit Little Freddie King bis zu Science-Fiction-Lesungen von Autoren aus der Region reichen. Selbst Robert Plant trat hier spontan auf, als er das letzte Mal in der Stadt war.

☆ Unterhaltung

★ Tipitina's LIVEMUSIK
(☎504-895-8477; www.tipitinas.com; 501 Napoleon Ave; Mindestverzehr 5–20 US$) Das „Tips" ist einer der großen Musikclubs von New Orleans. Der legendäre Nachtclub in Uptown, der nach dem Hit von Professor Longhair aus dem Jahr 1953 benannt ist, veranstaltet ein paar der denkwürdigsten Shows in der Stadt, vor allem dann, wenn große Namen wie Dr. John wieder im Haus sind. Hervorragende Musik von lokalen Talenten lockt das ganze Jahr über ein großes Publikum an.

Spotted Cat LIVEMUSIK
(www.spottedcatmusicclub.com; 623 Frenchmen St; ⊙Mo–Fr 14–2, Sa & So 12–2 Uhr) Die Bar ist der Traum eines rauchigen Jazzclubs, in dem die Getränke im Plastikbecher serviert werden, spontan getanzt wird und die Musik immer hervorragend ist.

Preservation Hall JAZZ
(☎504-522-2841; www.preservationhall.com; 726 St. Peter St; Eintritt So–Do 15 US$, Fr & Sa 20 US$, Sitzplatzreservierung 34–45 US$; ⊙Vorstellungen Mo–Mi 20, 21 & 22, Do–So 18, 20, 21 & 22 Uhr) Die Musikhalle in einer ehemaligen Kunstgalerie von 1803 ist die legendärste Musikkneipe in ganz New Orleans. Die hauseigene Band Preservation Hall Jazz Band ist unglaublich gut und tourt regelmäßig durch die Welt. Die Halle gibt es seit 1961, als Barbara Reid und Grayson „Ken" Mills die *Society for the Preservation of New Orleans Jazz* gründeten.

AllWays Lounge THEATER
(☎504-218-5778; www.theallwayslounge.net; 2240 St. Claude Ave; ⊙So–Do 18–2, Fr & Sa 18–4 Uhr) In einer Stadt voller abgefahrener Musikkneipen sticht diese Lounge als eine der abgefahrensten hervor. Jeden Abend in der Woche gibt's experimentelle Gitarre, örtliches Theater, Thrash Rock, Livecomedy, oder eine von den 1960er-Jahren inspirierte Shagadelic Dance Party. Außerdem sind die Getränke recht preiswert.

Rock 'N' Bowl LIVEMUSIK
(☎504-861-1700; www.rockandbowl.com; 3000 S Carrollton Ave; Eintritt 10 US$; ⊙So–Do 11.30–24, Fr & Sa 11.30–2 Uhr) Das Lokal ist eine seltsame Mischung aus Bowlingbahn, Feinkostgeschäft, riesigem Livemusik- und Tanzclub, wo die Gäste zu Rootsmusik aus New Orleans tanzen und dabei versuchen, einen 7-10-Split zu vermeiden.

SCHWULE- UND LESBENSZENE IN NEW ORLEANS

Louisiana ist insgesamt ein zutiefst konservativer Staat, doch die größte Stadt ist es ganz und gar nicht. New Orleans war schon immer ein Symbol für Toleranz und ist immer noch eine der ältesten schwulenfreundlichen Städte der westlichen Hemisphäre. Sie bezeichnet sich selbst als „Schwulenhauptstadt der Südstaaten". Viertel wie das French Quarter und Marigny sind Hauptreiseziele für Schwule ud Lesben.

Die folgenden Internetseiten bieten Infos für schwule und lesbische Reisende in New Orleans:

Gay New Orleans Online (www.neworleansonline.com/neworleans/lgbt) hat vermutlich die umfangreichste Zusammenstellung schwuler und lesbischer Veranstaltungen im Internet.

Gay New Orleans (www.gayneworleans.com) Infos in Hülle und Fülle.

Gay Cities (http://neworleans.gaycities.com) Veranstaltungskalender, Kritiken und relevante Themen für Schwule und Lesben.

Ambush Magazine (www.ambushmag.com) Lokale Nachrichten und Themen aus der Szene.

Purple Roofs (www.purpleroofs.com/usa/louisiana.html) Sehr zuverlässige Reiseinfos für Schwule.

Shoppen

Magazine Antique Mall ANTIQUITÄTEN
(☎504-896-9994; www.magazineantiquemall.com; 3017 Magazine St; ⏰10.30–17.30, So 12–17.30 Uhr) Gruselige Babypuppen, Hüte, Kronleuchter, Coca-Cola-Fanartikel – in dem vollgestopften Warenhaus wird man beim Stöbern in den rund zwölf Läden, in denen unabhängige Händler eine beeindruckende Vielfalt von altem Schnickschnack verkaufen, garantiert fündig.

Maple Street Book Shop BÜCHER
(☎504-866-4916; www.maplestreetbookshop.com; 7523 Maple St; ⏰Mo, Di, Do, Sa 10–18, Mi 12–18, So 10–17 Uhr) Der beliebte Laden in Uptown feierte 2014 seinen 50. Jahrestag. Er wurde von den Geschwistern Mary Kellogg und Rhoda Norman gegründet und ist einer der politisch fortschrittlichsten und am besten bestückten Buchläden der Stadt. Zum Verkauf stehen neue, gebrauchte und seltene Bücher in einladendem Ambiente.

Praktische Informationen

GEFAHREN UND ÄRGERNISSE

New Orleans hat eine beunruhigend hohe Kriminalitätsrate und verzeichnet die meisten Morde im ganzen Land. Die allermeisten Gewaltverbrechen ereignen sich unter Leuten, die sich gut kennen, doch manchmal werden auch Reisende zu Opfern.

Deshalb sollte man einfach die gleiche Vorsicht walten lassen, wie in jeder anderen Stadt der USA. Allerdings können Touristen auch in Vierteln ausgeraubt werden, die eigentlich als sicher gelten , wie z. B. der Garden District. Einzelne Fußgänger sind dabei ein leichteres Ziel als Gruppen, und man sollte auch abends und nachts möglichst nicht zu Fuß unterwegs sein. Auch sollte man nie alleine zu abgeschiedenen Orten wie Friedhöfen gehen.

Dank der großen Touristenmassen kann das French Quarter rund um die Uhr als sicher gelten. Befindet sich das Hotel oder das Fahrzeug aber am Rand des Viertels, sollte man abends und nachts besser mit dem Taxi hinfahren. Im CBD und Warehouse District ist unter der Woche immer was los, doch abends und am Wochenende sind sie relativ einsam und verlassen. In den B&Bs am Esplanade Ridge kann man abends und nachts notfalls Zuflucht suchen. Im French Quarter werden Touristen oft auch von Strichern angesprochen. Am besten einfach ignorieren und weitergehen.

Fußgänger, die die Straße überqueren, haben absolut keinen Vorrang, und kein Autofahrer wird für sie anhalten (es sei denn, er kommt aus einem anderen Bundesstaat). Egal, ob man zu Fuß oder im Auto unterwegs ist, sollte man bei jeder Kreuzung äußerst vorsichtig sein, denn die Autofahrer von New Orleans kümmern sich um keine orangen oder selbst roten Ampeln.

Einen „Stadtplan der Kriminalität" gibt es auf www.crimemapping.com/map/la/neworleans.

INTERNETZUGANG

Viele Hotels bieten WLAN und Internetzugang. Auch in fast jedem Café der Stadt und allen öffentlichen Bibliotheken ist WLAN verfügbar (www.neworleanspubliclibrary.org).

MEDIEN

Gambit (www.bestofneworleans.com) Wochenmagazin über Kunst, Kultur und Musik.

The Times-Picayune (www.nola.com) Die großformatige Zeitung berichtet dreimal wöchentlich über aktuelle Themen und Kunst.

The Advocate (www.theadvocate.com/new_orleans) Zeitung mit großem Kulturteil.

New Orleans Magazine (www.myneworleans.com/new-orleans-magazine) Monatsmagazin mit Gesellschaftsnachrichten.

The Lens (http://thelensnola.org) Das investigative Magazin mit großem Kulturteil gibt's nur online.

TOURISTENINFORMATION

Mitten im French Quarter befindet sich direkt beim populären Jackson Sq im unteren Pontalba Building das **New Orleans Welcome Center** (☎504-568-5661; www.crt.state.la.us/tourism; 529 St. Ann St; ⏲8.30–17 Uhr), in dem Karten und Stadtpläne, Veranstaltungskalender und Broschüren zu Sehenswürdigkeiten, Restaurants und Hotels erhältlich sind. Das hilfsbereite Personal vermittelt auch Unterkünfte, beantwortet Fragen und gibt Tipps und Infos zu New Orleans.

In den Kiosken der Touristeninformation überall in der Stadt gibt es die gleichen Broschüren wie in der Hauptstelle, doch das Personal dort ist in der Regel weniger kompetent.

Beim Louisiana Office of Tourism (www.louisianatravel.com) kann man einen Reiseführer für Louisiana online bestellen oder herunterladen.

Im Basin St Visitors Center in der Basin St Station in Tremé ist eine Ausstellung der Sehenswürdigkeiten der Stadt zu sehen und es gibt auch Stadtpläne.

Ansonsten bietet auch das **New Orleans Convention & Visitors Bureau** (☎504-566-5003; www.neworleanscvb.com; 2020 St Charles Ave; ⏲8.30–17 Uhr) jede Menge kostenlose Karten und hilfreiche Infos.

ℹ An- & Weiterreise

Die meisten Besucher reisen mit dem Flugzeug an und landet auf dem **Louis Armstrong New Orleans International Airport** (MSY; ☎504-303-7500; www.flymsy.com; 900 Airline Hwy, Kenner). Der Flughafen hieß ursprünglich Moisant Stock Yards nach dem Piloten John Moisant, worauf sich heute noch der IATA-Code bezieht.

Weitere Flughäfen sind **Baton Rouge** (BTR; S. 506), 89 Meilen (142 km) nördlich der Stadt und **Gulfport-Biloxi** (GPT; ☎228-863-5951; www.flygpt.com), MS, 77 Meilen (123 km) östlich. Die beiden liegen lange nicht so günstig wie der Hauptflughafen von New Orleans, könnten aber eine preiswerte Alternative sein, vor allem während des Mardi Gras oder Jazz Fest.

Viele Reisende kommen auch mit dem Bus nach New Orleans, wo zahlreiche große Highways aufeinandertreffen. Auch mit dem Zug ist New Orleans gut zu erreichen, denn es gibt drei Amtrak-Verbindungen.

ℹ Unterwegs vor Ort

Streetcar Die bezaubernde Straßenbahn verkehrt leider nicht sehr häufig und hat nur wenige Linien. Eine Fahrt kostet 1,25 US$, es gibt auch Mehrfachkarten.

Bus Die Busverbindungen sind o. k., für die Erkundung der Stadt aber eher ungeeignet. Eine Fahrt kostet nicht mehr als 2 US$.

Zu Fuß Wer nur im French Quarter unterwegs ist, kann dies gut zu Fuß machen.

Fahrrad Im flachen New Orleans kann man sehr gut Rad fahren. Die Fahrt quer durch die ganze Stadt dauert nur 45 Minuten.

Auto Damit erreicht man auch gut die äußeren Stadtviertel wie Mid-City. Allerdings ist Parken im French Quarter und im CBD ein Problem.

VOM/ZUM FLUGHAFEN

Der Louis Armstrong International Airport (MSY) liegt 13 Meilen (20,8 km) westlich von New Orleans. Ein Taxi in den CBD kostet 36 US$ bzw. 15 US$ pro Person bei drei oder mehr Passagieren. Shuttle-Busse in den CBD kosten 20/38 US$ pro Person für die einfache Fahrt/Hin-& Rückfahrt. Mit dem Bus E2 kann man für 2 US$ in die Carrollton Ave und Tulane Ave in Mid-City fahren.

Der Bahnhof (www.amtrak.com; 1001 Loyola Ave) und der Busbahnhof von Greyhound (www.greyhound.com; 1001 Loyola Ave) liegen direkt nebeneinander in der Innenstadt. Von dort kann man zu Fuß in den CBD oder ins French Quarter gehen, sollte dies aber nur tagsüber und ohne schweres Gepäck tun. Eine Taxifahrt ins French Quarter kostet rund 10 US$. Je weiter man sich vom Bahnhof entfernt, desto sicherer wird man mehr als 20 US$ bezahlen müssen.

Rund um New Orleans

Lässt man das farbenfrohe New Orleans hinter sich, findet man sich sofort in einer Welt aus Sümpfen, Bayous, Plantagenhäusern aus der Zeit vor dem Bürgerkrieg, entspannten kleinen Gemeinden, endlosen Trabantenvorstädten und Einkaufsstraßen wieder.

Barataria Preserve

★ Barataria Preserve PARK

(☎504-689-3690; www.nps.gov/jela/barataria-preserve.htm; 6588 Barataria Blvd, Crown Point; ⏲Wanderparkplatz tgl. 9–17 Uhr; P) GRATIS

Dieser Teil des Jean Lafitte National Historical Park & Preserve liegt südlich von New Orleans in der Nähe der Stadt Marrero. Er bietet den einfachsten Zugang zu dem ausgedehnten Sumpfgebiet rund um New Orleans. Auf Plankenwegen in einer Gesamtlänge von fast 13 km kann man sicher und einfach durch den dicht bevölkerten Sumpf gehen und dabei Alligatoren, Nutrias, Greiffrösche und Hunderte von Vogelarten beobachten.

Ein guter Ausgangspunkt für die Erkundung des Schutzgebiets ist das **NPS Visitors Center** (☎504-689-3690; www.nps.gov/jela; Hwy 3134; ⊙Mi–So 9.30–16.30 Uhr; ♿) 1 Meile (1,6 km) westlich des Hwy 45 bei der Ausfahrt Barataria Blvd. Dort erhält man eine Karte für die Erkundung auf eigene Faust oder kann sich einer geführten Wanderung (Mi–So 10 Uhr) oder Kanutour anschließen. Weitere Infos gibt's per Telefon. Ein Kanu oder Kajak mieten kann bei **Bayou Barn** (☎504-689-2663; www.bayoubarn.com; 7145 Barataria Blvd, Marrero; Kanu/Kajak 20/25 US pro Pers.; ⊙Do–So 10–18 Uhr), rund 3 Meilen (4,8 km) vom Parkeingang entfernt.

Nordufer

Am Nordufer des Lake Pontchartrain erstrecken sich die Vororte von New Orleans – im Prinzip Schlafstädte der Mittel- und Oberschicht der Stadt. Das idyllische Dorf Abita Springs ganz in der Nähe war Ende des 19. Jh. für sein Heilwasser bekannt. Das edle Wasser sprudelt auch heute noch aus einem Brunnen in der Mitte des Dorfs, doch wesentlich wichtiger für die meisten Einwohner ist heute die Abita Brewery, die größte lokale Brauerei in Louisiana. Der Lake Pontchartrain liegt genau zwischen dieser Region und New Orleans, die durch die gigantische, gut 38 km lange Brücke des Lake Pontchartrain Causeway miteinander verbunden sind. Allein der Anblick dieser Brücke lohnt die Fahrt hierher.

River Road

Schmucke Plantagenhäuser liegen zwischen New Orleans und Baton Rouge verstreut am Ost- und Westufer des Mississippis. Die Plantagen brachten ihren Besitzern zunächst mit Indigo, dann mit Baumwolle und Zuckerrohr großen Reichtum ein. Viele von ihnen sind für die Öffentlichkeit zugänglich. Die meisten Führungen konzentrieren sich auf das Leben der Besitzer, die restaurierten Häuser und die kunstvollen Gärten im Louisiana aus der Zeit vor dem Bürgerkrieg.

Sehenswertes

★Whitney Plantation HISTORISCHE STÄTTE
(☎225-265-3300; www.whitneyplantation.com; 5099 Highway 18, Wallace; Erw./Student/Kind unter 6 Jahren 22/10 US$/frei; ⊙Museum Mi–Mo 9.30–16.30 Uhr) Die Plantage war die erste in Louisiana, die nur von Sklaven bewirtschaftet wurde. Nachdem dies bekannt geworden war, musste der Schwerpunkt der Führungen verlagert werden. Stand zuvor die Geschichte des „großen Hauses" im Vordergrund, so wird heute an die Hunderte von Sklaven erinnert, die sterben mussten, um den wirtschaftlichen Erfolg und das gute Leben der Bewohner dieses großen Hauses zu ermöglichen. Das Museum vor Ort kann auf eigene Faust besichtigt werden, die Plantage jedoch nur im Rahmen einer 1½-stündigen Führung.

Laura Plantation HISTORISCHE STÄTTE
(☎225-265-7690; www.lauraplantation.com; 2247 Hwy 18, Vacherie; Erw./Kind 20/6 US$; ⊙10–16 Uhr; Ⓟ) Die beliebte Plantagen-Tour wird ständig weiterentwickelt und arbeitet die Unterschiede im Leben der Kreolen, Angloamerikaner sowie der freien und unfreien Afroamerikaner in der Antebellum-Ära heraus. Dies geschieht durch gründliche Nachforschungen und anhand schriftlicher Zeugnisse von kreolischen Frauen, die die Plantage über Generationen hinweg führten. Auch Laura selbst ist faszinierend: Das kreolische Herrenhaus wurde nicht von Angloamerikanern, sondern von einer aus Europa stammenden Elite gegründet und unterhalten. Die kulturellen und architektonischen Unterschiede zwischen dieser Plantage und den anderen sind offensichtlich und beeindruckend. Die Touren werden auch auf Französich angeboten.

Oak Alley Plantation HISTORISCHE STÄTTE
(☎225-265-2151; www.oakalleyplantation.com; 3645 Hwy 18, Vacherie; Erw./Student/Kind 22/8/5 US$; ⊙März–Okt. 9–17 Uhr, Nov.–Feb. Mo–Fr 9–16.30, Sa & So 9–17 Uhr; Ⓟ) Das herausragende Merkmal dieser Plantage ist die namensgebende Allee aus 28 majestätischen Lebenseichen, die zum Eingang des grandiosen Herrenhauses im neogriechischen Stil führt. Bei den Führungen werden den Besuchern eine Schmiedewerkstatt, eine Ausstellung zur Sklaverei und weitere interessante Orte gezeigt.

Baton Rouge

Als französische Entdeckungsreisende 1699 auf einen rot gefärbten Pfosten aus Zypressenholz stießen, den die Bayagoulas- und Houma-Indianer in den Boden gerammt hatten, um ihre Jagdgründe abzugrenzen, nannten sie die Gegend kurzerhand *Baton Rouge* („roter Stab"). Dieser eine Pfosten ist im Lauf der Zeit ganz schön gewuchert: Baton Rouge ist heute ein weitläufiges Chaos, das sich in alle Richtungen ausbreitet. Besucher der Hauptstadt Louisianas kommen hauptsächlich wegen der Louisiana State University (LSU) und der Southern University hierher; Letztere war einst die größte rein afroamerikanische Universität des Landes.

Sehenswertes & Aktivitäten

Louisiana State Capitol HISTORISCHES GEBÄUDE
(☎225-342-7317; 900 N 3rd St; ⊙8.30–16.30 Uhr, Aussichtsplattform 8.30–16 Uhr) GRATIS Der Wolkenkratzer im Art-déco-Stil wurde auf dem Höhepunkt der Weltwirtschaftskrise für 5 Mio. US$ errichtet und ist bis heute das unübersehbare Vermächtnis des populistischen Gouverneurs „Kingfish" Huey Long. Die Aussichtsplattform im 27. Stock bietet einen fantastischen Blick auf die Stadt, und die reich verzierte Eingangshalle ist nicht minder beeindruckend.

LSU Museum of Art MUSEUM
(LSUMOA; ☎225-389-7200; www.lsumoa.com; 100 Lafayette St; Erw./Kind 5 US$/frei; ⊙Di–Sa 10–17, Do bis 20, So 13–17 Uhr) Die klaren, geometrischen Formen des Shaw Center, in dem dieses Museum untergebracht ist, beeindrucken mindestens genauso wie das Museum selbst. Zu sehen sind eine Dauerausstellung mit mehr als 5000 Werken und sorgfältig zusammengestellte Ausstellungen zum künstlerischen Erbe der Region und zu zeitgenössischen Trends.

Old State Capitol HISTORISCHES GEBÄUDE
(☎225-342-0500; www.louisianaoldstatecapitol.org; 100 North Blvd; ⊙Di–Fr 10–16, Sa 9–15 Uhr) GRATIS Das neugotische Bauwerk erinnert nicht nur an ein Märchenschloss, es ist zu allem Überfluss auch noch rosarot – ein klares Anzeichen dafür, wie exzentrisch die Regierung des Bundesstaats mitunter sein kann. Heute ist hier eine Ausstellung über die politische Vergangenheit Louisianas untergebracht.

Rural Life Museum MUSEUM
(☎225-765-2437; www.lsu.edu/rurallife; 4560 Essen Lane; Erw./Kind 10/8 US$; ⊙8–17 Uhr; P) Ein Besuch in diesem Freiluftmuseum ist ein Ausflug in die Architektur, das Arbeitsleben und die Traditionen des ländlichen Louisiana. Auf dem Gelände liegen zahlreiche einfache Gebäude verstreut, und die Ausstellungen malen das harte Leben auf dem Land, das den Bundesstaat aufgebaut hat, nicht schön, sondern sind erfrischend ehrlich und informativ.

Schlafen & Essen

Stockade Bed & Breakfast B&B $$
(☎225-769-7358; www.thestockade.com; 8860 Highland Rd; Zi. 150–160 US$, Suite 215 US$; P) Das freundliche B&B 3,5 Meilen (5,6 km) südöstlich der Louisiana State University hat fünf große, elegante, aber gemütliche Zimmer. Ganz in der Nähe befinden sich mehrere hervorragende Restaurants. An den Wochenenden, vor allem während der Football-Saison, unbedingt im Voraus reservieren!

★ **Dang's Vietnamese Restaurant** VIETNAMESISCH $
(☎225-275-2390; 12385 Florida Blvd; Hauptgerichte 8–13 US$; ⊙9–21 Uhr; P) In dieser vietnamesischen Institution ist alles hervorragend, doch die superleckere Pho-Suppe ist absolut himmlisch. Aber auch bei den anderen Gerichten der Speisekarte kann man nichts falsch machen, denn ob knusprige Ente oder leckere Currys, alles ist einfach wunderbar.

Louisiana Lagniappe CAJUN-KÜCHE $$$
(☎225-767-9991; www.louisianalagniapperestaurant.com; 9900 Perkins Rd; Hauptgerichte 21–36 US$; ⊙Mo–Do 17.30–21, Fr & Sa 17–22 Uhr; P) Wer in Baton Rouge abends ausgehen und die leckere örtliche Küche genießen will, ist hier genau richtig. Lagniappe (sprich: lanjap) bedeutet auf Louisiana-Französisch in etwa „ein wenig mehr" – was aber missverständlich ist, denn hier gibt's von allem *viel* mehr: Fisch mit Krabbenfleisch, Rib-Eye-Steak und Pasta mit Shrimps und Würstchen.

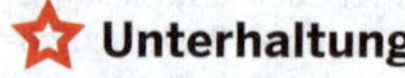

Unterhaltung

Varsity Theatre LIVEMUSIK
(☎225-383-7018; www.varsitytheatre.com; 3353 Highland Rd) Das Lokal am Eingang zur Universität gehört zu den besten Livemusik-Kneipen in Baton Rouge. Wenn nicht gerade

die Großen der Musikszene auf der Bühne stehen, finden hier Sportveranstaltungen statt.

Praktische Informationen

Visitors Center (☎225-383-1825; www.visitbatonrouge.com; 359 3rd St; ⌚8–17 Uhr) Die städtische Touristeninformation in der Innenstadt hat Stadtpläne, Broschüren lokaler Attraktionen und einen Veranstaltungskalender.

Capital Park (☎225-219-1200; www.louisianatravel.com; 702 River Rd N; ⌚8–16.30 Uhr) Nahe dem Visitors Center von Baton Rouge. Die offizielle Touristeninformation hat umfangreiches Infomaterial zu Louisiana.

Anreise & Unterwegs vor Ort

Baton Rouge liegt 80 Meilen (128 km) westlich von New Orleans an der I-10. Der **Baton Rouge Metropolitan Airport** (BTR; ☎225-355-0333; www.flybtr.com; 9430 Jackie Cochran Dr) liegt 7 Meilen (11,2 km) nördlich der Innenstadt unweit der I-110. Von hier sind es nur 1½ Autostunden nach New Orleans. Der Flughafen bietet gute Verbindungen zu großen Verkehrsknotenpunkten wie Houston, Dallas, Charlotte und Atlanta.

Greyhound -Busse(☎225-383-3811; www.greyhound.com; 1253 Florida Blvd) fahren regelmäßig nach New Orleans, Lafayette und Atlanta.

Die Busse des Capitol Area Transit System (www.brcats.com) verkehren in der ganzen Stadt. Eine Fahrt kostet 1,75 US$.

St. Francisville

Der üppig grüne Ort ist der Inbegriff einer pseudokünstlerischen Südstaaten-Kleinstadt mit vielen schönen alten Häusern, unkonventionellen Geschäften und zahllosen Outdoor-Aktivitäten in den nahegelegenen Tunica Hills (ja, es gibt tatsächlich Berge in Louisiana). Vor dem Bürgerkrieg ließen sich die hier ansässigen superreichen Plantagenbesitzer die prachtvollen Villen bauen, die als gut erhaltene Altstadt die Besucher seit mehr als einem Jahrhundert faszinieren.

Sehenswertes & Aktivitäten

Myrtles Plantation HISTORISCHES GEBÄUDE

(☎225-635-6277; www.myrtlesplantation.com; 7747 US Hwy 61 N; Führung Erw./Kind 15/12 US$, Geistertour 15 US$; ⌚9–17 Uhr, Führungen Fr & Sa 18, 19 & 20 Uhr; P) Besitzer und Historiker sind gleichermaßen davon überzeugt, dass auf dieser Plantage eines der größten Geisterhäuser der USA steht – Es ist aber auch wirklich gruselig. Im Gegensatz zu anderen Plantagen der Region steht bei den Führungen hier nicht so sehr die Architektur und Geschichte der Plantage im Vordergrund, sondern vielmehr die lebendige Schilderung des Lebens zur Zeit der großen Plantagen. So erfahren die Besucher bei den Führungen viele Details über das Gebäude als Wohnhaus und seine Einrichtung, während bei den Geistertouren (Fr & Sa abends) die gruseligen Geschichten des Hauses erzählt werden.

Oakley Plantation & Audubon State Historic Site HISTORISCHE STÄTTE

(☎225-635-3739; www.audubonstatehistoricsite.wordpress.com; 11788 Hwy 965; Erw./Student/Senior 8/4/6 US$; ⌚Mi–So 9–17 Uhr; P) Außerhalb von St. Francisville liegt die Oakley Plantation. John James Audubon kam 1821 als Privatlehrer für die Tochter des Hauses hierher. Seine Anstellung währte zwar nur vier Monate (und sein Zimmer war ziemlich spartanisch eingerichtet), doch in dieser Zeit fertigten er und sein Assistent 32 Gemälde von Vögeln an, die sie in den Wäldern rund um die Plantage fanden.

Auch einige originale Audubon-Drucke finden sich in dem kleinen, karibisch anmutenden Haus von 1806.

Mary Ann Brown Preserve NATURSCHUTZGEBIET

(☎225-338-1040; www.nature.org; 13515 Hwy 965; ⌚Sonnenaufgang–Sonnenuntergang) GRATIS Das von der Nature Conservancy verwaltete 44,5 ha große Naturschutzgebiet umfasst einen Teil der Buchenwälder, der dunklen Sumpfgebiete und des niedrigen, von Lehmböden geprägten Hügellands der Tunica Hills. Ein 3,2 km langes Netzwerk aus Wander- und Plankenwegen durchzieht den Wald, durch den schon John James Audubon zu Beginn seiner Arbeit an den *Birds of America* streifte.

Schlafen & Essen

Shadetree Inn B&B $$

(☎225-635-6116; www.shadetreeinn.com; Ecke Royal & Ferdinand St; Zi. ab 145 US$; P📶) Das supergemütliche B&B am Rand des historischen Viertels und eines Vogelschutzgebiets bietet seinen Gästen einen herrlichen Garten voller Blumen und Hängematten sowie geräumige Zimmer in rustikalem Schick. Das europäische Luxusfrühstück inklusive einer Flasche Wein oder Sekt kann man sich aufs Zimmer bringen lassen. Ohne Frühstück und bei einem Aufenthalt während der Woche wird's billiger.

VOM MEKONG AN DEN MISSISSIPPI

Nach Ende des Vietnamkriegs flohen Tausende Südvietnamesen in die USA und ließen sich in Südkalifornien, Boston, rund um Washington, D.C., und in New Orleans nieder. Letzteres mag zunächst überraschen, man muss aber bedenken, dass viele dieser Flüchtlinge Katholiken waren und die katholische Gemeinde von New Orleans – eine der größten im Land – bei der Eingliederung der Flüchtlinge mithalf. Zudem fühlten sich die Neuankömmlinge hier sicher auch aufgrund des subtropischen Klimas, der Reisfelder und der flachen Feuchtgebiete zumindest an ihre Heimat erinnert. Für einen südostasiatischen Immigranten fern von Zuhause mag das Mississippi-Delta wenigstens oberflächlich gesehen eine gewisse Ähnlichkeit mit dem Mekong-Delta gehabt haben.

Die meisten vietnamesischen Einwanderer in Louisiana ließen sich in den neueren Vororten von New Orleans nieder, wie New Orleans East, Versailles, Algiers und Gretna. Einige zogen auch in die ländlichen Gemeinden im Süden Louisianas. Mit ihrer legendären Arbeitsmoral erweckten sie ehemals heruntergekommene Viertel zu neuem Leben, und mit ihrer Geschichte wurde wieder einmal der Amerikanische Traum wahr. Arbeitete die erste Generation der Einwanderer noch in Waschsalons, Nagelstudios, Restaurants und auf Shrimpsbooten, so war die zweite Generation schon Ärzte, Rechtsanwälte und Ingenieure. Nach dem Hurrikan Katrina kehrten die Vietnamesen von New Orleans als erste wieder in die Stadt zurück, um schnell ihre Häuser und Geschäfte wieder aufzubauen.

Die Viertel, in denen die Vietnamesen von New Orleans arbeiten und ihre Freizeit verbringen, liegen etwas außerhalb der eigentlichen Stadt. In New Orleans East befindet sich mit der **Mary Queen of Vietnam Church** (☎504-254-5660; www.arch-no.org; 5069 Willowbrook Dr; P) der Mittelpunkt der vietnamesischen katholischen Gemeinde. Etwas weiter südlich steht der **Chua Bo De Temple** (☎504-733-6634; Hwy 996; ⏲Gottesdienst Sa 19.30 & So 11 Uhr). Der wichtigste buddhistische Tempel ist rund 25 Autominuten außerhalb der Stadt in der Nähe des Golfplatzes English Turn. Der Tempel ist ein typisch vietnamesisches Gebäude voller Bodhisattvas (buddhistischer Heiligenfiguren) im chinesischen Stil, Fotos und Gaben für die toten Angehörigen sowie viel Rot und Gold. Um ihn zu besichtigen, muss man nicht vorher anrufen, sollte es der Höflichkeit halber aber tun.

Das Beste der einheimischen vietnamesischen Kultur ist wahrscheinlich das köstliche Essen. Die meisten Restaurants gibt's in Gretna. **Tan Dinh** (☎504-361-8008; 1705 Lafayette St, Gretna; Hauptgerichte 8–18 US$; ⏲Mo, Mi & Fr 9.30–21, Sa 9–21, So 9–20 Uhr, Di geschl.; P ✍) Eines der besten Restaurants im Großraum New Orleans serviert himmlische Hühnerflügel in Knoblauchbutter und superleckere koreanische Kotelettes. Auch die Pho-Suppe ist hervorragend. In der **Dong Phuong Oriental Bakery** (☎504-254-0296; www.dpbanhmi.com; 14207 Chef Menteur Hwy, New Orleans East; Backwaren 1,50–6 US$, Hauptgerichte 7–13 US$; ⏲Bäckerei Mo, Mi & So 8–17, Restaurant Mo, Mi–So 9–16 Uhr, Di geschl.; P ✍ 👪) gibt's die besten *bánh mì* (oder vietnamesische Po'boy-Sandwiches mit Schweinefleisch, Gurke, Koriander und anderen Köstlichkeiten) sowie leckeren Durian-Kuchen.

Die einheimischen Märkte sind ebenfalls sehenswert. Der **Hong Kong Food Market** (☎504-394-7075; 925 Behrman Hwy; ⏲7.30–21 Uhr) ist ein riesiges internationales Lebensmittelgeschäft, das die Einwanderer (und deren Nachkommen) am gesamten Westufer von New Orleans versorgt. Wie in Saigon fühlt man sich samstagmorgens auf dem **Vietnamese Farmers Market** (14401 Alcee Fortier Blvd; ⏲Sa 6–9 Uhr), der auch als Squat Market bekannt ist, weil die Frauen mit ihren *non la* (hohen Strohhüten) hinter den frischen, wunderbar duftenden Lebensmitteln sitzen. Im Lauf der Jahre wurde der Markt immer kleiner und daher ist er nicht mehr so eindrucksvoll wie früher, doch es hocken immer noch genügend Frauen hinter ihren Produkten.

3-V Tourist Court INN $$
(☎225-721-7003; www.themagnoliacafe.net/magnolia3vtouristcourts.html; 5687 Commerce St; Hütte mit 1/2 B 75/125 US$; P 📶) Dies ist eines der ältesten Motels in den USA (es stammt aus den 1930er-Jahren und steht heute im National Register of Historic Places). Die fünf Wohneinheiten hier versetzen die Gäste zurück in einfachere Zeiten. Die Zimmer sind mit Deko und Einrichtungsgegenständen aus jener Zeit ausgestattet, bieten aber dank der kürzlichen Renovierung neue Betten,

Parkettböden und Flachbild-TVs, sodass die Anlage fast schon wieder trendig ist.

Birdman Coffee & Books CAFÉ $

(☎ 225-635-3665; 5695 Commerce St; Hauptgerichte 5–8 US$; ⏲ Di–Fr 7–17, Sa 8–14, So 8–12 Uhr; 📶) Das Café ist bekannt für seinen starken Kaffee, akustische Livemusik, leckeres Frühstück im Stil der Südstaaten (altmodische Maisgrütze, Süßkartoffelpfannkuchen, salziger Speck) und Kunst aus der Region.

Magnolia Café CAFÉ $

(☎ 225-635-6528; www.themagnoliacafe.net; 5687 Commerce St; Hauptgerichte 8–16 US$; ⏲ Mo–Do 10–16, Fr & Sa 10–22 Uhr; P) Das ehemalige gesundes Lebensmittelgeschäft mit Werkstatt für VW-Busse ist heute das Epizentrum von St. Francisville. Hierher kommen die Einwohner, um etwas zu essen, sich zu treffen und zu amüsieren und freitagabends zu Livemusik zu tanzen.

An- & Weiterreise

St. Francisville liegt rund 35 Meilen (56 km) nördlich von Baton Rouge am Hwy 61, der mitten durch die Stadt führt.

Cajun Country

Mit Louisiana verbinden viele Menschen – außer New Orleans – kilometerlange Bayous, mit Sägemehl bestreute Böden, eine einzigartige Lesart des Französischen und jede Menge gutes Essen. Willkommen also im Cajun Country, das wegen der französischen Siedler, die 1755 von den Briten aus L'Acadie (dem heutigen Nova Scotia in Kanada) vertrieben wurden, auch Acadiana genannt wird.

Die Cajuns sind die größte französischsprachige Minderheit in den USA. Im Lebensmittelladen hört man vielleicht keinen Französisch sprechen, aber es ist noch immer in Radiosendungen, bei Gottesdiensten und nicht zuletzt in der örtlichen Aussprache des Englischen präsent.

Während die Region weitgehend sozialkonservativ ausgerichtet ist, sagt man den Cajuns einen gewissen Hedonismus nach. In dieser Region ein schlechtes Essen zu finden, ist so gut wie ausgeschlossen: Jambalaya (Reis mit Tomaten, Würstchen und Shrimps) und Krebs-Étouffée werden hier ganz langsam und mit viel Liebe und Stolz zubereitet. Wer nicht fischt, der tanzt wahrscheinlich gerade. Da bleibt kein Traveller lange Zaungast!

LAFAYETTE

Der Begriff „Geheimtipp" wird in Reiseführern heutzutage sehr oft verwendet, doch in diesem Fall trifft er wirklich noch zu. Sonntags ist die Stadt wie ausgestorben, doch unter der Woche sind die unzähligen fantastisch guten Restaurants und Musikkneipen geöffnet.

Sehenswertes

Vermilionville MUSEUM

(☎ 337-233-4077; www.bayouvermiliondistrict.org/vermilionville; 300 Fisher Rd; Erw./Student 10/6 US$, Bootstour 12/8 US$; ⏲ Di–So 10–16 Uhr; P 👪) Die friedliche Nachbildung eines Cajun-Dorfs aus dem 19. Jh. liegt direkt am Fluss in der Nähe des Flughafens. Die freundlichen Mitarbeiter in historischen Kostümen erklären mit viel Enthusiasmus die Geschichte der Cajuns, Kreolen und Ureinwohner. Sonntags spielen von 13–15 Uhr Bands aus der Region auf. Im Frühjahr und Herbst werden auch Bootstouren auf dem Bayou Vermilion angeboten (Di–Sa 10.30 Uhr).

Acadian Village MUSEUM

(☎ 337-981-2364; www.acadianvillage.org; 200 Greenleaf Dr; Erw./Student 8/6 US$; ⏲ Mo–Sa 10–16 Uhr; P 👪) Durch das bescheidene, aber sehr aufschlussreiche Museumsdorf führt ein Backsteinpfad entlang des sanft plätschernden Bachs zu restaurierten Häusern, Werkstätten und einer Kirche. Gelegentlich finden sich einige ältere Leute ein, die die Besucher mit Liedern und Geschichten der Cajun unterhalten und die gute alte Zeit heraufbeschwören.

Acadian Cultural Center MUSEUM

(☎ 337-232-0789; www.nps.gov/jela; 501 Fisher Rd; ⏲ Di–Fr 9–16.30, Sa 8.30–12 Uhr; P 👪) 🍃 Das Museum der Nationalparkverwaltung zeigt eine umfangreiche Ausstellung zur Kultur der Cajun und ist damit ein guter Einstieg in die Welt der Akadier.

Feste & Events

★ Festival International de Louisiane MUSIK

(www.festivalinternational.org; ⏲ April) GRATIS Rund um das letzte Wochenende im April findet an fünf Tagen dieses fantastische internationale Musikfestival statt, bei dem Hunderte von Musikern aus der Region und der ganzen Welt auftreten. Damit ist es eines der größten, kostenlosen Musikfestivals der USA. Auch wenn sich sein Name nur auf frankophone Musik und Kultur bezieht, lockt das Festival mittlerweile Künstler jedweder Sprache aus der ganzen Welt an.

Schlafen & Essen

★ Blue Moon Guest House PENSION $
(☎ 337-234-2422; www.bluemoonpresents.com; 215 E Convent St; B 18 US$, Zi. 70–90 US$; P ❄ 📶 @) Ein echtes kleines Juwel Louisianas: Das gepflegte alte Haus birgt eine gehobene Unterkunft im Hostelstil, nur einen kurzen Fußmarsch vom Zentrum entfernt. Wer im Blue Moon übernachtet, landet automatisch auf der Gästeliste für den beliebtesten Treffpunkt in Lafayette, wenn es um bodenständige Livemusik geht: Die Party steigt im Hinterhof. Die freundlichen Besitzer, eine komplett ausgestattete Küche und Geselligkeit fügen sich zu einem einzigartigen musikalischen Urlaubsflair zusammen, das auch Backpacker mit schmalem Geldbeutel anlockt.

Buchanan Lofts APARTMENTS $$
(☎ 337-534-4922; www.buchananlofts.com; 403 S Buchanan; Zi. pro Nacht/Woche ab 180/1000 US$; P ❄ 📶 @) Wenn sie nicht so groß wären, würden die hippen Lofts wunderbar nach New York City passen. Die sehr geräumigen Apartments sind mit Küchenzeilen sowie moderner Kunst und schickem Dekor ausgestattet, das der freundliche Besitzer von seinen vielen Reisen mitgebracht hat. Die Optik bestimmen unverputzte Backsteinwände und Parkettböden.

★ French Press FRÜHSTÜCK $
(☎ 337-233-9449; www.thefrenchpresslafayette.com; 214 E Vermillion; Hauptgerichte 9–15 US$; ⏰ Mo–Fr 7–14, Sa & So 9–14 Uhr; 📶) Dieses Lokal mit einer Mischung aus französischer und Cajun-Küche ist eine der besten kulinarischen Adressen in Lafayette. Zum sensationellen Frühstück gehören z. B. das sündhafte Cajun Benedict (mit *boudin* statt mit Schinken), Maisgrütze mit Cheddar (zum Dahinschmelzen lecker) und Bio-Müsli (ein guter Ausgleich zur Maisgrütze). Auch das Mittagessen ist ein Traum: Das Käsesandwich mit gebratenen Shrimps und Sriracha-Mayo ist wunderbar dekadent.

Johnson's Boucanière CAJUN $
(☎ 337-269-8878; www.johnsonsboucaniere.com; 1111 St. John St; Hauptgerichte 4,25–8 US$; ⏰ Di–Fr 7–15, Sa bis 17.30 Uhr) Das wiedereröffnete, 70 Jahre alte ländliche Familienrestaurant für geräucherte Spezialitäten lohnt die Anfahrt mit seinem *boudin* (Würstchen aus Schweinefleisch und Reis nach Cajun-Art) oder dem wunderbaren Sandwich mit geräucherter Brust vom Schwein und Räucherwürstchen.

Dwyer's DINER $
(☎ 337-235-9364; 323 Jefferson St; Hauptgerichte 6–14 US$; ⏰ 6–14 Uhr; 👪) Der Familienbetrieb bringt typisches Cajun-Essen auf den Tisch, sprich Gumbo zum Mittagessen und Pfannkuchen zum Frühstück. Eine ganz besondere Unterhaltung ist an Mittwochvormittagen geboten, wenn ein französischsprechender Tisch aufgebaut wird und die einheimischen Cajun sich plötzlich wieder in ihrer alten Sprache unterhalten. Auf der wechselnden Mittagskarte des Dwyer's sind immer geschmorte Schweinekoteletts, Brathähnchen und Shrimps-Eintopf zu finden.

Unterhaltung

Blue Moon Saloon LIVEMUSIK
(☎ 337-234-2422; www.bluemoonpresents.com; 215 E Convent St; Grundpreis 5–8 US$; ⏰ Di–So 17–2 Uhr) Die gemütliche, kleine Spielstätte auf der hinteren Veranda der zugehörigen Pension steht für alles, was Louisiana ausmacht: gute Musik, nette Leute und gutes Bier. Was sollte man daran nicht mögen? Musik gibt's normalerweise mittwochs bis samstags.

Artmosphere LIVEMUSIK
(☎ 337-233-3331; www.artmosphere.vpweb.com; 902 Johnston St; ⏰ Mo–Do 16–2, Fr & Sa 11–2, So 11–24 Uhr) Bei Graffiti, Hukas, Hipstern und erstklassigen Bands fühlt man sich eher wie im New Yorker CBGB-Club als in einem Tanzsaal der Cajun, doch man kann sich prächtig amüsieren und es gibt gutes mexikanisches Essen.

Praktische Informationen

Im **Visitors Center** (☎ 337-232-3737; www.lafayettetravel.com; 1400 NW Evangeline Thruway; ⏰ Mo–Fr 8.30–17, Sa & So 9–17 Uhr) sind Infos über Routen, Unterkünfte und Veranstaltungen in Lafayette und ganz Acadiana (Cajun-Land) erhältlich. Einige Mitarbeiter sprechen auch Französisch.

An- & Weiterreise

Von der Ausfahrt 103A der I-10 führt der Evangeline Thruway (Hwy 167) direkt ins Stadtzentrum. Der Busbahnhof von **Greyhound** (☎ 337-235-1541; www.greyhound.com; 100 Lee Ave) befindet sich am Rand des Geschäftsviertels der Innenstadt. Von hier fahren täglich mehrere Busse nach New Orleans (3½ Std.) und Baton Rouge (1 Std.). Der **Amtrak**-Zug (www.amtrak.com; 100 Lee Ave) *Sunset Limited* hält auf seinem Weg von New Orleans nach Los Angeles auch in Lafayette.

CAJUN WETLANDS

Als beim Grand Dérangement 1755 die Briten die ländlichen französischen Siedler aus Akadien (dem heutigen Nova Scotia in Kanada) vertrieben, suchten diese jahrzehntelang nach einem Ort, an dem sie sich wieder niederlassen konnten. Viele wanderten in andere britische Kolonien aus, wurden als Katholiken aber oft auch von dort wieder vertrieben. Einige kehrten sogar nach Frankreich zurück, wo sie jedoch, anders als in der Neuen Welt, kein Land besitzen durften und ihnen auch keine Autonomie gewährt wurde.

1785 legten schließlich sieben Schiffe mit akadischen Flüchtlingen in New Orleans an, um sich in dieser Ecke der westlichen Hemisphäre niederzulassen, die zumindest kulturell, wenn auch nicht politisch zu Frankreich gehörte (zu der Zeit war Louisiana gerade eine spanische Kolonie). Anfang des 19. Jhs, siedelten bereits 3000–4000 Akadier in den Sumpfgebieten südwestlich von New Orleans. Verschiedene Stämme der Ureinwohner wie die Attakapa halfen ihnen, ihren Lebensunterhalt mit Fischen und Fallenstellen zu gewährleisten. Diese traditionellen Fähigkeiten werden bis heute bei den Cajun, den Nachfahren dieser Akadier, geschätzt und ausgeübt.

Jahrzehntelang war diese Region eine der ärmsten in Louisiana. Unterricht in französischer Sprache war verboten, die Infrastruktur war katastrophal. Erst mit zunehmendem politischen Einfluss der Cajuns in der Regierung des Bundesstaates änderte sich die Situation in den 1970er-Jahren. Einen großen Anteil an der Verbesserung hatte aber auch die Öl- und Erdgasindustrie. Nachdem das Verlegen der Leitungen und Rohre zunächst nur als weiterer schändlicher Verlust von Land und Boden in Louisiana galt, sorgte die Ölindustrie natürlich auch für neue Jobs und einen wirtschaftlichen Aufschwung. Dies erklärt zumindest teilweise die geoße Popularität der Öl- und Erdgasindustrie im Staat, die auch in Veranstaltungen wie dem jährlichen „Shrimp & Petroleum Festival“ in Morgan City zum Ausdruck kommt.

Sehenswertes

Lake Martin VOGELSCHUTZGEBIET

(Lake Martin Rd) GRATIS Der von dünnen Bäumen und Zypressenstümpfen gesäumte moosgrüne See ist ein wunderbarer, leicht zugänglicher Einstieg in die Naturlandschaften der Bayous. Ein paar Fußwege, darunter auch ein Holzsteg, führen die Besucher über den spiegelglatten Sumpf, während sie von Silber-, Kuh- und Kanadareihern gleichmütig beobachtet werden.

Louisiana Universities Marine Consortium MUSEUM

(LUMCON; ☎985-851-2800; www.lumcon.edu; 8124 Hwy 56, Chauvin; ⌚8–16 Uhr;) GRATIS LUMCON? Klingt irgendwie nach Science Fiction, oder? Gut, mit Science (Wissenschaft) hat es schon etwas zu tun, allerdings nur mit harten Fakten, die aber dennoch faszinierend sind. Das LUMCON ist eines der wichtigsten Forschungsinstitute, die sich mit dem Golf von Mexiko beschäftigen. Naturpfade führen durch die haarigen Grasbüschel des Moors, es gibt neun kleine Aquarien und einen Aussichtsturm, der einen spektakulären Blick auf das faszinierende Sumpfland bietet, das sich entlang der gesamten Südküste Louisianas erstreckt.

Cypremont Point State Park STATE PARK

(☎888-867-4510, 337-867-4510; 306 Beach Lane, Cypremort Point; Erw./Senior & Kind unter 3 Jahren 3 US$/frei; ⌚7–21, Fr & Sa 7–22 Uhr; P) Das einsame windgepeitschte Kap des Cypremont Point erscheint wirklich wie das Ende der Welt. Hier gibt es nur noch kreischende Möwen und die Gischt des Golf von Mexiko.

An- & Weiterreise

In Lafayette halten Greyhound-Busse. Ansonsten erreicht man die Region am einfachsten über die I-10, die quer durch Louisiana führt.

CAJUN PRAIRIE

Tanzende Cowboys? Ganz richtig. Die Cajuns und afroamerikanischen Siedler in dem trockenen Hochland nördlich von Lafayette entwickelten eine eigene, auf Viehhaltung und Ackerbau basierende Kultur, in der noch immer der riesige Cowboyhut vorherrscht. In vielerlei Hinsicht ist diese Region eine Mischung aus dem südlichen Louisiana und dem östlichen Texas.

Geografisch handelt es sich eindeutig um eine Prärie: eine weite, flache, grüne Ebene mit kleinen Reisfeldern und Krebstümpeln. Hier ist das Zentrum der Zydeco-Musik.

ABSTECHER

FRED'S SCHICKSAL

Von Montag bis Freitag ist Mamou mitten im Cajun Country eine typische Kleinstadt im Süden Louisianas, die nur einen kurzen Aufenthalt vor der Weiterfahrt nach Eunice lohnt. Doch am Samstagvormittag wird die kleine Bar **Fred's Lounge** (420 6th St, Mamou; ⌚ Sa 8.30–14 Uhr) zum ultimativen Tanzsaal der Cajun.

Gut, vielleicht eher eine Tanzhütte als ein Saal. Wie auch immer, die kleine Bar wird schnell rappelvoll und die Gäste genießen von 8.30 bis gegen 14 Uhr die freundliche frankophone Musik-Matinee mit Bands, Bier und Tanz.

Besonders abends ist die Mischung aus Akkordeon, Fiedel und dem einzigartigen „zzzzzzzzip" des *frottoir* zu hören, einer Art Weste aus Wellblech, die wie ein Schlaginstrument gespielt wird.

Sehenswertes

Chicot State Park STATE PARK
(☎ 337-363-2403, 888-677-2442; www.crt.louisiana.gov/louisiana-state-parks/parks/chicot-state-park; 3469 Chicot Park Rd, Ville Platte; 3 US$; ⌚ So–Do 6–21, Fr & Sa 6–22 Uhr; P) Ein wunderbarer Park, um die Naturschönheit des Cajun Country zu entdecken. Das ausgezeichnete Besucherzentrum ist für Kinder unterhaltsam, für Erwachsene aufschlussreich und beeindruckt alleine wegen der offenen, luftigen Konstruktion.

Prairie Acadian Cultural Center MUSEUM
(☎ 337-457-8499; www.nps.gov/jela; 250 West Park Ave, Eunice; ⌚ Mi–Fr 9.30–16.30, Sa 9.30–18 Uhr) GRATIS Das Museum der Nationalparkverwaltung zeigt eine Ausstellung über das Leben der Landbevölkerung und die Kultur der Cajuns. Außerdem sind zahllose Dokumente zur Geschichte der Region zu sehen. Der ideale Ausgangspunkt für die Erkundung der Cajun Prairie. Samstags gibt es ab 14.45 Uhr Vorführungen zu Musik und Essen.

Cajun Music Hall of Fame & Museum MUSEUM
(☎ 337-457-6534; www.cajunfrenchmusic.org; 230 S CC Duson Dr, Eunice; ⌚ 9–17 Uhr) GRATIS Die kleine Sammlung von Instrumenten und kulturellen Eintagsfliegen ist nur für echte Musikfans von Interesse. Wesentlich interessanter sind die Geschichten über Leben und Musik der Cajuns, die sich die Mitarbeiter manchmal entlocken lassen.

Schlafen & Essen

★ **Le Village** B&B $$
(☎ 337-457-3573; www.levillagehouse.com; 121 Seale Lane, Eunice; Zi. 125–185 US$; P) Die hübsche Pension ist ein typisches B&B auf dem Land, allerdings ohne die sonst übliche Ausstattung im verspielten Zuckerbäckerstil, sondern mit geschmackvoller, rustikaler Volkskunst, die zumeist von den Cajuns stammt.

Billy & Ray's Boudin CAJUN $
(☎ 337-942-9150; 904 Short Vine St, Opelousas; Boudin 4,80 US$/450 g; ⌚ Mo–Fr 9–18 Uhr) Die Kunden fahren oft stundenlang durch mehrere Bundesstaaten, um die legendäre Wurst zu kaufen. Dabei sind es eigentlich zwei verschiedene Sorten: Billy's Boudin ist die scharfe Variante, Ray's die mildere. Neben der Verkaufstheke gibt's auch ein paar Sitzplätze und Getränkekühlschränke.

An- & Weiterreise

Lafayette ist ein gutes Basislager für die Erkundung der Cajun Prairie. Vom **Greyhound-Busbahnhof** (☎ 337-942-2702; www.greyhound.com; 1312 Creswell Lane) in Opelousas fahren Busse nach Lafayette (9 US$, 2-mal tgl.), Baton Rouge (9 US$, 2-mal tgl.) und New Orleans (27 US$, 3-mal tgl.). Ins Zentrum der Cajun Prairie gelangt man aber am besten über die I-49 oder LA-13.

Nördliches Louisiana

Die ländlichen, von der Ölindustrie geprägten Städte entlang des baptistischen „Bibelgürtels" im Norden Louisianas erscheinen von New Orleans so weit entfernt zu sein wie Paris, Texas, von Paris in Frankreich. Es gibt jedoch eine vielversprechende Entwicklung des Tourismus hier, doch noch immer kommen die meisten Besucher aus Texas und Arkansas allein wegen des Glücksspiels. Die Landschaft erinnert stark an den Osten von Texas: grüne Hügel und Kiefernwälder, soweit das Auge reicht. Auch die Kultur ist nicht allzu weit von Texas entfernt. Die Fernsehserie *Duck Dynasty* über das Leben einer texanischen Familie wurde hier gedreht. Die Kirche und die örtliche Feuerwehr bestimmen hier das Leben – in dieser Reihenfolge.

Shreveport

1839 schlug Captain Henry Shreve eine 264 km lange Schneise in den Wald am Red River und gründete die Hafenstadt Shreveport, heute die drittgrößte Stadt in Louisiana. Nach der Entdeckung von Öl erlebte sie Anfang des 20. Jhs. einen Boom, dem nach dem Zweiten Weltkrieg der Niedergang folgte. Für eine Wiederbelebung sorgten dann riesige Casinos im Stil von Las Vegas und ein Unterhaltungskomplex am Fluss. Bis heute sind die Casinos der Hauptanziehungspunkt von Shreveport, das damit ein gewisses Identitätsproblem hat. Es ist eine große Stadt, die mitten im konservativsten Teil der USA liegt, und von Besuchern lebt, die sich der (kleinen) Sünde des Glücksspiels schuldig machen.

Sehenswertes

★ RW Norton Art Gallery MUSEUM
(☎ 318-865-4201; www.rwnaf.org; 4747 Creswell Ave; ⏲ Museum Di–Fr 10–17, Sa & So 13–17 Uhr, Garten 7–19 Uhr; P) GRATIS Die Kunstgalerie inmitten eines 16 ha großen, liebevoll gepflegten Gartens, ist ein wunderbares Museum, insbesondere für eine mittelgroße Stadt wie Shreveport. In dem großen, luftigen Gebäude werden faszinierende Kunstwerke aus gut vier Jahrtausenden gezeigt, darunter eine beeindruckende Sammlung der Arbeiten amerikanischer Künstler wie Frederic Remington und Charles M. Russell, die das Leben im Wilden Westen so treffend darstellten. Außerdem besitzt das Museum 15 000 seltene Bücher.

Gardens of the American Rose Center GARTEN
(☎ 318-938-5402; www.rose.org; 8877 Jefferson Paige Rd; Erw./Kind 5/2 US$, Führung 10 US$; ⏲ Mo–Sa 9–17, So 13–17 Uhr; P) Für Rosenliebhaber ein absolutes Muss: Der Garten umfasst mehr als 65 Beete, in denen mögliche Rosenpflanzungen im heimischen Garten gezeigt werden. Allein für den überwältigenden Duft lohnt sich ein Spaziergang durch den Garten.

Schlafen & Essen

2439 Fairfield Bed & Breakfast B&B $$
(☎ 318-424-2424; www.bedandbreakfastshreveport.com; 2439 Fairfield Ave; Zi. 145–225 US$; P 📶) Das freundliche B&B der alten Schule erstickt zwar unter Spitzen und Satin, strahlt aber jede Menge Gastfreundschaft der Südstaaten aus und bietet ein köstliches Frühstück.

Strawn's Eat Shop DINER $
(☎ 318-868-0634; www.strawnseatshop.com; 125 E Kings Hwy; Hauptgerichte 10 US$; ⏲ 6–20 Uhr; 👪) Das einfache Diner serviert gutes, herzhaftes amerikanisches Essen mit jeder Menge Südstaaten-Charme, doch weithin bekannt ist es für seine Eistorten.

Praktische Informationen

Das **Visitors Center** (☎ 318-222-9391; www.shreveport-bossier.org/about-us/visitor-centers; 629 Spring St; ⏲ Mo–Fr 8–17 Uhr) bietet jede Menge Infos über Stadt und Region.

An- & Weiterreise

Shreveport liegt an der Kreuzung der I-49 mit der I-20 und ist näher an Dallas (190 Meilen/304 km) als an New Orleans (330 Meilen/528 km). Die Stadt hat einen **Regionalflughafen** (☎ 318-673-5370; www.flyshreveport.com; 5103 Hollywood Ave), der 7 Meilen (11,2 km) südwestlich der Innenstadt liegt, und einen **Greyhound-Busbahnhof** (☎ 318-221-4200; www.greyhound.com; 408 Fannin St).

Florida

Inhalt ➡

Gut essen

- Ulele (S. 564)
- Rok:Brgr (S. 537)
- Kyu (S. 531)
- Cress (S. 578)
- Table 26 Degrees (S. 541)

Schön übernachten

- 1 Hotel (S. 529)
- Hotel Palms (S. 560)
- Biltmore Hotel (S. 525)
- W Fort Lauderdale (S. 536)
- Everglades International Hostel (S. 544)

Auf nach Florida!

Für unzählige Besucher ist Florida ein verheißungsvolles Land: Es verspricht ewige Jugend, Sonne, Entspannung, wolkenlosen Himmel, Weltraumerlebnisse, Erfolg, Zuflucht, Wohlstand und für die Kinder die Chance, ihre heißgeliebten Disney-Helden persönlich zu treffen.

Kein anderer Staat in Amerika ist so auf den Tourismus ausgerichtet, und der Tourismus hat hier viele Gesichter: Er zeigt sich in Form von Comic-Mäusen, *MiamiVice*, überbackenen Austern, spanischen Villen, Football- und golfspielenden Alligatoren und natürlich als Strand – jeder Menge Strand.

Aber Florida ist nicht nur Marketing. Dieser Staat ist einer der faszinierendsten des Landes. Es scheint, als hätte jemand die Nation genommen, sie geschüttelt und ausgekippt und dabei diese sonnenverwöhnte Halbinsel mit Einwanderern, Landeiern, Juden, Kubanern, Militärstationen, Einkaufszentren und einer subtropischen Wildnis mit kristallklaren Seen und feinem Sand überschüttet.

Reisezeit

Miami

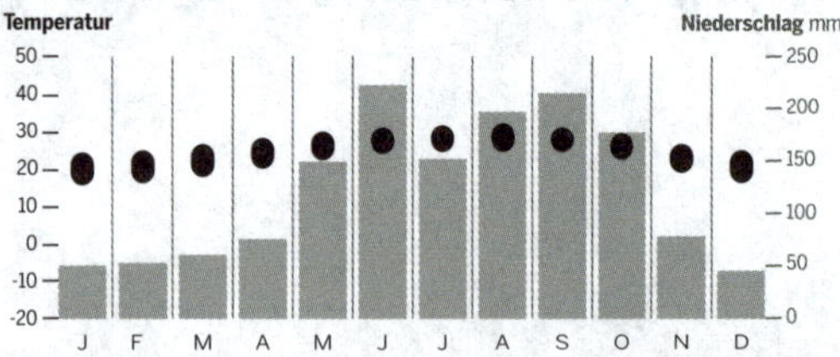

Feb.–April Nach dem Winter beginnt die Hauptsaison mit dem Springbreak.

Juni–Aug. In den feuchtwarmen Monaten sind Nord-Floridas Strände und die Themenparks angesagt.

Sept.–Okt. Ideale Zwischensaison mit kühlerem Wetter, warmem Wasser und weniger Menschen.

SÜD-FLORIDA

Wenn man in Florida erst einmal weit genug Richtung Süden gefahren ist, befindet man sich nicht mehr einfach nur im Süden, sondern man hat die Grenze zu Süd-Florida überschritten, was eine wahrhaftige Mischung aus den USA, der Karibik und Lateinamerika darstellt. Miami ist das pulsierende Herz der Region und eine der wenigen wirklich internationalen Städte des Landes. Reiche Strandgemeinden erstrecken sich von Palm Beach bis nach Fort Lauderdale, während im Landesinneren die Traumlandschaft der Everglades – eine einzigartige, faszinierende Wildnis – auf einen wartet. Und dort, wo die Halbinsel eigentlich endet, erstreckt sich der Overseas Hwy über Hunderte Mangroveninseln bis ins farbenfrohe Key West.

Miami

Selbst ohne den Strand wäre Miami unbestreitbar reizvoll. Die prächtigen Hotels aus den 1930er-Jahren, die den Ocean Dr säumen, gehören zur großartigsten Sammlung von Art-déco-Architektur auf der Welt. Die tropische Atmosphäre, die skurrilen nautischen Elemente und die berühmten Pastelltöne bilden eine malerische Kulisse, wenn man durch die Straßen von Miami Beach schlendert. Natürlich muss man sich nicht damit begnügen, diese architektonischen Juwelen von außen zu sehen. Miamis Hotels, sowohl die im Art-déco-Stil als auch die modernen, um die Mitte des 20. Jh. erbauten, ziehen mit ihren sonnigen Terrassen am Pool, den künstlerisch gestalteten Zimmern und den eleganten Nachtclubs sowohl Einheimische als auch Gäste von außerhalb an.

Ob es nun an der großen Vielfalt der Bevölkerung Miamis liegt oder an ihrer Liebe für alles Neue – eines der herausragendsten Merkmale dieser Stadt ist ihre Kreativität. Miami ist immer auf der Suche nach kühnen neuen Ideen, die sich auf überraschende Weise ausdrücken, sei es in der Kunst und im Design, sei es in der Gastronomie. Hier begegnet man wunderbar einfallsreichen Köchen, die die Kochstile des Ostens und des Westens miteinander vermischen. Außerdem sieht man nachhaltig entworfene Gebäude, denen Süd-Floridas Ökosysteme als Inspiration dienten, und Open-Air-Galerien mit einst verfallenen Lagerhäusern, die heute Kunst von Museumsrang beherbergen. Die größte Konstante Miamis ist ihr frappierendes Talent, zu überraschen.

Geschichte

Es war immer das Wetter, welches die beiden hervorstechendsten Gruppen Miamis – die Bauunternehmer und die Touristen – anzog. Doch es war nicht die Sonne allein, die die ersten Einwohner dazu brachte, sich hier niederzulassen, sondern ein Eissturm. Der große Frost in Florida im Jahr 1895 vernichtete die komplette Zitrusfrüchteernte des Bundesstaates. Zur selben Zeit kaufte die verwitwete Julia Tuttle Grundstücke, auf denen später das moderne Miami entstand, und Henry Flagler baute seine Florida East Coast Railroad. Tuttle bot ihm an, ihr Land mit ihm zu teilen, wenn Flagler die Eisenbahnstrecke bis Miami ausbauen würde, doch der Mann wollte nichts davon wissen – bis der Frost den Norden Floridas fest im Griff hatte und Tuttle ihm eine „Ich hab's ja gesagt!"-Botschaft schickte: eine Orangenblüte aus ihrem Garten in Miami.

Der Rest ist Geschichte – einer Geschichte vom Boom und Niedergang, von Träumern und Opportunisten. Nach großen Weltereignissen und Naturkatastrophen ist Miami immer wieder sprunghaft gewachsen. Hurrikane (besonders der verheerende Great Miami Hurricane im Jahr 1926) haben die Stadt verwüstet, doch sie erstand immer

DIE BESTEN STRÄNDE

Floridas beste Strände? Warum fragt ihr nicht gleich nach unserem Lieblingskind? Unmöglich! Jeder Strand hat seinen eigenen Charakter und seine eigenen Vorzüge. Hier ein paar unserer Favoriten:

Siesta Key (S. 566)

South Beach (S. 518)

Bahia Honda (S. 550)

Captiva Beach (S. 568)

St. George Island (☎850-927-2111; www.floridastateparks.org/stgeorgeisland; 1900 E Gulf Beach Drive; Fahrzeug 6 US$; ⌚8 Uhr–Einbruch der Dämmerung; P 🚻) 🌿

Eine nach „wissenschaftlichen" Kriterien erstellte Liste findet man bei Dr. Beach (www.drbeach.org).

Highlights

1 Mallory Square (S. 551) Bei Sonnenuntergang an den Trinkgelagen in Key West teilnehmen

2 Everglades National Park (S. 542) In den Everglades zwischen Alligatoren hindurchpaddeln

3 Walt Disney World® Resort (S. 574) Sich in Orlando in den Sog der Nostalgie und der Rides ziehen lassen

4 Wynwood Walls (S. 524) In Miami jedes einzelne Wandgemälde bewundern

5 John Pennekamp Coral Reef State Park (S. 548) In diesem Unterwasserpark am

größten Korallenriff der kontinentalen USA schnorcheln

6 Siesta Key (S. 566) An den Puderzucker-Sandstränden in Sarasota einfach mal relaxen

7 Salvador Dalí Museum (S. 565) In St. Petersburg über Dalís *Der halluzinogene Torero* grübeln

8 Amelia Island (S. 561) Inmitten des Grüns auf dieser historischen Insel nahe der Grenze zu Georgia tief durchatmen

wieder auf und wurde besser als zuvor neu gebaut. Im späten 19. und frühen 20. Jh. erwarb sich Miami einen Ruf dafür, Rebellen des Designs und der Stadtplanung in die Stadt zu holen, etwa George Merrick, der das künstlerisch anspruchsvolle mediterrane Dorf Coral Gables baute, oder James Deering, der die märchenhafte Villa Vizcaya gestaltete.

Sehenswertes

Miamis Hauptattraktionen konzentrieren sich nicht auf ein Stadtviertel. Die am häufigsten besuchte Gegend ist South Beach, wo ein florierendes Nachtleben, schöne Strände und Art-déco-Hotels locken. Historische Stätten und Museen finden sich aber auch in der Downtown, Kunstgalerien in Wynwood und im Design District, traditionelle Hotels und Restaurant in Mid-Beach (in Miami Beach) und weitere Strände auf Key Biscayne. Coral Gables und Coconut Grove warten mit einträchtigen Sehenswürdigkeiten auf.

Das Wasser (die Kanäle und die Buchten) und das Einkommen bilden die geografischen und sozialen Grenzen, die Miami teilen. Die größte Wassergrenze ist natürlich die Biscayne Bay, die die Innenstadt Miamis vom eitlen Miami Beach (und dem eleganten South Beach) trennt. Man sollte aber nicht vergessen, dass Miami Beach nicht der Strand von Miami ist, sondern eine eigenständige Stadt.

South Beach

South Beach (SoBe), das berühmteste Viertel im Großraum von Miami, ist eine atemberaubende Mischung aus strahlenden Stränden, schöner Art-Déco-Architektur, Nobelboutiquen und quirligen Bars und Restaurants. Es verströmt Glamour, doch zugleich hat das Viertel mehr zu bieten als Prominente und teure Unterkünfte. Hier gibt's auch bodenständige Bars, gute ethnische Restaurants und hervorragende Museen.

South Beach STRAND

(Karte S. 522; Ocean Dr; ⏲5–24 Uhr) Die meisten denken bei Miami Beach an den South Beach, auch „SoBe" genannt. Der Strand selbst ist mit seinem goldenen Sand und seinen farbenfrohen Rettungsschwimmerstationen im Art-déco-Stil sehr malerisch. Am Ufer tummelt sich ein menschliches Panoptikum, darunter sonnengebräunte Einheimische und viele bleiche Reisende. In der Hochsaison (Dez.–März) und an warmen Wochenenden wird es hier richtig voll.

Wer keine Lust auf Massen hat, sucht sich ein Fleckchen abseits des am stärksten besuchten Teils des Strandes (5th St bis 15th St). Alkohol und Tiere sind am Strand übrigens nicht erlaubt.

Art Deco Historic District VIERTEL

(Karte S. 522; Ocean Dr) Das weltberühmte Art-déco-Viertel in Miami Beach ist purer Überschwang: eine Architektur der kühnen

MIAMI IN ...

... zwei Tagen

Der erste Tag gehört South Beach. Nach einem geführten Stadtspaziergang durchs historische Art-déco-Distrikt und einem Besuch des Wolfsonian-FIU, in dem alles erklärt wird, verbringt man den Nachmittag mit Sonnenbaden und Schwimmen. Abends geht's zum Essen ins Yardbird (S. 530), das traditionelle Südstaatenküche mit einer Gourmetnote im Stil Miamis versieht. Am nächsten Morgen bummelt man durch die Calle Ocho in Little Havana (S. 523), um kubanischer Musik zu kaufen, gefolgt von typisch kubanischer Küche im Exquisito Restaurant (S. 531). Nach einem Spaziergang durch die Vizcaya Museum & Gardens (S. 525) genießt man das tropische Ambiente und das außergewöhnliche Essen im 27 Restaurant (S. 530) und beschließt den Tag mit Cocktails im Broken Shaker (S. 532).

... vier Tagen

An den ersten beiden Tagen folgt man dem Zwei-Tages-Plan, am dritten geht's zu einer Kajaktour hinaus in die Everglades (S. 542). Am vierten Tag stehen zuerst Kunst und Design in Wynwood und im Design District (S. 524) auf dem Programm, danach besucht man das Pérez Art Museum Miami (S. 523) oder das Museum of Contemporary Art (S. 526). Den Abschluss bilden Weltklasse-Cocktails und anspruchsvolle traditionelle Küche im Sweet Liberty (S. 532), einem großartigen Treffpunkt der Einheimischen.

HURRIKAN IRMA

Am 10. September 2017 fegte einer der stärksten Hurrikane seit Beginn der Aufzeichnungen über den Bundesstaat Florida hinweg und hinterließ Überflutungen und eine Spur der Verwüstung. Hurrikan Irma erreichte die Küste der Florida Keys als ein Sturm der Kategorie 4 von der Breite Texas' und mit Windgeschwindigkeiten von über 210 km/h. Fast 7 Mio. Menschen im gesamten Bundesstaat wurden evakuiert, es kam zu weitreichenden Stromausfällen und selbst hoch im Norden in Jacksonville gab es Sturmfluten. Doch die größte Wucht des Sturms traf die Florida Keys und die Everglades. Nachdem eine 2,40 m hohe Sturmflut abgeflaut war, blieben Wohnhäuser und Geschäfte stark beschädigt und in Schlamm gehüllt zurück. Eine Untersuchung der FEMA (Federal Emergency Management Agency) ergab, dass in den Keys 25 % aller Gebäude zerstört und weitere 65 % beschädigt wurden.

Da der Bundesstaat stark vom Tourismus abhängt, verkündeten die meisten Städte kurz darauf, dass sie bald wieder für Besucher bereit sein würden. Trotzdem sollte sich jeder, der einen Reise nach Florida und besonders auf die Florida Keys (www.fla-keys.com) oder in die Region der Everglades (www.nps.gov/ever) plant, die aktuellsten Informationen auf den offiziellen Webseiten ansehen.

Linien und der skurrilen tropischen Motive in Farben, die an die Schönheit der Landschaft Miamis erinnern. Die 800 Gebäude, die im National Register of Historic Buildings gelistet sind, sind alle vollkommen unterschiedlich gestaltet. Bei einem Spaziergang inmitten dieser restaurierten Juwelen aus einer vergangenen Zeit ziehen sie wohl jeden Besucher in ihren Bann.

★ Wolfsonian-FIU — MUSEUM

(Karte S. 522; ☎ 305-531-1001; www.wolfsonian.org; 1001 Washington Ave; Erw./Kind 10/5 US$, Fr 18–21 Uhr frei; ⌚ Mo, Di, Do & Sa 10–18, Fr bis 21, So 12–18 Uhr, Mi geschl.) Dieses ausgezeichnete Designmuseum besucht man a besten gleich zu Beginn des Aufenthalts in Miami, denn es stellt die Architektur von Miami Beach in einen Kontext. Zu sehen, wie Reichtum, Muße und die Suche nach Schönheit in Miami Beach ihren Ausdruck finden, ist eine Sache, doch die Wurzeln und Schattierungen der örtlichen künstlerischen Bewegungen zu verstehen, ist eine andere. Indem es die Entwicklung des Alltagslebens nachverfolgt, enthüllt das Wolfsonian, wie sich Trends in der äußeren Gestaltung South Beachs manifestieren.

Art Deco Museum — MUSEUM

(Karte S. 522; www.mdpl.org/welcome-center/art-deco-museum; 1001 Ocean Dr; 5 US$; ⌚ Di–Do 10–17, Do bis 19 Uhr) Das kleine Museum ist einer der besten Orte der Stadt, um sich einen aufschlussreichen Überblick über das Art-déco-Viertel zu verschaffen. Videos, Fotos, Modelle und andere Exponate informieren über die bahnbrechende Arbeit von Barbara Capitman, die dazu beitrug, diese Gebäude in den 1970er-Jahren vor der sicheren Zerstörung zu bewahren. Besucher erhalten außerdem Infos über Capitmans Zusammenarbeit mit Leonard Horowitz, dem talentierten Künstler, der die Farbpalette entwarf, die heute ein prägender Bestandteil des sichtbaren Designs ist.

New World Center — GEBÄUDE

(Karte S. 522; ☎ 305-673-3330, geführte Touren 305-673-3331; www.newworldcenter.com; 500 17th St; geführte Touren 5 US$; ⌚ geführte Touren Di & Do 16, Fr & Sa 13 Uhr) Frank Gehry entwarf diese Veranstaltungshalle, die auf einem geschniegelten Rasen gleich oberhalb der Lincoln Rd steht. Die Fassade aus Glas und Stahl, die fast so ätherisch ist wie die Musik, die im Haus erklingt, umfasst auch für Gehry charakteristische segelförmige Elemente. Diese tragen zu der großartigen Akustik bei und verleihen der Konzerthalle ein futuristisches Gepräge. Das Gebäude steht in einem 1 ha großen öffentlichen Park, der den passenden Namen **SoundScape Park** (www.nws.edu) trägt.

North Beach

Der lange Strand und die von Eigentumswohnungen dominierte Stadtlandschaft von North Beach bieten eine leicht abweichende Variante der Dekadenz von Miami Beach. Anstelle der Art-déco-Architektur findet man hier Prachtbauten im sogenannten MiMo-Stil (kurz für „Miami Modernist") aus der Zeit des Aufschwungs nach dem Zweiten Weltkrieg. North Beach ist zwar nicht

Großraum Miami

FLORIDA SÜD-FLORIDA

Großraum Miami

so dicht besiedelt und hat weniger Restaurants, Bars und Geschäfte, dennoch hat es viel zu bieten – hauptsächlich die schöne Küste, an der nach Meinung der Anwohner der Sand weißer ist.

Boardwalk STRAND

(Karte S. 520; www.miamibeachboardwalk.com; 21st St–46th St) Welche Strandmode ist denn dieses Jahr angesagt? Scheinbar polnische Gabardinemäntel im Stil des 17. Jhs. Die Promenade am Mid-Beach ist ein Laufsteg für viele knapp bekleidete Schönheiten, doch inmitten der Jogger, schlendernden Traveller und Sonnenanbeter sind auch orthodoxe Juden unterwegs. In vielen Apartmenthäusern in der Nähe wohnen Latinos und Juden der Mittelklasse, die hier ihre Hunde ausführen, mit ihren Kindern spielen und für eine entspannte, alltägliche Atmosphäre sorgen, die sich deutlich vom Nonstop-Glamour in South Beach unterscheidet.

Eden Roc Renaissance HISTORISCHES GEBÄUDE

(Karte S. 520; www.nobuedenroc.com; 4525 Collins Ave) Das Eden Roc war das zweite bahnbrechende Resort des Architekten Morris Lapidus und ist ein schönes Beispiel des als MiMo (Miami Modern) bekannten Architekturstils. Hier traf sich in den 1960er-Jahren regelmäßig das Rat Pack – Sammy Davis Jr., Dean Martin, Frank Sinatra und ihre Crew. Nach umfangreichen Renovierungsarbeiten ist Lapidus' Architektur jetzt teilweise etwas mehr in den Hintergrund gerückt, dennoch ist das Gebäude immer noch ein Wahrzeichen der Architektur von Miami Beach und ein Beispiel für die kühne Schönheit der Millionaire's Row.

Fontainebleau HISTORISCHES GEBÄUDE

(Karte S. 520; www.fontainebleau.com; 4441 Collins Ave) Richtung Norden werden die Eigentumswohnungen und Apartmentgebäude in der Collins Ave immer prächtiger, bis man schließlich das Gebiet erreicht, das den Spitznamen Millionaire's Row (Millionärs-Reihe) trägt. Das fantastischste Juwel in dieser glitzernden Krone ist das **Hotel Fontainebleau** (☎305-535-3283; Zi. ab 360 US$; P ✱ ☜ ≋ ✿). Das Hotel – und hauptsächlich der seitdem renovierte Pool – war einer der Schauplätze von Brian de Palmas Klassiker *Scarface*.

Miami Beach

0 500 m
0 0,25 Meilen
Bass Museum of Art (0,2 Meilen)
Maurice Gibb Memorial Park
Venetian Way
Belle Isle
Collins Canal
Dade Blvd
Lincoln Rd
Lincoln Rd Mall
Lincoln La N
Flamingo Way
Biscayne Bay
South Beach
Lummus Park
Flamingo Park
LGBT Visitor Center
Wolfsonian-FIU
MIAMI BEACH
Promenade
Collins Ave
Downtown Miami (2,2 Meilen); Miami International (8 Meilen)
Miami Beach Dr (5th St)
Causeway Island
Terminal Island
Miami Beach Marina
Pier M
Ocean Beach Park
Pier Park
ATLANTIK
Lummus Island
South Pointe Park
South Pointe Dr
Boardwalk Pier
Government Cut
Fisher Island
Biscayne Bay

Miami Beach

Highlights
1 Wolfsonian-FIU ... C4

Sehenswertes
2 Art Deco Historic District ... D3
3 Art Deco Museum ... D4
4 Cardozo Hotel ... D3
5 Carlyle ... D3
6 New World Center ... C1
7 Post Office ... C3
8 SoundScape Park ... C1
9 South Beach ... D3

Aktivitäten, Kurse & Touren
10 Bike & Roll ... D4
11 Fritz's Skate, Bike & Surf ... C2
Miami Design Preservation League ... (siehe 3)
12 Miami Food Tours ... B5

Schlafen
13 Bed & Drinks ... D1
14 Catalina Hotel ... D1
15 Hotel Astor ... C4
16 Surfcomber ... D1
17 The Hotel of South Beach ... D4
18 Winter Haven Hotel ... D3

Essen
19 11th St Diner ... C3
20 Joe's Stone Crab Restaurant ... C6
21 Pubbelly ... A1
22 Yardbird ... B2

Unterhaltung
23 Colony Theater ... B2
24 New World Symphony ... C1

Downtown Miami

Die meisten Attraktionen der Downtown befinden sich nördlich vom Fluss. Zwischen einigen Highlights kann man zu Fuß gehen, sehr praktisch sind aber die kostenlose Hochbahn Metromover und für längere Entfernungen ein Fahrrad von Citi Bike.

★ HistoryMiami — MUSEUM

(Karte S. 520; ☎305-375-1492; www.historymiami.org; 101 W Flagler St; Erw./Kind 10/5 US$; ⌚Mo–Sa 10–17, So ab 12 Uhr; 👪) Süd-Florida, ein Land der entflohenen Sklaven, Landräuber, Piraten, Traveller, Drogendealer und Alligatoren, hat eine ganz besondere Geschichte, und es bedarf eines besonderen Museums, um sie zu erzählen. Genau das tut dieses empfehlenswerte Museum im **Miami-Dade Cultural Center**: Es verknüpft die Geschichten der Bevölkerungsgruppen, die die Region in verschiedenen Wellen besiedelten, von den Ureinwohnern bis zu den Nicaraguanern.

★ Pérez Art Museum Miami — MUSEUM

(PAMM; Karte S. 520; ☎305-375-3000; www.pamm.org; 1103 Biscayne Blvd; Erw./Senioren & Studenten 16/12 US$, 1. Do & 2. Sa im Monat freier Eintritt; ⌚Fr–Di 10–18, Do bis 21 Uhr, Mi geschl.; P) Das Museum kann sich mit guten, wechselnden Ausstellungen zu internationaler Kunst aus der Zeit nach dem Zweiten Weltkrieg rühmen. Aber auch die Lage und das Äußere sind beeindruckend. Zum Museum gehört auch der Museum Park, ein kleines Stück Land mit Blick auf das blaue Gewässer der Biscayne Bay. Die Schweizer Architekten Herzog & de Meuron entwarfen das Gebäude, das tropisches Blattwerk, Glas und Metall vereint – eine Mischung aus tropischer Lebensfreude und frischer Moderne, was eine passende architektonische Analogie zu Miami darstellt.

Patricia & Phillip Frost Museum of Science — MUSEUM

(Karte S. 520; ☎305-434-9600; www.frostscience.org; 1101 Biscayne Blvd; Erw./Kind 28/20 US$; ⌚9–18 Uhr; P 👪) Auf über 2300 m² bietet dieses weitläufige, neue Museum in der Innenstadt ein Aquarium, das sich über drei Stockwerke erstreckt, ein hochmodernes Planetarium und zwei eigenständige Flügel, die sich mit den Wundern der Wissenschaft und Natur beschäftigen. Die Ausstellungen decken eine große Bandbreite ab: von Wetterphänomenen bis zu Insekten, gefiederten Dinosauriern und lebenswichtigen Mikroben. Viel Raum nehmen auch die faszinierenden Everglades und die biologisch reichen Korallenriffe ein.

Das neue Gebäude, dessen Fertigstellung schwindelerregende 305 Mio. US$ kostete, wurde nachhaltig konzipiert und ist seit 2017 für Besucher geöffnet.

Little Havana

Little Havanas Hauptstraße, die Calle Ocho (SW 8th St), führt nicht einfach durch das Herz dieses Stadtteils – sie ist sein Herz. In vieler Hinsicht ist dies der Inbegriff einer Einwanderer-Enklave in den USA – voller Restaurants, altmodischer Minimärkte und Kioske, die Telefonkarten verkaufen. Der kubanische Charakter des Viertels wird um der Besucher Willen ein wenig überbetont, trotzdem ist und bleibt es eine stimmungsvolle Gegend, in der die Dominosteine klappern, Zigarrenduft durch die Luft wabert und aus den farbenfrohen Geschäften Latin Jazz klingt.

★ Máximo Gómez Park PARK
(Karte S. 520; Ecke SW 8th St & SW 15th Ave; ⊙9–18 Uhr) Im Máximo Gómez Park wird die Erinnerung an das alte Kuba heraufbeschworen. Er wird auch „Domino Park" genannt, weil sich hier die Gespräche älterer Herren beim Schachspiel mit dem schnellen Klacken von umfallenden Dominosteinen mischen. Die laute Geräuschkulisse, der starke Geruch nach Zigarren und ein leuchtendes Wandgemälde zum Amerika-Gipfel von 1994 machen den Máximo Gómez zum sinnlichsten Ort von Miami (auch wenn er zugegebenermaßen von Touristen überlaufen ist).

Little Havana Art District VIERTEL
(Karte S. 520; Calle Ocho, zw. SW 15th & 17th Aves) O.k., es ist nicht Wynwood. Es ist eigentlich eher ein „Kunststraßenzug" mit nur einer Handvoll Galerien und Ateliers, die noch in Betrieb sind, als ein „Kunstviertel", dennoch lohnt sich ein Besuch. Dieser Teil von Little Havana ist auch das Zentrum der **Viernes Culturales** (Cultural Fridays; www.viernesculturales.org; ⊙letzter Fr im Monat 19–23 Uhr).

Wynwood & Design District

Wynwood und das Design District gehören zu den kreativsten Stadtviertel Miamis und beide sind zu Recht für ihre florierende Kunstszene bekannt. In Wynwood wimmelt es nur so von Galerien und großformatiger Street Art, die frühere Industrieanlagen schmückt. Auch das Nachtleben ist klasse, und die Restaurantszene ist im Aufschwung begriffen. Im kleineren Design District gibt's ebenfalls einige Kunstgalerien sowie diverse Bars und Lokale.

★ Wynwood Walls ÖFFENTLICHE KUNST
(Karte S. 520; www.thewynwoodwalls.com; NW 2nd Ave, zw. 25th St & 26th St) GRATIS Inmitten verrosteter Lagerhäuser und verfallener Betonflächen haben Künstler mit ihren Farben und Graffiti eine bunte Explosion urbaner Kunst geschaffen. Die Wynwood Walls sind eine Sammlung von Wandgemälden und Bildern in einem offenen Hof, die Besucher angesichts der Farbenpracht und der unerwarteten Lage einfach von den Socken hauen. Die Kunstwerke kommen und gehen, oft im Zusammenhang mit wichtigen Kunst-Events wie der Art Basel (S. 527), aber sie sind immer spannend.

★ Margulies Collection at the Warehouse GAERIE
(Karte S. 520; ☎305-576-1051; www.margulieswarehouse.com; 591 NW 27th St; Erw./Stud. 10/5 US$; ⊙Mitte Okt.–April Di–Sa 11–16 Uhr) Diese riesige, nichtkommerzielle Galerie zeigt auf über 4000 m² eine der besten Sammlungen Wynwoods. Im Mittelpunkt stehen großformatige, zum Nachdenken anregende Installationen, und auch Werke führender Künstler des 21. Jhs. sind zu sehen.

MIAMIS STRÄNDE

Die Strände von Miami Beach gehören zu den besten des Landes. Das Wasser ist klar und warm, und der importierte Sand ist auch relativ weiß. Außerdem sind sie inoffiziell in bestimmte Besucherbereiche eingeteilt, sodass jeder hier sein Plätzchen findet.

Für spärlich Bekleidete In South Beach zwischen der 5th St und der 21st St sind sittsame Outfits Mangelware.

Familienstrände Nördlich der 21st St geht's familienfreundlicher zu. Am Strand an der 53rd St gibt es einen Spielplatz und öffentliche Toiletten.

FKK-Strände Im **Haulover Beach Park** (Karte S. 520; ☎305-947-3525; www.miamidade.gov/parks/haulover.asp; 10800 Collins Ave; Mo–Fr 5 US$, Sa & So 7 US$/Auto; ⊙Sonnenaufgang–Sonnenuntergang; Ⓟ) in Sunny Isles ist Nacktbaden legal. Nördlich vom Rettungsschwimmerturm tummeln sich vor allem Schwule, südlich davon hauptsächlich Heteros.

Schwulenstrände Ganz South Beach ist schwulenfreundlich – vor allem aber die Umgebung der 12th St.

Windsurfer-Strände Der Hobie Beach am Rickenbacker Causeway Richtung Key Biscayne wird häufig „Windsurfing Beach" genannt.

Bakehouse Art Complex GALERIE

(BAC; Karte S. 520; ☎305-576-2828; www.bacfl.org; 561 NW 32nd St; ⏰12–17 Uhr; P) GRATIS Einer der wichtigsten künstlerischen Orte Wynwoods, das Bakehouse, war schon lange vor der Schaffung der Wynwood Walls ein Pionier der Kunstszene. Heute befinden sich in der einstigen Bäckerei Galerien und etwa 60 Ateliers. Die Bandbreite der Arbeiten ist ziemlich beeindruckend.

Coral Gables

In der hübschen Stadt Coral Gables fühlt man sich inmitten der Gebäude im mediterranen Stil wie in einer anderen Welt. Feigenbäume säumen die Straßen und im fußgängerfreundlichen Zentrum gibt's zahlreiche Geschäfte, Cafés und Restaurants. Die Highlights sind das markante Biltmore Hotel, ein üppiger tropischer Garten und einer der schönsten Swimmingpools Amerikas.

★ Fairchild Tropical Garden GARTEN

(Karte S. 520; ☎305-667-1651; www.fairchildgarden.org; 10901 Old Cutler Rd; Erw./Kind/Senior 25/12/18 US$; ⏰9.30–16.30 Uhr; P) Wer dem Trubel Miamis entfliehen will, kann im größten tropischen botanischen Garten des Landes einen Tag im Grünen verbringen. Der Schmetterlingshain, die Tropenhalle und der Blick auf friedliche Sümpfe und andere wichtige Habitate sowie häufige Kunstinstallationen von Künstlern wie Roy Lichtenstein sind einfach grandios. Stündlich startet eine kostenlose 45-minütige Tour durch den Park im offenen Besucherbus (10–15 Uhr, am Wochenende bis 16 Uhr).

★ Biltmore Hotel HISTORISCHES GEBÄUDE

(Karte S. 520; ☎855-311-6903; www.biltmorehotel.com; 1200 Anastasia Ave; ⏰geführte Touren So 13.30 & 14.30 Uhr; P) Im opulentesten Viertel einer der schillerndsten Städte der Welt rümpft das Biltmore die Nase und sagt „Also bitte!“. Es ist das Kronjuwel unter den prächtigen Hotels aus der Zeit des amerikanischen Jazz Age, und wenn es eine Romanfigur wäre, dann wäre es zweifellos Jay Gatsby. Al Capone betrieb auf dem Hotelgelände eine Flüsterkneipe, und in der Capone Suite soll der Geist von Fats Walsh spuken, der hier ermordet wurde.

Coconut Grove

Coconut Grove war früher eine Hippie-Kolonie, doch heute sind seine Bewohner typische Angehörige der Mittelschicht, die die Einkaufszentren bevölkern, und Collegestudenten. Es ist eine nette Gegend mit spannenden Geschäften und Cafés und einer fußgängerfreundlichen Kleinstadtatmosphäre. Besonders schön ist es hier abends, wenn sich die Terrassen der Bars und Restaurants mit Einheimischen füllen. Coconut Grove grenzt ans Meer und hat eine hübsche Marina sowie nette Grünanlagen.

★ Vizcaya Museum & Gardens HISTORISCHES GEBÄUDE

(Karte S. 520; ☎305-250-9133; www.vizcayamuseum.org; 3251 S Miami Ave; Erw./6–12 Jahre/Student & Senior 18/6/12 US$; ⏰Mi–Mo 9.30–16.30 Uhr; P) Miami wird auch die magische Stadt genannt, und wenn das so ist, dann ist diese italienische Villa die bauliche Entsprechung eines Fabergé-Eis und Miamis märchenhafteste Residenz. Der Unternehmer James Deering hat 1916 die Tradition in der Stadt eingeführt, einen Haufen Geld zu verdienen und dann ein geradezu lächerlich prunkvolles Gebäude zu errichten. Er stellte 1000 Leute ein (was damals 10 % der einheimischen Bevölkerung entsprach) und füllte sein Haus mit Möbeln aus dem 15. bis 19. Jh., Wandteppichen, Gemälden und ornamentaler Kunst.

Key Biscayne

Key Biscayne und das benachbarte Virginia Key sind eine schnell erreichbare Oase, wenn man mal aus der Innenstadt Miamis heraus will. Hat man die reizvollen Brücken vom Festland erstmal hinter sich gelassen, fühlt man sich, als hätte es einen in ein fernes tropisches Paradies mit herrlichen Stränden, wunderschönen Wanderwegen durchs Grüne in den State Parks und aller Arten von Wasserspaß verschlagen. Allein wegen der grandiosen Skyline Miamis lohnt die Fahrt hierher.

★ Bill Baggs Cape Florida State Park STATE PARK

(Karte S. 520; ☎305-361-5811; www.floridastateparks.org/capeflorida; 1200 S Crandon Blvd; Auto/Pers. 8/2 US$; ⏰8 Uhr–Sonnenuntergang, Leuchtturm 9–17 Uhr; P) Wer nicht zu den Florida Keys fährt, bekommt in diesem 200 ha großen State Park eine gute Vorstellung von ihrem einzigartigen Insel-Ökosystem. Sandige Wege und Holzstege führen durch das Gewirr der tropischen Fauna und der dunklen Mangroven. Man achte auf die „Schnorchel“-Wurzeln, die die halb unter

Wasser liegenden Mangroven mit Sauerstoff versorgen. Ringsherum erstreckt sich kilometerweit das helle Meer.

Großraum Miami

Museum of Contemporary Art North Miami MUSEUM
(MoCA; Karte S. 520; 305-893-6211; www.mocanomi.org; 770 NE 125th St; Erw./Stud./Kind 5/3 US$/frei; Di–Fr & So 11–17, Sa 13–21 Uhr; P) Seit Langem lockt das Museum of Contemporary Art viele Besucher in diese entlegene Ecke North Miamis. Es zeigt hervorragende Wechselausstellungen mit moderner Kunst von örtlichen, nationalen und internationalen Künstlern.

Gold Coast Railroad Museum MUSEUM
(305-253-0063; www.gcrm.org; 12450 SW 152nd St; Erw./Kind 3–11 Jahre 8/6 US$; Mo–Fr 10–16, Sa & So ab 11 Uhr; P) Das vor allem für Eisenbahnfans interessante Museum zeigt mehr als 30 historische Eisenbahnwagen, darunter den Präsidentenwagen Ferdinand Magellan, in dem Präsident Harry Truman die Zeitung mit der berühmten falschen Schlagzeile „Dewey Defeats Truman" („Dewey schlägt Truman") schwenkte.

Aktivitäten

In Miami herrscht kein Mangel an möglichen Aktivitäten. Die Magic City hat allen etwas zu bieten, die sich einen Aktivurlaub wünschen, egal ob eine Segeltour auf dem blaugrünen Meer, eine Wanderung durch tropisches Unterholz, Yoga in den Parks oder (warum nicht?) Trapezartistik hoch über der Stadt.

Citi Bike RADFAHREN
(305-532-9494; www.citibikemiami.com; Radverleih 30 Min./1 Std./2 Std./4 Std./ganzer Tag 4,50/6,50/10/18/24 US$) Mit diesem Fahrradverleihsystem, das sich an ähnliche Systeme in New York, London und Paris orientiert, ist es ein Kinderspiel, loszuradeln. Man geht einfach zu einer der solarbetriebenen Stationen von Citi Bike (eine praktische Karte findet man auf der Website), steckt eine Kreditkarte hinein und fährt los. Die Räder können an allen Citi-Bike-Stationen zurückgegeben werden.

Bike & Roll RADFAHREN
(Karte S. 522; 305-604-0001; www.bikemiami.com; 210 10th St; Radverleih 2 Std./4 Std./Tag ab 10/18/24 US$, Führungen 40 US$; 9–19 Uhr) Der gut geführte Anbieter hat eine ordentliche Auswahl an Rädern, darunter Singlespeed-Cruiser, Crossräder mit Gangschaltung und schnelle Rennräder. Die Mitarbeiter erledigen alles rasch, sodass man ruckzuck auf dem Rad sitzt. Geführte Fahrradtouren finden täglich um 10 Uhr statt.

Fritz's Skate, Bike & Surf SPORTVERLEIH
(Karte S. 522; 305-532-1954; www.fritzsmiamibeach.com; 1620 Washington Ave; Fahrrad- & Skateverleih pro Std./Tag/5 Tage 10/24/69 US$; Mo–Sa 10–21, So bis 20 Uhr) Bei Fritz's kann man Sportausrüstung ausleihen, darunter Skateboards, Longboards, Inlineskates, Rollschuhe und Fahrräder (Cruiser, Mountainbikes, Kinderfahrräder).

SoBe Surf SURFEN
(786-216-7703; www.sobesurf.com; Gruppen-/Privatunterricht ab 70/120 US$) Bietet Surfunterricht in Miami Beach und in Cocoa Beach, wo die Wellen in der Regel besser sind. In Miami Beach findet der Unterricht meistens rund um South Point statt. Man kann per Telefon oder E-Mail buchen.

Miami Watersports Complex WASSERSPORT
(MWCC; Karte S. 520; 305-476-9253; www.aktionparks.com; Amelia Earhart Park, 401 E 65th St, Hialeah; März–Okt. 11–18 Uhr, Nov.–Feb. bis Sonnenuntergang) Hier kann man Cableboarding lernen: Dabei wird man an über hoch oben verlaufenden Kabeln übers Wasser gezogen. Das heißt kein Boot, keine Umweltverschmutzung und weniger Lärm. Eine Unterrichtseinheit kostet 25/90 US$ pro 20/60 Min. Im Angebot ist auch ein Paket für 59 US$, das Anfängerunterricht, Leihausrüstung und einen vierstündigen Cable-Pass umfasst. Man sollte sich telefonisch anmelden, um einen Platz zu reservieren.

Geführte Touren

History Miami Tours STADTSPAZIERGANG
(www.historymiami.org/city-tour; geführte Touren 30–60 US$) Der außergewöhnliche Historiker Dr. Paul George leitet faszinierende Stadtspaziergänge, darunter kulturell geprägte Touren durch Little Haiti, Little Havana, die Downtown und Coral Gables in der Dämmerung sowie gelegentlich Bootsfahrten nach Stiltsville und Key Biscayne.

Miami Food Tours ESSEN & TRINKEN
(Karte S. 522; 786-361-0991; www.miamifoodtours.com; 429 Lenox Ave; Erw./Kind South-Beach-Tour 58/35 US$, Wynwood-Tour 75/55 US$; Touren South Beach tgl. 11 & 16.30 Uhr, Wynwood Mo–Sa 10.30 Uhr) Auf diesen hoch gelobten

MIAMI MIT KINDERN

Die kinderfreundlichsten Strände liegen nördlich der 21st St in Miami Beach. Besonders gut sind der Strand an der 53rd St mit Spielplatz und Toiletten und der hinter Dünen verborgene Strand an der 73rd St. Prima ist auch der im Süden gelegene Matheson Hammock Park mit ruhigen künstlichen Lagunen.

Miami Children's Museum (Karte S. 520; ☎305-373-5437; www.miamichildrensmuseum.org; 980 MacArthur Causeway; 20 US$; ⊙10–18 Uhr;) Dieses Mitmach-Museum steht auf Watson Island zwischen Downtown Miami und Miami Beach. Hier gibt's z. B. Musikstudios und Kunstateliers. Allerdings lassen von Firmen gesponserte „Arbeits"-Exponate das Ganze sehr kommerziell wirken.

Jungle Island (Karte S. 520; ☎305-400-7000; www.jungleisland.com; 1111 Parrot Jungle Trail, abseits des MacArthur Causeway; Erw./Kind/Senior 40/32/38 US$; ⊙10–17 Uhr; P) Beheimatet viele Tropenvögel, Alligatoren, Orang-Utans, Schimpansen und (sehr zur Freude der Fans von *Napoleon Dynamite*) einen Liger – eine Kreuzung zwischen einem Löwen und einem Tiger.

Zoo Miami (Metrozoo; ☎305-251-0400; www.miamimetrozoo.com; 12400 SW 152nd St; Erw./Kind 18/14 US$; ⊙Mo–Fr 10–17, Sa & So 9.30–17.30 Uhr) Im hiesigen Tropenwetter fühlen sich die Spaziergänge durch den Zoo Miami fast wie Wildnistrips an. Für einen schnellen Überblick über das gigantische Gelände (und weil die Sonne so runterbrennt) empfiehlt sich eine Fahrt mit der Safari Monorail, die alle 20 Minuten abfährt.

Monkey Jungle (☎305-235-1611; www.monkeyjungle.com; 14805 SW 216th St; Erw./Kind/Senior 30/24/28 US$; ⊙9.30–17 Uhr, letzter Einlass 16 Uhr; P) Der Slogan *Where humans are caged and monkeys run free* („Wo Menschen eingesperrt sind und Affen frei umherlaufen") sagt bereits alles, was man wissen muss – nur nicht, dass dies im äußersten Süden von Miami der Fall ist.

Touren entdeckt man verschiedene Facetten der Stadt wie Kultur, Geschichte, Kunst und natürlich Essen und legt unterwegs in Restaurants und Cafés Pausen ein. Die Stadtspaziergänge führen durch South Beach und Wynwood, man legt aber keine großen Entfernungen zurück.

Miami Design Preservation League STADTSPAZIERGANG
(MDPL; Karte S. 522; ☎305-672-2014; www.mdpl.org; 1001 Ocean Dr; geführte Touren Erw./Stud. 25/20 US$; ⊙tgl. 10.30 Uhr, Do auch 18.30 Uhr) Ein munterer Guide von der Miami Design Preservation League erzählt etwas über die Geschichte und die Hintergründe zu den Art-déco-Gebäuden von South Beach. Die Touren dauern 90 Minuten. Im Angebot sind auch Führungen durchs jüdische Miami Beach, Touren unter dem Motto „Miami Beach für Schwule und Lesben" sowie am ersten Samstag im Monat um 9.30 Uhr Touren zum MiMo-Viertel in North Beach.

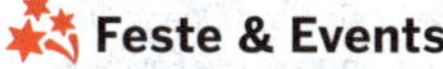

Feste & Events

Winter Music Conference MUSIK
(www.wintermusicconference.com; ⊙März) Partypromoter, DJs, Produzenten und Fans aus der ganzen Welt treffen sich hier, um die elektronische Musik neuer Künstler zu hören, sich mit der aktuellsten Technik vertraut zu machen und die Nächte durchzufeiern.

Miami Spice Restaurant Month ESSEN & TRINKEN
(www.facebook.com/ilovemiamispice; ⊙Aug.–Sept.) Spitzenrestaurants in und um Miami bieten zum Mittag- und Abendessen dreigängige Mittags- und Abendmenüs an, um die Leute während der großen Hitze aus dem Haus zu locken. Die Preise liegen bei etwa 25 US$ fürs Mittagessen und 40 US$ fürs Abendessen. Unbedingt reservieren!

White Party MUSIK
(www.whiteparty.org; ⊙Nov.) Wer schwul ist und gerade in der Stadt ist, darf die White Party nicht verpassen! Zu den Nonstop-Partys in Clubs und Veranstaltungsorten in der ganzen Stadt zieht es während des einwöchigen extravaganten Festivals über 15 000 Schwule und Lesben.

Art Basel Miami Beach KUNST
(www.artbasel.com/miami-beach; ⊙Anfang Dez.) Dies ist eine der wichtigsten internationalen Kunstmessen der Welt mit über 250

Stadtspaziergang **Art-déco-Magie**

START ART DECO MUSEUM
ZIEL OCEAN'S TEN
LÄNGE/DAUER 1,9 KM; 2–3 STD.

Startpunkt ist das 1 **Art Deco Museum** (S. 519) an der Ecke Ocean Dr und 10th St. Weiter nördlich bewundert man am Ocean Dr zwischen der 12th St und der 14th St drei klassische Art-déco-Hotels: das 2 **Leslie** mit Sonnenblenden, die wie Augenbrauen wirken, das 3 **Carlyle** im modernistischen Stil, bekannt aus dem Film *The Birdcage – Ein Paradies für schrille Vögel*, und das von Henry Hohauser gebaute 4 **Cardozo Hotel** mit abgerundeten Kanten, das Gloria Estefan gehört. In der 14th St wirft man im 5 **Winter Haven Hotel** einen Blick auf die Terrazzo-Böden; sie bestehen aus in Mörtel eingelegten Steinsplittern, die nach der Trocknung poliert wurden.

Nun biegt man links in die 14th St ein und folgt ihr bis zur Washington Ave und dem im klassisch sachlichen Art-déco-Stil erbauten 6 **US Post Office** an der 13th St. Im Inneren des weißen Baus kann man das Wandbild, die Kuppeldecke und die marmornen Stempeltische bestaunen. Mittags kehrt man im 7 **11th St Diner** (S. 530) ein, einem Pullmann-Speisewagen aus Aluminium, der 1992 aus Wilkes-Barre in Pennsylvania hierhergebracht wurde. Von einem Fensterplatz überblickt man die Avenue bis zur Ecke der 10th St und zum wundervoll restaurierten 8 **Hotel Astor**, das T. Hunter Henderson 1936 konzipierte.

Nach dem Essen spaziert man einen halben Block Richtung Süden zum 9 **Wolfsonian-FIU** (S. 519), einem herausragenden Designmuseum, in dem sich früher die Washington Storage Company befand. Es geht weiter die Washington Ave hinunter, an der 8th St nach links und Richtung Osten zum 10 **Hotel of South Beach**, dessen Interieur und Dachterrasse von Todd Oldham entworfen wurden. L. Murray Dixon designte das Hotel 1939 als das Tiffany Hotel mit einer Art-déco-Spitze. Zwei Blocks weiter reiht sich am Ocean Dr ein Art-déco-Juwel ans andere. Die Fassade des Gebäudes am 960 Ocean Dr (heute das Restaurant 11 **Ocean's Ten**) entwarf 1935 die Art-déco-Legende Henry Hohauser.

teilnehmenden Galerien und zahlreichen angesagten Partys. Auch wer kein Kunst sammelnder Milliardär ist, kann bei diesem viertägigen Festival viel erleben, z. B. Open-Air-Kunstinstallationen, Sonderausstellungen in vielen Galerien Miamis sowie Open-Air-Kino.

Schlafen

In Miami gibt's mehrere verlockende Unterkünfte, die für einige Besucher ein großer Magnet sind. Den höchsten Bekanntheitsgrad haben die Boutiquehotels in Art-déco-Häusern, es warten aber auch zahlreiche andere Optionen in Miami, ob nun Hochhäuser in der Downtown mit weiter Aussicht und allen Annehmlichkeiten oder charmante historische Häuser in Coral Gables, Coconut Grove und anderen, weniger touristischen Stadtvierteln.

South Beach

Bed & Drinks HOSTEL $
(Karte S. 522; ☎786-230-1234; www.bedsndrinks.com; 1676 James Ave; B/DZ ab 29/154 US$) Dieses Hostel zielt ziemlich schamlos auf ein Publikum, das auf Sexappeal steht, daher der Name. Doch es liegt nur ein paar Blocks vom Strand entfernt, von daher passt es. Die Zimmerauswahl reicht von durchschnittlich bis zu leicht überdurchschnittlich, was den jungen, partyfreudigen Gästen aber egal ist. Freundliche Mitarbeiter, eine belebte Bar vor Ort und abendliche Ausflüge zu Clubs in der Stadt.

Catalina Hotel BOUTIQUEHOTEL $$
(Karte S. 522; ☎305-674-1160; www.catalinahotel.com; 1732 Collins Ave; Zi. ab 220 US$; P) Das Catalina ist ein gelungenes Beispiel für den Art-déco-Stil im Mittelklassebereich. Neben den verspielt minimalistischen Zimmern ist vor allem die Atmosphäre sehr angenehm – das Catalina nimmt sich selbst nicht so ernst, und das Ergebnis sind offenbar fröhliche, gut gelaunte Mitarbeiter und Gäste. Besonders attraktiv ist der Pool hinter dem Hotel, der hinter der frischen weißen Fassade des Hauptgebäudes versteckt liegt und von einem Bambushain umringt ist.

★1 Hotel HOTEL $$$
(Karte S. 520; ☎866-615-1111; www.1hotels.com; 2341 Collins Ave; Zi. ab 400 US$;) Das 1 Hotel, eines der führenden Hotels der gesamten USA, hat über 400 wunderbare Zimmer, die luxuriös und umweltfreundlich eingerichtet sind. In den Zimmern gibt's z. B. Couchtische/Schreibtische aus Baumstämmen, maßgefertigte Matratzen mit Hanfanteil und Wände aus aufgearbeitetem Treibholz sowie Wasserfilter – auf Wasserflaschen kann man also verzichten. Die öffentlichen Bereiche sind beeindruckend, es gibt allein vier Pools, darunter einen Infinity Pool nur für Erwachsene auf dem Dach.

★Surfcomber HOTEL $$$
(Karte S. 522; ☎305-532-7715; www.surfcomber.com; 1717 Collins Ave; Zi. 250–480 US$; P) Von außen kommt das Surfcomber im klassischen Art-déco-Stil mit markanten Linien und schattenspendenden „Augenbrauen-Vorsprüngen", die im Zickzack über die Fassade verlaufen, daher. Doch die meisten Besucher sind vor allem vom Interieur des Hotels beeindruckt. Die Zimmer haben Stil: Ihre eleganten Linien nehmen die Art-déco-Ästhetik auf, kräftige Farbakzente sorgen dagegen für einen modernen Touch.

North Beach

★Freehand Miami BOUTIQUEHOTEL $$
(Karte S. 520; ☎305-531-2727; www.thefreehand.com; 2727 Indian Creek Dr; B 35–55 US$, Zi. 160–250 US$;) Das Freehand ist die großartige Neuerfindung des alten Indian Creek Hotel, ein Klassiker der Hotelszene von Miami Beach. Die Zimmer sind sonnig und schön mit einheimischer Kunst und Holzelementen gestaltet. Der Hauptgrund, um hier zu übernachten, sind aber die öffentlichen Bereiche im historischen Ambiente, besonders der hübsche Poolbereich und der Garten hinter dem Hotel, der sich oft in eine der besten Bars der Stadt verwandelt.

Downtown Miami

Langford Hotel HISTORISCHES HOTEL $$
(Karte S. 520; ☎305-250-0782; www.langfordhotelmiami.com; 121 SE 1st St; Zi. ab 180 US$;) Das Langford befindet sich in einem schön restaurierten Beaux-Arts-Gebäude von 1925. Es eröffnete 2016 mit viel Tamtam. Die 126 elegant gestalteten Zimmer bieten eine gelungene Kombination aus Komfort und Nostalgie sowie einzelne historische Elemente, etwa den weißen Eichenholzboden. In den Bädern gibt es Regenduschen mit Glaswänden. Die Einrichtung ist in jeder Hinsicht durchdacht. Zum Hotel gehören eine Dachbar und ein hervorragendes Restaurant im Erdgeschoss.

Coral Gables

★ Biltmore Hotel HISTORISCHES HOTEL **$$$**
(Karte S. 520; 855-311-6903; www.biltmorehotel.com; 1200 Anastasia Ave; Zi./Suite ab 409/560 US$;) Die Standardzimmer des Biltmores sind teilweise zwar recht klein, doch hier hat man die Chance, in einem der luxuriösesten Hotels der USA zu übernachten. Der Komplex ist so opulent, dass man eine ganze Woche benötigen würde, um alles zu erkunden, was das Biltmore zu bieten hat. Wir empfehlen, unbedingt einmal in der romanisch-arabischen Lobby ein Buch zu lesen und im größten Pool der kontinentalen USA zu baden.

Essen

Miami ist eine wichtige Stadt für Immigranten und immer wild auf neue kulinarische Trends. Daher erwartet Besucher hier eine gute Mischung aus preiswerten ethnischen Restaurants und erstklassiger Spitzen-Cuisine, und natürlich gibt's in Touristenzonen wie Miami Beach ein paar überteuerte Lokale. Die besten neuen Gegenden, um essen zu gehen, befinden sich in Downtown, Wynwood und in der Upper East Side. In Coral Gables findet man tolle klassische Restaurants.

South Beach

11th St Diner DINER **$**
(Karte S. 522; 305-534-6373; www.eleventhstreetdiner.com; 1065 Washington Ave; Hauptgerichte 10–20 US$; So–Mi 7–24 Uhr, Do–Sa 24 Std.) Nachdem man die berühmten Art-déco-Bauten bewundert hat, kann man nun in einem davon essen: In diesem Pullman-Salonwagen, der auf einem Truck aus Wilkes-Barre, Pennsylvania, hergebracht wurde, ist man in einer echten amerikanischen Zeitschleife gelandet. Das Essen ist so klassisch wie die Architektur – gebratener Truthahn, Babybackribs und Makkaroni mit Käse gehören zu den beliebtesten Gerichten. Außerdem gibt's den ganzen Tag Frühstück.

★ Yardbird SÜDSTAATEN **$$**
(Karte S. 522; 305-538-5220; www.runchickenrun.com/miami; 1600 Lenox Ave; Hauptgerichte 18–38 US$; Mo–Fr 11–24, Sa & So ab 8.30 Uhr;) Das Yardbird hat sich mit seiner köstlichen gehobenen traditionellen Südstaatenküche eine treue Fangemeinde erworben. Die Küche serviert gute Shrimps und Maisgrütze, Schweinerippen nach Art von St. Lous, Okra mit dunkler Kruste und Biscuits mit geräuchertem Brisket. Die Spezialitäten des Hauses sind aber das fantastische Brathuhn mit gewürzter Wassermelone und Waffeln mit Bourbon-Ahorn-Sirup.

★ Pubbelly FUSION **$$**
(Karte S. 522; 305-532-7555; www.pubbellyboys.com; 1418 20th St; kleine Teller zum Teilen 11–24 US$, Hauptgerichte 19–30 US$; Di–Do & So 18–24, Fr & Sa bis 1 Uhr;) Das Pubbelly lässt sich nur schwer in eine Schublade stecken (abgesehen von „lecker"). Es wechselt zwischen asiatisch, nordamerikanisch und lateinamerikanisch und nimmt dabei das Beste der drei. Beispiele gefällig? Dann sollte man das Risotto mit schwarzen Trüffeln, die Knödel mit Schweinebauch oder den köstlichen gebratenen Reis mit Kimchi probieren; am besten trinkt man dazu einen von Hand gemixten Cocktail.

Joe's Stone Crab Restaurant AMERIKANISCH **$$$**
(Karte S. 522; 305-673-0365; www.joesstonecrab.com; 11 Washington Ave; Hauptgerichte mittags 14–30 US$, abends 19–60 US$; Di–Sa 11.30–14.30, tgl. 17–22 Uhr) Die Wartezeit ist lang und die berühmten Gerichte können sehr teuer sein. Doch wem das nichts ausmacht, der sollte sich in Miamis berühmtestem Restaurant (seit 1913 im Geschäft!) anstellen, um etwas zu trinken und die herrlich frischen Scheren der Steinkrabben zu essen.

North Beach

Roasters 'n Toasters DELI **$**
(Karte S. 520; 305-531-7691; www.roastersntoasters.com; 525 Arthur Godfrey Rd; Hauptgerichte 10–18 US$; 6.30–15.30 Uhr) Die Scharen von Gästen und ihr zufriedenes Lächeln sind Beleg dafür, dass das Roasters 'n Toasters den hohen Ansprüchen der jüdischen Bewohner von Miami Beach gerecht wird. Das gelingt ihm mit seinem saftigen Gourmetfleisch, dem frischen Brot, den knusprigen Bagels und den warmen Latkes (Kartoffelpuffer). Für die Slider (Mini-Sandwiches) wird Challa-Brot verwendet, eine ebenso charmante wie schmackhafte Idee.

★ 27 Restaurant FUSION **$$**
(Karte S. 520; 786-476-7020; www.freehandhotels.com; 2727 Indian Creek Dr, Freehand Miami Hotel; Hauptgerichte 17–28 US$; Mo–Sa 18.30–2, So 11–16 & 18.30–2 Uhr) Das neue Restaurant befindet sich auf dem Gelände

des bekannten Broken Shaker (S. 532), einer der beliebtesten Cocktailbars von Miami Beach. Wie in der Bar ist das Design auch hier großartig – die abgenutzten Holzdielen, die Kerzen auf den Tischen, die mit Kunstwerken und merkwürdigem Krimskrams geschmückten Räume und die hübsche Terrasse erinnern an ein altes tropisches Landhaus. Die Küche ist hervorragend und nutzt Aromen aus der ganzen Welt.

Downtown Miami

All Day CAFE $

(Karte S. 520; www.alldaymia.com; 1035 N Miami Ave; Kaffee 3,50 US$, Frühstück 10–14 US$; Mo–Fr 7–19, Sa & So ab 9 Uhr;) Das All Day ist einer der schönsten Orte für einen genüsslichen Kaffee oder ein ausgiebiges Frühstück in der Innenstadt – und zwar zu jeder Tageszeit. Die zierlichen Stühle im skandinavischen Stil, die Tische aus Holz und Marmor und die Françoise-Hardy-Musik sorgen für ein entspanntes Flair.

Chef Allen's Farm-to-Table Dinner VEGETARISCH $$

(Karte S. 520; 786-405-1745; 1300 Biscayne Blvd; Abendessen 25 US$, mit passenden Weinen 40 US$; Mo 18.30 Uhr;) Montagabends kann man sich hier an Tischen im Freien vor dem Arsht Center ein köstliches vegetarisches Fünf-Gänge-Menü gönnen, wobei das gesamte Essen auf den Tisch kommt und die Gäste sich selbst bedienen. Die kreativen Menüs sind vom Bauernmarkt, der am gleichen Tag stattfindet, inspiriert.

★ Casablanca SEAFOOD $$

(Karte S. 520; www.casablancaseafood.com; 400 N River Dr; Hauptgerichte 15–34 US$; So–Do 11–22, Fr & Sa bis 23 Uhr) Das Casablanca liegt am Miami River und serviert mit die besten Meeresfrüchte der Stadt. Das Highlight ist aber die Lage: Die Tische stehen auf einer langen Holzterrasse direkt über dem Fluss, und ab und an fliegt eine Möwe vorbei.

Little Havana

★ Versailles KUBANISCH $

(Karte S. 520; 305-444-0240; www.versaillesrestaurant.com; 3555 SW 8th St; Hauptgerichte 6–21 US$; Mo–Do 8–1, Fr & Sa bis 2.30, So 9–1 Uhr) Das Versailles (ver-*sei*-jaj) ist eine Institution und eine der Säulen der kubanischen Restaurantszene Miamis. Tipp: Vor den herzhaften Fleisch- und Meeresfrüchtegerichten die großartige Schwarze-Bohnen-Suppe oder die gebratene Yucca essen. Ältere Kubaner und die Lateinamerikaner der politischen Elite Miamis kommen nach wie vor gern hierher, daher stehen die Chancen gut, dass man Seite an Seite mit den bekanntesten lateinamerikanischen Bewohnern der Stadt isst.

Exquisito Restaurant KUBANISCH $

(Karte S. 520; 305-643-0227; www.elexquisitomiami.com; 1510 SW 8th St; Hauptgerichte 9–13 US$; 7–23 Uhr) Wer Lust auf tolle kubanische Küche im Herzen von Little Havana hat, der ist hier genau richtig. Der Schweinebraten hat einen würzigen Zitrusgeschmack, und die *ropa vieja* (würziges zerrupftes Rinderfleisch) ist wunderbar herzhaft und sättigend. Sogar die Standardbeilagen wie Bohnen, Reis und gebratene Kochbananen werden raffiniert zubereitet. Die Preise sind auch unschlagbar.

Wynwood & Design District

Della Test Kitchen VEGAN $

(Karte S. 520; 305-351-2961; www.dellabowls.com; 56 NW 29th St, Wynwood Yard; Hauptgerichte 11–14 US$; Di–So 12–22 Uhr;) Es begann mit einem Food-Truck, der auf dem Wynwood Yard parkte. Heute offeriert das Restaurant köstliche Schüsselgerichte – mit Zutaten wie schwarzem Kokosreis, Ingwer-Tempeh, Kichererbsen, Süßkartoffeln und mariniertem Grünkohl kann hier jeder sein eigenes kulinarisches Meisterwerk kreieren. Das Essen schmeckt himmlisch und ist gesund – kein Wunder, dass das DTK viele Fans hat.

★ Kyu FUSION $$

(Karte S. 520; 786-577-0150; www.kyumiami.com; 251 NW 25th St; Teller zum Teilen 17–38 US$; Mo–Sa 12–23.30, So 11–22.30 Uhr, Bar Fr & Sa bis 1 Uhr;) Das Kyu, eines der besten neuen Restaurants in Wynwood, hat Einwohner wie Restaurantkritiker mit seinen kreativen, von der asiatischen Küche inspirierten Gerichten gleichermaßen verzaubert. Sie werden überwiegend über offenem Feuer auf einem Holzfeuergrill gegart. Kunstvolle Beleuchtung und Holzmöbel (Tische und Stühle sowie die Regale für das Grillholz) verleihen dem industriellen Ambiente Wärme.

★ Alter MODERN-AMERIKANISCH $$$

(Karte S. 520; 305-573-5996; www.altermiami.com; 223 NW 23rd St; Menü mit 5/7 Gängen 69/89 US$; Di–So 19–23 Uhr) Das von Restaurantkritikern mit Lob überschüttete neue Restaurant bringt dank seines preisgekrönten jungen Kochs Brad Kilgore kreative Spitzenküche nach Wynwood. Die wechselnde Karte präsentiert hochwertige Meeresfrüchte und Fleisch aus Florida in Form von saisonal inspirierten Gerichten mit asiatischen und europäischen Akzenten. Reservierung empfohlen.

Ausgehen & Unterhaltung

Zu oft wird fälschlicherweise angenommen, dass sich Miamis Nachtleben nur um die Schönen und Reichen dreht und dass es nur um den schönen Schein geht. Dieses Klischee kann man getrost vergessen, denn es beschreibt nur einen kleinen Teil der Szene in South Beach. Miami bietet eine große Palette an Bars, von schäbigen Kneipen bis zu schicken, aber entspannten Lounges und Nachtclubs.

★ Broken Shaker BAR

(Karte S. 520; ☎305-531-2727; www.freehand-hotels.com; 2727 Indian Creek Dr, Freehand Miami Hotel; ⌚Mo–Fr 18–3, Sa & So 14–3 Uhr) Selbst gemachte Cocktails sind in Miami momentan der absolute Renner, und wenn es um das Mixen von Cocktails geht, ist das Broken Shaker ganz vorne dabei. Die Bar im hinteren Bereich des Freehand Miami Hotel (S. 529) wird von professionellen Barkeepern betrieben. In dem winzigen Innenraum und dem ausgedehnten Außenbereich voller Pflanzen gibt's jede Menge gute Drinks und schöne Menschen.

★ Sweet Liberty BAR

(Karte S. 520; www.mysweetliberty.com; 237 20th St; ⌚Mo–Sa 16–5, So ab 12 Uhr) In der bei den Anwohnern sehr beliebten Bar in der Nähe des Collins Park gibt's alles, was zu einem tollen Abend dazugehört: freundliche, lockere Barkeeper, die fantastische Cocktails mixen (Tipp: den Mint Julep probieren), tolle Happy-Hour-Angebote (darunter Austern für 75¢) und ein entspanntes, unprätentiöses Publikum. In dem riesigen Raum mit einer langen hölzernen Bar flackern Kerzen und gelegentlich tritt auch mal eine Band auf.

Bardot CLUB

(Karte S. 520; ☎305-576-5570; www.bardotmiami.com; 3456 N Miami Ave; ⌚Di & Mi 20–3, Do–Sa bis 5 Uhr) Niemand sollte die Stadt verlassen, ohne vorher das Innere des Bardot gesehen zu haben. Hier ist alles voller alter, französischer Poster und Möbel (einen Billardtisch gibt's auch), die aussehen, als stammten sie direkt aus einem Privatclub, der tagsüber Millionäre bedient und sich nachts in einen dekadenten Club verwandelt.

Ball & Chain BAR

(Karte S. 520; www.ballandchainmiami.com; 1513 SW 8th Street; ⌚Mo–Mi 12–24, Do–Sa bis 3,

MIAMI FÜR SCHWULE & LESBEN

In Miami ist die Schwulenszene so gut integriert, dass sie manchmal kaum von der Heteroszene zu unterscheiden ist. Angesagte Viertel sind u. a. South Beach, North Beach sowie Wynwood und das Design District. Events wie die White Party Week (S. 527) und Sizzle sind wichtige Termine für die nordamerikanische Schwulenszene.

LGBT Visitor Center (Karte S. 522; ☎305-397-8914; www.gogaymiami.com; 1130 Washington Ave; ⌚Mo–Fr 9–18, Sa & So 11–16 Uhr) Die beste einzelne Informationsquelle rund um Schwule, Lesben, Bisexuelle und Transsexuelle in Miami. Auf der Webseite sind auch Hotels verzeichnet, die das Pink-Flamingo-Zertifikat tragen (also besonders schwulen- und lesbenfreundliche Hotels). Die Gay & Lesbian Chamber of Commerce betreibt die Seite.

Miami Visitors Bureau (www.miamiandbeaches.com/things-to-do/travel-guides/gay-miami) Die offizielle Touristeninformation von Miami hat auch einen nützlichen Führer zum schwulen Leben der Stadt.

Damron (www.damron.com) Damron, ein Experte für LGBT-Reisen, bietet eine Datenbank für LGBT-freundliche und andere spezielle Reiseangebote. Es veröffentlicht auch beliebte Reiseführer für die USA, darunter *Women's Traveller*, *Men's Travel Guide* und *Damron Accommodations*.

Gay Yellow Network (www.glyp.com) Einträge für sechs Städte in Florida.

Out Traveler (www.outtraveler.com) Auf Schwule spezialisiertes Reisemagazin.

Purple Roofs (www.purpleroofs.com) Führt schwulenfreundliche Unterkünfte, Reisebüros und Touren in der ganzen Welt auf.

So 14–22 Uhr) Das Ball & Chain hat über die Jahre verschiedene Inkarnationen erlebt. Im Jahr 1935, als die 8th St noch mehr jüdisch als lateinamerikanisch war, war es eher eine Jazzkneipe, in der sich Billie Holiday rumgetrieben hätte. Dieser Laden machte aber 1957 dicht, und das neue Ball & Chain, das sich immer noch der Musik und der guten Laune widmet, hat sich jetzt auf lateinamerikanische Musik und tropische Cocktails spezialisiert.

Vagabond Pool Bar BAR
(Karte S. 520; ☎305-400-8420; www.vagabondkitchenandbar.com; 7301 Biscayne Blvd; ⏲So–Do 17–23, Fr & Sa bis 24 Uhr) Diese Bar hinter dem Vagabond Hotel ist perfekt, um den Abend einzuläuten. Die professionellen Barkeeper gehören zu der Art Menschen, die den Gästen die Hände schütteln und sich vorstellen, und mixen wunderbare Cocktails. Das Ambiente unter freiem Himmel mit Blick auf den von Palmen umringten Pool und das bunt gemischte Publikum passen wunderbar zu Cocktails wie Lost in Smoke (Mezcal, Amaro, Amaretto und Orangenbitter).

☆ Unterhaltung

Miamis Verdienste um die Kultur sind unübersehbar, selbst aus der Ferne. Könnte es einen besseren Ort für Kreativität geben? Neben den heimischen Talenten aus dem Süden sind da die Zugezogenen aus dem Norden, die vor der Kälte geflüchtet sind, und die Immigranten aus Mittel- und Südamerika. Zusammen sorgen sie für ein tolles Angebot an Livemusik, Theater und Tanz und für viel Raum zum Experimentieren.

★Adrienne Arsht Center for the Performing Arts DARSTELLENDE KÜNSTE
(Karte S. 520; ☎305-949-6722; www.arshtcenter.org; 1300 Biscayne Blvd; ⏲Kasse Mo–Fr 10–18 & 2 Std. vor Vorstellungen) Diesem großartigen Veranstaltungsort gelingt es, die Besucher zugleich einzuschüchtern und zu begeistern. Die größten kulturellen Events Miamis finden heute im Arsht statt, und der Besuch einer Show ist ein Muss, wenn man in der Stadt ist. Metromover-Züge halten an der Haltestelle Adrienne Arsht Center.

★Cubaocho LIVEMUSIK
(Karte S. 520; ☎305-285-5880; www.cubaocho.com; 1465 SW 8th St; ⏲Di–Do 11–22, Fr & Sa bis 3 Uhr) Diese Perle im Little Havana Art District ist für seine Konzerte berühmt, bei denen hervorragende Bands aus der gesamten Spanisch sprechenden Welt auftreten. Es ist zugleich eine Begegnungsstätte, eine Kunstgalerie und ein Forschungszentrum für alles Kubanische. Innen ähnelt es einer alten Zigarrenbar in Havanna, doch die Wände sind mit Kunstwerken bedeckt, die sowohl auf die klassische Vergangenheit der kubanischen Kunst als auch auf ihre avantgardistische Zukunft Bezug nehmen.

Colony Theater DARSTELLENDE KÜNSTE
(Karte S. 522; ☎305-674-1040, Theaterkasse 800-211-1414; www.colonymb.org; 1040 Lincoln Rd) Das Colony ist ein wunderbares Art-déco-Juwel mit einer klassischen Laufschrift über dem Eingang und Zinnen im Inka-Stil – es sieht aus wie ein Ort, an dem Gangster gern *Hamlet* schauen würden. Dieses Schmuckstück ist heute eine Bühne für verschiedene Genres, von Comedy und gelegentlichen Konzerten bis zu Theaterstücken, Off-Broadway-Shows und Ballett. Außerdem finden hier Filmvorführungen und kleine Filmfestivals statt.

New World Symphony KLASSISCHE MUSIK
(NWS; Karte S. 522; ☎305-673-3330; www.nws.edu; 500 17th St) Das renommierte New World Symphony spielt von Oktober bis Mai im New World Center (S. 519), einem coolen, aufregenden Bauwerk aus kubistischen Linien und geometrischen Kurven, das sich strahlend weiß vom blauen Himmel über Miami abhebt. Das zu Recht gepriesene NSW bietet ein drei- bis vierjähriges Vorbereitungsprogramm für talentierte Musiker, die von angesehenen Musikschulen kommen.

ⓘ Praktische Informationen

GEFAHREN & ÄRGERNISSE

Miami ist eine relativ sichere Stadt, doch ein paar Gegenden gelten bei den Einheimischen als gefährlich:

- Liberty City, im Nordwesten Miami; Overtown, von der 14th St bis zur 20th St; Little Haiti und einige Abschnitte des Flussufers des Miami River.
- South Beach, besonders der Bereich des karnevalartigen Trubels auf dem Ocean Dr zwischen der 8th St und der 11th St sowie die verlassene Gegend unterhalb der 5th, die nachts ebenfalls gefährlich ist.
- Rund um Dämme, Brücken und Überführungen, wo Obdachlose Barackensiedlungen errichtet haben, sollte man Vorsicht walten lassen.
- In diesen und anderen Gegenden, die als verrufen gelten, sollte man am späten Abend nicht allein zu Fuß unterwegs sein, sondern besser ein Taxi rufen.

TOURISTENINFORMATION

Greater Miami & the Beaches Convention & Visitors Bureau (Karte S. 520; ☎305-539-3000; www.miamiandbeaches.com; 701 Brickell Ave, 27th OG; ⏲Mo–Fr 8.30–18 Uhr) Bietet tonnenweise Informationen über Miami und ist auf dem aktuellen Stand, was Events und kulturelle Angebote betrifft.

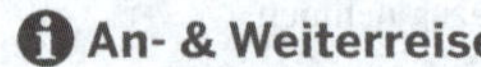

An- & Weiterreise

Der geschäftige **Miami International Airport** (MIA; Karte S. 520; ☎305-876-7000; www.miami-airport.com; 2100 NW 42nd Ave), der 6 Meilen (9,7 km) von der Innenstadt entfernt liegt, hat drei Terminals und fertigt über 40 Mio. Passagiere im Jahr ab. Etwa 60 Fluggesellschaften fliegen Miami an. Der hufeisenförmige Flughafen ist rund um die Uhr geöffnet. In zwei Flughafenhallen (zwischen B und C sowie in G) gibt es Gepäckaufbewahrungen; die Preise richten sich nach der Größe der Gepäckstücke.

Greyhound (www.greyhound.com) ist der wichtigste Betreiber von Fernbussen. **Megabus** (Karte S. 520; www.us.megabus.com; Miami International Center, 3801 NW 21st St) bietet Busverbindungen nach Tampa und Orlando.

Der **Hauptbusbahnhof** (Karte S. 520; ☎305-871-1810; 3801 NW 21st) von Greyhound befindet sich in der Nähe des Flughafens, weitere Busse fahren aber auch von den Greyhound-Busbahnhöfen **Cutler Bay** (Cutler Bay; ☎305-296-9072; 10801 Caribbean Blvd) und **North Miami** (Karte S. 520; ☎305-688-7277; 16000 NW 7th Ave).

Bei sehr langen Reisen, z. B. durch mehrere Bundesstaaten, sind preiswerte Flüge manchmal billiger als die Fahrt mit dem Bus. Auf kürzeren Entfernungen kann ein Mietwagen günstiger sein. Oft gibt es aber ermäßigte Preise (manchmal 50 % Rabatt) für Fernbusse, wenn man die Tickets sieben bis 14 Tage im Voraus online kauft.

Der Hauptbahnhof von **Amtrak** (☎305-835-1222; www.amtrak.com; 8303 NW 37th Ave, West Little River) in Miami liegt etwa 9 Meilen (14,4 km) nordwestlich der Downtown. Von hier fahren Züge auf der Silver-Service-Linie nach New York und halten unterwegs in verschiedenen anderen Städten Floridas, darunter Orlando und Jacksonville. Die Fahrzeit zwischen New York und Miami beträgt 27 bis 31 Stunden. Vom Amtrak-Bahnhof, der eine Gepäckaufbewahrung hat, fahren Regionalbahnen der Tri-Rail in die Innenstadt.

Unterwegs vor Ort

Mietwagen Geschickt, um durch die Stadt zu kommen, das Parken kann aber teuer sein.

Taxi & Fahrgemeinschaftsdienste Praktische Möglichkeit, um von einem Ort zum anderen zu gelangen, wenn man nicht selbst fahren will. Bei längeren Strecken ist es aber ein teurer Spaß, und außerdem ist es schwer, ein Taxi auf der Straße heranzuwinken – am besten ruft man sich ein Taxi oder nutzt eine App und lässt sich abholen.

Bus Großes Streckennetz, bei längeren Strecken kommt man aber nur langsam voran.

Miami Trolley Kostenloser Bus, der verschiedene Strecken in Miami Beach, Downtown, Wynwood, Coconut Grove, Coral Gables, Little Havana und anderen Vierteln bedient.

Citi Bike Fahrradverleihsystem sowohl in Miami als auch in Miami Beach. Angesichts des starken Verkehrs kann das Radfahren über längere Entfernungen gefährlich sein.

Fort Lauderdale

Nachdem sich Fort Lauderdale jahrelang einen Ruf als *die* Partyhochburg für betrunkene Collegestudenten auf wilden Spring-Break-Urlauben gemacht hat, setzt die Stadt heute auf etwas reifere und niveauvollere Besucher, die Martinis anstatt Tequila trinken und lieber Jazz-Konzerte als Wet-T-Shirt-Wettbewerbe besuchen. Aber keine Sorge, in den Bars und Nachtclubs herrscht nach wie vor jede Menge Trubel.

Nur wenige Besucher zieht es weiter landeinwärts, sie gehen höchstens zum Shoppen und Essen auf den Las Olas Blvd. Die meisten verbringen den Großteil der Zeit an der Küste, was nicht schwer zu verstehen ist. Die schönen Strände, die an Venedig erinnernden Kanäle, die internationale Jachtszene, die schicken neuen Hotels und die noblen Restaurants sind auch wirklich schwer zu überbieten. Der Stadthafen Port Everglades ist einer der geschäftigsten Kreuzfahrthäfen der Welt. Täglich laufen hier Megaschiffe in die Karabik, nach Mexiko und in fernere Gefilde aus.

Sehenswertes

Fort Lauderdale Beach & Promenade — STRAND

(P 🚻 🐾) Fort Lauderdales Promenade – ein breiter, mit Palmen gespickter Ziegelsteinweg, der sich an den Strand und die A1A schmiegt – ist ein wahrer Magnet für Jogger, Inlineskater, Spaziergänger und Radfahrer. Der weiße Sandstrand ist einer der saubersten und schönsten des ganzen Landes. Er erstreckt sich über 11,3 km bis nach Lauderdale-by-the-Sea und hat familienfreundliche, schwulenfreundliche und hundefreundliche Strandabschnitte.

NSU Art Museum Fort Lauderdale MUSEUM

(☎954-525-5500; www.nsuartmuseum.org; 1 E Las Olas Blvd; Erw./Stud./Kind 12 US$/frei; ⏲Di–Sa 11–17, Do bis 20, So 12–17 Uhr) Das runde Gebäude mit vielen geschwungenen Linien ist (unter Glackens-Fans) für die William-Glackens-Sammlung sowie für seine breit gefächerten Ausstellungen bekannt, die von nordeuropäischer Kunst über moderne kubanische Kunst und amerikanische Pop Art bis zu moderner Fotografie reichen. Donnerstagabends ist das Museum länger geöffnet und bietet Vorträge, Filmvorführungen sowie eine Happy Hour im Museumscafé. Im Angebot sind auch Tageskurse und Workshops. Einzelheiten stehen auf der Webseite.

★ **Bonnet House** HISTORSCHES GEBÄUDE

(☎954-563-5393; www.bonnethouse.org; 900 N Birch Rd; Erw./Kind 20/16 US$, nur Anlage 10 US$; ⏲Di–So 9–16 Uhr) In diesem hübschen, plantagenartigen Anwesen lebten einst die Künstler und Sammler Frederic und Evelyn Bartlett. Heute kann man die mit Kunstwerken gefüllten Räume und Ateliers im Rahmen einer Führung besichtigen. Hinter dem Haus erstreckt sich ein 14 ha großer üppiger tropischer Garten, der ein unberührtes Barriereinsel-Ökosystem schützt und mit einer der schönsten Orchideensammlungen des Landes aufwartet.

Riverwalk UFERPROMENADE

(www.goriverwalk.com) Der geschwungene Riverwalk erstreckt sich entlang des New River vom Stranahan House bis zum Broward Center for the Performing Arts. An der Uferpromenade finden kulinarische Verköstigungen und andere Veranstaltungen statt, und es gibt jede Menge Sehenswertes, Restaurants und Läden.

Museum of Discovery & Science MUSEUM

(☎954-467-6637; www.mods.org; 401 SW 2nd St; Erw./Kind 16/13 US$; ⏲Mo–Sa 10–17, So 12–18 Uhr; 👪) Hier wird man von einer knapp 16 m hohen kinetischen Skulptur begrüßt, und zu den witzigen Ausstellungen gehören „Gizmo City" und „Runways to Rockets" – perfekt für kleine Raketenforscher. Außerdem gibt's eine Ausstellung zu den Everglades und ein IMAX-Kino.

Aktivitäten

Fort Lauderdale liegt am selben Riffsystem wie die Keys. Schnorcheln ist eine beliebte Freizeitbeschäftigung, doch das eigentliche Highlight im Meer ist die eine 50-minütige Bootsfahrt entfernte Stätte, an der sich etwa zwei Dutzend Schiffswracks befinden. Hier können sich Taucher rund um den Mercedes-Frachter und das künstliche Riff Tenneco Towers, das auf einer alten Ölplattform entstand, umschauen. Üppige Weichkorallen blühen, und Barrakudas, Schwarze Makrelen und Papageienfische gleiten zwischen den Wracks umher.

Abgesehen von der Unterwasserwelt werden am Strand diverse Aktivitäten angeboten: von Bootscharter für Tiefseeangeltouren über Jetskifahren bis zu Parasailing.

★ **Atlantic Coast Kayak Company** KAJAKFAHREN

(☎954-781-0073; www.atlanticcoastkayak.com; Richardson Historical Park Boat Dock, 1937 Wilton Dr; pro Std./halber Tag 16/40 US$; ⏲9–17 Uhr) Eine ausgezeichnete Alternative zu Touristenbootsfahrten ist es, im Richardson Park ein eigenes Kajak auszuleihen. Damit kann man die 7,5 Meilen (12 km; ca. 2½–3 Std.) lange Middle-River-Runde rund um die Island City fahren. Auf dem regelmäßigen Tourenprogramm stehen auch Tages-, Sonnenuntergangs- und Mondscheinfahrten, die eine grundlegende Einweisung, Gourmet-Sandwiches und Softdrinks beinhalten. Es genügt, einfach zur entsprechenden Uhrzeit dort aufzukreuzen.

Sea Experience BOOTFAHREN, SCHNORCHELN

(☎954-770-3483; www.seaxp.com; 801 Seabreeze Blvd; Schnorcheln Erw./Kind 40/25 US$; ⏲10.15 & 14.15 Uhr; 👪) Bei Sea Experience fährt man in einem 12 m langen Glasbodenboot auf dem Intracoastal Waterway und hinaus aufs Meer, um an einem natürlichen Riff mit üppiger Meeresflora und -fauna zu schnorcheln. Die Touren dauern zweieinhalb Stunden. Der Anbieter veranstaltet auch Tauchtouren zu Schiffswrack an verschiedenen Orten.

Carrie B BOOTSTOUREN

(☎954-642-1601; www.carriebcruises.com; 440 N New River Dr E; Touren Erw./Kind 24/13 US$; ⏲Touren 11, 13 & 15 Uhr, Mai–Sept. Di & Mi geschl.) Auf dieser Bootstour geht's den Intracoastal Waterway und den New River entlang, vorbei an riesigen Villen und begleitet von einem Bordkommentar über den Lifestyle der Schönen und Reichen. Die Touren von Carrie B beginnen am Las Olas Blvd in der SE 5th Ave.

Schlafen

Die nobelsten Hotels stehen entlang des Strandes. Natürlich sind sie auch die teuersten. Weiter landeinwärts stößt man auf einige wundervolle Pensionen, die noch den Charme des alten Florida verströmen. Günstigere Unterkünfte finden sich in Lauderdale-by-the-Sea.

Tranquilo MOTEL **$$**
(☎954-565-5790; www.tranquilofortlauderdale.com; 2909 Vistamar St; Zi. So–Do 149–174 US$, Fr & Sa 189–194 US$; P ❄ 📶 ≋) Das Retro-Motel aus den 50er-Jahren wurde erfolgreich in Weißtönen modernisiert und bietet Familien ein fantastisches Preis-Leistungs-Verhältnis. Die Zimmer verteilen sich auf drei Gebäude, die jeweils einen eigenen Pool haben. Einige Zimmer haben neu eingerichtete Küchen, außerdem gibt's Grills im Freien und einen Wäscheservice. Zum Strand fahren kostenlose Shuttlebusse.

B Ocean Resort HOTEL **$$**
(☎954-524-5551; www.bhotelsandresorts.com/b-ocean; 1140 Seabreeze Blvd; Zi. ab 150 US$; P ❄ 📶) Dieses Hotel bildet das Ende des Seabreeze Blvd und liegt am sehr beliebten South Beach. Die meisten der luftigen Zimmer punkten mit Meerblick. Das 1956 von M. Tony Shermann erbaute Hotel sieht aus wie ein riesiges Kreuzfahrtschiff, das am Bürgersteig vertäut ist.

★ **W Fort Lauderdale** HOTEL **$$$**
(☎954-414-8200; www.wfortlauderdalehotel.com; 401 N Fort Lauderdale Beach Blvd; Zi. ab 284 US$; P ❄ @ 📶 ≋) Die Fassade ähnelt zwei gigantischen Segeln, das Innere wirkt dagegen wie die Kulisse für ein Jennifer-Lopez-Video. Hier übernachtet die Schickeria – einfach die Stilettos und schmalen Krawatten rausholen und sich dazugesellen. Die riesige Lobby lädt mit ihrem Loungebereich in Silber- und Blautönen, der stimmungsvoll beleuchteten Bar und der Terrasse mit Korbstühlen zum gemütlichen Verweilen ein.

★ **Lago Mar Resort** RESORT **$$$**
(☎954-523-6511; www.lagomar.com; 1700 S Ocean Lane; Zi. 300–700 US$; P ❄ @ ≋) Dieses wundervolle private Resort am südlichen Ende des South Beach hat alles, was man sich wünschen kann: einen privaten Strand, eine übertrieben grandiose Lobby, große Zimmer mit Inselflair, einen lagunenartigen Pool inmitten tropischer Pflanzen und die persönliche Note eines Hotels in Familienbesitz. (Achtung: Nicht mit Präsident Trumps Mar-a-Lago verwechseln!)

Essen

Fort Lauderdales Restaurantszene ist stark von der großen italienisch-amerikanischen Bevölkerungsgruppe geprägt, doch zunehmend ist sie auch für ihre leger-eleganten Restaurants bekannt, deren Küche unter dem Motto „vom Hof frisch auf den Tisch" steht. Auf dem Las Olas Blvd gibt es mehrere Lokale, besonders im Abschnitt zwischen der 5th Ave und der 16th Ave, wobei es hier manchmal recht touristisch zugeht.

Lester's Diner DINER **$**
(☎954-525-5641; www.facebook.com/lestersdiner; 250 W State Rd 84; Hauptgerichte 4–17 US$; ⏲24 Std.) Das liebevoll als „schmieriger Löffel" bezeichnete Lester's Diner beglückt seine Gäste schon seit den späten 1960er-Jahren. Hier kehrt jeder irgendwann einmal ein – von Geschäftsmännern mit Handy am Ohr über Partygänger und Frauen mit grauen Haaren, die mit ihrem dritten Ehemann anreisen, bis hin zu Reisebuchautoren, die um vier Uhr morgens unbedingt Pancakes brauchen.

Green Bar & Kitchen VEGAN **$$**
(☎954-533-7507; www.greenbarkitchen.com; 1075 SE 17th St; Hauptgerichte 8–12 US$; ⏲Mo–Sa 11–21, So bis 15 Uhr; 🌿) Kräftige Aromen und innovative Gerichte kann man in diesem modernen Lokal in einer kleinen Einkaufsmeile entdecken. Es kocht überwiegend mit pflanzlichen Zutaten. Anstelle der Pastaschichten der klassischen Lasagne bestehen die Schichten hier aus Zucchinischeibchen, Macadamia-Ricotta und sonnengereiften Tomaten. Die Smoothies aus kaltgepressten Früchten werden nicht mit normaler Milch, sondern mit Mandelmilch zubereitet, und die köstlichen Cashew-Cupcakes machen Reese's echte Konkurrenz.

★ **Burlock Coast** INTERNATIONAL **$$$**
(☎954-302-6460; www.burlockcoast.com; Ritz Carlton, 1 N Fort Lauderdale Beach Blvd; Hauptgerichte 14–40 US$; ⏲Mo–Fr 19–22, Sa & So 12–17 Uhr) Dem leger-eleganten Restaurant im hübschen Ritz Carlton Hotel gelingt es, jedem etwas zu bieten: Es ist zugleich Café, Bar, Markt und Spitzenrestaurant. Die saisonal wechselnden Speisekarte setzt auf lokale Produzenten und Händler. Sie bietet moderne internationale Gerichte wie Schweinebauch mit Maisgrütze und schwarzen Trüffeln oder schlichte Fish'n'Chips.

15th Street Fisheries SEAFOOD $$$
(954-763-2777; www.15streetfisheries.com; 1900 SE 15th St; Hauptgerichte Bar 6–16 US$, Restaurant 26–38 US$; P) Wer am Wasser essen möchte, kommt an diesem Restaurant kaum vorbei. Es befindet sich in der Marina von Fort Lauderdale und hat eine offene Terrasse mit tollem Blick auf die Jachten. Innen ist es mit viel Holz im Stil eines alten Florida-Bootshauses gestaltet. Oben gibt es das gehobene Restaurant, und die legere Bar am Hafen serviert Shrimps, Krabben und gegrillte Goldmakrele.

Ausgehen & Unterhaltung

Die Bars in Fort Lauderdale dürfen am Wochenende bis 4 Uhr und unter der Woche bis 2 Uhr öffnen. In der Gegend um Himmarshee Village an der SW 2nd St gibt's einige tolle Bars und Kneipen, und am Strand kann man unter freiem Himmel bechern.

Rok:Brgr PUB
(754-525-7656; www.rokbrgr.com; 208 SW 2nd St; Mo–Do 11.30–24, Fr & Sa bis 2 Uhr, So bis 23 Uhr) Das Rok:Brgr, eines von mehreren hippen Bars und Restaurants an dieser Meile, präsentiert sich als Chicagoer Gastropub im Stil der 1920er-Jahre, und irgendwie funktioniert das auch. Edinson-Glühlampen und modernes Industriedesign prägen das Ambiente, die Küche serviert dagegen moderne Gastropub-Gerichte, etwa Gourmet-Burger mit lokalen Zutaten. Dazu gibt's Cocktails aus der Zeit der Prohibition.

Stache COCKTAILBAR
(954-449-1044; www.stacheftl.com; 109 SW 2nd Ave; Mo & Do 8–17, Fr 8–4, Sa 20–4 Uhr) Das Stache ist eine sexy Bar aus den 1920er-Jahren, in der selbst gemixte Cocktails serviert werden und es eine Mischung aus Classic Rock, Funk, Soul und R&B zu hören gibt. Am Wochenende gibt es Livemusik, Tanz und Parodie. Gut anziehen ist angesagt, hier trifft man auf die Coolen.

Blue Jean Blues JAZZ
(954-306-6330; www.bjblive.com; 3320 NE 33rd St; Snacks 9–17 US$; So–Do 11–2, Fr & Sa bis 3 Uhr) Wer mal vom Strand weg will, kann in dieser coolen kleinen Bar einen entspannten Abend mit Jazz und Blues erleben. An allen Abenden und an vier Nachmittagen der Woche gibt's Livemusik, das Programm ist ein Who's Who der Musikszene Süd-Floridas. Vom East Sunrise Blvd fährt man 3,7 km nach Norden und biegt dann nach links auf die NE 33rd Street ab.

Praktische Informationen

Greater Fort Lauderdale Convention & Visitors Bureau (954-765-4466; www.sunny.org; 101 NE 3rd Ave, Suite 100; Mo–Fr 8.30–17 Uhr) Hat ausgezeichnete Informationen über die gesamte Region Fort Lauderdale.

FORT LAUDERDALE FÜR SCHWULE & LESBEN

Sicher, South Beach ist ein Mekka für Schwule und Lesben, aber Fort Lauderdale ist dicht auf den Fersen seines Nachbarn im Süden. Verglichen mit South Beach steht Lauderdale mehr im Zeichen der Regenbogenfahne und ist nicht ganz so exklusiv, und gerade das macht seinen Charme aus für die Scharen schwuler Männer, die hierher kommen, um zu feiern oder dauerhaft zu leben.

In Fort Lauderdale gibt's mehrere Dutzend Schwulenbars und -Clubs, etliche Schwulenpensionen und einige Wohngebiete, in denen viele Schwule leben. **Victoria Park** ist das etabliertes Schwulenviertel gleich nordöstlich der Downtown Fort Lauderdales. Etwas weiter nördlich liegt **Wilton Manors**, das sich erst in jüngerer Zeit in eine schwulenfreundliche Gegend verwandelt hat und voller Nachtclubs und Bars ist. Zu diesen zählen das **Rosie's** (954-563-0123; www.rosiesbarandgrill.com; 2449 Wilton Dr; 11–23 Uhr), eine entspannte Nachbarschaftskneipe, **The Manor** (www.themanorcomplex.com; 2345 Wilton Dr; 20–4 Uhr) mit landesweit bekannten Künstlern und einer riesigen Tanzfläche sowie das **Georgie's Alibi** (www.alibiwiltonmanors.com; 2266 Wilton Dr; 11–2 Uhr), dessen Highlight die Comedy-Nacht am Mittwoch mit der fabelhaften Transe Cashetta ist. Es gibt sogar einen Club für Lederfreunde, kräftige Kerle und Cowboys, das **Ramrod** (www.ramrodbar.com; 1508 Wilton Dr; 15–2 Uhr).

Schwulenpensionen gibt's jede Menge, einfach auf www.gayftlauderdale.com gehen. Das Hochglanz-Wochenblatt *Hot Spots* (www.hotspotsmagazine.com) hat die aktuellsten Infos über das schwule Nachtleben. Die umfassendsten Informationen rund um Homosexualität findet man unter www.jumponmarkslist.com.

Anreise & Unterwegs vor Ort

Fort Lauderdale hat einen eigenen internationalen **Flughafen** (FLL; ☎866-435-9355; www.broward.org/airport; 320 Terminal Dr).

Für Autofahrer: Die I-95 und Florida's Turnpike verlaufen in Nord-Süd-Richtung und bieten einen guten Zugang nach Fort Lauderdale. Die I-595 ist die wichtigste Ost-West-Route und kreuzt die I-95, Florida's Turnpike und den Sawgrass Expressway. Sie mündet in die I-75, die zur Westküste Floridas führt.

Busse von **Sun Trolley** (☎954-876-5539; www.suntrolley.com; Einzelfahrt/Tageskarte 1/3 US$) verkehren von Freitag bis Montag von 9.30 bis 18.30 Uhr zwischen dem Las Olas Blvd und den Stränden. **Broward County Transit** (BCT; www.broward.org/bct; Einzelfahrt/Tageskarte 2/5 US$) betreibt Busse zwischen der Downtown, dem Strand und dem Port Everglades. Vom **Broward Central Terminal** (101 NW 1st Ave) geht es mit Bus Nr. 11 zum oberen Fort Lauderdale Beach und nach Lauderdale-by-the-Sea, Bus Nr. 4 steuert den Port Everglades an und Bus Nr. 40 fährt zur 17th St und den Stränden.

Spaß macht eine Fahrt mit dem gelben **Wassertaxi** (☎954-467-6677; www.watertaxi.com; Tagespass Erw./Kind 26/12) auf den Kanälen und Wasserwegen zwischen der 17th St im Süden und dem Atlantic Blvd/Pompano Beach im Norden sowie dem Riverwalk im Westen und dem Atlantik im Osten. Es gibt auch Fahrten nach Hollywood (15 US$/Pers.).

Palm Beach County

In Palm Beach, der drittreichsten Stadt der USA, leben 25 Milliardäre und tatsächlich wirkt sie in jeder Hinsicht wie ein Tummelplatz der Reichen und Berühmten. Palastartige griechisch-römische Villen säumen die Küste, auf den breiten Straßen der Innenstadt fahren Bentleys und Porsches, und die Straßen sehen so sauber aus, dass man wahrscheinlich von ihnen essen könnte. Hier dreht sich das Leben um Wohltätigkeitsbälle, Shoppen in Designerläden und Mittagessen mit eleganten Cocktails. Das mag zwar etwas einschüchternd wirken, doch keine Sorge – in großen Teilen von Palm Beach können sich alle Besucher wohlfühlen. Der Gold Coast Beach, dessen Farbe seinem Name alle Ehre macht, lädt zu einem Spaziergang ein, man kann einen Blick auf die riesigen geschlossenen Wohnanlagen an der A1A werfen oder in der glamourösen Worth Ave einen Schaufensterbummel machen – all das kostet keinen Cent.

Heutzutage ist Palm Beach regelmäßig in den Nachrichten, weil sich hier das Mar-a-Lago – die Villa und zugleich der private Club von Präsident Trump – befindet.

Ungeachtet des Glamours sind die Architektur und die Geschichte der Stadt einfach faszinierend und geben eine Vorstellung davon, wie das Leben während der Blütezeit der Wirtschaft im späten 19. Jh. in den USA gewesen sein könnte.

Palm Beach

Sehenswertes & Aktivitäten

Worth Avenue VIERTEL

(www.worth-avenue.com) Auf dieser 400 m langen, von Palmen gesäumten Meile haben sich über 200 Nobelgeschäfte angesiedelt – dies ist quasi der Rodeo Dr des Ostens der USA. Ihre Geschichte geht bis in die 1920er-Jahre zurück. Damals veranstaltete der inzwischen aufgelöste Everglades Club wöchentliche Modenschauen und brachte damit die Karriere von Designern wie Elizabeth Arden ins Rollen. Allein um die Menschen zu beobachten und die Spanish-Revival-Architektur zu bewundern, sollte man unbedingt herkommen (auch wenn man nicht den leisesten Drang hat, sich schicke Taschen über den Arm zu hängen).

★Flagler Museum MUSEUM

(☎561-655-2833; www.flaglermuseum.us; 1 Whitehall Way; Erw./Kind 18/10 US$; ⏲Di–Sa 10–17, So 12–17 Uhr) Dieses Museum befindet sich in der spektakulären Villa, die Henry Flagler 1902 als Geschenk für seine Braut Mary Lily Kenan baute. Whitehall wurde im Beaux-Arts-Stil gestaltet und war eines der modernsten Häuser seiner Zeit. Es entwickelte sich schnell zum gesellschaftlichen Mittelpunkt der Wintersaison. Entworfen wurde es von John Carrère und Thomas Hastings, die beide an der Ecole des Beaux-Arts in Paris studiert hatten und zusammen bei anderen Bauten wie der New York Public Library zusammengearbeitet hatten. Das aufwendig gestaltete Haus hat 75 Räume und war das erste Wohnhaus, das über ein Heizungssystem verfügte.

★Palm Beach Lake Trail WANDERN, RADFAHREN

(Royal Palm Way, am Intracoastal Waterway) Die erste „Straße" nach Palm Beach führte am Intracoastal Waterway vorbei und war ein 8 km langer befestigter Pfad zwischen der Worth Ave im Süden und der Indian Rd im Norden, auf dem sich Flaglers Hotelgäste die Beine vertreten konnten und ihre gesellschaftlichen Beziehungen pflegen konnten. Sie trägt den Spitznamen „The Trail of Conspicuous Consumption" („Weg des Prestigekonsums") und bietet zu beiden Seiten eine fantastische Aussicht: Im Westen liegt die Lagune namens Lake Worth, im Osten erstreckt sich eine endlose Reihe Villen.

Palm Beach Bike Shop RADFAHREN
(☎561-659-4583; www.palmbeachbicycle.com; Royal Poinciana Plaza, Cocoanut Row; ⌚Mo–Sa 9–17.30, So 10–17 Uhr) Dieses Geschäft verleiht Räder aller Art, darunter Fahrräder (39 US$ pro Tag), Rollschuhe (39 US$ pro Tag) und Mopeds (100 US$ pro Tag). Helme kosten 5 US$ extra.

Schlafen & Essen

Bradley Park Hotel HOTEL **$$**
(☎561-832-7050; www.bradleyparkhotel.com; 2080 Sunset Ave; Zi. 229 US$, Suite 329–359 US$; P❄📶) Das 1921 erbaute Mittelklassehotel bietet große Zimmer in Goldtönen, teilweise mit Originalelementen aus der Entstehungszeit und charaktervollen Möbeln. Die Zimmer wirken wie Mini-Apartments. Zu den Geschäften und Restaurants am Royal Poinciana Way ist es nur ein kurzer Spaziergang.

★ **The Breakers** RESORT **$$$**
(☎888-273-2537; www.thebreakers.com; 1 S County Rd; Zi./Suite ab 699/ab 2000 US$; P❄@📶🏊🐾) Henry Flagler erbaute dieses Hotel 1904 – damals kosteten die Zimmer inklusive der Mahlzeiten 4 US$ pro Nacht. Heute ist es ein Resort mit 550 Zimmern auf einem 56 ha großen Grundstück und hat über 2000 Angestellte, die 56 Sprachen fließend sprechend. Nur ein paar Schritte vom besten Schnorchelgebiet des County bietet dieser Palast einen 18-Loch-Golfplatz, einen 1,6 km langen halb-privaten Strand, vier Pools und den besten Brunch weit und breit.

Surfside Diner DINER, FRÜHSTÜCK **$**
(☎561-659-7495; 314 S County Rd; Hauptgerichte 8–12 US$; ⌚8–15 Uhr) Die tolle Kopie eines traditionellen Diners serviert einen der besten Brunches der Stadt. Ob Pfannkuchen, Frühstücksburritos mit Hühnchen oder French Toast – alles schmeckt lecker. Mittags gibt es gesunde Speisen wie gegrillten Käse und Tomatensuppe, BLT-Sandwiches (mit Bacon, Salat und Tomaten), Sandwiches mit Erdnussbutter und Marmelade sowie Slider (Mini-Sandwiches).

★ **Būccan** MODERN-AMERIKANISCH **$$**
(☎561-833-3450; www.buccanpalmbeach.com; 350 S County Rd; Hauptgerichte 18–45 US$; ⌚So–Do 17–24, Fr & Sa bis 1 Uhr) Die moderne amerikanische Küche und der für den James Beard Award nominierte Koch Clay Conley am Ruder machen das Būccan zum angesagtesten Restaurant der Stadt. Am besten beginnt man mit einigen kleinen Tellern, darunter Schnapper-Ceviche und Tintenfisch-Taboulé, die eine Vielzahl an Aromen bieten, und bestellt danach das marokkanische Hühnchen. Man sollte reservieren.

★ **Café Boulud** FRANZÖSISCH **$$$**
(☎561-655-6060; www.thebraziliancourt.com; 301 Australian Ave; Hauptgerichte 16–46 US$, Menü mittags/abends 32/48 US$; ⌚Café 7–22 Uhr, Bar bis 24 Uhr) Dieses Restaurant am Brazilian Court wurde von dem renommierten New Yorker Koch Daniel Boulud eröffnet und ist eines der wenigen in Palm Beach, dessen hohe Preise wirklich gerechtfertigt sind. Im freundlichen Speiseraum und auf der Terrasse wird eine anspruchsvolle Speisekarte mit klassischen französischen Gerichten und Fusion-Küche geboten. Alle Speisen weisen die für Boulud typische Raffinesse und Qualität auf.

Ausgehen & Unterhaltung

Leopard Lounge LOUNGE
(www.chesterfieldpb.com; 363 Cocoanut Row; ⌚18.30–1 Uhr) In diese schicke Lounge in Gold-, Schwarz- und Rottönen kommen ein gesetztes Publikum und gelegentlich auch mal Prominente (Fotografieren und Autogrammjäger sind hier nicht gestattet). Jeden Abend gibt's Livemusik, das Programm ist ein Mix aus Jazz und klassischen Klängen.

Society of the Four Arts DARSTELLENDE KÜNSTE
(☎561-655-7226; www.fourarts.org; 2 Four Arts Plaza) Die Konzertreihen, die hier auf dem Programm stehen, umfassen Kabarett, Kammerorchester, Streichquartette, Klavierkonzerte und das Palm Beach Symphony.

Praktische Informationen

Chamber of Commerce (☎561-655-3282; www.palmbeachchamber.com; 400 Royal Palm Way, Suite 106; ⌚Mo–Fr 9–17 Uhr) Sehr gute Karten und Regale voller Broschüren. Man kann auch die App *Palm Beach Guide* herunterladen.

Anreise & Unterwegs vor Ort

Bus 41 von **Palm Tran** (http://discover.pbcgov.org/palmtran; Einzelfahrt/Tageskarte 2/5 US$) deckt einen Großteil der Insel ab.

er verkehrt zwischen der Lantana Rd und der Sunrise Ave; am Publix kann man in den Bus Nr. 1 umsteigen, der auf der US 1 nach Norden und Süden fährt. Eine einfache Fahrt kostet für Erwachsene/Kinder 2/1 US$. Zum Palm Beach International Airport (S. 542) in West Palm Beach nimmt man Bus 41 bis zur Umsteigehaltestelle in der Downtown und steigt dort in Bus Nr. 44.

Palm Beach ist zwar relativ kompakt, doch die beiden wichtigsten Viertel an der Innenstadt rund um den Royal Poinciana Way bzw. um die Worth Ave liegen einen recht langen Fußweg auseinander.

West Palm Beach

Als Henry Flagler sich entschied, das Gebiet des heutigen West Palm Beach zu entwickeln, wusste er genau, was es einmal werden würde: eine Arbeiterstadt zur Unterstützung der glamourösen Resortstadt auf der anderen Seite der Brücke. Und so entstanden die Zwillingsstädte – Palm Beach, das als die schönere von beiden gilt, und West Palm Beach, eine coolere Gemeinde, deren Bewohner hart arbeiten, aber auch zu feiern wissen. West Palm hat ein erstaunlich breit gefächertes Angebot an Restaurants, freundliche Einwohner (darunter eine starke Schwulen-Gemeinschaft) und herrliche Wasserwege, in denen sich das Licht der Sterne spiegelt.

Sehenswertes & Aktivitäten

★ Norton Museum of Art MUSEUM
(☎561-832-5196; www.norton.org; 1451 S Olive Ave; Erw./Kind 12/5 US$; ⏲Di–So 12–17 Uhr) Das vom Architekten Norman Foster entworfene Museum, das zur Zeit der Recherche umfassend renoviert wurde, ist das größte Kunstmuseum Floridas. Es wurde 1941 eröffnet, um die riesige Kunstsammlung des Industriellen Ralph Hubbard Norton und seiner Frau Elizabeth auszustellen. Die ständige Sammlung der Nortons umfasst über 5000 Exponate, darunter Werke von Matisse, Warhol und O'Keeffe. Daneben sind bedeutende Artefakten aus China, dem präkolumbischen Mexiko und dem Südwesten der USA zu sehen. Außerdem werden großartige zeitgenössische Fotografien gezeigt und regelmäßig finden Wanderausstellungen statt.

South Florida Science Center & Aquarium MUSEUM
(☎561-832-1988; www.sfsciencecenter.org; 4801 Dreher Trail North; Erw./Kind 16/11,50 US$; ⏲Mo–Fr 9–17, Sa & So bis 18 Uhr) Das tolle kleine interaktive Wissenschaftsmuseum mit Aquarium und Planetarium bietet ein wöchentliches Programm, Wanderausstellungen, einen Wissenschaftspfad, Minigolf und einen Schmetterlingsgarten. Am letzten Freitag im Monat ist das Museum bis 21 Uhr geöffnet, sodass Besucher den Nachthimmel vom einzigen öffentlichen Observatorium des County beobachten können (vorausgesetzt das Wetter erlaubt es).

Peanut Island INSEL
(http://discover.pbcgov.org; ⏲Do–So 11–16 Uhr) Peanut Island, das direkt vor der nordöstlichen Ecke von West Palm Beach liegt, wurde 1918 im Zusammenhang mit Ausbaggerungsprojekten geschaffen. Ursprünglich hieß die Insel Inlet Island, wurde später aber nach einem Erdnussöl-Transportunternehmen benannt, das 1946 geschlossen wurde. Das Highlight der Insel ist der **Atomschutzbunker** (☎561-723-2028; www.pbmm.info; Erw./Kind 17/12 US; ⏲Do–So 11–16 Uhr), der während der Kubakrise für John F. Kennedy gebaut wurde. Heute gehört er zum Palm Beach Maritime Museum.

Rapids Water Park WASSERPARK
(☎561-842-8756; www.rapidswaterpark.com; 6566 North Military Trail, Riviera Beach; wochentags/Wochenende 43/48 US$; ⏲10–17 Uhr) Süd-Floridas größter Wasserpark bietet mehr als 30 nasse und wilde Rides voller Action. Von den Angst- und Begeisterungsschreien, die aus dem Big-Thunder-Tunnel dringen, sollte man sich nicht abhalten lassen. Ein Riesenspaß! Parken kostet 10 US$ zusätzlich.

Schlafen

Hotel Biba MOTEL $
(☎561-832-0094; www.hotelbiba.com; 320 Belvedere Rd; Zi. 149–179 US$; ❄📶🏊) Den einfachen, weißen, nur mäßig großen Zimmern dieses Motels fehlt ein wenig Farbe, doch es ist eine der besseren (wenn nicht die einzige) Budgetunterkünfte weit und breit. Das Motel liegt günstig nur einen Block vom Intracoastal entfernt am Rand des El Cid District. Es ist sauber und völlig okay, wenn man einfach nur irgendwo schlafen möchte.

★ Grandview Gardens B&B $$
(☎561-833-9023; www.grandview-gardens.com; 1608 Lake Ave; Zi. ab 229 US$; P❄📶🏊) Wer in diesem kleinen Resort übernachtet, fühlt sich in kürzester Zeit wie ein Einheimischer. Es versteckt sich in einem tropischen

Garten am Howard Park. Die riesigen Suiten sind mit schmiedeeisernen Himmelbetten ausgestattet, und durch die Flügeltüren gelangt man direkt auf die Terrasse mit Swimmingpool.

Essen

Johan's Jöe CAFÉ $

(Swedish Coffee House & Cafe; www.johansjoe.com; 401 S Dixie Hwy; Hauptgerichte 9–13; ⌚7–18 Uhr) Wer mit den Umlautzeichen auf der Speisekarte klarkommt (die scherzhaft über den englischen Worten platziert sind), findet hier eine wunderbare Auswahl an Gebäck und Kuchen. Doch nicht nur die süßen Köstlichkeiten überzeugen, auch Gerichte wie marinierte Heringe, schwedische Fleischbällchen und authentische schwedische Salate und Sandwiches sind klasse.

Darbster VEGAN $$

(☎561-586-2622; www.darbster.com; 8020 S Dixie Hwy; Hauptgerichte 14–20 US$; ⌚Di–Fr 17–22, Sa 10.30–15 & 17–22, So bis 21 Uhr) Dieses Restaurant ist in mehrfacher Hinsicht allein auf weiter Flur: Es liegt 5 Meilen (8 km) außerhalb der Stadt an einem unpassenden Standort nahe des S Dixie Hwy am Palm-Beach-Kanal, das Essen ist zu 100 % vegan, der gesamte Gewinn geht an eine Tierschutzstiftung und Besucher aller Couleur – von Hippies in Birkenstock-Schuhen bis zu reichen Gästen mit Diamantenohrringen aus Palm Beach – lieben es.

★ Table 26 Degrees MODERN-AMERIKANISCH $$$

(☎561-855-2660; www.table26palmbeach.com; 1700 S Dixie Hwy; Hauptgerichte 26-41 US$; ⌚Mo–Sa 11.30–14, So–Mi 16.30–22, Do–Sa 16.30–23 Uhr) Von den Preisen dieses anspruchsvollen Restaurants sollte man sich nicht abschrecken lassen. Das Table 26 Degrees ist vom Geräusch der Gespräche und dem Gläserklirren der vielen einheimischen Gäste erfüllt. Sie versammeln sich an der Bar (tolle Happy Hour täglich von 16.30 bis 18.30 Uhr) und genießen die kleinen Teller zum Teilen sowie die Hauptgerichte. Die Karte ist unterteilt in „Water" (Fisch & Meeresfrüchte), „Land" (Fleischgerichte), „Field" (vegetarische Gerichte) und „Hands" (Brathühnchen und Burger).

Ausgehen & Unterhaltung

The Pawn Shop Lounge CLUB

(www.pawnshopwpb.com; 219 Clematis St; Grundgebühr 10 US$; ⌚Di–Do 17–3, Fr & Sa bis 4 Uhr) Der früher in Miami ansässige Tanzclub und Promitreff befindet sich in der ehemaligen Veranstaltungslocation Dr. Feelgood's. Es ist mit den typischen Utensilien eines Pfandleihhauses dekoriert (*pawnshop*=Pfandleihaus), außerdem gibt's hier eine historische Riesenradgondel und ein DJ-Pult, das aus einem alten Mack-Truck gebaut wurde. DJs, Tänzer und Lichtshows sorgen dafür, dass die Party bis morgens um 3 Uhr weitergeht, während an der über 50 m langen Bar der Alkohol in Strömen fließt.

HG Roosters SCHWULE & LESBEN

(www.roosterswpb.com; 823 Belvedere Rd; ⌚So–Do 15–3, Fr & Sa bis 4 Uhr) Diese Bar ist ein fester Bestandteil der lebhaften Schwulen-Gemeinschaft von West Palm Beach. Seit 1984 gibt es im HG Roosters Chicken Wings, Bingo und heiße, junge Tänzer.

Respectable Street LIVEMUSIK

(www.respectablestreet.com; 518 Clematis St) Seit zwei Jahrzehnten sorgt das Respectable dafür, dass tolle Bands aus Süd-Florida hier jammen, und darüber hinaus organisiert es im Oktober das MoonFest, das größte Straßenfest der Stadt. Zudem gibt es großartige DJs, starke Drinks und eine luftige Terrasse, auf der man chillen kann. Wer genau hinsieht, entdeckt vielleicht in der Wand ein Loch, das Anthony Kiedis von den Red Hot Chili Peppers hinein geschlagen hat, als die Band hier spielte.

International Polo Club ZUSCHAUERSPORT

(☎561-204-5687; www.internationalpoloclub.com; 3667 120th Ave S, Wellington; Eintritt 10 US$, Sitzplätze am Rasen ab 30 US$; ⌚Jan.–April So) Zwischen Januar und April ist der International Polo Club 16 Wochen lang von Polospielen und Glamour geprägt. Als eine der besten Polo-Anlagen der Welt lockt er nicht nur die besten Spieler her, sondern auch die heimische und internationale Schickeria. Diese lässt es sich – natürlich in der neuesten Mode gekleidet – beim Champagner-Brunch (Tickets 125 US$) gut gehen. Wer will, kann es ihnen gleichtun.

ℹ Praktische Informationen

Die größte Zeitung ist die *Palm Beach Post* (www.palmbeachpost.com).

Discover The Palm Beaches Visitor Center (☎561-233-3000; www.thepalmbeaches.com; 2195 Southern Blvd, Suite 400; ⌚Mo–Fr 8.30–17.30 Uhr) Hier bekommen Traveller umfangreiche Informationen über die Gegend, Karten und Online-Führer.

Anreise & Unterwegs vor Ort

Am **Palm Beach International Airport** (PBI; ☎ 561-471-7420; www.pbia.org; 1000 James L Turnage Blvd) findet man die meisten großen Fluggesellschaften und Autovermietungen. Er liegt etwa 1 Meile (1,6 km) westlich der I-95 an der Belvedere Rd. Bus Nr. 44 von Palm Tran (S. 539) verkehrt zwischen dem Flughafen, dem Bahnhof und der Downtown (2 US$).

Greyhound (☎ 561-833-8534; www.greyhound.com; 215 S Tamarind Ave; ⌚ 6–22.45 Uhr), **Tri-Rail** (☎ 800-875-7245; www.tri-rail.com; 203 S Tamarind Ave) und **Amtrak** (☎ 800-872-7245; www.amtrak.com; 209 S Tamarind Ave) nutzen den selben Bahnhof, die historische Seaboard Train Station. Bus Nr. 44 von Palm Tran fährt vom Flughafen zum Bahnhof.

Ist man erst einmal hier, ist das Autofahren und Parken ein Kinderspiel. Es gibt auch einen putzigen, praktischen und kostenlosen Bus, der ab 11 Uhr zwischen der Clematis St und dem CityPlace verkehrt.

Everglades

Nirgendwo sonst in Amerika gibt es eine Wildnis wie die Everglades. Der „Fluss aus Gras", wie die amerikanischen Ureinwohner die Gegend nannten, ist mehr als nur ein Feuchtgebiet, ein Sumpf, ein See, ein Fluss, eine Prärie oder eine Graslandschaft – es setzt sich aus alldem zusammen. Weite Horizonte, großartige Blicke in die Ferne, Sonnenuntergänge, die sich über das gesamte Blickfeld erstrecken, und eine gesunde Population an Reptilien mit ihren aufgerissenen Rachen aus der Dinosaurier-Ära prägen diese einzigartige Landschaft. Wer beobachtet, wie Amerikanische Schlangenhalsvögel ihre Flügel ausbreiten, ehe sie sich schraubenförmig in die Tiefe stürzen, oder wie der Amerikanische Graureiher mit langsamen, gleichmäßigen Flügelschlägen über sein Reich gleitet oder wie das Sonnenlicht auf meilenweitem unberührtem Sauergras schimmert, während die Sonne hinter hohen Zypressen versinkt, bekommt eine kleine Vorstellung von der stillen Pracht dieses Parks. In einem Land, wo die Schönheit der Natur nach ihrem dramatischen Potential gemessen wird, geht das Leben in den Everglades friedlich und gleichmäßig seinen Gang.

Everglades National Park

Diese riesige **Wildnis** (☎ 305-242-7700; www.nps.gov/ever; 40001 SR-9336, Homestead; Parkpass pro Fahrzeug 25 US$, Fahrradfahrer 8 US$; ⌚ Visitor Center 9–17 Uhr; 👪), die 6070 km² umfasst, gehört zu den größten Naturschätzen Amerikas. Der Park, in dem es viel zu sehen und zu tun gibt, ist einer der Hauptmagneten für Besucher Süd-Floridas. Man kann Alligatoren beobachten, die sich in der Mittagshitze sonnen, während in den nahen Gewässern Reiher geduldig auf Beute warten; man kann in geheimnisvollen Mangrovenkanälen und auf friedlichen Seen Kajak fahren oder inmitten hoher Zypressen auf einer derben Sumpfwanderung (*slough slog*) durchs knietiefe Wasser waten. Plankenwege laden zu Spaziergängen ein – bei Sonnenaufgang, wenn die Vögel allmählich ihren Gesang anstimmen, oder im Mondschein, während die Alligatoren auf der Suche nach Nahrung geschmeidig durch enge Kanäle schwimmen. Besucher können im Hinterland zelten, Fahrradtouren unternehmen oder an von Rangern geführten Aktivitäten teilnehmen, bei denen die Magie der Everglades lebendig wird. Die große Frage ist: Wo soll man bloß anfangen?

Im Park gibt es drei Haupteingänge und drei Hauptbereiche: einen am südöstlichen Rand nahe Homestead und Florida City (Abschnitt Ernest Coe), einen zweiten an der zentralen Nordseite am Tamiami Trail (Abschnitt Shark Valley) und einen dritten an der Nordwestküste (Abschnitt Gulf Coast) hinter Everglades City. Die Parkbereiche Shark Valley und Gulf Coast liegen geografisch gesehen hintereinander. Der Parkpass (25 US$ für Fahrzeuge, 8 US$ pro Fahrrad) gilt an sieben aufeinanderfolgenden Tagen für den gesamten Park, doch der Abschnitt Ernest Coe liegt komplett abseits.

Im Eintrittspreis ist der gesamte Park enthalten und das Ticket gilt an sieben aufeinanderfolgenden Tagen. Weil der Tamiami Trail eine öffentliche Straße ist, wird für Sehenswürdigkeiten entlang dieser Straße mit Ausnahme von Shark Valley kein Eintritt erhoben. In der südlichen Parkhälfte gibt es einen bemannten Checkpoint, der den Zugang zu allen Sehenswürdigkeiten an der Straße von Ernest Coe hinunter nach Flamingo überwacht.

Im Park gibt es drei Arten von **Backcountry-Campingplätzen** (☎ 239-695-2945, 239-695-3311; www.nps.gov/ever/planyourvisit/backcamp.htm): Stellplätze am Strand (*beach sites*) an der Küste (auf Muschelsträndern) und auf den 10 000 Islands; Plätze an Land (*ground sites*, im Prinzip Aufschüttungen aus Erde über den Mangroven) und *chickees*. Letztere sind hölzerne Plattformen über dem Wasser, auf denen man frei stehende Zelte (ohne Heringe) aufbauen kann. Die *chickees* haben Toiletten und sind die zivilisiertesten Stellplätze. Wer auf so einer Plattform über dem Wasser übernachtet, fühlt sich so heiter und friedlich wie in einem treibenden Ruderboot. An den Landcampingplätzen werden Insekten am ehesten zur Qual.

Wer mit dem Boot unterwegs ist und eine Insel sieht, die sich scheinbar zum Campen eignet, aber kein ausgewiesener Campingplatz ist, sollte Vorsicht walten lassen: Möglicherweise landet man im Wasser, wenn die Flut kommt.

Von November bis April kosten die Genehmigungen zum Campen 15 US$ plus 2 US$ pro Nacht und Person. Von Mai bis Oktober sind die Stellplätze kostenlos, man muss sich aber im Flamingo Visitor Center oder im Gulf Coast Visitor Center bzw. unter der Telefonnummer ☎239-695-2945 selbst registrieren.

Einige Tipps zum Campen im Hinterland:

- Nahrungsmittel in gut tragbaren, vor Waschbären geschützten Behälter lagern (in Ausrüstungsgeschäften erhältlich).
- Sämtlichen Abfall mindestens 25 cm tief vergraben – das kann manchmal wegen der harten Grasnarbe schwierig sein.
- Zum Kochen einen Campingkocher benutzen. Offene Feuer sind nur an den Stellplätzen am Strand erlaubt, und auch dort darf man nur Fallholz oder Treibholz verbrennen.

Vor dem Besuch des Parks sollte man sich mit Vorräten eindecken. Homestead und Florida City eignen sich dafür am besten, wenn man in die südlichen Everglades will. Wer auf dem Weg zum Tamiami Trail ist, sollte sich in Miami oder in den westlichen Vorort mit allem Nötigen versorgen.

ℹ Anreise & Unterwegs vor Ort

Das größte subtropische Wildnisgebiet der kontinentalen USA ist von Miami aus leicht erreichbar. Zwischen dem Atlantik (Osten) und dem Golf von Mexiko (Westen) bedecken die „Glades" die südlichsten 130 km Floridas. Der Tamiami Trail (Hwy 41) durchquert sie von Osten nach Westen – parallel zur weiter nördlich gelegenen und weniger interessanten Alligator Alley (I-75).

Um richtig ins Innere der Everglades vordringen zu können, benötigt man unbedingt ein eigenes Auto und gute Wanderstiefel. Sinnvoll ist auch ein eigenes Kanu oder Kajak (inner- und außerhalb des Parks mietbar); eine Alternative sind geführte Paddeltouren. Fahrräder eignen sich gut für die ebenen Fahrbahnen des Everglades National Park (vor allem zwischen Ernest Coe und Flamingo Point). Die Seitenstreifen sind hier häufig gefährlich schmal.

Rund um die Everglades

Biscayne National Park

Gleich östlich von den Everglades liegt der **Biscayne National Park** (☎305-230-1144, Bootstouren 786-335-3644; www.nps.gov/bisc; 9700 SW 328th St; Bootstour Erw./Kind 35/25 US$; ⏲7–17.30 Uhr) bzw. die 5 % davon, die sich nicht unter der Wasseroberfläche befinden. Tatsächlich erstreckt sich hier vor der Küste Floridas ein Teil des drittgrößten Riffs der Welt. Außerdem gibt es im Park Mangrovenwälder und die nördlichste Insel der Florida Keys.

Der Besuch des Biscayne National Park, der ein wenig im Schatten der Everglades liegt, erfordert etwas mehr Planung, doch diese Mühe lohnt sich. Die nur mit dem Boot erreichbaren Keys vor der Küste bieten Campingplätze inmitten unberührter Natur. Die beste Zeit für den Besuch des Parks sind der Sommer und der Herbst, denn dann ist das Wasser ruhig und man kann gut schnorcheln. Hier finden sich einige der schönsten Riffe und Schnorchelspots der USA, abgesehen von Hawaii und dem nahe gelegenen Key Largo.

Zum Glück kann man diesen einzigartigen 777 km² großen Park gut erkunden, entweder auf eigene Faust mit einem Kanu oder bei einer Bootstour.

Einfache Campingplätze (Stellplatz 25 US$ pro Nacht, Mai–Sept. frei) gibt es auf Elliott Key und auf Boca Chita Key, man erreicht sie aber nur per Boot. Winzige Gnitzen, No-see-ums genannt, sind hier eine echte Plage, und die Bisse dieser Mücken sind sehr unangenehm. Unbedingt dafür sorgen, dass das Zelt nicht die kleinsten Löcher aufweist, durch die die Quälgeister hineingelangen könnten.

ℹ Praktische Informationen

Dante Fascell Visitor Center (☎305-230-1144; www.nps.gov/bisc; 9700 SW 328th St; ⏲9–17 Uhr) Das Visitor Center am Convoy Point zeigt einen hervorragenden einführenden Film, der einen guten Überblick über den

Park gibt, und hat Karten, Infos und tolle von Rangern geleitete Aktivitäten im Programm. Das Gelände rings um das Center ist an den Wochenenden und Feiertagen ein beliebter Picknickplatz, besonders für Familien aus Homestead. Es zeigt ebenfalls einheimische Kunstwerke.

An- & Weiterreise

Um herzukommen, fährt man von Homestead aus ca. 9 Meilen (14,4 km) auf der SW 328th St (North Canal Dr) nach Osten; der Weg ist ziemlich gut ausgeschildert und führt in ein großes, flaches Gebiet grün-goldener Felder und Marschen.

Homestead & Florida City

Homestead und Florida City, das 2 Meilen (3,2 km) weiter südlich benachbart ist, scheinen auf den ersten Blick nicht besonders attraktiv zu sein. Sie gehören noch zu den immer weiter wuchernden Randgebieten von South Miami und wirken wie eine endlose Meile von riesigen Einkaufszentren, Fast-Food-Restaurants, Autohändlern und Tankstellen. Doch hinter der Fassade verbirgt sich vieles, das zunächst nicht sichtbar ist: merkwürdige Kuriositäten wie ein „Schloss", das ein verliebter Einwanderer im Alleingang gebaut hat, ein Tierschutzzentrum für exotische Tierarten, eine Weinkellerei, die Floridas landwirtschaftliche Erzeugnisse präsentiert (Tipp: Trauben sind es nicht), eine florierende Kleinbrauerei und einer der besten Farm-Verkaufsstände des ganzen Landes. Und natürlich sind die beiden Städte großartige Ausgangspunkte für Expeditionen in den atemberaubenden Everglades National Park.

Sehenswertes & Aktivitäten

★ Coral Castle SCHLOSS
(☎305-248-6345; www.coralcastle.com; 28655 S Dixie Hwy; Erw./Senior/Kind 18/15/8 US$; ⏲So–Do 8–18, Fr & Sa bis 20 Uhr) „Hier werden Sie außergewöhnliche Errungenschaften sehen" kündigt die Inschrift auf der grob behauenen Steinmauer an, doch das ist eine Untertreibung. Es gibt einfach keinen großartigeren Tempel für alles Bizarre und Verrückte in Süd-Florida als dieses Bauwerk. Der Legende nach wurde ein Lette am Traualtar stehen gelassen und zog daraufhin nach Florida. Dort meißelte er in der Dunkelheit der Nacht unbeobachtet in mühsamer Handarbeit dieses Denkmal für die unerwiderte Liebe.

Everglades Outpost TIERSCHUTZGEBIET
(☎305-562-8000; www.evergladesoutpost.org; 35601 SW 192nd Ave, Homestead; Erw./Kind 12/8 US$; ⏲Mo, Di & Fr–So 10–17.30 Uhr, Mi & Do nach Vereinbarung) Der Everglades Outpost nimmt Wildtiere auf, die von illegalen Händlern beschlagnahmt, vor Vernachlässigung und Misshandlung gerettet oder von überforderten Besitzern abgegeben wurden. Hier werden sie dann gefüttert und versorgt. Zu den Bewohnern des Outpost gehören ein Lemur, Wölfe, ein Schwarzbär, Zebras, Kobras, Alligatoren und ein Paar majestätischer Tiger (einer davon wurde von einer exotischen Tänzerin hierher gebracht, die das Tier eigentlich in ihre Tanznummer einbauen wollte). Mit dem Eintrittsgeld unterstützt man die Arbeit der Einrichtung.

Garls Coastal Kayaking Everglades KAJAKFAHREN
(www.garlscoastalkayaking.com; 19200 SW 344th St, Homestead; Einer-/Zweierkajak pro Tag 40/55 US$, halb-/ganztägige Tour 125/150 US$) Dieser Anbieter mit Sitz auf dem Gelände des Obststandes von **Robert Is Here** (☎305-246-1592; www.robertishere.com; Säfte 7–9 US$; ⏲8–19 Uhr) veranstaltet oft empfohlene Exkursionen in die Everglades. Die Ganztagstouren beginnen mit einer Wanderung (durch ziemlich sumpfiges Gelände in der üppigen Landschaft der Zypressenhaine), gefolgt von einer Kajaktour in den Mangroven und in der Florida Bay. Sofern noch Zeit bleibt, unternimmt man außerdem eine Nachtwanderung.

Schlafen & Essen

★ Everglades International Hostel HOSTEL $
(☎305-248-1122; www.evergladeshostel.com; 20 SW 2nd Ave, Florida City; Camping 18 US$/Pers., B 30 US$, DZ 61–75 US$, Suite 125–225 US$; P ❄ 📶 ≋) Das freundliche Hostel befindet sich in einer unordentlichen, aber komfortablen Pension aus den 1930er-Jahren und hat preiswerte Schlafsäle, Privatzimmer und „halb-private" Zimmer (separate Zimmer in einem Schlafsaal ohne eigenes Bad). Am schönsten ist der kreativ gestaltete Garten hinter dem Haus.

Gator Grill AMERIKANISCH $
(☎786-243-0620; 36650 SW 192nd Ave, Homestead; Hauptgerichte 9–16 US$; ⏲11–18.30 Uhr) Der Gator Grill, eine weiße Hütte mit Picknicktischen, liegt günstig, um vor oder nach

dem Besuch des Everglades National Park einzukehren. Hier gibt's Alligatorengerichte aller Art: Alligatoren-Tacos, Alligatoren-Pfanne, Alligatoren-Kebabs und auch einfach gebratenes Alligatorenfleisch, das in einem Korb serviert wird.

Praktische Informationen

In mehreren Informationszentren bekommt man Tipps zu Attraktionen, Unterkünften und Restaurants.

Chamber of Commerce (305-247-2332; www.southdadechamber.org; 455 N Flagler Ave, Homestead; Mo–Fr 9–17 Uhr)

Tropical Everglades Visitor Association (160 N 1st St, Florida City; Mo–Sa 8–17, So 10–14 Uhr)

An- & Weiterreise

Homestead betreibt am Wochenende einen kostenlosen **Trolleybus-Service** (305-224-4457; www.cityofhomestead.com; Dez.–April Sa & So), der Besucher vom Losner Park (in der Downtown von Homestead) hinaus zum **Royal Palm Visitor Center** (305-242-7700; www.nps.gov/ever; State Rd 9336; 9–16.15 Uhr) im Everglades National Park bringt sowie zwischen dem Losner Park und dem Biscayne National Park pendelt. Die aktuellen Fahrzeiten erfragt man am besten telefonisch.

Tamiami Trail

Die Calle Ocho in Miamis Little Havana bildet das östliche Ende des Tamiami Trail (US 41), der durch die Everglades bis zum Golf von Mexiko führt. Also auf nach Westen, liebe Traveller, nur ein paar Dutzend Kilometer die US 41 entlang und schon ist man Welten entfernt von der Hitze der Großstadt. Die Fahrt führt zum Nordrand des Parks, vorbei an langgestreckten Auenwäldern, Spielhallen, Anbietern von Sumpfbuggy-Touren, Straßenimbissen und anderen Einrichtungen im Stil des alten Florida.

Weiter Richtung Westen tauchen Felder und Kiefernwälder sowie Reklametafeln für Touren durch die Sümpfe auf. Touren mit dem Sumpfboot (*airboat*) sind eine traditionelle Art, die Everglades zu sehen (und so ein abgedrehter Skynyrd-Fan mit Tattoos und Tarnklamotten hat schon etwas für sich); es gibt aber auch andere Möglichkeiten, den Park zu erkunden.

Sehenswertes & Aktivitäten

Fakahatchee Strand Preserve PARK
(239-695-4593; www.floridastateparks.org/fakahatcheestrand; 137 Coastline Dr, Copeland; Auto/Fußgänger/Fahrradfahrer 3/2/2 US$; 8 Uhr–Sonnenuntergang; P) Der Fakahatchee Strand hat nicht nur einen tollen Namen, sondern beherbergt auch ein 32 mal 8 km großes Mündungsfeuchtgebiet, das direkt aus *Jurassic Park* stammen könnte. Über dieses feuchte, wilde Fantasy-Land, in dem noch immer Panther im schwarzen Wasser ihre Beute jagen, führt ein 600 m langer Plankenweg. Auh wenn man wohl kaum einen zu Gesicht bekommen wird, sieht man dafür viele verschiedene Orchideen, Vögel sowie Reptilien, angefangen bei winzigen Glattechsen bis zu grinsenden Alligatoren.

Shark Valley Tram Tour GEFÜHRTE TOUREN
(305-221-8455; www.sharkvalleytramtours.com; Erw./Kind unter 12 Jahren/Senior 25/19/12,75 US$; Abfahrt Mai–Dez. 9.30, 11, 14, 16 Uhr, Jan.–April stündlich zur vollen Stunde) Diese ausgezeich-

ABSTECHER: LOOP ROAD

Entlang der 24 Meilen (39 km) langen Loop Rd, die vom Tamiami Trail (Hwy 41) abzweigt, befinden sich einige einzigartige Stätten. Nummer Eins: die Häuser der **Miccosukee**, die mit den Einnahmen aus dem Glücksspiel teilweise erheblich ausgebaut wurden. Neben mehreren traditionellen Hütten im *chickee*-Stil stehen hier auch Trailer mit massiven Anbauten, die größer als die ursprünglichen Trailer sind, und vor allen scheinen funkelnagelneue Pick-up-Trucks zu parken. Nummer Zwei: tolle Haltebuchten mit Blick in den überfluteten Wald, in dem Reiher wie Flugsaurier in den Bäumen hocken, und wo in der Tiefe Alligatoren lauern. Nummer Drei: Häuser mit großen Konföderierten-Fahnen und Schildern mit der Aufschrift „Stay off my property" („Betreten verboten") – sie gehören genauso zur Landschaft wie die Sümpfe. Und Nummer Vier: der kurze, wunderbar dschungelartige **Tree Snail Hammock Nature Trail**. Die Kiesstraße ist zwar nicht asphaltiert, aber in gutem Zustand und auch für Fahrzeuge ohne Allradantrieb befahrbar. Wie ihr Name verspricht, kehrt die Straße am Ende direkt auf den Tamiami Trail zurück; die entspannte Rundfahrt dauert vielleicht ein, zwei Stunden.

nete zweistündige Tour folgt einem 15 Meilen (24 km) langen Asphaltweg. Unterwegs begegnet man in den Wintermonaten zahlreichen Alligatoren. Die Touren werden von sachkundigen Parkrangern kommentiert, die einen faszinierenden Überblick in die Everglades geben.

Praktische Informationen

Shark Valley Visitor Center (305-221-8776; www.nps.gov/ever/planyourvisit/svdirections.htm; Eintritt in den Nationalpark Auto/Fahrradfahrer/Fußgänger 25/8/8 US$; 9–17 Uhr) Eine gute Anlaufstelle, um sich über die Everglades zu informieren, z. B. über Wege, Tierbeobachtung und kostenlose, von Rangern geführte Aktivitäten.

Everglades City

Am Rand der Chokoloskee Bay stößt man auf ein altes Fischerdorf mit erhöht gebauten Häusern, türkisblauem Wasser und wie zufällig dahingestreuten smaragdgrünen Mangroveninseln. Das Wort „City" ist schon sehr ambitioniert für Everglades City, doch in der freundlichen Fischerstadt kann man leicht ein, zwei Tage verbringen. Hier warten einige faszinierende Erinnerungen an die Vergangenheit, darunter ein hervorragendes regionales Museum.

Der Hwy 29 führt Richtung Süden durch die Stadt und auf die kleine, friedliche Wohninsel Chokoloskee, von der sich ein schöner Blick auf die wasserreiche Wildnis der 10 000 Islands bietet. In Everglades City wie auch in Chokoloskee kann man Bootstouren buchen, um dieses fast unberührte Gebiet zu erkunden.

Sehenswertes & Aktivitäten

★ Museum of the Everglades MUSEUM
(239-695-0008; www.evergladesmuseum.org; 105 W Broadway; Mo–Sa 9–16 Uhr; P) GRATIS Dieses kleine Museum, das eine kulturelle Abwechslung zu so viel Natur bietet, sollte man auf keinen Fall verpassen. Es befindet sich im früheren Waschhaus der Stadt und wird von freundlichen Freiwilligen betrieben, die unglaublich gut über die Geschichte der Region Bescheid wissen. Die Sammlung widmet sich der Besiedlung der Gegend von den frühen Pionieren im 19. Jh. über die Blütezeit in den 1920er-Jahren bis zu den tragischen Momenten (Hurrikan Donna zerstörte die Stadt 1960) und der darauffolgenden Verwandlung der Stadt in das ruhige Nest, das es heute ist.

10 000 Islands INSELN
Eine der schönsten Möglichkeiten, die friedliche Atmosphäre der Everglades zu erleben – die zugleich verlassen, aber auch üppig, tropisch und faszinierend wirkt –, ist eine Paddeltour durch das Netz der Wasserwege am Rand des nordwestlichen Abschnitts des Parks. Die 10 000 Islands bestehen aus vielen (wenn auch sicher nicht 10 000) winzigen Inseln und einem Mangrovensumpf an der südwestlichsten Grenze von Florida.

Everglades Adventures KANUFAHREN
(877-567-0679; www.evergladesadventures.com; 107 Camellia St; 3/4-stündige Tour ab 89/99 US$, Kanu-/Kajakverleih ab 35/49 US$ pro Tag) Um einen echten Eindruck von den Everglades zu bekommen, gibt es nichts Besseres als eine Bootsfahrt. Dieser hoch gelobte Anbieter veranstaltet eine ganze Palette halbtägiger Kajaktouren: von Paddeltouren durch die Morgendämmerung bis zu Exkursionen in die Mangroven, die erst in der Dunkelheit unter den funkelnden Sternen enden.

Schlafen & Essen

Outdoor Resorts of Chokoloskee MOTEL $
(239-695-2881; www.outdoorresortsofchokoloskee.com; 150 Smallwood Dr, Chokoloskee; Zi. 119 US$;) Wegen seiner vielen Einrichtungen, darunter mehrere Pools, ein beheizter Whirlpool, Tennis- und Shuffleboard-Plätze, ein Fitnesscenter und Bootsverleih, ist dieses Motel am nördlichen Ende von Chokoloskee Island sehr beliebt. Das Preis-Leistungs-Verhältnis stimmt. Die recht einfachen Zimmer im Motelstil haben Miniküchen und eine Terrasse auf der Rückseite mit Blick auf die Marina.

Everglades City Motel MOTEL $$
(239-695-4224; www.evergladescitymotel.com; 310 Collier Ave; Zi. 150–250 US$; P) Dieses Motel bietet mit seinen großen, renovierten Zimmern, die mit allen modernen Annehmlichkeiten ausgestattet sind (Flachbild-TV, Kühlschrank, Kaffeemaschine), und den freundlichen Mitarbeitern, die den Gästen Bootstouren arrangieren können, ein gutes Preis-Leistungs-Verhältnis für alle, die etwas Zeit in der Nähe der 10 000 Inseln verbringen möchten.

★ Havana Cafe LATEINAMERIKANISCH $$
(239-695-2214; www.havanacafeoftheeverglades.com; 191 Smallwood Dr, Chokoloskee; Hauptgerichte mittags 10–19 US$, abends 22–30 US$;

⌚Mo–Do 7–15, Fr & Sa bis 20 Uhr, Mitte April–Mitte Okt. geschlossen) Das Havana Cafe ist weithin für sein köstlich zubereitetes Seafood mit lateinamerikanischer Note bekannt. Beliebte Mittagsgerichte sind Steinkrabben-Enchiladas, geschwärzter Zackenbarsch mit Reis und Bohnen sowie ein dekadentes kubanisches Sandwich. Auch die Tische im Freien zwischen Palmen und leuchtend bunter Bougainvillea tragen zum Reiz des Restaurants bei, genau wie der unglaublich freundliche Service.

Oyster House SEAFOOD **$$**
(☎239-695-2073; www.oysterhouserestaurant.com; 901 Copeland Ave; Hauptgerichte mittags 12–18 US$, Hauptgerichte abends 19–30 US$; ⌚So–Do 11–21, Fr & Sa bis 22 Uhr;) Neben hervorragenden, für die Everglades typischen Meeresfrüchtegerichten (Austern, Krabben, Zackenbarsch, Offiziersbarsch, Hummer) tischt dieses gut besuchte, familiengeführte Restaurant auch Alligatorengerichte (Tacos, Jambalaya, Platten mit gebratenem Fleisch) und einfachere Körbe (Burger, gebratene Meeresfrüchte) sowie großartige Desserts auf. Das Innere erinnert an eine rustikale Hütte und ist mit altem Schnickschnack und ausgestopften Tieren dekoriert, sodass man sich fühlt, als wäre man tief in den Wäldern.

ℹ Praktische Informationen

Everglades Area Chamber of Commerce
(☎239-695-3941; Ecke Hwy 41 & Hwy 29; ⌚9–16 Uhr) Hier bekommt man allgemeine Informationen über die Region.

ℹ An- & Weiterreise

In dieser Gegend fahren keine öffentlichen Verkehrsmittel. Die 85 Meilen (137 km) lange Autofahrt von Miami nach Westen ist recht unkompliziert und dauert etwa 1¾ Stunden.

Florida Keys

Wenn Florida eine eigene Welt innerhalb der USA ist, dann sind die Keys eine eigene Welt innerhalb von Florida – hier ticken die Uhren einfach anders. Hierher kommen Menschen, die dem Alltagsleben auf dem Festland entfliehen wollen. Und was finden sie vor? Etwa 113 Mangroven- und Sandbank-Inseln, wo die weiße Sonne auf die dichten, dunkelgrünen Mangroven knallt, lange, herrlich weiche Watten und Gezeitenstrände, Wasser, das so blaugrün wie die Türkissteine aus Arizona ist, und Einwohner, die oft einfach ganz sie selbst sind: Sonderlinge, Geeks und liebenswerte Spinner.

In Key West gilt noch immer das Motto One Human Family – das bedeutet Toleranz und „Anything goes“, eine Welt, in der das Leben eine einzige Party ist (und wozu manchmal natürlich auch der Kater am nächsten Tag gehört). Pastellfarben prägen das Bild, und eine sanfte Brise sorgt auf diesem Vorposten der Bahamas für Erfrischung. Willkommen am Ende der USA!

ℹ Praktische Informationen

Das Florida Keys & Key West Visitors Bureau des Monroe County Tourist Development Council betreibt eine ausgezeichnete Website (www.fla-keys.com) mit umfangreichen Informationen über alles, was die Keys zu bieten haben.

Gute tägliche Online-News und Infos über die Inseln bietet die Seite www.keysnews.com.

ℹ An- & Weiterreise

Schon die Anreise kann ein echtes Erlebnis sein – oder eine Menge Stress, wenn man Pech hat. Auf einer der großartigsten Straßen der Welt, dem Overseas Hwy (Hwy 1), geht es von einer mangrovengesäumten Insel zur nächsten. An guten Tagen ist dies der Inbegriff des amerikanischen Road Trips, mit dem Wind im Gesicht, den Zwillingsstädten der Florida Bay auf der einen Seite und dem Atlantik auf der anderen. An schlechten Tagen quält man sich durch den Stau, vielleicht hinter einem Typen auf einer Harley, der seine Midlife-Crisis bekämpft.

Busse von Greyhound (www.greyhound.com) starten in der Downtown Miamis und in Key West und fahren zu allen Orten auf den Keys, die am Hwy 1 liegen; man kann sich einfach an den Overseas Hwy stellen und einen Bus heranwinken. Wer nach Fort Lauderdale oder Miami fliegt, kann den Tür-zu-Tür-Service des **Keys Shuttle** (☎888-765-9997; www.keysshuttle.com) nutzen, der die meisten Keys ansteuert (Upper & Middles Keys/Lower Keys/Key West 70/80/90 US$). Man sollte mindestens einen Tag vorher buchen.

Key Largo

Wir wollen ehrlich sein: Auf den ersten Blick ist Key Largo (so heißen sowohl die Insel als auch die Stadt darauf) nicht besonders überwältigend. Allerdings sind die größten Attraktionen zunächst auch unsichtbar, denn sie liegen unter der Wasseroberfläche. Wenn man auf die Inseln zufährt, sieht Key Largo aus wie eine lange zugebaute Meile. Doch sobald man da ist und in eine Seitenstraße einbiegt, eine Bar besucht oder ein umgebautes Plantagenhaus anschaut, kommen die Besonderheiten von Key Largo klarer zum Vorschein.

Das 33 Meilen ((53 km) lange Largo, das bei MM 106 beginnt, ist die längste Insel der Keys, und entlang dieser 33 Meilen wimmelt es von Meeresflora und -fauna. Da es hier die größte Konzentration an Tauchspots in den Keys gibt, ist die Meereswelt gut zugänglich. Die Stadt Tavernier (bei Meile 93) liegt gleich südlich der Stadt Key Largo.

Sehenswertes & Aktivitäten

John Pennekamp Coral Reef State Park STATE PARK

(☎305-451-6300; www.pennekamppark.com; MM 102,6 auf der Meerseite; Auto mit 1/2 Pers. 4,50/9 US$, Fußgänger o. Radfahrer 2,50 US$; ⏲8 Uhr–Sonnenuntergang, Aquarium bis 17 Uhr; P) Dieser State Park kann sich rühmen, der erste Unterwasserpark der USA gewesen zu sein. Er umfasst 28 ha auf dem Land und fast 20 000 ha (knapp 200 km²) unter Wasser – fast der gesamte Park befindet sich somit im Ozean. Ehe man sich ins Wasser stürzt, sollte man aber die schönen Strände genießen und einen Spaziergang an Land machen.

Laura Quinn Wild Bird Sanctuary TIERSCHUTZGEBIET

(☎305-852-4486; www.keepthemflying.org; 93600 Overseas Hwy, MM 93,6; Spende erbeten; ⏲Sonnenaufgang–Sonnenunergang; P) Dieses 2,8 ha große Schutzgebiet ist ein Refugium für viele verletzte Vögel. Ein Plankenweg führt durch verschiedene Gehege, wo man etwas über die dauerhaften Bewohner lernt, die nicht wieder ausgewildert werden können. Hier sind u.a. Maskentölpel, Virginia-Uhus, Grünreiher, Braunpelikane und Ohrenscharben (eine Kormoran-Art) zu Hause. Wenn man dem Pfad weiter folgt, bietet sich eine nette Aussicht auf die Florida Bay.

African Queen BOATING

(☎305-451-8080; www.africanqueenflkeys.com; Key Largo Holiday Inn, 99701 Overseas Hwy; Kanalfahrt/Fahrt mit Abendessen 49/89 US$) Das Dampfschiff aus dem 1951 gedrehten Film *African Queen* mit Humphrey Bogart und Katharine Hepburn in den Hauptrollen wurde restauriert und erstrahlt nun wieder in seiner alten Pracht. Auf einer Kanaltour oder einer Fahrt mit Abendessen kann man sich selbst wie ein Filmstar fühlen. Wenn man sich besser benimmt als seinerzeit die von Katherine Hepburn verkörperte Rose, lässt einen der Kapitän vielleicht sogar mal eine Weile ans Steuer.

Garl's Coastal Kayaking ÖKOTOUR

(☎305-393-3223; www.garlscoastalkayaking.com; 4-stündige geführte Touren Erw./Kind 75/50 US$, Kajak Ein-/Zweisitzer pro Tag 40/55 US$) Garl's ist ein ausgezeichneter Anbieter für Ökotouren, der seine Kunden mit Kajak und Kanu ins Hinterland der Everglades und durch die Mangroveninseln der Florida Bay führt. Hier gibt's auch preiswerte Leihausrüstung.

Schlafen & Essen

Hilton Key Largo Resort HOTEL $$

(☎305-852-5553; www.keylargoresort.com; MM 102 auf der Buchtseite; Zi./Suite ab 200/280 US$; P) Dieses Hilton-Hotel hat jede Menge Charakter. Die Gäste scheinen sich automatisch zu entspannen, wenn sie in den sauberen Designerzimmern in Blau- und Grüntönen und mit Balkons, von denen man aufs Wasser blicken kann, faulenzen. Auf dem riesigen Gelände gibt es einen Pool, der von einem künstlichen Wasserfall gespeist wird, und einen ziemlich langen, weißen Privatstrand. Die besten Preise ergattert man, wenn man online bucht.

Jules' Undersea Lodge HOTEL $$$

(☎305-451-2353; www.jul.com; 51 Shoreland Dr, MM 103,2 auf der Meerseite; EZ/DZ/3BZ 675/800/1050 US$) Man hört ja viel über den Bau von Unterwasserhotels in Dubai und auf den Fidschi-Inseln, doch abgesehen von U-Booten ist Jules' Undersea Lodge noch immer der einzige Ort der Welt, wo man zusammen mit seiner besseren Hälfte dem „Five Fathom Club" beitreten kann (diese Tiefangabe ist keine Übertreibung). Die einstige Forschungsstation wurde in ein herrlich kitschiges Motel verwandelt – nur eben unter Wasser.

DJ's Diner AMERIKANISCH $

(☎305-451-2999; 99411 Overseas Hwy; Hauptgerichte 8–15 US$; ⏲7–15 Uhr; P) Beim Betreten begrüßt ein Wandbild von Humphrey Bogart, James Dean *und* Marilyn Monroe die Gäste – viel amerikanischer geht's kaum. In traditionellem Diner-Ambiente mit den typischen Nischen werden große Portionen typisch amerikanischer Gericht serviert. Sehr beliebt ist das Frühstück: lockere Omeletts, Eggs Benedict und Waffeln.

Fish House SEAFOOD $$
(☎305-451-4665; www.fishhouse.com; MM 102,4 auf der Meerseite; Hauptgerichte mittags 12–21 US$, abends 21–30 US$; ⌚11.30–22 Uhr; P 👪) Das Fish House macht seinem Namen alle Ehre: Der täglich von den einheimischen Fischern gebrachte Fisch wird gebraten, gekocht, geschwärzt oder auf dem Holzofengrill zubereitet und schmeckt ausgezeichnet. Die Karte wechselt je nach aktuellem Angebot.

Islamorada

Islamorada (*ei-la-mu-ra-da*) wird auch „The Village of Islands" („Dorf der Inseln") genannt. Das klingt nicht nur hübsch, das ist es auch. Die kleine Inselkette besteht aus den Keys Plantation, Upper und Lower Matecumbe, Shell und Lignumvitae (*lig-num-wai-ti*) und ist einer der malerischsten Abschnitte der Inseln. Hier werden die struppigen Mangroven von einem endlosen Horizont aus Meer und Himmel in traumhaften Blauschattierungen abgelöst. Islamorada zieht sich von MM 90 bis MM 74 über eine Länge von 20 Meilen (32 km).

Sehenswertes & Aktivitäten

★ **Florida Keys History of Diving Museum** MUSEUM
(☎305-664-9737; www.divingmuseum.org; Mile 83; Erw./Kind 12/6 US$; ⌚10–17 Uhr; P 👪) Das Tauchmuseum kann man gar nicht übersehen – es ist das Gebäude mit dem riesigen Walhai-Bild an der Seitenwand. Es führt Besucher durch die 4000 Jahre alte Geschichte des Tauchens. Zu sehen sind faszinierende Exponate wie Karl Heinrich Klingerts Kupferkessel aus dem Jahr 1797, ein skurriler Raum, der sich Jules Vernes Romanfigur Kapitän Nemo widmet, sperrige Tiefsee-Tauchanzüge und großartige Taucherhelme aus aller Welt. Die einfallsreiche Ausstellung ist ein typisches Beispiel für die charmante Skurrilität der Keys.

Windley Key Fossil Reef Geological State Site STATE PARK
(☎305-664-2540; www.floridastateparks.org/windleykey; MM 85,5 oceanside; Eintritt/Tour 2,50/2 US$; ⌚Do–Mo 8–17 Uhr) Damit Henry Flagler seine Eisenbahn über die Keys bauen konnte, musste er beträchtliche Brocken der Inseln herausbrechen. Die besten Zeugnisse seiner Anstrengungen finden sich in diesem früheren Steinbruch, der heute ein State Park ist. Entlang der 2,4 m hohen Steinbruchwand befindet sich zurückgelassene Maschinerie. Direkt im Gestein sieht man Fossilienabdrücke von Hirnkorallen und Hirschgeweihkorallen. Der Steinbruch ermöglicht Besuchern einen coolen (und seltenen) Blick in die Korallenschichten, aus denen die Keys im Wesentlichen bestehen.

★ **Robbie's Marina** BOOTSVERLEIH
(☎305-664-8070; www.robbies.com; MM 77,5 bayside; Verleih von Kajaks & Stehpaddelbrettern 45–80 US$; ⌚9–20 Uhr; 👪) Robbie's ist nicht einfach nur eine Bootsrampe, es ist auch ein lokaler Flohmarkt, ein kitschiges Touristengeschäft, ein Sammelbecken für Seefedern (große Fische) und der Ausgangspunkt für Angeltouren – alles in einem mit Treibholz dekorierten Komplex. Hier kann man auch Boote ausleihen und Bootstouren unternehmen. Am besten entkommt man dem Trubel aber, wenn man ein Kajak ausleiht und damit durch die nahen Mangroven, Hammocks und Lagunen fährt.

Schlafen & Essen

Conch On Inn MOTEL $
(☎305-852-9309; www.conchoninn.com; 103 Caloosa St, MM 89,5; Zi. 100–180 US$; P 📶) Das Motel ist bei Rentnern beliebt, die es jeden Winter nach Florida zieht. Die Zimmer sind einfach, aber in heiteren Farben gestrichen, sauber, komfortabel und gut ausgestattet. Auf der Terrasse am Wasser kann man prima entspannen und nach Seekühen Ausschau halten – bis zu 14 wurden hier schon vor dem Bootsanleger gesichtet.

Lime Tree Bay Resort Motel MOTEL $$
(☎305-664-4740; www.limetreebayresort.com; MM 68,5 bayside; Zi. 180–360 US$; ❄ 📶 🏊) Auf diesem 1 ha großen versteckten Refugium am Wasser kann man die spektakulären Sonnenuntergänge in den vielen Hängematten und Gartenstühlen ungehindert genießen. Die Zimmer sind komfortabel eingerichtet, die schönsten haben Balkons mit Blick aufs Wasser. Das Motel bietet viele Extras, z. B. Tennisplätze, Fahrräder, Kajaks und Stehpaddelbretter.

Bad Boy Burrito MEXILKANISCH $
(☎305-509-7782; www.badboyburrito.com/islamorada; 103 Mastic St, MM 81,8 bayside; Hauptgerichte 8–15 US$; ⌚Mo–Sa 10–18 Uhr) Versteckt an einer winzigen Plaza sitzt man hier zwischen sprudelnden Brunnen, Orchideen und sich wiegenden Palmen. Auf der Karte stehen großartige Fisch-Tacos und die na-

mengebenden Burritos mit hochwertigen Zutaten (Kronfleisch, Entenconfit, Zucchini und Kürbis) und allen möglichen Beilagen (Weißkraut, Chipotle-Mayonnaise, hausgemachte Salsa). Dazu am besten Hibiskus-Tee und Pommes mit Guacamole bestellen.

★ Lazy Days SEAFOOD $$
(☎305-664-5256; www.lazydaysislamorada.com; 79867 Overseas Hwy, oceanside; Hauptgerichte 18–34 US$;) Das Lazy Days, eines der kulinarischen Highlights der Islamorada, ist wegen seiner frischen Meeresfrüchtegerichte weithin berühmt. Am besten beginnt man mit einer Muschelsuppe, zu der ein kleiner Sherry serviert wird, gefolgt von einem göttlichen Eber-Lippfisch-Poseidon (Fisch mit Shrimps, Jakobsmuscheln und Limettenbutter) oder einem Teller mit gekochten Meeresfrüchten (halber Hummer, Shrimps, der Fang des Tages und andere Delikatessen).

Marathon

Marathon liegt genau auf halbem Weg zwischen Key Largo und Key West und bietet sich für einen Zwischenstopp auf der Fahrt über die Inseln an. Es ist die vielleicht „entwickeltste" Insel außerhalb von Key West (wobei „entwickelt" in diesem Fall schon sehr gewagt ist) – immerhin gibt's hier große Einkaufszentren und über 8000 Einwohner. Gleichzeitig ist es aber ein Ort, in den die Bewohner des Festlands flüchten, um zu angeln, zu zechen und sich zu amüsieren. Marathon ist zwar familienfreundlicher als Key West, aber nicht gerade jugendfrei.

Schlafen & Essen

Seascape Motel & Marina MOTEL $$
(☎305-743-6212; www.seascapemotelandmarina.com; 1075 75th St Ocean E, zw. MM 51 & 52; Zi. 250–450 US$; P) Alle zwölf Zimmer dieses B&B schwelgen in elegantem, unaufdringlichen Luxus, sind aber ganz individuell gestaltet, mal mit altmodischem Cottage-Flair, mal im schicken Boutique-Stil. Die Gäste können einen Pool am Meer, Kajaks und Stehpaddelbretter nutzen. Angesichts der abgeschiedenen Lage fühlt man sich hier wie am Ende der Welt.

Tranquility Bay RESORT $$$
(☎305-289-0667; www.tranquilitybay.com; MM 48,5 bayside; Zi. 340–700 US$; P) Wer sich mal etwas Luxus gönnen möchte, sollte hier übernachten. Das Tranquility Bay ist ein riesiges Resort mit Ferienwohnungen, schicken Strandhäusern, eleganter Bettwäsche und ganz in Weiß gehaltener Eleganz. Die Anlage ist wirklich groß und bietet so viele Aktivitäten, dass es einem schwerfällt, das Resort zu verlassen.

★ Keys Fisheries SEAFOOD $$
(☎866-743-4353; www.keysfisheries.com; 3502 Louisa St; Hauptgerichte 12–27 US$; ⏲11–21 Uhr; P) Das Reuben-Sandwich mit Hummer ist legendär: so süß, stückig und cremig, dass man hinterher davon träumt. Doch alle Meeresfrüchte sind so hervorragend, dass man gar nichts falsch machen kann. Serviert werden sie mit Gemüse. Die neugierigen Möwen interessieren sich sehr dafür, was die Gäste am belebten Ufer so essen.

Lower Keys

Auf den Lower Keys lebt eine Mischung aus Winterflüchtlingen und einheimischen Conchs. Einige Familien sind hier schon seit Generationen ansässig, daher herrscht hier eine stärkere Inselatmosphäre als andernorts am Overseas Hwy. Es ist ein merkwürdiger Kontrast: Die Inseln werden hier isolierter, ländlicher und typischer „Keez-y" – und dann kommt plötzlich das (relativ) kosmopolitische, heterogene und freigeistige Key West.

Abgesehen von den Menschen ist die Natur das große Highlight der Lower Keys. Hier befinden sich der schönste State Park der Keys und eine seiner seltensten Arten. Paddler können die malerische und unberührte Mangroven-Wildnis erkunden.

Die Hauptattraktion dieser Gegend ist der **Bahia Honda State Park** (☎305-872-3210; www.bahiahondapark.com; Mile 37; Auto 4–8 US$, Radfahrer & Fußgänger 2,50 US$; ⏲8 Uhr–Sonnenuntergang;) mit seinem langen, weißen (manchmal mit Tang bedeckten) Sandstrand. Er ist der vielleicht schönste Natursandstrand dieser Inselkette. Ein Erlebnis ist auch der Spaziergang über die **alte Bahia-Honda-Eisenbahnbrücke**, von der sich ein schöner Blick auf die umliegenden Inseln bietet. Eine weitere tolle Möglichkeit, einen sonnigen Nachmittag zu verbringen, ist eine Kajaktour (halber/ganzer Tag ab 12/36 US$).

Key West

Key West ist viel progressiver, offener und unkonventioneller als die anderen Keys – und auch viel spannender. In erster

Linie wirkt die 2,6 km² große Insel wie eine herrliche tropische Oase, in der nachts die Stechäpfel blühen und die traditionellen karibischen Häuser so traurig-romantisch anmuten, dass es schwer fällt, bei ihrem Anblick nicht zu seufzen.

Key Wests Reize sind offenkundig, doch die Insel hat auch ihre Kehrseiten. Während es auf der einen Straßenseite Literaturfestivals, karibische Villen, tropische Restaurants und teure Kunstgalerien gibt, finden auf der anderen Seite Sado-Maso-Fetischparaden statt, betrunkene Collegestudenten schlafen auf dem Bürgersteig ein und in düsteren Bars drängen sich Bartträger mit Burnout-Syndrom. Angesichts dieser Widersprüche findet hier jeder etwas für sich, egal, wo die Interessen liegen.

Wie in anderen Teilen der Keys ist die Natur hier eine Hauptattraktion. Die Sonnenuntergänge sind oft traumhaft und der Anlass für die nächtlichen Partys unten am Mallory Sq.

Sehenswertes

★ Museum of Art & History at the Custom House — MUSEUM

(☎305-295-6616; www.kwahs.com; 281 Front St; Erw./Kind 10/5 US$; ⌚9.30–16.30 Uhr) Wer etwas über die Geschichte Key Wests erfahren möchte, sollte dieses tolle Museum am Ende der Straße nicht verpassen. Zu den Highlights gehören die Fotos und das Archivmaterial über den Bau des ambitionierten Overseas Hwy sowie über den Hurrikan, bei dem 400 Menschen ums Leben kamen. Ein Modell der USS *Maine* (die während des Spanisch-Amerikanischen Krieges sank) sowie Ausstellungen über die Rolle der Navy in Key West (die hier einmal der größte Arbeitgeber war) und über die „Wreckers", die ihr Glück mit der Plünderung der Schätze in den Wracks gesunkener Schiffe machten, sind weitere Pluspunkte des Museums.

★ Mallory Square — PLATZ

(www.mallorysquare.com; 👪) Hier versammeln sich alle Energien, Subkulturen und Eigenarten des Lebens auf den Keys und verschmelzen in einer von Fackeln erhellten, familienfreundlichen (aber verspieltdurchgeknallten) Straßenparty im Schein der Abendsonne. Das Zentrum all dieses lärmenden Trubels ist der Mallory Sq, auf dem sich eine der fantastischsten Shows der Welt abspielt. Es beginnt in den Stunden vor der Abenddämmerung – die sinkende Sonne gibt das Startsignal für das Spektakel mit Feuerschluckern, auf einem Seil laufenden Hunden und britischen Akrobaten, die ihre Künste zeigen und einander freche Sprüche zurufen.

Duval Street — VIERTEL

Die Einwohner Key Wests empfinden eine Art Hassliebe für die berühmteste Straße Key Wests (wenn nicht gar der gesamten Keys). Die Duval Str, die Hauptstraße der Old Town von Key West, ist eine wundersame Meile, auf der der Alkohol in Strömen fließt, nichts authentisch ist und die Leute sich unmöglich benehmen – aber trotzdem macht es Spaß! Der „Duval Crawl" gehört zu den wildesten Kneipentouren des Landes. Der Mix aus Neon-Drinks, Travestie-Shows, kitschigen T-Shirts, kleinen Theatern, Kunstgalerien und Boutiquen ist eher charmant als misstönend.

Hemingway House — HAUS

(☎305-294-1136; www.hemingwayhome.com; 907 Whitehead St; Erw./Kind 14/6 US$; ⌚9–17 Uhr) Ernest Hemingway, der Liebling von Key West, lebte von 1931 bis 1940 in diesem prächtigen Haus im spanischen Kolonialstil. Papa Hemingway zog in den frühen 1930er-Jahren mit seiner zweiten Frau, einer Moderedakteurin der *Vogue* und (ehemaligen) Freundin seiner ersten Frau, hierher (später verließ er das Haus, um mit seiner dritten Frau davonzulaufen). An diesem Ort schrieb er *Das kurze glückliche Leben von Francis Macomber* und *Die grünen Hügel Afrikas* in Gesellschaft vieler sechszehiger Katzen, deren Nachkommen heute noch das Anwesen fest im Griff haben.

Aktivitäten

Dive Key West — TAUCHEN

(☎305-296-3823; www.divekeywest.com; 3128 N Roosevelt Blvd; Schnorcheln/Tauchen ab 60/75 US$) Das größte Tauchzentrum der Insel bietet Tauchexkursionen am Vormittag, am Nachmittag und am Abend. Wracktauchen kostet inklusive der gesamten Ausrüstung und des Sauerstoffs 145 US$, mit Taucheranzug 160 US$.

Geführte Touren

Old Town Trolley Tours — GEFÜHRTE TOUREN

(☎855-623-8289; www.trolleytours.com; Erw./Kind/Senior 32/11/29 US$; ⌚Touren 9–16.30 Uhr; 👪) Diese Touren sind eine tolle Einführung in die Stadt. Die Busse, die am Mallory Sq starten, drehen eine 90-minütige Runde und halten unterwegs an zwölf Stationen, an denen man nach Belieben ein- und aussteigen kann. Die Touren dieses Anbieters beginnen täglich alle 15 bis 30 Minuten zwischen 9 und 16.30 Uhr. Der Kommentar ist kitschig, gibt aber einen guten Überblick über die Geschichte von Key West.

Feste & Events

Womenfest SCHWULE & LESBEN

(www.womenfest.com; ⌚ Sept.) Beim Womenfest, einem der größten lesbischen Festivals Nordamerikas, wird vier Tage lang gefeiert. Es gibt Pool-Partys, Kunstshows, Roller-Derbys, Travestie-Brunches, Segeltörns in den Sonnenuntergang, Flag Football und eine Tattoo- und Schnurrbart-Fahrradtour. Das Ganze ist ein Riesenspaß, der tausende Besucher aus allen Ecken der USA und selbst aus dem Ausland nach Key West lockt.

★ **Fantasy Fest** KULTUR

(www.fantasyfest.net; ⌚ Ende Okt.) Das Fantasy Fest, das an das wilde Mardi Gras in New Orleans erinnert, ist ein zehntägiges Event mit ausgefallenen Partys, Paraden, Straßenfesten, Konzerten und vielen Kostümveranstaltungen. Die Bars und Gasthäuser wetteifern um die schönste Hausdekoration, und alle schmeißen sich in die verrücktesten Kostüme, die sich finden lassen (oder sind überwiegend nackt mit nur wagemutiger Körperbemalung).

Schlafen

Key West Youth Hostel & Seashell Motel HOSTEL $$

(☎ 305-296-5719; www.keywesthostel.com; 718 South St; B 55 US$, DZ 120–240 US$; P ❄ 📶) Einen Design-Preis wird dieses Hostel kaum gewinnen, doch die Mitarbeiter sind nett und dies ist eine der wenigen günstigen Unterkünfte auf der Insel. Die Schlafsäle und Motelzimmer haben schlichte weiße Fliesenböden, einige Zimmer sind aber in freundlicheren Farben (gelb oder blau-weiß) gestrichen und nicht so eintönig. Auf der Terrasse hinterm Hostel kommt man leicht mit den anderen Gästen ins Gespräch.

Casablanca Key West PENSION $$

(☎ 305-296-0815; www.keywestcasablanca.com; 900 Duval St; Zi. 180–400 US$; ❄ 📶 🏊) Das Casablanca liegt am ruhigeren Ende der Duval St und verfügt über acht freundliche Zimmer, die mit einer herrlich tropischen Eleganz aufwarten. Die 1898 erbaute Pension, die ursprünglich ein privates Wohnhaus war, hatte im Lauf der Jahre einige illustre Besucher, darunter Humphrey Bogart, der 1937 hier übernachtete. Die hellen Zimmer haben Parkettboden und bequeme Betten, einige auch kleine Balkons.

Saint Hotel BOUTIQUEHOTEL $$$

(☎ 305-294-3200; www.thesainthotelkeywest.com; 417 Eaton St; Zi. 360–700 US$; ❄ 📶 🏊) Trotz seiner Nähe zur Duval St fühlt man sich im Saint angesichts der vornehmen Zimmer, der minimalistisch-schicken Lobby, des malerischen Pools mit einem Miniwasserfall und der kunstvoll gestalteten Bar wie in einer anderen Welt. Die besten Zimmer haben Balkons mit Poolblick.

Essen

Pierogi Polish Market OSTEUROPÄISCH $

(☎ 305-292-0464; 1008 White St; Hauptgerichte 5-11; ⌚ Piroggen-Theke Mo–Sa 11–19 Uhr, Geschäft Mo–Sa 10–18, So 12–18 Uhr; P 🌿) Auf den Keys arbeiten unzählige Saisonkräfte, die überwiegend aus Mittel- und Osteuropa stammen. Hier finden sie ein Stück Heimat in Form von Piroggen, Knödeln, Blinis und tollen Sandwiches. Es nennt sich zwar „Polnischer Markt“, doch das Essen ist auch auf ungarische, tschechische und russische Gäste sowie andere Nationalitäten ausgerichtet.

Garbo's Grill FUSION $

(www.garbosgrillkw.com; 409 Caroline St; Hauptgerichte 10–14 US$; ⌚ Mo–Sa 11–22 Uhr) Ein kleines Stück abseits der Touristenpfade serviert das Garbo's leckere Tacos mit kreativen Toppings wie Shrimps in Mango-Ingwer-Habanero-Glasur und frische Mahimahi mit allem, was dazu gehört. Außerdem gibt's Gourmet-Burger und Hotdogs. Das Essen wird in einem schicken Airstream-Wohnwagen zubereitet, der an einer gepflasterten Terrasse mit Tischen und Stühlen steht.

The Café VEGETARISCH $$

(☎ 305-296-5515; www.thecafekw.com; 509 Southard St; Hauptgerichte 12–22 US$; ⌚ 9–22 Uhr; 🌿) Das älteste vegetarische Restaurant von Key West ist tagsüber ein sonniges Mittagslokal und verwandelt sich abends in ein gut besuchtes, dezent beleuchtetes Restaurant, in das man gern kommt, um zu essen und zu trinken. Die Küche ist herausragend und das breit gefächerte Speisenangebot reicht von thailändischen Pfannen-Currys und Baguettes mit Fleischbällchen bis zu Pizza mit zerkleinertem Rosenkohl und einem berühmten vegetarischen Burger.

★ Thirsty Mermaid SEAFOOD $$

(☎305-204-4828; www.thirstymermaidkeywest.com; 521 Fleming St; Hauptgerichte 12-28 US$; ⏲11–23.30 Uhr; ✎) Mal abgesehen vom tollen Namen („Durstige Meerjungfrau") besticht das winzige Thirsty Mermaid mit seinen fantastischen Meeresfrüchten und der stilvollen, aber entspannten Atmosphäre. Die Karte ist eine kulinarische Würdigung der Schätze des Meeres: Rohe Austern stehen neben Ceviche, Klaffmuscheln und sogar Kaviar. Herausragende Hauptgerichte sind die scharf angebratenen Kammmuscheln und der Thunfisch mit Togarashi-Gewürz und Jasminreis.

★ Blue Heaven AMERIKANISCH $$$

(☎305-296-8666; www.blueheavenkw.com; 729 Thomas St; Hauptgerichte Frühstück & mittags 10–17 US$; abends 22–35 US$; ⏲8–22.30 Uhr; ✎) Das Blue Heaven ist eine der schrägsten Adressen auf einer Insel voller Skurrilitäten und beweist, dass die Lage fast alles ist. Die Gäste (und ein frei laufendes Federvieh) futtern gemeinsam in dem tropischen Garten mit seinen verwitterten Gebäuden, in dem Hemingway einst bei Boxkämpfen als Ringrichter fungierte. Scharen von Gästen verschlingen hier köstliches Frühstück (Blaubeerpfannkuchen!) und Keys-Küche mit französischer Note (wie den Gelbschwanz-Schnapper mit Zitronenbuttersauce).

Ausgehen & Unterhaltung

★ Green Parrot BAR

(☎305-294-6133; www.greenparrot.com; 601 Whitehead St; ⏲22–4 Uhr) Die älteste Bar auf dieser Insel voller Bars eröffnete im späten 19. Jh. als Treff für Raubeine und war seitdem durchgängig in Betrieb. Die klapprige Inneneinrichtung (inklusive der einheimischen Kunstwerke, die die Wände schmücken, und eines an der Decke ausgebreiteten Fallschirms) trägt zur besonderen Atmosphäre ebenso bei wie das bunte Publikum, das sich einfach nur amüsieren möchte.

Captain Tony's Saloon BAR

(☎305-294-1838; www.capttonyssaloon.com; 428 Greene St; ⏲22–2 Uhr) Manche behaupten, dass Hemingway im benachbarten Megabar-Komplex Sloppy Joe's Stammgast war, doch in Wirklichkeit trank der alte Mann genau hier, wo sich das ursprüngliche Sloppy Joe's befand (ehe es in die Studentenhölle an der Duval St umzog). Hemingways dritte Frau (eine Journalistin, die über ihn schreiben sollte) verführte ihn in genau dieser Bar.

Irish Kevin's BAR

(☎305-292-1262; www.irishkevins.com; 211 Duval St; ⏲22–3.30 Uhr) Das Kevin's, eine der beliebtesten Megabars in der Duval St, hat das richtige Rezept gefunden, um die Gäste zu unterhalten: Die allabendliche Livemusik ist eine Mischung aus Folksängern, Cheerleader-Shows und schlüpfrigen Witzen im Stil aufgedrehter Radiomoderatoren. Das Publikum flippt regelmäßig bei den akustischen Coverversionen von Hits ab den 80er-Jahren aus, die mit bierseligen patriotischen Deklamationen à la Lee Greenwood gemischt sind.

La Te Da KABARETT

(☎305-296-6706; www.lateda.com; 1125 Duval St; ⏲Shows 20.30 Uhr) In der Bar draußen treffen sich die Einheimischen, um bei einem Glas Bier zu schwatzen, während am Wochenende oben im fabelhaften Crystal Room erstklassige Travestie-Shows mit Stars aus dem ganzen Land laufen (Eintritt 26 US$). In der Lounge unten finden zwanglosere Kabarett-Auftritte statt.

ℹ Praktische Informationen

Citizen (www.keysnews.com) Gut geschriebene, oft amüsante Tageszeitung.

Key West Chamber of Commerce (☎305-294-2587; www.keywestchamber.org; 510 Greene St; ⏲9–18 Uhr) Sehr gute Infoquelle.

Key Wester (www.thekeywester.com) Restaurantkritiken und aktuelle Events.

ℹ Unterwegs vor Ort

Ist man erst einmal in Key West, besorgt man sich am besten ein Fahrrad (Leihfahrräder gibt's rund um die Duval St, in Hotels und Hostels ab 10 US$ pro Tag). Im Bereich der Duval St fährt zwischen 18 und 24 Uhr der kostenlose Duval-Loop-Shuttle (www.carfreekeywest.com/duval-loop).

Weitere Optionen sind die farbig markierten Busse von **Key West Transit** (☎305-600-1455; www.kwtransit.com; Tageskarte 4–8 US$), die etwa alle 15 Minuten fahren, und Mopeds, die in der Regel ab 35 US$ pro Tag erhältlich sind (Zweisitzer ab 60 US$). Schließlich wären da noch die offenen Elektroautos für Touristen namens „Conch Cruisers", die 55 km/h drauf haben; Viersitzer/Sechssitzer kosten ca. 140/200 US$ pro Tag.

A&M Scooter Rentals (☎305-896-1921; www.amscooterskeywest.com; 523 Truman Ave; Fahrrad/Moped/Elektroauto ab 10/35/140 US$/Tag; ⏲9–19 Uhr) verleiht Mopeds und Fahrräder sowie offene Elektroautos für zwei bis sechs Personen und liefert diese kostenlos an.

ATLANTIKKÜSTE

Floridas nördliche Atlantikküste ist eine urbane Riviera für Nordflorida und den tiefen Süden. Die langen Strände liegen im Schatten von hohen Apartmentbauten und Villen am Meer. Wer von Süden nach Norden reist, kommt an den Auspuffrohren und Bikerbars von Daytona Beach vorbei, fährt dann durchs ruhige Flagler Beach und weiter ins historische St. Augustine, wo man unbedingt ein oder zwei Nächte bleiben sollte.

Gleich südlich der ausufernden Stadt Jacksonville, die die friedliche Küste unterbricht, liegen mehrere reiche Strandorte. Viele Besucher fahren von hier weiter auf die charmante Amelia Island und zur Grenze zu Georgia. Unterwegs stößt man auf eine Reihe grasbewachsener Barriereinseln, die mit Prielen, flachen Salzmarschen und dunklen Küstenwäldern durchsetzt sind.

Space Coast

Den über 60 km langen Abschnitt der Atlantikküste, der sich von der Canaveral National Seashore nach Süden bis Melbourne Beach erstreckt, prägen Barriereinseln, endlose unbebaute weiße Sandstrände, eine tief verwurzelte Surferkultur und Nischen des alten Florida.

Das Kennedy Space Center und mehrere kleine Museen widmen sich der Geschichte, den Helden und der Wissenschaft des Raumfahrtprogramms der USA, das der Space Coast ist ihren Namen gab. Cocoa Beach, das touristische Zentrum der Region, liegt gleich südlich vom Kreuzfahrthafen Cape Canaverals, wo zahlreiche Ozeanriesen ablegen. Neben 3-D-Raumfahrtfilmen, Bars im Stil von Südseehütten und Surferläden können auch alle Besucher, von den Großeltern bis zu den Knirpsen, an der Space Coast die für Florida so typische Wildnis erleben – egal, ob beim Kajakfahren mit Seekühen, beim Zelten auf privaten Inseln oder bei endlosen Spaziergängen auf weißen Sandstränden.

Sehenswertes & Aktivitäten

★ Kennedy Space Center MUSEUM
(☎866-737-5235; www.kennedyspacecenter.com; NASA Pkwy, Merritt Island; Erw./Kind 3–11 Jahre 50/40 US$; ⏲9–18 Uhr) Ob man sich nun nur am Rande für den Weltraum interessiert oder ein eingefleischter Science-Fiction-Fan ist – ein Besuch im Space Center ist ehrfurchterregend. Um einen guten Überblick zu erhalten, beginnt man mit der Ausstellung Early Space Exploration, macht dann die 90-minütige Bustour zum Apollo/Saturn V Center (wo es das beste Café des Museums gibt) und beendet den Besuch in der großartigen *Atlantis*-Ausstellung, wo man unter dem von der Hitze versengten Rumpf eines Shuttles entlangspazieren kann, das auf 33 Raumfahrtmissionen über 202 000 000 km durch das Weltall geflogen ist.

★ Merritt Island National Wildlife Refuge NATURSCHUTZGEBIET
(☎321-861-5601; www.fws.gov/merrittisland; Black Point Wildlife Dr, abseits der FL-406; Fahrzeug 10 US$; ⏲Sonnenaufgang–Sonnenuntergang) GRATIS Dieses unberührte, 566 km² große Naturschutzgebiet ist einer der besten Orte des Landes, um Vögel zu beobachten, besonders zwischen Oktober und Mai (frühmorgens und nach 16 Uhr). In den Sümpfen, Marschen und Hartholz-Hammocks leben mehr bedrohte Tierarten als irgendwo sonst auf dem amerikanischen Festland. Die besten Beobachtungsmöglichkeiten bieten sich auf dem **Black Point Wildlife Drive**.

Canaveral National Seashore NATIONALPARK
(☎386-428-3384; www.nps.gov/cana; Auto/Fahrrad 10/1 US$; ⏲6–20 Uhr) Dieser 39 km lange, windumtoste Strandabschnitt umfasst den längsten unerschlossenen Sandstrand an der Ostküste Floridas. Im Norden liegt der familienfreundliche **Apollo Beach** mit sanften Wellen, in der Mitte der fast menschenleere, bei Naturfreunden beliebte **Klondike Beach** und im Süden der **Playalinda Beach**, ein Surferrevier mit einem FKK-Strand in der Nähe von Abschnitt 13.

★ Sea-Turtle Nesting Tours ÖKOTOUR
(☎386-428-3384; Erw./Kind 8–16 Jahre 14 US$/frei; ⏲Juni & Juli 20–24 Uhr) Im Sommer können bis zu 30 Personen an den abendlichen, von Rangern geleiteten Touren teilnehmen. Die Chancen, die kleinen Meeresschildkröten zu sehen, liegen bei 75 %. Eine Anmeldung ist erforderlich (ab 15. Mai für Touren im Juni, ab 15. Juni für die im Juli). Kinder müssen mindestens 9 Jahre alt sein, um an den Ökotouren teilnehmen zu können.

Schlafen

Residence Inn Cape Canaveral HOTEL $$
(☎321-323-1100; www.marriott.com; 8959 Astronaut Blvd; Zi. ab 140 US$; P ❄ 🛜 ≋) Wer keine

Lust auf die Partyszene in Cocoa Beach hat, kann in diesem komfortablen Marriott-Hotel übernachten. Die Zimmer wirken zwar recht geschäftsmäßig, sind aber sehr geräumig und haben bequeme Betten sowie Miniküchen. Die Mitarbeiter sind ausgesprochen entgegenkommend und es gibt einen hübschen Poolbereich.

★ **Beach Place Guesthouses** APARTMENT **$$$**
(☎ 321-783-4045; www.beachplaceguesthouses.com; 1445 S Atlantic Ave; Suite 199–399 US$; P 📶) Das zwanglose zweistöckige Gästehaus bietet himmlische Erholung von der Partyszene am Strand von Cocoa Beach. Es hat große Suiten mit Hängematten und eine hübsche Terrasse. Zudem liegt es nur ein paar Schritte von den Dünen und vom Strand entfernt. Das ganze Grundstück ist mit vielen bunten Kunstwerken und Pflanzen geschmückt.

Essen

Melbourne Beach Market MARKT **$**
(☎ 321-676-5225; 302 Ocean Ave; ⏲ Mo–Sa 8–20, So bis 19 Uhr) Hier bekommt man alles Lebensnotwendige, auch Fertiggerichte.

★ **Green Room Cafe** VEGETARISCH **$**
(☎ 321-868-0203; www.greenroomcafecocoabeach.com; 222 N 1st St; Hauptgerichte 6–12 US$; ⏲ Mo–Sa 10.30–21 Uhr; ✎) Das fantastische Café, das seine Energie ganz auf „das Gute von Innen" konzentriert, begeistert seine gesundheitsbewussten Kunden mit Acai-Beeren-Obst-Kombischalen, weizen- und glutenfreien Sandwiches, Smoothies aus echten Früchten sowie mit hausgemachten Suppen und Wraps. Falls der Smoothie „Tower of Power" mit Acai-Beeren, Pfirsich, Erdbeeren, Honig und Apfelsaft noch nicht reicht, um einen aufzumuntern, dann schaffen es garantiert die freundliche Gesellschaft und die lebenssprühende Dekoration.

★ **Seafood Atlantic** SEAFOOD **$$**
(☎ 321-784-1963; www.seafoodatlantic.org; 520 Glen Cheek Dr, Port Canaveral; Hauptgerichte 8–19 US$; ⏲ Mi–So 11–19, Fisch- & Meeresfrüchtemarkt ab 10 Uhr) Dieses Restaurant mit Terrasse im Freien ist tief in der Fischindustrie Canaverals verwurzelt und gehört zu den wenigen, die regional gefangene Shrimps, Krabben, Muscheln, Venusmuscheln, Austern und Fische servieren. Wenn sie im Angebot sind, sollte man einen Eimer der sogenannten Goldenen Krabben bestellen, die wunderbar feucht und cremig sind. Auf dem benachbarten Markt kann man anschließend gleich noch einkaufen.

Praktische Informationen

Das **Canaveral National Seashore Visitor Information Center** (☎ 386-428-3384; www.nps.gov/cana; 7611 S Atlantic Ave, New Smyrna; ⏲ Okt.–März 8–18, April–Sept. bis 20 Uhr) liegt direkt südlich vom Eingangstor zum North District. Informationen bekommt man auch beim Visitor Center im Merritt Island National Wildlife Refuge.

An den Eingängen zum North District und zum South District gibt es eine Gebührenstation. Toiletten befinden sich auf den meisten Parkplätzen am Strand.

Rund um den geplanten Start von Raketen kann der Park zeitweilig geschlossen sein. Informationen zu Raketenstarts sind unter ☎ 321-867-4077 erhältlich.

An- & Weiterreise

Der **Orlando Melbourne International Airport** (☎ 321-723-6227; www.mlbair.com; 1 Air Terminal Pkwy) ist für die meisten Ziele an der Space Coast der nächstgelegene Flughafen. Der wachsende Flughafen wird von Delta, American Airlines, Elite Airways, Porter Airlines und Baer angeflogen. Hier sind auch alle großen Mietwagenfirmen vertreten. Zum Flughafen fährt der SCAT-Bus Nr. 21.

Alternative Flughäfen sind der Orlando International Airport, etwa 40 Minuten westlich von Cocoa Beach, und der Orlando Sanford International Airport, der eine gute Fahrtstunde nordwestlich von Cocoa Beach liegt.

Mit dem Auto gibt es zwei Möglichkeiten, nach Cape Canaveral zu fahren: von Cocoa Beach auf der A1A nach Norden oder auf der A1A über den Banana River und über Merritt Island nach Westen.

Busse von **SCAT** (SCAT; ☎ 321-633-1878; www.321transit.com; Einzelfahrschein 1,50 US$, 10-Fahrten-Karte/30-Tage-Karte 6/21 US$; ⏲ Fahrplan variiert) bedienen Cape Canaveral. Route 9 fährt nach Cocoa Beach, Route 4 nach Cocoa Village.

Daytona Beach

Daytona Beach ist seit Langem ein Lieblingsurlaubsziel von Bikern in Lederklamotten, Motorsportfans und jungen Springbreak-Urlaubern, zudem ist es als Geburtsort der NASCAR-Rennserie und als Austragungsort des Autorennens Daytona 500 bekannt.

Während der Speedweeks verfünffacht sich die Zahl der Menschen in der Gegend;

bis zu 500 000 Biker donnern zur **Bike Week** im März und zum **Biketoberfest** im Oktober in die Stadt. Wer Konföderierten-Fahnen, laute Motorräder, aufgebockte Trucks und Motorsportanhänger mag, ist dann im Paradies. Alle andern sollten zusehen, dass sie wegkommen.

Wer hinter die Fassade der aufdringlichen Hochhäuser aus den 1970er-Jahren, der Nachtclubs und Touristenfallen (natürlich im übertragenen Sinn) sieht, kann zur richtigen Jahreszeit das Phänomen der nistenden Meeresschildkröten erleben und ein paar interessante kulturelle Attraktionen entdecken.

Sehenswertes & Aktivitäten

★ Daytona International Speedway — RENNSTRECKE

(☎ 800-748-7467; www.daytonainternationalspeedway.com; 1801 W International Speedway Blvd; Führungen ab 18 US$; ⊙ geführte Touren 9-30–15.30 Uhr) Der Heilige Gral unter den Rennstrecken bietet ein abwechslungsreiches Rennprogramm. Bei großen Rennen, allen voran dem **Daytona 500** im Februar, schießen die Preise für gute Plätze in die Höhe. Es lohnt sich, an Tagen, an denen keine Rennen stattfinden, kostenlos durch die riesigen Tribünen zu wandern. Die Tramtouren (keine Reservierung möglich) führen zur Rennstrecke, durch die Boxengasse und zu den Bereichen hinter den Kulissen. Die Touren über das gesamte Gelände gewähren auch einen Einblick in den Medienraum und in die Boxen.

Southeast Museum of Photography — MUSEUM

(☎ 386-506-3894; www.smponline.org; 1200 W International Speedway Blvd, Bldg 1200; ⊙ Di, Do & Fr 11–17, Mi 11–19, Sa & So 13–17 Uhr) GRATIS Wir lieben dieses versteckte Juwel in Daytona, das vom Daytona State College betrieben wird: Es ist das einzige Museum in Florida, das sich ausschließlich der Fotografie widmet. Das lebendige moderne Museum mit hervorragender Beleuchtung und ausgezeichneten Einrichtungen scheut in seinen Wechselausstellungen auch keine provokativen Themen.

Richard Petty Driving Experience — FAHREN

(☎ 800-237-3889; www.drivepetty.com; ab 109 US$; ⊙ Termine variieren) Wem es nicht aufregend genug ist, den NASCAR-Fahrern auf der Rennstrecke zuzuschauen, kann bei der Richard Petty Driving Experience selbst ins Auto steigen. Im Angebot sind verschiedene atemberaubende Erlebnisse, angefangen bei drei Rennrunden auf dem Beifahrersitz (Race Ride, ab 109 US$) bis hin zur intensiven Racing Experience (3200 US$), bei der man über 50 dynamitgeladene Runden hinter dem Steuer sitzen darf. Die Termine erfährt man online.

Schlafen & Essen

Hyatt Place Daytona Beach Oceanfront — HOTEL $$

(☎ 386-944-2010; www.daytonabeach.place.hyatt.com; 3161 S Atlantic Ave, Daytona Beach Shores; Zi. ab 114 US$; P @ 📶 🏊) Hier gibt's mit die schwungvollsten, coolsten und funktionalsten Zimmer Daytonas. Alle haben Balkons, bequeme Betten, getrennte Wohn- und Schlafbereiche und ein schickes Schaltpult, um einen Laptop oderiPod an den 42-Zoll-Flachbild-TV anzuschließen.

Plaza Resort & Spa — RESORT $$

(☎ 844-284-2685; www.plazaresortandspa.com; 600 N Atlantic Ave; Zi. ab 109 US$; P 📶 🏊) Das älteste Hotel Daytonas wurde 1908 erbaut und im Lauf der Zeit umfassend modernisiert, doch seinen traditionellen Charme hat es bewahrt. Wenn die Wände sprechen könnten… In der Lobby wurde am honigfarbenen Marmor nicht gespart, in den Zimmern stehen 42-Zoll-Plasmafernseher und wolkenweiche Betten, und das Spa erstreckt sich auf 1400 m² – in diesem Resort ist Luxus pur angesagt.

Cracked Egg Diner — FRÜHSTÜCK $

(☎ 386-788-6772; www.thecrackedeggdiner.com; 3280 S Atlantic Ave, Daytona Beach Shores; Frühstücksgerichte 4–11 US$; ⊙ 7–15 Uhr; P 👪) Das fröhliche Lokal in Daytona Beach Shores war so beliebt, dass es nebenan einen Anbau errichtete. Es ist das Projekt der Brüder Chris und Kevin. Einer von beiden begrüßt die Gäste meistens mit einem Lächeln am der Tür. Ihr Ziel: das perfekte Frühstück servieren. Wir finden, das gelingt ihnen ziemlich gut.

Aunt Catfish's on the River — SÜDSTAATENKÜCHE $$

(☎ 386-767-4768; www.auntcatfishontheriver.com; 4009 Halifax Dr, Port Orange; Hauptgerichte 8–28 US$; ⊙ Mo–Sa 11.30–21, So ab 9 Uhr; P 👪) Zackenbarsch frisch vom Boot, Mahimahi in Butter oder köstlich frittiert sowie Südstaaten-Wels mit Cajun-Gewürzen machen dieses Restaurant am Fluss bei Travellern ungemein beliebt; wahrscheinlich muss man auf einen Tisch warten. Es liegt gleich außerhalb von Daytona Beach in Port Orange.

Praktische Informationen

Daytona Beach Area Convention & Visitors Bureau (☎386-255-0415; www.daytonabeach.com; 126 E Orange Ave; ⏲Mo–Fr 8.30–17 Uhr) Ob man nun persönlich herkommt oder sich online erkundigt – die Mitarbeiter wissen bestens über alles in Daytona Beach Bescheid.

An- & Weiterreise

Daytona Beach liegt in der Nähe der Kreuzung zweier wichtiger Interstates, der I-95 und der I-4. Die I-95 ist die schnellste Route nach Jacksonville (ca. 90 Meilen; 145 km) und Miami (260 Meilen; 418 km), wenngleich die Fahrt über den Hwy A1A und den Hwy 1 landschaftlich reizvoller ist. Die Beville Rd, eine Ost-West-Verbindung mitten durch Daytona, wird hinter der Kreuzung mit der I-95 zur I-4 und ist die schnellste Route nach Orlando (55 Meilen; 89 km).

Daytona Beach International Airport (☎386-248-8030; www.flydaytonafirst.com; 700 Catalina Dr) Direkt östlich vom Speedway; wird von Delta und US Airways angeflogen. Alle großen Autovermietungen sind ebenfalls vertreten.

Greyhound (☎386-255-7076; www.greyhound.com; 138 S Ridgewood Ave) Busverbindungen zu den meisten großen Städten in Florida und darüber hinaus.

St. Augustine

St. Augustine wurde 1565 von den Spaniern gegründet und ist die älteste ununterbrochen bewohnte europäische Siedlung in den USA. Heute ist sein Historic District, der sich über 144 Blocks erstreckt und als National Historic Landmark zählt, ein bedeutendes Ziel von Reisenden. Im Großen und Ganzen versprüht die Stadt Charme und bewahrt sich ihre Integrität, doch natürlich gibt's auch einige kitschige Touristenfallen: Miniatur-Themenparks, Tourveranstalter an fast jeder Ecke sowie Pferdekutschen, die an Einheimischen in historischen Kostümen vorbeirumpeln.

Zahlreiche erstklassige Museen und die Authentizität der jahrhundertealten Architektur, Denkmäler und engen Pflasterstraßen machen die bewegte Geschichte der Stadt leicht zugänglich, und das macht St. Augustine ganz besonders einnehmend. Im Gegensatz zu vielen historischen Themenparks in ganz Florida ist St. Augustine eine echte Stadt.

In der Stadt wartet ein vielfältiges Angebot an wundervollen B&Bs, gemütlichen Cafés und von Lampen beleuchteten Pubs, und auch wenn man bei Florida nicht zuallererst an Spitzenrestaurants denkt, so sind sie in St. Augustine doch zu finden.

Geschichte

Etwa um 1000 v. Chr. siedelten auf dem Gebiet des heutigen St. Augustine Timucua, die Alligatoren jagten und Mais und Tabak anbauten. 1513 sichtete der spanische Entdecker Juan Ponce de León Land, kam ans Ufer und beanspruchte La Florida („Land der Blumen") für Spanien. 1565 traf sein Landsmann Don Pedro Menéndez de Avilés am Festtag des Augustinus von Hippo hier ein und nannte die Stadt darum San Augustín – 42 Jahre vor der Gründung von Jamestown (Virginia) und 55 Jahre vor der von Plymouth (Massachusetts).

Menéndez errichtete rasch eine Militärbasis zum Schutz vor den Franzosen, die in der Nähe des heutigen Jacksonville Fort Caroline gegründet hatten. Die französische Flotte tat ihm den Gefallen, in einem Hurrikan stecken zu bleiben, und die Überlebenden wurden von Menéndez' Männern niedergemetzelt. Bis Spanien Florida 1821 den USA überließ, war St. Augustine von Piraten und spanischen und britischen Streitkräften sowie von Truppen aus Georgia und South Carolina geplündert, ausgeraubt, gebrandschatzt und besetzt worden.

Heute verleihen die Bauten der Stadt, die aus Schillkalkstein (einer Art natürlichem Beton aus Sedimentgestein und versteinerten Muschelschalen) bestehen, den schmalen Straßen ein bezauberndes Flair. Die lange, abwechslungsreiche Geschichte der Stadt, die von unzähligen Museen, Denkmälern und Galerien erzählt wird, kann man hautnah erleben.

Sehenswertes

Der gesamte Historic District von St. Augustine wirkt wie eine Museum. Auf Besucher warten buchstäblich Dutzende Attraktionen. Die schmale kleine **Aviles St**, die älteste von Europäern besiedelte Straße des Landes, und die lange **St. George St**, eine Fußgängerzone, sind von Galerien, Cafés, Museen und Pubs gesäumt.

★ **Lightner Museum** MUSEUM
(☎904-824-2874; www.lightnermuseum.org; 75 King St; Erw./Kind 10/5 US$; ⏲9–17 Uhr) Hen-

ry Flaglers ehemaliges Hotel Alcazar beherbergt heute dieses wunderbare Museum, das von allem ein bisschen zeigt: von aufwendig dekorierten Möbeln aus der Gilded Age („Vergoldetes Zeitalter") bis zu Sammlungen von Murmeln und Zigarettenschachteletiketten. Das grandiose, imposante Gebäude ist eine Attraktion für sich. Es wurde 1887 von den New Yorker Architekten Carrère & Hastings im spanischen Neo-Kolonialstil erbaut.

Castillo de San Marcos National Monument FORT
(☎904-829-6506; www.nps.gov/casa; 1 S Castillo Dr; Erw./Kind unter 15 Jahre 10 US$/frei; ⏲8.45–17 Uhr; P ♿) Das fotogene Fort ist ein stimmungsvolles Monument der Beständigkeit: Die älteste gemauerte Festung des Landes wurde 1695 von den Spaniern vollendet. In früheren Zeiten wurde die Festung zweimal belagert und wechselte sechsmal zwischen verschiedenen Ländern den Besitzer – sie ging von Spanien an Großbritannien, dann zurück an Spanien, anschließend folgten die USA, die Konföderierten Staaten von Amerika und schließlich endgültig die USA.

Villa Zorayda Museum MUSEUM
(☎904-829-9887; www.villazorayda.com; 83 King St; Erw./Kind 10/4 US$; ⏲Mo–Sa 10–17, So 11–15 Uhr; P) Es sieht zwar wie der Nachbau eines spanischen Schlosses in einem Mittelalter-Themenpark aus, doch tatsächlich wurde dieses graue Gebäude schon 1883 aus einer Mischung aus Beton und örtlichem Schillkalkstein errichtet. Es entsprang der Fantasie (vielleicht auch dem Fiebertraum) eines exzentrischen Millionärs, der von der im 12. Jh. errichteten Alhambra im spanischen Granada besessen war. Heute ist das Haus ein sonderbares, aber fesselndes Museum. Im Atrium im maurischen Stil und in den Räumen sind skurrile Antiquitäten, archäologische Exponate und andere Artefakte ausgestellt. Zu den Highlights gehören der Fuß einer 2400 Jahre alten Mumie und ein ägyptischer „Heiliger Katzenteppich".

Hotel Ponce de León HISTORISCHES GEBÄUDE
(☎904-823-3378; http://legacy.flagler.edu/pages/tours; 74 King St; Führungen Erw./Kind 10/1 US$; ⏲Führungen Sommer 10–15 Uhr stündl., im Schuljahr 10 & 14 Uhr) Das markante, in den 1880er-Jahren erbaute frühere Luxushotel ist heute der prächtigste Schlafsaal der Welt. Es gehört dem Flagler College, das es 1967 kaufte und vor dem Verfall rettete. Die empfehlenswerten Führungen geben eine Einführung in die Geschichte des herrlichen spanischen Renaissancebaus und erläutern auch Details.

Colonial Quarter MUSEUM
(☎904-342-2857; www.colonialquarter.com; 33 St George St; Erw./Kind 13/7 US$; ⏲10–17 Uhr) Dieser Nachbau des St. Augustine der spanischen Kolonialzeit zeigt, wie Handwerker im 18. Jh. arbeiteten – Besucher können beim Schmieden, bei der Lederverarbeitung, beim Musketenschießen und bei anderen historischen Aktivitäten zuschauen.

St. Augustine Beach STRAND
(350 A1A Beach Blvd; ⏲Sonnenaufgang–Sonnenuntergang) Angesichts der historischen Attraktionen könnte man den Strand fast übersehen – aber das ist Florida, da gehören ein bisschen Sonne und Meer einfach dazu. Am **St. Johns Pier** befindet sich ein Touristeninformationsschalter, der auch Angelausrüstung verleiht (2 Std. 3 US$, jede weitere Std. 1 US$). Am Ende der A St, drei Blocks südlich vom Pier, gibt's für Florida ziemlich gute Wellen.

Geführte Touren

★ St. Augustine Gold Tours STADTFÜHRUNGEN
(☎904-325-0547; www.staugustinegoldtours.com; 6 Cordova St; Erw./Kind 25/15 US$) Diese Führungen, das Projekt eines britischen Paares im Ruhestand, ragen aus dem Tourenangebot in St. Augustine heraus. Die Teilnehmer erhalten einen faszinierenden und gut verständlichen Einblick in die Geschichte der Stadt. Die Touren (privat oder in kleinen Gruppen) werden in einem geräuscharmen Elektrofahrzeug durchgeführt, das an Orte gelangt, zu denen andere Führungen nicht kommen.

Schlafen & Essen

★ At Journey's End B&B $$
(☎904-829-0076; www.atjourneysend.com; 89 Cedar St; Zi. 166–289 US$; P 📶 🐾) In diesem B&B, das sich angenehm von vielen altmodisch eingerichteten B&Bs in St. Augustine abhebt, sind Haustiere, Kinder und Schwule herzlich willkommen. Es ist mit einem schicken Mix aus Antiquitäten und modernen Möbeln eingerichtet und wird von freundlichen, sachkundigen Gastgebern geführt. Zu den Annehmlichkeiten, mit denen das Haus hervorsticht, gehören das leckere Frühstück, kostenloses WLAN, die Dienste eines Hotel-

portiers sowie Bier, Wein und Mineralwasser während des Aufenthalts.

Jaybird's Inn MOTEL $$
(☎904-342-7938; www.jaybirdsinn.com; 2700 N Ponce de Leon Blvd; Zi. 110–150 US$;) Das ältere Motel wurde modernisiert und erfüllt heute höchste Standards. Die Dekoration in Aquamarintönen ist frisch und cool, und das funktioniert auch. Die großen Betten sind bequem, das kontinentale Frühstück ist im Preis enthalten und mit den kostenlosen Fahrrädern kommt man super durch die Stadt. Ein Restaurant ist ebenfalls vorhanden.

★**Collage** INTERNATIONAL $$$
(☎904-829-0055; www.collagestaug.com; 60 Hypolita St; Hauptgerichte 28–45 US$; ⊙17.30–21 Uhr) Das gehobene Restaurant hat sich mit seinem tadellosen Service, der intimen Atmosphäre und der beständigen Qualität der Küche einen Namen gemacht. Auf der Karte stehen viele Gerichte mit Zutaten, die hier im Meer gefangen werden oder von Farmen aus der Umgebung stammen. Die Auswahl ist groß und umfasst hochwertige Salate ebenso wie Hühnchen, Lamm, Kalb, Hummer, Jakobsmuscheln und Zackenbarsch. Die natürliche Qualität der superfrischen Zutaten wird durch subtile internationale Aromen betont.

Praktische Informationen

Visitor Information Center (☎904-825-1000; www.Floridashistoriccoast.com; 10 W Castillo Dr; ⊙8.30–17.30 Uhr) Die hilfsbereiten, in historischen Kostümen gekleideten Mitarbeiter verkaufen Tickets für Führungen und informieren über alles, was in St. Augustine angeht.

Die Tageszeitung *St. Augustine Record* (www.staugustine.com) hält auf ihrer Website gute Infos bereit.

Anreise & Unterwegs vor Ort

Von Norden kommend fährt man bei Exit 318 von der I-95 ab und weiter nach Osten zur San Marcos Ave (hinter dem Hwy 1); dort biegt man rechts ab und landet genau am Tor zur Altstadt, gleich hinter dem Fort. Alternativ fährt man auf dem Hwy 1A, der die San Marco Ave kreuzt, parallel zum Strand oder nimmt von Jacksonville den Hwy 1 Richtung Süden. Von Süden kommend fährt man bei Exit 298 ab und gelangt auf den Hwy1, der in die Stadt führt.

Im Zentrum gleicht das Autofahren wegen der Einbahnstraßen und Fußgängerzonen einem Albtraum. Parkplätze sind ebenfalls Mangelware. Außerhalb des Zentrums benötigt man aber einen fahrbaren Untersatz. Am Visitor Information Center gibt's einen großen Parkplatz, den man nutzen sollte.

Vom **Northeast Florida Regional Airport** (☎904-209-0090; www.flynf.com; 4900 US Hwy 1), der 5 Meilen (8 km) nördlich der Stadt liegt, starten einige Flüge. Die Fahrt mit dem Shuttle von **Airport Express** (☎904-824-9400; www.airportexpresspickup.com) ins Zentrum kostet 65 US$. Für 20 US$ zusätzlich wird man bis zum Hotel gefahren. Reservierung erforderlich. Privatfahrten sind ebenfalls möglich.

Der **Greyhound-Busbahnhof** (☎904-829-6401; www.greyhound.com; 52 San Marcos Ave) liegt nur ein paar Blocks nördlich vom Visitor Center.

Jacksonville

Mit 2176 km² ist Jacksonville die flächenmäßig größte Stadt der kontinentalen USA und zudem die bevölkerungsreichste Stadt Floridas. Jacksonville breitet sich an drei mäandernden Flüssen aus, in denen sich die funkelnden Lichter der Stadt spiegeln und über die lange Brücken führen. Mit seiner Fülle an Hochhäusern, Firmensitzen und Kettenhotels wirkt „Jax" vielleicht ein wenig charakterlos, doch wer sich Zeit nimmt, kann interessante Straßen, kuriose Typen und ein freundliches Südstaaten-Herz entdecken.

Wenn man Zeit hat, lohnt ein Besuch der Museen und des restaurierten Historic District sowie der charmanten, fußgängerfreundlichen Stadtviertel Five Points und San Marco mit Bistros, Boutiquen und Bars.

Die Strände von Jacksonville, die eine eigene Welt sind, erreicht man mit dem Auto je nach Verkehrslage und Startpunkt in 30 bis 50 Minuten.

Sehenswertes

★**Cummer Museum of Art & Gardens** MUSEUM
(www.cummer.org; 829 Riverside Ave; Erw./Stud. 10/6; ⊙Di 10–21, Mi–Sa bis 16, So 12–16 Uhr) Das attraktive Museum ist Jacksonvilles führende Kulturstätte und zeigt eine wirklich hervorragende Sammlung amerikanischer und europäischer Malerei, asiatischer dekorativer Kunst und Antiquitäten. Der Außenbereich mit klassischen englischen und italienischen Gärten gehört zu den hübschesten Fleckchen der Stadt.

★**Museum of Contemporary Art Jacksonville** MUSEUM
(MOCA; ☎904-366-6911; www.mocajacksonville.org; 333 N Laura St; Erw./Kind 8/2,50 US$;

⏲Di–Sa 11–17, So 12–17 Uhr) Die Kunst in diesem ultramodernen Haus geht weit über Malerei hinaus – hier kann man sich zwischen zeitgenössischen Skulpturen, Drucken, Fotografien und Filmen verlaufen. Einzelheiten zum kostenlosen, vom MOCA veranstalteten Art Walk, der jeden ersten Mittwoch im Monat von 17 bis 21 Uhr stattfindet, stehen auf der Website.

Southbank Riverwalk UFERPROMENADE

Von dieser 1,2 Meilen (1,9 km) langen Uferpromenade am Südufer des St. Johns River, gegenüber vom Stadtzentrum und The Jacksonville Landing, bietet sich ein hervorragender Blick auf die weite Skyline der Stadt. An den meisten Abenden ist der Blick so toll, dass man mit seinen Schnappschüssen in den sozialen Medien garantiert gut ankommt, doch die Feuerwerke erst sind wirklich der Wahnsinn. Vom Southbank Riverwalk, auf dem man wunderbar schlendern kann, gibt's Verbindungen zu den Museen im Zentrum.

Treaty Oak WAHRZEICHEN

(1123 Prudential Dr, Jesse Ball duPont Park) Auf den ersten Blick sieht es aus, als ob mitten in der Betonwüste in der Southside von Jacksonville ein kleiner Wald wächst. Doch bei genauerer Betrachtung zeigt sich, dass der „Wald" tatsächlich nur ein einziger riesiger Baum ist, dessen Stamm einen Umfang von 7,60 m hat und der einen Schatten von 60 m Durchmesser wirft. Der örtlichen Legende zufolge ist der Eichenbaum das älteste Objekt in Jacksonville.

Schlafen & Essen

Hotel Indigo Jacksonville HOTEL $$

(☎877-846-3446; www.hoteldeerwoodpark.com; 9840 Tapestry Park Circle; Zi. ab 150 US$; P 📶 ❄ 🐾) Üppige blaue Farbakzente, großzügige, designbewusste Zimmer mit Parkettböden, bequeme Kingsizebetten, Flachbild-TVs und eine Atmosphäre des stilvollen, aber ungezwungenen Luxus prägen dieses hervorragende Hotel der Hotelkette Indigo. Etwa 11 Meilen (17,7 km) südlich der Innenstadt von Jacksonville.

★ Hotel Palms HOTEL $$

(☎904-241-7776; www.thehotelpalms.com; 28 Sherry Dr, Atlantic Beach; Zi. 140–180 US$, Suite ab 200 US$; 📶) Das traditionelle, um einen Hof gelegene Motel wurde in ein schickes kleines Hotel mit Kopfteilen aus aufgearbeitetem Altholz, Betonfußböden und offenem, luftigem Design verwandelt. Uns gefällt's! Die Gäste können im Freien duschen und die kostenlosen Beachcruiser sowie die Feuerstelle unter freiem Himmel nutzen. Einige der tollen Zimmer scheinen direkt vom Instagram-Account eines angesagten Innendesigners zu stammen.

Beach Road Chicken Dinners SÜDSTAATENKÜCHE $

(☎904-398-7980; www.beachroadchickendinners.com; 4132 Atlantic Blvd; Speisen 5–12 US$; ⏲Di–Sa 11–20.30, So bis 18 Uhr) Wenn die Spezialität eines Hauses schon aus der Zeit vor dem Kalten Krieg stammt, spricht das für dessen Qualität – und dieses tolle, sehr beliebte Retro-Restaurant brät schon seit 1939 Hühnchen. Sobald man ein Stück des zarten, festen Fleisches abzieht und in einen Biskuit wickelt, versteht man, warum sich hier jeden Tag eine Schlange vor der Tür bildet.

★ Black Sheep Restaurant MODERN-AMERIKANISCH $$

(☎904-380-3091; www.blacksheep5points.com; 1534 Oak St; Hauptgerichte mittags/abends ab 9/14 US$; ⏲Mo–Do 10.30–22, Fr & Sa bis 23, So 9.30–15 Uhr; 👪) 🌿 Ein Restaurant, das sich guten, regionalen Zutaten und köstlichem Essen verschrieben hat und eine Dachbar sowie eine Karte mit hochwertigen Cocktails hat? Wir sind dabei! Besonders gut sind das in Miso glasierte Entenconfit, das Tofu in Zitrus-Marinade, die Pastrami-Sandwiches mit hauseigenem Qualitätsfleisch und die in brauner Butter gegarte knusprige, gehäutete Regenbogenforelle. Lecker sind auch die Kardamom-Pfannkuchen und der Lachs auf Bagels, die beim Sonntagsbrunch serviert werden.

Ausgehen & Unterhaltung

★ Birdies BAR

(☎904-356-4444; www.birdiesfivepoints.com; 1044 Park St; ⏲16–2 Uhr) Die Wände sind mit funkiger, lokaler Kunst geschmückt, hinten kann man traditionelle Videospiele spielen, unter den Gästen sind viele alte Hasen und tätowierte Hipster, es herrscht Retro-Neon-Flair und aus dem Radio kommt Indie-Rock. Am Wochenende legen DJs auf und die Stimmung in dieser klasse Bar ist einfach gut.

★ Florida Theatre THEATER

(☎904-355-5661; www.floridatheatre.com; 128 E Forsyth St) Hier gab Elvis 1956 seine erstes Hallenkonzert, das ein örtlicher Richter widerwillig besuchte, um sicherzustellen, dass Presley nicht zu obszön ist. In dem opulenten kleinen Theater von 1927 sind bekannte Musiker, Musicals und Filme zu sehen.

Praktische Informationen

Für Jacksonville und die Umgebung gibt's zahlreiche Informationsquellen.

Florida Times-Union (www.jacksonville.com) Konservative Tageszeitung in Druck- und Onlineversion; in der Freitagsbeilage *Weekend* sind familienfreundliche Veranstaltungen aufgeführt.

Folio Weekly (www.folioweekly.com) Kostenlos; mit Infos über Clubs, Restaurant und Events. Liegt überall in der Stadt aus.

Jacksonville & the Beaches Convention & Visitors Bureau (☎800-733-2668; www.visitjacksonville.com; 208 N Laura St, Suite 102; ⊙Mo–Fr 9–17 Uhr) Informiert über alles, was man über Jacksonville und seine Umgebung wissen sollte. Weitere Filialen befinden sich in **The Jacksonville Landing** (☎904-791-4305; 2 Independent Dr; ⊙Mo–Do 11–15, Fr & Sa 10–19, So 12–17 Uhr) und am Flughafen.

Anreise & Unterwegs vor Ort

Der **Jacksonville International Airport** (JAX; ☎904-741-4902; www.flyjax.com; 2400 Yankee Clipper Dr;) liegt ca. 18 Meilen (30 km) nördlich vom Zentrum an der I-95 und wird von großen sowie von regionalen Fluggesellschaften angeflogen. Auch Autovermietungen sind hier vertreten. Ein Taxi ins Zentrum kostet um die 35 US$. Zum Shuttle-Service folgt man den Schildern; es gibt zahlreiche lizenzierte Anbieter, darum ist keine Reservierung notwendig.

Der **Greyhound-Busbahnhof** (☎904-356-9976; www.greyhound.com; 10 Pearl St) befindet sich am westlichen Ende des Zentrums. Der **Amtrak-Bahnhof** (☎904-766-5110; www.amtrak.com; 3570 Clifford Lane) liegt 5 Meilen (8 km) nordwestlich vom Zentrum.

Die Jacksonville Transportation Authority (www.jtafla.com) betreibt Busse und Trolleys in der Stadt und zu den Stränden (Fahrpreis 1,50 US$) sowie den kostenlosen, malerischen Skyway (Monorail) über den Fluss.

Amelia Island

Amelia Island liegt nur 13 Meilen (21 km) von der Grenze zu Georgia entfernt und ist eine sonnige, moosbewachsene Insel, die von langen Stränden und einer Mischung aus Südstaatencharme und Florida-Küste geprägt ist. Man nimmt an, dass die Ureinwohner der Insel, die Timucua, schon vor 4000 Jahren auf Amelia Island eintrafen. Seitdem wehten auf der Insel acht verschiedene Flaggen: Zuerst hissten 1562 hier die Franzosen ihre Flagge, gefolgt von den Spaniern, Großbritannien, wieder den Spaniern, den Patrioten, dem Green Cross of Florida, den mexikanischen Rebellen, den USA, den Konföderierten und schließlich erneut den USA.

Schon seit den 1890er-Jahren, als Henry Flagler die Salzmarschen und unberührten Strände der Küste in ein Feriengebiet für Reiche verwandelte, strömen Urlauber auf die Insel. Das Erbe dieser Zeit zeigt sich heute noch in der zentral gelegenen Stadt Fernanda Beach mit über 50 Blocks voller historischer Gebäude, viktorianischer B&Bs und ehemaliger Fischerhütten, in denen heute Restaurants sind. Der Rest der Insel ist mit üppigen Parks, grünen Golfplätzen und kilometerlangen Stränden gespickt.

Sehenswertes & Aktivitäten

Amelia Island Museum of History MUSEUM
(☎904-261-7378; www.ameliamuseum.org; 233 S 3rd St, Fernandina Beach; Erw./Stud. 8/5 US$; ⊙Mo 10–16, So 13–16 Uhr) Das Museum der mündlichen Geschichte befindet sich im früheren Stadtgefängnis (1879–1975) und zeigt kleine, aber informative Ausstellungen zur Geschichte der amerikanischen Ureinwohner, der Ära der spanischen Missionen, dem Bürgerkrieg und der Denkmalpflege. Es bietet verschiedene Touren an, darunter die Acht-Flaggen-Tour (Mo–Sa 11 & 14, So 14 Uhr) mit spannenden Erläuterungen zur faszinierenden Geschichte der Insel sowie Architekturtouren, Kneipentouren und Stadtspaziergänge mit dem Smartphone.

Fort Clinch State Park STATE PARK
(☎904-277-7274; www.floridastateparks.org/fortclinch; 2601 Atlantic Ave, Fernandina Beach; Auto/Fußgänger 6/2 US$; ⊙Park 8 Uhr–Sonnenuntergang, Fort 9–17 Uhr; P) Mit dem Bau der Festung wurde zwar erst 1847 begonnen, doch der rasche technische Fortschritt machte die gemauerten Wände von Fort Clinch schon 1861 obsolet und Milizen der Konföderierten nahmen es während des Bürgerkriegs mühelos ein. Später wurde es geräumt. Während des Zweiten Weltkriegs besetzten Bundestruppen das Fort erneut. Heute bietet der Park zahlreiche Aktivitäten, darunter einen 800 m langen Angelpier, friedliche Strände sowie Wander- und Fahrradwege.

★ **Kayak Amelia** KAJAKFAHREN

(☎904-261-5702, 904-251-0016; www.kayakamelia.com; 4 N 2nd St, Fernandina Beach; Touren Erw./Kind ab 65/55 US$, Kajakverleih halber/ganzer Tag ab 37/49 US$) Den Reiz von Amelia Island erlebt man am besten bei einem ruhigen Tag auf dem Wasser, wenn die Sonne auf den Wellen und dem Schlickgras glitzert. Möglich ist das mit Kayak Amelia, das geführte Paddeltouren in das Wasserökosystem rund um die Barriereinseln im Atlantik veranstaltet.

Schlafen

★ **Addison** B&B $$$

(☎904-277-1604; www.addisononamelia.com; 614 Ash St, Fernandina Beach; Zi. 215–315 US$; P 📶) 🍃 Das 1876 erbaute Addison wurde so geschickt modernisiert (Whirlpools, Regenduschen, Handtücher aus türkischer Baumwolle und WLAN), dass man meinen könnte, es wäre vorige Woche erst eröffnet worden. Mit seinen Weiß-, Blau- und Grüntönen wirkt es peppig und frisch. Ein Vergnügen ist die täglich Happy Hour mit Blick auf den zauberhaften Innenhof und den freundlichsten (und witzigsten) Gastgebern von Amelia.

Ritz Carlton HOTEL $$$

(☎904-277-1100; www.ritzcarlton.com/en/Properties/AmeliaIsland; 4750 Amelia Island Pkwy, Fernandina Beach; Zi. ab 299 US$; P 📶 🏊) Das an diesem Ort überraschende Ritz Carlton bietet seinen Gästen Luxus pur, Dekadenz vom Feinsten und tadellosen Service. Das Hotel liegt an einem 13 Meilen (21 km) langen unberührten Strand und hat einen eigenen 18-Loch-Golfplatz. Die prächtige Zimmer und Suiten sind mit legerer Eleganz eingerichtet.

Essen & Ausgehen

T-Ray's Burger Station BURGER $

(☎904-261-6310; www.traysburgerstation.com; 202 S 8th St, Fernandina Beach; Hauptgerichte 6–9 US$; ⏲Mo–Fr 7–14.30, Sa 8–13 Uhr) Zugegeben, das Essen in diesem unprätentiösen Restaurant in einer ehemaligen Exxon-Tankstelle ist reich an Cholesterin, Kohlenhydraten und Fett – doch es ist auch unglaublich lecker. Die Einheimischen lieben die üppigen Frühstücksgerichte, und die Tagesangebote sind immer schnell ausverkauft. Die saftigen Burger, dicken Pommes, gebratenen Shrimps und zarten Krabbenkuchen lassen einem einfach das Wasser im Munde zusammenlaufen.

29 South SÜDSTAATENKÜCHE $$

(☎904-277-7919; www.29southrestaurant.com; 29 S 3rd St, Fernandina Beach; Hauptgerichte 16–28 US$; ⏲Mi–So 11.30–14, tgl. 17.30–21.30 Uhr; P) Hummer-Mais-Dogs, in süßem Tee eingelegte Schweinekoteletts, hausgemachter Donut-Brot-Pudding und Kaffeeeis – da sind wir dabei!

★ **Palace Saloon** BAR

(www.thepalacesaloon.com; 113-117 Centre St, Fernandina Beach; ⏲12–2 Uhr) Wenn man durch die Schwingtür der ältesten durchgängig bewirtschafteten Bar Floridas (seit 1878) hineinkommt, fällt als erstes die von Gaslampen beleuchtete 12 m lange Bar ins Auge. Der dunkle, mit Samt drapierte Saloon, der zu einem Pirate's Punch mit Rum einlädt, ist merkwürdigerweise bei Bikern und Shakespeare-Kennern gleichermaßen beliebt.

Praktische Informationen

Historic Downtown Visitor Center (☎904-277-0717; www.ameliaisland.com; 102 Centre St, Fernandina Beach; ⏲10–16 Uhr) Im alten Bahnhof gibt's haufenweise nützliche Informationen und Karten.

Shrimping Museum & Welcome Center (☎904-261-7378; 17 Front St, Fernandina Beach; ⏲Mo–Sa 10–16, So 13–16 Uhr) Das kleine Museum am Hafen hat Karten von der Region und Broschüren.

An- & Weiterreise

Der Hwy A1A führt über die gesamte Länge von Amelia Island und dann weiter Richtung Westen zur I-95 bzw. in der entgegengesetzten Richtung an der Küste entlang; in beide Richtungen ist er gut ausgeschildert.

Die schnellste Route vom Festland nach Amelia ist die I-95 nach Norden bis zum Exit 373, von wo es noch ca. 15 Meilen (24 km) Richtung Osten bis zur Insel sind.

Wer eine landschaftlich reizvollere Anreise bevorzugt, fährt vom Jacksonville Beach in die Stadt Mayport und nimmt die **St. Johns River Ferry** (☎904-241-9969; www.stjohnsriverferry.com; per Auto 5 US$; ⏲ab Mayport Mo–Fr 6–19, Sa & So 7–20.30 Uhr alle 30 Min.; ab George Island Mo–Fr 6.15–19.15, Sa & So 7.15–20.45 Uhr alle 30 Min.), die etwa alle 30 Minuten fährt.

SÜDWEST-FLORIDA

Die Golfküste Südwest-Floridas ähnelt einem impressionistischen Aquarell. Der Quartzsand der Strände auf den Barriereinseln leuchtet blendend weiß, das Türkis des

Wassers geht in ein tiefes Indigoblau über und über dem silbrigen Horizont sinkt die gleißende Sonne. Sieht man dieselben Inseln nachts von den Brücken aus, sind sie ein phosphoreszierender Schimmer unter dem schwarzen Nachthimmel.

Die Hauptattraktion der Golfküste ist ihre Schönheit, dicht gefolgt von ihrer Vielfalt: Von Petersburg über Sarasota bis Naples begegnet man überall urbaner Kultiviertheit und herausragenden Restaurants. Salvador Dalís schmelzende Bilder, Ringlings venezianisch-gotischer Palast und Chihulys mit Tentakeln versehene Glasskulpturen – sie alle passen mit ihrem lebenssprühenden, bunten, surrealen Stil perfekt in diese Welt der überwinternden Seekühe, rosa Löffler, grinsenden Alligatoren und schillernd-bunten, mit Pailletten besetzten Kostümen der Trapezkünstler.

Tampa

Auf den ersten Blick wirkt Tampa zersiedelt und kommerziell, doch in der Stadt gibt's einige Museen und Parks sowie ambitionierte Restaurants. Von Letzteren öffneten etliche erst vor Kurzem und sorgten dafür, dass die Stadt fast so etwas wie Stil bekam. Im Herzen der Downtown brilliert der sanierte Riverwalk entlang des Hillsborough River mit zeitgenössischer Architektur und idyllischen Grünanlagen. Zudem gibt's erstklassige kinderfreundliche Attraktionen wie den Zoo, das Aquarium, diverse Kindermuseen und Vergnügungsparks, die Familien mindestens eine Woche Unterhaltung bieten. Abends verwandeln sich die Straßen von Ybor City ins angesagteste Bar- und Nachtviertel des südwestlichen Floridas.

Sehenswertes

Ybor (*ih*-bohr) City liegt eine kurze Auto- oder Straßenbahnfahrt nordöstlich der Downtown. Das im 19. Jh. entstandene Viertel mit einer ethnisch bunt gemischten Bevölkerung ist ein liebenswerter Mix aus Key West und Miamis Little Havana. Hier findet sich die hippste Partyszene der Tampa Bay. Die noch immer starke kubanische, spanische und italienische Kultur entstand in der Zeit, als Ybor das Zentrum von Tampas Zigarrenindustrie war.

★ Florida Aquarium AQUARIUM

(☎ 813-273-4000; www.flaquarium.org; 701 Channelside Dr; Erw./Kind 25/20 US$; ⌚ 9.30–17 Uhr; 👪) Tampas hervorragendes Aquarium ist raffiniert gestaltet und gehört zu den besten Floridas. In künstlich angelegten Sümpfen können Besucher zwischen Reihern und Ibissen, die auf Beutezug in den Mangroven sind, spazieren. Im Rahmen besonderer Programme kann man auch mit den Fischen (und Haien) schwimmen oder eine Katamaran-Tour in der Tampa Bay unternehmen.

Busch Gardens VERGNÜGUNGSPARK

(☎ 888-800-5447; www.buschgardenstampabay.com; 10165 McKinley Dr; 3 Jahre & älter 95 US$; ⌚ 10–18 Uhr, Öffnungszeiten variieren) In diesem Themenpark gibt's zehn afrikanische Zonen, die recht nahtlos ineinander übergehen. Der gesamte Park kann zu Fuß erkundet werden. Im Eintrittspreis sind drei verschiedene Arten von Aktivitäten enthalten: riesige Achterbahnen und Rides, Begegnungen mit Tieren sowie Shows, Aufführungen und Entertainment. Alles liegt im gesamten Park verteilt, daher sollte man seinen Besuch sorgfältig planen.

Ybor City Museum State Park MUSEUM

(☎ 813-247-6323; www.ybormuseum.org; 1818 E 9th Ave; Erw./Kind 4 US$/frei; ⌚ Mi–So 9–17 Uhr) Das verstaubte, traditionelle Geschichtsmuseum bewahrt mittels Fotos und Wohnhäusern von Zigarrenarbeitern (10–15 Uhr geöffnet) die Erinnerung an eine vergangene Zeit. Im Museumsgeschäft erhält man ausgezeichnete Tipps zu Zigarren und Informationen zur kostenlosen, individuellen **Multimedia-Tour** (☎ 813-505-6779; www.yborwalkingtours.com; Erw./Kind 20/10 US$) durch Ybor City, für die man ein Gerät mit Internetverbindung benötigt.

Florida Museum of Photographic Arts MUSEUM

(FMoPA; ☎ 813-221-2222; www.fmopa.org; The Cube, 400 N Ashley Dr; Erw./Stud. 10/8 US$; ⌚ Mo–Do 11–18, Fr bis 19, So 12–17 Uhr) Das kleine, intime Museum für Fotografie befindet sich im 2. und 3. Stock des Cube, eines fünfstöckigen Atriums im Zentrum Tampas. Neben der ständigen Sammlung von Arbeiten von Harold Edgerton und Len Prince werden Wechselausstellungen gezeigt. In der Vergangenheit waren Werke von Ansel Adams, Andy Warhol und zeitgenössischen Fotografen wie Jerry Uelsmann zu sehen. Das Museum veranstaltet auch Fotokurse.

Manatee Viewing Center NATURSCHUTZGEBIET

(☎ 813-228-4289; www.tampaelectric.com/manatee; 6990 Dickman Rd, Apollo Beach; ⌚ Nov.–Mitte

April 10–17 Uhr) GRATIS Bei einer der surrealsten Begegnungen mit Floridas Wildtieren beobachtet man Seekühe im warmen Wasser der Ablaufkanäle von Kohlekraftwerken. Die sanften Tieren tauchen hier zwischen November und April regelmäßig auf, daher ist dies nun ein Schutzgebiet.

Schlafen

Gram's Place Hostel HOSTEL $

(☎813-221-0596; www.grams-inn-tampa.com; 3109 N Ola Ave, Seminole Heights; B 28 US$, Zi. 55–65 US$;) Das Gram's ist so charismatisch wie ein alternder Rockstar. Es ist ein kleines, einladendes Hostel für internationale Traveller, die Charakter den Vorzug vor perfekter Bettwäsche geben. Auf dem Gelände gibt's einen beheizten Whirlpool und samstagsabends finden Jamsessions statt. Im Preis ist kein Frühstück enthalten, dafür sind aber zwei komplett ausgestattete Küchen vorhanden.

Tahitian Inn HOTEL $$

(☎813-877-6721; www.tahitianinn.com; 601 S Dale Mabry Hwy, South Tampa; Zi. ab 155 US$; P) Der Name lässt an ein Hotel mit Südseethema denken, doch das familiengeführte Hotel mit komplettem Service bietet günstige Zimmer im frischen Boutiquestil. Die Gästen erwartet zudem ein hübscher Pool und ein idyllisches Café mit Tischen draußen an einem Wasserfall und Koi-Teich.

★ Epicurean Hotel BOUTIQUEHOTEL $$

(☎813-999-8700; www.epicureanhotel.com; 1207 S Howard Ave, South Tampa; Zi. 180–499 US$; P) Feinschmecker aufgehorcht! Tampas coolstes Hotel wurde 2014 eröffnet und ist ein Paradies für alle, die gern essen und trinken. Zudem besticht das gute Design mit Liebe zum Detail: nach oben wachsender Salat in Hydrokultur und Kräuterwände, eine Zinkbar und wiederverwertetes Holz von einem Bahnhof aus den 1820er-Jahren. Egal wo man hinschaut, es gibt immer eine spannende Geschichte, in der meist auch das Partnerrestaurant **Bern's Steak House** (☎813-251-2421; www.bernssteakhouse.com; 1208 S Howard Ave, South Tampa; Steaks für 1-2 Pers. 32–105 US$; ⏲So–Do 17–22, Fr & Sa bis 23 Uhr) vorkommt.

Essen

Tre Amici @ the Bunker CAFÉ $

(☎813-247-6964; www.bunkerybor.com; 1907 19th St N, Ybor City; Speisen 3–8 US$; ⏲Mo–Sa 8–20, So 10–20 Uhr) In diesem entspannten Community-Café werden morgens die versammelten Hipster von Ybor City wach. Es hat den ganzen Tag diverse Frühstücksburritos, Suppen und Salate im Angebot. Abends finden hier Open-Mic-Veranstaltungen, Poetry Slams und „Noise Nights" (die Lärm-Nächte sind genau das, wonach es klingt) statt.

★ Ulele AMERIKANISCH $$

(☎813-999-4952; www.ulele.com; 1810 N Highland Ave; Hauptgerichte 10–36 US$; ⏲So–Do 11–22, Fr & Sa bis 23 Uhr;) Die ehemalige Wasserpumpstation in schöner Lage am Riverwalk wurde in ein zauberhaftes Restaurant verwandelt, das typische Gerichte der Ureinwohner an den modernen Geschmack anpasst hat. Das bedeutet reichlich Datil-Chilis, Beilagen wie Alligator-Bohnen und Okra-„Pommes" (klasse!), Hauptgerichte wie hiesige Makrelen und Desserts wie Guaven-Pie.

Ichicoro RAMEN $$

(☎813-517-9989; www.ichicoro.com; 5229 N Florida Ave, Seminole Heights; Ramen 12–16 US$; ⏲Mo–Mi 12–23, Do & Fr bis 1, So 11–23 Uhr) Die hochwertigen Ramen (ja, auch Ramen können hochwertig sein) dieses schicken Restaurants im Stadtviertel Seminole Heights gehören zu den besten südlich von New York, wo die Rezepte für die angesagten Nudelschalen einmal erdacht wurden.

★ Columbia Restaurant SPANISCH $$$

(☎813-248-4961; www.columbiarestaurant.com; 2117 E 7th Ave, Ybor City; Hauptgerichte mittags 11–26 US$, abends 20–31 US$; ⏲Mo–Do 11–22, Fr & Sa bis 23, So 12–21 Uhr) Das spanisch-kubanische Restaurant, das 2015 seinen 100. Geburtstag feierte, ist das älteste Floridas. Es nimmt einen gesamten Block ein und hat 15 elegante Speisesäle und mehrere romantische Innenhöfe mit Springbrunnen.

Ausgehen & Unterhaltung

Independent Bar BAR

(☎813-341-4883; www.independenttampa.com; 5016 N Florida Ave, Seminole Heights; ⏲So–Mi 9–24, Do–Sa bis 1 Uhr) Liebhaber von Craft-Bieren sollten diese umgebaute Tankstelle in Seminole Heights ansteuern, in der sich heute eine ruhige, hippe Bar befindet. Sie serviert mindestens ein lokales Bier und Kneipengerichte.

★ Skipper's Smokehouse LIVEMUSIK

(☎813-971-0666; www.skipperssmokehouse.com; 910 Skipper Rd, Village of Tampa; Eintritt 5–25 US$;

⌚Di & Mi 11–22, Do bis 22.30, Fr bis 23, Sa 12–23, So 12–21.30 Uhr) Das Skippers, eine beliebte, unprätentiöse Open-Air-Bühne, könnte direkt von den Keys stammen. Hier erklingt Blues, Folk, Reggae und Rockabilly aus den Sümpfen Floridas.

★**Tampa Theatre** KINO
(☎813-274-8981, Kinokasse 813-274-8286; www.tampatheatre.org; 711 N Franklin St; Karten 11 US$) Das historische, 1926 eröffnete Kino im Stadtzentrum ist ein wunderbarer Ort, um Independent-Filme zu sehen. Vor den meisten Filmen erklingt die mächtige Wurlitzer-Orgel. Leider gibt's nur wenige Vorstellungen; in der Regel werden nur ein oder zwei Filme am Tag gezeigt. Auf Sonderveranstaltungen achten!

Praktische Informationen

Tampa Bay Convention & Visitors Bureau (☎813-226-0293; www.visittampabay.com; 615 Channelside Dr; ⌚Mo–Sa 10–17.30, So 11–17 Uhr) In diesem Besucherzentrum gibt's gute kostenlose Karten und jede Menge Informationen.

Ybor City Visitor Center (☎813-241-8838; www.ybor.org; 1600 E 8th Ave; ⌚Mo–Sa 10–17, So 12–17 Uhr) Ein toller Ausgangspunkt für die Erkundung Tampas – hier erhalten Reisende Stadtpläne für Stadtspaziergänge und Infos.

Anreise & Unterwegs vor Ort

Der **Tampa International Airport** (TPA; ☎813-870-8700; www.tampaairport.com; 4100 George J Bean Pkwy) ist der drittgrößte Flughafen der Region. Er liegt 6 Meilen (9,7 km) westlich vom Zentrum abseits des Hwy 589.

HART-Bus 30 (2 US$, 25 Min., alle 30 Min.) fährt am Red Arrival Desk auf dem unteren Level des Flughafens ab; exaktes Wechselgeld ist erforderlich.

Alle wichtigen Autovermietungen haben am Flughafen Schalter. Mit dem Auto folgt man der I-275 bis zum N Ashley Dr, biegt rechts ab und ist praktisch schon im Zentrum.

St. Petersburg

St. Petersburg war lange eigentlich nur als Spring-Break-Partystadt und bevorzugter Wohnsitz von Ruheständlern bekannt, doch heute macht sich die Stadt einen neuen Namen als ein kulturelles Zentrum im Süden Floridas. Die Energie der Downtown strahlt inzwischen auch auf die Central Ave aus, angespornt von den großartigen Wandbildern im Zentrum, einem sanierten historischen Viertel und dem fantastischen Dalí-Museum. Mittlerweile sind gehobene Restaurants, Craft-Bier-Brauereien, Bauernmärkte und Kunstgalerien entstanden und bilden einen Anziehungspunkt für ein jüngeres, gebildetes Publikum und eine neue Welle kulturinteressierter Besucher.

Sehenswertes & Aktivitäten

★**Salvador Dalí Museum** MUSEUM
(☎727-823-3767; www.thedali.org; 1 Dali Blvd; Erw./Kind 6–12Jahre 24/10 US$, Do ab 17 Uhr 10 US$; ⌚Fr–Mi 10–17.30, Do bis 20 Uhr) Das theatralische Äußere des Salvador Dalí Museum ist vielversprechend: Ein 23 m hohes gläsernes Atrium ragt aus einem Loch in einem hohen weißen Kasten hervor. Noch spektakulärer ist die Innerarchitektur, die ein ausgezeichnetes Modell dafür wäre, wie ein modernes Kunstmuseum sein sollte – zumindest eines, das dem Leben, der Kunst und dem Einfluss von Salvador Dalí gewidmet ist. Auch wer mit Dalis schmelzenden Uhren und seinem gezwirbelten Schnurrbart wenig anfangen, wird vom Museum und seinen großartigen Werken, besonders dem *Halluzinogenen Torero,* schwer beeindruckt sein.

★**Weedon Island Preserve** NATURSCHUTZGEIBET
(☎727-453-6500; www.weedonislandpreserve.org; 1800 Weedon Dr NE; ⌚7 Uhr–Sonnenuntergang) Dieses 15 km² große Naturschutzgebiet schützt mehrere Wasser- und Feuchtgebiet-Ökosysteme, die sich wie ein Flickenteppichen in verschiedenen Grüntönen über die Tampa Bay erstrecken. Im Zentrum des Schutzgebiets befindet sich das ausgezeichnete Cultural and Natural History Center (Do–Sa 11–16 Uhr geöffnet), das Ausstellungen über die Natur und die frühen Bewohner von Weedon Island zeigt.

St. Petersburg Museum of Fine Arts MUSEUM
(☎727-896-2667; www.mfastpete.org; 255 Beach Dr NE; Erw./Kind 7–18 Jahre 17/10 US$; ⌚Mo–Sa 10–17, Do bis 20, So 12–17 Uhr) Die Sammlung des Museum of Fine Arts ist so breit gefächert wie die des Salvador Dalí Museum in die Tiefe geht. Sie zeigt Antiquitäten aus aller Welt und verfolgt die Entwicklung der Kunst durch nahezu alle Epochen.

★**Walking Mural Tours** KULTUR
(☎727-821-7391; www.stpetemuraltour.com; Erw./Kind 19/11 US$; ⌚Sa 10–11.30 Uhr) Der fantastische Stadtspaziergang führt Besucher in

die lebendige Kunst der Wandmalerei ein. Ihren Anfang nahm diese Kunstrichtung nach dem wirtschaftlichen Niedergang 2008, als Künstler auf einmal günstigeren Galerieraum im Zentrum bekamen. Heute zieren über 30 sehr kreative und einzigartige Wandbilder – viele von ihnen mit Bezug auf die Stadtgeschichte – die Häuser und machen den Wynwood Walls in Miami echte Konkurrenz.

Schlafen

★ Hollander Hotel BOUTIQUEHOTEL $$
(☎727-873-7900; www.hollanderhotel.com; 421 4th Ave N; Zi. 98–140 US$; P❄📶🏊) Das Hollander kann mit seinem Art-déco-Flair, der 40 m langen Terrasse, der geselligen Bar, dem Spa mit komplettem Angebot und dem Café Common Grounds gar nichts falsch machen. Die öffentlichen Bereiche sind mit wunderbaren historischen Elementen gestaltet und die Zimmer verströmen dank der glänzenden Holzfußböden, der gemächlichen Deckenventilatoren und der Rohrmöbel einen Hauch 1930er-Jahre-Romantik.

★ Dickens House B&B $$
(☎727-822-8622; www.dickenshouse.com; 335 8th Ave NE; Zi. 139–243 US$; P❄@📶) Das liebevoll restaurierte Wohnhaus im Arts-&-Crafts-Stil hat fünf prächtig gestaltete Zimmer. Der gesellige, schwulenfreundliche Besitzer tischt ein echtes Gourmetfrühstück auf, oft mit Eiweiß-Frittata.

Essen & Ausgehen

Meze 119 VEGETARISCH $
(☎727-498-8627; www.meze119.com; 119 2nd St N; Hauptgerichte 7–14 US$; ⊙So–Do 11–21, Fr & Sa bis 22 Uhr; 🌱) Das vegetarische Restaurant kann mit seinen Schottischen Eiern und Falafel mit Tahini-Sauce oder einem mit Couscous und Rosinen gefüllten Eichelkürbis selbst die anspruchsvollsten Fleischesser zufriedenstellen. Weitere beliebte Standardgerichte sind der Hummus-Teller mit vielfältigen Geschmacksnoten und gebratene Aubergine auf einem Fladenbrot. Arabische Gewürzen verleihen den Speisen volle, komplexe Aromen.

★ Brick & Mortar MODERN-AMERIKANISCH $$
(☎727-822-6540; www.facebook.com/brickandmortarkitchen; 539 Central Ave; Hauptgerichte 14–25 US$; ⊙Di 17–21, Mi & Do bis 22, Fr & Sa 16.30–23 Uhr) Ein Ehepaar aus der Catering-Branche hat dieses Restaurant aus, wie der Name schon verrät, Ziegeln und Mörteln 2015 eröffnet. Obwohl St. Pete mit großartigen Restaurants regelrecht überschwemmt wurde, ragt dieses mit seiner modernen amerikanischen Küche hervor. Das Highlight der Speisekarte ist die Spezialität des Hauses: das göttliche Carpaccio mit Porree, etwas Ziegenkäse-Mousse, einem Spritzer Trüffelöl und einer einzelnen Ravioli-Teigtasche, die mit köstlichem flüssigem Eigelb gefüllt ist.

★ Cycle Brewing BRAUEREI
(534 Central Ave; ⊙Mo–Do 15–24, Fr bis 1, Sa 12–1, So 12–22 Uhr) Hipster-Brauhaus mit Tischen auf dem Bürgersteig, das bis zu 24 wechselnde erstklassige Biere vom Fass serviert. Das Crank IPA ist eine gute Wahl.

Anreise & Unterwegs vor Ort

Greyhound (☎727-898-1496; www.greyhound.com; 180 Dr Martin Luther King Jr St N) Busse fahren nach Miami, Orlando und Tampa.

Pinellas Suncoast Transit Authority (PSTA; www.psta.net; Erw./Stud. 2,20/1,10 US$) St. Petersburger Busse steuern die Barriereinseln und Clearwater an; Tageskarten (Go Cards) für beliebig viele Fahrten kosten 5 US$ pro Tag.

Downtown Looper (www.loopertrolley.com; Fahrpreis 50 ¢; ⊙So–Do 10–17, Fr & Sa bis 24 Uhr) Altmodische Trolleys drehen alle 15 bis 20 Minuten eine Runde durchs Stadtzentrum.

Sarasota

Im kultivierten Sarasota kann man die Ferien locker damit verbringen, die Sehenswürdigkeiten und Strände (darunter das nahe gelegene, sehr beliebte **Siesta Key**) zu erkunden. Doch es dauerte lange, ehe die Stadt das kulturelle Zentrum wurde, das sie heute ist. Nachdem plündernde spanische Eroberer im 15. Jh. das Volk der Calusa vertrieben hatten, war die Gegend praktisch menschenleer. Dies änderte sich erst, als nach den Seminolenkriegen der Armed Occupation Act (1842) verabschiedet wurde. Dieser billigte jedem, der sich hier niederließ und seine Farm verteidigen konnte, knapp 65 ha Land und Vorräte für sechs Monate zu. Segel- und Dampfschiffe waren die einzige Verbindung zur Außenwelt, bis 1902 die Eisenbahn von Tampa nach Sarasota ausgebaut wurde. Danach entwickelte sich die Stadt zu einem beliebten Winterferienort für die Reichen, und die Kunsteinrichtungen folgten auf dem Fuß.

Schließlich entschied sich der Zirkusbaron John Ringling, seinen Zirkus hierher zu verlegen. Er ließ einen Winterwohnsitz, ein Kunstmuseum und ein College bauen. Damit stellte er die Weichen für die Zukunft der Stadt als einladende, wohlhabende Kulturstadt.

Sehenswertes & Aktivitäten

★ Ringling Museum Complex MUSEUM
(☎941-359-5700; www.ringling.org; 5401 Bay Shore Rd; Erw./Kind 6–17 Jahre 25/5 US$; ⏲Fr–Mi 10–17, Do bis 20 Uhr; 🚸) Der knapp 27 ha große Winterwohnsitz des Eisbahn-, Immobilien- und Zirkusbarons John Ringling und seiner Frau Mable ist eine der Hauptattraktionen der Golfküste. Das heutige Kunstmuseum des Bundesstaates Florida beherbergt seine persönliche Kunstsammlung. In der Nähe widmet sich das Circus Museum dem Erfolg von Ringlings Zirkusimperium. Im prachtvollen Wohnhaus Cà d'Zan, das im Stil der venezianischen Gotik gebaut wurde, zeigt sich der extravagante Geschmack des Impresarios. Die PBS-Dokumentation über Ringlings Leben, die im Circus Museum gezeigt wird, sollte man sich unbedingt anschauen.

Island Park PARK
An der Marina der Stadt liegt der hübsche grüne Island Park mit einem tollen Spielplatz und einem Brunnen zum Planschen, Toiletten, von Bäumen beschatteten Bänken, einem Restaurant und einer Tiki-Bar. Außerdem kann man Kajaks, Jetski und Boote ausleihen.

★ Siesta Key Rum BRENNEREI
(Drum Circle Distilling; ☎941-702-8143; www.drumcircledistilling.com; 2212 Industrial Blvd; ⏲Di–Sa 12–17 Uhr) GRATIS Die älteste Rumbrennerei Floridas veranstaltet faszinierende Führungen mit hohem Bildungsfaktor durch ihre Anlage in einem Industriepark etwas außerhalb der Stadt. Vom Firmengründer Troy, einem begabten und unglaublich witzigen Erzähler, erfährt man alles über den Prozess der Rumproduktion.

Schlafen & Essen

★ Hotel Ranola BOUTIQUEHOTEL $$
(☎941-951-0111; www.hotelranola.com; 118 Indian Pl; Zi. 109–179 US$, Suite 239–269 US$; ❄@P) In den neun Zimmern hat man das Gefühl, im Designer-Apartment in einem Brownstone-Haus abgestiegen zu sein: unkonventionell und mühelos künstlerisch, aber mit echter, funktionstüchtiger Küche. Urban, trendig und in fußläufiger Entfernung zu Downtown Sarasota.

Mattison's City Grille GRILLRESTAURANT $
(☎941-330-0440; www.mattisons.com/; 1 N. Lemon Ave; Hauptgerichte 9–17 US$; ⏲11–22 Uhr (oder länger), Sa ab 9.30 Uhr; 📶🚸) Im zentral gelegenen Mattison's sind gesunde Salate und herzhafte Sandwiches (mit hausgebackenem Brot) an der Tagesordnung. Der Restaurantbereich im Freien fungiert zugleich als Bar, in der jeden Abend Livemusik für Stimmung sorgt, und daher kommt auch der Spitzname des Restaurants: „party on the corner" („Party an der Ecke").

★ Owen's Fish Camp SÜDSTAATENKÜCHE $$
(☎941-951-6936; www.owensfishcamp.com; 516 Burns Lane; Hauptgerichte 10–28 US$; ⏲So–Do 16–21.30, Fr & Sa bis 22.30 Uhr) In dieser hippen, altmodischen Bude im Zentrum wartet man selten weniger als eine Stunde. Auf der Speisekarte steht gehobene Südstaatenküche mit einem Schwerpunkt auf Seafood, darunter alles, was gerade frisch ist. Außerdem gibt's gute typische Gerichte wie Jakobsmuscheln mit Schweinebraten, Succotash (Eintopf mit Mais und Bohnen) und Grits (Maisgrütze).

Praktische Informationen

Arts & Cultural Alliance (www.sarasotaarts.org) Hier gibt es umfassende Informationen zu Events.

Sarasota Herald-Tribune (www.heraldtribune.com) Die größte Tageszeitung.

Sarasota Visitor Information Center (☎941-706-1253; www.visitsarasota.org; 1710 Main St; ⏲Mo–Sa 10–17 Uhr; 📶) Die sehr freundliche Touristeninformationen hat tonnenweise Infos und verkauft gute Landkarten.

An- & Weiterreise

Sarasota liegt etwa 60 Meilen (97 km) südlich von Tampa und ca. 75 Meilen (121 km) nördlich von Fort Myers. Die Hauptstraßen in die Stadt sind der Tamiami Trail/Hwy 41 und die I-75.

Greyhound (☎941-342-1720; www.greyhound.com; 5951 Porter Way; ⏲8.30–10 & 13.30–18 Uhr) Verbindungen zwischen Sarasota und Miami, Fort Myers sowie Tampa.

Sarasota-Bradenton International Airport (SRQ; ☎941-359-2770; www.srq-airport.com; 6000 Airport Circle) Wird von vielen großen Fluggesellschaften angeflogen. Auf dem Hwy 41 nach Norden fahren und an der University Ave rechts abbiegen.

Sanibel & Captiva Islands

Vom Lebensstil wie von der architektonischen Gestaltung her ist die Insel Sanibel locker und egalitär, Reichtum wird hier in der Regel nicht zur Schau gestellt. Die bauliche Entwicklung auf Sanibel wurde sorgfältig gesteuert: Die nördliche Hälfte gehört fast vollständig zum Schutzgebiet J. N. „Ding" Darling National Wildlife Refuge. Es gibt zwar jede Menge Hotels, doch der Strand ist völlig frei von kommerzieller Verschandelung und Apartmenthäusern. Zudem beschränkt sich der öffentliche Zugang zum Strand auf eine Handvoll weit verstreuter Parkplätze, daher drängen sich nirgends Massen von Tagesausflüglern.

Einst vagabundierte der Pirat José Gaspar, der sich selbst Gasparilla nannte, an der Golfküste, um Schätze zu plündern und schöne Frauen zu entführen, die er auf der passend benannten Captiva Island (*captive* bedeutet gefangen) fest hielt. Heute gibt es im winzigen Dorf nur eine einzige Straße, die Andy Rosse Lane, und noch immer keine Ampel. Das bevorzugte Verkehrsmittel sind familienfreundliche Fahrräder. Die Villen auf Captiva protzen nicht, sondern verstecken sich hinter dichtem Grünen und tragen Namen wie „Seas the Day".

Sehenswertes & Aktivitäten

Captiva Beach STRAND

(14790 Captiva Dr) Vom Captiva Beach hat man nicht nur den direkten Blick auf die traumhaften Sonnenuntergänge, hier gibt's auch wunderbaren Sand und in der Nähe mehrere romantische Restaurants. Wer auf dem kleinen Parkplatz parken will, sollte zeitig da sein – oder gleich mit dem Fahrrad herkommen.

J. N. „Ding" Darling National Wildlife Refuge NATURSCHUTZGEBIET

(☎239-472-1100; www.fws.gov/dingdarling; 1 Wildlife Dr; Auto/Radfahrer/Fußgänger 5/1/1 US$; ⏲7 Uhr–Sonnenuntergang) Dieses Naturschutzgebiet wurde nach dem Karikaturisten Jay Norwood „Ding" Darling benannt, einem Umweltschützer, der an der Schaffung von mehr als 300 Schutzgebieten in den gesamten USA beteiligt war. In dem 25 ha großen Gebiet leben zahlreiche Meeresvögel und wilde Tiere wie Alligatoren, Nachtreiher, Rotschulterbussarde, Drosseluferläufer, Rosalöffler, Pelikane und Amerikanische Schlangenhalsvögel. Vom 5 Meilen (8 km) langen **Wildlife Drive** führen Wanderwege ins Schutzgebiet, darunter einige kurze Wege in die Mangroven. Unbedingt Ferngläser mitbringen, da sich die Vogelschwärme oft recht weit entfernt aufhalten.

Captiva Cruises BOOTSFAHRTEN

(☎239-472-5300; www.captivacruises.com; 11400 Andy Rosse Lane) Von der **McCarthy's Marina** (☎239-472-5200; www.mccarthysmarina.com; 11401 Andy Rosse Lane) starten diverse Bootsfahrten von Captiva Cruises, z. B. Delfinbeobachtungstouren und Fahrten in den Sonnenuntergang (ab 27,50 US$) sowie Exkursionen zu verschiedenen Inseln wie Cayo Costa (40 US$), Cabbage Key (40 US$) und nach Boca Grande (50 US$) auf Gasparilla Island.

Tarpon Bay Explorers KAJAKFAHREN

(☎239-472-8900; www.tarponbayexplorers.com; 900 Tarpon Bay Rd; ⏲8–17 Uhr) Im Darling National Wildlife Refuge verleiht dieser Anbieter Kanus und Kajaks (2 Std. 25 US$) für einfache Bootstouren ohne Führer in der Tarpon Bay – ein perfekter Ort für junge Paddler. Auch die geführten Kajaktouren (Erw. 30–40 US$, Kind 20–25 US$) sind hervorragend. Daneben gibt's diverse weitere Touren sowie Vorträge auf der Terrasse. Man sollte reservieren oder zeitig da sein, denn die Plätze für die geführten Touren sind schnell weg.

Schlafen & Essen

Sandpiper Inn INN $$

(☎239-472-1606; www.palmviewsanibel.com; 720 Donax St; Zi. 149–229 US$; P❄📶) Das Hotel im Stil des Alten Floridas steht einen Block hinter dem Strand und bietet angesichts seiner Nähe zu den Geschäften und Restaurants im Periwinkle Way ein gutes Preis-Leistungs-Verhältnis. Die Einzimmerapartments bestehen aus einem Schlafbereich, einer funktionalen (wenn auch veralteten) Küche und einem in tropischen Farben gehaltenen Wohnbereich.

★ 'Tween Waters Inn RESORT $$$

(☎239-472-5161; www.tween-waters.com; 15951 Captiva Dr; Zi. 185–285 US$, Suite 270–410 US$, Cottages 265–460 US$; ❄@📶🏊🐾) Das 'Tween Waters Inn ist das Resort mit dem besten Preis-Leistungs-Verhältnis auf der Captiva Island. Die attraktiven Zimmer sind mit Rattanmöbeln, Granitoberflächen und Regenduschen ausgestattet und im Tommy-Bahama-Stil gestaltet. Alle haben Balkons, teilweise mit herrlichem Blick direkt auf den Golf. Die hübschen kleinen Cottages sind sehr romantisch. Familien nutzen gern den großen Pool, die Tennisplätze, den Jachthafen mit komplettem Service und das Spa. Bei einem Aufenthalt von mehreren Nächten erhalten Besucher gute Rabatte.

★ **Sweet Melissa's Cafe** AMERIKANISCH $$$
(☎ 239-472-1956; www.sweetmelissascafe.com; 1625 Periwinkle Way; Tapas 9–16 US$, Hauptgerichte 26–34 US$; ⌚ Mo–Fr 11.30–14.30 Uhr & 17 Uhr–Schließung, Sa 17 Uhr–Schließung) Das Sweet Melissa's besticht durch ausgewogene, entspannte Eleganz, sowohl bei den Speisen als auch beim Ambiente. Es serviert Gerichte wie Farro Fettuccine, Schnecken mit Kürbis und knusprige ganze Fische. Die vielen kleinen Gerichte ermutigen die Gäste, Verschiedenes auszuprobieren. Der Service ist aufmerksam und die Atmosphäre heiter.

Praktische Informationen

Sanibel & Captiva Islands Chamber of Commerce (☎ 239-472-1080; www.sanibel-captiva.org; 1159 Causeway Rd; ⌚ 9–17 Uhr; 📶) Eine der hilfreicheren Touristeninformationen der Gegend; sie verfügt über ein Verzeichnis freier Hotelzimmer und bietet eine reine Hotel-Hotline.

An- & Weiterreise

Die Insel erreicht man nur mit dem Auto. Am Sanibel Causeway (Hwy 867) wird eine Maut (Auto/Motorrad 6/2 US$) kassiert. Sanibel ist 12 Meilen (19 km) lang, doch wegen der niedrigen Höchstsgeschwindigkeiten und dem dichten Verkehr wirkt es länger. Die Hauptstraße ist der Periwinkle Way, der später zur Sanibel-Captiva Rd wird.

Naples

Elegante Romantik und der schönste, ruhigste Stand im Südwesten Floridas machen Naples zum Palm Beach der Golfküste. Die Bebauung entlang der Küste wurde auf reine Wohnhäuser beschränkt. Hinter dem weichen weißen Sand liegen nur schmale Dünen und halb versteckte Villen. Dazu kommt, dass Naples eine kultur- und niveauvolle Stadt ist, die ihren Stil und Reichtum nicht versteckt, zugleich aber einladend und lebenslustig ist. Familien, Teenager, ältere Damen in Haute-Couture-Kleidung, Manager mittleren Alters und schick gekleidete junge Pärchen – sie alle vermischen sich an milden Abenden beim abendlichen Flanieren auf der 5th Ave in der Downtown. Traveller finden die Stadt manchmal zu teuer, aber anderswo sind die Ferien fürs gleiche Geld nicht annähernd so beeindruckend.

Sehenswertes & Aktivitäten

★ **Naples Botanical Gardens** GARTEN
(☎ 239-643-7275; www.naplesgarden.org; 4820 Bayshore Dr; Erw./Kind 4–14 Jahre 15/10 US$; ⌚ 9–17 Uhr) Dieser herausragende Botanische Garten bezeichnet sich selbst als „Ort der Glückseligkeit und Fleck der größten Wonnen". Wer ein Weilchen auf dem 4 km langen Weg durch neun gestaltete Gärten spaziert ist, findet in kürzester Zeit seine innere Mitte. Kinder lieben das Baumhaus mit Strohdach, das Schmetterlingshaus und den interaktiven Springbrunnen, während Erwachsene mit verträumtem Blick den unlängst vom Landschaftsarchitekten Raymond Jungles umgestalteten Scott Florida Garden genießen werden. Wasserfälle, 3,6 m hohe Oolithsteine und historische Bäume wie Dattelpalmen, Maulbeer-Feigen und Feigenbäume zieren den schönen Garten.

★ **Baker Museum** MUSEUM
(☎ 239-597-1900; www.artisnaples.org; 5833 Pelican Bay Blvd; Erw./Kind 10 US$/frei; ⌚ Di–Do & Sa 10–16, Fr bis 20, So 12–16 Uhr) Das engagierte, anspruchsvolle Kunstmuseum ist der ganze Stolz der Stadt und Teil des Artis-Naples-Komplexes, zu dem auch das fantastische benachbarte Philharmonic Center gehört. Das Museum widmet sich der zeitgenössischen Kunst und der Kunst des 20. Jhs. In den 15 Ausstellungssälen und im Wintergarten in der Glaskuppel werden spannende Wechsel- und Dauerausstellungen gezeigt, z. B. postmoderne Werke, Fotografie, Papierkunst und Glasskulpturen.

Naples Municipal Beach STRAND
(12th Ave S & Gulf Shore Blvd) Der lange, verträumte weiße Stadtstrand ist zwar belebt, aber selten überfüllt. Der 305 m lange Pier am Ende der 12 th Ave S ist ein Symbol des Stolzes der Bürger auf ihre Stadt: Er wurde 1888 erbaut, mehrmals von Bränden und Hurrikanen zerstört und immer wieder neu gebaut. Parken kann man auf kleinen Parkplätzen mit je 10 bis 15 Stellplätzen, davon gehören jeweils ein paar den Anwohnern und einige Parkplätze sind mit einem Parkschein nutzbar (1,50 US$ pro Std.); sie verteilen sich zwischen der 7th Ave N und der 17th Ave S.

Schlafen & Essen

Inn on 5th HOTEL $$$
(☎239-403-8777; www.innonfifth.com; 699 5th Ave S; Zi. 399, Suite 599–999 US$; P ❄ @ ☎ ≋) Das elegante Luxushotel im mediterranen Stil wartet mit einer unschlagbaren Lage zu beiden Seiten der 5th Ave auf. Die geschmackvollen Zimmer besitzen keinen historisch-romantischen Charme, stattdessen eignen sie sich vielmehr für Geschäftsreisende – doch wer wird sich schon über Pillowtop-Matratzen und Duschen mit Glaswänden beschweren? Zu den Annehmlichkeiten des Rundum-Services gehören ein beheizter Pool im 2. Stock, ein Businesszentrum, ein Fitnessstudio und ein opulentes Spa. Kostenloser Valet-Parkservice.

★ **Escalante** BOUTIQUEHOTEL $$$
(☎239-659-3466; www.hotelescalante.com; 290 5th Ave S; Zi. 200–700 US$) Das wundervolle Boutiquehotel, das sich zwischen der 5th Ave und 3rd St versteckt und doch nicht zu übersehen ist, wurde im Stil einer toskanischen Villa gestaltet. Die Zimmer und Suiten verbergen sich hinter tropischen Pflanzen und berankten Pergolas, und sie sind mit Möbeln im Plantagenstil, europäischer Wäsche und Designer-Kosmetikprodukten ausgestattet.

The Local MODERN-AMERIKANISCH $$
(☎239-596-3276; www.thelocalnaples.com; 5323 Airport Pulling Rd N; Hauptgerichte 12–29 US$; ⊙So–Do 11–21, Fr & Sa bis 21.30 Uhr; ☎) Ironischerweise muss man zwar von der Innenstadt 6 Meilen (9,6 km) fahren, um in den Genuss der lokalen Küche zu kommen, doch das Bistro in einer Einkaufsmeile ist den CO_2-Fußabdruck wert. Hier kommt das Essen – ob nun Wassermelonensalat oder Fleisch vom Weiderind – von der Farm frisch auf den Tisch.

★ **Bha! Bha! Persian Bistro** IRANISCH $$$
(☎239-594-5557; www.bhabhabistro.com; 865 5th Ave S; Hauptgerichte 26–38 US$; ⊙So–Do 17–21, Fr & Sa bis 22 Uhr) Der Name dieses experimentellen Spitzenrestaurants stammt vom farsischen Ausdruck für „Mmh, lecker!", und wie sich herausstellt, ist das noch mächtig untertrieben. Wie wär's mit den Pistazien-Lammfleischbällchen und einem Safran-Zitronengras-Martini, gefolgt von einem mit exotischen Gewürzen marinierten Kebab oder der Ente *fesenjune*, die langsam mit Granatapfel- und Walnusssauce gebraten wird?

Praktische Informationen

Third St Concierge Kiosk (☎239-434-6533; www.thirdstreetsouth.com; Camargo Park, 3rd St S; ⊙Mo–Mi 10–18, Do & Fr 10–21, Sa 8.30–18, So 12–17 Uhr) Was gibt es im alten Teil von Naples zu sehen? Die freundlichen Mitarbeiter in diesem kleinen Kiosk im Freien freuen sich, wenn man fragt.

Visitor Information Center (☎239-262-6141; www.napleschamber.org; 2390 Tamiami Trail N; ⊙Mo–Fr 9–17 Uhr) Infos zu Unterkünften, gute Karten, Internetzugang und Berge von Broschüren.

An- & Weiterreise

Ein Auto ist unverzichtbar, aber die zahlreichen und kostenlosen Parkplätze im Zentrum erleichtern den Besuch mit dem Auto. Naples liegt ca. 40 Meilen (64,4 km) südwestlich von Fort Myers; die I-75 verbindet beide Städte.

Greyhound (☎239-774-5660; www.greyhound.com; 2669 Davis Blvd) Verbindungen von Naples nach Miami, Orlando und Tampa.

Southwest Florida International Airport (RSW; ☎239-590-4800; www.flylcpa.com; 11000 Terminal Access Rd) Dies ist der Hauptflughafen von Naples. Er liegt 45 Fahrminuten nördlich der Stadt an der I-75.

ZENTRAL-FLORIDA

Zentral-Florida ähnelt einer Matroschka, der zusammengesetzten, hohlen russischen Puppe, in der sich ähnliche, immer kleiner werdende Puppen befinden. In der Region gibt's schöne State Parks, Gärten und Flüsse, die ideal für eine entspannte Erkundung sind. Unter dieser äußersten Hülle kommen Kissimmee, Celebration und das riesige urbane Großraumgebiet von Orlando zum Vorschein. Über das Netz vielspuriger Highways und Hochstraßen des Großraums von Orlando erreicht man zahlreiche Themenparks, darunter das Walt Disney World Resort, das Universal Orlando Resort, SeaWorld und Legoland. Wenn man vom Besucheransturm ausgeht, sind diese Parks für viele der Hauptgrund des Besuchs der Gegend.

Doch den inneren Kern von Zentral-Florida bildet eine Stadt: die hübsche, grüne Innenstadt von Orlando, deren erstklassige Museen und tolle Restaurants, in denen das Essen frisch von der Farm auf den Tisch kommt, angesichts des Hypes um die knalligen, funkelnden Themenparks mitunter übersehen werden. Viele Besucher kommen nie bis in diesen Kern, der die letzte Matroschka darstellt, denn Orlando liegt ein wenig im Schatten von Cinderella und Hogwarts.

Orlando

Wenn Orlando eine Disney-Filmfigur wäre, dann wäre sie am ehesten Dory (aus *Findet Nemo*), der es ein wenig an Selbstvertrauen mangelt. Man kann sich leicht von der abgeschlossenen, künstlichen Welt von Disney World oder Universal Orlando (weswegen die meisten überhaupt herkommen, mal ehrlich) so vereinnahmen lassen, dass man die Innenstadt von Orlando völlig vergisst. Dabei hat sie viel zu bieten: schöne Stadtviertel mit von Bäumen gesäumten Straßen, eine vielfältige Theater- und Museumslandschaft, mehrere fantastische Gärten, wunderbare Restaurants und ein angenehm ruhiges Tempo ohne hektisches Gedränge. Natürlich sollte man sich in den Themenparks mit ihrem Glamour, der Nostalgie und dem Nervenkitzel der Fantasiewelten nach Leibeskräften amüsieren, aber man sollte sich auch Zeit für „Findet Orlando" nehmen. Es lohnt sich, zwischen den rasanten Achterbahnfahrten einen Tag lang die ruhigere, freundlichere Seite der Innenstadt kennenzulernen.

Sehenswertes

★ Mennello Museum of American Art MUSEUM
(☎ 407-246-4278; www.mennellomuseum.org; 900 E Princeton St, Loch Haven Park, Downtown; Erw./Kind 6–18 Jahre 5/1 US$; ⌚ Di–Sa 10.30–16.30, So ab 12 Uhr; 🚌 Lynx 125, 🚆 Florida Hospital Health Village) Das kleine, aber ausgezeichnete Kunstmuseum am See zeigt Werke von Earl Cunningham, dessen leuchtend bunte Bilder, eine Fusion aus Pop-Art und amerikanischer Volkskunst, die Leinwand fast zu sprengen scheinen. Wechselausstellungen widmen sich häufig der amerikanischen Volkskunst. Alle vier Monate gibt's eine neue Ausstellung, das Spektrum reicht von Sammlungen der Smithsonian Institution bis zu einheimischen Künstlern.

★ Orlando Museum of Art MUSEUM
(☎ 407-896-4231; www.omart.org; 2416 N Mills Ave, Loch Haven Park, Downtown; Erw./Kind 15/5 US$; ⌚ Di–Fr 10–16, Sa & So ab 12 Uhr; 👪; 🚌 Lynx 125, 🚆 Florida Hospital Health Village) Orlandos prächtiges, blendend weißes Kunstzentrum wurde 1924 gegründet und wartet mit fantastischen Dauer- und Sonderausstellungen auf. Außerdem veranstaltet es verschiedene Kunstveranstaltungen und -kurse für Erwachsene sowie für Familien. Der beliebte First Thursday (10 US$) findet am ersten Donnerstag im Monat zwischen 18 und 21 Uhr statt und würdigt örtliche Künstler mit regionalen Werken, Livemusik und Essen aus Restaurants der Stadt.

Orlando Eye VERGNÜGUNGSPARK
(www.officialorlandoeye.com; I-Drive 360, 8401 International Dr, International Drive; ab 20 US$; ⌚ So–Do 10–22, Fr & Sa bis 24 Uhr) In Orlando gibt's Fahrgeschäfte aller Art, die rauf und runter sausen – warum also nicht einmal eins, das sich im Kreis dreht? Das 2017 eröffnete Riesenrad ist das neueste Highlight am International Drive.

SeaWorld VERGNÜGUNGSPARK
(☎ 888-800-5447; www.seaworldparks.com; 7007 Sea World Dr; 95 US$, Ermäßigungen online, Preise ändern sich täglich; ⌚ 9–20 Uhr; 👪; 🚌 Lynx 8, 38, 50, 111, 🚌 I-Ride Trolley Red Line Stop 28) SeaWorld – einer von Orlandos größten Themenparks – ist ein Wasserpark mit Meerestiershows, Achterbahnen und Begegnungen mit Meeresbewohnern hautnah. Die größte Attraktion des Parks ist aber auch umstritten: Liveshows mit trainierten Delfinen, Seelöwen und Orcas.

Seit 2013 die Dokumentation *Blackfish* gezeigt wurde, wird die Haltung der gefangenen Orcas im SeaWorld genauestens beobachtet, und das Unternehmen hat sinkende Besucherzahlen und negative PR zu beklagen.

Titanic the Experience MUSEUM
(☎ 407-248-1166; www.titanicshipofdreams.com; 7324 International Dr, International Drive; Erw./Kind 6–11 Jahre 22/16 US$; ⌚ 10–18 Uhr; 👪; 🚌 Lynx 8, 42, 🚌 I-Ride Trolley Red Line Stop 9) Das Museum zeigt maßstabsgetreue Nachbauten der Innenräume des unglückseligen Schiffes und Gegenstände, die auf dem Grund des Ozeans gefunden wurden. Man kann an einer Führung mit Guides in historischen Kostümen teilnehmen oder sich auf eigene Faust umschauen. Besonders Kinder lieben die dramatische und realistische Interpretation der Geschichte: Jeder Passagier erhält eine Bordkarte mit dem Namen eines echten Passagiers und erfährt am Ende der Tour (wenn das Schiff gesunken ist) dessen Schicksal.

Schlafen

★ Floridian Hotel & Suites HOTEL $
(☎ 407-212-3021; www.floridianhotelorlando.com; 7531 Canada Ave, International Drive; Zi. ab 75 US$;

Großraum Orlando & Themenparks

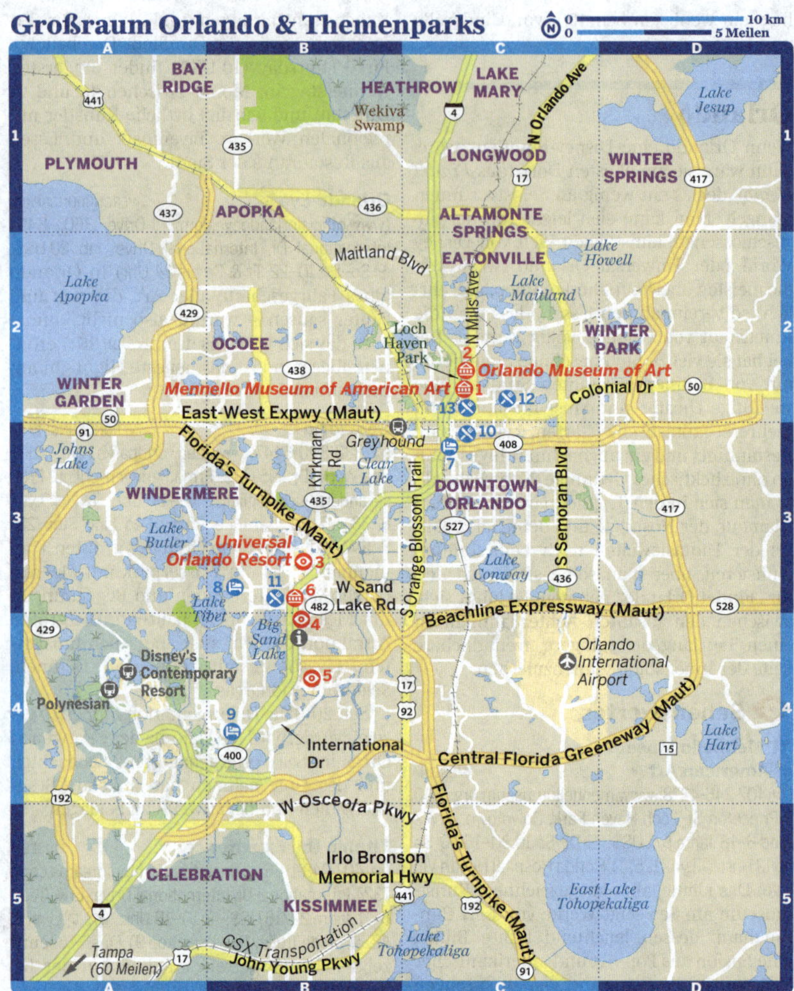

) Das wundervolle Budgethotel in Privatbesitz erinnert zwar teilweise an eine Hotelkette, ist aber in allerlei Hinsicht um einiges besser: Die Mitarbeiter an der Rezeption sind wunderbar freundlich, in den blitzsauberen Zimmern stehen Kühlschränke, und es gibt sogar ein kostenloses (wenn auch einfaches) Frühstück sowie Shuttlebusse zu den verschiedenen Parks. Das Hotel befindet sich in der Nähe der Restaurant Row, nicht weit vom International Dr.

Aloft Orlando Downtown BUSINESSHOTEL **$$**
(☎497-380-3500; www.aloftorlandodowntown.com; 500 S Orange Ave, Downtown; Zi. ab 230 US$;) Das stromlinienförmige Hotel wirkt offen und entschieden modern, obwohl manchen Gästen die Zimmer auf Grund der sorgfältig entworfenen minimalistischen Gestaltung merkwürdig leer vorkommen mögen. Der elegante kleine Pool liegt leider unangenehm dicht an der Hauptstraße. Andererseits ist dies eines der wenigen Hotels in bequemer Laufweite zu den Bars und Restaurants der Downtown.

Hyatt Regency Grand Cypress Resort RESORT **$$**
(☎407-239-1234; www.hyattgrandcypress.com; 1 Grand Cypress Blvd, Lake Buena Vista; Zi.

Großraum Orlando & Themenparks

189–250 US$, Resortgebühr 30 US$ pro Tag, Parken/Valet-Parkservice 20/29 US$; P@) Angesichts der Nähe zu Disney's Magic Kingdom (7 Meilen; 11,3 km) und zum Universal Resort Orlando (8 Meilen; 12,9 km) bietet dieses Resort, das um ein hohes Atrium herum angelegt ist, mit das beste Preis-Leistungs-Verhältnis in Orlando.

★ Bay Hill Club and Lodge HOTEL $$$
(407-876-2429; www.bayhill.com; 9000 Bay Hill Blvd; Zi. ab 300 US$; @) Im ruhigen, vornehmen Bay Hill fühlt man sich wie in einer Zeitschleife – als ob man quasi in eine zum Leben erwachte Fernsehkulisse oder ins Fotoalbum seiner Großmutter versetzt wurde. Das Hotel ist angenehm ruhig und schlicht. Die Mitarbeiter sind außerordentlich freundlich und entgegenkommend. Die Zimmer verteilen sich auf mehrere zweistöckige Gebäude am Rand des von Arnold Palmer entworfenen Golfplatzes.

Essen

★ P Is for Pie BÄCKEREI $
(407-745-4743; www.crazyforpies.com; 2806 Corrine Dr, Audubon Park; ab 2 US$; Mo–Sa 7.30–16.30 Uhr;) Klassische Pies mit kreativer Note (z. B. süße Tartes mit Biskuitboden); es gibt auch Mini- und Spezial-Pies.

★ Dandelion Communitea Café VEGETARISCH $
(407-362-1864; www.dandelioncommunitea.com; 618 N Thornton Ave, Thornton Park; Hauptgerichte 10–14 US$; Mo–Sa 11–22, So bis 17 Uhr;) Dieser Eckpfeiler der Szene, die auf Sprossen, Tempeh, grünen Tee und natürlich auf Bio setzt, serviert ausgezeichnete, kreative vegetarische Speisen in einem sanierten alten Haus, das zum Hinsetzen und Abhängen einlädt.

Graffiti Junktion American Burger Bar BURGER $
(407-426-9503; www.graffitijunktion.com; 700 E Washington St, Thornton Park; Hauptgerichte 10–14 US$; 11–2 Uhr) In diesem kleinen, angesagten Treffpunkt mit Neonlicht, Tischen im Hof und regelmäßigen Getränke-Specials dreht sich alles um anspruchsvolle Burger. Tipp: einen Brotherly Love (Angus-Rind; 11 US$) oder einen vegetarischen Burger (7 US$) probieren.

Pho 88 VIETNAMESISCH $
(www.pho88orlando.com; 730 N Mills Ave, Mills 50; Hauptgerichte 8–13 US$; 10–22 Uhr) Das Vorzeigerestaurant des florierenden vietnamesischen Viertels Orlandos (ViMi genannt) liegt direkt nordöstlich der Downtown in einem Gebiet, das umgangssprachlich Mills 50 genannt wird. Es ist auf authentische, schnörkellose *pho* (vietnamesische Nudelsuppe) spezialisiert und immer brechend voll.

Melting Pot EUROPÄISCH $$
(www.meltingpot.com/orlando; 7549 W Sand Lake Rd, Restaurant Row; Hauptgerichte 12–25 US$; Mo–Do 17–22, Fr 17–23, Sa 12–23, So 10–22 Uhr;) Gerade Kinder mögen das neue Erlebnis eines Fondues (mit Käse, Rindfleisch, Hühnchen, Meeresfrüchten und natürlich Schokolade). Abgesehen davon ist dies ein elegantes Restaurant, in das Paare gern für einen romantischen, kinderfreien Abend gehen.

Ausgehen & Nachtleben

★ Icebar BAR
(407-426-7555; www.icebarorlando.com; 8967 International Dr; Eintritt am Eingang/bei Online-

Buchung 20/15 US$; ⌚Mo–Mi 17–24, Do bis 1, Fr–So bis 2 Uhr; 🚌I-Trolley Red Line Stop 18 oder Green Line Stop 10) Noch mehr für Orlando typischer Spaß: Die Gäste betreten das ca. -5°C kalte Eishaus, sitzen auf Eisstühlen, bewundern die Eisskulpturen und nippen an eiskalten Drinks. Mäntel und Handschuhe werden am Eingang bereitgestellt; im „Fire Room", auf den Toiletten und in anderen Bereichen der Bar herrschen normale Temperaturen.

Independent Bar CLUB

(☎407-839-0457; 68 N Orange Ave, Downtown; 10 US$; ⌚So, Mi & Do 22–3, Fr & Sa ab 21.30 Uhr) Die unter Einheimischen schlicht „I-Bar" genannte Bar ist hip, voll und laut. DJs legen bis in den frühen Morgen Underground-Dancemusic und alternativen Rock auf.

ℹ Praktische Informationen

Official Visitor Center (☎407-363-5872; www.visitorlando.com; 8723 International Dr; ⌚8.30–18 Uhr; 🚌I-Ride Trolley Red Line 15)

ℹ Anreise & Unterwegs vor Ort

Amtrak (www.amtrak.com; 1400 Sligh Blvd) Täglich verkehren Züge Richtung Süden nach Miami (ab 46 US$) und Richtung Norden nach New York (ab 144 US$).

Greyhound (☎407-292-3424; www.greyhound.com; 555 N John Young Pkwy) Fährt von Orlando in zahlreiche Städte.

Die kostenlosen Busse von **Lymmo** (www.golynx.com; frei; ⌚Mo–Do 6–22, Fr bis 24, Sa 10–24, So bis 22 Uhr) verkehren auf mehreren Rundkursen in der Innenstadt und halten u. a. in der Nähe der Lynx Central Station, nahe dem SunRail-Bahnhof Church St Station, an der Kreuzung Central Blvd/ Magnolia Ave, an der Kreuzung Jefferson St/Magnolia Ave sowie vor dem Hotel Westin Grand Bohemian.

SunRail (www.sunrail.com), Orlandos Pendlerzug, fährt in Nord-Süd-Richtung und hält nicht bei den Vergnügungsparks oder in deren Nähe.

Züge von **Amtrak** (www.amtrak.com) bedienen neben dem Bahnhof im Zentrum Orlandos auch Winter Park, Kissimmee und Winter Haven (wo sich das Legoland befindet).

Walt Disney World® Resort

Walt Disney World® Resort VERGNÜGUNGSPARK

(☎407-939-5277; www.disneyworld.disney.go.com; Lake Buena Vista, außerhalb Orlandos; Tagespreise variieren, Pakete & Tickets für bis zu 10 Tage im Voraus siehe Website; 👪) Selbst wer nicht mit Filmen oder Comics von Disney aufgewachsen ist, hat wahrscheinlich schon davon gehört. Das Ganze klingt zwar wie eine eigene „Welt" (was es in vieler Hinsicht auch ist, mehr dazu unten), ist aber unglaublich komplex. Darum an dieser Stelle mal ein kurzer Überblick. Disney World ist ein 103 km² großes eingezäuntes Areal, in dem sich im Abstand von einigen Meilen vier eigenständige, makellos saubere Themenparks befinden: **Magic Kingdom**, **Epcot**, **Hollywood Studios** und **Animal Kingdom**.

Das Walt Disney World® Resort bietet viel mehr als nur Fahrgeschäfte. Zu den zahllosen Attraktionen gehören Begegnungen mit bekannten Disney-Figuren, darunter Mickey Mouse und Donald Duck, aber auch modernere Charaktere wie Gaston, Elsa, Anna usw. Außerdem gibt es Paraden, musikalische Shows, interaktive Angebote, Promotion-Veranstaltungen für die neuesten Disney-Projekte und zahlreiche Stuntshows. Und schließlich, das ist überraschend, ist Disney World nicht nur etwas für Kinder. Es hat geschickt dafür gesorgt, dass seine Besucher ihm treu bleiben – das Ergebnis sind Hunderttausende erwachsene Besucher, die im Rahmen von Programmen, Kreuzfahrten und Touren anreisen und einfach nicht genug bekommen können.

Jeder der vier Parks hat ein eigenes Thema, auch wenn die meisten Besucher beim Walt Disney World Resort nur an einen der vier Parks denken: an das **Magic Kingdom**, dessen Mittelpunkt das Cinderella's Castle bildet. Dies ist das Disneyland der Werbespots, der Prinzessinnen und Piraten, die Heimat Tinkerbells und der Träume, die wahr werden; dies ist das typische, traditionelle Disneyland der klassischen Rides wie It's a Small World und Space Mountain.

Epcot ist ein herrlich sensorisches Erlebnis. Der Park ist in zwei Bereiche unterteilt, Future World und World Showcase, die rund um einen See liegen. In **Future World** finden sich die einzigen beiden Rides von Epcot, die Nervenkitzel bieten; außerdem gibt's hier mehrere Pavillons mit Attraktionen, Restaurants und Treffpunkte, an den man Disney-Figuren begegnet. **World Showcase** umfasst elf Länder mit deren typischer Gastronomie, Unterhaltung und Shopping-Angeboten. Hier kann man es mal langsamer angehen lassen, in Marokko Weihrauch riechen, in Großbritannien den Beatles lauschen und in Japan Miso nippen.

Die **Hollywood Studios** lassen die Glanzzeiten Hollywoods aufleben. Das Zentrum bildet ein Nachbau des Graumann's Chinese Theatre, doch die meisten Aktivitäten widmen sich ganz unverhohlen dem 21. Jh., ob nun das an *Star Wars* angelehnte Jedi-Training oder die *Indiana-Jones*-Stunt-Shows, ob extravagante Muppet-Shows oder der neueste Hype, die Frozen Sing-Along Celebration.

Das **Animal Kingdom** ist nicht nur meilenweit vom Rest Disneylands entfernt, sondern hat auch einen ganz anderen Charakter: Es ist eine Mischung aus Vergnügungspark, Zoo, Karneval und afrikanischer Safari, zusammengehalten von einer kräftigen Dosis Disney (in Form von Figuren, Geschichtenerzählen und magischen Verwandlungen). Wie die anderen Parks ist auch dieser in mehrere Bereiche unterteilt und bietet an jeder Ecke Begegnungen mit wilden Tieren, Rides und Musicals, darunter *König der Löwen* und *Findet Nemo*. 2017 wurde im Animal Kingdom ein neuer Bereich eröffnet, das lange erwartete **Pandora – The World of Avatar**.

Um das Disney-Erlebnis abzurunden, betreibt das Walt Disney World Resort mehrere luxuriöse Unterkünfte für Familien und Paare. Ihr großer Vorteil ist, dass fast alles, vom Essen bis zum Transport, von den Resorts arrangiert wird bzw. problemlos zugänglich ist. (Wenn man mit Kindern unterwegs ist, sind sie aber auch nicht der Weisheit letzter Schluss, andere Hotels in der Gegend bieten ähnliche Serviceleistungen.) Zudem ist hier weiterer Spaß garantiert, man kann sogar im Restaurant mit Disney-Figuren speisen. Diese Hotels sind gut auf Reisende mit Behinderung eingestellt: Sie verleihen z. B. Rollstühle, sind behindertengerecht gestaltet und bieten ausgezeichnete Arrangements für den schnellen Zugang zu den Attraktionen.

Kurz gesagt: Ein Besuch im Walt Disney World Resort ist ein herausragendes Erlebnis. Es ist ein unverhohlener Rausch mit einer Überdosis an Musik, Lichtern, Geräuschen, Farben, Nervenkitzel und anderen Reizen. Hier taucht man in eine ganz neue Welt ein, die – egal, wie alt man ist – unerklärlicherweise überwältigend und berauschend ist. Und dies trotz der langen Schlangen, des gelegentlichen Gedränges und des überteuerten Essens. Den größten Teil der Zeit ist dies tatsächlich der „glücklichste Ort auf Erden".

Und wenn dann die Sonne untergegangen ist und man denkt, dass es für heute wirklich reicht, dann geht's noch weiter: In jedem Park findet abends eine Feuerwerk-Show statt, deren Name entsprechend des jährlichen Programms wechselt.

Schlafen & Essen

Die Disney-Ferienhotels sind entsprechend ihrer Lage (Magic Kingdom, Epcot, Animal Kingdom und Disney Boardwalk) unterteilt. Die Preise schwanken stark je nach Jahreszeit, Woche und Tag.

Die Deluxe-Resorts sind zwar das Beste, was Disney zu bieten hat, man sollte aber wissen, dass man hier für das Disney-Thema und für die Nähe zu den Parks zahlt, nicht für Luxus. Viele haben Suiten und Villen mit mehreren Zimmern, gehobene Restaurants, Kinderprogramme und leichten Zugang zu den Parks.

Mit Ausnahme von Epcot sollte man sich auf mittelmäßiges Fast Food, schlechten Kaffee und Cafeteria-Küche zu Spitzenpreisen gefasst machen. In Restaurants mit Bedienung sind Reservierungen für „Priority Seating" bis zu 180 Tage im Voraus möglich. Reservieren kann man bei **Disney Dining** (☎ 407-939-3463), auf der Internetseite www.disneyworld.disney.go.com oder über die App My Disney Experience. Gut zu wissen: Wer in den Restaurants in den Themenparks essen möchte, muss den Parkeintritt zahlen, in den Hotelrestaurants nicht.

Anreise & Unterwegs vor Ort

Disney liegt 25 Fahrtminuten südlich von der Innenstadt Orlandos; man fährt auf der I-4 bis zu den gut ausgeschilderten Exits 64, 65 oder 67.

Die Autovermietungen Alamos und National haben Filialen im Walt Disney World Dolphin Resort. Das **Car Care Center** (☎ 407-824-0976; 1000 W Car Care Dr, Walt Disney World Resort; ⏲ Mo–Fr 7–19, Sa 7–16, So 7–15 Uhr) ist eine Autowerkstatt mit allen Serviceleistungen und bietet innerhalb des Disney-Geländes Hilfe (Pannendienst, u. a. Abschleppen, Reifenpannen und Starthilfe).

Wer in einem Hotel im Walt Disney World Resort übernachtet und am Orlando International Airport (im Gegensatz zum Sanford Airport) ankommt, kann im Voraus die kostenlose Gepäckbeförderung und die Fahrt im kostenlosen Deluxe-Bus bei **Disney's Magical Express** (☎ 866-599-0951; www.disneyworld.disney.go.com) arrangieren. Man bekommt vorher Gepäckaufkleber zugeschickt, das Gepäck wird dann automatisch am Flughafen abgeholt. Wenn man während des Aufenthalts in ein anderes Disney-Hotel umzieht, kümmert sich das Hotel um den Gepäcktransport, während man sich einen schönen Tag macht.

Disneys Transportsystem umfasst Boote, Busse und eine Monorail, die Besucher zu den Hotels, den Themenparks und den anderen Attraktionen innerhalb des Walt Disney World Resort bringen. Das Transportation & Ticket Center ist die Zentrale dieses System. Mit dem Transportsystem kann die Fahrt von A nach B aber durchaus eine Stunde dauern, und manchmal muss man auch umsteigen.

Universal Orlando Resort

★ Universal Orlando Resort VERGNÜGUNGSPARK

(☎407-363-8000; www.universalorlando.com; 1000 Universal Studios Plaza; ein Park 1/2 Tage Erw. 105/185 US$, Kind 100/175 US$, beide Parks Erw./Kind 155/150 US$; ⏲tgl., Zeiten variieren; Lynx 21, 37 & 40, Universal) Das fußgängerfreundliche Universal Orlando Resort hat Schwung, Pepp und Stil. Wie im Walt Disney World Resort gibt es hier fantastische Rides, tolle Attraktionen für Kinder und unterhaltsame Shows. Doch hier ist alles ein bisschen pfiffiger und lustiger und es läuft runder, zudem ist der Park kleiner und übersichtlicher. Statt der Sieben Zwerge findet man hier die Simpsons, statt Mickey Mouse Harry Potter. Universal bietet puren, hemmungslosen, Adrenalin geladenen, temporeichen Kopfüber-ins-Vergnügen-Spaß für die ganze Familie.

Das Universal Orlando Resort besteht aus drei Themenparks. Das **Islands of Adventure** hat die meisten aufregenden Rides, die **Universal Studios** bieten Attraktionen und Shows rund um Filme (darunter die **Wizarding World of Harry Potter**). 2017 wurde **Volcano Bay** eröffnet, ein Wasserpark mit viel Spaß, Geplansche und topmodernen Rides durch einen 61 m hohen Vulkan.

CityWalk ist der Restaurant- und Unterhaltungsbereich von Universal, hier finden sich fünf Resort-Hotels (ein sechstes Hotel, das Universal's Aventura Hotel, soll 2018 eröffnen).

Schlafen & Essen

Im Universal Orlando Resort gibt's fünf hervorragende Resort-Hotels. Wer dort übernachtet, spart sich viele logistische Probleme: In die Parks gelangt man auf einem hübschen begrünten Fußweg oder mit einem ruhigen Boot. Die meisten Hotels bieten ihren Gästen den Unlimited Express Pass, der erleichterten Zugang zu den Attraktionen und „Priority Dining" gewährt, außerdem öffnen mehrere beliebte Rides wie die Wizarding World of Harry Potter für alle Hotelgäste eine Stunde früher, und das Loews Loves Pets begrüßt Haustiere wie VIP-Gäste.

Die einzigen Restaurants in den Themenparks, in denen man Tische reservieren kann, sind **Finnegan's Bar & Grill** (☎407-224-3613; www.universalorlando.com; Hauptgerichte 10–23 US$; ⏲11 Uhr–Parkschließung;) und **Lombard's Seafood Grille** (☎407-224-3613, 407-224-6401; www.universalorlando.com; Hauptgerichte 15–28 US$; ⏲11 Uhr–Parkschließung;) im Universal Studios sowie das **Mythos Restaurant** (☎407-224-4012, 407-224-4534; www.universalorlando.com; Hauptgerichte 14–23 US$; ⏲11–15 Uhr;) und **Confisco Grille** (☎407-224-4012; www.universalorlando.com; Hauptgerichte 6–22 US$; ⏲11–16 Uhr;) im Islands of Adventure.

Jedes Universal-Hotel hat gehobene Bars und Restaurants, in denen auch Nicht-Gäste willkommen sind.

ℹ Anreise & Unterwegs vor Ort

Von der I-4 fährt man bei Exit 74B oder 75A ab und folgt den Schildern. Vom International Dr folgt man den Schildern Richtung Westen bis zum Universal Blvd.

Die Lynx-Busse 21, 37 und 40 fahren zum Parkhaus des Universal Orlando Resort (Bus 40 startet direkt im Zentrum am Amtrak-Bahnhof Orlando). Entlang des International Dr verkehren Busse von **I-Ride Trolley** (☎407-354-5656; www.iridetrolley.com; Fahrt Erw./Kind 3–9 Jahre 2/1 US$, Tickets für 1/3/5/7/14 Tage 5/7/9/12/18 US$; ⏲8–22.30 Uhr), die am Universal Blvd halten, knapp 1 km vom Parkeingang entfernt.

Innerhalb des Universal Orlando Resort, also zwischen den Hotels des Parks, den Themenparks Islands of Adventure und Universal Studios sowie der CityWalk, verlaufen Fußwege. Von den Themenparks und der CityWalk zu den Deluxe-Resorts sind es etwa 10 bis 15 Gehminuten. Zum Cabana Bay Beach Resort benötigt man 25 Minuten. Auch von mehreren Hotels außerhalb des Parks ist man zu Fuß höchstens 20 Minuten bis zum Park unterwegs, allerdings ist der Weg nicht sehr angenehm.

Kinderwagen, Rollstühle und Elektromobile (Electric Convenience Vehicle; ECV) werden an den Parkeingängen verliehen, manuelle Rollstühle auch am Rotunda-Bereich des Parkhauses. Unter ☎407-224-4233 kann man ein Elektromobil im Voraus reservieren.

FLORIDA PANHANDLE

Die geografisch nördlichste Gegend Floridas ist gleichzeitig auch kulturell den Südstaaten mit Abstand am nächsten. Der Panhandle, der Landstreifen links oberhalb der Halbinsel, erstreckt sich entlang der Grenzen zu Alabama und Georgia, und in mancher Hinsicht sind die Strände der Region eigentlich die Fortsetzungen dieser beiden Staaten bis an die Küste.

Und was für Strände dort locken! Vielerorts berauscht die Küste mit wilder, windgepeitschter Schönheit, mit feinem weißen Sand und blaugrünem bis jadegrünem Wasser – besonders die unbebauten Streifen voller Salzmarschen und Elliott-Kiefern, die sich östlich und westlich der Apalachee Bay erstrecken, sind faszinierend. In anderen Gegenden wird die Küste von Ferienhäusern und hohen Apartmenthäusern gesäumt.

Landeinwärts finden sich zwischen Palmettopalmen und dünnen Kiefern kristallklare Quellen, gemächliche Flüsse und Militärtestgelände – diese Gegend hat eine der höchsten Konzentrationen an Verteidigungseinrichtungen des gesamten Landes.

Tallahassee

Floridas Hauptstadt, die geschützt zwischen sanft gewellten Hügeln liegt und deren Straßen von Bäumen beschattet werden, liegt Atlanta geografisch näher als Miami. Kulturell sind ihr die Südstaaten sogar viel näher als der Großteil des Bundesstaates, dessen Regierungssitz es ist. Ungeachtet ihres Status als Hauptstadt und der beiden großen Universitäten in der Stadt (Florida State und Florida Agricultural & Mechanical University) geht es hier sehr, sehr gemächlich zu. Immerhin gibt's hier ein paar interessante Museen und Attraktionen außerhalb der Stadt, die Geschichtsinteressierten und Naturfreunden gefallen werden und mit denen Besucher locker ein oder zwei Tage beschäftigt sind.

Sehenswertes & Aktivitäten

★ Tallahassee Museum of History & Natural Science — MUSEUM

(☎850-575-8684; www.tallahasseemuseum.org; 3945 Museum Rd; Erw./Kind 11,50/8,50 US$; ⏲Mo–Sa 9–17, So ab 11 Uhr; P 👪) 🍃 In der Nähe des Flughafens am Rand von Tallahassee zeigt dieses wundervolle Naturkundemuseum in einem 21 ha großen Gelände mit gepflegten Gärten und Wildnis Ausstellungen zur Flora und Fauna Floridas. Zu den lebenden Tieren, die hier zu sehen sind, gehören der unglaublich seltene Florida-Puma und der Rotwolf. Schon seit über 50 Jahren begeistert das Museum seine Besucher. Man sollte auch unbedingt die Otter in ihrem neuen Zuhause besuchen. Bei Tree to Tree Adventures kann man an der Seilrutsche über die Baumkronen sausen.

Tallahassee Automobile & Collectibles Museum — MUSEUM

(☎850-942-0137; www.tacm.com; 6800 Mahan Dr; Erw./Student/Kind unter 10 Jahren 16/12/8 US$; ⏲Mo–Fr 8–17, Sa ab 10, So ab 12 Uhr; P) Wer Autos liebt, ist hier im Paradies. Das Museum zeigt über 130 einzigartige historische Automobile aus aller Welt, die top in Schuss sind. Dazu warten die Sammlungen von Booten, Motorrädern, Büchern, Pianos und Erinnerungsstücken rund um den Sport – ein Tag vergeht hier wie im Flug. Das Museum liegt ca. 8 Meilen (13 km) nordöstlich der Downtown.

Florida State Capitol — BEMERKENSWERTES GEBÄUDE

(www.floridacapitol.myflorida.com; 400 South Monroe St; ⏲Mo–Fr 8–17 Uhr) GRATIS Von der Aussichtsterrasse in der obersten Etage des nüchternen, imposanten, 22 Stockwerke hohen Florida State Capitol bietet sich ein Panoramablick über die Stadt. Während der Sitzungsperioden herrscht im Capitol Hochbetrieb, dann eilen Politiker, Mitarbeiter und Lobbyisten durch die wabenartigen Flure.

Tallahassee-St. Marks Historic Railroad State Trail — RADFAHREN

(☎850-519-6594; www.floridastateparks.org/tallahasseestmarks; 1358 Old Woodville Rd, Crawfordville; ⏲8 Uhr–Sonnenuntergang) 🍃 GRATIS Der 16 Meilen (26 km) lange Trail mit glattem Belag ist das ultimative Erlebnis für Jogger, Skater und Radfahrer. Er führt nach Süden in die Hafenstadt St. Marks am Golf (und das ohne ein Auto oder eine Ampel weit und breit). Die Strecke ist leicht und flach und auch für ungeübte Radfahrer locker zu bewältigen. Sie führt durch eine Küstenebene und verläuft vielerorts im Schatten schöner Virginia-Eichen.

Schlafen & Essen

aloft Tallahassee Downtown — HOTEL $$

(☎850-513-0313; www.alofttallahassee.com; 200 N Monroe St; Zi. 115–230 US$; P 📶) Dieses

ABSTECHER

DELAND: CRESS

Feinschmecker nehmen gern den langen Weg ins verschlafene DeLand, eine halbe Fahrstunde von Daytona Beach (S. 555) entfernt, auf sich, nur um im bahnbrechenden Bistro **Cress** (☎386-734-3740; www.cressrestaurant.com; 103 W Indiana Ave; Hauptgerichte 19–34 US$; ⌚Di–Sa ab 17.30 Uhr) zu essen. Auf der Karte stehen Delikatessen wie *mofongo* (ein klassisches karibisches Gericht) mit regionalen Meeresfrüchten, indonesisches Shrimps-Curry oder ein Salat aus köstlichen Erbsensprossen mit einem Dressing aus Passionsfrucht. Die dreigängigen Menüs (40 U$, mit passenden Weinen 58 US$) sind ausgezeichnet.

Haus der beliebten aloft-Kette punktet mit der erstklassigen Lage im Stadtzentrum und funkigen, funktionalen Zimmern. Die Bäder haben Spiegel bis hoch zur Decke und genug Platz für alles Make-up der Welt. Die Betten sind wirklich bequem. Kostenloses Highspeed-Internet ist im Preis enthalten.

Kool Beanz Café FUSION **$$**
(☎850-224-2466; www.koolbeanz-cafe.com; 921 Thomasville Rd; Hauptgerichte 17–24 US$; ⌚Mo–Fr 11–22, Sa 17.30–22, So 10.30–14 Uhr; P) Der Name ist zwar etwas überkandidelt, doch das Ambiente ist herrlich vielseitig und gemütlich, zudem gibt's tolles, kreatives Essen. Das Angebot wechselt täglich, typisch sind Gerichte wie Hummus-Teller, mit Jerk-Würzmischungen gewürzte Jakobsmuscheln oder Ente in Blaubeer-Ingwer-Sauce.

Ausgehen & Unterhaltung

Madison Social PUB
(☎850-894-6276; www.madisonsocial.com; 705 South Woodward Ave; Hauptgerichte 9–20 US$, ⌚So–Do 11.30–2, Fr & Sa ab 10 Uhr;) Auch wenn es gerade sehr beliebt ist, ehemalige Lagerhallen in hippe Lokale umzuwandeln, wurde dieser angesagte Pub von Beginn an in diesem Stil gebaut. Während die Sonne über dem Doak Campbell Football Station – dem größten, durchgehend aus Beton errichteten Bauwerk der USA – untergeht, kippt hier eine gewagte und schöne Mischung aus Einheimischen und Studenten der FSU ihre Drinks an der großartigen Bar oder an Picknicktischen aus Aluminium.

Bradfordville Blues Club LIVEMUSIK
(☎850-906-0766; www.bradfordvilleblues.com; 7152 Moses Lane, abseits der Bradfordville Rd; Tickets 15–35 US$; ⌚Fr & Sa 22 Uhr) Am Ende einer von Fackeln erhellten unbefestigten Straße flackert ein Lagerfeuer unter Virginia-Eichen. Dort versteckt sich diese ländliche Bar, in der hervorragende amerikanische Bluesmusiker auftreten. Manchmal ist auch donnerstags ab 20.30 Uhr geöffnet, Einzelheiten erfährt man online.

Praktische Informationen

Florida Welcome Center (☎850-488-6167; www.visitflorida.com; Ecke Pensacola St & Duval St; ⌚Mo–Fr 8–17 Uhr) Tolle Informationsquelle im Florida State Capitol.

Leon County Welcome Center (☎850-606-2305; www.visittallahassee.com; 106 E Jefferson St; ⌚Mo–Fr 8–17 Uhr) Betreibt ein ausgezeichnetes Besucherzentrum und hat Broschüren zu Wander- und Autotouren.

Anreise & Unterwegs vor Ort

Tallahassee liegt 98 Meilen (158 km) von Panama City Beach, 135 Meilen (217 km) von Jacksonville, 192 Meilen (308 km) von Pensacola, 120 Meilen (193 km) von Gainesville und 470 Meilen (756 km) von Miami entfernt. Die I-10 ist die Hauptstraße in die Stadt, wer zur Golfküste will, folgt dem Hwy 319 südwärts bis zum Hwy 98.

Am winzigen **Tallahassee International Airport** (☎850-891-7802; www.talgov.com/airport; 3300 Capital Circle SW) starten Inlands- und internationale Flüge von American und Delta sowie Direktflüge von Silver Airways nach Tampa und Orlando. Er liegt ca. 5 Meilen (8 km) südwestlich der Downtown abseits des Hwy 263. Öffentliche Verkehrsmittel fahren nicht zum Flughafen. Manche Hotels haben Shuttlebusse, ansonsten fahren Taxis für etwa 20 US$ in die Innenstadt, darunter **Yellow Cab** (☎850-999-9999; www.tallahasseeyellowcab.com).

Der **Greyhound-Busbahnhof** (☎850-222-4249; www.greyhound.com; 112 W Tennessee St) liegt an der Ecke Duval St, gegenüber vom Umsteigebahnhof von **StarMetro** (☎850-891-5200; www.talgov.com/starmetro; Einzelfahrt/Tageskarte 1,25/3 US$) im Stadtzentrum.

Pensacola

Dass die Grenze zu Alabama nur ein paar Kilometer entfernt ist, hilft, die Atmosphäre in Pensacola zu erklären – in der Stadt mischt sich entspanntes Südstaaten-Flair mit der forschen, dynamischen Art Floridas. Mit den belebten Stränden, der Downtown im spanischen Stil und der markanten Militärkultur ist dies die mit Abstand interessanteste Stadt des Panhandle.

Zwar halten auch hier allmählich moderne urbane Trends Einzug (regionale Küche, Craft-Cocktails etc.), doch die meisten Besucher kommen nach wie vor, um einen typisch amerikanischen Urlaub für Normalverdiener zu erleben: weiße Sandstrände, gebratene Meeresfrüchte und Bars, die billige einheimische Getränke servieren. Im März und April heizt sich die Atmosphäre auf, wenn Scharen von Studenten zum einwöchigen Trinkgelage des Springbreaks einfallen. Also Vorsicht!

Die Downtown liegt nördlich vom Meer rund um die Palafox St. Auf der anderen Seite der Pensacola Bay Bridge, die hier beginnt, befindet sich die hauptsächlich mit Wohnhäusern bebaute Halbinsel Gulf Breeze. Von dort führt eine weitere Brücke, die Bob Sikes (Maut 1 US$), zum malerischen Pensacola Beach, wegen dem die meisten Besucher überhaupt hier sind.

Pensacola Beach ist mit seinem tollen weißen Sandstrand, dem ruhigen, warmen Wasser und einer Reihe schlichter Strandhotels eine Welt für sich. Der fast 8 Meilen (13 km) lange Strand liegt auf der 40 Meilen (64 km) langen Barriereinsel Santa Rosa, die sich zwischen dem Santa Rosa Sound im Norden und dem Golf von Mexiko im Süden erstreckt. Beide Seiten der Insel sind Teil des Schutzgebietes Gulf Islands National Seashore. Obwohl die entschlossenen Einwohner große Teile der Insel vor der Bebauung bewahrt haben, sorgen mehrere Apartmenthochhäuser für eine kleine Skyline im Stil der Golfküste.

Sehenswertes

★ National Naval Aviation Museum MUSEUM

(☎800-327-5002; www.navalaviationmuseum.org; 1750 Radford Blvd; ⏲9–17 Uhr; 👪) GRATIS Ein Aufenthalt in Pensacola wäre ohne den Besuch dieser riesigen Sammlung von Militärflugzeugen und -objekten einfach nicht komplett. Erwachsene und Kinder werden gleichermaßen von der Vielzahl der ausgestellten Flugzeuge fasziniert sein – es sind über 150! Dazu kommen noch Hightech-Attraktionen wie Flugsimulatoren und ein IMAX-Kino. Zwischen März und November kann man sich fast jeden Dienstag und Mittwoch um 8.30 Uhr die todesmutige Flugshow der **Blue Angels** (☎850-452-3806; www.naspensacolaairshow.com; 390 San Carlos Rd, Suite A) GRATIS ansehen.

Historic Pensacola Village MUSEUM

(☎850-595-5985; www.historicpensacola.org; Tarragona St & Church St; Erw./Kind 8/4 US$; ⏲Di–Sa 10–16 Uhr; P 👪) Pensacolas reiche Kolonialgeschichte erstreckt sich über mehr als 450 Jahre. Das faszinierende, hübsche Dorf

ABSEITS DER ÜBLICHEN PFADE

APALACHICOLA NATIONAL FOREST

Der größte der drei National Forests in Florida, der **Apalachicola National Forest** (☎850-523-8500, 850-643-2282; www.fs.usda.gov/main/apalachicola; Eingang abseits der FL 13, FL 67 & an anderen Orten; Gebühr Tagesbesucher 3 US$; ⏲8 Uhr–Sonnenuntergang; 🐾) nimmt fast 2430 km² des Panhandles ein. Er beginnt gleich westlich von Tallahassee und erstreckt sich bis zum Apalachicola River. Im Wald, der aus Tiefebenen, Kiefern, Zypressen-Hammocks und Eichen besteht, leben Dutzende regionale Arten, darunter Nerze, Grau- und Rotfüchse, Kojoten, sechs Fledermausarten, Biber, Spechte, Alligatoren, Florida-Schwarzbären und die scheuen Florida-Pumas. Mit seinen zahlreichen Seen und langen Wanderwegen ist er eines der vielfältigsten Erholungsgebiete des Bundesstaates. Um den Wald zu erkunden, benötigt man ein Fahrzeug. Durchtrainierte Besucher können mit dem Fahrrad fahren, alle anderen sollten das Auto nehmen. Da der Wald so großflächig ist, gibt es zahlreiche Zugangspunkte, u. a. entlang der SR 65 (günstig, wenn man von Apalachicola kommt) und der SR 20 (praktisch für Besucher, die aus Tallahassee kommen).

Die westliche Hälfte des Waldes wird von der **Apalachicola Ranger Station** (☎850-643-2282; www.fs.usda.gov/apalachicola; 11152 NW SR-20) kontrolliert, die sich im Nordwesten in der Nähe der Kreuzung des Hwy 12 und des Hwy 20 befindet, direkt südlich von Bristol. Die östliche Hälfte verwaltet die **Wakulla Ranger Station** (☎850-926-3561; www.fs.usda.gov/apalachicola; 57 Taff Dr), gleich abseits des Hwy 319 in Crawfordville.

ist eine eigenständige Enklave fotogener historischer Häuser, die in Museen verwandelt wurden.

★ **Gulf Islands National Seashore** PARK

(☎850-934-2600; www.nps.gov/guis; Fahrzeug 15 US$; ⏲Sonnenaufgang–Sonnenuntergang; 🚻) Dies ist das Highlight des Florida Panhandle: Der 150 Meilen (241 km) lange Küstenabschnitt aus überwiegend unbebauten Sandstränden ist ein perfektes Beispiel dafür, wie die Golfküste vor der Besiedlung (die man, um es fairerweise zu sagen, oft in Form von Hochhäusern in der Ferne sieht) einmal ausgesehen hat. Das Schutzgebiet ist kein durchgängiges Areal, sondern besteht aus einzelnen Abschnitten, die entlang der Küste liegen. Die langen Strände mit zuckerweißen Sanddünen, die von Strandgras gekrönt werden, sind typische unberührte Tieflandstrände.

Schlafen & Essen

Solé Inn MOTEL $

(☎850-470-9298; www.soleinnandsuites.com; 200 N Palafox St; Zi. 79–199 US$; 📶🏊) Gleich nördlich der Downtown punktet dieses renovierte Motel mit seinem modernistischen 60er-Jahre-Stil, dem schwarz-weißen Farbschema, den Akzenten im Leopardenmuster und den blubbernden Acrylglaslampen. Die Zimmer sind recht klein, doch der Preis, die Lage und die Originalität entschädigen für die Enge. Ein kontinentales Frühstück ist im Preis enthalten.

Holiday Inn Resort HOTEL $$

(☎850-203-0635; www.holidayinnresortpensacolabeach.com; 14 Via de Luna Dr; Zi. ab 210 US$; 🏊) Das Strandhotel hat coole, einladende Zimmer mit ultrabequemen Betten, Fachbild-TVs und tollen Duschen. Die Zimmer zur Meerseite verfügen zudem über große Balkons direkt über dem weichen weißen Sand und dem kühlen, türkisblauen Wasser. Suiten und Kindersuiten sind ebenfalls vorhanden, und der Pool ist fantastisch. Das i-Tüpfelchen sind die freundlichen, zuvorkommenden Mitarbeiter. Hier bekommen Besucher ein hervorragendes Preis-Leistungs-Verhältnis angeboten.

Peg Leg Pete's SEAFOOD $$

(☎850-932-4139; www.peglegpetes.com; 1010 Fort Pickens Rd; Hauptgerichte 9–25 US$; ⏲11–22 Uhr; 🚻) Ahoi, Piraten! Alles klar? Genau, dieses Restaurant hat sich einem Thema verschrieben. Nichtdestotrotz kann man sich hier fast direkt am Strand Austern, dicke Zackenbarsch-Sandwiches, Krabbenbeine und Jumbo-Jakobsmuscheln schmecken lassen. Das hölzerne, etwas schmuddelige Seemanns-Dekor ist alles andere als hübsch, doch der Service ist schnell und freundlich.

★ **Iron** MODERN-AMERIKANISCH $$$

(☎850-476-7776; www.restaurantiron.com; 22 N Palafox St; Hauptgerichte 26–46 US$; ⏲Di–Do 16.30–22, Fr & Sa bis 1 Uhr; 📶) Bewaffnet mit seiner Erfahrung aus New Orleans stellt Koch Alex McPhail mit der ständigen wechselnden Karte sein Können unter Beweis. Das Iron mitten im Zentrum ist das beste der dynamischen neuen Restaurants, die regionale, innovative Spitzenküche bieten. Die überaus freundlichen Barkeeper beherrschen ihr Handwerk. Das Speisenangebot reicht von in Bier gebratenem Schweinebauch bis zum Fang des Tages, zubereitet mit kreolischen Gewürzen.

Ausgehen & Unterhaltung

McGuire's Irish Pub PUB

(☎850-433-6789; www.mcguiresirishpub.com; 600 E Gregory St; ⏲11–2 Uhr) In diesem riesigen irischen Themenpark eines Pubs ist so gegen 21 Uhr richtig was los, und auch zum Abendessen ist er dank des ausgezeichneten Kneipenessens sehr beliebt. Übrigens sollte man nicht versuchen, seine Zeche mit einer der Tausenden Dollarnoten zu bezahlen, die von der Decke hängen – ein Einheimischer kam dafür schon ins Gefängnis.

Roundup SCHWULE & LESBEN

(☎850-433-8482; www.theroundup.net; 560 E Heinberg St; ⏲14–3 Uhr) Wer auf männliche Männer steht, ist in dieser Stadtviertel-Nischenbar mit einer fantastischen, haustierfreundlichen Terrasse richtig. Ladies sind willkommen, doch eigentlich ist das Roundup mehr auf Cowboys, Handwerker und Biker ausgerichtet.

Saenger Theatre THEATER

(☎850-595-3880; www.pensacolasaenger.com; 118 S Palafox Pl) Das Theater im spanischen Barockstil wurde 1925 mit den Ziegelsteinen des Pensacola Opera House, das 1916 ein Hurrikan zerstörte, wieder aufgebaut. Heute ist es die Heimat des Pensacola Symphony Orchestra und der Pensacola Opera, außerdem präsentiert es beliebte Musicals und Konzerte namhafter Künstler.

Praktische Informationen

Pensacola Visitors Information Center (☎800-874-1234; www.visitpensacola.com; 1401 E Gregory St; ⌚Mo–Fr 8–17, Sa 9–16, So 10–16 Uhr) Das Besucherzentrum am Fuß der Pensacola Bay Bridge hat jede Menge Infos für Traveller, sachkundige Mitarbeiter und ein kostenloses Internetterminal.

Pensacola Beach Visitors Information Center (☎850-932-1500; www.visitpensacola beach.com; 735 Pensacola Beach Blvd; ⌚9–17 Uhr) Die kleine Touristeninformation gleich rechts vom Eingang zum Pensacola Beach hat ein paar nützliche Karten und Broschüren zu aktuellen Themen, Straßenschließungen (aufgrund von Stürmen) und alles andere rund um den Strand.

An- & Weiterreise

Den **Pensacola Regional Airport** (☎850-436-5000; www.flypensacola.com; 2430 Airport Blvd) fliegen die meisten großen US-amerikanischen Fluggesellschaften an. Häufige Direktflüge in andere Bundesstaaten steuern u. a. Atlanta, Charlotte, Dallas und Houston an. Der Flughafen liegt 4 Meilen (6,4 km) nordöstlich des Zentrums abseits der 9th Ave an Airport Blvd. Ein Taxi kostet ca. 20 US$ ins Zentrum und 35 US$ zum Strand. Man kann es z. B. bei **Yellow Cab** (☎850-433-3333; www.yellowcabpensacola.com) bestellen.

ABSTECHER

PENSACOLA SCENIC BLUFFS HIGHWAY

Der 11 Meilen (17,5 km) lange Straßenabschnitt, der sich am höchsten Punkt der Golfküste um die Klippen windet, lädt zu einer friedlichen Autotour oder zu einer etwas anspruchsvollen Fahrradtour an. Unterwegs bieten sich herrliche Blicke auf die Escambia Bay an. Außerdem kommt man an einem auffälligen zerbröckelnden Ziegelschornstein vorbei, der in den 1850er-Jahren zum Kraftwerk des HyerKnowles-Sägewerks gehörte und das einzige Überbleibsel des seinerzeit ersten bedeutenden Industriegürtels der Region ist.

Der **Greyhound-Busbahnhof** (☎850-476-4800; www.greyhound.com; 505 W Burgess Rd) befindet sich nördlich des Stadtzentrums. Busse von **Escambia County Transit** (ECAT; ☎850-595-3228; www.goecat.com; Fahrt 1,75 US$) verkehren vom Memorial Day bis Ende September zwischen dem Zentrum Pensacolas und dem Strand.

Auf der I-10, der wichtigsten Ost-West-Verbindung, fahren auch Busse; viele davon kommen durch die Palafox St.

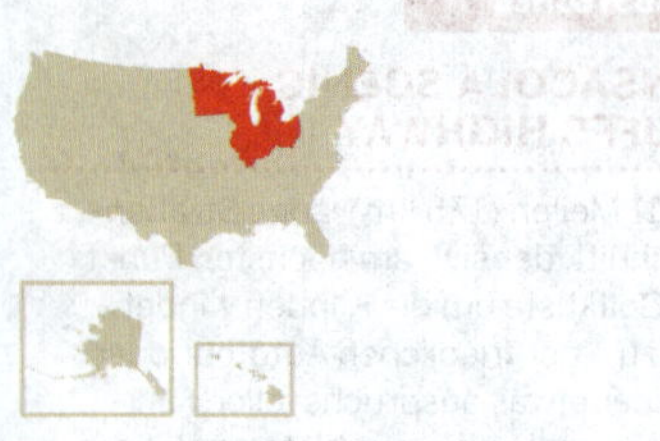

Die Großen Seen

Inhalt ➡

Gut essen

- Spencer (S. 652)
- Young Joni (S. 681)
- Tucker's (S. 639)
- Hopleaf (S. 606)
- Tinker Street (S. 620)

Schön übernachten

- Kimpton Schofield Hotel (S. 628)
- Acme Hotel (S. 602)
- Brewhouse Inn & Suites (S. 665)
- Hotel 340 (S. 684)
- Inn on Ferry Street (S. 647)

Auf zu den Großen Seen!

Nicht von den scheinbar endlosen Maisfeldern täuschen lassen: Dahinter verstecken sich Surferstrände, tibetische Tempel, autofreie Inseln und grün flackerndes Polarlicht. Der Mittlere Westen hat den Ruf, die langweilige Mitte von Nirgendwo zu sein. Doch die Nationalparks voller Elche und die Five-Ways (Spaghetti mit Chilis, Zwiebeln, Bohnen und Käse) in den Großstädten sprechen eine andere Sprache.

Die Großstadtparade des Mittleren Westens beginnt mit Chicago, das angeblich die mächtigste Skyline der USA hat. Milwaukee steht für Bier und Harleys, während Minneapolis ein Leuchtfeuer der Hipness über die Felder schickt. Und Detroit? Detroit rockt! Wie Binnenmeere empfangen die riesigen Großen Seen ihre Besucher mit Stränden, Ferienorten und Leuchttürmen. Zudem prägen Milchfarmen und Obstplantagen die Region. Und sollte es einem tatsächlich doch mal langweilig werden: An den Straßen des Mittleren Westens wartet auch viel Verrücktes wie das Spam Museum oder das weltgrößte Garnknäuel.

Reisezeit

Chicago

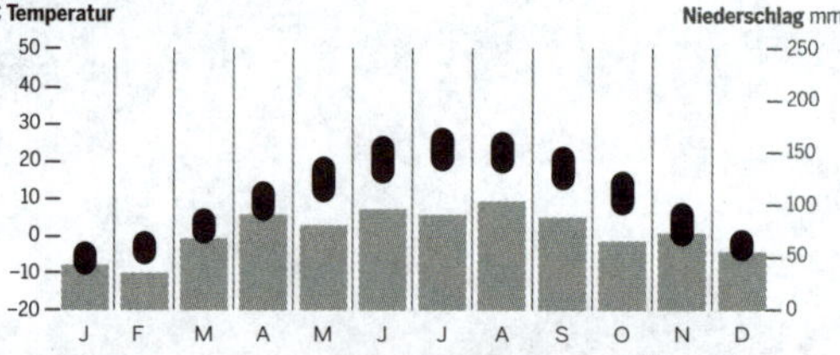

Jan. & Feb. Ski- und Schneemobilfahrer stürzen sich ins kalte Vergnügen.

Juli & Aug. Endlich warm! Volle Biergärten, belebte Strände und wilde Festival-Wochenenden.

Sept. & Okt. Angenehmes Wetter, reiche Ernte (u. a. Obst) und Zwischensaison-Schnäppchen.

Geschichte

Zu den ersten Bewohnern der Region gehörten die Hopewell (um 200 v. Chr.) und die Moundbuilder des Mississippi (um 700 n. Chr.). Beide hinterließen mysteriöse Erdhügel, die als Gräber ihrer Führer und vielleicht auch als Tribut für ihre Gottheiten dienten. Man kann in Cahokia, Illinois, und in Mound City im Südosten Ohios Überreste davon sehen.

Französische Voyageure (Pelzhändler) kamen im frühen 17. Jh. hier an und richteten Missionen und Forts ein. Die Briten tauchten kurz danach auf. Die Rivalität zwischen beiden führte zum Französischen und Indischen Krieg (Siebenjähriger Krieg, 1756–1763). Danach übernahmen die Briten die Kontrolle des gesamten Landes östlich des Mississippi. Nach dem Unabhängigkeitskrieg wurde das Gebiet der Großen Seen zum Nordwestterritorium der USA und bald darauf in Staaten aufgeteilt. Nachdem in der Region ein beeindruckendes Netzwerk aus Kanälen und Schienen errichtet worden war, kam es zwischen den Neuankömmlingen und der indigenen Bevölkerung Amerikas zu Konflikten. Dazu gehören die Schlacht von Tippecanoe in Indiana im Jahre 1811, der blutige Black-Hawk-Krieg von 1832 in Wisconsin, Illinois und Umgebung, in dessen Folge die Einheimischen gezwungen wurden, sich westlich des Mississippi anzusiedeln, und der Sioux-Aufstand von 1862 in Minnesota.

Während des späten 19. Jhs. und des frühen 20. Jhs. begann hier Industrie zu entstehen und wuchs, angeheizt durch die Ressourcen Kohle und Eisen sowie den unkomplizierte Transportmöglichkeiten über die Seen, schnell an. Die Arbeitsplätze zogen riesige Wellen von Einwanderern aus Irland, Deutschland, Skandinavien sowie Süd- und Osteuropa an. Noch Jahrzehnte nach dem Bürgerkrieg wanderte zudem eine große Zahl von Afroamerikanern aus dem Süden in die städtischen Zentren ein.

Im Zweiten Weltkrieg und in den 1950er-Jahren florierte die Region. Dann folgten 20 Jahre sozialer Unruhen und wirtschaftlicher Stagnation. Die produzierende Industrie wurde schwächer und die Städte des *rust belt* (Rostgürtels) wie Detroit und Cleveland wurden von hoher Arbeitslosigkeit heimgesucht. Es setzte der *white flight* ein – weiße Familien der Mittelschicht flohen in die Vorstädte.

Die 1980er- und 1990er-Jahre brachten eine Wiederbelebung der Städte. Die Bevölkerung der Region wuchs, vor allem durch Einwanderer aus Asien und Mexiko. Das Wachstum in den Dienstleistungs- und Hightechsektoren sorgte für eine ökonomische Balance. Aber die verarbeitende Industrie, z.B. Autoherstellung und Stahlproduktion, spielte immer noch eine große Rolle. Dies hatte zur Folge, dass die Städte an den großen Seen die Wirtschaftskrise ab 2008 zuerst und am stärksten zu spüren bekamen.

ILLINOIS

Mit himmelhoher Architektur, erstklassigen Museen, Spitzenrestaurants und tollen Musikclubs dominiert Chicago den ganzen

DIE GROSSEN SEEN IN ...

... einer Woche

Die ersten beiden Tage stehen Schlemmen und Architektur in **Chicago** auf dem Programm. Am dritten Tag geht's nach **Milwaukee** (1½ Fahrtstd.), wo Bier, Kunst und krasse Motorräder warten. Danach eine Fähre nach **Michigan** nehmen und den vierten Tag im künstlerisch angehauchten **Saugatuck** verbringen: Goldene Sandstrände, Kiefernduft, Galerien und einladende Bars sorgen dort für kräftigen Sommerbetrieb. Auf dem Rückweg durch Indiana dann am **Indiana Dunes National Lakeshore** baden und wandern oder in die einzigartige Kultur des **Amish Country** eintauchen.

... zwei Wochen

Nach zwei Tagen in **Chicago** heißt's am dritten Tag auf nach **Madison**, um regionale Spezialitäten zu genießen und Kuriositäten zu bestaunen. Am vierten und fünften Tag erkundet man die Klippen und Höhlen der stürmischen **Apostle Islands** per Boot. Dann ein paar Tage der Upper Peninsula (Michigan) widmen: **Marquette** und der **Pictured Rocks National Lakeshore** bieten Outdoorspaß in herrlicher Natur. Die nächsten Stationen sind die **Sleeping Bear Dunes** und die Weingüter rund um **Traverse City**. Zurück fährt man schließlich über **Saugatuck** mit seinen Galerien, Kuchen und Stränden.

Highlights

1 Chicago (S. 586) Wolkenkratzer, Museen, Festivals und vielfältige Spitzenküche auf sich wirken lassen

2 Detroit (S. 642) Kunst, Restaurants und urbane Radtouren in dynamischer Atmosphäre genießen

3 Amish Country (Ohio; S. 633) Wegen klappernder Pferdekutschen vom Gas gehen

4 Gold Coast (Michigan's Western Shore; S. 654) Am Strand liegen, Dünen erklimmen, surfen und Beeren essen

5 Milwaukee (S. 664) Freitagabends Polka tanzen und literweise Bier zu gegrilltem Fisch genießen

6 Boundary Waters (S. 689) Tief in die Kiefernwälder hineinpaddeln und unterm Sternenzelt schlafen

7 Route 66 (S. 589) Dem Abschnitt durch Illinois langsam zu schrägen Attraktionen folgen und Kuchen in Diners essen

8 Zentrales Indiana (S. 621) Sich von tibetischen Tempeln, toller Architektur und grünen Hügeln überraschen lassen

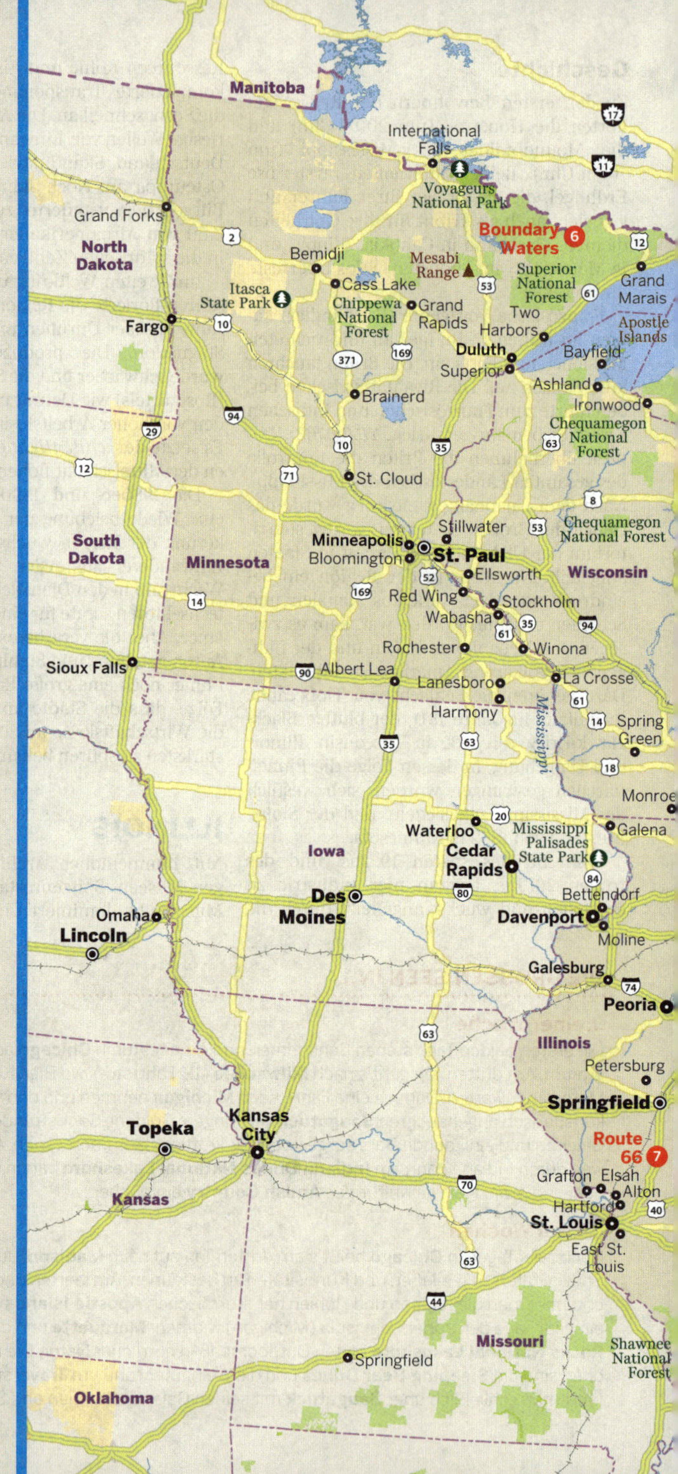

0 200 km
0 100 Meilen
KANADA
Ontario
Thunder Bay
Isle Royale National Park
Lake Superior
Grand Portage
Copper Harbor
Keweenaw Peninsula
Porcupine Mountains Wilderness State Park
Houghton
Ottawa National Forest
Marquette
Pictured Rocks National Lakeshore
Tahquamenon Falls
Sault Ste. Marie
Lake Nipissing
Iron Mountain
Naubinway
St. Ignace
Mackinaw City
Mackinac Island
Manitoulin Island
Georgian Bay
Nicolet National Forest
Washington Island
Lake Michigan
Leelanau Peninsula
Petoskey
Boyne City
Charlevoix
Wausau
Manitou Islands
Leland
Empire
Traverse City
Huron National Forest
Lake Huron
Lake Simcoe
Door Peninsula
Green Bay
Frankfort
Sleeping Bear Dunes National Lakeshore
Saginaw Bay
Manitowoc
Central Time Zone
Eastern Time Zone
Oshkosh
Ludington
Toronto
Michigan
Hamilton
Muskegon
Grand Rapids
Port Huron
Milwaukee
Madison
Michigan's Western Shore
Flint
Lansing
London
Holland
Racine
Saugatuck/Douglas
Detroit
Lake Erie
New York
Dearborn
Kalamazoo
Ann Arbor
Erie
Madison
Chicago
Middlebury
Bass Islands
Pelee Island
Kelleys Island
Gary
East Chicago
South Bend
Toledo
Cleveland
Pennsylvania
Indiana Dunes State Park
Auburn
Akron
Indiana
Canton
Lexington
Marion
Ohio
Millersburg
Amish Country
Bloomington
Fairmount
Atlanta
COLUMBUS
Champaign
Terre Haute
Indianapolis
Dayton
Yellow Springs
Lancaster
Logan
Marietta
Bloomington
Columbus
Cincinnati
Chillicothe
Athens
Nashville
Madison
Covington
West Virginia
Central Indiana
Vincennes
Ohio River
Huntington
Charleston
Louisville
Frankfort
New Harmony
Harmonie State Park
Lexington
Cypress Creek National Wildlife Refuge
Kentucky
Virginia
Paducah
Cairo

Bundesstaat. Doch weiter draußen gibt's ebenfalls viel zu entdecken: Zwischen verstreuten Schreinen für den Regionalhelden Abe Lincoln findet man dort z. B. Hemingways schmucke Heimatstadt. An der Route 66 warten Autokinos und Verkaufsbuden, die Corn Dogs und Kuchen servieren. Zudem gibt's in Illinois auch noch einen Zypressensumpf und eine prähistorische Stätte mit Welterbestatus.

Praktische Informationen

Illinois Highway Conditions (www.gettingaroundillinois.com)

Illinois Office of Tourism (www.enjoyillinois.com)

Illinois State Park Information (www.dnr.illinois.gov) Der Zugang zu den State Parks ist gratis, während Camping etwas kostet (Stellplatz 6–35 US$, teilweise Reservierung für 5 US$ unter www.reserveamerica.com möglich).

Chicago

Funkelnde Wolkenkratzer, Starköche, wilde Festivals: Bodenständig, aber sehr kultiviert haut die großartige Windy City ihre Besucher schlichtweg um.

So hat man die Qual der Wahl in puncto Attraktionen. Eine davon ist die erlesene Architektur an jeder Ecke – darunter z. B. der himmelhohe Willis Tower mit gläserner Aussichtsplattform, Frank Gehrys verschachtelter Pritzker Pavilion mit Edelstahl-Elementen oder das Robie House von Frank Lloyd Wright mit seinen Buntglasfenstern. Auch skurrile öffentliche Kunst ist hier allgegenwärtig: Ein Straßenbummel überrascht einen z. B. mit einer coolen Skulptur von Picasso, die offiziell begeh- und erklimmbar ist. Bei den Kunstmuseen reicht das Spektrum vom riesigen Art Institute über das mittelgroße Museum of Mexican Art (psychedelische Malerei) bis hin zur kleinen Galerie des Intuit (unkonventionelle Zeichnungen).

RABATTPÄSSE

- **Go Chicago Card** (www.smartdestinations.com/chicago; Gültigkeit: 1, 2, 3 od. 5 aufeinanderfolgende Tage) Unbegrenzter Besuch beliebiger Sehenswürdigkeiten zum Pauschalpreis.
- **Explorer Pass** (www.smartdestinations.com/chicago; Gültigkeit: 30 aufeinanderfolgende Tage) Gilt für drei, vier oder fünf von insgesamt 25 Sehenswürdigkeiten.
- **CityPass** (www.citypass.com/Chicago; Gültigkeit: 9 aufeinanderfolgende Tage) Erlaubt den Besuch von fünf örtlichen Highlights (u. a. Art Institute, Shedd Aquarium, Willis Tower). Bietet etwas weniger Flexibilität als der Go-Chicago-Pass, ist aber eine günstigere Option für gemächlicher Veranlagte.
- Alle drei Pässe gewähren wartefreien Zugang zu Sehenswürdigkeiten.

Geschichte

Die Stadtgeschichte ist legendär: Die Kuh einer gewissen Mrs. O'Leary soll 1871 eine Laterne umgestoßen und damit den Großen Brand von Chicago ausgelöst haben. Während der berüchtigten Gangster-Ära zur Prohibitionszeit ballerte sich hier ein Mann namens Al Capone nach oben. Und gerüchteweise kontrolliert eine „Maschine" seit Jahrzehnten die Lokalpolitik. Dazu noch die Erfindung des Wolkenkratzers und des Riesenrads – ein wirklich fantastisches Gesamtpaket!

Sehenswertes

Die meisten Hauptattraktionen (z. B. Millennium Park, Willis Tower, Art Institute) liegen im zentralen Loop. Zum daran angrenzenden South Loop gehört der Museum Campus, der am Seeufer mit dem Field Museum und zwei weiteren beliebten Sehenswürdigkeiten aufwartet. Nördlich vom zentralen Loop findet man den Navy Pier und der John Hancock Tower (alias 360° Chicago). Weiter gen Norden locken der Lincoln Park und das Wrigley Field. All diese Ziele sind jeweils gut per Nahverkehr erreichbar. Etwas mehr Planung erfordert jedoch ein Besuch des Viertels Hyde Park, dessen Highlights am weitesten draußen liegen.

The Loop

Chicagos belebtester Bezirk ist benannt nach den Hochbahngleisen, die ihn wie eine Lassoschlinge umgeben. Zwischen den Wolkenkratzern warten hier Attraktionen wie das Art Institute, der Willis Tower, der Theater District und der Millennium Park. Auch die größten Events der Stadt steigen im Loop.

★ Millennium Park PARK
(Karte S. 590; ☎312-742-1168; www.millenniumpark.org; 201 E Randolph St; ⏲6–23 Uhr; 👪; Ⓜ

Großraum Chicago

0 5 km
0 2,5 Meilen

ROGERS PARK
Morse
Loyola Park
Loyola
Warren Park
W Devon Ave
N Lincoln Ave
Granville
W Peterson Ave
Thorndale
Rosehill Cemetery
Bryn Mawr
East River Park
ANDERSONVILLE
Berwyn
W Foster Ave
LINCOLN SQUARE
UPTOWN
Argyle
(10 Meilen)
Kedzie
Lawrence
Kimball
Francisco
Rockwell
Western
Damen
Montrose
Wilson
Montrose Harbor
Irving Park
Graceland Cemetery
Irving Park
W Irving Park Rd
Sheridan
Addison
Horner Park
N Western Ave
WRIGLEYVILLE
Wrigley Field
Addison
Addison
N Milwaukee Ave
Belmont Harbor
Paulina
Southport
Belmont
LAKE VIEW
Belmont
Wellington
Logan Square
N Clark St
Diversey Harbor
LOGAN SQUARE
W Diversey Ave
Diversey
N Clybourn Ave
W Fullerton Ave
California
BUCKTOWN
Fullerton
LINCOLN PARK
Lake Michigan
Clybourn Station (Metra)
Western
Armitage
OLD TOWN
Damen
W North Ave
HUMBOLDT PARK
WICKER PARK
Sedgwick
North/ Clybourn
Clark/ Division
W Division St
Division
UKRAINIAN VILLAGE
s. Karte Downtown Chicago (S. 590)
W Grand Ave
Pulaski
Garfield Park
Ashland
California
Oak Park (3,5 Meilen)
Kedzie
United Center
W Lake St
Medical Center
Western
Racine
Pulaski
Kedzie-Homan
Polk
LITTLE ITALY
W Roosevelt Rd
National Museum of Mexican Art
Halsted St Station
MUSEUM CAMPUS
Kildare
Pulaski
Central Park
18th St
(Metra)
18th St Station (Metra)
Kedzie
PILSEN
Cermak-Chinatown
Cermak-McCormick
W Cermak Rd
California
Western
Hoyne
CHINATOWN
27th St Station (Metra)
Halsted
S State St
BRONZEVILLE
Ashland
E 31st St
Sox-35th St
35th St-Bronzeville-IIT
Sanitary Drainage and Ship Canal
Adlai Stevenson Expwy
35th St/ Archer
BRIDGEPORT
90
W Pershing Rd
Indiana
Burnham Park
43rd St
W 43rd St
S Archer Ave
KENWOOD
47th St Station (Metra)
W 47th St
E 47th St
Kedzie
Western
47th St
51st-53rd St Station (Metra)
55th-56th-57th St Station (Metra)
Pulaski
Sherman Park
51st St
HYDE PARK
W 55th St
W Garfield Blvd
Garfield
Midway
W 59th St
Museum of Science & Industry

CHICAGO IN ...

... einem Tag

Auch bei einem reinen Tagesbesuch geht's gleich in die Vollen – genauer per Boot oder zu Fuß mit der Chicago Architecture Foundation (S. 600), um ein paar der höchsten US-Wolkenkratzer zu bewundern. Danach betrachtet man im Millennium Park (S. 586) das Spiegelbild der Skyline auf „The Bean" und planscht zwischen den menschlichen Wasserspeiern der Crown Fountain herum.

Anschließend auf zum Art Institute of Chicago, dem zweitgrößten Kunstmuseum der USA: Dort warten u. a. viele gemalte Meisterwerke des Impressionismus und Post-Impressionismus sowie tolle Briefbeschwerer. Nächste Station ist die Aussichtsplattform im 103. Stock des Willis Tower, wo man nach schneller Aufzugfahrt durch einen Glasboden in die Tiefe schaut.

Auch in puncto Nachtleben verblüfft Chicago mit riesiger Vielfalt: Wer's klassisch mag, kann z. B. mit dem Green Mill (S. 608) die einstige Lieblings-Flüsterkneipe von Al Capone besuchen. Das Danny's (S. 608) paart Bier am frühen Abend mit DJs und Cocktails zu späterer Stunde. Alternativ wartet das legendäre Steppenwolf (S. 610) mit abgefahrenem Lokaltheater auf.

... zwei Tagen

Zuerst dem Eintagesplan folgen. Der zweite Tag beginnt mit der Magnificent Mile (alias Michigan Ave; S. 593), an der viele bekannte Kaufhäuser funkeln. Danach geht's zum Navy Pier (S. 593), wo beim Bummeln entlang der Promenade (800 m) eine Fahrt mit dem mächtigen Riesenrad Pflicht ist.

Am Nachmittag führt ein netter Wassertaxitrip vom Navy Pier zum Museum Campus (S. 593). Das Field Museum of Natural History zeigt dort zahllose Dino-Exponate und Edelsteine. Kinderscharen bestaunen die Haie und anderen Fische im Shedd Aquarium, während das Adler Planetarium über Meteoriten und Supernovas informiert.

Später lockt die Milwaukee Ave mit belebten Bars, Indie-Rockschuppen und hippen Läden. Hier beweist Reckless Records (S. 612) als Chicagos bester Indie-Musikshop, dass Schallplatten und CDs nach wie vor gekauft werden. Im Hideout (S. 609) und Empty Bottle (S. 610) gibt's prima Livekonzerte.

Brown, Orange, Green, Purple od. Pink Line bis Washington/Wabash) Das Prunkstück der Stadt wartet mit vielen künstlerischen Gratis-Highlights auf: In Frank Gehrys verschachteltem **Pritzker Pavilion** mit Edelstahl-Elementen finden an den meisten Sommerabenden kostenlose Freiluftkonzerte statt (18.30 Uhr; Picknick und Wein mitbringen!). Ebenfalls silbern schimmert Anish Kapoors beliebte Skulptur **Cloud Gate** alias „The Bean" (Die Bohne). Und da wäre auch noch Jaume Plensas **Crown Fountain** – quasi ein Wasserpark mit Video-Projektionen von wasserspeienden Einheimischen.

Der **McCormick Tribune Ice Rink** (55 N Michigan Ave; ⌚ Ende Nov.–Ende Feb.) lockt Eisläufer im Winter und Picknicker im Sommer. Im versteckten, ruhigen **Lurie Garden** (www.luriegarden.org) blühen Prärieblumen. Die **BP Bridge** von Frank Gehry überspannt den Columbus Dr und bietet einen tollen Blick auf die Skyline. Der **Nichols Bridgeway** führt vom Park hinauf zum kleinen Skulpturengarten im 3. Stock des Art Institute (Eintritt frei).

Im Sommer gibt's kostenlose Yoga- und Pilates-Kurse (Sa morgens) auf dem **Great Lawn**, während das Family Fun Tent mit Gratisaktivitäten für Kinder punktet (tgl. 10–14 Uhr).

★ Art Institute of Chicago MUSEUM
(Karte S. 590; ☎ 312-443-3600; www.artic.edu; 111 S Michigan Ave; Erw./Kind 25 US$/frei; ⌚ Fr–Mi 10.30–17, Do bis 20 Uhr; 👪; Ⓜ Brown, Orange, Green, Purple od. Pink Line bis Adams) Die impressionistischen und post-impressionistischen Gemäldesammlungen des zweitgrößten US-Kunstmuseums reichen an ihre Pendants in Frankreich heran. Auch die Zahl der surrealistischen Werke ist riesig. Besucher können gratis eine Audioguide-App für Touren auf eigene Faust herunterladen. Dabei reicht die Palette vom Highlight-Hopping (z. B. zu Georges Seurats *Ein Sonntagnachmittag auf der Insel La Grande Jatte* und Edward Hoppers *Nighthawks*) bis hin zu Varianten

mit Schwerpunkt auf Architektur oder Pop Art. Für die wichtigsten Ausstellungsstücke mindestens zwei Stunden einplanen!

★ Willis Tower WOLKENKRATZER

(Karte S. 590; ☎312-875-9696; www.theskydeck.com; 233 S Wacker Dr; Erw./Kind 23/15 US$; ⏲März–Sept. 9–22 Uhr, Okt.–Feb. 10–20 Uhr; Ⓜ Brown, Orange, Purple od. Pink Line bis Quincy) Auf dem Skydeck im 103. Stock von Chicagos höchstem Gebäude wähnt man sich in himmlischen Sphären: Nach der Aufzugfahrt (70 Sek.; bringt manche Ohren zum Sausen) geht's hinaus auf Vorsprünge mit Glasboden und freiem Blick in die Tiefe – buchstäblich atemberaubend! An klaren Tagen schweift der Blick hier über vier US-Bundesstaaten hinweg. Zu Spitzenzeiten (im Sommer Fr–So 11–16 Uhr) kann die Wartezeit vor dem Eingang am Jackson Blvd bis zu einer Stunde betragen.

Chicago Cultural Center GEBÄUDE

(Karte S. 590; ☎312-744-6630; www.chicagoculturalcenter.org; 78 E Washington St; ⏲Mo–Do 9–19, Fr & Sa bis 18, So 10–18 Uhr; Ⓜ Brown, Orange, Green, Purple od. Pink Line bis Washington/Wabash) GRATIS Der einen Block lange Prachtbau im Beaux-Arts-Stil wurde ursprünglich 1897 als Chicago Public Library eröffnet. Heute warten hier tolle Kunstausstellungen (Highlight: die Yates Gallery im 4. Stock) und Mittagskonzerte mit Jazz oder Klassik (Mi & meist Mo 12.15 Uhr). Die größte Tiffany-Buntglaskuppel der Welt ziert die Decke der früheren Buchausgabe im 3. Stock. Im Eingangsbereich an der Randolph St starten Touren von **InstaGreeter** (www.chicagogreeter.com/instagreeter; ⏲Fr & Sa 10–15, So 11–14 Uhr) GRATIS die den Loop und/oder den Millennium Park erkunden.

Maggie Daley Park PARK

(Karte S. 590; www.maggiedaleypark.com; 337 E Randolph St; ⏲6–23 Uhr; 👪; Ⓜ Brown, Orange, Green, Purple od. Pink Line bis Washington/Wabash) Familien lieben die kostenlosen Spielplätze mit fantasievollen Zauberwald- und Piratenthemen. Gebührenpflichtig sind die Kletterwand, der Minigolfplatz (18 Löcher), die Bahn für Inlineskater (wird im Winter zur Eisbahn) und die Tennisplätze. Die vielen Picknicktische sind prima zum Relaxen.

Buckingham Fountain SPRINGBRUNNEN

(Karte S. 590; 301 S Columbus Dr; Ⓜ Red Line bis Harrison) Die Hauptattraktion des Grant Park gehört zu den größten Springbrunnen der Welt: Zur vollen Stunde (Anfang Mai–Mitte Okt. 8–23 Uhr) schießen hier knapp 6 Mio. l Wasser 15 Stockwerke hoch gen Himmel – abends begleitet von Beleuchtung und Musik.

Route 66 Sign HISTORISCHE STÄTTE

(Karte S. 590; E Adams St zw. S Michigan & Wabash Ave; Ⓜ Brown, Orange, Green, Purple od. Pink Line bis Adams) Pflicht für Fans der Route 66: In Richtung Wabash Ave (Westen) beginnt die Mother Road auf der Südseite der Adams St an diesem Schild mit Aufschrift „Historic 66 Begin“. Hinweis: Das hier ist das Original unter den diversen 66-Schildern in der Umgebung! Ab Chicago führt die Route 66 (für Details s. S. 40) über 2400 Meilen (3862 km) nach L.A. – vorbei an Neonschildern, familiengeführten Hotels und Diners mit großer Kuchenauswahl.

South Loop

Zum Museum Campus im South Loop gehören das Field Museum, das Shedd Aquarium und das Adler Planetarium. In der Nähe versprechen der ruhige 12th Street Beach und das hügelige Northerly Island nette Erholung vom Großstadttrubel. Unter den historischen Gebäuden des Viertels befindet sich auch der frühere Sitz des bahnbrechenden Blues-Schallplattenlabels Chess Records. In Chinatown warten viele Nudelrestaurants und exotische Artikel.

★ Field Museum of Natural History MUSEUM

(Karte S. 590; ☎312-922-9410; www.fieldmuseum.org; 1400 S Lake Shore Dr; Erw./Kind 22/15 US$; ⏲9–17 Uhr; 👪; 🚌146, 130) Unter den rund 30 Mio. Artefakten aller Art sind z. B. Käfer, Mumien, Edelsteine und Bushman, der ausgestopfte Affe. Da dies nach wie vor eine aktive Forschungseinrichtung ist, werden die Ausstellungen von promovierten Akademikern gepflegt. Superstar der Sammlung ist Sue – der größte *Tyrannosaurus rex*, der bislang gefunden wurde (er hat sogar einen eigenen Souvenirshop). Sonderausstellungen und der 3D-Film kosten extra.

Shedd Aquarium AQUARIUM

(Karte S. 590; ☎312-939-2438; www.sheddaquarium.org; 1200 S Lake Shore Dr; Erw./Kind 40/30 US$; ⏲Juni–Aug. 9–18 Uhr, Sept.–Mai Mo–Fr 9–17, Sa & So bis 18 Uhr; 👪; 🚌146, 130) Dieses Aquarium wimmelt nur so vor Kindern. Zu seinen Hauptattraktionen gehört z. B. das Oceanarium mit geretteten Seeottern. Besucher des Wild Reef sind nur durch

Downtown Chicago

0 1 km
0 0,5 Meilen
Drake Hotel (140 m)
Oak St Beach (0,3 Meilen); North Ave Beach (1,3 Meilen)
Le Colonial (120 m); Gibson's (320 m)
360° Chicago
E Pearson St
Lake Shore Park
Museum of Contemporary Art
E Chicago Ave
E Superior St
Lakefront Trail
Ohio Street Beach
Olive Park
Wasser-aufbereitungsanlage
N Wabash Ave
N Rush St
N Michigan Ave (Magnificent Mile)
E Ontario St
STREETERVILLE
E Grand Ave
E Illinois St
N Lake Shore Dr
Navy Pier
E North Water St
E Kinzie St
Chicago Architecture Foundation Boat Tour Dock
River Esplanade
E Wacker Dr
E Wacker Pl
ILLINOIS CENTER
E Lake St
Randolph
E Randolph St
Madison
Millennium Park
E Monroe St
Nichols Bridgeway
Millennium Park Garage
Butler Field
Adams/Wabash
Art Institute of Chicago
LAKE MICHIGAN
H W Library
Van Buren St (Metra)
Grant Park
Harrison
E Balbo Ave
S Holden Ct
PRINTER'S ROW
Grant Park Tennis Courts
Hutchinson Field
S Lake Shore Dr
E 9th St
E 11th St
S Michigan Ave
S Columbus Dr
Roosevelt
E Roosevelt Rd
Museum Campus/11th St (Metra)
MUSEUM CAMPUS
Field Museum of Natural History
E Solidarity Dr
Burnham Harbor
S State St
S Wabash Ave
E 13th St
E 14th St
CENTRAL STATION
Hyde Park & South Side (5 Meilen)
Burnham Park
Northerly Island (0,7 Meilen)
S Linn White Dr
Willie Dixon's Blues

Downtown Chicago

Highlights
1 360° Chicago ... E1
2 Art Institute of Chicago ... E4
3 Field Museum of Natural History ... F7
4 Millennium Park ... E4
5 Museum of Contemporary Art ... E1
6 Navy Pier ... G2
7 Willis Tower ... C4

Sehenswertes
8 12th Street Beach ... G7
9 Adler Planetarium ... G7
10 BP Bridge ... E4
11 Buckingham Fountain ... F5
12 Centennial Wheel ... G2
13 Chicago Board of Trade ... D5
14 Chicago Children's Museum ... G2
15 Chicago Cultural Center ... E4
City Gallery ... (siehe 39)
16 Cloud Gate ... E4
17 Crown Fountain ... E4
18 Great Lawn ... E4
19 Intuit: The Center for Intuitive & Outsider Art ... A1
20 Kluczynski Federal Building ... D4
21 Lurie Garden ... E4
22 Maggie Daley Park ... F4
23 Magnificent Mile ... E2
24 Marquette Building ... D4
25 Marshall Field Building ... E3
26 Monadnock Building ... D5
27 Monument with Standing Beast ... D3
28 Museum of Contemporary Photography ... E5
29 Pritzker Pavilion ... E4
30 Reliance Building ... D4
31 Rookery ... D4
32 Route 66 Sign ... E4
33 Santa Fe Building ... E4
34 Shedd Aquarium ... F7
35 Sullivan Center ... E4
36 Tribune Tower ... E2
37 Union Station ... C4
38 Untitled ... D4
39 Water Tower ... E1
40 Wrigley Building ... E2

Aktivitäten, Kurse & Touren
41 Bobby's Bike Hike ... F2
Chicago Architecture Foundation ... (siehe 33)
42 Chopping Block ... D3
43 InstaGreeter ... E3
44 McCormick Tribune Ice Rink ... E4
45 Windy ... H2

Schlafen
Acme Hotel ... (siehe 48)
Alise Chicago ... (siehe 30)
46 Buckingham Athletic Club Hotel ... D5
47 Fieldhouse Jones ... C1
48 Freehand Chicago ... E2
49 Hampton Inn Chicago Downtown/N Loop ... E3
50 HI-Chicago ... E5
51 Silversmith ... E4
52 Virgin Hotel ... E3

Essen
53 Billy Goat Tavern ... E2
Cafecito ... (siehe 50)
54 Gage ... E4
55 Giordano's ... E1
56 Lou Mitchell's ... C5
57 Mr. Beef ... C2
58 Native Foods Cafe ... D4
59 Pizzeria Uno ... E2
60 Purple Pig ... E2

Ausgehen & Nachtleben
61 Berghoff ... D4
62 Clark Street Ale House ... D1
63 Matchbox ... A1
64 Monk's Pub ... D3
Signature Lounge ... (siehe 1)

Unterhaltung
65 Buddy Guy's Legends ... E6
Chicago Symphony Orchestra . (siehe 33)
66 Chicago Theatre ... E3
67 Goodman Theatre ... D3
Grant Park Orchestra ... (siehe 29)
68 IMAX Theater ... G2
69 Lyric Opera of Chicago ... C4

Shoppen
Chicago Architecture Foundation Shop ... (siehe 33)

13 cm Plexiglas von zwei Dutzend gefährlich aussehender Haie getrennt. Hinweis: Das Oceanarium beherbergt auch Weißwale und Pazifische Weißseitendelphine – die Haltung solcher Meeressäuger ist zunehmend umstritten.

Adler Planetarium MUSEUM
(Karte S. 590; ☎312-922-7827; www.adlerplanetarium.org; 1300 S Lake Shore Dr; Erw./Kind 12/8 US$; ⏲9.30–16 Uhr; 👪; 🚌146, 130) Top für Astronomie- und Raumfahrtfans: Im Galileo Café kann man hier den Himmel durch öffentliche Teleskope beobachten (tgl. 10–13 Uhr). Die 3D-Vorträge im Space Visualization Lab informieren über Supernovas. Und die Ausstellung Planet Explorers lässt Kids sogar selbst eine Rakete „starten“. Die faszinierenden Digitalfilme (Tickets ab 13 US$) kosten extra. Die Treppe vor dem Museum bietet den besten Blick auf Chicagos Skyline – Kamera zücken!

Northerly Island PARK
(1521 S Linn White Dr; 🚌146, 130) Der hügelige Park mit grandiosem Blick auf die Skyline ist in Wirklichkeit nur eine Halbinsel. Hier warten Präriegrasflächen, ein Multifunktionspfad, viele Vogelarten, Angelmöglichkeiten und eine Bühne für Freiluftkonzerte mit berühmten Musikern. Das Field House (falls geöffnet) informiert über örtliche Führungen. Am Adler Planetarium kann man dank Divvy-Bikesharing Räder leihen.

Museum of Contemporary Photography MUSEUM
(Karte S. 590; ☎312-663-5554; www.mocp.org; 600 S Michigan Ave, Columbia College; ⏰Mo–Mi, Fr & Sa 10–17, Do bis 20, So 12–17 Uhr; Ⓜ Red Line bis Harrison) GRATIS Das kleine Museum ist einzigartig in den USA: Nur hier geht's exklusiv um amerikanische und internationale Fotografie ab dem frühen 20. Jh. Die ständige Sammlung zeigt Werke von rund 500 zeitgenössischen Starfotografen (z. B. Henri Cartier-Bresson, Harry Callahan, Sally Mann, Victor Skrebneski, Catherine Wagner).

Near North & Navy Pier

Near North paart Quellen für Pfannenpizza mit belebten Bistros, Kunstgalerien und zahlreichen Nobelläden – so vielen, dass die Michigan Ave als Hauptstraße den Spitznamen Magnificent Mile (Prunkmeile) trägt. Im Osten des Viertels liegt der 800 m lange Navy Pier mit Tourbooten, Fahrgeschäften und einem funkelnden Riesenrad.

★ **Navy Pier** UFERBEREICH
(Karte S. 590; ☎312-595-7437; www.navypier.com; 600 E Grand Ave; ⏰Juni–Aug. So–Do 10–22, Fr & Sa bis 24 Uhr, Sept.–Mai So–Do 10–20, Fr & Sa bis 22 Uhr; 👪; Ⓜ Red Line bis Grand) GRATIS Der 800 m lange Navy Pier gehört zu Chicagos beliebtesten Attraktionen. Hierfür sorgen u. a. ein 60 m hohes **Riesenrad** (Erw./Kind 15/12 US$), diverse andere Fahrgeschäfte (6–15 US$/Fahrt), ein **IMAX-Kino** (☎312-595-5629; www.imax.com; Tickets 15–22 US$), ein Biergarten, viele Kettenrestaurants und Sommerfeuerwerk (Mi, 21.30, Sa 22.15 Uhr). Einheimische kritisieren die Kommerzialisierung; dennoch ist die Uferlage mit toller Aussicht und frischer Luft unschlagbar.

Vor Ort findet man zudem das **Chicago Children's Museum** (☎312-527-1000; www.chicagochildrensmuseum.org; Eintritt 14 US$; ⏰10–17, Do bis 20 Uhr; 👪) und mehrere Tourbootfirmen. Das spaßige Shoreline Water Taxi schippert hinüber zum **Museum Campus** (Erw./Kind So–Fr 8/4 US$, Sa 10/5 US$). Nach der aktuellen Renovierung soll es hier ab 2018 auch noch ein Hotel sowie weitere Attraktionen geben. Ab der Metrostation Grand fahren Stadtbusse zum Pier.

Magnificent Mile STRASSE
(Karte S. 590; www.themagnificentmile.com; N Michigan Ave; Ⓜ Red Line bis Grand) Die Mag Mile zwischen Fluss und Oak St ist Chicagos stark beworbene Nobel-Shoppingmeile. An der Michigan Ave belasten hier u. a. Bloomingdale's, Apple und Burberry den Geldbeutel.

Tribune Tower ARCHITEKTUR
(Karte S. 590; 435 N Michigan Ave; Ⓜ Red Line bis Grand) Der neogotische Bau von 1925 verdient eingehende Betrachtung: Colonel Robert McCormick (exzentrischer Eigentümer des *Chicago Tribune* in den frühen 1900er-Jahren) sammelte Steinfragmente von mehr als 140 berühmten Bauten aus aller Welt. Das Material wurde ihm u. a. von seinen Reportern zugeschickt und schließlich in den Sockel des Turms eingearbeitet. So sind dort

DAS CHICAGO DER GANGSTER

Chicago scheut seine Gangster-Geschichte. Zu deren berühmt-berüchtigten Stätten gibt's daher auch keinerlei Broschüren oder Ausstellungen – was wiederum etwas Fantasie beim Besuch der folgenden Orte erfordert:

Green Mill (S. 608) Al Capones bevorzugte Flüsterkneipe; in den erhaltenen Tunneln unter der Bar lagerte einst der illegale Alkohol.

Biograph Theater (2433 N Lincoln Ave; Ⓜ Brown, Purple od. Red Line bis Fullerton) Die „Dame in Rot" verriet hier John Dillinger (damals „Staatsfeind Nr. 1") ans FBI.

Union Station (Karte S. 590; www.chicagounionstation.com) Im Film *The Untouchables – Die Unbestechlichen* holpert hier der Kinderwagen die Treppe hinunter.

St. Valentine's Day Massacre Site (2122 N Clark St; 🚌22) Als Polizisten verkleidete Killer Capones erschossen hier sieben Mitglieder der Bande von Bugs Moran.

z. B. der Taj Mahal, die Westminster Abbey und die Cheops-Pyramide vertreten.

Wrigley Building ARCHITEKTUR
(Karte S. 590; 400 N Michigan Ave; Ⓜ Red Line bis Grand) Zu jeder Tageszeit strahlt die Fassade dieses Gebäudes so weiß wie die Zähne der Doublemint-Zwillinge. Mit Absicht: Der Erbauer – Kaugummi-König William Wrigley – versprach sich davon ein Maximum an werbewirksamem Wiedererkennungswert. Ein Computersystem überwacht jede einzelne der über 250 000 glasierten Terrakottafliesen in puncto Reinigungs- und Polierbedarf.

Gold Coast

Seit über 125 Jahren leben Chicagos reichste Einwohner an der Gold Coast. Mit Juwelen behangene Damen bummeln durch die stilvollen Boutiquen des Viertels, über dessen Straßen mitunter Rolls-Royces rollen. Highlights sind hier die Aussichtsplattform 360° Chicago und das Museum of Contemporary Art. An der Rush St sorgen schicke Steakhäuser und Pianobars für Unterhaltung.

★360° Chicago AUSSICHTSPLATTFORM
(Karte S. 590; ☎888-875-8439; www.360chicago.com; 875 N Michigan Ave, John Hancock Center, 94. Stock; Erw./Kind 20,50/13,50 US$; ⏲9–23 Uhr; Ⓜ Red Line bis Chicago) Das frühere John Hancock Center Observatory schlägt den Willis Tower (S. 589) auf vielerlei Art in puncto Aussicht. Die Plattform im 94. Stock empfängt Besucher mit Infotafeln und deckenhohen TILT-Fensterkanzeln, die sich beim Betreten nach unten neigen – eher kitschig und mit 7 US$ extra zu bezahlen. Die **Signature Lounge** (www.signatureroom.com; ⏲So–Do 11–0.30, Fr & Sa bis 1.30 Uhr) im 96. Stock ist dagegen frei von solchen Frivolitäten: Dort kostet die Aussicht nichts, sofern man mindestens ein Getränk (8–16 US$) bestellt.

★Museum of Contemporary Art MUSEUM
(MCA; Karte S. 590; ☎312-280-2660; www.mcachicago.org; 220 E Chicago Ave; Erw./Kind 15 US$/frei; ⏲Di 10–20, Mi–So bis 17 Uhr; Ⓜ Red Line bis Chicago) Das MCA ist sozusagen das freche und rebellische Geschwisterchen des Art Institute. Hiesige Schwerpunkte sind u. a. Minimalismus, Surrealismus und Konzeptfotografie. Zur ständigen Sammlung gehören auch Werke von René Magritte, Cindy Sherman und Andy Warhol. Das Museum deckt alle möglichen Kunstformen ab den 1920er-Jahren ab, wobei die Grenzen zwischen verschiedenen Medien (z. B. Malerei, Bildhauerei, Video) gezielt verwischt werden.

Original Playboy Mansion GEBÄUDE
(1340 N State Pkwy; Ⓜ Red Line bis Clark/Division) In der „Kellergrotte" dieser Villa von 1899 begann die sexuelle Revolution: Hugh Hefner kaufte das Anwesen 1959 und montierte ein Eingangsschild mit der Aufschrift If You Don't Swing, Don't Ring (Wer kein Swinger ist, der klingle nicht) – woraufhin hier kräftig gefeiert wurde. Mitte der 1970er-

BERÜHMTE BAUTEN AM LOOP

Seit Chicago der Welt den ersten Wolkenkratzer präsentierte (1885), lebt die Stadt in puncto Architektur und modernem Design auf großem Fuß. Highlights am Loop:

Monadnock Building (Karte S. 590; www.monadnockbuilding.com; 53 W Jackson Blvd; Ⓜ Blue Line bis Jackson)

Rookery (www.flwright.org; 209 S LaSalle St; ⏲Mo–Fr 9–17 Uhr; Ⓜ Brown, Orange, Purple od. Pink Line)

Marshall Field Building (Karte S. 590; 111 N State St; ⏲Mo–Sa 10–21, So 11–19 Uhr; Ⓜ Brown, Orange, Green, Purple od. Pink Line bis Washington/Wabash)

Sullivan Center (Karte S. 590; www.thesullivancenter.com; 1 S State St; Ⓜ Red Line bis Monroe)

Marquette Building (Karte S. 590; http://marquette.macfound.org; 140 S Dearborn St; ⏲7–22 Uhr; Ⓜ Blue Line bis Monroe)

Reliance Building (Karte S. 590; 1 W Washington St; Ⓜ Blue Line bis Washington)

Santa Fe Building (Karte S. 590; 224 S Michigan Ave; Ⓜ Brown, Orange, Green, Purple od. Pink Line bis Adams)

Kluczynski Building (Karte S. 590; 230 S Dearborn St; Ⓜ Blue Line bis Jackson)

INSIDERWISSEN

EIN WALLFAHRTSORT FÜR BLUESFANS

Der schlichte Bau von **Willie Dixon's Blues Heaven** (☎312-808-1286; www.bluesheaven.com; 2120 S Michigan Ave; 1-stündige Führungen 10 US$; ⏲Mi & Do nach Vereinbarung, Fr 12–16, Sa bis 15 Uhr; Ⓜ Green Line bis Cermak-McCormick Pl) war früher der Sitz von Chess Records (1957–1967). Das Studio ist heute nach dem Bassisten benannt, der die meisten Hits des bahnbrechenden Blues-Plattenlabels schrieb. Das Personal führt einen durch die nun recht heruntergekommenen Räumlichkeiten, in denen noch einige Originalstücke zu sehen sind. Wenn Willies Enkel den kräftig abgenutzten Kontrabass des Bluesmusikers hervorholt und Besucher ein paar Töne darauf zupfen lässt, ist das aber schon ziemlich cool. Im Garten gibt's Gratis-Liveblues (Do 18 Uhr, nur im Sommer). Aufgrund der unregelmäßigen Öffnungszeiten besser vorher anrufen!

Jahre zog Hef dann nach L.A. um. In dem Gebäude befinden sich nun Eigentumswohnungen. Nach einem Besuch kann man aber immer noch damit angeben, im Playboy Mansion gewesen zu sein.

Water Tower WAHRZEICHEN

(Karte S. 590; 108 N Michigan Ave; Ⓜ Red Line bis Chicago) Der 47 m hohe Turm mit Zinnen ist ein Wahrzeichen der Stadt: Dank seiner gelben Backsteinziegel überstand er als einziges Bauwerk in der Innenstadt den Großen Brand von Chicago (1871). Heute befindet sich darin die sehenswerte **City Gallery** (Eintritt frei), die einheimische Kunstwerke und Fotografien zum Thema Chicago zeigt.

Lincoln Park & Old Town

Als größte Grünanlage der Stadt wartet der beliebte Lincoln Park mit Teichen, Spazierwegen, Stränden und einem Zoo auf. Das gleichnamige Viertel drum herum bietet Spitzenrestaurants, interessante Läden und belebte Clubs mit Livemusik (Blues, Rock). Nebenan ehrt das stilvolle Old Town seine freigeistige Vergangenheit mit künstlerisch angehauchten Bars und der Standup-Comedy-Institution Second City.

★**Lincoln Park** PARK

(⏲6–23 Uhr; 👪; 🚌151) Chicagos größter Park (fast 5 km²) gibt dem umliegenden Viertel seinen Namen. Ab der North Ave erstreckt sich das Gelände über 9,7 km bis zum Diversey Pkwy. Dort verengt es sich am Seeufer und führt nordwärts weiter bis zum Ende des Lake Shore Dr. Teiche, Spazierwege, Spielplätze, Strände und ein Zoo locken bei Schönwetter zahllose Einheimische hierher.

Lincoln Park Conservatory GARTEN

(☎312-742-7736; www.lincolnparkconservancy.org; 2391 N Stockton Dr; ⏲9–17 Uhr; 🚌151) GRATIS Ob Wüstenpalmen, Dschungelfarne oder tropische Orchideen: Ein Bummel durch diesen botanischen Garten (1,2 ha) gleicht einer Weltreise in 30 Minuten. Im verglasten Gewächshaus auf dem Gelände herrschen selbst im Winter mollige 24 °C.

Lincoln Park Zoo ZOO

(☎312-742-2000; www.lpzoo.org; 2200 N Cannon Dr; ⏲Juni–Aug. Mo–Fr 10–17, Sa & So bis 18.30 Uhr, April, Mai, Sept. & Okt. 10–17 Uhr, Nov.–März 10–16.30 Uhr; 👪; 🚌151) GRATIS Dieser Zoo (gegr. 1868) im Schatten der Skyline ist bei Einheimischen sehr beliebt. In den Gehegen tummeln sich Exoten wie Löwen, Zebras oder Japanmakaken. Zu den Highlights gehören die Regenstein African Journey, die Arctic Tundra mit ihren Eisbären und der Nature Boardwalk mit vielen Libellen. Als Haupteingang dient der Gateway Pavilion am Cannon Dr.

Chicago History Museum MUSEUM

(☎312-642-4600; www.chicagohistory.org; 1601 N Clark St; Erw./Kind 16 US$/frei; ⏲Mo & Mi–Sa 9.30–16.30, Di bis 19.30, So 12–17 Uhr; 👪; 🚌22) Vom Großen Brand von Chicago bis hin zum örtlichen Parteitag der US-Demokraten 1968 decken die multimedialen Ausstellungen dieses Museums die ganze legendäre Stadtgeschichte ab. Zu sehen gibt's hier u. a. Lincolns Totenbett und die Glocke von Mrs. O'Learys Kuh. Nach einem Besuch weiß man so gut wie alles über die Windy City.

Lake View & Wrigleyville

Lake View beglückt junge Nachtschwärmer mit jeder Menge Bars, Theater und Rockclubs. Baseballfans pilgern hier zum heiligen Wrigley Field. Im umliegenden Viertel (alias Wrigleyville) wird kräftig gebechert und gefeiert. Daran grenzt wiederum Boystown (Chicagos größtes Schwulenviertel) mit seinen vielen Clubs im Zeichen der Regenbogenfahne.

★ Wrigley Field BASEBALL-STADION
(www.cubs.com; 1060 W Addison St; Ⓜ Red Line bis Addison) Das Major-League-Baseballstadion von 1914 ist nach dem Kaugummi-König benannt und in den USA das zweitälteste seiner Art. Bekannt ist es für seine manuelle Anzeigetafel, seine Außenmauern voller Efeu und für das Neonschild über dem Haupteingang. Und natürlich für die legendäre Pechsträhne der Cubs (S. 611): Angeblich wegen eines Fluchs gelang dem Team von 1908 bis 2016 kein einziger Titelgewinn – was aber schließlich mit einem triumphalen Sieg ein Ende hatte. Weitere Details liefern die Stadionführungen (25 US$, 1½ Std., April–Sept.).

Andersonville & Uptown

Andersonville zeugt zwar noch leicht von seinen schwedischen Wurzeln, wird aber heute vor allem von Gourmetkneipen, abgefahrenen Boutiquen und GLBT-Bars geprägt. Uptown paart historische Jazzschuppen wie das Green Mill (Al Capones Lieblingsladen) mit den belebten Restaurants von „Little Saigon".

Wicker Park, Bucktown & Ukrainian Village

Diese drei Viertel sind gerade schwer angesagt: Neue hippe Cocktail-Lounges, Platten- und Trödelläden verteilen sich hier zwischen osteuropäischen Eckkneipen der altmodischen Art. Wicker Park ist dabei das pulsierende Herz – flankiert vom leicht schickeren Bucktown und dem etwas schäbigeren Ukrainian Village. Die Restaurants und Rockclubs der Gegend suchen in Chicago ihresgleichen.

Intuit: The Center for Intuitive & Outsider Art KUNSTGALERIE
(Karte S. 590; ☎312-243-9088; www.art.org; 756 N Milwaukee Ave; empfohlene Spende 5 US$; ⌚Di, Mi, Fr & Sa 11–18, Do bis 19.30, So 12–17 Uhr; Ⓜ Blue Line bis Chicago) Die museumsmäßige Volkskunstsammlung des Intuit zeigt u. a. Aquarelle des berühmten einheimischen Malers Henry Darger. Dessen wunderbar chaotisches Atelier ist im Hinterzimmer rekonstruiert – inklusive Garnknäuel, Victrola-Grammophon und wackeliger Stapel aus alten Zeitschriften. Der Galerieshop verkauft Kunstbücher und unkonventionellen Schmuck (z. B. Ohrringe aus Radiergummis).

Logan Square & Humboldt Park

Als Chicagos aktuelles „In-Viertel" ist Logan Square das Pflaster für die Suche nach hippen Tiki-Bars oder Cafés, deren Brathähnchen stadtweit Furore machen. Zudem pilgern hier Gourmets zu diversen Sternerestaurants (z. B. Parachute, Longman & Eagle). In der puerto-ricanischen Enklave Humboldt Park kann man mit *jibarito*-Sandwiches eine lokale Spezialität probieren.

Near West Side & Pilsen

Der West Loop mit seinen Fleischverarbeitungsfabriken, brummenden Spitzenrestaurants und trendigen Bars wird zunehmend im großen Stil saniert. Nebenan gibt's Ethno-Küche in Greektown (griechisch) und Little Italy (italienisch). Pilsen mixt mexikanische Kultur mit Chicagos Underground-Künstlerszene, was in farbenfrohen Wandbildern, Taquerias und Cafés resultiert.

National Museum of Mexican Art MUSEUM
(☎312-738-1503; www.nationalmuseumofmexicanart.org; 1852 W 19th St; ⌚Di–So 10–17 Uhr; Ⓜ Pink Line bis 18th St) GRATIS Dieses facettenreiche Museum für hispanische Kunst (gegr. 1982) ist in den USA das größte seiner Art und zählt heute zu Chicagos besten Museen. Die ständige Sammlung (u. a. klassische Gemälde, funkelnde Goldaltäre, Perlenarbeiten, Volkskunst mit vielen Skeletten) deckt 1000 Jahre mexikanische Kunst und Kultur ab.

Chinatown

Chicagos kleines, aber belebtes Chinatown liegt lässige zehn Metro-Minuten vom Loop entfernt. Wer mit der Red Line zur Station Cermak-Chinatown fährt, steigt genau zwischen den beiden grundverschiedenen Teilen des Viertels aus: Der Chinatown Sq (ein riesiges Einkaufszentrum mit zwei Stockwerken) säumt die Archer Ave gen Norden. Old Chinatown (der traditionelle Geschäftsbezirk) erstreckt sich südwärts entlang der Wentworth Ave. Beide Bereiche empfangen Besucher mit Bäckereien und obligatorischem Hello-Kitty-Krimskrams.

Hyde Park & South Side

Das akademisch geprägte Hyde Park kombiniert zahllose Buchläden mit Attraktionen wie dem Museum of Science & Indus-

Stadtspaziergang **Loop**

START CHICAGO BOARD OF TRADE
ZIEL BILLY GOAT TAVERN
DAUER/LÄNGE 4,8 KM/CA. 2 STD.

Diese Tour durch den Loop besucht berühmte Highlights der Chicagoer Kunst und Architektur – und obendrein Al Capones Zahnarzt.

Los geht's mit dem coolen Art-déco-Bau des 1 **Chicago Board of Trade** (141 W Jackson Blvd), der von einer Statue der Ceres (römische Göttin des Ackerbaus) gekrönt wird. Das Atrium des nahegelegenen 2 **Rookery** (S. 594) stammt von Frank Lloyd Wright.

Nun führt die Adams St ostwärts zum 3 **Art Institute** (S. 588), das zu Chicagos beliebtesten Attraktionen zählt. Die Löwenstatuen vor dem Eingang sind ein beliebtes Fotomotiv. Ein paar Blocks nördlich liegt der avantgadistische 4 **Millennium Park** (S. 586).

Vom dort folgt man der Washington St gen Westen zum Hotel 5 **Alise** (602) im Reliance Building. Dieser Vorläufer moderner Wolkenkratzer beherbergte einst die Praxis von Al Capones Zahnarzt (heute Zimmer 809). Gleich westlich davon steht Picassos abstrakte Skulptur 6 **Untitled** auf der Daley Plaza. Pavian, Hund oder Frau? Das muss jeder selbst entscheiden. Weiter nördlich kommt an der Clark St dann das ebenso rätselhafte 7 **Monument with Standing Beast** von Jean Dubuffet in Sicht.

Jetzt entlang der Randolph St gen Osten durch das Theaterviertel laufen und beim 8 **Chicago Cultural Center** (S. 589) nach kostenlosen Kunstausstellungen und Konzerten fragen. Dann geht's nordwärts die Michigan Ave entlang und über den Chicago River. Gleich nördlich der Brücke ist das 9 **Wrigley Building** (S. 594) und der 10 **Tribune Tower** (S. 593) im gotischen Stil.

Zum Schluss die 11 **Billy Goat Tavern** (S. 604) besuchen: Die Chicagoer Kaschemme gehörte früher Billy Sianis, der einst das Wrigley Field mit seiner Hausziege betreten wollte. Doch dem streng riechenden Tier wurde der Zugang verwehrt. So bedachte Sianis die Cubs mit einem kräftigen Fluch – angeblich der Grund für die Titellosigkeit des Teams in den folgenden 108 Jahren.

try oder dem Robie House von Frank Lloyd Wright. Die irische Enklave Bridgeport hat viele Bars und Galerien. In Bronzeville warten Architektur aus der Jazz-Ära und bedeutende (wenn auch bislang recht unbekannte) Stätten der afroamerikanischen Kultur.

★ Museum of Science & Industry MUSEUM
(MSI; ☎773-684-1414; www.msichicago.org; 5700 S Lake Shore Dr; Erw./Kind 18/11 US$; ⏲Juni–Aug. 9.30–17.30 Uhr, Sept.–Mai kürzere Öffnungszeiten; 👪; 🚌6, 10, Ⓜ Metra bis 55th-56th-57th St) Das größte Naturwissenschafts- und Technikmuseum der Westhalbkugel versetzt jeden Nerd in Verzückung. Zu den Highlights zählen ein deutsches U-Boot aus dem Zweiten Weltkrieg (Untergeschoss; Besichtigung zzgl. 12 US$) und die Ausstellung Science Storms, die einen Tornado und einen Tsunami simuliert. Ebenfalls sehr beliebt sind die Brutstation für Hühnerküken, der originalgetreue Nachbau eines Kohlebergwerks (inkl. Schacht; Besichtigung zzgl. 12 US$) und Colleen Moores Märchenschloss mit Mini-Möbeln.

★ Robie House ARCHITEKTUR
(☎312-994-4000; www.flwright.org; 5757 S Woodlawn Ave; Erw./Kind 18/15 US$; ⏲Do–Mo 10.30–15 Uhr; 🚌6, Ⓜ Metra bis 55th-56th-57th St) Frank Lloyd Wright entwarf diverse Gebäude in Chicago. Das berühmteste und einflussreichste davon ist das Robie House. Dessen horizontale Linienführung mit optischen Anleihen an die flachen Prärien des Mittleren Westens begründete den sogenannten Prärie-Stil. Bei den einstündigen Führungen (Häufigkeit saisonal variierend, meist mind. 1-mal stündl.) besichtigt man auch die insgesamt 174 Fenster und Türen mit Elementen aus Buntglas.

University of Chicago UNIVERSITÄT
(www.uchicago.edu; 5801 S Ellis Ave; 🚌6, Ⓜ Metra bis 55th-56th-57th St) Unter den Dozenten und Absolventen der „U of C“ sind über 80 Nobelpreisträger (hauptsächlich Physiker oder Wirtschaftswissenschaftler). Die prachtvollen Originalbauten des sehenswerten Campus sind im Stil der englischen Gotik gestaltet. Neben den geheiligten Studierhallen beherbergen sie auch Museen, die gratis Kunst und Antiquitäten zeigen.

Am 1. Oktober 1892 fanden hier die ersten Vorlesungen statt. Zu den Hauptförderern der Uni gehörte John D. Rockefeller mit einer Spende von mehr als 35 Mio. US$. Bei einem Campusbummel warten Attraktionen wie die **Rockefeller Memorial Chapel** mit

CHICAGO MIT KINDERN

Chicago ist durch und durch kinderfreundlich. Als Highlights locken dabei u. a. die grimmigen Dinos im Field Museum, der artenreiche Lincoln Park Zoo, Bootsfahrten am Seeufer, Sandstrände, zauberhafte Spielplätze, Familienradtouren und jede Menge Pizza.

Chicago Children's Museum (S. 593) Das kunterbunte Museum spricht gezielt die Fantasie von Kindern bis zu zehn Jahren an. Die vielen interaktiven Exponate animieren den Nachwuchs stundenlang zum Klettern und Kreieren. Unter den Highlights ist die Dinosaur Expedition zum Thema Urzeit, bei der Kids nach „Knochen" graben können. Toll sind auch das Segelschiff mit Kletterseilen, die nachgebaute Bowlingbahn, die Möglichkeiten zum Planschen (inkl. Infos über Wasserkraft) und das Tinkering Lab, das zum Basteln mit echtem Werkzeug einlädt.

Field Museum of Natural History (S. 589) Das örtliche Crown Family PlayLab (geöffnet Do–Mo 10–15 Uhr) ermöglicht archäologische „Ausgrabungen" und viele weitere Entdeckungen.

Museum of Science & Industry (S. 598) In verschiedenen Räumen führt das Personal hier den ganzen Tag über „Experimente" durch (z. B. Mini-Explosionen, Vorführungen zum freien Fall). In der Idea Factory „forschen" Nachwuchswissenschaftler im Alter von bis zu zehn Jahren auf Gebieten wie Licht, Balance oder Wasserdruck.

Peggy Notebaert Nature Museum (☎773-755-5100; www.naturemuseum.org; 2430 N Cannon Dr; Erw./Kind 9/6 US$; ⏲Mo–Fr 9–17, Sa & So ab 10 Uhr; 👪; 🚌151) Das recht unbekannte Museum fasziniert Kids z. B. mit einer Schmetterlings-Voliere und einem Sumpf voller Frösche. Zudem liegt es direkt neben dem Lincoln Park Zoo.

Art Institute of Chicago (S. 588) Das Ryan Learning Center empfängt Kinder hier mit kreativen Aktivitäten und interaktiven Spielen (z. B. Puzzles von berühmten Gemälden).

vielen Skulpturen, die idyllische **Bond Chapel** und Henry Moores Bronzeskulptur **Nuclear Energy** (S Ellis Ave zw. E 56th & E 57th St).

Obama's House GEBÄUDE

(5046 S Greenwood Ave; 6, Metra bis 51st-53rd St) Massive Sicherheitsmaßnahmen verhindern die direkte Annäherung an das Haus, in dem die Familie Obamah zwischen 2005 und dem Amtsantritt des früheren US-Präsidenten (Ende 2008) lebte. Vom gegenüberliegenden Bürgersteig des Hyde Park Blvd kann man jedoch über die Barrikaden einen Blick auf die rote Backsteinvilla im georgianischen Stil erhaschen.

Aktivitäten

Das sportverrückte Chicago ist u.a. dafür bekannt, dass die lokalen Profiteams besonders fanatische Fans haben. Doch nicht nur Zuschauersport ist hier sehr beliebt: Mit 580 Parks, 26 Stränden und ihrer langen Uferlinie bietet die Stadt viele Optionen für Bewegungshungrige. Nach dem langen und kalten Winter zieht es die Einheimischen scharenweise ins Freie.

Radfahren

Der flache **Lakefront Trail** (18 Meilen/ 29 km; Hollywood Ave–71st St) entlang des Seeufers ist sehr attraktiv, aber bei Schönwetter rappelvoll. Die Active Transportation Alliance (www.activetrans.org) veröffentlicht Übersichtskarten zu Chicagos Radwegen und informiert über deren aktuellen Zustand. Chicago Critical Mass (www.facebook.com/chicagocriticalmass) legt den Innenstadtverkehr bisweilen mit beliebten Massenausfahrten per Drahtesel lahm.

Bobby's Bike Hike RADFAHREN

(Karte S. 590; 312-245-9300; www.bobbysbikehike.com; 540 N Lake Shore Dr; Leihfahrrad pro Std./Tag ab 10/34 US$; Juni–Aug. Mo–Fr 8.30–20, Sa & So ab 8 Uhr, März–Mai & Sept.–Nov. 9–19 Uhr; Red Line bis Grand) Der Fahrradverleih am Ende einer überdachten Einfahrt erntet begeisterte Kritiken und bietet leichten Zugang zum Lakefront Trail. Die einheimischen Inhaber organisieren auch coole Radtouren (35–66 US$), die u.a. das Seeufer, die nächtliche Skyline, Pizzerias, Bierkneipen oder Gangster-Stätten der South Side zum Thema haben. Speziell für Kinder gibt's die Variante Tike Hike.

Divvy RADFAHREN

(855-553-4889; www.divvybikes.com) In Chicago und umliegenden Vororten unterhält dieses Bikesharing-Programm 580 Verleihstationen mit 5800 himmelblauen Drahteseln. Zudem gibt's an jeder Station einen Verkaufskiosk bzw. -automaten für die Nutzungspässe mit dem Entsperrungscode (10 US$/24 Std.; Bezahlen per Kreditkarte möglich). Die ersten 30 Minuten sind gratis; danach wird's schnell teuer, falls man das Fahrrad nicht wieder an einer Station anschließt. So eignet sich das Ganze mehr für Kurztrips und weniger für ausgedehntes Sightseeing.

> **INSIDERWISSEN**
>
> **DIE 606**
>
> NYC hat die High Line, Chicago die **606** (www.the606.org; 6–23 Uhr; Blue Line bis Damen). Dieser Hochweg (4,3 km) zwischen Wicker Park und Logan Square folgt ebenfalls einem alten Hochbahngleis. In cooler urbaner Atmosphäre kann man hier radeln und spazierengehen – vorbei an Fabriken, Schornsteinen, ratternden L-Zügen und Hinterhoftreiben. Unterwegs gibt's eine faszinierende Übersicht über die sozioökonomische Struktur der Stadt: Vom gutbetuchten Osten geht's durch mehr industriell geprägte Gebiete schließlich zu den Einwanderervierteln im Westen. Der Weg verläuft parallel zur Bloomingdale Ave und ist alle 400 m zugänglich.

Wassersport

Vielen Besuchern ist gar nicht bewusst, dass der riesige Lake Michigan Chicago zur echten Strandstadt macht. Im Sommer wachen hier Rettungsschwimmer über 26 offizielle Sandstrände, an denen trotz des recht kalten Wassers gern geschwommen wird. Am Montrose und North Avenue Beach kann man Kajaks und Stehpaddelbretter ausleihen. Entlang des Chicago River sind weitere Kajak-Ausrüster ansässig.

North Avenue Beach STRAND

(www.cpdbeaches.com; 1600 N Lake Shore Dr; ; 151) Sobald das Wetter wärmer wird, erinnert Chicagos beliebtester Sandstrand an Südkalifornien: Durchtrainierte Volleyballer liefern sich hier Matches, während Kinder Sandburgen bauen und Schwimmerscharen ins Wasser springen. Das dampferförmige Strandhaus lockt mit Livebands, DJs, Eiscreme und Margaritas. Vor Ort warten zudem Yogakurse sowie ausleihbare Kajaks, Jetskis, Stehpaddelbretter, Fahrräder und Liegestühle.

Oak Street Beach STRAND
(www.cpdbeaches.com; 1000 N Lake Shore Dr; M Red Line bis Chicago) Viele wohlgeformte Körper bevölkern diesen Strand, der am Innenstadtrand liegt und im Sommer von Rettungsschwimmern bewacht wird. Im Schatten von Wolkenkratzern kann man hier auch Sonnenschirme und Liegestühle mieten. Das Strandcafé im Inselstil bietet Drinks und DJs unter gelben Sonnenschirmen.

12th Street Beach STRAND
(Karte S. 590; www.cpdbeaches.com; 1200 S Linn White Dr; 146, 130) Vom Adler Planetarium führt ein Pfad nach Süden zu dieser kleinen Sandsichel, die trotz ihrer Nähe zum populären Museum Campus überraschend abgeschieden wirkt (zum Glück!). Zudem hört man hier gut den Sound der Livebands im Pavilion (Northerly Island) – super für Fans, die keine Konzerttickets ergattern konnten.

Windy SEGELN
(Karte S. 590; 312-451-2700; www.tallshipwindy.com; 600 E Grand Ave; 60- bis 75-minütige Segeltouren Erw./Kind 30/10 US$; M Red Line bis Grand) Am Navy Pier startet dieser viermastige Schoner zu Törns mit verschiedenen Themen (z. B. Piraten, Architektur, Segeltechniken). Unterwegs ist nur der Wind zu hören – entspannter lässt sich die Skyline vom Wasser aus nicht bewundern. Ab der Metrostation Grand fahren Stadtbusse zum Navy Pier.

Geführte Touren

★ **Chicago Architecture Foundation** BOOTSTOUREN, STADTSPAZIERGÄNGE
(CAF; Karte S. 590; 312-922-3432; www.architecture.org; 224 S Michigan Ave; Touren 15–50 US$; M Brown, Orange, Green, Purple od. Pink Line bis Adams) Die erstklassigen Bootstrips (46 US$) starten am **River Dock** (Karte S. 590; M Brown, Orange, Green, Purple od. Pink Line bis State/Lake) auf der Südostseite der Michigan Ave Bridge. Der beliebte Stadtspaziergang Historic Skyscrapers (20 US$) beginnt am Stiftungssitz in Downtown. Die Mittagstouren (15 US$; Mo–Fr) zu einzelnen markanten Bauten gehen jeweils direkt vor Ort los. Die Stiftung organisiert zudem Exkursionen per Bus, Fahrrad und L-Zug. Buchungen sind online oder persönlich beim CAF-Büro möglich. Die Tickets für die Bootsfahrten gibt's auch direkt am River Dock.

Chicago by Foot STADTSPAZIERGÄNGE
(312-612-0826; www.freetoursbyfoot.com/chicago-tours) Diese Stadtspaziergänge zu verschiedenen Themen (z. B. Loop, Gold Coast, Gangster-Stätten in Lincoln Park) punkten mit faszinierenden Geschichten und historischen Details. Teilnehmer bezahlen nach Gusto (meist ca. 10 US$/Pers.). Reservierung ist ratsam; sofern noch Plätze frei sind (eher selten der Fall), kann man aber auch spontan mitlaufen.

Chicago Detours STADTSPAZIERGÄNGE
(312-350-1131; www.chicagodetours.com; Touren ab 22 US$) Die fesselnden, detailreichen Touren zu Chicagos Architektur, Geschichte und Kultur finden meist zu Fuß statt (teilweise auch per Bus). Sehr beliebt ist z. B. die Historic Pub Crawl Tour (2½ Std.).

Chicago Beer Experience STADTSPAZIERGÄNGE
(312-818-2172; www.chicagobeerexperience.com; 3-stündigeTouren 62 US$) Diese Stadtspaziergänge beleuchten jeweils die Biertraditionen von zwei bestimmten Vierteln (Lincoln Park/Lake View, Bucktown/Wicker Park oder Downtown/South Loop). Dabei gibt's auch Infos zur allgemeinen Stadtgeschichte. Unterwegs werden vier Bars auf etwa 1,5 km Strecke abgeklappert. Der Preis beinhaltet das Bier und einen Snack (z. B. einen Hotdog oder ein Stück Pfannenpizza).

Chicago Food Planet Tours STADTSPAZIERGANG
(312-818-2170; www.chicagofoodplanet.com; 2- bis 3-stündige Touren 42–65 US$) Bei den geführten Spaziergängen durch Wicker Park, Gold Coast oder Chinatown werden jeweils mindestens fünf Restaurants des jeweiligen Viertels besucht. Unterschiedliche Startpunkte und -zeiten.

Pilsen Mural Tours STADTSPAZIERGÄNGE
(773-342-4191; 90-minütige Touren 125 US$/Gruppe) Wandbilder sind eine traditionelle mexikanische Kunstform und zieren viele Gebäude in Pilsen. Die eindrucksvollsten örtlichen Beispiele bewundert man bei diesen höchst empfehlenswerten Touren unter der Leitung einheimischer Künstler und Aktivisten.

Feste & Events

St. Patrick's Day Parade KULTUR
(www.chicagostpatricksdayparade.org; Sa vor dem 17. März) Die örtliche Klempnergewerkschaft färbt den Chicago River zu diesem Event so grün wie irischen Klee. Danach führt eine große Parade durch den Grant Park in Downtown.

Chicago Blues Festival MUSIK
(www.chicagobluesfestival.us; Millennium Park; ⌚Mitte Juni) Beim größten Gratis-Bluesfestival der Welt erklingt drei Tage lang die Musik, die Chicago berühmt gemacht hat.

Pride Parade SCHWULE & LESBEN
(http://chicagopride.gopride.com; Halsted St, Boystown ⌚letzter So im Juni) Das größte Event der Chicagoer GLBT-Szene lockt über 800 000 Feierwütige in oft gewagter Kluft mit bunten Umzugswagen und jeder Menge Party.

Taste of Chicago ESSEN & TRINKEN
(www.tasteofchicago.us; Grant Park; ⌚Mitte Juli) Das fünftägige Gastro-Festival verköstigt zahllose Besucher mit Ethno-Küche, Fleischgerichten, Süßigkeiten und regionalen Spezialitäten aller Art (meist am Spieß serviert). Parallel finden auf mehreren Bühnen kostenlose Livekonzerte mit teils berühmten Musikern statt.

Lollapalooza MUSIK
(www.lollapalooza.com; Grant Park; Tagesticket 120 US$; ⌚Anfang Aug.) Viertägiges Mega-Musikfestival mit bis zu 170 Bands auf acht Freiluftbühnen.

Jazz Festival MUSIK
(www.chicagojazzfestival.us; Millennium Park & Chicago Cultural Center; ⌚Anfang Sept.) Gratiskonzerte mit US-Jazzgrößen am Labor-Day-Wochenende.

Schlafen

Chicagos Unterkunftsangebot ist buchstäblich himmlisch: Hier kann man in vielen architektonischen Wahrzeichen nächtigen – z. B. dem weltersten Wolkenkratzer, 100 Jahre alten Art-déco-Perlen oder kantigen Bauten von Mies van der Rohe. Ansonsten gibt's vor Ort auch B&Bs, fesche Hostels und riesige Businesshotels. Die Übernachtungspreise sind aber generell recht hoch.

The Loop

HI-Chicago HOSTEL $
(Karte S. 590; ☎312-360-0300; www.hichicago.org; 24 E Congress Pkwy; B 35–55 US$; P ❄ @ 📶; M Brown, Orange, Purple od. Pink Line bis Library) Chicagos verlässlichstes Hostel ist blitzsauber und liegt günstig im Loop. Als Extras bietet es einen Informationsschalter, Gratistouren unter der Leitung von Freiwilligen und Rabattkarten für Museen oder Shows. Die einfachen Schlafsäle mit acht oder zehn Betten haben meist Gemeinschaftsbäder.

★ **Hampton Inn Chicago Downtown/N Loop** HOTEL $$
(Karte S. 590; ☎312-419-9014; www.hamptonchicago.com; 68 E Wacker Pl; Zi. 200–290 US$; P ❄ 📶; M Brown, Orange, Green, Purple od. Pink Line bis State/Lake) Das einzigartige Hotel befindet sich im Chicago Motor Club Building von 1928. Gäste fühlen sich hier wie Reisende aus der guten alten Zeit: Die Lobby prunkt mit einem Ford-Oltimer und einer coolen historischen Wandkarte der USA. Die Zimmer mit dunkler Holzvertäfelung schaffen einen gelungenen Spagat zwischen Retro-Atmosphäre und modernen Annehmlichkeiten. Preise inklusive Gratis-WLAN und amerikanischem Frühstück.

Buckingham Athletic Club Hotel BOUTIQUEHOTEL $$
(Karte S. 590; ☎312-663-8910; www.thebuckinghamclub.com; 440 S LaSalle St; Zi. 175–300 US$; P ❄ 📶 🏊; M Brown, Orange, Purple od. Pink Line bis LaSalle) Dieses Hotel im 40. Stock der Chicago Stock Exchange ist schwer zu finden. Das hat aber auch seine Vorteile: Bei weitem Blick auf Chicagos Süden hat man hier vor allem abends und am Wochenende seine Ruhe. Die 21 eleganten Zimmer sind so groß, dass sie anderswo als Suiten gelten würden. Zugang zum gleichnamigen Fitnesszentrum mit Sportbecken und viele weitere Gratis-Extras tragen zum super Preis-Leistungs-Verhältnis bei.

Silversmith HISTORISCHES HOTEL $$
(Karte S. 590; ☎312-372-7696; www.silversmithchicagohotel.com; 10 S Wabash Ave; Zi. 190–300 US$; P ❄ @ 📶; M Red od. Blue Line bis Monroe) Das renommierte Architekturbüro von Daniel Burnham entwarf dieses Gebäude im Jahr 1897 als Zentrum für Juweliere und Silberschmiede. Das Schmuckthema setzt sich hier bis heute fort: Die coolen, geräumigen Retro-Zimmer werden von perl-, rubin- und goldfarbenen Akzenten geziert. In den Aussichtsecken mit deckenhohen Fenstern animieren Polstersofas zum Genießen des herrlichen Stadtpanoramas. Das Art Institute, der Millennium Park und die Metrostation Monroe liegen in unmittelbarer Nähe.

★ **Virgin Hotel** HOTEL $$$
(Karte S. 590; ☎312-940-4400; www.virginhotels.com; 203 N Wabash Ave; Zi. 240–380 US$; P ❄ @ 📶 🐾; M Brown, Orange, Green, Purple od. Pink Line bis State/Lake) Der Milliardär Richard Branson hat das 27-stöckige Dearborn Bank Building im Art-déco-Stil zum ersten

Ableger seiner frechen neuen Hotelkette umbauen lassen. Die luftigen Zimmer mit schnellem Gratis-WLAN erinnern an Suiten. Zudem gibt's darin günstige Minibars und Betten, die auch als Schreibtisch fungieren können. Heizung, TV und andere elektronische Funktionen lassen sich per App bedienen. Gäste erhalten obendrein Ohrstöpsel – u. a. praktisch gegen den dumpfen Lärm der nahen L-Bahnstrecke.

Alise Chicago HISTORISCHES HOTEL **$$$**
(Karte S. 590; 312-940-7997; www.staypineapple.com; 1 W Washington St; Zi. 270–380 US$; P ❄ @ 📶 🐾; M Blue Line bis Washington) Top für Architekturfans: Im markanten Reliance Building aus den 1890er-Jahren (Prototyp des modernen Wolkenkratzers) lockt das historische Alise mit elegantem Design. Die Gemeinschaftsbereiche prunken mit Mosaikböden, Art-déco-Lampen und filigranen Treppengeländern aus Eisen. Die recht kleinen Zimmer paaren eine behagliche Holzeinrichtung mit großen Fenstern und etwas skurriler Kunst in strahlenden Farben. Die kostenlosen Leihfahrräder sind sehr praktisch.

Near North & Navy Pier

Freehand Chicago HOSTEL, HOTEL **$**
(Karte S. 590; 312-940-3699; www.thefreehand.com/chicago; 19 E Ohio St; B 35–70 US$, Zi. 220–310 US$; ❄ 📶; M Red Line bis Grand) Dieser super hippe Mix aus Hostel und Hotel vermietet neben Schlafsälen mit Stockbetten für jeweils vier Personen auch private Gästezimmer. In allen Quartieren warten behagliche Holzelemente, fröhlich-bunte Fliesen und Textilien im mittelamerikanischen Stil. In der abgefahrenen Hausbar (Broken Shaker) und dem plüschigen Gemeinschaftsbereich mit Totempfählen geht's gesellig zu. Hiesiges Highlight sind die überdurchschnittlich sauberen Schlafsäle mit eigenen Bädern und Bettvorhängen.

★ **Acme Hotel** BOUTIQUEHOTEL **$$**
(Karte S. 590; 312-894-0800; www.acmehotelcompany.com; 15 E Ohio St; Zi. 190–300 US$; P ❄ @ 📶; M Red Line bis Grand) Urbane Bohemiens lieben das Acme für seinen coolen Independent-Stil und seine (meist) erschwinglichen Preise. Die 130 Zimmer mixen industrielle Elemente mit Retro-Lampen, Mobiliar aus den 1950er-Jahren und abgefahrener moderner Kunst. Gratis-WLAN, gute Lautsprechersysteme, Smart-TV und schnelle Leitungen garantieren hier den komfortablen Konsum digitaler Medien. Graffiti und Neonlicht zieren die Gemeinschaftsbereiche; Rockabilly-Design prägt den Aufzug.

Gold Coast

★ **Fieldhouse Jones** HOSTEL, HOTEL **$**
(Karte S. 590; 312-291-9922; www.fieldhousejones.com; 312 W Chestnut St; B 40–55 US$, Zi. ab 150 US$; P ❄ 📶; M Brown od. Purple Line bis Chicago) Dieser Mix aus Hostel und Hotel befindet sich im alten Lagerhaus einer früheren Molkerei aus rotem Backstein. Für die Gold Coast bietet das Fieldhouse ein sehr gutes Preis-Leistungs-Verhältnis und ist daher bei Touristen aller Art (u. a. Familien, ältere Ehepaare, ausländische Backpacker) sehr beliebt. Dazu tragen neben den geselligen Gemeinschaftsbereichen auch die hochwertigen Zimmer bei: Hier stehen Schlafsäle (nach Geschlechtern getrennt), Wohnstudios und Apartments (1 od. 2 Schlafzi.) zur Wahl. Die Quartiere punkten jeweils mit eigenen Bädern, WLAN und sportlich-spaßigem Dekor (z. B. alte Pokale, Dartscheiben als Wandbilder).

Drake Hotel HISTORISCHES HOTEL **$$$**
(312-787-2200; www.thedrakehotel.com; 140 E Walton St; Zi. 230–360 US$; P ❄ @ 📶; M Red Line bis Chicago) Im eleganten Drake von 1920 haben schon alle möglichen VIPs gewohnt (z. B. Elisabeth II., Prinzessin Diana, Dean Martin oder die US-Präsidentenfamilien Reagan, Bush und Clinton). Nahe dem Oak Street Beach am Nordende der Michigan Ave prunkt diese feine Dame mit einer Traumlage, vielen Kronleuchtern und Blattgold in grandiosen Gemeinschaftsbereichen. Die 535 Zimmer sind im Vergleich dazu zwar weniger prachtvoll, aber geräumig und komfortabel.

Lincoln Park & Old Town

Hotel Lincoln BOUTIQUEHOTEL **$$**
(312-254-4700; www.jdvhotels.com; 1816 N Clark St; Zi. 180–320 US$; P ❄ @ 📶; 🚌 22) Hier regiert spaßiger Kitsch: Die Lobby empfängt Gäste mit einer „Wand der schlechten Kunst" und einer Rezeptionstheke aus alten Kommoden vom Flohmarkt. Die kleinen, aber farbenfrohen und coolen Standardzimmer im Retrostil bieten in vielen Fällen eine tolle Aussicht. Gegenüber liegen der grüne Lincoln Park und Chicagos größter Farmers Market.

Wicker Park, Bucktown & Ukrainian Village

Holiday Jones HOSTEL $
(312-804-3335; www.holidayjones.com; 1659 W Division St; B/Zi. ab 33/85 US$; Blue Line bis Division) Dieses Hostel huldigt der Reiselust auf scherzhafte Weise: Die Rezeption besteht aus alten Seekisten. Im Treppenhaus hängen Poster mit bunten Cartoons. In den kompakten, aber sauberen und frisch gestrichenen Zimmern findet man Bettwäsche und Tapeten mit Karomustern. Die Schlafsäle (nach Geschlechtern getrennt) haben Stockbetten für vier bis sechs Personen. Im großen Gemeinschaftsraum gibt's Sofas und einen Flachbild-TVs. Zudem warten hier Gratis-WLAN, abschließbare Spinde und europäisches Frühstück.

Hollander HOSTEL $
(872-315-3080; www.thehollander.com; 2022 W North Ave; B 40–55 US$, Zi. 135–220 US$; Blue Line bis Damen) Das Hollander in einem umgebauten Lagerhaus aus der Zeit der vorletzten Jahrhundertwende bezeichnet sich selbst als „gesellige Bleibe". Und tatsächlich gehen flotte junge Traveller hier ein und aus. Die sonnige Lobby lockt mit schäbigem Chic, einem Barbereich, Kaffee, WLAN und Leihfahrrädern. Die Schlafsäle mit Stockbetten (4–6 Pers.) werden durch Privatzimmer ergänzt. Die Einrichtung im modernen Industriestil umfasst u. a. polierte Betonböden und unlackierte Holzbetten.

Wicker Park Inn B&B $$
(773-486-2743; www.wickerparkinn.com; 1329 N Wicker Park Ave; Zi. 160–200 US$, Apt. 150–245 US$; Blue Line bis Damen) Von dem klassischen Reihenhaus aus Backstein sind es nur ein paar Schritte bis zu belebten Restaurants und Nightlife-Adressen. Die Zimmer sind recht klein, aber sonnig. Zudem überzeugen sie mit Hartholzböden, kleinen Schreibtischen und Gratis-WLAN. Zum Frühstück gibt's jede Menge Backwaren und Obst. Gegenüber vermieten die Inhaber auch noch drei Apartments mit eigenen Küchen für Selbstversorger. Wechselnde Mindestaufenthalte.

Logan Square & Humboldt Park

Longman & Eagle PENSION $$
(773-276-7110; www.longmanandeagle.com; 2657 N Kedzie Ave; Zi. 95–200 US$; Blue Line bis Logan Sq) Über einem Michelin-Sternerestaurant (fungiert auch als Rezeption) findet man hier sechs stilvolle Retro-Zimmer mit Holzfußböden und Werken einheimischer Künstler. Die relative Hellhörigkeit der Quartiere spielt nach dem Einlösen der kostenlosen Whiskey-Gutscheine in der Hausbar wohl keine Rolle mehr.

Essen

Chicago ist heute ein Gourmetparadies. Selbst echte Spitzenrestaurants sind hier oft relativ bodenständig, zwanglos und erschwinglich. In Einwanderervierteln außerhalb des Zentrums (z. B. Pilsen, Uptown) wartet zudem leckere und vielfältige Ethno-Küche.

The Loop

Die meisten Restaurants im Loop sind vor allem Mittagslokale für Bürohengste. So hat hier nach 21 Uhr kaum noch etwas geöffnet.

Cafecito KUBANISCH $
(Karte S. 590; 312-922-2233; www.cafecitochicago.com; 26 E Congress Pkwy; Hauptgerichte 6–10 US$; Mo–Fr 7–21, Sa & So 10–18 Uhr; Brown, Orange, Purple od. Pink Line bis Library) Das Cafecito gehört zu Chicagos HI-Hostel und eignet sich perfekt für hungrige Traveller mit kleinem Geldbeutel. Auf den Tisch kommen z. B. großartige kubanische Sandwiches mit Schinken und gebratenem Schweinefleisch (in Zitronensaft und Knoblauch mariniert). Der starke Kaffee und die herzhaften Eiersandwiches geben zusammen ein prima Frühstück ab.

Native Foods Cafe VEGAN $
(Karte S. 590; 312-332-6332; www.nativefoods.com; 218 S Clark St; Hauptgerichte 9–11 US$; Mo–Sa 10.30–21, So 11–19 Uhr; Brown, Orange, Purple od. Pink Line bis Quincy) Das lässige Downtown-Café serviert Bier und Bio-Wein zu veganem Fast Food (z. B. Sandwiches mit Seitan-Frikadellen, „Scorpion Burger" mit pikantem Tempeh). Auf der Karte stehen viele Gerichte mit griechischem, asiatischem, mexikanischem oder italienischem Touch. Für Allergiker gibt's auch Optionen ohne Soja, Gluten und/oder Nüsse.

★ **Gage** KNEIPENESSEN $$$
(Karte S. 590; 312-372-4243; www.thegagechicago.com; 24 S Michigan Ave; Hauptgerichte 18–36 US$; Mo 11–21, Di–Do bis 23, Fr bis 24, Sa 10–24, So bis 22 Uhr; Brown, Orange, Green, Purple od. Pink Line bis Washington/Wabash) Die stets

CHICAGOS BELIEBTESTE SPEZIALITÄTEN

Chicagos berühmteste Spezialität ist die Pfannenpizza, die mit den üblichen flachen Teigscheiben nichts gemein hat: Diese Monster werden in einer gusseisernen Spezialpfanne (quasi eine Bratpfanne ohne Griff) im Ofen gebacken. Die typisch amerikanische Füllung besteht u. a. aus geschmolzenem Mozzarella, Wurst und Tomatensauce mit Stückchen. Die berühmte **Pizzeria Uno** (Karte S. 590; ☎312-321-1000; www.unos.com; 29 E Ohio St; kleine Pizzen ab 13 US$; ⊙Mo–Do 11–1, Fr & Sa bis 2, So bis 23 Uhr; Ⓜ Red Line bis Grand) hat die Pfannenpizza angeblich in den 1940er-Jahren erfunden. Doch wie um andere Gerichte (oder Sportthemen) in der Windy City ranken sich auch darum heiße Diskussionen.

Ebenso kultig ist der Chicagoer Hotdog. Wenn er ganz authentisch ist, wird dabei ein Mohnbrötchen mit einer Saitenwurst aus einheimischem Rindfleisch und vielen anderen Zutaten (z. B. Zwiebeln, Tomaten, Essiggurken, hellgrüne Würzsauce) gefüllt. Ketchup ist dabei aber tabu! Das **Hot G Dog** (☎773-209-3360; www.hotgdog.com; 5009 N Clark St; Hotdogs 2,50–4 US$; ⊙Mo–Sa 10.30–20, So bis 16 Uhr; 🚌22, Ⓜ Red Line bis Argyle) in Andersonville serviert neben klassischen Varianten (z. B. mit in Bier eingelegter Bratwurst) auch Versionen für Gourmets (z. B. mit Kaninchenwurst und Sardellen-Haselnuss-Buttersauce).

Berühmt ist Chicago zudem für seine italienischen Rindfleischsandwiches – im Original bestehend aus einem Riesenbrötchen, dünn geschnittenem Roastbeef (langsam im eigenen Saft gegart) und *giardiniera* (pikantes eingelegtes Gemüse). Italienische Einwanderer im South-Side-Viertel erfanden dieses Gericht während der Weltwirtschaftskrise als günstiges Essen für Fabrikarbeiter. Solche Sandwiches sind nur hier zu bekommen und werden am besten bei **Mr. Beef** (Karte S. 590; ☎312-337-8500; www.facebook.com/mrbeefchicago; 666 N Orleans St; Sandwiches 6–9 US$; ⊙Mo–Do 10–18, Fr & Sa bis 5 Uhr; Ⓜ Brown od. Purple Line bis Chicago) genossen.

Weniger bekannt (aber genauso üppig und lecker) ist das *jibarito*-Sandwich, das vor Ort von einem puerto-ricanischen Restaurant erfunden wurde. In diesem Fall dienen die beiden frittierten Hälften einer großen Kochbanane als „Brötchen“; dazwischen landen ein Steak und Knoblauch-Mayonnaise. Im Viertel Humboldt Park steht das Ganze beim **Papa's Cache Sabroso** (☎773-862-8313; www.papascache.com; 2517 W Division St; Hauptgerichte 8–15 US$; ⊙Mo–Do 11–21, Fr & Sa bis 22 Uhr; 🚌70) und vielen anderen lateinamerikanischen Cafés auf der Karte.

Pflicht im Mittleren Westen ist natürlich auch Kuchen: Hier gibt's z. B. „Shoofly Pie“ à la Amish Country, frische Erdbeer-Rhabarber-Torte oder holländischen Quarkkuchen mit Äpfeln und Nussstreuseln. Nach süßen Kostproben bei der Hoosier Mama Pie Company (Ukrainian Village; S. 606) besteht höchste Suchtgefahr!

belebte Gastro-Kneipe serviert Leckeres wie Wild-Burger mit Gouda, Miesmuscheln auf Vindaloo-Art oder Fish & Chips mit Fisch im Guinness-Backteig. Auf der genauso tollen Getränkekarte stehen u. a. Biere aus limitierter Abfüllung (passend zum Essen) und anständige Whiskeys.

Near North & Navy Pier

Chicagos kulinarischer Hotspot bietet eine riesige Auswahl von Pfannenpizza bis hin zu noblem Seafood.

Billy Goat Tavern BURGER $

(Karte S. 590; ☎312-222-1525; www.billygoattavern.com; 430 N Michigan Ave, EG; Burger 4–8 US$; ⊙Mo–Do 6–1, Fr bis 2, Sa bis 3, So 9–2 Uhr; Ⓜ Red Line bis Grand) Reporter des *Tribune* und der *Sun Times* bechern seit Jahrzehnten in dieser Kellerkneipe. Bei „Cheezborgern“ und Schlitz-Bier schaut man hier auf Wände, die mit alten Zeitungen tapeziert sind – super, um etwas über Chicagoer Legenden wie den Fluch der Cubs zu erfahren. Der Laden lockt zu Recht viele Touristen an; die Zugangstreppe an der Michigan Ave ist ausgeschildert.

★ **Giordano's** PIZZA $$

(Karte S. 590; ☎312-951-0747; www.giordanos.com; 730 N Rush St; kleine Pizzen ab 16,50 US$; ⊙So–Do 11–23, Fr & Sa bis 24 Uhr; Ⓜ Red Line bis Chicago) Mit großartiger *stuffed pizza* (gefüllter Pizza) gibt's hier eine noch üppigere Spezialvariante der Pfannenpizza (Backzeit jeweils 45 Min.). Besonders lecker ist die „Special“ mit Wurst, Pilzen, Zwiebeln und grüner Paprika.

Purple Pig MEDITERRAN **$$**
(Karte S. 590; ☎312-464-1744; www.thepurplepigchicago.com; 500 N Michigan Ave; kleine Gerichte 10–20 US$; ⊙So–Do 11.30–24, Fr & Sa bis 1 Uhr; ✎; Ⓜ Red Line bis Grand) Große Auswahl (u. a. vegetarisch), Gerichte zum Teilen, lange Öffnungszeiten und die Lage an der Mag Mile machen das Pig sehr beliebt. Die leckere Spezialität des Hauses ist in Milch geschmorte Schweineschulter. Auch die vielen erschwinglichen Weine sorgen für gute Laune an den Gemeinschaftstischen in den Innen- und Außenbereichen. Mangels Reservierungsmöglichkeit muss man den Gästeansturm jedoch buchstäblich aussitzen.

Gold Coast

Gibson's STEAK **$$$**
(☎312-266-8999; www.gibsonssteakhouse.com; 1028 N Rush St; Hauptgerichte 45–60 US$; ⊙11–24 Uhr; Ⓜ Red Line bis Clark/Division) In dieser Chicagoer Institution tummelt sich jeden Abend ein interessanter Gästemix: An den begehrten Tischen im belebten Speiseraum kippen Politiker, bedeutende Persönlichkeiten und Normalsterbliche zusammen die berühmten Martinis des Hauses. An der Bar bechern die Reichen und Schönen der Stadt. Auf den Tisch kommen hier u. a. hervorragende Steaks und riesige Hummer.

★ **Le Colonial** FRANZÖSISCH, VIETNAMESISCH **$$$**
(☎312-255-0088; www.lecolonialchicago.com; 937 N Rush St; Hauptgerichte 22–32 US$; ⊙So–Do 11.30–15 & 17–22, Fr & Sa bis 23 Uhr; ✎; Ⓜ Red Line bis Chicago) Hier wähnt man sich im Saigon der 1920er-Jahre: Im Speiseraum mit dunklem Holz bewegen sich Kerzenflammen und große Palmwedel im Luftzug langsam rotierender Deckenventilatoren. Die Gerichte (z. B. Currys, Fisch im Bananenblatt) sind teilweise auch ohne Fleisch und/oder Gluten bestellbar.

Lincoln Park & Old Town

Lincoln Park beheimatet neben superteuren Gourmettempeln wie dem Alinea auch preiswerte Lokale für die Studenten der örtlichen DePaul University. An der Halsted St, der Lincoln Ave und der Fullerton Ave liegen allerlei trendige und belebte Adressen. Die Restaurants von Old Town sind vergleichsweise ruhiger und stilvoller.

La Fournette BÄCKEREI **$**
(☎312-624-9430; www.lafournette.com; 1547 N Wells St; Backwaren 3–7 US$; ⊙Mo–Sa 7–18.30, So bis 17.30 Uhr; Ⓜ Brown od. Purple Line bis Sedgwick) Der Inhaber dieser kleinen Bäckerei mit rustikaler Holzeinrichtung stammt aus dem Elsass. Seine Regale füllt er mit knusperigen Baguettes, butterigen Croissants, käselastigem Brot und bunten Macarons (z. B. violett mit Maracuja, grün mit Pistazien oder rot mit Himbeeren und Schokolade). All dies schreit quasi danach, sofort zu einem Intelligentsia-Kaffee aus selbst gerösteten Bohnen vertilgt zu werden. Die leckeren Suppen, Crêpes, Quiches und Sandwiches zeugen von gleicher Raffinesse à la Frankreich.

Sultan's Market NAHÖSTLICH **$**
(☎872-253-1489; 2521 N Clark St; Hauptgerichte 4–7 US$; ⊙Mo–Sa 10–22, So bis 21 Uhr; Ⓜ Brown, Purple od. Red Line bis Fullerton) Einheimische lieben dieses familiengeführte Lokal für seine guten nahöstlichen Gerichte (z. B. Sandwiches mit Falafel, Spinatpasteten).

★ **Alinea** STERNEKÜCHE **$$$**
(☎312-867-0110; www.alinearestaurant.com; 1723 N Halsted St; Menü mit 10/16 Gängen ab 165/285 US$; ⊙Mi–So 17–22 Uhr; Ⓜ Red Line bis North/Clybourn) Das Alinea mit seinen drei Michelinsternen gehört zu den weltbesten Restaurants. Hierfür sorgt Molekularküche in Form von mehrgängigen Menüs: Die Gerichte werden u. a. per Zentrifuge oder Vakuumkapsel zubereitet. Unter den Ergebnissen ist z. B. Ente „auf einem Kissen aus Lavendelluft". Das Lokal akzeptiert keine Reservierungen, verkauft aber Tickets zwei bis drei Monate im Voraus über seine Website.

Lake View & Wrigleyville

Dieses Viertel hat viele mittelteure und gesellige Lokale, die vor allem Vegetarier und Fans internationaler Küche bedienen. Besonders interessant sind dabei Clark St, Halsted St und Southport St.

Home Bistro AMERIKANISCH **$$**
(☎773-661-0299; www.homebistrochicago.com; 3404 N Halsted St; Hauptgerichte 20–25 US$; ⊙Di–Do 17.30–22, Fr & Sa 17–22.30, So 11–21 Uhr; Ⓜ Red Line bis Addison) Das Home Bistro (alias HB) ist heimelig mit Holz und Fliesen eingerichtet. Genauso einladend wirkt die gehobene Hausmannskost (z. B. Buttermilch-Brathähnchen, Gnocchi mit Enten-Fleischbällchen oder in Apfelwein gegarte Miesmuscheln). Am besten sind die vorderen Tische mit Fensterblick auf das Treiben in Boystown. Prima für Sparfüchse: Bier und Wein können selbst mitgebracht werden.

Andersonville & Uptown

In Andersonville warten gemütliche Restaurants mit internationaler Küche. „Little Saigon" in Uptown ist für seine Nudellokale bekannt.

Nha Hang Viet Nam VIETNAMESISCH $

(☎773-878-8895; 1032 W Argyle St; Hauptgerichte 7–13 US$; ⏲Mi–Mo 8.30–22 Uhr; Ⓜ Red Line bis Argyle) Von außen sieht das kleine Lokal nach nicht viel aus. Drinnen serviert es aber eine Riesenauswahl authentischer vietnamesischer Köstlichkeiten (z. B. *pho*-Suppe oder Katzenwels aus dem Tontopf). Nett ist auch das kostenlose Vanilleeis zum Nachtisch.

★ **Hopleaf** EUROPÄISCH $$

(☎773-334-9851; www.hopleaf.com; 5148 N Clark St; Hauptgerichte 12–27 US$; ⏲Mo–Do 12–23, Fr & Sa bis 24, So bis 22 Uhr; 🚌22, Ⓜ Red Line bis Berwyn) Das behagliche Hopleaf im europäischen Stil lockt Gästescharen z. B. mit geräucherter Rinderbrust à la Montreal, Stilton-Blauschimmelkäse, Makkaroni mit viel Sahne oder Sandwiches mit Cashew-Butter und Feigenmarmelade. Spezialität des Hauses sind in Bier gegarte Miesmuscheln mit *frites* (Pommes). Bei den 200 Gerstensaftsorten (ca. 60 davon vom Fass) liegt der Schwerpunkt auf Craft-Bieren und belgischen Gebräuen.

Wicker Park, Bucktown & Ukrainian Village

Fast täglich eröffnen hier neue und hippe Restaurants, die oft moderne Hausmannskost servieren. Allerlei fesche Bistros und Kneipen mit Straßentischen säumen die Division St.

Hoosier Mama Pie Company KUCHEN, PIES $

(☎312-243-4846; www.hoosiermamapie.com; 1618 ½ Chicago Ave; Kuchenstücke 5–6,25 US$; ⏲Di–Fr 8–19, Sa 9–17, So 10–16 Uhr; 🚌66, Ⓜ Blue Line bis Chicago) Einer Statistik zufolge hat eine unter fünf Personen schon mal einen ganzen Kuchen oder Pie alleine gegessen. Das Hoosier Mama ist ideal, um das auch mal zu probieren: Inhaberin Paula Haney stellt ihre Köstlichkeiten komplett von Hand her und verfeinert sie z. B. mit sahnigen Fruchtmischungen. Besonders beliebt sind u. a. der klassische Apfelkuchen, die Sahnetorte mit Bananen oder der Butterkuchen mit Schokolade (alias Brownie Pie). Ebenfalls im Angebot sind ein paar pikante Pies mit Fleisch- und/oder Gemüsefüllung.

Dove's Luncheonette TEX-MEX $$

(☎773-645-4060; www.doveschicago.com; 1545 N Damen Ave; Hauptgerichte 13–19 US$; ⏲Mo–Do 9–21, Fr & Sa 8–22, So 8–21 Uhr; Ⓜ Blue Line bis Damen) Auf einem altmodischen Tresen landen hier Tex-Mex-Gerichte wie *pozole* mit Schweineschulter oder Süßmais-*tamales* mit Garnelenfüllung. Zum Nachtisch gibt's natürlich Kuchen (z. B. mit Pfirsichen und Jalapeños oder Zitronen-Sahnetorte; tagesabhängig). Vom Plattenspieler kommen Soul-Sounds, während die Bar mit 70 Tequilasorten aufwartet. Fazit: Ein rundum gelungenes Gesamtpaket!

Mana Food Bar VEGETARISCH $$

(☎773-342-1742; www.manafoodbar.com; 1742 W Division St; kleine Gerichte 7–10 US$; ⏲Mo–Do 17.30–22, Fr bis 23, Sa 12–23, So 17–21 Uhr; 🖉; Ⓜ Blue Line bis Division) Die Besonderheit dieses Lokals ist eine vegetarische Küche ohne Fleischersatz: Statt Soja-Chorizo oder Reuben-Sandwiches mit Tempeh gibt's hier Gerichte aus aller Welt (z. B. Japan, Korea, Italien, US-Südwesten), die von vorn herein auf Gemüse basieren. Hinuntergespült wird das Essen mit Bier, Smoothies und Sake-Cocktails. In dem kleinen und schicken Laden ist immer viel los – wer nicht warten will, sollte daher rechtzeitig reservieren.

Logan Square & Humboldt Park

Logan Square ist das zwanglose Zentrum von Chicagos kreativer Gourmetszene – so zwanglos, dass viele Spitzenrestaurants reservierungsfrei sind. Humboldt Park ist für seine puerto-ricanischen Cafés und *jibarito*-Sandwiches berühmt, geht nun aber auch langsam in Richtung Nobelküche: An der California Ave und der Augusta Ave gibt's seit Kurzem ein paar angesagte Top-Adressen.

Longman & Eagle AMERIKANISCH $$

(☎773-276-7110; www.longmanandeagle.com; 2657 N Kedzie Ave; Hauptgerichte 16–30 US$; ⏲So–Fr 9–2, Sa 9–3 Uhr; Ⓜ Blue Line bis Logan Square) Schwer zu sagen, ob man in dieser schäbig-schicken Taverne lieber etwas essen oder etwas trinken sollte. Wahrscheinlich gewinnt die Küche: Immerhin hat das Lokal einen Michelinstern für seine wunderbar zubereitete Hausmannskost erhalten. So kommen hier z. B. Gehacktes mit Enteneier (morgens), Sloppy Joes mit Wildschweinfleisch (mittags) oder Brathähnchen mit Entenfett-Biscuits auf den Tisch. Zudem gibt's eine ganze Karte mit leckeren Snacks und Whiskeys. Keine Reservierungen.

Kai Zan SUSHI **$$**
(☎773-278-5776; www.eatatkaizan.com; 2557 W Chicago Ave; Hauptgerichte 10–16 US$; ⌚Di–Do 17–22, Fr bis 23, Sa 16.30–23.30 Uhr; 🚌66) Lust auf Sushi im trendigen Nachtclub-Ambiete mit spektakulärer Beleuchtung und Ambient-House-Beschallung? Oder auf Maki, das nach einem US-Bundesstaat benannt ist? Dann auf keinen Fall dieses zauberhafte Mini-Juwel in einer gesichtslosen Ecke von Humboldt Park besuchen: Wer hier reserviert (ratsam!), darf sich auf Sushi-Abenteuer der einfallsreicheren Art freuen.

Near West Side & Pilsen

Im West Loop gibt's viele Restaurants unter der Leitung von Starköchen (vor allem an der W Randolph St und der W Fulton Market). Greektown säumt die S Halsted St, Little Italy die Taylor St. Die 18th St in Pilsen paart mexikanische Taquerias mit Hipster-Treffs.

★**Lou Mitchell's** FRÜHSTÜCK **$**
(Karte S. 590; ☎312-939-3111; www.loumitchells restaurant.com; 565 W Jackson Blvd; Hauptgerichte 9–14 US$; ⌚Mo 5.30–15, Di–Fr bis 16, Sa 7–16, So bis 15 Uhr; 👪; Ⓜ Blue Line bis Clinton) Einheimische wie Touristen bevölkern morgens dieses Relikt aus den alten Tagen der Route 66. Die Kellnerinnen in Oldschool-Kluft servieren z. B. lockere Riesenomelettes oder üppige Arme Ritter mit Sirup. Gäste werden *honey* (Schätzchen) genannt und bekommen ständig ihren Kaffee nachgefüllt. Gratis-Donuts und Milk Duds verkürzen die oft recht lange Wartezeit.

★**Pleasant House Pub** KNEIPENESSEN **$**
(☎773-523-7437; www.facebook.com/pleasanthou sepub; 2119 S Halsted St; Hauptgerichte 8–10 US$; ⌚Di–Do 7–22, Fr bis 24, Sa 10–24, So bis 22 Uhr; 📶; 🚌8) Aus dem Pleasant House dringt der Duft von üppigen, lockeren und pikanten Pies mit selbst angebautem Gemüse. Die täglich erhältlichen Varianten kombinieren z. B. Hähnchenfleisch mit Chutney, Steak mit Biersauce oder Grünkohl mit Pilzen. Dazu gibt's extern gebraute Hausbiere. Prima ist auch der Bratfisch am Freitag.

Ausgehen & Nachtleben

Chicagos Einwohner lieben Kneipen aller Art. Vielleicht, weil der lange Winter in der Region ein starkes Bedürfnis nach Wärme und Geselligkeit weckt. Oder weil Biergärten und Straßenterrassen an Sommertagen einfach super sind. Warum auch immer: In dieser Stadt wird gern und oft gebechert.

The Loop & Near North

★**Berghoff** BAR
(Karte S. 590; ☎312-427-3170; www.theberghoff.com; 17 W Adams St; ⌚Mo–Fr 11–21, Sa ab 11.30 Uhr; Ⓜ Blue od. Red Line bis Jackson) Das Berghoff von 1898 war Chicagos erste Bar, die nach der Prohibition wieder eine offizielle Ausschanklizenz erhielt. Dieses Originaldokument mit dem Stempel „#1" wird Gästen gern gezeigt. Seit damals haben sich die Räumlichkeiten mit alter Holzeinrichtung kaum verändert. Zu empfehlen sind u. a. die gut gekühlten Hausbiere vom Fass. Hungrige können europäische Klassiker (z. B. Sauerbraten, Schnitzel) beim dazugehörigen Restaurant mit deutscher Küche bestellen.

Monk's Pub KNEIPE
(Karte S. 590; ☎312-357-6665; www.monkspub chicago.com; 205 W Lake St; ⌚Mo–Fr 9–23, Sa 11–17 Uhr; Ⓜ Blue, Brown, Orange, Green, Purple od. Pink Line bis Clark/Lake) Hinter mächtigen Holztüren mit Messinggriffen verbirgt sich diese belgische Bierkneipe mit Schummerbeleuchtung, alten Bierfässern, Retro-Zapfhähnen und Imitaten antiquarischer Bücher. Zu zahllosen Gerstensaftsorten aus aller Welt gibt's hier gratis Erdnüsse, deren Schalen einfach auf den Boden geworfen werden können. Auf der Karte steht auch gutes Kneipenessen (u. a. Burger). Das Publikum besteht vor allem aus Bürohengsten; gelegentlich sind aber auch ein paar TV-Wettervögel unter den Gästen.

Clark Street Ale House BAR
(Karte S. 590; ☎312-642-9253; www.clarkstreetale house.com; 742 N Clark St; ⌚Mo–Fr 16–4, Sa & So ab 11 Uhr; 📶; Ⓜ Red Line bis Chicago) Die Aufschrift des Retro-Schildes ist auch das hiesige Motto: Stop & Drink! Hier warten als Highlight diverse Craft-Biere aus dem Mittleren Westen. Am besten schafft man eine Grundlage mittels der Gratis-Brezeln, bestellt ein Probiergedeck (7 US$/3 Biersorten) und relaxt dann im Biergarten hinter dem Haus.

Old Town & Wrigleyville

★**Old Town Ale House** BAR
(☎312-944-7020; www.theoldtownalehouse.com; 219 W North Ave; ⌚Mo–Fr 15–4, Sa & So ab 12 Uhr;

INSIDERWISSEN

EINE KLASSISCHE CHICAGOER BAR FINDEN

Lokaltypische Bars haben folgende Merkmale: Altmodisches Bierschild am Eingang; Abgenutzte Dartscheibe und/oder alter Billardtisch; Stammgäste mit Baseballcaps der Cubs, White Sox, Bears oder Blackhawks; Sport im TV.

M Brown od. Purple Line bis Sedgwick) Seit den 1960er-Jahren liegt die schlichte und beliebte Kiezbar in der Nähe diverser Nightlife-Adressen (u.a. des Comedy-Clubs Second City). Unter Gemälden von nackten Politikern sitzen hier junge Schönlinge und grauhaarige Stammgäste beim Bier zusammen. Klassischer Jazz aus der Jukebox trägt zur geselligen Atmosphäre bei. Nur Barzahlung.

Smart Bar NACHTCLUB
(☎773-549-4140; www.smartbarchicago.com; 3730 N Clark St; Tickets 5–15 US$; ⌚Do–So 22–4 Uhr; M Red Line bis Addison) Die alteingesessene und populäre Disco mit bodenständiger Atmosphäre befindet sich im Kellergeschoss des Rockclubs **Metro** (☎773-549-4140; www.metrochicago.com; ⌚Ticketschalter Mo 12–18, Di–Sa bis 20 Uhr). Der lauschige Laden überrascht oft mit ziemlich bekannten DJs, die vor allem House und Techno auflegen.

Berlin NACHTCLUB
(☎773-348-4975; www.berlinchicago.com; 954 W Belmont Ave; ⌚So–Mi 22–4, Do–Sa ab 17 Uhr; M Red, Brown od. Purple Line bis Belmont) Wer auf schweißtreibend volle Tanzflächen steht, ist im Berlin richtig. Unter der Woche tummelt sich hier vor allem GLBT-Publikum, während sich am Wochenende viele Feierwütige jeder Art einfinden. Auf den Monitoren an den Wänden laufen die neuesten Videos von Ikonen der Elektro- und Popmusik. Zwischendurch legen die DJs auch mal eine Runde Trance auf.

Wicker Park, Bucktown & Ukrainian Village

★ Matchbox BAR
(Karte S. 590; ☎312-666-9292; 770 N Milwaukee Ave; ⌚Mo–Do 16–2, Fr–So ab 15 Uhr; M Blue Line bis Chicago) Der Name ist Programm: Das Matchbox ist wirklich so winzig wie eine Streichholzschachtel. Das Publikum (u.a. Rechtsanwälte, Künstler, Gammler) quetscht sich hier auf gerade mal zehn Barhocker und bechert ansonsten im Stehen vor der Rückwand. Die Barkeeper mixen die Retro-Cocktails stets frisch von Hand. Beliebt sind z.B. der Pisco Sour oder der Ginger Gimlet mit bernsteinfarbenem Ingwer-Wodka, den das Personal selbst in einem Bottich ansetzt.

Map Room BAR
(☎773-252-7636; www.maproom.com; 1949 N Hoyne Ave; ⌚Mo–Fr 6.30–2, Sa 7.30–3, So 11–2 Uhr; 📶; M Blue Line bis Western) In dieser „Traveller-Taverne" voller Landkarten und Globen laben sich Künstlertypen tagsüber an Kaffee und abends an über 200 Biersorten. Für Unterhaltung sorgen Brettspiele und alte Ausgaben von *National Geographic*.

Danny's BAR
(☎773-489-6457; 1951 W Dickens Ave; ⌚So–Fr 19–2, Sa bis 3 Uhr; M Blue Line bis Damen) Das Danny's mit Schummerlicht und abgewetzter Einrichtung ist prima für einen Plausch bei einem frühen Bier. Später wird hier kräftig zu DJ-Sounds getanzt. Der coole Schuppen ist eher schon ein ganzes Haus und lockt hauptsächlich Gäste zwischen 20 und 40 Jahren an.

Unterhaltung

Chicago bietet jeden Abend unglaublich viel Unterhaltung für jeden Geldbeutel. Das örtliche Wochenblatt namens *Reader* informiert gleich seitenweise über aktuelle Theaterpremieren und Konzerte. Bei einem Blick darauf wird schnell klar: Die Einheimischen können gar nicht genug von nächtlichem Amüsement kriegen.

Blues & Jazz

★ Green Mill JAZZ
(☎773-878-5552; www.greenmilljazz.com; 4802 N Broadway; ⌚Mo–Fr 12–4, Sa bis 5, So 11–4 Uhr; M Red Line bis Lawrence) Das zeitlose Green Mill wurde als Al Capones bevorzugte Flüsterkneipe berühmt. Unter der Bar befinden sich immer noch die Tunnel, in denen früher der illegale Alkohol versteckt war. In den Separees mit geschwungenen Samtsofas nötigt einen der Geist des Gangsters quasi zum nächsten Martini. Jeden Abend spielen hier Jazzer aus Chicago und den ganzen USA. Der Poetry Slam am Sonntag wird landesweit gelobt. Nur Barzahlung.

★ Buddy Guy's Legends BLUES
(Karte S. 590; ☎312-427-1190; www.buddyguy.com; 700 S Wabash Ave; Tickets So–Do 10 US$, Fr

& Sa 20 US$; ⌚Mo & Di 17–2, Mi–Fr ab 11, Sa 12–3, So bis 2 Uhr; Ⓜ Red Line bis Harrison) Im Club des einheimischen Blues-Gitarrenhelden Buddy Guy treten Top-Musiker aus Chicago und den übrigen USA auf. Buddy höchstpersönlich ist hier meist bei einer Konzertreihe im Januar (Ticketvorverkauf ab Nov.) zu hören. Das Liveprogramm im leicht raubeinigen Ambiente ist stets vom Feinsten.

BLUES BLUES

(☎773-528-1012; www.chicagobluesbar.com; 2519 N Halsted St; Eintritt 7–10 US$; ⌚Mi–So 20–2 Uhr; Ⓜ Brown, Purple od. Red Line bis Fullerton) Dieser lange, schmale und laute Blues-Veteran lockt etwas ältere Leute, die selbst feinste Klangnuancen wahrnehmen und deren Zauber würdigen. Wie ein Chicagoer Musiker einmal sagte: „Hier will das Publikum den Blues *verstehen*." Auf der kleinen Bühne stehen meist einheimische Berühmtheiten.

Kingston Mines BLUES

(☎773-477-4646; www.kingstonmines.com; 2548 N Halsted St; Eintritt 12–15 US$; ⌚Mo–Do 19.30–4, Fr ab 19, Sa 19–5, So 18–4 Uhr; Ⓜ Brown, Purple od. Red Line bis Fullerton) Die Popularität des Kingston Mines lockt immer wieder Bluesgrößen auf die hiesige Bühne. Der Laden ist so laut, heiß, stickig und authentisch, dass sich Blues-Neulinge in einer Art urigem Delta-Themenpark wähnen. Auf den beiden Bühnen gibt's jeden Abend Livemusik. Bei der Jamsession (So 18–20 Uhr) ist der Eintritt frei.

Rock & Weltmusik

★ Hideout LIVEMUSIK

(☎773-227-4433; www.hideoutchicago.com; 1354 W Wabansia Ave; Tickets 5–15 US$; ⌚Mo & Di 17–2, Mi–Fr ab 16, Sa 19–3 Uhr, So wechselnde Öffnungszeiten; 🚌72) Dieser tolle Liveclub versteckt sich hinter einer Fabrik am Rand von Bucktown. In zwei Räumen werden hier jeden Abend Konzerte (Indie-Rock, Alternative-Country) und andere Events geboten. Die Inhaber setzen gezielt auf einen unkonventionellen Underground-Vibe, der stark an einen Hobbyraum in Omas Häuschen erinnert.

★ Whistler LIVEMUSIK

(☎773-227-3530; www.whistlerchicago.com; 2421 N Milwaukee Ave; ⌚Mo–Do 18–2, Fr–So ab 17 Uhr; Ⓜ Blue Line bis California) Im winzigen Whistler mit Künstlertouch gibt's an den meisten Abenden regionale Indie-Bands, Jazzcombos und DJs zu hören. Der Eintritt ist stets frei. Allerdings sollte man mindestens einen der schicken Cocktails oder eines der Craft-

SCHWULEN- & LESBENSZENE IN CHICAGO

Die lebendige LGBT-Szene der Stadt hat zwei Zentren: Das feierwütige Boystown mit vielen Bars und Clubs säumt die N Halsted St zwischen Belmont Ave und Grace St. Das lässige Andersonville ist genauso vielfältig, aber etwas ruhiger und nicht so party-orientiert. In Chicago können Schwule bzw. Lesben z. B. Aufreizendes im **Leather Archives & Museum** (www.leatherarchives.org; 6418 N Greenview Ave; ⌚Do–Fr 11–19, Sa & So bis 17 Uhr) besichtigen, freches Twister auf belebten Straßenfesten spielen, szenespezifische Bücher kaufen und Clubs mit männlichen Go-Go-Tänzern besuchen.

Höhepunkt des jährlichen Eventkalenders ist die Pride Parade (S. 601), die sich am letzten Junisonntag durch Boystown schlängelt und über 800 000 knapp bekleidete Teilnehmer anlockt. Ebenso wild und heiß sind die **Northalsted Market Days** (www.northalsted.com; ⌚Mitte Aug.) in Boystown: Bei diesem zweitägigen Straßenfest säumen Kunsthandwerksstände mit Räucherstäbchen die Halsted St. Die Hauptattraktionen sind jedoch die Transvestiten mit Federboas, die Twister-Spiele auf der Straße und die Disco-Diven (Gloria Gaynor!) auf der Hauptbühne. Beim **International Mr. Leather** (www.imrl.com; ⌚Ende Mai) treten jede Menge Männer in Lederkluft gegeneinander an. Rund um den Wettbewerb steigen Workshops und Partys in der ganzen Stadt. Das Hauptevent findet stets in einem Hotel oder Theater in der Downtown statt.

Gute Infoquellen für Schwule und Lesben:

Windy City Times (www.windycitymediagroup.com) Die Website der LGBT-Wochenzeitung liefert die meisten aktuellen Veranstaltungsinfos.

Purple Roofs (www.purpleroofs.com) Online-Verzeichnisse mit LGBT-freundlichen Unterkünften, Reisebüros und Tourveranstaltern.

Chances Dances (www.chancesdances.org) Organisiert LGBT-Tanzpartys in Clubs im ganzen Stadtgebiet.

Biere bestellen, um dem Laden das Überleben zu ermöglichen. Das Ganze ist auch eine Galerie: Im vorderen Schaufenster sind Werke einheimischer Künstler ausgestellt.

Empty Bottle LIVEMUSIK
(☎773-276-3600; www.emptybottle.com; 1035 N Western Ave; ⏲Mo–Mi 17–2, Do & Fr ab 15, Sa & So ab 11 Uhr; 🚌49) Kenner der lokalen Musikszene lieben das schäbige Empty Bottle, das Chicagos angesagtester Liveclub für experimentelle Sounds (u.a. Indie-Rock, Jazz) ist. Montags kann man sich hier oft gratis ein paar Newcomerbands anhören. Billiges Bier, eine Fotokabine und lesenswerte Kritzeleien in den Toiletten tragen zum spaßigen Kaschemmen-Vibe bei.

Theater

★ Steppenwolf Theatre THEATER
(☎312-335-1650; www.steppenwolf.org; 1650 N Halsted St; Ⓜ Red Line bis North/Clybourn) Das Steppenwolf ist Chicagos Top-Theater für provokante Inszenierungen der Spitzenklasse. Zum Hausensemble gehören diverse Hollywoodstars (u.a. Gary Sinise, John Malkovich, Martha Plimpton, Gary Cole, Joan Allen, Tracy Letts). Tipp für Sparfüchse: Für die täglichen Vorstellungen sind jeweils 20 Tickets à 20 US$ erhältlich (Mo–Sa ab 11, So ab 13 Uhr; telefonische Reservierung möglich).

Goodman Theatre THEATER
(Karte S. 590; ☎312-443-3800; www.goodmantheatre.org; 170 N Dearborn St; Ⓜ Brown, Orange, Green, Purple, Pink od. Blue Line bis Clark/Lake) Das Goodman gehört zu Chicagos führenden Schauspielhäusern und wurde schon mehrfach als eines der besten US-Regionaltheatern bezeichnet. In einem großartigen Gebäude im Theater District liegt hier der Schwerpunkt auf neuen und klassischen Stücken amerikanischer Dramatiker. Bislang nicht verkaufte Tickets für Vorstellungen am selben Tag sind jeweils ab 10 Uhr online zum halben Preis erhältlich.

Chicago Theatre THEATER
(Karte S. 590; ☎312-462-6300; www.thechicagotheatre.com; 175 N State St; Ⓜ Brown, Orange, Green, Purple od. Pink Line bis State/Lake) Das eindrucksvolle Eingangsschild dieses Theaters ist sechs Stockwerke hoch, ein offizielles Chicagoer Wahrzeichen und ein tolles Fotomotiv. Auf der hiesigen Bühne haben schon alle möglichen Stars gestanden (z.B. Duke Ellington, Frank Sinatra, Prince) und ihre Unterschriften auf den berühmten Wänden im Backstage-Bereich hinterlassen. Hauptattraktion ist jedoch die opulente Architektur im Stil des französischen Barock.

Chicago Children's Theatre THEATER
(CCT; ☎773-227-0180; www.chicagochildrenstheatre.org; 1016 N Dearborn St, Ruth Page Center for Arts; Ⓜ Red Line bis Clark/Division) Das CCT inszeniert ausschließlich spitzenmäßige Produktionen für ein junges Publikum. Die Stücke sind oft von Kinderbüchern adaptiert, wobei häufig Marionetten und/oder Musik zur Untermalung dienen. Ab 2020 soll das Ensemble in einem schicken neuen Theater im West Loop auftreten.

Neo-Futurists THEATER
(☎773-878-4557; www.neofuturists.org; 5153 N Ashland Ave; ⏲Fr & Sa 23.30, So 19 Uhr; 🚌22, Ⓜ Red Line bis Berwyn) Bei ihrer bekanntesten Show namens *The Infinite Wrench* versucht diese hyperaktive Theatertruppe, 30 Originalstücke in 60 Minuten auf die Bühne zu bringen. Der Eintritt kostet 10 bis 15 US$; der tatsächliche Betrag innerhalb dieses Rahmens wird ausgewürfelt.

Comedy

★ iO Theater COMEDY
(☎312-929-2401; www.ioimprov.com/chicago; 1501 N Kingsbury St; Tickets 5–16 US$; Ⓜ Red Line bis North/Clybourn) Das iO gehört zu Chicagos besten Adressen für Impro-Comedy, ist aber etwas exzentrischer und preiswerter als die Konkurrenz. Jeden Abend gibt's hier recht obszöne Shows auf insgesamt vier Bühnen. Besonders lustig ist die Improvised Shakespeare Company. Zwei Bars und ein Biergarten runden den Spaß ab.

★ Second City COMEDY
(☎312-337-3992; www.secondcity.com; 1616 N Wells St; Tickets 29–36 US$; Ⓜ Brown od. Purple Line bis Sedgwick) Bill Murray, Stephen Colbert, Tina Fey und andere Stars haben ihren Humor einst in diesem schicken Laden mit täglichen Abendvorstellungen perfektioniert. Auf der Mainstage (Hauptbühne) und ETC Stage gibt's Sketch-Revues mit spontanen Impro-Einlagen (Preise und Qualität jeweils ähnlich). Tipp: Wer sich etwa um 22 Uhr einfindet, kann die Comedians kostenlos bei einer Impro-Vorstellung erleben (tgl. außer Fr & Sa).

Kino

The Davis Theater KINO
(☎773-769-3999; www.davistheater.com; 4614 N Lincoln Ave; ⏲Mo–Fr 16.30–1, Sa 11–2, So bis 1 Uhr; Ⓜ Blue Line bis Western) Das 100 Jahre

alte Kino in Lincoln Square wurde kürzlich umfassend renoviert. Seitdem sind die harten Sitze, heruntergekommenen Toiletten und schiefen Leinwände mit Genickstarre-Garantie endlich Vergangenheit: Hier gibt's nun Stadionsitze, makellose Toiletten, größere Leinwände und ein topmodernes Audio-System. Die zauberhafte Art-déco-Einrichtung erstrahlt ebenfalls in neuem Glanz.

Logan Theatre KINO
(☎773-342-5555; www.thelogantheatre.com; 2646 N Milwaukee Ave; Ⓜ Blue Line bis Logan Square) Das Logan Theatre von 1915 gehört zu den ältesten Wahrzeichen des umliegenden Viertels. Seit der Generalrenovierung (2012) findet man hier glänzende Marmorwände, ein Buntglasfenster über dem Ticketschalter und einen neuen Lounge- bzw. Barbereich im Art-déco-Stil. In den vier Multiplex-Sälen erfreuen sich Einheimische wie Touristen an Mainstream und Independent-Filmen sowie Quizabenden.

Sport

★ **Chicago Cubs** BASEBALL
(☎800-843-2827; www.cubs.com; 1060 W Addison St; Ⓜ Red Line bis Addison) Die populären Cubs spielen im altehrwürdigen Wrigley Field. Das Team schaffte 108 Jahre lang keinen Titelgewinn (die längste Pechsträhne der US-Sportgeschichte), konnte diesen Fluch aber 2016 endlich brechen. Die Spiele sind immer stark besucht. Die Ticketpreise variieren, liegen aber generell über 40 US$. Die begehrten Tribünenplätze kosten ca. 55 US$.

Chicago White Sox BASEBALL
(☎866-769-4263; www.whitesox.com; 333 W 35th St; Ⓜ Red Line bis Sox-35th St) Die Sox sind die South-Side-Rivalen der Cubs und spielen im moderneren Guaranteed Rate Field. Im Vergleich zum Wrigley Field sind die Tickets meist leichter zu bekommen und auch preiswerter (So & Mo am günstigsten). Zudem locken die Sox ihre Fans auch mit umfangreicheren Werbemaßnahmen (z. B. Gratis-T-Shirts, Feuerwerk).

Chicago Bulls BASKETBALL
(www.nba.com/bulls) Die Bulls sind zwar nicht mehr die mythischen Champions von einst, ziehen aber immer noch viele Zuschauer ins **United Center** (www.unitedcenter.com; 1901 W Madison St; 🚌19 od. 20). Das verglaste Atrium auf der Ostseite des Gebäudes beherbergt neben den Ticketschaltern auch die berühmte Statue von Michael Jordan beim Slam-Dunking.

Darstellende Künste

★ **Grant Park Orchestra** KLASSISCHE MUSIK
(Karte S. 590; ☎312-742-7638; www.grantparkmusicfestival.com; Pritzker Pavilion, Millennium Park; ⏱Mitte Juni–Mitte Aug. Mi & Fr 18.30, Sa 19.30 Uhr; Ⓜ Brown, Orange, Green, Purple od. Pink Line bis Washington/Wabash) Das Grant Park Orchestra besteht aus Spitzenmusikern internationaler Sinfonieorchester. Seine kostenlosen Klassikkonzerte im Pritzker Pavilion (Millennium Park; S. 586) sind im Sommer einfach Pflicht: Auf mitgebrachten Liegestühlen oder Decken genießt das Publikum die großartige Musik bei Wein und Picknick-Proviant, während die Sonne langsam sinkt und die Lichter der Wolkenkratzer angehen.

Chicago Symphony Orchestra KLASSISCHE MUSIK
(CSO; Karte S. 590; ☎312-294-3000; www.cso.org; 220 S Michigan Ave; Ⓜ Brown, Orange, Green, Purple od. Pink Line bis Adams) Das CSO unter der Leitung von Riccardo Muti ist eines der besten US-Sinfonieorchester. Bekannt ist es u. a. für seinen unerreichten Bläsersatz und seine glühenden Anhänger. Der Cellist Yo-Yo Ma ist der künstlerische Berater des Ensembles und begleitet es regelmäßig als Solist. Die Konzerte (Saison Sept.–Mai) finden im Symphony Center der von Daniel Burnham entworfenen Orchestra Hall statt.

Lyric Opera of Chicago OPER
(Karte S. 590; ☎312-332-2244; www.lyricopera.org; 20 N Wacker Dr; Ⓜ Brown, Orange, Purple od. Pink Line bis Washington/Wells) Dieses kühne und moderne Opernensemble steht unter Kronleuchtern im Civic Opera House auf der Bühne (Saison Sept.–März). Das Programm ist ein raffinierter Mix aus bekannten Klassikern und gewagten neuen Stücken. Tickets sind oft nur schwer zu bekommen. Toll für Opernfans ohne umfangreiche Italienischkenntnisse: Zum Entsetzen von Puristen werden englischsprachige „Übertitel" über der Vorbühne eingeblendet.

Shoppen

Ob die Magnificent Mile mit ihren Nobelläden, Lake View mit seinen gegenkulturellen Shops oder Wicker Park mit seinen Indie-Designern: Chicago ist ein Einkaufsparadies – und zwar schon immer. Denn schließlich wurden in dieser Stadt das Kaufhaus und diverse Handelstraditionen (z. B. Geld-Zurück-Garantie, Hochzeitstisch, Schnäppchen im Untergeschoss) erfunden.

Chicago Architecture Foundation Shop GESCHENKE, SOUVENIRS
(Karte S. 590; ☎312-322-1132; www.architecture.org/shop; 224 S Michigan Ave; ⏲9–21 Uhr, Winter kürzere Öffnungszeiten; Ⓜ Brown, Orange, Green, Purple od. Pink Line bis Adams) Top für Architekturfans: Hier gibt's z. B. Modelle von Wolkenkratzern, Poster von Chicagos Skyline, Notizblöcke mit Gebäuden von Frank Lloyd Wright auf dem Deckblatt und zahllose Bücher zur örtlichen Baukunst.

★ **Reckless Records** MUSIK
(☎773-235-3727; www.reckless.com; 1379 N Milwaukee Ave; ⏲Mo–Sa 10–22, So bis 20 Uhr; Ⓜ Blue Line bis Damen) Chicagos bester Laden für Indie-Rock auf Schallplatte und CD (neu oder gebraucht) lässt einen in alle potenziellen Käufe hineinlauschen. Zudem ist dies definitiv die beste Adresse für aktuelle Infos zur lokalen Underground-Musikszene. Die großen, sonnigen Räumlichkeiten laden mit viel Platz und erschwinglichen Preisen zum fröhlichen Stöbern ein.

Knee Deep Vintage VINTAGE
(☎312-850-2510; www.kneedeepvintage.com; 1425 W 18th St; ⏲Mo–Do 12–19, Fr & Sa 11–20, So 12–18 Uhr; Ⓜ Pink Line bis 18th St) In dieser Vintage-Schatztruhe warten neben Damen- und Herrenbekleidung auch Haushaltswaren und Schallplatten. Am zweiten Freitag jeden Monats gibt's hier einen Sonderverkauf (25–50 % Rabatt) im Rahmen des örtlichen Gallery Hop. Hierbei handelt es sich um ein Gratis-Event (Start 18 Uhr), das gemeinsam von den Galerien, Läden und Ateliers des Viertels veranstaltet wird.

Rotofugi SPIELZEUG
(☎773-868-3308; www.rotofugi.com; 2780 N Lincoln Ave; ⏲11–19 Uhr; Ⓜ Brown od. Purple Line bis Diversey) Das Rotofugi bedient einen ungewöhnlichen Nischenmarkt: urbanes Designer-Spielzeug. Mit den ausgefallenen Artikeln (teils aus Vinyl oder Plüsch; oft mit Bezug zu Raumfahrt oder Robotern) fallen Kids unter ihren Altersgenossen garantiert auf. Der Laden verkauft auch sogenannte Shawnimals aus Chicago und ist zudem eine Galerie, die moderne Popart und Illustrationskunst präsentiert.

ℹ Praktische Informationen

GELD

Geldautomaten gibt's in ganz Chicago. Die meisten örtlichen Hotels, Restaurants und Läden akzeptieren Kreditkarten. Wichtig: Trinkgeld ist obligatorisch und sollte daher nur bei besonders schlechtem Service verweigert werden!

INFOS IM INTERNET

Lonely Planet (www.lonelyplanet.com/chicago) Infos zu Reisezielen plus Travellerforum, Hotelbuchungen u. v. m.

Choose Chicago (www.choosechicago.com) Chicagos offizielle Tourismus-Website mit Infos zu Sehenswürdigkeiten und Events.

DNA Info Chicago (www.dnainfo.com/chicago) Aktuelle Details zu Sehenswürdigkeiten, Bars, Restaurants und Events (jeweils nach Stadtvierteln sortiert).

ℹ An- & Weiterreise

FLUGZEUG

O'Hare International Airport (ORD; www.flychicago.com) Rund 17 Meilen (27 km) nordwestlich vom Loop befinden sich hier der Hauptsitz von United Airlines und ein Knotenpunkt von American Airlines. Die meisten ausländischen Fluglinien und internationalen Flüge nutzen Terminal 5. Für Inlandsflüge sind die Terminals 1, 2 und 3 zuständig. Überall im Flughafen findet man Geldautomaten und Wechselstuben. Die WLAN-Nutzung kostet 7 US$ pro Tag.

Chicago Midway Airport (MDW; www.flychicago.com) Etwa 11 Meilen (18 km) südwestlich vom Loop gibt's hier drei Terminals (A, B und C). Southwest Airlines nutzt Terminal B; die meisten anderen Fluglinien greifen auf Terminal A zurück. Wechselstuben gibt's nur in letzterem, während Geldautomaten im ganzen Flughafen vorhanden sind. Die WLAN-Nutzung kostet 7 US$ pro Tag.

ZUG

Die prächtige **Union Station** (www.chicagounionstation.com; 225 S Canal St; Ⓜ Blue Line bis Clinton) mit ihren dorischen Säulen liegt am Westrand des Loop und ist Chicagos Hauptbahnhof. Die Zahl der Amtrak-Zugverbindungen (www.amtrak.com) ist hier landesweit am größten. Draußen vor dem Eingang warten Taxis an der Canal St.

ℹ Unterwegs vor Ort

VOM/ZUM FLUGHAFEN

O'Hare International Airport Die L-Züge der Blue Line fahren von hier aus in die Downtown (5 US$, 40 Min., rund um die Uhr ca. alle 10 Min.). Die Alternative sind Shuttlevans (35 US$) und Taxis (ca. 50 US$).

Chicago Midway Airport Die L-Züge der Orange Line fahren von hier aus nach Downtown (3 US$, 30 Min., 4–1 Uhr ca. alle 10 Min.). Die Alternative sind Shuttlevans (30 US$) und Taxis (ca. 35–40 US$).

Union Station Alle Fern- und Regionalzüge halten hier. Ein paar Blocks weiter südlich stoppt die Blue Line an der Station Clinton (Achtung: Bei Dunkelheit möglichst meiden!). Etwa 800 m in Richtung Osten kann man an der Station Quincy zur Brown, Orange, Purple oder Pink Line umsteigen. Vor dem Eingang der Union Station warten Taxis an der Canal St.

ÖFFENTLICHE VERKEHRSMITTEL

Zu Chicagos Nahverkehrsnetz gehören neben Hoch- bzw. U-Bahnen auch Metra-Pendlerzüge, die zu den Vororten fahren.

Die schnellen Stadtbahnen der „L" (für *elevated* bzw. erhöht) sind trotz ihres Namens auch oft unterirdisch unterwegs. Die insgesamt acht Linien bedienen die meisten Stadtviertel bzw. Sehenswürdigkeiten. Sie verkehren regelmäßig (ca. alle 10 Min.) und lassen sich anhand von Farbmarkierungen unterscheiden.

Zwei davon (die Red Line und die Blue Line zum O'Hare Airport) fahren rund um die Uhr; bei den anderen Linien geht die tägliche Betriebszeit von 4 bis 1 Uhr.

Die normalen Ventra-Tickets für alle Züge kosten pauschal 3 US$ (Ausnahme: 5 US$ ab dem O'Hare Airport) inklusive zweimal Umsteigen. Sie sind in den Bahnhöfen an Automaten erhältlich und dienen auch zum Durchqueren der Drehkreuze.

Alternativ gibt's in den Bahnhöfen auch die wiederaufladbare Ventra Card (Ersparnis ca. 0,75 US$/Fahrt). Die einmalige Ausstellungsgebühr von 5 US$ wird beim Registrieren der Karte rückerstattet.

Ebenfalls praktisch sind die Pässe für unbegrenzte Fahrten (Gültigkeit 1/3/7 Tage 10/20/28 US$), die man in Bahnhöfen und bei Drogerien bekommt.

Die Website der Chicago Transit Authority (www.transitchicago.com) wartet mit Netzplänen, einem Routenplaner und der Funktion Transit Tracker auf. Diese informiert in Echtzeit über die nächsten Bahn- bzw. Busverbindungen am jeweiligen Standort.

Chicagos Stadtbusse (Einzelfahrt ohne/mit Umsteigen 2/2,25 US$) sind vom frühen Morgen bis zum späten Abend unterwegs. Die Beförderungsgebühr kann per Ventra Card oder in bar (genauer Betrag erforderlich) beim Fahrer bezahlt werden. Besonders gut mit Stadtbussen erreichbar sind der Museum Campus, der Hyde Park und der Lincoln Park Zoo.

TAXI

Im Loop, nördlich davon gen Andersonville und bis Wicker Park/Bucktown in Richtung Nordwesten findet man jeweils viele Taxis. Diese lassen sich einfach auf der Straße heranwinken und verfügen alle über Gebührenzähler (Startpreis 3,25 US$, zzgl. 2,25 US$/Meile und 1 US$/1. weitere Pers., ab 2. weiterer Pers. jeweils zzgl. 0,50 US$). Am Ziel wird ein Trinkgeld von 10 bis 15 % erwartet. Alle großen Taxifirmen akzeptieren Kreditkarten. Die Mitfahrdienste Uber, Lyft und Via werden in Chicago ebenfalls gern genutzt.

Zu den verlässlichen Taxiunternehmen gehören **Flash Cab** (☎ 773-561-4444; www.flashcab.com) und **Checker Taxi** (☎ 312-243-2537; www.checkertaxichicago.com).

Rund um Chicago

Oak Park

Der nahegelegene Vorort hat zwei berühmte Söhne – Ernest Hemingway (hier geboren) und Frank Lloyd Wright, der 20 Jahre lang in Oak Park lebte und arbeitete. Auf beiden basieren die lokalen Hauptattraktionen: Hemingways Geburtshaus und ein schlichtes Museum geben faszinierende Einblicke in die Jugend des Schriftstellers. Die Highlights in puncto Wright sind dessen Studio (Entwicklungsort des Präriestils) und einige Häuser, die der Architekt einst für seine Nachbarn entwarf. Zehn dieser Gebäude säumen die Forest und Chicago Ave in einem Umkreis von ca. 1 Meile (1,6 km).

Sehenswertes

Frank Lloyd Wright Home & Studio ARCHITEKTUR
(☎ 312-994-4000; www.flwright.org; 951 Chicago Ave; Erw./Kind 18/15 US$; ⏲ 10–16 Uhr) In diesem Haus lebte und arbeitete Wright von 1889 bis 1909. Bei den einstündigen Führungen (wechselnde Zeiten; an Sommerwochenenden alle 20 Min., im Winter ca. alle 60 Min.) offenbart sich der charakteristische Stil des Meisters auf faszinierende Weise. Das Studio bietet zudem geführte Spaziergänge durch das umliegende Viertel (15 US$) und Audioguides (15 US$) für Erkundungen auf eigene Faust an.

Unity Temple ARCHITEKTUR
(☎ 708-848-6225; www.flwright.org; 875 Lake St; Führungen 10–18 US$; ⏲ Mo–Do 9–16.15, Fr bis 15.15, Sa bis 11.15 Uhr) Dieses Architekturwunder von Frank Lloyd Wright wurde 1909 erbaut und kürzlich renoviert. Das Haus kann nach Belieben auf eigene Faust erkundet (30 Min., 10 US$/Pers.) oder in einer Führung besichtigt werden (60 Min., 18 US$/Pers.; Start zur vollen Stunde; Mo–Fr ab 10, Sa ab 9 Uhr).

Praktische Informationen

Oak Park Visitors Center (☎888-625-7275; www.visitoakpark.com; 1010 W Lake St; ⏲Mo–Sa 10–17, So bis 16 Uhr) Bietet einen Touristenführer zur Region an.

An- & Weiterreise

Von der I-290 am Stadtrand führt die Harlem Ave nordwärts zur Lake St. Dort rechts abbiegen: Nach ein paar Blocks kommt dann ein Parkhaus in Sicht.

Zwischen Chicago und den westlichen Vororten halten Metra-Pendlerzüge (Union Pacific West Line) in Oak Park. Nach/ab Chicago besteht auch Verbindung mit der Green Line.

Evanston & North Shore

In Chicagos nördlichen Vororten säumen Villen das Ufer des Lake Michigan: Ende des 19. Jhs. kam diese Gegend bei den Reichen in Mode. Die größte hiesige Gemeinde ist Evanston mit seinem kompakten und akademisch wirkenden Ortskern. Neben weitläufigen Anwesen findet man dort auch die Northwestern University. Das benachbarte Wilmette beeindruckt mit einem unwirklich anmutenden Bahai-Tempel. Weiter nördlich liegt Glencoe mit dem Chicago Botanic Garden. Eine klassische Autotour (30 Meilen/48 km) folgt der Sheridan Rd bis nach Lake Forest, das die wohlhabendste Stadt der Region ist.

Sehenswertes

Illinois Holocaust Museum MUSEUM

(☎847-967-4800; www.ilholocaustmuseum.org; 9603 Woods Dr; Erw./Kind 12/6 US$; ⏲10–17, Do bis 20 Uhr) Das drittgrößte Holocaust-Museum der Welt (nur die Pendants in Jerusalem und Washington, D.C., sind größer) zeigt u.a. einen finsteren Bahnwaggon aus der Nazizeit und Video-Interviews mit Überlebenden. Zudem ist hier nachdenklich stimmende Kunst zum Thema Völkermord (z.B. in Armenien, Ruanda, Kambodscha) ausgestellt. Besonders eindrucksvoll sind die Sonderausstellungen.

Chicago Botanic Garden GARTEN

(☎847-835-5440; www.chicagobotanic.org; 1000 Lake Cook Rd; pro Auto Werktag/Wochenende 25/30 US$; ⏲8 Uhr–Sonnenuntergang) 255 Vogelarten, Wanderwege und Kochvorführungen bekannter Küchenchefs (nur Wochenende).

An- & Weiterreise

Die I-94 führt durch die westlichen Vororte. Die Uferstädte in Richtung Osten liegen an der Sheridan Rd. Zwischen Downtown Chicago und Kenosha (Wisconsin) halten Metra-Pendlerzüge (Union Pacific North Line) in allen Gemeinden am North Shore. Die Stadtbahnen der Purple Line verbinden Chicagos Innenstadt auch mit Evanston.

Galena

Auf bewaldeten Hängen nahe dem Mississippi liegt das winzige von hügeligem Ackerland mit Scheunen umgebene Galena. Rote Backsteinvillen im neoantiken, neogotischen und Queen-Anne-Stil säumen die Straßen – Hinterlassenschaften aus der Blütezeit der Stadt, die in den 1850er-Jahren durch die regionalen Bleiminen reich wurde. Heute gibt's hier viele touristische B&Bs, Süßwaren- und Antiquitätenläden. Das kann Galenas unbestreitbarer Schönheit und zauberhafter Beschaulichkeit aber nichts anhaben. Zudem warten in der Umgebung coole Kajaktouren und Fahrten über Nebenstraßen. An Wochenenden im Sommer und Herbst sind die Besucherzahlen am höchsten.

Sehenswertes & Aktivitäten

Ulysses S. Grant Home HISTORISCHE STÄTTE

(☎815-777-3310; www.granthome.com; 500 Bouthillier St; Erw./Kind 5/3 US$; ⏲April–Okt. Mi–So 9–16.45 Uhr, Nov.–März kürzere Öffnungszeiten) Am Ende des US-Bürgerkriegs beschenkten einheimische Republikaner den siegreichen General mit diesem Wohnhaus von 1860. Grant lebte hier bis zu seinem Amtsantritt als 18. Präsident der USA. Die Einrichtung ist größtenteils im Original erhalten. Historiker leiten die örtlichen Führungen.

Mississippi Palisades State Park STATE PARK

(☎815-273-2731; 16327A Hwy 84) Dieser State Park am Mississippi River ist bei Kletterern, Wanderern und Campern sehr beliebt. Wanderkarten gibt's bei der Verwaltung am Nordeingang.

Stagecoach Trail SCENIC DRIVE

Der schmale, kurvige Stagecoach Trail (26 Meilen/42 km) in Richtung Warren war einst tatsächlich ein Abschnitt der alten Postkutschenroute zwischen Galena und Chicago. Um seinen Anfang zu erreichen, folgt man der Main St nordostwärts durch die Innenstadt und biegt am zweiten Stoppschild rechts ab (auf das Markierungsschild achten).

Fever River Outfitters OUTDOOR-AKTIVITÄTEN

(☎815-776-9425; www.feverriveroutfitters.com; 525 S Main St; ⏲Fr–So 10–17 Uhr) Fever River verleiht Kanus, Kajaks, Fahrräder, Stehpaddelbretter und Schneeschuhe. Ebenfalls im Angebot sind hier diverse Paddeltrips und geführte Radtouren (12 Meilen/19 km; 45 US$/Pers. inkl. Leihausrüstung) zu einem regionalen Weingut.

Schlafen & Essen

DeSoto House Hotel HOTEL $$
(☎815-777-0090; www.desotohouse.com; 230 S Main St; Zi. 160–235 US$;) Wer es Grant und Lincoln gleichtun will, übernachtet in den schön möblierten Zimmern dieses Hotels von 1855.

Grant Hills Motel MOTEL $
(☎877-421-0924; www.granthills.com; 9372 US 20; Zi. 80–110 US$;) Rund 1,5 Meilen (2,4 km) östlich der Stadt liegt dieses schlichte Motel mit Landschaftsblick und Möglichkeit zum Hufeisenwerfen.

Fritz and Frites FRANZÖSISCH, DEUTSCH $$
(☎815-777-2004; www.fritzandfrites.com; 317 N Main St; Hauptgerichte 17–22 US$; Di–Sa 16–21, So 9–14 & 16–21 Uhr) Auf der übersichtlichen Karte des romantischen kleinen Bistros stehen deutsche und französische Klassiker (z.B. zartes Schnitzel, Weinbergschnecken in Knoblauch-Kräuterbutter).

An- & Weiterreise

Galena liegt am Hwy 20 und ist nur für Selbstfahrer erreichbar. Die nächstgelegenen Verkehrsknotenpunkte sind Chicago (165 Meilen/266 km Richtung Südosten), Madison (Wisconsin; 95 Meilen/153 km Richtung Nordosten) und Dubuque (Iowa; 16 Meilen/26 km Richtung Nordwesten).

Zentrales Illinois

Alle Sehenswürdigkeiten im zentralen Illinois haben entweder mit Abraham Lincoln oder mit der Route 66 zu tun. Sie sind über die ganze Region verteilt, die ansonsten nur flaches Farmland ist. Arthur und Arcola östlich von Decatur sind Hochburgen der Amish.

Springfield

Die kleine Hauptstadt des Bundesstaates ist ernsthaft besessen von Abraham Lincoln, der hier von 1837 bis 1861 als Anwalt tätig war. Viele der Attraktionen befinden sich in der Innenstadt, sind zu Fuß zu erreichen und kosten wenig oder nichts.

Sehenswertes

Lincoln Home & Visitor Center HISTORISCHE STÄTTE
(☎217-492-4150; www.nps.gov/liho; 426 S 7th St; 8.30–17 Uhr) GRATIS Zuerst muss man sich im Visitor Center des National Park Service eine Eintrittskarte besorgen. Lincolns Haus mit seinen zwölf Zimmern steht direkt gegenüber auf der anderen Straßenseite. Man kann durch das ganze Haus marschieren, in dem Abe und Mary Lincoln von 1844 bis zu ihrem Umzug ins Weiße Haus 1861 lebten. Überall sind Ranger, die Hintergrundinfos geben und Fragen beantworten.

Lincoln Presidential Library & Museum MUSEUM
(☎217-558-8844; www.illinois.gov/alplm; 212 N 6th St; Erw./Kind 15/6 US$; 9–17 Uhr;) Das Museum hat die umfangreichste Lincoln-Sammlung der Welt. Zu sehen sind hier sowohl echte alte Stücke, z.B. sein Rasierspiegel und seine Aktenmappe, als auch abgefahrene Ausstellungsstücke wie Hologramme, die Kinder recht spannend finden.

Lincoln's Tomb GRABMAL
(☎217-782-2717; www.lincolntomb.org; 1441 Monument Ave; 9–17 Uhr) GRATIS Nach seiner Ermordung wurde Lincoln nach Springfield zurückgebracht und ca. 1,5 Meilen (2,4 km) nördlich des Zentrums auf dem Oak Ridge Cemetery bestattet. Seinen eindrucksvollen Ruheort ziert eine Büste, deren Nase aufgrund der vielen leichten Berührungen durch Besucher richtig glänzt – was erahnen lässt, wie viele Menschen dem früheren Präsidenten immer noch die Ehre erweisen. Im Sommer (Di 19 Uhr) feuern hier Schauspieler in Infanterieuniform ihre Musketen ab und senken die Fahne vor dem Grabmal.

Old State Capitol HISTORISCHE STÄTTE
(☎217-785-7960; Ecke 6th St & Adams St; Empfohlene Spende 5 US$; 9–17 Uhr) Geschwätzige Dozenten führen die Besucher durch das Gebäude und erzählen Lincoln-Storys – beispielsweise wie er hier im Jahre 1858 seine berühmte „House Divided"-Rede hielt

Schlafen & Essen

Inn at 835 B&B $$
(☎217-523-4466; www.innat835.com; 835 S 2nd St; Zi. 135–205 US$;) Diese historische, kunsthandwerklich und künstlerisch gestaltete Villa hat elf Zimmer, die mit Himmelbetten, frei stehenden Badewannen und dergleichen ausgestattet sind.

State House Inn HOTEL $$
(☎217-528-5100; www.thestatehouseinn.com; 101E Adams St; Zi. 120–165 US$; P ❄ @) Die Betonfassade wirkt trist, doch innen ist das State House recht elegant. Die Zimmer haben bequeme Betten und große Bäder. In der Lobby befindet sich eine im Retrostil eingerichtete Bar.

Cozy Dog Drive In AMERIKANISCH $
(☎217-525-1992; www.cozydogdrivein.com; 2935 S 6th St; Hauptgerichte 2–5 US$; ⌚Mo–Sa 8–20 Uhr) Diese Route-66-Legende, die auch den Corn Dog erfunden haben soll, bietet neben dem frittierten Hauptgericht am Stiel auch verschiedene Erinnerungsstücke und Souvenirs an.

Praktische Informationen

Springfield Convention & Visitors Bureau (www.visitspringfieldillinois.com) Hier ist ein praktischer Besucherführer erhältlich.

Anreise & Unterwegs vor Ort

Vom **Amtrak-Bahnhof** (☎217-753-2013; www.amtrak.com; 100 N 3rd St) im Zentrum fahren täglich fünf Züge nach St. Louis (2 Std.) und Chicago (3½ Std.).

Südliches Illinois

Das südliche Illinois unterscheidet sich stark vom Rest des Bundesstaats: Hier dominieren Flüsse und schroffe grüne Hügel die Gegend. Die Westgrenze der Region bildet der Mississippi. Dessen Ufer folgt die kurvige Great River Road (eigentlich eine Route aus mehreren Straßen), die sich durch Felslandschaften zu vergessenen Ortschaften mit traditionellen Main Streets schlängelt. Einer der schönsten Abschnitte ist der Hwy 100 zwischen Grafton und Alton bei St. Louis. Wer hier unter den windumtosten Felsen entlangfährt, sollte gut auf die Abzweigung zum versteckten Winznest Elsah achten: Dort gibt's Bauernhäuser, Steinhäuschen aus dem 19. Jh. und Werkstätten für hölzerne Pferdewagen zu sehen. Weiter südlich warten der Ausgangspunkt der Lewis-und-Clark-Expedition, eine prähistorische Welterbestätte und ein einsames Hügelfort.

Landeinwärts Richtung Süden sinkt die Besiedlungsdichte. Hier ragen die bewaldeten Shawnee Hills empor, die an ein Minigebirge erinnern und einige Überraschungen bergen (z. B. einen Weingutpfad oder einen gruseligen Sumpf).

Sehenswertes & Aktivitäten

Nahe der Südspitze des Bundesstaats liegt das Union County mit Weingütern und Obstplantagen. Allerlei Regionalprodukte probieren kann man entlang des 35 Meilen (56 km) langen **Shawnee Hills Wine Trail** (www.shawneewinetrail.com), der insgesamt elf Weingüter miteinander verbindet.

Cahokia Mounds State Historic Site INDIGENE STÄTTE
(☎618-346-5160; www.cahokiamounds.org; Collinsville Rd; empfohlene Spende Erw./Kind 7/2 US$; ⌚Gelände 8 Uhr–Sonnenuntergang, Visitor Center Di–So 9–17 Uhr) Rund 8 Meilen (13 km) östlich von East St. Louis wartet bei Collinsville eine echte Überraschung: Als Welterbestätte steht die Cahokia Mounds State Historic Site auf einer Stufe mit Stonehenge und den ägyptischen Pyramiden. Geschützt werden hier die Überreste von Nordamerikas größter prähistorischer Stadt (20 000 Ew. mit Vororten) aus dem Jahr 1200 v. Chr. Der riesige Monk's Mound und die 64 anderen Erdhügel wirken per se zwar nicht sonderlich spektakulär, dennoch ist die Anlage unbedingt einen Besuch wert.

Wer von Norden her über die I-255 S anreist, nimmt die Ausfahrt 24. Bei Anfahrt über die I-55/70 aus Richtung Süden bzw. St Louis nimmt man die Ausfahrt 6.

Lewis & Clark State Historic Site HISTORISCHE STÄTTE
(☎618-251-5811; www.campdubois.com; Ecke Hwy 3 & Poag Rd; ⌚9–17 Uhr, Okt.–April Mo & Di geschl.) GRATIS Hartford liegt gegenüber von St. Louis am anderen Flussufer. Die großartige Lewis & Clark State Historic Site markiert hier ungefähr die Stelle, an der die beiden Forschungsreisenden einst aufbrachen. Dank dem 16,7 m langen Bootsnachbau im Visitor Center, dem rekonstruierten Winterlager draußen in der flachen Prärie und dem vorbeirauschenden Mississippi kann man sich die damalige Szene ganz gut vorstellen.

Cypress Creek National Wildlife Refuge NATURSCHUTZGEBIET
(☎618-634-2231; www.fws.gov/refuge/cypress_creek) GRATIS Wer hätte gedacht, dass es in Illinois auch Sümpfe wie im Süden der USA gibt? Mit quakenden Ochsenfröschen und Zypressen voller Moosbärte? Doch in der Cypress Creek National Wildlife Refuge ist das tatsächlich so. Abseits der Cache Chapel Rd fällt hier der Blick von der Bellrose Viewing Platform auf die urzeitliche Wasserland-

schaft. Alternativ empfiehlt sich ein kurzer Spaziergang auf dem Plankensteg der Section 8 Woods. Diese liegt nahe dem **Cache River Wetlands Center** (☎618-657-2064; www.friendsofthecache.org; 8885 Hwy 37; ⌚Mi–So 9–16 Uhr), das auch Infos für Wanderer und Kanuten liefert.

Shawnee National Forest WALD

(☎618-253-7114; www.fs.usda.gov/shawnee) Eine Ausnahme vom üblichen flachen Farmland dieses US-Bundesstaats bildet der äußerste Süden, der vom hügeligen Shawnee National Forest mit Felsformationen durchzogen wird. In dieser grünen Gegend gibt's einige State Parks und Erholungsgebiete mit guten Möglichkeiten zum Wandern, Klettern, Schwimmen, Angeln oder Kanufahren – vor allem rund um Little Grassy Lake und Devil's Kitchen.

Schlafen & Essen

Die meisten Unterkünfte der Region sind preiswerte Kettenhotels. B&Bs gibt's in einigen Ortschaften entlang der River Road und auf manchen Weingütern am Shawnee Hills Wine Trail. Beliebt sind auch die luxuriösen Hütten im Bereich des Shawnee National Forest. Die Restaurants der Gegend sind meist familiengeführte Lokale, die Fleisch mit Kartoffeln servieren und teilweise recht weit verstreut liegen.

An- & Weiterreise

Die weit verteilten Attraktionen der Gegend erfordern ein eigenes Fahrzeug. Die I-57 führt als Haupthighway mitten durch die Region. Die Great River Road folgt dem Fluss Richtung Westen. St. Louis ist der nächstgelegene Verkehrsknotenpunkt.

INDIANA

Beim Indy-500-Rennen kommt Indiana richtig auf Touren. Ansonsten geht's im Land der Maisstoppeln aber eher gemächlich zu: Hier futtert man Kuchen im Amish Country, meditiert in Bloomingtons tibetischen Tempeln und bewundert großartige Architektur im kleinen Columbus. Im Nordwesten lassen sich stimmungsvolle Sanddünen erklimmen, während der Süden mit Höhlenerkundungen und Flüssen für Kanutrips aufwartet. Bekannt ist Indiana zudem für gruselige Labyrinthe, Zentren der Bluegrass-Musik und einen Grabstein, den Kussmünder aus Lippenstift zieren.

Nur fürs Protokoll: Die Einwohner des Bundesstaats werden seit den 1830er-Jahren „Hoosiers" genannt. Der Grund dafür ist jedoch unbekannt. Einer Theorie zufolge wurden die ersten Siedler beim Anklopfen an Türen mit der Frage „Who's here?" (Wer ist da?) empfangen, woraus dann bald „Hoosier" wurde. Über dieses Thema sollte man aber besser mit Einheimischen diskutieren – idealerweise bei einem traditionellen Sandwich mit Schweinefleisch.

Und noch eine Anekdote: Indiana hat bislang sechs US-Vizepräsidenten hervorgebracht und trägt darum auch den Spitznamen The Mother of Vice Presidents.

Praktische Informationen

Verkehrsinformationen für Indiana (https://indot.carsprogram.org)

Indiana State Park Information (☎800-622-4931; www.in.gov/dnr/parklake) Der Parkeintritt kostet pro Tag zu Fuß oder mit dem Fahrrad 2 US$, mit einem Fahrzeug 9 bis 12 US$. Campingstellplätze, die man übrigens auch im Voraus reservieren kann, schlagen mit 12 bis 44 US$ zu Buche (☎866-622-6746; www.camp.in.gov).

Indiana Tourism (www.visitindiana.com)

Indianapolis

Die adrette Hauptstadt des Bundesstaats (alias „Indy") ist ein toller Ort, um sich Autorennen anzusehen oder selbst eine Runde auf der berühmten Rennstrecke zu drehen. Das Kunstmuseum und der White River State Park haben ebenfalls ihren Reiz – genauso wie die Viertel Mass Ave und Broad Ripple, wo man prima essen und ausgehen kann. Und Fans von Autor Kurt Vonnegut kommen hier voll auf ihre Kosten. Der Indianapolis Cultural Trail zum Wandern und Radfahren verbindet alles miteinander.

Sehenswertes

Indianapolis Motor Speedway MUSEUM

(☎317-492-6784; www.indianapolismotorspeedway.com; 4790 W 16th St; Erw./Kind 10/5 US$; ⌚März–Okt. 9–17 Uhr, Nov.–Feb. 10–16 Uhr) Der Speedway, die Heimat des Indianapolis 500, ist Indys Top-Attraktion. Das Speedway Museum beherbergt 75 Rennwagen (u. a. einige Siegerautos) sowie eine 500 Pfund schwere Tiffany-Trophäe und bietet eine Runde auf der Bahn (8 US$) an. Gut, man fährt mit dem Bus und verbrennt bei 60 km/h sicher kein Gummi – aber Spaß macht's trotzdem.

Das große Rennen selbst findet am letzten Sonntag im Mai (Memorial-Day-Wochenende) vor 450 000 durchgeknallten Fans statt. Tickets (30–185 US$; www.imstix.com) sind nur schwer zu bekommen. An Karten für die Qualifikation und das Training kommt man eher, zudem sind sie billiger.

Dallara IndyCar Factory MUSEUM
(☎317-243-7171; www.indycarfactory.com; 1201 W Main St; Erw./Kind 10/5 US$; ⏲Mi–Sa 10–17 Uhr) Diese funkelnde Fabrik liegt einen kurzen Fußmarsch vom Indianapolis Motor Speedway und zeigt Besuchern, wie die Rennwagen gebaut werden. Die Windkanal-Modelle lassen einem die Haare zu Berge stehen. Dasselbe gilt für die Simulatoren, die dem „Fahrer" authentisch das Gefühl vermitteln, mit 320 km/h über die Strecke zu brettern.

White River State Park STATE PARK
(☎317-233-2434; www.inwhiteriver.com; 801 W Washington St) Der weitläufige Park am Innenstadtrand beherbergt einige sehenswerte Attraktionen. Darunter z. B. das **Eiteljorg Museum of American Indians & Western Art** (☎317-636-9378; www.eiteljorg.org; 500 W Washington St; Erw./Kind 13/7 US$; ⏲Mo–Sa 10–17, So ab 12 Uhr) mit seiner eindrucksvollen indigenen Kunstsammlung. Weitere Highlights sind das stimmungsvolle Minor-League-Baseballstadion, der Zoo, der Spazierweg am Kanal, die Gärten, das Wissenschaftsmuseum und das College-Sportmuseum.

Indianapolis Museum of Art MUSEUM, GÄRTEN
(☎317-920-2660; www.imamuseum.org; 4000 Michigan Rd; Erw./Kind 18/10 US$; ⏲Di–Sa 11–17, Do 11–21, So 12–17 Uhr) Dieses Museum zeigt u. a. eine großartige Sammlung europäischer Kunst (vor allem Turner und Postimpressionisten). Ausgestellt sind zudem afrikanische Stammeskunst, Stücke aus dem südlichen Pazifikraum und Werke aus China. Zum Komplex gehören auch die **Oldfields – Lilly House & Gardens**; hierbei handelt es sich um das frühere Anwesen der Pharmadynastie Lilly. Besucher können die Villa (22 Räume) und deren Blumengärten besichtigen. Der **Fairbanks Art & Nature Park** mit tollen modernen Skulpturen auf einem 40 ha großen Waldgelände ist ebenfalls Teil des Museums. Fairbanks, der einen eigenen Eingang hat, lässt sich kostenlos erkunden.

Kurt Vonnegut Museum & Library MUSEUM
(☎317-423-0391; www.vonnegutlibrary.org; 340 N Senate Ave; ⏲Mo, Di, Do & Fr 11–18, Sa & So 12–17 Uhr) GRATIS Dieses schlichte Museum ehrt den Schriftsteller Kurt Vonnegut (in Indy geboren und aufgewachsen). So zeigt es u. a. dessen Pall-Mall-Zigaretten, lustige Zeichnungen und Ablehnungsschreiben von Verlegern. Ebenfalls zu sehen ist ein Nachbau von Kurts Arbeitszimmer – inklusive blauer Schreibmaschine der Marke Coronamatic. Besucher können sich an den Schreibtisch setzen und dem Meister eine Nachricht tippen, die das Museum dann via Twitter veröffentlicht. Aufgrund des geplanten Umzugs in größere Räumlichkeiten besser vorher anrufen!

Rhythm! Discovery Center MUSEUM
(☎317-275-9030; www.rhythmdiscoverycenter.org; 110 W Washington St; Erw./Kind 12/6 US$; ⏲Mo & Do–Sa 10–17, Mi 12–19, So 12–17 Uhr) In diesem versteckten Juwel im Zentrum können Besucher Trommeln, Gongs, Xylophone und exotische Schlaginstrumente aus aller Welt ausprobieren. Kinder lieben die Trommelei, Erwachsene bewundern die Instrumente berühmter Schlagzeuger und das schalldichte Studio voller Trommeln, in dem jeder seinen inneren Rockmusiker rauslassen (und aufnehmen) kann.

Indiana Medical History Museum MUSEUM
(☎317-635-7329; www.imhm.org; 3045 W Vermont St; Erw./Kind 10/3 US$; ⏲Do–Sa 10–16 Uhr) Man stelle sich eine Irrenanstalt aus einem Horrorfilm vor – und genau so sieht dieses staatliche psychiatrische Krankenhaus aus, das über ein Jahrhundert alt ist. Führungen zeigen das frühere pathologische Labor, den frostigen Autopsieraum und den gespenstischen Probenraum mit Gehirnen in Gläsern. Die Touren starten immer zur vollen Stunde. Es liegt ein paar Kilometer westlich vom White River State Park.

Children's Museum of Indianapolis MUSEUM
(☎317-334-4000; www.childrensmuseum.org; 3000 N Meridian St; Eintritt 12–27 US$; ⏲10–17 Uhr, Mitte Sept.–Feb. Mo geschl.) Die fünf Stockwerke des weltgrößten Kindermuseums beherbergen u. a. viele Dinosaurier. Eine 13 m hohe Statue von Dale Chihuly bringt Kids hier gewissermaßen die Kunst des Glasblasens bei. Die Ticketpreise variieren je nach Tag und Buchungszeitpunkt.

Aktivitäten

Der 8 Meilen (13 km) lange Cultural Trail (www.indyculturaltrail.org) ist ein Rad- und Spazierweg, der coole Sehenswürdigkeiten und Viertel in Indys Innenstadtbereich miteinander verbindet. Unterwegs laden praktische Verleihstationen von Pacers Bikeshare zu Kurztrips per Drahtesel ein.

Bicycle Garage Indy RADFAHREN
(☎317-612-3099; www.bgindy.com; 242 E Market St; Leihfahrrad pro 2 Std./Tag 20/40 US$; ⏲Mo–Fr 7–18.30, Sa 10–16 Uhr) Hier gibt's Leihfahrräder für lässige Innenstadttouren entlang des Cultural Trail. Dieser verläuft direkt vor dem Laden und trifft schließlich auf den Monon Trail Greenway, der einer umgebauten Bahntrasse von Indy aus über 29 km gen Norden folgt. Mietpreise jeweils inklusive Schutzhelm, Schloss und Routenkarte.

Schlafen

Indy Hostel HOSTEL $
(☎317-727-1696; www.indyhostel.us; 4903 Winthrop Ave; B/Zi. ab 28/58 US$; P ❄ @ 📶) Das kleine freundliche Indy hat einen reinen Frauenschlafsaal (6 Betten), vier gemischte Schlafsäle (je 12 Betten) und vier Privatzimmer. Im Hof kann für 29 US$ gezeltet werden. Vor der Tür führt der Monon Trail (Rad-/Spazierweg) vorbei. Das Hostel verleiht auch Fahrräder (10 US$/Tag). Es liegt nahe Broad Ripple und daher ein gutes Stück vom Zentrum entfernt (Anfahrt mit Bus 17).

★**Alexander** HOTEL $$
(☎317-624-8200; www.thealexander.com; 333 S Delaware St; Zi. 160–270 US$, Parkservice 37 US$; P ❄ @ 📶) Hier dreht sich alles um Kunst: 40 Originalwerke zieren die Lobby; das Indianapolis Museum of Art kuratiert die zeitgenössische Sammlung (Besucher können sich gern umschauen). Die 209 modernen Zimmer warten mit dunklen Holzfußböden und natürlich mit cooler Wandkunst auf. Das Hotel liegt einen Block von der Basketball-Arena entfernt und dient manchmal als Quartier für Gastmannschaften.

Hilton Garden Inn HOTEL $$
(☎317-955-9700; www.indianapolisdowntown.gardeninn.com; 10 E Market St; Zi. 150–190 US$; ❄ @ 📶 🏊) Rund 100 Jahre alte Architektur im neoklassizistischen Stil, noble Betten und die Innenstadtlage direkt am Monument Circle machen das Kettenhotel mit Parkservice (29 US$) zur guten Wahl.

Stone Soup PENSION $$
(☎866-639-9550; www.stonesoupinn.com; 1304 N Central Ave; Zi. 119–149 US$; mit Gemeinschaftsbad 99–109 US$; P ⊖ ❄ 📶) Das weitläufige Haus mit neun Zimmern und vielen Antiquitäten wirkt etwas heruntergekommen, aber dennoch charmant.

ABSTECHER

GRAY BROTHERS CAFETERIA

Cafeterias haben in Indiana zwar Tradition, sind aber heute größtenteils verschwunden. Eine Ausnahme bildet die **Gray Brothers Cafeteria** (☎317-831-7234; www.graybroscafe.com; 555 S Indiana St; Hauptgerichte 5–9 US$; ⏲11–20.30 Uhr), in deren Speiseraum scheinbar die Zeit stehengeblieben ist. Hier schnappt man sich ein blaues Tablett und begutachtet dann die schier endlose Reihe von Gerichten. Zur Wahl stehen z. B. Brathähnchen, Hackbraten, Mac and Cheese oder Sugar Cream Pie – jeweils Garanten für ein so üppiges wie fröhliches Mahl. Zu finden ist die Cafeteria in Mooresville, das rund 18 Meilen (29 km) südlich von Indys Zentrum in Richtung Bloomington liegt.

Essen

Bei knurrendem Magen hilft die Massachusetts Ave in der Downtown mit großer Auswahl. Viele hippe Gourmetlokale säumen die Virginia Ave zwischen dem Zentrum und dem Bezirk Fountain Square gleich südlich davon. Rund 7 Meilen (11 km) weiter nördlich liegt der Stadtteil Broad Ripple mit Kneipen, Cafés und Ethno-Restaurants.

Bazbeaux PIZZA $
(☎317-636-7662; www.bazbeaux.com; 329 Massachusetts Ave; Hauptgerichte 9–15 US$; ⏲So–Do 11–22, Fr & Sa 11–23 Uhr) Das bei Einheimischen beliebte Lokal hat eine bunte Pizza-Auswahl, z. B. die „Tchoupitoulas" mit Cajun-Shrimps und Innereienwurst. Auf der Speisekarte stehen außerdem Muffaletta-Sandwiches, Stromboli (gerollte Pizza) und belgisches Bier.

City Market MARKT $
(www.indycm.com; 222 E Market St; ⏲Mo–Fr 7–21, Sa 8–21 Uhr; 📶) Indys alte Markthalle von 1886 beherbergt viele Imbissstände. Die Bar (⏲Mo–Do 14–21, Fr–Sa 12–21 Uhr) oben schenkt 16 verschiedene Biere aus. Die meisten Händler schließen um 15 Uhr.

Public Greens AMERIKANISCH $
(☎317-964-0865; www.publicgreensurbankitchen.com; 900 E 64th St; Hauptgerichte 8–16 US$; ⏲Di–Sa 8–21, So & Mo bis 16 Uhr) 🌿 In diesem

Lokal im Cafeteria-Stil bestellt man sein Essen an einer Theke. Einige Zutaten für die hiesige Hausmannskost (u. a. Kohl, Eier, Rote Bete) stammen von einer Minifarm, die direkt vor Ort betrieben wird. Alle Gewinne fließen zurück an die Gemeinde, die das Geld zur Verköstigung von Risikokindern verwendet.

★ **Tinker Street** AMERIKANISCH $$
(☎317-925-5000; www.tinkerstreetindy.com; 402 E 16th St; kleine Gerichte 8–16 US$, Hauptgerichte 19–25 US$; ⊙Mo–Do 17–22, Fr & Sa bis 22.30, So bis 21 Uhr; ☑) Gleich nördlich vom Zentrum ist dieses Lokal von den historischen Villen des grünen Viertels Old Northside umgeben. Unter den saisonalen Gerichten auf der Karte findet man z. B. regionalen Spargel mit Inkareis und Knoblauch-Chips oder Burger mit Lammfleisch und Blauschimmelkäse. An vegetarischen und glutenfreien Optionen herrscht hier ebenfalls kein Mangel. Das Ambiente mit industriellen Elementen und rustikalem Holz hat einen hohen Romantikfaktor. Die zwanglosere Terrasse ist ganzjährig geöffnet.

Ausgehen & Nachtleben

Im Zentrum, an der Mass Ave und im Bezirk Broad Ripple gibt's jeweils einige gute Kneipen.

Rathskeller BIERHALLE
(☎317-636-0396; www.rathskeller.com; 401 E Michigan St; ⊙Mo–Do 14–21, Fr bis 23, Sa 11–23, So bis 21 Uhr) Im historischen Athenaeum-Gebäude nahe der Mass Ave kann man hier deutsche und regionale Biere bechern – im Winter drinnen unter ausgestopften Hirschköpfen, im Sommer draußen in einem Biergarten mit Picknicktischen.

Slippery Noodle Inn BAR
(☎317-631-6974; www.slipperynoodle.com; 372 S Meridian St; ⊙Mo–Fr 11–2, Sa ab 12, So 16–0.30 Uhr) Das Noodle in der Innenstadt ist Indianas älteste Bar. Als Bordell, Schlachthaus, Gangsterhöhle und Zwischenstation der Underground Railroad hat der Laden im Lauf der Zeit einiges erlebt. Derzeit ist er einer der besten Bluesclubs der USA. Jeden Abend gibt's hier günstige Livekonzerte.

Sun King Brewing BRAUEREI
(www.sunkingbrewing.com; 135 N College Ave; ⊙Mo–Mi 10–21, Do & Fr bis 22, Sa 11–22, So bis 20 Uhr, Winter kürzere Öffnungszeiten) Im urigen Sun-King-Schankraum in der Innenstadt weiß man nie, was aus dem Zapfhahn kommen wird. Indys junge Hipster lassen sich davon gern und gleich scharenweise überraschen. Zu schlürfen gibt's hier z. B. Baltic Porter mit Kakao-Aroma oder Pilsner, das mit Popcorn aus Indiana verfeinert ist. Ein Probiergedeck (sechs Gläser à 90 ml) kostet 6 US$. Freitags machen günstige Humpen den Laden rappelvoll. Im Sommer ist auf der Freiluftterrasse ordentlich was los.

Unterhaltung

Bankers Life Fieldhouse BASKETBALL
(☎317-917-2500; www.nba.com/pacers; 125 S Pennsylvania St) Basketball hat in Indiana viele Fans. Das Zentrum ist dabei das Bankers Life Fieldhouse, in dem die NBA-Spiele der Pacers stattfinden.

Lucas Oil Stadium AMERICAN FOOTBALL
(☎317-299-4946; www.colts.com; 500 S Capitol Ave) Hier spielt das NFL-Team der Colts unter einem einfahrbaren Riesendach.

ℹ Praktische Informationen

Indianapolis Convention & Visitors Bureau (www.visitindy.com) Website mit Gratis-Downloads (Stadtführer, Gutscheine für Attraktionen und geführte Touren).

Indianapolis Star (www.indystar.com) Die Tageszeitung der Stadt.

Indy Rainbow Chamber (www.gayindynow.com) Bietet Infos für Schwule und Lesben.

Nuvo (www.nuvo.net) Wöchentliche alternative Gratis-Zeitung mit Infos über Kunst und Musik.

ℹ Anreise & Unterwegs vor Ort

Der moderne **Indianapolis International Airport** (IND; www.indianapolisairport.com; 7800 Col H Weir Cook Memorial Dr) liegt 16 Meilen (26 km) südwestlich der Stadt. Der Washington Bus (8) pendelt zwischen Airport und Downtown (1,75 US$, 50 Min.), der Go Green Line Airport Van ist aber schneller (10 US$, 20 Min.). Ein Taxi vom Flughafen ins Zentrum kostet ca. 35 US$.

Greyhound (www.greyhound.com) teilt sich mit Amtrak (www.amtrak.com) die **Union Station** (350 S Illinois St). Es fahren oft Busse nach Cincinnati (2½ Std.) und Chicago (3½ Std.). **Megabus** (www.megabus.com/us; Ecke N Delaware St & E Market St) ist oft preiswerter. Mit Amtrak braucht man für die gleiche Strecke fast die doppelte Zeit.

IndyGo (www.indygo.net) betreibt Indys Stadtbusse. Eine Einzelfahrt kostet 1,75 US$. Linie 17 fährt nach Broad Ripple. Am Wochenende ruht der Betrieb größtenteils.

Pacers Bikeshare (www.pacersbikeshare.org) verleiht insgesamt 250 Fahrräder an 26 Stationen, die den Cultural Trail im Zentrum säumen. Ein 24-Stunden-Pass kostet 8 US$, und bei Fahrten über 30 Minuten wird ein Aufpreis fällig.

Wer ein Taxi braucht, ruft bei **Yellow Cab** (☎317-487-7777) an.

Zentrales Indiana

Bluegrass, architektonische Highlights, tibetische Tempel und Erinnerungen an James Dean prägen diese Agrarregion.

Fairmount

Das kleine Fairmount ist der Geburtsort des Schauspielers James Dean, der in den 1950er-Jahren zum Inbegriff der Coolness wurde.

Sehenswertes

Fairmount Historical Museum MUSEUM
(☎765-948-4555; www.jamesdeanartifacts.com; 203 E Washington St; ⏲Mai–Okt. Mo, Mi & Fr–So 11–17 Uhr) GRATIS Pflicht für Fans von James Dean: Hier kann man die Bongotrommeln und andere Besitztümer der Hollywood-Ikone bewundern. Das Personal verteilt zudem einen kostenlosen Lageplan, der einen z. B. zu dem Farmhaus führt, in den Jimmy einst aufwuchs – oder zu seinem Grabstein, der heute von Kussmündern aus Lippenstift geziert wird. Das Museum verkauft auch Dean-Souvenirs wie Poster oder Zippo-Feuerzeuge. Obendrein organisiert es jedes Jahr das **James Dean Festival** (www.jamesdeanartifacts.com; ⏲Ende Sept.).

James Dean Gallery MUSEUM
(☎765-948-3326; www.jamesdeangallery.com; 425 N Main St; ⏲9–18 Uhr) GRATIS Ein altes viktorianisches Wohnhaus im Ortskern beherbergt diese Privatgalerie, die viele weitere Erinnerungsstücke mit Dean-Bezug (u. a. Bronzebüsten, Fotos, Uhren, Jimmys Highschool-Jahrbücher) in mehreren Räumen zeigt. Die Inhaber liefern zudem jede Menge Lokalinfos.

Schlafen & Essen

Fairmount hat keine Hotels. Die nächstgelegenen Unterkünfte findet man rund 7 Meilen (11 km) weiter nördlich in Gas City, wo Kettenhotels bzw. -motels der Budget- und Mittelklasse die I-69 säumen. Nochmal ein paar Meilen weiter im deutlich größeren Marion sind bekannte Hotelketten vertreten.

An der Main St und der 8th St gibt's ein paar Pizzerias, mexikanische Restaurants und traditionelle US-Lokale. Viele weitere Optionen (u. a. Fast Food, Ethno-Küche) warten in Marion.

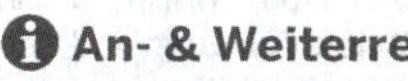

An- & Weiterreise

Rund 70 Meilen (113 km) nordöstlich von Indianapolis (nächstgelegener Verkehrsknotenpunkt) liegt Fairmount westlich der I-69.

Columbus

Chicago, NYC und Washington, D.C. sind die großen Architekturstädte der USA. Wenn man daran denkt, kommt einem danach nicht gerade Columbus in Indiana in den Sinn. Das wäre aber durchaus angebracht: Diese Stadt ist geradezu ein Museum für Baudesign. Denn seit den 1940er-Jahren haben die kommunale Verwaltung und die größten örtlichen Privatfirmen hier diverse Gebäude von Stararchitekten wie Eero Saarinen, Richard Meier oder I. M. Pei entwerfen lassen.

Das Bewundern von Baukunst ist daher die Hauptattraktion in Columbus. Relativ weit verstreut (Auto erforderlich!) findet man im ganzen Stadtgebiet insgesamt über 70 bemerkenswerte Gebäude und öffentliche Kunstwerke. Etwa 15 davon können jedoch zu Fuß im Zentrum besichtigt werden. Das **Visitor Center** (☎812-378-2622; www.columbus.in.us; 506 5th St; ⏲Mo–Sa 9–17, So ab 12 Uhr) verteilt Pläne für Stadtspaziergänge auf eigene Faust (auch online erhältlich) und veranstaltet zudem **Bustouren** (Erw./Student 25/15 US$; ⏲Di–Fr 10, Sa 10 & 14, So 14 Uhr).

Schlafen & Essen

Abgesehen vom **Hotel Indigo** (☎812-375-9100; www.hotelindigo.com; 400 Brown St; Zi. 150–200 US$; ❄📶🏊🐾) und von ein paar B&Bs gibt's im Zentrum von Columbus fast keine Unterkünfte. Ein paar Fahrminuten westlich der Innenstadt säumen jedoch einige Kettenmotels die Ausfahrt 68 der I-65.

Das Gastro-Angebot im Zentrum ist vielfältig: Vor allem an der 4th und Washington St warten viele eigenständige Restaurants, die z. B. Pizzas, Steaks, karibische Currys, italienische Gerichte oder Thai-Küche servieren.

An- & Weiterreise

Am Stadtrand verläuft die I-65 als Haupt-Highway. Die nächstgelegenen Flughäfen befinden sich in Indianapolis (46 Meilen/74 km Richtung Norden) und Louisville (73 Meilen/117 km Richtung Süden). Shuttlebusse in diese Städte gibt es ab Columbus aber keine.

Nashville

Nashville ist das Tor zum **Brown County State Park** (☎812-988-6406; www.in.gov/dnr; 1801 Hwy 46 E; 9 US$/Auto), der aufgrund seiner bewaldeten Hügel mit Steilhängen und nebeligen Schluchten auch „Little Smoky Mountains" genannt wird. Der gentrifizierte Ort aus dem 19. Jh. hat viele Antiquitätenläden und ist heute ein belebtes Touristenzentrum. Der stärkste Betrieb herrscht hier im Herbst, wenn zahllose Besucher das strahlend bunte Herbstlaub in der Umgebung bewundern.

Schlafen

Nashvilles gemütliche B&Bs, Pensionen, Hütten und Lodges fallen fast ganzjährig in den Mittelklassebereich: Nur während der Hauptsaison im Herbst steigen die Preise stark an.

Artists Colony Inn PENSION $$
(☎812-988-0600; www.artistscolonyinn.com; 105 S Van Buren St; Zi. 135–180 US$; ❄ 📶) In zentraler Lage warten hier 20 schicke Zimmer mit rustikaler Einrichtung im Shaker-Stil (u. a. Himmelbetten, Holzfußböden). Das gute Hausrestaurant serviert Frühstück, Mittag- und Abendessen. Bekannt ist es vor allem für seine traditionelle Hoosier-Küche (z. B. Katzenwels, Sandwiches mit Schweinefilet).

Ausgehen & Unterhaltung

Im kompakten Ortskern gibt's neben mehreren Bars und Kneipen auch eine Teestube, eine Winzerei und eine Kleinbrauerei.

Wie Nashville in Tennessee hat auch Nashville in Indiana ein Faible für Country-Musik: Vertreter dieses Stils spielen hier regelmäßig live in verschiedenen Schuppen.

Big Woods Brewing Co KLEINBRAUEREI
(☎812-988-6000; www.bigwoodsbeer.com; 60 Molly's Lane; ⏲11–22 Uhr) An schönen Herbsttagen ist ein Probiergedeck auf der Veranda von Big Woods kaum zu schlagen. Das Fachwerkhaus hat das Ambiente einer behaglichen Blockhütte. Zu den acht Hausbiersorten vom Fass gibt's Burger und Nachos mit Pulled Pork.

Mike's Music & Dance Barn LIVEMUSIK
(☎812-988-8636; www.mikesmusicbarn.com; 2277 Hwy 46; Eintritt meist 6–8 US$; ⏲Fr–Mo ab 18.30 Uhr) Bei akuter Tanzwut empfiehlt sich das Mike's, in dem an verschiedenen Tagen abends Line-Dance-Kurse (18.30 Uhr) und Livekonzerte (20 Uhr) stattfinden. Die Website informiert über das aktuelle Programm.

An- & Weiterreise

Auf halber Strecke zwischen Bloomington und Columbus liegt Nashville am Hwy 46. Die nächstgelegene Großstadt und Verkehrsdrehscheibe ist Indianapolis (60 Meilen/97 km Richtung Norden).

Bloomington

Das zauberhafte, belebte und fahrradverrückte Bloomington mit seinen vielen Kalksteingebäuden ist die Heimat der Indiana University. Restaurants, Bars und Buchläden umgeben den zentralen Courthouse Sq. Fast alles ist hier zu Fuß erreichbar. Überraschenderweise gibt's vor Ort auch eine große tibetische Gemeinde: Der Bruder des Dalai Lama dozierte in den 1960er-Jahren an der IU. Daraufhin hielt in Bloomington die tibetische Kultur samt Tempeln und Klöstern Einzug.

Sehenswertes

Dagom Gaden Tensung Ling Monastery BUDDHISTENKLOSTER
(☎812-339-0857; www.dgtlmonastery.org; 102 Clubhouse Dr; ⏲9–18 Uhr) GRATIS Das ruhige Klostergelände wird von traditionellen Farben und Mustern à la Tibet geziert. Die Mönche bieten auch kostenlose Kurse und Meditationssitzungen an.

Eskenazi Museum of Art MUSEUM
(☎812-855-5445; www.artmuseum.indiana.edu; 1133 E 7th St; ⏲Di–Sa 10–17, So ab 12 Uhr) GRATIS Das Kunstmuseum der IU (entworfen von I. M. Pei) deckt mit seiner hervorragenden Sammlung diverse Epochen ab. Unter den Highlights sind afroamerikanische Kunst, US-Gemälde aus dem 19. Jh., Bilder deutscher Impressionisten und Meisterwerke der Moderne (z. B. von Miró, Picasso, Dalí). Bis Herbst 2019 ist das Gebäude wegen Generalrenovierung und Erweiterung geschlossen.

Tibetan Mongolian Buddhist Cultural Center BUDDHISTENZENTRUM
(☎812-336-6807; www.tmbcc.org; 3655 Snoddy Rd; ⏲Sonnenaufgang–Sonnenuntergang) GRATIS Der Bruder des Dalai Lama ist der Gründer dieses buddhistischen Kulturzentrums, das u. a. mit bunten Gebetsfahnen und traditionellen Stupas beeindruckt. Der örtliche Souvenirshop verkauft Traditionelles aus

Tibet. Das Zentrum veranstaltet auch öffentliche Meditationssitzungen (Mo 18, Do 18.30 Uhr).

Schlafen & Essen

Für seine Größe hat Bloomington sehr viele Ethno-Restaurants (z. B. birmanisch, eritreisch, türkisch) mit günstigen Preisen zu bieten. Ebenfalls erschwinglich sind die Lokale an der Browse Kirkwood Ave und E 4th St.

Grant Street Inn PENSION **$$**
(☎812-334-2353; www.grantstinn.com; 310 N Grant St; Zi. 159–209 US$; @) Nahe dem IU-Campus verteilen sich die 40 Zimmer dieser Pension auf ein viktorianisches Wohnhaus und mehrere Nachbargebäude. Die Quartiere im Haupthaus sind malerischer und mit mehr Antiquitäten eingerichtet. Die Varianten in den Anbauten wirken dafür moderner und stilvoller.

Anyetsang's Little Tibet ASIATISCH **$**
(☎812-331-0122; www.anyetsangs.com; 415 E 4th St; Hauptgerichte 13–14 US$; ⌚11–15 & 17–21 Uhr;) Serviert neben tibetischen Spezialitäten (z. B. Klöße, Nudeleintopf) auch indische und thailändische Gerichte.

Ausgehen & Nachtleben

Einige Cafés und Kneipen säumen die Kirkwood Ave in Uni-Nähe.

Upland Brewing Co BRAUEREI
(☎812-336-2337; www.uplandbeer.com; 350 W 11th St; ⌚Mo–Do 11–24, Fr & Sa bis 1, So 12–24 Uhr) Nordwestlich vom Zentrum entstehen hier einfallsreiche Biersorten (z. B. saisonales Lambic aus regionalen Dattelpflaumen) im rustikalen Ambiente.

Nick's English Hut KNEIPE
(☎812-332-4040; www.nicksenglishhut.com; 423 E Kirkwood Ave; ⌚Mo–Mi 11–1, Do–Sa bis 2, So bis 24 Uhr) Das Nick's ist bei den Studenten und Dozenten der nahegelegenen IU sehr beliebt. Hier haben auch schon Kurt Vonnegut, Dylan Thomas und Barack Obama gebechert.

An- & Weiterreise

Zum und vom nächstgelegenen Flughafen in Indianapolis (50 Meilen/80 km nach Nordosten) besteht Shuttleverbindung mit Go Express Travel (www.goexpresstravel.com; mehrmals tgl.; einfache Strecke 20 US$). Die Hauptrouten nach Bloomington sind der Hwy 46 und der Hwy 37, der ab Sommer 2018 zur I-69 wird.

Südliches Indiana

Mit hübschen Hügeln, Höhlen, Flüssen und bewegter Geschichte unterscheidet sich Indianas Süden deutlich vom übrigen Bundesstaat.

Ohio River

Der Ohio River markiert die Südgrenze von Indiana. Durch die grüne Hügellandschaft entlang des tosenden Flusses verläuft der Ohio River Scenic Byway (300 Meilen/483 km), der aus den Hwys 56, 156, 62 und 66 besteht. Highlights unterwegs sind der vornehme Uferort Madison mit gut erhaltener Architektur aus den 1850er-Jahren, die Marengo Cave mit atemberaubenden Tropfsteinen und das Haus, in dem Abraham Lincoln einst nahe Dale aufwuchs. Hinzu kommen Kajaktrips, Ferienbauernhöfe und flotte Regionalbiere.

Sehenswertes & Aktivitäten

Das **Visitor Center** (☎812-265-2956; www.visitmadison.org; 601 W First St; ⌚Mo–Fr 9–17, Sa bis 16, So 11–15 Uhr) in Madison verteilt Broschüren für selbstgeführte Stadtspaziergänge zu hiesigen Wahrzeichen. Beliebt sind auch Kanutrips auf dem Blue River (ein Nebenfluss des Ohio River), die meist in Milltown starten.

Clifty Falls State Park STATE PARK
(☎812-273-8885; 2221 Clifty Dr; 9 US$/Auto; Stellplatz Zelt & Wohnmobil 16–33 US$) Ein paar Meilen westlich von Madison wartet dieser große State Park mit Wäldern, Wanderwegen, Wasserfällen, Campingmöglichkeiten und schöner Aussicht auf.

Falls of the Ohio State Park STATE PARK
(☎812-280-9970; www.fallsoftheohio.org; 201 W Riverside Dr; Naturlehrzentrum Erw./Kind 9/7 US$, Parken 2 US$; ⌚Naturlehrzentrum Mo–Sa 9–16.30, So ab 13 Uhr) Dieser State Park in Clarksville hat statt Wasserfällen nur Stromschnellen. Dafür gibt's hier Fossilienfundstätten (386 Mio. Jahre alt), die vom kürzlich renovierten Naturlehrzentrum des Parks erklärt werden. Direkt gegenüber liegt Louisville (Kentucky) am anderen Flussufer.

Lincoln Boyhood National Memorial HISTORISCHE STÄTTE
(☎812-937-4541; www.nps.gov/libo; 3027 E South St; Erw./Kind 5 US$/frei; ⌚8–17 Uhr) Abseits der I-64 und 4 Meilen (6,4 km) südlich von Dale

lebte hier Abraham Lincoln (später 16. US-Präsident) im Alter von sieben bis 21 Jahren. Der Eintritt zu der einsamen Stätte beinhaltet auch den Zugang zu einer bewirtschafteten Pionierfarm (geöffnet Mai–Sept.).

Marengo Cave HÖHLE
(☎812-365-2705; www.marengocave.com; 400 E State Rd 64; ⌚Juni–Aug. 9–18 Uhr, Sept.–Mai 9–17 Uhr) Ein Besuch der Marengo Cave lohnt sich: Die normalen Führungen (Erw./Kind 40 Min. 17/10 US$, 60 Min. 20/12 US$, Kombitour 28/16 US$) passieren Stalagmiten und andere uralte Gesteinsformationen. Alternativ gibt's auch noch sportlichere Touren (ab 34 US$), bei denen man kletternd und kriechend wesentlich tiefer in die Höhle vordringt.

Cave Country Canoes KANUFAHREN
(☎812-365-2705; www.cavecountrycanoes.com; 112 W Main St; ⌚Ma–Okt.) Diese Firma mit Sitz in Milltown organisiert Kanutrips (halber/ganzer Tag 28/32 US$; auch längere Optionen) auf dem malerischen Blue River. Unterwegs heißt's nach Fischottern und seltenen Schlammteufeln Ausschau halten.

Schlafen & Essen

Blue River Family Farm FERIENBAUERNHOF $$
(☎812-633-7871; www.bluerivervalleyfarm.com; 10351 E Daugherty Ln; Haus 175–195 US$; ❄📶) In Milltown mietet man hier ein ganzes Bauernhaus mit drei Schlafzimmern, einem Bad, einem offenen Kamin und einem Whirlpool. Auf dem Gelände tummeln sich Hirsche und wilde Truthähne. Kinder können z. B. beim Füttern der Ziegen und Hühner helfen oder Gemüse im Garten ernten. Die Inhaber wohnen ein Stück bergabwärts. Zwei Mindestübernachtungen.

Hinkle's BURGER $
(☎812-265-3919; www.hinkleburger.com; 204 W Main St; Hauptgerichte 2–5 US$; ⌚Mo & Di 6–22, Mi & Do bis 24 Uhr, Fr & Sa 24 Std.) Das altmodische Diner in Madison feuert den Grill seit 1933 an. Auf verschnörkelten Barhockern genießt man hier z. B. Karamell-Milchshakes zu leckeren Miniburgern.

ℹ Praktische Informationen

Ohio River Scenic Byway (www.ohioriverbyway.com)

ℹ An- & Weiterreise

Louisville und Cincinnati sind die nächstgelegenen großen Verkehrsknotenpunkte. Zusätzlich zu den Einzelstrecken des Ohio River Scenic Byway verläuft die I-64 quer durch die Region. Madison liegt rund 75 Meilen (121 km) östlich der Marengo Cave, die man wiederum rund 55 Meilen (89 km) östlich des Lincoln Boyhood National Memorial findet.

New Harmony

Im Südwesten bildet der Wabash River die Grenze zwischen Indiana und Illinois. An seinem Ufer liegt etwas südlich der I-64 das faszinierende New Harmony, in dem einst zwei der ersten alternativen Kommunen zu leben versuchten: Im frühen 19. Jh. gründeten die Harmonisten (eine christliche Sekte aus Deutschland) hier eine fortschrittliche Siedlung, während sie auf das Jüngste Gericht warteten. Später kaufte der britische Utopist Robert Owen die ganze Stadt.

Der besuchenswerte Ort verströmt bis heute eine gewisse Besinnlichkeit (wenn nicht gar Weltfremdheit). Hiervon zeugen Attraktionen wie das grandiose **Atheneum** (☎812-682-4474; www.usi.edu/hnh; 401 N Arthur St; ⌚9.30–17 Uhr), die **Roofless Church** (☎812-682-3050; www.robertleeblafferfoundation.org; 420 North St; ⌚wechselnde Öffnungszeiten) GRATIS oder das gruselige **Labyrinth** (☎812-682-4474; 1239 Main St; ⌚Sonnenaufgang–Sonnenuntergang) GRATIS.

New Harmony hat ein einfaches Resort und ein paar B&Bs in historischen Gebäuden (jeweils Mittelklassebereich). Im **Harmonie State Park** (☎812-682-4821; 3451 Harmonie State Park Rd; 9 US$/Auto) gibt's günstige Campingmöglichkeiten und Hütten.

Der Ortskern lässt sich gut zu Fuß erkunden und beherbergt eine Handvoll eigenständiger Restaurants, die vor allem Sandwiches, Pizzas und US-Küche servieren.

ℹ An- & Weiterreise

Als größter Highway verläuft die I-64 rund 7 Meilen (11 km) nördlich von New Harmony. Der Hwy 66 verbindet den Ort mit dem Ohio River Scenic Byway. Die nächstgelegene größere Stadt ist Evansville (ca. 30 Meilen/48 km Richtung Südosten), wo es einen Busbahnhof und einen kleinen Flughafen gibt.

Nördliches Indiana

Indianas flacher Norden ist industriell geprägt, bietet aber durchaus ein paar Überraschungen. Darunter sind wilde Sanddünen, Oldtimer-Autos, Kuchen im Amish-Stil und das berüchtigte Dark-Lord-Bier.

Indiana Dunes

Die Indiana Dunes sind für sonnige Strände, raschelndes Schilf und bewaldete Campingplätze berühmt. Im Sommer tummeln sich hier zahllose Sonnenanbeter aus Chicago und dem ganzen nördlichen Indiana. Weitere Highlights der Gegend sind die vielen Pflanzenarten (z. B. Kakteen, Kiefern) und die tollen Wanderwege, die sich durch die örtlichen Dünen und Wälder schlängeln. Am besten morgens aktiv sein und dann bis zum Nachmittag relaxen!

Sehenswertes & Aktivitäten

Indiana Dunes National Lakeshore NATIONALPARK
(☎219-926-7561; www.nps.gov/indu; ⊙6–23 Uhr) GRATIS Die Dünen erstrecken sich 24 km lang am Ufer des Lake Michigan. Das Schwimmen ist überall am Ufer erlaubt. Einen kurzen Fußmarsch von den Stränden entfernt führen mehrere Wanderwege durch die Dünen und Wälder. Besonders empfehlenswert ist der Bailly-Chellberg Trail (4 km), der sich an einer immer noch bewirtschafteten Farm aus den 1870er-Jahren vorbeischlängelt. Genauso schön ist der Heron Rookery Trail (3,2 km), auf dem man Kolonien von Kanadareihern sieht. Seltsamerweise liegt diese üppige Naturlandschaft nur einen Katzensprung entfernt von Fabriken mit qualmenden Schornsteinen, die von verschiedenen Aussichtspunkten aus erkennbar sind.

Indiana Dunes State Park STATE PARK
(☎219-926-1952; www.in.gov/dnr/parklake; 12 US$/Auto; ⊙7–23 Uhr) Nahe Chesterton liegt am Ende des Hwy 49 dieser State Park (8,5 km²), dessen Küstengebiet ein Teil des National Lakeshore ist. Verglichen mit dem Rest des letzteren gibt's hier mehr Einrichtungen, aber auch mehr Regeln und eine Fahrzeuggebühr. Zudem wird der State Park stärker besucht – im Sommer von Wanderern, im Winter von Skilangläufern. Durch seine Landschaft schlängeln sich insgesamt sieben Wanderpfade. Route Nr. 4 führt zum Gipfel des Mt. Tom mit Blick auf die Skyline Chicagos.

West Beach STRAND
(376 N County Line Rd; 6 US$/Auto; ⊙8 Uhr–Sonnenuntergang) Der West Beach mit Naturpfaden, Wanderwegen, einer Snackbar und toller Aussicht auf Chicago liegt am nächsten zu Gary. Unter den Stränden der Gegend ist dies der besucherschwächste; zudem sind Rettungsschwimmer nur hier zugange.

Pedal Power RADFAHREN
(☎219-921-3085; www.pedalpowerrentals.com; 1215 Hwy 49; Leihfahrrad pro Std./Tag 7/35 US$; ⊙Ende Mai–Anfang Okt. Sa & So 9–19 Uhr) Am Ende der Sackgasse neben dem Indiana Dunes Visitor Center gibt's Leihfahrräder inklusive Schutzhelme, Schlösser und Routenkarten. Vom Shop aus führt der Dunes-Kankakee Trail (2 Meilen/3,2 km) zum Indiana Dunes State Park. Pedal Power bietet auch geführte Touren an (z. B. Bike and Beach Yoga, 2 Std., 20 US$; Details s. Website).

Schlafen

In der Gegend findet man viele Campingplätze. Zudem säumen Mittelklasse-Kettenhotels und günstige Motels die Highways am Rand der Dunes.

Tryon Farm Guesthouse B&B $$
(☎219-879-3618; www.tryonfarmguesthouse.com; 1400 Tryon Rd; Zi. 190 US$;) Nahe Michigan City ist dieses B&B mit vier Zimmern in einem Bauernhaus aus der Zeit der vorletzten Jahrhundertwende untergebracht. Gäste können morgens beim Eiersammeln im Hühnerstall helfen und vielleicht auch ein paar Eier für den Eigengebrauch mitnehmen. Danach heißt's im Garten relaxen, wo Hängematten und eine Reifenschaukel warten.

Essen

★ **Great Lakes Cafe** DINER $
(☎219-883-5737; 201 Mississippi St; Hauptgerichte 6–9 US$; ⊙Mo–Fr 5–14.30, Sa 6–12.30 Uhr;) Eine griechische Familie betreibt dieses farbenfrohe Diner direkt vor einem Stahlwerk. Dessen Arbeiter laben sich hier scharenweise an preiswerten und herzhaften Tagesgerichten (z. B. Pfannkuchen, Hackbraten, Garnelen im Backteig, Bratkartoffeln mit Speck und Pekannüssen). Das aktuelle Angebot steht auf einer weißen Tafel. Gleich abseits vom Highway liegt das Lokal kurz vor dem National Lakeshore.

Lucrezia ITALIENISCH $$
(☎219-926-5829; 428 S Calumet Rd, Chesterton; Hauptgerichte 16–28 US$; ⊙So–Do 11–22, Fr & Sa bis 23 Uhr) Heimeliges und beliebtes Lokal mit italienischen Klassikern (z. B. Fettuccine Alfredo, in Marsala-Wein geschmortes Kalbfleisch, Linguine mit Jakobsmuscheln).

Praktische Informationen

Indiana Dunes Visitor Center (☎219-395-1882; www.indianadunes.com; 1215 Hwy 49; ⊙Juni–Aug. 8–18 Uhr, Sept.–Mai 8.30–16.30

ABSEITS DER ÜBLICHEN PFADE

AUBURN

Auburn ist Pflicht für Oldtimerfans, wo die Cord Company in den 1920er- und 1930er-Jahren die beliebtesten Autos der USA produzierte. Vor Ort gibt's zwei eindrucksvolle Automobilmuseen.

National Automotive and Truck Museum (☎260-925-9100; www.natmus.org; 1000 Gordon Buehrig Pl; Erw./Kind 10/5 US$; ⏲9–17 Uhr, Jan. & Feb. kürzere Öffnungszeiten) Zeigt von Spielzeugautos und Zapfsäulen bis hin zu historischen Sattelschleppern alles Mögliche.

Auburn Cord Duesenberg Museum (☎260-925-1444; www.automobilemuseum.org; 1600 S Wayne St; Erw./Kind 12,50/7,50 US$; ⏲9–17 Uhr) Fantastische Sammlung alter Roadster in grandiosem Art-déco-Ambiente.

Auburn liegt rund 20 Meilen (32 km) südlich des Hwy 20. Hauptzufahrtsroute ist die I-69.

Uhr) Der beste Ausgangspunkt für einen Besuch der Dunes: Hier gibt's Regionalinfos (inkl. Strände) und Karten für Wanderer, Radler oder Vogelbeobachter. Zudem führt das Zentrum ein Verzeichnis mit Wanderungen und anderen Aktivitäten unter der Leitung von Rangern.

An- & Weiterreise

Die Indiana Toll Rd (I-80/90), die I-94 und drei Highways (12, 20, 49) verlaufen allesamt am Lakeshore. Die Ausfahrten zu den Dunes sind jeweils mit großen braunen Schildern gekennzeichnet.

Zwischen Chicago und South Bend sind auch Pendlerzüge der South Shore Line unterwegs. Die Stationen Dune Park und Beverly Shores liegen jeweils ca. 1,5 Meilen (2,4 km) von den Stränden entfernt.

South Bend

South Bend ist die Heimat der University of Notre Dame (UND). In der Region hört man mitunter den Spruch „Football ist eine Religion" – was die UND besonders ernst nimmt: Ihr Stadion (80 000 Plätze) wird von einem riesigen Wandbild des „Touchdown Jesus" dominiert. Dieses zeigt eigentlich den auferstandenen Christus mit erhobenen Armen. Die Pose ähnelt jedoch sehr stark der eines Schiedsrichters, der einen Touchdown anzeigt. Der berühmte Uni-Campus und das Oldtimer-Automuseum im Zentrum sind ebenfalls einen Besuch wert.

Sehenswertes & Aktivitäten

Studebaker National Museum MUSEUM
(☎574-235-9714; www.studebakermuseum.org; 201 S Chapin St; Erw./Kind 8/5 US$; ⏲Mo–Sa 10–17, So ab 12 Uhr) South Bend war einst Werksstandort des Autoherstellers Studebaker. Dieses Museum zeigt schöne Oldtimer, die früher hier gebaut wurden. Unter den funkelnden Vehikeln auf drei Stockwerken sind u.a. ein toller Packard von 1956, alte Pferdekutschen und gepanzerte Militärfahrzeuge. Der Eingang liegt an der Thomas St. Im selben Gebäude befindet sich auch ein stadtgeschichtliches Museum.

Notre Dame Tours STADTSPAZIERGÄNGE
(☎574-631-5726; www.nd.edu/visitors; 111 Eck Center) GRATIS Am Eck Visitor Center starten diese Rundgänge über den hübschen Uni-Campus (3,2 km, 75 Min.; Mo–Fr meist mind. 10 & 15 Uhr). Das Gelände mit zwei Seen und Architektur im gotischen Stil wird von der berühmten Goldkuppel des Hauptgebäudes dominiert.

Schlafen & Essen

Etwas nördlich der Universität säumen mehrere Kettenhotels der Budget- und Mittelklasse den US Business 31/Hwy 933 (alias Dixie Way) im Bezirk Roseland. In der Nähe liegt die Ausfahrt 77 der Indiana Toll Rd (I-80/90). Football-Heimspiele von Notre Dame lassen die Preise im Herbst heftig steigen.

An den Straßen rund um den Campus findet man Studentencafés und Fast-Food-Lokale. Die Restaurants im Zentrum servieren vor allem mittelteure US-Küche. Darunter sind aber auch ein paar ethnische Optionen (z.B. thailändisch, japanisch, indisch). Für die Suche empfiehlt sich die Michigan St.

Morris Inn HOTEL $$
(☎574-631-2000; www.morrisinn.nd.edu; 1399 N Notre Dame Ave; Zi. 185–215 US$) Das Morris liegt im Herzen des Campus und ist daher bei früheren Studenten der UND sehr beliebt. Die 150 Zimmer in Weiß- und Goldtönen gewinnen nicht gerade einen Preis für modernes Innendesign. Dafür punkten sie mit Geräumigkeit, Komfort, großen Bädern und weichen Betten. Parken kostet 20 US$ pro Nacht. Alternativ kann man sein Vehikel gratis vor einem nahegelegenen Buchladen (5 Min. zu Fuß) abstellen.

★Oh Mamma's on the Avenue FEINKOST $
(☎574-276-6918; www.facebook.com/OhMamma; 1202 Mishawaka Ave; Sandwiches 6–8 US$; ⊙Di–Fr 10–18, Sa 9–16 Uhr) Der reizende kleine Mix aus Lebensmittel- und Feinkostladen punktet u. a. mit äußerst freundlichem Personal und großzügigen Kostproben. Im Angebot sind hier z. B. getoastete Sandwiches, frisch gebackenes Brot, Cannoli, Eiscreme und viele regionale Käsesorten (darunter toller selbstgemachter Ziegenkäse). Das Essen kann an ein paar Tischen vor Ort vertilgt oder mitgenommen werden.

ℹ An- & Weiterreise

Der überraschend große Flughafen von South Bend bietet u. a. Verbindungen nach Chicago und Detroit. Zudem halten dort Pendlerzüge der South Shore Line auf dem Weg nach/ab Chicago (einfache Strecke ca. 13 US$). Die Hauptzufahrtsstraßen zur Stadt sind die Indiana Toll Rd (I-80/90) und der Hwy 20.

Indiana Amish Country

Im Bereich von Shipshewana und Middlebury lebt die drittgrößte Amish-Gemeinde der USA. Hier klappern Pferdekutschen vorbei, während Männer mit langen Bärten die gepflegten Felder von Hand pflügen – alles nicht weit weg von der Interstate und doch eine komplett andere Welt.

Am besten folgt man einfach einer beliebigen Landstraße zwischen den beiden Orten. Dabei fällt der Blick häufig auf Familien, die Bienenwachskerzen, Steppdecken oder frisches Obst und Gemüse auf ihren Veranden verkaufen. Diese Produkte sind sicherlich hochwertiger als das, was man bei den oft touristisch angehauchten Läden und Restaurants an der Hauptstraße bekommt. Sonntags hat hier fast alles geschlossen. In der Region gibt's hauptsächlich behagliche B&Bs und Landgasthöfe der Mittelklasse- oder Budget-Kategorie. Chic und Luxus sind dabei nicht zu erwarten. Auf vielen örtlichen Speisekarten stehen Spezialitäten im Amish-Stil (z. B. Hähnchen mit Nudeln, Ofensteak, Roastbeef, frisch gebackener Kuchen in zahllosen Varianten). Die vielen volkstümlichen Optionen am Hwy 5 (alias Van Buren St) in Shipshewana sind teilweise ziemlich touristisch.

ℹ Praktische Informationen

Elkhart County Convention & Visitors Bureau (www.amishcountry.org) Karten sowie herunterladbare Regionalführer.

ℹ An- & Weiterreise

Die Indiana Toll Rd (I-80/90) durchquert die Region in Richtung Norden. Am Hwy 20 aus Richtung Süden liegen Middlebury und Shipshewana ca. 7 Meilen (11 km) voneinander entfernt.

OHIO

Also gut, Zeit für ein Ohio-Quiz: Welche Möglichkeiten bieten sich im Buckeye State? Erstens: Per Pferdewagen durch eine der größten Amish-Gemeinden der USA fahren. Zweitens: Den eigenen Magen in einer der schnellsten Achterbahnen der Welt zur Kapitulation zwingen. Drittens: Sich in einer Molkerei an traumhaft cremigen Milchshakes laben. Oder viertens: Eine riesige mysteriöse Schlangenskulptur erkunden, die in die Erde hineingebaut wurde. Und was davon empfiehlt sich nun? Alles! Die Einheimischen sind beleidigt, wenn Besucher denken, dass sie hier nur Kühe umschubsen können. Ohio hat eine Chance verdient! Abgesehen davon kann man ein *five-way* (Spaghetti) in Cincinnati futtern und in Cleveland so richtig abrocken.

ℹ Praktische Informationen

Tourism Ohio (www.ohio.org)

Verkehrsinformationen für Ohio (www.ohgo.org)

Ohio State Park Information (☎614-265-6561; http://parks.ohiodnr.gov) Der Eintritt in State Parks ist kostenlos, in einigen gibt's WLAN gratis. Zelt- und Wohnmobilstellplätze kosten zwischen 19 und 41 US$. Reservierungen sind möglich (☎866-644-6727; www.ohiostateparks.reserveamerica.com; Gebühr 8 US$).

Cleveland

Geht in Cleveland nun die Post ab oder nicht? Das ist hier die Frage. Die einstige Arbeiterstadt hat in den letzten Jahren jedenfalls hart daran gearbeitet, dass die Antwort „ja" lauten kann: Zuerst wurden die Probleme mit dem städtischen Verfall und dem brennenden Fluss gelöst – der Cuyahoga River war früher derart verschmutzt, dass er tatsächlich brannte. Dann brachte man mit der Rock and Roll Hall of Fame eine würdige Attraktion in die Stadt. Der dritte Schritt bestand schließlich darin, die öffentlichen Plätze im Zentrum zu sanieren und angesagte Hotels bzw. Restaurants zu eröffnen. Gesamtergebnis: Cleveland hat sich inzwischen ganz schön gemausert. So sehr und so lebendig, dass sich sogar laut LeBron James eine Rückkehr lohnt.

Sehenswertes

Das Zentrum von Cleveland ist der Public Sq, der vom auffälligen Terminal Tower und dem Casino, in dem die Automaten fröhlich klingeln und viel los ist, dominiert wird. Die meisten Sehenswürdigkeiten befinden sich im Zentrum am Flussufer oder am University Circle (der Gegend um die Case Western Reserve University, die Cleveland Clinic und einige andere Institutionen). Rund 5 Meilen (8 km) östlich vom Zentrum befindet sich der University Circle, wo mehrere Museen und Attraktionen in Laufentfernung zueinander liegen. Wer kein eigenes Auto hat, nimmt den HealthLine-Bus bis Adelbert. Der Nordteil des Viertels ist als Uptown bekannt.

★ Rock and Roll Hall of Fame & Museum MUSEUM

(☎216-781-7625; www.rockhall.com; 1100 E 9th St; Erw./Kind 23,50/13,75; ⏲10–17.30 Uhr, Juni–Aug. Mi & Sa bis 21 Uhr) Clevelands Top-Attraktion wirkt wie ein vollgestopfter Dachboden mit erstaunlichen Fundstücken: Jimi Hendrix' Stratocaster, Keith Moons Plateauschuhe, John Lennons Sgt.-Pepper-Anzug und der Hassbrief eines Fidschianers an die Rolling Stones aus dem Jahr 1966. Multimediaausstellungen beschäftigen sich mit der Geschichte und dem sozialen Kontext der Rockmusik und der Musiker, die sie schufen.

Warum aber steht das Museum in Cleveland? Weil es die Heimatstadt von Alan Freed ist, dem Diskjockey, der den Begriff „Rock and Roll" in den frühen 1950er-Jahren populär machte – und weil die Stadt dafür hart gekämpft und teuer bezahlt hat. Hier herrscht oft viel Gedränge, besonders bis etwa 13 Uhr.

★ Cleveland Museum of Art MUSEUM

(☎216-421-7340; www.clevelandart.org; 11150 East Blvd; ⏲Di–So 10–17, Mi & Fr bis 21 Uhr) GRATIS Die hervorragende Sammlung des großen Museums umfasst u.a. Kunst aus Europa, Afrika, Asien und den USA. Im 2. Stock warten berühmte Meisterwerke von Impressionisten, Surrealisten und Picasso. In allen Sälen informieren interaktive Touchscreens die Besucher auf spaßige Weise. Die Gallery One nahe des Eingangs gibt einen coolen Kurzüberblick über örtliche Highlights. Im grandiosen und lichtdurchfluteten Atrium starten Gratisführungen (13 Uhr).

Great Lakes Science Center MUSEUM

(☎216-694-2000; www.greatscience.com; 601 Erieside Ave; Erw./Kind 15/12 US$; ⏲Mo–Sa 10–17, So ab 12 Uhr; Sept.–Mai Mo geschl.) Das Great Lakes Science Center ist eines von zehn Museen des Landes, die zur NASA gehören. Es entführt Besucher mit seinen Raketen, Mondsteinen und der Apollo-Kapsel von 1973 in die Tiefen des Alls, widmet sich aber auch den Umweltproblemen der Großen Seen.

Lake View Cemetery FRIEDHOF

(☎216-421-2665; www.lakeviewcemetery.com; 12316 Euclid Ave; ⏲7.30–19.30 Uhr) Auf dem Weg vom University Circle in Richtung Osten unbedingt dieses vielfältige „Freiluftmuseum" besuchen: Hier ruht u.a. James Garfield in einem unglaublich großen Turm – schon sehr protzig für einen Mann, der gerade mal sechs Monate lang US-Präsident war.

The Flats UFERBEREICH

Bei den Flats am Cuyahoga River handelt es sich um ein altes Industriegebiet, das in ein Nightlife-Zentrum umgewandelt wurde. Das Areal blickt auf eine wechselvolle Vergangenheit zurück: Nach Jahren der Vernachlässigung ist es nun wieder im Kommen. Am Ostufer gibt's Bars, stilvolle Restaurants, eine Promenade und einen Pavillon für Freiluftkonzerte. Das etwas rustikalere und weitläufigere Ostufer wartet u.a. mit einer alten Autowerkstatt auf, die nun ein Mix aus Brauerei und Winzerei ist. Zudem findet man dort einen Skaterpark und ein paar alte Kaschemmen.

Schlafen

★ Cleveland Hostel HOSTEL $

(☎216-394-0616; www.theclevelandhostel.com; 2090 W 25th St; B/Zi. ab 28/71 US$;) Dieses Hostel in Ohio City, nur ein paar Schritte von einer RTA-Haltestelle und dem West Side Market entfernt, ist einfach fantastisch. Es hat 15 Zimmer – sowohl Mehrbett- als auch kleinere Zimmer. Alle sind frisch in sanften Farben gestrichen und mit flauschigen Bettdecken und eleganter Dekoration ausgestattet. Wenn man dann noch die nette Dachterrasse, das Café in der Lobby mit geröstetem Kaffee und den kostenlosen Parkplatz hinzunimmt, überrascht es nicht, dass es hier immer gerappelt voll ist.

★ Kimpton Schofield Hotel HOTEL $$

(☎216-357-3250; www.theschofieldhotel.com; 2000 E 9th St; Zi. 180–260 US$, Parken 36 US$; P) Das Schofield in einem restaurierten Innenstadtgebäude von 1902 ist etwas für coole Hipster: Abgefahrene Kunst (z. B. Drucke von Spielzeugautos), bunte Uhren und Lampen bzw. Stühle mit Art-déco-Touch zieren die geräumigen Zimmer. Unter den kostenlosen Extras sind Mietfahrräder, ein Abendtreff mit Wein und akustische Leihgitarren für eigene Jamsessions im Zimmer.

Glidden House BOUTIQUEHOTEL **$$**
(216-231-8900; www.gliddenhouse.com; 1901 Ford Dr; Zi. 160–190 US$; P) Die Familie Glidden verdiente einst ein Vermögen mit der Herstellung von Farben. Ihre frühere Villa zitiert u. a. den Architekturstil der französischen Gotik und ist heute ein würdevolles Hotel am University Circle (die Museen liegen in Laufentfernung). Die Gemeinschaftsbereiche sind opulent, während die 60 Zimmer mit mehr Understatement daherkommen.

Hilton Garden Inn HOTEL **$$**
(216-658-6400; www.hiltongardeninn.com; 1100 Carnegie Ave; Zi. 129–179 US$; @ P) Die Unterkunft ist zwar nicht besonders nobel, bietet aber ein ordentliches Preis-Leistungs-Verhältnis und bequeme Betten. Es gibt mit WLAN ausgerüstete Arbeitsplätze und Minikühlschränke. Der Baseball-Park befindet sich ganz in der Nähe. Parken kostet 18 US$.

Essen

Für aktuell angesagte Lokale empfehlen sich die E 4th St, Ohio City und Tremont. Little Italy und Asiatown sind am besten in puncto Ethno-Restaurants.

Downtown

Unter den funkelnden Lichtern der E 4th St findet man mehrere tolle Restaurants. Asiatown liegt östlich der Innenstadt zwischen Payne Ave, St. Clair Ave, E 30th St und 40th St. Etwas ab vom Schuss gibt's dort mehrere Lokale mit chinesischer, vietnamesischer und koreanischer Küche.

Noodlecat NUDELN **$**
(216-589-0007; www.noodlecat.com; 234 Euclid Ave; Hauptgerichte 10–12 US$; 11–21 Uhr) Japanisch-amerikanischer Restaurant-Mix mit modernen Nudelgerichten (z. B. Udon-Nudeln mit Currygemüse oder pikantem Tintenfisch, Ramen-Nudeln mit knusprigem Speck oder gebratenem Hühnerfleisch).

Lola AMERIKANISCH **$$$**
(216-621-5652; www.lolabistro.com; 2058 E 4th St; Hauptgerichte 29–40 US$; So–Do 17–22, Fr & Sa bis 23 Uhr) Michael Symon stammt aus Cleveland und hat seine Heimat mit dem Lola zum Gourmet-Ziel gemacht. Bekannt ist er für seine Tattoos, Auftritte auf Food Network TV und vielen US-Awards. Unter den saisonal wechselnden Gerichten sind z. B. Nierenzapfen mit Essigsauce oder geschmorte Lammhüfte mit Minze und Wurzelgemüse. Die funkelnde Bar und die offene Küche tragen zum eleganten Ambiente bei.

Wer Symons Küche in lässigerer Atmosphäre und zudem günstiger genießen will, folgt der 4th St ein kurzes Stück nordwärts bis zum Mabel's BBQ, das u. a. Rinderbrust und Krakauer auftischt.

Ohio City & Tremont

Südlich des Zentrums eröffnen ständig neue Trendlokale – genauer gesagt in den Vierteln Ohio City (vor allem entlang der W 25th St) und Tremont, rechts und links der I-90.

Barrio MEXIKANISCH **$**
(216-999-7714; www.barrio-tacos.com; 806 Literary St; Tacos 3–4 US$; Mo–Do 16–2, Fr–So 11–2 Uhr) Der Tremont-Ableger dieser kleinen Kette begeistert immer viele junge Einheimische mit der Möglichkeit, Tacos selbst zusammenzustellen. Die Palette der Füllungen reicht von Chili-Tofu im thailändischen Stil bis zu selbstgemachter Chorizo-Wurst. Margaritas in ungewöhnlichen Geschmacksrichtungen (z. B. Birne, Jalapeño) runden den kulinarischen Spaß ab.

Mitchell's Ice Cream EISCREME **$**
(216-861-2799; www.mitchellshomemade.com; 1867 W 25th St; Eiskugel 3,50–5 US$; So–Do 11–22, Fr & Sa 11–23 Uhr;) Im Falle des Mitchell's wurde ein altes Kino zur Eisdiele umgebaut. Durch große Glasfenster kann man dem Personal beim Kreieren der cremigen und sehr aromatischen Köstlichkeiten (darunter tolle vegane Optionen) zusehen.

Little Italy & Coventry

Diese Viertel eignen sich perfekt zum Auftanken, wenn man im University Circle unterwegs ist. Little Italy ist näher dran, es liegt an der Mayfield Rd unweit des Lake View Cemetery (nach dem Rte-322-Schild Ausschau halten). Eine andere Möglichkeit ist das lockere Coventry Village an der Mayfield Rd.

Presti's Bakery BÄCKEREI **$**
(216-421-3060; www.prestisbakery.com; 12101 Mayfield Rd; Snacks 2–6 US$; Mo 6–19, Di–Do

bis 21, Fr & Sa bis 22, So bis 16 Uhr) In der großen, sonnigen Bäckerei Presti's sollte man die beliebten Sandwiches und göttlichen Backwaren probieren.

Tommy's INTERNATIONAL $
(☎ 216-321-7757; www.tommyscoventry.com; 1824 Coventry Rd; Hauptgerichte 8–13 US$; ⏰ So–Do 9–21, Fr bis 22, Sa 7.30–22 Uhr; 📶🅥) Aus der Küche kommen vorwiegend Tofu, Seitan und andere vegetarische Verdächtige. Es stehen aber auch Fleischgerichte auf der Karte.

Ausgehen & Nachtleben

Tremont hat jede Menge schicke Bars, Ohio City zahllose Brauereien. Im Zentrum konzentriert sich die Action auf die wiederbelebten Flats und den jungen, testosterongesteuerten Warehouse District im Bereich der W 6th St. Die meisten Locations haben bis 2 Uhr geöffnet.

★ **Platform Beer Co** BRAUEREI
(☎ 216-202-1386; www.platformbeerco.com; 4125 Lorain Ave; ⏰ Mo–Do 15–24, Fr bis 2, Sa 10–2, So bis 22 Uhr) In einem Schankraum mit schimmernden Speichertanks laben sich hier coole Typen jeden Alters z. B. an einfallsreichen Saisonbieren oder Pale Ales (5–6 US$/Pint). Bei Schönwetter sind die Picknicktische auf der Terrasse stark belebt. Etwas ab vom Schuss liegt die Brauerei am Südrand von Ohio City. Draußen vor der Tür gibt's jedoch eine praktische Bikesharing-Station.

Great Lakes Brewing Company BRAUEREI
(☎ 216-771-4404; www.greatlakesbrewing.com; 2516 Market Ave; ⏰ Mo–Do 11.30–24, Fr & Sa 11.30–1 Uhr) Mit seinen selbstgebrauten Bieren hat Great Lakes schon viele Preise eingeheimst. Ein weiteres Schmankerl historischer Natur: Eliot Ness lieferte sich hier einst eine Schießerei mit Kriminellen. Wer die Einschusslöcher sehen will, fragt den Barkeeper.

Millard Fillmore Presidential Library BAR
(☎ 216-481-9444; 15617 Waterloo Rd; ⏰ Mo–Sa 16–2.30, So bis 0.30 Uhr) Wenn man Freunden vom Besuch der Millard Fillmore Presidential Library berichtet, werden sie von solch intellektueller Wissbegier beeindruckt sein – aber noch mehr, sobald sie herausfinden, das es sich dabei um eine Craft-Bier-Kaschemme im aufstrebenden Viertel Collinwood handelt. Fillmore (13. US-Präsident) stammte ursprünglich aus New York. Das tut einem coolen Barnamen in Cleveland aber keinen Abbruch.

Jerman's Cafe BAR
(☎ 216-361-8771; 3840 St Clair Ave NE; ⏰ Mo–Sa 10–1 Uhr) Die zweitälteste Bar der Stadt wurde 1908 von dem slowenischen Einwanderer John Jerman eröffnet. Dessen Familie betreibt den herrlich altmodischen Laden bis heute. Unter Deckenelementen aus geprägtem Zink laufen hier Baseballspiele der Indians auf mehreren TVs. Die kleine Fassbierauswahl beinhaltet meist ein deutsches Lager. Die freundlichen Barkeeper und Stammgäste erzählen gern Geschichten aus der guten alten Zeit.

☆ Unterhaltung

Im Gordon Square Arts District an der Detroit Ave zwischen W 56th St und W 69th St, ein paar Kilometer westlich des Zentrums, findet man nette Theater, Livemusik-Locations und Cafés.

★ **Happy Dog** LIVEMUSIK
(☎ 216-651-9474; www.happydogcleveland.com; 5801 Detroit Ave; ⏰ Mo–Mi 16–0.30, Do & So ab 11, Fr & Sa 11–2.30 Uhr) Im Viertel Gordon Square gibt's hier Hotdogs in 50 verschiedenen Varianten (z. B. mit schwarzen Trüffeln für Gourmets oder mit Erdnussbutter und Marmelade für Geschmacksverirrte). Für Unterhaltung beim Essen sorgen zusammengewürfelte Livebands, DJs, Geschichtenerzähler und wissenschaftliche Vorträge.

Severance Hall KLASSISCHE MUSIK
(☎ 216-231-1111; www.clevelandorchestra.com; 11001 Euclid Ave) Nahe den Museen am University Circle beheimatet dieser Prachtbau mit klassischen und Art-déco-Elementen das gefeierte Cleveland Symphony Orchestra (Konzertsaison Aug.–Mai).

Progressive Field BASEBALL
(☎ 216-420-4487; www.indians.com; 2401 Ontario St) In dem Baseballstadion mit guten Blickachsen spielen die Cleveland Indians alias The Tribe (Der Stamm).

ℹ Prakische Informationen

Destination Cleveland (www.thisiscleveland.com) Offizielle Website, die mit zahllosen Infos beim Planen hilft.

Visitor Center (☎ 216-875-6680; 334 Euclid Ave; ⏰ Mo–Sa 9–18 Uhr) Verteilt Karten, hilft bei der Zimmerreservierung und betreibt vor Ort auch einen reizenden Souvenirshop mit künstlerischem Touch.

Cool Cleveland (www.coolcleveland.com) Angesagte Kunst- und Kulturevents.

Ohio City (www.ohiocity.org) Restaurants und Bars in den einzelnen Stadtvierteln.

Tremont (www.tremontwest.org) Restaurants, Bars und Galerietouren.

Anreise & Unterwegs vor Ort

Der **Cleveland Hopkins International Airport** (CLE; www.clevelandairport.com; 5300 Riverside Dr) liegt 11 Meilen (18 km) südwestlich des Zentrums und ist mit dem Zug der Red Line (2,50 US$) zu erreichen. Ein Taxi in die Innenstadt kostet ca. 35 US$.

Vom Zentrum aus fährt **Greyhound** (☎216-781-0520; www.greyhound.com; 1465 Chester Ave) oft nach Chicago (7½ Std.) und New York City (13 Std.). **Megabus** (www.megabus.com/us; 2115 E 22nd St) fährt ebenfalls nach Chicago und ist häufig preiswerter.

Amtrak (☎216-696-5115; www.amtrak.com; 200 Cleveland Memorial Shoreway) fährt einmal täglich nach Chicago (7 Std.) und New York City (13 Std.).

Die Regional Transit Authority (www.riderta.com) schickt den Red-Line-Zug zum Flughafen und nach Ohio City. Zudem betreibt sie den HealthLine-Bus, der entlang der Euclid Ave zwischen dem Zentrum und den Museen am University Circle verkehrt. Eine Einzelfahrt kostet 2,50 US$, eine Tageskarte 5,50 US$. Obendrein verbinden kostenlose Trolleys auf Rundkursen die wichtigsten Geschäfts- und Unterhaltungszonen der Innenstadt miteinander.

UH Bikes (www.uhbikes.com; 3,50 US$/30 Min.) heißt Clevelands Bikesharing-Programm mit insgesamt 250 Fahrrädern an 25 Verleihstationen (die meisten davon in Downtown und im University Circle).

Wer ein Taxi braucht, ruft bei **Americab** (☎216-881-1111) an.

Erie Lakeshore & Islands

Im Sommer gehört dieses Urlaubsgebiet zu den belebtesten und teuersten Regionen in Ohio. Dann hauen hier Bootstouristen auf den Party-Putz, während Wagemutige mit Achterbahnen fahren und Outdoorfans per Fahrrad oder Kajak losziehen. Außerhalb der Hauptsaison (Mitte Mai–Mitte Sept.) hat vor Ort fast alles geschlossen.

Bass Islands

Bei der Schlacht auf dem Eriesee (1812) besiegte Admiral Perry die britische Flotte nahe South Bass Island. Damit sorgte er dafür, dass das ganze Land südlich der Großen Seen an die USA statt an Kanada fiel. Aber an Sommerwochenenden im rappelvollen Put-in-Bay ist Geschichte eher nebensächlich: Die größte Ortschaft der Insel wird dann zu einem Partyzentrum mit belebten Restaurants, brummenden Läden und feierwütigen Bootstouristen. Rundum gibt's Möglichkeiten zum Campen, Angeln, Kajakfahren und Schwimmen. Mit seinen Pensionen, B&Bs, Motels und Resorts ist South Bass Island relativ stark erschlossen. Im lokalen State Park liegen Campingplätze.

Zahllose Restaurants säumen die Bay View, Catawba und Delaware Ave im Zentrum von Put-in-Bay. Diese Lokale lassen sich leicht zu Fuß abklappern.

Sehenswertes & Aktivitäten

Perry's Victory and International Peace Memorial DENKMAL
(www.nps.gov/pevi; 93 Delaware Ave; Erw./Kind 5 US$/frei; ⏲Mitte Mai–Mitte Okt. 10–18 Uhr) Das 107 m hohe Denkmal in Form einer dorischen Säule ist eine einzigartige Attraktion. Der Blick von der Aussichtsplattform fällt auf das Schlachtfeld und reicht an schönen Tagen bis hinüber nach Kanada. Zum Zeitpunkt der Recherche war die Plattform wegen Renovierung geschlossen, sie sollte aber zur Saison 2018 wieder eröffnet werden.

South Bass Island State Park STATE PARK
GRATIS Von der Oberkante weißer Klippen auf der südwestlichen Inselseite reicht dieser Park bis hinunter zu einem kleinen Felsstrand mit Fischereipier, Jetski- und Motorbootverleih. Der örtliche Campingplatz mit 120 Stellplätzen (17–32 US$) lockt zahllose Party-People an.

Kayak the Bay KAJAKFAHREN
(☎419-967-0796; www.kayakthebay.net; Bayview Ave; 1-/2-sitziges Leihkajak pro 2 Std. 25/45 US$; ⏲Ende Mai–Aug. 10–20 Uhr, Sept. Mo–Fr 12–18 Uhr) Mit den Leihkajaks dieser Firma kann man durch den Hafen paddeln oder die Insel umrunden. Unter den geführten Touren (40–50 US$/Pers.; telefonische Reservierung erforderlich) ist auch ein Trip zu Sonnenuntergang.

Schlafen

Ashley's Island House B&B $$
(☎419-285-2844; www.ashleysislandhouse.com; 557 Catawba Ave; Zi. 110–195 US$; ⏲Nov.–März geschl.; ❄📶) Ende der 1800er-Jahre war das Gebäude dieses B&Bs ein Quartier für Offiziere der US-Marine. Heute warten darin zwölf heimelige Zimmer mit Hartholzböden, rustikalen Antiquitäten und bunten Stepp-

decken. Gäste können Fahrräder und Golfmobile ausleihen.

Ausgehen & Nachtleben

Beer Barrel Saloon BAR
(☎419-285-7281; www.beerbarrelpib.com; 324 Delaware Ave; ⏲11–1 Uhr) Ein 124 m langer Tresen bietet hier viel Platz zum Trinken. Zudem punktet der Laden mit Livemusik und Jello Shots (mit Alkohol versetzter Wackelpudding in Schnapsgläsern).

Praktische Informationen

Put-in-Bay Chamber of Commerce (www.visitputinbay.com) Infos zu Unterkünften und Aktivitäten in der Region.

An- & Weiterreise

Zwei Fährunternehmen schippern regelmäßig vom Festland aus hierher: **Jet Express** (☎800-245-1538; www.jet-express.com; 3 N Monroe St) schickt Personenfähren fast stündlich von Port Clinton nach Put-in-Bay (einfache Strecke Erw./Kind 18/3 US$, 30 Min.). Autos können auf dem Parkplatz beim Anleger abgestellt werden (12 US$/Tag). Am günstigsten sind die Autofähren von **Miller Ferries** (☎800-500-2421; www.millerferry.com; 5174 E Water St), die etwas weiter draußen in Catawba starten (einfache Strecke Erw./Kind/Auto 7/1,50/16 US$, 20 Min., alle 30 Min.). Ab South Bass fahren sie auch nach **Middle Bass Island** und ermöglichen so schöne Tagesausflüge, die Ruhe und Natur versprechen.

Kelleys Island

Die grüne und ruhige Kelleys Island wird vor allem von Familien als Wochenendziel geschätzt. Hier warten hübsche Häuser aus dem 19. Jh., Zeichnungen, die Indianer hinterlassen haben, ein schöner Strand und eiszeitliche Gletscherriefen in der Landschaft. Hinzu kommen alte Kalksteinbrüche, die ebenfalls sehr malerisch sind.

Sehenswertes & Aktivitäten

Kelleys Islands State Park STATE PARK
GRATIS Dieser Park auf der nördlichen Inselseite ist bei Familien sehr beliebt. Hierfür sorgen ein Campingplatz mit 127 Stellplätzen (17–32 US$), ein Wanderwegnetz (fast 10 km) in vogelreicher Landschaft und ein abgeschiedener Sandstrand.

Glacial Grooves GEOLOGISCHE STÄTTE
(⏲Sonnenaufgang–Sonnenuntergang) GRATIS Die gewaltigen Furchen im Kalkstein (bis zu 122 m lang, 11 m breit und 3 m tief) entstanden vor rund 18 000 Jahren durch Gletschererosion. Weltweit sind sie die größten und am leichtesten zugänglichen ihrer Art. Treppen und ein Laufsteg laden zum Bestaunen ein.

Inscription Rock Petroglyphs INDIGENE STÄTTE
(⏲Sonnenaufgang–Sonnenuntergang) GRATIS Amerikanische Ureinwohner jagten einst auf der Insel. Irgendwann zwischen 1200 und 1600 n. Chr. ritzten sie dabei Petroglyphen in diesen Felsen an der südlichen Inselküste.

Caddy Shack Square RADFAHREN
(☎419-746-2664; www.caddyshacksquare.com; 115 Division St; ⏲10 Uhr–Sonnenuntergang) Diese Firma verleiht Fahrräder (pro Std./Tag 4/24 US$) und Golfmobile (pro Std./Tag 11/88 US$) für Inselerkundungen. Sie gehört zu einem Unterhaltungskomplex mit einer

NICHT VERSÄUMEN

DIE RASANTEN ACHTERBAHNEN VON CEDAR POINT

Der **Cedar Point Amusement Park** (☎419-627-2350; www.cedarpoint.com; 1 Cedar Point Dr; Erw./Kind 67/45 US$, Parken 15–18 US$; ⏲Juni–Aug. ab 8 Uhr, Sept. & Okt. Fr 18–24, Sa & So ab 11 Uhr) mit seinen 17 rasanten Achterbahnen zählt zu den besten Vergnügungsparks der Welt. Unter den heftigsten Fahrten ist die mit dem Top Thrill Dragster, einer der höchsten und schnellsten (128 m, 193 km/h) Achterbahnen der Welt. Als längster „Dive Coaster" des Planeten stürzt der Valravn seine Passagiere über 65 m senkrecht in die Tiefe. Im flügelartigen GateKeeper rast man durch Loopings, Spiralen und die höchste Inversion der Welt über die Schienen (sehr oft kopfüber).

Wer nach dem Adrenalinkick dank der Achterbahnen noch nicht genug hat, findet in der Umgebung einen hübschen Strand, einen Wasserpark und einige altmodische Attraktionen mit viel Zuckerwatte. Bei Onlinekauf im Voraus sind die Tickets günstiger. Der Park liegt rund 6 Meilen (10 km) von Sandusky entfernt.

Praktisch: Die gratis herunterladbare Cedar Point App gibt die aktuellen Wartezeiten (teilweise über 90 Min.) bei den einzelnen Achterbahnen an.

Minigolfbahn (18 Löcher), Videospielen, einer Pizzeria und einer geselligen Bar.

Schlafen & Essen

Inn on Kelleys Island B&B **$$**
(☎419-746-2258; www.innki20.wixsite.com/innofkelleysisland; 317 W Lakeshore Dr; Zi. 95–125 US$) Das altmodische B&B in einem viktorianischen Wohnhaus von 1876 gehört alteingesessenen Inselbewohnern. In den vier Zimmern mit Gemeinschaftsbädern findet man Metallbetten, Steppdecken, Schaukelstühle und rustikale Antiquitäten.

Village Pump KNEIPENESSEN **$$**
(☎419-746-2281; www.villagepumpkioh.com; 103 W Lakeshore Dr; Hauptgerichte 14–26 US$; ⌚März–Dez. 11–23 Uhr; 📶) An Tischen oder auf Barhockern am Tresen stärken sich die Gäste der altmodischen Kneipe mit prima Burgern, Hummercremesuppe und gebratenem Flussbarsch. Auch der Brandy Alexander mit Schoko-Aroma, die Cocktailspezialität des Hauses, ist empfehlenswert.

Praktische Informationen

Kelleys Island Chamber of Commerce (www.kelleysislandchamber.com) Nützliche Infos zu Unterkünften, Restaurants und Aktivitäten.

An- & Weiterreise

Die Fähren von **Kelleys Island Ferry** (☎419-798-9763; www.kelleysislandferry.com; abseits der W Main St) starten im Nest Marblehead (einfache Strecke Erw./Kind/Auto 10/6,25/16 US$, ca. 20 Min.; Sommer/übriges Jahr alle 30/60 Min.). **Jet Express** (☎800-245-1538; www.jet-express.com; 101 W Shoreline Dr) legt in Sandusky ab (einfache Strecke Erw./Kind 18/4,75 US$, keine Autos; 25 Min.) und schippert dann weiter nach Put-in-Bay auf South Bass Island (einfache Strecke Erw./Kind 13/3 US$, keine Autos). Beide Firmen legen im zentralen Siedlungsbereich von Kelleys Island an: Jet Express am unteren Ende der Division St, Kelleys Island Ferry rund 0,5 Meilen (800 m) weiter östlich an der Seaway Marina.

Ohio Amish Country

In den ländlichen Counties Wayne und Holmes ist die größte Amish-Gemeinde der USA beheimatet. Ein Besuch bei den Amish ist wie eine Reise mit der Zeitmaschine in eine vorindustrielle Zeit.

Als Nachkommen von konservativen deutsch-schweizerischen religiösen Splittergruppen, die im 18. Jh. nach Amerika auswanderten, halten sich die Amish immer noch mehr oder weniger an deren *Ordnung* (Lebensstil). Viele – wenn auch nicht alle – befolgen die Regeln, nach denen es verboten ist, Strom, Telefone und motorisierte Fahrzeuge zu benutzen. Sie tragen traditionelle Kleidung, bewirtschaften ihr Land mit Pflug und Maultieren und fahren mit Pferdekutschen zur Kirche.

Leider wird die ansonsten so friedliche Szenerie von einer Menge Reisebusse gestört. Viele Amish freuen sich aber über den Geldsegen. Das bedeutet jedoch nicht, dass man sie auch fotografieren darf – für Amish sind Fotos meist tabu. Die Straßen hier sind eng und kurvenreich, deshalb sollten Besucher vorsichtig und langsam fahren.

ABSTECHER

PELEE ISLAND

Pelee ist die größte der Erie Islands und gehört zu Kanada. Auf der grünen und ruhigen Insel mit Weingütern kann man prima Vögel beobachten. Owen Sound Transportation Co (www.ontarioferries.com) schickt eine Fähre von Sandusky nach Pelee (einfache Strecke Erw./Kind/Auto 13,75/6,75/30 US$) und ab dort weiter zum Festland von Ontario. Infos zu Unterkünften und Reiseplanung gibt's unter www.pelee.com.

Sehenswertes

Kidron an der Rte 52 ist ein guter Ausgangspunkt. Etwas weiter südlich liegt **Berlin**, das Zentrum der Gegend mit unzähligen Krimskrams-Läden. **Millersburg** ist die größte Stadt der Region; hier gibt's fast mehr Antiquitätengeschäfte als Amish. Der Hwy 62 verbindet die beiden „geschäftigen" Orte.

Weiter ab vom Schuss gelangt man auf der Rte 557 oder der County Rd 70 durch ländliche Gegenden ins kleine **Charm**, das ca. 5 Meilen (8 km) südlich von Berlin liegt.

Kidron Auction MARKT
(www.kidronauction.com; 4885 Kidron Rd, Kidron; ⌚Do ab 10 Uhr) Wer donnerstags in der Gegend ist, sollte sich in die von Lehman's Laden bis zum Viehstall reichende Schlange von Kutschen einreihen. Um 10 Uhr wird Heu versteigert, um 11 Uhr Kühe und um 13 Uhr Schweine. Rund um den Stall findet ein Flohmarkt statt, auf dem sich die Leute tummeln, die kein muhendes Tier kaufen wollen.

Lehman's MARKTHALLE
(☎800-438-5346; www.lehmans.com; 4779 Kidron Rd, Kidron; ⏰Mo–Sa 9–18 Uhr, Jan.–Mai 9–17 Uhr) Das Lehman's muss man gesehen haben: In einer fast 3000 m² großen Scheune versorgt der Laden die Amish-Gemeinde mit dem größten Regionalangebot von modern aussehenden Geräten, die ohne Strom funktionieren (z. B. Holzöfen, Taschenlampen zum Aufziehen, Fleischwölfe mit Handkurbel).

Heini's Cheese Chalet KÄSEREI
(☎330-893-2131; www.heinis.com; 6005 Hwy 77, Berlin; ⏰Mo–Sa 8–18 Uhr, Jan.–April 8–17 Uhr) GRATIS Bei Heini's kann man über 50 Käsesorten probieren und ein kitschiges Wandgemälde zur Geschichte der Käseherstellung bewundern. Besucher erfahren auch, wie die Amish-Farmer ihre Kühe von Hand melken und die Milch vor der Auslieferung mit Quellwasser kühlen. Zudem lassen sich die Käser durch ein großes Fenster bei der Arbeit beobachten (tgl. bis 11 Uhr).

Yoder's Amish Home FARM
(☎330-893-2541; www.yodersamishhome.com; 6050 Rte 515, Walnut Creek; Besichtigung Erw./Kind 12/8 US$; ⏰Ende April–Ende Okt. Mo–Sa 10–17 Uhr; 👪) In der Amish-Farm kann man einen Blick in die Wohnräume und die Schule mit nur einem Klassenzimmer werfen sowie mit einer Pferdekutsche durch die Gegend fahren.

Schlafen & Essen

Guggisberg Swiss Inn HOTEL $$
(☎330-893-3600; www.guggisbergswissinn.com; 5025 Rte 557, Charm; Zi. 110–140 US$; ❄📶) Die 24 ordentlichen, hellen und kompakten Zimmer sind mit Quilts und Möbeln aus hellem Holz eingerichtet. Auf dem Gelände gibt's auch eine Käserei und Pferdeställe.

Hotel Millersburg HISTORISCHES HOTEL $$
(☎330-674-1457; www.hotelmillersburg.com; 35 W Jackson St, Millersburg; Zi. 79–149 US$; ❄📶) Das 1847 als Postkutschenstation erbaute Haus bietet in 26 lässigen Zimmern noch immer Übernachtungsmöglichkeiten. Sie befinden sich über dem modernen Gastraum und der Taverne (eines der wenigen Lokale im Amish Country, in dem man Bier bekommt).

★ **Boyd & Wurthmann Restaurant** AMERIKANISCH $
(☎330-893-3287; www.boydandwurthmann.com; 4819 Main St, Berlin; Hauptgerichte 6–12 US$; ⏰Mo–Sa 17.30–20 Uhr) Die Riesenpfannkuchen, die Pasteten in 23 Geschmacksvarianten, die dicken Sandwiches und die Spezialitäten der Amish (z. B. paniertes Steak) ziehen Einheimische und Touristen gleichermaßen an. Nur Barzahlung.

Mrs. Yoder's Kitchen AMERIKANISCH $
(☎330-674-0922; www.mrsyoderskitchen.com; 8101 Rte 241, Mt. Hope; Hauptgerichte 11–14 Uhr; ⏰Mo–Sa 7–20 Uhr) Das etwas abgelegene Mrs. Yoder's serviert leckere Amish-Küche im schlichten Ambiente. Auf der Karte stehen Hauptgerichte wie *wedding steak* (paniertes und braun gebratenes Rindersteak in Pilzsauce). Alternativ lädt man sich am Büfett z. B. saftiges Brathähnchen, Schmorbraten und Kartoffelpüree auf den Teller.

Praktische Informationen

Holmes County Chamber of Commerce (www.visitamishcountry.com)

Anreise & Unterwegs vor Ort

Das Amish Country liegt zwischen Cleveland (80 Meilen/129 km Richtung Norden) und Columbus (100 Meilen/320 km Richtung Südwesten). Das Gebiet wird im Westen von der I-71 und im Osten von der I-77 flankiert. Abseits dieser Interstates führen schmale und kurvige Landstraßen zu den kleinen Ortschaften der Gegend.

Columbus

Was Ohios Hauptstadt (und größte Stadt) an Mega-Attraktionen und wilden Kuriositäten vermissen lässt, macht sie durch eine unerwartete Kunst- und Gastroszene wieder wett. Und was noch besser ist: Columbus schont den Geldbeutel, was den über 59 000 Studenten der Ohio State University zu verdanken ist (der Campus ist der zweitgrößte des Landes). Außerdem hat sich in den letzten Jahren eine recht große Schwulengemeinde in der Stadt angesiedelt.

Sehenswertes & Aktivitäten

Wexner Center for the Arts KUNSTZENTRUM
(☎614-292-3535; www.wexarts.org; 1871 N High St; 8 US$; ⏰Di, Mi & So 11–18, Do–Sa bis 20 Uhr) Das Kunstzentrum des Campus zeigt aktuelle Ausstellungen, Filme und Vorstellungen.

Columbus Food Tours ESSEN & TRINKEN
(☎614-440-3177; www.columbusfoodadventures.com; Touren 55–60 US$) Feinschmecker führen Touren durch verschiedene Viertel oder zu bestimmten Themen (Taco-Trucks, Desserts, Kaffee), manche zu Fuß, andere im Kleinbus. Die meisten dauern drei bis vier Stunden.

Schlafen & Essen

Marriott Residence Inn HOTEL $$

(☎ 614-222-2610; www.marriott.com; 36 E Gay St; Zi. 149–239 US$; P ❄ @ 📶 🐾) Tolle Lage im Zentrum und in der Nähe von allem, was für Besucher interessant ist. Alle Zimmer sind mit einer kompletten Küche ausgestattet. Das nette kostenlose Frühstücksbüfett wird morgens in einem alten Tresorraum serviert. Parken kostet 24 US$.

Le Méridien Columbus, The Joseph BOUTIQUE-HOTEL $$$

(☎ 614-227-0100; www.lemeridiencolumbus.com; 620 N High St; Zi. 240–310 US$; P ❄ 📶 🐾) Dieses supercoole, kubistisch inspirierte Gebäude in Short North ist ein echter Hingucker. Die Lobby des The Joseph ist im Prinzip eine Galerie und zeigt Werke der Pizzuti-Sammlung (ein Kunstmuseum einen Block entfernt). Die 135 Zimmer haben eine gute Größe, sind schick-modern und unaufdringlich in Weiß- und Taupe-Tönen eingerichtet. WLAN auf dem Zimmer kostet 10 US$ bis 15 US$ pro Tag, Parken 30 US$. Die kostenlosen Fahrräder sind ein nettes Extra.

★ **Skillet** AMERIKANISCH $

(☎ 614-443-2266; www.skilletruf.com; 410 E Whittier St; Hauptgerichte 12–16 US$; ⏰ Mi–So 8–14 Uhr) 🌿 Dieses winzige Lokal im German Village serviert rustikale, lokale Brunch-Klassiker. Die Karte wechselt ständig, aber man kann sich den Teller oft mit warmen Zimtschnecken oder geschmorten Schweinebäckchen mit Sauce und Grits vollladen. Der Laden ist fast immer voll, aber Reservierungen sind nicht möglich. Am Wochenende kann man aber 30 Minuten vor Ankunft anrufen und sich auf die Warteliste setzen lassen.

Schmidt's DEUTSCH $

(☎ 614-444-6808; www.schmidthaus.com; 240 E Kossuth St; Hauptgerichte 11–16 US$; ⏰ So–Do 11–22, Fr & Sa 11–23 Uhr) Im German Village kann man sich hier mit deutschen Klassikern (z. B. Würstchen, Schnitzel) vollstopfen. Aber unbedingt noch Platz für die riesigen Windbeutel reservieren! Von Mittwoch bis Samstag gibt's live gespielte Blasmusik.

Ausgehen & Nachtleben

Little Rock Bar BAR

(☎ 614-824-5602; www.littlerockbar.net; 944 N Fourth St; ⏰ Di–Do 16–1, Fr 16–2, Sa 12–2, So 12–24 Uhr) Dieses Backsteingebäude war mal eine Tankstelle, hat sich nun aber in eine schicke Bar mit Livebühne verwandelt. 30 Biersorten (etwa die Hälfte stammt aus Ohio) fließen aus den Zapfhähnen und passen perfekt zu den Songs aus der kostenlosen Jukebox. Auf der Bühne stehen abends meist lokale Singer-Songwriter, DJs und andere Künstler.

> **GERMAN VILLAGE: COLUMBUS, OHIO**
>
> Das erstaunlich große, ganz aus Backstein erbaute „deutsche Dorf" liegt 800 m südlich vom Zentrum. Das restaurierte Viertel aus dem 19. Jh. wartet mit Bierhallen, Kopfsteinpflaster, Parks mit vielen Kunstwerken und Häusern im italienischen und im Queen-Anne-Stil auf.

Unterhaltung

Huntington Park BASEBALL

(☎ 614-462-2757; www.clippersbaseball.com; 330 Huntington Park Lane) Die Columbus Clippers (das Minor-League-Team der Cleveland Indians) schwingt in diesem Stadion im Zentrum den Schläger.

Ohio Stadium FOOTBALL

(☎ 800-462-8257; www.ohiostatebuckeyes.com; 411 Woody Hayes Dr) Die Ohio State Buckeyes locken zu ihren Heimspielen (Sa im Herbst) eine wilde Fangemeinde in das legendäre hufeisenförmige Ohio Stadium. Weitere 105 000 Feierfreudige ziehen außerdem durch die Stadt.

ℹ Praktische Informationen

Columbus Convention & Visitors Bureau (☎ 866-397-2657; www.experiencecolumbus.com; 277 W Nationwide Blvd; ⏰ Mo–Fr 8–17, Sa & So 10–16 Uhr) Dieses Visitor Center im Arena District ist immer besetzt und bietet einen Geschenkeladen mit lokalen Andenken.

ℹ An- & Weiterreise

Der **Port Columbus Airport** (CMH; www.flycolumbus.com; 4600 International Gateway) liegt 10 Meilen (16 km) östlich der Stadt. Ein Taxi zum Zentrum kostet ca. 25 US$.

Greyhound (☎ 614-221-4642; www.greyhound.com; 111 E Town St) fährt mindestens sechsmal täglich nach Cincinnati (2 Std.) und Cleveland (2½ Std.).

Yellow Springs

Das künstlerische, unkonventionelle Yellow Springs war in den 1960er- und 70er-Jahren dank der Antioch University ein Zentrum der Gegenkultur. Im lokalen Headshop kann man zwar immer noch Bongs kaufen, aber inzwischen tummeln sich in Downtown Galerien, Kunsthandwerkerläden und nachhaltige Lokale. In diesem netten Örtchen lässt es sich prima ein, zwei Tage aushalten. Man kann auf der lokalen Milchfarm eine Kuh melken oder sich eine vor Ort gefertigte Kugel Eis schmecken lassen. Die umliegende Parklandschaft begeistert mit Kalksteinschluchten, Wasserfällen und mit einem Kanu befahrbaren Flüssen.

Sehenswertes & Aktivitäten

★ Young's Jersey Dairy FARM
(937-325-0629; www.youngsdairy.com; 6880 Springfield-Xenia Rd; Juni–Aug. 9–23 Uhr, Sept.–Mai kürzere Öffnungszeiten;) GRATIS Young's ist eine aktive Milchfarm mit berühmter Eisdiele: Für viele mixt der **Dairy Store** (Eiscreme 3–6 US$, Sandwiches 3,50–6,50 US$) die besten Milchshakes in ganz Ohio. Außerdem bietet die Farm zahlreiche spaßige Aktivitäten für Familien, z. B. Minigolf, Baseball-Schlagkäfige, Ziegen füttern oder zusehen, wie die Kühe gemolken werden (Letzteres passiert zwischen 16.30 und 17.30 Uhr). Minigolf und Schlagkäfige kosten extra, die Tieraktivitäten nicht. Das Restaurant The Golden Jersey Inn ist ebenfalls hier.

John Bryan State Park STATE PARK
(937-767-1274; http://parks.ohiodnr.gov/johnbryan; 3790 Hwy 370) GRATIS Hier kann man zwischen Kalksteinklippen angeln, wandern, Rad fahren, Felsklettern, Kanu fahren und zelten. Das malerische Highlight ist die Clifton Gorge, die vom hübschen Little Miami River geformt wurde.

Schlafen & Essen

Morgan House B&B $$
(937-767-1761; www.arthurmorganhouse.com; 120W Limestone St; Zi. 125–145 US$;) Die sechs komfortablen Zimmer bieten weiche Bettwäsche und ein eigenes Bad. Zum Frühstück gibt's Bio-Produkte und das Hauptgeschäftszentrum ist zu Fuß erreichbar.

Golden Jersey Inn AMERIKANISCH $
(937-324-2050; www.youngsdairy.com; 6880 Springfield-Xenia Rd; Hauptgerichte 11–18 US$; Juni–Aug. Mo–Fr 11–21, Sa & So ab 8 Uhr, Sept.–Mai kürzere Öffnungszeiten) Dies ist das elegantere der beiden Restaurants der Young's Milchfarm. Es serviert Gerichte wie Buttermilch-Hühnchen und Hackbraten mit Sauce in einer Eichenholzscheune mit hoher Decke.

An- & Weiterreise

Yellow Springs liegt 29 km nordöstlich von Dayton. Beide sind durch die – wer hätte das gedacht? – Dayton–Yellow Springs Rd miteinander verbunden.

Dayton

Dayton setzt voll auf seinen Beinamen „Geburtsstätte der Luftfahrt", und die Wright-Sehenswürdigkeiten halten tatsächlich, was er verspricht. Eine Besichtigung der vollgestellten Werkstatt, in der Orville und Wilbur ihre Ideen in die Tat umsetzten, und des einsamen Felds, auf dem sie ihre Flugzeuge testeten, ist überraschend ergreifend. Zudem gibt's hier das Air Force Museum, ein weitläufiges Wunderland für Luftfahrtfans. Der riesige Hangar-Komplex beherbergt praktisch jeden Flugzeugtyp, der jemals in den USA gebaut wurde.

Sehenswertes

★ National Museum of the US Air Force MUSEUM
(937-255-3286; www.nationalmuseum.af.mil; 1100 Spaatz St; 9–17 Uhr) GRATIS Dieses gigantische Museum liegt 6 Meilen (10 km) nordöstlich von Dayton auf dem Gelände der Wright-Patterson Air Force Base. Luftfahrtfans finden hier so ziemlich alles – z. B. einen Flyer der Gebrüder Wright aus dem Jahr 1909, eine Sopwith Camel (Doppeldecker aus dem Ersten Weltkrieg) oder ein entschärftes Originalexemplar der Atombombe „Little Boy", die über Hiroshima abgeworfen wurde. In den Hangars stehen endlose Reihen von Flugzeugen, Raketen und anderen Fluggeräten. Ein neues Gebäude kombiniert Raumfähren und Flugzeuge von US-Präsidenten.

Huffman Prairie Flying Field HISTORISCHE STÄTTE
(Gate 16A abseits Rte 444; 8–18 Uhr) GRATIS Dieser friedliche, grasbewachsene Platz sieht noch fast genau so aus wie 1904, als die Wrights hier ihre Flugzeuge testeten. Ein 1,6 km langer Weg, an dem Infotafeln stehen, führt um den Platz.

Wright Cycle Company HISTORISCHE STÄTTE
(937-225-7705; www.nps.gov/daav; 16 S Williams St; 9–17 Uhr, Nov.–Feb. Mo & Di geschlossen)

GRATIS Im Originalgebäude, in dem Wilbur und Orville ihre Ideen für Fahrräder und Flugapparate entwickelten, kann man durch die Ausstellungen schlendern.

Schlafen & Essen

Inn Port D'Vino B&B $$

(☎937-224-7678; www.innport.com; 22 Brown St; Zi. 119–149 US$; ❄📶) Die drei Zimmer dieses B&Bs in einem historischen Wohnhaus sind geräumig und voller Persönlichkeit, wirken mit den Kaminen, Ohrensesseln und dicken Teppichböden aber vielleicht ein bisschen angestaubt. Das große Plus ist die sensationelle Lage im künstlerischen Oregon District in Gehentfernung zu Brauereien, Bistros und Theatern. Direkt nebenan befindet sich außerdem die Einkaufsmeile der Innenstadt.

Corner Kitchen AMERIKANISCH $$

(☎937-719-0999; www.afinerdiner.com; 613 E 5th St; Hauptgerichte 15–24 US$; ⏲Di–Do 16.30–22, Fr & Sa bis 23 Uhr) Einfache Holztische, weiß verkleidete Wände und bunt zusammengewürfelte Porzellanteller sorgen im Corner Kitchen, einer Mischung aus geschäftigem Diner und französischem Café, für ein modern-rustikales Ambiente. Die leckeren Cocktails passen perfekt zu Gerichten wie den in Wein getränkten Muscheln, Auberginen-Eintopf oder in Sauce schwimmender Poutine, aber die Karte ändert sich häufig. Das viergängige Verkostungsmenü (pro Person ohne/mit passenden Weinen 34/65 US$) ist immer eine gute Wahl. Das Lokal liegt im trendigen Oregon District.

An- & Weiterreise

Daytons recht großer Flughafen befindet sich nördlich der Stadt. Auch Greyhound-Busse fahren in die gleich weit von Cincinnati und Columbus entfernt liegende Stadt.

Cincinnati

Cincinnati liegt am Ufer des Ohio River. Die Stadt überrascht mit ihrer Schönheit, aber auch mit ihren Neonlichtern, den Vierteln im europäischen Stil und die unverhohlene Begeisterung der Einwohner für das *five-way* (Spaghetti mit Chili, Zwiebeln, Bohnen und Käse), eine kulinarische Spezialität. Angesichts des großen Angebots sollte man zumindest ein Baseball-Spiel anschauen, am brückenreichen Ufer spazieren gehen und das Bauchrednerpuppen-Museum besuchen.

Sehenswertes

Downtown & Over-the-Rhine

Am Nordrand der Downtown liegt das historische Viertel Over-the-Rhine (OTR) mit Architektur im italienischen und im Queen-Anne-Stil. Viele der dortigen Gebäude aus dem 19. Jh. verwandeln sich momentan in trendige Restaurants und Läden. Manche Teile der Gegend wirken immer noch schäbig. Der Gateway District im Bereich von 12th St und Vine St ist aber bereits saniert.

National Underground Railroad Freedom Center MUSEUM

(☎513-333-7500; www.freedomcenter.org; 50 E Freedom Way; Erw./Kind 15/10.50 US$; ⏲Di–Sa 11–17 Uhr) Cincinnati war eine wichtige Zwischenstation der Underground Railroad, eines Netzwerks, das Sklaven zur Flucht nach Norden verhalf, und damit ein Zentrum der Antisklaverei-Bewegung, die von Menschen wie Harriet Beecher Stowe angeführt wurde. Das Freedom Center erzählt ihre Geschichten. Anhand von Exponaten erfährt man, wie die Sklaven in den Norden fliehen konnten und wie moderne Sklaverei in der heutigen Zeit aussehen kann. Man kann sich eine kostenlose iPhone-App herunterladen.

Cincinnati Museum Center MUSEUM

(☎513-287-7000; www.cincymuseum.org; 1301 Western Ave; ⏲Mo–Sa 10–17, So 11–18 Uhr; 👪) Dieser Museumskomplex befindet sich im Union Terminal von 1933, einem Art-déco-Schmuckstück, das noch immer von Amtrak genutzt wird. Das Innere zieren fantastische Wandgemälde aus lokalen Rookwood-Kacheln. Die Anlage umfasst ein schickes Naturkundemuseum (mit einer Höhle und echten Fledermäusen), ein Museum für Kinder, ein Geschichtsmuseum, ein IMAX-Dome-Kino und einen Saal für Wanderausstellungen. Leider wird das Gebäude noch bis Ende 2018 einer umfassenden Renovierung unterzogen, während der nur das Kindermuseum (Erw./Kind 10,50/8,50 US$) und der Saal geöffnet sind. Parken kostet 6 US$.

American Sign Museum MUSEUM

(☎513-541-6366; www.americansignmuseum.org 1330 Monmouth Ave; Erw./Kind 15/frei US$; ⏲Mi–Sa 10–16, So ab 12 Uhr) In diesem Museum in einer alten Fallschirmfabrik befindet sich ein überwältigender Schatz blinkender Leuchtreklamen. Wer die alten Neonschilder der Drive-Ins mit den gedrungenen Dschinns, dem Frisch's Big Boy und anderen nostalgischen Motiven betrachtet, dem gehen die Augen über. Führungen beginnen um 11 und 14 Uhr und besuchen auch die Werkstatt, in der Neonschilder hergestellt werden. Das Museum liegt im Viertel Camp Washington (in der Nähe von Northside); Autofahrer fahren bei Ausfahrt 3 von der I-75 ab.

Contemporary Arts Center MUSEUM
(☎513-345-8400; www.contemporaryartscenter.org; 44 E 6th St; ⏰Sa–Mo 10–16, Mi–Fr bis 21 Uhr) GRATIS Dieses Zentrum zeigt moderne Kunst in einem avantgardistischen Gebäude, das von der Stararchitektin Zaha Hadid entworfen wurde. Der Bau und die Kunstwerke sind für das traditionsbewusste Cincy ziemlich gewagt. Der Fokus liegt auf „Kunst der letzten fünf Minuten". Die Ausstellungen wechseln etwa alle drei Monate.

Fountain Square PLATZ
(www.myfountainsquare.com; Ecke 5th & Vine St) Der Fountain Sq ist das Herzstück der Stadt: ein öffentlicher Platz mit saisonaler Eisbahn, gratis WLAN, Konzerten (im Sommer Mi–Sa um 19 Uhr), einem Farmers Market (Di 11–14 Uhr), einem Reds-Ticketschalter und dem eleganten „Genius des Wassers"-Brunnen.

Roebling Suspension Bridge BRÜCKE
(www.roeblingbridge.org) Die elegante Brücke von 1876 war ein Vorläufer von John Roeblings berühmter Brooklyn Bridge in New York. Es ist cool, über die Brücke zu laufen und die Autos „singen" zu hören. Sie verbindet Cincinnati mit Covington, Kentucky.

Purple People Bridge BRÜCKE
(www.purplepeoplebridge.com) Diese Fußgängerbrücke führt vom Sawyer Point, einem nettem Park mit skurrilen Monumenten und fliegenden Schweinen, nach Newport, Kentucky.

Covington & Newport

Covington und Newport in Kentucky sind quasi Vororte von Cincinnati. Sie liegen gegenüber der Downtown auf der anderen Flussseite. Newport im Osten ist für seinen Restaurant- und Shoppingkomplex **Newport on the Levee** (www.newportonthelevee.com; 1 Levee Way; ⏰Mo–Do 11–21, Fr & Sa 11–22, So 12–18 Uhr) bekannt. Covington liegt im Westen. In dem Viertel MainStrasse mit seinen Backsteinhäusern aus dem 19. Jh. gibt's viele Restaurants und Bars. Antebellum-Herrenhäuser säumen den Riverside Drive und am Ufer liegen alte Raddampfer.

Newport Aquarium AQUARIUM
(☎859-491-3467; www.newportaquarium.com; 1 Aquarium Way; Erw./Kind 25/17 US$; ⏰Juni–Aug. 9–19, Sept.–Mai bis 18 Uhr; 👪) In diesem großen, recht angesehenen Aquarium in Newport trifft man Pinguine, den Geigenrochen Sweet Pea und jede Menge Fische mit scharfen Zähnen. Zu den Attraktionen gehört aber auch ein Becken, in dem man Stachelrochen berühren kann, was für Kontroversen sorgt: Interaktionen mit Menschen können bei Wasserbewohnern Stress auslösen.

Mt. Adams

Es wirkt vielleicht etwas weit hergeholt, Mt. Adams, direkt östlich des Zentrums, mit Montmartre in Paris zu vergleichen. Die hügelige Enklave aus dem 19. Jh. mit ihren engen, gewundenen Gassen, viktorianischen Stadthäusern, Galerien, Bars und Restaurants ist aber zumindest eine angenehme Überraschung. Die meisten Besucher steigen nur auf den Hügel, um sich mal umzusehen und einen Drink zu genießen.

Vom Zentrum aus nimmt man die E 7th St bis zur Gilbert Ave, dann biegt man nach rechts in den Eden Park Dr und geht den Berg hinauf zu den Seen, Wegen und Kulturangeboten im Eden Park.

Cincinnati Art Museum MUSEUM
(☎513-721-2787; www.cincinnatiartmuseum.org; 953 Eden Park Dr; ⏰Di–So 11–17, Do bis 20 Uhr) GRATIS Die Sammlung hier umspannt 6000 Jahre, mit Schwerpunkt auf antiker Kunst aus dem Nahen Osten und europäischen alten Meistern. Ein Flügel ist lokalen Werken gewidmet. Der Eintritt zur erstklassigen Dauerausstellung ist frei, aber die Sonderausstellungen kosten extra. Parken ist gratis, aber man kommt auch mit Bus 1 hierher.

Geführte Touren

American Legacy Tours SPAZIERGANG
(www.americanlegacytours.com; 1332 Vine St; 90-minütige Touren 20 US$; ⏰Fr–So) Bietet eine Vielzahl historischer Spaziergänge. Am besten ist die Queen City Underground Tour, die in alte Lagerkeller tief unter dem Viertel Over-the-Rhine hinabführt.

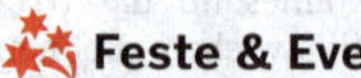

Feste & Events

Bunbury Music Festival MUSIK
(www.bunburyfestival.com; Sawyer Point Park; ⏰Anfang Juni) Bekannte Indie-Bands rocken drei Tage lang am Flussufer; ein Tagespass kostet 79 bis 89 US$.

Oktoberfest ESSEN & TRINKEN
(www.oktoberfestzinzinnati.com; ⌚Mitte Sept.) Deutsches Bier, Bratwürste und Feierlaune. Das Fest findet in der W 2nd und 3rd St in Downtown statt, zwischen der Walnut und der Elm St.

Schlafen & Essen

★ **Hotel Covington** HOTEL $$
(☎859-905-6600; www.hotelcovington.com; 638 Madison Ave; Zi. 135–175 US$; P❄📶) Diese stilvolle Unterkunft mit 114 Zimmern ist in einem Kaufhaus aus dem frühen 20. Jh. in einer belebten Straße in Covington untergebracht. Die Zimmer sind recht geräumig, mit zeitgenössischer Einrichtung, cooler Fotokunst an den Wänden, einem Schreibtisch mit allen Anschlüssen und großen Fenstern für viel natürliches Licht. Ein gutes Restaurant, eine Bar und einen schicken Innenhof mit Kamin gibt's auch. Das Personal ist außergewöhnlich hilfsbereit.

Gateway B & B B & B $$
(☎859-581-6447; www.gatewaybb.com; 326 E 6th St; Zi. 129–169 US$; P⊖❄📶) Lust auf etwas anderes? Dann nichts wie hinüber nach Kentucky in dieses Stadthaus im italienischen Stil (erb. 1878). In einem historischen Viertel jenseits des Flusses warten hier drei Zimmer mit vielen exquisiten Antiquitäten aus Eichen- und Walnussholz. Faszinierende Erinnerungsstücke aus der Baseballwelt zieren die Gemeinschaftsbereiche. Nach Downtown Cincinnati sind es von hier aus etwa 800 m zu Fuß. Unterwegs passiert man die Restaurants von Newport on the Levee und überquert dann die Purple People Bridge.

Hotel 21c HOTEL $$$
(☎513-578-6600; www.21cmuseumhotels.com/cincinnati; 609 Walnut St; Zi. 279–379 US$; P❄@📶) Die zweite Außenstelle des beliebten Arthotels in Louisville liegt neben dem Contemporary Arts Center. Die modernen Zimmer sind mit Annehmlichkeiten wie Nespresso-Maschinen, kostenlosem WLAN, flauschigen Betten und darüber hinaus mit Kunstwerken ausgestattet. Die Lobby ist eine öffentliche Galerie, daher kann jeder ungeniert die psychedelischen Videos und Aktskulpuren betrachten. Das Restaurant und die Dachbar des Hotels ziehen Scharen von Gästen an. Parken kostet 38 US$.

★ **Tucker's** DINER $
(☎513-954-8920; www.facebook.com/TuckersRestaurantOTR; 1637 Vine St; Hauptgerichte 5–9 US$; ⌚Di–Sa 7–15, So bis 14 Uhr; 🖉) Das familiengeführte Tucker's liegt in einer eher rauen Ecke, ein paar Blocks vom Findlay Market entfernt. Es füttert die örtlichen Anwohner – Afro-Amerikaner, Weiße, Feinschmecker, Mittellose, Mönche und Drogendealer – seit 1946. Das archetypische Diner serviert Sechs-Käse-Omeletts, *shrimps and grits*, *biscuits and gravy*, Kartoffeln mit Speckmarmelade und andere üppige Frühstücksgerichte. Vegetarische Optionen mit Zutaten vom Markt gibt's aber auch.

Eli's BBQ GRILLGERICHTE $
(☎513-533-1957; www.elisbarbeque.com; 3313 Riverside Dr; Hauptgerichte 6–16 US$; ⌚11–21 Uhr) Das Eli's ist ein winziger Laden, der ein grandioses Barbecue zaubert – darum reicht die Schlange hier auch immer bis zur Tür raus. Man bestellt an der Theke, sucht sich einen Platz und wartet dann, dass die Bedienungen die über Hickoryholz geräucherten Spare Ribs auf einem roten Plastiktablett servieren. Das Fleisch ist zart, die Sauce süß, aber mit rauchigem Kick, und die Jalapeño-Cheddar-Grütze macht schlichtweg süchtig.

The Eagle OTR AMERIKANISCH $
(☎513-802-5007; www.theeagleotr.com; 1342 Vine St; Hauptgerichte 8–12 US$; ⌚11–24 Uhr) Dieser Hipster-Hotspot mit Einrichtung aus Recyclingholz serviert modernes Soul Food. Auf den Tisch kommen z. B. leckere Brathähnchen mit pikanter Honigmarinade, Grütze mit weißem Cheddarkäse oder *spoonbread* („Löffelbrot"; eine Art süßes Maisbrot). Die Warteschlange wäre noch länger, wenn nicht zwei Hausnummern weiter ein Donut-Schuppen einen Teil des Ansturms abfangen würde.

Terry's Turf Club BURGER $
(☎513-533-4222; 4618 Eastern Ave; Hauptgerichte 9–15 US$; ⌚Mi & Do 11–22, Fr & Sa 11–23, So 11–21 Uhr) Nicht nur draußen, auch im Inneren dieses Bier-und-Burger-Lokals mit 15 Tischen funkelt die Neonreklame des Besitzers Terry Carter. Eine riesige „Aunt Jemima" bittet die Gäste herein. Drinnen leuchten so viele fluoreszierende Bier- und Donut-Schilder, dass keine Lampen nötig sind. Es liegt 7 Meilen (11 km) östlich vom Zentrum, man erreicht es über den Columbia Pkwy.

Ausgehen & Nachtleben

★ **Rhinegeist Brewery** BRAUEREI
(☎513-381-1367; www.rhinegeist.com; 1910 Elm St, 2. Stock; ⌚Mo–Do 15–24, Fr 15–2, Sa 12–2, So 12–21 Uhr) Im hopfenlastigen Clubhaus

von Rhinegeist kippen sich Gerstensaftfans insgesamt 14 verschiedene Fassbiere (u.a. Truth IPA) hinter die Binde. Beim Zechen an Picknicktischen kann man dabei zuschauen, wie frisch befüllte Flaschen vom Fließband laufen. Alternativ bietet sich eine Runde Tischtennis oder Tischfußball in der großen offenen Lagerhalle an. Die Brauerei liegt in einer ziemlich trostlosen Ecke von OTR.

Moerlein Lager House BRAUEREI
(☎513-421-2337; www.moerleinlagerhouse.com; 115 Joe Nuxall Way; ⏰Mo–Do 11–24, Fr & Sa 11–1, So 11–23 Uhr) Bei Moerlein sieden die Hausbiere in Kupferkesseln, während eine Terrasse mit Traumblick auf das Flussufer und die Roebling Bridge aufwartet. Da das Stadion genau gegenüber liegt, herrscht hier vor oder nach Spielen der Reds kräftig Betrieb.

Blind Lemon BAR
(☎513-241-3885; www.theblindlemon.com; 936 Hatch St; ⏰Mo–Fr 17.30–2.30, Sa & So ab 15 Uhr) Ein Durchgang führt zu dieser stimmungsvollen alten Flüsterkneipe in Mt. Adams. Es gibt einen Innenhof und jeden Abend Livemusik.

Unterhaltung

Aronoff Center THEATER
(☎513-621-2787; www.cincinnatiarts.org; 650 Walnut St) Dieses leuchtende Gebäude mit Glasfront wurde vom Stararchitekten Cesar Pelli erdacht. Es beherbergt drei Theater: Im größten werden Broadway-Shows auf Tournee gezeigt, während in den beiden anderen moderne Tanztruppen auftreten und intime Konzerte stattfinden. Auch wer keine Aufführung besucht, sollte sich zumindest die kostenlose öffentliche Kunstgalerie ansehen, die Ausstellungen regionaler Künstler zeigt.

Great American Ballpark BASEBALL
(☎513-765-7000; www.reds.com; 100 Main St) Cincy, das Zuhause der Reds – des ersten Baseball-Profiteams – ist ein großartiger Ort, um sich ein Spiel anzusehen. Dieses Stadion mit allen Schikanen steht direkt am Fluss und die zahlreichen Bierstände servieren erstklassiges lokales Gebräu.

ℹ Praktische Informationen

Cincinnati Visitor Center (☎513-534-5877; www.cincyusa.com; 511 Walnut St; ⏰9–18 Uhr) Das Visitor Center am Fountain Sq bietet Karten und Informationen.

ℹ Anreise & Unterwegs vor Ort

Der **Cincinnati/Northern Kentucky International Airport** (CVG; www.cvgairport.com) liegt 13 Meilen (21 km) weiter südlich in Kentucky. Nahe Terminal 3 starten TANK-Busse (2 US$) Richtung Downtown. Ein Taxi kostet ca. 35 US$.

Greyhound (☎513-352-6012; www.greyhound.com; 1005 Gilbert Ave) fährt täglich nach Columbus (2 Std.), Indianapolis (2½ Std.) und Chicago (7 Std.). Megabus (www.megabus.com/us) bedient dieselben Strecken; los geht's dabei jeweils in der Downtown und an der University of Cincinatti (für Details s. Website).

Auf dem Weg nach Chicago (9½ Std.) und Washington, D.C. (14½ Std.) halten bzw. starten

ABSTECHER

DIE ANTIKEN MOUNDS VON OHIO

Die Gegend südlich von Columbus war ein Zentrum der antiken Hopewell-Kultur, die riesige geometrische „Mounds" (Erd- und Grabhügel) aus der Zeit von 200 v.Chr. bis 600 n.Chr. hinterließ. Der **Hopewell Culture National Historical Park** (☎740-774-1126; www.nps.gov/hocu; 16062 Hwy 104, Chillicothe; ⏰Sonnenaufgang–Sonnenuntergang) erzählt ihre Geschichte. Das Visitor Center (8.30–17 Uhr) bietet faszinierende Hintergrundinformationen, aber am eindrucksvollsten ist eine Wanderung zu den verschieden geformten Hügeln, die über die 5 ha große Mound City verteilt liegen, eine mysteriöse Stadt der Toten. Der Park liegt 3 Meilen (5 km) nördlich von Chillicothe.

Serpent Mound (☎937-587-2796; www.ohiohistory.org; 3850 Hwy 73; pro Fahrzeug 8 US$; ⏰9 Uhr–Sonnenuntergang) ist vielleicht der faszinierende der Ureinwohner-Hügel, die im Südosten Ohios zu finden sind. Diese riesige, ausgerollte Schlange erstreckt sich über 400 m und ist die größte bildhafte Hügelstruktur in den USA. Man kann rundherum gehen oder den Aussichtsturm erklimmen und den Blick von oben genießen. Die Stätte liegt ziemlich ab vom Schuss, ist aber so faszinierend, dass sich die Mühe lohnt. Sie befindet sich 50 Meilen (80 km) südöstlich von Chillicothe. Ein kleines Museum (Mo–Do 10–16, Fr–So 9–17 Uhr, im Winter kürzere Öffnungszeiten) zeigt ein kurzes Video zur Geschichte der Hügelbauer und eine Ausstellung mit in der Gegend gefundenen Artefakten.

Züge der Amtrak (www.amtrak.com) dreimal pro Woche mitten in der Nacht am **Union Terminal** (☎ 513-651-3337; 1301 Western Ave).

Metro (www.go-metro.com) betreibt Cincys Stadtbusse und kooperiert dabei mit der Transit Authority of Northern Kentucky (www.tankbus.org). Bus 1 fährt auf einem praktischen Rundkurs zwischen dem Museumszentrum, Downtown und Mt. Adams.

Red Bike (www.cincyredbike.org) verfügt über 440 Fahrräder an 56 Stationen, die meisten in Downtown und Over-the-Rhine. Ein 24-Stunden-Pass kostet 8 US$; bei Fahrten über 60 Minuten muss man einen Aufpreis bezahlen.

Cincys neue Straßenbahn (www.cincinnatibellconnector.com) kreist auf einer praktischen 5,5 km langen Schleife durch Banks, Downtown und Over-the-Rhine (einschließlich Findlay Market). Ein Tagesticket kostet 2 US$.

Südost-Ohio

Ohios Südostecke vereint den größten Teil seiner Waldgebiete mit den sanften Hügeln am Fuß der Appalachian Mountains und ein paar vereinzelten Farmen. Teilweise ist die Gegend schöner, als man vielleicht denkt. Die Region Hocking Hills in der Nähe von Logan beeindruckt mit Flüssen und Wasserfällen, Sandstein-Klippen und höhlenartigen Formationen. Ein Stück weiter liegt Athens, eine Universitätsstadt und das freigeistige Zentrum der Region. Im Osten, rund um Chillicothe, ragen die geheimnisvollen Mounds der amerikanischen Ureinwohner in den Feldern auf.

Athens

Athens eignet sich gut als hübscher Ausgangspunkt für die Erkundung von Südost-Ohio. Es liegt an der Kreuzung des Hwy 50 und Hwy 33 inmitten bewaldeter Hügel und wurde rund um den Campus der Ohio University erbaut (der die Hälfte der Stadt ausmacht). Alte Backsteingebäude säumen die Hauptstraßen, während sich die jungen, erdverbundenen und künstlerischen Einwohner in den Cafés und trendigen Musikläden tummeln.

Schlafen & Essen

Bodhi Tree Guesthouse B&B $$
(☎ 740-707-2050; www.bodhitreeguesthouse.com; 8950 Lavelle Rd; Zi. 130–160 US$) Die vier Zimmer in diesem ruhigen, hippiemäßigen Farmhaus sind modern-geschmackvoll (wenn auch minimalistisch) eingerichtet. Es gibt keine TVs, aber WLAN und ein ausgewogenes Frühstück mit örtlichem Käse, Eiern, Obst und Joghurt. Das Haus ist von der 1,5 ha großen Bio-Farm umgeben. Im angeschlossenen Wellnessstudio werden Yogakurse und Massagen angeboten.

Village Bakery & Cafe BÄCKEREI $
(☎ 740-594-7311; www.dellazona.com; 268 E State St; Sandwiches 9–13 US$; ⌚ Di–Fr 7.30–20, Sa bis 18, So 9–14 Uhr; ✎) Die Village Bakery ist bunt gestrichen und versprüht ein lässiges Ambiente mit viel Holz. Hier werden Bio-Gemüse, nachhaltig produziertes Fleisch und Bauernkäse zu Frühstückseiern und dick belegten Sandwiches mit hausgemachtem Brot serviert. Auch für Vegetarier gibt's jede Menge Optionen.

An- & Weiterreise

Die nächste Großstadt ist Columbus, 120 km nordwestlich am Hwy 33. GoBus (☎ 888-954-6287; www.ridegobus.com) fährt mehrmals täglich nach/von Downtown Columbus.

Logan

Logan ist ein praktisches Basislager für Ausflüge in die Hocking Hills. Dort kann man inmitten dramatischer Schluchten und Grotten wandern, Kanu fahren, campen und vieles mehr. Der Hocking Hills State Park bietet Natur pur, Logan und das nahe New Straitsville skurrile Lokalkultur, etwa ein Waschbrett-Museum und eine Schwarzbrennerei.

Sehenswertes & Aktivitäten

Hocking Hills State Park STATE PARK
(☎ 740-385-6841; http://parks.ohiodnr.gov/hockinghills; 19852 Hwy 664) GRATIS Der Park lohnt immer einen Besuch (aber im Herbst ist er am schönsten). Er bietet kilometerlange Wander- und Radwege, vorbei an Wasserfällen und Schluchten, Campingplätze (ab 26 US$) und Hütten (ab 150 US$). Der Park liegt 12 Meilen (19 km) südwestlich von Logan.

Straitsville Special Moonshine Distillery DESTILLERIE
(☎ 740-394-2622; www.straitsvillemoonshine.com; 105 W Main St, New Straitsville; ⌚ Mo–Sa 10–17 Uhr) In New Straitsville, 19 km östlich von Logan, steht diese zischende „Schwarzbrennerei“ (*moonshine* bedeutet „Schwarzgebranntes“). Man kann sich im Verkostungsraum die Kehle verbrennen (je Probierglas 1 US$) und sich dabei mit dem Besitzer über die raue Geschichte der Stadt unterhalten,

die von Kohlebergbau über Arbeiterkämpfe und eine ewige Flamme bis hin zu Al Capone alles zu bieten hat.

Hocking Hills Scenic Byway PANORAMASTRASSE

(www.explorehockinghills.com) Diese malerische Strecke folgt dem Hwy 374 – einem offiziellen Ohio Byway – 26 Meilen (42 km) durch bewaldete, von Bächen durchzogene Hügel. Sie beginnt an der Kreuzung von Hwy 33 und Hwy 374 in Rockbridge.

An- & Weiterreise

Der Hwy 33 ist die Hauptverbindung nach Logan. **GoBus** (☎888-954-6287; www.ridegobus.com) hält ein paar Mal täglich auf der Route zwischen Columbus und Athens in der Stadt.

MICHIGAN

Mehr, mehr, mehr! Michigan ist der Bundesstaat der Superlative im Mittleren Westen. Hier gibt's mehr Strände als an der Atlantikküste. Mehr als die Hälfte des Staates ist von Wäldern bedeckt. Und in Michigan werden mehr Kirschen und Beeren in Torten geschaufelt als irgendwo sonst in den USA. Noch dazu ist Detroit die draufgängerischste Stadt im Mittleren Westen – und das ist in diesem Fall durchaus positiv zu verstehen. Michigan hat erstklassigen Grundbesitz zu bieten und ist von vier der fünf Großen Seen – Lake Superior, Lake Michigan, Lake Huron und Lake Erie – umgeben. Inseln sprenkeln die Küste – Mackinac, Manitou und Isle Royale sind Spitzenziele für Besucher. Weitere Highlights sind die Surfstrände sowie farbige Sandsteinklippen und Sanddünen, auf denen man wandern kann.

Der Staat besteht aus zwei Hälften: die größere von ihnen ist Lower Peninsula, die wie ein Fausthandschuh geformt ist und die kleinere, weniger bevölkerte ist Upper Peninsula, die wie ein Schlappen aussieht. Beide sind durch die atemberaubende Mackinac Bridge verbunden, die die Straits of Mackinac (sprich: *mcck-in-ao*) überspannt.

Praktische Informationen

Verkehrsinformationen für Michigan (www.michigan.gov/mdot)

Michigan State Park Information (☎800-447-2757; www.michigan.gov/stateparks) Wer mit dem Auto in einen Park fahren will, benötigt eine Genehmigung (Tag/Jahr 9/32 US$). Stellplätze kosten 13 bis 37 US$; Reservierungen sind möglich (www.midnrreservations.com; Gebühr 8 US$). In einigen Parks gibt es WLAN.

Travel Michigan (www.michigan.org)

Detroit

Die Amerikaner lieben eine gute Comeback-Geschichte, und Detroit schreibt gerade eine ziemlich überzeugende: Die Stadt ist dabei, sich von einer Lachnummer in eine richtig coole Adresse zu verwandeln. Wandgemälde, Märkte, Parkanlagen, Fahrradläden, Destillerien und einfallsreiche Küchenchefs geben in der Stadt den Ton an. Hinzu kommen öffentliche Projekte wie die neue Straßenbahn oder die Sportarena in Downtown.

Auch wenn die Stadt in einigen Ecken recht verlassen und etwas weltfremd wirkt, sind es genau diese Eigenschaften, die ihr die raue, urbane Energie verleihen, die man sonst nirgends findet. Immer mehr Künstler, Unternehmer und junge Menschen zieht es hierher, frei nach dem Motto: „Wir packen das selbst an." Sie verwandeln verwaiste Grundstücke in urbane Farmen und verlassene Gebäude in Cafés und Museen. Doch sie alle haben noch einen langen Weg vor sich, und Skeptiker weisen gern darauf hin, dass die seit Langem in Detroit ansässige afroamerikanische Bevölkerung keinen Anteil an dieser neuen Entwicklung hat. Wie die Stadt den tückischen Weg zum Neuanfang meistert, bleibt abzuwarten – aber wir stehen wie immer auf der Seite des Außenseiters.

Geschichte

Der Forschungsreisende Antoine de La Mothe Cadillac gründete Detroit im Jahre 1701. Doch das Glück kam in den 1920er-Jahren, als Henry Ford mit der Autoproduktion begann. Er hat das Auto nicht erfunden, auch wenn das mancher US-Amerikaner vielleicht meint, aber er hat die Arbeit am Montageband und die Massenproduktionstechniken perfektioniert. Das Resultat war das Model T, das erste Auto der USA, das sich die Mittelschicht leisten konnte.

Detroit wurde schnell die Welthauptstadt der Autoindustrie. General Motors (GM), Chrysler und Ford hatten und haben alle ihren Hauptsitz in der Nähe von Detroit. Die 1950er-Jahre waren die Blütezeit der Stadt, als die Einwohnerzahl die Zwei-Millionen-Grenze überschritt und Motown-Musik durch die Luft waberte. Doch 1967 wurden die Stadt und ihre Industrie von Rassenunruhen erschüttert und in den 1970er-Jahren

KLASSISCHE OLDTIMER IN MICHIGAN

Michigan ist zwar auch für Sanddünen, Strände und Mackinac-Island-Fudge bekannt, vor allem aber für seine Autos. Auch wenn es in dieser Hinsicht in den letzten Jahren nicht so gut lief, erinnert der Bundesstaat in verschiedenen Automuseen an die glorreichen Zeiten. Die folgenden Sammlungen liegen alle ein paar Autostunden von Motor City entfernt.

Henry Ford Museum (S. 650) Dieses Museum in Dearborn platzt vor Oldtimern aus allen Nähten; u. a. ist der erste Wagen zu sehen, den Henry Ford je gebaut hat. Im Greenfield Village nebenan kann man in einem Model T fahren, der 1923 vom Fließband rollte.

Automotive Hall of Fame (S. 651) Hier erfährt man mehr über die Männer und Frauen, die die legendärsten Autos der Welt erdachten und erbauten und blickt in die genialen Köpfe, die die Mechanik des modernen Motors ersannen.

Gilmore Car Museum (☎269-671-5089; www.gilmorecarmuseum.org; 6865 Hickory Rd; Erw./Kind 13/10 US$; ⊙Mo–Fr 9–17, Sa & So bis 18 Uhr) Dieser Museumskomplex liegt nördlich von Kalamazoo am Hwy 43 und umfasst 22 Schuppen, auf die sich 120 Oldtimer verteilen, darunter 15 Rolls Royce, z. B. ein Silver Ghost von 1910.

RE Olds Transportation Museum (S. 652) Diese riesige Garage ist randvoll mit glänzenden Oldtimern, die teilweise über 130 Jahre alt sind.

schließlich durch die Konkurrenz der japanischen Autokonzerne. Detroit erlebte eine Ära des Niedergangs, in dessen Folge die Stadt zwei Drittel ihrer Einwohner verlor.

Im Juli 2013 meldete Detroit den größten Bankrott in der Geschichte der USA: 18 Mrd. US$. Die Stadt schnallte den Gürtel danach extrem eng und überwand die Pleite im Dezember 2014 schließlich. Seither geht es mit Downtown dank eines Immobilienbooms wieder bergauf, aber für viele Langzeiteinwohner außerhalb des Zentrums hat sich das Blatt noch längst nicht gewendet.

Sehenswertes & Aktivitäten

Montags und dienstags sind die Sehenswürdigkeiten in der Regel geschlossen. Ach ja, das da drüben, auf der anderen Seite des Detroit River, ist tatsächlich Kanada (Windsor, Kanada, um genau zu sein).

Midtown & Cultural Center

★Detroit Institute of Arts MUSEUM

(DIA; ☎313-833-7900; www.dia.org; 5200 Woodward Ave; Erw./Kind 12,50/6 US$; ⊙Di–Do 9–16, Fr bis 22, Sa & So 10–17 Uhr) Das DIA beherbergt eine der besten Kunstsammlungen der Welt. Das Herzstück ist Diego Riveras Wandgemälde Detroit Industry, das einen kompletten Raum einnimmt und die Arbeitergeschichte der Stadt widerspiegelt. Außerdem sieht man in den über 100 Galerien Picassos, Caravaggios, Rüstungen, moderne afro-amerikanische Gemälde, Marionetten und jede Menge mehr.

Es ist schwer zu glauben, dass die Sammlung vor ein paar Jahren verkauft werden sollte, um die Schulden der Stadt abzuzahlen. Zum Glück wurde sie jedoch von großzügigen Spendern gerettet.

Museum of Contemporary Art Detroit MUSEUM

(MOCAD; ☎313-832-6622; www.mocadetroit.org; 4454 Woodward Ave; empfohlene Spende 5 US$; ⊙Mi, Sa & So 11–17, Do & Fr bis 20 Uhr) Das MOCAD befindet sich in einem verlassenen, mit Graffiti übersäten Autohaus. Heizlampen baumeln an der Decke über den sehr speziellen Ausstellungen, die alle paar Monate wechseln. Regelmäßig finden Konzerte und Literaturveranstaltungen statt. Die Café-Cocktail Bar vor Ort ist äußerst beliebt.

New Center

★Motown Historical Museum MUSEUM

(☎313-875-2264; www.motownmuseum.org; 2648 W Grand Blvd; Erw./Kind 15/10 US$; ⊙Juni & Aug. Di–Fr & So 10–18, Sa bis 20 Uhr, Sept.–Mai Di–Sa bis 18 Uhr) Mit einem Kredit von 800 US$ gründete Berry Gordy 1959 in dieser unscheinbaren Häuserzeile Motown Records – und legte damit den Grundstein für die Karrieren von Stars wie Stevie Wonder, Diana Ross, Marvin Gaye und Michael Jackson. Das Label zog zwar 1972 nach L.A. um, doch man kann noch immer das bescheidene Studio A besuchen und sich anschauen, wo die Stars ihre ersten Hits aufgenommen haben.

Die Tour dauert etwa eine Stunde und besteht hauptsächlich aus dem Betrach-

Detroit

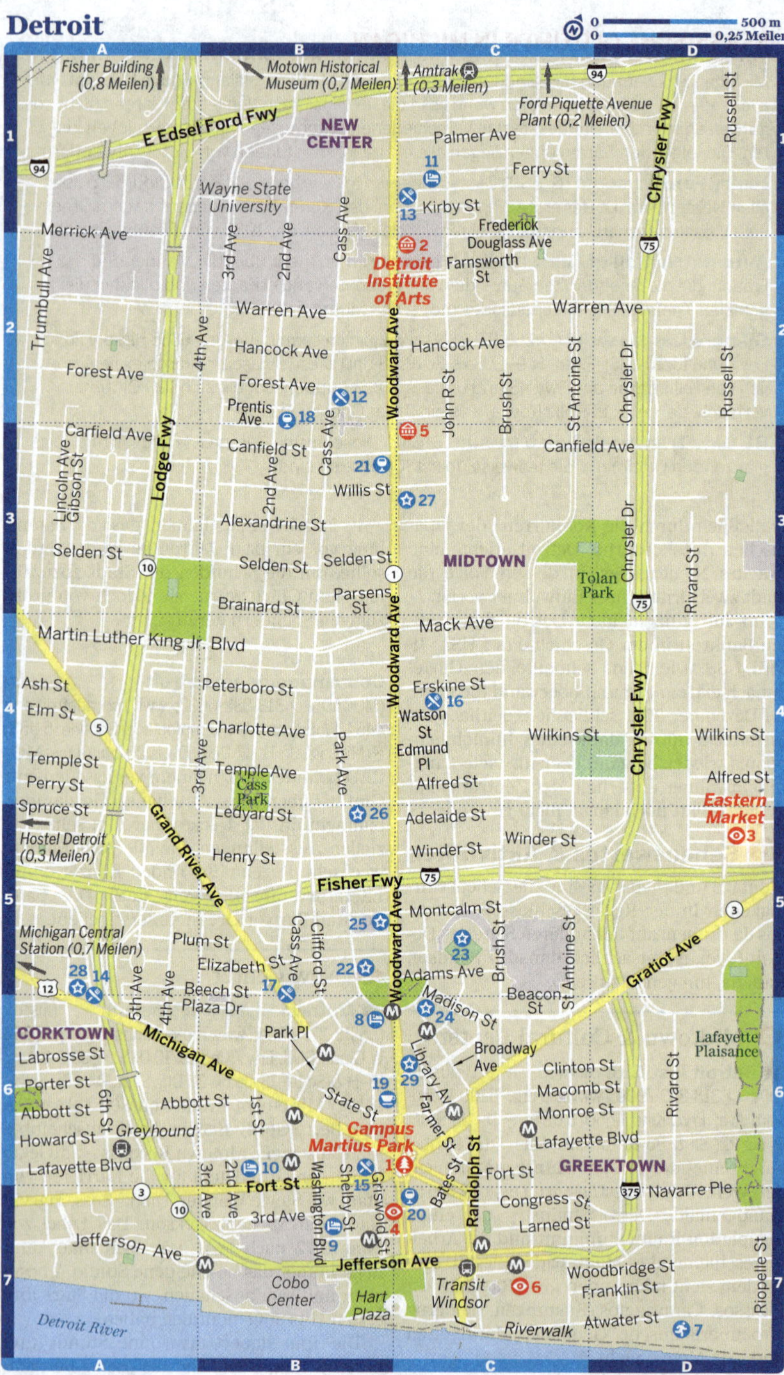

0 500 m
0 0,25 Meilen
A
B
C
D
1
2
3
4
5
6
7
Fisher Building (0,8 Meilen)
Motown Historical Museum (0,7 Meilen)
Amtrak (0,3 Meilen)
Ford Piquette Avenue Plant (0,2 Meilen)
E Edsel Ford Fwy
NEW CENTER
Palmer Ave
Ferry St
Chrysler Fwy
Russell St
Wayne State University
Kirby St
Frederick Douglass Ave
Farnsworth St
Merrick Ave
3rd Ave
2nd Ave
Cass Ave
Detroit Institute of Arts
Trumbull Ave
Warren Ave
Hancock Ave
Forest Ave
4th Ave
Woodward Ave
John R St
Brush St
St Antoine St
Chrysler Dr
Prentis Ave
Carfield Ave
Canfield St
Canfield Ave
Lodge Fwy
Lincoln Ave
Gibson St
Willis St
Alexandrine St
Selden St
MIDTOWN
Tolan Park
Rivard St
Parsens St
Brainard St
Mack Ave
Martin Luther King Jr. Blvd
Ash St
Elm St
Peterboro St
Erskine St
Watson St
Edmund Pl
Charlotte Ave
Wilkins St
Temple St
Perry St
Temple Ave
Cass Park
Park Ave
Alfred St
Spruce St
Ledyard St
Adelaide St
Eastern Market
Hostel Detroit (0,3 Meilen)
Grand River Ave
Henry St
Winder St
Fisher Fwy
Montcalm St
Michigan Central Station (0,7 Meilen)
Plum St
Elizabeth St
Clifford St
Adams Ave
Gratiot Ave
5th Ave
4th Ave
Beech St
Plaza Dr
Madison St
Beacon St
CORKTOWN
Michigan Ave
Park Pl
Library Av
Broadway Ave
Lafayette Plaisance
Labrosse St
Clinton St
Porter St
Macomb St
Abbott St
6th St
1st St
State St
Farmer St
Monroe St
Greyhound
Campus Martius Park
Lafayette Blvd
Howard St
Randolph St
Fort St
GREEKTOWN
Washington Blvd
Shelby St
Griswold St
Bates St
Navarre Ple
Congress St
3rd Ave
2nd Ave
Larned St
Jefferson Ave
Ripoelle St
Woodbridge St
Franklin St
Cobo Center
Hart Plaza
Transit Windsor
Atwater St
Riverwalk
Detroit River

Detroit

Highlights
- 1 Campus Martius Park ... C6
- 2 Detroit Institute of Arts ... C2
- 3 Eastern Market ... D5

Sehenswertes
- 4 Guardian Building ... C7
- 5 Museum of Contemporary Art Detroit ... C3
- 6 Renaissance Center ... C7

Aktivitäten, Kurse & Touren
- 7 Wheelhouse Bikes ... D7

Schlafen
- 8 Aloft ... B6
- 9 Detroit Foundation Hotel ... B7
- 10 Ft Shelby Doubletree Hotel ... B6
- 11 Inn on Ferry Street ... C1

Essen
- 12 Cass Cafe ... B2
- 13 Chartreuse Kitchen ... C1
- 14 Detroit Institute of Bagels ... A6
- 15 Dime Store ... B6
- 16 Grey Ghost ... C4
- 17 Parks & Rec Diner ... B5

Ausgehen & Nachtleben
- 18 Bronx ... B2
- 19 Dessert Oasis Coffee Roasters ... B6
- 20 Grand Trunk Pub ... C7
- 21 HopCat ... B3

Unterhaltung
- 22 Cliff Bell's ... B5
- 23 Comerica Park ... C5
- 24 Detroit Opera House ... C6
- 25 Fox Theater ... B5
- 26 Little Caesars Arena ... B5
- 27 Magic Stick ... C3
- 28 PJ's Lager House ... A5
- 29 Puppet ART/Detroit Puppet Theater ... C6

Shoppen
- Pure Detroit ... (siehe 4)

ten alter Fotos und den Geschichten des Museumsführers. Um Wartezeiten zu vermeiden, kann man sich vorab online ein Ticket mit Einlasszeit kaufen. Das Museum kündigte kürzlich eine 50 Mio. US$ teure Erweiterung mit neuen Gebäuden an, die für mehr Ausstellungsraum sorgen wird. Motown liegt 3 km nordwestlich von Midtown, ca. 20 Fußminuten von der QLINE-Haltestelle Grand Boulevard entfernt.

Ford Piquette Avenue Plant MUSEUM
(☎313-872-8759; www.fordpiquetteavenueplant.org; 461 Piquette Ave; Erw./Kind 12 US$/frei; ⏲April–Okt. Mi–So 10–16 Uhr) Henry Ford produzierte in dieser berühmten Fabrik das erste Model T. Im Eintritt enthalten sind eine lange Führung mit begeisterten Dozenten sowie ein Blick auf jede Menge glänzender Oldtimer, der älteste davon aus dem Jahr 1904. Das Museum liegt etwa 1 Meile (1,6 km) nordöstlich vom Detroit Institute of Arts.

Downtown & Umgebung

★ Campus Martius Park PARK
(www.downtowndetroitparks.com/parks/Campus-Martius; 800 Woodward Ave; 👪🐾) Dieser neue öffentliche Park im Herzen von Detroits Innenstadt ist der perfekte Ort für einen faulen sonnigen Nachmittag. In seinem Zentrum steht das Michigan Soldiers & Sailors Monument: In den wärmeren Monaten befindet sich an seinem Fuß ein Sandstrand, im Winter verwandelt sich der Platz in die beliebteste Eisbahn der Stadt. Außerdem gibt's eine Bühne für Konzerte und im Sommer ein Pop-up-Restaurant mit Bar.

★ Eastern Market MARKT
(www.easternmarket.com; Adelaide St & Russell St) Stände mit Obst und Gemüse, Käse, Gewürzen und Blumen füllen samstags diese großen Hallen, aber auch von Montag bis Freitag kann man durch die Spezialitätengeschäfte (inklusive einer Erdnussrösterei) und Cafés bummeln, die die Hallen in der Russell und Market St säumen. Außerdem finden von Juni bis Oktober dienstags ein abgespeckter und sonntags ein Kunsthandwerkermarkt mit Food Trucks statt. Die Wandgemälde sind hingegen täglich zu bewundern: Der Eastern Market hat sich zu einem international bekannten Mekka für Straßenkunst entwickelt.

Näheres zum Wo und Wer der Kunstwerke gibt's unter www.muralsinthemarket.com.

Packard Plant BEDEUTENDES GEBÄUDE
(E Grand Blvd at Concord St) Der renommierte Architekt Albert Kahn entwarf diese 320 000 m^2 große Fabrik, die 1905 eröffnete. Nach jahrelanger Vernachlässigung ist sie heute eine der berühmtesten Ruinen Detroits. Ein italienischer Bauunternehmer plant, sie in den nächsten zehn Jahren in

einen Büro- und Unterhaltungskomplex zu verwandeln. Phase 1 des Projekts soll im Herbst 2019 abgeschlossen sein. In der Zwischenzeit bietet Pure Detroit (☎313-963-1440; www.puredetroit.com; 500 Griswold St; ⏲Mo–Sa 9.30–18, So 11–17 Uhr) samstags geführte Touren an. Weit im Voraus online buchen.

Renaissance Center BEDEUTENDES GEBÄUDE
(RenCen; www.gmrencen.com; 330 E Jefferson Ave) Das noble Hauptquartier von General Motors, das hoch in den Himmel ragt, bietet kostenloses WLAN und einstündige Gratis-Führungen; außerdem geht's von hier aus zur Uferpromenade.

Heidelberg Project ÖFFENTLICHE KUNST
(www.heidelberg.org; 3600 Heidelberg St; ⏲Sonnenaufgang–Sonnenuntergang) GRATIS Gepunktete Straßen, mit bunten Farbklecksen bedeckte Häuser, seltsame Puppen-Skulpturen in Innenhöfen – nein, das ist kein LSD-Trip, sondern eine mehrere Häuserblocks umspannende Kunstinstallation. Sie ist die Idee des Straßenkünstlers Tyree Guyton, der diese heruntergekommene Gemeinde verschönern wollte – was er über 30 Jahre lang auch getan hat. Inzwischen hat Guyton angekündigt, das Projekt durch ein Kulturdorf ersetzen zu wollen. Er wird die Gebäude in Galerien und Ateliers verwandeln, ähnlich dem bereits existierenden Numbers House, in dem Ausstellungen stattfinden.

Riverwalk & Dequindre Cut STADTSPAZIERGANG, RADTOUR
(www.detroitriverfront.org) Dieser tolle, fast 5 km lange Weg erstreckt sich am Ufer des aufgewühlten Detroit River – von der Hart Plaza bis zur Mt. Elliott St im Osten. Er führt vorbei an mehreren Parks, Freilufttheatern, Flussschiffen und Angelstellen und soll später einmal auf der **Belle Isle** mit ihren vielen Stränden enden (zurzeit muss man noch über die Jefferson Ave gehen). In der Nähe der Orleans St zweigt auf halber Strecke Richtung Norden der 2,5 km lange Dequindre Cut Greenway vom Riverwalk ab. Über ihn erreicht man den Eastern Market.

Geführte Touren

★ **Pure Detroit Tours** STADTSPAZIERGANG
(☎855-874-7873; www.puredetroit.com; ⏲Sa & So; Zeiten variieren) GRATIS Pure Detroit ist ein bewährter Lieferant lokal inspirierter Geschenke und bietet zudem geführte Touren zu einigen der besten Sehenswürdigkeiten der Stadt an, z.B. zum **Fisher Building** (☎313-872-1000; www.fisherbldg.com; 3011 W Grand Boulevard), zum **Guardian Building** (www.guardianbuilding.com; 500 Griswold St; ⏲Mo–Sa 8.30–18, So 11–17 Uhr) und zur Packard Plant (S. 645). Die Führer, meist lokale Historiker, sind ebenso kompetent wie freundlich. Weitere Infos gibt's in einer der fünf Filialen oder auf der Website. Die meisten Touren sind gratis, aber die Packard-Plant-Tour kostet 40 US$ und muss vorab reserviert werden.

Preservation Detroit STADTSPAZIERGANG
(☎313-577-7674; www.preservationdetroit.org; 2-stündige Touren 15 US$; ⏲Mai–Sept. 10 Uhr) Bietet architektonische Stadtspaziergänge durch Downtown, Midtown, Eastern Market und andere Viertel; Startpunkte variieren.

Wheelhouse Bikes RADFAHREN
(☎313-656-2453; www.wheelhousedetroit.com; 1340 E Atwater St; 2 Std. 15 US$; ⏲Mo–Do 11–19, Fr & Sa 10–20, So 12–17 Uhr; im Winter verkürzte Öffnungszeiten) Die Stadt lässt sich wunderbar mit dem Fahrrad erkunden. Wheelhouse verleiht robuste Drahtesel (inkl. Helm und Schloss) an der Rivard Plaza am Riverwalk. Es gibt Thementouren (40 US$ inkl. Fahrrad) durch die Stadtviertel, zu architektonischen Highlights und städtischen Farmen.

Feste & Events

North American International Auto Show KULTUR
(www.naias.com; Tickets 13 US$; ⏲Mitte Jan.) Im Cobo Center gibt's Mitte Januar zwei Wochen lang Autos en masse zu sehen.

Movement Electronic Music Festival MUSIK
(www.movement.us; Tageskarte 80 US$; ⏲Ende Mai) Am Memorial-Day-Wochenende findet auf der Hart Plaza das weltweit größte Electronic-Music-Festival statt.

Woodward Dream Cruise AUTOSHOW
(www.woodwarddreamcruise.com) GRATIS Am dritten Samstag im August versammeln sich Autoliebhaber aus aller Welt in Detroit, um ihre vierrädrigen Schätze zu präsentieren und über die Hauptschlagader der Stadt zu cruisen. Die Party erstreckt sich über mehrere Kilometer, aber der Großteil des Geschehens findet nördlich der Downtown statt, entlang der Woodward Ave und der Seitenstraßen zwischen der 8 und 10 Mile Rd.

Durch all die gesperrten Straßen und die lange Partymeile ist es schwer zu wissen, wo man am besten in den Dream Cruise einsteigt. Ein guter Startpunkt ist die 9 Mile,

INSIDERWISSEN

DIE RUINEN VON DETROIT

Die heruntergekommenen Gebäude, die sich die meisten vorstellen, wenn sie an Detroit denken, sind nicht mehr so zahlreich wie früher – zumindest nicht in Downtown, wo viele architektonische Schmuckstücke liebevoll restauriert wurden und in neuem Glanz erstrahlen, dank engagierter Einheimischer und privater Investoren. Nationale Ketten sind ebenfalls auf diesen Zug aufgesprungen, seit sich das Blatt für die Stadt zum Guten zu wenden scheint, darunter Läden von Lululemon und Hotels wie Aloft und Westin, die zuvor leer stehende kommerzielle Gebäude übernahmen.

Selbst ein paar der legendärsten Ruinen zeigen wieder erste Lebenszeichen, vor allem die **Michigan Central Station** (2405 W Vernor Hwy), der einst so prachtvolle Bahnhof im Beaux-Arts-Stil. Nachdem er 1988 geschlossen wurde, verfiel er jahrzehntelang in völliger Vergessenheit, direkt in Sichtweite der Flaniermeile von Corktown. Der Verfall wurde aufgehalten – und Fenster eingebaut –, aber es ist nach wie vor fraglich, ob er je wieder ganz der Alte wird. Für die Packard Auto Plant (S. 645) gilt Ähnliches. Die 32 ha große Fabrik wurde vom bekannten Architekten Albert Kahn entworfen, und bei ihrer Eröffnung 1905 war sie eine wahre Schönheit. Nach jahrzehntelangem Verfall ist sie heute jedoch eine von Graffiti überzogene Ruine. Doch auch sie scheint, wie die ganze Stadt, einer rosigeren Zukunft entgegenzublicken: Ein italienischer Bauunternehmer kaufte drei Viertel des Geländes und plant, es im Laufe der nächsten zehn Jahre in einen Büro- und Unterhaltungskomplex zu verwandeln.

Trotzdem: In der 360 km² großen Stadt stehen nach wie vor zahlreiche Gebäude leer, vor allem außerhalb des Stadtkerns. Die Besichtigung dieser Gebäude hat sich zu einer Art Volkssport entwickelt; einige sprechen schon von „Ruinenporno". Andere betrachten es als Möglichkeit, die komplexe Geschichte der Stadt kennenzulernen. Es ist allerdings illegal, die verlassenen Gebäude zu betreten.

ein paar Blocks östlich oder westlich der Woodward Ave. So kann man die Karossen mit dem gebührenden „Ah" und „Oh" würdigen und gleichzeitig das charmante Herz des Viertels Ferndale erkunden.

Schlafen

Detroit erlebt einen Hotelboom: Mehrere neue Designer-Häuser eröffneten im letzten Jahr in Downtown und Midtown, und weitere sind in Planung. Den angegebenen Preisen muss man 9% bis 15% Steuer hinzurechnen (je nach Größe und Lage der Unterkunft).

Hostel Detroit HOSTEL $

(☎313-451-0333; www.hosteldetroit.com; 2700 Vermont St; B 30–39 US$, Zi. 60–77 US$; P @) Freiwillige renovierten dieses alte Gebäude und sammelten recyceltes Material sowie Spenden und eröffneten 2011 mit zusammengewürfelten Möbeln das Hostel. Es gibt einen Schlafsaal mit zehn Betten, einen mit vier und ein paar Privatzimmer; alle Zimmer teilen sich vier Bäder und drei Küchen. Onlinebuchungen sind möglich (mind. 24 Std. im Voraus!).

★ **Inn on Ferry Street** INN $$

(☎313-871-6000; www.innonferrystreet.com; 84 E Ferry St; Zi. 169–259 US$; P ❄ @) Die 40 Zimmer befinden sich in einigen viktorianischen Villen direkt am Kunstmuseum. Die günstigeren Zimmer sind klein, haben aber wunderbar weiche Betten; in den teureren Zimmern stehen jede Menge alter Holzmöbel. Nette Extras sind das gesunde warme Frühstück und das Shuttle ins Zentrum.

Aloft HOTEL $$

(☎313-237-1700; www.aloftdetroit.com; 1 Park Ave; Zi. 159–219 US$; P ❄ @) Für ihren Ableger in Detroit hat sich diese Hotelkette einen schmucken Wolkenkratzer (erb. 1915) im Stil der Neorenaissance geschnappt und ihm ihren typisch trendigen Stil verpasst. Die modernen Zimmer punkten mit fröhlichen Farbelementen und tollem Stadtblick. Zudem liegen die Sport-Locations und Theater in angenehmer Nähe. Parken kostet 30 US$.

Ft Shelby Doubletree Hotel HOTEL $$

(☎313-963-5600; www.doubletree3.hilton.com; 525 W Lafayette Blvd; Zi. 135–195 US$; P ❄ @) In einem historischen Beaux-Arts-Gebäude im Zentrum befindet sich dieses Hotel. Bei allen Zimmern handelt es sich um große Suiten, in denen sowohl der Wohnbereich als auch das Schlafzimmer mit HDTV und kostenlosem WLAN ausgestattet sind. Parken kostet 30 US$, außerdem bietet das

Hotel ein kostenloses Shuttle innerhalb des Zentrums.

Detroit Foundation Hotel BOUTIQUE-HOTEL $$$
(☎313-800-5500; www.detroitfoundationhotel.com; 250 W Larned St; Zi. 200–280 US$;) 2017 wurde diese Feuerwache von 1929 im Herzen der Stadt in ein Boutique-Hotel verwandelt, das modernen Komfort und Stil mit Originalarchitektur und wachem Sinn für Geschichte vereint (die Rutschstangen im ausgezeichneten Restaurant Apparatus Room sollte man gesehen haben). Die Zimmer sind geräumig und gemütlich, mit Minibars voller Produkte aus Michigan zu vernünftigen Preisen.

Das Guardian Building, das Kongresszentrum und der Campus Martius Park liegen nur einen kurzen Spaziergang entfernt. Bewachte Parkplätze (30 US$) und einen kostenlosen Fahrradverleih gibt's auch.

Essen

Downtown und Midtown sind die stilvollste kulinarische Wahl. Auch in zwei nahen Vororten verstecken sich hippe Restaurants und Bars: im sehr gut zu Fuß erkundbaren, schwulenfreundlichen Ferndale an der 9 Mile Rd und der Woodward Ave sowie in Royal Oak gleich nördlich von Ferndale, zwischen der 12 und der 13 Mile Rd.

Cass Cafe CAFÉ $
(☎313-831-1400; www.casscafe.com; 4620 Cass Ave; Hauptgerichte 9–16 US$; Mo–Do 11–23, Fr & Sa bis 24, So 17–22 Uhr;) Das Cass ist eine alternative Kunstgalerie mit Bar und Restaurant, in dem Suppen, Sandwiches und vegetarische Köstlichkeiten wie Linsen-Walnuss-Burger aus der Küche kommen. Die Bedienung ist manchmal recht übellaunig.

Detroit Institute of Bagels BAGELS $
(☎313-444-9342; www.detroitinstituteofbagels.com; 1236 Michigan Ave; Bagels ab 1,50 US$, Bagel-Sandwiches 6–9 US$; Mo–Fr 7–15, Sa & So 8–15 Uhr; P) Authentische NY-Bagels und hausgemachter Frischkäse spielen die Hauptrollen in diesem hellen, mit Pflanzen gefüllten Lokal in Corktown. Am besten probiert man den Le Rouge mit Speck, Eiern, Ziegenkäse, Rucola und roter Zwiebelmarmelade. In den wärmeren Monaten kann man auf der mit Hortensien geschmückten Terrasse sitzen.

Parks & Rec Diner DINER $
(☎313-446-8370; www.parksandrecdiner.com; 1942 Grand River Ave; Hauptgerichte 6–14 US$; Mo–Fr 8–14, Sa & So bis 15 Uhr) Dieses ehemalige Diner eröffnete 2015 im imposanten GAR-Gebäude und verdankt seinen Namen der Regierungsbehörde Parks and Recreation, die früher hier untergebracht war. Auf der saisonalen Karte stehen Sandwiches und Brunch-Gerichte wie Arme Ritter mit Pistazien und Panzanella mit geschwärztem Speck – eine falsche Wahl gibt's hier nicht. Die mit Grillgewürz verfeinerten Pommes Frites sind ausgezeichnet.

★ **Dime Store** AMERIKANISCH $
(☎313-962-9106; www.eatdimestore.com; 719 Griswold St; Hauptgerichte 9–13 US$; Mo–Fr 8–16, Sa & So bis 15 Uhr) Das gemütliche Restaurant im Diner-Stil setzt seine Gäste auf schwere Drehstühle. Zu kaltem Bier gibt's hier z. B. Reuben-Sandwiches mit Entenfleisch oder Pommes mit Trüffel-Mayonnaise. Die sehr beliebten Brunch-Gerichte mit viel Ei sind ganztägig zu haben.

Chartreuse Kitchen AMERIKANISCH $$
(☎313-818-3915; www.chartreusekc.com; 15 E Kirby St; Hauptgerichte 22–28 US$; Di–Do 11.30–14 & 15–21.30, Fr bis 22.30, Sa 17–22.30 Uhr) Dieses Lokal mag wie jeder andere trendige Laden mit modernem Industrie-Dekor und saisonaler Karte wirken, aber das Chartreuse macht seine Sache besonders gut. Die Gerichte – etwa zweifach gekochte Eier (mit Gemüse, Rosenkohl, gesalzenem Käse und Schalotten-Vinaigrette) oder gebratene Karotten (mit Schinken und Zitronenjoghurt) – sind einfach, bieten aber grandiose Geschmacksexplosionen. Das hellgrüne Innere und die Wände aus lebenden Blumen versprühen ein fröhliches Hippie-Flair.

Grey Ghost AMERIKANISCH $$$
(☎313-262-6534; www.greyghostdetroit.com; 47 E Watson St; Hauptgerichte 18–29 US$; Mo–Sa ab 16, So 10–14 Uhr) Dieses angesagte neue Lokal mit schickem Industrie-Flair bietet eine moderne Karte mit kreativen Beilagen wie Blumenkohl und Spätzle oder Rosenkohl mit Hähnchenhaut. Das saftige New Yorker Steak wird vakuumgegart. Eine gesellige, aber kleine Terrasse gibt's auch.

Ausgehen & Nachtleben

★ **Dessert Oasis Coffee Roasters** KAFFEE
(www.dessertoasiscoffee.com; 1220 Griswold St; Mo–Do 6–21, Fr bis 22, Sa 7–22, So 8–21 Uhr;) Die perfekten Espresso-Getränke (den Caffè Latte mit Lavendel sollte man probieren), Pour Overs, Tische im Freien und gratis WLAN sind das Beste in diesem neuen Café

in Downtown. Jeden Abend gibt's Livemusik und Hunde sind willkommen.

HopCat KNEIPE
(☎313-769-8828; www.hopcat.com/detroit; 4265 Woodward Ave; ⌚Mo–Mi 11–24, Do–Sa bis 2, So 10–24 Uhr; 📶) Der Detroiter Ableger dieser regionalen Kette rockt richtig: Gemälde von lokalen Musikern zieren die Wände, während die Stooges oder alte Motown-Hits aus den Boxen dröhnen. 30 der rund 130 Fassbiersorten stammen von Brauereien aus Michigan. Wer möglichst viele davon probieren will, bestellt sich kleinere Gläser (150 oder 240 ml).

Bronx BAR
(☎313-832-8464; 4476 2nd Ave; ⌚12–2 Uhr; 📶) In dieser klassischen Eckkneipe gibt's außer einem Billardtisch, spärlicher Beleuchtung und ein paar Jukeboxen mit echtem Rock und Soul nicht viel, aber genau so lieben die Hipster, Bohemians und Rocker ihre Bars. Mindestens so sehr lieben sie auch die Auswahl an preiswertem Bier und die Burger, die bis spät abends hier serviert werden.

Grand Trunk Pub BAR
(☎313-961-3043; www.grandtrunk.pub; ⌚11–2 Uhr) Dieser Raum mit hohen Decken war einst die Fahrkartenhalle der Grand Trunk Railroad und ist immer noch recht belebt – die Gäste bleiben heute aber gern ein bisschen länger hier. Aus gutem Grund: Die Bierauswahl ist groß und die Speisekarte bietet alles, was man braucht. Auf der Terrasse kann man ausgezeichnet Leute gucken, dank der neuen Fußgängerzone in der Woodward Ave.

Unterhaltung

Livemusik

Cliff Bell's JAZZ
(☎313-961-2543; www.cliffbells.com; 2030 Park Ave; ⌚Di–Do 17–24, Fr & Sa bis 1, So 11–22 Uhr) Mit dunklem Holz, Kerzenlicht und Art-déco-Dekor verströmt das Bell's die Eleganz der 1930er-Jahre. Lokale Jazz-, Soul- und Swingbands ziehen ein buntes, junges Publikum an.

Magic Stick LIVEMUSIK
(☎313-833-9700; www.majesticdetroit.com; 4120-4140 Woodward Ave) Die White Stripes und Von Bondies gehören zu den Rockbands, die in den biergetränkten Hallen des Magic Stick erste Gehversuche machten. Im Majestic Theater nebenan finden größere Konzerte statt. Die Veranstaltungsräume haben zwar in den letzten Jahren etwas Glanz verloren, aber an den meisten Abenden kann man hier immer noch coole Bands erleben.

PJ's Lager House LIVEMUSIK
(☎313-961-4668; www.pjslagerhouse.com; 1254 Michigan Ave; ⌚Mo & Di 13–2, Mi–Fr ab 11, Sa & So ab 10.30 Uhr) In diesem kleinen Club in Corktown treten an den meisten Abenden laute Bands und DJs auf. Tagsüber serviert er überraschend gutes Essen mit veganem New-Orleans-Touch.

Darstellende Künste

Detroit Opera House OPER
(☎313-237-7464; www.michiganopera.org; 1526 Broadway Ave) Dieses Haus mit grandiosem Interieur und erstklassigem Ensemble hat schon viele renommierte afro-amerikanische Künstler hervorgebracht.

Puppet ART/Detroit Puppet Theater THEATER
(☎313-961-7777; www.puppetart.org; 25 E Grand River Ave; Erw./Kind 15/10 US$; 👪) In dem Theater mit 70 Plätzen präsentieren in der ehemaligen Sowjetunion ausgebildete Puppenspieler wunderschöne Shows. In einem kleinen Museum kann man Puppen aus diversen Kulturen bewundern.

VON MOTOWN ZUR ROCK CITY

Motown Records und Soul machten Detroit in den 1960er-Jahren bekannt. Auf diesen glatten Sound antworteten die Stooges und MC5 im folgenden Jahrzehnt mit hämmerndem Punkrock. 1976 erhielt die Stadt durch einen Song von Kiss den Beinamen „Rock City" (zu Detroits Glück war die Rückseite der Single, *Beth*, aber deutlich erfolgreicher). In jüngster Zeit hat härterer Rock – auch als Whiplash Rock 'n' Roll bekannt – die Stadt erneut ins musikalische Rampenlicht gerückt. Zu den einheimischen Stars gehören die White Stripes, die Von Bondies und die Dirtbombs. Rap (dank Eminem) und Techno sind weitere bekannte Genres aus Detroit. Viele Musikfreaks glauben, dass die örtliche Trostlosigkeit für die wunderbar wütende Soundexplosion verantwortlich ist. Und wer wollte das bestreiten? Aktuelle Infos zu Konzerten und Liveclubs liefern Gratisblätter wie die *Metro Times* (www.metrotimes.com).

Fox Theater DARSTELLENDE KÜNSTE
(☎313-471-6611; www.olympiaentertainment.com/venues/detail/fox-theatre; 2211 Woodward Ave) Dieses opulente Theater wurde im Jahr 1928 im orientalischen Stil erbaut. Es gehört zu den Wahrzeichen Detroits und ist eines der wenigen Häuser, die während der zahlreichen Aufs und Abs der Stadt durchweg ein Programm auf die Bühne brachten, z. B. Comedians, erstklassige Musiker und Broadway-Shows.

Sport

Little Caesars Arena STADION
(☎313-471-6606; www.olympiaentertainment.com; 2645 Woodward Ave) Dieses schicke neue Stadion für große Konzerte und Sportevents wurde 2017 eröffnet. Detroits wilde Profihockeymannschaft, die Red Wings (www.nhl.com/redwings), und das Profibasketballteam Pistons (www.nba.com/pistons) spielen hier von Oktober bis April.

Comerica Park BASEBALL
(☎313-962-4000; www.detroittigers.com; 2100 Woodward Ave; 👪) Im Comerica, einem der am besten ausgestatteten Stadien der Liga, spielen die Detroit Tigers Baseball. Der Park ist besonders kinderfreundlich, hat ein kleines Riesenrad und ein Karussell (2 US$/Fahrt).

ℹ Praktische Informationen

Detroit Convention & Visitors Bureau
(☎800-338-7648; www.visitdetroit.com)

ℹ Anreise & Unterwegs vor Ort

Der **Detroit Metro Airport** (DTW; www.metroairport.com) ist eine Drehscheibe von Delta Airlines und liegt ca. 20 Meilen (32 km) südwestlich von Detroit. Zu den wenigen Verbindungsoptionen in die Stadt gehören Taxis (ca. 60 US$) und die Sammel-Shuttlebusse von **Skoot** (☎313-230-2331; 20 US$; www.rideskoot.com). Der unpraktische und unzuverlässige SMART-Bus 125 (2,50 US$) braucht 1½ Stunden zum Zentrum.

Greyhound (☎313-961-8005; 1001 Howard St) bedient mehrere Großstädte in Michigan und anderen Bundesstaaten. Mit Megabus (www.megabus.com/us) besteht täglich Verbindung nach und ab Chicago (5½ Std.); los geht's dabei ab Downtown und ab der Wayne State University (für Details und genaue Haltestellen s. Website).

Pro Tag fahren drei Züge von Amtrak (www.amtrak.com) nach Chicago (5½ Std.) von der **Detroit Station** (☎313-873-3442; 11 W Baltimore Ave). Wer Richtung Osten nach NYC (16½ Std.) oder entlang der Strecke dorthin schon früher aussteigen will, muss sich zuerst mit dem Bus nach Toledo begeben.

Die **QLine-Straßenbahn** (www.qlinedetroit.com, Fahrt 1,50 US$) nahm im Frühling 2017 den Betrieb auf. Sie ist ein praktisches Transportmittel entlang der Woodward Ave, von der Congress St in Downtown vorbei an den Sportstätten und Museen in Midtown bis zum Amtrak-Bahnhof und dem W Grand Blvd am Nordende der Route.

MoGo (www.mogodetroit.com) ist Detroits neues Bike-Sharing-Programm, mit 43 über Downtown und Midtown verteilten Stationen. Ein 24-Stunden-Pass kostet 8 US$ und berechtigt zu einer unbegrenzten Zahl 30-minütiger Fahrten. Nach 30 Minuten fallen zusätzliche Gebühren an.

Transit Windsor (☎519-944-4111; www.citywindsor.ca/transitwindsor) betreibt den Tunnel Bus nach Windsor in Kanada (5 US$ od. CA$). Dieser startet an mehreren Orten in Downtown – z. B. an der Mariner's Church (Ecke Randolph St & Jefferson Ave) nahe dem Eingang des Detroit-Windsor Tunnel. Reisepass nicht vergessen!

Dearborn

Dearborn liegt nur einen Steinwurf von Detroit entfernt und ist das Zuhause des Henry Ford Museums, das zu den besten Museumskomplexen der USA gehört. Außerdem lebt hier die größte Gemeinde arabischer Amerikaner des Landes, und bei einem Besuch kann man in ihre faszinierende Kultur eintauchen.

Sehenswertes

Das Henry Ford Museum, das Greenfield Village und die Rouge Factory Tour sind zwar separate Attraktionen, aber es sind Kombitickets für zwei oder alle drei erhältlich, die mindestens 20 % günstiger sind als die regulären Preise. Man sollte für den Komplex zumindest einen vollen Tag einplanen.

Henry Ford Museum MUSEUM
(☎313-982-6001; www.thehenryford.org; 20900 Oakwood Blvd; Erw./Kind 22/16,50 US$; ⏲9.30–17 Uhr) Das Henry Ford Museum zeigt eine faszinierende Bandbreite amerikanischer Kultur, z. B. den Stuhl, auf dem Lincoln während des Attentats saß, die Präsidenten-Limousine, in der Kennedy ermordet wurde, das hotdogförmige Wienermobile von Oscar Mayer (fotografieren!) und der Bus, in dem Rosa Parks sich weigerte, ihren Platz zu verlassen. Aber keine Sorge: Hier gibt's auch jede Menge Oldtimer zu bestaunen. Wer sein Ticket online kauft, spart 10 %. Parken kostet 6 US$.

Greenfield Village MUSEUM

(☎313-982-6001; www.thehenryford.org; 20900 Oakwood Blvd; Erw./Kind 27/20,25 US$; ⏱April–Okt. tgl. 9.30–17 Uhr, Nov. & Dez. Fr–So) Die Freiluftattraktion Greenfield Village befindet sich neben dem Henry Ford Museum (und ist Teil des Komplexes). Es zeigt historische Gebäude, die aus dem ganzen Land hierher gebracht, wiederaufgebaut und restauriert wurden – z.B. Thomas Edisons Labor aus Menlo Park und die Flugzeugwerkstatt der Wright Brothers. Online-Tickets sind 10% günstiger.

Automotive Hall of Fame MUSEUM

(☎313-240-4000; www.automotivehalloffame.org; 21400 Oakwood Blvd; Erw./Kind 10/4 US$; ⏱Mai–Sept. Mi–So 9–17, Okt.–April Fr–So) Die interaktive Auto Hall steht neben dem Henry Ford Museum und widmet sich den Menschen hinter den Autos, etwa Ferdinand Porsche und Soichiro Honda.

Rouge Factory Tour FABRIK

(☎312-982-6001; www.thehenryford.org; Erw./Kind 18/13,25 US$; ⏱Mo–Sa 9.30–15 Uhr) In der Fabrik, in der Ford seine automatisierte Massenfertigung perfektionierte, kann man zusehen, wie F-150-Trucks vom Band laufen. Die Touren beginnen am Henry Ford Museum, von wo aus man mit dem Bus zur Fabrik fährt.

Schlafen & Essen

Henry Hotel HOTEL $$

(☎313-441-2000; www.behenry.com; 300 Town Center Dr; Zi. 180–240 US$; P ❄ @ ⌔ ≋) Dieses elfstöckige Haus der Marriott-Kette verfügt über 308 Zimmer und richtet sich mit seiner unglaublichen Stilsicherheit hauptsächlich an Geschäftsreisende und Hochzeitsfeiern. Auf jeder Etage ist tolle Kunst aus der Region zu sehen und in den eleganten, mit Kronleuchtern dekorierten Gemeinschaftsbereichen kann man wunderbar entspannen. Die Zimmer sind komfortabel und geräumig. Das Hotel liegt neben einem großen Einkaufszentrum, 3 Meilen (ca. 5 km) vom Henry Ford Museum entfernt.

Hamido NAHOST $

(☎313-582-0660; www.hamidorestaurant.com; 13251 W Warren Ave; Hauptgerichte 8–16 US$; ⏱11–24 Uhr) Unter einem Schrägdach serviert das Hamido Hummus, Hühnchen-Schawarma und andere Klassiker. Die vielen am Spieß grillenden Hähnchen beweisen, wie beliebt dieser Laden ist.

An- & Weiterreise

Dearborn liegt 16 km westlich von Downtown Detroit und etwa genauso weit vom Detroit Metro Airport entfernt. Die I-94 ist die Hauptroute in die Stadt. Der Amtrak-Bahnhof befindet sich nahe dem Henry Ford Museum.

Ann Arbor

Das liberale, belesene Ann Arbor ist das Zuhause der University of Michigan. Die Innenstadt grenzt an den Campus und lässt sich gut zu Fuß erkunden. Hier reihen sich unabhängige Cafés, Buchläden und Brauereikneipen aneinander. Zudem ist die Stadt ein Mekka für Gourmets: einfach den Sabberspuren zum nächsten „Zingerman's" folgen.

Sehenswertes

University of Michigan Museum of Art MUSEUM

(☎734-764-0395; www.umma.umich.edu; 525 S State St; ⏱Di–Sa 11–17, So ab 12 Uhr) GRATIS Das Kunstmuseum des Campus beeindruckt mit seinen Sammlungen asiatischer Keramik, moderner abstrakter Werke und Tiffany-Glas.

Ann Arbor Farmers Market MARKT

(www.a2/gov.org/market; 315 Detroit St; ⏱Mai–Dez. Mi & Sa 7–15 Uhr, Jan.–April Sa 8–15 Uhr) Angesichts der vielen Obstgärten und Farmen in der Umgebung ist es kein Wunder, dass dieser Markt bis zum Bersten mit allem Erdenklichen – von Mixed Pickles bis hin zu Sets für die Pilzzucht – gefüllt ist. Er befindet sich im Zentrum nahe von Zingerman's Delicatessen. Sonntags findet hier ein Kunsthandwerksmarkt statt, auf dem Schmuck, Keramik und Textilien angeboten werden.

Schlafen & Essen

Mehrere B&Bs liegen in Laufentfernung zum Zentrum. Hotels findet man meist ca. 5 Meilen (8 km) außerhalb. In der State St im Süden sind einige Mittelklasseoptionen versammelt.

Ann Arbor war schon ein Feinschmecker-Mekka, bevor es überhaupt Feinschmecker-Mekkas gab. Die Stadt ist voll von hervorragenden Lokalen, und die meisten sind sehr entspannt und nicht zu teuer. Die Main St, die Liberty St und die Washington St im Zentrum platzen vor Köstlichkeiten aus allen Nähten. Food Trucks versammeln sich in einem Innenhof in der 211 W Washington St und überall gibt's Leckereien aus Äthiopien, Indien, Nahost und anderen Regionen.

Frita Batidos KUBANISCH $

(☎734-761-2882; www.fritabatidos.com; 117 W Washington St; Hauptgerichte 8–13 US$; ⏲So–Mi 11–23, Do–Sa 11–24 Uhr) Hier gibt's moderne und schwer angesagte Varianten von kubanischem Straßenessen. Serviert werden z. B. Burger mit tropisch-fruchtigem Belag oder Milchshakes mit einem Schuss Alkohol.

★ **Spencer** AMERIKANISCH $$

(☎734-369-3979; www.spencerannarbor.com; 113 E Liberty St; kleine Teller 5–11 US$; ⏲So, Mo, Mi & Do 11–15 & 17–22, Fr & Sa bis 23 Uhr) Wer in diesem winzigen Café speist, kommt sich vor wie in der gemütlichen Küche bei Freunden. Zur Einrichtung gehören weißgetünchte Wände, Bücherstapel auf den Fensterbrettern und frische Blumen in hübschen Vasen. Die Besitzer – sie ist Konditorin, er Käseverkäufer – erneuern ihre Karte mit Gerichten aus lokalen Zutaten alle paar Wochen, deshalb weiß man vorher nie, ob man darauf Kohlrüben-Blumenkohl-Suppe oder Nierenzapfen-Steak mit Sonnenblumen-Sahne findet.

Zingerman's Roadhouse AMERIKANISCH $$$

(☎734-663-3663; www.zingermansroadhouse.com; 2501 Jackson Ave; Hauptgerichte 19–36 US$; ⏲Mo–Do 7–22, Fr 7–23, Sa 9–23, So 9–21 Uhr) Wir sagen nur: Donut-Eisbecher. Dieses Dessert mit einer Sauce aus Bourbon und Karamell ist schlicht genial. Dasselbe gilt für die anderen US-Traditonsgerichte (z. B. Grütze à la Carolina, Schweinekoteletts auf Iowa-Art, Krabbenküchlein wie in Maryland), die alle aus Bio-Zutaten hergestellt werden. Das Lokal liegt 2 Meilen (3,2 km) westlich der Downtown.

ℹ Praktische Informationen

Ann Arbor Convention & Visitors Bureau (www.visitannarbor.org) Infos zu Unterkünften und mehr.

ℹ An- & Weiterreise

Der Flughafen Detroit liegt 30 Meilen (50 km) östlich und wird von Shuttlebussen angefahren. Amtrak-Züge halten 3-mal täglich in Ann Arbor. Der Bahnhof befindet sich in der Innenstadt und wird auch von Greyhound genutzt. Megabus fährt zwar ebenfalls in die Stadt, hält unpraktischerweise aber weit außerhalb ihres Zentrums.

Zentral-Michigan

Das Landesinnere von Michigan liegt mitten in der Lower Peninsula und wechselt zwischen fruchtbarem Farmland und von Highways durchzogenen Gebieten. Die größeren Städte bieten coole Kunst, und in der ganzen Region versteht man was vom Bierbrauen.

Lansing

Das kleine Lansing ist die Hauptstadt des Bundesstaats. Ein paar Kilometer östlich liegt East Lansing mit der Michigan State University. Beide Städte haben ein paar eindrucksvolle und besuchenswerte Museen.

Sehenswertes & Aktivitäten

Broad Art Museum MUSEUM

(☎517-884-4800; www.broadmuseum.msu.edu; 547 E Circle Dr; ⏲Di–So 12–19 Uhr) GRATIS Dieses wilde Parallelogramm aus Edelstahl und Glas wurde von der renommierten Architektin Zaha Hadid entworfen. Die Sammlung im Inneren reicht von griechischen Keramiken bis zu Gemälden Salvador Dalís. Ein Großteil der Ausstellungsfläche ist avantgardistischen Werken gewidmet.

RE Olds Transportation Museum MUSEUM

(☎517-372-0529; www.reoldsmuseum.org; 240 Museum Dr; Erw./Kind 7/5 US$; ⏲ganzjährig Di–Sa 10–17 Uhr, April–Okt. auch So 12–17 Uhr) In der alten Lansing City Bus Garage wartet eine reizende Oldtimersammlung mit insgesamt rund 65 Fahrzeugen (u. a. der allererste Oldsmobile von 1897). Hinweis: Die Autos werden nicht alle gleichzeitig ausgestellt, aber regelmäßig durchgewechselt.

Lansing River Trail WANDERN

(www.lansingrivertrail.org) Dieser 32 km lange asphaltierte Weg verläuft am Grand River entlang vom Nordrand der Stadt ins Zentrum und schlängelt sich dann parallel zum Red Cedar River zur Universität. Er ist bei Joggern und Radfahrern beliebt. Der Abschnitt in der Innenstadt verbindet mehrere Attraktionen miteinander, darunter das RE Olds Transportation Museum, ein Kindermuseum, ein Zoo und eine Fischtreppe.

Schlafen & Essen

Wild Goose Inn B&B $$

(☎517-333-3334; www.wildgooseinn.com; 512 Albert St; Zi. 149–169 US$; 📶) Das Wild Goose Inn ist ein B&B mit sechs Zimmern, einen Block vom Michigan State Campus entfernt in East Lansing. Alle Zimmer haben einen Kamin und die meisten einen Whirlpool. Das Dekor ist recht unaufdringlich – abgesehen vom Arbor-Zimmer mit seinen wilden falschen Ästen!

Golden Harvest DINER $
(☎517-485-3663; 1625 Turner St; Hauptgerichte 7–9 US$; ⊙Mo–Fr 7–14, Sa & So 8–14.30 Uhr) Das lärmige Golden Harvest paart Punkrock mit Hippie-Vibe. Auf den Tisch kommen hier z. B. das sogenannte Bubba Sandwich (französischer Toast mit Würstchen) und herzhafte Omeletts.

An- & Weiterreise

Amtrak hält täglich auf seiner Strecke Chicago–Port Huron in East Lansing. Greyhound hat je einen Bahnhof in Lansing und East Lansing. Die I-96, die I-69 und der Hwy 127 sind die wichtigsten Verbindungsstraßen in die Stadt.

Grand Rapids

Michigans zweitgrößte Stadt ist für die Produktion von Büromöbeln und seit Kurzem auch für Bier-Tourismus bekannt: Örtliche Hauptattraktion sind 20 Kleinbrauereien. Dennoch gibt's hier auch ein paar interessante Sehenswürdigkeiten, die nichts mit Gerstensaft zu tun haben.

Sehenswertes

Frederik Meijer Gardens GÄRTEN
(☎616-957-1580; www.meijergardens.org; 1000 E Beltline NE; Erw./Kind 14.50/7 US$; ⊙Mo & Mi–Sa 9–17, Di 9–21, So 11–17 Uhr) Rund 5 Meilen (8 km) östlich vom Zentrum (über die I-196) stehen hier Skulpturen von Auguste Rodin, Henry Moore und anderen Künstlern auf einem 48 ha großen Gelände mit eindrucksvoller Blütenpracht.

Gerald R. Ford Museum MUSEUM
(☎616-254-0400; www.fordlibrarymuseum.gov; 303 Pearl St NW; Erw./Kind 8/4 US$; ⊙Mo–Sa 9–17, So 12–17 Uhr) Dieses Museum im Zentrum ist dem bislang einzigen US-Präsidenten aus Michigan gewidmet. Ford wurde Staatsoberhaupt, nachdem Richard Nixon und dessen Vizepräsident Spiro Agnew von ihren Ämtern zurückgetreten waren. Das Museum beleuchtet diese bizarre Periode der US-Geschichte auf hervorragende Weise – es zeigt sogar die Werkzeuge, die beim Watergate-Einbruch verwendet wurden. Ford und dessen Frau Betty sind auf dem Museumsgelände beigesetzt.

Grand Rapids Art Museum MUSEUM
(☎616-831-1000; www.artmuseumgr.org; 101 Monroe Center St NW; Erw./Kind 10/6 US$; ⊙Di–So 10–17, Do bis 21 Uhr) Das herausragende Kunstmuseum der Stadt füllt ein sonnendurchflutetes Gebäude mit Werken aus dem 19. und 20. Jh. Europäische und amerikanische Meister wie Henri Toulouse-Lautrec und Richard Diebenkorn sind die Hauptattraktionen. Dienstags und donnerstagabends ist der Eintritt frei.

Schlafen & Essen

CityFlats Hotel HOTEL $$
(☎616-608-1720; www.cityflatshotel.com; 83 Monroe Center St NW; Zi. 155–245 US$; ❄📶) Die Zimmer dieses umweltfreundlichen Hotels bieten große Fenster und viel natürliches Licht sowie Bambus-Bettwäsche, Korkböden und lokal produzierte Möbel aus recyceltem Holz. Das Haus hat für seine Nachhaltigkeit eine Goldzertifizierung von Leadership in Energy and Environmental Design (LEED) erhalten.

★ **Green Well** AMERIKANISCH $$
(☎616-808-3566; www.thegreenwell.com; 924 Cherry St SE; Hauptgerichte 16–22 US$; ⊙So–Do 11–22, Fr & Sa bis 24 Uhr) In diesem Gastropub stehen Burger, grünes Curry und gegrilltes Schweinefleisch mit Polenta auf der Karte. Alles wird aus nachhaltig produzierten Zutaten gezaubert, und Bier spielt bei vielen Gerichte eine Rolle, z. B. bei den in Bier gegarten Muscheln oder dem Bier-Käse. An der Bar werden schwer zu findende Biere aus Michigan gezapft und regionale Weine ausgeschenkt (eine Auswahl ist zur Verkostung erhältlich).

Ausgehen & Nachtleben

Brewery Vivant BRAUEREI
(☎616-719-1604; www.breweryvivant.com; 925 Cherry St SE; ⊙Mo–Do 15–23, Fr bis 24, Sa 11–24, So 12–22 Uhr) Die Brewery Vivant ist auf Bier im belgischen Stil spezialisiert. Diese stimmungsvolle Brauereikneipe ist in einer alten Kapelle mit Buntglas und Kuppeldecke untergebracht und serviert Käseplatten und Burger aus lokaler Herstellung an rustikalen Tischen.

Founders Brewing Co BRAUEREI
(☎616-776-1195; www.foundersbrewing.com; 235 Grandville Ave SW; ⊙Mo–Sa 11–2, So 12–24 Uhr; 📶) Wer nur Zeit für einen einzigen Zwischenstopp in Grand Rapids hat, sollte diese Brauerei mit Rock'n'Roll-Vibe besuchen. Sehr süffig ist beispielsweise das rubinrote Dirty Bastard Ale. Für Stärkung in festerer Form sorgen Gourmetsandwiches mit Fleisch.

Praktische Informationen

Grand Rapids CVB (www.experiencegr.com) Auf der Website gibt's Karten und Details für Brauereitouren auf eigene Faust.

An- & Weiterreise

Grand Rapids verfügt über einen eigenen Flughafen mit Flügen in viele US-Städte. Amtrak-Züge fahren täglich nach/von Chicago; der Bahnhof befindet sich im Zentrum nahe der Founders Brewing Co. Die I-96, die I-196 und der Hwy 131 sind die wichtigsten Straßen in die Stadt.

Gold Coast

Das Ufer des Lake Michigan wird nicht umsonst Gold Coast genannt. Michigans 500 km lange Westküste bietet endlose Strände, Dünen, Weingüter, Obstgärten und kleine Städte mit B&Bs, die im Sommer boomen und im Winter im Schnee versinken.

Harbor Country

Harbor Country umfasst acht kleine Städtchen rund um einen See, die mit Stränden, Weingütern, Antiquitätenläden und wundervoll rustikalem Charme locken.

New Buffalo ist die größte Gemeinde. Hier gibt's einen Surfladen (ja, tatsächlich!), einen belebten öffentlichen Strand, Eisdielen, einen Hafen voller Boote und einen beliebten Farmers Market. Three Oaks ist der einzige Ort in Harbor, der im Landesinneren liegt (6 Meilen/10 km landeinwärts am Hwy 12). Hier trifft in einer lässigen Mischung aus Farmen und Kunst Green Acres auf Greenwich Village. Man kann tagsüber eine Radtour machen und sich abends ein provokatives Theaterstück oder einen Arthouse-Film anschauen. Union Pier, Lakeside, Harbert und Sawyer sind die vielleicht hübschesten Städtchen und voller historischer Lokale und Galerien.

Sehenswertes & Aktivitäten

Warren Dunes STATE PARK
(☎269-426-4013; 12032 Red Arrow Hwy, Sawyer; 9 US$/Auto) Dieser Park lockt Besucher mit einem 5 km langen Strand, 10 km an Wanderwegen und Langlaufloipen, Skipisten und 80 m hohen Dünen, auf die man hinaufsteigen kann, an. Es gibt einen Kiosk, der von Mai bis September Essen, Limonade, Eis und Souvenirs verkauft. Stellplätze kosten 22 US$ bis 37 US$.

Tabor Hill Winery WEINGUT
(☎800-283-3363; www.taborhill.com; 185 Mt. Tabor Rd, Buchanan; Touren gratis, Verkostungen 9 US$; ⏱Touren 12–16.30, Verkostungen Mo & Di 12–17, Mi–Do & So 11–18, Sa 11–19 Uhr) Viele Kenner halten die Tabor Hill Winery für das beste Weingut der Gegend. Der Winzer bietet Touren an und lädt an der Bar zu Verkostungen seines blutroten Cabernet Franc und seiner prickelnden Sektsorten ein.

Dewey Cannon Trading Company RADFAHREN
(☎269-756-3361; www.facebook.com/deweycannontradingcompany; 3 Dewey Cannon Ave, Three Oaks; ⏱Di–Fr 9–17, Sa bis 19, So bis 15 Uhr, Okt.–April kürzere Öffnungszeiten) In Three Oaks kann man sich ein Zweirad ausleihen (20 US$/Tag) und entspannt über die ländlichen Straßen radeln, vorbei an Obstgärten und Weingütern. Helme kosten extra.

Schlafen & Essen

Holiday Inn Express HOTEL $$
(☎269-469-1400; www.ihg.com; 11500 Holiday Dr, New Buffalo; Zi. 95–195 US$) Diese Zweigstelle der HI-Kette in New Buffalo ist zwar nichts Besonderes, aber gut geführt und die Preise sind normalerweise sehr vernünftig.

Redamak's BURGER $
(☎269-469-4522; www.redamaks.com; 616 E Buffalo St, New Buffalo; Burger 6–12 US$; ⏱März–Mitte Okt. Mo–Sa 12–22.30, So bis 22 Uhr) Dieses zu Recht gelobte Lokal in New Buffalo ist seit Langem im Geschäft. Hier gibt's in Wachspapier gewickelte Cheeseburger, würzige Kringel-Fritten und kaltes Bier.

Praktische Informationen

Harbor Country Chamber of Commerce (www.harborcountry.org)

An- & Weiterreise

Amtrak hält in New Buffalo; die anderen Gemeinden sind nur per Auto zu erreichen. Die I-94 zieht sich durch die Region. Der Red Arrow Hwy verläuft parallel zur Interstate und verbindet die Orte miteinander. Als Anhaltspunkt: Die Entfernung zwischen New Buffalo und Sawyer beträgt 10 Meilen (16 km).

Saugatuck & Douglas

Saugatuck ist einer der beliebtesten Ferienorte der Gold Coast und für seine große Kunstgemeinde, vielen B&Bs und schwulenfreundliche Atmosphäre bekannt. Douglas, seine Partnerstadt, liegt ca. 1 Meile (1,6 km) südlich; beide sind mehr oder weniger miteinander verschmolzen. Der Ort ist ein bisschen touristisch, aber ziemlich lässig: Den Uferbereich teilen sich Eis schleckende Familien, Yuppie-Bootsbesitzer und Martini trinkende schwule Pärchen. Galerien und Läden füllen die kompakte Innenstadt. Am Wochenende wird's hier besonders voll.

Sehenswertes & Aktivitäten

Antiquitätenshops findet man längs des Blue Star Hwy. Der führt ab Saugatuck etwa 20 Meilen (32 km) nach Süden und passiert dabei auch Heidelbeerfarmen mit Möglichkeit zum Selbstpflücken – ebenfalls prima für Zwischenstopps.

Oval Beach STRAND
(Oval Beach Dr; ⌚8–22 Uhr) Rettungsschwimmer bewachen diesen langen Strand mit feinem Sand, Toiletten und Imbissständen. Die Zahl der Einrichtungen ist aber so klein, dass die Dünenidylle nicht getrübt wird. Parken kostet 8 US$. Bei Lust auf eine etwas abenteuerlichere Anreise nimmt man die Kettenfähre und marschiert über den Mt. Baldhead.

Mt. Baldhead WANDERN
Man kann die Stufen zum Gipfel dieser 60 m hohen Düne erklimmen, die grandiose Aussicht genießen und dann auf der anderen Seite zum Oval Beach wieder hinunterrennen. Man erreicht sie mit der Kettenfähre; vom Dock geht's zu Fuß weiter Richtung Norden.

Saugatuck Dune Rides ABENTEUERSPORT
(☎269-857-2253; www.saugatuckduneride.com; 6495 Blue Star Hwy; Erw./Kind 20/11 US$; ⌚Juli & April 10–19.30, Mai, Juni, Sept. & Okt., Nov.–April geschl.) Saugatuck Dune Rides bieten 40 Minuten Spaß bei rauschenden Fahrten über die Sandhügel.

Schlafen & Essen

★**Pines Motorlodge** MOTEL $$
(☎269-857-5211; www.thepinesmotorlodge.com; 56 Blue Star Hwy; Zi. 139–249 US$; 📶) Zwischen den Tannen in Douglas warten hier Kiefernholzmöbel und Tiki-Lampen im coolen Retrostil. Gemeinschaftsbereiche mit Gartenstühlen tragen zur fröhlichen und geselligen Atmosphäre bei.

Bayside Inn PENSION $$
(☎269-857-4321; www.baysideinn.net; 618 Water St; Zi. 180–250 US$; 📶) Dieses ehemalige Bootshaus bietet zehn Zimmer am Hafen von Saugatuck. Alle haben ein eigenes Bad, eine Terrasse und DVD-Player. Das große Frühstück ist inklusive.

Crane's Pie Pantry BÄCKEREI $
(☎269-561-2297; www.cranespiepantry.com; 6054 124th Ave, Fennville; Kuchenstück 4,50 US$; ⌚Mo–Do 9–20, Fr & Sa 9–21, So 11–20 Uhr) Gäste von Crane's können mächtige Kuchenstücke kaufen und Äpfel oder Pfirsiche in den umliegenden Obstgärten pflücken. Um die Bäckerei in Fennville zu finden, auf dem Blue Star Hwy rund 3 Meilen (4,8 km) nach Süden fahren und dann dem Hwy 89 etwa 4 Meilen (6,4 km) landeinwärts folgen.

Phil's Bar & Grille AMERIKANISCH $$
(☎269-857-1555; www.philsbarandgrille.com; 215 Butler St; Hauptgerichte 18–29 US$; ⌚So–Do 11.30–22.30, Fr & Sa 11.30–23 Uhr) Diese belebte Kneipe hat u. a. *broasted chicken* (von *to broil* und *to roast*; zuerst angebratenes und dann gegrilltes Hähnchen). Ebenfalls im Angebot sind Fischtacos, Lammschenkel und Eintopf mit Okraschoten.

Praktische Informationen

Saugatuck/Douglas CVB (www.saugatuck.com) Verschiedene Services (z. B. Karten).

An- & Weiterreise

Die meisten Besucher fahren nach Saugatuck/Douglas. Der I-196/Hwy 31 führt im Osten an der Zwillingsstadt vorbei, während der Blue Start Hwy durch beide Orte führt. Der nächste Amtrak-Bahnhof befindet sich in Holland, rund 12 Meilen (19 km) nördlich.

Sleeping Bear Dunes National Lakeshore

Grandiose Seeblicke vom Gipfel kolossaler Sanddünen? Wasser, so blau wie in der Karibik? Kilometerlange unberührte Strände? Abgeschiedene Inseln mit mystischen Bäumen? All das gibt's in den Sleeping Bear Dunes, und obendrein saftig grüne Wälder, herrliche Tageswanderungen und glasklare Wasserstraßen für Paddler. Der Nationalpark erstreckt sich nördlich von Frankfort bis kurz vor Leland auf der Leelanau Peninsula. In der Gegend befinden sich auch ein paar sehr hübsche Städtchen.

Sehenswertes

Manitou Islands INSEL
(15 US$/Familie) Die von Wäldern bedeckten Manitou Islands bieten Abenteuer abseits

der ausgetretenen Pfade. Sie gehören zum Sleeping Bear Dunes National Lakeshore, daher auch die Eintrittsgebühr. North Manitou ist für Camping unterm Sternenzelt bekannt, während sich South Manitou für Tagesausflüge in die Wildnis anbietet. Die meisten Besucher kommen zum Kajakfahren oder Wandern hierher; das 11 km lange Valley of the Giants, das durch einen beinahe außerirdisch anmutenden Zedernwald auf South Manitou führt, ist besonders beliebt. **Manitou Island Transit** (☎231-256-9061; www.manitoutransit.com) unterhält Fähren von Leland; die Fahrt dauert 1½ Stunden.

Tandem Ciders FARM
(☎231-271-0050; www.tandemciders.com; 2055 Setterbo Rd; ⏲Mo–Sa 12–18, So bis 17 Uhr) In der Nähe von Suttons Bay schenkt Tandem Ciders leckere Cider in einem kleinen Verkostungsraum auf der Familienfarm auf. Verkostungen kosten 2 US$ für drei 6-dl-Gläser.

Aktivitäten

Dune Climb WANDERN
(Hwy 109; ⏲24 Std.) Der Dune Climb ist die beliebteste Attraktion des Parks: Man stapft die 60 m hohe Düne hinauf und rennt oder rollt sie dann wieder hinunter. Wer die Beinmuskeln trainieren will, kann auf einer 1½-stündigen, anstrengenden Wanderung bis zum Lake Michigan weiterziehen; unbedingt Wasser mitbringen. An der Düne gibt's einen Parkplatz und Toiletten. Sie liegt am Hwy 109, 5 Meilen (8 km) nördlich von Empire.

Pierce Stocking Scenic Drive PANORAMASTRASSE
(⏲Mai–Mitte Nov. 9 Uhr–Sonnenuntergang) Der 7 Meilen (11 km) lange, von Picknickplätzen gesäumte Pierce Stocking Scenic Drive ist eine Einbahnstraße und vielleicht die beste Möglichkeit, die atemberaubende Seekulisse in Sleeping Bear Dunes in sich aufzusaugen. Je früher man kommt, desto weniger Verkehr herrscht. Die Fahrt beginnt 4 Meilen (ca. 6,5 km) nördlich von Empire.

Sleeping Bear Heritage Trail WANDERN
(www.sleepingbeartrail.org) Dieser 27 km lange Weg führt von Empire zur Bohemian Rd und unterwegs am Dune Climb vorbei. Hier wimmelt es nur so von Wanderern und Radfahrern.

Grand Traverse Bike Tours RADFAHREN
(☎231-421-6815; www.grandtraversebiketours.com; 318 N St. Joseph St; ⏲Mo–Fr 9–17.30, Sa bis 17, So 10–16 Uhr) Bietet geführte Radtouren (4-stündige Tour 79 US$) zu lokalen Weingütern an. Es sind auch Touren in Eigenregie möglich (65 US$/Pers.), dann hilft das Personal bei der Routenplanung und holt die gekauften Weine mit dem Lieferwagen ab. Der Laden liegt im Zentrum von Suttons Bay.

Schlafen & Essen

Die einzigen Unterkünfte im Park sind Campingplätze: zwei auf dem Festland und einige weitere auf den Manitou Islands.

Glen Arbor B&B B&B $$
(☎231-334-6789; www.glenarborbnb.com; 6548 Western Ave; Zi. 145–215 US$; ⏲Mitte Nov.–April geschl.) Die Besitzer haben dieses alte Farmhaus in ein sonniges B&B mit sechs Motto-Zimmern im französischen Stil verwandelt.

Empire Village Inn AMERIKANISCH $
(☎231-326-5101; www.empirevillageinn.com; 11601 S Lacore Rd; Hauptgerichte 9–15 US$; ⏲Mo–Do 15–22, Fr 15–23, Sa 14–23, So 12–22 Uhr) Man kann sich in diesem Nurdachhaus einen Platz an einem der abgewetzten Holztische suchen und eines der lokalen Biere vom Fass bestellen, während man auf die ausgezeichnete Pizza wartet. Die Burger und Sandwiches sind auch gut, ebenso wie das hausgemachte Root Beer. Der perfekte Laden, um nach einer langen Wanderung oder Radtour wieder aufzutanken.

Praktische Informationen

Im **Visitor Center** (☎231-326-4700; www.nps.gov/slbe; 9922 W Front St; ⏲Juni–Aug. 8–18, Sept.–Mai 8.30–16 Uhr) des Parks in Empire gibt's Infos, Wanderkarten und Genehmigungen für Fahrzeuge (Woche/Jahr 15/30 US$).

An- & Weiterreise

Der Park ist nur mit einem Auto zugänglich. Der Hwy 31 ist die wichtigste Verbindungsstraße in die Gegend. Von dort kommt man zum Hwy 22, der durch den Park führt. Der nächste Flughafen befindet sich in Traverse City.

Traverse City

Michigans belebte „Kirschenhauptstadt" ist die größte Stadt in der Nordhälfte der Lower Peninsula und wirkt etwas zersiedelt. Allerdings kann man von hier aus prima die Sleeping Bear Dunes, die Weingüter der Mission Peninsula, diverse Obstgärten (mit Möglichkeiten zum Selbstpflücken) und andere regionale Attraktionen besuchen.

Sehenswertes

Eine Autotour zu den Weingütern ist Pflicht! Von Traverse City aus führt der Hwy 37 nordwärts zum Ende der Old Mission Peninsula mit ihren vielen Reben und Obstbäumen (20 Meilen/32 km). Dort hat man dann die Qual der Wahl.

Peninsula Cellars WEINGUT
(☎231-933-9787; www.peninsulacellars.com; 11480 Center Rd; ⌚10–18 Uhr) In einer alten Schule gelegen; Peninsula keltert tolle Weißweine und ist oft weniger stark besucht als die anderen Weingüter. Eine Weinprobe mit 5 Sorten kostet 5 US$.

Schlafen & Essen

Mitchell Creek Inn MOTEL $$
(☎231-947-9330; www.mitchellcreek.com; 894 Munson Ave; Zi./Hütte ab 65/125 US$;) Das bescheidene Motel mit 15 Zimmern liegt auf der anderen Seite des Hwy 31 (nicht am Wasser) und bietet moderate Preise in der Nähe des State-Park-Strands. Es ist ein Familienbetrieb mit einfachen, aber sauberen Zimmern.

Sugar Beach Resort HOTEL $$
(☎231-938-0100; www.tcbeaches.com; 1773 US 31 N; Zi. 150–250 US$;) Das Sugar Beach lockt mit anständigen Preisen und einer Lage direkt am Wasser. Die Zimmer sind nichts Wildes, aber gut ausgestattet, mit kleinem Kühlschrank, Kaffeemaschine und Mikrowelle. Viele wurden kürzlich renoviert und mit neuen Möbeln eingerichtet.

Folgarelli's FEINKOST $
(☎231-941-7651; www.folgarellis.net; 424 W Front St; Sandwiches 8–11 US$; ⌚Mo–Fr 9.30–18.30, Sa bis 17.30, So 11–16 Uhr) Nach einem Tag voller Spaß in der Sonne kann man sich im Folgarelli's, einem Liebling aller Feinschmecker, ein Sandwich schmecken lassen.

North Peak Brewing Company KNEIPENESSEN $$
(☎231-941-7325; www.northpeak.net; 400 W Front St; Hauptgerichte 10–20 US$; ⌚Mo–Do 11–23, Fr & Sa bis 24, So 12–22 Uhr) Hier gibt's Pizza, Muscheln, Amerikanischen Zander mit Brezelkruste und hausgebrautes Bier.

Praktische Informationen

Traverse City Tourism (www.traversecity.com)

An- & Weiterreise

Der kleine Flughafen von Traverse City bietet täglich Flüge nach Chicago, Detroit und Minneapolis. Der Hwy 31 ist die wichtigste Route hinein in die Stadt.

Charlevoix & Petoskey

Diese beiden Städte bieten gleich mehrere Hemingway-Attraktionen. Außerdem stehen hier die Sommerhäuser von Michigans Upper Class. In den Innenstädten beider Orte gibt's Gourmetrestaurants und teure Boutiquen, während es in den Häfen vor Jachten wimmelt.

Verschiedene Schriftsteller sind mit dem Nordwesten Michigans verbunden, aber keiner ist so berühmt wie Ernest Hemingway, der die Sommer seiner Jugend im Ferienhaus seiner Familie am Walloon Lake verbrachte. Hemingway-Fans reisen oft durch die Gegend, um die Orte zu besuchen, die in seinen Geschichten verewigt sind. Hier sind die wichtigsten:

Ein Stück nördlich von Charlevoix zweigt die Boyne City Rd nach Osten ab, führt am Lake Charlevoix vorbei und schließlich nach Horton Bay. Hemingway-Fans werden den **Horton Bay General Store** (☎231-582-7827; www.hortonbaygeneralstore.com; 5115 Boyne City Rd; ⌚So–Do 8–14, Fr & Sa 8–14 & 17–21 Uhr, Mitte Okt.–Mitte Mai geschl.) mit seiner „hohen Scheinfassade" aus der Kurzgeschichte *Oben in Michigan* wiedererkennen. Der altmodische Laden verkauft heute Lebensmittel, Souvenirs, Sandwiches und Eis und serviert am Wochenende abends Wein und Tapas (Reservierungen empfohlen).

Weiter nördlich, am Hwy 31, kann man in Petoskey die Hemingway-Sammlung im **Little Traverse History Museum** (☎231-347-2620; www.petoskeymuseum.org; 100 Depot Ct; 3 US$; ⌚Mo–Sa 10–16 Uhr, Mitte Okt.–Ende Mai geschl.) bewundern, darunter seltene Erstausgaben, die der Autor für einen Freund signierte, als er 1947 zu Besuch war.

Ein paar Blocks vom Museum entfernt kann man sich im **City Park Grill** (☎231-347-0101; www.cityparkgrill.com; 432 E Lake St; ⌚So–Do 11.30–21, Fr & Sa bis 1.30 Uhr), wo Hemingway zu den Stammgästen gehörte, einen Drink gönnen.

Bei Tour Hemingway's Michigan (www.mihemingwaytour.com) gibt's Infos zu Ausflügen in Eigenregie.

Kettenhotels der Budget- und Mittelklasse reihen sich am Hwy 31 und am Hwy 131 auf dem Weg nach Petoskey aneinander. In Charlevoix gibt's ein paar kleine Pensionen und Motels; Näheres findet man unter www.visitcharlevoix.com.

Petoskey lockt außerdem mit Gourmet-Cafés, Gastropubs, gemütlichen Bistros und Multikulti-Lokalen in der Downtown, alle gut zu Fuß zu erreichen. Charlevoix bietet auch edlere Restaurants, unter die sich auch einige Ketten mischen; insgesamt ist die Stadt aber etwas weitläufiger. Das Preisniveau bewegt sich zwischen mittel und teuer.

Die **Beaver Island Ferry** (☎231-547-2311; www.bibco.com; 103 Bridge Park Dr; ⏰Mitte April–Ende Dez.) legt im Zentrum von Charlevoix ab und fährt zur grünen **Insel** (www.beaverisland.org) im Lake Michigan. Die zweistündige Fahrt kostet einfach 32,50/105 US$ pro Person/Auto. Wer ein Auto mitbringt, muss vorab reservieren.

Straits of Mackinac

Das Gebiet zwischen den beiden Halbinseln Michigans blickt, was Befestigungsanlagen und Süßwaren betrifft, auf eine lange Tradition zurück. Die autofreie Insel Mackinac Island ist *der* Touristenmagnet Michigans.

Eine der spektakulärsten Sehenswürdigkeiten hier ist die 5 Meilen (8 km) lange Mackinac Bridge (auch „Big Mac" genannt), die die Straits of Mackinac überspannt. Die Mautgebühr von 4 US$ ist jeden Penny wert: Einen derartigen unglaublichen Blick auf zwei der Großen Seen, zwei Halbinseln und Hunderte von Inseln gibt es kein zweites Mal! Zur Erinnerung: Obwohl es anders geschrieben wird, spricht man *meck-in-ao*.

Mackinaw City

Am Südende der Mackinac Bridge liegt das touristische Mackinaw City an der I-75. Der Ort dient hauptsächlich als Sprungbrett zur Mackinac Island, bietet jedoch auch ein paar interessante historische Sehenswürdigkeiten.

Sehenswertes

Colonial Michilimackinac HISTORISCHE STÄTTE
(☎231-436-5564; www.mackinacparks.com; 102 W Straits Ave; Erw./Kind 12/7 US$; ⏰Juni–Aug. 9–19 Uhr, Mai & Sept.–Mitte Okt. bis 17 Uhr; 👪) Neben der Big-Mac-Brücke (das Visitor Center befindet sich unter der Brücke) liegt Colonial Michilimackinac. Dieses National Historic Landmark besteht aus einem Fort mit einer rekonstruierten Palisade, die 1715 von den Franzosen errichtet wurde. Kostümierte Darsteller kochen und handwerkeln hier wie damals.

Historic Mill Creek HISTORISCHE STÄTTE
(☎231-436-4226; www.mackinacparks.com; 9001 W US 23; Erw./Kind 9/6 US$; ⏰Juni–Aug. 9–18, Mai & Sept.–Mitte Okt. bis 17 Uhr; 👪) Hier steht ein Sägewerk aus dem 18. Jh., in dem kostümierte Darsteller Holz zerkleinern. Außerdem gibt's eine historische Ausstellung, eine Seilrutsche und Naturpfade.

An- & Weiterreise

Die I-75 ist die Hauptroute nach Mackinaw City. Die Docks von **Star Line** (☎800-638-9892; www.mackinacferry.com; 801 S Huron Ave; Erw./Kind/Fahrrad 26/14/10 US$) und **Shepler's** (☎800-828-6157; www.sheplersferry.com; 556 E Central Ave; Erw./Kind/Fahrrad 26/14/10 US$) liegen ein Stück abseits der Interstate. Beide unterhalten Fähren nach Mackinac Island. Die Fahrt dauert etwa 20 Minuten; die Schiffe fahren tagsüber mindestens stündlich. Beide Unternehmen bieten kostenlose Parkplätze, auf denen man das Auto abstellen kann.

St. Ignace

Am Nordende der Mackinac Bridge liegt St. Ignace, die zweitälteste Siedlung in Michigan – Père Jacques Marquette gründete hier 1671 eine Mission. Es ist einer der Orte, von denen man Mackinac Island erreicht. In der kleinen Stadt kann man sich prima auf die weitere Reise durch die Upper Peninsula vorbereiten.

Budget-Motels und Mitteklassehotels (hauptsächlich Ketten) gibt's in der N State St zuhauf; die Straße schlängelt sich durch die Stadt am Wasser entlang. Man muss mit mindestens 100 US$ pro Übernachtung rechnen.

Felchen, Pizza und Fudge sind die Spezialitäten der Stadt. Auch Mittelklasse-Restaurants säumen die N State St, die kommerzielle Hauptschlagader, die sich an den See schmiegt.

An- & Weiterreise

Die I-75 ist die Hauptverbindung nach St. Ignace. Die Docks von **Star Line** (☎800-638-9892; www.mackinacferry.com; 587 N State St; Erw./Kind/Fahrrad 26/14/10 US$) und **Shepler's** (☎800-828-6157; www.sheplersferry.com; 601 N State St; Erw./Kind/Fahrrad 26/14/10 US$) liegen nur einen Steinwurf vom Interstate entfernt. Beide unterhalten Fähren nach Mackinac Island. Die Fahrt dauert etwa 20 Minuten; die Schiffe fahren tagsüber mindestens stündlich. Auf den Parkplätzen der Unternehmen kann man das Auto kostenlos abstellen.

Mackinac Island

Mackinac Island ist das touristische Juwel Michigans. Hin kommt man entweder ab Mackinaw City oder ab St. Ignace mit der Fähre. Die Lage der Insel am Übergang zwischen dem Lake Michigan und dem Lake Huron machte sie zum wertvollen Hafen für den nordamerikanischen Pelzhandel – und zu einem Ort, um den Briten und Amerikaner mehrmals gegeneinander kämpfen.

Das wichtigste Jahr in der Geschichte dieser 810 ha großen Insel war 1898 – jenes Jahr, in dem die Autos von der Insel verbannt wurden, um den Tourismus anzukurbeln. Heute werden alle Ausflüge mit Pferden oder per Fahrrad gemacht; sogar die Polizei benutzt auf ihren Patrouillen durch die Stadt Drahtesel. Besonders an Sommerwochenenden fallen Horden von Touristen, die von den Insulanern Fudgies genannt werden, über die Insel her. Doch wenn abends die letzte Fähre ablegt und mit ihr auch die letzten Tagesausflügler verschwinden, offenbart sich der wahre Reiz der Insel und man driftet in eine andere, gemächlichere Welt. 80 % der Insel stehen als State Park unter Schutz. Zwischen November und April hat so gut wie alles geschlossen.

Sehenswertes

Arch Rock NATURATTRAKTION

GRATIS Dieser mächtige Kalksteinbogen spannt sich in 45 m Höhe über den Lake Huron und ist das perfekte Motiv für ein spektakuläres Foto. Er ist auf zwei Arten zugänglich: über die Treppe, die von der Straße am Seeufer hinaufführt oder vom Inselinneren über die Arch Rock Rd.

Fort Mackinac HISTORISCHE STÄTTE

(906-847-3328; www.mackinacparks.com; 7127 Huron Rd; Erw./Kind 13/7,50 US$; Juni–Aug. 9.30–18 Uhr, Mai & Sept.–Mitte Okt. bis 17 Uhr;) Fort Mackinac thront auf einem Kalksteinfelsen in der Nähe des Zentrums. Es wurde 1780 von den Briten errichtet und ist eines der am besten erhaltenen Forts des Landes. Kostümierte Darsteller sowie Kanonen- und Gewehrschüsse (alle 30 Min.) schinden vor allem bei den Kids mächtig Eindruck. Man sollte im Teezimmer einen Happen essen und den grandiosen Blick auf die Innenstadt und die Straits of Mackinac genießen.

Fort Holmes FESTUNG

(Mai–Mitte Okt. 10–17 Uhr) GRATIS Britische Truppen errichteten diese kleine Festung aus Holz und Erde 1814, um sich vor einem US-Angriff während des Britisch-Amerikanischen Krieges zu schützen. Dies ist nur ein Nachbau, da das Originalfort schon vor Ewigkeiten verfallen ist. Es dauert nicht lange, sich hier umzuschauen. Besser als die Festung selbst ist ohnehin der Ausblick: Sie steht auf dem höchsten Punkt der Insel und bietet ein grandioses Panorama über die Straits of Mackinac.

Aktivitäten

Der Hwy 185 (alias Lake Shore Rd) verläuft entlang der Inselküste und ist der einzige Highway in Michigan, auf dem keine Autos erlaubt sind. Am besten erkundet man die unglaubliche Landschaft, durch die diese 13 km lange Straße führt, per Fahrrad. Man kann sein eigenes mitbringen oder sich für 9 US$ pro Stunde in vielen Läden eines ausleihen. Die Schleife auf der flachen Strecke schafft man in einer Stunde.

Schlafen & Essen

Bogan Lane Inn B&B $$

(906-847-3439; www.boganlaneinn.com; Bogan Lane; Zi. 95–140 US$) Das Bogan Lane ist zwar ein bisschen muffig, bietet aber mit die günstigsten Preise der Insel und gehört zu den wenigen Unterkünften, die das ganze Jahr über geöffnet sind. Die vier Zimmer teilen sich zwei Bäder in einem Gebäude aus den 1850er-Jahren. Es liegt ein wenig ab vom Schuss, etwa zehn Fußminuten von der Innenstadt und den Fährdocks entfernt.

Hart's Inn B&B $$

(906-847-6234; www.hartsmackinac.com; 7556 Market St; Zi. 150–215 US$; Mitte Mai–Ende Okt.) Das Hart's liegt mitten im Zentrum und ist in einem einstöckigen, mit weißen Schindeln verkleideten Haus untergebracht, das an ein altmodisches Motel erinnert. Es verfügt über neun recht kleine Zimmer, alle mit eigenem Bad. Die Gäste entspannen gern auf der von einem Garten umgebenen Terrasse.

Chuckwagon DINER $

(906-847-0019; www.chuckwagononmackinac.com; 7400 Main St; Hauptgerichte 7–12 US$; 7–15 Uhr) Vor einer Tagestour mit dem Fahrrad muss man sich stärken, und im Chuckwagon mit Cowboy-Motto kann man dies ganz hervorragend. Man schnappt sich einen Hocker an der Theke und sieht den Köchen zu, wie sie Eier, Kartoffelbrei, Speck und Pfannkuchen zum Frühstück (nur bis 11

Uhr) oder Burger und Sandwiches zum Mittagessen zubereiten. Dieses winzige Diner ohne Schnickschnack ist immer proppenvoll, aber das Warten lohnt sich.

Praktische Informationen

Mackinac Island Visitor Center (906-847-3783; www.mackinacisland.org; 7274 Main St; Mai–Okt. 9–17 Uhr) Kiosk in der Innenstadt mit Wander- und Radkarten.

An- & Weiterreise

Zwei Fährgesellschaften schippern ab Mackinaw City und St. Ignace hierher: **Shepler's** (800-828-6157; www.sheplersferry.com) und **Star Line** (800-638-9892; www.mackinacferry.com). Beide berechnen etwa dieselben Preise (hin & zurück Erw./Kind/Fahrrad 26/14/10 US$) und gewähren kleine Rabatte bei Onlinebuchung. Von Mai bis Oktober verkehren die Fähren mehrmals täglich. Sie erreichen ihr Ziel nach etwa 20 Minuten. Beide Firmen haben Gratisparkplätze für ihre Passagiere.

Upper Peninsula

Die Upper Peninsula (UP) ist eines der Highlights im Mittleren Westen. Sie ist wild und einsam, 90 % des Gebiets sind von Laubwäldern bedeckt. Gerade einmal 45 Meilen (72 km) Fernstraße durchqueren die Wälder, auf die sich eine Handvoll Städte verteilen. Marquette ist die größte unter ihnen. Zwischen den Orten gibt es endlos lange Uferstreifen am Lake Huron, Lake Michigan und Lake Superior, malerische kleine Straßen und – Pasteten. Die Rezepte für die Pot Pies mit Fleisch und Gemüse wurden vor 150 Jahren von Bergarbeitern aus Cornwall mitgebracht.

Hier oben im Norden betritt man eine andere Welt. Die Bewohner der UP, die auch „Yoopers" genannt werden, sehen sich selbst eigentlich gar nicht wirklich als Einwohner Michigans – sie haben in der Vergangenheit sogar schon damit gedroht, sich unabhängig zu machen.

Sault Ste. Marie

Sault Ste. Marie (Sault wird wie „su" ausgesprochen) wurde 1668 gegründet. Es ist die älteste Stadt in Michigan und die drittälteste in den USA. Heute ist sie ein geschäftiger Hafen und Grenzübergang zu Kanada – die Schwesterstadt Sault Ste. Marie, Ontario, zwinkert einem von der anderen Seite der Brücke zu.

Sehenswertes

Soo Locks Visitor Center MUSEUM
(906-253-9290; Portage Ave; Mitte Mai–Mitte Okt. 9–21 Uhr) GRATIS Sault Ste. Marie ist vor allem für seine Schleusen bekannt, die 300 m lange Frachter auf die unterschiedlichen Höhen der Seen heben und senken. Das Visitor Center im Zentrum zeigt Ausstellungen und Videos und bietet eine Aussichtsplattform, von der man zusehen kann, wie die Schiffe vom Lake Superior zum Lake Huron 7 m Höhe überwinden. An der Ausfahrt 394 von der I-75 abfahren und dann links halten.

Schlafen & Essen

Askwith Lockview Motel MOTEL $
(906-632-2491; www.lockview.com; 327 W Portage Ave; Zi. 85–99 US$; Mai–Mitte Okt.;) Man kann aus verschiedenen Zimmern im klassischen, zweistöckigen Motel oder den zugehörigen einstöckigen Cottages wählen. Das schlichte Interieur sieht überall ähnlich aus: Bettwäsche mit Blumenmuster, TV und Mini-Kühlschrank auf relativ engem Raum, aber die Zimmer sind sauber und ordentlich und direkt gegenüber der Soo Locks.

Karl's Cuisine, Winery & Brewery AMERIKANISCH $$
(906-0253-1900; www.karlscuisine.com; 447 W Portage Ave; Hauptgerichte 16–24 US$; Mo & Di 11–16, Mi–Sa bis 21 Uhr) Die Karte im lebendigen Karl's umfasst gefüllte Teigtaschen (Rind, Huhn oder vegetarische Füllung in knusprigem Teig), Felchen aus dem Lake Superior in Ahornsirup-Marinade, Burger, Sandwiches, Stromboli und Pasta-Gerichte. Als roter Faden ziehen sich lokale und nachhaltig produzierte Zutaten durch alle Gerichte. Auch vegetarische und glutenfreie Gäste finden viel Auswahl. Das familiengeführte Restaurant stellt sogar eigenes Bier, Wein und Cider her.

An- & Weiterreise

Die I-75 ist die wichtigste Interstate nach Sault Ste. Marie. Die Stadt verfügt über einen kleinen Flughafen mit täglichen Verbindungen nach Detroit. Die International Bridge verbindet Sault Ste. Marie mit ihrer Schwesterstadt in Kanada; der Grenzübergang ist rund um die Uhr geöffnet.

Pictured Rocks National Lakeshore

Der Pictured Rocks National Lakeshore erstreckt sich entlang der besten Gegend des

Lake Superior und besteht aus einer Reihe von Klippen und Höhlen, in denen blaue und grüne Mineralien den roten und gelben Sandstein in ein Kaleidoskop aus Farben verwandeln. Die Rte 58 (Alger County Rd) führt auf 52 Meilen (84 km) geruhsam durch den Park, von Grand Marais im Osten bis nach Munising im Westen. Zu den größten Attraktionen (von Ost nach West) gehören das Au Sable Point Lighthouse (über eine 8 km lange Rundwanderung vorbei an den Skeletten der Schiffswracks zu erreichen), der von Achaten übersäte Twelvemile Beach, Chapel Falls mit seinen zahlreichen Wanderwegen und der Miners Castle Overlook, der einen tollen Ausblick bietet. Auf einer Fahrt mit dem Boot oder Kajak entlang der Küste wirkt die dramatische Landschaft noch eindrucksvoller.

Kajakfahren ist im Pictured Rocks sehr beliebt. Kein Wunder, schließlich paddelt man hier unter kargen, in bunten Farben schimmernden Klippen mit Namen wie Lovers Leap, Flower Vase und Caves of the Bloody Chiefs. Der Blick vom Wasser auf diese geologischen Wunder ist schlicht atemberaubend. Erfahrene Paddler können sich allein auf den Weg machen, aber es gibt oft hohe Wellen und starken Wind. Neulinge sollten sich lieber einer geführten Tour anschließen. In Munising gibt's mehrere Anbieter; die Touren dauern zwischen ein paar Stunden und einem ganzen Tag. **Pictured Rocks Kayaking** (☎906-387-5500; www.paddlepicturedrocks.com; 1348 Commercial St; 4½-stündige Tour Erw./Kind 135/95 US$; ⊙Ende Mai–Sept.) hat tolle Ausflüge für Anfänger im Programm.

In Munising gibt's haufenweise Motels, die meisten am Hwy 28, ein paar Kilometer südöstlich der Stadt. Näheres dazu findet man unter www.munising.org. Das winzige Grand Marais auf der Ostseite des Parks bietet ebenfalls Motels, aber nicht so viele wie Munising. Die Preise sind in der Mittelklasse angesiedelt, steigen im Juli und August aber an.

In Marquette, 40 Meilen (64 km) westlich, befindet sich der nächste Flughafen. Hwy 28 und Hwy 94 sind die wichtigsten Verbindungsstraßen in die Gegend.

ABSTECHER

TAHQUAMENON FALLS STATE PARK

An den wunderschönen Tahquamenon Falls im **Tahquamenon Falls State Park** (☎906-492-3415; Hwy 123; 9 US$/Fahrzeug), östlich von Sault Ste. Marie, stürzt teefarbenes Wasser in die Tiefe, das von den Nadeln der stromaufwärts stehenden Hemlocktannen eingefärbt wird. Die 60 m breiten Upper Falls stürzen 15 m tief und faszinieren die Besucher – vor allem Henry Wadsworth Longfellow, der sie in *Das Lied von Hiawatha* erwähnte. Die Lower Falls (5 Meilen/8 km nordöstlich) bestehen aus einer Folge kleiner Kaskaden rund um eine Insel; viele Besucher mieten ein Ruderboot und paddeln hinaus. Der große State Park bietet außerdem Campingplätze (Zelt- & Wohnmobilplatz 17–25 US$), tolle Wandermöglichkeiten und – ein dickes Plus – eine Brauereikneipe nahe dem Parkeingang.

Marquette

Marquette liegt direkt am Seeufer und ist der perfekte Ort, wenn man die Region ein paar Tage lang erkunden möchte. Es ist die größte (und schneereichste) Stadt der Upper Peninsula und ein bekanntes Mekka für Outdoor-Fans. Wälder, Strände und Klippen bilden den perfekten Abenteuerspielplatz und sind nur einen Katzensprung von der Innenstadt entfernt. Die Einheimischen fahren im Winter Ski und rauschen im Sommer mit Fatbikes über die Radwege. Außerdem ist hier die Northern Michigan University zu Hause, was der Stadt eine recht junge Bevölkerung beschert. Das historische Zentrum lockt mit Bier und gutem Essen.

Sehenswertes & Aktivitäten

Da Yoopers Tourist Trap and Museum MUSEUM
(☎906-485-5595; www.dayoopers.com; 490 N Steel St; ⊙Mo–Fr 10–18, Sa & So bis 17 Uhr) GRATIS Wir präsentieren: Big Gus, die größte Kettensäge der Welt. Und Big Ernie, das längste Gewehr der Welt. Im Da Yoopers Tourist Trap and Museum, 15 Meilen (24 km) westlich von Marquette am Hwy 28/41 hinter Ishpeming, gilt „Kitsch as Kitsch can".

Presque Isle Park PARK
(Peter White Dr) Die hohen Klippen des Presque Isle Park ragen mitten in der Stadt auf einer Halbinsel auf, die sich in den Lake Superior erstreckt. Von hier aus kann man wunderbar den Sonnenuntergang beobachten.

Down Wind Sports KAJAKFAHREN
(☎906-226-7112; www.downwindsports.com; 514 N 3rd St; ⊙Mo–Fr 10–19, Sa bis 17, So 11–15 Uhr) Down Wind verleiht alle erdenkliche Ausrüstung und bietet Informationen zu Kajaktouren, Fliegenfischen, Surfen, Eisklettern und anderen Abenteuern.

Schlafen & Essen

Landmark Inn HISTORISCHES HOTEL $$
(☎906-228-2580; www.thelandmarkinn.com; 230 N Front St; Zi. 179–229 US$; ❄📶) Das elegante, sechsstöckige Landmark Inn ist in einem historischen Gebäude am See untergebracht. Angeblich hausen hier sogar zwei Geister.

Jean Kay's Pasties & Subs SANDWICHES $
(☎906-228-5310; www.jeankayspasties.com; 1635 Presque Isle Ave; Gerichte 5–8 US$; ⊙Mo–Fr 11–21, Sa & So bis 20 Uhr) Im Jean Kay's kann man die lokale Spezialität genießen: mit Fleisch und Gemüse gefüllte Teigtaschen.

Thill's Fish House FISCH & SEAFOOD $
(☎906-226-9851; 250 E Main St; Gerichte 4–9 US$; ⊙Mo–Fr 8–17.30, Sa 9–16 Uhr) Hier kann man frisch gefangene Forellen oder Felchen in verschiedenen Formen (geräuchert, eingelegt, als Würstchen) direkt am Dock kaufen. Das Thill's ist Marquettes letztes kommerzielles Fischereiunternehmen und bietet täglich einen fetten Fang. Man findet es in einer Wellblechhütte am Ende der Main St.

Praktische Informationen

Im in einem Blockhaus untergebrachten **Visitor Center** (2201 US 41; ⊙9–17.30 Uhr) am Stadtrand gibt's Broschüren zu örtlichen Wanderwegen und Wasserfällen.

An- & Weiterreise

Hwy 41 und Hwy 28 sind die wichtigsten Straßen in die Stadt. Marquette verfügt über einen kleinen Flughafen mit Flügen nach Detroit, Chicago und Minneapolis.

Isle Royale National Park

Im Isle Royale National Park gibt es weder Autos noch Straßen. So ist die 545 km² große Insel im Lake Superior mit Sicherheit der richtige Ort, wenn man auf der Suche nach Ruhe und Frieden ist. Hierher kommen im ganzen Jahr weniger Besucher als in den Yellowstone National Park an einem einzigen Tag. Das bedeutet, dass man die 1600 Elche, die durch den Wald schleichen, ganz für sich allein hat.

Die Insel ist von 265 km an Wanderwegen durchzogen. Sie verbinden Dutzende von Campingplätzen entlang des Lake Superior und der Seen im Landesinneren miteinander. Man muss sich jedoch gut auf dieses Wildnisabenteuer vorbereiten und ein Zelt, Schlafsäcke, Essen und Wasserfilter mitbringen. Der Park ist von Mitte April bis Ende Oktober geöffnet, wenn er wegen des extremen Wetters schließen muss.

Auf der Isle Royale gibt's zwei Übernachtungsmöglichkeiten: Man kann in der **Rock Harbor Lodge** (☎906-337-4993; www.rockharborlodge.com; Zi. & Hütten 224–256 US$; ⊙Ende Mai–Anfang Sept.) schlafen, der einzigen Unterkunft für „Weicheier", oder zu den rustikalen Campingplätzen mit Plumpsklo wandern, die auf der Insel verstreut liegen. Interessante Info: Zelten kostet nichts extra, die Kosten dafür sind in den 7 US$ für die Tageskarte zum Park enthalten.

In der Lodge gibt's zwei gastronomische Optionen: Im Speisesaal wird zum Frühstück, Mittag- und Abendessen amerikanische Küche serviert, im etwas zwangloseren Café locken Burger, Sandwiches, Kaffee und Bier. Der Dockside Store in Rock Harbor verkauft die wichtigsten Lebensmittel. In Windigo auf der anderen Seite der Insel gibt's einen weiteren kleinen Laden.

Praktische Informationen

Isle Royale Park Headquarters (☎906-482-0984; www.nps.gov/isro; 800 E Lakeshore Dr; ⊙Juni–Mitte Sept. Mo–Fr 8–18, Sa ab 10 Uhr, Mitte Sept.–Mai Mo–Fr 8–16 Uhr) In der Hauptgeschäftsstelle des Parks in Houghton gibt's Informationen zu Eintrittsgebühren (7 US$/Pers. & Tag), Fähren, Camping usw.

An- & Weiterreise

Von der Anlegestelle vor den Park Headquarters in Houghton bricht die **Ranger III** (☎906-482-0984; www.nps.gov/isro; 800 E Lakeshore Dr; ⊙Ende Mai–Anfang Sept.) dienstags und freitags um 9 Uhr zur sechsstündigen Bootsfahrt (hin & zurück Erw./Kind 126/46 US$) nach Rock Harbor auf der Ostseite der Insel auf.

Isle Royale Seaplanes (☎906-483-4991; www.isleroyaleseaplanes.com; 21125 Royce Rd) bietet eine schnellere Verbindung und fliegt in 35 Minuten von der Portage Canal Seaplane Base in Hancock nach Rock Harbor oder Windigo auf der Westseite der Insel (hin & zurück 320 US$).

Alternativ kann man 50 Meilen (80 km) über die Keweenaw Peninsula hinauf nach Copper Harbor fahren (eine wunderschöne Strecke) und an Bord der **Isle Royale Queen** (☎906-289-4437; www.isleroyale.com; 14 Waterfront Landing) gehen, die um 8 Uhr in drei Stunden nach Rock Harbor übersetzt (hin & zurück Erw./Kind 136/76 US$). Sie verkehrt während der Hochsaison von Ende Juli bis August täglich.

Wer ein Kajak oder Kanu auf der Fähre transportiert, zahlt hin & zurück 50 US$ extra. Man sollte alle Transportmittel unbedingt weit im Voraus buchen. Die Isle Royale ist auch von Grand Portage, MN, zu erreichen.

Porcupine Mountains Wilderness State Park

Michigans größter State Park umfasst knapp 150 km an Wanderwegen und ist Wildnis pur. „The Porkies", wie er auch genannt wird, ist so wild romantisch, dass die Holzindustrie ihn im frühen 19. Jh. links liegen ließ und der Park heute über das größte Urwaldgebiet zwischen den Rocky Mountains und den Adirondacks verfügt. Neben den 300 Jahre alten Hemlocktannen sind die Porkies auch für ihre Wasserfälle, die 30 km unberührte Küste am Lake Superior, die umherziehenden Schwarzbären und den Blick auf den atemberaubenden Lake of the Clouds bekannt.

Im Park stehen rustikale Hütten und Campingplätze zur Verfügung. Ansonsten reihen sich am Hwy 64 zwischen Silver City und Ontonagon Budget-Motels und teurere Lodges aneinander.

Sehenswertes & Aktivitäten

Lake of the Clouds SEE

(Hwy 107) Dieser See ist die meistfotografierte Attraktion der Gegend. Nachdem man im Visitor Center die Eintrittsgebühr zum Park bezahlt hat (9 US$/Auto) geht's zum Ende des Hwy 107, wo man einen kurzen, 100 m langen Weg hinaufsteigt und mit einem atemberaubenden Blick auf das schimmernde Wasser unter einem belohnt wird. Längere Wanderungen beginnen am Parkplatz.

Porcupine Mountain Ski Area SKIFAHREN

(☎906-885-5209; www.porkiesfun.com; ⏲Dez.–Anfang April) Im Winter ist hier viel los. Es gibt Abfahrten (Höhenunterschied: 240 m) und 42 km Langlaufloipen. Die Bedingungen und Preise variieren, also am besten anrufen, bevor man aufbricht.

Praktische Informationen

Porcupine Mountains and Ontonagon Area CVB (www.porcupineup.com) Eine Liste mit Wasserfällen und Aktivitäten.

Porcupine Mountains Visitor Center (☎906-885-5275; www.mi.gov/porkies; 412 S Boundary Rd; ⏲Mitte Mai–Mitte Okt. 8–18 Uhr) Im Visitor Center des State Parks bekommt man die Genehmigungen für Fahrzeuge (pro Tag/Jahr 9/32 US$) und zum Campen im Hinterland (1–4 Pers. 15 US$/Nacht).

An- & Weiterreise

Wer hierher will, benötigt auf jeden Fall ein Auto. Der Hwy 45 ist die wichtigste Verbindung in die Gegend.

WISCONSIN

Wisconsin is(s)t Käse und stolz darauf. Die Kühe des US-Staats geben Milch für knapp 1,2 Mrd. kg Cheddar, Gouda und ähnliche Köstlichkeiten – das ist ein Viertel aller Laibe, die in den USA entstehen. Auf den hiesigen Nummernschildern steht mit Würde „Dairy State" (Staat der Molkereien). Die Leute hier nennen sich sogar selbst „Käseköpfe" und betonen das noch, indem sie zu besonderen Gelegenheiten – vor allem bei den Footballspielen der Green Bay Packers – Schaumgummihüte in der Form von Käsestücken tragen.

An die Sache mit dem Käse muss man sich also gewöhnen, denn es kann ja gut sein, dass man länger bleibt. Wisconsin hat eine Menge zu bieten: schroffe Klippen und die Leuchttürme von Door County, Kajaktouren durch Brandungshöhlen im Apostle Islands National Lakeshore, das Cow Chip Throwing entlang des Hwy 12 sowie viel Bier, Kunst und Feste in Milwaukee und Madison.

Praktische Informationen

Wisconsin Department of Tourism (www.travelwisconsin.com) Veröffentlicht haufenweise kostenlose Reiseführer zu Themen wie Radfahren, Golf oder ländlichen Straßen und bietet eine kostenlose App.

Wisconsin B&B Association (www.wbba.org)

Verkehrsinformationen für Wisconsin (www.511wi.gov)

Wisconsin Milk Marketing Board (www.eatwisconsincheese.com) In der kostenlosen Karte *A Traveler's Guide to America's Dairyland* sind alle Käsereien des Bundesstaats verzeichnet.

Wisconsin State Park Information (☎608-266-2181; www.dnr.wi.gov/topic/parks) Für Parkbesuche benötigt man eine Fahrzeugerlaubnis (Tag/Jahr 11/38 US$). Stellplätze kosten zwischen 21 und 35 US$; Reservierungen (☎888-947-2757; www.wisconsinstate parks.reserveamerica.com; Gebühr 10 US$) sind möglich.

Milwaukee

Milwaukee hat ein Problem: Es ist wirklich klasse, taucht aber auf keinem Radar auf. Die Stadt gilt noch immer als Arbeiterstadt mit Bier, Bowlingbahnen und Polka-Sälen. Dabei bietet sie auch Sehenswürdigkeiten wie das von Calatrava entworfene Kunstmuseum, das coole Harley-Davidson Museum oder stilvolle Lokale und Boutiquen, die Wisconsins größte Stadt in einen betont lässigen Ort verwandelt haben. Im Sommer wird fast jedes Wochenende bei Festivals am See gefeiert, und wo sonst auf diesem Planeten sieht man schon um die Wette laufende Würstchen?

Geschichte

Deutsche waren in den 1840er-Jahren die ersten Siedler in Milwaukee. Viele von ihnen gründeten kleine Brauereien, doch erst ein paar Jahrzehnte später wurde der Gerstensaft durch die Einführung der Brautechnologie in großem Maßstab ein wichtiger Industriezweig der Stadt. In den 1880er-Jahren, als Schlitz, Blatz, Miller und 80 weitere Brauereien hier ihr Bier produzierten, bekam Milwaukee seine Spitznamen „Brew City" (Brauereistadt) und „Nation's Watering Hole" (Kneipe der Nation). Heute ist von den großen Brauereien nur noch Miller übrig, aber die Kleinbrauereien sind wieder im Kommen.

Sehenswertes & Aktivitäten

Östlich der Stadt säumen Parks das Ufer des Lake Michigan. Im Zentrum verläuft der Riverwalk auf beiden Seiten des Milwaukee River.

★ Harley-Davidson Museum — MUSEUM

(☎414-287-2789; www.h-dmuseum.com; 400 W Canal St; Erw./Kind 20/10 US$; ⏲Mai–Sept. Fr–Mi 9–18, Do 9–20 Uhr, Okt.–April ab 10 Uhr) Hunderte von Feuerstühlen (u.a. die protzigen Maschinen von Elvis und Evel Knievel) zeigen hier die Entwicklung der Motorradstile im Lauf der Jahrzehnte auf. In der Experience Gallery im Erdgeschoss können sich die Besucher auf verschiedene Bikes schwingen und „Rockerfotos" schießen lassen. Auch wer selbst nicht Motorrad fährt, wird seinen Spaß an den interaktiven Ausstellungen und wild aussehenden Besucherscharen in Lederkluft haben.

Harley Davidson Plant — FABRIK

(☎877-883-1450; www.harley-davidson.com/experience; W156 N9000 Pilgrim Rd; ⏲Mo–Fr 9–13.30 Uhr) Motorradfans kommen in dieser Fabrik voll auf ihre Kosten. Hier werden im Vorort Menomonee Falls Motoren hergestellt. Es stehen zwei verschiedene Touren auf dem Programm: eine kostenlose 30-minütige Tour mit Videovorführung und kurzem Besuch in der Werkhalle und eine zweistündige Alternative (38 US$/Pers.), bei der man das Fließband, die Pulverlackierung und andere Details des Motorenbaus aus der Nähe sieht und sogar eine Schutzbrille tragen muss.

Die lange Tour beginnt im 10 und 12 Uhr; man bucht sie am besten vorab. Für die kürzeren Touren ist keine Anmeldung nötig, für die Tickets gilt daher: Wer zuerst kommt, mahlt zuerst (es ist also sinnvoll, früh zu kommen). Kinder unter 12 Jahren sind nicht erlaubt. Einfach den Harley-Schildern von der Pilgrim Rd folgen und dann nach den Wegweisern zum Tour Center Ausschau halten.

Milwaukee Art Museum — MUSEUM

(☎414-224-3200; www.mam.org; 700 N Art Museum Dr; Erw./Kind 17/frei US$; ⏲10–17, Do 10–20 Uhr) Diese Institution am Seeufer muss man einfach gesehen haben: Ein atemberaubender Pavillon nach einem Entwurf von Santiago Calatrava öffnet und schließt hier täglich seine „Flügel" (10, 12 & 17, Do 20 Uhr) – ein toller Anblick, der von der vorgelagerten Hängebrücke aus am eindrucksvollsten ist. Im Inneren des Museums gibt's u.a. großartige Volkskunst, sogenannte *outsider art* (Werke von Autodidakten) und eine große Sammlung mit Gemälden von Georgia O'Keeffe zu sehen. Seit der Renovierung im Jahr 2015 sind auch noch Ausstellungen zu den Bereichen Fotografie und neue Medien hinzugekommen.

Miller Brewing Company — BRAUEREI

(☎414-931-2337; www.millercoors.com; 4251 W State St; ⏲Juni–Aug. Mo–Sa 10.30–16.30, So 10.30–15.30 Uhr, Sept.–Mai Mo–Sa bis 15.30 Uhr) GRATIS 1855 gegründet bewahrt die historische Miller-Anlage Milwaukees Biererbe.

Legionen von Gerstensaftfans stehen hier für die stundenlangen Gratisführungen an. Auch wenn das Bier aus Massenproduktion vielleicht nicht jedermanns Geschmack ist, beeindruckt die Fabrik doch allein schon durch ihre Dimensionen: Besucher besichtigen u.a. das Verpackungswerk, wo 2000 Dosen pro Minute abgefüllt werden. Im Lagerhaus warten 500 000 Kästen auf ihren Abtransport. Und am Ende jeder Tour gibt's eine großzügige Verkostung mit drei Proben in voller Größe. Ausweis nicht vergessen!

Lakefront Brewery BRAUEREI

(☎414-372-8800; www.lakefrontbrewery.com; 1872 N Commerce St; 45-minütige Führungen 9–10 US$; ⏲Mo–Do 11–20, Fr bis 21, Sa 9–21, So 10–17 Uhr) Die beliebte Lakefront Brewery liegt gegenüber der Brady St auf der anderen Flussseite und bietet nachmittags Führungen an. Doch die beste Zeit für einen Besuch ist der Freitagabend, denn dann gibt's ein *fish fry*: 16 verschiedene Biersorten und eine Polkaband, die für Stimmung sorgt. Die Führungen beginnen je nach Wochentag zu unterschiedlichen Zeiten, um 14 und 15 Uhr findet aber eigentlich immer eine statt (und meistens mehrere).

Discovery World at Pier Wisconsin MUSEUM

(☎414-765-9966; www.discoveryworld.org; 500 N Harbor Dr; Erw./Kind 19/16 US$; ⏲Mo–Fr 9–16, Sa & So 10–17 Uhr, Sept.–März Mo geschl.; 👪) Das Wissenschafts- und Technikmuseum am Seeufer begeistert mit seinen Süß- und Salzwasseraquarien vor allem Kinder – man darf Haie und Störe berühren. Außerdem liegt hier im Hafen noch ein Dreimast-Schoner, den man besichtigen kann (2-stündige Segeltour Erw./Kind 45/40 US$). Erwachsenen werden die Gitarren und Soundanlagen des in Wisconsin geborenen Les Paul gefallen.

Landmark Lanes BOWLING

(☎414-278-8770; www.landmarklanes.com; 2220 N Farwell Ave; 3,50–4 US$/Spiel; ⏲Mo–Do 17–24, Fr & Sa 12–10, So 12–24 Uhr) In Milwaukee gab es früher einmal über 200 Bowlingbahnen, und in einigen schäbigen Kneipen verstecken sich immer noch zahlreiche alte Anlagen. Wer Lust auf ein Spielchen hat, kann sich im Landmark Lanes versuchen: Hier warten 16 etwas angezählte Bahnen im historischen Oriental Theater von 1927. Eine Spielhalle, drei Bars und preiswertes Bier runden das Erlebnis ab.

NICHT VERSÄUMEN

DER BRONZE FONZ

Der **Bronze Fonz**, an der Ostseite des Riverwalk, steht gleich südlich der Wells St im Zentrum und soll Milwaukees meistfotografierte Attraktion sein. Der Fonz (alias Arthur Fonzarelli) war eine Figur der 1970er-Jahre-Fernsehserie *Happy Days*, die vor Ort spielt. Mal ehrlich: Ist seine blaue Hose eher „hui" oder „pfui"?

Feste & Events

Summerfest MUSIK

(www.summerfest.com; 639 E Summerfest Pl; Tageskarte 20 US$; ⏲Ende Juni–Anfang Juli) Es trägt den Untertitel „das größte Musikfestival der Welt", und tatsächlich treten hier elf Tage lang Hunderte von Rock-, Blues-, Jazz-, Country- und Alternative-Bands auf 11 Bühnen auf. Die Kulisse ist genauso fantastisch: Die Konzerte finden in Downtown auf dem Festivalgelände am See (alias Henry Maier Festival Park) statt. Die Headliner-Gigs kosten extra.

PrideFest LGBT

(www.pridefest.com; 639 E Summerfest Pl; Tageskarte 15–18 US$; ⏲Mitte Juni) Bier, Livemusik, ein Tanz-Pavillon und eine Familienbühne gehören zu diesem Fest, das Mitte Juni über drei Tage im Henry Maier Festival Park stattfindet.

Schlafen

County Clare Irish Inn INN $$

(☎414-272-5273; www.countyclare-inn.com; 1234 N Astor St; Zi. 129–149 US$; P❄📶) Ein echtes Juwel in der Nähe des Seeufers. In den Zimmern, die mit Himmelbetten, weiß getäfelten Wänden und Jacuzzis ausgestattet sind, herrscht die gemütliche Atmosphäre eines irischen Cottages. Es gibt kostenlose Parkplätze, kostenloses Frühstück und eine Kneipe, die natürlich Guinness ausschenkt.

★**Brewhouse Inn & Suites** HOTEL $$

(☎414-810-3350; www.brewhousesuites.com; 1215 N 10th St; Zi. 199–249 US$; P❄@📶) Dieses Hotel ist im toll renovierten Komplex der alten Pabst Brewery untergebracht. Die 90 großen Zimmer im Steampunk-Stil warten jeweils mit Kochgelegenheit und Gratis-WLAN auf. Der Preis beinhaltet ein europäisches Frühstück; Parken kostet 28 US$. Das

Brewhouse liegt am äußersten Westrand der Innenstadt; zu Fuß sind's etwa 800 m bis zur belebten Old World 3rd St und gute 3,2 km bis zum Festivalgelände.

Kimpton Journeyman HOTEL $$$
(☎414-291-3970; www.journeymanhotel.com; 310 E Chicago St; Zi. 219–349 US$; P ❄ 📶 🐾) Das neue Journeyman ist eine stilvolle Unterkunft im Herzen des Third Ward, mitten zwischen coolen Läden, Bars und Restaurants. Die 158 großen Zimmer bieten modernes Dekor in Erdtönen mit einigen Farbklecksen, gemütliche Betten und solide Holztische. Eine Dach-Lounge, kostenlose Leihfahrräder und eine Happy Hour mit Gratiswein jeden Abend runden das Bild ab. Parken kostet 33 US$.

Essen

Gute Gegenden für die Restaurantsuche sind z.B. die deutsch angehauchte Old World 3rd St im Zentrum oder die hippe, multikulturelle Brady St an der Kreuzung mit der N Farwell Ave. Ebenfalls interessant ist der Third Ward, dessen viele Gastropubs die N Milwaukee St südlich der I-94 säumen.

★ **Comet Cafe** AMERIKANISCH $
(☎414-273-7677; www.thecometcafe.com; 1947 N Farwell Ave; Hauptgerichte 8–13 US$; ⊙Mo–Fr 10–24, Sa & So 9–22 Uhr; 🖉) Im Comet treffen Studenten, junge Familien und ältere Paare auf bärtige Tattoo-Typen. Serviert werden hier z.B. Mac and Cheese, Katerbrunch, veganes Gyros oder Hackbraten mit Sauce. Auf der einen Seite befindet sich eine Bar (schenkt Craft-Biere aus), auf der anderen ein Diner-Bereich mit Retro-Sitznischen. Unbedingt einen der riesigen Cupcakes als Nachtisch wählen!

Milwaukee Public Market MARKT $
(☎414-336-1111; www.milwaukeepublicmarket.org; 400 N Water St; ⊙Mo–Fr 10–20, Sa 8–19, So 10–18 Uhr; 📶) Auf diesem Markt im Third Ward werden Käse, Schokolade, Bier, Tacos, Sahneeis und vieles mehr verkauft. Oben an den Tischen kann man die Leckereien genießen. Gratis-WLAN und gebrauchte Bücher für 1 US$ gibt's auch.

Bavette La Boucherie AMERIKANISCH $
(☎414-273-3375; www.bavettelaboucherie.com; 330 E Menomonee St; Hauptgerichte 12–16 US$; ⊙Mo & Di 11–17, Mi–Sa bis 21 Uhr) Dieser hippe Laden im Industrie-Schick im Third Ward ist ein Metzgerei-Café, das Mittag- und Abendessen serviert. Die Sandwiches bieten Fleisch satt, z.B. Schweinebraten mit Rhabarber-Rosinen-Kompott oder sautiertes Steak mit Trüffel-Pilz-Sauce. Die Einheimischen bestellen gern Platten mit kaltem Braten und Käse und dazu einen der köstlichen Weine. Man kann an der Bar sitzen und zusehen, wie die Würste hergestellt werden.

Ardent AMERIKANISCH $$$
(☎414-897-7022; www.ardentmke.com; 1751 N Farwell St; Probiermenü 85 US$; ⊙Mi–Sa 18–22 Uhr) Milwaukees Feinschmecker bekommen schon weiche Knie, wenn sie die ständig wechselnden, farmfrischen Gerichte des Beard-nominierten Kochs nur riechen. Für

INSIDERWISSEN

FISH FRIES & SUPPER CLUBS

Wisconsin pflegt zwei besondere kulinarische Traditionen, denen Besucher wohl einmal begegnen dürften:

Fish Fry Freitag ist der heilige Tag des *fish fry*. Dieses Mahl aus Kabeljau im Bierteig, Pommes und Krautsalat kam vor einigen Jahren in Mode. Einheimische nutzen das Ganze, um sich gesellig bei einem preiswerten Essen zu treffen und gemeinsam den Beginn des Wochenendes zu feiern. In vielen Bars und Restaurants wird diesem Brauch immer noch stark gehuldigt (z.B. in der Lakefront Brewery in Milwaukee).

Supper Club Diese altmodischen Restaurants sind im oberen Mittleren Westen weit verbreitet. Sie entstanden in den 1930er-Jahren und haben zumeist auch heute noch eine Retro-Atmosphäre. Typische Merkmale sind eine Einrichtung aus Holz, Surf & Turf (Fleisch und Meeresfrüchte), Naschtabletts voller Radieschen und Karotten auf den Tischen – und eine ellenlange Karte mit starken Cocktails (weitere Details unter www.wisconsinsupperclubs.net.). Das Old Fashioned (S. 670) in Madison ist eine moderne Version solcher Lokale und nach dem unverzichtbaren Supper-Club-Drink auf Brandy-Basis benannt.

das im winzigen Gastraum servierte Abendessen lässt man sich hier Zeit; jeden Abend wird das 10-gängige Probiermenu in zwei „Sitzungen" serviert. Man muss weit im Voraus reservieren oder weicht einfach nach nebenan ins Schwester-Restaurant aus, das von Mittwoch bis Samstag von 18 bis 1 Uhr geöffnet ist und köstliche Ramen-Nudeln (13 US$) zaubert.

Ausgehen & Unterhaltung

Vermutería 600 COCKTAILBAR

(☎414-488-9146; www.hotelmadridmke.com/bar; 600 S 6th St; ⌚17–24 Uhr) Die Bar im Hotel Madrid ist ein warmer, magischer Ort, der einen ins Spanien der 1930er-Jahre transportiert. Die hier servierten Cocktails wurden von den Drinks inspiriert, die Ernest Hemingway und seine Freunde bei ihrem Aufenthalt im berühmten Hotel Florida in Madrid genossenen – z. B. der Boulevardier (mit Bourbon, hausgemachtem Wermut und Magenbitter). Es sind kleine Snacks erhältlich, oder man speist im spanischen Restaurant im selben Haus.

Best Place BAR

(☎414-630-1609; www.bestplacemilwaukee.com; 901 W Junau Ave; ⌚Mo 12–18, Mi & Do 12–22, Fr & Sa 10.30–17, So 10.30–18 Uhr) In dieser kleinen Kneipe im ehemaligen Hauptgebäude der Pabst Brewery kann man mit den Einheimischen ein Bierchen zischen oder sich einen riesigen Whiskey bestellen. Ein Kamin wärmt den gemütlichen Raum aus dunklem Holz. Wandgemälde zeigen die Pabst-Geschichte. Das Personal bietet täglich Touren durch das Gebäude an (8 US$, inkl. 500 ml Pabst oder Schlitz vom Fass).

Miller Park BASEBALL

(☎414-902-4000; www.brewers.com; 1 Brewers Way) Die Brewers spielen im fantastischen Miller Park Baseball. Das Stadion verfügt über ein ausfahrbares Dach und echten Rasen. Die Racing Sausages treten im sechsten Inning auf. Für Nicht-Eingeweihte: Das sind die fünf Leute in Fleischkostümen aus Schaumgummi, die sich am Spielfeldrand ein irres Rennen liefern.

Das Stadion liegt 8 km westlich der Downtown. Der Brewers-Line-Bus fährt an Spieltagen hierher und sammelt Passagiere entlang der Wisconsin Ave ein.

Praktische Informationen

Milwaukee Convention & Visitors Bureau (☎800-554-1448, www.visitmilwaukee.org)

NICHT VERSÄUMEN

RENNENDE WÜRSTE

Natürlich sieht man nach ein paar Stadionbieren schon mal seltsame Dinge. Doch eine Gruppe riesiger Würste, die am Rand des Miller Park um die Wette läuft? In der Mitte des sechstens Innings ist das keine Halluzination – denn dann sprinten die berühmten „Racing Sausages" (Rennende Würste; 5 verkleidete Personen) um das Spielfeld herum, um den Fans einzuheizen. Wer sich mit dererlei Fleischwaren nicht auskennt: Um die Publikumsgunst buhlen Brat (Bratwurst), Polish Sausage (polnische Wurst), Italian Sausage (italienische Wurst), Hot Dog und Chorizo.

Anreise & Unterwegs vor Ort

Der **General Mitchell International Airport** (MKE; www.mitchellairport.com; 5300 S Howell Ave) liegt 8 Meilen (13 km) südlich der Innenstadt. Bus 80 (2,25 US$) fährt hierher; ein Taxi kostet 33 US$.

Die **Lake-Express-Fähre** (☎866-914-1010; www.lake-express.com; 2330 S Lincoln Memorial Dr; einfach Strecke pro Erw./Kind/Auto ab 91,50/35/101 US$; ⌚Mai–Okt.) fährt von der Downtown (das Terminal befindet sich ein paar Kilometer südlich des Stadtzentrums) nach Muskegon, Michigan, und bietet so leichten Zugang zu Michigans von Stränden gesäumter Gold Coast.

Mehrere Busunternehmen nutzen die **Milwaukee Intermodal Station** (433 St. Paul Ave). Badger Bus (www.badgerbus.com) fährt 8-mal täglich nach Madison (20 US$, 2 Std.). Greyhound (www.greyhound.com) und Megabus (www.megabus.com/us) bieten häufige Busse nach Chicago (2 Std.) und Minneapolis (6½–7 Std.).

Amtrak (www.amtrakhiawatha.com) bietet 7-mal täglich den Hiawatha-Zug nach/von Chicago (25 US$, 1½ Std.) und nutzt ebenfalls die Milwaukee Intermodal Station.

Das Milwaukee County Transit System (www.ridemcts.com) unterhält das örtliche Busnetz. Bus 31 fährt zur Miller Brewery; der Brewers-Line-Bus fährt an Spieltagen zum Miller Park. Eine Fahrt kostet 2,25 US$.

Bublr Bikes (www.bublrbikes.com) ist Milwaukees Bike-Share-Programm mit rund 60 über die Downtown (z. B. am Bahnhof/Busbahnhof) und nördlich der University of Wisconsin-Milwaukee verteilte Stationen. Eine 30-minütige Fahrt kostet 3 US$.

Eine neue Straßenbahn soll im Herbst 2018 den Betrieb aufnehmen. Die Route führt vom Third

Ward ins Herz der Innenstadt. Aktuelle Infos gibt's unter www.themilwaukeestreetcar.com.

Wer ein Taxi braucht: **Yellow Cab** (☎ 414-271-1800, www.ycmilwaukee.com).

Racine

Racine ist eine wenig bemerkenswerte Industriestadt, die aber einige großartige Frank-Lloyd-Wright-Attraktionen bietet. Zudem, und noch entscheidender, ist sie der Ort, um das typische Gebäck des Bundesstaats zu verkosten, das als „Kringle" bekannt ist.

Sehenswertes

SC Johnson Administration Building & Research Tower ARCHITEKTUR
(☎ 262-260-2154; www.scjohnson.com/visit; 1525 Howe St; ⏲ Touren März–Dez. Do–So 10 & 14 Uhr) GRATIS Frank Lloyd Wright entwarf mehrere Gebäude für dieses Unternehmen. Auf der kostenlosen 90-minütigen Tour sieht man das Admin Building (1939), ein eindrucksvollen Bau mit hohen Säulen in der Großen Werkhalle und 69 km an Pyrex-Glasröhrenfenstern, die weiches natürliches Licht hereinlassen. Zudem sieht man den Forschungsturm (1950), in dem Raid, Off und andere bekannte Produkte entwickelt wurden, der aus 15 Stockwerken aus gebogenen Ziegelbändern und noch mehr Pyrex-Fenstern besteht.

Wingspread ARCHITEKUR
(☎ 262-681-3353; www.scjohnson.com/visit; 33 E Four Mile Rd; ⏲ März–Dez. Mi–Fr 9.30–15.30, Sa 11.30–15.30, So 12–14.30 Uhr) GRATIS Wingspread ist das Haus, das Frank Lloyd Wright für H. F. Johnson Jr. entwarf, einen der Geschäftsführer des Unternehmens SC Johnson. Es ist das letzte und größte von Wrights Gebäuden im Prairie-Stil und wurde 1939 fertiggestellt. Es ist schlichtweg riesig, hat über 500 Fenster und einen 10 m hohen Schornstein. Die kostenlosen Touren durch das Gebäude dauern eine Stunde und müssen vorab gebucht werden.

An- & Weiterreise

Der I-94 führt nach Racine, das 30 Meilen (48 km) südlich von Milwaukee und 75 Meilen (120 km) nördlich von Chicago liegt.

Südliches Zentral-Wisconsin

Dieser Teil von Wisconsin bietet mit die schönste Landschaft des Bundesstaats. Architekturfans kommen in Taliesin voll auf ihre Kosten, *der* Frank-Lloyd-Wright-Attraktion. Madison ist das kulturelle Herz der Gegend.

Green County

Diese ländliche Gegend bietet die landesweit höchste Dichte an Käseherstellern. Auf der Fahrt durch das Gebiet kann man an den örtlichen Farmen und Läden Halt machen und alles über hand- und maschinell gefertigte Sorten erfahren, von Gruyère bis Gouda, von Weißkäse bis Molke. Warum der ganze Käse hier? Das liegt am kalksteinreichen Boden der Gegend, auf dem ganz besonderes Gras wächst, das ein ganz besonderes Futter für Kühe ist, was wiederum zu ganz besonderer Milch und somit zu ganz besonderem Käse führt. Dies wussten auch schon die Europäer aus der Alten Welt, vor allem die Schweizer. Sie strömten im frühen 19. Jh. in diese Region und brachten ihr Käseherstellungs-Know-how mit.

Zwei gute Möglichkeiten für einen Zwischenstopp sind Monroe, der größte Ort und Hauptstadt des Countys, der vor Käse-Geschichte und Limburger-Kneipen aus allen Nähten platzt, und New Glarus, eine Schweizer Stadt mit bekannter Brauerei.

Monroe und New Glarus bieten jeweils ein paar Mittelklassemotels. B&Bs gibt's in verschiedenen kleinen Städten rundum.

Hier findet man hauptsächlich Kneipenessen, Pizzerien und Restaurants, die Schweizer Spezialitäten (Käsefondue, Würstchen usw.) servieren.

Praktische Informationen

Green County Tourism (www.greencounty.org)

A Traveler's Guide to America's Dairyland (www.eatwisconsincheese.com) Gute Karte mit lokalen Milchproduzenten und Fabriktouren.

An- & Weiterreise

Madison ist die nächstgelegene Stadt und das wichtigste Transportzentrum. Von hier braucht man ein Auto, um Green County zu besuchen. Der Hwy 69 ist die Hauptverkehrsader und verbindet Madison, New Glarus und Monroe. Die meisten Straßen der Region sind gemütliche zweispurige Landstraßen.

Madison

Madison bekommt viel Lob zu hören – es ist eine Stadt, in der man hervorragend umherschlendern oder auf der Straße Rad fahren kann. Sie ist am vegetarier-, schwulen- und umweltfreundlichsten – und überhaupt: Sie ist die rundum freundlichste Stadt der USA. Madison versteckt sich auf einer schmalen Landenge zwischen dem Mendota Lake und dem Monona Lake und ist eine nette Mischung aus der kleinen, grünen Hauptstadt eines US-Staats und einer liberalen, gelehrten Unistadt. Seit Jahren schon gibt's hier eine beeindruckende Gourmet-/Locavorenszene.

Sehenswertes & Aktivitäten

★ **Dane County Farmers Market** MARKT
(www.dcfm.org; Ende April–Anfang Nov. Sa 6–14 Uhr) Samstags übernimmt ein Basar der Köstlichkeiten den Capitol Sq. Er gehört zu den größten Märkten des Landes und ist für traditionell gefertigten Käse und Brot bekannt. Kunsthandwerker und Musiker tragen zum Ambiente bei. Im Winter zieht der Markt nach drinnen um und findet an verschiedenen Orten mittwochs statt.

Monona Terrace ARCHITEKTUR
(608-261-4000; www.mononaterrace.com; 1 John Nolen Dr; 8–17 Uhr) Frank Lloyd Wright entwarf 1938 dieses coole halbrunde Gebäude in Weiß, es wurde jedoch erst 1997 fertiggestellt. Die einstündige Tour (5 US$) erklärt, warum. Sie wird täglich von Mai bis Oktober um 13 Uhr angeboten (den Rest des Jahres Fr–Mo). Das Gebäude dient heute als Gemeindezentrum; es bietet kostenlose Yogakurse in der Mittagspause und abends Konzerte. Online gibt's den Veranstaltungskalender.

Chazen Museum of Art MUSEUM
(608-263-2246; www.chazen.wisc.edu; 750 University Ave; Di, Mi & Fr 9–17, Do bis 21, Sa & So 11–17 Uhr) GRATIS Das Kunstmuseum der Universität ist nicht nur einfach fabelhaft, sondern auch riesig und um ein paar Klassen besser als ein typisches Campus-Museum. Die größten Schätze der Sammlung, die viele Genres umfasst, befinden sich in der dritten Etage und reichen von niederländischen Alten Meistern bis zu Porzellanvasen der Qing-Dynastie, Skulpturen von Picasso und Pop-Art von Andy Warhol. Von September bis Mitte Mai finden sonntags kostenlose Konzerte und Kinovorführungen statt.

Museum of Contemporary Art MUSEUM
(608-257-0158; www.mmoca.org; 227 State St; Di–Do 12–17, Fr bis 20, Sa 10–20, So 12–17 Uhr) GRATIS Es lohnt sich, diesem eckigen Glasbau einen Besuch abzustatten und mal zu schauen, was es zu sehen gibt. Frank-Stella-Drucke? Claes-Oldenburg-Radierungen? Cindy-Sherman-Fotografien? Die Ausstellungen wechseln etwa alle drei Monate und es dauert nicht lange, durch das kleine Museum zu schlendern.

State Capitol BEDEUTENDES GEBÄUDE
(608-266-0382; www.legis.wisconsin.gov; 2 E Main St; Mo–Fr 8–18,Sa & So bis 16 Uhr) GRATIS Das Capitol mit seinem x-förmigen Grundriss ist das größte außerhalb von Washington, D.C., und bildet das Herz der Stadt. An den meisten Tagen finden einstündige Führungen statt, man kann aber auch einfach hinauf auf die Aussichtsplattform gehen und das Panorama genießen.

Machinery Row RADFAHREN
(608-442-5974; www.machineryrowbicycles.com; 601 Williamson St; Fahrradverleih 30 US$/Tag; Mo–Fr 10–20, Sa 9–19, So 10–18 Uhr) Es wäre eine Schande, die Stadt zu verlassen, ohne die über 190 km Fahrradwege in der Stadt genutzt zu haben. In diesem Laden, in dessen Nähe mehrere Radwege beginnen, bekommt man Räder und Karten.

Feste & Events

World's Largest Brat Fest ESSEN & TRINKEN
(www.bratfest.com; EndeMai) GRATIS Hier gehen vor der Kulisse aus Fahrgeschäften und Bands über 209 000 Bratwürste über den Tresen. Das Fest findet im Willow Island at the Alliant Energy Center statt.

Great Taste of the Midwest Beer Festival BIER
(www.greattaste.org; Tickets 60 US$; Anfang Aug.) Die Tickets für dieses Fest, bei dem über 150 Craft-Brauereien ihr Bier ausschenken, sind schnell ausverkauft. Es findet im Olin Park statt.

Schlafen

HI Madison Hostel HOSTEL $
(608-441-0144; www.hiusa.org/madison; 141 S Butler St; B 25–30 US$, Zi. ab 60 US$; P @) Dieses hell gestrichene Backsteinhaus mit 33 Betten liegt in einer ruhigen Straße, einen kurzen Fußweg vom State Capitol entfernt. Die Schlafsäle sind nach Geschlechtern getrennt; Bettwäsche ist kostenlos. Eine Küche und einen Gemeinschaftsraum mit DVDs gibt's auch. Parken kostet 7 US$.

Graduate Madison BOUTIQUE-HOTEL $$
(☎608-257-4391; www.graduatemadison.com; 601 Langdon St; Zi. 119–209 US$; P❄📶🐾) Dieses Hotel mit 72 Zimmern liegt einen Block vom Campus entfernt in unmittelbarer Nähe des Trubels der State St. Es versprüht ein hippes Akademiker-Flair, bei dem modernes Dekor auf Karomuster und Kunstwerke mit Literaturthema trifft. Die Zimmer sind eher klein und können ein bisschen laut sein, aber die Lage ist unschlagbar.

Unten serviert ein cooles kleines Café Kuchen und in der Dachbar im 17. Stock werden Cocktails gemixt.

Essen & Ausgehen

Ein globales Sammelsurium an Restaurants versteckt sich zwischen Pizzerien, Sandwichläden und billigen Bierkneipen in der State St. Viele Lokale locken mit einladenden Terrassen. Auf der Williams („Willy") St warten Cafés, Klöße und laotische und thailändische Restaurants.

Bars sind bis 2 Uhr morgens geöffnet, die meisten befinden sich in der State St. Die schäbigen Kneipen locken eher durstige Uni-Studenten an, aber es gibt auch schicke Cocktail-Lounges.

Weary Traveler Free House INTERNATIONAL $
(☎608-442-6207; www.wearytravelerfreehouse.com; 1201 Williamson St; Hauptgerichte 10–14 US$; ⏲11.30–2 Uhr) Im Weary Traveler trifft altmodische Flüsterkneipe auf britischen Pub. Die spärliche Beleuchtung, das dunkle Holz, die mit Kunst behängten Wände und die unzähligen Brettspiele ergänzen die Karte mit internationalem Wohlfühlessen perfekt. Die volle Punktzahl bekommen das Reuben-Sandwich, das vegane Chili, das ungarische Gulasch und das Sandwich mit Amerikanischem Zander und sensationellen Bratkartoffeln. Alles vom Fass ist lokal und/oder Craft-Bier.

Short Stack Eats FRÜHSTÜCK $
(☎608-709-5569; www.shortstackeats.com; 301 W Johnson St; Hauptgerichte 8–13 US$; ⏲Mi 6–15, Do–Sa 18–24, So 24–21 Uhr) 🍃 Im auf reizende Weise bunt zusammengewürfelten Ambiente gibt's hier Frühstück rund um die Uhr. Serviert werden z. B. Frühstückssandwiches mit Eiern und Speck, Pfannkuchen aus einheimischen Süßkartoffeln oder pikante Bloody Marys im Riesenformat. Gäste ordern etwas am Tresen und suchen sich dann einen freien Tisch (falls sie denn einen finden), den das Personal zwecks korrekter Zuordnung der Bestellung mit einem alten Nummernschild versieht.

★ **The Old Fashioned** AMERIKANISCH $$
(☎608-310-4545; www.theoldfashioned.com; 23 N Pinckney St; Hauptgerichte 9–20 US$; ⏲Mo–Fr 7.30–2, Sa 9–2, So 9–22 Uhr) Mit seiner dunklen Holzeinrichtung erinnert das Old Fashioned an einen Supper Club (ein traditioneller Restauranttyp, der in diesem US-Staat weit verbreitet ist). Auf der Karte stehen ausschließlich einheimische Spezialitäten wie Amerikanischer Zander, Käsesuppe und Würstchen. Angesichts der 150 regionalen Flaschenbiere hat man hier die Qual der Wahl. Daher empfiehlt sich alternativ ein Probierset (4 oder 8 Gläschen) mit ein paar der 50 Fassbiere aus Wisconsin.

L'Etoile AMERIKANISCH $$$
(☎608-251-0500; www.letoile-restaurant.com; 1 S Pinckney St; Hauptgerichte 36–48 US$; ⏲Di–Fr 17.30–21, Sa 17–23 Uhr) 🍃 Seit mehr als 30 Jahren verwendet dieses Lokal gezielt Frisches vom Bauernhof und ist immer noch das beste seiner Art. Im zwanglos-eleganten Speiseraum kommen kreative Fleisch-, Fisch- und Gemüsegerichte aus rein regionalen Zutaten auf den Tisch. Rechtzeitige Reservierung ist ratsam. In dem funklenden Glasgebäude befindet sich auch der Gastropub Graze (☎608-251-2700; www.grazemadison.com; Hauptgerichte 14–22 US$; ⏲Mo–Do 11–22, Fr 11–23, Sa 9.30–23, So 9.30–15 Uhr).

★ **Memorial Union** KNEIPE
(☎608-265-3000; www.union.wisc.edu/visit/memorial-union; 800 Langdon St; ⏲Mo–Fr 7–24, Sa 8–1, So bis 24 Uhr; 📶) Das Union auf dem Campus ist Madisons Lokaltreff. Auf der geselligen Seeterrasse gibt's Bier aus der Region, kostenlose Konzerte und Gratiskino (Mo abends). Die Eisdiele drinnen verkauft mächtige Kugeln und verwendet Milch aus der universitätseigenen Molkerei.

ℹ Praktische Informationen

Madison Convention & Visitors Bureau (www.visitmadison.com)

ℹ An- & Weiterreise

Badger Bus (www.badgerbus.com) hat auf dem Campus in der 700 Langdon St eine Haltestelle (neben dem Memorial Union) für Fahrten nach/von Milwaukee (20 US$, 2 Std.). Megabus (www.megabus.com/us) nutzt dieselbe Haltestelle für Fahrten nach Chicago (4 Std.) und Minneapolis (5 Std.).

ABSTECHER

DER SKURRILE HIGHWAY 12

Ungewöhnliche Attraktionen reihen sich am Hwy 12 im Süden von Zentral-Wisconsin aneinander; alle in einem Umkreis von 55 Meilen (90 km):

National Mustard Museum (☎800-438-6878; www.mustardmuseum.com; 7477 Hubbard Ave, Middleton; ⏲10–17 Uhr, Jan.–März Di geschlossen) GRATIS Dieses Museum ist der lächerlich intensiven Leidenschaft eines einzigen Mannes zu verdanken und beherbergt 5200 Senfsorten und die dazu passenden bizarren Memorabilien. Zum Glück nimmt sich das Museum selbst nicht zu ernst: CMO (Chief Mustard Officer) Barry Levenson ist jederzeit für Fragen offen. Es befindet sich in Middleton, gleich nordwestlich von Madison.

Cow Chip Throw (www.wiscowchip.com; Grand Ave & First St, Prairie du Sac; ⏲1. Wochenende im Sept.) Am ersten Wochenende im September sollte man unbedingt dem Städtchen Prairie du Sac einen Besuch abstatten. Dann findet hier der alljährliche Cow Chip Throw statt, bei dem 800 Wettkämpfer getrocknete Kuhfladen werfen, so weit sie nur können. Der Rekord liegt bei 75 m.

Dr. Evermor's Sculpture Park (☎608-219-7830; www.worldofdrevermor.com; Hwy 12; ⏲Mo & Do–Sa 11–17, So ab 12 Uhr) GRATIS Der Doc hat alte Rohre, Vergaser und anderen Metallschrott zu einer halluzinogenen Welt aus futuristischen Vögeln, Drachen und anderen bizarren Gebilden verschweißt. Das Highlight ist das gigantische, von einem Ei gekrönte Forevertron, das früher einmal als größte Schrottskulptur der Welt im Guinness-Buch der Rekorde stand. Den Eingang zum Park zu finden ist gar nicht so leicht: Er befindet sich hinter dem Delaney's Surplus am US 12; eine kleine Straße führt gleich südlich vom Delaney's hierher. Die Öffnungszeiten sind etwas konfus; am besten ruft man vorher an. Der Doc ist gesundheitlich angeschlagen und nicht mehr oft vor Ort, aber seine Frau, Lady Eleanor, meist schon.

Wisconsin Dells (☎800-223-3557; www.wisdells.com; Hwy 12; 👪) Das Dells ist ein gigantisches Zentrum voller kitschiger Zerstreuungen, darunter über 20 Wasserparks, Wasserski-Shows und fantastische Minigolfanlagen. Es steht in krassem Kontrast zur wunderschönen Natur der Gegend mit malerischen Kalksteinformationen, die vom Wisconsin River gebildet wurden. Am besten erlebt man die eigentliche Attraktion auf einer Bootstour oder einer Wanderung im nahen Mirror Lake oder Devil's Lake State Park.

Spring Green

Spring Green ist eine winzige Stadt. Hier befindet sich Taliesin, Frank Lloyd Wrights vielgepriesenes Wohnhaus und Architekturschule. Das renommierte American Players Theatre ist ebenfalls hier zu Hause und bringt inmitten der Bäume Klassiker auf die Open-Air-Bühne. Auch das skurrile House on the Rock liegt nur ein Stück die Straße runter.

Sehenswertes

Taliesin ARCHITEKTUR

(☎608-588-7900; www.taliesinpreservation.org; 5607 County Rd C; ⏲Mai–Okt. 9–17.30 Uhr) Taliesin war den Großteil seines Lebens das Zuhause von Frank Lloyd Wright. Heute befindet sich hier eine Architekturschule, aber seine Fans pilgern noch immer in Scharen hierher. Das Haus wurde 1903 erbaut, die Hillside Home School 1932 und das Visitor Center 1953. Es wird eine Fülle von Touren angeboten (22–89 US$), die verschiedene Teile des Komplexes abdecken. Es ist sinnvoll (gegen geringe Gebühr) vorab zu buchen. Die einstündige Hillside-Tour (22 US$) bietet eine gute Einführung in Wrights Schaffen. Das Visitor Center (mit Restaurant und Laden) ist ca. 800 m vom Hauptgebäude entfernt.

House on the Rock MUSEUM

(☎608-935-3639; www.thehouseontherock.com; 5754 Hwy 23; Erw./Kind 15 /9 US$; ⏲Mai–Mitte Okt. 9–17 Uhr, Mitte Okt.–Nov. & Mitte März–Apr. nur Do–Mo, Mitte Nov.–Mitte April geschl.) Eine der meistbesuchten Attraktionen Wisconsins. Alex Jordan errichtete das Gebäude 1959 auf einem Felssporn (einige sagen, es zeige dem Nachbarn Frank Lloyd Wright den „Stinkefinger"). Das Haus wurde unglaublich fantasievoll ausstaffiert, u. a. mit dem weltgrößten Karussell, surrenden Musikautomaten, witzigen Puppen und durchgeknallter Volkskunst.

AUSFLUG ZUM MISSISSIPPI

Wer Lust auf ein Abenteuer per Auto hat, kann sich auf der Website der Wisconsin Great River Road (www.wigrr.com) inspirieren lassen. Hier findet man zahlreiche Aktivitäten, Unterkünfte und Restaurants entlang des Mississippi.

Es ist in drei Bereiche unterteilt, mit jeweils eigenen Besichtigungstouren. Besucher mit Durchhaltevermögen können das ganze Haus erkunden (4 Std.; Erw./Kind 30/16 US$).

Schlafen & Essen

Usonian Inn MOTEL $

(☎608-588-2323; www.usonianinn.com; E 5116 US 14; Zi. 100–135 US$; ❄📶) Das Usonian wurde von einem Schüler von Frank Lloyd Wright entworfen. Dieses recht schlichte, aber adrette Hotel verfügt über elf Zimmer und Elemente im Prairie-Stil, u.a. Lampen und Holzarbeiten. Außerdem bietet jedes Zimmer eine kleine Terrasse mit Stühlen.

Spring Green General Store AMERIKANISCH $

(☎608-588-7070; www.springgreengeneralstore.com; 137 S Albany St; Hauptgerichte 7–9 US$; ⊙Mo–Fr 8.30–17, Sa 7.30–17, So bis 16 Uhr) Hier kann man sich ein Sandwich oder innovative Gerichte wie Süßkartoffel-Eintopf schmecken lassen. Man sitzt an soliden Holztischen vor hell gestrichenen Wänden oder draußen auf der Terrasse.

Unterhaltung

American Players Theatre THEATER

(☎608-588-2361; www.americanplayers.org; 5950 Golf Course Rd) In diesem Freiluft-Amphitheater im Wald kommen klassische Produktionen auf die Bühne. Man kann sich ein Picknick mitbringen: Es hat Tradition, schon vor Beginn der Aufführung zu kommen und Leckereien zu knabbern.

An- & Weiterreise

Der Hwy 14 ist die Hauptroute in die Stadt. Taliesin liegt 3 Meilen (5 km) südlich am Hwy 23. Das House on the Rock liegt weitere 7 Meilen (11 km) südlich.

Südwest-Wisconsin

Südwest-Wisconsin lockt mit herrlich grünen Hügeln und zuckersüßen Städtchen mit von Bäumen beschatteten Straßen. Zweispurige Landstraßen schlängeln sich durch die Region, und nicht selten wartet hinter der nächsten Kurve ein erstklassiges Restaurant.

Der Mississippi bildet die Südwestgrenze; parallel dazu verlaufen einige der schönsten Abschnitte der Great River Road – der Straße, die dem Old Man River über seine komplette Länge von 3700 km folgt. Als schöne Zwischenstopps empfehlen sich Stockholm (Kuchen), Pepin (für Fans von Laura Ingalls Wilder), Nelson (Käse und Eis), La Crosse (Geschichte und Kultur) und Potosi (Bier).

Das Landesinnere wartet mit Radwegen in Sparta, Bio-Farmen und Rundscheunen in Viroqua und einer Frank-Lloyd-Wright-Attraktion in Richland Center auf.

Sehenswertes

Laura Ingalls Wilder Museum MUSEUM

(☎715-513-6383; www.lauraingallspepin.com; 306 3rd St, Pepin; Erw./Kind 5/2 US$; ⊙Mitte Mai–Mitte Okt. 10–17 Uhr) Fans von *Unsere kleine Farm* können dem Laura Ingalls Wilder Museum einen Besuch abstatten. Sie wurde hier geboren, und das Haus wird in *Unsere kleine Farm – Laura im großen Wald* erwähnt. Im Museum selbst gibt's nicht viel zu sehen (und das Gebäude ist auch ein Nachbau), aber echte Fans freuen sich schon, auf dem Stück Land zu stehen, auf dem einst Ma und Pa Ingalls lebten.

Essen

★**Stockholm Pie & General Store** BÄCKEREI $

(☎715-442-5505; www.stockholmpieandgeneralstore.com; N2030 Spring St, Stockholm; Stück 6 US$; ⊙Mo & Do 10–16.30, Fr–So bis 17 Uhr) In diesem altmodischen Laden mit Holzdielenboden und rot karierten Tischdecken muss man oft Schlange stehen, aber so hat man wenigstens Zeit, die Karte auf der Tafel und die lange Liste mit Kuchen zu studieren. Ob saure Sahne und Rosinen, extra Zitrone, dreierlei Schokolade mit Pekannuss oder Karamell-Sahne – sie sind alle Weltklasse.

Ost-Wisconsin

Der östliche Teil des Bundesstaates ist dank der kilometerlangen zerklüfteten Küste als Urlaubsziel zum Bootfahren, Schwimmen und Angeln beliebt. Die strahlenden Leuchttürme und die stimmungsvoll maritimen Gemeinden laden zum Verweilen ein. Einsame Inseln, köstlich-scharfe Fischgerichte und Football-Schreine warten obendrein, und irgendwo ist immer ein See oder Wald in der Nähe, wenn man ein bisschen Natur tanken will.

Green Bay

Green Bay ist eine schlichte Industriestadt, die auch als sagenumwobene „gefrorene Tundra" bekannt ist und in der die Green Bay Packers Super Bowls gewinnen. Der Verein ist der einzige in der NFL, der nicht profitorientiert ist und einer Gemeinde gehört. Vielleicht ist es der Besitzerstolz, der die Fans so treu macht (und sie sogar Käseecken aus Schaumgummi auf dem Kopf tragen lässt).

Auch wenn es so gut wie unmöglich ist, Tickets zu bekommen, kann man sich bei der Tailgate-Party vor dem Spiel in Stimmung bringen. Der Alkohol fließt dabei in Strömen und hat Green Bay einen Ruf als „Trinkerstadt mit Football-Problem" eingebracht. Ansonsten geht's hier aber ziemlich ruhig zu. Die Stadt bietet ein paar interessante Museen, eine bekannte Brauerei am Stadion und ein paar nette Cafés am Flussufer.

Sehenswertes

Green Bay Packers Hall of Fame MUSEUM
(920-569-7512; www.lambeaufield.com; 1265 Lombardi Ave; Erw./Kind 15/12 US$; Mo–Sa 9–18, So 10–17 Uhr) Die zweistöckige Hall of Fame des Lambeau Field ist mit Memorabilien, glänzenden Trophäen und Filmen über das berühmte NFL-Team vollgepackt und wird jeden Football-Fan faszinieren. Touren durch das Stadion werden ebenfalls angeboten. In der Gegend wird momentan viel gebaut, u. a. ein Snowtubing-Hügel, ein Eislaufsee und ein schickes neues Hotel.

National Railroad Museum MUSEUM
(920-437-7623; www.nationalrrmuseum.org; 2285 S Broadway; Erw./Kind 10/7,50 US$; Mo–Sa 9–17, So 11–17 Uhr, Jan.–März Mo geschl.;) Dieses Museum zeigt einige der größten Lokomotiven, die jemals Fracht zu Green Bays riesigen Güterbahnhöfen transportierten. Im Sommer werden Zugfahrten (2 US$) angeboten.

An- & Weiterreise

Green Bay hat einen kleinen Flughafen mit Flügen nach Chicago, Minneapolis, Detroit und Atlanta. Greyhound verfügt über einen Busbahnhof in der Stadt. Die I-43 führt von Osten nach Green Bay, die I-41 von Westen.

Door County

Es lässt sich nicht leugnen: Mit seiner felsigen Küste, malerischen Leuchttürmen, Kirschgärten und kleinen Dörfern aus dem 19. Jh. ist das Door County einfach zauberhaft. Flitterwöchner, Familien und Outdoor-Fans strömen in Scharen hierher, um die Parklandschaften auszukosten, die sich über die ganze Region erstrecken und von kleinen Weilern mit Schindel-Häuschen, einladenden Cafés, Galerien und Pensionen durchzogen sind.

Das County nimmt eine schmale Halbinsel ein, die 120 km in den Lake Michigan ragt. Die Seite, die an den See grenzt, gilt als die idyllischere, „ruhige Seite". Hier liegen die Gemeinden Jacksonport und Baileys Harbor. Auf der an Green Bay grenzenden Seite geht's etwas aktiver zu; hier heißen Egg Harbor, Fish Creek, Ephraim und Sister Bay Besucher willkommen. Hauptsaison ist im Sommer: Nur rund die Hälfte aller Geschäfte bleibt auch von November bis April geöffnet.

Sehenswertes & Aktivitäten

Cave Point County Park PARK
(5360 Schauer Rd) GRATIS „Die Natur ist einfach atemberaubend", denkt man, wenn man zusieht, wie die Wellen in den Höhlen unter den Küstenklippen tosen. Fotofreunde kriegen den Finger hier gar nicht mehr vom Auslöser. Wander- und Radwege führen zu traumhaften Ausblicken. Besonders schön: Cave Point liegt etwas ab vom Schuss, ist weniger stark frequentiert als andere State Parks und der Eintritt ist frei.

Newport State Park STATE PARK
(475 County Rd NP; 11 US$/Fahrzeug) Newport ist einer der ruhigeren Parks im Door County und versteckt sich am Nordrand der Halbinsel. Er bietet einen wunderschönen Strand, 50 km an Wanderwegen (auf etwa der Hälfte sind Radfahrer erlaubt) und das ganze Jahr über Campingplätze ohne Anmeldung in bewaldeter Abgeschiedenheit.

Bay Shore Outfitters OUTDOOR-AKTIVITÄTEN
(920-854-9220; www.kayakdoorcounty.com; 2457 S Bay Shore Dr, Sister Bay) Verleiht Kajaks, Stand-up-Paddleboards sowie Wintersportausrüstung und bietet verschiedene Kajaktouren an (ab 45 US$/2 Std.).

Schlafen & Essen

Egg Harbor Lodge PENSION $$
(☎ 920-868-3115; www.eggharborlodge.com; 7965 Hwy 42, Egg Harbor; Zi. 170–210 US$;) Die Zimmer sind recht geräumig und bieten Blick aufs Wasser. Zu den Annehmlichkeiten gehören ein kleines Freibad, ein Innen-Whirlpool und eine Terrasse, von der man wunderbar den Sonnenuntergang genießen kann. Kinder sind nicht erlaubt.

Julie's Park Cafe and Motel MOTEL $$
(☎ 920-868-2999; www.juliesmotel.com; 4020 Hwy 42, Fish Creek; Zi. 125–139 US$;) Das Julie's ist eine tolle günstige Option in direkter Nachbarschaft zum Peninsula State Park. Die Zimmer sind nichts Besonderes, aber gut in Schuss und haben gemütliche Betten. Das angeschlossene Café serviert den ganzen Tag über Eier, Sandwiches und Burger.

Wild Tomato PIZZA $
(☎ 920-868-3095; www.wildtomatopizza.com; 4020 Hwy 42, Fish Creek; Hauptgerichte 9–17 US$; ⌚ Juni–Aug. 11–22 Uhr, Sept.–Mai kürzere Öffnungszeiten) Drinnen und draußen laben sich hier zahlreiche Gäste an Pizzas aus holzbefeuerten Steinöfen. Zum Hinunterspülen dient eine große Auswahl an regionalen Bieren. Sehr viele glutenfreie Optionen.

Praktische Informationen

Door County Visitors Bureau (www.doorcounty.com) Bietet spezielle Broschüren zu Kunstgalerien, Radfahren und Leuchttürmen.

An- & Weiterreise

Man braucht ein Auto, um das Door County zu erkunden. Zwei kleine Highways führen auf die Halbinsel: Hwy 57 verläuft parallel zum Lake Michigan, Hwy 42 entlang der Green Bay (dem Gewässer, nicht der Stadt). Am Wochenende kann der Verkehr ziemlich heftig sein.

> ABSTECHER
>
> **SCENIC DRIVE: HIGHWAY 13**
>
> Der Hwy 13 schlängelt sich zwischen Bayfield und Superior durch wunderschöne Landschaft. Richtung Osten säumt er den Lake Superior und führt vorbei an der Chippewa-Gemeinde **Red Cliff** und dem Festlandabschnitt der Apostle Islands, der mit einem Strand aufwartet. **Cornucopia** ist ein typisches Küstendorf und erfreut sich toller Sonnenuntergänge. Richtung Westen führt die Straße durch eine zeitlose Landschaft aus Wäldern und Farmen. Näheres gibt's unter www.lakesuperiorbyway.org.

Nord-Wisconsin

Der Norden ist eine dünn besiedelte Region aus Wäldern und Seen, in der die Menschen im Sommer paddeln und angeln und im Winter Ski und Schneemobil fahren. Die Mountainbike-Wege werden immer weiter ausgebaut und ziehen zahlreiche Fatbikes an. Ein Großteil der Gegend ist im Nicolet National Forest bzw. Chequamegon National Forest geschützt; beide Schutzgebiete bieten tolle Möglichkeiten für verschiedene Aktivitäten. Es sind jedoch die windumtosten Apostle Islands, die allen anderen die Schau stehlen.

Apostle Islands

Eines von Wisconsins Highlights sind die 21 schroffen Apostle Islands, die an der Nordspitze des Bundesstaats im Lake Superior liegen. Die windumtosten Inseln haben fast alle Nationalparkstatus und sind frei von Infrastruktur: Dort gibt's nur Wälder, Felsen und Höhlen. Saisonabhängig lassen sie sich mit Bootsausflügen diverser Veranstalter besuchen; auch Wandern und Kajakfahren sind hier sehr beliebt. Als Startpunkt fungiert der belebte Ferienort Bayfield mit viktorianischen Häusern, Apfelplantagen, recht steilen Straßen und keinem einzigen Fast-Food-Restaurant.

Sehenswertes & Aktivitäten

Kein Wunder, dass sich hier alle ein Paddel schnappen: Auf einer Kajaktour rund um die Apostles erlebt man grandiose Landschaft mit zahlreichen staubigen Steinbögen und hoch aus dem Wasser ragenden Säulen aus rotem Fels. Die Höhlen an der zerklüfteten Küste von Devils Island und Sand Island sind die Hauptattraktion. Man sollte jedoch wissen, dass sich die Gewässer hier vor allem für erfahrene Paddler eignen. Neulinge sollten einen Führer anheuern, da die Bedingungen oft rau und windig sind. Der Nationalpark gibt die Broschüre *Paddling in the Apostles* heraus, die Informationen zu Einstiegspunkten für Kajaktouren und Tipps zur Vorbereitung gibt. In Bayfield gibt's mehrere Anbieter und Paddelführer, z. B. Living Adventure.

Madeline Island INSEL

(www.madelineisland.com) Die bewohnte Madeline Island ist ein prima Tagesziel und per Fähre ab Bayfield erreichbar (25 Min.). Das leicht zu Fuß erkundbare Inseldorf La Pointe hat ein paar Mittelklassehotels und Restaurants. Hinzu kommt eine coole „abgebrannte" Bar aus Sperrmüll und Zeltplanen. Besucher können hier außerdem Fahrräder und Mopeds ausleihen. Alle Einrichtungen befinden sich in der Nähe des Fähranlegers. Madeline gehört zwar zu den Apostle Islands, ist aber nicht Teil des Nationalparks und daher erschlossen bzw. besiedelt.

Big Bay State Park STATE PARK

(☎715-747-6425; Hagen Rd; 11 US$/Auto, Stellplatz Zelt 25–35 US$) Am äußersten Zipfel von Madeline Island warten hier u. a. Wanderwege und ein hübscher Strand. Die großartigen Zeltstellplätze des Parks sind gut gepflegt und schnell ausgebucht.

Living Adventure KAJAKFAHREN

(☎715-779-9503; www.livingadventure.com; 88260 Hwy 13; Halb-/Ganztagstour 59/109 US$; ⏱Juni–Sept.) Bietet geführte Paddel-Touren zu Meereshöhlen und Schiffswracks an; Anfänger willkommen. Das Unternehmen verleiht außerdem Kajaks (1/2 Tage 69/99 US$) und unterhält einen Shuttleservice zu den Einstiegspunkten der Touren.

Schlafen

Für die Inseln im Nationalpark sind Campinggenehmigungen (15 US$/Nacht) erforderlich, die man sich vorab online besorgen muss (www.recreation.gov; Reservierungsgebühr 10 US$).

In Bayfield warten jede Menge saubere Motels, B&Bs und schicke Pensionen, auf Madeline Island eine Handvoll Pensionen und Hütten.

Seagull Bay Motel MOTEL $

(☎715-779-5558; www.seagullbay.com; 325 S 7th St; Zi. 110–130 US$; 📶) Diese schlichten Zimmer sind vielleicht etwas klein und haben dünne Wände, aber die meisten bieten eine kleine Terrasse mit Seeblick (bei der Buchung nachfragen). Ein praktischer Weg führt in etwa zehn Fußminuten vom Motel in die Innenstadt.

Essen

Fat Radish AMERIKANISCH $$

(☎715-779-9700; www.thefatradish.weebly.com; 200 Rittenhouse Ave; Sandwiches 7–10 US$, Hauptgerichte 16–24 US$; ⏱Mo–Sa 9–15 & 17–21, So 9–14 Uhr; im Winter Montags geschl.) Das Radish stellt Feinkost aus hochwertigen Bio-Zutaten her und liegt direkt am Hafen – praktisch, um sich mit Snacks für Bootsausflüge einzudecken. Abends serviert der Küchenchef leckere Pizzas und Seafood-Gerichte.

Maggie's AMERIKANISCH $$

(☎715-779-5641; www.maggies-bayfield.com; 257 Manypenny Ave; Hauptgerichte 11–22 US$; ⏱11.30–21 Uhr) Das kitschige Maggie's mit seinem Flamingo-Dekor ist die beste Adresse für schmackhafte Seeforellen und Felchen. Neben einheimischem Fisch tischt es auch Pizzas und Burger auf.

Praktische Informationen

Apostle Islands National Lakeshore Visitors Center (☎715-779-3397; www.nps.gov/apis; 410 Washington Ave; ⏱Mai–Sept. 8–16.30 Uhr, übriges Jahr Sa & So geschl.) Infos für Camping, Kajakfahrer und Wanderer.

Bayfield Chamber of Commerce (www.bayfield.org) Gute Verzeichnisse mit Unterkünften und Aktivitäten in der Region.

An- & Weiterreise

Die **Madeline Island Ferry** (☎715-747-2051; www.madferry.com; Washington Ave; hin & zurück Erw./Kind/Fahrrad/Auto 14/7/7/25 US$) fährt in 25 Minuten von Bayfield nach Madeline Island. Sie ist das ganze Jahr in Betrieb, außer, wenn das Wasser zufriert (normalerweise Jan.–März; dann gibt's eine Eisbrücke). Apostle Island Cruises bringt Kajakfahrer zu den verschiedenen Inseln. Erfahrene Kajaker paddeln auch oft selbst zu den näher gelegenen Inseln hinaus.

CHEQUAMEGON NATIONAL FOREST

Der Chequamegon National Forest bietet außergewöhnliche Mountainbike-Wege, die über 500 km querfeldein führen. Bei der Chequamegon Area Mountain Bike Association (www.cambatrails.org) gibt's Radwanderkarten und Infos zu Fahrradverleihs. Das Städtchen Hayward eignet sich hervorragend als Basislager: mehrere Routen beginnen ganz in der Nähe.

MINNESOTA

Ist Minnesota wirklich das Land der 10000 Seen, mit denen es immer wirbt? Aber sicher doch! Tatsächlich aber hat sich der Bundesstaat in seiner typisch bescheidenen Art sogar noch unter Wert verkauft – es sind nämlich 11 842 Seen. Für Traveller ist das eine tolle Nachricht: Unerschrockene Outdoor-Freaks können ihre Paddel in die Boundary Waters tauchen; dort breitet die Nacht einen Teppich aus Sternen aus und als Wiegenlied erklingt das Heulen der Wölfe. Wer die ausgetretenen Pfade noch weiter hinter sich lassen will, kann zum Voyageurs National Park fahren, in dem es mehr Wasser als Straßen gibt. Und wem das alles zu weit weg ist, der kann sich an die Zwillingsstädte Minneapolis und St. Paul halten, wo man auf Schritt und Tritt auf etwas Cooles oder Kulturelles stößt. Wer etwas aus der mittleren Schublade sucht, wird vom spektakulären, mit Frachtern gefüllten Hafen von Duluth begeistert sein.

Praktische Informationen

Minnesota Highway Conditions (www.511mn.org)

Minnesota Office of Tourism (www.exploreminnesota.com)

Minnesota State Park Information (☎888-646-6367; www.dnr.state.mn.us) Für die Einfahrt in den Park ist eine Genehmigung erforderlich (pro Tag/Jahr 5/25 US$). Campingplätze kosten 15 bis 31 US$; Reservierungen (☎866-857-2757; www.dnr.state.mn.us/state_parks/reservations.html) sind gegen eine Gebühr von 8,50 US$ online bzw. 10 US$ telefonisch möglich.

Minneapolis

Die größte und am stärksten künstlerisch geprägte Stadt der Prärie empfängt Besucher mit allem, was wachsender Wohlstand so mit sich bringt: mondänen Kunstmuseen, wilden Rockclubs, avantgardistischen Theatern, Bio-Küche und ethnischen Restaurants. Sogar im Winter ist hier immer kräftig was los. Obendrein sind die Einheimischen frei von Allüren und ein echtes Paradebeispiel für „Minnesota Nice“: Hier wird einem ständig und überall ein schöner Tag gewünscht – egal ob bei Regen, Schnee oder Sonnenschein.

PRINCE WAR HIER

Minneapolis' berühmtester ehemaliger Einwohner ist Rockstar Prince. Schon vor seinem Tod 2016 strömten die Besucher in Scharen in die Stadt, um sich auf seine Spuren zu begeben. Das Tourismusbüro gibt eine Karte mit Prince-Stätten heraus, auf der auch sein Elternhaus, das Haus aus Purple Rain und **Paisley Park** (www.officialpaisleypark.com; 7801 Audubon Rd, Chanhassen; Touren ab 38,50 US$, Servicegebühr 7,50 US$; ⌚Do–So) verzeichnet sind, sein Zuhause/Musikstudio. Näheres gibt's unter www.minneapolis.org/princes-minneapolis.

Geschichte

Der Holzhandel bescherte der Stadt ihren ersten Boom. Mitte des 19. Jhs. entstanden wasserbetriebene Sägemühlen entlang des Mississippi. Auch der Weizen aus der Prärie musste verarbeitet werden und so sorgten schon bald Getreidemühlen für das nächste große Geschäft. Ende des 19. Jhs. wuchs die Bevölkerungszahl dank der unzähligen Einwanderer, die vor allem aus Skandinavien und Deutschland in die Stadt kamen. Das nordische Erbe von Minneapolis ist noch heute deutlich erkennbar, wobei die Zwillingsstadt St. Paul noch auffälliger deutsch und irisch-katholisch geprägt ist.

Sehenswertes & Aktivitäten

Die örtlichen Attraktionen haben montags zumeist geschlossen, dafür aber am Donnerstag oft lange auf.

Downtown & Loring Park

★ Walker Art Center MUSEUM
(☎612-375-7600; www.walkerart.org; 1750 Hennepin Ave; Erw./Kind 14 US$/frei ⌚Di, Mi & So 11–17, Do 11–21, Fr & Sa 11–18 Uhr) Die tolle ständige Sammlung zeigt Kunst und Fotografie des 20. Jhs. (u. a. Werke berühmter Maler und Pop-Art-Künstler aus den USA). Von Ende Juni bis Ende August veranstaltet das großartige Museum außerdem sehr beliebte Gratiskonzerte und Filmvorführungen (Montagabends), die jenseits der Fußgängerbrücke im Loring Park stattfinden.

★ Minneapolis Sculpture Garden GARTEN
(725 Vineland Pl; ⌚6–24 Uhr) GRATIS Viel moderne Kunst (u. a. Claes Oldenburgs oft fotografiertes Werk *Spoonbridge & Cherry*) ziert diesen 7,5 ha großen Garten neben dem Walker Art Center. Auf dem Gelände steht auch das Cowles Conservatory, in dem Massen von exotischen Treibhauspflanzen blühen.

MINNEAPOLIS MIT KINDERN

Minnesota Zoo (☎ 952-431-9500; www.mnzoo.org; 13000 Zoo Blvd; Erw./Kind 18/12 US$; ⊙ Sommer 9–18 Uhr, Winter 9–16 Uhr; 👪) Der renommierte Zoo liegt 20 Meilen (32 km) südlich der Stadt im vorstädtischen Apple Valley. Doch die recht lange Anfahrt belohnt Besucher mit über 400 Arten in naturnahen Gehegen. Der Schwerpunkt liegt dabei auf Tieren aus kälteren Klimazonen. Parken kostet 7 US$.

Valleyfair (☎ 952-445-7600; www.valleyfair.com; 1 Valleyfair Dr; 53 US$/Person; ⊙ Juni–Aug. ab 10 Uhr, Sept. & Okt. kürzere Öffnungszeiten; 👪) Falls einem die Rides in der Mall of America noch nicht reichen sollten, heißt's auf zu diesem großen Vergnügungspark, der 22 Meilen (35 km) weiter südwestlich in Shakopee liegt. Der Dinopark mit animatronischen Effekten (zzgl. 5 US$) ist ein echter Kracher. Onlinebuchung bringt Ermäßigung; Parken kostet 12 US$.

Children's Theatre Company (☎ 612-874-0400; www.childrenstheatre.org; 2400 3rd Ave S; 👪) Diese örtliche Truppe ist so gut, dass sie einen Tony Award für „außergewöhnliches regionales Theater" gewonnen hat. Die Produktionen sind wirklich erstklassig.

Riverfront District

★ Endless Bridge — AUSSICHTSPUNKT

(818 2nd St S; ⊙ 8–20 Uhr, an Theaterabenden bis 23 Uhr) GRATIS Im Inneren des kobaltblauen Guthrie Theater geht's mit der Rolltreppe hinauf zur Endless Bridge mit Blick auf den Mississippi. Die freitragende Aussichtsplattform endet quasi im Nichts und kann auch ohne Theaterkarte betreten werden, da sie als öffentlicher Platz gedacht ist. Einen ebenso herrlichen Blick bietet die Amber Box im 9. Stock des Theaters.

Mill City Museum — MUSEUM

(☎ 612-341-7555; www.millcitymuseum.org; 704 2nd St S; Erw./Kind 12/6 US$; ⊙ Di–Sa 10–17, So 12–17 Uhr) Das Museumsgebäude ist tatsächlich eine frühere Mühle. Unter den Highlights sind eine Backstube, Exponate zur Werbefigur Betty Crocker und eine Fahrt mit einem acht Stockwerke hohen Getreideaufzug („Flour Tower"). Die Ruinen der Mühle bilden eine stimmungsvolle Hintergrundkulisse. Allerdings ist das Ganze ein bisschen langweilig, sofern man sich nicht gerade brennend für die Geschichte des Getreidemahlens interessiert. Feinschmecker schätzen den Farmers Market (Mai–Sept. Sa morgens) im Bahnschuppen des Geländes.

St. Anthony Falls Heritage Trail — SPAZIERENGEHEN

Der knapp 3 km lange Weg mit Infotafeln gibt einen interessanten Einblick in die Stadtgeschichte und bietet obendrein den besten Zugang zum Ufer des Mississippi. Er beginnt am unteren Ende der Portland Ave und führt über die autofreie Stone Arch Bridge mit Blick auf die gestuften St. Anthony Falls.

Northeast

Northeast, das wegen seiner Lage zum Fluss so heißt, ist das ehemalige osteuropäische Arbeiterviertel der Stadt. Heute leben und arbeiten hier vor allem Künstler. Diese schätzen die vielen Kneipen, in denen neben Pabst auch Biere aus Kleinbrauereien ausgeschenkt werden, aber ebenso die Boutiquen, die direkt neben den Wurstherstellern ihre Ökowaren verkaufen. Hunderte von Kunsthandwerkern und Galerien haben sich in den historischen Industriegebäuden niedergelassen. Sie laden jeden ersten Donnerstag im Monat zu einem Besuch ein – denn dann veranstaltet die Northeast Minneapolis Arts Association (www.nemaa.org) einen interessanten Spaziergang durch verschiedene Galerien. Die Zentren sind u.a. die 4th St NE und die 13th Ave NE.

University Area

Die University of Minnesota liegt am Fluss südöstlich des Zentrums von Minneapolis. Mit etwa 50 000 Studenten ist sie eine der größten Unis der USA. Der größte Teil des Campus befindet sich im Bezirk East Bank. In Dinkytown an der 14th Ave SE und der 4th St SE gibt es jede Menge Studentencafés und Buchläden. Ein kleiner Teil der Uni liegt an der West Bank des Mississippi, in der Nähe der Kreuzung 4th St S und Riverside Ave. In dieser Gegend befinden sich ein paar Restaurants, einige Studentenkneipen und das Zuhause einer große Somali-Gemeinde.

Minneapolis

★ Weisman Art Museum
MUSEUM

(☎ 612-625-9494; www.wam.umn.edu; 333 E River Rd; ⌚ Di, Do & Fr 10–17, Mi 10–20, Sa & So 11–17 Uhr) GRATIS Dieses Museum in einem verschachtelten silberfarbigen Bau von Frank Gehry ist ein Highlight der Universität. Die tollen Sammlungen in den luftigen Hauptgalerien zeigen amerikanische Kunst aus dem 20. Jh., Keramiken, koreanische Möbel und Arbeiten auf Papier.

Uptown, Lyn-Lake & Whittier

★ Minneapolis Institute of Arts
MUSEUM

(☎ 612-870-3131; www.artsmia.org; 2400 3rd Ave S; ⌚ Di, Mi & Sa 10–17, Do & Fr 10–21, So 11–17 Uhr) GRATIS Diese riesige Schatztruhe beherbergt einen wahrhaft beeindruckenden Querschnitt durch die Kunstgeschichte: Die modernen und zeitgenössischen Sammlungen sind einfach umwerfend. Gleichermaßen großartig wirken die Räume mit asiatischen Werken (2. Stock) und ornamentaler Kunst (3. Stock).

Feste & Events

Art-A-Whirl
KUNST

(www.nemaa.org; ⌚ Mitte Mai) Bei diesem coolen Event kann man ein Wochenende lang durch die Kunstgalerien in Northeast bummeln und den Frühling einläuten. Es findet in verschiedenen Ateliers in der ganzen Nachbarschaft statt.

Pride Festival
LGBT

(www.tcprid e.org; ⌚ Ende Juni) Das Pride Festival ist eines der größten der USA und lockt über 300 000 Feierfreudige nach Loring Park.

Minneapolis Aquatennial
KULTUR

(www.aquatennial.com; ⌚ 3. Woche im Juli) Feiert die allgegenwärtigen Seen mit Paraden, Beachpartys und Feuerwerk an verschiede-

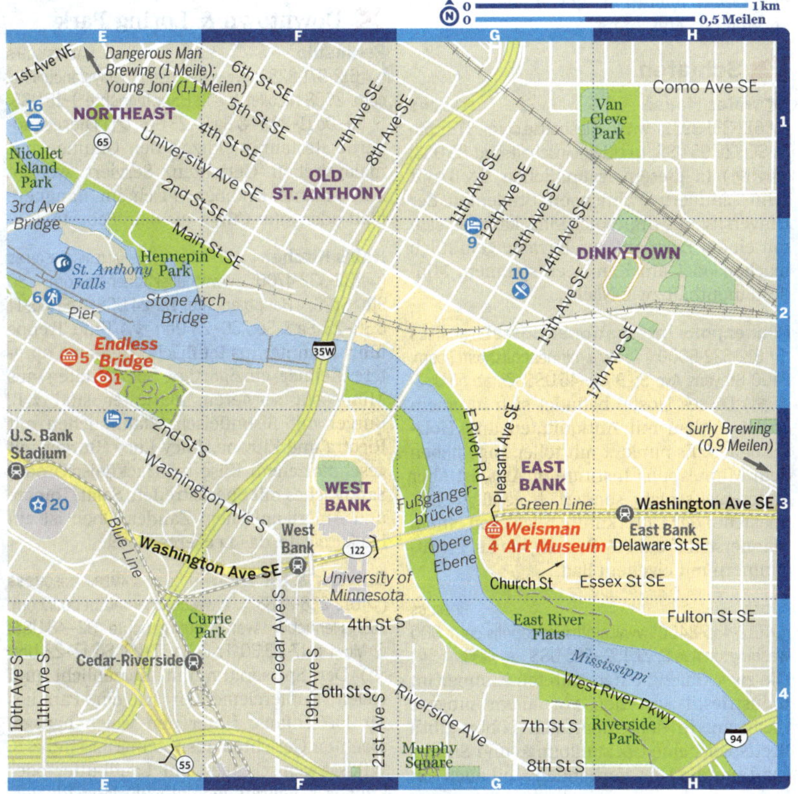

Minneapolis

Highlights
1 Endless Bridge E2
2 Minneapolis Sculpture Garden A4
3 Walker Art Center A4
4 Weisman Art Museum G3

Sehenswertes
5 Mill City Museum E2

Aktivitäten, Kurse & Touren
6 St. Anthony Falls Heritage Trail E2

Schlafen
7 Aloft E3
8 Hewing Hotel C1
9 Wales House G2

Essen
10 Al's Breakfast G2
11 Bachelor Farmer D1
12 Butcher & the Boar B3
13 Hell's Kitchen C3

Ausgehen & Nachtleben
14 Fulton Beer B1
15 Gay Nineties C2
16 Wilde Cafe E1

Unterhaltung
17 Brave New Workshop Theatre C3
18 First Avenue & 7th St Entry C2
Guthrie Theater .... (siehe 1)
19 Target Field C2
20 US Bank Stadium E3

nen Orten überall in der Innenstadt und entlang des Flussufers.

Schlafen

★ Wales House PENSION $
(612-331-3931; www.waleshouse.com; 1115 5th St SE; Zi. 95 US$, mit Gemeinschaftsbad 85 US$;) In diesem freundlichen B&B mit zehn Zimmern wohnen oft Studenten der University of Minnesota. Man kann es sich mit einem Buch auf der Terrasse gemütlich machen oder am Kamin entspannen. Mindestaufenthalt zwei Nächte.

Minneapolis International Hostel HOSTEL $
(612-522-5000; www.minneapolishostel.com; 2400 Stevens Ave S; B 40–45 US$, Zi. ab 55 US$;) Dieses Hostel befindet sich in einem coolen Altbau mit Antiquitäten und Holzfußböden. Es punktet mit toller Lage neben dem Minneapolis Institute of Arts, ist aber andererseits nicht sonderlich gepflegt. Das Spektrum der Unterkünfte reicht von einem Männerschlafsaal (15 Betten) bis zu Privatzimmern mit eigenem Bad.

Aloft HOTEL $$
(612-455-8400; www.aloftminneapolis.com; 900 Washington Ave S; Zi. 159–265 US$;) Die zweckmäßig eingerichteten Zimmer im Industriestil sprechen vor allem jüngere Gäste an. In der clubartigen Lobby gibt's Brettspiele, eine Cocktaillounge und Snacks rund um die Uhr. Vorhanden sind auch ein kleiner Pool, ein anständiger Fitnessraum und eine Bikesharing-Station draußen vor dem Eingang. Parken kostet 20 US$.

Hewing Hotel HOTEL $$
(651-468-0400; www.hewinghotel.com; 300 N Washington Ave; Zi. 140–260 US$;) Dieses Hotel eröffnete Ende 2016 im North Loop und bietet 124 Zimmer auf dem Gelände eines 100 Jahre alten Lagerhauses für Farmmaschinen. Das Ambiente ist rustikal-gemütlich. Die schönen Zimmer haben Deckenbalken, frei liegende Ziegelwände und naturbetontes Dekor, z. B. Tapeten mit Reh-Aufdruck und karierte Wolldecken. Es liegt in Laufentfernung zum Trubel der Innenstadt. Parken kostet 41 US$.

Essen

Kreative, bio-affine und solide Küche im typischen Stil des Mittleren Westens: Der Grund dafür, dass Minneapolis kürzlich vom Gastromagazin *Saveur* als „Amerikas nächste große Feinschmeckerstadt" bezeichnet wurde.

Downtown & Loring Park

Peninsula MALAYSISCH $
(612-871-8282; www.peninsulamalaysiancuisine.com; 2608 Nicollet Ave S; Hauptgerichte 9–15 US$; So–Do 11–22, Fr & Sa 11–23 Uhr;) Dieses moderne Restaurant kitzelt den Gaumen mit malaysischen Gerichten. Serviert werden z. B. pikante Krabben, Fisch im Bananenblatt oder roter Curry aus dem Feuertopf.

Hell's Kitchen AMERIKANISCH $$
(612-332-4700; www.hellskitcheninc.com; 80 9th St S; Hauptgerichte 12–24 US$; Mo–Fr 6.30–23, Sa & So 7.30–23 Uhr;) Eine Treppe führt hinunter ins teuflische Hell's wo muntere Kellner einzigartige Spezialitäten aus Minnesota servieren. Darunter sind z. B. Burger mit Bisonfleisch, Pfannkuchen mit Ricotta und Zitrone, Juicy Lucy (Burger mit geschmolzenem Käse im Hackfleisch) oder Sandwiches mit Speckstreifen, Salat, Tomate und Amerikanischem Zander. Oben ist ein Bäckereicafé, das Leckeres bietet.

Butcher & the Boar AMERIKANISCH $$$
(612-238-8888; www.butcherandtheboar.com; 1121 Hennepin Ave; Hauptgerichte 32–48 US$; Mo–Do 17–22.30, Fr & Sa 17–23, So 17–22 Uhr;) Der Speiseraum mit Kerzenlicht und vielen Kupferelementen ist ein Paradies für Fleischfans: Unter den vielen hausgemachten Gerichten aus totem Tier sind z. B. Wildschweinschinken mit Landbutter oder knusprig gebratene Kalbswürste. Idealerweise bestellt man sich einen Probierteller. Die 30 verschiedenen Regionalbiere vom Fass werden durch eine lange Bourbon-Karte mit Probieroption ergänzt. Reservierung ist ratsam. Alternativ bieten sich die kleineren Fleischgerichte im belebten Biergarten an.

Bachelor Farmer AMERIKANISCH $$$
(612-206-3920; www.thebachelorfarmer.com; 50 2nd Ave N; Hauptgerichte 19–33 US$; Mo–Do 17.30–21.30, Fr & Sa 17.30–22.30, So 10–14 & 17–21.30 Uhr) Die Gerichte des spaßigen Restaurants spielen auf das skandinavische Erbe der Region an: Auf der ständig wechselnden Karte stehen z. B. häufig Räucherfisch, Fleischklößchen oder Käsetoast mit eingelegten Pilzen. Der Küchenchef baut die verwendeten Kräuter- und Gemüsesorten allesamt selbst in einem Dachgarten an. Die hauseigene Marvel Bar mit hervorragenden Cocktails versteckt sich im Keller hinter einer Tür ohne Schild.

Northeast

★ Young Joni PIZZA $$

(☎612-345-5719; www.youngjoni.com; 165 13th Ave NE; Hauptgerichte 13–18 US$; ⏲Di–Do 16–23, Fr 16–24, Sa 12–24, So 12–22 Uhr) Das Young Joni vereint zwei scheinbar unvereinbare Dinge: Pizza und koreanisches Essen. Man kann hier eine Holzofen-Pizza mit knuspriger Kruste, Gruyère und Ricotta und als Beilage scharfe Muscheln, Kimchi und Tofu bestellen. Das klingt zwar seltsam, die Gerichte sind aber grandios. Ein weiteres Plus: In dem hippen Laden mit Industrie-Schick versteckt sich hinten eine Bar. Wenn das rote Licht an ist, fließen die Cocktails in Strömen

Rund um die Universität

Al's Breakfast FRÜHSTÜCK $

(☎612-331-9991; 413 14th Ave SE; Hauptgerichte 5–9 US$; ⏲Mo–Sa 6–13, So 9–13 Uhr) Das vielleicht kleinste Café der Welt: 14 Barhocker und eine winzige Theke. Jedes Mal, wenn ein Gast reinkommt, heben alle ihre Teller hoch und rutschen ein Stück rüber, um Platz zu machen. Die mit Obst beladenen Pfannkuchen und Speck-Waffeln sind besonders beliebt. Nur Barzahlung.

Uptown, Lyn-Lake & Whittier

Bryant-Lake Bowl AMERIKANISCH $

(☎612-825-3737; www.bryantlakebowl.com; 810 W Lake St; Hauptgerichte 10–15 US$; ⏲8–0.30 Uhr; 📶🍺) Im BLB trifft altmodische Bowlingbahn auf köstliches Essen. Zum Frühstück gibt's *biscuits and gravy*, ansonsten Makkaroni mit Gouda, Teigtaschen mit „falscher Ente" und geräuchertem Felchen, die einem förmlich auf der Zunge zergehen. Die Liste mit lokalen Bieren ist lang.

Ausgehen & Nachtleben

Grumpy's BAR

(☎612-789-7429; www.grumpys-bar.com; 2200 4th St NE; ⏲Mo–Fr 14–2 Uhr, Sa & So ab 11 Uhr) Das Grumpy's ist eine für Northeast typische Kneipe mit günstigem (aber gutem, lokalem) Bier und einer Terrasse im Freien. Dienstags sollte man unbedingt das *hot dish* für 1 US$ probieren.

Unterhaltung

Icehouse LIVEMUSIK

(☎612-276-6523; www.icehousempls.com; 2528 Nicollet Ave S; ⏲Mo–Fr 11–2, Sa & So ab 10 Uhr) In diesem schönen Laden mit toller Akustik treten Jazz-, Folk- und progressive Hip-Hop-Künstler auf. Oh, und die Cocktails sind auch spitze.

First Avenue & 7th St Entry LIVEMUSIK

(☎612-332-1775; www.first-avenue.com; 701 1st Ave N) Das ehrwürdige Urgestein der örtlichen Musikszene besteht aus zwei Clubs: Im größeren First Avenue spielen bekannte US-Bands, während hoffnungsvolle Newcomer im kleineren 7th St Entry auftreten. Die Sterne an der Außenfassade repräsentieren all jene Bands, die hier schon auf der Bühne gestanden haben.

Guthrie Theater THEATER

(☎612-377-2224; www.guthrietheater.org; 818 2nd St S) Das absolute Spitzenensemble in

SCHWULEN- & LESBENSZENE IN MINNEAPOLIS

Minneapolis verzeichnet landesweit mit den höchsten Bevölkerungsanteil an Schwulen, Lesben, Bisexuellen und Transgendern (LGBT), und die Stadt macht sich sehr für deren Rechte stark. Das kostenlose Magazin *Lavender* (www.lavendermagazine.com) erscheint alle zwei Wochen und informiert über Aktuelles aus der Szene; man findet es in den Cafés der Stadt. Die Highlights:

Wilde Cafe (☎612-331-4544; www.wilderoastcafe.com; 65 Main St SE; ⏲7–23 Uhr) Köstliches Gebäck, Tische am Fluss und viktorianisches Ambiente, das auch seinem Namensvetter Oscar Wilde zur Ehre gereicht hätte. *Lavender* wählte es einst zum „besten Café" der Stadt.

Gay Nineties (☎612-333-7755; www.gay90s.com; 408 Hennepin Ave; ⏲Mo–Sa 8–2, So ab 10 Uhr) Diesen Club gibt's schon ewig. Schwule und Heteros strömen hierher, um zu tanzen, etwas zu essen oder eine Travestie-Show zu besuchen.

Pride Festival (S. 678) Eines der größten in den USA, mit rund 300 000 feierfreudigen Besuchern.

SCHANKRAUM-BOOM

Minneapolis schwimmt mit auf der Regionalbierwelle – die meisten örtlichen Kleinbrauereien haben eigene Schankräume. Prima Adressen, um den Gerstensaft frisch aus dem Tank zu probieren:

Fulton Beer (☎612-333-3208; www.fultonbeer.com; 414 6th Ave N; ⊙Di–Do 15–22, Fr 15–23, Sa 12–23, So 12–18 Uhr) Das hiesige Angebot beinhaltet normalerweise je ein tolles Pale und Blonde Ale. Gemeinsam gebechert wird an Picknicktischen im Lagerhaus. Die Brauerei liegt nur wenige Blocks vom Baseballstadion entfernt und ist an Spieltagen entsprechend stark besucht. Direkt davor warten Food Trucks auf Kundschaft.

Dangerous Man Brewing (☎612-236-4087; www.dangerousmanbrewing.com; 1300 2nd St NE; ⊙Di–Do 16–22, Fr 15–24, Sa 12–24, So 12–20 Uhr) Im hippen und umtriebigen Viertel Northeast werden hier starke Biere à la Europa ausgeschenkt. Gäste dürfen ihr eigenes Essen mitbringen (Tipp: Einen Block Richtung Osten gibt's einen Laden mit sehr guten Fish & Chips).

Surly Brewing (☎763-999-4040; www.surlybrewing.com; 520 Malcolm Ave SE; ⊙So–Do 11–23, Fr & Sa bis 24 Uhr; 👪) Der riesige, familienfreundliche Schankraum des Surly erstrahlt im Industrie-Schick und wird von den Einheimischen förmlich überrannt. Sie lassen sich die 20 wechselnden Biere vom Fass und fleischlastigen Snacks schmecken. Am besten probiert man das CynicAle, ein Bier im belgischen Stil, oder das Furios, das amerikanische IPA. Die Brauerei befindet sich im Viertel Prospect Park, nahe der Universität und nur einen kurzen Fußweg von der Green-Line-Haltestelle Prospect Park entfernt.

Minneapolis mit – vielleicht als Beweis dafür – gigantischer Bühne. Die nicht verkauften *rush tickets* werden eine halbe Stunde vor der Vorstellung für 15–35 US$ an den Mann gebracht – nur Barzahlung.

Brave New Workshop Theatre THEATER
(☎612-332-6620; www.bravenewworkshop.com; 824 Hennepin Ave) Das etablierte Theater zeigt Operetten, Revuen und Satiren.

Target Field BASEBALL
(☎800-338-9467; www.minnesotatwins.com; 353 N 5th St) Das Baseballstadion der Minnesota Twins ist vor allem dank seiner außergewöhnlichen lokalen Speisen und Getränke erwähnenswert.

US Bank Stadium FOOTBALL
(☎612-338-4537; www.vikings.com; 900 5th St S) Das NFL-Team der Vikings spielt in dieser schicken Arena mit Glaswänden, die 2016 eröffnete.

ℹ Praktische Informationen

Minneapolis Convention & Visitors Association (www.minneapolis.org) Coupons, Karten, Reiseführer und Informationen zu Radwegen online.

City Pages (www.citypages.com) Kostenloser wöchentlicher Veranstaltungskalender.

Pioneer Press (www.twincities.com) St. Pauls Tageszeitung.

Star Tribune (www.startribune.com) Minneapolis' Tageszeitung.

ℹ An- & Weiterreise

Der Minneapolis–St Paul International Airport (S. 685) liegt zwischen den beiden Städten im Süden; Delta Airlines bietet Direktflüge nach/aus Europa.

Die Stadtbahn Blue Line (regulär/Rushhour 1,75/2,25 US$, 25 Min.) ist die billigste Transportmöglichkeit nach Minneapolis. Ein Taxi kostet 45 US$.

Greyhound (☎612-371-3325; www.greyhound.com; 950 Hawthorne Ave; 📶) bietet häufig Busse nach Milwaukee (7 Std.), Chicago (9 Std.) und Duluth (3 Std.).

Megabus (www.megabus.com/us) unterhält Expressbusse nach Milwaukee (6½ Std.) und Chicago (8½ Std.), oft zu günstigeren Preisen als Greyhound. Sie fahren in der Downtown und an der Universität ab; auf der Website gibt's Näheres zu den Haltestellen.

Amtrak fährt das neu restaurierte Union Depot (S. 685) in St. Paul an. Es verkehren täglich Züge nach Chicago (8 Std.) und Seattle (38 Std.).

ℹ Unterwegs vor Ort

Minneapolis belegt einen der vorderen Plätze unter den besten Fahrradstädten der USA. Nice Ride (www.niceridemn.org) ist das örtliche Bike-Share-Programm mit 1800 limettengrünen Fahrrädern in 200 Selbstbedienungsstationen rund um die Twin Cities. Eine 30-minütige Fahrt kostet 3 US$: einfach die Kreditkarte hineinstecken, den Code erhalten und das Fahrrad aufschließen. Traditionelle Fahrradverleihe eignen sich für längere Touren allerdings besser. Nähere Infos zu Verleihmöglichkeiten und Radkarten gibt's beim Minneapolis Bicycle Program (www.ci.minneapolis.mn.us/bicycles).

Metro Transit (www.metrotransit.org) unterhält die praktische Stadtbahn Blue Line zwischen Downtown und der Mall of America (unterwegs mit Halt am Flughafen). Die Green Line verbindet Downtown Minneapolis mit Downtown St. Paul. Die Automaten an den Stationen verkaufen Tickets, z. B. den Tagespass (6 US$), der auch für die öffentlichen Busse gilt.

St. Paul

St. Paul ist kleiner und ruhiger als seine Zwillingsstadt Minneapolis und hat sich außerdem mehr von seinem historischen Charakter bewahrt. Man kann das ehemalige Revier von Francis Scott Fitzgerald durchforsten, die Wege am mächtigen Mississippi erkunden oder eine laotische Suppe genießen.

Sehenswertes & Aktivitäten

Innenstadt und Cathedral Hill bieten die meiste Action. In Cathedral Hill gibt's ganz unterschiedliche Geschäfte, traumhafte viktorianische Herrenhäuser aus dem Gilded Age und natürlich die große Kirche, der diese Gegend ihren Namen zu verdanken hat. Die Museen befinden sich im Zentrum. Und hier noch ein Insider-Tipp: Es gibt auch eine Abkürzung zwischen den beiden Vierteln, und zwar einen Fußweg, der an der Westseite des Hill House beginnt und im Zentrum endet.

Landmark Center MUSEUM

(☎651-292-3225; www.landmarkcenter.org; 75 W 5th St; ⌚Mo–Fr 8–17, Do bis 20, Sa 10–17, So 12–17 Uhr) Das von Türmchen gezierte Landmark Center in der Downtown stammt von 1902 und diente einst als Bundesgericht, in dem Gangstern wie Alvin „Creepy" Karpis der Prozess gemacht wurde. Plaketten vor den verschiedenen Räumen zeigen, wer hier der Gerechtigkeit zugeführt wurde. Neben dem Visitor Center beherbergt das Gebäude auch ein paar kleine Museen (eines widmet sich Kunst aus Holz, ein anderes Musik).

Schubert Club Museum MUSEUM

(☎651-292-3267; www.schubert.org; 75 W 5th St; ⌚So–Fr 12–16 Uhr) GRATIS Das Schubert Club Museum zeigt eine grandiose Sammlung alter Klaviere und Cembalos – teilweise wurden sie von Brahms, Mendelssohn und anderen Größen gespielt – sowie alte Manuskripte und Briefe berühmter Komponisten. Es befindet sich im 2. Stock des Landmark Centers. Außerdem veranstaltet es von Oktober bis April donnerstags um 12 Uhr kostenlose Kammermusikkonzerte.

James J. Hill House HISTORISCHES GEBÄUDE

(☎651-297-2555; www.mnhs.org/hillhouse; 240 Summit Ave; Erw./Kind 10/6 US$; ⌚Mi–Sa

NICHT VERSÄUMEN

MALL OF AMERICA

Willkommen im größten Indoor-Einkaufszentrum der USA. Ja, die **Mall of America** (☎952-883-8800; www.mallofamerica.com; abseits I-494 & 24th Ave; ⌚Mo–Sa 10–21.30, So 11–19 Uhr; 👪) ist auch nur ein Shoppingcenter, in dem die gleichen Läden, Kinos und Lokale zu finden sind wie überall sonst. Aber es gibt hier auch eine Hochzeitskapelle. Und eine **Minigolfanlage** (☎952-883-8777; 3. St., Mall of America; 10 US$/Pers.; ⌚Mo–Sa 10–21.30, So 11–19 Uhr) mit 18 Bahnen. Und eine Seilrutsche. Und einen Vergnügungspark, das **Nickelodeon Universe** (☎952-883-8800; www.nickelodeonuniverse.com; ⌚Mo–Sa 10–21.30, So 11–19 Uhr), mit 27 Fahrgeschäften, darunter auch ein paar „kreischende" Achterbahnen. Rumlaufen und gucken kostet nichts; ein Tages-Armband mit unbegrenzter Nutzung aller Fahrgeschäfte gibt's für 36 US$, aber man kann auch individuell für die Attraktionen bezahlen (3,50–7 US$).

Außerdem befindet sich hier das größte Aquarium des Bundesstaates, das **Sea Life Minnesota** (☎952-883-0202; www.visitsealife.com/minnesota; Erw./Kind 25/18 US$; ⌚Mo–Do 10–19, Fr & Sa bis 20, So bis 18 Uhr; 👪), in dem es von Haien, Quallen und Stachelrochen nur so wimmelt. Kombi-Tickets sind erhältlich und sparen Geld. Die Blue-Line-Stadtbahn fährt von/nach Downtown Minneapolis. Die Mall befindet sich im Vorort Bloomington, 10 Minuten Fahrt vom Flughafen entfernt.

10–15.30, So ab 13 Uhr) Hier kann man durch die palastartige Villa des Eisenbahnmagnaten James J. Hill flanieren. Diese Schönheit aus dem Goldenen Zeitalter erstreckt sich über fünf Stockwerke und verfügt über 22 Kamine. Von Montag bis Donnerstag gibt's keine Touren, aber man kann trotzdem das Kunstgaleriezimmer des Hauses besuchen (2 US$), in dem französische Landschaftsgemälde hängen.

Science Museum of Minnesota MUSEUM
(651-221-9444; www.smm.org; 120 W Kellogg Blvd; Erw./Kind 19/13 US$; Do–Sa 9.30–21, So, Di & Mi 9.30–17 Uhr) Hier gibt's die üblichen interaktiven Ausstellungen für Kinder und ein Omnimax-Kino (6 US$ extra). Erwachsene dürften die quacksalberischen „fragwürdigen medizinischen Geräte" in der 4. Etage amüsant finden.

Harriet Island PARK
Harriet Island liegt südlich der Downtown und ist über die Wabasha St mit dem Zentrum verbunden. Hier kann man wunderbar schlendern und es gibt eine Flussuferpromenade, Raddampferfahrten, Konzertbühnen und Angelplätze.

Feste & Events

St. Paul Winter Carnival KULTUR
(www.wintercarnival.com; Ende Jan.) Zehn Tage mit Eisskulpturen, Eislaufen und Eisfischen rund um den Rice Park und an anderen Orten in der Stadt.

Schlafen & Essen

★ **Hotel 340** BOUTIQUEHOTEL $$
(651-280-4120; www.hotel340.com; 340 Cedar St; Zi. 109–189 US$; P ❄ @ ☎) Dieses Hotel mit viel altmodischer Atmosphäre bietet normalerweise ein sehr gutes Preis-Leistungs-Verhältnis. Die 56 Zimmer in einem stattlichen Altbau warten mit Hartholzböden und vornehmer Bettwäsche auf. In der zweistöckigen Lobby gibt's einen großen offenen Kamin und eine hübsche kleine Bar (die Rezeptionisten fungieren auch als Barkeeper).

Covington Inn B&B $$
(651-292-1411; www.covingtoninn.com; 100 Harriet Island Rd; Zi. 165–250 US$; P ❄) Dieses B&B in Harriet Island bietet vier Zimmer auf einem auf dem Mississippi schaukelnden Schlepper. Man kann zusehen, wie der Schiffsverkehr vorbeizieht, während man seinen Morgenkaffee genießt. Die stattlichen Zimmer bieten freundliche Farbkleckse, und jedes hat einen Gaskamin, der einen im Winter schön warm hält.

Hmongtown Marketplace ASIATISCH $
(651-487-3700; www.hmongtownmarketplace.com; 217 Como Ave; Hauptgerichte 5–8 US$; 8–20 Uhr) In den Twin Cities lebt die landesweit größte Gemeinde von ausgewanderten Hmong. Deren vietnamesische, laotische und thailändische Lieblingsgerichte (u. a. pikanter Papaya-Salat, Rinderrippchen Nudelsuppe mit Curry) gibt's auf diesem Markt in einem schlichten Gastrobereich, der sich im hinteren Teil des West Building befindet. Nach dem Essen kann man sich an den örtlichen Verkaufsständen z. B. bestickte Bekleidung, einen Messinggong oder Zitronengras zulegen.

Mickey's Diner DINER $
(651-222-5633; www.mickeysdiningcar.com; 36 W 7th St; Hauptgerichte 4–9 US$; 24 Std.) Dieser Klassiker in der Innenstadt ist die Art von Lokal, in der die nette Kellnerin alle Kunden „Honey" nennt und zufriedene Stammgäste kaffeeschlürfend ihre Zeitung am Tresen lesen. Das Essen (Burger, Malzbier, Apfelkuchen) hat denselben zeitlosen Charme.

Cook AMERIKANISCH $
(651-756-1787; www.cookstp.com; 1124 Payne Ave; Hauptgerichte 10–14 US$; Mo–Fr 6.30–14, Sa & So 7–15 Uhr) Dieses nette, sonnige Lokal serviert kreative Diner-Gerichte (Arme Ritter mit Ingwer, vegetarische Curry-Burger, Sandwiches mit geschmorten Rippchen), einige mit koreanischer Note. Der Koch zaubert freitagabends ein koreanisches Abendessen. Der Laden befindet sich im aufstrebenden Viertel East Side, in dem noch weitere Feinschmeckerlokale in der Payne Ave locken.

Ausgehen & Unterhaltung

Happy Gnome KNEIPE
(651-287-2018; www.thehappygnome.com; 498 Selby Ave; Mo–Do 11–24, Fr & Sa 11–1, So 10–24 Uhr; ☎) Hier fließen über 80 Craft-Biere aus der Zapfanlage, die man am besten auf der von einem Kamin beheizten Terrasse genießt. Die Kneipe liegt gegenüber dem St. Paul Curling Club auf der anderen Seite des Parkplatzes.

Fitzgerald Theater THEATER
(651-290-1221; http://fitzgeraldtheater.publicradio.org; 10 E Exchange St) Hier wird die beliebte

Live-Radiosendung *A Prairie Home Companion* aufgezeichnet. In diesem Theater treten aber auch bekannte Musiker, Comedians und Schriftsteller auf.

Praktische Informationen

Mississippi River Visitor Center (651-293-0200; www.nps.gov/miss; 120 W Kellogg Blvd; So & Di–Do 9.30–17, Fr & Sa bis 21 Uhr) Das Visitor Center des National Park Service befindet sich in einer Nische der Lobby des Wissenschaftsmuseums. Hier gibt's Wanderkarten und viele Informationen zu den kostenlosen, von Rangern geführten Aktivitäten. Im Sommer gehören dazu kurze Wanderungen und Radtouren, im Winter Eisfischen und Schneeschuh-Touren.

Visitor Center (651-292-3225; www.visitsaintpaul.com; 75 W 5th St; Mo–Sa 10–16, So ab 12 Uhr) Im Landmark Center; eine gute erste Anlaufstelle für Karten und Infos zu Wanderungen in Eigenregie.

An- & Weiterreise

Metro Transit (www.metrotransit.org) unterhält die praktische Green-Line-Bahn (regulär/Rushhour 1,75/2,25 US$) zwischen Downtown St. Paul und Downtown Minneapolis. Das **Union Depot** (651-202-2700; www.uniondepot.org; 214 E 4th St;) ist das wichtigste Verkehrszentrum für alle: Greyhound-Busse, Stadtbusse, Green-Line-Bahnen und Amtrak-Züge. Der **Minneapolis–St. Paul International Airport** (MSP; www.mspairport.com;) liegt 15 Meilen (24 km) südwestlich. Bus 54 (regulär/Rushhour 1,75/2,25 US$, 25 Min.) fährt in die Downtown. Ein Taxi kostet ca. 33 US$.

Süd-Minnesota

Süd-Minnesota überzeugt mit einer frischen Mischung aus historischen Städten am Fluss, ländlichen Dörfern in Bluff Country und skurrilen Attraktionen, die u. a. mit Dosenfleisch (*spam*) und dem größten Garnknäuel der Welt zu tun haben.

Zu den stimmungsvollsten Städten am Wasser gehören Stillwater (Antiquitäten-Hochburg), Red Wing (für seine Red Wing Shoes – eigentlich eher feste Stiefel – und Salzkeramik bekannt) und Wabasha (wo sich Adler versammeln). Auf diesem Abschnitt der Great River Rd, der Panoramastraße, die sich an den Mississippi schmiegt, reihen sich aber noch ein paar andere interessante Städtchen aneinander. Je nach Lust und Laune kann man unterwegs immer mal wieder für ein Stück Kuchen oder in einem kitschigen Gartenzwerg-Laden Halt machen.

ABSEITS DER ÜBLICHEN PFADE

DAS GRÖSSTE GARNKNÄUEL DER WELT

Das **World's Largest Ball of Twine** (1st St, Darwin; 24 Std.) befindet sich in Darwin, etwa 60 Meilen (rund 100 km) westlich von Minneapolis am US 12. Okay, auch drei andere Garnknäuel im Mittleren Westen behaupten von sich, sie seien das größte. Aber das in Darwin besteht darauf, das „größte von einer einzelnen Person angefertigte" Knäuel zu sein: Francis A. Johnson wickelte das 7900 kg schwere Riesending im Laufe von 29 Jahren auf seiner Farm auf. Man kann es im Stadtpavillon bewundern.

Im Landesinneren und im Süden ist das Bluff Country von hübschen Kalksteinklippen und winzigen Dörfern durchzogen. Lanesboro eignet sich besonders für Radtouren direkt vom Zug weg. Harmony, südlich von Lanesboro, ist das Zentrum der Amish-Gemeinde und ein weiterer einladender Ort.

Das Garnknäuel und das **Spam Museum** (Dosenfleisch-Museum; 507-437-5100; www.spam.com; 101 3rd Ave NE, Austin; April–Nov. Mo–Sa 10–18, So 12–17 Uhr, Dez.–März Di–So 12–17 Uhr;) GRATIS liegen ein Stück ab vom Schuss, aber wer gern mit dem Auto unterwegs ist, kann ihnen einen Besuch abstatten.

In den Städten am Fluss gibt's Pensionen und B&Bs in alten restaurierten Gebäuden, in Stillwater ist die Auswahl besonders groß. Auch im Bluff Country locken neben Campingplätze zahlreiche B&Bs.

Die Great River Rd, alias Hwy 61, verläuft parallel zum Mississippi. Wenn man eine Brücke auf die Wisconsin-Seite überquert, heißt sie Hwy 35. Minneapolis liegt ein bis zwei Stunden Fahrt von den meisten Orten der Region entfernt.

Nord-Minnesota

Nach Nord-Minnesota kommt man, um „ein bisschen zu angeln und ein bisschen zu trinken", wie es ein Einheimischer zusammenfasste.

Die Region ist ein wahrer Outdoor-Spielplatz, von der sagenumwobenen Wildnis der Boundary Waters über die roten Klippen des

Lake Superior bis zu den Wassern des Voyageurs National Park. In dieser rauen, weiten Gegend gibt es sehr viel weniger Menschen als Kiefern. Duluth und Grand Marais sind die wichtigsten Städte und hipper, als man denkt. Hier kann man prima unterkommen, wenn man mal wieder ein bisschen „urbanes" Leben braucht.

Duluth

Am äußersten westlichen Ende der Großen Seen liegt Duluth (mit seinem Nachbar Superior, Wisconsin). Der Ort besitzt einen der geschäftigsten Häfen des Landes. Die atemberaubende Lage der Stadt, die in einen steilen Hang hineingebaut wurde, ist ausgezeichnet dafür geeignet, den sich ständig wandelnden Lake Superior in Aktion zu erleben. Das Wasser, die Wanderwege und die herrliche Natur haben die Gegend zu einem Hotspot für Outdoorfreaks gemacht.

Sehenswertes

Hawk Ridge Observatory AUSSICHTSPUNKT

(☎218-428-6209; www.hawkridge.org; 3980 E Skyline Pkwy; ⏰6–22 Uhr) GRATIS Dieser Aussichtspunkt befindet sich 200 m über dem Lake Superior und bietet einen grandiosen Ausblick, vor allem zwischen Mitte August und November, wenn während der herbstlichen Falkenwanderung 94 000 Greifvögel hierherziehen.

Enger Tower TURM

(www.engertowerduluth.com; W Skyline Pkwy) GRATIS Dieser fünfstöckige, achteckige Turm aus Blaustein im Enger Park ist ein charakteristisches Wahrzeichen von Duluth. Wer die 105 Stufen bis nach oben erklimmt, wird mit einer wunderbaren Aussicht auf den Hafen und den Lake Superior belohnt.

Maritime Visitor Center MUSEUM

(☎218-720-5260; www.lsmma.com; 600 S Lake Ave; ⏰Juni–Aug. 10–21 Uhr, Sept.–Mai kürzere Öffnungszeiten) GRATIS Neben der Aerial Lift Bridge informieren hier Computerbildschirme darüber, wann große Kähne unter dem Bauwerk hindurchschippern. Höchst sehenswert sind auch die coolen Schiffsmodelle und die Ausstellungen zu Wracks in den Großen Seen.

DYLAN IN DULUTH

Bob Dylan wird zwar meist mit Hibbing und der Iron Range in Verbindung gebracht, wurde aber in Duluth geboren. Entlang der Superior St und London Rd weisen die braun-weißen Schilder des **Bob Dylan Way** (www.bobdylanway.com) auf Orte hin, die etwas mit der Songwriter-Legende zu tun haben. Darunter ist z. B. das Arsenal, wo Dylan ein Konzert von Buddy Holly erlebte und daraufhin beschloss, Musiker zu werden. Selbst ausfindig machen muss man jedoch sein **Geburtshaus** (519 N 3rd Ave E), das ein paar Blocks nordöstlich der Innenstadt auf einem Hügel steht. Dort lebte der kleine Bob bis zu seinem sechsten Lebensjahr im obersten Stockwerk, bis die Familie landeinwärts nach Hibbing umzog. Achtung: Hierbei handelt es sich um ein nicht gekennzeichnetes Privathaus, das nur von der Straße aus betrachtet werden kann.

Aktivitäten

Duluth Experience ABENTEUER

(☎218-464-6337; www.theduluthexperience.com; Touren ab 55 US$) Großes Angebot an Kajak-, Rad- und Brauereitouren. Preise jeweils inklusive Ausrüstung und Shuttles.

Spirit Mountain SKIFAHREN

(☎218-628-2891; www.spiritmt.com; 9500 Spirit Mountain Pl; Erw./Kind 49/39 US$/Tag; ⏰variierende Öffnungszeiten) Während der Wintermonate sind hier Skifahren und Snowboarden beliebte Freizeitvergnügen; im Sommer locken eine Seilrutsche, eine Sommerrodelbahn und ein Minigolfplatz. Der Berg liegt etwa 10 Meilen (16 km) südlich von Duluth.

Schlafen

Fitger's Inn HOTEL **$$**

(☎218-722-8826; www.fitgers.com; 600 E Superior St; Zi. 185–290 US$; @📶) Die 62 großen Zimmer des Fitger's Inn, von denen jedes ein bisschen anders gestaltet ist, befinden sich in den Räumlichkeiten einer ehemaligen Brauerei. Die Unterkunft liegt am Lakewalk, und die teureren Zimmer bieten auch einen wunderbaren Blick aufs Wasser. Das kostenlose Shuttle zu den örtlichen Sehenswürdigkeiten ist eine ziemlich praktische Sache.

Willard Munger Inn INN **$$**

(☎218-624-4814; www.mungerinn.com; 7408 Grand Ave; Zi. 75–150 US$; @📶) Das Munger Inn ist in Familienbesitz und bietet eine gute Auswahl an Zimmern (von Budgetzimmern bis zu Suiten mit Whirlpool). Außerdem gibt's viele Extras für Outdoor-Freunde, beispielsweise Wander- und Radwege direkt vor der Tür, kostenlose Leihfahrräder und -kanus sowie eine Feuerstelle. Das kontinentale Frühstück ist inklusive. Es liegt in der Nähe des Spirit Mountain.

Essen & Ausgehen

★ New Scenic Cafe AMERIKANISCH **$$**
(☎ 218-525-6274; www.newsceniccafe.com; 5461 North Shore Dr; Sandwiches 13–16 US$, Hauptgerichte 24–29 US$; ⊙ So–Do 11–21, Fr & Sa 11–22 Uhr) Gourmets aus der ganzen Gegend pilgern zum New Scenic Cafe, das 8 Meilen (13 km) hinter Duluth am Old Hwy 61 liegt. In einem schlichten Raum mit Holzvertäfelung kommen hier z. B. rustikaler Lachs mit Sahnelauch oder Kuchen mit drei verschiedenen Beerensorten auf den Tisch. Dazu gibt's eine weite Aussicht auf den See.

Duluth Grill AMERIKANISCH **$**
(☎ 218-726-1150; www.duluthgrill.com; 118 S 27th Ave W; Hauptgerichte 10–17 US$; ⊙ 7–21 Uhr;) Der Garten auf dem Parkplätz verrät bereits, dass es sich beim Duluth Grill um einen nachhaltigen Laden mit Hippie-Flair handelt. Die Karte erinnert an die eines Diners und reicht von gebratenen Frühstückseiern zu Curry-Polenta-Eintopf und Bison-Burgern. Es gibt aber auch jede Menge vegane und glutenfreie Optionen. Das Lokal liegt ein paar Kilometer südwestlich des Canal Park, nahe der Brücke nach Superior, Wisconsin.

★ Thirsty Pagan BRAUEREI
(☎ 715-394-2500; www.thirstypaganbrewing.com; 1623 Broadway St; ⊙ Mo–Mi 11–22, Do–So 11–23 Uhr) Jenseits der Brücke liegt diese Brauerei in Superior, Wisconsin. Doch die zehn Fahrtminuten lohnen sich: Hier werden selbstgemachte Pizzas mit gehaltvollen und sehr aromatischen Bieren hinuntergespült.

Fitger's Brewhouse BRAUEREI
(☎ 218-279-2739; www.fitgersbrewhouse.com; 600 E Superior St; ⊙ So & Mo 11–24, Di–Do 11–1, Fr & Sa 11–2 Uhr) Die belebte Brauerei im gleichnamigen Hotel punktet mit Livemusik und frisch gezapftem Gerstensaft. Letzterer lässt sich auch in Form von Probiermenüs mit sieben Sorten genießen (9 US$, 90 ml/Glas).

Praktische Informationen

Duluth Visitors Center (☎ 800-438-5884; www.visitduluth.com; 21 W Superior St; ⊙ Mo–Fr 8.30–17 Uhr) Hier kann man sich einen Stadtführer mitnehmen; auf der Website gibt's Sonderangebote und Coupons.

> **DULUTH TRAVERSE**
>
> Ein 160 km langer Mountainbike-Weg, der sich durch die ganze Stadt erstreckt? Die Duluth Traverse (www.coggs.com) begeistert Mountainbike-Fans. Die einspurige Route wird nach und nach eröffnet und verbindet mehrere grandiose Radwege miteinander. Wenn sie fertig ist – die Stadt plant, sie 2018 größtenteils zu vollenden – wird man in Duluth nie weiter als fünf Minuten von der Traverse entfernt sein.

An- & Weiterreise

Greyhound (☎ 218-722-5591; www.greyhound.com; 228 W Michigan St) bietet täglich mehrere Busse nach Minneapolis (3 Std.).

North Shore

Ein Ausflug hierher wird vom Wasser dominiert – vor allem dank des riesigen, stürmischen Lake Superior. Mit Erz beladene Frachter ziehen durch die Häfen, kleine Fischerflotten holen den Fang des Tages ein und von Wellen umtoste Klippen bieten grandiose Ausblicke, falls man Lust auf eine Wanderung hat. Zahlreiche State Parks, Wasserfälle, Wanderwege und Städtchen durchziehen die Landschaft, die sich bis zur kanadischen Grenze erstreckt. Zu den Highlights gehören die Gooseberry Falls, das Split Rock Lighthouse, Grand Marais' lässiges Flair und die Blätterteig-Tartes in Two Harbors.

Sehenswertes & Aktivitäten

Der 483 km lange **Superior Hiking Trail** (www.shta.org) folgt dem Bergrücken, der zwischen Duluth und der kanadischen Grenze direkt am Seeufer emporragt. Dabei passiert er u. a. rote Felsen mit spektakulären Aussichtspunkten; gelegentlich lassen sich unterwegs auch Elche oder Schwarzbären blicken. Alle 5 bis 10 Meilen (8–16 km) gibt's einen Parkplatz mit Zugang zum Trail – ideal für Tageswanderungen. Der **Superior Shuttle** (☎ 218-834-5511; www.superiorhikingshuttle.com; ab 15 US$; ⊙ Mitte Mai–Mitte Okt. Fr–So) sammelt Wanderer an insgesamt 17 Haltestellen entlang der Strecke auf und macht ihnen das Leben so noch einfacher.

Für Übernachtungswillige stehen mehrere Lodges und 86 Campingplätze in der Wildnis zur Verfügung (für Details s. Website des Trails). Die gesamte Route kann gratis ohne Reservierungen oder Genehmigungen genutzt werden. Das **Trail Office** (☎218-834-2700; www.shta.org; 731 7th Ave; ⊙ Mo–Fr 9–16.30, Sa 10–16, So 12–16 Uhr, Mitte Mai–Mitte Okt. Mo–Fr 9–17, Sa 10–16, So 12–16 Uhr, Mitte Okt.–Mitte Mai Sa & So geschl.) in Two Harbors gibt Karten aus und hilft bei der Planung.

Split Rock Lighthouse State Park STATE PARK
(☎218-595-7625; www.dnr.state.mn.us; 3755 Split Rock Lighthouse Rd; Auto 5 US$/Auto, Leuchtturm pro Erw./Kind 10/6 US$; ⊙ Mitte Mai–Mitte Okt. 10–18 Uhr, Mitte Okt.–Mitte Mai Do–Mo 11–16 Uhr) Dies ist der meistbesuchte Ort in ganz North Shore. Die eigentliche Attraktion ist eine State Historic Site, die extra kostet. Geführte Touren sind erhältlich (und starten stündlich), aber man kann das Gelände auch allein erkunden. Wer nichts gegen Treppen hat, kann die Klippen zum Strand hinunterklettern – hin und zurück jeweils etwa 170 Stufen – und die unglaubliche Aussicht auf den Leuchtturm und das umliegende Ufer genießen.

Judge CR Magney State Park STATE PARK
(☎218-387-6300; www.dnr.state.mn.us; 4051 Hwy 61; 5 US$/Auto; ⊙ 9–20 Uhr) Der Magney State Park ist eine wirkliche Schönheit. Die Wanderung zum **Devil's Kettle**, dem berühmten Wasserfall, an dem sich der Brule River um einen mächtigen Felsen teilt, ist ein Muss. Der eine Arm stürzt in einem typischen imposanten North-Shore-Wasserfall 15 m in die Tiefe, während der andere in einem riesigen Loch verschwindet und unterirdisch weiterfließt. Wohin, ist ein Rätsel – Wissenschaftler konnten bisher nicht feststellen, wo und ob das Wasser wieder austritt.

Sawtooth Outfitters KAJAKFAHREN, RADFAHREN
(☎218-663-7643; www.sawtoothoutfitters.com; 7216 Hwy 61; ⊙ Anfang Mai–Ende Okt. & Mitte–Ende Dez. 8–18 Uhr, Jan.–Anfang April Do–Mo 8–18 Uhr) Bietet geführte Kajaktouren (halber/ganzer Tag 55/110 US$) für alle Paddler-Level an. Auf dem Programm stehen Ausflüge auf dem Temperance River und Lake Superior sowie einfachere Touren auf von vielen Tieren bevölkerten Inlandseen. Sawtooth verleiht auch Mountainbikes (ab 22 US$/Tag), falls man Lust hat, auf den zahlreichen Wegen der Gegend zu radeln, z. B. auf dem beliebten Gitchi Gami State Bike Trail (www.ggta.org).

Schlafen & Essen

Die Region lockt mit vielen einzigartigen Unterkünften, z. B. einem Hotel in einem umfunktionierten Zug oder einer Lodge, die einmal Babe Ruths Privatclub war. Die Preise sind meist auf Mittelklasseniveau. In den meisten State Parks gibt's Campingplätze, die zwischen 17 und 23 US$ kosten. Am Wochenende sowie im Sommer und Herbst ist besonders viel los, dann sollte man alle Unterkünfte unbedingt vorab reservieren. Es werden immer irgendwo Fische aus dem See in der Pfanne gebraten und die meisten Restaurants sind unabhängige kleine Familienunternehmen.

SCENIC DRIVE: DER HIGHWAY 61

Der Hwy 61 beschwört zahlreiche Bilder herauf: Bob Dylan (er stammt aus der Region) mythologisierte ihn 1965 auf seinem wütenden Album *Highway 61 Revisited*. Als berühmter „Blues Highway" führt diese Route am Mississippi entlang bis nach New Orleans hinunter. Im Norden Minnesotas folgt sie vor dem geistigen Auge dem Ufer des Lake Superior – vorbei an roten Klippen und Strandwäldern.

Tatsächlich verhält sich die Sache aber etwas komplizierter und erfordert ein paar Erklärungen: Der Blues Highway ist eigentlich die US 61, die gleich nördlich der Twin Cities beginnt. Beim Hwy 61 handelt es sich um eine staatliche Scenic Road ab Duluth. Für noch mehr Verwirrung sorgt die Tatsache, dass es zwischen Duluth und Two Harbors zwei Straßen mit der Nummer 61 gibt: eine vierspurige Schnellstraße und den reizvolleren Old Highway 61 (alias North Shore Scenic Drive) mit zwei Spuren. Letzterer beginnt als London Rd in Duluth und führt gleich nach dem Eingang zum Brighton Beach nach rechts. Hinter Two Harbors wird er wieder einspurig und verläuft quer durch eine herrliche Landschaft bis zur kanadischen Grenze. Weitere Infos zum North Shore Scenic Drive gibt's unter www.superiorbyways.com (auf The Routes klicken).

Naniboujou Lodge LODGE $$
(☎218-387-2688; www.naniboujou.com; 20 Naniboujou Trail; Zi. 115–160 US$; ⊙Ende Mai–Ende Okt.) Dieses Anwesen wurde in den 1920er-Jahren erbaut und war früher der Privatclub von Babe Ruth und seinen Zeitgenossen, die in der Great Hall Zigarren rauchten und sich am 6 m hohen Steinkamin aufwärmten. Das Schmuckstück ist die mächtige Kuppeldecke in der Halle, die im atemberaubenden Design der Cree-Indianer in psychedelischen Farben bemalt ist. Das Dekor in den Zimmern variiert, aber alle versprühen eine tolle intime Atmosphäre. Es liegt 14 Meilen (22 km) nordöstlich von Grand Marais.

ℹ An- & Weiterreise

Der Hwy 61 ist die wichtigste Verbindungsstraße durch North Shore. Die Panoramastraße erstreckt sich bis nach Kanada. Duluth ist das nächste städtische Gebiet mit Flughafen.

Boundary Waters

Die fantastisch unberührte, abgeschiedene Boundary Waters Canoe Area Wilderness (BWCAW) gehört zu den besten Paddelgebieten der Welt. Über 1000 Seen und Flüsse durchziehen dieses von Kiefern bewachsene, 4500 km² große Gebiet. Naturliebhaber pilgern wegen der 2500 km an Kanurouten, der vielfältigen Tierwelt und der herrlichen Einsamkeit hierher. Wer kein Problem damit hat, eine ordentliche Strecke zu paddeln, ist ganz allein mit den Elchen, Bären, Wölfen und Seetauchern, die diese Landschaft bevölkern.

Es ist auch möglich, die Region nur auf einem Tagesausflug zu besuchen, aber die meisten campen mindestens eine Nacht hier. Erfahrene Paddler strömen in Scharen hierher, aber Anfänger sind ebenso willkommen. Die notwendige Ausrüstung gibt's in lokalen Lodges und bei diversen Anbietern. Das interessante Städtchen Ely, nordöstlich der Iron Range, ist der beste Ausgangspunkt. Hier findet man zahlreiche Unterkünfte, Restaurants und Outdoor-Anbieter.

Von Mai bis September kommen praktisch alle zum Kanufahren hierher. Im Winter ist Ely als Hundeschlitten-Stadt bekannt.

Man muss sich auf ein echtes Wildnisabenteuer einstellen, wenn man im Boundary Waters eine Kanutour plant. Das Superior National Forest Office gibt den praktischen **BWCAW Trip Planning Guide** (www.fs.usda.gov/attmain/superior/specialplaces) heraus. Er enthält Informationen zur richtigen Ausrüstung und erklärt, wo man die benötigten Eintrittsgenehmigungen erhält. Fürs Campen braucht man ein **Overnight Permit** (☎877-444-6777; www.recreation.gov; Erw./Kind 16/8 US$, plus 10 US$ Reservierungsgebühr). Auch Tagesbesucher benötigen eine Genehmigung, die jedoch kostenlos ist; man erhält sie am Eingangskiosk zum BWCAW oder in Rangerstationen. Man sollte unbedingt vorab planen, da die Genehmigungen und Besucherzahlen begrenzt und oft ausgebucht sind

Neben abgeschiedenen Campingplätzen bietet die Gegend zahlreiche Lodges, in denen jedoch häufig ein Mindestaufenthalt gilt (meist 3 Tage). Im Zentrum von Ely gibt's verschiedene Mittelklassepensionen und kleine Hotels. Im Juli und August ist viel los, dann unbedingt vorab buchen.

ℹ Praktische Informationen

Kawishiwi Ranger Station (☎218-365-7600; 1393 Hwy 169; ⊙Mai–Sept. 8–16.30 Uhr, Okt.–April Sa & So geschl.) Bietet Experteninfos zu Camping und Kanufahren in BWCAW sowie Tipps zu Ausflügen und benötigten Genehmigungen.

ℹ An- & Weiterreise

Der Hwy 169 (der in Ely zur Sheridan St wird) verbindet Boundary Waters mit der Iron Range und den dortigen Städten, der Hwy 1 mit dem Ufer des Lake Superior.

Voyageurs National Park

Im 17. Jh. begannen franko-kanadische Pelzhändler, sogenannte Voyageure, die Großen Seen und die nördlichen Flüsse mit dem Kanu zu erforschen. Der **Voyageurs National Park** schützt einen Teil der Wasserstraßen, die sie benutzten und die zur Grenze zwischen den USA und Kanada wurden.

Hier dreht sich alles ums Wasser. Der Großteil des Parks ist nur zu Fuß oder per Motorboot zugänglich – das Wasser ist meist zu breit und zu rau für Kanufahrten; Kajaks werden aber immer beliebter. Einige Zufahrtstraßen führen zu Campingplätzen und Lodges am oder in der Nähe des Lake Superior, die jedoch hauptsächlich von Leuten genutzt werden, die ihr Boot zu Wasser lassen wollen. Ein Hausboot ist hier momentan der letzte Schrei.

Im Winter werden die Boote dann eingemottet und die Schneemobile herausgeholt. Der Voyageurs ist eine Hochburg dieses Sports, mit 180 km abgesteckten präparierten Wege, die sich zwischen den Kiefern hindurchschlängeln. Im Rainy Lake Visitor Center gibt's Karten und Tipps. Außerdem kann man sich hier kostenlos Schneeschuhe und Langlaufski für die lokalen Loipen ausleihen, die teilweise direkt vor dem Zentrum beginnen. Im Süden verbindet eine Eisstraße für Autos die Bootsrampen an den Visitor Centers von Ash River und Kabetogama.

ℹ Praktische Informationen

Die Visitor Centers sind mit dem Auto zu erreichen und ein guter Startpunkt für einen Besuch. 11 Meilen (18 km) östlich von International Falls am Hwy 11 befindet sich das **Rainy Lake Visitor Center** (☎218-286-5258; ⏲9.30–17, Ende Sept.–Mitte Mai Mi–So bis 16 Uhr), das Hauptbüro des Parks. Im Sommer werden hier von Rangern geführte Wanderungen und Bootstouren angeboten, im Winter kann man Schneeschuhe und Ski leihen. Die Visitor Centers in **Ash River** (☎218-374-3221; Mead Wood Rd; ⏲Ende Mai–Ende Sept. 9.–17 Uhr) und **Kabetogama Lake** (☎218-875-2111; abseits Hwy 53; ⏲Ende Mai–Ende Sept. 9.30–17 Uhr) sind saisonal geöffnet und bieten ebenfalls von Rangern geführte Aktivtäten. Auf der Website des Parks (www.nps.gov/voya) gibt's nähere Informationen. Destination Voyageurs National Park (www.dvnpmn.com) bietet Infos zu Unterkünften und Aktivitäten in den Gemeinden rund um den Park.

ℹ An- & Weiterreise

Der Hwy 53 ist der wichtigste Highway der Region. Er sind rund fünf Stunden Fahrt von den Twin Cities (oder 3 Std von Duluth) nach Crane Lake, Ash River oder zum Lake Kabetogama. In International Falls, nahe dem Nordwestrand des Parks, befinden sich der nächste Flughafen und ein viel genutzter Grenzübergang nach Kanada.

Bemidji & Chippewa National Forest

Diese Gegend ist gleichbedeutend mit Outdoor-Aktivitäten und Sommerspaß. Campingplätze und Hütten gibt's zuhauf, und hier sind alle total angelverrückt.

Der Chippewa National Forest, ein weitläufiger Kiefernwald mit 21 Campingplätzen, 260 km Wanderwegen, 1300 Seen, Weißkopfseeadler-Habitats und Ojibwe-Land ist das Zentrum des Geschehens. Die kleine Stadt Cass Lake beherbergt die Hauptverwaltung des Parks und bietet sich als Ausgangspunkt an.

Am Westrand des Walds finden sich im winzigen alten Holzfällerstädtchen Bemidji eine gut erhaltene Innenstadt und eine riesige Statue des Holzfällers Paul Bunyan und seines treuen blauen Ochsen Babe (unbedingt ein Foto schießen!). Außerdem liegt in dieser Region der Itasca State Park, in dem der Mississippi seine epische Reise beginnt.

ℹ Praktische Informationen

Bemidji Tourist Information Center (☎218-759-0164; www.visitbemidji.com; 300 Bemidji Ave N; ⏲Juni–Aug. Mo–Fr 8–17, Sa 10–17, So 11–15 Uhr, Sa & So Sept.–Mai geschl.) Das Gebäude steht direkt am See, neben der gigantischen Statue des Holzfällers Paul Bunyan und seines blauen Ochsen Babe. Drinnen wartet eine Ausstellung, die u. a. Pauls Zahnbürste zeigt.

ℹ An- & Weiterreise

Hwy 2 und 71 sind die wichtigsten Routen in die Region. Cass Lake liegt 20 Meilen (32 km) östlich von Bemidji am Hwy 2, der Itasca State Park (Osteingang) 30 Meilen (48 km) südwestlich am Hwy 71. In Bemidji gibt's einen kleinen Flughafen mit täglichen Delta-Flügen nach/von Minneapolis.

JAMES + COURTNEY FORTE/GETTY IMAGES ©

Die National-parks der USA

Die Nationalparks sind Amerikas große Hinterhöfe. Kein Roadtrip durch die USA wäre komplett ohne einen Besuch von mindestens einem dieser bemerkenswerten Naturschätze voller unberührter Wildnis, seltener Wildtiere und bedeutender Geschichte. Die fünf Dutzend Nationalparks und mehr als 350 anderen Naturschutzgebiete der Nation werden vom National Park Service (NPS) verwaltet, der 2016 sein Hundertjähriges feierte.

Stehpaddeln auf dem Bear Lake, Kenai Fjords (S. 704), Alaska

Inhalt

Entstehung

Die Landschaft in vielen Parks sieht noch so aus wie vor Jahrhunderten. Die Inseln vor der Atlantikküste, die Ebenen und Büffelherden der Great Plains, die Rocky Mountains und die Mammutbäume, die an der Pazifikküste Wache stehen, sind Natur-Highlights, die einfach begeistern.

Go West!

Historisch gesehen hat der riesige Appetit der Nation nach Land und Naturschätzen nicht nur zur Doktrin der Manifest Destiny (der „offenkundigen Bestimmung" zur Expansion) geführt. Auch die Entstehung von Gründersiedlungen, Farmen, Viehzäunen, Dämmen, Straßen und Eisenbahngleisen ging damit einher. Diese künstliche Infrastruktur hat schnell große Teile der Wildnis verschluckt, von den Appalachen über den Mississippi bis in den Westen hinein. Das setzte sich so lange fort, bis ein Netz aus staatlich geschütztem öffentlichem Land entstand, angefangen mit den Nationalparks.

Stimmen in der Wildnis

Während einer Reise nach Dakota hatte der Maler und Autor George Catlin 1831 einen Traum. Als er sah, welchen Schaden die Ausweitung der USA nach Westen der Natur und den Indianervölkern zufügte, rief er zur Gründung eines „Nationalparks zum Schutz von Mensch und Tier in dieser wilden und erhabenen Schönheit der Natur" auf. 40 Jahre später richtete der Kongress den Yellowstone National Park als ersten Nationalpark der USA ein.

Als im späten 19. Jh. eine immer stärker werdende Naturschutzbewegung die Massen begeisterte, entstanden rasch der

1. Grand Canyon National Park (S. 944)
2. Eule im Olympic National Park (S. 1165)
3. Höhlenformationen, Mammoth Cave National Park (S. 445)

Yosemite, Sequoia, Mount Rainier und viele andere Nationalparks. Der vielseitige Naturfreund John Muir begeisterte die Öffentlichkeit von seiner Idee eines Nationalparksystems, indem er draußen Vorträge hielt und über den spirituellen Wert der Natur schrieb, der weit über den wirtschaftlichen Gewinn hinausgehe.

Entstehung der Parks

Nachdem Präsident Theodore Roosevelt 1903 zusammen mit Muir den Yosemite National Park besucht hatte, setzte sich der passionierte Großwildjäger und Viehzüchter für die Einrichtung weiterer Schutzgebiete und Parks ein. Mit dem Antiquities Act von 1906 (unterzeichnet vom Präsidenten) wurden archäologische Stätten der Ureinwohner wie Mesa Verde und zwei Jahre später auch der Grand Canyon unter Schutz gestellt.

Der NPS (National Park Service) wurde 1916 gegründet; der erste Direktor war der Selfmade-Millionär Stephen Mather. In den 1930er-Jahren stellte Präsident Franklin D. Roosevelt 50 weitere historische Stätten und Monumente unter NPS-Schutz.

Auch nach dem Zweiten Weltkrieg wuchs die Zahl der vom NPS verwalteten Parks weiter. In den 1960ern leistete Präsidentengattin „Lady Bird" Johnson einen entscheidenden Beitrag zum Bericht *With Heritage So Rich*, der die Grundlage des National Historic Preservation Act von 1966 zur Ausweitung des Nationalparksystems bildete. Ihr ist es zu verdanken, dass unter Präsident Lyndon B. Johnson mehr Gesetze zum Schutz von Umwelt und Natur verabschiedet wurden als von jeder anderen US-Regierung seit der Zeit von Franklin D. Roosevelt.

1

Die Parks heute

Heute stehen über 400 Naturparks und mehr als 324 000 km² Land unter dem Schutz des NPS. Unter Obama kamen wichtige historische Stätten (Charles Young Buffalo Soldiers National Monument, OH, Harriet Tubman Underground Railroad National Monument, MD), unberührtes Land (Katahdin Woods und Waters National Monument, ME) und Kulturschätze (Bears Ears National Monument, UT) dazu. Daneben werden Tausende Schutzgebiete von anderen Bundesbehörden verwaltet, z. B. vom US Forest Service (USFS; www.fs.fed.us), dem US Fish & Wildlife Service (USFWS; www.fws.gov) und dem Bureau of Land Management (BLM; www.blm.gov).

Zuweilen gelang die Einrichtung eines Nationalparks nicht reibungslos, etwa wenn die Bewohner einer Region gegen die Einschränkungen in der Bewirtschaftung öffentlicher Flächen protestierten oder wenn die Vorstellungen der Behörden im Widerspruch zum Selbstbestimmungsrecht der Ureinwohner standen. Auch Haushaltskürzungen und Umweltbelastungen durch die mehr als 300 Mio. Besucher jährlich haben den Parks zugesetzt. Medienberichte wie der Film *The National Parks: America's Best Idea* (www.pbs.org/nationalparks) von Ken Burns haben die Bedeutung der Parks verdeutlicht.

Praktische Tipps für Besucher

Die Preise reichen von 0 bis 30 US$ pro Fahrzeug. Der Pass „America the Beautiful" (80 US$; www.nps.gov/planyourvisit/passes.htm) gewährt bis zu vier Erwachsenen und all ihren Kindern unter 16 Jahren zwölf Monate freien Eintritt zu allen Naherholungsgebieten der USA. Man erhält sie an Parkeingängen und bei Visitor

CHECUBUS/SHUTTERSTOCK ©

M SWIET PRODUCTIONS/GETTY IMAGES ©

1. Mt. Rainier National Park (S. 1176)
2. Haleakalā National Park (S. 1252)
3. Wapiti im Great Smoky Mountains National Park (S. 400)

ARJUNA RAVIKUMAR/500 PX ©

Centers. Dort gibt's auch lebenslang gültige Seniorenpässe (10 US$) und Gratistickets für Menschen mit Behinderungen. Da es kaum Geldautomaten gibt, braucht man Bargeld für Campingplatz, Genehmigungen, Touren und Aktivitäten.

Unterkünfte und Campingplätze sollte man weit im Voraus buchen; für die Sommerferien mehr als ein halbes Jahr. Bei einigen Plätzen gilt: „Wer zuerst kommt, mahlt zuerst." Dann sollte man zwischen 10 und 12 Uhr dort sein, wenn andere abreisen. Für Touren über Nacht und manche Tagestouren braucht man Genehmigungen, die oft limitiert sind – auch die lange im Voraus beantragen (bis sechs Monate, je nach Parkordnung)! Einige Parkläden verkaufen (oder verleihen eventuell) überteuert Ausrüstung, aber nicht alles ist immer vorrätig – also möglichst eigene Ausrüstung mitbringen!

UMWELTBEWUSST REISEN

Man sollte unbedingt das Prinzip *Leave No Trace* (keine Spuren hinterlassen; www.lnt.org) beachten. Um Kindern zu zeigen, wie sie selbst zum Schutz der Natur in den Parks beitragen können, bieten viele Visitor Centers Aktionen für „Nachwuchs-Ranger" an (www.nps.gov/kids/jrrangers.cfm).

Die Vorschriften des NPS mögen restriktiv erscheinen, doch sie dienen dazu, die Sicherheit der Besucher zu gewährleisten und die Natur- und Kulturschätze zu schützen und zu bewahren. So sind z.B. Haustiere außerhalb der erschlossenen Gebiete der Parks nicht erlaubt.

SMILEUS/GETTY IMAGES ©

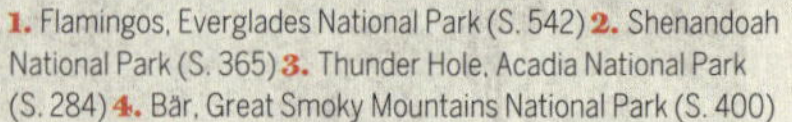

1. Flamingos, Everglades National Park (S. 542) 2. Shenandoah National Park (S. 365) 3. Thunder Hole, Acadia National Park (S. 284) 4. Bär, Great Smoky Mountains National Park (S. 400)

3

JON BILOUS/SHUTTERSTOCK ©

Der Osten

Die Ostküste lädt ein zu einem Streifzug von Neuenglands wilden und wettergegerbten Ufern bis zu den puderzuckerfeinen Palmenstränden Floridas. Oder man lernt die Vielfalt der historischen Stätten in der Hauptstadt der USA, Washington D.C., kennen und rollt danach auf dem sehr sehenswerten Blue Ridge Pkwy durch die idyllischen, altertümlichen Appalachen.

Great Smoky Mountains National Park

Dies ist der meistbesuchte Nationalpark der USA. In dem bergigen Waldgebiet der Süd-Appalachen haben Schwarzbären, Weißwedelhirsche, geweihtragende Wapitis, wildlebende Truthähne und mehr als 1500 Blütenpflanzen ihre Heimat.

Acadia National Park

Hier genießt man den ersten Sonnenaufgang des neuen Jahres auf dem Cadillac Mountain, dem höchsten Punkt der US-Ostküste. Im Sommer besucht man dann die Inseln „am Ende der Welt", die vor der schroffen, windgepeitschten Küste im Nordatlantik liegen.

Shenandoah National Park

Man fährt von den Great Smoky Mountains auf dem historischen Blue Ridge Pkwy nordwärts, an den Bergdörfern der Appalachen vorbei, zum Shenandoah National Park, wo Wasserfälle und Waldwege warten – nur 75 Meilen (120 km) von der Hauptstadt entfernt.

Everglades National Park

Krokodile, Panther, Seekühe und Flamingos leben hier. Floridas karibische Buchten und „Grasflüsse" sind ein Paradies für Tierbeobachter, etwa auf den einzigartigen Bauminseln in den Hartholz-Sümpfen.

Mammoth Cave National Park

In den mehr als 640 km langen erforschten Gängen des weltweit größten Höhlensystems fließen viele unterirdische Flüsse, und überall finden sich futuristisch aussehende Stalaktiten und Stalagmiten.

ROB CRANDALL/SHUTTERSTOCK ©

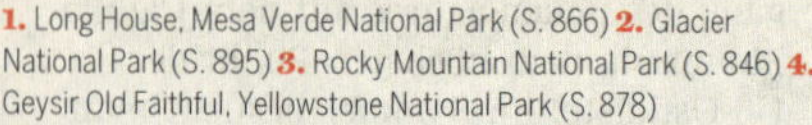

1. Long House, Mesa Verde National Park (S. 866) **2.** Glacier National Park (S. 895) **3.** Rocky Mountain National Park (S. 846) **4.** Geysir Old Faithful, Yellowstone National Park (S. 878)

JORDAN SIEMENS/GETTY IMAGES ©

Great Plains & Rocky Mountains

In Amerikas meistgeschätzten Nationalparks findet man Wiesen, übersät von Wildblumen, schroffe Klippen und ruhige Seen an der kontinentalen Wasserscheide. Reich an Tieren, indigenen Traditionen und der Geschichte des Alten Westens sind die Rocky Mountains und die Great Plains der Inbegriff des amerikanischen Grenzlands.

Yellowstone National Park

Der älteste Nationalpark der USA ist voller Geysire und großartiger Fauna – z.B. Grizzlys, Bisons und Wapitis. Er ist Nordamerikas größtes intaktes Ökosystem.

Rocky Mountain National Park

Das zerklüftete Gebirge über der kontinentalen Wasserscheide ist nur eines der Highlights dieses tollen Parks mit mehr als 150 Seen und insgesamt 720 Flusskilometern durch duftende Pinienwälder.

Glacier National Park

Die 50 Meilen (80 km) lange Hochgebirgsstraße Going-to-the-Sun Road scheint dem Gesetz der Schwerkraft zu widersprechen, wenn sie sich in schwindelerregender Höhe durch die Berglandschaft windet, die von den Ureinwohnern das „Rückgrat der Welt" genannt wird.

Badlands National Park

Inmitten der Prärie, in der Bisons und Dickhornschafe umherstreifen, ist der Park mit dem abschreckenden Namen ein faszinierendes Freilichtmuseum der Geologie, in dem Versteinerungen und Fossilien Aufschlüsse über die prähistorische Vergangenheit Nordamerikas geben.

Mesa Verde National Park

Unter den Felsüberhängen des Colorado Plateaus liegen ganze Dörfer aus den bestens erhaltenen Felsbehausungen jener Ureinwohner, die jahrhundertelang in der abgelegenen Four-Corners-Region gelebt haben.

JFUNK/SHUTTERSTOCK ©

1. Arches National Park (S. 979) 2. Bryce Canyon National Park (S. 983) 3. Dickhornschafe, Zion National Park (S. 985)

Der Südwesten

Man braucht Zeit, um die vielen von Flüssen gegrabenen Canyons, ausgedörrten Wüsten und archäologischen Stätten der Ureinwohner im Südwesten zu erkunden. Eine riesige Schlucht, in die sich einer der mächtigsten Flüsse der USA eingekerbt hat, ist nur der Anfang. Das ganze Hinterland ist übersät mit riesigen Sanddünen, tiefen, gewundenen Canyons und meterhohen Kakteen.

Grand Canyon National Park

Der Grand Canyon, das wohl berühmteste Naturdenkmal der USA, bietet ein unglaubliches Spektakel: farbige Gesteinsschichten, die vom Wasser des Colorado ausgewaschen wurden. Je nach Wetter und Tageszeit verändert sich die Farbe der weit in die Landschaft hineinragenden Kuppeln und Spitzen.

Zion National Park

Die Pioniere glaubten fast, sie hätten das Gelobte Land erreicht, als sie zu der von einem Fluss geschaffenen Wüstenoase kamen. Hier kann man sich in einen Slot Canyon abseilen oder sich an Drahtseilen zum luftigen Aussichtspunkt auf dem Angels Landing hinaufhangeln.

Bryce Canyon National Park

Der Bryce Canyon gehört zur gleichen geologischen Formation wie der Grand Canyon – der „Grand Staircase", einer skurrilen Landschaft aus roten Steinsäulen, einige so hoch wie zehnstöckige Häuser.

Arches National Park

Direkt vor den Toren des Outdoor-Paradieses Moab in Utah erstreckt sich dieser herrliche Naturpark mit mehr als 2000 natürlich entstandenen Sandsteinbogen, die im Licht der auf- und untergehenden Sonne glühend rot leuchten.

Saguaro National Park

Wie Wahrzeichen des Westens strecken sich die Säulenkakteen in diesem Wüstenpark in Arizona Richtung Himmel. Kojoten heulen, Fleckenkäuzchen buhen und Wüstenschildkröten kriechen durch die verdorrte Landschaft.

Die Westküste

Donnernde Wasserfälle, gletscherbedeckte Gipfel und die höchsten und ältesten Bäume der Welt sind nur einige Naturwunder Kaliforniens. Im Nordwesten findet man rauchende Vulkane, neblige Regenwälder und unerschlossene Strände.

Yosemite National Park

Vereiste Gletschertäler, alpine Blumenwiesen, Wälder mit Riesenmammutbäumen (Sequoias) und gigantische Wasserfälle, die über nackte Granitfelsen stürzen, prägen den zweitältesten Nationalpark der USA.

Olympic National Park

Er ist ein Paradies aus ursprünglichen Regenwäldern, nebelverhangenen Bergen, die von Gletschern durchzogen sind, und einsamen Naturstränden an der Pazifikküste. Im renaturierten Elwha River, wo zuvor der weltweit größte Rückbau eines Staudamms erfolgte, tummeln sich wieder die Lachse.

Death Valley National Park & Joshua Tree National Park

Hier kann man riesige Sanddünen hinunterrutschen und auf dem ausgetrockneten Salzsee von Badwater im höllisch heißen Death Valley über den tiefsten Punkt der USA spazieren – oder in der südkalifornischen Wüste zwischen mächtigen Felsbrocken, durch Fächerpalmoasen und ganze Wälder aus den charakteristischen Joshua Trees (Palmlilien) wandern.

Mt. Rainier National Park

Der von Gletschern bedeckte Gigant ist zuletzt vor 120 Jahren ausgebrochen, prägt mit seinem Rumpeln aber immer noch die Vulkanlandschaft der Cascades Range im Nordwesten. Selbst mitten im Sommer liegen noch kleine Schneefelder zwischen den Wiesen voller Wildblumen.

Redwood National Park

Uralte Mammutbäume stehen an der oft nebligen, nordkalifornischen Küste. Hier kann man auch einen Roosevelt-Wapiti entdecken oder sich irgendwo – am rauen Strand – in die Fluten stürzen.

DAN SEDRAN/SHUTTERSTOCK ©

1. Jedediah Smith Redwoods State Park (S. 1126)
2. Death Valley National Park (S. 1068)
3. Cholla Cactus Garden, Joshua Tree National Park (S. 1065) 4. Half Dome, Yosemite National Park (S. 1134)

MIMI DITCHIE PHOTOGRAPHY/GETTY IMAGES ©

MARISA ESTIVILL/SHUTTERSTOCK ©

Denali National Park & Preserve (S. 1229), Alaska

Das Grenzland

Seit etwas mehr als 50 Jahren vertreten die USA die Ansicht, dass die abgelegenen Staaten Alaska und Hawaii so einmalige Naturerlebnisse bieten wie kein anderer der „Lower 48". Aktive Vulkane, riesige Gletscher, seltene und gefährdete Tier- und Pflanzenarten sowie viele historische Stätten machen die Nationalparks hier zu einem lohnenden Ziel.

Alaska

1980 wurde mit dem Alaska National Interest Lands Conservation Act eine mehr als 190 350 km² große Wildnis als Nationalpark ausgewiesen, womit der damalige Präsident Jimmy Carter mit einem Federstrich die vom NPS verwaltete Fläche mehr als verdoppelte.

Heute kann man in den Parks Kenai Fjords und Glacier Bay Gletschern beim Kalben zusehen, im Katmai Bären beim Lachsfang beobachten und im Denali mit dem Mt. McKinley den höchsten Berg der USA besteigen. Entlang des Seewegs der Inside Passage kann man in Sitka Totempfähle bewundern und in Skagway auf den Spuren der Goldgräber des Goldrauschs am Klondike im 19. Jh. wandeln.

Hawaii

Der abgelegenste Bundesstaat der USA ist ein tropisches Inselparadies. Auf der Hauptinsel Big Island bzw. Hawaii befinden sich die weltweit am längsten ununterbrochen aktiven Vulkane, und so ist es möglich, im Hawaii Volcanoes National Park flüssige Lava zu bestaunen. Zur Abkühlung kann man an der Kona-Küste mit Meeresschildkröten schnorcheln. Im Haleakala National Park auf Maui wandert man durch einen Vulkankrater, und auf Oahu muss man natürlich das USS Arizona Memorial zum Gedenken an den japanischen Angriff auf Pearl Harbor im Zweiten Weltkrieg besichtigen.

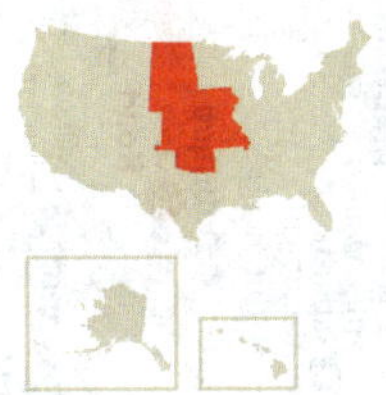

Great Plains

Inhalt ➡

Gut essen

- Arthur Bryant's (S. 732)
- MB Haskett Delicatessen (S. 735)
- Cheever's Cafe (S. 762)
- Galleria De Paco (S. 731)
- Boiler Room (S. 749)

Schön übernachten

- Hotel Alex Johnson (S. 742)
- Barn Anew (S. 754)
- Hotel Donaldson (S. 733)
- Millstream Resort Motel (S. 760)
- Shakespeare Chateau (S. 726)
- Hotel Campbell (S. 765)

Auf in die Great Plains!

Um diese riesige Region im Herzen der USA besser verstehen zu können, muss man den Namen zerlegen: „Great" (groß) bedeutet, dass es hier eine großartige Landschaft, ebensolche Menschen und gewaltige Tornados gibt. Was die „Plains" angeht: „Ebenen" klingt fade – was falsch ist, denn inmitten der endlosen Horizonte locken weltoffene Oasen wie Kansas City, alpine Wunder wie die Black Hills und hohe Steilufer entlang von Mississippi und Missouri River. Es gibt dort inspirierende Erzählungen des Kommens und Gehens, von den Okies, die über die Route 66 vor einer Dürre flohen, über Lewis und Clark, die das amerikanische Frontier-Land bereisten, bis hin zu den Fünf Zivilisierten Stämmen (engl. *Five Civilized Tribes*), die auf dem Trail of Tears nach Westen zogen.

Das Problem sind die riesigen Entfernungen zwischen den betörenden Landschaften dieser Region. Viele Attraktionen liegen in der Nähe der Interstate, etliche aber auch an den Landstraßen, den *blue highways* aus den Liedtexten.

Reisezeit

St. Louis

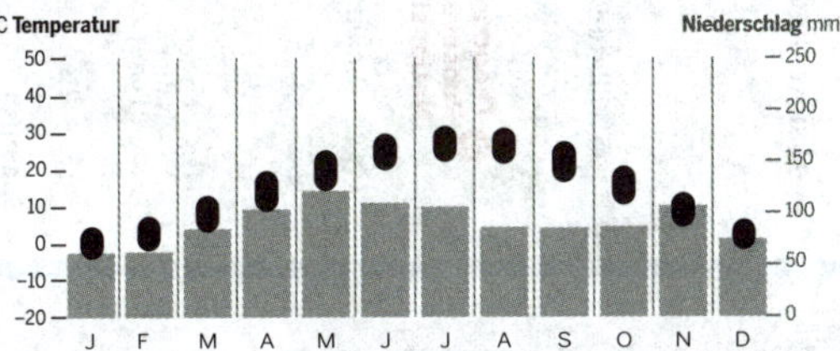

Nov.–März Straßen wetterbedingt oft gesperrt, Sehenswürdigkeiten geschlossen oder kürzer geöffnet.

April, Mai, Sept. & Okt. Höchsttemperaturen im Norden um 13 °C, im Süden wärmer; wenig Touristen.

Juni–Aug. Unwetter und sogar Tornados; schwülheiße Tage und blühende Wildblumen.

Highlights

1 **St. Louis** (S. 709) In einer der großen alten Städte Amerikas in den Rhythmus des Blues eintauchen

2 **Black Hills** (S. 739) In dieser grünen Oase oberhalb der goldenen Ebenen ansehnliche Berge erklimmen

3 **Theodore Roosevelt National Park** (S. 734) Die wild zerklüfteten, fremdartigen Landschaften der recht unbekannten Badlands bestaunen

4 **Kansas City** (S. 720) Sich mit großartigen Barbecues den Bauch vollschlagen und dazu im Takt des Kansas City Jazz mit dem Fuß wippen

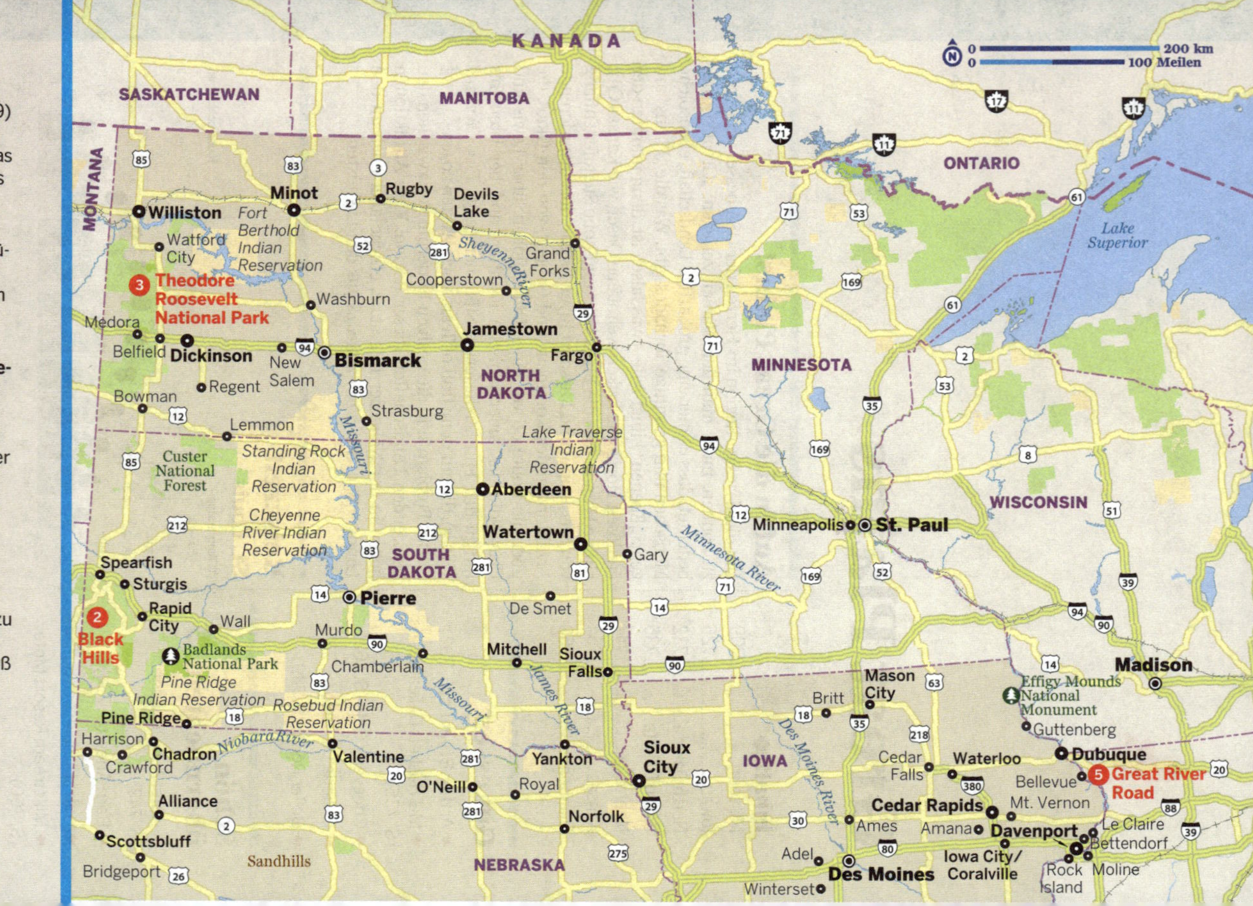

5 Great River Road (S. 732) Bei der Fahrt entlang hoher Klippen den Ausblick auf den Mississippi genießen

6 Wichita Mountains Wildlife Refuge (S. 762) Inmitten zerfurchter Ebenen, die von unterirdischen Höhlensystemen der umtriebigen Präriehunde durchzogen sind, Elche und Büffel aufspüren

7 Route 66 (S. 717) Sich auf der sagenumwobenen Mother Road, der Mutter aller Straßen, auf eine von Neonlichtern beleuchtete Zeitreise begeben

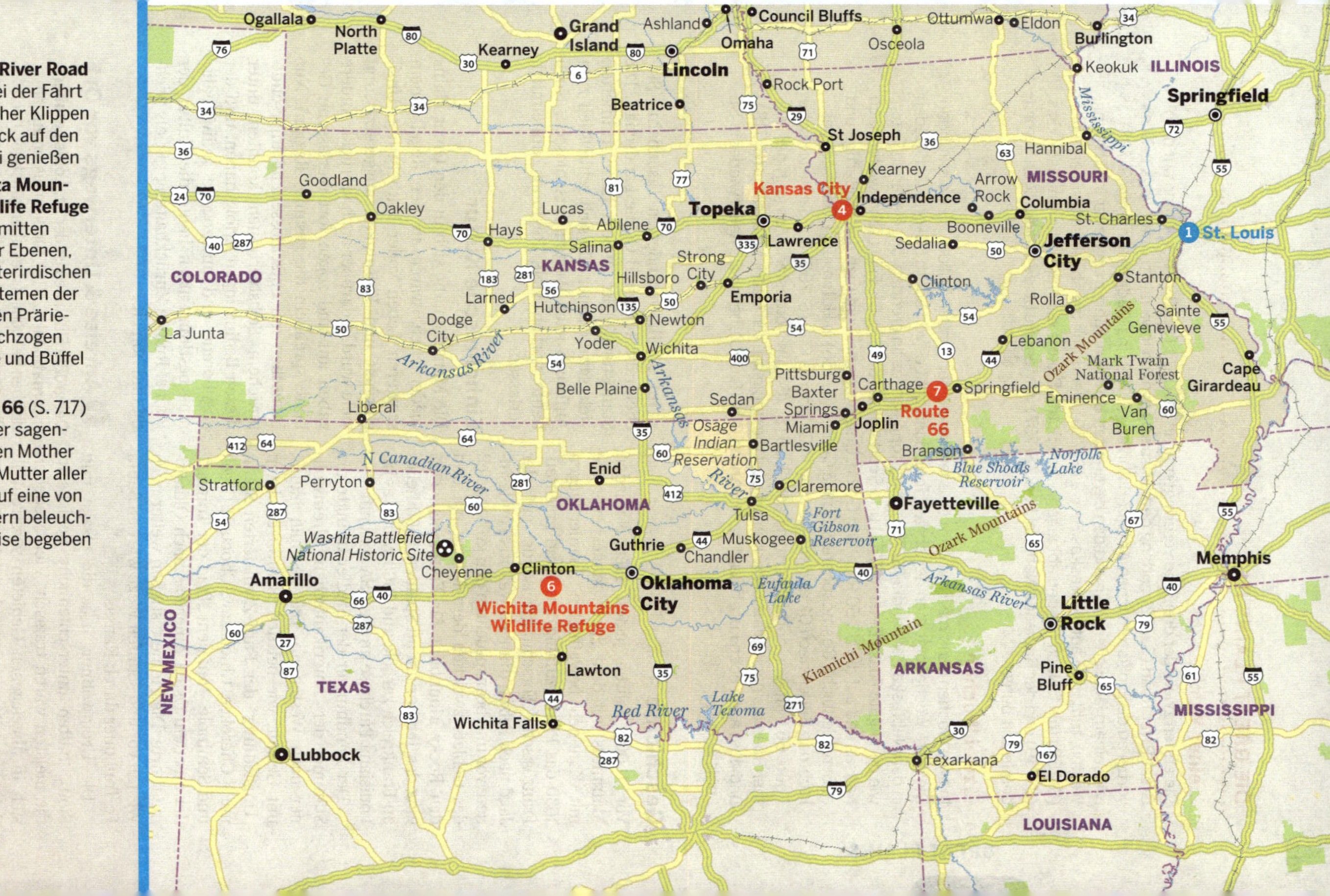

DIE GREAT PLAINS IN ...

... einer Woche

Die ersten zwei oder drei Tage verbringt man in St. Louis (S. 709), bevor man auf der Great River Road (S. 732) entlang dem Mississippi nach Iowa fährt. Unterwegs geht es vorbei an den volkstümlichen Amana-Kolonien (S. 729) ins Madison County (S. 728) mit seinem ländlichen Flair und den berühmten Brücken. Fährt man weiter in Richtung Westen, trifft man auf Nebraskas Hwy 2 (S. 750), der durch die abgelegenen Sandhills (S. 750) führt. Nach Norden abbiegen, wo in South Dakota die wunderbaren Black Hills (S. 739) und der Badlands National Park (S. 737) warten, die beide um die noch verbleibende Zeit buhlen.

... zwei Wochen

In zwei Wochen kann man mit dem eigenen Auto einen großen Teil der Plains erkunden. Die erste Woche folgt man der obigen Tour, dann geht es von South Dakota nach Süden in den Nebraska Panhandle (S. 753), mit Stopps an faszinierenden, abgelegenen Orten wie den Agate Fossil Beds (S. 753) und Scotts Bluff (S. 753). Die Fahrt führt weiter nach Kansas und auf die US 50 Richtung Osten. Unterwegs besucht man das großartige und außerordentliche Cosmosphere & Space Center (S. 756) in Hutchinson. Dann geht es Richtung Süden nach Oklahoma, wo man in Oklahoma City (S. 760) auf die historische Route 66 trifft. Von dort fährt man nach Tulsa (S. 764) im Nordosten. Man folgt der Mother Road bis nach Missouri, erkundet dort die üppig grünen Ozark Mountains (S. 718) und düst auch noch kurz hinauf nach Kansas City (S. 720), bevor die Reise wieder in St. Louis endet.

Geschichte

Vor 11 000 Jahren jagten hier Nomaden Mammuts mit dem Speer, lange bevor die mit Kanonen bewaffneten Spanier gegen 1630 das Pferd (zufällig) ins Land brachten. Französische Forschungsreisende auf der Jagd nach Pelzen drangen weit ins Landesinnere vor und beanspruchten den größten Teil des Gebiets zwischen dem Mississippi und den Rocky Mountains für Frankreich. 1763 ging das Territorium an Spanien, 1800 fiel es an Frankreich zurück, und 1803 wurde es im Louisiana Purchase an die USA verkauft.

Der Landhunger der Siedler drängte die Stämme der amerikanischen Ureinwohner nach Westen ab. Das geschah häufig mit Gewalt, wie bei der 1838/39 erfolgten „Umsiedlung" der Fünf Zivilisierten Stämme – Cherokee, Chickasaw, Choctaw, Creek und Seminole – auf dem „Pfad der Tränen", der aus dem Osten Amerikas nach Oklahoma führte. Die Pioniere stießen weiter nach Westen vor und schufen Wege wie den Santa Fe Trail quer durch Kansas.

Die Ureinwohner, u. a. die Osage und Sioux, hatten unterschiedliche Schicksale, die meisten waren tragisch. Viele siedelten sich in abgelegenen Gebieten verstreut in der ganzen Region an, andere kämpften um Land, das ihnen einst versprochen worden war.

Im 20. Jh. veränderten Eisenbahn, Stacheldrahtzäune und Öl die Landschaft. Die Staubstürme der 1930er-Jahre ruinierten viele satte Farmer, die sich schließlich zum Aufbruch nach Westen entschlossen. Noch heute wirken viele Regionen unheimlich verlassen.

Einheimische Kultur

Die Menschen, die sich in den Great Plains niederließen, waren in der Regel einem schweren Leben voller Entbehrung, Unsicherheit und Einsamkeit ausgesetzt; und viele wurden darüber auch verrückt. Andere gaben auf und zogen fort (verlassene Gehöfte sprenkeln die gesamte Region). Nur Menschen mit entschlossenem, unerschütterlichem Selbstvertrauen konnten unter diesen Bedingungen Erfolg haben, und der angeborene und anerzogene Individualismus bestimmt noch heute die Kultur der Plains. Ruhige Zurückhaltung gilt als wichtig und höflich.

ℹ Anreise & Unterwegs vor Ort

Der größte Flughafen ist der **St. Louis Lambert International** (S. 716), für die meisten ausländischen Besucher ist es aber günstiger, nach Chicago, Denver oder Dallas zu fliegen und dort einen Flieger zu einem der vielen Regionalflughäfen zu nehmen oder ins Auto zu steigen.

Busse von Greyhound (www.greyhound.com) bedienen nur einige Interstates, doch Jefferson Lines (www.jeffersonlines.com) und Burlington Trailways (www.burlingtontrailways.com) springen mancherorts in die Bresche.

Mit den Zügen von Amtrak (www.amtrak.com) über die Plains kommt man gut in die Great Plains, sie sind aber ungünstig, um innerhalb der Region zu reisen.

MISSOURI

Der bevölkerungsreichste Staat in den Plains hält für Besucher einen Mix aus kultiviertem Großstadtleben und prächtigen ländlichen Gegenden bereit. St. Louis und Kansas City sind die interessantesten Städte der Region, die allein für sich eine Reise wert sind. Da Missouri aber mehr Waldgebiete und gleichzeitig weniger Ackerland hat als die Nachbarstaaten, finden sich hier auch viele unberührte Gebiete und weite, offene Landschaften, vor allem im Hügelland der Ozark Mountains, in denen verwinkelte Täler zu Erkundungstouren oder auch nur zum gemütlichen Herumzuckeln mit dem Auto einladen. Vielleicht erlebt man ja in diesem Bundesstaat ein Abenteuer, das eines Mark Twains würdig wäre? Der berühmte Schriftsteller stammte jedenfalls aus Hannibal.

Praktische Informationen

Bed & Breakfast Inns of Missouri (www.bbim.org)

Missouri Division of Tourism (www.visitmo.com)

Missouri State Parks (www.mostateparks.com) Der Besuch der State Parks ist kostenlos. Die Gebühren für Stellplätze liegen zwischen 12 und 56 US$, manche können im Voraus reserviert werden.

St. Louis

Wer nach St. Louis kommt, taucht ein in die einzigartige Atmosphäre der größten Stadt der Great Plains. Bier, Bowling und Baseball gehören zu den Hauptattraktionen, aber auch Geschichte und Kultur – viel davon steht mit dem Mississippi in Verbindung – sind ein wichtiger Teil des Ganzen. Und dann gibt es natürlich das Wahrzeichen, den Gateway Arch, den man auf Millionen Bildern gesehen hat und der in der Realität noch viel imposanter ist. Viele Musiklegenden, darunter Scott Joplin, Chuck Berry, Tina Turner und Miles Davis, begannen hier ihre Karrieren, und die ausschweifenden Livemusiktreffs halten das musikalische Feuer nach wie vor am Brennen.

Sehenswertes

Der Gateway Arch, das Wahrzeichen der Stadt, erhebt sich direkt neben dem Mississippi. Downtown erstreckt sich westlich vom Gateway Arch. Hier kann man gut mit der Stadtbesichtigung beginnen und einen halben Tag umherspazieren. Danach erkundet man den Rest der Stadt und überquert den Mississippi, um sich die Cahokia Mounds State Historic Site (S. 616) anzusehen.

★ **Gateway Arch & Jefferson National Expansion Memorial** MONUMENT
(Karte S. 712; ☎ 314-655-1700; www.gatewayarch.com; Bahnfahrt Erw./Kind 13/10 US$; ⌚ Juni–Aug.

STADTVIERTEL IN ST. LOUIS

Die interessantesten Stadtviertel von St. Louis liegen rund um Downtown, das Herz der Stadt.

Central West End Direkt östlich vom Forest Park, ein schickes Zentrum für Nachtleben und Shoppen.

Grand Center Befindet sich in Midtown und hat viele kulturelle Attraktionen, Theater und historische Gebäude.

The Hill Italoamerikanisches Viertel mit guten Feinkostläden und Restaurants.

Lafayette Square Historisch, hip und teuer.

The Loop Nordwestlich vom Forest Park; den Delmar Boulevard säumen coole Geschäfte und Nachtclubs.

Soulard Im ältesten Viertel der Stadt gibt's gute Cafés, Bars und Blues.

South Grand Im Aufwind begriffenes Boheme-Viertel rund um den schönen Tower Grove Park mit zahlreichen ethnischen Restaurants.

Großraum St. Louis

GREAT PLAINS MISSOURI

Großraum St. Louis

Highlights
1 Forest Park ... A1

Sehenswertes
2 Anheuser-Busch Brewery ... C3
3 Missouri Botanical Garden ... B2
4 Missouri History Museum ... A1
5 St. Louis Art Museum ... A1
6 St. Louis Science Center ... B2
7 St. Louis Zoo ... A2

Aktivitäten, Kurse & Touren
8 Boathouse ... A1
9 City Cycling Tours ... A1
10 Steinberg Ice-Skating Rink ... B1

Schlafen
11 Cheshire ... A2
12 Moonrise Hotel ... A1
13 Napoleon's Retreat ... C2
14 Parkway Hotel ... B1

Essen
15 Adriana's ... B2
16 Bogart's Smoke House ... D2
17 Charlie Gitto's ... B2
18 Eleven Eleven Mississippi ... C2
19 Joanie's Pizzeria ... D3
20 Milo's Bocce Garden ... B2
21 MoKaBe's Coffeehouse ... B3
22 Pappy's Smokehouse ... C2
23 Shaved Duck ... C3
24 Ted Drewes ... A3

Ausgehen & Nachtleben
25 4 Hands Brewing Co ... D2
26 Blueberry Hill ... A1
27 Just John Club ... B2

Unterhaltung
28 St. Louis Symphony Orchestra ... C1
29 Venice Cafe ... C3

8–22 Uhr, Sept.–Mai 9–18 Uhr, letzte Bahn 1 Std. vor Schließung; 👪) Der Bogen, das Wahrzeichen der Stadt, hat alle Erwartungen, die seine Befürworter 1965 bei der Eröffnung hegten, weit übertroffen. Das Herzstück des vom National Park Service (NPS) verwalteten Jefferson National Expansion Memorials, der silbrig schimmernde Gateway Arch, ist so etwas wie der Eiffelturm der Great Plains. Er ragt 192 m in die Höhe und symbolisiert die historische Rolle von St. Louis als „Tor zum Westen". Die Bahn bringt Besucher hinauf in den engen Bereich ganz oben.

★ Forest Park PARK
(Karte S. 710; ☎314-367-7275; www.forestparkforever.org; grenzt an den Lindell Blvd, den Kingshighway Blvd & die I-64; ⌚6–22 Uhr) New York

City mag zwar den Central Park haben, doch St. Louis hat den (um 213 ha) größeren Forest Park. Auf der prächtigen, 555 ha großen Grünanlage fand 1904 die Weltausstellung statt. Hier kann man dem Großstadttrubel wunderbar entfliehen, außerdem bietet der Park zahlreiche Attraktionen, von denen viele kostenlos sind. Nicht weit entfernt befinden sich die beiden Viertel The Loop und Central West End, die perfekt zu Fuß erkundet werden können.

★City Museum MUSEUM
(Karte S. 712; www.citymuseum.org; 701 N 15th St; 12 US$, Riesenrad 5 US$; Mo–Do 9–17, Fr & Sa bis 24, So 11–17 Uhr;) Das schräge Museum in einer riesigen alten Schuhfabrik ist das wohl skurrilste Highlight jedes St.-Louis-Besuchs. Das Museum of Mirth, Mystery & Mayhem gibt die Stimmung vor. Hier kann man herumrennen und -hopsen und Ausstellungen aller Art sowie eine sieben Stockwerke hohe Rutsche bestaunen. Das nur im Sommer betriebene **Riesenrad** auf dem Dach gewährt einen großartigen Blick auf die Stadt.

National Blues Museum MUSEUM
(Karte S. 712; 314-925-0016; www.nationalbluesmuseum.org; 615 Washington Ave; Erw./Kind 15/10 US$; Di–Sa 10–17, So & Mo 12–17 Uhr) Dieses auffällige neue Museum befasst sich mit Blueslegenden wie dem hiesigen Helden Chuck Berry, zeigt gleichzeitig aber auch, auf wie viele Genres (darunter moderner Rock, Folk, R&B und weitere Musikstile) der Blues Einfluss genommen hat. Es gibt interaktive Ausstellungen über Größen wie etwa Jack White sowie interessante Storys über die Anfänge des Genres und seiner (fast ausschließlich weiblichen) Pioniere.

St. Louis Zoo ZOO
(Karte S. 710; 314-781-0900; www.stlzoo.org; 1 Government Dr; manche Ausstellungen kosten Eintritt; tgl. 9–17 Uhr, Mai–Sept. Fr–So bis 19 Uhr; P) GRATIS Zu dem riesigen Zoo, der in verschiedene thematische Bereiche unterteilt ist, gehört auch ein faszinierendes Gebiet namens River's Edge, in dem afrikanische Tiere leben. Ein Besuch beim neuen Superstar, Kali dem Eisbären, darf nicht fehlen!

St. Louis Science Center MUSEUM
(Karte S. 710; 314-289-4400; www.slsc.org; 5050 Oakland Ave; Mo–Sa 9.30–16.30, So 11–16.30 Uhr; P) GRATIS Die interaktiven Ausstellungen dieses dreistöckigen Museums richten sich vorwiegend an Kinder und Junggebliebene. Es gibt Live-Vorführungen, Dinosaurier, ein Planetarium und ein IMAX-Kino (Eintritt nicht inkl.).

St. Louis Art Museum MUSEUM
(Karte S. 710; www.slam.org; 1 Fine Arts Dr; Di–Do, Sa & So 10–17, Fr bis 21 Uhr) GRATIS Der prächtige Beaux-Arts-Palast (mit einem beeindruckenden modernen Flügel) wurde ursprünglich für die Weltausstellung gebaut. Heute beherbergt er dieses traditionsreiche Museum, dessen Sammlung verschiedene Epochen und Stile umfasst und einige bekannte Namen von Picasso über Van Gogh bis Warhol beherbergt. Der **Grace Taylor Broughton Sculpture Garden** wurde 2015 eröffnet.

Missouri Botanical Garden GÄRTEN
(Karte S. 710; 314-577-5100; www.mobot.org; 4344 Shaw Blvd; Erw./Kind 12 US$/frei; 9–17 Uhr) In diesen 1859 angelegten Gärten befinden sich ein fast 5,6 ha großer japanischer Garten, ein Moor mit fleischfressenden Pflanzen, ein Heckenlabyrinth nach viktorianischem Vorbild und das älteste ohne Unterbrechung betriebene Gewächshaus westlich von Mississippi. Der Garten liegt am Nordende des Tower Grove Park, unweit von der Ausfahrt 287B der I-44.

Missouri History Museum MUSEUM
(Karte S. 710; 314-746-4599; www.mohistory.org; 5700 Lindell Blvd; Mi–Mo 10–17, Di bis 20 Uhr; P) GRATIS Das Museum präsentiert die Geschichte von St. Louis, in der u.a. die Weltausstellung, ein Nachbau von Charles Lindberghs Flugzeugs *Spirit of Saint Louis* und viele Bluesmusiker die Hauptrollen spielten. Sehr bewegend sind die mündlichen Zeugnisse von Menschen, die gegen die Rassentrennung kämpften.

Museum of Transportation MUSEUM
(314-965-6885; www.transportmuseumassociation.org; 2933 Barrett Station Rd; Erw./Kind 8/5 US$; März–Okt. Mo–Sa 9–16, So 11–16 Uhr, Nov.–Feb. verkürzte Öffnungszeiten) Gewaltige Lokomotiven (u.a. ein Union Pacific Big Boy), historische Autos, die viel cooler als der Mietwagen sind, und andere Fahrzeuge. Man fährt auf der I-270 gen Westen bis Ausfahrt 8.

Aktivitäten

Im Forest Park kann man vielen Aktivitäten nachgehen.

Boathouse BOOTFAHREN
(Karte S. 710; 314-367-2224; www.boathouseforestpark.com; 6101 Government Dr; Bootsverleih

Downtown St. Louis

Downtown St. Louis

Highlights
1 City Museum B1
2 Gateway Arch & Jefferson National Expansion Memorial D2

Sehenswertes
3 National Blues Museum C1

Aktivitäten, Kurse & Touren
4 Gateway Arch Riverboats D3

Schlafen
5 Missouri Athletic Club C1

Essen
6 Broadway Oyster Bar C3
7 Imo's C2

Ausgehen & Nachtleben
8 Bridge Tap House & Wine Bar C2

Unterhaltung
9 BB's C3

17 US$/Std.; je nach Wetter 11 Uhr–etwa 1 Std. vor Sonnenuntergang) Bei schönem Wetter kann man ein Ruderboot ausleihen und damit den Post-Dispatch Lake erkunden. Pärchen sollten nach den Moonlight Paddleboat Picnics fragen, die von Mai bis Oktober jeden Donnerstagabend angeboten werden.

Steinberg Ice-Skating Rink SCHLITTSCHUHLAUFEN
(Karte S. 710; 314-367-7465; www.steinbergskatingrink.com; 400 Jefferson Dr; 7 US$, Schlittschuhverleih 6 US$; Mitte Nov.–Feb. So–Do 10–21, Fr & Sa bis 24 Uhr) Trost bei kaltem Wetter: Vergnügen auf dem Eis.

Geführte Touren

Gateway Arch Riverboats BOOTFAHREN
(Karte S. 712; 877-982-1410; www.gatewayarch.com; 50 S Leonor K Sullivan Blvd; 1-stündige Tour Erw./Kind 20/10 US$; März–Nov. zu unterschiedlichen Zeiten) Auf einem Nachbau eines Dampfschiffes aus dem 19. Jh. tuckert man gemütlich den Big Muddy hinauf. Die Fahrten zur Mittagszeit werden von einem Parkranger kommentiert, und bei entsprechender Nachfrage gibt's um 15 Uhr eine weitere Fahrt. Außerdem sind zahlreiche Bootsfahrten mit Abendessen und Getränken im Angebot, für die es auch verschiedenste Kombitickets gibt.

City Cycling Tours RADFAHREN
(Karte S. 710; www.citycyclingtours.com; 5595 Grand Dr, Forest Park Visitor & Education Center; Fahrrradverleih pro Stunde/halber Tag 15/36 US$, 3-stündige Tour 30 US$; Verleih 10–17 Uhr, Apr.–Okt. Touren tgl.) Hier kann man nicht nur Fahrräder ausleihen, sondern auch an span-

nend kommentierten Radtouren (Räder werden gestellt) durch Forest Park (S. 710) teilnehmen, die am Visitor Center (S. 716) beginnen.

Schlafen

Die meisten Kettenhotels der Mittel- und Spitzenklasse haben Ableger im Umkreis des Gateway Arch (S. 709) in Downtown. Unabhängige Budgetunterkünfte sind rar in den interessanteren Gebieten, aber man findet viele nahe am Flughafen, von wo aus man mit der MetroLink-Stadtbahn gut in die Stadt kommt. Mit der Bahn erreicht man auch das gehobene Clayton an der I-170 (Ausfahrt 1F), wo es ebenfalls ein paar Kettenhotels gibt.

★ Cheshire HOTEL **$$**
(Karte S. 710; ☎314-647-7300; www.cheshirestl.com; 6300 Clayton Rd; Zi. 150–250 US$; P ❄ ᯤ ≋) Dieser gehobene Inn nahe dem Forest Park (S. 710) versprüht mit seinen Buntglasfenstern und dem allgegenwärtigen Thema britischer Literatur jede Menge Charakter. Das Sammelsurium an Kunstwerken, antiken Möbeln und (gelegentlich furchteinflößenden) ausgestopften Tieren ist irgendwie entzückend.

Missouri Athletic Club HOTEL **$$**
(Karte S. 712; ☎314-231-7220; www.mac-stl.org; 405 Washington Ave; Zi. 120–160 US$; P ❄ ᯤ) Stilvolle Übernachtung im Zentrum und in der Nähe vom Arch (S. 709): Der Missouri Athletic Club ist ein prächtiges altes Haus mit 73 schönen, traditionell gestalteten Gästezimmern.

Parkway Hotel HOTEL **$$**
(Karte S. 70; ☎314-256-7777; www.theparkwayhotel.com; 4550 Forest Park Ave; Zi. 145–250 US$; P ❄ @ ᯤ) Mitten im Trubel des noblen Central West End befindet sich dieses unabhängige Hotel mit acht Etagen und 217 frisch umgestalteten Zimmern (mit Kühlschrank und Mikrowelle) in einem prächtigen Kalksteingebäude. Ein warmes Frühstücksbüfett ist im Preis enthalten, und die Lage direkt gegenüber vom Forest Park (S. 710) ist unschlagbar.

Moonrise Hotel BOUTIQUEHOTEL **$$**
(Karte S. 710; ☎314-721-1111; www.moonrisehotel.com; 6177 Delmar Blvd; Zi. 170–450 US$; P ❄ ᯤ 🐾) Das stilvolle, achtstöckige Moonrise im energiegeladenen Viertel The Loop ist sehr markant. Seine 125 Zimmer mit Mondmotiven bieten irdischen Komfort.

Napoleon's Retreat B&B **$$**
(Karte S. 710; ☎314-772-6979; www.napoleonsretreat.com; 1815 Lafayette Ave; Zi. 140–230 US$; ❄ @ ᯤ) Am historischen, schön begrünten Lafayette Sq liegt dieses B&B in einem hübschen Wohnhaus im Second-Empire-Stil. Es bietet fünf schicke Zimmer, jeweils mit Kühlschrank und Antiquitäten. Die Besitzer Brian und Stacy sorgen dafür, dass man sich hier wie zu Hause fühlt.

Essen

St. Louis weist die größte kulinarische Vielfalt der Region auf, von den Irish Pubs in Soulard bis zu den asiatischen Restaurants entlang des South Grand Blvd. Auf jeden Fall testen sollte man das Angebot in The Hill mit seinen einzigartigen Interpretationen der italienisch-amerikanischen Küche. Die Zeitschrift und Webseite *Sauce* (www.saucemagazine.com) enthält zahllose gute Empfehlungen.

Downtown & Midtown

In Laclede's Landing am Flussufer neben der historischen Eads Railway Bridge gibt es mehrere Restaurants; hierher kommen die Leute aber eher wegen der Atmosphäre – kopfsteingepflasterte Straßen, umgebaute Backsteingebäude und reichlich Bier – als wegen des Essens.

Pappy's Smokehouse BARBECUE **$**
(Karte S. 710; ☎314-535-4340; www.pappyssmokehouse.com; 3106 Olive St; Hauptgerichte ab 9 US$; ⏲Mo–Sa 11–20, So bis 16 Uhr) Das Pappy's gilt als eine der landesweit besten Adressen für Barbecues. Serviert werden üppige Rippchen, Pulled Pork, Rinderbrust und geräucherter Truthahn. Ruhm bringt jedoch auch immer Beliebtheit mit sich und so muss man sich auf lange Schlangen und volle Gemeinschaftstische im Speiseraum einstellen. Die Wartezeit kann man sich mit Fantasien von Süßkartoffel-Pommes vertreiben.

★ Broadway Oyster Bar CAJUN **$$**
(Karte S. 712; ☎314-621-8811; www.broadwayoysterbar.com; 736 S Broadway; Hauptgerichte 10–20 US$; ⏲11–3 Uhr) Das Restaurant, das nebenbei teilweise als Bar und als Livemusikbühne fungiert, hat das ganze Jahr über Konjunktur. Wenn die Sonne scheint, zieht es die Gäste nach draußen, wo sie sich Cajun-Delikatessen wie Langusten schmecken lassen. Vor und nach Spielen der Cardinals ist hier der Teufel los.

Soulard & Lafayette Square

An den meisten Ecken in Soulard gibt es Restaurants und Pubs, in denen viel Livemusik gespielt wird, besonders Blues und irische Musik. Am historischen Lafayette Square, 1 Meile (1,6 km) nordwestlich, findet man einige schicke Lokale.

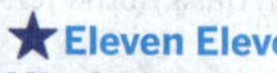

★ Eleven Eleven Mississippi MODERN-AMERIKANISCH **$$**
(Karte S. 710; ☎314-241-9999; www.1111-m.com; 1111 Mississippi Ave; Hauptgerichte 9–25 US$; ⏲Mo–Do 11–22, Fr bis 24, Sa 17–24 Uhr; ✎) In einer alten Schuhfabrik hat sich dieses beliebte Bistro mit Weinbar eingerichtet. Die besten Abendgerichte sind regionale Spezialitäten, deren Zutaten von lokalen Farmen stammen. Außerdem stehen auf der saisonal wechselnden Karte Sandwiches, Pizzas, Steaks und Gerichte für Vegetarier. Eine hervorragende Weinauswahl gibt es ebenfalls.

Bogart's Smoke House GRILL **$$**
(Karte S. 710; ☎314-621-3107; www.bogartssmokehouse.com; 1627 S 9th St; Hauptgerichte 9–25 US$; ⏲Mo–Sa 10.30–16 Uhr) Die Seele von Soulard? Das geräucherte Fleisch lockt jede Menge Leute an, die sich über Speisen und Spezialitäten wie Prime Rib hermachen. Extras wie die brennend scharfe Voodoo Sauce und die „Fire und Ice Pickles" sorgen für das kreative Etwas.

South Grand

In dem jungen Boheme-Viertel entlang des South Grand Blvd ganz in der Nähe des Tower Grove Park gibt es etliche tolle ethnische Restaurants, viele davon mit Terrasse.

MoKaBe's Coffeehouse CAFÉ **$**
(Karte S. 710; ☎314-865-2009; 3606 Arsenal St; Hauptgerichte 5–8 US$; ⏲8–23 Uhr; 📶✎) Das Tag und Nacht gut besuchte Café mit Blick auf den Tower Grove Park ist ein beliebter Treff von Nachbarschaftsaktivisten, Hipstern und allen möglichen coolen Typen. Man holt sich einfach einen Kaffee, ein Stück Gebäck, Frühstück oder ein Sandwich. Man kann auch draußen sitzen.

★ Shaved Duck AMERIKANISCH **$$**
(Karte S. 710; ☎314-776-1407; www.theshavedduck.com; 2900 Virginia Ave; Hauptgerichte 10–20 US$; ⏲Mo 11–21, Di–Sa bis 22 Uhr) Das Shaved Duck, eine Institution von South Grand, schmeißt schon früh am Tag die Grills an und serviert ausgezeichnete Barbecue-Gerichte, darunter auch die Spezialität des Hauses, geräucherte Ente. Außerdem gibt's tolle Sandwiches und Gemüsebeilagen. An Werktagen packen abends Musiker die Instrumente aus.

The Hill

In dem italienischen Viertel voller tortellinikleiner Häuser gibt es unzählige Pastalokale. Beim Spaziergang durch die gepflegten Straßen laden italienische Cafés zu einem koffeinhaltigen Heißgetränk ein.

★ Adriana's ITALIENISCH **$**
(Karte S. 710; ☎314-773-3833; www.adrianasonthehill.com; 5101 Shaw Ave; Hauptgerichte

LOKALE SPEZIALITÄTEN IN ST. LOUIS

Toasted Ravioli Sie werden mit Fleisch gefüllt, in Paniermehl gewendet und dann frittiert. Praktisch jedes Restaurant im Hill bietet sie an; besonders gut sind sie aber bei Charlie Gitto's (S. 715).

St.-Louis-Pizza Sie hat einen dünnen Boden, wird in Quadrate geschnitten und macht einfach süchtig. Obendrauf kommt Provel-Käse, eine hier heiß geliebte klebrige Mischung aus Cheddar, Schweizer Käse und Provolone. Die lokale Kette **Imo's** (Karte S. 712; ☎314-641-8899; www.imospizza.com; 1 S Broadway; große Pizza ab 16 US$; ⏲Mo–Sa 11–19 Uhr), die über 70 Filialen im Großraum St. Louis hat, backt die besten. Sehr beliebt ist auch die Pizza mit Provel-Käse in **Joanie's Pizzeria** (Karte S. 710; www.joanies.com; 2101 Menard St; Hauptgerichte 10–15 US$; ⏲Mo–Sa 11–1, So bis 24 Uhr).

Frozen Custard Man sollte die Stadt nicht verlassen, ohne sich ein super-sahniges Cremeeis zu gönnen, z. B. im historischen **Ted Drewes** (☎314-481-2652; www.teddrewes.com; Kugel 2–6 US$; ⏲Feb.–Dez. 11–23 Uhr) südwestlich vom Stadtzentrum. Eine kleinere Filiale öffnet nur im Sommer am 4224 S Grand Boulevard. Arm oder Reich – alle stehen eng gedrängt nach einem *concrete* an, einer köstlichen Kombination aus verschiedenen Sorten.

5–10 US$; ⌚ Mo–Sa 10.30–15 Uhr) In dem lecker nach Kräutern duftenden italienischen Feinkostladen in Familienbesitz bekommen die heißhungrigen Gäste mittags frische Salate und Sandwiches (Tipp: das Hill Boy mit viel Fleisch) vorgesetzt. Man muss mit Wartezeiten rechnen.

Milo's Bocce Garden ITALIENISCH **$**
(Karte S. 710; ☎ 314-776-0468; www.milosbocce garden.com; 5201 Wilson Ave; Hauptgerichte 7–14 US$; ⌚ Mo–Sa 11–1 Uhr, Küche bis 23 Uhr) Die Sandwiches, Pizzas und Pastagerichte kann man sich draußen im großen Hof oder drinnen in der europäischen Bar schmecken lassen. Die Boccia-Kugelbahnen werden häufig von den Stammgästen genutzt, denen man sich auch anschließen kann.

Charlie Gitto's ITALIENISCH **$$**
(Karte S. 710; ☎ 314-772-8898; www.charliegit tos.com; 5226 Shaw Ave; Hauptgerichte 16–30 US$; ⌚ Mo–Do 17–22, Fr & Sa bis 23, So 16–21 Uhr; P) Das legendäre Charlie Gitto's erhebt den begründeten Anspruch, die berühmten *toasted ravioli* (frittierte Ravioli) von St. Louis erfunden zu haben. Bei gutem Wetter sitzt man am schönsten unter dem Baum auf der Terrasse. Elegant, aber leger.

Ausgehen & Nachtleben

In Laclede's Landing, Soulard und The Loop gibt's Unmengen an Pubs und Bars, die oft auch Livemusik bieten. Die meisten Bars schließen um 1.30 Uhr, einige haben auch eine Lizenz, um bis 3 Uhr zu öffnen.

The Grove, ein Abschnitt der Manchester Ave zwischen dem Kingshighway Blvd und der S Vandeventer Ave, ist das Zentrum der Schwulen- und Lesben-Communitys der Stadt. Mehr Infos gibt's auf der Webseite *Vital Voice* (www.thevitalvoice.com).

★ **Blueberry Hill** BAR
(Karte S. 710; ☎ 314-727-4444; www.blueberry hill.com; 6504 Delmar Blvd; ⌚ 11 Uhr–open end) Bis zu seinem Tod rockte der in St. Louis geborene Chuck Berry ab und an die kleine Kellerbar. Hier treten große und kleine Bands auf und es gibt gutes Kneipenessen (Hauptgerichte 8–15 US$), Videospiele, Darts und mit Artefakten der Popkultur übersäte Wände.

★ **Bridge Tap House & Wine Bar** BAR
(Karte S. 712; ☎ 314-241-8141; www.thebridgestl. com; 1004 Locust St; ⌚ Mo–Sa 11–1, So bis 23 Uhr) In dieser romantischen Bar kann man es sich auf einem Sofa bequem machen oder sich mit den Ellenbogen auf dem Tisch aufstützen und erlesene Weine oder das beste lokale Bier (55 Sorten vom Fass) zu verschiedenen exquisiten Kleinigkeiten von der saisonalen Speisekarte genießen.

BELGISCHES BUDWEISER

Als eine der größten Bierfabriken der Welt veranstaltet die **Anheuser-Busch Brewery** (Karte S. 710; ☎ 314-577-2626; www.budweisertours.com; Ecke 12th & Lynch Sts; ⌚ Juni–Aug. Mo–Do 9–17, Fr & Sa bis 19, So 11–17 Uhr, Sept.–Mai Mo–Sa 10–17, So 11–17 Uhr) Führungen, die ganz im Zeichen des Marketing stehen. Besucher können sich die Abfüllanlage und die Clydesdale-Pferde anschauen. Noch ein Hinweis: Der Kauf dieser Ikone von St. Louis (und Amerika) durch die belgische InBev im Jahr 2008 ist für die Einheimischen ein wunder Punkt. Und man sollte sich auch verkneifen zu fragen: „Wie schaffen Sie es eigentlich, das ganze Aroma loszuwerden?"

4 Hands Brewing Co KLEINBRAUEREI
(Karte S.710; ☎ 314-436-1559; www.4hands brewery.com; 1220 S 8th St; ⌚ 12–22, Fr & Sa bis 24 Uhr) Diese Kleinbrauerei bringt es nur auf einen Bruchteil der Größe ihres großen Bruders Budweiser am anderen Ende der Straße, dafür ist sie alles, was der Nachbar nicht ist: heimelig, bescheiden und überraschend. Man kann sich Probiergläschen oder Craft-Biere in normaler Größe einschenken lassen und, wenn der Magen knurrt, noch ein paar Barsnacks dazu bestellen.

Just John Club SCHWULE & LESBEN
(Karte S. 710; www.justjohnclub.com; 4112 Manchester Ave; ⌚ Mo–Sa 15–3, So 12–1 Uhr) John's ist eine feste Adresse in The Grove und hat Bars drinnen und draußen. Dazu gibt's eine einladende Atmosphäre und regelmäßige Events. Am Mittwoch ist Ladies Night.

Unterhaltung

In der *Riverfront Times* (www.riverfront times.com) sind aktuelle Veranstaltungen in der Stadt aufgelistet. Tickets für die meisten Veranstaltungsorte bekommt man bei Metro Tix (www.metrotix.com).

★ **Venice Cafe** BLUES, JAZZ
(Karte S. 710; ☎ 314-772-5994; www.thevenice cafe.com; 1903 Pestalozzi St; ⌚ Mo–Sa 16–1 Uhr)

LOKALE BIERE VERKOSTEN

Schlafly, Civil Life, Earthbound Brewing und Urban Chestnut sind hervorragende, lokal gebraute Biere, die einen vergessen lassen, dass man sich ja in der Heimat von Budweiser befindet. Die Webseite StL Hops (www.stlhops.com) liefert eine exzellente Übersicht über die Lokalbiere und verrät auch, wo man sie bekommt.

Ein echtes Kuriositätenkabinett: Das Innere dieses zweistöckigen Clubs ist ein Meisterwerk der Mosaikkunst, während der große Garten draußen mit Volkskunst und funkelnden Lichtern übersät ist. Unwiderstehlich: Die Getränke sind billig und jeden Tag gibt's live gespielten Blues und Jazz.

BB's BLUES
(Karte S. 712; ✆314-436-5222; www.bbsjazzbluessoups.com; 700 S Broadway; ⏲18–3 Uhr) Der schicke Laden auf zwei Etagen ist teils Bluesclub, teils Bluesmuseum und bietet an fast allen Abenden gute Musik. Hier gibt's schmackhafte Kneipengerichte, z. B. die legendären Süßkartoffel-Pommes.

St. Louis Symphony Orchestra KLASSISCHE MUSIK
(Karte S. 710; ✆314-534-1700; www.stlsymphony.org; 718 N Grand Blvd) Das Sinfonieorchester von St. Louis tritt in der Powell Hall auf, einem großartigen, in Rot- und Goldtönen gehaltenen Theater von 1925. Es gibt eine gute Mischung aus klassischen Konzerten und von der Popkultur inspirierten Spektakeln.

ℹ Praktische Informationen

Explore St. Louis (Karte S. 712; ✆314-421-1023; www.explorestlouis.com; Ecke 7th St & Washington Ave, America's Center; ⏲Mo–Sa 8–17 Uhr; 📶) Eine hervorragende Informationsquelle; Filialen gibt es auch an der Kiener Plaza (Ecke 6th & Chestnut) sowie am Flughafen.

Forest Park Visitor & Education Center (Karte S. 710; ✆314-367-7275; www.forestparkforever.org; 5595 Grand Dr; ⏲Mo–Fr 6–20, Sa & So bis 19 Uhr) Das Infozentrum ist in einem alten Straßenbahn-Pavillon untergebracht und hat ein Café. Hier starten auch kostenlose Spaziergänge. Alternativ leiht man sich einen iPod mit Audioführer aus.

Missouri Welcome Center (✆314-869-7100; www.visitmo.com; Riverview Dr, I-270 Ausfahrt 34; ⏲Mo–Sa 8–17 Uhr)

ℹ An- & Weiterreise

Der **St. Louis Lambert International Airport** (STL; www.flystl.com; I-70 Ausfahrt 238A) ist der größte Flughafen der Great Plains und liegt 12 Meilen (19 km) nordwestlich der Downtown. Er ist mit der Stadtbahn MetroLink (2,50 US$), dem Taxi (ca. 45 US$) oder Shuttles von **Go Best Express** (✆314-222-5300; www.gobestexpress.com; einfache Strecke ab 25 US$) zu erreichen, die Passagiere in den wichtigen Gebieten der Stadt absetzen.

Der *Lincoln Service* von Amtrak (www.amtrak.com) fährt fünfmal täglich nach Chicago (ab 27 US$, 5½ Std.). Zweimal täglich verkehrt der Missouri River Runner zwischen St. Louis und Kansas City (ab 31 US$, 5½ Std.). Der Texas Eagle fährt täglich nach Dallas (16 Std.); die Fahrpreise auf dieser Strecke variieren stark, daher sollte man sich auf der Webseite informieren. Abfahrtspunkt der Züge ist das **Gateway Transportation Center** (Karte S. 712; 430 S 15th St).

Greyhound-Busse (www.greyhound.com) fahren mehrmals täglich vom Gateway Transportation Center nach Chicago (24 US$, 5–7 Std.), Memphis (25 US$, 6 Std.), Kansas City (25 US$, 4½ Std.) und in viele andere Städte.

Megabus (www.megabus.com) bietet Busfahrten nach Chicago schon ab 5 US$ für die einfache Strecke vom Gateway Transportation Center.

ℹ Unterwegs vor Ort

Metro (www.metrostlouis.org) betreibt die Nahverkehrsbusse sowie die MetroLink-Stadtbahn, die den Flughafen, The Loop, Central Westend und das **Gateway Transportation Center** (Union Station und Downtown) miteinander verbindet. Die Busse 30 und 40 fahren vom Zentrum nach Soulard. Eine Einzelfahrt/Tageskarte kostet 2,50/7,50 US$.

St. Louis County Cabs (✆314-991-5300, SMS 314-971-8294; www.countycab.com) Taxis kann man hier telefonisch, per Textnachricht oder online bestellen.

St. Charles

Die Stadt am Missouri, die im Jahr 1769 von den Franzosen gegründet wurde, liegt nur 20 Meilen (32 km) nordwestlich von St. Louis. Die kopfsteingepflasterte Main St ist das Zentrum einer gut erhaltenen Innenstadt mit Kunsthandwerksläden, Cafés und Feinschmeckergeschäften. Im Visitor Center (S. 718) kann man sich nach Führungen erkundigen, die im nördlichen Stadtviertel Frenchtown an einigen seltenen Beispielen kolonialzeitlicher französischer Architektur vorbeiführen.

Sehenswertes

Lewis & Clark Boathouse & Nature Center MUSEUM

(www.lewisandclarkcenter.org; 1050 Riverside Dr; Erw./Kind 5/2 US$; ⏲ Mo–Sa 10–17, So 12–17 Uhr) Lewis und Clark begannen ihre große Expedition am 21. Mai 1804 in St. Charles. Jedes Jahr wird an diesem Tag ihre Einschiffung nachgespielt. Das Museum zeigt Ausstellungen über die beiden und Nachbauten ihrer Boote.

First State Capitol HISTORISCHES GEBÄUDE

(☎636-940-3322; 200 S Main St; Führungen Erw./Kind 4,50/3 US$; ⏲ Mo–Sa 10–16, So 12–16 Uhr, Nov.–März Mo geschl., Jan. & Feb. So geschl.) GRATIS Der schlichte Ziegelkomplex war von 1821 bis 1826 das erste Capitol Missouris. Innen wurde er restauriert und lohnt durchaus einen Besuch.

Schlafen & Essen

★ **Boone's Colonial Inn** B&B $$

(☎636-493-1077; www.boonescolonialinn.com; 322 S Main St; Zi. 165–355 US$; P ❄ 📶) Die drei Suiten in den 1820 aus Stein errichteten Reihenhäusern sind schicke Rückzugsorte. Wenn kein Platz mehr frei ist, kann man es in der Schwesterunterkunft, dem Boone's Lick Trail Inn, probieren, der fünf Häuserblocks entfernt liegt. Gastgeberin beider Inns ist Venetia; sie ist eine unglaublich gute Informationsquelle, was die Stadt und ihre Geschichte angeht.

ROUTE 66: GET YOUR KICKS IN MISSOURI

Ein langer Abschnitt der Mother Road führt durch den Show-Me-Staat. In **St. Louis** geht's los; dort hat Ted Drewes (S. 714) in der Chippewa St direkt an der Route 66 schon Generationen von Fans der Straße mit Frozen Custard versorgt. Durch die Stadt führen einige gut ausgeschilderte historische Routen.

Auf der I-44 (die Interstate wurde in Missouri über den größten Teil der Route 66 gebaut) geht es Richtung Westen die Mother Road runter zum **Route 66 State Park** (☎636-938-7198; www.mostateparks.com; I-44 Ausfahrt 266; ⏲ 7 Uhr–30 Min. nach Sonnenuntergang, Museum März–Nov. 9–16.30 Uhr) GRATIS mit einem Visitor Center und Museum in einem 1935 erbauten Rasthaus. Die Ausstellung zeigt zwar historische Szenen aus St. Louis und Umgebung, doch am spannendsten ist die Geschichte der Stadt Times Beach, die einst genau hier stand. Sie wurde mit Dioxin verseucht, sodass die Regierung in den 1980er-Jahren das komplette Gebiet dem Erdboden gleichmachen musste.

Dann geht es auf der I-44 südwestwärts nach **Stanton**, wo man den Schildern zu den von Familien belagerten **Mera-mec Caverns** (☎573-468-3166; www.americascave.com; I-44 Ausfahrt 230, Stanton; Erw./Kind 21/11 US$; ⏲ Juni–Aug. 8.30–19.30 Uhr, Sept.–Mai verkürzte Öffnungszeiten) folgt, die wegen ihrer Bürgerkriegsgeschichte und ihres kitschigen Charmes ebenso interessant sind wie wegen der Stalaktiten und des **Jesse James Wax Museum** (☎573-927-5233; www.jessejameswaxmuseum.com; I-44 Ausfahrt 230, Stanton; Erw./Kind 7/3 US$; 👪 tgl. 9–18 Uhr, April, Mai, Sept. & Okt. Sa & So 9–17 Uhr), das der Verschwörungstheorie anhängt, James habe seinen Tod nur vorgetäuscht und bis 1951 gelebt.

Das **Route 66 Museum & Research Center** (S. 761) in der Bibliothek von **Lebanon** zeigt Erinnerungsstücke aus der Vergangenheit und der Gegenwart. Genug für heute? Die Besitzer des **Munger Moss Motel** (☎417-532-3111; www.mungermoss.com; 1336 E Rte 66; Zi. ab 60 US$; ❄ 📶 🏊) aus den 1940er-Jahren, das mit einem riesigen Neonschild wirbt, sind echte Freunde der Route 66.

Westlich von **Springfield** verlässt man die Interstate und nimmt Hwy 96 nach **Carthage** aus der Ära des Bürgerkriegs, das mit einem historischen Stadtplatz sowie dem **66 Drive-In Theatre** (☎417-359-5959; www.66drivein.com; 17231 Old 66 Blvd, Carthage; Erw./Kind 8/4 US$; ⏲ April–Sept. Fr–So nach Sonnenuntergang) aufwartet. In **Joplin** geht es auf den State Hwy 66 und vor der Grenze zu Kansas auf die alte Route 66 (die Streckenführung vor den 1940ern).

Bei der **Route 66 Association of Missouri** (www.missouri66.org) gibt's tonnenweise Infos. Unbedingt besuchen sollte man auch das **Conway Welcome Center** (I-44 Mile 110, nahe Conway; ⏲ 8–17 Uhr), das übertrieben im Stil der Route 66 gestaltet ist und viele Informationen zu der historischen Straße zu bieten hat.

Braddens AMERIKANISCH $$
(☎ 636-493-9303; 515 S Main St; Hauptgerichte 10–18 US$; ⌚ Di–Do 10.30–21, Fr & Sa bis 23, So 8.30–19 Uhr) Das wirklich stimmungsvolle Restaurant mit seiner Einrichtung aus Holz, den Wänden aus Backstein und den zwanglosen amerikanischen Gerichten (z. B. Burger, Steaks, Salate und Wraps) ist besonders bei Einheimischen sehr beliebt. Zudem ist es überaus geschichtsträchtig: Hier sollen 1818 am Kaminfeuer die Pläne für den Santa Fe Trail ausgearbeitet und unterzeichnet worden sein.

Praktische Informationen

Visitor Center (☎ 800-366-2427; www.historicstcharles.com; 230 S Main St; ⌚ Mo–Fr 8–17, Sa 10–17, So 12–17 Uhr)

An- & Weiterreise

St. Charles liegt nur 20 Meilen (32 km) nordwestlich von St. Louis. Das St. Charles Area Transit System (SCAT) bietet einen Pendlerbus, der über die I-70 verkehrt und die North Hanley Station in St. Louis anfährt, von wo aus Anschluss an den MetroLink besteht.

Hannibal

Wenn die Luft schwül auf diesem alten Städtchen am Fluss lastet, glaubt man fast, das Tuten eines Schaufelraddampfers zu hören. Hannibal, in dem Mark Twain seine Kindheit verbrachte, liegt 115 Meilen (185 km) nordwestlich von St. Louis und besitzt authentische historische Viertel und viele Stätten (z. B. Höhlen), die an den Autor und die Figuren Tom Sawyer und Huck Finn erinnern.

Sehenswertes & Aktivitäten

★ **Mark Twain Boyhood Home & Museum** MUSEUM
(☎ 573-221-9010; www.marktwainmuseum.org; 120 N Main St; Erw./Kind 11/6 US$; ⌚ 9–17 Uhr, Jan–März kürzer) Das Museum zeigt acht Gebäude, u. a. zwei, in denen Twain selbst wohnte, sowie das Haus von Laura Hawkins, die dem Autor als lebendes Vorbild für seine Becky Thatcher diente. Unbedingt auch die durch Mark Twain inspirierten Malereien von Norman Rockwell in der **Museum Gallery** bewundern.

Mark Twain Riverboat BOOTSFAHRT
(☎ 573-221-3222; www.marktwainriverboat.com; Center St Landing; 1-stündige Bootsrundfahrt Erw./Kind 18/11 US$; ⌚ April–Nov., Abfahrtszeiten variieren) Auf dem Nachbau eines alten Flussboots geht es wie früher den Mississippi hinunter. Im Angebot sind einstündige Sightseeing-Touren sowie zweistündige Rundfahrten mit Abendessen.

Schlafen & Essen

Garden House B&B B&B $$
(☎ 573-221-7800; www.gardenhousebedandbreakfast.com; 301 N 5th St; Zi. 90–140 US$, Suite 240 US$; ❄ 📶) Das viktorianische Haus macht seinem Namen alle Ehre. Einige Zimmer teilen sich Gemeinschaftsbäder, andere haben Flussblick.

Java Jive CAFÉ $
(☎ 573-221-1077; www.javajiveonline.com; 221 N Main St; Hauptgerichte 3–10 US$; ⌚ Mo–Sa 7–21, So 8–18 Uhr) Das „erste Café westlich des Mississippi" überzeugt seine Gäste mit einer guten Auswahl an Kaffee und Tee, leckeren Sandwiches zum Frühstück oder Mittagessen und dem klassischen *ice-cream float* (Eiscreme in einem Softdrink) als Nachtisch. Das eklektisch eingerichtete Java Jive ist voller antiker Möbel und Kunstwerke, die zum Verkauf stehen.

Praktische Informationen

Hannibal Visitors Bureau (☎ 573-221-2477; www.visithannibal.com; 505 N 3rd St; ⌚ 9–17 Uhr) Viele der historischen Häuser in Hannibal sind heute B&Bs. Das Hannibal Visitors Bureau hält eine Liste bereit.

An- & Weiterreise

Hannibal liegt 115 Meilen (185 km) nordwestlich von St. Louis am Hwy 61 bzw. am längeren und malerischeren MO 79. Ein täglich verkehrender Bus von Burlington Trailways (www.burlingtontrailways.com) verbindet die beiden Städte (40 US$, 2½ Std.).

Ozark Mountains

Das Hügelland der Ozarks erstreckt sich über das südliche Missouri und dehnt sich bis ins nördliche Arkansas und ins östliche Oklahoma aus. Das schrille Branson zieht die meisten Touristen an, obwohl die wahren Schmuckstücke der Region weiter draußen liegen.

Nördlich des US 60 in der südlichen Zentralregion des Bundesstaats bieten die **Ozark National Scenic Riverways** (www.nps.gov/ozar) – das sind der Current River und der

ABSTECHER

SAINTE GENEVIEVE

Die kleine, von Franzosen gegründete Stadt am Ufer des Mississippi, 65 Meilen (105 km) südlich von St. Louis, verströmt viel historischen Charme. In etlichen der restaurierten Gebäude aus dem 18. und 19. Jh. befinden sich heute B&Bs und Souvenirläden. Der **Route du Vin** (www.rdvwinetrail.com) außerhalb des Ortes folgen, um einen der besten Weinpfade Missouris zu erkunden.

Wie der Name schon vermuten lässt, ist der **Cave Vineyard** (☎573-543-5284; www.cavevineyard.com; 21124 Cave Rd; ⏲10–18 Uhr, Nov.–März bis 17 Uhr) der Stadt tatsächlich ein Weingut mit einer Höhle. Und ja, man kann die edlen Tropfen auch dort drinnen genießen. Das hört sich zwar nach einem guten Verkaufstrick an, man kann aber sicher sein, dass die Weine zu den besten in Missouri zählen. Zudem hat das Weingut seine eigenen Biere und eine phänomenale Auswahl hausgemachter Kekse. Als Mittagessen bringt man sich ein Picknick mit.

Wer hier gerne übernachten möchte, findet im 1848 erbauten **Inn St. Gemme Beauvais** (☎573-883-5744; www.innstgemme.com; 78 N Main St; Zi. 100–170 US$; ❄📶), dem ältesten durchgängig betriebenen B&B des Bundesstaats, die passende historische Ausstattung aus jener Zeit. Um 14 Uhr wird Nachmittagstee serviert, um 17 Uhr gibt's dann Horsd'oeuvres.

Jack's Fork River – 134 Meilen (216 km) Wasserwege voller wunderbarer Möglichkeiten zum Kanufahren und Tubing (Verleiher sind reichlich vorhanden). An den Wochenenden herrscht oft viel und turbulenter Betrieb. Die Verwaltung des Parks, Ausrüster und Motels befinden sich in **Van Buren**. Doch auch **Eminence** ist ein guter Ausgangsort. An den Flüssen gibt es viele Campingplätze. Der kurvenreiche Hwy E ist ein landschaftliches Highlight.

Sehenswertes

★ Echo Bluff State Park STATE PARK
(☎844-322-3246; www.echobluffstatepark.com; 34489 Echo Bluff Dr, Eminence) Mit üppig grünen Wäldern und tollen Einrichtungen, die einem erstklassigen Nationalpark alle Ehre machen würden, ist der Echo Bluff ein echtes Highlight der Ozarks. Der 2016 eröffnete State Park bietet eine weitläufige, aus Stein erbaute Lodge, geräumige Hütten und zahlreiche Campingoptionen. Ein toller Ausgangspunkt für Wanderungen, Angelausflüge und Moutainbiketouren.

Johnson's Shut-Ins State Park STATE PARK
(☎573-546-2450; www.mostateparks.com; 148 Taum Sauk Trail, Middlebrook; ⏲Juni–Aug. 8–19 Uhr, Sept.–Mai kürzer) GRATIS Im üppigen, ausgedehnten Johnson's Shut-Ins State Park wirbelt der rasante Black River durch canyonartige Schluchten, die sogenannten *shut-ins*. Eine aufregendere Möglichkeit zum Baden als hier finden Traveller sonst höchstens noch in Spaßbädern.

Schlafen

Die kleinen Örtchen Van Buren und Eminence verfügen über idyllische Campingplätze, einfache Motels, rustikale Hütten und malerische Resorts am Flussufer. Erstklassige Übernachtungsmöglichkeiten finden sich im Echo Bluff State Park.

Landing Current River HOTEL $$
(☎573-323-8156; www.eatsleepfloat.com; 106 Olive St, Van Buren; Zi 80–175 US$) Unweit von Van Buren schmiegt sich dieses idyllische Hotel ans Ufer des Current River, eine tolle Ausgangsbasis für die Erkundung der Ozark National Scenic Riverways, der malerischen Flüsse der Ozarks. Es können zwei- bis sechstägige Kanu- und Raftingtrips mit Camping gebucht werden.

Anreise & Unterwegs vor Ort

Die Ozarks verdanken ihre Faszination nicht zuletzt ihrer Abgeschiedenheit. Wer einen Besuch eines der Naturschutzgebiete der Region plant, muss sich nach Verlassen der I-44 oder der I-55 auf eine lange Fahrt auf malerischen, zweispurigen Nebenstraßen einstellen. Der Hwy 60 ist die wichtigste Durchgangsstraße; auf ihn kann man nahe Springfield oder Sikeston auffahren. Öffentliche Verkehrsmittel gibt es in den Ozarks nicht.

Branson

Das kitschige Branson präsentiert sich ohne jede Scham als fröhlicher Touristenort. Hauptattraktion sind die über 50 Theater, in denen mehr als 100 Countrymusik-,

Zauber- und Comedyshows laufen. Der „76 Strip" (Hwy 76) mit seinen Neonlichtern hat auf mehreren Kilometern Länge Motels, Restaurants, Wachsfigurenkabinette, Shoppingmalls, Vergnügungsparks und Theater zu bieten. Wenige Autominuten außerhalb des Ortes erwartet einen jedoch bereits die unberührte Wildnis der Ozarks.

Sehenswertes

Silver Dollar City VERGNÜGUNGSPARK
(☎800-475-9370; www.silverdollarcity.com; 399 Silver Dollar City Pkwy; Erw./Kind 62/51 US$; ⏲Öffnungszeiten variieren) Der riesige Vergnügungspark westlich vom Ort – ein echtes Original Bransons – punktet mit aufregenden Achterbahnen, Wasserrutschen und einem neuen Feuerwehr-Themenbereich.

Table Rock Lake SEE
(www.visittablerocklake.com) Der Table Rock Lake, der sich südwestlich der Stadt durch die Hügel schlängelt, ist ein zu Recht beliebtes Ausflugsziel zum Bootfahren, Angeln, Campen und für weitere Outdooraktivitäten.

Schlafen & Essen

Trout Hollow Lodge MOTEL $
(☎417-334-2332; www.trouthollow.com; 1458 Acacia Club Rd; Zi./Hütte ab 65/110 US$; ❄≋) Das schlichte Motel bietet verschiedene Übernachtungsmöglichkeiten (von Zimmern bis zu voll ausgestatteten Hütten) und ist dank seiner Lage an einem Steilhang oberhalb des Lake Taneycomo eine großartige Budgetoption. Am Hafen kann man sich mit einheimischen Anglern unterhalten; dann werden einem die Neonlichter des Strip wie Lichtjahre entfernt erscheinen.

★**Branson Hotel** B&B $$
(☎417-544-9814; www.thebransonhotel.com; 214 W Main St; Zi. 130–170 US$; ❄📶) Das 1903 erbaute edle B&B mit neun Zimmern befindet sich mitten in der Altstadt, weit entfernt vom hektischen Kommerz am Strip, und hat eine großartige Weinbar.

★**Dobyns Dining Room** AMERIKANISCH $$
(☎417-239-1900; www.keetercenter.edu; 1 Opportunity Ave; Hauptgerichte 8–20 US$; ⏲Mo–Sa 10.30–20, So 10–14 Uhr) Das Restaurant am College of the Ozarks, in dem vor allem hiesige Studenten arbeiten, ist die gehobenste Essensoption in Branson. Die Location ist großartig (im schicken Landhausstil gehalten), der Service tadellos (die Angestellten bekommen allesamt ein „sehr gut") und die Preise sind angemessen (besonders zur Mittagszeit). Eines der wenigen Lokale im Ort, bei denen man auf der Speisekarte vergeblich nach Frittiertem sucht.

Praktische Informationen

Branson/Lakes Area Convention & Visitors Bureau (CVB; ☎417-334-4084; www.explorebranson.com; Kreuzung von Hwy 248 & US 65; ⏲9–21 Uhr) Das CVB befindet sich direkt westlich der Kreuzung mit der US 65 und hat Informationen über die Stadt und über Unterkünfte.

Anreise & Unterwegs vor Ort

Branson liegt in der landschaftlich reizvollen südlichsten Ecke des Bundesstaats und ist erstaunlich schwer zu erreichen. Dafür lernt man wahrscheinlich unterwegs ein paar schöne Landstraßen in den Ozarks kennen. Am **Branson Airport** (BKG; www.flybranson.com) starten nur wenige Flüge.

Busse von Jefferson Lines (www.jeffersonlines.com) steuern Kansas City (55 US$, 5 Std., 1-mal tgl.) an.

Im Sommer sorgen die vielen Geländewagen dafür, dass es nur im Schneckentempo vorangeht. Oft ist man zu Fuß schneller als mit dem Auto, wenngleich nicht viele Leute auf diese Idee kommen.

Kansas City

Kansas City ist berühmt für seine feurigen Barbecues (über 100 Restaurants tischen Grillfleisch auf), seine funkelnden Springbrunnen (mehr als 200 – so viele wie in Rom) und den Jazz. Vielleicht ist es ja sogar die coolste Stadt in Amerika – nur keiner weiß es! Bei einem Besuch der Great Plains ist ein Abstecher hierher ein Muss und ein Highlight, denn es gibt Museen von Weltklasse und schrullige Viertel voller Kunst, die um Aufmerksamkeit buhlen. In Kansas City kann man leicht mehrere Tage abtauchen und die Stimmung der Stadt genießen.

Sehenswertes

Die State Line Rd trennt KCMO (Kansas City, Missouri) und KCK (Kansas City, Kansas). Letztere ist ein fader Vorort, der Reisenden wenig zu bieten hat. In KCMO gibt es einige markante Gegenden, darunter die Downtown mit vielen Art-déco-Bauwerken.

★**College Basketball Experience** MUSEUM
(☎816-949-7500; www.collegebasketballexperience.com; 1401 Grand Blvd; Erw./Kind 15/12 US$;

⌚ Mi–Sa 10–18, So ab 11 Uhr; P 👪) Das interaktive Museum ist Reizüberflutung pur und gleicht einer aufgehübschten Hall of Fame des Basketballs. Hier kann man selbst Körbe werfen oder so tun, als wäre man der Hallensprecher, der sie ausruft. Es ist an das glitzernde **Sprint Center** angeschlossen, eine riesige Arena, die noch einen großen Franchise-Partner aus dem Profisport sucht.

★ National WWI Museum MUSEUM

(☎ 816-888-8100; www.theworldwar.org; 2 Memorial Dr; Erw./Kind 16/10 US$; ⌚ 10–17 Uhr, Sept.–Mai Mo geschl.; P) Dieses moderne Museum betritt man über einen gläsernen Gang, der über ein Feld roter Mohnblumen führt, ein Symbol der Schützengräbenkämpfe. Die detaillierten, fesselnden Ausstellungen informieren die Besucher über einen Krieg, den viele Amerikaner fast vergessen haben. Einziger Kritikpunkt: Die Militärtechnik und die Uniformen stellen die schrecklichen Leiden des Krieges ein wenig in den Schatten. Im obersten Stockwerk des Museums bietet sich vom historischen **Liberty Memorial** ein weiter Blick über die ganze Stadt.

★ Nelson-Atkins Museum of Art MUSEUM

(☎ 816-751-1278; www.nelson-atkins.org; 4525 Oak St; ⌚ Mi, Sa & So 10–17, Do & Fr bis 21 Uhr; P) GRATIS Riesige Badmintonbälle umgeben dieses enzyklopädisch aufgebaute Museum (welches das Netz darstellen soll). Die Einrichtung zeigt herausragende europäische Malerei und Fotografie sowie asiatische Kunstsammlungen. Der kostenlose Eintritt, ein toller Skulpturengarten und eine umfangreiche Sammlung erstklassiger Künstler sind Grund genug für einen Besuch.

★ Negro Leagues Baseball Museum MUSEUM

(☎ 816-221-1920; www.nlbm.com; 1616 E 18th St; Erw./Kind 10/6 US$; ⌚ Di–Sa 9–18, So 12–18 Uhr) Dieses umfassende Museum widmet sich der weniger bekannten Geschichte der afroamerikanischen Baseball-Teams wie den KC Monarchs und den New York Black Yankees, die großen Zulauf hatten, bis die Rassentrennung im Baseball endgültig der Vergangenheit angehörte. Es ist Teil des Komplexes **Museums at 18th & Vine**.

Country Club Plaza GEBIET

(☎ 816-753-0100; www.countryclubplaza.com) Das in den 1920er-Jahren erbaute, vornehme Geschäftsviertel (rund um den Broadway Blvd und die 47th St) besticht durch prächtige, detailreiche spanische Architektur. Hier finden sich zahlreiche öffentliche Kunstwerke und Skulpturen. Eine Broschüre mit Stadtspaziergängen gibt's im Info Center (4750 Broadway). Auf keinen Fall verpassen sollte man das **Spanish Bullfight Mural** (Central St), das einen spanischen Stiefkämpfer zeigt,

STADTVIERTEL IN KANSAS CITY

In Kansas City gibt es mehrere einzigartige und interessante Stadtviertel, für deren Erkundung man sich ein, zwei Stunden (oder ein, zwei Tage) Zeit nehmen sollte:

39th St West Die abgefahrenste Gegend der Stadt ist eine Meile mit vielen Boutiquen, ethnischen Lokalen und lebhaften Bars.

Country Club Plaza Das umwerfende Einkaufsviertel, oft einfach „Plaza" genannt, ist eine Attraktion für sich.

Crossroads Arts District Das Viertel rund um die Baltimore St und die 20th St macht mit den Galerien und den Boutiquen seinem Namen alle Ehre.

Crown Center Das Zentrum dieses in den 1970er-Jahren entstandenen Gebiets bilden mehrere Hotels sowie Hallmark (das Grußkarten-Unternehmen, das direkt hier seinen Sitz hat).

Historic Jazz District Das alte afroamerikanische Viertel rund um die 18th S und die Vine St ist im Aufschwung begriffen.

Quality Hill In dem historischen Viertel rund um W 10th St und Broadway stehen prächtige restaurierte Häuser aus den 1920er-Jahren.

River Market In dem historischen Stadtteil direkt nördlich vom Zentrum findet immer ein großer Farmers Market statt.

Westport An der Westport Rd gleich südwestlich der Main St gibt's viele ansprechende Restaurants und Bars.

BRUNNENTOUR

Die mehr als 200 großen und kleinen Brunnen in Kansas City sind nicht nur eine Augenweide, viele sind wirklich spektakuläre Kunstwerke. Eine tolle Infoquelle ist die Webseite der City of Fountains Foundation (www.kcfountains.com) mit Karten, Informationen und einer Brunnentour zum Download. Zu den schönsten Exemplaren zählen die **J. C. Nichols Memorial Fountain** nahe der Country Club Plaza und die **Crown Center Square Fountain**.

sowie den Brunnen **Fountain of Neptune** (47th St & Wornall Rd).

Arabia Steamboat Museum MUSEUM
(☎816-471-1856; www.1856.com; 400 Grand Blvd; Erw./Kind 14,50/5,50 US$; ⏲Mo–Sa 10–17, So 12–17 Uhr, letzte Führung 90 Min. vor Schließung) Dieses interessante Museum in River Market stellt 180 t geborgene „Schätze" aus einem 1856 gesunkenen Flussboot aus (einem von Hunderten Booten, die der Missouri River bereits verschlungen hat).

National Museum of Toys & Miniatures MUSEUM
(www.toyandminiaturemuseum.org; 5235 Oak St, University of Missouri-Kansas City; 5 US$; ⏲Mi–Mo 10–16 Uhr; P) In 38 Räumen kann man Spielzeug aus über 100 Jahren bewundern, darunter die größte Sammlung von Miniaturmodellen. Es gibt hier 51 000 Spielsachen, 3320 Puppen und 1600 Soldaten, wodurch das vor Kurzem erst renovierte Museum zu einem der größten seiner Art zählt.

American Jazz Museum MUSEUM
(☎816-474-8463; www.americanjazzmuseum.org; 1616 E 18th St; Erw./Kind 10/6 US$; ⏲Di–Sa 9–18, So 12–18 Uhr) Im Herzen des in den 1920er-Jahren entstandenen afroamerikanischen Viertels der Stadt erfahren Besucher in diesem interaktiven Museum alles über verschiedene Stile, Rhythmen, Instrumente und Musiker (unter ihnen der aus Kansas City stammende Charlie Parker) des Jazz. Auch dieses Museum ist Teil des Komplexes **Museums at 18th & Vine**.

Schlafen

Gute Übernachtungsmöglichkeiten (hauptsächlich Kettenhotels) nicht weit vom Geschehen finden sich in Downtown und an der Plaza. Wer etwas Billiges haben will, muss sich etwas an den Interstates suchen: Viele Motelketten sind nördlich der Stadt an der I-35 und I-29 und östlich an der I-70 vertreten.

Oak Tree Inn MOTEL $
(☎913-677-3060; www.oaktreeinn.com; 501 Southwest Blvd; Zi. 70–130 US$; P) Das komfortable, wenngleich unscheinbare Hotel bietet das beste Preis-Leistungs-Verhältnis in Kansas City. Die Zimmer sind durchschnittlich, aber mit Kühlschrank und Mikrowelle ausgestattet. Das Haus steht ganz dicht an der I-35 (Ausfahrt 234) und ist nur einen 20-minütigen Fußweg von den Verlockungen der 39th St West entfernt.

America's Best Value Inn MOTEL $
(☎816-531-9250; www.americasbestvalueinn.com; 3240 Broadway St; Zi. 70–90 US$; P) Das praktisch gelegene Hotel hat 52 schlichte Zimmer, die über Innenkorridore zu erreichen sind, und einen Pool, der groß genug für eine kleine Familie ist.

★ **Southmoreland on the Plaza** B&B $$
(☎816-531-7979; www.southmoreland.com; 116 E 46th St, Country Club Plaza; Zi. 120–235 US$; P) Die zwölf Zimmer in diesem eleganten B&B erinnern an das Haus eines reichen Freundes aus dem Country Club. Die große alte Villa liegt zwischen den Kunstmuseen und der Plaza und wartet mit Extras wie Whirlpools, Terrassen, Sherry und einem Kamin auf.

Jefferson House B&B B&B $$
(☎816-673-6291; www.jeffersonhousekc.com; 1728 Jefferson St; Zi. 155–205 US$; P) Jefferson House ist flippiger als die meisten zu B&Bs umfunktionierten Herrenhäuser in Missouri und bietet eine Mischung aus Moderne und Tradition. Es gibt nur drei Zimmer, von denen eines einen weiten Blick über die Stadt hat. Die Besitzer Peter und Theresa stammen ursprünglich von der britischen Kanalinsel Jersey; er betreibt die Bäckerei um die Ecke, und ihre Töpferwaren machen das Feinschmeckerfrühstück auch noch zum Augenschmaus.

Essen

Barbecue ist hier zwar die kulinarische Hauptattraktion, KC wartet aber mit erstklassigen Essensoptionen für jeden Geschmack auf. Es gibt tolle vegetarische Adressen, ethnische Lokale und von Chefkochs geführte Restaurants mit Gerichten, deren

Zutaten frisch vom Bauernhof kommen und die die Region und ihre Vielfalt in den Mittelpunkt stellen. Dabei gibt es kein Viertel, das ein Gourmetmonopol besitzen würde, für den Anfang kann man sich aber an Westport, River Market und 39th St West halten.

Besucher sollten sich auf keinen Fall die Rinderbrust, das Schweinefleisch, das Hähnchen oder die Rippchen entgehen lassen, die hier überall in der Stadt fachmännisch über Hickoryholz geräuchert werden. Typisch ist über einer offenen Feuerstelle geräuchertes und mit kräftigen Essigsaucen mariniertes Fleisch. Ins Schwärmen kommen die Gäste regelmäßig über die *burnt ends*, die knusprigen Randstücke des geräucherten Schweinefleischs oder der Rinderbrust.

★ Fud VEGAN **$**

(☎ 816-214-5025; www.eatfud.com; 813 W 17th St; Hauptgerichte 7–13 US$; ⊙ Di–Sa 11–21, So bis 15 Uhr; ✎) Das gemütliche Fud ist eine willkommene Alternative in einer fleischverrückten Stadt. Seine Spezialität sind neue Interpretationen amerikanischer Klassiker in glutenfreier und veganer Bio-Ausführung. Lecker sind das Jackfrucht-BBQ auf Sauerteig oder die Käsemakkaroni mit Cashew-Käse. Zum Abschluss lockt ein Cashew-Softeis. Da es zum Zeitpunkt der Recherche Pläne über einen Umzug gab, sollte man sich vorab auf der Webseite informieren.

★ Arthur Bryant's BARBECUE **$**

(☎ 816-231-1123; www.arthurbryantsbbq.com; 1727 Brooklyn Ave; Hauptgerichte 8–15 US$; ⊙ Mo–Do 10–21.30, Fr & Sa bis 22, So 11–20 Uhr; P) Diese berühmte Institution nahe dem Jazz District serviert bergeweise hervorragendes Barbecue-Fleisch. Die Sauce ist sanft und feurig zugleich und der Service charmant und witzig. Am besten wählt man die *burnt ends*.

Joe's Kansas City Bar-B-Que BARBECUE **$**

(☎ 913-722-3366; www.joeskc.com; 3002 W 47th Ave; Hauptgerichte 6–20 US$; ⊙ Mo–Do 11–21, Fr & Sa bis 22 Uhr; P) Das legendäre Restaurant in einer hell erleuchteten ehemaligen Tankstelle ist der beste Grund, über die Grenze des Bundesstaats zu fahren. Eigentlich liegt es aber gar nicht weit von der Plaza (S. 721) entfernt. Das Pulled Pork ist eine Wonne und Vegetarier dürfen sich auf die geräucherten Portobellopilze freuen. Warteschlangen sind an der Tagesordnung.

Winstead's Steakburger BURGER **$**

(☎ 816-753-2244; www.winsteadssteakburger.com; 101 Emmanuel Cleaver II Blvd; Hauptgerichte 4–6 US$; ⊙ 6.30–24 Uhr) Gut gelaunte Kellner tischen in dieser Institution von 1940 an der Country Club Plaza Familien, verkaterten Hipstern und allen anderen erstklassige Burger auf. Unbedingt die Zwiebelringe und das Chili probieren!

Rieger Hotel Grill & Exchange AMERIKANISCH **$$**

(☎ 816-471-2177; www.theriegerkc.com; 1924 Main St; Hauptgerichte 11–30 US$; ⊙ Mo–Do 15–22, Fr & Sa bis 23 Uhr) In einem einst langweiligen Hotel von 1915 im Crossroads Arts District ist heute eines der innovativsten Restaurants der Stadt untergebracht. Es wurde ordentlich aufgehübscht, um den kreativen Gerichten auf Howard Hannas saisonal inspirierter Speisekarte gerecht zu werden. (Auf das Schild auf der Toilette achten, das darauf hinweist, wo Al Capone sich erleichtert hat.)

★ Bluestem MODERN-AMERIKANISCH **$$$**

(☎ 816-561-1101; www.bluestemkc.com; 900 Westport Rd; 3-/5-/10-Gänge-Menü 75/85/110 US$, Bar-Snacks 5–18 US$; ⊙ Küche Di–Sa 17–22, Bar 16–23 Uhr; P ✎) Das mit diversen Preisen ausgezeichnete Bluestem verströmt von der Bar bis in den Speiseraum eine wunderbare, zwanglose Eleganz. Viele Gäste schauen in dem berühmten Restaurant in Westport vorbei, um einfach nur einen guten Cocktail zu trinken und einige kleine Teller mit fantastischen Snacks (der Käse ist himmlisch!) zu bestellen. Abends gibt es verschiedene kleine, saisonale Menüs; am besten folgt man den Serviervorschlägen für die passenden Weine.

Ausgehen & Nachtleben

Westport und die 39th St W sind die besten Gegenden zum Ausgehen, denn hier findet man gleich mehrere stimmungsvolle Bars.

Der mächtig beworbene Power & Light District (www.powerandlightdistrict.com) ist ein riesiges Stadtentwicklungsgebiet rund um den Grand Blvd und die W 12th St. Hier gibt's die typischen Bars und Livemusik-Locations. Wenn in der Stadt nicht gerade ein Sportevent stattfindet, kann es hier ziemlich öde sein. Die Bars schließen zwischen 1.30 und 3 Uhr.

★ Boulevard Brewery KLEINBRAUEREI

(☎ 816-474-7095; www.boulevard.com; 2501 Southwest Blvd; ⊙ 10–19 Uhr) Willkommen in der größten Spezialitätenbrauerei des Mittleren Westens! Hier werden in der Bierhalle im 1. Stock 21 hausgebraute Biere vom Fass ausgeschenkt. Von der Veranda dort oben hat man einen tollen Blick auf die Downtown. Und das Beste: Zwischen 10.30 und 16 Uhr gibt's alle 15 Minuten eine kostenlose Brauereiführung.

★ **Up-Down** BAR

(☎816-982-9455; www.updownkc.com; 101 Southwest Blvd; ⌚Mo–Fr 15–1, Sa 11–1, So 11–24 Uhr) Diese total beliebte Bar mit Spielautomaten gleich südlich der Downtown weckt mit vielen Spielen von Flipper bis zu Video-Games das Kind in jedem Gast. Außerdem gibt's große Terrassen und tolle Musik. Das ausgezeichnete Angebot von Fassbieren beinhaltet alle Biere der Boulevard Brewery (die gleich den Berg hoch gebraut werden).

Tom's Town DESTILLERIE

(☎816-541-2400; www.toms-town.com; 1701 Main St; ⌚Di–Fr 16–24, Sa 14–24 Uhr) Tom's Town war nach der Prohibition die erste legale Brennerei in der Innenstadt von KC und ist eine Hommage an den politischen Machthaber der Stadt, Tom Pendergast, der sich locker über das Alkoholverbot hinwegsetzte. Am besten bestellt man einen hausgemachten Wodka, Gin oder Bourbon Whisky und lässt sich von der Art-déco-Einrichtung in die Zeit zurückversetzen, als Kansas City noch als das „Paris der Ebenen" bekannt war.

McCoy's Public House BRAUEREI

(☎816-960-0866; www.beerkc.com; 4057 Pennsylvania Ave; ⌚Mo–Sa 11–3, So bis 24 Uhr) An milden Tagen ist die Terrasse dieses Brauereipubs in Westport das perfekte Plätzchen schlechthin. Die je nach Jahreszeit variierenden hausgebrauten Biere sind hervorragend, und das Essen ist strikte Hausmannskost und ziemlich gut.

☆ Unterhaltung

Der beste Kulturkalender findet sich in der kostenlosen Wochenzeitung *Pitch* (www.pitch.com).

★ **Mutual Musicians Foundation** JAZZ

(☎816-471-5212; www.mutualmusicians.org; 1823 Highland Ave; ⌚Sa & So 1–5 Uhr) Im ehemaligen Saal der Gewerkschaft der afroamerikanischen Musiker unweit vom historischen Jazzviertel rund um die 18th & Vine finden schon seit 1930 nächtliche Jamsessions statt. Berühmte Veteranen der Szene spielen hier mit ganz jungen Talenten. Der Laden ist freundlich und wirkt kein bisschen arrogant. An der kleinen Bar gibt's billige Drinks in Plastikbechern. Der Eintritt ist frei (allerdings wird eine Spende von 10 US$ empfohlen). Die Öffnungszeiten beziehen sich auf die frühen Morgenstunden von Freitag- und Samstagnacht.

Kauffman Center for the Performing Arts DARSTELLENDE KUNST

(☎816-994-7200; www.kauffmancenter.org; 1601 Broadway) In diesem Gebäudekomplex gibt es zwei hochkarätige Spielstätten. Es stehen Theater, Oper, Ballett, Konzerte und andere Events auf dem Programm.

Riot Room LIVEMUSIK

(☎816-442-8179; www.theriotroom.com; 4048 Broadway; Grundpreis variiert; ⌚Öffnungszeiten variieren) Teils Kneipe, teils topaktuelle Livemusikstätte: In Westports Riot Room ist immer was los, und es gibt viele gute Biere.

Blue Room BLUES, JAZZ

(www.americanjazzmuseum.org; 1616 E 18th St; Eintritt Mo & Do frei, Fr & Sa variierender Grundpreis; ⌚Mo & Do 17–24, Fr & Sa bis 1 Uhr) In dem schicken Club, der zum American Jazz Museum (S. 722) gehört, treten montags und donnerstags lokale Talente auf (Eintritt frei). Am Wochenende gehört der Saal tourenden Bands. Große Shows finden im angrenzenden Gem Theater statt.

ℹ Praktische Informationen

Greater Kansas City Visitor Center (☎816-420-2020; www.visitkc.com; 30 W Pershing Rd, Union Station; ⌚Di–So 9.30–16 Uhr) Weitere Filialen befinden sich u. a. im National WWI Museum.

Missouri Welcome Center (☎816-889-3330; www.visitmo.com; 4010 Blue Ridge Cutoff, Truman Sports Complex; ⌚8–17 Uhr) Karten und Infos zum gesamten Bundesstaat; befindet sich an der I-70, Ausfahrt 9.

ℹ An- & Weiterreise

Der **Kansas City International Airport** (MCI; www.flykci.com; abseits der I-29, Ausfahrt 13) ist ein verwirrend aufgebauter Flughafen mit ringförmigen Terminals, der 15 Meilen (24 km) nordwestlich vom Stadtzentrum liegt. Das Angebot an Inlandsflügen ist gut. Ein Taxi in die Downtown/zur Plaza kostet um die 40/45 US$. Günstiger ist das **Super Shuttle** (☎800-258-3826; www.supershuttle.com; ab 23 US$).

Züge von Amtrak (www.amtrak.com) halten an der prächtigen **Union Station** (www.unionstation.org; 30 W Pershing Rd; ⌚6–24 Uhr). Von hier fährt zweimal täglich der *Missouri River Runner* nach St. Louis (ab 31 US$, 5½ Std.). Der *Southwest Chief* hält hier täglich auf seiner Fahrt zwischen Chicago und L. A.

Greyhound (☎816-221-2835; www.greyhound.com; 1101 Troost St) schickt täglich Busse nach St. Louis (25 US$, 4½ Std.) und Denver (75 US$, 11½ Std.). Die Bushaltestelle ist aber unpraktisch östlich des Zentrums gelegen.

Jefferson Lines (☎816-221-2885; www.jeffersonlines.com; 1101 Troost St, Greyhound Terminal) fährt nach Omaha (45 US$, 3–4 Std.), Des Moines (50 US$, 3½ Std.) und Oklahoma City (70 US$, 7 Std.) über Tulsa.

Unterwegs vor Ort

Ride KC (www.ridekc.org) ist ein Tagespass für unbegrenzt viele Busfahrten, der für 3 US$ an Bord erhältlich ist. Bus 47 verkehrt regelmäßig zwischen der Downtown, Westport und der Country Club Plaza.

Die Straßenbahn **KC Streetcar** (http://kcstreetcar.org; ⌚Mo–Do 6–24, Fr bis 2, Sa 7–2, So 7–22 Uhr) legt eine Strecke von 1,6 km in der Innenstadt zurück und verkehrt vor allem auf der Main St zwischen dem River Market und der Union Station.

Wer ein Taxi braucht, probiert es am besten mit **Yellow Cab** (☎888-471-6050; www.kansas-city-taxi.com).

Independence

Das Bilderbuchstädtchen Independence entspricht perfekt dem Klischee einer Kleinstadt im Mittleren Westen. Hier lebte Harry S. Truman, der von 1945 bis 1953 US-Präsident war, und es gibt einige sehr sehenswerte Museen.

Sehenswertes

★Truman Presidential Museum & Library MUSEUM
(☎800-833-1225; www.trumanlibrary.org; 500 W US 24; Erw./Kind 8/3 US$; ⌚Mo–Sa 9–17, So 12–17 Uhr) Hier sind Tausende Gegenstände des Mannes zu sehen, der die USA durch eine ihrer turbulentesten Zeiten führte. Darunter ist auch das berühmte Schild „The Buck Stops here!“, was sinngemäß so viel bedeutet wie: „Hier übernehme ich die Verantwortung.“ Darüber hinaus bietet das Museum eine lebhafte Momentaufnahme des Amerikas der späten 1940er- und frühen 1950er-Jahre.

Truman Home HISTORISCHES GEBÄUDE
(www.nps.gov/hstr; 219 N Delaware St; Führungen Erw./Kind 5 US$/frei; ⌚9–16.30 Uhr, Nov.–Mai Mo geschl.) Besucher können sich hier ein Bild davon machen, wie einfach Harry und Bess in diesem schlichten, aber charmanten Holzhaus lebten. Es ist mit Gegenständen aus ihrem Besitz eingerichtet; fast könnte man glauben, das Paar käme gleich heraus, um „Hallo“ zu sagen. Truman lebte hier von 1919 bis 1972. Im Ruhestand empfing er Würdenträger in dem gewollt schmucklosfaden Vorderzimmer – es heißt, er habe gehofft, keiner der Besucher würde länger als 30 Minuten bleiben. Karten für die Führungen bekommt man im **Visitor Center** (☎816-254-9929; 223 N Main St; ⌚8.30–17 Uhr).

National Frontier Trails Museum MUSEUM
(☎816-325-7575; www.frontiertrailsmuseum.org; 318 W Pacific Ave; Erw./Kind 6/3 US$; ⌚Mo–Sa 9–16.30, So 12.30–16.30 Uhr) Vermittelt einen spannenden Einblick in das Leben der Pioniere auf dem Santa Fe, California und Oregon Trail – viele begannen ihre Reise in Independence. So erfährt man z. B., dass Pioniere „ihren Elefanten“ begegneten, als ihnen klar wurde, dass die Strapazen der Reise einfach zu groß waren.

Schlafen & Essen

Higher Ground Hotel HOTEL $$
(☎816-836-0292; www.highergroundhotel.com; 200 N Delaware St; Zi. 100–130 US$; ❄📶) Das Hotel gegenüber dem Truman Home wirkt von außen ziemlich unscheinbar. Das ändert sich jedoch mit dem Betreten der freundlichen Eingangshalle. Die 30 Zimmer sind gut in Schuss gehalten und individuell eingerichtet. Einige von ihnen blicken auf einen ruhigen Garten.

Clinton's Soda Fountain EISCREME $
(☎816-833-2046; www.clintonssodafountain.com; 100 W Maple Ave; Hauptgerichte 5–8 US$; ⌚Mo–Sa 11–18 Uhr) Seit den Tagen, als Truman hier seinen ersten Job hinter der Theke bekam, hat sich der Laden kaum verändert. Neben Eisbechern gibt's auch hausgemachte Limonade und günstige Sandwiches.

An- & Weiterreise

Independence liegt eine kurze, 20-minütige Autofahrt östlich von Kansas City. Wer mit öffentlichen Verkehrsmitteln ab KC anreist, steigt auf dem Grand Blvd im Power and Light District in Bus 24. Die Busfahrt nach Independence dauert 50 Minuten.

St. Joseph

Die raue Stadt am Missouri, die einst ein bedeutender Ausgangspunkt für Pioniere war, wirkt an manchen Stellen vielleicht etwas verwahrlost, wartet aber in seiner vor Kurzem erst wiederbelebten Innenstadt mit schrägen Läden und Restaurants auf, die sich in verlassenen Geschäften niedergelassen haben. Zudem gibt's hier eine ganze Reihe interessanter Museen. Mehr über St. Joseph erfährt man im **Visitor Center** (☎800-785-0360; www.stjomo.com; 109 S 4th St; ⏲Mo–Fr 8–17 Uhr) in der Downtown.

Sehenswertes

Glore Psychiatric Museum MUSEUM
(☎816-232-8471; www.stjosephmuseum.org; 3406 Frederick Ave; Erw./Kind 6/4 US$; ⏲Mo–Sa 10–17, So 13–17 Uhr) Im ehemaligen „Staatlichen Irrenhaus Nr. 2" gibt dieses Museum einen schockierenden und faszinierenden Einblick in inzwischen abgeschaffte Behandlungsmethoden wie die Lobotomie und das „Überraschungsbad". Das Ticket gilt auch für den Besuch von drei weiteren Museen auf dem Gelände, die sich mit Indianerkunst, der Geschichte hiesiger Afroamerikaner und Spielzeugpuppen beschäftigen.

Pony Express National Museum MUSEUM
(☎816-279-5059; http://ponyexpress.org; 914 Penn St; Erw./Kind 6/3 US$; ⏲Mo–Sa 9–17, So 11–16 Uhr) Hier startete 1860 der erste Pony-Express, der Post aus „St. Jo" ins 2000 Meilen (3200 km) entfernte Kalifornien im Westen brachte. Dieses Museum, von dem aus die Pferde ihre Reise antraten, liegt nur ein paar Kopfsteinpflasterstraßen vom **Patee House Museum** (☎816-232-8206; www.ponyexpressjessejames.com; 1202 Penn St; Erw./Kind 6/4 US$; ⏲Mo–Sa 9–16, So 12–16 Uhr) entfernt.

Schlafen

Viele der historischen Herrenhäuser der Stadt beherbergen heute reizende B&Bs. Es gibt auch eine Reihe von Kettenhotels und -motels an der Ausfahrt 47 der I-29.

★ **Shakespeare Chateau** B&B $$
(☎816-232-2667; www.shakespearechateau.com; 809 Hall St; Zi. 180–200 US$; ❄📶🐾) Dieses elegante Herrenhaus von 1885 hat vier geräumige Gästezimmer im Obergeschoss und eine Handvoll gemeinschaftlicher Salons im Erdgeschoss, in denen man die Opulenz der Vergangenheit auf sich wirken lassen kann. Das Haus hat insgesamt 47 Buntglasfenster (das Meisterwerk im Treppenhaus besonders beachten) sowie tief hängende Kronleuchter, Schnitzereien aus Kirschbaumholz und eine hochwertige Kunstsammlung. Dieses Chateau versetzt jeden ins Staunen.

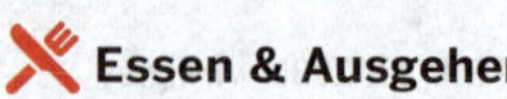

Essen & Ausgehen

Bad Art Bistro AMERIKANISCH $$
(☎816-749-4433; 707 Edmond St; Hauptgerichte 12–30 US$; ⏲Di–Sa 11–14 & 17–21, So 10–15 Uhr) Wie der Name schon vermuten lässt, ist in diesem gehobenen Bistro „schlechte Kunst" (der Kategorie unförmige Stillleben und Fotografien von Füßen) zu sehen. Auf der vom Küchenchef liebevoll zusammengestellten Speisekarte entschädigen dafür jedoch Gerichte wie Hummer-Käse-Makkaroni und köstliche Steaks, die täglich frisch von Hand geschnitten werden.

★ **Tiger's Den** BAR
(☎816-617-2108; 519 Felix St; ⏲So & Mo 16–23, Di & Mi 11–23, Do–Sa 11–1 Uhr) Diese Mischung aus Second-Hand-Buchladen und Cocktailbar ist der Stoff, aus dem Hemingways Träume waren. Hier kann man sich in eines der Plüschsofas setzen und sich Drinks bestellen, die von den Werken in den umliegenden Bücherregalen inspiriert sind, etwa Agatha Christies Sparkling Cyanide oder einen Tequila Mockingbird.

An- & Weiterreise

St. Joseph liegt etwa eine Stunde nördlich von Kansas City am I-29. Busse von Jefferson Lines (www.jeffersonlines.com) bedienen die Strecke regelmäßig (Erw. 14 US$).

IOWA

Die hoch aufragenden Felswände am Mississippi und die hohen Loess Hills entlang des Missouri bilden die Grenzen des ländlichen Staates mit seinem weiten Farmland. Dazwischen liegen die Schriftsteller-Stadt Iowa City, die Kommunen der Amana-Kolonien und jede Menge reizender Kleinstädte, etwa jene mit den überdachten Brücken im Madison County.

Alle vier Jahre rückt Iowa in den Fokus der Öffentlichkeit und nährt oder zerstört die Hoffnungen von Anwärtern auf das Präsidentenamt: Der Iowa Caucus (die Vorwahlen von Iowa) eröffnet den Wahlkampf. Die Siege von George W. Bush im Jahr 2000 und von Barack Obama im Jahr 2008 überraschten zahlreiche Experten, waren rückblickend aber der Auftakt ihres siegreichen Wahlkampfs.

Praktische Informationen

Iowa Bed & Breakfast Guild (www.ia-bednbreakfast-inns.com)

Iowa State Parks (www.iowadnr.gov) Der Besuch der State Parks ist kostenlos. 50 bis 75 % der Stellplätze in den Parks können reserviert werden (www.iowastateparks.reserveamerica.com); diese kosten 6 bis 16 US$ pro Nacht.

Tourismusbehörde Iowa (www.traveliowa.com)

Iowa Wine & Beer (www.iowawineandbeer.com) Kleinbrauerein und Kleinwinzereien boomen in Iowa. Es gibt eine Handy-App.

Des Moines

Des Moines bedeutet „von den Mönchen" und nicht etwa „im Mais", wie man angesichts der Felder rings um die Stadt durchaus vermuten könnte. Iowas schnell wachsende Hauptstadt wartet mit einem prächtigen State Capitol Gebäude, geschäftigen Enklaven wie dem East Village und einer der besten State Fairs des Landes auf. Alles in allem wirklich eine Übernachtung wert, doch danach kann man aber auch schon weiterziehen, um den Rest von Iowa zu erkunden.

Sehenswertes

Der Des Moines River fließt mitten durch Downtown. Der Court Ave Entertainment District befindet sich auf der Westseite. Im East Village, das zu Füßen des Kapitols und östlich vom Fluss liegt, gibt es verschiedene Galerien, Restaurants, Clubs und ein paar Schwulenbars.

★**Pappajohn Sculpture Park** PARK

(www.desmoinesartcenter.org; 1330 Grand Ave; ⌚6–24 Uhr) Dieser von vielen kurvigen Wegen durchzogene Park bietet einen tollen Blick auf die Skyline der Stadt. Zudem sind hier Skulpturen von 22 bekannten Künstlern zu sehen, darunter Sol LeWitt, Keith Haring und Willem de Kooning. Die Straße, die den Park begrenzt, ist gesäumt von zahlreichen hochwertigen Restaurants und Boutiquen.

State Capitol HISTORISCHES GEBÄUDE

(☎515-281-5591; Ecke E 9th St & Grand Ave; ⌚Mo–Fr 8–17, Sa 9–16 Uhr) GRATIS Jedes einzelne Detail, von der funkelnden goldenen Kuppel bis zu den Wendeltreppen und dem Buntglas in der juristischen Bibliothek, scheint es in diesem prunkvoll dekorierten Kapitol aus dem Jahr 1886 darauf anzulegen, die anderen auszustechen. Bei einer kostenlosen Führung können Besucher die Kuppel bis zur halben Höhe erklimmen.

Feste & Events

★**Iowa State Fair** VOLKSFEST

(☎800-545-3247; www.iowastatefair.org; Ecke E 30th St & E University Ave; Erw./Kind 12/6 US$; ⌚Mitte Aug. 7–24 Uhr; 👪) Dieses elftägige Festival, das über 1 Mio. Besucher anzieht, hat viel mehr zu bieten als nur Country-Musik und Butterskulpturen. Bewundernswert sind die preisgekrönten Farmtiere, köstlich die Vielfalt der Leckereien vom Spieß. Die State Fair war der Schauplatz des Musicals *State Fair* von Rodgers und Hammerstein sowie seiner Verfilmung aus dem Jahr 1945.

Schlafen

Hotelketten aller Art konzentrieren sich an den Ausfahrten 121, 124, 131 und 136 der I-80. Unabhängige Motels säumen die 14th St zu beiden Seiten des Ufers.

Essen & Ausgehen

B & B Grocery, Meat & Deli AMERIKANISCH $

(☎515-243-7607; www.bbgrocerymeatdeli.com; 2001 SE 6th St; Hauptgerichte 4–9 US$; ⌚Di–Fr 8.30–18, Sa bis 15 Uhr) „Wir halten Iowa seit 1922 an der Spitze der Nahrungskette!", verkündet dieses Ladenlokal gleich südlich von Downtown. Man genießt Spezialitäten aus Iowa wie fleischlastige Sandwiches, z. B. das Killer Pork Tenderloin, ein saftiges Brötchen mit Schweinefilet.

El Bait Shop BIERKNEIPE

(☎515-284-1970; http://elbaitshop.com; 200 SW 2nd St; ⌚11–2 Uhr) Der weitläufige Komplex mit Sitzgelegenheiten drinnen und draußen rühmt sich damit, die weltweit größte Auswahl an amerikanischem Craft-Bier im Angebot zu haben – und bei 222 Zapfhähnen kann das auch gut sein.

An- & Weiterreise

Der **Des Moines International Airport** (DSM; ☎515-256-5050; www.dsmairport.com; 5800 Fleur Dr) liegt 3 Meilen (4,8 km) südwestlich der Stadt. Hier landen Direktflüge aus den meisten großen Städten der USA. Burlington Trailways (www.burlingtontrailways.com) schickt täglich mehrere Busse nach Omaha (34 US$, 2½ Std.), während Jefferson Lines (www.jeffersonlines.com) nach Kansas City (45 US$, 3 Std.) fährt.

Davenport

Davenport ist die größte und lebendigste Stadt der sogenannten Quad Cities (Daven-

MADISON COUNTY

Dieses malerische County, das etwa 30 Meilen (48 km) südwestlich von Des Moines liegt, döste ein halbes Jahrhundert vor sich hin, bis Robert James Wallers rührseliger Bestseller *Die Brücken am Fluss* und die gleichnamige Verfilmung mit Clint Eastwood und Meryl Streep aus dem Jahr 1995 Hunderte Fans herbrachten, die die überdachten Brücken sehen wollten, wo die Leidenschaft zwischen Robert und Francesca entbrannte.

Die Farmen und das offene Land der Region sind sehr idyllisch und die Städte ausgesprochen malerisch. In **St. Charles** steht die älteste der sechs noch bestehenden überdachten Brücken. Die anderen fünf sowie ein großartiges, von einer Silberkuppel gekröntes Gerichtsgebäude findet man im Touristenstädtchen **Winterset**.

Zwischen den beiden Orten liegen ein paar Weingüter, Brauereien und Cidre-Mostereien. Eine Karte der Region (auch als Download erhältlich) gibt's bei der **Winterset Chamber of Commerce** (515-462-1185; www.madisoncounty.com; 73 Jefferson St, Winterset; Mai–Okt. Mo–Sa 9–16, So 12–15 Uhr, Nov.–April Mo–Fr 10–15 Uhr).

port und Bettendorf in Iowa und Moline und Rock Island in Illinois). Es befindet sich in großartiger Lage direkt am Mississippi und wartet mit einem großen Netz an Wander- und Radwegen auf.

Sehenswertes

Figge Art Museum MUSEUM
(563-326-7804; www.figgeartmuseum.org; 225 W 2nd St; Erw./Kind 7/4 US$; Di, Mi, Fr & Sa 10–17, Do bis 21, So 12–17 Uhr) Das gläserne Figge Art Museum funkelt am Rande der River Road. In seiner Regionalsammlung über den Mittleren Westen sind auch Werke des aus Iowa stammenden American-Gothic-Malers Grant Wood ausgestellt. Auch die erstklassigen Sammlungen von Kunst aus Haiti und über den mexikanischen Kolonialstil sind absolut sehenswert.

Schlafen & Essen

★ **Beiderbecke Bed & Breakfast** B&B $$
(563-323-0047; www.beiderbeckeinn.com; 532 W 7th St; Zi. 95–110 US$;) In diesem im viktorianischen „Stick-Stil" erbauten Wohnhaus wuchsen die Eltern der Jazzlegende Bix Beiderbecke auf. Das mittlerweile in ein B&B mit vier Zimmern umgestaltete Haus hat unglaubliche Tapeten aus jener Zeit und verrückte Läufer mit den verschiedensten Mustern. Aus zwei der geräumigen Zimmer blickt man auf den Fluss.

Freight House MARKT $
(563-322-6009; www.freighthousefarmersmarket.com; 421 W River Dr; Öffnungszeiten variieren, Bauernmarkt Di 15–18, Sa 8–13 Uhr) In diesem alten Bahnhäuschen am Ufer gibt's alles zu kaufen, von Bio-Zutaten über heimisches Craft-Bier bis hin zu Deli-Sandwiches. Das zweistöckige Ziegelsteingebäude hat zudem einen fantastischen Bauernmarkt mit vielen, vielen heimischen Produkten.

Praktische Informationen

Das **Visitor Center** (563-322-3911; www.visitquadcities.com; 102 S Harrison St; Juni–Aug. Mo–Fr 9–17, Sa bis 16 Uhr, Sept.–Mai Mo–Fr 10–16 Uhr) befindet sich in der Innenstadt in der alten Union Station am Fluss. Es werden Räder für Fahrten entlang dem Big Muddy (April–Okt. 8 US$/Std.) verliehen.

An- & Weiterreise

Davenport liegt an der Grenze zu Illinois und weniger als drei Stunden von den Flughäfen Chicagos entfernt, das über die I-88 oder die I-80 zu erreichen ist. Des Moines liegt etwa 2½ Stunden in entgegengesetzter Richtung an der I-80, während Dubuque nach zwei Stunden Fahrt auf der Great River Road erreicht ist. Greyhound (www.greyhound.com) bedient die Strecke ab Chicago (20 US$, 4 Std.), während Burlington Trailways (www.burlingtontrailways.com) die beste Anlaufstelle ist, wenn man danach Iowa erkunden möchte.

Iowa City

Die jugendlich-künstlerisch angehauchte Atmosphäre verdankt die Stadt dem Campus der University of Iowa, auf dem sich gute Kunst- und Naturkundemuseen befinden. Er erstreckt sich zu beiden Seiten des (mit schönen Uferwegen versehenen) Iowa River und geht im Osten in die charmante Downtown über. Im Sommer, wenn weniger Studenten da sind, wird es in der Stadt etwas ruhiger. Die Universität ist berühmt für ihre Literaturworkshops und trug Iowa City 2008 den Titel der UNESCO-Literaturstadt ein. Jane Smileys Roman *Moo* ist eine scharfsinnige Parodie von Stadt und Uni.

Sehenswertes

Old Capitol Museum MUSEUM
(☎ 319-335-0548; https://oldcap.uiowa.edu; Ecke Clinton St & Iowa Ave; ⊙ Di, Mi, Fr & Sa 10–17, Do bis 20, So 13–17 Uhr) GRATIS Das hübsche Gebäude mit der goldenen Kuppel im Zentrum des Campus der University of Iowa ist das Old Capitol. Es wurde 1840 gebaut und diente bis 1857 als Regierungssitz; dann wurde Des Moines die neue Hauptstadt. Heute befindet sich hier ein Museum mit Galerien und Mobiliar aus der Entstehungszeit des Hauses.

Schlafen & Essen

★ **Brown Street Inn** B&B $$
(☎ 319-338-0435; www.brownstreetinn.com; 430 Brown St; Zi. 110–165 US$; ❄@📶) Himmelbetten und andere Antiquitäten schmücken die sechs Zimmer dieses 1913 im Dutch Colonial Style erbauten Hauses unweit der Downtown. Die freundlichen Besitzer geben gerne Auskunft über das benachbarte Haus, in dem Kurt Vonnegut die ersten Kapitel seines Romans *Schlachthof 5 oder Der Kinderkreuzzug* verfasste.

Clinton Street Social Club GASTHAUS $$
(☎ 319-351-1690; https://clintonstreetsocial.com; 18½ S Clinton St; Hauptgerichte 10–28 US$; ⊙ 16–2 Uhr) Das elegante Gasthaus im 1. Stock bringt Gerichte aus lokalen Zutaten auf den Tisch, und an der langen Cocktailbar werden Drinks ausgeschenkt, die es in sich haben. Montagabends werden Filmklassiker gezeigt und mindestens zweimal im Monat stehen donnerstags Jazzkünstler live auf der Bühne. Oft trifft man hier Professoren an, die während der *social hour* (Mo–Fr 16–18 Uhr) Cocktails und Kneipenessen zum halben Preis bestellen.

Ausgehen & Nachtleben

Sobald die Sonne untergeht, erwacht Iowa City zum Leben. Im Angebot ist von eleganten Cocktail Lounges bis hin zu pulsierenden Collegebars und Livemusik-Locations alles, was für gute Laune sorgt.

Dave's Fox Head Tavern BAR
(☎ 319-351-9824; 402 E Market St; ⊙ Mo–Sa 18–2 Uhr) Beliebter Treff der Teilnehmer des Writers' Workshop, die in den Nischen herumlümmeln und über Sprache diskutieren. Ist das nicht T.C. Boyle da drüben an der Tür?

Shoppen

Prairie Lights BÜCHER
(☎ 319-337-2681; www.prairielights.com; 15 S Dubuque St; ⊙ Mo–Sa 10–21, So bis 18 Uhr) Ein Buchladen, der des Iowa Writers' Workshop würdig ist.

An- & Weiterreise

Iowa City liegt etwa 115 Meilen (185 km) östlich von Des Moines am I-80. Nach Davenport sind es in gleicher Richtung noch einmal weitere 55 Meilen (88 km) auf demselben Highway. Busse von Burlington Trailways (www.burlingtontrailways.com) verbinden Iowa City mit Des Moines (18 US$, 2 Std.), Davenport (12 US$, 1 Std.) und einigen weiteren Städten der Region.

Amana-Kolonien

Diese sieben Dörfer liegen gleich nordwestlich von Iowa City an einer 17 Meilen (27 km) langen Schleife. Die Dörfer wurden zwischen den Jahren 1855 und 1861 von Inspirierten (Anhängern von Inspirationsgemeinden) als deutsche religiöse Gemeinschaften gegründet, die bis zur Weltwirtschaftskrise ein utopisches Leben ohne Privateigentum und Lohnzahlungen führten. Anders als die Amischen und die Mennoniten sind die Inspirierten der modernen Technik (und auch dem Tourismus) gegenüber aufgeschlossen.

Heute geben die sieben gut erhaltenen, zurückhaltend-geschmackvollen Dörfer einen Einblick in eine einzigartige Kultur, und es werden kunsthandwerkliche Gegenstände, Käse, Backwaren und Weine zum Kauf angeboten. Fast alles, was hier zum Verkauf steht, wird von den Einwohnern des jeweiligen Dorfes selbst hergestellt.

Im **Amana Colonies Visitors Center** (☎ 319-622-7622; www.amanacolonies.com; 622 46th Ave, Amana; ⊙ Mai–Okt. Mo–Sa 9–17, So 10–17 Uhr, Nov.–April tgl. 10–16 Uhr), das die Form eines Getreidespeichers hat, bekommt man die unverzichtbare Karte mit wesentlichen Informationen. Außerdem verleiht das Personal dort Fahrräder (die beste Möglichkeit, um die Gegend zu erkunden; Mai–Okt. 15 US$/Tag) und verkauft ein Ticket, das für alle Museen gilt (Erw. 7 US$).

Das Iowa City am nächsten gelegene Dorf ist Homestead, 20 Meilen (32 km) nordwestlich der Stadt. Die anderen Dörfer liegen an einer 17 Meilen (27 km) langen Schleife. Von Iowa City aus gibt es keine öffentlichen Verkehrsmittel, die hierher fahren.

Mt. Vernon

In einem Bundesstaat, der vor hübschen Städten nur so strotzt, ist Mt. Vernon eine der schönsten. Es liegt am historischen Lincoln Hwy – eine der ersten Routen, die quer über den Kontinent führten – und wartet mit von Bäumen gesäumten Straßen auf, an denen sich Antiquitätenhändler, Kunstgalerien und eklektische kleine Läden drängen.

Schlafen & Essen

Brackett House B & B $$
(☎319-560-5904; www.bracketthousebnb.com; 418 2nd St SW; Zi. 125–150 US$;) Das reizende B & B wird vom angrenzenden Cornell College betrieben und hat vier geräumige Zimmer, von denen drei über eine sonnige Veranda mit Vordach verfügen. Die Deko ist modern und die Lage perfekt für einen kurzen Spaziergang ins Zentrum.

Big Grove Brewery MODERN-AMERIKANISCH $$
(☎319-624-2337; www.biggrovebrewery.com; 101 W Main St, Solon; Hauptgerichte 9–30 US$; ⌚Küche Di–So 11–21 Uhr) Diese Brauerei macht mit ihrer wunderbaren Hausmannskost aus Iowa, die alle Klischees erfüllt, wirklich alles richtig. Die Zutaten sind saisonal und regional und passen hervorragend zu den vor Ort gebrauten Bieren. Zu finden 10 Meilen (16 km) südlich von Mt. Vernon im Nachbarort Solon.

Praktische Informationen

Im **Mt. Vernon Visitors Center** (☎319-210-9935; www.visitmvl.com; 311 1st St NW; ⌚Mo–Fr 9–16 Uhr) bekommt man eine Karte, mit der man auf eigene Faust eine Audioführung durch die historische Altstadt unternehmen kann.

An- & Weiterreise

Mt. Vernon liegt 20 Meilen (32 km) nördlich von Iowa City an der IA-1. Eine öffentliche Verkehrsverbindung zwischen den beiden Städten gibt es nicht.

Dubuque

Die historische Stadt mit ihren viktorianischen Häusern aus dem 19. Jh., die die schmalen Straßen zwischen dem Mississippi und sieben steilen Kalksteinhügeln säumen, bildet die ideale Basis für Erkundungen entlang der Great River Road. Der 14,5 km lange Weg am Ufer entlang lädt zu einem Spaziergang ein. Alternativ unternimmt man eine Rundfahrt mit einem Flussboot oder erkundet die Viertel der Stadt, die sich mitten in einer urbanen Transformation befinden – dort wird alten Fabriken in Form von Läden, Bars und Restaurants neues Leben eingehaucht.

Sehenswertes

★**National Mississippi River Museum & Aquarium** MUSEUM
(☎563-557-9545; www.rivermuseum.com; 350 E 3rd St; Erw./Kind 15/10 US$; ⌚Juni–Aug. 9–18 Uhr, Sept.–Mai 10–17 Uhr) In diesem eindrucksvollen Museum, das Teil eines umfangreichen, neu gestalteten Komplexes am Mississippi ist, erfahren Besucher alles über das Flussleben in all seinen Ausprägungen und Facetten. Die Ausstellungen drehen sich etwa um die Dampfschifffahrt, aquatisches Leben und indigene Völker am Fluss.

4th Street Elevator STANDSEILBAHN
(www.fenelonplaceelevator.com; Ecke 4th St & Bluff; hin & zurück Erw./Kind 3/1,50 US$; ⌚April–Nov. 8–22 Uhr) Die 1882 erbaute Standseilbahn erklimmt vom Zentrum aus einen steilen Hügel, von dem die Aussicht grandios ist.

Schlafen & Essen

Hotel Julien HISTORISCHES HOTEL $$
(☎563-556-4200; www.hoteljuliendubuque.com; 200 Main St; Zi. 120–250 US$;) Das achtstöckige historische Hotel Julien wurde 1915 gebaut und gehörte einst Al Capone. Nach einer aufwendigen Modernisierung kommt es nun sehr elegant daher und ist ein perfektes Gegenstück zu den vielen Kettenhotels.

Brazen Open Kitchen AMERIKANISCH $$
(☎563-587-8899; www.brazenopenkitchen.com; 955 Washington St; Hauptgerichte 12–30 US$; ⌚Di–Do 16.30–21, Fr & Sa bis 22 Uhr) Die poetische Speisekarte dieses stilvollen Restaurants mit bernsteinfarbener Beleuchtung im Millwork District ist nach folgenden Kategorien eingeteilt: Wurzeln + Erde, Mehl + Wasser, Farm + Fisch. Die darunter gelisteten Gerichte der modern-amerikanischen Küche, die sich ihre Inspirationen aus der ganzen Welt holt, sind ein Traum. Zudem gibt's eine beträchtliche Weinkarte und kreative Cocktails, die an der langen Bar aus Holz serviert werden.

Praktische Informationen

Das **Visitor Center** (☎800-798-8844; www.traveldubuque.com; 280 Main St; ⌚April–Nov.

Mo–Sa 9–17, So 10–15 Uhr, Dez.–März Mo–Fr 9–17, Sa 10–16 Uhr) in der Downtown hält Informationen zur gesamten Region und zum Bundesstaat bereit.

An- & Weiterreise

Dubuque liegt etwas mehr als drei Autostunden westlich von Chicago und ist über den US 20 und die I-90 zu erreichen. Es liegt etwa auf halber Strecke der Great River Road und rund 1½ Stunden von Cedar Valley, Davenport und Iowa City entfernt. Greyhound (www.greyhound.com) bedient diese Route von Chicago (45 US$, 4½ Std.) aus, während Burlington Trailways (www.burlingtontrailways.com) die besten Verbindungen weiter nach Iowa bietet.

Cedar Valley

In **Waterloo**, in dem fünf Traktorenfabriken von John Deere stehen, hat man endlich die Chance, an eines der beliebten grün-gelben Basecaps zu kommen, die man im ganzen mittleren Teil der USA so oft zu Gesicht bekommt. In dem ansonsten eher düsteren Stadtzentrum gibt es einige alte, stattliche Gebäude zu bewundern. Das nahe gelegene **Cedar Falls** ist Waterloos schicke kleine Schwester und punktet mit einer schiefen Main St voller Boutiquen und Cafés, die zu einer Stärkung einladen. Beide Städte liegen im Herzen des Cedar Valley, einem Hotspot für Erholung in der Natur mit zahlreichen Rad- und Wanderwegen sowie Wasseraktivitäten.

Geführte Touren

Tractor Assembly Tours GEFÜHRTE TOUR
(☎319-292-7668; www.deere.com; 3500 E Donald St, Waterloo; ⊙Führungen Mo–Fr 8, 10 & 13 Uhr) GRATIS Bei den unterhaltsamen und kostenlosen Führungen auf einem Traktor erfahren die Besucher, wie diese Fahrzeuge hergestellt werden. Das Mindestalter für die Teilnahme liegt bei 13 Jahren, und man muss vorher reservieren.

Schlafen & Essen

★ **Blackhawk Hotel** HISTORISCHES HOTEL $$
(☎319-277-1161; www.theblackhawkhotel.com; 115 Main St, Cedar Falls; Zi. 90–170 US$; P ❄ 📶) Dies ist das am längsten ununterbrochen betriebene Hotel westlich des Mississippi und ein Schmuckstück im Herzen von Cedar Falls. Es wurde 1853 eröffnet und 2012 umfangreich renoviert und hat schon Gäste wie die Beach Boys und Ex-Präsident Bill Clinton beherbergt. Im dem historischen Hotel selbst gibt's 28 Zimmer, das modernere Gebäude dahinter hat noch einmal 15 günstigere Optionen.

★ **Galleria De Paco** ITALIENISCH $$
(☎319-833-7226; 622 Commercial St, Waterloo; Hauptgerichte 15–35 US$; ⊙Di–Do 17–22, Fr & Sa bis 24 Uhr) Michelangelo brauchte für das Bemalen der Decke in der Sixtinischen Kapelle vier Jahre, Evelin „Paco" Rosic hat die halb so große Nachahmung des Kunstwerks mit Sprühfarbe in nur vier Monaten auf die Decke seines italienischen Lokals in der Downtown von Waterloo gezaubert. Das total überzogene Restaurant lockt Gäste zwar mit seiner überschwänglichen Theatralik, aber auch die Gourmetmenüs lassen keine Wünsche offen.

An- & Weiterreise

Cedar Valley ist von Des Moines, Dubuque und Iowa City etwa gleich weit entfernt und jeweils in etwa 1½ Stunden mit dem Auto zu erreichen. Burlington Trailways (www.burlingtontrailways.com) betreibt täglich Busse von Waterloo nach Iowa City (34 US$, 2 Std.) und Dubuque (34 US$, 2 Std.).

NICHT VERSÄUMEN

SILOS & SMOKESTACKS NATIONAL HERITAGE AREA

Das Silos & Smokestacks National Heritage, das sich über 37 Countys im Nordosten Iowas erstreckt, wird vom National Park Service ausgewiesen und verwaltet. Es umfasst über 100 Stätten und Regionen, die an die industrielle Vergangenheit und an die frühere Bilderbuchlandwirtschaft der Region erinnern. Einige der Highlights sind die malerischen Steilufer des **Effigy Mounds National Monument** (☎563-873-3491; www.nps.gov/efmo; Hwy 76, Marquette; ⊙Juni–Aug. 8–18 Uhr, Sept.–Mai bis 16.30 Uhr) GRATIS, die rustikalen Dörfer der Amana-Kolonien und die informativen Ausstellungen des National Mississippi River Museum & Aquarium. Das Gebiet besteht vorwiegend aus Nebenstraßen. Sehr hilfreich ist der jährlich veröffentlichte Guide *Silos & Smokestacks*, der in Hotels und Visitor Centers ausliegt; außerdem kann man sich auf der Seite www.silosandsmokestacks.org informieren.

ABSTECHER

IOWAS GREAT RIVER ROAD

Iowas Great River Road führt überwiegend am Mississippi und dem östlichen Rand des Bundesstaats entlang. Sie setzt sich aus mehreren Landstraßen zusammen und durchquert einige herrlich isoliert liegende Städte am Mississippi. Im äußersten Nordosten Iowas fährt man in **Lansing**, einem hübschen Erholungsort mit einem großartigen Panoramablick auf drei Staaten vom **Mt. Hosmer Park**, auf die Straße auf.

Im Effigy Mounds National Monument (S. 731) weiter im Süden befinden sich auf den Klippen hoch über dem Mississippi Hunderte geheimnisvoller Grabhügel der amerikanischen Ureinwohner. Beim Wandern auf den von üppigem Grün umgebenen Wegen wird man von Vogelgezwitscher begleitet.

Als nächstes erreicht man die benachbarten Orte **Marquette** und **McGregor**. Beide sind reizende historische Dörfer, deren Hauptstraßen zu einem kurzen Bummel einladen. McGregor ist das Tor zum **Pikes Peak State Park** (☎563-873-2341; https://iowastateparks.reserveamerica.com; 32264 Pikes Peak Rd, McGregor; Parkeintritt frei, Stellplatz Mai–Sept. 11 US$, Okt.–April 6 US$), ein Naturschutzgebiet am Zusammenfluss des Wisconsin River und des Mississippi mit zehn miteinander verknüpften Wanderpfaden und einem Campingplatz auf einem Hügel, von dem aus man einen weitschweifenden Ausblick auf die Umgebung hat.

Dann geht's hinunter nach **Guttenberg**, eine moderne Stadt, deren Hauptstraße am Flussufer von Geschäften und Restaurants gesäumt ist. Danach folgt das regionale Zentrum Dubuque (S. 730), wo das beeindruckende National Mississippi River Museum & Aquarium (S. 730) über das Leben auf dem Mississippi informiert. Es ist Teil des riesigen neu erschlossenen Ufergebiets, und seine Ausstellungen behandeln Themen wie die Dampfschifffahrt, aquatisches Leben und das Leben indigener Völker am Fluss.

An einem besonders reizvollen Abschnitt der Straße südlich von Dubuque liegt **Bellevue**, dessen schöner Flussblick und grüne, idyllische Landschaften seinem Namen alle Ehre machen. In der alten Getreidemühle **Potter's Mill** (☎563-872-3838; www.pottersmill.net; 300 Potter Dr, Bellevue; Hauptgerichte 10–16 US$; ⊙So–Do 11–20, Fr & Sa bis 22 Uhr, Okt.–April Mo geschl.) kann man sich bei einem Zwischenstopp die herzhafte Küche des Südens der USA schmecken lassen und dabei dem live gespielten Jazz und Blues lauschen.

Ab hier wird die Landschaft immer flacher und der Blick weiter. Bald schon sind die geschäftigen Straßen von Davenport (S. 727) erreicht, die größte der sogenannten Quad Cities. Weiter im Süden liegt **Burlington** mit seinem hervorragenden Visitor Center. Es bietet sich für eine kurze Pause an, bevor die Reise nahe dem **Old Madison Fort**, einem Nachbau der ältesten Militärgarnison des Mittleren Westens am oberen Lauf des Mississippi, zu Ende geht.

Mehr Infos zur gesamten Great River Road finden sich auf www.iowagreatriverroad.com.

NORTH DAKOTA

Im wunderbar einsamen North Dakota erstrecken sich die Getreidefelder – im Frühjahr und Sommer grün, im Herbst gelbbraun, im Winter weiß – so weit das Auge reicht. Abgesehen von den zerklüfteten Badlands im äußersten Westen ist das Land ziemlich flach. Meistens verstellen allenfalls die Ruinen eines alten, aufgegebenen Gehöfts den Blick zum Horizont.

Dies ist einer der am wenigsten besuchten Bundesstaaten der USA. Das hat aber den Vorteil, dass man recht ungestört über die Fernstraßen brausen kann. Hier kann man sich wunderbar auf einsamen Landstraßen verirren und die herrliche Einöde genießen. Man sollte auch nicht vergessen, eine Pause einzulegen, um die Wiesenlerchen singen zu hören.

Trotz der scheinbar endlosen Getreidefelder beruht die Wirtschaft des Staates heute vor allem auf den großen Ölvorkommen im Westen. Die steigenden Energiepreise haben einst dahinsiechende Ortschaften wie Williston und Watford City in Boomtowns mit Wohnwagensiedlungen für die Ölfeldarbeiter und mit von Schwerlastern verstopften und ramponierten Straßen verwandelt, über die ununterbrochen Tanklastzüge rollen.

Praktische Informationen

North Dakota Bed & Breakfast Association (www.ndbba.com)

North Dakota State Parks (www.parkrec.nd.gov) Der Besuch mit dem Fahrzeug kostet 5/25 US$ pro Tag/Jahr. Fast die Hälfte der Stellplätze auf den Campingplätzen der Parks kann reserviert werden. Pro Nacht kosten sie zwischen 12 und 30 US$. Viele Parks bieten als Übernachtungsoptionen auch Tipis (35 US$) und Hütten (55 US$) an.

North Dakota Tourism (www.ndtourism.com)

Fargo

Die größte Stadt North Dakotas wurde nach der Wells Fargo Bank benannt und war ein Handelsposten für Pelze, außerdem Pionierstadt, Hauptstadt für Schnellscheidungen und Zufluchtsort von Teilnehmern am staatlichen Zeugenschutzprogramm – und schließlich gibt es auch noch das Fargo aus dem gleichnamigen Film der Cohen-Brüder (der wurde aber auf der anderen Seite des Red River in Minnesota gedreht). Einen Akzent, der sehr an die unvergessliche, von Frances McDormand gespielte Filmfigur erinnert, hört man hier trotzdem ziemlich häufig. Vom Filmruhm mal abgesehen, gibt es hier nicht viel zu entdecken. Die hübschen Ziegelsteingebäude des Zentrums rechtfertigen aber doch einen kleinen Abstecher und eine Übernachtung.

Sehenswertes

Plains Art Museum MUSEUM

(☎701-551-6100; www.plainsart.org; 704 1st Ave N; Erw./Kind 7,50 US$/frei; ⌚Di, Mi, Fr & Sa 11–17, Do bis 21 Uhr) Dieses kleine ambitionierte Museum in einem renovierten Lagerhaus zeigt anspruchsvolle Ausstellungen. Die ständige Sammlung umfasst auch zeitgenössische Werke von amerikanischen Ureinwohnern.

Fargo Woodchipper FILMSCHAUPLATZ

(☎701-282-3653; www.fargomoorhead.org; 2001 44th St, I-94, Ausfahrt 348; ⌚Juni–Aug. Mo–Fr 7.30–20, Sa & So 10–18 Uhr, Mai–Sept. Mo–Fr 8–17, Sa 9–16 Uhr) GRATIS Fargo kostet den Ruhm, den ihm der gleichnamige Film eingebracht hat, redlich aus; das sieht man ganz deutlich im Visitor Center der Stadt, in dem sich der Original-Häcksler befindet, in dessen Schlund Gaear in einer berühmten Szene die Reste von Carls Leichnam stopft und dabei von Marge entdeckt wird. Besucher können sie mit Hüten im Stil des Films nachspielen und ein künstliches Bein hineinstopfen (beides wird gestellt) – natürlich ohne Leiche!

Schlafen & Essen

★**Hotel Donaldson** HOTEL $$

(☎701-478-1000; www.hoteldonaldson.com; 101 Broadway; Zi. ab 185 US$; ❄@📶) Die einstige Absteige wurde stilvoll und elegant umgestaltet und bietet heute 17 luxuriöse Suiten, die alle von einem hiesigen Künstler gestaltet wurden. Außerdem locken hier das schickste Restaurant der Stadt, eine Dachbar und ein Whirlpool! Jeden Abend um 17 Uhr gibt's kostenlos Wein und Käse.

Wurst Bier Hall DEUTSCH $

(☎701-478-2437; www.wurstfargo.com; 630 1st Ave N; Hauptgerichte 6–12 US$; ⌚11–24 Uhr) In dieser stets gut besuchten Bierkneipe nach deutschem Vorbild werden einfallsreiche Würstchen-Sandwiches und exotische Fleischgerichte serviert. Zudem gibt's eine kreative Liste von Fassbieren und sogar einige Gerichte mit Fleischersatz und glutenfreie Alternativen.

An- & Weiterreise

Der **Hector International Airport** (FAR; http://fargoairport.com; 2801 32nd Ave N) liegt 3 Meilen (4,8 km) nordwestlich von Fargo und wird ab regionalen Drehkreuzen wie Chicago, Minneapolis und Denver angeflogen. Jefferson Lines (www.jeffersonlines.com) schickt täglich Busse nach Bismarck (40 US$, 3 Std.) und Minneapolis (45 US$, 4½ Std.).

Bismarck

Wie auch die umliegenden Weizenfelder ist Bismarck, die Hauptstadt North Dakotas, mit einem kurzen, aber prächtigen Sommer gesegnet. In der übrigen Zeit duckt sich die kleine Stadt vor dem langen Winter, wenn die durchschnittlichen Tiefsttemperaturen bei –20 °C liegen. In der kompakten Innenstadt findet sich eine tolle Auswahl an Geschäften und Restaurants, die städtische

MOUNTAIN STANDARD TIME IN NORTH DAKOTA

Das südwestliche Viertel von North Dakota einschließlich Medora tickt nach der Mountain Standard Time; hier ist es eine Stunde früher als im Rest des Staates, wo die Central Standard Time gilt.

ABSTECHER

ELDON

Im winzigen Eldon, ca. 90 Meilen (145 km) südöstlich von Des Moines, kann man einfach irgendein „Werkzeug" aus dem Kofferraum nehmen und sich damit für seine ganz individuelle Version des berühmten Gemäldes *American Gothic* (1930) in Positur werfen. Das Originalhaus steht gegenüber vom **American Gothic House Center** (☎641-652-3352; www.americangothichouse.net; American Gothic St; ⌚Di–Sa 10–17, So & Mo 13–16 Uhr) GRATIS, welches das Kunstwerk interpretiert, das Millionen Parodien inspiriert hat. Es verleiht sogar Kostüme für individuelle Selfie-Parodien. Das Gemälde selbst hängt im Art Institute of Chicago.

Ausdehnung darum herum ist aber nur wenig inspirierend.

Sehenswertes

★ **North Dakota Heritage Center** MUSEUM
(☎701-328-2666; www.history.nd.gov; 612 East Boulevard Ave, Capitol Hill; ⌚Mo–Fr 8–17, Sa & So 10–17 Uhr) GRATIS Im North Dakota Heritage Center hinter der Sacagawea-Statue erfährt man Genaueres über ein buntes Sammelsurium, das von norwegischen Junggesellen-Farmern bis zu Atombomben und Raketen, die im ganzen Staat in Silos lagern, reicht.

Fort Abraham Lincoln State Park HISTORISCHE STÄTTE
(www.parkrec.nd.gov; abseits des Hwy 1806; 5 US$/Fahrzeug, Führungen Erw./Kind 6/4 US$; ⌚Park 9–17 Uhr, Führungen Mai–Sept.) Das Highlight dieses Parks am Westufer des Missouri ist das **On-a-Slant Indian Village** mit fünf nachgebauten Erdhütten der Mandan. Im Fort selbst, das aus mehreren nachgebauten Gebäuden besteht, legte Custer vor der Schlacht am Little Bighorn einen letzten Stopp ein. Es befindet sich 7 Meilen (11 km) südlich von Mandan (oder ungefähr 13 Meilen (20 km) von der Innenstadt Bismarcks entfernt).

State Capitol HISTORISCHES GEBÄUDE
(☎701-328-2480; 600 E Boulevard Ave, Capitol Hill; ⌚Juni–Aug. Mo–Fr 8–16, Sa 9–16, So 13–16 Uhr, Sept.–Mai Mo–Fr 9–16 Uhr, Führungen stündlich außer 12 Uhr) GRATIS Das nüchtern wirkende State Capitol aus den 1930er-Jahren wird oftmals als „Wolkenkratzer der Prärie" bezeichnet und sieht von außen wie eine stalinistische Schule für Zahnmediziner aus. Innen gibt es aber immerhin ein paar Anflüge von Art déco. Im 18. Stock befindet sich eine Aussichtsterrasse.

Praktische Informationen

Bismarck-Mandan Visitor Center (☎701-222-4308; www.noboundariesnd.com; 1600 Burnt Boat Dr, I-94 Ausfahrt 157; ⌚Juni–Aug. Mo–Fr 8–19, Sa bis 17, So 10–16 Uhr, Sept.–Mai Mo–Fr 8–17 Uhr) Hat Unmengen an North-Dakota-Souvenirs für die Lieben zu Hause.

An- & Weiterreise

Der **Bismarck Airport** (BIS; www.bismarckairport.com; 2301 University Dr) liegt 3 Meilen (4,8 km) südöstlich der Stadt und wird ab regionalen Drehkreuzen wie Denver, Minneapolis und Chicago angeflogen. Jefferson Lines (www.jeffersonlines.com) schickt täglich Busse nach Fargo (40 US$, 3 Std.).

Theodore Roosevelt National Park

Nachdem der zukünftige Präsident Theodore Roosevelt mit Anfang 20 in nur wenigen Stunden seine Mutter und seine Frau verloren hatte, zog er sich von New York hierher an diesen einsamen Ort zurück. Es heißt, dass die Zeit, die er in den Dakota Badlands verbrachte, ihn zu einem engagierten Naturschützer machte, und während seiner Amtszeit ließ er 93 Mio. ha staatlichen Landes stilllegen, eine Fläche größer als Texas. Sein bleibendes Vermächtnis kann man im **Theodore Roosevelt National Park** (☎701-623-4466; www.nps.gov/thro; 7-Tages-Pass 25 US$/Fahrzeug) erkunden, einem der unterschätztesten Sterne am Parkhimmel.

In diesen surrealen Hügeln aus gestreifter Erde wimmelt nur so von Wildtieren: Es gibt Maultierhirsche, Wildpferde, Dickhornschafe, Elche, Bisons, etwa 200 Vogelarten und natürlich die ausgedehnten unterirdischen Anlagen der Präriehunde. Die beste Zeit, um Tiere zu beobachten, ist der Sonnenaufgang, der Sonnenuntergang lockt hingegen mit bewegenden Schattenspielen auf den einsamen Spitzkuppen, die noch einmal in leuchtenden Erdtönen erstrahlen, bevor sie vom Dunkel der Nacht in Empfang genommen werden.

Der Erholungsort Medora ist eine gute Ausgangsbasis mit komfortablen Unterkünften für jeden Geldbeutel. Im Park selbst gibt's zwei Campingplätze, darunter auch der beliebtere **Cottonwood Campground** (☎701-623-4466; www.recreation.gov; Stellplatz Zelt 7–14 US$; ⏲ganzjährig). Wer wild campen möchte, braucht eine kostenlose Genehmigung.

Medora ist der einzige Ort mit Restaurants in der Nähe des **South Unit Visitor Center** (abseits der Ausfahrten 24 & 27 der I-94, Medora; ⏲Juni–Aug. 8–18 Uhr, Sept.–Mai bis 16.30 Uhr), während das weniger attraktive Watford City näher an der weniger besuchten North Unit liegt.

Medora liegt 135 Meilen (217 km) westlich von Bismarck an der I-94. In der Region gibt es kein öffentliches Verkehrsnetz.

Rugby

Rugbys große Chance auf Berühmtheit wäre eigentlich die Tatsache, dass sich hier die geografische Mitte Nordamerikas befindet. Versuche, dies kommerziell auszunutzen, blieben bisher aber meist erfolglos. Selbst das winzige Schild des **Coffee Cottage** (☎701-776-7650; 106 Hwy 2 SW; Hauptgerichte 6–10 US$; ⏲Mo–Sa 8–20, So bis 16 Uhr) ist so unscheinbar, dass man höchstwahrscheinlich daran vorbeifahren wird. Dennoch eignet sich der Ort prima als Zwischenstopp zum Tanken und um etwas zu essen. Gleichzeitig kann man auch noch einen Blick ins **Prairie Village Museum** (☎701-776-6414; www.prairievillagemuseum.com; 102 US 2 SE; Erw./Kind 7/3 US$; ⏲Mitte Mai–Mitte Sept. Mo–Sa 8.30–17, So 12–17 Uhr) werfen.

Rugby liegt mit dem Auto etwa 2½ Stunden nordöstlich von Bismarck bzw. eine Stunde östlich von Minot. Der *Empire Builder* von Amtrak verkehrt zwischen Rugby und Fargo (34 US$, 3½ Std., 1-mal tgl.).

SOUTH DAKOTA

Sanft gewellte Prärien und flache, fruchtbare Täler prägen den Großteil dieses schier endlosen, schönen Bundesstaats. Doch im Südwesten ist die Hölle los – natürlich nur im weitesten Sinne: Der Badlands National Park ist die geologische Entsprechung eines Feuerwerks. Die Black Hills sind ganz großes Kino – majestätisch, herausfordernd, geheimnisvoll und auch frustrierend. Als Sehenswürdigkeit kommt nur noch die New Yorker Freiheitsstatue dem Mt. Rushmore gleich.

ℹ Praktische Informationen

Bed & Breakfast Innkeepers of South Dakota (www.southdakotabb.com)

South Dakota Department of Tourism (www.travelsd.com)

South Dakota State Parks (www.gfp.sd.gov) Fahrzeug pro Tag/Jahr 6/30 US$. Viele Stellplätze können reserviert werden (www.campsd.com; 11–21 US$/Nacht). Hütten gibt es ab 40 US$.

Sioux Falls

South Dakotas größte Stadt macht ihrem Namen im Falls Park gleich nördlich von Downtown alle Ehre: Hier fließt der Big Sioux River als breiter Strom über einige Felskaskaden. Gleich südlich davon befindet sich ein geschäftiges Innenstadtviertel mit einer florierenden Gourmetszene und einigen der besten Restaurants der Region.

Das **Visitor Information Center** (☎605-367-7430; www.visitsiouxfalls.com; 900 N Phillips Ave; ⏲April–Mitte Okt. 10–21 Uhr, Mitte Okt.–Apr kürzer) im Falls Park wartet mit Infos über die Stadt und einem Aussichtsturm auf.

Jefferson Lines (www.jeffersonlines.com) schickt Busse nach Rapid City (72 US$, 6 Std.), Fargo (50 US$, 4½ Std.) und Omaha (40 US$, 3½ Std.).

★ Falls Park PARK

In diesem malerischen, grasbedeckten Park kann man auf kleinen Wegen zur Hauptattraktion der Stadt spazieren: dem gleichnamigen Wasserfall. Der Falls Park ist bei verliebten Pärchen beliebt und hat ein schön gelegenes Café und gut platzierte Aussichtspunkte. Zwischen Mitte November und Mitte Januar verwandelt er sich in ein Winterwunderland mit 355 000 funkelnden Lichtern.

Old Courthouse Museum MUSEUM

(☎605-367-4210; www.siouxlandmuseums.com; 200 W 6th St; ⏲Mo–Mi & Fr 8–17, Do bis 20, Sa 9–17, So 12–17 Uhr) GRATIS Das aus den 1890er-Jahren stammende riesige restaurierte Gebäude aus rosa Quarzit zeigt auf drei Etagen wechselnde Ausstellungen über die Region.

★ MB Haskett Delicatessen MODERN-AMERIKANISCH $$

(☎605-367-1100; www.mbhaskett.com; 324 S Phillips Ave; Hauptgerichte 10–21 US$; ⏲So–Do 8–21, Fr & Sa bis 23 Uhr) In Michael Hasketts Café im Retrostil wird den ganzen Tag fantastisches Essen serviert, vom Frühstück bis zum Abendessen. Auf der immer wieder

ENCHANTED HIGHWAY

Am Enchanted Hwy, der von Ausfahrt 72 der I-94 32 Meilen (52 km) schnurgerade nach Süden führt, stehen riesige, bizarre Metallskulpturen von Menschen und Tieren der Region, die der Künstler Gary Greff geschaffen hat. Übernachten kann man in Greffs thematisch ausgerichtetem Motel, dem **Enchanted Castle** (☎701-563-4858; www.enchantedcastlend.com; 607 Main St, Regent; Zi. 100–135 US$; ❄@☜), einer umgebauten ehemaligen Grundschule mit Zinnen.

wechselnden Karte stehen Gerichte, die von den Jahreszeiten und von Einflüssen aus der ganzen Welt inspiriert sind. Am Wochenende gibt's abends Drei-Gänge-Menüs zum Festpreis.

Chamberlain

Chamberlain (Ausfahrt 263) liegt pittoresk an der Stelle der I-90, wo diese den milchigblauen Missouri quert. Die Stadt an der Ausfahrt 263 hat einige lohnenswerte Anlaufstellen, bei denen man mehr über die hiesigen Indianerstämme sowie die Expedition von Lewis und Clark erfährt, die auch durch diese Gegend führte.

Dies ist der interessanteste Abstecher von der I-90. Er liegt in einem riesigen Gebiet von South Dakota, das sich seit den Zusammenstößen der amerikanischen Ureinwohner und der US-Armee im 19. Jh. kaum verändert hat. Der **Native American Scenic Byway** (www.byways.org) beginnt in Chamberlain auf dem Hwy 50 und schlängelt sich 100 kurvenreiche Meilen (161 km) auf dem Hwy 1806 am Missouri entlang durch hügeliges, raues Land gen Nordwesten bis nach Pierre.

Chamberlain liegt ungefähr 100 Meilen (161 km) südöstlich von Pierre am Native American Scenic Byway. Es gibt einen Bus von Jefferson Lines (www.jeffersonlines.com), der täglich zwischen den beiden Orten verkehrt (35 US$, 1½ Std.).

★ Akta Lakota Museum & Cultural Center MUSEUM
(☎800-798-3452; www.aktalakota.org; 1301 N Main St; empfohlene Spende 5 US$; ⏲Mai–Okt. Mo–Sa 8–18, So 9–17 Uhr, Nov.–April Mo–Fr 8–16.30 Uhr) Dieses hervorragende Museum und kulturelle Zentrum an der St. Joseph's Indian School zeigt Ausstellungen zur Kultur der Lakota und zeitgenössische Kunst verschiedener Stämme. Im Souvenirladen gibt's vor Ort hergestellten Schmuck, Steppdecken und Traumfänger.

Lewis & Clark Information Center MUSEUM
(☎605-734-4562; I-90 Ausfahrt 264; ⏲Mitte Mai–Sept. 8.30–16.30 Uhr) GRATIS Geschichtsfans sollten die Raststätte oben am Hügel besuchen. Das Infozentrum zeigt Ausstellungen zu den beiden Forschern.

Pierre

Pierre (sprich: pier) liegt wirklich malerisch am Missouri und ist ein ganz guter Zwischenstopp mitten im Zentrum von South Dakota. Zudem ist es die Hauptstadt des Bundesstaats, aber einfach zu klein und zu gewöhnlich, um sich wie ein Zentrum der Macht anzufühlen.

Sehenswertes

South Dakota Cultural Heritage Center MUSEUM
(☎605-773-3458; www.history.sd.gov; 900 Governors Dr; Erw./Kind 4 US$/frei; ⏲Juni–Aug. Mo–Sa 9–18.30, So 13–16.30 Uhr, restliches Jahr bis 16.30 Uhr) Zu den Exponaten dieses in ökologischer Hinsicht bahnbrechenden Museums (es liegt komplett unter der Erde!) gehört ein blutiges Geistertanzhemd aus Wounded Knee.

State Capitol HISTORISCHES GEBÄUDE
(☎605-773-3011; 500 E Capitol Ave; ⏲Mo–Fr 8–19, Sa & So bis 17 Uhr) GRATIS Die kleinstädtischen viktorianischen Wohnhäuser rundum schauen auf das imposante, 1910 erbaute State Capitol mit seiner schwarzen Kupferkuppel. Man kann eine selbst geführte Tour machen (Broschüren hierfür gibt's im Untergeschoss) und sollte dabei besonders auf die Bodenmosaike und die Marmorsäulen achten.

Schlafen & Essen

Hitching Horse Inn B&B $
(☎605-494-0550; 635 N Euclid Ave; Zi. 70–100 US$; ❄☜) Diese gastfreundliche Herberge mit ihren vier Zimmern versprüht jede Menge verkannten Charme und ist im Gegensatz zu den meisten B&Bs im Mittleren Westen nicht mit muffigem Kram

vollgestopft. Zwei der Zimmer haben Whirlpools und im Erdgeschoss gibt's eine winzige Bier- und Weinbar mit Pferdedeko, die bei den Einheimischen sehr beliebt ist.

Cattleman's Club STEAK $$
(☎605-224-9774; www.cattlemansclubsteakhouse.com; 29608 Hwy 34; Hauptgerichte 8–30 US$; ⌚Mo–Sa 17–22 Uhr) Das berühmte Steakhaus, rund 6 Meilen (10 km) östlich der Stadt, bietet einen traumhaften Blick auf den Missouri, wird sich aber weigern, ein Filetsteak „durch" zu servieren (rosa-saftig ist ohnehin viel besser!).

An- & Weiterreise

Pier liegt genau in der Mitte South Dakotas und ist mit dem Auto (vorwiegend auf der I-90) etwa 3½ Stunden von Sioux Falls und drei Stunden von Rapid City entfernt. Jefferson Lines (www.jeffersonlines.com) schickt täglich Busse von Pierre nach Rapid City (30 US$, 3½ Std.) und Sioux Falls (34 US$, 4½ Std.).

Wall

Das in Wall ansässige Wall Drug macht schon Hunderte Meilen vor dem Ortsschild mithilfe Tausender Werbetafeln auf sich aufmerksam. Es spricht nichts dagegen, nachzugeben und anzuhalten.

Sehenswertes

★ **Wall Drug** HISTORISCHES GESCHÄFT
(☎605-279-2175; www.walldrug.com; 510 Main St; ⌚7–18 Uhr; 👪) Das Wall Drug ist wirklich eine erstaunlich nette Touristenfalle. Es gibt tatsächlich Kaffee für 0,05 US$, kostenloses Eiswasser, gute Donuts und genug Unterhaltung und Lockangebote, um jeden Fan von Ramsch und Tinnef zu begeistern. Doch mitten in dem ganzen Kram in diesem nachgebauten Frontier-Komplex befindet sich ein großartiger **Buchladen**, dessen Auswahl von Titeln zur Region zu den besten überhaupt gehört. Hinter dem Haus kann man auf dem Fabeltier **Jackalope** reiten und historische Fotos anschauen.

Story of Wounded Knee MUSEUM
(☎605-279-2573; www.woundedkneemuseum.org; 600 Main St; Erw./Kind 6 US$/frei; ⌚Mitte Mai–Mitte Okt. 9–17 Uhr) Das wichtige kleine Museum erzählt die weltberühmte Geschichte des Massakers von Wounded Knee mit Fotos und Berichten aus der Sicht der Lakota. Es ist aufschlussreicher als die eigentliche Stätte.

Praktische Informationen

National Grasslands Visitors Center (☎605-279-2125; www.fs.fed.us/grasslands; 798 Main St; ⌚Mo–Fr 8–16.30 Uhr) Das National Grasslands Visitors Center in Wall zeigt gute Ausstellungen über das komplexe, oft aber leider unterschätzte Ökosystem der Region.

An- & Weiterreise

Wall liegt nicht einmal eine ganze Autostunde östlich von Rapid City an der I-90. Ein täglich verkehrender Bus von Jefferson Lines (www.jeffersonlines.com) verbindet die beiden Orte (15 US$, 1 Std.).

Badlands National Park

Die außerirdisch anmutende, nur durch das fantastische Farbenspiel etwas sanfter wirkende Landschaft des **Badlands National Park** (☎605-433-5361; www.nps.gov/badl; Hwy 240; 7-Tages-Pass für den Park Fahrrad/Auto 10/20 US$) besteht aus spektakulären kahlen Felswänden und -spitzen, die in die trockene Luft zu stechen scheinen. Kein Wunder, dass die amerikanischen Ureinwohner sie *mako sica* (Badland) nannten! Blickt man von den verwitterten Wänden, die die Badlands umgeben, über die bizarren Formationen, wirken sie wie ein ausgedörrter Ozean.

Die **North Unit** des Parks kann man mit dem Auto in einem halben Tag sehen, wer aber etwas mehr Zeit mitbringt, sollte auch einige der kurzen Wanderwege mitnehmen,

ABSTECHER

MINUTEMAN MISSILE NATIONAL HISTORIC SITE

In den 1960er- und 1970er-Jahren waren 1000 Interkontinentalraketen des Typs Minutemen II in unterirdischen Silos gelagert und ständig in Bereitschaft, um ihre nur 30 Minuten entfernt liegenden Ziele in der Sowjetunion anzugreifen. Die Raketen wurden inzwischen abgebaut (modernere Modelle befinden sich noch immer an verschiedenen Orten im Norden der Great Plains unter der Erde). Die **Minuteman Missile National Historic Site** (www.nps.gov/mimi; I-90 Ausfahrt 131; Führung Erw./Kind 6/4 US$; ⌚8–16 Uhr) ist der erste Nationalpark, der dem Kalten Krieg gewidmet ist. Hier wurden ein Silo und die unterirdische Abschussvorrichtung bewahrt.

die einen direkt in dieses erdfarbene Wunderland bringen, darunter der surreale **Door Trail**, der nicht weit vom Ben Reifel Visitor Center (S. 738) startet. Die schwerer zugänglichen **South Units** liegen im Pine Ridge Indian Reservation und werden von Reisenden oft links liegengelassen. Zwischen den beiden Units verläuft der **Hwy 44**, der für die Fahrt zwischen den Badlands und Rapid City eine landschaftlich reizvolle Alternative darstellt.

Sehenswertes

★ Hwy 240 Badlands Loop Rd — GEBIET

Die meisten Reisenden besuchen die North Unit, und diese faszinierende Straße ist ihre Hauptverkehrsader. Sie ist problemlos von der I-90 (Ausfahrten 110 & 131) zu erreichen. Wer es eilig hat (und nicht hinter einem Wohnmobil herzuckelt), kann die Strecke gut in einer Stunde zurücklegen. Hier wimmelt es nur so von Aussichtspunkten und herrlichen Blicken, und auch Tiere werden häufig gesichtet.

Buffalo Gap National Grassland — NATURSCHUTZGEBIET

Die Badlands schützen zusammen mit dem sie umgebenden Buffalo Gap National Grassland das größte Präriegebiet der USA, mehrere Säugetierarten (darunter Bison und Schwarzfußiltis), Präriefalken und viele Schlangen. Das National Grasslands Visitors Center (S. 737) zeigt gute Ausstellungen zur ökologischen Vielfalt dieses Ökosystems, das man leicht zu Unrecht als „langweilig" abtun könnte, wenn man sich nicht darüber informiert.

ABSEITS DER ÜBLICHEN PFADE

MITCHELL: DER CORN PALACE

Der **Corn Palace** (☎605-995-8430; www.cornpalace.com; 604 N Main St; ⏰Juni–Aug. 8–21 Uhr, Sept.–Mai kürzer) ist der King der Roadside-Attraktionen. Er bewegt jedes Jahr über eine halbe Million Menschen dazu, vom I-90 abzufahren. Fast 300 000 Kornähren werden jedes Jahr benötigt, um die Tafeln mit Wandbildern an der Außenseite des Gebäudes neu anzufertigen. Wer die Bilder genau betrachtet, findet vielleicht ein Körnchen Wahrheit darin. Drinnen dokumentieren Fotos die Entwicklung der Fassade über die Jahre hinweg.

Schlafen

Im Park stehen dem Besucher zwei Campingplätze und eine Lodge zur Verfügung, die jedoch außerhalb der Saison geschlossen hat. Hotels finden sich an der I-90 in Kadoka und Wall. In der Nähe des südlichen Eingangs bei Interior gibt's auch Campingplätze und Gasthäuser. Außerhalb des Parks sind die Unterkünfte zwar günstiger, lassen aber den Zauber des Parks vermissen.

Praktische Informationen

Ben Reifel Visitor Center (☎605-433-5361; www.nps.gov/badl; Hwy 240; 7-Tages-Pass für den Park Fahrrad/Auto 10/20 US$; ⏰Juni–Aug. 8–19 Uhr, April, Mai, Sept. & Okt. bis 17 Uhr, Nov.–März bis 16 Uhr) Im größten Besucherzentrum des Parks gibt's gute Ausstellungen und Tipps, wo man das Auto stehen lassen kann, wenn man die geologischen Wunder aus der Nähe bestaunen will.

White River Visitor Center (Hwy 27; ⏰Juni–Aug. 9–16 Uhr) Kleine Informationsstelle in der wenig besuchten Stronghold Unit.

Anreise & Unterwegs vor Ort

Der Badlands National Park liegt 60 Meilen (97 km) östlich von Rapid City; die Ausfahrt von der I-90 bei Wall nehmen. Es gibt keine öffentlichen Verkehrsmittel zum (oder im) Park.

Pine Ridge Indian Reservation

Die Heimat der Lakota Oglala-Sioux liegt südlich des Badlands National Park und ist einer der ärmsten Landstriche der USA: Mehr als die Hälfte der Bevölkerung lebt unterhalb der Armutsgrenze. Obwohl die Stätte manchmal ein bisschen viel verstörende Realität verströmt, sind Besucher hier herzlich willkommen. Man sollte den Sender KILI (90,1 FM) einschalten, hier wird oft traditionelle Musik gespielt.

Geschichte

Im Jahr 1890 verbreitete sich der neue Geistertanzkult wie ein Lauffeuer. Seine Anhänger unter den Lakota glaubten, die Ahnen würden zurückkehren und den weißen Mann vernichten. Bei den Soldaten und Siedlern in der Region kam Furcht auf, und die frenetischen Kreistänze wurden alsbald verboten. Die 7. US-Kavallerie umstellte eine Gruppe der Lakota unter Häuptling Big Foot und führte sie zu dem Dorf Wounded Knee.

Am 29. Dezember löste sich (niemand weiß, wer dafür verantwortlich war) ein Schuss, als die Soldaten gerade begannen, die Ureinwohner auf Waffen zu durchsuchen. Es folgte ein entsetzliches Massaker, dem mehr als 250 Männer, Frauen und Kinder, überwiegend unbewaffnet, zum Opfer fielen: eine der schändlichen Untaten in der US-Geschichte. Auch 25 Soldaten wurden getötet.

Sehenswertes

Stätte des Massakers von Wounded Knee HISTORISCHE STÄTTE

(Hwy 27) Ein verblichenes Schild markiert die Stätte des Massakers, die 16 Meilen (26 km) nordöstlich der Stadt Pine Ridge liegt. Es ist sinnvoll, sich vor der Besichtigung über die damaligen Ereignisse zu belesen. Das Massengrab befindet sich oben auf dem Hügel in der Nähe einer **Kirche** und wird oft von Leuten besucht, die auf Spenden hoffen. Jeden Tag tauchen inmitten der Steine, auf denen Dutzende Namen wie Horn Cloud stehen, kleine Denkmäler auf. Die Stätte ist ein trister Ort mit weiter Aussicht.

Red Cloud Heritage Center MUSEUM

(www.redcloudschool.org; 100 Mission Dr, Pine Ridge; ⏲ Juni–Aug. Mo–Sa 8–18, So 10–17 Uhr, Sept.–Mai Di–Sa 9–18 Uhr) GRATIS Das ausgezeichnete Kunstmuseum zeigt traditionelle und zeitgenössische Werke und hat einen Laden, in dem lokales Kunsthandwerk verkauft wird. Beeindruckend sind die nach dem Massaker von Wounded Knee aufgenommenen Fotos der gefrorenen Leichen, in deren Gesichtern der Schock festgeschrieben ist. Das Center liegt 4 Meilen (6,4 km) nördlich der Stadt Pine Ridge am Hwy 18 bei der Red Cloud Indian School.

An- & Weiterreise

Der Ort Pine Ridge liegt ganz in der Nähe der Grenze zu Nebraska, etwa zwei Autostunden südlich von Rapid City. Die Region wird nicht von öffentlichen Bussen angefahren.

Black Hills

Die Black Hills gelten als immergrüne Inseln in einem Meer von mit Grasland bedeckten Hochebenen. Die atemberaubende Region an der Grenze zwischen Wyoming und South Dakota zieht mit ihren gewundenen Canyons und malerisch verwitterten, bis zu 2100 m hohen Gipfeln viele Besucher in ihren Bann. Der Name der Region, „schwarze Hügel“, leitet sich von den düsteren, mit Ponderosa-Kiefern bewachsenen Hängen ab und wurde von den Lakota-Sioux übernommen. Im 1868 geschlossenen Vertrag von Fort Laramie wurde den Ureinwohnern zugesichert, dass ihnen das Land für immer gehören sollte. Doch nach der Entdeckung von Gold hielt man sich nicht mehr an die Vereinbarung, und die Sioux wurden nur sechs Jahre später auf wertloses Land in der Ebene vertrieben. Der Film *Der mit dem Wolf tanzt* (1990) behandelt einige Kapitel aus dieser Geschichte.

Wer die idyllischen Nebenstraßen, die Höhlen, Bisonherden, Wälder und Denkmäler wie Mt. Rushmore oder das Crazy Horse Monument erforschen und die Outdoor-Aktivitäten (Ballon, Rad und Boot fahren, klettern, angeln, wandern, Ski-Abfahrt oder Goldwäsche) ausprobieren möchte, braucht mehrere Tage Zeit. Zwischen all den Attraktionen lauern an manchen Ecken allerdings auch grelle Touristenfallen.

Die US 385, die malerische Achse der Black Hills, zieht sich 90 Meilen (145 km) von Deadwood nach Hot Springs und darüber hinaus. Zwischen schönen Wiesen und dunklen Nadelwäldern finden sich am Straßenrand Attraktionen wie Präsidenten aus Wachs, mechanisch gesteuerte Bestien und eine alle Rekorde brechende Teddybär-Sammlung.

> NICHT VERSÄUMEN
>
> **JEWEL CAVE NATIONAL MONUMENT**
>
> Wer nur eine der Höhlen der Black Hills besuchen kann, ist mit dem **Jewel Cave National Monument** (☎ 605-673-8300; www.nps.gov/jeca; abseits der US 16; Führung Erw. 4–31 US$, Kind frei–8 US$; ⏲ Visitor Center Juni–Sept. 8–17.30 Uhr, Okt.–Mai 8.30–16.30 Uhr) gut beraten. Es liegt 13 Meilen (21 km) westlich von Cluster und wurde nach den Kalzitkristallen benannt, die fast alle Wände säumen. Bisher wurden 300 km der Höhle vermessen (das sind 3 % der geschätzten Gesamtgröße); damit ist sie die drittlängste bekannte Höhle der Welt.

Praktische Informationen

In den Black Hills gibt es Hunderte von Hotels, Hütten und Campingplätzen. Ihre Preise

Black Hills & Badlands National Park

schießen im Sommer wie die beeindruckenden Geysire in die Höhe; dann sind Reservierungen unerlässlich. Wenn möglich, sollte man die Zeit der **Sturgis Motorcycle Rally** (☎ 605-720-0800; www.sturgismotorcyclerally.com) Anfang August meiden, wenn Verkehrsrowdys die Straßen unsicher machen und die Zimmer belagern. Zwischen Oktober und April sind viele Einrichtungen geschlossen.

Das **Black Hills Visitor Center** (☎ 605-355-3700; www.blackhillsbadlands.com; I-90 Ausfahrt 61; ⏰ Juni–Aug. 8–19 Uhr, Sept.–Mai bis 17 Uhr) hält für den Besucher Unmengen an Infos und Apps fürs Handy bereit.

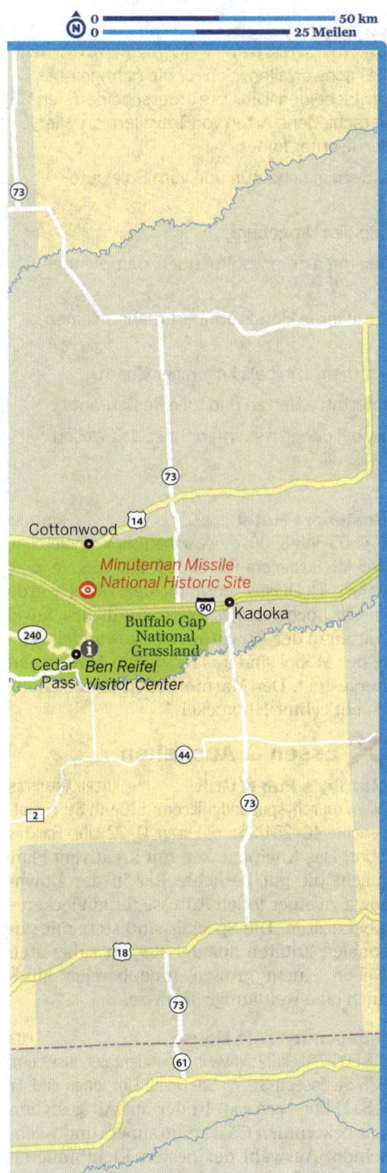

Anreise & Unterwegs vor Ort

Der **Rapid City Regional Airport** (RAP; www.rcgov.org/departments/airport.html; 4550 Terminal Rd) liegt 9 Meilen (14,5 km) südöstlich von Rapid City und wird ab Las Vegas, Houston und Atlanta angeflogen. Jefferson Lines (www.jeffersonlines.com) schickt einmal täglich einen Bus quer durch South Dakota nach Sioux Falls (72 US$, 6 Std.), der auch in Wall und Mitchell hält.

Es gibt keine öffentlichen Verkehrsmittel in die (oder in den) Black Hills. Am besten reist man also mit dem eigenen Auto (oder Fahrrad) an.

Rapid City

„Rapid" ist die würdige Hauptstadt der Region. Ihr weltoffenes Flair zeigt sich am besten in der faszinierenden, munteren Downtown, die sich prima zu Fuß erkunden lässt. Mit ihren gut erhaltenen Backsteingebäuden, in denen hochwertige Läden und gehobene Restaurants untergebracht sind, ist sie eine gute städtische Ausgangsbasis für die Erkundung der Black Hills, besonders für diejenigen, die auf einen gewissen Komfort nicht verzichten wollen.

Sehenswertes

Im Black Hills Visitor Center und im Visitor Center der Stadt bekommen Besucher eine Broschüre für einen Stadtspaziergang zu den historischen Gebäuden und öffentlichen Kunstwerken von Rapid. Wasserspaß gibt es in Downtown auf dem **Main St Square**, auf dem auch regelmäßig Veranstaltungen stattfinden. Ganz in der Nähe in der **Art Alley** (nördl. der Main St zw. 6th St & 7th Sts) haben urbane Graffiti und Pop Art eine gewöhnliche Gasse in ein buntes Kaleidoskop verwandelt. Und neben den Statuen der Präsidenten stehen in der ganzen Stadt auch **Dinosaurierstatuen**.

Die Betreiber von familienfreundlichen, aber unverhohlen kitschig-touristischen Attraktionen versuchen entlang des Hwy 16 auf dem Weg zum Mt. Rushmore, Besuchern das Geld aus der Tasche zu ziehen.

★ **Statues of Presidents** STATUE
(www.presidentsrc.com; 631 Main St; ⏲Infocenter Juni–Sept. Mo–Sa 12–21 Uhr) Die lebensgroßen Statuen, vom rastlos schauenden Nixon bis zum triumphierenden Harry Truman, stehen an Ecken im ganzen Zentrum. Insgesamt sind es 42. Stadtpläne gibt's im Internet.

Journey Museum & Learning Center MUSEUM
(☎605-394-6923; www.journeymuseum.org; 222 New York St; Erw./Kind 10/7 US$; ⏲Juni–Aug. Mo–Sa 9–19, So 11–17 Uhr, Sept.–Mai Mo–Sa 10–17, So 13–17 Uhr; 👪) Vier Museen in einem! Der imposante Komplex im Stadtzentrum beschäftigt sich mit der Geschichte der Region

WO ÜBERNACHTEN IN DEN BLACK HILLS?

Bei so vielen Ferienorten auf einem Fleck kann es schwerfallen, sich für die richtige Ausgangsbasis für seine Black-Hills-Abenteuer zu entscheiden. Die Orte unterscheiden sich allesamt extrem voneinander, und alle locken verschiedene Arten von Travellern an. Hier ein kurzer Überblick, damit man seinen Favoriten leichter findet:

Deadwood Verführt dazu, es modernen Glückrittern gleichzutun und vom Spielautomaten aus Zeuge gestellter Duelle zu werden.

Hill City Entspannung pur in einer friedlichen alpinen Umgebung.

Hot Springs Hier wird jeder abenteuerreiche Tag mit einem wohltuenden, dampfenden Bad beschlossen.

Keystone Die familienfreundliche Hauptstraße mit ihren Hotels erinnert mehr an einen Freizeitpark als an eine Stadt.

Lead Ein ungeschliffenes Juwel, wo Authentizität mehr zählt als kitschiger Charme.

Rapid City Das regionale Drehkreuz bietet komfortable Betten und tolle Restaurants.

Sturgis Lädt zu ethnologischen Abenteuern ein, bei denen man mehr über das Wesen des typisch amerikanischen Bikers erfährt.

von der Urgeschichte bis heute. Die Sammlungen stammen aus dem vielgepriesenen **Museum of Geology** (605-394-2467; http://museum.sdsmt.edu; 501 E St Joseph St, O'Harra Bldg; Juni–Aug. Mo–Sa 9–19 Uhr, Sept.–Mai, Mo–Fr 9–16, Sa 10–16 Uhr) GRATIS, dem Sioux Indian Museum, dem Minnilusa Pioneer Museum und dem South Dakota Archaeological Research Center.

Bear Country USA NATURSCHUTZGEBIET
(605-343-2290; www.bearcountryusa.com; 13820 Hwy 16; Erw./Kind 17/11 US$; Mai–Aug. 8–18 Uhr, Sept.–Nov. kürzere Öffnungszeiten;) In diesem *Drive-through*-Park leben Unmengen großer und kleiner Bären und hoffen, dass die Besucher etwas Verbotenes tun – z. B. ihnen einen Big Mac oder ihre Hand hinzuhalten. Die Anlage befindet sich 8 Meilen (13 km) südlich von Rapid City.

Schlafen

★ **Hotel Alex Johnson** HOTEL $$
(605-342-1210; www.alexjohnson.com; 523 6th St; Zi. 70–200 US$;) Das Design dieses 1927 erbauten Klassikers kombiniert auf magische Weise germanische Tudor-Architektur und traditionelle Symbole der Lakota, etwa bei der bemalten Decke der Lobby und den aus Kriegsspeeren angefertigten Kronleuchtern. Die Dachterrassenbar ist umwerfend, und die 143 Zimmer wurden im Retrostil modernisiert (einige davon haben eine herrliche Aussicht). An der Rezeption erhält man Auskunft über die Rolle des Hotels in Hitchcocks *Der unsichtbare Dritte*.

Rushmore Hotel HOTEL $$
(605-348-8300; www.therushmorehotel.com; 445 Mt. Rushmore Rd; Zi. 100–200 US$;) Dieses mehrstöckige Hotel wurde in ein hochwertiges, ökofreundliches Juwel mitten in der Downtown umgewandelt. Viele der Möbel sind aus recycelten Materialien hergestellt. Der Marmorboden in der Lobby ist ein echter Hingucker.

Essen & Ausgehen

Murphy's Pub & Grill AMERIKANISCH $$
(www.murphyspubandgrill.com; 510 9th St; Hauptgerichte 10–25 US$; Essen 11–22 Uhr, Bar bis 1 Uhr) Das Kneipenessen mit kreativem Flair macht die gut besuchte Bar in der Downtown zu einer tollen Adresse für ein leckeres Abendessen. Die Specials sind stets mit saisonalen Zutaten aus der Region zubereitet. Neben einem großen Innenbereich gibt's auch eine weitläufige Terrasse.

Independent Ale House PUB
(605-718-9492; www.independentalehouse.com; 625 St. Joseph St; So–Do 15 Uhr–open end, Fr & Sa 11 Uhr–open end) In der auf Alt gestylten Bar bekommen Gäste eine super (und wechselnde) Auswahl der besten Kleinbrauereibiere der Region. Die Weinkarte steht dem Bierangebot in nichts nach. Auch die Pizzas sind klasse (Hauptgerichte 8–15 US$).

Shoppen

★ **Prairie Edge** KUNST & KUNSTHANDWERK
(605-342-3408; www.prairieedge.com; 606 Main St; Jan.–Mai Mo–Sa 10–18, So 11–17 Uhr,

Juni–Sept. Mo–Sa 9–21, So 10–17 Uhr) Dieser an ein Labyrinth erinnernde dreistöckige Laden verfügt über eine wahrhaft faszinierende Sammlung an Kunst, Möbelstücken und Wohnaccessoires, die allesamt von Mitgliedern der Indianerstämme der nördlichen Plains hergestellt wurden. Zudem findet man hier antiquarische Bücher und alle nötigen Utensilien, um seine eigenen von den amerikanischen Ureinwohnern inspirierten Kunstwerke zu gestalten. In den Galerien im Obergeschoss findet man teils bessere Stücke als in so manchem Regionalmuseum.

Praktische Informationen

Das **Visitor Center** (☎ 866-727-4324; www.visitrapidcity.com; 444 Mt. Rushmore Rd; ⏲ Mo–Fr 8–17 Uhr) im Civic Center hält hilfreiche Informationen bereit.

Sturgis

Neonbeleuchtete Tattoostudios, jede Menge christliche Devotionalien und Reklametafeln für protzige Bikerbars mit aufgedonnerten Mädels sind nur einige der vielen Elemente, die die grelle Buntheit dieser lauten, stolzen, motorradfreundlichen Stadt an der I-90 (Ausfahrten 30 & 32) ausmachen. Hier stöbert man auf der Main St nach Lederwaren, legt sein Halstuch im Stars-and-Stripes-Look an und bringt in der Saloonbar einen Toast auf die amerikanische Flagge aus!

Sturgis Motorcycle Museum MUSEUM
(☎ 605-347-2001; www.sturgismuseum.com; 999 Main St; Erw./Kind 10 US$/frei; ⏲ Mai–Sept. 9–17 Uhr, Okt.–April 10–16 Uhr) Das kleine Museum erinnert an eine Hall of Fame und stellt eine überraschende Menge an Motorrädern aus, darunter einige historische Maschinen, seltene metrische Motorräder und solche mit V-Motoren.

Deadwood

Deadwood, einst der Inbegriff von Gesetzlosigkeit, zieht heute mit seinen 80 großen und kleinen Spielhallen eine ganz andere Art von Glückrittern an, die auf die Gesichter der harten Typen, welche die Stadt einst auf Gold gründeten, wohl nicht mehr als ein müdes Lächeln zaubern würden. Andererseits ist es schließlich das locker sitzende Geld der Verlierer, mit dem die Sanierung Deadwoods bezahlt wird, auch wenn es sich dadurch in ein Las Vegas in Miniaturform mitten in den Plains verwandelt.

In den 1870er-Jahren siedelten gierige Goldsucher hier illegal. Heute ist Deadwood eine National Historic Landmark. Seine stimmungsvollen Straßen werden von Gebäuden aus der Zeit des Goldrauschs gesäumt, die aufwendig mit Geld aus dem Glücksspiel restauriert wurden. Die geschichtsträchtige Vergangenheit, die dank einer HBO-Fernsehserie Berühmtheit erlangte, ist leicht zu erkennen. Wild Bill Hickok, der hier 1876 durch einen Schuss in den Hinterkopf starb, während er spielte, wird in der Stadt für immer verehrt.

Sehenswertes

★ **Mt. Moriah Cemetery** FRIEDHOF
(Mt. Moriah Dr; Erw./Kind 2 US$/frei, Führungen 10/5 US$; ⏲ Juni–Aug. 8–20 Uhr, Sept.–Mai bis 17 Uhr) Calamity Jane (geb. Martha Jane Burke, 1852–1903) und Wild Bill Hickok (1837–76) ruhen auf dem sehr steilen Friedhof oben auf dem Boot Hill Seite an Seite. Zwischen Mai und Oktober werden fünfmal täglich unterhaltsame Bustouren angeboten, die am Visitor Center beginnen.

Days of '76 Museum MUSEUM
(www.deadwoodhistory.com; 18 Seventy Six Dr; Erw./Kind 8/3 US$; ⏲ Mai–Sept. 9–17 Uhr, Okt.–April Di–So 10–16 Uhr) Erzählt die Geschichte rund um das Gründungsjahr 1876, an das jedes Jahr traditionell mit Feierlichkeiten erinnert wird. Im Erdgeschoss sind indianische Artefakte, Waffen in Ausstellungskästen und eine bemerkenswerte Sammlung noch einsatzfähiger (Post-)Kutschen zu sehen.

Schlafen & Essen

Bullock Hotel HISTORISCHES HOTEL $$
(☎ 605-578-1745; www.historicbullock.com; 633 Main St; Zi. 70–200 US$; ❄📶) Fans der Fernsehserie werden sich an den hin und hergerissenen, aber aufrechten Sheriff Seth Bullock erinnern. Dieses Hotel wurde 1895 vom echten Bullock eröffnet. Die 28 Zimmer sind modern und komfortabel, haben sich aber den historischen Charme des Gebäudes bewahrt.

Deadwood Dick's HOTEL $$
(☎ 605-578-3224; www.deadwooddicks.com; 51 Sherman St; Zi. 36–200 US$; ❄📶) Diese anheimelnden, eigenwilligen Zimmer sind mit Möbeln aus dem Antiquitätenladen des Besitzers eingerichtet und reichen von kleinen Doppelzimmern bis zu großen Suiten mit Küche. In der einzigartigen Bar wird die Vergangenheit der Stadt lebendig.

Midnight Star AMERIKANISCH $
(☎605-578-3550; 677 Main St; Hauptgerichte 8–15 US$; ⊙Essen 10–22 Uhr, Nov.–April Mo geschl.) Die schicke Kneipe gehört dem Schauspieler Kevin Costner und ist mit Kostümen und Fotos aus seinen Filmen eingerichtet. Neben einer Reihe Jelly Shots gibt's hier auch Sandwiches, Pasta und Meeresfrüchte.

Praktische Informationen

Das fantastische **Deadwood History & Information Center** (☎800-999-1876; www.deadwood.org; 3 Siever St; ⊙Juni–Aug. 8–19 Uhr, Sept.–Mai 9–17 Uhr) ist im restaurierten Bahndepot untergebracht und bietet tonnenweise Infos sowie Ausstellungen und Fotos zur Geschichte der Stadt. Es gibt auch eine Broschüre mit Vorschlägen zu Stadtspaziergängen.

Lead

Gleich oberhalb von Deadwood liegt Lead (sprich: lied), das noch den rauen Charme und viele optische Narben aus der Bergbauzeit hat. Im Winter ist es ein guter Ausgangspunkt, um in den nahe gelegenen Skiorten Wintersport zu treiben, im Sommer kann man sich hier von den Ausschweifungen in Deadwood erholen.

Sehenswertes

Sanford Lab Homestake Visitor Center MINE
(☎605-584-3110; www.sanfordlabhomestake.com; 160 W Main St; Aussichtsbereich frei, Führungen Erw./Kind 8/7 US$; ⊙Mai–Okt. 9–18 Uhr, Nov.–April bis 17 Uhr, Führungen Mai–Okt. 10–16 Uhr) Hier kann man in die 380 m tiefe **Homestake Gold Mine** hinunterschauen und dabei Zeuge werden, was Tagebau mit einem Berg anrichtet. In der Nähe liegen die Schächte dieser Mine, die über 2,4 km in die Tiefe führen und heute für physikalische Forschungen genutzt werden. Homestake galt einst als reichster Ort der Erde, da Bergleute hier in 126 Jahren über 1160 t Gold und 255 t Silber abgebaut haben.

Schlafen & Essen

★ **Town Hall Inn** HISTORISCHES HOTEL $
(☎605-584-1112; www.townhallinn.com; 215 W Main St; Zi. 50–100 US$; 📶) Die Unterkunft mit 12 Zimmern ist in der 1912 erbauten Town Hall untergebracht. Das ehemalige Rathaus bietet geräumige Suiten, die nach ihren früheren Verwendungszwecken benannt und eingerichtet wurden, von der städtischen Richterkammer und dem Geschworenenzimmer bis hin zum Büro des Bürgermeisters.

Stampmill Restaurant & Saloon AMERIKANISCH $$
(☎605-584-1984; 305 W Main St; Hauptgerichte 10–20 US$; ⊙11–20 Uhr, Okt.–Mai So & Mo geschl.) Mit den Backsteinwänden, Sitznischen aus Holz und den zahlreichen ausgestopften Tieren in diesem stimmungsvollen Saloon aus den 1890er-Jahren ist der Pioniergeist förmlich greifbar. Die Suppen sind fantastisch. Wer in der Bar etwas über die Stränge geschlagen hat, kann sich einen Stock höher gleich eine der beiden viktorianischen Themensuiten nehmen (Zi. 70–120 US$).

Black Hills National Forest

Der größte Teil der Black Hills liegt in diesem fast 5000 km² großen Gebiet, das aus einer Mischung aus geschützten und bewirtschafteten Wäldern besteht und an den meisten Straßen von Privatparzellen unterbrochen wird. Die Landschaft ist fantastisch, egal ob man sich auf den insgesamt 724 km langen Wanderwegen tief hineinbegibt oder auf den Nebenstraßen und unbefestigten Feuerschneisen fährt.

Der **Spearfish Canyon Scenic Byway** (www.byways.org) ist eine 20 Meilen (32 km) lange, kurvenreiche, von Wasserfällen gesäumte Straße (US 14A), die von Spearfish aus tief in die Hügel hineinführt. Hinter jeder Kurve verbirgt sich etwas Sehenswertes, für das sich ein Stopp lohnt, und wer nur ein paar Minuten wartet, kann hören, wie hart die Biber arbeiten. Die Straße ist eine gute Alternative, um von der I-90 nach Lead und Deadwood zu fahren.

Überall im Forest gibt es gute Campingmöglichkeiten, darunter 30 einfache Campingplätze (weder Duschen noch Strom; Stellplatz 14–25 US$), die man im Sommer vorab reservieren sollte (auf www.recreation.gov). Wildcampen ist im Hinterland so gut wie überall erlaubt und kostenlos. Offenes Feuer ist jedoch verboten.

Der 175 km lange **George S. Mickelson Trail** (☎605-584-3896; www.mickelsontrail.com; Tages-/Jahrespass 4/15 US$) führt entlang einer stillgelegten Bahntrasse durch einen Großteil des Waldes von Deadwood über Hill City und Custer nach Edgemont. In verschiedenen Orten am Trail kann man Fahrräder ausleihen. Insgesamt gibt es unterwegs 15 Zugangspunkte.

Ein modernes **Visitor Center** (☎605-673-9200; www.fs.usda.gov/blackhills; US 385, nahe Hwy 44; ⏲Mitte Mai–Mitte Sept. 9–17 Uhr) steht oberhalb des Pactola Reservoir zwischen Hill City und Rapid City. Ein malerisches Plätzchen für ein Picknick.

Hill City

Hill City ist einer der ansprechendsten Orte in den Black Hills und weniger hektisch als beispielsweise Keystone, auch wenn hier außerhalb der Sommersaison buchstäblich die Gehsteige hochgeklappt werden. An der Hauptstraße gibt's Cafés, Galerien, kitschige Süßwarengeschäfte und Läden mit Westernzubehör.

Sehenswertes & Aktivitäten

Crazy Horse Memorial DENKMAL
(www.crazyhorsememorial.org; 12151 Ave of the Chiefs, abseits der US 385; pro Pers./Auto 11/28 US$; ⏲Juni–Sept. 7–22 Uhr; Okt.–Mai verkürzte Öffnungszeiten) Das mit 169 m Höhe größte Denkmal der Welt ist noch immer im Bau (und es ist noch viel zu tun). Nach der Fertigstellung wird es den Sioux-Häuptling hoch zu Ross zeigen, wie er zum Horizont weist und sagt: „Mein Land ist dort, wo meine Toten begraben sind."

Niemand wagt es, sich festzulegen, wann die Skulptur vollendet sein wird – das Gesicht wurde 1998 als fertig gefeiert. Man kann den Berg zwar in der Ferne sehen, doch um dichter heranzukommen, muss man 4 US$ für die Fahrt im Transporter hinblättern.

★**1880 Train** TOUR
(☎605-574-2222; www.1880train.com; 222 Railroad Ave; Erw./Kind hin & zurück 29/14 US$; ⏲Mitte Mai–Dez.) Der 1880 Train, ein klassischer Dampfzug, fährt 16 km weit durch die zerklüftete Landschaft, nämlich von und nach Keystone. Das dazu passende Eisenbahnmuseum kann neben dem Bahnhof besichtigt werden.

Schlafen & Essen

★**Alpine Inn** HISTORISCHES HOTEL **$$**
(☎605-574-2749; www.alpineinnhillcity.com; 133 Main St; Zi. 80–180 US$; ⏲Restaurant 11–14.30 & 17–21 Uhr; 📶) Das 1884 erbaute Alpine Inn befindet sich mitten im Zentrum und bietet komfortable Zimmer in leuchtendem Rot. Im Restaurant wird deftige deutsche Küche serviert (Hauptgerichte 8–11 US$).

Desperados AMERIKANISCH **$$**
(☎605-574-2959; 301 Main St; Hauptgerichte 9–20 US$; ⏲11–21 Uhr, Okt.–April geschl.) In dem ältesten aus von Hand behauenem Holz erbauten kommerziellen Gebäude in South Dakota speist man umgeben von Pioniercharme. Unbedingt den Burger bestellen. Der Service ist schnell und ungezwungen.

Mt. Rushmore

Auf den Straßen, die zu diesem unglaublich populären Denkmal führen, versetzt der Anblick von Washingtons Nase Touristen immer wieder in Erstaunen, doch ist dies nur ein Vorgeschmack auf die volle Wirkung dieser aus dem Berghang gearbeiteten Skulpturen, wenn man sie aus der Nähe betrachtet (nachdem man den weniger eindrucksvollen Parkplatz und den Zugangsweg hinter sich gelassen hat). Denn nun sieht man die 18 m hohen Granitköpfe von George Washington, Thomas Jefferson, Abraham Lincoln und Theodore Roosevelt in voller Pracht in die Ferne glotzen.

Zum Glück kann man den Massen leicht entkommen und das **Mt. Rushmore National Memorial** (☎605-574-2523; www.nps.gov/moru; abseits des Hwy 244; Parken 10 US$; ⏲Juni–Aug. 8–22 Uhr, Sept. bis 21, Okt.–Mai bis 17 Uhr) in vollen Zügen genießen sowie die künstlerischen Fähigkeiten des Bildhauers Gutzon Borglum und die ungeheure Leistung der Arbeiter bestaunen, die das Denkmal zwischen 1927 und 1941 schufen.

Die offiziellen **Information Centers** des National Park Service haben ausgezeichnete Buchläden, deren Einnahmen dem Park zugutekommen. Den kitschigen Souvenirladen Xanterra und das eher miese Carvers Cafe kann man getrost vergessen: Letzteres sah in dem Film *Der unsichtbare Dritte* als Schauplatz der vorgetäuschten Ermordung von Cary Grant weit besser aus. Das Hauptmuseum ist nicht gerade überwältigend.

Der **Presidential Trail** führt als Rundweg ganz nah unter dem Monument vorbei, sodass man den Präsidenten in die Nase schauen kann. Außerdem liegt an ihm auch das faszinierende **Bildhaueratelier**, in dem eindrucksvoll von der Entstehungsgeschichte des Denkmals berichtet wird. Wenn man dem Weg im Uhrzeigersinn folgt, steht man schon nach weniger als fünf Minuten direkt unter Washingtons Nase. Ein **Naturpfad** rechts neben dem Eingang verbindet den Aussichts- mit dem Parkplatzbereich und führt durch einen Kiefernwald. Auf diesem

ABSTECHER

WIND CAVE NATIONAL PARK

Der **Wind Cave National Park** (☎605-745-4600; www.nps.gov/wica; abseits der US 385; Führung Erw. 10–30 US$, Kind 5–6 US$; ⏰Visitor Center Juni–Aug. 8–19 Uhr, Sept.–Mai kürzer) schützt eine 114 km² große Fläche mit Grasland und Wäldern und liegt gleich südlich vom Custer State Park. Das wichtigste Highlight ist natürlich die Höhle, in der sich über 235 km kartografierter Gänge befinden. Die starken Windböen, die am Eingang, aber nicht in der Höhle selbst zu spüren sind, gaben der Höhle ihren Namen. Im Visitor Center erfährt man Genaueres zu den verschiedenen angebotenen **Führungen**, von der einstündigen Tour bei Kerzenschein bis zur vierstündigen Krabbelpartie.

Weg kann man den Massen und der Kommerzialisierung gut entkommen.

Mt. Rushmore liegt eine halbe Autostunde südwestlich von Rapid City über den US 16. Von Rapid City aus werden organisierte Touren angeboten, öffentliche Busse verkehren zwischen den beiden Orten jedoch nicht.

Custer State Park

Der einzige Grund dafür, dass der 287 km² große **Custer State Park** (☎605-255-4515; www.custerstatepark.com; 7-Tages-Pass 20 US$/Fahrzeug; ⏰24 Std.) kein Nationalpark ist, liegt darin, dass der Staat ihn sich zuerst „geschnappt" hat. Hier leben eine der größten freilaufenden Bisonherden der Welt (ca. 1500 Tiere), die berühmten *begging burros* (Esel, die Besucher anbetteln) und über 200 Vogelarten. Außerdem gibt es hier Elche, Gabelantilopen, Bergziegen, Dickhornschafe, Kojoten, Präriehunde, Berglöwen und Rotluchse.

Durch den Park führen zwei großartige Autostrecken. Die eine ist die 29 Meilen (47 km) lange **Wildlife Loop Rd**, die sich über ein paar furchteinflößende Steinbrücken und durch wunderbare Bergwiesen schlängelt. Hier sieht man ganz sicher Büffel, Elche, Präriehunde und mehr. Die andere ist der unglaubliche, 14 Meilen (23 km) lange **Needles Hwy** (SD 87).

Das absolute Highlight jedoch ist die **Iron Mountain Rd** (US 16A). Der Abschnitt zwischen dem Westeingang zum Park und Keystone ist eine 16 Meilen (26 km) lange Achterbahnfahrt über hölzerne Brücken und durch enge Tunnel, mit scheinbaren Loopings und tollen Aussichten. Am besten am **Norbeck Aussichtspunkt** für ein beeindruckendes Panorama über den Black Hills stoppen.

Eine **Wanderung** durch die mit Kiefern bewachsenen Hügel und das Präriegrasland (auf Klapperschlangen achten!) ist eine tolle Möglichkeit, sich Tiere und Felsformationen anzuschauen. Die Trails durch **Sylvan Lake Shore**, **Sunday Gulch**, **Cathedral Spires** und **French Creek Natural Area** sind alle sehr empfehlenswert.

Im Park gibt's fünf beeindruckende Resorts (www.custerresorts.com) – vorab buchen – und neun Campingplätze (Stellplatz Zelt 19–21 US$). Auf vier der Campingplätze werden auch gut ausgestattete Campinghütten (50 US$) vermietet. Sylvan Lake ist der am malerischsten gelegene (und beliebteste) Campingplatz, sodass man unbedingt rechtzeitig reservieren muss (über www.campsd.com). Im Sommer stehen die Chancen ohne Reservierung überall schlecht. Campen im Hinterland (pro Nacht 7 US$/Pers.) ist nur in der French Creek Natural Area erlaubt.

An der Ostseite des Custer State Park bietet das neue **Custer State Park Visitor Center** (☎605-255-4020; www.custerstatepark.com; US 16A; ⏰Juni–Aug. 9–17 Uhr, Sept.–Mai bis 16 Uhr) gute Ausstellungen und einige Aktivitäten wie etwa geführte Naturspaziergänge.

Das Visitor Center liegt etwa 45 Autominuten südwestlich von Rapid City. Zwischen dem Park und Rapid City gibt's keine öffentlichen Verkehrsmittel.

Hot Springs

Die hübsche Stadt, die südlich der Hauptrunde durch die Black Hills liegt, weist kunstvolle rote Sandsteingebäude aus den 1890er-Jahren auf. Hier gibt es zudem warme Mineralquellen, die in den Fall River fließen.

Sehenswertes & Aktivitäten

An den **Kidney Springs** gleich südlich vom Visitor Center kann man seine Wasserflasche nachfüllen und in den ganzjährig 22 °C warmen Cascade Falls, die 11 Meilen (18 km) südlich an der US 71 liegen, sogar baden.

Mammoth Site HISTORISCHE STÄTTE
(☎605-745-6017; www.mammothsite.com; 1800 US 18 Bypass; Erw./Kind 10/8 US$; ⏰Mitte Mai–Mitte Aug. 8–20 Uhr, Mitte Aug.–Mitte Mai kürzer)

Dies ist die größte unverändert belassene Fossilienfundstätte des Landes. Hier verendeten vor ca. 26 000 Jahren Hunderte Tiere in einem Erdfall. Man kann auf der aktiven archäologischen Stätte frei herumgehen.

Cascade Falls NATURSCHWIMMBECKEN
(US 71; ⌚Mai–Sept. 6–22 Uhr) Die beliebte Schwimmstelle 11 Meilen (18 km) südlich von Hot Springs ist Teil des Black Hills National Forest und ein toller Ort für ein Picknick oder eine Abkühlung am Nachmittag. Vorsicht vor dem giftigen Efeu und den Klapperschlangen!

Evans Plunge WASSERPARK
(☎605-745-5165; www.evansplunge.com; 1145 N River St; Erw./Kind 14/10 US$; ⌚Mai–Sept. Mo–Fr 6–20, Sa & So 10–20 Uhr, Okt.–April kürzer) Das Wasser in diesem historischen Wasserpark ist immer 30,5 °C warm, denn er wird von einer geothermalen Quelle gespeist. Es gibt auch eine Sauna, ein Dampfbad und ein Fitnesscenter.

Schlafen & Essen

Red Rock River Resort HOTEL **$$**
(☎605-745-4400; www.redrockriverresort.com; 603 N River St; Zi. 85–135 US$; ❄📶) Dieses Resort bietet im Zentrum gemütliche und stilvolle Zimmer in einem schönen Gebäude von 1891 an, außerdem gibt es einen Wellnessbereich (Tageskarte für Nichtgäste 25 US$).

Morning Sunshine CAFÉ **$**
(☎605-745-5550; 509 N River St; Hauptgerichte 4–8 US$; ⌚Mo–Sa 7–16, So 8–14 Uhr) Das fröhliche kleine Café mit einem blauen Bison auf dem Dach serviert Frühstück und geht danach gleich zum Mittagessen über. Auf der kurzen, aber leckeren Speisekarte stehen Bagels, Suppen und Sandwiches. Auch der Kaffee ist einen Besuch wert.

Praktische Informationen

Das **Visitor Center** (☎605-745-4140; www.hotsprings-sd.com; 630 N River St; ⌚Mo–Sa 9–18, Mai–Okt. So 12–16 Uhr) liegt in einem Bahnhof von 1891.

NEBRASKA

Der Cornhusker State (in dem tatsächlich viel Getreide wächst) besitzt schöne Flusstäler und ist an vielen Stellen so karg und öde, dass es einen in Trance versetzen könnte. Die Spuren der Vergangenheit – große Fundstätten von Dinoüberresten, Zeugnisse der Kultur der amerikanischen Ureinwohner und der harten Arbeit der Siedler – erzählen von einer dramatischen Geschichte. Neben vielen kleinen Ortschaften bieten die beiden Großstädte Omaha und Lincoln urbanes Leben und Kultur.

Wer dieses gleichförmige Land richtig kennenlernen will, sollte die kleineren Nebenstraßen nutzen: die US 30 anstelle der I-80, die US 20 in die Black Hills oder die einsame und prachtvolle US 2.

Praktische Informationen

Nebraska Association of Bed & Breakfasts (www.nebraskabb.com)

Nebraska State Parks (www.outdoornebraska.gov) Die Genehmigung für Autos kostet 8/46 US$ pro Tag/Jahr. Für einige Campingplätze in beliebten Parks sind Reservierungen möglich, Stellplätze kosten 8 bis 28 US$ pro Nacht.

Nebraska Tourism Commission (www.visitnebraska.com)

Omaha

Vorsicht ist geboten, falls man nur einen kurzen Zwischenstopp in Omaha einlegen will. Angesichts des Kopfsteinpflasters und der Backsteingebäude um den Old Market, eines florierenden Flussufers, einer munteren Musikszene und mehrerer guter Museen kann aus einem Aufenthalt von ein paar Stunden leicht einer von mehreren Tagen werden.

Omaha erlangte als Verkehrsknotenpunkt Bedeutung. Seine Lage am Missouri und die Nähe zum Platte River machten den Ort zu einer wichtigen Zwischenstation auf dem Weg nach Oregon, Kalifornien und ins Mormonengebiet; später erstreckte sich die Union Pacific Railroad von hier nach Westen. Heute gehört Omaha landesweit zu den Top Ten, was die Anzahl der Milliardäre betrifft; viele umsatzstarke Unternehmen sitzen hier. Dank mehrerer reicher Wohltäter (z. B. Warren Buffett von Berkshire Hathaway) fließen erstaunliche Summen dieses Geldes wieder zurück in die Stadt.

Sehenswertes

Es ist leicht, den Großteil seines Omaha-Besuchs rund um den Old Market zu verbringen, der am Rande von Downtown am Fluss liegt und mit hübschen versteckten Ecken wie etwa dem **Passageway** (S 11th St

CARHENGE

Carhenge (www.carhenge.com; Hwy 87, Alliance; ⌚24 Std.) ist eine aus 39 ausrangierten Fahrzeugen bestehende Nachbildung von Stonehenge, mit der dem Auto gehuldigt wird. Der recht originalgetreue Nachbau der Anlage und andere Kunstwerke aus Autoteilen erheben sich auf einem Feld 3 Meilen (4,8 km) nördlich von Alliance und der US 385, die zu den Black Hills führt.

and Howard St) aufwartet. Dieses zu neuem Leben erweckte Lagerhallengebiet ist voller Restaurants, schicker Geschäfte und Bars (darunter auch einige Schwulenbars), die Energie und Eleganz verbreiten. Die Parks in der Nähe locken mit Brunnen und Spazierwegen am Wasser. Weiter im Westen stößt man auf die Künstleroase **Benson**, dessen Läden und Veranstaltungsorte von hoch aufragenden Wandbildern übersät sind.

★ Hot Shops Art Center KUNSTZENTRUM
(☎402-342-6452; www.hotshopsartcenter.com; 1301 Nicholas St; ⌚Mo–Fr 9–18, Sa & So 11–17 Uhr) Beim Betreten dieses dreistöckigen Kunstzentrums (ein ehemaliges Matratzenlager) fühlt man sich, als ob man durch einen Kaninchenbau in ein alternatives Universum schlüpfen würde, das sich fest in der Hand exzentrischer Künstler befindet. Die „Hot Shops", die dem Ganzen seinen Namen verpassten, sind die Künstlerwerkstätten von Glasbläsern, Töpfern, Bronzegießern und Schmieden, die im unteren Teil des Gebäudes das Fundament bilden. Darüber befinden sich 80 Ateliers, in denen Künstler ihre Werke schaffen und ausstellen. Einfach mal zwischen den labyrinthischen Ateliers umherschlendern, sich für Kunstunterricht anmelden oder eine der monatlich stattfindenden Veranstaltungen besuchen.

★ Henry Doorly Zoo ZOO
(☎402-733-8401; www.omahazoo.com; 3701 S 10th St; Erw./Kind 18/12 US$; ⌚Mitte März–Okt. 9–17 Uhr, Nov.–Mitte März 10–16 Uhr; 👪) Die größte Indoor-Wüste der Welt? Check. Das größte Nachtgehege der Welt? Check. Der größte Indoor-Regenwald Amerikas? Check. Diese Superlative sprechen für sich. Hier kann man problemlos einen ganzen Tag verbringen und durch die riesige, ausgesprochen gut gestaltete Anlage wandeln, die nicht selten als der beste Zoo Amerikas bezeichnet wird.

★ Union Pacific Railroad Museum MUSEUM
(www.uprrmuseum.org; 200 Pearl St; ⌚Do–Sa 10–16 Uhr) GRATIS Gleich auf der anderen Seite des Flusses im hübschen kleinen Zentrum von Council Bluff, Iowa, erzählt dieses interaktive Museum die Geschichte der profitabelsten Eisenbahn der Welt und jener Eisenbahngesellschaft, die hier in den 1860er-Jahren mit dem Bau der Strecke begann, die quer über den Kontinent nach Westen führte. Die dreistöckige Ausstellung ist eine nostalgiereiche Ode an das Reisen mit dem Zug und beleuchtet, wie diese Entwicklung Amerika für immer veränderte.

Riverfront FLUSSUFER
(8th St & Riverfront Dr) Der Uferbereich des Missouri River im Zentrum wurde mittlerweile mächtig aufgepeppt. Zu den Highlights zählen die architektonisch beeindruckende **Bob Kerry Pedestrian Bridge**, die nach Iowa führt, der **Heartland of America Park** mit Fontänen und üppigen Gärten und die **Lewis & Clark Landing**, wo die Entdecker 1804 an Land gegangen sind. Am Ufer steht auch das **Lewis & Clark National Historic Trail Visitor Center** (☎402-661-1804; www.nps.gov/lecl; 601 Riverfront Dr; ⌚Mai–Okt. Mo–Fr 9–17, Sa & So ab 9.30 Uhr, April–Nov. Mo–Fr 8–16.30 Uhr) mit Ausstellungen und einem Buchladen.

Durham Museum MUSEUM
(☎402-444-5071; www.durhammuseum.org; 801 S 10th St; Erw./Kind 11/7 US$; ⌚Di 10–20, Mi–Sa bis 17, So 13–17 Uhr) Das hoch aufragende Art-déco-Gebäude des Union Station Eisenbahndepots ist mit seinen Domfenstern, geometrischen Kronleuchtern und reich verzierten Decken ein prächtiger Anblick. Darin ist ein bemerkenswertes Museum untergebracht, das sich der Geschichte der Region widmet, von der Expedition von Lewis und Clark über die Omaha Stockyards bis zu den Zügen, die hier einst hielten. Am *soda fountain* bekommen Besucher noch immer Hotdogs und Softdrinks.

Joslyn Art Museum MUSEUM
(☎402-342-3300; www.joslyn.org; 2200 Dodge St; ⌚Di, Mi & Fr–So 10–16, Do bis 20 Uhr) GRATIS Das viel bewunderte und architektonisch bemerkenswerte Museum zeigt eine großartige Sammlung europäischer und amerikanischer Kunst des 19. und 20. Jhs. sowie eine gute Auswahl von Werken mit Wildwest-

Themen. Außerdem hat es einen coolen Skulpturengarten.

 Geführte Touren

Nebraska Tour Company GEFÜHRTE TOUREN
(☎402-575-0526; http://nebraskatourcompany.com; geführte Tour 30–100 US$) Der neue Veranstalter hat Stadtspaziergänge durch den Old Market, Brauerei- und Weinguttouren sowie Ausflüge zu Omahas weniger bekannten Attraktionen im Angebot, die von kundigen einheimischen Guides geleitet werden.

Schlafen

Eine gute Mischung aus Mittelklasse- und Budgethotels gibt es an der US 275 nahe der 60th St, an den Ausfahrten 446 und 449 der I-80 sowie jenseits des Flusses in Council Bluffs, Iowa, an der Ausfahrt 51 der I-29. In Old Market und Downtown gibt es mehrere Kettenhotels der Mittelklasse sowie unabhängige Hotels.

Satellite Motel MOTEL $
(☎402-733-7373; www.satellitemotelomaha.com; 6006 L St; Zi. 60 US$; ❄📶) Dieses achteckige Hotel mit seinem ringsum verlaufenden Balkon ist eine gute und saubere Budgetoption, doch dringt der Geruch der Raucherzimmer manchmal durchs gesamte Gebäude.

Magnolia Hotel HISTORISCHES HOTEL $$
(☎402-341-2500; www.magnoliahotelomaha.com; 1615 Howard St; Zi. 140–220 US$; ❄@📶🐾) Das Boutiquehotel in einem restaurierten, 1923 im italienischen Stil erbauten mehrstöckigen Gebäude befindet sich in der Nähe von Old Market. Die 145 Zimmer sind modern und dynamisch gestaltet. Abends gibt's als kostenloses Betthupferl Milch und Kekse.

 Essen

Am besten schaut man sich ein bisschen in Old Market um, besonders an milden Abenden, wenn man Lust auf einen Drink hat. Alternativ hält man sich an die weniger frequentierten Viertel wie etwa Benson, Dundee und Midtown Crossing.

Ted & Wally's Ice Cream EISCREME $
(☎402-341-5827; www.tedandwallys.com; 1120 Jackson St; Eiscreme ab 3 US$; ⊙Juni–Aug. 11–23 Uhr, Sept.–Mai bis 22 Uhr) Hier wird vor den Augen der Kundschaft besonders cremiges Eis in unzähligen Geschmacksrichtungen täglich frisch hergestellt. Veganer halten sich an die Kreationen auf Kokosbasis.

Upstream Brewing Company AMERIKANISCH $$
(☎402-344-0200; www.upstreambrewing.com; 514 S 11th St; Hauptgerichte 10–30 US$; ⊙Mo–Do 11–1, Fr & Sa bis 2, So 10–24 Uhr) Das Bier in dieser riesigen alten Feuerwache ist sehr aromatisch und der Knoblauch im Caesar Salad sorgt für genügend Antrieb, um es über den Missouri bis hinüber nach Iowa zu schaffen. Die Steaks sind dick und entsprechen den hiesigen Standards. Es gibt Tische draußen auf dem Gehsteig, eine Dachterrasse sowie eine riesige Bar.

★ **Grey Plume** MODERN-AMERIKANISCH $$$
(☎402-763-4447; www.thegreyplume.com; 220 S 31st Ave; Hauptgerichte Bar 9–18 US$, Restaurant 25–42 US$; ⊙Mo–Sa 17–22 Uhr) In Midtown Crossing, westlich vom Zentrum, stellt Koch Clayton Chapman sämtliche Vorstellungen von der Küche der Great Plains mit seinen radikal regionalen und saisonalen Gerichten auf den Kopf. Die Sieger: die Burger in der Bar, die Steaks und alle Forellengerichte.

★ **Boiler Room** MODERN-AMERIKANISCH $$$
(☎402-916-9274; www.boilerroomomaha.com; 1110 Jones St; Hauptgerichte 28–35 US$; ⊙Mo–Do 17.30–21, Fr & Sa bis 22 Uhr) Globale Einflüsse und französische Küchentechniken prägen die Gerichte mit regionalen Zutaten, die

LUFTWAFFENSTÜTZPUNKT IN OMAHA

Die großen Militärflugzeuge, die langsam über den Himmel ziehen, sind wahrscheinlich auf dem Weg zu einem der großen Luftwaffenstützpunkte Omahas.

Nach dem Zweiten Weltkrieg war der Luftwaffenstützpunkt Offutt in Omaha der Sitz des Strategic Air Command der US-Luftwaffe, der mit Atombomben bestückten Staffel, die Stanley Kubrick in *Dr. Seltsam* ausführlich darstellt. Dieses Erbe wird im höhlenartigen **Strategic Air Command & Aerospace Museum** (☎402-944-3100; https://sacmuseum.org; 28210 West Park Hwy, I-80, Ausfahrt 426; Erw./Kind 12/6 US$; ⊙9–17 Uhr) dokumentiert. Es zeigt eine riesige Sammlung von Bombern, von der B-17 bis zur B-52. Mit den Auswirkungen der Bomben beschäftigt sich das Museum allerdings nicht. Es liegt 30 Meilen (48 km) südwestlich von Omaha.

ABSEITS DER ÜBLICHEN PFADE

SCENIC DRIVE: DIE SANDHILLS VON NEBRASKA

Nebraskas **Hwy 2** zweigt bei Grand Island von der I-80 nach Nordwesten ab und führt 272 Meilen (438 km) durch Broken Bow bis nach Alliance im Panhandle. Er durchquert eines der abgelegensten Gebiete des Landes, die einsamen und zauberhaften Sandhills – 49 000 km² grasbedeckter Sanddünen. Das ist das wahre Reisen in den Great Plains: Der Wind pfeift in den Ohren, in der Ferne erklingt der Ruf eines Falken, und der Himmel ist einfach unendlich.

in diesem Trends setzenden Bistro in Old Market auf der Speisekarte stehen. Es hat eine offene Küche und eine Cocktailbar. Lust auf ein Omaha-Steak? Am besten ist das Wagyu-Rind.

Ausgehen & Nachtleben

Rund um Old Market finden sich zahlreiche Kleinbrauereien und Cocktailbars, während Benson mit einem sehr aktiven Nachtleben und viel Livemusik aufwartet. Es gibt auch eine lebhafte Schwulenszene mit Bars und Clubs am Rande von Old Market.

Mister Toad's PUB
(☎402-345-4488; www.mrtoadspub.com; 1002 Howard St; ⏲So–Fr 14–2, Sa 12–2 Uhr) Vor der Bar stehen Bänke unter großen Bäumen, drinnen gibt's nette Ecktische. Die Bar ist mit viel Holz eingerichtet und kultiviert ihren leicht abgewetzten Stil. Sonntagabends spielen Jazzmusiker.

Praktische Informationen

Visitor Center (☎866-937-6624; www.visitomaha.com; 1001 Farnam St; ⏲März–Okt. Mo–Fr 9–16.30, Sa & So 10–16 Uhr, Nov.–Feb. Di–So 10–16 Uhr; 📶) In der Nähe des Old Market.

An- & Weiterreise

Das **Eppley Airfield** (OMA; www.flyoma.com; 4501 Abbott Dr) liegt 3 Meilen (4,8 km) nordöstlich der Downtown und wird von über zwei Dutzend Flughäfen in ganz Amerika angeflogen. Der *California Zephyr* von Amtrak hält in Omaha auf seiner Fahrt zwischen Nord-Kalifornien und Chicago (60 US$, 9½ Std., 1-mal tgl.). Megabus (www.megabus.com) verbindet Omaha mit Chicago (30 US$, 9 Std., 1-mal tgl.).

Lincoln

Lincoln erinnert Besucher mit Nachdruck daran, dass Nebraska nicht nur aus Maisfeldern und Prärie besteht. Mit seiner lebhaften Kunstszene und dem pulsierenden Nachtleben, das die Stadt dem riesigen Campus der University of Nebraska mitten in der Downtown zu verdanken hat, bietet sich Lincoln für eine Übernachtung an. Dabei kann es gut sein, dass man angesichts des freundlichen Midwest-Flairs beschließt, länger zu bleiben.

Sehenswertes

State Capitol WAHRZEICHEN
(☎402-471-0448; www.capitol.org; 1445 K St; ⏲Mo–Fr 8–17, Sa 10–17, So 13–17 Uhr, Führung stündl.) GRATIS Von außen betrachtet, stellt Nebraskas 122 m hohes, 1932 erbautes State Capitol einen bemerkenswerten Gipfel phallischer Architektur dar – wie viele andere hohe Gebäude in den Plains wird es oftmals als „Penis der Prärie" bezeichnet. Das Innere ist dagegen reich an Symbolik und kombiniert seltsamerweise klassizistische mit Art-déco-Motiven. Von den Aussichtsterrassen im 14. Stock genießt man einen herrlichen Blick.

Museum of Nebraska History MUSEUM
(☎402-471-4782; www.nebraskahistory.org; 131 Centennial Mall N; ⏲Mo–Fr 9–16.30, Sa & So 13–16.30 Uhr) GRATIS Beleuchtet die Geschichte des „Cornhusker State". Der erste Ausstellungsraum ist den ersten Einwohnern Nebraskas gewidmet.

Schlafen & Essen

Rogers House B&B $$
(☎402-476-6961; www.rogershouseinn.com; 2145 B St; Zi. 90–170 US$; ❄📶) Die sieben geräumigen Zimmer nehmen ein 100 Jahre altes Backsteinhaus in der Nähe des Zentrums ein. Die Einrichtung verzichtet erfrischenderweise auf den Kitsch, der für viele B&Bs typisch ist. Morgens darf man sich auf ein herzhaftes Zwei-Gänge-Frühstück freuen.

★ **Bread & Cup** CAFÉ $
(☎402-438-2255; www.breadandcup.com; 440 N 8th St; Hauptgerichte 8–15 US$; ⏲Di & Mi 7–21, Do–Sa bis 22, So 9–14 Uhr; 📶) 🌿 Den Eingangsbereich dieses trendigen Cafés in Haymarket säumen Schachteln voller wunderbarer Delikatessen aus Nebraska. Hier werden gewöhnliche Gerichte (wie Sandwiches

mit Pulled Pork) in etwas ganz Besonderes verwandelt. Das Gebäck ist großartig, und es gibt eine voll lizenzierte Bar.

Ausgehen & Nachtleben

Other Room COCKTAILBAR

(☎402-261-4608; 824 P St; ⌚Mo–Sa 17–1, So bis 24 Uhr) Gäste müssen nach einer nicht beschilderten schwarzen Tür mit einem Türklopfer in Form eines Löwenkopfes daneben Ausschau halten. Wenn das Licht über der Tür grün leuchtet, kann man klopfen. Ist das Licht rot, muss man warten, denn diese kleine Flüsterkneipe hat nur Platz für 25 Personen. Serviert werden laut Karte spektakuläre Cocktails, wie sie vor der Prohibition gemixt wurden.

Praktische Informationen

Visitor Center (☎402-434-5348; www.lincoln.org; 201 N 7th St; ⌚Juni–Aug. Mo–Do 9–18, Fr bis 20, Sa & So 8–14 Uhr, Sept.–Mai kürzere Öffnungszeiten) In der Lincoln Station im Viertel Haymarket, wo der Amtrak-Zug *California Zephyr* hält.

An- & Weiterreise

Lincoln liegt 55 Meilen (88 km) südwestlich von Omaha an der I-80. Megabus (www.megabus.com) verbindet die beiden Städte einmal täglich (9 US$, 1 Std.). Der *California Zephyr* von Amtrak (www.amtrak.com) verbindet Lincoln mit Omaha (12 US$, 1 Std., 1-mal tgl.).

Grand Island

Grand Island ist eine für Nebraska typische mittelgroße Stadt im Platte River Valley, die jeden Frühling zum Leben erwacht, wenn Hunderttausende Kanada-Kraniche sich auf einem Stückchen bedrohten Lebensraums gleich südlich der Stadtgrenzen versammeln. Vogelliebhaber und Biologen aus der ganzen Welt kommen dann hierher, um die riesige Wanderungsbewegung zu beobachten, die auch als Nordamerikas großartigstes Phänomen der Tierwelt beworben wird.

Sehenswertes

★ **Crane Trust Nature & Visitor Center** NATURSCHUTZGEBIET

(☎308-382-1820; www.cranetrust.org; 9325 S Alda Rd, I-80 Ausfahrt 305; ⌚Mo–Sa 9–17 Uhr) GRATIS Flussaufwärts von Grand Island rasten am Platte River während der Frühlingswanderung (Mitte Feb.–Anfang April) ungefähr 500 000 Kanada-Kraniche (80 % des weltweiten Bestands) und 15 Mio. anderer Wasservögel. Fachkundige Guides leiten während der Saison die Sandhill Crane Migration Tours (35 US$, 2½ Std.), die zu hervorragenden Beobachtungsstellen am Fluss führen. Das Naturzentrum ist ein guter Ort, um die Tiere zu beobachten, und bietet das ganze Jahr über lohnende Wanderungen.

★ **Stuhr Museum of the Prairie Pioneer** MUSEUM

(☎308-385-5316; www.stuhrmuseum.org; 3133 W Hwy 34, I-80 , Ausfahrt 312; Erw./Kind 8/6 US$; ⌚Mo–Sa 9–17, So 12–17 Uhr, Jan.–März Mo geschlossen; 👪) Eine erstaunliche Kombination aus Museumsexponaten und riesigem Freilichtmuseum! Es ist bemerkenswert, wie sehr sich zwischen 1860 und 1890 dank des Reichtums, den die Eisenbahn brachte, die Wohnhäuser verbesserten.

An- & Weiterreise

Grand Island liegt 145 Meilen (233 km) westlich von Omaha an der I-80. Busse von Express Arrow (www.expressarrow.com) verbinden die beiden Städte zweimal täglich (35 US$, 3 Std.).

North Platte

Der Name North Platte sagt dem Durchschnittsreisenden vielleicht nichts, Eisenbahnfans wissen aber, dass sich hier der Bailey Yard, der Rangierbahnhof von Union Pacific, befindet. Geschichtskenner kommen hierher, um den Ort zu besuchen, an dem

KEARNEY

Kearney ist ein lohnender Zwischenstopp auf der sonst so monotonen Fahrt entlang der I-80. Die Stadt hat ein hübsches, von Backsteinhäusern geprägtes Zentrum an den Gleisen der Union Pacific Railroad sowie eine Reihe bemerkenswerter Attraktionen, darunter das etwas übertriebene **Great Platte River Road Archway Monument** (☎308-237-1000; www.archway.org; 3060 E 1st St, nahe Ausfahrt 275; Erw./Kind 12/6 US$; ⌚Mai–Sept. Mo–Sa 9–18, So 12–18 Uhr, Okt.–April kürzer; 👪).

Kearney liegt 180 Meilen (290 km) westlich von Omaha an der I-80. Express Arrow (www.expressarrow.com) verbindet die beiden Städte mit zwei täglichen Bussen (40 US$, 4 Std.).

Bill Cody seine berühmte Rodeoshow „Buffalo Bill's Wild West Show" ins Leben rief. Codys Pioniergeist lebt auch trotz der vielen hundert Züge weiter, die hier jeden Tag in die Stadt hinein- und wieder herausrollen.

Sehenswertes

Golden Spike Tower TURM
(☎308-532-9920; www.goldenspiketower.com; 1249 N Homestead Rd; Erw./Kind 7/5 US$; ⌚Mai–Sept. 9–19 Uhr, Okt.–April bis 17 Uhr) Von dem achtstöckigen Aussichtsturm mit Innen- und Außenplattformen bietet sich ein weiter Blick auf den Union Pacific's Bailey Yard, den größten Rangierbahnhof der Welt. Das Gelände des Bailey Yard ist 1150 ha groß und fertigt in 24 Stunden 10 000 Eisenbahnwaggons ab.

Buffalo Bill Ranch State Historical Park HISTORISCHE STÄTTE
(☎308-535-8035; www.outdoornebraska.gov/buffalobillranch; 2921 Scouts Rest Ranch Rd; Haus Erw./Kind 2/1 US$, Genehmigung Fahrzeug 5 US$; ⌚Juni–Aug. 9–17 Uhr, Ende April–Mai & Sept.–Anfang Okt. Sa & So 10–16 Uhr) Auf dieser Ranch lebte einst Bill Cody, Vater des Rodeo und der berühmten „Wild West Show". Heute befindet sich hier ein unterhaltsames Museum, das über sein buntes Leben informiert.

Schlafen & Essen

Der Blue Star Memorial Hwy, der durch das Stadtzentrum verläuft, ist von Hotels und Motels gesäumt. Außerdem findet sich hier ein endloser Streifen mit Kettenrestaurants und Fast Food. Zwischen der 4th St und der Front St gibt es auch unabhängige Optionen.

Husker Inn MOTEL $
(☎308-534-6960; www.huskerinn.com; 721 E 4th St; Zi. 50–60 US$; ❄📶) Dieses schlichte Motel mit 21 Zimmern übertrifft mit seinem schön gepflegten Gelände, den makellos sauberen (wenn auch kleinen) Zimmern und den leckeren, hausgemachten Köstlichkeiten, die es bei der Anreise gibt, alle Erwartungen.

An- & Weiterreise

North Platte liegt 275 Meilen (111 km) westlich von Omaha an der I-80. Busse von Express Arrow (www.expressarrow.com) verkehren täglich zwischen den beiden Städten (55 US$, 6 Std.).

Valentine

Glücklicherweise versucht „America's Heart City" nicht, ihrem Namen alle Ehre zu machen und ihn auszuschlachten. Der Ort liegt am Rand der Sandhills und ist ein guter Ausgangspunkt, um die gewundenen Schluchten des staatlich geschützten **Niobrara National Scenic River** mit dem Kanu, dem Kajak oder in einem Reifenschlauch zu durchqueren.

Im Sommer kommen Scharen von Besuchern hierher, um sich auf dem Fluss treiben zu lassen. Die kargen Steilhänge aus Kalkstein, die üppigen Wälder und die über 200 von Quellen gespeisten Wasserfälle, die das Ufer säumen, zerstreuen alle Klischees vom „flachen Nebraska". Die meisten Anbieter von Flusstouren haben hier ihren Sitz.

Sehenswertes & Aktivitäten

Valentine liegt im Herzen eines Umbauprojekts namens **Cowboy Trail**, der eines Tages der längste Weg entlang einer ehemaligen Bahnlinie in den USA werden soll. Bisher ist der bei Radfahrern beliebte Weg 314 km lang. Er verläuft östlich von Valentine durch die Sandhills nach Norfolk und folgt dabei der aufgegebenen Bahntrasse des Chicago and North Western Railway. Er führt vorbei an 20 kleinen Gemeinden, in den Stadtparks kann man für wenig Geld bzw. umsonst campen. Mehr über eine Radtour auf dem Trail erfährt man unter www.bikecowboytrail.com.

Fort Niobrara National Wildlife Refuge NATURSCHUTZGEBIET
(☎402-376-3789; www.fws.gov/fortniobrara; Hwy 12; ⌚Visitor Center Juni–Aug. tgl. 8–16.30 Uhr, Sept.–Mai Mo–Fr) In diesem Naturschutzgebiet gibt es Hunderte Bisons und Elche sowie malerische Wasserfälle. Am Visitor Center startet eine 3,5 Meilen (5,6 km) lange Schleife, die mit dem Auto befahren werden kann und auf der man wilde Tiere zu Gesicht bekommt.

Brewers Canoers & Tubers KANUFAHREN
(☎402-376-2046; www.brewerscanoers.com; 433 Hwy 20; Preise abhängig von Zeit/Ausrüstung; ⌚Juni–Aug. Touren tgl., Verleih ganzjährig) Das Brewers war einer der ersten Anbieter in der Gegend und der erste, der Tubing auf dem Niobrara River etablierte. Es werden Kanus, Kajaks und Tubes verliehen, und man kann Shuttles buchen, die einen zum Ausgangspunkt bringen und am Ziel wieder abholen.

Schlafen & Essen

Trade Winds Motel MOTEL $
(☎402-376-1600; www.tradewindslodge.com; 1009 E US 20/83; Zi. 65–100 US$; ❄📶🐾) Das

klassische Trade Winds Motel in einem roten Backsteinbau verfügt über 32 komfortable und saubere Zimmer mit Kühlschränken und Mikrowellen. Eine tolle unabhängige Unterkunft mit warmem Countryfrühstück.

Peppermill STEAK $$
(☎402-376-2800; www.peppermillvalentine.com; 502 E Hwy 20; Hauptgerichte 10–30 US$; ⏰Mo–Fr 11–22, Sa & So 16–22 Uhr) Das spärlich beleuchtete Peppermill ist eine Institution in Valentine und auf von Hand geschnittenes Rind aus dem Bundesstaat spezialisiert. Es ist das traditionsreichste Steakhaus Nebraskas und serviert dicke, saftige, perfekt zubereitete Fleischstücke. Spätestens wenn man das Aushängeschild des Peppermill – Mulligan, ein Mittelstück aus der Lende – probiert hat, verzeiht man ihm auch seine einfallslose Einrichtung.

 An- & Weiterreise

Das abgeschiedene Valentine liegt zwei Autostunden nördlich von North Platte am US 83. In der Region gibt es kein öffentliches Verkehrsnetz.

Nebraska Panhandle

Der entlegene, wenig besuchte Nebraska Panhandle ist für viele Besucher das faszinierendste Gebiet des Bundesstaats. Bis zum Horizont erstrecken sich raue, einsame Landschaften, die sich in Jahrtausenden kaum verändert haben. Eine gute Ausgangsbasis ist **Scottsbluff**. Besonders malerisch ist die Fahrt auf dem **Hwy 29** (auch „Fossil Freeway" genannt) Richtung Norden, der auf die ebenso reizvolle US 20 stößt.

 Sehenwertes

★ Scotts Bluff National Monument PARK
(☎308-436-9700; www.nps.gov/scbl; 190276 Old Oregon Trail, Gering; pro Fahrzeug 5 US$; ⏰Visitor Center Juni–Aug. 8–18 Uhr, Sept.–Mai bis 17 Uhr) Scotts Bluff ist seit Jahrhunderten ein Leuchtfeuer für Reisende. Es erhebt sich 244 m über die flachen Ebenen des westlichen Nebraskas und war in der Mitte des 19. Jhs. eine wichtige Station auf dem Oregon Trail. Noch heute sind im Park Wagenspuren zu sehen. Das **Visitor Center** zeigt Ausstellungen und das Personal informiert über Wanderungen und Autotouren zum Bluff hoch. Es befindet sich 8 km (5 Meilen) südlich der Stadt Scottsbluff.

★ Agate Fossil Beds National Monument MONUMENT
(☎308-436-9760; www.nps.gov/agfo; 301 River Rd, abseits des Hwy 29, Harrison; ⏰Mai–Sept. 9–17 Uhr, Okt.–Apr. 8–16 Uhr) GRATIS Vor 20 Mio. Jahren sah es in diesem Teil Nebraskas so aus wie heute in der afrikanischen Serengeti-Wüste: Er war ein Treffpunkt der unterschiedlichsten Tiere. Heute befinden sich an diesem isolierten Ort Tausende Knochen jener vorzeitlichen Säugetiere. Die Ausstellungen und Rundgänge informieren detailliert über die erstaunlichen Funde – und noch wird immer wieder Neues gefunden. Sehr interessant sind auch die Bone Cabin, das Fossil eines buddelnden Bibers und die Ausstellungen zu den amerikanischen Ureinwohnern.

Chimney Rock National Historic Site NATURSTÄTTE
(☎308-586-2581; Chimney Rock Rd, Bayard; Erw./Kind 3 US$/frei; ⏰9–17 Uhr) Am Horizont erheben sich jahrhundertealte, atemberaubende Steiluferformationen und stellen sichtbare Verbindungen zwischen Reisenden der Gegenwart und den Pionieren aus vergangenen Zeiten her. Eine dieser Verbindungen ist **Chimney Rock**, der sich innerhalb der Chimney Rock National Historic Site befindet. Die 37 m hohe, zerbrechliche Spitze des Chimney Rock war bereits für die Pioniere ein faszinierender Orientierungspunkt und findet in Hunderten von Tagebüchern Erwähnung. Er markierte auch das Ende des ersten Abschnitts der Reise und den Beginn des harten, aber letzten Stücks bis zur Küste.

Fort Robinson State Park HISTORISCHE STÄTTE
(☎308-665-2900; www.outdoornebraska.gov; Hwy 20, Crawford; Genehmigung Fahrzeug 8 US$; ⏰Park Sonnenaufgang–Sonnuntergang, Visitor Center April–Nov. tgl. 8–17 Uhr, Dez.–März Mo–Fr) Heute verrät der Anblick des stattlichen Gebäudes kaum mehr etwas von der turbulenten Geschichte dieses alten Militärforts: Unter anderem wurde hier 1877 Crazy Horse getötet, die afroamerikanischen Brigaden der „Buffalo Soldiers" wurden hier aufgestellt, und das Fort diente als Lager für deutsche Kriegsgefangene. Die 90 km² des gesamten Parks liegen vor der malerischen Kulisse der Pine Ridge. Die Campingplätze (13 US$/Nacht) sind das ganze Jahr über geöffnet und in der Saison kann man auch in den alten Ziegelsteinkasernen übernachten (Zi. 65 US$, April–Nov.).

Schlafen & Essen

Scottsbluff bietet dem Besucher (gemeinsam mit dem benachbarten Gering) die größte Auswahl an Hotels, Motels und B&Bs im Panhandle.

★ **Barn Anew** B&B $$

(☎308-632-8647; www.barnanew.com; 170549 County Rd, Scottsbluff; Zi. 140–150 US$; ❄📶) Dieses herrliche B&B ist stilvoll in einem restaurierten Schuppen auf einer alten Zuckerrübenfarm untergebracht. Die Wände sind mit der museumsreifen Sammlung von indianischen Artefakten des Eigentümers geschmückt – ein Ambiente ganz eigener Art! Und der Blick auf Scotts Bluff ist einfach bezaubernd. Wer Lust auf ein Abenteuer hat, erkundigt sich nach einer Übernachtung in einem der beiden Pionier-Waggons, die in gemütliche Zimmer umgewandelt wurden.

★ **Tangled Tumbleweed** AMERIKANISCH $$

(☎308-633-3867; www.thetangledtumbleweed.com; 1823 Ave A, Scottsbluff; kleine Portionen 7–11 US$; ⏲Mi–Sa 10–22 Uhr) Der neue Laden in Scottsbluff ist teils ein Geschäft mit Wohnaccessoires (mit reizenden, vom Eigentümer selbst hergestellten Artikeln), teils ein erstklassiges Restaurant und somit ein seltenes Vergnügen in einer Stadt dieser Größe. Die saisonale Speisekarte mit kleinen Gerichten wird durch eine wechselnde Auswahl an Weinen und Craft-Bieren abgerundet. An warmen Abenden kann man es sich auf der Terrasse im Freien gemütlich machen.

Emporium Coffeehouse & Café AMERIKANISCH $$

(☎308-632-6222; www.emporiumdining.com; 1818 1st Ave, Scottsbluff; Hauptgerichte 12–27 US$; ⏲Mo–Sa 6.30–22 Uhr) Dieses alte, traditionelle Haus in der Downtown von Scottsbluff ist ein echtes Schmuckstück in der Region. Auf der Terrasse vor dem Haus stehen zahlreiche Sonnenschirme und das Essen – vom Frühstücksgebäck bis zum Late-Night-Steak und Meeresfrüchteteller – ist durchweg großartig. Man kann aus über 100 Weinen und Spirituosen wählen.

An- & Weiterreise

Die abgelegene Panhandle-Region liegt näher an Denver und Rapid City als an Omaha. Beide Städte liegen in entgegengesetzten Richtungen drei Autostunden von Scottsbluff entfernt. In der Region gibt es kein öffentliches Verkehrsnetz.

KANSAS

Böse Hexen und gelbe Ziegelsteinwege, hitzige Auseinandersetzungen um die Sklaverei und Tornados, die so stark sind, dass sie ganze Städte in Schutt und Asche legen – das sind die fantasievolleren Vorstellungen, die man von Kansas haben kann. Doch die goldenen, sich in alle Himmelsrichtungen wiegenden Getreidefelder sind das typischste – und auch realistischste – Klischee.

Die grünen, sanften Hügel und der endlose Horizont sind von einer schlichten Schönheit. Orte wie Chase County begeistern alle, die das Zurückhaltende schätzen. Besucher halten sich am besten an das Motto der Great Plaines: die Interstates links liegen zu lassen und stattdessen auf den zweispurigen Straßen eigene Entdeckungen zu machen. Die Website www.kansassampler.org ist eine hervorragende Informationsquelle.

Praktische Informationen

Kansas Bed & Breakfast Association (www.kbba.com)

Kansas State Parks (www.ksoutdoors.com) Fahrzeug pro Tag/Jahr 5/25 US$. Stellplätze kosten 10 bis 22 US$.

Kansas Travel & Tourism (www.travelks.com)

Wichita

Von ihren frühen Tagen als Cowboystadt am Beginn des Chisholm Trails in den 1870er-Jahren bis zu ihrem heutigen Ruhm als Flugzeughauptstadt der Welt (denn rund die Hälfte aller normalen Flugzeuge, darunter Cessnas, werden hier gebaut) ist die größte Stadt in Kansas durchaus ein lohnender Zwischenstopp – aber nicht auf Kosten der übrigen Teile des Bundesstaats.

Sehenswertes

Wichitas historische, ganz aus Ziegeln errichtete **Old Town** lädt zum Shoppen, Essen und Ausgehen ein und liegt im östlichen Teil von Downtown. In **Museums on the River District** befinden sich zahlreiche Museen sowie ein botanischer Garten und ein auf Kinder ausgerichtetes Science Center. Das grüne Viertel füllt das Dreieck zwischen dem Big und dem Little Arkansas River westlich der Downtown aus.

★ **Old Cowtown Museum** MUSEUM

(☎316-350-3323; www.oldcowtown.org; 1865 Museum Blvd; Erw./Kind 8/5,50 US$; ⏲Apr.–Okt. Di–

Sa 10–17, So 12–17 Uhr, Nov.–März Di–Sa 10–17 Uhr;) Das Freilichtmuseum lässt den Wilden Westen wieder auferstehen (den aus dem Fernsehen). Für Kinder sind die Gebäude aus der Zeit der Pioniere, die nachgestellten Schießereien (April bis Oktober) und die Führer in Cowboy-Kostümen ein riesengroßer Spaß. Die Spaziergänge am Fluss sind einfach herrlich.

Exploration Place MUSEUM
(316-660-0600; www.exploration.org; 300 N McLean Blvd; Erw./Kind ab 10/6 US$; Mo–Sa 10–17, So 12–17 Uhr;) Direkt am Zusammenfluss der Flüsse steht dieses architektonisch auffällige Kindermuseum mit vielen coolen Exponaten, darunter eine Tornadokammer, wo Besucher die 120 km/h schnellen Winde am eigenen Leib spüren können, und ein hervorragendes Erosionsmodel, das zeigt, wie Wasser ein neues, kleines Kansas erschafft.

Schlafen

Kettenmotels konzentrieren sich u.a. an der I-135, Ausfahrt 1AB, an der I-35, Ausfahrt 50, und am Hwy 96, Ausfahrten Rock Rd und Webb Rd. Am Broadway, südlich vom Zentrum, liegen verschiedene unabhängige Budgetunterkünfte.

Hotel at Old Town HOTEL $$
(316-267-4800; www.hotelatoldtown.com; 830 1st St; Zi. 100–200 US$; ) In einer 1906 erbauten Haushaltswarenfabrik der Firma Keen Kutter und mitten im Nachtleben der Old Town befindet sich dieses ansprechend restaurierte Hotel. Die Zimmer haben hohe Decken und sind mit Kühlschränken und Mikrowellen ausgestattet. Außerdem gibt es ein gutes Frühstücksbüfett (gegen eine Gebühr).

Essen

Wichita ist die Heimat von Pizza Hut, doch die besten Restaurants der Stadt spielen in einer ganz anderen Liga. Wer Lust auf authentische mexikanische oder vietnamesische Küche hat, fährt den Broadway nach Norden und schaut sich dort um.

Doo-Dah Diner DINER $
(316-265-7011; www.doodahdiner.com; 206 E Kellogg Dr; Hauptgerichte 8–15 US$; Mi–Fr 7–14, Sa & So 8–14 Uhr) Ein Vorbild für alle Diner: Der brummende, bei Einheimischen sehr beliebte Laden in Downtown hat erstklassiges Essen im Angebot, beispielsweise Corned-Beef-Hash, Arme Ritter aus Bananenbrot oder auch Eggs Benedict.

AUF DER JAGD NACH TORNADOS

Große Teile der Great Plains werden häufig von schweren Unwettern heimgesucht: von heftigen Wolkenbrüchen, Hagel mit tennisballgroßen Eisbrocken und spektakulären Gewittern. Doch die absoluten Stars dieser meteorologischen Albträume sind die Tornados. Sie sind weit weniger freundlich als der Wirbelsturm, der Dorothy nach Oz davontrug; sie bringen jedes Jahr Tod und Zerstörung von den Great Plains bis zu den zentralen Bundesstaaten weiter im Osten der USA.

Mit Windgeschwindigkeiten von teilweise mehr als 480 km/h sind Tornados ehrfurchtgebietend und furchterregend zugleich. Dennoch kommen jedes Jahr, angelockt von Schaulust und dem Spektakel der Elemente, viele Leute mit der Hoffnung in die Region, einen Wolkentrichter zu sehen.

Tourveranstalter nutzen Transporter voller Spezialausrüstung, um Stürme über mehrere Bundesstaaten zu „jagen“. Eine Garantie, dass die Teilnehmer wirklich einen Sturm erleben werden, gibt es aber nicht. Die Kosten betragen durchschnittlich 200 bis 400 US$ pro Tag; zwischen April und Juli sind die Chancen am besten. Veranstalter sind u.a.:

Cloud 9 Tours (405-323-1145; www.cloud9tours.com; 2-wöchige Touren 3000 US$)

Silver Lining Tours (720-273-3948; www.silverliningtours.com; mehrtägige Touren ab 2500 US$)

Tempest Tours (817-274-9313; www.tempesttours.com; mehrtägige Touren ab 2245 US$)

Das Buch *Storm Kings: The Untold History of America's First Tornado Chasers* von Lee Sandlin gibt einen hervorragenden Überblick über die frühe Tornadoforschung und enthält viele Überraschungen. Spannend sind auch die Erinnerungen des Veteranen der Tornadojagd Roger Hill, *Hunting Nature's Fury*.

NICHT VERSÄUMEN

KANSAS COSMOSPHERE & SPACE CENTER

Das erstaunliche **Kansas Cosmosphere & Space Center** (☎800-397-0330; www.cosmo.org; 1100 N Plum St, Hutchinson; Pass für alle Attraktionen Erw./Kind 26/17 US$, nur Museum 13,50/10 US$; ⏰Mo–Sa 9–19, So 12–19 Uhr;) ist die vielleicht überraschendste Sehenswürdigkeit in Kansas und beschreibt das Wettrennen zum Mond besser als irgendein anderes Museum auf der Welt. Fesselnde Ausstellungen und Exponate wie das Kommandomodul der Apollo 13 nehmen Besucher stundenlang gefangen. Das Museum wird regelmäßig damit beauftragt, Requisiten für Hollywood-Filme wie Apollo 13 zu bauen, die sich um den Wettlauf ins All drehen. Ein Planetarium und ein Weltraumsimulator sind auch in dem für alle Attraktionen gültigen Pass inbegriffen.

Das Museum liegt sehr abgeschieden in Hutchinson, ein Besuch bei einem Tagesausflug ab Wichita oder bei einem Abstecher von der I-70 ist aber gut machbar.

Lotus Leaf Cafe VEGETARISCH $
(☎316-295-4133; www.lotusleafwichita.com; 251 N Washington Ave; Hauptgerichte 7–12 US$; ⏰Mo–Sa 11–21, So bis 16 Uhr;) Das helle, freundliche Café in der Old Town ist auf ein vegetarisches, veganes und glutenfreies Angebot mit Biozutaten spezialisiert, etwa Buffalo Blumenkohl (also Buffalo Wings ohne Hühnchen) oder Spaghetti Primavera mit Kürbis. Auch die Liste an Bioweinen und -bieren kann sich sehen lassen.

Anchor AMERIKANISCH $
(☎316-260-8989; www.anchorwichita.com; 1109 E Douglas Ave; Hauptgerichte 7–12 US$; ⏰11 Uhr–open end) Am Rand von Old Town liegt diese alte Kneipe mit hoher Decke, gefliestem Boden, toller Bierauswahl und gutem Essen. Die Burger und Tagesgerichte sind himmlisch. Der Laden stellt die Ketten- und Themenbars in der Nähe weit in den Schatten.

Ausgehen & Nachtleben

Es gibt mehrere beachtenswerte Kleinbrauereien, die vorwiegend in der Old Town und im Douglas Design District gleich im Osten zu finden sind.

Hopping Gnome Brewing KLEINBRAUEREI
(www.hoppinggnome.com; 1710 E Douglas Ave; ⏰Mi–Fr 15–22, Sa 12–24, So 12–17 Uhr) Dieser winzige Schankraum im Douglas Design District hat heimelige Tische, frisches Popcorn und eine gute Auswahl an Brettspielen. Ach ja, und Zwerge. Jede Menge Gartenzwerge! Die hausgebrauten Biere gibt's als Pint oder als Probierversion.

An- & Weiterreise

Der **Wichita Dwight D Eisenhower National Airport** (ICT; www.flywichita.com; 2277 Eisenhower Airport Pkwy) liegt 7 Meilen (11 km) westlich der Stadt und wird von verschiedenen Flughäfen im Mittleren Westen, im Südwesten und im Südosten aus angeflogen. Greyhound (www.greyhound.com) schickt von hier Busse nach Oklahoma City (32 US$, 3 Std.) und Kansas City (40 US$, 4 Std.).

Lawrence

Lawrence ist seit seinen Anfängen eine Insel fortschrittlicher Politik: Der Ort wurde 1854 von Gegnern der Sklaverei gegründet. Als wichtige Zwischenstation für die Underground Railroad war er Schauplatz des Konflikts zwischen Gegnern und Befürwortern der Sklaverei. Der freisinnige Geist der Stadt hat bis heute überlebt und zeigt sich in eklektischen Geschäften, eigenwilligen Bars und einem jugendlichen Optimismus (hier hat die University of Kansas ihren Sitz).

Sehenswertes

Rund um die hübsche Massachusetts St, die sich perfekt für einen Spaziergang eignet, breitet sich das nette Zentrum aus. Dort tummeln sich Stadtbewohner und Studenten.

Spencer Museum of Art GALERIE
(☎785-864-4710; www.spencerart.ku.edu; 1301 Mississippi St; ⏰Di, Fr & Sa 10–16, Mi & Do bis 20, So 12–16 Uhr) GRATIS Das Museum auf dem Campus der KU umfasst Werke des Western-Künstlers Frederic Remington, des Malers Thomas Hart Benton (er malte vor allem die Plains) und anderer und wurde nach einer Renovierung 2016 gerade wieder neu eröffnet.

Schlafen & Essen

Eldridge Hotel HISTORISCHES HOTEL $$
(☎785-749-5011; www.eldridgehotel.com; 701 Massachusetts St; Zi. 140–175 US$;) Die 48

modernen Suiten mit zwei Zimmern in dem historischen, 1926 erbauten Hotel im Zentrum sind mit antikisierten Einrichtungsgegenständen ausgestattet. Die Bar und das Restaurant haben Stil, und spuken soll es hier auch.

Halcyon House B&B B&B **$$**
(785-841-0314; www.thehalcyonhouse.com; 1000 Ohio St; Zi. 70–130 US$;) Die neun farbenfrohen Zimmer (einige mit Gemeinschaftsbad) werden vom Tageslicht gut ausgeleuchtet. Es gibt einen gepflegten Garten und zum Frühstück hausgebackene Leckereien. Zum Zentrum ist es von hier aus nur ein kurzer Spaziergang.

★ **Hank Charcuterie** TAPAS **$$**
(785-832-8688; www.hankmeats.com; 1900 Massachusetts St; Hauptgerichte 10–20 US$; Di–Fr 11–21, Sa 9–21, So 9–14 Uhr) Wie der Name schon vermuten lässt, ist dieses klassische, aber ungezwungene Lokal ein toller Ort für eine Flasche Wein mit Tapas (etwa Käse- oder Wurstplatten). Es gibt auch einige innovative Hauptgerichte (z. B. mit Dinkel gefüllte Wachtel oder gebratene Kaninchenkekse) und mörderische Cocktails (wie wär's mit dem „Drinking Vinegar" – mit Gin, nicht mit Essig). Auf der Kreidetafel stehen die Bauernhöfe angeschrieben, von denen die verwendeten Zutaten stammen.

Ausgehen & Unterhaltung

Henry's BAR
(785-331-3511; 11 E 8th St; 7–2 Uhr;) Unten ist ein Café mit schummriger Beleuchtung, Untergrundmusik und zum Verkauf stehender Kunst an den Wänden untergebracht. Oben befindet sich eine eigenwillige (und schwulenfreundliche) Bar,

ABSTECHER

DODGE CITY

Dodge City, wo die berühmten Gesetzeshüter Bat Masterson und Wyatt Earp – gelegentlich auch mal erfolgreich – versuchten, Recht und Ordnung durchzusetzen, hatte in den 1870er- und 1880er-Jahren einen ausgesprochen schlechten Ruf. Die langlebige Fernsehserie *Rauchende Colts* (1955–1975) beflügelte das Interesse an der Geschichte der Stadt, wobei historische Authentizität hier nach Spaß und Ausgelassenheit immer nur die zweite Geige spielte.

Heutzutage vermarktet die Stadt ihre Geschichte nach Kräften. Gleichzeitig werden jeden Tag mehr als 10 000 Rinder in riesigen Fabriken geschlachtet – was für manchen Traveller durchaus ein Grund sein mag, der Stadt so schnell wie möglich den Rücken zuzukehren. Wer aber etwas länger bleibt, der findet zu dieser von der Zeit gezeichneten Stadt vielleicht einen Zugang.

Das historische Zentrum, das abseits der Attraktionen liegt, kann man gut zu Fuß erkunden. Die **Santa Fe Trail Wagon-Wheel Ruts** (Wagenspuren des Santa Fe Trails) befinden sich etwa 9 Meilen (14,4 km) westlich der Stadt an der US 50. Die Stätte ist gut ausgeschildert.

Das wie eine Filmkulisse wirkende **Boot Hill Museum** (620-227-8188; www.boothill.org; 500 W Wyatt Earp Blvd; Erw./Kind 12/9 US$; Juni–Aug. 8–20 Uhr, Sept.–Mai 9–17 Uhr;) umfasst einen Friedhof, ein Gefängnis und einen Saloon, in dem sich Revolverhelden (unblutige) Pistolenduelle liefern, während Miss Kitty und ihre Mädchen Cancan tanzen. Kitschig? Ohne Ende! Der unechte Pionier-Charme verzaubert aber trotzdem!

Soil to sip (etwa: von der Erde bis zum ersten Schluck) ist die Philosophie, die hinter der neuen **Boot Hill Distillery** (620-371-6309; www.boothilldistillery.com; 501 W Spruce St; Juni–Aug. Do–Sa 13–19 Uhr, Sept.–Mai Fr & Sa, Führungen 13, 15 & 17 Uhr) steht. Sie gehört drei Farmern, die das komplette Getreide selbst liefern. Der Degustationsraum, in dem man in Kansas hergestellte Gins, Wodkas und Whiskys kosten kann, ist in einem prachtvollen Gebäude untergebracht, in dem sich einst das Rathaus befand.

Das **Visitor Center** (800-653-9378; www.visitdodgecity.org; 400 W Wyatt Earp Blvd; Juni–Aug. tgl. 8–18.30 Uhr, Sept.–Mai Mo–Fr bis 17 Uhr) bietet kostenlose Stadtspaziergänge und Autotouren zu den historischen Stätten an.

Dodge City liegt etwa 150 Meilen (241 km) westlich von Wichita am US 400. Greyhound (www.greyhound.com) verbindet die beiden Städte mit einem täglichen Bus (40 US$, 3 Std.).

ROUTE 66: GET YOUR KICKS IN KANSAS

Nur 13 Meilen (21 km) der Route 66 führen durch die südöstliche Ecke von Kansas, dabei handelt es sich aber um eine schöne Strecke entlang des Hwy 66 und der US 69 (von Osten nach Westen).

3 Meilen (4,8 km) weiter liegt **Riverton**; hier ist ein 20 Meilen (32 km) langer Abstecher Richtung Norden ins Crawford County möglich, wo das legendäre Brathähnchen das Markenzeichen von sechs berühmten Restaurants rund um **Pittsburg** ist. Eines der besten unter ihnen ist das **Chicken Mary's** (☎ 620-231-9510; 1133 E 600th Ave, Pittsburg; Gerichte ab 7 US$; ⏲ Di–Sa 16–20.30, So 11–20 Uhr).

Die Route kreuzt nun die US 400 und führt auf der alten Route 66 zur 1923 erbauten **Rainbow Bridge**, der letzten vom Architekten Marsh erbauten Bogenbrücke, die entlang der Route noch erhalten ist.

Von der Brücke sind es keine 3 Meilen (4,8 km) mehr zu den **Baxter Springs**, der Stätte eines Bürgerkriegsmassakers und zahlreicher Banküberfälle. Eine restaurierte Phillips-66-Tankstelle von 1939 beherbergt heute das **Kansas Route 66 Visitor Center** (☎ 620-856-2385; www.baxterspringsmuseum.org; Ecke 10th St & Military Ave, Baxter Springs; ⏲ Di–Sa 10–16.30, So 13–16 Uhr). Die Military Ave (US 69A) führt nach Oklahoma.

die bei der alternativen Community von Lawrence beliebt ist. Alles in allem vereint das Henry's all das, worauf Lawrence stolz ist und was es von anderen Städten in Kansas unterscheidet.

Bottleneck LIVEMUSIK
(☎ 785-841-5483; www.bottlenecklive.com; 737 New Hampshire St; ⏲ 15–2 Uhr) Die Musikszene der Stadt ist so, wie man das von einer Collegestadt erwartet, und dieser Treff bringt in der Regel die besten neuen Bands auf die Bühne. Wenn gerade keine Livemusik gespielt wird, ist das Bottleneck eine typische Kneipe und veranstaltet beliebte Quizabende und Open-Mike-Sessions.

Praktische Informationen

Visitor Information Center (☎ 785-865-5282; www.unmistakablylawrence.com; 402 N 2nd St; ⏲ Mo–Sa 9–17, So 13–17 Uhr) Im restaurierten alten Depot von Union Pacific.

An- & Weiterreise

Lawrence liegt nur eine kurze halbe Autostunde östlich von Topeka bzw. 45 Minuten westlich von Kansas City an der I-70. Der *Southwest Chief* von Amtrak hält auch in Lawrence an und fährt von dort weiter nach Kansas City (10 US$, 1½ Std.) bzw. Topeka (10 US$, 30 Min.).

Topeka

Topeka, die ansonsten eher langweilige Hauptstadt des Bundesstaates, ist ein Symbol für die entscheidende Rolle, die Kansas beim Kampf um die Gleichberechtigung der Rassen gespielt hat. Der neu aufkeimende **NOTO Arts District** im historischen North Topeka ist eine freundliche Gegend mit vielen eklektischen Geschäften, Galerien und Restaurants.

Am westlichen Stadtrand, in der Nähe der Kreuzung der I-70 und der I-470, gibt es zahlreiche Hotelketten. Einige unabhängige Hotels und Inns finden sich dagegen im Stadtzentrum.

Sehenswertes

★ **Brown v. Board of Education National Historic Site** MUSEUM
(☎ 785-354-4273; www.nps.gov/brvb; 1515 SE Monroe St; ⏲ 9–17 Uhr) GRATIS In den 1950er-Jahren erforderte es sehr viel Mut, sich gegen die Rassentrennungsgesetze aufzulehnen. In diesem Museum werden die Geschichten solcher couragierter Menschen erzählt. Es befindet sich in der Monroe Elementary School, die eine der afroamerikanischen Schulen Topekas war, bis 1954 die bahnbrechende Entscheidung des Obersten Gerichtshof fiel, die die Rassentrennung an amerikanischen Schulen verbot. Die Ausstellung thematisiert die gesamte Bürgerrechtsbewegung.

State Capitol WAHRZEICHEN
(☎ 785-296-3966; www.kshs.org/capitol; 300 SW 10th Ave; ⏲ Mo–Fr 7.30–17.30, Sa 8–13 Uhr, Führungen Mo–Fr 9–15 Uhr) GRATIS Unter der riesigen Kuppel aus Kupfer befindet sich ein von John Steuart Curry geschaffenes, flammendes Wandgemälde von John Brown, dem Gegner der Sklaverei. Wer die 296 Stufen

erklimmt, wird oben im Freien mit einer tollen Aussicht belohnt. Der Eintritt erfolgt über das Visitor Center an der Ecke 8th Ave und Van Buren St.

Kansas Museum of History MUSEUM
(☎785-272-8681; www.kshs.org; 6425 SW 6th Ave; Erw./Kind 10/5 US$; ⏲Di–Sa 9–17, So 13–17 Uhr) Dieses faszinierende Zentrum ist vollgepackt mit Geschichten aus Kansas, mit Ausstellungsstücken von einem Kriegsspeer der Cheyenne bis zur Axt von Carrie Nation, mit der sie im Kampf gegen den Alkoholgenuss Saloons zerstörte.

An- & Weiterreise

Topeka liegt etwa eine Autostunde westlich von Kansas City an der I-70. Busse von Jefferson Lines (www.jeffersonlines.com) verkehren viermal täglich auf dieser Strecke (16 US$).

Abilene

Im späten 19. Jh. war Abilene eine raue Cowboystadt am Ende des Chisholm Trail. Das kompakte Zentrum mit den historischen Backsteingebäuden und den gut erhaltenen Vierteln scheint genau der richtige Geburtsort für Dwight D. Eisenhower (1890–1969), Präsident und General, gewesen zu sein.

Sehenswertes

Eisenhower Presidential Center MUSEUM
(☎785-263-6700; www.eisenhower.archives.gov; 200 SE 4th St; Museum Erw./Kind 12/3 US$; ⏲Juni & Juli 8–17.45 Uhr, Aug.–Mai 9–16.45 Uhr) Die Getreidespeicher bilden die passende Kulisse für das recht majestätische Eisenhower Presidential Center, zu dem Ikes Kindheitshaus, ein Museum und eine Bibliothek sowie Mamies Grab gehören. Ausstellungen widmen sich der Zeit von Eisenhowers Präsidentschaft (1953–1961) und seiner Rolle als Kommandeur der Alliierten Streitkräfte im Zweiten Weltkrieg.

Schlafen & Essen

Abilene's Victorian Inn B&B $
(☎785-263-7774; www.abilenesvictorianinn.com; 820 NW 3rd St; Zi. ab 80 US$; ❄📶) Das großartige, lavendelfarbene Gebäude stammt aus dem Jahr 1882 und war einst die Wohnstätte des besten Freundes Eisenhowers. Es wurde kürzlich restauriert und erstrahlt mit einigen fabelhaften Tapeten nun wieder in seinem alten viktorianischen Glanz. Die Gastgeberin ist in ihren Regeln unnachgiebig (man kann die Zimmer z. B. erst sehen, nachdem man gebucht hat), aber es ist mit Abstand die beste Unterkunft im Ort.

Brookville Hotel AMERIKANISCH $$
(www.brookvillehotel.com; 105 E Lafayette Ave; Gerichte 17 US$; ⏲Mi–Fr 17–20, Sa & So 11.30–19 Uhr) Das Brookville Hotel serviert seine Brathähnchen bereits, seit der ehemalige Präsident und Einwohner von Abilene, Dwight D. Eisenhower, im Jahr 1915 sein Studium in West Point abschloss. Zu jeder Mahlzeit gibt es cremigen Mais, frische Kekse und mehr.

An- & Weiterreise

Abilene liegt über die I-135 und KS 15 90 Meilen (145 km) nördlich von Wichita. Die Stadt ist an kein öffentliches Transportnetz angeschlossen.

Chase County

Diesen fast genau quadratischen Verwaltungsbezirk hat William Least Heat-Moon in seinem Bestseller *PrairyErth* Kilometer für Kilometer erkundet. Im County liegen Teile der schönen, hügeligen Flint Hills, zudem befinden sich hier auch zwei Drittel der verbliebenen Hochgrasprärien der USA. Das faszinierende **County Courthouse** in **Cottonwood Falls**, 2 Meilen (3,2 km) südlich von Strong City, sollte man auf keinen Fall verpassen. Das fantasievolle Gebäude im Stil der französischen Renaissance wurde 1873 fertiggestellt.

Sehenswertes

★ **Tallgrass Prairie National Preserve** NATURSCHUTZGEBIET
(☎620-273-8494; www.nps.gov/tapr; Hwy 177; ⏲Gebäude 9–16.30 Uhr, Wege 24 Std.) GRATIS Das 44,5 km² große Naturschutzgebiet, das 2 Meilen (3,2 km) nordwestlich von Strong City liegt, ist mit seinen 65 km an malerischen Wegen der perfekte Ort für eine Wanderung durch die Prärie. 2009 wurde der Büffel hier wieder angesiedelt und heute leben im Reservat fast 100 Tiere und teilen sich das Gebiet mit Präriehühnern (deren Paarungsrituale legendär sind!). Ranger veranstalten Führungen zu einer erhaltenen Ranch und Bustouren durch die Prärie, die am Visitor Center beginnen und bei denen sie vermitteln, wie außergewöhnlich dieses Ökosystem ist (weniger als 4 % der ursprünglichen Prärie Nordamerikas sind heute noch erhalten).

Schlafen & Essen

★ **Millstream Resort Motel** MOTEL $
(☎620-273-8114; 401 Mill St, Cottonwood Falls; Zi. 62–100 US$; ❄📶) Es gibt so viele tolle Dinge über dieses zauberhafte Motel mit Blick auf den Cottonwood River zu sagen; der günstige Preis ist nur eines davon. Steinwände, Holzböden und individuell gestaltete Zimmer mit Balkons zum Fluss machen das Millstream zu einem echten Rückzugsort in den Flint Hills. Die Besitzer Richard und Sharon scheuen keine Mühen, um den Aufenthalt so angenehm wie möglich zu gestalten.

Ad Astra Food & Drink AMERIKANISCH $
(☎620-273-8440; 318 Cottonwood St, Strong City; Hauptgerichte 7–16 US$; ⏲Fr & Sa 11–22, So bis 21 Uhr) Es ist die fachmännische Zubereitung der amerikanischen Klassiker mit frischen Zutaten und einem kreativen Flair, das die saisonalen Angebote dieses stilvollen Restaurants in Strong City so ansprechend macht. Aus den Lautsprechern ertönen tolle Folk-Lieder, an den Wänden hängen die Werke hiesiger Künstler und aus den Zapfhähnen fließt Craft-Bier – wer möchte da nicht noch ein bisschen länger bleiben!

An- & Weiterreise

Chase County liegt etwa auf halbem Weg zwischen Wichita und Topeka (I-35 Ausfahrt 127). In der Region gibt es kein öffentliches Verkehrsnetz.

OKLAHOMA

Oklahoma bedeutet in der Sprache der Choctaw „rote Menschen". Angesichts der leuchtend roten Erde fragt man sich, ob damit nicht eher eine wortwörtliche als eine ethnische Aussage gemacht werden sollte. Das Land hat große Bedeutung für die amerikanischen Ureinwohner, da hier nicht weniger als 39 verschiedene Stämme leben. Entsprechend vielfältig sind Museen und Kultur.

Auch die Cowboys spielen im Sooner State eine große Rolle. Zwar haben Pick-ups das Pferd ersetzt, aber noch immer besticht die Weite, nur unterbrochen von den Städten Oklahoma City und Tulsa. An Oklahomas Teil der Route 66 reihen sich die Highlights der „Mother Road" aneinander, und man passiert unzählige stimmungsvolle alte Ortschaften.

Praktische Informationen

Oklahoma Bed & Breakfast Association (www.okbba.com)

Oklahoma State Parks (www.travelok.com/state_parks) Der Tagesbesuch der meisten Parks ist kostenlos; Zeltstellplätze kosten zwischen 14 und 25 US$ pro Nacht und können teilweise reserviert werden. Die Website ist allerdings ein echtes Labyrinth.

Oklahoma Tourism & Recreation Department (☎800-652-6552; www.travelok.com)

Oklahoma City

Das oft als O.K.C. abgekürzte Oklahoma City liegt fast genau in der Mitte des Bundesstaats und ist das kulturelle und politische Zentrum Oklahomas. Die Stadt hat sich über die Jahre sehr angestrengt, um mehr zu werden als eine bloße Cowboystadt, auch wenn sie das Erbe der Cowboys natürlich nicht verleugnet. Oklahoma City eignet sich gut, um die Fahrt auf der Route 66 einmal zu unterbrechen.

Tragische Berühmtheit erlangte die Stadt durch das Bombenattentat auf das Alfred P. Murrah Federal Building 1995; die Gedenkstätten, die diesem Verbrechen gewidmet sind, rühren an.

Sehenswertes

★ **Oklahoma City National Memorial Museum** MUSEUM
(www.oklahomacitynationalmemorial.org; 620 N Harvey Ave; Erw./Student 15/12 US$; ⏲Mo–Sa 9–18, So 12–18 Uhr; letzte Ticketverkäufe 1 Std. vor Schließung) Die Geschichte des schrecklichsten von Amerikanern verübten Terroranschlags in den USA wird in diesem ergreifenden Museum erzählt. Die Einrichtung drückt nicht auf die Tränendrüsen, sondern lässt die entsetzlichen Ereignisse für sich selbst sprechen. Das **Symbolic Memorial** im Freien besteht aus 168 leeren Stühlen für jeden Menschen, der bei dem Anschlag getötet wurde (die 19 kleineren Stühle sind für die Kinder, die in der Kindertagesstätte starben).

★ **Stockyards City** GELÄNDE
(www.stockyardscity.org; Agnew Ave & Exchange Ave) Südwestlich vom Zentrum stößt man auf ein paar richtige, waschechte Cowboys, entweder in den Geschäften und Restaurants, wo sie sich mit Essbarem versorgen, oder in den **Oklahoma National Stockyards**, dem größten Viehhof der Welt für *stocker* (Kälber, die im Frühling gekauft und auf die Weide gebracht werden) und *feeder cattle* (Kälber, die im Herbst wieder verkauft werden).

MUSEEN ZUR ROUTE 66

Route 66 Interpretive Center (405-258-1300; www.route66interpretivecenter.org; 400 E 1st St, Chandler; Erw./Kind 5/4 US$; Di–Sa 10–17 Uhr) In diesem Museum 60 Meilen (97 km) südwestlich von Tulsa kann man eine Fahrt auf der Mother Road durch die Jahrzehnte erleben. Es ist in einer großartigen Waffenkammer von 1936 untergebracht.

Route 66 Museum & Research Center (417-532-2148; www.lebanon-laclede.lib.mo.us; 915 S Jefferson St; Mo–Do 8–20, Fr & Sa bis 17 Uhr) Das Museum in der Bibliothek von Lebanon zeigt Erinnerungsstücke aus der Vergangenheit und der Gegenwart, darunter die Nachbildung einer *soda fountain* und alte Karten.

National Route 66 Museum (580-225-6266; 2717 W 3rd St/Hwy 66, Elk City; Erw./Kind 5/4 US$; Mo–Sa 9–17, So 14–17 Uhr) Hier gibt's drei Museen in einem: alte Autos und Fotos, eine nachgebaute Pionier-Siedlung und ein Bauernmuseum.

★National Cowboy & Western Heritage Museum MUSEUM
(405-478-2250; www.nationalcowboymuseum.org; 1700 NE 63rd St; Erw./Kind 12,50/6 US$; Mo–Sa 10–17, So 12–17 Uhr) Nur die Gerüche fehlen hier: Die lebendigen historischen Ausstellungen werden ergänzt durch eine nachgebaute Pioniersiedlung und eine großartige Sammlung von Western-Malerei und -Skulpturen mit vielen Werken von Charles M. Russell und Frederic Remington.

Oklahoma History Center MUSEUM
(www.okhistory.org/historycenter; 800 Nazih Zuhdi Dr; Erw./Kind 7/4 US$; Mo–Sa 10–17 Uhr) Das Museum in der Nähe des State Capitol (S. 761) rückt mithilfe interaktiver Ausstellungen die Menschen des Sooner State in den Fokus, die hier ihre Geschichte erzählen.

Skeletons: Museum of Osteology MUSEUM
(405-814-0006; www.museumofosteology.org; 10301 S Sunnylane Rd; Erw./Kind 8/7 US$; Mo–Fr 8–17, Sa 11–17, So 13–17 Uhr) Eine ganze Armee aus fleischfressenden Käfern hilft diesem Museum, die Knochen toter Tiere (viele davon kommen aus Zoos) für ein neues Leben in einer Ausstellungsvitrine herzurichten. Zu sehen sind über 350 Skelette und über 100 000 einzelne Knochen, darunter auch die des Amerikanischen Bisons und eines Afrikanischen Steppenelefanten.

Paseo Arts District AREAL
(www.thepaseo.org; NW 30th St & Paseo) Mit seiner Architektur im spanischen Revival-Stil, seinen lebhaften Bars und kuriosen Kunstgalerien ist dies die unkonventionellste Ecke von OKC.

State Capitol WAHRZEICHEN
(405-521-3356; 2300 N Lincoln Blvd; Mo–Fr 7–19, Sa & So 9–16 Uhr, Führungen Mo–Fr 9–15 Uhr) GRATIS Das 1917 errichtete griechisch-römische Gebäude erhielt seine Kuppel erst 2002. Es hat große Wandbilder, wunderschöne Buntglasfenster, einen Platz, auf dem die Fahnen der indigenen Stämme wehen, und wechselnde Kunstausstellungen. Es ist wohl das einzige State Capitol, das von noch betriebenen Ölfördertürmen umgeben ist.

Schlafen

Viele ältere Motels liegen an der I-35 südlich der Stadt. Neuere Kettenmotels drängen sich an der I-44, dem NW Expwy/Hwy 3 sowie in Bricktown (wo man nicht weit vom Nachtleben entfernt ist).

Lincoln Inn MOTEL $
(405-528-7563; www.lincolninnokc.com; 5405 N Lincoln Blvd; Zi. ab 45 US$; P) Die beste Budgetoption in OKC befindet sich abseits der I-44, nicht weit vom State Capitol (S. 761) entfernt. Es gibt einen großen Pool, einen kleinen Fitnessraum und der Zugang zu den Zimmern erfolgt aus einem innen gelegenen Korridor.

Grandison Inn at Maney Park B&B $$
(405-232-8778; www.grandisoninn.com; 1200 N Shartel Ave; Zi. 140–190 US$; P) In einem vornehmen Viertel von Oklahoma City, gleich nordwestlich von Downtown, begrüßt das elegante, klassische B&B von 1904 die Gäste seiner acht Zimmer mit viel historischem Charme und modernen Annehmlichkeiten. Die Holzarbeiten im Haus – darunter als Glanzstück die Treppe – sind hervorragend.

Colcord Hotel BOUTIQUEHOTEL $$
(405-601-4300; www.colcordhotel.com; 15 N Robinson Ave; Zi. 170–240 US$; P@) Oklahoma Citys ältester, 1911 errichteter Wolkenkratzer ist heute ein zwölfstöckiges Luxus-

MEDICINE PARK

Dieser reizende Erholungsort am Fluss lockt Reisende mit einer malerischen Lage und seiner einzigartigen Pflasterstein-Architektur (die Gebäude sind aus abgerundeten roten Steinen erbaut). Es ist diese Art von Ort, an dem sich Künstler und Forellenfischer gleichermaßen wohlfühlen und wo angelegte Parks in ein unvergleichliches Prärieparadies übergehen. Der Ort liegt gerade einmal eine Meile (1,6 km) vom **Wichita Mountains Wildlife Refuge** (☎580-429-3222; http://wichitamountains.fws.gov; 20539 State Hwy 115, Cache; einfacher Stellplatz 8 US$, Wohneinheit 1 Pers. 10–20 US$; ⊙Visitor Center 9–17 Uhr; 👪🐾) entfernt, wo Scharen von Elchen, Büffeln und Langhornrindern frei umherstreifen.

Die meisten Übernachtungsoptionen bestehen aus Cottages und Hütten, es gibt aber auch ein paar reizende Inns.

Medicine Park liegt etwa 1½ Autostunden (vorwiegend auf der I-44) südwestlich von Oklahoma City. Zwischen den beiden Orten gibt's keine öffentlichen Verkehrsmittel.

hotel. Viele originale Elemente, darunter das marmorverkleidete Foyer, sind erhalten geblieben. Die 108 Zimmer sind hingegen stilvoll und topmodern. Das Hotel befindet sich in der Nähe von Bricktown.

Essen

Restaurantempfehlungen finden sich in der Wochenzeitung *Oklahoma Gazette* (www.okgazette.com). Wer mag, kann sich aber auch einfach zu den sanierten Lagerhäusern im Bricktown District aufmachen, wo es viele Bars und Restaurants gibt – einige gute, aber auch einige Filialen von Ketten.

Tucker's Onion Burgers BURGER $
(☎405-609-2333; www.tuckersonionburgers.com; 324 NW 23rd St; Hauptgerichte 5,50–10 US$; ⊙11–21 Uhr) 🍃 Eine neue Art Burgerladen mit einem alten Route-66-Flair. Das Tucker's serviert qualitativ hochwertige Gerichte (mit Zutaten aus der Region) wie etwa die kultigen Oklahoma Zwiebelburger, frische, selbst gemachte Pommes Frites und Shakes. Die ökologische Gesinnung und die hübsche Veranda runden das Bild ab.

Ann's Chicken Fry House SÜDSTAATENKÜCHE $
(☎405-943-8915; 4106 NW 39th St; Hauptgerichte 5–12 US$; ⊙Di–Sa 11–20.30 Uhr) Teils echter Diner, teils Touristenattraktion: Das Ann's ist ein Veteran an der Route 66 und berühmt für sein – welche Überraschung – *chicken fried steak* (paniertes Rindersteak). Es gibt auch Okra und *cream gravy*, und auch die Brathähnchen werden dem Ruf gerecht. Ein Muss: die Augenbohnen!

★ **Picasso's Cafe** MODERN-AMERIKANISCH $$
(☎405-602-2002; www.picassosonpaseo.com; 3009 Paseo; Hauptgerichte 10–20 US$; ⊙11 Uhr–open end; 📶) Das Picasso's ist für seine Bloody Mary zur Mittagszeit und seine meisterhaft angerichteten Kreationen mit farmfrischen Zutaten berühmt. Es hat auch eine künstlerische Ader und zeigt die Werke örtlicher Künstler. Am schönsten sind die Tische draußen.

★ **Cheever's Cafe** MODERN-AMERIKANISCH $$
(☎405-525-7007; www.cheeverscafe.com; 2409 N Hudson Ave; Hauptgerichte 10–40 US$; ⊙So–Do 11–21, Fr & Sa bis 22.30 Uhr) Der ehemalige Art-déco-Blumenladen ist heute ein gehobenes Café mit hervorragender Küche, die mexikanische und Südstaateneinflüsse aufweist. Die Karte wechselt saisonal und die Zutaten stammen aus der Region. Die Desserts mit Eiskugeln sind ein Traum.

Cattlemen's Steakhouse STEAK $$
(☎405-236-0416; www.cattlemensrestaurant.com; 1309 S Agnew Ave; Hauptgerichte 7–30 US$; ⊙So–Do 6–22, Fr & Sa bis 24 Uhr) Das älteste Restaurant der Stadt ist eine Institution von Stockyards City (S. 760) und versorgt seit mittlerweile über 100 Jahren, nämlich seit 1910, Cowboys und Großstadtschnösel mit dicken Stücken vom Rind. An der Theke (wo man essen kann, wenn man nicht auf einen freien Tisch warten will) und hinten in den Luxusnischen werden auch heute noch Geschäfte abgeschlossen.

Ausgehen & Unterhaltung

In den Country- und Westernclubs von OKC, die überall in der Stadt zu finden sind, kann man seine Cowboystiefel anlegen und sich im Country Line Dance versuchen. Wer es ruhiger angehen lassen möchte, geht im eher alternativen Paseo Arts District aus. Für eine Kneipentour eignet sich Bricktown am besten.

Bricktown Brewery BRAUEREI
(www.bricktownbrewery.com; 1 N Oklahoma Ave; ⌚ Mo–Do 11–23, Fr & Sa bis 2, So bis 21 Uhr) In der doch ganz schön großen Kleinbrauerei in Bricktown können die Gäste in weitläufigen Räumen Billard und Darts spielen oder den anderen dabei zuschauen. Hier ist immer was los, und die Speisekarte ist auch ganz passabel.

Shoppen

Langston's BEKLEIDUNG
(☎ 405-235-9536; www.langstons.com; 2224 Exchange Ave; ⌚ Mo–Sa 10–20, So 12–17 Uhr) Hier bekommt man Westernkleidung und -zubehör aller Art. Allein die Auswahl an Schuhen ist überwältigend.

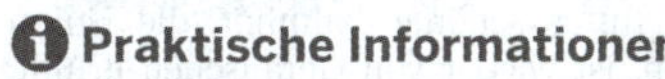

Praktische Informationen

Im Cox Convention Center ist auch das **Oklahoma City Visitor Information Center** (☎ 405-602-5141; www.visitokc.com; 58 W Sheridan Ave; ⌚ Mo–Fr 9–18 Uhr) untergebracht, das Tipps zu Restaurants und Attraktionen in der Umgebung geben kann.

An- & Weiterreise

Der **Will Rogers World Airport** (OKC; www.flyokc.com) liegt 5 Meilen (8 km) südwestlich vom Stadtzentrum entfernt; ein Taxi in die Downtown kostet etwa 25 US$.

Der *Heartland Flyer* von Amtrak (www.amtrak.com) fährt vom **Santa Fe Depot** (100 S EK Gaylord Blvd) nach Fort Worth (31 US$, 4 Std.).

Greyhound (☎ 405-606-4382; 1948 E Reno Ave) schickt täglich Busse nach Dallas (23 US$, 5 Std.), Wichita (24 US$, 3 Std.) und Tulsa (17 US$, 2 Std., 5-mal tgl.) sowie zu anderen Zielen.

Westliches Oklahoma

Westlich von Oklahoma City Richtung Texas geht das Land in weite, offene Prärie über. Besonders schön ist sie in den Wichita Mountains, die gemeinsam mit einigen Attraktionen an der Route 66 und Stätten der amerikanischen Ureinwohner dafür sorgen, dass dies eine hervorragende Gegend für eine Autotour ist.

Fort Sill National Historic Landmark & Museum HISTORISCHE STÄTTE
(☎ 580-442-5123; 6701 Sheridan Rd, Visitor Control Center, Fort Sill; ⌚ Di–Sa 9–17 Uhr) GRATIS Das Fort Sill National Historic Landmark ist in mehreren original erhaltenen Bauten aus Stein untergebracht und beleuchtet die Geschichte des Forts. Ein weiteres Highlight ist das **Post Guardhouse** von 1872, das Zentrum des Gesetzesvollzugs im Indianer-Territorium. Drinnen kann man sehen, wo der Apachenhäuptling Geronimo zu drei verschiedenen Gelegenheiten festgehalten wurde. Geronimo und weitere Apachenkrieger wurden 1894 als Kriegsgefangene hierher gebracht. Geronimos letzte Ruhestätte befindet sich auch auf dem Gelände des Forts, einige Kilometer vom Wachhaus entfernt, und ist durch eine Pyramide aus Stein mit einem Adler auf ihrer Spitze gekennzeichnet.

Heute ist in Fort Sill noch immer die US Army Field Artillery School untergebracht. Deshalb muss man am Fort Sill Visitor Control Center vor Betreten des Geländes und der historischen Stätten ein Formular ausfüllen und eine Hintergrundprüfung über sich ergehen lassen.

Wer auf einem Roadtrip entlang der Route 66 unterwegs ist, wird Western Oklahoma ziemlich wahrscheinlich auf der I-40 durchqueren (Ausfahrt 32 führt nach Cheyenne und zum Washita Battlefield). Beim Verlassen von Oklahoma City nimmt man aber lieber

WASHITA BATTLEFIELD NATIONAL HISTORIC SITE

Am 27. November 1868 starteten George Custers Truppen in der Morgendämmerung einen Angriff auf das friedliche Dorf des Häuptlings Black Kettle. Es war ein Massaker, bei dem Männer, Frauen, Kinder und Haustiere regelrecht abgeschlachtet wurden. Manche meinen, dass das schlechte Karma dieser Tat acht Jahre später auf Custer zurückfiel. Über die **Stätte** (☎ 580-497-2742; www.nps.gov/waba; Hwy 47A; ⌚ Stätte Sonnenaufgang–Sonnenuntergang, Visitor Center 8–17 Uhr) des Massakers, die sich kaum verändert hat, führen Wege. Im hervorragenden, 0,7 Meilen (1,1 km) entfernten Visitor Center befindet sich ein gutes **Museum**; die saisonal angebotenen Führungen und Vorträge lohnen allemal.

Die Stätte liegt 2 Meilen (3,2 km) westlich von Cheyenne und 30 Meilen (48 km) nördlich der I-40, von der man sie über die US 283 erreicht. Sie ist umgeben vom **Black Kettle National Grassland**, in dem es schöne Panoramastraßen und kostenlose Campingplätze gibt.

die I-44 und fährt nach Süden in Richtung Fort Sill und Wichita Mountains. In der Region gibt es kein öffentliches Verkehrsnetz.

Tulsa

Tulsa, die selbst ernannte „Ölhauptstadt der Welt", hat sich nie wirklich die Hände an dem schwarzen Gold schmutzig gemacht, das andernorts im Bundesstaat aus dem Boden quillt. Hier haben vielmehr etliche Energieunternehmen ihren Sitz, die ihr Geld mit dem Bohren nach Öl, dem Verkauf und als Zulieferer verdienen. Der daraus stammende stetige Wohlstand half einst dabei, Tulsas prunkvolles Zentrum mit seinen vielen Art-déco-Gebäuden zu schaffen.

Heute leidet Tulsa unter der vorstädtischen Zersiedlung, doch der Brady Arts District im Zentrum ist ein fantastisches Viertel.

Sehenswertes

Im Zentrum von Tulsa gibt es so viel Art-déco-Architektur, dass die Stadt früher als „Terracotta City" bekannt war. Das **Philcade Building** (www.tulsaartdecomuseum.org; 511 S Boston St) mit seiner prachtvollen T-förmigen Lobby und die **Boston Avenue United Methodist Church** (www.bostonavenue.org; 1301 S Boston St; Mo–Fr 8.30–17, So 8–17 Uhr, So geführte Touren mittags) sind zwei herausragende Beispiele dieses Stils. Einen kostenlosen Führer für einen Stadtspaziergang kann man auf der Seite www.visittulsa.com herunterladen (nach *downtown Tulsa self-guided walking tour* suchen!).

Der sich teilweise noch im Bau befindende **Brady Arts District** liegt direkt nördlich des Zentrums rund um die Brady St und die Main St. Hier gibt's Galerien, Veranstaltungsorte und gute Restaurants.

★ Gilcrease Museum MUSEUM
(918-596-2700; www.gilcrease.org; 1400 Gilcrease Museum Rd; Erw./Kind 8 US$/frei; Di–So 10–17 Uhr) Nordwestlich vom Zentrum, in der Nähe des Hwy 64, liegt dieses großartige Museum auf dem Anwesen eines amerikanischen Ureinwohners, der auf seiner Parzelle Öl entdeckte. In den Ausstellungen werden Indianerkunst, -textilien, -töpferwaren und mehr gezeigt, während die umliegenden Gärten zu einem Spaziergang einladen.

★ Woody Guthrie Center MUSEUM
(918-574-2710; www.woodyguthriecenter.org; 102 E MB Brady St; Erw./Kind 8/6 US$; Di–So 10–18 Uhr) In den 1930er-Jahren erlangte Woody Guthrie mit seinen Folk-Balladen Ruhm, in denen er Geschichten aus der Dust Bowl und von der Wirtschaftskrise erzählte. Sein Leben und seine Musik stehen im Mittelpunkt dieses eindrucksvollen neuen Museums, in dem man seine Musik hören und seinem Erbe in den Werken von Dylan und anderen begegnen kann. An manchen Abenden werden auf der Bühne des Theaters nach Schließung des Museums Konzerte aufgeführt (Termine und Uhrzeiten finden sich auf der Museumswebseite).

★ Oklahoma Jazz Hall of Fame MUSEUM
(918-928-5299; www.oklahomajazz.org; 111 E 1st St; So Jazzkonzerte Erw./Kind 15/5 US$; Mo–Fr 9–17 Uhr, Livemusik Di 18–22 & So 16–19.30 Uhr) GRATIS Tulsas schöner Bahnhof, die Union Station, ist wieder von Geräuschen erfüllt, doch heutzutage sind sie melodisch statt kakophonisch. Während der ersten Hälfte des 20. Jhs. war Tulsa ein Knotenpunkt der amerikanischen Musik. Hier trafen sich einheimische Künstler und solche, die von weit her kamen. Die umfassenden Ausstellungen beschäftigen sich mit Größen wie Charlie Christian, Ernie Fields Senior und Wallace Willis. Die Jazzkonzerte am Sonntag finden im Grand Concourse statt, in dem einst strikte Rassentrennung herrschte. Dienstagabends werden kostenlose Jamsessions veranstaltet.

Philbrook Museum of Art MUSEUM
(918-749-7941; www.philbrook.org; 2727 S Rockford Rd; Erw./Kind 9 US$/frei; Di, Mi–Fr & So 10–17, Do bis 20 Uhr, geführte Touren 14 Uhr) Südlich der Stadt liegt diese umgebaute, im italienischen Stil errichtete Villa eines Ölmagnaten, die von einem prächtigen Park umgeben ist. Drinnen werden gute Werke amerikanischer Ureinwohner und andere klassische Kunst gezeigt. Im Brady Arts District im Zentrum gibt es mittlerweile einen Ableger, das **Philbrook Downtown** (116 E MB Brady St; Erw./Kind 7 US$/frei; Mi–Sa 11–18, So 12–17 Uhr), das moderne Kunst ausstellt.

John Hope Franklin Reconciliation Park DENKMAL
(www.jhfcenter.org; 415 N Detroit Ave; 8–20 Uhr) Der Park erzählt die Geschichte der Rassenunruhen, die am 30. Mai 1921, dem Memorial Day, ihren Anfang nahmen. Auslöser war ein Vorfall in einem Aufzug. Ein Afroamerikaner und eine Weiße waren gemeinsam in einem Fahrstuhl in der Downtown von Tulsa. Plötz-

ABSTECHER

FRANK LLOYD WRIGHT IN BARTLESVILLE

In dieser Stadt spiegelt sich noch heute der Reichtum wider, der 1905 während des ersten Ölbooms aus der Erde quoll. Das Öl- und Gas-Imperium Philipps hat Museen und eine riesige Villa zurückgelassen. Über der Stadt erhebt sich der 1956 erbaute, 67 m hohe **Price Tower** (☎918-336-4949; www.pricetower.org; 510 Dewey Ave; Galerie Erw./Kind 6 US$/frei, Führungen Erw./Kind 15/10 US$; ⌚Öffnungszeiten der Galerie variieren, Führungen Di–Sa 11 & 14 Uhr), der einzige Wolkenkratzer, den Frank Lloyd Wright jemals baute.

Der Turm sieht von innen und außen aus, als träfen hier ein konservatives Magazin für Inneneinrichtung und *Die Jetsons* aufeinander. Wright versuchte, sein Design 30 Jahre lang an den Mann zu bringen, bevor sich jemand fand, der bereit war, das Gebäude hier zu errichten. In den 1990er-Jahren war der Turm so gut wie ungenutzt, heute sind im Erdgeschoss eine Kunstgalerie, in den oberen Stockwerken der **Inn at Price Tower** (☎918-336-1000; www.pricetower.org/stay; 510 Dewey Ave; Zi. ab 140 US$; P❄📶) untergebracht. Die 21 Zimmer des Hotels sind eine Hommage an den ausgefallenen Stil Wrights mit hochwertiger Designer-Ausstattung und unkonventionellen Winkeln. Mit den klapprigen Fahrstühlen kann man in die Bar im 15. Stock fahren.

Bartlesville liegt 45 Meilen (72 km) nördlich von Tulsa am US 75. Jefferson Lines (www.jeffersonlines.com) bedient die Strecke einmal am Tag (20 US$, 1 Std.).

lich schrie die Frau. Das Wie und Warum wurde nie geklärt. Doch der Vorfall führte zu dreitägigen rassistisch motivierten Unruhen, bei denen 35 Blocks des größten afroamerikanischen Viertels der Stadt von marodierenden Gruppen zerstört wurden. Tausende wurden obdachlos, Hunderte verletzt, und etliche Personen verloren ihr Leben.

Schlafen

Jede Menge Kettenmotels stehen entlang des Hwy 244 und der I-44, besonders an den Ausfahrten 229 und 232 der I-44. In verschiedenen alten Motels in der E 11th St, deren Standard allerdings sehr unterschiedlich ist, kann man die Abenteuer der Route 66 Revue passieren lassen.

Desert Hills Motel MOTEL $

(☎918-834-3311; 5220 E 11th St; Zi. ab 45 US$; P❄📶) Der leuchtende Neonkaktus am Eingang lädt Gäste in dieses liebevoll restaurierte Motel aus den 1950er-Jahren ein. Die 50 Zimmer sind mit Kühlschränken und Mikrowellen ausgestattet und diagonal rund um den Parkplatz angeordnet. Das Desert Hills liegt 5 Meilen (8 km) östlich der Downtown an der geschichtsträchtigen Route 66.

★ **Hotel Campbell** HOTEL $$

(☎918-744-5500; www.thecampbellhotel.com; 2636 E 11th St; Zi. 140–210 US$; P❄@📶) Das historische, 1927 errichtete Hotel östlich der Downtown erstrahlt seit seiner Restaurierung wieder im Glanz der Route-66-Ära. Die 26 luxuriösen Zimmer sind mit Hartholzböden und eleganten Stilmöbeln ausgestattet. Nach einer Führung fragen!

Hotel Ambassador HOTEL $$$

(☎918-587-8200; www.ambassadortulsa.com; 1324 S Main St; Zi. 200–300 US$; P❄@📶) In der Eingangshalle des 1929 erbauten, neunstöckigen Hotels hängen Fotos, die es vor seiner aufwendigen Renovierung zeigen. Die öffentlichen Räume sind entsprechend prachtvoll. Die 55 Zimmer wurden frisch renoviert und versprühen ein modernes Flair; dadurch wirken sie einen Tick größer.

Essen

Restaurants finden sich im Viertel Brookside, an der Peoria Ave zwischen der 31st St und der 51st St, in der historischen Cherry St (jetzt 15th St) gleich östlich von der Peoria Ave und im Brady District.

★ **Elmer's** BARBECUE $

(www.elmersbbqtulsa.com; 4130 S Peoria Ave; Hauptgerichte 7–17 US$; ⌚Di–Do 11–20, Fr & Sa bis 21 Uhr) Ein legendäres Grillrestaurant, dessen Star auf der Speisekarte das potenziell tödliche „Badwich" ist, eine krasse Kombi aus fachmännisch geräucherten Würstchen, Speck, Rind- und Schweinefleisch und mehr. Es gibt auch Räucherlachs und eine fantastische Beilage: grüne Bohnen mit saftigen Stückchen Rippenfleisch. Der Speisesaal ist hell und in ihm steht ein Piano.

Ike's Chili House DINER $

(☎918-838-9410; www.ikeschilius.com; 1503 E 11th St; Hauptgerichte 5–9 US$; ⌚Mo–Fr 10–19, Sa bis

15 Uhr) Das Ike's serviert seit über 100 Jahren Chili, und die klassische Variante ist besonders beliebt. Das Chili gibt's ohne alles oder mit Fritos, einem Hotdog, Pommes oder Spaghetti. Oben drauf kommen Peperoni, Zwiebeln, Jalapeños, Saltines (gesalzene Weizencracker) und Cheddarkäse – lecker!

Tavern AMERIKANISCH **$$**
(☎ 918-949-9801; www.taverntulsa.com; 201 N Main St; Hauptgerichte 15–38 US$; ⊙ So–Do 11–23, Fr & Sa bis 1 Uhr) Dieser schöne Pub ist eine Top-Adresse im Brady Arts District und serviert fantastisches Essen. Die Hamburger sind legendär, außerdem gibt's hier Steaks, Salate und andere saisonale Gerichte. Die Barkeeper sind echte Künstler, und auch die Weinkarte ist gut.

Ausgehen & Nachtleben

Im Brady Arts District pulsiert das Nachtleben mit Cocktailbars und Livemusik. American Solera am Stadtrand schenkt hervorragendes Craft-Bier aus.

American Solera BRAUEREI
(☎ 918-949-4318; www.americansolera.com; 1801 S 49th W Ave; ⊙ Mi 17–21, Do 17–20, Fr 16–21, Sa 12–21 Uhr) Die neu eröffnete Probierstube liegt zwischen Ölraffinerien in einem Vorort der Stadt und ist die perfekte Bühne für die preisgekrönten Biere von American Solera. Hier fühlt man sich wie auf einer spontanen Party in der Garage eines Freundes. Probieren sollte man das Norton Fellowship, ein Sour Ale aus der hiesigen Norton-Traube.

Unterhaltung

Die *Tulsa Voice* (www.thetulsavoice.com) weiß, was in der Stadt geboten ist.

★ **Cain's Ballroom** LIVEMUSIK
(☎ 918-584-2306; www.cainsballroom.com; 423 N Main St) Angehende Rockstars treten auf den Brettern auf, auf denen Bob Wills in den 1930er-Jahren Western Swing spielte und die Sex Pistols 1978 für Chaos sorgten (heute noch ist das Loch zu sehen, das Sid Vicious in die Wand schlug).

Admiral Twin Drive-In OPEN-AIR-KINO
(☎ 918-878-8099; www.admiraltwindrivein.com; 7355 E Easton St; Erw./Kind 7/3 US$; ⊙ März–Sept. Fr–So abends) Ein typisches Route-66-Autokino mit zwei Leinwänden, auf denen aktuelle Hollywoodstreifen gezeigt werden. Wer einen guten Platz ergattern möchte, muss weit vor Filmbeginn auftauchen.

ℹ Anreise & Unterwegs vor Ort

Greyhound (317 S Detroit Ave) steuert u. a. Oklahoma City (17 US$, 2 Std., 5-mal tgl.) und Muskogee (14 US$, 1 Std., 1-mal tgl.) an. Die Busse von Jefferson Lines (www.jeffersonlines.com) fahren regelmäßig die Strecke nach Bartlesville (20 US$, 1 Std., 1-mal tgl.).

Am **Tulsa Transit Hub** (www.tulsatransit.org; 319 S Denver Ave; 2 Std./Tagesticket 1,75/3,75 US$) fahren Busse zum Flughafen und zu anderen Zielen im Großraum Tulsa los.

Guthrie

Guthrie nennt sich gern „Offbeat Oklahoma" (unkonventionelles Oklahoma), und dieser Spitzname passt ganz gut. Die künstlerisch angehauchte Gemeinde hier ist stolz auf Guthries Theater und seine Bluegrass-Musikszene und auf die Galerien und Antiquitätenläden, die in den aus Ziegeln und Stein erbauten viktorianischen Gebäuden untergebracht sind, die überall in der Altstadt stehen. Das 30 Meilen (48 km) nördlich von Oklahoma City gelegene Guthrie war die erste Hauptstadt des Bundesstaats.

Sehenswertes

Frontier Drugstore Museum MUSEUM
(☎ 405-282-1895; www.drugmuseum.org; 214 W Oklahoma Ave; empfohlene Spende 3 US$; ⊙ Di–Sa 10–17 Uhr) Ein verrücktes kleines Museum, in dem die verblüffenden Heilmittel ausgestellt sind (z. B. Gläser mit Blutegeln), die in den Apotheken der Pionierstädte um die Jahrhundertwende verkauft wurden.

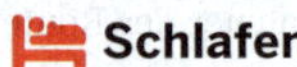

Schlafen

Pollard Inn HISTORISCHES HOTEL **$$**
(☎ 405-517-9266; www.guthrieinns.com; 124 W Harrison Ave; Zi. ab 150 US$; ❄) Blickt man nach oben zu den Decken aus Zinn, sieht man die Einschusslöcher, die von den vielen Überfällen zeugen, die diese Bank mit Inn zu Pionierzeiten erlebt hat. Die 12 Zimmer sind groß und ein Fenster zurück in die Blütezeit der Stadt. Die Besitzerin Lucy erzählt gern mehr über die Geschichte Guthries. Sie plant zudem, im Untergeschoss eine Veranstaltungslocation zu eröffnen.

Essen & Ausgehen

Die Kaffeekultur in Guthrie floriert und hat eine Handvoll bemerkenswerter Cafés aufzuweisen, darunter das tolle **Hoboken Coffee Roasters** (☎ 405-760-3034; www.hoboken.coffee; 224½ S Division St; ⊙ Mo–Fr 7–15, Sa 8–19

Uhr; 📶). Auch das Nachtleben kann sich mit seinen wunderbar vielseitigen Bars, die typisch für eine Kleinstadt sind, sehen lassen.

Stables Cafe AMERIKANISCH $
(☎405-282-0893; www.stablescafe.net; 223 N Division St; Hauptgerichte 6–13 US$; ⏰11–21 Uhr) Die alten Straßenschilder und Werbetafeln versetzen die Gäste dieses ganz anständigen (wenn auch etwas fettigen) Burger- und Grilllokals, das in einem 1889 erbauten Pferdestall untergebracht ist, zurück in das Oklahoma vergangener Zeiten. Im hinteren Teil des Restaurants befindet sich Tap Room 223, eine Bar mit Craft-Bier, Wein und Cider, die zwei Dutzend Fassbiere ausschenkt.

Boarding House LOUNGE
(☎405-466-8146; www.theboardinghousellc.com; 124 W Oklahoma Ave; unbegrenzte Anzahl an Spielen 5 US$; ⏰Mo–Do 15.30–22.30, Fr & Sa bis 24 Uhr; 📶) Brettspiel-Fans aufgepasst: Guthrie hat seine eigene „Brettspiel-Lounge", wo Einheimische sich treffen, um alte und neue Spiele auszuleihen und einen Sieger zu ermitteln. An der Theke holt man sich Kaffee und Snacks, schnappt sich anschließend ein Sofa und lässt die Spiele beginnen.

ℹ An- & Weiterreise

Guthrie liegt 30 Meilen (48 km) nördlich von Oklahoma City an der I-35. Zwischen den beiden Orten gibt es keine öffentliche Verkehrsverbindung.

Anadarko

In diesem Gebiet gibt es acht Stammesländer, und die Kinder aus den vielen verschiedenen Stämmen gehen in Anadarko zur Schule. Hier finden regelmäßig indianische Versammlungen und Veranstaltungen statt, und wer gern einmal in die Kultur der amerikanischen Ureinwohner eintauchen möchte, ist hier genau richtig.

National Hall of Fame for Famous American Indians DENKMAL
(☎405-247-5555; 901 E Central Blvd, Hwy 62; ⏰Gelände 24 Std., Visitor Center Mo–Sa 9–17, So ab 13 Uhr) GRATIS Ein kurzer Spaziergang im Freien führt an den Bronzebüsten weltbekannter amerikanischer Ureinwohner vorbei, darunter Persönlichkeiten wie Pocahontas, Geronimo und Sitting Bull. Das nahe gelegene Visitor Center hat eine gute Auswahl an Büchern über die amerikanischen Ureinwohner Oklahomas.

Southern Plains Indian Museum MUSEUM
(☎405-247-6221; www.doi.gov/iacb/southern-plains-indian-museum; 715 E Central Blvd; ⏰Mo–Fr 9–16.30 Uhr; 👪) GRATIS Beherbergt eine kleine, aber vielseitige Sammlung mit Kleidung, Waffen und Musikinstrumenten der Prärie-Indianer. Ebenfalls zu sehen gibt's eine kleine Ausstellung indianischer Kunst.

Anadarko liegt etwas mehr als eine Autostunde südwestlich von Oklahoma City. In der Region gibt es kein öffentliches Verkehrsnetz.

Claremore

Dies war der Schauplatz des 1931 entstandenen Theaterstücks *Green Grow the Lilacs*, auf dem das ungemein beliebte Musical *Oklahoma!* beruht. Letzteres erzählt auf sehr stark fiktionalisierte Weise von den Ereignissen im Jahr 1906.

Will Rogers wurde 1879 in einer Blockhütte nördlich der Stadt geboren. Er war Cowboy, höchst amüsanter Laienphilosoph, Radio- und Filmstar und hatte Cherokee-Vorfahren. Das auf einem Hügel gelegene **Will Rogers Memorial Museum** (www.willrogers.com; 1720 W Will Rogers Blvd; Erw./Kind 7/3 US$; ⏰10–17 Uhr) ist eine unterhaltsame Hommage an einen Mann, auf den Zitate zurückgehen wie: „Wir sollten keinen Präsidenten wählen. Wir sollten einen Zauberer wählen" oder „Kein Mensch ist großartig, der denkt, er sei großartig".

Die nachmittägliche *teatime* ist in Claremore eine große Sache und die stimmungsvollsten Restaurants der Stadt geben sich damit besonders viel Mühe. Einen Geschmack von der Eleganz der alten Welt vermittelt der **Belvidere Tea Room** (☎918-342-1127; www.belvideremansion.com; 121 N Chickasaw Ave; Hauptgerichte 6–13 US$; ⏰Di–Sa 10–15 Uhr). Claremore wartet aber auch mit einigen ganz guten Grill- und mexikanischen Restaurants auf.

Claremore liegt mit dem Auto gerade einmal 30 Minuten nordöstlich von Tulsa. Zwischen den beiden Städten verkehren keine öffentlichen Verkehrsmittel.

Muskogee

Der Namensgeber von Merle Haggards Hit aus dem Jahr 1969, *Okie from Muskogee*, liegt 49 Meilen (78 km) südöstlich von Tulsa. Es war und ist in gewisser Weise immer noch das Land der Creek und Cherokee.

Muskogee ist ein hervorragender Ort, um mehr über die Kultur der amerikanischen Ureinwohner vor allem vor Beginn des 19. Jhs. zu erfahren.

Sehenswertes

Fort Gibson HISTORISCHE STÄTTE
(907 N Garrison Rd, Fort Sill; Erw./Kind 7/4 US$; Di–Sa 10–17 Uhr) Das 1824 als Frontier-Fort erbaute Fort Gibson spielte im Zusammenhang mit dem Pfad der Tränen (Trail of Tears) eine entscheidende – und berüchtigte – Rolle. Hier waren in den 1830er-Jahren die Mitglieder der Kommission untergebracht, die die Umsiedlung durchführen sollten, und hierher wurden nach dem erzwungenen Marsch auch die überlebenden Creek und Seminolen gebracht, von wo aus sie dann auf das Indianer-Territorium verteilt wurden. Das renovierte Gelände mit seinen Gebäuden gibt einen guten Einblick in das militärische Leben vor 180 Jahren.

Five Civilized Tribes Museum MUSEUM
(918-683-1701; www.fivetribes.org; 1101 Honor Heights Dr, Agency Hill; Erw./Student 3/1,50 US$; Mo–Fr 10–17, Sa bis 14 Uhr) In einem Haus der Union Indian Agency aus dem Jahr 1875 erinnert dieses Museum an die Kulturen der amerikanischen Ureinwohner, die gezwungen wurden, auf dem Trail of Tears aus Amerikas Südosten hierher zu wandern.

Schlafen & Essen

Graham-Carroll House B&B $$
(918-683-0100; www.grahamcarrollhouse.com; 501 N 16th St; Zi. 140–160 US$;) Das prachtvolle B&B mit fünf Zimmern ist in einem gelben Herrenhaus im Tudorstil im Founder's Place Historic District untergebracht. Einige der Zimmer haben Badewannen mit Massagedüsen. Das dreigängige Gourmet-Frühstück ist im Preis enthalten. Unbedingt den Balkon auf dem Dach genießen.

Harmony House BÄCKEREI $
(918-687-8653; www.harmonyhouse4lunch.com; 208 S 7th St; Hauptgerichte 8–10 US$; Café Mo–Sa 11–14.30 Uhr, Bäckerei Mo–Fr 9–17 Uhr) Hier fühlt man sich, als ob man gerade zu Besuch bei der lange verschollenen Oma aus Oklahoma wäre. Dafür sorgen die frisch gebackenen Kekse auf dem Tisch, die Karaffen mit Aprikoseneistee und der viele Schnickschnack, der das Café schmückt. Es gibt auch Suppen, Salate und Sandwiches, der Hauptgrund für einen Besuch sind aber die Desserts aus der Bäckerei.

An- & Weiterreise

Muskogee liegt 49 Meilen (79 km) südöstlich von Tulsa. Ein täglich verkehrender Greyhound-Bus verbindet die beiden Städte miteinander (14 US$, 1 Std.).

Tahlequah

Tahlequah (sprich: tel-ah-kwoh) ist seit dem Jahr 1839 die Hauptstadt der Cherokee. Das ausgezeichnete **Cherokee Heritage Center** (918-456-6007; www.cherokeeheritage.org; 21192 S Keeler Dr; Erw./Kind 8,50/5 US$; Juni–Aug. Mo–Sa 9–17 Uhr, Sept.–Mai Di–Sa) liegt in Park Hill, das einst als „Athen des Indianer-Territoriums" bekannt war. Das kompakte Zentrum wartet dank der Northeastern State University mit einer jugendlichen Energie und dynamischen Geschäften und Restaurants auf.

Schlafen & Essen

Die besten Essensoptionen gibt's an der Muskogee Ave zwischen der Choctaw St und der Spring St. Die Collegestudenten bevölkern die Cafés und Bars an der Muskogee Ave bis weit nach Sonnenuntergang.

Blue Fern B&B B&B $$
(918-316-6973; www.bluefernbedandbreakfast.net; 224 W Chickasaw St; Zi. 120–140 US$;) Das viktorianische Haus wurde 1904 erbaut, noch vor der Geburtsstunde des Staates Oklahoma, und wurde liebevoll restauriert und in ein farbenfrohes B&B umgewandelt. Jedes der drei Zimmer hat seinen eigenen Gaskamin, zwei von ihnen verfügen über eine Küchennische.

Sam & Ella's Chicken Palace PIZZA $
(918-456-1411; 419 N Muskogee Ave; Hauptgerichte 7–11 US$; 10–22 Uhr) Trotz des Namens (und der Hühnerdeko überall) dreht sich in dem unkonventionellen Restaurant alles um handgemachte Pizzen und Sandwiches. Es kann sich damit rühmen, dass Carrie Underwood, der Country-Superstar, hier als Kellnerin gearbeitet hat, während sie die Northeastern State University besuchte.

An- & Weiterreise

Tahlequah liegt 65 Meilen (105 km) südöstlich von Tulsa. Zwischen den beiden Städten gibt es keine öffentliche Verkehrsverbindung.

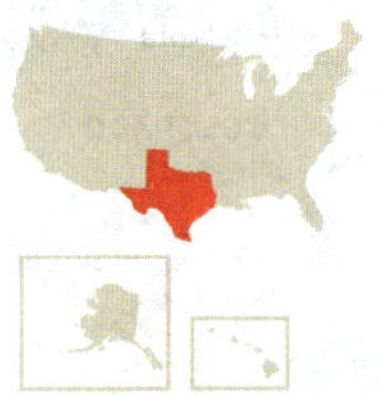

Texas

Inhalt ➡

Gut essen

- Franklin Barbecue (S. 777)
- Javier's (S. 811)
- Pieous (S. 788)
- Killen's Barbecue (S. 798)
- L&J Cafe (S. 825)

Schön übernachten

- Hotel Emma (S. 784)
- Indian Lodge (S. 820)
- Hotel Van Zandt (S. 777)
- Hotel ZaZa Houston (S. 794)
- El Cosmico (S. 821)

Auf nach Texas!

Die Titelmusik von *Dallas* aufgedreht und los geht die Reise: Texas ist riesig und weitläufig – wäre es ein Land, läge es größenmäßig weltweit auf Platz 40! Und die Kreativität seiner Bewohner steht seiner immensen Fläche in nichts nach.

Rinderfarmen, Pick-ups, Cowboystiefel und der unverkennbare texanische Akzent – natürlich gehört all dies zur hiesigen Kultur. Aber Texas ist kein Wildwest-Themenpark. Bei einem Staat dieser Größe ist für jeden etwas dabei.

Den Besucher erwarten Strände, ja, auch weitläufige Nationalparks, historische Städte, Einkaufszentren im Format von Kleinstädten, ein pulsierendes Nachtleben und eine dynamische Musikszene. Zudem machen die beinahe ganzjährig warmen Temperaturen Texas zum idealen Ziel für Outdoor-Fans, die zum Wandern, Radfahren, Klettern und Kajakfahren kommen. Man kann sich also aussuchen, welches Abenteuer einen am meisten reizt: Der Lone Star State ist zu allem bereit.

Reisezeit

Austin

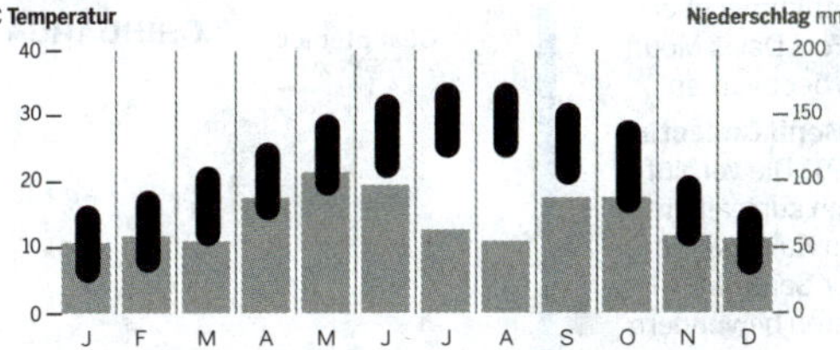

März Die Wärme während des Spring Break lockt Collegestudenten und Familien mit Kindern an.

April–Mai Wildblumen an den Straßen, überall gibt's Festivals. Die Sommerhitze kommt erst noch.

Okt. Die Touristenströme verebben, die Hitze lässt nach, doch es ist warm genug für Shorts.

Highlights

1 **Gruene Hall** (S. 782) Über den abgewetzten Boden des ältesten Tanzsaales von Texas gleiten

2 **River Walk** (S. 783) In San Antonio auf dieser Promenade an Cafés und Restaurants vorbei schlendern

3 **Austin** (S. 772) Jede Menge Livemusik, Hinterhofbars und kreative Food Trucks genießen

4 **Sixth Floor Museum** (S. 807) In diesem einzigartigen M useum in Dallas den Verschwörungstheorien um die Ermordung von JFK nachgehen

5 **Fort Worth** (S. 813) Zusehen, wie ganze Herden von Longhorn-Rindern durch die staubigen Straßen getrieben werden

6 **Big Bend National Park** (S. 816) In diesem herrlichen Nationalpark eine ganz andere Seite des wilden Texas kennenlernen

7 **McDonald Observatory** (S. 819) Den fantastischen Nachthimmel über den Fort Davis Mountains beobachten

8 **Menil Collection** (S. 791) Die verblüffenden surrealistischen Kunstwerke dieser Sammlung in Houston bewundern

9 **South Padre Island** (S. 803) Sonne, Sand und Meer genießen

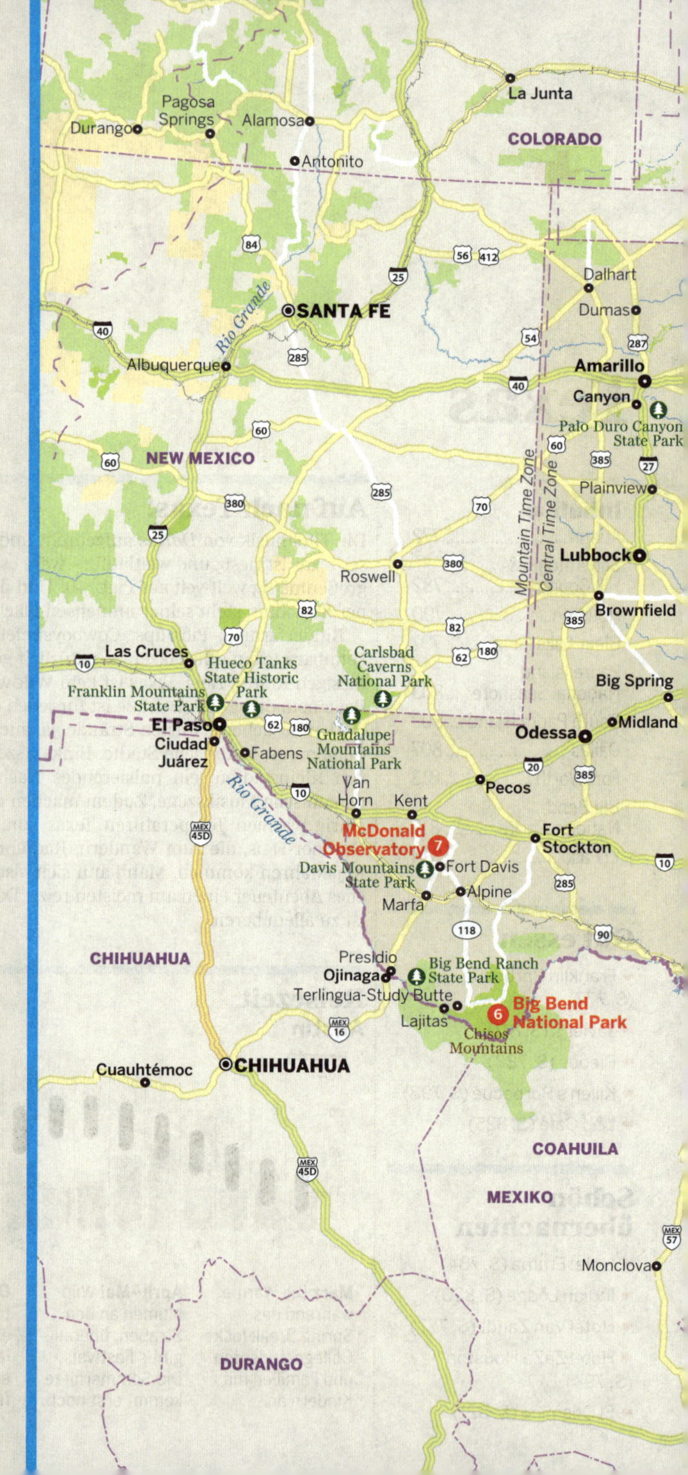

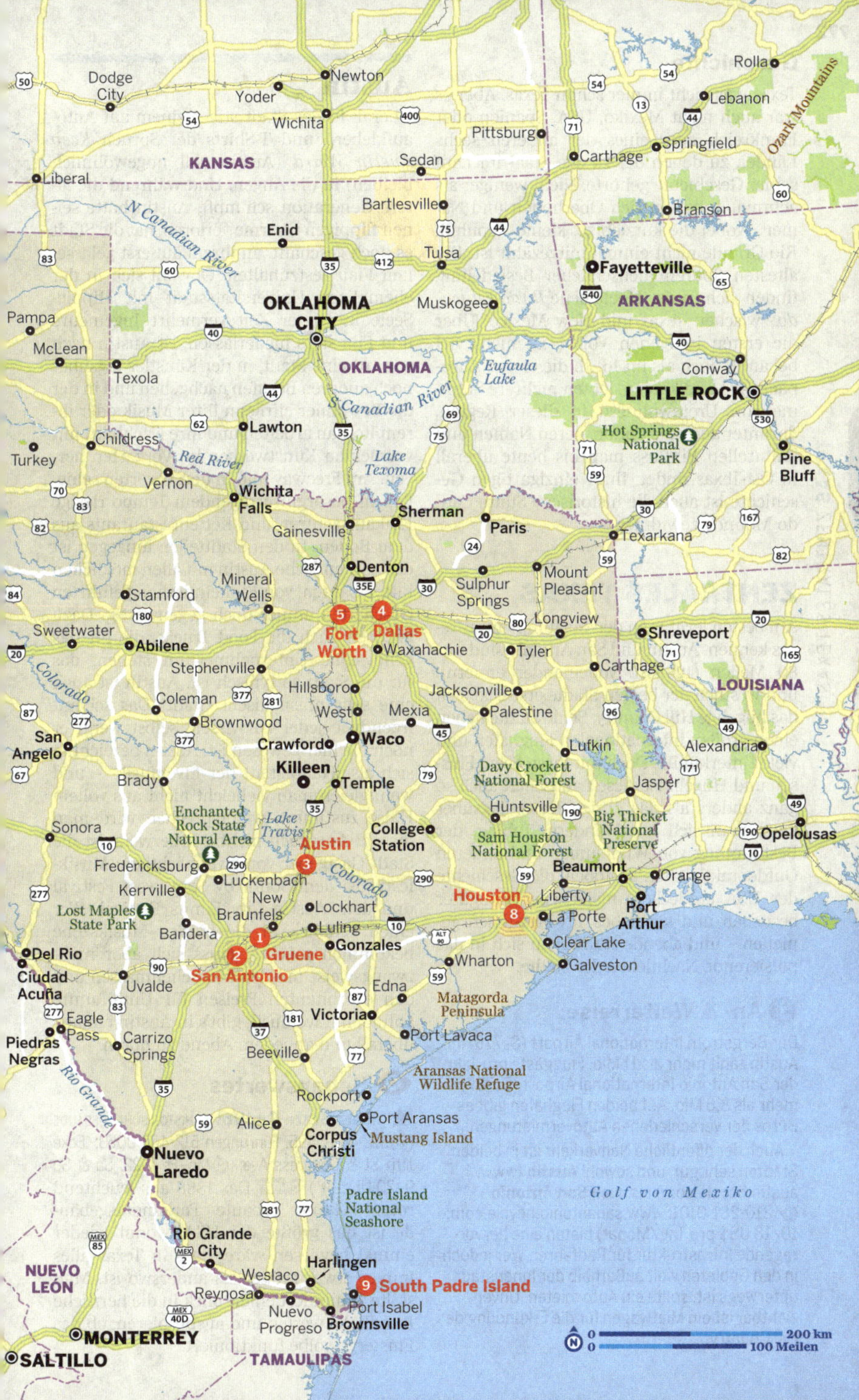

Dodge City
Newton
Yoder
Wichita
KANSAS
Liberal
Sedan
Pittsburg
Carthage
Springfield
Lebanon
Rolla
Ozark Mountains
Branson
Bartlesville
Enid
N Canadian River
Tulsa
Fayetteville
ARKANSAS
Muskogee
OKLAHOMA CITY
OKLAHOMA
Pampa
McLean
Texola
Eufaula Lake
Conway
LITTLE ROCK
S Canadian River
Lawton
Childress
Turkey
Red River
Vernon
Wichita Falls
Lake Texoma
Hot Springs National Park
Pine Bluff
Sherman
Paris
Gainesville
Texarkana
Denton
Mineral Wells
Stamford
Sulphur Springs
Mount Pleasant
Sweetwater
Abilene
Fort Worth
Dallas
Waxahachie
Longview
Tyler
Shreveport
Stephenville
Carthage
LOUISIANA
Coleman
Hillsboro
Jacksonville
Brownwood
West
Mexia
Palestine
San Angelo
Crawford
Waco
Lufkin
Alexandria
Killeen
Temple
Brady
Davy Crockett National Forest
Jasper
Huntsville
Enchanted Rock State Natural Area
Lake Travis
Big Thicket National Preserve
Sonora
College Station
Sam Houston National Forest
Opelousas
Austin
Fredericksburg
Luckenbach
Colorado
Beaumont
Orange
Kerrville
New Braunfels
Lockhart
Houston
Liberty
Port Arthur
Lost Maples State Park
Bandera
Luling
La Porte
Clear Lake
Del Rio
Gruene
Gonzales
Ciudad Acuña
San Antonio
Uvalde
Wharton
Galveston
Edna
Matagorda Peninsula
Eagle Pass
Victoria
Piedras Negras
Carrizo Springs
Port Lavaca
Beeville
Aransas National Wildlife Refuge
Rio Grande
Rockport
Alice
Port Aransas
Corpus Christi
Mustang Island
Nuevo Laredo
Golf von Mexiko
Padre Island National Seashore
Rio Grande City
NUEVO LEÓN
Harlingen
Weslaco
South Padre Island
Reynosa
Port Isabel
Nuevo Progreso
Brownsville
MONTERREY
SALTILLO
TAMAULIPAS
0 200 km
0 100 Meilen

Geschichte

Texas war nicht immer schon Texas. Aber es war auch nicht Mexiko, USA, Spanien oder Frankreich oder eines der anderen sechs Länder, zu denen der riesige Staat im Lauf seiner Geschichte gehörte. Nicht weniger als achtmal änderten sich Oberhoheit und Namen, wobei die kurzlebige, kleine Republik Rio Grande nicht einmal mitgezählt ist. Die ältesten Spuren menschlicher Besiedelung finden sich in der Hochebene *llano estacado* zwischen Texas und New Mexico. Über die ersten inidgenen Völker ist nicht viel bekannt, doch als im 16. Jh die ersten Europäer ins Land kämen, lebten mehrere Stämme von Ureinwohnern in dieser Region, darunter auch die Caddo, deren Namen und kulturellen Einfluss man bis heute überall in Ost-Texas findet. Ihrer einzigartigen Geschichte ist auch die historische Stätte Caddo Mounds gewidmet.

ZENTRALES TEXAS

Am besten lernt man den Staat in Zentral-Texas kennen. Austin und San Antonio sind nur 80 Meilen (128 km) voneinander entfernt, und westlich der beiden Städte erstreckt sich das hügelige Hill Country. Beide Städte haben einen großen internationalen Flughafen und viele Unterkünfte. Doch mit ihren Seen, Flüssen und Hügeln ist diese Landschaft auch so ganz anders als das übrige Texas. Tagsüber kann man sich mit Wandern, Tubing, der Bestimmung von Wildblumen und anderen Outdooraktivitäten austoben, die Geschichte der USA entdecken, malerische Weingüter besuchen und köstliches Tex-Mex-Essen genießen – und abends stürzt man sich in das pulsierende Nachtleben der Städte.

An- & Weiterreise

Der Bergstrom International Airport (S. 779) in Austin zählt mehr als 11 Mio. Fluggäste pro Jahr, der San Antonio International Airport (S. 787) mehr als 8,6 Mio. Auf beiden Flughäfen gibt es Büros der verschiedenen Autovermietungen.

Auch der öffentliche Nahverkehr ist in beiden Städten sehr gut, und sowohl **Austin** (www.austin.bcycle.com) als auch **San Antonio** (☎ 210-281-0101; www.sanantonio.bcycle.com; 10/18 US$ pro Tag/Monat) bieten eine hervorragende Infrastruktur für Radfahrer. Wer jedoch in den Gebieten weit außerhalb der Innenstadt unterwegs ist, sollte ein Auto mieten. Unverzichtbar ist ein Mietwagen für die Erkundung des Hill Country.

Austin

Überall in der Stadt sticht einem auf Autoaufklebern und T-Shirts der Spruch *Keep Austin Weird* (Austin soll ungewöhnlich bleiben) in die Augen. Und während die ältere Generation schimpft, Austin hätte seinen flippigen Charme verloren, hat die Stadt es doch geschafft, an ihrem äußerst gelassenen Flair festzuhalten. Obwohl sich in der ehemaligen Universitätsstadt mit Hippie-Seele in letzter Zeit vermehrt Ingenieure und Filmstars niederlassen, ist Austin nach wie vor eine Stadt, in der Künstler tagsüber noch anderen Berufen nachgehen und in der die Bewohner eifrig an ihrer Musik oder ihrem Roman arbeiten und ihre Nachbarn mit verrückten Kunstwerken im Vorgarten nerven. Am Freeway und in den Vororten schießen in besorgniserregendem Tempo riesige Einkaufszentren und Kettenrestaurants aus dem Boden. In den Stadtteilen hingegen ist das authentische Austin mit allen möglichen interessanten, von Einheimischen geführten Geschäften immer noch gegenwärtig. Dazu gehören auch die Food Trucks, die für das genügsame Unternehmertum stehen, das für die Stadt so typisch ist. Austin ist auch eine sehr musikalische Stadt! Das scheint irgendwie jeder zu wissen, selbst wenn er noch nie hier gewesen ist. Austin bezeichnet sich als „Hauptstadt der Livemusik" – und wenngleich man vielleicht nicht aus vollem Halse zustimmt, widersprechen wird man diesem Anspruch nicht. Mittlerweile ist die Stadt Gastgeber von zwei wichtigen Musikfestivals: dem South by Southwest Festival und dem Austin City Limits Festival. Wer einen Einblick in die hiesige Musikszene bekommen möchte, muss sich aber nicht zwangsweise mit den Menschenmassen und den exorbitanten Preisen für Unterkünfte abfinden. Livemusik gibt's in Austin einfach überall und an jedem Abend zu hören.

Sehenswertes

★ **Texas State Capitol** HISTORISCHES GEBÄUDE
(☎ 512-463-5495, Führungen 512-463-0063; Ecke 11th St & Congress Ave; ⏲ Mo–Fr 7–22, Sa & So 9–20 Uhr; 👪) GRATIS Das 1888 aus leuchtend rotem Granit erbaute Parlamentsgebäude ist das größte der USA, womit wieder einmal bewiesen wäre, dass in Texas alles immer etwas größer als anderswo ist. Man sollte zumindest einen Blick in die herrliche Rundhalle werfen und ausprobieren, ob das Flüstergewölbe funktioniert.

TEXAS IN ZWEI WOCHEN

Wer alles sehen will, aber nur wenig Zeit hat, sollte mit drei Tagen in **Dallas** beginnen. Dort besichtigt man alles, was mit der Ermordung von JFK zu tun hat und isst dann in einem der trendigen Nobelviertel. Am nächsten Tag fährt man zu den historischen Fort Worth Stockyards außerhalb der Stadt. Am dritten Tag verlässt man die Stadt in Richtung Süden und stärkt sich im hübschen kleinen Waxahachie, bevor man zwei Nächte in **Austin** verbringt, Livemusik genießt und Fledermäuse beobachtet.

Dann verbringt man eine Nacht in der Wildweststadt **Gruene** und tanzt in einem der ältesten Tanzsäle von Texas, bevor es weiter nach **San Antonio** geht. Dort verbringt man zwei Tage und erkundet The Alamo und den River Walk. Nur drei Autostunden weiter südlich liegt **Corpus Christi**, wo man sich einige Tage am Strand des **Padre Island National Seashore** oder von **Port Aransas** ausruhen kann.

Dann wird es Zeit, nach Norden aufzubrechen, um drei Tage in **Houston** zu verbringen. Ein absolutes Muss dort ist natürlich das Space Center Houston der NASA, aber auch der Museum District. Zum Abschluss bietet sich am dritten Tag ein Ausflug ins sonnige und geschichtsträchtige **Galveston** an.

★ Bat Colony Under Congress Avenue Bridge BRÜCKE

(Congress Ave; ⏲ April–Nov. bei Sonnenuntergang) Jedes Jahr lassen sich mehr als 1,5 Mio. mexikanische Bulldoggfledermäuse auf einer Plattform unter der Congress Ave Bridge nieder und bilden damit die größte städtische Fledermauskolonie in Nordamerika. In Austin ist es Tradition, sich ans grasbewachsene Ufer des Lady Bird Lake zu setzen und die Fledermäuse dabei zu beobachten, wie sie schätzungsweise 13 500 kg Insekten pro Nacht fangen. Wenn die Fledermäuse ausfliegen, erinnert das an einen schwarzen, laut rauschenden Fluss. Das abendliche Spektakel, das im August besonders schön ist, sollte man keinesfalls verpassen.

Mexic-Arte Museum MUSEUM

(☎512-480-9373; www.mexic-artemuseum.org; 419 Congress Ave; Erw./Kind unter 12 Jahren/Student 5/1/4 US$; ⏲Mo–Do 10–18, Fr & Sa 10–17, So 12–17 Uhr) In dem wunderbaren, bunt zusammengewürfelten Museum sind die Werke von mexikanischen und mexikanisch-amerikanischen Künstlern zu sehen. Die Ausstellungen wechseln alle zwei Monate. Zu den Ausstellungsstücken gehören geschnitzte Holzmasken, moderne lateinamerikanische Gemälde, historische Fotografien und zeitgenössische Kunst. In der Galerie hinter dem Museum werden junge und experimentelle Künstler präsentiert. Sonntags ist der Eintritt frei.

Bob Bullock Texas State History Museum MUSEUM

(☎512-936-8746; www.thestoryoftexas.com; 1800 Congress Ave; Erw./Kind 13/9 US$; ⏲Mo–Sa 9–17, So 12–17 Uhr) Dieses historische Museum ist alles andere als verstaubt. Groß und glanzvoll erläutert es mit interaktiven Hightech-Exponaten und witzigen Spielszenen die Geschichte des Lone Star State von der Zeit, als er noch zu Mexiko gehörte, bis heute. In einer neuen Ausstellung im 2. Stock ist das Wrack des französischen Schiffes *La Belle* zu bewundern, das in den 1860er-Jahren vor der Golfküste sank und die Geschichte von Texas entscheidend veränderte. Für das Museum sollte man sich unbedingt ein paar Stunden Zeit nehmen.

Thinkery MUSEUM

(☎512-469-6200; www.thinkeryaustin.org; 1830 Simond Ave; Erw./Kind unter 2 Jahren 10 US$/frei; ⏲Di, Do & Fr 10–17, Mi 10–20, Sa & So 10–18 Uhr; 👪) Das riesige Museum nördlich der Innenstadt ist eine faszinierende Quelle der Inspiration für Kinder und Jugendliche, denn auf rund 3700 m² können sie in Wissenschaft, Technik und Kunst selbst aktiv werden. So machen sie nasse Erfahrungen mit der Dynamik von Flüssigkeiten, bauen LED-Lampen, untersuchen chemische Reaktionen im Küchenlabor und vieles mehr. Für die ganz Kleinen gibt es draußen einen Spielplatz mit Netzen und anderen Klettergeräten. Montags ist das Museum geschlossen, es sei denn, es stehen Baby Bloomers oder andere Veranstaltungen auf dem Programm.

Contemporary Austin MUSEUM

(☎512-453-5312; www.thecontemporaryaustin.org; 700 Congress Ave; Erw./Kind unter 18 Jahren 5 US$/frei; ⏲Di–Sa 11–19, So 12–17 Uhr) Mit der Renovierung des Standorts im Zentrum hat das Museum mit zwei Standorten vor kurzem auch einen neuen Namen bekommen. Das

Austin

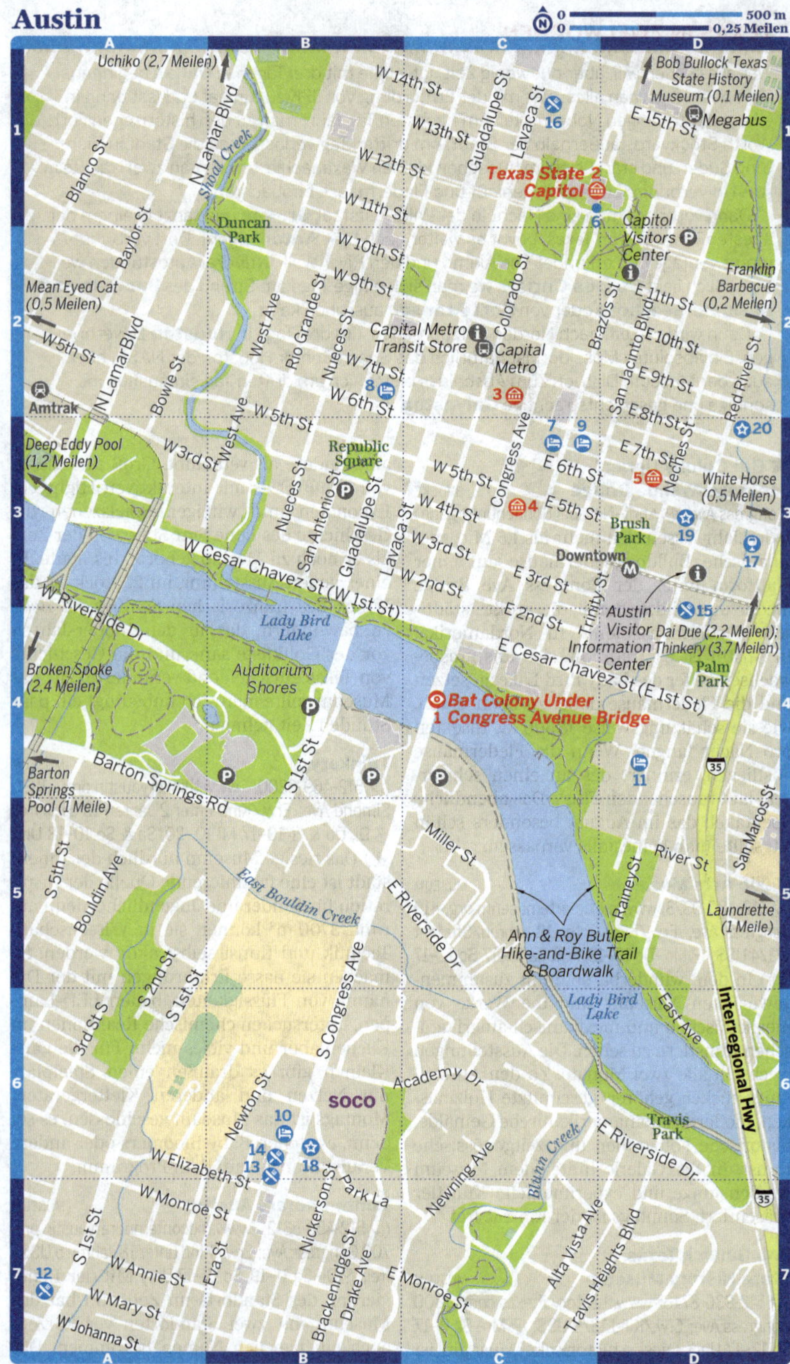
0 500 m
0 0,25 Meilen
Uchiko (2,7 Meilen)
Bob Bullock Texas State History Museum (0,1 Meilen)
Megabus
W 14th St
W 13th St
W 12th St
W 11th St
W 10th St
W 9th St
W 7th St
W 6th St
W 5th St
W 4th St
W 3rd St
W 2nd St
E 15th St
E 11th St
E 10th St
E 9th St
E 8th St
E 7th St
E 6th St
E 5th St
E 3rd St
E 2nd St
Guadalupe St
Lavaca St
Colorado St
Congress Ave
Brazos St
San Jacinto Blvd
Trinity St
Neches St
Red River St
Blanco St
Baylor St
N Lamar Blvd
Shoal Creek
Duncan Park
West Ave
Rio Grande St
Nueces St
San Antonio St
Bowie St
Texas State Capitol
Capitol Visitors Center
Franklin Barbecue (0,2 Meilen)
Mean Eyed Cat (0,5 Meilen)
Capital Metro Transit Store
Capital Metro
Amtrak
Deep Eddy Pool (1,2 Meilen)
Republic Square
White Horse (0,5 Meilen)
Brush Park
Downtown
Austin Visitor Information Center
Dai Due (2,2 Meilen); Thinkery (3,7 Meilen)
Palm Park
W Cesar Chavez St (W 1st St)
E Cesar Chavez St (E 1st St)
W Riverside Dr
Lady Bird Lake
Auditorium Shores
Broken Spoke (2,4 Meilen)
Bat Colony Under Congress Avenue Bridge
Barton Springs Pool (1 Meile)
Barton Springs Rd
S 1st St
Miller St
River St
Rainey St
San Marcos St
Laundrette (1 Meile)
S 5th St
Bouldin Ave
East Bouldin Creek
E Riverside Dr
Ann & Roy Butler Hike-and-Bike Trail & Boardwalk
S 2nd St
3rd St S
S Congress Ave
East Ave
Interregional Hwy
Academy Dr
SOCO
Newton St
Travis Park
W Elizabeth St
W Monroe St
Nickerson St
Park La
Newning Ave
Blunn Creek
Alta Vista Ave
Travis Heights Blvd
W Annie St
Eva St
Brackenridge St
Drake Ave
E Monroe St
W Mary St
W Johanna St

Austin

Highlights

1 Bat Colony Under Congress Avenue Bridge ... C4
2 Texas State Capitol ... C1

Sehenswertes

3 Contemporary Austin ... C2
4 Mexic-Arte Museum ... C3
5 Museum of the Weird ... D3

Aktivitäten, Kurse & Touren

6 Historic Walking Tours ... C1

Schlafen

7 Driskill Hotel ... C3
8 Extended StayAmerica ... B2
9 Firehouse Hostel ... C3
10 Hotel San José ... B6
11 Hotel Van Zandt ... D4

Essen

12 Bouldin Creek Coffee House ... A7
13 Güero's Taco Bar ... B6
14 Hopdoddy Burger Bar ... B6
15 Moonshine Patio Bar & Grill ... D4
16 Texas Chili Parlor ... C1

Ausgehen & Nachtleben

17 Easy Tiger ... D3

Unterhaltung

18 Continental Club ... B6
19 Esther's Follies ... D3
20 Stubb's Bar-B-Q ... D3

Jones Center (Downtown) zeigt junge Künstler in wechselnden Ausstellungen. Ebenso sehenswert ist die Aussicht von der neuen Dachterrasse Moody, wo auch Open-Air-Veranstaltungen stattfinden. Am ursprünglichen Standort in Laguna Gloria (3809 W 35th St) gibt's ebenfalls Wechselausstellungen.

Museum of the Weird MUSEUM
(☎512-476-5493; www.museumoftheweird.com; 412 E 6th St; Erw./Kind 12/8 US$; ⊙10–24 Uhr) Der Weg in das einzigartige Kuriositätenkabinett führt durch den Shop. Den Anfang macht ein Gang voller Schrumpfköpfe, missgebildeter Säugetiere und anderer seltsamer Artefakte. Höhepunkt des Sammelsuriums ist der legendäre Eismann aus Minnesota. Um festzustellen, ob unter dem Eis tatsächlich eine prähistorische Leiche liegt, kann man ganz nah an ihn herangehen. Danach kann man sich in Ruhe eine Live-Show zu physischem Heldentum und Wagemut ansehen.

Aktivitäten

Barton Springs Pool SCHWIMMEN
(☎512-867-3080; 2201 Barton Springs Rd; Erw./Kind 8/3 US$; ⊙5–22 Uhr) Zu heiß? Nicht mehr lange! Bei Temperaturen von bis zu 40 °C bietet dieses mit eiskaltem Quellwasser gespeiste Naturschwimmbad eine willkommene Abkühlung. Der von bis zu 100 Jahre alten Pekannussbäumen beschattete Bereich rund um das Becken ist vor allem an heißen Sommertagen ein beliebter – und rappelvoller – Treffpunkt.

Deep Eddy Pool SCHWIMMEN
(☎512-974-1189; www.deepeddy.org; 401 Deep Eddy Ave; Erw./Kind unter 11 Jahren/von 12–17 Jahren 8/3/4 US$; ⊙Mo–Fr 9–19-30, Sa & So 9–19 Uhr) Das älteste Schwimmbad von Texas hat ein originales Badehaus aus den 1930er-Jahren. Das Bad, das als Arbeitsbeschaffungsmaßnahme in der Weltwirtschaftskrise gebaut wurde, wird von kalten Quellen gespeist und ist von alten Pyramidenpappeln umgeben. Es gibt abgetrennte Bereiche für Nichtschwimmer und Schwimmer, die ihre Bahnen ziehen.

Lady Bird Lake KANUFAHREN
(☎512-459-0999; www.rowingdock.com; 2418 Stratford Dr; ⊙9–18 Uhr) Der nach der Präsidentengattin „Lady Bird" Johnson benannte See sieht eher wie ein breiter Fluss aus. Kein Wunder: Hier wurde der Colorado aufgestaut, der die Stadt von West nach Ost durchströmt. An der Bootsanlegestelle werden montags bis donnerstags Kajaks, Kanus und Stehpaddelbretter für 10–20 US$/Stunde verliehen. Am Wochenende und bei großen Veranstaltungen steigen die Preise.

Geführte Touren

Texpert Tours STADTFÜHRUNGEN
(☎512-383-8989; www.texperttours.com; ab 100 US$/Std.) Die Führungen des freundlichen Radiomoderators Howie Richey (alias Texas Back Roads Scholar) sind eine interessante Alternative zu den üblichen Bus- und Minibus-Touren. Bei den lehrreichen Rundgängen erzählt er auch historische Anekdoten und verweist auf Besonderheiten in Umwelt und Naturkunde. Bei der dreistündigen Führung durch die innenstadt von Austin besuchen die Teilnehmer das State Capitol sowie das Governor's Mansion und steigen zum Mt. Bonnell hinauf.

TEXAS MIT KINDERN

San Antonio & Hill Country

Historische Stätten mit Begleitbüchern für Kinder und Themenparks machen San Antonio zu einem äußerst familienfreundlichen Ziel. In Kerrville und New Braunfels im Hill Country kann man tolle Tubingtouren auf dem Fluss unternehmen.

Golfküste & südliches Texas

Entlang der südlichen Golfküste reiht sich ein Strand an den anderen, von denen einige über touristische Einrichtungen und Unterhaltungsmöglichkeiten verfügen, andere einfach nur ruhig und naturbelassen sind. Auf **Galveston Island** gibt es komplett erschlossene Strände, Aktivitäten am Pier, Aqua- und Vergnügungsparks, die Kindern Spaß machen. In Corpus Christi befindet sich das USS Lexington Museum (S. 801), das riesige Texas State Aquarium (S. 801) und eine hübsche Uferpromenade.

Houston

Das Houston Museum of Natural Science (S. 790) bietet Chemie, Energietechnik und andere Wissenschaften zum Anfassen.

Dallas & Panhandle Plains

Ganz in der Nähe befindet sich ein schöner Themen- und Aquapark in Arlington.

Historic Walking Tours STADTSPAZIERGANG
(☎512-474-5171; www.tspb.state.tx.us/plan/tours/tours.html; ⏲Di & Do–Sa 9, So 11 & 13 Uhr) GRATIS Die Stadtspaziergänge durch die Innenstadt von Austin gehören zu den besten Führungen in der Gegend. Sie sind kostenlos und beginnen am Südeingang des Capitols. Sie dauern zwischen 60 und 90 Minuten und müssen mindestens 48 Std. im Voraus online oder telefonisch beim Visitor Center gebucht werden.

Feste & Events

South by Southwest MUSIK, FILM
(SXSW; www.sxsw.com; einzelnes Festival 825–1325 US$, Kombipass 1150–1650 US$; ⏲Mitte März) Eines der größten Festivals der amerikanischen Musikindustrie hat expandiert und zeigt nun auch Filme und interaktive Medien. Während der zweiwöchigen Veranstaltung wird Austin von Besuchern regelrecht belagert, und viele neue Einwohner der Stadt kamen einst zunächst nur her, um Livemusik zu hören.

Austin City Limits Music Festival MUSIK
(www.aclfestival.com; 1-/3-Tagespass 100/250 US$; ⏲Okt.) Wohin zieht's Musikfans im Herbst? Zum Austin City Limits Festival, das zwar nicht so groß ist wie das SXSW, dessen Beliebtheit aber rasch wächst. Das dreitägige Festival bietet über 100 ziemlich beeindruckende Acts auf acht Bühnen in Zilker Park und ist schon Monate im Voraus ausverkauft.

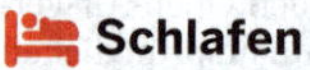

Schlafen

Firehouse Hostel HOSTEL $
(☎512-201-2522; www.firehousehostel.com; 605 Brazos St; B 32–40 US$, Zi. 110–170 US$, Suite 130–170 US$;) Das 2013 eröffnete Hostel mitten in Austin ist superschick. Die umgebaute Feuerwache ist immer noch wie neu und die Lage direkt gegenüber dem historischen Driskill Hotel in der Innenstadt ist einfach ideal.

Emma Long Metropolitan Park CAMPING $
(☎512-346-1831; www.austintexas.gov; 1706 City Park Rd; Stellplatz Zelt mit Anschlüssen 10–20 US$, Stellplatz Wohnmobil mit Anschlüssen 20–25 US$, zuzüglich Eintrittsgebühr pro Fahrzeug Mo–Do/Fr–So 5/10 US$; ⏲Tor geöffnet 7–22 Uhr;) Der mehr als 400 ha große „City Park" am Lake Austin, 16 Meilen (25,6 km) nordwestlich der Innenstadt, ist der einzige Campingplatz im Stadtgebiet von Austin. Hier kann man herrlich schwimmen, in der Sonne liegen, angeln und Boot fahren. Man muss aber früh anreisen, denn er ist immer schnell belegt, und Reservierungen sind nicht möglich.

★ **Hotel San José** BOUTIQUEHOTEL $$
(☎512-852-2350; www.sanjosehotel.com; 1316 S Congress Ave; Zi. ohne Bad 150 US$, Zi. 215–360 US$, Suite 335–500 US$;) Die einheimische Hotelmanagerin Liz Lambert motzte ein altes Motel aus den 1930er-Jahren in South Congress (SoCo) auf und verwandelte es in eine schicke Unterkunft mit minimalistischen Zimmern in stuckver-

zierten Bungalows, einem hübschen Pool und einer typischen Austiner Bar im Garten, in der man gute Chancen hat, den einen oder anderen Promi zu sichten. South Congress ist mittlerweile ziemlich angesagt, und dieses Hotel liegt mittendrin.

Extended StayAmerica BUSINESSHOTEL **$$**
(☎512-457-9994, 800-398-7829; www.extendedstayamerica.com; 600 Guadalupe St; Suite 160–200 US$; P ⊖ ❄ ☜ 🐾) Das Hotel in bester Innenstadtlage eignet sich vor allem für einen längeren Aufenthalt. Von hier aus sind viele Bars und Restaurants gut zu Fuß zu erreichen. Die Suiten sind etwas langweilig und könnten eine Verschönerung vertragen, aber sie haben eine kleine Küche, die gut ausgestattet ist. Der Parkplatz ist im Preis inbegriffen. Alles in allem eine gute Basis für einen längeren Aufenthalt in Austin.

Lone Star Court HOTEL **$$**
(☎512-814-2625; www.lonestarcourt.com; 10901 Domain Dr; Zi. 189–209 US$, Suite 399 US$; P ❄ ☜ ≋ 🐾) Das neue Hotel direkt neben dem Domain-Einkaufszentrum strahlt die coole Lässigkeit eines Cowboys aus. Die geräumigen Zimmer haben schicke Türen im Stil von Scheunentoren, die altmodischen Kühlschränke sind mit Bier aus örtlichen Brauereien gefüllt. Im Hof befinden sich Feuerstellen, auf denen man cowboymäßig Bohnen und Kaffee kochen…, äh nein, ganz modern sein S'More grillen kann. Im hoteleigenen Restaurant gibt's regelmäßig Livemusik und ein leckeres warmes Frühstück.

★ **Hotel Van Zandt** HOTEL **$$$**
(☎512-542-5300; www.hotelvanzandt.com; 605 Davis St; Zi./Suite ab 299/499 US$; ☜ ≋ 🐾) In dem nach dem texanischen Singersongwriter Townes Van Zandt benannte Hotel der Kimpton-Kette wird viel Wert auf Details gelegt. Der Kronleuchter aus Waldhörnern an der Decke der Eingangshalle und Lederstühle mit einfachen Schnallen verweisen auf die Wertschätzung von Musik und Cowboys in der Stadt. Die Zimmer mit den riesigen Fenstern sind verschieden ausgestattet, teilweise auch mit Blick auf den Lady Bird Lake.

★ **Driskill Hotel** HISTORISCHES HOTEL **$$$**
(☎512-439-1234; www.driskillhotel.com; 604 Brazos St; Zi./Suite ab 299/419 US$; P ⊖ ❄ @ ☜ 🐾) Das schöne historische Hotel aus einheimischem Naturstein wurde Ende des 19. Jhs. von einem wohlhabenden Rinderzüchter gebaut. Obwohl es mittlerweile zur Hyatt-Kette gehört, ist es immer noch nicht wie ein typisches Hotel ausgestattet, sondern im ursprünglichen Texas-Stil erhalten – vor allem in der Bar, wo Longhorn-Köpfe an der Wand hängen, Ledersofas stehen und eine Kuppel aus Buntglas alles krönt. In den elegante Zimmern finden sich jedoch keine Tierpräparate.

Essen

Barbecue und Tex-Mex stehen klar im Vordergrund, doch es gibt auch viele gute Restaurants und eine große Auswahl an Küchen der ganzen Welt. Über aktuelle Neueröffnungen berichtet das kostenlose Wochenmagazin *Austin Chronicle*, das donnerstags erscheint. In den Restaurants im Zentrum verkehrt ein sehr gemischtes Publikum von Touristen über Geschäftsleute, Politiker und Künstler bis hin zu Nachtschwärmern auf dem Weg in die Clubs. In South Austin, Hyde Park und East Austin gibt's viele interessante Restaurants. Rund um den Universitätscampus fallen die Preise, doch oft auch die Qualität.

★ **Franklin Barbecue** BARBECUE **$**
(☎512-653-1187; www.franklinbarbecue.com; 900 E 11th St; Sandwiches 6–10 US$, Rippchen/Brust 17/20 US$ pro 450 g; ⏲Di–So 11–14 Uhr) In dem berühmten Grillrestaurant gibt's nur Mittagessen, und das auch nur, bis alles ausverkauft ist, was in der Regel lange vor 14 Uhr der Fall ist. Deshalb bilden sich schon ab 10 Uhr (9 Uhr am Wochenende) lange Warteschlangen. Um die Wartezeit zu nutzen, kann man Bier und Getränke für alle mitbringen und jede Menge Kontakte knüpfen. Bis man dann endlich die fette Rinderbrust auf dem Teller hat.

★ **Hopdoddy Burger Bar** BURGER **$**
(☎512-243-7505; www.hopdoddy.com; 1400 S Congress Ave; Burger 7–13 US$; ⏲So–Do 11–22, Fr & Sa 11–23 Uhr) Bis zum nächsten Häuserblock stehen die Leute für Burger, Pommes und Shakes an, und das bestimmt nicht, weil Burger, Pommes und Shakes in Austin kaum zu bekommen sind. Nein, es liegt an der Liebe, mit der hier alles zubereitet wird. Zudem kommt das Rindfleisch aus artgerechter Haltung, es werden nur Zutaten aus der Region verwendet und die Brötchen kommen immer frisch aus dem Ofen. Aber auch das gepflegte, moderne Gebäude ist toll.

Texas Chili Parlor TEX-MEX **$**
(☎512-472-2828; 1409 Lavaca St; Chili 4–9 US$, Hauptgerichte 5–15 US$; ⏲11–2 Uhr) Wie bei Kleidergrößen geht es in dieser Institution

von Austin vor allem um die Zahl der „X". Bei der Bestellung von Chili, sollte man daran denken, dass „X" mild bedeutet, „XX" würzig und „XXX" höllisch scharf ist. Es gibt aber nicht nur Chili, sondern auch Frito pie, also Chili auf Fritos (Chips). Alles klar? Burger und Enchiladas stehen auch auf der Karte und, natürlich, noch mehr Chili.

★ Güero's Taco Bar TEX-MEX $$
(☎512-447-7688; www.gueros.com; 1412 S Congress Ave; Frühstück 5–7 US$, Mittag- & Abendessen 10–34 US$; ⊙Mo–Mi 11–22, Do & Fr 11–23, Sa 8–23, So 11–22 Uhr) Der Klassiker befindet sich in einer ehemaligen Futter- und Samenhandlung vom Ende des 19. Jhs. und ist immer gut besucht. Das Tex-Mex-Essen ist sicher nicht das beste der Stadt, doch die kostenlosen Chips mit Salsa, die erfrischenden Margaritas und die fröhliche Stimmung sorgen dafür, dass man sich bestens amüsiert. Und das Essen? Sehr gut sind die hausgemachten Maistortillas und die Hühnchen-Tortilla-Suppe.

Laundrette MODERN-AMERIKANISCH $$
(☎512-382-1599; 2115 Holly St; Hauptgerichte 18–24 US$; ⊙tgl. 11–14.30, So–Do 17–22, Fr & Sa bis 23 Uhr) Das stilvolle, stromlinienförmige Design des Laundrette, das sich in einem brillant umgewandelten ehemaligen Waschsalon befindet, bildet eine schöne Kulisse für die köstliche, mediterran inspirierte Küche. Unter den vielen Highlights finden sich Krabbentoast, auf dem Holzfeuergrill gegarter Tintenfisch, Rosenkohl mit Apfel-Schinken-Mus, ein perfekt zubereitetes Brick-Hühnchen (Hühnchen, das platt gedrückt wurde, damit es gleichmäßig gart) und ganzer gegrillter Wolfsbarsch.

Moonshine Patio Bar & Grill AMERIKANISCH $$
(☎512-236-9599; www.moonshinegrill.com; 303 Red River St; Hauptgerichte 12–25 US$; ⊙Mo–Do 11–22, Fr & Sa 11–23, So 9–14 & 17–22 Uhr) Das bemerkenswert gut erhaltene historische Gebäude aus der Zeit um 1850 erinnert an die Anfänge Austins. Umgeben von unverputzten Kalksteinmauern genießt man hier erstklassige Hausmannskost, Vorspeisen zum halben Preis während der Happy Hour oder einen üppigen Sonntags-Brunch (20 US$). Oder man setzt sich auf der schönen Terrasse einfach in den Schatten der Pekannussbäume.

★ Uchiko JAPANISCH $$$
(☎512-916-4808; www.uchikoaustin.com; 4200 N Lamar Blvd; Kleine Gerichte 4–28 US$, Sushi 10–16 US$; ⊙So–Do 17–22, Fr & Sa 17–23 Uhr) Küchenchef Tyson Cole ruhte sich nicht auf den Lorbeeren des Erfolgs mit seinem hoch angesehenen Restaurant Uchi aus, sondern eröffnete ein weiteres Restaurant in North Lamar, das sich selbst als „Restaurant im japanischen Bauernhaus" bezeichnet. Doch es ist kaum vorstellbar, dass in einem japanischen Bauernhaus eine so große Betriebsamkeit herrscht und so fantastische und einmalige Köstlichkeiten auf den Tisch kommen. Unbedingt reservieren.

★ Dai Due AMERIKANISCH $$$
(☎512-719-3332; www.daidue.com; 2406 Manor Rd; Frühstück & Mittagessen 13–22 US$, Abendessen 22–84 US$; ⊙Di–So 10–15 & 17–22 Uhr) Selbst ein einfaches Frühstück mit Eiern und Würstchen ist unvergesslich in diesem hoch gelobten Restaurant, wo alle Zutaten von Feldern, Flüssen und Jagdgebieten in ganz Texas sowie aus dem Golf von Mexiko stammen. Seltene Köstlichkeiten wie Wild und Weidetiere sind leider auf das „Club dinner" beschränkt. Das Fleisch wird aber auch in der hauseigenen Metzgerei verkauft.

Ausgehen & Nachtleben

In Austin gibt es Unmengen von Bars. Die legendäre Kneipenszene der 6th St erstreckt sich mittlerweile bis in die angrenzenden Hauptverkehrsstraßen, vor allem die Red River St. Während viele Lokale in der 6th St einfache Bars für Studenten und Touristen sind, verkehren in den Bars der Red River St eher die Einheimischen. Ein paar Straßen weiter südlich entwickelt sich gerade eine Szene in der Rainey St, wo alte Bungalows in kleine Bars umgewandelt werden.

★ Ginny's Little Longhorn Saloon BAR
(☎512-524-1291; www.thelittlelonghornsaloon.com; 5434 Burnet Rd; ⊙Di & Mi 17–24, Do–Sa 17–1, So 14–22 Uhr) Die kleine Bar in dem abgefahrenen Schlackensteinhaus gehört zu den Bars, die bei den Einheimischen besonders beliebt sind. Sie war das schon lange, bevor sie durch ihr Hühnerschiss-Bingo am Sonntagabend landesweite Berühmtheit erlangte. Am Bingoabend ist die Bar so rappelvoll, dass man das arme Huhn kaum sieht, aber es macht trotzdem unheimlich viel Spaß. Wer drinnen keinen Platz mehr bekommt, weicht in den Hof hinter dem Haus aus.

Easy Tiger BIERGARTEN
(www.easytigeraustin.com; 709 E 6th St; ⊙11–2 Uhr) Die Bar mit Biergarten und Blick auf den Waller Creek ist das einzige Lokal in der

verpönten 6th St, das auch die Einheimischen gern besuchen. Es herrscht eine fröhliche, bodenständige Stimmung. Die Craft-Biere im Angebot stehen auf einer Kreidetafel. Und die Sandwiches sind noch ganz im guten alten Stil. Das leckere Brot kommt aus der Bäckerei im Obergeschoss (7–2 Uhr), das Fleisch wird vor Ort zubereitet.

White Horse HONKY-TONK
(☎512-553-6756; www.thewhitehorseaustin.com; 500 Comal St; ⊙15–2 Uhr) Frauen bleibt hier gar nichts anderes übrig, als beim Two Step mitzutanzen und sich mit all den Tänzern und Hipstern wie eine große glückliche Familie zu fühlen. Man kann aber auch Billard spielen, einen Tanzkurs machen oder im Hof in Ruhe ein Bierchen genießen. Jeden Abend gibt's Livemusik, der Whiskey kommt direkt aus dem Fass. Eine tolle Kneipe.

Mean Eyed Cat BAR
(☎512-920-6645; www.themeaneyedcat.com; 1621 W 5th St; ⊙11–2 Uhr) Es ist nicht ganz sicher, ob die 2004 eröffnete Bar wirklich ganz legal ist. Aber egal, wenn sie Johnny Cash gewidmet ist, kann sie nicht so verkehrt sein. Die Wände der ehemaligen Sägenreparaturwerkstatt sind mit seinen Albumcovern, Konzertplakaten und anderen Erinnerungsstücken geschmückt. Im schönen Hof steht eine 300 Jahre alte Eiche.

☆ Unterhaltung

Austin nennt sich selbst die „Welthauptstadt der Livemusik" und das zu Recht. Musik ist die Hauptunterhaltung am Abend und dazu ein wichtiger Wirtschaftsfaktor, denn Tausende von Bands und Künstlern aus aller Welt sorgen für volle Clubs und Bars in der Stadt. Die meisten Bars sind bis 2 Uhr geöffnet, einige Clubs sogar bis 4 Uhr.

★ Continental Club LIVEMUSIK
(☎512-441-2444; www.continentalclub.com; 1315 S Congress Ave; ⊙Mo–Fr 16–2, Sa & So 15–2 Uhr) In der Bar im Stil der 1950er-Jahre wird nicht nur passiv den besten Musikgruppen der Region zugehört, sondern auch aktiv das Tanzbein geschwungen. Montagabends spielt oft der Lokalmatador Dale Watson mit seinen Lone Stars auf (22.15 Uhr).

Stubb's Bar-B-Q LIVEMUSIK
(☎512-480-8341; www.stubbsaustin.com; 801 Red River St; ⊙Mo–Do 11–22, Fr & Sa 11–23, So 10.30–21 Uhr) Fast jeden Abend gibt es hier Livemusik, wobei erstklassige Bands aus der Region ebenso auf der Bühne stehen wie Gruppen auf Tournee aus aller Welt. Bei gutem Wetter finden die Konzerte im Hof am Waller Creek statt. Diese Freiluftbühne ist sogar die größere der beiden im Haus.

NICHT VERSÄUMEN

BROKEN SPOKE

Wer den für Texas so typischen Two Step lernen möchte, sollte dies unbedingt im **Broken Spoke** (www.brokenspokeaustintx.net; 3201 S Lamar Blvd; ⊙Di 11–23.30, Mi & Do 11–24, Fr & Sa 11–1.30 Uhr) tun. Das original texanische Tanzlokal ist seit 1964 das Eldorado für alle Country- und Western-Fans. Auf der überfüllten Tanzfläche stampfen grobe Kerle in Stiefeln und Jeans neben Hipstern, Studenten und trendigen Müßiggängern. Für alle ist ein solcher Tanzabend ein wesentlicher Bestandteil des Lebens in Austin. (Das Lokal ist gut an der großen alten Eiche zu erkennen, die vor dem Haus aus einem alten Wagenrad wächst.)

Esther's Follies COMEDY
(☎512-320-0553; www.esthersfollies.com; 525 E 6th St; reservierter Sitzplatz/allgemeiner Eintritt 30/25 US$; ⊙Vorstellungen Do–Sa 20, Fr & Sa auch 22 Uhr) Die seit langem laufende Satireshow mit Anspielungen auf das aktuelle Tagesgeschehen und die Welt des Pop ist fast schon ein Varieté, denn es gibt auch viele Musikeinlagen und sogar einen Magier. Gute, harmlose Unterhaltung.

ℹ Praktische Informationen

Auf Anzeigetafeln vor Cafés und Lebensmittelläden werden aktuelle Veranstaltungen und besondere Aktivitäten in der Stadt angekündigt. Ebenso erscheinen hier Kleinanzeigen.

Austin Visitor Information Center (☎512-478-0098; www.austintexas.org; 602 E 4th St; ⊙Mo–Sa 9–17, So 10–17 Uhr) Im Innenstadt-Büro der Touristeninformation gibt's Karten, Broschüren und einen Souvenirladen.

Capitol Visitors Center (CVC; ☎512-305-8400; www.tspb.texas.gov/prop/tcvc/cvc/cvc.html; 112 E 11th St; ⊙Mo–Sa 9–17, So 12–17 Uhr) Hier gibt's nicht nur Pläne für die Besichtigung des Capitols, sondern auch Infos über Austin und ganz Texas.

ℹ An- & Weiterreise

Der **Austin-Bergstrom International Airport** (AUS; www.austintexas.gov/airport) liegt etwa 10 Meilen (16 km) südöstlich der Innenstadt. Er

SCHWULEN- UND LESBENSZENE IN TEXAS

Texas ist grundsätzlich konservativ. In den größeren Städten gibt es zwar schwule, lesbische und transsexuelle Gemeinschaften, doch außer bei den Pride-Paraden und vielleicht in Austin leben sie ihre Sexualität nicht in der Öffentlichkeit aus. Vor allem in ländlichen Gegenden reagieren die Einheimischen auf jegliche Anzeichen homosexueller Zuneigung sehr negativ.

In Austin, Dallas, Galveston, Houston und San Antonio gibt es immerhin die speziellen Telefonbücher **Gay & Lesbian Yellow Pages** (www.glyp.com).

Die **National Gay & Lesbian Task Force** (www.thetaskforce.org) ist eine bundesweit beachtete Gruppierung, die sich für Schwule und Lesben einsetzt.

This Week in Texas (www.thisweekintexas.com) ist eine Zeitschrift, die Verzeichnisse von Geschäften und Bars im ganzen Staat veröffentlicht.

wird von Air Canada, Alaska Airlines, Allegiant, American, British Airways, Delta, Frontier, JetBlue, Southwest, United und Virgin America angeflogen.

Der **Busbahnhof von Greyhound** (☎512-458-4463; 916 E Koenig Lane) befindet sich 5 Meilen (8 km) nördlich der Innenstadt. Bus 10-South First/Red River (www.capmetro.org) von Capital Metro fährt vom Busbahnhof ins Zentrum. Von hier fahren viele Greyhound-Busse in die großen Städte in ganz Texas.

Eine Haltestelle von **Megabus** (☎800-256-2757; www.megabus.com; 1500 San Jacinto Blvd) befindet sich vor 1500 San Jacinto Blvd an der Nordostecke des Capitol-Geländes.

Am **Bahnhof** (☎512-476-5684; www.amtrak.com; 250 N Lamar Blvd) in der Innenstadt hält der Amtrak-Zug *Texas Eagle*, der von Chicago nach L. A. fährt. Der Bahnhof hat einen kostenlosen Parkplatz und einen überdachten Wartebereich, jedoch kein Personal. Die Ticketpreise variieren stark.

ℹ Unterwegs vor Ort

Der praktische Nahverkehr in Austin liegt in den Händen von **Capital Metro** (CapMetro; ☎512-474-1200, Verkaufsbüro 512-389-7454; www.capmetro.org; Verkaufsbüro 209 W 9th St; ⏲Verkaufsbüro Mo–Fr 7.30–17.30 Uhr). Auskünfte und Infos gibt's telefonisch oder im **Capital Metro Transit Store** (www.capmetro.org; 209 W 9th St; ⏲Mo–Fr 7.30–17.30 Uhr) im Zentrum. Eine reguläre Fahrt mit dem Stadtbus kostet 1,25 US$.Fahrten auf den Expressrouten sind teurer. Kinder unter sechs Jahren bezahlen nichts. An der Vorderseite fast aller Busse von CapMetro und vieler Shuttle-Busse von UT befinden sich Fahrradträger, auf denen die Fahrräder kostenlos transportiert werden können.

Uber und Lyft sind in Austin nicht vertreten. Fahrgemeinschaften werden von **Fare** (www.ridefare.com), **Fasten** (www.fasten.com) und der gemeinnützigen Firma **Ride Austin** (www.rideaustin.com) vermittelt.

Rund um Austin

Nordwestlich der Stadt wurde der Colorado an mehreren Stellen zu den **Highland Lakes** aufgestaut. Die sechs Seen, die über ein Netz von Grünstreifen und Parks miteinander verbunden sind, bilden ein beliebtes Naherholungsgebiet. In den letzten Jahren kam es immer wieder zu Dürren, doch wenn genügend Wasser da ist, strömen die Menschen vor allem zu dem knapp 7700 ha großen **Lake Travis**.

Im Bootshafen kann man Boote und Jetskis leihen oder am Nacktbadestrand des staatlichen **Hippie Hollow park** (https://parks.traviscountytx.gov; 7000 Comanche Trail, Austin; Tageskarte Fahrzeug/Fahrrad 15/8 US$; ⏲9 Uhr–Dämmerung) entspannen. Übernachten kann man im **Lakeway Resort & Spa** (☎512-261-6600; www.lakewayresortandspa.com; 101 Lakeway Dr, Austin; Zi. ab 249 US$; P ❄ @ 📶 🏊). Diesen Luxus sollte man sich gönnen. Das **Lake Austin Spa Resort** (☎512-372-7300; www.lakeaustin.com; 1705 S Quinlan Park Rd, nahe FM 2222, Austin; 2 Übernachtungen ab 1425 US$; P ❄ @ 🏊 🐾) ist eines der besten Wellnesshotels in Texas und ideal, um sich so richtig verwöhnen zu lassen.

Bastrop

Die kleine Stadt liegt 30 Meilen (48 km) südöstlich von Austin. Mit mehr als 130 historischen Gebäuden ist Bastrop die „historischste Kleinstadt in Texas". Dank der umfangreich sanierten, hübschen **Altstadt** (www.bastropdowntown.com) kann man hier gut einen oder zwei Tage verbringen. An jedem 1. Freitag des Monats findet zudem von 17.30–20.30 Uhr ein **Kunstspaziergang** statt.

Ganz in der Nähe befinden sich auch einige Familienparks wie der **Dinosaur Park** (☎512-321-6262; www.thedinopark.com; 893 Union Chapel Rd, Cedar Creek; 8 US$, Kind unter 2 Jahren frei; ⏲Winter Sa & So, Sommer Di–So 10–16 Uhr; 🚸) mit lebensgroßen Nachbildungen von Dinosauriern, und der **McKinney Roughs Nature Park** (☎512-303-5073; www.lcra.org; 1884 Texas 71, Cedar Creek; ⏲Visitor Center 8–17 Uhr, Wanderwege 8 Uhr–Sonnenuntergang) mit unzähligen Wanderwegen und Seilrutschen. Oder man fährt auf der 12 Meilen (19,2 km) langen Panoramastraße durch den **Bastrop State Park** (☎512-321-2101; www.tpwd.texas.gov; Hwy 21, Bastrop; Erw./Kind unter 13 Jahren 5 US$/frei) und bewundert die in den 1930er-Jahren von jungen Arbeitsloen des Civilian Conservation Corps (CCC) erbauten Hütten.

An Unterkünften sind hier B&Bs und Hütten am interessantesten. Im **Pecan Street Inn** (☎512-321-3315; www.pecanstreetinn.com; 1010 Pecan St, Bastrop; DZ 109–119 US$, Suite 129–139 US$) dreht sich alles um Pekannüsse, denn die Unterkunft liegt, was wenig überrascht, im Schatten von Pekannussbäumen – und daher werden die Nüsse auch gern in die Frühstückspfannkuchen gemischt. Entlang des Hwy 21 westlich des Colorado gibt es ein paar Kettenhotels und unabhängige Motels.

In der Main St im Zentrum befinden sich Bäckereien und Cafés, die auch mexikanisches Essen und Steaks anbieten, sowie Pubs mit Kneipenessen. **Maxine's** (☎512-303-0919; www.maxinescafe.com; 905 Main St, Bastrop; Hauptgerichte Frühstück 4–20 US$, Mittag- und Abendessen 7–19 US$; ⏲So–Di 7–15, Mi & Do 7–20, Fr & Sa 7–21 Uhr) ist ein zauberhaftes Südstaaten-Restaurant, das mittags klassische BLT-Sandwiches mit Schinken, Salat und gebratenen grünen Tomaten serviert.

Weitere Infos gibt's beim **Bastrop Museum & Visitor Center** (☎512-303-0904; www.bastropcountyhistoricalsociety.com; 904 Main St, Bastrop; Erw./Kind unter 12 Jahren 5 US$/frei; ⏲Mo–Sa 10–17, So 13–16 Uhr).

Lockhart

Seit 1999 darf sich Lockhart laut Beschluss des texanischen Parlaments „Barbecue-Hauptstadt von Texas" nennen. Damit ist das Städtchen natürlich auch die Barbecue-Hauptstadt der *ganzen Welt*. In den vom Magazin *Texas Monthly* ausgewiesenen 10 besten Barbecue-Restaurants kann man sehr gut für 15 US$ oder weniger essen.

Essen

Smitty's Market BARBECUE $
(☎512-398-9344; www.smittysmarket.com; 208 S Commerce St; Rinderbrust 14,90 US$/450 g; ⏲Mo–Fr 7–18, Sa 7–18.30, So 9–18.30 Uhr) Die rauchgeschwärzte Küche und der gemütliche Speisesaal sind noch im Originalzustand (früher waren die Messer mit Ketten am Tisch befestigt). Wer nur mageres Fleisch mag, kann sich den Fettrand vom Bruststück abschneiden lassen.

Das Restaurant ist einen ganzen Häuserblock vom Gericht entfernt. Der Geruch von geräuchertem Fleisch hängt über dem gesamten Stadtplatz, sodass die Menschen schon nach Grill riechen, bevor sie auch nur einen Fuß in das Restaurant gesetzt haben.

Black's Barbecue BARBECUE $
(☎512-398-2712; www.blacksbbq.com; 215 N Main St; Sandwiches 10–13 US$, Rinderbrust 16,50 US$/450 g; ⏲So–Do 10–20, Fr & Sa 10–20.30 Uhr) Den beliebten Dauerbrenner gibt es seit 1932 und seit damals ist er im Besitz derselben Familie. Weil die Würstchen so gut waren, holte Präsident Lyndon Johnson die Familie zur Bewirtung einer Feier in die Hauptstadt. Doch auch die Salate, vegetarischen Gerichte und Desserts sind sehr gut. Außerdem ist das schlichte Restaurants eines der freundlichsten in Lockhart.

Chisholm Trail Bar-B-Q BARBECUE $
(☎512-398-6027; www.lockhartchisolmtrailbbq.com; 1323 S Colorado St; Mittagessen 8–13 US$, Rinderbrust 13,50 US$/450 g; ⏲So–Mi 8–20, Do–Sa 6–21 Uhr) Trotz fehlender Atmosphäre ist das Restaurant bei den Einheimischen sehr beliebt. Dies liegt u.a. daran, dass es recht preiswert ist, an den Beilagen nicht gespart wird und dass es außerhalb der Stadt kaum bekannt ist.

Kreuz Market BARBECUE $
(☎512-398-2361; www.kreuzmarket.com; 619 N Colorado St; Rinderbrust 16,49 US$/450 g; ⏲Mo–Sa 10.30–20, So 10.30–18 Uhr) Das scheunenähnliche Restaurant, das es schon seit 1900 gibt, legt Wert auf den puren Genuss. Es wäre eine Beleidigung, hier eine Grillsauce zu verlangen. Es gibt keine, das Fleisch braucht aber auch keine. Ebenso verpönt sind Gabeln. Schließlich sind Servietten im Überfluss vorhanden.

ℹ An- & Weiterreise

Lockhart liegt 30 Meilen (48 km) südlich von Austin. Die schnellste Anfahrt von Austin ist auf der I-35 S und der TX 130 S, wobei auf letzterer eine Maut zwischen 0,48 und 1,77 US$ fällig wird, je nachdem wo man auffährt.

San Antonio & Hill Country

San Antonio, das stark vom Tourismus profitiert, bietet eine große Vielzahl an Sehenswürdigkeiten für jeden Geschmack. Neben dem bunten River Walk im europäischen Stil, an dem sich Cafés und Bars aneinanderreihen, verwöhnt die Stadt ihre Besucher auch mit Museen aller Art, Themenparks, historischen Stätten und Outdooraktivitäten. Besonders beliebt ist The Alamo als Schauplatz der berühmtesten Schlacht im Unabhängigkeitskampf der Texaner gegen Mexiko. Vier weitere, gut erhaltene spanische Missionen befinden sich ebenfalls in der Stadt.

San Antonio ist auch ein gutes Basislager für die Erkundung des Hill Country. Die landschaftlich reizvolle Region ist bekannt für ihre bunten Wildblumenwiesen, die bis an die Schnellstraßen heranreichen, bezaubernde kleine Städte, hervorragende Weingüter und, natürlich, Hügel. Touristisches Zentrum des Hill Country ist Fredericksburg, doch die überwältigende Schönheit dieser Region erschließt sich eher, wenn man ohne ein festes Ziel einfach den kurvigen Straßen folgt und immer mal wieder anhält.

San Antonio

Was ist nun so faszinierend an San Antonio? Besucher interessieren sich in erster Linie für The Alamo und den River Walk. Für die Einheimischen steht die Vielseitigkeit der Stadt im Vordergrund, denn hier leben alle Ethnien und Kulturen friedlich nebeneinander und unterstützen sich gegenseitig. Außerdem sind sie stolz auf den ständig wachsenden Pearl District, wo sich an einem sonnigen Samstagnachmittag die halbe Stadt aufzuhalten scheint. Und kaum eine andere Stadt hat ein so dichtes Netz von Fahrrad-Share-Stationen. So kann man den Museum Reach und den Mission Reach, die neuesten Erweiterungen des berühmten River Walk, gut mit dem Fahrrad erkunden.

Am meisten staunen Reisende aber über die Tatsache, dass sich zwei der bekanntesten Sehenswürdigkeiten des Bundesstaates – das historische Alamo und der River Walk – mitten in der Innenstadt befinden, umgeben von historischen Hotels, weiteren Sehenswürdigkeiten und Souvenirläden. Jenseits davon erstreckt sich die übrige, weitläufige Stadt, die nichts mehr mit dem Tourismus zu tun hat.

UNTERWEGS IM HILL COUNTRY

Bei den vielen Ausflugszielen rund um San Antonio fällt die Wahl sehr schwer, doch wer etwas Zeit übrig hat, kann mit der folgenden Fahrt eine ganze Menge sehen. Die gesamte Strecke kann in 4½ Std. abgefahren werden, doch bleibt es jedem selbst überlassen, das Tempo und die jeweilige Aufenthaltsdauer zu bestimmen.

Von San Antonio geht es auf der I-10 Richtung Nordwesten, wobei man in **Boerne** und **Comfort** einen Zwischenstopp einlegen kann, um nach Antiquitäten zu stöbern. In **Kerrville** kann man Cowboykunst bewundern oder im Guadalupe River schwimmen. Von Kerrville führt der Hwy 16 direkt nach Fredericksburg (S. 788), der inoffizielen Hauptstadt des Hill Country. Dort kann man im winzigen Luckenbach (S. 787) Livemusik unter schattigen Bäumen genießen.

Weiter im Osten liegt die **LBJ Ranch** (☎ Visitor Center Nationalpark 830-868-7128, Visitor Center Staatspark 830-644-2252; www.nps.gov/lyjo; Hwy 290, Stonewall; Führung Erw./Kind unter 18 Jahren 3 US$/frei; ⏲ Ranch 9–17.30 Uhr, Hausbesichtigung 10–16.30 Uhr), in **Johnson City** ist das Haus zu besichtigen, in dem Präsident Johnson seine Kindheit verbrachte. Nach einem kühlen Bier und einer kleinen Stärkung in **Dripping Springs** geht es weiter Richtung Süden nach **Wimberley** mit seinen riesigen Stiefeln. Der nächste Stopp ist in San Marcos, dem Land der großen Firmenoutlets. Unbedingt besuchen sollte man auch **das älteste Tanzlokal von Texas** (☎ 830-606-1281; www.gruenehall.com; 1280 Gruene Rd; ⏲ Mo–Fr 11–24, Sa 10–1, So 10–21 Uhr) in **Gruene**, was nur einen kleinen Umweg bedeutet. Südlich davon liegt **New Braunfels**, wo man in großen Reifenschläuchen auf dem Guadalupe River treiben kann. Von dort sind es nur noch 32 Meilen (51,2 km) zurück nach San Antonio.

Sehenswertes & Aktivitäten

★ River Walk
UFERPROMENADE

(www.thesanantonioriverwalk.com) Der 24 km lange River Walk, ein kleines Stück Europa im Zentrum von San Antonio, ist ein unverzichtbarer Teil der Stadt. Dies ist kein gewöhnliches Flussufer, sondern ein charmanter Kanal mit einer Fußgängerzone, die das Herzstück der touristischen Entwicklung der Stadt ist. Den besten Überblick bekommt man bei einer Bootsfahrt auf dem Fluss.

★ The Alamo
HISTORISCHES GEBÄUDE

(210-225-1391; www.thealamo.org; 300 Alamo Plaza; Sept.–Feb. 9–17.30 Uhr, März–Aug. 9–21 Uhr) GRATIS Wie kaum etwas anderes weckt die Geschichte von Alamo den Nationalstolz der Texaner. Für viele ist es auch weniger eine touristische Sehenswürdigkeit als ein Wallfahrtsort. Immer wieder steigen den Besuchern Tränen in die Augen, wenn sie lesen, wie ein paar hundert Revolutionäre bei dem Versuch, das Fort gegen Tausende von mexikanischen Soldaten zu verteidigen, ums Leben kamen.

McNay Art Museum
MUSEUM

(210-824-5368; www.mcnayart.org; 6000 N New Braunfels Ave; Erw./Kind 10 US$/frei, Sonderausstellungen gegen Zuschlag; Di, Mi & Fr 10–16, Do 10–21, Sa 10–17, So 12–17 Uhr, Außenbereich März–Okt. 7–19, Nov.–Feb. 7–18 Uhr) Neben den Gemälden der großen Meister Van Gogh, Picasso, Matisse, Renoir, O'Keeffe und Cézanne lohnt sich hier auch ein Rundgang durch die spektakuäre Prachtvilla im wiederbelebten spanischen Kolonialstil, die einst das Wohnhaus von Marion Koogler McNay war. Bei ihrem Tod 1950 hinterließ sie der Stadt ihre beeindruckende Sammlung moderner Kunst aus Europa und den USA.

San Fernando Cathedral
HISTORISCHES GEBÄUDE

(210-227-1297; www.sfcathedral.org; 115 W Main Plaza; Souvenirladen Mo–Fr 9–17, Sa 9–18.30, So 8.30–15.30 Uhr) Die Kathedrale ist nicht nur eine sehr schöne Kirche, sondern dank ihrer Rolle in der Schlacht von Alamo auch ein bedeutendes Wahrzeichen für die Region. In ruhigeren Zeiten wurde der spätere Held von Alamo, James Bowie, hier getraut. Während der Schlacht von The Alamo, das direkt gegenüber auf der anderen Seite des Flusses liegt, richtete der mexikanische General Santa Anna in der Kirche einen Beobachtungsposten ein, hisste die „Keine-Gnade-Flagge", um zu zeigen, dass er keine Gefangenen machte wollte, und begann mit der Belagerung.

Brackenridge Park
PARK

(www.brackenridgepark.org; 3700 N St. Marys St; 5–23 Uhr;) In dem knapp 139 ha großen Park bei der Trinity University nördlich des Zentrums kann man einen schönen Tag mit der Familie verbringen. Neben dem **San Antonio Zoo** (210-734-7184; www.sazoo.org; 3903 N St. Marys St; Erw./Kind 14,25/11,25 US$; Mo–Fr 9–17, Sa & So 9–18 Uhr;) gibt's hier auch den **Kiddie Amusement Park** (210-824-4351; www.kiddiepark.com; 3015 Broadway; 1 Fahrgeschäft 2,50 US$, 6 Fahrgeschäfte 11,25 US$, Tageskarte 13 US$; März–Aug. Mi–So 10–19 Uhr, Sept.–Feb. Fr–So 10–19 Uhr;) mit der Mini-Eisenbahn *Brackenridge Eagle* (3,50 US$), einem alten Karrussell (2,50 US$) und dem japanischen Teegarten.

Witte Museum
MUSEUM

(210-357-1900; www.wittemuseum.org; 3801 Broadway St; Erw./Kind von 4–11 Jahren 10/7 US$; Mo & Mi–Sa 10–17, Di 10–20, So 12–17 Uhr;) Von dem Museum am östlichen Rand des Brackenridge Park werden vor allem größere Kinder begeistert sein. Das lehrreiche, aber gar nicht langweilige Witte (sprich „witty") erklärt Naturkunde, Wissenschaften und die Geschichte von Texas anhand von vielen interaktiven Ausstellungsstücken. Zum Zeitpunkt der Recherche wurde gerade die Eröffnung der knapp 15 800 m² großen Erweiterung **New Witte** vorbereitet. Dort soll es eine Sauriergalerie, eine Ausstellung über prähistorische Völker und 3D-Dioramen über Tiere und Pflanzen geben. Außerdem soll die Nachbildung eines Quetzalcoatlus-Flugsauriers in der Eingangshalle hängen.

Japanese Tea Garden
GARTEN

(210-212-4814; www.sanantonio.gov/ParksAndRec; 3853 N St. Marys St; Sonnenaufgang–Sonnenuntergang) GRATIS Kaum zu glauben, dass dieser schöne, ruhige Garten nur angelegt wurde, um ein Loch im Gelände aufzufüllen. Wo sich heute die Steinbrücken, Blumenbeete und ein 18 m hoher Wasserfall befinden, klaffte vor fast 100 Jahren noch das Loch eines Steinbruchs. Der Garten ist das ganze Jahr über geöffnet, aber besonders schön im Frühjahr, wenn alle Blumen blühen.

Rio San Antonio Cruises
BOOTSFAHRTEN

(210-244-5700; www.riosanantonio.com; 706 River Walk; Tour 10 US$, Wassertaxi einfache Strecke 10 US$, Tageskarte ab 12 US$; 9–21 Uhr) Die kommentierten Bootsfahrten dauern 40

San Antonio

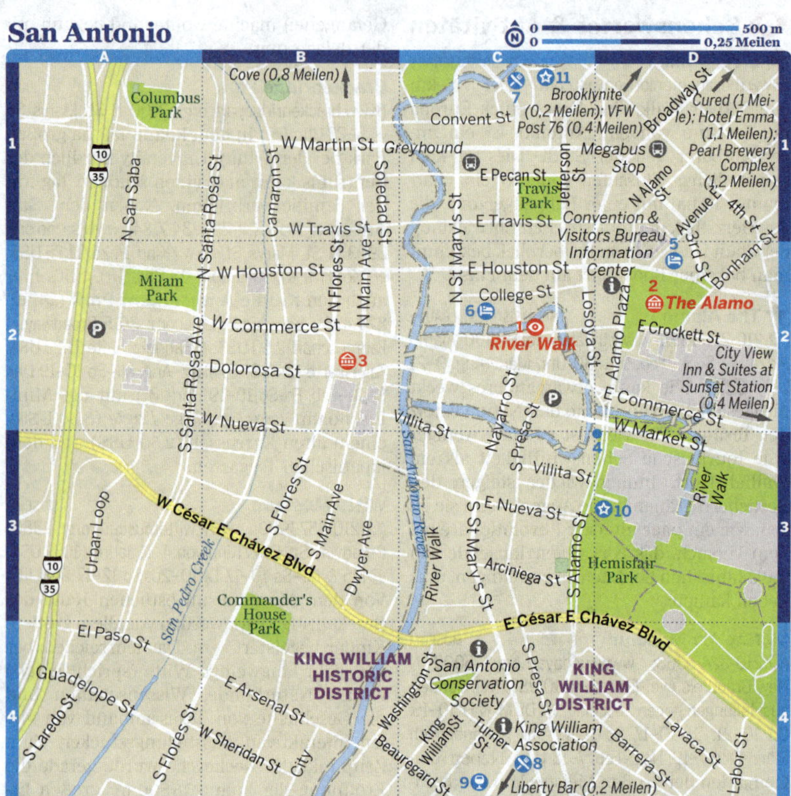

Minuten und bieten einen guten Überblick über den Fluss und auch etwas Geschichtsunterricht. Die Tickets werden übers Internet oder an den Anlegestellen am Fluss verkauft. Eine Reservierung ist nicht nötig. Die Boote legen alle 15 bis 20 Minuten ab.

Schlafen

★ City View Inn & Suites at Sunset Station MOTEL $$
(☎210-222-2220; www.cityviewinnsa.com; 1306 E Commerce St; Zi. 99–109 US$;) Das schmale, dreistöckige Gebäude mit neuen, sauberen Zimmern steht etwas abseits der I-37, weniger als 1 Meile (1,6 km) von The Alamo entfernt. Es bietet praktisch keine Annehmlichkeiten, ist aber freundlich und als kurzer Zwischenstopp o.k. Der Amtrak-Bahnhof ist nur zwei Häuserblocks entfernt.

Emily Morgan Hotel BOUTIQUEHOTEL $$
(☎210-225-5100; www.emilymorganhotel.com; 705 E Houston St; Zi. 219–239 US$, Suite 249–750 US$;) Bei dem Namen denkt man sofort an üppig bunte Blumenmuster und Spitzendeckchen, doch das historische Hotel direkt hinter The Alamo ist richtig stylish und gehört zur Hilton-Kette. Die Zimmer im Boutiquestil sind groß, sauber und mit allen luxuriösen Annehmlichkeiten ausgestattet.

★ Hotel Emma BOUTIQUEHOTEL $$$
(☎210-448-8300; www.thehotelemma.com; 136 E Grayson St; Zi./Suite ab 395/895 US$;) Ist Steampunk-Glam real? Angesichts dieses neuen Hotels im Pearl District ist es zu hoffen. Die Gemeinschaftsbereiche sind in einer unglaublichen Mischung aus viktorianischen Einrichtungsgegenständen und blanken Industriearmaturen ausgestattet, die daran erinnern, dass das Haus im 19. Jh. eine Brauerei war. Dagegen sind die Zimmer im Stil einer schicken, aber einfachen texanischen Ranch ausgestattet. Das absolute Highlight aber ist die hauseigene Bibliothek

San Antonio

mit 3700 Büchern, die den Gästen zur Verfügung steht.

Omni La Mansion del Rio HISTORISCHES HOTEL $$$
(☎210-518-1000; www.lamansion.com; 112 College St; Zi./Suite ab 269/799 US$; P ⊖ ❄ @ ≋ 🐾) Das fantastische Innenstadt-Hotel im Stil einer spanisch-mexikanischen Hazienda befindet sich in den Gebäuden einer kirchlichen Schule des 19. Jhs. Es steht in einem ruhigen Abschnitt des River Walk und wird auch von Stars und anderen Persönlichkeiten sehr geschätzt. Es werden Wellnessbehandlungen auf dem Zimmer angeboten, es gibt einen beheizten Pool im Freien und das hervorragende Restaurant **Las Canarias** (☎210-518-1063; www.omnihotels.com; Hauptgerichte Frühstück 11–19 US$, Mittagessen 12–21 US$, Abendessen 27–49 US$; ⊙tgl. 17.30–22, Mo–Sa 6.30–14, So 6.30–10 & 11–14.30 Uhr).

Essen

Green Vegetarian Cuisine VEGETARISCH $
(☎210-320-5865; www.eatatgreen.com; 200 E Grayson St; Hauptgerichte morgens 4–8 US$, mittags & abends 8–12 US$; ⊙Mo–Do 8–21, Fr 8–20, So 9–21 Uhr, Sa geschl.; ✍) 🍃 Vegetarier können sich freuen: Das erste vegetarische Restaurant befindet sich im schönen Gebäudekomplex der Pearl Brewery. Mit Pilzburgern, Fish & Chips ohne Fisch und Enchiladas ist es auch für Fleischesser interessant. Zudem ist das Restaurant nicht nur rein vegetarisch, sondern zudem absolut koscher und alle Gerichte können auch vegan zubereitet werden.

Cove AMERIKANISCH $
(☎210-227-2683; www.thecove.us; 606 W Cypress St; Tacos 4–5 US$, Burger 8–12 US$; ⊙Di–Do 11–22, Fr & Sa bis 23, So bis 20 Uhr; 👪) Dieses tolle skurrile Etablissement ist Restaurant, Bar, Waschsalon und Autowaschanlage zugleich. So lässig es auch ist – es serviert erstklassiges Essen und verwendet nachhaltig erzeugtes Bio-Fleisch und andere Bio-Zutaten. Es sind zwar nur Tacos, Burger, Salate und Vorspeisen, doch alles wird liebevoll zubereitet.

Rosario's Mexican Cafe TEX-MEX $$
(☎210-223-1806; www.rosariossa.com; 910 S Alamo St; Hauptgerichte mittags 8–11 US$, abends 10–23 US$; ⊙Mo–Do 11–22, Fr & Sa 11–23, So 11–21 Uhr) Das lebendige Restaurant ist immer voller Gäste, die durch die Fenster das Treiben auf der Straße beobachten und die neidischen Blicke der Passanten genießen. Das Tex-Mex-Essen ist ganz gut, aber die kostenlosen Chips mit Salsa, die jeder Gast bekommt, sind besser als die meisten Gerichte.

Ocho at Hotel Havana KUBANISCH $$
(☎210-222-2008; www.havanasanantonio.com; 1015 Navarro St; Hauptgerichte Frühstück 14–16 US$, mittags & abends 10–25 US$; ⊙So–Do 7–22, Fr & Sa 7–24 Uhr; 📶) Es lohnt sich, den River Walk und den King William District zu verlassen, um in diese kleine Bar neben dem Hotel Havana zu gehen. Die kubanisch inspirierte Speisekarte ist nicht sehr umfangreich, doch das Essen ist ausgezeichnet, und von Frühstück am Morgen bis Cocktails in der Nacht ist alles zu bekommen.

Liberty Bar AMERIKANISCH $$
(☎210-227-1187; www.liberty-bar.com; 1111 S Alamo St; Hauptgerichte 8–26 US$; ⊙Mo–Fr 11–24, Sa & So 9–24 Uhr) Alleine das Gebäude ist spektakulär: ein Wohnhaus von 1883 wurde 1939 in ein Benediktinerkloster verwandelt und ist heute knallorange gestrichen. Im Inneren sorgen hohe Decken und große Fenster für eine luftige Atmosphäre. Zu essen gibt's eine gute Auswahl an Salaten, Sandwiches und Hauptgerichten.

★ **Cured** AMERIKANISCH $$$
(☎210-314-3929; www.curedatpearl.com; 306 Pearl Pkwy; Mittagessen 12–28 US$, Abendessen

GRUENE & NEW BRAUNFELS: TUBING AUF DEM FLUSS

In einem großen Reifenschlauch auf dem Guadalupe dahinzugleiten ist eine alte Tradition im texanischen Sommer. Der größte Teil des Flusses ist ruhig, doch es gibt auch ein paar schöne Stromschnellen, damit es nicht zu langweilig wird.

Zahllose Veranstalter verleihen Reifenschläuche, Flöße, Kajaks und Kanus. Mit Bussen geht's flussaufwärts und dann in drei bis vier Stunden wieder zurück zur Anlegestelle. Packt man dann noch eine Kühltasche mit Essen und Getränken (keine Flaschen!) in einen weiteren Reifenschlauch mit verstärktem Boden ist der Tag perfekt. Unbedingt mitzubringen sind Sonnenschutz, Hut und Trinkwasser. Außerdem sollte man Schuhe oder Sandalen tragen, die nass werden können. Bevor man den Proviant einkauft, sollte man sich genau erkundigen, welche Behälter und Kühltaschen erlaubt sind.

Ein Reifen mit verstärktem Boden kostet 2 US$ mehr als der normale Reifenschlauch, doch der Aufpreis lohnt sich, denn so spürt man die Felsen im Flussbett nicht so stark. Das ist besonders wichtig in einem trockenen Sommer, wenn es monatelang nicht regnet, der Wasserstand sinkt und die Felsen praktisch direkt unter der Wasseroberfläche liegen. Viele Veranstalter bieten auf ihrer Homepage Rabattgutscheine an, um die Mehrkosten auszugleichen. Die im folgenden genannten Veranstalter informieren auf ihrer Homepage auch regelmäßig über den aktuellen Wasserstand, sodass die Teilnehmer wissen, worauf sie sich einlassen.

Bei **Gruene River Company** (☎830-625-2800; www.gruenerivercompany.com; 1404 Gruene Rd; Reifen 20 US$; ⏱Sept.–Mai 10–14 Uhr, Juni–Aug. 9–16 Uhr) und **Rockin' 'R' River Rides** (☎830-629-9999; www.rockinr.com; 1405 Gruene Rd; Reifen 20 US$) ist in der Leihgebühr auch ein Shuttle-Service enthalten. Gegen eine Extragebühr stellen beide Veranstalter eine Eiskiste für Getränke und einen Reifen für den Transport zur Verfügung.

13–35 US$; ⏱Mo–Fr 11–15 & 17–23, Sa 17–23, So 10–15 Uhr) In dem erst kürzlich eröffneten Restaurant hängt das Fleisch mitten im Speiseraum von der Decke. Auf den Wurstplatten (18–36 US$) türmen sich Fleisch, Brotaufstriche, Mixed Pickles und Cracker. Als Mittagstisch gibt es immer Feinschmecker-Po'boys-Sandwiches, ein paar Salate und andere Sandwiches. Abends kommen Fleischesser mit Schweinebacken, gebratenem Knochenmark, gut gewürzten Wachteln und vielem mehr auf ihre Kosten.

Ausgehen & Nachtleben

★ Friendly Spot Ice House BAR
(☎210-224-2337; www.thefriendlyspot.com; 943 S Alamo St; ⏱Mo–Fr 15–24, Sa & So 11–24 Uhr; 👪🐾) Hier scheint eher ein Nachbarschaftsfest stattzufinden, bei dem alle mitfeiern. Und was könnte auch einladender sein als ein Hof voller bunter Metall-Liegestühle im Schatten eines Pekannussbaums? Väter (mit ihren Hunden) trinken Bier aus der Flasche, während sich die Kinder auf dem Spielplatz vergnügen. Im Angebot sind mehr als 250 Flaschenbiere und 76 Biere vom Fass.

Brooklynite COCKTAILBAR
(☎212-444-0707; www.thebrooklynitesa.com; 516 Brooklyn Ave; ⏱17–2 Uhr) Bier und Wein gibt's in San Antonio an jeder Ecke, doch nur hier gibt's gut gemixte, kreative Cocktails. Altmodische Tapeten und Sessel mit hoher Lehne sorgen für eine etwas düstere, viktorianisch anmutende Atmosphäre. Als Sorgenbrecher empfiehlt sich der Cocktail „Photo Booth Kisses" auf Gin-Basis mit einem Touch von Himbeeren und Rosenblüten oder ein ganz klassischer der alten Schule, passend zur würdevollen Atmosphäre.

VFW Post 76 BAR
(☎210-223-4581; 10 10th St; ⏱Mo–Do 16–22.30, Fr & Sa 16–2, So 12–22.30 Uhr) Die versteckte, kleine Bar in der Nähe des Pearl-Gebäudes verdient einen Orden für herausragenden Service. Dabei ist es eine sehr klassische Bar, in der Hipster neben Alteingesessenen ihr Bier aus der Flasche trinken. Die Bar befindet sich in einem zweistöckigen viktorianischen Gebäude, das als ältester Außenposten in Texas für Veteranen der Kriege im Ausland gilt.

Unterhaltung

Magik Children's Theatre THEATER
(☎210-227-2751; www.magiktheatre.org; 420 S Alamo St; Erw./Kind 2–17 Jahre 15/12 US$; ⏱Kasse Mo–Fr 9–17, Sa 10–19, So 10–15 Uhr; 👪) Das fröhliche Ensemble bringt nicht nur beliebte Kinderbücher auf die Bühne, sondern auch witzige Musicals und moderne Versionen

von texanischen Legenden und klassischen Märchen, wie das lustige und (zweisprachige!) *Aschenputtel.* Die reguläre Spielzeit dauert von September bis August, in der auch eine Reihe von modernen Schauspielen für Erwachsene gezeigt werden.

Tobin Center for the Performing Arts THEATER
(☎ 210-223-8624; www.tobincenter.org; 100 Auditorium Circle; ⏲ Kasse Mo–Fr 10–18, Sa 10–14 Uhr sowie 1 Std. vor Vorstellungsbeginn) Das große Theater am River Walk wurde sieben Jahre lang renoviert. Nun finden hier Aufführungen des **Balletts von San Antonio** (www.balletsanantonio.org) und des **Sinfonieorchesters von San Antonio** (☎ 210-223-8624; www.sasymphony.org; Tickets ab 15 US$) statt. Außerdem ist hier das erstklassige Theaterensemble **Attic Rep** (www.atticrep.org) zu Hause, das für seine bissigen, anspruchsvollen und aktuellen Produktionen bekannt ist. Das Theater ist auch mit dem Wassertaxi zu erreichen (S. 783).

ℹ Praktische Informationen

Convention & Visitors Bureau Information Center (☎ 800-447-3372; www.visitsanantonio.com; 317 Alamo Plaza; ⏲ 9–17 Uhr) Im Büro gibt's jede Menge Karten und Broschüren und die Webseite ist voller nützlicher Infos für die Reiseplanung. Das hilfsbereite Personal bucht auch Touren und verkauft Tageskarten für die Busse und Straßenbahnen von VIA. Das Büro ist gegenüber The Alamo.

King William Association (☎ 210-227-8786; www.ourkwa.org; 122 Madison St; ⏲ Mo–Fr 9–15 Uhr) Hier gibt es einen Stadtplan für einen Rundgang durch den King William District. (Wenn das Büro geschlossen ist, liegen meistens ein paar Pläne in dem Kasten vor dem Eingang.)

San Antonio Conservation Society (☎ 210-224-6163; www.saconservation.org; 107 King William St; ⏲ Mo–Fr 8.30–16.30 Uhr) Die Broschüren für einen Stadtrundgang durch den King William District können auch im Internet heruntergeladen werden.

ℹ An- & Weiterreise

Der **San Antonio International Airport** (SAT; ☎ 210-207-3433; www.sanantonio.gov/sat; 9800 Airport Blvd) befindet sich ungefähr 8 Meilen (12,8 km) nördlich der Innenstadt, im Norden der Kreuzung von Loop 410 und US 281. Der Flughafn ist mit einem Taxi, öffentlichen Verkehrsmitteln, Shuttle-Bussen und Fahrdiensten inklusive Uber und Lyft zu erreichen.

Von hier starten regelmäßig Flüge zu Zielen in Texas und dem Rest der USA sowie Direktflüge und Flüge mit Umsteigen nach Mexiko. Für Kurzstreckenflüge in Texas eignet sich Southwest Airlines am besten.

Greyhound (☎ 210-270-5868; www.greyhound.com; 500 N St Marys St) betreibt einen Busbahnhof im Zentrum. Die Busse von **Megabus** (☎ 877-462-6342; www.usmegabus.com; Ecke 4th St & Broadway St) halten ebenfalls im Zentrum und haben Anschluss an Busse nach Houston und Austin.

ABSTECHER

LUCKENBACH

Das winzige Luckenbach ist ideal, um zu entspannen, Leute kennenzulernen und die gemütliche Kleinstadtatmosphäre zu genießen. Dabei ist Luckenbach eigentlich gar keine „Kleinstadt", sondern eher eine Ansammlung von Gebäuden, die zwischen den vielen Toilettenhäuschen für die Wochenendurlauber oft kaum zu sehen sind. Den Mittelpunkt des „städtischen" Lebens bildet der ehemalige Handelsposten von 1849, der sich heute **Luckenbach General Store** (☎ 830-997-3224; www.luckenbachtexas.com; 412 Luckenbach Town Loop; ⏲ So–Do 9–23, Fr 9–24, Sa 9–1 Uhr) nennt und auch als Postamt, Saloon und Gemeindezentrum dient.

Trotz fehlender Einrichtungen gibt's einen randvollen Veranstaltungskalender mit viel Musik, der auf der Homepage des Geschäftes zu finden ist. Manchmal geht es schon um 13 Uhr los, manchmal auch erst um 17 Uhr. Am Wochenende gibt's in der Regel auch Livemusik in der alten **Dance Hall** (☎ 830-997-3224; www.luckenbachtexas.com; Luckenbach Town Loop), einem texanischen Klassiker. Zu den Konzerten an den Wochenenden des 4. Juli und des Labor Day strömen noch mehr Besucher in den Ort.

Es sollte auch noch erwähnt werden, dass Luckenbach sogar in einem Lied von Countrysänger Waylon Jennings vorkam, aber die meisten Leute wissen das ja.

Um vom nahen Fredericksburg hierher zu kommen, fährt man auf der US 290 Richtung Osten und dann noch 3 Meilen (4,8 km) auf der FM 1376 nach Süden.

Fredericksburg

Wer bei der Fahrt durch das Hill Country nur eine Stadt besuchen kann, sollte dies unbedingt hier tun. Die deutsche Siedlung aus dem 19. Jh. ist zwar klein, aber voller Charme. Es gibt viele freundliche Inns und B&Bs, und in den historischen Gebäuden der Hauptstraße sind deutsche Restaurants und Biergärten sowie Antiquitätenläden und andere Geschäfte untergebracht. Im Zentrum gibt's auch einige interessante Museen.

Viele Geschäfte sind zwar typische Touristenläden (mit T-Shirts, Süßigkeiten und merkwürdigen Lederschildimitaten), doch es gibt auch einige interessante Geschäfte, in denen man herrlich stöbern kann. Außerdem ist die Stadt ein großartiger Ausgangspunkt zur Erkundung der Pfirsichplantagen und der Weingüter sowie von abgelegeneren Orten wie Enchanted Rock and Johnson City sowie des kleinen Ortes Luckenbach, der nur 10 Meilen (16 km) entfernt ist.

Sehenswertes & Aktivitäten

National Museum of the Pacific War MUSEUM
(☎830-997-8600; www.pacificwarmuseum.org; 340 E Main St; Erw./Kind 14/7 US$; ⌚9–17 Uhr) Das Museum umfasst drei Galerien, die alle dem Krieg gewidmet sind: das **Admiral Nimitz Museum** erzählt das Leben und die Karriere des berühmten Sohns von Fredericksburg, die **George HW Bush Gallery of the Pacific War** zeigt in einem großen, eindrucksvollen Gebäude viele Ausstellungsstücke und eine umfangreiche Chronologie des Zweiten Weltkriegs im Pazifik, und in der neu gestalteten **Pacific Combat Zone** sind auf einer 0,8 ha großen Ausstellungsfläche drinnen und draußen verschiedene PT-Boote (Patrouillen-Torpedo-Boote) und militärische Fahrzeuge zu bewundern.

Pioneer Museum HISTORISCHE STÄTTE
(☎830-990-8441; www.pioneermuseum.net; 325 W Main St; Erw./Kind 6–17 Jahre 5/3 US$; ⌚Mo–Sa 10–17 Uhr) In den 10 historischen Gebäuden des Freilichtmuseums erfährt man, wie die Bewohner der Stadt früher lebten. Sobald man ein Gebäude betritt, beginnt eine entsprechende Erklärung per Band. Auch wer keinen Sinn für die alten Gebäude vom Ende des 19. Jhs. hat, wird doch umso mehr die modernen Annehmlichkeiten der heutigen Zeit schätzen.

Old Tunnel Wildlife Management Area TIERBEOBACHTUNG
(☎866-978-2287; http://tpwd.texas.gov/state-parks/old-tunnel; 10619 Old San Antonio Rd; ⌚Sonnenaufgang–17 Uhr, Fledermausbeobachtung Mai–Okt. Do–So ab 17 Uhr) Von Mai bis Oktober kann man pünktlich bei Sonnenuntergang sehen, wie eine Kolonie Fledermäuse den ehemaligen Eisenbahntunnel verlässt, um auf Nahrungssuche zu gehen. Mehr als 3 Mio. mexikanische Bulldoggfledermäuse leben in dem Tunnel.

Schlafen & Essen

Cotton Gin Village HÜTTEN $$
(☎830-990-8381; www.cottonginlodging.com; 2805 S Hwy 16; Hütte 229 US$; P 📶) Außen rustikal, innen schick und elegant. Die Stein- und Holzhütten südlich der Stadt sind eine tolle, ruhige Unterkunft weit weg von den Massen der Stadt und den anderen Besuchern. Jede Hütte hat einen gemauerten Kamin. Lust auf ein romantisches Versteck? Dann nichts wie los.

Fredericksburg Inn & Suites MOTEL $$
(☎830-997-0202; www.fredericksburg-inn.com; 201 S Washington St; Zi. 199–219 US$, Suite 249 US$; P ❄ 📶 🏊 🐾) Das Motel an der Spitze der Mittelklasse-Kategorie wurde so gebaut, dass es genau wie das historische Haus aussieht, hinter dem es steht. Die Zimmer sind sauber und modern. Zu den Annehmlichkeiten gehört ein fantastischer Pool mit Rutsche und ein großer Whirlpool. Die Main St ist gut zu Fuß zu erreichen.

★ **Vaudeville** CAFÉ $$
(☎830-992-3234; www.vaudeville-living.com; 230 E Main St; Hauptgerichte mittags 15–17 US$, abends

INSIDERWISSEN

TOLLE PIZZA IN DRIPPING SPRINGS

Holy moly, sind diese Pies lecker! Das erst vor ein paar Jahren eröffnete **Pieous** (☎512-394-7041; www.facebook.com/pieous; 12005 W Hwy 290; Pizzas 10–15 US$; ⌚Di–Fr 11–14 & 16–21, Sa 11–21, So 11–20 Uhr) genießt schon höchstes Ansehen. Nach dem Motto „Essen ist unsere Religion", das sich auch auf den ungewöhnlichen Namen bezieht, werden hier nur frische und hausgemachte Zutaten verwendet. Die heiß geliebten Pastramis werden im Barbecue Smoker hinter dem Haus zubereitet.

16–36 US$; ⌚ Mo, Mi, Do & So 10–16, Fr & Sa 10–21 Uhr) Das schicke Kellerbistro sieht aus wie eine elegante Trinkhalle. Die Leute, die hier zu Mittag essen, sind zwar ebenso stylish wie die Ausstattung, doch es herrscht die für das Hill Country typische herzliche Gastfreundschaft. Die Feinschmecker-Salate und -Sandwiches sind erstklassig, ebenso wie die Tacos mit Schweinebauch. Dazu gibt's Kaffee, Tee, Craft-Bier und Desserts.

Praktische Informationen

Fredericksburg Visitor Information Center (☎830-997-6523, 888-997-3600; www.visitfredericksburgtx.com; 302 E Austin St; ⌚ Mo–Sa 9–17, So 11–15 Uhr; 📶) Das Büro mit dem freundlichen Personal befindet sich in einem hübschen Gebäude in der Nähe des Pacific War Museum, einen Häuserblock von der Main St entfernt. Es hat auch jede Menge Parkplätze, falls in der Main St nichts frei ist.

Anreise & Unterwegs vor Ort

Westlich von Austin wird die US 290 zur Main St in Fredericksburg. Der Hwy 16, der von Fredericksburg nach Kerrville führt, ist die S Adams St in der Stadt. Ohne eigenes Fahrzeug ist Fredericksburg schlecht zu erreichen. der nächste Busbahnhof ist in Kerrville, doch die Busse von **Greyhound** (☎800-231-2222; www.greyhound.com) halten bei Bedarf auch an der **Shell-Tankstelle Stripes** (2204 Hwy 16 S, Stripes Shell Station), 2½ Meilen (4 km) südwestlich des Zentrums.

Der Shuttle-Service von **Stagecoach Taxi and Shuttle** (☎830-385-7722; www.stagecoachtaxiandshuttle.com) verkehrt zwischen dem San Antonio Airport und der Stadt. Eine Fahrt kostet 95 US$ für bis zu vier Personen. Da der Weg durch das Hill Country aber auch das Ziel ist, sollte man sich besser einen Mietwagen nehmen und selber fahren.

In Fredericksburg selbst kann man sich bei **Hill Country Bicycle Works** (☎830-990-2609; www.hillcountrybicycle.com; 702 E Main St; Fahrrad 30–45 US$/Tag; ⌚ Mo, Di, Do & Fr 10–18, Sa 10–16 Uhr) ein Fahrrad leihen und damit die Stadt und die Umgebung erkunden.

Bandera

Selbst im Cowboyland Texas ist es heutzutage schwierig, echte Cowboys zu treffen. Nicht so in Bandera, das sich selbst als Cowboy-Hauptstadt von Texas bezeichnet. Immerhin gibt's hier jede Mange Ferienranches und überall werden Ausritte und Rodeos angeboten. Aber welchen Grund gibt's noch, nach Bandera zu kommen? Natürlich um in einer der vielen Cowboy-Kneipen und urigen Honky-Tonk-Bars ordentlich Bier zu trinken, zu guter Livemusik abzutanzen und in feuchtfröhlicher Runde mit den netten Einheimischen ins Gespräch zu kommen.

Sehenswertes & Aktivitäten

Frontier Times Museum MUSEUM
(☎830-796-3864; www.frontiertimesmuseum.org; 510 13th St; Erw./Kind 6–17 Jahre/Senior 6/2/4 US$; ⌚Mo–Sa 10–16.30 Uhr) Das Geschichtsmuseum zeigt die Kunst des Wilden Westens, Cowboy-Utensilien wie Gewehre, Brandeisen und sonstige Ausrüstungen sowie die Kuriositätensammlung des Museumsgründers J. Marvin Hunter, darunter auch die berühmte Ziege mit den zwei Köpfen.

Silver Spur Guest Ranch REITEN
(☎830-796-3037; www.silverspur-ranch.com; 9266 Bandera Creek Rd; Reiten für Nichtgäste 45/80 US$ für 1 Std./2 Std.) Tagesausflügler können ein oder zwei Stunden lang reiten und bekommen dann, gegen einen kleinen Aufschlag, noch ein Mittag- oder Abendessen. Übernachtungsgäste können sich nach einem langen Tag im staubigen Sattel im recht großen Pool der Ranch erfrischen. Im Angebot sind auch Fahrten mit dem Heuwagen, Fossiliensuche und abendliche Lagerfeuer. Im Zimmerpreis (150 US$) sind zweimal Reiten und drei Mahlzeiten pro Tag sowie die Nutzung aller Annehmlichkeiten enthalten. Wer nicht reiten will, bezahlt nur 120 US$ pro Nacht.

Schlafen & Essen

River Front Motel HÜTTEN $
(☎800-870-5671, 830-460-3690; www.theriverfrontmotel.com; 1103 Maple St; Hütte 99 US$, Suite 159–179 US$; P ❄ 📶 🐾) Der freundliche Familienbetrieb südlich der Stadt vermietet 11 Hütten am Fluss, die jeweils über Kühlschrank, Kaffeebereiter und Kabel-TV verfügen. Damit bieten sie das beste Preis-Leistungs-Verhältnis. Ein Haustier kostet 15 US$ pro Nacht.

Sid's Main Street BBQ BARBECUE $
(☎830-796-4227; www.sidsmainstreetbbq.com; 702 Main St; Sandwiches 7–10 US$, Hauptgerichte 9–15 US$; ⌚ Mo–Sa 11–20, So 11–15 Uhr) In einer ehemaligen Tankstelle werden jetzt saftige Rauchfleischgerichte serviert.

Praktische Informationen

Bandera County Convention & Visitors Bureau (CVB; ☎830-796-3045; www.banderacowboycapital.com; 126 Hwy 16; ⌚ Mo–Fr 9–17, Sa 10–15 Uhr) Die freundlichen Mitarbeiter

FERIENRANCHES

Rund um die Stadt verteilen sich gut ein Dutzend Ferienranches, wo man für 35 bis 50 US$ eine Stunde lang reiten kann – aber Achtung: Nach texanischem Recht dürfen Reiter nicht mehr als 108,8 kg wiegen. Es gibt auch Pauschalangebote, bei denen Mahlzeiten im Preis inbegriffen sind. Bei manchen Ranches können die Besucher auch in dem 2023,5 ha großen Naturschutzgebiet **Hill Country State Natural Area** reiten. Die meisten Ranches liegen in einem Umkreis von 10 Meilen (16 km) um Bandera.

Wer länger bleiben möchte, kann auch ein All-inclusive-Angebot mit Reiten, Mahlzeiten und Übernachtungen buchen. Einige Ranches werben mit besonderen Alleinstellungsmerkmalen, doch in der Regel bestehen sie aus einem riesigen Farmhaus inmitten von Hunderten von Hektar Land. Ebenfalls im Angebot sind Fahrten auf dem Heuwagen, Lagerfeuer und Barbecues.

geben nützliche Tipps und Infos. Etwas von der Hauptstraße zurückgesetzt.

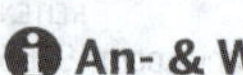

An- & Weiterreise

Von Kerrville führt der Hwy 173 (Bandera Hwy) direkt nach Bandera. Die schönere und landschaftlich reizvollere Strecke – über Berg und Tal und an Medina vorbei – ist der Hwy 16 in Richtung Süden. Von San Antonio nach Bandera fährt man insgesamt 50 Meilen (80 km) zuerst auf der I-10 nach Westen und dann auf dem Hwy 16 nach Norden.

Die Main St führt praktisch von Norden nach Süden mitten durch die Stadt. Am südlichen Rand des Zentrums führt die Cypress St von Ostten nach Westen am Fluss entlang und wird am östlichen Stadtrand zum Hwy 16.

ÖSTLICHES TEXAS

Es ist bodenständiger als Dallas und zugeknöpfter als Austin, doch Houston ist reich und kultiviert, zeigt das aber nicht allzu offen. Dies erkennt man daran, dass selbst in den preisgekrönten Restaurants der großen Küchenchefs zumeist keine Krawatte verlangt wird, und dass man nach dem Besuch eines Weltklasse-Museums billiges Bier in einer Hinterhofbar trinkt. Die vielen Attraktionen verteilen sich auf mehrere Enklaven in der größten und weitläufigsten Stadt des Bundesstaates.

Und es ist ganz leicht, dem Betonlabyrinth der unzähligen Interstates zu entkommen. Schöne Tagesausflüge führen zur NASA und zu dem Ort, an dem Texas seine Unabhängigkeit erlangte. Im Washington County kann man in Antiquitätenläden stöbern, historischen Spuren folgen oder einfach die schöne Landschaft genießen. Weiter im Nordosten von Texas locken die Piney Woods mit meterhohen Bäumen, kurvigen Straßen, herrlicher Natur und alten Südstaatenstädten wie Jefferson und Nacogdoches.

In den kleinen Straßen der Städte riecht es überall verführerisch nach Barbecue, gebratenen Hühnchen und Steaks.

Houston

In der entspannten Metropole treffen Pickups und Cowboystiefel auf Highheels, Hightech und anspruchsvolle Kultur. Nachdem man tagsüber in Flipflops Museen und Einkaufszentren besucht hat, genießt man die Happy Hour auf einer schattigen Terrasse. Abends entdeckt man die kulinarischen und kulturellen Genüsse der weithin angesehenen Restaurant- und Kneipenszene. Mit Ausnahme der ganz noblen Restaurants sind dabei gestärkte Jeans schon fast Pflicht.

Diverse Wohnviertel und Enklaven von Restaurants und Geschäften erstrecken sich über das ganze weitläufige Stadtgebiet bis an die Ränder. Wenn die Bewohner anderer Städte über das Wetter reden, unterhält man sich in Houston über Parkplätze. Der Wohlstand aus der Öl- und Energieindustrie zeigt sich in luxuriösen Einkaufsmeilen, aber man kann sich auch weniger luxuriös amüsieren. Allerdings sollte man den drückend heißen Sommer nicht unterschätzen. Auch sollte man daran denken, dass sich eine der Hauptattraktionen der Stadt, das Space Center Houston der NASA in Clear Lake, weit außerhalb der Stadt befindet und die Fahrt auf der I-45 gut 30 Minuten dauert.

Sehenswertes & Aktivitäten

★ **Houston Museum of Natural Science** MUSEUM

(☎713-639-4629; www.hmns.org; 5555 Hermann Park Dr; Erw./Kind 25/15 US$, Do 14–17 Uhr frei ; ⏲9–17 Uhr; 👪; 🚇Hermann Park/Rice U) Wechselausstellungen von Weltklasse wie prähistorische Höhlenzeichnungen und die Kultur der Maya gehörten schon immer zu den großen Attraktionen dieses erstklassigen, sehr beliebten Museums. Die nicht weniger beeindruckende Dauerausstellung umfasst riesige Saurierskelette (der Kurator war Berater bei den Dreharbeiten von *Jurassic Park*), Mumien aus dem alten Ägypten, seltene Edelsteine (wie ein blauer Topas mit 2000 Karat) und interaktive Ausstellungsstücke zur Biosphäre der Erde.

★ Menil Collection MUSEUM
(☎713-525-9400; www.menil.org; 1533 Sul Ross St; ⌚Mi–So 11–19 Uhr) GRATIS Die Sammlung in dem modernistischen Gebäude von Renzo Piano besteht aus mehr als 17 000 Kunstwerken und Objekten, darunter mehr als 10 000 Kunstwerke, Skulpturen und archäologische Fundstücke, die John und Dominique de Menil persönlich sammelten. Von 5000 Jahre alten Artefakten über Werke von Kara Walker, René Magritte und zeitgenössischen Künstlern werden die schönsten Stücke in ständig wechselnden Ausstellungen gezeigt. Zudem gibt es noch fremde Wechselausstellungen. Unbedingt sehenswert ist auch die **Cy Twombly Gallery** (☎713-525-9450; www.menil.org; 1501 Branard St; ⌚Mi–So 11–19 Uhr) GRATIS und die schlichte, ruhige Rothko Chapel, die ebenfalls zur Sammlung gehören.

★ Rothko Chapel MUSEUM
(☎713-524-9839; www.rothkochapel.org; 3900 Ecke Yupon St & Sul Ross St; ⌚10–18 Uhr) GRATIS Tempel der Meditation oder brutalistische Architektur? Bei der Rothko Chapel und ihrer ruhigen Umgebung scheiden sich die Geister. Mit den 14 riesigen Gemälden des amerikanischen abstrakten Expressionisten Mark Rothko ist die Kapelle auf jeden Fall ein idealer Ort, um innezuhalten und zu meditieren.

★ Buffalo Bayou Park PARK
(☎713-752-0314; http://buffalobayou.org; Shepherd Dr bis Sabine St, zw. Allen Pkwy & Memorial Dr; ⌚größtenteils von Sonnenaufgang–Sonnenuntergang) Der wellenförmige Park erstreckt sich über ca. 65 ha westlich des Zentrums entlang des Buffalo Bayou. Es gibt zahlreiche Parkplätze, aber er ist auch gut zu Fuß zu erreichen. Im Park gibt es besondere Bereiche für sportliche Betätigung und zur Meditation sowie Kunstausstellungen und vieles mehr. Und der Blick auf Downtown Houston ist umwerfend. Zu den angebotenen Aktivitäten gehören auch Kajaktouren mit **Bayou City Adventures** (☎713-538-7433; http://bayoucityadventures.org; 3324 Allen Pkwy; Kajaktour ab 50 US$; ⌚Di–So 10–17 Uhr) und Leihfahrräder von **Bike Barn Bayou Rental** (☎713-955-4455; http://bikebarn.com; 105 Sabine St, Buffalo Bayou Park, Water Works; Fahrrad ab 9 US$/Std.; ⌚Sommer tgl. 10 Uhr–Sonnenuntergang, Wochenende andere Öffnungszeiten).

Art Car Museum MUSEUM
(☎713-861-5526; www.artcarmuseum.com; 140 Heights Blvd; ⌚Mi–So 11–18 Uhr) GRATIS Es sind zwar nur eine Handvoll Kunstautos hier zu sehen, doch diese wilden Beispiele machen Lust auf die Houston Art Car Parade (S. 792). Die ebenso schrägen Wechselausstellungen widmeten sich bereits dem Müll an den Straßen und der Knochenkunst, aber auch Themen wie zeitgenössischer Kunst.

Heritage Society at Sam Houston Park MUSEUM
(☎713-655-1912; www.heritagesociety.org; 1100 Bagby St; Eintritt frei, Führung Erw./Kind 15/6 US$; ⌚Museum Di–So 10–16, Führungen 10, 11.30, 13 & 14.30 Uhr; 🚊Main St Sq) GRATIS Die zehn historischen Häuser und Gebäude, die in diesem Freilichtmuseum wieder aufgebaut wurden, können auf eigene Faust mit einem Audioguide besichtigt werden. So war das **Yates House** (1870) das Wohnhaus eines ehemaligen Sklaven, der ein bekannter Prediger in der Region wurde. Das Blockhaus **Old Place** (1823) gilt als das älteste der Stadt. Bei den Führungen werden die Häuser auch von innen besichtigt.

Lone Star Flight Museum MUSEUM
(☎346-708-2517; http://lsfm.org; Ellington Airport, 11551 Aerospace Ave) Nachdem das Luftfahrtmuseum in Galveston 2008 von Hurricane Ike schwer beschädigt wurde, verlegte man es an seinen heutigen Standort auf der ehemaligen Ellington Air Force Base südlich von Houston. Mittlerweile sind die für 40 Mio. US$ neu gebauten Hangars fertig und 25 restaurierte Flugzeuge aus dem Zweiten Weltkrieg sind zu sehen, darunter je ein Exemplar der berühmten B-17 und B-25.

Hermann Park Miniature Train OUTDOORAKTIVITÄTEN
(☎713-526-2183; www.hermannpark.org; 6104 Hermann Park Dr, Kinder Station, Lake Plaza; 3,50 US$/Fahrt; ⌚10–18 Uhr; 👪; 🚊Hermann Park/Rice U) In dem winzigen Zug können Kinder 18 Minuten lang durch den Her-

Houston Zentrum

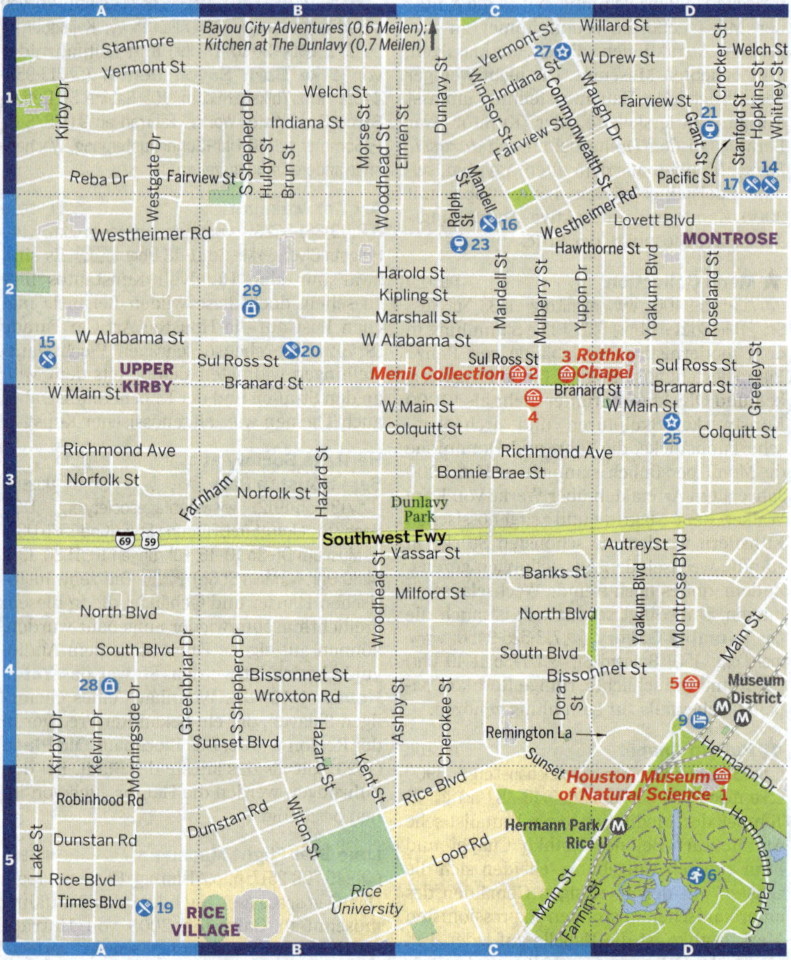

mann Park fahren und dabei beliebig oft ein- und aussteigen.

Geführte Touren

Texana Tours STADTFÜHRUNGEN

(☎ 281-772-9526; www.texanatours.com; wechselnde Preise) Ein waschechter Einheimischer führt die Besucher drei Stunden lang durch die wichtigsten Stadtviertel von Houston und erzählt dabei eine Unmenge von interessanten Details über die Stadt. Außerdem werden Touren in die Nationalparks der Umgebung und zur NASA angeboten. Die Preise richten sich jeweils nach der Größe der Gruppe.

Houston Culinary Tours ESSEN & TRINKEN

(☎ 713-853-8100; www.visithoustontexas.com; Führung ab 180 US$) Einmal im Monat laden Küchenchefs und andere Promis der Szene zu kulinarischen Führungen durch die Stadt ein. Möglichst lange im Voraus buchen.

Feste & Events

★ **Houston Art Car Parade** AUTOSCHAU

(www.thehoustonartcarparade.com; in der Smith St, Downtown; ⏲ 2. Sa im April) Bei der größten alternativen Veranstaltung der Stadt sind jede Menge verrückte, fantastische Autos, die problemlos in einen *Mad Max*-Film pas-

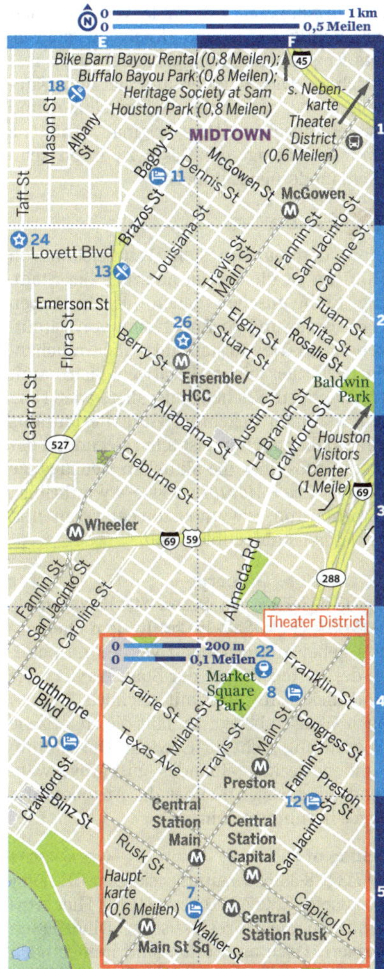

Houston Zentrum

sen würden und riesige Wüstenfahrzeuge zu bewundern. Dazu wird ein ganzes Wochenende lang mit Konzerten und einem legendären Ball gefeiert. Die Eintrittskarten müssen lange im Voraus gekauft werden.

Juneteenth Emancipation Celebration KULTUR
(http://juneteenthfest.com; Emancipation Park, 3018 Dowling St; Mitte Juni) Bei diesem Fest im Emancipation Park wird die afroamerikanische Kultur mit viel Gospel, Jazz und Blues gefeiert. Zur Erinnerung an die Sklavenbefreiung 1865 in Texas findet das Fest immer rund um den 19. Juni statt.

Schlafen

Houston International Hostel HOSTEL $
(713-523-1009; www.houstonhostel.com; 5302 Crawford St; B/Zi. ab 17/57 US$; ; Museum District) In dem Hostel trifft sich eine bunte Mischung aus Langzeitmietern und Rucksacktouristen. Das freundliche exzentrische Personal, abgenutzte Möbel aus den 1970er-Jahren, eine lässige Einstellung zu Sauberkeit und Förmlichkeit sorgen für eine entspannte, rustikale Atmosphäre. Das Hostel steht in einem Stadtviertel mit vielen Bäumen, und die großen Museen und Straßenbahnlinien sind gut zu Fuß zu erreichen.

★ **La Maison in Midtown** INN $$
(☎713-529-3600; http://lamaisonmidtown.com; 2800 Brazos St; Zi. 170–230 US$; P ❄ 📶; 🚊Mc Gowen Station) Ob beim Entspannen auf der rund ums Haus führenden Veranda oder beim üppigen Frühstück, überall in dem großstädtischen Gasthaus ist die herzliche Gastfreundschaft der Südstaaten zu spüren. Jedes der sieben Zimmer ist anders eingerichtet, doch alle sind mit dem Fahrstuhl zu erreichen. Frühstück ist im Preis inbegriffen.

Aloft Houston Downtown HOTEL $$
(☎713-225-0200; www.alofthoustondowntown.com; 820 Fannin St; Zi. ab 150 US$; P ❄ 📶 🏊; 🚊Central Station) Das Hotel der Marriott-Kette befindet sich in einem historischen Wirtschaftsgebäude. Auf insgesamt 10 Stockwerke verteilen sich die modern eingerichteten Zimmer. Nach den vielen Umbauten im Lauf der Jahre ist vom ehemaligen Charme nicht mehr viel zu spüren, dafür gibt es viele trendige Details wie das coole Design des herrlichen Pools auf dem Dach.

Sam Houston Hotel BOUTIQUEHOTEL $$
(☎832-200-8800; www.thesamhoustonhotel.com; 1117 Prairie St; Zi. 110–200 US$; P ❄ @ 📶 🐾; 🚊Preston) In einem historischen Gebäude von 1924 mit 10 Stockwerken befinden sich kleine, einfache, aber gepflegte Zimmer ganz in Grau mit moderner Ausstattung. Zu den luxuriösen Annehmlichkeiten gehören flauschige Handtücher, hochwertige Kaffeebereiter und vieles mehr, was so gar nichts mehr mit seinen Anfängen als preiswertes Hotel für Handelsreisende zu tun hat. Heute gehört es zur Hilton-Kette.

★ **Hotel ZaZa Houston** BOUTIQUEHOTEL $$$
(☎713-526-1991; www.hotelzaza.com; 5701 Main St; Zi. Ab 250; P ❄ @ 📶 🏊; 🚊Museum District) Hip, extravagant und fantastisch: Alles im Hotel ZaZa, von den an ein Bordell erinnernden Farben bis zu den immer wieder auftauchenden Zebramustern, ist fröhlich und erstaunlich unprätentiös. Unsere Lieblingsräume sind die Themensuiten wie das exzentrische Geisha House oder die Suite „Houston We Have a Problem" aus dem Raumfahrtzeitalter. Die Lage mit Blick auf den Hermann Park im Museums District und in der Nähe der Straßenbahn ist unschlagbar.

Hotel Icon BOUTIQUEHOTEL $$$
(☎713-224-4266; www.hotelicon.com; 220 Main St; Zi. ab 290 US$; P ❄ @ 📶; 🚊Preston) Schon in der kunstvoll verzierten, rot-goldenen Eingangshalle ist die noble Vergangenheit des heutigen Marriott-Hotels zu spüren. Das wegweisende Bankgebäude wurde 1911 errichtet. Die Schalterhalle hat ein Kuppelgewölbe, raumhohe Marmorsäulen und Kassettendecken. Der original erhaltene Fahrstuhl bringt die Gäste zu ihren schicken, modernen Zimmern.

Essen

Eines der markantesten Wahrzeichen von Houston ist die Restaurantszene der Stadt. Die Einheimischen gehen für ihr Leben gern essen, und so findet man von gemütlichen Tex-Mex-Restaurants über rauchende Barbecues bis zu kreativen Bistros mit erstklassigen Küchenchefs alles, was Herz und Gaumen begehren. Gute Restaurants gibt's daher auch in fast allen Gegenden der Stadt. Infos über die aktuellen Neuzugänge bieten *Texas Monthly* sowie www.thrillist.com/houston, www.houston.eater.com und http://houstonfoodblog.com.

★ **Lankford Grocery** BURGER $
(☎713-522-9555; 88 Dennis St; Hauptgerichte 5–14 US$; ⏲Mo–Sa 7–15 Uhr) In dem ehemaligen Lebensmittelgeschäft werden nun einige der besten Burger der Stadt serviert. Sie sind dick, saftig und mit reichlich Zutaten nach Wunsch belegt. Da fällt die chaotische Ausstattung nicht ins Gewicht. Die Stammkunden necken einander gutmütig, während die emsigen Kellner die Angebote des Tages herunterrasseln.

House of Pies AMERIKANISCH $
(☎713-528-3816; www.houseofpies.com; 3112 Kirby Dr; Hauptgerichte 7–12 US$; ⏲24 Std.) Hier wird rund um die Uhr klassisches Diner-Essen serviert. Doch am besten sind immer noch die Kuchen: Bananencreme, Zitroneneistorte, Buttermilch, deutscher Schokoladenkuchen, wilde Blaubeeren… Das Restaurant ist auch sehr beliebt für einen Mitternachtssnack oder ein frühes Frühstück, wenn die Bars ihre hungrigen Gäste vor die Tür setzen.

Crawfish & Noodles VIETNAMESISCH $
(☎281-988-8098; 11360 Bellaire Blvd; Hauptgerichte 6–15 US$; ⏲Mo–Fr 15–22, Sa & So 12–22 Uhr) Nachdem immer mehr vietnamesische Einwanderer ins Fischereigeschäft der Golfküste einstiegen, war es unvermeidlich, dass vietnamesische Meeresfrüchte und Nudeln eine Allianz mit der Cajun-Küche eingingen. So gibt es hier in der westlichen Innenstadt unzählige Einkaufszentren mit allen Arten

ESSEN AUF RÄDERN: FOOD TRUCKS

Im Gegensatz zu anderen Städten, stehen die Imbisswagen in Houston nicht immer an der gleichen Stelle. So kann ein- und derselbe Wagen innerhalb eines Tages an zwei oder drei verschiedenen Orten zu finden sein. Die aktuellen Standorte gibt's im Internet, doch meist stehen sie in der Nähe der Bars und Cafés in Montrose. Aber auch auf den Parkplätzen der Menil Collection (S. 791) und des **Museum of Fine Arts, Houston** (☎713-639-7300; www.mfah.org; 1001 Bissonnet St; Erw./Kind 18 US$/frei, Do frei; ⏰Di & Mi 10–17, Do 10–21, Fr & Sa 10–19, So 12.15–19 Uhr; 🚇Museum District) sind sie oft zu finden. Aufgrund der Parkvorschriften stehen sie praktisch nie im Zentrum.

Oh My Gogi! (☎281-694-4644; www.ohmygogi.com; 5555 Morningside Dr; Hauptgerichte 3–8 US$; ⏰Mi–Sa 21–3 Uhr; 🚇Dryden/TMC) Die Fusion zweier Kulturen ergibt koreanische Barbecue-Tacos und Kimchi-Quesadillas. Der Food Truck steht äußerst praktisch für die Bars der Rice University.

Tacos Tierra Caliente (☎713-584-9359; 2003 W Alabama St; Hauptgerichte 2–5 US$; ⏰Mo–Sa 8.30–23, So 8.30–22 Uhr) Der klapprige Imbisswagen serviert die besten, üppig gefüllten Tacos der Stadt. Unbedingt den Pastor mit würzigem Schweinebraten probieren! Es gibt keinerlei Sitzmöglichkeit, doch direkt gegenüber ist das West Alabama Ice House, wo man ein kaltes Bier zum Taco trinken kann. Außerdem gibt's mexikanisches Frühstück.

Waffle Bus (www.thewafflebus.com; Hauptgerichte 3–7 US$) Die Waffeln und Waffelsandwiches gibt es süß und salzig (mit Käse, Räucherlachs etc.). Der Wagen steht meist in der Nähe der Universität und hat in der Regel mittags geöffnet.

von Asienläden, Restaurants und riesigen Supermärkten. Das kleine, einfache Restaurant ist denn auch weithin bekannt für seine Flusskrebse mit Nudeln. Köstlich!

★Original Ninfas MEXIKANISCH $$
(☎713-228-1175; www.ninfas.com; 2704 Navigation Blvd; Hauptgerichte 11–25 US$; ⏰Mo–Fr 11–22, Sa & So 10–22 Uhr) Generationen von Einheimischen genießen hier seit den 1970er-Jahren Shrimps in scharfer Tomatensauce, *tacos al carbon* (auf Holzkohle gebratenes Rindfleisch) und mit viel Liebe gemachte Tamale. Der Service ist hervorragend, man kann draußen sitzen und es gibt leckere Salsas.

Indika INDISCH $$
(☎713-524-2170; http://indikausa.com; 516 Westheimer Rd; Hauptgerichte Brunch & mittags 16–20 US$, abends 17–36 US$; ⏰Di–Sa 11–14 & 18–22, So 11–15 Uhr) Der bezaubernde Speisesaal ist der passende Rahmen für das ausgezeichnete indische Essen, das eine Mischung aus original indischer Küche und abenteuerlicher Zubereitung ist, wie etwa Krabbenfleisch-Teigtaschen mit Papaya-Ingwer-Chutney. Außerdem gibt's eine tolle Happy Hour und Brunch am Sonntag.

Kitchen at The Dunlavy AMERIKANISCH $$
(☎713-360-6477; www.thedunlavy.com; 3422 Allen Pkwy; Hauptgerichte 8–20 US$; ⏰7–14 Uhr) Das kreative Restaurant im bezaubernden Buffalo Bayou Park ist genau das richtige für ein gutes Frühstück, Brunch oder Mittagessen. Man bestellt an der Theke und sucht sich anschließend einen Tisch in einem der Speisesäle mit hohen Decken und Kronleuchtern. Die Gerichte sind eine kreative Variante von hochwertigem Diner-Essen. Nach dem Essen gibt's Kaffee oder einen Drink an der Bar.

Dolce Vita ITALIENISCH $$
(☎713-520-8222; www.dolcevitahouston.com; 500 Westheimer Rd; Hauptgerichte 12–20 US$; ⏰Di–Fr 17–22, Sa & So 11.30–22 Uhr) Mit ausgezeichnetem italienischem Essen zu guten Preisen wird das Restaurant dem „Süßen Leben" mehr als gerecht. In dem alten Haus mit zwei Stockwerken gibt es viele romantische Ecken und eine hübsch beleuchtete Terrasse. Die Pizzas mit typisch dünnem Boden sind mit Kammmuscheln, frischem Basilikum, Parmesan und anderen italienischen Köstlichkeiten belegt.

★Brennan's of Houston CAJUN $$$
(☎713-522-9711; www.brennanshouston.com; 3300 Smith St; ⏰tgl. 17.30–22, Mo–Sa 11–14, So 10–14 Uhr) Der berühmteste Koch von New Orleans führt dieses feine Restaurant in Midtown. Das ist aber nicht nur ein Ableger, sondern ein ganz eigener Feinschmecker-

tempel, in dem die Küche von New Orleans mit der von Texas fusioniert. Alle Zutaten sind superfrisch, die Speisekarte richtet sich nach der Saison. Der Service ist ausgezeichnet, und der Speisesaal sehr elegant. Einen Tisch im hübschen Innenhof muss man im Voraus reservieren.

★ Hugo's MEXIKANISCH **$$$**
(☎713-524-7744; http://hugosrestaurant.net; 1600 Westheimer Rd; Hauptgerichte mittags 15–22 US$, abends 23–30 US$; ⌚Mo–Do 11–22, Fr & Sa 11–23, So 10–21 Uhr) In seiner hoch gelobten Bodega in Montrose erhebt Küchenchef Hugo Ortega die regionale mexikanische Küche und mexikanisches Straßenessen zu höchster Kunst. Neben vielen Gerichten im Stil von Oaxaca gibt es hier auch gut gewürzte Fleischgerichte. Auch wenn vieles auf den ersten Blick bekannt erscheint, ist das Essen doch eher echt mexikanisch als Tex-Mex. Der Brunch ist hervorragend, der Innenhof bezaubernd. Im Voraus reservieren!

Ausgehen & Nachtleben

★ La Carafe BAR
(☎713-229-9399; 813 Congress Ave; ⌚13–2 Uhr) La Carafe befindet sich im ältesten Gebäude Houstons (1848) und ist die alte Bar mit der schönsten Atmosphäre in der Stadt. Dafür sorgen die unverputzten Mauerwände, die Sepia-Fotos an den Wänden, das warme Licht und die flackernden Kerzen. Außerdem gibt es eine tolle Jukebox. Das Publikum ist bunt gemischt und gut drauf. An den Wochenende öffnet die Bar im Obergeschoss mit einem Balkon im 2. Stock, von dem man einen schönen Blick auf den Market Square hat.

★ Moon Tower Inn BIERGARTEN
(☎832-969-1934; www.damngoodfoodcoldassbeer.com; 3004 Canal St; ⌚Mo–Sa 12–2, So 12–24 Uhr) Das Lokal ist eine einfache Hütte mit einem riesigen Hof, in dem Picknicktische unter Lichterketten stehen. Jung und Alt strömt hierher, um das süffige Bier der Hausbrauerei mit Burgern, Würstchen und sonstigem zu genießen. Es herrscht eine Stimmung wie im avantgardistischen Warehouse District.

Poison Girl BAR
(☎713-527-9929; 1641 Westheimer Rd; ⌚16–2 Uhr) Eine sagenhafte Terrasse hinter dem Haus, eine Statue der Comic-Figur Kool Aid Man und ein pseudokünstlerischer Innenraum mit alten Flipperautomaten machen die Bar zur heißesten Kneipe der Stadt mit entsprechend bunt gemischtem Publikum. Man kann draußen sitzen oder in einer der dunklen Ecken im Inneren.

JR's Bar & Grill SCHWULENBAR
(☎713-521-2519; www.jrsbarandgrill.com; 808 Pacific St; ⌚12–2 Uhr) Mit der einfachen, aber stilvollen Atmosphäre und günstigen Preisen gehört die Bar beständig zu den besten in Houston, insbesondere, wenn die legendäre Drag Queen Kofi für die Unterhaltung zuständig ist.

Pearl Houston CLUB
(☎832-740-4933; www.pearlhouston.com; 4216 Washington Ave; ⌚Di–So 17–2 Uhr) Zunächst entspannt frau sich auf der zwanglosen Terrasse hinter dem Haus der alteingesessenen und superfreundlichen Frauenbar. Wenn ab Mitternacht ein DJ auflegt, geht's dann weiter zur Tanzfläche.

☆ Unterhaltung

★ Match LIVE-VORFÜHRUNGEN
(Midtown Arts and Theater Center Houston; ☎713-521-4533; https://matchouston.org; 3400 Main St; 🚉Ensemble/HCC) Eine Bühne für mehr als 500 kulturelle Gruppen und Organisationen von Houston, die im teuren Theater District im Zentrum nicht zum Zuge kommen. Das 2017 eröffnete, eindrucksvolle Gebäude hat vier Säle für Theater, Tanz, Musik usw., in denen 70 bis 350 Leute Platz finden; hinzu kommen außerdem noch Galerien und Konferenzräume. Der prall gefüllte Veranstaltungskalender ist unbedingt einen Blick wert.

★ Rudyard's Pub LIVE-VORFÜHRUNGEN
(☎713-521-0521; www.rudyardspub.com; 2010 Waugh Dr; ⌚11.30–2 Uhr) Fast jeden Abend wird hier Comedy, Karaoke oder ein Gedichtwettbewerb geboten oder es treten junge und unabhängige Bands auf. Dazu gibt's eine tolle Auswahl an Bieren aus kleinen Brauereien sowie gutes Kneipenessen, vor allem Burger. So lohnt sich ein Besuch des Pubs auch ohne Veranstaltung. In diesem Fall kann man auch die schöne Terrasse genießen.

AvantGarden LIVE-VORFÜHRUNGEN
(☎832-287-5577; www.avantgardenhouston.com; 411 Westheimer Rd; ⌚So 12–18 Uhr) Dies ist der Mittelpunkt der alternativen Szene in Houston. Das alte Haus hat einen tollen Hof mit Garten und organisiert von merkwürdigem Theater über Dichterlesungen

bis zu Livemusik eine bunte Mischung an Veranstaltungen. Manchmal werden auch Modellierkurse angeboten. Für die kreative Unterstützung der Hirnwindungen sorgt die gute Bar.

Cézanne JAZZ
(☎832-592-7464; www.cezannejazz.com; 4100 Montrose Blvd; ⊙Fr & Sa 18–24 Uhr) Der eindeutig beste Jazz-Club in Houston hat leider nur zweimal sechs Stunden in der Woche geöffnet. In der kleinen, schicken, aber sehr gemütlichen Pianobar über dem Black Labrador wird bester Jazz aus Texas und der ganzen Welt gespielt.

Shoppen

★ **Brazos Bookstore** BÜCHER
(☎713-523-0701; www.brazosbookstore.com; 2421 Bissonnet St; ⊙Mo–Sa 11–20, So 12–18 Uhr) Den besten unabhängien Buchladen in Houston gibt es schon seit 1974. Im Angebot sind vor allem Titel aus und über die Region. Mehrmals im Monat finden auch Autorenlesungen statt. Das Personal ist ausgezeichnet und kennt sich mit dem guten Sortiment aus Büchern von Texanern und über Texas bestens aus.

Buffalo Exchange BEKLEIDUNG
(☎713-523-8701; www.buffaloexchange.com; 2901 S Shepherd Dr; ⊙Mo–Sa 10–21, So 11–20 Uhr) Die Houstoner Filiale der landesweiten Kleidertauschbörse befindet sich in einer schicken Boutique in Montrose. Natürlich sind sie sehr wählerisch in der Annahme, aber das ist ja auch gut so.

Praktische Informationen

Das offizielle **Houston Visitors Center** (☎713-437-5557; www.visithoustontexas.com; 1300 Avenida de las Americas, Hilton Americas; ⊙7–22 Uhr) gegenüber dem Kongresszentrum ist nicht nur eine Touristeninformation, sondern zugleich auch noch ein riesiger Souvenirladen.

An- & Weiterreise

Das Houston Airport System besteht aus zwei Flughäfen:

Der **George Bush Intercontinental Airport** (IAH; ☎281-230-3100; www.fly2houston.com/iah; 2800 N Terminal Rd, auf Höhe I-59, Beltway 8 oder I-45; 📶) liegt 22 Meilen (35 km) nördlich des Zentrums. Er ist ein wichtiges Drehkreuz für United Airlines, aber auch für andere große Fluggesellschaften, die von hier in alle Welt fliegen. Allerdings ist das abenteuerliche und miserabel ausgeschilderte Gewirr von Terminals und Gates selbst für erfahrene Reisende eine echte Herausforderung.

Dagegen ist der **William P. Hobby Airport** (HOU; ☎713-640-3000; www.fly2houston.com/hobby; 7800 Airport Blvd, auf Höhe Broadway St oder Monroe St; 📶), 12 Meilen (19 km) südöstlich der Stadt, wesentlich kleiner und übersichtlicher. Er ist vor allem ein Drehkreuz für Southwest Airlines und viele regionale Fluggesellschaften.

Vom **Greyhound Bus Terminal** (☎713-759-6565; www.greyhound.com; 2121 Main St; 🚊 Downtown) fahren viele Fernbusse zu unterschiedlichen Zielen ab.

Auf seiner Fahrt von New Orleans nach L. A. hält der Amtrak-Zug *Sunset Limited* dreimal pro Woche im **Bahnhof von Houston** (☎800-872-7245; www.amtrak.com; 902 Washington Ave). Weitere Stopps in Texas sind in San Antonio und El Paso.

Unterwegs vor Ort

Parken in den Straßen der Innenstadt ist wesentlich einfacher geworden, seit die Tickets vieler Parkuhren nicht mehr ortsgebunden sind, sondern an verschiedenen Stellen gelten. Parkplätze gibt es sehr viele – preiswert sind sie aber nicht (ab 25 US$/Tag).

Außerhalb des Zentrums ist das Parken zumeist kostenlos, dafür gibt es aber kaum Parkplätze. Für viele Einwohner ist die Verfügbarkeit von Parkplätzen eines der wichtigsten Kriterien bei der Auswahl eines Restaurants. Für viele Besucher ungewohnt ist der von vielen Restaurants und Einkaufszentren angebotene Parkservice, doch sollte man ihn ruhig annehmen, denn oft ist er kostenlos, und wenn nicht, immer noch einfacher und nervenschonender als selbst einen Parkplatz zu suchen.

Clear Lake

Keine 30 Meilen (48 km) südlich von Downtown Houston erstreckt sich der Großraum Clear Lake mit dem berühmten Space Center Houston, einigen großen historischen Stätten und vielen Aquaparks, darunter auch ein sehr beliebter Vergnügungspark.

Nördlich davon mündet der Buffalo Bayou in den Fluss, der schließlich in den Golf fließt. Dort befindet sich die Industriestadt La Porte mit einigen lohnenden Sehenswürdigkeiten. Am Abfluss des Clear Lake liegen die Orte Seabrook und Kemah, wobei letzterer ein lebhaftes Dorf am Wasser mit vielen Unterhaltungsmöglichkeiten und Restaurants ist. Die ganze Gegend kann gut als Tagesausflug auf dem Weg nach Calveston besucht werden, doch aufgrund der vielen möglichen Aktivitäten – und des Verkehrs von und nach Houston – empfiehlt sich eine Übernachtung. Doch egal, was und wie man plant – auf jeden Fall sollte man bei Killen's das beste Barbecue in der Umgebung von Houston probieren.

★ Space Center Houston MUSEUM
(☎281-244-2100; http://spacecenter.org; 1601 NASA Pkwy; Erw./Kind 30/25 US$; ⏲10–17 Uhr, Sommer & ausgewählte Wochenenden längere Öffnungszeiten) Wer wollte nicht schon mal auf dem Mond landen? Diesem Traum kommt man wohl nirgends näher als im offiziellen Visitor Center und themenparkähnlichen Museum des Johnson Space Center der NASA. Im Rahmen der 90-minütigen Straßenbahnfahrt auf dem Gelände wird auch das historische Kontrollzentrum besichtigt, das „Houston" in „Houston, wir haben ein Problem" der Mission *Apollo 13*.

Rocket Park HISTORISCHE STÄTTE
(☎281-244-2100; 1601 Nasa Rd 1, Johnson Space Center; ⏲9–18 Uhr) GRATIS Der Anblick ist ebenso beeindruckend wie berührend: die letzte, nie benutzte Saturn-V-Rakete, die die stärkste Rakete der USA war und mit der unzählige Astronauten zum Mond geflogen sind, liegt wie ein Käfer auf dem Rücken in einem Gebäude, das gerade groß genug für sie ist, neben dem Eingang zum Johnson Space Center. Angesichts des engen Gebäudes kann man sich noch schwerer vorstellen, dass die Rakete gut 110 m lang ist. Dennoch bekommt man eine Ahnung von ihrer unglaublichen Stärke und einer Technologie, die seitdem nie wieder erreicht wurden.

★ Killen's Barbecue BARBECUE $$
(☎281-485-2272; www.killensbarbecue.com; 3613 E Broadway St, Pearland; Hauptgerichte 9–24 US$; ⏲Di–Do & So 11–20, Fr & Sa 11–21 Uhr) Das winzige Holzhaus mit schönem Hof auf grasbewachsenem Gelände ist ein Wallfahrtsort für alle Barbecue-Fans. Mit seinen Rinderbruststücken, Rippchen, Würstchen, Pulled Pork und anderem bietet Ronnie Killen seinen Gästen den Himmel des Fleischgenusses auf Erden. Es ist aber auch alles superlecker hier. Nicht nur das Fleisch, sondern auch die eigentlich langweiligen Beilagen wie Coleslaw-Salat und Sahnemais, der immer mit frischem Mais zubereitet wird, sind hervorragend.

Weitere Infos über die Gebiete südlich von Houston bietet das Bay Area Houston Convention & Visitors Bureau (www.visitbayareahouston.com).

GOLFKÜSTE & SÜDLICHES TEXAS

Amerikas „Dritte Küste", wie sie hier genannt wird, ist voller Gegensätze. Zum einen da ein Strandort wie Port Aransas, der eine Oase der Ruhe im Vergleich zum wildem Treiben auf South Padre Island ist. Zum anderen erinnern hier viele historische Stätten an die dramatische Vergangenheit des Staates von den ersten Schüssen im Mexikanisch-Amerikanischen Krieg auf dem Schlachtfeld von Palo Alto bis zur langen, komplizierten Geschichte der Hafenstadt Galveston.

Entlang des Rio Grande beherrscht die Grenzpolitik alle Aspekte des täglichen Lebens. So bildet diese einzigartige Region in vielerlei Hinsicht ein multikulturelles, zweisprachiges Grenzgebiet, das weder zu Mexiko noch zu Texas gehört und das für eine kurze Zeit sogar ein unabhängiger Staat war. Als politische Einheit hat die Republik Rio Grande zwar nicht überlebt, doch ihre einmalige Geschichte durchdringt bis heute die Städte und abgelegenen Gebiete von Brownsville bis Laredo und auch noch darüber hinaus.

Galveston

Halb elegante Südstaatenschönheit, halb sonnenverbrannte Strandurlauberin: Galveston Island wird von den Einwohnern Houstons heiß geliebt. 2008 wurde die Insel von Hurricane Ike stark beschädigt, doch hat sie sich schnell wieder davon erholt. Galveston, das auf einer Barriereinsel am nördlichen Ende der 960 km langen Küste von Texas liegt, mag zwar nicht die schönsten Strände des Staates haben, doch es gibt auch nirgendwo sonst so viele zauberhafte historische Gebäude im Licht der südlichen Sonne.

Geschichte

Die Geschichte und Mutter Erde meinten es nicht immer gut mit Galveston Island.

Die ersten Europäer kamen im Jahr 1528, als eine Gruppe gestrandeter spanischer Eroberer hier einige Monate lang lebte, um geeignete Orte für spanische Siedlungen im heuten Mexiko zu finden. Dabei lebten die Spanier abwechselnd in Frieden und Krieg mit den einheimischen Stämmen der Karankawa. Schließlich gründete der berühmt-berüchtigte Pirat Jean Lafitte 1817 die erste europäische Siedlung, in der jedoch Gesetzlosigkeit und Trunksucht herrschten. Die Party fand ein jähes Ende, als Lafitte verjagt wurde und die Stadt mit knapp 1000 Einwohnern in Flammen aufging. Natürlich kursierten sofort (und bis heute) Gerüchte über vergrabene Schätze...

Mitte der 1830er-Jahre kamen die ersten Bauunternehmer und nach der Stadtgründung 1839 wurde Galveston schnell zum drittgrößten Hafen und wichtigem Ausgangspunkt für weitere Siedlungen in Richtung Westen. Anfang des 20. Jhs. war Galveston die größte Stadt in Texas und konnte sich einer langen Liste erster Errungenschaften des Staates rühmen: die erste Oper (1870), das erste elektrische Licht (1883) usw.

Doch dann folgte eine Reihe von Unglücken und Katastrophen, die die beherrschende Stellung der Stadt an der Küste von Texas schießlich beenden sollten. Bei einem Großbrand im Strand District 1885 wurden 42 Häuserblocks mit mehr als 500 Gebäuden und Wohnhäusern zerstört. Nur wenige Jahre später zerstörte ein Hurrikan, der immer noch als „Der große Sturm" in Erinnerung ist, am 8. September 1900 die ganze Insel. Davon erholte sich die Stadt nicht mehr und verlor ihre Bedeutung als Hafenstadt sowie einen Großteil ihrer Bevölkerung an das nahegelegene Houston. Der Niedergang setzte sich weiter fort, als 1914 der Houston Ship Channel gebaut wurde und die großen Ozeanriesen auf ihrem Weg ins Inland am Hafen von Galveston einfach vorbeifuhren. Erst in den 1970er-Jahren wurde das Potential der Strände entdeckt und für Investitionen in großem Maßstab genutzt. Auch die Wirtschaft der Insel konnte sich bis 2000 wieder erholen. Doch dann kam im September 2008 der Hurrikan Ike. Nach einer langen, zähen Phase des Wiederaufbaus hat die Industrie heute wieder ihr vorheriges Niveau erreicht.

Sehenswertes & Aktivitäten

★ Bishop's Palace HISTORISCHES GEBÄUDE

(☎ 409-762-2475; www.galvestonhistory.org; 1402 Broadway Ave; Erw./Kind 12/9 US$; ⌚ So–Fr 10–17, Sa 10–18 Uhr) Das kunstvoll verzierte Steinhaus wurde von 1886 bis 1893 errichtet. Witzige Details sind die geheimen Treppenaufgänge, künstlich beleuchtetes Buntglas und vieles mehr. Gebaut wurde es von der wohlhabenden Unternehmerfamilie Gresham, der heutige Name geht jedoch auf den Kauf des Hauses durch die Katholische Kirche 1923 zurück, infolgedessen es zum Wohnhaus des amtierenden Bischofs der Sacred Heart Church wurde. Die ersten beiden Stockwerke können mit einem Audioguide auf eigene Faust besichtigt werden, wobei die Geschichte des Hauses ausführlich erklärt wird. Für diese Besichtigungen gibt es überall Rabattgutscheine und ermäßigte Tickets.

Bryan Museum MUSEUM

(☎ 409-632-7685; www.thebryanmuseum.org; 1315 21st St; Erw./Kind 12/4 US$; ⌚ Do–Mo 11–16 Uhr) Das ausgezeichnete Museum im ehemaligen Waisenhaus von Galveston von 1895 zeigt einen Teil der Sammlung historischer Dokumente und Artefakte zu Texas und Galveston, die die Familie Bryan zusammengetragen hat. Nach der Besichtigung kann man sich mit einem Drink (2–6 US$) aus dem Museumsshop im Außenbereich des Museums entspannen.

Strand Historical District STADTVIERTEL

(www.galveston.com/downtowntour; zw. 25th St & 20th St, Strand St & Church St) Bei einem Bummel durch das historische Stadtviertel bekommt man eine Ahnung davon, wie die Stadt in ihrer Blütezeit Ende des 19. Jhs. ausgesehen hat. Man hört das Geklapper der Pferdekutschen über den alten Straßenbahnschienen, geht vorbei an den kunstvollen Backsteinfassaden der viktorianischen Gebäude, in denen heute Geschäfte und Restaurants untergebracht sind. An vielen Gebäuden sind Informationstafeln mit ihrer Geschichte angebracht. Die großartige Oper von 1894 (S. 800) ist bis heute in Betrieb.

Galveston Railroad Museum MUSEUM

(☎ 409-765-5700; www.galvestonrrmuseum.com; 2602 Santa Fe Pl, Ecke 25th St & Strand St; Erw./Kind 7/5 US$, Zugfahrt 5 US$; ⌚ 10–17 Uhr; 👪) Das kleine Museum befindet sich im schönen alten Bahnhof von Santa Fe. Zu sehen sind Ausstellungsstücke zur Geschichte der Eisenbahn und alte Waggons sowie einige Modelleisenbahnen. Samstags von 11 bis 14 Uhr kann man jeweils 15 Minuten lang mit einem der Züge fahren.

★ Artist Boat Kayak Adventures KAJAKFAHREN

(☎ 409-770-0722; www.artistboat.org; 2627 Ave O; 2-/4-stündige Tour 25/50 US$ pro Pers.; ⌚ Mo–Fr 9–17 Uhr) Die gemeinnützige Organisation Artist Boat bietet eine Reihe lehrreicher

Veranstaltungen zu Natur und Kultur in Galveston an, darunter die berühmten Kajaktouren durch die Sumpfgebiete der Insel. Die faszinierenden Kajakfahrten mit erfahrenen Tourleitern zu den natürlichen Sehenswürdigkeiten von Galveston Island sind eine kreative Kombination aus Wissenschaft und Kunst. Es gibt auch ermäßigte Touren, mit deren Erlös das Coastal Heritage Preserve im Hinterland der West Bay unterstützt wird.

Schlafen

Beachcomber Inn MOTEL **$**
(☎ 409-744-7133; www.galvestoninn.com; 2825 61st St; Zi. 75–216 US$; P ❄ 📶 ≋) Das einfache zweistöckige Motel ist nur einen Häuserblock vom Strand entfernt. An Wochentagen ist es ein sauberes, preiswertes Budgetmotel, die Zuschläge am Wochenende sind ihr Geld aber nicht wert. In jedem Zimmer steht ein Minikühlschrank und ein Mikrowellenherd.

Hotel Galvez HISTORISCHES HOTEL **$$$**
(☎ 409-765-7721; www.galveston.com/galvez; 2024 Seawall Blvd; Zi. 160–315 US$; ❄ 📶 ≋) Das luxuriöse Hotel von 1911 im palmengesäumten spanischen Kolonialstil gehört heute zur Wyndham-Kette. Die Wellness-Behandlungen wie Milchbäder für die Muskeln oder Algenwickel zum Abnehmen sind weithin bekannt, vom Pool auf der Terrasse hat man einen schönen Blick auf den Golf. Es gibt auch Pauschalangebote mit Wellnessbehandlungen.

Essen

★ **Maceo Spice & Import** CAJUN **$**
(☎ 409-763-3331; www.maceospice.com; 2706 Market St; Hauptgerichte 7–13 US$; ⏲ 11–15 Uhr) Der ausgezeichnete Markt für importierte Gewürze serviert auch die besten Muffuletta-Sandwiches und Cajun-Gerichte der Stadt. Die Tische stehen eng gedrängt zwischen den Regalen. Der Markt ist zwar bis 17 Uhr geöffnet, doch Mittagessen gibt es nur bis 15 Uhr.

Star Drug Store DINER **$**
(☎ 409-766-7719; http://galvestonstardrug.com; 510 23rd St; Hauptgerichte 6–9 US$; ⏲ 8.30–15 Uhr) Der Diner ist nicht retro, sondern einfach unverändert im Originalzustand. In der ehemaligen Drogerie von 1923 werden heute alkoholfreie Getränke und klassisches Diner-Essen sowie ein riesiges Frühstück serviert. Wer es noch schafft, sollte unbedingt ein Banana Split zum Nachtisch bestellen.

Gaido's SEAFOOD **$$$**
(☎ 409-761-5500; www.gaidos.com; 3802 Seawall Blvd; Hauptgerichte 20–40 US$; ⏲ So–Do 11–21, Fr & Sa 11–22 Uhr) Eines der Lieblingsrestaurants der Einheimischen ist seit 1911 im Besitz der gleichen Familie. Üppige Portionen bester Meeresfrüchte (alleine die Austern…) werden in einer ruhigen Atmosphäre auf Tischen mit weißen Tischtüchern serviert. Die lässigere **Nick's Kitchen & Beach Bar** (☎ 409-762-9625; http://nicksgalveston.com; 3828 Seawall Blvd; Hauptgerichte 11–26 US$; ⏲ Mo–Fr 11–22, Sa & So 11–22.30 Uhr) nebenan wird von derselben Familie geführt.

Ausgehen & Unterhaltung

Spot BAR
(☎ 409-621-5237; http://thespot.islandfamous.com; 3204 Seawall Blvd; ⏲ So–Do 11–22, Fr & Sa 11–23 Uhr) Der laute Bar-Komplex mit Blick auf den Golf ist die beste Bar der Stadt. Es gibt viele verschiedene Räume, darunter auch eine Hawaii-Bar mit viel Bambus. Ganz oben befindet sich die luftige Bar Sideyard mit Gartenmöbeln auf Kunstrasen. Als gute Basis für die vielen tollen Cocktails hier empfehlen sich die leckeren Burger und Tacos. Am Wochenende gibt's meistens Livemusik.

Galveston Island Brewing KLEINBRAUEREI
(☎ 409-740-7000; www.galvestonislandbrewing.com; 8423 Stewart Rd; ⏲ Mo–Do 15–22, Fr 15–24, Sa 12–24, So 15–21 Uhr) Hier wird ausgezeichnetes Bier gebraut, darunter das erfrischende „Tiki Wheat", das je zur Hälfte aus Weizen und aus Gerste besteht. Alle Biere können frisch vom Fass vor Ort getrunken werden. Im grünen Hof kann man sich entspannen und den Sonnenuntergang beobachten, während sich die Kinder auf dem Spielplatz austoben. Dabei kommt man schnell mit den freundlichen Einwohnern aus Galveston ins Gespräch.

Grand 1894 Opera House THEATER
(☎ 409-765-1894; www.thegrand.com; 2020 Postoffice St; ⏲ Kasse Mo–Sa 9–17 Uhr) In der wunderbar restaurierten Oper sind die gehobene Kultur und der Wohlstand Galvestons zu Beginn des 20. Jhs. gut zu erkennen. Heute finden hier Pop-Konzerte, Broadway-Shows und witzige Theateraufführungen statt. An den Tagen ohne Vorstellung kann man die Oper auf eigene Faust besichtigen. Der Spielplan ist auf der Homepage zu finden.

Praktische Informationen

Im **Galveston Island Visitors Center** (☎409-797-5144; www.galveston.com; 2328 Broadway, Ashton Villa; ⏲9–17 Uhr) erhält man eine Vielzahl von Vorschlägen für Unternehmungen (und Restaurants) sowie Informationen zu ermäßigten Eintrittskarten für die großen Sehenswürdigkeiten.

An der Südseite des kleinen Hafens stehen in der Wharf Rd eine Reihe von **Fishing Boat Information Booths** (Wharf Rd; ⏲6–19 Uhr), die Angeltouren und Partyboote anbieten, während man bei der Verwaltung des **Galveston Yacht Basin** (☎409-765-3000; http://galvestonyachtbasin.com; 715 N Holiday Dr; ⏲9–17 Uhr) Informationen über andere Tourangebote erhält.

Anreise & Unterwegs vor Ort

Von Houston fährt man 51 Meilen (81,5 km) auf der I-45 in Richtung Südosten. Auf der Insel wird der Highway zur Broadway Ave und führt direkt in die historischen Stadtviertel. Um zum Seawall Blvd zu kommen, muss man in die 61st St abbiegen.

Von Orten im Osten wie Beaumont und Port Arthur fahren die TX 87-Boote der **Galveston–Port Bolivar Ferry** (☎409-795-2230; http://traffic.houstontranstar.org/ferrytimes; 1 Ferry Rd; ⏲24 Std.) rund um die Uhr von der einsamen Bolivar Peninsula nach Galveston Island. Dabei lohnt es sich auch, die Halbinsel auf der Küstenstraße zu erkunden.

Die Inselstraßenbahn von Galveston, die von **Island Transit** (☎409-797-3900; www.galvestontx.gov; Erw./Kind 1/0,5 US$) betrieben wurde, fiel dem Hurrikan Ike zum Opfer. Bis diese Verbindung zwischen Strand und Seawall wieder hergestellt ist, was irgendwann im Verlauf des Jahres 2018 der Fall sein soll, ist ein eigenes Fahrzeug unerlässlich. Es gibt zwar einen Busverkehr auf der Insel, dieser ist jedoch auf die örtlichen Pendler und Studenten abgestimmt.

Corpus Christi

Corpus Christi wird auch die „funkelnde Stadt am Meer" genannt, ist vielen aber einfach als „Corpus" bekannt. Die Stadt an der beschaulichen Bucht mit demselben Namen wächst und pulsiert. Sie verführt mit steter Sonne und lockt mit vielen Sehenswürdigkeiten.

Die Spanier benannten im Jahr 1519 die Bucht nach dem römisch-katholischen Feiertag „Corpus Christi" als Alonzo Álvarez de Piñeda ihre ruhigen Gewässer entdeckte. Der Ort, der hier in den frühen 1800er-Jahren gegründet wurde, nahm später denselben Namen an. Wegen des Gelbfiebers im 19. Jh. und eines Hurrikans im Jahr 1919 wuchs er jedoch nur langsam. Der Bau des Shoreline Blvd und des Tiefseehafens in den Jahren 1933 bis 1941, und der Boom, der durch die Migration im Zweiten Weltkrieg verursacht wurde, führten zu schnellem Wachstum. Obwohl der Stadtkern verschlafen abseits des Wassers liegt, floriert die Wirtschaft; im American Bank Center finden viele Messen und Tagungen statt.

Sehenswertes & Aktivitäten

★ Texas State Aquarium AQUARIUM
(☎361-881-1230; www.texasstateaquarium.org; 2710 N Shoreline Blvd, North Beach; Erw./Kind 26/19 US$; ⏲9-17 Uhr, So ab 10 Uhr; P ♿) In diesem frisch renovierten Aquarium kann man alles über das Meeresleben entlang der Golfküste lernen. Es gibt drei große Aquarien, die Besucher ganz nah an Haie, Quallen, Rochen und dergleichen herankommen lassen. Zudem gibt es Ausstellungen zum Meeresleben. Jeden Tag finden 30-minütige Vorführungen statt, z. B. Rochenfütterungen, Raubvogelflüge, Otter- und Tauchshows, je nach Saison (also: bei der Ankunft nach den aktuellen Zeiten erkundigen).

★ Art Museum of South Texas MUSEUM
(☎361-825-3500; www.artmuseumofsouthtexas.org; 1902 N Shoreline Blvd; Erw./Kind 8 US$/kostenlos; ⏲Di–Fr 11–15, Sa ab 10 Uhr) Dieses dramatische Museum liegt gegenüber vom Museum of Science & History, von ihm nur durch einen mit Kunstwerken bestückten Platz getrennt. Es zeigt wechselnde Ausstellungen zeitgenössischer Kunst und eine Auswahl der Sammlung amerikanischer Kunst. An jedem ersten Freitag im Monat ist der Eintritt kostenlos.

USS Lexington Museum MUSEUM
(☎316-888-4873; www.usslexington.com; 2914 N Shoreline Blvd, North Beach; Erw./Kind 15/10 US$; ⏲9–17 Uhr, Juni–Aug. bis 18 Uhr) Der 274 m lange Flugzeugträger, der gleich nördlich der Schifffahrtsrinne vor Anker liegt, dominiert die gesamte Bucht. Das Schiff war im Zweiten Weltkrieg im Pazifik im Einsatz und wurde 1991 schließlich still gelegt. Die High-Tech-Ausstellung ermöglicht Besuchern, Kriegsereignisse auf fünf selbstgeführten Touren nachzuvollziehen. Getreu seinem Spitznamen „der blaue Geist" im Zweiten Weltkrieg wird das Schiff abends blau angestrahlt. Im Eintritt enthalten ist ein 3-D-Film im Mega Theater des Schiffes.

Museum of Science & History MUSEUM
(☎361-826-4667; www.ccmuseum.com; 1900 N Chaparral St; Erw./Kind 11/9 US$; ⏲Di–Sa 10–17, So 12–17 Uhr;) In diesem unterhaltsamen Museum kann man spanische Schiffswracks, die Naturgeschichte von Texas und noch vieles mehr erkunden. Die Besucher können beispielsweise erfahren, wie das ursprüngliche Texas dem französischen Forschungsreisenden La Salle zum Verhängnis wurde, und einen Blick in die kuriose Galerie werfen, die historischen und modernen Waffen gewidmet ist. Das Museum beherbergt außerdem ein zweistöckiges Science Center, das Kinder an die Wissenschaften heranführen soll.

North Beach STRAND
Der am nächsten zum Stadtzentrum gelegene Strand, befindet sich gegenüber des Schiffskanals, Richtung Norden. In der Saison ist hier viel los, aber der Strand und die Ess- und Trinklokale sorgen für einen lustigen Tagesausflug gleich außerhalb der Stadt.

Schlafen

Super 8 Motel – Bayfront MOTEL $
(☎361-884-4815; www.wyndhamhotels.com/super-8; 411 N Shoreline Blvd; Zi. 80–120 US$;) Dieses Hotel einer Kette bietet keine Überraschungen, aber anständige Zimmer zu guten Preisen in hervorragender Lage in der Downtown, genau zwischen den vorgelagerten T-Heads und dem Nachtleben der Water St. Der Pool ist vermutlich einladender als das klare Wasser auf der anderen Seite der Straße. Achtung: Nicht verwechseln mit dem anderen Super 8 in der Stadt, das an der I-37 im Industriegebiet liegt.

★**V Boutique Hotel** BOUTIQUEHOTEL $$
(☎361-883-9200; www.vhotelcc.com; 701 N Water St, 2. Etage; Zi. 160–210 US$, Suite 320 US$;) Das von seinen Gästen heiß geliebte kleine Hotel mitten im Zentrum bietet erstklassigen Service. Die acht komfortablen, gut ausgestatteten Zimmer sind mit Teppichboden versehen und in einem dezenten, modernen Stil gehalten. Ihre Größe reicht von Studios zu Loft-Suiten mit einem Schlafzimmer. Das Essen aus dem hervorragenden Restaurant im Erdgeschoss kann direkt aufs Zimmer bestellt werden. Wer telefonisch bucht, erhält einen Rabatt von 10 %.

Emerald Beach Hotel $$
(☎361-883-5731; www.hotelemeraldbeach.com; 1102 S Shoreline Blvd; Zi. 180–250 US$;) An der südlichen Spitze des Zentrums, direkt am Wasser, liegt das Emerald. Hier fällt die Wahl schwer: Geht man zum Sandstrand, zum Innenpool oder in eine der zwei Bars? Die meisten Zimmer haben Balkone; die Zimmer im ersten Stock im Anbau öffnen sich jedoch direkt auf eine Gemeinschaftsterrasse über dem Strand.

Essen & Ausgehen

San Luis MEXIKANISCH $
(☎361-885-0117; 2110 Laredo St; Gerichte 5–9 US$; ⏲Mo–Sa 6–14, So 7–15 Uhr) Das San Luis, ein supereinfaches mexikanisches Diner mit den üblichen Selena-Postern, serviert unbeschreiblich gutes Essen. Die Preise für ein Frühstück beginnen bei 1,35 US$. Wer es nicht bis 11 Uhr schafft, kann aus einer Vielzahl von anderen Gerichten auswählen, die ebenfalls ein fantastisches Preis-Leistungs-Verhältnis bieten.

Blackbeard's on the Beach TEX-MEX $
(☎361-884-1030; http://blackbeards.restaurant; 3117 E Surfside Blvd, North Beach; Hauptgerichte 7–20 US$; ⏲So–Do 11–21, Fr & Sa bis 22 Uhr;) In North Beach serviert dieses ausgelassene Tex-Mex-Lokal leckere mexikanische und amerikanische Küche mit Schwerpunkt auf Meeresfrüchte. Die Gerichte werden mit preiswerten Margaritas heruntergespült – dabei lehnt man sich entspannt zurück und lauscht der Livemusik. Man sollte allerdings auf die Geister achten, die diesen Ort angeblich heimsuchen. Und noch was: falls man Geburtstag hat, gibt's ein Getränk kostenlos.

★**Brewster Street Icehouse** BAR
(☎361-884-2739; www.brewsterstreet.net; 1724 N Tancahua St; ⏲11–2 Uhr;) Die perfekte Verkörperung eines texanischen Icehouse (d.h. einer Mischung aus einer Kneipe und einem Lebensmittelladen). Hier kann man mit seinen Kindern Burger essen, mit seinen Freunden Bier trinken oder nach einem Spiel auf dem Whataburger Field die Livemusik genießen. Donnerstags wird hier Texas Country gespielt, aber freitags bis sonntags auch andere Genres. Das Essen ist ziemlich gut, sogar das Mittagsspezial für 8 US$. In der Tat ein toller Deal.

House of Rock BAR
(☎361-882-7625; www.texashouseofrock.com; 511 Starr St; ⏲Mo–Fr 11–2, Sa & So ab 12 Uhr;) Das House of Rock fühlt sich an wie die Verlängerung des heimischen Wohnzimmers. Insgesamt könnte der Laden jedoch etwas

cooler und die Musik etwas besser sein. Die Bar (ab 21 Jahre) und das Restaurant (alle Altersgruppen) sind täglich geöffnet; der Eintritt ist kostenlos. Der große Veranstaltungsbereich öffnet nur für Konzerte, aber davon gibt es hier jede Menge. Auf der Website findet man Infos zu den Events.

Praktische Informationen

Die freundlichen Mitarbeiter im **Corpus Christi Visitor Information Center** (361-561-2000; www.visitcorpuschristitx.org; 1400 N Shoreline Blvd; Mo–Do 9–17, Fr–So bis 18 Uhr) im Norden des Shoreline Blvd bieten Tipps zu Restaurants, Sehenswürdigkeiten, Unterkünften und mehr.

An- & Weiterreise

Der **Corpus Christi International Airport** (CRP; 361-289-0171; www.corpuschristiairport.com; 1000 International Dr) liegt 6 Meilen (ca. 10 km) westlich von Downtown Corpus Christi am International Dr und TX 44. American Eagle bedient den Dallas–Fort Worth International Airport; Continental Express den Houstons George Bush International Airport und Southwest den Houston's William P. Hobby Airport.

Greyhound (361-226-4393; www.greyhound.com; 602 N Staples St; 8–1.30 Uhr) bietet regelmäßige Busse u. a. nach Houston (25 US$, 4½ Std.), Brownsville (14 US$, 3½ Std.) und San Antonio (20 US$, 2½ Std.).

Padre Island National Seashore

Der südliche Teil der **Padre Island** (361-949-8068; www.nps.gov/pais; Park Rd 22; Park 24 Std.), der die längsten Abschnitte unerschlossener Barriereinseln der Welt umfasst, wird vom National Park Service (NPS) verwaltet. Die Hautattraktion hier sind die 104 km langen Sand- und Muschelstrände, die Grasdünen und die sehr salzige Laguna Madre.

Die Insel beheimatet die Flora und Fauna, die auch andernorts entlang der Küste gefunden wird. Hier kann man wunderbar Vögel beobachten, aber auch Kojoten, Weißwedelhirsche, Meeresschildkröten und andere Tiere. Die Insel eignet sich hervorragend für einen Tagesausflug für all jene, die die Schönheit der Natur genießen oder der Zivilisation entkommen möchten.

Am Eingang gibt's eine ausgezeichnete kostenlose Karte. Sie bietet eine detaillierte Übersicht der Insel und Information zu Flora, Fauna und den verschiedenen Aktivitäten, z. B. Angeln und Strandgut sammeln.

Der Parkeintritt kostet 10 US$ pro Fahrzeug und ist sieben Tage lang gültig.

Das **Malaquite Beach Visitor Center** (361-949-8068; www.nps.gov/pais; North Padre Island; 9–17 Uhr) liegt am Strand kurz vor dem Ende der geteerten Straße. Hier gibt's Duschen, Toiletten, Picknickeinrichtungen und ausgezeichnete Informationen sowie einen kleinen Laden mit Lebensmitteln und Andenken. Hier befindet sich außerdem ein Aushang mit Infos zu thematischen Spaziergängen (um 11 Uhr findet normalerweise ein Spaziergang am Strand statt).

Jenseits des Visitor Centers gibt es nur sehr wenig, mit Ausnahme von wunderschönen Stränden und Dünen. Die einzigen Geräusche, die man hier hören wird, sind der Wind und das Wasser – und natürlich ein gelegentlicher Vogelschrei.

Corpus Christis TX 358 zweigt am Beginn der Padre Island auf den PR 22/South Padre Island Dr ab (bei den Einheimischen bekannt als „SPID") und führt 13 Meilen (21 km) weiter Richtung Süden zum Eingangstor der National Seashore und von dort aus 3½ Meilen (6 km) weiter zum Malaquite Beach Visitor Center. Von hier aus erstrecken sich 97 km Strände und Dünen.

Die Padre Island National Seashore ist von der South Padre Island durch den Mansfield Channel getrennt, den man mit Transportmitteln nicht überqueren kann. Die Resortstadt South Padre Island ist nur von ganz im Süden des Staates aus zugänglich.

South Padre Island

Das Städtchen South Padre Island (SPI) bedeckt die südlichen 8 km der South Padre Island. Es arbeitet hart daran, sein sonniges Klima auszuschlachten. Das Wasser ist während des größten Teils des Jahres warm, die Strände sind sauber und die relaxten Einheimischen empfangen jeden Reisenden herzlich, der den 4 km langen Queen Isabella Causeway vom Festland überquert. Die einheimische Bevölkerung wird zu jeder Zeit um 10 000 oder mehr Besucher verstärkt, während der Saison noch mehr.

Januar und Februar, wenn das Wetter mild oder sogar noch ein bisschen kühl ist, sind die ruhigsten Monate, um SPI zu besuchen (obwohl hier zu dieser Zeit noch viele Texaner Urlaub machen). Die belebtesten und teuersten Zeiten sind der Spring Break der Studenten (im März, mit Ausnahme der ersten Woche) und der Sommer, wenn die milden Golfwinde die Küstenregionen erträglicher machen als das drückend heiße Inland, und sich die normalerweise eher kühle Atmosphäre in eine wochenlange hedonistische Party verwandelt.

Sehenswertes & Aktivitäten

★ Sea Turtle, Inc WILDSCHUTZGEBIET

(☎ 956-761-4511; www.seaturtleinc.org; 6617 Padre Blvd; vorgeschlagene Spende Erw./Kind 4/2 US$; ⊙ Sept.–Mai Di–So 10–16 Uhr, Juni–Aug. bis 17 Uhr) Nein, man darf die Meerschildkröten nicht anfassen. Aber man kann gerettete Schildkröten sehen und aus erster Hand viel über die langsame Wiedergeburt der vom Aussterben bedrohten Karibischen Bastardschildkröte erfahren. Das Zentrum dient als Krankenhaus für verletzte Tiere, veranstaltet Lehrprogramme für die Öffentlichkeit und setzt junge Schildkröten aus, sobald sie alt genug sind, um in der Welt alleine zurecht zu kommen. Die Hatchling Hotline (☎ 956-433-5735) bietet Infos zu den Zeiten, zu denen die Schlüpflinge frei gelassen werden (normalerweise bei Sonnenaufgang im Sommer).

South Padre Island Birding & Nature Center NATURSCHUTZGEBIET

(☎ 956-761-6801; www.southpadreislandbirding.com; 6801 Padre Blvd; Erw./Kind 6/3 US$; ⊙ 9–17 Uhr) Dieses 20 ha große Naturschutzgebiet ist Teil des World Birding Center. Hier führen Holzstege durch Dünen, vorbei an Beobachtungshäuschen, Spähtürmen und vielem mehr. In der tollen Ausstellungshalle erfahren Besucher alles über die Unterschiede zwischen Dünenwiese, Salzmarsch und Gezeitenschwemmland. Man sollte Ausschau halten nach Schmetterlingen, Reihern, Alligatoren, Schildkröten, Krabben, und vielem mehr. Am Eingang hängt ein Schwarzes Brett auf dem die jüngsten Sichtungen im Naturschutzgebiet aufgeführt sind. Während das Visitor Center nur während der Bürozeiten geöffnet ist, können die Holzstege mit den Eintrittskarten von Sonnenaufgang bis Sonnenuntergang begangen werden.

North End STRAND

(Park Rd 100, North End; ⊙ 24 Std.) GRATIS Der Padre Blvd endet 19 km nördlich der Isla Blanca. Von hier aus ziehen sich 32 km Sand und Dünen hinauf zum Port Mansfield Pass. Nackte Sonnenanbeter, Angler, Vogelbeobachter und andere Outdoor-Fans können hier einen halben Hektar Strand ihr eigen nennen. Fahrzeuge können zwar auf dem Strand fahren, aber man muss auf weiche Stellen im Sand achten.

Sandy Feet SANDBURGEN

(☎ 956-459-2928; www.sandcastleworkshops.com; 117 E Saturn Lane; Gruppenstunden ab 40 US$; ⊙ Terminvereinbarung) Alles, was man jemals über das Bauen von Sandburgen wissen wollte, kann man in 30-minütigen Schnellkursen (50 US$) oder mehrstündigen Fortgeschrittenenkursen (ab 150 US$) lernen. Hier kann man auch zwei Apartments mieten; für Gäste sind die Kurse kostenlos.

Schlafen

★ Palms Resort MOTEL $$

(☎ 956-761-1316; www.palmsresortcafe.com; 3616 Gulf Blvd; Zi. 150–230 US$; ❄ 📶 🏊) Dieses freundliche, zweistöckige Motel liegt direkt am Meer neben den Grasdünen am Golf. Die Zimmer bieten zwar keinen Blick auf das Wasser, aber das ausgezeichnete Restaurant mit Bar am Strand macht das wieder wett. Die Einheiten sind groß und sauber und mit Keramikfliesen, Kühlschränken und Mikrowellen ausgestattet.

Tiki Condominium Hotel RESORT $$

(☎ 956-761-2694; https://thetikispi.com; 6608 Padre Blvd; Zi. 130–340 US$; ❄ 📶 🏊 🐾) Dieses alteingesessene Hotel am nördlichen Ende des erschlossenen Teils der SPI ist im polynesischen Stil gehalten und setzt auf Tiki-Clichés. Die Einheiten bieten ein bis drei Schlafzimmer und komplett ausgestattete Küchen. Selbst die abgelegensten Zimmer sind nicht mehr als zehn Minuten von Strand und weniger als zehn Minuten von den zwei Pools entfernt. Der Mindestaufenthalt beträgt zwei Nächte. Haustiere sind gegen Aufpreis (75 US$) willkommen.

Essen & Ausgehen

Sea Ranch SEAFOOD $$

(☎ 956-761-1314; http://searanchrestaurant.com; 1 Padre Blvd; Hauptgerichte 20–32 US$; ⊙ So–Do 5–21, Fr & Sa bis 22 Uhr) Die Sea Ranch ist ein bisschen edler als das durchschnittliche Strandlokal auf SPI. Das Restaurant blickt auf den Hafen und bietet eine beeindruckende Auswahl an wild gefangenen Meeresfrüchten und Angussteaks, die in eleganter Atmosphäre serviert werden. Hier kann man nicht reservieren, aber die Wartezeit lohnt sich.

SPRING BREAK AUF SPI

Während der drei letzten Wochen im März kommen mehr als 100 000 Studenten auf die Insel, um zu trinken, zu schwimmen, sich zu sonnen, zu feiern und mehr. Darauf folgen Nächte, in denen getrunken, nackt gebadet und gefeiert wird (und mehr!). Große Sponsoren (darunter Bier- und Energy-Drink-Hersteller) veranstalten Konzerte und Spiele am Strand. MTV ist normalerweise vor Ort und überträgt live.

Während des Springs Break ist es schwer, den Horden von Studenten zu entkommen, die im erschlossenen Teil umherziehen. Wem die Vorstellung gefällt, eine Woche auf einer Strandparty mit Tausenden von jungen Leuten, die zum ersten Mal von zu Hause weg sind, zu verbringen, wird hier eine tolle Zeit haben. Ansonsten sollte man die Insel im März besser meiden.

Pier 19 SEAFOOD **$$**
(☎956-761-7437; www.pier19.us; 1 Padre Blvd; Hauptgerichte 9–27 US$; ⏰7–23 Uhr; 📶) Auf einem Pier, das weit auf das Wasser hinausragt, liegt dieses weitläufige Restaurant, das eine riesige Auswahl an frittierten Meeresfrüchten, Burgern, Ceviche, Fischtacos, Po'boys-Sandwiches u.a. bietet. Wer nur einen Sundowner trinken möchte, sollte die Bar ganz am Ende aufsuchen und den Postkartenausblick genießen.

★ **Padre Island Brewing Company** MIKROBRAUEREI
(☎956-761-9585; www.pibrewingcompany.com; 3400 Padre Blvd; ⏰11.30–22, Fr & Sa bis 23 Uhr) Obwohl sie nicht am Strand liegt, lohnt diese Mikrobrauerei einen Besuch wegen ihrer wechselnden Auswahl an einheimische Bieren. Das Probiermenü (7 US$) umfasst etwa 1,8 l oder fünf Fassbiere. Wer bereits sein Lieblingsbier gefunden hat, bestellt einfach einen Krug für 12,75 US$. Die Burger, Pizzas und andere Kneipengerichte sind beliebt, darüber hinaus kann man aus einer umfassenden Meeresfrüchtekarte auswählen. Hauptgerichte kosten zwischen 10 und 26 US$.

Wanna-Wanna Beach Bar & Grill BAR
(☎956-761-7677; www.wannawanna.com; 5100 Gulf Blvd, Beach Access 19; ⏰11–22 Uhr) Das Wanna Wanna ist die perfekte Verkörperung einer relaxten Strandbar mit Restaurant. Hier kann man auf der schattigen Veranda barfuß in Plastikstühlen abhängen und die Brandung und andere Sehenswürdigkeiten genießen. Die Burger und die anderen einfachen Gerichte (6–14 US$) schmecken gut, sind aber nicht mit den riesigen, kalten Getränken zu vergleichen. Das Wanna Wanna liegt versteckt hinter dem **Wanna Inn** (☎956-761-7677; Zi. 100–225 US$; ❄📶).

ℹ Praktische Informationen

Das **South Padre Island Convention & Visitors Bureau** (☎956-761-4412; www.spichamber.com; 610 Padre Blvd; ⏰9–17 Uhr) bietet eine Auswahl an Broschüren mit Infos zu Touristeneinrichtungen auf der Insel sowie eine kleine Museumsausstellung mit Infos zur Lokalgeschichte.

ℹ An- & Weiterreise

Auf der Insel gibt's keinen Anschluss an den öffentlichen Langstreckenverkehr. Die nächstgelegene Option ist die **Greyhound-Station** (☎956-546-7171; www.greyhound.com; 755 International Blvd, Suite H; ⏰4–24 Uhr) in Brownsville.

Wer es auf SPI geschafft hat, braucht nicht unbedingt ein Auto. Der erschlossene Bereich ist relativ überschaubar und kann leicht zu Fuß oder mit dem Fahrrad erkundet werden. Darüber hinaus gibt es einen Shuttlebus auf der Insel und über die Dammstraße nach Port Isabel und weiter zum Brownsville Airport.

DALLAS-FORT WORTH

Dallas und Fort Worth mögen Nachbarn sein, sie sind aber keine Zwillinge, ja nicht einmal entfernte Cousins. Die beiden Städte wirken seit jeher so unterschiedlich wie ein BMW und ein Kleintransporter. Jenseits ihrer kontrastreichen Fassaden teilen die beiden Städte jedoch ihre Liebe zur Bildungskultur (und zur Alltagskultur) und zur guten traditionellen texanischen Unterhaltung. In der umliegenden Region gibt es eine Vielzahl von fabelhaften kleinen Städtchen, die einen Tagesausflug lohnen, z. B. Waxahachie und McKinney.

Wer den ganzen Dunst hinter sich lässt, wird mit dem Panhandle und den Central Plains den Teil von Texas entdecken, der für Fremde den Bundesstaat am meisten

Dallas–Fort Worth

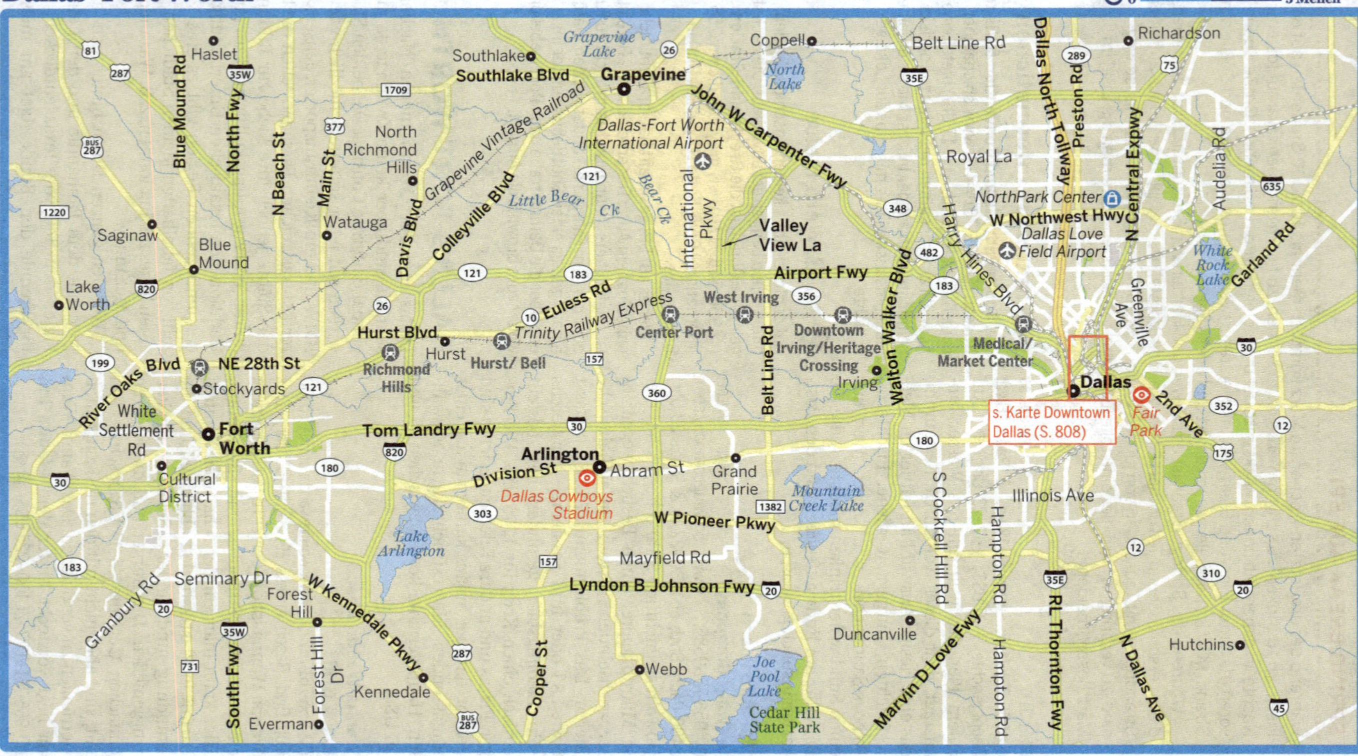

versinnbildlicht. Dies ist eine Gegend mit weitläufigen Viehfarmen, wo die Menschen ihren Lebensunterhalt noch immer auf dem Rücken eines Pferdes verdienen. Die Landschaft erscheint endlos, unterbrochen nur von Strommasten und Windmühlen – bis der nächste riesige Canyon auftaucht und in eine andere Welt hinabzustürzen scheint.

Dallas

Dallas' ist Texas mythischste Stadt; die Vergangenheit und die Gegenwart sind angereichert mit den Dingen, aus denen amerikanische Legenden gemacht sind. „The Big D" ist berühmt für seine Beiträge zur Popkultur – vor allem die Cowboys und ihre Cheerleader sowie *Dallas,* die TV-Serie, die einst Sinnbild der USA war. Eine vornehme Gesinnung sorgt für eine viel gepriesene Essens- und Einkaufsszene, in der gilt: Je auffälliger der Konsum, desto besser.

Die Museen sind nicht nur ausgezeichnet, sondern einzigartig: Geschichtsfans sollten die Gedenkstätten der Ermordung von John F. Kennedy nicht versäumen. Der beeindruckteste Neuzugang zu Dallas kultureller Szene ist der über 27 ha große Arts District.

Besucher sollten sich ein Viertel wie Deep Ellum, Lower Greenville oder den Bishop Arts District auswählen, sich mit einem kalten Bier einen Platz auf einer Terrasse sichern und das totale Dallas-Erlebnis genießen.

Sehenswertes & Aktivitäten

★ Sixth Floor Museum MUSEUM

(214-747-6660; www.jfk.org; Book Depository, 411 Elm St; Erw./Kind 16/13 US$; Di–So 10–18, Mo 12–18 Uhr; Light Rail West End) Sicher möchte keine Stadt als Schauplatz eines Attentats berühmt werden – zumal, wenn das Opfer John F. Kennedy heißt. Doch statt die Ereignisse, die die Stadt 1963 erschütterten, herunterzuspielen, gibt Dallas Besuchern im ehemaligen Texas School Book Depository die einmalige Gelegenheit, in das vom Attentäter ausgelöste Geschehen, das die Welt veränderte, einzutauchen. Faszinierende Multimedia-Exponate und der im Preis enthaltene Audioguide beleuchten den historischen Kontext der Ära Kennedys sowie sein Leben und sein Erbe.

★ Pioneer Plaza PLATZ

(Ecke S Griffin St & Young St) Die Pioneer Plaza eignet sich hervorragend für einen Texas-Schnappschuss oder einen Blick auf das größte Bronzemonument der Welt. In seinem Zentrum steht eine Gruppe aus 40 überlebensgroßen Longhorn-Rindern aus Bronze, die hier wie zu einem Viehtrieb zusammengestellt wurden. Dieses Tableau hat eine unvergleichliche und unwiderstehliche Anziehungskraft.

★ Perot Museum of Nature & Science MUSEUM

(214-428-5555; www.perotmuseum.org; 2201 N Field St; Erw./Kind ab 20/13 US$; Mo–Sa 10–17, So 12–17 Uhr; ; Light Rail St. Paul) Dieses auffällige Museum, ein Star des Arts District, eröffnete 2012 unter viel Beifall. Es beeindruckt von außen (dank des preisgekrönten Architekten Thom Mayne) und innen (dank sechs Stockwerken). Die meisten Ausstellungsstücke sind interaktiv: Besucher können ihren eigenen Vögel entwerfen, durch das Sonnensystem reisen, Robotern Befehle erteilen, mit Dinosauriern reden usw.

★ Dallas Arboretum & Botanical Gardens GÄRTEN

(214-515-6615; www.dallasarboretum.org; 8525 Garland Rd; Erw./Kind 15/10 US$; 9–17 Uhr) Am Ufer des White Rock Lake liegt dieses herrliche 27 ha große Arboretum, das Pflanzen und Blumen in Themengärten zeigt, z. B. den Sunken Garden und den Woman's Garden. Hier gibt's normalerweise jede Menge Hochzeitsgesellschaften zu sehen, die zwischen Blumen für Fotos posieren. Während der Wildblumensaison im Frühling wird es hier so voll, dass die nahe gelegenen Straßen gesperrt werden.

Nasher Sculpture Center MUSEUM

(214-242-5100; www.nashersculpturecenter.org; 2001 Flora St; Erw./Kind 10 US$/frei; Di–So 11–17 Uhr; Light Rail St. Paul) Das wunderbare Museum aus Stahl und Glas ist voller moderner Kunstinstallationen. Zu der wohl größten privaten Skulpturensammlung der Welt gehören Werke von Calder, de Kooning, Rodin, Serra und Miró. Der herrliche Skulpturengarten ist einer der schönsten der USA.

Crow Collection of Asian Art MUSEUM

(214-979-6430; www.crowcollection.com; 2010 Flora St; Di–Do 10–21, Fr & Sa bis 18 Uhr, So 12–18 Uhr; Light Rail St. Paul) GRATIS Wenn man die stille, pagodenartige Oase, die dieses Museums bildet, betritt, kommt man in eine andere Welt. Die Atmosphäre hier ist fast so beeindruckend wie die umfangreiche Sammlung von Kunstwerken aus China,

Downtown Dallas

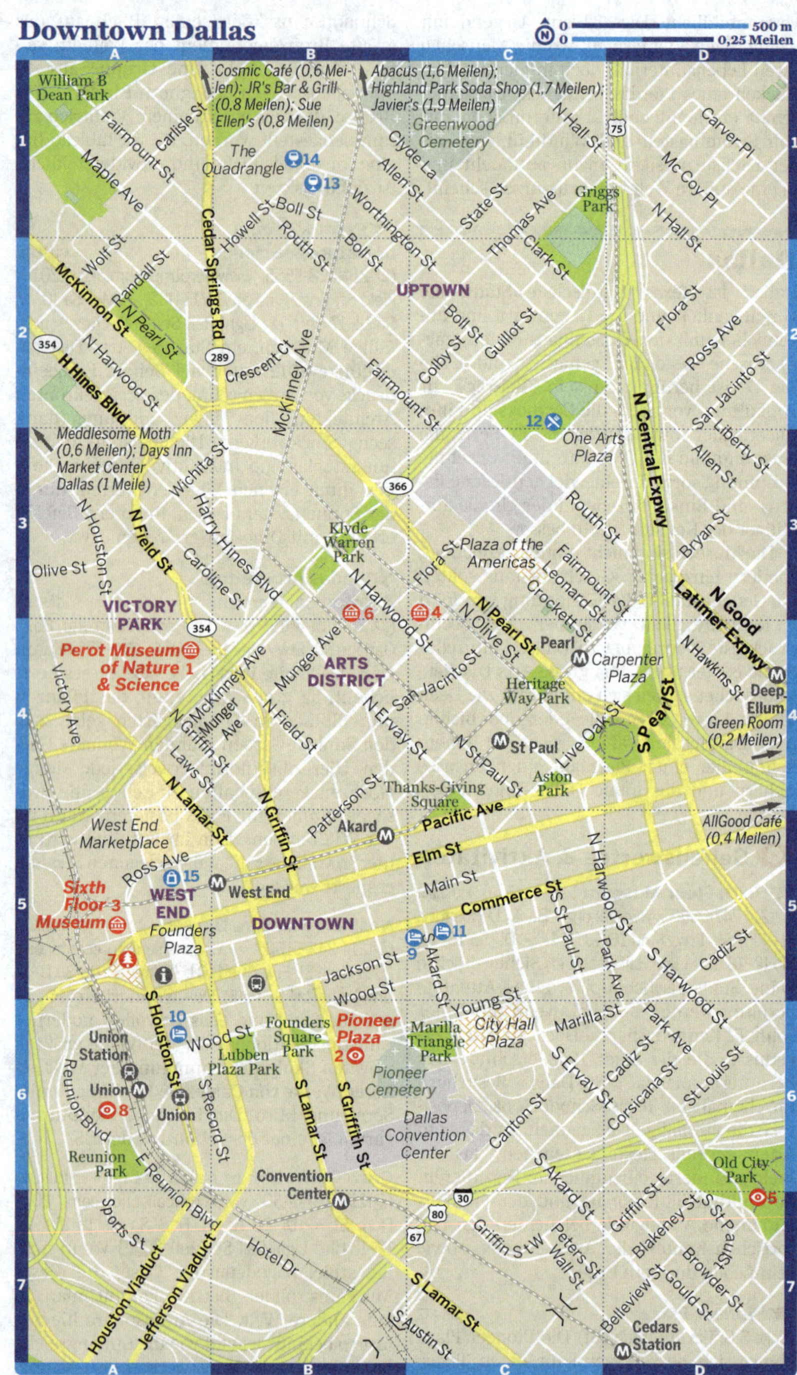

Downtown Dallas

Highlights

1 Perot Museum of Nature & Science...A4
2 Pioneer Plaza...B6
3 Sixth Floor Museum...A5

Sehenswertes

4 Crow Collection of Asian Art...C3
5 Dallas Heritage Village...D7
6 Dallas Museum of Art...B3
7 Dealey Plaza & the Grassy Knoll...A5
Nasher Sculpture Center...(siehe 4)
8 Reunion Tower...A6

Schlafen

9 Adolphus...C5
10 La Quinta Inns & Suites...A6
11 Magnolia Hotel...C5

Essen

Five Sixty by Wolfgang Puck....(siehe 8)
12 Tei-An...C2

Ausgehen & Nachtleben

13 Ginger Man...B1
14 Two Corks and a Bottle...B1

Shoppen

15 Wild Bill's Western Store...A5

Japan, Indien und Südostasien, die aus der Zeit von 3500 v. Chr. bis zum frühen 20. Jh. stammen. Man sollte auf keinen Fall die herrliche Sandsteinfassade aus Nordindien verpassen. Samstags finden um 13 Uhr kostenlose Führungen statt.

Dealey Plaza & the Grassy Knoll PARK
(Light Rail West End) Der rechteckige Park, heute ein National Historic Landmark, liegt südlich vom ehemaligen Book Depository. Die Dealey Plaza wurde 1935 nach George Bannerman Dealey, einem Journalisten, Historiker und Philanthropen aus Dallas, benannt. Nur wenige Schritte von hier wurde John F. Kennedy im November 1963 ermordet.

Dallas Heritage Village HISTORISCHE STÄTTE
(☎214-421-5141; www.dallasheritagevillage.org; 1515 S Harwood St; Erw./Kind 9/5 US$; ⏲Di–Sa 10–16, So 12–16 Uhr; Light Rail Cedars) Dieses Museum befindet sich auf einem 5 ha großen bewaldeten Grundstück südlich der Downtown und ist der Geschichte und Architektur gewidmet. Das Dorf zeigt das Leben in Nordtexas zwischen 1840 und 1910. Die moderne Skyline im Hintergrund sorgt für eine dramatische Kulisse für die lebensechten Ausstellungsstücke, die 38 historische Gebäude umfassen, darunter ein Tipi und eine Farm aus der Zeit des amerikanischen Bürgerkrieges.

Dallas Museum of Art MUSEUM
(www.dallasmuseumofart.org; 1717 N Harwood St; ⏲Di–So 9–17, Do bis 21 Uhr; 👪; Light Rail St. Paul) GRATIS Dieses Museum ermöglicht eine erstklassige Reise durch die dekorative und bildende Kunst. Zu seinen vielen Schätzen gehören Edward Hoppers rätselhaftes Gemälde *Lighthouse Hill*, Frederic Churchs prächtiges Meisterwerk *The Icebergs* und Rodins *Bildhauer und seine Muse*. Andere Highlights sind die kunstvolle präkolumbische Keramiken, Schnitzereien und Wandteppiche aus Ozeanien sowie eine Villa nach dem Vorbild der mediterranen Villa von Coco Chanel, in der Gemälde von Winston Churchill zu sehen sind.

Reunion Tower WAHRZEICHEN
(☎214-712-7040; www.reuniontower.com; 300 Reunion Blvd E; Erw./Kind ab 17/8 US$; ⏲Öffnungszeiten saisonabhängig; Light Rail Union Station) Was ist 50 Stockwerke hoch und hat eine drei Stockwerke umfassende Kugelkuppel mit 260 blinkenden Lichtern? Es ist der Reunion Tower, das inoffizielle Wahrzeichen von Dallas. Wer möchte, kann tiefer in die Tasche greifen und in 68 Sekunden mit dem Aufzug nach oben schießen, um den Panoramablick zu genießen. Alternativ genießt man die Aussicht aus dem Starkoch-Restaurant (mit Lounge) **Five Sixty by Wolfgang Puck** (☎214-571-5784; www.wolfgangpuck.com; Hauptgericht ab 25 US$; ⏲Restaurant Mo–Do 17–22, Fr–So bis 23 Uhr). Ein unterirdischer Fußgängertunnel verbindet den Reunion Tower mit der Union Station und dem Hyatt Regency Dallas.

★ **Katy Trail** SPAZIERGANG
(☎214-303-1180; www.katytraildallas.org; ⏲5–24 Uhr) Wer beim Joggen und Radfahren sehen und gesehen werden möchte, sollte den 5,6 km langen Katy Trail in Angriff nehmen, der vom American Airlines Center in Downtown durch interessante Viertel bis fast zur SMU führt. Die alte Eisenbahnstrecke ist von Bäumen gesäumt und fühlt sich sehr ländlich an. Die geplanten Erweiterungen werden den Trail mit anderen Wegen verbinden.

Feste & Events

★ **State Fair of Texas** VOLKSFEST
(www.bigtex.com; Fair Park, 1300 Cullum Blvd; Erw./Kind 18/14 US$; ⏲Ende Sept.–Mitte Okt.) Das

riesige Volksfest ist für viele Texaner das Highlight im Herbst. Hier kann man in einem der größten Riesenräder Nordamerikas fahren, *corn dogs* futtern (angeblich wurden die Maismehl-Hotdogs hier erfunden) und die preisgekrönten Kühe, Schafe und Patchworkdecken bewundern.

Martin Luther King Jr. Parade PARADE
(Jan.) Seit 30 Jahren ist Dallas Gastgeber eines der größten Events des Landes, das Dr. Kings Leben feiert. Mitte Januar führt die Parade, eine festliche Mischung aus Umzugswagen und Blaskapellen, vom MLK Blvd und Lamar zum Fair Park.

Schlafen

Days Inn Market Center Dallas MOTEL $
(214-748-2243; www.daysinn.com; 2026 Market Center Blvd; Zi. ab 68 US$; P) Es ist zwar ein typisches Kettenhotel, doch etwas Besseres wird man so dicht am Zentrum – das Hotel liegt 2,5 Meilen (4 km) nordöstlich der Downtown – für dieses Geld nicht finden. Die Zimmer sind sauber und schlicht, und der Design District ist gleich um die Ecke.

★ **Hotel Belmont** BOUTIQUEHOTEL $$
(866-870-8010; www.belmontdallas.com; 901 Fort Worth Ave; Zi. 95–180 US$; P@) Die stilvollen Bungalows des Hotels aus den 1940er-Jahren stehen nur 2 Meilen (gut 3 km) westlich der Innenstadt und bilden einen herrlich bescheidenen Gegenpol zu den anderen protzigen Unterkünften in Dallas. Die richtig gemütliche Einrichtung erinnert etwas an die 1950er-Jahre. Am besten sind die Zimmer zum Garten hin, die mit großen Badewannen, leuchtend blauen Fliesen und Kelimteppichen ausgestattet sind und teilweise einen tollen Blick auf die Stadt bieten.

Magnolia Hotel BOUTIQUEHOTEL $$
(214-915-6500; www.magnoliahotels.com; 1401 Commerce St; Zi. ab 200 US$; @) Das elegante Hotel im 29 Stockwerke hohen Magnolia Petroleum Company Building aus dem Jahr 1922 bietet einen prächtigen Aufenthalt. Die Zimmer sind mit Details aus der Jahrhundertwende ausgestattet, darunter Holzjalousien und Retromöbel. Die geräumigen Zimmer haben Kühlschränke, die Suiten Küchenzeilen.

La Quinta Inns & Suites HOTEL $$
(214-761-9090; www.laquintadallasdowntown.com; 302 S Houston St; Zi. ab 160 US$; @) Eines der besseren Angebote in der Downtown. Diese Kettenhotel macht das generische Blau durch einzigartiges Design und ein Gebäude von 1925 wett. Im Preis inbegriffen ist ein kleines Frühstück.

★ **Adolphus** HISTORISCHES HOTEL $$$
(214-742-8200; www.hoteladolphus.com; 1321 Commerce St; DZ 270–370 US$; @; Stadtbahn Akard) Hier kann man sich auf altmodische Art wie ein König oder eine Königin fühlen (ja, Königin Elizabeth hat hier auch schon übernachtet). Die 422 Zimmer führen zurück in die Zeit als Gentlemen Krawatten trugen und Hotels wahrhaft grandios waren, und nicht Bastionen des ästhetischen Minimalismus. Schon alleine das Erkunden der 22 Stockwerke ist ein Abenteuer in diesem Labyrinth aus dem Jahr 1912. Die Zimmergrößen unterscheiden sich gewaltig. Das Hotel gehört zum Marriott-Imperium.

★ **Hotel Lumen** HOTEL $$$
(214-219-2400; www.hotellumen.com; 6101 Hillcrest Ave; Zi. 240–380 US$; P@) Dieses ultramoderne Betonhotel gegenüber der SMU ist nicht ganz so toll wie man hört. Und doch sind die Parade aus Pudeln und Shih Tzus, die hier durch die Lobby wandern, die Videobibliothek und der starke Kaffee am Morgen ein Plus. Hier gibt es außerdem eine luftige Dachterassenlounge.

Essen

Die Essensoptionen in Dallas sind so vielseitig wie die Stadt selbst. Es gibt mehrere Gegenden, die das Erkunden lohnen: Deep Ellum, gleich östlich der Downtown, bietet eine vielseitige Karte. Diese Gegend („deep' up Elm St") hat ihren Namen von der langgezogenen Südstaatenaussprache des Wortes „Elm".

Der Norden der Stadt bietet unzählige Angebote, besonders das Viertel Lower Greenfield, dessen Straßenblocks sich gut zu Fuß erkunden lassen. Im Westen lohnen der Arts District, University Park und Uptown einen kulinarischen Ausflug.

Im Südwesten bietet der Bishop Arts District interessanten Essens- und Ausgehoptionen. Hier verschmelzen hipster und funky; die zugeführten Kalorien kann man nach dem Essen beim Ablaufen und Betrachten der Schaufenster der Boutiquen wieder loswerden.

★ **Sonny Bryan's Smokehouse** BBQ $
(214-357-7120; www.sonnybryans.com; 2202 Inwood Rd; Hauptgerichte 6–19 US$; 24 Std.) Die Lage dieser Dallas-Institution ist unschlag-

bar. Während einige BBQ-Restaurants ihre Gerichte nur für ein paar Stunden am Tag anbieten, kann man die geräucherten Fantasien hier rund um die Uhr genießen.

★ AllGood Café TEX-MEX **$**
(214-742-5362; www.allgoodcafe.com; 2934 Main St; Hauptgerichte 5–9 US$;) Ein postmodernes Café in Deep Ellum mit Tex-Mex-Ouvertüren und tätowierten Bedienungen – gemütlicher geht es nicht. Familien und Rockertypen schlagen sich hier gleichermaßen den Bauch mit King-Ranch-Hühnchenkasserolle und anderer Hausmannskost voll. Bezogen wird von einheimischen Herstellern, die mit Namen aufgelistet sind.

Keller's Drive-In FAST FOOD **$**
(214-368-1209; 6537 E Northwest Hwy; Hauptgerichte 4–8 US$; 10.30–22 Uhr) In diesem alteingesessenen Drive-In bringt man sein Wohnzimmer (d.h. sein Auto) selbst mit. Die Bedienungen (ja, ausschließlich Frauen) haben schon alles gesehen, eilen aber dennoch sobald man geparkt hat nach draußen, um die Bestellungen aufzunehmen. Die Burger sind bemerkenswert saftig und werden mit unzähligen Belägen und Beilagen serviert. Die Zwiebelringe sind außergewöhnlich gut.

Highland Park Soda Shop AMERIKANISCH **$**
(214-521-2126; www.highlandparksodafountain.com; 3229 Knox St; Hauptgerichte 4–8 US$; Mo–Fr 7–18, Sa bis 20, So 10–17 Uhr;) Schon seit 1912 bringt das klassische Restaurant Vanille-Starkbier und Hausmannskost (wie gegrillte Käsesandwiches) auf den Tisch. Wer sich nicht entscheiden kann, probiert einen *root-beer float* (eine Art Malzbier mit Vanilleeis). Der Soda Shop befindet sich im Highland Park etwa 6 km nördlich der Downtown.

Cosmic Café VEGETARISCH **$**
(214-521-6157; www.cosmiccafedallas.com; 2912 Oak Lawn Ave; Hauptgericht 5–15 US$; 11–22.30 Uhr;) Das Cosmic Café serviert köstliche internationale vegetarische Gerichte in kunterbunter Umgebung. Inmitten der wilden Volkskunst sollte man ein Augenmerk auf den Service haben, der nämlich schwankt.

★ Meddlesome Moth MODERN-AMERIKANISCH **$$**
(214-628-7900; www.mothinthe.net; 1621 Oak Lawn Ave; Hauptgerichte mittags 10–15 US$, Hauptgerichte abends 10–20 US$; Mo–Sa 11–24, So 10–22 Uhr) Der quirlige Gastropub im Design District ist ein Magnet für kleine Gruppen von Freunden, die ohne Eile Muscheln auf belgische Art, Shrimps und Bio-Grütze, großartige Burger und hübsch zubereitete Gemeinschaftsteller verdrücken. Hier gibt's außerdem gute Cocktails und eine hervorragende, wechselnde Auswahl an Craft-Bieren (davon 40 vom Fass). Das Meddlesome Moth liegt rund 3 km nordwestlich der Downtown.

Kalachandji's VEGETARISCH **$$**
(214-821-1048; www.kalachandjis.com; 5430 Gurley Ave; Büfett mittags/abends 12/15 US$; Di–So 11.30–14 & 17.30–21 Uhr;) In einem üppig dekorierten Hare-Krishna-Tempel ist ein kleines, aber vielfältiges Büfett mit Basmati-Reis, Currys, Braunem Senf, *papadam* und Chutneys, *pakora*, Tamarindentee und anderen wechselnden Tagesangeboten aufgebaut. Ein gutes Gegenstück zu den vielen verführerischen Fleischgerichten in Texas! Essen kann man im friedlichen, mit Pflanzen begrünten Hof, ca. 4 Meilen (6,5 km) östlich vom Zentrum.

Tei-An JAPANISCH **$$**
(214-220-2828; www.tei-an.com; One Arts Plaza, 1722 Routh St; Hauptgerichte 12–20 US$; So & Fr 11.30–14, Di–So 18–22.30 Uhr) Das schicke Tei-An ist spezialisiert auf aufwendige, von Hand zubereitete japanische Soba-Nudelgerichte. Die *tonkatsu* (sorgfältig frittierte Fleischsorten) sind ebenfalls sehr beliebt. Im Speiseraum dominieren klare und elegante Formen.

Daddy Jack's SEAFOOD **$$**
(214-826-4910; www.daddyjacks.org; 1916 Greenville Ave; Hauptgerichte 14–30 US$; 17–22 Uhr) Ausgezeichnete Meeresfrüchte in relaxter Nachbarschaftsumgebung. Das Restaurant bereitet die kleinen Meeresbewohner nicht nur hervorragend zu, sondern glänzt auch mit lobenswertem Service. Unaufdringlich aber aufmerksam ist eben eine Eigenschaft, die nie aus der Mode kommt. Hier gibt es viele Hummergerichte; auf keinen Fall sollte man sich die Hummercremesuppe entgehen lassen.

★ Javier's MEXIKANISCH **$$$**
(214-521-4211; www.javiers.net; 4912 Cole Ave; Hauptgerichte 20–35US$; So–Do 17.30–22, Fr & Sa bis 23 Uhr) In diesem hochkultivierten Restaurant sollte man alle Vorstellungen, die man in Bezug auf Tex-Mex hat, fallen lassen. Das Javier's hebt die gutbürgerliche Küche der alten Mexico City auf eine neue Stufe.

Die Umgebung ist ruhig und dunkel, mit viel Leder, und das Essen fleischlastig und gut gewürzt. Die Steaks werden in unterschiedlichen mexikanischen Geschmacksrichtungen serviert, die das Beste aus dem Fleisch herausholen. Auf jeden Fall einen Tisch unter den Sternen sichern.

Das Restaurant ist in Highland Park, 4 Meilen (6,5 km) nördlich der Downtown.

Abacus AMERIKANISCH **$$$**

(☎ 214-559-3111; http://abacus-restaurant.com; 4511 McKinney Ave; Hauptgerichte 35–60 US$, Probiermenü ab 65 US$; ⏲ Mo–Sa 18–22 Uhr; 📶) Zu viele Steakhäuser in Dallas gehören zu einer Kette. Wer auf der Suche nach dem wahren Erlebnis mit zeitgenössischer Note ist, sollte ins Abacus kommen. Wir empfehlen, mit Sushi oder dem beliebten Hummercocktail zu beginnen und sich dann systematisch durch die Auswahl von kleinen saisonalen Gerichten zu arbeiten, ehe man sich an hervorragenden Steaks gütlich tut. Die Bar ist ausgezeichnet.

Ausgehen & Nachtleben

★ Two Corks and a Bottle LOUNGE

(☎ 214-871-9463; www.twocorksandabottle.com; 2800 Routh St; ⏲ So & Di 12–19, Mi–Do bis 22, Fr & Sa bis 23 Uhr) Das Pärchen in dieser winzigen Weinbar in Uptown beweist, dass kreative Besitzer den Unterschied machen. Neben einer erlesenen Auswahl an Weinen gibt's hier oft Livemusik, Akustik, Blues oder Jazz. Probierbrettchen mit verschiedenen Weinen ermöglichen es den Gästen, eine Auswahl aus der umfassenden Weinkarte zu testen.

★ Ginger Man PUB

(☎ 214-754-8771; www.thegingerman.com/uptown; 2718 Boll St; ⏲ 13–2 Uhr) Ein passend würzig-rotes Haus beheimatet diesen stets gut besuchten Nachbarschaftspub. Der Ginger Man bietet Terrassen und Veranden im vorderen und hinteren Bereich, eine der besten Bierkarten der Stadt und hervorragende Barkeeper.

★ Green Room BAR

(☎ 214-748-7666; www.dallasgreenroom.com; 2715 Elm St; ⏲ Di–So 16–2 Uhr) Im bargesäumten Deep Ellum ist der Green Room beliebt wegen seines guten Publikums, seiner Dachterrasse, die zum Cocktailschlürfen einlädt, und seines ausgezeichneten Essens. Die Karte reicht von Snacks bis zu Hauptgerichten (Tacos, Burger und Poutine). Man kann aus drei Barbereichen wählen.

JR's Bar & Grill SCHWULE

(☎ 214-528-1004; www.jrsdallas.com; 3923 Cedar Springs Rd; ⏲ Mo–Sa 11m–2, So ab 12 Uhr) Das JR ist eine der am stärksten frequentierten Bars in Texas. Hier gibt es mittags Essen und abends amüsante Unterhaltung. Von der Terrasse aus kann man Dallas bescheidene Straßenszene anfeuern. Montags gibt's oft Dragshows. Der Pub liegt 3 Meilen (knapp 5 km) nördlich vom Din Oak Lawn.

Sue Ellen's LESBEN

(☎ 214-559-0707; www.sueellensdallas.com; 3014 Throckmorton St; ⏲ 16–2 Uhr) In der „Lipstick Lounge" oder auf dem Tanzboden der beliebtesten Lesbenbar von Dallas kann man wunderbar chillen. Hier gibt es außerdem hinten einen schönen Garten.

Unterhaltung

Hochkultur, Massenkultur, Landkultur... Dallas hat alles in höchstem Maße.

★ Kessler Theater LIVEMUSIK

(☎ 214-272-8346; http://thekessler.org; 1230 W Davis St; ⏲ 18–24 Uhr) Die Neonlichtern außen locken viele Besucher ins Innere dieses Wahrzeichens von Oak Cliff. Das ehemalige Nachbarschaftskino wurde in ein ziemlich intimes Livemusik-Venue verwandelt. Die Preise für Getränke sind in Ordnung, die Bands und Vorführungen gut (Dragshows!) und die Atmosphäre ist bodenständig-unterhaltsam.

★ Sons of Hermann Hall LIVEMUSIK

(☎ 214-747-4422; www.sonsofhermann.com; 3414 Elm St; ⏲ Mi & Do 19–24, Fr & Sa bis 2 Uhr) Seit fast 100 Jahren erfindet sich diese klassische texanische Tanzhalle, eine Institution in Deep Ellum, immer wieder neu: Sie ist zugleich Abschleppladen, Honky Tonk und Swingtanzclub. Die Öffnungszeiten variieren; Infos gibt's telefonisch. Unbedingt herkommen und sich tief ins Herz des vollkommenen „Big D" fallen lassen.

★ Granada Theater LIVEMUSIK

(☎ 214-824-9933; www.granadatheater.com; 3524 Greenville Ave) Dieses umgebaute Kino, eine Institution in Lower Greenwood, wird oft als das beste Livemusik-Venue der Stadt gepriesen. Hier spielen beliebte Rock- und Countrybands. Auf der Website gibt's Infos zum Programm.

Balcony Club LIVEMUSIK

(☎ 214-826-8104; www.balconyclub.com; 1825 Abrams Rd; ⏲ Bar 17–2 Uhr) Dieses mysteriöse

Refugium in einem Obergeschoss fühlt sich an wie ein Geheimtipp, obwohl es keiner ist. Mit smaragdgrünen Wänden, einer kleinen Bühne und einer gemütlichen Terrasse über dem Landmark Theater lockt der Balcony Club alle Altersgruppen mit allabendlicher Livemusik (größtenteils Jazz) und schicken Drinks (z. B. Moonlight Martini und Tropical Punch).

Shoppen

★ Wild Bill's Western Store KLEIDUNG
(☎ 214-954-1050; www.wildbillswestern.com; 311 N Market St; ⏲ Mo & Di 10–19, Mi–Sa bis 21, So 10–18 Uhr; Light Rail West End) Wild Bill's ist ein West-End-Mekka der Western-Klamotten. Hier gibt's Stetsons, Schlangenlederstiefel, Öljacken, riesige Gürtelschnallen, strassbesetzte T-Shirts, lustige Kitsch-Souvenirs, Spielzeugpistolen und anderes Spielzeug, Country-CDs und vieles mehr. Am besten schaut man sich bei einem kühlen Bier um.

★ Highland Park Village EINKAUFSZENTRUM
(☎ 214-443-9898; www.hpvillage.com; Preston Rd & Mockingbird Lane; ⏲ Öffnungszeiten variieren je nach Geschäft) Wer mal wieder richtig was sehen, nach Luft schnappen und seine Kreditkarte überstrapazieren möchte, sollte sich zu dem im spanischen Stil errichteten Highland Park Village im sehr vornehmen Highland Park aufmachen, das von sich behauptet, das älteste Vorstadt-Einkaufszentrum der Welt zu sein. Wer Jimmy Choo und Carolina Herrera zu seinen Freunden zählt, wird sich hier zu Hause fühlen.

ℹ Praktische Informationen

Das nützliche **Dallas Visitors Center** (☎ 214-571-1316; www.visitdallas.com; Old Red Courthouse, 100 S Houston St; ⏲ 9–17 Uhr; 📶) liegt zentral. Die Mitarbeiter beantworten Fragen und verteilen unzählige lokale Führer.

ℹ An- & Weiterreise

Der **Dallas-Fort Worth International Airport** (DFW; ☎ 972-973-3112; www.dfwairport.com; 2400 Aviation Dr) liegt 16 Meilen (ca. 26 km) nordwestlich der Stadt (über die I-35 E) und ist ein Drehkreuz von American Airlines. Große Fluglinien bieten umfassende nationale und internationale Verbindungen.

Der **Dallas Love Field Airport** (DAL; ☎ 214-670-6080; www.dallas-lovefield.com; 8008 Herb Kelleher Way), gleich nordwestlich der Stadt, ist ein Drehkreuz von Southwest Airlines. Er bietet umfassende nationale Verbindungen.

Greyhound-Busse (www.greyhound.com) fahren von der **Dallas Bus Station** (☎ 214-849-6831; 205 S Lamar St) alle großen Städte in der Region an.

Der San Antonio–Chicago-Zug *Texas Eagle* von **Amtrak** (www.amtrak.com) hält an der **Union Station** (☎ 800-872-7245; www.unionstationdallas.com; 400 S Houston St; Light Rail Union Station) in Downtown, die auch ein Drehkreuz für lokalen Durchgangsverkehr ist.

ℹ Unterwegs vor Ort

Die Busse und das umfangreiche Light-Rail-Netz (Straßenbahn) von **DART** (Dallas Area Rapid Transit; ☎ 214-979-1111; www.dart.org; 2-Std.-Ticket 2,50 US$, Tageskarte 5 US$) verbinden Downtown mit den Außenbezirken. Fahrkarten kauft man in den Bussen oder an den Automaten an den Haltestellen. DART betreibt auch das Dallas Streetcar, das von Downtown Richtung Südwesten fährt. In Downtown gibt es einen Anschluss an den Bus 723, der zum Bishop Arts District fährt.

Von Downtown nach Uptown fährt die historische, kostenlose Straßenbahn **M-Line Trolley** (☎ 214-855-0006; www.mata.org; ⏲ Mo–Do 7–22, Fr bis 23, Sa 10–24, So bis 22 Uhr). Sie startet an der St. Paul DART-Station und fährt über den Arts District die McKinney Ave hinauf zur City Place/Uptown Station.

Züge des **Trinity Railway Express** (TRE; ☎ Info 214-979-1111; www.trinityrailwayexpress.org; einfache Fahrt 1/2 Zonen 2,50/5 US$, Tageskarte 1/2 Zonen 5/10 US$; ⏲ Mo–Sa 5–1 Uhr halbsttündl.) verkehren zwischen der Dallas Union Station und Fort Worth (1 Std.), mit Halt am CenterPort/DFW Airport, wo es eine Shuttlebusverbindung zum Flughafen gibt.

Fort Worth

Fort Worth wird oft als „Ort, wo der Westen beginnt" bezeichnet und in der Tat herrscht hier eine Cowboyatmosphäre.

Die Stadt wurde während des großen Viehtriebes am Ende des 19. Jhs. berühmt, als über 10 Mio. Rinder auf dem Chisholm Trail durch die Stadt trampelten. Heute findet morgens ein Miniviehtrieb statt und samstagabends ein Rodeo.

Man sollte nicht vergessen im Billy Bob's vorbeizuschauen, dem größten Honky Tonk der Welt. Unten im Cultural District kann man das Cowgirl Museum und drei fantastische Kunstsammlungen bestaunen. Nachdem man genug über Minimalismus nachgedacht hat, rufen die Restaurants und Bars am Sundance Sq, wo man auf den Putz hauen kann. Fort Worth als den unbedeutenden Nachbarn von Dallas zu sehen, wäre ein Riesenfehler. Die Stadt hat ihren eigenen widerspenstigen Kopf und ist für Besucher wesentlich übersichtlicher als Dallas und auch sauberer und grüner. Fazit? Hier gibt es viel zu tun – ohne viel Show.

Sehenswertes

★ Stockyards HISTORISCHE STÄTTE

(☎817-624-4741; www.fortworthstockyards.org; 130 E Exchange Ave) Läden mit Westernklamotten und Krimskrams, Saloons und Steakhäuser besetzen die Stockyards-Gebäude aus der Ära des alten Westens. Man sollte sich auf keinen Fall den zweimal täglich stattfindenden Viehtrieb mit der Fort-Worth-Herde entgehen lassen, wenn Cowboys eine kleine Herde von Longhorn-Rinder die Exchange Ave hinauftreiben. Man sollte den Besuch mit einer Auskunft im **Fort Worth Stockyards Visitor Center** (⏲9–17 Uhr) beginnen. Hier geht es manchmal touristisch zu, dennoch hat das Ganze eine gewisse Authentizität.

★ Fort Worth Herd HISTORISCHE STÄTTE

(☎817-336-4373; www.fortworth.com/the-herd; 131 E Exchange Ave; ⏲Viehtrieb 11.30 & 16 Uhr) Hinter dem Livestock Exchange Building kann man echte Rinder sehen: Die Fort-Worth-Herde besteht aus den Longhorn-Rindern, die täglich in einem nachgestellten Viehtrieb die Exchange Ave hinaufmarschieren. Man kann sie vom Zuschauerbereich in ihrem Korral sehen, an dem auch Porträts der Tiere hängen – mal schauen, ob man den Rindern die Namen zuordnen kann.

★ Kimbell Art Museum MUSEUM

(☎817-332-8451; www.kimbellart.org; 3333 Camp Bowie Blvd; ⏲Di–Do & Sa 10–17, Fr 12–20, So 12–17 Uhr) GRATIS Willkommen in einem der besten kleinen Museen Amerikas. Es zeigt europäische Meisterwerke von Caravaggio, El Greco und Cézanne sowie Michelangelos erstes Gemälde, *Die Versuchungen des Heiligen Antonius*. Nicht weniger überwältigend ist die Architektur. Die Ausstellungen verteilen sich auf das ursprüngliche Gebäude von Louis Kahn und einen neueren Anbau, der vom gefeierten Architekten Renzo Piano entworfen wurde. Eintritt wird für besondere Ausstellungen verlangt.

Bureau of Engraving and Printing MUSEUM

(☎817-231-4000; www.moneyfactory.gov; 9000 Blue Mound Rd; ⏲Di–Fr 8.30–17.30 Uhr) GRATIS Fort Worth ist eine von zwei Stätten im Land, an denen US-Geldscheine gedruckt werden. Diese Einrichtung des US-Finanzministeriums produziert das Grünzeug, mit dem Kriege geführt, Verlobungsringe gekauft, Rauschgift geschnupft, Trinkgeld gegeben und Babysitter bezahlt werden. Am besten plant man 30 Minuten für den Sicherheitscheck ein. Die Touren sind selbstgeführt; dabei kann man der Druckpresse zuschauen. Das Museum liegt 8 Meilen (13 km) nördlich der Stockyards.

National Cowgirl Museum MUSEUM

(☎817-336-4475; www.cowgirl.net; 1720 Gendy St; Erw./Kind 10/8 US$; ⏲Di–Sa 10–17, So 12–17 Uhr) Das luftige National Cowgirl Museum erläutert auf eindrucksvolle Art und Weise den Mythos und die Realität der weiblichen Cowboys in der amerikanischen Gesellschaft. Mit Glitzersteinen besetzte Kleidungsstücke und rare Filmausschnitte sorgen für einen unterhaltsamen und lehrreichen Ritt durch die Geschichte, an dessen Ende man mit ziemlicher Sicherheit ein völlig neues Bild von diesen zähen, hart arbeitenden Frauen hat.

Schlafen

Hotel Texas INN $

(☎817-624-2224; www.magnusonhotels.com/hotel/hotel-texas-fort-worth; 2415 Ellis Ave; Zi. 75–100 US$; P❄📶) Das 1939 erbaute Haus bot Viehtreibern eine zweite Heimat in der Ferne. Das Hotel liegt nahe den Stockyards und bietet ein gutes Preis-Leistungs-Verhältnis. Obwohl der Service manchmal ruppig ist und die Zimmer sehr einfach, kann man angesichts der Preise dieser einfachen, sauberen Zimmer mit Wild-West-Einrichtung nicht meckern. Nur Barzahlung möglich.

★ Stockyards Hotel HISTORISCHES HOTEL $$

(☎817-625-6427; www.stockyardshotel.com; 109 E Exchange Ave; Zi. 150–300 US$; ❄📶) Dieses 1907 eröffnete Hotel mit seinen 52 Zimmern bleibt seiner Cowboy-Vergangenheit treu: Motive aus dem Wilden Westen und von Cowboys inspirierte Zimmer sowie eine herrliche Lobby im Stil des Wilden Westens mit viel Leder. Im Bonny-&-Clyde-Zimmer hat das gesetzlose Pärchen während seiner Flucht im Jahre 1933 wirklich geschlafen. Die falschen Kugellöcher und Bonnies 38er-Revolver verstärken die dramatische Atmosphäre.

Hilton Fort Worth HISTORISCHES HOTEL $$

(☎817-870-2100; www.hilton.com; 815 Main St; Zi. ab 180 US$; ❄@📶) Dieses im Jahr 1921 erbaute Wahrzeichen mit seinen 294 Zimmern auf 15 Stockwerken liegt super zentral und wurde über die Jahre fortwährend renoviert. Hier schlief John F. Kennedy in der Nacht bevor er am 22. November 1963 nach Dallas fuhr, wo er am selben Tag erschossen wurde.

Essen

★ Curly's Frozen Custard EISCREME $

(☎ 817-763-8700; www.curlysfrozencustard.com; 4017 Camp Bowie Blvd; Leckereien ab 3 US$; ⏲ 11–22 Uhr) Sahnige gefrorene Eiercreme, die man mit allerlei Zutaten nach Wunsch gestalten lassen kann. Lohnt sich an jedem Tag, and dem die Temperaturen über null Grad liegen. Auf der Veranda befindet sich ein hübscher Springbrunnen.

★ Heim Barbecue BBQ $

(☎ 817-882-6970; http://heimbbq.com; 1109 W Magnolia Ave; Hauptgerichte 8–18 US$; ⏲ Mi–Mo 11–22 Uhr) BBQ für ein neues Zeitalter. Die Familie, die sich hinter diesem Lokal verbirgt, verfügt über das erforderliche Wissen und jede Menge Leidenschaft. Würstchen, Brust (natürlich!), Pute, Pulled Pork – alles im leckeren BBQ-Stil. Wer kann, sollte versuchen, Platz für den Bananenpudding zu lassen.

★ Kincaid's BURGER $

(☎ 817-732-2881; www.kincaidshamburgers.com; 4901 Camp Bowie Blvd; Hauptgerichte 5–8 US$; ⏲ Mo–Sa 11–20, So bis 15 Uhr) In dieser lokalen Institution sitzt man an Bierbänken zwischen ausrangierten Lebensmittelregalen (das komische Grün der Wände einfach ignorieren!) und isst großartige Burger, die in der Region ihresgleichen suchen. Sie sind dick, saftig und kräftig gewürzt.

Waters SEAFOOD $$$

(☎ 817-984-1100; http://waterstexas.com; 301 Main St; Hauptgerichte 15–50 US$; ⏲ 11–23 Uhr) Dieses gehobene Meeresfrüchterestaurant befindet sich in einem renovierten einhundert Jahre alten Gebäude im Zentrum. Der Service ist immer auf Zack. Auf der Fischkarte findet man alle Klassiker. In der untere Preisklasse liegen die beliebten BBQ-Shrimps im New-Orleans-Stil und Mac'n'Cheese mit Hummer.

Ausgehen & Nachtleben

★ Chimera BRAUEREI

(☎ 817-923-8000; www.chimerabrew.com; 1001 W Magnolia Ave; ⏲ Mo–Fr 11.30–24, Sa ab 10, So 10–22 Uhr; 📶) In Fort Worths bester Brauerei gibt es acht wechselnde Fassbiere. Es lohnt sich, nach dem Bacon Special und dem Wet Hop Sour Ausschau zu halten. Hungrig? Die Pizza im italienischen Stil, mit dünnem Boden, gibt es mit zwölf verschiedenen Belägen. Gegessen und getrunken wird im Backstein-Inneren oder draußen auf der Terrasse.

★ Lola's Saloon BAR

(☎ 817-877-0666; www.lolassaloon.com; 2736 W 6th St; ⏲ Mo–Fr 14–2, Sa & So 12–2 Uhr) Lola's Saloon bietet ein recht intimes Musikerlebnis. Die Bands (Rock, Honky Tonk, Bluegrass) spielen an vielen Abenden für eine ausgelassenes, gemischtes Publikum. Auf der kleinen Außtenterrasse kann man Luft schnappen. An Abenden, an denen es keine Livemusik gibt, hat die Jukebox süchtig machendes Potential. Lola's wird von den Lesern des *Fort Worth Weekly* regelmäßig zur beliebtesten Bar gewählt.

★ Usual Bar COCKTAILBAR

(☎ 817-810-0114; www.facebook.com/theusualbar/; 1408 W Magnolia Ave; ⏲ Mo–Fr 16–2, Sa & So ab 18 Uhr) Der Appetit auf kunstvolle Cocktails zieht jeden Abend scharenweise Hipster in diese Bar, die so charmante Drinks wie den „Maximillian-aire" und den „Parlor" serviert. Man kann auch Humor beweisen und einfach einen gut gemixten „Sidecar" bestellen. Tolle Terrasse.

Bird Café LOUNGE

(☎ 817-332-2473; www.birdinthe.net; 155 E 4th St; ⏲ Mo–Do 11–24, Fr & Sa bis 1 , So 10–22 Uhr) Dieser gehobene Gastropub serviert im Hauptraum Gerichte aus regionalen Zutaten, aber der wirkliche Charme des Cafés spiegelt sich oben auf dem Dach, wo man auf Sofas lümmeln, die Wärme des offenen Feuers sowie hervorragende Getränke genießen und dem Treiben auf dem Sundance Sq zusehen kann.

Unterhaltung

★ Pearls Dance Hall LIVEMUSIK

(☎ 817-624-2800; www.pearlsdancehall.com; 302 W Exchange Ave; ⏲ Mi 18–2, Fr & So ab 19 Uhr) Am Rand der Stockyards steht dieses laute alte Bordell, das früher einmal Buffalo Bill Cody gehört hat und heute ein stimmungsvoller Ort ist, an dem man traditionelle Countrymusik mit dem gewissen Etwas hören kann. Texas-Koryphäen rocken hier zu den Klängen der Slide-Gitarre und der Fiddel. An vielen Abenden treten hier außerdem Two-Steppers auf.

Billy Bob's Texas LIVEMUSIK
(817-624-7117; www.billybobstexas.com; 2520 Rodeo Plaza; Eintritt So–Do 2–5 US$, Fr & Sa unterschiedlich; Mo–Mi 11–22, Do–Sa bis 2, So 12–22 Uhr) Das 9300 m² große Gebäude, das heute das größte Honky Tonk der Welt beherbergt, war früher eine Scheune, in der während der Fort Worth Stock Show preisgekröntes Vieh untergebracht war. Zunächst wurde das Gebäude in ein Kaufhaus umgewandelt. Heute finden hier über 6000 Menschen Platz und 40 Bars versorgen die durstigen Gäste. Auf keinen Fall sollte man Freitag und Samstag um 21 und 22 Uhr den mechanischen Bullenrittwettbewerb verpassen.

Texas Motor Speedway ZUSCHAUERSPORT
(817-215-8500; www.texasmotorspeedway.com; Ecke Hwy 114 & I-35, Ausfahrt 72; Touren Erw./Kind 10/8 US$; Mo–Fr 9–17, Sa 10–17, So 12–17 Uhr) Hier kann man eine echte NASCAR-Erfahrung machen. Im November findet das jährliche Stockcar-Rennen statt, Veranstaltungen gibt es jedoch das ganze Jahr über. Für 125 US$ kann man bei einem Rennfahrer mitfahren. Die Rennbahn liegt 20 Meilen (32 km) nördlich des Zentrums an der I-35 W.

An- & Weiterreise

Der Dallas-Fort Worth International Airport (S. 813) liegt 17 Meilen (27 km) östlich von Fort Worth.

Busse und Züge in Fort Worth teilen sich das **Intermodal Transportation Center** (1001 Jones St), was das Umsteigen vereinfacht.

Der *Texas Eagle* von **Amtrak** (800-872-7245; www.amtrak.com; 1001 Jones St) hält auf dem Weg nach San Antonio und Chicago in Fort Worth. Der *Heartland Flyer* fährt nach Oklahoma City.

Züge des Trinity Railway Express (S. 813) verkehren zwischen Fort Worth und der Dallas Union Station (1 Std.), mit Halt am CenterPort/DFW Airport. Von hier aus fährt ein Shuttlebus zum Flughafen.

Mehrere Busse von **Greyhound** (www.greyhound.com; 1001 Jones St) fahren täglich vom Zentrum in Fort Worth nach Dallas (8–10 US$, 45 Min.–1 Std.). Die Busse fahren auch andere große Städte in Texas an.

WESTLICHES TEXAS

Der Westen von Texas ist das Land der unendlichen Weiten. Entlang der I-10 gibt's meilenweit kaum mehr zu sehen als struppiges Gebüsch vor Himmel bis zum Horizont. Doch nur wenig südlich der Schnellstraße bieten sich Ausblicke, die so atemberaubend wie endlos sind. An manchen Stellen erinnert die zerklüftete Landschaft mit den plötzlich aus der staubigen Wüste aufragenden Felsen an einen alten Western, an anderen sieht sie aus wie der Planet einer fremden Galaxie.

Aber was kann man hier unternehmen? Viel! Zum Beispiel einen Nationalpark erkunden, der fast so groß ist wie Rhode Island. In kleinen Ortschaften anhalten, die mit minimalistischer Kunst, Planetenbeobachtungspartys oder den Ruinen faszinierender Geisterstädte aufwarten. Oder die neuen Mikrobrauereien im frisch erwachten El Paso erkunden. Und sich dabei mit den freundlichen Einheimischen unterhalten, falls man dazu in der Stimmung ist. So passt man sich ganz automatisch an die wohltuende Langsamkeit des westlichen Texas an.

Big Bend National Park

Jeder weiß, dass Texas riesig ist. Die wirklich Größe des Bundesstaates lässt sich aber erst bei einem Besuch dieses **Nationalparks** (www.nps.gov/bibe; 7-Tage-Pass 25 US$/Fahrzeug) ermessen, der fast so groß ist wie Rhode Island. Wer durch den 3242 km² großen Big Bend National Park fährt, bekommt ein Gefühl dafür was „groß“ wirklich bedeutet. Der Park umfasst eine unglaublich vielfältige Landschaft. Er ist groß genug, um Entdeckungsreisen für ein ganzes Leben zu bieten, aber doch übersät mit gut platzierten Straßen und Wegen, die es auch Besuchern, die nur für kurze Zeit hierher kommen, ermöglichen, in zwei bis drei Tagen viel zu sehen.

Die überwältigende Mehrheit der Traveller besucht das Chisos Basin. Die **Chisos Mountains** sind wunderschön; kein Besuch hier wäre vollständig ohne einen Ausflug in das Hochland. Aber ein Besuch sollte auch einen Abstecher in die **Chihuahuan Desert** beinhalten, die Heimat von merkwürdigen Kreaturen und anpassungsfähigen Pflanzen, und natürlich eine Tour an den **Rio Grande**, der feuchten Grenze zwischen den USA und Mexiko.

Die Hauptverwaltung und das wichtigste **Visitor Center** (432-477-1158; 9–17 Uhr) befinden sich an der Panther Junction, die an der Hauptstraße, 29 Meilen (47 km) südlich des Eingangs an der Persimmon Gap und 22 Meilen (35 km) östlich des Eingangs

Maverick (nahe Study Butte) liegt. Eine **Tankstelle** (☎ 432-477-2294; Panther Junction; ⊙ Lebensmittelladen Mai–Sept. 7–18.30, Juni–Aug. 8–17.30 Uhr, Zapfsäulen 24 Std.) bietet Benzin, Reparaturen und eine kleine Auswahl an Snacks und Getränken.

Von der Panther Junction ist es eine (relativ) kurze, 10 Meilen (16 km) lange Fahrt zum Chisos Basin. Scharfe Kurven und extreme Steigungen machen die Chisos Basin Rd ungeeignet für Wohnmobile, die länger als 7 m und Wohnwagen, die länger als 6 m sind.

Eine weitere wichtige Straße führt 20 Meilen (32 km) in südöstlicher Richtung zum Rio Grande Village, wo es die einzigen anderen **Zapfsäulen** (☎ 432-477-2293; Rio Grande Village; ⊙ Okt.–Mai 8–19 Uhr, Juni–Sept. bis 17 Uhr) innerhalb des Parks gibt (gut zu wissen, da man sehr weit (!) von überall sonst entfernt ist).

Die andere bedeutende Straße, der 30 Meilen (48 km) lange Ross Maxwell Scenic Dr, zweigt westlich der Panther Junction von der Hauptstraße des Parks ab.

Aktivitäten

Die eher primitiven aber sehr unterschiedlichen Wanderrouten im Park führen durch gut ausgetretene, ausgetrocknete Flussläufen in der Wüste aber auch durch wirklich anspruchsvolle Kalksteinerhebungen in der Mesa de Anguila und in den Dead Horse Mountains. Rangers sagen, dass es aufgrund der sich ständig verändernden Zustände der Pfade und Quellen so gut wie unmöglich ist, einen ausgedehnten Wanderausflug zu planen, ehe man tatsächlich im Park angekommen ist. Was man stattdessen tun sollte, ist herauszufinden, wie viel Zeit man hat und wie weit man laufen möchte. Auf der Grundlage dieser Information können Parkmitarbeiter dann dabei helfen, eine Route festzulegen. Viele Pfade erfordern die Nutzung von topografischen Karten und einem Kompass.

Für das Campen im Hinterland braucht man eine Genehmigung (12 US$). In den Chisos Mountains stehen 42 ausgewiesene Stellplätze entlang verschiedener Pfade zur Verfügung. Wildes Campen ist außerhalb der Bergregion möglich. Man kann sich einen Bereich und einen Lieblingsplatz aussuchen, aber man sollte mindestens 0,8 km von der Straße und 90 m von den Pfaden, historischen und archäologischen Stätten, ausgetrockneten Flussbetten, Quellen und Kliffhängen Abstand halten.

Der Big Bend bietet Wanderwege mit einer Gesamtlänge von über 240 km. Daher ist es kein Wunder, dass Wandern die Hauptaktivität im Park ist. Es gibt unzählige Wege und viele beliebte Wanderungen. Nähere Infos gibt es in den Visitor Centers.

★ **Lost Mine Trail** WANDERN & TREKKEN
(www.nps.gov/bibe; Chisos Basin Rd) Auf dieser Wanderung in den Chisos Mountains dreht sich alles um die Aussicht, die immer besser wird, während man 300 Höhenmeter überwindet und man sich schließlich auf gleicher Höhe mit **Casa Grande**, **Lost Mine Peak** und – am höchsten Punkt – der **Sierra del Carmen** befindet. Wenn man glaubt, den Gipfel endlich erreicht zu haben, sollte man noch weiter gehen – der Pfad endet an einem spektakulären Abgrund.

Die Rundwanderung ist 7,7 km lang, aber man kann bereits nach einer Teilstrecke, auf einem Kamm rund 1,8 km ab Beginn des Wanderweges, die tolle Aussicht genießen.

Santa Elena Canyon Trail WANDERN & TREKKEN
(www.nps.gov/bibe) Eine Wanderung auf diesem Pfad am Fluss ist ein Muss wenn man keine Zeit hat, den Rio Grande hinunterzutreiben. Die 2,7 km lange Rundwanderung beginnt am Ende des Ross Maxwell Scenic Dr und führt Wanderer den Fluss hinauf in den überraschend steilen, schmalen Santa Elena Canyon. Der Weg überquert den Terlingua Creek kurz nach Beginn; man sollte ein paar alte Schuhe mitbringen, für den Fall, dass man durchs Wasser waten muss.

Schlafen

Zelt-Camper und Leute mit kleineren Wohnmobilen, die keinen Anschluss benötigen, können die drei Hauptcampingplätze benutzen. Einige nehmen Reservierungen an, andere verfahren nach dem Motto „Wer zuerst kommt, mahlt zuerst“. Die Campingplätze füllen sich während der Collegeferien im Frühjahr sowie an Thanksgiving und an Weihnachten. Es gibt auch einfache Stellplätze an den Straßen im Hinterland.

Es gibt nur drei haustierfreundliche Zimmer in der Chisos Mountain Lodge. Sie befinden sich in Cottages, die zwei Jahre im Voraus ausgebucht sind.

Chisos Basin Campground CAMPING $
(☎ 877-444-6777; www.nps.gov/bibe; Stellplatz Zelt & Wohnmobil 14 US$) Der zentral gelegenste der Hauptcampingplätze ist dieser 24 ha große Platz mit Steinhütten und Picknick-

tischen und nahen Sanitäreinrichtungen. Er befindet sich direkt neben dem **Chisos Lodge Restaurant** (Lodge Dining Room; www.chisosmountainlodge.com; Chisos Mountain Lodge; Mittagessen 7–12 US$, Abendessen 10–22 US$; ⊙7–10, 11–16 & 17–20 Uhr) und dem **Basin Store** (☎432-477-2291; ⊙7–21 Uhr) sowie mehreren beliebten Wegen. 26 Stellplätze können von 15. November bis Mai auf www.recreation.gov im Voraus reserviert werden; die übrigen werden nach dem Motto „Wer zuerst kommt, mahlt zuerst" vergeben.

Chisos Mountain Lodge MOTEL **$$**
(☎432-477-2291, 877-386-4383; www.chisosmountainslodge.com; Lodge & Motel Zi. 147–151 US$, Cottages 166 US$; P❄📶) Die vier Unterkunftsoptionen im Chisos Basin (die zusammen als „Chisos Mountain Lodge" bekannt sind) werden von dem Konzessionär Forever Resorts betrieben. Sie sind gut, aber nicht gerade großartig. Außerhalb des Nationalparks gibt es bessere Optionen, aber die Landschaft ist hier viel schöner und es ist toll nach einer Wanderung nicht noch 45 Minuten fahren zu müssen, ehe man sich ausruhen kann.

ℹ Praktische Informationen

Neben dem Parkhauptquartier und dem Visitor Center an der Panther Junction gibt es Visitor Centers im **Chisos Basin** (☎432-477-2264; www.nps.gov/bibe; ⊙8.30–12 & 13–16 Uhr) und an der **Persimmon Gap** (☎432-477-2393; www.nps.gov/bibe; ⊙9–11.30 & 12.30–16 Uhr). In **Castolon** (☎432-477-2222; www.nps.gov/bibe; ⊙Nov.–April 10–12 & 13–16 Uhr) und im **Rio Grande Village** (☎432-477-2271; www.nps.gov/bibe; ⊙Nov.–April 8.30–16 Uhr) gibt es außerdem mehrere saisonale Visitor Centers, die von November bis April geöffnet haben.

Wer Infos dazu braucht, wie man das Beste aus einem Besuch herausholen kann, sollte mit den Park Rangern sprechen und einen Blick auf die Anschlagtafeln werfen, an denen Listen der anstehenden Lern- und Infoaktivitäten ausgehängt sind. Es gibt außerdem eine Palette an kostenlosen Faltblättern zu bestimmten Themen, z. B. Biodiversität, Wandern und Backpacken, Geologie, Archäologie und Dinosaurier.

ℹ Gefahren & Ärgernisse

Der Big Bend National Park ist einer der abgelegensten Orte in Nordamerika. Er liegt inmitten einer Wildnis, die alle möglichen potentiellen Gefahren birgt. Daher sollte man einige Vorsichtsmaßnahmen ergreifen.

- Auf gar keinen Fall sollte man die Hitze unterschätzen, schließlich befindet man sich in der Wüste. Besucher sollten viel Wasser trinken und beim Wandern jede Menge Wasser mitnehmen.
- Um sich gegen Sonnenbrand zu schützen, sollten Besucher einen Hut, eine lange Hose und ein langärmeliges T-Shirt tragen und Sonnenmilch auftragen.
- Wanderungen sollte man früh morgens oder abends unternehmen, nicht mittags wenn die Sonne den Big Bend National Park in einen riesigen Ofen verwandelt.
- Die giftigen Schlangen und Taranteln hier greifen nicht an, es sei denn, sie werden provoziert. Einfache Daumenregel? Nicht provozieren! Die meisten Schlangen verhalten sich tagsüber eher zurückhalten und man dürfte kaum einer begegnen. Wer nachts unterwegs ist, sollte auf den Wegen bleiben und eine Taschenlampe benutzen.
- Big Bends Skorpione sind nicht tödlich, aber man sollte dennoch sofort medizinische Hilfe aufsuchen, wenn man gestochen wurde. Vor dem Anziehen sollten Stiefel und Schuhe umgedreht und ausgeklopft werden.

ℹ Anreise & Unterwegs vor Ort

Es gibt keine öffentlichen Verkehrsmittel, die zum oder vom Park oder im Park verkehren. Die nächst gelegenen Busse und Züge fahren durch Alpine, 108 Meilen (174 km) nordwestlich der Panther Junction. Die nächst gelegenen größeren Flughäfen befinden sich 230 Meilen (370 km) nordöstlich in Midland oder 325 Meilen (520 km) nordwestlich in El Paso (S. 820).

Tanken kann man an den Tankstellen an der Panther Junction und im Rio Grande Village.

Die Grenzpatrouille hat Checkpoints für Fahrzeuge aufgebaut, die aus Richtung Big Bend kommen. Wer kein US-Bürger ist, sollte seinen Pass bereithalten und vorzeigen, um zu beweisen, dass man nicht aus Mexiko kommt, und um Verzögerungen zu vermeiden.

Big Bend Ranch State Park

Der 486 km² große **Big Bend Ranch State Park** (☎432-358-4444; http://tpwd.texas.gov; abseits Rte 170; Erw. Nov.–April/Mai–Okt. 5/3 US$, Kind unter 13 Jahre kostenlos) erstreckt sich über die Wüste zwischen Lajitas und Presidio, und vom Rio Grande Richtung Norden in eine der wildesten und unberührtesten Landschaften Nordamerikas. Obwohl er riesig ist, ist diese ehemalige Ranch eines der am besten gehüteten Geheimnisse in Big Bend. Das Gebiet umfasst viele bemerkenswerte Sehenswürdigkeiten, z. B. den beeindruckenden **Solitario**, eine geologische Formation, die vor 36 Mio. Jahren durch eine vulkanische Explosion entstand. Die daraus entstandene Caldera misst 13 km von Osten nach Westen und 14 km von Norden nach Süden.

Die landschaftlich reizvolle River Road schlängelt sich auf der FM 170 durch den Park neben dem Rio Grande. Kurze Wanderwege zwischen der FM 170 und dem Fluss eigenen sich gut für Tagesausflügler, die ihre Beine strecken und ein bisschen von der beeindruckenden Landschaft erkunden wollen. Zerklüftetet Wander- und Mountainbike-Pfade zerschneiden das Hinterland. Da der Park nur wenige Einrichtungen und Besucher hat, sollte man gut vorbereitet hierher kommen. Wer Richtung Hinterland unterwegs ist, sollte eine gute Karte, Ersatzreifen, einen Benzinkanister und 4 l Wasser pro Tag und Person sowie Sonnenmilch, einen Hut, Moskitospray und einen guten ausgerüsteten Erste-Hilfe-Kasten mitbringen.

Camping ohne Schnickschnack (5 US$) gibt es im Hinterland, wo keine ausgewiesenen Stellplätze existieren. Plätze, die mit einem Fahrzeug angefahren werden können (8 US$), mit Picknicktischen, Feuerstellen und Plumpsklos findet man auf den vier Campingplätzen entlang der FM 170. Im Inneren des Park gibt es ebenfalls Plätze, die mit dem Fahrzeug angefahren werden können. Wer campen möchte, muss immer im Voraus reservieren (☎512-389-8919) und benötigt eine Genehmigung.

Wenn man die Gegend wirklich erkunden will, braucht man ein Auto. Der **Barton Warnock Visitor Center** (☎432-424-3327; http://tpwd.texas.gov; FM 170; Erw. Nov. –April/ Mai–Okt. 5/3 US$, Kind unter 13 Jahre kostenlos; ⌚8–16.30 Uhr) am östlichen Ende des Parks liegt 95 Meilen (153 km) südlich von Alpine. Der westliche Eingang im Fort Leaton State Historic Park befindet sich 63 Meilen (101 km) südlich von Marfa.

Eine landschaftlich schöne und empfehlenswerte **Rundtour** umfasst Alpine, Terlingua, die River Road/FM 170 durch den Park und Marfa. Die River Road/FM170 erstreckt sich 27 Meilen (43 km) zwischen Barton Warnock and Fort Leaton.

Zentrales westliches Texas

Die kleinen Städtchen im Westen von Texas sind mittlerweile mehr als nur die Tore zum Big Bend National Park. Fort Davis, Marfa, Alpine und Marathon versprühen ein Flair der Gelassenheit und können Traveller auf der Durchreise problemlos bei Laune halten. Kunstfans werden die Galerien und Museen in Marfa genießen; Outdoor-Abenteurer können in den Davis Mountains wandern und campen, wo man im McDonald Observatory außerdem die Sterne erkunden kann. Und auch wer auf ausgefallene Sehenswürdigkeiten, Bars und Unterkünfte steht, ist in der Region bestens aufgehoben: Hier gibt es von Geisterlichtern zu Tipis alles – und eben ein bisschen unkonventioneller.

Fort Davis

Mit seiner Lage auf 1524 m über dem Meeresspiegel hat Fort Davis gegenüber dem restlichen Texas einen Vorteil, sowohl im Hinblick auf die Höhe als auch auf das kühlere Wetter, das hier herrscht. Beides macht Fort Davis zu einer beliebten Oase im Sommer, wenn die Bewohner von Westtexas in die Berge ziehen, um der sengenden Wüstenhitze zu entkommen. Das Gebiet ist Teil der Chihuahuan Desert und der Davis Mountains; dies sorgt für eine einzigartige Lage, mit weiten Flächen, die urplötzlich von Felsformationen unterbrochen werden, die aus der Erde emporzuspringen scheinen.

Die Stadt selbst entstand nahe dem gleichnamigen Fort, das 1854 erbaut wurde, um die Pioniere und Goldsucher zu schützen, die vor den Angriffen der Komantschen und Apachen nach Westen flohen. Das Städtchen hat sich eine Wild-West-Atmosphäre bewahrt, die ihrer Geschichte gebührt.

Sehenswertes & Aktivitäten

★ McDonald Observatory STERNWARTE
(☎432-426-3640; www.mcdonaldobservatory.org; 3640 Dark Sky Dr; Tageskarte Erw./Kind 6–12 Jahre/ unter 6 Jahre 8/7 US$/kostenlos; ⌚Visitor Center 10–17.30 Uhr; 👪) Der Mitte von Westtexas fehlt die Lichtverschmutzung der Großstädte; sie bietet daher einige der klarsten und dunkelsten Nachthimmel Nordamerikas. Dies macht die Gegend zu einem perfekten Ort für eine Sternwarte. Einige der größten Teleskope der Welt befinden sich hier oben auf dem Gipfel des **Mt. Locke** (2070 m). Sie sind so riesig, dass man sie schon aus kilometerweiter Entfernung sieht. Auf den beliebten Sternpartys lernen Besucher, den Nachthimmel auf ganz neue Art und Weise zu sehen.

Davis Mountains State Park STATE PARK, AUSSICHTSPUNKT
(☎432-426-3337; www.tpwd.state.tx.us; Hwy 118; Erw./Kind unter 13 Jahre 6 US$/kostenlos) Die majestätischen Sonnaufgänge und Sonnen-

untergänge in diesem abgelegenen Park sind die schönsten, die wir je gesehen haben – und wir haben viele gesehen. Dieser wundervolle Ort liegt nur einige Kilometer nordwestlich von Fort Davis am Hwy 118, inmitten der größten Bergkette von Texas. Wandern, Mountainbiken, Reiten (mit dem eigenen Pferd) und Sternebeobachtung sowie Vogelbeobachtung sind beliebte Aktivitäten hier. Im Parkhauptquartier gibt es eine Checkliste mit Vogelnamen.

Fort Davis National Historic Site HISTORISCHE STÄTTE
(432-426-3224; www.nps.gov/foda; Hwy 17; Erw./Kind unter 16 Jahren 7 US$/frei; 8–17 Uhr;) Vor einer beeindruckenden Kulisse steht am Fuß des Sleeping Lion Mountain der bemerkenswert gut erhaltene Militärgrenzposten Fort David. Er wurde 1854 errichtet und 1891 aufgegeben. Neben etwa 100 Ruinen sind 20 Gebäude noch erhalten, fünf von ihnen wurden restauriert und mit Möbeln aus der damaligen Zeit ausgestattet.

Balmorhea State Park SCHWIMMEN
(432-375-2370; www.tpwd.texas.gov; Hwy 17; Erw./Kind unter 13 Jahre 7 US$/kostenlos; 8–19.30 Uhr oder bis Sonnenuntergang) Schwimmen, Tauchen und Schnorcheln sind die Attraktionen in diesem 18,6 ha großen Park, einer wahren Oase in der Wüste von Westtexas. Der 7,6 m tiefe Swimmingpool ist 4047 m² groß und damit der größte quellengespeiste Pool in den USA. Er hat das ganze Jahr über rund 24 °C. Der Park schließt um 19.30 Uhr oder bei Sonnenuntergang – je nachdem, was früher ist.

Schlafen & Essen

Die lokalen Alkoholgesetze besagen, dass man kein Erwachsenengetränk zum Abendessen bestellen kann, aber fast überall in der Stadt darf man seine eigene Flasche (Bring Your Own Bottle, BYOB) mitbringen. Eine Ausnahme ist das **Black Bear Restaurant** (432-477-2291; www.tpwd.texas.gov; 16453 Park Rd 3, Indian Lodge; Frühstück & Mittagessen 7–12 US$; Mi–So 7–14), wo dies verboten ist. Das **Blue Mountain Bistro** (432-426-3244; www.blue-mountain-bistro.com; 101 Memorial Sq; Hauptgerichte 12–32 US$; So–Di 17–20, Fr & Sa bis 21, Sa & So 7.30–10 Uhr) ist das einzige Lokal mit komplett ausgestatteter Bar.

Stone Village Tourist Camp MOTEL $
(432-426-3941; www.stonevillagetouristcamp.com; 509 N State St; Camp-Zi. 39 US$, Motel-Zi. 78–108 US$, Suite 108 US$;) Dieses renovierte Motel hat gute Angebote. Die 14 Standardzimmer sind freundlich und bequem und die sechs Campzimmer perfekt für Traveller, die aufs Geld achten müssen. Letztere befinden sich in den ehemaligen Garagen und sind mit Betonfußböden, Steinwänden, einem Dach, Strom, einem Waschbecken und sogar WLAN ausgestattet. Der einzige Haken? Ein Ende des Zimmers besteht aus einer Stellwand sowie Vorhängen anstelle einer Wand.

★ **Indian Lodge** INN $$
(Lodge 432-426-3254, Reservierungen 512-389-8982; www.tpwd.texas.gov; Hwy 118; Zi. 95–125 US$, Suite 135–150 US$;) Die historische Lodge mit 39 Zimmern befindet sich im Davis Mountains State Park und ist eigentlich fast schon ihr eigener separater State Park. Sie wurde in den 1930er-Jahren vom Civilian Conservation Corps erbaut und hat 45 cm dicke Lehmziegelmauern, handgeschnitzte Zedernmöbel und Stakendecken (aus dekorativen Holzlatten), die ihr das Aussehen eines *pueblo* des Südwestens verleihen, allerdings mit Pool und Souvenirladen. Unbedingt früh im Voraus buchen.

Stone Village Market MARKT, SANDWICHES $
(432-426-2226; www.stonevillagetouristcamp.com; 509 N State St; Sandwiches 5–6 US$; 7–19 Uhr;) Auf der Suche nach dem perfekten Sandwich für ein Sonnenuntergangspicknick? Dann sollte man zu der Delikatessetheke in diesem freundlichen Markt gehen und sich den Cranberry-Mandel-Hühnchen-Salat gönnen. Im restlichen Markt gibt es jede Menge Snacks und Getränke, mit denen man sein Picknick abrunden kann.

An- & Weiterreise

Es fahren keine regelmäßigen öffentlichen Transportmittel nach Fort Davis oder in die Davis Mountains. Von El Paso und San Antonio kann man per Zug der Bus in das nahe gelegene Alpine (24 Meilen/39 km entfernt) gelangen und dort ein Auto mieten.

Die nahe gelegensten Flughäfen sind der **Midland International Airport** (rund 160 Meilen/256 km entfernt) und der **El Paso International Airport** (ELP; 915-212-0330; www.elpasointernationalairport.com; 6701 Convair Rd;), 194 Meilen (ca. 310 km) entfernt.

Marfa

Im winzigen, staubigen Marfa trifft die New Yorker Kunstszene auf die Cowboykultur und die Grenzkontrollformalitäten des westlichen Texas. Hier scheinen die verschiedenen Fraktionen ohne Konflikte nebeneinander zu koexistieren. Vielleicht sind es die mysteriösen Marfa Mystery Lights, die dafür sorgen, dass die Atmosphäre eher unkonventionell als konfrontativ ist.

Marfa wurde in den 1880er-Jahren gegründet. Ihre wichtigsten beiden kulturellen Ereignisse fanden jedoch in der letzten Hälfte des 20. Jhs. statt. Der erste Ruhm kam als Rock Hudson, Elizabeth Taylor und James Dean hier den Film *Giganten* (1956) drehten. Seitdem entstanden hier u.a. die Kinofilme *There Will Be Blood* (2007) und *No Country for Old Men* (2007).

Was die New Yorker angeht: Marfa ist ein Wallfahrtsort für Kunstliebhaber, dank einer der größten Installationen minimalistischer Kunst, die Galerien, ausgeflippte Unterkünfte und interessante Restaurants angezogen haben. Die US-Grenzschutzpolizei hat hier einen Hauptsitz und ihre Präsenz wurde in den letzten Jahren sichtbar ausgeweitet.

Sehenswertes

★ Chinati Foundation Museum MUSEUM

(☎ 432-729-4362; www.chinati.org; 1 Calvary Row; Erw./Student Tour der vollständigen Sammlung 25/10 US$, ausgewählte Tour 20/10 US$; ⏲ geführte Tour Mi–So 10 & 14 Uhr) Wenn man die historische Artilleriehütte mit ihren riesigen Fenstern, weitläufigen Wüstenausblicken und sonnengesprenkelten Aluminiumboxen betritt, macht das Trara um Marfa plötzlich Sinn. Der Künstler Donald Judd hat Marfa eigenhändig auf die Kunstlandkarte der Welt gesetzt, als er dieses Museum auf dem Standort eines ehemaligen Armeepostens errichtete. Das Gelände und die verlassenen Gebäude beherbergen heute eine der größten Dauerausstellungen minimalistischer Kunst weltweit. Der ganze Ort ist eine atemberaubende Mischung aus Kunst, Architektur und Landschaft.

Marfa Mystery Lights Viewing Area AUSSICHTSPUNKT

(Hwy 90) Geisterlichter, mystische Lichter – wie auch immer man sie nennen mag: Die Lichter, die unter den Chinati Mountains bei Marfa flackern, regen seit Jahrzehnten die Fantasie der Reisenden an. An vielen Abenden scheint das eigentliche Rätsel zu sein, ob man in Wirklichkeit nicht nur die Scheinwerfer eines Autos in der Ferne sieht. Man sollte sein Glück an diesem Aussichtspunkt, 9 Meilen (14 km) östlich von Marfa am Hwy 90/67 versuchen.

Ballroom Marfa GALERIE

(☎ 432-729-3600; www.ballroommarfa.org; 108 E San Antonio St; empfohlene Spende 5 US$; ⏲ Mi–Sa 10–18, So bis 15 Uhr) GRATIS Man sollte sich unbedingt erkundigen, was im Ballroom Marfa los ist, einer gemeinnützigen Kunststätte in einer ehemaligen Tanzhalle. Der Fokus liegt auf unkonventionellen, interessanten Projekten, z.B. Filminstallationen und ausgezeichneten monatlichen Konzerten.

Schlafen

★ El Cosmico CAMPING $

(☎ 432-729-1950; www.elcosmico.com; 802 S Highland Ave; Stellplatz Zelt 30 US$/Pers., Safarizelte 95 US$, Tipis & Jurten 165 US$, Wohnwagen 165–210 US$; P 📶 🐾) Eine der verrücktesten Unterkunftsoptionen in Texas, wo man in modernen, umbauten Wohnwagen, Tipis, Safarizelten oder sogar einer Yurte schlafen kann. Es ist nicht jedermanns Sache. Das Gelände ist trocken und staubig, man muss vielleicht im Freien duschen und es gibt keine Klimaanlagen (zum Glück ist es nachts aber kühl hier). Aber wann kann man sonst schon mal in einem Tipi schlafen?

★ Hotel St. George BOUTIQUEHOTEL $$$

(☎ 432-729-3700; www.marfasaintgeorge.com; 105 S Highland Ave; Zi. ab US$260; ❄ @ 🐾) In einem Ort, der ein Fan von minimalistischen Kuben ist, ist dies unser Favorit: Die Designerzimmer, die 2016 für Gäste öffneten, sind die Idee des Einheimischen und Vorstandsmitgliedes der Chinati Foundation Tim Crowley. Details und Dekor spiegeln erlesene Kunstfertigkeit, regionale Geschichte und Marfa-eigene Kreativität, von der auffälligen Kunst bis hin zur kleinen, aber einladenden **Marfa Book Company** (☎ 432-729-3700; www.marfabookco.com; 105 S Highland Ave; ⏲ 9–20 Uhr), die hierher umgezogen ist.

Essen & Ausgehen

Food Shark FOOD TRUCK $

(www.foodsharkmarfa.com; 909 W San Antonio St; Hauptgerichte 6–9 US$; ⏲ Fr–So 12–15 Uhr) Wenn in der Nähe der Hauptstraße durch die Stadt ein klappriger alter Imbisswagen zu sehen ist, dann ist das Food Shark geöffnet. Wer das Glück hat, ihn zu erwischen, bekommt hier unglaublich frischen Griechischen Salat und die Spezialität der Küche: Marfalafel. Die Tagesgerichte sind hervorragend und immer schnell ausverkauft.

WAS ZUR HÖLLE...? PRADA & TARGET IN MARFA.

Man fährt eine zweispurige Highway im staubigen Westen von Texas entlang – in der Mitte von Nirgendwo – und plötzlich taucht in der Ferne ein kleines Gebäude wie eine Fata Morgana auf. Während man vorbei fährt schaut man kurz rüber und sieht – einen Prada-Store? Die als Prada Marfa (obwohl sie eigentlich näher an Valentine liegt) bekannte Kunstinstallation der Betreiber des Ballroom Marfa verkauft keine Handtaschen für 1700 US$, aber erregt als ironischer Kommentar zum Thema „Konsum" doch die Aufmerksamkeit der Besucher.

Im Osten am Hwy 90, zwischen Alpine and Marathon, liegt das neue **Target Marathon** (Hwy 90), eine Kunstinstallation aus dem Jahr 2016, die dem Prada Marfa einen Stoß zu versetzen scheint. Was kommt als nächstes? Bitte Bescheid sagen, falls man etwas Neues entdeckt.

Cochineal AMERIKANISCH $$$

(☎ 432-729-3300; www.cochinealmarfa.com; 107 W San Antonio St; kleine Teller 9–12 US$, Hauptgerichte ca. 22–42 US$; ⏲ 17.30–22 Uhr) Die wechselnde Karte des stilvollen, aber minimalistischen Restaurants (mit einem Garten) ist wegen ihrer hochwertigen Bio-Zutaten ein Magnet für Feinschmecker. Die Portionen sind großzügig bemessen, darum sollte man sich anstelle eines Hauptgerichts ruhig ein paar kleine Teller teilen (vielleicht Rinderbrust-Tacos, Austern-Pilz-Risotto oder hausgemachte Ramen-Suppe mit Entenbrust). Eine Reservierung ist ratsam.

Planet Marfa BAR

(☎ 432-386-5099; 200 S Abbott St; ⏲ Mitte März–Nov. Fr & Sa 14 –24, So bis 1 Uhr) Diese wunderbar unkonventionelle Freiluftbar, die offiziell an den Wochenenden von den Frühlingsferien bis Thanksgiving geöffnet ist, verkörpert das Wesen des Nachtlebens à la Marfa. Abends gibt's normalerweise Livemusik; Zelte schützen die Gäste vor den Elementen. Mit etwas Glück findet man ein Plätzchen im Tipi.

ℹ Praktische Informationen

Marfa Visitors Center (☎ 432-729-4772; www.visitmarfa.com; 302 S Highland Ave; ⏲ Mo–Fr 8–17, Sa & So 10–16 Uhr außer an Wochenenden, an denen Events stattfinden) Viele gute Infos zu Galerien, Restaurants und lokalen Attraktionen. Die Restaurantbroschüre, die die Öffnungszeiten aller Lokale der Stadt enthält, ist super hilfreich, vor allem wenn man in der Nebensaison hierher kommt oder an einem Montag oder Dienstag.

ℹ An- & Weiterreise

Es gibt einen Flughafen in Marfa, von dem man allerdings nur dann abfliegen kann, wenn man selbst ein Flugzeug chartert. Die nächstgelegenen kommerziellen Flughäfen liegen 156 Meilen (250 km) entfernt in Midland bzw. 190 Meilen (305 km) entfernt in El Paso.

Man kann jedoch mit einem Greyhound-Bus hierher kommen. Die **Busstation** (☎ 432-729-1992; 1412 Berlin St) befindet sich in der Berlin St, gleich westlich vom Zentrum. Wer mit dem Zug herkommen möchte, kann mit dem Amtrak-Zug ins nahegelegene Alpine fahren (26 Meilen/42 km entfernt).

Alpine

Alpine ist voll von Hotels und Restaurants und verdammt netten Einwohnern. Es eignet sich gut als Ausgangsbasis für regionale Erkundungen. Das zentral zwischen Fort Davis, Marfa und Marathon gelegene Alpine befindet sich eine halbstündige Fahrt entfernt von all diesen Orten. Und es ist nicht nur ein geografisches Zentrum: Alpine ist der Sitz von Brewster County und die größte der vier Städte, und bietet Dienstleistungen und Annehmlichkeiten, mit denen die anderen nicht aufwarten können.

Als einzige Stadt in der Gegend mit mehr als 5000 Einwohnern hat Alpine auch das einzige College, das vierjährige Studiengänge anbietet, und das einzige moderne Krankenhaus. Darüber hinaus fungiert Alpine als Transportzentrum: die Amtrak- und Greyhound-Stationen liegen im Herzen der Stadt.

Der Hwy 90, der durchs Zentrum führt, teilt sich in zwei Einbahnstraßen: Die Avenue E führt nach Westen und die Holland Ave nach Osten.

◉ Sehenswertes

Museum of the Big Bend MUSEUM

(☎ 432-837-8143; www.museumofthebigbend.com; 400 N Harrison St; Spenden erbeten; ⏲ Di–Sa 9–17, So 13–17 Uhr) GRATIS Das kleine Museum auf dem Campus der Sul Ross State University ist ein wundervoller Ort, um in die Vergangenheit einzutauchen. Es zeigt Meeresfossilien (vor 135 Mio. Jahren lag Big Bend auf dem Grund eines warmen, flachen Meeres), Steinzeichnungen von Indianern und Exponate über die spanischen Missionare, die mexikanischen Pioniere, die „Buffalo Soldiers“ (Spitzname für afroamerikanische Soldaten, die im Bürgerkrieg kämpften) und natürlich über das Leben der Cowboys (u.a. einen originalgroßen Verpflegungswagen).

Hancock Hill AUSSICHTSPUNKT
(E Ave B) Hinter der Sul Ross State University führt ein Pfad die staubigen Straßen des Hancock Hill hinauf. Von hier aus hat man einen schönen Blick auf die Gegend. Darüber hinaus finden sich hier einige seltsame Artefakte, darunter ein heruntergekommenes Schulpult, das einige Studenten im Jahr 1981 hier herauf schleppten. Um es zu erreichen, muss man bergauf zum ersten Felshaufen laufen und von dort aus dem Pfad nach rechts folgen. Für die Strecke braucht man zu Fuß rund 20 Minuten. Mehr Infos und eine Wegbeschreibung gibt es auf www.sulross.edu/page/1077/desk.

Schlafen & Essen

Antelope Lodge HÜTTEN $
(☎432-837-2451; www.antelopelodge.com; 2310 W Hwy 90; EZ 53–75 US$, DZ 58–80 US$, Suite 105–130 US$; P❄📶🐾) Wer angesichts des Namens eine Jagdhütte erwartet, wird überrascht sein: Auf einem schattigen Rasen stehen rustikale verputzte Hütten mit Ziegeldächern für je zwei Personen, die auch eine Küchenzeile haben. Die Atmosphäre ist freundlich und entspannt.

Beim geologisch bewanderten Besitzer kann man sich nach **geführten Touren zur Mineraliensuche** (☎432-837-2451; www.terismithrockhunts.com) erkundigen.

★ **Holland Hotel** HISTORISCHES HOTEL $$
(☎432-837-2800; www.thehollandhoteltexas.com; 209 W Holland Ave; Zi. 150–225 US$, Suite 170–250 US$; ❄📶🐾) Das 1928 erbaute, wunderbar restaurierte Gebäude aus der spanischen Kolonialzeit hat elegant möblierte Zimmer mit handgearbeiteten Holzmöbeln, Western-Kunst und schicken modernen Bädern. In der klassischen Lobby mit ihren Ledersesseln und Holzdecken kann man hervorragend entspannen. Hier gibt es außerdem ein sehr gutes (und teures) Restaurant, den Century Bar & Grill. Wer alleine reist und aufs Geld schauen muss, sollte versuchen, den winzigen „Nina's Room" zu ergattern (95 US$).

Alicia's Burrito Place MEXIKANISCH $
(☎432-837-2802; 708 E Gallego Ave; Hauptgerichte 5–12 US$; ⏲Mo 9–15, Di–So 8–15 Uhr) Das Alicias ist bekannt für seine schnellen und scharfen Frühstücksburritos: Eier, Speck und andere Zutaten werden zu tragbaren Gerichten zusammengerollt, die man aus der Hand essen kann. Ein unschlagbares Mittel gegen den einen oder anderen Kater. Der mexikanische Cheeseburger ist ebenfalls der Hit. Hier kann man seine Bestellung auch vom Auto aus abgeben. Nur Barzahlung möglich.

Reata STEAKS $$
(☎432-837-9232; www.reata.net; 203 N 5th St; Mittagessen 10–15 US$, Abendessen 13–40 US$; ⏲Mo–Sa 11.30–14 & 17–22 Uhr) Das nach der Rinderfarm in *Giganten* benannte Steakhaus hat wirklich den Charme einer feudalen Ranch – zumindest im vorderen Teil, wo sich eher die „seriösen“ Gäste aufhalten. Weiter hinten befinden sich dagegen eine lebhafte Bar und eine schattige Terrasse, wo eine ganz andere Stimmung herrscht. Hier kann man sich kreuz und quer durch die Speisekarte futtern und dazu eine Margarita trinken.

Ausgehen & Unterhaltung

Big Bend Brewing Co MIKROBRAUEREI
(☎432-837-3700; www.bigbendbrewing.com; 3401 W Hwy 90; ⏲Bar Mi–Fr 16–18, Sa 13–18 Uhr) Der Schankraum dieser Mikrobrauerei am Stadtrand ist sehr schlicht, aber die Picknicktische drinnen und draußen, die geselligen Bierliebhaber aus aller Welt und die umfassenden Ausblicke auf die Landschaft tröstet einen über das fehlende Innendekor hinweg. Das berühmte Tejas-Lager rundet einen Ausflugstag hervorragend ab.

Railroad Blues LIVEMUSIK
(☎432-837-3103; www.railroadblues.com; 504 W Holland Ave; ⏲Mo–Sa 16–2 Uhr) Das Railroad Blues ist der Ort in Alpine für Livemusik und bietet die größte Bierauswahl im Big Bend Country. Der Club zeigt eine beeindruckende Liste von Musikern und zieht manchmal Bands aus Austin an, die auf Ihrer Tournee Richtung Westen unterwegs sind. Wer sich einfach nur ein bisschen unterhalten möchte, sollte während der Happy Hour herkommen (16–19 Uhr).

Praktische Informationen

Die **Alpine Chamber of Commerce** (☎432-837-2326; www.alpinetexas.com; 106 N 3rd St; ⌚Mo–Fr 9–17, Sa bis 14 Uhr) bietet die Broschüre *Historic Walking Tour*, auf der 44 Stopps im Zentrum eingezeichnet sind.

An- & Weiterreise

Es gibt keine planmäßigen Flüge in dieser Gegend, aber Alpines Flughafen nördlich der Stadt am Hwy 118 kann von gecharterten Flugzeugen angeflogen werden.

Greyhound (☎432-837-5497; www.greyhound.com; KCS Quick Stop, 2305 E Hwy 90; ⌚6–22 Uhr) betreibt Busse von und nach El Paso und San Antonio, mit Transfer in Fort Stockton. Die Fahrkarten kann man online oder in dem Lebensmittelgeschäft kaufen, an dem der Bus hält.

Mietwagen gibt es bei **Alpine Auto Rental** (☎432-837-3463; www.alpineautorental.com; 2501 E Hwy 90; ⌚Mo–Sa 8–18 Uhr).

Die Amtrak-Züge *Texas Eagle* and *Sunset Limited* halten am **Bahnhof** (☎800-872-7245; www.amtrak.com; 102 W Holland Ave). Sie verkehren oft bis spät abends; man sollte Amtrak anrufen, um sich nach den aktuellen Zeiten zu erkundigen. Auf der Website stehen die Preise und Fahrpläne.

El Paso

El Paso hat zu sich selbst gefunden. Lange wurde es als verschlafene Westernstadt betrachtet (El Paso liegt in der Tat im äußersten Westen von Texas). Während die gefährliche Ciudad Juarez (gleich über den Rio Grande) im Süden Schlagzeilen machte und New Mexico im Norden Besuchermassen anlockte, hielt sich El Paso im Hintergrund. Aber diese Zeiten sind vorbei.

Im Zentrum hat ein moderneres, neues Hotel eröffnet, das die Einheimischen ins Zentrum lockt, um zu trinken oder zu essen. Eine Straßenbahn erschließt das Zentrum und die University of Texas in El Paso (UTEP) ist im Bau. Das neue Unterhaltungs- und Wohnviertel Montecillo im Wesen boomt. Die Stadt hat sogar ein neues Baseballteam, die El Paso Chihuahuas. Und das I-Tüpfelchen? Die erste Mikrobrauerei der Stadt wurde 2015 eröffnet.

Outdoor-Typen kommen hier voll auf Ihre Kosten: Im größten urbanen Park der USA gibt es jede Menge Radfahr- und Wandermöglichkeiten, und der nahe gelegene Hueco Tanks State Park (S. 826) eignet sich im Winter ideal zum Felsenklettern. Die Top-Museen der Stadt sind kostenlos. Das Beste ist jedoch die Gastfreundlichkeit der Einheimischen, die dieser Stadt mit ihren fast 700 000 Einwohnern eine familiär-heimelige Atmosphäre verleiht.

Sehenswertes & Aktivitäten

El Paso bedeckt rund 620 km², aber ein Großteil der Fläche wird vom Fort Bliss und dem riesigen Franklin Mountains State Park eingenommen. Die Franklin Mountains teilen die Stadt in eine westliche und eine östliche Hälfte. Das Zentrum liegt südlich der Berge; die I-10 dient als wichtigste Durchgangsstraße. Gleich südlich des Zentrums liegt der Rio Grande und auf der anderen Seite des Flusses Juárez (Mexico).

★ El Paso Museum of Art MUSEUM
(☎915-212-0300; www.elpasoartmuseum.org; 1 Arts Festival Plaza; ⌚Di–Sa 9–17, Do 9–21, So 12–17 Uhr) GRATIS Dieses wirklich empfehlenswerte Museum ist in einem ehemaligen Terminal von Greyhound untergebracht. Besonders stolz ist das Museum zwar auf seine italienische *Madonna mit Kind* (um 1200), doch noch wesentlich beeindruckender ist die Kunst aus dem Südwesten, die durch großartige Werke moderner Künstler wunderbar ergänzt wird. Und das alles darf kostenlos bewundert werden? Reife Leistung von El Paso, alle Achtung!

El Paso Holocaust Museum MUSEUM
(☎915-351-0048; www.elpasoholocaustmuseum.org; 715 N Oregon St; ⌚Di–Fr 9–17, Sa & So 13–17 Uhr) GRATIS In einer überwiegend von Latinos bewohnten Stadt mag es ein wenig unpassend wirken, doch das Holocaust Museum überrascht außen und innen mit seinen durchdachten und bewegenden Exponaten, die einfallsreich präsentiert werden, um ihre Wirkung zu maximieren.

Franklin Mountains State Park PARK
(☎915-566-6441; www.tpwd.texas.gov; 1331 McKelligon Canyon Rd; Erw./Kind unter 13 Jahren 5 US$/frei; ⌚Visitor Center Mo–Fr 8–16 Uhr, Tom Mays Unit Mai–Mitte Sept. 8–17 Uhr; Apr.–Mitte Sept. Mo–Fr 8–17, Sa & So 6.30–20 Uhr) Mit über 97 km² ist dies der größte Stadtpark in den USA. In kürzester Zeit kann man hier der Stadt entfliehen und Katzenfretten, Kojoten und zahlreichen anderen kleineren Säugetieren und Reptilien begegnen. Außerdem gibt es hervorragende Mountainbike- und Wanderwege. Der North Franklin Peak (2192 m) überragt den Park.

Mission Ysleta HISTORISCHES GEBÄUDE
(☎915-859-9848; www.ysletamission.org; 131 S Zaragoza Rd; ⏲Mo–Sa 7–16 Uhr) GRATIS Die Gemeinde hier ist die älteste noch aktive Gemeinde; sie kann bis 1680 zurückverfolgt werden. Die Mission wurde für spanische Flüchtlinge und Tigua-Indianer errichtet, die nach dem Aufstand der Pueblo-Indianer aus New Mexico flohen. Die Originalmission wurde im Jahr 1682 vom Tigua-Stamm gebaut. Die heutige Mission aus Lehmziegeln wurde Mitte des 19. Jhs. errichtet. Der **Glockenturm** mit seiner silbernen Kuppel wurde einige Jahrzehnte später hinzugefügt.

Wyler Aerial Tramway SEILBAHN, AUSSICHTSPUNKT
(☎915-566-6622; www.tpwd.texas.gov; 1700 McKinley Ave; Erw./Kind unter 13 Jahre 8/4 US$; ⏲Fr & Sa 12–19, So 10–17 Uhr) Natürlich kann man sich sportlich betätigen und die Franklin Mountains zu Fuß erklimmen. Wir sagen ja auch nicht, dass man es sich leicht machen soll (oder doch?). Mit dieser Seilbahn dauert es jedoch gerade einmal 4 Minuten bis zur Spitze. Auf der nur 792 m langen Strecke werden 286 Höhenmeter überwunden, bis man von der Aussichtsplattform auf dem **Ranger Peak** (1716 m) den spektakulären Blick auf Texas, New Mexico und Mexiko genießen kann.

National Border Patrol Museum MUSEUM
(☎915-759-6060; www.borderpatrolmuseum.com; 4315 Transmountain Rd; ⏲Di–Sa 9–17 Uhr) GRATIS Dieses kleine, aber informative Museum betrachtet die Geschichte und Aktivitäten der US-Grenzpolizei, die 1924 gegründet wurde – drei Tage nachdem der Kongress den *National Origins Act* verabschiedete, ein Gesetz, das die Einwanderung auf der Grundlage von Herkunftsländerquoten stark einschränkte. Die Sammlung von Werkzeugen und Fahrzeugen, die benutzt wurden, um über die Grenze zu kommen und der Festnahme zu entgehen, ist faszinierend, von Leitern und Booten bis hin zu motorisierten Drachen.

Schlafen & Essen

Gardner Hotel HOTEL, HOSTEL $
(☎915-532-3661; www.gardnerhotel.com; 311 E Franklin Ave; Zi. 63–70 US$; 📶) Das älteste durchgängig betriebene Hotel von El Paso wurde im Rahmen der TV-Sendung *Hotel Impossible* 2016 renoviert und kommt seitdem in neuem Gewand daher. Geschichtsfans müssen sich jedoch keine Sorgen machen: Es hat sich nicht allzu sehr verändert, seit der Gesetzlose John Dillinger hier in den 1930er-Jahren schlief (Tipp: Zimmer 221).

Hotel Indigo BOUTIQUEHOTEL $$
(☎915-532-5200; www.ihg.com; 325 N Kansas St; Zi. ab 196 US$; P❄@📶🏊🐾) Das Zentrum von El Paso ist auch durch dieses im Jahr 2016 eröffnete Hotel etwas bunter geworden. Hier übernachten junge Geschäftsreisende, während die Einheimischen in der schicken Bar Cocktails schlürfen. Das Indigo ist selbst zu einem Ziel geworden. Die modernen aber einladenden Zimmer beginnen ab der fünften Etage, wo sich auch die Lobby, die Bar und der Pool befinden – die Aussicht ist hervorragend.

★ **L&J Cafe** MEXIKANISCH $
(☎915-566-8418; www.landjcafe.com; 3622 E Missouri Ave; Hauptgerichte 8–11 US$; ⏲So–Mi 9–21, Do–Sa bis 22 Uhr) Eines des beliebtesten mexikanischen Restaurants in El Paso. Das L&J serviert leckere Tacos, Fajitas und seine berühmte Enchiladas mit grünem Chili, sowie einen legendären *menudo* (Kutteleintopf) an den Wochenenden. Das L&J liegt neben dem historischen Concordia-Friedhof und sieht auf den ersten Blick ein bisschen zwielichtig aus. Man sollte sich aber nicht abschrecken lassen: Das Café gibt es bereits seit 1927 und das Innere ist wesentlich einladender.

★ **Crave Kitchen & Bar** AMERIKANISCH $$
(☎915-351-3677; www.cravekitchenandbar.com; 300 Cincinnati Ave; Hauptgerichte Frühstück 8–18 US$, Mittag- & Abendessen 9–28 US$; ⏲Mo–Sa 7–23, So bis 18 Uhr) Die Crave Kitchen gewinnt Extrapunkte für Stil – von dem coolen Schild bis zum Besteck, das von der Decke hängt. Dieses hippe kleine Lokal serviert kreative Lieblingsgerichte: Mac'n'Cheese mit grünem Chili, saftige Burger mit Waffelpommes aus Süßkartoffeln und üppige Frühstücksangebote. Auf der Karte stehen außerdem jede Menge Craft-Biere. Es gibt mehrere Filialen in der Stadt, einschließlich eine in der **East Side** (☎915-594-7971; 11990 Rojas Dr; Hauptgerichte Frühstück 8–18 US$, Mittag- & Abendessen 9–28 US$; ⏲Mo–Sa 7–23, So bis 18 Uhr).

Green Ingredient VEGETARISCH $$
(☎915-298-1010; www.greeningredienteatery.com; 201 E Main St; Hauptgerichte Frühstück & Mittagessen 7–19 US$, Abendessen 9–19 US$; ⏲Mo–Do 8–16, Fr bis 20 Uhr) 🌿 Ja, im Land der Cowboys und des Rindfleisches gibt es qualitativ

ABSEITS DER ÜBLICHEN PFADE

HUECO TANKS STATE HISTORICAL PARK

Etwa 51 km östlich von El Paso liegt der knapp 350 ha große **Hueco Tanks State Park & Historical Site** (☎Park 915-857-1135, Reservierungen 512-389-8911; www.tpwd.texas.gov; 6900 Hueco Tanks Rd No 1/FM 2775; Erw./Kind unter 13 Jahre 7 US$/kostenlos; ⏱Mai–Sept. Mo–Do 8–18, Fr–So 7–19 Uhr, Okt.–April 8–18 Uhr), der drei kleine Granitberge enthält, die mit Vertiefungen übersät sind (*hueco* ist das spanische Wort für „Kuhle"). Diese fangen Regenwasser auf und schaffen so eine Oase in der trockenen Wüste. Das Gebiet zog bereits vor 10 000 Jahren Menschen an, wie eine angeschlagene Steinspeerspitze beweist, die hier gefunden wurde. Die Parkmitarbeiter schätzen, dass es im Park über 2000 **Felszeichnungen** gibt, von denen einige 5000 Jahre alt sind.

hochwertige vegane und vegetarische Kost. Man muss nur in die Tiefe dieses Bankgebäudes im Zentrum vordringen und sie finden. In diesem kleinen aber luftigen Lokal werden morgens Pfannkuchen und Omeletts, mittags Salate und Sandwiches und den ganzen Tag über Smoothies verkauft.

★ **Cattleman's Steakhouse** STEAK $$$
(☎915-544-3200; www.cattlemansranch.com; Indian Cliffs Ranch; Hauptgerichte 30–50 US$; ⏱Mo–Fr 17–22, Sa 12.30–22, So 12.30–21 Uhr; 👪) Dieses Restaurant liegt zwar 20 Meilen (32 km) außerhalb der Stadt, doch die Einheimischen würden wohl auch 200 Meilen fahren, um hier zu essen. Das Essen ist gut und die Umgebung noch besser. Die Portionen sind riesig, und für nur 6 US$ extra bekommen zwei Personen eine Hauptspeise und so viele Beilagen, wie sie möchten.

Ausgehen & Unterhaltung

★ **Hillside Coffee & Donut** KAFFEE
(☎915-474-3453; www.facebook.com/HillsideCoffee; 4935 N Mesa St; ⏱So–Mi 6–22, Do–Sa bis 24 Uhr) Wir wissen nicht, ob wir diesen Ort wegen des Eiskaffees, der Gourmet-Donuts oder des herzlichen Services weiterempfehlen. Vielleicht wegen allem? Wer sich im Westen von El Paso herumtreibt und einen Kick braucht – egal ob mithilfe von Koffein, Zucker oder einer hellen, belebten Lokalität – sollte hier Halt machen. Die hilfsbereite Freundlichkeit des Baristas hat uns fast zum Heulen gebracht, fast, als ob wir ein Einhorn oder so etwas ähnliches gesehen hätten.

Ode Brewing Co MIKROBRAUEREI
(☎915-351-4377; www.odebrewingco.com; 3233 N Mesa St; ⏱So–Mi 11–23, Do–Sa bis 24 Uhr) Die Craft-Bier-Szene hat in El Paso nur langsam Fuß gefasst, aber mit der Eröffnung der ersten drei Mikrobrauereien in der Stadt – alle seit 2015 – kann man jetzt sagen: Die Szene rockt. Oder tänzelt zumindest schon leichtfüßig vor sich hin. Ode war der erste Laden und lockt Trinkfreundliche noch immer mit seinen leckeren Ales und Lagern. Die Terrasse ist ebenfalls klasse.

Briar Patch/ Hyde Patio Bar SCHWULE & LESBEN
(☎915-577-9555; www.facebook.com/BriaratHyde; 508 N Stanton St; ⏱14–2 Uhr) Hier ist jeden Tag etwas los: Montags Quizabend, dienstags Karaoke, donnerstags Latino usw. Die Terrasse hinten sollte man auf keinen Fall auslassen: Ein wunderbarer Ort zum Abhängen.

McKelligon Canyon Amphitheater LIVEAUFTRITTE
(McKelligon Canyon Rd) Das Musical **Viva El Paso!** (☎915-231-1165; www.viva-ep.org) wird hier am Freitag- und Samstagabend aufgeführt und auch hin und wieder Sonntagabend (Juni–Ende Aug.).

Abraham Chávez Theatre THEATER
(☎915-534-0609; www.elpasolive.com; 1 Civic Center Plaza) Das Sombrero-förmige Abraham Chávez Theatre ist Heimat der meisten großen Musikorganisationen von El Paso, darunter das **El Paso Symphony Orchestra** (☎915-532-3776; www.epso.org), **Showtime! El Paso** (☎915-544-2022; www.showtimeelpaso.com) und die **El Paso Opera Company** (☎915-581-5534; www.epopera.org). Darüber hinaus gastieren hier viele Konzerte und Theaterstücke.

Praktische Informationen

El Paso Visitors Center (☎915-534-0661; www.visitelpaso.com; 400 W San Antonio St; ⏱Mo–Fr 9–16, Sa bis 14 Uhr)

Franklin Mountains State Park Visitor Center (☎915-566-6441; www.tpwd.texas.gov; 1331 McKelligon Canyon Rd; ⏱8–16 Uhr)

Mission Valley Visitors Information Center (http://visitelpasomissiontrail.com; 9065 Alameda Ave; ⏱Mo–Fr 9–16, Sa & So bis 15

Uhr 📶) Die Website bietet Infos über die Geschichte des Mission Trail und einen selbstgeführten Spaziergang durch San Elizario.

ℹ Gefahren & Ärgernisse

El Paso ist eine der sichersten Städte ihrer Größe in den USA – auch dank der Operation „Hold the Line", eine Bemühung, die illegale Immigration im Schach zu halten. Die grün-weißen Fahrzeuge der Grenzpolizei sind entlang der El-Paso-Seite des Rio Grande gut sichtbar und die Polizeipräsenz hat dazu beigetragen, die Kriminalitätsrate nach unten zu schrauben.

Auf der mexikanischen Seite ist es allerdings eine andere Geschichte. Während El Paso eine der sichersten Städte ist, hat sich Juárez zu einer der gefährlichsten entwickelt, vorwiegend aufgrund von grauenvollen Gewalttaten – einige davon willkürlich – die aus den Drogenkriegen resultieren. Fürs erste sollte man sich den Besuch vielleicht sparen.

ℹ An- & Weiterreise

Der **El Paso International Airport** (ELP; ☎915-212-0330; www.elpasointernationalairport.com; 6701 Convair Rd; 📶) liegt ca. 8 Meilen (13 km) nordöstlich des Zentrums von El Paso. Er ist mit per Bus, Taxi und Shuttel zu erreichen.

Southwest Airlines ist die größte Fluggesellschaft am El Paso International Airport. Weitere Fluglinien sind American Airlines, Delta, United und Allegiant.

Der Bahnhof für die **Greyhound-Busse** (☎915-532-5095; www.greyhound.com; 200 W San Antonio Ave) liegt vier Straßenblöcke vom Zentrum entfernt.

Am **Union Depot** (☎800-872-7245; www.amtrak.com; 700 W San Francisco Ave) kann man in den Amtrak-Zug *Texas Eagle* steigen, der von L. A. nach Chicago fährt, mit Halt in San Antonio, Austin und Dallas. Eine weitere Option ist der *Sunset Limited,* der von L. A. nach New Orleans fährt, mit Halt in San Antonio und Houston. Auf der Website gibt's Infos zu Preisen und Fahrzeiten.

Guadalupe Mountains National Park

Ihn als geheimsten Geheimtipp von Texas zu bezeichnen, ist vielleicht etwas übertrieben, aber tatsächlich kennen nur wenige Texaner den **Guadalupe Mountains National Park** (☎915-828-3251; www.nps.gov/gumo; US Hwy 62/180; Wochenkarte Erw./Kind unter 16 Jahre 5 US$/frei). Der Park erstreckt sich entlang der Grenze zu New Mexico und liegt damit am äußersten Ende von Texas. Trotz des geringen Bekanntheitsgrads ist er einer der heißesten Orte des Staates – und das im wörtlichen wie im übertragenen Sinne. Mit 2667 m ist der Guadalupe Peak auch die höchste Erhebung in Texas.

Das in allen Farben des Herbstes leuchtende Laub im McKittrick Canyon zählt zu den schönsten Anblicken im westlichen Texas. Mehr als die Hälfte des Nationalparks wurde von der US-Regierung als ursprünglich zu belassende Wildnis ausgewiesen.

Die NPS hat die Erschließung bewusst heruntergekurbelt, um die Wildnis des Parks zu erhalten. Hier gibt es keine Restaurants oder Unterkünfte in geschlossenen Räumen und nur vereinzelt Dienstleistungen und Programme. Man sollte daher im Voraus planen und für einen vollen Tank und eine volle Kühltasche sorgen. Im Park gibt's auch keine geteerten Straßen. Was immer man sich im Park ansehen möchte, man muss es zu Fuß erkunden. Aber die Landschaft des Hochlandes und das Wandern hier sind erstklassig.

Informative Programme finden an Sommerabenden im Amphitheater des Pine-Springs-Campingplatzes statt, sowie mehrmals pro Woche im Frühjahr. Die Themen hängen von den Interessen der Ranger ab und reichen von Sternbeobachtung bis Geologie.

ℹ Praktische Informationen

Informationen, Toiletten und Trinkwasser gibt es im **Pine Springs Visitor Center** (☎915-828-3251; www.nps.gov/gumo; ⏲8–16.30 Uhr). Wasser, Toiletten und Outdoor-Ausstellungen findet man im McKittrick Canyon; die Dog Canyon Ranger Station bietet ebenfalls Infos, Toiletten und Wasser.

Auf der Website des Parks gibt es eine Karte, die man vor dem Besuch herunterladen kann.

ℹ An- & Weiterreise

Der Guadalupe Mountains National Park liegt am Hwy 62/180, 110 Meilen (177 km) östlich von El Paso und 55 Meilen (ca. 88 km) südwestlich von Carlsbad, NM. Die nächsten Tankstellen befinden sich 35 Meilen (56 km) in jeder Richtung entlang des Hwy 62/180 und die nächste Werkstatt ist in Whites City, NM, 45 Minuten nordöstlich des Parkeingangs am Hwy 62/180.

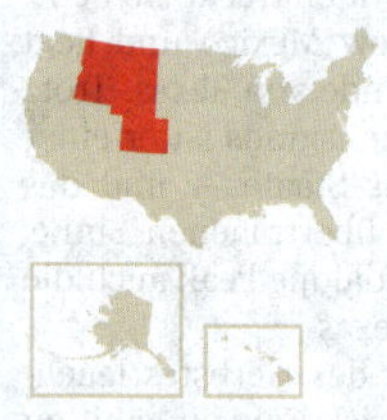

Rocky Mountains

Inhalt ➡

Gut essen

- Root Down (S. 838)
- Loula's (S. 894)
- Sweet Melissa's (S. 872)
- Acorn (S. 837)
- Frasca (S. 844)

Schön übernachten

- Curtis (S. 835)
- Nagle Warren Mansion Bed & Breakfast (S. 871)
- Old Faithful Inn (S. 883)
- Crawford Hotel (S. 835)
- Chautauqua Lodge & Cottages (S. 843)

Auf in die Rocky Mountains!

Das Rückgrat der USA stand schon immer im Zeichen von Abenteuern. Indianer jagten in den Rocky Mountains, aber nur wenige siedelten sich hier an. Die meisten weißen Siedler betrachteten die Berge nur als Hindernisse, nicht als Bestimmungsort. Nur ein paar wagten sich in die Wildnis vor – und manche von ihnen kehrten nie zurück.

Natürlich sind die Rockies heute von Zivilisation durchzogen. Und natürlich planen die Abenteurer von heute ihre Ausflüge zwanglos bei Craft-Bier und einem Bio-Burger. Gleichwohl sind diese Landstriche durchaus nicht gezähmt. Die großen Gebirgszüge bleiben wild, vor allem dank des großartigen Systems öffentlicher Ländereien in den USA.

Jeder kennt die großen Nationalparks: Yellowstone, Rocky Mountain, Grand Teton und Glacier. Aber mehr als die Hälfte der Fläche von Colorado, Wyoming, Montana und Idaho bestehen zudem aus National Forests, National Monuments und National Recreation Areas. Amerikas Spielwiese hat also viel Platz, um der Natur nah zu sein.

Reisezeit

Denver

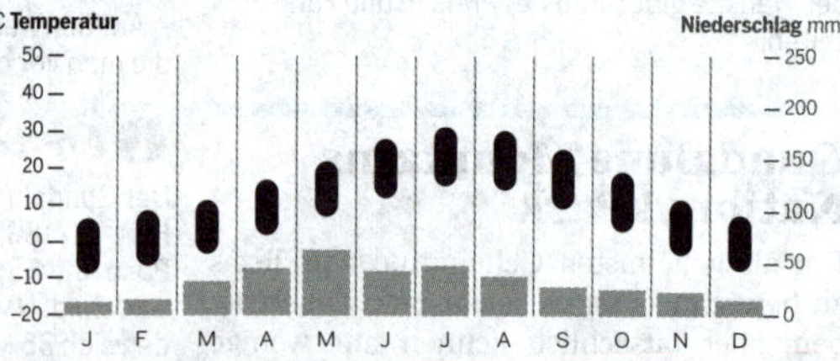

Juni–Aug. Lange sonnige Tage, ideal zum Radfahren, Wandern und Märkte und Festivals besuchen.

Sept. & Okt. Im Herbst ist viel weniger los und es gibt daher tolle Sonderangebote bei Unterkünften.

Jan.–März Schneebedeckte Gipfel, Pulverschneehänge und Après-Ski-Partys vom Feinsten.

Geschichte

Als französische Fallensteller und die Spanier im späten 18. Jh. die Rocky Mountains „entdeckten", lebten hier schon mehrere indianische Stammesverbände, die den Völkern der Nez Percé, der Shoshone, der Crow, der Lakota und der Ute angehörten. Diese Tatsache hielt die Eroberung durch die Europäer nicht auf, und verschiedene Staaten wetteiferten darum, sogenanntes „herrenloses" Land für sich zu beanspruchen, es zu verteidigen, zu verkaufen und zu kaufen.

Beim Louisiana Purchase kauften die jungen USA Frankreich den Anspruch auf das gesamte Land östlich der Kontinentalen Wasserscheide ab. Kurz darauf wurden Meriwether Lewis und William Clark losgeschickt, um das Land zu vermessen und darüber zu berichten, was man hier eigentlich erworben hatte. Bei ihrer 2½-jährigen Forschungsreise bewältigten sie nahezu 13 000 km; die Berichte von ihren Entdeckungen lockten andere Abenteurer an, so dass die Besiedlung langsam in Gang kam.

Bis ins 20. Jh. zogen Wagentrecks in die Rockies und noch weiter, nur zeitweise verlangsamt durch die Fertigstellung der transkontinentalen Eisenbahn durch das südliche Wyoming in den späten 1860er-Jahren.

Um die Siedler unterzubringen, vertrieben die Vereinigten Staaten die Spanier und die Briten aus dem Grenzland im Westen sowie – in einer höchst unrühmlichen Zeit – den größten Teil der hier lebenden Indianer. Die US-Regierung unterzeichnete zahllose Verträge, um die Einwände der indigenen Völker gegen die Ausweitung der Siedlungen zu entschärfen. Stets brach sie diese und drängte die Indianerstämme in immer kleinere Reservate. Als Goldsucher in das Indianerterritorium von Montana vordrangen und die US-Armee Forts entlang des Bozeman Trail errichtete, löste dies mehrere Kriege mit den Lakota, Cheyenne, Arapaho und anderen Stämmen aus.

Ein Gold- und Silberrausch ging der Aufnahme Colorados als Bundesstaat in die USA (1876) voraus. Bald folgten auch Montana (1889), Wyoming (1890) und Idaho (1890). Bergbau, Viehzucht und Holzgewinnung spielten eine wichtige Rolle bei der regionalen wirtschaftlichen Entwicklung, die zu einer Zunahme von Investitionen seitens der Finanzwirtschaft und der Industrie sorgten. Bergwerksbesitzer, weiße Farmer und Rancher besaßen im späten 19. Jh. die Macht, aber die Zyklen des Aufschwungs und Niedergangs in diesen Industriezweigen und ein Ressourcenmanagement, das keinen Wert auf Nachhaltigkeit legte, forderten ihren Tribut von der Landschaft.

Als die Wirtschaft nach dem Zweiten Weltkrieg aufblühte, begannen die Nationalparks Urlauber anzulocken, und das Bewusstsein für die Notwendigkeit des Umweltschutzes wuchs. Der Tourismus wurde in allen vier Bundesstaaten zum führenden Wirtschaftszweig, dicht gefolgt (vor allem in Colorado) vom Militärwesen.

Die politischen Veränderungen der letzten Jahre setzen viele Schutzgebiete in der Rocky-Mountain-Region aufs Spiel. Bestimmte Interessengruppen drängen ständig auf eine verstärkte Ausbeutung der Ressourcen und die Erschließung von Bundesland, das damit der Allgemeinheit entzogen werden könnte.

Land & Klima

Die Rocky Mountains erstrecken sich von der kanadischen Provinz British Columbia bis ins nördliche Mexiko und sind damit Nordamerikas längste Gebirgskette. Mehr als 100 separate Gebirgszüge bilden die Rockies, von denen die meisten in der Laramischen Faltungsphase entstanden, als sich eine ozeanische Platte flach unter die Nordamerikanische Platte schob und dadurch die Rockies nach oben, zur Seite und manchmal übereinander drängte – so bei der Lewis-Überschiebung (Lewis Overthrust Fault) im Glacier National Park, wo kilometerdicke ältere Felsen rund 80 km weit über die Kante jüngerer Felsen geschoben wurden. Im Lauf der Zeit haben Gletscher und die Erosion die Gipfel zu ihrer heutigen Form abgeschliffen, wobei Felsschichten freigelegt wurden, die von der langen, chaotischen Vergangenheit zeugen.

Das Frühjahr ist eine schlammige Zeit; der Schnee schmilzt, und die Laubbäume knospen. In vielen Bergregionen setzt wärmeres Wetter erst Ende Juni ein. In den kurzen Sommermonaten (Juli–Ende Sept.) müssen alle Pflanzen ihren Reproduktionszyklus absolvieren, sodass die Hochgebirgswiesen dann in allen Farben des Regenbogens schimmern. Die Menschen nutzen diese Monate für ihre Erholung und Radfahrer und Rucksackwanderer überschwemmen die Trails – vor allem in großen Teilen Colorados.

In den Rockies kann es das ganze Jahr über Schneefälle geben, obwohl die ersten Schneegestöber in der Regel erst Anfang Ok-

Highlights

1. **Yellowstone National Park** (S. 878) Zwischen Thermalquellen und Geysiren Bären und Bisons entdecken
2. **Aspen** (S. 854) In Colorados wichtigstem Partyresort in die Hollywood-Cowboy-Atmosphäre eintauchen
3. **Grand Teton National Park** (S. 884) Inmitten zerklüfteter Berge wandern und klettern
4. **Boulder** (S. 842) Sich in dem hochgelegenen städtischen Outdoor-Paradies austoben
5. **Südliches Colorado** (S. 860) Die lebendigen Wildweststädte in den San Juan Mountains erkunden

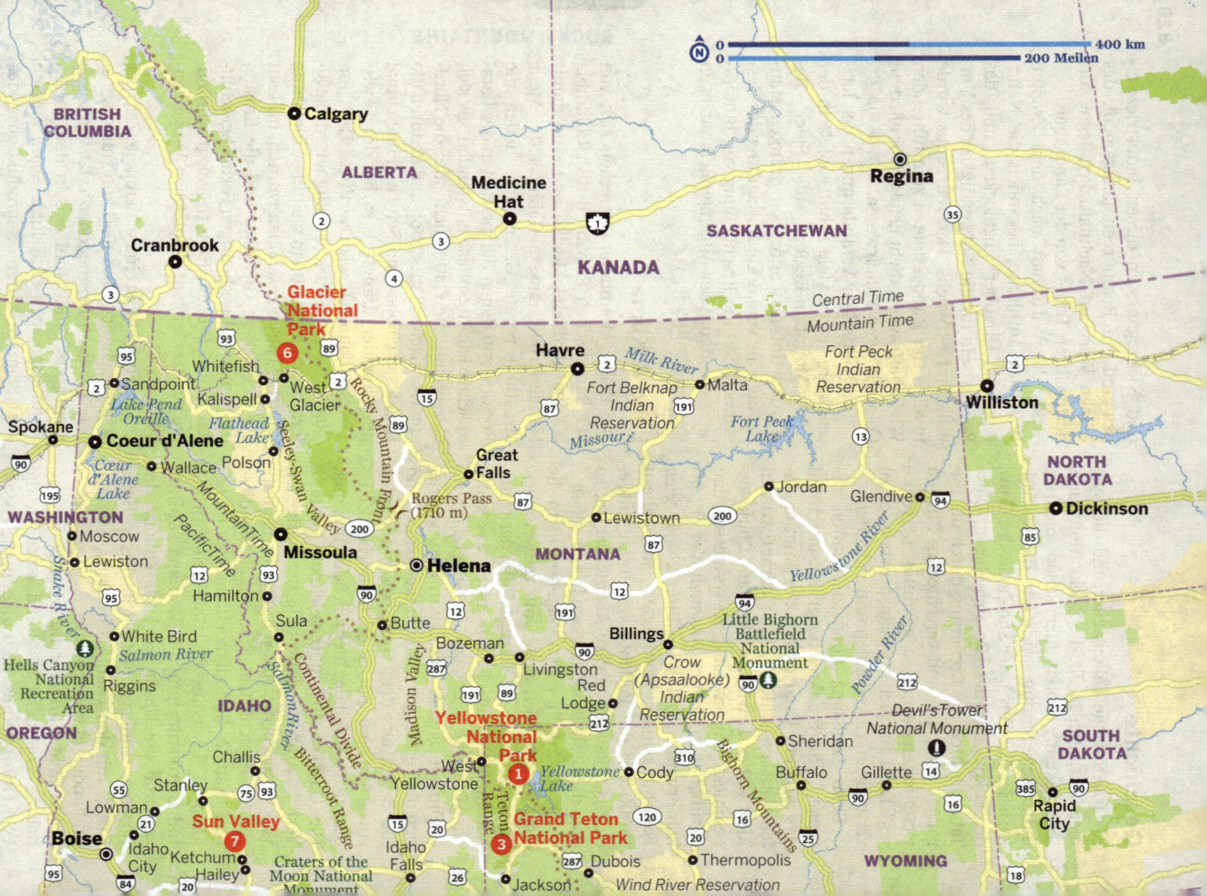

6 **Glacier National Park** (S. 895) An der Going-to-the-Sun Road Naturwunder in ihrer ganzen Pracht fotografieren

7 **Sun Valley** (S. 900) In Idahos Winter-Spielwiese mit den Stars durch den Pulverschnee wedeln

8 **Rocky Mountain National Park** (S. 846) Auf der Straße oder auf Wanderwegen majestätische Höhen erklimmen

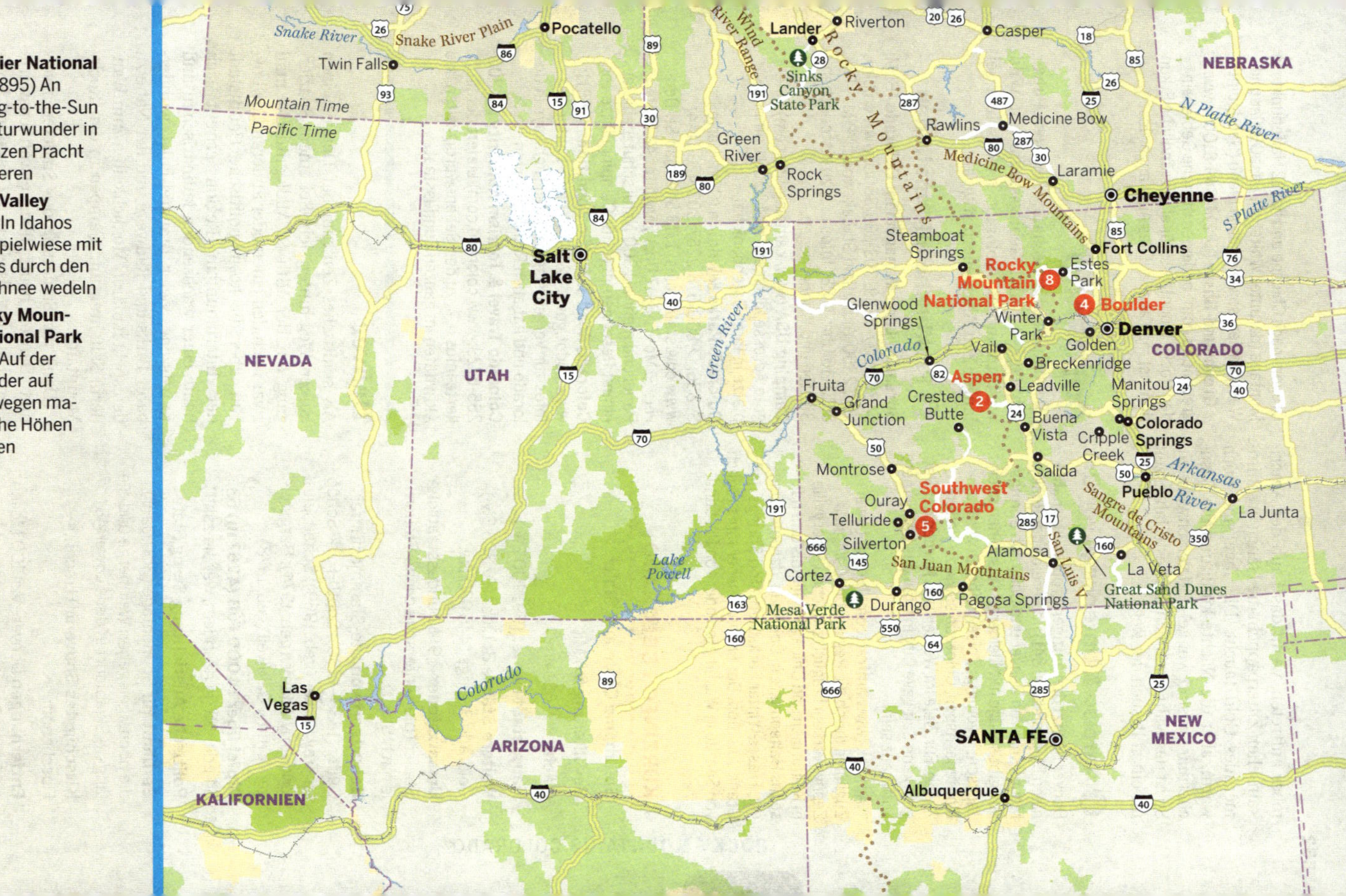

tober auftreten, wenn das Laub der Amerikanischen Zitterpappeln die Hänge in schimmerndes Gold taucht. Die Tage sind noch warm, aber die Nächte kühl, und die Besuchermassen sind weitgehend verschwunden. So ist das wahrscheinlich die beste Jahreszeit für einen Besuch der Region.

Anreise & Unterwegs vor Ort

Denver besitzt den einzigen großen internationalen Flughafen (S. 841) im Bereich der Rocky Mountains. Von Denver und Colorado Springs aus gibt's Flüge mit kleineren Maschinen nach Jackson, Wyoming; Boise, Idaho; Bozeman, Montana; Aspen, Colorado sowie zu weiteren Zielen. Für Ziele im Westen und Norden der Region kann Salt Lake City in Utah das bequemere Luftkreuz sein.

Amtrak (www.amtrak.com) betreibt zwei Zuglinien durch die Region. Der *California Zephyr* verkehrt täglich zwischen Emeryville in Kalifornien und Chicago in Illinois und hat sechs Haltepunkte in Colorado, darunter Denver, Fraser-Winter Park, Glenwood Springs und Grand Junction. Der *Empire Builder* fährt täglich von Seattle in Washington oder von Portland, Oregon, nach Chicago und hat 12 Haltepunkte in Montana (darunter Whitefish, East Glacier und West Glacier) sowie einen in Idaho (Sandpoint).

Greyhound-Busse (☎214-849-8100; www.greyhound.com) bedienen manche Gebiete in den Rocky Mountains, für eine gründliche Erkundung ist man aber auf das Auto angewiesen.

KURZINFOS COLORADO

Spitzname Centennial State

Bevölkerung 5,5 Mio.

Fläche 269 601 km²

Hauptstadt Denver (693 100 Ew.)

Weitere Städte Boulder (97 385 Ew.), Colorado Springs (445 830 Ew.)

Umsatzsteuer 2,9 % bundesstaatliche Steuer (plus unterschiedliche Steuern je nach Stadt)

Geburtsort von Ute-Stammesführer Ouray (1833–1880); South-Park-Schöpfer Trey Parker (geb. 1969); Schauspielerin Amy Adams (geb. 1974); Bergsteiger Tommy Caldwell (geb. 1978)

Gipfel über 14 000 Fuß (4267 m) 53, 54 oder 58 (je nachdem, wer sie zählt)

Politische Ausrichtung Swing State

Berühmt für Sonnentage (300/Jahr), die höchstgelegenen Weinberge und die längste Skiabfahrt in den „Lower 48“

Kitschigstes Souvenir Hirschhuf-Flaschenöffner

Entfernungen Denver–Vail 100 Meilen (160 km), Boulder–Rocky Mountain National Park 38 Meilen (61 km)

COLORADO

Spektakuläre Landschaften, endlose Pulverschneepisten und Gebirgsstädte mit Wildwest-Anmutung: Colorado lockt schon seit langer Zeit Abenteuerlustige an.

Praktische Informationen

Bureau of Land Management Colorado (BLM; ☎800-877-8339, 303-239-3600; www.co.blm.gov; 2850 Youngfield St, Lakewood; ⏱Mo–Fr 8.30–16 Uhr; 🚌28) Infos u. a. zu historischen Stätten und Wanderwegen.

Camping USA (www.camping-usa.com) Eine gute Adresse, die mehr als 12 000 Campingplätze in ihrer Datenbank hat.

Colorado Parks & Wildlife (CPW; Karte S. 836; ☎800-678-2267, 303-470-1144; www.cpw.state.co.us; 1313 Sherman St, Denver; ⏱Mo–Fr 8–17 Uhr) Verwaltet 42 State Parks und mehr als 300 Naturschutzgebiete; nimmt Reservierungen für Campingplätze vor.

Colorado Road & Traffic Conditions (☎511; www.codot.gov; ⏱24 Std.) Liefert aktuelle Infos zur Verkehrslage auf den Highways in Colorado und hat auch Radwegekarten.

Colorado Travel & Tourism Authority (☎800-265-6723; www.colorado.com) Liefert detaillierte Infos u. a. zu den Sehenswürdigkeiten und Aktivitäten im ganzen Bundesstaat.

Denver

Als städtisches Zentrum hat Denver einen langen Weg hinter sich. Bei einem Spaziergang auf der 16th St Mall entdeckt man zwar noch den einen oder anderen Cowboy-Hut, aber die kosmopolitische Hauptstadt der Intermountain Region erfreut sich heute einer wachsenden kulinarischen und Kunstszene, vieler Brauerei-Pubs, wunderbarer Parks und Radwege und der Nähe zu den spektakulären Möglichkeiten zum Wandern, Skifahren und Campen in den Rocky Mountains.

Dank der Sanierung des Stadtkerns verfügt Denver heute über erwähnenswerte Viertel mit jeweils eigenem Charakter: River North (RiNo) zeichnet sich durch hippe Bars und ins Auge fallende Straßenkunst aus,

Lower Highlands (LoHi) und South Broadway haben tolle Restaurants und Livemusik, Cherry Creek steht für Glamour, Lower Downtown (LoDo) für gehobene Restaurants und Cocktail-Lounges, und das Golden Triangle und Santa Fe prunken mit Kunst, Theater und Museen. So findet hier praktisch jeder ein Viertel nach seinem Geschmack.

Sehenswertes & Aktivitäten

★ Denver Art Museum

MUSEUM

(DAM; Karte S. 836; Tickets 720-865-5000; www.denverartmuseum.org; 100 W 14th Ave; Erw./Kind 13 US$/frei, 1. Sa im Monat frei; Di–Do, Sa & So 10–17, Fr bis 20 Uhr; P; 0, 52) Das DAM hat eine der größten Sammlungen von Kunst der amerikanischen Ureinwohner in den USA und veranstaltet multimediale Sonderausstellungen, die z. B. Schätzen der britischen Kunst oder den Kostümen von *Star Wars* gewidmet sind. Die Abteilung der Dauersammlung, die sich der Kunst aus dem Westen der USA widmet, ist zu Recht berühmt. Das ist kein altmodisches, verstaubtes Kunstmuseum; Kinder lieben es besonders, sich mit den interaktiven Exponaten zu befassen.

★ Confluence Park

PARK

(Karte S. 836; 2200 15th St; ; 10, 28, 32, 44) Dort, wo der Cherry Creek in den South Platte River mündet, liegt das Zentrum von Denvers sonnenverliebter Freizeitkultur. Hier kann man gut ein Nachmittagspicknick veranstalten, und es gibt auch einen Wildwasserpark für Kajaks und Reifenschläuche. Familien tummeln sich am kleinen Strand, wo seichtes Wasser zum Spielen einlädt.

★ Clyfford Still Museum

MUSEUM

(Karte S. 836; 720-354-4880; www.clyffordstillmuseum.org; 1250 Bannock St; Erw./Kind 10 US$/frei; Di–Do, Sa & So 10–17, Fr bis 20 Uhr; 0, 52) Das faszinierende Museum ist ausschließlich dem Werk und dem Erbe von Clyfford Still gewidmet. Die Sammlung umfasst mehr als 2400 Werke – 95 % des gesamten Oeuvres dieses kühnen und narzisstischen Vertreters des Abstrakten Expressionismus. In seinem Testament verfügte Still, dass seine Werke nur an einem einzigen Ort im Zusammenhang gezeigt werden dürfen, daher baute Denver dieses Museum. In der Woche werden kostenlose Führungen angeboten, deren Zeiten und Termine auf der Website stehen.

History Colorado Center

MUSEUM

(Karte S. 836; 303-447-8679; www.historycoloradocenter.org; 1200 Broadway; Erw./Kind 12/8 US$; 10–17 Uhr; P; 0, 10) Colorados Wurzeln als Grenzland und seine modernen High-Tech-Triumphe lassen sich in diesem pointierten, smarten und charmanten Museum erkunden. Es gibt viele interaktive Exponate, darunter eine an Jules Verne erinnernde „Zeitmaschine", die über eine riesige Landkarte von Colorado fährt, auf der Schlüsselmomente aus der Geschichte des Centennial State verzeichnet sind. Gelegentlich gibt es vor der Öffnung des Museums Geschichtenerzählen für kleine Kinder und andere Veranstaltungen.

★ Blair-Caldwell African American Museum

MUSEUM

(Karte S. 836; 720-865-2401; https://history.denverlibrary.org/blair; 2401 Welton St, 3. OG; Mo & Mi 12–20, Di, Do & Fr 10–18, Sa 9–17 Uhr; P; 43, D) GRATIS Versteckt im 3. Stock einer öffentlichen Bibliothek bietet dieses multimediale Museum einen ausgezeichneten Überblick über die Geschichte der Afroamerikaner in der Rocky-Mountain-Region – über ihre Einwanderung und Siedlungen, ihre Diskriminierung und ihre Leistungen. Besonders interessant sind die Exponate zu Wellington Webb, Denvers erstem afroamerikanischen Bürgermeister, und zu Five Points, Denvers historischem afroamerikanischen Viertel.

Denver Museum of Nature & Science

MUSEUM

(DMNS; 303-370-6000; www.dmns.org; 2001 Colorado Blvd; Museum Erw./Kind 17/12 US$, IMAX 10/8 US$, Planetarium 5/4 US$; 9–17 Uhr; P; 20, 32, 40) Das Denver Museum of Nature & Science ist ein klassisches Naturwissenschaftsmuseum mit ausgezeichneten Wechselausstellungen zu Themen wie der Biomechanik von Wanzen, Pompeji oder mythischen Kreaturen. Die Dauerausstellungen sind gleichermaßen faszinierend und bieten auch jene coolen Panoramen, die wir als Kinder liebten. Besonderen Spaß versprechen auch das **IMAX-Kino** und das **Gates Planetarium**. Das Museum befindet sich am östlichen Rand des City Park.

Feste & Events

First Friday

KULTUR

(www.rivernorthart.com) GRATIS Am ersten Freitag jedes Monats unternehmen die Einwohner einen Kunstgaleriebummel durch den Santa Fe und den RiNo Arts District mit kostenlosem Wein und interessanten Gesprächen. Das Event dauert in der Regel von 18 bis 22 Uhr.

Five Points Jazz Festival MUSIK
(www.artsandvenuesdenver.com; Welton St; Mai; ; 12, 28, 43, D) GRATIS Das eintägige Jazzfest am dritten Samstag im Mai feiert das historische afroamerikanische Viertel Five Points, in dem es früher mehrere Jazzclubs gab. Mehr als 50 Bands spielen auf Bühnen, die in der Welton St aufgebaut werden. Diverse kinderfreundliche Aktivitäten – Instrumentenbau, Trommelkreise, Gesichtsbemalung – werden angeboten, sodass dies ein Event ist, das allen Spaß macht.

Great American Beer Festival BIER
(303-447-0816; www.greatamericanbeerfestival.com; 700 14th St; Eintritt 85 US$; Sept. oder Okt.; 1, 8, 19, 48, D, F, H) Colorado hat mehr Mikrobrauereien pro Kopf als jeder andere US-Bundesstaat. Karten für dieses ungemein beliebte Event sind früh ausverkauft. Es sind über 500 Brauereien vertreten, von den „Big Players" bis hin zum leidenschaftlichen Heim-Brauer.

Schlafen

★ **Hostel Fish** HOSTEL $
(Karte S. 836; 303-954-0962; www.hostelfish.com; 1217 20th St; B/Zi. ab 53/185 US$; ; 38) Das schicke Hostel ist eine Oase für Budgettraveller. Die stilvollen, modernen und blitzsauberen Schlafsäle mit Stockbet-

DIE ROCKY MOUNTAINS IN …

… zwei Wochen

Am besten beginnt man das Abenteuer Rocky Mountains in der Gegend von **Denver**. Dort kann man zum Tubing, kauft Vintage-Klamotten oder unternimmt im outdoorverrückten, unkonventionellen **Boulder** Radtouren und saugt dann in einem Straßencafé die liberale Atmosphäre in sich auf. Danach genießt man die Aussicht im **Rocky Mountain National Park**, bevor man sich auf der I-70 gen Westen aufmacht, um sich in den Bergen rund um **Breckenridge** auszutoben; hier finden sich auch einige der besten Anfängerpisten Colorados. Unbedingt aufsuchen sollte man das Ski- und Mountainbike-Mekka von **Steamboat Springs**, bevor man die Grenze nach Wyoming überquert.

Einen Eindruck vom Leben in einer Präriestadt gewinnt man in **Laramie**. Danach sollte man in **Lander**, dem Eldorado für Bergsteiger, stoppen. Von hier geht's weiter Richtung Norden ins schicke **Jackson** und in den majestätischen **Grand Teton National Park**, bevor man den einzigartigen **Yellowstone National Park** erreicht. Für die Erkundung dieses Wunderlandes voller Geysire sollte man mindestens drei Tage einplanen.

Dann überquert man die Staatsgrenze zum „Big Sky Country" und setzt gemächlich den Weg Richtung Nordwesten durch **Montana** fort. Man hält im flippigen **Bozeman** und lebhaften **Missoula** an, bevor man **Flathead Lake** besucht. Die Tour sollte in Idaho enden, wo die Einwohner des aufstrebenden **Boise** ihre baskischen Wurzeln pflegen.

… einem Monat

Wer einen Monat zur Verfügung hat, kann tief in die Region eintauchen und die abseits der ausgetretenen Pfade gelegenen Schätze erleben. Man folgt zunächst dem Fahrplan für die Rockies in zwei Wochen, biegt aber im Südwesten nach **Colorado** ab und erreicht eine aufstrebende Weinbauregion, bevor man **Wyoming** besucht. Dann geht's auf die nur für Autos mit Allradanrieb geeigneten Pfade um **Ouray**. Unser Tipp: unbedingt einen Besuch im **Mesa Verde National Park** mit seinen alten Felsbehausungen einplanen!

In **Montana** sollte man den **Glacier National Park** besuchen, so lange man noch Gletscher bewundern kann. In Idaho kann man dann länger in **Sun Valley** umherstreifen und im entzückenden kleinen **Ketchum** die Läden, Pubs und köstlichen Bio-Restaurants erkunden. Ein einmonatiger Trip erlaubt es auch, einige der fantastisch abgelegenen und malerischen Nebenstrecken entlangzufahren. Auf jeden Fall sollte man dem Hwy 75 von Sun Valley nordwärts nach **Stanley** folgen. Dieses atemberaubende Bergdörfchen an den weiten Ufern des **Salmon River** ist rundum vom Gebiet eines National Forest umgeben. Stanley bietet zudem großartige Möglichkeiten zum Forellenfischen und ist Ausgangspunkt für gemächliche oder auch rasante Raftings.

Auf dem Hwy 21 (dem **Ponderosa Pine Scenic Byway**) von Stanley nach **Boise** fährt man lang durch dichte Ponderosa-Wälder und an einigen ausgezeichneten, einsamen Campingplätzen am Fluss vorbei – von denen manche Thermalquellen mit Becken haben.

ten für 5 bis 10 Personen sind nach Themen gestaltet – Aspen, Graffiti, Vintage Biker. Die Matratzen sind dick, die Decken weich, und für jeden Gast gibt's ein Schließfach und eine Aufladestation. Die Gemeinschaftsküche und Kneipenbummel sorgen dafür, dass man leicht neue Bekanntschaften schließt.

Mile High Guest House HOSTEL **$**
(☎720-531-2898; www.milehighguesthouse.com; 1445 High St; B 38 US$, Zi. mit Gemeinschaftsbad 82 US$; 📶; 🚌15) Das prächtige alte Stadthaus verspricht ein cooles Hostel – ein willkommener Neuzugang zu den Budgetunterkünften in Denver. Die großen Wohnzimmer wurden als Schlafsäle eingerichtet (mit Stockbetten, aber seltsamerweise ohne Schließfächer). Es gibt auch Privatzimmer mit Gemeinschaftsbad, und das freundliche Personal organisiert Gruppenaktivitäten wie Kneipenbummel, Kunstspaziergänge und Grillabende im Hinterhof. Das Hostel liegt in praktischer Nähe zu Bushaltestellen.

★ **Queen Anne Bed & Breakfast Inn** B&B **$$**
(Karte S. 836; ☎303-296-6666; www.queenannebnb.com; 2147 Tremont Pl; Zi./Suite ab 160/230 US$; P 🚭 ❄ 📶; 🚌28, 32) 🍃 Sanfte Kammermusikklänge rieseln in den Gemeinschaftsbereichen, frische Blumen, gepflegte Gärten und Weinproben am Abend schaffen ein romantisches Ambiente in diesem umweltbewusst geführten B&B, das in zwei viktorianischen Wohnhäusern der späten 1880er-Jahre untergebracht ist. Dank der viktorianischen Antiquitäten, eigenen Whirlpools und exquisiten Wandbildern hat jedes Zimmer seinen individuellen Charakter.

★ **Crawford Hotel** HOTEL **$$$**
(Karte S. 836; ☎855-362-5098; www.thecrawfordhotel.com; 1701 Wynkoop St, Union Station; Zi. 349–469 US$, Suite 589–709 US$; ❄ 📶 🐾; 🚌55L, 72L,120L, FF2, 🚊A, B, C, E, W) Das Hotel in der historischen Union Station (S. 841) ist ein Beispiel für Denvers erstaunliche Verwandlung. Die Zimmer sind luxuriös und stilvoll, sie haben hohe Decken und altmodische Details wie Art-déco-Kopfteile an den Betten und Badewannen mit Klauenfüßen. Der Service ist makellos, und die Bahnhofsbar Terminal ist ein netter Treff. Nur ein paar Schritte entfernt hält die Stadtbahn zum Denver International Airport (S. 841).

Curtis HOTEL **$$$**
(Karte S. 836; ☎303-571-0300; www.thecurtis.com; 1405 Curtis St; Zi. 269–449 US$; 🚭 ❄ @ 📶; 🚌9, 10, 15, 20, 28, 32, 38, 43, 44) Im Curtis betritt man eine Wunderwelt à la Warhol: die 13 Etagen sind jeweils einem anderen Genre der amerikanischen Popkultur gewidmet. Die Zimmer sind geräumig und sehr modern. Die Achtsamkeit auf Details – sowohl im Dekor als auch im Service – zeichnet dieses einzigartige Hotel im Herzen der Downtown aus.

★ **Art – a Hotel** BOUTIQUEHOTEL **$$$**
(Karte S. 836; ☎303-572-8000; www.thearthotel.com; 1201 Broadway; Zi. 305–348 US$, Suite 382–518 US$; P ❄ @ 📶 🐾; 🚌0, 6, 10, 52) Wie schon der Name vermuten lässt, sind die Gästezimmer und Gemeinschaftsbereiche mit faszinierender Kunst geschmückt – passend zur Lage gleich um die Ecke vom Denver Art Museum (S. 833). Die Zimmer sind recht groß und modern, und die weite Terrasse mit Feuergruben und tollem Ausblick ist ideal für einen Cocktail zur Happy Hour. Die Lage nahe den Restaurants und Attraktionen von Downtown könnte kaum besser sein.

Essen

Denvers gastronomische Szene boomt; praktisch jeden Monat eröffnen neue Restaurants, Cafés und Food Trucks. In Downtown gibt's die größte Auswahl und Vielfalt in Denver, einige der besten Lokale finden sich aber auch in zu Fuß erkundbaren Vierteln wie LoHi, RiNo, South Broadway, Uptown und Five Points. Informationen über neue Restaurants findet man unter www.5280.com.

★ **Denver Central Market** FOOD-COURT **$**
(Karte S. 836; 2669 Larimer St; ⏰So–Do 8–21, Fr & Sa bis 22 Uhr; 🚌44, 48) Der Gourmetmarkt in einem umgebauten Lagerhaus überzeugt mit Stil und einem vielseitigen Angebot. Hier findet man hausgemachte Pasta, Feinschmecker-Sandwiches, Holzofenpizzas und Straßen-Tacos. Man kann sich auch nur einen Cocktail an der Bar holen und dann vom Obststand zum Chocolatier schlendern. Man isst an Gemeinschaftstischen oder auf der Terrasse an der Straße.

★ **Civic Center Eats** FOOD TRUCK **$**
(Karte S. 836; ☎303-861-4633; www.civiccenterconservancy.org; Ecke Broadway & Colfax Ave, Civic Center Park; Hauptgerichte 5–10 US$; ⏰Mai–Okt. Di–Do 11–14 Uhr; 👪 🐾; 🚌0, 9, 10, 52) Wenn es warm wird, kann man im **Civic Center Park** gut zu Mittag essen. Unzählige Food

Denver

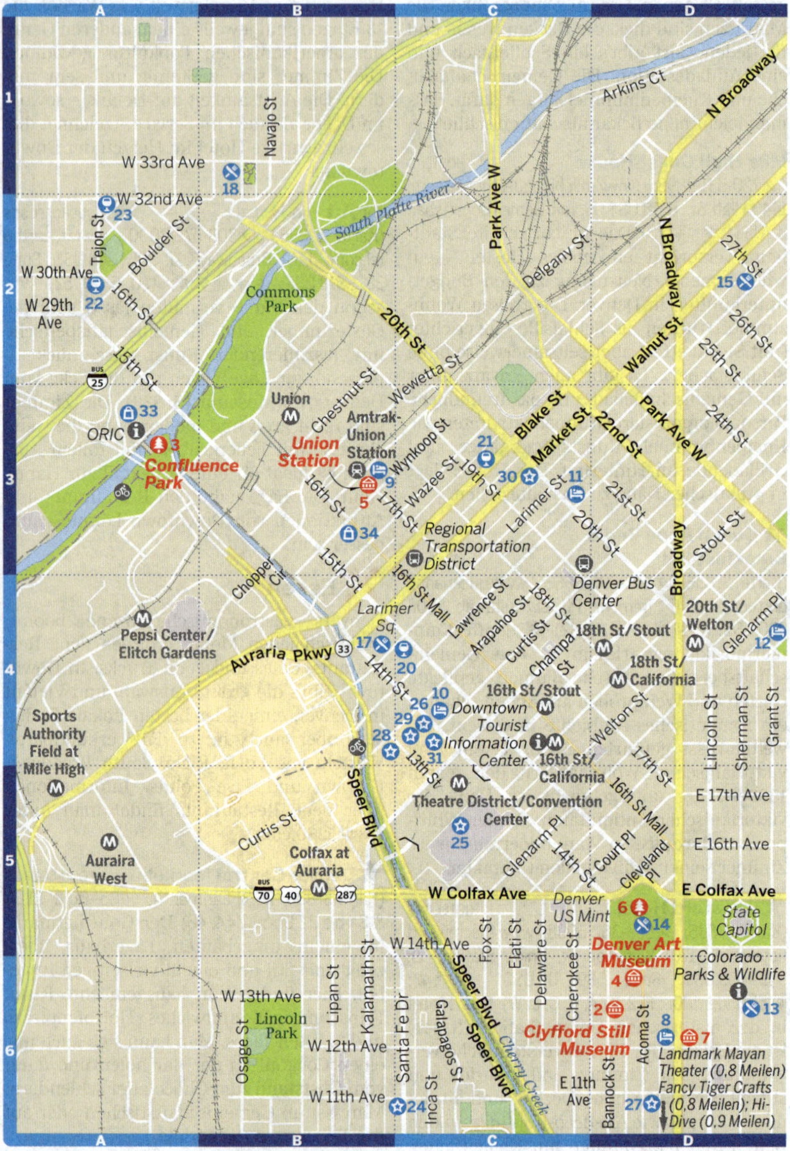

Trucks – das Angebot reicht von Grillspeisen und Pizzas bis zu Sushi und indischen Gerichten – fahren in den Park und servieren herzhafte Mahlzeiten. Tische werden aufgestellt, Livebands spielen, und Büroangestellte picknicken auf dem Gras. Hier zeigt sich Denver von seiner besten Seite.

★ Hop Alley CHINESISCH **$$**

(Karte S. 836; ☎720-379-8340; www.hopalleyden ver.com; 3500 Larimer St; Hauptgerichte 10–25 US$; ⏲Mo–Sa 17.30–22.30 Uhr; ✎; 🚌12, 44) Hop Alley war eine abschätzige Bezeichnung für Denvers ärmliche Chinatown. Sie existierte in den 1880er-Jahren, bis rassistische Unru-

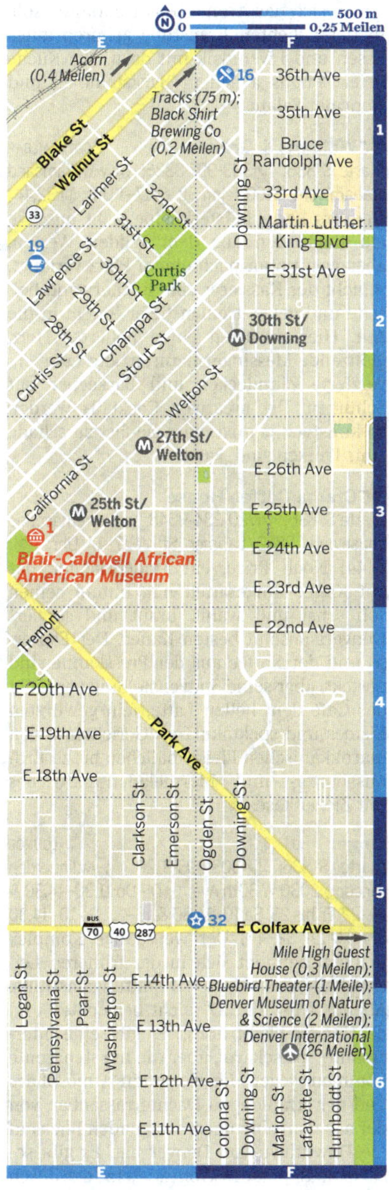

Denver

Highlights
1 Blair-Caldwell African American Museum E3
2 Clyfford Still Museum D6
3 Confluence Park A3
4 Denver Art Museum D6
5 Union Station B3

Sehenswertes
6 Civic Center Park D5
7 History Colorado Center D6

Schlafen
8 Art – a Hotel D6
9 Crawford Hotel B3
10 Curtis C4
11 Hostel Fish C3
12 Queen Anne Bed & Breakfast Inn D4

Essen
13 City O' City D6
14 Civic Center Eats D5
15 Denver Central Market D2
16 Hop Alley F1
17 Rioja B4
18 Root Down B1

Ausgehen & Nachtleben
19 Crema Coffee House E2
20 Crú C4
21 Falling Rock Tap House C3
22 Linger A2
23 Williams & Graham A2

Unterhaltung
24 Colorado Ballet C6
25 Colorado Convention Center C5
26 Colorado Symphony Orchestra C4
27 Curious Theatre D6
28 Denver Center for the Performing Arts B4
29 Denver Performing Arts Complex C4
30 El Chapultepec C3
31 Ellie Caulkins Opera House C4
32 Ogden Theatre F5
Opera Colorado .... (siehe 31)

Shoppen
33 REI A3
34 Tattered Cover Bookstore B3

hen und rassistische Gesetze die Gemeinde zerstreuten. Das kleine, muntere Restaurant in einer ehemaligen Sojasaucenfabrik greift den Spitznamen auf und bietet authentische, aber einfallsreiche chinesische Gerichte sowie kreative Cocktails, die nach den chinesischen Tierkreiszeichen benannt sind.

★ **Acorn** AMERIKANISCH **$$$**

(☎720-542-3721; www.denveracorn.com; 3350 Brighton Blvd, The Source; Gerichte 14–30 US$; ⌚Mo–Sa 11.30–22, So 17.30–22 Uhr; P ✎ 👪; 🚌12, 20, 48) Der mit Eichenholz befeuerte Ofen und der Grill sind die Stars in diesem hervorragenden Restaurant, wo die Mahlzeiten aus kleinen Platten mit innovativen Gerichten bestehen, die man gut teilen kann. Die Karte wechselt saisonal, aber Gerichte wie knusprig gebratenes eingelegtes Gemüse, über Eichenfeuer gegrillte Spargelbrokkoli und Pozole mit geräuchertem Schweinefleisch sind die Hits. Wem das Abendessen zu teuer ist, kann nachmittags (14.30–17.30 Uhr) kommen – die Auswahl ist zwar kleiner, aber die Preise sind günstiger.

★ Rioja MODERN-AMERIKANISCH **$$$**
(Karte S. 836; 303-820-2282; www.riojadenver.com; 1431 Larimer St; Hauptgerichte 19–39 US$; Mi–Fr 11.30–14.30, Sa & So 10–14.30, tgl. 17–22 Uhr; ; 10, 28, 32, 38, 44) Eines von Denvers innovativsten Restaurant ist wie Colorado: fesch, nobel und geschäftig, zugleich aber entspannt und zwanglos. Die Küche mit traditionell italienischen und spanischen Einflüssen wird durch moderne kulinarische Ansätze verfeinert.

★ Root Down MODERN-AMERIKANISCH **$$$**
(Karte S. 836; 303-993-4200; www.rootdowndenver.com; 1600 W 33rd Ave; kleine Platten 8–19 US$, Hauptgerichte 14–35 US$; So–Do 17–22, Fr & Sa 17–23, Fr 11–14, Sa & So 10–14.30 Uhr; ; 19, 52) In einer umgebauten Tankstelle verwirklicht Chefkoch Justin Cucci eines der ehrgeizigsten gastronomischen Konzepte in der Stadt, das nachhaltige, farmfrische Zutaten, raffinierte kulinarische Kombinationen und den Einsatz für umweltschonende Energieeffizienz vereint. Die Karte wechselt saisonal, sehr zu empfehlen sind das Süßkartoffel-Falafel und die kleinen Lamm-Sandwiches. Es gibt viele vegetarische, vegane, rohe und glutenfreie Gerichte.

Ausgehen & Nachtleben

Zu Denvers wichtigsten Vierteln in Sachen Nachtleben zählen Uptown mit Schwulenbars und einem Publikum aus jungen Berufstätigen, LoDo mit rauen Sportbars und harten Kneipen, RiNo mit Hipster-Treffs, LoHi mit einer bunten Mischung verschiedener Bars und South Broadway und Colfax, wo sich Möchtegerns alter Schule vergnügen.

★ Black Shirt Brewing Co BRAUEREI
(303-993-2799; www.blackshirtbrewingco.com; 3719 Walnut St; So–Do 11–22, Fr & Sa bis 24 Uhr; ; 12, 44, A) Die Kleinbrauerei braut ausschließlich Red Ales, deren Herstellung zwei Monate bis drei Jahre dauert. Die Braumeister schätzen ihre Produkte so sehr, dass sie eigens schiefe Gläser entwickelten, in denen sich das Aroma besser entfalten soll. In der beliebten Braustube gehören gutes Essen und Livemusik mit dazu. Die Küche liefert Pizzas aus dem Backsteinofen und Gourmet-Salate.

★ Williams & Graham COCKTAILBAR
(Karte S. 836; 303-997-8886; www.williamsandgraham.com; 3160 Tejon St; 17–1 Uhr; 32, 44) Denvers beste Flüsterkneipe sieht aus wie ein Buchladen aus dem Wilden Westen, aber wenn man nach einem Platz verlangt, schiebt der Kassierer eine Bücherwand beiseite und geleitet einen tiefer hinein in die Ära. Hier erwarten einen poliertes Holz, glänzende Messingarmaturen, alte Lampen, verzierte Zinndecken und Barkeeper mit Schürzen. Die kreativen Cocktails werden so kunstvoll gemixt, dass sie fast zu schade zum Trinken sind. Fast!

★ Crema Coffee House CAFÉ
(Karte S. 836; 720-284-9648; www.cremacoffeehouse.net; 2862 Larimer St; 7–17 Uhr; ; 44) Noah Price, ein Modedesigner, der auf Kaffee umgesattelt hat, nimmt seinen Job ernst und wählt, braut und serviert Denvers absolut besten Kaffee. Der Espresso und der Kaffee aus der Presskanne sind perfekt, aber seine Spitzenstellung verdankt das Café dem hellen Latte, fein gewürzten Eistees und spektakulären Gerichten – von marokkanischen Fleischbällchen bis zu Erdnussbutter- und Marmeladensandwiches mit Ziegenkäse.

Linger LOUNGE
(Karte S. 836; 303-993-3120; www.lingerdenver.com; 2030 W 30th Ave; Di–Do 11.30–14.30 & 16–22, Fr bis 23, Sa 10–14.30 & 16–23, So 10–14.30 Uhr; 28, 32, 44) Der weitläufige Komplex in LoHi befindet sich in der früheren Leichenhalle des Olinger-Bestattungsinstituts. Abends wird das „O" nicht beleuchtet, und das Linger bleibt übrig. Es gibt eine interessante Speisekarte, aber die meisten Leute kommen wegen der eleganten Atmosphäre und der strahlenden Dachterrassenbar, von der aus man einen hervorragenden Blick auf die Downtown von Denver hat. Es gibt sogar eine Replik des Wohnwagens, der durch die Klamotte *Ich glaub', mich knutscht ein Elch!* mit Bill Murray berühmt wurde.

Falling Rock Tap House BAR
(Karte S. 836; 303-293-8338; www.fallingrocktaphouse.com; 1919 Blake St; 11–2 Uhr; 0, 15, 20) Abklatscher und begeisterte Rufe bestimmen die Szene, wenn die Rockies tri-

umphieren, und Biertrinker einströmen, um den Nachmittag im Stadion mit Coors-Bier zu vergessen. Hier gibt's mehr als 80 Biere vom Fass und dazu fast 150 Flaschenbiere. Dies ist definitiv der Ort, um ein Bier in der Downtown zu trinken, zumal alle Lokalfavoriten vertreten sind.

Crú WEINBAR

(Karte S. 836; ☎303-893-9463; www.cruawinebar.com; 1442 Larimer St; Wein 10–27 US$/Glas; ⌚Mo–Do 14–24, Fr & Sa 12–2, So 10.30–15 Uhr; 🚌10, 28, 32, 38, 44) Weinetiketten und Gläser, Stimmungsbeleuchtung und sanfte Musik bestimmen die elegante Weinbar am Larimer Sq. Das Lokal wirkt so maßgefertigt, dass man sich wundert, wenn man erfährt, dass es zu einer Kette (Dallas, Austin) gehört. Zur Happy Hour (Mo–Fr 16–18.30 Uhr) gibt's kleine Gerichte wie Muscheln und Ziegenkäse-Beignets, und eine Probepalette Wein kostet dann 3 US$ weniger.

☆ Unterhaltung

Denver hat ein riesiges Unterhaltungsangebot. Livemusik und Theater findet man überall, von intimen Jazzclubs bis zum hinreißenden, viele Spielstätten umfassenden Denver Center for the Performing Arts. Denver besitzt (als eine von wenigen Städten im Land) Teams in allen vier großen amerikanischen Sportarten, und dazu auch noch eine Profi-Fußball-Mannschaft und ein Lacrosse-Team. Comedy, Kinos, Tanz und jährliche Festivals komplettieren ein Angebot, bei dem für jeden etwas dabei ist.

★ Denver Performing Arts Complex DARSTELLENDE KUNST

(Karte S. 836; ☎720-865-4220; www.artscomplex.com; Ecke 14th & Champa St; 🚌9, 15, 28, 32, 38, 43, 44) Der riesige Komplex – einer der größten seiner Art – nimmt vier Straßenblocks ein und beherbergt 10 wichtige Spielstätten, darunter das historische **Ellie Caulkins Opera House** und die Boettcher Concert Hall. Der Komplex ist Sitz des **Colorado Ballet** (☎303-837-8888; www.coloradoballet.org; 1075 Santa Fe Dr; ⌚Theaterkasse Mo–Fr 9–17 Uhr; 👪; 🚌1, 9), des **Denver Center for the Performing Arts** (☎303-893-4100; www.denvercenter.org; 1101 13th St; ⌚Theaterkasse Mo–Sa 10–18 Uhr & 1 Std. vor Vorstellungsbeginn; 👪; 🚌9, 15, 28, 32, 38, 43, 44), der **Opera Colorado** (☎303-468-2030; www.operacolorado.org; ⌚Theaterkasse Mo–Fr 10–17 Uhr; 👪; 🚌9, 15, 28, 32, 38, 43, 44) und des Colorado Symphony Orchestra. Wer sich unschlüssig ist, was er mit dem Abend anfangen soll, wird einen Besuch hier nicht bereuen.

★ Curious Theatre THEATER

(Karte S. 836; ☎303-623-0524; www.curioustheatre.org; 1080 Acoma St; Tickets ab 18 US$; ⌚Theaterkasse Di–Sa 14–19 Uhr; 🚌0, 6, 52) „Kein Mut, keine Geschichte" lautet das Motto dieser preisgekrönten Theatertruppe, die in einer umgebauten Kirche spielt. Die Stücke präsentieren zum Nachdenken anregende Geschichten, die Fragen wie soziale Gerechtigkeit, Rassismus, Einwanderung oder den Umgang mit Sexualität aufgreifen. Nach jeder Vorstellung diskutieren die Schauspieler mit dem Publikum über alles von der Handlung des Stücks bis zum Bühnenbild.

★ El Chapultepec JAZZ

(Karte S. 836; ☎303-295-9126; www.thepeclodo.com; 1962 Market St; ⌚7–1 Uhr, Musik ab 21 Uhr; 🚌38) Der verrauchte Oldschool-Jazzschuppen mit buntem Publikum wurde 1951 eröffnet. Seitdem sind hier u. a. Frank Sinatra, Tony Bennett, Ella Fitzgerald, Jagger und Richards aufgetreten. Jede Nacht spielen lokale Jazz-Bands auf der kleinen Bühne, doch man weiß nie, wer möglicherweise noch vorbeischaut.

Hi-Dive LIVEMUSIK

(☎303-733-0230; www.hi-dive.com; 7 S Broadway; 🚌0) Lokale Rockgrößen und tourende Indie-Bands treten auf der Bühne des Hi-Dive im Herzen von Denvers Livemusikszene auf. Bei großen Shows wird es ohrenbetäubend laut, es herrscht drangvolle Enge und der Schweiß rinnt in Strömen. Mit anderen Worten – perfekt!

Ogden Theatre LIVEMUSIK

(Karte S. 836; ☎303-832-1874; www.ogdentheatre.com; 935 E Colfax Ave; ⌚Ticketschalter Sa 10–14 Uhr, an Vorstellungstagen 1 Std. vor Einlass; 🚌15) Einer von Denvers besten Livemusik-Clubs. Das Ogden Theatre hat eine wechselvolle Vergangenheit hinter sich: 1917 erbaut, stand es viele Jahre verlassen da und wäre in den frühen 1990er-Jahren fast abgerissen worden. Inzwischen jedoch steht es auf der Liste des National Register of Historic Places. Hier sind schon Acts wie Edward Sharpe & the Magnetic Zeros und Lady Gaga aufgetreten.

Colorado Symphony Orchestra KLASSISCHE MUSIK

(CSO; Karte S. 836; ☎303-623-7876; www.coloradosymphony.org; 1000 14th St, Boettcher Concert Hall;

ABSEITS DER ÜBLICHEN PFADE

LIVE IM RED ROCKS!

Das **Red Rocks Park & Amphitheatre** (☎303-697-4939; www.redrocksonline.com; 18300 W Alameda Pkwy; ⊙5–23 Uhr; ♿) liegt 15 Meilen (24,1 km) südwestlich von Denver zwischen 122 m hohen Felswänden aus rotem Sandstein. Die Akustik ist so gut, dass schon viele Künstler hier Alben aufgenommen haben. Die 9000 Plätze fassende Arena mit herrlichem Ausblick zieht den ganzen Sommer über bekannte Bands an. Dass man hier seine Lieblingsband in einer der außergewöhnlichsten Musikstätten der Welt live bei einem Konzert erleben kann, ist für viele allein schon ein Grund, nach Colorado zu reisen.

⊙Theaterkasse Mo–Fr 10–18, Sa 12–18 Uhr; ♿; 🚌9, 15, 28, 32, 38, 43, 44) Die Boettcher Concert Hall im Denver Performing Arts Complex ist Sitz dieses renommierten Sinfonieorchesters. Die Konzerte der „Masterworks"-Saison füllen jährlich 21 Wochen, hinzu kommen Konzerte für ein breiteres Publikum – z. B. als Begleitorchester bei Filmvorführungen.

Bluebird Theater LIVEMUSIK
(☎303-377-1666; www.bluebirdtheater.net; 3317 E Colfax Ave; ♿; 🚌15) Das mittelgroße Theater verlangt für die Stehplätze einen allgemeinen Eintrittspreis und bietet eine hervorragende Akustik sowie gute Sicht vom Rang. Hier hat man oft die letzte Gelegenheit Bands zu erleben, bevor sie richtig berühmt werden: Die Denver-Favoriten Lumineers und Devotchka machten hier erste Schlagzeilen.

Landmark Mayan Theater KINO
(☎303-744-6799; www.landmarktheatres.com; 110 Broadway; ♿; 🚌0) Auch ohne die schicke Tonanlage und die riesige Leinwand ist dies der beste Ort, um in Denver einen Film anzuschauen. Der Filmpalast aus den 1930er-Jahren ist ein romantisches, historisches Schmuckstück – und Bier gibt's auch.

Shoppen

★ **Tattered Cover Bookstore** BÜCHER
(Karte S. 836; ☎303-436-1070; www.tatteredcover.com; 1628 16th St; ⊙Mo–Fr 6.30–21, Sa 9–21, So 10–18 Uhr; 📶♿; 🚌10, 19, 28, 32, 44, MallRide) In Denvers beliebtem unabhängigen Buchladen gibt's viele Ecken, in die man sich mit einem Buch zurückziehen kann. Der Laden birst geradezu von neuen und gebrauchten Büchern und hat auch ein gutes Sortiment an regionalen Reiseführern und Sachbüchern zu den westlichen Staaten der USA und zur Folklore des Westens. Es gibt noch ein zweite, kleinere Filiale an der Colfax nahe dem City Park.

★ **REI** SPORT & OUTDOOR
(Recreational Equipment Incorporated; Karte S. 836; ☎303-756-3100; www.rei.com; 1416 Platte St; ⊙Mo–Sa 9–21, So bis 19 Uhr; ♿; 🚌10, 28, 32, 44) Das Flaggschiff unter den Outdoor-Händlern und unverzichtbare Station für all diejenigen, die in die Berge aufbrechen oder auch einfach nur durch Confluence schlendern wollen. Der Laden hat das notwendige Equipment und Karten zum Campen, Radfahren, Klettern und Skifahren. Er verleiht auch Ausrüstung. An der Pinnacle, einer 14 m hohen roten Indoor-Kletterwand, kann man sich einklettern.

★ **Fancy Tiger Crafts** KUNSTHANDWERK
(☎303-733-3855; www.fancytigercrafts.com; 59 Broadway; ⊙Mo & Mi–Sa 10–19, Di bis 21, So 11–18 Uhr; ♿; 🚌0) Wer aufs Häkeln und Wattieren steht, Pullover strickt und zu viele Tattoos hat, ist in dieser raffinierten Neuauflage von Omas Garnladen, der die Anlaufstelle für Denvers auf Handarbeiten stehende Hipster ist, gerade richtig. Es gibt eine irre Auswahl an Stoffen, Garnen und Büchern und hinten Kurse (teilweise veranstaltet von Jessica, der „Mistress of Patchwork").

ℹ Praktische Informationen

Tolle Informationen zu Events finden sich auf der Website des Tourist Information Center (www.denver.org).

DIA Information Booth (☎303-317-0629; www.visitdenver.com; Denver International Airport; ⊙verschiedene Öffnungszeiten; 📶♿; 🚆A) In dem Kiosk am östlichen Ende der zentralen Halle des Denver International Airport gibt's Flug- und touristische Informationen.

ORIC (Outdoor Recreation Information Center; Karte S. 836; ☎REI-Zentrale 303-756-3100; www.oriconline.org; 1416 Platte St; ⊙verschiedene Öffnungszeiten; 📶; 🚌10, 28, 32, 44) Der Infoschalter im REI ist ein Muss für alle, die außerhalb der Stadt Outdoor-Abenteuer erleben wollen. Hier bekommt man Landkarten und kompetente Informationen zu Reiseplanung und Reisesicherheit. Der Schalter ist mit Freiwilligen besetzt, daher variieren die Öffnungszeiten erheblich, aber an Wochenendnachmittagen dürfte immer geöffnet sein.

Downtown Tourist Information Center (Karte S. 836; 303-892-1505; www.denver.org; 1575 California St; Mai–Okt. Mo–Fr 9–18, Sa 9–17, So 10–14 Uhr, Nov.–April Mo–Fr 9–17, Sa 9–14, So 10–14 Uhr; 9, 15, 20, MallRide, D, F, H) Nach der Ankunft sucht man am Besten sofort das größte und zentral gelegene Informationszentrum gleich abseits der 16th St Mall auf. Hier kann man Broschüren mitnehmen, online in Reiseseiten stöbern und sich von kompetentem Personal verlässliche Infos beschaffen.

An- & Weiterreise

Der **Denver International Airport** (DIA; 303-342-2000; www.flydenver.com; 8500 Peña Blvd; 24 Std.; ; A) ist ein wichtiges Luftkreuz und einer der am stärksten ausgelasteten Flughäfen des Landes. Mit 137 km² Gesamtfläche ist der DIA der flächenmäßig größte Flughafen der USA. Eine fahrerlose U-Bahn verbindet das Terminal mit den drei Hallen (der Concourse C ist fast 1,5 km vom Terminal entfernt). Man sollte etwas mehr Zeit einplanen, um sich zurechtzufinden.

Greyhound betreibt zahlreiche Busse auf Strecken längs der Front Range und auf Transkontinentalstrecken. Alle Busse halten im **Denver Bus Center** (Karte S. 836; 303-293-6555; 1055 19th St; 6–24 Uhr; ; 8, 48).

Der **Colorado Mountain Express** (CME; 800-525-6363; www.coloradomountainexpress.com; 8500 Peña Blvd, Denver International Airport; ; A) bietet Shuttledienste vom Denver International Airport (DIA), von der Downtown sowie von Morrison ins Summit County, darunter nach Breckenridge und Keystone (Erw./Kind 66/35 US$, 2½ Std.) und Vail (Erw./Kind 84/44 US$, 3 Std.).

Amtrak (800-872-7245; www.amtrak.com; 1701 Wynkoop St, Union Station; 55L, 72L,120L, FF2, A, B, C, E, W) betreibt den täglichen *California Zephyr* zwischen Chicago (121–325 US$, 19 Std.) und San Francisco (144–446 US$, 33 Std.); der Zug hält in Denver in der prächtig renovierten **Union Station** (Karte S. 836; 303-592-6712; www.unionstationindenver.com; 1701 Wynkoop St; P; 55L, 72L,120L, FF2, A, B, C, E, W).

Unterwegs vor Ort

AUTO & MOTORRAD

Einen Straßenparkplatz zu finden, kann eine Qual sein, es gibt aber viele kostenpflichtige

ABSTECHER

BESTE TAGESWANDERUNGEN & RADTOUREN AB DENVER

Buchstäblich Hunderte von Tageswanderungen liegen im Umkreis einer Stunde um Denver.

Jefferson County Open Space Parks (www.jeffco.us/openspace) Die offenen Flächen erstrecken sich am westlichen Rand von Denver und sind die schönsten in der Gegend.

Golden Gate Canyon State Park (303-582-3707; www.cpw.state.co.us; 92 Crawford Gulch Rd; Eintritt 7 US$, Stellplatz 20–26 US$; 5–22 Uhr;) Der große Park (4856 ha) auf halber Strecke zwischen Golden und Nederland hat viele Wanderwege und Klettermöglichkeiten.

Staunton State Park (303-816-0912; www.parks.state.co.us/parks; 12102 S Elk Creek Rd; 7–21 Uhr;) Colorados neuester State Park befindet sich auf dem Gelände einer historischen Ranch 40 Meilen (64,4 km) westlich von Denver. Der Park liegt auf einer Höhe zwischen 2469 und 3048 m; die Landschaft ist sehr abwechslungsreich – von grasbewachsenen Wiesen bis zu spektakulären Granitklippen.

Waterton Canyon (303-634-3745; www.denverwater.org/recreation/watertoncanyon; 11300 Waterton Rd; 30 Min. vor Sonnenaufgang–30 Min. nach Sonnenuntergang;) In dem hübschen Canyon südlich von Denver und gleich westlich des Chatfield Reservoir gibt's einen leichten, 10,5 km langen Wanderweg, der zum Strontia Springs Dam führt.

Pike National Forest (303-275-5610, nur Stellplatzreservierung 877-444-6777; www.fs.usda.gov; 19316 Goddard Ranch Ct; Mo–Fr 8–16.30 Uhr;) Zur Erkundung des großen Nationalparks holt man sich Infos in der South Platte Ranger Station rund 5 Meilen (8 km) außerhalb von Morrison.

Buffalo Creek Mountain Bike Area (www.frmbp.org; 18268 S Buffalo Creek Rd, Pine; 7–19 Uhr;) Wer gern auf Singletrails mit dem Mountainbike unterwegs ist, findet hier rund 65 km an Wegen, darunter die Abschnitte des Colorado Trail, auf denen Fahrräder erlaubt sind.

Parkhäuser in der Downtown und LoDo. Fast alle größeren Autovermieter haben Schalter am Denver International Airport, aber nur ein paar auch Büros in Downtown Denver.

Enterprise Rent-A-Car (☎303-293-8644; www.enterprise.com; 2255 Broadway; ⌚Mo–Fr 7–19, Sa & So 8–16 Uhr; 🚌44, 48) ist eine internationale Autovermietungen mit mehreren Büros im Großraum von Denver.

FAHRRAD

Alle Infos zum Radfahren in Denver erhält man bei Bike Denver (www.bikedenver.org) und der City of Denver (www.denvergov.org); unter beiden Adressen gibt's das Radwegenetz der Stadt zum Herunterladen.

B-Cycle (☎303-825-3325; www.denverbcycle.com; Mitgliedschaft 9 US$/Tag; ⌚5–24 Uhr; 👪) Das Fahrrad-Sharing-Unternehmen hat mehr als 80 Stationen in ganz Denver. Mit der Tagesmitgliedschaft kann man kostenlos unbegrenzt viele Fahrten unternehmen, die aber jeweils 30 Minuten nicht überschreiten dürfen.

VOM/ZUM FLUGHAFEN

Die **RTD-Stadtbahn** (☎303-299-6000; www.rtd-denver.com; einfache Strecke 2,60–4,50 US$, Tageskarte 5,20–9 US$; 👪) bringt die Passagiere vom DIA bis nach Downtown Denver (Linie A; 9 US$, 45 Min.) und bindet unterwegs die Vorstädte an.

ÖFFENTLICHE VERKEHRSMITTEL

Regional Transportation District (RTD; Karte S. 836; ☎303-299-6000; www.rtd-denver.com; 1600 Blake St; 🚌10, 19, 28, 32, 44, Mall-Ride) betreibt Nahverkehrsmittel im Bereich von Denver und Boulder (Stadtfahrten/Region 2,60/4,50 US$). Auf der Website stehen Fahrpläne, Strecken und Fahrpreise, es gibt auch einen Streckenplaner.

TAXI

Einen Taxiservice rund um die Uhr bieten:

Metro Taxi (☎303-333-3333; www.metrotaxidenver.com; ⌚24 Std.)

Yellow Cab (☎303-777-7777; www.denveryellowcab.com; ⌚24 Std.)

Boulder

65 km², umgeben von Realität – dieser Scherz über Boulder will nicht vergehen. Das Wetter ist ideal, die Umgebung – die Berge der Flatirons, der plätschernde Bach, Wege in die Ponderosa-Wälder und ein gepflegter College-Campus – ist pure Idylle, und die Menschen – fitte Umweltbewusste mit Vorliebe für besten Fair-Trade-Kaffee und leckere Craft-Biere – passen voll ins Klischee.

Boulders fanatische Liebe zur Natur wurde 1967 gesetzlich untermauert, als die Stadt als erste in den USA eine spezielle Steuer für den Freiflächenschutz einführte. Dank dieser Voraussicht erfreuen sich heute Menschen (und Hunde) an einer Reihe von Stadtparks und Freiflächen, während Scharen von Radlern den Boulder Creek Corridor entlang flitzen.

Boulder ist genau das Richtige für Traveller, die einen Outdoor-Urlaub verbringen, aber nicht auf die kulturellen Errungenschaften einer städtischen Oase – Gourmetrestaurants, muntere Bars, Konzerte und Theater – verzichten wollen.

Sehenswertes & Aktivitäten

Wenige Orte bieten eine derartige Kombination von Natur und Kultur. Ob man in den Flatirons (S. 843) klettert, auf den **Flagstaff** (☎303-441-3440; www.bouldercolorado.gov; Flagstaff Summit Rd; 🅿👪) radelt, die Pearl St (S. 845) unsicher macht oder über den CU-Campus spaziert – überall winken Sehenswürdigkeiten und Aktivitäten für die ganze Familie. Die meisten Stätten liegen recht zentral an der W Pearl St oder auf The Hill, wo sich auch die Universität befindet.

★ Chautauqua Park PARK

(☎303-442-3282; www.chautauqua.com; 900 Baseline Rd; 🚌HOP 2) Dieser Park mit seinem historischen Wahrzeichen ist das Tor zu Boulders prächtigstem Stück offenen Landes gleich neben den malerischen Flatirons. Der weite, üppige Rasen lockt picknickende Familien, Sonnenanbeter, Frisbee-Spieler und Studierende der nahen CU an, sowie jede Menge Wanderer, Kletterer und Läufer. Das Gelände ist beliebt, daher können Parkplätze schwer zu finden sein. Im Sommer 2017 startete Boulder ein Pilotprojekt mit kostenlosen Shuttles zu verschiedenen Parkplätzen rund um die Stadt, um der Verstopfung der Straßen abzuhelfen. Aktuelle Infos stehen auf der Website.

★ Dairy Arts Center KUNSTZENTRUM

(☎303-440-7826; www.thedairy.org; 2590 Walnut St; unterschiedliche Preise; 🅿👪; 🚌HOP) Die zu einem Kunstzentrum umgewandelte historische Meierei ist eine der wichtigsten Kulturstätten in Boulder. Die kürzlich renovierte, topmoderne Einrichtung umfasst drei Bühnen, vier Ausstellungssäle und ein Kino mit 60 Plätzen. Irgendetwas ist hier immer los – von Vorträgen und Theatervorstellungen bis zu modernem Tanz und Kunstausstellungen. Auf dem Gelände gibt's auch ein kleines Café und eine Bar.

★ Boulder Creek WASSERSPORT

(👪) Ein immer beliebtes Sommerritual in Boulder besteht darin, in einem Reifenschlauch den Boulder Creek hinunter zu fahren. Die meisten Leute lassen ihren Reifen im **Eben G. Fine Park** (Boulder Canyon Dr; P👪🐾; 🚌205, N) zu Wasser und lassen sich dann bis zur 30th St oder sogar bis zur 55th St treiben. Unbedingt die Wassermenge prüfen, insbesondere früh in der Saison, denn bei mehr als 5,7 m³/Sek. kann das Treibenlassen zu einem echten Rodeo werden. Reifenschläuche fürs Tubing vermieten **White Water Tube** (☎720-239-2179; www.whitewatertubing.com; 2709 Spruce St; Vermietung pro Tag Reifenschlauch 16–21 US$, Kajak 45–50 US$, Stehpaddelbrett 35 US$; ⏲Mai–Sept. 10–18 Uhr; 👪; 🚌205, BOLT, HOP) und **Lolita's Market** (☎303-443-8329; www.facebook.com/lolitasmarket; 800 Pearl St; Tube 10 US$; ⏲Markt 24 Std.; 👪; 🚌HOP).

Eldorado Canyon State Park OUTDOOR

(☎303-494-3943; www.cpw.state.co.us; 9 Kneale Rd, Eldorado Springs; 8 US$; ⏲Sonnenaufgang–Sonnenuntergang, Visitor Center 9–17 Uhr) Der Park gehört mit Routen der Klasse 5.5 bis 5.12 zu den besten Klettergebieten des Landes. Für alle Besucher geeignet sind die insgesamt rund 20 km umfassenden Wanderwege, die auch mit dem Chautauqua Park verbunden sind. Im öffentlichen Pool (nur im Sommer) kann man in dem berühmten kalten Quellwasser des Canyons schwimmen. Der Park liegt 5 Meilen (8 km) südwestlich der Stadt.

★ Local Table Tours ESSEN & TRINKEN

(☎303-909-5747; www.localtabletours.com; Tour 35–70 US$; ⏲unterschiedliche Termine) Bei einem der lustigen Spaziergänge durch die Downtown lernt man die tolle örtliche Küche kennen und erhält Insider-Wissen über Essen und Wein oder Kaffee und Schokolade. Ein besonderer Schwerpunkt liegt auf Unternehmen, die Einheimischen gehören und regionale oder nachhaltige Lebensmittel verwenden. Sehr beliebt ist auch der Cocktail-Crawl.

Feste & Events

Bolder Boulder SPORT

(☎303-444-7223; www.bolderboulder.com; Erw./Kind ab 70/55 US$; ⏲Memorial Day; 👪; 🚌209, STAMPEDE) Mit mehr als 50 000 teilweise kostümierten Läufern, unter die sich auch Profis mischen, sowie Livebands und Feiernden an der Strecke ist dies der vielleicht lustigste 10-km-Lauf in den USA; er endet auf dem Folsom Field, dem Football-Stadion der CU.

Boulder Creek Festival MUSIK, ESSEN

(☎303-449-3137; www.bceproductions.com; Canyon Blvd, Central Park; ⏲Mai; 👪; 🚌203, 204, 225, AB, B, DASH, DD, DM, GS, SKIP) GRATIS Das riesige Fest wird als Auftakt des Sommers vermarktet und erlebt seinen Höhepunkt und Abschluss mit dem Bolder Boulder. In mehr als zehn Event-Bereichen treten mehr als 30 Live-Unterhalter auf. Es gibt Jahrmarktsattraktionen und 500 Verkaufsstände, Essen und Trinken, Unterhaltung und Sonnenschein. Wer mag das nicht?

Schlafen

★ Chautauqua Lodge & Cottages HISTORISCHES HOTEL $$

(☎303-952-1611; www.chautauqua.com; 900 Baseline Rd; Zi. ab 103 US$, Cottages 196–303 US$; P🚭❄📶🐾; 🚌HOP 2) Unsere erste Wahl unter den Unterkünften vor Ort ist diese Lodge gleich neben den schönen Wanderwegen zu den **Flatirons** (900 Baseline Rd, Chautauqua Park; 🚌HOP 2) in einem grünen Viertel innerhalb des Chautauqua Park (S. 843). Es gibt topmoderne Zimmer und Cottages mit ein bis drei Schlafzimmern, Veranden und Patchwork-Bettdecken. Die Anlage ist ideal für Familien und Leute mit Haustieren. Alle Unterkünfte haben komplett ausgestattete Küchen; die Einheimischen frühstücken gern auf der umlaufenden Veranda der Chautauqua Dining Hall.

★ Boulder Adventure Lodge HOTEL $$

(A-Lodge; ☎303-444-0882; www.a-lodge.com; 91 Fourmile Canyon Dr; Zi. ab 159 US$; P🚭❄📶🏊; 🚌N) Besucher kommen nach Boulder, um etwas in der Natur zu unternehmen – warum also nicht gleich näher beim Geschehen wohnen? In dieser etwas außerhalb liegenden Lodge kann man vom Anwesen aus wandern, radfahren, klettern und angeln. Die Zimmer – von Schlafsälen bis zu Suiten – sind schlicht, aber gut ausgestattet. Es gibt u. a. einen Pool und eine Feuergrube. Das freundliche Gemeinschaftsgefühl zwischen Gästen und Personal macht den Aufenthalt angenehm.

★ St. Julien Hotel & Spa HOTEL $$$

(☎720-406-9696, Reservierungen 877-303-0900; www.stjulien.com; 900 Walnut St; Zi./Suite ab

400/650 US$; P ❄ @ ᯤ ≋; 🚌205, HOP, SKIP) Boulders beste Vier-Sterne-Unterkunft liegt im Herzen der Downtown und ist modern und elegant. Fotos der umliegenden Landschaft zieren die Korkwände, die für ein warmes Ambiente sorgen. Auf der hinteren Terrasse gibt's einen fabelhaften Ausblick auf die Flatirons, und gelegentlich live Weltmusik, Jazzkonzerte und beliebte lateinamerikanische Dance-Partys. Die Zimmer sind großzügig und schick. Das Spa auf dem Gelände gilt als eines der besten in der Gegend.

Essen

★ Rayback Collective FOOD TRUCK $

(☎303-214-2127; www.therayback.com; 2775 Valmont Rd; Hauptgerichte 6–12 US$; ⊙Mo–Fr 11–22, Sa bis 23, So bis 21 Uhr; 🚌205, BOLT) Das einstige Lagerhaus für Sanitärbedarf ist zu einer städtischen Oase geworden, in der man das Gemeinschaftsgefühl der Stadt erlebt. Es gibt eine große Außenfläche mit Feuergrube und Rasenspielen, eine Lounge mit bequemen Stühlen und Livemusik, eine Bar, die Biere aus Colorado ausschenkt, und einen Food-Truck-Park mit vielen guten Gerichten. Auf dem Gelände sind Jung und Alt, und auch Haustiere, willkommen.

★ Rincón Argentino ARGENTINISCH $

(☎303-442-4133; www.rinconargentinoboulder.com; 2525 Arapahoe Ave; Hauptgerichte 4–13 US$; ⊙Mo–Do 11–20, Fr & Sa bis 21 Uhr; 🚌JUMP) Das Shopping-Plaza-Ambiente sollte einen nicht abschrecken, denn das Rincón ist ein authentisches Stück Argentinien. Es backt frische Empanadas – kleine pikante, mit Hackfleisch oder Mozzarella und Basilikum gefüllte Teigtaschen –, zu denen ein Glas Malbec prima schmeckt. Es gibt auch Sandwiches mit panierten Rinderkoteletts und Krüge mit Mate-Tee, einer belebenden Alternative zum Kaffee.

★ Oak at Fourteenth MODERN-AMERIKANISCH $$

(☎303-444-3622; www.oakatfourteenth.com; 1400 Pearl St; Hauptgerichte 13–30 US$; ⊙Mo–Sa 11.30–22, So 17.30–22 Uhr; 🚌205, 206) Das innovative, Einheimischen gehörende Lokal serviert erstklassige Cocktails und schmackhafte kleine Teller für ein stilvolles Abendessen. Zu den herausragenden Gerichten aus farmfrischen Zutaten gehören die gegrillte Schweinelende im Schinkenmantel und Gurken-Sashimi mit Passionsfrucht. Die Portionen sind klein, was auffällt, weil die Speisen eben so lecker sind. Die Kellner beraten einen gut. Der einzige Nachteil: Es ist in der Regel recht laut, also nicht der Ort für intime Geständnisse.

★ Brasserie Ten Ten BISTRO $$

(☎303-998-1010; www.brasserietenten.com; 1011 Walnut St; Hauptgerichte 15–27 US$; ⊙Mo–Do 11–22, Fr 11–23, Sa 9–23, So 9–21 Uhr; 🚌203, 204, 225, AB, B) Das bei Studenten und Professoren gleichermaßen beliebte sonnige französische Bistro bietet raffinierte Speisen und eine elegante Atmosphäre, geprägt von frischen Blumen, hohen Marmortischen und glänzendem Messing. Das Lokal ist schick, aber nicht hochnäsig und hat tolle Happy-Hour-Sonderangebote bei Crêpes, kleinen Sandwiches, Muscheln und Bier. Unbedingt probieren sollte man die Trüffel-Fritten.

Salt MODERN-AMERIKANISCH $$

(☎303-444-7258; www.saltthebistro.com; 1047 Pearl St; Hauptgerichte 15–30 US$; ⊙Mo–Do 11–21, Fr & Sa 11–23, So 10–21 Uhr; 🚌208, HOP, SKIP) Farmfrische Küche wird in Boulder zwar überall versprochen, aber dieses Restaurant bietet sie tatsächlich und übertrifft die Erwartungen. Die hausgemachten Fettuccine mit Schoten, Radicchio und Kräutersahne sind ein echtes Vergnügen. Aber auch mit Fleisch kennt sich das Salt aus: Es stammt von mit Gras gefütterten Tieren aus der Region und wird hervorragend zubereitet: mit Fett begossen, geschmort und langsam gegart. Wer nicht weiß, wofür er sich entscheiden soll, wird von den kompetenten Kellnern bestens beraten.

★ Frasca ITALIENISCH $$$

(☎303-442-6966; www.frascafoodandwine.com; 1738 Pearl St; Hauptgerichte 35 US$, Verkostungsmenü 50–115 US$; ⊙Mo–Do 17.30–21.30, Fr bis 22.30, Sa 17–22.30 Uhr; 🚌HOP, 204) Viele in Boulder halten das Frasca für das beste Restaurant: Das Weinangebot wurde mit dem James Beard Award ausgezeichnet, die Küche ist makellos und verwendet nur die frischesten Zutaten direkt von der Farm. Zu den wechselnden Gerichten zählen geschmorter Schweinebraten, hausgemachte Gnocchi und gegrillte Wachteln mit Lauch und Erbsensprossen. Es empfiehlt sich Tage oder besser Wochen im Voraus zu reservieren. Montags gibt's ein „günstiges" Verkostungsmenü (50 US$) mit passenden Weinen.

Ausgehen & Unterhaltung

★ Mountain Sun BRAUEREI

(☎303-546-0886; www.mountainsunpub.com; 1535 Pearl St; ⊙11–1 Uhr; 🚌HOP, 205, 206)

Boulders beliebteste Brauerei serviert eine große Palette feiner Biere, hat ein bunt gemischtes Publikum von Yuppies bis zu Hippies und eine ansprechende Gemeinschaftsatmosphäre. Die Kneipenkost ist lecker, insbesondere die Burger und das Chili. Mit Brettspielen und Kinderkarte ist das Lokal auch gut für Familien geeignet. Abends gibt's oft live Bluegrass oder Reggae (So, Mo & Mi). Nur Barzahlung!

Avery Brewing Company BRAUEREI
(☎303-440-4324; www.averybrewing.com; 4910 Nautilus Ct; ⏲Mo 15–23, Di–So 11–23 Uhr; 🚌205) Wie groß darf eine Kleinbrauerei sein? Mit einem imposanten zweistöckigen Gebäude und einem Souvenirladen, in dem Hüte und T-Shirts verkauft werden, geht das Avery an die Grenze. Aber die Terrasse im 1. Stock und die Schankstube sind munter und lustig; oben herrscht eher ruhige Restaurant-Atmosphäre. Eines ist sicher: Das Bier ist super, vom Apricot Sour bis zum teuflischen Mephistopheles Stout. Auch Führungen werden angeboten. Die Brauerei liegt rund 6 Meilen (9,7 km) nordöstlich der Downtown.

Boulder Dushanbe Teahouse TEEHAUS
(☎303-442-4993; www.boulderteahouse.com; 1770 13th St; Hauptgerichte 8–24 US$; ⏲8–21 Uhr; 👪; 🚌203, 204, 205, 206, 208, 225, DASH, JUMP, SKIP) Nichts hat ein schöneres Ambiente zu bieten als dieses tadschikische Teehaus, ein Geschenk von Boulders Partnerstadt Duschanbe. Die aufwendigen Schnitzereien und Malereien wurden in acht Jahren am Rand des **Central Park** zusammengesetzt. Die Fusion-Gerichte sind leider mittelmäßig, aber es lohnt sich, hier eine Tasse Tee zu trinken.

eTown Hall LIVEMUSIK
(☎303-443-8696; www.etown.org; 1535 Spruce St; ab 25 US$; ⏲unterschiedliche Öffnungszeiten; 🚌HOP) Die schöne, brandneue und mit Solarstrom betriebene Stätte in einer umgewandelten Kirche ist der Sitz der Radio-Show *eTown* (die auf National Public Radio zu hören ist). Bei der Show treten aufstrebende und bekannte Künstler auf, und man kann bei den Aufnahmen in dem 200 Plätze fassenden Theater live dabei sein. Die Aufnahmen werden meist abends an Werktagen gemacht und dauern von 19 bis 21 Uhr.

Shoppen

★ Pearl Street Mall GEBIET
(Pearl St, zw. 9th & 15th St; 👪🐾; 🚌205, 206, 208, HOP, SKIP) Das Highlight von Boulders Downtown ist die Pearl Street Mall, eine lebenssprühende Fußgängerzone mit Kletterfelsen für Kinder und Springbrunnen, Bars, Galerien und Restaurants. Am Wochenende sind auch viele Straßenkünstler vor Ort.

★ Boulder Book Store BÜCHER
(☎303-447-2074; www.boulderbookstore.net; 1107 Pearl St; ⏲Mo–Sa 10–22, So bis 21 Uhr; 📶👪; 🚌208, HOP, SKIP) Boulders beliebtester unabhängiger Buchladen hat im Erdgeschoss eine große Abteilung für Reiseliteratur und die neusten Romane und Sachbücher. Die Termine von Autorenlesungen sind am Eingang angeschlagen und stehen auch auf der Website.

★ Common Threads KLEIDUNG
(☎303-449-5431; www.shopcommonthreads.com; 2707 Spruce St; ⏲Mo, Di & Do–Sa 10–18, Mi bis 19 Uhr; 🚌205, BOLT, HOP) Secondhand-Shopping auf Haute-Couture-Niveau bietet dieser großartige Laden, in dem man sogar Taschen von Choos und Prada findet. Die Preise sind höher als in einem normalen Secondhand-Laden, aber Kleidung, Schuhe und Taschen sind stets in gutem Zustand, und die Designer-Ware ist garantiert echt. Es gibt auch lustige Kurse, in denen man erfährt, wie man Kleidungsstücke ändern und aufpeppen kann.

Praktische Informationen

Boulder Visitor Center (☎303-442-2911; www.bouldercoloradousa.com; 2440 Pearl St; ⏲Mo–Fr 8.30–17 Uhr; 🚌HOP) Das Visitor

BOULDER COUNTY FARMERS MARKET

Dieser **Markt** (☎303-910-2236; www.boulderfarmers.org; 13th St, zw. Canyon Blvd & Arapahoe Ave; ⏲April–Nov. Sa 8–14 Uhr, Mai–Okt. Mi 16–20 Uhr; 🌿👪🐾; 🚌203, 204, 205, 206, 208, 225, DASH, JUMP, SKIP) bietet im Frühjahr und Sommer ein buntes Durcheinander von Bio-Lebensmitteln aus der Region. Man findet Blumen und Kräuter, kopfgroße Pilze, feine Kürbisblüten, knusprige Brezeln, vegane Dips, Rindfleisch von mit Gras gefütterten Tieren, Rohkost-Müsli und Joghurt. Die Imbissbuden präsentieren alle möglichen internationalen Gerichte. Livemusik gehört genauso dazu wie ein Familienpicknick im Park am Boulder Creek.

Center in der Boulder Chamber of Commerce bietet grundlegende Infos, Karten und Tipps zu nahegelegenen Wanderwegen und anderen Aktivitäten. Ein leichter zugänglicher **Touristeninformationskiosk** (☎303-417-1365; Ecke Pearl & 13th St; ⏲10–20 Uhr; 🚌208, HOP, SKIP) befindet sich an der Pearl St Mall vor dem Gerichtsgebäude.

Boulder Ranger District (☎303-541-2500; 2140 Yarmouth Ave; ⏲Mo–Fr 8.30–16.30 Uhr; 🚌204) Das Büro des US Forest Service hat Informationen zu den National Forests rund um den Rocky Mountain National Park, darunter auch zu Campingplätzen und Wanderwegen zwischen den Wäldern und dem Nationalpark.

ℹ Anreise & Unterwegs vor Ort

Der nur 45 Meilen (72,4 km) von Boulder entfernte Denver International Airport (S. 841) ist die wichtigste Anlaufstelle für Traveller, die mit dem Flugzeug kommen.

Green Ride (☎303-997-0238; http://greenrideboulder.com; 4800 Baseline Rd, D110; einfache Strecke 28–38 US$) Der Shuttle verbindet Boulder und seine Vororte mit dem Denver International Airport. Er ist preiswert und bequem (28–38 US$) und fährt stündlich zwischen 3.25 und 23.25 Uhr. Der billigste Service startet vom Depot. Bei Reisegruppen erhalten weitere Passagiere einen Rabatt.

SuperShuttle (☎303-444-0808; www.supershuttle.com; einfache Strecke ab 84 US$) Bietet einen privaten Kleinbus-Service zum Flughafen (ab 84 US$). Der Grundpreis gilt für bis zu drei Personen, jede weitere Person kostet 25 US$. Sofern man nicht viel Gepäck dabei hat, fahren Gruppen von vier und mehr Personen günstiger mit einem Taxi.

Busse des **RTD** (S. 842) fahren nach Denver, zum Denver International Airport, nach Nederland und innerhalb von Boulder. Im **Boulder Transit Center** (☎303-299-6000; www.rtd-denver.com; 1800 14th St; 🚌204, 205, 208, N, DASH, HOP, JUMP, SKIP) erhält man Karten des regionalen Busnetzes. Draußen gibt's am Wochenende kostenlose öffentliche Parkplätze.

Die meisten Straßen haben ausgewiesene Radspuren, und der **Boulder Creek Bike Path** (👪) ist eine Pendlerstrecke, die man einmal gefahren sein sollte. Es gibt viele Fahrradvermietungen. Mit Mieträdern, die überall in der Stadt stationiert sind, ist **Boulder B-Cycle** (☎303-532-4412; www.boulder.bcycle.com; Fahrrad 8 US$/24 Std.; ⏲Büro Mo–Fr 9–17, Sa 10–15 Uhr) ein beliebtes stadtweites Programm, bei dem man Räder stunden- oder tageweise ausleihen kann. Die Fahrer müssen sich allerdings zunächst online anmelden. Das Downtown-Gebiet lässt sich auch gut zu Fuß erkunden.

Northern Mountains

Auf beiden Seiten der kontinentalen Wasserscheide erstrecken sich die Granit-Giganten von Colorados Northern Mountains in alle Richtungen. Sie ermöglichen abgeschiedene Alpin-Abenteuer, entspannte Skifahrten und tolle Wander- oder Radtouren. Außerdem laden viele Flüsse zum Raften, Angeln und Bootfahren ein.

Rocky Mountain National Park

Dieser **Park** (www.nps.gov/romo; Fahrzeug 1/7 Tage 20/30 US$, Motorrad, Fußgänger & Fahrrad 1/7 Tage 10/15 US$, Jahreskarte 60 US$) bietet Naturwunder jeder Größe, von gewaltigen Granitformationen, von denen viele höher als 3660 m und manche über 130 Mio. Jahre alt sind, bis zur gelben Farbenpracht des Großblütigen Hundszahns, einer der Dutzend wilden Gebirgsblumen, die im Frühjahr ein paar Tage lang ein kurzes, farbenprächtiges Leben am Rand der zurückweichenden Schneefelder führen.

Mit nur 1074 km² gehört der Nationalpark zwar nicht zu den größten der USA, aber zu Recht zu den beliebtesten – jedes Jahr kommen 4 Mio. Besucher.

Der Park steht im Reiseplan vieler Besucher ganz oben und kann fürchterlich überlaufen sein, es gibt aber auch kilometerlange, weniger begangene Pfade, und das Hinterland ist ein kaum besuchtes Wunderland für Naturfreunde. Ausgezeichnete Wanderwege führen über die Bergwiesen und vorbei an einsamen Hochgebirgsseen direkt in das wilde, ungezähmte Zentrum der Rockies.

◉ Sehenswertes & Aktivitäten

Der Park eignet sich für Wanderer aller Leistungsstufen. Hierfür sorgt ein über 480 km langes Wegenetz, das alle Facetten des vielfältigen Terrains zeigt. Für Besucher mit Kindern empfehlen sich die leichten Routen im **Wild Basin** zu den Calypso Falls oder zum Gem Lake im Bereich der **Lumpy Ridge**. Extrem Ehrgeizige mit starken Beinen und ausreichend Erfahrung werden dagegen den anspruchsvollen Aufstieg zum Gipfel des **Longs Peak** meistern wollen.

Doch egal bei welcher Route: Vor dem Start ist es immer ratsam, zur Akklimatisierung mindestens einmal in ca. 2100–2400 m Höhe zu übernachten. Bis Anfang Juli können viele Pfade noch verschneit sein und starker (Schmelz-)Wasserablauf kann das Vorankommen erschweren. Achtung: Im Winter besteht Lawinengefahr!

★ **Moraine Park Museum** MUSEUM

(☎970-586-1206; Bear Lake Rd; ⏲Juni–Okt. 9–16.30 Uhr; 👪) GRATIS Das Gebäude wurde 1923 vom Civilian Conservation Corps als Visitor Center des Parks erbaut und vor kurzem renoviert. Heute beherbergt es Ausstellungen zur Geologie, zu den Gletschern und zu Pflanzen und Tieren. Kinder lieben die interaktiven Exponate und den 800 m langen Naturpfad vor der Tür.

Schlafen

Glacier Basin Campground CAMPING $

(☎877-444-6777; www.recreation.gov; abseits der Bear Lake Rd; Sommer-Stellplatz Wohnmobil & Zelt 26 US$) Der erschlossene Campingplatz ist von Nadelbäumen umgeben und bietet viel Sonne und Schatten. Es gibt auch einen großen Bereich für Camper-Gruppen und Wohnmobile. Der Platz wird den ganzen Sommer hindurch von Shuttlebussen bedient, die auf der Bear Lake Rd fahren. Stellplätze reserviert man auf der Website.

Aspenglen Campground CAMPING $

(☎877-444-6777; www.recreation.gov; State Hwy 34; Sommer-Stellplatz Zelt & Wohnmobil 26 US$) Mit nur 54 Stellplätzen der kleinste Campingplatz mit Reservierungsmöglichkeit. Die meisten sind ausschließlich für Zelte gedacht, einige davon nur zu Fuß erreichbar. Die Zahl der Wohnwagen ist begrenzt. Das ist der ruhigste Platz, obwohl er sehr leicht zugänglich ist (5 Meilen, also 8 km westlich vom Estes Park auf der US 34). Die Reservierung erfolgt über die Website.

Moraine Park Campground CAMPING $

(☎877-444-6777; www.recreation.gov; abseits der Bear Lake Rd; Stellplatz Zelt & Wohnmobil Sommer 26 US$, Winter 18 US$) Der größte Campingplatz des Parks liegt abseits der Bear Lake Rd in einem Gelbkiefernwald rund 2,5 Meilen (4 km) südlich des Beaver Meadows Visitor Center und hat 245 Stellplätze. Die nur zu Fuß erreichbaren Stellplätze für Zelter im D Loop sind für all jene zu empfehlen, die Ruhe haben wollen. Stellplätze reserviert man auf der Website.

Olive Ridge Campground CAMPING $

(☎303-541-2500; www.recreation.gov; State Hwy 7; Stellplatz Zelt 26 US$; ⏲Mitte Mai–Nov.) Dieser gepflegte USFS-Campingplatz bietet Zugang zum Startpunkt von vier Wegen: dem St. Vrain Mountain, dem Wild Basin, dem Longs Peak und dem Twin Sisters Trail. Im Sommer kann der Platz voll werden; es gilt: wer zuerst kommt, mahlt zuerst.

Praktische Informationen

Die Zugangsgebühr zum Park beträgt für Privatfahrzeuge 20 US$ für einen oder 30 US$ für sieben Tage. Eine Jahreskarte kostet 60 US$. Personen, die den Park zu Fuß, per Fahrrad, Motorrad oder Bus besuchen, zahlen 10 US$ für einen und 15 US$ für sieben Tage.

Für Übernachtungen auf den 260 ausgewiesenen Wildnis-Campingstellen im Park braucht man eine Genehmigung, den Backcounty Permit (26 US$ für Gruppen von bis zu 7 Pers., 7 Tage gültig). Wer zwischen Mai und Oktober im Hinterland campt, muss einen bärensicheren Kanister für seine Vorräte mitnehmen (auf erschlossenen Campingplätzen sind sie vorhanden).

Alpine Visitor Center (www.nps.gov/romo; Fall River Pass; ⏲Ende Mai–Mitte Juni 10.30–16.30 Uhr, Ende Juni–Anfang Sept. 9–17 Uhr, Anfang Sept.–Mitte Okt. 10.30–16.30 Uhr; 👪)

Beaver Meadows Visitor Center (☎970-586-1206; www.nps.gov/romo; US Hwy 36; ⏲Ende Juni–Ende Aug. 8–21 Uhr, übrige Monate bis 16.30 oder 17 Uhr; 👪)

Kawuneeche Visitor Center (☎970-627-3471; 16018 US Hwy 34; ⏲Letzte Maiwoche–Labor Day 8–18 Uhr, Labor Day–Sept. bis 17 Uhr, Okt.–Mai bis 16.30 Uhr; 👪)

An- & Weiterreise

Die Trail Ridge Rd (US 34) ist die einzige Ost-West-Straßenverbindung durch den Park; der östliche Zugang von der I-25 und Loveland über die US 34 folgt dem Big Thompson River Canyon. Die direkteste Verbindung von Boulder aus folgt der US 36 durch Lyons bis zu den östlichen Eingängen. Ein weiterer Zugang aus Süden über den gebirgigen Hwy 7 führt an **Enos Mills Cabin** (☎970-586-4706; www.enosmills.com; 6760 Hwy 7; 20 US$; ⏲Sommer Di & Mi 11–16 Uhr, nur nach Vereinbarung; 👪) vorbei und bietet Verbindungen zu den Campingplätzen und den Startpunkten der Wege auf der Ostseite der Kontinentalen Wasserscheide. Da im Winter die US 34 durch den Park gesperrt ist, kann man dann die Westseite des Parks nur über die US 40 bei Granby erreichen.

Auf der Ostseite gibt es zwei Zufahrten: **Fall River** (US 34) und **Beaver Meadows** (US 36). Die **Grand Lake Entrance Station** (US 34) ist der einzige Zugang auf der Westseite. Durch das Kawuneeche Valley entlang der Oberläufe des Colorado River kommt man das ganze Jahr über zum **Timber Creek Campground** (Trail Ridge Rd, US Hwy 34, Stellplatz Zelt & Wohnmobil 26 US$). Die wichtigsten Zentren für die Ostseite des Parks sind das Alpine Visitor Center

(S. 847), das hoch an der Trail Ridge Rd und der Bear Lake Rd liegtt; diese führen zu den Campingplätzen, Wanderwegen und zum Moraine Park Museum (S. 847).

Nördlich von Estes Park führt die Devils Gulch Rd zu mehreren Wanderwegen. Weiter auf der Devils Gulch Rd kommt man durch das Dorf Glen Haven. Von hier aus erreicht man den Startpunkt der Wanderwege und den Eingang zum Park entlang des North Folk Big Thompson River.

Unterwegs vor Ort

Die meisten Besucher kommen im eigenen Auto über die lange und kurvenreiche Trail Ridge Rd (US 34) und überqueren auf ihr die Kontinentale Wasserscheide. Es ist aber auch möglich, ohne eigenes Auto in den Park zu gelangen. Im Sommer fährt mehrmals täglich ein kostenloser Shuttlebus vom **Estes Park Visitor Center** (970-577-9900; www.visitestespark.com; 500 Big Thompson Ave; Juni–Aug. tgl. 9–20 Uhr, Sept.–Mai Mo–Fr 8–17, Sa 9–17, So 10–16 Uhr), der Wanderer zu einem Park-and-Ride-Platz mit Anschluss zu weiteren Shuttles bringt. Ganzjährig fährt ein Shuttle vom Glacier-Basin-Parkplatz zum Bear Lake im tiefer gelegenen Bereich des Parks.

Während der Spitzenzeit im Sommer fährt ein zweiter Shuttle zwischen dem Campingplatz Moraine Park und dem Glacier-Basin-Parkplatz (Mitte Aug.–Ende Sept. nur Wochenende).

Estes Park

Estes Park liegt nur wenige Schritte von einem der beliebtesten Nationalparks der USA entfernt. Der Ort selbst ist ein Durcheinander von T-Shirt-Läden und Eisdielen mit Bürgersteigen, auf denen sich Touristen auf die Füße treten und Straßen, auf denen sich Wohnmobile drängen. Aber wenn die Sonne sich im Lake Estes spiegelt oder wenn man einen Nachmittag entspannt mit einem Kaffee am Uferweg verbringt, kann man leicht zur Ruhe kommen.

Aktivitäten

★Colorado Mountain School KLETTERN
(800-836-4008; https://coloradomountainschool.com; 341 Moraine Ave; geführte Halbtages-Klettertouren ab 125 US$/Pers.) Kurz gesagt: Es gibt keine bessere Anlaufstelle in Colorado für Kletterer – diese Einrichtung ist der größte Anbieter der Region. Die CMS hat die erfahrensten Guides und ist die einzige Organisation, die innerhalb des Rocky Mountain National Park tätig sein darf. Es werden die unterschiedlichsten Kurse unter Anleitung von hervorragenden Lehrern angeboten.

Schlafen

Während der Spitzenzeit im Juli und August sind die Unterkünfte sehr schnell ausgebucht und die Preise schießen in astronomische Höhen.

Estes Park KOA CAMPING $
(970-586-2888, 800-562-1887; www.estesparkkoa.com; 2051 Big Thompson Ave; Stellplatz Zelt 27–33 US$, Wohnmobil 38–48 US$, Hütten ab 75 US$;) Angesichts vieler ausgezeichneter Campingoptionen gleich die Straße hinauf im Rocky Mountain National Park wirkt dieser auf Wohnmobile ausgerichtete Platz an der Straße nicht sonderlich reizvoll. Wer aber vor dem Start ins große Abenteuer einen Tag ausruhen will, freut sich über die Nähe zur Stadt.

★YMCA of the Rockies – Estes Park Center RESORT $$
(888-613-9622; www.ymcarockies.org; 2515 Tunnel Rd; Zi. & DZ ab 109 US$, Hütte ab 129 US$; P) Das Estes Park Center ist keine dieser typischen YMCA-Herbergen, sondern ein beliebtes Feriendomizil für Familien. Auf einem riesigen alpinen Gelände bietet es noble Einzel- oder Doppelzimmer im Motelstil sowie geräumige Hütten, in denen bis zu zehn Personen übernachten können. Die Einrichtung ist einfach und zweckdienlich.

Stanley Hotel HOTEL $$
(970-577-4000; www.stanleyhotel.com; 333 Wonderview Ave; Zi. ab 200 US$; P) Das weiße Hotel im Stil des Georgian Colonial Revival steht in herrlichem Kontrast zu den hoch aufragenden Gipfeln des Rocky Mountain National Park am Horizont. Es ist ein beliebtes Luxusrefugium der Einheimischen und inspirierte einst sogar Stephen King zu seinem berühmten Kultroman *Shining*. Die Zimmereinrichtung sorgt für etwas altmodisches Wildwest-Flair, aber ansonsten sind alle modernen Annehmlichkeiten vorhanden.

Black Canyon LODGE $$$
(800-897-3730; www.blackcanyoninn.com; 800 MacGregor Ave; Zi. mit 1/2/3 Betten ab 150/199/399 US$; P) Auf dem hübschen, abgeschlossenen, 5,7 ha großen Anwesen kann man gut leben. Man wohnt in Luxussuiten oder einer „rustikalen“ Blockhütte (mit Whirlpool). Die Zimmer haben gemauerte Kamine, dunkle Holztäfelung und Webteppiche in starken, dunklen Farben.

Essen

Selbstversorger finden im örtlichen **Safeway-Supermarkt** (☎970-586-4447; 451 E Wonderview Ave; ⌚Mo–Fr 9–19, Sa bis 18, So 10–16 Uhr; P ❄) am Weg in die Stadt Vorräte für ein Picknick im **Bond Park** (E Elkhorn Ave) oder auf einem der Picknickplätze weiter die Straße hinauf im Nationalpark.

Ed's Cantina & Grill MEXIKANISCH **$**
(☎970-586-2919; www.edscantina.com; 390 E Elkhorn Ave; Hauptgerichte 9–12 US$; ⌚Mo–Fr 11–open end, Sa & So 8–22 Uhr; 👪) Mit einer Terrasse am Fluss ist das Ed's ein toller Ort, um bei einem Margarita zu entspannen. Das Restaurant, das mexikanische und US-Klassiker serviert, setzt mit Ledersitzecken und Primärfarben auf Retro-Flair.

Smokin' Dave's BBQ & Tap House GRILL **$$**
(☎866-674-2793; www.smokindavesbbqandtaphouse.com; 820 Moraine Ave; Hauptgerichte 8–20 US$; ⌚So–Do 11–21, Fr & Sa bis 22 Uhr; 👪) Mäßige Grillrestaurants sind in den Gebirgsorten Colorados nur allzu häufig, aber das Dave's mit seinem sparsam dekorierten Speisesaal weiß zu überzeugen. Die Bison-Rippchen und das Pulled Pork werden mit einer süßlich-rauchigen pikanten Sauce serviert und die Süßkartoffelfritten sind richtig knusprig. Und die gut zusammengestellte Bierkarte kann sich wirklich sehen lassen.

An- & Weiterreise

Estes Park Shuttle (☎970-586-5151; www.estesparkshuttle.com; einfache Strecke/hin & zurück 45/85 US$) Der Shuttle-Service verbindet Denvers Flughafen mit Estes Park (2 Std., 4-mal tgl.).

Steamboat Springs

Der Skiort gleich westlich der Kontinentalen Wasserscheide ist idyllisch, unprätentiös, direkt, entspannt und freundlich.

Das Skigebiet gehört zu den besten im Westen und bietet tolle Skimöglichkeiten für die ganze Familie. Im Sommer, wenn die Gegend ebenfalls sehr beliebt ist, stehen Wanderungen, Rucksacktouren, Wildwasser-Rafting, Mountainbiken und viele andere Outdoor-Aktivitäten auf dem Programm.

Aktivitäten

Steamboat Mountain Resort WINTERSPORT
(☎Ticketbüro 970-871-5252; www.steamboat.com; Lifttickets Erw./Kind 120/75 US$; ⌚Ticketbüro 8–17 Uhr) Die nackten Fakten zum Skigebiet Steamboat untermauern den Anspruch des Orts auf den Namen „Ski Town, USA“: 165 Pisten, ein Höhenunterschied von 1118 m und eine Ausdehnung von nahezu 1214 ha. Mit ausgezeichnetem Pulverschnee und Pisten aller Schwierigkeitsgrade ist das Gebiet die Hauptattraktion für die Besucher im Winter und eines der besten Skigebiete in den USA. Im Sommer lohnt sich der **Steamboat Bike Park** (www.steamboat.com; Steamboat Mountain Resort; 25 US$; ⌚Gondelbahn 10. Juni–28. Aug. 8.30–16.30 Uhr).

★ **Strawberry Park Hot Springs** THERMALQUELLEN
(☎970-879-0342; www.strawberryhotsprings.com; 44200 County Rd; pro Tag Erw./Kind 15/8 US$; ⌚So–Do 10–22.30, Fr & Sa bis 24 Uhr; 👪) Steamboats beliebtestes Thermalbad liegt außerhalb der Stadtgrenzen und bietet wunderbar naturnahe Entspannung. Die natürlichen Teiche liegen hübsch neben einem Fluss. Nach Einbruch der Dunkelheit ist die Anlage Erwachsenen vorbehalten und Bekleidung optional (heute tragen aber die meisten Badeanzüge) – bei einem Besuch zu dieser Zeit sollte man eine Stirnlampe dabei haben. An den Wochenenden muss man damit rechnen, 15 bis 45 Minuten auf einen Parkplatz zu warten.

Orange Peel Bikes RADFAHREN
(☎970-879-2957; www.orangepeelbikes.com; 1136 Yampa St; Leihfahrrad 20–65 US$/Tag; ⌚Mo–Fr 10–18, Sa bis 17 Uhr; 👪) In einem tollen alten Gebäude am Ende der Yampa St befindet sich dieser Laden in idealer Lage für einen Fahrradverleih: Von hier aus kann man bestens auf den Wegen radeln, die den Howelsen Hill kreuz und quer durchziehen. Ein Team kompetenter Fahrradexperten und Mechaniker bietet neben Unmengen von Informationen zu den lokalen Radwegen auch Kartenmaterial. Garantiert der coolste Fahrradladen im Ort.

Bucking Rainbow Outfitters RAFTING, ANGELN
(☎970-879-8747; www.buckingrainbow.com; 730 Lincoln Ave; Reifenschläuche 18 US$, Rafting 50–100 US$, Angeln 150–500 US$) Dieser exzellente Veranstaltung hat Ausrüstung fürs Fliegenfischen, Raften und andere Outdoor-Aktivitäten sowie das beste Fliegensortiment vor Ort – er ist aber vor allem für seine Rafting-Trips auf dem Yampa und darüber hinaus bekannt. Die Rafting-Ausflüge dauern einen halben bis einen ganzen Tag.

Die zweistündigen Ausflüge zum Fliegenfischen innerhalb des Stadtgebiets kosten ab 155 US$ pro Person. Zum Startpunkt der Tubing-Touren fährt ein Shuttle, der vor dem Sunpies Bistro an der Yampa St startet.

Old Town Hot Springs THERMALQUELLEN
(☎970-879-1828; www.oldtownhotsprings.org; 136 Lincoln Ave; Erw./Kind 18/11 US$, Wasserrutsche 7 US$; ⊙Mo–Fr 5.30–22, Sa 7–21, So 8–21 Uhr; 👪) Hier, mitten im Ortszentrum, ist das Wasser wärmer als bei den meisten anderen Thermalquellen in der Gegend. Die Ute kannten diese Quellen als „Medizin-Quellen"; dem mineralhaltigen Wasser werden besondere Heilkräfte nachgesagt. Da es hier eine 70 m lange Wasserrutsche, eine Kletterwand und viele seichte Stellen gibt, ist dieses Thermalbad das am besten für Familien geeignete vor Ort.

Schlafen & Essen

★ **Vista Verde Guest Ranch** RANCH $$$
(☎800-526-7433; www.vistaverde.com; 31100 Seedhouse Rd; ab 2700 US$ pro Pers. & Woche; ❄ 📶) Das ist schlicht und einfach die luxuriöseste unter den Ferienranches der Spitzenklasse in Colorado. Tagsüber unternimmt man Ausritte mit kompetentem Personal, abends sitzt man in einer elegant ausgestatteten Lodge um den Kamin, und nachts schlummert man in hochwertiger Bettwäsche. Natürlich nur, wenn man das nötige Kleingeld hat.

Rex's American Bar & Grill AMERIKANISCH $
(☎970-870-0438; www.rexsgrill.com; 3190 S Lincoln Ave; Hauptgerichte 11–15 US$; ⊙7–23 Uhr; P 👪) Steaks von Weiderindern, Wapiti-Wurst, Bison-Burger und andere Fleischspezialitäten stehen hier im Mittelpunkt. Sie sind so gut, dass man die Lage des Restaurants – als Anhängsel des Holiday Inn – glatt vergisst. Ein Vorteil ist, dass das Restaurant als einziges in der Stadt bis 23 Uhr Abendessen serviert.

Laundry AMERIKANISCH $$
(☎970-870-0681; www.thelaundryrestaurant.com; 127 11th St; kleine Teller 10–16 US$, große Teller 35–38 US$; ⊙16.30–2 Uhr) Dieses Lokal der neuen Generation hat mit das beste Essen vor Ort. Hier gibt's kreative, schön angerichtete Versionen von beliebten einfachen Gerichten und Wurstplatten sowie große Steaks, Grillspeisen und Eingemachtes. Sparfüchse lieben die kleinen Teller, die man teilen kann und die eine reiche Auswahl bieten.

Praktische Informationen

Steamboat Springs Visitor Center (☎970-879-0880; www.steamboat-chamber.com; 125 Anglers Dr; ⊙Mo–Fr 8–17, Sa 10–15 Uhr) Im Visitor Center an der Sundance Plaza gibt's viele Infos zum Ort, und die Website ist eine ausgezeichnete Planungshilfe.

USFS Hahns Peak Ranger Office (☎970-879-1870; www.fs.usda.gov; 925 Weiss Dr; ⊙Mo–Sa 8–17 Uhr) Das von Rangern geführte Büro informiert über die umliegenden National Forests, darunter die Mount Zirkel Wilderness, und stellt die erforderlichen Genehmigungen aus. Darüber hinaus gibt's Infos zum Wandern, Mountainbiken, Angeln und zu weiteren Aktivitäten in der Gegend.

An- & Weiterreise

Greyhound Terminal (☎800-231-2222; www.greyhound.com; 1505 Lincoln Ave) Die Greyhound-Busse, die auf der US 40 zwischen Denver und Salt Lake City fahren, halten an diesem Busbahnhof rund eine halbe Meile (800 m) westlich vom Ort.

Storm Mountain Express (☎877-844-8787; www.stormmountainexpress.com) Der Shuttle-Service fährt zum Yampa Valley Regional Airport (einfache Strecke 38 US$) und darüber hinaus, aber Fahrten zum Denver International Airport und nach Vail werden sehr teuer.

Zentrales Colorado

Colorados zentrale Berge sind für zahlreiche Spitzenskiorte, Höhenwanderrouten und Schmelzwasserflüsse berühmt. Im Südosten prägen Colorado Springs und der Pikes Peak die südliche Front Range.

Winter Park

Das bodenständige Winter Park Resort ist weniger als zwei Autostunden von Denver entfernt und bei Leuten, die im Bereich der Front Range wohnen, so beliebt, dass sie jedes Wochenende kommen, um auf frisch präparierten Pisten talwärts zu fahren. Anfänger freuen sich über viele Pulverschnee-Kilometer, während Erfahrene ihre Fähigkeiten auf den erstklassigen Buckelpisten von Mary Jane auf die Probe stellen.

Der sympathische Ort ist das ganze Jahr über eine wunderbare Basis für Unternehmungen. Die meisten Serviceeinrichtungen liegen entweder im Skidorf, südlich des eigentlichen Winter Park, oder an der US 40 (der Hauptstraße), wo auch das Visitor Center zu finden ist. Auf dem Hwy 40 gelangt man weiter ins bruchlos nördlich anschließende Fraser, dann nach Tabernash und schließlich zur Rückseite des Rocky Mountain National Park.

Neben Abfahrtspisten und Langlaufloipen bietet Winter Park Mountainbike-Trails aller Schwierigkeitsgrade in einer Gesamtlänge von fast 1000 km. Der asphaltierte, 5,5 Meilen (8,9 km) lange **Fraser River Trail** führt vom Skiresort durch das Tal nach Fraser und verbindet die verschiedenen Radwege. Karten des Wegenetzes erhält man im **Visitor Center** (☎970-726-4118; www.winterpark-info.com; 78841 Hwy 40; ⌚9–17 Uhr). Mit Fatbikes kann man hier sogar im Winter radeln.

Schlafen & Essen

Abseits des Hwy 40 auf dem Weg nach Winter Park liegen zwei USFS-Campingplätze: **Robber's Roost** (Hwy 40; Stellplatz Zelt & Wohnmobil 20 US$; ⌚Mitte Juni–Aug.; 🐾), 5 Meilen (8 km) außerhalb der Stadt (kein Wasser), und **Idlewild** (Hwy 40; Stellplatz Zelt & Wohnmobil 20 US$; ⌚Ende Mai–Sept.; 🐾), 1 Meile (1,6 km) außerhalb der Stadt. Bei beiden Plätzen gilt: Wer zuerst kommt, mahlt zuerst. Verstreut im umliegenden National Forest gibt es auch viele kostenlose Campingmöglichkeiten.

★ **Devil's Thumb Ranch** LODGE $$$
(☎800-933-4339; www.devilsthumbranch.com; 3530 County Rd 83; Schlafbaracke 119–149 US$, Lodge Zi. ab 270 US$, Hütten ab 450 US$; ❄📶🏊🐾) Die hochgelegene Ranch ist die schickste Unterkunft in der Gegend um Winter Park und eine fantastische Basis für ganzjährige **Aktivitäten** (☎970-726-8231; Trail Pass Erw./Kind 22/10 US$, Ausritte 95–175 US$; 👪). Die Zimmer sind edel, aber nicht übertrieben. Am preiswertesten ist die Schlafbaracke, wo man sich selbst um alles kümmert. Die Lodge im Cowboy-Schick verspricht ein romantisches Wochenende. Die Hütten sind eine gute Wahl für Gruppen oder für Gäste, die mehr Privatsphäre wünschen.

★ **Pepe Osaka's Fish Taco** JAPANISCH $
(☎970-726-7159; www.pepeosakas.com; 78707 US Hwy 40; 2 Tacos 13–15 US$; ⌚tgl. 16–21 & Sa–So 12–15 Uhr) Wer Sushi und Fisch-Tacos mag, wird gegen Sushi-Tacos nichts einzuwenden haben. In diesem Lokal, das Gerichte anbietet, die sich der Nikkei-Cuisine zuordnen lassen (für alle, die nicht auf dem neusten Stand sind: der japanisch-peruanischen Fusion-Küche), gibt's ausgezeichnet gewürzte Thunfisch-Tacos, Ahi-*poke*-Ceviche-Tacos und Tacos mit schwarz gebratenem Mahi-Mahi *al pastor*. Dazu gibt's leckere gebratene Kochbananen und Margaritas.

Breckenridge & Umgebung

Der Ort am Fuß der herrlichen Tenmile Range ist ein nettes, noch erhaltenes Minenarbeiterstädtchen mit einem munteren historischen Viertel. Die bodenständige Atmosphäre ist eine erfrischende Abwechslung zu den schickeren Resorts in Colorado. Dank familienfreundlicher Skipisten und der Goldgräber-Vergangenheit ist Breckenridge (auch als „Breck" bekannt) das stimmungsvollste Ziel im Summit County.

Sehenswertes & Aktivitäten

Dank der vielen Gipfel und unzähliger Gelegenheiten zu Outdoor-Abenteuern ist Breckenridge das Highlight im Summit County. Man kann auf präparierten Pisten und in hochgelegenen Talkesseln skifahren, mit Schneeschuhen durchs Gelände laufen, 4300 m hohe Gipfel besteigen, kilometerweit auf Mountainbike-Trails fahren und den Blue River zum Raften und Angeln besuchen.

★ **Barney Ford Museum** MUSEUM
(www.breckheritage.com; 111 E Washington Ave; Eintritt gegen Spende 5 US$; ⌚Di–So 11–15 Uhr, saisonal unterschiedliche Öffnungszeiten) GRATIS Barney Ford war ein entflohener Sklave, der zu einem wohlhabenden Unternehmer und zu einem Bürgerrechtspionier in Colorado wurde. Im Verlauf seines an Wechselfällen reichen, tragischen und triumphierenden Lebens verbrachte er zweimal längere Zeit in Breckenridge (wo er einen rund um die Uhr geöffneten Imbissstand betrieb, der Delikatessen wie z. B. Austern servierte). Ford besaß auch ein Restaurant und ein Hotel in Denver. Das Museum residiert in dem Haus, in dem er von 1882 bis 1890 wohnte.

★ **Breckenridge Ski Area** WINTERSPORT
(☎800-789-7669; www.breckenridge.com; Skipass Erw./Kind 171/111 US$; ⌚Nov.–Mitte April 8.30–16 Uhr; 👪) Das Skigebiet umfasst fünf Berge auf einer Fläche von 11,74 km^2 und hat einige der besten Pisten für Anfänger und fortgeschrittenere Anfänger in Colorado, aber auch jede Menge aufregender hochalpiner Pisten. Vier Funparks komplettieren das Angebot.

Feste & Events

Ullr Fest KULTUR

(www.gobreck.com; ⏲ Jan.) Das Ullr Fest feiert den nordischen Gott des Winters mit einem ausgelassenen Umzug und viertägigen Festivitäten, zu denen ein Fatbike-Rennen, ein stadtweiter Talentwettbewerb und ein Freudenfeuer gehören.

International Snow Sculpture Championship KUNST

(www.gobreck.com; ⏲ Jan.–Feb.) Der internationale Schneeskulpturen-Wettbewerb startet Mitte Januar und dauert drei Wochen. Los geht's mit der Technical Week, in der die Schneeblöcke hergestellt werden, gefolgt von der Sculpting Week, in der die Skulpturen modelliert und vom Publikum bewertet werden. Den Abschluss bildet die Viewing Week, während der die Skulpturen den River Walk zieren.

Schlafen

★ **Bivvi Hostel** HOSTEL $

(☎ 970-423-6553; www.thebivvi.com; 9511 Hwy 9; B Winter/Sommer ab 85/29 US$; P 📶) Das moderne Hostel mit der Anmutung einer Blockhütte punktet mit Stil, Freundlichkeit und günstigen Preisen. Die Schlafsäle für vier bis sechs Personen haben private Schließfächer und angeschlossene Bäder. Das Frühstück ist kostenlos; chillen kann man im schrillen Gemeinschaftsraum oder draußen auf der prächtigen Terrasse, die mit Gasgrill und Whirlpool ausgestattet ist. Privatzimmer sind auch im Angebot.

★ **Abbet Placer Inn** B&B $$

(☎ 970-453-6489; www.abbettplacer.com; 205 S French St; Zi. Winter/Sommer ab 179/129 US$; P ❄ @ 📶) Die fünf großen Zimmer des violetten, äußerst bodenständigen Hauses warten mit Holztäfelung, iPod-Anschlüssen und flauschigen Bademänteln auf. Herzliche und gastfreundliche Inhaber servieren üppiges amerikanisches Frühstück. Vorhanden sind auch eine Gemeinschaftsküche und eine Freiluftterrasse mit Whirlpool. Die Dachstube punktet zudem mit einem privaten Balkon mit gigantischem Gipfelblick. Von 16 bis 19 Uhr kann eingecheckt werden.

Essen & Ausgehen

★ **Breckenridge Distillery** AMERIKANISCH $$

(☎ 970-547-9759; www.breckenridgedistillery.com; 1925 Airport Rd; kleine Teller 10–18 US$; ⏲ Di–Sa 16–21 Uhr) Die bunt zusammengewürfelte Karte in dieser **Destillerie** (⏲ Di–Sa 11–21, So & Mo bis 18 Uhr) mit großstädtisch anmutendem Speisesaal folgt den Genuss verheißenden Launen des ehemaligen DC-Chefkochs Daniel O'Brien und springt, ohne aus dem Takt zu geraten, von himmlischem *cacio e pepe* (römische Spaghetti mit Käse) zu Hähnchenleber-Profiteroles und weiter zu Datteln mit Marscapone. Die überwiegend kleinen Gerichte lassen sich gut bei erstklassigen Cocktails teilen.

★ **Crown** CAFÉ

(☎ 970-453-6022; www.thecrownbreckenridge.com; 215 S Main St; ⏲ 7.30–20 Uhr; 📶) Das brummende Café ist der gesellige Mittelpunkt und gewissermaßen das Wohnzimmer der Stadt. Bei einem Becher Silver-Canyon-Kaffee und einem Sandwich oder Salat hört man den neuesten Klatsch.

Broken Compass Brewing BRAUEREI

(☎ 970-368-2772; www.brokencompassbrewing.com; 68 Continental Ct; ⏲ 11.30–23 Uhr) Das Broken Compass in einem Industriekomplex am Nordende der Airport Road gilt allgemein als die beste Brauerei in Breck. Beim hauseigenen Coconut Porter oder Chili Pepper Pale lässt man sich mit Freunden in den alten Sessellift sinken. Alle zwei Stunden fährt ein Shuttle zwischen der Brauerei und der Stadt.

Praktische Informationen

Visitor Center (☎ 877-864-0868; www.gobreck.com; 203 S Main St; ⏲ 9–18 Uhr; 📶) Neben jeder Menge Landkarten und Broschüren hat das Visitor Center auch ein hübsches Museum am Fluss, das sich der Goldgräbervergangenheit der Stadt widmet.

An- & Weiterreise

Breckenridge liegt 80 Meilen (ca. 129 km) westlich von Denver und ist über die I-70 bis zur Ausfahrt 203 und dann den Hwy 9 in südlicher Richtung zu erreichen. **Summit Stage** (☎ 970-668-0999; www.summitstage.com), der kostenlose Busservice des Summit County, verbindet Breckenridge im Winter mit Keystone und A-Basin (*Swan Mountain Flyer*) sowie ganzjährig mit Frisco.

Vail

Mit seinen Gipfeln unter blauem Himmel. dem frischen Pulverschnee, den eingeschnittenen Flüssen sowie den präparierten Skipisten und gepflegten Radwegen ist Vail die ultimative Spielwiese Colorados. Die

Hauptattraktion ist seit eh und je der Vail Mountain, ein hoher, kuppelförmiger Berg mit mehr Gelände zum Skifahren als irgendwo sonst in den USA: 600 ha Abfahrtspisten am Nordhang und 1400 ha Gelände auf der Rückseite.

Nimmt man Vails Gourmet-Gastronomie, die gut betuchte Klientel und das junge, dynamische Personal hinzu, hat man hier wirklich ein adrenalintreibendes Yuppie-Utopia vor sich.

Sehenswertes & Aktivitäten

Der Reiz von Vail ist kein Geheimnis: Die endlosen Outdooraktivitäten im Winter und im Sommer machen den Ort so attraktiv. Allerdings gibt's in der „Schlammsaison" (Mitte April–Ende Mai & Nov.) kaum etwas für Besucher zu tun – man kann nicht skifahren, aber man kann auch nicht zum Wandern hinauf in die Berge.

★Vail Mountain WINTERSPORT
(☎970-754-8245; www.vail.com; Liftticket Erw./Kind 189/130 US$; ⏲Nov.–Mitte April 9–16 Uhr; 👪) Vail Mountain ist unser Lieblingsresort in Colorado. Hier gibt's 2140 ha zum Skifahren taugliches Gelände, 195 Trails, drei Geländeparks und (räusper) die höchsten Liftticketpreise auf dem nordamerikanischen Kontinent. Wer noch nie in Colorado zum Skifahren war, sollte hierher kommen – insbesondere an einem heiteren Tag mit frischem Pulverschnee. Die mehrtägigen Tickets gelten auch für drei andere Resorts (Beaver Creek, Breckenridge & Keystone).

Vail to Breckenridge Bike Path RADFAHREN
(www.summitbiking.org) Über 14 km erstreckt sich dieser befestigte, autofreie Radweg von East Vail zum höchsten Punkt des Vail Pass (Höhenunterschied 558 m). Von dort aus führt er über 22,5 km hinunter nach Frisco. Nach Breckenridge sind es dann noch einmal 14,5 km. Wer nur bergab rollen möchte, nimmt den Shuttle-Bus von **Bike Valet** (☎970-476-7770; www.bikevalet.net; 616 W Lionshead Cir; Leihfahrrad ab 50 US$/Tag; ⏲9–18 Uhr; 👪) und genießt die Rückfahrt nach Vail mit dem Rad.

Schlafen

Gore Creek Campground CAMPING $
(☎877-444-6777; www.recreation.gov; Bighorn Rd; Stellplatz Zelt 22 US$; ⏲Mitte Mai–Sept.; 🐾) Dieser Campingplatz am Ende der Bighorn Rd hat 19 Zeltstellplätze mit Picknicktischen und Feuerrosten, die versteckt zwischen Bäumen am Gore Creek liegen. In der Nähe gibt es ausgezeichnete Angelplätze – es lohnt sich, auf dem Slate Creek Trail oder dem Deluge Lake Trail zu wandern; letzterer führt zu einem fischreichen See. Der Campingplatz liegt 6 Meilen (9,6 km) östlich des Vail Village und ist über die I-70 (Ausfahrt 180, Richtung East Vail) zu erreichen.

DEN ERSTEN 4000ER ERKLETTERN

Der als „Colorados leichtester Viertausender" bekannte **Quandary Peak** (www.14ers.com; County Rd 851) nimmt mit 4348 m den 15. Platz der höchsten Gipfel im Bundesstaat ein. Obwohl man auf der Strecke viele Hunde und Kinder sieht, darf man sich von „leichtest" nicht irreführen lassen: Der Gipfel ist immer noch 4,8 strapaziöse Kilometer vom Startpunkt des Weges entfernt.

Für die hin und zurück 9,7 km lange Strecke braucht man etwa sieben bis acht Stunden. Um zum Trail zu gelangen, fährt man von Breckenridge auf dem Hwy 9 südwärts Richtung Hoosier Pass, biegt rechts auf die County Rd 850 und noch einmal rechts auf die 851 ab. Nach weiteren 1,1 Meilen (1,8 km) hat man den unmarkierten Startpunkt erreicht. Das Auto parkt man an der parallel verlaufenden Feuerschneise. Für die Wanderung eignen sich die Monate zwischen Juni und September.

Austria Haus HOTEL $$$
(☎866-921-4050; www.austriahaushotel.com; 242 E Meadow Dr; Zi. Winter/Sommer ab 500/280 US$; P ❄ 📶 🏊) Das Austria Haus ist eines der ältesten Unternehmen vor Ort und bietet sowohl Hotelzimmer als auch Ferienwohnungen (mehr Infos unter www.austriahaus club.com), man sollte sich also darüber im Klaren sein, was man bucht. Im Hotel sorgen charmante Details wie holzgetäfelte Türdurchgänge, Berberteppiche und Marmorbäder für einen angenehmen Aufenthalt. Beim großzügigen morgendlichen Frühstücksbüffet tankt man auf.

★Sebastian Hotel HOTEL $$$
(☎800-354-6908; www.thesebastianvail.com; 16 Vail Rd; Zi. Winter/Sommer ab 800/300 US$; P ❄ 📶 🏊 🐾) Luxuriös und modern, punktet dieses raffinierte Hotel mit geschmackvoller zeitgenössischer Kunst und einer eindrucks-

vollen Liste von Annehmlichkeiten, darunter einem Skiservice, einem Luxus-Spa und einem „Adventure Concierge". Im Sommer fallen die Zimmerpreise auf normales Niveau – die perfekte Zeit, um in der Tapas-Bar zu verweilen und die spektakuläre Poollandschaft mit Whirlpools zu genießen, die wie Sekt sprudeln und überschäumen.

Essen & Ausgehen

★ Westside Cafe DINER $

(970-476-7890; www.westsidecafe.net; 2211 N Frontage Rd; Hauptgerichte 9–16 US$; Mo–Mi 7–15, Do–So bis 22 Uhr;) Das in einer Einkaufszeile in West Vail zu findende Westside ist eine örtliche Institution. Den ganzen Tag über gibt's tolle Frühstückspfannen – z. B. „My Big Fat Greek Skillet" mit Rührei, Gyros, roten Zwiebeln, Tomaten, Feta und warmem Pita –, und daneben all die üblichen kalorienreichen Sachen, die man vor oder nach einem Tag auf den Pisten so dringend braucht. Es gibt auch einen Schalter für Essen zum Mitnehmen.

bōl AMERIKANISCH $$

(970-476-5300; www.bolvail.com; 141 E Meadow Dr; Hauptgerichte 18–27 US$; 14–1 Uhr;) Halb hippes Restaurant, halb eine Bowlingbahn des Raumfahrtzeitalters: Das bōl ist der ungewöhnlichste Treff in Vail. Hinten kann man bowlen (105–300 US$/Std.!), aber die eigentliche Attraktion sind die bunt zusammengewürfelten Gerichte – von Lammkoteletts und *chile rellenos* mit einer Panade aus blauem Mais bis zu Gnocchi mit Entenconfit.

★ Game Creek Restaurant AMERIKANISCH $$$

(970-754-4275; www.gamecreekvail.com; Game Creek Bowl; 3-/4-Gänge-Menü 99/109 US$; Dez.–April Di–Sa 17.30–21 Uhr, Ende Juni–Aug. Do–Sa 17.30–20.30 & So 11–14 Uhr;) Dieses Gourmetrestaurant liegt hoch oben in der spektakulären Game Creek Bowl. Mit der Eagle Bahn Gondola fährt man hinauf zum Eagle's Nest, von wo einen ein Shuttle (im Winter eine Pistenraupe) zu dem Restaurant im Stil einer Lodge bringt. Auf der Karte stehen amerikanisch-französische Gerichte; Highlights sind Wildschweinbraten, Hirschlende und saftige Lammkeulen. Reservieren erforderlich!

★ Sweet Basil AMERIKANISCH $$$

(970-476-0125; www.sweetbasilvail.com; 193 Gore Creek Dr; Hauptgerichte mittags 18–22 US$, abends 27–48 US$; 11.30–14.30 & 18 Uhr–open end) Das 1977 eröffnete Sweet Basil bleibt eines der Spitzenrestaurants von Vail. Die Karte wechselt saisonal, aber die bunt zusammengestellten amerikanischen Gerichte, zu denen in der Regel auch Colorado-Lamm und scharf angebratene Rocky-Mountain-Forelle gehören, sind immer ausgezeichnet und einfallsreich. Das Ambiente ist fantastisch. Reservieren erforderlich!

Praktische Informationen

Vail Visitor Center (970-477-3522; www.vailgov.com; 241 S Frontage Rd; Winter 8.30–17.30 Uhr, Sommer bis 20 Uhr;) Bietet Landkarten, günstige Last-Minute-Buchung von Unterkünften, Infos zur Stadt und Aktivitäten. Dieses Visitor Center liegt gleich neben dem Transportation Center. Das größere **Lionshead Welcome Center** ist am Eingang zum Parkhaus.

Anreise & Unterwegs vor Ort

Eagle County Airport (970-328-2680; www.flyvail.com; 217 Eldon Wilson Dr, Gypsum) Der Flughafen liegt 35 Meilen (gut 56 km) westlich von Vail und bietet Flüge zu Zielen im ganzen Land (viele mit Landung in Denver). Am Flughafen gibt's Schalter von Autovermietungen.

Shuttles von Colorado Mountain Express fahren vom/zum Denver International Airport (92 US$, 3 Std.) und vom/zum Eagle County Airport (51 US$, 40 Min.). Alle Busse nutzen das Vail Transportation Center.

Die Busse der **Eagle County Regional Transportation Authority** (www.eaglecounty.us; einfache Strecke 4 US$, nach Leadville 7 US$) bieten preiswerte Verbindungen nach Beaver Creek, Minturn und sogar Leadville. Die Busse fahren ungefähr zwischen 5 und 23 Uhr; der genaue Fahrplan steht auf der Website. Die Busse starten vom **Vail Transportation Center** (970-476-5137; 241 S Frontage Rd).

Vail Transit (970-477-3456; www.vailgov.com; 6.30–1.30 Uhr) Die kostenlosen Busse sind überwiegend mit Fahrrad- und Skiständern ausgerüstet. Sie kurven durch alle Resort-Gebiete von Vail: durch West Vail (nach Norden und Süden), Vail Village, Lionshead und East Vail sowie durch Ford Park und Sandstone.

Aspen

Aspen ist einmalig und unterscheidet sich von allen Orten im amerikanischen Westen. Die Stadt ist eine Mischung aus Cowboy-Schneid, europäischem Elan, Hollywood-Glamour, Ivy-League-Grips, frischem Pulverschnee, Livemusik und viel Geld. Hier kann einem zu jeder Jahreszeit auf vielfache Weise schwindlig werden.

Sehenswertes & Aktivitäten

★ Aspen Center for Environmental Studies NATUR

(ACES; ☎970-925-5756; www.aspennature.org; 100 Puppy Smith St, Hallam Lake; ⌚Mo–Fr 9–17 Uhr; 👪) GRATIS Das Aspen Center for Environmental Studies ist ein 10 ha großes Naturschutzgebiet, das sich an den Roaring Fork River schmiegt und kilometerlange Wanderwege im Hunter Creek Valley umfasst. Die Wissenschaftler des Zentrums, die es als ihre Aufgabe sehen, den Naturschutz voranzubringen, veranstalten kostenlose geführte Wanderungen und Schneeschuh-Touren, Raubvogelschauen (Adler und Eulen gehören zu den Bewohnern des Gebiets) und spezielle Programme für die Jüngsten.

★ Aspen Snowmass Ski Resort WINTERSPORT

(☎800-525-6200; www.aspensnowmass.com; 4-Berge-Liftticket Erw./Kind 164/105 US$; ⌚Dez.–Mitte April 9–16 Uhr; 👪) Pulverschnee, und viel davon, steht im Zentrum der hiesigen Wintersportaktivitäten. Die Aspen Skiing Company betreibt in der Gegend vier Resorts: **Snowmass** (☎970-923-0560; ⌚Ende Nov.–Mitte April; 👪), die beste Allround-Option mit den meisten Abfahrtspisten und Loipen; **Aspen** (☎970-925-1220; 601 E Dean St; ⌚Ende Nov.–Mitte April) mit mittelschweren und Abfahrtspisten für Erfahrene; **Highlands** (☎970-920-7009; Prospector Rd; ⌚Dez.–Anfang April) für Skiexperten und schließlich **Buttermilk** (☎970-925-1220; Hwy 82; ⌚Dez.–März; 👪) mit Abfahrten für Anfänger und Geländeparks. Die vier Resorts verteilen sich über das Tal und sind durch kostenlose Shuttles miteinander verbunden.

★ Maroon Bells WANDERN, SKIFAHREN

Wer nur einen Tag zur Verfügung hat, um sich hier an der unberührten Natur zu erfreuen, sollte diesen im Schatten von Colorados kultigsten Bergen verbringen: den pyramidenförmigen Zwillingsgipfeln des **North Maroon Peak** (4271 m) und des **South Maroon Peak** (4315 m). 11 Meilen (17,7 km) südwestlich von Aspen sind die Gestade des **Maroon Lake** ein hinreißendes Gelände vor der Kulisse der hohen, geriffelten Gipfel.

Aspen Art Museum MUSEUM

(☎970-925-8050; www.aspenartmuseum.org; 637 E Hyman Ave; ⌚Di–So 10–18 Uhr) GRATIS Das 2014 eröffnete neue Gebäude des Kunstmuseums besitzt drei Etagen mit Ausstellungssälen und eine warm wirkende, an einen Lattenzaun erinnernde Fassade, die vom Pritzker-Preisträger Shigeru Ban entworfen wurde. Das Museum hat keine ständige Ausstellung, sondern zeigt avantgardistische Wechselausstellungen von Gemälden, Werken in Mischtechnik, Skulpturen, Videoinstallationen und Fotografien von Künstlern wie Mamma Andersson, Mark Manders oder Susan Philipsz. Kunstfreunde finden also immer etwas Interessantes. Auf dem Dach kann man die Aussicht genießen und in dem coolen Café einen Happen essen.

Schlafen

★ Difficult Campground CAMPING $

(☎877-444-6777; www.recreation.gov; Hwy 82; Stellplatz Zelt & Wohnmobil 24–26 US$; ⌚Mitte Mai–Sept.; 🐾) Der größte Campingplatz im Gebiet von Aspen ist einer von vier Plätzen am Fuß des Independence Pass und der einzige, der Reservierungen annimmt. Er befindet sich etwa 5 Meilen (8 km) westlich der Stadt und liegt am niedrigsten (2438 m). Weiter oben befinden sich die drei kleineren Campingplätze **Weller**, **Lincoln Gulch** und **Lost Man**. Wasser ist vorhanden, es gibt aber keine Elektroanschlüsse für Wohnmobile.

Annabelle Inn HOTEL $$

(☎877-266-2466; www.annabelleinn.com; 232 W Main St; Zi. Winter/Sommer ab 249/200 US$; P ❄ @ 📶) Das freundliche, unprätentiöse, nette und etwas skurrile Annabelle Inn liegt zentral und erinnert an eine europäische Skihütte alter Schule. Die Zimmer sind gemütlich, aber nicht zu kitschig und mit Flachbild-TVs und warmen Daunendecken ausgestattet. Uns gefiel die Vorführung von Skivideos, die man nach Einbruch der Dunkelheit vom Whirlpool (einer von 2 auf dem Anwesen) auf der oberen Terrasse aus ansehen kann. Das gute Frühstück ist im Preis inbegriffen.

★ Limelight Hotel HOTEL $$$

(☎855-925-3025; www.limelighthotel.com; 355 S Monarch St; Zi. Winter/Sommer ab 500/250 US$; P ❄ 📶 🏊 🐾) Der schicke und trendige, auf Backstein und Glas setzende Modernismus dieses Hotels spiegelt die Stimmung in Aspen wider. Die Zimmer sind geräumig und bieten stilvolle Details wie Granitwaschbecken und Leder-Kopfteile sowie einen Blick in die Berge von den Balkonen und den Dachterrassen aus. Zusätzliche Extras sind Shuttles zu allen Pisten und ein fabelhaftes Frühstück.

Essen & Ausgehen

Justice Snow's AMERIKANISCH $$
(☎970-429-8192; www.justicesnows.com; 328 E Hyman Ave; Hauptgerichte mittags 12–18 US$, abends 17–26 US$; ⏲Mo–Fr 11–2, Sa & So 9–2 Uhr; 📶🍷) 🌿 Das Lokal im historischen **Wheeler Opera House** (☎970-920-5770; www.aspenshowtix.com; 320 E Hyman Ave; ⏲Theaterkasse Mo–Fr 12–17 Uhr) ist ein alter Saloon im Retro-Look mit antiken Holzmöbeln, aber auch einem geschickt eingesetzten modernen Touch. Eigentlich handelt es sich um eine Bar – die Flüsterkneipen-Cocktails sind die Seele des Ladens –, die Einheimischen kommen aber vor allem wegen der preiswerten Gerichte aus regionalen Zutaten (Gourmetburger für 12 US$ sind für Aspen wirklich billig).

★ **Pyramid Bistro** CAFÉ $$
(☎970-925-5338; www.pyramidbistro.com; 221 E Main St; Hauptgerichte mittags 12–18 US$, abends 19–29 US$; ⏲11.30–21.30 Uhr; 🍷) 🌿 Das vegetarische Feinschmeckercafé im obersten Stock von **Explore Booksellers** (☎970-925-5336; www.explorebooksellers.com; 221 E Main St; ⏲10–21 Uhr; 📶) serviert köstliche Kreationen, z. B. Süßkartoffel-Gnocchi mit Ziegenkäse, kleine Sandwiches mit roten Linsen und Quinoa-Salat mit Avocado, Gojibeeren und Sesam-Vinaigrette. Das Lokal ist beim Thema „Essen für Gesundheitsbewusste" in Aspen mit Abstand die beste Wahl.

★ **Matsuhisa** JAPANISCH $$$
(☎970-544-6628; www.matsuhisarestaurants.com; 303 E Main St; Hauptgerichte 29–42 US$, Sushi 8–12 US$/2 Stücke; ⏲17.30 Uhr–open end) Das umgebaute Haus, die erste Filiale von Nobu Matsuhisas bekannter globaler Kette in Colorado, ist anheimelnder als der Ableger in Vail und liefert immer noch spektakuläre Gerichte wie Schwarzer Zackenbarsch mit Miso, Schwarzer Seehecht mit Trüffeln oder aromatische Seeigeleier.

Aspen Brewing Co BRAUEREI
(☎970-920-2739; www.aspenbrewingcompany.com; 304 E Hopkins Ave; ⏲12 Uhr–open end; 📶) Fünf eigene Biersorten und ein sonniger Balkon mit Bergblick machen den Laden zur besten Entspannungsadresse nach einem langen Tag an der frischen Luft. Die Biere reichen vom aromatischen This Year's Blonde über das starke Independence Pass Ale (IPA) und das lieblichere Conundrum Red Ale bis hin zum schokoladigen Pyramid Peak Porter.

Woody Creek Tavern PUB
(☎970-923-4585; www.woodycreektavern.com; 2 Woody Creek Plaza, 2858 Upper River Rd; ⏲11–22 Uhr) Der hundertprozentige Agaven-Tequila und die Margaritas mit frischem Limonen rechtfertigen die 8 Meilen (12,9 km) lange Anfahrt aus Aspen mit dem Auto – oder mit dem Fahrrad über den **Rio Grande Trail** (www.riograndetrail.com; Puppy Smith St). Die Wände der abgefahren-rustikalen Taverne, die seit 1980 bei Einheimischen beliebt ist und die beliebteste Kneipe des verstorbenen, berühmten Gonzo-Journalisten Hunter S. Thompson war, sind mit Zeitungsausschnitten, Fotos von Gästen und allerlei Krimskrams dekoriert.

Praktische Informationen

Aspen-Sopris Ranger District (☎970-925-3445; www.fs.usda.gov/whiteriver; 806 W Hallam St; ⏲Mo–Fr 8–16.30 Uhr) Der Rangerdistrikt Aspen-Sopris des USFS betreibt rund 20 Campingplätze im Roaring Fork Valley und vom Independence Pass bis nach Glenwood Springs, darunter auch in der Maroon Bells Wilderness. Im Büro gibt's Karten und Wandertipps.

Aspen Visitor Center (☎970-925-1940; www.aspenchamber.org; 425 Rio Grande Pl; ⏲Mo–Fr 8.30–17 Uhr) Schräg gegenüber dem Rio Grande Park.

Kiosk an der Cooper Street (Ecke E Cooper Ave & S Galena St; ⏲10–18 Uhr) Karten, Broschüren und Zeitschriften.

Anreise & Unterwegs vor Ort

Der umtriebige **Aspen-Pitkin County Airport** (☎970-920-5380; www.aspenairport.com; 233 E Airport Rd; 📶), 4 Meilen (6,4 km) nordwestlich von Aspen am Hwy 82, hat ganzjährig Direktflüge von/nach Denver sowie saisonal Direktflüge zu acht weiteren Städten in den USA, darunter nach L. A. und Chicago. Am Flughafen gibt's mehrere Autovermietungen. Ein kostenloser Bus fährt vom/zum Flughafen (alle 10–15 Min.).

Colorado Mountain Express (☎800-525-6363; www.coloradomountainexpress.com; zum DIA Erw./Kind 120/61,50 US$; 📶) Betreibt häufige Shuttles vom/zum Denver International Airport (4 Std.).

Roaring Fork Transportation Authority (RFTA; ☎970-925-8484; www.rfta.com; 430 E Durant Ave, Aspen; ⏲6.15–2.15 Uhr; 📶) Kostenlose RFTA-Shuttlebusse verbinden Aspen mit den Highlands, Snowmass und Buttermilk; der **VelociRFTA** bedient die im Tal gelegenen Ortschaften Basalt (4 US$, 25 Min.), Carbondale (6 US$, 45 Min.) und Glenwood Springs (7 US$, 1 Std.).

Salida

Salida ist dank des größten historischen Viertels im Bundesstaat ein einladender Ort und hat darüber hinaus eine unschlagbare Lage: Auf der einen Seite befindet sich der Arkansas River und auf der anderen treffen zwei große Gebirgsketten aufeinander. Tagsüber stehen Wandern, Radfahren und Raften auf dem Programm, und abends erwarten einen in der Stadt gegrillte Bison-Rippchen und ein kaltes India Pale Ale.

Aktivitäten

Mountainbiker und Wanderer finden in unmittelbarer Nähe der Stadt einige tolle Routen: den **Continental Divide Trail** (www.continentaldividetrail.org), den **Colorado Trail** (www.coloradotrail.org) und den **Rainbow Trail**. Wer sich nicht abmühen will, nimmt einfach die **Gondelbahn** (719-539-4091; www.monarchcrest.net; Erw./Kind 10/5 US$; Mitte Mai–Mitte Sept. 8.30–17.30 Uhr), die vom Monarch Pass fast 300 m aufwärts auf den Gipfel der Monarch Ridge führt.

★ **Absolute Bikes** RADFAHREN
(719-539-9295; www.absolutebikes.com; 330 W Sackett Ave; Fahrrad 15–100 US$/Tag, Touren ab 90 US$; 9–18 Uhr;) Die erste Anlaufstelle für Radler bietet Karten, Ausrüstung und Ratschläge. Der Laden vermietet Straßenräder und Mountainbikes und unterhält – besonders wichtig – auch Shuttles zu den Tour-Startpunkten. Es gibt außerdem eine tolle Auswahl geführter Radtouren, z. B. zur Geisterstadt St. Elmo oder zum Monarch Crest Trail.

★ **Monarch Crest Trail** MOUNTAINBIKEN
Diese Route ist einer der berühmtesten Trails in Colorado, ein extremes 32 bis 56 km langes Abenteuer. Vom Monarch Pass (3448 m) folgt die Strecke dem offenen Bergkamm 19 km bis zum Marshall Pass. Von dort fährt man entweder auf einer alten Bahntrasse hinunter nach Poncha Springs oder weiter auf dem Rainbow Trail. Die klassische Tour bietet fabelhafte Ausblicke aus großer Höhe.

Arkansas River Tours RAFTEN
(800-321-4352; www.arkansasrivertours.com; 19487 Hwy 50; halber/ganzer Tag Erw. 59/109 US$, Kind 49/99 US$; Mai–Aug.;) Der Veranstalter bietet Raftingtouren vom Brown's Canyon stromabwärts und ist auf Touren zur Royal Gorge spezialisiert. Ein Büro befindet sich in Cotopaxi, 23 Meilen (37 km) östlich von Salida.

Schlafen

In Salida gibt's ein gutes Hostel und Hotel im Zentrum sowie eine große Menge typischer Motels am Rand des Ortes. Die **Arkansas Headwaters Recreation Area** (719-539-7289; http://cpw.state.co.us; 307 W Sackett Ave; 8–17 Uhr, Sa & So 12–13 Uhr geschl.) betreibt sechs Campingplätze (Wasser selber mitbringen!) am Fluss, darunter **Hecla Junction** (719-539-7289; http://coloradostateparks.reserveamerica.com; Hwy 285, Meile 135; Stellplatz Zelt & Wohnmobil 18 US$, zzgl. Tagesgebühr 7 US$;). Ein weiterer toller Campingplatz ist **Monarch Park** (877-444-6777; www.recreation.gov; abseits des Hwy 50; Stellplatz Zelt & Wohnmobil 18 US$; Juni–Sept.;) oben am Pass nahe den Wander- und Radwegen des Monarch Crest und des Rainbow Trail.

★ **Simple Lodge & Hostel** HOSTEL $
(719-650-7381; www.simplelodge.com; 224 E 1st St; B/DZ/4BZ 24/60/84 US$; P@) Hätte Colorado doch nur mehr Unterkünfte dieser Art! Das von den superfreundlichen Mel und Justin geführte Hostel ist einfach, aber stilvoll, hat eine komplett ausgestattete Küche und einen gemütlichen Gemeinschaftsbereich, in dem man sich wie zu Hause fühlt. Das Hostel ist bei Radfahrern beliebt, die hier auf der Rte 50 von Küste zu Küste unterwegs sind. Sehr gut möglich also, dass man hier interessanten Typen begegnet.

Essen

Fritz TAPAS $
(719-539-0364; 113 East Sackett St; Tapas 5–10 US$, Hauptgerichte 10–15,50 US$; 11–21 Uhr;) Diese lustige und schrille Kneipe am Fluss serviert prima Tapas amerikanischer Art, z. B. Makkaroni mit drei Käsesorten, Schinken, Fritten und Trüffel-Aioli, gebratene Gelbflossenthun-Wantans oder Brie-Ciabatta mit Dattel-Konfitüre. Es gibt auch tolle Burger mit Rindfleisch von mit Gras gefütterten Tieren sowie Salate und Sandwiches. Dazu findet man ein gutes Sortiment örtlicher Fassbiere.

★ **Amícas** PIZZERIA $$
(719-539-5219; www.amicassalida.com; 127 F St; Pizzas & Panini 6,90–13 US$; Mo–Mi 11–21, Do–So 7–21 Uhr;) Holzofenpizzas mit dünnem Boden, Panini, hausgemachte Lasagne plus fünf selbst gebraute Fassbiersorten gefällig? Der entspannte Treff mit hoher Decke

ist ein echter Volltreffer – perfekt, um die leer gepumpten Akkus wieder aufzufüllen! Am besten genießt man eine Pizza Michelangelo (Pesto, Wurst, Ziegenkäse) oder eine Vesuvio (Artischockenherzen, sonnengetrocknete Tomaten, geröstete Paprika) zu einem kühlen Glas Headwaters India Pale Ale.

Praktische Informationen

Salida Chamber of Commerce (☎719-539-2068; www.nowthisiscolorado.com; 406 W Rainbow Blvd; ⊙Mo–Fr 9–17 Uhr) Allgemeine Infos für Touristen.

USFS Ranger Office (☎719-539-3591; www.fs.usda.gov; 5575 Cleora Rd; ⊙Mo–Fr 8–16.30 Uhr) Östlich der Stadt, abseits vom Hwy 50, gibt's Infos zu Campingplätzen und Wanderwegen in der Sawatch Range und der nördlichen Sangre de Cristo Range.

An- & Weiterreise

Am Ausgang des Arkansas River Valley hat Salida eine erstklassige Lage an der Kreuzung von Hwy 285 und Hwy 50. Die Stadt war früher ein Bahnknoten, weshalb man bei der Erkundung der Gegend auf die eine oder andere stillgelegte Bahntrasse stößt. Gunnison, Colorado Springs, die Great Sand Dunes und Summit County sind alle innerhalb von ein oder zwei Fahrtstunden erreichbar – wenn man über ein eigenes Auto verfügt.

Colorado Springs

Colorado Springs ist einer der bedeutendsten Urlaubsorte der USA und heute die zweitgrößte Stadt im Bundesstaat. Die Naturschönheit und das angenehme Klima locken Besucher aus aller Welt an, die den majestätischen Pikes Peak besteigen und die wunderschönen Sandsteinpfeiler des Garden of the Gods bewundern.

Colorado Springs hat sich nun zu einem ganzjährigen Ziel des Abenteuer- und Freizeiturlaubs entwickelt. Eine Reihe neuer, auf Familien ausgerichteter Attraktionen kommen zum Reiz der Front Range und den bestehenden Sehenswürdigkeiten hinzu, vom ausgezeichneten Kunstmuseum bis zur historischen Air Force Academy und einer aufstrebenden Restaurantszene.

Sehenswertes & Aktivitäten

★Pikes Peak — BERG

(☎719-385-7325; www.springsgov.com; Maut Erw./Kind 12/5 US$; ⊙Juni–Aug. 7.30–20 Uhr, Sept. bis 17 Uhr, Okt.–Mai 9–15 Uhr; P) Der Pikes Peak gehört mit seinen 4300 m nur haarscharf zu Colorados 14 000ern, ist aber sicher der berühmteste dieser Berge. Die Ute-Indianer nannten ihn „Sonnenberg“, eine treffende Bezeichnung für diesen majestätischen Gipfel, der die südliche Front Range überragt. Er erhebt sich fast senkrecht 2255 m aus der Ebene empor und wird jährlich von mehr als 500 000 Besuchern erklommen.

★Garden of the Gods — PARK

(www.gardenofgods.com; 1805 N 30th St; ⊙Mai–Okt. 5–23 Uhr, Nov.–April bis 21 Uhr; P) GRATIS Diese herrliche Ader aus rotem, ca. 290 Mio. Jahre altem Sandstein tritt auch anderswo entlang von Colorados Front Range zutage. Die hiesige Hintergrundkulisse aus wunderschön schlanken Felsnadeln ist jedoch besonders herrlich. Parkbesucher können auf befestigten oder unbefestigten Wegen wandeln, ein Picknick genießen und Kletterer beobachten, die ihre Fähigkeiten am teilweise bröckeligen Fels testen.

★Colorado Springs Fine Arts Center — MUSEUM

(FAC; ☎719-634-5583; www.csfineartscenter.org; 30 W Dale St; Erw./Student 12/5 US$; ⊙Di–So 10–17 Uhr; P) Das ausgedehnte, 2007 komplett renovierte Museum und das Theater mit 400 Sitzplätzen wurden 1936 eingeweiht. Die überraschend anspruchsvolle Sammlung des Museums umfasst erstklassige lateinamerikanische Kunstwerke und Fotografien sowie bedeutende Wechselausstellungen mit Exponaten aus dem 23 000 Objekte umfassenden Museumsbestand.

Colorado Springs Pioneers Museum — MUSEUM

(☎719-385-5990; www.cspm.org; 215 S Tejon St; ⊙Di–Sa 10–17 Uhr; P) GRATIS Das städtische Museum residiert im 1903 erbauten alten El Paso County Courthouse. Die Ausstellung und die Sammlung, die rund 60 000 Exponate umfasst, decken die Geschichte der Region ab. Besonders gut ist die Sammlung zu den nordamerikanischen Ureinwohnern mit hunderten Artefakten der Völker der Ute, Cheyenne und Arapaho.

US Air Force Academy — SCHULE

(☎719-333-2025; www.usafa.af.mil; I-25 Ausfahrt 156B; ⊙Visitor Center 9–17 Uhr; P) GRATIS Ein Besuch dieses Campus, der zu einer der berühmtesten US-Militärakademien gehört, gewährt einen begrenzten, aber dennoch faszinierenden Einblick in das Leben einer Elite-Gruppe von Kadetten. Das Visitor Center hält allgemeine Infos zur Akademie bereit. Danach kann man zur eindrucksvollen Kapelle (1963) laufen oder an einer Autotour über das weitläufige Gelände teilnehmen.

Schlafen

Mining Exchange HOTEL $$

(☎719-323-2000; www.wyndham.com; 8 S Nevada Ave; Zi. ab 149 US$; P ❄ 📶) Das stilvollste Hotel vor Ort (eröffnet 2012) befindet sich in der ehemaligen historischen Bank, in der Cripple-Creek-Goldsucher ihre Funde um die vorletzte Jahrhundertwende herum zu Bargeld machten. Hiervon zeugt bis heute die Tresorraumtür in der Lobby. Rund 3,65 m hohe Decken, freiliegende Backsteinwände und lederbezogenes Mobiliar sorgen für einladendes, modernes Flair.

★ **Broadmoor** RESORT $$$

(☎855-634-7711; www.broadmoor.com; 1 Lake Ave; Zi. ab 295 US$; P ❄ 📶 🏊 🐾) Das rundum exquisite Broadmoor mit 744 Zimmern gehört zu den führenden Fünf-Sterne-Resorts der USA und erfreut sich einer Bilderbuchlage vor den blau-grünen Hängen des Cheyenne Mountain. Zu dem großen, grünen Gelände gehören ein See, ein schimmernder Pool, ein erstklassiger Golfplatz, ein unglaubliches Spa und zahllose Bars bzw. Restaurants. Das Design der ultrakomfortablen Zimmer wirkt jedoch etwas „großmütterlich".

★ **Garden of the Gods Resort** RESORT $$$

(☎719-632-5541; www.gardenofthegodsclub.com; 3320 Mesa Rd; DZ/Suite ab 309/459 US$; P ❄ 📶 🏊) Der Resortflügel des Garden of the Gods Club wetteifert unter neuer Leitung mit der (für ihre historische Eleganz bekannten) Konkurrenz um den Geldadel. Die Anlage wird weiter vergrößert; gerade wurde die Renovierung aller Luxus-Hotelzimmer und Suiten und der Bau eines riesigen Tages-Spas abgeschlossen.

Essen & Ausgehen

Shuga's CAFE $

(☎719-328-1412; www.shugas.com; 702 S Cascade Ave; Gerichte 8–9 US$; ⏱11–24 Uhr; 📶) Wer bisher dachte, dass Colorado Springs nicht hip sein kann, der wird im Shugas eines Besseren belehrt. Das Personal des Cafés im Südstaaten-Stil hat ein Händchen für leckere Espressogetränke und heiße Cocktails. Das kleine weiße Haus mit Papierkranichen und roten Vinylstühlen ist unglaublich niedlich ausgestattet; man kann auch auf der Terrasse sitzen. Das Essen – BLT-Sandwich (Schinken, Salat, Tomate) mit Brie auf Rosmarintoast oder brasilianische Kokos-Shrimps-Suppe – ist klasse. Auf keinen Fall die Oldie-Filmnacht am Samstag versäumen!

★ **Pizzeria Rustica** PIZZA $$

(☎719-632-8121; www.pizzeriarustica.com; 2527 W Colorado Ave; Pizzas 12–24 US$; ⏱Di–So 12–21 Uhr; 🍷 👪) Holzofenpizzas, Zutaten aus der Region und das historische Ambiente von Old Colorado City machen die muntere Pizzeria zum angesagten Ort für Pizza. Da der Laden sehr beliebt ist, sollte man fürs Abendessen am besten reservieren.

★ **Uchenna** ÄTHIOPISCH $$

(☎719-634-5070; www.uchennaalive.com; 2501 W Colorado Ave, Suite 105; Hauptgerichte 12–22 US$; ⏱Di–So 12–14 & 17–20 Uhr; P 🍷 👪) Chefköchin Maya lernte die Rezepte von ihrer Mutter, ehe sie nach Amerika kam. Die Hausmannskost und die familienfreundliche Atmosphäre in diesem authentisch-äthiopischen Restaurant überzeugen. Es gibt gut gewürzte Fleischgerichte und vegetarische Angebote und dazu jeweils weiches *injera* (gesäuertes Fladenbrot).

★ **Marigold** FRANZÖSISCH $$

(☎719-599-4776; www.marigoldcafeandbakery.com; 4605 Centennial Blvd; Hauptgerichte mittags 8–13 US$, abends 11–24 US$; ⏱Bistro 11–14.30 & 17–21 Uhr, Bäckerei Mo–Sa 8–21 Uhr) Der brummende Mix aus Bäckerei und französischem Bistro liegt weit draußen beim Garden of the Gods. Das Essen schmeichelt gleichermaßen dem Gaumen und dem Geldbeutel. Serviert werden neben tollen Salaten und Pizzas z. B. auch Marseillaise mit Schnapper oder Knoblauch-Brathähnchen mit Rosmarin. Unbedingt Platz im Magen für die Zitronentörtchen oder den Schokoladenkuchen mit Doppel- oder Dreifach-Mousse (!) reservieren!

★ **Blue Star** MODERN-AMERIKANISCH $$$

(☎719-632-1086; www.thebluestar.net; 1645 S Tejon St; Hauptgerichte 21–38 US$; ⏱15–24 Uhr; P 🍷) Eines der beliebtesten Feinschmeckerlokale von Colorado Springs liegt im nobler werdenden Viertel Ivywild gleich südlich der Downtown. Die Karte in diesem sehenswerten Lokal wechselt regelmäßig, bietet aber immer frischen Fisch, beste Steaks und einfallsreiche Hähnchengerichte mit Gewürzen und Gewürzmischungen aus dem Mittelmeer- oder dem pazifischen Raum.

Bristol Brewing Co BRAUEREI

(☎719-633-2555; www.bristolbrewing.com; 1604 S Cascade Ave; ⏱11–22 Uhr; 📶) Diese Brauerei nahm 2013 eine Vorreiterrolle ein, als sie in der ehemaligen Ivywild Elementary School als Erste ein neues Gemeinde-Marktzentrum eröffnete. Sie liegt zwar im südlichen Colorado Springs etwas abseits vom Schuss, ist aber wegen ihres Laughing-Lab-Ales und des Kneipenessens vom Besitzer des Gourmet-Lokals Blue Star durchaus besuchenswert.

Praktische Informationen

Colorado Springs Convention and Visitors Bureau (719-635-7506; www.visitcos.com; 515 S Cascade Ave; 8.30–17 Uhr;) Das gut bestückte Büro hat Infos zum gesamten südlichen Colorado.

Anreise & Unterwegs vor Ort

Der **Colorado Springs Airport** (COS; 719-550-1900; www.flycos.com; 7770 Milton E Proby Pkwy;) ist eine praktische Alternative zum Denver International Airport und bietet Flüge in elf Großstädte im ganzen Land, vor allem von United und Delta. Es gibt allerdings keine öffentlichen Verkehrsmittel in die Stadt, sodass man ein Auto mieten oder für rund 35 US$ ein Taxi von **Yellow Cab** (719-777-7777; www.yccos.com) nehmen muss.

Täglich bedienen bis zu sechs Busse von **Greyhound** (800-231-2222; www.greyhound.com) die Route zwischen Colorado Springs und Denver (ab 10 US$, 90 Min.); sie starten am **Colorado Springs Downtown Transit Terminal** (719-385-7433; 127 E Kiowa St; Mo–Fr 8–17 Uhr).

Die verlässlichen Busse von **Mountain Metropolitan Transit** (719-385-7433; www.coloradosprings.gov/department/91; einfache Strecke 1,75 US$, Tageskarte 4 US$) fahren im gesamten Gebiet von Pikes Peak.

Südliches Colorado

Colorados südliche Hälfte mit seinen imposanten Gebirgsketten San Juan und Sangre de Cristo ist genauso reizvoll wie der nördliche Teil.

Crested Butte

Das für seinen Pulverschnee bekannte Crested Butte hat seinen ländlichen Charakter besser bewahrt als die meisten anderen Skiorte in Colorado. Das abgelegene, von drei Naturschutzgebieten umgebene ehemalige Bergbaudorf gehört zu den besten Ski-Resorts in Colorado – manche meinen, es sei das beste. In der Altstadt finden sich schön restaurierte viktorianische Gebäude, in die hippe Läden und Unternehmen eingezogen sind. Der gemütliche Zweiradverkehr passt zu der lässigen, fröhlichen Atmosphäre.

Im Winter konzentriert sich die Skiszene auf den Mt. Crested Butte, den vom Talboden aufsteigenden Bergkegel. Im Sommer zeigen die gewellten Hügel, warum der Senat von Colorado den Ort zur Wildblumen-Hauptstadt des Bundesstaats erklärt hat, und viele Mountainbiker genießen den wunderbaren alpinen Singletrail.

Sehenswertes & Aktivitäten

★ Crested Butte Center for the Arts KUNSTZENTRUM
(970-349-7487; www.crestedbuttearts.org; 606 6th St; variierende Eintrittspreise; 10–18 Uhr;) Das kürzlich prächtig erweiterte Kunstzentrum zeigt Wechselausstellungen örtlicher Künstler und hat einen vollgepackten Konzert- und Theaterkalender. Hier gibt's immer muntere und interessante Veranstaltungen.

★ Crested Butte Mountain Resort SKIFAHREN
(970-349-2222; www.skicb.com; 12 Snowmass Rd; Liftticket Erw./Kind 111/100 US$;) Das Skigebiet ist eines der besten in Colorado und bekannt für von Bäumen eingefasste Pisten, tiefen Pulverschnee und einen nicht zu großen Andrang. Das Resort, das hauptsächlich auf geübtere Fahrer und Ski-Experten ausgerichtet ist, liegt 2 Meilen (3,2 km) nördlich der Stadt am Fuß des Mt. Crested Butte. Die Landschaft ist atemberaubend: Das Resort ist von Wäldern, zerklüfteten Gipfeln und den Naturschutzgebieten West Elk, Raggeds und Maroon Bells-Snowmass umgeben.

Alpineer MOUNTAINBIKEN
(970-349-5210; www.alpineer.com; 419 6th St; Fahrrad 25–75 US$/Tag) Das Unternehmen versorgt das Mountainbiking-Mekka mit Karten, Infos und Leihfahrrädern. Es gibt auch ein tolles Sortiment an Kleidung für Männer und Frauen. Skier sowie Wander- und Campingausrüstung werden ebenfalls vermietet.

Schlafen

Crested Butte International Hostel HOSTEL $
(970-349-0588, gebührenfrei 888-389-0588; www.crestedbuttehostel.com; 615 Teocalli Ave; B 37 US$, Zi. 104–115 US$;) Dieses Hostel, eines der hübschesten im Bundesstaat, verbindet die Privatsphäre eines Hotels mit

dem munteren Ambiente eines Hostels. Die besten Privatzimmer haben eigene Bäder. Die Schlafsäle bieten Leselampen und verschließbare Schubladen, der Gemeinschaftsbereich einen gemauerten Kamin und komfortable Sofas. Die Preise variieren saisonal; der Winter ist die Hauptsaison.

Inn at Crested Butte BOUTIQUEHOTEL **$$**
(☎970-349-2111, gebührenfrei 877-343-211; www.innatcrestedbutte.com; 510 Whiterock Ave; DZ 199–249 US$; P❄📶) Das renovierte Boutiquehotel bietet nette Unterkunft in einem stilvollen und luxuriösen Ambiente. Das Haus ist eine der sympathischsten Feriendomizile in Crested Butte: Es gibt nur eine Handvoll Zimmer, von denen manche sich zu einem Balkon mit Blick auf den Mt. Crested Butte öffnen. Alle Zimmer sind mit Antiquitäten, Flachbild-TVs, Kaffeemaschinen und Minibars ausgestattet.

★**Ruby of Crested Butte** B&B **$$$**
(☎800-390-1338; www.therubyofcrestedbutte.com; 624 Gothic Ave; DZ 149–299 US$, Suite 199–499 US$; P🚭❄📶🐾) Bis hinunter zu den Schüsseln mit Geleebohnen und Nüssen in der stilvollen Gemeinschaftslounge ist dieses B&B durchdacht ausgestattet. Die hervorragenden Zimmer haben Fußbodenheizung, Flachbild-TVs mit DVD-Playern und einer Auswahl von DVDs, iPod-Anschlüsse und hochwertige Bettwäsche. Es gibt einen Whirlpool, eine Bibliothek, einen Trockenraum für die Skiausrüstung und kostenlose Retro-Stadträder. Die Gastgeber helfen gern bei der Reservierung von Restaurants sowie von anderen Dienstleistungen.

Essen & Ausgehen

★**Secret Stash** PIZZA **$$**
(☎970-349-6245; www.thesecretstash.com; 303 Elk Ave; Hauptgerichte 12–18 US$; ⏲8 Uhr–open end; 🍸👪) Das große, schrill-lässige Lokal wird von den Einheimischen wegen seiner phänomenalen Küche und der originellen Cocktails geliebt. Der frühere Gemischtwarenladen ist mit Wandteppichen dekoriert und hat die Bestuhlung eines Teehauses. Pizza ist die hiesige Spezialität: Die „Notorious Fig"-Version (mit Prosciutto, frischen Feigen und Trüffelöl) gewann die World Pizza Championship. Zuvor kann man gesalzene und gepfefferte Fritten knabbern.

Soupçon FRANZÖSISCH **$$$**
(☎970-349-5448; www.soupcon-cb.com; 127 Elk Ave; Hauptgerichte 39–47 US$; ⏲18–22.30 Uhr) 🌿 Das kleine, verführerische französische Bistro residiert in einer stimmungsvollen alten Minenarbeiterhütte und hat nur ein paar Tische. Chefkoch Jason hat mit großen Namen aus New York City zusammengearbeitet und setzt bei seiner wechselnden Karte auf Frische, Fleisch aus der Region und Bio-Produkte. Reservieren erforderlich!

★**Montanya** BAR
(www.montanyarum.com; 212 Elk Ave; Snacks 3–12 US$; ⏲11–21 Uhr) Die Destillerie Montanya wird weithin für ihre hochwertigen Rumspezialitäten geschätzt. Der Basiltini mit Rum, Basilikum, frischer Grapefruit und Limette ist wirklich begeisternd. Es gibt auch Führungen, kostenlose Verkostungen und lohnende Mocktails.

Praktische Informationen

Das **Visitor Center** (☎970-349-6438; www.crestedbuttechamber.com; 601 Elk Ave; ⏲9–17 Uhr) liegt gleich hinter dem Eingang zur Stadt an der Hauptstraße und hat viele Broschüren und Karten.

An- & Weiterreise

Crested Butte ist ungefähr vier Fahrtstunden von Denver und rund 3½ Stunden von Colorado Springs entfernt. Auf der US 50 fährt man Richtung Gunnison und dann rund 30 Minuten auf dem Hwy 135 nordwärts nach Crested Butte.

Ouray

Mit prächtigen, die Kesselschlucht umrahmenden Eisfällen und erholsamen Thermalquellen auf dem Talboden ist Ouray (ausgesprochen: Ju-ray) selbst für die Verhältnisse in Colorado privilegiert. Der Ort ist ein Spitzenziel für Eiskletterer, aber auch Wanderer und Fans von Geländewagentouren gewinnen dem rauen und gelegentlich hinreißenden Charme der Gegend viel ab. Die Stadt präsentiert sich als ein gut erhaltenes, 400 m langes Bergarbeiterdorf zwischen imposanten Gipfeln.

Aktivitäten

★**Million Dollar Highway** PANORAMASTRASSE
Der gesamte US Hwy 550 wird als Million Dollar Hwy bezeichnet, aber genauer gilt das für den hinreißenden Abschnitt, der südlich von Ouray durch die Uncompahgre Gorge hinauf zum Red Mountain Pass (3358 m) führt. Die Hochgebirgslandschaft ist wahrlich ehrfurchtgebietend; bei der Fahrt nach Süden Richtung Silverton fährt

ABSTECHER

RAFTING AUF DEM ARKANSAS RIVER

Der Arkansas River entspringt bei Leadville, fließt an der Ostflanke von Buena Vista hinunter und weiter durch das Browns Canyon National Monument, bis er mit Klasse-V-Fließgeschwindigkeit durch die spektakuläre Royal Gorge schießt. Der Fluss ist der vielfältigste, längste und wildeste im Bundesstaat. Eisige Wasserspritzer durchnässen einen, während sich das Boot in die tosenden Wellen stürzt; die durchnässte Crew gibt der Strömung nach, und setzt rückwärts um einen großen Felsbrocken. Für erfahrene Sportler ein Riesenspaß! Infos zu geführten Touren stehen auf S. 857.

man am Außenrand der schmalen, kurvenreichen Straße, nur einen Herzschlag entfernt vom Sturz in die Tiefe.

★ Ouray Hot Springs THERMALQUELLEN

(☎ 970-325-7073; www.ourayhotsprings.com; 1200 Main St; Erw./Kind 18/12 US$; ⊙ Juni–Aug. 10–22 Uhr, Sept.–Mai Mo–Fr 12–21 & Sa–So 11–21 Uhr;) Das kürzlich renovierte historische Ouray Hot Springs verspricht ein heilsames Bad oder kindischen Spaß. Das natürliche Quellwasser ist kristallklar und frei von dem Schwefelgeruch, der manch andere Thermalquellen prägt. Es gibt ein Langschwimmbecken, Wasserrutschen, eine Kletterwand über einem Plansch-Pool und erstklassige Bäderbereiche (38–41 °C). Zum Komplex gehören auch eine Fitnesshalle und ein Massagedienst.

Ouray Ice Park KLETTERN

(☎ 970-325-4061; www.ourayicepark.com; County Rd 361; ⊙ Mitte Dez.–März 7–17 Uhr;) GRATIS Fans aus aller Welt kommen zum Eisklettern in den weltweit ersten öffentlichen Eispark, der einen 3 km langen Abschnitt der Uncompahgre Gorge umfasst. Der aufregende (wenn auch frostige) Park bietet Schwierigkeitsgrade für unterschiedlichstes Können. Beratung erhält man bei einem lokalen Guide-Service.

Feste & Events

Ouray Ice Festival KULTUR

(☎ 970-325-4288; www.ourayicefestival.com; Abendevents Eintritt gegen Spende; ⊙ Jan.;) Das Ouray Ice Festival bietet vier Tage lang Kletterwettbewerbe, Abendessen, Diavorträge und Beratung. Kinder können an einer Kletterwand erste Griffe üben. Das Zuschauen bei den Wettbewerben ist kostenlos, wer aber an den diversen Abendveranstaltungen teilnehmen möchte, muss eine Spende für den Eispark leisten. Wenn man einmal dabei ist, bekommt man Freibier von der beliebten Colorado-Mikrobrauerei New Belgium.

Schlafen & Essen

Amphitheater Forest Service Campground CAMPING $

(☎ 877-444-6777; www.recreation.gov; US Hwy 550; Stellplatz 20 US$; ⊙ Juni–Aug.) Mit seinen tollen Stellplätzen unter Bäumen ist dieser alpine Campingplatz ein Volltreffer. An den Wochenenden in den Ferien muss man mindestens drei Nächte bleiben. Südlich der Stadt, am Hwy 550, nimmt man einen ausgeschilderten Weg nach links.

★ Wiesbaden HOTEL $$

(☎ 970-325-4347; www.wiesbadenhotsprings.com; 625 5th St; Zi. 132–347 US$;) Das schräge, eigenartige New-Age-Hotel Wiesbaden punktet mit einer eigenen natürlichen Dampfgrotte, die einst auch vom Häuptling Ouray benutzt wurde. Die Zimmer mit gesteppten Tagesdecken sind romantisch und gemütlich, das Highlight ist aber die sonnendurchflutete Suite mit einer Natursteinwand. Morgens schlendern die Gäste in dicken Morgenröcken herum, schlürfen den kostenlosen Biokaffee oder -tee, entspannen sich oder warten einfach nur auf die Massagen.

Box Canyon Lodge & Hot Springs LODGE $$

(☎ 800-327-5080, 970-325-4981; www.boxcanyonouray.com; 45 3rd Ave; Zi. 189 US$;) Nicht jedes Hotel hat eine Heizung mit Erdwärme, geräumige und frische, mit Kiefernholz getäfelte Zimmer und von Quellwasser gespeiste Whirlpools im Freien – ideal für ein romantisches Bad mit Blick in die Sterne. Die gute Gastlichkeit verrät sich in kostenlosen Äpfeln und Wasser in Flaschen. Das Haus ist populär, daher vorab reservieren!

Bon Ton Restaurant FRANZÖSISCH, ITALIENISCH $$$

(☎ 970-325-4419; www.bontonrestaurant.com; 426 Main St; Hauptgerichte 16–40 US$; ⊙ Do–Mo 17.30–23 Uhr, Brunch Sa & So 9.30–12.30 Uhr;) Das Bon Ton serviert schon seit einem

Jahrhundert Abendessen in einem schönen Raum unter dem historischen St. Elmo Hotel. Zu den französischen und italienischen Gerichten gehören Spezialitäten wie gebratene Ente in Kirsch-Pfeffersauce und Tortellini mit Schinken und Schalotten. Die Weinkarte ist umfangreich und der Champagner-Brunch empfehlenswert.

Praktische Informationen

Ouray Visitors Center (☎970-325-4746, 800-228-1876; www.ouraycolorado.com; 1230 Main St; ⊙Mo–Sa 9–18, So 10–16 Uhr; 📶)

An- & Weiterreise

Ouray liegt am Hwy 550, 70 Meilen (112,7 km) nördlich von Durango, 24 Meilen (38,6 km) nördlich von Silverton und 37 Meilen (59,5 km) südlich von Montrose. Es gibt in der Gegend keinen Busverkehr, sodass man auf ein eigenes Auto angewiesen ist.

Telluride

Das exklusive Telluride ist zu drei Seiten von gewaltigen Gipfeln eingefasst und damit buchstäblich vom Getriebe der Außenwelt abgeschnitten. Früher eine raue Bergbausiedlungm treffen in Telluride heute kümmerliche Existenzen auf Reiche – die wenigen, die sich die hiesigen Grundstückspreise leisten können auf die, die nur knapp über die Runden kommen. Das Stadtzentrum hat noch einen spürbaren altmodischen Charme, obwohl die Einheimischen häufig das kürzlich erschlossene Mountain Village heruntermachen, dessen aus dem Boden gestampfte Attraktionen einen Hauch von Vegas besitzen. In Telluride gibt aber immer noch Idealismus den Ton an. Ein Stückchen vom Paradies ist erhalten geblieben: Da ist die „Free Box" schräg gegenüber der Post, wo man überflüssige Sachen eintauschen kann, da ist die Freiheit jener Tage mit herrlichem Pulverschnee, und da sind die berühmten, jovialen Feste der Stadt.

Sehenswertes & Aktivitäten

Man muss kein Skifahrer sein, um Telluride zu mögen, aber die freie Natur sollte einen schon begeistern. Die Stadt ist von einer sagenhaften Berglandschaft umgeben. Die Gletscher-Gipfelwand des Ajax Peak ragt hinter dem Dorf auf und bildet die Stirnwand des U-förmigen Tals. Rechts (südlich) am Ajax Peak stürzen die Bridal Veil Cascades, Colorados höchster Wasserfall, 111 m in die Tiefe; ein Serpentinenweg führt hinauf zu einem restaurierten, 1907 errichteten Wasserkraftwerk über den Fällen. Im Süden ragt der Mt. Wilson (4342 m) aus einer Gruppe zerklüfteter Gipfel hervor, die die Lizard Head Wilderness Area bilden.

Telluride Ski Resort WINTERSPORT
(☎970-728-7533, 888-288-7360; www.tellurideskiresort.com; 565 Mountain Village Blvd; Erw./Kind ganztägiges Liftticket 124/73 US$) Telluride als ein Paradies für echte Skifahrer ist bekannt für sein steiles und tiefes Terrain mit steilen Pisten und tiefem Pulverschnee, während alle anderen den prächtigen Ausblick in die San Juan Mountains und die gesellige Atmosphäre des Ortes lieben. Das Resort umfasst drei unterschiedliche Skigebiete, die von 16 Skiliften erschlossen sind. Ein großer Teil des Geländes besteht aus mittelschweren und schweren Pisten, aber auch Anfänger finden genügend Auswahl.

★ **Ashley Boling** GESCHICHTE
(☎970-728-6639, Handy 970-798-4065; 20 US$/Pers.; ⊙nach Vereinbarung) Der Einheimische Ashley Boling veranstaltet seit über 20 Jahren faszinierende historische Stadtspaziergänge durch Telluride. Sie dauern über eine Stunde und werden ganzjährig angeboten. Die Preise gelten für mindestens vier Teilnehmer, aber auch ab zwei Teilnehmern wird nicht übermäßig viel verlangt. Reservierung erforderlich!

Feste & Events

Telluride Bluegrass Festival MUSIK
(☎800-624-2422; www.planetbluegrass.com; 4-Tage-Pass 235 US$; ⊙Ende Juni) Dieses Fest zieht für ein Wochenende mit erstklassigem und frischem Bluegrass Tausende Besucher an. Imbissstände verkaufen verschiedenste Gerichte, während die Produkte der lokalen Kleinbrauereien die Stimmung anheizen. Bis spätabends spielt die Musik. Camping ist während des viertägigen Festivals sehr beliebt. Auf der Website findet man mehr Informationen.

★ **Mountainfilm** FILM
(www.mountainfilm.org; ⊙Mai) An vier Tagen rund um das Memorial-Day-Wochenende gibt's ausgezeichnete Vorstellungen von Filmen zu den Themen Outdoor-Abenteuer, Natur und Umweltschutz sowie Ausstellungen und Vorträge. Die Events (einige davon sind kostenlos) finden in Telluride und in Mountain Village statt.

Schlafen

Abgesehen von Campingplätzen gibt es keine preiswerten Unterkünfte in Telluride. Im den Spitzenzeiten im Sommer und im Winter sowie während der Festivals in der Stadt wird's richtig teuer. In der Nebensaison geben die Preise etwas nach, manchmal bis zu 30 %. Wer zur Festivalzeit kommt, sollte sich bei den Organisatoren direkt nach Campingmöglichkeiten erkundigen.

★ Telluride Town Park Campground CAMPING $
(970-728-2173; 500 E Colorado Ave; Stellplatz mit/ohne Autoparkplatz 28/17 US$; Mitte Mai–Mitte Okt.;) Der Platz mit 43 Stellplätzen liegt praktisch am Bach und direkt im Ortszentrum. Es gibt Duschen, Badestellen und Tennis. Die Plätze werden nach dem Prinzip: Wer zuerst kommt, mahlt zuerst vergeben – aber nicht in der Festivalzeit (da wendet man sich im Voraus an die Festival-Organisatoren). Ein wenig Nachtleben wird auch geboten.

New Sheridan Hotel HOTEL $$
(800-200-1891, 970-728-4351; www.newsheridan.com; 231 W Colorado Ave; DZ ab 223 US$;) Das elegante und dezente historische Hotel wurde 1895 aus Backstein errichtet und ist ein hübsches Basislager zur Erkundung von Telluride. Die Zimmer haben hohe Decken, frische Bettwäsche und kuschelige Flanelldecken. Auf der Terrasse gibt's einen Whirlpool mit Blick in die Berge. Die Downtown-Lage ist perfekt, aber einige Zimmer sind für den Preis wirklich klein.

Inn at Lost Creek BOUTIQUEHOTEL $$$
(970-728-5678; www.innatlostcreek.com; 119 Lost Creek Lane, Mountain Village; Zi. 275–500 US$;) Das üppige Boutiquehotel in Mountain Village ist behaglich und liegt praktisch am Fuß des Hauptlifts von Telluride. Der Service ist persönlich, und die makellosen Zimmer sind im Southwestern- Design mit alpinem Hartholz und Zinnverzierungen ausgestaltet. Auf dem Dach gibt's zwei Spas. Pauschalangebote stehen auf der Website.

Essen & Ausgehen

Die Mahlzeiten und selbst Lebensmittel können in Telluride teuer sein, für den kleinen Hunger bieten sich daher die Imbissstände und der Taco Truck auf der Colorado Ave an, wo man an Picknicktischen sitzen kann. Man kann in Telluride sicher besser feiern, als irgendwo sonst im südlichen Colorado, aber das wird teuer, denn die Drinks sind nicht kostenlos, ja noch nicht einmal billig. Livebands sorgen für Stimmung.

Tacos del Gnar MEXIKANISCH $
(970-728-7938; www.gnarlytacos.com; 123 S Oak St; Hauptgerichte 7–14 US$; Di–Sa 12–21 Uhr) Das ist die zweite Filiale eines schlichten Taco-Ladens, der ohne Stilambitionen einzig auf Geschmack setzt. Die Tacos sorgen mit Anleihen bei koreanischen Grillspeisen und asiatischen Aromen für zufriedene Kunden.

Oak GRILL $$
(The New Fat Alley; 970-728-3985; www.oakstelluride.com; 250 San Juan Ave, Basisstation von Sessellift 8; Hauptgerichte 11–23 US$; 11–22 Uhr;) Man wählt sich etwas von der Kreidetafel oder hält sich einfach an das, was der Nebenmann bestellt hat. Das Essen ist ein preiswertes und kleckerndes Vergnügen. Zu empfehlen ist das Pulled-Pork-Sandwich mit Krautsalat oben drauf, wozu man am besten noch eine Schale knusprige Süßkartoffelfritten bestellt. Tolle Bier-Angebote!

★ Chop House MODERN-AMERIKANISCH $$$
(970-728-4531; www.newsheridan.com; 231 W Colorado Ave, New Sheridan Hotel; Hauptgerichte 26–62 US$; 17–2 Uhr) Mit hervorragendem Service und einem schicken Dekor aus Bänken, die mit besticktem Samt bezogen sind, ist dieses Restaurant eine gute Wahl für ein intimes Dinner. Nach der Käseplatte stehen Gerichte aus dem Westen Amerikas auf der Karte, z. B. exquisite Spannrippe vom Wapiti und Ravioli mit Tomaten-Relish und Ricotta aus der Milch örtlicher Schafe. Zum Schluss gibt's ein Stück glutenfreien dunklen Schokoladenkuchen in frischer Karamellsauce.

New Sheridan Bar BAR
(970-728-3911; www.newsheridan.com; 231 W Colorado Ave, New Sheridan Hotel; 17–2 Uhr) In dieser Bar drängen sich die Reichen und Schönen, aber in der Nebensaison entdeckt man authentisches Lokalkolorit. Im Sommer eilt man am besten schnurstracks auf die luftige Dachterrasse. Die alten Einschusslöcher in der Wand zeugen vom tapferen Überleben der Bar, während das angrenzende Hotel in der Zeit, als der Bergbau seinen Niedergang erlebte, seine Kronleuchter und Antiquitäten zur Begleichung der Heizkosten verscherbeln musste.

Unterhaltung

Fly Me to the Moon Saloon LIVEMUSIK
(970-728-6666; 132 E Colorado Ave; 15–2 Uhr) Zu den Klängen der Livebands kann man

sich in diesem Saloon schon mal gehen lassen und so richtig abtanzen. Es ist der beste Ort in Telluide, um zünftig zu feiern.

Sheridan Opera House THEATER
(☎970-728-4539; www.sheridanoperahouse.com; 110 N Oak St; 👪) Dieses historische Theater mit burleskem Charme ist der Fixstern in Tellurides kulturellem Leben. Es beherbergt das Telluride Repertory Theater und bietet häufig spezielle Veranstaltungen für Kinder.

Praktische Informationen

Telluride Visitor Center (☎888-353-5473, 970-728-3041; www.telluride.com; 230 W Colorado Ave; ⌚Winter 10–17 Uhr, Sommer bis 19 Uhr)

Anreise & Unterwegs vor Ort

In der Skisaison gibt's vom **Montrose Regional Airport** (☎970-249-3203; www.montroseairport.com; 2100 Airport Rd), 65 Meilen (104,6 km) nördlich der Stadt, Direktflüge von/nach Denver (mit United), Houston, Phoenix und einigen wenigen Städten an der Ostküste.

Pendlerflugzeuge bedienen den **Telluride Airport** (☎970-778-5051; www.tellurideairport.com; 1500 Last Dollar Rd) auf dem Hochplateau 5 Meilen (8 km) östlich der Stadt, wenn das Wetter mitspielt. Ansonsten werden die Flüge zum Montrose Regional Airport umgeleitet.

Galloping Goose (☎970-728-5700; www.telluride-co.gov; ⌚7–21 Uhr) betreibt den öffentlichen Nahverkehr und bedient feste Routen in der Downtown und nahegelegene Gemeinden. Der **Telluride Express** (☎970-728-6000; www.tellurideexpress.com; zum Montrose Regional Airport Erw./Kind 53/31 US$) ist ein Shuttle von der Stadt zum Telluride Airport, nach Mountain Village oder zum Montrose Regional Airport; telefonisch die Abholung vereinbaren!

Silverton

Umgeben von schneebedeckten Gipfeln und tief eingetaucht in die rußgeschwärzte Geschichte einer schäbigen Bergbausiedlung scheint Silverton eher nach Alaska als in die „Lower 48" zu passen. Aber es ist nun einmal hier. Und wer Schneemobilfahren, Radfahren, Fliegenfischen oder einfach nur die Sonne im Hochgebirge genießen will, kommt hier auf seine Kosten.

Der Ort hat zwei Straßen, aber nur eine ist geteert. In der Greene St liegen die meisten Geschäfte, die z. B. hausgemachtes Dörrfleisch, Karamellen und Federschmuck verkaufen. Die immer noch unbefestigte berüchtigte Blair St – die in Empire St umgetauft wurde– verläuft parallel zur Greene St. Zur Zeit des Silberrauschs florierten hier die Bordelle und Zechbuden.

Aktivitäten

★ **Silverton Railroad Depot** EISENBAHN
(☎970-387-5416, gebührenfrei 877-872-4607; www.durangotrain.com; 12th St; Deluxe/Erw./Kind hin & zurück ab 189/89/55 US$; ⌚Abfahrten 13.45, 14.30 & 15 Uhr; 👪) Am Endbahnhof Silverton kann man Tickets (einfache Strecke/hin & zurück) für die wunderbare Durango & Silverton Narrow Gauge Railroad (S. 867) kaufen. Im Bahndepot von Silverton ist das Silverton Freight Yard Museum untergebracht. Das Zugticket berechtigt zwei Tage vor bis zwei Tage nach der Fahrt zu einem Besuch des Museums.

★ **Silverton Mountain Ski Area** SKIFAHREN
(☎970-387-5706; www.silvertonmountain.com; State Hwy 110; Liftticket 59 US$/Tag, ganztägiger Guide & Liftticket 159 US$) Das ist eines der innovativsten Skigebiete in den USA – nichts für Anfänger. Ein Einsessel-Skilift bringt fortgeschrittene und erfahrene Skifahrer zum Gipfel in ein Gebiet mit nichtpräparierten Pisten. Die Zahlen sind beschränkt; es wird zwischen Tagen unterschieden, an denen man sich ohne Führer tummeln kann und den exklusiveren, an denen man mit Führer unterwegs ist.

San Juan Backcountry AUTOTOUR
(☎970-387-5565, gebührenfrei 800-494-8687; www.sanjuanbackcountry.com; 1119 Greene St; 2-stündige Tour Erw./Kind 60/40 US$; ⌚Mai–Okt.; 👪) 🍃 Das Unternehmen vermietet Geländewagen und veranstaltet Touren in die Wildnis der herrlichen San Juan Mountains rund um Silverton. Die Teilnehmer fahren dabei in umgebauten, offenen Chevy Suburbans.

Schlafen & Essen

Inn of the Rockies at the Historic Alma House B&B $$
(☎970-387-5336, gebührenfrei 800-267-5336; www.innoftherockies.com; 220 E 10th St; Zi. 129–173 US$; P ⊜ ❄) Das 1898 von einer Einheimischen namens Alma eröffnete Gasthaus hat neun einzigartige Zimmer, die mit viktorianischen Antiquitäten eingerichtet sind. Man wird überaus warmherzig empfangen und das Frühstück à la New Orleans, serviert in einem Speisesaal mit Kronleuchter, verdient ein Extralob. Die Zimmerpreise sind jedoch niedriger, wenn man es nicht bucht. Es gibt außerdem einen Whirlpool

im Garten, der für Entspannung nach einem langen Tag sorgt.

Wyman Hotel B&B **$$**
(☎877-504-5272; www.thewyman.com; 1371 Greene St; DZ ab 175 US$; ⊗Nov. geschl.;) Das hübsche, im National Register of Historic Places stehende Sandsteingebäude von 1902 wurde gerade aufgemöbelt und bietet schicke Zimmer in gedämpften Farben mit einem gut abgestimmten minimalistischen Touch – eine stilvolle Alternative zum üblichen Kitsch. Sehenswert ist die historische Kombüse hinten auf der kiesbestreuten Terrasse.

Grand Restaurant & Saloon AMERIKANISCH **$$**
(☎970-387-5527; 1219 Greene St; Hauptgerichte 8–26 US$; ⊗Mai–Okt. 11–15 Uhr, Abendessen gelegentlich 17–21 Uhr;) In dem stimmungsvollen Lokal kann man bei Burgern und Clubsandwichs verweilen. Der Klavierspieler und das historische Dekor sind ein Pluspunkt. Die komplett ausgestattete Bar wird von Einheimischen und Touristen gleichermaßen geschätzt.

Ausgehen & Nachtleben

★ Rum Bar BAR
(☎970-769-8551; www.silvertonrumbar.com; 1309 Greene St; Hauptgerichte 6–14 US$; ⊗11–2 Uhr) Die geräumig-minimalistische Bar an der Greene St ist in der ganzen Region beliebt. An Sommertagen sucht man sich einen Platz auf der Dachterrasse. Die Barkeeper sind gesprächig und komponieren geschickt exotische Cocktails mit hausgemachtem Sirup und preisgekröntem Rum. In der Nebensaison ändern sich die Öffnungszeiten.

An- & Weiterreise

Silverton liegt am Hwy 550 etwa auf halber Strecke zwischen Montrose, rund 60 Meilen (96,6 km) im Norden, und Durango rund 48 Meilen (77,2 km) im Süden.

Außer mit dem eigenen Auto erreicht man Silverton nur mit der Durango and Silverton Narrow Gauge Railroad oder den privaten Bussen, die die Rückfahrten durchführen.

Mesa Verde National Park

Mehr als 700 Jahre nach dem Verschwinden seiner Bewohner ist **Mesa Verde** (☎970 529 4465; www.nps.gov/meve; Wochenpass Auto/Motorrad Juni–Aug. 20/10 US$, Sept.–Mai 15/7 US$;) immer noch von Geheimnissen umwittert. Niemand weiß genau, warum die frühen Pueblo-Indianer (Ancestral Puebloans) um 1300 ihre aufwändigen Felsbehausungen aufgaben. Anthropologen lieben die Stätte: Mesa Verde ist der einzige US-amerikanische Nationalpark, der sich dem Schutz kultureller Relikte und nicht dem Schutz von Naturschönheiten widmet. Der Park ist ein Wunderland für Abenteurer, die hier auf Leitern zu aus dem Fels gehauenen Behausungen hinaufsteigen, Felskunst bewundern und in die Rätsel des präkolumbischen Amerikas eintauchen können.

Der Mesa Verde National Park schützt den 210 km² großen nördlichsten Abschnitt der Mesa. Stätten der frühen Pueblo-Indianer finden sich überall in den Schluchten des Parks und auf dem Hochplateau südlich von Cortez und Mancos.

Der National Parks Service (NPS) setzt das Gesetz zum Schutz der Altertümer strikt durch, dem zufolge die Entfernung oder Zerstörung von Altertümern jeder Art verboten ist. Aus diesem Grund ist der öffentliche Zugang zu vielen der 4000 bekannten Stätten nicht gestattet.

Sehenswertes & Aktivitäten

Wer nur Zeit für einen kurzen Besuch hat, sollte sich das Chapin Mesa Museum anschauen und versuchen, durch das Spruce Tree House zu wandern, wo man über eine Holzleiter in die kühle Kammer einer Kiva hinunterklettern kann.

Es lohnt sich aber, ein, zwei Tage zu bleiben, um sich einer von Rangern geleiteten Führung zum Cliff Palace und zum Balcony House anzuschließen, die Wetherill Mesa (die ruhigere Seite des Canyons) zu erkunden, sich das Museum genau anzuschauen oder an einem der Lagerfeuer-Programme teilzunehmen, die auf dem Morefield Campground veranstaltet werden.

Chapin Mesa Museum MUSEUM
(☎970-529-4475; www.nps.gov/meve; Chapin Mesa Rd; Zugang inkl. Zutritt in den Park; ⊗April–Mitte Okt. 8–18.30, Mitte Okt.–April bis 17 Uhr;) Das Chapin Mesa Museum zeigt Ausstellungen zum Park und ist ein guter erster Stopp. Das Museumspersonal hilft am Wochenende mit Infos weiter, wenn die Parkverwaltung geschlossen ist.

Chapin Mesa ARCHÄOLOGISCHE STÄTTE
Die größte Ansammlung früher Pueblo-Behausungen befindet sich auf der Chapin Mesa, wo es die dicht gedrängte **Far View Site** und das große **Spruce Tree House** gibt. Sie sind die am besten zugänglichen

Stätten und über einen befestigten, 800 m langen Rundweg zu erreichen.

Wetherill Mesa ARCHÄOLOGISCHE STÄTTE
Die zweitgrößte Stätte von Siedlungen. Besucher können gesicherte Stätten und zwei Klippenbehausungen betreten, darunter das **Long House**, geöffnet von Ende Mai bis Ende August.

Aramark Mesa Verde WANDERN, TOUREN
(☎ 970-529-4421; www.visitmesaverde.com; Meile 15, Far View Lodge; Erw. 42–48 US$) Der Park-Konzessionär bietet von Mitte Mai bis Mitte Oktober täglich verschiedene geführte Privat- und Gruppentouren durch den Park an, die man online oder im Büro in der Far View Lodge buchen kann.

Schlafen & Essen

In den nahegelegenen Ortschaften Cortez und Mancos gibt's viele Unterkünfte; der Mesa Verde National Park lässt sich aber auch leicht im Rahmen eines Tagesausflugs von Durango aus besuchen.

Morefield Campground CAMPING $
(☎ 970-529-4465; www.visitmesaverde.com; Meile 4; Stellplatz Zelt/Wohnmobil 30/40 US$; ⌚ Mai–Anfang Okt.; 🐾) Der Park-Campingplatz liegt 4 Meilen (6,4 km) entfernt vom Eingangstor und verfügt über 445 reguläre Zeltstellplätze auf grasigem Boden, die günstig in der Nähe des Morefield Village liegen. Hier gibt's einen Gemischtwarenladen, eine Tankstelle, ein Restaurant, Duschen und eine Wäscherei. Der Betreiber ist Aramark. Wohnmobilstellplätze ohne Strom- und Wasseranschluss kosten genauso viel wie die Zeltstellplätze.

Far View Lodge LODGE $$
(☎ 970-529-4421, gebührenfrei 800-449-2288; www.visitmesaverde.com; Mile 15; Zi. 124–177 US$; ⌚ Mitte April–Okt.; P ❄ 📶 🐾) Die geschmackvolle Lodge im Pueblo-Stil thront auf einer Hochebene, 15 Meilen (24 km) vom Parkeingang entfernt, und bietet 150 Zimmer im Südwest-Stil, einige davon mit *kiva*-Kamin. Vom eigenen Balkon sieht man den Sonnenuntergang über der Mesa. Die Standardzimmer haben keine Klimaanlage (und keinen TV) und im Sommer kann es tagsüber heiß werden.

Metate Room MODERN-AMERIKANISCH $$$
(☎ 800-449-2288; www.visitmesaverde.com; Meile 15, Far View Lodge; Hauptgerichte 20–36 US$; ⌚ April–Mitte Okt. 7–10 & 17.30–21.30 Uhr, Mitte Okt.–März 17–19.30 Uhr; ✍ 👪) Das mit einem Preis für kulinarische Exzellenz ausgezeichnete gehobene Restaurant in der Far View Lodge bietet innovative Gerichte, die von den Nahrungsmitteln und Aromen der amerikanischen Ureinwohner inspiriert sind, z. B. gefüllte Poblano-Chilis, Schweinebauch mit Kaktusfeige und kalte Räucherforelle.

Praktische Informationen

Der Eingang zum Mesa Verde National Park liegt abseits der US 160 auf halber Strecke zwischen Cortez und Mancos.

Das große **Mesa Verde Visitor & Research Center** (☎ 970-529-5034, 800-305-6053; www.nps.gov/meve; ⌚ Juni–Anfang Sept. 8–19 Uhr, Anfang Sept.–Mitte Okt. bis 17 Uhr, Mitte Okt.–Mai geschl.; 📶 👪) hat Wasser, WLAN und Toiletten. An den Informationsschaltern werden Tickets für Führungen zum Cliff Palace, Balcony House oder Long House verkauft. Im Zentrum sind außerdem museumswürdige Artefakte ausgestellt.

Durango

Durango ist der Archetyp einer alten Bergbaustadt in Colorado. Sie ist der Liebling der Region und einfach nur wunderbar. Die eleganten Hotels, die Saloons aus der viktorianischen Zeit und die von Bäumen gesäumten Straßen und verschlafenen Bungalows laden dazu ein, umherzuradeln und dieses gute Gefühl aufzusaugen. Es gibt jede Menge draußen zu tun. Stilmäßig ist Durango hin- und hergerissen zwischen seiner Ragtime-Vergangenheit und der coolen, innovativen Zukunft, in der Townie Bikes, Koffein und Farmers Markets das Bild beherrschen.

Aktivitäten

★ **Durango & Silverton Narrow Gauge Railroad** EISENBAHN
(☎ 970-247-2733; www.durangotrain.com; 479 Main Ave; Erw./Kind 4–11 Jahre hin & zurück ab 89/55 US$; ⌚ Mai–Okt.; 👪) Eine Fahrt mit der Durango & Silverton Narrow Gauge Railroad ist ein Muss für alle, die sich in Durango aufhalten. Die Oldtimer-Dampfloks befahren seit 125 Jahren die malerische 72 km lange Strecke Richtung Norden nach Silverton (einfache Strecke 3½ Std.). Auf der herrlichen Tour hat man die Gelegenheit, zwei Stunden lang Silverton zu erkunden. Dieser Trip ist jedoch nur zwischen Mai und Oktober möglich. Über verschiedene Möglichkeiten im Winter kann man sich online informieren.

Mild to Wild Rafting RAFTEN
(☎970-247-4789, gebührenfrei 800-567-6745; www.mild2wildrafting.com; 50 Animas View Dr; Touren ab 59 US$; ⏲9–17 Uhr; 👪) Im Frühjahr und Sommer gehört Wildwasser-Rafting zu den beliebtesten Sportarten in Durango. Mild to Wild Rafting ist eines von zahlreichen Unternehmen in der Stadt, die Rafting-Ausflüge auf dem Animas River anbieten. Anfänger sollten die einstündige Rafting-Einführung buchen, während Abenteuerlustige (und Erfahrene) sich für Touren auf dem Oberlauf des Animas (mit Stromschnellen der Klassen III bis V) entscheiden.

Purgatory WINTERSPORT
(☎970-247-9000; www.purgatoryresort.com; 1 Skier Pl; Lifttickets Erw./Kind ab 89/55 US$; ⏲Mitte Nov.–März; 👪) Durangos Wintersport-Highlight liegt 25 Meilen (40,2 km) nördlich der Stadt an der US 550. Das Resort umfasst 486 ha mit Pisten unterschiedlicher Schwierigkeit und punktet mit 660 cm Schnee pro Jahr. In zwei Geländeparks können sich Snowboarder richtig austoben. In den örtlichen Lebensmittel- und Zeitungsläden sollte man, bevor man sein Liftticket am Schalter kauft, sich erst einmal nach Sonderaktionen, Lifttickets, die für zwei Personen zum Preis für eine gelten, und andere Sonderangeboten umschauen.

Schlafen

General Palmer Hotel HOTEL $$
(☎970-247-4747, gebührenfrei 800-523-3358; www.generalpalmer.com; 567 Main Ave; DZ 165–275 US$; ❄@📶) Das elegante Hotel aus viktorianischer Zeit (1898) präsentiert sich altjüngferlich mit Blümchentapeten, Teddys auf jedem Bett und Betten mit vier Zinnpfosten. Die Zimmer sind klein, aber schön, und wer nicht fernsehen will, holt sich einfach ein Brettspiel an der Rezeption. Highlights sind die gemütliche Bibliothek und das entspannende Solarium.

★ **Rochester House** HOTEL $$
(☎970-385-1920, gebührenfrei 800-664-1920; www.rochesterhotel.com; 721 E 2nd Ave; DZ 169–229 US$; 🚭❄📶🐾) Inspiriert von alten Western – in den Gängen hängen Filmposter und Schirmdachlampen – wirkt das Rochester ein wenig wie altes Hollywood im modernen Westen. Die Zimmer sind geräumig und haben hohe Decken. Zwei konventionelle Gemeinschaftsräume, in denen Gebäck serviert wird, sowie ein Frühstücksraum in einem alten Bahnwaggon sind weitere Pluspunkte dieser Unterkunft. Haustiere sind willkommen.

★ **Antlers on the Creek** B&B $$$
(☎970-259-1565; www.antlersonthecreek.com; 999 Lightner Creek Rd; Zi. ab 249 US$; P📶) Die Unterkunft liegt auf einem zum Verweilen einladenden friedlichen Gelände am Bach, umgeben von Pappeln und ausgedehnten Rasenflächen. Zwischen dem geräumigen Haupthaus und der Remise befinden sich sieben geschmackvolle Zimmer, die mit Whirlpools, üppiger Bettwäsche und Gaskaminen ausgestattet sind. Es gibt ein hervorragendes Drei-Gänge-Frühstück und einen großen Whirlpool in der offenen Gartenlaube. Das B&B ist ganzjährig geöffnet.

Essen & Ausgehen

★ **James Ranch** MARKT $
(☎970-385-9143; www.jamesranch.net; 33800 US Hwy 550; Hauptgerichte 5–18 US$; ⏲Mo–Sa 11–19 Uhr) 🌿 Wer eine Straßentour auf dem San Juan Skyway macht, sollte bei der von einer Familie geführten James Ranch 10 Meilen (16 km) außerhalb von Durango vorbeischauen. Dort gibt es einen Markt und einen ausgezeichneten Grillstand, der das auf der Farm produzierte Bio-Rindfleisch und Bio-Gemüse verwendet. Die Steak-Sandwiches und die Sandwiches mit frischem Schmelzkäse und karamellisierten Zwiebeln sind prima. Die Kinder freuen sich über die Ziegen.

★ **El Moro** GASTROPUB $$
(☎970-259-5555; www.elmorotavern.com; 945 Main Ave; Hauptgerichte 10–30 US$; ⏲Mo–Fr 11–24, Sa & So 9–24 Uhr) Es gibt zwei Gründe zum Herkommen: die richtig guten, nach Gästewunsch gemixten Cocktails an der Bar und die innovativen kleinen Teller auf denen z. B. gebratener Blumenkohl auf koreanische Art, verschiedene Käsesorten, hausgemachte Wurst und frische Salate serviert werden. Das Lokal ist zwar die wichtigste Hipster-Spielwiese in Durango, aber alle fühlen sich hier wohl.

Ore House STEAKS $$$
(☎970-247-5707; www.orehouserestaurant.com; 147 E College Dr; Hauptgerichte 25–75 US$; ⏲17–22 Uhr; 👪) Das beste Steakhaus vor Ort serviert seine Speisen in einem zwanglos-rustikalen Ambiente. Man bestellt sein von Hand geschnittenes abgehangenes Steak oder probiert das „Ore House Grubsteak", eine Kombination aus Steak, Krabbenscheren und Hummer, die zwei Personen prob-

lemlos sättigt. Das Bio-Fleisch ist natürlich frei von Antibiotika, und Bio-Gemüse ist hier die Norm. Das Restaurant hat auch einen großen Weinkeller.

★ **Bookcase & the Barber** COCKTAILBAR
(970-764-4123; www.bookcaseandbarber.com; 601 E 2nd Ave, Suite B; 14–24 Uhr) Die moderne Flüsterkneipe ist vielleicht Durangos ansprechendstes Nachtlokal: Hinter einer schweren Bücherwand versteckt sich ein Raum mit Stimmungsbeleuchtung, und die exquisiten Cocktails sind tatsächlich ihre 12 US$ wert. Man betritt den Laden durch den Friseursalon, braucht aber das Passwort (es steht irgendwo auf der Facebook-Seite). Zu empfehlen ist die würzige *paloma celosa* („eifersüchtige Taube"), eine perfekte Kombination aus Tequila, Grapefruitsaft und Ancho-Chili.

★ **Ska Brewing Company** BRAUEREI
(970-247-5792; www.skabrewing.com; 225 Girard St; Hauptgerichte 9–15 US$; Mo–Fr 9–21, Sa 11–21, So bis 19 Uhr) Die aromatischen und vielseitigen Biere sind die besten der Stadt. Die kleine, freundliche Probierstube war einst hauptsächlich eine Produktionsstätte, ist im Verlauf der Jahre aber immer beliebter geworden. Heute drängen sich hier die Leute, um nach der Arbeit ein Bier unter Freunden zu trinken.

Praktische Informationen

Durango Welcome Center (970-247-3500, gebührenfrei 800-525-8855; www.durango.org; 802 Main Ave; So–Do 9–19, Fr & Sa bis 21 Uhr;) Die ausgezeichnete Touristeninformation befindet sich in Downtown. Es gibt ein zweites Visitor Center im Süden der Stadt an der Ausfahrt Santa Rita vom US Hwy 550.

Anreise & Unterwegs vor Ort

Durango-La Plata County Airport (DRO; 970-247-8143; www.flydurango.com; 1000 Airport Rd) Der Regionalflughafen liegt 18 Meilen (29 km) südwestlich von Durango und ist über den US Hwy 160 und den Hwy 172 zu erreichen. United und American Airlines bieten Direktflüge nach Denver, American fliegt außerdem nach Dallas-Fort Worth und Phoenix.

Greyhound Bus Station (970 259 2755; www.greyhound.com; 250 E 8th Ave) Busse in die Region und Fernbusse.

Durango Transit (970-259-5438; www.getarounddurango.com; 250 W 8th St; einfache Strecke 1–2 US$) Betreibt das städtische Busnetz und bedient Ziele in der näheren Umgebung.

Great Sand Dunes National Park

Der surreale Great Sand Dunes National Park, ein veritables, von zerklüfteten Gipfeln und Ebenen voller Gestrüpp umgebenes Sandmeer, wartet mit verwirrenden optischen Illusionen auf. In diesem Park, der zu den absoluten Highlights in Colorado zählt, entfaltet die Natur ihre ganze Magie.

Aktivitäten

Vor dem Aufbruch kann man im informativen **Great Sand Dunes National Park Visitor Center** (719-378-6399; www.nps.gov/grsa; 11999 Hwy 150; Juni–Aug. 8.30–17 Uhr, Sept.–Mai 9–16.30 Uhr;) etwas über Geologie und Geschichte der Dünen erfahren und sich mit einem Ranger über die Möglichkeiten zum Wandern und Campen im freien Gelände unterhalten. Für letzteres braucht man eine kostenlose Genehmigung (*backcountry permit*), und es ist immer gut, die Ranger wissen zu lassen, wohin man gehen möchte.

Wandern ist die wichtigste Beschäftigung im Park, man kann aber auch Mountainbiken, Sandboarden und Ende Mai und Anfang Juni sogar mit Reifenschläuchen den **Medano Creek** hinuntertreiben. Der von Schmelzwasser gespeiste saisonale Bach strömt von der Sangre de Cristo Range kommend am Ostrand der Dünen entlang.

Wandern

Durch das weite Sandmeer führen keine eigentlichen Wege, es ist aber trotzdem die Hauptattraktion für Wanderer. Zwei nicht festgelegte Wanderstrecken bieten einen ausgezeichneten Panoramablick auf die Dünen. Die erste ist die Wanderung zur High Dune (die zwar so heißt, aber nicht die höchste Düne im Park ist); sie startet an einem Parkplatz gleich hinter dem Visitor Center. Bis zur Spitze der Düne und zurück wandert man rund 4 km, die aber nicht zu unterschätzen sind. Wer sich fit genug fühlt, kann noch das zweite Ziel anstreben: Gleich westlich der High Dune erhebt sich die Star Dune (229 m), die höchste Düne vor Ort.

Vom Visitor Center führt ein kurzer Weg zur Mosca Picnic Area neben dem knöcheltiefen Medano Creek, den man durchwaten muss (wenn der Bach Wasser führt), um die Dünen zu erreichen. Vom Visitor Center aus jenseits der Straße führt der Mosca Pass Trail hinauf in die Sangre de Cristo Wilderness. Im Sommer leiten NPS-Ranger naturkundliche Spaziergänge, die am Visitor Center starten, und gestalten am Abend Veranstaltungen im Amphitheater.

Schlafen & Essen

Obwohl es in der **Great Sand Dunes Oasis** (☎719-378-2222; www.greatdunes.com; 5400 Hwy 150; Stellplatz Zelt/Wohnmobil 25/38 US$, Hütten 55 US$, Zi. 100 US$; ⏲April–Okt.; P @) einige Vorräte gibt, bringt man seine Lebensmittel am besten aus Alamosa oder aus einer größeren Ortschaft außerhalb des San Luis Valley mit.

★ Zapata Falls Campground CAMPING $
(☎719-852-7074; www.fs.usda.gov; BLM Rd 5415; Stellplatz Zelt/Wohnmobil 11 US$; 🐾) Dieser Campingplatz liegt 7 Meilen (11,2 km) südlich vom Nationalpark und bietet dank seiner Lage in der Sangre de Cristo Range in 2743 m Höhe ein tolles Panorama auf das San Luis Valley. Es gibt 23 Stellplätze ohne Reservierung. Bitte beachten: Es gibt hier kein Trinkwasser und die 3,6 Meilen (5,8 km) lange Zufahrtsstraße ist steil und unbefestigt, weshalb man sehr langsam und vorsichtig fahren sollte.

Zapata Ranch RANCH $$$
(☎719-378-2356; www.zranch.org; 5303 Hwy 150; DZ mit Vollpension 300 US$) Die exklusive Rinder- und Bison-Ranch inmitten von Schwarzpappel-Hainen ist ideal für alle, die gern reiten. Eigentümer und Bewirtschafter des Ganzen ist die Nature Conservancy. Als Hauptgebäude dient ein restauriertes Blockhaus (erb. im 19. Jh.) mit Blick auf die fernen Sanddünen.

An- & Weiterreise

Der Great Sand Dunes National Park liegt 33 Meilen (53,1 km) nordöstlich von Alamosa.

WYOMING

Bei Wyoming denkt man an ein menschenleeres Land mit windigen Ebenen und mit Beifußsträuchern bewachsenen Hügeln unter blauem Himmel und sengender Sonne. Das ist zwar nicht falsch, aber auch nicht die ganze Geschichte.

Der bevölkerungsärmste Bundesstaat der USA hat spektakuläre Berge, eine höchst artenreiche Natur und eine einmalige Geologie. Von der unberührten Snowy Range nahe Laramie bis zur der Granitwildnis der Wind River Range hinter Lander werden die Gipfel immer eindrucksvoller, wenn man durch Wyoming hin zur wahrhaft imposanten Teton Range fährt.

Praktische Informationen

Wyoming Road Conditions (☎888-996-7623; www.wyoroad.info) Aktuelle Infos zum Straßenzustand und zu Straßensperrungen.

Wyoming State Parks & Historic Sites (☎307-777-6323; http://wyoparks.state.wy.us; Tagesnutzung 6 US$, historische Stätten 4 US$, Stellplatz 10 US$) Wyoming hat 13 State Parks und 26 historische Stätten, in denen man Bootfahren, Radfahren, Wandern, Angeln, Klettern und Campen kann. Die Stellplätze können im Internet oder telefonisch reserviert werden.

Cheyenne

Das windige Cheyenne begeistert nicht gerade mit seinem Erscheinungsbild, aber wie bei den abgehärteten Cowboys, auf die man hier trifft, verbirgt sich wohlwollender Charme unter der rauen Schale.

Sehenswertes

Frontier Days Old West Museum MUSEUM
(☎307-778-7290; www.oldwestmuseum.org; 4610 Carey Ave; Erw./Kind 10 US$/frei; ⏲9–17 Uhr; 👪) Für ein tieferes Verständnis der Pionier-Vergangenheit und Rodeo-Gegenwart von Cheyenne sollte man das ganzjährig geöffnete Museum auf dem Frontier-Days-Rodeogelände besuchen. Hier gibt's jede Menge Rodeotrophäen, von Sätteln bis zu Siegerpokalen, außerdem Cowboy-Kunst und Cowboy-Fotografie, eine feine Sammlung von Pferdekutschen und jede Menge Geschichte und Geschichten, z. B. von Steamboat, dem unbezähmbaren Wildpferd, das aber wohl nicht das Pferd ist, das auf den Nummernschildern in Wyoming abgebildet ist (was jedoch viele glauben).

Feste & Events

Cheyenne Frontier Days RODEO
(☎307-778-7222; www.cfdrodeo.com; 4610 Carey Ave; Rodeo 17–29 US$/Tag, Konzerte 20–70 US$; ⏲letzte komplette Juliwoche; 👪) In der letzten kompletten Juliwoche stehen beim größten Freiluft-Rodeo der Welt 10 Tage lang alles Landestypische, Lassowerfen, Bullenreiten, Zureiten, Singen und Tanzen auf dem Programm. Es gibt Flugschauen, Umzüge, Melodramen, Jahrmarktsattraktionen und Chili-Kochwettbewerbe, eine muntere Frontier Town, ein indianisches Dorf und morgens kostenlose Rodeo-Proben.

Schlafen & Essen

★ **Nagle Warren Mansion Bed & Breakfast** B&B $$
(☎307-637-3333; www.naglewarrenmansion.com; 222 E 17th St; Zi. ab 163 US$;) Das komplett modernisierte historische Anwesen ist ein seltener Fund. Das 1888 erbaute Wohnhaus hat noch die originale verzierte Lederdecke, und regionale Antiquitäten aus dem späten 19. Jh. schmücken die zwölf geräumigen und eleganten Zimmer, die alle über ein eigenes Bad verfügen. Auf dem Gelände gibt's einen Whirlpool im Freien, einen Leseraum in einem Türmchen und klassische Schwinn-Fahrräder von 1954, mit denen man herumfahren kann.

Tasty Bones Barbecue & Bakery GRILL $
(☎307-514-9494; www.tastybonesbarbecue.com; 1719 Central Ave; Hauptgerichte 8–16 US$; ⏲Mo–Sa 10–21, So 11–16 Uhr) Wenn ein philippinischer Food Truck mit einem Barbecue-Smoker zusammentrifft, kann man auf Überraschungen gefasst sein. Hier kocht ein Ehepaar mit sehr unterschiedlichen Vorstellungen von guter Hausmannskost, aber beide haben Recht: Die langsam geröstete Rinderbrust passt erstaunlich gut zur Miso-Ramen-Suppe.

Ausgehen & Nachtleben

Accomplice Brewing Company KLEINBRAUEREI
(☎307-632-2337; www.accomplicebeer.com; 115 W 15th, Depot; Hauptgerichte 10–15 US$; ⏲Mo–Do 14–22, Fr–So 11–22 Uhr;) In der überfüllten Probierstube in Cheyennes neuester Brauerei im historischen Depot-Gebäude kann man mit Selbstbedienung so viele Biere so lange probieren, wie man will. Die Biere sind lecker, und auch das Essen enttäuscht nicht.

Praktische Informationen

Cheyenne Visitor Center (☎307-778-3133; www.cheyenne.org; 1 Depot Sq; ⏲Mo–Fr 9–17, Sa bis 15, So 11–15 Uhr;)

Anreise & Unterwegs vor Ort

Für eine Hauptstadt ist Cheyenne schwer zu erreichen. Der Expressbus von Black Hills Stage Lines/Express Arrow ist eine Direktverbindung nach Denver (18–33 US$, 2 Std.) und hält am **Busbahnhof** (☎307-635-1327; www.greyhound.com; 5401 Walker Rd, Rodeway Inn) am nördlichen Ende der Stadt, wo auch die Greyhound-Busse halten. Vom verschlafenen

KURZINFOS WYOMING

Spitzname Equality State

Bevölkerung 586 107 Ew.

Fläche 253 596 km^2

Hauptstadt Cheyenne (59 466 Ew.)

Weitere Städte Laramie (30 816 Ew.), Cody (9689 Ew.), Jackson (9838 Ew.)

Verkaufssteuer 4 %

Geburtsort von Künstler Jackson Pollock (1912–1956)

Heimat des Frauenwahlrechts, Kohlebergbaus, von Geysiren, Wölfen

Politische Ausrichtung Erzkonservativ (außer Teton County)

Berühmt für Rodeo, Ranches, den früheren Vizepräsidenten Dick Cheney

Höchster Berg Gannett Peak 4209 m

Entfernungen Cheyenne–Jackson 432 Meilen (695 km)

Cheyenne Airport (CYS; ☎307-634-7071; www.cheyenneairport.com; 200 E 8th Ave) fliegt jeden Donnerstag eine Maschine nach Denver.

In der Stadt betreibt **Cheyenne Transit Program** (☎307-637-6253; 322 W Lincolnway; einfache Strecke 1,50 US$; ⏲Mo–Fr 6–18, Sa 10–17 Uhr) den öffentlichen Nahverkehr; mit dem **Cheyenne Street Railway Trolley** (☎307-778-3133; www.cheyennetrolley.com; 121 W 15th St, Depot; Erw./Kind 12/6 US$; ⏲Mai–Sept. 10, 11.30, 13, 14.30 & 16 Uhr) kann man die interessantesten Teile der Downtown abklappern.

Laramie

Diese Präriestadt liegt zwar nicht direkt in den Bergen, verspricht aber trotzdem einen freien Blick, vor allem weil Wyomings einzige Universität, die University of Wyoming, für einen ständigen Zustrom hipper und munterer Studierender sorgt, die in dem ansonsten verschlafenen Städtchen für Leben sorgen.

Die kleine historische Downtown, in der sich im Rastermaß errichtete Backsteingebäude an die Schienenstränge drängen, rechtfertigt einen einstündigen Schaufensterbummel, und ein paar Museen auf dem hübsch grünen Universitätscampus gewähren einen informativen Auslauf. Der eigentliche Grund für einen Besuch der Stadt ist aber das Wyoming Territorial Prison, ein gut erhaltenes Stück Grenzland-Vergangenheit.

Sehenswertes

★ Wyoming Territorial Prison MUSEUM
(☎307-745-3733; www.wyomingterritorialprison.com; 975 Snowy Range Rd; Erw./Kind 5/2,50 US$; ⏲Mai–Sept. 8–19 Uhr, April & Okt. 8–17 Uhr; 👪) Dieses Gefängnis war das einzige in dem Butch Cassidy – von 1894 bis 1896 wegen schweren Diebstahls – jemals einsaß; als er freikam, war er ein gut vernetzter Krimineller, der schnell zu einem der berühmtesten Räuber in der Geschichte wurde. In einem hinteren Raum wird seine spannende Lebensgeschichte ausgebreitet, während einem die Fotografien von anderen Desperados und Outlaws bei einem Rundgang durch den Hauptzellentrakt über die Schulter schauen. Draußen kann man die Fabrik besichtigen, in der die Gefangenen im Rahmen einer kurzlebigen Maßnahme zur Erzielung von Einkünften 700 Besen pro Tag produzierten.

Geological Museum MUSEUM
(☎307-766-2646; www.uwyo.edu/geomuseum; S. H. Knight Geology Building, University of Wyoming; ⏲Mo–Sa 10–16 Uhr) GRATIS Die Morrison-Formation, eine Abfolge von Sedimentgestein aus der Jurazeit, erstreckt sich von New Mexico bis Montana und hat ihr Zentrum in Wyoming. Die Schicht ist eine ergiebige Quelle von Dinosaurierfossilien, von denen eine eindrucksvolle Auswahl in dem winzigen Universitätsmuseum ausgestellt ist, darunter ein 22,9 m großer *Apatosaurus excelsus* (früher Brontosaurus genannt)und ein *Diatryma gigantea* (ein 2,13 m hoher, vielleicht fleischfressender Vogel, der in Wyoming entdeckt wurde). Im neuen „Prep Lab" kann man zusehen, wie die Forscher brüchige Fossilien aus solidem Fels befreien – faszinierend!

Schlafen

Die üblichen Kettenmotels finden sich an der Grand Ave östlich und an der I-80 westlich von Laramie. Leider sind die meisten unabhängigen Motels nahe der historischen Downtown nicht empfehlenswert.

Gas Lite Motel MOTEL $
(☎307-742-6616; 960 N 3rd St; EZ/DZ 49/59 US$; ❄📶🐾) Das Gas Lite Motel fällt auf – allerdings hauptsächlich durch das Plastikpferd und den Hahn auf dem Dach sowie die verwitterten Sperrholz-Cowboys, die am Geländer lümmeln, und nicht durch die Modernität seiner Einrichtungen. Die Zimmer sind zwar betagt, aber sauber, die Betreiber recht freundlich, und der geforderte Preis (der variiert) geht in Ordnung.

Mad Carpenter Inn B&B $$
(☎307-742-0870; www.madcarpenterinn.net; 353 N 8th St; Zi. 95–125 US$; 📶) Mit landschaftlich gestalteten Gartenanlagen, warmem Frühstück und komfortablen, holzgetäfelten Zimmern verbindet das Mad Carpenter Inn Wärme mit Klasse. Im Spielzimmer gibt's Billard und Tischtennis, und das freistehende „Doll House" mit Einbauküche und Whirlpool ist ein echtes Schnäppchen für ein Paar, das ein ruhiges Refugium sucht.

Essen & Ausgehen

Da Laramie eine Universität besitzt, ist das gastronomische Angebot reichhaltig. Viele Braukneipen, Sportbars und Treffs beleben Laramies historische Downtown, und viele von ihnen bieten Livemusik örtlicher Talente.

★ Sweet Melissa's VEGETARISCH $
(☎307-742-9607; www.facebook.com/sweetmelissacafe; 213 S 1st St; Hauptgerichte 9–14 US$; ⏲Mo–Do 11–21, Fr & Sa bis 22 Uhr; 📶🌿) Im Sweet Melissa's gibt's leckeres vegetarisches und glutenfreies Essen, zweifellos kilometerweit die gesündeste Kost: z. B. Champignon-Fajitas oder Käsemakkaroni mit Lauch und Gorgonzola. Die Blumenkohl-Wings sind klasse, ebenso der Service.

Coal Creek Coffee Co CAFÉ
(☎307-745-7737; www.coalcreekcoffee.com; 110 E Grand Ave; Hauptgerichte 5–11 US$; ⏲6–23 Uhr; 📶) Das Coal Creek Coffee hat erstklassigen Kaffee und ist, wie man sich ein Café wünscht: modern und stilvoll, sogar hipp, aber nicht auf unangenehme Art. Wenn die Fair-Trade-Bohnen und der kundig zubereitete Latte zu sehr nach Vormittag schmecken, geht's einfach hinüber ins **Coal Creek Tap** im Westflügel, wo einen mehr als ein Dutzend Fassbiere erwarten.

An- & Weiterreise

Tägliche **Flüge** (☎307-742-4164; www.laramieairport.com; 555 General Brees Rd; ⏲Mo–Fr 5–19.30, Sa & So bis 17 Uhr) verbinden Laramie mit Denver (87 US$, 40 Min.); die **Greyhound-Busse** (☎307-745-7394; www.greyhound.com; 1952 N Banner Rd) sind eine gute Option, um Ziele in der Region anzusteuern. Sie halten an einer Tankstelle, die alle als „Diamond Shamrock" kennen.

Lander

Der Ort in den Ausläufern der Wind River Range war schon immer eine Grenzstadt.

Lander wurde als Fort an einer Abzweigung des Oregon Trail gegründet und war später der Endpunkt einer Bahnlinie und eine Siedlung, in der sich Gesetzlose und Pferdediebe herumtrieben. Das Städtchen ist auch das Sprungbrett zur Wind River Indian Reservation, wo am Fuß des höchsten Gipfels im Bundesstaat der indigene Eastern Shoshone Tribe und die hierher vertriebenen Northern Arapaho ein ca. 9000 km² großes Gebiet gemeinsam bewohnen.

Die Spielwiese in der freien Natur landete auf dem Radar von Outdoor-Experten, als Paul Petzoldt hier 1965 die renommierte National Outdoor Leadership School eröffnete. Die faszinierenden Kletterpartien im Sinks Canyon und der nahegelegenen Wild Iris locken Scharen von Kletterern herbei, und das wachsende Netz an Mountainbike-Trails macht die Gegend auch für Radsportler attraktiv.

Weil der Ort aber so abgelegen ist, halten sich nur wenige länger auf, sodass sich Lander die friedliche und lässige Mischung aus altem und neuem Westen bewahrt.

Sehenswertes & Aktivitäten

Sinks Canyon State Park PARK
(☎307-332-3077; www.sinkscanyonstatepark.org; 3079 Sinks Canyon Rd; Stellplatz Zelt & Wohnmobil 11 US$; ⏲Visitor Center Juni–Sept. 9–18 Uhr) Im Mittelpunkt des schönen Sinks Canyon State Park 6 Meilen (9,7 km) südwestlich von Lander am Hwy 131 steht ein seltsames Naturschauspiel: Die mittlere Gabelung des Popo Agie River verschwindet plötzlich gurgelnd in einer kleinen Höhle im porösen Madison-Kalkstein. Das Wasser tritt 400 m weiter (wärmer und mit größerer Schüttung) wieder an die Oberfläche, braucht für die unterirdische Reise aber, wie Wissenschaftler ermittelt haben, annähernd zwei Stunden.

Fremont County Pioneer Museum MUSEUM
(☎307-332-3339; www.fremontcountymuseums.com/the-lander-museum; 1445 W Main St; ⏲Mo–Sa 9–16 Uhr, Sommer bis 17 Uhr) GRATIS Wyomings erstes Geschichtsmuseum wird ständig aktualisiert und aufgefrischt, um die lebendige Geschichte von Lander, dem Fremont County und dem gesamten Bundesstaat stets frisch zu präsentieren. Ehe man die Hütten und historischen Gebäude hinter dem Museum erkundet, sollte man sich drinnen die Stiche über das Grenzerleben anschauen, die Frederic Remington für *Harper's Weekly* schuf.

Gannett Peak Sports MOUNTAINBIKEN
(351b Main St; ⏲Mo–Fr 10–18, Sa 9–17, So 10–14 Uhr) Wer die schmalen Singletrails außerhalb der Stadt ausprobieren möchte, sollte sich an Gannett Peak Sports wenden; hier gibt's Beratung und Verleih von Ausrüstung.

Schlafen

In einer so schönen Landschaft will man campen, und glücklicherweise gibt's eine Reihe von Optionen im **Sinks Canyon** (Stellplatz 11–15 US$; ⏲Mai–Sept.).

★**Outlaw Cabins** B&B $$
(☎307-332-9655; www.outlawcabins.com; 2411 Squaw Creek Rd; Hütten 125 US$) Auf der bewirtschafteten Ranch stehen zwei wirklich schöne Hütten. Die „Lawman" wurde von einem County-Sheriff vor 120 Jahren gebaut, ist aber gepflegt und für moderne Bedürfnisse renoviert. Uns gefällt aber besonders „Outlaw", weil sich diese Hütte durch Wildwest-Flair auszeichnet. Beide Hütten sind schön eingerichtet und haben ruhige Veranden, auf denen man abhängen kann.

Essen & Ausgehen

Wenn man nicht bei einem Bier Geschichten am Lagerfeuer austauscht, wird man wohl in der Lander Bar rumhängen, denn überall sonst ist recht früh Zapfenstreich.

The Middle Fork FRÜHSTÜCK $
(☎307-335-5035; www.themiddleforklander.com; 351 Main St; Hauptgerichte 6–10 US$; ⏲Mo–Sa 7–14, Mi–Sa 17–21, So 9–14 Uhr; 📶✍) In dem großen, spartanisch eingerichteten Raum kann man sich ganz auf das ausgezeichnete Essen konzentrieren. Zu den hausgemachten Backwaren gibt's Eggs Benedict und hausgemachte Corned-Beef-Haschees, die man mit Mimosas herunterspülen kann.

★**Cowfish** GRILL $$
(☎307-332-8227; www.cowfishlander.com; 148 Main St; Brunch 10–16 US$, Abendessen 17–35 US$; ⏲8–14, 17–22 Uhr; 📶) Landers gehobenes Restaurant bietet sich für ein romantisches Dinner im Kerzenschein mit Rosenkohl-Carbonara oder einem mit Kaffee eingeriebenen Rib-Eye-Steak an. In der angeschlossenen Braustube gibt's das gleiche Essen in zwangloserer Atmosphäre zwischen den Maischkesseln, aus denen immer wechselnde Bierkreationen kommen – viele sind ausgezeichnet, man sollte aber ruhig ein paar probieren, ehe man sich für eine entscheidet.

Lander Bar BAR
(☎307-332-8228; www.landerbar.com; 126 Main St; ⏲Mo–Sa 11–2, So 12–22 Uhr; 📶) Die große, holzgezimmerte Kneipe erinnert an eine Scheune und ist der Ort, an dem sich Einheimische und Abenteuer-Urlauber über das Tagesgeschehen austauschen und bis in die Nacht zechen. Oft gibt's auch Livemusik.

Etwas zu essen bekommt man im angeschlossenen **Gannett Grill** (☎307-332-8227; 128 Main St; Hauptgerichte 8–11 US$; ⏲11–21 Uhr).

Praktische Informationen

Lander Visitor Center (☎307-332-3892; www.landerchamber.org; 160 N 1st St; ⏲Mo–Fr 9–17 Uhr)

An- & Weiterreise

Wind River Transportation Authority (☎307-856-7118; www.wrtabuslines.com; Shopko; einfache Strecke 1 US$) bietet werktags einen Busverkehr nach Fahrplan zwischen Riverton und Lander sowie einen Shuttledienst (mit Reservierung) nach Casper oder Jackson (Preis abhängig von der Zahl der Mitfahrer). Um zu den Startpunkten der Wege und zu den Klettergärten zu kommen, braucht man ein Auto.

Jackson

Jackson liegt in einem grünen Tal zwischen einigen der wildesten und zerklüftetsten Bergen in Amerika und sieht – mit vorgeblendeten Fassaden, holzgezimmerten Laubengängen und Saloons in jedem Block – ähnlich aus wie andere Städtchen in Wyoming. Der Ort ist aber durchaus anders.

Hier trifft man auf weit mehr eingefleischte Kletterer, Mountainbiker und Skifahrer (so leicht zu erkennen wie sonnengebräunte Baristas) als Cowboys, und neben Promis verirren sich nicht selten auch Elche in die Stadt.

Dass Jackson schick und populär ist, hat natürlich auch seine Schattenseiten (der durchschnittliche Preis für ein Haus liegt hier bei 1,2 Mio. US$), dafür gibt's aber ein munteres urbanes Flair, eine erfrischende kulinarische Vielfalt und jede Menge Aktivitäten in und außerhalb der Stadt.

Sehenswertes & Aktivitäten

★ **National Museum of Wildlife Art** MUSEUM
(☎307-733-5771; www.wildlifeart.org; 2820 Rungius Rd; Erw./Kind 14/6 US$; ⏲Mai–Okt. 9–17 Uhr, Nov.–April So ab 11 Uhr & Mo geschl.; 👪) Die hier ausgestellten Hauptwerke von Bierstadt, Rungius, Remington und Russell hauchen den dargestellten Tieren auf eindrucksvolle Weise Leben ein – fast so faszinierend, wie die Tiere in freier Wildbahn zu beobachten. Die im Freien aufgestellten Skulpturen und das seltsame von einer schottischen Burgruine inspirierte Gebäude lohnen einen Halt, selbst wenn das Museum geschlossen ist.

National Elk Refuge NATURSCHUTZGEBIET
(☎307-733-9212; www.fws.gov/refuge/national_elk_refuge; Hwy 89; Schlittenfahrt Erw./Kind 21/15 US$; ⏲Dez.–April 10–16 Uhr) GRATIS Dieses Refugium schützt Jacksons Herden von mehreren Tausenden Wapitihirschen, denen hier im Winter zwischen November und Mai ein sicherer Lebensraum geboten wird. Im Sommer kann man sich beim Visitor Center von Jackson nach den besten Plätzen zur Beobachtung der Wapitis erkundigen. Die einstündigen Pferdeschlittenfahrten sind das Highlight im Winter; Karten sind beim Visitor Center erhältlich.

★ **Jackson Hole Mountain Resort** WINTERSPORT
(☎307-733-2292; www.jacksonhole.com; Erw./Kind Skipass 140/88 US$, Gondelbahn (Sommer) 34/21 US$; ⏲Nov.–April & Juni–Sept.) Dieser Berg ist monumental: Ob man sich auf Skiern, mit Snowboard, Wanderstiefeln oder einem Mountainbike an ihn wagt, der Jackson Hole Mountain macht einen demütig. Mit einem Höhenunterschied von mehr als 1200 m, einigen der schwierigen Pisten weltweit und durchschnittlich 1000 cm Schnee steht das 1012 ha große Skigebiet ganz oben auf der Wunschliste der Wintersportler.

Auch die Sommermonate sind von Aktivitäten geprägt: Es gibt einen Bike-Park, einen Discgolf-Parcours, eine Kletterwand und eine neue Klettersteig-Route im Hochgebirge (ab 109 US$, 2 Std.), auf der einem Seile und Leitern beim Bergsteigen helfen. Besonders beliebt ist die Gondelbahn (34 US$, 12 Min.), die Hochgebirgswanderer und Schaulustige zu einem Netz von Wegen auf der Spitze des Rendezvous Mountain (3344 m) bringt. Geübte Bergwanderer nehmen den 11,3 km langen Weg zum Gipfel auf dem man einen Höhenunterschied von 1262 m überwindet und fahren dann kostenlos mit der Gondelbahn wieder ins Tal.

Jackson Hole Paragliding PARAGLIDING
(☎Jackson Hole 307-739-2626, Snow King 605-381-9358; www.jhparagliding.com; Tandemflug

345 US$; ⏲ Mai–Okt.) Schöner als ein Aufenthalt in der Teton Range ist nur ein Flug über die Bergkette. Die Tandemflüge mit erfahrenen Piloten starten morgens vom Jackson Hole Mountain Resort und nachmittags von Snow King (402 E Snow King Ave).

Man braucht keine Erfahrung im Gleitschirmfliegen, es gibt aber Alters- und Gewichtsgrenzen.

Snake River Rafting RAFTEN

(halber Tag Erw./Kind ab 70/50 US$) Überall in Jackson trifft man auf Rafting-Veranstalter, die einen zu einer Tour den Snake River hinab überreden wollen. Die meisten bieten eine entspannte, 21 km lange Floßtour von der Ortschaft Wilson zur Hoback Junction, die durch Feuchtgebiete führt, in denen es von Leben wimmelt. Alternativ führt eine anspruchsvollere Tour durch den Snake River Canyon mit wilden Stromschnellen der Klasse III.

Nur ein paar Veranstalter bieten Touren auf Strecken, die vollständig im Grand Teton National Park liegen, darunter Barker-Ewing und Teton Whitewater.

In der Regel sind bei den Trips der Transport und ein Mittagessen im Preis enthalten.

Granite Creek Hot Springs THERMALQUELLEN

(☎ 307-690-6323; www.fs.usda.gov/recarea/btnf/recarea/?recid=71639; Granite Creek Road, Hwy 191; Erw./Kind 8/5 US$; ⏲ Sommer 10–18 Uhr, Winter 10–17 Uhr) Um die natürlichen Thermalquellen mit tollem Ausblick auf die umliegenden Gipfel zu erreichen, fährt man von Jackson 25 Meilen (40 km) auf dem Hwy 191 nach Südosten und biegt dann ostwärts auf die Schotterpiste der Granite Creek Road ab. Nach weiteren 10 Meilen (16 km) durch eine von Almwiesen und bewaldete Hügel geprägte Landschaft hat man sein Ziel erreicht.

Feste & Events

Grand Teton Music Festival MUSIK

(GTMF; ☎ 307-733-1128; www.gtmf.org; Walk Festival Hall, Teton Village; ⏲ Juli–Aug.) Das Festival ist eine fast ununterbrochene Feier der klassischen Musik in einer fantastischen Sommer-Kulisse. Das Festival Orchestra mit weltbekannten Solisten und Dirigenten spielt jeden Freitag um 20 und jeden Samstag um 18 Uhr. An den meisten Mittwochen stehen bemerkenswerte Talente beim Programm GTMF Presents im Mittelpunkt. Die zwangloseste Art, hier Musik zu erleben, sind die kostenlosen Familienkonzerte.

Schlafen

Jackson besitzt zwar viele Unterkünfte sowohl im Ort selbst als auch im Jackson Hole Mountain Resort (S. 874), für die Hauptsaison im Sommer und im Winter ist aber Reservieren unerlässlich. Die Preise, die sich an Feiertagen und Wochenenden durchaus verdoppeln können, fallen in der Nebensaison im Frühjahr und Herbst beträchtlich. Es gibt einige wenige Campingplätze im nahegelegenen Wald, von denen die meisten aber eine lange Anfahrt, oft auf schlechten Straßen, erfordern.

The Hostel HOSTEL $

(☎ 307-733-3415; www.thehostel.us; 3315 Village Dr, Teton Village; B 34–45 US$, Zi. 79–139 US$; @ 📶 🐾) Die bei Skifahrern sehr beliebte Unterkunft besteht schon so lange, dass sie keinen besonderen Namen braucht: alle kennen das „Hostel". Die günstigen Privatzimmer und engen Schlafsäle mit Stockbetten für vier Personen liegen mitten im Geschehen (man hält sich im Haus also nur zum Schlafen auf). Die geräumige Lounge mit Kamin, Tischtennis- und Tischfußballtisch sowie Skiwachs-Station ist ideal, um andere Leute kennenzulernen.

Antler Inn HOTEL $$

(☎ 307-733-2535; www.townsquareinns.com/antler-inn; 43 W Pearl Ave; Zi. 100–260 US$, Suite 220–325 US$; ❄ 📶 🐾) Mitten im Getümmel von Jackson bietet dieser ausgedehnte Komplex saubere und komfortable Zimmer, die teilweise mit Kamin und Badewanne ausgestattet sind. In den preiswerteren „Cedar Log Rooms" fühlt man sich wie in einer behaglichen Blockhütte – was kein Wunder ist, da es sich tatsächlich um echte Blockhütten handelt, die anderswo in Wyoming abgebaut und hinten an das Hotel angebaut wurden.

★ **Wort Hotel** HISTORISCHES HOTEL $$$

(☎ 307-733-2190; www.worthotel.com; 50 N Glenwood St; Zi. ab 450 US$; ❄ @ 📶) In dem luxuriösen historischen Hotel, das mit den Jahren nur besser geworden ist, herrscht ein für Wyoming typisches Flair. Knorrige Kiefernmöbel und handgearbeitete Tagesdecken bestimmen die Zimmer mit großem Bad und Whirlpool. Der beste Portier-Service der Stadt hilft, den Reiseplan mit Outdoor-Abenteuern auszufüllen. Selbst wer sich das Wohnen hier nicht leisten kann oder will, sollte in der alten **Silver Dollar Bar** im Erdgeschoss vorbeischauen.

Essen

Jackson besitzt die raffinierteste und vielfältigste Gastronomie in Wyoming. In vielen Restaurants mit Bar gibt's während der Happy Hour auch günstiges Essen.

Persephone BÄCKEREI **$**
(☎307-200-6708; www.persephonebakery.com; 145 E Broadway; Hauptgerichte 8–15 US$; ⊙ Mo–Sa 7–18, So bis 17 Uhr;) Mit rustikalen Broten, mächtigen Gebäckstücken und hervorragendem Frühstück lohnt die winzige, weiß getünchte Bäckerei das Warten in der Schlange. Im Sommer gibt's dank der geräumigen Terrasse mehr Platz um beim Kaffee zu verweilen (bei 0,75 US$ fürs Nachschenken geht man wohl aber schnell zu einer Bloody Mary über).

Lotus FUSION **$$**
(☎307-734-0882; www.theorganiclotus.com; 140 N Cache St; Hauptgerichte 15–26 US$; ⊙ 8–22 Uhr;) In einer Region, in der Steaks und Kartoffeln allgegenwärtig sind, bringt das Lotus mit Dingen wie Kochbananen-Tart, veganen Burgern und großen Schüsseln mit Getreide und Gemüse Abwechslung ins Einerlei. Es gibt auch viel Fleisch – schließlich ist das Wyoming –, aber nur in Bio-Qualität.

Gun Barrel STEAKS **$$**
(☎307-733-3287; http://jackson.gunbarrel.com; 852 W Broadway; Hauptgerichte 19–36 US$; ⊙ 17.30 Uhr–open end) In Jacksons bestem Steakhaus, in dem die Bison-Hochrippe und das Wapiti-Kotelett mit dem gegrillten Ribeye-Steak mit Knochen um den Titel des „besten Stücks" wetteifert, bilden sich Schlangen bis vor die Tür. Man kann sich den Spaß machen, das Fleisch der Tierart zu wählen, die einen gerade anstiert: Das Haus war früher das Natur- und Taxidermie-Museum, und viele der einstigen „Mieter" sind immer noch da.

Mangy Moose Saloon KNEIPENKOST **$$**
(☎307-733-4913; www.mangymoose.com; 3295 Village Drive, Teton Village; Hauptgerichte mittags 9–13 US$, abends 15–32 US$; ⊙ Küche 7–22 Uhr, Saloon 11–2 Uhr;) Seit mehr als einem halben Jahrhundert ist das Mangy Moose das laute Epizentrum für Après-Ski, bekannte Bands, Essen am Hang und allgemein Bergurlaubsunfug im Jackson Hole Mountain Resort (S. 874). Der riesige **Pub** serviert Chili, Bison-Burger und Steaks von örtlichen Farmen und hat auch eine ordentliche Salatbar; frühstücken kann man im **Rocky Moutain Oyster Cafe**.

Thai Me Up THAILÄNDISCH **$$**
(☎307-733-0005; www.thaijh.com; 75 E Pearl Ave; Hauptgerichte 15–20 US$; ⊙ ab 17 Uhr;) Als erstes: das Bier. Da ist zunächst Melvin, das IPA, über das alle reden. Melvin hat 19 Freunde, und auch die sind wirklich gut. Und wirklich gut sind auch die thailändischen Gerichte und die Burger. Die Kung-fu-Filme passen gut zum Hip-Hop. Die Bar ist etwas beengt, aber das ist vielleicht gerade richtig. Davor steht ein Tuk-tuk. Am besten kommt man selber und schaut sich den Laden an.

Ausgehen & Nachtleben

Von Brauereien und Bars bis zu Konzerten und Theatervorstellung gibt's in Jackson keinen Mangel an Möglichkeiten, einen unterhaltsamen Abend zu erleben, besonders während der Hauptsaison im Sommer und im Winter. Infos zu den aktuellen Events findet man im Jackson Hole News & Guide (www.jhnewsandguide.com/calendar); man kann sich aber auch einfach in Downtown umschauen und selber herausfinden, wo gerade die beste Stimmung herrscht.

★ **Snake River Brewing Co** KLEINBRAUEREI
(☎307-739-2337; www.snakeriverbrewing.com; 265 S Millward St; Pint 4–5 US$, Hauptgerichte 10–22 US$; ⊙ Küche 11–23 Uhr, Ausschank open end;) Angesichts des Aufgebots vor Ort gebrauter Kleinbrauereibiere (von denen manche Preise gewonnen haben) ist es kein Wunder, dass dieses Lokal – ein modern-industrielles Lagerhaus mit zwei Etagen und vielen, aber nicht zu vielen TVs, in denen Sport-Events laufen – bei den jungen, aktiven Outdoor-Abenteurern besonders beliebt ist. Auf der Speisekarte stehen Holzofenpizzas, Bison-Burger und Pasta.

The Rose COCKTAILBAR
(☎307-733-1500; www.therosejh.com; 50 W Broadway; Cocktails 9–14 US$; ⊙ Mi–Sa 17.30–2, So–Di 20–2 Uhr) In der schicken kleinen Lounge über dem Pink Garter Theater lässt man sich in eine mit rotem Leder gepolsterte Sitznische sinken und genießt die besten Cocktails in Jackson. Ermutigt von dem Erfolg der kreativen Mixturen, wagen sich die Betreiber nun auch an mehrgängige kulinarische Abenteuer (Do–Sa 18–22 Uhr).

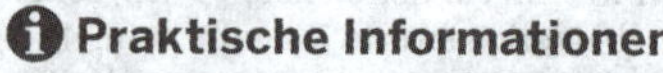

Praktische Informationen

Jackson Hole Guest Services (☎307-739-2753, 888-333-7766; Clock Tower Bldg) Infos zu Aktivitäten und geführten Touren. Das Büro befindet sich nahe dem Tramticketbüro in Teton Village.

Jackson Ranger District (☎307-739-5450; www.fs.fed.us/btnf; 25 Rosencranz Ln; ⏲Mo–Fr 8–16.30 Uhr) Direkt neben der Verwaltung des USFS Bridger-Teton National Forest.

Anreise & Unterwegs vor Ort

Alltrans (Mountain States Express; ☎307-733-3135; www.jacksonholealltrans.com) betreibt im Winter einen Shuttle nach Salt Lake (75 US$, 5¼ Std.) und zum Skigebiet Grand Targhee (Erw./Kind 114/85 US$ inkl. Skiliftpass); **Jackson Hole Shuttle** (☎307-200-1400; www.jhshuttle.com; ⏲24 Std.) bietet einen fahrplanmäßigen Service vom geschäftigen Flughafen zu den Hotels in Jackson und Teton Village.

Die Busse von **START** (Southern Teton Area Rapid Transit; ☎307-733-4521; www.startbus.com) verkehren kostenlos im Ort und fahren auch nach Driggs, Idaho (3 US$). Ein Radweg verbindet Jackson mit dem Jenny Lake im Grand Teton National Park.

Cody

Man hat einige Optionen, um in den Yellowstone National Park zu gelangen, und der Weg über Cody sollte ganz oben auf der Liste stehen. Und zwar nicht nur wegen der hinreißenden Fahrt längs der nördlichen Gabelung des Shoshone River – die Theodore Roosevelt einst die „50 schönsten Meilen Amerikas" nannte, sondern auch wegen der Stadt.

Cody pflegt sein Wildwest-Image, ein Erbe, das bis zu seinem Gründer William Frederick Cody, genannt Buffalo Bill, zurückreicht. Der arbeitete als Kundschafter für die Armee, war ein berüchtigter Büffeljäger und schließlich ein Showman, der jahrelang mit seinen Wildwest-Shows um die Welt zog. Und so dreht sich die Stadt um allnächtliche Rodeos, laute Saloons und ein erstklassiges Museum, das von Buffalo Bills Nachlass ausgeht und alleine schon ein lohnendes Ziel darstellt.

Sehenswertes

★ **Buffalo Bill Center of the West** MUSEUM
(☎307-587-4771; www.centerofthewest.org; 720 Sheridan Ave; Erw./Kind 19/12 US$; ⏲März–Nov. tgl., Dez.–Feb. Do–So variierende Öffnungszeiten; 👪) Wyomings eindrucksvollste menschengemachte Attraktion sollte man nicht auslassen. Der weitläufige Komplex vereint fünf Museen, die alles zeigen, was mit dem Wilden Westen zu tun hat: Material und Artefakte zu Buffalo Bills weltberühmten Wildwest-Shows, eindrucksvolle Kunstwerke zum Leben in der Grenzregion, die faszinierenden Exponate des **Plains Indian Museum** und eine interessante Sammlung von 7000 Feuerwaffen. Das **Draper Museum of Natural History** erkundet das Ökosystem der Yellowstone-Region sehr gründlich, aber auch fesselnd. Sehenswert sind Teddy Roosevelts Sattel und eines der letzten Büffel-Tipis der Welt.

Schlafen

Eine ungewöhnlich große Menge unabhängiger Hotels liegen in Cody am Hwy 14. Sie unterscheiden sich sehr im Hinblick auf Sauberkeit und Einrichtungen, wenn auch nicht unbedingt im Preis. Eine eindrucksvolle Fassade ist hier keine Garantie für ein komfortables Zimmer. An den Hwys 14, 16 und 20 zwischen Cody und Yellowstone finden sich viele Campingplätze.

Irma Hotel HISTORISCHES HOTEL $$
(☎307-587-4221; www.irmahotel.com; 1192 Sheridan Ave; Zi. $147-169, Suite $197; ❄📶) Das 1902 von Buffalo Bill als Eckpfeiler seiner geplanten Stadt errichtete knarrende Hotel hat altmodischen Charme mit ein paar modernen Details. Die originalen historischen Suiten haben hohe Decken und sind nach früheren Gästen (Annie Oakley, Calamity Jane) benannt, die etwas moderneren Zimmer im Anbau sind sehr ähnlich, kosten aber 20 US$ weniger (haben aber immer noch Toiletten mit klassischer Spülkette).

Big Bear Motel MOTEL $$
(☎307-587-3117; www.codywyomingbigbear.com; 139 W Yellowstone Ave; Zi. $159-209; ❄📶🏊🐾) Das freundliche Motel liegt am Stadtrand nahe (aber nicht zu nahe) des Cody Nite Rodeo und bietet saubere Zimmer, eine Waschküche, einen Swimmingpool und „Ponyritte" nach Wyoming-Art. In der Hauptsaison geraten die Preise außer Kontrolle, in der Nebensaison sind sie aber durchaus vernünftig.

Essen

Steaks, Steaks und noch mehr Steaks (sowie wechselnde, unvergessliche mexikanische Restaurants) bestimmen das Abendessen. Einige wenige kreative Alternativen stellen sich diesem Trend in den Weg, aber in dieser Wildwest-Kulisse Salat zu essen, mutet fast wie ein Sakrileg an.

★ **The Local** MODERN-AMERIKANISCH $$
(☎307-586-4262; www.thelocalcody.com; 1134 13th St; Hauptgerichte mittags 10–13 US$, abends 13–38 US$; ⌚Espresso ab 8.30 Uhr, Mittagessen 12–14 Uhr, Abendessen Di–Sa 17–21 Uhr; ☎) Wenn Codys Cowboy-Küche anfängt, einem die Arterien zu verstopfen, bieten die frischen Gerichte mit regionalen Bio-Zutaten, die hier serviert werden, Abhilfe. Mittags gibt's z. B. Wraps mit Tempeh und Avocado und abends gegrillte Muscheln und Safranreis.

Cassie's Western Saloon STEAKS $$
(☎307-527-5500; www.cassies.com; 214 Yellowstone Ave; Steaks 20–45 US$; ⌚Küche 11–22, Bar bis 2 Uhr) In dem klassischen Rasthaus, früher ein Haus von schlechtem Ruf, gibt's fetzige, swingende Country-and-Western-Musik und gelegentlich eine Kneipenschlägerei. Futtern kann man im angeschlossenen Supper Club, wo man zarte Steaks in einem Gewicht von 0,23 bis 2,4 kg bekommt, sich aber auch für die dreifache Versuchung entscheiden kann: den 1 kg schweren Burger mit fünf Sorten Käse und Schinken (dazu am besten noch ein Spiegelei für 1 US$).

Unterhaltung

Cody Nite Rodeo SPORT
(www.codystampederodeo.com; 519 W Yellowstone Ave; Erw./Kind 20/10 US$; ⌚Juni–Aug. 20 Uhr) Hier kann man ein typisches kleinstädtisches Rodeo erleben. Die Tradition, an den Sommerabenden in Cody Rodeos zu veranstalten, ist schon 80 Jahre alt – Tierschützer sind davon wenig begeistert, weil sie meinen, dass verschiedene Nummern bei diesen Veranstaltungen den Tieren schaden. Für sensible Gemüter sind einige Darbietungen auf jeden Fall grenzwertig.

ℹ An- & Weiterreise

Codys kleiner **Flughafen** (COD; ☎307-587-5096; www.flyyra.com; 2101 Roger Sedam Drive) verbindet den ansonsten abgelegenen Ort mit Salt Lake City und Denver. Buffalo Bill Cody sei Dank für die nach ihm benannte Panoramastraße, die den Ort mit Yellowstone verbindet – eine spektakuläre Zufahrt zum Park.

Yellowstone National Park

Der von Elchen, Wapitis, Bisons, Grizzlys und Wölfen wimmelnde älteste **Nationalpark** (☎307-344-7381; www.nps.gov/yell; Grand Loop Rd, Mammoth, Yellowstone National Park; 30 US$; ⌚Nordeingang ganzjährig, Südeingang Mai–Okt.) der USA lädt mit einigen der unberührtesten Landschaften Amerikas zur Erkundung ein.

Im Yellowstone National Park befinden sich mehr als 60 % aller Geysire der Welt und unzählige heiße Quellen und blubbernde Schlammtöpfe. Diese erstaunlichen Phänomene locken jedes Jahr mehr als 4 Mio. Besucher an, aber wirklich erstaunlich sind die umliegenden Canyons, Berge und Wälder.

Sehenswertes

Yellowstone ist in fünf unterschiedliche Regionen aufgeteilt – und jede hat einzigartige Attraktionen zu bieten. Wenn man den Nationalpark betritt, erhält man eine einfache Karte und die Zeitung des Parks. Hier findet man Infos über die ausgezeichneten von Rangern gehaltenen Vorträge und geführten Wanderungen (die sich wirklich lohnen).

Geyser Country

Geothermale Eigentümlichkeiten durchziehen den Nationalpark (schließlich ist man in der Caldera eines Supervulkans), aber nur an wenigen Stellen herrschen Bedingungen für das Auftreten von Geysiren. Das Gebiet zwischen Norris und Old Faithful – der heißeste Teil des Parks – bietet dafür die besten Bedingungen.

Zu den Highlights gehören der **Old Faithful** (Upper Geyser Basin; ⌚ca. alle 90 Min.) GRATIS und das **Upper Geyser Basin**, die Grand Prismatic Spring und das **Norris Geyser Basin**, insbesondere wenn der **Steamboat Geyser** vor einem Ausbruch steht. Die 1,6 km lange Wanderung um die **Artists Paintpots** (südwestlich von Norris) ist ein Vergnügen ohne großen Besucherandrang.

Neben dem Blick auf Geysire bieten der Firehole River und der Madison River auch erstklassige Möglichkeiten zum Fliegenfischen und für Wildtierbeobachtungen.

Old Faithful Visitor Education Center VISITOR CENTER
(☎307-545-2751; Old Faithful; ⌚Juni–Sept. 8–20 Uhr, Frühjahr & Herbst variierende Öffnungszeiten, Dez.–März 9–17 Uhr; ♿) Das neue, aufgebesserte und umweltfreundliche Visitor Center widmet sich den thermalen Eigentümlichkeiten des Nationalparks und erläutert die Unterschiede zwischen Geysiren, heißen Quellen, Fumarolen und Schlammtöpfen. So erklärt es auch, warum es keine Geysire in Mammoth gibt. Kinder lieben die interaktiven Young Scientist Displays, zu denen ein funktionierender Labor-Geysir gehört. Im

Zentrum gibt's einfache Karten des Parks, Infos zu Wanderwegen und die voraussichtlichen Ausbruchstermine von einigen der bekanntesten Geysire im Park.

Grand Prismatic Spring QUELLE
(Midway Geyser Basin) Mit 113 m Umfang und 37 m Tiefe ist die Grand Prismatic Spring die größte und tiefste heiße Quelle und nach der Ansicht von vielen auch die schönste thermale Erscheinung im Park. Plankenwege führen rund um den dampfenden, in vielen Farben schillernden Teich und seinen in allen Regenbogenfarben prunkenden Algenring. Von oben betrachtet, sieht die Quelle aus wie ein riesiges blaues Auge, das wundervolle, vielfarbige Tränen weint. Ein 800 m langer Plankenweg führt zu den Naturerscheinungen; man braucht ungefähr eine halbe Stunde, nachdem man einen Parkplatz gefunden hat.

Mammoth Country

Das erste erschlossene Gebiet im Park beherbergte einst Soldaten der US-Armee, deren Aufgabe es war, Vandalismus und Wilderei zu unterbinden, was auch gelang. Die Wäscherei wurde längst von den majestätischen Kalksteinterrassen der **Mammoth Hot Springs** entfernt. Heute wandern Wapitiherden ungestört durch das Tal.

Die Gipfel der Gallatin Range, darunter der schöne Bunsen Peak (S. 881) ragen im Westen hoch über die Seen, Bäche und zahlreichen Wanderwege in dem Gebiet.

Tower-Roosevelt Country

Der Park ist reich an Wildtieren, und eine der besten Gegenden, um viele zu erblicken, ist das **Lamar Valley**, in dem Hunderte Bisons grasen und sich die Reviere vieler Wolfsrudel überlagern. Der **Tower Fall** und die zerklüfteten Gipfel der **Absaroka Mountains** sind die geografischen Highlights des Gebiets, das die abgelegenste, malerischste und am wenigsten erschlossene Region des Parks ist.

Canyon Country

Eine Reihe malerischer, durch Wanderwege verbundener Aussichtspunkte gewährt einen Blick auf die Klippen, Hänge und Wasserfälle des Grand Canyon of the Yellowstone. Hier gräbt der Fluss eine Spalte durch ein uraltes, goldenes Geysir-Becken, besonders eindrucksvoll bei den **Lower Falls**. Der **South Rim Drive** führt zum **Artist Point**, dem spektakulärsten Aussichtspunkt am Canyon, während man über den **North Rim Drive** zu den gewaltigen Abhängen an beiden Wasserfällen gelangt.

Grand Canyon of the Yellowstone CANYON
(nahe Canyon Village) Dies ist ein echtes Highlight des Parks. Nachdem sich der Yellowstone River nördlich des Yellowstone Lake ruhig durch die Landschaft geschlängelt hat, stürzt er plötzlich über die Upper Falls und dann die weit höheren Lower Falls, bevor er durch die 300 m tiefe Schlucht tobt. Dank malerischer Aussichtspunkte und einem Netz von Wegen an den Rändern des Canyons kann man dessen Schönheit aus vielen Blickwinkeln erleben – der South Rim Dr führt zum spektakulärsten Aussichtspunkt, dem Artist Point.

Lake Country

Der **Yellowstone Lake**, das Highlight dieser Region, ist einer der größten Gebirgsseen der Welt. Vulkanische Strände säumen diese Wasserwildnis, die man am besten per Boot oder Seekajak erkundet. Östlich und südöstlich der Seen verbirgt die raue, schneebedeckte Absaroka Range die unberührtesten Landstriche in den „Lower 48", die ideal sind für lange Rucksacktouren und Ausritte.

Das **West Thumb Geyser Basin** (westlich des Yellowstone Lake) eignet sich für einen kurzen Spaziergang vorbei am berühmten Geysir **Fishing Cone**; das historische **Lake Yellowstone Hotel** (Lake Village) bietet sich zu einer Rast an.

ABSTECHER

SCENIC DRIVE: THE ROOF OF THE ROCKIES

Eine besonders spektakuläre Anfahrt zum Yellowstone National Park ist der **Beartooth Highway** (Hwy 212; www.beartoothhighway.com; Ende Mai–Mitte Okt.), der Red Lodge mit dem nordöstlichen Eingang des Nationalparks verbindet. Die 68 Meilen (109,4 km) lange Gebirgsstrecke, die als die malerischste Panoramastraße und beste Motorradtour der USA bezeichnet wurde, führt durch eine von Wildblumen bestimmte Tundra vorbei an 3300 m hohen Gipfeln. Ein Dutzend USFS-Campingplätze liegen an dem Highway, darunter vier in einer Entfernung von höchstens 12 Meilen (19,3 km) von Red Lodge.

Yellowstone National Park

Aktivitäten

Wandern

Wanderer können das Hinterland des Nationalparks von mehr als 92 Startpunkten aus auf Wegen erkunden, die Zugang zu einem mehr als 1600 km langen Wegenetz und 300 primitiven Campingplätzen gewähren. Um in der Wildnis zu übernachten, braucht man ein Backcountry Permit (3 US$/Pers. & Nacht, Höchstbetrag 15 US$), das in den Visitor Centers und Rangerstationen bis zu 48 Stunden vor dem Aufbruch zur Wanderung erhältlich ist. Einige der Backcountry-Cam-

Yellowstone National Park

Highlights
1 Artist Point B3
2 Norris Geyser Basin A3

Sehenswertes
3 Albright Visitor Center A1
4 Artists Paintpots A3
5 Grand Canyon of the Yellowstone C3
6 Grand Prismatic Spring A5
7 Lake Yellowstone Hotel C4
8 Lamar Valley D2
9 Mammoth Hot Springs A2
10 Old Faithful A5
Old Faithful Visitor Education Center .... (siehe 10)
11 Tower Fall C2
12 Upper Geyser Basin A5
13 West Thumb Geyser Basin B5
14 Yellowstone National Park C4

Aktivitäten, Kurse & Touren
15 Bunsen Peak & Osprey Falls A2
16 Fairy Falls Trail & Twin Buttes A5
17 Lone Star Geyser Trail A5
18 Mt. Washburn C3

Schlafen
19 Fishing Bridge RV Park C4
20 Grant Village B6
21 Indian Creek Campground A2
22 Lake Yellowstone Hotel C4
23 Lewis Lake Campground B6
24 Madison Campground A4
25 Mammoth Campground B1
26 Norris Campground A3
Old Faithful Inn .... (siehe 10)
27 Pebble Creek Campground D2
28 Slough Creek Campground C2
29 Tower Fall Campground C2

Essen
Lake House .... (siehe 20)
Lake Yellowstone Hotel Dining Room .... (siehe 22)

pingplätze können vorab per Mail reserviert werden; sie werden per Lotterie vergeben.

Für eine Tageswanderung auf welchem Weg auch immer braucht man keine Genehmigung, muss sich aber angemessen darauf vorbereiten. Unbedingt mitnehmen sollte man viel Wasser, eine Regenjacke und ein Pfefferspray zur Abwehr aggressiver Bären.

★ Bunsen Peak & Osprey Falls — WANDERN, MOUNTAINBIKEN

(Südwestlich von Mammoth) Der Bunsen Peak (2610 m) ist ein beliebtes Ziel für eine halbtägige Wanderung, die man zu einer anspruchsvolleren Tageswanderung verlängern kann, wenn man den leichteren östlichen Hang des Gipfels runter zur Bunsen Peak Rd marschiert und dann den tiefen Abhang (244 m) hinunter zum Fuß der selten besuchten Osprey Falls klettert. Noch besser ist es, mit einem Mountainbike auf dem zweispurigen Trail am Wasserfall vorbei bis nach Mammoth (10,1 km) zu fahren.

Lone Star Geyser Trail — WANDERN, RADFAHREN

Dieser befestigte und von Kiefern gesäumte Wanderweg ist ein leichter Spaziergang entlang einer früheren Zufahrtsstraße zu einem der größten Geysire abseits der Hauptwege des Parks. Er ist sehr beliebt, bildet aber einen Kontrast zur chaotischen Umgebung des Old Faithful. Der Lone Star bricht alle drei Stunden für zwei bis 30 Minuten aus und speit das Wasser 9–13,7 m in die Höhe. Es lohnt sich unbedingt, den Besuch mit einer Geysireruption abzustimmen.

Mt. Washburn — WANDERN, RADFAHREN

(Tower-Roosevelt) Die recht anstrengende Wanderung (hin & zurück 10,3 km, mittelschwer) führt vom Startpunkt am Dunraven Pass hinauf zu einem auf dem Berggipfel thronenden Feuerturm, von dem aus man den Panoramablick auf den Park genießt und mit Sicherheit auch Dickhornschafe erblickt. Über die unbefestigte Chittenden Road kann man den Berg von Norden aus auch mit dem Fahrrad bezwingen.

Fairy Falls Trail & Twin Buttes — WANDERN

Ein beliebtes Wanderziel sind die Fairy Falls (60 m), die sich in der nordwestlichen Ecke des Midway Geyser Basin verstecken. Hinter den Fairy Falls führt der Weg weiter zu einem versteckten Areal mit thermaler Aktivität zu Füßen der Twin Buttes. Die hiesigen Geysire sind nicht erschlossen, sodass man sie wahrscheinlich für sich allein hat – ganz anders als bei der von Besuchermassen umlagerten Grand Prismatic Spring (S. 879).

Radfahren

Radfahrer können im Nationalpark auf öffentlichen und einigen ausgewiesenen Anliegerstraßen fahren, jedoch nicht auf den Wegen im Hinterland. Auf allen Campingplätzen (abgesehen von Slough Creek) gibt's Stellplätze für Wanderer und Radfahrer, die selten voll belegt sind.

Von Mitte März bis Mitte April ist die Mammoth-West Yellowstone Park Road für Autos gesperrt, aber, soweit nicht Straßenarbeiten dazwischen kommen, nicht für Fahrräder – *die* Gelegenheit zu einer langen, stressfreien Radtour.

Schlafen

Im Park gibt's NPS- und private Campingplätze, Hütten, Lodges und Hotels. Reservierungen sind im Sommer unbedingt nötig, wo sie möglich sind. Viele Unterkünfte finden sich auch in den Zugangsorten Cody, Gardiner und West Yellowstone.

Die beste Budgetoption sind die sieben, vom NPS geführten Campingplätze **Mammoth** (Stellplatz Zelt & Wohnmobil 20 US$; ganzjährig), **Tower Fall** (Tower-Roosevelt, nahe dem Tower Fall; Stellplatz Zelt & kleines Wohnmobil 15 US$; Mitte Mai–Ende Sept.), **Indian Creek** (Stellplatz Zelt & Wohnmobil 15 US$; Anfang Juni–Mitte Sept.), **Pebble Creek** (abseits der Northeast Entrance Rd; Stellplatz Zelt & Wohnmobil 15 US$; Mitte Juni–Ende Sept.), **Slough Creek** (Tower-Roosevelt; Stellplatz Zelt & kleines Wohnmobil 15 US$; Mitte Juni–Anfang Okt), der Norris Campground und der Campingplatz **Lewis Lake** (South Entrance; Stellplatz Zelt 15 US$; Mitte Juni–Okt.). Bei allen gilt: Wer zuerst kommt, mahlt zuerst.

Xanterra (307-344-7311, 866-439-7375; www.yellowstonenationalparklodges.com) betreibt fünf weitere reservierbare Campingplätze mit Bädern mit Kaltwasser, Spültoiletten und Trinkwasser. Wohnmobilstellplätze mit allen Versorgungsanschlüssen gibt auf dem Platz Fishing Bridge.

★ Norris Campground CAMPING $
(Norris; Stellplatz Zelt & Wohnmobil 20 US$; Mitte Mai–Sept.) In einem malerischen offenen Wäldchen aus Amerikanischen Strandkiefern liegt dieser Campingplatz, einer der schönsten im Park, auf einem sonnigen Hügel mit Blick auf den Gibbon River und die umliegenden Wiesen. Die Stellplätze werden nach dem Prinzip: wer zuerst kommt, mahlt zuerst, vergeben, und die besten am Fluss sind schnell besetzt. Um 19.30 Uhr gibt's Gespräche am Lagerfeuer; Brennholz wird zwischen 19 und 20.30 Uhr verkauft. Die Stromgeneratoren dürfen von 8 bis 20 Uhr laufen.

Madison Campground CAMPING $
(307-344-7311; www.yellowstonenationalparklodges.com; Madison, W Entrance Rd; Stellplatz Zelt & Wohnmobil 24,25 US$; Mai–Okt.) Der Old Faithful und dem Westeingang am nächsten gelegene Campingplatz liegt über dem Madison River auf einer weiten Wiese in einem sonnigen, offenen Wald. Bisons und die größte Wapitiherde des Parks grasen häufig auf den Wiesen weiter im Westen, so dass man prima Tiere beobachten kann. Der Platz ist auch ideal, wenn man im Madison River fliegenfischen will. Seinen Stellplatz sollte man vorab reservieren.

Fishing Bridge RV Park CAMPING $
(www.yellowstonenationalparklodges.com; Fishing Bridge; Stellplatz Wohnmobil 47,75 US$; Ende Mai–Ende Sept.) Dies ist der einzige Campingplatz mit Strom-, Wasser- und Kanalisationsanschluss. Wegen der hier häufig vorkommenden Bären sind nur Wohnmobile und

DEN MASSEN ENTKOMMEN

Das Yellowstone-Wunderland zieht im Juli und August täglich bis zu 30 000 und im ganzen Jahr mehr als 4 Mio. Besucher an. Wenn man die folgenden Ratschläge beachtet, kann man dem schlimmsten Massenandrang entgehen:

Im Mai oder Oktober kommen! Dann stehen zwar weniger Service-Einrichtungen zur Verfügung, es sind aber auch viel weniger Besucher im Park unterwegs.

Eine Wanderung machen! 95 % aller Besucher setzen keinen Fuß auf einen Trail im Hinterland, und nur 1 % campen (Genehmigung erforderlich) auf einem Platz im Gelände.

Den Park per Rad erkunden! Auf den meisten Campingplätzen gibt es unausgelastete Stellplätze für Wanderer oder Radfahrer, und mit dem Rad fährt man an jedem Stau vorbei.

Dem Beispiel der Wildtiere folgen! Die goldenen Stunden nach Sonnenaufgang und vor Sonnenuntergang ausnutzen!

Ein Lunchpaket einpacken! Einfach auf einem der vielen malerischen Picknickplätze im Park, die oft übersehen werden, essen.

Sich warm einpacken! In den Wintermonaten hat man einen Ausbruch des Old Faithful praktisch ganz für sich allein.

Wohnwagen mit soliden Wänden erlaubt. Die 340 Stellplätze liegen dicht an dicht und bieten keine Privatsphäre. Zu den öffentlichen Einrichtungen zählen ein Waschsalon und Duschen. Reservieren erforderlich!

★ **Old Faithful Inn** HOTEL **$$**
(☎307-344-7311; www.yellowstonenationalparklodges.com; Old Faithful; altes Haus mit Gemeinschaftsbad/eigenem Bad ab 119/191 US$, Zi. 236–277 US$; ⏲Anf. Mai–Anf. Okt.) Das historische Blockhaus, ein Meisterwerk der Architektur und Statik, kann es mit den Naturschönheiten im Park aufnehmen. Schon das Foyer mit seinem unglaublich großen Rhyolith-Kamin, an dem man dem Klavierspiel im Obergeschoss lauschen kann, ist einen Besuch wert. Die billigsten Zimmer im „Alten Haus" sind die stimmungsvollsten: Sie haben Holzwände und originale Waschbecken, die Bäder befinden sich allerdings im Korridor.

Grant Village HOTEL **$$**
(☎307-344-7311; www.yellowstonenationalparklodges.com; Grant Village; Zi. 242 US$; ⏲Ende Mai–Sept.) Die 300 an Ferienwohnungen erinnernden Boxen mit üblicher Hoteleinrichtung, die das Grant Village bilden, wurden vom Autor Alston Chase einst als ein „innerstädtisches Projekt mitten in der amerikanischen Natur, ein Wildnis-Ghetto" abgetan. Sie liegen aber den Tetons am nächsten, wenn man früh aufbrechen will. Die Zimmer wurden 2016 komplett renoviert und sind damit komfortabler, aber auch teurer geworden.

Lake Yellowstone Hotel HOTEL **$$$**
(☎866-439-7375; www.yellowstonenationalparklodges.com; Hütten 157 US$, Sandpiper Zi. 244 US$, Hotel Zi. 397–452 US$; ⏲Mitte Mai–Anfang Okt.; @🐾) Der butterblumengelbe koloniale Riese am Nordufer des Sees weist zurück in eine vergangene Ära, obwohl die Zimmer, für die man 1895 nur 4 US$ zahlte, inzwischen etwas teurer geworden sind. Die geräumigen Zimmer im Hauptgebäude wurden 2014 mit neuen Teppichen und den einzigen verkabelten Internetanschlüssen (4,75 US$/Std.) im Park aufgefrischt. Die Zimmer am See kosten einen Aufpreis, sind schnell ausgebucht und garantieren übrigens keinen Seeblick.

Essen

Lake House CAFETERIA **$$**
(Grant Village; Hauptgerichte 10–24 US$; ⏲Mai–Sept. 6.30–10.30 & 17–21.30 Uhr) Das ruhige Lokal am Seeufer bietet zwanglose Mahlzeiten mit dem besten Seeblick im Park. Zu den Speisen gehören kreative Gerichte wie Heidelberr-Hühnchen oder Wild-Hackbraten.

Vom Hauptparkplatz oder der Marina läuft man hinunter zum Seeufer. Das Lokal ist mittags geschlossen.

★ **Lake Yellowstone Hotel Dining Room** AMERIKANISCH **$$$**
(☎307-344-7311; www.yellowstonenationalparklodges.com; Lake Village; Hauptgerichte 14–40 US$; ⏲Mitte Mai–Sept. 6.30–10, 11.30–14.30 & 17–22 Uhr; ✎) Man sollte seine beste Kleidung (und einen 100-US$-Schein) dabeihaben, wenn man stilvoll im Speisesaal des Lake Yellowstone Hotel dinieren will. Mittags gibt's z. B. Forelle, einen Salat mit pochierten Birnen und Sandwiches. Abends wird mit Vorspeisen wie Hummer-Ravioli und Hauptgerichten wie Bisonlende, Wachteln und Montana-Lammkoteletts eins drauf gesetzt. Fürs Abendessen muss reserviert werden.

SOUTH RIM TRAIL

Südöstlich des South Rim des Grand Canyon of the Yellowstone führt dieses Wegenetz durch Wiesen und Wälder und vorbei an mehreren kleinen Seen. Dieser Rundkurs verbindet mehrere Wege und bietet einen netten Kontrast zum Blick auf den Canyon durch die Windschutzscheibe. Bei der unglaublich abwechslungsreichen Wanderung genießt man atemberaubende Ausblicke auf den Canyon und gelangt zu mehreren Seen und sogar zu einer thermisch aktiven Gegend im Hinterland.

ℹ Praktische Informationen

Der Park ist ganzjährig geöffnet, aber die meisten Straßen sind im Winter gesperrt. Der Parkeintritt (Wanderer/Fahrzeug 15/30 US$) gilt für sieben Tage. Will man den Yellowstone und den Grand Teton National Park besuchen, beträgt die Gebühr 50 US$.

Der Handy-Empfang ist im Park begrenzt; WLAN gibt's nur im **Albright Visitor Center** (☎307-344-2263; Mammoth; ⏲Juni–Sept. 8–19 Uhr, Okt.–Mai 9–17 Uhr) in Mammoth.

ℹ An- & Weiterreise

Die meisten Besucher des Yellowstone National Park fliegen nach Jackson in Wyoming oder nach Bozeman in Montana, aber oft ist die Anreise über Billings in Montana günstiger. Man braucht ein Auto: Es gibt keine öffentlichen Verkehrsmittel zum und im Park.

Grand Teton National Park

Die 12 imposanten, von Gletschern geformten Gipfel, die den einmaligen Grand Teton (4199 m) umrahmen, wurden 1929 zum **Nationalpark** (☎307-739-3300; www.nps.gov/grte; Teton Park Rd, Grand Teton National Park; Eintritt 30 US$/Fahrzeug) erklärt. Ein großer Teil des Snake River Valley wurde dem Park später von John D. Rockefeller gespendet, der die Grundstücke heimlich aufgekauft hatte.

Die Landschaft wird immer eindrucksvoller, je weiter man in die Berge vordringt – man sollte sich die Zeit für eine Wanderung durch die duftenden Wälder vorbei an glitzernden Bergseen bis hin zu spektakulären, mit Wildblumen bedeckten Canyons nehmen.

Sehenswertes & Aktivitäten

Angesichts von **Wanderwegen** mit einer Gesamtlänge von fast 400 km kann man im Grand Teton National Park eigentlich nichts falsch machen. Für Touren mit Übernachtung braucht man ein Backcountry Permit.

Die Tetons sind auch bekannt für ausgezeichnete kurze **Kletterstellen** und klassische längere Routen zu Gipfeln wie dem Grant Teton, dem Mt. Moran und dem Mt. Owen. Solche Touren unternimmt man am besten mit einem erfahrenen Führer.

Angeln ist eine weitere Attraktion: Mehrere Arten von Felchen und Cutthroat-, See- und Bachforellen leben in den örtlichen Flüssen und Seen. Die Angellizenz erhält man im **Moose Village Store**, in der Signal Mountain Lodge (S. 885) oder in der **Colter Bay Marina** (☎307-543-2811; www.gtlc.com/activities/marina; Colter Bay; ⏲8–17 Uhr).

Skilanglauf und **Schneeschuhlaufen** sind die besten Möglichkeiten, den Park im Winter zu entdecken. Eine Broschüre mit Routenvorschlägen erhält man im Craig Thomas Discovery & Visitor Center.

★Craig Thomas Discovery & Visitor Center — VISITOR CENTER

(☎307-739-3399, Backcountry Permits 307-739-3309; Teton Park Rd, Moose; ⏲Juni–Aug. 8–19 Uhr, Frühjahr & Herbst variierende Öffnungszeiten, Nov.–Feb. geschl.; 👪) GRATIS Den ersten Stopp sollte man in diesem unglaublich gut aufgemachten Visitor Center einlegen und sei es nur wegen der Sichtlinien auf dem Fußboden, die genau angeben, auf welchen Gipfel man gerade durch die deckenhohen Fenster blickt. Die obligatorische Reliefkarte hilft dabei, sein Ziel zu bestimmen, und informative, interaktive und kinderfreundliche Exponate erläutern, was man dort sehen wird. Eine Menge Ranger sind zur Stelle, um einem bei der Planung des Besuchs zu helfen und die erforderlichen Backcountry Permits auszustellen. Die Ranger veranstalten Gespräche und diverse geführte Wanderungen rund um Moose.

Mormon Row — GEISTERSTADT

(Antelope Flats Rd; P) Dies ist die wohl meistfotografierte Stelle im Park – und das aus gutem Grund. Die alten Scheunen und Lattenzäune sind der Inbegriff einer ländlichen Kulisse vor der imposanten Kulisse der Tetons. Die Scheunen und Häuser wurden von mormonischen Siedlern in den 1890er-Jahren erbaut, die das fruchtbare Schwemmland bestellten, das sie mit kilometerlangen, von Hand gegrabenen Gräben bewässerten.

Oxbow Bend — FLUSS

(N Park Rd) Eine der malerischsten Stellen für Wildtierbeobachtungen im Grand Teton National Park ist der Oxbow Bend vor der hinreißenden Kulisse des sich im Wasser spiegelnden Mt. Moran. In der Morgen- und Abenddämmerung lassen sich die Elche, Wapitis, Kanadakraniche, Fischadler, Weißkopfseeadler, Trompeterschwäne, Kanadagänse, Kanadareiher und Nashornpelikane am besten beobachten. Der Flussarm entstand, als das schneller fließende Wasser des Flusses das Außenufer erodierte, während sich an der langsamer fließenden Innenseite Sedimente ablagerten.

★Death Canyon Trail — WANDERN

Der Death Canyon Trail bleibt eine unserer bevorzugten Wanderungen – wegen der Herausforderung und wegen der hinreißenden Landschaft. Der Weg führt 1,6 km hinauf zum Aussichtspunkt am Phelps Lake und dann hinunter zum Talboden, wo er dem Verlauf des Death Canyon folgt. Für eine anspruchsvolle Erweiterung mit unglaublicher Aussicht biegt man an der historischen Rangerhütte rechts auf den Alaska Basin Trail ab, der weitere 914 m hinauf auf den Static Peak Divide (3289 m) führt – das ist der höchstgelegene Trail in diesem Nationalpark.

Garnet Canyon — WANDERN, BERGSTEIGEN

Der Garnet Canyon ist das Tor zu den beliebtesten Klettertouren zum Middle und South Teton und zur Besteigung des Grand Teton – man muss aber wissen, was man tut, und man muss einigermaßen mit den Routen vertraut sein. Die 6,4 km lange Wanderung zum Fuß der Tetons ist denkwürdig, auch wenn man von dort nicht weiter auf einen der Gipfel vordringen will.

Grand Teton Multi-Use Bike Path RADFAHREN
(www.nps.gov/grte/planyourvisit/bike.htm; Jackson bis Jenny Lake) Der neue Rad- und Mehrzweckweg bietet eine tolle Gelegenheit, den Park in gemächlicherem Tempo kennenzulernen. Er beginnt am hervorragenden **Jackson Vistor Center** (☎307-733-3316; www.jacksonholechamber.com; 532 N Cache Dr; ⏲Juni–Sept. 8–19 Uhr, Okt.–Mai 9–17 Uhr; 📶) und führt über 32,2 km zur **Jenny Lake Ranger Station** (☎307-739-3343; ⏲Juni–Aug. 8–18 Uhr). Wer sich auf eine so lange Fahrt nicht einlassen will, mietet einfach bei **Dornan's** (☎307-733-2415; www.dornans.com; Moose Village; ⏲9–18 Uhr) in Moose ein Rad und fährt von dort 12,9 km bis zum See.

Schlafen

Zwischen Memorial Day und Labor Day ist die Nachfrage nach Unterkünften und Stellplätzen im Grand Teton National Park hoch; Plätze in einer Lodge sollten weit im Voraus gebucht werden. Die meisten Stellplätze sind vor 11 Uhr schon belegt, beim Campingplatz **Jenny Lake** (Teton Park Rd; Stellplatz Zelt 28 US$; ⏲Mai–Sept.) noch viel früher, nur beim Campingplatz **Gros Ventre** (Gros Ventre Rd; Stellplatz Zelt/Wohnmobil 24/52 US$; ⏲Ende April–Mitte Okt.) ist in der Regel immer etwas frei. Die Campingplätze **Colter Bay** (☎307-543-3100; www.gtlc.com; Hwy 89/191/287; Stellplatz Zelt/Wohnmobil 30/71 US$; ⏲Mitte Mai–Mitte Sept.) und Jenny Lake haben Zeltstellplätze, die für Wanderer und Radfahrer reserviert sind.

★ **Climbers' Ranch** HÜTTEN $
(☎307-733-7271; www.americanalpineclub.org/grand-teton-climbers-ranch; End Highlands Rd; B 25 US$; ⏲Juni–Sept.) Diese rustikalen Blockhütten des American Alpine Club dienten ursprünglich als Refugium für ernsthafte Kletterer. Heute stehen sie auch Wanderern offen, die genauso von der spektakulären Lage im Park profitieren. Vorhanden sind ein Sanitärhäuschen mit Duschen und ein geschützter Kochbereich mit abschließbaren Kühlfächern. Schlafsack und Kopfkissen müssen selbst mitgebracht werden (die Stockbetten sind ohne Bettzeug, dafür aber spottbillig).

Colter Bay Village HÜTTEN $$
(☎307-543-2811; www.gtlc.com; Zelthütten 66 US$, Hütten mit Bad 155–290 US$, ohne Bad 85 US$; ⏲Juni–Sept.) Bei den Zelthütten (Juni–Anfang Sept.) handelt es sich um sehr schlichte Konstruktionen aus Holz und Leinwand mit dem Charme eines Internierungslagers. Es gibt hier kahle Schlafkojen, einen Holzofen, einen Picknicktisch und einen Grill vor der Hütte. Die Bäder sind separat, und Schlafsäcke können gemietet werden. Die Blockhütten (Ende Mai–Ende Sept.), teilweise original, sind viel komfortabler und bieten auch ein besseres Preis-Leistungs-Verhältnis.

★ **Jackson Lake Lodge** LODGE $$$
(☎307-543-2811; www.gtlc.com; Jackson Lake Lodge Rd; Zi. & Cottages ab 320 US$; ⏲Mitte Mai–Sept.; 📶🏊🐾) Mit weicher Bettwäsche, von hier ausgehenden langen Wanderwegen und riesigen Panoramafenstern mit Blick auf die Gipfel ist die Hauptlodge wirklich sehr attraktiv. Die 348 Cottages aus Betonziegeln erinnern an eine Barackensiedlung, bieten keine Aussicht und wirken überteuert. Die „Moose Pond View"-Cottages (430 US$) stehen abgeschiedener und bieten von ihren Veranden einen herrlichen Ausblick.

Signal Mountain Lodge LODGE $$$
(☎307-543-2831; www.signalmtnlodge.com; Hwy 89/191/287; Zi. 253–363 US$, Hütten 210–270 US$, Suite 363–394 US$; ⏲Mai–Mitte Okt.; 📶🐾) Dieser spektakulär am Rand des Jackson Lake gelegene Komplex bietet gemütliche, gut ausgestattete Hütten und ziemlich schicke Zimmer. Die „Lakefront Retreats" bieten einen herrlichen Blick in die Berge und äußerst schöne Terrassen.

Essen

Im Colter Bay Village, in der Jackson Lake Lodge, in Signal Mountain und **Moose Junction** gibt's mehrere Cafés mit vernünftigen Preisen für Frühstück oder eine schnelle Mahlzeit. Wer auf dem Campingplatz kocht, sollte seine Nahrungsmittel angemessen verstauen und die Reste ebenso entsorgen – schließlich ist das hier Bärenland!

★ **Dornan's Pizza & Pasta Company** PIZZA $
(☎ext 204 307-733-2415; www.dornans.com; Moose; Hauptgerichte 10–13 US$, Pizzas 9–17 US$; ⏲11.30–21 Uhr; 📶) Die Dachterrasse mit Blick über den Snake River und Menor's Ferry auf die gewaltigen Tetons ist der ideale Ort für eine Pizza und ein Bier. Das Essen ist

Grand Teton National Park

fast so gut wie die Aussicht. Das Restaurants gehört zu den ganz wenigen eigenständigen Lokalen im Park.

Blue Heron Lounge GRILL $
(☎ 307-543-2811; www.gtlc.com/dining; Jackson Lake Lodge; Hauptgerichte 11–23 US$; ⏰ Mitte Mai–Sept. 11–24 Uhr) Der zwanglose Freiluftgrill ist an eine attraktive Eck-Cocktail-lounge mit deckenhohen Fenstern angeschlossen. Alkoholische Getränke und Vorspeisen erhält man von 11 bis 24 Uhr, und gelegentlich gibt's im Blue Heron auch Livemusik.

Grand Teton National Park

Dornan's Chuckwagon GRILL $$
(☎ext 203 307-733-2415; www.dornans.com; Moose; Hauptgerichte morgens & mittags 7–15 US$, abends 21–32 US$; ⊙ Juni–Aug. 7.30–15 & 17–21 Uhr) In diesem bei Familien sehr beliebten Restaurant werden zum Frühstück Sauerteig-Pfannkuchen und Eier vom Grill und mittags leichte Gerichte und Sandwiches zubereitet. Abends dampfen dann die Schmortöpfe. Serviert werden Rindfleisch, Rippchen und Forelle und zur Ergänzung gibt's auch noch eine mächtige Salattheke. Von den Picknicktischen hat man einen unvergleichlichen Blick auf den Grand Teton.

Trapper Grill CAFÉ $$
(☎307-543-2831; www.signalmountainlodge.com; Signal Mountain Lodge; Hauptgerichte 10–19 US$; ⊙7–14.30 & 16.30–22 Uhr) Sandwiches, Burger und Schweinerippchen gehören zu der großen Auswahl, die alle Familienmitglieder zufriedenstellt. Dies ist das preiswertere der beiden Restaurants in der Signal Mountain Lodge und hat den besseren Ausblick über den See. Das Frühstück mit Schinken, Speck und Bison-Würstchen ist ein richtiges Gelage.

Praktische Informationen

Der Parkeintritt (Wanderer/Fahrrad/Auto 24/24/30 US$) gilt für sieben Tage. Der Kombieintritt mit dem Yellowstone National Park kostet 50 US$.

MONTANA

Nicht nur der Himmel ist weit in Montana, sondern alles wirkt überlebensgroß. Die Berge erscheinen etwas höher, die Täler weiter und die Seen länger als in den anderen amerikanischen Gebirgsstaaten.

Praktische Informationen

Visit Montana (☎800-847-4868; www.visitmt.com) Die Webseite des Tourismusamts ist gut gemacht und informativ; sie bietet Karten, Führer und Reisevorschläge.

Bozeman

Bozeman ist so, wie all die früher hippen, heute überlaufenen Bergstädte in Colorado einst waren. Das lässige Rancher-Erbe alter Schule steht gegenüber den neuen West-Pionieren mit ihren Mountainbikes, Skiern und Klettergerätschaften noch im Vordergrund, aber das ändert sich schnell, denn Bozeman ist heute eine der am schnellsten wachsenden Städte Amerikas, und die Lebenshaltungskosten steigen.

Sehenswertes & Aktivitäten

★ **Museum of the Rockies** MUSEUM
(☎406-994-2251; www.museumoftherockies.org; 600 W Kagy Blvd; Erw./Kind 14,50/9,50 US$; ⊙ Juni–Aug. 8–18 Uhr, Sept.–Mai 9–17 Uhr; 👪) Das

unterhaltsamste Museum in Montana sollte man sich nicht entgehen lassen. Zu den hervorragenden Dinosaurier-Exponaten zählen der mit unglaublich vielen Zähnen bestückte Kiefer eines *Edmontosaurus*, der größte T-Rex-Schädel der Welt und ein komplettes T-Rex-Skelett (mit nur wenig kleinerem Schädel). Die Laser-Planetariumsshows sind interessant, ebenso die Living-History-Abteilung vor dem Haus (im Winter geschl.).

★ Bridger Bowl Ski Area WINTERSPORT
(☎ 406-587-2111; www.bridgerbowl.com; 15795 Bridger Canyon Rd; Liftticket Erw./Kind 60/22 US$; ⊙ Mitte Dez.–April) Im führenden gemeinnützigen Skiresort des Landes dreht sich alles um den Sport und Erholung und nicht um Geld. Der kleine (810 ha) Hügel in Gemeindebesitz 16 Meilen (25,7 km) nördlich von Bozeman ist geprägt von passionierten Skifahrern, vernünftigen Preisen und überraschend tollen Pisten.

Explore Rentals OUTDOOR
(Phasmid; ☎ 406-922-0179; www.explore-rentals.com; 32 Dollar Dr; ⊙ Mo–Sa 9–17, So 10–16 Uhr) Man steigt aus dem Flugzeug, und ein Auto mit Gepäckträger, Wohnwagen, Koch-Set, Schlafsack, Rucksack, Zelt, Bärenspray und Angelausrüstung steht schon bereit für das geplante Outdoor-Abenteuer. Nur ein Traum? Vielleicht hat man aber auch nur einen Kocher vergessen. Explore hilft auch dann weiter, denn der Laden vermietet nahezu alles.

Schlafen

Die meisten großen Kettenmotels finden sich nördlich von Downtown Bozeman an der 7th Ave nahe der I-90, ein paar Budgetoptionen auch östlich der Downtown. Im Gallatin Valley in Richtung Big Sky gibt's viele Campingmöglichkeiten.

Howlers Inn B&B $$
(☎ 406-587-2050; www.howlersinn.com; 3185 Jackson Creek Rd; Zi. 165–170 US$, 2-Pers.-Hütte 225 US$;) Wer sich für Wölfe interessiert, wird dieses 15 Minuten außerhalb von Bozeman gelegene Reservat begeistern. In einem umzäunten, 1,6 ha großen Areal, das aus den Gewinnen des B&B finanziert wird, leben gerettete, in Gefangenschaft geborene Wölfe. Neben dem Haupthaus mit drei geräumigen Zimmern in Western-Stil gibt es noch ein Kutscherhaus mit zwei Schlafzimmern.

The Lark MOTEL $$$
(☎ 406-624-3070; www.larkbozeman.com; 122 W Main St; Zi. 249–279 US$;) Mit einer munteren gelben Farbpalette und modernem Design hat sich dieses hippe Anwesen gegenüber seiner früheren Existenz als schmuddeliges Motel gewaltig verbessert. Die Zimmer sind frisch, und man wohnt in prima Lage in Gehweite zu den Bars und Restaurants der Downtown. Man kann auch draußen auf der herausgeputzten Auffahrt abhängen und dabei Tacos vom Lokal nebenan verputzen.

Essen & Ausgehen

Mit sieben Brauereien (die achte steht kurz vor der Eröffnung) und einer munteren Livemusikszene kann man in Bozeman viel Spaß haben. Einen guten Musik-Veranstaltungskalender hat Bozone (www.bozone.com).

★ Nova Cafe CAFÉ $
(☎ 406-587-3973; www.thenovacafe.com; 312 E Main St; Hauptgerichte 8–13 US$; ⊙ 7–14 Uhr;) Eine hilfreiche Karte am Eingang dieses retro-zeitgenössischen Lieblingscafés der Einheimischen verrät die Herkunft der Speisen. Die Sauce hollandaise war für unseren Geschmack zwar etwas zu süß, aber durchaus lecker – wie praktisch alles andere auch.

Community Co-Op SUPERMARKT $
(☎ 406-922-2667; www.bozo.coop; 44 E Main St; Hauptgerichte 7–12 US$; ⊙ Mo–Fr 8–20, Sa ab 8.30, So 9–19 Uhr;) Die Downtown-Filiale des beliebten örtlichen Markts und Delis bietet Suppen, Salate und andere Sachen zum Mitnehmen aus der Warmhaltetheke. Die frischen Sandwiches und Smoothies werden nach Kundenwunsch zubereitet. Man kann im Haus essen oder die Speisen mitnehmen.

Bozeman Taproom & Fill Station BIERGARTEN
(☎ 406-577-2337; www.bozemantaproom.com; 101 N Rouse Ave; Hauptgerichte 9–13 US$; ⊙ So–Di 11–24, Fr & Sa bis 1 Uhr) Bozemans coolste neue Kneipe, um ein Pint zu stemmen oder sich die Kanne zu füllen, hat einen Biergarten auf der offenen Dachterrasse. Die 44 Fassbiere kann man sich nach eigenem Belieben zu Probiergedecken zusammenstellen.

Bridger Brewing KLEINBRAUEREI
(☎ 406-587-2124; www.bridgerbrewing.com; 1609 11th Ave; Pizzas 11–21 US$; ⊙ 11.30–21 Uhr, Bier bis 20 Uhr;) Die gut geführte freundliche Braukneipe mit zentraler, hufeisenförmiger Theke hat ein treues Stammpublikum aus Bierfans und Studenten der örtlichen MSU. Das Lee Metcalfe Pale Ale ist immer beliebt, und es gibt auch viele Speisen, darunter prima Pizza. Die gar nicht versteckte Terrasse

im Obergeschoss ist prima zum Rumhängen – wenn man denn einen Platz findet.

Happy Hour ist von 14 bis 16 Uhr.

Praktische Informationen

Custer Gallatin National Forest Bozeman Ranger District (☎406-522-2520; www.fs.usda.gov/gallatin; 3710 Fallon, Suite C; ⏲Mo–Fr 8.30–16.30 Uhr) Das schwer zu findende Büro im Westen der Stadt hat Infos zu Stellplätzen und Hütten und verkauft topografische Karten des USGS.

Bozeman District Office (☎406-522-2520)

An- & Weiterreise

Bozemans **Flughafen** (BZN; ☎406-388-8321; www.bozemanairport.com; 850 Gallatin Field Rd) wird immer weiter ausgebaut, um mit dem steigenden Verkehrsaufkommen Schritt zu halten, und bietet auch immer mehr Direktflüge zu immer mehr Zielen an, darunter nach L. A., Seattle, Dallas und New York. Die **Greyhound-Busse** (Jefferson Lines; ☎612-499-3468; www.jeffersonlines.com; 1500 North 7th Ave, Südseite des Walmart; ⏲12–17 Uhr) fahren täglich von einer unbezeichneten Haltestelle an der Südseite des Walmart nahe dem Gartencenter ab.

Gallatin Valley & Paradise Valley

Outdoor-Begeisterte können tagelang die weitläufige, schöne Landschaft rund um das Gallatin und das Paradise Valley erkunden. Die Fahrt durch die ländliche, von der Gallatin und der Abasaroka Range flankierte Flussebene kann mit dem Tetons oder den Beartooth Pass um den Titel der „dramatischsten Zufahrt" konkurrieren und verspricht abenteuerliche Erkundungen. Der Name „Paradies" hat schon seinen Grund.

Aktivitäten

Big Sky Resort WINTERSPORT

(☎800-548-4486; www.bigskyresort.com; 50 Big Sky Resort Rd; Skilift 129 US$, Fahrradlift 42 US$) Das viertgrößte Skigebiet Nordamerikas besteht aus vier Bergen mit 2347 ha skitauglichem Gelände, wovon 60 % aus Pisten für fortgeschrittene und erfahrene Fahrer besteht; jedes Jahr gilt es mehr als 1 m Pulverschnee; Big Sky ist also wirklich toll zum Skifahren. Wenn der Schnee geschmolzen ist, sorgt das über Seilbahnen zugängliche, mehr als 65 km umfassende Netz von Mountainbike- und Wanderwegen dafür, dass das Resort auch im Sommer ein lohnendes Ziel ist.

KURZINFS MONTANA

Spitzname Treasure State, Big Sky Country

Bevölkerung 1 042 520 Ew.

Fläche 380 838 km²

Hauptstadt Helena (30 581 Ew.)

Weitere Städte Billings (110 263 Ew.), Missoula (72 364 Ew.), Bozeman (45 250 Ew.)

Verkaufssteuer Es gibt keine staatliche Verkaufssteuer.

Geburtsort von Filmstar Gary Cooper (1901–1961), dem Motorrad-Teufelskerl Evel Knievel (1938–2007), der Schauspielerin Michelle Williams (1980)

Heimat der Crow-, Blackfeet-, Chippewa-, Gros Ventre- und Salish-Indianer

Politische Ausrichtung Republikanische Rancher und Ölbarone übertreffen meistens zahlenmäßig die demokratischen Studenten und progressiven Wähler in den linksgerichteten Städten Bozeman und Missoula.

Berühmt für Fliegenfischen, Cowboys und Grizzly-Bären

Randbemerkung Auf einigen Highways von Montana gab es bis in die 1990er-Jahre kein Tempolimit!

Entfernungen Bozeman–Denver 695 Meilen (1118 km), Missoula–Whitefish 133 Meilen (214 km)

Chico Hot Springs THERMALQUELLEN

(☎406-333-4933; www.chicohotsprings.com; 163 Chico Rd, Pray; Hütten 120–135 US$, Hauptlodge Zi. 71–140 US$; ⏲7–23 Uhr; 👪) Die unprätentiösen, historischen Chico Hot Springs haben ein treues Publikum aus Einheimischen, Hollywood-Promis und Travellern, die immer wieder kommen. Die knarrende Hauptlodge und die wundervollen Blockhütten sind genauso attraktiv wie die Thermalquelle, die auch ein beheizter Pool sein könnte (Eintritt für Nichtgäste 7,50 US$).

Billings

Es ist kaum zu glauben, dass das ruhige kleine Billings die größte Stadt Montanas ist. Das freundliche Öl- und Viehzuchtzentrum ist mit Sicherheit keine Pflichtattraktion, eignet sich aber gut für einen Zwischenstopp mit ordentlicher Übernachtung oder als Anreisepunkt zum Yellowstone National Park über den atemberaubenden Beartooth Highway.

Schlafen

Der Brennpunkt der Kettenmotels liegt außerhalb von Billings bei der Ausfahrt 446 der I-90, es gibt aber auch ein paar herausragende unabhängige Optionen in Downtown – und einige, in denen die Übernachtung riskant ist.

Dude Rancher Lodge MOTEL $

(☎406-545-6331; www.duderancherlodge.com; 415 N 29th St; DZ ab 96 US$;) Das historische Motel wirkt im Downtown-Bereich etwas deplatziert, ist aber gepflegt, zumal rund die Hälfte der Zimmer überzeugend renoviert wurden. Westernbezüge wie Wände mit Nut-Feder-Verbindungen und Teppiche mit Viehbrandzeichen sorgen für eine einladend rustikale Atmosphäre.

Northern Hotel HOTEL $$

(☎406-867-6767; www.northernhotel.com; 19 N Broadway; Zi./Suite 161/206 US$;) Das historische Northern wurde kürzlich renoviert und verbindet nun seine angestammte Eleganz mit frischen und modernen Einrichtungen, die deutlich besser sind als in einem typischen Geschäftshotel. Frühstücken und zu Mittag essen kann man in dem angeschlossenen Diner aus den 1950er-Jahren; das Abendessen im **Ten Restaurant** gehört zu den besten in der Stadt.

Essen & Ausgehen

McCormick Cafe FRÜHSTÜCK $

(☎406-255-9555; www.mccormickcafe.com; 2419 Montana Ave; Gerichte 8–10 US$; ⏲Mo–Fr 7–15, Sa 8–15, So 8–14 Uhr;) Espresso, Müsli-Frühstück, Crêpes französischer Art, gute Sandwiches und eine muntere Atmosphäre bietet dieses besonders beliebte Lokal in der Downtown, das als Internetcafé anfing (es gibt noch ein paar alte Windows-XP-Computer – Benutzung auf eigene Gefahr!).

★ **Walkers Grill** MODERN-AMERIKANISCH $$

(☎406-245-9291; www.walkersgrill.com; 2700 1st Ave N; Tapas 6–12 US$, Hauptgerichte 15–30 US$; ⏲17–22 Uhr) Das gehobene Walkers bietet gute Grillspeisen und feine Tapas an der Bar (ab 16 Uhr geöffnet), dazu Cocktails, die von erfahrenen Barkeepern gemixt werden. Der elegante Raum mit seinen großen Fenstern würde gut nach Manhattan passen, wenn auch ohne die Lampen aus Stacheldraht – oder vielleicht gerade doch. Unbedingt probieren sollte man die koreanischen Fritten mit Schweinefleisch.

Überbrew KLEINBRAUEREI

(☎406-534-6960; www.facebook.com/uberbrew; 2305 Montana Ave; Hauptgerichte 9–11 US$; ⏲11–21 Uhr, Bier bis 20 Uhr) Die gepflegteste unter dem halben Dutzend Kleinbrauereien in Billings produziert preisgekrönte Biere, die deutlich besser sind als die der Konkurrenz. Auch das Essen ist nicht schlecht: Zur in Bier marinierten Bockwurst trinkt man am besten ein White-Noise-Hefeweizen, das sich dreimal so gut verkauft wie die anderen Fassbiere.

An- & Weiterreise

Downtown Billings liegt gleich abseits der I-90 und nimmt ein breites Tal des Yellowstone River ein. Der **Flughafen** (BIL; ☎406-247-8609; www.flybillings.com; N 27th Street) bedient größere Zentren (Salt Lake City, Minneapolis, Denver, Seattle, Portland, Phoenix, L. A., Las Vegas) sowie Ziele in Montana. **Jefferson Lines** (Jefferson Lines; ☎406-245-5116; www.jeffersonlines.com; 2502 1st Ave N; ⏲9–20 & 23–6 Uhr;) fährt zweimal täglich nach Bozeman (39 US$, 3 Std.) und Missoula (70 US$, 7 Std.) und bietet Anschluss an das Greyhound-Busnetz.

Helena

Bei der Fahrt auf der Interstate ist es ziemlich einfach, das winzige Helena zu übersehen, man tut sich aber damit keinen Gefallen. Es lohnt sich durchaus, durch das triste, zweckbestimmte Gewerbegebiet in Richtung Last Chance Gulch und Old Helena vorzudringen, wo imposante Stein- und Ziegelgebäude mit Bögen und Winkeln entschlossene Dauerhaftigkeit ausstrahlen.

Aktivitäten

★ **The Trail Rider** WANDERN, MOUNTAINBIKEN

(☎406-449-2107; www.bikehelena.com/trail-rider; Ecke Broadway & Last Chance Gulch; ⏲Ende Mai–Sept. Mi–So) GRATIS In den Sommermonaten bringt ein eigens eingerichteter Stadtbus mit Fahrradanhänger Mountainbiker und Radfahrer zu einem von drei Startpunkten, von denen aus man auf einem langen Single Trail zurück in die Stadt radeln kann. Zu den Zielen gehören der Mt. Helena Ridge Trail, die Mt. Ascension Trails und der Continental Divide Trail am MacDonald Pass.

Schlafen & Essen

The Sanders B&B $$

(☎406-442-3309; www.sandersbb.com; 328 N Ewing St; Zi. 145–165 US$; ❄📶) Das im alten Villenviertel gelegene historische B&B gehörte einst Wilbur Sanders, einem Rechtsanwalt in der Grenzregion und der erste Senator von Montana. Heute gibt es hier sieben elegante Gästezimmer, einen wunderbaren alten Salon und eine luftige Frontveranda. Die Zimmer sind jeweils verschieden und durchdacht dekoriert. Geführt wird das Haus von einem Verwandten der Artistenfamilie Ringling; es ist mit entsprechenden Andenken ausstaffiert.

Murry's CAFÉ $

(☎406-431-2886; www.murryscafe.com; 438 N Last Chance Gulch; Hauptgerichte 6–11 US$; ⏲Mo–Fr 8–15, Sa & So 9–14 Uhr; 📶🖉) Mit Spanakopita bis Soufflés bietet das kleine Café am südlichen Ende der Downtown Abwechslung von den üblichen Frühstücksgerichten. Besonders toll ist der Brunch (Sa & So), bei dem Waffeln im Mittelpunkt stehen: pur, gefüllt, belegt oder eingetaucht.

★ **General Mercantile** KAFFEE

(☎406-442-6078; www.generalmerc.com; 413 N Last Chance Gulch; ⏲Mo–Fr 8–17.30, Sa 9–17, So 11–16 Uhr; 📶) Man muss sich durch alle mögliche, hier zum Kauf angebotene Montana-Ware – Kolibri-Futterhäuschen, Postkarten und hausgemachte Marmelade – hindurchwinden, um zum vielleicht besten Kaffee im Universum vorzudringen. Mit seinem Espresso kann man sich in eine ruhige Nische setzen und darüber nachdenken, wie man wohl mit einem Meerjungfrau-Schwanz oder einem Kraken-Schnurrbart aussehen würde – beides wird hier auch zum Kauf angeboten.

Praktische Informationen

Helena Visitor Center (☎406-442-4120; www.helenachamber.com; 225 Cruse Ave; ⏲Mo–Fr 8–17 Uhr)

An- & Weiterreise

Der **Flughafen** (HNL; ☎406-442-2821; www.helenaairport.com; 2850 Mercer Loop) liegt 2 Meilen (3,2 km) nördlich der Downtown und verbindet Helena mit regionalen Zentren wie Salt Lake City, Seattle, Denver und Minneapolis. Der Bus **Salt Lake Express** (www.saltlakeexpress.com; 1415 N Montana Ave; ⏲3–20 Uhr) fährt Richtung Süden und hat in Butte Anschluss ans Greyhound-Netz.

Missoula

Die Einwohner von Missoula gehen gern in die Natur, und der Sommer ist hier ein fast endloser Strom von Farmers Markets, Konzerten im Park, Freiluftkino und ähnlichen Events. Man sitzt hier gern draußen, und bei einem Nachmittagsausflug fährt man mit dem Rad auf dem kilometerlangen Wegenetz in der Stadt und in den Gebirgsausläufern. Der Clark Fork River ist in seinem innerstädtischen Lauf ein Anziehungspunkt für Stehpaddler und stromabwärts für Angler. Steht man fünf Minuten an seinem Ufer, versteht man, warum die berühmte Erzählung *Aus der Mitte entspringt ein Fluss* hier spielt.

Die University of Montana sorgt für einen ständigen Zustrom junger Leute und neuer Ideen, die die Stadt und ihre Musikszene munter halten. Missoula wächst aber auch schnell, woraus eine Zersiedlung der Ränder und zunehmende Verkehrsdichte während der Stoßzeiten resultieren. Am besten wohnt man in Downtown.

Sehenswertes

★ **Garnet Ghost Town** GEISTERSTADT

(☎406-329-3914; www.garnetghosttown.org; Bear Gulch Rd; Erw./Kind 3 US$/frei; ⏲Juni–Sept. 9.30–16.30 Uhr; 🐾) Mehr als ein Dutzend Gebäude im Zustand des „angehaltenen Verfalls" versetzen einen zurück in den Goldrausch, als Städte fast über Nacht entstanden und genauso schnell wieder verschwanden. Man kann die Stätte immer besuchen, wenn die Straßen offen sind, aber einzelne Gebäude können innen nur während der angegebenen Öffnungszeiten besichtigt werden.

Smokejumper Visitor Center MUSEUM

(☎406-329-4934; www.fs.fed.us/fire/people/smokejumpers/missoula; 5765 West Broadway; ⏲Juni–Aug. 8.30–17 Uhr) GRATIS Das Visitor Center dieser Feuerwehr-Fallschirmspringerbasis würdigt die heroischen Männer und Frauen, die über dem Wald abspringen, um Waldbrände zu bekämpfen, mit einer nachdenklich stimmenden Ausstellung zu dieser immer gefährlicher werdenden Aufgabe. Die eigentliche Attraktion ist die Besichtigung der Einrichtung, in der die Feuerwehrleute leben, trainieren und ihre eigenen Fallschirme nähen.

Aktivitäten

A Carousel for Missoula SPIELPLATZ

(☎406-549-8382; www.carouselformissoula.com; 101 Carousel Drive, Caras Park; Erw./Kind

ABSTECHER

CUSTERS LETZTES GEFECHT

In der Crow Indian Reservation, der Heimat der Apsáalooke Nation, liegt das **Little Bighorn Battlefield National Monument** (☎406-638-3224; www.nps.gov/libi; 756 Battlefield Tour Road, Hwy 212 abseits der I-90; 20 US$/Fahrzeug; ⌚8–20 Uhr), eines der berühmtesten Schlachtfelder der amerikanischen Ureinwohner in den USA. Hier erlebte General George Custer sein berühmtes „letztes Gefecht". Custer und seine 272 Soldaten hatten sich einmal zu viel mit den Indianern (unter Führung des Oglala-Kriegshäuptlings Crazy Horse) angelegt. Sie umzingelten das Bataillon und machten es bis zum letzten Mann nieder – ein oft dargestelltes Massaker.

Das Visitor Center informiert über das Geschehen. Im Sommer veranstalten Ranger sehr unterhaltsame Vorträge (ca. 2 Std., kostenlos). Der Eingang befindet sich 1 Meile (1,6 km) östlich der I-90 am Hwy 212, 62 Meilen (ca. 100 km) von Billings.

2,25/0,75 US$; ⌚Sept.–Mai 11–17.30, Juni–Aug. bis 19 Uhr; 👪) Die Pferde dieses klassischen Karussells im Caras Park wurden von Künstlern handgearbeitet und bemalt und haben so eine je eigene Geschichte zu erzählen. Die große Geschichte ist aber, wie eine Gemeinde zusammenarbeitete, um den Traum eines Mannes zu verwirklichen, ein skurriles Stück der Downtown zu restaurieren.

Mount Sentinel WANDERN

(Campus Dr) Ein steiler Serpentinenweg führt hinter dem Football-Stadion der University of Montana hinauf zu einem weißgetünchten, kilometerweit sichtbaren „M" aus Beton auf dem Gipfel des 1572 m hohen Mt. Sentinel. Es lohnt sich, an einem warmen Sommerabend hinaufzuklettern und den herrlichen Blick auf die von vielen geliebte Stadt und ihre spektakuläre Umgebung zu werfen.

Der Startpunkt befindet sich im Phyllis Washington Park am Ostrand des Campus.

Schlafen & Essen

★ **Shady Spruce Hostel** HOSTEL $

(☎406-285-1197; www.shadysprucehostel.com; 204 E Spruce St; B 35–40 US$, EZ/Suite 55/85 US$; ❄📶) Die Renaissance des Hostels in den USA freut uns sehr, und dieser saubere, helle und geräumige Neuzuwachs passt prima in den Trend. Das umgebaute Wohnhaus ist nur einen Block vom Zentrum entfernt, und Fahrräder werden ausgeliehen.

Goldsmith's Bed & Breakfast B&B $$

(☎406-728-1585; www.missoulabedandbreakfast.com; 809 E Front St; Zi. 144–204 US$; ❄📶🐾) Bevor dieses einladende Gebäude in zwei riesigen Stücken ans Flussufer versetzt und zu einem einladenden B&B wurde, befand sich hier eine Studentenverbindung und zuvor diente es als Sitz des Präsidenten der University of Montana. Die modern-viktorianischen Zimmer sind alle komfortabel, aber besonders gut gefällt uns die Greenough Suite mit Schreibtisch und einer privaten Terrasse mit Blick auf den Fluss.

The Catalyst CAFÉ $

(☎406-542-1337; www.thecatalystcafe.com; 111 N Higgins Ave; Hauptgerichte 8–13 US$; ⌚8–15 Uhr) Das bei Einheimsichen sehr beliebte Frühstückscafé serviert große Portionen *chilaquiles*, die man mit der hausgemachten scharfen Chipotle-Kaffee-Sauce übergießen kann. Nicht entgehen lassen sollte man sich die Buchweizen-Waffeln. In der Regel wird man warten müssen, ehe man in dem kleinen Raum einen Platz bekommt, aber der Service ist effizient, und alle gehen zufrieden.

Market on Front DELI

(☎406-541-0246; www.marketonfront.co; 201 E Front St; ⌚8–20, So bis 19 Uhr) 🍃 Man bestellt ein frisch zubereitetes Sandwich oder eine große Frühstücksschale oder man wählt einen der Leckerbissen zum Mitnehmen in der Kühltheke. Die gesunden Snacks, regionalen Tees, Bio-Schokoladen und Biere aus der Region im Sixpack sind genau das Richtige für ein Picknick. Man kann aber auch drinnen essen: Dank der vielen Fenster ist der Unterschied nicht groß.

Ausgehen & Nachtleben

Für eine Kleinstadt hat Missoula eine überraschend muntere Musikszene.

Top Hat Lounge LOUNGE

(www.tophatlounge.com; 134 W Front St; ⌚Mo–Mi 11.30–22, Do–Sa bis 2 Uhr) Hier legt Missoula richtig los: Die schummrige Stätte bietet an den meisten Abenden Livemusik in einem Raum, der groß genug ist zum Tanzen, aber klein genug, dass man den Eindruck gewinnt, die Band spiele nur für einen selbst.

Wenn der Hauptact für den „Hat" zu groß ist, wird der Auftritt ins historische **Wilma**

Theater verlegt, eine andere Logjam-Musikstätte (www.logjampresents.com).

The Old Post BAR
(☎406-721-7399; www.facebook.com/oldpostpub; 103 W Spruce St; Hauptgerichte 8–12 US$; ⌚Mo–Do 11–1, Fr bis 2, Sa & So ab 9 Uhr) Tolles Fassbier, freundliche Bedienung, ordentliche Kneipenkost und ein Elch mit Smbrero – der allen offenstehende Forgotten Warriors Post der American Legion ist durchaus liebenswert. Es handelt sich um eine gemütliche, unprätentiöse Bar, die mit ihren abgewetzten Sitznischen und der gemütlichen kleinen Terrasse hinten den Eindruck einer genutzten Wohnung macht.

ℹ Praktische Informationen

Visitor Center (☎406-532-3250; destinationmissoula.org; 101 E Main St; ⌚Mo–Fr 8–17 Uhr) Missoula unterhält eine nützliche Website und eine Infostelle in der Innenstadt.

ℹ An- & Weiterreise

Missoulas **Flughafen** (MSO; ☎406-728-4381; www.flymissoula.com; 5225 Hwy 10 W) ist zwar klein, hat aber regelmäßige und in der Regel erschwingliche Verbindungen zu den meisten größeren Zentren, darunter nach Salt Lake City, Denver, Phoenix, L. A., Seattle und Minneapolis. Die regelmäßigen Busse von **Greyhound** (☎406-549-2339; www.greyhound.com; 1660 W Broadway; ⌚7.15–12 & 18–23 Uhr) bringen einen zu den meisten Zielen in der Region.

Flathead Lake

Der größte natürliche Süßwassersee westlich des Mississippi ist nur eine Autostunde vom Glacier National Park entfernt und ergänzt somit die herrliche Vielfalt der Naturlandschaften im westlichen Montana. Die kleine, idyllische und kunstsinnige Gemeinde **Bigfork** liegt am Nordende des Sees, während **Polson** am Südende eine eher durchschnittliche US-amerikanische Kleinstadt ist.

Man kann an beiden Seiten des Sees entlangfahren, wo man jeweils Campingplätze, Lodges, Strände und Wanderwege antrifft. Für welche Seite man sich entscheidet, hängt eigentlich nur davon ab, ob man die Sonne über dem ruhigen Gewässer auf- oder untergehen sehen will.

Wer sich etwas abseits der Massen halten will, bricht zum etwas abgeschiedeneren Swan Lake gleich östlich auf. Das nördlich des Sees gelegene Wandergebiet Jewel Basin lockt Backpacker aus dem ganzen Land an.

Miracle of America Museum MUSEUM
(☎406-883-6804; www.miracleofamericamuseum.org; 36094 Memory Lane, Polson; Erw./Kind 6/3 US$; ⌚Mo–Sa 8–20 Uhr, Sept.–Mai verkürzte Öffnungszeiten) Als Gil Mangels als Soldat im Ausland war, wurde ihm bewusst, wie viel Erfindungsgeist und Kreativität der US-amerikanischen Freiheit zu verdanken ist – und seither sammelt er wie besessen Zeugnisse dafür. Das 2 ha große, zugleich verwirrende und faszinierende Gelände ist übersät mit Hinterlassenschaften der US-Geschichte: alte Motorräder, Fahrräder, Schneekanonen, dampfbetriebene Traktoren, antike Steppdecken, Münzen, gusseiserne Bratpfannen und zahllose andere, teils skurrile Artefakte wahllos gestapelt und sortiert.

Kwataqnuk Resort HOTEL $$
(☎406-883-3636; www.kwataqnuk.com; 49708 Hwy 93, Polson; Zi. ab 170 US$; ❄📶🏊🐾) Das am See gelegene Kwataqnuk Resort gehört den Confederated Salish and Kootenai Tribes of the Flathead Nation (CSKT) und verfügt über eine Bootsanlegestelle, eine Terrasse am See mit Liegestühlen, einen Hallenpool und eine Kasino-Lounge. Die geräumigen Zimmer wurden 2016 renoviert, leider aber zieht der Tabakrauch aus dem Casino im Erdgeschoss immer noch durchs Haus.

★ **Echo Lake Cafe** CAFÉ $
(☎406-837-4252; www.echolakecafe.com; 1195 Hwy 83, Bigfork; Hauptgerichte 9–12 US$; ⌚6.30–14.30 Uhr; 📶) Das im ganzen Tal beliebte Lokal liegt etwas abseits, serviert aber eine große Auswahl günstiger Frühstücks- und Mittagsgerichte. Die Echo Lake Crêpes sind eine herzhafte Variation der allgegenwärtigen Eggs Benedict.

Die **Swan Rangers** (www.swanrange.org) treffen sich hier am Samstagmorgen vor dem Aufbruch zu Arbeiten an den Trails. Hier kann man sich von ihnen Insider-Infos zum Wandern in dem Gebiet holen.

ℹ Praktische Informationen

Der **Swan Lake Ranger District** (☎406-837-7500; www.fs.usda.gov/flathead; 200 Ranger Station Rd, Bigfork; ⌚Mo–Fr 8–16.30 Uhr) verwaltet den Forst rund um den Flathead Lake und den östlich gelegenen Swan Lake, darunter auch das traumhafte Wandergebiet des Jewel Basin.

Whitefish

Das winzige Whitefish scheint dabei zu sein, sich von einem entspannten, Outdoor-orientierten Bergstädtchen zu einer pelzgefütterten Spielwiese der Schickeria zu werden. Ganz so weit ist es glücklicherweise noch nicht, aber die charismatische, koffeingetränkte New-West-Stadt wirkt schon recht vornehm. Es gibt nette Restaurants, einen historischen Bahnhof, ein unterschätztes Skiresort und ausgezeichnete Möglichkeiten zum Radfahren und Wandern auf einem stetig wachsenden Wegenetz. Whitefish lohnt einen Besuch – am besten, solange der Aufenthalt noch erschwinglich ist.

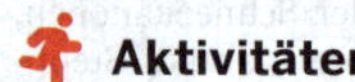

Aktivitäten

Whitefish Legacy Partners WANDERN, MOUNTAINBIKEN
(www.whitefishlegacy.org) Whitefish ist von einem wachsenden Wegenetz umgeben, das ideal zum Wandern und Mountainbiken ist. Die treibende Kraft hinter dem Ausbau ist Whitefish Legacy Partners, die mit Events wie geführten Wanderungen mit dem Schwerpunkt auf Wildblumen, Bären und giftige Pflanzen für das Projekt werben.

Whitefish Mountain Resort SKIFAHREN
(☎406-862-2900; www.skiwhitefish.com; Big Mountain Rd; Ski-/Fahrrad-Lift 76/38 US$) Das Whitefish Mountain Resort am Big Mountain ist ein entspanntes Skigebiet alter Schule mit einem 1214 ha großen, abwechslungsreichen Terrain und 762 cm Schnee pro Jahr. Die Aussicht ist unvergleichlich (bei klarem Himmel).

Schlafen

★ **Whitefish Bike Retreat** HOSTEL $
(☎406-260-0274; www.whitefishbikeretreat.com; 855 Beaver Lake Rd; B/Zi. 45/95 US$; ❄📶) Die bewaldete Anlage, die alles feiert, was mit dem Fahrrad zu tun hat, ist ein Muss für Zweirad-Enthusiasten. Das geräumige Haus mit poliertem Holz bietet Schlafsäle, Privatzimmer und einen Gemeinschafts-Wohnbereich, wo man gut abhängen kann, wenn man nicht gerade die Wege auf dem Gelände oder den in der Nähe vorbeiführenden, ausgezeichneten **Whitefish Trail** erkundet.

The Lodge at Whitefish Lake RESORT $$$
(☎406-863-4000; www.lodgeatwhitefishlake.com; 1380 Wisconsin Ave; Zi. ab 300 US$; ❄📶🏊) Die ständig zu den besten Luxushotels in Montana gezählte Lodge strahlt fast schon übertriebene Raffinesse und Eleganz aus. In der weitläufigen Anlage gibt's eine ganze Palette an Unterkünften, von Standardzimmern bis zu komplett ausgestatteten Ferienwohnungen. Das am See gelegene **Restaurant** und die Tikibar am Pool sind prima Orte, um den Sonnenuntergang zu genießen.

Essen & Ausgehen

Whitefish hat ein munteres Nachtleben mit einer Handvoll von Bars und Brauereien, obwohl letztere wegen der sehr bürokratischen Schanklizenzen in Montana früh schließen.

★ **Loula's** CAFÉ $
(☎406-862-5614; www.whitefishrestaurant.com; 300 Second St E, EG; Hauptgerichte 9–11 US$; ⏲Mo–So 7–14 & Do–So 17–21.30 Uhr; 📶) Das gut besuchte Café im Erdgeschoss des hundert Jahre alten Freimaurertempels prunkt mit regionaler Kunst an den Wänden und kulinarischen Künstlern in der Küche. Die empfehlenswerten Armen Ritter mit Zitronencreme und Himbeersauce sind ein leckeres Frühstück, vor allem wenn man sie mit den getrüffelten Eggs Benedict kombiniert.

Buffalo Café CAFÉ $$
(☎406-862-2833; www.buffalocafewhitefish.com; 514 3rd St E; Hauptgerichte 12–20 US$; ⏲Mo–Sa 7–14 & 17–21, So ab 8 Uhr) Das gut von Einheimischen aus der Nachbarschaft besuchte Buffalo ist das, was entsteht, wenn ein durchschnittliches, zu einer Kette gehörendes Diner jemanden anstellt, der wirklich kochen kann. Zum Frühstück kann man den originalen Buffalo Pie bestellen: einen Berg aus Rührei mit verschiedenen Zutaten (Käse, Gemüse, Schinken) auf einer Rösti-Unterlage. Man wird hier sicher nicht hungrig bleiben.

★ **Spotted Bear Spirits** DESTILLERIE
(☎406-730-2436; www.spottedbearspirits.com; 503 Railway St, Suite A; ⏲12–20 Uhr; 📶) Die preisgekrönten Spirituosen (Wodka, Gin & Agavenschnaps) werden mit geheimen Kräuter- und Gewürzmischungen zu einmaligen, preisgekrönten Cocktails kombiniert, die es nirgendwo sonst gibt. Man schnappt sich seinen Drink und gönnt sich oben auf dem Sofa eine Pause.

Montana Coffee Traders KAFFEE
(☎406-862-7667; www.coffeetraders.com; 110 Central Ave; ⏲Mo–Sa 7–18, So 8–16 Uhr; 📶) Whitefishs Kleinrösterei betreibt dieses stets gut besuchte Café mit Geschenkeladen im alten Skyles-Gebäude im Stadtzentrum. Die Fair-Trade-Bio-Bohnen werden in einem alten Farmhaus am Hwy 93 geröstet, das man besichtigen kann (Fr 10 Uhr mit Reservierung).

Praktische Informationen

Whitefish Visitor Center (www.whitefishvisit.com; 307 Spokane Ave; ⌚Mo–Fr 9–17 Uhr)

An- & Weiterreise

Vom 11 Meilen (17,7 km) entfernten **Glacier Park International Airport** (S. 897) gibt's täglich Flüge nach Denver, Salt Lake City und Seattle, am besten erreicht man Whitefish aber mit der Empire Builder Line der **Amtrak** (☎406-862-2268; 500 Depot St; ⌚6–13.30, 16.30–24 Uhr), die über West Glacier (7,50 US$, 30 Min.) und East Glacier (16 US$, 2 Std.) auch Anschluss zum Glacier National Park bietet.

Glacier National Park

Wenige Gebiete auf Erden sind so grandios und ursprünglich wie der **Glacier National Park** (www.nps.gov/glac), der 1910 beim ersten Aufblühen der US-amerikanischen Naturschutzbewegung unter Schutz gestellt wurde und mit dem Yellowstone, dem Yosemite und dem Grand Canyon zu den erstaunlichsten Nationalparks des Landes mit den eindrucksvollsten Naturwundern zählt.

Die von Gletschern abgeschliffenen Überreste einer uralten Überschiebung ergeben eine herrliche Landschaft aus hohen, schneebedeckten Gipfeln mit mächtigen Wasserfällen und klaren, türkisfarbenen Seen. Die Berge sind von dichten Wäldern mit einem praktisch intakten präkolumbischen Ökosystem umgeben. Hier streifen noch immer viele Grizzlybären umher, und der Parkverwaltung gelingt es, das Gelände zugänglich und zugleich authentisch wild zu halten.

Der Park ist berühmt für seine historischen „Parkitecture"-Lodges, die spektakuläre Going-to-the-Sun Rd und Wanderwege in einer Gesamtlänge von 1190 km. Diese Infrastruktur sorgt dafür, dass Besucher leicht viele der wilden, hinreißenden, ca. 3856 km² umfassenden Landschaften in den Hochlagen des nordamerikanischen Kontinents erreichen können.

Sehenswertes & Aktivitäten

Die Visitor Centers und Rangerstationen im Glacier National Park verkaufen Führer und stellen Wanderkarten zur Verfügung. Die Visitor Centers in Apgar und St Mary sind von Mai bis Oktober täglich geöffnet, das Logan Pass Visitor Center dann, wenn die Going-to-the-Sun Rd nicht gesperrt ist. Die Rangerstationen Many Glacier, Two Medicine und Polebridge schließen Ende September.

Der Parkeintritt (15/30 US$ pro Wanderer/Fahrzeug) gilt für sieben Tage.

Für eine Tageswanderung auf den Wegen des Parks braucht man keine Genehmigung, wohl aber für Backpackertouren mit Übernachtung (nur Mai–Okt.). Die eine Hälfte des Genehmigungskontingents wird ohne Reservierung nach dem Prinzip „Wer zuerst kommt, mahlt zuerst" vom **Apgar Backcountry Office** (☎406-888-7800; www.nps.gov/glac/planyourvisit/backcountry-reservations.htm; Apgar Village; ⌚Mai–Ende Okt. 7–17 Uhr), dem **St. Mary Visitor Center** (östliches Ende der Going-to-the-Sun Road; ⌚Mitte Juni–Mitte Aug. 8–18 Uhr, Anfang Juni & Sept. 8–17 Uhr) und von den Rangerstationen im Park ausgegeben. Die andere Hälfte ist Reservierungen vorbehalten, die vorab online getätigt werden.

Logan Pass Visitor Center VISITOR CENTER
(☎406-888-7800; Going-to-the-Sun Rd; ⌚Juni–Aug. 9–19 Uhr, Sept. 9.30–16 Uhr) In dem Gebäude, das zweifellos die prächtigste Lage unter allen Visitor Centers im Park hat, gibt's Infos zum Park, interaktive Ausstellungen und einen guten Geschenke-Shop. Der Weg zum **Hidden Lakes Overlook** und der Highline Trail beginnen hier.

Hier erfährt man auch die Termine der von Rangern angebotenen Vorträge und geführten Wanderungen in der Gegend.

Bird Woman Falls WASSERFALL
(Going-to-the-Sun Rd) Von der künstlich geschaffenen Weeping Wall hat man einen Blick über das Tal auf dieses Naturwunder in der Ferne: die spektakulärenBird Woman Falls, die von einem der vielen Hochtäler des Nationalparks 152 m in die Tiefe rauschen.

Sunrift Gorge CANYON
(Going-to-the-Sun Rd) Gleich abseits der Going-to-the-Sun Rd liegt an einer Shuttle-Haltestelle diese schmale Schlucht, die im Verlauf von Jahrtausenden von dem reißenden Gletscherschmelzwasser des Baring Creek gegraben wurde. Sehenswert ist die pittoreske **Baring Bridge**, ein Beispiel der rustikalen Architektur der Going-to-the-Sun Rd; ein kurzer, von Bäumen eingefasster Weg führt hinunter zu den dunstigen **Baring Falls**.

Jackson Glacier Overlook AUSSICHTSPUNKT
Der beliebte Aussichtspunkt in kurzer Gehweite vom Startpunkt des Gunsight Pass Trail bietet einen Feldstecherblick auf den fünfthöchsten Gletscher des Parks nahe dem Gipfel des 3064 m hohen Mt. Jackson, einem der höchsten Berge im Park.

KOSTENLOSER PARK-SHUTTLE

Mit weniger Stress mehr sehen kann man, wenn man das Auto stehen lässt und den kostenlosen **Shuttleservice** (www.nps.gov/glac/planyourvisit/shuttles.htm; Juli & Aug. 9–19 Uhr) GRATIS des Parks nutzt. Die Busse, bei denen man beliebig aus- und wieder zusteigen kann, klappern alle wichtigen Punkte an der Going-to-the-Sun Rd zwischen dem Apgar und dem St. Mary Visitor Center ab. Sie fahren je nach Verkehrslage alle 15 bis 30 Minuten, die letzten Fahrten vom Logan Pass hinunter starten um 19 Uhr.

Den Shuttle zu nutzen, reduziert Abgasemissionen, gibt einem vor allem aber auch die Gelegenheit, die Landschaft zu bewundern, statt auf den Straßenverkehr achten zu müssen, und auf den Trails zu wandern, statt sich an den Startpunkten mit der Suche nach einem Parkplatz zu quälen.

Going-to-the-Sun Road SCENIC DRIVE
(www.nps.gov/glac/planyourvisit/goingtothesunroad.htm; Mitte Juni–Ende Sept.) Die 80,5 km lange Straße gehört zu den spektakulärsten in den USA. Sie wurde eigens errichtet, damit Besucher das Innere des Parks besuchen können, ohne wandern zu müssen. Dieses Wunder des Bauingenieurswesens ist ein National Historic Landmark. Die Straße führt über den Logan Pass (2026 m) und wird von Wanderwegen, Wasserfällen und Aussichtspunkten gesäumt.

★ **Highline Trail** WANDERN
(Logan Pass) Der Highline Trail führt quer über die berühmte Garden Wall zum **Granite Park Chalet** (406-387-5555; www.graniteparkchalet.com; 107 US$/1. Pers., 85 US$/weitere Pers.; Juli–Mitte Sept.), einer von zwei historischen Lodges, die nur für Wanderer erreichbar sind. Im Sommer sind die Hänge mit alpinen Pflanzen und Wildblumen bedeckt, und die Aussicht ist fabelhaft. Da der Weg auf 12,2 km lediglich 244 m ansteigt, gerät man beim Wandern auch nicht außer Atem.

Vom Granite Park Chalet aus hat man vier Optionen: Man kann zum Logan Pass zurücklaufen, auf der kontinentalen Wasserscheide zum Goat Haunt (35,4 km) vordringen, sich zum Swiftcurrent Pass und dem Many Glacier Valley (11,3 km) aufmachen oder zum Loop (6,4 km) hinuntersteigen, von wo man einen Shuttlebus zu allen Punkten der Going-to-the-Sun Rd nehmen kann.

Avalanche Lake Trail WANDERN
(nördlich des Lake McDonald) Diese leichte Einführung in das Wandern im Glacier National Park lohnt mit unberührten Bergseen, Wasserfällen und Kaskaden. Der 3,7 km lange Weg ist vergleichsweise einfach und gut mit einem Shuttle erreichbar – und daher in der Spitzensaison unweigerlich überlaufen: Alle, von Familien in Badelatschen bis zu Senioren mit Gehhilfen machen sich daran, die Baumgrenze zu überwinden.

Glacier Park Boat Co BOOTSTOUR
(406-257-2426; www.glacierparkboats.com) Sechs historische Boote, von denen einige aus den 1920er-Jahren stammen, fahren auf fünf der schönen Bergseen im Nationalpark. Teilweise wird die Bootsfahrt mit einer kurzen, von kompetenten und witzigen Guides geleiteten Wanderung kombiniert. Abenteuerlustige können bei dem Unternehmen am Lake Mary, am Swiftcurrent Lake und am Two Medicine Lake auch Ruderboote, Kajaks und Tretboote (18,30 US$/Std.) mieten.

Schlafen

Es gibt dreizehn **NPS-Campingplätze** (518-885-3639; www.recreation.gov; Stellplatz Zelt & Wohnmobil 10–23 US$) und sieben historische Lodges im Glacier National Park, die zwischen Mitte Mai und Ende September geöffnet sind. Für die Lodges muss man immer reservieren.

Nur die Campingplätze Fish Creek und St. Mary sowie einige wenige Stellplätze des Many Glacier Campground können (bis zu 5 Monate) im Voraus reserviert werden. Die nicht reservierbaren Campingplätze sind besonders im Juli und August in der Regel bis zum mittleren Vormittag belegt.

Etwa die Hälfte der Stellplätze auf den 65 Backcountry-Campingplätzen (mit je 2–7 Stellplätzen) können reserviert werden, die übrigen Plätze werden am Tag vor dem Beginn der Wanderung nach dem Prinzip „Wer zuerst kommt, mahlt zuerst“ vergeben.

★ **Izaak Walton Inn** HISTORISCHES HOTEL $$
(406-888-5700; www.izaakwaltoninn.com; 290 Izaak Walton Inn Rd, Essex; Zi. 109–179 US$, Hütten & Begleitwagen 199–249 US$;) Das historische Gasthaus im Tudor-Stil liegt ganz nah an der Südgrenze des Glacier National Park und wurde 1939 erbaut, um örtliches Bahnpersonal zu beherbergen. Es ist auch

heute noch ein Bedarfshaltepunkt (Aussteigewunsch anmelden!) an der *Empire Builder* Route der Amtrak – eine romantische Form der Anreise. Man kann hier auch in Zug-Begleitwagen mit Einbauküchen übernachten – oder in einer historischen GN441-Lokomotive, die zur Luxussuite für vier Personen umgebaut wurde (329 US$).

Many Glacier Hotel HISTORISCHES HOTEL **$$**
(☎303-265-7010; www.glaciernationalparklodges.com; 1 Many Glacier Rd; Zi. 207–322 US$, Suite 476 US$; ⌚Mitte Juni–Mitte Sept.; 📶) Die mächtige, an ein Schweizer Chalet erinnernde Lodge liegt herrlich am Nordostufer des Swiftcurrent Lake. Sie wurde 1915 von der Great Northern Railway errichtet. Obwohl die komfortablen, aber rustikalen Zimmer in den letzten 15 Jahren renoviert wurden, leiden viele immer noch unter dünnen Wänden und antiquierten Installationen.

Essen

In Sommer gibt's im Glacier National Park Lebensmittelläden mit begrenzten Camping-Vorräten in Apgar, in der Lake McDonald Lodge, in Rising Sun und im Swiftcurrent Motor Inn. Die meisten Lodges haben eigene Restaurants. Die Restaurants in West Glacier und St. Mary servieren hauptsächlich herzhafte Kost für Wanderer.

Wenn man auf einem Campingplatz oder in einem Picknickbereich kocht, muss man angemessene Schutzmaßnahmen gegen Bären treffen und darf seine Nahrungsmittel nicht unbeaufsichtigt lassen.

★ **Serrano's Mexican Restaurant** MEXIKANISCH **$**
(☎406-226-9392; www.serranosmexican.com; 29 Dawson Ave, East Glacier Park; Hauptgerichte 13–18 US$; ⌚Mai–Sept. 17–21 Uhr; 📶) Das Restaurant, das in East Glacier Park am meisten von sich reden macht, serviert ein tolles *chile relleno* und ist für seine ausgezeichneten, eiskalten Margaritas, günstigen Burritos, Enchiladas und Quesadillas bekannt. Es residiert in der 1909 erbauten Dawson-Blockhütte. Auf Warten einstellen!

★ **Belton Chalet Grill & Taproom** INTERNATIONAL **$$$**
(☎406-888-5000; www.beltonchalet.com; 12575 US 2, West Yellowstone; Hauptgerichte 24–35 US$; ⌚17–21 Uhr, Schankstube ab 15 Uhr) 🍃 Das historische Chalet in West Glacier weiß, wie man ein Diner mit Wein ausrichtet. Das feine, mit Tischdecken und Weingläsern eingedeckte Restaurant hat eine kleine Karte, auf der z. B. in geräucherten Schinken eingewickelter Montana-Bison-Hackbraten steht.

ℹ Praktische Informationen

Glacier National Park Headquarters (☎406-888-7800; www.nps.gov/glac; West Glacier; ⌚Mo–Fr 8–16.30 Uhr)

ℹ Anreise & Unterwegs vor Ort

Der **Glacier Park International Airport** (FCA; ☎406-257-5994; www.iflyglacier.com; 4170 Highway 2 East, Kalispell) in Kalispell bietet ganzjährig Flüge nach Salt Lake City, Minneapolis, Denver, Seattle und Las Vegas sowie saisonale Flüge nach Atlanta, Oakland, L. A., Chicago und Portland, Oregon.

Der **Glacier Park Express** (☎406-253-9192; www.bigmtncommercial.org; Whitefish Library; Erw./Kind hin & zurück 10/5 US$; ⌚Juli–Anfang Sept.) ist eine Shuttleverbindung von Whitefish nach West Glacier.

Der *Empire Builder* von Amtrak hält täglich (ganzjährig) in **West Glacier** (www.amtrak.com) sowie in **East Glacier Park** (www.amtrak.com; ⌚April–Okt.). Xanterra bietet einen Shuttle (15 US$, 10–20 Min.) von West Glacier zu ihren Unterkünften am westlichen Ende; Shuttles von Glacier Park, Inc. (ab 15 US$, 1 Std.) verbinden East Glacier Park mit St. Mary.

In den Sommermonaten betreibt der Glacier National Park einen kostenlosen **Shuttlebus** (S. 896) von Apgar über die Going-to-the-Sun Rd nach St. Mary, bei dem man beliebig aus- und wieder einsteigen kann und der an allen wichtigen Startpunkten von Wegen hält. Xanterra hat die Konzession für die klassischen geführten **Red Bus Tours** (☎303-265-7010; www.glaciernationalparklodges.com/red-bus-tours; Erw. 34–100 US$, Kind 17–50 US$).

Wer mit dem eigenen Auto unterwegs ist, muss sich auf schmale, kurvenreiche Straßen, Staus und ein begrenztes Angebot von Parkplätzen an den meisten Haltepunkten längs der Going-to-the-Sun Rd einstellen.

IDAHO

Zwischen Montana und Oregon verbirgt sich ein ziemlich großer Landstreifen, in dem sich einige der größten und zerklüftetsten Berge in den „Lower 48" befinden. Dieses Land heißt Idaho und entstand, als die Bundesregierung die nördlichen Territorien in Bundesstaaten aufteilte, aus dem Rest, den niemand haben wollte: den hinderlichen 114 Bergketten, die sich nicht für die Landwirtschaft eignen.

Dieser Startnachteil des Bundesstaats erweist sich in der modernen Tourismuswirtschaft als eine goldene Chance. Mehr als 60 % des Bundesstaats sind öffentliches Land; mit 15783 km² an Wildnisgebieten liegt Idaho in dieser Kategorie unter den Bundesstaaten auf dem 3. Platz – und Bergsteiger nehmen immer mehr davon Notiz. Der Outdoor-Tourismus bringt Idaho heute sechsmal so viel Geld ein wie seine berühmten Kartoffeln.

Boise

Erfrischend modern, urban und trendig sind keine Beschreibungen, die man mit den Städten Idahos verbindet, aber die Hauptstadt des Bundesstaats, die auch dessen größte Stadt ist, fügt sich nicht ins sonst passende Klischee. Boises muntere Downtown – mit Fußgängerstraßen, Bistros Pariser Art und eleganten Weinbars – würde gut an die Ostküste passen. Das Wegenetz, das von der Stadt in die bewaldeten Hügel ausgeht, kann es mit einigen der besten Wanderzielen in Colorado aufnehmen. Man kann sich durch den Greenbelt genauso gut im Floß treiben lassen wie in den beliebten Flüssen von Austin, Texas. Bei einer dampfenden Pfanne Paella im Basque Block fühlt man sich nach Bilbao versetzt. Angesichts von so vielen Möglichkeiten wird Boise zweifellos einen bleibenden Eindruck hinterlassen.

KURZINFOS IDAHO

Spitzname Gem State

Bevölkerung 1,6 Mio. Ew.

Fläche 216 445 km²

Hauptstadt Boise (223 154 Ew.)

Weitere Städte Idaho Falls (60 211 Ew.)

Verkaufssteuer 6 %

Geburtsort der Führerin der Lewis und Clark, Sacagawea (1788–1812); der Politikerin Sarah Palin (geb. 1964); des Dichters Ezra Pound (1885–1972)

Heimat von Sterngranaten (Edelsteinen), Sun Valley (Skiort)

Politische Ausrichtung verlässlich republikanisch mit kleinen demokratischen Enklaven (z. B. Sun Valley)

Berühmt für Kartoffeln, Wildnis, den ersten Sessellift der Welt

Nordamerikas tiefste Flussschlucht Idahos Hells Canyon (2,4 km)

Entfernungen Boise–Idaho Falls 280 Meilen (450 km), Lewiston–Coeur d'Alene 116 Meilen (187 km)

Sehenswertes & Aktivitäten

★ Basque Block GEBIET

(www.thebasqueblock.com; Grove St zw. 6th & Capital) In Boise leben, je nachdem, wen man fragt, bis zu 15 000 Menschen baskischer Abstammung – die größte baskische Bevölkerung außerhalb Spaniens. Die Auswanderer kamen im zweiten Jahrzehnt des 20. Jhs. ins Land, um als Schafhirten zu arbeiten, denn damals lebten hier noch siebenmal so viele Schafe wie Menschen. Nur wenige Nachkommen dieser Basken arbeiten heute noch als Hirten, aber viele Großfamilien sind geblieben, und ihre einzigartige Kultur lebt immer noch weiter, wie man besonders deutlich an der Grove St zwischen der 6th St und dem Capitol Blvd erleben kann.

Boise River Greenbelt PARK, MUSEUM

(http://parks.cityofboise.org) Das schimmernde Grün des Treasure Valley verdankt sich dem ehrgeizigen Plan aus den 1960er-Jahren, die Erschließung der Auen des Boise River zu unterbinden und damit eine offene Fläche in der rapide wachsenden Stadt zu erhalten. Die immer mehr werdenden Parks und Museen an dem von Bäumen gesäumten Fluss sind von Mehrzweckwegen (über 48 km) verbunden, an denen sich im Sommer unglaublich viele Floßfahrer tummeln. Ein Wildwasserpark mit hydraulisch gesteuertem Wellengang, der gerade für 12 Mio. US$ gebaut wird, verspricht der größte seiner Art zu werden.

World Center for Birds of Prey VOGELSCHUTZGEBIET

(Peregrine Fund; ☎ 208-362-8687; www.peregrinefund.org/visit; 5668 W Flying Hawk Lane; Erw./Kind 7/5 US$; ⊙ März–Okt. Di–So 10–17 Uhr, Nov.–Feb. bis 16 Uhr) Die weltweiten Raubvogelschutzprogramme des Peregrine Fund haben zur Erholung der Bestände vieler Arten geführt, die kurz vor dem Aussterben standen. Zu ihnen gehört auch der berühmte Kalifornische Kondor, der hier erfolgreich in Gefangenschaft brütet, sodass die Jungvögel in Kalifornien und im Grand Canyon freigesetzt werden können. Ein Kondor-Paar lebt in diesem Zentrum zusammen mit anderen eindrucksvollen Vögeln, darunter der nördliche Aplomadofalke, bei dessen Brutpaaren Männchen und Weibchen gemeinsam auf die Jagd nach Wachtelammern gehen. Die Freiluft-„Fall Flights" muss man gesehen haben (Okt., Fr–So 15 Uhr).

Boise Art Museum MUSEUM
(☎208-345-8330; www.boiseartmuseum.org; 670 Julia Davis Dr; Erw./Kind 6/3 US$; ⊙Di–Sa 10–17, So 12–17 Uhr) Das kleine, aber faszinierende Museum im 36 ha großen Julia Davis Park zeigt vor allem zeitgenössische Kunst in allen Medien, darunter auch ein paar Warhols, sowie Wanderausstellungen mit Werken großer Künstler. Am ersten Donnerstag jedes Monats hat man Einlass gegen eine Spende, und das Museum bleibt bis 20 Uhr offen.

Idaho State Historical Museum MUSEUM
(☎208-334-2120; https://history.idaho.gov/idaho-state-historical-museum; 610 N Julia Davis Dr, Ausweichstandort: 214 Broadway; ⊙während der Renovierung: Mo–Fr 11–16 Uhr) Während der Renovierung des Hauptgebäudes sind einige Exponate, darunter das bekannte ausgestopfte zweiköpfige Kalb, im Ausweichquartier 214 Broadway zu sehen. Die Wiedereröffnung soll im Spätsommer 2018 stattfinden.

Ridge to Rivers Trail System WANDERN
(☎208-493-2531; www.ridgetorivers.org; nordöstlich von Boise; 🐾) Rund 306 km Wander- und Mountainbike-Wege ziehen sich durch die Gebirgsausläufer oberhalb der Stadt und führen durch Wiesen, an mit Sträuchern bewachsenen Hängen und von Bäumen gesäumten Bächen entlang bis in den Boise National Forest. Die Möglichkeiten sind schier endlos. Die besten Startpunkte sind der Cottonwood Creek Trailhead östlich des Kapitols und der **Camel's Back Park** im Norden.

Boise River Float PARK
(www.boiseriverraftandtube.com; 4049 S Eckert Rd, Barber Park; Vermietung Reifenschläuche 12 US$, aufblasbares Kajak 35 US$, Floß 45 US$; 👪) An einem sonnigen Sommertag kann man in Boise nichts Besseres tun, als sich den Fluss hinuntertreiben zu lassen. Wassergefährte – von Reifenschläuchen bis zu Flößen für sechs Personen – kann man im Barber Park (geöffnet Juni–Ende Aug. je nach Wasserstand, Parkplatz Mo–Do 5 US$, Fr–So 6 US$) mieten, wo man auf eigene Faust eine 10 km lange, 1½- bis dreistündige Fahrt stromabwärts bis zum Ann Morrison Park antreten kann.

Schlafen

Inn at 500 HOTEL $$
(☎208-227-0500; www.innat500.com; 500 S Capitol; Zi. 205–265 US$, Suite 295–315 US$; ❄📶🐾) Endlich ein Luxus-Boutiquehotel, das sich nicht mit dem Herausputzen des Foyers begnügt. Kunstwerke, einmalige Dioramen und geblasene Glaswaren – alles von örtlichen Künstlern – schmücken die Korridore und Zimmer und sorgen für eine freundliche Atmosphäre, die sich deutlich gegenüber der Übernachtung in einem guten Standardhotel auszeichnet. Das Haus liegt in Gehweite zu Downtown Boise.

★ **Boise Guest House** PENSION $$
(☎208-761-6798; www.boiseguesthouse.com; 614 North 5th St; Suite 99–189 US$; 📶🐾) Das ansprechende alte Haus, ein echtes Heim in der Fremde, verfügt über eine Handvoll bequem verteilter und geschmackvoll eingerichteter Suiten mit Einbauküche und Wohnbereich. Alle Zimmer haben Zugang zu dem großen Grill im entspannenden Hinterhof, zur Waschküche und zu den rot-weißen Cruiser-Fahrrädern.

Essen

Boises muntere Downtown beherbergt eine Restaurant-Palette von zwanglos bis förmlich. Lohnend sind die baskischen Spezialitäten. Noch lässiger ist die hippe Hyde-Park-Gegend an der 13th St, wo man sich nach dem Wandern gut einen Snack holen kann.

★ **Goldy's Breakfast Bistro** FRÜHSTÜCK $
(☎208-345-4100; www.goldysbreakfastbistro.com; 108 S Capitol Blvd; Hauptgerichte 6–20 US$; ⊙Mo–Fr 6.30–14, Sa & So 7.30–14 Uhr) Wenn man annimmt, dass ein Ei nur ein Ei ist (gleichgültig, ob als Rührei, Spiegelei oder pochiert), bietet das Goldy's 866 320 „Stell-dein-Frühstück-selbst-zusammen"-Kombinationen an. Wir verbürgen uns nicht für die Zahl, denn wir waren, als wir das ausrechneten, schon zu sehr mit Sauce hollandaise abgefüllt. Man kann sich aber auch einfach für die Frittatas, Eggs Benedict oder mächtigen Frühstücks-Burritos entscheiden.

Fork MODERN-AMERIKANISCH $$
(☎207-287-1700; www.boisefork.com; 199 N 8th St; Hauptgerichte 15–28 US$; ⊙Mo–Fr 11.30–22, Sa 9.30–23, So 9.30–21 Uhr; 🍸) 🌿 Das große Restaurant in dem alten Bankgebäude an einer Ecke in der Downtown ist immer eine gute Wahl, ganz besonders aber beim Wochenend-Brunch. Die Pazifischen Taschenkrebse mit Rührei passen hervorragend zur Hausspezialität Spargel-„Fritten". An sonnigen Sommertagen sorgt eine Fork Lemonade für Erfrischung.

Ausgehen & Nachtleben

Im Stadtzentrum von Boise, wo selbst am Sonntagabend noch etwas los ist, herrscht kein Mangel an munteren und kreativen Bars. Je weiter man sich vom Zentrum entfernt, desto langweiliger werden aber die Optionen.

★ Bodovino WEINBAR
(☎208-336-8466; www.bodovino.com; 404 S 8th St; ⏰Mo–Fr 11–23, Sa bis 1, So bis 21 Uhr; 📶) Ob man nun ein Weinkenner oder einfach nur Weintrinker ist, die Vielfalt der Weine ist eine Versuchung, zumal man allein mit Wänden voller Automaten ist, die Kostproben oder ganze Gläser von 144 verschiedenen Weinen ausspucken.

Bardenay DESTILLERIE
(☎208-426-0538; www.bardenay.com; 610 Grove St; Cocktails ab 7 US$; ⏰Mo–Fr 11 Uhr–open end, Sa & So ab 10 Uhr) Das Bardenay war der allererste „Destillerie-Pub" der USA, und ist auch weiterhin eine einmalige Bar. Das Unternehmen im Basque Block (S. 898) stellt Rum im Haus her und hat abgelagerten Whiskey, der nun verkaufsfähig ist. Das schwindelerregende Cocktail-Angebot stützt sich auf Spirituosen aus allen drei Produktionsstätten in Idaho; zu empfehlen ist der Sunday Morning Paper, eine zu Kopf steigende Kreation aus Zitronensaft und Wodka, die an eine Bloody Mary erinnert.

Praktische Informationen

Visitor Center (☎208-344-7777; www.boise.org; 250 S 5th St, Ste 300; ⏰Juni–Aug. Mo–Fr 10–17, Sa 10–14 Uhr, Sept.–Mai Mo–Fr 9–16 Uhr) Auf der Webseite von Boises Touristeninformation steht ein nützlicher Veranstaltungskalender.

Anreise & Unterwegs vor Ort

Der **Boise Municipal Airport** (BOI; ☎208-383-3110; www.iflyboise.com; 3201 Airport Way, I-84 Ausfahrt 53) ist klein, aber betriebsam und mit Direktflügen zu einer Reihe von Zielen, darunter Denver, Las Vegas, Phoenix, Portland, Salt Lake City, Seattle und Chicago, auch gut angebunden. Die Greyhound-Busse fahren vom **Busbahnhof** (www.greyhound.com; 1212 W Bannock St; ⏰6–11, 16–24 Uhr) u. a. nach Spokane, Pendleton und Portland, nach Twin Falls und Salt Lake City.

Die Fahrräder des Leihsystems **Green Bike** (☎208-345-7433; www.boise.greenbike.com; 5 US$/Std.) sind die bei weitem coolste Art, in der Downtown herumzukommen.

Ketchum & Sun Valley

Sun Valley liegt in einer der schönsten Naturlandschaften Idahos und ist ein Stück Ski-Geschichte: Der Ort ist das erste eigens angelegte Skiresort in den USA. Es wurde von der Union Pacific Railroad eingerichtet, die damit die Auslastung ihrer Züge steigern wollte. Eröffnet wurde es 1936 mit viel Tamtam, einer luxuriösen Muster-Lodge und dem ersten Sessellift der Welt.

Das Skigebiet und die Stadt Ketchum wurden schon bald durch Prominente wie Ernest Hemingway, Clark Gable oder Gary Cooper bekannt (denen Averell Harriman, der Politiker, Eisenbahnerbe und Gründer von Sun Valley, den Aufenthalt als Werbetrick finanzierte). Seither zieht es immer wieder Hollywood-Promis hierher.

Das Gebiet ist dennoch schön und erschwinglich. Es erstreckt sich mit Thermalquellen, Wanderwegen und Möglichkeiten zum Angeln, Jagen und Mountainbiken vom Galena Pass hinunter bis in die Gebirgsausläufer um Hailey.

Aktivitäten

★ Galena Lodge OUTDOOR
(☎208-726-4010; www.galenalodge.com; 15187 Hwy 75; Skilanglaufpass Erw./Kind 17/5 US$; ⏰Lodge 9–16 Uhr, Küche 11.30–15.30 Uhr) Kilometerlange Mountainbike-Trails und präparierte Langlaufloipen gehen von dieser coolen Lodge aus, die Ausrüstung vermietet und Mittagessen serviert, damit man während der sportlichen Betätigung bei Kräften bleibt. Wer seinen zuhause gelassenen Vierbeiner vermisst, kann hier einen Ersatzhund auf die Tour mitnehmen. Die Lodge befindet sich 23 Meilen (37 km) nördlich von Ketchum.

Sun Valley Resort WINTERSPORT
(☎888-490-5950; www.sunvalley.com; Ketchum; Winter Skiticket 89–139 US$) Sun Valley ist ein Inbegriff für luxuriöses Skifahren, seit hier 1936 der weltweit erste Sessellift installiert wurde. Heute kann man zwar überall bequem sitzend zu den Pisten gelangen, aber die Menschen kommen immer noch wegen des lockeren Pulverschnees und der Gelegenheit, Promis zu sichten, hierher. Die beiden Berge – der **Dollar Mountain** mit leichten Pisten und großen Geländeparks östlich und der **Bald Mountain** mit seinen schwarzen und blauen Pisten westlich der Stadt – sorgen für eine große Auswahl.

Wood River Trail System WANDERN, RADFAHREN
(www.bcrd.org/wood-river-trail-summer.php) Gute Dinge werden möglich, wenn sich die Gemeinde für Outdoor-Aktivitäten einsetzt. Das asphaltierte Wegenetz erstreckt sich über 51,5 km und verbindet auf der alten Route der Union Pacific Railroad die wichtigsten Punkte von Sun Valley mit den Ortschaften Ketchum, Hailey und Bellevue (20 Meilen/32,2 km südlich).

Schlafen

Dank dem neuen Hostel in Ketchum beschränken sich die günstigen Übernachtungsmöglichkeiten nicht länger auf das kostenlose Campen auf dem Land des Bureau of Land Management (BLM) und des Forest Service nahe der Stadt. Die Preise variieren saisonal und sind im Winter am höchsten.

Hot Water Inn HOSTEL $
(☎626-484-3021; www.facebook.com/thehoth2oinn; 100 Picabo St; B 39 US$, Zi. 109 US$, Suite 126 US$;) Ideal für Skifahrer: Engagierte Einheimische haben sich zusammengetan und ein altes Internat zu Ketchums günstigster und coolster Unterkunft für ein Wochenende umgebaut. Im großen Saal mit Bar und Bühne gibt's an vielen Abenden Jam-Sessions, und die Warm-Springs-Skilifte von Sun Valley sind nur einen Katzensprung entfernt.

Tamarack Lodge HOTEL $$
(☎208-726-3344; www.tamaracksunvalley.com; 291 Walnut Ave; Zi. ab 169–179 US$, Suite 209–249 US$;) Die Zimmer in dieser ältlichen, aber sauberen Lodge in Downtown mit Skiferien-Charme der 1970er-Jahre sind geschmackvoll, einige jedoch ein bisschen düster. Viele verfügen über einen Kamin und alle über einen Balkon. Für die Gäste gibt's einen Whirlpool und ein Hallenbad.

Sun Valley Lodge HOTEL $$$
(☎208-622-2001; www.sunvalley.com; 1 Sun Valley Rd; Inn ab 349 US$, Lodge ab 439 US$;) Schon vor der Renovierung, mit der 2015 die schicke Lodge aus den 1930er-Jahren – die erste und beste Adresse in Sun Valley – aufgemöbelt wurde, kamen die Promis in Scharen. Die Standardzimmer bieten die gleichen Annehmlichkeiten wie die teureren – darunter auch ein geräumiges Bad mit Badewanne –, sie sind lediglich kleiner.

Essen & Ausgehen

Bevor man sich die (regelmäßige) Livemusikszene im Valley anschaut, geht's zum Après-ski ins **Apple's** (☎208-726-7067; www.facebook.com/applesbarandgrill; 205 Picabo St; ⊙Sommer & Winter 11–18 Uhr). In den schickeren Bars sperrt man den „Pöbel" gern aus. Wenn man Pech hat und zu dieser Kategorie gezählt wird, bleibt einem immer noch ein Hocker an der Bar des **Casino Club** (☎208-726-9901; 220 N Main St; ⊙11–2 Uhr).

The Kneadery FRÜHSTÜCK $
(☎208-726-9462; www.kneadery.com; 260 N Leadville Ave; Hauptgerichte 8–13 US$; ⊙8–14 Uhr) Das Lokal abseits der Hauptstraße in einer alten Blockhütte mit Kamin, Kunst des amerikanischen Westens und einem von der Decke hängenden Kanu aus Birkenrinde ist eine solide Wahl für Frühstück und Mittagessen. Das Ambiente ist fast genauso toll wie die Pfannkuchen.

Powerhouse KNEIPENKOST $
(☎208-788-9184; www.powerhouseidaho.com; 411 N Main, Hailey; Hauptgerichte 9–15 US$; ⊙11.30–22 Uhr) Wir konnten uns kaum entscheiden, ob wir das Powerhouse unter „Fahrrad-Shop", „Bar" oder „Restaurant" aufführen sollten. Bei 17 Fassbieren kann man hier nach einem harten Tag auf den Trails von Sun Valley sein Fahrrad wieder aufmöbeln lassen – oder einfach nur abhängen und örtliche Mountainbiker kennen lernen. Die Tacos und Burger sind ebenfalls richtig gut.

★ **Pioneer Saloon** STEAKS $$$
(☎208-726-3139; www.pioneersaloon.com; 320 N Main St; Hauptgerichte 15–35 US$; ⊙17–22 Uhr, Bar 16 Uhr–open end) Die besten Steaks in Ketchum (manche meinen, in ganz Idaho) gibt's in dieser ehemaligen illegalen Spielhalle, die heute ganz ungeniert im Western-Stil mit Hirschköpfen, alten Gewehren (eines gehörte Ernest Hemingway) und Munitions-Reklamebrettern ausstaffiert ist. Wer keine Vorliebe für rotes Fleisch hat, hält sich an die Fischgerichte, das leckere Mango-Chutney oder das Kebab mit gegrilltem Hühnchen und Gemüse.

Praktische Informationen

Sun Valley/Ketchum Visitors Center (☎208-726-3423; www.visitsunvalley.com; 491 Sun Valley Rd; ⊙6–19 Uhr;) Besetzt nur von 9 bis 18 Uhr, davor und danach kann man sich aber Karten und Broschüren holen.

Anreise & Unterwegs vor Ort

Der **Friedman Memorial Airport** (SUN; ☎208-788-4956; www.iflysun.com; 1616 Airport Circle, Hailey, Idaho) liegt 12 Meilen (19,3 km) südlich von Ketchum in Hailey und hat täglich Verbindungen zu den meisten wichtigen Zentren der westlichen USA (L. A., San Francisco, Seattle, Salt Lake City & Denver) sowie zweimal pro Woche nach Portland, Oregon. Es kann allerdings manchmal billiger sein, nach Boise zu fliegen und dort den **Sun Valley Express** (Caldwell Transportation; ☎208-576-7381; www.sunvalleyexpress.com; Erw./Kind 85/75 US$, 3 Std.) zu nehmen.

Mountain Rides (☎208-788-7433; www.mountainrides.org) bietet kostenlosen Transport in ganz Ketchum.

Stanley

Stanley besteht aus kaum mehr als einer Ansammlung rustikaler Blockhütten am Fuß der zerklüfteten Sawtooth Range und ist das vielleicht malerischste Dorf in den USA. Im Sommer steigt die Bevölkerungszahl (63 Ew.) durch den Zustrom von Wildwasserfahrern, Anglern und Wanderern kräftig an, die sich auf den mächtigen Gipfeln und in den versteckten Tälern der Sawtooth Range tummeln.

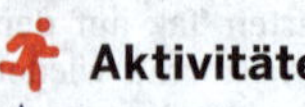

Aktivitäten

★ Sawtooth National Recreation Area — NATUR

(www.fs.usda.gov/recarea/sawtooth/recarea/?recid=5842) In der spektakulären Sawtooth National Recreation Area gibt's Flüsse für Bootsfahrer, Berge für Kletterer, Tiere für Jäger, mehr als 300 Seen für Angler und mehr als 1127 km an Trails für Wanderer und Mountainbiker. Das Erholungsgebiet umfasst 3030 km² öffentliches Land zwischen Stanley und Ketchum und bietet unvergleichliche Erkundungs- und Freizeitmöglichkeiten.

Middle Fork of the Salmon — RAFTEN

(☎877-444-6777; www.recreation.gov) Stanley ist der Ausgangspunkt für Rafting-Abenteuer auf dem legendären mittleren Arm des Salmon River, der als der „letzte Wildfluss" angepriesen wird. Auf der 161 km langen Fahrt durch die unheilverheißend klingende River of No Return Wilderness überwindet man mehr als 100 Stromschnellen und einen Höhenunterschied von 914 m. Das ist Wildwasser-Rafting vom Feinsten, und einige Veranstalter bieten Touren an.

Kirkham Creek Hot Springs — THERMALQUELLEN

(Hwy 21, Lowan; ⌚Sonnenaufgang–Sonnenuntergang) GRATIS Die natürlichen Thermalquellen am Kirkham Campground liegen rund 5 Meilen (8 km) östlich von Lowman und 53 Meilen (85,3 km) südwestlich von Stanley am Hwy 21. An den Wochenenden (Parkplatz 5 US$) kann es voll werden, aber die Kaskaden und Teiche mit dampfendem Wasser neben dem kalten Payette River sind immer entspannend.

Schlafen & Essen

Es gibt rund ein halbes Dutzend Hotels und Lodges in Stanley sowie viele Campingplätze im umliegenden National Forest. Sogar in der Sommersaison, wenn ein paar mehr Restaurants öffnen, ist das gastronomische Angebot ziemlich dürftig.

National Forest Campgrounds — CAMPING $

(☎877-444-6777; www.fs.usda.gov/activity/sawtooth/recreation/camping-cabins; Stanley District Office; Stellplatz Zelt & Wohnmobil 12–18 US$) Dutzende eingerichtete Campingplätze bieten überall in der Sawtooth National Recreation Area ausgezeichnete Gelegenheiten, unter den Sternen zu übernachten; viele liegen innerhalb einer Fahrtstunde von Stanley. Einige Stellplätze können online reserviert werden (www.recreation.gov), bei den anderen gilt: Wer zuerst kommt, mahlt zuerst.

Sawtooth Hotel — HOTEL $

(☎208-721-2459; www.sawtoothhotel.com; 755 Ace of Diamonds St; DZ mit/ohne Bad 100/70 US$; ⌚Mitte Mai–Mitte Okt.; 📶) Das Hotel in einem nostalgischen Blockhaus-Motel von 1931 wurde zwar komfortabel renoviert, hat sich aber seine für den Ort typische Gastlichkeit bewahrt. Die sechs Zimmer sind im altmodischen Landhausstil möbliert, zwei verfügen über ein eigenes Bad. Zwar gibt es weder TVs noch schnelles WLAN, aber ausgezeichnetes Essen (Hauptgerichte 14–26 US$) mit vegetarischen und glutenfreien Optionen und eine kleinen Auswahl ordentlicher Weine.

★ Stanley Baking Company — BÄCKEREI, FRÜHSTÜCK $

(www.stanleybakingco.com; 250 Wall St; Hauptgerichte 8–13 US$; ⌚Mai–Okt. 7–14 Uhr) Die legendäre Bäckerei, in der man auch brunchen kann, liegt mitten im Nirgendwo und ist ein Muss. Die kleine Blockhütte ist fünf Monate im Jahr geöffnet und der einzige Ort im Dorf, wo man wahrscheinlich anstehen muss. Der Grund sind die hervorragenden hausgemachten Backwaren und die Hafer-Pfannkuchen.

Idaho Panhandle

In vielerlei Hinsicht hat man im nördlichen Idaho eher das Gefühl im Nordwesten der USA zu sein als in den Rocky Mountains. Vielleicht sorgen die eindrucksvoll großen Seen mit ihren Segelbooten für eine nautische Atmosphäre. Vielleicht liegt es aber auch an den unaufdringlichen Bergen, den dichten Wäldern oder der sich erholenden Holzindustrie. Vielleicht ist es aber auch nur etwas so Schlichtes wie eine gemeinsame Zeitzone (im Panhandle gilt die Pacific Standard Time), dass die entspannten Tage am See länger wirken und zu längerem Bleiben verlocken.

Sandpoint ist das interessanteste Ziel im Panhandle, und zwar nicht nur dank dem riesigen Lake Pend Oreille (Idahos größtem See), sondern auch einer hübschen, zu Spaziergängen einladenden Downtown und einem örtlichen Skiresort.

Die größte Stadt der Region, Coeur d'Alene (46402 Ew.) ist eine Verlängerung des Großraums von Spokane, mutet aber trotzdem ländlich an. Es gibt eine kleine Uferpromenade und einen gepflegten Park vor dem auffälligen Resort am Nordufer des Lake Coeur d'Alene.

Aktivitäten

Schweitzer Mountain Resort WINTERSPORT
(☎ 208-263-9555; www.schweitzer.com; 10000 Schweitzer Mountain Rd, Sandpoint; Skilift 77 US$, Mountainbike-Lift 35 US$) Das hochgeschätzte Skigebiet 11 Meilen (17,7 km) nordwestlich von Sandpoint wird vor allem wegen seiner mit Bäumen bestandenen Pisten gepriesen. Auf dem 1174 ha großen Gelände gibt's jährlich 762 cm Schnee. Die Mountainbike-Trails im Sommer sind eher traditionell mit natürlichen Hindernissen, die man in den heutigen künstlich aufgemotzten Bike-Parks in der Regel nicht findet.

Trail of the Coeur d'Alenes RADFAHREN
(☎ 208-682-3814; www.parksandrecreation.idaho.gov/parks/trail-coeur-d-alenes) Ein ausgezeichneter Trail führt auf einer alten Bahnstrecke durch den Idaho Panhandle von Plummer nach Mullan, am Ufer des Lake Coeur d'Alene entlang, bevor er sich durch die Berge dem Korridor der I-90 anschließt. Der unglaublich malerische, ca. 116 km lange Weg ist komplett asphaltiert, eben terrassiert und damit für alle möglichen nichtmotorisierten Fortbewegungsarten geeignet, u.a. zum Wandern, Radfahren und Rollschuhfahren.

Schlafen & Essen

Flamingo Motel MOTEL $$
(☎ 208-664-2159; www.flamingomotelidaho.com; 718 E Sherman Ave, Coeur d'Alene; EZ/DZ/Suite 110/120/180 US$; ❄ 📶) Dieses Motel im Retro-Stil, das die besten Eigenschaften der Straßentouren-Kultur der 1950er-Jahre in sich vereint, hat in verschiedenen Themen gestaltete Zimmer – vom überbordenden „Flamingo" bis zum „irischen" –, die aber alle moderne Einrichtungen wie Flachbild-TVs und Mini-Kühlschränke bieten.

★ **Lodge at Sandpoint** BOUTIQUEHOTEL $$$
(☎ 208-263-2211; www.lodgeatsandpoint.com; 41 Lakeshore Dr, Sandpoint; DZ/Suite 219/419 US$; ❄ 📶 🐾) Die moderne Lodge mit der besten Uferlage am Lake Pend Oreille hebt den Standard rustikalen Schicks an. Als Extras gibt's eine Fitnesshalle, zwei Whirlpools im Freien und Strandzugang.

★ **The Garnet Cafe** FRÜHSTÜCK $
(☎ 208-667-2729; www.garnetcafe.com; 315 E Walnut Ave, Coeur d'Alene; Hauptgerichte 10–14 US$; ✍) 🌿 Wer seine Zutaten von der eigenen Farm beschafft, kann sicher sein, dass es wirklich Bio- und wirklich nachhaltige Zutaten sind. Die Familie McLane züchtet selber die Schweine, Enten und Hühner, die sie den zufriedenen Gästen auftischt, die vor der Tür des Garnet Cafe Schlange stehen.

An- & Weiterreise

Der nächstgelegene größere Flughafen befindet sich in Spokane; mehrere Unternehmen betreiben von dort aus Shuttles nach Coeur d'Alene (60 US$, 45 Min.) oder Sandpoint (120 US$, 6½ Std.). Der *Empire Builder* der **Amtrak** (SPT; www.amtrak.com; 450 Railroad Ave, Sandpoint) ist eine weitere schöne, aber wenig genutzte Möglichkeit, um von Whitefish, Montana (30 US$, 4 Std.) oder Spokane (13 US$, 2 Std.) nach Sandpoint zu gelangen.

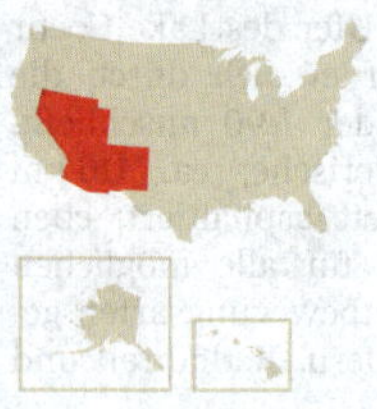

Der Südwesten

Inhalt ➡

Gut essen

- Kai Restaurant (S. 934)
- Love Apple (S. 1004)
- Hell's Backbone Grill (S. 982)
- Cafe Pasqual's (S. 997)
- Red Iguana (S. 967)

Schön übernachten

- Washington School House (S. 973)
- Earthship Rentals (S. 1003)
- La Fonda (S. 996)
- El Tovar (S. 949)
- Arizona Biltmore Resort & Spa (S. 932)

Auf in den Südwesten!

Der Südwesten ist das ungezähmte Hinterland der USA, das Abenteuerlustige mit atemberaubenden Landschaften aus roten Felsen, den Legenden um schießfreudige Cowboys und dem scharfen Vergnügen des grünen Chili-Eintopfs lockt. Die Landschaft ist gespickt mit Zeugen des indigenen Erbes und der beschwerlichen Blütezeit des Wilden Westens, von rätselhaften Piktogrammen und verlassenen Felsbehausungen bis hin zu zerfallenden spanischen Missionen und Bergbaustädten. Doch auch heute wird Geschichte geschrieben: Astronomen und Raketenbauer erobern den Sternenhimmel, während urbane Zentren und skurrile Bergorte Künstler und Unternehmer anziehen. Ein Highlight für Besucher? Das malerische Straßennetz, das die schönsten und bedeutendsten Attraktionen miteinander verbindet. Dabei sind es nicht nur die Landschaften, die eine Reise durch den Südwesten unvergesslich machen. Ein Blick auf einen Saguaro-Kaktus, ein Gespräch mit einem Hopi-Künstler oder das Aroma des Chili-Eintopfs – vor allem diese Momente bleiben in Erinnerung.

Reisezeit

Las Vegas

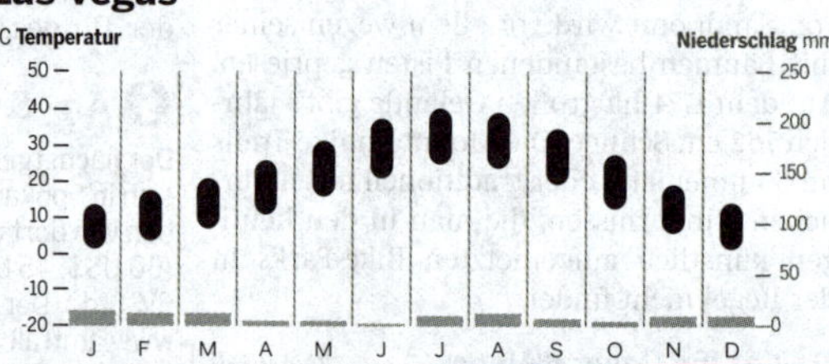

Jan. Skifahren bei Taos und Flagstaff. In Park City locken Pisten und das Sundance Film Festival.

Juni–Aug. Die beste Zeit für einen Besuch der Nationalparks in New Mexico, Utah und Nord-Arizona.

Sept.–Nov. In den Grand Canyon klettern oder die bunten Blätter im Norden von New Mexico bestaunen.

Geschichte

Um 100 n. Chr. hatten sich im Südwesten drei vorherrschende Kulturen herausgebildet: die Hohokam der Wüste, die Mogollon der zentralen Berge und Täler und die *Ancestral Puebloans* (frühe Pueblo-Indianer). Die Archäologen bezeichneten Letztere früher als Anasazi, was in der Navajo-Sprache „Alte Feinde" bedeutet; dieser Begriff wird heute allerdings nicht mehr verwendet.

Francisco Vásquez de Coronado führte 1540 die erste große Expedition nach Nordamerika an (mit 300 Soldaten, Hunderten indigenen Führern sowie Viehherden). Diese Expedition markierte auch den ersten großen blutigen Zusammenstoß zwischen spanischen Entdeckern und den Ureinwohnern.

Neben dem bewaffneten Konflikt schleppten die Europäer auch Pocken, Masern und Typhus ein, gegen die die indigenen Einwohner keine Abwehrkräfte hatten. Die Pueblo-Bevölkerung wurde durch diese Krankheiten dezimiert, was Kulturen und Handelswege zerrüttete und sich als zerstörerische Kraft erwies, die den bewaffneten Kampf weit in den Schatten stellte.

Im 19. Jh. ging die Erschließung des Südwestens rasch voran. Das war in erster Linie der Eisenbahn und der geologischen Kartierung zu verdanken. Als die USA nach Westen expandierten, vertrieb die Armee gewaltsam ganze Völker amerikanischer Ureinwohner in den grausamen Indianerkriegen. Gold- und Silberminen zogen Glücksritter an und praktisch über Nacht schossen die gesetzlosen Goldgräberstädte des Wilden Westens aus dem Boden. Bald brachte die Santa Fe Railroad Scharen von Touristen in den Westen.

Die moderne Besiedlung hängt eng mit der Nutzung des Wassers zusammen. Nach dem Reclamation Act von 1902 finanzierte die Bundesregierung die Errichtung von Staudämmen, um die Flüsse zu regulieren und die Wüste zu bewässern. Erbitterte Streitigkeiten über Wasserrechte dauern bis heute an, gerade angesichts des gewaltigen Booms im Wohnungsbau und der dramatischen Dürre in jüngster Zeit. Das zweite heiß diskutierte Thema der letzten Jahre waren, insbesondere im Süden Arizonas, illegale Einwanderer aus Mexiko.

Einheimische Kultur

Robuste Individualität ist der kulturelle Ausdruck des Südwestens. Aber die Reali-

DER SÜDWESTEN IN …

… einer Woche

Museen und eine aufkeimende Kunstszene geben **Phoenix** ein inspirierendes Flair – der optimale Ausgangspunkt für die Tour. Morgens folgt man der Camelback Rd nach **Scottsdale**, um in der Old Town zu shoppen und sich die Galerien anzusehen. In **Sedona** weiter nördlich kann man seine spirituellen Batterien aufladen, bevor man sich von den Dimensionen des **Grand Canyon** den Atem rauben lässt. Danach hat man die Wahl zwischen Glitzern und Natur: Wer das Glitzern vorzieht, nimmt die **Route 66**, überquert die neue Brücke neben dem **Hoover Dam** und taucht dann in die Traumwelt von **Las Vegas** ein. Wer sich für die Natur entscheidet, fährt vom Grand Canyon aus nach Osten ins Navajo-Gebiet, lässt sich von den gewaltigen Steinformationen im **Monument Valley Navajo Tribal Park** ins Staunen versetzen und tritt dann im **Canyon de Chelly National Monument** eine Reise in die Vergangenheit an.

… zwei Wochen

Los geht's im schillernden **Las Vegas**, bevor man sich in **Flagstaff** entspannt und anschließend in die gähnenden Abgründe im **Grand Canyon National Park** blickt. Man könnte sich das studentische **Tucson** anschauen oder im **Saguaro National Park** zwischen riesigen Kakteen wandeln. Dann heißt es die Revolverhelden in **Tombstone** bestaunen, bevor man sich das ausgefallene viktorianische **Bisbee** anschaut.

Nun bitte die Sonnenbrille aufsetzen: Die Dünen im **White Sands National Monument**, New Mexico, sind strahlend weiß. **Santa Fe** lockt alle Arten von Kunstliebhabern. Man könnte ein Pueblo in **Taos** besuchen und den Sonnenaufgang im traumhaften **Monument Valley Navajo Tribal Park** beobachten. Dann geht's nach Utah, in die Nationalparks **Canyonlands** und **Arches** mit ihren roten Felsformationen. Der **Bryce Canyon** ist die richtige Kulisse für Hoodoo-„Rituale", bevor man den **Zion National Park** besucht.

Highlights

1 Grand Canyon National Park (S. 944) Es ist nicht leicht, die richtigen Worte zu finden: grandios, fantastisch, dramatisch

2 Santa Fe (S. 992) Kultur und Zerstreuungen der charismatischsten Stadt des Südwestens auf sich wirken lassen

3 Angels Landing (S. 985) Durch diesen majestätischen Canyon im Zion National Park in Utah wandern

4 Las Vegas (S. 909) Herausfinden, dass es noch knalliger, künstlicher und verantwortungsloser ist als erwartet

5 Sedona (S. 938) Sich freuen, dass auch die kommerzialisierte Hippiekultur der einzigartigen Stadt inmitten roter Sandsteinklippen nichs anhaben kann

6 Route 66 (S. 957) Auf der „Mother Road" durch überwältigende Landschaften und nostalgische Kleinstädte fahren

7 Moab (S. 976) Zeitig Weihnachten feiern! Wenn man Mountainbiker ist. Oder Wanderer. Oder Camper. Oder …

8 Monument Valley (S. 954) Unglaublich fotogene, glühend rote Felssäulen und Tafelberge knipsen, die die Stars zahlloser Western sind

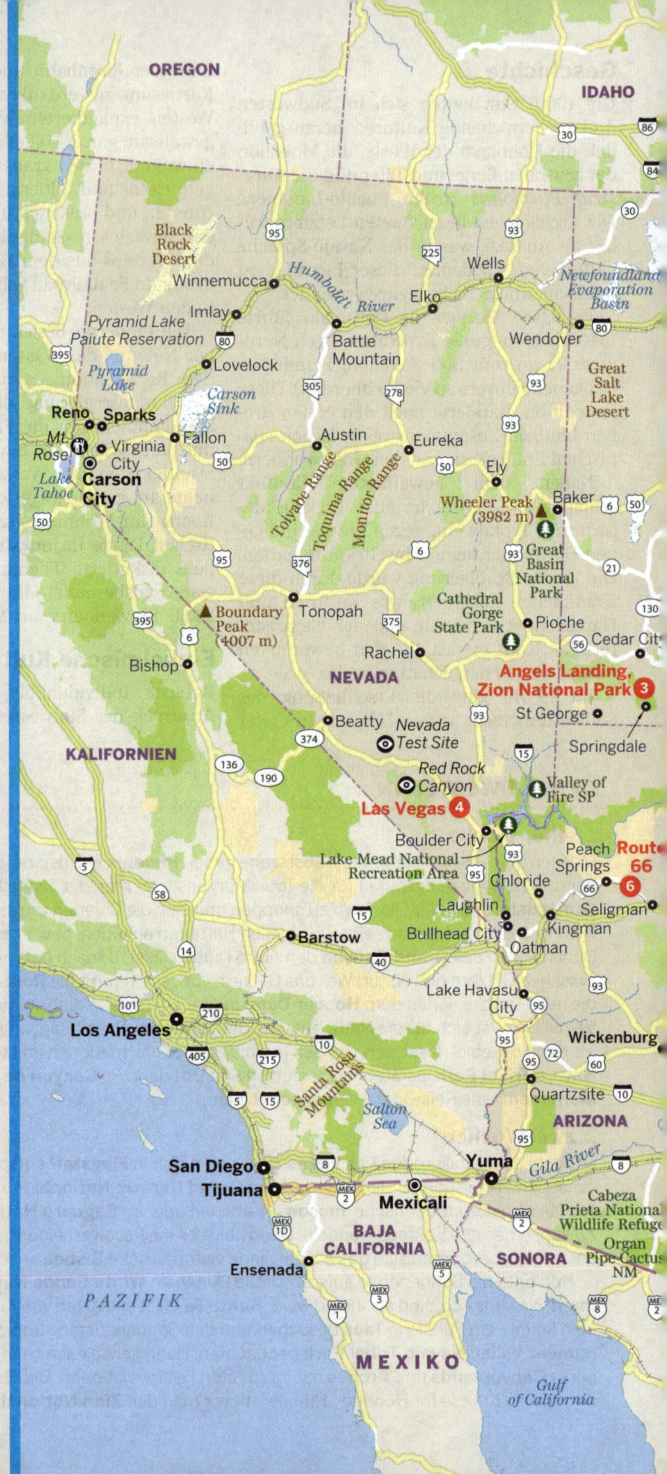

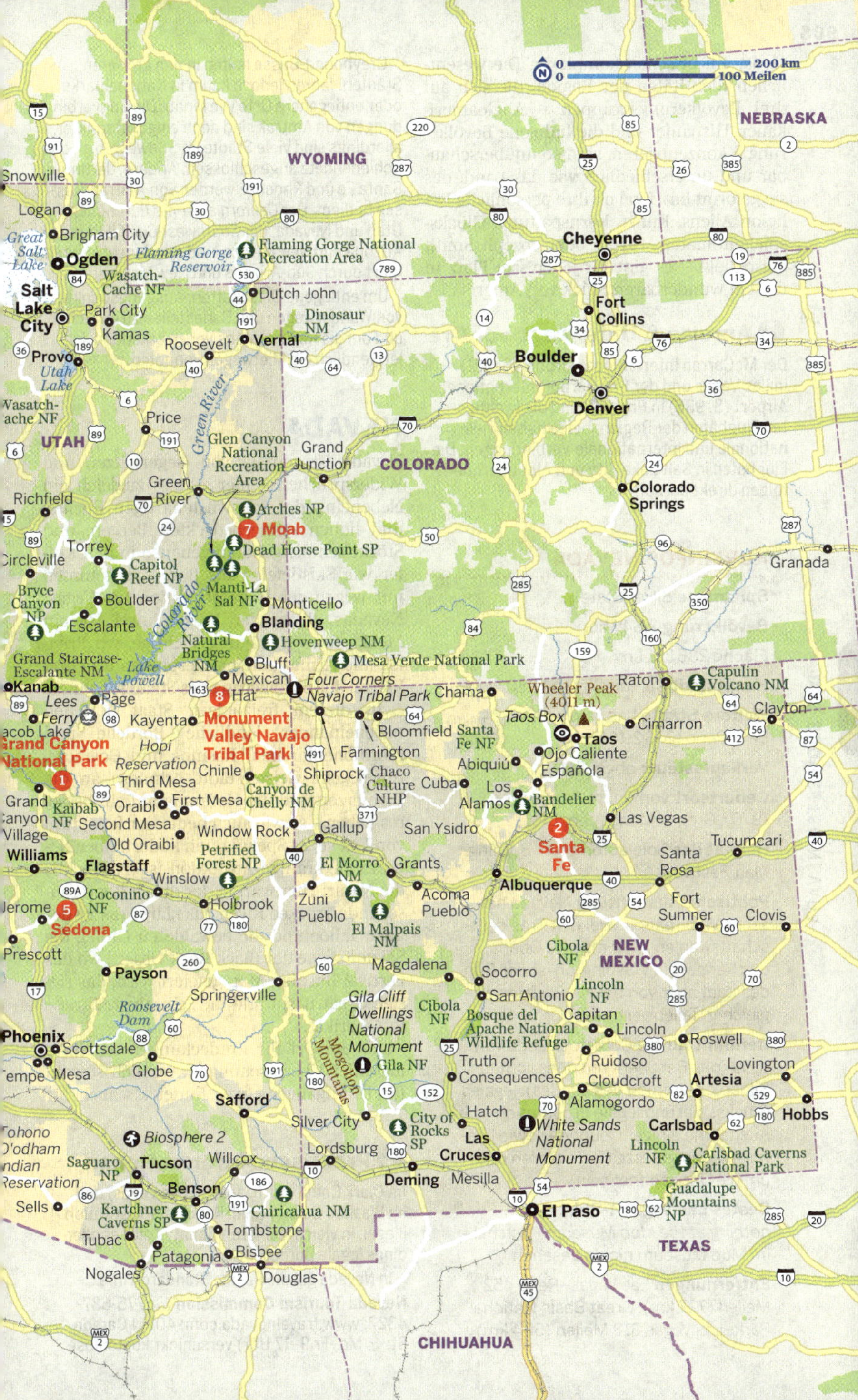

0 200 km
0 100 Meilen
NEBRASKA
WYOMING
UTAH
COLORADO
NEW MEXICO
TEXAS
CHIHUAHUA
Snowville
Logan
Brigham City
Great Salt Lake
Ogden
Salt Lake City
Flaming Gorge Reservoir
Flaming Gorge National Recreation Area
Wasatch-Cache NF
Dutch John
Park City
Kamas
Dinosaur NM
Roosevelt
Vernal
Provo
Utah Lake
Wasatch-Cache NF
Price
Green River
Glen Canyon National Recreation Area
Grand Junction
Richfield
Arches NP
7 Moab
Dead Horse Point SP
Torrey
Circleville
Capitol Reef NP
Manti-La Sal NF
Monticello
Bryce Canyon NP
Boulder
Escalante
Colorado River
Natural Bridges NM
Blanding
Hovenweep NM
Grand Staircase-Escalante NM
Lake Powell
Bluff
Mesa Verde National Park
Kanab
Mexican Hat
8
Four Corners Navajo Tribal Park
Chama
Lees Ferry
Page
Jacob Lake
Kayenta
Monument Valley Navajo Tribal Park
Bloomfield
Santa Fe NF
Farmington
Grand Canyon National Park
1
Hopi Reservation
Third Mesa
Chinle
Shiprock
Chaco Culture NHP
Cuba
Abiquiú
Grand Canyon Village
Kaibab NF
Oraibi
First Mesa
Second Mesa
Canyon de Chelly NM
Old Oraibi
Window Rock
Gallup
San Ysidro
Los Alamos
Bandelier NM
Williams
Flagstaff
Petrified Forest NP
Winslow
El Morro NM
Grants
Coconino NF
Jerome
5
Sedona
Holbrook
Zuni Pueblo
Acoma Pueblo
El Malpais NM
Albuquerque
Prescott
Payson
Springerville
Magdalena
Socorro
San Antonio
Roosevelt Dam
Gila Cliff Dwellings National Monument
Cibola NF
Bosque del Apache National Wildlife Refuge
Phoenix
Scottsdale
Tempe
Mesa
Globe
Mogollon Mountains
Gila NF
Truth or Consequences
Safford
Silver City
City of Rocks SP
Hatch
Biosphere 2
Tohono O'odham Indian Reservation
Lordsburg
Las Cruces
Saguaro NP
Tucson
Willcox
Deming
Mesilla
Benson
Sells
Kartchner Caverns SP
Chiricahua NM
Tombstone
Tubac
Patagonia
Bisbee
Nogales
Douglas
El Paso
Cheyenne
Fort Collins
Boulder
Denver
Colorado Springs
Granada
Wheeler Peak (4011 m)
Raton
Capulin Volcano NM
Clayton
Taos Box
Taos
Cimarron
Ojo Caliente
Española
Las Vegas
2
Santa Fe
Tucumcari
Santa Rosa
Fort Sumner
Clovis
Cibola NF
Lincoln NF
Capitan
Lincoln
Roswell
Ruidoso
Cloudcroft
Alamogordo
Lovington
Artesia
Hobbs
White Sands National Monument
Carlsbad
Lincoln NF
Carlsbad Caverns National Park
Guadalupe Mountains NP

tät ist ein bisschen komplexer. Die wesentlichen Identitäten der Region, die sich auf drei Bevölkerungsgruppen – Angloamerikaner, Hispanier und die indigene Bevölkerung – konzentrieren, sind so unüberschaubar und unterschiedlich wie das Land, das sie geformt hat. Egal ob ihre persönliche Religion Aliens, Kunst, Kernspaltung, Glücksspielautomaten, Peyote oder Joseph Smith einschließt – es gibt für jeden viel Platz in diesem wunderbaren Stück von Amerika.

Anreise & Unterwegs vor Ort

Der McCarran International Airport (S. 921) in Las Vegas und der Sky Harbor International Airport (S. 936) in Phoenix sind die wichtigsten Flughäfen der Region; beide haben viele nationale und internationale Verbindungen. Die Flughäfen in Salt Lake City und Albuquerque folgen direkt darauf.

KURZINFOS NEVADA

Spitzname Silver State

Bevölkerung 2,84 Mio.

Fläche 286 351 km²

Hauptstadt Carson City (54 080 Ew.)

Weitere Städte Las Vegas (594 294 Ew.), Reno (233 294 Ew.)

Verkaufssteuer ab 8,25 %

Geburtsort von Andre Agassi (geb. 1970), Greg LeMond (geb. 1961)

Heimat des Spielautomaten, Burning-Man-Festivals

Politische Ausrichtung Nevada hat sechs Wahlmänner. Bei den Präsidentschaftswahlen 2012 machte Obama das Rennen. In Washington ist der Bundesstaat aber von beiden Parteien zu gleichen Teilen vertreten

Berühmt für die Comstock Lode von 1859 (das Bergwerk mit den größten Silbervorkommen des Landes), legales Glücksspiel und legale Prostitution (mit Ausnahme einiger Countys) sowie liberale Alkoholgesetze (Bars dürfen rund um die Uhr geöffnet sein)

Bestes Las-Vegas-T-Shirt *I saw nothing at the Mob Museum* („Ich habe im Mob Museum nichts gesehen")

Entfernungen Las Vegas–Reno 452 Meilen (727 km), Great Basin National Park–Las Vegas 313 Meilen (504 km)

Greyhound-Busse halten in den größeren Städten, fahren jedoch kaum in Nationalparks oder entlegenere Orte wie Moab. Die Zugverbindungen von Amtrak sind noch eingeschränkter, allerdings sind viele Städte im Südwesten an das Schienennetz angeschlossen. Andere, darunter Santa Fe und Phoenix, werden von Amtrak-Bussen bedient. Der *California Zephyr* durchquert Utah und Nevada, der *Southwest Chief* hält in Arizona und New Mexico, und der *Sunset Limited* fährt durch Süd-Arizona und New Mexico.

Um entlegene Ortschaften, Ausgangspunkte von Wanderwegen und Badestellen zu erreichen, und um die Region intensiver zu erkunden, ist letztendlich ein Mietwagen vonnöten.

NEVADA

Nevada ist geprägt von Gegensätzen und Widersprüchen – hier gibt es zugleich ein Nebeneinander von wüstenartigen Ebenen und hohen schneebedeckten Bergen, und Stöckelschuhe gehören genauso in den Koffer wie Skistiefel. Viele Besucher kommen nur wegen der Hauptattraktion Las Vegas: Nevadas glitzernder Wüstenjuwel ist ein Mekka für Vergnügungssüchtige, wo Privileg und Armut aufeinanderprallen und drei Viertel der Bevölkerung des Staates wohnen.

In diesem freizügigen Staat bestehen nebeneinander ländliche Bordelle und Mormonenkirchen, Kasinos und Cowboys. Abgelegene Geisterstädte erinnern an die Pionierzeit und die Hoffnung auf ein besseres Leben – so wie auch heute der Reichtum von Las Vegas Spekulanten ködert. Aber Nevadas zugkräftige Attraktion ist (zu Recht!) die Natur: Hier warten der durch Reno rauschende Truckee River, das klare Wasser des Lake Tahoe und die bewaldeten Gipfel, die Salztonebene der Black Rock Desert, wo das Festival Burning Man gefeiert wird, das riesige Great Basin und die „einsamste Straße in Amerika".

Als ein Ort für Entdeckungen ist Nevada voller Überraschungen, wo sich sowohl für Draufgänger etwas findet als auch für Träumer.

Praktische Informationen

Im Clark County (d. h. auch in Las Vegas) und im Washoe County (inkl. Reno) ist Prostitution illegal, in vielen kleineren Countys gibt es allerdings legale Bordelle.

In Nevada gilt die Pacific Standard Time.

Nevada Tourism Commission (☎ 775-687-4322; www.travelnevada.com; 401 N Carson St; ⌚ Mo–Fr 9–17 Uhr) verschickt kostenlose

Bücher, Karten und Infos zu Unterkünften, Campingplätzen und Veranstaltungen.

Nevada Division of State Parks (775-684-2770; www.parks.nv.gov; 901 S Stewart St, 5. OG; Mo–Fr 8–17 Uhr) Stellplätze in staatlichen Parks (10–15 US$/Nacht) können nicht reserviert werden.

Las Vegas

Las Vegas bleibt das ultimative Vergnügungsparadies. Wo sonst kann man im antiken Rom feiern, um Mitternacht dann den Bund der Ehe eingehen, in Ägypten aufwachen und unter dem Eiffelturm brunchen? Ob man sich mit passionierten Glücksspielern messen möchte, Couture und kitschige Souvenirs erstehen oder in einer Bar aus Eis eine neonfarbene fast 1 m hohe Margarita oder einen Frozen Wodka Martini schlürfen möchte – hier ist fast alles möglich!

Schon mal bemerkt, dass es in Kasinos keine Uhren gibt? Im Vegas der endlosen Buffets, nie versiegenden Drinks und des adrenalingeladenen Glücksspiels ist Zeit bedeutungslos. In der nicht enden wollenden surrealen Wüstenlandschaft der Euphorie und des steilen Falls sammelt sich Staub auf einst bekannten Schildern in einem Neonreklamefriedhof, während auf dem Strip Baustellenlärm wiederhallt. Nach der Rezession 2008 kam der Motor ins Stocken, aber nun ist Vegas mit über 40 Mio. Besuchern im Jahr wieder zurück und möchte mit jeder Menge Ideen in Zukunft noch mehr anlocken.

Die größten Kasinos der Stadt, gigantische unergründliche Mischformen aus Themenpark, Spielhölle, Shopping- und Restaurantmeile sowie Hotel- und Theaterdistrikt, säumen den legendären Strip. Nach deren Erkundung lockt das kompakte Zentrum mit Vegas' nostalgischen Wurzeln, Indie-Shops und Cocktailbars, in denen die hiesige Kultur floriert. Jenseits davon beschäftigen sich faszinierende Museen mit der atomaren und der Gangstervergangenheit der Stadt.

Sehenswertes

Die Sehenswürdigkeiten von Las Vegas finden sich vor allem an dem ca. 4 Meilen (6 km) langen Abschnitt des Las Vegas Blvd zwischen dem Mandalay Bay im Süden (bei Russell Rd) und dem **Stratosphere** (Karte S. 910; 702-380-7777; www.stratospherehotel.com; 2000 S Las Vegas Blvd; Tower Eintritt Erw./Kind 20/10 US$, ganztägiger Pass inkl. unbegrenzte Nutzung der „Thrill Rides" 40 US$; Kasino 24 Std., Tower & „Thrill Rides" So–Do 10–1, Fr & Sa bis 2 Uhr, wetterabhängig; P) im Norden (bei Sahara Ave) und in der Innenstadt um die Kreuzung von Las Vegas Blvd (hier N Las Vegas Blvd) und Fremont St. Man beachte, dass die Straße unter demselben Namen über 2 Meilen zwischen der Innenstadt und dem nördlichen Ende des Strip weiter verläuft, ohne viel Interessantes zu bieten. Alles mag nah aussehen, aber wenn man beschließt, zu Fuß zu gehen, wird man wahrscheinlich bald in der Wüstenhitze fluchen. Mitfahrgelegenheiten, der Monorail oder die Deuce-Busse sind die mit Abstand einfachsten Fortbewegungsmittel in dieser weitläufigen (und abgefahrenen) Stadt.

The Strip

★ **CityCenter** WAHRZEICHEN

(Karte S. 910; www.citycenter.com; 3780 S Las Vegas Blvd; P) Gemischte Gebäudekomplexe gab es schon zuvor (z. B. Malls mit integrierten Hotels), aber diese futuristisch anmutende Anlage mit einer kleinen Galaxie aus hypermodernen, schicken Hotels rund um das glamouröse Einkaufszentrum **Crystals** (www.crystalsatcitycenter.com; 3720 S Las Vegas Blvd; So–Do 10–23, Fr & Sa 10–24 Uhr) ist ein Novum. Zur exklusiven Auswahl gehören das dezente, stilvolle **Vdara** (702-590-2111; www.vdara.com; 2600 W Harmon Ave; werktags/Wochenende Suite ab 129/189 US$; P), das mondän-opulente Mandarin Oriental (S. 916) und das faszinierende architektonische Vorzeigeobjekt **Aria** (702-590-7111; www.aria.com; 3730 S Las Vegas Blvd; 24 Std.; P), in dem ein elegantes Kasino als passende Kulisse für viele traumhaft schöne Restaurants dient. Die Hotels des CityCenter bieten mehr als 6700 Zimmer!

★ **Cosmopolitan** KASINO

(Karte S. 910; 702-698-7000; www.cosmopolitanlasvegas.com; 3708 S Las Vegas Blvd; 24 Std.; P) Für Hipster, die bisher zu cool für Las Vegas waren, gibt es nun endlich einen Ort, an dem sie ganz ohne Ironie die Ästhetik des Strips aushalten oder sogar genießen können. Wie das neueste It-Girl von Hollywood sieht das Cosmopolitan-Kasino zu jeder Zeit umwerfend aus. Durch die Lobby mit hervorragenden Elementen schiebt sich ein unablässiger Strom von unbefangenen Besuchergruppen und Design-Liebhabern.

Las Vegas

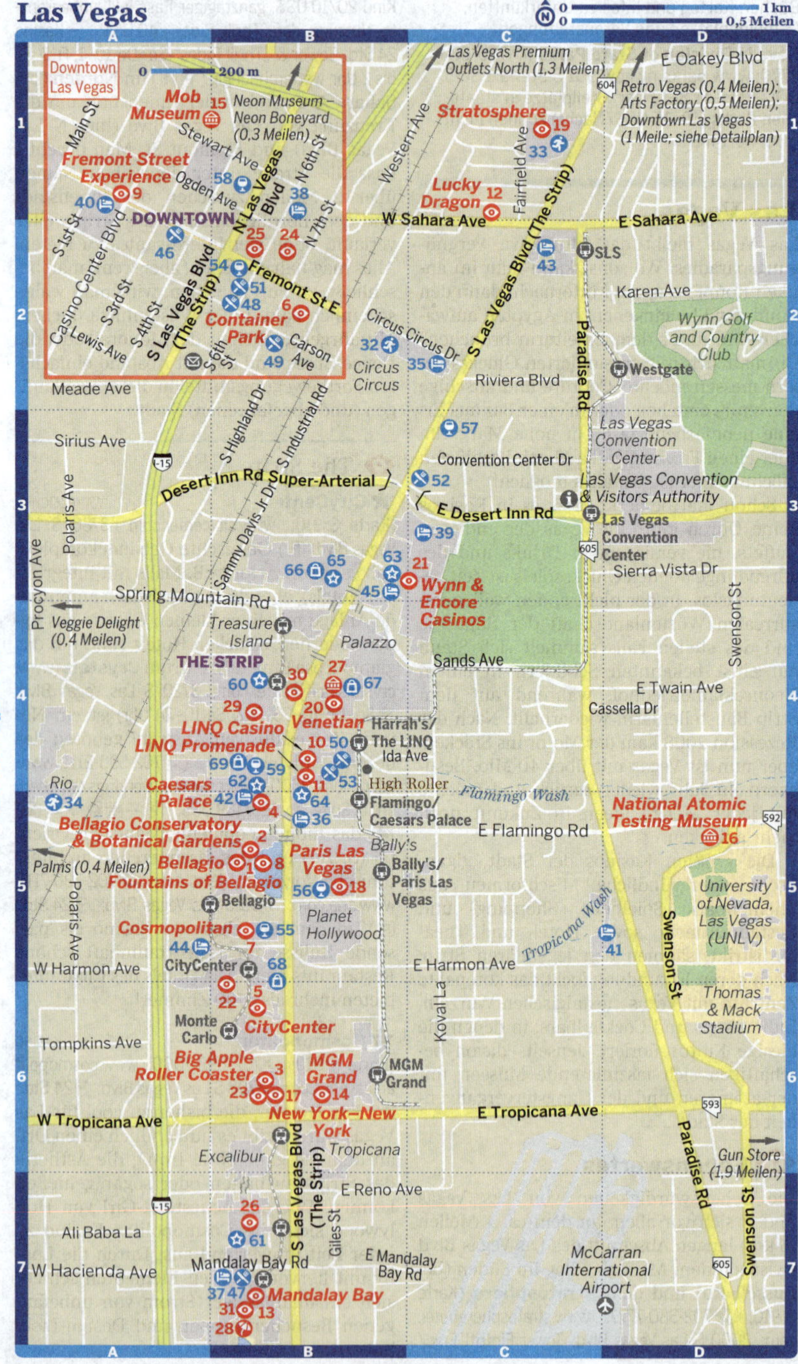

0
1 km
0
0,5 Meilen
A
B
C
D
1
2
3
4
5
6
7
Downtown Las Vegas
0
200 m
Mob Museum
15
Neon Museum – Neon Boneyard (0,3 Meilen)
Main St
Stewart Ave
Fremont Street Experience
9
Ogden Ave
58
38
40
N Las Vegas Blvd
N 6th St
N 7th St
DOWNTOWN
S 1st St
Casino Center Blvd
46
25
24
54
Fremont St E
51
48
S 3rd St
S 4th St
S Las Vegas Blvd (The Strip)
Container Park
6
Lewis Ave
S 6th St
49
Carson Ave
Las Vegas Premium Outlets North (1,3 Meilen)
E Oakey Blvd
604
Retro Vegas (0,4 Meilen); Arts Factory (0,5 Meilen); Downtown Las Vegas (1 Meile; siehe Detailplan)
Stratosphere
19
33
Western Ave
Fairfield Ave
Lucky Dragon
12
W Sahara Ave
E Sahara Ave
S Las Vegas Blvd (The Strip)
SLS
43
Karen Ave
Circus Circus Dr
32
35
Circus Circus
Paradise Rd
Wynn Golf and Country Club
Westgate
Riviera Blvd
Meade Ave
S Highland Dr
S Industrial Rd
57
Las Vegas Convention Center
Sirius Ave
I-15
Convention Center Dr
Desert Inn Rd Super-Arterial
52
Las Vegas Convention & Visitors Authority
Sammy Davis Jr Dr
E Desert Inn Rd
Polaris Ave
Procyon Ave
39
Las Vegas Convention Center
605
Sierra Vista Dr
66
65
63
21
Wynn & Encore Casinos
45
Spring Mountain Rd
Veggie Delight (0,4 Meilen)
Treasure Island
Palazzo
Swenson St
THE STRIP
Sands Ave
60
30
27
67
E Twain Ave
29
20
Cassella Dr
Venetian
Harrah's/The LINQ
LINQ Casino
10
50
Ida Ave
LINQ Promenade
69
59
11
53
High Roller
Rio
62
64
34
Caesars Palace
42
4
Flamingo Wash
Flamingo/Caesars Palace
National Atomic Testing Museum
36
592
Bellagio Conservatory & Botanical Gardens
2
E Flamingo Rd
16
Bally's
Paris Las Vegas
Palms (0,4 Meilen)
Bellagio
1
8
Bally's/Paris Las Vegas
Fountains of Bellagio
56
18
University of Nevada, Las Vegas (UNLV)
Polaris Ave
Bellagio
Planet Hollywood
Cosmopolitan
55
Tropicana Wash
44
7
41
Swenson St
W Harmon Ave
CityCenter
68
E Harmon Ave
5
22
Thomas & Mack Stadium
Koval La
Monte Carlo
CityCenter
Tompkins Ave
Big Apple Roller Coaster
3
MGM Grand
MGM Grand
23
17
14
593
W Tropicana Ave
New York–New York
E Tropicana Ave
Paradise Rd
Excalibur
Tropicana
Gun Store (1,9 Meilen)
S Las Vegas Blvd (The Strip)
E Reno Ave
I-15
26
Giles St
Swenson St
Ali Baba La
61
Mandalay Bay Rd
E Mandalay Bay Rd
McCarran International Airport
605
W Hacienda Ave
37
47
Mandalay Bay
31
13
28

Las Vegas

Highlights
1 Bellagio ... B5
2 Bellagio Conservatory & Botanical Gardens ... B5
3 Big Apple Roller Coaster ... B6
4 Caesars Palace ... B5
5 CityCenter ... B6
6 Container Park ... B2
7 Cosmopolitan ... B5
8 Fountains of Bellagio ... B5
9 Fremont Street Experience ... A1
10 LINQ Casino ... B4
11 LINQ Promenade ... B4
12 Lucky Dragon ... C1
13 Mandalay Bay ... B7
14 MGM Grand ... B6
15 Mob Museum ... B1
16 National Atomic Testing Museum ... D5
17 New York–New York ... B6
18 Paris Las Vegas ... B5
19 Stratosphere ... C1
20 Venetian ... B4
21 Wynn & Encore Casinos ... C3

Sehenswertes
22 Aria ... B6
Bellagio Gallery of Fine Art ... (siehe 1)
23 Big Apple Arcade ... B6
24 El Cortez ... B2
25 Emergency Arts ... B2
26 Luxor ... B7
27 Madame Tussauds ... B4
28 Mandalay Bay Beach ... B7
29 Mirage ... B4
30 Mirage Volcano ... B4
31 Shark Reef Aquarium ... B7

Aktivitäten, Kurse & Touren
32 Adventuredome ... B2
Qua Baths & Spa ... (siehe 4)
33 Stratosphere Thrill Rides ... C1
34 VooDoo ZipLine ... A5

Schlafen
Bellagio ... (siehe 1)
Caesars Palace ... (siehe 4)
35 Circus Circus ... C2
Cosmopolitan ... (siehe 7)
36 Cromwell Las Vegas ... B5
37 Delano ... B7
38 El Cortez ... B1
39 Encore ... C3
Four Seasons Hotel ... (siehe 13)
40 Golden Nugget ... A1
41 Hard Rock ... D5
Mandalay Bay ... (siehe 13)
Mandarin Oriental ... (siehe 5)
42 NOBU Hotel ... B5
43 SLS ... C2
44 Vdara ... A5
45 Wynn ... B3

Essen
46 Andiamo Steakhouse ... A2
47 Burger Bar ... B7
48 Carson Kitchen ... B2
Container Park ... (siehe 6)
49 eat ... B2
Giada ... (siehe 36)
Grand Wok ... (siehe 14)
50 Jaburrito ... B4
Jean Philippe Patisserie ... (siehe 1)
Joël Robuchon ... (siehe 14)
51 La Comida ... B2
Morimoto ... (siehe 14)
Peppermill ... (siehe 57)
52 Tacos El Gordo ... C3
53 Virgil's Real BBQ ... B4

Ausgehen & Nachtleben
54 Beauty Bar ... B2
55 Chandelier Lounge ... B5
56 Chateau Nightclub & Gardens ... B5
Drai's Beachclub & Nightclub ... (siehe 36)
57 Fireside Lounge ... C3
Foundation Room ... (siehe 13)
58 Gold Spike ... B1
59 Omnia ... B4
Surrender ... (siehe 39)
XS ... (siehe 39)

Unterhaltung
60 Aces of Comedy ... B4
61 Blue Man Group ... B7
62 Colosseum ... B4
House of Blues ... (siehe 13)
63 Le Rêve the Dream ... B3
64 Legends in Concert ... B5
O ... (siehe 2)
65 Tix 4 Tonight ... B3

Shoppen
66 Fashion Show ... B3
67 Grand Canal Shoppes at the Venetian ... B4
68 Shops at Crystals ... B5
69 Shops at Forum ... B4

★ **Bellagio** KASINO

(Karte S. 910; ☎888-987-6667; www.bellagio.com; 3600 S Las Vegas Blvd; ⏲24 Std.; P 🐾) Das Bellagio-Erlebnis geht über seine dekadente Kasinoebene mit Spieltischen für hohe Einsätze und über 2300 Spielautomaten hinaus; Einheimische sagen, dass die Chancen hier alles andere als gut sind. Als ein Austragungsort der World Poker Tour bietet der für Turniere gerechte Pokerraum des Bellagio rund um die Uhr Speisen direkt aus der Küche zum Spieltisch. Die meisten kommen jedoch wegen der überwältigenden Architektur der Anlage, den Innenräumen und Einrichtungen, darunter die **Conservatory & Botanical Gardens** (24 Std.; P) GRATIS, die **Gallery of Fine Art** (702-693-7871; Erw./Kind unter 12 Jahren 18 US$/frei; 10–20 Uhr, letzter Eintritt 19.30 Uhr; P), die unübersehbaren **Fountains of Bellagio** (Shows Mo–Fr 15–20, Sa 12–20, So 11–19 Uhr, alle 30 Min., Mo–Sa 20–24, So ab 19 Uhr alle 15 Min.; P) GRATIS und die über 2000 mundgeblasenen Glasblumen, die die Lobby des **Hotels** schmücken.

★ Mandalay Bay — KASINO

(Karte S. 910; 702-632-7700; www.mandalaybay.com; 3950 S Las Vegas Blvd; 24 Std.; P) Seit seiner Eröffnung 1999 an der Stelle der früheren Hacienda aus den 1950er-Jahren beherrscht das Mandalay den südlichen Strip. Sein Thema mag tropisch sein, aber es ist ganz sicher nicht schäbig, auch nicht sein 12 500 m² großes Kasino. Gut gekleidete Sportfans finden den Weg in das vornehme Wettbüro nahe dem High-Stake-Pokerraum. Das Mandalay Bay verfügt über viele Topattraktionen, die sich einer Rangordnung verweigern, darunter das mehrstöckige Shark Reef Aquarium (S. 914), dekadente Schönheitsfarmen, jede Menge von unverwechselbaren Restaurants und der unübertroffene **Mandalay Bay Beach** (Karte S. 910; 877-632-7800; www.mandalaybay.com/en/amenities/beach.html; Pool 8–17 Uhr, Moorea Beach Club 11–18 Uhr;).

★ LINQ Casino — KASINO

(Karte S. 910; 800-634-6441; www.caesars.com/linq; 3535 S Las Vegas Blvd; 24 Std.; P) Mit seiner frischen, jungen und flippigen Atmosphäre profitiert eines der neuesten Kasinos in Vegas auch davon, dass es eines der kleinsten ist – es hat knapp über 60 Tische und etwa 750 Spielautomaten. Der Ort vermittelt ein luftiges, geräumiges Gefühl, und es gibt an den Tischen Stühle mit hohen Lehnen und weinrotem Kunstleder. Und wenn man genug hat, findet man direkt vor der Tür das Unterhaltungsangebot der **LINQ Promenade**.

★ Paris Las Vegas — KASINO

(Karte S. 910; 877-603-4386; www.parislasvegas.com; 3655 S Las Vegas Blvd; 24 Std.; P) Diese Miniaturversion der französischen Hauptstadt mag nicht den wahren Charme der Stadt der Lichter versprühen, doch die Nachbildungen ihrer Wahrzeichen, darunter das 34-stöckige Hotel de Ville sowie die Fassaden des Pariser Opernhauses und des Louvre bescheren Familien und allen, die das Original noch nicht gesehen haben, einen vergnüglichen Besuch. Seine gewölbten Kasinodecken spiegeln einen sonnigen Himmel über unzähligen Tischen und Automaten vor, während die hochpreisigen, echten französischen Rouletteräder, ohne 0 und 00, die Chancen minimal erhöhen.

★ Caesars Palace — KASINO

(Karte S. 910; 866-227-5938; www.caesarspalace.com; 3570 S Las Vegas Blvd; 24 Std.; P) Caesars Palace behauptet, dass sein elegant renovierter Kasinobereich mehr 1-Millionen-Dollar-Spielautomaten hat als jedes andere Kasino auf der Welt, aber er kann sich auch vieler anderer Dinge rühmen. Die Schwergewichte der Unterhaltungsbranche, Celine Dion und Elton John, „besitzen" das kundenspezifische Theater **Colosseum** (www.thecolosseum.com; Tickets 55–500 US$), Modefreaks tummeln sich um die **Shops at Forum** (www.simon.com/

LAS VEGAS FÜR KINDER

Las Vegas verkauft sich halbherzig als Reiseziel für Familien. Aber weil das Glücksspiel ab 21 Jahren legal ist, wäre es vielen Kasinohotels lieber, man würde die Kinder zu Hause lassen. Keines der Mega-Resorts ist wirklich auf Kinder eingestellt: Selbst in den besten Häusern ist es immer noch wahrscheinlich, dass man seine Kinder dem schlechten Benehmen von Betrunkenen aussetzt.

Wer Sin City mit Kindern besucht, sollte dennoch nicht verzweifeln. Der Hotelkomplex **Circus Circus** (Karte S. 910; 702-734-0410; www.circuscircus.com; 2880 S Las Vegas Blvd; werktags/Wochenende Zi. ab 79/95 US$; P) hat sich ganz dem Vergnügen der Kleinen verschrieben, während der 2 ha große überdachte Themenpark **Adventuredome** (Karte S. 910; 702-794-3939; www.adventuredome.com; Circus Circus; Tagesticket über/unter 1,20 m 32/18 US$; 10–18 Uhr tgl., am Wochenende & Mai–Sept. länger;) Kletterwände, Autoscooter und vor allem Achterbahnen bietet. Im **Carnival Midway** (11–23 Uhr oder später) gibt es Spielautomaten, Shows mit Tieren, Akrobaten und Zauberern.

THRILLS & SPILLS IN LAS VEGAS

Stratosphere (Karte S. 910; ☎702-383-5210; www.stratospherehotel.com/attractions/thrill-rides; Stratosphere; Fahrstuhl Erw. 20 US$, inkl. 3 Achterbahnfahrten 35 US$, Tagesticket 40 US$; ⌚So–Do 10–1 Uhr, Fr & Sa bis 14 Uhr) Die höchsten Fahrgeschäfte der Welt– unglaubliche 110 Stockwerke über dem Strip – warten hier.

Sky Combat Ace (☎888-494-5850; www.skycombatace.com; 1420 Jet Stream Dr #100; Experience 249–1995 US$) Ein echter Kampfpilot führt durch die Schritte des Nahkampfs in der Luft und extreme Akrobatik!

VooDoo ZipLine (Karte S. 910; ☎702-388-0477; http://voodoozipline.com; Rio; 27 US$; ⌚11–24 Uhr) Wer schon immer mit der Seilrutsche von einem Wolkenkratzer zum anderen sausen wollte, der hat hier die Gelegenheit.

Gravady (☎702-843-0395; www.gravady.com; 7350 Prairie Falcon Rd #120; 1-stündiger Flug Erw./Kind 13/10 US$; ⌚Mo–Mi 9–21, Do ab 15.30, Fr & Sa 9–12, So 11–19 Uhr; 👪) In dem Trampolin-Park in Summerlin kann man sich so richtig mit den Kindern austoben.

Speedvegas (☎702-874-8888; www.speedvegas.com; 14200 S Las Vegas Blvd; Runden 39–99 US$, Experiences $395–995 US$; ⌚10–16.30 Uhr) Auf Vegas' einziger spezialangefertigter Rennstrecke kann man die Reifen eines Sportwagens zum Rauchen bringen.

Richard Petty Driving Experience (☎800-237-3889; www.drivepetty.com; 7000 N Las Vegas Blvd, Las Vegas Motor Speedway; Ride-alongs ab 109 US$, Rundenfahrten ab 499 US$; ⌚unregelmäßige Zeiten) Hier hat man die Chance, als Beifahrer bei einem Qualifikationsrennen das Nascar-Feeling zu erleben.

mall/the-forum-shops-at-caesars-palace/stores; ⌚So–Do 10–23, Fr & Sa bis 24 Uhr), während die Hotelgäste in der **Garden of the Gods Pool Oasis** Cocktails schlürfen. Nachts ist der Megaclub **Omnia** (www.omnianightclub.com; Gedeck Frau/Mann 20/40 US$; ⌚Di & Do–So 10–16 Uhr) der einzige Ort diesseits von Ibiza, wo man sich richtig berauschen kann.

★ **Wynn & Encore Casinos** KASINO
(Karte S. 910; ☎702-770-7000; www.wynnlasvegas.com; 3131 S Las Vegas Blvd; ⌚24 Std.; P) Steve Wynns Vorzeigeprojekt (sein Name schmückt die Fassade des Kasinohotels) **Wynn** (werktags/Wochenende ab 199/259 US$; P ❄ @ 📶 ≋) und das jüngere **Encore** (☎702-770-7100; Zi/Suite ab 199/259 US$; P ❄ @ 📶 ≋) sind ein Paar geschwungener kupferfarbener Zwillingstürme, deren Eingänge durch hohe Zäune und üppige Vegetation nicht einsehbar sind. Jedes Hotel ist einzigartig, aber ihre weitläufigen unterirdischen Kasinos bilden zusammen den zweitgrößten und wohl elegantesten Glücksspielbereich des Strips. Die beliebten Pokerräume locken Profis rund um die Uhr an und das Labyrinth der Spielautomaten reicht von 1 Cent bis zu 5000 Dollar pro Einsatz!

★ **New York–New York** KASINO
(Karte S. 910; ☎800-689-1797; www.newyorknewyork.com; 3790 S Las Vegas Blvd; ⌚24 Std.; P) Die 1997 eröffnete Mini-Metropole New York–New York bleibt ein Dauerbrenner bei Frühjahrsurlaubern. Die Tische im „Party Pit" des Kasinos stehen vor einer Kulisse von Go-go-Tänzerinnen und gelegentlichen Entertainern, während draußen in verzerrter Perspektive die Repliken der Freiheitsstatue, der Brooklyn Bridge, des Chrysler Building und des Empire State Building die Besucher aus dem Ausland begeistern. Die zeitlosen Hauptattraktionen für die Kleinen und Großen sind **Big Apple Arcade** (⌚8–24 Uhr; P 👪) und **Roller Coaster** (☎702-740-6616; 1 Fahrt/Tagesticket 15/26 US$; ⌚So–Do 11–23, Fr & Sa 10.30–24 Uhr; P 👪).

★ **Lucky Dragon** KASINO
(Karte S. 910; ☎702-889-8018; www.luckydragonlv.com; 300 W Sahara Ave; ⌚24 Std.) Las Vegas' neuestes Kasinohotel Lucky Dragon öffnete seine Türen im Dezember 2016. Die Mehrheit des Personals im Publikumsbereich der ersten „echten" asiatischen Kasino-, Speisen- und Lebensarterfahrung spricht Mandarin oder Kantonesisch. Es ist genau das Richtige für ankommende Besucher aus Asien und für Liebhaber der asiatischen Kultur und Küche.

Mirage Volcano AREAL
(Karte S. 910; ☎800-374-9000; www.mirage.com; Mirage; ⌚Shows täglich 20 & 21, Fr & Sa auch

22 Uhr; 👪) GRATIS Wenn der künstliche Vulkan des Mirage mit viel Getöse aus einer über 1 ha großen Lagune ausbricht, kommt der Verkehr auf dem Strip zum Erliegen. Rauchschwaden, die aus der Spitze dringen, deuten darauf hin, dass das feurige Inferno nach polynesischer Art bald beginnt. Für die musikalische Untermalung sorgen ein Drummer von Grateful Dead und ein indianischer Tabla-Musiker.

Shark Reef Aquarium AQUARIUM
(Karte S. 910; ☎702-632-4555; www.sharkreef.com; 3950 S Las Vegas Blvd, Mandalay Bay; Erw./Kind 25/19 US$; ⏲So–Do 10–20, Fr & Sa bis 22 Uhr; P 👪) Mandalay Bays (S. 912) ungewöhnliches begehbares Aquarium beherbergt 2000 Unterwasserwesen, darunter Quallen, Muränen, Stachelrochen und 15 Haiarten. Während eines Rundgangs kann man sich mit Tauchern, die das Aquarium in Schuss halten, und Naturforschern unterhalten. Wer möchte, kann auch selbst tauchen gehen (ab 650 US$).

Madame Tussauds MUSEUM
(Karte S. 910; ☎866-841-3739; www.madametussauds.com/lasvegas; 3377 S Las Vegas Blvd #2001; Erw./Kind ab 30/20 US$; ⏲So–Do 10–20, Fr & Sa bis 21 Uhr; 👪) Vor dem **Venetian** (Karte S. 910; www.venetian.com; 3355 S Las Vegas Blvd) neben der nachgebauten Rialto-Brücke findet man diese interaktive Version des polarisierenden Wachsmuseums. Besucher können mit Elvis posieren, so tun, als ob sie George Clooney heiraten, die Marvel-Superhelden in „4D" bewundern oder sich Playboy-Bunny-Ohren aufsetzen und es sich auf Hugh Hefners Schoß bequem machen; es lohnt sich, ihn zu berühren – Hef wurde passenderweise aus Silikon gefertigt.

Downtown & Abseits des Strips

Die fünf Häuserblocks lange Fußgängerzone **Fremont Street Experience** (Karte S. 910; ☎702-678-5600; www.vegasexperience.com; Fremont St Mall; ⏲Shows stündl. Sonnenuntergang–24 oder 1 Uhr; 🚌Deuce, SDX) GRATIS ist der Mittelpunkt von Downtown. Wo das heutige Las Vegas entstand, befindet sich eine Fülle von traditionellen Kasinos – und keine Angst, sie überzeugen immer noch. Weiter nach Süden dreht sich der **18b Arts District** (www.18b.org) um die **Arts Factory** (☎702-383-9907; www.theartsfactory.com; 107 E Charleston Blvd; ⏲9–18 Uhr; 🚌Deuce, SDX), während man weiter östlich auf der Fremont St das coolste kleine Sammelsurium von hippen Bars und angesagten Restaurants findet, das man sich nur vorstellen kann.

★ Mob Museum MUSEUM
(Karte S. 910; ☎702-229-2734; www.themobmuseum.org; 300 Stewart Ave; Erw./Kind 24/14 US$; ⏲9–21 Uhr; P; 🚌Deuce) Schwer zu sagen, was eindrucksvoller ist: Das historische föderale Gerichtsgebäude, in dem das Museum untergebracht ist und in dem 1950–1951 Gangster verhört wurden, die Tatsache, dass das Museum von einem früheren Spezialagenten des FBI geleitet wird oder die sorgsam gepflegten Exponate, die die Geschichte des organisierten Verbrechens in den USA erzählen. Neben interaktiver FBI-Ausrüstung und Ausstellungsstücken zur Gangsterwelt zeigt das Museum verschiedene Multimediaelemente mit Interviews mit echten Tony Sopranos.

★ Neon Museum – Neon Boneyard MUSEUM
(☎702-387-6366; www.neonmuseum.org; 770 N Las Vegas Blvd; 1-stündige Führung Erw./Kind 18/12 US$, nach Einbruch der Dunkelheit 19/15 US$; ⏲Führungen tgl., Zeiten unterschiedlich; 🚌113) Das gemeinnützige Museum tut etwas, was sonst fast niemand tut: Es bewahrt die Geschichte der Stadt. Zum Angebot gehört eine faszinierende reservierungspflichtige Führung durch den „Neon-Friedhof", auf dem einzigartige alte Neonreklameschilder – Las Vegas' ureigene Kunstform – ihre letzte Ruhe finden. Eine Erkundungstour beginnt beim Visitor Center in der geretteten Lobby des La Concha Motel, eine Ikone der Moderne aus der Mitte des 20. Jhs. des afroamerikanischen Architekten Paul Revere Williams. Führungen werden den ganzen Tag über angeboten, sind nachts aber am spektakulärsten.

★ Container Park KULTURZENTRUM
(Karte S. 910; ☎702-359-9982; http://downtowncontainerpark.com; 707 Fremont St E; ⏲Mo–Do 11-21, Fr & Sa 10–22, So bis 20 Uhr) Als Brutstätte für aufstrebende Modedesigner und lokale Kunsthandwerker stapelt der trendige Container Park Pop-up-Läden übereinander. Beim Bummeln über Fußwege und Galerien spürt man handgemachten Schmuck, Gegenwartskunst und Kleidung in einem guten Dutzend Boutiquen, Esslokalen und Kunstinstallationen auf. Bei Sonnenuntergang erwachen die Containerbars zum Leben und ver-

anstalten regelmäßige thematische Events und Filmvorführungen. Nach 21 Uhr müssen Besucher mindestens 21 Jahre alt sein.

★ **National Atomic Testing Museum** MUSEUM
(Karte S. 910; ☎702-794-5151; www.nationalatomictestingmuseum.org; 755 Flamingo Rd E, Desert Research Institute; Erw./Kind 22/16 US$; ⊙Mo–Sa 10–17, So 12–17 Uhr; 202) Schwerpunkte der faszinierenden Multimedia-Exponate sind Wissenschaft, Technologie und die Geschichte des Atomzeitalters, das im Zweiten Weltkrieg begann. Ab 1961 wurden Atomtests nur noch unterirdisch durchgeführt, 1992 sprach man dann ein weltweites Verbot aus. Besucher können sich Bildmaterial zu Nukleartests ansehen und lernen etwas über die nukleare Vergangenheit, Gegenwart und Zukunft des südlichen Nevada, von Lebensweisen der Ureinwohner bis hin zu den ökologischen Auswirkungen der Atomtests. Den Ticketschalter sollte man nicht verpassen (wie auch?); er ist ein Wachposten-Nachbau eines Testgeländes in Nevada.

Aktivitäten

★ **Dream Racing** ABENTEUERSPORT
(☎702-605-3000; www.dreamracing.com; 7000 N Las Vegas Blvd, Las Vegas Motor Speedway; 5-Runden-Fahrt 199–599 US$; ⊙nach Vereinbarung;) Wer wollte sich noch nicht hinter das Steuer eines Porsche 911, Lamborghini, Lotus, AMG Mercedes oder McLaren setzen und richtig losdüsen? Im Dream Racing kann man sich einen Wagen aus der weltgrößten Auswahl an superschnellen Autos aussuchen, ohne dass man es kaufen muss.

★ **Qua Baths & Spa** SPA
(Karte S. 910; ☎866-782-0655; Caesars Palace; Tageskarte Fitnesscenter 25 US$, inkl. Spa-Einrichtungen 50 US$; ⊙6–20 Uhr) Das Qua versprüht das Flair antiker römischer Badekultur. Beliebt ist das „Bath Liqueur", bei dem eine individuell abgestimmte Mischung aus Kräutern und Ölen das Bade-Erlebnis in der eigenen Wanne verschönert. Der Frauenbereich umfasst einen Teesalon, einen Kräuterschwitzraum und einen arktischen Eisraum mit künstlichem Schnee, der Männerbereich einen Herrenfriseur und große TVs mit Sportprogramm.

Desert Adventures KAJAKFAHREN
(☎702-293-5026; www.kayaklasvegas.com; 1647a Nevada Hwy; ganztägige Kajaktour auf dem Colorado River 179 US$; ⊙April–Okt. 9–18, Nov.–März 10–16 Uhr) Wasserratten können sich hier zu geführten Kajakausflügen und Stand-Up-Paddling-Touren (SUP) im Lake Mead und dem Colorado River anmelden. Wer Erfahrung hat, kann sich außerdem Kanus und Kajaks ausleihen und auf eigene Faust losziehen.

Schlafen

Die Übernachtungspreise in Las Vegas schwanken sehr stark. Unter der Woche zahlt man in der Regel weniger als am Wochenende. Fast jedes Hotel am Strip verlangt eine zusätzliche „Resortgebühr" von 10 bis 30 US$ am Tag.

The Strip

SLS HOTEL $
(Karte S. 910; ☎702-761-7000; www.slslasvegas.com; 2535 S Las Vegas Blvd; DZ ab 79 US$;) Sie können ein Zimmer im SLS (Boutiquehotel der Starwood Hotel Group) am nördlichen Strip zu einem unglaublichen Preis im Vergleich zu Objekten der gleichen Kategorie in anderen Städten ergattern. Der skurrile Stil des Hotels ist ansteckend. Sie werden im Handumdrehen Spaß mit dem Drei-Buchstaben-Wort haben.

★ **Mandalay Bay** KASINOHOTEL $$
(Karte S. 910; ☎702-632-7700; www.mandalaybay.com; 3950 S Las Vegas Blvd; werktags/Wochenende Zi. ab 119/229 US$; @) Der Blickfang des südlichen Strips, das luxuriöse Kasinohotel Mandalay Bay (S. 912), verfügt über stilvolle Zimmer, deren Klasse für sich spricht, ganz zu schweigen von dem exklusiven **Four Seasons Hotel** (☎702-632-5000; www.fourseasons.com/lasvegas; werktags/Wochenende Zi. ab 229/289 US$; @) und dem Boutiquehotel **Delano** (☎877-632-7800; www.delanolasvegas.com; Zi./Suite ab 69/129 US$; @) auf seinem Gelände. Hinzu kommt ein vielfältiges Angebot von nennenswerten Attraktionen und Vergnügungen, darunter auch der Mandalay Bay Beach (S. 912).

★ **NOBU Hotel** HOTEL $$
(Karte S. 910; ☎800-727-4923; www.nobucaesarspalace.com; 3570 S Las Vegas Blvd, Caesars Palace; DZ ab 159 US$) Dieses exklusive Hotel innerhalb des Caesars Palace (S. 916) ist vor allem etwas für Menschen, die japanisches Design von der Antike bis zur Moderne lieben. Die Zimmer sind sehr gefragt und die Suiten oft den Promis vorbehalten.

★ Cromwell Las Vegas BOUTIQUEHOTEL $$
(Karte S. 827; 702-777-3777; www.caesars.com/cromwell; 3595 S Las Vegas Blvd; Zi./Suite ab 199/399 US$;) Wenn man so um die 20 bis 30 Jahre alt ist, sich gegenüber den coolen Kids behaupten kann oder einfach mühelos modisch ist, egal woher man kommt, dann gibt es ein paar gute Gründe, um sich für das Cromwell zu entscheiden. Die besten sind die Lage und die häufig ausgezeichneten Angebote für die schicken Zimmer auf der Eingangsebene. Und die anderen? Man kann im **Drai's** (702-777-3800; www.draislv.com; Nachtclubeintritt 20–50 US$; Nachtclub Di–So 10–5 Uhr, Beach Club Fr–So 11–18 Uhr) feiern oder nach unten zum Essen ins **Giada** (855-442-3271; www.caesars.com; Hauptgerichte 25–58 US$; 8–23 Uhr) gehen.

Caesars Palace KASINOHOTEL $$
(Karte S. 910; 866-227-5938; www.caesarspalace.com; 3570 S Las Vegas Blvd; werktags/Wochenende Zi. ab 109/149 US$;) 2016 feierte das Caesars seinen 50. Geburtstag, indem es (wie auch anders?) eine Menge Geld locker machte, um ein bisschen Knalliges loszuwerden und sich aufzuhübschen. Fast 600 Zimmer in seinem Römischen Turm bekamen eine großzügige Rundumerneuerung und der Turm einen neuen Namen: Julius natürlich! Die Augustus-Gästezimmer wurden auch ein wenig umgestylt: grau, weißgolden und königsblau.

★ Cosmopolitan KASINOHOTEL $$$
(Karte S. 910; 702-698-7575, 702-698-7000; www.cosmopolitanlasvegas.com; 3708 S Las Vegas Blvd; Zi./Suite ab 250/300 US$; ; Deuce) Mit mindestens acht ganz unterschiedlichen und gleichermaßen stilvollen Zimmertypen zur Auswahl bietet Cosmo die hippsten Zimmer am Strip an. Ihre Größe rangiert von überdimensional bis dekadent. Außerdem sind ca. 2200 von den rund 2900 Zimmern mit einem Balkon ausgestattet (bis auf die im Erdgeschoss), viele sogar mit einer japanischen Badewanne. Alle haben Plüschmöbel und Designeigenarten, die zu entdecken Spaß macht.

★ Mandarin Oriental HOTEL $$$
(Karte S. 910; 702-590-8888; www.mandarinoriental.com; 3752 S Las Vegas Blvd, CityCenter; Zi./Suite ab 239/469;) Im Mandarin Oriental, das Teil des CityCenter-Komplexes (S. 909) ist, treffen köstliche orientalische Aromen auf die modernste Technologie. Seine 392 raffinierten, hochmodernen und doch unangestrengt eleganten Gästezimmer und Suiten, die von Gold strotzen und von glänzenden Dingen funkeln, gehören zweifellos zu den schönsten, die am Strip zu finden sind. Wenn man noch das höfliche, aufmerksame Personal bedenkt, kann man wirklich von einer Siegesserie reden.

Downtown & Abseits des Strips

★ El Cortez KASINOHOTEL $
(Karte S. 910; 702-385-5200; www.elcortezhotelcasino.com; 651 E Ogden Ave; werktags/Wochenende Zi. ab 40/80 US$;) Ein großes Angebot an Zimmern gibt es in diesem Retrohotel nahe der betriebsamen Fremont St – und alle haben eine ganz unterschiedliche Atmosphäre. Die Zimmer befinden sich in dem Turm, der in den 1980er-Jahren an das denkmalgeschützte Kasino **El Cortez** (600 Fremont St E; 24 Std.; Deuce) angebaut wurde; weitere Zimmer stehen im modernen, grelleren El Cortez Suites gegenüber zur Verfügung. Für die Preise wird im Allgemeinen viel geboten, aber man sollte hier keine Wunder erwarten.

★ Hard Rock KASINOHOTEL $
(Karte S. 910; 702-693-5000; www.hardrockhotel.com; 4455 Paradise Rd; werktags/Wochenende Zi. ab 45/89 US$;) Die attraktiven, großen Zimmer und HRH-Suiten wurden 2016 und 2017 generalüberholt und machen diesen Partytempel für Musikfans zu einer großartigen Alternative zum Übernachten am Strip – es gibt sogar einen kostenlosen Shuttle-Service zum und vom Strip.

★ Golden Nugget KASINOHOTEL $
(Karte S. 910; 702-385-7111; www.goldennugget.com; 129 Fremont St E; werktags/Wochenende Zi. ab 45/85 US$;) In diesem schicken Haus in der Fremont St fühlt man sich wie in der glamourösen Blütezeit von Las Vegas in den 1950er-Jahren. Die Zimmer im Rush Tower sind die besten im Haus.

Essen

Der Strip hatte über Jahre eine große Dichte an prominenten Köchen. All-you-can-eat-Büffets und 10-Dollar-Steaks gibt es immer noch, aber die wohlhabenden Besucher von heute verlangen raffiniertere Gaumenerlebnisse. Sie wollen Menüs, die von berühmten Trendsettern – wenn auch nicht persönlich zubereitet – entworfen wurden.

The Strip

★ Jaburrito SUSHI $

(Karte S. 910; ☎ 702-901-7375; www.jaburritos.com; LINQ Promenade; Stück 7–14 US$; ⊙ So–Do 11–23, Fr & Sa bis 24 Uhr) Es ist ganz einfach: Man kreuze eine Nori (Meeresalgen)-Sushirolle mit einem Burrito. Was könnte da schiefgehen? Eigentlich nichts ... sie sind unglaublich!

★ Tacos El Gordo MEXIKANISCH $

(Karte S. 910; ☎ 702-251-8226; www.tacoselgordobc.com; 3049 S Las Vegas Blvd; kleine Gerichte 3–12 US$; ⊙ So–Do 10–2, Fr & Sa bis 4 Uhr; P ✎ 👪; 🚌 Deuce, SDX) Der Taco-Laden nach Tijuana-Art aus Südkalifornien ist die richtige Adresse am späten Abend, wenn man fast pleite ist und Gelüste nach Tacos mit *carne asada* (Rindfleisch) oder *adobada* (in Merkén eingelegtem Schweinefleisch) in heißen handgemachten Tortillas hat. Für experimentierfreudige Gäste gibt's die typischen *sesos* (Rinderhirn), *cabeza* (gebratenen Rinderkopf) und verschiedene Innereien.

Jean Philippe Patisserie BÄCKEREI $

(Karte S. 910; www.jpchocolates.com; Bellagio; Snacks & Getränke 4–11 US$; ⊙ Mo–Do 6–23, Fr–So bis 24 Uhr; 👪) Die grandiose Feinbäckerei steht im *Guinness-Buch der Rekorde*, dafür sorgt der weltweit größte Schokobrunnen hinter den Fenstern vorne. Bekannt ist sie für ihre fantastische Auswahl an Sorbets, Eis, Gebäck und Pralinen. Kaffee und Espresso übertreffen den niedrigen Standard am Strip.

★ Grand Wok CHINESISCH $$

(Karte S. 909; ☎ 702-891-7879; www.mgmgrand.com/en/restaurants.html; MGM Grand; Hauptgerichte 12–28 US$; ⊙ So–Do 11–22, Fr & Sa bis 23 Uhr) Der Grand Wok ist seit über 25 Jahren im Geschäft und serviert mit die besten panasiatischen Gerichte diesseits des Fernen Ostens. Der gebratene Reis mit Knoblauch, Garnelen und getrockneten Jakobsmuscheln ist einfach sensationell.

★ Burger Bar AMERIKANISCH $$

(Karte S. 910; ☎ 702-632-9364; www.burger-bar.com; Shoppes at Mandalay Place; Hauptgerichte 10–60 US$; ⊙ So–Do 11–23, Fr & Sa bis 1 Uhr; P ❄ 👪) Seit wann kann ein Hamburger 60 US$ kosten? Wenn er mit Kobe-Rindfleisch, sautierter Foie gras und Trüffelsoße zubereitet wird: Das ist der Rossini-Burger, die Spezialität des Chefkochs Hubert Keller. Die meisten Angebote sind bodenständiger – die Gäste wählen ihren eigenen Belag und genießen dazu dünne Pommes und einen Milchshake mit Schuss oder ein Beer Float (Bier mit Eiscreme).

★ Virgil's Real BBQ BARBECUE $$

(Karte S. 910; ☎ 702-389-7400; www.virgilsbbq.com/locations/las-vegas; LINQ Promenade; Hauptgerichte 10–24 US$; ⊙ 10–2 Uhr) Wenn man noch nie echte Südstaaten-Küche probiert hat und keine großen Portionen von leckerem rauchigen Fleisch, Baby Back Ribs, Käsegrütze und süßen karamellisierten Beilagen scheut, muss man einfach auf dem kürzesten Weg zu Virgil's gehen und sich bekehren lassen. Halleluja!

★ Joël Robuchon FRANZÖSISCH $$$

(Karte S. 910; ☎ 702-891-7925; www.joel-robuchon.com/en; MGM Grand; Probiermenüs 120–425 US$; ⊙ 17–22 Uhr) Der umjubelte „Koch des Jahrhunderts" führt die kulinarische Invasion der Franzosen auf dem Strip an. Die edlen Speiseräume mit Leder und Samt in direkter Nachbarschaft zu den Spieltischen des **MGM Grand's** (Karte S. 910; ☎ 877-880-0880; www.mgmgrand.com; 3799 S Las Vegas Blvd; ⊙ 24 Std.; P 👪) versprühen das Flair einer Dinnerparty in einer Pariser Villa in den 1930er-Jahren. Aufwendige Probiermenüs mit saisonalen Zutaten versprechen ein unvergessliches Erlebnis für die Geschmacksknospen – meist zu Recht!

★ Morimoto FUSION $$$

(Karte S. 910; ☎ 702-891-1111; www.mgmgrand.com; MGM Grand; Hauptgerichte 24–75 US$; ⊙ 17–22 Uhr) Die neueste Inkarnation des Fernsehkochs Masaharu Morimoto in Las Vegas ist sein gleichnamiges Vorzeigerestaurant, das seinen japanischen Wurzeln und der Küche dieser Stadt huldigt, die ihm weltweit den Rang einer Legende verschafft hat. Hier zu essen ist in jeder denkbaren Weise ein Erlebnis, das unserer Meinung nach jeden Cent wert ist.

Downtown & Abseits des Strips

★ eat. FRÜHSTÜCK $

(Karte S. 910; ☎ 702-534-1515; http://eatdtlv.com; 707 Carson Ave; Hauptgerichte 7–14 US$; ⊙ Mo–Fr 8–15, Sa & So bis 14 Uhr; ✎) 🌿 Gemeinschaftssinn und kreatives Kochen sind Grund genug, abseits der Fremont St dieses Café aufzusuchen. Wegen des Betonfußbodens und sparsamen Dekors kann es laut werden, wenn die Leute bei getrüffelten Eiersandwiches, Zimtbrötchen mit Erdbeerkompott, Po'boy-Sandwiches mit Garnelen und Schalen voller Pozole nach New-Mexico-Art mit grünem Chili und Hühnerfleisch zuschlagen.

Container Park FAST FOOD **$**
(Karte S. 910; ☎702-359-9982; www.downtowncontainerpark.com; 707 Fremont St; Gerichte 3–12 US$; ⏰Mo–Do 11–23, Fr & Sa bis 1, So 10–23 Uhr; 🚌Deuce) Die Essensverkäufer im innovativen Container Park (S. 914) bieten Speisekarten im Stil von Food Trucks, Sitzbereiche auf Terrassen unter freiem Himmel, lange Öffnungszeiten und ein kulinarisches Angebot, das für jeden Geschmack etwas bereithält. Bei unserem letzten Besuch gehörten zu der ständig wechselnden Auswahl die mexikanischen Aromen von **Pinches Tacos**, Barbecue nach Südstaatenart im **Big Ern's BBQ**, Rohkost und gesunde vegane Küche im **Simply Pure** und Salate und Panini an der Weinbar **Bin 702**.

★**Carson Kitchen** AMERIKANISCH **$$**
(Karte S. 910; ☎702-473-9523; www.carsonkitchen.com; 124 S 6th St; Tapas & Hauptgerichte 8–22 US$; ⏰Do–Sa 11.30–3, So–Mi bis 22 Uhr; 🚌Deuce) Dieses kleine Restaurant im industriellen Design mit freigelegten Balken, nackten Glühbirnen und klobigen Gemeinschaftstischen ist bei Kennern von Downtown angesagt, wenn diese dem Getümmel der Fremont St oder den hohen Preisen am Strip entkommen wollen. Auf hervorragenden Tellern zum Teilen wird bunter Blumenkohl, Wassermelone und Fetasalat sowie dekadente Käsemakaroni serviert. Es gibt außerdem eine kreative Getränkekarte.

★**Andiamo Steakhouse** STEAK **$$$**
(Karte S. 910; ☎702-388-2220; www.thed.com; 301 Fremont St E, The D; Hauptgerichte 24–79 US$; ⏰17–23 Uhr; 🚌Deuce, SDX) Unter allen Steakhäusern alter Schule in Downtown ist derzeit Joe Vicaris Andiamo Steakhouse am beliebtesten. Über dem Kasino geben reich gepolsterte, halbrunde Nischen und äußerst höfliche Kellner den Ton an für eine klassische italienische Steakhouseschlemmerei. Hier gibt's Surf-and-Turf-Platten, hausgemachte Pasta und einen Dessertwagen. Auf der umfangreichen Karte stehen kalifornische und europäische Weine. Reservierung empfehlenswert.

La Comida MEXIKANISCH **$$**
(Karte S. 910; ☎702-463-9900; www.lacomidalv.com; 100 6th St; Hauptgerichte 13–22 US$; ⏰Di–Do 12–22.30, Fr & Sa bis 24 Uhr, So bis 23 Uhr) La Comida („Familienmahlzeit") legt Wert auf einfache, kulturell authentische Gerichte (Suppen, Salate, Tacos, Enchiladas), dargeboten in einer herzlichen, geselligen und familiären Atmosphäre. Warum nicht einige Tequilas zu dem Mix (das Restaurant hat mehr Sorten als Sitzplätze), pur oder in süßen oder salzigen Margaritas, geben, damit der Abend in Downtown richtig in Fahrt kommt?

Ausgehen & Nachtleben

The Strip

★**Fireside Lounge** LOUNGE
(Karte S. 910; ☎702-735-7635; www.peppermilllasvegas.com; 2985 Las Vegas Blvd S, Peppermill; ⏰24 Std.; 🚌Deuce) Draußen blendet schrille Neonreklame, drinnen, im winzigen **Peppermill**-Kasino (Hauptgerichte 8–32 US$; ⏰24 Std.), lockt hingegen der faszinierendste Retro-Laden am Strip. Verliebte Pärchen schätzen die in den Boden eingelassene Feuerstelle, die künstliche tropische Pflanzenwelt und die riesigen „Scorpion"-Cocktails, die von Kellnern in schicker Abendrobe serviert werden.

★**Chandelier Lounge** COCKTAILBAR
(Karte S. 910; 702-698-7979; www.cosmopolitanlasvegas.com/lounges-bars/chandelier; Cosmopolitan; ⏰24 Std.; 🚌Deuce) Das hoch oben thronende Herzstück des Cosmopolitan (S. 909) ist diese märchenhafte Cocktailbar. Sie verbindet Innovation mit Ästhetik und besteht aus drei Etagen, die durch romantisch geschwungene Treppen miteinander verbunden und in ein glitzerndes Netz aus Glasperlen gehüllt sind. Im zweiten Stock gibt's molekulare Cocktails (wie wär's mit einem Martini mit flüssigem Stickstoff?), während oben blumig-fruchtige Kreationen ausgeschenkt werden.

★**Chateau Nightclub & Gardens** BAR
(Karte S. 910; ☎702-776-7770; www.chateaunights.com; Paris Las Vegas; ⏰Mi, Fr & Sa 22–4 Uhr) Vor allem Hip-Hop wird in dieser Dachlandschaft gespielt, die wie die Pariser Parks gestaltet ist. Die Ausblicke über den Strip von den gestuften Terrassen im Freien sind traumhaft, während sich drinnen Go-go-Tänzerinnen auf der kleinen Tanzfläche drehen, die sogar an Wochenenden halb leer sein kann. An Sommertagen verwandelt sich der Loungebereich auf der Außenterrasse manchmal in einen Biergarten.

Downtown & Abseits des Strips

Lust auf die Gesellschaft Einheimischer? Zahlreiche neue und interessante Bars und Cafés öffnen an der E Fremont St, der besten Alternative zum Strip.

★ Beauty Bar BAR

(Karte S. 910; ☎702-598-3757; www.thebeautybar.com; 517 Fremont St E; Gedeck frei–10 US$; ⏲21–4 Uhr; 🚌Deuce) In der geretteten Einrichtung eines Friseursalons aus den 1950er-Jahren in New Jersey kann man einen Cocktail schlürfen oder einfach mit den coolen Leuten chillen. DJs and Livebands wechseln sich jede Nacht ab und bringen alles von Tiki-Lounge-Klängen, Disco und Hits der 1980e-Jahre bis zu Punk, Metal, Glam- und Indie-Rock. Auf der Website findet man besondere Events wie „Karate Karaoke“. Oft wird kein Eintrittsgeld verlangt.

★ Gold Spike BAR

(Karte S. 910; ☎702-476-1082; www.goldspike.com; 217 N Las Vegas Blvd; ⏲24 Std.) Mit seinem Spielzimmer, Wohnzimmer und Hinterhof ist das Gold Spike vieles: Bar, Nachtclub, Aufführungsraum, Arbeitsbereich; manchmal Gastgeber von Roller Derbys, Discos, Livebands oder Tanzpartys – oder auch einfach ein Ort, um mit entspanntem Personal Sonne zu tanken und dem üblichen Betrieb von Las Vegas zu entkommen.

☆ Unterhaltung

In Las Vegas wird immer jede Menge geboten. Ticketmaster (www.ticketmaster.com) verkauft Tickets für fast alle Veranstaltungen. **Tix 4 Tonight** (Karte S. 910; ☎877-849-4868; www.tix4tonight.com; 3200 S Las Vegas Blvd, Fashion Show Mall; ⏲10–20 Uhr) bietet Karten zum halben Preis für eine begrenzte Auswahl von Vorstellungen am selben Tag sowie kleine Rabatte auf Shows, die „ständig ausverkauft“ sind.

Nachtclubs & Livemusik

Nachtclubs sind ernstzunehmende Unternehmen in Las Vegas. Die Eintrittspreise schwanken stark; es kommt immer wieder auf die Laune des Personals am Eingang an, auf das Verhältnis zwischen Frauen und Männern und darauf, wie voll es ist. Wer im Voraus beim VIP Host des jeweiligen Clubs reserviert, erspart sich die Warteschlange. Die meisten größeren Läden beschäftigen am späten Nachmittag und frühen Abend Türpersonal. Oft haben Hotel-Concierges kostenlose Eintrittskarten für die Clubs oder nehmen Reservierungen vor. Beim „Bottle Service“ erspart man sich in der Regel Eintrittsgelder und Wartezeiten, allerdings ist dieser sehr teuer.

Legends in Concert LIVEMUSIK

(Karte S. 910; ☎702-777-2782; www.legendsinconcert.com; Flamingo; Erw./Kind ab 58/36 US$; ⏲Shows 16, 19.30 & 21.30 Uhr) Die Top-Showproduktion von Las Vegas zeigt wirklich talentierte singende und tanzende Künstler, die berühmte Stars imitieren, denen sie zum Verwechseln ähneln, z. B. die Beatles, Elvis, Madonna, James Brown, Britney Spears, Shania Twain und viele mehr.

★ Foundation Room CLUB

(Karte S. 910; ☎702-632-7601; www.houseofblues.com; Mandalay Bay; Gedeck meist 30 US$; ⏲17–2 Uhr) In dem anspruchsvollen Nachtclub von **House of Blues'** (☎702-632-7600; ⏲Ticketschalter 9–21 Uhr) finden DJ-Partys und besondere Events in einer stilvollen Location, einer halb gotischen Villa, halb Hindutempel, statt. Die weiten Blicke auf den Strip sind genauso beeindruckend wie das Dekor. Club-Promoter rund um das Kasino geben „two-for-one“-Getränkegutscheine und freie Eintrittskarten aus. Der Dress-Code wird ernst genommen.

XS CLUB

(Karte S. 910; ☎702-770-0097; www.xslasvegas.com; Encore; Eintritt 20–50 US$; ⏲Fr & Sa 22–4, So ab 21.30, Mo ab 22.30 Uhr) XS ist der angesagteste Nachtclub in Vegas – zumindest vorerst. Zum Programm gehören extravagantes goldenes Dekor, pompöses Design und eine gut besuchte Cocktailbar, über der äußerst kurvige überlebensgroße weibliche Torsos thronen. Bekannte Elektro-DJs bringen die

DIE BESTEN BÜFETTS

Extravagante All-you-can-eat-Büfetts haben in Sin City Tradition. Zu den besten gehören:

Bacchanal Buffet (3570 Las Vegas Blvd S, Caesars Palace; 40–58 US$/Erw., 8–22 Uhr)

Wicked Spoon Buffet (3708 Las Vegas Blvd S, Cosmopolitan; 28–52 US$/Erw., 8–21 Uhr)

Buffet at Bellagio (3600 Las Vegas Blvd S; Bellagio; 39–54 US$/Erw., 7–10 Uhr)

Tanzfläche zum Beben, während zahlungskräftige Gäste in privaten Hütten am Pool den VIP-Bottle-Service in Anspruch nehmen.

★ **Surrender** CLUB
(Karte S. 910; ☎702-770-7300; www.surrendernightclub.com; Encore; Gedeck 20–40 US$; ⊙ Mi, Fr & Sa 22.30–4 Uhr) Safrangelbe Seidentapeten, senffarbene Sitzbänke, ein Eingang mit leuchtend gelbem Kunstleder und eine schimmernde Schlange an der Wand hinter der Bar – auch ein Clubmuffel wird zugeben, dass dies ein gnadenlos schöner Ort ist, um rumzuhängen. Man spielt Blackjack oder treibt sich im Sommer nach Einbruch der Dunkelheit einfach am Pool herum. Musiker und DJs, die Elektro-Musik und Hip Hop auflegen, sorgen für Massenandrang.

Shows

Bei Hunderten Shows hat man in Vegas die Qual der Wahl. Die Auftritte des Cirque du Soleil sind aber alle unvergesslich.

★ **Le Rêve the Dream** THEATER
(Karte S. 910; ☎702-770-9966; http://boxoffice.wynnlasvegas.com; Wynn; Tickets 105–205 US$; ⊙ Shows Fr–Di 19 & 21.30 Uhr) Unterwasserakrobatik von erfahrenen Tauchern sind das Herzstücke dieses runden Wassertheaters, das aus einem 3 800 000 l Wasser fassenden Becken besteht. Kritiker bezeichnen es als eine wenig inspirierte Version von *O*, der Wassershow des Cirque du Soleil, während begeisterte Fans vom romantischen Unterwassertango, den spektakulären Sprüngen und den visuellen Abenteuern begeistert sind. Die günstigsten Plätze befinden sich in der „Splash Zone".

★ **O** THEATER
(Karte S. 910; ☎888-488-7111; www.cirquedusoleil.com; Bellagio; Tickets 99–185 US$; ⊙ Mi–So 19 & 21.30 Uhr) Phonetisch steht es für das französische Wort für Wasser *(eau)*. Mit einer geschmeidigen internationalen Besetzung, die in, auf und über dem Wasser agiert, erzählt das *O* des Cirque du Soleil die Geschichte des Theaters durch die Zeiten hinweg. Es ist ein spektakuläres Meisterstück der Imagination und Technik, und man zahlt viel dafür, um das Spektakel zu sehen – es ist eine der wenigen Shows am Strip, die selten ermäßigte Tickets verkauft.

★ **Blue Man Group** LIVEPERFORMANCE
(Karte S. 910; ☎702-262-4400; www.blueman.com; Luxor; Tickets 80–190 US$; ⊙ Shows um 19 & 21.30 Uhr; 👪) Kunst, Musik und Technik werden mit einem Schuss Comedy in einer der beliebtesten und familienfreundlichsten Shows von Las Vegas im **Luxor** (☎702-262-4000; www.luxor.com; 3900 S Las Vegas Blvd; ⊙ 24 Std.; P) verbunden.

★ **Aces of Comedy** COMEDY
(Karte S. 910; ☎702-792-7777; www.mirage.com; Mirage; Tickets 40–100 US$; ⊙ wechselnde Zeiten, Ticketschalter Do–Mo 10–22, Di & Mi bis 20 Uhr) Man wird kaum eine bessere Zusammenstellung unter der Crème de la Crème der Stand-up-Komiker finden wie jene, die ganzjährig im **Mirage** (☎702-791-7111; 3400 S Las Vegas Blvd; ⊙ 24 Std.; P) auftreten: Hier kommen Stars wie Jay Leno, Kathy Griffin und Lewis Black auf die Bühne. Tickets kann man im Voraus online oder telefonisch kaufen. Alternativ geht man zum Ticketschalter des **Cirque du Soleil** (☎877-924-7783; www.cirquedusoleil.com/las-vegas; reduzierte Tickets ab 49 US$, Normalpreis ab 69 US$) im Mirage.

Shoppen

★ **Las Vegas Premium Outlets North** EINKAUFSZENTRUM
(☎702-474-7500; www.premiumoutlets.com/vegasnorth; 875 S Grand Central Pkwy; ⊙ Mo–Sa 9–21, So bis 20 Uhr; 👪; 🚌 SDX) Las Vegas' teuerste Outlet-Mall beherbergt 120 Geschäfte, von denen die meisten Luxusmarken sind, z. B. Armani, Brooks Brothers, Diane Von Furstenberg, Elle Tahari, Kate Spade, Michael Kors, Theory und Tory Burch. Daneben gibt's auch legere Marken wie Banana Republic und Diesel.

Retro Vegas VINTAGE
(☎702-384-2700; www.retro-vegas.com; 1131 S Main St; ⊙ Mo–Sa 11–18, So 12–17 Uhr; 🚌 108, Deuce) In der Nähe des 18b Arts District in Downtown ist das flamingorosa angestrichene Antiquitätengeschäft der beste Ort, um Prachtstücke aus der Mitte des 20. Jhs., den Swinging Sixties und den 1970er-Jahren zu finden. Die Palette reicht dabei von Kunstwerken bis hin zum Wohndekor.

Fashion Show EINKAUFSZENTRUM
(Karte S. 910; ☎702-369-8382; www.thefashionshow.com; 3200 S Las Vegas Blvd; ⊙ Mo–Sa 10–21, So 11–19 Uhr; 👪) Nevadas größte Mall sticht ins Auge: Bekrönt von der „Cloud", einem silbernen Multimediadach in Form eines flachen Hutes, beherbergt sie über 250 Kettengeschäfte und Warenhäuser. Zu den angesagten europäischen Ergänzungen des massentauglichen Angebots gehören

der britische Modefabrikant Topshop (bzw. Topman für Herren). Freitags, samstags und sonntags finden zwischen 12 und 17 Uhr jede Stunde Modenschauen statt.

Grand Canal Shoppes at the Venetian EINKAUFSZENTRUM

(Karte S. 910; ☎702-414-4525; www.grandcanalshoppes.com; 3377 S Las Vegas Blvd, Venetian; ⌚So–Do 10–23, Fr & Sa bis 24 Uhr) Hier kann man gemalte Musiker und Gaukler sowie ulkige lebende Statuen auf der Piazza San Marco bewundern, während Gondeln in den Kanälen vorbeigleiten und mezzosoprane Serenaden Besucher beschallen. In der luftigen italienisch inspirierten Mall, geschmückt mit Fresken, führen kopfsteingepflasterte Wege vorbei an Geschäften von Burberry, Godiva, Sephora sowie 85 weiteren Luxusläden.

ℹ Praktische Informationen

INTERNETZUGANG & MEDIEN

Die meisten Kasinohotels stellen eine Gebühr von bis zu 15 US$/Tag in Rechnung (manchmal ist nur verkabelter Internetzugang verfügbar). Kostenloses WLAN ist eher abseits des Strips vorhanden. Billige Internet-Cafés verstecken sich in Souvenirshops am Strip und am Maryland Pkwy gegenüber dem UNLV-Campus.

Zeitungen & Zeitschriften *Las Vegas Review Journal* (www.reviewjournal.com), *Las Vegas Weekly* (www.lasvegasweekly.com), *Las Vegas Life* (www.lvlife.com).

Radio National Public Radio (NPR), unteres Ende der UKW-Einstellung.

TV PBS (öffentlich rechtliches Fernsehen); Kabel: CNN (Nachrichten), ESPN (Sport), HBO (Filme), Wetterkanal.

DVDs Nur für Region 1 kodiert (USA und Kanada).

NOTFALL & MEDIZINISCHE VERSORGUNG

Polizei (☎911 (im Notfall) oder 702-828-3111)

Sunrise Hospital & Medical Center (☎702-731-8000; http://sunrisehospital.com; 3186 S Maryland Pkwy; ⌚24 Std.) Spezielle Traumaabteilung für Kinder und rund um die Uhr besetzte Notfallaufnahme.

University Medical Center (UMC; ☎702-383-2000; www.umcsn.com; 1800 W Charleston Blvd; ⌚24 Std.) Süd-Nevadas bestes Traumazentrum; die Notfallaufnahme ist rund um die Uhr besetzt.

POST

Post Office (Karte S. 910; ☎702-382-5779; www.usps.com; 201 S Las Vegas Blvd; ⌚Mo–Fr 9–17 Uhr)

TOURISTENINFORMATION

Zu den Websites mit Reiseinformationen und Buchungsservice gehören www.lasvegas.com und www.vegas.com.

Las Vegas Convention & Visitors Authority (LVCVA; Karte S. 910; ☎702-892-7575; www.lasvegas.com; 3150 Paradise Rd; ⌚Mo–Fr 8–17.30 Uhr; Las Vegas Convention Center)

ℹ Anreise & Unterwegs vor Ort

Der **McCarran International Airport** (LAS; Karte S. 910; ☎702-261-5211; www.mccarran.com; 5757 Wayne Newton Blvd; 📶) liegt in unmittelbarer Nähe vom Südende des Strips. Eine kostenlose, rollstuhlgerechte Tram verbindet die entfernteren Gates, während kostenlose Shuttlebusse die Terminals 1 und 3 sowie das **McCarran Rent-a-Car Center** (☎702-261-6001; www.mccarran.com/go/rentalcars.aspx; 7135 Gillespie St; ⌚24 Std.) miteinander vernetzen.

Shuttlebusse fahren zu Hotels am Strip ab 7 US$ (einfache Strecke) sowie ab 9 US$ zu Hotels in Downtown und abseits vom Strip. Ein Taxi zum Strip kostet mindestens 20 US$ plus Trinkgeld – sagen Sie dem Fahrer, er soll über Landstraßen fahren und nicht durch den Zubringertunnel von der I-15.

Die Fernbusse von **Greyhound** verbinden Las Vegas mit Reno (81 US$, 9½ Std.) und Salt Lake City (ab 48 US$, 8 Std.). Sie fahren auch zu regulär ermäßigten Angeboten von/nach Los Angeles (ab 11 US$, 5 bis 8 Stunden). Man steigt an einer Station in Downtown nahe Fremont Street Experience aus. Um zum Strip zu kommen, nimmt man einen **SDX**-Bus Richtung Süden (2-Stunden-Ticket 6 US$).

Tageskarten für die rund um die Uhr verkehrenden **Deuce**-Busse und die schnelleren (allerdings nicht den ganzen Tag und auch nicht zu allen Kasinos fahrenden) **SDX**-Busse sind ausgezeichnete Möglichkeiten, wenn man herumkommen möchte.

Rund um Las Vegas

Der **Lake Mead** und der **Hoover Dam** sind die meistbesuchten Attraktionen der **Lake Mead National Recreation Area** (☎Infoschalter 702-293-8906, Visitor Center 702-293-8990; www.nps.gov/lake; Lakeshore Scenic Dr; Auto 10 US$/7 Tage; ⌚24 Std.; 👪). Zu dem Erholungsgebiet gehören neben dem 110 Meilen (177 km) langen Lake Mead der 67 Meilen (108 km) lange Lake Mohave sowie die riesigen Wüstengebiete rund um die Seen. Das exzellente **Visitor Center** (Alan Bible Visitor Center; ☎702-293-8990; www.nps.gov/lake; Lakeshore Scenic Dr, beim US Hwy 93; ⌚9–16.30 Uhr) am Hwy 93 auf halber Strecke zwischen

VALLEY OF FIRE STATE PARK

Es sind rund 50 Meilen (80 km) vom Fremont Street Experience (S. 914) zum Visitor Center im **Valley of Fire State Park** (☎ 702-397-2088; www.parks.nv.gov/parks/valley-of-fire; 29450 Valley of Fire Hwy, Overton; 10 US$/Fahrzeug; ⏲ Visitor Center 8.30–16.30 Uhr, Park 7–19 Uhr). Das empfiehlt sich als erste Anlaufstation, um herauszufinden, wie man am besten dieses Meisterwerk der Wüstenszenerie im Südwesten mit 16 000 ha rotem Aztekensandstein, versteinerten Bäumen und alten indianischen Petroglyphen (am Atlatl Rock) bewältigt. Der 1935 eingeweihte Park war Nevadas erster State Park. Seine psychedelische Landschaft wurde über Jahrtausende von Wind und Wasser geformt.

Boulder City und dem Hoover Dam hat Informationen zu Freizeitaktivitäten und der Wüste. Von hier schlängelt sich die North Shore Rd um den See – eine wirklich malerische Route.

Der in einem weichen Bogen verlaufende, 220 m hohe **Hoover Dam** (☎ 702-494-2517, 866-730-9097; www.usbr.gov/lc/hooverdam; beim Hwy 93; Eintritt Visitor Center inkl. Parkgebühr 10 US$; ⏲ April–Okt. 9–18 Uhr, Nov.–März bis 17 Uhr; 👪), ein Bauwerk im Art-déco-Stil, überspannt die Grenze zwischen Arizona und Nevada und schafft einen großartigen Kontrast zur kargen Landschaft. Sehr lohnenswert ist ein Abstecher zur **Mike O'Callaghan-Pat Tillman Memorial Bridge** (Hwy 93). Der Fußgängerweg der Brücke gewährt wunderschöne Blicke stromabwärts auf den Hoover Dam.

In der Innenstadt im nahen Boulder City lädt das **Milo's** (☎ 702-293-9540; www.milosbouldercity.com; 534 Nevada Hwy; Hauptgerichte 9–14 US$; ⏲ So–Do 11–22, Fr & Sa bis 23 Uhr) zu einem entspannten Mittag- oder Abendessen ein. Die frischen Sandwiches, Salate und Gourmet-Käseplatten werden an Straßentischen vor der Weinbar serviert.

West-Nevada

Der Westen des Staates, durchzogen von der Sierra Nevada mit ihren Koniferen, fällt bei Genoa steil ab. Es ist eine weitläufige baumlose Steppe, bewachsen von Beifuß, der seinen üppigen grüngrauen Teppich über die hügeligen Ebenen des Great Basin breitet. Vom Sandstrand des Lake Tahoe bis zum historischen Dörfchen Virginia City, der beständigen Eleganz von Carson City, dem kleinen Reno, Burning Man, Black Rock und mehr, bietet der Westen Nevadas jede Menge Abwechslung.

Reno

In Renos Downtown können Besucher morgens in einem der zwei Dutzend Kasinos spielen, dann die Straße hinunterlaufen und die Stromschnellen im Truckee River Whitewater Park in Angriff nehmen. Genau diese Kontraste machen den Reiz der „größten Kleinstadt der Welt" aus, die sowohl ihre Glücksspielwurzeln hochhält als auch als erstklassige Ausgangsbasis für Outdoor-Abenteuer bekannt ist. Die Sierra Nevada Mountains und der Lake Tahoe sind nicht einmal eine Autostunde entfernt, und die Region wartet mit jeder Menge Seen, Wanderwegen und Skigebieten auf. Kasinos sammeln sich im Zentrum in der N Virginia St zwischen der I-80 und dem Truckee River; südlich des Flusses geht die Straße in die S Virginia St über.

Sehenswertes

★ **National Automobile Museum** MUSEUM
(☎ 775-333-9300; www.automuseum.org; 10 S Lake St; Erw./Kind 6–18 J. 10/4 US$; ⏲ Mo–Sa 9.30–17.30, So 10–16 Uhr) In diesem fesselnden Museum illustrieren stilisierte Straßenszenen ein Jahrhundert Automobilgeschichte. Die riesige eindrucksvolle Sammlung umfasst einzigartige Fahrzeuge wie James Deans Mercury von 1949 aus dem Film *… denn sie wissen nicht, was sie tun*, einen Phantom Corsair aus dem Jahr 1938 und einen DeLorean mit einem Überzug aus 24-karätigem Gold. Zudem zeigen Wechselausstellungen alle möglichen frisierten und wunderbar altmodischen Gefährte.

★ **Atlantis** KASINO
(☎ 775-825-4700; www.atlantiscasino.com; 3800 S Virginia St; ⏲ 24 Std.) Während es von außen wie die Kulisse eines zweitklassigen Films der 1970er-Jahre aussieht, ist das der sagenhaften Unterwasserstadt nachgebildete Atlantis innen das reine Vergnügen mit Spiegeldecke und tropischem Flair dank Wasserfällen und Palmen. Es ist eines der beliebtesten Angebote in Reno, obwohl es sich nicht in der Innenstadt befindet.

★ Discovery MUSEUM

(Terry Lee Wells Nevada Discovery Museum; ☎775-786-1000; www.nvdm.org; 490 S Center St; Eintritt 10 US$, Mi nach 16 Uhr 5 US$; ⌚Di, Do–Sa 10–17, Mi bis 20, So 12–17 Uhr; P) Seit der Eröffnung als Kindermuseum 2011 hat das Discovery rasch an Zuspruch gewonnen und seinen Schwerpunkt erweitert. Heute ist es ein interaktives Zentrum von Weltklasse für Wissenschaft, Technologie, Ingenieurwesen, Kunst und mathematische Bildung. Die 11 Dauerausstellungen animieren Kinder und junge Erwachsene zum Mitmachen, um so spielerisch Interesse an diesen Fächern zu wecken.

Nevada Museum of Art MUSEUM

(☎775-329-3333; www.nevadaart.org; 160 W Liberty St; Erw./Kind 6–12 Jahre 10/1 US$; ⌚Mi & Fr–So 10–17, Do bis 20 Uhr) In einem funkelnden Bau, inspiriert von den geologischen Formationen der Black Rock Desert nördlich der Stadt, führt eine freitragende Treppe zu den Galerien, die Wechselausstellungen und abwechslungsreiche Sammlungen zum Westen der USA, zum Alltag und zu moderner Landschaftsfotografie präsentieren. 2016 eröffnete das Museum seinen 6,2 Mio. Dollar teuren Funktionsbereich Sky Room. Besuchern steht es frei, den Sky Room – im Grunde ein sagenhaftes Penthouse und Patio auf dem Dach mit super Aussicht – zu erkunden und zu genießen (vorausgesetzt, er wird nicht gerade genutzt).

Silver Legacy KASINO

(☎775-329-4777; www.silverlegacyreno.com; 407 N Virginia St; ⌚24 Std.) Das viktorianisch anmutende Silver Legacy ist anhand der auffälligen weißen Kuppel leicht zu erkennen. Hin und wieder wird der riesige nachgebaute Förderturm zur Kulisse für eine bescheidene Sound-and-Light-Show. Der Turm des Kasinohotels ist nachts gewöhnlich smaragdgrün angestrahlt und erinnert an etwas aus *Der Zauberer von Oz*.

Galena Creek Recreation Area NATURSCHUTZGEBIET

(☎775-849-4948; www.galenacreekvisitorcenter.org/trail-map.html; 18250 Mt Rose Hwy) Nur 19 Meilen (30 km) von Reno entfernt führt ein komplexes Netz aus reizvollen Wanderwegen, das an diesem Erholungsgebiet im Humboldt-Toiyabe National Forest beginnt, mitten in die Wildnis. Im **Galena Creek Visitor Center** bekommt man Informationen über die aktuellen Bedingungen und wird freundlich beraten.

Aktivitäten

Von Reno aus fährt man 30 bis 60 Minuten bis zu den Skigebieten beim Lake Tahoe. In vielen Hotels und Kasinos gibt's Pauschalangebote für Übernachtungen plus Skifahren.

Im städtisch verwalteten Truckee River Whitewater Park (www.reno.gov), wenige Schritte von den Kasinos entfernt, sind die Stromschnellen der Kategorien II und III sowohl für Kinder zur Fahrt mit einem Gummischlauch (Tubing) als auch für professionelle Kajakfahrer geeignet. Zwei Parcours führen um Wingfield Park herum, eine kleine Flussinsel, auf der im Sommer kostenlose Konzerte stattfinden. **Tahoe Whitewater Tours** (☎775-787-5000; www.gowhitewater.com; 400 Island Ave; 2 Std. Kajakverleih/-Tour ab 48/68 US$) und **Sierra Adventures** (☎866-323-8928, 775-323-8928; www.wildsierra.com; Truckee River Lane; Kajakverleih ab 22 US$) bieten Kajakausflüge und -kurse an.

Schlafen

Die Übernachtungspreise schwanken stark. Am günstigsten kommt man normalerweise sonntags bis donnerstags davon, die Freitage sind teurer, und an Samstagen zahlt man manchmal dreimal so viel wie werktags.

Im Sommer lädt der **Mt. Rose** (☎877-444-6777; www.recreation.gov; Mt Rose Hwy/Hwy 431; Stellplatz Wohnmobil & Zelt 20–50 US$; ⌚Mitte Juni–Sept.; P) zum Zelten in luftigen Höhen ein. Traumhaft!

Sands Regency HOTEL $

(☎775-348-2200; www.sandsregency.com; 345 N Arlington Ave; Zi. So–Do ab 49 US$, Fr & Sa ab 89 US$; P) Die Zimmer im Sands gehören zu den größten Standardquartieren der Stadt und sind mit ihren fröhlichen tropischen Blau-, Rot- und Grüntönen eine erfrischende Abwechslung zum üblichen Motel-Dekor. Am schönsten sind die Zimmer im Empress Tower. Im Fitnessbereich und im Jacuzzi im 17. Stock hat man traumhafte Panoramablicke über die Berge. Im Sommer können die Gäste einen Außenpool nutzen.

Peppermill KASINOHOTEL $

(☎775-826-2121; www.peppermillreno.com; 2707 S Virginia St; Zi. So–Do ab 69 US$, Fr & Sa ab 149 US$; P) Das sehr beliebte Peppermill versprüht eine Extravaganz, die an Vegas erinnert. Neben Suiten im toskanischen Stil in einem 600 Zimmer fassenden Tower, dem neuesten Bau der Anlage, gehören schicke renovierte Quartiere auf dem übrigen Komplex zum Angebot. Die zwei glitzernden Pools (darunter ein Innenbecken) sind traumhaft, zudem gibt's ein komplett ausgestattetes Spa. Geothermische Energie sorgt für Warmwasser und Heizung. Die Resortgebühr pro Nacht beträgt 20 US$.

★ Whitney Peak DESIGNHOTEL **$$**
(☎775-398-5400; www.whitneypeakhotel.com; 255 N Virginia St; DZ ab 129 US$; P❄📶) 🍃 Dieses unabhängige, originelle, flippige und freundliche Nichtraucherhotel ohne Kasino in der Stadtmitte muss einem einfach gefallen. Die geräumigen Gästezimmer haben eine jugendlich fröhliche, an der freien Natur orientierte Ausstrahlung; auch haben die Designer an das leibliche Wohl gedacht. Mit Konferenzräumen, Lounge, kostenloser Benutzung der Kletterwand, einem bemerkenswerten Restaurant vor Ort und freundlichem und kompetentem Personal ist Whitney Park kaum zu überbieten.

Essen

★ Gold 'n Silver Inn DINER **$**
(☎775-323-2696; www.goldnsilverreno.com; 790 W 4th St; Hauptgerichte 6–20 US$; ⏲24 Std.) Seit über 50 Jahren aus Reno nicht wegzudenken, bietet dieser etwas heruntergekommene, aber superfreundliche und rund um die Uhr geöffnete Diner eine umfangreiche Karte mit typisch amerikanischen Gerichten wie Hackbraten, Tellergerichten, ganztägigem Frühstück und Burger – von den wirklich unglaublichen Karamell-Milchshakes ganz zu schweigen.

★ Old Granite Street Eatery AMERIKANISCH **$$**
(☎775-622-3222; www.oldgranitestreeteatery.com; 243 S Sierra St; Hauptgerichte abends 12–29 US$; ⏲Mo–Do 11–22, Fr bis 23, Sa 10–23, So bis 15 Uhr; 🍷) Das charmante, helle Restaurant serviert inmitten zahlreicher Antiquitäten Wohlfühlgerichte aus regionalen Bio-Zutaten, altmodische Cocktails und Craft-Biere. Die Gäste lieben die stattliche Holzbar, den Umstand, dass das Wasser in alten Likörflaschen kredenzt wird, und die umfangreiche saisonale Speisekarte. Keine Reservierung? Dann kann man sich die Wandbilder mit Hähnen und Schweinen ansehen und an einem Gemeinschaftstisch, bestehend aus einer umgebauten Stalltür, auf einen Tisch warten.

Louis' Basque Corner BASKISCH **$$**
(☎775-323-7203; www.louisbasquecorner.com; 301 E 4th St; Abendmenü 12–29 US$; ⏲Di–Sa 11–21.30, So & Mo 16–21.30 Uhr) Hier genießt man an einem großen Tisch voller Menschen, die man nie zuvor gesehen hat, Lamm, Kaninchen, Kalbsbries und noch mehr Lamm. Täglich wird ein anderes zusammengestelltes Menü angeboten und im Fenster ausgestellt.

★ Wild River Grille GRILL **$$**
(☎775-847-455; www.wildrivergrille.com; 17 S Virginia St; Hauptgerichte mittags 11–16 US$, abends 21–37 US$; ⏲11–21 Uhr; 🍷) Im Wild River Grille lieben die Gästen die raffiniertlässigen Speisen und das vielfältige Angebot einer kreativen Küche, von Gruyère-Kroketten bis zu Hummer-Ravioli, aber vor allem die wunderbare Terrasse mit Blick auf den Truckee River. Es ist auch der beste Ort in der Stadt für einen Drink an einem lauen Sommerabend oder für ein Rendezvous.

Ausgehen & Nachtleben

★ Pignic BAR
(☎775-376-1948; www.renoriver.org/pignic-pub-patio; 235 Flint St; ⏲15–23 Uhr) Dieses tolle kleine Lokal erhält Punkte für seine Originalität: Ehemals ein Wohnhaus hat es ein einfaches Konzept. Man bringt sein eigenes Essen mit und grillt es hier, die Getränke kauft man an der Bar. Es ist gesellig, freundlich und hält die Werte von Freunden, Familie und Gemeinschaft hoch. Hier wartet jede Menge Spaß.

Unterhaltung

Die beste Infoquelle für Veranstaltungen ist das kostenlose Wochenmagazin *Reno News & Review* (www.newsreview.com).

Knitting Factory LIVEMUSIK
(☎775-323-5648; http://re.knittingfactory.com; 211 N Virginia St) In der mittelgroßen Konzertstätte stehen Mainstream und Indie-Klassiker auf dem Programm.

Praktische Informationen

Reno-Sparks Convention & Visitors Authority Visitor Center (☎775-682-3800; www.visitrenotahoe.com; 135 N Sierra St; ⏲9–18 Uhr)

Anreise & Unterwegs vor Ort

Der **Reno-Tahoe International Airport** (RNO; www.renoairport.com; 📶), etwa 5 Meilen (8 km) südöstlich von Downtown, wird von den meisten großen Fluglinien mit Anschlüssen an die nationalen und internationalen Strecken angeflogen.

Der **North Lake Tahoe Express** (☎866-216-5222; www.northlaketahoeexpress.com; einfache Strecke 49 US$) betreibt ein Shuttle (ca.

6–8-mal tgl., 3.30–24 Uhr), das zwischen dem Flughafen und verschiedenen Ortschaften am Nordufer des Lake Tahoe verkehrt. Der **South Tahoe Airporter** (☎866-898-2463; www.southtahoeairporter.com; Erw./Kind einfache Strecke 29,75/16,75 US$, Rundreise 53/30,25 US$) betreibt mehrere tägliche Shuttlebusse vom Flughafen zu den Kasinos in Stateline. Die Kasinohotels bieten in der Regel häufig verkehrende kostenlose Shuttles vom und zum Flughafen für ihre Gäste an.

Greyhound (☎800-231-2222; www.greyhound.com) bietet bis zu fünf direkte Busse täglich nach Reno von San Francisco an (ab 8 US$, ab 5 Std.): Je früher man bucht, desto günstiger sind die Preise.

Der Zug von **Amtrak** (☎800-872-7245; www.amtrak.com), *California Zephyr*, fährt einmal täglich von Emeryville/San Francisco (52 US$, 6¾ Std.) nach Reno.

Die Nahverkehrsbusse von **RTC Washoe** (☎775-348-0400; www.rtcwashoe.com) decken das ganze Stadtgebiet ab. Die meisten Linien steuern die RTC 4th St Station in Downtown an (zwischen Lake St und Evans Ave).

Carson City

Von Reno oder dem Lake Tahoe bequem mit dem Auto zu erreichen, eignet sich diese unterschätzte Stadt bestens für ein Mittagessen und einen Spaziergang durch das ruhige, altmodische Zentrum.

Der **Kit Carson Blue Line Trail** führt durch hübsche baumbestandene Straßen mit charmanten historischen Häusern. Karten zu dem Weg gibt es im Visitor Center (S. 925), 1 Meile (1,6 km) südlich des Zentrums.

Mitten in der Innenstadt steht das 1870 erbaute **Nevada State Capitol** (☎775-684-5670; 101 North Carson St; ⊙Mo–Fr 8–17 Uhr) GRATIS, wo man gelegentlich den Gouverneur höchstpersönlich im Gespräch mit ein paar Bürgern antrifft. Eisenbahnfans sind im **Nevada State Railroad Museum** (☎775-687-6953; http://nvdtca.org/nevadastaterailroadmuseumcarsoncity; 2180 S Carson St; Erw./Kind unter 18 Jahren 6 US$/frei; ⊙Do–Mo 9–17 Uhr) richtig, in dem Waggons und Lokomotiven aus dem 19. bis frühen 20 Jh. ausgestellt sind.

Im einladenden **Comma Coffee** (☎775-883-2662; www.commacoffee.com; 312 S Carson St; Hauptgerichte 7–12 US$; ⊙Mo–Sa 7–20 Uhr; 📶🖉) kann man sich mittags stärken und den Politikern an den Nachbartischen lauschen. Am Abend lockt dann das **Firkin & Fox** (☎775-883-1369; www.foxbrewpub.com; 310 S Carson St; ⊙So–Do 11–24, Fr & Sa bis 2 Uhr), ein Pub im englischen Stil.

ℹ RENO AREA TRAIL INFORMATION

Informationen zu Wander- und Radwegen in der Region, darunter die Route zum Gipfel des Mt. Rose und der Tahoe-Pyramid Bikeway, bietet der *Truckee Meadows Trails Guide*, der als Download erhältlich ist (www.washoecounty.us/parks/trails/trail_challenge.php).

Der Highway 395 bzw. die Carson St ist die Hauptstraße von Carson City. Informationen zu Wanderungen und Campingmöglichkeiten erhält man bei der Nevada Division of State Parks (S. 909).

Virginia City

Die Entdeckung der legendären Comstock Lode 1859 löste in den Bergen 25 Meilen (40 km) südlich von Reno ein regelrechtes Silberfieber aus. Während der Zeit des Goldrauschs in den 1860er-Jahren war Virginia City eine florierende Boom-Stadt im Wilden Westen. Zur ihrer Blütezeit verbrachte der Journalist Samuel Clemens alias Mark Twain einige Zeit hier; er beschrieb den Alltag in der Minenstadt in seinem Buch *Durch dick und dünn*.

Die hochgelegene Stadt ist ein National Historic Landmark. Viktorianische Gebäude und ein paar kitschige, aber unterhaltsame Museen säumen die Hauptstraße mit hölzernen Gehwegen. Wer sehen möchte, wie die Minenbesitzer lebten, sollte die **Mackay Mansion** (☎775-847-0373; www.uniquitiesmackaymansion.com; 291 S D St; Erw./Kind 5 US$/frei; ⊙10–18 Uhr) und das Castle (B St) besuchen.

Die Einheimischen sind sich einig: Das beste Essen der Stadt gibt's im **Cafe del Rio** (www.cafedelriovc.com; 394 S C St; Hauptgerichte 11–17 US$; ⊙Mi–Sa 11–20, So 10–19 Uhr), das eine gute Mischung aus leckeren kleinen Gerichten aus New Mexiko (auch Frühstück) serviert. Gegen den Durst hilft der alteingesessene Familienbetrieb **Bucket of Blood Saloon** (www.bucketofbloodsaloonvc.com; 1 S C St; ⊙10–19 Uhr). Neben Bier erwarten Gäste in der alten hölzernen Bar klassische Bar-Weisheiten („Wenn der Barkeeper nicht lacht, bist du nicht lustig."). Das **Visitor Center** (☎775-847-7500, 800-718-7587; www.visitvirginiacitynv.com; 86 S C St; ⊙Mo–Sa 9–17, So 10–16 Uhr) liegt an der Hauptstraße, der C St.

ABSTECHER

BURNING MAN

Für eine Woche im August kommen die Festivalbesucher („Burners") aus der ganzen Welt zum **Burning Man** (www.burningman.com; Eintritt 425 US$; ⌚Aug.) in die Black Rock Desert und bauen die zeitweilige Black Rock City, nur um alles wieder abzureißen und die überdimensionale Figur eines Mannes zu verbrennen. Dazwischen gibt es Frieden, Liebe, Musik, Kunst, Nacktheit, Drogen, Sex und Ausgelassenheit in einem sicheren Raum, wo die Teilnehmer die Prinzipien des Festivals hochhalten.

Great Basin

Eine Tour durch das Great Basin ist ein tolles Erlebnis, das einen nicht mehr loslassen wird. All jene, die von einem echten „Road Trip" träumen, werden die alten Städte und die ungewöhnlichen Sehenswürdigkeiten an den einsamen Wüsten-Highways lieben.

An der I-80

Der Geist des Amerikanischen Westens wird in **Elko**, fast 300 Meilen (ca. 480 km) nordöstlich von Reno entlang der I-80, hingebungsvoll kultiviert. Möchtegern-Cowboys und -girls sollten das **Western Folklife Center** (☎775-738-7508; www.westernfolklife.org; 501 Railroad St; Erw./Kind 6–18 Jahre 5/1 US$; ⌚Mo–Fr 10–17.30, Sa bis 10–17 Uhr) besuchen. Das Zentrum beherbergt Kunst- und Geschichtsausstellungen, zudem finden Jamsessions, Tanzabende und im Januar das **Cowboy Poetry Gathering** statt. Elko richtet auch das **National Basque Festival** am 4. Juli mit Spielen, traditionellen Tänzen und dem „Bullenrennen" aus. Wer noch nie baskische Küche gekostet hat, ist im **Star Hotel** (775-753-8696; www.eatdrinkandbebasque.com; 246 Silver St; Mittagessen 8–14 US$, Abendessen 16–38 US$; ⌚Mo–Fr 11–14 & 17–21, Sa 16.30–21.30 Uhr) gut aufgehoben. Der Restaurant-Club mit familiärer Atmosphäre ist in einer ehemaligen Pension für baskische Schafhirten von 1910 untergebracht.

Am Hwy 50

Der transkontinentale Hwy 50 führt mitten durch Nevada und verbindet Carson City im Westen mit dem Great Basin National Park im Osten. Er ist besser unter seinem Spitznamen „Loneliest Road in America" (Einsamste Straße Amerikas) bekannt, gehörte früher zum Lincoln Hwy und folgt der Route des Overland Stagecoach, des Pony Express und der ersten transkontinentalen Telegrafenlinie. Man trifft nur auf wenige Orte, und die Geräuschkulisse beschränkt sich auf das Brummen des Motors und das Rauschen des Windes.

Etwa 25 Meilen (40 km) südöstlich von Fallon lohnt die **Sand Mountain Recreation Area** (☎775-885-6000; www.blm.gov/nv; Eintritt für 7 Tage 40 US$, Di–Mi Eintritt frei; ⌚24 Std.; Ⓟ) mit ihrer über 180 m langen Sanddüne und den Ruinen einer Station des Pony Express einen Besuch. Unmittelbar östlich davon kann man sich in der **Middlegate Station** (☎775-423-7134; www.facebook.com/middlegate.station; 42500 Austin Hwy, Ecke Hwys 50 & 361; Hauptgerichte 6–17 US$; ⌚6–2 Uhr), einer alten Postkutschenstation, mit einem saftigen Burger stärken und dann den kurz danach folgenden neuen **Shoe Tree** an der Nordseite des Hwy 50 (der alte wurde gefällt) mit alten Turnschuhen schmücken.

Wer den Hwy 50 überstanden hat, wird mit dem großartigen, einsamen **Great Basin National Park** (☎775-234-7331; www.nps.gov/grba; ⌚24 Std.) GRATIS belohnt. Er liegt nahe der Grenze zwischen Nevada und Utah und umfasst den 3982 m hohen Wheeler Peak, der urplötzlich über der Wüstenlandschaft aufragt. Die Wanderwege in Gipfelnähe bieten traumhafte Blicke auf die umgebende Landschaft mit Gletscherseen, alten Borstenkiefern und sogar einem permanenten Eisfeld. Der Eintritt ist frei. Informationen liefert das **Lehman Caves Visitor Center** (☎775-234-7331; Tour-Reservierungen 775-234-7517; www.nps.gov/grba; 5500 NV-488, Baker; Erw. 8–10 US$, Kind 4–5 US$; ⌚8–16.30, Touren 8.30–16 Uhr) direkt nördlich von Baker.

An den Hwys 375 & 93

Der Hwy 375 wird auch der „extraterrestrische Highway" genannt, einerseits wegen der vielen Ufos, die an der Strecke gesichtet wurden, andererseits weil er den Hwy 93 in der Nähe der streng geheimen **Area 51**, eines Teils des Luftwaffenstützpunkts Nellis, kreuzt. Angeblich werden hier erbeutete Ufos versteckt. Manche halten den Hwy 375 für noch nervtötender als die Loneliest Road; auf dem einsamen asphaltierten Straßenabschnitt kommen einem kaum Autos entgegen. In dem winzigen Ort Rachel am

Hwy 375 heißt das **Little A'Le'Inn** (☎775-729-2515; www.littlealeinn.com; 9631 Old Mill St, Rachel; Wohnmobilstellplatz mit Strom 15 US$, Zi. 50–165 US$; ⏲Restaurant 8–22 Uhr; ❄📶🐾) Erdlinge und Aliens gleichermaßen willkommen und verkauft außerirdische Souvenirs; Reisen ins Weltall sind im Preis aber nicht enthalten.

ARIZONA

Arizona ist ideal für Roadtrips. Gewiss, der Staat hat atemberaubende Szenerien – Monument Valley, den Grand Canyon, Cathedral Rock –, aber in Erinnerung bleiben die langen romantischen Meilen unter dem grenzenlosen Himmel, während man die Juwele dazwischen besucht. Jede Fahrt offenbart ein wenig mehr von der Seele des Staates: Eine Dosis familiärer Freundlichkeit findet man auf der Route 66 nach Flagstaff; um den schieren Willen von Arizonas Grubenbaronen zu verstehen, fährt man auf der gewundenen Straße durch das wilde Jerome, und die Geschichte der indigenen Bevölkerung wird einem nahegebracht, wenn man auf der Hochebene an 1000 Jahre alten Hopi-Dörfern vorbeifährt.

Geschichte

Indigene Völker und ihre Vorfahren lebten bereits jahrtausendelang in Arizona, bevor Francisco Vásquez de Coronado 1540 eine Expedition aus Mexico City in das Gebiet führte und als erster Europäer den Grand Canyon und den Colorado River erblickte. Siedler und Missionare folgten ihm und Mitte des 19. Jhs. kontrollierten die USA Arizona. Die Indianerkriege, in denen das US-Militär gegen die Ureinwohner kämpfte, um Siedler zu schützen und Land für die Regierung zu gewinnen, endeten offiziell 1886 mit der Kapitulation des Apachenhäuptlings Geronimo.

Die Ankunft der Eisenbahn und der expandierende Bergbau lockten noch mehr Siedler in das Gebiet. Nachdem Präsident Theodore Roosevelt Arizona 1903 besucht hatte, förderte er den Bau von Flussdämmen, um das ganze Jahr über Ackerland und Menschen mit Wasser versorgen zu können. Das ebnete den Weg zu einem weiteren Schritt: 1912 wurde Arizona als letzter der 48 Kernstaaten der USA in die Union aufgenommen.

Der Staat grenzt auf 250 Meilen (405 km) an Mexiko. Traditionell war Arizona ein Einfallstor für illegal Einwanderung, doch sind dank strengerer Kontrollen die Zahlen seit 2005 zurückgegangen. Nach dem unaufgeklärten Mord an einem beliebten Rancher nahe der Grenze 2010 wurde ein umstrittenes Gesetz erlassen, das die Polizei verpflichtet, jeden zu überprüfen, den sie des illegalen Grenzübertritts verdächtigt. Allerdings hat das Oberste Bundesgericht Kernteile des Gesetzes im Jahr 2012 wieder aufgehoben.

ℹ Praktische Informationen

In Arizona gilt die Mountain Standard Time (MST). Es ist der einzige Staat im Westen ohne Sommerzeit; die Ausnahme von der Ausnahme bildet das Navajo-Reservat.

Im Allgemeinen sind die Unterkunftspreise im Süden von Arizona (inkl. Phoenix, Tucson und Yuma) im Winter und Frühling – der Hauptsaison – sehr viel höher als im übrigen Jahr. In den heißeren Gegenden locken im Sommer tolle Schnäppchen.

Arizona Office of Tourism (☎602-364-3700; www.arizonaguide.com) Kostenlose Infos über den Bundesstaat.

KURZINFOS ARIZONA

Spitzname Grand Canyon State

Bevölkerung 6,9 Mio.

Fläche 295 254 km²

Hauptstadt Phoenix (1 563 025 Ew.)

Weitere Städte Tucson (531 641 Ew.), Flagstaff (70 320 Ew.), Sedona (10 388 Ew.)

Verkaufssteuer 5,6 %

Geburtsort von Cesar Chavez (1927–1993), Sängerin Linda Ronstadt (geb. 1946)

Heimat von in Kunstkolonien umgewandelten Minenstädten

Politische Ausrichtung mehrheitlich republikanisch

Berühmt für den Grand Canyon, Saguaro-Kakteen, die Schießerei am O. K. Corral

Bestes Souvenir Rosafarbene, wie ein Kaktus geformte Neonlampe, erstanden an einem Straßenstand

Entfernungen Phoenix–Grand Canyon Village 235 Meilen (378 km), Tucson–Sedona 230 Meilen (370 km)

Arizona State Parks (☎ 877-697-2757, 602-542-4174; www.azstateparks.com) 16 der State Parks verfügen über Campingplätze; eine Online-Reservierung ist möglich.

Public Lands Interpretative Association (www.publiclands.org) Informiert über den USFS, den NPS, das Bureau of Land Management (BLM) sowie staatliche Gebiete und Parks.

Phoenix

Phoenix ist Arizonas unbestreitbares kulturelles und wirtschaftliches Zentrum, eine florierende Wüstenmetropole, die sich mit der besten südwestlichen und mexikanischen Küche überhaupt rühmt. Und mit mehr als 300 Sonnentagen im Jahr ist es ein ansprechendes Vorhaben, das Valley of the Sun („Tal der Sonne") zu erkunden (außer in der mörderischen Hitze von Juni bis August).

Das kulturelle Angebot von Phoenix umfasst eine Oper, eine Symphonie, mehrere Theater und drei der schönsten Museen des Staates – Heard Museum, Phoenix Art Museum und Musical Instrument Museum –, während der Desert Botanical Garden eine fantastische Einführung in die Flora und Fauna der Region bietet. Für Sportfans gibt es Profiteams für Baseball, Football, Basketball und Eishockey sowie über 200 Golfplätze.

Sehenswertes

Greater Phoenix besteht aus mehreren eigenständigen Städten. Phoenix selbst ist die größte davon und kombiniert businesshaftes Auftreten mit erstklassigen Museen, einer blühenden Kulturszene und tollen Sportanlagen. Südöstlich davon schmiegt sich die lebendige Studentenstadt Tempe (tem-pie) an den 2 Meilen (3 km) langen Tempe Town Lake, während das vorstädtische Mesa weiter östlich einige interessante Museen bereithält. Nordöstlich von Phoenix erstrecken sich zwei schicke Enklaven: Scottsdale, bekannt für seine kitschig-niedliche Altstadt, Galerien und Luxusresorts, sowie Paradise Valley, das vor allem als Wohngebiet dient.

Phoenix

★ Heard Museum — MUSEUM

(Karte S. 930; ☎ 602-252-8848; www.heard.org; 2301 N Central Ave; Erw./Kind 6–17 Jahre & Student/Senior 18/7,50/13,50 US$; ⏲ Mo–Sa 9.30–17, So 11–17 Uhr; P 👪) Das außergewöhnliche Museum widmet sich der Geschichte, dem Alltag, der Kunst und der Kultur von Indianerstämmen im Südwesten. Besucher erwarten Kunstgalerien, ethnografische Exponate, Filme, eine Ausstellung, die die Fantasie von Kindern anregt, und eine beispiellose Sammlung von Hopi-*kachinas* (kunstvolle Geisterpuppen viele davon sind Spenden des Präsidentschaftskandidaten Barry Goldwater). Das Heard Museum stellt Qualität über Quantität und ist eines der besten Museen seiner Art der USA.

★ Musical Instrument Museum — MUSEUM

(☎ 480-478-6000; www.themim.org; 4725 E Mayo Blvd; Erw./Jugendliche/Kind 4–12 Jahre 20/15/10 US$; ⏲ 9–17 Uhr; P) Vom Daumenklavier aus Uganda bis zu den Ukuleles von Hawaii und den Bootslauten aus Indonesien: In diesem lebendigen Museum der Musikinstrumente aus der ganzen Welt kommen die Ohren auf ihre Kosten. Über 200 Länder und Territorien sind in fünf regionalen Galerien vertreten, von denen viele durch Aufnahmen lebendig werden, wenn man in „Hörweite" kommt (Kopfhörer sind vorhanden). Man kann auch in der Experiences Gallery die Trommel schlagen und mit Taylor Swift oder Elvis Presley in der Artist Gallery abrocken.

★ Desert Botanical Garden — GÄRTEN

(Karte S. 930; ☎ 480-941-1225; www.dbg.org; 1201 N Galvin Pkwy; Erw./Senior/Schüler 13–18 Jahre/Kind 3–12 Jahre 22/20/12/10 US$; ⏲ Okt.–April 8–20, Mai–Sept. 7–20 Uhr) Glockenblumen und mexikanischer Goldmohn sind nur zwei der farbenfrohen Attraktionen, die von März bis Mai entlang dem Desert Wildflower Loop Trail in diesem sehr gepflegten botanischen Garten blühen. Hier kann man wunderbar in die Natur eintauchen und dabei etwas über die Pflanzenwelt der Wüste erfahren. Rundwege führen an einer eindrucksvollen Vielfalt pflanzlicher Wüstenbewohner vorbei, die thematisch angeordnet sind (z. B. der Sonoran-Desert-Naturpfad und ein Wüstengarten mit essbaren Pflanzen). Es ist das ganze Jahr hindurch überwältigend, aber die Frühlingsblüte ist am buntesten.

Phoenix Art Museum — MUSEUM

(Karte S. 930; ☎ 602-257-1880; www.phxart.org; 1625 N Central Ave; Erw./Senior/Student/Kind 6–17 Jahre 18/15/13/9 US$; ⏲ Di & Do–Sa 10–17, Mi bis 21, So 12–17 Uhr; P 👪) Arizonas erste Adresse für die schönen Künste zeigt u. a. Werke von Claude Monet, Diego Rivera und Georgia O'Keeffe. In der Western Gallery entdeckt man, wie die erstaunliche Landschaft Arizonas alle inspiriert hat, von den frühen Pionieren bis zu den Vertretern der Moderne. Wer mit Kindern unterwegs ist, holt sich bei der Besucherinformation ein Kidpack, erkundet die kunstvoll gefertigten Miniaturmodelle der Thorne Rooms oder besichtigt die PhxArtKids Gallery.

Scottsdale

Eine Liste der ständigen und aktuellen öffentlichen Kunstausstellungen erhält man unter www.scottsdalepublicart.org.

Old Town Scottsdale BEZIRK

(Karte S. 930; http://downtownscottsdale.com) Versteckt zwischen Scottsdales Malls und Bistros ist Old Town eine an den Wilden Westen erinnernde Enklave mit kitschigen Bauten, gedeckten Gehwegen und Läden, die massengefertigte „indigene" Kunstgegenstände verhökern. Es gibt auch ein Museum, Skulpturen, Saloons und einige Galerien, die echte indianische Kunst führen.

Taliesin West ARCHITEKTUR

(☎480-860-2700; www.franklloydwright.org; 12621 N Frank Lloyd Wright Blvd; Führungen ab 26 US$; ⌚Okt.–Mai 8.30–18 Uhr, Juni–Sept. kürzere Öffnungszeiten, Juni–Aug. Di & Mi geschl.) Taliesin West war das Wüstenhaus und Atelier von Frank Lloyd Wright, einem der bedeutendsten US-amerikanischen Architekten des 20. Jhs. Es wurde zwischen 1938 und 1940 gebaut und ist ein erstklassiges Beispiel der organischen Architektur, die Elemente und Strukturen der umliegenden Natur aufgreift. Heute beherbergt es eine Architekturschule und ist ein National Historical Monument, das im Rahmen von Führungen besichtigt werden kann.

Tempe

Die **Arizona State University** (ASU; Karte S. 930; ☎480-965-2100; www.asu.edu) wurde 1885 gegründet, hat rund 50 000 Studenten und ist das Herz und die Seele von Tempe. Das **Gammage Auditorium** (Karte S. 930; ☎Ticketschalter 480-965-3434, Führungen 480-965-6912; www.asugammage.com; 1200 S Forest Ave, Ecke Mill Ave & Apache Blvd; Eintritt kostenlos, Performances ab 20 US$; ⌚Ticketschalter Sommer Mo–Do 10–17, übriges Jahr Mo–Fr bis 18 Uhr) war Frank Lloyd Wrights letztes großes Werk. Tempes wichtigste Straße, die **Mill Avenue**, ist von Downtown Phoenix problemlos mit der Straßenbahn zu erreichen.

CATHEDRAL GORGE

15 Meilen (24 km) nördlich von Caliente, gleich nach der Abzweigung nach Panaca, liegt der **Cathedral Gorge State Park** (☎775-728-4460; http://parks.nv.gov/parks/cathedral-gorge; Hwy 93, Pioche; Eintritt 7 US$; ⌚Visitor Center 9–16.30 Uhr, Park 24 Std.; P 👪), einer jener abgelegenen magischen Orte, zu dem man die lange Anfahrt nie bereut. Wenn man zwischen den von Wind und Wasser geformten Gebilden wandert, hat man das Gefühl, sich in einer prachtvollen Kathedrale mit vielen Türmen zu befinden, wenngleich der blaue Himmel als ihre Kuppel dient. Vom **Miller Point Overlook** hat man dramatische Aussichten und leichte Wanderwege in enge Nebencanyons.

Sie wird von Restaurantketten, Mottobars und Studentenkneipen gesäumt. Es lohnt sich auch ein Abstecher zu dem künstlichen **Tempe Town Lake** (Karte S. 930; www.tempe.gov/lake) zu machen, auf dem man Boot fahren und um den man herum wandern kann.

Mesa

★ Arizona Museum of Natural History MUSEUM

(☎480-644-2230; www.azmnh.org; 53 N MacDonald St; Erw./Kind 3–12 Jahre/Student/Senior 12/7/8/10 US$; ⌚Di–Fr 10–17, Sa 11–17, So 13–17 Uhr 👪) Auch wenn man nicht in Mesa übernachtet, lohnt dieses Museum einen Besuch, insbesondere wenn man mit Kindern reist, die Dinosaurier cool finden (und tun das nicht alle?). Neben dem mehrstöckigen Dinosaur Mountain gibt es hier viele lebensgroße Gipsfiguren der gigantischen Tiere sowie den Oberschenkelknochen eines Apatosaurus, den man auch anfassen darf. Andere Ausstellungsstücke sind der Vergangenheit des Südwestens vor der europäischen Eroberung und der allgemeineren Geschichte Nord- und Südamerikas gewidmet, von einem prähistorischen Dorf der Hohokam bis hin zu einem ganzen Saal, der sich mit der alten mittelamerikanischen Kulturen beschäftigt.

Aktivitäten

Camelback Mountain WANDERN

(Karte S. 930; ☎602-261-8318; www.phoenix.gov; ⌚Sonnenaufgang–Sonnenuntergang) Der

Phoenix

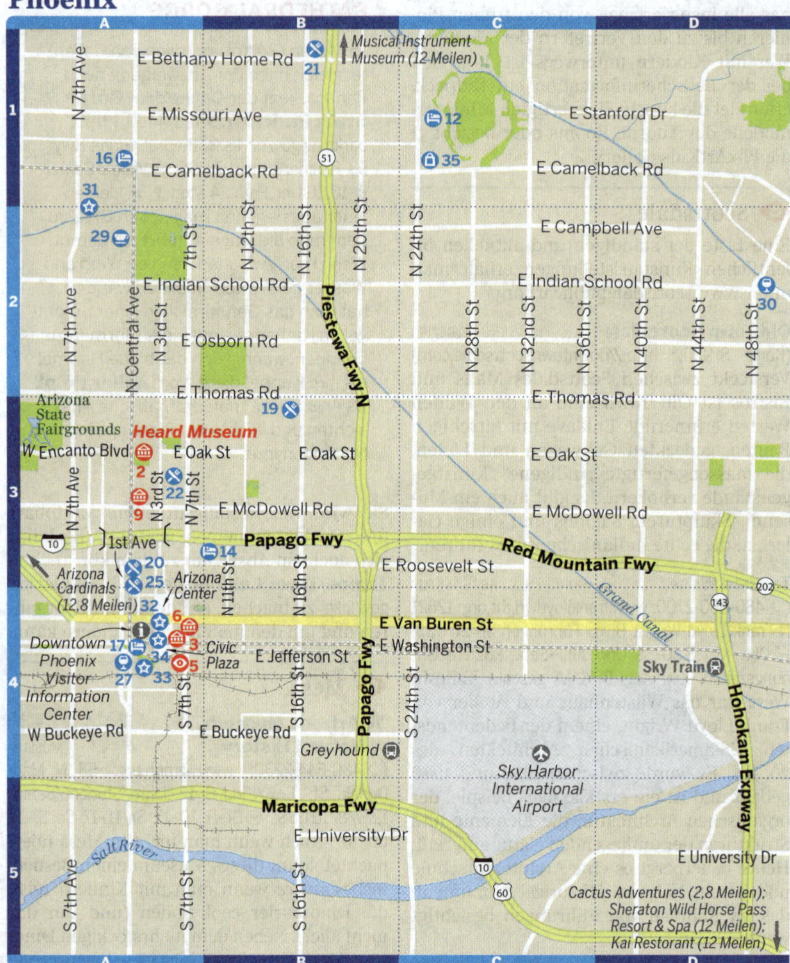

einem ruhenden Kamel mit Kopf und Höcker ähnelnde 825 m hohe Berg thront im Herzen von Phoenix. Zwei Wanderwege, der Cholla Trail (6131 E Cholla Lane) und der Echo Canyon Trail (4925 E McDonald Dr), führen über rund 370 Höhenmeter hinauf zum Gipfel. Der kürzlich modernisierte Echo Canyon Trail ist im Frühjahr und Winter sehr beliebt und die 135 Parkplätze sind schon frühmorgens besetzt.

Salt River Recreation WASSERSPORT
(☎ 480-984-3305; www.saltrivertubing.com; 9200 N Bush Hwy; Schlauchboot & Shuttle 17 US$; ⏲ Mai–Ende Sept. 8.30–18 Uhr, Öffnungszeiten schwanken abhängig vom Labor Day; 👪) Bei Salt River Recreation kann man sich im Schlauchboot auf dem Lower Salt River durch den urwüchsigen Tonto National Forest treiben lassen. Start ist im nordöstlichen Mesa, rund 15 Meilen (24 km) nördlich vom Highway 60 an der Power Rd. Die Fahrten dauern zwei, drei oder fünf Stunden, einschließlich der Rückfahrt im Shuttlebus. Nur Barzahlung möglich.

Cactus Adventures MOUNTAINBIKEN
(☎ 480-688-4743; www.cactusadventures.com; 8000 S Arizona Grand Pkwy; Halbtagsmiete 60 US$; ⏲ Telefonauskunft 8–20 Uhr) Cactus Adventures

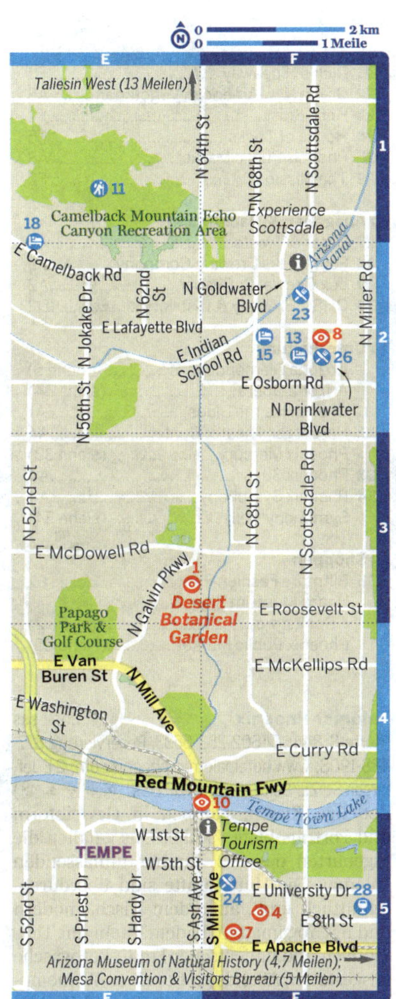

verleiht Fahrräder für Touren auf dem South Mountain und veranstaltet geführte Wanderungen und Radausflüge zu verschiedenen Parks. Leihräder werden zum Startpunkt der jeweiligen Route gebracht. Geführte Touren werden ab 155 US$ pro Person angeboten (mindestens zwei Teilnehmer).

Ponderosa Stables REITEN
(☎602-268-1261; www.arizona-horses.com; 10215 S Central Ave; Ausritte 1/2/3 Std. 40/60/80 US$, Mindestanzahl von 2 Pers. für 3-stündige Ausritte; ⌚Mo–Sa 9–20 Uhr; 👪) Dieser Anbieter veranstaltet Ausritte durch den South Mountain Park mit Frühstück, Mittagessen und Abendessen sowie zum Sonnenuntergang. Die meisten Touren müssen vorab reserviert werden. Ponderosa Stables liegt rund 7 Meilen (11 km) südlich des Zentrums von Phoenix, direkt an der Central Ave.

Feste & Events

First Fridays ART
(www.artlinkphoenix.com; ⌚erster Fr. im Monat 18–22 Uhr) Bis zu 20 000 Personen schwärmen am ersten Freitag jedes Monats auf die Straßen des Zentrums von Phoenix zu dem selbstgeführten „Kunstspaziergang“ aus, der über 70 Galerien und Performanceräume verbindet. Kostenlose Shuttles gehen vom Phoenix Art Museum in alle Richtungen aus, um die Kunstkenner von einer Örtlichkeit zur nächsten zu befördern.

Arizona State Fair VOLKSFEST
(☎602-252-6771; www.azstatefair.com; 1826 W McDowell Rd; Erw./Kind 5–13 Jahre 10/5 US$; ⌚Okt.) Diese Messe lockt jeden Oktober über eine Millionen Menschen auf die Arizona State Fairgrounds, wo ein Rodeo, Fahrbetriebe, Unterhaltung, Vorführungen von Nutztieren, ein Tortenwettessen und jede Menge Aufführungen geboten werden.

Schlafen

Phoenix

HI Phoenix Hostel HOSTEL $
(Karte S. 930; ☎602-254-9803; www.phxhostel.org; 1026 N 9th St; B/Zi. ab 24/37 US$; ❄@📶) In diesem kleinen Hostel mit witzigen Besitzern, die ihr Wissen über Phoenix gern mit ihren Gästen teilen, ist man gern wieder Backpacker. Die 22 Betten befinden sich in einem Arbeiterviertel, und es gibt gemütliche Winkel im Garten. Der „Plaudertisch“ – an dem Laptops und andere Geräte zwischen 8 und 10 sowie zwischen 17 und 22 Uhr verboten sind – ist eine sehr gesellige Neuerung.

Maricopa Manor BOUTIQUEHOTEL $$
(Karte S. 930; ☎602-264-9200, 800-292-6403; www.maricopamanor.com; 15 W Pasadena Ave; Suite ab 149 US$; P📶≋) Dieses kleine Haus im spanischen Ranchstil nahe der belebten Central Ave hat sechs individuell gestaltete Suiten, viele mit Glastüren zur Terrasse. Von dieser schaut man auf den Bereich mit Pool, Garten und Brunnen. Obwohl das Maricopa Manor zentral gelegen ist, hat es genügend schattige Winkel im Garten, um sich zurückzuziehen.

Phoenix

Highlights
1 Desert Botanical Garden ... E3
2 Heard Museum ... A3

Sehenswertes
3 Arizona Science Center ... A4
4 Arizona State University ... F5
5 Chase Field ... A4
6 Children's Museum of Phoenix ... A4
7 Gammage Auditorium ... F5
8 Old Town Scottsdale ... F2
9 Phoenix Art Museum ... A3
10 Tempe Town Lake ... F4

Aktivitäten, Kurse & Touren
11 Camelback Mountain ... E1

Schlafen
12 Arizona Biltmore Resort & Spa ... C1
13 Bespoke Inn, Cafe & Bicycles ... F2
14 HI Phoenix Hostel ... B3
15 Hotel Valley Ho ... F2
16 Maricopa Manor ... A1
17 Palomar Phoenix ... A4
18 Royal Palms Resort & Spa ... E1

Essen
19 Barrio Café ... B3
20 Desoto Central Market ... A3
21 Dick's Hideaway ... B1
22 Green New American Vegetarian ... A3
23 Herb Box ... F2
24 House of Tricks ... F5
25 Phoenix Public Market ... A3
26 The Mission ... F2

Ausgehen & Nachtleben
27 Bitter & Twisted ... A4
28 Four Peaks Brewing Company ... F5
29 Lux Central Coffeebar ... A2
30 OHSO Brewery & Distillery ... D2

Unterhaltung
Arizona Diamondbacks ... (siehe 5)
Arizona Opera ... (siehe 34)
31 Char's Has the Blues ... A1
32 Herberger Theater Center ... A4
Phoenix Mercury ... (siehe 33)
33 Phoenix Suns ... A4
34 Phoenix Symphony ... A4
Symphony Hall ... (siehe 34)

Shoppen
35 Biltmore Fashion Park ... C1
Heard Museum Shop & Bookstore ... (siehe 2)
Phoenix Public Market ... (siehe 25)

★ Arizona Biltmore Resort & Spa RESORT $$$
(Karte S. 930; ☎800-950-0086, 602-955-6600; www.arizonabiltmore.com; 2400 E Missouri Ave; DZ ab 480 US$;) Mit der von Frank Lloyd Wright inspirierten Architektur und einem Gästebuch, in das sich Irving Berlin, Marilyn Monroe und viele Präsidenten eingetragen haben, eignet sich das Biltmore perfekt zum Eintauchen in den Zauber des Gestern. Das Resort nimmt ein weitläufiges Gelände ein und verfügt über mehr als 700 Zimmer, zwei Golfplätze, mehrere Pools und jede Menge luxuriöser Details.

Royal Palms Resort & Spa RESORT $$$
(Karte S. 930; ☎602-840-3610; www.royalpalmshotel.com; 5200 E Camelback Rd; Zi./Suite ab 499/519 US$;) Der Camelback Mountain dient als malerische Kulisse für dieses schicke, anheimelnde Resort von 1929, der einstigen Winterresidenz des New Yorker Unternehmers Delos Cook. Heute umfasst die dezente, elegante Anlage Villen im spanischen Kolonialstil, blumengesäumte Wege und aus Ägypten importierte Palmen. Für vierbeinige Gäste gibt's weiche Betten, persönliche Leckerlis und Gassi-Service.

Palomar Phoenix HOTEL $$$
(Karte S. 844; ☎602-253-6633, Reservierung 877-488-1908; www.hotelpalomar-phoenix.com; 2 E Jefferson St; Zi./Suite ab 449/509 US$;) Zottelige Kissen, Lampen in Geweihform und Porträts blauer Kühe: Uns gefallen die Eigenarten des 242 Zimmer umfassenden Palomar. Die Unterkünfte sind überdurchschnittlich groß, außerdem frisch, modern und mit Yogamatten, Bademänteln mit Tiermotiven und italienischer Frette-Bettwäsche ausgestattet. Abends gibt es einen Weinempfang, und die großen Baseball- und Basketballstadien von Phoenix liegen um die Ecke.

Scottsdale

★ Bespoke Inn, Cafe & Bicycles B&B $$$
(Karte S. 930; ☎480-664-0730; www.bespokeinn.com; 3701 N Marshall Way; DZ inkl. Brunch ab 349 US$;) Sind wir hier irgendwo in England auf dem Land oder in Downtown Scottsdale? In dem B&B können Gäste im schicken Café Schokokekse naschen, sich im Infinity Pool räkeln oder mit einem Pashley-Rad das Viertel erkunden. Die eleganten Zimmer bieten ansprechende Details wie handgearbeitete Möbel und Badarmaturen

aus Nickel. Im hauseigenen Restaurant Virtu gibt's ein Gourmet-Brunchs. Früh buchen!

Boulders RESORT **$$$**
(480-488-9009; www.theboulders.com; 34631 N Tom Darlington Dr, Scottsdale; Casitas/Villen ab 239/391 US$;) Alle Anspannung verflüchtigt sich bei der Ankunft in dieser Wüstenoase, die sich harmonisch in die Landschaft aus natürlichen Felsformationen einfügt – und das bevor man die Wellness-Einrichtungen oder einen der vier Pools ausprobiert hat. Im Grunde ist hier alles dafür geschaffen, das Leben angenehm zu machen.

★ **Hotel Valley Ho** BOUTIQUEHOTEL **$$$**
(Karte S. 930; 480-376-2600; www.hotelvalleyho.com; 6850 E Main St; Zi./Suite 409/532 US$;) Am Valley Ho ist rein gar nichts auszusetzen. In dem wunderbaren Hotel, das den Stil aus der Mitte des 20. Jhs. mit topmodernen Elementen mischt, nächtigten einst Bing Crosby, Natalie Wood und Janet Leigh. Heute gehört es zu den Lieblingsadressen von Filmstars, die in Phoenix drehen. Bebop-Musik, gut gelauntes Personal und Eye-Catcher wie ein „Eiskamin" fangen das Flair der Rat-Pack-Ära ein. Die Zimmer mit Balkonen fügen sich gut in das Gesamtkonzept ein.

Tempe

Sheraton Wild Horse Pass Resort & Spa RESORT **$$$**
(602-225-0100; www.wildhorsepassresort.com; 5594 W Wild Horse Pass Blvd, Chandler; Zi./Suite ab 339/534;) Bei Sonnenuntergang lassen sich am einsamen Horizont manchmal die namensgebenden Wildpferde vor der Silhouette der South Mountains blicken. Das 500 Zimmer umfassende Resort gehört der indigenen Gemeinschaft des Gila River, erstreckt sich auf deren weitläufigem Reservat südlich von Tempe und ist eine eindrucksvolle Mischung aus modernem Luxus und indianischen Elementen. Die kuppelförmige Lobby befindet sich in einem mit Wandbildern geschmückten Rundhaus und die Zimmer spiegeln die Traditionen hiesiger Stämme wieder.

Essen

Phoenix

★ **Desoto Central Market** MARKT **$**
(Karte S. 930; 602-680-7747; http://desotocentralmarket.com; 915 N Central Ave; Hauptgerichte 11–15 US$; Mo–Mi 7–22, Do–Sa bis 24, So 8–21 Uhr) Die Markthalle in einem sorgsam restaurierten DeSoto-Autohaus aus den 1920er-Jahren ist wirklich ein Kollektiv von einfallsreichen Küchen, die ihr Angebot unter einem Dach vereinen. Besondere Erwähnung verdient The Larder + The Delta, das moderne Südstaatenküche anbietet: Die Shrimp 'n' Grits (mit geräucherter Andouille-Wurst und scharfer Soße) oder die mit Chili-Knoblauch glasierten Baby Back Ribs machen einen sprachlos.

★ **Phoenix Public Market** CAFÉ **$**
(Karte S. 930; 602-253-2700; www.phxpublicmarket.com; 14 E Pierce St; Hauptgerichte 9–10 US$; 7–22 Uhr;) Dieses scheunengroße Lokal – das hauseigene Café für Arizonas größten Bauernmarkt – lockt eine passionierte Kundschaft von Studenten der Arizona State University (ASU), Berufstätigen aus dem Viertel in der Mittagspause, Vegetariern und Liebhabern guten Essens an. Die hausgemachten Bagels und über offenem Feuer gebratenen Hähnchen sind fantastisch, während einfallsreiche Tagesgerichte, Community-Dinner und Happy Hours für einen steten Strom der Kenner sorgen.

Green New American Vegetarian VEGAN, VEGETARISCH **$**
(Karte S. 930; 602-258-1870; www.greenvegetarian.com; 2022 N 7th St; Hauptgerichte 8–10 US$; Mo–Sa 11–21 Uhr;) Die Ansprüche an veganes Essen werden für immer hoch bleiben, nachdem man in diesem hippen Café gespeist hat, wo Küchenchef Damon Brasch leckere vegane und vegetarische Gerichte kocht. Mit Fleischersatz zubereitet, schmecken die Burger, Po'boys und asiatischen Gerichte so gut – wenn nicht sogar besser – wie ihre fleischhaltigen Pendants. Man bestellt an der Theke und sucht sich dann einen Platz in dem nüchtern eingerichteten Lokal.

Barrio Café MEXIKANISCH **$$**
(Karte S. 930; 602-636-0240; www.barriocafe.com; 2814 N 16th St; Hauptgerichte 12–29 US$; Di–Sa 11–22, So bis 21 Uhr;) Das Personal des Barrio trägt T-Shirts, die mit *comida chingona* („Verdammt gutes Essen") verziert sind – und diese lügen nicht. Das ist mexikanische Küche, wie sie kreativer nicht sein könnte: Auf wie vielen Karten findet man Guacamole mit Granatapfelkernen, gebutterten Maiskolben mit Chipotle, gereiftem Käse, Koriander und Limette oder mit Ziegenmilchkaramell gefüllte Churros? Täglich von 14 bis 17 Uhr gibt's die Getränke zum halben Preis.

★ Dick's Hideaway NEW MEXICO $$$
(Karte S. 930; ☎602-265-5886; http://richardsonsnm.com; 6008 N 16th St; Frühstück 15–16 US$, Hauptgerichte 25–27 US$; ⊙So–Mi 8–23, Do–Sa bis 24 Uhr) In diesem kleinen Lokal kommt Küche aus New Mexico auf den Tisch. An kleinen Tischen neben der Bar oder am Gemeinschaftstisch im Nebenraum können sich Gäste herzhafte, leckere, mit Merkén verfeinerte Gerichte schmecken lassen, von Enchiladas über Tamales bis hin zu *rellenos*. Unser Favorit ist das „Hideaway" zum Frühstück, zu dem die Bloody Marys mit einem Schuss Bier verfeinert werden.

House of Tricks AMERIKANISCH $$$
(Karte S. 930; ☎480-968-1114; www.houseoftricks.com; 114 E 7th St, Tempe; Mittagessen 12–13 US$, Abendessen 27–30 US$; ⊙Mo–Sa 11–22 Uhr) Nein, sie sind keine Magier, aber dennoch begeistern Robin und Robert Trick mit der vielseitigen modernen amerikanischen Karte, die Einflüsse aus dem Südwesten, dem Mittelmeerraum und Asien aufgreift. Die holzüberdachte Gartenterrasse ist meist mit Stammgästen und Laufkundschaft gefüllt, aber die Tische in den zwei traditionellen Cottages sind genauso gemütlich.

Scottsdale

★ The Mission MEXIKANISCH $$
(Karte S. 930; ☎480-636-5005; www.themissionaz.com; 3815 N Brown Ave; Mittagessen 14–18 US$, Abendessen 14–30 US$; ⊙11–15 & 17–22 Uhr) Ein dunkler Innenraum und leuchtende Kerzen sorgen in dem Lokal im modernen Latino-Stil für einen gewissen Sexappeal, wobei das leckere Essen den anrüchigen Schein fast etwas zerstört. Die Tacos mit in Tecate mariniertem Steak, Limette und Avocado sind ausgezeichnet und bieten sich für ein sättigendes leichtes Mittagessen an. Die Guacamole wird am Tisch zubereitet und bringt Gäste ins Schwärmen. Margaritas und Mojitos runden das Gesamtpaket ab.

Herb Box AMERIKANISCH $$
(Karte S. 930; ☎480-289-6160; www.theherbbox.com; 7134 E Stetson Dr; Brunch 13–15 US$, Mittagessen 14–17 US$, Abendessen 17–22 US$; ⊙Mo–Do 11–21, Fr 11–22, Sa 9–22, So 9–16 Uhr; 📶 ✍) In dem schicken Bistro im Herzen von Scottsdales Southbridge in der Old Town geht's nicht nur um den schönen Schein, vielmehr gehören hier frische regionale Zutaten, toll angerichtete Speisen und aufmerksamer Service zum Programm. Auf der Terrasse kann man sich ein leichtes, gesundes Mittagessen schmecken lassen und sich anschließend mit einem Brombeer-Mojito zuprosten.

Tempe

★ Kai Restaurant AMERIKANISCH-INDIANISCH $$$
(☎602-225-0100; www.wildhorsepassresort.com; 5594 W Wild Horse Pass Blvd, Chandler; Hauptgerichte 48–54 US$, Probiermenüs 145–245 US$; ⊙Di–Sa 5.30–21 Uhr) Das Kai („Saat") ist auf veredelte indianische Küche spezialisiert, bei der traditionelle Kulturpflanzen vom Ufer des Gila River zum Einsatz kommen. Angeboten werden Kreationen wie gegrilltes Bisonfilet mit Räuchermais-Püree und Chollakaktusknospen oder Muscheln mit über Mesquitenholz geräuchertem Kaviar und Teparybohnen-Kruste. Am unaufdringlichen Personal ist nichts auszusetzen, die Weinkarte ist fachmännisch zusammengestellt und der Raum ist mit indianischer Kunst dekoriert.

Das Kai liegt nahe dem Sheraton Wild Horse Pass Resort & Spa (S. 933) bei der Gila River Indian Reservation. Buchung im Voraus und gepflegte Kleidung werden erwartet.

Ausgehen & Nachtleben

★ Bitter & Twisted COCKTAILBAR
(Karte S. 930; ☎602-340-1924; https://bitterandtwistedaz.com; 1 W Jefferson St; ⊙Di–Sa 16–2 Uhr) Diese elegante Bar in den ehemaligen Arizona Prohibition Headquarters, in der man platziert wird, hat ein Riesenangebot an tollen Cocktails und einige tolle Gerichte für die Trinkfestigkeit. Insbesondere der Dragon Dumpling Burger lässt das Wasser im Mund zusammenlaufen – ein Burger mit Schweine- und Rindfleisch, Sichuan-Essiggemüse und Dumplingsoße.

Lux Central Coffeebar CAFÉ
(Karte S. 930; ☎602-327-1396; www.luxcoffee.com; 4402 N Central Ave; ⊙So–Do 6–24, Fr & Sa bis 2 Uhr; 📶) MacBooks, Tattoos und Hipster-klamotten sind hier ein Muss. Das Personal ist versiert und freundlich, der Kaffee frisch geröstet, die Stimmung cool – alles, was man braucht, wenn man eine Stunde Zeit hat für den Kaffee am späten Vormittag, das Mittagessen oder einen Cocktail.

Four Peaks Brewing Company BRAUEREI
(Karte S. 930; ☎480-303-9967; www.fourpeaks.com; 1340 E 8th St; ⊙Mo–Mi 11–24, Do & Fr 11–1, Sa & So 9–24 Uhr; 📶) Hipster, Familien, An-

hänger von Craft-Bier und sonstige Durstige finden sich fröhlich ein in diesem Backstein-Brauhaus aus den 1890er-Jahren, lassen sich ihre Krüge mit Kilt Lifter oder Pitchfork Pale vom Fass füllen oder quatschen bei ein oder zwei Bier. Es gibt auch einen schmackhaften Imbiss (10 US$/pro Pers.), einen Souvenirshop und weitere Standorte in Tempe, Scottsdale und Phoenix Sky Harbor.

☆ Unterhaltung

Infos über Veranstaltungen stehen im *Arizona Republic Calendar* (www.azcentral.com/thingstodo/events) und in der *Phoenix New Times* (www.phoenixnewtimes.com).

Das **Phoenix Symphony** (Karte S. 930; ☎Verwaltung 602-495-1117, Ticketschalter 602-495-1999; www.phoenixsymphony.org; 75 N 2nd St) tritt in der **Symphony Hall** (Karte S. 930; ☎602-262-6225; www.phoenixconventioncenter.com; 75 N 2nd St) und in anderen Konzertstätten der Gegend auf. Die **Arizona Opera** (Karte S. 930; ☎602-266-7464; www.azopera.com; 75 N 2nd St) hat ihren Sitz gegenüber dem Phoenix Art Museum (S. 928). Die **Arizona Diamondbacks** (Karte S. 930; ☎602-462-6500; http://arizona.diamondbacks.mlb.com; 401 E Jefferson St) spielen Baseball im klimatisierten **Chase Field** (☎Führungen 602-462-6799; www.mlb.com/ari/ballpark; Erw./Senior/Kind 7/5/3 US$; ⏲Führungen Mo–Sa 9.30, 11, 12.30, zusätzl. Führungen an Spieltagen) in Downtown, während das Basketballteam der Männer, die **Phoenix Suns** (Karte S. 930; ☎602-379-7900; www.nba.com/suns; 201 E Jefferson St), und die Basketballdamen, die **Phoenix Mercury** (☎602-252-9622; www.wnba.com/mercury), ebenfalls in Downtown antreten, in der **Talking Stick Resort Arena**. Die **Arizona Cardinals** (☎602-379-0101; www.azcardinals.com; 1 Cardinals Dr) spielen Football im **University of Phoenix Stadium** in Glendale.

Herberger Theater Center THEATER
(Karte S. 930; ☎602-252-8497; www.herbergertheater.org; 222 E Monroe St; ⏲Ticketschalter Mo–Fr 10–17, Sa & So ab 12 Uhr & 1 Std. vor Vorstellungsbeginn) Das Center beherbergt mehrere Theaterkompanien und drei Bühnen; es bietet außerdem Tourneetheatern eine Bühne. Der Schwerpunkt liegt auf Schauspiel und Musical, aber gelegentlich gibt es hier auch Ballette, Opern und Ausstellungen regionaler Kunst.

Char's Has the Blues BLUES
(Karte S. 930; ☎602-230-0205; www.charshastheblues.com; 4631 N 7th Ave; Grundgebühr Do–So 3 US$; ⏲20–1 Uhr) Dunkel und intim – aber auch sehr einladend – ist dieser von außen schäbig aussehende R&B-Schuppen mit einem soliden Programm, der in den meisten Nächten der Woche rappelvoll ist. Dennoch schafft er es irgendwie, wie ein gut gehüteter Geheimtipp zu erscheinen.

Shoppen

Phoenix Public Market MARKT
(Karte S. 930; ☎602-625-6736; https://phxpublicmarket.com; 721 N Central Ave; ⏲Okt.–April Sa 8–13 Uhr, Mai–Sept. Sa 8–12 Uhr) Der größte Bauernmarkt in Arizona bringt die besten Produkte des Staates, sowohl frisch als auch abgepackt, bei einem Open-Air-Fest des guten Geschmacks zusammen. Neben superfrischem Obst und Gemüse findet man indigene Lebensmittel, wunderbares Brot, Gewürze und Salsas, Bio-Fleisch, BBQ- und viele andere Imbissstände. Es gibt auch Schmuck, Textilien und Kosmetikprodukte.

Heard Museum Shop & Bookstore KUNSTHANDWERK
(Karte S. 930; ☎602-252-8344; www.heardmuseumshop.com; 2301 N Central Ave; ⏲Mo–Sa 9.30–

PHOENIX MIT KINDERN

Wet 'n' Wild Phoenix (☎623-201-2000; www.wetnwildphoenix.com; 4243 W Pinnacle Peak Rd, Glendale; Größe über/unter 1,20 m 43/33 US$, Senior 33 US$; ⏲Juni–Juli So–Do 10–20, Fr & Sa bis 22 Uhr, März–Mai & Aug.–Okt. kürzere Öffnungszeiten & Schließtage; 👪) Der Wasserpark bietet Swimmingpools, Wasserrutschen, Wellenbecken, Wasserfälle und Raftinganlagen. Er liegt in Glendale, 2 Meilen (3 km) westlich der I-17 an der Ausfahrt 217.

Children's Museum of Phoenix (Karte S. 930; ☎602-253-0501; http://childrensmuseumofphoenix.org; 215 N 7th St; Eintritt 11 US$; ⏲Di–So 9–16 Uhr; 👪) Ein Wunderland interaktiver (und insgeheim pädagogischer) Exponate zum Anfassen, Erklettern und Bemalen.

Arizona Science Center (Karte S. 930; ☎602-716-2000; www.azscience.org; 600 E Washington St; Erw./Kind 18/13 US$; ⏲10–17 Uhr; 👪) In dem Hightech-Tempel für Entdecker gibt es über 300 Ausstellungsstücke zum Anfassen und ein Planetarium.

17, So 11–17 Uhr; ☎) Dieser Museumsladen hat eine erstklassige Kollektion an indianischem Kunsthandwerk. Allein die Vielfalt und Qualität der Kachina-Puppen ist unfassbar. Schmuck, Keramik, Bücher amerikanischer Ureinwohner und eine große Auswahl an Kunst sind ebenfalls zu finden, während der Buchladen ein breites Spektrum von Büchern über die indianischen Kulturen im Südwesten anbietet.

Biltmore Fashion Park EINKAUFSZENTRUM
(Karte S. 930; ☎ 602-955-8400; www.shopbiltmore.com; 2502 E Camelback Rd; ⏲ Mo–Sa 10–20, So 12–18 Uhr) Gut aufgestellt an ihrem Standort an der Camelback Rd südlich des Arizona Biltmore Resort punktet diese exklusive Mall mit einer Fülle von hochwertigen Modegeschäften. Zwei Stunden Parken ist kostenlos (wird überprüft).

Praktische Informationen

INFOS IM INTERNET & MEDIEN

KJZZ 91.5 FM (http://kjzz.org) Öffentlich-rechtliches Radio (National Public Radio; NPR).

WLAN gibt es überall in Phoenix. Man kann auch das kostenlose Internet in der **Burton Barr Central Library** (☎ 602-262-4636; www.phoenixpubliclibrary.org; 1221 N Central Ave; ⏲ Mo, Fr & Sa 9–17, Di–Do 9–21 Uhr, So 13–17 Uhr; ☎) nutzen; auf der Website finden sich weitere Örtlichkeiten.

NOTFALL & MEDIZINISCHE VERSORGUNG

Polizei (☎ Notfälle 911, Dienststelle 602-262-6151; http://phoenix.gov/police; 620 W Washington St)

Die Notaufnahmen im **Banner – University Medical Center Phoenix** (☎ 602-839-2000; www.bannerhealth.com; 1111 E McDowell Rd) und im **St. Joseph's Hospital & Medical Center** (☎ 602-406-3000; www.stjosephs-phx.org; 350 W Thomas Rd) sind rund um die Uhr besetzt.

POST

Downtown Post Office (Karte S. 930; ☎ 602-253-9648; www.usps.com; 522 N Central Ave; ⏲ Mo–Fr 9–17 Uhr) Die Post ist in einem schönen Bundesgebäude aus den 1930er-Jahren untergebracht.

TOURISTENINFORMATION

Down Phoenix Visitor Information Center (Karte S. 930; ☎ 877-225-5749; www.visitphoenix.com; 125 N 2nd St, Suite 120; ⏲ Mo–Fr 8–17 Uhr) Die beste Informationsquelle für Reisende im Valley befindet sich gegenüber dem Hyatt Regency.

Experience Scottsdale (Karte S. 930; ☎ 480-421-1004, 800-782-1117; www.experiencescottsdale.com; 7014 E Camelback Rd; ⏲ Mo–Sa 9–16, So 10–17 Uhr) Im Food Court des Scottsdale Fashion Square.

Mesa Convention & Visitors Bureau (☎ 480-827-4700, 800-283-6372; www.visitmesa.com; 120 N Center St; ⏲ Mo–Fr 8–17 Uhr)

Tempe Tourism Office (Karte S. 930; ☎ 800-283-6734, 480-894-8158; www.tempetourism.com; 222 S Mill Ave, Suite 120; ⏲ Mo–Fr 8.30–17 Uhr)

Anreise & Unterwegs vor Ort

Der **Sky Harbor International Airport** (Karte S. 930; ☎ 602-273-3300; http://skyharbor.com; 3400 E Sky Harbor Blvd; ☎) liegt 3 Meilen (5 km) von Downtown Phoenix entfernt und wird von allen großen Fluglinien angeflogen. Zwischen den drei Terminals (Terminals 2, 3 und 4; Terminal 1 wurde 1990 abgerissen) und den Parkplätzen fahren kostenlose Shuttlebusse und der **Phoenix Sky Train** (www.skyharbor.com/phxskytrain).

Die Busse von **Greyhound** (Karte S. 930; ☎ 602-389-4200; www.greyhound.com; 2115 E Buckeye Rd) fahren nach Tucson (18 US$, 2 Std., 6-mal tgl.), Flagstaff (25 US$, 3 Std., 5-mal tgl.), Albuquerque (70–87 US$, 9½ Std., 3-mal tgl.) und Los Angeles (46 US$, 7½ Std., 7-mal tägl.). Die Linie 13 von Valley Metro pendelt zwischen dem Flughafen und dem Greyhound-Busbahnhof.

Für Sammelfahrten vom Flughafen kostet der stadtweite Shuttle-Service von Tür zu Tür, den **Super Shuttle** (☎ 602-244-9000, 800-258-3826; www.supershuttle.com) anbietet, etwa 13 US$ nach Downtown Phoenix, 15 US$ nach Tempe, 17 US$ nach Old Town Scottsdale und 21 US$ nach Mesa.

Valley Metro (☎ 602-253-5000; www.valleymetro.org) betreibt Busverbindungen im gesamten Valley und eine Straßenbahn mit einem 32 km langen Schienennetz zwischen dem Norden und Downtown Phoenix, Tempe/ASU und Downtown Mesa. Der Preis für die Straßenbahn und die Busse beträgt 2 US$ pro Fahrt (ohne Umsteigen), für ein Tagesticket muss man 4 US$ bezahlen. Die Busse fahren täglich zu unregelmäßigen Zeiten.

Zentral-Arizona

Nördlich von Phoenix lockt das waldreiche, bergige und sehr viel kühlere Colorado Plateau mit malerischen Stätten und vielen Sehenswürdigkeiten. Hier können Besucher auf spirituelle Reisen gehen, durch nach Gelb-Kiefer riechende Canyons wandern, alte indianische Behausungen bewundern und in die Geschichte des Wilden Westens eintauchen.

Der wichtigste Ort, Flagstaff, ist eine lebendige, charmante Studentenstadt, über die man zum South Rim des Grand Canyon gelangt. Sommer, Frühling und Herbst sind die beste Zeit für einen Besuch. Auf der I-17 bewältigt man die 145 Meilen (233 km) von Phoenix nach Flagstaff in etwas mehr als zwei Stunden. Wer sich für den Hwy 89 entscheidet, benötigt mehr Zeit, wird jedoch mit wunderschönen Landschaften und toller Abwechslung belohnt.

Prescott

Ein historisches viktorianisches Zentrum und eine faszinierende Wild-West-Vergangenheit: In Prescott trifft der Mittlere Westen auf das Land der Cowboys. Über 500 Gebäude sind in das National Register of Historic Places aufgenommen, gelten also als schützenswert. Hier findet auch das älteste Rodeo der Welt statt, während die berüchtigte Reihe alter Saloons, bekannt als Whiskey Row, ihre Stammgäste immer noch mit jeder Menge Alkohol versorgt.

Gleich südlich des Zentrums bietet die fröhliche **Motor Lodge** (☎928-717-0157; www.themotorlodge.com; 503 S Montezuma St; Zi./Suite/Apt. ab 109/129/139 US$; ❄📶) ihren Gästen zwölf schicke Bungalows, die die zentrale Auffahrt säumen, und Indie-Flair im besten Sinne. Zum Frühstück schlendert man in das freundliche **Local** (☎928-237-4724; 520 W Sheldon St; Hauptgerichte 11–12 US$; ⏲7–14.30 Uhr; 📶), in dem man mit Selbstgebackenem und einem klassischen Südwest-Frühstück rechnen kann. Cajun- und Südwest-Spezialitäten bringen die nötige Würze ins einladende **Iron Springs Cafe** (☎928-443-8848; www.ironspringscafe.com; 1501 Iron Springs Rd; Brunch & Mittagessen 11–13 US$, Dinner 16–20 US$; ⏲Mi–Sa 11–20, So 9–14 Uhr), das in einem alten Bahnhof, 3 Meilen (5 km) nordwestlich der Innenstadt, untergebracht ist.

Das **Palace** (☎928-541-1996; www.historicpalace.com; 120 S Montezuma St; ⏲So–Do 11–22, Fr & Sa bis 23 Uhr) gehört zur Whiskey Row und ist ein stimmungsvoller Ort für einen Drink. Hinter der Schwingtür verbirgt sich ein großer Raum mit einer Brunswick-Bar. Das **Visitor Center** (☎800-266-7534, 928-445-2000; https://prescott.org; 117 W Goodwin St; ⏲Mo–Fr 9–17, Sa & So 10–14 Uhr) hält Besucherinfos bereit, während **Arizona Shuttle** (☎928-776-226-8060, 800-888-2749; www.arizonashuttle.com) Busverbindungen zum/ab dem Flughafen von Phoenix anbietet.

SCENIC DRIVES: PANORAMA-STRECKEN IN ARIZONA

Oak Creek Canyon Auf dem Hwy 89A zwischen Flagstaff und Sedona geht's an Badelöchern, Felsstürzen und purpurfarbenen Steinwänden vorbei.

Hwy 89/89A Wickenburg-Sedona Der „Alte Westen" trifft den „Neuen" – eine entspannte Tour, vorbei an Viehfarmen, Minenstädten, Kunstgalerien und schicken Weingütern.

Patagonia–Sonoita Scenic Road Die richtige Route für Vogelfans führt durch die Weinregion im südlichen Arizona (Hwy 82 & Hwy 83).

Kayenta–Monument Valley Man fühlt sich wie der Hauptdarsteller in seinem eigenen Western, wenn man an den filmreifen roten Felsen im Navajo-Land gleich neben dem Hwy 163 vorbei fährt.

Vermilion Cliffs Scenic Road Der Hwy 89A ist eine einsame Straße, die „Condor Country", den North Rim des Grand Canyon und Mormonensiedlungen miteinander verbindet.

Jerome

Die wiederbelebte Geisterstadt war während des Bergbau-Booms im späten 19. Jh. als „Wickedest Town in the West" (etwa: gefährlichste Stadt im Westen) bekannt, heute beherbergen die historischen sorgfältig restaurierten Gebäude jedoch Galerien, Restaurants, B&Bs und Weinprobierstuben.

Unerschrockene können auf der Glasplattform im **Audrey Headframe Park** (www.jeromehistoricalsociety.com; 55 Douglas Rd; ⏲8–17 Uhr) GRATIS stehend den 580 m tiefen Minenschacht, der das Empire State Building um 198 m übertrifft, bewundern. Direkt dahinter erstreckt sich der großartige **Jerome State Historic Park** (☎928-634-5381; www.azstateparks.com; 100 Douglas Rd; Erw./Kind 7–13 Jahre 7/4 US$; ⏲8.30–17 Uhr) mit der Villa des Bergbaumagnaten Jimmy „Rawhide" Douglas von 1916.

Krankenhausinventar in den Fluren und eine unterhaltsame Geistertour, die Kindern Spaß machen wird, erinnern daran, dass das **Jerome Grand Hotel** (☎928-634-8200; www.jeromegrandhotel.com; 200 Hill St; Zi./Suite 225/325 US$; ❄📶) zu Bergbauzeiten als Gemeindehospital diente. Das angrenzende

Asylum Restaurant (☎928-639-3197; www.asylumrestaurant.com; 200 Hill St; Mittagessen 12–14 US$, Abendessen 26–28 US$) mit seinem weiten Ausblick ist die perfekte Kulisse für ein leckeres Essen und ein Glas Wein.

Wer eine betriebsame Kneipe im Zentrum sucht, ist in der **Spirit Room Bar** (☎928-634-8809; www.spiritroom.com; 166 Main St; ⏲11–1 Uhr) richtig. Das **Flatiron Café** (☎928-634-2733; www.theflatironjerome.com; 416 Main St; Frühstück 8–10 US$, Mittagessen 11–13 US$; ⏲Mi–Mo 8.30–15.30 Uhr) an der Y-Kreuzung lockt mit Gourmetfrühstück und Mittagessen sowie köstlichen speziellen Kaffeekreationen. Als Informationsquelle dient die **Chamber of Commerce** (☎928-634-2900; www.jeromechamber.com; 310 Hull Ave; ⏲Do–Mo 10–15 Uhr).

Sedona

Zwischen majestätischen Felsformationen aus rotem Sandstein am südlichen Ende des 16 Meilen (26 km) langen Oak Creek Canyon gelegen, zieht Sedona Künstler und spirituelle Menschen an, aber auch Tagesausflügler aus Phoenix, die der drückenden Hitze entfliehen wollen. Viele New-Age-Anhänger glauben, dass es in der Gegend zahlreiche Vortexe – Sammelpunkte für elektromagnetische Energie – gibt und bieten alle möglichen alternativen Heilmittel und Praktiken an. Mit Handfesterem warten die umliegenden Canyons auf: mit ausgezeichneten Wander-, Mountainbike-, Bade- und Campingmöglichkeiten.

Sehenswertes & Aktivitäten

New-Age-Anhänger sind davon überzeugt, dass die Steine, Felsklippen und Flüsse von Sedona die Glückseligkeit von Mutter Erde bündeln. Die vier bekanntesten Vortexe sind **Bell Rock** in der Nähe des Village of Oak Creek östlich des Hwy 179, **Cathedral Rock** nahe Red Rock Crossing, **Airport Mesa** (Airport Rd) in der Airport Rd und **Boynton Canyon**. Die Airport Rd ist zudem ein toller Ort, um den traumhaft vielfarbigen Sonnenuntergang zu bewundern.

★ Red Rock State Park PARK
(☎928-282-6907; https://azstateparks.com/red-rock; 4050 Red Rock Loop Rd; Erw./Kind 7–13 Jahre/bis 6 Jahre 7/4 US$/frei; ⏲8–17 Uhr, Besucherzentrum 9–16.30 Uhr; 👪) Der 115 ha große Park, der nicht mit dem Slide Rock State Park zu verwechseln ist, umfasst ein Zentrum mit Infos zur Umwelt, Picknickplätze und ein 8 km langes Netz an gut markierten, miteinander verbundenen Wanderwegen durch ein Flussbiotop inmitten einer tollen Kulisse aus roten Felsen. Die Wege reichen von bequemen Spazierwegen am Fluss entlang bis zu mäßigen Anstiegen hinauf zu dramatischen Bergrücken. Ranger führen Naturspaziergänge und Vogelbeobachtungstouren an. Baden im Fluss ist verboten. Der Park liegt 14 km westlich von Downtown Sedona abseits vom Highway 89A, östlich vom Ende des 24 km langen Lime Kiln Trail.

★ Slide Rock State Park SCHWIMMEN
(☎928-282-3034, Auskunft 602-542-0202; www.azstateparks.com/parks/slro; 6871 N Hwy 89A, Oak Creek Canyon; pro Auto Juni–Sept. 20 US$, Okt.–Mai 10 US$; ⏲Juni–Aug. 8–17 Uhr, restliches Jahr kürzer; 👪) Dieser State Park, 11 km nördlich der Stadt, mit einer 24 m langen Rutschbahn aus Sandsteinfelsen durch den Oak Creek ist Sedonas beliebtestes und belebtestes Ausflugsziel. Kurze Wege führen an alten Hütten, landwirtschaftlichen Geräten und einem Apfelgarten vorbei, aber die Hauptattraktion sind die herrlichen natürlichen Rutschbahnen.

★ Pink Jeep Tours JEEPTOUR
(☎800-873-3662, 928-282-5000; www.pinkjeeptours.com; 204 N Hwy 89A; ⏲6–22 Uhr; 👪) Die Jeeps dieses Veterans der Freizeitbranche scheinen allgegenwärtig und flitzen überall wie rosa Fliegen umher. Sobald man aber eine Tour gebucht hat, versteht man, warum die witzigen, holprigen Fahrten so beliebt sind. Pink führt 15 aufregende Abenteuertouren rund um Sedona durch, die meistens ca. zwei Stunden (Erw./Kind ab 59/54 US$) oder vier Stunden (ab 154/139 US$) dauern.

Schlafen

In Sedona und im nahe gelegenen Oak Creek Canyon gibt's viele schöne B&Bs, Hütten am Oak Creek, Motels und Resorts mit Rundum-Service. Im Red Rock Canyon ist wildes Campen untersagt. Der Forest Service unterhält Campingplätze ohne Stromanschlüsse in den Wäldern des Oak Creek Canyon, direkt beim Hwy Alt 89. Die Stellplätze kosten 18 US$, und man benötigt keinen Red Rock Pass. Mit Ausnahme des Pine Flat East nehmen sämtliche Campingplätze Reservierungen an. 6 Meilen (10 km) nördlich der Stadt bietet Manzanita 19 Stellplätze sowie Duschen; der Platz ist ganzjährig geöffnet. 11,5 Meilen (18 km) weiter nördlich liegt Cave Springs mit 82 Stellplätzen und Duschen. Pine Flat East und Pine Flat West, 12,5 Meilen (20 km) weiter nördlich, haben zusammen 58 Plätze; 18 davon können reserviert werden.

Cozy Cactus B&B $$
(☎800-788-2082, 928-284-0082; www.cozycactus.com; 80 Canyon Circle Dr, Village of Oak Creek; DZ ab 210 US$; ❄📶) Das 5-Zimmer-B&B, geführt von Carrie und Mark, eignet sich gut für Abenteuerlustige. Das Haus im Stil des Südwestens stößt an den Agave Trail und liegt gleich um die Ecke des radfahrerfreundlichen Bell Rock Pathway. Nach dem Abenteuer macht man es sich an der Feuerstelle auf der rückseitigen Terrasse gemütlich, beobachtet Wildtiere oder guckt in die Sterne und freut sich auf das 3-Gänge-Frühstück am nächsten Morgen.

★ **El Portal** B&B $$$
(☎928-203-9405, 800-313-0017; www.elportalsedona.com; 95 Portal Lane; DZ ab 300 US$; 📶🐾) Dieses intime kleine Gasthaus ist eine schöne Mischung aus dem Südwest- und Craftsman-Stil. Es ist ein Fleck entspannter Luxus, der sich gegenüber den Galerien und Restaurants von Tlaquepaque versteckt und abseits des von Touristen überlaufenen Zentrums von Sedona liegt. Das El Portal wirkt rustikal, aber durchdacht und zeigt wiederverwendetes Holz, Navajo-Läufer, Flusssteine und dicke Lehmwände.

Essen

Die meisten Restaurants in Sedona finden sich in Uptown und an den Highways 89A und 179. Lebensmittel und alles, was man zum Picknicken braucht, bekommt man bei **Whole Foods** (☎928-282-6311; 1420 W Hwy 89A; ⏲Mo–Sa 8–21, So bis 20 Uhr; ✎) oder **Bashas'** (☎928-282-5351; 160 Coffee Pot Dr; ⏲6–23 Uhr).

Sedona Memories FEINKOST $
(☎928-282-0032; 321 Jordan Rd; Sandwiches 8,50 US$; ⏲Mo–Fr 10–14 Uhr) In diesem winzigen Laden kommen riesige Sandwiches aus hausgemachtem Brot auf den Tisch. Es gibt sie auch praktisch verpackt zum Mitnehmen – perfekt für ein Picknick. Alternativ kann man sie auch auf der ruhigen Veranda futtern. Nach der Bestellung gibt's einen Gratiskeks. Nur Barzahlung möglich.

★ **Elote Cafe** MEXIKANISCH $$$
(☎928-203-0105; www.elotecafe.com; Arabella Hotel, 771 Hwy 179; Hauptgerichte 22–28 US$; ⏲Di–Sa 17–22 Uhr) Hier gibt's mit die beste und authentischste Küche der Region. Die ungewöhnlichen traditionellen Gerichte findet man sonst nirgendwo, z.B. das namensgebende *Elote* (über dem Feuer gerösteter Mais mit würziger Mayo, Limette und Cotija-Käse) oder geräuchertes Hähnchen in Guajillo-Chilis. Reservierungen werden nicht angenommen: Also heißt es zeitig kommen, Lektüre mitbringen oder eine Margarita bestellen.

Dahl & DiLuca Ristorante ITALIENISCH $$$
(☎928-282-5219; www.dahlanddiluca.com; 2321 Hwy 89A; Hauptgerichte 27–38 US$; ⏲17–22 Uhr) Obwohl dieses hübsche italienische Restaurant perfekt in die Umgebung und in das Farbschema von Sedona passt, mutet es gleichzeitig wie ein Lokal an, das man in einem italienischen Küstenstädtchen findet. Es ist ein lebhaftes, einladendes Restaurant, in dem ausgezeichnete authentische italienische Speisen aufgetischt werden. Probieren sollte man Schweinekotelett und Spargel vom Grill oder die 4-Käse-Ravioli in Trüffelsahne.

ℹ Praktische Informationen

Red Rock Country Visitor Center (☎928-203-2900; www.redrockcountry.org; 8375 Hwy 179; ⏲9–16.30 Uhr) Hier bekommt man den Red Rock Pass sowie Wanderführer, Karten und Informationen über den National Forest.

Sedona Chamber of Commerce Visitor Center (☎928-282-7722, 800-288-7336; www.visitsedona.com; 331 Forest Rd; ⏲8.30–17 Uhr) In der Fußgängerzone von Uptown Sedona kann man kostenlose Karten erhalten und den Red Rock Pass kaufen.

ℹ Anreise & Unterwegs vor Ort

Ace Xpress (☎800-336-2239, 928-649-2720; www.acexshuttle.com; einfache Strecke/hin & zurück Erw. 68/109 US$, Kind 35/55 US$; ⏲Büro Mo–Fr 7–20, Sa & So 8–20 Uhr) und **Ari-**

RED ROCK PASS

Wer die Parkplätze im National Forest rund um Sedona und den Oak Creek Canyon nutzen möchte, braucht einen Red Rock Pass. Dieser ist bei Ranger-Stationen, Visitor Centers und Automaten an den meisten Startpunkten von Wegen und auf Picknickplätzen erhältlich. Der Pass kostet 5 US$ pro Tag bzw. 15 US$ pro Woche und muss von außen sichtbar im Auto angebracht werden. Wer nur kurz anhält, um Fotos zu machen oder die Aussicht zu genießen, benötigt ihn nicht, dasselbe gilt für Inhaber des Federal Interagency Pass.

DER VERDE VALLEY WINE TRAIL

Es gibt immer mehr Weinberge, Weingüter und Probierstuben im gut bewässerten Tal des Verde River. Starglanz bringt Maynard James Keenan, Frontsänger der Band Tool und Besitzer von Caduceus Cellars und Merkin Vineyards. Sein Dokumentarfilm von 2010 *Blood into Vine* wirft einen kompromisslosen Blick auf die Weinbranche.

In Cottonwood kann man mit dem Auto oder einem Schlauchboot zu den **Alcantara Vineyards** (☎928-649-8463; www.alcantaravineyard.com; 3445 S Grapevine Way, Cottonwood; Weinprobe 10–15 US$; ⌚11–17 Uhr) fahren, dann durch die Altstadt bummeln, wo **Arizona Stronghold** (☎928-639-2789; www.azstronghold.com; 1023 N Main St; Weinprobe 9 US$; ⌚So–Do 12–19, Fr & Sa bis 21 Uhr), **Merkin Vineyards Osteria** (☎928-639-1001; http://merkinvineyardsosteria.com; 1001 N Main St; ⌚11–21 Uhr; 📶) und **Pillsbury Wine Company** (☎928-639-0646; www.pillsburywine.com; 1012 N Main St; Weinprobe 10–12 US$; ⌚So–Do 11–18, Fr & Sa bis 21 Uhr) drei der besten Probierstuben an der weinkennerfreundlichen Main St sind.

In Jerome beginnt man bei **Cellar 433** (☎928-634-7033; www.cellar433.com; 240 Hull Ave; ⌚Do–So 11–18, Mo–Mi bis 17 Uhr) nahe dem Visitor Center. Von da kann man hinauf zu Keenans **Caduceus Cellars** (☎928-639-9463; www.caduceus.org; 158 Main St; ⌚So–Do 11–18, Sa bis 20 Uhr) in der Nähe des Connor Hotel schlendern.

An einem kurzen Abschnitt der Page Springs Rd östlich von Cornville gibt es drei Weingüter inklusive Probierstube: die **Page Springs Cellars** (☎928-639-3004; http://pagespringscellars.com; 1500 Page Springs Rd, Cornville; Führungen 10 US$; ⌚So–Mi 11–19, Do–Sa bis 21 Uhr) mit Bistro, die einladenden **Oak Creek Vineyards** (☎928-649-0290; www.oakcreekvineyards.net; 1555 N Page Springs Rd, Cornville; Weinprobe 10 US$; ⌚10–18 Uhr) und den **Javelina Leap Vineyard** (☎928-649-2681; www.javelinaleapwinery.com; 1565 Page Springs Rd, Cornville; Weinprobe 2–3 US$/Wein; ⌚So–Do 11–17, Fr & Sa bis 18 Uhr) mit sanfter Rockmusik.

Eine Karte des Wine Trail und weitere Informationen über die Weingüter bekommt man unter www.vvwinetrail.com.

zona Shuttle (☎800-888-2749, 928-282-2066; www.arizonashuttle.com) betreiben Shuttles zwischen Sedona und dem Phoenix Sky Harbor International Airport.

Amtrak (☎800-872-7245; www.amtrak.com) und **Greyhound** (☎800-231-2222; www.greyhound.com) halten im nahe gelegenen Flagstaff.

Barlow Jeep Rentals (☎928-282-8700, 800-928-5337; www.barlows.us; 3009 W Hwy 89A; Jeepverleih halber Tag/ganzer Tag/3 Tage 250/350/576 US$; ⌚8–18 Uhr) bietet die richtigen Fahrzeuge für holprige Straßen. Kostenlose Karten und Infos zu den Routen werden zur Verfügung gestellt. **Bob's Taxi** (☎982-282-1234; www.bobstaxisedona.com) ist ein guter lokaler Unternehmer, während Mietwagen bei **Enterprise** (☎928-282-2052; www.enterprise.com; 2090 W Hwy 89A; ab 50 US$/Tag; ⌚Mo–Fr 8–16, Sa & So 9–14 Uhr) erhältlich sind.

Flagstaff

Flagstaffs entspannter Charme basiert auf mehreren Komponenten: von der fußgängerfreundlichen historischen Innenstadt voller Bauwerke im lokaltypischen Stil und alten Neonreklamen bis zum Wandern oder Skifahren im größten Gelb-Kiefernwald des Landes. Die Einwohner von Flagstaff sind glücklich, sportlich und knabbern eher an einem Müsliriegel, als dass sie sich mit Cowboys duellieren; Straßenmusiker spielen Bluegrass und Radfahren wird hier großgeschrieben. Die Northern Arizona University (NAU) sorgt für eine studentische Atmosphäre, und auch die Eisenbahngeschichte spielt unverändert eine wichtige Rolle für die Identität der Stadt. Außerdem schätzt man gutes Bier, frisch geröstete Kaffeebohnen und überhaupt viel Spaß. Das alles macht Arizonas Norden zu einem perfekten Feriengebiet.

Sehenswertes

★ **Lowell Observatory** STERNWARTE

(☎Zentrale 928-774-3358, Infos vom Band 928-233-3211; www.lowell.edu; 1400 W Mars Hill Rd; Erw./Senior/Kind 5–17 Jahre 15/14/8 US$; ⌚Mo–Sa 10–22, So bis 17 Uhr; 👪) Das National Historic Landmark wurde 1894 von Percival Lowell auf einem Hügel unmittelbar westlich des Zentrums erbaut. 1930 wurde von hier aus Pluto entdeckt. Wenn das Wetter es erlaubt, können Besucher den Sternenhimmel mit Teleskopen beobachten, darunter auch mit dem berühmten Clark Telescope von

1896, das den Anstoß zu der mittlerweile akzeptierten Theorie eines sich ausdehnenden Universums gab. Kinder mögen den gepflasterten Pluto Walk, der sich durch ein maßstabgetreues Modell unseres Sonnensystems schlängelt.

★ Museum of Northern Arizona MUSEUM
(☎928-774-5213; www.musnaz.org; 3101 N Fort Valley Rd; Erw./Senior/Kind 10–17 Jahre 12/10/8 US$; ⏲Mo–Sa 10–17, So 12–17 Uhr; 👪) Ein ansprechendes Haus im Craftsman-Stil mitten in einem Kiefernwäldchen beherbergt dieses kleine, aber hervorragende Museum. Seine Schwerpunkte sind Archäologie, Geschichte und Kultur der indigenen Bevölkerung, außerdem Geologie, Biologie und Kunst. Die faszinierenden ständigen Sammlungen werden ergänzt durch Ausstellungen zu Themen wie John James Audubons Gemälden von nordamerikanischen Säugetieren. Auf dem Weg zum Grand Canyon ist es eine wunderbare Einführung in die Kultur- und Naturgeschichte der Region.

Riordan Mansion State Historic Park HISTORISCHE STÄTTE
(☎928-779-4395; https://azstateparks.com/riordan-mansion; 409 W Riordan Rd; Führung Erw./Kind 7–13 Jahre 10/5 US$; ⏲Mai–Okt. 9.30–17, Nov.–April Do–Mo 10.30–17 Uhr) Nachdem sie mit ihrer Arizona Lumber Company im Holzgeschäft ein Vermögen gemacht hatten, ließen die Brüder Michael und Timothy Riordan 1904 dieses Doppelhaus bauen. Der Entwurf im Craftsman-Stil war die Idee des Architekten Charles Whittlesey, der auch El Tovar in Grand Canyon Village entwarf. Das Äußere zeigt handgearbeitete Schindeln, Holzplatten als Wandverkleidung und rustikalen Stein. Die Inneneinrichtung mit Edison- und Stickley-Möbeln, Tiffany-Lampen und Steinway-Flügel ist eine Huldigung an den Arts-and-Crafts-Stil.

Aktivitäten

Absolute Bikes RADFAHREN
(☎928-779-5969; www.absolutebikes.net; 202 E Rte 66; Leihfahrräder 39 US$/Tag; ⏲April–Thanksgiving Mo–Fr 9–19, Sa 9–18, So 10–16 Uhr, Dez.–März kürzer) Bei diesen freundlichen Schraubern erhält man Insider-Infos zur lokalen Mountainbikeszene und kann Räder für die Trails in der Umgebung leihen.

Arizona Snowbowl SKIFAHREN
(☎928-779-1951; www.arizonasnowbowl.com; 9300 N Snowbowl Rd; Skipass Erw. 75 US$, Jugendl. 13–17 Jahre 64 US$, Kind 8–12 Jahre 42 US$; ⏲Mitte Nov.–Mitte April 9–16 Uhr; 👪) Rund 14 (22 km) Meilen nördlich von Downtown Flagstaff liegt dieses kleine, aber schicke Skigebiet. Acht Lifts bedienen 40 Pisten zwischen 2800 und 3500 m. Die Saison dauert normalerweise von November bis April.

Schlafen

Anders als im Süden Arizonas ist hier im Sommer die Hauptsaison.

★ Motel Dubeau HOSTEL $
(☎928-774-6731; www.modubeau.com; 19 W Phoenix Ave; B/Zi. ab 27/53 US$; P❄@📶) Dieses eigenständige Hostel wurde 1929 als Flagstaffs erstes Motel erbaut und bietet heute den gleichen freundlichen Service und saubere, gepflegte Unterkünfte wie das Grand Canyon International Hostel derselben Betreiber. Die Zimmer gleichen einfachen, aber hübschen Hotelzimmern und verfügen über Kühlschrank, Kabel-TV und ein privates Bad. Im hosteleigenen Nomads bekommt man Bier, Wein und leichte Snacks. Es gibt auch eine Küche und Waschmaschinen.

Flagstaff KOA CAMPING $
(☎928-526-9926, Reservierungen 800-562-3524; www.flagstaffkoa.com; 5803 N Hwy 89; Stellplatz Zelt/Wohnmobil 33/38 US$, Hütte & Tipi ab 65 US$; P📶🐾) Dieser große Campingplatz im Schatten von Gelb-Kiefern liegt eine Meile (1,6 km) nördlich vom Exit 201 der I-40 und 5 Meilen (8 km) nordöstlich von Downtown Flagstaff. Ein Pfad führt vom Campingplatz zu den Wanderwegen am Mt. Elden. Der Platz ist familienfreundlich und bietet Kinderfahrräder zum Leihen, im Sommer Fahrten mit dem „Barrel Train" (Zug aus Fässern), am Wochenende Spielfilme und einen Wasserpark. Die vier Hütten haben jeweils einen Raum für vier Personen, aber Bettzeug wird nicht bereit gestellt.

★ Hotel Monte Vista HISTORISCHES HOTEL $$
(☎928-779-6971; www.hotelmontevista.com; 100 N San Francisco St; Zi./Suite ab 115/145 US$; ❄📶) Eine riesige altmodische Leuchtreklame thront über diesem historischen Hotel von 1926 und ist ein Hinweis auf das Innere: federbesetzte Lampenschirme, alte Möbel, kräftige Farben und ein bunt gemischtes Dekor. Die Zimmer sind nach den Filmstars benannt, die in ihnen nächtigten, darunter findet sich auch das Humphrey-Bogart-Zimmer mit dramatisch schwarzen Wänden,

gelber Decke und goldener Satinbettwäsche. Mehrere Hausgeister erscheinen angeblich regelmäßig den Gästen.

★ Inn at 410 B&B $$

(☎928-774-0088; www.inn410.com; 410 N Leroux St; Zi. ab 185 US$; P ❄ 📶) Das umfassend renovierte Haus von 1894 beherbergt zehn geräumige wunderschön eingerichtete und thematisch gestaltete Gästezimmer, alle mit Kühlschrank und Privatbad. Viele bieten Himmelbetten und herrliche Ausblicke. Zu dem nur einen kurzen Fußweg vom Zentrum entfernten Haus gehören ein schattiger Garten mit Obstbäumen und ein gemütlicher Speiseraum, in dem das umfangreiche Gourmetfrühstück und Nachmittagssnacks serviert werden.

Essen

Flagstaffs studentische Bevölkerung und allgemeine Bejahung eines guten Lebens spiegeln sich in einem der besten Restaurantangebote im ganzen Staat. Selbstversorger können **Bashas'** (☎928-774-3882; www.bashas.com; 2700 S Woodlands Village Blvd; ⏲6–23 Uhr) ausprobieren, eine gute lokale Supermarktkette mit einer ansehnlichen Auswahl an Bio-Lebensmitteln. Gesunde Kost gibt es auch bei **Whole Foods Market** (☎928-774-5747; www.wholefoodsmarket.com; 320 S Cambridge Lane; ⏲7–21 Uhr; 🖉).

★ Macy's CAFÉ $

(☎928-774-2243; www.macyscoffee.net; 14 S Beaver St; Frühstück/Mittagessen 6/7 US$; ⏲6–18 Uhr; 📶🖉) Der köstliche Kaffee – aus eigener Röstung in dem originalen, schönen feuerwehrroten Röster in der Ecke – bringt Studenten und Koffeinliebhaber von Flagstaff seit den 1980er-Jahren ins Schwärmen. Die vegetarische Karte enthält viele vegane Gerichte, außerdem traditionelle Café-Snacks wie Gebäck, gedämpfte Eier, Waffeln, Joghurt und Müsli, Salate und vegetarische Sandwiches.

Diablo Burger BURGER $

(☎928-774-3274; www.diabloburger.com; 120 N Leroux St; Hauptgerichte 11–14 US$; ⏲So–Mi 11–21, Do–Sa bis 22 Uhr; 📶) Dieser an lokalen Produkten orientierte Gourmetburger-Imbiss packt deftige Burger auf englische Muffinbrötchen und mit Kräutern der Provence gewürzte Pommes. Der Blake-Burger mit Cheddar, Hatch-Chili-Mayo und gebratenen grünen Chilis erinnert an New Mexico. Der Laden ist winzig, also sollte man früh kommen oder draußen sitzen und dabei die Leute beobachten. Es werden auch Bier und Wein serviert.

★ Criollo Latin Kitchen FUSION $$

(☎928-774-0541; www.criollolatinkitchen.com; 16 N San Francisco St; Hauptgerichte 17–20 US$; ⏲Mo–Fr 11–21, Sa & So 9–21 Uhr) Die kleine Schwester von Brix Restaurant & Wine Bar und **Proper Meats + Provisions** (☎928-774-9001; www.propermeats.com; 110 S San Francisco St; Sandwiches 12–13 US$; ⏲10–19 Uhr) ist dieses trendige Latino-Fusionsrestaurant. Es arbeitet mit Produzenten vor Ort zusammen, um Zutaten aus Arizona zu beschaffen. Empfehlenswert ist der haitianische Brunch mit langsam gebratenem Schweinefleisch, gewendeten Spiegeleiern, Pintobohnen und scharfer Ti-Malice-Sauce. Bei der Happy Hour (Mo–Fr 15–18 Uhr) gibt's Fisch-Tacos und Margaritas für 4 US$.

★ Brix Restaurant & Wine Bar INTERNATIONAL $$$

(☎928-213-1021; www.brixflagstaff.com; 413 N San Francisco St; Hauptgerichte 30–32 US$; ⏲So & Di–Do 17–21, Fr & Sa bis 22 Uhr; 🖉) Brix bietet saisonale, von lokalen Produzenten hergestellte, erstklassige Kost in einem schönen Ambiente mit unverputzten Backsteinwänden und einer heimeligen Bar aus Kupfer. Die Schwesterfirma Proper Meats + Provisions liefert Wurstdelikatessen, Fleisch von freilaufenden Schweinen und andere Grundlagen von schmackhaften Gerichten. Die Weinkarte ist erlesen; eine Reservierung ist zu empfehlen.

★ Coppa Cafe CAFÉ $$$

(☎928-637-6813; www.coppacafe.net; 1300 S Milton Rd; Mittagessen & Brunch 11–15 US$, Hauptgerichte 28–31 US$; ⏲Mi–Fr 15–21, Sa 11–15 & 17–21, So 10–15 Uhr; 📶) Brian Konefal und Paola Fioravanti, die sich in einer italienischen Kochschule kennenlernten, sind das Team hinter diesem freundlichen, mit viel Kunst dekorierten Bistro mit den dottergelben Wänden. Die Zutaten stammen aus den nahen Wäldern (oder von weiter weg in Arizona) und werden zu Gerichten wie langsam gebratene Lende mit Wildblumen-Butter oder in Lehm gebackenes Entenei mit einem „Risotto" aus Sonora-Weizen und Wildkräutern verarbeitet.

Ausgehen & Unterhaltung

Informationen über Festivals und Musikprogramme erfährt man telefonisch beim

Visitor Center oder unter www.flagstaff365.com. Im Sommer versammeln sich am Freitag- und Samstagabend die Leute auf Wolldecken am Heritage Sq., um kostenlos Musik und Familienfilme zu genießen. Der Spaß beginnt um 17 Uhr.

Donnerstags erscheint das kostenlose Blatt *Flagstaff Live!* (www.flaglive.com) mit Informationen über die aktuellen Shows und Ereignisse in der Stadt.

★Hops on Birch KNEIPE
(☎928-774-4011; www.hopsonbirch.com; 22 E Birch Ave; ⏲Mo–Do 13.30–12.30, Fr bis 2, Sa 12–2, So 12–12.30 Uhr) Das schlichte, schöne Hops on Birch hat 34 wechselnde Biersorten vom Fass und Livemusik an fünf Abenden in der Woche. Die meist einheimischen Gäste verbreiten eine freundliche Stimmung. Nach klassischer Flagstaff-Art sind Hunde ebenso willkommen wie Menschen.

Monte Vista Cocktail Lounge BAR
(☎928-779-6971; www.hotelmontevista.com; 100 N San Francisco St, Hotel Monte Vista; ⏲Mo–Sa 16–2 Uhr) In markanter Lage in Downtown Flagstaff – mit breiten Fenstern zum Leutebeobachten – hat diese ehemalige „Flüsterkneipe" in dem historischen Hotel Monte Vista eine gehämmerte Blechdecke, einen Poolbillardtisch, an drei Abenden in der Woche Livemusik, ein Sonntagsquiz, Karaoke und den ganzen Montag „Happy Hour".

ℹ Praktische Informationen

USFS Flagstaff Ranger Station (☎928-526-0866; www.fs.usda.gov; 5075 N Hwy 89; ⏲Mo–Fr 8–16 Uhr) informiert über Mt. Elden, Humphreys Peak und O'Leary Peak nördlich von Flagstaff.

Visitor Center (☎800-842-7293, 928-213-2951; www.flagstaffarizona.org; 1 E Rte 66; ⏲Mo–Sa 8–17, So 9–16 Uhr) Beim Visitor Center im Amtrak-Bahnhof gibt es eine tolle Flagstaff-Discovery-Karte und jede Menge Infos zu Aktivitäten.

ℹ Anreise & Unterwegs vor Ort

Greyhound (☎928-774-4573, 800-231-2222; www.greyhound.com; 880 E Butler Ave; ⏲10–18.30 Uhr) hält in Flagstaff auf der Fahrt nach/von Albuquerque, Las Vegas, Los Angeles und Phoenix. **Arizona Shuttle** (S. 937) und **Flagstaff Shuttle & Charter** (☎888-215-3105; www.flagshuttle.com) verkehren zwischen Flagstaff, dem Grand Canyon National Park, Williams, Sedona und dem Phoenix's Sky Harbor International Airport.

Der *Southwest Chief*, der von **Amtrak** (☎800-872-7245, 928-774-8679; www.amtrak.com; 1 E Rte 66; ⏲3.30-22.30 Uhr) betrieben wird, hält auf seiner täglichen Fahrt von Chicago nach Los Angeles in Flagstaff.

Mountain Line Transit (☎928-779-6624; www.mountainline.az.gov; einfache Fahrt Erw./Kind 1,25/0,60 US$) hat täglich mehrere feste Busrouten; einen benutzerfreundlichen Plan erhält man im Visitor Center. Die Busse haben Rampen für Rollstuhlfahrer.

Wenn man ein Taxi braucht, ruft man **Action Cab** (☎928-774-4427) oder **Sun Taxi** (☎928-774-7400; www.suntaxiandtours.com). Diverse große Mietwagenvertretungen gibt es am Flughafen und im Zentrum.

NICHT VERSÄUMEN

WALNUT CANYON

Die Sinagua-Felsbehausungen im **Walnut Canyon** (☎928-526-3367; www.nps.gov/waca; I-40 Ausfahrt 204; Erw./Kinder unter 16 Jahren 8 US$/frei; ⏲Juni–Okt. 8–17 Uhr, Nov.–Mai 9–17 Uhr, Trails schließen 1 Std. früher; Ⓟ) befinden sich in den fast senkrecht aufragenden Wänden eines kleinen Kalksteinbergs inmitten dieses atemberaubenden bewaldeten Canyons. Der 1,6 km lange Island Trail führt über 56 Höhenmeter (mehr als 200 Stufen) steil bergab, vorbei an 25 Kammern unter den natürlichen Felsüberhängen des kurvenreichen Berges. Ein kürzerer rollstuhlgerechter Rim Trail bietet mehrere Blicke auf die Felsbehausungen von der anderen Seite des Canyons.

Williams

Das freundliche Williams liegt 60 Meilen (96 km) südlich von Grand Canyon Village und 35 Meilen (56 km) westlich von Flagstaff und ist eine charmante „Tor-Stadt" zum Canyon. Klassische Motels und Imbissbuden reihen sich entlang der Route 66 aneinander, und das alte Schulgebäude sowie der ehemalige Bahnhof erinnern an rustikalere Zeiten.

Die meisten Besucher lockt eine Fahrt mit der **Grand Canyon Railway** (☎Reservierung 800-843-8724; www.thetrain.com; 233 N Grand Canyon Bvd, Railway Depot; Rundfahrt Erw./Kind ab 79/47 US$;) aus dem 20. Jh. zum South Rim des Canyons hierher; die Hinfahrt erfolgt um 9.30 Uhr, die Rückfahrt um 17.45 Uhr. Auch wer kein ausgesprochener Eisenbahnfan ist, wird die malerische entspannte Fahrt zum Grand Canyon genießen. Schauspieler in historischen Kostümen geben Einblicke in die regionale Geschichte, dazu wird Folkmusik auf dem Banjo gespielt.

Das **Red Garter Inn** (☎928-635-1484; www.redgarter.com; 137 W Railroad Ave; DZ ab 170 US$; ❄📶) ist in einem Bordell von 1897 untergebracht, in dem die Damen einst potenziellen Kunden vom Fenster aus zuwinkten. Die vier Zimmer des B&B haben hübsche historische Elemente und die Bäckerei im Erdgeschoss serviert guten Kaffee. Das flippige kleine **Grand Canyon Hotel** (☎928-635-1419; www.thegrandcanyonhotel.com; 145 W Route 66; B/Zi. ab 33/87 US$; ⏲März–Nov.; ❄@📶) hat kleine Themenzimmer und einen Schlafsaal mit sechs Betten; TVs gibt es nicht. Im **Canyon Motel & RV Park** (☎928-635-9371, 800-482-3955; www.thecanyonmotel.com; 1900 E Rodeo Rd; Stellplatz Zelt/Wohnmobil ab 31/44 US$, Cottages/Bahnwaggon ab 90/180 US$; ❄📶🏊🐾) unmittelbar östlich des Zentrums nächtigen Gäste in einem Santa-Fe-Güterzugbegleitwagen von 1929 oder in einem Pullman-Waggon.

Grand Canyon National Park

Egal wie viel man über den **Grand Canyon** (☎928-638-7888; www.nps.gov/grca; 20 South Entrance Rd; 7-Tage-Pass Auto/Pers. 30/15 US$), gelesen oder wie viele Fotos man gesehen hat, nichts kann einen auf die Realität vorbereiten. Zunächst ziehen den Beobachter die unglaublichen Ausmaße des Canyons in ihren Bann. Gleichermaßen eindrucksvoll sind die dramatischen Felsschichten, die einen genaueren Blick lohnen, sowie die kunstvollen Details in Form von zerklüfteten Plateaus, bröckeligen Steintürmen und weinroten Felsgraten, die das Spiel von Licht und Schatten angemessen in Szene setzt.

Auf dem Grund der gewaltigen Schlucht windet sich der Colorado (genau genommen 446 km des Flusses). Er hat den Canyon in den letzten 6 Mio. Jahren geformt und Steine freigelegt, die bis zu 2 Mrd. Jahre alt sind – halb so alt wie die Erde! North Rim und South Rim (die Nord- bzw. Südkante der Schlucht) bieten zwei recht unterschiedliche Erfahrungen. Sie sind mit dem Auto mehr als 200 Meilen (über 300 km) voneinander entfernt, und nur wenige Reisende besuchen beide Gebiete im Rahmen von ein und derselben Tour. Die meisten Besucher geben dem South Rim den Vorzug, weil er leicht zu erreichen ist und mit vielen Service-Einrichtungen und herrlichen Aussichten aufwartet. Der ruhigere North Rim wiederum liegt auf 2500 m (300 m höher als der South Rim). In seinem kühleren Klima wachsen Wildblumen auf den Wiesen und hohe, dichte Espen- und Fichtengehölzer.

Der Juni ist der trockenste Monat, im Juli und August regnet es am meisten. Im Januar liegt die durchschnittliche Nachttemperatur bei –11 bis –7 °C und die Tageshöchsttemperatur bei etwa 4 °C. Im Sommer herrschen im Canyon regelmäßig mehr als 38 °C. Der South Rim ist das ganze Jahr über zugänglich, aber die meisten Besucher werden zwischen Ende Mai und Anfang September gezählt. Der North Rim ist von Mitte Mai bis Mitte Oktober erreichbar.

ℹ Praktische Informationen

Der Ort mit der besten Infrastruktur im Grand Canyon National Park ist **Grand Canyon Village**, 6 Meilen (10 km) nördlich der South Rim Entrance Station. Der einzige Eingang zum North Rim liegt 30 Meilen (48 km) südlich von Jacob Lake am Hwy 67; der eigentliche North Rim liegt weitere 14 Meilen (23 km) in Richtung Süden. North Rim und South Rim trennen 215 Meilen (346 km) mit dem Wagen, zu Fuß quer durch den Canyon sind es 21 Meilen (34 km), per Luftlinie 10 Meilen (16 km).

Das Parkticket ist sieben Tage lang für North und South Rim gültig. Wer eine Wanderung mit Übernachtung unternehmen und auf dem Parkgelände campen möchte, braucht eine Genehmigung. Das **Backcountry Information Center** (☎928-638-7875; www.nps.gov/grca; Grand Canyon Village; ⏲8–12 & 13–17 Uhr, Telefon Mo–Fr 8–17 Uhr; 🚌Village) nimmt Anträge für Wandergenehmigungen (10 US$, zzgl. 8 US$/Pers. & Nacht) nur für den laufenden und die darauf folgenden vier Monate an. Die Chancen stehen recht gut, wenn man sich früh darum kümmert und Alternativrouten angibt. Reservierungen können persönlich, per Post oder Fax, nicht aber per Telefon oder E-Mail, vorgenommen werden. Weitere Infos gibt's unter www.nps.gov/grca/planyourvisit/backcountry-permit.htm.

Wer ohne Genehmigung am South Rim ankommt, muss sich zum Büro neben der **Maswik Lodge** (☎888-297-2757, Durchwahl 6784, Rezeption & Reservierungen innerhalb von 48 Std. 928-638-2631; www.grandcanyonlodges.com; Grand Canyon Village; Zi. South/North 107/205 US$; P❄@📶; 🚌Village) begeben und auf die Warteliste setzen lassen. Aus Umweltschutzgründen werden im Park keine Wasserflaschen mehr verkauft. Stattdessen können Besucher mitgebrachte Behältnisse an Wasserstationen entlang des Canyonrands und am **Canyon Village Market** (S. 949) auffüllen.

South Rim

Wer kein Problem mit Menschenmassen hat, wird sich am South Rim wohlfühlen, denn hier gibt's ein komplettes Dorf mit Unterkünften, Restaurants, Buchläden, einem Supermarkt und einem Deli. Museen und historische Steinhäuser erläutern die Geschichte des Parks, während Ranger täglich Programme zu Themen wie Geologie und wiederauflebenden Kondor-Populationen anbieten. Auch im Sommer, wenn Tagesausflügler in Massen einfallen, findet man ruhige Plätzchen, z. B. bei einer Tageswanderung unterhalb des Rims oder indem man sich ein paar hundert Meter von den malerischen Aussichtspunkten entfernt.

Aktivitäten

Autofahren & Wandern

Eine **malerische Route** führt westlich vom Grand Canyon Village auf der Hermit Rd am Rand der Schlucht entlang. Von März bis November darf die 11 km lange Straße nicht von Privatwagen befahren werden; stattdessen nimmt man einfach den kostenlosen Shuttlebus. Die Strecke kann auch gut mit dem Fahrrad bewältigt werden, da relativ wenig Verkehr herrscht. Unterwegs locken traumhafte Aussichten, zudem liefern Schilder Infos zum Canyon.

Der **Desert View Drive** beginnt östlich vom Grand Canyon Village und folgt der Schluchtkante 26 Meilen (42 km) lang bis zum Desert View, dem Osteingang des Parks. Parkbuchten ermöglichen fantastische Aussichten.

Die **Wanderwege** entlang des South Rim bieten etwas für jeden Fitnessgrad. Die beliebteste und einfachste Route im Park ist der **Rim Trail**. Er taucht in die struppigen Kiefernbestände des Kaibab National Forest ein und verbindet auf einer Strecke von 21 km einige Aussichtspunkte und historische Stätten miteinander. Manche Abschnitte sind asphaltiert, und sämtliche Aussichtspunkte können mit einer der drei Shuttlebuslinien erreicht werden. Auf dem **Trail of Time**, der gleich westlich vom Yavapai Geology Museum an den Rim Trail grenzt, repräsentiert jeder Meter 1 Mio. Jahre Erdgeschichte.

Wanderungen hinab in den Canyon sind anstrengend, deshalb begnügen sich die meisten Besucher mit kurzen Tagesausflügen. Man muss sich bewusst machen, dass der Rückweg bergauf aus der Schlucht sehr viel härter ist als der Abstieg auf dem Hinweg. Zudem sollte man nicht versuchen, die gesamte Strecke zum Colorado und zurück an einem Tag zu bewältigen. Die beliebteste Route ist der wunderschöne **Bright Angel Trail**. Entlang des malerischen 13 km langen Abstiegs zum Fluss gibt es vier günstige Umkehrpunkte. Im Sommer kann die Hitze mörderisch sein; wer eine Tageswanderung unternimmt, könnte an einem der beiden Rasthäuser umkehren (hin & zurück 5 bzw. 10 km) oder sich bei Sonnenaufgang auf den Weg machen, um die längeren Wanderungen zum **Indian Garden** oder **Plateau Point** (hin & zurück 15 bzw. 20 km) zu bewältigen.

Der steilere und sehr viel ungeschütztere **South Kaibab Trail** gehört zu den schönsten Wegen im Park. Er kombiniert eindrucksvolle Landschaft mit unverstellten Rundumblicken. Wanderer, die in der **Phantom Ranch** übernachten, wählen für den Abstieg meist diesen Weg und für den Rückweg am nächs-

ABSTECHER

SUNSET CRATER VOLCANO NATIONAL MONUMENT

Um das Jahr 1064 brach an dieser Stelle ein Vulkan aus, dessen Ascheregen auf 2000 km² niederging. Der Kana-A-Lavastrom vertrieb die Bauern von dem Land, das sie seit 400 Jahren bestellt hatten. Heute ist das 2447 m hohe **Sunset Crater Volcano National Monument** (☎928-526-0502; www.nps.gov/sucr; Park Loop Rd 545; Auto/Motorrad/Fahrrad oder Fußgänger 20/15/10 US$; ⌚Nov.–Mai 9–17 Uhr, Juni–Okt. ab 8 Uhr) still und lange Wanderwege winden sich durch den Lavastrom Bonito (entstanden um 1180) und hinauf zum Lenox Crater (2141 m). Anspruchsvollere Wanderer oder Radfahrer können den O'Leary Peak (2732 m; 13 km Rundtour) erreichen. Es gibt auch einen leichten rollstuhlgerechten Rundweg von 500 m, um einen Blick auf den versteinerten Fluss zu werfen.

Der Sunset Crater liegt 19 Meilen (30 km) nordöstlich von Flagstaff. Die Eintrittsgebühr schließt den Eintritt zum **Wupatki National Monument** (☎928-679-2365; www.nps.gov/wupa; Park Loop Rd 545; Auto/Motorrad/Fahrrad oder Fußgänger 20/15/10 US$; ⌚Visitor Center 9–17 Uhr, Trails Sonnenaufgang–Sonnenuntergang; P 🚻) ein und gilt sieben Tage.

Grand Canyon National Park

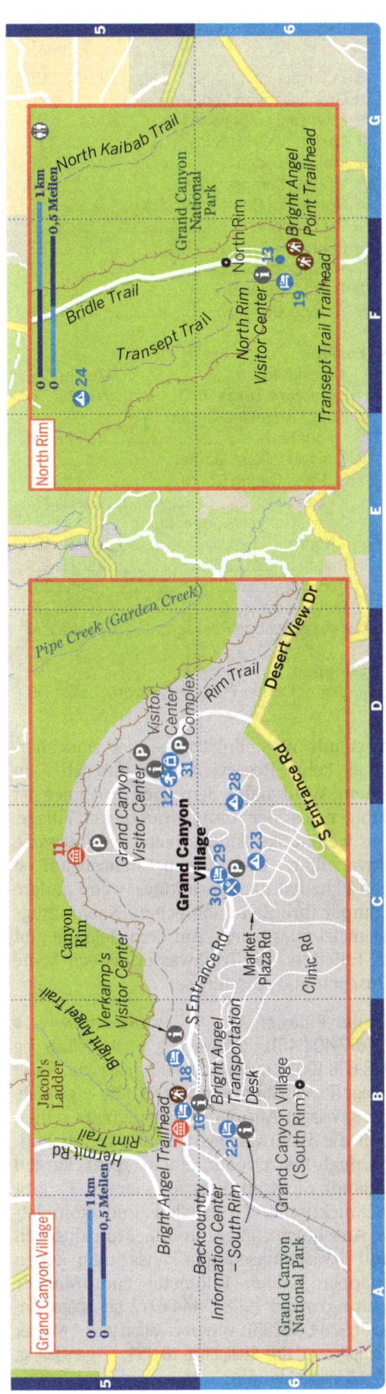

ten Tag den Bright Angel Trail. Im Sommer kann der Aufstieg auf dem South Kaibab Trail gefährlich sein, dann raten die Ranger Tagesausflüglern, am Aussichtspunkt **Cedar Ridge** (ca. 5 km hin & zurück) umzukehren.

Radfahren

Bright Angel Bicycles & Cafe at Mather Point RADFAHREN
(☎928-814-8704, 928-638-3055; www.bikegrandcanyon.com; 10 S Entrance Rd, Visitor Center Plaza; Leihgebühr 24 Std. Erw./Kind bis 16 Jahre 40/30 US$, Leihgebühr 5 Std. 30/20 US$, Rollstuhl 10 US$, Kindersportwagen einsitzig/zweisitzig bis zu 8 Std. 18/27 US$; ⌚März–Okt. 7–17 Uhr; 🚌Village, 🚌Kaibab/Rim) Leihräder für einen halben oder ganzen Tag können im Voraus online oder telefonisch reserviert werden (wenn gewünscht auch mit Helmen und Anhängern). Außer in der Zeit mit der größten Nachfrage von Juli bis Mitte August können jedoch auch Laufkunden in der Regel bedient werden. Mit dem Fahrrad-Shuttle-Paket kann man in einer Richtung an den Aussichtspunkten vorbeiradeln und auf dem Rückweg den privaten Shuttle benutzen.

Geführte Touren

★**Canyon Vistas Mule Rides** AUSRITTE
(☎888-297-2757, Reservierungen für denselben/den nächsten Tag 928-638-3283; www.grandcanyonlodges.com; Bright Angel Lodge; 3-stündiger Maultierausritt 135 US$, Maultierausritt mit 1/2 Übernachtungen inkl. Verpflegung & Unterkunft 552/788 US$; ⌚ganzjährig, unterschiedliche Zeiten) Bei diesem Anbieter werden Gruppen von bis zu 20 Maultieren über 4 Meilen (6,5 km) auf dem East Rim Trail geführt. Wenn man in den Canyon hinuntersteigen möchte, ist dies nur mit einer Übernachtung auf der Phantom Ranch möglich: Die Touren folgen dem Bright Angel Trail (10,5 Meilen, 17 km, 5½ Std.) hinunter, dann verbringt man eine oder zwei Nächte auf der Phantom Ranch und kehrt über den South Kaibab Trail zurück (7,8 Meilen, 12,5 km, 5 Std.).

Schlafen

Die sechs Lodges am South Rim werden von **Xanterra** (☎888-297-2757, 303-297-2757, 928-638-3283; www.grandcanyonlodges.com) betrieben. Vor allem im Sommer sollte man vorab reservieren, bei der Phantom Ranch neben dem Colorado ruft man am besten direkt an. Wer für denselben Tag reservieren oder einen Gast erreichen möchte, ruft beim South Rim **Switchboard** (☎928-638-2631) an.

Grand Canyon National Park

Highlights
1 Desert View Watchtower F3
2 Valley of Fire State Park A2

Sehenswertes
3 Bright Angel Point E3
4 Grand Canyon Caverns & Inn C4
5 Grand Canyon National Park E3
6 Grand Canyon West (West Rim) B3
7 Kolb Studio B5
8 National Geographic Visitor Center & IMAX Theater E3
9 Tusayan Museum & Ruins E3
10 Wupatki National Monument F4
11 Yavapai Geology Museum C5

Aktivitäten, Kurse & Touren
12 Bright Angel Bicycles & Cafe at Mather Point D5
13 Canyon Trail Rides F6
Canyon Vistas Mule Rides .... (siehe 7)
14 Cape Final Trail E3
15 North Kaibab Trail E3
Roger Ekis' Antelope Canyon Tours .... (siehe 21)

Schlafen
16 Bright Angel Lodge B5
17 Canyons Lodge D1
Desert View Campground .... (siehe 1)
18 El Tovar B5
19 Grand Canyon Lodge F6
20 Havasu Campground D3
21 Lake Powell Motel F1
22 Maswik Lodge B6
23 Mather Campground C6
24 North Rim Campground F5
25 Parry Lodge D1
26 Phantom Ranch E3
27 Supai Lodge D3
28 Trailer Village D6
29 Yavapai Lodge C6

Essen
Arizona Room .... (siehe 16)
Big John's Texas BBQ .... (siehe 21)
Bright Angel Ice-Cream Fountain .... (siehe 16)
30 Canyon Village Market C6
El Tovar Dining Room & Lounge .... (siehe 18)
Grand Canyon Lodge Dining Room .... (siehe 19)
Ranch House Grille .... (siehe 21)
Rocking V Cafe .... (siehe 25)
Sego Restaurant .... (siehe 17)
Yavapai Lodge Restaurant .... (siehe 29)

Shoppen
31 Visitor Center Plaza Park Store D5

Sind keine Unterkünfte im Park mehr frei, sollte man es in Tusayan (am Südeingang), Valle (31 Meilen bzw. 49,5 km südlich), Cameron (53 Meilen bzw. 85 km östlich), Williams (ca. 60 Meilen bzw. 100 km südlich) oder Flagstaff (80 Meilen bzw. 129 km südöstlich) versuchen. Mit Ausnahme des Desert View sind alle Campingplätze und Lodges ganzjährig geöffnet.

Phantom Ranch HÜTTE $
(☎888-297-2757, Reservierungen für denselben/den nächsten Tag 928-638-3283; www.grandcanyonlodges.com; B/Hütte mit DZ 142/49 US$; ❄) Auf der einem Camp ähnelnden Anlage gibt es gemütliche Privathütten für bis zu vier Personen und nach Geschlechtern getrennte Schlafsäle für bis zu zehn Gäste. Im Preis inbegriffen sind Bettwäsche, Flüssigseife und Handtücher, Mahlzeiten kosten hingegen extra und müssen bei der Buchung vorbestellt werden. Erreichbar ist Phantom Ranch mit einem Maultier, zu Fuß oder per Boot auf dem Colorado River.

Desert View Campground CAMPING $
(www.nps.gov/grca; Desert View; Stellplätze 12 US$; ⏲Mitte April–Mitte Okt.) Der NPS Campingplatz mit 50 Stellplätzen – hier sind allerdings keine Reservierungen möglich – in einem Wald nahe dem East Entrance ist ruhiger als der Campground im Village. Die weitläufige Anlage bietet eine gewisse Privatsphäre. Die größten Chancen auf einen Platz hat man vormittags, wenn andere Camper ihre Zelte abbrechen. Nachmittags ist meist alles belegt. Auf dem Gelände gibt es Toiletten und Trinkwasser, jedoch keine Duschen und Anschlüsse.

Trailer Village WOHNWAGEN-CAMPING $
(☎877-404-4611, Reservierung für denselben Tag 928-638-1006; www.visitgrandcanyon.com; Trailer Village Rd; mit Stromanschluss 45 US$; ⏲ganzjährig; 🚌Village) Auf dem Campingplatz reihen sich die Wohnwagen in gepflasterten Pull-Through-Plätzen auf einem recht kargen Gelände dicht an dicht aneinander. Es gibt Picknicktische, Grillstellen und komplette Anschlüsse, aber für die Münzduschen und -waschmaschinen muss man einen knappen halben Kilometer zum **Mather Campground** (☎877-444-6777, bei später Ankunft 928-638-7851; www.recreation.gov; 1 Mather Campground Rd; Stellplätze 18 US$; ⏲ganzjährig; 📶; 🚌Village) laufen.

★ **Bright Angel Lodge** LODGE $$
(☎888-297-2757, Durchwahl 6285, Rezeption & Reservierungen innerhalb von 48 Std. 928-638-2631; www.grandcanyonlodges.com; Village Loop Dr; Zi. mit/ohne Bad 110/89 US$, Hütte/Suite 197/426 US$; P 📶; 🚌Village) Das Haus aus Holz und Stein von 1935 glänzt mit jeder Menge historischem Charme. Die kleinen öffentlichen Bereiche sind sehr belebt, und der **Transportation Desk** (☎928-638-3283; Bright Angel Lodge; ⏰Sommer 5–20 Uhr; 🚌Village) in der Lobby ist die zentrale Infostelle für Wanderungen, Maultierausritte und geführte Ausflüge. Die Zimmer sind zwar ideal für ein begrenztes Budget, doch die Hütten sind heller, luftiger und geschmackvoll im Western-Stil eingerichtet.

Yavapai Lodge MOTEL $$
(☎877-404-4611, Reservierungen innerhalb von 48 Std. 928-638-6421; www.visitgrandcanyon.com; 11 Yavapai Lodge Rd; Zi. ab 153 US$; ⏰ganzjährig; P ❄ @ 📶 🐾; 🚌Village) Einfache ein- und zweistöckige Motel-Unterkünfte verteilen sich in einem Pinyon-Kiefer- und Wacholderwald rund eine Meile (1,6 km) von der Canyonkante entfernt. Die klimatisierten Zimmer im Yavapai East sind für vier bis sechs Personen und bieten zwei französische Betten oder ein breites Doppelbett und Stockbetten. Die Zimmer im Yavapai West für bis zu vier Personen sind nicht klimatisiert.

★ **El Tovar** LODGE $$$
(☎888-297-2757, Durchwahl 6380, Rezeption & Reservierungen innerhalb von 48 Std. 928-638-2631; www.grandcanyonlodges.com; Village Loop Dr; Zi./Suite ab 187/381 US$; ⏰ganzjährig; P ❄ 📶; 🚌Village) Ausgestopfte Tiere, robuste Kiefernholzwände und rustikale offene Kamine: Ist das El Tovar das schickste Hotel am South Rim oder eine Jagdhütte im Hinterland? Trotz Renovierungsarbeiten hat die weitläufige Holz-Lodge von 1905 von ihrem vornehmen historischen Flair und Charme nichts eingebüßt.

 Essen & Ausgehen

Im Grand Canyon Village hat man alle Verpflegungsmöglichkeiten: Sandwiches zum Mitnehmen für ein Picknick bekommt man im **Canyon Village Market** (☎928-638-2262; Market Plaza; ⏰19. Mai–13. Sept. 6.30–21 Uhr, restliches Jahr kürzere Zeiten; 🚌Village), ein Eis nach der Wanderung im **Bright Angel Ice-Cream Fountain** (☎928-638-2631; www.grandcanyonlodges.com; Bright Angel Lodge; Hauptgerichte 4–6 US$; ⏰Mai–Sept. 11–18 Uhr, restliches Jahr kürzere Zeiten; 👪; 🚌Village), und für ein gepflegtes Essen geht man ins El Tovar Dining Room.

Yavapai Lodge Restaurant AMERIKANISCH $
(☎928-638-6421; www.visitgrandcanyon.com; 11 Yavapai Lodge Rd, Yavapai Lodge; Frühstück 7–9 US$, Mittag- & Abendessen 13–16 US$; ⏰Mai–Sept. 6–22 Uhr, restliches Jahr kürzere Zeiten; 👪; 🚌Village) Das Restaurant bietet Gegrilltes und Sandwiches sowie Bier und Wein. Man gibt die Bestellung ab und nimmt seine Getränke mit; wenn das Essen fertig ist, wird die Nummer aufgerufen.

★ **El Tovar Dining Room & Lounge** AMERIKANISCH $$$
(☎928-638-2631; www.grandcanyonlodges.com; National Historic Landmark District; Hauptgerichte 20–30 US$; ⏰Restaurant 6–10.30, 11–14 & 16.30–22 Uhr, Lounge 11–23 Uhr; 👪; 🚌Village) Die Tische aus dunklem Holz sind mit Porzellan und weißen Tischdecken eingedeckt, auffällige Wandbilder zeigen indigene Motive und große Fenster überblicken den Rim Trail und den Canyon. Zum Frühstück sind El Tovars Pfannkuchentrio (Buttermilch-, Blaues-Maismehl- und Buchweizen-Pfannkuchen mit Pinienkernbutter und Kaktusfeigensirup) und geschwärzte Forelle mit zwei Eiern zu empfehlen.

Arizona Room AMERIKANISCH $$$
(☎928-638-2631; www.grandcanyonlodges.com; 9 Village Loop Dr, Bright Angel Lodge; Mittagessen 13–16 US$, Abendessen 22–28 US$; ⏰Jan.–Okt. 11.30–15 & 16.30–22 Uhr; 👪; 🚌Village) Geweih-Kronleuchter hängen von der Decke und die Panoramafenster überblicken den Rim Trail und den Canyon. Am besten versucht man direkt nach der Öffnung um 16.30 Uhr einen Platz auf der Warteliste zu bekommen, denn bereits um 16.40 Uhr muss man eventuell eine Stunde warten; Reservierungen sind nicht möglich. Hähnchen in Agaven-Zitrus-Marinade, im Ofen gebackener Kürbis und Rippchen mit Chipotle vom Grill stehen für ein Western-Flair.

ℹ Praktische Informationen

SOUTH RIM VISITOR CENTERS

Grand Canyon Visitor Center (☎928-638-7888; www.nps.gov/grca; Visitor Center Plaza, Grand Canyon Village; ⏰9–17 Uhr; 🚌Village, 🚌Kaibab/Rim) Rund 300 m hinter dem Mather Point stößt man auf eine große Plaza mit dem Visitor Center und dem **Visitor Center Plaza**

Park Store (☎800-858-2808; www.grandcanyon.org; Visitor Center Plaza; ⏰Juni–Aug. 8–20 Uhr, restliches Jahr kürzere Zeiten; 🚌Village, Kaibab/Rim). Draußen informieren Schwarze Bretter über Wanderwege, Touren, Rangerprogramme und das Wetter.

National Geographic Visitor Center (☎928-638-2203; www.explorethecanyon.com; 450 Hwy 64; Erw./Kind 14/11 US$; ⏰Visitor Center März–Okt. 8–22 Uhr, Nov.–Feb. 10–20 Uhr, Theater März–Okt. 8.30–20.30 Uhr, Nov.–Feb. 9.30–18.30 Uhr; 🚌Tusayan) Das Visitor Center ist in Tusayan, 7 Meilen (11 km) südlich des Grand Canyon Village. Wer hier das Eintrittsgeld von 30 US$ pro Wagen zahlt, erspart sich eventuell lange Wartezeit am Parkeingang. Im IMAX-Kino wird der großartige Film *Grand Canyon – The Hidden Secrets* gezeigt. Neben den oben angeführten Visitor Centers gibt es auch Informationen im Park.

Desert View Watchtower (www.nps.gov/grca; Desert View, East Enrance; ⏰Mitte Mai–Aug. 8 Uhr–Sonnenuntergang, Sept.–Mitte Okt. 9–18 Uhr, Mitte Okt.–Feb. 9–17 Uhr, März–Mitte Mai 8–18 Uhr)

Kolb Studio (☎928-638-2771; www.nps.gov/grca; National Historic Landmark District; ⏰März–Mai & Sept.–Nov. 8–19 Uhr, Dez.–Feb. bis 18 Uhr, Juni–Aug. bis 20 Uhr; 🚌Village)

Tusayan Museum & Ruins (www.nps.gov/grca; Desert View Dr; ⏰9–17 Uhr)

Verkamp's Visitor Center (☎928-638-7888; www.nps.gov/grca; Rim Trail; ⏰Juni–Aug. 8–20 Uhr; restliches Jahr kürzere Zeiten; 🚌Village)

Yavapai Geology Museum (☎928-638-7890; www.nps.gov/grca; Grand Canyon Village; ⏰März–Mai & Sept.–Nov. 8–19 Uhr, Dez.–Feb. bis 18 Uhr, Juni–Aug. bis 20 Uhr; 👪; 🚌Kaibab/Rim)

ℹ Anreise & Unterwegs vor Ort

Die meisten Besucher erkunden den Canyon mit einem Mietwagen oder als Mitglied einer Reisegruppe. Einen Parkplatz im Grand Canyon Village zu finden, ist nicht immer einfach. Innerhalb des Parks bedienen kostenlose Shuttles drei Routen (rund um Grand Canyon Village, Richtung Westen auf der Hermits Rest Route und Richtung Osten auf der Kaibab Trail Route). Die Busse fahren etwa alle 15 Minuten (ab einer Stunde vor Sonnenuntergang bis eine Stunde danach). Im Sommer fährt an der Bright Angel Lodge der kostenlose Shuttle Hiker's Express ab. Er passiert frühmorgens das Backcountry Information Center und das Grand Canyon Visitor Center, dann geht's zum Startpunkt des South Kaibab Trail.

North Rim

Der North Rim bietet wohltuende Einsamkeit. Es gibt keine Shuttlebusse oder Bustouren, keine Museen, keine Einkaufszentren, keine Schulen oder Tankstellen. Tatsächlich findet man hier lediglich eine klassische Lodge im Nationalpark am Schluchtrand, einen Campingplatz, ein Motel, einen Gemischtwarenladen und ein weitläufiges Wegenetz, das durch sonnige Wildblumenwiesen, schlanke Espen und hochgewachsene Ponderosa-Kiefern führt.

Der Eingang zum North Rim liegt 24 Meilen (39 km) südlich des **Jacob Lake** am Hwy 67. Die Grand Canyon Lodge befindet sich weitere 20 Meilen (32 km) dahinter. Aufgrund der Höhe von über 2400 m ist es hier rund 6 °C kälter als am South Rim – auch im Sommer benötigt man abends einen Pullover. Sämtliche Einrichtungen am North Rim sind von Mitte Oktober bis Mitte Mai geschlossen, man kann jedoch in den Park fahren und auf dem Campingplatz übernachten, bis Schnee die Straße ab Jacob Lake unpassierbar macht.

Aktivitäten

Der kurze, einfach zu bewältigende, befestigte Weg (800 m) zum **Bright Angel Point** (www.nps.gov; North Rim) ist ein Muss. Er beginnt an der Rückseite der Grand Canyon Lodge und führt zu einem schmalen Felsausläufer, der einen genialen Ausblick gewährt.

Der **North Kaibab Trail** ist der einzige Wanderweg vom North Rim zum Fluss, der regelmäßig gewartet wird. Er ist mit Wegen zum South Rim im Gebiet der Phantom Ranch verbunden. Die ersten 8 km sind am steilsten und es geht über 900 m hinab zu den **Roaring Springs**. Die Tageswanderung erfreut sich großer Beliebtheit. Wer eine kürzere Strecke unterhalb der Schluchtkante bevorzugt, kann ca. 1 km bis zum **Coconino Overlook** oder 3 km bis zum **Supai Tunnel** laufen. So erhält man einen Vorgeschmack auf das steile Terrain im Canyon. Für den 45 km langen Rundweg zum Colorado River benötigt man mehrere Tage.

Eine kurze Wanderung am Schluchtrand, die sich gut für Familien eignet, ist der 6 km lange Rundweg **Cape Final** am **Walhalla Plateau** östlich der Grand Canyon Lodge, der durch Gelb-Kieferwälder zu beeindruckenden Aussichtspunkten am östlichen Grand Canyon führt.

Canyon Trail Rides GEFÜHRTE TOUR
(☎435-679-8665; www.canyonrides.com; North Rim; 1-stündiger/halbtägiger Maultierausritt 45/90 US$; ⏰Mitte Mai–Mitte Okt. unregelmäßige Zeiten) Man kann jederzeit Reservierungen für

das kommende Jahr vornehmen, aber anders als die Maultiertouren am South Rim kann man eine Tour in der Regel auch bei Ankunft im Park buchen, ganz einfach im Grand Canyon Lodge am Mule Desk. Die Touren gehen nicht bis zum Colorado River, aber der halbtägige Ausflug gibt eine Kostprobe vom Leben unterhalb der Canyonkante.

Schlafen

North Rim Campground CAMPING **$**
(877-444-6777, 928-638-7814; www.recreation.gov; Stellplatz Zelt/Wohnmobil 18/18–25 US$; 15. Mai–15. Okt. reservierungspflichtig, 16.–31. Okt. ohne Reservierung;) Der vom National Park Service betriebene Campingplatz, 1,5 Meilen (2,4 km) nördlich der Grand Canyon Lodge, verfügt über schattige Stellplätze auf ebenem, mit Kiefennadeln bedecktem Boden. Die Plätze 11, 14, 15, 16 und 18 für 25 US$ überblicken den Transept (einen Neben-Canyon). Es gibt Wasser, einen Laden, eine Snackbar, Münzduschen und Waschmaschinen, aber keine Stromanschlüsse. Man reserviert online.

★ Grand Canyon Lodge HISTORISCHES HOTEL **$$**
(bei Vorabreservierungen 877-386-4383, bei Reservierungen außerhalb der USA 480-337-1320, bei Reservierungen für den denselben Tag 928-638-2611; www.grandcanyonlodgenorth.com; Zi./Hütte ab 130/143 US$; 15. Mai–15. Okt.) Wenn man den Vordereingang passiert, erblickt man durch die Panoramafenster den Canyon in seiner ganzen Pracht. Die 1937 aus Holz, Kaibab-Kalkstein und Glas erbaute Lodge verfügt über einen geräumigen Speiseraum zur Canyon-Kante hin und Sonnenveranden mit Adirondack-Gartensesseln. Die Zimmer befinden sich nicht in der Lodge selbst, sondern in gemütlichen Holzhütten in der Nähe.

Essen

★ Grand Canyon Lodge Dining Room AMERIKANISCH **$$**
(Mai–Okt. 928-638-2611, Nov.–April 928-645-6865; www.grandcanyonforever.com; Frühstück 8–11 US$, Mittagessen 10–13 US$, Abendessen 18–28 US$; 15. Mai–15. Okt. 6.30–10.30, 11.30–14.30 & 16.30–21.30 Uhr;) Die Plätze direkt neben den Fenstern sind zwar traumhaft, doch da die Fenster so riesig sind, hat man eigentlich von jedem Tisch tolle Ausblicke. Die solide Speisekarte beinhaltet z. B. Bisonsteak, Regenbogenforelle und verschiedene vegetarische Gerichte. Kulinarische Höhenflüge sollte man aber nicht erwarten – das eigentliche Highlight ist das Panorama. Es ist ratsam, vorab einen Tisch für das Abendessen zu reservieren.

Praktische Informationen

North Rim Backcountry Information Center
(928-638-7875; www.nps.gov/grca; Administrative Bldg; 15. Mai–15. Okt. 8–12 & 13–17 Uhr) Hier gibt es Genehmigungen für Camping über Nacht am und unter dem Rim, auf dem Tuweep Campground oder für die Zeit zwischen 1. November und 14. Mai.

North Rim Visitor Center (928-638-7888; www.nps.gov/grca; 15. Mai–15. Okt. 8–18 Uhr) Das Zentrum neben der Grand Canyon Lodge erteilt Informationen zum Park. Hier starten auch die Naturwanderungen unter der Leitung von Rangern.

An- & Weiterreise

Die einzige Zufahrtsstraße zum North Rim des Grand Canyon ist der Highway 67, der beim ersten Schneefall gesperrt und im Frühjahr nach der Schneeschmelze wieder geöffnet wird (die genauen Daten schwanken).

Obwohl der North Rim nur 11 Meilen (18 km) Luftlinie vom South Rim entfernt liegt, ist es eine ermüdende vier bis fünf Stunden und 215 Meilen (346 km) lange Fahrt über kurvenreiche Wüstenstraßen zwischen hier und Grand Canyon Village. Man kann selbst fahren oder mit dem **Trans-Canyon Shuttle** (928-638-2820, 877-638-2820; www.trans-canyonshuttle.com; einfache Strecke Rim–Rim 90 US$, einfache Strecke South Rim–Marble Canyon 80 US$). Reservierungen mindestens zwei Wochen im Voraus buchen.

Rund um den Grand Canyon

Havasupai Canyon

In einem versteckten Neben-Canyon locken hier eindrucksvolle, von Quellen gespeiste Wasserfälle und azurblaue Badestellen. Der wunderschöne Ort ist nicht leicht zu erreichen, doch die Wanderung hin und zurück macht das Erlebnis unvergesslich und zu einem großartigen Abenteuer.

Der Havasu Canyon liegt in der Havasupai Indian Reservation, nur 35 Meilen (56 km) Luftlinie westlich des South Rim. Mit dem Auto sind hingegen 195 Meilen (314 km) zu bewältigen. Die vier Wasserfälle befinden sich auf einem 10 Meilen (16 km) langen Abschnitt unterhalb der Schluchtkante. Zugang hat man über einen mittelschweren Wanderweg, der am Hualapai Hilltop beginnt und über eine 62 Meilen (100 km) lange Straße zu erreichen ist, die 7 Meilen (11 km) östlich von Peach Springs von der Route 66 abzweigt.

Auf sämtlichen Wanderrouten ist eine Übernachtung einzuplanen. Diese muss vorab reserviert werden, zudem wird für alle Übernachtungsgäste eine Eintrittsgebühr von 50 US$ erhoben.

Im Dorf Supai, 8 Meilen (13 km) vom Startpunkt des Weges, befindet sich die **Supai Lodge** (☎928-448-2201, 928-448-2111; www.havasuwaterfalls.net; Supai; Zi. für max. 4 Pers. 145 US$; ❄), wo die einfachen Motel-ähnlichen Zimmer sich durch nichts als die Lage empfehlen. Man muss bis 17 Uhr einchecken, dann schließt die Lobby. Im Ort serviert ein Café Gerichte (Kreditkartenzahlung möglich).

Der **Havasu Campground** (☎928-448-2180, 928-448-2141, 928-448-2121, 928-443-2137; www.havasuwaterfalls.net; Havasu Canyon; Stellplatz pro Pers. und Nacht 25 US$), 2 Meilen (3 km) entfernt, bietet einfache Stellplätze an einem Bach; jeder Camper muss zusätzlich eine Umweltgebühr von 10 US$ zahlen. Tiefer im Havasu Canyon locken Wasserfälle und blaugrüne Badelöcher. Wer nicht nach Supai laufen möchte, kann sich in der Lodge oder auf dem Campingplatz ein Maultier oder Pferd organisieren (einfach/hin & zurück zur Lodge 121/242 US$).

Hualapai Reservation

Die abgelegene Stätte unter der Verwaltung der Hualapai Nation, rund 215 Automeilen (346 km) westlich des South Rim und 70 Meilen (113 km) nordöstlich von Kingman, wird Grand Canyon West genannt und gehört nicht zum Grand Canyon National Park. Die holprige Zugangsstraße ist nur teilweise befestigt und nicht für Wohnmobile geeignet (obwohl die Josuabaumwälder und die andere Landschaften die Anstrengungen wert sind).

Grand Canyon West (West Rim) AUSSICHTSPUNKT

(☎888-868-9378, 928-769-2636; www.grandcanyonwest.com; Hualapai Reservation; 44–81 US$/Pers.; ⏲April–Sept. 7–19 Uhr, Okt.–März 8–17 Uhr) Mittlerweile sind Ausflüge zum Grand Canyon West, dem Abschnitt des Grand Canyons, der unter Verwaltung der Hualapai Nation steht, nur im Rahmen von organisierten Touren möglich. Dabei fahren Teilnehmer mit einem Shuttlebus zu Aussichtspunkten entlang des Rims und können so oft aus- und einsteigen, wie sie möchten. Teilweise sind Mittagessen, Cowboy-Aktivitäten in einer nachgebauten Western-Stadt und informelle Vorführungen der indigenen Einwohner inbegriffen.

Nord- & Ost-Arizona

Zwischen den imposanten Tafelbergen des Monument Valley, dem blauen Wasser des Lake Powell und den versteinerten Bäumen im Petrified Forest National Park erstrecken sich wunderschöne Landschaften mit einer uralten Geschichte. Dieses Gebiet wird schon seit Jahrhunderten von Indianern bewohnt und wird vom Navajo Reservat dominiert, das auch als Navajo Nation bekannt ist; es erstreckt sich bis in die angrenzenden Staaten. Hier befindet sich zudem ein Hopi-Reservat, das komplett vom Land der Navajo umschlossen ist.

Lake Powell

Der Lake Powell, das zweitgrößte künstliche Wasserreservoir des Landes, erstreckt sich nördlich von Arizona bis nach Utah. Umgeben von eindrucksvollen roten Steinformationen, einer scharfkantigen Canyon-Landschaft und einer dramatischen Wüstenszenerie, gehört der See zur **Glen Canyon National Recreation Area** (☎928-608-6200; www.nps.gov/glca; 7-Tages-Pass 25 US$/Auto, 12 US$/Fußgänger oder Radfahrer) und ist ein Mekka für Wassersportler.

Der See entstand durch den Bau des Glen Canyon Dam, 2,5 Meilen (4 km) nördlich von Page, dem heutigen Hauptort der Region. Das Carl Hayden Visitor Center befindet sich neben dem Damm.

Wer den unwirklich schönen **Antelope Canyon**, einen eindrucksvollen Slot-Canyon, besuchen möchte, muss sich einer Tour unter Navajo-Leitung anschließen. Mehrere Veranstalter, darunter **Roger Ekis' Antelope Canyon Tours** (☎928-645-9102; www.antelopecanyon.com; 22 S Lake Powell Blvd; Erw./Kind 5–12 Jahre ab 45/35 US$), bieten Ausflüge in den besser zugänglichen **Upper Antelope Canyon** an. Allerdings müssen sich Teilnehmer auf eine holprige Fahrt und viele andere Besucher einstellen. Der **Lower Antelope Canyon** ist schwerer zu erkunden, zieht aber auch viel weniger Besucher an.

Der 1,5 Meilen (2,4 km) lange Rundwanderweg zum **Horseshoe Bend**, wo sich der Colorado hufeisenförmig um einen dramatischen Felsvorsprung windet, ist zu Recht beliebt. Der Ausgangspunkt des Weges befindet sich südlich von Page beim Hwy 89 gegenüber der Meilenmarkierung 541.

Hotelketten säumen die Hauptstraße von Page, den Hwy 89, während man in der 8th Ave ein paar unabhängige Unterkünfte findet. Das renovierte **Lake Powell Motel** (☎480-452-9895; www.lakepowellmotel.net; 750 S Navajo Dr; Suite/Zi. mit Küche ab 99/139 US$; ⊙April–Okt.; ❄📶) diente ursprünglich als Herberge für die Arbeiter, die den Glen Canyon Dam bauten. Vier der Unterkünfte haben Küchen und sind schnell ausgebucht. Ein fünftes, kleineres Zimmer wird meist für unangemeldet eintreffende Gäste freigehalten.

Frühstück bekommt man in Page im **Ranch House Grille** (☎928-645-1420; www.ranchhousegrille.com; 819 N Navajo Dr; Hauptgerichte 9–14 US$; ⊙6–15 Uhr), das mit gutem Essen, riesigen Portionen und schnellem Service punktet. Wenn man später am Tag gehaltvolleres Essen braucht, kann man sich bei **Big John's Texas BBQ** (☎928-645-3300; www.bigjohnstexasbbq.com; 153 S Lake Powell Blvd; Hauptgerichte 13–18 US$; ⊙11–22 Uhr; 👪) hemmungslos über Fleisch vom Grill hermachen.

Navajo Nation

Die Navajo Nation ist riesig: Mit knapp 70 000 km² ist sie größer als manche US-Bundesstaaten und umfasst Teile von Arizona, New Mexico, Colorado und Utah. Zu ihr gehören auch Landschaften von überwältigender Schönheit und natürlich die lebendige Kultur, Sprache, Einrichtungen, Bauernhöfe und Häuser der Diné (Navajo), der größten indianischen Nation Amerikas.

Anders als das restliche Arizona hat die Navajo Nation die Sommerzeit, im Sommer ist das Reservat dem Staat Arizona also eine Stunde voraus. Unter www.navajonationparks.org findet man Infos zum Wandern, Campen und über die erforderlichen Genehmigungen.

CAMERON

Cameron, eine historische Siedlung und das Tor zum Osteingang des Grand Canyon South Rim, gehört zu den wenigen lohnenswerten Stopps am Hwy 89 zwischen Flagstaff und Page. Der Cameron Trading Post gleich nördlich der Abzweigung zum Grand Canyon am Hwy 64 bietet Verpflegung, Unterkünfte, einen Souvenirladen und eine Postfiliale.

NAVAJO NATIONAL MONUMENT

Die erhabenen, gut erhaltenen alten Felsbehausungen der Pueblo-Indianer von Betatakin und Keet Seel stehen als **Navajo National Monument** (☎928-672-2700; www.nps.gov/nava; Hwy 564; ⊙Visitor Center Juni–Anfang Sept. 8–17.30 Uhr, Anfang Sept.–Mai 9–17 Uhr) GRATIS unter Schutz und können nur zu Fuß erreicht werden. Es ist nicht gerade ein Spaziergang im Park, aber es hat etwas wahrhaft Magisches, wenn man sich diesen alten Steindörfern unter Pinyon-Kiefern und Wacholder in relativer Einsamkeit nähert. Der National Park Service kontrolliert den Zugang zu dieser Stätte und betreibt das Visitor Center, das viele Informationen bereithält und ausgezeichnetes Personal hat.

Während der Sommermonate gilt im Park die Sommerzeit.

CANYON DE CHELLY NATIONAL MONUMENT

Dieser vielfingerige Canyon (*du-schei* ausgesprochen) umfasst ein paar wunderschöne Stätten der Pueblo-Indianer, u. a. alte Felsbehausungen. Seit Jahrhunderten sind hier Navajo-Bauern ansässig. Sie überwintern am Rand der Schlucht und verbringen den Frühling und Sommer in Hogans (traditionelle Rundhäuser) auf dem Grund des Canyons. Der Canyon gehört den Navajo und wird vom NPS verwaltet. Hogans dürfen nur mit einem Touristenführer betreten werden, und bevor man Fotos von Menschen macht, bittet man immer erst um Erlaubnis.

Die **Thunderbird Lodge** (☎928-674-5842, 800-679-2473; http://thunderbirdlodge.com; Rural Rte 7; Zi./Suite 100/110 US$; ❄📶🐾) ist die einzige Unterkunft im Park und befindet sich direkt vor dem Canyon. Neben gemütlichen Zimmern bietet sie eine preiswerte Cafeteria, die Navajo-Küche und amerikanische Gerichte serviert. Der Campingplatz unter Navajo-Leitung in der Nähe verfügt über rund 90 Stellplätze (10 US$) mit Wasser, jedoch ohne Duschen; eine Reservierung ist nicht möglich.

Das **Visitor Center** (☎928-674-5500; www.nps.gov/cach; ⊙8–17 Uhr) des Canyon de Chelly liegt 3 Meilen (5 km) von der Rte 191 entfernt beim kleinen Dorf Chinle in der Nähe der Mündung des Canyons. Zwei malerische Straßen verlaufen entlang den Rändern des Canyons, dessen Grund man im Rahmen einer geführten Tour erkunden kann. Eine Liste mit Anbietern gibt es beim Visitor Center und auf der Website des Parks. Die einzige Wanderroute im Park, die auch ohne Guide zugänglich ist, ist der kurze, aber sehr spektakuläre Rundweg, der zur faszinierenden **White House Ruin** hinabführt.

MONUMENT VALLEY NAVAJO TRIBAL PARK

Wenn sich das Monument Valley über der Wüste abzeichnet, wird einem klar, dass man es schon immer gekannt hat. Seine ziegelroten Felssäulen, die schroffen Tafelberge und Felstürme sind die Stars in zahllosen Filmen, TV-Werbung und in Zeitschriftenanzeigen und somit Teil des modernen Bewusstseins. Und die epische Schönheit des Monument Valley wird von der kargen Landschaft ringsum noch verstärkt: Eben ist man noch inmitten von Sand, Felsen und grenzenlosem Himmel, dann fühlt man sich plötzlich in ein Fantasieland aus blutroten Sandsteintürmen versetzt, die bis zu 360 m hoch in den Himmel ragen.

Wer sich die Steinformationen genauer ansehen möchte, muss den **Monument Valley Navajo Tribal Park** (☎435-727-5870; www.navajonationparks.org; Fahrzeug für 4 Pers. 20 US$; ⏲Zufahrt April–Sept. 6–19 Uhr, Okt.–März 8–16.30 Uhr, Visitor Center April–Sept. 6–20 Uhr, Okt.–März 8–17 Uhr; P) besuchen. Dort wartet ein holpriger, unbefestigter 17 Meilen (27 km) langer Scenic Drive mit traumhaften Blicken ins Tal. Man kann ihn selbst abfahren oder eine Tour bei einem der Stände am Parkplatz buchen. Tourgruppen gelangen auch in Bereiche, die für Privatwagen gesperrt sind (1½ Std. 75 US$; 2 Std. 98 US$).

Auf dem Parkgelände fügt sich das sandsteinfarbene **View Hotel** (☎435-727-5555; www.monumentvalleyview.com; Indian Rte 42; Zi./Suite ab 247/349 US$; ❄@📶) harmonisch in die umliegende Landschaft ein. Ein Großteil der 96 Zimmer hat private Balkone mit Blick auf die Tafelberge. Die Navajo-Spezialitäten im angrenzenden Restaurant (Hauptgerichte 11–15 US$, kein Alkohol) sind mittelmäßig, aber das Panorama macht alles wett.

Der einmalig schön gelegene **View Campground** (☎435-727-5802; http://monumentvalleyview.com/campground; Indian Rte 42; Stellplatz Zelt/Wohnmobil 20/40 US$) ist eine billigere Möglichkeit. Die historische **Goulding's Lodge** (☎435-727-3231; www.gouldings.com; Monument Valley, Utah; DZ/Suite ab 184/199 US$; P❄📶🏊🐾), kurz hinter der Staatsgrenze in Utah, bietet Zimmer, Stellplätze und kleine Hütten. Im Sommer sollte man früh buchen. In Kayenta, 20 Meilen (32 km) weiter südlich, gibt es ein paar recht akzeptable Motels und eher grenzwertige Restaurants. Wenn im Monument Valley keine Zimmer mehr frei sind, ist das **Wetherill Inn** (☎928-697-3231; www.wetherill-inn.com; 1000 Main St/Hwy 163; Zi. 149 US$; ❄📶🏊) eine Alternative.

RAFTING AUF DEM COLORADO

Eine Bootsfahrt auf dem Colorado ist ein geradezu episches, adrenalingeladenes Abenteuer, bei dem man über mehrere Tage von jeglicher Zivilisation abgeschnitten ist. An einer Stelle stürzen die Lava Falls auf einer Strecke von nur 275 m rekordverdächtige 11 m hinab. Eigentliches Highlight ist jedoch der Blick auf den Grand Canyon von unten und nicht, wie sonst üblich, von oben – außerdem machen Ruinen, Wracks und Felsmalereien Geschichte lebendig. Die organisierten Touren dauern drei Tage bis drei Wochen, wobei verschiedene Boote zum Einsatz kommen.

Arizona Raft Adventures (☎800-786-7238, 928-526-8200; www.azraft.com; 6-tägige Hybrid-/Paddeltour oberer Canyon 2097/2197 US$, 10-tägige motorisierte Tour gesamter Canyon 3160 US$) Der Familienbetrieb unter Leitung von mehreren Generationen bietet Paddel-, Ruder-, Hybrid- (mit und ohne Paddel) und motorisierte Touren. Musikliebhaber können Folk- und Bluegrass-Touren buchen, bei denen professionelle Gitarristen und Banjo-Spieler für die musikalische Untermalung sorgen.

Arizona River Runners (☎602-867-4866, 800-477-7238; www.raftarizona.com; 6-tägige Ruderbootfahrt auf dem Upper Canyon 1984 US$, 8-tägige motorisierte Tour gesamter Canyon 2772 US$) Dieses Unternehmen, das seit 1970 im Geschäft ist, bietet Touren für Ruder- und Motorboote an. Arizona River Runners spezialisiert sich auf Familienausflüge sowie Touren, die über sechs bis 12 Tage in den kühleren Temperaturen im April stattfinden. Das Unternehmen geht auch auf Reisende mit besonderen Bedürfnissen ein und bietet Fahrten für Menschen mit Behinderung an.

Petrified Forest National Park

Außergewöhnliche versteinerte Holzstücke, die aus einer Zeit vor jener der Dinosaurier stammen, und die farbenfrohe Sandlandschaft der Painted Desert machen den **Nationalpark** (☎928-524-6228; www.nps.gov/pefo; Fahrzeug 20 US$, Fußgänger/Fahrrad/Motorrad 10 US$; ⊙März–Sept. 7–19 Uhr, Okt.–Feb. kürzere Öffnungszeiten) zu einem einzigartigen Naturspektakel. Der Park grenzt an die I-40 (Ausfahrt 311), 25 Meilen (40 km) östlich von **Holbrook**. Im **Visitor Center** (☎928-524-6228; www.nps.gov; 1 Park Rd, Petrified Forest National Park; ⊙8–17 Uhr), nur eine halbe Meile (0,8 km) nördlich der I-40, gibt es Karten und Infos zu geführten Touren. Dahinter bietet eine 28 Meilen (45 km) lange geteerte Parkstraße malerische Ausblicke. Es gibt keine Campingplätze, dafür jedoch mehrere kurze rund 2 bis 3 km lange Wege, die durch Ansammlungen versteinerter Holzfragmente und vorbei an alten Holzbehausungen der Ureinwohner führen. Wer im wilden Hinterland campen will, muss sich dafür am Visitor Center eine kostenlose Genehmigung besorgen.

West-Arizona

In Lake Havasu City tummeln sich Sonnenanbeter an den Ufern des Colorado. Die Route 66 bietet bei Kingman gut erhaltene, klassische Highway-Abschnitte. Viel weiter südlich, hinter der I-10 Richtung Mexiko, erstreckt sich wildes, leeres Land, eines der kärgsten Gebiete im Westen. Wenn man sowieso in der Gegend ist, gibt es ein paar sehenswerte Anlaufpunkte, wirkliche Attraktionen fehlen jedoch – es sei denn, man ist ein erklärter Route-66- oder Bootsliebhaber.

Kingman & Umgebung

Unter den Liebhabern der Route 66 ist Kingman das Hauptdrehkreuz des längsten ununterbrochenen Abschnitts des historischen Highways, der von Topock nach Seligman führt. Unter den Gebäuden aus dem frühen 20. Jh. befindet sich auch die ehemalige Methodistenkirche an der Ecke 5th und Spring St, in der Clark Gable und Carole Lombard 1939 heimlich heirateten. Lokalmatador Andy Devine hatte seinen Hollywood-Durchbruch als ständig benebelter Kutscher in John Fords Film *Ringo* von 1939, der mit dem Oscar ausgezeichnet wurde.

Karten und Broschüren erhält man im historischen **Kingman Visitor Center** (☎866-427-7866, 928-753-6106; www.gokingman.com; 120 W Andy Devine Ave; ⊙8–17 Uhr), das im ehemaligen Kraftwerk untergebracht ist. Dort gibt es auch das kleine, aber faszinierende Route 66 Museum und eine Ausstellung elektrischer Autos.

Ein schickes Neonschild lockt Autofahrer ins **Hilltop Motel** (☎928-753-2198; www.hilltopmotelaz.com; 1901 E Andy Devine Ave; Zi. ab 44 US$; ❄@📶🏊🐾) an der Route 66. Die Zimmer sind schlicht, aber bequem (dank einem Zuschuss vom Denkmalschutz). Die Aussicht, der altmodische Stil und der Preis des Motels sind unschlagbar. Für Haustiere (nur Hunde) zahlt man 5 US$. Es gibt leckeres, über dem offenen Feuer geräuchertes Fleisch im **Floyd & Co Real Pit BBQ** (☎928-757-8227; www.reneckssouthernpitbbq.com; 420 E Beale St; Hauptgerichte 9–13 US$; ⊙Di–Sa 11–20 Uhr; 👪) und empfehlenswerten Kaffee bei **Beale Street Brews** (☎928-753-1404; www.bealestreetbrews.net; 510 E Beale St; ⊙6–18 Uhr; 📶).

Südliches Arizona

Dies ist ein Land der Stetsons und Sporen, in dem Cowboyballaden am Lagerfeuer unter einem sternenklaren, samtschwarzenen Himmel gesungen werden und Steaks auf dem Grill brutzeln. Die belebte Studentenstadt Tucson ist Mittelpunkt einer weitläufigen Region, in der lange staubige Highways an hügeligen Ausblicken und steilen, schroffen Bergzügen vorbeiführen. So weit das Auge reicht, sieht man die majestätischen Saguaro-Kakteen, das Wahrzeichen der Region.

Tucson

Tucson (*tuh-son*), die Universitätsstadt mit langer Geschichte, ist eine attraktive, unterhaltsame und kulturell führende Stadt im Südwesten der USA. Sie liegt in einem ebenen Tal, das von weiten Strecken voller Saguaro-Kakteen und von Bergen umgeben ist, die an abgebrochene Zähne erinnern. Arizonas zweitgrößte Stadt verbindet mühelos indianische, spanische, mexikanische und angloamerikanische Traditionen miteinander. Eigenwillige Viertel und Gebäude aus dem 19. Jh. vermitteln einen starken Gemeinschaftsgeist und eine historische Tiefe, die im moderneren, zersiedelten Phoenix fehlen. Die bunten Läden mit Second-Hand-Kleidung, unzählige abgefahrene Restau-

HOPI INDIAN RESERVATION

Die Hopi sind direkte Nachfahren der frühen Pueblo-Indianer und haben sich in den vergangenen 500 Jahren von allen Indianerstämmen der USA am wenigsten verändert. Ihr Dorf Old Oraibi ist möglicherweise die älteste kontinuierlich bewohnte Siedlung in Nordamerika. Das Land der Hopi ist vom Reservat der Navajo Nation von allen Seiten eingeschlossen. Der Hwy 264 führt an den drei Tafelbergen First, Second und Third Mesa vorbei, die das Kernstück des Reservats bilden.

Auf der Second Mesa, 8 Meilen (13 km) westlich der First Mesa, befindet sich das **Hopi Cultural Center Restaurant & Inn** (928-734-2401; www.hopiculturalcenter.com; Hwy 264, Mile 379; Zi. 115 US$; Restaurant Sommer 7–21, Winter bis 20 Uhr), die besucherfreundlichste Einrichtung im Hopi-Reservat. Neben Essen und Unterkünften bietet es das kleine **Hopi Museum** (928-734-6650; Hwy 264, Mile 379; Erw./Kind bis 12 Jahre 3/1 US$; Mo–Fr 8–17, Sa 9–15 Uhr; P) mit vielen historischen Fotos und kulturellen Ausstellungen.

Fotos, Zeichnungen und Video-/Audioaufnahmen sind im ganzen Reservat nicht erlaubt.

rants und Kneipen lassen einen nicht vergessen, dass Tucson die Heimat der University of Arizona mit ihren 40 000 Studierenden ist.

Sehenswertes & Aktivitäten

Downtown Tucson und das historische Viertel liegen östlich der Ausfahrt 258 der I-10. Der Campus der University of Arizona befindet sich 1 Meile (1,6 km) nordöstlich von Downtown; die Hauptdurchgangsstraße 4th Ave ist gesäumt von vielen Cafés, Bars und interessanten Läden. Viele der sagenhaften Schätze der Stadt liegen am Stadtrand oder sogar jenseits der Stadtgrenzen.

Presidio Historic District — GEBIET

(www.nps.gov/nr/travel/amsw/sw7.htm) Das Tucson Museum of Art (S. 957) gehört zu diesem entspannten Viertel, das von der W 6th St, der W Alameda St, der N Stone Ave und der Granada Ave umgrenzt wird. Das Gebiet umfasst die Stätte des ursprünglichen spanischen Forts und des gehobenen „Snob Hollow". Dies ist einer der ältesten ununterbrochen besiedelten Orte in Nordamerika: Das spanische **Presidio de San Augustín del Tucson** wurde zwar erst 1775 gegründet, aber das Fort wurde über einer Siedlung der Hohokam-Kultur errichtet, die aus der Zeit zwischen 700 und 900 n. Chr. stammt.

Barrio Histórico District (Barrio Viejo) — GEBIET

Das kleine Gebiet war im späten 19. Jh. ein wichtiges Geschäftsviertel. Heute finden sich hier schrille Läden und Galerien in bunt angemalten Adobe-Gebäuden. Der Barrio wird von der I-10, der Stone Ave, der Cushing und der 17th St umgrenzt.

★ Arizona-Sonora Desert Museum — MUSEUM

(520-883-2702; www.desertmuseum.org; 2021 N Kinney Rd; Erw./Senior/Kind 3–12 Jahre 20,50/18,50/8 US$; Okt.–Feb. 8.30–17 Uhr, März–Sept. 7.30–17 Uhr, Juni–Aug. Sa bis 22 Uhr) Die 40 ha große Mischung aus Zoo, botanischem Garten und Museum ist eine Hommage an die Sonora-Wüste und beherbergt Kakteen, Kojoten und handflächengroße Kolibris. Erwachsene und Kinder können sich hier gut einen halben Tag lang vergnügen. Wüstenbewohner, darunter gewitzt ausschauende Nasenbären und verspielte Präriehunde, bewohnen die natürlich gestalteten Gehege. Wüstenpflanzen bedecken das Gelände. Fachleute veranstalten Vorführungen. Kinderwagen und Rollstühle sind verfügbar, und es gibt einen Geschenkeladen, eine Kunstgalerie, ein Restaurant und ein Café.

Arizona State Museum — MUSEUM

(520-621-6302; www.statemuseum.arizona.edu; 1013 E University Blvd; Erw./Kind bis 17 Jahre 5 US$/frei; Mo–Sa 10–17 Uhr) Mehr über die Geschichte und Kultur der indigenen Völker dieser Region erfährt man im Arizona State Museum, dem ältesten und größten anthropologischen Museum im Südwesten der USA. Die Ausstellung zur Kulturgeschichte der Indianervölker ist umfangreich, aber übersichtlich und spricht Laien genauso an wie Geschichtskenner. Ebenfalls lohnend sind die vielbeneidete Mineraliensammlung und die Kollektion von Navajo-Textilien.

Reid Park Zoo — ZOO

(520-791-3204; https://reidparkzoo.org; 3400 E Zoo Ct; Erw./Senior/Kind 2–14 Jahre 11/8,50/6,50 US$; Okt.–Mai 9–16 Uhr, Juni–Sept. 8–15 Uhr;) Die Tiere aus aller Welt im kleinen Reid Park Zoo, darunter Grizzlybären, Jaguare, Große Ameisenbären und Zwergflusspferde, sind eine Freude für Jung und Alt. Der Besuch lässt sich gut mit einem Picknick in dem umliegenden Park verbinden, wo es Spielplätze und einen Teich mit einer Vermietung von Tretbooten gibt.

Old Tucson Studios FILMGELÄNDE
(☎520-883-0100; www.oldtucson.com; 201 S Kinney Rd; Erw./Kind 4–11 Jahre 19/11 US$; ⏰Feb.–April tgl. 10–17 Uhr, Mai Fr–So 10–17 Uhr, Juni–Anf. Sept. Sa & So 10–17 Uhr; P 👪) Die alte Filmkulisse von Tucson in den 1860er-Jahren, die den Spitznamen „Hollywood in der Wüste" erhielt, wurde 1939 für ein Remake des Westerns *Arizona* gebaut. Hunderte Filme folgten, die Filmstars von Clint Eastwood bis Leonardo DiCaprio in die Stadt brachten. Heute ist die Anlage ein Western-Themenpark mit Schießereien, Postkutschenfahrten, Stunt-Shows und tanzenden Saloon-Girls. Der Park ist von Anfang September bis Ende Januar geschlossen, öffnet aber im Oktober zur abendlichen Geistertour „Nightfall".

Tucson Museum of Art MUSEUM
(☎520-624-2333; www.tucsonmuseumofart.org; 140 N Main Ave; Erw. 12 US$, Senior & Student 10 US$, Kind 13–17 Jahre 7 US$; ⏰Di–Sa 10–17, So 12–17 Uhr) Für eine relativ kleine Stadt besitzt Tucson ein eindrucksvolles Kunstmuseum mit einer respektablen Sammlung nordamerikanischer, lateinamerikanischer und moderner Kunst und einer Dauerausstellung präkolumbischer Artefakte, die das Herz von Indiana Jones höher schlagen lassen würde. Hinzu kommen vielfältige Sonderausstellungen, ein toller Geschenkeladen und ein paar bemerkenswerte historische Wohnhäuser im umliegenden Block. Am ersten Donnerstag im Monat bleibt das Museum bei freiem Eintritt (ab 17 Uhr) bis 20 Uhr geöffnet.

Tucson Children's Museum MUSEUM
(☎520-792-9985; www.childrensmuseumtucson.org; 200 S 6th Ave; 8 US$; ⏰Di–Fr 9–17, Sa & So 10–17 Uhr; 👪) Eltern loben das Tucson Children's Museum mit seinen vielen anregenden, interaktiven Exponaten – von der „Dinosaur World" bis zur „Wee World" (wee für winzig) und einem Aquarium.

Feste & Events

Tucson Gem & Mineral Show KULTUR
(☎520-332-5773; www.tgms.org; ⏰Feb.) Die größte Edelstein- und Mineralienmesse der Welt am zweiten vollen Februarwochenende

SEHENSWERTES AN DER ROUTE 66

Route-66-Fans können in Arizona 400 Meilen (644 km) der alten Straße entdecken, darunter zwischen Seligman und Topock den längsten ununterbrochenen Abschnitt im ganzen Land. The **Mother Road** (www.azrt66.com) verbindet die Revolverheldenstadt Oatman mit den Minenarbeitersiedlungen von Kingman, der Downtown von Williams aus den 1940er-Jahren und den windigen Straßen von Winslow. Unterwegs locken viele kitschige Sehenswürdigkeiten, die hier von West nach Ost aufgelistet sind.

Wild Burros of Oatman Die „wilden Esel von Oatmen", ein Erbe des Bergbaus, betteln mitten auf der Straße um Leckereien.

Grand Canyon Caverns & Inn (☎928-422-3223, 855-498-6969; www.grandcanyoncaverns.com; Mile 115, Rte 66; Führung Erw./Kind ab 16/11 US$; ⏰Mai–Sept. 8–18 Uhr, in den restlichen Monaten Öffnungszeiten telefonisch erfragen) Die Führung 21 Stockwerke tief unter dem Erdboden führt vorbei an mumifizierten Rotluchsen, Lagern für die Zivilverteidigung und einem Motelzimmer (in einer echten Höhle!) für 800 US$.

Burma-Shave-Schilder Die rot-weißen Werbeschilder für die berühmte amerikanische Rasiercreme aus längst vergangenen Zeiten finden sich zwischen den Grand Canyon Caverns und Seligman.

Snow Cap Drive-In (☎928-422-3291; 301 Rte 66; Hauptgerichte 5–6,50 US$; ⏰März–Nov. 10–18 Uhr) Der neckische Burger- und Eiscremeladen besteht in Seligman schon seit 1953.

Meteor Crater (☎800-289-5898, 928-289-5898; www.meteorcrater.com; Meteor Crater Rd; Erw./Senior/Kind 6–17 Jahre 18/16/9 US$; ⏰Juni–Mitte Sept. 7–19 Uhr, Mitte Sept.–Mai 8–17 Uhr; P 👪) Ein 168 m tiefer Krater mit einem Durchmesser von nahezu 1600 m, der 38 Meilen (61,2 km) östlich von Flagstaff liegt.

Wigwam Motel (☎928-524-3048; www.galerie-kokopelli.com/wigwam; 811 W Hopi Dr; Zi. 56–62 US$; ❄) Beton-Wigwams mit Möbeln aus Hickory-Holzpfählen in Holbrook.

ist das Hauptereignis im städtischen Veranstaltungskalender. Schätzungsweise 250 Aussteller, die mit Mineralien, Kunsthandwerk und Fossilien handeln, versammeln sich im Tucson Convention Center.

Fiesta de los Vaqueros RODEO
(Rodeo Week; 520-741-2233; www.tucsonrodeo.com; 4823 S 6th Ave, Tucson Rodeo Grounds; Tickets 15–70 US$; letzte Woche im Feb.) Die Fiesta, die seit fast 100 Jahren in der letzten Februarwoche stattfindet, bringt weltbekannte Cowboys in die Stadt. Dazu gehört ein spektakulärer Umzug mit Festwagen, historischen Pferdekutschen, Volkstänzen und Blaskapellen.

Schlafen

Die Unterkunftspreise schwanken beträchtlich, am günstigsten sind sie im Sommer und Herbst. Wer unter den Sternen inmitten der Saguaros übernachten will, kann es auf dem **Gilbert Ray Campground** (520-724-5000; www.pima.gov; 8451 W McCain Loop Rd; Stellplatz Zelt/Wohnmobil 10/20 US$;) nahe dem westlichen Abschnitt des Saguaro National Park versuchen.

★ **Hotel Congress** HISTORISCHES HOTEL $$
(800-722-8848, 520-622-8848; www.hotelcongress.com; 311 E Congress St; DZ ab 109 US$;) In Tucsons vielleicht berühmtestem Hotel wurden der berüchtigte Bankräuber John Dillinger und seine Gang 1934 bei einem Feuerausbruch gefangen genommen. Das 1919 erbaute, schön restaurierte, charismatische Hotel wirkt trotz historischen Details wie Wählscheiben-Telefonen und Radios mit Holzgehäusen sehr modern (es gibt aber kein TV). Zum Haus gehören auch ein beliebtes Café, eine Bar und ein Club.

★ **Desert Trails B&B** B&B $$
(520-885-7295; www.deserttrails.com; 12851 E Speedway Blvd; Zi./Pension ab 140/175 US$;) Outdoor-Begeisterte, die ein freundliches B&B nahe dem Saguaro National Park (Rincon Mountain District) suchen, sind im Desert Trails am östlichen Rand von Tucson genau richtig. Die Zimmer sind bequem und mit den neuesten Annehmlichkeiten ausgestattet. Der begeisterte Backpacker John Higgins war sechs Jahre lang Feuerwehrmann im Saguaro National Park und teilt gern sein Wissen über die Wanderwege im Park.

Aloft Tucson HOTEL $$
(520-908-6800; www.starwoodhotels.com; 1900 E Speedway Blvd; DZ ab 145 US$;) In Tucson gibt's überraschend wenige stilvolle Hotels. Das neue Aloft nahe der Universität ist zwar kein eigenständiger Betrieb, aber ein schickes Hotel für technikbegeisterte, stilorientierte Traveller. Die Zimmer und Gemeinschaftsbereiche haben ein helles, sparsames Dekor, das trotzdem einladend wirkt. Es gibt eine Bar und neben dem Foyer steht rund um die Uhr Essen zum Mitnehmen bereit.

★ **Hacienda del Sol** RANCH $$$
(520-299-1501; www.haciendadelsol.com; 5501 N Hacienda del Sol Rd; DZ/Suite ab 209/339 US$;) Das entspannende Refugium auf einem Hügel wurde in den 1920er-Jahren als eine vornehme Mädchenschule erbaut. Die Zimmer in einem künstlerisch gestalteten Südwest-Stil haben viele einmalige Details wie geschnitzte Deckenbalken und Jalousietüren, die die Brise vom Hof hereinlassen. In der Hacienda del Sol wohnten bereits Legenden wie Spencer Tracy, Katharine Hepburn und John Wayne – sie bietet also auch eine gute Portion Geschichte. Das Restaurant Grill im Haus ist fabelhaft.

Essen

Diablo Burger BURGER $
(520-882-2007; www.diabloburger.com; 312 E Congress St; Burger 10–12 US$; So–Mi 11–21, Do–Sa bis 22 Uhr) Der Ableger des beliebten Burgerladens aus Flagstaff macht großartige Frikadellen aus dem Fleisch regionaler freilaufender Rinder. Zu empfehlen ist der Big Daddy Kane mit scharfem Cheddar, Essiggurken und Spezialsauce. Die Fritten „Belgian-Style" mit Kräutern sind salzig, aber sehr gut.

★ **Lovin' Spoonfuls** VEGAN $
(520-325-7766; www.lovinspoonfuls.com; 2990 N Campbell Ave; Frühstück 6–9 US$, Mittagessen 5,25–8 US$, Abendessen 7,25–11,25 US$; Mo–Sa 9.30–21, So 10–15 Uhr;) Burger, frittiertes Hähnchen und Clubsandwiches – die Karte liest sich wie die eines typischen Diners, es gibt aber einen großen Unterschied: Dieses vegane Lokal verwendet keinerlei tierische Produkte. Zu den hervorragenden, kreativen Gerichten gehören der Bohnen-Burrito Old Pueblo und Buddha's Delight (ein Pfannengericht mit Kohl, Shiitake-Pilzen, Ingwer und anderen Zutaten auf braunem Reis).

★ **Cafe Poca Cosa** MEXIKANISCH $$
(520-622-6400; www.cafepococosatucson.com; 110 E Pennington St; Hauptgerichte mittags 13–15 US$, abends 20–24 US$; Di–Do 11–21, Fr &

Sa bis 22 Uhr) Chefköchin Suzana Davilas preisgekröntes neumexikanisches Bistro ist ein Muss für die Freunde mexikanischer Küche in Tucson. Die auf eine Kreidetafel in Englisch und Spanisch geschriebene Karte wandert von Tisch zu Tisch, weil die Gerichte zweimal täglich wechseln – alles ist frisch zubereitet, innovativ und schön angerichtet. Unentschlossene bestellen am besten das „Plato Poca Cosa" und lassen Suzana die Auswahl treffen. Hier kann man auch tolle Margaritas schlürfen.

El Charro Café MEXIKANISCH **$$**
(☎520-622-1922; www.elcharrocafe.com; 311 N Court Ave; Hauptgerichte mittags 10–12 US$, abends 16–20 US$; ⏲10–21 Uhr) Die weitläufige, muntere Hazienda liefert schon seit 1922 tolles mexikanisches Essen. Das Restaurant ist besonders bekannt für sein *carne seca*, sonnengedörrtes, mageres Rindfleisch, das gewässert, zerkleinert und mit grünem Chili und Zwiebeln gegrillt wird. Die sagenhaften Margaritas haben es in sich und helfen, die Zeit zu vertreiben, während man auf seinen Tisch wartet.

Ausgehen & Unterhaltung

Die Congress St in Downtown und die 4th Ave nahe der University of Arizona sind gut besuchte Partyzonen.

★ **Che's Lounge** BAR
(☎520-623-2088; http://cheslounge.com; 350 N 4th Ave; ⏲12–2 Uhr) In der etwas verlotterten, aber sehr populären Kneipe – einem beliebten Studententreff – gibt's billiges Pabst Blue Ribbon, eine riesige umlaufende Theke, fantastische Wandmalereien des örtlichen Künstlers (und Barkeepers) Donovan und Livemusik an den meisten Samstagabenden sowie im Sommer am Sonntagnachmittag draußen auf dem Patio (16–19 Uhr).

IBT's SCHWULE & LESBEN
(☎520-882-3053; www.ibtstucson.com; 616 N 4th Ave; ⏲12–2 Uhr) In Tucsons heißestem Schwulenclub wechselt das Thema jeden Abend – von Travestieshows bis Karaoke –, hinzu kommt einmal im Monat an einem Sonntag der „Fun Day" mit Karaoke, DJs und Drink-Specials den ganzen Tag lang. Man chillt auf der Terrasse, schaut sich die Leute an und feiert auf der Tanzfläche.

Thunder Canyon Brewery KLEINBRAUEREI
(☎520-396-3480; www.thundercanyonbrewery.com; 220 E Broadway Blvd; ⏲So–Do 11–23, Fr & Sa bis 24 Uhr) Die verwinkelte Kleinbrauerei in Gehweite zum Hotel Congress hat mehr als 40 Biere vom Fass, darunter eigene Kreationen sowie andere Craft-Biere aus den gesamten USA. Inzwischen wurde eine zweite Filiale in 1234 N Williams St eröffnet.

NICHT VERSÄUMEN

MINI TIME MACHINE OF MUSEUM OF MINIATURES

Das in die Bereiche „Enchanted Realm", „Exploring the World" und „History Gallery" unterteilte unterhaltsame **Museum** (☎520-881-0606; www.theminitimemachine.org; 4455 E Camp Lowell Dr; Erw./Senior/Kind 4–17 Jahre 9/8/6 US$; ⏲Di–Sa 9–16, So 12–16 Uhr; 👪) präsentiert fantastische, historische und schlichtweg faszinierende Mini-Dioramen. Besucher können durch ein Weihnachtsdorf mit Schneekugel-Flair spazieren, in winzige Minihäuser aus dem 17. und 18. Jh. spähen und nach den winzigen Bewohnern eines verzauberten Baums suchen. Das Museum entwickelte sich aus einer Privatsammlung der 1930er-Jahre und macht Eltern vielleicht sogar noch mehr Spaß als ihren Kindern.

Club Congress LIVEMUSIK
(☎520-622-8848; www.hotelcongress.com; 311 E Congress St; ⏲Livemusik ab 19 Uhr, Clubnächte ab 22 Uhr) Röhrenjeansträger, zersauste Hipster, in die Jahre gekommene Folk-Liebhaber und aufgebrezelte Frauen – die Klientel in Tucsons angesagtestem Club im Hotel Congress, das in Würde altert, ist wahrlich bunt gemischt. Das gilt auch für die Musik, für die meistens die besten lokalen und regionalen Talente sorgen; an manchen Abenden legen auch DJs auf. Für einen Drink ohne Schnickschnack gibt's die Lobby Bar mit ihren Cocktails und den seit 1919 bestehenden Tap Room.

Praktische Informationen

Allgemeine Infos zu Tucson erhält man im **Tucson Visitor Center** (☎800-638-8350, 520-624-1817; www.visittucson.org; 811 N Euclid Ave; ⏲Mo–Fr 9–17, Sa & So bis 16 Uhr); spezifische Informationen zum Coronado National Forest, u. a. über die Anfahrt und die Campingmöglichkeiten, bekommt man im **Coronado National Forest Supervisor's Office** (☎520-388-8300; www.fs.usda.gov/coronado; 300 W Congress St, Federal Bldg; ⏲Mo–Fr 8–16.30 Uhr) in Downtown.

Anreise & Unterwegs vor Ort

Der **Tucson International Airport** (☎520-573-8100; www.flytucson.com; 7250 S Tucson Blvd; 📶) liegt 15 Meilen (24,1 km) südlich der Downtown und wird von sechs Fluglinien bedient. Direktflüge gibt es u. a. von/nach Atlanta, Denver, Las Vegas, Los Angeles und San Francisco.

Greyhound (☎520-792-3475; www.greyhound.com; 471 W Congress St) betreibt neben anderen Zielen auch sieben Busse nach Phoenix (ab 10 US$, 2 Std.).

Der *Sunset Limited* von **Amtrak** (☎800-872-7245, 520-623-4442; www.amtrak.com; 400 N Toole Ave) hält hier auf dem Weg westwärts nach Los Angeles (10 Std., 3-mal pro Woche) und ostwärts nach New Orleans (36 Std., 3-mal pro Woche).

Das **Ronstadt Transit Center** (215 E Congress St, an der 6th Ave) ist der wichtigste Knotenpunkt der öffentlichen Busse von **Sun Tran** (☎520-792-9222; www.suntran.com), die den gesamten Großraum abdecken. Mit der SunGo Smart Card kosten Einzelfahrten 1,50 US$ und die Tageskarte 4 US$. Die gleichen Preise gelten auch bei **SunLink**, der neuen Stadtbahnlinie.

Rund um Tucson

Alle im Folgenden genannten Ziele sind weniger als eineinhalb Stunden Fahrt von Tucson entfernt und geben hervorragende Tagesausflüge ab.

Saguaro National Park

Saguaro-Kakteen (*sa-wah-ros*) stehen wie keine andere Pflanze für den Südwesten der USA, und dieser **National Park** (☎Rincon 520-733-5153, Tucson 520-733-5158, Parkinformation 520-733-5100; www.nps.gov/sagu; 7-Tage-Pass 10/5 US$ pro Fahrzeug/Fahrrad; ⏲Sonnenaufgang–Sonnenuntergang) schützt eine ganze Armee dieser majestätischen, stacheligen Gesellen. Der Wüstenpark besteht aus zwei Abschnitten, die 30 Meilen (48,3 km) voneinander entfernt westlich bzw. östlich von Tucson liegen. In beiden Abschnitten – dem Rincon Mountain District im Osten und dem Tucson Mountain District im Westen – gibt's Wanderwege und Wüstenflora; wer nur Zeit für einen Parkteil hat, sollte sich für den spektakuläreren westlichen Abschnitt entscheiden.

Der größere Abschnitt ist der **Rincon Mountain District** rund 15 Meilen (24,1 km) östlich von Tucsons Downtown. Im **Red Hills Visitor Center** (☎520-733-5158; www.nps.gov/sagu; 2700 N Kinney Rd; ⏲9–17 Uhr) erhält man Infos zu Tageswanderungen, Ausritten und zum Campen im Hinterland. Fürs Campen braucht man eine Genehmigung (Stellplatz 8 US$/Tag), die man bis 12 Uhr am Tag der Wanderung eingeholt haben muss. Über den kurvenreichen **Cactus Forest Scenic Loop Drive**, eine 8 Meilen (12,9 km) lange asphaltierte Straße, auf der Autos und Fahrräder zugelassen sind, erreicht man Picknickbereiche, Startpunkte von Wegen und Aussichtspunkte.

Wanderer, die nicht viel Zeit mitbringen, begnügen sich mit dem 1,6 km langen (hin & zurück) **Freeman Homestead Trail**, der zu einem Hain mit gewaltigen Saguaro-Kakteen führt. Ein echtes Wüstenabenteuer ist der steile und felsige, 32,2 km lange Tanque Verde Ridge Trail, der auf den Gipfel des Mica Mountain (2641 m) und zurück führt (für eine Übernachtung braucht man eine Genehmigung). Wer nicht marschieren will, kann mit dem Familienunternehmen **Houston's Horseback Riding** (☎520-298-7450; www.tucsonhorsebackriding.com; 12801 E Speedway Bvd; 2-stündiger Ausritt 60 US$/Pers.) Ausritte auf Wegen im östlichen Parkabschnitt machen.

Der **Tucson Mountain District** westlich der Stadt hat eine eigene Filiale des Red Hills Visitor Center. Der **Scenic Bajada Loop Drive**, eine 6 Meilen (9,7 km) lange planierte Rundpiste durch den Kakteenwald, beginnt 1,5 Meilen (2,4 km) nördlich vom Visitor Center. Zwei kurze, leichte und lohnende Wanderungen sind der 1,3 km lange **Valley View Overlook Trail** (vom Aussichtspunkt hat man bei Sonnenuntergang einen herrlichen Ausblick) und der 800 m lange **Signal Hill Trail** mit unzähligen antiken Petroglyphen. Strapaziöser ist der empfehlenswerte 11,3 km lange **King Canyon Trail**, der 3,2 km südlich des Visitor Center nahe dem Arizona-Sonora Desert Museum beginnt. Der 800 m lange **Desert Discovery Trail**, ein Lehrpfad 1,6 km nordwestlich vom Visitor Center, ist auch für Rollstuhlfahrer geeignet. Die angegebenen Längen für alle vier Wege beziehen sich auf die gesamte Distanz hin und zurück.

Bei den mächtigen Saguaro-Kakteen spricht man übrigens von Armen, nicht von Ästen oder Zweigen, wie die Parkführer gern betonen. Angesichts der menschenähnlichen Gestalt der Pflanzen leuchtet das unmittelbar ein.

Saguaro-Kakteen wachsen sehr langsam: Sie brauchen fast 15 Jahre, um eine Höhe von 30 cm zu erreichen; nach 50 Jahren sind sie dann 2,13 m hoch. Und erst nach fast einem Jahrhundert entwickeln sie ihr typisches, vielarmiges Erscheinungsbild. Die beste Zeit für einen Besuch ist der April, wenn die Kakteenblüte beginnt – die hübschen, weißen Blüten sind die Staatsblume Arizonas. Im Juni oder Juli sind die Blüten den reifen, roten Früchten gewichen, die die hiesigen Indianer als Nahrungsmittel nutzen. Die Fußsoldaten der Pflanzenarmee bilden die Ocotillos mit ihren spinnenartigen Ästen, die flauschigen Chollas, die an grüne Bohnen erinnernden Pencil-Chollas und Hunderte weitere Pflanzenspezies. Es ist verboten, Saguaro-Kakteen zu beschädigen oder zu entfernen!

Achtung: Wohnwagen mit einer Länge von über 10,5 m und Autos mit einer Breite von mehr als 2,5 m sind auf den engen Panoramastraßen des Parks nicht zugelassen.

Westlich von Tuscon

Wer die Einsamkeit sucht, folgt dem Hwy 86 von Tuscon aus nach Westen in die Teile der Sonora-Wüste, die am dünnsten besiedelt sind. Man wird jedoch allenthalben den grün-weißen Trucks der Grenzpatrouillen begegnen. Das **Kitt Peak National Observatory** (☎520-318-8726; www.noao.edu/kpno; Hwy 86; Touren Erw./Kind 9,75 US$/3,25 US$; ⏲9–16 Uhr; 👪) GRATIS etwa 75 Minuten von Tuscon entfernt beherbergt die größte Sammlung optischer Teleskope der Welt. Die Führungen (Erw./Kind Nov.–Mai 10/3,25 US$, Juni–Okt. 7,75/3,25 US$, um 10, 11.30 & 13.30 Uhr) dauern etwa eine Stunde. Die allabendlichen Demonstrationen lohnen sich und sollten zwei bis vier Wochen im Voraus gebucht werden (Erw. 50 US$; kein Programm von Mitte Juli–Aug.) – trockene, klare Nächte ermöglichen einen ehrfurchtgebietenden Blick ins All.

Tipps: warm anziehen, in Tucson volltanken (die dem Observatorium am nächsten gelegene Tankstelle ist 30 Meilen, bzw. 48 km, entfernt) und Kinder unter acht Jahren zu Hause lassen (keinen Zutritt bei den abendlichen Führungen). Der Picknickplatz ist nachts ein beliebter Treffpunkt von Hobby-Astronomen.

Wer einfach mal alles hinter sich lassen will, sollte das riesige, exotische **Organ Pipe Cactus National Monument** (☎520-387-6849; www.nps.gov/orpi; Hwy 85; 12 US$/Auto; ⏲Visitor Center 8.30–17 Uhr) an der mexikanischen Grenze besuchen. Das traumhaft schöne, unwirtliche Terrain bietet einer erstaunlich großen Zahl von Tieren und Pflanzen einen Lebensraum, darunter 28 Kaktusarten. Am wichtigsten ist natürlich der namensgebende Orgelpfeifenkaktus. Der große Säulenkaktus unterscheidet sich durch die von der Basis ausgehenden Zweige von dem häufiger vorkommenden Saguaro.

Der 21 Meilen (34 km) lange **Ajo Mountain Drive** führt durch eine spektakuläre Landschaft aus steilen, zerklüfteten Felswänden und feuerroten Steinen. Der **Twin Peaks Campground** (☎520-387-6849, Vorwahl 7302; www.nps.gov/orpi; 10 Organ Pipe Dr; Stellplatz Zelt & Wohnmobil 16 US$) nahe dem Visitor Center hat 208 Stellplätze (Reservierung ist nicht möglich).

DER HOT DOG MIT DEM GEWISSEN ETWAS

Der Sonoran Hot Dog ist eine örtliche Spezialität. Die mächtigen, gehaltvollen Leckereien bestehen aus einem mit Schinkenspeck umwickelten Hotdog mit Tomatillo-Salsa, Pintobohnen, geriebenem Käse, Mayonnaise, Ketchup, gehackten Tomaten und Zwiebeln. Das ist vielleicht etwas heftig, aber Neugierige sollten das Gericht dort probieren, wo es am besten zubereitet wird – im **El Guero Canelo** (☎520-295-9005; www.elguerocanelo.com; 5201 S 12th Ave; Hotdogs 3–4 US$, Hauptgerichte 7–9 US$; ⏲So–Do 10–22, Fr & Sa 8.30–24 Uhr).

Südlich von Tucson

Südlich von Tucson ist die I-19 die Hauptroute nach Nogales und Mexiko. Unterwegs locken einige nette Sehenswürdigkeiten.

Die eindrucksvolle **Mission San Xavier del Bac** (☎520-294-2624; www.patronatosanxavier.org; 1950 W San Xavier Rd; Spenden erbeten; ⏲Museum 8.30–16.30 Uhr, Kirche 7–17 Uhr) im San Xavier Reservat, 9 Meilen (14 km) südlich von Downtown Tucson, ist das älteste Gebäude der hispanischen Ära in Arizona. Die elegante Fassade ist eine Mischung aus maurischer und byzantinischer Architektur sowie Elementen der mexikanischen Spätrenaissance; das Innere der Mission ist überraschend kunstvoll geschmückt.

Bei Ausfahrt 69, 16 Meilen (25,7 km) südlich der Mission, befindet sich das **Titan Missile Museum** (☎520-625-7736; www.titanmissilemuseum.org; 1580 Duval Mine Rd, Sahuarita; Erw./Senior/Kind 7–12 Jahre 9,50/8,50/6 US$; ⏲So–Fr 9.45–17, Sa 8.45–17 Uhr, letzte Führung 15.45 Uhr), eine unterirdische Anlage zum Abschuss von Interkontinentalraketen aus der Zeit des Kalten Krieges. Die informativen Führungen sind schaurig und sollten vorab gebucht werden.

Wer sich für Geschichte interessiert oder Kunsthandwerk kaufen will, sollte ins 48 Meilen (77,2 km) südlich von Tucson gelegene kleine Dorf Tubac (www.tubacaz.com) fahren. Hier verteilen sich mehr als 100 Galerien, Ateliers und Läden um ein Presidio aus der spanischen Kolonialzeit.

Patagonia & Mountain Empire

Das wunderschöne Ufergebiet zwischen der Grenze zu Mexiko, den Santa Rita Mountains und den Patagonia Mountains gehört zu den schönsten Landschaften Arizonas. Die idyllische Gegend lockt Vogelbeobachter und Weinfans gleichermaßen an. Die schönen Pfade des Schutzgebiets **Patagonia-Sonoita Creek Preserve** (☎520-394-2400; www.nature.org/arizona; 150 Blue Heaven Rd; 6 US$; ⌚April–Sept. Mi–So 6.30–16 Uhr, Okt.–März Mi–So 7.30–16 Uhr) sind bei Vogel- und Naturliebhabern beliebt. Die zauberhaften Weiden- und Baumwollwälder an Bächen werden von der Naturschutzorganisation Nature Conservancy verwaltet. Die Hauptzugvogelsaison dauert von April bis Mai bzw. Ende August bis September.

Für einen entspannten Nachmittag mit Weinverkostung bieten sich die Dörfer **Sonoita** und **Elgin**, nördlich von Patagonia, samt den umliegenden Weingütern an. Wer zum Abendessen in Patagonia bleiben will, kann die zufriedenstellenden Gourmetpizzas im **Velvet Elvis** (☎520-394-2102; www.velvetelvispizza.com; 292 Naugle Ave, Patagonia; Hauptgerichte 8–24 US$; ⌚11.30–20 Uhr;) probieren. Im **Stage Stop Inn** (☎520-394-2211; www.stagestophotelpatagonia.com; 303 McKeown Ave, Patagonia; DZ/Suite ab 99/149 US$;) erwarten Gäste der einfache Charme des alten Westens und Zimmer rund um einen zentralen Hof mit Pool. Einst hielten hier die Postkutschen, die auf dem Butterfield Trail unterwegs waren. Infos erhält man jetzt in einem kleinen **Visitor Center** (☎520-394-7750, 888-794-0060; www.patagoniaaz.com; 299 McKeown Ave, Patagonia; ⌚Okt.–Mai tgl. 10–16 Uhr, Juni–Sept. Fr–So).

Südost-Arizona

Im südlichen Arizona gibt's jede Menge Stätten, die in der Folklore des Wilden Westens legendär sind. Dazu gehören die wunderbar erhaltene Bergwerkssiedlung Bisbee, der O.K. Corral in Tombstone und das Chiricahua National Monument mit seiner Traumlandschaft aus bizarren Steinsäulen.

Kartchner Caverns State Park

Das Wunderland aus Spitzen, Sinterwänden, Röhren, Säulen, Sinterröhrchen und anderen filigranen Formationen entwickelt sich seit 5 Mio. Jahren, wurde aber wunderbarerweise erst 1974 entdeckt. Und die genaue Lage wurde dann noch weitere 25 Jahre geheim gehalten, um die Eröffnung einiger Bereiche als **Kartchner Caverns State Park** (☎Information 520-586-4100, Reservierung 877-697-2757; http://azstateparks.com/kartchner; 2980 Hwy 90; Parkeintritt 7/3 US$ pro Fahrzeug/Fahrrad, Führungen Erw./Kind 23/13 US$; ⌚Ende Dez.–Mai Park 7–18 Uhr, Visitor Center 8–18 Uhr, Rest des Jahres kürzere Öffnungszeiten; P) vorzubereiten. Zwei Touren, die beide eindrucksvoll sind und jeweils rund 90 Minuten dauern, werden angeboten.

Die Führungen durch den Big Room werden ungefähr Mitte April eingestellt, wenn eine Kolonie weiblicher Glattnasenfledermäuse aus Mexiko hier ankommt, um in der Höhle Ende Juni ihre Jungen zu gebären. Die Fledermäuse und ihre Jungen nisten bis gegen Mitte September hier, ehe sie in ihre Winterquartiere fliegen. Während die Fledermäuse die Höhle in Beschlag nehmen, bleibt sie für das Publikum geschlossen.

Im Park gibt's einen Campingplatz (mit Hütten); der Eingang befindet sich 9 Meilen (14,5 km) südlich der I-10 (Ausfahrt 302), abseits des Hwy 90.

Tombstone

Zu Tombstones Blütezeit als pulsierende Minenstadt im 19. Jh. floss der Whisky in Strömen, und bei Auseinandersetzungen wurde schnell mal der Revolver gezogen. Besonders berühmt ist die Schießerei im O.K. Corral. Heute ist dieser Ort eine National Historic Landmark und eine Touristenattraktion mit alten Western-Gebäuden, Postkutschenfahrten und nachgestellten Schießereien.

Und natürlich muss man den **O.K. Corral** (☎520-457-3456; www.ok-corral.com; Allen St, zw. 3rd & 4th St; Eintritt 10 US$, ohne nachgestelltes Duell 6 US$; ⌚9–17 Uhr) gesehen haben, die Stätte der legendären Schießerei vom 26. Oktober 1881 zwischen den Earp-Brüdern und Doc Holliday auf der einen und den

McLaurys und Billy Clanton auf der anderen Seite. Die McLaurys, Clanton und viele andere Opfer dieser gewalttätigen Zeit ruhen heute auf dem **Boothill Graveyard** (520-457-3300; www.boothillgiftshop.com; 408 Hwy 80; Erw./Kind bis 15 Jahre 3 US$/frei; 8–18 Uhr) GRATIS am Hwy 80 nördlich der Stadt.

Ebenfalls einen Abstecher wert ist das verstaubte **Bird Cage Theater** (520-457-3421; www.tombstonebirdcage.com; 517 E Allen St; Erw./Senior/Kind 8–18 Jahre 10/9/8 US$; 8–18 Uhr). Der frühere Saloon war gleichzeitig ein Bordell, in dem auch getanzt wurde. Heute ist es mit historischen Gegenständen vollgestopft – und mit einem Nix (genau – dem männlichen Gegenstück zu einer Meerjungfrau). Das **Visitor Center** (520-457-3929, 888-457-3929; www.tombstonechamber.com; 395 E Allen St, 4th St; Mo–Do 9–16, Fri–So bis 17 Uhr) hat Wanderkarten parat.

Bisbee

Mit ihrem altmodischen, unaufgesetzten Charme präsentiert sich die ehemalige Kupferbergbausiedlung Bisbee heute als ein hübscher Mix aus alternden Bohemiens, eleganten Gebäuden, opulenten Restaurants und bezaubernden Hotels. Die meisten Geschäfte befinden sich im Historic District (Old Bisbee) längs der Subway und der Main St.

Wer möchte, kann pensionierten Arbeitern, die früher in der Mine tätig waren, bei der **Queen Mine Tour** (520-432-2071; www.queenminetour.com; 478 Dart Rd, abseits des Hwy 80; Erw./Kind 4–12 Jahre 13/5,50 US$;) unter die Erde folgen. Das Queen Mine Building gleich südlich der Downtown beherbergt das örtliche **Visitor Center** (866-224-7233, 520-432-3554; www.discoverbisbee.com; 478 Dart Rd; Mo–Fr 8–17, Sa & So 10–16 Uhr), welches ein geeigneter Ausgangspunkt für eine Erkundung ist. Gleich außerhalb der Stadt ist die **Lavender Pit** ein hässliches, aber eindrucksvolles Zeugnis des Tagebaus.

Übernachten kann man im **Shady Dell RV Park** (520-432-3567; www.theshadydell.com; 1 Douglas Rd, Lowell; Wohnwagen ab 85 US$; Hochsommer & Winter geschl.;), einem Wohnmobilpark herrlich altmodischer Art. Die sorgsam restaurierten Airstream-Wohnwagen sind fein säuberlich abgezäunt und mit lustigen Möbeln ausstaffiert. Verdampfungskühler sorgen für kalte Luft. Im skurrilen, unterhaltsamen **Bisbee Grand Hotel** (520-432-5900; www.bisbeegrandhotel.com; 61 Main St; DZ/Suite ab 99/135 US$;) kann man in einem drinnen aufgestellten Planwagen schlafen. Im gesamten Hotel wird der alte Westen mit Dekor aus viktorianischer Zeit und einem Western-Saloon wieder lebendig.

Gutes Essen findet man an der Main St; einfach selber umschauen und im Restaurant seiner Wahl einkehren – alle sind gut. Feine amerikanische Kost bietet das stilvolle **Cafe Roka** (520-432-5153; www.caferoka.com; 35 Main St; Hauptgerichte abends 20–30 US$; Do–Sa 17–21, So 15–20 Uhr) mit einem Vier-Gänge-Abendmenü aus Salat, Suppe, Sorbet und einer wechselnden Auswahl beliebter Hauptgerichte. Weiter die Main St hinauf lockt das **Screaming Banshee** (520-432-1300; www.screamingbansheepizza.net; 200 Tombstone Canyon Rd; Pizzas 14–16 US$; Di & Mi 16–21, Do–Sa 11–22, So 11–21 Uhr) mit Holzofenpizza und Punk-Rock-Stil. Bars ballen sich am passend benannten Brewery Gulch am südlichen Ende der Main St.

Chiricahua National Monument

Die hoch aufragenden Felssäulen des abgeschiedenen, aber faszinierenden **Chiricahua National Monument** (520-824-3560; www.nps.gov/chir; 12856 E Rhyolite Creek Rd; Visitor Center 8.30–16.30 Uhr; P) GRATIS in den Chiricahua Mountains sind teilweise Hunderte Fuß hoch und sehen oft aus, als wollten sie jeden Moment umkippen. Der 8 Meilen (13 km) lange **Bonita Canyon Scenic Drive** führt zum Massai Point (fast 2100 m). Dort stehen tausende Steinsäulen an den Hängen wie eine versteinerte Armee. Es gibt zahlreiche Wanderwege; wer nur wenig Zeit hat, sollte mindestens eine halbe Meile auf dem **Echo Canyon Trail** bleiben, um sich die Grottoes anzusehen, eine umwerfende „Kathedrale" aus gigantischen Felsbrocken. Dort kann man sich eine Weile still hinlegen und dem sachtem Rauschen des Windes lauschen. Das National Monument befindet sich 36 Meilen (58 km) südöstlich von Willcox, abseits des Hwy 186/181.

UTAH

Willkommen auf der prächtigsten Spielwiese der Natur. Von den roten Tafelbergen über enge Schluchten und Pulverschneehänge bis hin zu den abschüssigen Felswegen bietet Utah ein hinreißendes und vielfältiges Terrain mit erstklassigen Möglichkeiten zum Radfahren, Wandern und Skifahren. Das Gelände ist zudem wirklich gut zugänglich: 65% der Landfläche sind öffentlich, und es gibt 13 Nationalparks bzw. National Monuments.

Rote Felsklippen, farbenfrohe Felsnadeln und eine schier endlose Sandstein-Wüste prägen den Süden; die Kiefernwälder und schneebedeckten Gipfel der Wasatch Mountains kennzeichnen den Norden Utahs. Dazwischen liegen alte Pioniersiedlungen, Stätten mit antiker Felskunst und Ruinen sowie Spuren von Dinosauriern.

Die von Mormonen geprägten ländlichen Ortschaften sind teilweise sehr ruhig und konservativ, aber die raue Schönheit lockt auch eher fortschrittlich eingestellte Outdoor-Typen an. Insbesondere Salt Lake City (SLC) und Park City besitzen deshalb auch ein munteres Nachtleben und eine ausgeprägte gastronomische Szene. Also heißt es: Wanderstiefel anziehen und reichlich Wasser mitbringen, um Utahs wildes, malerisches Hinterland zu entdecken!

Geschichte

Die frühen Pueblo-Indianer und die Fremont-Indianer waren die ersten Bewohner in der Gegend. Sie haben Spuren in Form von Felsbildern und Ruinen hinterlassen.

KURZINFOS UTAH

Spitzname Beehive State

Bevölkerung 2,9 Mio.

Fläche 212 817 km²

Hauptstadt Salt Lake City (186 440 Ew.), Großraum SLC (1 153 340 Ew.)

Weitere Städte St. George (82 318 Ew.)

Verkaufssteuer ab 4,7 %

Geburtsort von den Entertainern Donny (geb. 1957) und Marie (geb. 1959) Osmond sowie des gefeierten Banditen Butch Cassidy (1866–1908)

Ausrichter der Olympischen Winterspiele 2002

Politische Ausrichtung überwiegend konservativ

Berühmt für Mormonen, rote Fels-Canyons, Polygamie

Bestes Souvenir T-Shirt der Wasatch Brewery mit der Aufschrift: Polygamy Porter – Why Have Just One? (sinngemäß: „Warum nur eines nehmen, wenn man mehrere haben kann?")

Als die europäischstämmigen Siedler Utah in großer Zahl erreichten, lebten hier aber bereits moderne Völker: die Ute, Paiute und Navajo. In den späten 1840er-Jahren kamen die ersten Mormonen, religiöse Flüchtlinge, in die Region. Angeführt wurden sie von Brigham Young, dem zweiten Präsidenten der „Kirche Jesu Christi der Heiligen der Letzten Tage". Sie versuchten noch das letzte Fleckchen Erde in ihrem neuen Staat zu besiedeln, wie ungastlich es auch sein mochte, was unweigerlich zu Scharmützeln mit den Ureinwohnern führte – und in mehr als nur einer Geisterstadt resultierte.

Nachdem die USA das Utah-Territorium von Mexiko hinzubekommen hatten, scheiterten fast 50 Jahren lang mehrere Versuche Utahs, als Bundesstaat anerkannt zu werden, weil die Mormonen Polygamie praktizierten (sprich: Männer hatten mehrere Ehefrauen). Die Situation verschärfte sich bis 1890, als der Mormonenanführer Wilford Woodruff eine göttliche Offenbarung hatte, woraufhin die Kirche die „Vielweiberei" offiziell aufgab. 1896 wurde Utah der 45. Staat der USA. Die moderne Mormonenkirche, die Church of Jesus Christ of Latter Day Saints (LDS), hat unverändert großen Einfluss im Staat.

ℹ Praktische Informationen

Utah Office of Tourism (☎800-200-1160; www.utah.com) Gibt den kostenlosen *Utah Travel Guide* heraus und betreibt mehrere Visitor Centers in Utah. Die Website ist in sechs Sprachen abrufbar.

Utah State Parks & Recreation Department (☎801-538-7220; www.stateparks.utah.gov) Produziert einen großartigen Guide zu den mehr als 40 State Parks, der online und in Visitor Centers erhältlich ist.

ℹ Anreise & Unterwegs vor Ort

Internationale Flüge landen in Salt Lake City. In den größeren Städten und in touristischen Zentren gibt's Büros von Autovermietungen.

Utah ist kein großer Bundesstaat, aber überwiegend ländlich. Wenn man nicht gerade in Salt Lake City oder Park City unterwegs ist, braucht man ein Auto. Für einen Besuch der Parks im südlichen Utah kann es günstiger sein, nach Las Vegas zu fliegen und dort ein Auto zu mieten.

Salt Lake City

Das funkelnde Salt Lake City mit seinem blauen Himmel vor den schneebedeckten

Bergen ist Utahs Hauptstadt. Die einzige Stadt Utahs mit einem internationalen Flughafen besitzt trotzdem noch eine kleinstädtische Anmutung. In der Downtown kommt man leicht zurecht; abends ist es hier ziemlich ruhig. Es ist kaum zu glauben, dass immerhin 1,2 Mio. Menschen im Großraum wohnen. Zwar ist Salt Lake City für die Anhänger der Kirche Jesu Christi der Heiligen der Letzten Tage (LDS) so etwas wie ihr Vatikan und der Glaubensgemeinschaft gehört hier auch viel Land, aber weniger als die Hälfte der Einwohner sind LDS-Mitglieder. Die Universität und der exzellente Zugang zur Natur locken sehr unterschiedliche Einwohner in die Stadt. Ein liberaler Geist herrscht in den Cafés und Yogakursen, und man sieht auch viele aufwendige Tattoos. Gourmets können viele Restaurants mit internationalen Speisen und Bio-Gerichten entdecken. Wenn die Natur lockt, ist man gerade einmal 45 Minuten von den brillanten Wanderwegen und Skipisten der Wasatch Mountains entfernt. Freundliche Leute, tolles Essen und Outdoor-Abenteuer – was will man mehr?

Sehenswertes

Die meisten Sehenswürdigkeiten der LDS ballen sich nahe dem Bezugspunkt der Adressen in der Stadt: der Kreuzung der Main mit der South Temple St. Die Straßen haben hier eine Breite von 40,23 m; sie wurden so konzipiert, dass ein von vier Ochsen gezogener Wagen auf ihnen wenden konnte. Mit der Freilegung des City Creek erfuhr die Downtown eine Renaissance. Östlich davon liegt der University-Foothills District mit den meisten Museen und den kinderfreundlichen Attraktionen.

Rund um den Temple Square

Temple Square PLATZ
(www.visittemplesquare.com; Ecke S Temple St & N State St; Gelände 24 Std.; Visitor Centers 9–21 Uhr) GRATIS Dieser 4 ha große, von 4,5 m hohen Mauern umgebene Platz ist die berühmteste Sehenswürdigkeit der Stadt. Guides mormonischen Glaubens bieten den ganzen Tag über kostenlose 30-minütige Führungen an, die an den Visitor Centers bei den zwei Eingängen an der South St und der North Temple St beginnen. Alle paar Meter sind Schwestern, Brüder und Älteste platziert, um Fragen zu beantworten. (Keine Angst: Wenn man kein Interesse zeigt, sehen sie von Bekehrungsversuchen ab.) Neben den eigentlichen Attraktionen gibt es noch Verwaltungsgebäude und zwei Theaterhäuser auf dem Gelände.

Museum of Church History & Art MUSEUM
(www.churchhistorymuseum.org; 45 N West Temple St; Mo–Fr 9–21, Sa & So 10–19 Uhr) GRATIS Das Museum am Temple Sq zeigt eindrucksvolle Exponate zur Pioniergeschichte und bildende Kunst.

Salt Lake Temple RELIGIÖSE STÄTTE
(Temple Sq) Über dem Temple Sq wacht der eindrucksvolle 64 m hohe Salt Lake Temple. Auf der höchsten Spitze thront eine Statue des Engels Moroni, der dem Gründer der Mormonenkirche, Joseph Smith, erschien. Bei Renovierungsarbeiten wurden angeblich Einschusslöcher in der vergoldeten Fassade gefunden. Der Tempel ist Privatgelände und die Zeremonien dürfen nur von angesehenen LDS-Mitgliedern besucht werden.

Tabernacle CHRISTLICHE STÄTTE
(www.mormontabernaclechoir.org; Temple Sq; 9–21 Uhr) GRATIS Das Auditorium von 1867 mit Kuppeldach und einer massiven Orgel mit 11000 Pfeifen hat eine unglaubliche Akustik. Lässt man vorn eine Stecknadel fallen, ist dies ganz hinten, rund 60 m entfernt, zu hören. Montags bis samstags um 12 Uhr sowie sonntags um 14 Uhr finden frei zugängliche Orgelkonzerte statt.

Beehive House HISTORISCHE STÄTTE
(801-240-2671; www.visittemplesquare.com; 67 E South Temple St; Mo–Sa 9.30–20.30 Uhr) GRATIS Brigham Young lebte in diesem Haus mit einer seiner vielen Frauen samt Familie während eines großen Teils seiner Amtszeit als Gouverneur des Utah-Territoriums und LDS-Präsident. Das Haus kann nur im Rahmen einer Führung besucht werden, die von LSD-Angehörigen durchgeführt werden und inhaltlich verschieden ausfallen: Mal überwiegen historische Infos, mal der Glaubenseifer.

Rund um Downtown

Utah State Capitol HISTORISCHES GEBÄUDE
(www.utahstatecapitol.utah.gov; 350 N State St; Mo–Fr 7–20, Sa & So 8–18 Uhr; Visitor Center Mo–Fr 8.30–17 Uhr) GRATIS Das prächtige State Capitol von 1916 steht inmitten von 500 Kirschbäumen auf einem Hügel nördlich des Temple Sq. Drinnen zieren bunte Wandbilder der Works Progress Administration (WPA) von Pionieren, Trappern und Mis-

sionaren einen Teil der Kuppel. Kostenlose Führungen (Mo–Fr 9–17 Uhr stündl.) starten am Visitor Center im ersten Stock; Ausgangspunkt von Touren in Eigenregie ist ebenfalls das Visitor Center.

Clark Planetarium MUSEUM
(☎385-468-7827; www.clarkplanetarium.org; 110 S 400 W; Erw./Kind 9/7 US$; ⏲So–Do 10–22, Fr & Sa bis 23 Uhr) Im Clark Planetarium, dem Sitz der neuesten und tollsten 3D-Himmelsshows und des einzigen IMAX-Kinos in Utah, sieht man die Sterne. Es gibt auch kostenlose naturwissenschaftliche Ausstellungen. Das Planetarium liegt am Rand von **Gateway** (www.shopthegateway.com; 200 S to 50 N, 400 W to 500 W; ⏲Mo–Sa 10–21, So 12–18 Uhr), einer Einkaufszone rund um das alte Eisenbahndepot.

University-Foothill District & Umgebung

★Natural History Museum of Utah MUSEUM
(http://unhmu.utah.edu; 301 Wakara Way; Erw./Kind 3–12 J. 15/10 US$; ⏲Do–Di 10–17, Mi bis 21 Uhr) Die atemberaubende Architektur des Rio Tinto Centers zeigt sich insbesondere in einem mehrstöckigen „Canyon" im Inneren, in dem die Exponate ihre ganze Wirkung entfalten können. Schicht um Schicht kann man so die geschichtliche Entwicklung der Natur wie auch die der indigenen Völker erkunden. Am eindruckvollsten ist die Ausstellung *The Past Worlds*, die einem unglaubliche – und höchst unterschiedliche! – Perspektiven auf eine riesige Dinosaurier-Fossilien-Sammlung gestattet.

This is the Place Heritage Park HISTORISCHE STÄTTE
(www.thisistheplace.org; 2601 E Sunnyside Ave; Erw./Kind 13/9 US$; ⏲Mo–Sa 9–17, So 10–17 Uhr; 👪) Der 182 ha große Heritage Park ist der Ankunft der Mormonen im Jahr 1847 gewidmet. Herzstück ist ein historisches Dorf, in dem kostümierte Schauspieler von Juni bis August das Leben zur Mitte des 19. Jhs. darstellen. Im Eintrittspreis inbegriffen sind eine Fahrt mit der Touristenbahn und verschiedene Aktivitäten. Im restlichen Jahr sind nur Teile der Anlage (zu unterschiedlichen Preisen) zugänglich, von außen kann man die 41 Gebäude jedoch immer besichtigen. Teils handelt es sich um Nachbauten, teils um Originale wie beim Farmhaus von Brigham Young.

Red Butte Garden GARTEN
(www.redbuttegarden.org; 300 Wakara Way; Erw./Kind 12/7 US$; ⏲Mai–Aug. 9–21 Uhr) Der 61 ha große Park mit gepflegten Anlagen und natürlich belassenen Gärten bietet Zugang zu Wegen in die Ausläufer der Wasatch Mountains. Online kann man nachschauen, wer hier bei der beliebten Open-Air-Konzertreihe im Sommer auftritt. In der Nebensaison ist der Park von Sonnenaufgang bis Sonnenuntergang geöffnet.

Schlafen

Die Kettenhotels ballen sich in Downtown um die S 200 West nahe der 500 South und der 600 South; weitere liegen in Mid-Valley (abseits der I-215) und in der Nähe des Flughafens. In Hotels der Spitzenklasse sind die Preise an den Wochenenden am niedrigsten. Das Parken in Downtown ist häufig nicht im Preis enthalten. Campingplätze und Ausweichquartiere findet man in den Wasatch Mountains.

Wildflowers B&B B&B $
(☎385-419-2301; http://wildflowersbb.com; 936 E 1700 S; Zi. 90–125 US$) Das durchgängig idyllische altmodische B&B prunkt mit Buntglas und Stilmöbeln. Die Unterkunft ist billiger als in den meisten anderen B&Bs vor Ort und lohnt sich schon allein wegen des Frühstücks. Das Haus liegt in einem interessanten Viertel mit vielen Läden und Restaurants.

★Engen Hus B&B $$
(☎801-450-6703; http://engenhusutah.com; 2275 6200 S; Zi. 125–140 US$; 📶) Das hübsche Haus hat eine ideale Lage für Ausflüge in die Berge und bietet vier Zimmer mit Flachbild-TVs und handgewebten Decken auf Massivholzbetten. Die Gastgeber kennen sich mit den örtlichen Wandermöglichkeiten aus. Brettspiele, eine Terrasse mit Whirlpool und eine Waschküche sorgen für Behaglichkeit. Beim Frühstücksbüffet gibt's z. B. Arme Ritter mit Karamell. Ein Zimmer ist für Rollstuhlfahrer geeignet.

★Inn on the Hill INN $$
(☎801-328-1466; www.inn-on-the-hill.com; 225 N State St; Zi. 155–240 US$; P@📶) Kunstvolle Holzarbeiten und Tiffany-Glas mit Maxfield-Parrish-Motiven schmücken diese weitläufige Villa im Neorenaissance-Stil von 1906. Die Gästezimmer sind klassisch und komfortabel, jedoch nicht spießig, und bieten Whirlpoolwannen sowie teilweise Kamine

und Balkone. Zu den ansprechenden Aufenthaltsbereichen gehören Terrassen, ein Billardraum, eine Bibliothek und ein Speisesaal, in dem vom Chefkoch zubereitetes Frühstück serviert wird.

Hotel Monaco BOUTIQUEHOTEL **$$**

(801-595-0000; www.monaco-saltlakecity.com; 15 W 200 S; Zi. 229–279 US$;) Das Kettenhotel gibt sich dezent, aber schrille, satte Farbtupfer und luxuriöse Drucke sorgen für eine skurille Stimmung. Die Haustiere der Gäste werden hier besonders verwöhnt, und an der Rezeption kann man sich auch einen Goldfisch ausleihen, wenn es einen nach Gesellschaft verlangt. Nette kostenlose Zugaben sind die abendlichen Weinempfänge und die Cruiser-Fahrräder; ein Parkplatz kostet extra.

Hotel RL HOTEL **$$**

(801-521-7373; www.redlion.com/salt-lake; 161 W 600 S; Zi. ab 239 US$;) Schicken Komfort bietet das umgebaute Red-Lion-Hotel. Die fast 400 Zimmer sind mit schwarz-weißen Wandmalereien und Flachbild-TVs ausgestattet. Ein klassischer Diner ist angeschlossen, und es gibt eine moderne, mit Holz ausgekleidete Lounge, ein rund um die Uhr geöffnetes Fitnesscenter und einen Pool samt Whirlpool im Freien. Das Hotel erfüllt alle Erwartungen, die man an einen so großen Kasten haben kann.

Essen

★ **Red Iguana** MEXIKANISCH **$**

(www.rediguana.com; 736 W North Temple St; Hauptgerichte 10–18 US$; Mo–Do 11–22, Fr bis 23, Sa 10–23, So 10–21 Uhr) Hier präsentiert sich Mexiko von seiner authentischsten, aromatischsten und leckersten Seite – kein Wunder, dass sich vor dem familienbetriebenen Restaurant meist Schlangen bilden. Wer sich nicht zwischen den sieben Mole-Saucen mit Chili und Schokolade entscheiden kann, fragt nach einer Kostprobe. Das unglaublich zarte *cochinita pibil* (geschmortes gezupftes Schweinefleisch) schmeckt, als wäre es tagelang gekocht worden.

★ **Tosh's Ramen** RAMEN **$**

(801-466-7000; 1465 State St; Hauptgerichte 9–11 US$; Di–Sa 11.30–15 & 17–21 Uhr) Das Ramen begeistert mit großen, heißen Portionen, feiner Brühe, knusprigen Sprossen und, wenn man will, mit einem Spiegelei oben drauf – echt authentisch! Man sollte aber etwas Platz für die pikanten Hühnerflügel

> **NICHT VERSÄUMEN**
>
> **MUSEUM OF ANCIENT LIFE**
>
> Das familienfreundliche **Museum** (801-768-2300; www.thanksgivingpoint.org; 3003 N Thanksgiving Way, Lehi; Pass für alle Attraktionen Erw./Kind 25/20 US$, Museum Erw./Kind 15/12 US$; Mo–Sa 10–20 Uhr;) befindet sich am Thanksgiving Point. Ausstellungen zu Dinosauriern und dem Leben im Meer beleuchten die Vorgeschichte. Es gibt zudem viele interaktive Exponate und ein 3D-Kino.

lassen. Am besten kommt man früh, denn in diesem netten Lokal in einem schlichten Einkaufszentrum herrscht großer Andrang.

Caputo's Deli DELI **$**

(801-486-6615; 1516 S 1500 E; Hauptgerichte 5–15 US$; Mo–Sa 7–20 Uhr) In diesem Gourmet-Laden mit Deli-Theke gibt's wunderbaren Käse, marinierte Paprika, frische Sandwiches und Gebäck.

Del Mar al Lago PERUANISCH **$$**

(801-467-2890; 310 Bugatti Ave S; Hauptgerichte 16–24 US$; Mo–Do 11–16 & 18–21, Fr & Sa 11–22 Uhr) Das Restaurant verspricht nach Aussagen seiner peruanischen Kunden authentischen Genuss. Chefkoch Wilmer aus Trujillo serviert die besten peruanischen Spezialitäten, darunter Ceviche (mit Zitrone marinierter roher Fisch), Yucca-Fritten und *causas* (gewürztes Kartoffelpüree) mit Jalapeño-Aioli.

Takashi JAPANISCH **$$**

(801-519-9595; 18 W Market St; Rollen 10–18 US$, Hauptgerichte 10–19 US$; Mo–Sa 11.30–14 & 17.30–22 Uhr) Was sich wohl unter „Sex on Rice" verbirgt? Das Takashi ist das beste von einer Reihe überraschend guter Sushi-Restaurants im vom Meer abgeschnittenen Salt Lake City und oft richtig voll. Selbst Gastronomie-Snobs aus Los Angeles schwärmen von den innovativen Rollen in diesem schicken Etablissement.

★ **Avenues Bistro on Third** BISTRO **$$$**

(801-831-5409; http://avenuesbistroonthird.com; 564 E 3rd Ave; Hauptgerichte 16–37 US$; Mi–Fr 11–22, Sa & So 9–15 & 17 Uhr–open end) In diesem intimen Bistro kommt das Essen an erster Stelle. In dem winzigen Haus stehen ein paar Tische rund um einen offenen Grill. Der Inhaber platziert die Gäste und plaudert mit den Nachbarn. Zu empfehlen sind frisches

THE BOOK OF MORMON, DAS MUSICAL

Singende und tanzenden Mormonen-Missionare? Am Broadway ist auch das möglich. Im Frühjahr 2011 feierte das Musical *The Book of Mormon* im Eugene O'Neill Theatre in New York City seine von der Kritik gefeierte Premiere. Die heitere Satire über LDS-Missionare in Uganda stammt von den Schöpfern des Musicals *Avenue Q* und der TV-Animationsserie *South Park*. Daher ist es kein Wunder, dass das Mormonen-Musical neun Tony Awards einheimste.

Die offizielle, recht maßvolle Antwort der LDS-Kirche verzichtete auf direkte Kritik. Es wurde jedoch betont, dass das Musical vielleicht ganz unterhaltsam sei, die Schriften des Buchs Mormon aber das Leben verändern könnten.

Grüngemüse mit Utah-Forelle, Kräuterseitlinge mit Lavendelhonig und hausgemachte Feigenkekse.

Ausgehen & Nachtleben

Pubs und Bars, in denen man auch essen kann, sind die Hauptstützen des Nachtlebens in Salt Lake City. Niemand hat etwas dagegen, wenn man trinkt und dazu etwas knabbert. Eine komplette Übersicht über die örtliche Musik in den Bars steht im *City Weekly* (www.cityweekly.net).

★ **Beer Bar** KNEIPE

(www.beerbarslc.com; 161 E 200 S; ⌚ Mo–Sa 11–2, So 10–2 Uhr) Mit großen Holztischen sowie über 140 Bier- und 13 Wurstsorten holt die Beer Bar ein kleines Stück Bayern nach Salt Lake City. Die Kundschaft ist gemischt und sehr viel informeller als in der angeschlossenen Bar X nebenan. Ein toller Ort, um sich mit Freunden zu treffen und neue Bekanntschaften zu schließen, auch wenn es ziemlich laut ist.

Bar X COCKTAILBAR

(155 E 200 S; ⌚ Mo–Fr 16–2, Sa 18–2, So 19–2 Uhr) Diese Bar ist so schummrig beleuchtet und abgefahren, dass man kaum glaubt, dass man nur ein kleines Stück vom Temple Sq (S. 965) entfernt ist. Man macht es sich in der immer gut besuchten Bar mit einem Moscow Mule gemütlich und lauscht der Musik (Motown oder Funk) oder den Gesprächen am Nebentisch.

★ **Jack Mormon Coffee Co** CAFÉ

(www.jackmormoncoffee.com; 82 E St; ⌚ Mo–Sa 10–18 Uhr) Utahs bester Kaffeeröster serviert auch tolle Espresso-Spezialitäten. Bei steigenden Temperaturen gehen die Einheimischen gern zum Jack Frost über.

Gracie's BAR

(www.graciesslc.com; 326 S West Temple St; ⌚ Mo–Sa 11–2, So 10–2 Uhr) Gracie's ist ein trendiges Bar-Restaurant, das sich über zwei Ebenen mit vier Bars erstreckt und trotzdem regelmäßig aus allen Nähten platzt. Die besten Orte zum entspannten Zusammensein sind die zwei riesigen Terrassen. Fast jeden Abend sorgen Livebands oder DJs für Unterhaltung.

Unterhaltung

Das Nachtleben hier ist nicht unbedingt heiß: Die größeren Dance Clubs wechseln häufig und die meisten sind nur an ein paar Nächten pro Woche geöffnet. Eine Liste findet man bei *City Weekly* (www.cityweekly.net). Ansonsten gibt's viele klassische Unterhaltungsoptionen, insbesondere rund um den Temple Sq (S. 965).

Musik

★ **Mormon Tabernacle Choir** LIVEMUSIK

(☎ 801-570-0080, 801-240-4150; www.mormontabernaclechoir.org) Eine Vorführung des weltbekannten Mormon Tabernacle Choir gehört zum Pflichtprogramm eines Besuchs in Salt Lake City. Jeden Sonntag um 9.30 Uhr wird eine Liveshow gesendet. Von September bis November und von Januar bis Mai kann man zudem im Tabernacle (S. 965) live dabei sein. Die Proben (Do 20–21 Uhr) sind öffentlich zugänglich und kostenlos.

Theater

Auf der Website des Salt Lake City Arts Council (www.slcgov.com/city-life/ec) gibt es eine komplette Liste mit kulturellen Events. Zu den Veranstaltungsstätten der Stadt gehören das **Gallivan Center** (www.thegallivancenter.com; 200 S, zw. State St & Main St), das **Depot** (☎ 801-355-5522; www.smithstix.com; 400 W South Temple St) und das **Rose Wagner Performing Arts Center** (https://artsaltlake.org; 138 W 300 S). Reservierungen nimmt **ArtTix** (☎ 801-355-2787, 888-451-2787; https://artsaltlake.org) vor.

Eccles Theatre THEATER

(☎ 385-468-1010; www.eccles.theatersaltlakecity.com; 131 Main St) In dem 2016 eröffneten, prächtigen Haus gibt's zwei Theatersäle (einen mit 2500 Plätzen). Geboten werden Broadway-Shows, Konzerte und andere Unterhaltungsveranstaltungen.

Sport

Utah Jazz BASKETBALL
(☎801-325-2500; www.nba.com/jazz; 301 W South Temple St) Utah Jazz, das Profiteam im Männer-Basketball, spielt in der **Vivint Smart Home Arena** (www.vivintarena.com; 301 W South Temple St), in der ansonsten auch Konzerte stattfinden.

Real Salt Lake FUSSBALL
(☎844-732-5849; www.rsl.com; 9256 State St, Rio Tinto Stadium; ⌚März–Okt.) Salt Lake Citys erfolgreiche Fußballmannschaft der Major League hat treue Fans. Die Spiele im **Rio Tinto Stadium** machen Spaß.

Shoppen

Interessante Boutiquen, Antiquitäten und Cafés säumen die Broadway Ave (300 South) zwischen 100 und 300 East. Läden und Galerien mit Kunsthandwerk, das dem Pionier-Erbe Utahs verpflichtet ist, sind über das Stadtgebiet verstreut, einige finden sich im 300er Block der W Pierpont Ave. Viele Geschäfte beteiligen sich an Craft Salt Lake, einer eintägigen Ausstellung im August.

Utah Artist Hands KUNST & KUNSTHANDWERK
(www.utahands.com; 163 E Broadway; ⌚Mo–Fr 12–18, Sa bis 17 Uhr) Hier findet man Kunsthandwerk örtlicher Künstler, von bildender Kunst und Fotografie bis zu Schals und Töpferwaren.

ℹ Information

NOTFALL & MEDIZINISCHE VERSORGUNG

Polizei (☎801-799-3000; 315 E 200 S)

Salt Lake Regional Medical Center (☎801-350-4111; www.saltlakeregional.com; 1050 E South Temple St; ⌚rund um die Uhr geöffnete Notaufnahme)

University Hospital (☎801-581-2121; 50 N Medical Dr)

TOURISTENINFORMATION

Public Lands Information Center (☎801-466-6411; www.publiclands.org; 3285 E 3300 S, REI Store; ⌚Mo–Fr 10.30–17.30, Sa 9–13 Uhr) Besucherinfos zu öffentlich verwaltetem Gebiet in der Gegend (State Parks, BLM, USFS), darunter der Uinta-Wasatch-Cache National Forest.

Visit Salt Lake (☎801-534-4900; www.visitsaltlake.com; 90 S West Temple St, Salt Palace Convention Center; ⌚Mo–Fr 9–18, Sa & So bis 17 Uhr) Veröffentlicht eine kostenlose Infobroschüre für Besucher. Beim Visitor Center gibt's einen Souvenirladen.

ℹ Anreise & Unterwegs vor Ort

Am **Salt Lake City International Airport** (SLC; ☎801-575-2400; www.slcairport.com; 776 N Terminal Dr; 📶), 5 Meilen (8 km) nordwestlich von Downtown, gibt es hauptsächlich Inlandsflüge, aber auch ein paar Direktflüge nach Kanada und Mexiko. **Express Shuttle** (☎801-596-1600; www.xpressshuttleutah.com; nach Downtown 17 US$) bietet einen Kleinbus-Shuttleservice zum Flughafen.

Greyhound-Busse (☎800-231-2222; www.greyhound.com; 300 S 600 W; 📶) fahren zu Zielen im ganzen Land, und am **Union Pacific Rail Depot** (340 S 600 W) halten täglich **Amtrak-Züge** (☎800-872-7245; www.amtrak.com) nach Denver und Kalifornien.

Utah Transit Authority (UTA; www.rideuta.com; einfache Strecke 2,50 US$; 📶) betreibt die Stadtbahnlinien zum Flughafen und in der Innenstadt. Der Bus 550 fährt vom Parkhaus zwischen den Terminals 1 und 2 nach Downtown.

Park City & Wasatch Mountains

Utah ist das Paradies für Skifahrer und Snowboarder. Hier findet man mit die besten Pisten Nordamerikas. Jedes Jahr fallen zwischen 0,75 bis 1,30 m lockerer, trockener Schnee, und man hat Tausende Hektar hochalpines Terrain zum Austoben. In den Wasatch Mountains, die hinter SLC aufragen, liegen viele Skiorte, man kann wandern, zelten und mountainbiken. Und dann wäre da natürlich noch das mondäne Park City mit seiner luxuriösen Infrastruktur und dem berühmten Filmfestival.

Skiresorts bei Salt Lake City

Durch den Einfluss des Großen Salzsees bekommen diese Skiresorts fast doppelt so viel Schnee ab wie Park City. Die vier Resorts liegen 30 bis 45 Meilen (48–72 km) östlich von Salt Lake Citys Downtown am Ende zweier Canyons. Im Sommer locken zahlreiche Wander- und Radwege, die von beiden Canyons ausgehen.

Aktivitäten

★ **Alta** WINTERSPORT
(☎801-359-1078, 888-782-9258; www.alta.com; Little Cottonwood Canyon; Tagespass Skilift Erw./Kind 96/50 US$) Eingefleischte Skifahrer pilgern

nach Alta am höchsten Punkt des Tals. Hier sind keine Snowboarder zugelassen, deswegen halten sich die Schneedecke und präparierte Pisten länger. Weite Pulverschneehänge, Schluchten, steile Abfahrten und Lichtungen wie **East Greeley**, **Devil's Castle** und **High Rustler** tragen zur Bekanntheit des Resorts bei. Achtung: Womöglich möchte man nie wieder woanders Ski fahren!

★ Snowbird WINTERSPORT

(☎800-232-9542; www.snowbird.com; Hwy 210, Little Cottonwood Canyon; Tagesticket Skilift Erw./Kind 116/55 US$) Das größte und betriebsamste der Resorts bietet tolle Wintersportbedingungen mit steilen Pisten und tiefem Schnee. Im Sommer gelangt man mit Liften zu zahlreichen Wanderwegen. Die Pendelbahn fährt das ganze Jahr über.

Solitude WINTERSPORT

(☎801-534-1400; www.skisolitude.com; 12 000 Big Cottonwood Canyon Rd; Tagespass Skilift Erw./Kind 83/53 US$) Exklusives Dorf im europäischen Stil, umgeben von hervorragenden Pisten. Das **Nordic Center** (https://skisolitude.com/winter-activities/nordic-skiing-nordic-center; Tagespass Erw./Kind 18 US$/frei; ⌚Dez.–März & Juni–Aug. 8.30–16.40 Uhr) bietet Langlaufen im Winter und Naturpfade für die Sommermonate.

Brighton WINTERSPORT

(☎801-532-4731, 800-873-5512; www.brightonresort.com; Big Cottonwood Canyon Rd; Tagespass Skilift Erw./Kind 68/35 US$) Brighton ist bei lässigen Herumtreibern und knallharten Snowboardern beliebt, davon sollte man sich jedoch nicht abschrecken lassen. Das kleine Resort, in dem viele Einheimische das Skifahren lernen, ist noch immer eine gute Wahl für Anfänger, insbesondere für Snowboarder. Dichte Kiefernwälder säumen breite präparierte Wege und weite Pisten, zudem bieten sich Traumblicke vom Gipfel.

Park City

Bei Schneefall wirkt die Main Street mit ihren hundert Jahre alten Gebäude wie die real gewordene Szenerie einer Schneekugel. Die frühere Silberminenstadt, die Boom und Pleite erlebte, ist heute eine schöne Stadt mit Eigentumswohnungen und Villen, die sich über die Täler verteilen. Utahs beste Wintersportadresse hat fabelhafte Restaurants und kulturelle Angebote. Seit kürzlich das angrenzende Canyons Resort angeschlossen wurde, ist Park City der größte Skiort in Nordamerika.

Park City wurde international bekannt, als bei den Olympischen Winterspielen von 2002

SALT LAKE CITY MIT KINDERN

Salt Lake City ist eine durch und durch kinderfreundliche Stadt. Die wundervollen interaktiven Exponate im **Discovery Gateway** (www.discoverygateway.org; 444 W 100 S; 8,50 US$; ⌚Mo–Do 10–18, Fr & Sa bis 19, So 12–18 Uhr; 👪) stimulieren die Fantasie und die Sinne.

Auf der 1886 gegründeten **Wheeler Historic Farm** (☎385-468-1755; www.wheelerfarm.com; 6351 S 900 E, South Cottonwood Regional Park; Heuwagenfahrt 3 US$, Hausführung Erw./Kind 4/2 US$; ⌚tagsüber; 👪) GRATIS können Kinder mithelfen, Kühe zu melken, Butter zu machen und Farmtiere zu füttern. Im Sommer kann man auch schmieden, Steppdecken nähen und Heuwagenfahrten unternehmen.

Über 800 Tiere leben u. a. im Bereich „Asiatisches Hochland" des 17 ha großen, landschaftlich gestalteten **Hogle Zoo** (www.hoglezoo.org; 2600 E Sunnyside Ave; Erw./Kind 15/11 US$; ⌚9–18 Uhr; 👪). Bei täglichen Veranstaltungen können Kinder mit Tieren auf Tuchfühlung gehen und mehr über ihre Lieblingsarten erfahren.

Im Rahmen der interaktiven Veranstaltungen der **Tracy Aviary** (www.tracyaviary.org; 589 E 1300 S; Erw./Kind 8/5 US$; ⌚9–16 Uhr; 👪) können die Kleinen beispielsweise Pelikane mit Fischen füttern. Mehr als 400 gefiederte Kreaturen aus aller Welt sind in diesem Vogelpark zu Hause.

Mit Gartenanlagen im Umfang von 22 ha, einer Farm in Originalgröße mit Streichelzoo, einem Golfplatz, einem riesigen Filmtheater, einem Museum, Restaurants, Läden und einer Eisdiele hat das Thanksgiving Point in Lehi wirklich viel zu bieten. Das hiesige Museum of Ancient Life (S. 967) zeichnet sich unter den Dino-Museen im Staat durch besonders aktuelle Technik und viele interaktive Exponate aus. Kinder können nach Knochen buddeln, einen Dinosaurier herausputzen und in einem Riff aus dem Silur planschen. Lehi liegt 28 Meilen (45,1 km) südlich des Zentrums von Salt Lake City; von der I-15 nimmt man die Ausfahrt 287.

die Slalom-, Riesenslalom- und Rodelwettbewerbe hier ausgetragen wurden. Heute befindet sich das permanente Trainingszentrum des US-amerikanischen Skiteams in Park City. In der Regel schneit es bis Mitte April.

Im Sommer überwiegen die Einheimischen, die sich auf den Wanderwegen und Mountainbike-Trails zwischen den nahegelegenen Gipfeln tummeln. Von Juni bis August liegen die Temperaturen durchschnittlich bei über 20° C; die Nächte sind kühl. Im Frühjahr und Herbst ist es oft regnerisch und trist. Die Resort-Einrichtungen, die schon im Sommer gegenüber dem Winter eingeschränkt sind, machen in dieser Zeit komplett dicht.

Sehenswertes

★ Utah Olympic Park FREIZEITPARK
(☎ 435-658-4200; www.utaholympiclegacy.com; 3419 Olympic Pkwy; Museum frei, Erlebnis-Tagespass Erw./Kind 70/45 US$; ⏲ 10–18 Uhr, Touren 11–16 Uhr) Während der Winterolympiade 2002 fanden hier die Wettbewerbe im Skisprung, Bob, Skeleton, in der nordischen Kombination und im Rodeln statt. Bis heute werden im Olympiapark nationale Wettkämpfe ausgetragen. Es gibt Skisprungschanzen von 10, 20, 40, 64, 90 und 120 m Höhe sowie eine Rodel- und Bobbahn. Das US-amerikanische Skiteam trainiert hier das ganze Jahr über. Im Sommer landen Freestyler in einem blubberndem Pool und die Skispringer auf einem mit Plastik überzogenen Abhang. Die Trainingszeiten erfährt man telefonisch; das Zuschauen ist kostenlos.

★ Park City Museum MUSEUM
(www.parkcityhistory.org; 528 Main St; Erw./Kind 10/4 US$; ⏲ Mo–Sa 10–19, So 12–18 Uhr) Das gut konzipierte, interaktive Museum widmet sich den geschichtlichen Highlights der Stadt als boomendes Zentrum des Bergbaus, als Hippie-Treff und als erstklassiges Wintersportresort. Es gibt faszinierende Exponate zum ersten unterirdischen Skilift der Welt, einen echten Kerker im Untergeschoss und eine 3-D-Karte, die die Minenschächte unter dem Berg zeigt.

Aktivitäten

Skifahren ist die Hauptattraktion in der Gegend, aber es gibt genug Aktivitäten, die einen im Sommer und im Winter beschäftigt halten. Die meisten haben ihren Ausgangspunkt in den drei Resorts Canyons, Park City Mountain und Deer Valley.

KANN MAN IN UTAH EINEN TRINKEN GEHEN?

Gar kein Problem! Es gibt zwar noch einige ungewöhnliche Bestimmungen zum Alkoholausschank, sie wurden aber abgemildert und private Clubmitgliedschaften für Bars gehören der Vergangenheit an. Hier einige Regeln, die man aber kennen sollte:

- Nur wenige Restaurants haben eine umfassende Ausschanklizenz und meist ist das Angebot auf Bier und Wein beschränkt. Alkohol gibt's nur in Verbindung mit einer Mahlzeit.
- Minderjährige sind in Bars nicht zugelassen.
- Mixgetränke und Wein gibt's erst nach 12 Uhr. Bier mit einem Alkoholgehalt von 3,2 % darf ab 10 Uhr ausgeschenkt werden.
- Mischgetränke dürfen maximal 45 ml hochprozentigen Alkohol bzw. 75 ml Gesamtalkohol enthalten – Fans von Long Island Iced Tea oder einem Doppelten haben leider Pech gehabt.
- Abgefüllten Alkohol verkaufen ausschließlich Spirituosengeschäfte. Lebensmittel- und Gemischtwarenläden dürfen Bier mit einem Alkoholgehalt von 3,2 % und Malzgetränke vertreiben. Der Verkauf ist nur von Montag bis Samstag erlaubt.

Deer Valley WINTERSPORT, ABENTEUERSPORT
(☎ 435-649-1000, Schneemobilfahren 435-645-7669; www.deervalley.com; Deer Valley Dr; Tageskarte Skilift Erw./Kind 128/80 US$, Gondelfahrt hin & zurück 17 US$; ⏲ Schneemobilfahren 9–17 Uhr) In diesem Resort der Superlative wird man richtig verwöhnt, weil an alles gedacht wurde: von Taschentuch-Spendern am Fuß der Hänge bis zu Personal, das sich um die Skier der Gäste kümmert. Bei den Olympischen Winterspielen 2002 wurden hier die Slalom- und Freestyle-Wettbewerbe ausgetragen; das Resort ist aber genauso berühmt für seine erstklassigen Restaurants, den erlesenen Service und die gepflegten, nicht überfüllten Hänge.

Canyons Village at Park City WINTERSPORT, ABENTEUERSPORT
(☎ 435-649-5400; www.thecanyons.com; 4000 Canyons Resort Dr; Liftticket Erw./Kind 134/86 US$)

Mit Verbesserungsmaßnahmen, die einen zweistelligen Millionenbetrag kosteten, strebt das jetzt mit Park City Resorts verschmolzene Canyons nach Erneuerung. Zu diesen gehören der erste „Bubblelift" Nordamerikas (ein Sessellift mit umschlossenen Kabinen und Sitzheizung), weitere Serviceleistungen, neue Trails für Fortgeschrittene auf 121 ha Fläche und der Ausbau der Schneekanonen-Kapazitäten. Das Resort erstreckt sich derzeit über neun mit Espen bewachsene Gipfel 4 Meilen (6,4 km) außerhalb der Stadt nahe dem Freeway.

Park City Mountain Resort WINTERSPORT, ABENTEUERSPORT
(☎435-649-8111; www.parkcitymountainresort.com; 1310 Lowell Ave; Liftticket Erw./Kind 134/86 US$; 🚸) Von Snowboardern bis zu Eltern mit Kleinkindern tummeln sich alle beim Skifahren im Park City Mountain Resort, dem Austragungsort der olympischen Snowboard- und Riesenslalom-Wettbewerbe. Das familienfreundliche Gelände ist sehr gut erreichbar, da es direkt über der Downtown aufragt.

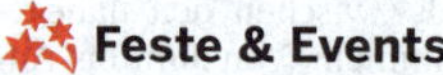

Feste & Events

Sundance Film Festival FILMFESTIVAL
(☎888-285-7790; www.sundance.org/festival) Independent-Streifen, ihre Macher, Filmstars und Fans lassen die Stadt Ende Januar zehn Tage lang aus allen Nähten platzen. Pässe, Festival-Pauschalangebote und die wenigen Einzeltickets sind schon weit im Voraus ausverkauft. Lange vorher planen!

BEARS EARS NATIONAL MONUMENT

Das **Bears Ears National Monument** (www.fs.fed.us/visit/bears-ears-national-monument) ist der neueste Zuwachs auf der eindrucksvollen Liste US-amerikanischer Parks und sollte anfänglich 547 074 ha Land mit uralten Felsbehausungen, Gelb-Kiefernwäldern, fünftausend Jahre alten Petroglyphen, Tafelbergen, Schluchten und roten Felsen schützen.

Zu den bemerkenswerten Attraktionen innerhalb des National Monument gehörten zum Zeitpunkt der Recherche die **Bears Ears Buttes**, die **Cedar Mesa**, der **White Canyon**, der **San Juan River**, der **Indian Creek**, die **Comb Ridge** und das **Valley of the Gods** – exquisite Schätze, die David Roberts in *In Search of the Old Ones* beschrieben hat.

Die bis zu 8500 Jahre alten archäologischen Stätten sind in den letzten Jahren von Vandalismus und Zerstörung bedroht. Fünf indianische Stämme (Navajo, Hopi, Zuñi, Ute Mountain Tribe, Indian Tribe of the Uintah and Ouray Reservation) waren federführend bei dem Vorschlag, das Gebiet zum National Monument zu erklären und sollten – einmalig unter den Parks in Utah – auch einen starken Einfluss auf die Verwaltung des Landes haben.

Die Ausweisung als Schutzgebiet ist aber umstritten, da sie den Interessen der Energiewirtschaft und des Erschließungssektors zuwiderläuft, die in dem Bundesstaat sehr einflussreich sind. Die lautstarke Unterstützung von Gouverneur Gary Herbert für eine Aufhebung des Schutzes zum Zweck der Förderung fossiler Brennstoffe wurde von der Outdoor Retailer Show gekontert, die darauf verzichtete, das jährliche Treffen in Salt Lake City abzuhalten.

Yvon Chouinard stellte sich mit einem Leitartikel an die Spitze des Boykotts. Der Gründer der Outdoor-Bekleidungsfirma Patagonia wies darauf hin, dass die Outdoor-Erholung Utah 12 Mrd. US$ Einnahmen bringt und 12 000 Arbeitsplätze erhält – dreimal so viel wie die fossile Brennstoffenergie.

Weil die Trump-Regierung dafür ist, mehr Arbeitsplätze im Bereich fossiler Energieträger zu schaffen, und dazu die Umweltschutzbestimmungen auf öffentlichem Land lockert, bleibt der Status des Bears Ears National Monument prekär. Nur die Ausweisung als Schutzgebiet schützt bspw. das Lockhart Basin an der Grenze zu Canyonlands, das wegen seiner Gabelböcke und Pumas als die Serengeti Utahs gilt, vor künftiger Verpachtung zur Energiegewinnung.

Am 4. Dezember 2017 reduzierte Präsident Trump zuletzt das National Monument auf zwei Teilgebiete von nur mehr 81 696 ha – eine beispiellose Verkleinerung um 85 %. Gegen diese Entscheidungen sind Klagen vor Gericht eingegangen.

Bisher gibt es keine Park-Infrastruktur, in manchen Teilen aber bereits Wege, Informationszentren und Campingplätze. Aktuelle Infos zur Stätte, ihren Highlights und ihrem Status finden sich unter www.bearsearscoalition.org.

Schlafen

Von Mitte Dezember bis Mitte April ist die Winter-Hauptsaison, in der ein Mindestaufenthalt verlangt wird; die Preise steigen zu Weihnachten und Neujahr sowie während des Sundance Film Festival. Außerhalb der Saison fallen die Preise um 50% oder mehr. Das beste Nachtleben gibt's in der Altstadt.

Chateau Apres Lodge HOSTEL **$**
(☎435-649-9372; www.chateauapres.com; 1299 Norfolk Ave; B 50 US$, Zi. 140–165 US$;) Die einzige Budgetoption in der Stadt ist diese einfache Lodge von 1963 mit einem Schlafsaal im ersten Stock nahe des Skiliftes. Sie ist bei Gruppen und Senioren sehr beliebt, deshalb ist eine Reservierung erforderlich.

★ **Old Town Guest House** B&B **$$**
(☎435-649-2642; www.oldtownguesthouse.com; 1011 Empire Ave; Zi. 169–229 US$;) In dem gemütlichen B&B in der Stadt können es sich die Gäste im Flanellbademantel mit einem Buch in ihrem Kiefernholzbett unter einer Steppdecke gemütlich machen oder sich auf der großen Terrasse entspannen. Die Gastgeberin informiert gern über die tollen Outdoor-Aktivitäten, geführte Skitouren, Mountainbiken und mehr.

Park City Peaks HOTEL **$$**
(☎435-649-5000; www.parkcitypeaks.com; 2121 Park Ave; DZ/Suite 219–319 US$;) Neben komfortablen, modernen Zimmern gehören ein beheiztes Außenbecken, ein Whirlpool, ein Restaurant und eine Bar zum Programm. In der Nebensaison gibt's tolle Angebote. Von Dezember bis April ist Frühstück im Preis inbegriffen.

★ **Washington School House** BOUTIQUEHOTEL **$$$**
(☎435-649-3800; www.washingtonschoolhouse.com; 543 Park Ave; Zi. 405 US$;) Architekt Trip Bennett leitete die Renovierung, bei der das auf einem Hügel stehende, aus Sandstein errichtete Schulhaus von 1898 in ein luxuriöses Boutiquehotel mit 12 Suiten umgewandelt wurde. Wie konnten sich die Kinder hier nur konzentrieren, wenn sie durch die 2,75 m hohen Fenster direkt in die Berge blickten?

Essen

Park City ist bekannt für ausgezeichnete gehobene Gastronomie – eine Mahlzeit zu vernünftigen Preisen ist hier viel schwerer zu finden. In den Skiresorts gibt's während der Saison zahlreiche Gelegenheiten zum Essen. In den Spitzenrestaurants muss man im Winter fürs Abendessen reservieren. Von April bis Ende November haben die Restaurants verkürzte Öffnungszeiten; viele sind auch für längere Zeit, vor allem im Mai, ganz geschlossen.

> ABSTECHER
>
> ### ANTELOPE ISLAND STATE PARK
>
> Weiße Sandstrände, Vögel und Bisons locken die Leute auf die hübsche, 24 km lange Insel des **Antelope Island State Park** (☎801-773-2941; http://stateparks.utah.gov; Antelope Dr; Tagesgebühr 10 US$/Fahrzeug, Stellplatz Zelt & Wohnmobil ohne Anschlüsse 15 US$; ⏲Juli–Sept. 7–22 Uhr, Okt.–Juni bis 19 Uhr). Auf der größten Insel im Großen Salzsee lebte eine 600 Köpfe starke Bisonherde. Ein faszinierendes Naturspektakel ist es, wenn die Tiere im November zwecks tierärztlicher Untersuchung zusammengetrieben werden. Hunderttausende Zugvögel machen im Frühjahr und Herbst auf dem Weg in ferne Landstriche an den Ufern des Großen Salzsees Station, um sich von winzigen Salinenkrebsen zu nähren.

★ **Vessel Kitchen** CAFÉ **$**
(☎435-200-8864; www.vesselkitchen.com; 1784 Uinta Way; Hauptgerichte 7–13 US$; ⏲8–21 Uhr;) Kundige Einheimische eilen zu dieser Gourmet-Cafeteria im Einkaufszentrum, wenn sie günstig etwas auf die Schnelle essen wollen. Mit Kombucha vom Fass, Avocado-Toast und leckeren Wintersalaten und Eintöpfen gibt's hier für jeden etwas, auch für Kinder. Zum Frühstück gibt's z. B. Pfannen mit *shakshuka* (Spiegelei in Tomatensauce) und Süßkartoffel-Haschee.

Good Karma INDISCH, FUSION **$$**
(www.goodkarmarestaurants.com; 1782 Prospector Ave; Frühstück 8–13 US$, Hauptgerichte 12–25 US$; ⏲7–22 Uhr;) Soweit möglich werden lokale Bio-Zutaten für die indisch-persischen Gerichte im Good Karma verwendet. Zum Frühstück empfehlen sich Eier nach Punjab-Art und als Hauptgerichte Currys und Grillfleisch. Man erkennt das Restaurant an den tibetischen Gebetsflaggen vor der Tür.

★ **Riverhorse on Main** AMERIKANISCH **$$$**
(☎435-649-3536; www.riverhorseparkcity.com; 540 Main St; Hauptgerichte abends 38–60 US$;

⌚Mo–Do 17–22, Fr & Sa bis 23, So 11–14.30 & 17–22 Uhr; ✎) Die feine Küche mischt Bodenständiges mit Exotischem, darunter finden sich dann Gurken-Quinoa-Salat, Polenta-Pommes oder Heilbutt mit einer Macadamiakruste. Es gibt eine separate Karte für Vegetarier. Ein Panoramafenster und schickes modernes Design sorgen für ein stilvolles Ambiente. Das alteingesessene, preisgekrönte Restaurant ist beliebt, daher sollte man vorab reservieren!

★ **J&G Grill** AMERIKANISCH $$$
(☎435-940-5760; www.jggrilldeercrest.com; 2300 Deer Valley Drive E, Deer Valley Resort; Hauptgerichte mittags 17–31 US$, abends 33–65 US$; ⌚7–21 Uhr) Einheimische lieben die Zwiebelringe in Tempurateig und die scharf gebratenen Jakobsmuscheln mit süßer Chilisauce, ansonsten stehen Fleisch und Fisch im Fokus des Gemeinschaftsprojekts von Promikoch Jean-Georges Vongerichten. Die Bergkulisse rund um das **St. Regis Resort** (☎435-940-5700; www.stregisdeervalley.com; 2300 Deer Valley Drive E, Zi. ab 446 US$; ⌚❄@📶🏊), zu dem der J&G Grill gehört, ist spektakulär.

Wahso ASIATISCH $$$
(☎435-615-0300; www.wahso.com; 577 Main St; Hauptgerichte 30–56 US$; ⌚Mi–So 17.30–22 Uhr, Mitte April–Mitte Juni geschl.) Die Kenner vor Ort strömen in dieses edle Restaurant mit moderner panasiatischer Küche. Auf der Karte stehen z.B. Lamm-Vindalho oder malaiischer Schnapper. Die Sake-Martinis sind kräftig. Hier heißt es Sehen und Gesehen werden!

PANORAMASTRASSEN: MIRROR LAKE HIGHWAY

Diese Höhenstraße, auch als Hwy 150 bekannt, beginnt rund 12 Meilen (19,3 km) östlich von Park City in **Kamas** und klettert auf der 65 Meilen (104,6 km) lange Strecke nach Wyoming bis in Höhen von mehr als 3000 m. Vom Highway hat man einen herrlichen Blick auf die Berge, und man kommt an Seen, Campingplätzen und Startpunkten von Wegen in den **Uinta-Wasatch-Cache National Forest** (www.fs.usda.gov/uwcnf) vorbei. Achtung: Wegen starker Schneefälle können Abschnitte der Straße bis weit ins Frühjahr hinein gesperrt sein, daher zunächst online die Bedingungen checken!

Ausgehen & Nachtleben

Die Main St bildet das Zentrum des Geschehens. Im Winter ist hier jeden Abend etwas los, außerhalb der Saison findet die Action überwiegend an den Wochenenden statt. Einen Veranstaltungskalender gibt's unter www.thisweekinparkcity.com. Mehrere Restaurants, darunter das **Bistro 412** (☎435-649-8211; www.bistro412.com; 412 Main St; Hauptgerichte 13–34 US$; ⌚11–14.30 & 17–1 Uhr) 🍃, das **Squatters** (☎435-649-9868; www.squatters.com; 1900 Park Ave; Burger 10–15 US$, Hauptgerichte 10–23 US$; ⌚So–Do 8–22, Fr & Sa bis 23 Uhr; ✎) und der **Wasatch Brew Pub** (☎435-649-0900; www.wasatchbeers.com; 250 Main St; Mittagessen & Sandwiches 10–15 US$, Abendessen 10–30 US$; ⌚Mo–Fr 11–22, Sa & So 10–22 Uhr), haben auch gute Bars.

★ **High West Distillery** BAR
(☎435-649-8300; www.highwest.com; 703 Park Ave; ⌚So–Do 11–21, Fr & Sa bis 22 Uhr, Führungen 15 & 16 Uhr) In dem Gebäude, das früher Pferdestall und Garage war, befindet sich heute die angesagteste Ausgehadresse von Park City. Die Skifahrer-Destillerie wurde von einem Biochemiker gegründet – sein hausgemachter Roggen-Whiskey heizt auch bei beißender Kälte mächtig ein.

Spur BAR
(☎435-615-1618; www.thespurbarandgrill.com; 350 Main St; ⌚10–1 Uhr) Die gehobene Western-Bar überzeugt mit rustikalen Wänden, Ledersofas, knisterndem Kaminfeuer und guter Kneipenkost. Livemusik gibt's im Sommer an den Wochenenden und in der Skisaison täglich.

ℹ Praktische Informationen

Visitor Information Center (☎435-658-9616; www.visitparkcity.com; 1794 Olympic Pkwy; ⌚9–18 Uhr; 📶) Riesiges Visitor Center mit Kaffeebar, Terrasse und Traumblicken auf die Berge beim **Olympic Park** (S. 971). Online gibt es Guides für Besucher.

ℹ Anreise & Unterwegs vor Ort

Das Zentrum von Park City liegt 5 Meilen (8 km) südlich der Ausfahrt 145 von der I-80, 32 Meilen (51,5 km) östlich von Salt Lake City und 40 Meilen (64,4 km) entfernt vom **Salt Lake City International Airport** (S. 969). Der Hwy 190 (Okt.–März gesperrt) verbindet Park City über den Guardsman Pass mit dem Big Cottonwood Canyon. Neben öffentlichen Bussen verbinden eine Reihe von Kleinbusunternehmen die Stadt mit dem Flughafen und Zielen in den Bergen:

All Resort Express (☎435-649-3999; www.allresort.com; einfache Strecke 39 US$)

Canyon Transportation (☎800-255-1841; www.canyontransport.com; Kleinbus-Shuttle 39 US$)

Park City Transportation (☎435-649-8567; www.parkcitytransportation.com; Kleinbus-Shuttle 39 US$)

Powder for the People (☎435-649-6648)

Utah Transit Authority (www.rideuta.com; einfache Strecke 4,50 US$)

Das ausgezeichnete **öffentliche Verkehrsnetz** (www.parkcity.org; 558 Swede Alley; ⌚Winter 8–23 Uhr) deckt den größten Teil von Park City, einschließlich der drei Ski-Resorts ab, sodass man auch ohne Auto gut herumkommt.

Nordost-Utah

Das nordöstliche Utah ist ein wildes Hochland, von dem weite Strecken mehr als 1500 m über dem Meeresspiegel liegen. Die meisten Traveller kommen wegen des Dinosaur National Monument, man findet aber in der Gegend noch weitere Stätten mit Dinoaurierfossilien und Museen sowie Ruinen und Felskunst der antiken Fremont-Kultur. In der Nähe der Grenze zu Wyoming locken die Uinta Mountains und die Flaming Gorge Forellenangler und Naturfreunde an.

Vernal

Als die Stadt, die dem Dinosaur National Monument am nächsten liegt, begrüßt Vernal Besucher standesgemäß mit einem großen rosaroten Dino. Der informative Film, die interaktiven Exponate, die Videos und die riesigen Fossilien im **Utah Field House of Natural History State Park Museum** (☎435-789-3799; http://stateparks.utah.gov; 496 E Main St; ⌚April–Aug. 9–19 Uhr, in der Nebensaison bis 17 Uhr; 👪) GRATIS sind eine wunderbare Einführung in die Dinowelt Utahs.

Don Hatch River Expeditions (☎435-789-4316, 800-342-8243; www.donhatchrivertrips.com; 221 N 400 East; Tagesausflug Erw./Kind 99/76 US$) veranstaltet Flusstouren über schnelle Stromschnellen und in ruhigerem Gewässer in den nahen Flüssen Green River und Yampa River.

Zahlreiche Kettenmotels liegen an der Main St, da sie aber durch hiesige Arbeiter gut ausgelastet sind, darf man keine Sonderangebote erwarten. Das **Holiday Inn Express & Suites** (☎800-315-2621, 435-789-4654; www.holidayinn.com/vernal; 1515 W Hwy 40; Zi. 119–176 US$; ❄📶🏊) und das **Landmark Inn & Suites** (☎435-781-1800, 888-738-1800; www.landmark-inn.com; 301 E 100 S; Zi. ab 90 US$; 📶) sind ein wenig gehobener. Fürs Abendessen bieten sich die **Vernal Brewing Company** (☎435-781-2337; www.vernalbrewingco.com; 55 S 500 E; Hauptgerichte 11–20 US$; ⌚Mo–Sa 11.30–21 Uhr) mit ausgezeichnetem Kneipenessen und das **Don Pedro's** (☎435-789-3402; http://klcyads.com/don-pedros; 3340 N Vernal Ave; Gerichte 8–15 US$; ⌚11–14 & 17–22 Uhr) mit seiner mexikanischen Küche an.

Dinosaur National Monument

Im **Dinosaur National Monument** (www.nps.gov/dino; beim Hwy 40, Vernal; 7-Tages-Pass 20 US$/Fahrzeug; ⌚24 Std.), beiderseits der Grenze zwischen Utah und Colorado gelegen, wurde 1909 eines der größten Felder mit Dinosaurierfossilien in Nordamerika entdeckt. Auch wenn die Abschnitte beider Bundesstaaten wunderschön sind, ist es doch Utah, das mit den Knochen aufwarten kann. Äußerst sehenswert ist das **Quarry Exhibit** (www.nps.gov/dino; 20 US$/Fahrzeug; ⌚Memorial Day–Labor Day 8–19 Uhr, restliches Jahr bis 16.30 Uhr), ein umzäunter teilweise freigelegter Steinbruch mit über 1600 Knochen. Im Sommer fahren Shuttles vom **Quarry Visitor Center** (⌚Mitte Mai–Ende Sept. 8–18 Uhr, Ende Sept.–Mitte Mai 9–17 Uhr) direkt zum Quarry, 15 Meilen (24 km) nordöstlich von Vernal am Hwy 149. Außerhalb der Saison müssen sich Besucher einem von Rangern geführten Konvoi anschließen. Um ein paar riesige Oberschenkel aus dem Felsen ragen zu sehen, folgt man dem Fossil Discovery Trail (hin & zurück 3,5 km) unterhalb des Parkplatzes. Die informativen Wanderungen, die die Ranger anbieten, sind sehr zu empfehlen.

Die **Canyon Area** in Colorado, 30 Meilen (48 km) weiter östlich außerhalb von Dinosaur, CO, beherbergt das zentrale **Visitor Center** (☎970-374-3000; 4545 E Hwy 40; ⌚Mai–Sept. 8–17 Uhr, Sept.–Mai 9–17 Uhr) des Monuments und bietet einige eindrucksvolle Aussichtspunkte. Wegen der höheren Lage ist dieser Teil jedoch aufgrund von Schnee bis ins späte Frühjahr geschlossen. In beiden Abschnitten gibt es verschiedene Wanderwege, informative Fahrtouren, Zugang zum Green und Yampa River sowie Campingplätze (8–15 US$/Stellplatz Zelt & Wohnmobil).

Flaming Gorge National Recreation Area

Der prächtige Park ist nach den feuerroten Sandsteinformationen benannt. Zu ihm gehört der Stausee des Green River mit seinem 604 km langen Ufer. Die **Red Canyon Lodge** (435-889-3759; www.redcanyonlodge.com; 790 Red Canyon Rd, Dutch John; Hütte für 2/4 Pers. ab 155/165 US$;) bietet Aktivitäten wie Fliegenfischen, Rudern, Raften und Reiten; die angenehm rustikalen Hütten haben keinen TV, aber in dem ordentlichen Restaurant gibt's WLAN. Im **Nine Mile Bunk & Breakfast** (435-637-2572; http://9mileranch.com; Zi. 70–85 US$, Hütte 50–80 US$, Stellplatz 15 US$) gibt's thematisch aufgemachte Zimmer, eine Blockhütte und Stellplätze. Die Betreiber organisieren außerdem Ausflüge in die Schlucht.

Über öffentliche Campingplätze informieren die **USFS Flaming Gorge Headquarters** (435-784-3445; www.fs.usda.gov/ashley; 25 W Hwy 43, Manila; Park-Tagesgebühr 5 US$; Mo–Fr 8–17 Uhr). Das Gebiet liegt auf einer Höhe von 1841 m, sodass hier die Sommer angenehm sind.

Moab & Südost-Utah

In dieser felsigen, zerklüfteten und von Wüste geprägten Ecke des Colorado-Plateaus erlebt man die elementare Schönheit der Erde. Abgesehen von wenigen, mit Kiefern bedeckten Bergen gibt es kaum Vegetation, die das eindrucksvolle Wirken von Zeit, Wasser und Wind verdeckt. Hier finden sich die Tausenden roten Felsbögen im Arches National Park, die Flusscanyons mit ihren nackten Felswänden vom Canyonlands National Park bis zum Lake Powell und die hinreißenden Monolithe und Mesas des Monument Valley. Das Städtchen Moab ist der beste Ausgangspunkt für Outdoor-Abenteuer wie Jeeptouren, spannende Wildwasserfahrten und andere geführte Touren aller Art. Völlig die Massen hinter sich lassen kann man bei Touren zu den Stätten antiker Felskunst und zu den Siedlungen der frühen Pueblo-Indianer, die sich kilometerweit über abgelegenes und unerschlossenes Land verteilen.

Green River

Die „Wassermelonenhauptstadt der Welt" ist eine gute Basis für Raftingabenteuer auf dem gleichnamigen Fluss und dem Colorado. Der legendäre einarmige Bürgerkriegsveteran, Geologe und Ethnologe John Wesley Powell nahm die beiden Flüsse 1869 und 1871 als Erster in Augenschein. Im **John Wesley Powell River History Museum** (435-564-3427; www.jwprhm.com; 885 E Main St; Erw./Kind 6/2 US$; April–Okt. Mo–Sa 9–19, So 12–17 Uhr, Nov.–März 9–17 Uhr) kann man mehr über seine fantastischen Reisen erfahren, zudem beherbergt es das hiesige Visitor Center.

Holiday River Expeditions (800-624-6323, 435-564-3273; www.holidayexpeditions.com; 10 Holiday River St; Tagestour 190 US$) veranstaltet ganztägige Raftingtouren im Westwater Canyon sowie mehrtägige Ausflüge. Das **Robbers Roost Motel** (435-564-3452; www.rrmotel.com; 325 W Main St; Zi. ab 58 US$;), ein sauberer, fröhlicher Familienbetrieb, ist ein hübsches günstiges Motel. Darüber hinaus gibt es dort, wo die W Main St (Business 70) auf die I-70 trifft, den **Green River State Park Campground** (800-322-3770; http://utahstateparks.reserveamerica.com; Stellplatz Zelt/Wohnmobil 21/30 US$, Hütte 60 US$) und zahlreiche Kettenmotels.

Einheimische und Besucher lassen sich in **Ray's Tavern** (435-564-3511; 25 S Broadway; Gerichte 8–27 US$; 11–21.30 Uhr), der hiesigen Kneipe, Hamburger und frische Pommes Frites schmecken.

Green River liegt 182 Meilen (293 km) südöstlich von Salt Lake City und 52 Meilen (84 km) nordwestlich von Moab. Hier hält der täglich verkehrende *California Zephyr* von **Amtrak** (800-872-7245; www.amtrak.com; 250 S Broadway) nach Denver, CO (ab 59 US$, 10¾ Std.).

Moab

Nach einem staubigen Tag unterwegs lockt Moab, das Basislager der Abenteuer-Aktivitäten im südlichen Utah, mit Whirlpools im Freien und Kneipenkost. Die Massen strömen herbei, um sich in Utahs Freizeithauptstadt zu vergnügen. Von Wanderern bis zu Geländewagenfahrern geben sich alle dem Erholungskult hin.

Von März bis Oktober ist das Städtchen überlaufen. Die Auswirkungen all der vielen Menschen, Fahrräder und Geländewagen auf die fragile Ökologie der Wüste ist ein ernsthaftes Problem. Die hiesigen Menschen lieben das Land, auch wenn sie sich nicht unbedingt darüber einig sind, wie es geschützt werden sollte. Wem der starke Verkehr auf die Nerven geht, kann praktisch im Nu in die weite Wüste verschwinden.

Aktivitäten

★ **Canyonlands Field Institute** TOUREN
(435-259-7750; www.cfimoab.org; 1320 S Hwy 191; Mai–Okt.) Die Einnahmen dieses ge-

meinnützigen Veranstalters gehen in Programme zur Förderung des Naturverständnisses bei Jugendlichen und in die Ausbildung örtlicher Guides. Den ganzen Sommer über werden gelegentlich Workshops und Seminare angeboten. Zu den besten Touren zählen die Rock Art Tour (Fr–So 8 Uhr), die geologisch ausgerichtete Arches Sunset Tour (Fr–So 16 Uhr) und maßgeschneiderte Touren auf dem Fluss.

★Rim Cyclery MOUNTAINBIKEN
(☎435-259-5333; www.rimcyclery.com; 94 W 100 N; ⌚8–18 Uhr) Moabs ältester Fahrradladen in Familienbesitz vermietet und repariert Fahrräder, betreibt ein Mountainbike-Museum und verleiht im Winter Langlaufskier.

Moab Desert Adventures OUTDOOR-AKTIVITÄTEN
(☎804-814-3872; www.moabdesertadventures.com; 415 N Main St; ⌚7–19 Uhr) Die erstklassigen Klettertouren widmen sich den Felstürmen und Felswänden der Gegend. Besonders spannend ist die 43 m lange Abseilpartie einen Felsbogen hinunter. Canyoning-Touren werden ebenfalls angeboten.

Sheri Griffith Expeditions RAFTEN
(☎800-332-2439; www.griffithexp.com; 2231 S Hwy 191; ⌚8–18 Uhr) Der Raftingspezialist ist seit 1971 im Geschäft und bietet eine tolle Auswahl an Flussfahrten auf dem Colorado sowie dem Green und dem San Juan River. Die Bandbreite reicht von Familienausflügen bis zu Touren auf den Stromschnellen des Cataract Canyon, entsprechend variiert die Länge (ein paar Stunden bis ein paar Wochen).

Schlafen

Außerhalb der Saison (März–Okt.) fallen die Preise um bis zu 50%, und viele kleinere Unterkünfte sind von November bis März geschlossen. Die meisten Bleiben bieten Whirlpools und Mini-Kühlschränke und die Motels auch Waschsalons. Radfahrer sollten sich erkundigen, ob die Unterkunft über sichere Abstellplätze für Räder oder nur über eine nicht abschließbare Kammer verfügt.

Es gibt zwar viele Motels, aber sie sind oft ausgebucht, deswegen sollte man so weit wie möglich im Voraus reservieren. Eine komplette Liste der Unterkünfte findet man unter www.discovermoab.com.

Die **BLM-Campingplätze** (☎435-259-2100; www.blm.gov; Hwy 128; Stellplatz Zelt 15 US$; ⌚ganzjährig) in der Gegend vergeben Stellplätze nach dem Prinzip „Wer zuerst kommt, mahlt zuerst“. In der Spitzensaison kann man im Moab Information Center (S. 978) nachfragen, welche Plätze voll belegt sind.

NICHT VERSÄUMEN

ROBERT REDFORDS SUNDANCE RESORT

Robert Redfords **Skiresort** (☎Reservierungen 801-223-4849; 8841 Alpine Loop Scenic Byway; Lift-Tagesticket Erw./Kind 70/43 US$) könnte idyllischer nicht sein. Es verfügt über vier Sessellifte und einen Bereich für Anfänger. Der größte Teil des Geländes eignet sich für fortgeschrittene Skifahrer und Experten und hat eine Abfahrtspiste von 655 m am Nordosthang des Mt. Timpanogos. In diesem Resort findet auch das unabhängige Sundance Film Festival (S. 972) statt, und das gemeinnützige Sundance Institute hat hier seinen Sitz.

Kokopelli Lodge MOTEL $
(☎435-259-7615; www.kokopellilodge.com; 72 S 100 E; Zi. 79–149 US$;) Das Budgetmotel mit tollem Preis-Leistungs-Verhältnis verbindet Retro-Stil mit Wüsten-Chic. Zu den Annehmlichkeiten gehören ein Whirlpool, ein Grillbereich und eine sichere Fahrrad-Aufbewahrung.

★Cali Cochitta B&B $$
(☎435-259-4961, 888-429-8112; www.moabdreaminn.com; 110 S 200 E; Cottages 155–190 US$;) Die nebeneinanderstehenden, charmanten Backstein-Cottages liegen zentral, und die netten Zimmer sind attrakiv gestaltet. Der lange Holztisch auf dem Patio ist ein schöner Ort für das gemeinsame Frühstück. Im Zen-Garten kann man es sich auf Verandastühlen, in Hängematten und im Whirlpool gemütlich machen.

Pack Creek Ranch LODGE $$
(☎888-879-6622; www.packcreekranch.com; abseits des La Sal Mountain Loop; Hütten 175–235 US$;) Die Blockhütten dieses versteckten Paradieses stehen unter hohen Pappeln und Weiden in den La Sal Mountains 610 m oberhalb von Moab. Die meisten haben Kamine, alle verfügen über Küchen und Gasgrills (Lebensmittel mitbringen!). Es gibt weder TVs noch Telefon. Edward Abbey gehört zu den Künstlern und Autoren, die hierher kamen, um sich inspirieren zu lassen. Zu den Extras zählen Ausritte sowie ein Whirlpool und eine Sauna im Haus.

★ Sunflower Hill Inn — INN $$$

(435-259-2974; www.sunflowerhill.com; 185 N 300 E; Zi. 208–293 US$;) Das erstklassige B&B, eine der besten Adressen vor Ort, bietet zwölf Zimmer in einem idyllisch-ländlichen Ambiente. Am besten nimmt man ein Zimmer in dem gemütlicheren, mit Zedernholz verkleideten Haus aus dem frühen 20. Jh. über den Zimmern des Anbaus. Alle Zimmer sind mit Steppdecken und Antiquitäten ausgestattet – einige haben sogar Whirlpools.

Sorrel River Ranch — LODGE $$$

(877-317-8244; www.sorrelriver.com; Mile 17, Hwy 128; Zi. ab 529 US$;) Bei Südost-Utahs einzigem komplett ausgestatteten Luxusresort mit Gourmetrestaurant handelt es sich um ein Gehöft von 1803. Die Lodge und Blockhütten befinden sich auf einer 97 ha großen Grünanlage mit Reitwegen und Alfalfa-Feldern entlang dem Colorado. Für rustikale Perfektion sorgen Kamine in den Schlafzimmern, handgefertigte Holzbetten, kupferbezogene Tische und Jacuzzi-Wannen.

Essen

In Moab gibt's von Backpacker-Cafés bis zu Gourmet-Restaurants keinen Mangel an Essgelegenheiten. In den Unterkünften erhält man den *Moab Menu Guide* (www.moabmenuguide.com). Von Dezember bis März sind manche Restaurants ganz geschlossen oder haben verschiedene Schließtage.

★ Milt's — BURGER $

(435-259-7424; 356 Mill Creek Dr; Hauptgerichte 4–9 US$; Mo–Sa 11–20 Uhr) Ein Triathleten-Paar kaufte diesen klassischen Burgerladen von 1954 und war clever genug, rein gar nichts zu verändern. Hervorragend sind die Burger mit Fleisch von Wagyu-Rindern, Essiggurken und frischem Salat samt frisch geschnittenen Pommes als Beilage und einem sahnigen Butterscotch-Milchshake gegen den Durst. Man braucht Geduld – die Schlange kann lang sein. Der Laden befindet sich nahe dem **Slickrock Trail** (Sand Flats Recreation Area; www.discovermoab.com/sandflats.htm; Auto/Fahrrad 5/2 US$).

Sabaku Sushi — SUSHI $$

(435-259-4455; www.sabakusushi.com; 90 E Center St; Rollen 6–11 US$, Hauptgerichte 13–19 US$; Di–So 17–24 Uhr) Das Meer ist zwar unendlich weit entfernt, aber dank nächtlicher Anlieferung aus Hawaii bekommt man in diesem kleinen Sushi-Ladenlokal trotzdem eine kreative Auswahl frischer Reisrollen, fangfrischen Fischs und ein paar Spezialitäten aus Utah. Zur Happy Hour (Mi & Do 17–18 Uhr) gibt's die Rollen günstiger.

Twisted Sistas — CAFÉ $$

(435-355-0088; 11 E 100 N; Hauptgerichte mittags 11–13 US$, abends 16–30 US$; Fr–Di 12–15 & 17–21, Do 17–21 Uhr;) Eine ruhige Alternative zu den Brauereien: Das stimmungsvoll beleuchtete Café punktet mit freundlichem Ambiente, aufmerksamem Service und schmackhaftem Essen mit Einflüssen aus aller Welt. An kleineren Gerichten sind die Tapas, z. B. gefüllte Piquillo-Paprika oder Hähnchenteile, zu empfehlen. Es gibt auch eine Bar. Am besten sitzt man auf der Dachterrasse.

★ Desert Bistro — SÜD-USA $$$

(435-259-0756; www.desertbistro.com; 36 S 100 W; Hauptgerichte 20–60 US$; Mi–So 17.30–23 Uhr) Ansprechend angerichtete Kreationen von Wild und frischen eingeflogenen Meeresfrüchten sind die Spezialität dieses einladenden Restaurants mit weißen Tischdecken in einem alten Haus. Wie wär's mit geräuchertem Elch mit Blaubeerenglasur, Jakobsmuscheln mit Pfefferkruste oder Yambohnen-Salat mit knuspriger Birne? Alles ist hausgemacht, vom frisch gebackenen Brot bis zum leckeren Gebäck. Auch die Weinkarte kann sich sehen lassen.

Praktische Informationen

Moab Information Center (www.discovermoab.com; 25 E Center St; 8–19 Uhr;) Exzellente Informationsquelle für Parks, Wege, Aktivitäten, Camping und Wetter in der Gegend mit gut sortiertem Buchladen und sachkundigem Personal. Ist nur direkt vor Ort, nicht telefonisch, erreichbar.

Anreise & Unterwegs vor Ort

Moab liegt 235 Meilen (378 km) südöstlich von Salt Lake City, 150 Meilen (241 km) nordöstlich des Capitol Reef National Park und 115 Meilen (185 km) südwestlich von Grand Junction, Colorado.

Der **Canyonlands Airport** (CNY; www.moabairport.com; abseits des Hwy 191), 16 Meilen (25,7 km) nördlich der Stadt, hat Flüge von/nach Salt Lake City. Größere Autovermieter, darunter **Enterprise** (435-259-8505; N Hwy 191, Mile 148; Mo–Fr 8–17, Sa bis 14 Uhr), sind am Flughafen vertreten.

Boutique Air (855-268-8478; www.boutiqueair.com) fliegt nach Salt Lake City und Denver.

Es gibt auch begrenzte Bus- und Kleinbusverbindungen, darunter von **Elevated Transit** (☎888-353-8283; www.elevatedtransit.com; Moab–Salt Lake City Airport 70 US$) und **Moab Luxury Coach** (☎435-940-4212; www.moabluxurycoach.com; 3320 E Fairway Loop), mit denen man nach Salt Lake City, Grand Junction, Colorado und zu regionalen Zielen gelangt.

Um sich in Moab und den Parks umzuschauen, ist ein eigenes Auto nahezu unerlässlich. In der Hauptsaison ist der Autoverkehr stark. Es gibt eine Reihe von Radwegen in der Stadt und rund herum; eine Wegekarte erhält man im Moab Information Center.

Coyote Shuttle (☎435-259-8656; www.coyoteshuttle.com) und **Roadrunner Shuttle** (☎435-259-9402; www.roadrunnershuttle.com) bringen einen auf Anfrage zum Canyonlands Airport und bieten Shuttletransporte für Wanderer, Radfahrer und Wassersportler.

REGIONALE EINTRITTSPÄSSE

Die Nationalparks in Südost-Utah verkaufen den **Southeast Utah Parks Pass** (50 US$/Fahrzeug), der ein Jahr für den Besuch der Nationalparks Arches und Canyonlands sowie der National Monuments Hovenweep und Natural Bridges gilt. Der **National Park Service Pass** (www.nps.gov/findapark/passes.htm; pro Fahrzeug Erw./Senior 80/10 US$), der online und in den Parks erhältlich ist, erlaubt ein Jahr lang den Zugang zu allen bundesstaatlichen Erholungsgebieten in Utah und darüber hinaus – mit dem Kauf unterstützt man zudem die herrlichen Parks im Südwesten der USA.

Arches National Park

Karg, der Natur ausgeliefert und unglaublich spektakulär: Der **Arches National Park** (www.nps.gov/arch; 7-Tages-Pass pro Fahrzeug Auto/Motorrad/Fahrrad 25/15/10 US$; ⏲9–16 Uhr) wartet mit der größten Konzentration an Sandsteinbogen weltweit auf. Bei der letzten Zählung waren es über 2000 Stück, die zwischen 1 bis 100 m hoch sind. Fast 1 Mio. Besucher pilgern jedes Jahr in den Nationalpark, der nur 5 Meilen (8 km) nördlich von Moab liegt. Er ist klein genug, um fast alles an einem Tag zu erkunden. Viele besonders schöne Formationen sind über asphaltierte Straßen und relativ kurze Spazierwege zu erreichen. Wer keine Lust auf Menschenmassen hat, sollte eine Exkursion bei Mondschein in Betracht ziehen; dann ist es zudem kühler und die Felsen verbreiten eine beinahe gespenstische Stimmung.

Zu den Highlights am zentralen Scenic Drive gehören der **Balanced Rock**, der eindrucksvoll neben der Hauptstraße durch den Park aufragt, und für Wanderer der moderate bis anstrengende knapp 5 km lange Rundweg, der über Slickrock-Sandstein hinauf zum inoffiziellen Wahrzeichen des Bundesstaates führt, dem **Delicate Arch** (am späten Nachmittag ist das Licht besonders schön).

Danach passiert die Straße die spektakulär schmalen Canyons und labyrinthartigen Felsformationen des **Fiery Furnace**. Sehr empfehlenswert sind dreistündige, von Rangern geführte Wanderungen, die in der Regel im Voraus gebucht werden müssen. Sie sind nicht einfach, so müssen die Teilnehmer z. B. über Steinbrocken klettern, auf Felsen hinaufsteigen und sich durch enge Wände quetschen.

Der Scenic Drive endet 19 Meilen (31 km) vom Visitor Center entfernt bei **Devils Garden**. Hier beginnt ein Rundwanderweg (hin & zurück 3,2–12,4 km), der zu mindestens acht Felsbogen führt. Die meisten Besucher laufen jedoch nur die relativ einfache, 2 km lange Strecke bis zum 88 m langen Landscape Arch, der der Schwerkraft zu trotzen scheint. Von März bis Oktober müssen die Stellplätze auf dem **Devils Garden Campground** (☎877-444-6777; www.recreation.gov; Stellplatz Zelt & Wohnmobil 25 US$) reserviert werden. Duschen und Stromanschlüsse gibt es nicht.

Wegen Wasserknappheit und der Hitze wagen nur wenige Besucher längere Wanderungen im Park, obwohl die entsprechenden Backpacker-Genehmigungen kostenlos sind (beim Visitor Center erhältlich).

Canyonlands National Park

Lamellen, Brücken, Nadeln, Türmchen, Krater, Tafelberge und kleine Hügel aus rotem Stein – der **Canyonlands National Park** (www.nps.gov/cany; 7-Tages-Pass 10 US$/Wagen; Stellplatz Zelt & Wohnmobil ohne Anschlüsse 15–20 US$; ⏲24 Std.) ist eine verfallende, schwindende Schönheit, eine Vision der alten Mutter Erde. Straßen und Flüsse bahnen sich ihren Weg durch diese größtenteils unberührte Wildnis, eine Hochwüste mit einer Fläche von 1365 km². Besucher können wandern, raften oder Jeeptouren unternehmen.

Wichtig ist, dass man ausreichend Benzin, Proviant und Wasser dabei hat.

Die Schluchten des Colorado und des Green River teilen den Park in mehrere separate Bereiche. Das Areal **Island in the Sky** (der Name passt!), rund 30 Meilen (48 km) nordwestlich von Moab, besteht aus einem 1830 m hohen abgeflachten Plateau mit eindrucksvollen Ausblicken in die Ferne. Vom **Visitor Center** (☎435-259-4712; www.nps.gov/cany; Hwy 313; ⏲März–Okt. 8–18 Uhr, Nov.–Feb. 9–16.30 Uhr) führt eine Panoramastraße vorbei an mehreren Aussichtsplattformen und Startpunkten von Wanderwegen. Sie endet nach 12 Meilen (19 km) am **Grand View Point**, wo sich ein 1,6 km langer Weg am Rand des Plateaus entlangschlängelt. Unsere liebste Kurzwanderung ist der 800 m lange Rundweg zum viel fotografierten **Mesa Arch**, einer schlanken Brücke zwischen den Felsen, die den perfekten „Bilderrahmen" für den Washer Woman Arch liefert. 7 Meilen (11 km) vom Visitor Center entfernt befinden sich die zwölf Stellplätze des **Willow Flat Campground** (www.nps.gov/cany/planyourvisit/islandinthesky.htm, Island in the Sky; Stellplatz Zelt & Wohnmobil 15 US$; ⏲ganzjährig). Es gibt plumpskloähnliche Toiletten, jedoch kein Wasser und keine Stromanschlüsse. Eine Reservierung ist nicht möglich.

Der wilde, abgeschiedene **Needles District** ist nach den Felsnadeln aus orangefarbenem und weißem Sandstein benannt, die aus dem Wüstenboden herausragen. Er eignet sich ideal für Rucksacktouren und Ausflüge ins Gelände. Zum **Visitor Center** (☎435-259-4711; Hwy 211; ⏲März–Okt. 8–18 Uhr, Nov.–Feb. 9–16.30 Uhr) geht's von Moab aus auf dem Hwy 191 über 40 Meilen (64 km) Richtung Süden und dann über den Hwy 211 nach Westen. Dieses Gebiet lockt mit langen anstrengenden Wanderungen, nicht mit geruhsamen Panoramatouren. Der großartige **Chesler Park/Joint Trail Loop** führt über 18 km durch die struppige Wüste, vorbei an hoch aufragenden, rot-weiß-gestreiften Felstürmen, und durch tiefe, schmale Slot Canyons, die teilweise nur 0,6 m breit sind. Die Höhenunterschiede sind moderat, die Länge macht den Weg jedoch zu einer Tageswanderung für Fortgeschrittene. Der **Squaw Flat Campground** (www.nps.gov/cany; Needles; Stellplatz Zelt & Wohnmobil 15 US$; ⏲ganzjährig) mit 27 Stellplätzen 3 Meilen (5 km) westlich des Visitor Centers ist von Frühling bis Herbst immer gut gebucht. Es gibt Spülklos und fließendes Wasser, jedoch keine Duschen und Stromanschlüsse. Reservierungen sind nicht möglich.

Neben den normalen Eintrittsgebühren gibt es Genehmigungen des **NPS Backcountry Permits Office** (☎Reservierungen unter 435-259-4351; https://canypermits.nps.gov/index.cfm; 2282 SW Resource Blvd, Moab; Genehmigungen 10–30 US$; ⏲Mo–Fr 8.30–12 Uhr), die man sich vorab fürs Campen im Hinterland, für Mountainbiking, für Jeeptouren und Flussfahrten besorgen muss. Zu den entlegeneren Gebieten westlich der Flüsse, die nur südwestlich der Stadt Green River zugänglich sind, gehören der **Horseshoe Canyon**, in dem ambitionierte Wanderer mit außergewöhnlicher alter Felskunst belohnt werden, und **The Maze**.

Dead Horse Point State Park

Der winzige, aber eindrucksvolle **Dead Horse Point State Park** (www.stateparks.utah.gov; Hwy 313; Parkgebühr pro Tag 15 US$/Fahrzeug, Stellplatz Zelt & Wohnmobil 35 US$; ⏲Park 6–22 Uhr, Visitor Center März–Okt. 8–18 Uhr, Nov.–Feb. 9–16 Uhr) hat schon zahlreichen Filmen als Kulisse gedient, z. B. beim großen Finale von *Thelma & Louise*. Der Park ist kein Wanderziel, aber die hinreißende Aussicht lohnt den kurzen Abstecher vom Hwy 313 auf dem Weg nach Island in the Sky im Canyonlands National Park. Zu sehen gibt's rote Felsschluchten, eingerahmt von weißen Klippen, den Colorado River, Canyonlands und die fernen La Sal Mountains. Das ausgezeichnete **Visitor Center** (http://stateparks.utah.gov/parks/dead-horse; ⏲März–Mitte Okt. 8–18 Uhr, Mitte Okt.–Mitte März 9–17 Uhr) bietet Ausstellungen, Videos on Demand, Bücher und Landkarten sowie im Sommer von Rangern geführte Spaziergänge und Vorträge. Südlich liegt ein **Campingplatz** (☎800-322-3770; www.stateparks.utah.gov; Stellplatz 30 US$, Jurten 90 US$) mit 21 Stellplätzen und begrenztem Wasser (wenn möglich, Wasser selber mitbringen!), aber keinen Duschen und Versorgungsanschlüssen. Vorab reservieren!

Bluff

Die kleine Gemeinde (320 Ew.), 100 Meilen (161 km) südlich von Moab, ist eine praktische, entspannte Ausgangsbasis für Ausflüge in den einsamen, wunderschönen Südosten Utahs. Bluff wurde 1880 von Mormonen-Pionieren gegründet und liegt inmitten von roten Felsen und Nationalparks nahe der Kreuzung von Hwy 191 und Hwy 162 am San

Juan River. Abgesehen von einem Handelsposten und ein paar Restaurants und Unterkünften gibt es hier nicht viel.

Wer die Felskunst und Ruinen im Hinterland erkunden will, kann mit **Far Out Expeditions** (☎435-672-2294; www.faroutexpeditions.com; Tagestouren 295 US$) eine ein- oder mehrtägige Wanderung in der abgelegenen Region unternehmen. Die Raftingtouren auf dem San Juan River von **Wild Rivers Expeditions** (☎800-422-7654; www.riversandruins.com; halbtägiger Ausflug Erw./Kind 89/69 US$), einem Veranstalter mit Sinn für Geschichte und Geologie, beinhalten auch den Besuch antiker Stätten. Die gastliche **Recapture Lodge** (☎435-672-2281; www.recapturelodge.com; Hwy 191; DZ 98 US$;) ist eine rustikale, gemütliche Unterkunft. Die Inhaber verkaufen Karten und kennen die Region wirklich gut. Abtauchen kann man auch im **Valley of the Gods B&B** (☎970-749-1164; http://valleyofthegodsbandb.com; abseits des Hwy 261; EZ/DZ 145/175 US$, Hütten 195 US$), einer der originalen Ranches in der Gegend.

Das künstlerisch angehauchte **Comb Ridge Bistro** (☎435-485-5555; http://combridgebistro.com; 680 S Hwy 191; Hauptgerichte morgens 5–7 US$, abends 10–17 US$; ⌚Di–So 8–15 & 17–21 Uhr;) serviert ausgezeichneten, frisch aufgegossenen Filterkaffee, Blaumais-Pfannkuchen und zum Frühstück Sandwiches mit Paprika und Ei in dem aus Holz und Lehmziegeln gebauten Café. Im **Cottonwood Steakhouse** (☎435-672-2282; www.cottonwoodsteakhouse.com; Hwy 191, Ecke Main & 4th East St; Hauptgerichte 18–27 US$; ⌚März–Nov. 17.30–21.30 Uhr) im Western-Stil bekommt man gegrilltes Steak und Bohnen in großen Portionen.

Hovenweep National Monument

Im wunderschönen, kaum besuchten **Hovenweep** (www.nps.gov/hove; Hwy 262; Stellplatz Zelt & Wohnmobil 10 US$; ⌚Park Sonnenaufgang–Sonnenuntergang, Visitor Center Juni–Sept. 8–18 Uhr, Okt.–Mai 9–17 Uhr) GRATIS, was in der Sprache der Ute „verlassenes Tal“ bedeutet, gibt es mehrere aneinander grenzende Stätten der frühen Pueblo-Indianer – hier ragen eindrucksvolle Türme und Kornspeicher über flachen Wüsten-Canyons auf. Die Square Tower Group befindet sich in der Nähe der **Ranger Station** (☎970-562-4282; www.nps.gov/hove; McElo Rte; ⌚April–Sept. 8–18 Uhr, Okt.–März bis 17 Uhr;), zu den übrigen Stätten führen lange Wanderungen. Der **Campingplatz** (Stellplatz Zelt & Wohnmobil 10 US$) verfügt über 31 einfache Stellplätze ohne Duschen und Stromanschlüsse, die nicht reserviert werden können. Der Hauptzugangspunkt befindet sich östlich des Hwy 191 auf dem Hwy 262 (via Hatch Trading Post), über 40 Meilen (64 km) nordöstlich von Bluff.

Natural Bridges National Monument

55 Meilen (88 km) nordwestlich von Bluff liegt in völliger Abgeschiedenheit das **Natural Bridges National Monument** (www.nps.gov/nabr; Hwy 275; 7-Tages-Pass 10 US$/Fahrzeug; Stellplatz Zelt & Wohnmobil 10 US$; ⌚24 Std., Visitor Center Mai–Sept. 8–18 Uhr, Okt.–April 9–17 Uhr) mit seinem Canyon aus weißem Sandstein (jawohl, weiß, nicht rot!), in dem drei imposante und leicht zugängliche natürliche Brücken zu bestaunen sind. Die älteste, die **Owachomo Bridge**, ist 55 m lang, aber nur 3 m breit. Auf einer ebenen 9 Meilen (14 km) langen Panoramastraße kann man sich einen Überblick verschaffen. Die 13 einfachen Stellplätze auf dem Campingplatz ohne Duschen und Stromanschlüsse können nicht reserviert werden. Es gibt ein wenig Platz für zusätzliche Zelte, die nächsten Dienstleistungen befinden sich jedoch in Blanding, etwa 40 Meilen (64 km) weiter östlich.

Zion & Südwest-Utah

Hier kann man die blutroten Canyons des Zion National Park bestaunen, unter den filigranen rosa- und orangefarbenen Minaretten des Bryce Canyon wandern und an den wirbelförmigen grauweißen und purpurroten Hügeln des Capitol Reef vorbeifahren. Das südwestliche Utah ist so spektakulär, dass der größte Teil des Geländes als Nationalpark, National Forest, State Park oder BLM Wilderness unter Schutz steht. Das ganze Gebiet lädt mit engen Schluchten, rosa Sanddünen und wellenartigen Sandsteinformationen zur Outdoor-Erkundung ein.

Capitol Reef National Park

Nicht so überlaufen wie die übrigen Nationalparks und dabei nicht minder schön ist der **Capitol Reef National Park** (☎Durchwahl 4111, 435-425-3791; www.nps.gov/care; Ecke Hwy 24 & Scenic Dr; Eintritt frei, 7-Tage-Pass für Scenic Drive 10 US$/Auto, Stellplatz Zelt & Wohnmobil 20 US$; ⌚24 Std., Visitor Center & Scenic Drive April–Okt. 8–18 Uhr, Nov.–März bis 16.30 Uhr).

Innerhalb seiner Grenzen verläuft der Großteil des 100 Meilen (161 km) langen Waterpocket Fold, einer Erdfalte, die vor 65 Mio. Jahren entstanden ist. Die freigelegten Gesteinsschichten liefern eine Art Querschnitt durch die Erdgeschichte und sind von einer geradezu künstlerischen Farbintensität.

Der Hwy 24 führt quer durch den Park, allerdings sollte man sich auf keinen Fall den **Capitol Reef Scenic Drive** (7-Tage-Pass pro Person/Auto 5/3 US$) nach Süden entgehen lassen. Die asphaltierte 9 Meilen (14 km) lange Route (kein Rundweg) führt durch Obstgärten, ein Vermächtnis der Mormonensiedler. Je nach Jahreszeit kann man umsonst Kirschen, Pfirsiche und Äpfel pflücken und zudem das historische **Gifford Farmhouse** (März–Okt. 8–17 Uhr) besichtigen. Auf dem alten Bauernhof werden kleine Obstpasteten verkauft. Unterwegs locken tolle Wanderwege, darunter die Routen **Grand Wash** und **Capitol Gorge**. Sie führen entlang dem ebenen Boden eines separaten schmalen Canyons. Wer Lust auf eine größere Herausforderung hat, kann den **Golden Throne Trail** hinaufsteigen. Der schattige, grüne **Campingplatz** (www.nps.gov/care; Scenic Dr; Stellplätze 20 US$) ohne Duschen und Stromanschlüsse akzeptiert keine Reservierungen und ist von Frühling bis Herbst schnell belegt.

Torrey

Die 15 Meilen (24,1 km) westlich vom Capitol Reef National Park gelegene kleine Pionierstadt Torrey dient den meisten Besuchern als Standquartier. Neben ein paar Gebäuden aus der Zeit des Wilden Westens gibt's etwa ein Dutzend Restaurants und Motels.

Das im Cowboy-Stil eingerichtete **Capitol Reef Resort** (435-425-3761; www.capitolreefresort.com; 2600 E Hwy 24; Zi. 139–179 US$, Hütten & Tipis ab 249 US$;) gehört zu den Unterkünften, die dem gleichnamigen Nationalpark besonders nahe liegen. Ländliche Eleganz prägt das 1914 errichtete **Torrey Schoolhouse B&B** (435-633-4643; www.torreyschoolhouse.com; 150 N Center St; Zi. 120–160 US$; April–Okt.;), und jedes der luftigen Zimmer hat eine Geschichte zu erzählen (so soll hier mal Butch Cassidy einer Tanzveranstaltung beigewohnt haben). Nach dem Gourmet-Frühstück entspannt man sich im Garten oder in der großen Lounge im 1. Stock.

Dank der hervorragenden, anspruchsvoll angerichteten Südwest-Küche zählt das **Cafe Diablo** (435-425-3070; www.cafediablo.net; 599 W Main St; Hauptgerichte mittags 10–14 US$, abends 22–40 US$; Mitte April–Okt. 11.30–22 Uhr;) zu den besten Restaurants im südlichen Utah.

Boulder

Der winzige Außenposten **Boulder** (www.boulderutah.com; 222 Ew.) liegt nur 32 Meilen (51 km) südlich von Torrey am Hwy 12, allerdings muss man den Boulder Mountain überqueren, um dorthin zu gelangen. Hier beginnt die hübsche **Burr Trail Rd**, die ostwärts durch den nordöstlichen Teil des Grand Staircase-Escalante National Monument führt, bis sie schließlich zur Schotterpiste wird und sich hinauf zum Capitol Reef oder hinab zur Bullfrog Marina am Lake Powell schlängelt.

Das kleine **Anasazi State Park Museum** (www.stateparks.utah.gov; Main St/Hwy 12; 5 US$; März–Okt. 8–18 Uhr, Nov.–Feb. 9–17 Uhr) zeigt Artefakte und eine indianische Stätte, die von 1130 bis 1175 bewohnt war. Die schicken Zimmer der **Boulder Mountain Lodge** (435-335-7460; www.boulder-utah.com; 20 N Hwy 12; Zi. 140–175 US$, Suite 325 US$, Apt. 230 US$;) können sich sehen lassen, eigentliches Highlight ist jedoch das 6 ha große Tierschutzgebiet ringsum. Der Whirlpool im Freien mit Blick auf die Berge ist ein gemütlicher Ort, um Vögel zu beobachten. Der zur Lodge gehörende **Hell's Backbone Grill** (435-335-7464; www.hellsbackbonegrill.com; März–Nov. 7.30–11.30 & 17–21.30 Uhr; Frühstück 10–12 US$, Mittagessen 9–17 US$, Abendessen 17–36 US$;) serviert liebevoll zubereitete, bodenständige lokaltypische Küche aus regionalen Zutaten; Reservierung erforderlich. Im **Burr Trail Grill & Outpost** (435-335-7511; Ecke Hwy 12 & Burr Trail Rd; Gerichte 8–18 US$; März–Okt Grill 11.30–21.30 Uhr, Outpost 8.30–18 Uhr;) in der Nähe kommen Bio-Gemüsekuchen, verschiedene Burger und leckere hausgemachte Desserts auf den Tisch.

Grand Staircase-Escalante National Monument

Das **Grand Staircase-Escalante National Monument** (GSENM; 435-826-5499; www.blm.gov; 24 Std.) GRATIS liegt in einer ausgedörrten Region, die so unwirtlich ist, dass sie als letzte auf dem US-amerikanischen Festland kartografiert wurde. Mit 6879 km² ist es so groß wie Delaware und Rhode Island zusammen. Die nächstgelegenen Einrichtungen für Besucher und die GSENM Visitor Centers befinden sich in Boulder und Escalante am Hwy 12 im Norden bzw. Kanab am US 89 im Süden. Davon abgesehen ist die Infrastruktur minimal. Was bleibt, ist ein riesiges unbewohntes Canyon-Land voller Jeep-Pisten, die abenteuerlustige Reisende mit genug Zeit, der richtigen Ausrüstung und der entsprechenden Vorbereitung begeistern werden.

Die am leichtesten zugängliche und am häufigsten genutzte Strecke im Park ist die 10 km lange Rundroute zu dem wunderschönen mehrfarbigen Wasserfall beim **Lower Calf Creek** (Hwy 12, Mile 75,; Tagespass 5 US$; ⌚ Tagespass Sonnenaufgang–Sonnenuntergang) zwischen Boulder und Escalante. Die 14 meist gefragten Stellplätze am **Calf Creek Campground** (www.blm.gov/ut; Hwy 12; Stellplatz Zelt & Wohnwagen 15 US$) abseits des Hwy 12 sind schnell belegt und können nicht reserviert werden. Duschen und Stromanschlüsse gibt es nicht.

Escalante

Über die 800-Seelen-Ortschaft Escalante gelangen Besucher ins National Monument. Sie ist die größte Siedlung im Umkreis von vielen, vielen Kilometern. Boulder ist eine 30 Meilen (48 km) lange gemächliche verschlungene Autofahrt entfernt, Torrey 65 Meilen (105 km). Escalante eignet sich gut als Ausgangsbasis für Ausflüge ins angrenzende Grand Staircase-Escalante National Monument. Das wunderbare **Escalante Interagency Visitor Center** (☎ 435-826-5499; www.ut.blm.gov/monument; 775 W Main St; ⌚ April–Sept. tgl. 8–16.30 Uhr, Okt.–März Mo–Fr) ist eine großartige Informationsquelle zu geschützten Gebieten und Wäldern der Gegend.

Das **Escalante Outfitters** (☎ 435-826-4266; www.escalanteoutfitters.com; 310 W Main St; naturgeschichtliche Touren 45 US$; ⌚ 7–21 Uhr) ist eine Oase für Reisende. Im Buchladen gibt's Karten, Guides, Campingausrüstung und Alkohol, während das einladende Café hausgemachtes Frühstück, Pizza und Salate verkauft. Außerdem kann man winzige rustikale Hütten (ab 50 US$) und Mountainbikes (ab 35 US$/Tag) mieten. Der alteingesessene Veranstalter **Excursions of Escalante** (☎ 800-839-7567; www.excursionsofescalante.com; 125 E Main St; ganztägige Canyontour 175 US$; ⌚ 8–18 Uhr) organisiert Canyoning- und Klettertouren sowie Fotowanderungen.

DIE HÖHE IST ENTSCHEIDEND

Im Süden Utahs ist es im Allgemeinen wärmer als im Norden. Bevor man allerdings Vermutungen über das Wetter anstellt, sollte man zunächst einen Blick auf die Höhenmeter werfen. Orte, die gerade mal eine Autostunde voneinander entfernt liegen, können einen Höhenunterschied von rund 1000 m und einen Temperaturunterschied von 10 °C aufweisen.

- St. George (900 m)
- Zion National Park – Springdale Eingang (1200 m)
- Cedar Breaks National Monument (3050 m)
- Bryce National Park Lodge (2470 m)
- Moab (1227 m)
- Salt Lake City (1288 m)
- Park City (2134 m)

Zu den weiteren guten Unterkünften vor Ort gehören das **Canyons B&B** (☎ 435-826-4747, 866-526-9667; www.canyonsbnb.com; 120 E Main St; DZ 160 US$; ⌚ März–Okt.; ❄ 📶) mit komfortablen Hütten rund um einen schattigen Hof und das **Escalante Grand Staircase B&B** (☎ 435-826-4890; www.escalantebnb.com; 280 W Main St; DZ 142 US$; ❄ 📶) mit geräumigen Zimmern und jeder Menge Infos zur Gegend.

Bryce Canyon National Park

Die Grand Staircase, die „große Treppe", ist eine Reihe von stufenähnlich aufgeworfenen Gesteinsschichten, die nördlich des Grand Canyon aufsteigen. Ihren Höhepunkt bilden die Pink Cliffs in diesem verdientermaßen beliebten **Nationalpark** (☎ 435-834-5322; www.nps.gov/brca; Hwy 63; 7-Tages-Pass 30 US$/Fahrzeug; ⌚ 24 Std.; Visitor Center Mai–Sept. 8–20 Uhr, Okt.–April bis 16.30 Uhr). Tatsächlich erwartet Besucher hier kein richtiger Canyon, sondern ein Amphitheater aus erodierten Felsen mit wundersamen pastellfarbenen Nadeln und Zinnen, Türmchen, Säulen und an Totempfahle erinnernden Hoodoos. Der Park liegt 50 Meilen (80 km) südwestlich von Escalante; vom Hwy 12 zweigt man auf den Hwy 63 nach Süden ab.

Der **Rim Road Scenic Drive** auf 2400 m ist 18 Meilen (29 km) lang. Er folgt grob der

NICHT VERSÄUMEN

NEWSPAPER ROCK STATE HISTORIC MONUMENT

Das winzige Erholungsgebiet besteht im Wesentlichen aus einer einzigen, großen Sandsteinwand mit mehr als 300 Petroglyphen, die im Verlauf von 2000 Jahren von den Ute und den frühen Pueblo-Indianern geschaffen wurden. Die vielen roten Figuren heben sich auf dem Felsen von einem Hintergrund schwarzer „Wüsten-Firnis" ab und sind ein prima Fotomotiv. Die Stätte befindet sich 50 Meilen (80,5 km) südlich von Moab, östlich des Canyonlands National Park (S. 979) am Hwy 211.

Schluchtkante und passiert das **Visitor Center** (☎435-834-5322; www.nps.gov/brca; Hwy 63; ⌚Mai–Sept. 8–20 Uhr, Okt. & April 8–18 Uhr, Nov.–März 8–16.30 Uhr; 📶), die Lodge, traumhafte Aussichtspunkte – besonders toll ist der **Inspiration Point** – sowie Startpunkte von Wanderwegen, bevor er am **Rainbow Point** (2800 m) endet. Von Anfang Mai bis Anfang Oktober fährt ein kostenloser Shuttlebus (8–mind. 17.30 Uhr) von einem Sammelpunkt nördlich des Parks bis zum **Bryce Amphitheater** ganz im Süden.

Im Park gibt es zwei Campingplätze. Für beide lässt sich eine begrenzte Anzahl Stellplätze über die Webseite des Parks reservieren. Der **Sunset Campground** (☎877-444-6777; www.recreation.gov; Bryce Canyon Rd; Stellplatz Zelt/Wohnwagen 20/30 US$; ⌚April–Sept.) hat etwas mehr Bäume, ist aber nicht das ganze Jahr über geöffnet. Münzwaschautomaten und Münzduschen gibt es beim Gemischtwarenladen in der Nähe des **North Campground** (☎877-444-6777; www.recreation.gov; Bryce Canyon Rd; Stellplatz Zelt/Wohnwagen 20/30 US$). Im Sommer sind verbleibende nicht reservierte Stellplätze bereits vor 12 Uhr belegt.

Die aus den 1920er-Jahren stammende **Bryce Canyon Lodge** (☎877-386-4383, 435-834-8700; www.brycecanyonforever.com; Hwy 63; Zi. & Hütten 208–270 US$; ⌚April–Okt.; @📶) verströmt rustikalen alpinen Charme. Die Zimmer in den modernen, hotelartigen Einheiten haben zeitgemäße Möbel, die dünnwandigen Doppelhütten Gaskamine und Veranden an der Vorderseite. TVs gibt's nicht. Das **Restaurant** (☎435-834-5361; Bryce Canyon Rd; Frühstück & Mittagessen 10–20 US$, Abendessen 10–35 US$; ⌚April–Okt. 7–22 Uhr) 🍃 der Lodge ist ausgezeichnet, aber teuer. Ein klassischer Diner ist das **Bryce Canyon Pines Restaurant** (☎435-834-5441; Hwy 12; Frühstück & Mittagessen 5–14 US$, Hauptgerichte abends 12–24 US$; ⌚April–Okt. 6.30–21.30 Uhr).

Unmittelbar nördlich der Parkgrenze befindet sich das **Ruby's Inn** (www.rubysinn.com; 1000 S Hwy 63), ein Resortkomplex mit mehreren Motelunterkünften, einem Campingplatz, verschiedenen Restaurants, Western-Kunst und Wäscheservice. Daneben können Gäste Lebensmittel kaufen, tanken und einen Hubschrauberflug unternehmen.

Essen und Unterkünfte gibt es außerdem 11 Meilen (18 km) weiter östlich über den Hwy 12 in dem kleinen Ort **Tropic** (www.brycecanyoncountry.com).

Kanab

Am südlichen Ende des Grand Staircase-Escalante National Monument liegt das abgeschiedene Kanab (4500 Ew.) inmitten einer weiten, unwirtlichen Wüste. Von den 1920er- bis in die 1970er-Jahre wurden hier zahlreiche Western gedreht, und die Stadt besitzt bis heute ein gewisses Wild-West-Flair.

John Wayne und Gregory Peck gehören zu den Hollywood-Stars, die einst in der etwas in die Jahre gekommenen **Parry Lodge** (☎888-289-1722, 435-644-2601; www.parrylodge.com; 89 E Center St; Zi. 119–149 US$; ❄📶🏊🐾) übernachteten. Originale Kunstwerke in den Motelzimmern geben der renovierten **Canyons Lodge** (☎435-644-3069, 800-644-5094; www.canyonslodge.com; 236 N 300 W; Zi. 169–179 US$; ❄@📶🏊🐾) 🍃 eine anspruchsvollere Western-Atmosphäre. Im Zentrum kann man im **Rocking V Cafe** (☎435-644-8001; www.rockingvcafe.com; 97 W Center St; Hauptgerichte mittags 8–18 US$, abends 18–48 US$; ⌚11.30–22 Uhr; 🖉) oder im schicken **Sego** (☎435-644-5680; 190 N 300 W, Canyons Boutique Hotel; Hauptgerichte 14–23 US$; ⌚Di–Sa 17–21 Uhr) essen, wo man hervorragende Gerichte wie Wildpilze mit Ziegenkäse und Nudeln mit Königskrabben-Curry erwarten darf.

Im **Kanab GSENM Visitor Center** (☎435-644-1300; www.ut.blm.gov/monument; 745 E Hwy 89; ⌚8–16.30 Uhr) kann man sichüber das National Monument informieren; das **Kane County Office of Tourism** (☎435-644-5033, 800-733-5263; www.visitsouthernutah.com; 78 S 100 E; ⌚Mo–Fr 8.30–18, Sa bis 16 Uhr) legt den Schwerpunkt auf die Stadt und die Filmdrehorte.

Zion National Park

Bereit für eine Überdosis an atemberaubenden Landschaften? Im **Zion National Park** (www.nps.gov/zion; Hwy 9; 7-Tages-Pass 30 US$/Fahrzeug; ⏲24 Std., Visitor Center Juni–Aug. 8–19.30 Uhr, Sept.–Mai kürzer) warten an jeder Ecke großartige Landschaften. Besucher können die rot-weißen Felsen des **Zion Canyon** bewundern, die hoch über dem **Virgin River** thronen, nach der Bewältigung von rund 425 Höhenmetern den Blick vom Aussichtspunkt **Angels Landing** genießen oder flussabwärts durch die berüchtigten **Narrows** wandern. Darüber hinaus gibt es auch delikatere Schönheiten wie hängende Felsen, winzige Grotten und Hochebenen voller Wildblumenwiesen. Aufgrund der üppigen Vegetation und geringen Höhe wirken die wunderschönen Felsformationen um einiges grüner als in den kargen Parks im Osten.

Ein Großteil der Besucher gelangt über den Boden des Zion Canyon in den Park. Sogar die anstrengendsten Wanderwege sind von Mai bis September, wenn nur Shuttles zugelassen sind, stark frequentiert. Wer nur Zeit für eine einzige Aktivität hat, sollte den 6 Meilen (10 km) langen **Scenic Drive** wählen, der ins Herz des Zion Canyon führt. Von Mitte März bis Anfang November ist man auf die kostenlosen Shuttles am **Visitor Center** (☎435-586-0895; www.nps.gov/zion; Kolob Canyons Rd; ⏲Ende Mai–Sept. 8–19.30, Rest des Jahres bis 17 Uhr) angewiesen, man kann jedoch nach Belieben an den Aussichtsplattformen und Startpunkten der Wanderwege aus- und wieder zusteigen.

Von den einfachen bis moderaten Wegen ist der befestigte 1,6 km lange **Riverside Walk** am Ende der Straße ein guter Start. Sehr viel anstrengender ist der 9 km lange **Angels Landing Trail**; man überwindet 430 Höhenmeter und zum Schluss geht es über einen schmalen Grat mit senkrecht abfallenden Wänden – nichts für Leute mit Höhenangst! –, aber der Blick auf den Zion Canyon ist phänomenal. Hin und zurück braucht man etwa vier Stunden.

Die bekannteste Backcountry-Route führt durch die unvergesslichen **Narrows**. Auf der 26 km langen Strecke geht's durch die schmalen Canyons entlang der Nordgabelung des Virgin River (Juni–Okt.). Man muss sich auf nasse Füße einstellen: Mindestens die Hälfte der 12-stündigen Wanderung führt durch den Fluss. Am besten teilt man die Route auf zwei Tage auf und übernachtet auf einem Campingplatz (vorab reservieren!); alternativ richtet man die Planung nach dem letzten Parkshuttle. Bei dieser Wanderung ist man auf die Shuttles angewiesen, die zu den Startpunkten der Routen fahren.

Östlich des Parkhaupteingangs führt der Hwy 9 über sechs enge Serpentinen hinauf bis zum 1,1 Meilen (1,7 km) langen Zion-Mt. Carmel Tunnel. Das Wunder der Ingenieurskunst wurde Ende der 1920er-Jahre erbaut. Kurz darauf ändert sich die Landschaft komplett: Zerfurchter Slickrock-Sandstein in verschiedenen Farben mit der bergigen **Checkerboard Mesa** als Höhepunkt.

Auf dem von Pappeln bestandenen **Watchman Campground** (☎Reservierungen 877-444-6777; www.recreation.gov; Hwy 9; Zion National Park; Stellplatz Zelt 20 US$, Stellplatz Wohnmobil mit Anschlüssen 30 US$; ⏲ganzjährig; 🐾) am Canyon sollte man weit im Voraus reservieren und um einen Stellplatz am Fluss bitten. Der angrenzende **South Campground** (☎435-772-3256; Hwy 9; Stellplatz Zelt & Wohnmobil 20 US$; ⏲ganzjährig; 🐾) nimmt keine Reservierungen entgegen. Direkt am Scenic Drive steht die rustikale **Zion Lodge** (☎435-772-7700; 888-297-2757; www.zionlodge.com; Zion Canyon Scenic Dr; Hütte/Zi. 227/217 US$; ❄@📶) mit Standard-Motelzimmern und Hütten mit Gaskaminen. TVs gibt's zwar keine, dafür aber Holzveranden mit Traumblicken auf die roten Felsen. Das hauseigene Restaurant, der **Red Rock Grill** (☎435-772-7760; Zion Canyon Scenic Dr, Zion Lodge; Frühstück & Sandwiches 6–15 US$, Abendessen 16–30 US$; ⏲März–Okt. 6.30–10, 11.30–14.30 & 17–21 Uhr, Nov.–Feb. unterschiedlich), wartet mit einer ähnlich eindrucksvollen Aussicht auf. Gleich außerhalb des Parks gelegen, bietet die Stadt Springdale sehr viel mehr Infrastruktur.

Achtung: Um auf dem Hwy 9 durch den Park fahren zu dürfen, muss man die Parkgebühr bezahlen – selbst wenn man nur auf der Durchreise ist.

Springdale

In der Nähe des südlichen Haupteingangs zum Zion National Park ist Springdale eine perfekte kleine Parkstadt. Eindrucksvolle rote Felsen bilden die Kulisse für verschiedene Cafés, Bio-Restaurants, Galerien und eigenständige Motels und B&Bs.

Abgesehen von Wanderungen in den Nationalpark locken geführte Kletter-, Canyoning-, Mountainbike- und Geländewagentouren (halber Tag ab 140 US$/Pers.) auf dem angrenzenden BLM-Land. Die **Zion**

Adventure Company (☎435-772-1001; www.zionadventures.com; 36 Lion Blvd; Canyoning ab 177 US$/Tag; ⏲März–Okt. 8–20 Uhr, Nov.–Feb. 9–12 & 16–19 Uhr) bietet ausgezeichnete Ausflüge, Ausrüstung für die Narrows, Shuttles für Wanderer und Radfahrer und Floßfahrten auf dem Fluss. **Zion Cycles** (☎435-772-0400; www.zioncycles.com; 868 Zion Park Blvd; Fahrrad halber/ganzer Tag ab 30/40 US$, Fahrradträger fürs Auto ab 15 US$; ⏲Feb.–Nov. 9–19 Uhr) ist der hilfreichste Fahrradshop vor Ort.

Das **Desert Pearl Inn** (☎888-828-0898, 435-772-8888; www.desertpearl.com; 707 Zion Park Blvd; Zi. ab 239 US$;) hat die stilvollsten Zimmer im Ort, das **Red Rock Inn** (☎435-772-3139; www.redrockinn.com; 998 Zion Park Blvd; Cottages 199–259 US$;) fünf romantische Cottages im zeitgenössischen Landhaus-Stil.

Das **Zion Canyon B&B** (☎435-772-9466; www.zioncanyonbnb.com; 101 Kokopelli Circle; Zi. 159–199 US$;) ist das traditionellste B&B vor Ort und bietet ein komplettes Gourmet-Frühstück und ein Mini-Spa. Das **Under the Eaves Inn** (☎435-772-3457; www.undertheeaves.com; 980 Zion Park Blvd; Zi. 109–189 US$;) ist ein Bungalow aus den 1930er-Jahren mit einer kreativen Sammlung von Kunst und Artefakten, die die Inhaber zusammengetragen haben. Statt Frühstück erhält man einen Gutschein für ein örtliches Restaurant.

Mit Kaffee und sehr guten süßen und herzhaften Crêpes bietet sich das **MeMe's Cafe** (☎435-772-0114; www.memescafezion.com; 975 Zion Park Blvd; Hauptgerichte 10–14 US$; ⏲7–21 Uhr) als erste Station am Morgen an. Es gibt auch Panini und Waffeln sowie abends Rinderbrust und Pulled Pork. Abends sind der mit Lichterketten dekorierte, mexikanisch geflieste Patio von **Oscar's Cafe** (www.cafeoscars.com; 948 Zion Park Blvd; Hauptgerichte 12–18 US$, Frühstück 6–12 US$; ⏲8–21 Uhr) und das rustikale **Bit & Spur Restaurant & Saloon** (www.bitandspur.com; 1212 Zion Park Blvd; Hauptgerichte 13–28 US$; ⏲März–Okt. tgl. 17–23 Uhr, Nov.–Feb. Do–Sa 17–22 Uhr;) die beliebten Treffs der Einheimischen zum Abhängen, Essen und Trinken. Für das exzellente Hotelrestaurant **King's Landing** (☎435-772-7422; www.klbzion.com; 1515 Zion Park Blvd, Driftwood Lodge; Hauptgerichte 16–38 US$; ⏲17–21 Uhr) muss man vorab reservieren.

NEW MEXICO

Der Spitzname *Land of Enchantment* (Land der Verzauberung) kommt nicht von ungefähr. Licht und Schatten spielen auf den mit Wacholder bestandenen Hügeln, Pferdeweiden und Lehmziegelhäuser prägen die traditionellen Bergdörfer, auf den nördlichen Hochebenen liegen jahrhundertealte Ortschaften vor der Kulisse der majestätischen Sangre de Cristo Mountains und Vulkane, Canyons und weite Wüstenebenen erstrecken sich unter dem endlosen Himmel. Die Schönheit der Landschaft übt eine mächtige Faszination aus. Lehmziegelkirchen voller Sakralkunst, uralte indianische Pueblos, echte Cowboys, legendäre Banditen, mit Chili gewürzte Enchiladas – all dies sind Dinge, durch die sich New Mexico deutlich von den anderen Bundesstaaten der USA unterscheidet.

Der nahezu unbeschreibliche Zauber dieses Bundesstaats kommt vielleicht am besten in den berühmten Gemälden von Georgia O'Keeffe zum Ausdruck. Bei ihrem ersten Besuch rief die Künstlerin aus: „Meine Güte, das ist wundervoll! Niemand hat mir gesagt, dass es so sein würde."

Aber mal ernsthaft: Wie auch?

Geschichte

Die Kultur der frühen Pueblo-Indianer begann im 8. Jh. aufzublühen, und nicht viel später wurde mit der Errichtung der eindrucksvollsten Bauten im Chaco Canyon begonnen. Zu der Zeit, als Francisco Vasquez de Coronado im 16. Jh. hierher kam, waren viele Pueblo-Indianer in das Tal des Rio Grande gezogen und hatten die vorherrschende Stellung inne. Nachdem Santa Fe um 1610 als spanische Kolonialhauptstadt gegründet worden war, schwärmten spanische Siedler ins nördliche New Mexico aus und katholische Missionare begannen mit ihren oft gewaltsamen Versuchen, die Pueblo-Indianer zu bekehren. Nach dem Pueblo-Aufstand von 1680 hielten die amerikanischen Ureinwohner Santa Fe besetzt; erst 1692 konnte Don Diego de Vargas die Stadt zurückerobern.

Die USA besetzten New Mexico 1846 im Verlauf des Mexikanisch-Amerikanischen Kriegs; 1850 wurde das Gebiet zu einem US-Territorium. Kriege mit den indigenen Völkern Navajo, Apache und Comanche veränderten die Region, und mit der Ankunft der Eisenbahn in den 1870er-Jahren setzte ein wirtschaftlicher Aufschwung ein.

Maler und Schriftsteller gründeten im frühen 20. Jh. Künstlerkolonien in Santa Fe und Taos, und im Jahr 1912 wurde New Mexico zum 47. Bundesstaat der USA. Eine Gruppe von Wissenschaftlern kam 1943 nach Los Alamos, wo sie unter strengen Geheimhaltungsbedingungen die Atombombe entwickelten. Vier Jahre später soll, so behaupten jedenfalls Verschwörungstheoretiker, ein UFO außerhalb von Roswell abgestürzt sein.

Praktische Informationen

Infos zum Abschnitt der Route 66 in New Mexico finden sich unter www.rt66nm.org.

New Mexico State Parks (www.emnrd.state.nm.us) Infos zu State Parks mit einem Link für Campingplatz-Reservierungen.

New Mexico Tourism (www.newmexico.org) Infos zu Reiseplanung, Aktivitäten und Events.

Recreation.gov (www.recreation.gov) Reservierungen für Stellplätze und Touren in Nationalparks und National Forests.

Albuquerque

Albuquerque – das sind die rosa Farben der Sandia Mountains bei Sonnenuntergang, die Pappelgehölze am Rio Grande, Diners an der Route 66 und ebenso die Heimatstadt von Walter White und Jesse Pinkman. Dieser geschäftige Verkehrsknoten in der Wüste ist zugleich die größte Stadt im Bundesstaat, doch bei Sonnenuntergang hört man hier immer noch das Geheul der Coyoten.

Traveller auf dem Weg nach Santa Fe fahren oft einfach durch, aber Albuquerque hat viele reizvolle Seiten, die sich unter einer rauen, städtischen Schale verbergen. Gleich außerhalb der Stadt finden sich jede Menge Wanderwege und Mountainbike-Trails, und in den modernen Museen der Stadt kann man die Pueblo-Kultur, neue Kunst aus New Mexico und die Raumfahrtgeschichte erforschen. Man sollte also ruhig einen Gang herunterschalten, die Petroglyphen in der Wüste bei einer Wanderung erkunden oder einen Teller Enchiladas mit rotem Chili und ein Bier aus der Region genießen.

Sehenswertes

Old Town

Die Plaza war von ihrer Fertigstellung 1706 bis zur Ankunft der Eisenbahn 1880 Albuquerques Dreh- und Angelpunkt. Ihr Herzstück ist die kleine **San Felipe de Neri Church** (www.sanfelipedeneri.org; Old Town Plaza; tgl. 7–17.30 Uhr, Museum Mo–Sa 9.30–17 Uhr) von 1793. Heute ist die Old Town das touristische Zentrum der Stadt.

KURZINFOS NEW MEXICO

Spitzname Land of Enchantment

Bevölkerung 2,1 Mio.

Fläche 314 940 km²

Hauptstadt Santa Fe (69 976 Ew.)

Weitere Städte Albuquerque (556 500 Ew.), Las Cruces (101 643 Ew.)

Verkaufssteuer 5–9 %

Geburtsort von John Denver (1943–1997), Smokey Bear (1950–1976)

Heimat des International UFO Museum & Research Center (Roswell) und von Julia Roberts

Politische Ausrichtung ein „violetter Staat" (auch Swing State) mit eher demokratischem Norden (blau) und eher republikanischem Süden (rot)

Berühmt für alte Pueblos, die erste Atombombe (1945) und Bugs Bunnys Spruch: „ Ich wusste es, ich hätte in Albuquerque links abbiegen sollen."

Typische Frage „Rot oder grün?" (Es geht um Chilisauce)

Höchster/niedrigster Punkt Wheeler Peak (4011 m)/Red Bluff Reservoir (866 m)

Entfernungen Albuquerque–Santa Fe 50 Meilen (80 km), Santa Fe–Taos 71 Meilen (114 km)

★ American International Rattlesnake Museum MUSEUM
(505-242-6569; www.rattlesnakes.com; 202 San Felipe St NW; Erw./Kind 5/3 US$; Juni–Aug. Mo–Sa 10–18, So 13–17 Uhr; Sept.–Mai Mo–Fr 11.30–17.30, Sa 10–18, So 13–17 Uhr) Wer sich für Schlangen und andere schlüpfrige Wesen interessiert, den wird dieses Museum faszinieren. Wer hingegen unter Ophidiophobie leidet, erlebt angesichts der weltweit größten Sammlung an Klapperschlangen seinen persönlichen Alptraum. Daneben sind Bierflaschen mit Schlangenmotiven und Briefmarken aller US-amerikanischen Städte mit dem Namen „Rattlesnake" ausgestellt.

★ Albuquerque Museum of Art & History MUSEUM
(505-242-4600; www.cabq.gov/museum; 2000 Mountain Rd NW; Erw./Kind 4/1 US$; Di–So 9–17 Uhr) Mit einer tollen, interaktiven und leicht zu erfassenden Ausstellung zur Geschichte

der Stadt und einer Dauersammlung zur Kunst New Mexicos, die auch Meisterwerke des 20. Jhs. aus Taos umfasst, ist dieses schöne Museum ein Muss. Am Samstagnachmittag sowie am Sonntagvormittag ist der Eintritt frei. Hier starten auch kostenlose Stadtspaziergänge durch die Old Town (März–Mitte Dez. 11 Uhr).

Rund um die Stadt

★ Indian Pueblo Cultural Center MUSEUM

(IPCC; ☎505-843-7270; www.indianpueblo.org; 2401 12th St NW; Erw./Kind 8,40/5,40 US$; ⌚9–17 Uhr) Das Kulturzentrum wird gemeinschaftlich von den 19 Pueblos in New Mexico betrieben. Auch wenn man nur auf Durchreise ist, sollte man es sich auf keinen Fall entgehen lassen. Das Museum im Erdgeschoss zeigt faszinierende Ausstellungsstücke zur gemeinsamen Geschichte der Pueblos und zu den jeweiligen Kunsthandwerkstraditionen, während in den Galerien im oberen Stock Wechselausstellungen zu sehen sind. Sie sind halbmondförmig um eine Plaza angeordnet, auf der regelmäßig Tanzvorführungen und Kunsthandwerksdemonstrationen stattfinden. Daneben gibt es das empfehlenswerte **Pueblo Harvest Cafe** (☎505-724-3510; Mittagessen 12–16 US$, Abendessen 13–28 US$; ⌚Mo–Sa 7–21, So 7–16 Uhr;), einen großen Souvenirladen und eine Verkaufsgalerie.

Petroglyph National Monument ARCHÄOLOGISCHE STÄTTE

(☎505-899-0205; www.nps.gov/petr; 6001 Unser Blvd NW; ⌚Visitor Center 8–17 Uhr) GRATIS Die Lavafelder in diesem großen Wüstenpark westlich des Rio Grande bergen mehr als 23 000 alte Petroglyphen (1000 v. Chr.–1700 n. Chr.). Mehrere Wege ziehen sich durch die Landschaft: am stärksten besucht und am leichtesten zugänglich ist der **Boca Negra Canyon** (Parkplatz werktags/Wochenende 1/2 US$), die **Piedras Marcadas** sind mit 300 Petroglyphen bedeckt, und der **Rinconada Canyon** verspricht eine hübsche Wüstenwanderung (hin & zurück 3,5 km), allerdings sind hierbei nur wenig Petroglyphen zu sehen.

Sandia Peak Tramway SEILBAHN

(☎505-856-7325; www.sandiapeak.com; 30 Tramway Rd NE; Erw./Jugendliche 13–20 Jahre/Kind 25/20/15 US$, Parkplatz 2 US$; ⌚Juni–Aug. 9–21 Uhr, Sept.–Mai Mi–Mo 9–20, Di ab 17 Uhr) Die mit 4,3 km längste Luftseilbahn der USA steigt vom Wüstenboden im Nordosten der Stadt hinauf auf den Gipfel des 3163 m hohen Sandia Crest. Die Aussicht ist von hier oben immer spektakulär, besonders eindrucksvoll ist sie aber bei Sonnenuntergang. Im Komplex an der Spitze finden sich Geschenkeläden und eine **Cafeteria** (☎505-243-0605; www.sandiacresthouse.com; Hwy 536; Hauptgerichte 5,50–14 US$; ⌚10–17 Uhr, im Winter nur Sa & So). Wanderwege führen durch die Wälder, und es gibt ein kleines **Skigebiet** (☎505-242-9052; www.sandiapeak.com; Lifttickets Erw./Kind 55/40 US$; ⌚Mitte Dez.–März Fr–So 9–16 Uhr). Wenn man die eine Strecke hinauf (oder hinunter) wandern möchte, kostet das Ticket für eine einfache Strecke 15 US$.

ALBUQUERQUE MIT KINDERN

Albuquerque hat viel für Kinder zu bieten: von interaktiven Museen bis hin zu coolen Wanderungen!

¡Explora! (☎505-224-8300; www.explora.us; 1701 Mountain Rd NW; Erw./Kind 8/4 US$; ⌚Mo–Sa 10–18, So 12–18 Uhr;) Das ambitionierte, interaktive Museum hat vom Hochseilrad bis zum verblüffenden Bereich „Light, Shadow, Color" für jedes Kind etwas zu bieten (unbedingt den Aufzug benutzen!). Wer keine Kinder im Schlepptau hat, sollte auf der Webseite nachschauen, ob gerade eine „Adult Night" ansteht. Die von einem vor Ort bekannten Wissenschaftler geleitete Veranstaltung ist schwer angesagt.

New Mexico Museum of Natural History & Science (☎505-841-2800; www.nmnaturalhistory.org; 1801 Mountain Rd NW; Erw./Kind 8/5 US$; ⌚Mi–Mo 9–17 Uhr;) Kinder, die von Dinos begeistert sind, werden von diesem riesigen modernen Museum am nordöstlichen Rand der Old Town entzückt sein. Auf den T Rex im Hauptatrium folgen jede Menge weiterer grimmiger Urwelttiere. Abgesehen davon liegt der Fokus auf New Mexico. Es gibt spektakuläre Exponate zur geologischen Entstehung des Gebiets und zu den Auswirkungen des Klimawandels. Darüber hinaus wartet hier auch ein Planetarium und ein großformatiges 3-D-Kino (für die letzten beiden Attraktionen muss extra bezahlt werden).

Aktivitäten

Die allgegenwärtigen Sandia Mountains und die weniger überlaufenen Manzano Mountains locken mit Outdoor-Aktivitäten, darunter Wandern, Skifahren (alpin und Langlauf), Mountainbiken, Klettern und Zelten.

Radfahren ist die ideale Weise, um Albuquerque nach Lust und Laune zu erkunden. Neben Radwegen innerhalb der Stadt finden Mountainbiker Trails in den Hügelausläufern östlich der Stadt und den malerischen **Paseo del Bosque** (Sonnenaufgang–Sonnenuntergang) am Rio Grande. Details zum ausgezeichneten Radwegenetz (das 2018 bis auf 80 zusammenhängende Kilometer erweitert werden soll) stehen unter www.bikeabq.org.

Elena Gallegos Open Space WANDERN, MOUNTAINBIKEN

(www.cabq.gov; Simms Park Rd; Parkplatz werktags/Wochenende 1/2 US$; April–Okt. 7–21 Uhr, Nov.–März bis 19 Uhr) Die westlichen Ausläufer der Sandia Mountains sind Albuquerques Outdoor-Spielplatz, und die Hochwüstenlandschaft ist wirklich herrlich. Neben mehreren Picknickbereichen liegen in diesem Abschnitt Ausgangspunkte von Wander-, Lauf- und Mountainbike-Wegen; einige Strecken sind auch für Rollstuhlfahrer geeignet. Man sollte früh kommen, bevor es zu heiß wird, oder spät, um bei Sonnenuntergang unter dem Geheul einsamer Coyoten die Panoramaaussicht zu genießen.

Feste & Events

Ein ausführlicher Veranstaltungskalender steht in der Freitagsausgabe des *Albuquerque Journal* (www.abqjournal.com).

Gathering of Nations Powwow KULTUR

(www.gatheringofnations.com; April) Auf dem Programm stehen Tanzwettbewerbe, Kunst und Kunsthandwerk amerikanischer Ureinwohner und die Wahl zur „Miss Indian World". Findet Ende April statt.

★ **International Balloon Fiesta** BALLONFAHREN

(www.balloonfiesta.com; Anfang Okt.) Wer jemals den Tiger aus der Kellogg's-Werbung im Riesenformat im Hof seines Hotels hat landen sehen, wird das nicht so schnell vergessen! Genau solche Dinge passieren während des größten Heißluftballon-Festivals der Welt. Ansonsten stehen an jedem der neun Tage um das erste und zweite Oktoberwochenende Massenstarts auf dem Programm.

PANORAMASTRASSE: HIGHWAY 12

Der **Hwy 12 Scenic Byway** (www.scenicbyway12.com), die abwechslungsreichste und eindrucksvollste Straße in Utah, windet sich auf 124 Meilen (200 km) durch das raue Schluchtenland westlich vom Bryce Canyon bis in die Nähe des Capitol Reef. Der Abschnitt zwischen Escalante und Torrey führt durch eine Mondlandschaft aus Slickrock-Sandstein, passiert schmale Grate und überquert den 3350 m hohen Boulder Mountain. Fast alle Attraktionen zwischen Torrey und Panguitch liegen am Hwy 12 oder in dessen Nähe.

Schlafen

Route 66 Hostel HOSTEL $

(505-247-1813; http://route66hostel.com; 1012 Central Ave SW; B 25 US$, Zi. ab 30 US$; P @) Das blassgelbe Hostel in einem früheren Wohnhaus ein paar Blocks westlich des Zentrums beherbergt nach Geschlechtern getrennte Schlafsäle sowie einfache Privatzimmer, die sich zum Teil Bäder teilen. Die Betten sind in die Jahre gekommen, dafür ist die Atmosphäre einladend: Zu den Gemeinschaftsbereichen gehören eine Bibliothek und eine Küche mit kostenlosem Frühstück (Selbstbedienung). Der Hausdienst ist freiwillig; zwischen 13.30 und 16.30 Uhr kann man nicht einchecken.

★ **Andaluz** BOUTIQUEHOTEL $$

(505-242-9090; www.hotelandaluz.com; 125 2nd St NW; Zi. ab 174 US$; P @) Albuquerques bestes historisches Hotel wurde 1939 im Herzen von Downtown erbaut und umfassend modernisiert. Originalelemente wurden beibehalten, darunter das eindrucksvolle zentrale Atrium mit gemütlichen Nischen mit Tischen und Sofas. Die Zimmer haben hypoallergene Bettwäsche und Teppiche, das Restaurant **Más Tapas Y Vino** (505-923-9080; www.hotelandaluz.com; 125 2nd St NW; Tapas 6–16 US$, Hauptgerichte 26–36 US$; 7–14 & 17–21.30 Uhr) ist hervorragend und es gibt eine Bar im Dachgeschoss. Wer 30 Tage im Voraus reserviert, erhält die günstigsten Preise.

Böttger Mansion B&B $$

(505-243-3639; www.bottger.com; 110 San Felipe St NW; Zi. 115–159 US$; P @) Aufgrund des freundlichen Besitzers hebt sich dieses gut ausgestattete B&B (erb. 1912), das einen einminütigen Fußmarsch von der Plaza entfernt ist, von der Konkurrenz ab. Drei der sieben mit Antiquitäten ausgestatteten Themenzimmer haben Zierwände, eines verfügt außerdem über einen Whirlpool. Das üppige Frühstück wird in einem von Heckenkirschen gesäumten Hof serviert, der Vogelliebhaber begeistern wird. Zu illustren Gästen in der Vergangenheit gehören Elvis, Janis Joplin und Machine Gun Kelly.

★ Los Poblanos B&B $$$
(505-344-9297; www.lospoblanos.com; 4803 Rio Grande Blvd NW; Zi. 230–450 US$;) Das großartige B&B mit 20 Zimmern auf einer ländlichen Ranch aus den 1930er-Jahren mit dem Status eines National Historic Place liegt eine fünfminütige Autofahrt nördlich der Old Town. Das 10 ha große Anwesen mit Gärten, Lavendelfeldern, die von Mitte Juni bis Juli blühen, und einer Bio-Farm befindet sich in der Nähe des Rio Grande. Die wunderschönen Zimmer haben Kiva-Kamine und zum Frühstück gibt's Leckereien aus eigenem Anbau.

Essen

★ Pop Fizz MEXIKANISCH $
(505-508-1082; www.pop-fizz.net; 1701 4th St SW, National Hispanic Cultural Center; Hauptgerichte 5–7,50 US$; 11–20 Uhr;) Die *paletas* (Eis am Stiel) ohne Zusätze begeistern mit Geschmacksrichtungen wie Gurke-Chili-Limone, Mango oder Ananas-Habanero, wenn man sich nicht für einen Eiscreme-Taco mit Zimt-Churros entscheidet. Die Küche will sich von den Desserts nicht übertrumpfen lassen und verwöhnt die Gäste mit Carne-asada-Fritten, Sonora-Hotdogs und Frito-Pies.

★ Golden Crown Panaderia BÄCKEREI $
(505-243-2424; www.goldencrown.biz; 1103 Mountain Rd NW; Hauptgerichte 7–20 US$; Di–Sa 7–20, So 10–20 Uhr) Alle lieben Nachbarschaftsbäckereien mit Café. In diesem gemütlichen alten Lehmziegelgebäude erwarten einen aufmerksames Personal, ofenfrisches Brot und Pizza (mit einer Kruste mit grünem Chili oder blauem Mais), fruchtige Empanadas, samtiger Espresso und Kekse. Vorher anrufen, wenn man sich einen Laib Brot mit grünem Chili sichern will – die sind schnell ausverkauft. Man isst das Brot am besten gleich warm draußen auf der Terrasse.

Slate Street Cafe & Wine Loft MODERN-AMERIKANISCH $$
(505-243-2210; www.slatestreetcafe.com; 515 Slate St; Frühstück 7,50–15 US$, Mittagessen 10–15 US$, Abendessen 11–27 US$; Mo–Fr 7.30–15, Sa & So 9–14, Di–Do 17–21, Fr & Sa 17–22 Uhr;) Das Café im Erdgeschoss ist ein beliebter Treff in Downtown, wo die Gäste einfallsreiche schlichte Gerichte wie Käsemakkaroni mit grünem Chili oder Schweinekoteletts mit Kräuterkruste genießen. Die Weinstube im Obergeschoss serviert 25 offene Weine und bietet regelmäßige Verkostungen. Das Lokal liegt abseits der 6th St NW gleich nördlich des Lomas Blvd.

★ Artichoke Cafe MODERN-AMERIKANISCH $$$
(505-243-0200; www.artichokecafe.com; 424 Central Ave SE; Hauptgerichte mittags 12–19 US$, Hauptgerichte abends 16–39 US$; Mo–Fr 11–14.30 & 17–21, Sa 17–22 Uhr) Das beliebte Bistro am Ostrand der Stadt zwischen Busbahnhof und I-40 kombiniert Schlichtheit mit Eleganz. Es serviert einfallsreiche Gourmetküche mit Pep und rangiert auf den Feinschmeckerlisten mit Albuquerques besten Lokalen ganz oben.

Ausgehen & Unterhaltung

Die **Popejoy Hall** (505-925-5858; www.popejoypresents.com; 203 Cornell Dr) und das historische **KiMo Theatre** (505-768-3544; www.cabq.gov/kimo; 423 Central Ave NW) sind die wichtigsten Stätten für die Auftritte landesweit bekannter Stars sowie für Opern, Sinfoniekonzerte und Theatervorstellungen. **Launch Pad** (505-764-8887; www.launchpadrocks.com; 618 Central Ave SW) ist die beste Adresse für lokale Talente.

Java Joe's CAFÉ
(505-765-1514; www.downtownjavajoes.com; 906 Park Ave SW; 6.30–15.30 Uhr;) Das Java Joe's ist heute wohl vor allem für den explosiven Kurzauftritt in *Breaking Bad* bekannt. Das gemütliche Café ist aber immer noch ein guter Ort für einen Kaffee-Stopp oder eine Schüssel vom schärfsten Chili in der Stadt.

★ Anodyne BAR
(505-244-1820; 409 Central Ave NW; Mo–Sa 16–1.30, So 19–23.30 Uhr) Das riesige Anodyne eignet sich ideal für eine Runde Poolbillard. Ansonsten empfängt es Gäste mit Bücherregalen an den Wänden, Holzdecken, jeder Menge dick gepolsterten Stühlen, über 100 Flaschenbieren und Blicken auf das bunte Treiben.

★ **Marble Brewery** BRAUEREI
(☎505-243-2739; www.marblebrewery.com; 111 Marble Ave NW; ⏲Mo–Sa 12–24, So bis 22.30 Uhr) Die beliebte Braustube in Downtown gehört zur gleichnamigen Brauerei und hat einen Innenraum für Winterabende sowie einen Biergarten, in dem im Sommer abends lokale Bands spielen. Unbedingt das Red Ale testen!

Praktische Informationen

INFOS IM INTERNET

Albuquerque Journal (www.abqjournal.com) Lokalnachrichten, Events und Sport.

City of Albuquerque (www.cabq.gov) Infos zu öffentlichen Verkehrsmitteln und Attraktionen in der Gegend.

Gil's Thrilling (And Filling) Blog (www.nmgastronome.com) Blog eines lokalen Feinschmeckers zur Gastronomie in Albuquerque, Santa Fe und dem Rest des Bundesstaats.

NOTFALL & MEDIZINISCHE VERSORGUNG

Polizei (☎505-242-2677; www.apdonline.com; 400 Roma Ave NW)

Presbyterian Hospital (☎505-841-1234; www.phs.org; 1100 Central Ave SE; ⏲Notaufnahme 24 Std.)

UNM Hospital (☎505-272-2411; 2211 Lomas Blvd NE; ⏲Notaufnahme 24 Std.)

POST

Post (☎800-275-8777; 201 5th St SW; ⏲Mo–Fr 9–16.30 Uhr)

TOURISTENINFORMATION

Old Town Information Center (☎505-243-3215; www.visitalbuquerque.org; 303 Romero Ave NW; ⏲Okt.–Mai 10–17 Uhr, Juni–Sept. bis 18 Uhr)

UNM Welcome Center (☎505-277-1989; 2401 Redondo Dr; ⏲Mo–Fr 8–17 Uhr)

Anreise & Unterwegs vor Ort

BUS

Das **Alvarado Transportation Center** (100 1st St SW, Ecke Central Ave) ist Sitz von **Greyhound** (☎800-231-2222, 505-243-4435; www.greyhound.com; 320 1st St SW), deren Busse Ziele im ganzen Bundesstaat und darüber hinaus anfahren (aber nicht Santa Fe oder Taos).

Das öffentliche Busnetz von **ABQ Ride** (☎505-243-7433; www.cabq.gov/transit; 100 1st St SW; Erw./Kind 1/0,35 US$, Tageskarte 2 US$) bedient werktags den größten Teil von Albuquerque und täglich die größeren touristischen Ziele.

FLUGZEUG

New Mexicos größter Flughafen, der **Albuquerque International Sunport** (ABQ; ☎505-244-7700; www.abqsunport.com; 📶), liegt 5 Meilen (8 km) südöstlich von Downtown und wird von vielen Fluglinien angeflogen. Kostenlose Shuttles verbinden das Terminal-Gebäude mit dem Sunport Car Rental Center (3400 University Blvd SE), wo alle Autovermietungen des Flughafens untergebracht sind.

Der **Sunport Shuttle** (☎505-883-4966; www.sunportshuttle.com) fährt vom Flughafen zu örtlichen Hotels und zu anderen Zielen.

ZUG

Der *Southwest Chief* von Amtrak hält in Albuquerque an der **Amtrak Station** (☎800-872-7245; www.amtrak.com; 320 1st St SW), die zum Alvarado Transportation Center gehört. Die Züge fahren jeweils einmal täglich ostwärts nach Chicago (ab 117 US$, 26 Std.) und westwärts nach Los Angeles (ab 66 US$, 16½ Std.).

Vom gleichen Bahnhof fährt auch der **New Mexico Rail Runner Express** (www.nmrailrunner.com), ein Pendler-Nahverkehrszug mit mehreren Haltepunkten im Großraum Albuquerque. Wichtiger für Traveller ist jedoch, dass er nordwärts bis nach Santa Fe (einfache Strecke 10 US$, 1¾ Std., werktags 8-mal, Wochenende 4-mal tgl.) fährt.

An der I-40

Zwar kann man theoretisch in weniger als fünf Stunden von Albuquerque nach Flagstaff, AZ, fahren, doch die National Monuments und die Pueblos an der Strecke sind einen Besuch wert. Wer eine landschaftlich schöne Tour machen möchte, nimmt ab Grants den Hwy 53 nach Südwesten, der zu allen im Folgenden genannten Sehenswürdigkeiten (außer nach Acoma) führt. Der Hwy 602 verläuft gen Norden nach Gallup.

Acoma Pueblo

Die „Himmelsstadt" thront auf einer Mesa 2133 m über dem Meeresspiegel und 112 m über dem umliegenden Plateau. Das Dorf ist eine der ältesten durchgehend bewohnten Siedlungen in Nordamerika. Seit dem 11. Jh. wird hier das Handwerk der Töpferkunst gepflegt. Geführte Touren beginnen am **Cultural Center** (☎800-747-0181; www.acomaskycity.org; Rte 38; Tour Erw./Kind 25/17 US$; ⏲Touren März–Okt. 8.30–15.30, Nov.–Feb. Sa & So 9.30–14.30 Uhr) am Fuß der Mesa und dauern zwei Stunden bzw. eine Stunde, wenn man nur die historische Tour bucht. Von der I-40 aus nimmt man Exit 102, etwa 60 Meilen (96 km) westlich von Albuquerque, und fährt dann 12 Meilen (19 km) nach Süden.

Man sollte sich aber unbedingt vorab informieren, ob der Ort gerade wegen Zeremonien oder anderen Gründen für Besucher nicht zugänglich ist.

El Morro National Monument

Der 60 m hohe Sandsteinvorsprung am **El Morro National Monument** (☎ 505-783-4226; www.nps.gov/elmo; Hwy 53; ⏲ Juni–Aug. 9–18 Uhr, Sept.–Mai bis 17 Uhr) GRATIS, auch bekannt als „Felsen der Inschriften", zieht seit Jahrtausenden interessierte Besucher an. Die unzähligen eingeritzten Zeichen, von Petroglyphen im Pueblo an der Spitze (um 1275) bis zu kunstvollen Inschriften spanischer Eroberer und englischer Pioniere, sind ein einzigartiges historisches Zeugnis. El Morro liegt etwa 38 Meilen (61 km) südwestlich von Grants und ist über den Hwy 53 erreichbar.

Zuni Pueblo

Die Zuni sind für ihre feinen Silberintarsien bekannt. Sie verkaufen sie in Geschäften am Hwy 53. Im **Zuni Tourism Office** (☎ 505-782-7238; www.zunitourism.com; 1239 Hwy 53; Führungen 10 US$; ⏲ Mo–Fr 8.30–17.30, Sa 10.30–16, So 12–16 Uhr) erhält man Infos und Fotogenehmigungen und kann Touren durch das Pueblo buchen. Vorbei an den Steinhäusern und wie Bienenkörbe geformten Lehmziegelöfen geht's zur **Our Lady of Guadalupe Mission**. Die Kachina (Geist)-Wandbilder sind beeindruckend. Im **A:shiwi A:wan Museum & Heritage Center** (☎ 505-782-4403; www.ashiwi-museum.org; Ojo Caliente Rd; Eintritt gegen Spende; ⏲ Mo–Fr 9–17 Uhr) sind alte Fotos und Stammesartefakte ausgestellt.

Das nette **Inn at Halona** (☎ 505-782-4547; www.halona.com; 23b Pia Mesa Rd; Zi. ab 75 US$; P 📶) zieren Zuni-Kunst und -Handwerk. Es hat acht Zimmer und ist die einzige Unterkunft im Pueblo. Das Frühstück gehört mit zum Besten, was man in New Mexico bekommen kann.

Santa Fe

Willkommen in der etwas anderen Stadt, die ihre eigenen Regeln macht, ohne dabei ihre lange und bewegte Geschichte zu vergessen. Bei einem Spaziergang durch die Viertel mit Adobe-Gebäuden und über die geschäftige Plaza, die nach wie vor das Zentrum bildet, offenbart sich die zeitlose, erdverbundene Seele Santa Fes. Eine Hauptattraktion ist die künstlerische Seite der Stadt: Hier gibt es mehr gute Museen und Galerien, als man bei einem Besuch wahrscheinlich erkunden kann.

Santa Fe ist auch die höchstgelegene Landeshauptstadt der USA (über 2100 m). Die Stadt am Fuß der Sangre de Cristo Mountains ist ein fantastischer Ausgangspunkt für Wanderungen, Mountainbike- und Rucksacktouren sowie fürs Skifahren. In der Stadt kann man die von Chilis geprägte lokale Küche genießen, auf der Plaza Türkis- und Silberschmuck direkt von indianischen Juwelieren kaufen, bemerkenswerte Kirchen besichtigen oder einfach nur durch die jahrhundertealten, von Pappeln gesäumten Alleen schlendern und davon träumen, eines Tages hierher zu ziehen.

Sehenswertes

★ Georgia O'Keeffe Museum MUSEUM
(Karte S. 994; ☎ 505-946-1000; www.okeeffemuseum.org; 217 Johnson St; Erw./Kind 12 US$/frei; ⏲ Sa–Do 10–17, Fr bis 19 Uhr) In zehn schön ausgeleuchteten Sälen eines weitläufigen Adobe-Gebäudes des 20. Jhs. zeigt dieses Museum die weltweit größte Sammlung der Werke von Georgia O'Keeffe. Sie ist vor allem bekannt für ihre leuchtenden New-Mexico-Landschaften, die Wechselausstellungen decken aber ihre gesamte Laufbahn von ihren Anfängen bis zu den Jahren auf der Ghost Ranch ab. Ihre berühmtesten Bilder befinden sich im Besitz größerer Museen in aller Welt, deswegen kann man hier viele weniger bekannte Werke entdecken, die durch den kühnen Pinselstrich und kräftige Farben beeindrucken.

★ Meow Wolf MUSEUM
(☎ 505-395-6369; https://meowwolf.com; 1352 Rufina Circle; Erw./Kind 18/12 US$; ⏲ So, Mo, Mi & Do 10–20, Fr & Sa bis 22 Uhr) Wer schon immer mal einen Abstecher in eine andere Dimension unternehmen wollte, aber keinen Schlüssel dafür hat, ist im House of Eternal Return von Meow Wolf vielleicht richtig. Der Grundgedanke ist einfallsreich: Die Besucher erkunden ein nachgestaltetes viktorianisches Haus nach Beweisen, die mit dem Verschwinden einer kalifornischen Familie zu tun haben. Dabei folgen sie einer Erzählung, die (oft über geheime Verbindungsgänge) immer tiefer in die Fragmente eines Multiversums hineinführt, das aus einmaligen, interaktiven Kunstinstallationen besteht.

GALERIEN DER CANYON ROAD

Einst war die Canyon Road ein Fußweg der Pueblo-Indianer und später die Hauptstraße einer spanischen Bauernsiedlung. Seit den 1920er-Jahren wandelte sie sich dann zu Santa Fes berühmtester Kunst-Avenue, als Künstler, unter ihnen die Los Cinco Pintores (fünf Maler mit einer Vorliebe für die Landschaften New Mexicos), wegen der günstigen Mieten hierher zogen.

Heute ist die Canyon Rd eine Top-Attraktion. Hier finden sich mehr als 100 der mehr als 300 Galerien der Stadt. Das Zentrum der munteren Kunstszene von Santa Fe bietet alles von indianischen Antiquitäten über Meisterwerke der Santa Fe School bis hin zu provokanten modernen Werken. Man sollte sich von einem Galeriebummel nicht einschüchtern lassen, sondern sich einfach zwanglos umschauen.

Besonders lustig sind die Freitagabende: Ab ca. 17 Uhr veranstalten die Galerien glanzvolle Vernissagen, die nicht nur gesellschaftliche Ereignisse sind, sondern bei denen man Gelegenheit hat, Kunstwerke zu betrachten, Käse zu knabbern, Chardonnay oder Cider zu schlürfen und mit Künstlern zu plaudern.

Das Folgende ist nur eine Auswahl besonders interessanter Galerien an der und rund um die Canyon Rd. Weitere findet man im kostenlosen praktischen *Collector's Guide* (mit Lageplan) oder unter www.santafegalleryassociation.org. Einen Besuch lohnen auch die stärker auf Zeitgenössisches ausgerichteten Galerien rund um den Railyard.

Adobe Gallery (Karte S. 994; ☎505-955-0550; www.adobegallery.com; 221 Canyon Rd; ⏱Mo–Sa 10–17 Uhr)

Economos/Hampton Galleries (Karte S. 994; ☎505-982-6347; 500 Canyon Rd; ⏱9.30–16 Uhr, Mi & So geschl.)

Gerald Peters Gallery (Karte S. 994; ☎505-954-5700; www.gpgallery.com; 1005 Paseo de Peralta; ⏱Mo–Sa 10–17 Uhr)

GF Contemporary (☎505-983-3707; www.gfcontemporary.com; 707 Canyon Rd; Mo–Sa 10–17, So 12–17 Uhr)

Marc Navarro Gallery (Karte S. 994; ☎505-986-8191; 520 Canyon Rd; ⏱11–16 Uhr)

Morning Star Gallery (Karte S. 994; ☎505-982-8187; www.morningstargallery.com; 513 Canyon Rd; ⏱Mo–Sa 9–17 Uhr)

Nedra Matteucci Galleries (Karte S. 994; ☎505-982-4631; www.matteucci.com; 1075 Paseo de Peralta; ⏱Mo–Sa 9–17 Uhr)

Wheelwright Museum of the American Indian MUSEUM
(☎505-982-4636; www.wheelwright.org; 704 Camino Lejo; Erw./Kind 8 US$/frei, 1. So im Monat frei; ⏱10–17 Uhr) Mary Cabot gründete das Museum 1937, um Zeremonialkunst der Navajo auszustellen. Schmuck, vor allem Silberschmuck, der Navajo und der Zuñi ist ein besonderes Highlight des Museums. Im ersten Saal finden sich Wechselausstellungen indianischer Kunst aus ganz Nordamerika. Im Souvenirladen, dem Case Trading Post, werden Teppiche, Schmuck, Kachinas und anderes Kunsthandwerk von Museumsqualität angeboten.

Aktivitäten

Die **Pecos Wilderness** und der **Santa Fe National Forest** östlich der Stadt bieten ein über 1600 km langes Netz an Wander- und Radwegen. Manche davon führen auf über 3600 m hohe Gipfel. Karten und Infos gibt's beim Public Lands Information Center, zudem sollte man sich vorab die Wettervorhersage ansehen, da Gewitter im Sommer keine Seltenheit sind.

Mellow Velo (Karte S. 994; ☎505-995-8356; www.mellowvelo.com; 132 E Marcy St; Mountainbikes ab 40 US$/Tag; ⏱Mo–Sa 10–18 Uhr) verleiht Mountainbikes und erteilt Infos zu den Wegen. Anbieter wie **New Wave Rafting Co** (☎800-984-1444; www.newwaverafting.com; Erw./Kind ab 57/51 US$; ⏱Mitte April–Aug.) veranstalten Raftingtouren durch die Rio Grande Gorge, die wilde Taos Box und die Rio Chama Wilderness.

Dale Ball Trails MOUNTAINBIKEN, WANDERN
(www.santafenm.gov/trails_1) Die von Wanderern und Mountainbikern gleichermaßen genutzten Trails (Gesamtlänge über 32 km)

Santa Fe

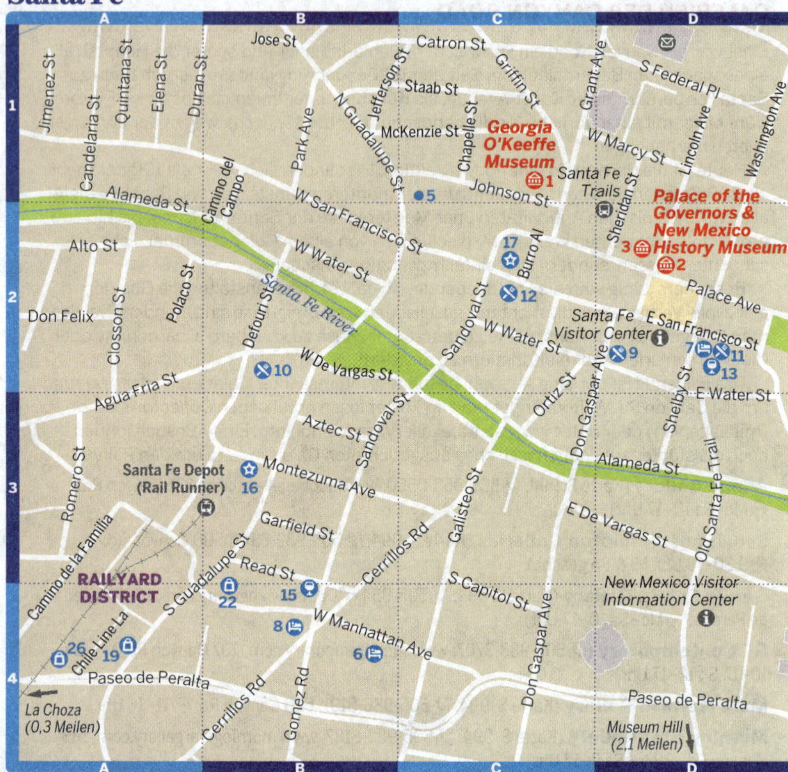

bieten einen fabelhaften Ausblick in die Wüste und die Berge. Ein Klassiker darunter ist der 15,6 km lange Outer Limits Trail, der einen schnellen Singletrail im nördlichen Abschnitt mit einem technisch anspruchsvolleren im mittleren Abschnitt verbindet. Wanderer können sich an den 6,4 km langen Trip zum Picacho Peak wagen, bei dem ein steiler, aber machbarer Anstieg von 381 m zu bewältigen ist.

Ski Santa Fe SKIFAHREN

(☎505-982-4429, Schneebericht 505-983-9155; www.skisantafe.com; Liftticket Erw./Jugendliche/Kind 75/60/52 US$; ⏰Dez.–März 9–16 Uhr) Das Skigebiet ist zwar kleiner als das berühmtere außerhalb von Taos und wird deshalb oft übersehen, es bietet aber den gleichen lockeren Pulverschnee (wenn auch etwas weniger) und der Startpunkt ist sogar höher (3155 m) gelegen. Das Gebiet befindet sich nur 16 Meilen (25,7 km) außerhalb der Stadt und eignet sich nicht nur für Familien, sondern auch für Skicracks. Die Letzteren kommen wegen der Waldwiesen, steilen Buckelpisten und langen, präparierten Abfahrten hierher.

Santa Fe School of Cooking KOCHEN

(Karte S. 994; ☎505-983-4511; www.santafeschoolofcooking.com; 125 N Guadalupe St; 2/3-stündiger Kurs 78/98 US$; ⏰Mo–Fr 9.30–17.30, Sa 9.30–17, So 10.30–15.30 Uhr) In den Workshops lernt man, die Grundlagen der Südwest-Küche zu meistern und sich an *chile rellenos* (gefüllte Chilis), Tamales oder komplizierteren Würzsaucen wie Senf-Mango-Habanero zu versuchen. Die Schule bietet auch diverse beliebte kulinarische Spaziergänge mit Restaurantbesuchen an.

Feste & Events

★**International Folk Art Market** KULTUR

(☎505-992-7600; www.folkartalliance.org; ⏰Mitte Juli) Der größte Volkskunstmarkt der Welt lockt rund 150 Künstler aus 50 Ländern im Juli zu einem festlichen Wochenende mit

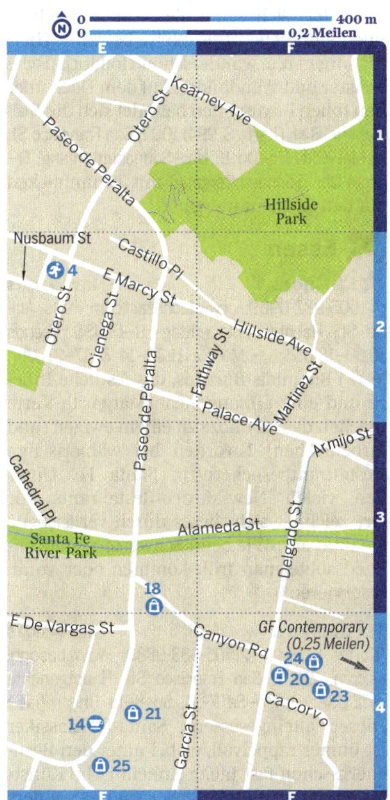

Santa Fe

kulturellen Events und Verkauf von Handwerksarbeiten ins Folk Art Museum.

★ **Santa Fe Indian Market** KULTUR
(☎505-983-5220; www.swaia.org; ⏲Aug.) Über 1000 Künstler aus 100 Stämmen und Pueblos präsentieren ihre Arbeiten bei dieser weltberühmten Verkaufsmesse. Am Wochenende nach dem dritten Donnerstag im August strömen bis zu 100 000 Besucher auf die Plaza, um sich offene Ateliers, Galerieausstellungen und das Native Cinema Showcase anzusehen. Freitags und samstags werden die besten Werke von einer Jury prämiert. Wer auf Schnäppchen aus ist, sollte bis zum Sonntag warten.

★ **Santa Fe Fiesta & Burning of Zozobra** KULTUR
(☎505-913-1517; www.santafefiesta.org; ⏲Anfang Sept.) Die zehntägige Feier der Wiederbesiedlung von Santa Fe 1692 nach dem Pueblo-Aufstand von 1680 umfasst Konzerte, eine Kerzenprozession und die beliebte Haustierparade. Die Party startet am Freitag mit der unbedingt sehenswerten Verbrennung von **Zozobra** (burnzozobra.com), einer 15 m hohen Figur des „Old Man Gloom" im Fort Marcy Park, zu der rund 40 000 Zuschauer kommen.

Schlafen

Silver Saddle Motel MOTEL $
(☎505-471-7663; www.santafesilversaddlemotel.com; 2810 Cerrillos Rd; Zi. ab 62 US$; P ❄ @ 🛜 🐾) Die altmodische, leicht kitschige Route-66-Motelanlage bietet vor Ort in der Budgetkategorie das beste Preis-Leistungs-Verhältnis. Einige Zimmer haben schön geflieste

Einbauküchen, alle sind mit schattenspendenden Holzkolonnaden und Cowboy-Dekor versehen – am schönsten sind die Zimmer „Kenny Rogers" und „Wyatt Earp". Das Motel liegt 3 Meilen (4,8 km) südwestlich der Plaza an der stark befahrenen Cerillos Rd.

Black Canyon Campground CAMPING $
(☎877-444-6777; www.recreation.gov; Hwy 475; Stellplatz Zelt & Wohnmobil 10 US$; ⏲Mai–Mitte Okt.) Dieser prächtige, abgeschiedene Campingplatz mit 36 Stellplätzen und Wander- und Radwegen in der Nähe ist gerade einmal 8 Meilen (12,9 km) von der Plaza entfernt. Wasser ist vorhanden, es gibt aber keine Versorgungsanschlüsse. Wenn der Platz voll belegt ist, kann man gleich die Straße weiter im Hyde Memorial State Park zelten. Die Campingplätze Big Tesuque und Aspen Basin (kostenlos, aber kein Trinkwasser) liegen näher beim Skigebiet.

★**El Paradero** B&B $$
(Karte S. 994; ☎505-988-1177; www.elparadero.com; 220 W Manhattan Ave; Zi. ab 155 US$; P❄@📶) Alle Zimmer in dem 200 Jahre alten Lehmziegelbau südlich des Flusses sind einzigartig gestaltet und versprühen jede Menge Charakter. Sie haben eigene Bäder, die sich allerdings in zwei Fällen auf der anderen Seite des Flurs befinden. Unsere Favoriten sind die Nr. 6 und 12. Das umfangreiche Frühstück lässt keine Wünsche offen, zudem ist Nachmittagstee im Preis inbegriffen. Vermietet wird auch eine separate Casita, deren zwei Suiten mit Kochecken zu einer kombinierbar sind.

★**Santa Fe Motel & Inn** HOTEL $$
(Karte S. 994; ☎505-982-1039; www.santafemotel.com; 510 Cerrillos Rd; Zi. ab 149 US$, Casitas ab 169 US$; P❄@📶🐾) Dieses Innenstadthotel nahe dem Railyard ist in der Nachsaison ein echtes Schnäppchen. Dank bunter Fliesen, strahlender Erdtöne und Zinnspiegel versprühen sogar die Motelzimmer das Flair eines typischen Südweststaaten-B&Bs. Die etwas teureren Casitas im Innenhof verfügen über *kiva*-Öfen und kleine Veranden. Das warme englische Frühstück (im Preis enthalten) wird im Sommer im Freien serviert.

★**La Fonda** HISTORISCHES HOTEL $$$
(Karte S. 994; ☎800-523-5002; www.lafondasantafe.com; 100 E San Francisco St; Zi. ab 259 US$; P❄@📶🏊🐾) Das schönste historische Hotel der Stadt ist seit Langem als „Inn am Ende des Santa Fe Trail" bekannt. Der weitläufige alte Lehmziegelbau gleich hinter der Plaza hat sich seine gleichsam vornehme und gemütliche Atmosphäre bewahrt. Hierfür sorgen u. a. wunderschöne folkloristische Fenster und Wandbilder. Auf dem Dach über den tollen Luxussuiten befindet sich die **Bell Tower Bar** (Karte S. 994; 100 E San Francisco St; ⏲Mai–Okt. Mo–Do 15 Uhr–Sonnenuntergang, Fr–So 14 Uhr–Sonnenuntergang) mit Traumblicken auf den Sonnenuntergang.

Essen

★**La Choza** NEW MEXICO $
(☎505-982-0909; www.lachozasf.com; 905 Alarid St; Hauptgerichte mittags 9–13 US$, abends 10,50–18 US$; ⏲Mo–Sa 11.30–14 & 17–21 Uhr; P👪) Blaumais-Burritos, das festliche Innere und eine umfangreiche Margarita-Karte machen das La Choza zu einem ewigen (und farbenfrohen) Favoriten bei wählerischen Restaurantbesuchern in Santa Fe. Unter den vielen New-Mexico-Restaurants vor Ort zeichnet sich dieses durch verlässliche Qualität aus. Wie beim Schwesterrestaurant Shed sollte man früh kommen oder vorab reservieren.

Tia Sophia's NEW MEXICO $
(Karte S. 994; ☎505-983-9880; www.tiasophias.com; 210 W San Francisco St; Hauptgerichte 7–12 US$; ⏲Mo–Sa 7–14, So 8–13 Uhr; 🌶👪) Dieser alteingesessene Santa-Fe-Klassiker ist immer rappelvoll, wobei unter den Besuchern schon fast mehr einheimische Künstler und Promis als Traveller sind. Besonders empfehlenswert ist das Frühstück mit tollen Burritos und anderen Southwestern-Klassikern. Aber auch das Mittagessen schmeckt verdammt lecker; unser Tipp: die perfekt zubereiteten *chile rellenos* (gefüllte Chili-Paprika) oder eines der wechselnden Tagesgerichte. Ein Regal voller Kinderbücher vertreibt kleinen Gästen die Zeit.

★**Jambo Cafe** AFRIKANISCH $$
(☎505-473-1269; www.jambocafe.net; 2010 Cerrillos Rd; Hauptgerichte 9–17 US$; ⏲Mo–Sa 11–21 Uhr) Das afrikanisch angehauchte Café ist von der Straße aus kaum zu finden, weil es sich in einem Einkaufszentrum versteckt. Drinnen ist es nett und stets gut von Einheimischen besucht, die hier Ziegen-, Hühnchen- und Linsencurrys, vegetarische Sandwiches und Roti-Fladenbrot bei einem Reggae-Soundtrack genießen.

Dr. Field Goods NEW MEXICO $$
(☎505-471-0043; http://drfieldgoods.com; 2860 Cerrillos Rd, Suite A1; Hauptgerichte 13,50–18 US$;

NICHT VERSÄUMEN

MUSEUM OF NEW MEXICO

Das Museum of New Mexico verwaltet vier ausgezeichnete Museen in Santa Fe. Zwei befinden sich an der Plaza, zwei auf dem Museum Hill 2 Meilen (3,2 km) südwestlich.

Palace of the Governors & New Mexico History Museum (Karte S. 994; ☎505-476-5100; www.palaceofthegovernors.org; 105 W Palace Ave; Erw./Kind 12 US$/frei; ⏲10–17 Uhr, Okt.–Mai Mo geschl.) Der niedrige Adobe-Komplex ist das älteste öffentliche Gebäude in den USA. 1610 als Sitz des ersten spanischen Gouverneurs von New Mexiko erbaut wurde es nach dem Pueblo-Aufstand von 1680 von Indianern besetzt und war schließlich nach 1846 auch der Amtssitz der ersten Gouverneure des neuen US-Territoriums. Heute gibt es hier faszinierende Exponate zu der vielschichtigen Vergangenheit der Stadt und einige hervorragende hispanische religiöse Kunstwerke. Wenn möglich, sollte man sich einer kostenlosen Führung anschließen.

New Mexico Museum of Art (Karte S. 994; ☎505-476-5072; www.nmartmuseum.org; 107 W Palace Ave; Erw./Kind 12 US$/frei; ⏲Di–So 10–17 Uhr, Führungen 13.30 Uhr) Das Museumsgebäude wurde 1917 errichtet und ist ein erstklassiges frühes Beispiel für Santa Fes Pueblo-Revival-Architektur. Seit knapp 100 Jahren sammelt und zeigt es Werke regionaler Künstler. Es ist eine wahre Schatztruhe großer Namen, die New Mexico in der Kulturlandschaft etabliert haben – von Taos Society of Artists bis zu Georgia O'Keeffe. Darüber hinaus lädt der hübsche Bau mit kühlem kleinen Garten zu einem Spaziergang ein. Ständig wechselnde Ausstellungen sorgen für aktuelle Relevanz.

Museum of International Folk Art (☎505-827-6344; www.internationalfolkart.org; 706 Camino Lejo; Erw./Kind 12 US$/frei; ⏲10–17 Uhr, Nov.–April Mo geschl.) Santa Fes ungewöhnlichstes und unterhaltsamstes Museum legt den Schwerpunkt auf die weltweit größte Sammlung von Volkskunst. Die riesige Hauptgalerie zeigt skurrile und faszinierende Objekte aus über 100 Ländern. Winzige Figuren gehen in komplett nachgebauten Dorf- und Stadtszenerien ihren Geschäften nach, während Puppen, Masken, Spielzeug und Gewänder die Wände schmücken. Die wechselnden Ausstellungen in den anderen Flügeln sind folkloristischer Kunst und Kultur aus der ganzen Welt gewidmet.

Museum of Indian Arts & Culture (☎505-476-1250; www.indianartsandculture.org; 710 Camino Lejo; Erw./Kind 12 US$/frei; ⏲10–17 Uhr, Sept.–Mai Mo geschl) Das erstklassige Museum erläutert Ursprünge und Geschichte der verschiedenen indigenen Stämme des Südwestens, inklusive ihrer so unterschiedlichen kulturellen Traditionen. Angehörige der Pueblo-Indianer, der Navajo und der Apachen beschreiben ihre heutige Lebensrealität, daneben gibt es eine großartige Sammlung mit moderner und alter Keramik sowie fantasievolle zeitgenössische Ausstellungen.

⏲11–21 Uhr) Dieses Deli mit Gerichten aus lokalen Zutaten hat aus guten Gründen treue Stammkunden: Es ist eine prima Adresse für einen zwanglosen Happen auf der Cerillos Rd. Hier gibt's u.a. Enchiladas mit Fleisch von freilaufenden Bisons, Ziegen-Tortas mit Honig-Habanero-Sauce, gegrillte Fisch-Tostadas und Pulled-Pork-Sandwiches mit grünem Chili. Ein paar Türen weiter finden sich eine Fleischerei und eine Bäckerei.

★Cafe Pasqual's NEW MEXICO $$$

(Karte S. 994; ☎505-983-9340; www.pasquals.com; 121 Don Gaspar Ave; Frühstück & Mittagessen 14–18,75 US$, Abendessen 15–39 US$; ⏲8–15 & 17.30–22 Uhr;) Wann auch immer man das ungemein farbenfrohe und bodenständige Lokal besucht: Die Küche mit stark mexikanischem Einschlag ist jeden Cent der hohen Preise wert. Auf der berühmten Frühstückskarte stehen *huevos motuleños* mit sautierten Bananen, Fetakäse und weiteren Zutaten. Später am Tag kommen dann hervorragende Hauptgerichte mit Fleisch oder Fisch auf den Tisch. Reservierungen sind nur fürs Abendessen möglich.

★La Plazuela NEW MEXICO $$$

(Karte S. 994; ☎505-982-5511; www.lafondasantafe.com; 100 E San Francisco St, La Fonda de Santa Fe; Mittagessen 11–22 US$, Abendessen 15–39 US$; ⏲Mo–Fr 7–14 & 17–22, Sa & So 7–15 & 17–22 Uhr) Eines der kulinarischen Highlights von Santa Fe ist eine Mahlzeit mit spannendem Sehen-und-Gesehen-Werden im zentralen Atrium des Fonda: Im geschäftigen Ambiente mit farbenfrohem Dekor kommt hier Spitzenküche auf den Tisch. Klassiker wie Fajitas oder Tamales teilen sich die Karte mit modernen Kreationen.

Joseph's Culinary Pub FRANZÖSISCH $$$
(Karte S. 994; ☎505-982-1272; www.josephsofsantafe.com; 428 Agua Fria St; Hauptgerichte 24–42 US$; ⏲17.30–22 Uhr, Nov.–März Mo geschl.) Das nur zum Abendessen geöffnete romantische alte Lehmziegelgebäude ist eher ein feines Speiserestaurant als ein Pub. Man kann zwar auch an der Bar billigere Gerichte von einer kürzeren Karte bekommen, es lohnt sich aber, in dem in warmen Farbtönen gestalteten Speisesaal zu verweilen und sich den reichhaltigen, französischen Gerichten mit modernem Einschlag zu widmen: Hier gibt's z. B. Lagerfeuer-Cassoulet mit hausgemachter Wurst oder süß-scharfes Enten-Confit.

Ausgehen & Unterhaltung

★ **Kakawa Chocolate House** CAFÉ
(Karte S. 994; ☎505-982-0388; https://kakawachocolates.com; 1050 Paseo de Peralta; ⏲Mo–Sa 10–18, So 12–18 Uhr) Schokofans sollten sich diese Hommage an die Kakaobohne nicht entgehen lassen. Hier gibt's nicht den vertrauten warmen Kakao mit Marshmallows, sondern Elixiere, die auf historischen Rezepten beruhen und in zwei Kategorien unterteilt sind: europäische (z. B. aus dem Frankreich des 17. Jhs.) und mesoamerikanische (Maya & Azteken). Neben Trinkschokolade warten hier auch herrliche Schokopralinen (z. B. mit Kaktusfeige und Mescal) und pikante Chili-Karamellen.

★ **Santa Fe Spirits** DESTILLERIE
(Karte S. 994; ☎505-780-5906; https://santafespirits.com; 308 Read St; ⏲Mo–Do 15–20.30, Fr & Sa bis 22 Uhr) Die Probierpalette (10 US$) der lokalen Destillerie bietet eine eindrucksvolle Reihe von Schnäpsen, darunter Colkegan Single Malt, Wheeler's Gin und Expedition Vodka. Die Probierstube in der Stadt ist dank Ledersesseln und offenen Deckenbalken ein intimes Plätzchen für einen Aperitif. Interessierte können für eine Führung (stündl.) durch die Destillerie reservieren.

★ **Santa Fe Opera** OPER
(☎505-986-5900; www.santafeopera.org; Hwy 84/285, Tesuque; Backstage-Führungen Erw./Kind 10 US$/frei; ⏲Juni–Aug., Backstage-Führungen Juni–Aug. Mo–Fr 9 Uhr) Viele Besucher kommen nur wegen der Oper nach Santa Fe: Das wunderschöne Theater begeistert mit Rundumblick auf eine Sandsteinwildnis, die von Sonnenuntergängen und Mondaufgängen gekrönt wird. Auf der Bühne geben die weltbesten Talente großartige Meisterwerke zum Besten. Dennoch ist dies immer noch der Wilde Westen: Zuschauer können problemlos Jeans tragen. Shuttles (Online-Reservierung erforderlich) verbinden das Theater mit Santa Fe (24 US$) und Albuquerque (39 US$).

Lensic Performing Arts Center DARSTELLENDE KUNST
(Karte S. 994; ☎505-988-7050; www.lensic.com; 211 W San Francisco St) Dieses Theater in einem wunderschön renovierten Kino von 1930 zeigt tourende Produktionen und Filmklassiker. Zudem treten sieben verschiedene Ensembles aus, darunter das Aspen Santa Fe Ballet und das Santa Fe Symphony Orchestra & Chorus.

Jean Cocteau Cinema KINO
(Karte S. 994; ☎505-466-5528; www.jeancocteaucinema.com; 418 Montezuma Ave) Das von George R. R. Martin 2013 wiederbelebte Kino ist die wichtigste Stätte vor Ort, um Indie-Filme zu gucken. Es gibt hier auch Signierstunden, gelegentliche Livekonzerte und eine Bar.

Shoppen

★ **Santa Fe Farmers Market** MARKT
(Karte S. 994; ☎505-983-4098; www.santafefarmersmarket.com; Paseo de Peralta & Guadalupe St; ⏲ganzjährig Sa 7–13 Uhr, Mai–Nov. Di 7–13 & Mi 14–20 Uhr; 👪) In der großen Marktanlage mit Ständen drinnen und draußen stammen die meisten Produkte von traditionell geführten Bio-Betrieben in der Region. Angeboten werden auch hausgemachte Leckereien, günstige Gerichte, natürliche Körperpflegemittel und Kunsthandwerk.

★ **Blue Rain** KUNST
(Karte S. 994; ☎505-954-9902; www.bluerain gallery.com; 544 S Guadalupe St; ⏲Mo–Sa 10–18 Uhr) Die große Galerie im Railyard District ist die Top-Adresse vor Ort für zeitgenössische indianische sowie regionale Kunst. In der Regel finden mehrere Ausstellungen gleichzeitig statt. Man findet hier alles von modernen Töpferwaren und Skulpturen bis hin zu eindrucksvollen Landschaftsbildern und Porträts.

Kowboyz KLEIDUNG
(Karte S. 994; ☎505-984-1256; www.kowboyz.com; 345 W Manhattan Ave; ⏲10–17.30 Uhr) Die-

ser Secondhand-Laden verkauft alles, was man für einen echten Cowboylook braucht. Während die T-Shirts günstig sind, muss man für die tollen Stiefel tief in die Tasche greifen. Zur Kundschaft gehören auch Filmrequisiteure, die nach authentischen Western-Outfits suchen.

Praktische Informationen

NOTFALL & MEDIZINISCHE VERSORGUNG

Polizei (☎505-428-3710; 2515 Camino Entrada)

Christus St. Vincent Hospital (☎505-983-3361; www.stvin.org; 455 St. Michaels Dr; ⊙Notaufnahme 24 Std.)

POST

Post (Karte S. 994; 120 S Federal Pl; ⊙Mo–Fr 8–17.30, Sa 9–16 Uhr)

TOURISTENINFORMATION

Santa Fe Visitor Center (Karte S. 994; ☎800-777-2489; www.santafe.org; 66 E San Francisco St, Suite 3, Plaza Galeria; ⊙10–18 Uhr) Das Besucherzentrum in der Plaza Galeria hat Stadtpläne und Broschüren.

New Mexico Visitor Information Center (Karte S. 994; ☎505-827-7336; www.newmexico.org; 491 Old Santa Fe Trail; ⊙Mo–Fr 8–17, Sa & So 8–16 Uhr) Freundliches Büro, das im Lamy Building von 1878 mit nützlichen Tipps und Gratiskaffee aufwartet.

Public Lands Information Center (☎505-954-2002; www.publiclands.org; 301 Dinosaur Trail; ⊙Mo–Fr 8.30–16 Uhr) Ungemein hilfreiches Zentrum mit Karten und Infos zu öffentlich verwaltetem Land in ganz New Mexico und zu diversen Wandermöglichkeiten.

Anreise & Unterwegs vor Ort

Der kleine **Santa Fe Municipal Airport** (SAF; ☎505-955-2900; www.santafenm.gov/airport; 121 Aviation Dr), 10 Meilen (16 km) südwestlich der Downtown, hat täglich Flüge von/nach Denver, Dallas und Phoenix.

Der **Sandia Shuttle Express** (☎888-775-5696; www.sandiashuttle.com; 30 US$) verbindet Santa Fe mit dem Albuquerque Sunport.

North Central Regional Transit (☎505-629-4725; www.ncrtd.org) bietet werktags einen kostenlosen Shuttlebus-Service von der Downtown von Santa Fe nach Española, wo man in Shuttles nach Taos, Los Alamos, Ojo Caliente und zu weiteren Zielen im Norden umsteigen kann. Der Haltepunkt ist die Bushaltestelle Santa Fe Trails an der Sheridan St, einen Block nordwestlich der Plaza.

Am Wochenende fährt der **Taos Express** (☎866-206-0754; www.taosexpress.com; einfache Strecke 5 US$; ⊙Sa & So) nordwärts nach Taos. Abfahrt ist an der Kreuzung der Guadalupe und der Montezuma St beim Railyard.

Der Pendlerzug **Rail Runner** (www.nmrailrunner.com; Erw./Kind 10/5 US$) bietet werktags acht und am Wochenende vier Verbindungen nach Albuquerque; die Züge fahren vom Railyard und halten an der South Capitol Station, eine Meile (1,6 km) südwestlich. Die Fahrt dauert rund 1¾ Stunden. Ankommende Fahrgäste können die kostenlosen Busse von Santa Fe Trails nutzen.

Die Züge von **Amtrak** (☎800-872-7245; www.amtrak.com) halten am Bahnhof Lamy 17 Meilen (27,4 km) südöstlich der Stadt, von wo alle 30 Minuten Busse nach Santa Fe fahren.

Auf der Fahrt zwischen Santa Fe und Albuquerque sollte man möglichst den Hwy 14 (Turquoise Trail) nehmen, der durch die alte Bergwerkssiedlung (und heutige Künstlerkolonie) Madrid, 28 Meilen (45,1 km) südlich von Santa Fe, führt.

Santa Fe Trails (Karte S. 994; ☎505-955-2001; www.santafenm.gov; einfache Strecke Erw./Kind 1 US$/frei, Tageskarte 2 US$) betreibt Busse vom Downtown Transit Center. Für Traveller am praktischsten sind die Linien M (zum Museum Hill) und 2 (auf der Cerrillos Rd). Taxis bestellt man bei **Capital City Cab** (☎505-438-0000; www.capitalcitycab.com).

Rund um Santa Fe

Santa Fe Area Pueblos

Nördlich von Santa Fe erstreckt sich das Kernland der Pueblo-Kulturen New Mexicos. Folgt man dem Hwy 502 von Pojoaque aus 8 Meilen (13 km) nach Westen, gelangt man in das alte **San Ildefonso Pueblo** (☎505-455-2273; www.sanipueblo.org; Hwy 502; 10 US$/Fahrzeug, Genehmigung für Foto/Video/Zeichnungen 10/20/25 US$; ⊙8–17 Uhr), den Geburtsort von Maria Martinez. Sie erweckte 1919 einen speziellen traditionellen Schwarz-Weiß-Töpferstil wieder zum Leben. In den Shops werden die Arbeiten herausragender Töpfer, darunter auch Nachfahren von Maria, verkauft, die im Pueblo arbeiten.

Gleich nördlich von San Ildefonso, am Hwy 30, liegt **Santa Clara Pueblo** (☎505-753-7330) mit den **Puyé-Felsbehausungen**. Hier können Besucher Pueblo-Ruinen an Klippen und auf Mesas besichtigen.

Las Vegas

Las Vegas, nicht zu verwechseln mit dem schillernden Spielerparadies in Nevada, ist eine der hübschesten Kleinstädte in New

Mexico und zugleich auch die größte und älteste Gemeinde östlich der Sangre de Cristo Mountains. In der gut zu Fuß zu erkundenden Downtown gibt's eine hübsche Old Town Plaza und rund 900 Gebäude im Südwest- und viktorianischen Stil, die im National Register of Historic Places aufgeführt sind.

Das 1882 erbaute und hundert Jahre später umgestaltete elegante **Plaza Hotel** (505-425-3591; http://plazahotellvnm.com; 230 Old Town Plaza; Zi. 89–149 US$;) war im Film *No Country For Old Men* zu sehen und ist die berühmteste Unterkunft vor Ort. Man hat die Wahl zwischen viktorianischen, mit Antiquitäten ausstaffierten Zimmern im Originalgebäude und hellen, modernen Zimmern im angeschlossenen neueren Flügel. Für die Koffeindosis sorgt das **World Treasures Traveler's Cafe** (505-426-8638; 1814 Plaza St; Salate & Sandwiches 6–8,50 US$; Mo–Sa 7–19 Uhr;) direkt an der Plaza, tolle modern-amerikanische Gerichte serviert das **El Fidel** (505-425-6659; 510 Douglas Ave; Sandwiches 8–13 US$, Pasta 11–14 US$, Hauptgerichte abends 16–24 US$; Mo–Fr 11–15 & 17–21, Sa 17–21, So 11–14 Uhr).

Los Alamos

Das streng geheime Manhattan-Projekt nahm 1943 in Los Alamos seinen Anfang und verwandelte das verschlafene Nest auf dem Plateau einer Mesa in ein geschäftiges Labor, in dem Superhirne herumtüftelten. Hier, in der „Stadt, die nicht existierte", wurde die erste Atombombe entwickelt, und das unter absoluter Geheimhaltung. Heute versprüht die Stadt faszinierend dynamisches Flair. Wer Lust auf eine Shoppingtour hat, findet T-Shirts mit aufgedrucktem Atompilz neben „La Bomba"-Wein und Büchern zur Pueblo-Geschichte und zu Wanderungen in der Wildnis.

Das **Los Alamos National Laboratory** ist nicht öffentlich zugänglich, denn dort laufen bis heute bahnbrechende Forschungsprojekte. Dafür kann man das interaktive **Bradbury Science Museum** (505-667-4444; www.lanl.gov/museum; 1350 Central Ave; Di–Sa 10–17, So & Mo 13–17 Uhr) GRATIS besuchen, das die faszinierenden Details der atomaren Geschichte zeigt. Das kleine, aber interessante **Los Alamos Historical Museum** (505-662-6272; www.losalamoshistory.org; 1050 Bathtub Row; Mo–Fr 9.30–16.30, Sa & So 11–16 Uhr) GRATIS befindet sich auf dem nahe gelegenen Grundstück der früheren Los Alamos Ranch School; die reine Jungenschule wurde geschlossen, als die Wissenschaftler auf der Bühne auftauchten. Die hiesigen Wissenschaftler sättigen ihren Hunger im **Blue Window Bistro** (505-662-6305; www.labluewindowbistro.com; 813 Central Ave; Mittagessen 10–12,50 US$, Abendessen 11,25–28,50 US$; Mo–Fr 11–14.30, Mo–Sa 17–20.30 Uhr).

Bandelier National Monument

Die frühen Pueblo-Indianer lebten in den Felsen des schönen Frijoles Canyon, der heute im **Bandelier National Monument** (505-672-3861; www.nps.gov/band; Hwy 4; 20 US$/Fahrzeug; Sonnenaufgang–Sonnenuntergang;) unter Schutz steht. Abenteuerlustige können auf Leitern in alte Höhlen und *kivas* (Kammern) klettern, die bis Mitte des 16. Jhs. bewohnt waren. Für das Campen auf freiem Gelände (das wegen Überflutungsgefahr von Juli bis Mitte September nur oben auf der Mesa gestattet ist) braucht man eine kostenlose Genehmigung. Rund 100 Stellplätze bietet der Juniper Campground unter den Bäumen nahe beim Eingang zum National Monument.

Achtung: Vom 14. Mai bis 15. Oktober muss man zwischen 9 und 15 Uhr zum Bandelier National Monument den Shuttlebus vom 8,5 Meilen (13,7 km) nördlich gelegenen **White Rock Visitor Center** (Hwy 4) nehmen.

Abiquiu

Das spanisch geprägte Dorf Abiquiu (klingt wie „Barbecue") am Hwy 84 liegt eine rund 45-minütige Autofahrt nordwestlich von Santa Fe. Berühmt ist es für die Künstlerin Georgia O'Keeffe, die von 1949 bis zu ihrem Tod 1986 hier lebte und malte. Die traumhafte Landschaft – der Chama River windet sich an Ackerland und spektakulären Felsformationen vorbei – zieht nach wie vor Künstler an. O'Keeffes Lehmziegelhaus ist eingeschränkt für Besucher zugänglich; mindestens dreimal pro Woche werden einstündige **Führungen** (505-685-4539; www.okeeffemuseum.org; Führungen 35–65 US$; Mitte März–Mitte Nov. Di–Sa) angeboten, allerdings sind diese oft Monate im Voraus ausgebucht.

15 Meilen (24 km) weiter nordwestlich erstreckt sich die in vielen Farben leuchtende **Ghost Ranch** (505-685-1000; www.ghostranch.org; US Hwy 84; Tagesticket Erw./Kind 5/3 US$;) auf einem 84 km² großen Gelände. O'Keeffe verbachte viel Zeit in diesem Zentrum spirituellen Rückzugs. Neben

großartigen Wanderwegen bietet es ein **Dinosauriermuseum**, einfache **Unterkünfte** (Stellplatz Zelt & Wohnmobil 25 US$, B 69 US$, Zi. mit/ohne Bad ab 119/109 US$; ❄@) und Ausritte (ab 50 US$).

Das hübsche **Abiquiú Inn** (☎505-685-4378; www.abiquiuinn.com; US Hwy 84; Zi. ab 110 US$, Casitas ab 120 US$; P📶) ist eine weitläufige Anlage mit schattigen Lehmziegelnachbauten. Die geräumigen Casitas haben Einbauküchen. Auf der Speisekarte des vor Ort gelegenen Restaurants **Cafe Abiquiú** (☎505-685-4378; www.abiquiuinn.com; Abiquiú Inn; Hauptgerichte mittags 10–14 US$, abends 21–26 US$; ⊙7–20 Uhr; 📶) stehen die üblichen Spezialitäten aus New Mexico.

Ojo Caliente

Das 140 Jahre alte **Ojo Caliente Mineral Springs Resort & Spa** (☎505-583-2233; www.ojospa.com; 50 Los Baños Rd; Zi. 189 US$, Cottages 229 US$, Suite 299–399 US$, Zelt & Wohnmobil 40 US$; ❄📶) ist einer der ältesten Kurorte des Landes. Die Pueblo-Indianer nutzen die Quellen bereits seit Jahrhunderten. Das Spa liegt 50 Meilen (80 km) nördlich von Santa Fe am Hwy 285 und bietet zehn Becken mit verschiedenen Mineralien. Zusätzlich zu den netten, wenn auch wenig originellen historischen Hotelzimmern wartet das Resort mit mehreren schicken Suiten in frechen Farben mit Kiva-Feuerstellen und privaten Wasserbecken auf, zudem gibt es Cottages im New-Mexico-Stil. Das **Artesian Restaurant** (www.ojospa.com; Hwy 285; Mittagessen 11–16 US$, Abendessen 16–32 US$; ⊙7.30–11, 11.30–14.30 & 17–21 Uhr; 📶✍) 🍃 setzt lokale Bio-Zutaten angemessen in Szene.

Taos

Selbst im Land der Verzauberung sticht Taos mit seiner spektakulären Szenerie heraus: Schneebedeckte, 3750 m hohe Gipfel erheben sich hinter der Stadt, und nach Westen erstreckt sich eine mit Salbei bedeckte Hochebene, die dann plötzlich 244 m tief in die Rio Grande Gorge abfällt. Der Himmel präsentiert sich mal in strahlendem Saphirblau, mal mit riesigen Gewitterwolken, angesichts derer selbst die Berge klein wirken. Und dann sind da auch noch die Sonnenuntergänge!

Der Taos Pueblo, ein Juwel der Lehmziegelarchitektur, gehört zu den ältesten ununterbrochen bewohnten Siedlungen in den USA, und die lange Stadtgeschichte reicht von den Konquistadoren über Cowboys bis zu Künstlern. Die Stadt Taos wiederum ist ein entspannter, exzentrischer Ort mit typischen Lehmziegelgebäuden, fabelhaften Museen, skurrilen Cafés und ausgezeichneten Restaurants. Zu den 5700 Einwohnern zählen Bohemiens und Hippies, Fans alternativer Energien und alteingesessene, spanischstämmige Familien. Das Städtchen ist ländlich und weltzugewandt, aber auch ein bisschen abgedreht.

Sehenswertes

★Millicent Rogers Museum MUSEUM
(☎575-758-2462; www.millicentrogers.org; 1504 Millicent Rogers Rd; Erw./Kind 10/2 US$; ⊙April–Okt. 10.10–17 Uhr, Nov.–März Mo geschl.) Das großartige Museum, 4 Meilen (6,5 km) nordwestlich der Plaza, beherbergt die Privatsammlung der Ölerbin und Modeikone Millicent Rogers, die 1947 nach Taos zog. Es zeigt hispanische Volkskunst, Webereien der Navajo und sogar von Rogers selbst entworfenen modernistischen Schmuck. Der Schwerpunkt liegt jedoch auf indianischen Keramiken, vor allem auf den wunderschönen komplett schwarzen Werken, die Maria Martínez aus San Ildefonso Pueblo im 20. Jh. anfertigte.

Martínez Hacienda MUSEUM
(☎575-758-1000; www.taoshistoricmuseums.org; 708 Hacienda Way, abseits der Lower Ranchitos Rd; Erw./Kind 8/4 US$, Blumenschein Museum Kombiticket 12 US$; ⊙April–Okt. Mo–Sa 10–17, So 12–17 Uhr, Rest des Jahres Mi & Do geschl.) Das befestigte Gehöft aus Lehmziegeln wurde 1804 errichtet und liegt 2 Meilen (3 km) südwestlich der Plaza mitten in den Feldern. Einst diente es als Handelsposten für Kaufleute, die zuerst von Mexiko-Stadt aus dem Camino Real Richtung Norden folgten und später dem Santa Fe Trail nach Westen. Die 21 Zimmer säumen einen Innenhof und sind mit den wenigen Besitztümern eingerichtet, die sich selbst eine wohlhabende Familie in der damaligen Zeit gerade noch leisten konnte. Vor Ort finden regelmäßig Kulturveranstaltungen statt.

Harwood Foundation Museum MUSEUM
(☎575-758-9826; www.harwoodmuseum.org; 238 Ledoux St; Erw./Kind 10 US$/frei; ⊙April–Okt. Mo–Sa 10–17, So 12–17 Uhr, Nov.–März Mo & Di geschl.) Ein großartiger weitläufiger Lehmziegelkomplex aus der Mitte des 19. Jhs. beherbergt attraktiv präsentierte historische und zeitgenössische Gemälde, Zeichnungen, Drucke, Skulpturen und Fotografien, die vor

allem von Künstlern aus dem Norden New Mexicos stammen. Harwood wurde 1923 gegründet und ist somit das zweitälteste Museum des Bundesstaats. Schwerpunkte sind hiesige hispanische Traditionen und die Taos-Schule des 20. Jhs.

Taos Art Museum & Fechin Institute MUSEUM
(575-758-2690; www.taosartmuseum.org; 227 Paseo del Pueblo Norte; Erw./Kind 10 US$/frei; Mai–Okt. Di–So 10–17 Uhr, Nov.–April bis 16 Uhr) 1926 zog der russische Künstler Nicolai Fechin mit 46 Jahren nach Taos – und zwar in dieses Lehmziegelhaus, dessen Inneres er von 1928 bis 1933 mit seinen markanten Schnitzereien im russischen Stil ausschmückte. Das heutige Museum zeigt Fechins Gemälde und Skizzen, seine Privatsammlung und ausgewählte Werke der Taos Society of Artists. Im Sommer finden hier gelegentlich Konzerte mit Kammermusik statt.

San Francisco de Asís Church KIRCHE
(575-751-0518; St. Francis Plaza, Ranchos de Taos; Mo–Fr 9–16 Uhr) 4 Meilen (ca. 6,5 km) südlich der Taos Plaza steht gleich abseits des Hwy 68 in Ranchos de Taos diese markante Kirche von 1815. Der Bau ist für die geschwungenen Kurven und rechteckigen Formen seiner massiven Lehmziegelmauern berühmt. Georgia O'Keeffe und Ansel Adams verewigten ihn jeweils mehrmals als Gemälde oder Fotografie. Die Messe wird hier am ersten Samstag des Monats um 18 Uhr sowie meist jeden Sonntag um 7, 9 und 11.30 Uhr gelesen.

Blumenschein Home & Museum MUSEUM
(575-758-0505; www.taoshistoricmuseums.org; 222 Ledoux St; Erw./Kind 8/4 US$; Martínez Hacienda Kombiticket 12 US$; April–Okt. Mo–Sa 10–17, So 12–17 Uhr, Rest des Jahres Mi & Do geschl.) Das wunderschön erhaltene Wohnhaus aus Lehmziegeln (erb. 1797) gibt einen anschaulichen Einblick in das Leben der hiesigen Künstlergemeinde in den 1920er-Jahren. Ernest L. Blumenschein, Gründungsmitglied der Taos Society of Artists, lebte hier mit seiner Frau Mary und seiner Tochter Helen Greene, die auch Künstlerinnen waren. Die Werke und persönlichen Besitztümer der Familienmitglieder lassen alle Räume bis heute sehr lebendig wirken.

Earthships ARCHITEKTUR
(575-613-4409; www.earthship.com; US Hwy 64; Touren ohne Guide 7 US$; Juni–Aug. 9–17 Uhr, Sept.–Mai 10–16 Uhr)  Die moderne Pioniergemeinde ist das geistige Kind des Architekten Michael Reynolds. Die 70 Earthships (Erdschiffe) bestehen aus recycelten Materialien wie gebrauchten Autoreifen oder Dosen. Sie sind auf drei Seiten mit Erde bedeckt und heizen bzw. kühlen sich selbst. Zudem produzieren sie ihren eigenen Strom und sammeln ihr eigenes Wasser, während die Bewohner Lebensmittel selbst anbauen. Das Gelände bietet noch Platz für 60 weitere Earthships. Falls möglich, sollte man sich für eine Nacht einquartieren (S. 1003), denn die „Führung“ ist doch etwas enttäuschend. Das Visitor Center liegt 1,5 Meilen (ca. 2,5 km) westlich der Rio Grande Gorge Bridge am US Hwy 64.

Aktivitäten

Im Sommer sind Wildwasserfahrten durch die Taos Box, den von steilen Klippen umrahmten Lauf des Rio Grande, beliebt. Es gibt auch viele ausgezeichnete Wanderwege und Mountainbike-Trails. Mit einem 3602 m hohen Gipfel und einem Abhang mit 998 m Höhenunterschied bietet das **Taos Ski Val-**

CHIMAYÓ

Das „amerikanische Lourdes“, die außerordentlich hübsche Lehmziegelkapelle **El Santuario de Chimayó** (505-351-9961; www.elsantuariodechimayo.us; Mai–Sept. 9–18, Okt.–April bis 17 Uhr) GRATIS mit zwei Türmen, steht mitten in den Bergen der sogenannten High Road östlich des Hwy 84, 28 Meilen (45 km) nördlich von Santa Fe. Sie wurde 1826 an einer Stelle errichtet, an der die Erde wundersame Heilkräfte besitzen soll. Bis heute kommen Gläubige, um *tierra bendita* (heilige Erde) aus einer kleinen Grube im Gebäudeinneren auf schmerzende Körperstellen zu reiben. Während der Karwoche wandern rund 30 000 Pilger von Santa Fe, Albuquerque und anderen Orten nach Chimayó. Das Ganze ist die größte Pilgerprozession der USA. Das Kunstwerk im *santuario* ist für sich genommen einen Besuch wert. Danach kann man sich im **Rancho de Chimayó** (505-984-2100; www.ranchodechimayo.com; County Rd 98; Hauptgerichte 7–10,75 US$, Abendessen 10,25–25 US$; 11.30–21 Uhr, Nov.–April Mo geschl.) ein Mittag- oder Abendessen schmecken lassen.

ley (☎866-968-7386; www.skitaos.org; Liftticket Erw./Jugendliche/Kind 98/81/61 US$; ⏲9–16 Uhr) Ski- und Snowboard-Möglichkeiten, die zu den anspruchsvollsten in den USA zählen, trotzdem ist es hier immer noch lässig und entspannt.

Los Rios River Runners RAFTING
(☎575-776-8854; www.losriosriverrunners.com; 1033 Paseo del Pueblo Sur; Erw./Kind Halbtages-Pass ab 54/44 US$; ⏲Ende April–Aug.) Zum Angebot gehören halbtägige Trips auf dem Racecourse, die auch in Einer- oder Zweier-Kajaks möglich sind, Tagestouren in der Box (Mindestalter 12 Jahre) und mehrtägige Ausflüge auf dem malerischen Chama. Beim „Native Cultures Feast and Float" unter Leitung eines indianischen Guides gehört ein hausgemachtes Mittagessen bei einer einheimischen Pueblo-Familie zum Programm. Am Wochenende sind die Preise etwas höher.

Schlafen

Sun God Lodge MOTEL $
(☎575-758-3162; www.sungodlodge.com; 919 Paseo del Pueblo Sur; Zi. ab 55 US$; P 📶 🐾) Die gastfreundlichen Leute in diesem gut geführten zweistöckigen Motel können viel über die Lokalgeschichte erzählen und Restaurants empfehlen. Die Zimmer sind sauber, wenn auch etwas dunkel und haben lässiges Südwest-Flair. Das Highlight ist der üppig grüne Hof mit Lichterketten, ein malerischer Ort, um ein Picknick oder den Sonnenuntergang zu genießen. Die Lodge befindet sich 1,5 Meilen (2,4 km) südlich der Plaza.

★ **Doña Luz Inn** B&B $$
(☎575-758-9000; www.stayintaos.com; 114 Kit Carson Rd; Zi. 119–209 US$; ❄ @ 📶 🐾) Das witzig-originelle B&B in zentraler Lage wurde liebevoll vom Besitzer Paul Castillo gestaltet. Die farbenfrohen Themenzimmer sind z.B. im spanischen Kolonialstil oder indianisch gehalten und bieten jede Menge Kunst, Wandmalereien, Artefakte, Lehmziegelkamine, Küchenzeilen und Whirlpools. Das gemütliche La-Luz-Zimmer bietet das beste Preis-Leistungs-Verhältnis der Stadt, zudem gibt es größere Luxussuiten.

★ **Earthship Rentals** BOUTIQUEHOTEL $$
(☎575-751-0462; www.earthship.com; US Hwy 64; Earthship 185–410 US$; 📶 🐾) 🍃 Lust auf eine autarke Boutique-Bleibe mit Solarstrom? Die futuristischen Gebilde aus recycelten Autoreifen und Aluminiumdosen – alles unsichtbar verbaut – sind teils Vision à la Gaudí, teils schrille Space-Age-Fantasie. 14 Meilen (22,5 km) nordwestlich der Stadt auf einem wunderschönen Tafelberg gelegen, bieten sie ein einzigartiges Erlebnis, das in Taos seinesgleichen sucht. Auch Gäste ohne Reservierung sind willkommen.

★ **Historic Taos Inn** HISTORISCHES HOTEL $$
(☎575-758-2233; www.taosinn.com; 125 Paseo del Pueblo Norte; Zi. ab 119 US$; P ❄ 📶) Die 45 Zimmer des charmanten, stets gut besuchten alten Gästehauses versprühen jede Menge Flair, dafür sorgt die Einrichtung im Südweststaatenstil mit massiven Holzelementen und Lehmziegelkaminen, die aber teilweise nur Dekozwecken dienen. In der berühmten Adobe Bar im gemütlichen zentralen Atrium wird jeden Abend Livemusik gespielt. Wer etwas ruhiger schlafen möchte, wählt besser ein Zimmer in einem der sepa-

NICHT VERSÄUMEN

TAOS PUEBLO

Mit zwei fünfstöckigen Lehmziegelkomplexen, die sich zu beiden Seiten des Río Pueblo de Taos vor der eindrucksvollen Kulisse der Sangre de Cristo Range erheben, ist der **Taos Pueblo** (☎575-758-1028; www.taospueblo.com; Taos Pueblo Rd; Erw./Kind 16 US$/frei; ⏲Mo–Sa 8–16.30, So 8.30–16.30 Uhr, Mitte Feb.–Mitte April geschl.) ein Musterbeispiel antiker Pueblo-Architektur. Die beiden Komplexe sollen gegen 1450 fertiggestellt worden sein. Den heutigen Besuchern bietet sich also das gleiche faszinierende Bild wie den frühen spanischen Entdeckern, nur dass heute noch in der Nähe eine kleine, sehr malerische katholische Missionskirche steht.

Die Bewohner veranstalten (gegen eine Spende) Führungen durch den Pueblo mit Einblicken in seine Geschichte. Man hat zudem Gelegenheit, schönen Schmuck, Töpferwaren und anderes Kunsthandwerk zu kaufen und Fladenbrot zu probieren, das in traditionellen, bienenkorbförmigen Lehmziegelöfen gebacken wird. Zwischen Februar und April bleibt der Pueblo zehn Wochen lang für die Öffentlichkeit geschlossen und zu anderen Zeiten während bestimmter Zeremonien und Events. Daher sollte man vor einem Besuch anrufen oder sich über die Termine solcher Events auf der Webseite informieren.

raten Flügel. Es gibt außerdem ein gutes **Restaurant** (☎575-758-1977; Frühstück & Mittagessen 7–15 US$, Abendessen 15–28 US$; ⏲Mo–Fr 11–15 & 17–21, Sa & So 7.30–14.30 & 17–21 Uhr).

★ **Mabel Dodge Luhan House** INN $$
(☎505-751-9686; www.mabeldodgeluhan.com; 240 Morada Lane; Zi. ab 116 US$; Ⓟ) Jeder Zoll dieser weitläufigen Anlage, die einst das Domizil von Mabel Dodge Luhan, der sogenannten „Schutzherrin von Taos", war, atmet Schönheit und bodenständige Eleganz. Man übernachtet, wo einst schon Georgia O'Keeffe, Willa Cather oder Dennis Hopper wohnten, und benutzt ein Bad, das von D. H. Lawrence dekoriert wurde. Vor Ort gibt's auch Kunst-, Kunsthandwerks-, spirituelle und kreative Workshops. Das Büffetfrühstück ist im Preis enthalten. WLAN gibt's nur in den öffentlichen Bereichen.

Essen

Michael's Kitchen NEW MEXICO $
(☎575-758-4178; www.michaelskitchen.com; 304c Paseo del Pueblo Norte; Hauptgerichte 8–13,50 US$; ⏲Mo–Do 7–14.30, Fr–So bis 20 Uhr;) Einheimische und Reisende zieht es gleichermaßen in diesen alten Klassiker. Das liegt an der großen Speiseauswahl, dem verlässlich guten Essen, der kinderfreundlichen Atmosphäre und den Leckereien aus der hauseigenen Bäckerei. Zudem ist das Frühstück das beste der Stadt. Morgens trifft man hier eventuell den einen oder anderen Hollywood-Promi, der sich einen Burrito mit Chilisauce genehmigt.

★ **Love Apple** NEW MEXICO $$$
(☎575-751-0050; www.theloveapple.net; 803 Paseo del Pueblo Norte; Hauptgerichte 17–29 US$; ⏲Di–So 17–21 Uhr) Von den Räumlichkeiten der umgebauten Placitas Chapel aus dem 19. Jh. bis hin zum leckeren Essen, das größtenteils aus Bio-Zutaten besteht: Das Love Apple ist ein echtes Juwel, das man nur in New Mexico findet. Die gesamte Küche ist von regionalen Aromen geprägt. Dies gilt für die Rindfleischburger mit roter Chilisauce und Blauschimmelkäse ebenso wie für die Tamales mit Mole-Sauce oder das Wildschweinfilet. Das dezente rustikal-sakrale Ambiente verstärkt das kulinarische Erlebnis noch weiter. Reservierung ratsam; nur Barzahlung.

★ **Lambert's** MODERN-AMERIKANISCH $$$
(☎505-758-1009; www.lambertsoftaos.com; 123 Bent St; Mittagessen 11–14 US$, Abendessen 23–38 US$; ⏲11.30 Uhr–open end;) Das Lambert's wird immer wieder als bestes Restaurant in Taos gepriesen. In dem charmanten alten Lehmziegelbau nördlich der Plaza bleibt alles beim Alten: ein gemütlicher und romantischer Einheimischentreff, dessen Gäste bei opulenter zeitgenössischer Küche entspannen. Die Palette der Hauptgerichte reicht von Miniburgern mit gegrilltem Schweinefleisch zum Mittagessen bis hin zu Enchiladas mit Hühnchen und Mango sowie Colorado-Lammkarree am Abend.

Ausgehen & Unterhaltung

Adobe Bar BAR
(☎575-758-2233; Historic Taos Inn, 125 Paseo del Pueblo Norte; ⏲11–23 Uhr, Musik 18.30–22 Uhr) Die Adobe Bar hat das gewisse Etwas: Jeden Abend scheint hier irgendwann ganz Taos aufzutauchen, um bei Livemusik (Bluegrass, Jazz etc.; keine Coverversionen) und den berühmten „Cowboy Buddha"-Margaritas in der gemütlichen Atmosphäre des überdachten Atriums zu entspannen. Wer länger bleibt, kann auch jederzeit Gerichte von der günstigen Barkarte bestellen.

Caffe Tazza CAFÉ
(☎575-758-8706; 122 Kit Carson Rd; ⏲7–18 Uhr) Im Tazza, das heute weitgehend von tätowierten Hipstern bevölkert ist, kann man einen Eindruck davon gewinnen, wie Taos zu Hippie-Zeiten war. Ansonsten kann man hier auch einfach nur einen guten Kaffee trinken. Der Laden ist nicht nach jedermanns Geschmack, aber man hat viel Platz, um zu entspannen, und an den meisten Abenden gibt's Open Mikes oder Livemusik.

KTAOS Solar Center LIVEMUSIK
(☎575-758-5826; www.ktao.com; 9 Ski Valley Rd; ⏲Bar Mo–Do 16–21, Fr & Sa bis 23 Uhr) Am Anfang der Ski Valley Rd teilt sich der beste Livemusik-Laden von Taos ein Gebäude mit dem sehr beliebten Radiosender KTAOS 101,9 FM. Einheimische Bands sorgen hier ebenso für Stimmung wie Künstler auf Tour. Wenn gerade keine Konzerte stattfinden, können Besucher die DJs der „leistungsstärksten Solarradiostation der Welt" bei der Arbeit beobachten und dabei die Happy Hour an der Bar genießen.

Shoppen

Taos ist seit jeher ein Mekka für Künstler, davon zeugt eine große Zahl von Galerien und Ateliers in der und rund um die Stadt. Eigenständige Geschäfte und Galerien säumen die Fußgängerzone **John Dunn Shops** (www.johndunnshops.com) zwischen der Bent St und der Taos Plaza.

Auf der Suche nach klassischen Western-Memorabilien kann man gleich östlich der Plaza in der **El Rincón Trading Post** (☎575-758-9188; 114 Kit Carson Rd; ⊙10–17 Uhr) vorbeischauen.

Praktische Informationen

Taos Visitor Center (☎575-758-3873; http://taos.org; 1139 Paseo del Pueblo Sur; ⊙9–17 Uhr; 📶) Das hervorragende Visitor Center bietet alle möglichen Informationen zum Norden New Mexicos und schenkt Gratiskaffee aus. Das gesamte Material, z. B. der umfangreiche *Taos Vacation Guide*, ist auch online erhältlich.

An- & Weiterreise

Von Santa Fe aus nimmt man entweder die malerische „High Road" (Höhenstraße) über die Highways 76 und 518, an deren Rand lohnende Galerien, Dörfer und Stätten winken, oder folgt der hübsch sich entfaltenden Rio-Grande-Landschaft am Hwy 68.

Nach Taos fahren keine Greyhound-Busse, aber werktags bietet **North Central Regional Transit** (☎866-206-0754; www.ncrtd.org) einen kostenlosen Shuttleservice nach Española, wo man nach Santa Fe und zu anderen Zielen im Norden umsteigen kann; die Haltestelle liegt vor den Büros von Taos County abseits des Paseo del Pueblo Sur, 1 Meile (1,6 km) südlich der Plaza.

Taos Express bietet samstags und sonntags einen Shuttleservice nach Santa Fe (einfache Strecke Erw./Kind 5 US$/frei) mit Anschluss an die RailRunner-Züge von/nach Albuquerque.

Nordwestliches New Mexico

New Mexicos wilder Nordwesten ist von weiten, menschenleeren Flächen geprägt. Das Gebiet heißt immer noch „Indian Country", denn große Teile gehören den Völkern der Navajo, Zuñi, Acoma, Apache und Laguna. Neben bemerkenswerten uralten Stätten gibt es in diesem Teil New Mexicos einsame indigene Siedlungen. Und nach dem Kulturerlebnis kann man mit einer historischen Schmalspurbahn durch die Berge fahren, durch hinreißendes Ödland wandern oder die Angel nach großen Forellen auswerfen.

Farmington & Umgebung

Farmington ist die größte Stadt im Nordwesten New Mexicos und eignet sich gut als Basis für Entdeckungstouren ins Four-Corners-Gebiet (Vierländereck). Das **Visitors Bureau** (☎505-326-7602; www.farmingtonnm.org; 3041 E Main St; ⊙Mo–Sa 8–17 Uhr) hat genauere Infos. **Shiprock**, ein 518 m hoher Vulkanschlot, ragt düster über der Landschaft im Westen empor. Er diente den angelsächsischen Pionieren als Orientierungspunkt und ist den Navajo heilig.

14 Meilen (23 km) nordöstlich von Farmington wartet das ca. 11 ha große **Aztec Ruins National Monument** (☎505-334-6174; www.nps.gov/azru; 84 Ruins Rd; Erw./Kind 5 US$/frei; ⊙Sept.–Mai 8–17 Uhr, Juni–Aug. bis 18 Uhr) mit der größten nachgebauten Kiva des Landes auf; sie hat einen Innendurchmesser von fast 15 m. Ein paar Schritte entfernt kann man seine Fantasie schweifen lassen, wenn man unter niedrigen Türrahmen hindurchschlüpft und die dunklen Räume der West Ruin durchwandert.

Etwa 35 Meilen (56 km) südlich von Farmington über den Hwy 371 erstreckt sich die ursprüngliche **Bisti Badlands & De-Na-Zin Wilderness**, eine psychedelische, surreale Landschaft mit eigentümlichen, farbenfrohen Steinformationen, die in den Stunden vor Sonnenuntergang besonders schön anzusehen sind. Wer sich für Wüsten interessiert, sollte sich das nicht entgehen lassen! Infos erhält man beim **BLM Office** (☎505-564-7600; www.blm.gov/nm; 6251 College Blvd; ⊙Mo–Fr 7.45–16.30 Uhr) in Farmington.

Das hübsche **Silver River Adobe Inn B&B** (☎505-325-8219; www.silveradobe.com; 3151 W Main St; Zi. 115–205 US$; ❄📶) mit drei Zimmern ist eine Oase der Ruhe und liegt zwischen Bäumen entlang des San Juan River. Dem hippen **Three Rivers Eatery & Brewhouse** (☎505-324-2187; www.threeriversbrewery.com; 101 E Main St; Hauptgerichte 9–27 US$, Pizza 7,50–13,50 US$; ⊙11–21 Uhr; 📶👪) gelingt es trendy und kinderfreundlich zugleich zu sein. Neben guten Steaks gibt es Kneipenkost und Bier aus eigener Herstellung. Das mit Abstand beste Restaurant der Stadt!

Chaco Culture National Historical Park

Der faszinierende **Chaco Park** (☎505-786-7014; www.nps.gov/chcu; 20 US$/Auto; ⊙7 Uhr–Sonnenuntergang) besticht durch riesige Bauten der frühen Pueblo-Indianer in einer isolierten Hochwüstenumgebung und liefert Beweise für eine 5000-jährige Besiedlungsgeschichte.

Zu ihrer Blütezeit war die Gemeinde im Chaco Canyon ein bedeutendes Handels- und Zeremonialzentrum, und die Stadt, die die Pueblo-Indianer hier gründeten, war hoch entwickelt, was Grundriss und Design betrifft. Das berühmte, zentral gelegene **Pueblo Bonito** umfasst vier Ebenen und hatte wohl zwischen 600 und 800 Räume. Die Rundstrecke durch den Park kann man auf eigene Faust abfahren. Außerdem gibt's mehrere Wanderwege durchs Hinterland. Wer sich für Sterne interessiert, kann sich die abendlichen astronomischen Präsentationen im Sommer ansehen. Der Park liegt in einer abgeschiedenen Gegend, rund 80 Meilen (129 km) südlich von Farmington, weitab jeglichen öffentlichen Nahverkehrs (nur über Schotterpisten erreichbar). Der **Gallo Campground** (☎877-444-6777; www.recreation.gov; Stellplatz Zelt/Wohnmobil 15 US$) befindet sich 1 Meile (1,6 km) östlich des Visitor Center. Es gibt keine Anschlüsse für Wohnwagen.

Nordöstliches New Mexico

Östlich von Santa Fe weichen die üppig grünen Sangre de Cristo Mountains ausgedehnten Ebenen. Staubige Grasflächen erstrecken sich ins Unendliche – oder zumindest bis nach Texas. Vulkankegel ragen aus einer Landschaft empor, in der man Rinder und Dinosaurierspuren findet. Die Viehzucht ist eine Hauptstütze der hiesigen Wirtschaft, und auf vielen Straßenabschnitten erblickt man mehr Rinder als Autos – und wahrscheinlich auch Bisonherden.

Der Santa Fe Trail, auf dem die frühen Händler mit Planwagen reisten, verlief von Missouri nach New Mexico. An manchen Stellen abseits der I-25 zwischen Santa Fe und Raton kann man immer noch die Spurrillen sehen. Die Gegend ist genau das Richtige, wenn man den Alten Westen ohne Konsumhype erleben will.

Cimarron

Cimarron gehörte einst zu den gefährlichsten Pflastern im Wilden Westen; der spanische Name bedeutet zu deutsch „wild". Es heißt, dass Mord in den 1870er-Jahren an der Tagesordnung war und es eine Schlagzeile wert war, wenn mal zur Abwechslung nichts geschehen war. Eine Zeitung titelte z. B.: „Alles ruhig in Cimarron. Seit drei Tagen wurde niemand ermordet."

Heute ist die Stadt wirklich ruhig und lockt vor allem Naturliebhaber und Outdoor-Fans an. Wer von Taos aus nach Cimarron fährt, passiert den wunderschönen **Cimarron Canyon State Park**, eine Schlucht mit steil aufragenden Wänden und verschiedenen Wanderwegen, tollen Angelmöglichkeiten und einem Campingplatz.

Übernachten kann man aber auch im **St. James** (☎888-376-2664; www.exstjames.com; 617 Collison St; Zi. 85–135 US$; ❄📶). In dem Hotel von 1872 spukt es; ein Zimmer ist so verwunschen, dass es nie vermietet wird! Viele Legenden des Westens gehörten zu den Gästen, z. B. Buffalo Bill, Annie Oakley, Wyatt Earp sowie Jesse James, und an der Rezeption gibt's eine lange Liste, die darüber informiert, wer wen in der Hotelbar erschossen hat.

Capulin Volcano National Monument

Von den diversen Vulkanen in der Gegend ist der 400 m über der Hochebene aufragende **Capulin** (☎575-278-2201; www.nps.gov/cavo; Wagen 7 US$; ⏲Juni–Aug. 8–17, Sept.–Mai bis 16.30 Uhr) der am einfachsten zugängliche. Vom Visitor Center schlängelt sich eine 2 Meilen (3 km) lange Straße bergauf zu einem Parkplatz am Kraterrand (2494 m); Wanderwege führen am Rand entlang und in den Krater hinein. Der Eingang befindet sich 3 Meilen (5 km) nördlich vom Dorf Capulin, das 30 Meilen (48 km) östlich von Raton liegt (den Hwy 87 nehmen!).

Südwestliches New Mexico

Das Rio Grande Valley erstreckt sich von Albuquerque hinunter zu den blubbernden Thermalquellen im abgefahrenen Truth or Consequences und weiter nach Mexiko und Texas. Unterwegs versorgt der Fluss einen der größten landwirtschaftlichen Schätze New Mexicos mit Wasser: die „Chili-Welthauptstadt" Hatch. Östlich des Flusses ist die Wüste so trocken, dass sie seit spanischen Zeiten Jornada del Muerto („Tagesreise des Toten") heißt. Da passt es, dass diese Gegend für die Explosion der ersten Atombombe an der heutigen Trinity Site ausgewählt wurde.

Abgesehen von Las Cruces, der zweitgrößten Stadt im Bundesstaat, ist diese Gegend sehr dünn besiedelt. Im Westen verspricht der raue Gila National Forest Backcountry-Abenteuer, und im Mimbres Valley lassen sich archäologische Schätze entdecken.

Truth or Consequences & Umgebung

Das unkonventionelle Städtchen verströmt exzentrische Lebensfreude. Es entstand in den 1880er-Jahren bei natürlichen Thermalquellen. Der ursprüngliche (und passende) Name Hot Springs wurde 1950 in Truth or Consequences („T or C") geändert, einer damals beliebten Radioquizshow. Heutzutage sorgen der Vorstandvorsitzende von Virgin Galactic, Richard Branson, und andere Weltraumvisionäre für Schlagzeilen: Sie treiben die Entwicklung des nahe gelegenen **Spaceport America** voran; von dort aus sollen bald reiche Weltraumtouristen ins All fliegen.

Rund 60 Meilen (97 km) nördlich der Stadt überwintern Kanadakraniche und Schneegänse auf den Feldern und Marschen des 233 km² großen **Bosque del Apache National Wildlife Refuge** (www.fws.gov/refuge/bosque_del_apache; Hwy 1; 5 US$/Fahrzeug; ⏲ Sonnenaufgang–Sonnenuntergang).

Schlafen & Essen

★ Riverbend Hot Springs BOUTIQUEHOTEL $$
(☎ 575-894-7625; www.riverbendhotsprings.com; 100 Austin St; Zi. 97–218 US$, Stellplatz Wohnmobil 60 US$; ❄📶🐾) Das charmante Hotel wartet mit einer tollen Lage neben dem Rio Grande auf und ist das einzige vor Ort mit Außenwhirlpools am Fluss; diese sind gefliest, überdacht und einfach traumhaft. Einheimische Künstler haben die Zimmer farbenfroh dekoriert, wobei die Auswahl von motelartigen Quartieren bis zu einer Suite mit drei Schlafzimmern reicht. Gäste können die Gemeinschaftsbecken gratis benutzen, für Privatbecken werden hingegen 10 US$ fällig. Keine Kinder unter 12 Jahren.

Blackstone Hotsprings BOUTIQUEHOTEL $$
(☎ 575-894-0894; www.blackstonehotsprings.com; 410 Austin St; Zi. 85–175 US$; P❄📶) Blackstone verbindet die hiesige Mentalität mit einem Hauch von Luxus. Die zehn Themenzimmer sind jeweils einer anderen klassischen Fernsehserie gewidmet, darunter die *Jetsons*, die *Golden Girls* und *I Love Lucy*. Absolutes Highlight: In jedem Zimmer werden eine übergroße Wanne oder ein künstlicher Wasserfall von den Thermalquellen gespeist. Keine Kinder unter 12 Jahren.

Passion Pie Cafe CAFÉ $
(☎ 575-894-0008; www.deepwaterfarm.com; 406 Main St; Frühstück & Hauptgerichte mittags 4,25–9,50 US$; ⏲ 7–15 Uhr; 📶) Durch die Fenster des Espressocafés kann man beobachten, wie T or C in den Morgen startet. Dabei empfehlen sich Frühstückswaffeln wie die Varianten „Elvis" mit Erdnussbutter oder „Fat Elvis" mit Erdnussbutter und Speck. Später kommen dann viele gesunde Salate und Sandwiches auf den Tisch.

Las Cruces & Umgebung

Las Cruces und die ältere, kleinere Schwesterstadt Mesilla liegen am Rand eines großen Beckens unter den geriffelten Organ Mountains an der Kreuzung zweier wichtiger Autobahnen, der I-10 und der I-25. Ein bunter Mix aus Jung und Alt prägt Las Cruces. Die 18 000 Studierenden der New Mexico State University (NMSU) sorgen für jugendliche Lebendigkeit, während es dank der 350 Sonnentage im Jahr und vielen Golfplätzen auch zu einem beliebten Domizil für Renter wird.

Sehenswertes

Für viele ist der Besuch des benachbarten **Mesilla** (auch als Old Mesilla bekannt) das Highlight eines Aufenthalts in Las Cruces. Wenn man sich ein paar Querstraßen von der Plaza in Old Mesilla entfernt, kann man sich einen Eindruck von der Essenz einer typischen Stadt im Südwesten aus dem 19. Jh. mit hispanischer Tradition verschaffen.

★ New Mexico Farm & Ranch Heritage Museum MUSEUM
(☎ 575-522-4100; www.nmfarmandranchmuseum.org; 4100 Dripping Springs Rd; Erw./Kind 5/3 US$; ⏲ Mo–Sa 9–17, So 12–17 Uhr; 👪) Das großartige Museum zeigt nicht nur interessante Ausstellungen zu New Mexicos Landwirtschaftsgeschichte, sondern auch lebendes Nutzvieh. Auf den Koppeln der bewirtschafteten Farm tummeln sich neben verschiedenen Rinderrassen auch Pferde, Esel, Schafe und Ziegen. Um die Tier kümmern sich wortkarge Cowboys, die Besuchern kaum zusätzliche Infos verraten, aber dem Ganzen Authentizität verleihen. Für 450 US$ kann man sich hier sogar ein Pony kaufen. Einmal täglich gibt es Melkvorführungen, einmal pro Woche werden zudem Schmiedehandwerk, Wollspinnen, Weben und traditionelles Kochen gezeigt.

White Sands Missile Test Center Museum MUSEUM
(☎ 575-678-3358; www.wsmr-history.org; ⏲ Mo–Fr 8–16, Sa 10–15 Uhr) GRATIS 25 Meilen (40 km;

über den Hwy 70) östlich von Las Cruces wird hier New Mexicos militärtechnologische Geschichte beleuchtet. Das Museum liegt inmitten der White Sands Missile Range, die seit 1945 ein bedeutendes Gelände für Raketentests ist. Zu sehen gibt's einen Raketengarten, eine echte V-2 und viele Objekte, die der Landesverteidigung dienen. Besucher müssen vor dem Tor des Test Centers parken und sich vor dem Hineingehen bei der Verwaltung anmelden.

Schlafen

★ Best Western Mission Inn MOTEL **$**
(☎575-524-8591; www.bwmissioninn.com; 1765 S Main St; Zi. ab 71 US$; ❄📶🏊) Das Kettenmotel am Straßenrand ist wirklich außergewöhnlich: Die geräumigen, komfortablen Zimmer sind wunderschön mit hübschen Fliesen, Steinelementen und bunten Schablonenmustern gestaltet. Zudem stimmen hier auch die Preise.

★ Lundeen Inn of the Arts B&B **$$**
(☎505-526-3326; www.innofthearts.com; 618 S Alameda Blvd, Las Cruces; Zi./Suite 125/155 US$; P❄📶🐾) Der große, einfach reizende Gasthof im mexikanischen Territorialstil ist rund 100 Jahre alt. Die 20 Gästezimmer sind individuell im Stil eines einheimischen Architekten gestaltet. Ein Hingucker ist die hohe Zinndecke im Hauptraum. Die Eigentümer Linda und Jerry offerieren eine formvollendete Gastfreundschaft, die heutzutage selten geworden ist.

Essen

★ Chala's Wood-Fired Grill NEW MEXICO **$**
(☎575-652-4143; 2790 Ave de Mesilla, Mesilla; Hauptgerichte 5–10 US$; ⊙Mo–Sa 8–21, So bis 20 Uhr) Mit im Haus geräucherten Carnitas und Truthähnen, hausgemachtem Schinken und Chili-Schweinefleisch-Würstchen, außerdem *calabacitas* (mit Kürbis und Mais), Quinoa-Salat und Bio-Grüngemüse hat dieses entspannte Lokal deutlich mehr zu bieten als die übliche Diner-Kost in New Mexico. Es befindet sich am südlichen Ende von Mesilla, und die Preise sind günstig.

Double Eagle Restaurant STEAKS **$$$**
(☎575-523-6700; www.double-eagle-mesilla.com; 308 Calle de Guadalupe, Mesilla; Hauptgerichte 24–45 US$; ⊙Mo–Sa 11–22, So 11–21 Uhr) Mit der prächtigen Mischung aus Wildwest-Opulenz, dunklem Holz, Samtvorhängen und einer fabelhaften alten Theke steht dieses Restaurant an der Plaza im National Register of Historic Places. Im Hauptspeisesaal gibt's europäische Speisen und Gerichte des amerikanischen Südwestens, vor allem Steaks; das weniger formelle **Peppers** (Hauptgerichte 7–15 US$) nimmt den grünen Hof ein.

Praktische Informationen

Las Cruces Visitors Bureau (☎575-541-2444; www.lascrucescvb.org; 211 N Water St; ⊙Mo–Fr 8–17 Uhr)

Mesilla Visitor Center (☎575-524-3262; www.oldmesilla.org; 2231 Ave de Mesilla; ⊙Mo–Sa 9.30–16.30, So 11–15 Uhr)

An- & Weiterreise

Busse von **Greyhound** (☎575-523-1824; www.greyhound.com; 800 E Thorpe Rd, Chucky's Convenience Store) fahren zu allen größeren Zielen in der Region, darunter El Paso, Albuquerque und Tucson. Die Bushaltestelle befindet sich rund 7 Meilen (11,3 km) nördlich der Stadt.

Der **Las Cruces Shuttle Service** (☎575-525-1784; www.lascrucesshuttle.com) bietet acht bis zehn Kleinbusse täglich zum El Paso International Airport (einfache Strecke 49 US$, jede weitere Person 33 US$) sowie auf Anfrage Shuttles nach Deming, Silver City und zu weiteren Zielen.

Silver City & Umgebung

In Silver City, 113 Meilen (182 km) nordwestlich von Las Cruces, ist der Geist des Wilden Westens noch lebendig, und es würde einen nicht groß wundern, wenn plötzlich Billy the Kid höchstpersönlich (er wuchs hier auf) vorbeispazieren würde. Die Zeiten haben sich dennoch geändert: Das Cowboy- und Trapper-Flair wird mehr und mehr von Kunstgalerien, Cafés und Eisdielen überlagert.

Silver City ist außerdem die Ausgangsbasis für Outdoor-Aktivitäten im **Gila National Forest**, dessen wildes abgeschiedenes Terrain sich für Skilanglauf, Wandern, Campen und Angeln anbietet. Eine verschlungene 42 Meilen (68 km) lange Straße führt über zwei Autostunden nach Norden zum **Gila Cliff Dwellings National Monument** (☎575-536-9461; www.nps.gov/gicl; Hwy 15; Erw./Kind 5 US$/frei; ⊙Rundweg 9–16 Uhr, Visitor Center bis 16.30 Uhr), das im 13. Jh. von den Mogollon bewohnt wurde. Die rätselhaften und relativ abgeschieden gelegenen Felsbehausungen sind über einen 1,5 km langen Rundweg zu erreichen und sehen noch genauso aus wie zur Wende des 1. Jahrtausends. Wer sich für Piktogramme interessiert, sollte am

Lower Scorpion Campground anhalten und dem kurzen markierten Pfad folgen.

Eigentümlich abgerundete Monolithen machen den **City of Rocks State Park** zu einer faszinierenden Spielwiese. Zwischen den Gesteinsformationen kann man wunderbar **zelten** (☎575-536-2800; www.nmparks.com; Hwy 61; Stellplatz Zelt/Wohnmobil 10/18 US$); Tische und Feuerstellen sind vorhanden. Besonders tolle Felsen stehen am Stellplatz 43 („The Lynx" – der Luchs). Um hierher zu kommen, folgt man 33 Meilen (53 km) südöstlich von Silver City dem Hwy 180 und dann dem Hwy 61.

Wer einen Einblick in die Architekturgeschichte von Silver City bekommen möchte, sollte in einem der 22 Zimmer des **Palace Hotel** (☎575-388-1811; www.silvercitypalacehotel.com; 106 W Broadway; Zi. inkl. Frühstück 58–94 US$; ❄📶) übernachten. Es versprüht den unaufdringlichen Charme des frühen 20. Jhs. (keine Klimaanlage, ältere Ausstattung) und ist genau das Richtige, wenn man keine Lust mehr auf langweilige Motelketten hat.

Die kulinarischen Optionen im Zentrum reichen vom gemütlichen, zwanglosen Café **Javalina** (☎575-388-1350; 201 N Bullard St; ⌚So–Do 6–18, Fr & Sa bis 21 Uhr; 📶) bis zum gastronomisch abenteuerlustigen **1zero6** (☎575-313-4418; http://1zero6-jake.blogspot.com; 106 N Texas St; Hauptgerichte 19–24 US$; ⌚Fr–So 17–22 Uhr). Einen Eindruck von der örtlichen Kultur vermittelt 7 Meilen (11,3 km) nördlich in Pinos Altos der stimmungsvolle **Buckhorn Saloon** (☎575-538-9911; www.buckhornsaloonandoperahouse.com; 32 Main St, Pinos Altos; Hauptgerichte 11–49 US$; ⌚Mo–Sa 16–22 Uhr), dessen Spezialität Steaks sind und wo es an den meisten Abenden Livemusik gibt. Telefonisch reservieren!

ℹ Praktische Informationen

Visitor Center (☎575-538-5555; www.silvercitytourism.org; 201 N Hudson St; ⌚Mo–Sa 9–17, So 10–14 Uhr) Das hilfreiche Büro liefert alle Infos, um aus dem Besuch in Silver City das Meiste herauszuholen.

Gila National Forest Ranger Station (☎575-388-8201; www.fs.fed.us/r3/gila; 3005 E Camino del Bosque; ⌚Mo–Fr 8–16 Uhr)

Südöstliches New Mexico

Zwei außerordentliche Naturwunder verstecken sich in New Mexicos trockenem Südosten: das faszinierende White Sands National Monument und der prächtige Carlsbad Caverns National Park. Darüber hinaus hat die Region ein paar besonders eindrucksvolle Legenden auf Lager: Aliens in Roswell, Billy the Kid in Lincoln und Smokey Bear in Capitan. Der Großteil des Tieflands wird von der heißen, rauen Chihuahua Desert eingenommen, die einst vom Ozean bedeckt war. Man kann vor der Hitze aber leicht in das kühlere Klima der vom Wald umgebenen beliebten Ferienorte Cloudcroft und Ruidoso entkommen.

White Sands National Monument

Hier kann man zwischen blendenden, hoch aufragenden weißen Sandhügeln umherrutschen, -rollen und -schlittern. 16 Meilen (25,7 km) südwestlich von Alamogordo (15 Meilen/24,1 km südwestlich vom Hwy 82/70) bedeckt Gips ein mehr als 710 km^2 großes Gebiet und schafft eine hell leuchtende Mondlandschaft, das **White Sands National Monument** (☎575-479-6124; www.nps.gov/whsa; Erw./Kind unter 16 Jahre 5 US$/frei; ⌚Juni–Aug. 7–21 Uhr, Sept.–Mai bis Sonnenuntergang). Die faszinierenden, windverwehten Dünen, die auch als Kulisse für den Heimatplaneten des von David Bowie verkörperten Außerirdischen aus dem Film *Der Mann, der vom Himmel fiel* dienten, sind ein Highlight jeder New-Mexico-Reise. Auf keinen Fall die Sonnenbrille vergessen – der Sand ist so blendend wie Schnee!

Für 15 US$ kann man einen Plastikuntersatz im Souvenirladen des Besucherzentrums kaufen und damit die Dünen hinunter rodeln. Das macht Spaß, und man kann den Untersatz auch anschließend wieder für 5 US$ an den Laden zurückverkaufen. Im Parkkalender finden sich Spaziergänge bei Sonnenuntergang und gelegentliche Mondschein-Radtouren (Erw./Kind 5/2,50 US$). Stellplätze im Hinterland ohne Wasser und Toiletten, vergeben nach dem Prinzip: Wer zuerst kommt, mahlt zuerst, sind eine Meile (1,6 km) von der Panoramastraße entfernt. Man muss sich die Genehmigung zum Campen (3 US$) persönlich im Besucherzentrum mindestens eine Stunde vor Sonnenuntergang holen.

Alamogordo & Umgebung

Alamogordo, ein Außenposten in der Wüste, ist für Raumfahrt- und Nuklearforschungsprogramme bekannt. Das vierstöckige **New Mexico Museum of Space History** (☎575-437-2840; www.nmspacemuseum.org; 3198 Hwy

ABSTECHER

INS ALL SPÄHEN

Hinter der Ortschaft Magdalena am Hwy 60, 130 Meilen (209,2 km) südwestlich von Albuquerque, befindet sich die eindrucksvolle Radioteleskopanlage **Very Large Array** (VLA; ☎505-835-7000; www.nrao.edu; abseits des Hwy 52; Erw./Kind 6 US$/frei; ⊙8.30 Uhr–Sonnenuntergang) mit 27 riesigen Satellitenschüsseln, die wie riesige Pilze aus dem Boden der Hochebene sprießen. Nach einem kurzen Film im Visitor Center besichtigt man den Komplex in Eigenregie und kann dabei auch einen Blick durchs Fenster des Kontrollgebäudes werfen.

2001; Erw./Kind 7/5 US$; ⊙Mi–Sa & Mo 10–17, So 12–17 Uhr;) beherbergt exzellente Ausstellungen zur Raumfahrt und Weltraumforschung und zeigt im angrenzenden **New Horizons Dome Theater** (Erw./Kind 7/5 US$) interessante naturwissenschaftliche Filme.

Zu den Motels am White Sands Blvd gehört ein ordentlicher Ableger von **Super 8** (☎575-434-4205; www.wyndhamhotels.com; 3204 N White Sands Blvd; Zi. mit Frühstück ab 60 US$;). Zelten kann man im **Oliver Lee State Park** (☎575-437-8284; www.nmparks.com; 409 Dog Canyon Rd; Stellplatz Zelt/Wohnmobil 8/14 US$), 12 Meilen (19,3 km) südlich von Alamogordo. Gute mexikanische Kost gibt's im flotten **Rizo's** (☎575-434-2607; 1480 White Sands Blvd; 8,75–15 US$; ⊙Di–Sa 9–21, So bis 18 Uhr;).

Cloudcroft

Die kleine unaufgeregte Ortschaft hoch in den Bergen sorgt für erfrischende Abwechslung von der Hitze in tieferen Lagen. Neben über 100 Jahre alten Gebäuden bietet es viele Outdoor-Aktivitäten und ist eine gute Ausgangsbasis für Ausflüge. **High Altitude** (☎575-682-1229; 310 Burro Ave; Leihgebühr ab 30 US$/Tag; ⊙Mo–Do 10–17.30, Fr & Sa bis 18, So bis 17 Uhr) verleiht Mountainbikes und hat Karten mit Mountainbikerouten in der Umgebung.

Das **Lodge Resort & Spa** (☎800-395-6343; www.thelodgeresort.com; 601 Corona Pl; Zi. 125–235 US$;) ist eines der schönsten historischen Hotels im Südwesten. Die Zimmer im bayerisch aufgemachten Hauptgebäude sind mit Stilmöbeln und viktorianischen Antiquitäten ausstaffiert. Auf einem 11 ha großen, bewaldeten Gelände westlich der Stadt bietet das **Cloudcroft Mountain Park Hostel** (☎575-682-0555; www.cloudcrofthostel.com; 1049 Hwy 82; B 19 US$, Zi. mit Gemeinschaftsbad 35–60 US$;) ein tolles Preis-Leistungs-Verhältnis. Das beste Essen vor Ort bekommt man im **Rebecca's** (☎575-682-3131; Lodge Resort, 601 Corona Pl; Hauptgerichte mittags 9–15 US$, abends 22–38 US$; ⊙7–10, 11.30–14 & 17.30–21 Uhr).

Ruidoso

Ruidoso an den Osthängen des Sierra Blanca Peak (3652 m) ist ein ganzjähriges Ferienziel, das im Sommer aus allen Nähten platzt und im Winter Skifahrer anlockt. Die Stadt besitzt auch eine lebhafte Kunstszene sowie eine berühmte Pferderennbahn. Texaner und Einheimische, die der Sommerhitze in Alamogordo und Roswell entfliehen, campen hier gern (meist im Wohnmobil). Durch die Stadt fließt der hübsche Rio Ruidoso, ein kleiner Bach mit guten Angelstellen.

Sehenswertes & Aktivitäten

Wer sich die Beine vertreten möchte, könnte die einfach zugänglichen Waldwege an der Cedar Creek Rd westlich der Smokey Bear Ranger Station ablaufen, z. B. den USFS Fitness Trail oder die mäandernden Wege der Cedar Creek Picnic Area. Zu kurz? Für längere Tages- oder mehrtägige Touren bieten sich die zahlreichen Treks in der White Mountain Wilderness nördlich der Stadt an. In dieser Gegend muss man immer auf dem Laufenden sein, was die Bestimmungen zu offenen Feuern betrifft. Wenn es sehr trocken ist, wird der Wald manchmal gesperrt.

Hubbard Museum of the American West MUSEUM
(☎575-378-4142; www.hubbardmuseum.org; 26301 Hwy 70; Erw./Kind 7/2 US$; ⊙Do–Mo 9–17 Uhr;) Das kommunale Museum mit Schwerpunkt auf Lokalgeschichte zeigt eine tolle Galerie mit alten Fotos. Zu sehen sind außerdem indianische Kachinas, Warbonnets, Waffen und Keramiken. Verschiedene Exponate haben einen Bezug zu Pferden, schließlich war hier ursprünglich das Museum of the Horse untergebracht. Besucher sollten sich außerdem auf das stille Örtchen begeben, denn dort wird die faszinierende, wenn auch gänzlich belanglose Geschichte der Toilette erläutert.

Ski Apache SKIFAHREN
(☎575-464-3600; www.skiapache.com; 1286 Ski Run Rd; Liftticket Erw./Kind 68/48 US$) Das vielleicht schönste Skigebiet südlich von Albuquerque ist eine gute, günstige und Spaß versprechende Wahl. Ski Apache liegt 18 Meilen (29 km) nordwestlich von Ruidoso an den Hängen des Sierra Blanca Peak und gehört tatsächlich Apachen, nämlich dem Mescalero Apache Tribe. Die Schneefälle können hier sehr unterschiedlich ausfallen, man sollte deshalb vorab die Wetterlage checken.

Schlafen & Essen

Das Vermieten von Hütten ist in Ruidoso ein großes Geschäft. Die meisten haben Küchen und Grills, viele auch Kamine und Terrassen. Einige Hütten im Dorf sind beengt; die neueren befinden sich konzentriert im Upper Canyon. An den Forststraßen auf dem Weg ins Skigebiet gibt's kostenlose einfache Stellplätze. Wer genauere Details zu den Campingplätzen haben möchte, fragt in der **Rangerstation** (☎575-257-4095; www.fs.usda.gov/lincoln; 901 Mechem Dr; Mo–Fr 8–16 Uhr, im Sommer auch Sa) nach.

Sitzmark Chalet HOTEL $
(☎575-257-4140; www.sitzmark-chalet.com; 627 Sudderth Dr; Zi. ab 87 US$;) Die skihüttenartige Unterkunft bietet 17 einfache, aber nette Zimmer. Pluspunkte gibt's für die Picknicktische, Grillstellen und einen Whirlpool für bis zu acht Personen.

Upper Canyon Inn LODGE $$
(☎575-257-3005; www.uppercanyoninn.com; 215 Main Rd; Zi. & Hütte ab 149 US$;) Die Auswahl an Zimmern und Hütten reicht von der einfachen preisgünstigen Variante bis hin zu Luxusquartieren mit rustikalem Schick. Größer heißt hier nicht unbedingt auch teurer, es empfiehlt sich also ein Vergleich vorab. Die kostspieligeren Hütten haben schöne Holzarbeiten im Inneren und Whirlpools.

★ **Cornerstone Bakery** CAFÉ $
(☎575-257-1842; www.cornerstonebakerycafe.com; 1712 Sudderth Dr; Hauptgerichte 5,50–11 US$; Mo–Fr 7–15, Sa & So bis 16 Uhr;) Das absolut unwiderstehliche Bäckereicafé unter einheimischer Leitung ist extrem beliebt. Ob Brot, Backwaren, Espresso, Omeletts oder belegte Croissants: Hier schmeckt alles einfach lecker. Wer sich lange genug im Cornerstone aufhält, wird schnell süchtig!

Unterhaltung

Ruidoso Downs Racetrack SPORTPLATZ
(☎575-378-4431; www.raceruidoso.com; 26225 Hwy 70; Sitzplatz Tribüne kostenlos; Ende Mai–Anfang Sept. Fr–Mo) Am Labor Day richtet sich die Aufmerksamkeit der Nation auf den Ruidoso Downs Racetrack, denn dann startet hier das All American Futurity, das Quarter-Horse-Pferderennen mit der weltweit höchsten Wettbörse (rund 2,4 Mio. US$). Zum Komplex gehören auch die Racehorse Hall of Fame und das kleine Billy the Kid Casino.

Flying J Ranch LIVEMUSIK
(☎575-336-4330; www.flyingjranch.com; 1028 Hwy 48; Erw./Kind 27/15 US$; Ende Mai–Anfang Sept. Mo–Sa ab 17.30 Uhr, Anfang Sept.–Mitte Okt. nur Sa;) Familien mit Kindern werden dieses „Westerndorf" lieben: 1,5 Meilen (2,4 km) nördlich von Alto finden hier lange Unterhaltungsabende mit Schießereien, Ponyreiten und Westernmusik statt. Das cowboymäßige Essen wird in Planwagen aufgetischt.

Praktische Informationen

Visitor Center (☎575-257-7395; www.ruidosonow.com; 720 Sudderth Dr; Mo–Fr 8–17, Sa 9–15 Uhr)

Lincoln & Capitan

Fans der Wildwest-Geschichte werden das winzige Lincoln nicht auslassen wollen. Es liegt 12 Meilen (19,3 km) östlich von Capitan am **Billy the Kid National Scenic Byway** (www.billybyway.com) und ist der Ort, wo die Schießerei im Lincoln County War stattfand, durch die Billy the Kid zur Legende wurde. Die gesamte Stadt ist schön und nahezu original erhalten; die unveränderte Hauptstraße ist als **Lincoln Historic Site** (☎575-653-4082; www.nmmonuments.org/lincoln; Erw./Kind 7 US$/frei; April–Okt.) ausgewiesen.

Eintrittskarten für die historischen Gebäude der Stadt erhält man im **Anderson-Freeman Visitors Center**. Hier gibt's auch Exponate zu den Buffalo Soldiers, den Apachen und zum Lincoln County War. Als letzte Station bietet sich das **Courthouse Museum** an, der gut erläuterte Schauplatz von Billys waghalsigster und gewalttätigster Flucht. Für Übernachtungen ist das **Wortley Hotel** (☎575-653-4300; www.wortleyhotel.com; Hwy 380; Zi. 110 US$) seit 1874 eine feste Größe.

Wie Lincoln ist auch das gemütliche Capitan von den schönen Bergen des Lincoln

National Forest umgeben. Hauptgrund für einen Besuch – vor allem für die Kleinen – ist der **Smokey Bear Historical Park** (575-354-2748; 118 W Smokey Bear Blvd; Erw./Kind 2/1 US$; 9–16.30 Uhr). Dort wurde der echte Smokey begraben.

Roswell

Wenn man à la *Akte X* daran glaubt, dass „die Wahrheit irgendwo da draußen ist", hat man unter Garantie schon vom Roswell Incident, dem Roswell-Zwischenfall, gehört. 1947 stürzte ein mysteriöses Objekt bei einer Ranch in der Umgebung ab. Das hätte niemanden groß interessiert, wenn nicht das Militär eine riesige Vertuschungsaktion angeleiert hätte. Für viele war das der Beweis: Die Außerirdischen waren gelandet! Das internationale Interesse (und die lokale Erfindungsgabe) haben die Stadt in eine schräge extraterrestrische Zone verwandelt. Weiße Köpfe, geformt wie aufgeblasene Ballons, zieren Straßenlaternen, und Touristen werden busweise herangekarrt, um seltsame Souvenirs zu kaufen.

Glaubende und Kitschfans müssen sich unbedingt das **International UFO Museum & Research Center** (575-625-9495; www.roswellufomuseum.com; 114 N Main St; Erw./Kind 5/2 US$; 9–17 Uhr) ansehen. Anfang Juli findet außerdem das jährliche **Roswell UFO Festival** (www.roswellufofestival.com) statt.

Hotelketten finden sich in der N Main St. Etwa 36 Meilen (58 km) südlich von Roswell ist das **Heritage Inn** (575-748-2552; www.artesiaheritageinn.com; 209 W Main St, Artesia; Zi. inkl. Frühstück ab 99 US$;) in Artesia – die netteste Schlafgelegenheit in der Gegend!

Einfache, aber verlässlich gute mexikanische Küche bekommt man in Martin's **Capitol Cafe** (575-624-2111; 110 W 4th St; Hauptgerichte 6–12 US$; Mo–Sa 6–20.30 Uhr); wem der Sinn nach amerikanischen Klassikern steht, der kommt im **Big D's Downtown Dive** (75-627-0776; 505 N Main St; Hauptgerichte 7–13 US$; 11–21 Uhr) auf seine Kosten: Hier gibt's die besten Salate, Sandwiches und Burger der Stadt.

Informationen erhält man im **Visitors Bureau** (575-624-6700; www.seeroswell.com; 912 N Main St; Mo–Fr 8.30–17.30, Sa & So 10–15 Uhr;). Die **Greyhound-Busse** (575-622-2510; www.greyhound.com; 1100 N Virginia Ave) fahren nach Las Cruces.

Carlsbad

Carlsbad ist die Stadt, die dem Carlsbad Caverns National Park und den Guadalupe Mountains am nächsten liegt. Der nordwestliche **Living Desert State Park** (575-887-5516; www.nmparks.com; 1504 Miehls Dr N, beim Hwy 285; Erw./Kind 5/3 US$; Juni–Aug. 8–17 Uhr, Sept.–Mai 9–17 Uhr, Einlass in den Zoo bis 15.30 Uhr) ist ein toller Ort, wenn man mehr über die Wüstenflora und -fauna lernen möchte. Auf einem netten, ca. 2 km langen Pfad werden verschiedene Lebensräume der Chihuahua-Wüste erläutert, mit lebenden Antilopen, Wölfen, Rennkuckucken und mehr.

Wegen der boomenden Ölindustrie kosten selbst die einfachsten Motelzimmer in Carlsbad mittlerweile oft über 200 US$ pro Nacht. Deswegen empfiehlt sich ein (ziemlich langer!) Tagesausflug ab Roswell oder Alamogordo. Die besten Unterkunftspreise bietet – seltsamerweise – das attraktive **Trinity Hotel** (575-234-9891; www.thetrinityhotel.com; 201 S Canal St; Zi. 149–209 US$;), das ursprünglich als Sitz der First National Bank diente. Das Wohnzimmer in einer Suite war früher der Tresorraum und das Restaurant ist das nobelste der Stadt.

Das lebhafte **Blue House Bakery & Cafe** (575-628-0555; 609 N Canyon St; Mo–Sa 6–12 Uhr) braut den besten Kaffee der Gegend, während das tolle **Red Chimney Pit Barbecue** (575-885-8744; www.redchimneybbq.com; 817 N Canal St; Hauptgerichte 6,50–16 US$; Di–Fr 11–14 & 16.30–20.30, Sa 11–20.30 Uhr) saftige Fleischgerichte nach Südstaatenart serviert.

Die **Greyhound-Busse** (575-628-0768; www.greyhound.com; 3102 National Parks Hwy) starten vom Food Jet South, 2 Meilen (3,2 km) südlich der Downtown, u. a. nach El Paso, Texas, und Las Cruces.

Kalifornien

Inhalt ➡

Gut essen

- Benu (S. 1102)
- Rich Table (S. 1103)
- Otium (S. 1037)
- Chez Panisse (S. 1115)
- SingleThread (S. 1121)

Schön übernachten

- Post Ranch Inn (S. 1077)
- Inn of the Spanish Garden (S. 1072)
- Chateau Marmont (S. 1035)
- Jabberwock (S. 1080)
- Hotel del Coronado (S. 1057)

Auf nach Kalifornien!

Boheme und Hightech, obendrein eine überwältigende Leidenschaft für genussvolles Leben – Kalifornien übertrifft die Erwartungen, die Hollywood weckt, noch um Längen. Ob man sich eine gute Flasche Zinfandel genehmigen, einen 4000 m hohen Gipfel besteigen oder im Pazifik surfen möchte – alles ist möglich.

Kalifornien ist einfach Kult. Hier begann Mitte des 19. Jhs. der große Goldrausch, hier sang der Poet und Naturforscher John Muir sein Loblied auf die Sierra Nevada, und hier definierten Jack Kerouac und die Beat Generation, was Unterwegssein wirklich bedeutet.

Kaliforniens multikultureller Schmelztiegel köchelt, seit Spanien und Mexiko dieses verheißungsvolle Gebiet für sich beanspruchten. Und auch heute noch strömen Einwanderer aus aller Welt herbei, um an den palmengesäumten Pazifikstränden ihren amerikanischen Traum zu leben.

Hier im Golden State können Besucher staunend erleben, wie Zukunft gemacht wird.

Reisezeit

Los Angeles

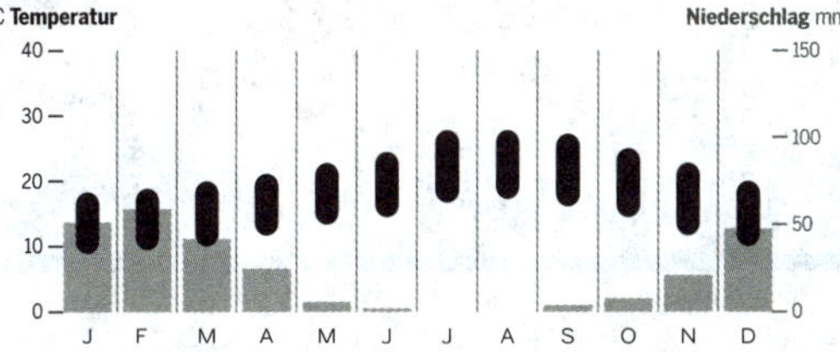

Juni–Aug. Meist sonnig, gelegentlich Küstennebel. In den Sommerferien strömen die Massen herbei.

April–Mai & Sept.–Okt. Nachts kühler, tagsüber nur selten Wolken. Zeit für Schnäppchen.

Nov.–März In den Skigebieten und in den warmen Wüstenregionen Südkaliforniens ist Hauptsaison.

Highlights

1 **Yosemite National Park** (S. 1134) Wasserfälle bewundern und Granitgipfel erklimmen

2 **Los Angeles** (S. 1016) Die multikulturellen Viertel und das glamouröse Nachtleben Hollywoods in vollen Zügen genießen

3 **Big Sur** (S. 1076) Auf dem Hwy 1 über ausgewaschene Meeresklippen entlang der felsigen Küste cruisen

4 **San Francisco** (S. 1084) In dieser oft nebligen, aber immer grandiosen Stadt mit einer Cable Car atemberaubende Hügel erklimmen

5 **Calistoga** (S. 1116) Sich unweit der berühmten Weingüter des Napa Valley ausgiebig im vulka-

nischen Schlamm suhlen

6 San Diego (S. 1049) Vor sonnenverwöhnten Stränden die perfekte Welle suchen

7 Humboldt Redwoods State Park (S. 1124) Auf der Avenue of the Giants den Kopf in den Nacken legen und die höchsten Bäume der Welt bestaunen

8 Death Valley National Park (S. 1068) Über Sanddünen wandern und durch Wildwest-Geisterstädte schlendern

9 Point Reyes National Seashore (S. 1113) Wale, Seeelefanten und Tule-Wapitis erspähen

10 Gold Country (S. 1129) In Wasserlöchern baden und wie ein Glücksritter von 1849 nach Gold schürfen

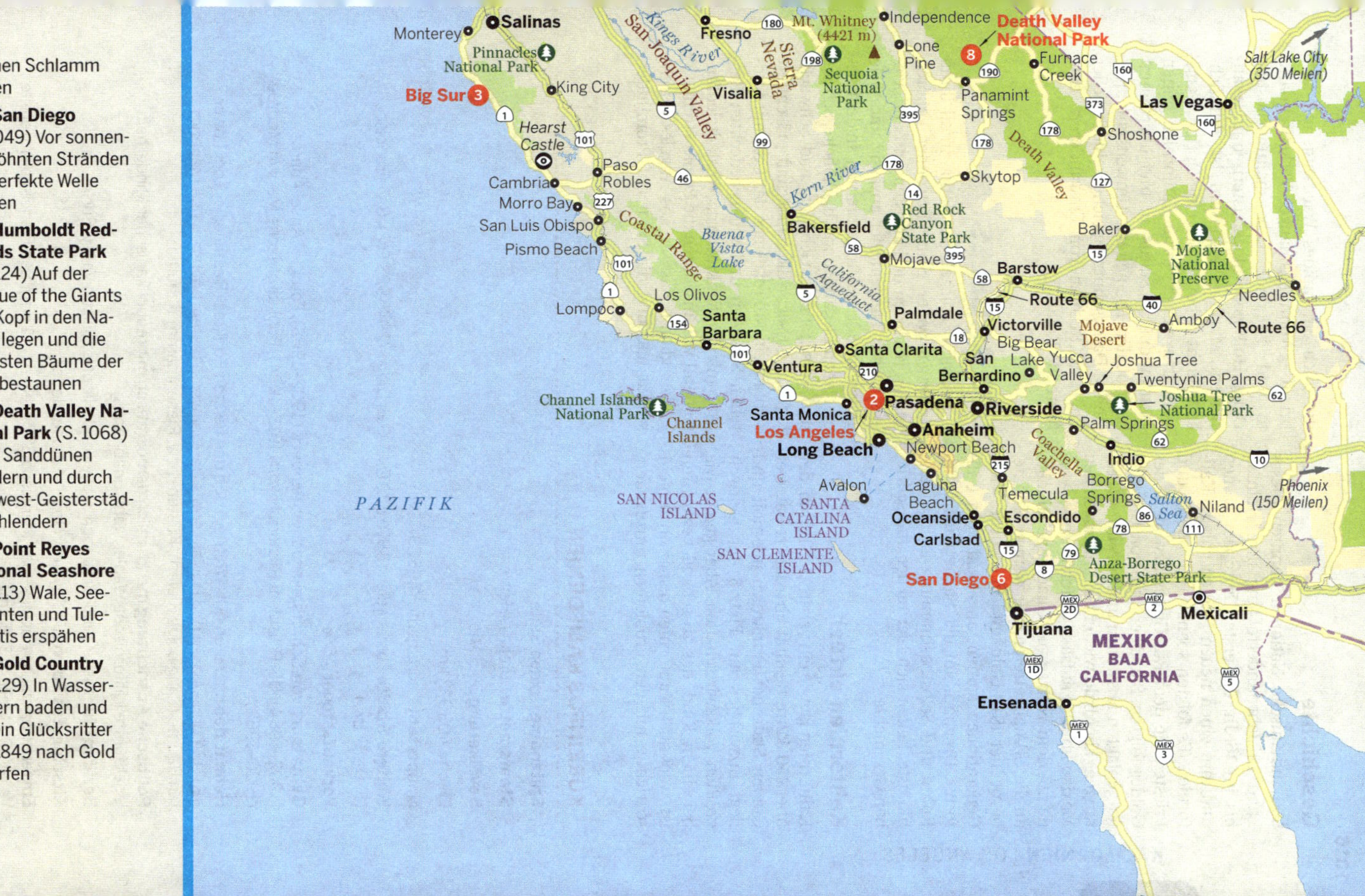

Geschichte

500 indianische Nationen nannten dieses Land 18 Jahrhunderte lang ihre Heimat, bis im 16. Jh. die ersten Europäer kamen und ihm einen neuen Namen gaben: Kalifornien. Es folgten spanische Eroberer und Priester, die dem Ruf Gottes bzw. dem des Goldes folgten. Sie gaben ihre von Ungeziefer geplagten Missionen und *presidios* (Festungen) aber bald wieder auf und zogen gen Mexiko ab. Das aufsässige Territorium wurde mit dem Vertrag von Guadalupe Hidalgo an die USA abgetreten, nur wenige Monate, bevor hier 1848 Gold entdeckt wurde. Viele Generationen kamen, angelockt vom California Dreamin', auf der Suche nach Gold, Ruhm und Selbstbestimmung an die Pazifikküste, ließen sich hier nieder und schrieben Geschichte.

Kalifornien aktuell

Kalifornien ist wie ein verrückter Traum, der über 150 Jahre Realität überdauert hat. Der Golden State hat Frankreich überholt und liegt inzwischen auf Platz 6 der weltweit größten Volkswirtschaften. Aber genau wie bei einem Kind, das zu schnell gewachsen ist, weiß auch Kalifornien bisher noch nicht so richtig mit den Problemen umzugehen, die solch ein rapides Wachstum mit sich bringt – Wohnungsmangel, Verkehrsinfarkte und steigende Lebenshaltungskosten. Dank Hollywood-Blockbustern und legalisiertem Marihuana-Konsum ist Wirklichkeitsflucht dabei immer eine Option. Langsam, aber sicher nimmt Kalifornien seinen internationalen Status an und übernimmt bei globalen Themen wie Umweltstandards, Online-Datenschutz, gleichgeschlechtlicher Ehe und Rechten von Einwanderern eine führende Rolle.

LOS ANGELES

L.A. County spiegelt die Nation in all ihren Extremen wider. Seine Bewohner gehören zu den reichsten und ärmsten im Land, viele sind seit Langem hier ansässig und viele andere gerade erst angekommen. In dem Gebiet leben Elegante und Ungehobelte, Schöne und Verschönerte, Gebildete und Schwachköpfe. Und sogar die Landschaft präsentiert sich als ein Mikrokosmos der USA mit filmreifen Stränden und schneebedeckten Bergen, mit Wolkenkratzern, Vorstadtsiedlungen und Wildnis, durch die Pumas streifen.

Wer glaubt, dass er Los Angeles durchschaut hat, und die Stadt auf Promiluder,

KURZINFOS KALIFORNIEN

Spitzname Golden State

Staatsmotto Eureka („Heureka")

Bevölkerung 39,5 Mio.

Fläche 403 932 km²

Hauptstadt Sacramento (495 234 Ew.)

Weitere Städte Los Angeles (3 976 322 Ew.), San Diego (1 945 928 Ew.), San Francisco (870 887 Ew.)

Verkaufssteuer 7,5 %

Geburtsort von Schriftsteller John Steinbeck (1902–1968), Fotograf Ansel Adams (1902–1984), US-Präsident Richard Nixon (1913–1994), Popkultur-Ikone Marilyn Monroe (1926–1962)

Heimat des höchsten (Mt. Whitney) und des tiefsten Punktes (Death Valley) der Lower 48 (USA ohne Alaska und Hawaii) sowie der weltweit ältesten, höchsten und mächtigsten Bäume (Langlebige Kiefern, Küsten- bzw. Riesenmammutbäume)

Politische Ausrichtung mehrheitlich demokratisch mit republikanischer Minderheit; jeder fünfte kalifornische Wähler wählt unabhängig.

Berühmt für Disneyland, Erdbeben, Hollywood, Hippies, Silicon Valley, Surfen

Kitschigstes Souvenir „Mystery Spot"-Autoaufkleber

Entfernungen Los Angeles–San Francisco 380 Meilen (611 km), San Francisco–Yosemite Valley 190 Meilen (306 km)

KALIFORNIEN IN…

… einer Woche

Kalifornien kompakt: Los geht's im sandigen **Los Angeles**, gefolgt von einem Abstecher nach **Disneyland**. Dann geht es die windige **Central Coast** hinauf, mit Zwischenstopps in **Santa Barbara** und **Big Sur**. In **San Francisco** steht eine ordentliche Prise Großstadtkultur an. Von dort geht's landeinwärts, um im **Yosemite National Park** die Natur zu bestaunen, und schließlich wieder zurück nach L.A.

… zwei Wochen

Grundsätzlich ist die Reiseroute die gleiche wie bei einer Woche, nur dass man sie entspannter angehen kann. Als zusätzliche Abstecher locken das **Wine Country** in Nordkalifornien, der **Lake Tahoe** hoch oben in der Sierra Nevada, die tollen Strände von Orange County und das entspannte **San Diego**, aber auch der **Joshua Tree National Park** nahe dem schicken Wüsten-Resort **Palm Springs**.

… einem Monat

Über die bereits angegebenen Ziele hinaus sind noch weitere Ausflüge möglich. Von San Francisco aus fährt man die neblige **North Coast** hinauf, angefangen mit der **Point Reyes National Seashore** in Marin County. Man schlendert durch die viktorianischen Städtchen **Mendocino** und **Eureka**, verliert sich an der **Lost Coast** und wandert durch die mit Farnen bewachsenen **Redwood National & State Parks**. Im Binnenland schießt man ein Erinnerungsfoto des **Mt. Shasta**, fährt durch den **Lassen Volcanic National Park** und zieht durch Kaliforniens historisches **Gold Country**. Man folgt dem Kamm der **Eastern Sierra** und fährt schließlich auf kurvenreicher Straße hinunter in den **Death Valley National Park**.

Smog, Staus, Bikini-Girls und Möchtegern-Pop-Sternchen reduziert, sollte noch einmal genauer hinschauen. L.A. definiert sich durch simple, lebensbejahende Momente: einen coolen Jazz-Age-Cocktail nach Mitternacht, einen Spaziergang im Griffith Park mit seinen Salbeisträuchern, einen rosafarbenen Sonnenuntergang mit Trommelmusik am Venice Beach oder einfach nur die Suche nach einem leckeren Taco. Hollywood und Downtown L.A. erleben gerade eine Renaissance, Kunst, Musik, Gastronomie und Mode laufen auf Hochtouren. Je genauer man „La-La Land" erkundet, umso mehr wird man es lieben.

Geschichte

Das Jäger-und-Sammler-Leben der indigenen Tongva (Gabrielino) und Chumash endete mit der Ankunft spanischer Missionare und Kolonisten im späten 18. Jh. Die erste zivile Siedlung der Spanier, das 1781 gegründete El Pueblo de Nuestra Señora la Reina de Los Ángeles del Río de Porciúncula, blieb noch Jahrzehnte lang nicht mehr als ein abgelegenes Bauerndorf. Erst 1850 erhielt Los Angeles das Stadtrecht.

Das Abebben des kalifornischen Goldrauschs, der Bau der transkontinentalen Eisenbahn, der Boom des Zitrusfrüchteanbaus, die Entdeckung von Öl, die Schaffung des Hafens, die Entstehung der Filmindustrie und der Bau des California Aqueduct waren Faktoren, die die Stadt rapide wachsen ließen. Nach dem Zweiten Weltkrieg verdoppelte sich die Bevölkerung von knapp 2 Mio. im Jahr 1950 auf heute etwa 4 Mio.

Sehenswertes

Downtown L.A. ist ca. 20 km vom Pazifik entfernt und hat Geschichte, intellektuelle Kunst und Kultur zu bieten. Nordwestlich von Downtown wartet das wieder hippe Hollywood auf Besucher, während urbaner Designerschick und eine schwul-lesbische Szene West Hollywood prägen. Südlich von WeHo ist die Museum Row der Hauptanziehungspunkt von Mid-City. Weiter westlich befinden sich das noble Beverly Hills, Westwood in der Nähe vom Campus der University of California, Los Angeles (UCLA), und West L.A. Zu den Orten mit Strandzugang gehören das kinderfreundliche Santa Monica, Venice mit seiner Schickimicki-Einwohnerschaft, Malibu mit seinen Stars und das pulsierende Long Beach. Pasadena mit seinem vielen Grün liegt nordöstlich von Downtown.

Großraum Los Angeles

Downtown

L. A. Downtown ist in zahlreiche kleinere Gebiete aufgeteilt. In Bunker Hill befinden sich die großen Museen für moderne Kunst sowie die **Walt Disney Concert Hall**. Im Osten liegen die **City Hall** und – noch etwas weiter östlich – **Little Tokyo**. Südöstlich davon befindet sich der angesagte **Arts District**. Entlang des Broadway reihen sich prächtige historische Gebäude aneinander, während die ältesten Kolonialbauten L. A.s die Olvera St nördlich der City Hall und den 101 Freeway säumen. Ganz im Norden liegt **Chinatown**.

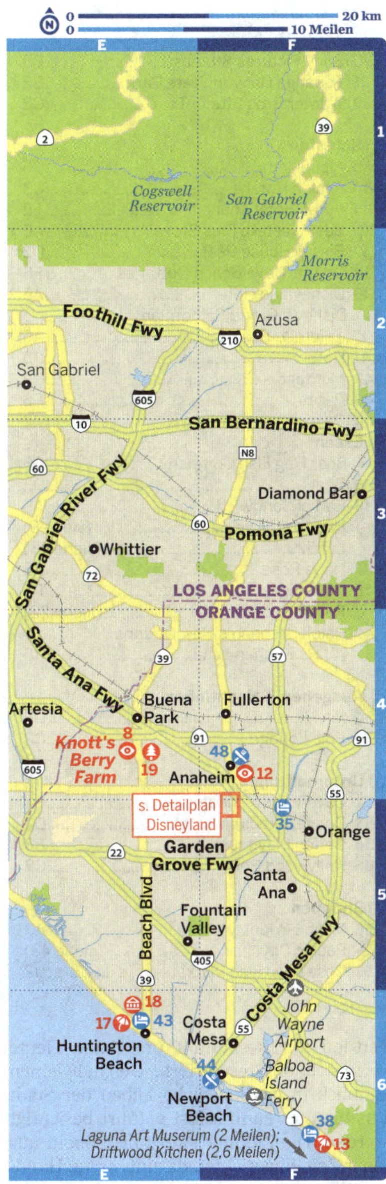

★ Hauser & Wirth GALERIE

(Karte S. 1022; ☎ 213-943-1620; www.hauserwirthlosangeles.com; 901 E 3rd St; ⌚ Mi & Fr–So 11–18, Do bis 20 Uhr) GRATIS Die L. A.-Außenstelle der international angesehenen Galerie Hauser & Wirth sorgt mit ihren Ausstellungen moderner und zeitgenössischer Werke unter Kunstfanatikern für Glücksgefühle. Sie ist in einer ehemaligen Getreidemühle im Arts District untergebracht und nimmt eine riesige Fläche von 10780 m² ein. In der Vergangenheit wurden bereits Werke von solch Koryphäen wie Louise Bourgeois, Eva Hesse und Jason Rhoades gezeigt. In dem Komplex befindet sich auch eine Kunstbuchhandlung der Superlative.

Bradbury Building HISTORISCHES GEBÄUDE

(Karte S. 1022; www.laconservancy.org; 304 S Broadway; ⌚ Lobby in der Regel 9–17 Uhr; Ⓜ Red/Purple Line bis Pershing Sq) Das 1893 errichtete Gebäude ist unbestritten ein architektonisches Juwel der Stadt. Hinter der robusten romanischen Fassade verbirgt sich ein winziges Atrium mit Galerien, das so auch nach New Orleans passen würde. Im Licht des Nachmittags, das durch das spitze Glasdach hereinfällt, schimmern die tiefschwarzen, filigranen Geländer, die klapprigen Gitteraufzüge und die gelben Ziegelsteinwände. Solch eine auffällige Schönheit ging auch an Hollywood nicht unbemerkt vorüber: Das Gebäude hatte im Kultfilm *Blade Runner* seinen großen Auftritt.

El Pueblo de Los Angeles & Umgebung

Das kompakte, bunte und autofreie historische Viertel führt einen in die spanisch-mexikanische Vergangenheit der Stadt. Sein Rückgrat bildet die fröhliche **Olvera St** (Karte S. 1022; www.calleolvera.com; 👪), in der man sich mit handgefertigtem Folklore-Schnickschnack eindecken, Tacos futtern und mit Zucker bestreute Churros verschlingen kann. „New" **Chinatown** (Karte S. 1022; www.chinatownla.com) liegt etwa 800 m nördlich am Broadway und an der Hill St. Hier gibt's jede Menge Dim-Sum-Restaurants, Heilkräuter- und Kuriositätenläden sowie in der Chung King Rd avantgardistische Kunstgalerien.

LA Plaza MUSEUM

(La Plaza de Cultura y Artes; Karte S. 1022; ☎ 213-542-6200; www.lapca.org; 501 N Main St; ⌚ Mo, Mi & Do 12–17, Fr–So bis 18 Uhr; 👪) GRATIS In diesem Museum werden die Erfahrungen der mexikanischstämmigen Einwohner von Los Angeles chronologisch geschildert: von der spanischen Kolonisation im späten 18. Jh. und dem Mexikanisch-Amerikanischen Krieg (als die Grenze durch das ursprüngliche Pueblo-Land verlief) über die Zoot

Großraum Los Angeles

Highlights
1 Autry Museum of the American West ... C2
2 Battleship Iowa ... C5
3 Frederick R Weisman Art Foundation ... C2
4 Getty Center ... B2
5 Getty Villa ... B3
6 Griffith Observatory ... C2
7 Huntington Library, Art Collections & Botanical Gardens ... D2
8 Knott's Berry Farm ... E4
9 Museum of Latin American Art ... D5
10 Museum of Tolerance ... C3
11 Watts Towers ... D3

Sehenswertes
12 Anaheim Packing District ... F4
California Science Center ... (siehe 21)
Center Street Anaheim ... (siehe 12)
13 Crystal Cove State Park ... F6
14 Disneyland Resort ... B5
15 Griffith Park ... C2
Hammer Museum ... (siehe 24)
16 Hollywood Forever Cemetery ... C2
17 Huntington City Beach ... E6
18 International Surfing Museum ... E6
19 Knott's Soak City ... E4
20 Los Angeles Zoo & Botanical Gardens ... C2
21 Natural History Museum of Los Angeles ... C3
22 Norton Simon Museum ... D2
Rose Garden ... (siehe 21)
23 Universal Studios Hollywood ... C2
24 Westwood Village Memorial Park Cemetery ... B3

Aktivitäten, Kurse & Touren
25 Bronson Canyon ... C2
26 Malibu Canyon ... A3
27 Malibu Creek State Park ... A2
28 Paramount Pictures ... C2
29 Runyon Canyon ... C2
30 Sony Pictures Studios ... C3
31 Topanga Canyon State Park ... B2
32 Warner Bros Studio Tour ... C2

Schlafen
33 Alpine Inn ... B6
34 Avalon Hotel ... C3
35 Ayres Hotel Anaheim ... F5
36 Best Western Plus Stovall's Inn ... A6
37 Bissell House B&B ... D2
38 Crystal Cove Beach Cottages ... F6
39 Disneyland Hotel ... A5
40 Disney's Grand Californian Hotel & Spa ... A5
41 Hotel Maya ... D5
42 Montage ... C2
43 Paséa ... E6

Essen
44 Bear Flag Fish Company ... F6
45 Bestia ... D3
46 Earl of Sandwich ... A5
Fourth & Olive ... (siehe 9)
Lot 579 ... (siehe 43)
47 Napa Rose ... A5
48 Pour Vida ... F4
Ración ... (siehe 22)
49 Ralph Brennan's New Orleans Jazz Kitchen ... A5

Ausgehen & Nachtleben
50 Pike ... D5
51 Polo Lounge ... C2

Unterhaltung
52 Cavern Club Theater ... C2
53 Dodger Stadium ... D2
54 Geffen Playhouse ... B3
55 Hollywood Bowl ... C2

Shoppen
56 Malibu Country Mart ... A3
Pacific City ... (siehe 43)
57 Rose Bowl Flea Market ... D2

Suit Riots bis zum Aktivisten César Chávez und dem Chicana Movement. Zu sehen sind etwa ein Nachbau der Main St der 1920er-Jahre und Wechselausstellungen moderner und zeitgenössischer Arbeiten von in L.A. lebenden Latino-Künstlern.

Avila Adobe MUSEUM

(Karte S. 1022; ☎213-628-1274; www.elpueblo.lacity.org; 10 Olvera St; ⊙9–16 Uhr) GRATIS Das älteste noch intakte Haus in L.A. wurde 1818 von dem wohlhabenden Ranchero und einstigen Bürgermeister Francisco José Avila aus Lehmziegeln errichtet und später zu einer Pension mit Restaurant umgebaut. Heute vermittelt das restaurierte Gebäude einen Einblick in das häusliche Leben der Stadt um 1840; es kann selbst geführt besichtigt werden. Die Zimmer sind mit Möbeln aus jener Zeit eingerichtet, darunter eine Handvoll Gegenstände aus dem Besitz der Familie Avila, z. B. eine Nähmaschine.

Union Station GEBÄUDE

(Karte S. 1022; www.amtrak.com; 800 N Alameda St; P) Die Union Station wurde an der Stelle von L. A.s ursprünglicher Chinatown errichtet. Sie eröffnete ihre Tore 1939 als größter

Bahnhof Amerikas und ist heute ein glamouröses Beispiel eines mit Art-déco-Elementen versehenen Mission-Revival-Stils. Die Haupthalle mit dem Marmorfußboden, der an eine Kathedrale erinnernden Decke, den Original-Ledersesseln und 1360 kg schweren Kandelabern ist ein überwältigender Anblick. Die Traxx Bar im Innern des Bahnhofs war einst eine Telefonzentrale mit einem Telefonisten, der die Anrufe der Kunden umleitete. Das LA Conservancy bietet eine zweieinhalbstündige Führung durch den Bahnhof an (Sa 10 Uhr; online reservieren).

Civic Center & Cultural Corridor

★ Broad — MUSEUM

(Karte S. 1022; ☎213-232-6200; www.thebroad.org; 221 S Grand Ave; ⏲ Di & Mi 11–17, Do & Fr bis 20, Sa 10–20, So bis 18 Uhr; P; M Red/Purple Line bis Civic Center/Grand Park) GRATIS Seit dem Tag seiner Eröffnung im September 2015 ist das Broad ein Muss für Fans zeitgenössischer Kunst. Hier ist die Weltklassesammlung des hiesigen Philanthropen, Immobilienbosses und Milliardärs Eli Broad und seiner Frau Edythe untergebracht. Diese besteht aus über 2000 Kunstwerken aus der Nachkriegszeit von Größen wie Cindy Sherman, Jeff Koons, Andy Warhol, Roy Lichtenstein, Robert Rauschenberg, Keith Haring und Kara Walker.

★ Walt Disney Concert Hall — GEBÄUDE

(Karte S. 1022; ☎323-850-2000; www.laphil.org; 111 S Grand Ave; ⏲ Führungen in der Regel Di–Sa 12 & 13.15, So 10 & 11 Uhr; P; M Red/Purple Lines bis Civic Center/Grand Park) GRATIS Das kultige Konzerthaus ist eine Komposition aus Stahl, Musik und psychedelischer Architektur und die Heimspielstätte des Los Angeles Philharmonic Orchestra. Es traten hier aber auch schon moderne Bands wie Phoenix und Jazzmusiker wie Sonny Rollins auf. Frank Gehry hat wahrhaft alle Register seines Könnens gezogen: Das Gebäude ist eine der Schwerkraft trotzende Skulptur mit gebogenen, sich zu blähen scheinenden Wänden aus Edelstahl.

★ MOCA Grand — MUSEUM

(Museum of Contemporary Art; Karte S. 1022; ☎213-626-6222; www.moca.org; 250 S Grand Ave; Erw./Kind 15 US$/frei, Do 17–20 Uhr frei; ⏲ Mo, Mi & Fr 11–18, Do bis 20, Sa & So bis 17 Uhr) Die grandiose Kunstsammlung des Museums für zeitgenössische Kunst konzentriert sich vorwiegend auf Werke ab den 1940er-Jahren bis heute. Unter den Künstlern mangelt es nicht an Schwergewichten, vertreten sind u. a. Mark Rothko, Dan Flavin, Willem de

LOS ANGELES IN …

Die Entfernungen in L. A. sind gigantisch. Angesichts des dichten Verkehrs sollte man viel Zeit einplanen und den Tag nicht allzu sehr vollstopfen.

… einem Tag

Zunächst sollte man sich auf dem **Original Farmers Market** für den Tag stärken. Danach kann man dann auf dem **Hollywood Walk of Fame** am Hollywood Blvd den Stern seines Lieblingsstars suchen. Echte Promis sieht man vielleicht in den trendigen Boutiquen auf dem paparazziverseuchten **Robertson Boulevard**, wenn man nicht ein Quäntchen Natur im **Griffith Park** vorzieht. Nun fährt man nach Westen zum tollen **Getty Center** oder hinaus zum **Venice Boardwalk**, um sich den Rummel an der Küste anzuschauen. Schließlich sieht man in **Santa Monica** zu, wie die Sonne im Pazifik versinkt.

… zwei Tagen

Am zweiten Tag geht's in die sich rasant entwickelnde **Downtown von L. A.** Im **El Pueblo de Los Angeles** erkundet man die Wurzeln der Stadt und katapultiert sich dann mit dem Anblick der bombastischen **Walt Disney Concert Hall**, die den **Cultural Corridor** der Grand Ave krönt, direkt in die Zukunft. Nach dem Mittagessen vertritt man sich zwischen den historischen Gebäuden der Downtown, den Galerien im **Arts District** und in **Little Tokyo** etwas die Beine. Im **LA Live**, dem schicken Entertainment-Center von South Park, durchstöbert man das multimediale **Grammy Museum** und mischt sich dann unter echte Promis, die im **Staples Center** nebenan den LA Lakers zujubeln. Abends besucht man dann einen der Clubs in **Hollywood** und tobt sich dort auf dem Dancefloor aus.

Downtown Los Angeles

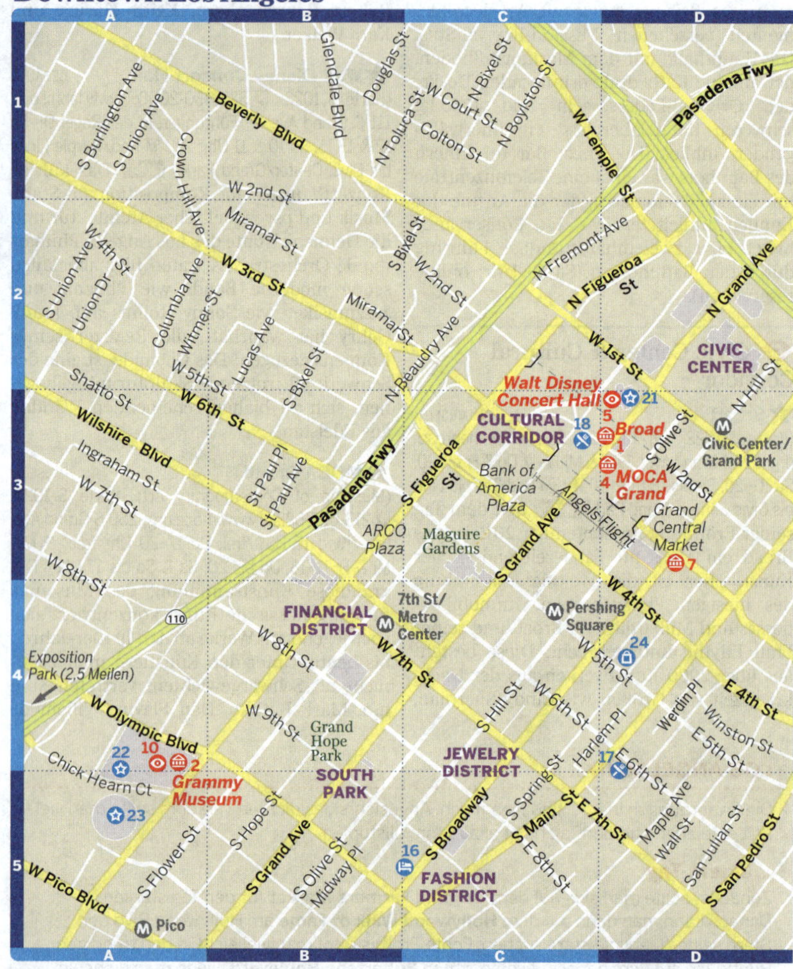

Kooning, Joseph Cornell und David Hockney. Ihre Kunstwerke sind in einem postmodernen Gebäude untergebracht, das vom preisgekrönten japanischen Architekten Arata Isozaki entworfen wurde. Die Ausstellungsräume liegen unterirdisch, sind aber taghell erleuchtet.

La Placita KIRCHE

(Karte S. 1022; www.laplacita.org; 535 N Main St; ⌚6–20.30 Uhr) Die Kirche wurde 1781 als die Iglesia de Nuestra Señora la Reina de Los Ángeles (Unsere Liebe Frau die Königin der Kirche der Engel) gegründet und wird heute liebevoll „La Placita" (kleiner Platz) genannt. Drinnen lohnt ein Blick auf den vergoldeten Altar und die Deckenbemalung.

Little Tokyo

In Little Tokyo gibt's unzählige Einkaufszentren, buddhistische Tempel, traditionelle Gärten, authentische Sushibars und Nudelrestaurants sowie eine sehr interessante Zweigstelle des **MOCA** (Karte S. 1022; ☎213-625-4390; www.moca.org; 152 N Central Ave; Erw./Student/Kind unter 12 Jahre 15/8 US$/ frei, Do 17–20 Uhr frei; ⌚Mo, Mi & Fr 11–18, Do bis 20, Sa & So bis 17 Uhr; Ⓜ Gold Line bis Little Tokyo/ Arts District).

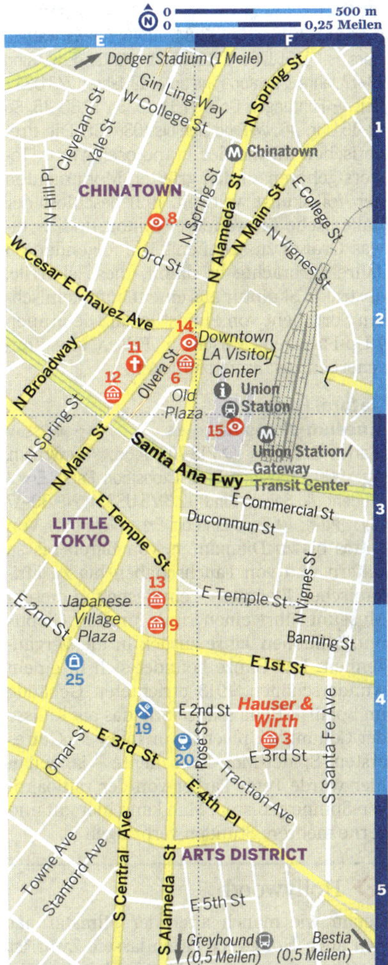

Downtown Los Angeles

Highlights

1 Broad ... D3
2 Grammy Museum ... A4
3 Hauser & Wirth ... F4
4 MOCA Grand ... D3
5 Walt Disney Concert Hall ... D3

Sehenswertes

6 Avila Adobe ... E2
7 Bradbury Building ... D3
8 Chinatown ... E1
9 Japanese American National Museum ... E4
10 LA Live ... A4
11 La Placita ... E2
12 LA Plaza ... E2
13 MOCA Geffen ... E3
14 Olvera Street ... E2
15 Union Station ... F3

Schlafen

16 Ace Hotel ... C5

Essen

17 Cole's ... D4
18 Otium ... C3
19 Sushi Gen ... E4

Ausgehen & Nachtleben

20 Angel City Brewery ... E4

Unterhaltung

LA Clippers ... (siehe 23)
LA Lakers ... (siehe 23)
21 Los Angeles Philharmonic ... D3
22 Microsoft Theater ... A4
23 Staples Center ... A5

Shoppen

24 Last Bookstore in Los Angeles ... D4
25 Raggedy Threads ... E4

Japanese American National Museum MUSEUM

(Karte S. 1022; ☎ 213-625-0414; www.janm.org; 100 N Central Ave; Erw./Kind 10/6 US$, Do 17–20 Uhr & jeden 3. Do im Monat ganzer Tag frei; ⌚ Di, Mi & Fr–So 11–17, Do 12–20 Uhr; 👪; Ⓜ Gold Line bis Little Tokyo/Arts District) Dieses Museum – das erste des Landes, das dem Leben der japanischen Einwanderer gewidmet ist – eignet sich als gute erste Anlaufstelle in Little Tokyo. Der erste Stock ist der Dauerausstellung „Common Ground" gewidmet, die die Entwicklung der japanisch-amerikanischen Kultur seit Ende des 19. Jhs. untersucht und einen bewegenden Einblick in das schmerzliche Kapitel der Internierungslager im Zweiten Weltkrieg vermittelt. Danach kann man im ruhigen Garten über das Gesehene sinnieren oder im gut sortierten Andenkenladen stöbern.

South Park

South Park ist nicht wirklich ein Park, sondern ein aufstrebendes Viertel in Downtown L. A. rund um das **LA Live** (Karte S. 1022; ☎ 866-548-3452, 213-763-5483; www.lalive.com; 800 W Olympic Blvd; 🅿 👪), ein vibrierendes Gastronomie- und Veranstaltungszentrum mit dem Staples Center (S. 1042) und dem **Microsoft Theater** (Karte S. 1022; ☎ 213-763-6020; www.microsofttheater.com; 777 Chick Hearn Ct).

★ Grammy Museum MUSEUM

(Karte S. 1022; ☎ 213-765-6800; www.grammymuseum.org; 800 W Olympic Blvd; Erw./Kind 13/11 US$; ⊙ Mo–Fr 10.30–18.30, Sa & So ab 10 Uhr; P 👪) Dieses Museum ist das Highlight des LA Live. Musikfans verlieren sich in den interaktiven Ausstellungen, in denen verschiedenste Musikrichtungen erklärt, abgegrenzt und miteinander verknüpft werden. Die Wechselausstellungen erstrecken sich über drei Stockwerke und zeigen z. B. Kleidungsstücke von Berühmtheiten wie Michael Jackson, Whitney Houston und Beyonce, handgeschriebene Notizen von Count Basie und Taylor Swift oder Instrumente von Rock-Legenden. Wer nun Lust auf mehr bekommen hat, kann sich in den interaktiven Soundräumen selbst im Singen, Mixen und Remixen probieren.

Exposition Park & Umgebung

Dieser Park gleich südlich des Campus der University of Southern California (USC) bietet so viele kinderfreundliche Museen, das man hier gut einen ganzen Tag verbringen kann. Zu den besonderen Sehenswürdigkeiten unter freiem Himmel zählen der **Rose Garden** (Karte S. 1018; ☎ 213-763-0114; www.laparks.org/expo/garden; 701 State Dr, Exposition Park; ⊙ 16. März–31. Dez. 8.30 Uhr–Sonnenuntergang; P; M Expo Line to Exposition Park/USC) GRATIS und das **Los Angeles Memorial Coliseum**, in dem die Olympischen Sommerspiele 1932 und 1984 ausgetragen wurden. Parkplätze kosten um die 10 US$. Von Downtown aus die Metro Expo Line oder den DASH Minibus F nehmen.

California Science Center MUSEUM

(Karte S. 1018; ☎ Filmprogramm 213-744-2019, Info 323-724-3623; www.californiasciencecenter.org; 700 Exposition Park Dr, Exposition Park; Film im IMAX-Kino Erw./Kind 8,50/5,25 US$; ⊙ 10–17 Uhr; 👪) GRATIS Der größte Besuchermagnet des Science Center ist das Space Shuttle Endeavour, eine von gerade einmal vier Raumfähren im ganzen Land! Daneben gibt es in dem riesigen, mehrstöckigen Multimedia-Museum mit seinen Knöpfen, Schaltern und Hebeln jede Menge weitere Attraktionen, die das Kind in jedem wecken, etwa den Erdbebensimulator, den Kükenbrutkasten und die riesige Techno-Puppe Tess. Der Eintritt ist kostenlos, Sonderausstellungen, Aktivitäten und Filme im IMAX-Kino kosten aber extra.

★ Watts Towers WAHRZEICHEN

(Karte S. 1018; ☎ 213-847-4646; www.wattstowers.us; 1761-1765 E 107th St, Watts; Erw./Kind 13–17 Jahre & Senior/Kind unter 13 Jahren 7/3 US$/frei; ⊙ Führungen Do & Fr 11–15, Sa 10.30–15, So 12–15 Uhr; P; M Blue Line bis 103rd St) Die drei gotischen Türme der grandiosen Watts Towers gehören zu den größten Monumenten der Volkskunst weltweit. 1921 beschloss der italienische Einwanderer Simon Rodia, „etwas Großes zu schaffen". Die folgenden 33 Jahre verbrachte er damit, diese skurrile, abstrakte Skulptur aus einem bunt gemischten Sortiment von Fundstücken wie grünen 7-Up-Flaschen, Muscheln, Felsen und Tonscherben zusammenzuflicken.

Natural History Museum of Los Angeles MUSEUM

(Karte S. 1018; ☎ 213-763-3466; www.nhm.org; 900 Exposition Blvd, Exposition Park; Erw./Student & Senior/Kind 12/9/5 US$; ⊙ 9.30–17 Uhr; P 👪; M Expo Line bis Expo/Vermont) Von Dinos bis zu Diamanten, von Bären bis zu Käfern und von Fauchschaben bis zu afrikanischen Elefanten – ein Besuch in diesem Museum führt einen rund um den Globus und Millionen Jahre zurück in die Vergangenheit. Das Ganze befindet sich in einem wunderschönen, 1913 errichteten Gebäude im Spanish-Renaissance-Stil, das als Kulisse der Columbia University in Tobey McGuires erstem Spider-Man-Film diente – ja, genau hier wurde Peter Parker von der radioaktiven Spinne gebissen. Man kann hier gut und gerne mehrere Stunden verbringen.

Hollywood

Genau wie manch alternder Filmstar hat sich auch Hollywood liften lassen. Zwar ist der Glamour seines goldenen Zeitalters in der Mitte des 20. Jhs noch nicht zurückgekehrt, aber so schäbig wie noch vor einigen Jahren ist es hier nicht mehr. Der **Hollywood Walk of Fame** (Karte S. 1025; www.walkoffame.com; Hollywood Blvd; M Red Line bis Hollywood/Highland) ehrt mehr als 2400 Promis mit Sternen im Bürgersteig.

Die Metro Red Line hält unter dem **Hollywood & Highland** (Karte S. 1025; www.hollywoodandhighland.com; 6801 Hollywood Blvd; ⊙ Mo–Sa 10–22, So 10–19 Uhr; 👪; M Red Line bis Hollywood/Highland), einem mehrstöckigen Einkaufszentrum mit schönem Blick auf den berühmten Hollywood-Schriftzug, der 1923 als Werbung für eine neue Wohnsiedlung namens Hollywoodland angebracht

Hollywood

wurde. Auf dem Parkplatz der Mall zahlt man (mit Einkaufsstempel) für zwei Stunden 2 US$ (max. 15 US$/Tag).

★ Hollywood Museum MUSEUM

(Karte S. 1025; ☎ 323-464-7776; www.thehollywoodmuseum.com; 1660 N Highland Ave; Erw./Kind 15/5 US$; ⏲ Mi–So 10–17 Uhr; Ⓜ Red Line bis Hollywood/Highland) Die vier mit Kostümen und Requisiten aus Film und Fernsehen vollgestopften Stockwerke sind unbedingt einen Besuch wert. Die etwas muffige Hommage an die Stars des alten Hollywood ist im 1914 erbauten Max Factor Building untergebracht. Dieses wurde 1935 als glamouröser Schönheitssalon unter der Leitung von Max Factor, einem polnisch-jüdischen Geschäftsmann und führenden Make-up-Künstler, wiedereröffnet. Hier verlieh er den Gesichtern der berühmtesten Schauspielerinnen die Magie, die sie so berühmt machte.

★ Grauman's Chinese Theatre HISTORISCHES GEBÄUDE

(TCL Chinese Theatres; Karte S. 1025; ☎ 323-461-3331; www.tclchinesetheatres.com; 6925 Hollywood Blvd; geführte Touren Erw./Senior/Kind 16/13,50/8 US$; 👪; Ⓜ Red Line bis Hollywood/Highland) Wer schon immer mal in George Clooneys Fußstapfen treten wollte, ist hier richtig: Seine Fußabdrücke befinden sich auf dem Vorplatz dieses weltberühmten Kinos. In dem exotisch anmutenden Filmtheater im Stil einer Pagode – mit Tempelglocken und Himmelstein-Hunden aus China – werden seit 1927 Filme vorgeführt. Als erster Film flimmerte hier *König der Könige* von Cecil B. DeMille über die Leinwand.

Hollywood

Highlights
1 Grauman's Chinese Theatre A1
2 Hollywood Museum B1

Sehenswertes
3 Dolby Theatre A1
4 Hollywood Walk of Fame A1

Schlafen
5 Hollywood Roosevelt Hotel A1
6 Mama Shelter B2
7 USA Hostels Hollywood B2

Essen
8 Life Food Organic C2

Ausgehen & Nachtleben
9 Dirty Laundry B1
10 No Vacancy B1

Unterhaltung
11 ArcLight Cinemas C2
12 Upright Citizens Brigade Theatre D1

Shoppen
13 Hollywood & Highland A1

Hollywood Forever Cemetery FRIEDHOF

(Karte S. 1018; ☎ 323-469-1181; www.hollywoodforever.com; 6000 Santa Monica Blvd; ⏲ in der Regel 8.30–17 Uhr, Blumenladen Mo–Fr 9–17, Sa & So bis 16 Uhr; Ⓟ) Der Friedhof weist eine paradiesische Landschaftsgestaltung auf. Die prahlerischen Grabsteine und monumentalen Mausoleen liefern eine passende letzte Ruhestätte für einige der berühmtesten Stars Hollywoods. Hier liegen u. a. Cecil B. DeMille, Mickey Rooney, Jayne Mansfield sowie die Punk-Rock-Legenden Johnny und Dee

Dee Ramone. Valentino ruht im Cathedral Mausoleum (geöffnet 10–14 Uhr) und Judy Garlands in der Abbey of the Psalms.

Dolby Theatre THEATER

(Karte S. 1025; ☎ 323-308-6300; www.dolbytheatre.com; 6801 Hollywood Blvd; Führungen Erw./Kind, Senior & Student 23/18 US$; ⊙10.30–16 Uhr; P; M Red Line bis Hollywood/Highland) Hier werden alljährlich die Academy Awards (Oscars) überreicht. Im Dolby Theatre fanden aber auch schon das *American-Idol*-Finale sowie die Verleihung der ESPY Awards (für außergewöhnliche sportliche Leistungen) und der Daytime Emmy Awards statt. Jeden März beherbergt es zudem das PaleyFest, das wichtigste TV-Festival der USA. Im Rahmen der Führungen besichtigt man den Zuschauerraum, eine VIP-Lounge und bekommt eine echte Oscar-Trophäe zu sehen.

Griffith Park

Amerikas größter **Stadtpark** (Karte S. 1018; ☎ 323-644-2050; www.laparks.org; 4730 Crystal Springs Dr; ⊙5–22 Uhr, Wanderwege Sonnenaufgang–Sonnenuntergang; P ♿) GRATIS ist fünfmal so groß wie der New Yorker Central Park. Man findet hier ein Freiluftkino, einen Zoo, ein Observatorium, ein Museum, ein Karussell, alte Kleinbahnen, Kinderspielplätze, Golf- und Tennisanlagen und mehr als 80 km an Wanderwegen, die auch zu der Höhle aus der Fernsehserie *Batman* führen.

★ **Griffith Observatory** MUSEUM

(Karte S. 1018; ☎ 213-473-0890; www.griffithobservatory.org; 2800 E Observatory Rd; Eintritt frei, Vorstellungen im Planetarium Erw./Kind 7/3 US$; ⊙Di–Fr 12–22, Sa & So ab 10 Uhr; P ♿; 🚌 DASH Observatory) GRATIS Die markante Sternwarte von 1935 bietet von ihrem Sitz hoch oben an den Südhängen des Mt. Hollywood einen tollen Blick ins Universum. Sie besitzt den fortschrittlichsten Sternenprojektor der Welt und mithilfe von Touchscreens werden irre astronomische Themen und Phänomene erklärt: von der Entwicklung des Teleskops über ultraviolette Röntgenstrahlung, mit der unser Sonnensystem vermessen wird, bis hin zum Kosmos selbst. Und dann ist da natürlich noch der Ausblick, der (an klaren Tagen) über das gesamte Becken von L. A., die umliegenden Berge und den Pazifik reicht.

★ **Autry Museum of the American West** MUSEUM

(Karte S. 1018; ☎ 323-667-2000; www.autrynationalcenter.org; 4700 Western Heritage Way, Griffith Park; Erw./Senior & Student/Kind 14/10/6 US$, 2. Di im Monat frei; ⊙Di–Fr 10–16, Sa & So bis 17 Uhr; P ♿) Das umfangreiche, leider völlig unterschätze Museum wurde vom singenden Cowboy Gene Autry gegründet. Es bietet eine moderne Perspektive auf die Geschichte und die Menschen des amerikanischen Westens und stellt eine Verbindung zur gegenwärtigen Kultur der Region her. In den Dauerausstellungen werden diverse Themen beleuchtet, von den indianischen Traditionen über die Viehtriebe des 19. Jhs. bis hin zum täglichen Frontier-Leben. Sehenswert ist die wunderschön geschnitzte alte Saloonbar. Zu sehen sind auch Kostüme und Artefakte aus berühmten Hollywood-Western wie *Duell in der Manege* sowie wechselnde Kunstausstellungen.

Los Angeles Zoo & Botanical Gardens ZOO

(Karte S. 1018; ☎ 323-644-4200; www.lazoo.org; 5333 Zoo Dr, Griffith Park; Erw./Senior/Kind 20/17/15 US$; ⊙10–17 Uhr, am 25. Dez. geschl.; P ♿) Im Zoo von L. A. leben 1100 flossen-, federn- oder pelztragende Tiere aus über 250 Spezies, die besonders den Kleinen viel Spaß bereiten. Er ist nicht sonderlich groß, weshalb Erwachsene diesen Enthusiasmus vielleicht nicht ganz teilen können. Wer seine Tickets online kauft, muss nicht in der Schlange anstehen. Und wer seine eigene Verpflegung mitbringt, spart einiges an Geld, da das Angebot hier völlig überteuert ist.

West Hollywood & Mid-City

In WeHo flattern Regenbogenfahnen stolz über den Santa Monica Blvd, während Promis die Klatschreporter mit ihren Eskapaden in den Clubs am legendenumwobenen Sunset Strip beglücken. Die Boutiquen auf dem Robertson Blvd und an der Melrose Ave versorgen Hollywood-Stars und -Sternchen mit fescher, ultraschicker Mode. WeHo ist außerdem ein Nährboden für avantgardistisches Wohndesign, Mode und Kunst, vor allem im **West Hollywood Design District** (http://westhollywooddesigndistrict.com). In der Mid-City weiter südlich säumen einige der besten Museen der Stadt die Museum Row, einen kurzen Abschnitt des Wilshire Blvd östlich der Fairfax Ave.

★ **Los Angeles County Museum of Art** MUSEUM

(LACMA; Karte S. 1028; ☎ 323-857-6000; www.lacma.org; 5905 Wilshire Blvd, Mid-City; Erw./Kind

FÜHRUNGEN DURCH DIE FILM-UND FERNSEHSTUDIOS

Während einer Tour durch ein Filmstudio erfährt man viel Wissenswertes über die Scheinwelt des Films und Fernsehens, etwa dass es eine Woche dauert, um eine halbstündige Sitcom zu drehen. Oder dass man in den meisten Aufnahmen keine Decke sieht, da dort die zahllosen Lichter und Lampen hängen. Die Chancen, einen Star zu Gesicht zu bekommen, stehen hier besonders gut, sofern man nicht gerade während der Drehpausen von Mai bis August vorbeischaut – dann herrscht hier tote Hose. Wer an einer Führung teilnehmen möchte, muss eine Reservierung tätigen und außerdem seinen Ausweis mitführen.

Paramount (Karte S. 1018; ☎323-956-1777; www.paramountstudiotour.com; 5555 Melrose Ave; Führung ab 55 US$; ⊙Führung 9.30–17 Uhr, letzte Führung 15 Uhr) *Star Trek, Indiana Jones* und *Shrek* sind nur einige der Blockbuster, die auf Paramounts Konto gehen. Paramount ist das älteste Filmstudio und das einzige, das tatsächlich noch in Hollywood selbst angesiedelt ist. Zweistündige Führungen hinter die Kulissen und die Tonbühnen werden das ganze Jahr über täglich angeboten und von leidenschaftlichen, kenntnisreichen Guides geleitet.

Sony (Karte S. 1018; ☎310-244-8687; www.sonypicturesstudiostours.com; 10202 W Washington Blvd; Führung 45 US$; ⊙Führung normalerweise Mo–Fr 9.30, 10.30, 13.30 & 14.30 Uhr) Die zweistündigen Führungen werden nur unter der Woche angeboten und schließen eine Besichtigung der Tonbühnen mit ein, auf denen *Men in Black, Spiderman* und *3 Engel für Charlie* gefilmt wurden. Als dies noch das Gelände des ehrwürdigen MGM-Studios war, hoppelten hier bei den Dreharbeiten zu *Der Zauberer von Oz* die Munchkins über die gelbe Ziegelsteinstraße.

Warner Bros (Karte S. 1018; ☎877-492-8687, 818-972-8687; www.wbstudiotour.com; 3400 W Riverside Dr, Burbank; Führungen Erw./Kind 8–12 Jahre ab 62/52 US$; ⊙8.30–15.30 Uhr, Juni–Aug. länger; 🚌155, 222, 501 halten rund 350 m vom Tour Center entfernt) Den authentischsten und unterhaltsamsten Blick hinter die Kulissen eines großen Filmstudios erhält man bei dieser Tour. Sie besteht aus einer zweistündigen Führung und dem Zutritt zu Studio 48, wo man sich selbst umsehen kann. Ganz am Anfang wird ein Video mit den erfolgreichsten Filmen der WB gezeigt, darunter *...denn sie wissen nicht, was sie tun* und *La La Land*. Dann geht's mit einer kleinen Bahn zu den Tonbühnen, hinter die Kulissen und zu den technischen Abteilungen, etwa zu den Requisiten, dem Kostümfundus und der Malerwerkstatt. Die Touren werden täglich normalerweise jede halbe Stunde angeboten.

15 US$/frei, 2. Di im Monat frei; ⊙Mo, Di & Do 11–17, Fr bis 20, Sa & So 10–19 Uhr; P; 🚌Metro-Linien 20, 217, 720, 780 bis Wilshire & Fairfax) Das LACMA, das größte Museum im Westen der USA, beeindruckt mit einer tiefgründigen und reichen Sammlung. Hier sind Werke aller großen Künstler ausgestellt – Rembrandt, Cézanne, Magritte, Mary Cassatt, Ansel Adams – sowie Unmengen Skulpturen aus China, Japan, dem präkolumbischen Amerika, dem alten Griechenland, Rom und Ägypten. Die neuesten Errungenschaften sind etwa riesige Freiluftinstallationen wie Chris Burdens *Urban Light* (ein surrealer Selfie-Hintergrund mit Hunderten alter Straßenlaternen aus L.A.) und Michael Heizerss *Levitated Mass* (ein überraschend inspirierender, 340 t schwerer Felsbrocken, unter dem ein Fußweg hindurchführt).

La Brea Tar Pits & Museum MUSEUM
(Karte S. 1028; www.tarpits.org; 5801 Wilshire Blvd, Mid-City; Erw./Student & Senior/Kind 12/9/5 US$, Sept.–Juni 1. Di im Monat frei; ⊙9.30–17 Uhr; P 👪) Mammuts, Säbelzahntiger und der *Canis dirus* (eine ausgestorbene Hundeart) zogen in prähistorischer Zeit durch die Savanne der Region L. A. Das alles weiß man, seitdem in den La Brea Tar Pits – eine der weltweit ergiebigsten und berühmtesten Fossilienfundstätten – ein archäologischer Schatz aus Schädeln und Knochen ausgebuddelt worden ist. In dem Museum können junge Dinojäger mehr über Fossilien erfahren und lernen bei den Führungen und Demonstrationen in den Laboren die Welt der Paläontologie kennen.

⊙ Beverly Hills & The Westside

Die bedeutendste kulturelle Attraktion hier ist das **Getty Center** in den Hügeln von Brentwood. In Westwood befinden sich der gut gepflegte Campus der UCLA, das auf zeitgenössische Kunst ausgerichtete

West Hollywood & Mid-City

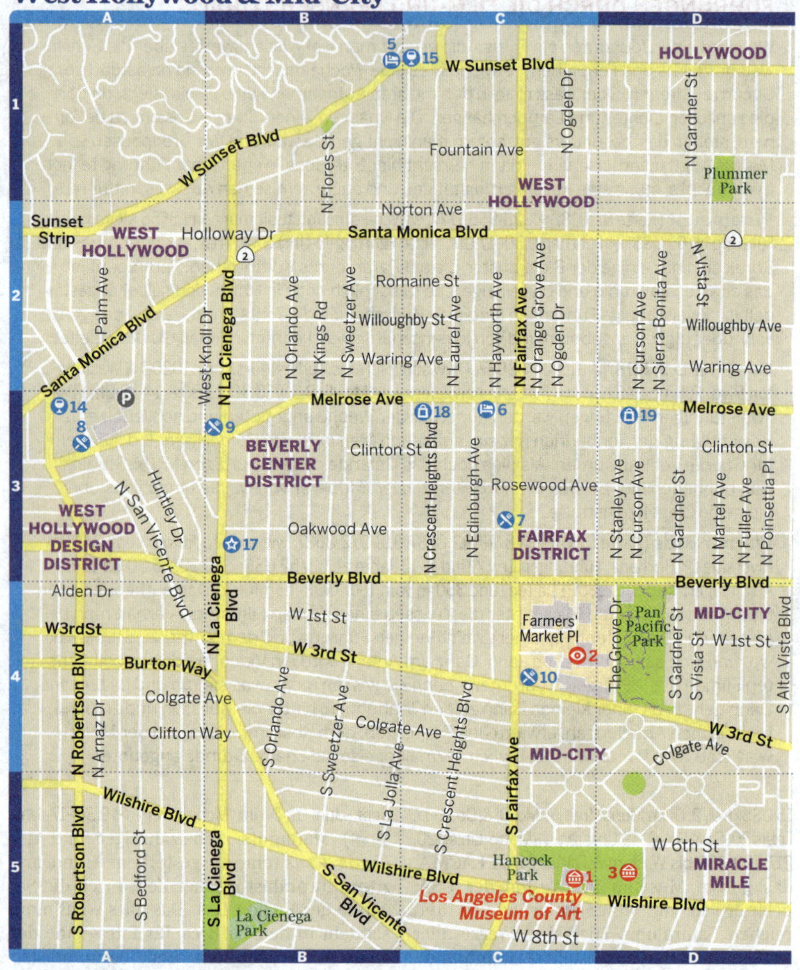

Hammer Museum (Karte S. 1018; ☎310-443-7000; www.hammer.ucla.edu; 10899 Wilshire Blvd, Westwood; ⌚Di–Fr 11–20 Sa & So bis 17 Uhr; Ⓟ) GRATIS und der **Westwood Village Memorial Park Cemetery** (Karte S. 1018; ☎310-474-1579; 1218 Glendon Ave, Westwood; ⌚8–18 Uhr; Ⓟ), auf dem es vor Stars und Sternchen nur so wimmelt. Alle drei Sehenswürdigkeiten liegen in fußläufiger Entfernung voneinander. Beverly Hills rühmt sich mit dem Rodeo Dr, auf dem man großartig allerlei Leute beobachten kann. In Hollywood kann man sich geführten Touren anschließen, die an den Häusern von Prominenten vorbeiführen.

★ **Getty Center** MUSEUM

(Karte S. 1018; ☎310-440-7300; www.getty.edu; 1200 Getty Center Dr, abseits des I-405 Fwy; ⌚Di–Fr & So 10–17.30, Sa bis 21 Uhr; Ⓟ; 734, 234) GRATIS Das milliardenteure Getty Center hoch oben über der Stadt bietet gleich ein dreifaches Vergnügen: eine traumhafte Kunstsammlung mit Werken von mittelalterlichen Triptychen bis hin zu barocken Skulpturen und impressionistischen Gemälden, die avantgardistische Architektur von Richard Meier und der je nach Jahreszeit unterschiedlich gestaltete wunderschöne Garten. Der Eintritt ist frei, der Parkplatz kostet jedoch 15 US$ (nach 15 Uhr 10 US$).

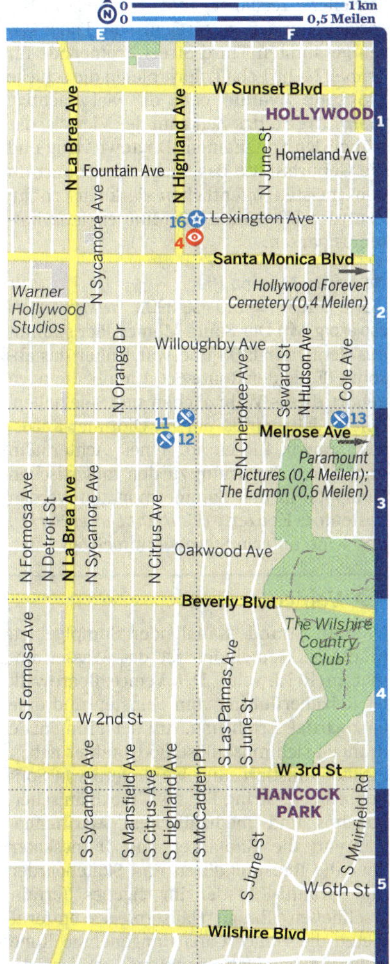

West Hollywood & Mid-City

Highlights
1 Los Angeles County Museum of Art ... C5

Sehenswertes
2 Grove ... C4
3 La Brea Tar Pits & Museum ... D5
4 Village at Ed Gould Plaza ... E2

Schlafen
5 Chateau Marmont ... B1
6 Palihotel ... C3

Essen
7 Canter's ... C3
8 Catch LA ... A3
9 EP & LP ... B3
10 Original Farmers Market ... C4
11 Osteria & Pizzeria Mozza ... E3
12 Petit Trois ... E3
13 Providence ... F3

Ausgehen & Nachtleben
14 Abbey ... A3
15 Bar Marmont ... C1

Unterhaltung
16 Celebration Theatre ... F2
17 Largo at the Coronet ... B3

Shoppen
18 Fred Segal ... C3
19 Melrose Avenue ... D3

★ Museum of Tolerance — MUSEUM

(Karte S. 1018; Reservierungen 310-772-2505; www.museumoftolerance.com; 9786 W Pico Blvd; Erw./Senior/Student 15,50/12,50/11,50 US$, Anne-Frank-Ausstellung Erw./Senior/Student 15,50/13,50/12,50 US$; So, Mi & Fr 10–17, Do bis 21.30 Uhr, Nov.–März Fr bis 15.30 Uhr; P) Das vom Simon Wiesenthal Center betriebene, zutiefst bewegende Museum zieht seine Besucher mithilfe interaktiver Technologien in seinen Bann und will sie zu Diskussionen und zum Nachdenken über Rassismus und Bigotterie anstoßen. Besondere Aufmerksamkeit wird dem Holocaust gewidmet: Im Untergeschoss befasst sich eine große Ausstellung mit den sozialen, politischen und wirtschaftlichen Umständen, die zum Völkermord an den Juden geführt haben, sowie mit den Schicksalen Millionen verfolgter Juden. Das Museum in ersten Stock beherbergt eine weitere bemerkenswerte Ausstellung: ein sehr persönlicher Blick auf das Leben und das Wirken Anne Franks.

★ Frederick R. Weisman Art Foundation — MUSEUM

(Karte S. 1018; 310-277-5321; www.weismanfoundation.org; 265 N Carolwood Dr; 90-minütige Führungen Mo–Fr 10.30 & 14 Uhr, nur nach Anmeldung) GRATIS Der verstorbene Unternehmer und Philanthrop Frederick R. Weisman hatte eine unersättliche Leidenschaft für die Kunst, was bei der Besichtigung seines ehemaligen Wohnhauses in Holmby Hills mehr als deutlich wird. Vom Keller bis ins Dachgeschoss lagern in dem Herrenhaus mit hübsch gepflegtem Anwesen außergewöhnliche Werke von Visionären wie Picasso, Kandinsky, Miró, Magritte, Rothko, Warhol, Rauschenberg und Ruscha. Es gibt sogar ein Motorrad, das von Keith Haring bemalt wurde. Führungen müssen mindestens ein paar Tage im Voraus reserviert werden.

Malibu

Hier dreht sich natürlich alles um den Strand, sei es am El Matador, wo man sich sein Fleckchen Sand zwischen den Felstürmen und Oben-ohne-Sonnenanbeterinnen hart erkämpfen muss, oder an den breiten, gelben Sandstränden von Zuma und Westward. Viele Promis wohnen hier und werden manchmal beim Einkaufen im riesigen **Malibu Country Mart** (Karte S. 1018; 310-456-7300; www.malibucountrymart.com; 3835 Cross Creek Rd, Malibu; Mo–Sa 10–24, So bis 22 Uhr; ; MTA-Linie 534) gesichtet.

Der von Schluchten durchzogene **Malibu Creek State Park** (Karte S. 1018; 818-880-0367; www.malibucreekstatepark.org; 1925 Las Virgenes Rd, Cornell; Parken 12 US$; Sonnenaufgang–Sonnenuntergang) ist einer von Malibus Naturattraktionen und ist ein beliebter Drehort für Film und Fernsehen. Er punktet aber vor allem mit unzähligen Wanderwegen (Parkplatz 12 US$) und einigen berühmten Stränden wie dem treffend benannten Surfrider in der Nähe vom Malibu Pier, dem geheimnisvollen El Matador, dem Familienliebling Zuma Beach und dem wilden Point Dume (Parken am Strand 3–12,50 US$).

★ Getty Villa MUSEUM

(Karte S. 1018; 310-430-7300; www.getty.edu; 17985 Pacific Coast Hwy, Pacific Palisades; Mi–Mo 10–17 Uhr; P ; Linie 534 bis Coastline Dr) GRATIS Der Nachbau einer römischen Villa aus dem 1. Jh. liegt grandios an einem Hang mit Blick aufs Meer. Das fast 26 ha große Anwesen bildet eine fantastische Kulisse für die exquisiten griechischen, römischen und etruskischen Antiquitäten, die von dem Ölmagnaten J. Paul Getty gesammelt wurden; einige Stücke sind bis zu 7000 Jahre alt. In den Galerien, Peristylen, Innenhöfen und üppigen gepflegten Gärten verstecken sich jede Menge Friese, Büsten und Mosaike. Die Hall of Colored Marbles enthält jahrtausendealte geschliffene, geblasene und gefärbte Glaskunst und atemberaubende geometrische Muster. Weitere Highlights sind der Pompeji-Brunnen und der Heraklestempel.

Santa Monica

Die „Schönheit am Strand" verbindet urbane Coolness mit relaxter Atmosphäre. Traveller, Teenager und Straßenkünstler sorgen auf der autofreien, von Ladenketten gesäumten Third Street Promenade für Trubel. Mehr Lokalkolorit bieten die schicke **Montana Avenue** oder die vielschichtige **Main Street**, das Zentrum des Viertels, das früher den Spitznamen „Dogtown" trug und die Geburtsstätte des Skateboardens ist. In den meisten öffentlichen Parkhäusern im Zentrum kann man 90 Minuten lang kostenlos parken.

★ Santa Monica Pier AREAL

(Karte S. 1031; 310-458-8901; www.santamonicapier.org;) Der Santa Monica Pier stammt aus dem Jahr 1908 und war früher das absolute Ende der Route 66. Auch heute noch gehört dieses Wahrzeichen mit Spielhallen, einem Jahrmarkt, einem Oldtimer-Karussell, einem Riesenrad, einer Achterbahn und einem Aquarium zu den touristischen Hotspots. In den Sommermonaten werden kostenlose Konzerte *(Twilight Dance Series)* und Kino unterm Sternenhimmel geboten.

Venice

Ob nun Strand, Kanal oder Sumpfgebiet, in diesen Gemeinden ist das Wasser immer in Reichweite. Der Venice Boardwalk ist Reizüberflutung vom Feinsten und eine einzigartige Erfahrung. Auf der Promenade drängen sich muskulöse Bodybuilder neben Straßenkünstlern und Verkäufern von Sonnenbrillen, String-Bikinis, mexikanischen Ponchos und medizinischem Marihuana, während die Radfahrer und Inlineskater über die Radspur düsen und Skateboarder und Graffiti-Künstler ihr eigenes Terrain erschließen. Einige Häuserblocks entfernt bieten die Venice Canals angenehme Ruhe zwischen abgefahrenen und modernistischen Häusern rund um die Wasserstraßen, denen das Viertel seinen Namen verdankt. Wer gemächliches Strandleben der Stadt vorzieht, der wird in Marina Del Rey fündig (wo einer der größten Häfen für Freizeitboote der USA zu Hause ist). Alternativ steuert man die weiten Strände der Playa del Rey an, die auf der anderen, südlichen Seite der Ballona Wetlands liegen.

Long Beach

Long Beach erstreckt sich entlang der südlichen Seite des L. A. County. Hier befindet sich der nach Singapur und Hongkong drittgrößte Containerhafen der Welt. In Down-

Santa Monica & Venice

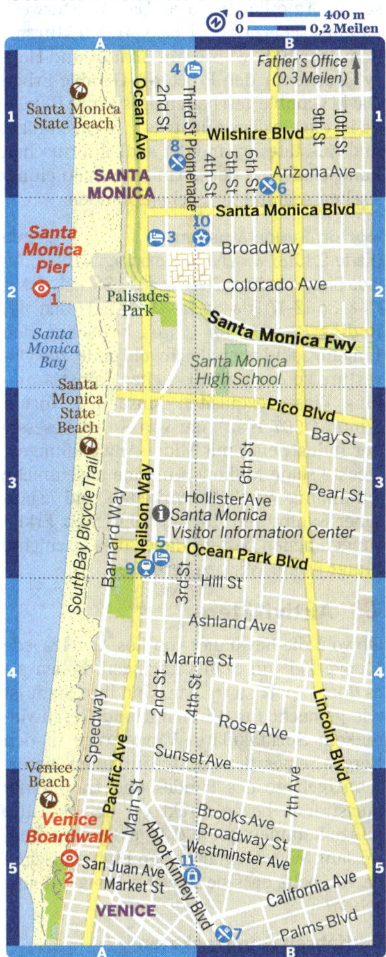

Santa Monica & Venice

Highlights

1 Santa Monica Pier A2
2 Venice Boardwalk A5

Schlafen

3 HI Los Angeles-Santa Monica A2
4 Palihouse A1
5 Sea Shore Motel A3

Essen

6 Cassia B1
7 Gjelina B5
8 Santa Monica Farmers Markets A1

Ausgehen & Nachtleben

9 Basement Tavern A3

Unterhaltung

10 Harvelle's B2

Shoppen

11 Waraku A5

town – also in der beliebten Pine Ave mit ihren Restaurants und Bars und an der neu gestalteten Uferpromenade – ist davon allerdings nicht viel zu spüren. In weniger als einer Stunde ist man mit der Metro Blue Line aus Downtown L. A. in Long Beach. Mit den kostenlosen Minibussen von Passport (www.lbtransit.com) kann man bequem die wichtigsten Sehenswürdigkeiten abklappern.

★ Battleship Iowa — MUSEUM, DENKMAL

(Karte S. 1018; ☎877-446-9261; www.pacificbattleship.com; Berth 87, 250 S Harbor Blvd, San Pedro; Erw./Senior/Kind 20/17/12 US$; ⊙10–17 Uhr, letzter Einlass 16 Uhr; P 👪; 🚌Metro Silver Line) Das Schlachtschiff war im Zweiten Weltkrieg und im Kalten Krieg im Einsatz und ist nun dauerhaft in der San Pedro Bay vertäut. Das riesige Schiff – es ist 270 m lang und damit 1,5 m länger als die Titanic – erreicht die Höhe eines 18-stöckigen Gebäudes und ist Besuchern heute als Museum zugänglich. Wer sich die zugehörige App heruntergeladen hat, kann auf der Landungsbrücke eine selbstgeführte Audiotour starten. Bei dieser sieht man die Kabine von Franklin D. Roosevelt, Geschütztürme und die Bordküche, die während des Zweiten Weltkriegs 8000 heiße Mahlzeiten am Tag zubereitete.

★ Aquarium of the Pacific — AQUARIUM

(Karte S. 1018; ☎Tickets 562-590-3100; www.aquariumofpacific.org; 100 Aquarium Way, Long Beach; Erw./Senior/Kind 30/27/19 US$; ⊙9–18 Uhr; P 👪) Das Aquarium of the Pacific gehört zu den faszinierendsten Erlebnissen in Long Beach. In dem großen Hightech-Aquarium kann man pfeilschnelle Haie, tanzende Quallen und spielende Seelöwen bewundern. Über 11 000 Tiere leben hier in vier der Natur nachempfundenen Habitaten: den Buchten und Lagunen von Baja California, dem eisig kalten Nordpazifik, tropischen Korallenriffen und heimischen Algenwäldern.

★ Museum of Latin American Art — MUSEUM

(Karte S. 1018; ☎562-437-1689; www.molaa.org; 628 Alamitos Ave, Long Beach; Erw./Senior & Student/Kind 10/7 US$/frei, So frei; ⌚ Mi, Do, Sa & So 11–17, Fr bis 21 Uhr; P) Das tolle, in den USA einzigartige Museum ist ein echtes Juwel. Es stellt Kunstwerke aus, die nach 1945 in Lateinamerika und in den Latino-Gemeinden der Vereinigten Staaten entstanden. Diese werden den Besuchern in Form von Wechsel- und Wanderausstellungen näher gebracht. In jüngster Vergangenheit waren Ausstellungen karibischer Kunst sowie die Werkschau des hiesigen Künstlers Frank Romero sehr gefragt.

Pasadena

Reich und vornehm erstreckt sich Pasadena unterhalb der hohen San Gabriel Mountains. Das urbane Los Angeles wirkt hier Lichtjahre entfernt. Pasadena ist berühmt für seine schönen Arts-&-Crafts-Bauten vom Anfang des 20. Jhs. und die Tournament of Roses Parade am Neujahrstag. Man kann zwischen den Läden, Cafés, Bars und Restaurants der Old Town Pasadena am Colorado Blvd östlich der Pasadena Ave herumschlendern. Die Züge der Metro Gold Line verbinden Pasadena mit Downtown L. A. (20 Min.).

★ Huntington Library, Art Collections & Botanical Gardens MUSEUM, GARTEN

(Karte S. 1018; ☎ 626-405-2100; www.huntington.org; 1151 Oxford Rd, San Marino; Erw. unter der Woche/Wochenende & Feiertag 23/25 US$, Kind 10 US$, 1. Do im Monat frei; ⌚ Mi–Mo 10–17 Uhr; P) Huntington zählt zu den herrlichsten und inspirierendsten Orten von L. A. und ist zu Recht ein Highlight jeder Kalifornienreise. Dies beruht auf dem erstklassigen Mix aus Kunst, Literatur und Geschichte und seinen fast 50 ha großen Gärten, die verschiedene Themen aufgreifen und von denen jeder an sich schon einen Besuch wert wäre. Auf dem stattlichen Anwesen gibt es so viel zu sehen, dass man sich fragt, wo man beginnen soll. Selbst wenn man nur das Wichtigste sehen möchte, sollte man drei bis vier Stunden einplanen.

★ Gamble House ARCHITEKTUR

(Karte S. 1018; ☎ Info 626-793-3334, Tickets 844-325-0712; www.gamblehouse.org; 4 Westmoreland Pl, Pasadena; Führung Erw./Kind 15 US$/frei; ⌚ Führungen Sept.–Mai Do & Fr 11.30–15, Sa & So 12–15 Uhr, Juni–Aug. Do–Sa 11–15, So 12–15 Uhr, Buchladen Di 11–14, Do–So 10–17 Uhr; P) Das Herrenhaus im Nordwesten von Pasadenas Zentrum wurde schon als eines der zehn architektonisch bedeutsamsten Wohnhäuser in Amerika tituliert. Das Meisterwerk kalifornischer Arts-&-Crafts-Architektur aus dem Jahr 1908 wurde von Charles und Henry Greene für den Procter-&-Gamble-Erben David Gamble geschaffen. Das ganze Gebäude ist ein einziges Kunstwerk: Sockel, Möbel und Ausstattung sind der südkalifornischen Landschaft und der japanischen und chinesischen Architektur nachempfunden.

Norton Simon Museum MUSEUM

(Karte S. 1018; www.nortonsimon.org; 411 W Colorado Blvd, Pasadena; Erw./Kind 12 US$/frei; ⌚ Mo, Mi & Do 12–17, Fr & Sa 11–20, So 11–17 Uhr; P) Rodins *Bürger von Calais* bewachen den Eingang, sind aber gleichwohl „nur" die Ouvertüre zu der umfangreichen Kunstsammlung dieses exquisiten Museums. Norton Simon (1907–1993), ein von Kunst besessener Industrieller mit Midas-Anwandlungen, steckte seine Millionen in eine ansehnliche Sammlung westlicher Arbeiten und asiatischer Skulpturen. Die ausführlichen Erklärungen helfen bestens dabei, die Geschichte hinter jedem Werk zu verstehen.

Aktivitäten

Obwohl die Bewohner von Los Angeles jede Menge Zeit im Stau verbringen, lieben sie es doch, Sport zu treiben. Und ihre Stadt ist wie gemacht für Adrenalin und Geschwindigkeit: Spektakuläre Wanderwege in den Bergen, eines der größten urbanen Naturschutzgebiete des Landes und traumhafte Surfstrände liegen direkt vor der Haustür. Hinzu kommen fast 300 Tage Sonnenschein im Jahr. Wie soll man es den Einheimischen da verübeln, dass sie so wahnsinnig gut aussehen?

Radfahren & Inlineskaten

Radeln oder Skaten auf dem asphaltierten **South Bay Bicycle Trail**, der auf der 35 km langen Strecke zwischen Santa Monica und Pacific Palisades meist parallel zum Strand verläuft, stärkt in reizvoller Umgebung die Kondition. In den belebten Strandorten gibt's jede Menge Läden, die entsprechendes Equipment vermieten. An den Wochenenden ist hier der Teufel los.

Surfen & Schwimmen

Prima Badestrände sind der Leo Carrillo State Park in Malibu, der Santa Monica State Beach und der Hermosa Beach von South Bay. Der Surfrider Beach in Malibu ist ein legendärer Surfspot. Der Preis für einen

Parkplatz variiert saisonal. Bezogen auf die Wassertemperaturen ist der „nie endende Sommer" leider nur ein Mythos. Die meiste Zeit im Jahr sollte man sich nur mit Neoprenanzug in den Pazifik wagen. Ab Juni ist die Temperatur erträglich und erreicht mit rund 21 °C im August ihren Höchstwert. Die Wasserqualität ist unterschiedlich; Infos findet man auf der Beach Report Card unter http://brc.healthebay.org.

Wandern

Wer meint, das Wandern nicht unbedingt eine für L. A. typische Freizeitbeschäftigung ist, der sollte sein Urteil noch einmal überdenken: Immerhin ist die Stadt von zwei Bergketten und zahlreichen Schluchten umgeben. Die Wege in den **San Gabriel Mountains** führen vom Mt. Wilson hinein in eine von Granitgipfeln geprägte Wildnis, die einst die Heimat der Gabrielino-Indianer war; hier wurde außerdem der letzte Grizzlybär in Kalifornien gesichtet. Die Chumash durchstreiften die **Santa Monica Mountains** (www.nps.gov/samo/index.htm), die zwar kleiner sind, dennoch aber spektakuläre Ausblicke bieten auf die mit niedrigen Hartlaubgehölz (Chaparral) bewachsene Berge und steilen Abhänge zum Pazifik hin. Der **Backbone Trail** verläuft über die gesamte Bergkette, am schönsten ist jedoch die Wanderung zum Sandstone Peak. Auch Tagestouren im **Topanga Canyon State Park** (Karte S. 1018; ☎ 310-455-2465; www.parks.ca.gov; 20828 Entrada Rd, Topanga; 10 US$/Fahrzeug; ⏰ 8 Uhr–Sonnenuntergang), im **Malibu Canyon** (Karte S. 1018; Malibu Canyon Rd, Malibu) sowie in den State Parks Point Mugu und **Leo Carrillo** (☎ 310-457-8143; www.parks.ca.gov; 35000 W Pacific Coast Hwy, Malibu; 12 US$/Fahrzeug; ⏰ 8–22 Uhr; P 👪) sind großartig. Wer nur ein oder zwei Stunden Zeit im Gepäck hat, sollte sich am besten im **Runyon Canyon** (Karte S. 1018; www.runyoncanyonhike.com; 2000 N Fuller Ave; ⏰ Sonnenaufgang–Sonnenuntergang) oder im **Bronson Canyon** (Karte S. 1018; ☎ 818-243-1145; www.laparks.org; 3200 Canyon Dr; ⏰ 5–22.30 Uhr) in Hollywood umschauen. Ausführlichere Infos zu Wanderwegen in und um Südkalifornien findet man unter www.trails.com. Empfehlenswert sind auch folgende Bücher: *Afoot and Afield: Los Angeles County. A Comprehensive Hiking Guide* (Wilderness Press; 2009), *Secret Walks: A Walking Guide to the Hidden Trails of Los Angeles* (Santa Monica Press; 2015) oder *60 Hikes Within 60 Miles* (Menasha Ridge Press; 2009).

Geführte Touren

★ Esotouric BUSTOUR
(☎ 213-915-8687; www.esotouric.com; Tour 58 US$) Im Rahmen der unkonventionellen, aufschlussreichen und unterhaltsamen Stadtspaziergänge und Bustouren lernt man sowohl die schrecklichen als auch die faszinierenden Schattenseiten von L. A. kennen. Die Thementouren führen zu Orten berühmter Verbrechen (Fall der schwarzen Dahlie), gefeierter Autoren (von Chandler bis Bukowski) und mehr.

★ Los Angeles Conservancy STADTSPAZIERGANG
(☎ 213-623-2489; www.laconservancy.org; Erw./Kind 15/10 US$) Beim 2½-stündigen Stadtspaziergang dieser gemeinnützigen Gruppe erkundet man die beeindruckenden historischen und architektonischen Schmuckstücke der Downtown von Los Angeles – vom Art-déco-Penthouse über Beaux-arts-Ballsäle bis hin zu glanzvollen Stummfilmtheatern. Um einige der großartigen historischen Kinos der Stadt von innen zu sehen, bietet das Conservancy die Filmserie „Last Remaining Seats" an, bei der in vergoldeten Theatern alte Klassiker gezeigt werden.

Dearly Departed BUSTOUR
(☎ 855-600-3323; www.dearlydepartedtours.com; Tour 50–85 US$) Diese seit Langem angebotenen, manchmal gruseligen, oft urkomischen Touren führen zu Orten, an denen Promis die Löffel abgaben, George Michael die Hosen runterließ, Hugh Grant gewisse Dienste in Anspruch nahm und die Charles Manson Gang Sharon Tate ermordete. Nichts für Kids!

Feste & Events

First Friday STRASSENKARNEVAL
(www.abbotkinneyfirstfridays.com; ⏰ 1. Fr im Monat 17–23 Uhr) Während dieses einmal im Monat stattfindenden Straßenfests haben die Geschäfte entlang des Abbot Kinney Blvd länger geöffnet und überall stehen Food-Trucks.

Academy Awards FILM
(www.oscars.org) Von der überdachten Tribüne neben dem roten Teppich des Dolby Theatre kann man seine Stars anhimmeln. Wer zu den 700 Glücklichen gehören will, muss sich schon im November oder Dezember um einen Platz bewerben. Die Oscar-Preisverleihung findet Ende Februar oder Anfang März statt.

INSIDERWISSEN

L. A. FÜR INSIDER

Filmklassiker am Broadway Welcher Ort wäre besser geeignet, um sich einen Kultfilm anzusehen, als einer der alten Filmpaläste am Broadway? Cinespia (http://cinespia.org) organisiert das ganze Jahr über spezielle Filmvorführungen in den historischen Lichtspielhäusern der Downtown, die der Öffentlichkeit normalerweise nicht zugänglich sind. Viele der Filme werden im 35-mm-Format gezeigt. Die Webseite von Cinespia informiert über anstehende Filme.

City Hall Farmers Market Der South Lawn vor der City Hall verwandelt sich jeden Donnerstagmorgen in einen verlockenden Bauernmarkt. Hier findet man alles, von Bio-Obst und -Gemüse bis hin zu frischen Meeresfrüchten, Fleisch, kulinarischen Spezialitäten und Imbissständen. Und das Beste: 10 % des Umsatzes geht an die gemeinnützige Nachbarschaftsorganisation LARABA (Los Angeles River Artists and Business Association).

Joggen, Yoga und Bier Wer sich sein Bier so richtig verdienen möchte, der macht mit bei der sonntäglichen Morgensport-Bier-Kombo (15 US$) der Angel City Brewery (S. 1039). Das Workout beginnt mit einer 30-minütigen Joggingrunde durch die Downtown, bevor es dann weiter zum Vinyasa Flow Yoga geht (eigene Matte mitbringen). Nachdem man sich ordentlich ausgepowert und die eigene Mitte gefunden hat, hat man sich sein Bier dann auch redlich verdient. Anmeldung online unter www.brew-yoga.com.

Rose Parade UMZUG
(www.tournamentofroses.com; ⌚ Jan.) Neujahrsumzug mit blumengeschmückten Wagen durch Pasadena. Tolle Fotos aus nächster Nähe kann man nach dem Umzug am Victory Park schießen. Bloß nicht das Auto nehmen, sondern mit der Metro Rail Gold Line zum Memorial Park fahren!

West Hollywood Halloween Carnaval KARNEVAL
(www.visitwesthollywood.com/halloween-carnaval) Das ausgelassene Straßenfest an Halloween Ende Oktober zieht 500 000 Feierlustige an – viele von ihnen in übertriebenen und/oder nicht jugendfreien Kostümen. Es wird viel getanzt, gut gegessen und geflirtet.

Schlafen

Wer das Strandleben genießen will, sollte sich in Santa Monica, Venice oder Long Beach eine Bleibe suchen. Trendsetter und Partylöwen werden sich in Hollywood oder WeHo am wohlsten fühlen, Kulturfreaks in Downtown L. A. Auf die angegebenen Preise kommt noch die Übernachtungssteuer (12–14 %) obendrauf.

Downtown

Ace Hotel HOTEL $$$
(Karte S. 1022; ☎ 213-623-3233; www.acehotel.com/losangeles; 929 S Broadway; Loft-Wohnungen ab 400 US$; P ❄ 📶 🏊) Das nach wie vor absolut angesagte Hotel mit seinen 182 Zimmern wartet mit jeder Menge schrägen Details auf: Wandgemälde der Haas-Brüder in der Lobby und im Restaurant, winzige Themen-Cocktails in der Dachterrassenbar und Retro-Zimmer mit Bademänteln im Boxerstil, leeren Notenblättern und – in vielen, aber nicht allen Zimmern – einem Aufnahmegerät oder einer Gitarre. Die kleinen Zimmer können etwas beengend wirken, deshalb lieber die mittelgroße Option nehmen. Der Parkservice kostet 36 US$ pro Nacht.

Hollywood

USA Hostels Hollywood HOSTEL $
(Karte S. 1025; ☎ 800-524-6783, 323-462-3777; www.usahostels.com; 1624 Schrader Blvd; B 38–49 US$, Zi. mit Bad ab 120 US$; ❄ @ 📶; M Red Line bis Hollywood/Vine) Das gesellige Hostel ist nur wenige Schritte von Hollywoods Partymeile entfernt. Die Zimmer wirken etwas beengt, aber bei den von den Angestellten organisierten Grill-Comedy-Abenden sowie diversen Stadtspaziergängen schließt man schnell neue Bekanntschaften. Es gibt mehrere kostenlose Annehmlichkeiten, z. B. kann man sich zum Frühstück Pancakes backen und hat WLAN. Die Veranda vor dem Haus ist als gemütliche Lounge hergerichtet; ein kostenloser Shuttle zum Strand darf natürlich auch nicht fehlen.

★ **Mama Shelter** BOUTIQUEHOTEL $$
(Karte S. 1025; ☎ 323-785-6666; www.mamashelter.com; 6500 Selma Ave; Zi. ab 179 US$; ❄ @ 📶;

Ⓜ Red Line bis Hollywood/Vine) Das angesagte, erschwingliche Mama Shelter ist recht verspielt: mit einem Kaugummiautomaten in der Lobby, einem Tischkicker und einem Livestreaming der Selfies und Videos von Gästen. Die Standardzimmer sind klein, aber cool und ausgestattet mit hochwertigen Betten und Bettwäsche sowie Metro-Fliesen im Bad und relativ großen Duschen. Nette und verrückte Extras im Zimmer sind etwa Drehbücher, Masken und Apple TVs mit kostenlosem Netflix. Die Dachterrassenbar ist eine der besten der Stadt.

★ Hollywood Roosevelt Hotel HISTORISCHES HOTEL **$$$**
(Karte S. 1025; ☎ 323-856-1970; www.thehollywoodroosevelt.com; 7000 Hollywood Blvd; DZ ab 282 US$; P ❄ @ ☎ ≋; Ⓜ Red Line bis Hollywood/Highland) Das Roosevelt hat einige Hollywood-Geschichten zu erzählen: Shirley Temple hat auf den Stufen der Lobby den Stepptanz gelernt, die Aufnahmen für die erste gedruckte Anzeige von Marilyn Monroe wurde hier am Pool gemacht (der später von David Hockney bemalt wurde) und wenn man seine Ohren spitzt, hört man, wie der Geist des Schauspielers Montgomery Clift hier noch ab und zu Trompete spielt. Die Zimmer am Pool versprühen ein modernistisches Flair, das an Palm Springs erinnert, während in denen im Hauptgebäude sowohl moderne als auch alte Akzente aus den 1920er-Jahren zu finden sind.

West Hollywood & Mid-City

★ Palihotel BOUTIQUEHOTEL **$$**
(Karte S. 1028; ☎ 323-272-4588; www.pali-hotel.com; 7950 Melrose Ave, Mid-City; Zi. ab 195 US$; P @ ☎) Das rustikale, mit Holz verkleidete Äußere, die glänzenden Betonfußböden in der Lobby, das Spa mit Thai-Massage und die 32 modernen, in zwei Farbtönen gestalteten Zimmer mit Flatscreens an den Wänden und genügend Platz für ein Sofa muss man einfach mögen. Einige Zimmer haben eine Terrasse. Alles in allem ein fantastisches Preis-Leistungs-Verhältnis.

★ Chateau Marmont HOTEL **$$$**
(Karte S. 1028; ☎ 323-656-1010; www.chateaumarmont.com; 8221 W Sunset Blvd, Hollywood; Zi. 450 US$, Suite ab 820 US$; P ⊖ ❄ ☎ ≋) Das Luxushotel mit französischem Charme scheint auf den ersten Blick vielleicht etwas in die Jahre gekommen zu sein, aber das nachgebaute Schloss lockt Prominente schon seit Langem mit seiner Lage oben am Hang, seinem mystischen Fünf-Sterne-Flair und der legendären Diskretion. Der Balkon, von dem Howard Hughes mit Vorliebe hübsche Frauen im Bikini beobachtete, gehört zu der Suite, in der U2-Sänger Bono am liebsten absteigt. Wer hier nicht gerade übernachten will, sollte sich mindestens einen Cocktail in der hauseigenen **Bar Marmont** (Karte S. 1028; ☎ 323-650-0575; 8171 Sunset Blvd, Hollywood; ⏲ 18–2 Uhr) genehmigen.

Beverly Hills

Avalon Hotel HOTEL **$$$**
(Karte S. 1018; ☎ 844-328-2566, 310-277-5221; www.avalon-hotel.com/beverly-hills; 9400 W Olympic Blvd, Beverly Hills; Zi. ab 289 US$; P ❄ @ ☎ ≋ 🐾) Hier trifft der Stil der 1950er-Jahre auf den Chic des 21. Jhs. Das Hotel, in dessen früherem Leben als Mehrparteienhaus Marilyn Monroe hier einst ein Apartment hatte, ist bei Angehörigen des Mode-Business sehr beliebt. Die flippigen Retro-Zimmer sind jedes für sich einzigartig, die meisten haben gewölbte Wände, Schreibtische und Nachttische mit Marmorplatten sowie verspielte Kunst und Skulpturen. Ein tolles Extra ist etwa der Pool in Form einer Acht. Alles in allem bekommt man hier erschwinglichen Luxus geboten.

★ Montage HOTEL **$$$**
(Karte S. 1018; ☎ 888-860-0788; www.montagebeverlyhills.com; 225 N Canon Dr, Beverly Hills; Zi./Suite ab 695/1175 US$; P @ ☎ ≋) Das Montage mit seinen 201 Zimmern findet eine gute Balance zwischen Eleganz, Herzlichkeit und Freundlichkeit und zieht damit die Reichen und die Schönen an. Am wunderbaren Pool auf der Dachterrasse treffen sich Models und Multimillionäre zum Mittagessen, während das weitläufige Fünf-Sterne-Spa in marokkanisch-inspiriertem Luxus gemischte, aber auch nach Geschlechtern getrennte Tauchbecken anbietet. Die Zimmer sind klassisch eingerichtet mit maßgearbeiteten Matratzen von Sealy, zwei Marmorwaschbecken, geräumigen Duschen und extratiefen Badewannen.

Santa Monica

HI Los Angeles – Santa Monica HOSTEL **$**
(Karte S. 1031; ☎ 310-393-9913; www.hilosangeles.org; 1436 2nd St; B Nachsaison 27–45 US$, Mai–Okt. 40–55 US$, Zi. mit Gemeinschaftsbad 109–

140 US$, mit eigenem Bad 160–230 US$; ⊖ ❄ @ ᯤ; M Expo Line bis Downtown Santa Monica) In beneidenswerte Nähe zum Strand und zur Promenade bietet dieses Hostel frisch renovierte Einrichtungen, für die andere Unterkünfte viel mehr verlangen würden. Es hat rund 275 Betten in sauberen, sicheren und nach Geschlechtern getrennten Schlafsälen sowie private Zimmer im Hipster-Chic. Die Gemeinschaftsbereiche (Hof, Bibliothek, TV-Zimmer, Esszimmer, Küche) laden zum Relaxen und Surfen im Internet ein.

Sea Shore Motel MOTEL **$$**
(Karte S. 1031; ☎310-392-2787; www.seashoremotel.com; 2637 Main St; Zi. 125–175 US$, Suite 200–300 US$; P ❄ ᯤ) Die freundliche Unterkunft in Familienhand liegt in der angesagten Main St (die Vierfachverglasung hält den Straßenlärm draußen), nur einen Frisbeewurf vom Strand entfernt, und bietet 25 komfortable Moteleinheiten. Die gefliesten, mit Rattanmöbeln eingerichteten Zimmer sind einfach; die im 1. Stock haben schöne hohe Decken. Für Familien empfehlen sich die voll ausgestatteten Suiten mit Küche und Balkon in einem separaten Gebäude in der Nähe an.

★ **Palihouse** BOUTIQUEHOTEL **$$$**
(Karte S. 1031; ☎310-394-1279; www.palihousesantamonica.com; 1001 3rd St; Zi./Wohnstudio ab 315/350 US$; P ❄ @ ᯤ 🐾) Die coolste Hotelkette von L.A. ist nicht Ace, sondern Palihouse. Diese Filiale hier ist im einstigen Spanish Colonial Embassy Hotel von 1927 untergebracht und hat 38 Zimmer, Wohnstudios und Apartments mit einem Schlafzimmer. Hier treffen Antiquitäten und Hipster-Chic aufeinander. Jedes der komfortablen Zimmer ist etwas anders, besonders schön sind aber die mit Schreibtischen im Picknick-Look und Tapeten mit komplexen Tierzeichnungen. Die meisten Zimmer sind mit kompletter Küche ausgestattet. Ein toller Gag sind die Kaffeetassen mit täuschend echten Bildern von Fischen.

Long Beach

★ **Hotel Maya** BOUTIQUEHOTEL **$$**
(Karte S. 1018; ☎562-435-7676; www.hotelmayalongbeach.com; 700 Queensway Dr, Long Beach; Zi. ab 179 US$; P ❄ @ ᯤ ≋ 🐾) Westlich der *Queen Mary* gelegen begeistert einen diese Boutiqueunterkunft gleich beim Betreten der Lobby mit rostigem Stahl, Glas und magentafarbenen Wänden. Die 199 Zimmer halten, was der Eingangsbereich verspricht: korallenfarbene Fliesen, Betten, deren Kopfteile mit Flusssteinen besetzt sind, und natürlich Maya-Elemente. Sie befinden sich in vier sechseckigen Blöcken aus den 1970er-Jahren und bieten einen tollen Blick auf das Zentrum von Long Beach, sodass sie den Aufpreis allemal wert sind.

Pasadena

★ **Bissell House B&B** B&B **$$**
(Karte S. 1018; ☎626-441-3535; www.bissellhouse.com; 201 S Orange Grove Ave, South Pasadena; Zi. ab 159 US$; P ᯤ ≋) Antiquitäten, Holzböden und knisterndes Kaminfeuer machen dieses romantische viktorianische (1887) B&B in der Millionaire's Row zu einer Bastion der Wärme und Gastfreundlichkeit. Der von einer Hecke umgebene Garten mutet wie ein Heiligtum an. Es gibt einen Pool, in dem man sich an heißen Tagen wunderbar abkühlen kann. Das Prince-Albert-Zimmer hat eine tolle Tapete und eine Badewanne mit Krallenfüßen. Alle sieben Zimmer haben ein eigenes Bad.

L.A. MIT KINDERN

Kinder bei Laune zu halten, ist in Los Angeles ein Kinderspiel. Der weitläufige Los Angeles Zoo (S. 1026) im familienfreundlichen Griffith Park (S. 1026) ist da eine sichere Bank. Kleine Dinofans sind von den La Brea Tar Pits (S. 1027) und dem Natural History Museum (S. 1024) begeistert, während angehende Naturforscher vom Griffith Observatory (S. 1026) und dem California Science Center (S. 1024) magisch angezogen werden. Mit Meereslebewesen lockt das Aquarium of the Pacific (S. 1031) in Long Beach. Der Vergnügungspark am Santa Monica Pier (S. 1030) bietet Spaß für Kinder aller Altersstufen. Eher etwas für Teens und Twens sind die **Universal Studios Hollywood** (Karte S. 1018; ☎800-864-8377; www.universalstudioshollywood.com; 100 Universal City Plaza, Universal City; Eintritt ab 99 US$, Kind unter 3 Jahren frei; ⊙ tgl., Öffnungszeiten variieren; P 👪; M Red Line bis Universal City). Im benachbarten Orange County befinden sich Disneyland (S. 1044) und Knott's Berry Farm (S. 1045), das Nonplusultra in Sachen Themenparks.

Essen

Wer nach Los Angeles kommt, der sollte jede Menge Appetit mitbringen. Der Kulturenmix der Stadt spiegelt sich im gastronomischen Angebot wider, das ebenso global wie üppig ist. Neben vielen authentischen internationalen Gerichten – von kantonesischen *xiao long bao* bis hin zu ligurischer *farinata* – sind es aber vor allem die Fusion-Neuinterpretationen von traditionellen Speisen, die so besonders sind. Schon mal koreanisch-mexikanische Tacos probiert? Oder einen veganen Frischkäse-Donut mit Marmelade, Basilikum und Balsamicocreme? L. A. kann vieles sein, aber eine kulinarische Einöde ist es definitiv nicht.

Downtown

Cole's SANDWICHES $

(Karte S. 1022; ☎213-622-4090; http://213hospitality.com/project/coles; 118 E 6th St; Sandwiches 10–13,50 US$; ⊙So–Mi 11–24, Do–Sa bis 2 Uhr; 📶) Die stimmungsvolle alte Kellertaverne mit ihren Retro-Sitznischen aus Vinyl, originalen Glaslampen und alten Fotos an den Wänden gilt als Erfinder des French Dip Sandwiches, das hier seit 1908 serviert wird und damals noch 0,10 US$ kostete. Bei einem solchen Sandwich handelt es sich um ein Baguette, belegt mit Lamm, Rindfleisch, Truthahn, Schweinefleisch oder Pastrami, das man vor dem Essen ein- oder zweimal in Jus taucht.

★Sushi Gen JAPANISCH $$$

(Karte S. 1022; ☎213-617-0552; www.sushigen.org; 422 E 2nd St; Sushi 11–23 US$; ⊙Di–Fr 11.15–14 & 17.30–21.45, Sa 17–21.45 Uhr; P; M Gold Line bis Little Tokyo/Arts District) Früh kommen, um einen Tisch zu ergattern! In diesem klassischen Sushi-Lokal bereiten scherzende Köche dicke, zarte Lachsscheiben, butterweiches Toro (Thunfischbauch) und traumhaften japanischen Snapper zu. Um die Mittagszeit sucht man sich ein Plätzchen an der Theke und bestellt à la carte oder stellt sich in die Schlange, um einen Tisch im Speisesaal zu bekommen, wo es das günstige Sashimi-Mittags-Special (17 US$) gibt.

★Otium MODERN-AMERIKANISCH $$$

(Karte S. 1022; ☎213-935-8500; http://otiumla.com; 222 S Hope St, Downtown; Gerichte 15–45 US$; ⊙Di–Do 11.30–14.30 & 17.30–22, Fr 11.30–14.30 & 17.30–23, Sa 11–14.30 & 17.30–23, So 11–14.30 & 17.30–22 Uhr; 📶) Ein modernistischer Pavillon neben dem Broad beherbergt diesen angenehmen, momentan absolut angesagten Hotspot unter der Leitung von Chefkoch Timothy Hollingsworth. Hochwertige Zutaten werden hier auf überraschende Weise kombiniert: etwa Wildreis und Amarant in einem wunderbar präsentierten Salat mit Avocado, Roter Bete und Granatapfel oder perfekt al dente gekochte Vollkorn-Bucatini mit Kalifornischem Taschenkrebs und einem Schuss Limette und Sake.

★Bestia ITALIENISCH $$$

(Karte S. 1018; ☎213-514-5724; www.bestiala.com; 2121 7th Pl; Pizza 16–19 US$, Pasta 19–29 US$, Hauptgerichte 28–120 US$; ⊙So–Do 17–23, Fr & Sa bis 24 Uhr; P) Auch mit ein paar Jahren auf dem Buckel sind die Tische in diesem lauten, vollen Restaurant mit Lagerhausatmosphäre im Arts District die begehrtesten der Stadt. Man muss mindestens eine Woche im Voraus reservieren. Hauptmagnet sind und bleiben die cleveren Variationen italienischer Aromen mit hochwertigen Zutaten, von Holzofenpizza mit hausgemachtem *'nduja* (eine scharfe kalabrische Paste) bis hin zu verführerischen Brennnessel-Ravioli mit Ei, gemischten Pilzen, Haselnuss und Ricotta. Auf der Weinliste stehen Boutiquetropfen und Geheimtipps.

Hollywood & Griffith Park

Life Food Organic VEGETARISCH $

(Karte S. 1025; ☎323-466-0927; www.lifefoodorganic.com; 1507 N Cahuenga Ave; Gerichte 7–14 US$; ⊙7.30–21 Uhr; 📶) 🌿 Wer genug von Tacos und Cocktails hat, kann sich in diesem kleinen Reformhaus, in dem auch einige Gerichte serviert werden, einen Schokoladen-Mandelmilch-Shake gönnen und sich z. B. an Kurkuma-Quinoa-Salaten, vegetarischen Chili-Burgern und Schokoladencremetorte satt essen. Manches auf der Speisekarte ist vielleicht etwas gewöhnungsbedürftig, aber alle angebotenen Gerichte sind aus Rohkost, vegetarisch und nahrhaft.

★Petit Trois FRANZÖSISCH $$

(Karte S. 1028; ☎323-468-8916; http://petittrois.com; Hauptgerichte 14–36 US$; ⊙So–Do 12–22, Fr & Sa bis 23 Uhr; P) Klein, aber oho! Das winzige Petit Trois, das Restaurant des bekannten Fernsehkochs Ludovic Lefebvre, besteht nur aus zwei langen Theken (der Raum ist zu klein für Tische), Reservierungen werden nicht vorgenommen. Die Gourmets drängen sich hier und lassen sich die traumhaften, einfachen Gerichte mit französischem Touch schmecken, etwa das superleichte, mit Frischkäse gefüllte Omelette oder den leckeren Doppel-Cheeseburger mit Foie gras, die eine feine Rotwein-Bordelaise-Note besitzt.

★ Providence MODERN-AMERIKANISCH $$$
(Karte S. 1028; ☎323-460-4170; www.providencela.com; 5955 Melrose Ave; Hauptgerichte mittags 40–45 US$, Probiermenü 120–250 US$; ⏲Mo–Fr 12–14 & 18–22, Sa 17.30–22, So 17.30–21 Uhr; 🅿) Das Spitzenrestaurant war vier Jahre in Folge die erste Wahl des führenden L. A.-Gastronomiekritikers Jonathan Gold und hat bereits zwei Michelin-Sterne. Auf den Tisch kommen nuancenreiche, traumhafte Gerichte mit exzellenten Meeresfrüchten, in denen etwa Seeohren mit Aubergine, Steckrüben oder Meeresalgen kombiniert oder Langusten mit dekadenten Macadamianüssen und schwarzen Trüffeln zubereitet werden.

★ Osteria & Pizzeria Mozza ITALIENISCH $$$
(Karte S. 1028; ☎Osteria 323-297-0100, Pizzeria 323-297-0101; http://la.osteriamozza.com; 6602 Melrose Ave; Pizza 11–25 US$, Hauptgerichte Osteria 29–38 US$; ⏲Pizzeria 12–24 Uhr, Osteria Mo–Fr 17.30–23, Sa 17–23, So 17–22 Uhr; 🅿) Die Osteria Mozza bietet italienische Küche vom Feinsten. Die Speisen werden aus marktfrischen, saisonalen Zutaten zubereitet. Da dies ein Lokal von Mario Batali ist, kann man sich auf die eine oder andere Überraschung (z.B. *chitarra freddi* in Sepiatinte mit Kalifornischem Taschenkrebs, Seeigel und Jalapeño) und eine immer hervorragende Qualität einstellen. Reservierung empfehlenswert. In der Pizzeria nebenan sind nicht nur die Preise günstiger, es geht auch lockerer zu. Die traumhaften Pizzas mit dünner Kruste werden z. B. mit Zucchiniblüten, Tomaten und cremiger *burrata* belegt.

West Hollywood & Mid-City

Original Farmers Market MARKT $
(Karte S. 1028; ☎323-933-9211; www.farmersmarketla.com; 6333 W 3rd St; Hauptgerichte 6–12 US$; ⏲Mo–Fr 9–21, Sa bis 20, So 10–19 Uhr; 🅿👪) Auf dem Bauernmarkt bekommt man den ganzen Tag einfaches Essen. Das ist besonders praktisch, wenn man mit Kindern unterwegs ist. Im Angebot ist alles von Eintopfgerichten über typische Diner-Gerichte bis hin zu Nudeln à la Singapur oder Tacos. Man kann sich zum Essen setzen oder das Bestellte mitnehmen. Vorher oder nachher lohnt noch ein Besuch im **Grove** (Karte S. 1028; www.thegrovela.com; 189 The Grove Dr, Los Angeles; 🅿👪; 🚌MTA-Linien 16, 17, 780 bis Wilshire & Fairfax) nebenan.

Canter's DELI $$
(Karte S. 1028; ☎323-651-2030; www.cantersdeli.com; 419 N Fairfax Ave, Mid-City; ⏲24 Std.; 🅿) Immer mehr traditionelle Frische- und Sandwichtheken schließen, das Canter's wird es aber sicher noch lange geben. Die Institution im traditionell jüdischen Fairfax besteht schon seit 1931. Im Angebot sind die üblichen Verdächtigen wie Pastrami, Corned Beef und Matzeknödelsuppe, die von den abgeklärten Bedienungen in einem lang gezogenen Raum mit Frischetheke und Bäckerei im vorderen Teil serviert werden.

EP & LP SÜDOSTASIATISCH $$
(Karte S. 1028; ☎310-855-9955; http://eplosangeles.com; 603 N La Cienega Blvd, West Hollywood; kleine Portionen 10–18 US$, große Portionen 20–34 US$; ⏲Mo–Fr 17–2, Sa & So ab 12 Uhr) Australiens Top-Chefkoch des Jahres 2014, Louis Tikaram, hat sich seiner fidschianisch-chinesischen Wurzeln besonnen und kreative, gewagte Aromen nach L. A. gebracht. Er serviert *kakoda* (Ceviche im Fidschi-Stil), *Chiang Mai larb* (gewürzter Lachs anstelle von Fleisch) und knuspriges Hähnchen mit schwarzem Pfeffer, Chili und Zitrone. Das EP & LP befindet sich in einem der beneidenswertesten Gebäude der ganzen Stadt an der Ecke Melrose und La Cienega.

★ Catch LA FUSION $$$
(Karte S. 1028; ☎323-347-6060; http://catchrestaurants.com/catchla; 8715 Melrose Ave, West Hollywood; Gerichte zum Teilen 11–31 US$, Hauptgerichte abends 28–41 US$; ⏲Sa & So 11–15, tgl. 17–2 Uhr; 🅿) Das Catch ist ein Liebling der Szene von L. A. Am Eingang lauern nicht selten Paparazzi, die auf prominente Gäste warten, und ein Türsteher wird höchstwahrscheinlich prüfen, ob man auch wirklich eine Reservierung hat. Sobald man es aber einmal in das Dachterrassenrestaurant mit Bar im 3. Stock in WeHo geschafft hat, ist das alles vergessen. Auf der Speisekarte finden sich kreative Cocktails und Gerichte zum Teilen wie etwa Trüffel-Sashimi oder Wraps mit schwarzem Zackenbarsch und Salat.

Santa Monica & Venice

★ Santa Monica Farmers Markets MARKT $
(Karte S. 1031; www.smgov.net/portals/farmersmarket; Arizona Ave, zw. 2nd St & 3rd St; ⏲Arizona Ave Mi 8.30–13.30, Sa 8–13 Uhr, Main St So 8.30–

13.30 Uhr; 🚸) 🍃 Zur echten Santa-Monica-Erfahrung gehört auch ein Besuch eines der wöchentlich stattfindenden Bauernmärkte im Freien, auf denen Bio-Obst und -Gemüse, Blumen, Gebäck und frische Austern angeboten werden. Am besten ist der Mittwochsmarkt an der Kreuzung 3rd St und Arizona. Hier ist die Auswahl am besten und die Erzeugnisse sind ausnehmend frisch. Auch die hiesigen Küchenchefs kaufen dort am liebsten ein.

★ **Gjelina** AMERIKANISCH **$$$**
(Karte S. 1031; ☎310-450-1429; www.gjelina.com; 1429 Abbot Kinney Blvd, Venice; Vegetarisches, Salate & Pizzas 10–18 US$, große Portionen 15–45 US$; ⏰8–24 Uhr; 🚸; 🚌Big Blue Bus Linie 18) Wenn es ein Restaurant gibt, das das neue Venice am treffendsten verkörpert, so ist es dieses hier. Man sichert sich einen Platz zwischen den Hipstern und Yuppies am Gemeinschaftstisch oder ergattert seinen eigenen Holztisch auf der eleganten Steinterrasse und verspeist dann einfallsreiche kleine Gerichte (z. B. mit Chili und Minze gewürzte rohe Stachelmakrele mit einem Olivenöl-Blutorange-Dressing) und sensationelle Holzofenpizzas mit dünner Kruste.

★ **Cassia** SÜDOSTASIATISCH **$$$**
(Karte S. 1031; ☎310-393-6699; 1314 7th St; Vorspeisen 12–24 US$, Hauptgerichte 18–77 US$; ⏰So–Do 17–22, Fr & Sa bis 23 Uhr; 🅿) Seit seiner Eröffnung 2015 hat es das offene, luftige Cassia auf so ziemlich jede Bestenliste in L. A. und im ganzen Land geschafft. Chefkoch Bryant Ng schöpft aus seinen chinesisch-singapurischen Wurzeln und zaubert Gerichte wie *kaya*-Toast (mit Kokosmarmelade, Butter und wachsweichem Ei), „sonnengebräunte" Garnelen und einen alles umfassenden vietnamesischen Pot-au-feu: Eintopf mit Rippchen, Gemüse, Knochenmark und köstlichen Beilagen.

Long Beach

★ **Fourth & Olive** ELSÄSSISCH **$$**
(Karte S. 1018; ☎562-269-0731; www.4thandolive.com; 743 E 4th St, East Village, Long Beach; Hauptgerichte 15–29 US$; ⏰Mo & Di 16.30–22, Mi, Do & So 11–22, Fr & Sa 11–23 Uhr) Es gibt viele Gründe, dieses neue kalifornisch-französische Bistro zu lieben: Zutaten frisch vom Bauernmarkt, Rinder- und Schweinefleisch von kleinen Farmen, hausgemachte Würste, klassische Gerichte wie *steak frites* oder *choucroute garnie* sowie ein lockerer Service – und das alles unter einer hohen Holzdecke mit einem Blick durch die schön großen Fenster auf das Geschehen draußen. Hinzukommt, dass viele der Angestellten Kriegsversehrte sind. So isst man hier nicht nur gut, sondern tut nebenbei auch noch etwas fürs Karma.

Pasadena

Ración SPANISCH **$$$**
(Karte S. 1018; ☎626-396-3090; www.racionrestaurant.com; 119 W Green St, Pasadena; kleine Portionen 4–14 US$, Hauptgerichte 20–58 US$; ⏰Mo–Do 18–22, Fr 11.30–15 & 18–22.30, Sa 11.30–15 & 17.30–22.30, So 17.30–22 Uhr; Ⓜ Gold Line bis Memorial Park oder Del Mar) Gourmets lieben dieses minimalistische, baskisch angehauchte Restaurant, in dem Tapas wie *conservas* (Pastete), Hähnchenkroketten und scharf angebratene Garnelen in Salsa Verde serviert werden. Es gibt zudem hausgeräucherten Gelbflossenthunfisch mit Sardellen-Vinaigrette. Das Angebot von *raciones* (größere Platten) reicht von Wildfisch (nach Marktangebot) mit alten Bohnensorten bis zu Entenbrust mit Dattelmarmelade oder langsam geschmortem Lammbauch.

Ausgehen & Nachtleben

Ob es nun ein Bio-Kurimi-Espresso, ein Craft-Cocktail mit Campari und Erdnussbutter nach der Fat-Washing-Methode oder ein saisonales Gebräu mit Oolong-Tee aus Chinatown sein soll, L. A. hält selbst für die höchsten Ansprüche stets etwas bereit. Ob in postindustriellen Kaffeeröstereien und Brauereien, Lounges aus den 1950er-Jahren, klassischen Martinibars in Hollywood oder Bowlingzentren mit Cocktailbar: In Los Angeles werden alle Drinks mit einem gewissen Etwas serviert. Da bleibt einem eigentlich nichts anderes übrig, als sein Glas zu heben und auf die coolste Stadt der USA anzustoßen.

Angel City Brewery MIKROBRAUEREI
(Karte S. 1022; ☎213-622-1261; www.angelcitybrewery.com; 216 S Alameda St; ⏰Mo–Do 16–1, Fr bis 2, Sa 12–2, So 12–1 Uhr) Hier, wo einst die Seile für Hängebrücken und ähnliche Konstruktionen hergestellt wurden, werden heute Craft-Biere gebraut und ausgeschenkt. Das beliebte Lokal liegt an der Grenze des Arts District und ist der perfekte Ort, um sich ein Indian Pale Ale oder einen Imperial Stout mit Chaigewürzen zu gönnen, der Musik zu lauschen und nebenher ein paar Tacos aus einem Food Truck zu verdrücken.

★ No Vacancy BAR

(Karte S. 1025; ☎323-465-1902; www.novacancyla.com; 1727 N Hudson Ave; ⏲20–2 Uhr; Ⓜ Red Line bis Hollywood/Vine) Wer seinen Cocktail gerne mit einem angemessenen Wow-Effekt schlürft, kann hier online reservieren, sich schick aufbrezeln (keine Sportklamotten, Shorts oder auffällige Markenlogos) und sich auf den Weg in dieses alte, schindelverkleidete viktorianische Haus machen. In dem auf alt getrimmten Innern mit dunklem Holz und eleganten Sitzbänken findet sich in fast jeder Ecke eine Bar mit cleveren Barkeepern, während Burlesque-Tänzerinnen und ein Seiltänzer das Partyvolk unterhalten.

★ Dirty Laundry BAR

(Karte S. 1025; ☎323-462-6531; http://dirtylaundrybarla.com; 1725 N Hudson Ave; ⏲Di–Sa 22–2 Uhr; Ⓜ Red Line bis Hollywood/Vine) Unter einem sonst nicht weiter bemerkenswerten Apartmentblock in Bonbonrosa liegt die abgefahrene, muffig riechende Höhle mit niedrigen Decken, frei liegenden Rohren, groovigem Funk vom Plattenteller, vielen schönen, enthemmten Menschen und jeder Menge guter Stimmung. Leider gehen die Türsteher teils recht willkürlich vor, man sollte also einen Tisch reservieren, wenn man sichergehen will, auch hineinzukommen.

★ Abbey SCHWULE & LESBEN

(Karte S. 1028; ☎310-289-8410; www.theabbeyweho.com; 692 N Robertson Blvd, West Hollywood; ⏲Mo–Do 11–2, Fr ab 10, Sa & So ab 9 Uhr) Von manchen wird das Abbey als die beste Schwulenbar der Welt bezeichnet. Früher ein bescheidenes Kaffeehaus, hat es sich zu WeHos angesagtestem Bar-Club-Restaurant entwickelt. Es gibt so viele unterschiedlich aromatisierte Martinis und Mojitos, dass man glauben könnte, die Drinks wären hier erfunden worden. Zudem wird die ganze Palette hochwertigen Kneipenessens serviert (Hauptgerichte 14–21 US$).

★ Polo Lounge COCKTAILBAR

(Karte S. 1018; ☎310-887-2777; www.dorchestercollection.com/en/los-angeles/the-beverly-hills-hotel; Beverly Hills Hotel, 9641 Sunset Blvd, Beverly Hills; ⏲7–1.30 Uhr) Hier wartet die klassische L. A.-Erfahrung: Man mache sich schick und schlürfe an der legendären Bar dieses Hotels in Beverly Hills einen Cocktail. Charlie Chaplin hatte für die Sitznische 1 eine dauerhafte Reservierung zum Mittagessen und H. R. Haldeman und John Ehrlichman erfuhren hier 1972 vom Watergate-Einbruch. Sonntags gibt's einen bekannten Jazz-Brunch (Erw./Kind 75/35 US$).

★ Basement Tavern BAR

(Karte S. 1031; www.basementtavern.com; 2640 Main St; ⏲17–2 Uhr) Die kreative Flüsterkneipe ist im Untergeschoss eines viktorianischen Hauses untergebracht und die vielleicht beste Bar in Santa Monica. Besonders toll sind die Craft-Cocktails, die gemütlichen Sitznischen, die Bar in der Raummitte und die allabendliche Livemusik mit Blues-, Jazz-, Bluegrass- und Rockbands. Am Wochenende ist es hier hoffnungslos überfüllt, also besser unter der Woche kommen.

★ Pike BAR

(Karte S. 1018; ☎562-437-4453; www.pikelongbeach.com; 1836 E 4th St, Long Beach; ⏲Mo–Fr 11–2, Sa & So ab 9 Uhr; 🚌Line 22) Neben dem Retro Row liegt diese Spelunke mit nautischem Motto, die Chris Reece gehört, einem Mitglied der Band Social Distortion. Hier treten jeden Abend coole junge Musiker auf (kein Eintritt!) und das Bier wird in Pitchern oder Flaschen serviert. Es gibt auch Cocktails wie Mezcarita und Greenchelada (eine *michelada* mit Gurke, Jalapeño und Limette).

☆ Unterhaltung

Tickets mit Rabatten oder zum halben Preis gibt's bei Goldstar (www.goldstar.com) oder LA StageTix (www.lastagetix.com), bei Letzterem jedoch nur Theaterkarten.

★ Hollywood Bowl KONZERTE

(Karte S. 1018; ☎323-850-2000; www.hollywoodbowl.com; 2301 N Highland Ave; Eintritt Proben frei, Eintritt Vorstellungen verschieden; ⏲Juni–Sept.) Was wäre ein Sommer in L. A. ohne einen Besuch dieses riesigen Freiluft-Amphitheaters in den Hollywood Hills? Von Juni bis September gibt's hier Musik unterm Sternenhimmel – von Sinfonieorchestern und Jazzbands bis hin zu großen Namen wie Blondie, Bryan Ferry und Angélique Kidjo. Pullover oder Decke nicht vergessen, denn abends wird es ganz schön kühl.

★ Upright Citizens Brigade Theatre COMEDY

(Karte S. 1025; ☎323-908-8702; http://franklin.ucbtheatre.com; 5919 Franklin Ave; Tickets 5–12 US$) Ursprünglich wurde die Comedy-Truppe in New York von den „Saturday Night Life"-Zöglingen Amy Poehler und Ian Roberts zusammen mit Matt Besser und Matt Walsh gegründet. Sie ist mit ihren all-

LGBTIQ-SZENE IN L. A.

L. A. ist eine der schwulen- und lesbenfreundlichsten Städte des gesamten Landes und hat maßgeblich zur Entwicklung dieser Kultur beigetragen. Auch im restlichen County gibt es natürlich LGBTIQ-Communitys, die Regenbogenflagge wird aber mit besonderem Stolz in Boystown geschwenkt, entlang des Santa Monica Blvd in West Hollywood, der von Dutzenden dynamischen Bars, Cafés, Restaurants, Fitnessstudios und Clubs gesäumt ist. Die meisten sind auf eine schwule Klientel ausgerichtet, es gibt aber auch viele Lesben und gemischtes Publikum. Am meisten los ist hier donnerstag- bis sonntagabends.

In der durchtrainierten, gebräunten und durchgestylten Szene von Boystown ist Schönheit alles. In anderen Ecken der Stadt geht es da bedeutend relaxter und weniger körperfixiert zu. In Silver Lake tummeln sich alle Altersgruppen und das Spektrum reicht von süßen Hipstern bis zu Leder- und Jeansträgern, während die aufkeimende Szene in Downtown eine ebenso vielseitige Mischung aus Hipstern, Latinos aus East L. A., Anhängern einer Gegenkultur und Geschäftsleuten besteht. Auch in Venice und Long Beach gibt's eine entspannte, nachbarschaftliche Szene.

Wer sich nicht ins Nachtleben stürzen möchte, findet in L. A. zahlreiche andere Möglichkeiten, Gleichgesinnte zu treffen, mit ihnen ins Gespräch zu kommen und sie vielleicht sogar besser kennenzulernen. Wer das draußen an der frischen Luft tun möchte, ist beim Laufclub **Frontrunners** (www.lafrontrunners.com) und beim Wanderclub **Great Outdoors** (www.greatoutdoorsla.org) an der richtigen Adresse. Letzterer bietet Wanderungen (tagsüber und auch abends) und Stadtspaziergänge durch verschiedene Viertel an. Einen Einblick in die faszinierende Geschichte der homosexuellen Szene bieten die Stadtspaziergänge von **Out & About Tours** (www.thelavendereffect.org/tours; Touren ab 30 US$).

Schwules Theater gibt's überall in der Stadt, doch das **Celebration Theatre** (Karte S. 1028; ☎ 323-957-1884; www.celebrationtheatre.com; 6760 Lexington Ave, Hollywood) gehört zu den führenden Bühnen für LGBT-Theater in den USA. Das **Cavern Club Theater** (Karte S. 1018; www.cavernclubtheater.com; 1920 Hyperion Ave, Silver Lake) überschreitet gerne auch mal Grenzen, besonders mit seinen auffälligen Drag-Künstlern. Es befindet sich unter dem Restaurant Casita del Campo. Wer das Glück hat, gerade in der Stadt zu sein, wenn die **Gay Men's Chorus of Los Angeles** (www.gmcla.org) auftreten, sollte sich das nicht entgehen lassen. Diese großartige Truppe gibt es schon seit 1979.

Das **LA LGBT Center** (Karte S. 1025; ☎ 323-993-7400; www.lalgbtcenter.org; 1625 Schrader Blvd; ⏲ Mo–Fr 9–21, Sa bis 13 Uhr) ist Info- und Gesundheitszentrum in einem und gehört zum **Village at Ed Gould Plaza** (Karte S. 1028; ☎ 323-993-7400; https://lalgbtcenter.org; 1125 N McCadden Pl, Hollywood; ⏲ Mo–Fr 18–22, Sa 9–17 Uhr; P), in dem das ganze Jahr über Ausstellungen, Theater- und Filmvorstellungen stattfinden.

Die Festivalsaison beginnt zwischen Mitte und Ende Mai mit der **Long Beach Pride Celebration** (☎ 562-987-9191; www.longbeachpride.com; 450 E Shoreline Dr, Long Beach; Umzug frei, Eintritt Festival Erw./Kind & Senior 25 US$/frei; ⏲ Mitte Mai) und geht dann Mitte Juni beim dreitägigen **LA Pride** (www.lapride.org) mit einem Umzug auf dem Santa Monica Blvd weiter. Zu Halloween (31. Okt.) versammeln sich auf der gleichen Straße 500 000 ausgefallen kostümierte Partyfans aller Ausrichtungen.

abendlichen Shows von Stand-Up-Comedy bis hin zu Improvisationstheater und Sketchen die wohl beste Humoradresse der Stadt. Der Parkservice kostet 7 US$.

★ **Geffen Playhouse** THEATER
(Karte S. 1018; ☎ 310-208-5454; www.geffenplayhouse.com; 10886 Le Conte Ave, Westwood) Der amerikanische Magnat und Produzent David Geffen hat über 17 Mio. US$ investiert, um dieses Schauspielhaus im mediterranen Stil wieder in Schuss zu bringen. Während der Spielzeit werden sowohl amerikanische Klassiker wie auch moderne Werke aufgeführt und nicht selten sieht man auf der Bühne bekannte Film- und Fernsehschauspieler.

Largo at the Coronet LIVEMUSIK, THEATER
(Karte S. 1028; ☎ 310-855-0530; www.largo-la.com; 366 N La Cienega Blvd, Mid-City) Schon in den ersten Tagen der Fairfax Ave war das

Largo ein Ort für anspruchsvolle Popkultur (hier wurde Zach Galifinakis zum Star). Das Largo ist jetzt Teil des Coronet Theatre Complex und bietet hochkarätige Comedy beispielsweise von Sarah Silverman und Jon Hodgman. Außerdem wird regelmäßig Nachtmusik etwa von der Preservation Hall Jazz Band gespielt.

ArcLight Cinemas KINO

(Karte S. 1025; ☎ 323-464-1478; www.arclightcinemas.com; 6360 W Sunset Blvd; Ⓜ Red Line bis Hollywood/Vine) Das Multiplex-Kino mit 14 Sälen ist das beste weit und breit. Es gibt reservierte Plätze und die Chancen, einen Star zu treffen, stehen nicht schlecht. Das Programm ist abwechslungsreich mit Mainstream-, aber auch Art-House-Filmen. Wer es zeitlich schafft, sollte unbedingt einen Film im beeindruckenden, geodätischen Cinerama Dome von 1963 schauen.

★ Los Angeles Philharmonic KLASSISCHE MUSIK

(Karte S. 1022; ☎ 323-850-2000; www.laphil.org; 111 S Grand Ave) Die erstklassigen L. A. Philharmoniker führen ihre topaktuellen Stücke in der Walt Disney Concert Hall unter der Leitung des venezolanischen Maestros Gustavo Dudamel auf.

★ Harvelle's BLUES

(Karte S. 1031; ☎ 310-395-1676; www.harvelles.com; 1432 4th St; Eintritt 5–15 US$) In dieser dunklen Blues-Grotte geht bereits seit 1931 der Punk ab, aber irgendwie fühlt es sich immer noch so an, als sei das Harvelle's ein wohl behütetes Geheimnis. Hier treten keine großen Stars auf, aber die Qualität ist für gewöhnlich sehr hoch. Bei den Toledo Shows jeden Sonntag werden Soul und Jazz gespielt und es gibt Kabarett. Mittwochabends spielen die stets flippigen House of Vibe All-Stars.

★ Dodger Stadium BASEBALL

(Karte S. 1018; ☎ 866-363-4377; www.dodgers.com; 1000 Vin Scully Ave) Nur wenige Clubs können es in puncto Tradition, Erfolg und treuen Fans mit den Dodgers aufnehmen. Die neuen Besitzer haben die Organisation für grob 2 Mrd. US$ gekauft – ein Rekordpreis für amerikanischen Mannschaftssport.

Staples Center STADION

(Karte S. 1022; ☎ 213-742-7100; www.staplescenter.com; 1111 S Figueroa St) Mit der Eröffnung dieser Sport- und Veranstaltungsarena war South Park plötzlich in aller Munde. Hier tragen die Los Angeles **Lakers** (Karte S. 1022; ☎ 888-929-7849; www.nba.com/lakers; Tickets ab 30 US$), die **Clippers** (Karte S. 1022; ☎ 213-204-2900; www.nba.com/clippers; Tickets ab 20 US$) und das Basketballteam Sparks ihre Heimspiele aus. Auch die LA Kings bestreiten hier ihre Eishockeyspiele. Ein Parkplatz kostet je nach Veranstaltung 10 bis 30 US$.

Shoppen

Wer von sich selbst behauptet, er sei gegen das Shopping-Fieber absolut imun, wird dies nach einer Reise nach Los Angeles unter Umständen revidieren müssen. L. A. ist ein Profi dabei, den Leuten ihre Kreditkarten aus der Tasche zu ziehen. Aber es wäre ja auch wirklich ein Jammer, wenn man das supersüße Kleid im Vintage-Look oder die Stofftasche mit dem coolen Spruch nicht gekauft hätte. Und nur diese tolle Lampe im 1950er-Jahre-Chic bietet die richtige Beleuchtung für das Hollywood-Drehbuch mit Autogramm, das man ergattern konnte. Die Stadt ist voller Kreativität und schrulliger Ideen und das ist auch in den Schaufenstern und Regalen deutlich zu sehen.

★ Raggedy Threads VINTAGE

(Karte S. 1022; ☎ 213-620-1188; www.raggedythreads.com; 330 E 2nd St; ⏲ Mo–Sa 12–20, So bis 18 Uhr; Ⓜ Gold Line bis Little Tokyo/Arts District) Ein gigantischer Laden mit amerikanischen Vintage-Klamotten ganz in der Nähe der Haupteinkaufsmeile in Little Tokyo. Es gibt jede Menge schöne, ziemlich verschlissene Jeansteile sowie eine bemerkenswerte Auswahl an Overalls von vor 1950 aus den USA, Japan und Frankreich, weiche T-Shirts, ein paar viktorianische Kleider und eine wunderschöne Türkis-Sammlung zu günstigen Preisen.

★ Last Bookstore in Los Angeles BÜCHER

(Karte S. 1022; ☎ 213-488-0599; www.lastbookstorela.com; 453 S Spring St; ⏲ Mo–Do 10–22, Fr & Sa bis 23, So bis 21 Uhr) Alles begann in einem Laden in der Main St als Ich-AG, heute ist daraus der größte Buchladen Kaliforniens für neue und gebrauchte Bücher geworden. Er belegt mittlerweile zwei Etagen in einem alten Bankgebäude. Im Erdgeschoss finden sich Schränke voller Raritäten, oben gibt's Horrorbücher und Krimis sowie einen Büchertunnel und ein paar Kunstgalerien. Und wer eher auf Vinyl steht, wird vielleicht in der exzellenten Schallplattensammlung fündig.

Melrose Avenue MODE & ACCESSOIRES
(Karte S. 1028) Auf der beliebten Shoppingmeile kann man wunderbar Leute beobachten und natürlich auch nach Herzenslust shoppen. Hier sieht man Haare (und Menschen) aller Farbschattierungen und Stile und bekommt alles von Gothic-Schmuck über maßgeschneiderte Sneakers und Medizinal-Hanf bis hin zu ausgestopften Stachelschweinen.

★ **Fred Segal** MODE & ACCESSOIRES
(Karte S. 1028; ☎323-651-4129; www.fredsegal.com; 8100 Melrose Ave, Mid-City; ⊙Mo–Sa 10–19, So 12–18 Uhr) Promis und Schöne suchen in diesem Labyrinth von Edelboutiquen nach dem Neuesten von Babakul, Aviator Nation und Robbi & Nikki – und all dies unter einem verdammt schicken Dach mit leicht arrogantem Touch. „Schnäppchen" gibt's nur beim zweiwöchigen Ausverkauf im September.

Waraku SCHUHE
(Karte S. 1031; ☎310-452-5300; www.warakuusa.com; 1225 Abbot Kinney Blvd, Venice; ⊙10–19 Uhr; 🚌Big Blue Bus Linie 18) Das Waraku ist ein kleiner Laden für Schuhliebhaber in japanischer Hand. Hier treffen die Couture des Fernen Ostens auf Mainstream-Marken wie Puma oder Converse. Etwa 60 % der Schuhe werden aus Japan importiert, der Rest sind limitierte Auflagen aus heimischer Produktion.

★ **Rose Bowl Flea Market** MARKT
(Karte S. 1018; www.rgcshows.com; 1001 Rose Bowl Dr, Pasadena; Eintritt ab 9 US$; ⊙2. So im Monat 9–16.30 Uhr, letzter Einlass 15 Uhr, bevorzugter früher Einlass ab 5 Uhr) Seit den 1960er-Jahren wird auf dem Footballfeld des Rose Bowl dieser „amerikanische Marktplatz für ausgefallene Stücke" veranstaltet, auf dem Horden von Besuchern auf der Jagd nach dem heiligen Gral wühlen, kramen und stöbern. Es gibt 2500 Verkäufer und um die 20 000 Käufer, die hier zusammenkommen. Was für ein Riesenspaß!

ℹ Praktische Informationen

GEFAHREN & ÄRGERNISSE

Trotz der scheinbar apokalyptischen Liste an Gefahren – Waffen, Gewaltverbrechen, Erdbeben – ist Los Angeles eine recht sichere Stadt für Besucher. Die größte Gefahr sind Unfälle (es besteht eine gesetzliche Anschnallpflicht), das größte Ärgernis bereitet Einheimischen wie Besuchern der infernalische Stadtverkehr.

MEDIEN

- **KCRW 89.9 FM** (www.kcrw.com) Der kulturelle Pulsschlag L. A.s und der beste Radiosender der Stadt.
- **KPFK 90.7 FM** (www.kpfk.org) Teil des Radionetzwerks Pacifica; Nachrichten und progressive Diskussionen.
- **LA Weekly** (www.laweekly.com) Kostenlose alternative Nachrichten, Livemusik und Veranstaltungskalender.
- **Los Angeles Times** (www.latimes.com) Eine der größten Zeitungen; mitte-links ausgerichtet.

MEDIZINISCHE VERSORGUNG

Cedars-Sinai Medical Center (☎310-423-3277; http://cedars-sinai.edu; 8700 Beverly Blvd) Rund um die Uhr geöffnete Notaufnahme am Rande von West Hollywood.

Keck Medicine of USC (☎323-226-2622; www.keckmedicine.org; 1500 San Pablo St) Rund um die Uhr geöffnete Notaufnahme gleich östlich der Downtown.

Ronald Reagan UCLA Medical Center (☎310-825-9111; www.uclahealth.org; 757 Westwood Plaza, Westwood) Rund um die Uhr geöffnete Notaufnahme auf dem Campus der UCLA.

TOURISTENINFORMATION

Downtown LA Visitor Center (Karte S. 1022; www.discoverlosangeles.com; Union Station, 800 N Alameda St; ⊙9–17 Uhr; Ⓜ Red/Purple/Gold Line bis Union Station)

Hollywood Visitor Information Center (Karte S. 1025; ☎323-467-6412; www.discoverlosangeles.com; Hollywood & Highland, 6801 Hollywood Blvd; ⊙Mo–Sa 8–22, So 9–19 Uhr; Ⓜ Red Line bis Hollywood/Highland)

Santa Monica Visitor Information Center (Karte S. 1031; ☎800-544-5319; www.santamonica.com; 2427 Main St)

ℹ An- & Weiterreise

AUTO

Die üblichen internationalen Autovermieter haben Vertretungen am LAX-Flughafen und in der ganzen Stadt.

FASHION DISTRICT

Schnäppchenjäger lieben den hektischen, 100 Blocks großen Modedistrikt im Südwesten der Downtown. Hier kann man prima Beute machen, doch wer zum ersten Mal hier ist, fühlt sich oft von der schieren Größe und gewaltigen Auswahl schlichtweg überfordert. Zur Orientierung sollte man einen Blick auf www.fashiondistrict.org werfen.

BUS

Der Hauptbusterminal von **Greyhound** (Karte S. 1018; ☎213-629-8401; www.greyhound.com; 1716 E 7th St) befindet sich in einem Industrieviertel der Downtown. Wenn es sich vermeiden lässt, sollte man nicht nach Einbruch der Dunkelheit hier ankommen.

FLUGZEUG

Das Haupteinfallstor nach L. A. ist der **Los Angeles International Airport** (LAX; Karte S. 1018; www.lawa.org/welcomeLAX.aspx; 1 World Way). Zwischen den neun Terminals verkehrt der kostenlose LAX Shuttle A, der auf der unteren Ebene (Ankunft) der Terminals hält. Auch Taxis sowie die Shuttles von Hotels und Autovermietern halten dort. Reisende mit Behinderung können einen kostenlosen Kleinbus rufen (☎310-646-6402).

Einige Inlandsflüge landen auf dem **Burbank Hollywood Airport** (BUR, Bob Hope Airport; Karte S. 1018; www.burbankairport.com; 2627 N Hollywood Way), während der kleine **Long Beach Airport** (Karte S. 1018; www.lgb.org; 4100 Donald Douglas Dr) im Süden vor allem praktisch für Disneyland-Besucher ist.

ZUG

Die Züge von **Amtrak** (www.amtrak.com) nutzen die historische **Union Station** (☎800-872-7245; www.amtrak.com; 800 N Alameda St) in der Downtown. Folgende Fernzüge halten in L. A.: der *Coast Starlight* nach Seattle (tgl.), der *Southwest Chief* nach Chicago (tgl.) und der *Sunset Limited* nach New Orleans (3-mal wöchentl. Woche). Der *Pacific Surfliner* fährt mehrmals täglich nach San Diego, Santa Barbara und San Luis Obispo und kommt dabei auch durch L. A.

ℹ Unterwegs vor Ort

AUTO & MOTORRAD

Autofahren muss in L. A. nicht stressig sein, allerdings sollte man sich wochentags in der Rushhour (ungefähr 7–10 & 15–19 Uhr) auf den schlimmsten Verkehr der ganzen USA einstellen. Motels haben in der Regel kostenlose Parkplätze, die meisten Hotels verlangen zwischen 10 und 45 US$. Für den von Restaurants, Hotels und Nachtclubs angebotenen Parkservice muss man zwischen 5 und 10 US$ hinblättern.

VOM/ZUM FLUGHAFEN

Busse von **LAX FlyAway** (☎866-435-9529; www.lawa.org/FlyAway) fahren zur Union Station (Downtown), nach Hollywood, Van Nuys, Westwood Village (nahe der UCLA) und nach Long Beach. Die einfache Strecke kostet 9,75 US$. Um einen Linienbus zu nehmen, fährt man mit dem kostenlosen Shuttlebus vom Flughafen in Richtung des Parkplatzes C. Dieser hält am LAX City Bus Center, einem Knotenpunkt für Busse in alle Ecken des Countys.

Taxis sind jederzeit verfügbar und warten vor den Terminals. Nach Downtown L. A. gibt es einen Festpreis von 47 US$. Für eine Fahrt nach Santa Monica werden etwa 30 bis 35 US$, nach West Hollywood 40 US$ und nach Hollywood um die 50 US$ fällig. Hinzu kommt der Flughafenaufschlag von 4 US$.

ÖFFENTLICHE VERKEHRSMITTEL

Der Großteil der öffentlichen Verkehrsmittel wird von **Metro** (☎323-466-3876; www.metro.net) verwaltet, die Strecken- und Fahrpläne zur Verfügung stellen und auf ihrer Webseite auch bei der Planung einer Fahrt helfen.

Um mit Zügen und Bussen von Metro zu fahren, benötigt man eine aufladbare „TAP Card“. Diese ist für einen Preis von 1 US$ an TAP-Automaten in jeder Metro-Station erhältlich. Auf sie kann man fixe Bargeldbeträge oder Tagesticket laden. Der normale Fahrpreis beträgt 1,75 US$ pro Fahrt bzw. 7 US$ für ein Tagesticket mit unbegrenzt vielen Fahrten. In den Metro-Bussen kann man sowohl Einzeltickets als auch eine „TAP Card“ mit aufgeladenem Tagesticket kaufen (passendes Kleingeld bereithalten). Die „TAP Card“ wird am Eingang von Bahnhöfen und Bussen gegen den entsprechenden Sensor gehalten.

„TAP Cards“ können auch in DASH- und städtischen Bussen verwendet werden und an Automaten oder online auf der TAP-Webseite (www.taptogo.net) aufgeladen werden.

TAXI

Aufgrund der Größe von L. A. und des dichten Verkehrs sind Taxifahrten teuer. Fahrten werden per Taxameter abgerechnet. Die Grundgebühr beträgt 2,85 US$, jede gefahrene Meile schlägt mit 2,70 US$ zu Buche. Taxis bestellt man sich am besten telefonisch, vor Flughäfen, Bahnhöfen und großen Hotels warten sie allerdings bereits auf Fahrgäste.

KALIFORNISCHE SÜDKÜSTE

Disneyland & Anaheim

Als Mutter aller Themenparks an der Westküste und selbsternanntem „glücklichsten Ort auf Erden“ bildet **Disneyland** (Karte S. 1018; ☎714-781-4636; www.disneyland.com; 1313 Harbor Blvd; Erw./Kind 3–9 Jahre Tagesticket ab 97/91 US$, 2-Tagesticket „Park-Hopper“ 244/232 US$; ⏲tgl. geöffnet, Öffnungszeiten variieren nach Jahreszeit) ein Paralleluniversum, das blitzsauber, bezaubernd und irrwitzig zugleich ist. Das Ganze ist eine ausgeklügelte Hyperrealität mit stets fröhlichen Beschäf-

ABSTECHER

KNOTT'S BERRY FARM

Was, Disney hat nicht gereicht? Noch mehr Fahrgeschäfte und Zuckerwatte gibt's in **Knott's Berry Farm** (Karte S. 1018; ☎714-220-5200; www.knotts.com; 8039 Beach Blvd, Buena Park; Erw./Kind 3–11 Jahre 75/42 US$; ⏲ab 10 Uhr, Schließzeiten variieren zw. 17–23 Uhr; P 👪). In diesem Old-West-Vergnügungspark mit seinen ziemlich heftigen Rides können jugendliche Tempofanatiker testen, wie mutig sie wirklich sind. Für Unbehagen im Magen sorgen u. a. die „Schreimaschine" Boomerang, der hölzerne GhostRider und der Xcelerator im Stil der 1950er-Jahre. Kleine Kinder werden sich über die zahmere Action im Camp Snoopy freuen. Von Ende September bis Ende Oktober ist abends Halloween angesagt, dann verwandelt sich der Park in die „Knott's Scary Farm".

Wem die Sommerhitze zu viel wird, der kann sich gleich nebenan im Wasserpark **Knott's Soak City** (Karte S. 1018; ☎714-220-5200; www.soakcityoc.com; 8039 Beach Blvd, Buena Park; Erw./Kind 3–11 Jahre 43/38 US$; ⏲Mitte Mai–Mitte Sept. 10–17, 18 od. 19 Uhr; P 👪) abkühlen. Zeit und Geld spart, wer sein Ticket für beide Parks zu Hause online kauft und ausdruckt. Den ganzen Tag parken kostet 18 US$.

tigten – die heißen hier „Cast Members" – und täglichen Umzügen. Über 16 Mio. Kids, Eltern, Großeltern, Flitterwöchner und Touristen aus aller Herren Länder passieren Jahr für Jahr die Eingangstore des Parks.

Disneyland wurde 1955 mit einem großen Spektakel eröffnet, das prosaische Anaheim wuchs darum herum. Heute umfasst das Disneyland Resort den ursprünglichen Disneyland Park und den neueren Themenpark Disney California Adventure. In Anaheim selbst sind einige überraschend coole Ecken entstanden, die nichts mit dem ganzen Mäusezirkus zu tun haben.

Sehenswertes & Aktivitäten

Der makellose, mustergültige **Disneyland Park** entspricht noch immer Walts ursprünglichen Plänen. Es gibt unzählige Fahrgeschäfte, und viele der Attraktionen stehen in engem Zusammenhang mit dem Namen Disney: Main Street, USA, Sleeping Beauty Castle, Tomorrowland.

Das größere, aber auch weniger volle **Disney California Adventure** gehört ebenfalls zum Disneyland Resort und ist eine Hommage an die natürliche und kulturelle Schönheit des Golden State, allerdings gibt es eine viel geringere Dichte an Attraktionen und es geht nicht ganz so fantasievoll zu. Die besten Fahrgeschäfte sind Soarin' Around the World, ein virtueller Drachenflug, und das Guardians of the Galaxy – Mission: BREAKOUT!, bei dem man einen 56 m hohen Aufzugschacht hinuntersaust.

Wer alle Rides (Fahrgeschäfte) in beiden Themenparks erleben will, benötigt mindestens zwei Tage, da die Wartezeiten vor Top-Attraktionen eine Stunde und mehr betragen können. Um die Wartezeit (vor allem im Sommer) zu reduzieren, sollte man werktags noch vor der Öffnungszeit kommen, sein Ticket online kaufen und ausdrucken und das FASTPASS-System nutzen, das einem für ausgewählte Rides und Attraktionen einen festen Zeitpunkt zuteilt. Die saisonalen Öffnungszeiten und die Termine von Paraden, Shows und Feuerwerk stehen auf der Website.

Während das Disneyland Resort den Tourismus der Stadt Anaheim natürlich fest im Griff hat, lohnt doch ein Besuch der sanierten Viertel rund um das Rathaus: den **Anaheim Packing District** (Karte S. 1018; www.anaheimpackingdistrict.com; S Anaheim Bl) und die **Center Street** (Karte S. 1018; www.centerstreetanaheim.com; W Center St). In dieser befindet sich auch das von Frank Gehry entworfene Eishockeystadion, in dem die Anaheim Ducks trainieren. Es ist öffentlich zugänglich.

Schlafen

Während die Disney-Resorts ihre eigenen Hotels haben, gibt's direkt außerhalb oder ein paar Kilometer entfernt auch lohnende unabhängige Hotels und natürlich Kettenhotels jeglicher Couleur. Im Vergleich zu den Strandorten im OC bieten die Hotels in Anaheim grundsätzlich ein gutes Preis-Leistungs-Verhältnis.

Alpine Inn MOTEL $
(Karte S. 1018; ☎714-535-2186, 800-772-4422; www.alpineinnanaheim.com; 715 W Katella Ave; Zi. 99–149 US$; P ❄ @ 📶 🏊) Liebhaber von Kitsch werden diese Berghütte mit 42 Zimmern, „Schneedach" und „Eiszapfen" – na-

türlich umgeben von Palmen – lieben. Die direkt neben dem Disney California Adventure gelegene Unterkunft bietet Blick auf ein Riesenrad. Das Motel besteht seit etwa 1958, die klimatisierten Zimmer sind aber gut in Schuss. Das einfache und schnelle Frühstück wird in der Lobby serviert.

Best Western Plus Stovall's Inn MOTEL **$$**
(Karte S. 1018; ☎714-778-1880, ext 3 800-854-8175; www.bestwestern.com; 1110 W Katella Ave; Zi. 99–175 US$; P ⊖ ❄ @ ≋) Generationen von Gästen kommen bereits in dieses Hotel mit seinen 289 Zimmern, nur 15 Gehminuten von Disneyland entfernt. Zum Haus gehören zwei Pools, zwei Whirlpools, ein Fitnessraum, ein Kinderbecken und ein Formschnittgarten. Die renovierten, eleganten Zimmer in modernem Design sind makellos sauber. Alle verfügen über eine Klimaanlage, eine Mikrowelle und einen Minikühlschrank. Im Preis ist ein warmes Frühstück inbegriffen; Gäste können die Waschküche nutzen.

Ayres Hotel Anaheim HOTEL **$$**
(Karte S. 1018; ☎714-634-2106; www.ayreshotels.com/anaheim; 2550 E Katella Ave; Zi. inkl. Frühstück 139–219 US$; P ⊖ ❄ @ ≋) Diese gut geführte Mini-Kette von Geschäftshotels bietet verlässlich gute Topqualität. Die 133 kürzlich erst renovierten Zimmer sind mit Mikrowelle, Minikühlschrank, Safe, Bar mit Küchenzeile und Pillow-Top-Matratzen ausgestattet. Das Design ist vom kalifornischen Arts and Crafts Movement inspiriert. Die Zimmer im 3. Stock haben extrahohe Decken. Der Preis beinhaltet ein reichhaltiges Frühstück und einen kleinen Empfang am Abend (Mo–Do) mit Bier, Wein und Snacks.

★ **Disney's Grand Californian Hotel & Spa** RESORT **$$$**
(Karte S. 1018; ☎Info 714-635-2300, Reservierungen 714-956-6425; https://disneyland.disney.go.com/grand-californian-hotel; 1600 S Disneyland Dr; DZ ab 360 US$; P ❄ @ ≋) Über der kathedralenartigen Lobby des sechsstöckigen Grand Californian, Disneys Hommage an den Architekturstil des Arts and Crafts Movement, erheben sich mächtige Holzbalken. Die bequemen Zimmer bieten Betten mit dreifachen Laken, Daunenkissen, Bademäntel und maßgearbeitete Möbel. Draußen führt eine Wasserrutsche, die sich um einen künstlichen Redwoodstamm windet, in den Pool. Abends kommen die Kinder bei Gutenachtgeschichten vor dem riesigen Kamin in der Lobby zur Ruhe.

Essen & Ausgehen

Von Brezeln in Mickey-Form (4 US$) über riesige Putenschenkel (10 US$) bis hin zu Gourmet-Abendessen – verhungern muss in den Disney Parks niemand. Allerdings ist das Essen hier in der Regel nicht gerade billig und eher Mainstream. Über **Disney Dining** (☎714-781-3463; http://disneyland.disney.go.com/dining) kann man bis zu 60 Tage im Voraus reservieren.

Wer nicht unbedingt Lust auf Mickey-Maus-Essen hat, fährt einfach zum Anaheim Packing District (3 Meilen/5 km nordöstlich), nach Old Towne Orange (7 Meilen/11 km südöstlich), Little Arabia (3 Meilen/5 km westlich) oder Little Saigon (8 Meilen/13 km südwestlich).

★ **Pour Vida** MEXIKANISCH **$**
(Karte S. 1018; ☎657-208-3889; www.pourvidalatinflavor.com; 185 W Center St Promenade; Tacos 2–8 US$; ⏱Mo 10–19, Di–Do bis 21, Fr bis 22, Sa 9–22, So 9–19 Uhr) Küchenchef Jimmy hat schon in einigen der besten Restaurants von L.A. gearbeitet, hat sich nun aber seinen mexikanischen Wurzeln besonnen und legt sein Augenmerk auf Gourmet-Tacos: Steaks mit Ananaskrone, Tempura-Austern, Romanesco-Blumenkohl ... *caramba*! Selbst die Tortillas sind etwas Besonderes, nach einem geheimen Rezept mit Tinte vom Tintenfisch und Spinat zubereitet. Das Ambiente ist bewusst informell mit Backsteinen, Zement und Kreidetafeln an den Wänden.

Earl of Sandwich SANDWICHES **$**
(Karte S. 1018; ☎714-817-7476; www.earlofsandwichusa.com; Downtown Disney; Hauptgerichte 4,50–7,50 US$; ⏱So–Do 8–23, Fr & Sa 8–24 Uhr; 👪) In diesem Sandwich-Lokal in der Nähe vom **Disneyland Hotel** (Karte S. 1018; ☎714-778-6600; www.disneyland.com; 1150 Magic Way, Anaheim; Zi. 210–395;US$; P @ ≋) werden getoastete Sandwiches über den Tresen gereicht, die sowohl großen, als auch kleinen Gästen schmecken. Das Sandwich „Original 1762" ist mit Roastbeef, Cheddar und Meerrettich belegt. Lecker ist auch der „Chipotle-Chicken". Pizzas, Salate und Frühstücksgerichte sind ebenfalls im Programm.

Ralph Brennan's New Orleans Jazz Kitchen CAJUN **$$**
(Karte S. 1018; ☎714-776-5200; http://rbjazzkitchen.com; Downtown Disney; Hauptgerichte mittags/abends 14–19/24,50–38,50 US$; ⏱So–Do 8–22, Fr & Sa bis 23 Uhr; 👪) Am Wochenende spielen in dieser Restobar Jazzcombos und

unter der Woche gibt's Pianoabende. Serviert werden Gerichte in New Orleans' Cajun-Stil und kreolische Küche: Okraschoten, Po' Boy Sandwiches und Jambalaya. Zudem gibt's einige (nicht allzu abenteuerliche) Kindergerichte und Cocktailspezialitäten. Wer nicht genügend Zeit mitbringt, um sich zu setzen, bekommt auf Wunsch auch ein schnelles Frühstück oder Mittagessen.

★Napa Rose KALIFORNISCH **$$$**
(Karte S. 1018; ☎714-300-7170; https://disneyland.disney.go.com/dining; Disney's Grand Californian Hotel & Spa; Hauptgerichte 38–48 US$, Vier-Gänge-Festpreismenü ab 100 US$; ⏲17.30–22 Uhr; 👪) Das beste Restaurant im Disneyland Resort hat Stühle mit hohen Lehnen im Arts-&-Crafts-Stil und hohe Decken. Aus der Küche kommen saisonale „California Wine Country"-Speisen (d.h. aus NorCal) – fast wie im Schloss von Dornröschen. Kindermenüs gibt's ebenfalls. Reservierung erforderlich! Das Hotel betritt man vom Disney California Adventure oder von Downtown Disney.

ℹ Praktische Informationen

Geld wechseln kann man in Disneylands **City Hall** (Rathaus, Karte S. 1018; ☎714-781-4565; Main Street, U.S.A.) sowie in der Lobby der Gästebetreuung des Disney California Adventure. Zudem gibt's in beiden Themenparks sowie in Downtown Disney mehrere Geldautomaten.

Wer in den Parks Infos oder Hilfe benötigt, fragt einfach einen Cast Member oder schaut in der City Hall (Disneyland) oder der Lobby der Gästebetreuung (Disney California Adventure) vorbei.

ℹ Anreise & Unterwegs vor Ort

Disneyland und Anaheim sind mit dem Auto (abseits des I-5 Fwy) oder mit Zügen von Amtrak oder Metrolink über das Transitzentrum **ARTIC** (Anaheim Regional Transportation Intermodal Center; 2150 E Katella Ave, Anaheim) in Anaheim zu erreichen. Von dort ist es nur eine kurze Taxifahrt oder eine Fahrt mit dem Shuttle der **Anaheim Resort Transportation** (ART; ☎888-364-2787; www.rideart.org; Fahrpreis Erw./Kind 3/1 US$, Tagesticket 5,50/2 US$, Mehrtagesticket erhältlich) bis nach Disneyland selbst. Der nächste Flughafen ist der **John Wayne Airport** (SNA; Karte S. 1018; www.ocair.com; 18601 Airport Way, Santa Ana) des Orange County.

Der mit Biodiesel betriebene Miniaturzug Disneyland Railroad tuckert im Uhrzeigersinn um Disneyland herum und hält an der Main Street, U.S.A., am New Orleans Square, in Mickey's Toontown und in Tomorrowland. Eine vollständige Runde dauert etwa 20 Minuten.

Strände im Orange County

Viele, die *O.C., California* oder The *Real Housewives* gesehen haben, glauben zu wissen, was sie von der riesigen Vorstadtansammlung zwischen L. A. und San Diego mit der prächtigen 68 km langen Küstenlinie zu erwarten haben. In Wirklichkeit hat aber jeder Strandort im Orange County sein ganz eigenes Flair. Gut gebaute Typen mit einem fetten Hummer als fahrbarem Untersatz und Botox-Schönheiten leben hier Seite an Seite mit lässigen Surfern und freakigen Künstlern.

Das altmodische **Seal Beach** gleich hinter der Grenze zwischen dem L. A. County und dem Orange County ist ein erfrischend unkommerzielles Städtchen mit einem malerischen, gut zu Fuß erkundbaren Zentrum. Knapp 10 Meilen (16 km) weiter südlich auf dem Pacific Coast Hwy (Hwy 1) kommt **Huntington Beach** – alias „Surf City, USA" – der Inbegriff des südkalifornischen Surfer-Lebensstils. In den Bars und Cafés in HBs Main St gibt's Fischtacos und Happy-Hour-Specials zuhauf; und ganz in der Nähe befindet sich das winzige **Surfing Museum** (Karte S. 1018; ☎714-960-3483; www.surfingmuseum.org; 411 Olive Ave; Erw./Kind 2/1; ⏲Di–So 12–17 Uhr).

Als nächstes kommt die schickste der Strandgemeinden von O. C.: **Newport Beach** mit seinen unzähligen Jachten. Familien und Teenager zieht es zur **Balboa Peninsula** mit ihren Stränden, dem alten Holzpier und dem witzigen Vergnügungszentrum. In der Nähe des 1906 errichteten Balboa Pavilion legt die **Balboa Island Ferry** (Karte S. 1018; www.balboaislandferry.com; 410 S Bay Front; Erw./Kind 1/0,50 US$, Auto mit Fahrer 2 US$; ⏲So–Do 6.30–24, Fr & Sa 6.30–2 Uhr) zur Balboa Island ab, wo man historische Strandhäuser bewundern und in der Marine Ave in Boutiquen stöbern kann.

Auf der Fahrt weiter nach Süden führt der Hwy 1 vorbei an den wilden Stränden des **Crystal Cove State Park** (Karte S. 1018; ☎949-494-3539; www.parks.ca.gov; 8471 N Coast Hwy; Auto 15 US$; ⏲6 Uhr–Sonnenuntergang; P 👪) 🌿 und schließlich hinunter zum **Laguna Beach**, O. C.s kultiviertester Küstengemeinde. Einsame Strände, spiegelglattes Wasser und mit Eukalyptusbäumen bewachsene Hügel sorgen für Riviera-Atmosphäre. Kunstgalerien säumen die engen Straßen des „Dorfs" und den Coastal Hwy mit dem **Laguna Art Museum** (☎949-494-8971; www.

NICHT VERSÄUMEN

LAGUNAS FESTIVAL OF ARTS

Das **Festival of Arts** (www.foapom.com; 650 Laguna Canyon Rd; Eintritt 7–10 US$; ⏲ normalerweise Juli & Aug. 10–23.30; 👪) ist eine zwei Monate andauernde Hommage an die hiesige Kunst in fast all ihren Facetten. Die rund 140 ausstellenden Künstler zeigen ihre Kunstwerke – von Gemälden über handgefertigte Möbel bis hin zu Miniaturschnitzereien. Neben den Kunstwerken gibt's täglich kindgerechte Workshops, Livemusik und Unterhaltung.

lagunaartmuseum.org; 307 Cliff Dr; Erw./Student & Senior/Kind unter 13 Jahren 7/5/frei US$, 1. Do im Monat 17–21 Uhr Eintritt frei; ⏲ Fr–Di 11–17, Do 11–21 Uhr), in dem moderne und zeitgenössische kalifornische Werke bewundert werden können. Mitten im Ortszentrum am **Main Beach** kann man die Schönheit der Natur in sich aufsaugen.

Weitere 10 Meilen (16 km) südlich befindet sich landeinwärts die **Mission San Juan Capistrano** (☎ 949-234-1300; www.missionsjc.com; 26801 Ortega Hwy; Erw./Kind 9/6 US$; ⏲ 9–17 Uhr; 👪), eine der am schönsten restaurierten spanischen Kolonialmissionen Kaliforniens mit Blumengärten, einem Hof mit Springbrunnen und der bezaubernden Serra Chapel aus dem Jahr 1778.

Schlafen & Essen

★ Crystal Cove Beach Cottages HÜTTE **$$**

(Karte S. 1018; ☎ Reservierungen 800-444-7275; www.crystalcovealliance.org; 35 Crystal Cove, Crystal Cove State Park Historic District; Zi. mit Gemeinschaftsbad 35–140 US$, Cottage 171–249 US$; ⏲ Check-in 16–21 Uhr; P) Die 24 historischen Cottages direkt am Strand wurden ungefähr zwischen den 1930er- und den 1950er-Jahren erbaut und bieten Gästen heute ein einzigartiges Quartier. Jedes Cottage ist individuell mit Platz für zwei bis acht Personen und im Stil eines Privatzimmers oder Schlafsaals eingerichtet. Um eines zu ergattern, muss man sieben Monate vor dem geplanten Aufenthalt am ersten Tag des Monats buchen – oder beten, dass irgendjemand in letzter Minute absagt.

★ Paséa RESORT **$$$**

(Karte S. 1018; ☎ 888-674-3634; http://meritagecollection.com/paseahotel; 21080 Pacific Coast Hwy; Zi. ab 359 US$; P) Dieses Hotel ist elegant und ruhig und dabei sehr hell und frisch. Die Fußböden sind allesamt in Blau gehalten (von Blue Jeans bis Himmelblau) und jedes der 250 minimalistischen Zimmer hat hohe Decken und einen Balkon mit Blick aufs Meer. Und als ob der tolle Pool, der Fitnessraum und das balinesische Spa noch nicht genug wären, liegt es auch noch direkt neben dem **Pacific City** (www.gopacificcity.com; 21010 Pacific Coast Hwy; ⏲ Öffnungszeiten variieren).

★ Lot 579 FOOD-COURT **$**

(Karte S. 1018; www.gopacificcity.com/lot-579; Pacific City, 21010 Pacific Coast Hwy; ⏲ Öffnungszeiten variieren; P 👪) Der Food-Court des fantastischen neuen Einkaufszentrums mit Meerblick in Huntington Beach hat einige einzigartige, tolle Restaurants für warme Sandwiches (Burnt Crumbs – der Spaghetti Grilled Cheese Sandwich macht sich gut auf Instagram), australische Fleischpasteten (Pie Not), Kaffee (Portola) und Eiscreme (Han's). Für den besten Blick nimmt man seine Bestellung mit auf die Sonnenterrasse oder speist im American Dream (Brauereikneipe) bzw. in der Bear Flag Fish Company.

★ Bear Flag Fish Company SEAFOOD **$**

(Karte S. 1018; ☎ 949-673-3474; www.bearflagfishco.com; 3421 Via Lido,; Hauptgerichte 10–16 US$; ⏲ Di–Sa 11–21, So & Mo 11–20 Uhr; 👪) *Das* Lokal für große Portionen panierter, gegrillter Fisch-Tacos, Ahi-Burritos, absolut frischer Ceviche und Austern. Man nimmt sich die gewünschte Speise aus der Eistruhe und sucht sich einen Platz an einem der Picknicktische. Frischere Meeresfrüchte bekommt man nur, wenn man sie selbst fängt und gleich an Bord verputzt.

★ Driftwood Kitchen AMERIKANISCH **$$$**

(☎ 949-715-7700; www.driftwoodkitchen.com; 619 Sleepy Hollow Lane; Hauptgerichte mittags 15–36 US$, abends 24–39 US$; ⏲ Mo–Fr 9–10.30 & 11–14.30, So–Do 17–21.30, Fr & Sa bis 22.30, Sa & So 9–14.30 Uhr) Eigentlich sollten der Meerblick und die unbeschreiblichen Sonnenuntergänge Grund genug sein, hier vorbeizuschauen. Das Driftwood überzeugt aber obendrein mit einem saisonalen Gourmetangebot aus frischen, nachhaltig gefangenen Meeresfrüchten sowie einigen Optionen für Landratten. Drinnen ist alles auf Strand getrimmt und sehr lässig mit weiß getünchten Wänden und hellem Holz. Die Cocktails sind smart und kreativ.

San Diego

San Diego bezeichnet sich selbst ganz schamlos als „Amerikas tollste Stadt". Diese kesse Selbstgefälligkeit und das sonnige Gemüt färben natürlich auch auf die Menschen ab, die hier wohnen. Die Stadt fühlt sich an wie ein Zusammenschluss aus kleinen Ortschaften, die jeweils ihre eigene Persönlichkeit besitzen, in Wirklichkeit ist San Diego aber die achtgrößte Stadt des Landes – und vielleicht diejenige, mit dem entspanntesten Flair.

Sehenswertes

Die **Downtown** von San Diego ist der wichtigste Geschäfts- und Finanzplatz und Tagungsort der Region. Vielleicht ist hier nicht unbedingt die intensive urbane Energie anderer Innenstädte zu spüren, dafür wartet San Diego mit seinem historischen **Gaslamp Quarter** und den Hipsterhochburgen **East Village** und **North Park** mit lebendigen Shopping-, Essens- und Ausgeh-Adressen auf. Der **Embarcadero** direkt am Wasser lädt zu einem Spaziergang ein und in der nordwestlichsten Ecke der Downtown liegen das dynamische **Little Italy** voller leckerer Gaumenfreuden und die **Old Town**, der einstige Schauplatz hiesiger Geschichte.

Das Städtchen **Coronado** mit seinem berühmten Hotel del Coronado (S. 1057) aus dem Jahr 1888 und dem Spitzenstrand liegt auf der anderen Seite der San Diego Bay direkt vis-à-vis der Downtown. Am Zugang zur Bucht liegt der **Point Loma** mit dem Cabrillo National Monument (S. 1054), von dem aus man einen weitem Blick übers Meer und über die Stadt hat. **Mission Bay** nordwestlich von Downtown wartet mit Lagunen, Parks und Freizeitaktivitäten von Campen bis Wasserskifahren auf. Nicht weit von hier liegt auch die Küste mit den Stränden Ocean, Mission und Pacific Beach, die der Inbegriff südkalifornischen Strandlebens sind.

Downtown & Embarcadero

In Downtown gab es einst eine berüchtigte Meile mit Saloons, Spielhöllen und Bordellen, die unter dem Namen Stingaree bekannt war. Sie wurde wunderschön restauriert, heißt jetzt **Gaslamp Quarter** und beherbergt unzählige Restaurants, Bars, Clubs, Boutiquen und Galerien. Am Nordrand von Downtown hat sich **Little Italy** zu einem der angesagtesten Viertel zum Wohnen, Ausgehen und Shoppen gemausert.

USS Midway Museum MUSEUM

(Karte S. 1052; ☎619-544-9600; www.midway.org; 910 N Harbor Dr; Erw./Kind 20/10 US$; ⏲10–17 Uhr, letzter Einlass 16 Uhr; P 👪) Der riesige Flugzeugträger USS *Midway* gehörte von 1945 bis 1991 zu den Flaggschiffen der Marine und spielte zuletzt eine wichtige Rolle im ersten Golfkrieg. Auf dem Flugdeck des massigen Schiffs kann man etwa 29 restaurierte Flugzeuge besichtigen, u.a. eine F-14 Tomcat und einen F-4-Phantom-Kampfjet. Eine im Eintrittspreis enthaltene Audiotour führt die Besucher über die Oberdecks zur Brücke, in die Einsatzzentrale des Admirals, in die Arrestzelle und in das Flugkontrollzentrum „pri-fly", eine Art Tower. Parken kostet 10 US$.

★**Maritime Museum** MUSEUM

(Karte S. 1052; ☎619-234-9153; www.sdmaritime.org; 1492 N Harbor Dr; Erw./Kind 16/8 US$; ⏲Ende Mai–Anfang Sept. 9–21 Uhr, Anfang Sept.–Ende Mai 9–20 Uhr; 👪) Dieses Museum kann man gar nicht verfehlen. Es ist an den 30 m hohen Masten des mit Eisenrumpf versehenen Rahseglers *Star of India* zu erkennen. Der auf der Isle of Man gebaute und 1863 vom Stapel gelassene Windjammer wurde auf der England-Indien-Handelsroute eingesetzt, brachte Auswanderer nach Neuseeland, wurde ein Handelsschiff mit Heimathafen auf Hawaii und endete schließlich als Frachtschiff in Alaska. Es ist zwar ein stattliches Schiff, an Bord darf man aber nichts Glamouröses erwarten.

Museum of Contemporary Art MUSEUM

(MCASD Downtown; Karte S. 1052; ☎858-454-3541; www.mcasd.org; 1001 Kettner Blvd; Erw./Kind unter 25 Jahren/Senior 10/frei/5 US$, 3. Do im Monat 17–20 Uhr Eintritt frei; ⏲Do–Di 11–17 Uhr, 3. Do im Monat bis 20 Uhr) Das im Financial District in Downtown angesiedelte Museum präsentiert seit den 1960er-Jahren eine sich ständig ändernde Vielfalt innovativer Kunstwerke. Infos über die jeweiligen Ausstellungen stehen auf der Website. Die Eintrittskarten sind sieben Tage lang gültig.

Coronado

Coronado Island ist eigentlich eine Halbinsel und mit dem Festland über eine 3,5 km lange Brücke verbunden. Die Hauptattraktion der Halbinsel ist das Hotel del Coronado (S. 1057), das für seine viktorianische Archi-

Großraum San Diego

Großraum San Diego

Highlights
1 Children's Pool A2
2 Old Town San Diego State Historic Park B5

Sehenswertes
3 Belmont Park A4
4 Birch Aquarium at Scripps A2
5 Cabrillo National Monument A7
6 Hotel del Coronado C7
7 Junípero Serra Museum B5
8 Mission Beach & Pacific Beach A4
9 Mission Basilica San Diego de Alcalá D4

Aktivitäten, Kurse & Touren
10 Bikes & Beyond C6
11 Flowrider A4
12 Hike, Bike, Kayak San Diego A2
13 Pacific Beach Surf Shop A4
14 San Diego-La Jolla Underwater Park A2
15 Torrey Pines Gliderport A1

Schlafen
16 Crystal Pier Hotel & Cottages A4
Hotel del Coronado .... (siehe 6)
17 Inn at Sunset Cliffs A5
18 Pearl B5

Essen
19 Dirty Birds A4
20 Hash House a Go Go C5
21 Hodad's A5
22 Liberty Public Market B5
23 Old Town Mexican Café B5
24 Point Loma Seafoods B6
25 The Patio on Lamont B4
26 Urban Solace D5

Ausgehen & Nachtleben
27 Gossip Grill C5

tektur und sein illustres Gästebuch bekannt ist, in dem Namen wie Thomas Edison, Babe Ruth und Marilyn Monroe zu finden sind (hier und nicht in Miami wurde der Filmklassiker *Manche mögen's heiß* gedreht).

Die **Coronado Ferry** (Karte S. 1052; ☎800-442-7847; www.flagshipsd.com; 990 N Harbor Dr; einfache Strecke 4,75 US$; ⏲9–22 Uhr) verkehrt stündlich zwischen dem Broadway Pier (990 N Harbor Dr) am Embarcadero und dem Convention Center in Downtown. Alle Fähren legen in Coronado am Ende der 1st St an. Dort vermietet **Bikes & Beyond** (Karte S. 1050; ☎619-435-7180; www.bikes-and-beyond.com; 1201 1st St, Coronado; Std./Tag ab 8/30 US$; ⏲9 Uhr–Sonnenuntergang) Fahrräder und Tandems. Diese eignen sich perfekt, um Coronados weiße Sandstrände zu erkunden, die sich entlang des Silver Strand südwärts erstrecken.

Balboa Park

Der Balboa Park ist eine städtische Oase mit mehr als einem Dutzend Museen, prächtigen Gärten, schöner Architektur, Veranstaltungsstätten und einem Zoo. Gebäude im Beaux-Arts- und im spanischen Kolonialstil aus dem frühen 20. Jh. (ein Überbleibsel der Weltausstellungen) säumen die Plazas an der von Osten nach Westen verlaufenden Promenade ElPrado.

Der kostenlose Bus **Balboa Park Tram** fährt in Dauerschleife durch den Park, am schönsten ist es aber natürlich, wenn man zu Fuß geht. Unterwegs passiert man dann den 1915 erbauten **Spreckels Organ Pavilion** (Karte S. 1055; ☎619-702-8138; http://spreckelsorgan.org; Balboa Park) GRATIS, die Läden und Galerien des **Spanish Village Art Center** (Karte S. 1055; ☎619-233-9050; http://spanishvillageart.com; 1770 Village Place, Balboa Park; ⏲11–16 Uhr) GRATIS und die Ausstellunghütten des **United Nations Building** mit verschiedenen internationalen Themen.

★ San Diego Zoo — ZOO

(Karte S. 1055; ☎619-231-1515; http://zoo.sandiego.org; 2920 Zoo Dr; Tagesticket Erw./Kind ab 52/42 US$; Ticket für 2 Eintritte für Zoo und/oder Safaripark Erw./Kind 83,25/73,25 US$; ⏲Mitte Juni–Anfang Sept. 9–21 Uhr, Anfang Sept.–Mitte Juni bis 17 oder 18 Uhr; P 👪) 🍃 Der zu Recht berühmte Zoo gehört zu SoCals größten Attraktionen. Hier leben über 650 Arten und insgesamt über 3000 Tiere in einer wunderschön angelegten Umgebung. Dabei handelt es sich meist um Gehege, die dem natürlichen Lebensraum der Tiere nachempfunden sind. Der Schwesterpark **San Diego Zoo Safari Park** (☎760-747-8702; www.sdzsafaripark.org; 15500 San Pasqual Valley Rd, Escondido; Tagesticket Erw./Kind 52/42 US$, Ticket für 2 Eintritte für Zoo und/oder Safaripark Erw./Kind 83,25/73,25 US$; ⏲8–18 Uhr, Ende Juni–Mitte Aug. bis 19 Uhr; P 👪) liegt im nördlichen San Diego County.

★ Mingei International Museum — MUSEUM

(Karte S. 1055; ☎619-239-0003; www.mingei.org; 1439 El Prado; Erw./Jugendl./Kind 10/7 US$/frei; ⏲Di–So 10–17 Uhr; 👪) Hier gibt es eine bunte

Downtown San Diego

Sammlung aus Volkskunst, Trachten, Spielzeug, Schmuck, Gerätschaften und anderen handgefertigten Gegenständen von traditionellen Kulturen aus aller Welt. Die Wechselausstellungen reichen von Perlschmuck bis hin zu Surfbrettern. Was gerade ausgestellt wird, erfährt man auf der Website.

Reuben H. Fleet Science Center MUSEUM
(Karte S. 1055; ☎619-238-1233; www.rhfleet.org; 1875 El Prado; Erw./Kind 3–12 Jahre inkl. IMAX-Film 20/17 US$; ⏲Mo–Do 10–17, Fr–So 10–18 Uhr; 👪) Das Museum, einer der beliebtesten Orte im Balboa Park, beherbergt interaktive Exponate und einen Raum für kleinere Kids. Man kann gigantische Strukturen aus Keva-Hölzern basteln oder die **Gallery of Illusions and Perceptions** besuchen. Das Highlight aber ist das **Giant Dome Theater**, in dem täglich mehrere verschiedene Filme gezeigt werden. Die halbkugelförmige Rundumleinwand und das aus 152 hochmodernen Lautsprechern bestehende Soundsystem sorgen für Sinneseindrücke von ziemlich cool bis überwältigend.

San Diego Natural History Museum MUSEUM
(Karte S. 1055; ☎877-946-7797; www.sdnhm.org; 1788 El Prado; Erw./Jugendl. 3–17 Jahre/Kind unter 2 Jahre 19/12/frei US$; ⏲10–17 Uhr; 👪) Das „Nat" beherbergt in wunderschönen Räumen 7,5 Mio. Ausstellungsstücke, u. a. Felsen, Fossilien und ausgestopfte Tiere, ein beeindruckendes Dinosaurierskelett und eine Ausstellung über die kalifornische Bruchlinie. Kinder werden die Filme über die Welt der Natur in dem Kino mit der Riesenleinwand besonders mögen. Die Filme wechseln häufig. An den meisten Wochenenden werden besondere Kinderprogramme angeboten. Sonderausstellungen (manchmal gegen Aufpreis) reichen thematisch von Piraten bis hin zu Tutenchamun. Das Museum organisiert auch Exkursionen und Naturspaziergänge im Balboa Park und anderswo.

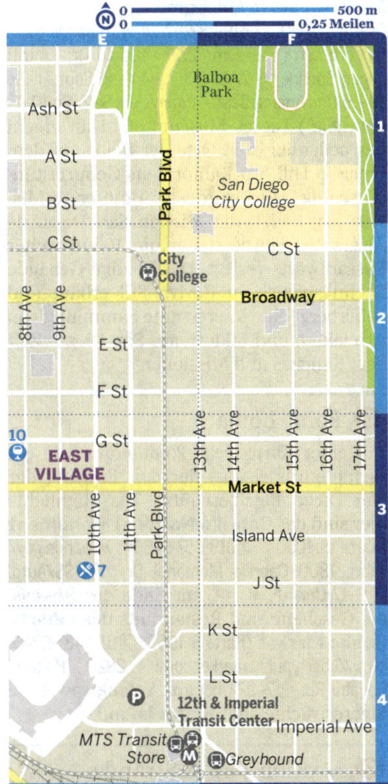

Downtown San Diego

San Diego Museum of Man MUSEUM
(Karte S. 1055; 619-239-2001; www.museumofman.org; Plaza de California, 1350 El Prado; Erw./Kind/Teenager 13/6/8 US$; 10–17 Uhr;) Das einzige anthropologische Museum des Landes mit Ausstellungen über das alte Ägypten, die Mayas und das hiesige indigene Volk der Kumeyaay sowie über die menschliche Evolution und den menschlichen Lebenszyklus. Temporäre Ausstellungen befassten sich schon mit so naheliegenden Themen wie Kannibalismus und Bier. Besonders sehenswert ist die Ausstellung über Körbe und Töpferwaren. Im Museumsladen kann man Kunsthandwerk aus Mittelamerika und anderen Orten kaufen.

Timken Museum of Art MUSEUM
(Karte S. 1055; 619-239-5548; www.timkenmuseum.org; 1500 El Prado; Di–Sa 10–16.30, So 12–16.30 Uhr) GRATIS Das Timken Museum, Standort der Putnam-Sammlung, lohnt unbedingt einen Besuch. Das kleine, aber feine Museum zeigt Werke von Rembrandt, Rubens, El Greco, Cézanne und Pissarro sowie eine wundervolle Sammlung russischer Ikonen. Das 1965 errichtete Gebäude steht in krassem Gegensatz zum allgegenwärtigen spanischen Kolonialstil.

San Diego Museum of Art MUSEUM
(SDMA; Karte S. 1055; 619-232-7931; www.sdmart.org; 1450 El Prado; Erw./Kind 15 US$/frei; Mo, Di & Do–Sa 10–17, So ab 12 Uhr) Das SDMA ist das größte Museum der Stadt. Die Sammlung umfasst Arbeiten zahlreicher europäischer Meister von der Renaissance bis hin zur Moderne (jedoch keine berühmten Werke), amerikanische Landschaftsgemälde und mehrere fantastische Stücke in den Asien-Galerien. Das Museum zeigt auch oft Wanderausstellungen. Im Skulpturengarten sind Werke von Alexander Calder und Henry Moore zu bewundern.

San Diego Air & Space Museum MUSEUM
(Karte S. 1055; 619-234-8291; www.sandiegoairandspace.org; 2001 Pan American Plaza; Erw./Jugendl./Kind unter 2 Jahre 19,75/10,75/frei US$; 10–16.30 Uhr;) Das runde Gebäude am Südende der Plaza beherbergt ein ausgezeichnetes Museum mit vielen Exponaten zur Entwicklung der Luftfahrt – Originale,

Nachbauten, Modelle – und Erinnerungsstücke von legendären Piloten wie Charles Lindbergh und dem Astronauten John Glenn. In dem 3-D-/4-D-Kino werden Filme gezeigt.

Old Town & Mission Valley

Mission Beach & Pacific Beach STRAND
(Karte S. 1050) GRATIS Die besten Strände im Zentrum von San Diego liegen an dem schmalen Streifen Land zwischen dem Ozean und der Mission Bay. Eine Uferpromenade namens **Ocean Front Walk** verbindet die beiden Strände miteinander – hier lassen sich wunderbar Leute beobachten. Sie wird zwischen dem South Mission Jetty und dem Pacific Beach Point zu jeder Zeit des Jahres von Joggern, Inline-Skatern und Radfahrern bevölkert. Im Sommer liegen an warmen Wochenenden eingeölte Körper wie Ölsardinen am Strand und warten auf den Sonnenuntergang.

★ Old Town State Historic Park HISTORISCHE STÄTTE
(Karte S. 1050; 619-220-5422; www.parks.ca.gov; 4002 Wallace St; Center & Museen tgl. 10–17 Uhr; P) GRATIS Das in diesem Park am Südende der Plaza stehende **Robinson-Rose House** beherbergt ein ausgezeichnetes historisches Museum. Ein Diorama zeigt, wie das originale *pueblo* einst aussah. Im **Visitor Center** des Parks ist die Broschüre *Old Town San Diego State Historic Park Tour Guide & Brief History* (3 US$) erhältlich. Hier beginnen jeden Tag um 11 und 14 Uhr (kostenlose) Führungen.

Mission Basilica San Diego de Alcalá KIRCHE
(Karte S. 1050; 619-281-8449; www.missionsandiego.com; 10818 San Diego Mission Rd; Erw./Kind/unter 5 Jahre 5/2/frei US$; 9–16.30 Uhr; P) Nachdem die erste Mission in Kalifornien 1769 auf dem Presidio Hill in der Nähe der heutigen Old Town errichtet wurde, beschloss Padre Junípero Serra 1774, sie etwa 10 km weiter flussaufwärts zu verlegen, wo das Wasser besser und der Boden fruchtbarer war. So entstand die heutige Mission Basilica San Diego de Alcalá. 1784 erbauten die Missionare eine solide Kirche aus Lehmziegeln und Holz, die aber bei einem Erdbeben im Jahr 1803 zerstört wurde. Reste der sofort wieder aufgebauten Kirche stehen noch heute an einem Hang über dem Mission Valley.

Junípero Serra Museum MUSEUM
(Karte S. 1050; 619-232-6203; www.sandiegohistory.org/serra_museum; 2727 Presidio Dr; Eintritt gegen Spende; Anfang Juni–Anfang Sept. Fr–So 10–16 Uhr, Anfang Sept.–Anfang Juni Sa & So 10–17 Uhr; P) Dieses Museum steht an einem der bedeutendsten Orte der Stadt auf dem Presidio Hill, wo Kaliforniens Geburtsstunde schlug: Hier wurde 1769 die erste Mission gegründet, die Mission San Diego de Alcalá. Sie wurde später um 10 km weiter flussaufwärts verlegt. Das heutige Gebäude ist im spanischen Revival-Stil erbaut und beherbergt eine interessante Sammlung von Artefakten und Bildern aus San Diegos Zeit der „Ranches und Missionen".

Point Loma

Auf einer Karte sieht Point Loma wie ein Elefantenrüssel aus, der den Eingang der San Diego Bay beschützt. Die Highlights hier sind das **Cabrillo National Monument** (Karte S. 1050; 619-557-5450; www.nps.gov/cabr; 1800 Cabrillo Memorial Dr; 10 US$/Auto; 9–17 Uhr; P) am Ende des Rüssels, die Geschäfte und Restaurants des **Liberty Public Market** (Karte S. 1050; 619-487-9346; http://libertypublicmarket.com; 2820 Historic Decatur Rd; 7–22 Uhr) am Anfang sowie die Meeresfrüchte auf **Shelter Island**.

Mission Bay & Strände

In San Diegos drei Strandorten blüht der Hedonismus: Armeen gebräunter, straffer Körper tummeln sich im Sand. Westlich der amöbenförmigen Mission Bay sind der surferfreundliche **Mission Beach** und sein nördlicher Nachbar **Pacific Beach** (PB) durch den autofreien **Ocean Front Walk** verbunden, der von Skatern, Joggern und Radfahrern wimmelt.

Südlich von Mission Bay gibt's im bohemehaften **Ocean Beach** (OB) ein Angelpier, Beachvolleyballfelder und gute Surfbedingungen. An der Hauptstraße, der **Newport Ave**, finden sich jede Menge raubeinige Bars, lässige Restaurants, Tattoo-Shops und Läden, die Surfausrüstung, alte Klamotten und Trödel verkaufen.

Belmont Park VERGNÜGUNGSPARK
(Karte S. 1050; 858-228-9283; www.belmontpark.com; 3146 Mission Blvd; 3–6 US$/Fahrt, Ganztagesticket Erw./Kind 30/20 US$; tgl. ab 11 Uhr, Schließzeiten variieren; P) Dieser traditionelle Vergnügungspark für Familien am

Balboa Park & Bankers Hill

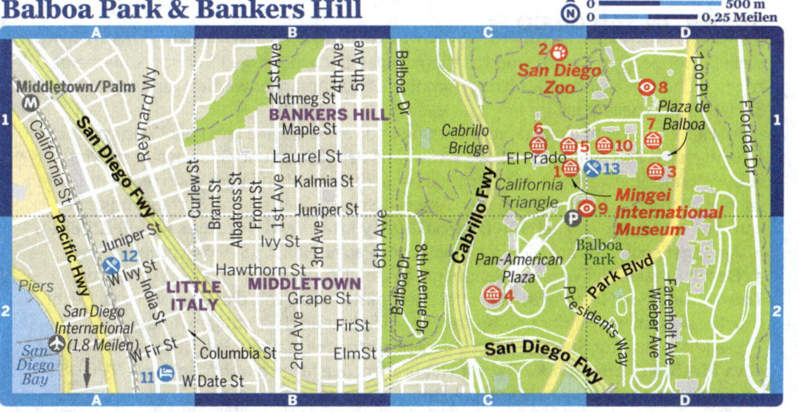

Balboa Park & Bankers Hill

südlichen Ende von Mission Beach besteht bereits seit 1925. Es gibt ein großes Indoor-Schwimmbecken, bekannt als **Plunge**, und eine historische Holzachterbahn namens **Giant Dipper**. Außerdem werden Adventure Golf, ein neuer Escape Room, ein Karussell und andere Klassiker angeboten. Zu den moderneren Attraktionen zählen Wellensimulatoren wie der **Flowrider** (Karte S. 1050; ☎858-228-9283; www.belmontpark.com/flow/; WaveHouse Beach Club, 3125 Ocean Front Walk; Wellenreiten 30 US$/Std.) GRATIS zum Surfen. Er befindet sich zwar an Land, ist aber letztlich für San Diego genau das Gleiche wie der Vergnügungspark auf dem Santa Monica Pier für L. A.

La Jolla

Der Nobelvorort La Jolla (span. für „Juwel", la-*hoi*-jah ausgesprochen) besteht aus schimmernden Stränden und einem schicken Zentrum mit Boutiquen und Cafés und schmiegt sich an einen der schönsten Küstenstreifen von SoCal. Zu den Attraktionen am Meer gehören der **Children's Pool** (La Jolla Seals; Karte S. 1050; 850 Coast Blvd) – in dem sich jetzt keine Kinder mehr, sondern bellende Seelöwen tummeln – Kajakfahrten, das Erkunden von Meereshöhlen in der **La Jolla Cove** und Schnorcheln im **San Diego-La Jolla Underwater Park** (Karte S. 1050).

Torrey Pines State Natural Reserve STATE PARK

(☎858-755-2063; www.torreypine.org; 12600 N Torrey Pines Park Rd; 7.15 Uhr–Sonnenuntergang, Visitor Center Okt.–April 10–16 Uhr, Mai–Sept. 9–18 Uhr; P) GRATIS In diesem Naturschutzgebiet zwischen der N Torrey Pines Rd und dem Ozean und vom **Torrey Pines Gliderport** (Karte S. 1050; ☎858-452-9858; www.flytorrey.com; 2800 Torrey Pines Scenic Dr; 20 Min. Paragliding 175 US$, Tandem-Drachenflug 225 US$/Pers.) bis nach Del Mar stehen die letzten Torrey-Kiefern *(Pinus torreyana)* auf amerikanischem Festland, die sich den geringen Niederschlägen und dem sandigen, steinigen Boden perfekt angepasst haben. Die steil aufragenden Sandsteinwände sind zu spektakulären Strukturen erodiert. Der Blick über das Meer nach Norden und

SURFEN IN SAN DIEGO

Viele Bewohner San Diegos sind vor allem wegen der großartigen Surfspots hierhergezogen – und diese sind wirklich der Hammer! Sogar Anfänger werden verstehen, warum Surfen hier so beliebt ist.

Im Herbst herrscht eine starke Brandung und vor Santa Ana bläst der Wind ganz schön ordentlich. Im Sommer kommen die Wellen aus dem Süden und Südwesten, im Winter aus West und Nordwest. Im Frühling muss man oft mit auflandigem Wind rechnen, Surfen kann aber trotzdem gut möglich sein. Aktuelle Strand-, Wetter- und Surfauskünfte bekommt man telefonisch bei **San Diego County Lifeguard Services** (☎619-221-8824).

Anfänger sollten es am Mission Beach oder Pacific Beach (S. 1054) probieren, wo es Beach Breaks (mit weichen Sandbänken) gibt. Nördlich von Crystal Pier liegt der **Tourmaline Surfing Park**. Dieser ist zwar immer recht voll, dies aber völlig zu Recht: Cracks, die sich mit Reefbreaks auskennen, sind hier an der richtigen Adresse.

Die Mietpreise für Surfausrüstung variieren je nach Qualität; Soft Boards liegen bei etwa 15/45 US$ pro Stunde/Tag, für Neoprenanzüge fallen durchschnittlich 7/28 US$ an. Es gibt auch günstigere Kombipakete.

die Walsichtungen sind einfach atemberaubend. An Wochenenden und Feiertagen bieten Volunteers geführte Spaziergänge durch die Natur an. Mehrere Wege führen durch den Park und hinunter zum Strand.

Birch Aquarium at Scripps AQUARIUM
(Karte S. 1050; ☎858-534-3474; www.aquarium.ucsd.edu; 2300 Expedition Way; Erw./Kind 18,50/14 US$; ⏲9–17 Uhr; P 👪) Meereswissenschaftler arbeiteten schon 1910 in dem Birch Aquarium in der Scripps Institution of Oceanography (SIO). Durch großzügige Spenden der Scripps-Familie wurde die Einrichtung zu einem der weltgrößten Meeresforschungsinstituten. Es gehört jetzt zur University of California (UC), San Diego. An der N Torrey Pines Rd wartet das Aquarium mit brillanten Ausstellungen auf. In der **Hall of Fishes** wird in mehr als 60 Becken das Leben in den Gewässern vom Pazifischen Nordwesten bis zu den Tropen präsentiert.

Aktivitäten

San Diegos Umland hat auch zahlreiche Wanderwege, der Großteil der Outdooraktivitäten konzentriert sich hier allerdings aufs Meer. Dieses ist ein Traum für Surfer, Stehpaddler, Kajakfahrer und Bootfahrer. Surfinfos gibt's telefonisch unter ☎619-221-8824.

Pacific Beach Surf Shop SURFEN
(Karte S. 1050; ☎858-373-1138; www.pbsurfshop.com; 4150 Mission Blvd; Surfunterricht in der Gruppe ab 75 US$; ⏲Laden Winter 9–18 Uhr, Sommer 9–19 Uhr) In der angegliederten Pacific Beach Surf School kann man in freundlicher Atmosphäre surfen lernen oder sich einfach nur einen Neoprenanzug und ein Brett (Soft oder Glasfaser) leihen. Wer Unterricht braucht, muss vorher anrufen. Dieser wird bis 15 Uhr (Winter) bzw. 17 Uhr (Sommer) einmal pro Stunde angeboten.

Hike, Bike, Kayak San Diego ABENTEUERSPORT
(Karte S. 1050; ☎858-551-9510; www.hikebikekayak.com; 2222 Avenida de la Playa; Kajakverleih ab 28 US$, geführte Touren ab 50 US$) Hier kann man sich einer Kajaktour zur Bucht und zu den Höhlen von La Jolla anschließen oder eine Radtour entlang der Küste machen. Verleiht auch Ausrüstung.

Flagship Cruises BOOTFAHREN
(Karte S. 1052; ☎619-234-4111; www.flagshipsd.com; 990 N Harbor Dr; Touren Erw./Kind ab 24/12 US$; 👪) Die Hafenrundfahrten und Walbeobachtungstouren starten am Embarcadero und dauern zwischen einer und mehreren Stunden.

Schlafen

Die hier angegebenen Preise gelten für Einzel- oder Doppelzimmer in der Hauptsaison (Sommer). Zwischen September und Juni sinken die Preise deutlich, man sollte aber zu jeder Zeit im Jahr nach Rabatten, Suiten und Paketangeboten fragen. San Diego Tourism bietet eine **Zimmerreservierungs-Hotline** (☎800-350-6205; www.sandiego.org).

Downtown & Umgebung

★ **USA Hostels San Diego** HOSTEL $
(Karte S. 1052; ☎800-438-8622, 619-232-3100; www.usahostels.com; 726 5th Ave; B/Zi. mit Gemeinschaftsbad ab 32/80 US$; ❄@📶) Das gesellige Hostel in einem ehemaligen Hotel aus

viktorianischer Zeit bietet viel Atmosphäre und ist äußerst farbenfroh gestaltet. Es gibt freundliche Zimmer, eine voll ausgestattete Küche und eine Lounge. Im Preis enthalten sind Bettzeug, Schließfach und Bagels zum Frühstück. Tolle Lage umgeben von Bars mitten im nachtaktiven Gaslamp Quarter. Wer einen leichten Schlaf hat, bringt lieber mal Ohrstöpsel mit.

★La Pensione Hotel BOUTIQUEHOTEL **$$**

(Karte S. 1055; ☎619-236-8000, 800-232-4683; www.lapensionehotel.com; 606 W Date St; Zi. ab 145–200 US$; P ❄ ᯤ) Der Name täuscht. Das La Pensione in Little Italy ist keine Pension, sondern ein nettes, freundliches, kürzlich renoviertes Hotel rund um einen mit Fresken geschmückten Innenhof. Die 67 Zimmer sind mit Queen-Size-Betten und eigenen Bädern ausgestattet. Das Hotel ist nur einen Steinwurf von den Restaurants, Cafés und Galerien dieses Viertels entfernt, auch die meisten Attraktionen in Downtown sind von hier zu Fuß zu erreichen. Unten gibt's ein schönes Café und ein relativ neues Spa. Parkplätze kosten 20 US$.

★Hotel Solamar BOUTIQUEHOTEL **$$**

(Karte S. 1052; ☎619-819-9500; www.hotelsolamar.com; 435 6th Ave; Zi. 169–299 US$; P ❄ @ ᯤ ≋) Eine grandiose Alternative im Gaslamp Quarter, die einen trotz des hippen Styles nicht gleich in den Ruin treibt. 2017 sollte eine neue Poolbar eröffnet werden mit Hütten, Freiluftspielen (etwa Cornhole) und tollem Blick auf die Wolkenkratzer der Umgebung. Die schicken, in Marineblau gehaltenen Zimmer haben einen witzigen Touch von Neo-Rokoko. Es gibt ein Fitnessstudio, Yogamatten für die Zimmer, kostenlose Leihräder und abends eine Wine Hour, in der die Gäste kostenlos ein Gläschen Wein genießen können. Parkplätze kosten 47 US$.

Strände

Pearl MOTEL **$$**

(Karte S. 1050; ☎877-732-7573, 619-226-6100; www.thepearlsd.com; 1410 Rosecrans St; Zi. 125–199 US$; P ❄ ᯤ ≋) Das moderne Pearl aus der Mitte des letzten Jahrhunderts passt eher nach Palm Springs als nach San Diego. Die 23 Zimmer in dem Gebäude von 1959 sind in sanften Blautönen gehalten und mit abgefahrenen Surfmotiven geschmückt. In jedem Zimmer gibt es einen Goldfisch. Am Pool ist eigentlich immer etwas los (z. B. werden mittwochs Filme gezeigt). In der coolen, mit Velourssteppichen ausgestatteten Lobby kann man *Jenga* oder *Mensch ärgere Dich nicht* spielen. Wer einen leichten Schlaf hat, sollte nach einem Zimmer hinten raus fragen.

Inn at Sunset Cliffs HOTEL **$$**

(Karte S. 1050; ☎619-222-790, 866-786-24531; www.innatsunsetcliffs.com; 1370 Sunset Cliffs Blvd; Zi./Suite ab 175/289 US$; P ⊖ ❄ @ ᯤ ≋) In dieser Unterkunft am Südzipfel des Ocean Beach wird man morgens von den Wellen geweckt, die gegen die felsige Küste schlagen. Das entzückende Hotel aus den 1950er-Jahren hat einen Innenhof voller Blumen und einen kleinen beheizten Pool. Die 24 luftigen Zimmer sind klein. Die meisten haben schöne Bäder mit Steinfliesen, einige Suiten haben voll eingerichtete Küchen.

★Hotel del Coronado LUXUSHOTEL **$$$**

(Karte S. 1050; ☎800-468-3533, 619-435-6611; www.hoteldel.com; 1500 Orange Ave; Zi. ab 297 US$; P ⊖ ❄ @ ᯤ ≋ 🐾) San Diegos Hotelikone mit über 100-jähriger Geschichte bietet echtes Coronado-Flair mit Pool, einem komplett ausgestatteten Wellnessbereich, Boutiquen, Restaurants, schön gepflegten Grünanlagen und einem weißen Sandstrand. In der Weihnachtszeit kommt sogar noch eine Schlittschuhbahn dazu. Selbst die einfachen Zimmer haben luxuriöse Marmorbäder. Achtung: Die Hälfte der Betten steht nicht im Hotel aus der viktorianischen Zeit (368 Zimmer), sondern in einem siebenstöckigen Nebengebäude aus den 1970er-Jahren. Authentisches Coronado-Feeling garantiert natürlich nur ein Zimmer im Originalhotel. Self-Parking kostet 39 US$.

Crystal Pier Hotel & Cottages COTTAGE **$$$**

(Karte S. 1050; ☎800-748-5894; www.crystalpier.com; 4500 Ocean Blvd, Pacific Beach; DZ 185–525 US$; P ⊖ ❄ ᯤ) Die entzückenden, wunderschönen und in San Diego unerreichten Cottages stehen direkt auf dem Pier über dem Wasser. Fast alle der 29 Hütten, von denen die meisten aus den 1930er-Jahren stammen, bieten einen grandiosen Blick aufs Meer und sind mit einer Küche ausgestattet. In den neueren, größeren Häuschen können bis zu sechs Personen übernachten. Wer im Sommer ein Cottage ergattern möchte, muss acht bis elf Monate im Voraus reservieren! Die Dauer des Mindestaufenthalts variiert je nach Saison. Es gibt keine Klimaanlage. Ein Parkplatz ist im Preis enthaltene.

Essen

San Diego verfügt über eine florierende Restaurantszene, deren Schwerpunkt auf der mexikanischen und kalifornischen Küche sowie auf Seafood liegt.

Downtown & Umgebung

★ Puesto at the Headquarters MEXIKANISCH $$
(Karte S. 1052; ☎ 610-233-8880; www.eatpuesto.com; 789 W Harbor Dr, The Headquarters; Hauptgerichte 11–19 US$; ⏲ 11–22 Uhr) In diesem Lokal kommt umwerfendes mexikanisches Street Food auf den Tisch. Die Tacos werden traditionell, aber mit viel Einfallsreichtum zubereitet, z. B. Hühnchen-Tacos (mit Hibiskus, Chipotle, Ananas und Avocado) oder andere Variationen mit Zucchini und Kaktus. Weitere Leckerbissen sind Krebs-Guacamole, Cevice mit in Limette marinierten Shrimps und gegrillter Wolfsbarsch.

★ Old Town Mexican Café MEXIKANISCH $$
(Karte S. 1050; ☎ 619-297-4330; www.oldtownmexcafe.com; 2489 San Diego Ave; Hauptgerichte 5–17 US$; ⏲ wochentags 19–23, Wochenende bis 24 Uhr; 👪) Andere Restaurants kommen und gehen, dieses hier, in einem betriebsamen Gebäude aus Lehmziegeln und mit Sitznischen aus Hartholz untergebracht, ist aber bereits seit den 1970er-Jahren im Geschäft. Während man darauf wartet, einen Tisch zugewiesen zu bekommen, kann man schon mal die Angestellten dabei beobachten, wie sie die Tortillas servieren. Empfehlenswert sind das *machaca* (geschnetzeltes Rindfleisch mit Eiern, Zwiebeln und Paprika), *carnitas* sowie mexikanische Rippchen. Zum Frühstück bestellt man sich am besten *chilaquiles* (Tortillachips mit Salsa oder Mole, auf Wunsch mit Käse überbacken).

Basic PIZZERIA $$
(Karte S. 1052; ☎ 619-531-8869; www.barbasic.com; 410 10th Ave; kleine/große Pizzas ab 14/32 US$; ⏲ 11.30–2 Uhr) Hipster aus dem East Village lieben die knusprigen Pizzas aus dem Steinofen, die in dem hohen Raum (einer ehemaligen Lagerhalle) serviert werden. Die kleinen Pizzas sind zwar recht groß, aber trotzdem leicht. Als Belag gibt's das Übliche, aber auch Neues wie Pie'n'Mash mit Mozzarella, Kartoffelbrei und Schinkenspeck. Dazu trinkt man ein Craft-Bier (was sonst?) oder einen Cocktail.

★ Juniper & Ivy KALIFORNISCH $$$
(Karte S. 1055; ☎ 619-269-9036; www.juniperandivy.com; 2228 Kettner Blvd; kleine Gerichte 10–23 US$, Hauptgerichte 19–45 US$; ⏲ So–Do 17–22, Fr & Sa bis 23 Uhr) Das 2014 von Chefkoch Richard Blais eröffnete, hoch geschätzte Restaurant hat eine täglich wechselnde Speisekarte. Serviert werden Gerichte aus der Molekularküche, etwa Hummer-Congee, hawaiianischer Schnapper mit Valencia-Pride-Mango, Ahi (Gelbflossenthunfisch) mit Pfifferlingen und Schweinsfuß-Tortelloni. Das Juniper & Ivy befindet sich in einer schick umgebauten Lagerhalle.

Balboa Park & Umgebung

★ Hash House a Go Go AMERIKANISCH $$
(Karte S. 1050; ☎ 619-298-4646; www.hashhouseagogo.com; 3628 5th Ave, Hillcrest; Frühstück 10–22 US$, Hauptgerichte abends 15–29 US$; ⏲ Mo 7.30–14.30, Di–Do 7.30–14 & 17.30–21, Fr–So bis 14.30 und 21.30 Uhr; 👪) In diesem stets gut besuchten Bungalow gibt's Biscuits and Gravy direkt aus Indiana, riesige Portionen Eggs Benedict, Pfannkuchen so groß wie Wagenräder und sieben Sorten Bratkartoffeln. Das Frühstück ist so reichhaltig, dass man den ganzen Tag satt ist. Man sollte abends zurückkommen, um die ebenfalls hervorragenden Burger, Brathähnchen und preisgekrönten Sandwiches mit Hackfleisch zu probieren. Wen wundert's also, dass die Speisen in diesem Lokal *twisted farm food* (abgewandelte Bauerngerichte) genannt werden?

★ Urban Solace KALIFORNISCH $$
(Karte S. 1050; ☎ 619-295-6464; www.urbansolace.net; 3823 30th St, North Park; Hauptgerichte mittags 12–22 US$, abends 14–27 US$; ⏲ Mo–Di 11–21, Mi–Do bis 21.30, Fr bis 22.30, Sa 10.30–22.30, So 9.30–14.30 & 16–21 Uhr) Die jungen, hippen Gourmets von North Park genießen hier kreativ zubereitete Hausmannskost wie vegetarische Quinoa-Burger, den „Not your mama's"-Hackbraten aus Lammfleisch mit Feigen, Pinienkernen und Feta, „Duckaroni" (Mac'n'Cheese mit Enten-Confit) sowie geschnetzeltes Hähnchen mit Klößen. Trotz des grandiosen Essens herrscht hier eine überraschend relaxte Atmosphäre – vielleicht liegt das an den kreativen Cocktails.

★ Prado KALIFORNISCH $$$
(Karte S. 1055; ☎ 619-557-9441; www.pradobalboa.com; 1549 El Prado; Mittagessen 8–19 US$, Abendessen 8–37 US$; ⏲ Mo 11.30–15, Di–Do 11–22, Sa 11.30–21.30, So 11–21 Uhr; 👪) In einem

der schönsten Speisesäle San Diegos zaubert einer der berühmtesten Chefköche der Stadt erlesene kalifornische Gerichte: frisch gebackene Sandwiches, Hummer-Bucatini oder mit Thymian angebratene halbe *jidori*-Hühnchen. Mittags kann man gediegen auf der Veranda speisen; und wer nachmittags Appetit auf einen Cocktail oder Aperitif hat, geht in die Bar.

Strände

★ Dirty Birds AMERIKANISCH $

(Karte S. 1050; www.dirtybirdsbarandgrill.com; 4656 Mission Blvd; 5/20 Wings 7,50/26 US$; ⏲ So–Mi 11–24, Do–Sa 11–2 Uhr) Ein Besuch dieser Sportsbar lohnt schon allein wegen der preisgekrönten Chicken Wings. Auf der Speisekarte des Surfertreffs stehen sie in 37 verschiedenen Geschmacksrichtungen, darunter die klassischen Buffalo Wings, aber auch wunderbar verrückte Variationen wie Salz und Essig, Apfel-Chipotle-Bourbon und Hähnchen-Enchilada. Besonders gut schmecken dazu die zehn wechselnden Fassbiere.

★ Point Loma Seafoods SEAFOOD $

(Karte S. 1050; ☎ 619-223-1109; www.pointloma seafoods.com; 2805 Emerson St; Hauptgerichte 7–16 US$; ⏲ Mo–Sa 9–19, So 10–19 Uhr; P 👪) Dieser Fischmarkt mit Delikatessenladen (die Meeresfrüchte kommen direkt frisch vom Schiff auf den Tresen) serviert Seafood-Sandwiches, Salate, Sashimi, Gebratenes und eiskaltes Bier. Man bestellt an der Theke und schnappt sich einen Platz an einem der Picknicktische auf der Terrasse im Obergeschoss mit Blick auf den Hafen. Das leckere Sushi und Speisen von Ceviche bis Muschelsuppe können auch zum Mitnehmen geordert werden.

★ Hodad's BURGER $

(Karte S. 1050; ☎ 619-224-4623; www.hodadies.com; 5010 Newport Ave, Ocean Beach; Gerichte 4–15 US$; ⏲ 11–22 Uhr) Schon zu Flower-Power-Zeiten anno 1969 wurden in O.B.s legendärem Burgerlokal leckere Shakes, bergeweise Zwiebelringe und köstliche, in Papier eingewickelte Hamburger serviert. An den Wänden hängen Nummernschilder, aus den Lautsprechern dröhnt Grunge oder Surf-Rock und der bärtige, tätowierte Kellner macht es sich beim Aufnehmen der Bestellung schon mal neben den Gästen auf der Bank bequem. Kein Hemd? Keine Schuhe? Kein Problem, Kumpel!

★ The Patio on Lamont AMERIKANISCH $$

(Karte S. 1050; ☎ 858-412-4648; www.thepatioon lamont.com; 4445 Lamont St; Gerichte 7–26 US$; ⏲ 9–24 Uhr) Eine beliebte Adresse unter Einheimischen mit wunderschön zubereiteten kleinen Gerichten der modern-amerikanischen Küche und tollen Cocktails. Probieren sollte man das Ahi-Krabben-Türmchen oder die knackige Artischocke mit Ziegenkäse, serviert auf einer gemütlichen, spärlich beleuchteten Terrasse (im Winter stehen hier Heizstrahler). Jeden Tag gibt's von 15 bis 18 und von 22 bis 24 Uhr eine Happy Hour für ausgewählte Biere und Cocktails (5/6 US$).

Ausgehen & Nachtleben

Die facettenreiche Barszene von San Diego deckt das gesamte Spektrum ab, von Livemusik-Pubs und klassischen amerikanischen Billardbars bis hin zu Strandbars mit Tiki-Cocktails, Schwulenclubs mit Dragshows und sogar ein paar versteckten Flüsterkneipen. Craft-Bier aus der Region ist in der Stadt leicht aufzutreiben. Alternativ macht man sich auf und erkundet die rund 100 Brauereien und Weingüter in Temecula.

★ Bang Bang BAR

(Karte S. 1052; ☎ 619-677-2264; www.bang bangsd.com; 526 Market St; Cocktails 14–26 US$; ⏲ Mi–Do 17–22.30, Fr & Sa bis 2 Uhr) Im Schein von Laternen legen in Gaslamps heißester neuer Location einheimische und weltbekannte DJs auf. Außerdem gibt's Sushi und asiatische Snacks wie Klöße und in Panko panierte Shrimps sowie fantasievolle Cocktails (von denen einige in riesigen Bechern kredenzt werden und die man sich besser teilen sollte). Und nicht zu vergessen: Die Toiletten sind eine Hommage an Ryan Gosling und Hello Kitty. Einfach nur spitze!

Noble Experiment BAR

(Karte S. 1052; ☎ 619-888-4713; http://nobleexpe rimentsd.com; 777 G St; ⏲ Di–So 19–2 Uhr) Diese Location ist im wahrsten Sinne des Wortes eine Entdeckung. Man öffnet eine versteckte Tür und betritt eine moderne Flüsterkneipe mit kleinen goldenen Totenschädeln an den Wänden, klassischen Gemälden an der Decke und einer innovativen Cocktailkarte (ab 12 US$). Es gibt nur eine Schwierigkeit: das Reinkommen. Man muss per SMS eine Reservierung vornehmen und bekommt dann Infos, ob zur gewünschten Zeit etwas frei ist und wie man die Bar findet. Sonst kann man auch einfach so auftauchen, seinen Namen auf die Warteliste setzen lassen und in der Bar oben drüber, dem **Neighborhood** (☎619-446-0002; www.neighborhoodsd.com; ⏰12–24 Uhr), warten.

Gossip Grill LESBEN

(Karte S. 1050; ☎619-260-8023; www.thegossipgrill.com; 1220 University Ave; ⏰Mo–Fr 12–2, Sa & So 10–2 Uhr) Die Drinks in San Diegos bekanntester Lesbenbar haben es in sich. Es gibt eine Terrasse, ein Restaurant und eine Tanzfläche und überall stehen Pflanzen, hängen Kronleuchter und knistern Feuerstellen. Auf der Karte stehen Chicken Wings, Minihamburger, Fladenbrot, Suppen, Salate und Sandwiches (Hauptgerichte ab 9 US$). Regelmäßig finden spezielle Themenabende statt, es legen DJs auf und jede Woche gibt's spezielle Drinks im Angebot.

☆ Unterhaltung

In den Zeitungen *City Beat* oder *UT San Diego* findet man aktuelle Kino- und Theaterprogramme sowie Termine für Galerieveranstaltungen und Konzerte in der Stadt. **Arts Tix** (Karte S. 1052; ☎858-437-9850; www.sdartstix.com; 28 Horton Plaza, neben dem Balboa Theatre; ⏰Di–Do 10–16, Fr & Sa bis 18, So bis 14 Uhr) in einem Kiosk unweit der Westfield Horton Plaza, bietet für viele Aufführungen am selben oder nächsten Tag Tickets zum halben Preis sowie rabattierte Karten für andere Events. **Ticketmaster** (☎800-653-8000; www.ticketmaster.com) und **House of Blues** (Karte S. 1052; ☎619-299-2583; www.houseofblues.com/sandiego; 1055 5th Ave; ⏰16–23 Uhr) verkaufen Tickets für sonstige Shows und Konzerte in der Stadt.

Prohibition Lounge LIVEMUSIK

(Karte S. 1052; http://prohibitionsd.com; 548 5th Avenue; ⏰Mi–Sa 20–1.30 Uhr) Sobald man die unauffällige Tür auf der 5th Ave mit der Aufschrift „Eddie O'Hare's Law Office" gefunden hat, betätigt man den Lichtschalter. Ein Türsteher erscheint und bringt die Neuankömmlinge in ein spärlich beleuchtetes Untergeschoss, wo zum Livejazz (ab 21.30 Uhr) Craft-Cocktails serviert werden. Man sollte früh kommen, da sich der Laden sehr schnell füllt. Am Wochenende muss man sich oft auf eine Gästeliste setzen lassen.

Balboa Theatre THEATER

(Karte S. 1052; ☎619-570-1100; http://sandiegotheatres.org; 868 4th Ave; ab 35 US$) Das 1924 erbaute Gebäude blickt auf eine bewegte Vergangenheit zurück: In den 1930er-Jahren flimmerten hier mexikanische Filme über die Leinwand, die an die wachsende Hispanics-Bevölkerung San Diegos adressiert waren. Im Zweiten Weltkrieg wurde es zu einer Unterkunft für ledige Offiziere der US Navy umfunktioniert. Irgendwann wurde es dichtgemacht, bis eine 26 Mio. US$ schwere Sanierung es wieder zum Leben erweckte. Seit 2008 kann man auf dieser legendären Bühne Comedy, Filme und Opern sehen.

Praktische Informationen

INFOS IM INTERNET

Gaslamp Quarter Association (http://gaslamp.org) Alles Wissenswerte über das betriebsame Gaslamp-Viertel und auch über versteckte Parkplätze.

San Diego Tourism (www.sandiego.org) Infos zu Hotels, Sehenswürdigkeiten, Restaurants, Mietwagen etc. Auch Reservierungen können vorgenommen werden.

MEDIEN

- In den kostenlosen Zeitschriften *Citybeat* (http://sdcitybeat.com) und *San Diego Reader* (www.sdreader.com) erfährt man alles über die umtriebige Musik-, Kunst- und Theaterszene der Stadt. Ausgaben liegen in Geschäften und Cafés aus.
- KPBS 89.5 FM (www.kpbs.org) Die nationale öffentliche Radiostation.
- *San Diego Magazine* (www.sandiegomagazine.com) Monatlich erscheinendes Hochglanzmagazin.
- *UT San Diego* (www.utsandiego.com) Die größte Tageszeitung der Stadt.

MEDIZINISCHE VERSORGUNG

Scripps Mercy Hospital (☎619-294-8111; www.scripps.org; 4077 5th Ave; ⏰24 Std.) Hat eine rund um die Uhr geöffnete Notaufnahme. Überall in der Stadt gibt es auch durchgehend geöffnete Apotheken, z. B. die CVS-Geschäfte in Pacific Beach, Gaslamp und auf der Adams Ave.

TOURISTENINFORMATION

Coronado Visitor Center (Karte S. 1050; ☎866-599-7242, 619-437-8788; www.coronadovisitorcenter.com; 1100 Orange Ave; ⏰Mo–Fr 9–17, Sa & So 10–17 Uhr)

International Visitor Information Center (Karte S. 1052; ☎619-236-1242; www.sandiego.org; 1140 N Harbor Dr; ⏰Juni–Sept. 9–17 Uhr, Okt.–Mai bis 16 Uhr) Gegenüber dem B St Cruise Ship Terminal. Die hilfsbereiten Angestellten haben sehr detaillierte Stadtpläne, verkaufen ermäßigte Tickets für Attraktionen und bieten eine Reservierungs-Hotline für Hotelzimmer an.

An- & Weiterreise

Auf dem **San Diego International Airport** (SAN; Karte S. 1050; 619-400-2404; www.san.org; 3325 N Harbor Dr;) landen vor allem Inlandsflüge.

Die Downtown-Bushaltestelle in San Diego wird von **Greyhound** (Karte S. 1052; 619-515-1100, 800-231-2222; www.greyhound.com; 1313 National Ave; Ticketbüro 5–23.59 Uhr) aus ganz Nordamerika angefahren.

Der Pacific Surfliner von **Amtrak** (800-872-7245; www.amtrak.com; 1050 Kettner Blvd) fährt von der historischen **Union Station** (Santa Fe Depot; 800-872-7245; 1050 Kettner Blvd; 3–23.59 Uhr) mehrmals täglich nach Anaheim (2 Std.), Los Angeles (2¾ Std.) und Santa Barbara (6½ Std.).

Alle bekannten Mietwagenfirmen sind am Flughafen vertreten, kleinere Anbieter wie etwa **West Coast Rent a Car** (619-544-0606; http://westcoastrentacar.net; 834 W Grape St; Mo–Sa 9–18, So bis 17 Uhr) in Little Italy bieten aber oft günstigere Preise.

Unterwegs vor Ort

Bus 992 „The Flyer" (2,25 US$) vom Metropolitan Transit System fährt alle zehn bis 15 Minuten vom Flughafen ins Zentrum und zurück. Unterwegs hält er entlang des Broadway. Flughafen-Shuttles wie **Super Shuttle** (800-258-3826; www.supershuttle.com) kosten etwa 10 US$ nach Downtown; im Voraus buchen! Die Taxifahrt vom Flughafen ins Zentrum kostet durchschnittlich 12–18 US$ plus Trinkgeld.

MTS betreibt Stadtbusse (2,25–2,50 US$) und Trolleys (2,50 US$), die auch bis zur mexikanischen Grenze fahren. Im **Transit Store** (Karte S. 1052; 619-234-1060; www.sdmts.com; 1255 Imperial Ave; Mo–Fr 8–17 Uhr) erhält man Pässe für die Region. Tageskarten können auch direkt im Bus gekauft werden. Die Taxipreise variieren, für eine Fahrt von 3 Meilen (4,8 km) muss man aber mit grob 12 US$ rechnen.

PALM SPRINGS & WÜSTEN

Das einsame Wüstengebiet zwischen dem mondänen Palm Springs und dem faszinierendem Death Valley nimmt 25 % der Fläche Kaliforniens ein. Obwohl auf den ersten Blick vielleicht nur grauenhaft öde, offenbart die Wüste bald eine perfekte Schönheit: Verwitterte Vulkangipfel, sinnliche Sanddünen, violett getönte Berge, Kaktusgärten, unzählige Sterne am Nachthimmel, umherflitzende Eidechsen unter Felskolossen und winzige Wildblumen, die im Frühling aus dem steinharten Boden sprießen. Die Ruhe, Spiritualität und Eleganz der kalifornischen Wüsten üben auf Künstlertypen, Filmstars, Kletterer und Allrad-Abenteurer gleichermaßen einen unwiderstehlichen Reiz aus.

Palm Springs

Hey Baby, das Rat Pack ist zurück – oder zumindest sein Lieblingstreff. In den 1950er- und 1960er-Jahren war das rund 160 km östlich von L. A. gelegene Palm Springs der swingende Rückzugsort von Sinatra, Elvis und anderen Hollywood-Stars. Nachdem das Rat Pack jedoch seine Sachen gepackt hatte, hielten Rentner in Golfklamotten Einzug in Palm Springs. Mitte der 1990er-Jahre entdeckten dann auch die jüngeren Generationen den charmanten Retro-Chic und die eleganten, modernen Gebäude der Stararchitekten aus der Mitte des 20. Jhs. für sich. Heute mischen sich in Palm Springs ganz gelassen Rentner und Urlauber mit Hipstern, Wanderern und einer stolzen LGBTIQ-Gemeinde. Ein tolles Ziel für einen kurzen Ausflug von L. A. oder vom anderen Ende der Welt.

Sehenswertes & Aktivitäten

Palm Springs ist die Hauptstadt des Coachella Valley, in dem sich mehrere Wüstenstädte aneinanderreihen. Diese werden allesamt vom Hwy 111 miteinander verbunden – vom unauffälligen Cathedral City bis hin zum glamourösen Palm Dessert und Coachella, der Heimat des berühmten Musikfestivals mit seinen Top-Acts.

★ **Palm Springs Aerial Tramway** SEILBAHN
(760-325-1391, 888-515-8726; www.pstramway.com; 1 Tram Way, Palm Springs; Erw./Kind 26/17 US$, Parken 5 US$; 1. Bergfahrt Mo–Fr 10, Sa & So 8 Uhr, letzte Talfahrt tgl. 21.45 Uhr; je nach Saison unterschiedlich;) Die Seilbahn mit sich drehenden Gondeln klettert während ihres 4 km langen Aufstiegs in nur zehn Minuten über 1800 Höhenmeter nach oben und kommt dabei durch fünf Vegetationszonen, von der Sonora-Wüste unten bis hinauf zum nach Kiefern duftenden Mt. San Jacinto State Park. Von der Bergstation (2609 m), an der es bis zu 22 °C kühler ist als unten am Wüstenboden, kann man den tollen Ausblick genießen, in zwei Restaurants essen (dann bietet sich der „Ride 'n' Dine"-Pass an), 80 km Wanderwege erkunden oder im Naturkundemuseum vorbeischauen.

★ **Palm Springs Art Museum** MUSEUM

(☎760-322-4800; www.psmuseum.org; 101 Museum Dr, Palm Springs; Erw./Student 12,50 US$/frei, Eintritt frei Do 16–20 Uhr; So–Di & Sa 10–17, Do & Fr 12–21 Uhr; P) Kunstliebhaber sollten dieses Museum auf keinen Fall verpassen. Hier werden Wechselausstellungen gezeigt, die aus der erstklassigen Sammlung internationaler moderner und zeitgenössischer Gemälde, Skulpturen, Fotografien und Glaskunstwerke zusammengestellt werden. Die Dauerausstellung umfasst u. a. Arbeiten von Henry Moore, Ed Ruscha, Mark di Suvero, Frederic Remington und anderen bedeutenden Künstlern. Weitere Highlights sind die Glaskunst von Dale Chihuly und William Morris sowie die Sammlung präkolumbischer Figuren.

★ **Sunnylands Center & Gardens** GÄRTEN

(☎760-202-2222; www.sunnylands.org; 37977 Bob Hope Dr, Rancho Mirage; Führung 20–45 US$, Center & Gärten frei; Do–So 9–16 Uhr, Anfang Juni–Mitte Sept. geschl.; P) Sunnylands ist das Winteranwesen im Mid-Century-Modern-Stil von Walter und Leonore Annenberg, einer der einflussreichsten Familien Amerikas. Sie haben hier schon sieben US-Präsidenten, Könige, Hollywood-Stars und internationale Staatschefs empfangen. Das Haus kann nur im Rahmen einer 90-minütigen Führung (45 US$) besichtigt werden, die weit im Voraus auf der Website gebucht werden muss. Das neue Visitor Center zeigt einen Film und mehrere Ausstellungen, für die keine Reservierung notwendig sind. Auch ein toller Wüstengarten darf natürlich nicht fehlen.

★ **Living Desert Zoo & Gardens** ZOO

(☎760-346-5694; www.livingdesert.org; 47900 Portola Ave, Palm Desert; Erw./Kind 20/10 US$; Okt.–Mai 9–17 Uhr, Juni–Sept. 8–13.30 Uhr; P) In diesem beeindruckenden Tierpark kann man eine Vielzahl von Wüstenpflanzen und -tieren sowie Ausstellungen über die Geologie der Region und die Kultur der hiesigen Ureinwohner bewundern. Zu den Highlights gehören das zugängliche Wildtier-Krankenhaus und das „afrikanische" Dorf mit Fairtrade-Markt und einem Geschichten-Hain. Kamelritte, Giraffenfüttern, eine Runde auf dem Karussell der bedrohten Tierarten und die Fahrt mit dem „Hop on, Hop off"-Shuttle kosten extra. Ein Besuch ist ebenso lehrreich wie unterhaltsam und die 15 Meilen (24 km) lange Fahrt hinunter ins Tal absolut wert.

★ **Indian Canyons** WANDERN

(☎760-323-6018; www.indian-canyons.com; 38520 S Palm Canyon Dr, Palm Springs; Erw./Kind 9/5 US$, 90-minütige geführte Wanderung 3/2 US$; Okt.–Juni 8–17 Uhr, Juli–Sept. nur Fr–So) Die Bäche aus den San Jacinto Mountains versorgen die Pflanzenvielfalt in den Oasen rund um Palm Springs mit lebensnotwendigem Nass. Die Canyons, die seit Jahrhunderten das Zuhause amerikanischer Ureinwohner sind, präsentieren sich als ein Paradies für Wanderer. Der Palm Canyon Trail führt zur weltweit größten Oase mit Fächerpalmen, der Murray Canyon Trail zu einem saisonal Wasser führenden Wasserfall und der Andreas Canyon Trail zu Felsformationen, die einen ganzjährig Wasser führenden Bach säumen.

Smoke Tree Stables REITEN

(☎760-327-1372; www.smoketreestables.com; 2500 S Toledo Ave, Palm Springs; 1-/2-stündiger geführter Ausritt 50/120 US$; 1-stündige Ausritte stündlich 8–15 Uhr, 2-stündige Ausritte 9, 11 & 13 Uhr;) Der Anbieter in der Nähe der Indian Canyons organisiert einstündige Ausritte am Fuße der Berge und zweistündige Ausflüge in den von Palmen gesäumten Murray Canyon. Beide richten sich an Anfänger. Reservierungen sind nicht erforderlich, man sollte aber vorab anrufen und sich zur Sicherheit noch einmal nach dem Beginn der jeweiligen Ausritte erkundigen. Private Ausflüge gibt's auf Anfrage.

Schlafen

In Palm Springs und dem Coachella Valley findet sich eine bemerkenswerte Vielfalt an Unterkünften: gehobene Boutiquehotels im Vintage-Stil, Luxus-Resorts und Kettenmotels. Kinder sind mitunter nicht willkommen. Camper werden im Joshua Tree National Park sowie in den San Jacinto Mountains (über den Hwy 74) fündig.

Caliente Tropics MOTEL $$

(☎800-658-6034, 760-327-1391; www.calientetropics.com; 411 E Palm Canyon Dr, Palm Springs; Zi. 99–225 US$; P) Früher planschten Elvis und der Rat Pack am Pool dieser besten Budgetunterkunft, einer nett herausgeputzten Motorlodge im Tiki-Stil von 1964. In den geräumigen, in warmen Farben gehaltenen Zimmern entschwebt man auf wunderbaren Matratzen ins Land der Träume.

★ **Arrive Hotel** BOUTIQUEHOTEL $$

(☎760-507-1650; www.arrivehotels.com; 1551 N Palm Canyon Dr, Palm Springs; Wohnstudio ab

179 US$;) Umweltfreundlicher rostiger Stahl, Holz und Beton sind die wichtigsten Design-Zutaten dieser neuen Unterkunft nur für Erwachsene, in der der Bar gleichzeitig auch die Funktion einer Rezeption zukommt. Die 32 Zimmer (manche mit Terrasse) erfüllen jegliche Hipster-Anforderungen: Regenduschen, Apple TV und schicke Badprodukte. Das Restaurant am Pool, das Café, die Eisdiele und die Bar mit Craft-Bier sind auch bei den Einheimischen sehr beliebt.

★ L'Horizon BOUTIQUEHOTEL **$$**
(760-323-1858; http://lhorizonpalmsprings.com; 1050 E Palm Canyon Dr, Palm Springs; Zi. 169–249 US$;) Das anheimelnde, von William F. Cody entworfene Hotel beherbergte schon Gäste wie Marilyn Monroe und Betty Grable, die am Pool relaxten. Mittlerweile wurde das L'Horizon restauriert und zu einem eleganten und schicken Wüstenresort umgewandelt, das nur Erwachsene beherbergt. Die 25 Bungalows liegen auf dem großen Anwesen verstreut und bieten so jede Menge Privatsphäre. Wer hier übernachtet, darf sich auf Außenduschen, einen chemiefreien Pool und eine eigene Veranda freuen.

★ El Morocco Inn & Spa BOUTIQUEHOTEL **$$**
(888-288-9905, 760-288-2527; http://elmoroccoinn.com; 66810 4th St, Desert Hot Springs; Zi. 199–219 US$;) In dem atemberaubend schönen Refugium, in dem alle Zeichen auf Romantik stehen, folgt man dem Ruf der Kasbah. Zwölf exotisch eingerichtete Zimmer liegen rund um eine Poolterrasse, auf der der engagierte Gastgeber zur Happy Hour kostenlose „Moroccotinis" serviert. Im hauseigenen Spa werden so verlockende Massagen wie „Marokkanischer Regen" angeboten. Dabei wird mithilfe eines ätherischen Öls der Körper von Giftstoffen gereinigt.

Hacienda at Warm Sands BOUTIQUEHOTEL **$$$**
(760-327-8111; www.thehacienda.com; 586 Warm Sands Dr, Palm Springs; Zi. 309–439 US$;) Das Schwulenresort mit zehn Suiten überzeugt mit indonesischen Teak- und Bambusmöbeln und setzt hohe Luxusmaßstäbe. Die Gäste können sich ihr eigenes Kissen aussuchen, es gibt einen schönen Landschaftsgarten, zwei Pools und einen Whirlpool mit Feuerstelle. Die liebenswürdigen Besitzer sorgen gerne dafür, dass alles nach den individuellen Wünschen gestaltet ist, von Massagen auf dem Zimmer bis hin zum persönlichen Einkäufer.

Essen

Eine neue Generation von Restaurants, die es versteht, den Geist der Zeit zu erfassen, hat die Messlatte für Restaurants in Palm Springs bedeutend höher gelegt. Die interessantesten Newcomer, etwa solche mit bemerkenswertem Design, säumen den N Palm Canyon Dr im Designviertel Uptown.

★ Cheeky's KALIFORNISCH **$**
(760-327-7595; www.cheekysps.com; 622 N Palm Canyon Dr, Palm Springs; Hauptgerichte 9–14 US$; Do–Mo 8–14 Uhr, letzte Platzzuweisung 13.30 Uhr;) Die Warteschlangen in dem nur morgens und mittags geöffneten Restaurant können lang und der Service mittelmäßig sein, aber die Gerichte aus farmfrischen Zutaten sprühen nur so vor Kreativität. Die Speisekarte wechselt wöchentlich, aber Lieblinge wie die cremigen Rühreier oder der Weiderindburger mit Pesto-Pommes stehen immer mal wieder auf der Karte.

Trio KALIFORNISCH **$$**
(760-864-8746; www.triopalmsprings.com; 707 N Palm Canyon Dr, Palm Springs; Hauptgerichte mittags 13–16 US$, abends 15–30 US$; So–Do 11–22, Fr & Sa bis 23 Uhr;) Das Erfolgsgeheimnis des modernistischen Restaurants aus den 1960er-Jahren: aufgepeppte amerikanische Hausmannskost (grandioser Yankee-Schmorbraten!), auffällige Kunst

DIE GRÖSSTEN DINOSAURIER DER WELT

Westlich von Palm Springs glaubt man seinen Augen nicht zu trauen, wenn man von der I-10 plötzlich „Dinny the Dinosaur" und „Mr Rex" erspäht. Claude K. Bell, ein Bildhauer der Knott's Berry Farm, verbrachte in den 1980er-Jahren mehr als zehn Jahre damit, diese Betonriesen des **World's Biggest Dinosaurs** (951-922-8700; www.cabazondinosaurs.com; 50770 Seminole Dr, Cabazon; Erw./Kind 10/9 US$; Mo–Fr 10–16.30, Sa & So 9–18.30 Uhr;) herzustellen. Heute kann man hier nach Dinofossilien graben, in das Maul von Mr Rex steigen, Dutzende von Dinosauriermodellen bewundern und sich im Souvenirladen mit Andenken eindecken.

ABSTECHER

PIONEERTOWN

Es sieht wie eine Grenzstadt aus den 1870er-Jahren aus, dabei wurde **Pioneertown** (www.pioneertown.com; P 🚻) GRATIS erst 1946 als Kulisse für einen Hollywood-Western errichtet, in der in den 1940er- und 1950er-Jahren über 50 Filme und mehrere Fernsehshows gedreht wurden. Zu den ursprünglichen Investoren zählten Gene Autry und Roy Rogers. Heutzutage bietet sich die Anlage für einen Spaziergang zwischen den alten Gebäuden an; in der Honky-Tonk-Kneipe gibt's Erfrischungen. Von April bis Oktober finden an jedem zweiten und vierten Samstag im Monat um 14.30 Uhr auf der „Mane St" nachgestellte Schießereien statt.

Nur einen Steinwurf entfernt liegt das stimmungsvolle **Pioneertown Motel** (☎760-365-7001; www.pioneertown-motel.com; 5040 Curtis Rd, Pioneertown; Zi. ab 155 US$; P ❄ 📶 🐾), in dem einst die Filmstars übernachteten und dessen Zimmer heute voller Western-Andenken sind. Einige der Zimmer haben auch Küchennischen.

und Panoramafenster. Das Drei-Gänge-Abendmenü für 19 US$ (bis 18 Uhr) ist ein echtes Schnäppchen und die tagtägliche Happy Hour lockt mit Kneipensnacks und billigen Drinks zur After-Work-Session.

★ Workshop Kitchen + Bar AMERIKANISCH $$$
(☎760-459-3451; www.workshoppalmsprings.com; 800 N Palm Canyon Dr, Palm Springs; Hauptgerichte 26–45 US$; ⏲Mo–So 17–22, So 10–14 Uhr; ❄) Hinter einer prunkvollen Fassade aus den 1920er-Jahren in El Paseo versteckt sich dieser atemberaubend schöne Ort, ein luftiger Betonschlauch, der von stimmungsvoll beleuchteten Nischen flankiert wird. Eine große Terrasse mit Olivenbäumen führt zu dem Restaurant. Auf den Tisch kommen auf moderne Weise neu interpretierte amerikanische Klassiker mit Zutaten vom Markt. Die Bar gehört zu den angesagtesten Adressen der Stadt.

Ausgehen & Nachtleben

Die Arenas Rd östlich des Indian Canyon Dr ist das Zentrum des schwul-lesbischen Nachtlebens.

★ Bootlegger Tiki COCKTAILBAR
(☎760-318-4154; www.bootleggertiki.com; 1101 N Palm Canyon Dr, Palm Springs; ⏲16–2 Uhr) Purpurrotes Licht zaubert selbst käsigen Hipstern einen gesunden Teint ins Gesicht. Oder sind es doch die Mörder-Cocktails? In der winzigen Flüsterkneipe hängen Kugelfischlampen von der Decke und die Wände sind mit Rattan verkleidet. Hinein geht es durch das Café Ernest.

Birba BAR
(☎760-327 5678; www.birbaps.com; 622 N Palm Canyon Dr, Palm Springs; ⏲So & Mi–Do 17–23, Fr & Sa bis 24 Uhr; 📶) Die von Hecken umgebene Terrasse mit funkelnden Lichtern und in den Boden eingelassenen Feuerstellen ist der perfekte Ort, um sich bei einem Glas Wein oder einem süffigen Cocktail wie dem Heated Snake mit Tequila zurückzulehnen. Dazu bestellt man sich eine Portion *cicchetti* (italienische Barsnacks) als Grundlage oder eine modern interpretierte Pizza oder ein Nudelgericht von der umfangreichen Speisekarte.

Shoppen

Kunstgalerien, Läden für modernes Design und Modeboutiquen, darunter das sagenhafte **Trina Turk** (☎760-416-2856; www.trinaturk.com; 891 N Palm Canyon Dr, Palm Springs; ⏲Mo–Sa 10–18, So 11–17 Uhr), finden sich „uptown" am North Palm Canyon Dr. Retro-Fans können sich in den Secondhand- und Kommissionsläden im Zentrum und am Hwy 111 umsehen. Die örtliche Version des Rodeo Dr ist El Paseo in Palm Desert.

Praktische Informationen

Palm Springs Historical Society (☎760-323-8297; www.pshistoricalsociety.org; 221 S Palm Canyon Dr, Palm Springs; ⏲Mo & Mi–Sa 10–16, So 12–15 Uhr) In der gemeinnützigen Organisation arbeiten freiwillige Helfer. Sie betreibt zwei Museen und bietet geführte Touren mit den Schwerpunkten Lokalgeschichte, Architektur und Prominenz an.

Palm Springs Visitor Center (☎800-347-7746, 760-778-8418; www.visitpalmsprings.com; 2901 N Palm Canyon Dr, Palm Springs; ⏲9–17 Uhr) Das gut sortierte Visitors Center mit netten Angestellten befindet sich 3 Meilen (5 km) nördlich des Stadtzentrums in einer 1965 von Albert Frey entworfenen Tankstelle an der Abzweigung zur Palm Springs Aerial Tramway.

Anreise & Unterwegs vor Ort

Palm Springs International Airport (PSP; ☎760-318-3800; www.palmspringsairport.

com; 3400 E Tahquitz Canyon Way, Palm Springs) Wickelt das ganze Jahr über Flüge zu Zielen in ganz Nordamerika ab. Manchmal bieten Hotels kostenlose Flughafentransfers an. Ein Taxi in die Innenstadt von Palm Springs kostet zwischen 12 und 15 US$ (einschließlich der Flughafengebühr von 2,50 US$).

Dreimal wöchentlich hält der Zug *Sunset Limited* von **Amtrak** (www.amtrak.com) auf seiner Route zwischen New Orleans und Los Angeles in Palm Springs.

SunLine (☎800-347-8628; www.sunline.org; Ticket 1 US$, Tageskarte 3 US$) betreibt öffentliche Busse mit Alternativkraftstoff, die zwar langsam, aber regelmäßig durchs Tal tuckern.

Joshua Tree National Park

Wie Kreaturen aus einem Buch von Dr. Seuss begrüßen die seltsamen Josua-Palmlilien (eigentlich baumhohe Yuccapalmen) die Besucher in dem 3200 km² großen Park an der Übergangszone zweier Wüsten – der niedrigen und trockenen Colorado-Wüste und der höher gelegenen, feuchteren und etwas kühleren Mojave-Wüste.

Unter Kletterern ist „JT“ als eine der besten Destinationen in Kalifornien bekannt, Wanderer lieben die versteckten, schattigen, von natürlichen Quellen und kleinen Bächen gespeisten Fächerpalmenoasen und Mountainbiker sind von den Aussichten in der Wüste überwältigt.

Sehenswertes & Aktivitäten

Das sagenhafte **Wonderland of Rocks** beherrscht den Norden des **Parks** (☎760-367-5500; www.nps.gov/jotr; 7-Tage-Pass 25 US$/Auto; ⏲24 Std; P 🚻) 🍃 und ist genauso wie das **Hidden Valley** ein Mekka für Kletterer. Der Blick von **Keys View** reicht an klaren Tagen über die San-Andreas-Verwerfung hinweg bis nach Mexiko und ist bei Sonnenuntergang besonders schön. Wer sich für die Geschichte der Pioniere interessiert, besucht die **Keys Ranch** (☎760-367-5500; www.nps.gov/jotr; Führung Erw./Kind 10/5 US$; ⏲Führungen zu unterschiedlichen Zeiten; P 🚻). Wanderer können Oasen mit Kalifornischen Washingtonpalmen wie die **49 Palms Oasis** (hin & zurück 4,8 km) und die **Lost Palms Oasis** (hin & zurück 11,6 km) erkunden. Zu den kinderfreundlichen Naturwanderoptionen gehören die Wege zum **Barker Dam** (Rundkurs 1,8 km), der an Petroglyphen der Ureinwohner vorbeiführt, zum **SkullRock** (Rundkurs 2,7 km) und zum **Cholla Cactus Garden** (Rundkurs 0,4 km). Die holprige, 18 Meilen (29 km) lange **Geology Tour Road** ist eine malerische Strecke für Geländewagen, die auch Mountainbiker in Angriff nehmen können.

Schlafen

Von den acht Campingplätzen im Park haben nur **Cottonwood** (☎760-367-5500; www.nps.gov/jotr; Pinto Basin Rd; 20 US$/Stellplatz) und **Black Rock** (☎760-367-5500, Reservierungen 877-444-6777; www.nps.gov/jotr; Joshua Lane; 20 US$/Stellplatz; P) Trinkwasser, Spültoiletten und Entsorgungsstationen. Reservierungen sind von Oktober bis Mai auf den Plätzen **Indian Cove** (☎760-367-5500, Reservierungen 877-444-6777; www.nps.gov/jotr; Indian Cove Rd; 20 US$/Stellplatz) und Black Rock möglich. Bei den anderen gilt das Motto „Wer zuerst kommt, mahlt zuerst“; dort gibt es Plumpsklos, Picknicktische und Feuerkörbe. Duschen gibt's auf keinem der Campingplätze, wohl aber am **Coyote Corner** (☎760-366-9683; www.jtcoyotecorner.com; 6535 Park Blvd; ⏲9–18 Uhr) in Joshua Tree. Nähere Infos auf www.nps.gov/jotr oder unter ☎760-367-5500.

Entlang des Hwy 62 findet man jede Menge Unterkünfte der Budget- und Mittelklasse. In Twentynine Palms und Yukka Valley finden sich vor allem nationale Kettenmotels. Die Quartiere in Joshua Tree haben mehr Charme und Charakter.

Harmony Motel MOTEL **$**
(☎760-367-3351, 760-401-1309; www.harmonymotel.com; 71161 29 Palms Hwy/Hwy 62, Twentynine Palms; Zi. 65–85 US$; P ⊖ ❄ 📶 🏊) Bono und seine Kollegen von U2 übernachteten hier während der Aufnahmen zu ihrem Album *The Joshua Tree*. Der freundliche Ash betreibt das gut in Schuss gehaltene Motel aus den 1950er-Jahren mit kleinem Pool und sieben großen, fröhlich gestrichenen Zimmern (einige mit Küchenzeile), die um einen sauberen Wüstengarten mit spektakulärem Ausblick liegen. In der Gemeinschaftsküche wird ein leichtes Frühstück serviert.

★ **Kate's Lazy Desert** INN **$$**
(☎845-688-7200; www.lazymeadow.com; 58380 Botkin Rd, Landers; Airstream Mo–Do 175 US$, Fr & Sa 200 US$; P ⊖ ❄ 📶 🏊) Kate Pierson von den B-52s ist die Besitzerin dieses Wüstencamps mit winzigem Pool (Mai–Okt.) und sechs Airstream-Wohnwagen zum Übernachten. Jeder ist mit passendem Fantasia-Popdesign sowie einem Doppelbett und einer Kochnische ausgestattet.

★ **Sacred Sands** B&B $$$
(☎760-424-6407; www.sacredsands.com; 63155 Quail Springs Rd, Joshua Tree; Nord/West Zi. 329/359 US$, Mindestaufenthalt 2 Nächte; P ❄ 📶) In isolierter, herrlich ruhiger Lage sind diese Suiten im Wüsten-Chic das ultimative romantische Refugium. Beide haben eine private Außendusche, einen Whirlpool, eine Sonnen- und eine Schlafterrasse unter den Sternen. Sie bieten eine atemberaubende Aussicht auf die Wüstenhügel und den Nationalpark. Die Besitzer Scott und Steve sind freundliche Gastgeber und sensationelle Frühstücksköche.

Essen

Im Park selbst bekommt man kein Essen. Das nahe gelegene **Crossroads Cafe** (☎760-366-5414; www.crossroadscafejtree.com; 61715 29 Palms Hwy/Hwy 62, Joshua Tree; Hauptgerichte 6–12 US$; ⏰Mo–Sa 7–21, So bis 20 Uhr; P 📶) ist aber eine Institution in JT und die richtige Adresse für kohlenhydratreiches Frühstück, frische Sandwiches und bunte Gartensalate. Hier werden sowohl Carnivoren als auch Veganer glücklich.

★ **La Copine** AMERIKANISCH $
(www.lacopinekitchen.com; 848 Old Woman Rd, Flamingo Heights; Hauptgerichte 10–16 US$; ⏰Do–So 9–15 Uhr; P ❄) Die Besitzer Nikki und Claire haben den Schritt gewagt und ihre Idee – Brunch aus farmfrischen Zutaten – von einem Pop-up-Konzept zu einem echten stationären Bistro gemacht. Dafür sind sie von Philadelphia in die Hochwüste Kaliforniens gekommen. Ihr Lokal am Straßenrand serviert Gerichte, die den Zeitgeist einfangen. Das zeigen schon die Spezialitäten: Salat mit geräuchertem Lachs und pochiertem Ei, hausgemachter Teekuchen und Kurkuma-Tee mit Milch. Am Wochenende ist mit Wartezeiten zu rechnen.

Praktische Informationen

Parkinfos gibt's in den NPS-Besucherzentren in **Joshua Tree** (www.nps.gov/jotr; 6554 Park Blvd, Joshua Tree; ⏰8–17 Uhr; 📶 ♿), **Oasis** (www.nps.gov/jotr; 74485 National Park Dr, Twentynine Palms; ⏰8.30–17 Uhr) und **Cottonwood** (www.nps.gov/jotr; Cottonwood Springs; ⏰8.30–16 Uhr; ♿). Außer Toiletten gibt's im Park keinerlei Einrichtungen, Trinkwasser und Essen muss man also unbedingt selbst mitbringen! Benzin und Lebensmittel bekommt man in den drei am Twentynine Palms Hwy (Hwy 62) gelegenen Städten am Nordrand des Parks: in Yucca Valley, wo es die meisten Einrichtungen (Banken, Supermärkte etc.) gibt, im lässigen Joshua Tree mit Outdoor-Ausrüstern und Geschäften mit Internetzugang und in Twentynine Palms.

Anza-Borrego Desert State Park

Der von einem Urmeer und tektonischen Kräften geformte Anza-Borrego ist der größte State Park der USA außerhalb Alaskas. Um das einzige Geschäftszentrum des Parks – das winzige Borrego Springs (3429 Ew.) – liegt ein fast 2500 km² großes Gelände aus Bergen, Canyons und Ödland. Man findet hier eine ungeheure Vielzahl von Tieren und Pflanzen sowie interessante historische Relikte von indigenen Völkern, spanischen Entdeckern und Goldrausch-Pionieren. Die meisten Besucher kommen zu Beginn des Frühjahrs in den Park, wenn die Wildblumen in voller Blüte stehen. Im Sommer sind Erkundungstouren bei Tag aufgrund der höllischen Hitze nicht nur ultrastrapaziös, sondern auch gefährlich.

Sehenswertes & Aktivitäten

Das **Visitor Center** (☎760-767-4205; www.parks.ca.gov; 200 Palm Canyon Dr, Borrego Springs; ⏰Mitte Okt.–Mitte Mai tgl. 9–17 Uhr, Mitte Mai–Mitte Sept. nur Sa, So & in den Ferien) des Parks mit diversen naturhistorischen Ausstellungsstücken, Infomaterial und aktuellen Infos zum Straßenzustand befindet sich 2 Meilen (3,2 km) westlich von Borrego Springs. Die Fahrt durch den Park ist kostenlos. Wer aber zelten, wandern oder picknicken will, muss eine Tageskarte (5 US$/Auto) kaufen. Für die Schotterstraßen in der Wildnis (500 Meilen; 800 km) benötigt man einen Geländewagen. Bei Wandertouren ausreichend Trinkwasser mitnehmen!

Zu den Highlights im Park gehören der **Fonts Point** mit Blick auf die Wüste; der **Clark Dry Lake**, wo man wunderbar Vögel beobachten kann; der **Elephant Tree Discovery Trail** in der Nähe der Split Mountain Wind Caves; und das **Blair Valley** mit den Piktogrammen amerikanischer Ureinwohner und verschiedenen Spuren von Pionieren. Weiter südlich kann man es sich in den Thermalquellen des **Agua Caliente Regional Park** (☎760-765-1188; www.sdparks.org; 39555 Great Southern Overland Stage Route of 1849/County Rte S2; 3 US$/Auto; ⏰Mo–Fr 9.30–17 Uhr, Sept.–Mai am Wochenende bis Sonnenuntergang geöffnet) so richtig gut gehen lassen.

ABSEITS DER ÜBLICHEN PFADE

SALTON SEA & SALVATION MOUNTAIN

Östlich von Anza-Borrego und südlich von Joshua Tree erwartet Besucher ein höchst unerwarteter Anblick: der **Salton Sea** (☎760-393-3052; 100-225 State Park Rd, North Shore; 7 US$/Auto; ⏲Visitor Center Okt.–Mai 10–16 Uhr, Juni–Sept. nur Fr–So; P), Kaliforniens größter See mitten in der größten Wüste des Bundesstaates. Nachdem der Colorado 1905 über seine Ufer getreten war, mussten 1500 Arbeiter 500 000 t Gestein bewegen, um ihn wieder in sein Flussbett zu bringen. Der Wasserspiegel des künstlichen Sees, der keinen natürlichen Abfluss hat, liegt 67 m unter dem Meeresspiegel, und sein Wasser ist 50 % salzhaltiger als der Pazifik – ein ökologischer Albtraum, für den keine Lösung in Sicht ist.

Ein noch seltsamerer Anblick in der Nähe des Ostufers des Sees ist der **Salvation Mountain** (www.salvationmountain.us), ein 30 m hoher, bunt mit Acrylfarbe bemalter und mit Fundstücken und christlichen Botschaften verzierter Hügel, der aus von Hand angerührtem Lehm besteht. Die Kreation des Volkskünstlers Leonard Knight (1931–2014) befindet sich in Niland, etwa 3 Meilen (knapp 5 km) östlich des Hwy 111, und ist über die Main St/Beal Rd zu erreichen.

Schlafen & Essen

In und um Borrego Springs findet sich eine Handvoll Motels und Hotels, die nur in der Saison geöffnet haben. Ansonsten ist hier Campen angesagt, zumal auch Wildcampen im Hinterland überall erlaubt ist.

Borrego Palm Canyon Campground CAMPING $
(☎800-444-7275; www.reserveamerica.com; 200 Palm Canyon Dr, Borrego Springs; Stellplatz Zelt/Wohnmobil 25/35 US$; P 🐾) Der Campingplatz nahe dem Visitor Center des Anza-Borrego Desert State Park hat preisgekrönte Toiletten, dicht beieinander liegende Zeltstellplätze und ein Amphitheater für Ranger-Programme.

Palm Canyon Hotel & RV Resort HOTEL $$
(☎760-767-5341; www.palmcanyonrvresort.com; 221 Palm Canyon Dr, Borrego Springs; inkl. Steuer DZ 128–177 US$, Wohnmobil mit allen Anschlüssen 48–56 US$, Wohnwagen 70–150 US$; ⏲Okt.–Mai; P 📶 🏊) Etwa 1 Meile westlich vom Visitor Center des Parks bietet diese moderne Anlage u. a. geräumige Zimmer (einige mit Whirlpool). Einen wirklich unvergesslichen Aufenthalt verspricht aber die Übernachtung in einem der alten Airstream-Wohnwagen. Die Zimmer oben bieten einen netten Blick auf die Berge. Obendrein gibt's zwei Pools und ein Restaurant mit Saloon. Von September bis Juni muss man mindestens zwei Nächte bleiben.

★ **La Casa del Zorro** RESORT $$$
(☎760-767-0100; www.lacasadelzorro.com; 3845 Yaqui Pass Rd; Zi. 224–350 US$; P ❄ 📶 🏊 🐾) Nach einer Rundumerneuerung ist das altehrwürdige Resort von 1937 nun wieder die großartigste Unterkunft der Region. Es vermietet 67 elegant-rustikale Zimmer, die um mehrere Pools angeordnet sind und Wüstenromantik versprühen, und für Familien geeignete *casitas*, die mit gewölbten Decken und Badewannen aus Marmor aufwarten. Unglaubliche 28 Swimmingpools und Whirlpools liegen auf dem 17 ha großen Gelände mit Gartenanlagen verstreut! Außerdem gibt's ein Spa, fünf Tennisplätze, eine Bar und ein Gourmetrestaurant.

Praktische Informationen

In Borrego Springs gibt es Banken mit Geldautomaten, Tankstellen, einen Supermarkt, eine Post und eine öffentliche Bibliothek mit kostenlosem WLAN und Internetterminals. Dies alles findet man am Palm Canyon Dr. Infos zur Blütezeit der Wildblumen erhält man bei der **Wildflower Hotline** (☎760-767-4684).

Mojave National Preserve

Wer auf der Suche nach der Mitte des Nirgendwo ist, liegt mit der Wildnis des **Mojave National Preserve** (☎760-252-6100; www.nps.gov/moja; zwischen I-15 & I-40) GRATIS sicher nicht falsch. Die rund 6474 km² große Einöde aus Sanddünen, Josua-Palmlilien und Schlackekegeln vulkanischen Ursprungs ist Lebensraum der gefährdeten Wüstenschildkröten. Achtung: Tankstellen gibt's hier nicht!

Südöstlich von Baker und dem I-15 Fwy führt die Kelbaker Rd durch eine gespenstische Landschaft aus Schlackekegeln, ehe sie das **Kelso Depot** erreicht, einen Bahnhof aus den 1920er-Jahren im Mission-Revival-Stil. Drinnen befinden sich heute die Hauptstelle des **Visitor Center** (☎760-252-6108; www.nps.gov/moja; Kelbaker Rd, Kelso; ⊙10–17 Uhr) (☎760-252-6108; ⊙9–17 Uhr) des Parks mit ausgezeichneten naturkundlichen und kulturgeschichtlichen Exponaten sowie ein altmodischer Mittagsimbiss. Weitere 11 Meilen (17,7 km) Richtung Südwesten liegen die „singenden" **Kelso Dunes**. Bei günstigen Bedingungen erzeugt der wandernde Sand ein tiefes Dröhnen. Dieses lässt sich manchmal auch spontan auslösen, indem man die Dünenflanken hinabrennt. Am Kelso Depot zweigt die Kelso–Cima Rd nach Nordosten ab. Nach 19 Meilen (30,6 km) führt die Cima Rd zurück zur I-15 und rund um den **Cima Dome**, einen 460 m hohen Granitfelsen mit Lava-Vorsprüngen. An seinen Hängen wächst der weltweit größte **Josua-Palmlilien-Wald**. Rund 6 Meilen (9,7 km) nordwestlich von Cima beginnt der Weg zum **Teutonia Peak** (hin & zurück 5 km), von dem aus man sich die gesamte Gegend anschauen kann.

Schlafen & Essen

Wer im Park übernachten will, muss campen. Baker, am nordwestlichen Rand des Gebiets an der I-15 gelegen, hat zahlreiche preiswerte und charakterlose Motels. Wer von Norden kommt, kann sich in den etwas besseren Kasinohotels in Primm an der Grenze zu Nevada einquartieren. Wer über die I-40 fährt, findet in Needles die am nächsten gelegene Unterkunft.

Etwas zu essen bekommt man im Park ausschließlich an der altmodischen Mittagstheke im Kelso Visitor Center. Der nächstgelegene Ort mit Restaurants und Lebensmittelgeschäften ist Baker.

Death Valley National Park

Allein schon der Name beschwört Höllenbilder einer gnadenlosen, heißen, kahlen und lebensfeindlichen Einöde alttestamentarischen Ausmaßes herauf. Bei näherer Betrachtung entpuppen sich Natur und Landschaft des Death Valley aber als absolut spektakulär: Wer sich ins Tal des Todes aufmacht, darf singende Sanddünen sehen, vom Wasser geformte Canyons, Felsbrocken, die über den Wüstenboden wandern, erloschene Vulkankrater, von Palmen umgebene Oasen, schroffe Bergen von bis zu 3350 m Höhe und eine vielfältige endemische Tierwelt.

Das Death Valley ist eine Gegend der Superlative, die einige US-Rekorde hält, nämlich den der höchsten gemessenen Temperatur (57 °C) und des tiefsten Punktes (Badwater, fast 86 m unter dem Meeresspiegel). Außerdem ist der Nationalpark mit über 13 628 km^2 der größte außerhalb Alaskas.

Sehenswertes & Aktivitäten

Im Sommer sollten nur befestigte Straßen benutzt werden, Outdoor-Erkundungen sollte man auf die frühen Morgenstunden und den späten Nachmittag beschränken. Die heißeste Zeit des Tages verbringt man am besten in höheren Regionen. Von **Furnace Creek**, dem zentralen Anlaufpunkt des **Parks** (☎760-786-3200; www.nps.gov/deva; 7-Tage-Pass 25 US$/Auto; ⊙24 Std.; P) , geht's südostwärts zum **Zabriskie Point**, von dem aus man bei Sonnenuntergang einen spektakulären Blick auf das goldene Ödland des Tals genießen kann, in dem Erosionen Wellen, Falten und Rinnen geformt haben. 20 Meilen (32 km) weiter südöstlich kann man von **Dante's View** sowohl den höchsten (Mt. Whitney, 4421 m) als auch den tiefsten (Badwater) Punkt der kontinentalen USA sehen.

Badwater, diese zeitlose, von rissigen Salzebenen geprägte Landschaft, liegt 17 Meilen (27 km) südlich von Furnace Creek. An der Strecke bieten sich kurze Wanderungen zum **Golden Canyon** und zur **Natural Bridge** an. Der fast 9 Meilen (15 km) lange Abstecher **Artists Drive** führt durch einen engen Canyon und ist besonders schön am späten Nachmittag, wenn die erodierten Hügel in einem Feuerwerk von Farben erstrahlen.

Nordwestlich von Furnace Creek kann man in der Nähe vom Stovepipe Wells Village über die an die Sahara erinnernden **Mesquite-Flat-Sanddünen** marschieren – bei Vollmond ein magisches Erlebnis – und an den glatten Marmorwänden des **Mosaic Canyon** klettern.

Etwa 55 Meilen (85 km) nordwestlich von Furnace Creek befindet sich das skurrile **Scotty's Castle** (☎760-786-3200; www.nps.gov/deva; ⊙geschl.), in dem kostümierte Führer die Old-West-Geschichten des Hochstaplers „Death Valley Scotty" zu neuem Leben erwecken (Reservierung empfohlen). 5 Meilen (8 km) westlich der Grapevine Junction kann man den **Ubehebe Crater** und seinen jüngeren Bruder umrunden.

Schlafen & Essen

Campingoptionen gibt es im Park in Hülle und Fülle, wer aber ein Dach über dem Kopf möchte, findet nur eine begrenzte Anzahl teurer und im Frühling oft auch bereits ausgebuchter Unterkünfte. Alternativ übernachtet man in den Orten Beatty (40 Meilen/65 km von Furnace Creek), Lone Pine (40 Meilen/65 km), Death Valley Junction (30 Meilen/48 km) oder Tecopa (70 Meilen/113 km). Etwas weiter weg liegen u. a. Ridgecrest (120 Meilen/193 km) und Las Vegas (140 Meilen/225 km).

Mesquite Springs Campground CAMPING $
(☎760-786-3200; www.nps.gov/deva; Hwy 190; 14 US$/Stellplatz) Ganz im Norden des Parks bietet dieser Campingplatz gerade einmal 40 Stellplätze, die nicht reserviert werden können. Er ist eine praktische Basis für den Ubehebe Crater und die Racetrack Rd. Auf einer Höhe von 550 m ist es auch um einiges kälter als in den unteren Wüstenregionen. Die Stellplätze sind mit Feuerstellen und Tischen ausgestattet, Wasser und Spültoiletten sind vorhanden.

Ranch at Furnace Creek RESORT $$
(☎760-786-2345; www.furnacecreekresort.com; Hwy 190, Furnace Creek; Hütte/Zi. ab 140/180 US$; P) Das weitläufige, auf Familien zugeschnittene Resort mit unterschiedlichen motelartigen Gebäuden wurde aufgemöbelt und hat jetzt schicke, in Wüstenfarben gehaltene Zimmer mit modernen Bädern. Fenstertüren öffnen sich zu Terrassen mit gemütlichen Sitzmöbeln. Auf dem Gelände gibt's einen Spielplatz, einen von einer Quelle gespeisten Pool, Tennisplätze, Golfplatz, Restaurants, Geschäfte und das **Borax Museum** (Okt.–Mai 9–21 Uhr, im Sommer wechselnde Öffnungszeiten; P) GRATIS.

Inn at Furnace Creek HOTEL $$$
(☎760-786-2345; www.furnacecreekresort.com; Hwy 190; DZ ab 450 US$; Mitte Okt.–Mitte Mai; P @) In dem 1927 im spanischen Missionsstil erbauten Hotel rollt man morgens aus dem Bett, schiebt die Vorhänge zur Seite und kann schon die Farben der Wüste zählen. Nach einem schweißtreibenden Tag voller Erkundungstouren kann man dann herrlich faul die Aussicht auf das Valley genießen und mit einem Cocktail in der Hand am von Quellen gespeisten Pool relaxen. Es ist die eleganteste Option im Death Valley, eine kleine Renovierung würde den Zimmern allerdings nicht schaden.

ABSTECHER

RHYOLITE

Unmittelbar östlich des Death Valley National Park und 4 Meilen (6,4 km) westlich von Beatty, Nevada, befindet sich die Abzweigung zur Geisterstadt **Rhyolite** (abseits des Hwy 374; P) GRATIS, die den turbulenten Aufstieg und Niedergang so vieler Goldgräberstädte im Westen durchlebt hat. Sehenswert sind z. B. das „Flaschenhaus" von 1906 und die Überreste der dreistöckigen Bank. Das bizarre **Goldwell Open Air Museum** (☎702-870-9946; www.goldwellmuseum.org; abseits Hwy 374; Park 24 Std., Visitor Center Mo–Sa 10–16 Uhr, im Sommer bis 14 Uhr; P) GRATIS nebenan ist eine schräge Kunstinstallation, die 1984 von dem belgischen Künstler Albert Szukalski in Angriff genommen wurde.

Amargosa Opera House Cafe CAFÉ $$
(☎760-852-4432; www.amargosacafe.org; Death Valley Junction; Hauptgerichte 9–19 US$, Pie 5 US$/Stück; Mo, Fr, Sa & So 8–15, Sa 18.30–21 Uhr; P) Das charmante Café mitten im Nirgendwo macht seine Gäste mit einem herzhaften Frühstück und gesunden Sandwiches fit für einen langen Tag im Death Valley. Von seiner wahren Stärke – frische Zutaten direkt vom Bauernhof – kann man sich dann samstags beim Dinner überzeugen. Ein Besuch hier lässt sich hervorragend mit einer Führung (oder Vorstellung) im verrückten Opernhaus der kürzlich verstorbenen Marta Becket verknüpfen. Der hervorragende Kaffee verleiht müden Geistern neue Energie.

Praktische Informationen

Sieben Tage gültige Tickets für den Park (25 US$/Auto) sind an den SB-Zahlstationen an den Zufahrtsstraßen sowie im **Furnace Creek Visitor Center** (☎760-786-3200; www.nps.gov/deva; 8–17 Uhr) erhältlich. Das moderne Visitor Center zeigt fesselnde Ausstellungen zum Ökosystem und den Ureinwohnern des Parks und hat einen Souvenirshop, saubere Toiletten, (langsames) WLAN und freundliche Ranger, die gerne Fragen beantworten und bei der Planung eines gelungenen Tages helfen.

CENTRAL COAST

Der märchenhafte Streifen an der kalifornischen Küste wird allzu oft vergessen oder auf dem Weg zwischen San Francisco und

L. A. in kurzer Zeit durchfahren. Dabei finden sich hier zahlreiche wilde Strände, neblige Redwood-Wälder mit versteckten heißen Quellen und sanfte, goldfarbene Hügel mit fruchtbaren Weingütern und Farmland.

Santa Barbara

Perfektes Wetter, wunderschöne Architektur, exzellente Bars und Restaurants und Aktivitäten für jeden Geschmack und Geldbeutel machen Santa Barbara zu einem tollen Ort zum Leben (was einem die Einheimischen auch stolz bestätigen werden) – und zu einem Muss für Traveller in Südkalifornien. Man beginnt den Tag am besten mit einem Besuch der Kirche im spanischen Missionsstil und lässt sich dann einfach treiben.

Sehenswertes

★ MOXI MUSEUM
(Wolf Museum of Exploration + Innovation; ☎805-770-5000; www.moxi.org; 125 State St; Erw./Kind 14/10 US$; ⌚10–17 Uhr; 👪) Das dreistöckige Museum ist Teil der Erneuerung dieses vernachlässigten Abschnitts der State St. Es ist mit zahlreichen interaktiven Ausstellungen rund um Wissenschaft, Kunst und Technologie gefüllt und lockt vor allem Familien – selbst wenn es draußen nicht regnet. Wer sich an der Ausstellung sattgesehen hat, geht auf die Dachterrasse und genießt den nervenaufreibenden Gang über das Glasdach und den Blick auf Santa Barbara.

★ Santa Barbara County Courthouse HISTORISCHES GEBÄUDE
(☎805-962-6464; http://sbcourthouse.org; 1100 Anacapa St; ⌚Mo–Fr 8–17, Sa & So 10–17 Uhr) GRATIS Das 1929 im spanisch-maurischen Revival-Stil erbaute Gerichtsgebäude hat handbemalte Decken und schmiedeeiserne Kronleuchter und ist mit Fliesen aus Tunesien und Spanien verziert. Im stillen Wandgemälderaum im 1. Stock warten Impressionen aus der spanischen Kolonialgeschichte. Danach kann man noch den 26 m hohen Glockenturm El Mirador hinaufklettern und durch die Bogen den Panoramablick auf die Stadt, das Meer und die Berge genießen.

★ Mission Santa Barbara KIRCHE
(☎805-682-4713; www.santabarbaramission.org; 2201 Laguna St; Erw. 9 US$, Kind 5–17 Jahre 4 US$; ⌚9–17 Uhr, letzter Einlass 16.15 Uhr; P 👪) Kaliforniens „Königin der Missionen" thront auf einem Hügel über der Stadt (etwa 2 km nördlich des Stadtzentrums). Die imposante ionische Fassade, eine architektonische Hommage an eine alte römische Kapelle, ist von zwei ungewöhnlichen Glockentürmen gekrönt. Im Inneren der Steinkirche von 1820 ist umwerfende Chumash-Kunst zu bewundern. Auf dem Friedhof fallen die aufwendigen Mausoleen früher Siedler in Kalifornien auf, während die Gräber Tausender Chumash größtenteils in Vergessenheit geraten sind.

Santa Barbara Maritime Museum MUSEUM
(☎805-962-8404; www.sbmm.org; 113 Harbor Way; Erw. 8 US$, Kind 6–17 Jahre 5 US$; ⌚Do–Di 10–17 Uhr; P 👪) Das vollgepackte, zweistöckige Museum am Hafen feiert die von Salzwasser geprägte Geschichte der Stadt mit nautischen Artefakten, Erinnerungsstücken und interaktiven Exponaten: So kann man z. B. von einem Hochseeanglerstuhl aus eine Marlin-Trophäe „an Land ziehen", eine virtuelle Reise durch den Santa Barbara Channel unternehmen, auf einem Surfbrett stehen oder sich im Kino Dokumentarfilme über Tiefseetauchen anschauen. Auf dem öffentlichen Parkplatz sind 90 Minuten umsonst; alternativ steigt man an der Stearns Wharf in das Wassertaxi **Lil' Toot** (☎805-465-6676; www.celebrationsantabarbara.com; einfache Strecke Preis Erw./Kind 5/1 US$; ⌚normalerweise April–Okt. 12–18 Uhr, Nov.–März variieren die Öffnungszeiten; 👪).

Aktivitäten

Der **Stearns Wharf** (www.stearnswharf.org; ⌚tgl. geöffnet, Öffnungszeiten variieren; P 👪) GRATIS aus dem Jahr 1872 mit Blick auf die gut besuchten städtischen Strände ist der älteste ununterbrochen betriebene Holzpier an der Westküste. Heute ist er übersät von Touristenshops und Restaurants. Außerhalb der Stadt am Hwy 101 locken die größeren, von Palmen gesäumten **staatlichen Strände** von Carpinteria, 12 Meilen (19 km) östlich, sowie von El Capitan und Refugio, mehr als 20 Meilen (32 km) westlich.

Wheel Fun Rentals RADFAHREN
(☎805-966-2282; http://wheelfunrentalssb.com; 23 E Cabrillo Blvd; ⌚8–20 Uhr; 👪) Hier werden Beach-Cruiser (9,95 US$), Mountainbikes (10,95 US$) und 2-/4-Sitzer-Surreys (Tretautos; 28,95/38,95 US$) stundenweise verliehen. Preisnachlass bei Halb- und Ganztagesanmietung. Eine zweite, nur saisonal geöffnete Filiale, findet sich im Parker Double Tree Hotel auf den 633 E Cabrillo Blvd.

ABSEITS DER ÜBLICHEN PFADE

CHANNEL ISLANDS NATIONAL PARK

Der abgelegene und raue **Channel Islands National Park** (☎805-658-5730; www.nps.gov/chis) GRATIS wird wegen seiner einzigartigen Flora und Fauna auch „Kaliforniens Galápagos" genannt. Rund um die Inseln gibt es grandiose Möglichkeiten zum Schnorcheln, Tauchen und Kajakfahren. Besonders schön ist die Szenerie hier, wenn im Frühling die Wildblumen blühen. Im Sommer und Herbst ist die Landschaft knochentrocken, dafür aber liegt das Wasser vor allem im Herbst ruhig da und der Wind weht nicht allzu stark. Im Winter kann es recht stürmisch werden.

Die nur eine einstündige Bootsfahrt vom Festland entfernte Insel **Anacapa** ist mit ihren leichten Wanderstrecken und ihrer unvergesslichen Aussicht für einen Tagesausflug am besten geeignet. Santa Cruz ist die größte Insel und bietet sich für Ausflüge mit Übernachtung an. Hier kann man campen, Kajak fahren und wandern. Da die Überfahrt zu den anderen Inseln weiter draußen länger dauert, muss man mehrere Tage einplanen. **San Miguel** versinkt oft im Nebel. Das winzige **Santa Barbara** ist ein Tummelplatz von Seevögeln und Robben – genau wie **Santa Rosa**, wo es außerdem noch geschützte Torrey-Kiefern gibt.

Die Boote legen vom Ventura Harbor 51,5 km südlich von Santa Barbara am Hwy 101 ab. In dem dortigen **Visitor Center** (☎805-658-5730; www.nps.gov/chis; 1901 Spinnaker Dr, Ventura; ⏲8.30–17 Uhr; 👪) des Parks sind Infos und Karten erhältlich. Der größte Anbieter von Bootstouren ist Island Packers (☎805-642-1393; www.islandpackers.com; 1691 Spinnaker Dr, Ventura; Bootsfahrt 3 Std. Erw./Kind 3–12 Jahre ab 36/26 US$); im Voraus buchen! Stellplätze auf den einfachen Campingplätzen müssen vorab über Recreation.gov reserviert werden. Verpflegung und Getränke nicht vergessen!

Santa Barbara Sailing Center BOOTSFAHRT, SEGELN

(☎805-962-2826; www.sbsail.com; Marina 4, abseits des Harbor Way; ⏲9–18 Uhr, Winter bis 17 Uhr; 👪) An Bord des *Double Dolphin*, einem über 15 m langen Segelkatamaran, kann man zweistündige Bootstouren entlang der Küste oder bei Sonnenuntergang erleben (35 US$). Je nach Saison werden Walsichtungstouren (40 US$) und kurze, halbstündige Hafenrundfahrten zur Beobachtung anderer Meeresbewohner (18 US$) angeboten, die etwas kinderfreundlicher sind. Auch Touren mit dem Kajak oder Stehpaddelbrett sind im Angebot, ebenso wie deren Verleih.

Condor Express BOOTSFAHRT

(☎805-882-0088; www.condorcruises.com; 301 W Cabrillo Blvd; Bootsfahrt 2½/4½ Std. Erw. ab 50/99 US$, Kind 5–12 Jahre ab 30/50 US$, 4½ Std. ab 99/50 US$; 👪) Die Walbeobachtungstouren finden an Bord des Hochgeschwindigkeitskatamarans *Condor Express* statt. Es wird versprochen, dass die Teilnehmer Wale sehen. Wenn das beim ersten Mal nicht klappt, bekommen sie einen Gutschein und können einen zweiten Versuch starten.

Schlafen

Der Preisschock ist sicher: Selbst einfache Motelzimmer kosten im Sommer über 200 US$. Preiswertere Motels gibt's am oberen Abschnitt der State St, nördlich des Stadtzentrums und am Hwy 101.

★ **Santa Barbara Auto Camp** CAMPING $$

(☎888-405-7553; http://autocamp.com/sb; 2717 De La Vina St; DZ 175–215 US$; P❄📶🐾) Hier schläft man in einem von fünf alten, metallisch glänzenden Airstream-Wohnwagen im Retro-Chic, die am oberen Ende der State St nördlich des Stadtzentrums stehen. Die fünf von Architekten designten Wohnwagen sind besonders herausgeputzt: Es gibt Badewannen mit Löwenfüßen, Doppelbetten für Kinder und voll eingerichtete Küchen. Den Gästen stehen kostenlos Cruiserbikes zur Verfügung.

Agave Inn MOTEL $$

(☎805-687-6009; www.agaveinnsb.com; 3222 State St; Zi. ab 119 US$; P🚭❄📶) Im Herzen noch immer ein Motel, vermittelt diese Budget-Boutiqueunterkunft eine fröhliche Atmosphäre à la Mexiko-Pop trifft Moderne. Die Farben hier könnten direkt aus einem Frida-Kahlo-Gemälde stammen. Flachbildfernseher, Mikrowelle, kleine Kühlschränke und Klimaanlagen machen diese Unterkunft zu einer grandiosen Option. Die familienfreundlichen Zimmer haben Kochnischen und ausziehbare Schlafsofas.

Harbor House Inn MOTEL $$
(☎805-962-9745; www.harborhouseinn.com; 104 Bath St; Zi. ab 180 US$; P 🚭 ❄ 📶) Die hellen Wohnstudios in diesem umgebauten, freundlichen Motel unten am Hafen haben Holzböden und ein nettes Stranddesign. Die meisten verfügen über voll eingerichtete Küchen, eines hat sogar einen Kamin. Im Preis enthalten sind ein Willkommensfrühstückskorb (Mindestaufenthalt 2 Nächte) sowie Strandtücher, Stühle, Sonnenschirme und Leihräder mit Dreigangschaltung.

★ **Inn of the Spanish Garden** BOUTIQUEHOTEL $$$
(☎805-564-4700; www.spanishgardeninn.com; 915 Garden St; Zi. ab 309 US$; P 🚭 ❄ @ 📶 🏊) Das Hotel im spanischen Kolonialstil bietet lässige Eleganz, erstklassigen Service und einen romantischen Innenhof, der den Gästen das Gefühl vermittelt, in ihrer eigenen Villa zu leben. Die Zimmer verfügen über Balkone oder Terrassen, Luxusbettwäsche, Bäder mit übergroßen Wannen und einen erstklassigen Zimmerservice. An dem kleinen Outdoor-Pool oder bei einer Massage im eigenen Zimmer kann man wunderbar die Seele baumeln lassen.

Essen

★ **La Super-Rica Taqueria** MEXIKANISCH $
(☎805-963-4940; 622 N Milpas St; ⏲ Do–Mo 11–21 Uhr) Das Lokal ist klein, meistens hat man eine Warteschlange vor sich und die Einrichtung ist sehr schlicht – das alles ist jedoch vergessen, sobald man den ersten Bissen der authentischsten mexikanischen Gerichte in ganz Santa Barbara zu sich genommen hat. Die Fisch-Tacos, Tamales und anderen mexikanischen Klassiker locken bereits seit mehreren Jahrzehnten Einheimische wie Besucher hierher und überzeugten auch Fernsehköchin und Autorin Julia Child.

★ **Mesa Verde** VEGAN $$
(☎805-963-4474; http://mesaverderestaurant.com; 1919 Cliff Dr; Hauptgerichte 15–21 US$; ⏲ 11–21 Uhr; 🖉) 🍃 Als Vegetarier hat man die Speisekarte in den meisten Restaurants recht schnell durchgesehen, im Mesa Verde ist das anders! Hier gibt es so viele leckere, innovative, komplett vegane Gerichte (das Highlight sind die Tacos mit Jackfrucht), dass man es schwer haben wird, sich zu entscheiden. Um der Qual der Wahl zu entgehen, bestellt man einfach eine Auswahl aus allem und macht sich auf aromatische Köstlichkeiten gefasst. Auch Fleischesser sind willkommen (und werden möglicherweise bekehrt).

★ **Lark** KALIFORNISCH $$$
(☎805-284-0370; www.thelarksb.com; 131 Anacapa St; Portionen zum Teilen 7–17 US$, Hauptgerichte 19–48 US$; ⏲ Di–So 17–22 Uhr, Bar bis 24 Uhr) 🍃 Im Santa Barbara County gibt es keinen besseren Ort, um die vielen Erzeugnisse zu probieren, die der Boden und das Meer an diesem Küstenstreifen von SoCal hervorbringen. Der Chefkoch in diesem nach einem alten Pullman-Waggon benannten Restaurant in der Funk Zone gestaltet seine Speisekarte saisonal und präsentiert einzigartige Geschmackskombinationen wie Datteln mit Rosenkohl oder Hähnchen mit Harissa und Honig. Reservierung empfohlen.

Ausgehen & Nachtleben

Santa Barbaras Nachtleben findet hauptsächlich im unteren Abschnitt der State St und in der Funk Zone statt. Entlang des Urban Wine Trail (www.urbanwinetrailsb.com) gibt's ein Dutzend Weinstuben. Das kostenlose, wöchentlich erscheinende Stadtmagazin *Santa Barbara Independent* (www.independent.com) enthält einen Veranstaltungskalender.

★ **Figueroa Mountain Brewing Co** BAR
(☎805-694-2252; www.figmtnbrew.com; 137 Anacapa St; ⏲ So–Do 11–23, Fr & Sa bis 24 Uhr) Vater und Sohn – beide Brauer – sind mit ihrem hopfigen und mit einer Goldmedaille ausgezeichneten IPA, ihrem dänischen Red Lager und ihrem Double-IPA von Santa Barbaras Wine Country in die Funk Zone umgezogen. Die fachkundigen Angestellten helfen gerne bei der Auswahl. Anschließend kann man sein Pint auf der Terrasse des Schankraums schlürfen und dabei akustische Darbietungen genießen. Der Eingang befindet sich in der Yanonali St.

Praktische Informationen

Santa Barbara Visitors Center (☎805-568-1811, 805-965-3021; www.santabarbaraca.com; 1 Garden St; ⏲ Mo–Sa 9–17, So 10–17 Uhr, Nov.–Jan. bis 16 Uhr) Bei dem hilfsbereiten, aber meist sehr beschäftigten Personal bekommt man nicht nur allerlei Infos, sondern auch Karten und Broschüren.

Anreise & Unterwegs vor Ort

Greyhound (☎805-965-7551; www.greyhound.com; 224 Chapala St) betreibt ein paar Direktbusse, die täglich nach L. A. (15 US$, 3 Std.),

Santa Cruz (42 US$, 6 Std.) und San Francisco (40 US$, 9 Std.) fahren.

Amtrak (☎800-872-7245; www.amtrak.com; 209 State St) schickt Züge südwärts nach L. A. (31 US$, 2½ Std.) via Carpinteria, Ventura und den Flughafen von Burbank sowie gen Norden nach San Luis Obispo (22 US$, 2¾ Std.) und Oakland (43 US$, 8¾ Std.) mit Zwischenstopps in Paso Robles, Salinas und San Jose.

Metropolitan Transit District (MTD; ☎805-963-3366; www.sbmtd.gov) ist Betreiber der hiesigen Nahverkehrsbusse. Eine Fahrt kostet 1,75 US$ (passend bezahlen, nur Bargeld). Sie sind mit vorne montierten Fahrradträgern ausgestattet und fahren durch die ganze Stadt und die angrenzenden Ortschaften.

Von Santa Barbara nach San Luis Obispo

Über Hwy 101 kann man in nur zwei Stunden nach San Luis Obispo rasen. Wer sich aber einen ganzen Tag Zeit dafür nimmt, hat noch Luft für Abstecher zu Weingütern, historischen Missionen und versteckten Stränden.

Der Hwy 154 führt als idyllische Nebenstraße nördlich von Santa Barabara ins Wine Country (www.sbcountywines.com) zu den guten Tropfen des Santa Ynez Valley und des Santa Maria Valley. Entweder macht man eine Tour mit **Sustainable Vine** (☎805-698-3911; www.sustainablevinewinetours.com; Touren ab 150 US$) oder man folgt dem ländlichen **Foxen Canyon WineTrail** (www.foxencanyonwinetrail.com) nach Norden zu Weingütern mit Kultstatus. In **Los Olivos** gibt's rund zwei Dutzend Verkostungskeller und das **Los Olivos Wine Merchant & Café** (☎805-688-7265; www.winemerchantcafe.com; 2879 Grand Ave; Hauptgerichte morgens 9–12 US$, mittags & abends 13–29 US$; ⏲tgl. 11.30–20.30, Sa & So auch 8–10.30 Uhr), ein nettes kalifornisch-mediterranes Bistro mit Weinbar.

Weiter südlich befindet sich das von dänischen Einwanderern gegründete **Solvang** (www.solvangusa.com) mit Windmühlen und märchenhaften Bäckereien. Wer sich stärken möchte, bestellt sich im **Succulent Café** (☎805-691-9444; www.succulentcafe.com; 1555 Mission Dr; Hauptgerichte morgens & mittags 5–15 US$, abends 16–36 US$; ⏲Mo & Mi–So 10–15 & 17–21, Sa & So ab 8.30 Uhr) Frühstücksgebäck, Buttermilchsandwiches mit Brathähnchen oder knackig frische Salate. Im **El Rancho Market** (☎805-688-4300; http://elranchomarket.com; 2886 Mission Dr; ⏲6–23 Uhr) östlich von Solvangs spanischer **Mission** (☎805-688-4815; www.missionsantaines.org; 1760 Mission Dr; Erw. 5 US$, Kind unter 12 Jahre frei; ⏲9–16.30 Uhr) aus dem 19. Jh. bekommt man Mittagspicknicks und Gegrilltes zum Mitnehmen.

Über den Hwy 246 erreicht man nach etwa 15 Meilen (24 km) vom Hwy 101 westwärts den **La Purísima Mission State Historic Park** (☎805-733-3713; www.lapurisimamission.org; 2295 Purísima Rd, Lompoc; 6 US$/Auto; ⏲9–17 Uhr, geführte Touren Sept.–Juni Mi–So & an Feiertagen um 13 Uhr, Juli & Aug. tgl.). Die Mission mit ihren blühenden Gärten, den Viehpferchen und Adobe-Gebäuden gehört zu den stimmungsvollsten kalifornischen Missionen aus der spanischen Kolonialzeit. Südlich von Lompoc windet sich unweit vom Hwy 1 die Jalama Rd über 14 Meilen (22 km) zum vom Wind gepeitschten **Jalama Beach County Park** (☎Info vom Band 805-736-3616; www.countyofsb.org/parks/jalama; Jalama Beach Rd, Lompoc; 10 US$/Auto). Wer auf dem irrwitzig beliebten **Campingplatz** (☎805-568-2460; www.countyofsb.org/parks/jalama.sbc; 9999 Jalama Rd, Lompoc; Stellplatz Zelt/Wohnmobil ab 25/40 US$, Hütte 120–220 US$) einen Platz ergattern möchte, sollte rechtzeitig buchen. Die einfachen Hütten hier sind mit Kochnischen ausgestattet.

Dort, wo der Hwy 1 wieder auf den Hwy 101 trifft, liegt **Pismo Beach** mit einem schönen, langen Sandstrand und einem **Schmetterlingshain** (☎805-773-5301; www.monarchbutterfly.org; Hwy 1; ⏲Sonnenaufgang–Sonnenuntergang) GRATIS, in dessen Eukalyptusbäumen wandernde Monarchfalter von Ende Oktober bis Februar rasten. Der angrenzende **North Beach Campground** (☎Reservierungen 800-444-7275; www.reserveamerica.com; 399 S Dolliver St; Stellplatz Zelt & Wohnmobil 40 US$) verfügt über Strandzugang und warme Duschen. Dutzende Motels und Hotels säumen die Küste und den Hwy 101, besonders an Wochenenden sind sie jedoch schnell ausgebucht. Die **Pismo Lighthouse Suites** (☎805-773-2411; www.pismolighthousesuites.com; 2411 Price St; Suite ab 239 US$) bieten alles, was Urlauberfamilien brauchen, sogar ein riesiges Schachbrett im Freien. In der Nebensaison lohnt es sich, nach Preisnachlässen zu fragen! Unweit des Piers von Pismo bekommt man bei **Old West Cinnamon Rolls** (☎805-773-1428; www.oldwestcinnamonrolls.com; 861 Dolliver St; Snacks 3–6 US$; ⏲6.30–17.30 Uhr) süße Leckereien. Weiter oben am Hügel im **Cracked Crab** (☎805-773-2722; www.crackedcrab.com; 751 Price

St; Hauptgerichte 16–59 US$; ⌚ So–Do 11–21, Fr & Sa bis 22 Uhr; 👪) muss man sich rasch ein Plastiklätzchen umbinden, bevor die frischen Meeresfrüchte eimerweise auf dem mit Fleischerpapier belegten Tisch landen.

Der nahe gelegene Ort **Avila Beach** hat eine sonnige Uferpromenade, einen stimmungsvoll knarrenden, alten Anglerpier aus Holz und einen historischen **Leuchtturm** (☎ Reservierung für geführte Wanderungen 805-528-8758, Reservierungen für Trolley-Touren 805-540-5771; www.pointsanluislighthouse.org; Leuchtturm 5 US$, inkl. Trolley-Tour Erw./Kind 3–12 Jahre 20/15 US$; ⌚ geführte Wanderungen Mi & Sa 8.45–13 Uhr, Trolley-Touren Mi & Sa 12 & 13 Uhr). Auf dem Weg zurück zum Hwy 101 kann man am Verkaufsstand des **Avila Valley Barn** (☎ 805-595-2816; www.avilavalleybarn.com; 560 Avila Beach Dr; ⌚ Mitte März–Ende Dez. 9–18 Uhr, Jan.–Mitte März Do–Mo 17 Uhr; 👪) saftiges Obst pflücken und Ziegen füttern und dann in den **Sycamore Mineral Springs** (☎ 805-595-7302; www.sycamoresprings.com; 1215 Avila Beach Dr; 1 Std. 15–20 US$/Pers.; ⌚ 8–24 Uhr) in einem Redwood-Whirlpool die Sterne betrachten.

San Luis Obispo

Auf halber Strecke zwischen L.A. und San Francisco liegt das eigentlich ruhige Städtchen San Luis Obispo. Die Studenten der CalPoly-Universität bringen eine gesunde Portion Leben in die Straßen, Bars und Cafés. Besonders viel los ist während des wöchentlich stattfindenden **Bauernmarkts** (☎ 805-541-0286; www.downtownslo.com; Higuera St; ⌚ Do 18–21 Uhr; 🍸 👪) 🍃, wenn sich die Higuera St im Zentrum in eine Partymeile mit Livemusik und Grillständen verwandelt.

Wie mehrere andere kalifornische Städte wuchs auch SLO rund um eine spanisch-katholische **Mission** (☎ 805-543-6850; www.missionsanluisobispo.org; 751 Palm St; Spende 5 US$; ⌚ Ende März–Okt. 9–17 Uhr, Nov.–Mitte März 9–16 Uhr; 👪), die 1772 von Junípero Serra gegründet wurde. SLO ist nur einen Steinwurf von den florierenden Weingütern im Edna Valley (www.slowine.com) entfernt, die für fruchtigen Chardonnay und samtigen Pinot Noir bekannt sind.

Schlafen

Viele Motels findet man abseits von Hwy 101 in San Luis Obispo, vor allem entlang der Monterey St nordöstlich des Stadtzentrums und an der Santa Rosa St (Hwy 1).

HI Hostel Obispo HOSTEL $
(☎ 805-544-4678; www.hostelobispo.com; 1617 Santa Rosa St; B 32–39 US$, Zi. ab 65 US$, alle Zi Gemeinschaftsbad; ⌚ Check-in 16.30–22 Uhr; @ 📶) 🍃 An einer von Bäumen gesäumten Straße in der Nähe von SLOs Bahnhof residiert das mit Solarstrom betriebene, avocadofarbene Hostel in einem umgebauten viktorianischen Haus, was ihm ein bisschen B&B-Charme verleiht. Zu den Annehmlichkeiten gehören eine Küche, ein Fahrradverleih (ab 10 US$/Tag) und zum Frühstück kostenlose Sauerteigpfannkuchen und Kaffee. BYOT (*bring your own towel*; eigene Handtücher mitbringen).

Madonna Inn HOTEL $$
(☎ 805-543-3000; www.madonnainn.com; 100 Madonna Rd; Zi. 209–329 US$; ❄ @ 📶 🏊) Die total tuntige Hotelpraline ist schon vom Hwy 101 zu sehen. Touristen aus Japan, Urlauber aus dem Mittleren Westen und Kitsch liebende Hipster sind von den 110 Themenzimmern begeistert, z.B. vom „Yosemite Rock", „Caveman" und dem knallrosa „Floral Fantasy" (Fotos gibt's online). Das Urinal im Männerzimmer ist ein bizarrer Wasserfall. Der beste Grund für einen Zwischenstopp ist die märchenhafte Bäckerei.

Essen & Ausgehen

Die Higuera St im Stadtzentrum von SLO ist von Bars voller College-Studenten gesäumt, aber auch Fans von Craft-Bier können sich schon mal aufs Ausgehen hier freuen.

Luna Red FUSION $$
(☎ 805-540-5243; www.lunaredslo.com; 1023 Chorro St; Portionen zum Teilen 6–20 US$, Hauptgerichte 20–39 US$; ⌚ Mo–Do 11.30–21.30, Fr bis 24, Sa 9–23.30, So bis 21 Uhr; 🍸) 🍃 Lokale Produkte vom Land und aus dem Meer sowie traditionell hergestellter Käse und Zutaten vom Bauernmarkt prägen die kalifornisch, asiatisch und mediterran ausgerichtete Speisekarte mit kleinen Gerichten. Cocktails und Laternen sorgen drinnen für ein gehobenes Ambiente. Und von der Terrasse draußen blickt man direkt auf die Mission und kann sich dabei den Brunch schmecken lassen.

Guiseppe's Cucina Rustica ITALIENISCH $$
(☎ 805-541-9922; www.giuseppesrestaurant.com; 849 Monterey St; Pizza & Sandwiches 13–16 US$, Hauptgerichte 21–36 US$; ⌚ 11.30–23 Uhr) 🍃 Im Guiseppe's in Downtown gibt's in ungezwungener Atmosphäre hervorragende

Salate, Pizzas und Antipasti zum Mittagessen. Alternativ entscheidet man sich für Frikadellen oder ein Caprese-Sandwich zum Mitnehmen, die an der Frischetheke am Eingang erhältlich sind. Hinter dem Haus blickt man von einem schattigen Hof direkt auf die Fassade des historischen Sinsheimer Brothers Gebäudes. Auch ein toller Ort für ein ausgedehntes Abendessen mit schonend gebratenem Hähnchen und Weinen aus dem SLO County.

Luis Wine Bar WEINBAR

(☎805-762-4747; www.luiswinebar.com; 1021 Higuera St; ⊙So–Do 15–23, Fr–Sa bis 24 Uhr) Die Weinbar in der Downtown versprüht Stil und Raffinesse. Der Sitzbereich ist groß und offen, es gibt eine ansehnliche Liste mit über 70 Craft-Bieren sowie kleine Snacks wie etwa Käse- oder Wurstplatten. Eine kultivierte, aber unprätentiöse Alternative zu den eher lärmenden Studentenbars und -pubs der Stadt.

ℹ Praktische Informationen

San Luis Obispo Visitor Center (☎805-781-2777; www.visitslo.com; 895 Monterey St; ⊙So–Mi 10–17, Do–Sa 10–19 Uhr) Kostenlose Karten und Broschüren für Traveller.

ℹ An- & Weiterreise

Amtrak (☎800-872-7245; www.amtrak.com; 1011 Railroad Ave) betreibt den täglich zwischen Seattle und L. A. verkehrenden *Coast Starlight* sowie den zweimal täglich zwischen San Luis Obispo und San Diego verkehrenden *Pacific Surfliner*. Beide Züge fahren gen Süden nach Santa Barbara (35 US$, 2¾ Std.) und Los Angeles (57 US$, 5½ Std.). Der *Coast Starlight* fährt auch nach Norden über Paso Robles bis nach Salinas (28 US$, 3 Std.) und Oakland (41 US$, 6 Std.). Mehrmals täglich sorgen Thruway-Busse für die Anbindung an Regionalzüge.

Die **San Luis Obispo Regional Transit Authority** (RTA; ☎805-541-2228; www.slorta.org; Einzelfahrt 1,50–3 US$, Tagesticket 5 US$) betreibt ein Busnetz im gesamten County, das am Wochenende eingeschränkt wird. Alle Busse haben Fahrradträger. Die Linien laufen alle am **Transit Center** (Ecke Palm St & Osos St) in der Innenstadt zusammen.

SLO Transit (☎805-541-2877; www.slocity.org) betreibt Stadtbusse (1,25 US$) sowie einen Trolley (0,50 US$), der das ganze Jahr über jeden Donnerstag, von Juni bis Anfang September auch jeden Freitag und von April bis Oktober jeden Samstag zwischen 17 und 21 Uhr alle 20 Minuten durch die Innenstadt fährt.

Von Morro Bay zum Hearst Castle

Etwa 12 Meilen (19 km) nordwestlich von San Luis Obispo kommt am Hwy 1 Morro Bay in Sicht, ein Fischerstädtchen, in dem der **Morro Rock**, ein aus dem Meer emporragender Vulkangipfel, einen ersten Vorgeschmack auf die sich anschließende spektakuläre Küstenlandschaft bietet. (Die Kraftwerkschlote im Hintergrund sollte man einfach ignorieren.) Bootstouren beginnen am **Embarcadero** mit seinen unzähligen Touristenläden. Hier kann man auch Kajaks mieten. Das **Giovanni's** (☎877-521-4467; www.giovannisfishmarket.com; 1001 Front St; Hauptgerichte 5–15 US$; ⊙Markt 9–18 Uhr, Restaurant ab 11 Uhr; 👪) ist ein klassischer Seefood-Laden, in dem extrem leckere Knoblauchpommes und Fish & Chips serviert werden. Mittelklassemotels ballen sich weiter oben rund um die Harbor St und die Main St sowie am Hwy 1.

In der Nähe bieten sich fantastische State Parks zu Küstenwanderungen und zum **Campen** (☎Reservierungen 800-444-7275; www.reserveamerica.com; Stellplatz für Zelt & Wohnmobil 25–50 US$; 👪🐾) an. Südlich des Embarcadero liegt der **Morro Bay State Park** (☎805-772-2694; www.parks.ca.gov; 60 State Park Rd; Eintritt frei, Museum Erw./Kind unter 17 Jahren 3 US$/frei; ⊙Museum 10–17 Uhr; P 👪) mit einem für Kids interessanten Naturkundemuseum. Weiter südlich in Los Osos, westlich des Hwy 1, wartet der wildere **Montaña de Oro State Park** (☎805-528-0513; www.parks.ca.gov; 3550 Pecho Valley Rd, Los Osos; ⊙6–22 Uhr; P 👪) GRATIS mit Küstenklippen, Gezeitenbecken, Sanddünen, Gipfelwanderungen und Mountainbikestrecken. Der spanische Name („Goldberg") rührt vom kalifornischen Mohn her, der hier im Frühling die Hänge bedeckt.

Nördlich des Zentrums von Morro Bay passiert der Hwy 1 den bei Surfern beliebten kalifornisch-mexikanischen **Taco Temple** (☎805-772-4965; www.tacotemple.com; 2680 Main St; Hauptgerichte 10–16 US$; ⊙11–21 Uhr; 👪), in dem man nur mit Bargeld bezahlen kann, und **Ruddell's Smokehouse** (☎805-995–5028; www.smokerjim.com; 101 D St; Gerichte 4–13 US$; ⊙11–18 Uhr; 👪🐾) am Strand von Cayucos, wo Räucherfisch-Tacos serviert werden. Vintage-Motels säumen die Ocean Ave in Cayucos, darunter das von einer Familie betriebene, niedliche **Seaside Motel** (☎805-995-3809; www.seasidemotel.com; 42 S

Ocean Ave; DZ 80–170 US$; 📶). Im **Shoreline Inn on the Beach** (☎805-995-3681; www.cayucosshorelineinn.com; 1 N Ocean Ave; Zi. 159–249 US$; 🐾) wird man vom Rauschen der Brandung in den Schlaf gewiegt.

Nördlich von Harmony (gerade mal 18 Ew.) führt der Hwy 46 nach Osten in die Weinberge des **Paso Robles Wine Country** (www.pasowine.com). Genug vom Wein? Dann ist die **Firestone Walker Brewing Company** (☎805-225-5913; www.firestonebeer.com; 1400 Ramada Dr; ⏱Verkostungsraum & Restaurant Mo–Do 10–21 Uhr, Führungen 10.30–15.30 Uhr) unweit des Hwy 101 in Paso Robles genau das Richtige. Man kann die Brauerei im Rahmen von Führungen (3 US$; Reservierung empfohlen) besichtigen oder gleich im Schankraum eines der hier gebrauten Biere probieren.

Fährt man auf dem Hwy 1 weiter gen Norden, erreicht man das idyllische **Cambria** mit seinen Unterkünften am unglaublich schönen Moonstone Beach. Das **Blue Dolphin Inn** (☎805-927-3300; www.cambriainns.com; 6470 Moonstone Beach Dr; Zi. ab 188 US$; 📶🐾) bietet moderne Zimmer mit romantischen Kaminen. Weiter landeinwärts stehen Travellern im **Bridge Street Inn** (☎805-215-0724; www.bsicambria.com; 4314 Bridge St; Zi 50–90 US$, 30 US$/Fahrzeug; 📶) Hostelbetten im Ambiente eines B&Bs zur Verfügung. Das altmodische **Cambria Palms Motel** (☎805-927-4485; www.cambriapalmsmotel.com; 2662 Main St; Zi. ab 109 US$; ⏱Check-in 15–21 Uhr; 📶🐾) bietet saubere, gut geschnittene Zimmer und Cruiser-Räder. Der Käse- und Weinladen **Indigo Moon** (☎805-927-2911; www.indigomooncafe.com; 1980 Main St; Mittagessen 9–14 US$, Abendessen 14–35 US$; ⏱10–21 Uhr; 🍷) 🌿 serviert mittags an luftigen Bistrotischen knackig frische Salate und Sandwiches. Das **Linn's Easy as Pie Cafe** (☎805-927-0371; www.linnsfruitbin.com; 4251 Bridge St; Gerichte 6–12 US$; ⏱Mo–Do 10–19 Uhr, Fr–Sa bis 20 Uhr; 👪) mit seiner sonnigen Terrasse und dem Take-away-Tresen ist für seinen Olallieberen-Pie bekannt.

Etwa 10 Meilen (16 km) nördlich von Cambria steht auf einem Hügel das **Hearst Castle** (☎Infos 805-927-2020, Reservierungen 800-444-4445; www.hearstcastle.org; 750 Hearst Castle Rd, San Simeon; Führung Erw./Kind 5–12 Jahre ab 25/12 US$; ⏱ab 9 Uhr; 🅿👪), Kaliforniens berühmtestes Monument für Reichtum und Ehrgeiz. Der Medien-Tycoon William Randolph Hearst empfing auf seinem Anwesen voller europäischer Antiquitäten, schimmernder Teiche und blühender Gärten Hollywood-Stars und gekrönte Häupter. Man sollte versuchen, Führungen vorab zu buchen. Ansonsten ist frühzeitiges Erscheinen angesagt!

Auf der anderen Seite des Hwy 1 verkauft **Sebastian's** (☎805-927-3307; www.facebook.com/SebastiansSanSimeon; 442 SLO–San Simeon Rd; Hauptgerichte 9–14 US$; ⏱Di–So 11–16 Uhr) mit Blick über einen historischen Walfang-Pier Hearst-Ranch-Rindfleisch-Burger und gigantische Sandwiches für ein improvisiertes Strandpicknick. Auf dem Hwy 1 gen Süden passiert man dann Budget- und Mittelklassemotels in San Simeon, die man getrost vergessen kann. Nach 5 Meilen (8 km) erreicht man den **Hearst San Simeon State Park** (☎Reservierungen 800-444-7275; www.reserveamerica.com; Hwy 1; Stellplatz für Zelt & Wohnmobil 25 US$), in dem einfache, erschlossene Stellplätze am Ufer eines Baches angeboten werden.

Weiter nördlich am Point Piedras Blancas lebt eine riesige **Kolonie von See-Elefanten**, die sich hier fortpflanzen, häuten, schlafen, vergnügen und gelegentlich auch am Strand bekriegen. Unbedingt ausreichend Abstand zu diesen Wildtieren halten, die sich auf dem Sand schneller bewegen können als jeder Mensch! Der ausgeschilderte Aussichtspunkt mit Erklärungstafeln befindet sich ca. 4,5 Meilen (7 km) nördlich vom Hearst Castle. Die Tiere leben hier zwar das ganze Jahr über, besonders spannend geht es jedoch während der Brunft- und Wurfzeit von Januar bis März zu. Die nahe gelegene **Piedras Blancas Light Station** (☎805-927-7361; www.piedrasblancas.gov; abseits Hwy 1; Führung Erw./Kind 6–17 Jahre 10/5 US$; ⏱Führungen Mitte Juni–Aug. Mo–Di & Do–Sa 9.45 Uhr, Sept.–Mitte Juni Di, Do & Sa 9.45 Uhr) von 1875 bietet einen außergewöhnlich malerischen Anblick. Die Termine und den Treffpunkt der nicht reservierbaren Führungen vorab telefonisch erfragen!

Big Sur

Viel ist schon geschrieben worden über die raue Schönheit und Kraft dieses 160 km langen, zerklüfteten Küstenabschnitts südlich von Monterey Bay. Big Sur bezeichnet mehr einen Gemütszustand denn einen Ort, den man auf einer Karte findet. Hier gibt es keine Ampeln, Banken oder Einkaufsmeilen. Wenn die Sonne untergegangen ist, sind der Mond und die Sterne die einzige Straßenbeleuchtung – sofern der Sommernebel die nicht auch noch ausgelöscht hat.

Unterkünfte, Verpflegung und Benzin sind hier rar und entsprechend teuer. Da die Zimmernachfrage das ganze Jahr über vor allem an den Wochenenden hoch ist, empfiehlt es sich, vorab zu buchen. Der kostenlose, sehr informative *Big Sur Guide* (www.bigsurcalifornia.org) ist fast überall erhältlich. In den State Parks des Big Sur berechtigt die Parkquittung (10 US$/Auto) zum Eintritt am gleichen Tag in alle Parks (außer Limekiln).

Etwa 25 Meilen (40 km) vom Hearst Castle entfernt liegt das winzige Gorda mit dem **Treebones Resort** (877-424-4787; www.treebonesresort.com; 71895 Hwy 1; Stellpaltz 95 US$; DZ mit Gemeinschaftsbad ab 320 US$;), wo man in Jurten an der Steilküste übernachtet. Einfache Campingplätze des United States Forest Service (USFS) gibt's ganz in der Nähe vom Hwy 1 am schattigen **Plaskett Creek** (Reservierungen 877-477-6777; www.recreation.gov; Hwy 1; Stellplatz für Zelt & Wohnmobil 35 US$) und unweit vom Pazifik am **Kirk Creek** (Reservierungen 877-444-6777; www.recreation.gov; Hwy 1; Stellplatz für Zelt & Wohnmobil 35 US$).

Rund 10 Meilen (16 km) nördlich von Lucia befindet sich das New-Age-Camp **Esalen Institute** (831-667-3000; www.esalen.org; 55000 Hwy 1), das für seine Esoterik-Workshops und Thermalwasserpools mit Meerblick bekannt ist. Mit Reservierung (831-667-3047 tgl. 9–12 Uhr) kann man nachts von 1 bis 3 Uhr nackt baden (30 US$, nur Kreditkarten). Einfach surreal!

3 Meilen (4,8 km) weiter nördlich verstecken sich im **Julia Pfeiffer Burns State Park** (831-667-2315; www.parks.ca.gov; Hwy 1; 10 US$/Auto; 30 Min. vor Sonnenaufgang–30 Min. nach Sonnenuntergang;) die 24 m hohen McWay Falls, Kaliforniens einziger Wasserfall an der Küste.

Nach weiteren 7 Meilen (11 km) gen Norden erreicht man die unkonventionelle **Henry Miller Memorial Library** (831-667-2574; www.henrymiller.org; 48603 Hwy 1; 10–17 Uhr, bei Veranstaltungen längere Öffnungszeiten;), das Kunstzentrum und die Seele der Big-Sur-Boheme. Hier gibt's einen übervollen Buchladen, es werden Live-Konzerte, Open-Mic-Abende und Filme unterm Sternenhimmel geboten. Gegenüber spielt das Essen angesichts des grandiosen Rundumblicks im hoch oben auf der Klippe thronenden **Nepenthe** (übersetzt „Insel ohne Sorgen“) (831-667-2345; www.nepenthebigsur.com; 48510 Hwy 1; Hauptgerichte 18–50 US$; 11.30–16.30 & 17–22 Uhr;) nur eine Nebenrolle.

Weiter nördlich informieren die Ranger der **Big Sur Station** (831-667-2315; www.bigsurcalifornia.org/contact.html; 47555 Hwy 1; 9–16 Uhr) über Camping- und Wandermöglichkeiten, so auch über die beliebte Wanderung zu den **Sykes Hot Springs** (einfache Strecke 16 km). Gleich südlich zweigt auf der anderen Seite des Hwy 1 die schmale, kurvige Sycamore Canyon Rd ab; in 2 Meilen (3,2 km) führt sie zum halbmondförmigen **Pfeiffer Beach** (831-667-2315; www.fs.usda.gov/lpnf; Ende der Sycamore Canyon Rd; 10 US$/Auto; 9–20 Uhr;) hinunter, vor dem ein hoher Felsbogen aus dem Meer ragt. Wegen der starken Strömung ist es zu gefährlich, hier zu schwimmen, dafür aber kann man in dem violett schimmernden Sand wunderbar die Seele baumeln lassen.

Als nächstes an der Reihe ist der **Pfeiffer Big Sur State Park** (831-667-2315; www.parks.ca.gov; 47225 Hwy 1; 10 US$/Auto; 30 Min. vor Sonnenuntergang–30 Min. nach Sonnenuntergang;) mit sonnigen Wanderwegen kreuz und quer durch Redwood-Wälder. Für den **Campingplatz** (Reservierungen 800-444-7275; www.reserveamerica.com; 47225 Hwy 1; Stellplatz Zelt & Wohnmobil 35–50 US$;) muss man unbedingt reservieren. Ansonsten kann man sich ein bisschen Luxus gönnen und im entzückenden **Post Ranch Inn** (831-667-2200; www.postranchinn.com; 47900 Hwy 1; DZ ab 925 US$;) übernachten, wo man von der eigenen Terrasse aus die Brandung weit unten am Strand beobachten kann.

ABSTECHER

PINNACLES NATIONAL PARK

Mit seinen zerklüfteten Monolithen, Canyons, nackten Felswänden und verwinkelten Höhlen – alles das Ergebnis von Millionen Jahren der Erosion – ist der **Pinnacles National Park** (831-389-4486; www.nps.gov/pinn; 15 US$/Auto;) aus geologischer Sicht besonders spektakulär. Neben Wander- und Klettertouren sind die Talus-Höhlen, die Heimat von Fledermäusen und den vom Aussterben bedrohten Kalifornischen Kondoren, die größten Attraktionen. Am besten besucht man den Park im Frühjahr oder Herbst – die Hitze im Sommer ist unerträglich.

Gleich nördlich am Hwy 1 befindet sich das kommerzielle Zentrum von Big Sur mit privaten Campingplätzen, rustikalen Hütten, Motels, Restaurants, Tankstellen und Geschäften. Das **Glen Oaks Motel** (☎831-667-2105; www.glenoaksbigsur.com; 47080 Hwy 1; DZ 300–475 US$; P ⊖ 📶) , eine umgestaltete 1950er-Jahre-Motorlodge aus Redwood und Lehmziegeln, vermietet romantische Holzhütten und Cottages. Burritos und Frucht-Smoothies bekommt man an der etwas versteckt liegenden Theke im hinteren Teil des **General Store** (☎831-667-2700; www.bigsurriverinn.com; 46840 Hwy 1; Frühstück & Mittagessen 15–20 US$, Abendessen 15–40 US$; ⊙8–21 Uhr; 📶 👪) des Big Sur River Inn. Das **Maiden Publick House** (☎831-667-2355; Village Center Shops, Hwy 1; ⊙Mo–Do 15–2, Fr ab 13 & Sa–So ab 11 Uhr) punktet mit einer ellenlangen Bierkarte und Livemusik. Weiter südlich in der Nähe der Post kann man sich im **Big Sur Deli** (☎831-667-2225; www.bigsurdeli.com; 47520 Hwy 1; Snacks 2–12 US$; ⊙7–20 Uhr) ein Picknick zusammenstellen. Der Laden gehört zum geselligen **Big Sur Taphouse** (☎831-667-2225; www.bigsurtaphouse.com; 47520 Hwy 1; ⊙Mo–Fr 12–22, Sa 10–24, So bis 22 Uhr; 📶), einer Bierbar mit Brettspielen und Kneipenessen.

Ein Muss ist auch der weiter im Norden gelegene **Andrew Molera State Park** (☎831-667-2315; www.parks.ca.gov; Hwy 1; 10 US$/Auto; ⊙30 Min. vor Sonnenuntergang–30 Min. nach Sonnenuntergang; P 👪) mit einer wundervollen Mischung aus Wanderwegen, Wiesen, Wasserfällen, Ozeanklippen und rauen Stränden. Im **Discovery Center** (☎831-624-1202; www.ventanaws.org/discovery_center; Andrew Molera State Park; ⊙Ende Mai–Anfang Sept. Sa & So 10–16 Uhr; P 👪) GRATIS des Parks erfährt man alles über den bedrohten Kalifornischen Kondor. Vom Schotterparkplatz führt ein 500 m langer Weg zu einem sehr einfachen **Campingplatz** (www.parks.ca.gov; Hwy 1; Stellplatz Zelt 25 US$), der keine Reservierungen annimmt.

Ca. 6 Meilen (knapp 10 km) vor der berühmten **Bixby Creek Bridge** lohnt sich eine Führung – je nach Jahreszeit auch im Mondschein – durch den 1889 errichteten Leuchtturm im **Point Sur Historic Park** (☎831-625-4419; www.pointsur.org; abseits des Hwy 1; Erw./Kind 6–17 Jahre ab 12/5 US$; ⊙Führungen normalerweise Okt.–März Mi 13, Sa & So 10 Uhr, April–Sept. Mi & Sa 10 & 14, So 10 Uhr, Juli & Aug. auch Do 10 Uhr) GRATIS. Die Termine der Führungen und eine Wegbeschreibung zum Treffpunkt gibt's telefonisch oder online. Unbedingt früh kommen – die Teilnehmerzahl ist begrenzt, Reservierungen sind nicht möglich!

UNTERWEGS AUF DEM HIGHWAY 1

Die Fahrt auf dem schmalen, zweispurigen Highway durch Big Sur und darüber hinaus kann ziemlich lange dauern. Für die Strecke von der Monterey Peninsula bis nach San Luis Obispo sollte man ohne Zwischenstopp mindestens drei Stunden einplanen – wesentlich mehr, wenn man unterwegs anhalten und die Gegend erkunden will. Nach Einbruch der Dunkelheit ist die Fahrt riskant und obendrein vergebliche Liebesmüh, weil man von der grandiosen Küstenlandschaft nichts sieht. Auf Radfahrer achten und unbedingt die ausgeschilderten Ausweichstellen benutzen, um schnellere Fahrzeuge überholen zu lassen!

Carmel

Das idyllische Carmel besitzt eine fast schon grenzwertige Leidenschaft für Hunde und vermittelt die gepflegte Atmosphäre eines Country Clubs. An der Ocean Ave, der ruhigen Hauptstraße des Orts, erblickt man ein ganzes Geschwader huttragender Damen mit Einkaufstüten schicker Marken und adrette Herren in offenen Cabrios.

Sehenswertes & Aktivitäten

Wer die hektischen Einkaufsstraßen im Zentrum von Carmel verlässt und durch die von Bäumen gesäumten Viertel streift, kann dort charmante und eigenwillige Domizile entdecken. Die Hänsel-und-Gretel-Häuser an der Torres St zwischen der 5th und der 6th Ave sind genauso, wie man sie sich vorstellt. Ein weiteres augenfälliges Haus – in Schiffsform, gebaut aus Flusskieseln und recycelten Schiffsteilen – steht an der Guadalupe St nahe der 6th Ave.

★ Mission San Carlos Borromeo de Carmelo KIRCHE

(☎831-624-1271; www.carmelmission.org; 3080 Rio Rd; Erw./Kind 7–17 Jahre 6,50/2 US$; ⊙9.30–19 Uhr; 👪) Die ursprüngliche Mission wurde 1770 von dem spanischen Franziskanerpater Junípero Serra in Monterey gegründet, aber der karge Boden und der unsittliche Einfluss der spanischen Soldaten führten nur zwei Jahre später zum Umzug nach Carmel. Heute ist die Mission eine der schönsten Kaliforniens, eine Oase der Ruhe inmitten eines Blumengartens. Die ehemalige Kirche aus Lehmziegeln wurde später durch eine Gewölbebasilika aus Steinen ersetzt, die in den Santa Lucia Mountains gebrochen wurden. Die Museumsexponate sind über die ganze idyllische Anlage verteilt.

★ Point Lobos State Natural Reserve STATE PARK

(☎ 831-624-4909; www.pointlobos.org; Hwy 1; 10 US$/Auto; ⏲ 8–19 Uhr, von Anfang Nov.–Mitte März bis 17 Uhr; P 👪) Sie bellen, sie baden und sind überhaupt lustig anzuschauen: Seelöwen sind ganz offensichtlich die Stars hier im Punta de los Lobos Marinos (Point of the Sea Wolves), fast 4 Meilen (6,5 km) südlich von Carmel, wo spektakulär felsige Küstenlinien ausgezeichnete Gezeitenbecken aufweisen. Der Weg über das gesamte Gelände ist knapp 10 km lang, aber auch kürzere Strecken haben ihren Reiz, u. a. der **Bird Island Trail**, die Wege durch schattige Zypressenhainen, zur historischen **Whaler's Cabin** und zum **Devil's Cauldron**, einem Strudelbecken, das bei Flut richtig was zu bieten hat.

Schlafen

In Carmel-by-the-Sea sind die völlig überteuerten Boutiquehotels, Gasthöfe und B&Bs vor allem im Sommer schnell ausgebucht. Bei der **Chamber of Commerce** (☎ 831-624-2522; www.carmelcalifornia.org; San Carlos St, zw. 5th & 6th Ave; ⏲ 10–17 Uhr) kann man nach Last-Minute-Angeboten fragen. Preiswertere Unterkünfte gibt's nördlich in Monterey.

Essen & Ausgehen

Verkostungsräume von Weingütern finden sich in Carmels kleinem, gepflegten Zentrum; die beste Option für einen Drink am späten Abend ist die coole und dynamische Szene im **Barmel** (☎ 831-626-2095; www.facebook.com/BarmelByTheSea; San Carlos St, zw. Ocean & 7th Ave; ⏲ Mo–Fr 14–2, Sa & So 13–2 Uhr).

Cultura Comida y Bebida MEXIKANISCH $$

(☎ 831-250-7005; www.culturacarmel.com; Dolores St zw. 5th & 6th Ave; Hauptgerichte 19–32 US$; ⏲ Do–So 11.30–24, Mo & Di 17–24 Uhr) Das Lokal in einem von Backsteinmauern gesäumten Hof in der Nähe von Kunstgalerien ist eine relaxte Bar und ein von der Küche des mexikanischen Oaxaca inspiriertes Restaurant in Einem. Entweder sitzt man am eleganten Tresen und lässt sich auf eine Vertikalverkostung diverser Mezcals ein oder man gönnt sich Tostadas mit Monterey-Tintenfisch und auf Eichenholz gegrillte Forelle mit Koriander, Limette und Knoblauch, gepaart mit kalifornischen und französischen Weinen.

Mundaka TAPAS $$

(☎ 831-624-7400; www.mundakacarmel.com; San Carlos St, zw. Ocean & 7th Ave; kleine Teller 8–15 US$; ⏲ So–Do 17–21, Fr & Sa bis 23 Uhr) Der mit Steinen gepflasterte Hof ist ein eleganter Rückzugsort vor den vielen steifen älteren Paaren in Carmel. Hier kann man bei Weltmusik spanische Tapas und hausgemachte Sangria genießen. Zu den Knoblauchgarnelen oder dem gegrillten Tintenfisch passt prima ein kühler Wein aus der Region.

Monterey

In der Arbeiterstadt Monterey dreht sich alles ums Meer. Viele Besucher kommen einzig wegen des erstklassigen Aquariums am **Monterey Bay National Marine Sanctuary**, das dichte Kelpwälder und eine herrlich vielfältige Meeresfauna mit Seehunden und -löwen, Delfinen und Walen schützt. Die Stadt besitzt bestens erhaltene Zeugnisse der spanischen und mexikanischen Vergangenheit Kaliforniens in Form vieler restaurierter Adobegebäude. Ein Nachmittagsbummel durch das historische Viertel der Downtown verspricht interessanter zu werden als ein Aufenthalt in den Touristenghettos Fisherman's Wharf und Cannery Row.

Sehenswertes

★ Monterey Bay Aquarium AQUARIUM

(☎ Infos 831-648-4800, Tickets 866-963-9645; www.montereybayaquarium.org; 886 Cannery Row; Erw./Kind 3–12 Jahre/Jugendl. 13–17 Jahre 50/30/40 US$; ⏲ 10–18 Uhr; 👪) Eines der faszinierendsten Erlebnisse in Monterey ist der Besuch des riesigen Aquariums, das auf dem Gelände der ehemals größten Büchsensardinenfabrik der Stadt erbaut wurde. Hier werden alle Arten von Wasserlebewesen präsentiert, von Seesternen und schleimigen Seeschnecken bis hin zu munteren Seeottern und überraschend flinken, 360 kg schweren Thunfischen. Das Aquarium ist aber mehr als nur eine beeindruckende Ansammlung von Glasbecken – gut durchdachte Schautafeln erklären den kulturellen und historischen Kontext der Bucht.

★ **Monterey State Historic Park** HISTORISCHE STÄTTE

(☎ Infos 831-649-7118; www.parks.ca.gov) GRATIS In Old Monterey steht eine außergewöhnliche Ansammlung von Backstein- und Lehmziegelbauten aus dem 19. Jh., die alle als Monterey State Historic Park verwaltet werden. Die Gebäude kann man im Rahmen einer 3,2 km langen Audiotour bewundern, die recht bedeutungsschwer „Path of History" genannt wird. Man kann Dutzende Häuser besichtigen, von denen einige zauberhafte Gärten haben. Es sind nicht alle Häuser gleichzeitig geöffnet; der Grund hierfür sind einschneidende Kürzungen im Haushalt des State Park.

Cannery Row HISTORISCHE STÄTTE

(👪) John Steinbecks Roman *Die Straße der Ölsardinen* setzte der Fischkonservenindustrie ein Denkmal, von der Monterey in der ersten Hälfte des vorigen Jahrhunderts lebte. Eine **Bronzebüste** des Nobelpreisträgers steht am Ende der Prescott Ave, nur ein paar Schritte entfernt von der durch und durch touristischen Attraktion, zu der sich die berühmte Straße entwickelt hat. Die historischen **Cannery Workers Shacks** am unteren Ende des blumengeschmückten Bruce Ariss Way sind eine ernüchternde Erinnerung an das harte Leben, das Arbeiter von den Philippinen, aus Japan, Spanien und anderen Ländern einst führten.

Aktivitäten

Wale kann man vor der Küste der Monterey Bay ganzjährig beobachten. Blau- und Buckelwale lassen sich von April bis Anfang Dezember sehen, Grauwale ziehen von Mitte Dezember bis Ende März vorbei. Ausflugsboote legen vom Fisherman's Wharf und von **Moss Landing** (☎ Infos 831-917-1042, Tickets 888-394-7810; www.sanctuarycruises.com; 7881 Sandholdt Rd; Tour 45–55 US$; 👪) ab. Die Tour sollte man mindestens einen Tag vorher buchen. Die Fahrt dürfte rau und kalt werden!

Monterey Bay Whale Watch BOOTSFAHRT

(☎ 831-375-4658; www.montereybaywhalewatch.com; 84 Fisherman's Wharf; 3-std. Tour Erw./Kind 4–12 Jahre ab 44/29 US$; 👪) Die Touren starten am Morgen und am Nachmittag, auch kleine Kinder und folgsame Hunde sind an Bord willkommen.

Adventures by the Sea RADFAHREN, KAJAKFAHREN

(☎ 831-372-1807; www.adventuresbythesea.com; 299 Cannery Row; Kajak oder Fahrrad 35 US$/Tag, SUP-Ausrüstung 50 US$, Kayaktouren ab 60 US$; 👪) Das Unternehmen verleiht Beachcruiser, E-Bikes und Wassersportgeräte und veranstaltet Touren. Es gibt mehrere Filialen in der Cannery Row und in **Downtown** (☎ 831-372-1807; www.adventuresbythesea.com; 210 Alvarado St; ⏲ 9–17, im Sommer bis 20 Uhr 👪).

Monterey Bay Dive Charters TAUCHEN

(☎ 831-383-9276; www.mbdcscuba.com; Leih-Tauchausrüstung 75 US$, Tauchgang vom Strand/Boot ab 65/85 US$) Der gut bewertete Veranstalter bietet Tauchgänge vom Strand und vom Boot aus und verleiht komplette Tauchausrüstungen einschließlich Neoprenanzug.

Schlafen

Bei besonderen Veranstaltungen, an Wochenenden und im Sommer sollte man vorab reservieren. Wer den Touristenmassen und den überhöhten Preisen der Cannery Row entgehen will, schaut sich in Pacific Grove um. Billigere Motels säumen die Munras Ave südlich der Downtown und die N Fremont St östlich des Hwy 1.

HI Monterey Hostel HOSTEL $

(☎ 831-649-0375; www.montereyhostel.org; 778 Hawthorne St; B mit Gemeinschaftsbad 30–40 US$; ⏲ Check-in 16–22 Uhr; @📶) Das einfache und saubere Hostel, das vier Blocks von der Cannery Row und dem Aquarium entfernt ist, verfügt über nach Geschlechtern getrennte und gemischte Schlafsäle sowie Zimmer, in denen bis zu fünf Personen schlafen können. Hier stopfen sich Backpacker zum Frühstück mit selbst gemachten Pancakes voll. Reservierung dringend empfohlen! Hin kommt man von der Transit Plaza im Stadtzentrum mit MST-Bus 1.

Monterey Hotel HISTORISCHES HOTEL $$

(☎ 831-375-3184; www.montereyhotel.com; 406 Alvarado St; Zi. 131–275 US$; 📶) Mitten in Downtown und einen Katzensprung vom Fisherman's Wharf entfernt bietet dieses Hotel in einem Gebäude von 1904 rund 60 kleinere, aber renovierte Zimmer und Suiten mit viktorianischen Möbeln und Fensterläden wie auf einer alten Plantage. Es gibt keinen Aufzug. In dem kürzlich eingerichteten Boutique-Spa kann man sich mit Massagen und Schönheitskuren verwöhnen lassen.

★ **Jabberwock** B&B $$$

(☎ 831-372-4777; www.jabberwockinn.com; 598 Laine St; Zi. 249–339 US$; @📶) Das Arts-and-Crafts-Gebäude von 1911 ist durch das dichte Blätterwerk kaum zu sehen. Durch die sieben makellosen Zimmer zieht sich das verspielte Motiv von *Alice im Wunderland*. Einige Zimmer verfügen über Kamin und Whirlpool. Beim Nachmittagstee mit Gebäck oder beim abendlichen Wein mit Horsd'œuvres kann man sich bei den freundlichen Gastgebern nach den vielen architektonischen Elementen erkundigen, die im Haus erhalten geblieben sind. Am Wochenende ist es teurer und es gilt eine Mindestbuchung von zwei Nächten.

 Essen

Oberhalb der Cannery Row in Monterey findet man an der Lighthouse Ave zwanglose, preiswerte Lokale – vom hawaiianischen Grill und Thai-Stuben bis hin zu Sushi- und nahöstlichen Kebab-Lokalen. In Downtown rund um die Alvarado St gibt's Cafés und Pubs.

Zab Zab NORDTHAILÄNDISCH **$**
(☎831-747-2225; www.zabzabmonterey.com; 401 Lighthouse Ave; Hauptgerichte 11–15 US$; ⊙Di–Fr 11–14.30 & 17–21, Sa & So 12–21 Uhr;) Unser Favorit unter den Landesküchen an der Lighthouse Ave ist das Zab Zab mit seinen robusten Aromen aus dem Nordosten Thailands. Der nette Innenraum im Landhausstil ist perfekt für kühlere Tage, aber im Sommer toppt nichts die von einem hübsch überwucherten Garten umgebene Terrasse. Freunde der thailändischen Schärfe sollten das Brathähnchen Kai Yang bestellen. Die Lunchboxen (11–13 US$) haben ein tolles Preis-Leistungs-Verhältnis.

LouLou's Griddle in the Middle AMERIKANISCH **$$**
(☎831-372-0568; www.loulousgriddle.com; Municipal Wharf 2; Hauptgerichte 8–17 US$; ⊙So, Mo, Mi & Do 7.30–16, Fr & Sa bis 18 Uhr, Di geschl.;) Der skurrile Diner am Municipal Wharf ist bekannt für seine riesigen Pancakes und Omelettes mit mexikanischer *pico-de-gallo*-Salsa zum Frühstück und für frische Meeresfrüchte zum Mittagessen. Die luftigen Tische draußen sind ideal für Hundebesitzer. Wer sich einen Platz an der Theke sichert, kann mit den freundlichen Köchen plaudern.

Montrio Bistro KALIFORNISCH **$$$**
(☎831-648-8880; www.montrio.com; 414 Calle Principal; Teller zum Teilen 12–30 US$, Hauptgerichte 25–44 US$; ⊙So–Do 16.30–22, Fr & Sa bis 23 Uhr) Das Montrio in einer Feuerwache von 1910 hat Lederwände und Eisengitter. Auf den Tischen liegen Papier und Malstifte für Kinder. Auf der bunt gemischten saisonalen Speisekarte finden sich Gerichte mit kalifornischem, asiatischem und europäischem Akzent aus regionalen Bio-Produkten, z. B. Tapas zum Teilen und Mini-Desserts. Preiswerte Barsnacks und Happy-Hour-Preise täglich ab 16.30 Uhr machen das Restaurant zu einer guten Adresse, um in den Abend zu starten.

Praktische Informationen

Monterey Visitor Center (☎831-657-6400; www.seemonterey.com; 401 Camino el Estero; ⊙Mo–Sa 9–18, So bis 17 Uhr, schließt Nov.–März 1 Std. früher) Praktischer Buchungsservice für Unterkünfte. Nach der *Monterey County Literary & Film Map* fragen!

An- & Weiterreise

Monterey-Salinas Transit (MST; ☎888-678-2871; www.mst.org; Jules Simmoneau Plaza; einfache Strecke 1,50–3,50 US$, Tageskarte 10 US$) betreibt die Stadt- und Regionalbusse, die von der Transit Plaza (Ecke Pearl & Alvarado St) in Downtown ausschwärmen. Sie fahren u. a. nach Pacific Grove, Carmel und Big Sur. Von Ende Mai bis Anfang September dreht ein kostenloser Trolley von MST eine Schleife durch Downtown, zum Fisherman's Wharf und zur Cannery Row (tgl. 10–19 oder 20 Uhr).

Santa Cruz

Santa Cruz ist eine Stadt mit ausgelassenem Spaß und einer munteren, aber chaotischen Downtown. Am Ufer liegt die berühmte Strandpromenade und in den Hügeln fassen Mammutbaumhaine den Campus der University of California Santa Cruz (UCSC) ein. Man sollte mindestens einen halben Tag einplanen, wenn man aber die Leute in ihren mit Klimperkram behangenen Röcken, ihren Kristallanhängern und Rastafari-Locken näher kennenlernen will, sollte man länger bleiben und sich einfach kopfüber unter die Surfer, Studenten, Punks und exzentrischen Charaktere vor Ort mischen.

Sehenswertes & Aktivitäten

Zu den besten Dingen, die man in Santa Cruz tun kann, gehört ein Bummel an der **Pacific Ave** in Downtown, bei dem man shoppen und sich das bunte Treiben anschauen kann. 15 Gehminuten entfernt sind der Strand und der **Municipal Wharf**, an dem Seafood-Restaurants, Geschenkeläden und bellende Seelöwen um Aufmerksamkeit buhlen. Der **West Cliff Dr** mit Meerblick folgt dem Ufer südwestlich des Kais. Zur Straße parallel verläuft ein asphaltierter Weg für Erholungssuchende.

★ Santa Cruz Beach Boardwalk VERGNÜGUNGSPARK
(☎831-423-5590; www.beachboardwalk.com; 400 Beach St; 4–7 US$/Fahrt, Tageskarte 37–82 US$; ⌚April–Anfang Sept. tgl., Öffnungszeiten variieren saisonal; P 👪) Der älteste Vergnügungspark an der Westküste wurde 1907 direkt am Strand gegründet und hat eine wunderbar altamerikanische Atmosphäre. Der Duft von Zuckerwatte vermischt sich mit der salzigen Seeluft, während jauchzende Kids kopfüber in den Karussells hängen. Zu den berühmten Fahrgeschäften mit Nervenkitzel gehören der **Giant Dipper**, eine Holzachterbahn von 1924, und das **Looff Karussell** von 1911; sie stehen beide unter Denkmalschutz. Im Sommer werden mitten in der Woche Filme gezeigt und freitagabends gibt es Konzerte von Rock-Veteranen, von denen man dachte, sie seien eigentlich schon tot.

★ Seymour Marine Discovery Center MUSEUM
(☎831-459-3800; http://seymourcenter.ucsc.edu; 100 Shaffer Rd; Erw./Kind 3–16 Jahre 8/6 US$; ⌚Di–So 10–17 Uhr; P 👪) Das Naturkundemuseum für Kinder am Natural Bridges State Beach gehört zum Long Marine Laboratory der UCSC. Zu den interaktiven Exponaten zählen Gezeitenbecken und Aquarien, draußen kann man das größte Blauwalskelett der Welt bestaunen. Es gibt täglich einstündige Führungen (13, 14 & 15 Uhr) sowie eine halbstündige Führung für Familien mit kleineren Kindern (11 Uhr); zu den Führungen (keine Reservierung) meldet man sich persönlich eine Stunde vor Beginn an.

Santa Cruz Surfing Museum MUSEUM
(☎831-420-6289; www.santacruzsurfingmuseum.org; 701 W Cliff Dr; Spenden; ⌚4. Juli–Anfang Sept. Mi–Mo 10–17 Uhr, Anfang Sept.–3. Juli Do–Mo 12–16 Uhr; 👪) An der Küste, etwa 1,5 km südwestlich des Kais, steht ein alter Leuchtturm, der vollgestopft ist mit Surf-Memorabilien, darunter auch alte Surfbretter aus Redwood. Passenderweise befindet sich der Leuchtturm mit dem Museum oberhalb von zwei beliebten Surfspots.

Natural Bridges State Beach STRAND
(☎831-423-4609; www.parks.ca.gov; 2531 W Cliff Dr; 10 US$/Auto; ⌚8 Uhr–Sonnenuntergang; P 👪) Der bei Familien beliebte Strand am westlichen Ende des W Cliff Dr bietet zauberhafte Sonnenuntergänge, viel Sand, Gezeitenpools und von Mitte Oktober bis Mitte Februar viele Monarchfalter.

O'Neill Surf Shop SURFEN
(☎831-475-4151; www.oneill.com; 1115 41st Ave; Miete Neoprenanzug/Surfbrett ab 15/25 US$; ⌚Mo–Fr 9–20, Sa & So 8–20 Uhr) Wenn man ostwärts Richtung Pleasure Point läuft, kommt man zu dem Vorzeigeladen des berühmten Surfbrettherstellers. Filialen gibt es auch an der Strandpromenade und in Downtown.

★ Santa Cruz Food Tour ESSEN
(☎866-736-6343; www.santacruzfoodtour.com; 59 US$/Pers.; ⌚Fr & Sa 14.30–18 Uhr) Die sehr zu empfehlenden kulinarischen Stadtführungen kombinieren afghanische Aromen mit farmfrischen Bistrogerichten, veganen Cupcakes und hausgemachten Eissorten. Zu dem Essen gibt's eine gesunde Portion Ortskenntnis und interessante Einblicke in die Geschichte, Kultur und Architektur von Santa Cruz. Am besten meldet man sich gleich nach der Ankunft in der Stadt an, um sich schnell einen Überblick über das kulinarische Angebot zu verschaffen.

Richard Schmidt Surf School SURFEN
(☎831-423-0928; www.richardschmidt.com; 849 Almar Ave; Gruppenunterricht 2 Std./Einzelunterricht 1 Std. 90/120 US$; 👪) Preisgekrönte, bewährte Surfschule. Das erforderliche Equipment ist im Preis enthalten. An den im Sommer stattfindenden Surfcamps können Erwachsene wie Kinder teilnehmen.

Schlafen

Santa Cruz hat nicht genug Betten, um die Nachfrage zu befriedigen. Zu Spitzenzeiten zahlt man für ganz durchschnittliche Zimmer horrende Preise. Die Qualität der Unterkünfte nahe der Uferpromenade deckt die ganze Bandbreite von sympathisch bis scheußlich ab. Ordentliche Motels findet man an der Ocean St landeinwärts und an der Mission St (Hwy 1). Für Ende 2017 war die Eröffnung mehrerer neuer Hotels geplant, wodurch sich das Angebot an Unterkünften in der Stadt verbessern wird. Details erfährt man im Visitor Center.

California State Park Campgrounds CAMPING $
(☎Reservierung 800-444-7275; www.reserveamerica.com; Stellplatz Zelt & Wohnmobil 35–65 US$) Wer an den State Beaches abseits des Hwy 1 südlich von Santa Cruz oder in den nebligen

Santa Cruz Mountains abseits des Hwy 9 campen will, sollte weit im Voraus reservieren. Familienfreundliche Campingplätze bieten z.B. der Henry Cowell Redwoods State Park in Felton und der New Brighton State Beach in Capitola.

HI Santa Cruz Hostel HOSTEL **$**
(☎831-423-8304; www.hi-santacruz.org; 321 Main St; B 28–31 US$, Zi. 85–140 US$, alle mit Gemeinschaftbad; ⌚Check-in 17–22 Uhr; @ 📶) Budget-Traveller lieben das niedliche Hostel in den 100 Jahre alten Carmelita Cottages. Es steht nur zwei Blocks vom Strand entfernt. Nachteile: Um 24 Uhr ist Sperrstunde, tagsüber ist geschlossen (11–17 Uhr) und man darf nur maximal drei Nächte bleiben. Reservierung unbedingt erforderlich. Parken an der Straße kostet 2 US$.

★ **Adobe on Green B&B** B&B **$$**
(☎831-469-9866; www.adobeongreen.com; 103 Green St; Zi. 179 US$; P ⊖ 📶) Ruhe und Frieden lautet das Motto in dieser Unterkunft in der Nähe der Pacific Ave. Die Gastgeber sind praktisch unsichtbar, aber ihre Aufmerksamkeit ist überall zu spüren – etwa an den Annehmlichkeiten im Stil eines Boutiquehotels in den geräumigen, mit Solarstrom versorgten Zimmern genauso wie beim umfangreichen Frühstück mit Zutaten aus dem hauseigenen Biogarten.

Essen

In Downtown gibt's jede Menge lässige Cafés. Wer Lust auf Meeresfrüchte verspürt, klappert am besten die Stände an der Seebrücke ab. In der Mission St, nahe der UCSC und in der 41st Ave gibt's günstigere Lokale.

Akira JAPANISCH **$**
(☎831-600-7093; www.akirasantacruz.com; 1222 Soquel Ave; Sushi & Sashimi 10–15 US$; ⌚11–23 Uhr; ✎) Nordöstlich der Downtown von Santa Cruz bietet das Akira an der Restaurantmeile Soquel Ave moderne Abwandlungen von Sushi, Sashimi und anderen japanischen Speisen. Neben Sake, Kleinbrauereibieren und der Surfer-Atmosphäre findet man im Akira eine Speisekarte mit einer großen Vielfalt an Sushi aus salzig-frischem Thunfisch, Lachs, Aal und Schalentieren. Die Bento-Boxen fürs Mittagessen (10–14 US$) haben ein gutes Preis-Leistungs-Verhältnis. Es gibt auch viele vegetarische Optionen.

★ **Assembly** KALIFORNISCH **$$**
(☎831-824-6100; www.assembly.restaurant; 1108 Pacific Ave; Brunch & Mittagessen 12–16 US$, Hauptgerichte abends 22–28 US$; ⌚Mo, Mi & Do 11.30–21, Fr bis 22, Sa & So 10–22 Uhr; ✎) Das hervorragende Bistro in Downtown bietet farmfrisches Essen und regionale Gerichte. Hinter der kalifornischen Atmosphäre verbirgt sich echte kulinarische Raffinesse; auf der saisonal geprägten Karte finden sich Gerichte wie Hühnerbrust mit knusprigem Pancetta oder Spargel-Risotto mit Trüffeln. Unbedingt die in Scotch eingelegten Oliven und Fleischbällchen zusammen mit hiesigen Craft-Bieren probieren!

Soif BISTRO **$$**
(☎831-423-2020; www.soifwine.com; 105 Walnut Ave; kleine Teller 5–17 US$, Hauptgerichte 19–25 US$; ⌚So–Do 17–21, Fr & Sa bis 22 Uhr; ✎) Das kürzlich renovierte Soif gehört zu den etablierteren Restaurants von Santa Cruz und ist besser denn je. Neben der schicken, kosmopolitischen Einrichtung findet man hier eine erstaunliche Weinkarte – darunter Probier-Gedecke regionaler Weine (20,50 US$) – und eine gut durchdachte Speisekarte mit hervorragenden Gerichten wie langsam gegartem Schweinebraten und Muscheln im Schinkenmantel. Zu allen Gerichten kann man sich passende Weine empfehlen lassen.

Ausgehen & Nachtleben

Die Innenstadt von Santa Cruz ist voller Bars, Lounges und Cafés. Folgt man der Mission St (Hwy 1) nach Westen, findet man in den von einer unkonventionell-industriellen Atmosphäre geprägten Höfen der Smith St und der Ingalls St diverse Kleinbrauereien und Weinverkostungsstuben.

Verve Coffee Roasters CAFÉ
(☎831-600-7784; www.vervecoffee.com; 1540 Pacific Ave; ⌚6.30–21 Uhr; 📶) In diesem Industrial-Zen-Café kann man den Surfern und Hipstern bei einem fein gerösteten Espresso oder einer Tasse starkem Filterkaffee Gesellschaft leisten. Sortenreiner Kaffee und House Blends sind hier die Norm. Das Café ist dermaßen erfolgreich, dass Filialen in Los Angeles und Tokio eröffnet wurden.

Lupulo Craft Beer House MIKROBRAUEREI
(☎831-454-8306; www.lupulosc.com; 233 Cathcart St; ⌚So–Do 11.30–22, Fr & Sa bis 23.30 Uhr) Die nach dem spanischen Wort für Hopfen benannte Bierstube in Downtown ist ein zwingender Stopp für Bierfreunde. Neben modernem Dekor gibt's hier ständig wechselnde Fassbiere – darunter oft saisonale Biere aus kalifornischen Brauereien – und

gute Snacks wie Empanadas, Tacos und Wurstplatten. Die fast 400 Flaschen- und Dosenbiere sorgen für Schnappatmung bei entscheidungsschwachen Zechern.

Praktische Informationen

Santa Cruz Visitor Center (831-425-1234; www.santacruzca.org; 303 Water St; Mo–Fr 9–12 & 13–16, Sa & So 11–15 Uhr) Kostenlose Computernutzung mit Internetzugang, Karten und Broschüren.

Anreise & Unterwegs vor Ort

Santa Cruz liegt 75 Meilen (121 km) südlich von San Francisco und ist über den Hwy 1 an der Küste oder über den Hwy 17, eine fürchterlich schmale, kurvenreiche Bergstraße, zu erreichen. Monterey liegt ungefähr eine Fahrtstunde weiter südlich am Hwy 1.

Santa Cruz Airport Shuttles (831-421-9883; www.santacruzshuttles.com) betreibt Shuttlebusse von/zu den Flughäfen in San Jose (50 US$), San Francisco (80 US$) und Oakland (80 US$). Bei Barzahlung gibt's einen Rabatt von 5 US$; der zweite Fahrgast zahlt 10 US$.

Greyhound (800-231-2222; www.greyhound.com; Metro Center, 920 Pacific Ave) hat täglich ein paar langsame Busse nach San Francisco (16 US$, 3 Std.), Salinas (15 US$, 1 Std.), Santa Barbara (53 US$, 6 Std.) und L. A. (59 US$, 9 Std.).

Santa Cruz Metro (831-425-8600; www.scmtd.com; 920 Pacific Ave; einfache Strecke/Tageskarte 2/6 US$) betreibt ein Stadt- und Regionalbusnetz, dessen Mittelpunkt das **Metro Center** (920 Pacific Ave) in Downtown ist. Die Expressbusse auf dem Hwy 17 verbinden Santa Cruz mit dem Amtrak/CalTrain-Bahnhof in San Jose (5 US$, 50 Min., stündl. 1- bis 2-mal).

Von Ende Mai bis Anfang September pendelt der **Santa Cruz Trolley** (www.santacruztrolley.com; einfache Strecke 0,25 US$) zwischen der Downtown und dem Strand (tgl. 11–21 Uhr).

SAN FRANCISCO & BAY AREA

San Francisco

Aufbrezeln, Jacke schnappen und rein in die fabelhafte, morgens oft in Nebel gehüllte Stadt. So long Hemmungen – Hello San Francisco!

Geschichte

Die Ureinwohner hatten schon lange vor 1849 in Kalifornien Gold entdeckt – was ihnen aber ziemlich gleichgültig war, solange mittags Austern und abends Wild auf den Tisch kamen. Sobald sich die Nachricht von der Entdeckung verbreitete, wurde praktisch über Nacht aus dem verschlafenen Hafennest San Francisco das Epizentrum des Goldrauschs. Nach mehr als 160 Jahren voller Booms und Pleiten, epochalen Übermuts und krummer Geschäfte ist San Francisco immer noch die aufregendste Stadt im Westen der USA.

Sehenswertes

Die meisten größeren Museen liegen in Downtown, das de Young Museum und die California Academy of Sciences aber im Golden Gate Park. Mission, Chinatown, North Beach und The Haight sind die geschichtsträchtigsten Viertel der Stadt. Galerien ballen sich in Downtown und North Beach, in Mission, Potrero Flats und Dogpatch. Parks auf den Hügeln gibt's stadtweit, aber die höchsten mit der besten Aussicht sind der Russian Hill, der Nob Hill und der Telegraph Hill.

Embarcadero

★ Ferry Building WAHRZEICHEN

(Karte S. 1090; 415-983-8030; www.ferrybuildingmarketplace.com; Ecke Market St & Embarcadero; Mo–Fr 10–19, Sa 8–18, So 11–17 Uhr; ; 2, 6, 9, 14, 21, 31, M Embarcadero, B Embarcadero) Das einstige Verkehrszentrum wurde zu einem Gourmetmekka umgewandelt: Hier blüht der Hedonismus und Feinschmecker verpassen bei Sonoma-Austern, Sekt, Craft-Bieren, Burgern mit Rindfleisch aus Marin County, vor Ort geröstetem Kaffee oder frisch gebackenen Cupcakes gern ihre Fähre. Starköche lassen sich oft auf dem Bauernmarkt (S. 1102) blicken, der das ganze Jahr rund um das Gebäude stattfindet.

★ Exploratorium MUSEUM

(Karte S. 1090; 415-528-4444; www.exploratorium.edu; Pier 15; Erw./Kind 30/20 US$, Do 18–22 Uhr 15 US$; Di–So 10–17 Uhr, Do 18–22 Uhr nur Pers. über 18 Jahre; P ; M E, F) Steckt hinter Skateboarden eine Wissenschaft? Fließt in Australien das Wasser in Waschbecken wirklich gegen den Uhrzeigersinn ab? In San Franciscos interaktivem Wissenschaftsmuseum erfährt man Dinge, die man gern in der Schule gelernt hätte. Indem das Museum Wissenschaft mit Kunst und der Untersuchung der menschlichen Wahrnehmung verknüpft, regt es dazu an, vorgefasste Formen des Weltverständnisses in Frage zu stellen. Die Anlage ist faszinierend: Ein 3,6 ha großer, verglaster Pier ragt in die San Francisco Bay; die großen Bereiche unter freiem Himmel kann man rund um die Uhr kostenlos erkunden.

Union Square & Civic Center

Der von Luxuswarenhäusern umgebene **Union Square** (Karte S. 1090; zwischen Geary St, Powell St, Post St & Stockton St; Powell-Mason, Powell-Hyde, M Powell, B Powell) verdankt seinen Namen den Demos, die vor 150 Jahren – zu Zeiten des amerikanischen Bürgerkriegs – hier zugunsten der Union stattfanden. Vom Café des **Emporio Rulli** (Karte S. 1090; 415-433-1122; www.rulli.com; Union Sq; Backwaren 4–8 US$; 8–19 Uhr; ; M Powell, B Powell) aus kann man bei einem Espresso wunderbar Leute beobachten.

★ Asian Art Museum MUSEUM

(Karte S. 1090; 415-581-3500; www.asianart.org; 200 Larkin St; Erw./Student/Kind 15/10 US$/frei, 1. So im Monat frei; Di, Mi & Fr–So 10–17, Do bis 21 Uhr; ; M Civic Center, B Civic Center) Auf drei Stockwerken begibt sich die Fantasie auf eine Reise durch 6000 Jahre asiatischer Kunst, von antiken persischen Miniaturen bis zu topaktuellem japanischen Minimalismus. Mit 18 000 Werken ist das Museum das größte seiner Art außerhalb Asiens. Darüber hinaus gibt's ausgezeichnete Veranstaltungen für alle Altersgruppen, von Schattenspiel-Vorstellungen über Teeverkostungen mit Starköchen bis hin zu Multikulti-Events mit DJs.

Powell St Cable Car Turnaround WAHRZEICHEN

(Karte S. 1090; www.sfmta.com; Ecke Powell & Market St; Powell-Mason, Mason-Hyde, M Powell, B Powell) Wer an der Ecke Powell und Market St durch die Schar der Fahrgäste späht, kann beobachten, wie der Fahrer aus der Straßenbahn springt und das Gefährt ganz langsam auf der hölzernen Drehscheibe in die umgekehrte Richtung wendet. Da die Cable Car mit Einrichtungsfahrzeugen verkehrt, müssen diese an der Endstation der Powell-St-Linien gewendet werden. Fahrgäste drängen sich hier vom Vormittag bis zum Abend, um einen Platz zu ergattern; drum herum sorgen lärmende Straßenkünstler und Weltuntergangspropheten für Unterhaltung.

Chinatown

Die chinesische Gemeinde hat seit 1848 Aufständen, Alkoholschmugglern, Gangstern und Erdbeben getrotzt.

★ Gassen von Chinatown GEBIET

(Karte S. 1090; zw. Grant Ave, Stockton St, California St & Broadway; 1, 30, 45, Powell-Hyde, Powell-Mason, California) Die 41 historischen Gassen der 22 Blocks umfassenden Chinatown ha-

SAN FRANCISCO IN ...

... einem Tag

Seit dem Goldrausch beginnen alle San-Francisco-Abenteuer in **Chinatown**, wo sich noch immer das Glück finden lässt – zumindest in Glückskeksen. Nachdem man sich mit ein paar Dim Sums gestärkt hat, kann man im **City Lights Bookstore** in Beatpoesie schwelgen. Weiter geht's vorbei an den italienischen Straßencafés nach **North Beach**, wo man auf den **Coit Tower** klettern sollte, um den Rundumblick über Stadt und Bucht zu genießen. Wie wär's danach mit einem Besuch des **Asian Art Museum** im Civic Center? Die hier ausgestellten Kunstwerke nehmen einen in nur einer Stunde mit auf eine Reise durch die Jahrhunderte und über die Ozeane. Vor der gruseligen Spättour nach **Alcatraz** sollte man im **Ferry Building** ein frühes Abendessen zu sich nehmen. Wer sich danach in den Clubs von **SoMa** ins Nachtleben stürzen will, sollte nicht allzu lange auf der Gefängnisinsel bleiben.

... zwei Tagen

Tag zwei beginnt in **The Mission** mit den Wandbildern auf Garagentoren in der **Balmy Alley**, danach lädt die **Mission Dolores** zum Nachdenken ein. Nachdem man ein paar Burritos verputzt hat, geht's nach **The Haight**, wo man in Vintage-Boutiquen Flashbacks erlebt und sich *den* Schauplatz des Summer of Love anschauen kann: den **Golden Gate Park**. Vom Dach des **de Young Museum** genießt man den Blick über die Bucht, schlendert dann durch die **California Academy of Sciences** und bietet schließlich dem heulenden Wind auf der **Golden Gate Bridge** die Stirn.

ben seit 1849 alles erlebt: Goldrausch und Revolution, Weihrauch und Opium, Brände und eisige Empfänge. An den Klinkerbauten, die die schmalen Gassen säumen, springen Tempelbalkone über Bäckereien, Wäschereien und Friseurläden vor – nach 1870, als Gesetze die Einwanderung, den Arbeits- und Wohnungsmarkt für Chinesen drastisch beschränkten, blieb ihnen nur die Chinatown. **Chinatown Alleyway Tours** (Karte S. 1090; ☎ 415-984-1478; www.chinatownalleywaytours.org; Portsmouth Sq; Erw./Student 26/16 US$; ⌚ Führungen Sa 11 Uhr; 👪; 🚌 1, 8, 10, 12, 30, 41, 45, 🚋 California, Powell-Mason, Powell-Hyde) und **Chinatown Heritage Walking Tours** (Karte S. 1090; ☎ 415-986-1822; www.cccsf.us; Chinese Culture Center, Hilton Hotel, 3. Stock, 750 Kearny St; Gruppentour Erw. 25–30 US$, Student 15–20 US$, Privatführung für 1–4 Pers. 60 US$; ⌚ Führungen Di–Sa 10, 12 & 14 Uhr; 👪; 🚌 1, 8, 10, 12, 30, 41, 45, 🚋 California, Powell-Mason, Powell-Hyde) veranstalten Spaziergänge, die eine Zeitreise zu bedeutsamen Momenten der US-amerikanischen Geschichte darstellen; die Anbieter unterstützen die chinesische Gemeinde.

Chinese Historical Society of America MUSEUM

(CHSA; Karte S. 1090; ☎ 415-391-1188; www.chsa.org; 965 Clay St; Erw./Student/Kind 15/10 US$/frei; ⌚ Mi–So 11–16 Uhr; 👪; 🚌 1, 8, 30, 45, 🚋 California, Powell-Mason, Powell-Hyde) GRATIS Hier erfährt man, wie Chinesen zur Zeit des Goldrauschs, des Baus der transkontinentalen Bahn oder der Beatniks in den USA lebten. Die Historiker der CHSA haben faszinierende Artefakte ausgegraben, von *qipao*-Seidenkleidern aus den 1920er-Jahren bis hin zu Miniaturdioramen des Bühnenbildners Frank Wong, die Chinatown darstellen. Die Ausstellungen zeigen auch einst populäre Stereotype über Chinatown, so die sensationslüsterne Opiumhöhle, die 1915 bei der Panama-Pacific International Expo in San Francisco zu sehen war und die Messebesucher dazu animieren sollte, sich in Chinatown unters Volk zu mischen. Das Museumsgebäude errichtete 1932 Julia Morgan, die Chefarchitektin des Hearst Castle, als YWCA-Filiale in Chinatown.

North Beach

★ City Lights Books KULTURZENTRUM

(Karte S. 1090; ☎ 415-362-8193; www.citylights.com; 261 Columbus Ave; ⌚ 10–24 Uhr; 👪; 🚌 8, 10, 12, 30, 41, 45, 🚋 Powell-Mason, Powell-Hyde) Seit Gründer und Poet Lawrence Ferlinghetti und Geschäftsführer Shigeyoshi Murao 1957 vor Gericht ihr Recht durchsetzten, Allen Ginsbergs großartiges Gedicht *Howl* (deutsch: *Das Geheul*) zu veröffentlichen, herrschen hier freier Geist und freie Rede. Auf dem Poet's Chair im Obergeschoss mit Blick auf die Jack Kerouac Alley kann man sein Recht auf freie Lektüre wahrnehmen, im Zwischengeschoss sich mit Zeitschriften eindecken und im Erdgeschoss in der neuen Abteilung „Pedagogies of Resistance" radikalen Ideen nachhängen.

Beat Museum MUSEUM

(Karte S. 1090; ☎ 800-537-6822; www.kerouac.com; 540 Broadway; Erw./Student 8/5 US$, Stadtspaziergang 25 US$; ⌚ Museum 10–19 Uhr, Stadtspaziergänge Sa 14–16 Uhr; 🚌 8, 10, 12, 30, 41, 45, 🚋 Powell-Mason) Hier kommt man der Beatnik-Erfahrung so nahe, wie das möglich ist, ohne gegen ein Gesetz zu verstoßen. Die mehr als 1000 Exponate in der wahrhaft bunten Sammlung umfassen Hervorragendes (die verbotene Ausgabe von Ginsbergs *Howl* mit den Anmerkungen des Autors) und Lächerliches (über die Kerouac-Wackelkopfpuppen kann man nur den Kopf schütteln). Im Erdgeschoss kann man in klapprigen Kinosesseln, die nach großen Dichtern, Haustieren und Haschisch duften, Filme der Beat-Ära schauen. Im Obergeschoss kann man an Schreinen für einzelne Protagonisten der Beat Generation seinen Respekt zollen.

Russian Hill & Nob Hill

★ Lombard Street STRASSE

(Karte S. 1090; 🚋 Powell-Hyde) Die acht Spitzkehren im 900er-Block der Lombard St hat man auf Tausenden Fotos gesehen. Das Fremdenverkehrsamt bezeichnet die Straße als die „kurvenreichste der Welt" – die Ehre gebührt eigentlich der Vermont St in Potrero Hill, aber die Lombard St ist mit ihrem roten Ziegelpflaster und den liebevoll gepflegten Blumenbeeten viel fotogener. Die Straße war übrigens nicht immer so kurvenreich: Ehe Autos aufkamen, führte sie einfach gerade und steil den Hügel hinunter.

★ Cable Car Museum HISTORISCHE STÄTTE

(Karte S. 1090; ☎ 415-474-1887; www.cablecarmuseum.org; 1201 Mason St; Spende erbeten; ⌚ April–Sept. 10–18 Uhr, Okt.–März 10–17 Uhr; 👪; 🚋 Powell-Mason, Powell-Hyde) GRATIS Was ist das für ein Summen unter den Gleisen der Cable Car? Es ist der Klang der Seile, die die Wagen ziehen und die in dem alten Maschi-

San Francisco & Bay Area

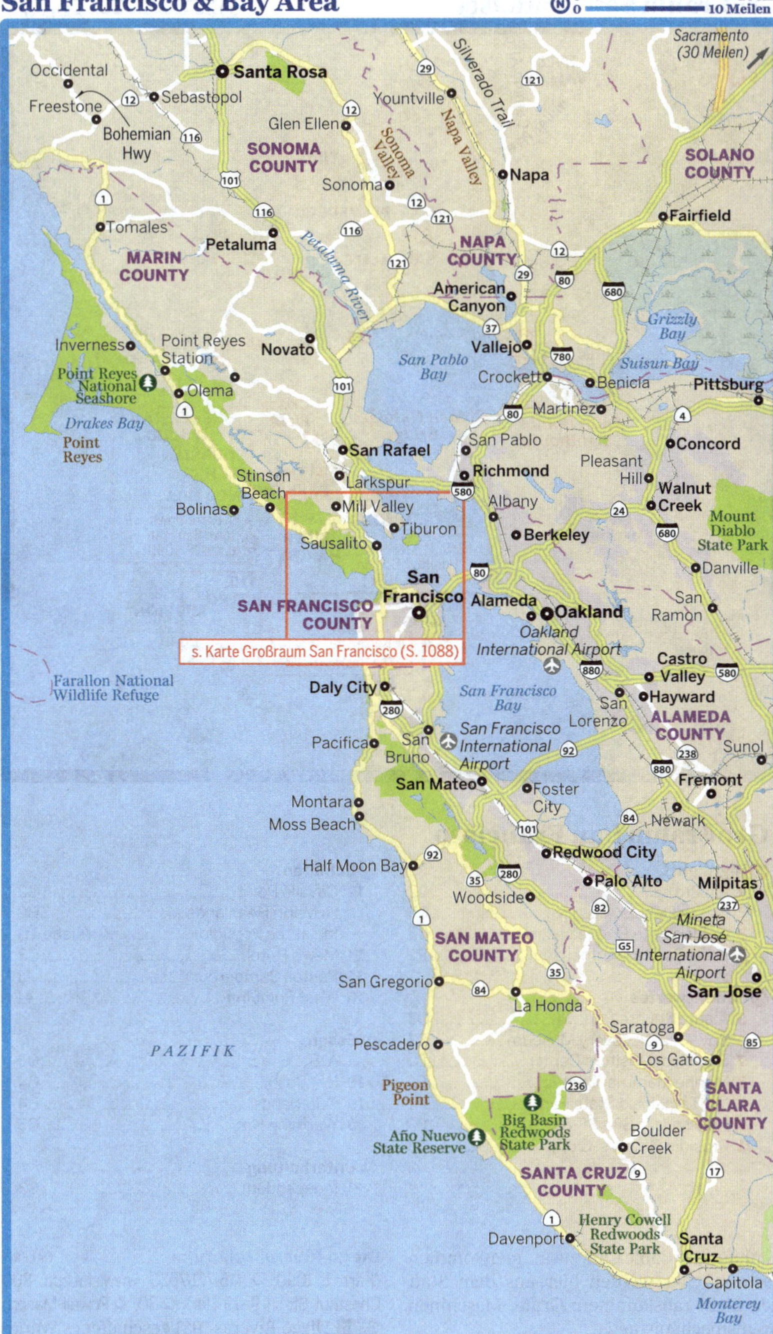

Großraum San Francisco

Großraum San Francisco

Highlights
1 Alcatraz C2
2 Crissy Field C3
3 Golden Gate Bridge C3
4 Point Bonita Lighthouse B3

Sehenswertes
5 Alamo Square Park C3
6 Bay Area Discovery Museum C2
7 Bay Model Visitors Center B2
8 Marine Mammal Center B2
9 Mt. Tamalpais State Park A1
10 Nike Missile Site SF-88 .... B2
11 Presidio Officers' Club C3

Schlafen
12 Cavallo Point C2
13 HI Marin Headlands B2
Inn at the Presidio .... (siehe 11)
14 Metro Hotel C3
15 Pantoll Campground A1
16 West Point Inn A1

Essen
17 A16 .... C3
18 Ichi Sushi C4
19 Outerlands B4
20 Warming Hut C3

Unterhaltung
21 Independent C3

nenhaus der Cable Cars zusammenkommen. Technikfreaks werden hier aus dem Staunen nicht rauskommen: Griffe, Maschinen, Bremsmechanismen ...

Diego Rivera Gallery GALERIE
(Karte S. 1090; ☎415-771-7020; www.sfai.edu; 800 Chestnut St; ⏰9–19 Uhr; 🚌30, 🚋Powell-Mason) GRATIS Diego Riveras 1931 geschaffenes Wand-

bild *The Making of a Fresco Showing the Building of a City* ist ein Trompe-l'Oeil-Fresko in einem Fresko. Das Bild zeigt den Künstler, der seine eigene Arbeit wie auch das Entstehen San Franciscos bewundert. Das Bild bedeckt eine ganze Wand in der Diego Rivera Gallery des San Francisco Art Institute.

Fisherman's Wharf

★ Maritime National Historical Park HISTORISCHE STÄTTE
(Karte S. 1090; ☎ 415-447-5000; www.nps.gov/safr; 499 Jefferson St, Hyde St Pier; 7-Tage-Ticket Erw./Kind 10 US$/frei; ⌚ Okt.–Mai 9.30–17 Uhr, Juni–Sept. bis 17.30 Uhr; ; 19, 30, 47, Powell-Hyde, M F) Die vier historischen Schiffe dieser Stätte sind schwimmende Museen und die authentischste Attraktion am Fisherman's Wharf. Vertäut am Hyde St Pier liegen der 1891 gebaute Schoner *Alma*, mit dem im Sommer geführte Segeltouren stattfinden, das Dampfschiff *Eureka* von 1890, der Schaufelradschlepper *Eppleton Hall* und das Stahlrumpf-Vollschiff *Balclutha*.

Maritime Museum MUSEUM
(Aquatic Park Bathhouse; Karte S. 1090; www.maritime.org; 900 Beach St; ⌚ 10–16 Uhr; ; 19, 30, 47, Powell-Hyde) GRATIS Als monumentaler Hinweis an Seeleute, die dringend ein Bad brauchen, ist das kürzlich renovierte, 1939 erbaute schiffsförmige Wahrzeichen der stromlinienförmigen Moderne mit Kunstwerken geschmückt, die von der Works Progress Administration (WPA) in Auftrag gegeben wurden: mit verspielten Robben- und Froschskulpturen von Beniamino Bufano, surrealen Unterwasserwandbildern von Hilaire Hiler und kürzlich wieder freigelegten Holzreliefs von Richard Ayer. Der berühmte afroamerikanische Künstler Sargent Johnson schuf das verblüffende Markisenvordach aus grünem Schiefer und die faszinierenden Wassermosaiken der Veranda.

The Marina & Presidio

★ Crissy Field PARK
(Karte S. 1088; www.crissyfield.org; 1199 East Beach; P ; 30, PresidiGo-Shuttle) Der ehemalige Militärflugplatz ist heute ein Naturschutzgebiet am Wasser mit grandiosem Blick auf die Golden Gate Bridge. Wo einst Militärflugzeuge zur Landung ansetzten, drängen sich jetzt Vogelbeobachter im ruhigen Schilf der Gezeitenmarsch. Jogger tummeln sich auf den Wegen am Strand, und der einzige Sicherheitsalarm wird von jungen Hunden ausgelöst, die argwöhnisch die Surfer beschnüffeln. An nebligen Tagen kann man in der ökozertifizierten **Warming Hut** (☎ 415-561-3042; www.parksconservancy.org/visit/eat/warming-hut.html; 983 Marine Dr; Artikel 4–9 US$; ⌚ 9–17 Uhr; P ; PresidiGo Shuttle) in Naturführern blättern und einen Fair-Trade-Kaffee genießen.

Presidio Officers' Club HISTORISCHES GEBÄUDE
(Karte S. 1088; ☎ 415-561-4165; www.presidio.gov/officers-club-internal; 50 Moraga Ave; ⌚ Di, Mi, Sa & So 10–18, Do & Fr bis 20 Uhr; PresidiGo-Shuttle) GRATIS Das älteste Gebäude in Presidio stammt aus dem späten 18. Jh. und erstrahlt nach einer gründlichen Renovierung (2015) jetzt wieder im Glanz seiner prächtigen spanisch-maurischen Lehmziegel-Architektur. Die kostenlose **Heritage Gallery** zeigt die Geschichte des Presidio von der Zeit der Ureinwohner bis zur Gegenwart. Die Moraga Hall – die Lounge des ehemaligen Offiziersclubs – ist ein hübscher Ort, wo man am Kamin sitzen kann; kostenloses WLAN gibt's auch. Am Donnerstag- und Freitagabend finden im Club interessante Veranstaltungen und Lesungen statt; Infos stehen auf der Website.

★ Musée Mécanique VERGNÜGUNGSPARK
(Karte S. 1090; ☎ 415-346-2000; www.museemechanique.org; Pier 45, Shed A; ⌚ 10–20 Uhr; ; 47, Powell-Mason, Powell-Hyde, M E, F) Das Musée Mécanique versetzt einen mit einer hinreißenden Sammlung alter Spielautomaten zurück in die Zeit der Spielhallen. Die teuflisch grinsende, sommersprossige Laughing Sal erschreckt Kinder schon seit über 100 Jahren, sollte einen aber nicht vom Besuch der besten Spielhalle westlich von Coney Island abhalten. Für einen Quarter startet man Schlägereien in Wildwest-Saloons, linst durch ein altes Mutoskop auf Bauchtänzerinnen und wird in einer belehrenden Geschichte vor dem Rauchen von Opium gewarnt.

★ Seelöwen an Pier 39 SEELÖWEN
(Karte S. 1090; www.pier39.com; Pier 39, Ecke Beach St & Embarcadero; ⌚ 24 Std.; ; 15, 37, 49, M E, F) Tierische Strandbesetzer haben 1990 San Franciscos begehrtestes Ufergelände übernommen und lassen sich seither hier sehen. Natürlich wurden die speckigen Gesellen schnell zu San Franciscos Lieblingsmaskottchen. Da die kalifornischen Ge-

Downtown San Francisco

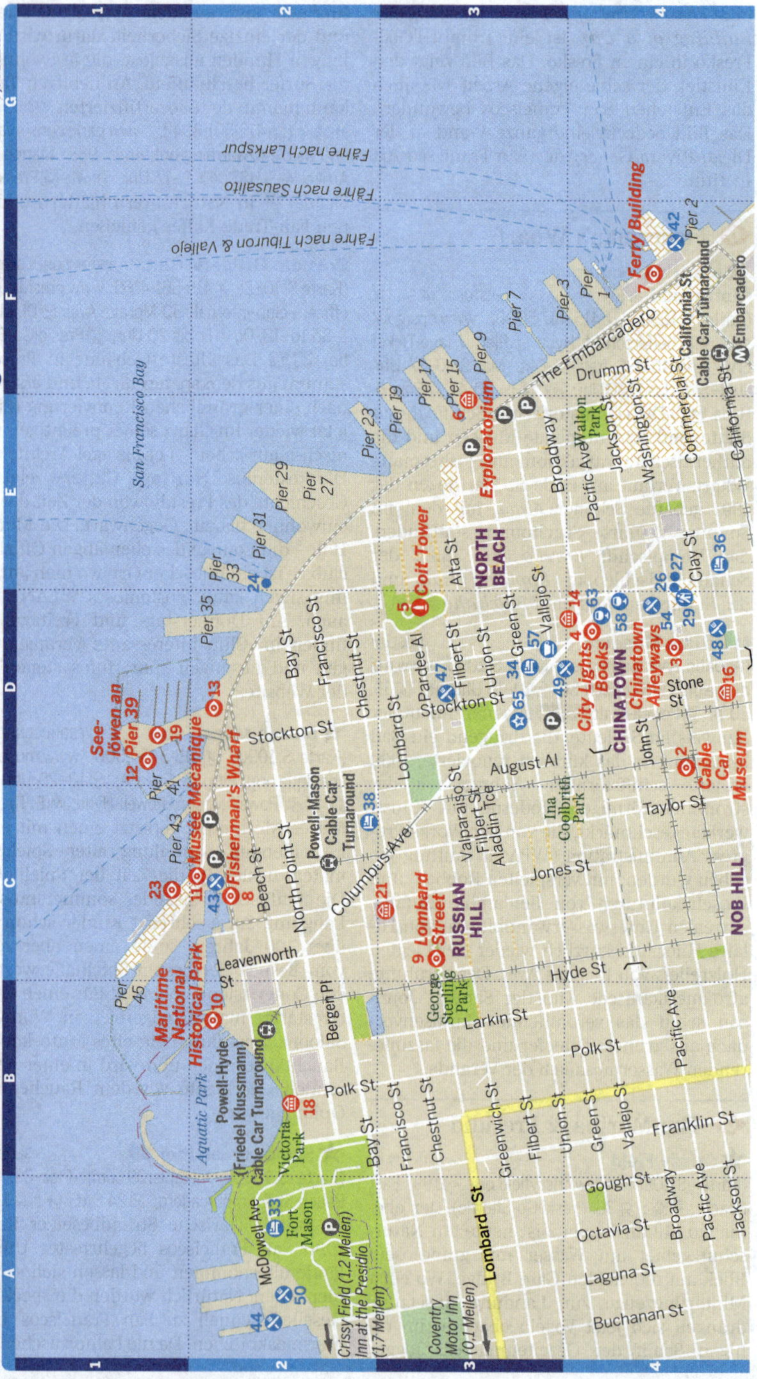

0 – 1 km
0 – 0,5 Meilen

A B C D E F G
1 2 3 4

San Francisco Bay
Fähre nach Tiburon & Vallejo
Fähre nach Sausalito
Fähre nach Larkspur

See-löwen an Pier 39
12
19
Pier 41
Pier 43
Pier 45
23
Maritime National Historical Park
10
Aquatic Park
11 Musée Mécanique
43
Fisherman's Wharf
8
13
Pier 35
Pier 33
24
Pier 31
Pier 29
Pier 27
Pier 23
Pier 19
Pier 17
Pier 15
6
Exploratorium
Pier 9
Pier 7
Pier 3
Pier 1
7 Ferry Building
42
Pier 2

44
50
McDowell Ave
33
Fort Mason
Powell-Hyde (Friedel Klussmann) Cable Car Turnaround
Victoria Park
18
Crissy Field (1,2 Meilen)
Inn at the Presidio (1,7 Meilen)
Coventry Motor Inn (0,1 Meilen)
Leavenworth St
Beach St
North Point St
Bay St
Bergen Pl
Polk St
Powell-Mason Cable Car Turnaround
38
Columbus Ave
21
Francisco St
Chestnut St
Lombard St
9 Lombard Street
George Sterling Park
RUSSIAN HILL
Stockton St
Pardee Al
5
Coit Tower
47
Filbert St
Alta St
Valparaiso St
Filbert St
Aladdin Tce
Union St
NORTH BEACH
Lombard St
Greenwich St
Larkin St
Hyde St
Jones St
August Al
Ina Coolbrith Park
65
34
Green St
57
Vallejo St
49
4
14
City Lights Books
63
58
CHINATOWN
Chinatown Alleyways
3
54
26
27
29
Clay St
36
48
16
Stone St
John St
Taylor St
2
Cable Car Museum
NOB HILL
Broadway
Pacific Ave
Walton Park
Jackson St
Washington St
Commercial St
Drumm St
The Embarcadero
California St Cable Car Turnaround
California St
Embarcadero
Buchanan St
Laguna St
Octavia St
Gough St
Franklin St
Vallejo St
Green St
Union St
Filbert St
Broadway
Pacific Ave
Jackson St
Polk St
Pacific Ave

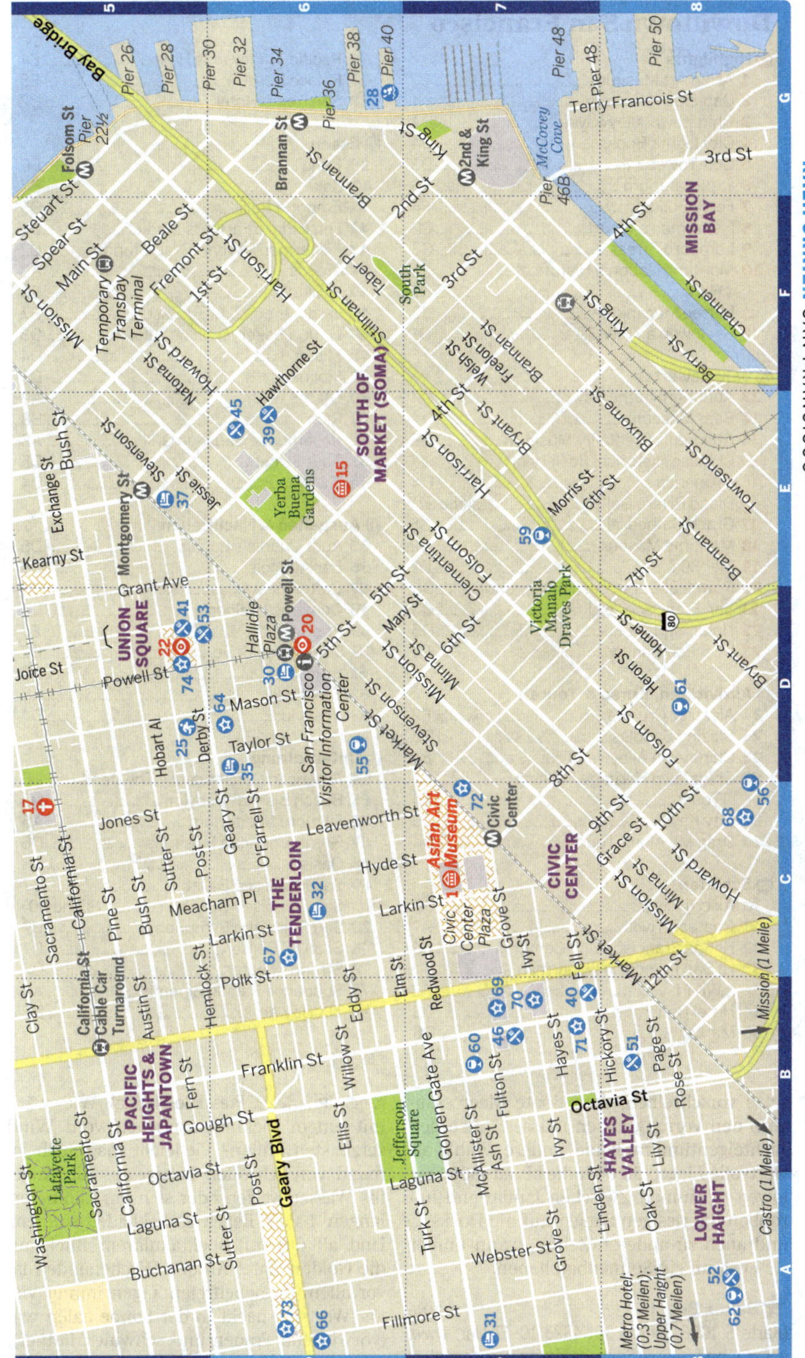
Bay Bridge
Pier 26
Pier 28
Pier 30
Pier 32
Pier 34
Pier 36
Pier 38
Pier 40
Pier 48
Pier 50
Pier 22½
Folsom St
Brannan St
2nd & King St
McCovey Cove
Pier 46B
Terry Francois St
3rd St
MISSION BAY
Channel St
Berry St
King St
4th St
Steuart St
Spear St
Main St
Beale St
Fremont St
1st St
Harrison St
Mission St
Temporary Transbay Terminal
Howard St
Natoma St
Taber Pl
South Park
Stillman St
2nd St
3rd St
Hawthorne St
SOUTH OF MARKET (SOMA)
Brannan St
Freelon St
Welsh St
Bryant St
Bluxome St
Townsend St
Morris St
6th St
Brannan St
7th St
Bush St
Exchange St
Stevenson St
Jessie St
Montgomery St
Yerba Buena Gardens
Kearny St
Grant Ave
UNION SQUARE
Hallidie Plaza
Powell St
5th St
Mary St
Clementina St
Folsom St
Victoria Manalo Draves Park
Homer St
Heron St
Bryant St
Joice St
Powell St
Mason St
Taylor St
Derby St
Hobart Al
San Francisco Visitor Information Center
Stevenson St
Market St
Mission St
Minna St
6th St
Folsom St
Jones St
Sutter St
Post St
Geary St
O'Farrell St
Leavenworth St
Asian Art Museum
Civic Center
8th St
9th St
10th St
Grace St
Sacramento St
California St
Pine St
Bush St
Meacham Pl
THE TENDERLOIN
Hyde St
Larkin St
Civic Center Plaza
Grove St
CIVIC CENTER
Minna St
Mission St
Howard St
Clay St
California St Cable Car Turnaround
Austin St
Hemlock St
Larkin St
Polk St
Eddy St
Elm St
Redwood St
Ivy St
Fell St
Market St
12th St
Mission (1 Meile)
PACIFIC HEIGHTS & JAPANTOWN
Fern St
Franklin St
Willow St
Ellis St
Golden Gate Ave
McAllister St
Fulton St
Hayes St
Hickory St
Page St
Rose St
Octavia St
Washington St
Lafayette Park
Sacramento St
California St
Gough St
Octavia St
Laguna St
Post St
Geary Blvd
Jefferson Square
Laguna St
Ash St
Ivy St
HAYES VALLEY
Lily St
Linden St
Oak St
LOWER HAIGHT
Castro (1 Meile)
Buchanan St
Sutter St
Turk St
Webster St
Grove St
Fillmore St
Metro Hotel (0,3 Meilen); Upper Haight (0,7 Meilen)

Downtown San Francisco

Highlights
1 Asian Art Museum C7
2 Cable Car Museum D4
3 Chinatown Alleyways D4
4 City Lights Books D4
5 Coit Tower D3
6 Exploratorium E3
7 Ferry Building F4
8 Fisherman's Wharf C2
9 Lombard Street C3
10 Maritime National Historical Park B2
11 Musée Mécanique C2
12 Seelöwen an Pier 39 .... D1

Sehenswertes
13 Aquarium of the Bay D2
14 Beat Museum D4
15 Children's Creativity Museum E6
16 Chinese Historical Society of America D4
Diego Rivera Gallery .... (siehe 21)
17 Grace Cathedral C5
18 Maritime Museum B2
19 Pier 39 .... D1
20 Powell St Cable Car Turnaround D6
21 San Francisco Art Institute C3
22 Union Square D5
23 USS Pampanito C1

Aktivitäten, Kurse & Touren
24 Alcatraz Cruises E2
25 Blazing Saddles D5
26 Chinatown Alleyway Tours E4
27 Chinatown Heritage Walking Tours E4
28 City Kayak G6
29 Drag Me Along Tours D4

Schlafen
30 Axiom D6
31 Chateau Tivoli A7
32 HI San Francisco City Center C6
33 HI San Francisco Fisherman's Wharf A2
34 Hotel Bohème D3
35 Marker D6
36 Pacific Tradewinds Hostel E4
37 Palace Hotel E5
38 San Remo Hotel C2

Essen
39 Benu E6
40 Cala B7
41 Emporio Rulli D5
42 Ferry Plaza Farmers Market F4
43 Fisherman's Wharf Crab Stands C2
44 Greens A2
45 In Situ E6
46 Jardinière B7
47 Liguria Bakery D3
48 Mister Jiu's D4
49 Molinari D3
50 Off the Grid A2
51 Rich Table B8
52 Rosamunde Sausage Grill A8
53 Tout Sweet D5
54 Z & Y D4

Ausgehen & Nachtleben
55 Aunt Charlie's Lounge D6
56 Bar Agricole C8
57 Caffe Trieste D3
58 Comstock Saloon D4
59 EndUp E7
60 Smuggler's Cove B7
61 Stud D8
62 Toronado A8
63 Vesuvio D4

Unterhaltung
64 American Conservatory Theater D6
65 Beach Blanket Babylon D3
66 Fillmore Auditorium A6
67 Great American Music Hall C6
68 Oasis C8
69 San Francisco Ballet B7
San Francisco Opera .... (siehe 69)
70 San Francisco Symphony B7
71 SFJAZZ Center B7
72 Strand Theater C7
73 Sundance Kabuki Cinema A6
74 TIX Bay Area D5

setze vorschreiben, dass Boote Meeressäugern den Vorrang lassen müssen, blieb den Jachteigentümern keine andere Wahl, als wertvolle Liegeplätze für die bis zu 1300 Seelöwen zu räumen. Zwischen Januar und Juli robben die riesigen Säuger auf die Docks … und auch zu anderen Zeiten, wann immer sie Lust auf ein Sonnenbad haben.

★ Baker Beach STRAND

(Karte S. 1096; ☎ 451-561-4323 10–17 Uhr; www.nps.gov/prsf; ⏲ Sonnenaufgang–Sonnenuntergang; P; 29, PresidiGo-Shuttle) Wie wär's mit einem Picknick zwischen vom Wind zerzausten Pinien? Vielleicht mag auch jemand von schroffen Felsen aus die Angel ins Wasser werfen oder sich am kilometerlangen Baker Beach unbekleidet sonnen? Und all das mit spektakulärem Blick auf die Golden Gate! An den Wochenenden ist vor allem an nebelfreien Tagen immer viel los. Wer sich nackt in der Sonne aalen will (vorwiegend Frauen und schwule Männer), sollte den Nordteil des Strands aufsuchen. Familien tummeln sich südlich, in der Nähe des Parkplatzes. Vorsicht: Strömung und bibberkaltes Wasser!

The Mission & The Castro

★Balmy Alley STRASSENKUNST
(Karte S. 1094; ☎415-285-2287; www.precitaeyes.org; zw. 24th & 25th St; 🚌10, 12, 14, 27, 48, Ⓑ24th St Mission) Angeregt von Diego Riveras Wandbildern im San Francisco der 1930er-Jahre und provoziert von der US-amerikanischen Mittelamerikapolitik machten sich *muralistas* (Wandmaler) in den 1970er-Jahren, angeführt von Mia Gonzalez, daran, die politische Landschaft zu verändern, indem sie ein Garagentor nach dem anderen mit Wandbildern bemalten. Seit 30 Jahren können jetzt in der Balmy Alley Wandgemälde bewundert werden, von einem ersten Gemälde zu Ehren des El-Salavador-Aktivisten Erzbischof Óscar Romero bis zu einer Hommage an Frida Kahlo, Georgia O'Keeffe und andere bahnbrechende Künstlerinnen.

Mission Dolores KIRCHE
(Misión San Francisco de Asís; Karte S. 1094; ☎415-621-8203; www.missiondolores.org; 3321 16th St; Erw./Kind 5/3 US$; ⏲Nov.–April 9–16 Uhr, Mai–Okt. 9–16.30 Uhr; 🚌22, 33, Ⓑ16th St Mission, ⓂJ) Dem ältesten Gebäude verdankt die Stadt ihren Namen: der weiß getünchten, aus Lehmziegeln erbauten Misión San Francisco de Asís. Die Mission wurde 1776 gegründet und ab 1782 von Zwangsarbeitern vom Stamm der Ohlone und Miwok neu gebaut. Auf dem Friedhof steht eine Hütte zum Gedenken der 5000 Ureinwohner, die in der Mission Anfang des 19. Jhs. an den Masern starben. Heute steht das bescheidene Lehmziegelbauwerk im Schatten der benachbarten prächtigen Basilika von 1913, deren schillernde Buntglasfenster an die 21 kalifornischen Missionen erinnern.

★Dolores Park PARK
(Karte S. 1094; http://sfrecpark.org/destination/mission-dolores-park; Dolores St, zw. 18th & 20th Sts; ⏲6am-10pm; 👪🐾; 🚌14, 33, 49, Ⓑ16th St Mission, ⓂJ) Halbprofessionelles Sonnenbaden und Taco-Picknicks – im Dolores Park zeigt sich San Francisco von seiner sonnigen Seite. Hier gibt's für jeden etwas, von Streetball und Tennis bis zu einem Spielplatz mit Maya-Pyramide (Menschenopfer verboten!). Politische Kundgebungen und sonstige beliebte Aktivitäten finden das ganze Jahr über statt; im Sommer gibt's zudem kostenloses Kino und Straßentheater der Mime Troupe. Von der hochgelegenen Ecke im Südwesten hat man einen herrlichen, von Palmen gesäumten Blick aufs Stadtzentrum.

★Women's Building GEBÄUDE
(Karte S. 1094; ☎415-431-1180; www.womensbuilding.org; 3543 18th St; 👪; 🚌14, 22, 33, 49, Ⓑ16th St Mission, ⓂJ) Das erste Gemeindezentrum der USA, das Frauen gehört und von Frauen geführt wird, leistet schon seit 1979 im Stillen gute Arbeit zusammen mit 170 Frauenorganisationen. Mit dem *Maestrapeace*-Wandbild von 1994 ist es jedoch zu einem echten Wahrzeichen geworden. Eine Star-Team aus *muralistas* bedeckte das Gebäude mit Bildern von Grenzen überwindenden Künstlerinnen und Pionierinnen der Gleichberechtigung. Porträtiert wurden u. a. die Nobelpreisträgerin Rigoberta Menchú, die Poetin Audre Lorde, die Künstlerin Georgia O'Keeffe und US Surgeon General Joycelyn Elders, eine operative Leiterin des US Public Health Service.

The Haight & Umgebung

★Haight Street STRASSE
(Karte S. 1096; Haight St, zw. Fillmore & Stanyan St; 🚌7, 22, 33, 43, ⓂN) War das nun im Herbst 1966 oder im Winter 1967? In Haight heißt es, dass man wohl nicht dabei gewesen ist, wenn man sich an das Datum des Summer of Love nicht erinnern kann. Der Nebel war durchsetzt mit dem Rauch von Marihuana, Sandelholz und verbrannten Einberufungsbefehlen, tagelang wurde über Neonplakate von Grateful Dead meditiert und die Kreuzung von **Haight und Ashbury St** (Karte S. 1096; 🚌6, 7, 33, 37, 43) wurde zum Wendepunkt einer ganzen Generation.

Alamo Square Park PARK
(Karte S. 1088; www.sfparksalliance.org/our-parks/parks/alamo-square; Ecke Hayes & Steiner St; ⏲Sonnenaufgang–Sonnenuntergang; 👪🐾; 🚌5, 21, 22, 24) Hippie-Kommunen und viktorianische Bordelle, Jazz-Größen und Opernstars, Erdbeben und die Church of Satan – das alles haben die vornehmen, als **Painted Ladies** bezeichneten viktorianischen Villen seit 1857 er- und unbeschadet überlebt. Die pastellfarbenen Villen der Postcard Row an der Ostseite des Alamo Sq verblassen im Vergleich zu den bunten Gebäuden am nordwestlichen Ende des auf einer Hügelspitze gelegenen Parks. An der Nordseite stehen

The Mission & The Castro

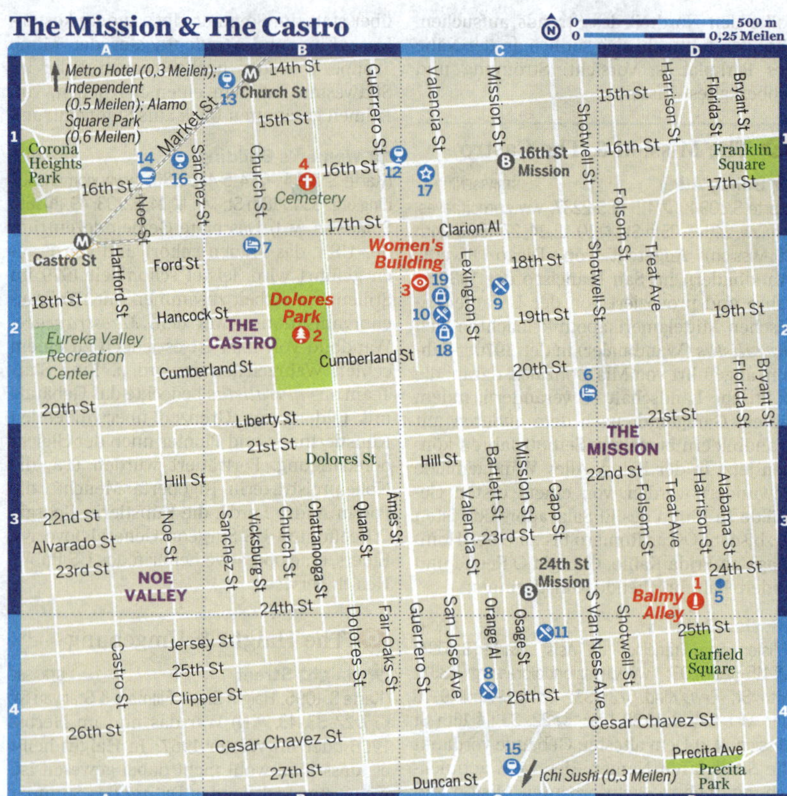

barocke, bombastische Barbary-Coast-Villen mit schuppenartig verlegten Dachschindeln, Spitzdächern und Verzierungen im Stil von Pfefferkuchenhäuschen.

Golden Gate & Umgebung

1865 beschloss die Stadt, aus ca. 400 ha Sanddünen den Golden Gate Park zu schaffen. Am Westende des Parks liegt der **Ocean Beach** (Karte S. 1096; ☎ 415-561-4323; www.parksconservancy.org; Great Hwy; ⏰ Sonnenaufgang–Sonnenuntergang; P 👪 🐾; 🚌 5, 18, 31, Ⓜ N), wo das **Cliff House** (Karte S. 1096; ☎ 415-386-3330; www.cliffhouse.com; 1090 Point Lobos Ave; ⏰ So–Do 9–23, Fr & Sa 9–24 Uhr; 🚌 5, 18, 31, 38) GRATIS über der prächtigen Ruine der **Sutro Baths** (Karte S. 1096; www.nps.gov/goga/historyculture/sutro-baths.htm; 680 Point Lobos Ave; ⏰ Sonnenaufgang–Sonnenuntergang; Visitor Center 9–17 Uhr; P; 🚌 5, 31, 38) GRATIS thront. Ein teilweise asphaltierter Wanderweg führt um **Lands End** herum, von wo aus man Schiffswracks sehen kann und einen schönen Blick auf die **Golden Gate Bridge** (Karte S. 1096; ☎ Mautinformationen 877-229-8655; www.goldengatebridge.org/visitors; Hwy 101; nordwärts umsonst, südwärts 6,50–7,50 US$; 🚌 28, alle Golden-Gate-Transit-Busse) hat. Sonntags ist der JFK Drive für den Autoverkehr gesperrt – eine gute Gelegenheit, sich bei **Golden Gate Park Bike & Skate** (Karte S. 1096; ☎ 415-668-1117; www.goldengateparkbikeandskate.com; 3038 Fulton St; Skates 5–6 US$/Std., 20–24 US$/Tag, Fahrrad 3–5 US$/Std., 15–25 US$/Tag, Tandem Std./Tag 15/75 US$, Picknickgeschirr 6/25 US$; ⏰ Mo–Fr 10–18, Sa & So bis 19 Uhr; 👪; 🚌 5, 21, 31, 44) einen fahrbaren Untersatz zu leihen.

★ Golden Gate Park PARK
(Karte S. 1096; www.golden-gate-park.com; zw. Stanyan St & Great Hwy; P 👪 🐾; 🚌 5, 7, 18, 21, 28, 29, 33, 44, Ⓜ N) GRATIS Wenn die Einheimi-

The Mission & The Castro

schen von „dem Park" sprechen, meinen sie den Golden Gate Park. Hier gibt's alles, was in der Stadt geschätzt wird: freie Geister, kostenlose Musik, Mammutbäume, Frisbee, Demonstrationen, Kunst, Bonsais und Büffel. Dank den herrlichen Mikroklimazonen der Stadt und ihrer natürlichen Exzentrik finden sich im Park Pflanzen aus aller Welt und außerordentliche Sehenswürdigkeiten, darunter: das **de Young Museum** (415-750-3600; http://deyoung.famsf.org; 50 Hagiwara Tea Garden Dr; Erw./Kind 15 US$/frei, 1. Di im Monat frei; April–Nov. Di–So 9.30–17.15, Fr bis 20.45 Uhr; 5, 7, 44, M N); die California Academy of Sciences (S. 1085); der **San Francisco Botanical Garden** (Strybing Arboretum; 415-661-1316; www.strybing.org; 1199 9th Ave; Erw./Kind 8/2 US$, tgl. vor 9 & 2. Di im Monat frei; März–Sept. 7.30–19 Uhr, Okt.–Mitte Nov. & Feb. bis 18 Uhr, Mitte Nov.–Jan. bis 17 Uhr, letzter Einlass 1 Std. vor Schließung, Buchladen 10–16 Uhr; 6, 7, 44, M N); der **Japanese Tea Garden** (415-752-1171; www.japaneseteagardensf.com; 75 Hagiwara Tea Garden Dr; Erw./Kind 8/2 US$, Mo, Mi & Fr vor 10 Uhr frei; März–Okt. 9–18 Uhr, Nov.–Feb. bis 16.45 Uhr; P; 5, 7, 44, M N); das **Conservatory of Flowers** (info 415-831-2090; www.conservatoryofflowers.org; 100 John F. Kennedy Dr; Erw./Student/Kind 8/6/2 US$, 1. Di im Monat frei; Di–So 10–16 Uhr; 5, 7, 21, 33, M N); und der **Stow Lake** (www.sfrecpark.org; Sonnenaufgang–Sonnenuntergang; 7, 44, M N).

Aktivitäten

Blazing Saddles RADFAHREN
(Karte S. 1090; 415-202-8888; www.blazingsaddles.com; 433 Mason St; Fahrrad 8–15 US$/Std., 32–88 US$/Tag, E-Bike 48–88 US$/Tag; 8–20 Uhr; Powell-Hyde, Powell-Mason, B Powell, M Powell) Verleiht Fahrräder nahe dem Union Sq, mit denen man einen Tag durch die Downtown radeln kann – auf den Verkehr achten! Wer online reserviert, erhält 20 % Rabatt.

City Kayak KAJAKFAHREN
(Karte S. 1090; 415-294-1050, 888-966-0953; www.citykayak.com; Pier 40, South Beach Harbor; Kajak 35–125 US$/Std., 3-std. Unterricht & Kajak 49 US$, Touren 59–75 US$; Verleih Do–Mo 12–15 Uhr, Rückgabe bis 17 Uhr; 30, 45, M N, T) Wer San Francisco nicht vom Wasser aus gesehen hat, hat es gar nicht gesehen. Neulinge können Unterricht nehmen und in den ruhigen Gewässern nahe der Bay Bridge paddeln; erfahrene Paddler wagen sich mit dem Leihkajak in die Strömungen nahe der Golden Gate Bridge (bei geeigneten Bedingungen – erst Infos einholen!). Sportliche Romantiker aufgepasst: Die ruhigen Touren in der Abenddämmerung, vorbei an den Lichtern der Bay Bridge, sind ideal für Heiratsanträge. Weitere Details auf der Website.

Geführte Touren

★ **Precita Eyes Mission Mural Tours** STADTSPAZIERGANG
(Karte S. 1094; 415-285-2287; www.precitaeyes.org; 2981 24th St; Erw. 15–20 US$, Kind 3 US$; 12, 14, 48, 49, B 24th St Mission) Die von Wandmalern geführten Spaziergänge am Wochenende beinhalten 60 bis 70 Wandgemälde in Mission in einem Umkreis von sechs bis zehn Blocks rund um die Balmy Alley (S. 1093). Die Spaziergänge dauern 90 bis 135 Minuten (beim mehr ins Detail gehenden Classic Mural Walk). Die Erlöse der

The Richmond, The Haight & Golden Gate Park

The Richmond, The Haight & Golden Gate Park

Highlights
1 Baker Beach ... D1
2 California Academy of Sciences ... E3
3 de Young Museum ... E3
4 Golden Gate Park ... D4
5 Haight Street ... G3

Sehenswertes
6 Cliff House ... A2
7 Conservatory of Flowers ... F3
8 Haight & Ashbury ... G3
9 Japanese Tea Garden ... E3
10 Ocean Beach ... A4
11 San Francisco Botanical Garden ... E4
12 Stow Lake ... D4
13 Sutro Baths ... A2

Aktivitäten, Kurse & Touren
14 Golden Gate Park Bike & Skate ... F3
15 Haight-Ashbury Flower Power Walking Tour ... G4

Essen
16 Burma Superstar ... F2

Shoppen
17 Amoeba Music ... G4
18 Green Apple Books ... F2

gemeinnützigen Organisation finanzieren die Erhaltung der Malereien.

Drag Me Along Tours STADTSPAZIERGANG
(Karte S. 1090; ☎ 415-857-0865; www.dragmealongtours.com; Portsmouth Sq; 20 US$; ⏲ meist So 11–13 Uhr; 🚌 1, 8, 10, 12, 30, 41, 45, 🚋 California, Powell-Mason, Powell-Hyde) Auf diesem Spaziergang wird San Franciscos schlüpfrige Barbary Coast von einer echten Legende vorgestellt: der Varieté-Künstlerin Lola Montez, die nach ihrem skandalumwitterten Aufenthalt in München San Francisco zur Zeit des Goldrauschs unsicher machte – verkörpert von einer Drag-Queen, dem Stadthistoriker Rick Shelton. Lola führt die Teilnehmer durch die Gassen der Chinatown, in denen viktorianische Ladys ihre Reputation aufbauten oder verloren, und vorbei an den Saloons von North Beach, in denen Seeleute shanghait wurden. Die Leute der Barbary Coast spielten, liebten und lebten gefährlich. Nur für Erwachsene, Reservierung erforderlich, nur Barzahlung!

Haight-Ashbury Flower Power Walking Tour STADTSPAZIERGANG
(Karte S. 1096; ☎ 415-863-1621; www.haightashburytour.com; Erw./Kind unter 10 Jahren 20 US$/frei; ⏲ Di & Sa 10.30, Fr 14 Uhr; 👪; 🚌 6, 7, Ⓜ N) Der lange, schräge Trip führt durch zwölf Blocks Hippie-Geschichte auf den Spuren von Jimi, Jerry und Janis – wer die Nachnamen nicht kennt, hat die Tour eindeutig nötig! Der Spaziergang startet an der Kreuzung Stanyan und Waller St und dauert rund zwei Stunden. Reservierung erforderlich!

Feste & Events

Bay to Breakers SPORT
(www.baytobreakers.com; Startgeld ab 65 US$; ⏲ 3. So im Mai) Kostümierte oder spärlich bekleidete Läufer rennen vom Embarcadero zum Ocean Beach; als Lachse verkleidete Läufer bewältigen die Strecke stromaufwärts.

SF Pride Celebration SCHWULE & LESBEN
(⏲ Juni) Ein Tag reicht der Szene in San Francisco nicht zum Feiern: Der Juni beginnt mit dem **San Francisco LGBTQ Film Festival** (www.frameline.org; Tickets 10–35 US$; ⏲ Juni) und endet am letzten Wochenende ausgelassen mit dem **Dyke March** (www.thedykemarch.org) zur Pink Party in Castro am Samstag und der **Pride Parade** (www.sfpride.org; ⏲ letzter So im Juni) mit 1 Mio. Besuchern am Sonntag.

Hardly Strictly Bluegrass MUSIK
(www.hardlystrictlybluegrass.com; ⏲ Okt.) Der Westen tobt bei kostenlosem Bluegrass im Golden Gate Park. Drei Tage lang gibt's auf sieben Bühnen Konzerte von mehr als 100, teilweise berühmten Bands.

Schlafen

Hostels und Budgethotels sind noch am billigsten, aber Zimmer sind in San Francisco nie wirklich günstig: Für ein Privatzimmer im Hostel muss man mit 100 US$, in einem Budgetmotel mit 200 US$ und in einem Mittelklassehotel mit mehr als 300 US$ rechnen. Auf die angegebenen Preise wird zudem noch die deftige Hotelsteuer (15 %) aufgeschlagen.

Embarcadero, SoMa, Union Square & Civic Center

HI San Francisco City Center HOSTEL $
(Karte S. 1090; ☎ 415-474-5721; www.sfhostels.org; 685 Ellis St; B 33–52 US$, Zi. 90–155 US$; @ 📶; 🚌 19, 38, 47, 49) Das siebenstöckige Atherton Hotel aus den 1920er-Jahren wurde kürzlich zu einem überdurchschnittlichen Hostel mit

Alcatraz

HALBTAGESTOUR

Mit der Fähre fährt man von Pier 33 2,4 km durch die Bucht, um das berüchtigtste ehemalige Gefängnis der USA zu erreichen. Sobald man am ❶ **Ferry Dock & Pier** gelandet ist, beginnt der 528 m lange Marsch zur Spitze der Insel und zum Gefängnis. Wer nicht laufen will, wartet auf die Tram, die zweimal stündlich fährt.

Beim Aufstieg zum ❷ **Wachgebäude** zeigt sich, wie steil die Insel ist: Ehe Alcatraz als Gefängnis diente, war es eine Festung. In den 1850er-Jahren trug das Militär die felsige Küste zu nahezu vertikalen Klippen ab. Schiffe konnten danach nur in einem einzigen Hafenbecken anlegen, das von den Hauptgebäuden durch eine Schleuse getrennt war. Drinnen kann man durch den Bodenrost einen Blick auf das ursprüngliche Gefängnis werfen.

Ehrenamtliche Helfer pflegen die ❸ **Officer's Row Gardens** – ein Kontrast zu den überwachsenen Rosenbüschen um die ausgebrannte Hülle des ❹ **Hauses des Direktors**. Auf dem Hügel, beim Eingangstor zum ❺ **Hauptzellenblock**, blitzt immer wieder Schönes auf, z. B. der Blick auf die ❻ **Golden Gate Bridge**. ❼ **Historische Zeichen und Graffiti** sind über dem Haupttor des Verwaltungsgebäudes zu erkennen. Nun geht es hinein in das Gefängnis, um die ehemalige ❽ **Zelle von Frank Morris**, dem berühmtesten Ausbrecher aus Alcatraz, zu besichtigen.

TOP-TIPPS

- Einen Besuch ohne Führung mindestens einen Monat im Voraus buchen, eine geführte Abendtour noch früher. Infos zu Führungen durch die Gartenanlagen: www.alcatraz gardens.org.
- Auf der Insel muss man viel laufen. Mindestens 2–3 Stunden für den Besuch einplanen. Für die Rückfahrt muss man nicht reservieren, man kann jede Fähre nehmen.
- Auf der Insel gibt es keine Verpflegung (nur Wasser), man kann aber nahe der Anlegestelle picknicken. Das Wetter ändert sich schnell – entsprechende Kleidung mitnehmen.

ADRIEN_G/SHUTTERSTOCK ©

Historische Zeichen & Graffiti
Die amerikanischen Ureinwohner, die die Insel von 1969 bis 1971 besetzt hielten, versahen den Wasserturm mit dem Graffiti „Home of the Free Indian Land". Über dem Tor zum Zellenblock kann man sehen, wie sie bei dem Wappen mit Adler und Fahne die roten und weißen Streifen veränderten, um damit das Wort „Free" zu schreiben.

DOPTIS/SHUTTERSTOCK ©

Haus des Direktors
Während der Besetzung durch die Ureinwohner wurden das Haus des Direktors und weitere Gebäude durch Brände zerstört. Die Regierung beschuldigte die Besetzer, diese wiederum gaben Agents Provocateurs die Schuld, die die Nixon-Regierung eingeschleust hätte, um die öffentliche Sympathie für die Besetzer zu untergraben.

Paradeplatz

Officer's Row Gardens
Im 19. Jh. brachten Soldaten Humus auf die Insel, um sie durch die Anlage von Gärten zu verschönern. Zuverlässige Gefängnisinsassen wurden später mit der Pflege betraut – Elliott Michener erzählte, dass ihn diese Arbeit bei Verstand hielt. Heute kümmern sich Historiker, Ornithologen und Archäologen um die Auswahl der Pflanzen.

FRANCKREPORTER/GETTY IMAGES ©

Hauptzellenblock

In der Mitte des 20. Jhs. beherbergte das Hochsicherheitsgefängnis die berüchtigtsten Verbrecher jener Zeit, darunter Al Capone und Robert Stroud, den „Vogelmann von Alcatraz" (der aber seine ornithologischen Studien tatsächlich in Leavenworth durchführte).

Blick auf die Golden Gate Bridge

Die Golden Gate Bridge erstreckt sich über den Horizont. Den besten Blick hat man vom Gipfel der Insel an der Eagle Plaza, nahe dem Eingang zum Zellenblock sowie am Ufer entlang des Agave Trail (nur Sept.–Jan.).

Wachgebäude

Das älteste Gebäude hier stammt von 1857. Man sieht noch Überreste der früheren Zugbrücke und des Grabens. Zur Zeit des Amerikanischen Bürgerkriegs wurde das Untergeschoss ein Militärverlies – der Anfang der Gefängnisinsel.

Zelle von Frank Morris

In der Zelle 138 von Block B sieht man eine Nachbildung der Kopfattrappe, die Frank Morris in seinem Bett hinterließ, um die Wachen zu täuschen, als er 1962 seinen berühmten – erfolgreichen – Ausbruch aus Alcatraz unternahm.

Ferry Dock & Pier

Eine riesige Wandkarte dient zur Orientierung auf der Insel. Im Bldg 64 informieren Kurzfilme und Ausstellungen über die Geschichte des Gefängnisses und die Besetzung der Insel durch Ureinwohner.

OSCITY/SHUTTERSTOCK ©

NICHT VERSÄUMEN

ALCATRAZ

Mehr als 150 Jahre lang ließ der Name **Alcatraz** (Karte S. 1088; ☎Alcatraz Cruises 415-981-7625; www.nps.gov/alcatraz; Touren Erw./Kind 5–11 Jahre tagsüber 37,25/23 US$, abends 44,25/26,50 US$; ⏱Callcenter 8–19 Uhr, Fähren von Pier 33 8.45–15.50 Uhr halbstündl., Abendtouren 17.55 & 18.30 Uhr; 👪) Unschuldige schaudern und sorgte bei Schuldigen für Schweißausbrüche. Im Verlauf der Jahrzehnte war die Insel das erste Militärgefängnis der USA, ein abschreckendes Hochsicherheitsgefängnis und ein umstrittenes Gelände zwischen indianischen Aktivisten und dem FBI. Schon der erste Schritt auf den „Felsen" scheint eine unheilvolle Melodie hervorzurufen.

Berichte aus erster Hand über das Alltagsleben im Hochsicherheitsgefängnis sind in der preisgekrönten Audiotour von **Alcatraz Cruises** (Karte S. 1090; ☎415-981-7625; www.alcatrazcruises.com; Touren tagsüber Erw./Kind/Fam. 37,25/23/112,75 US$, abends Erw./Kind 44,25/26,50 US$; Ⓜ E, F) enthalten. Man sollte aber die Kopfhörer mal einen Augenblick abnehmen, um das Geräusch des sorglosen Stadtlebens zu hören, das übers Wasser herüberdringt: Das war die qualvolle Verlockung, die die Fluchtversuche trotz der geringen Erfolgsaussichten – die Strömung ist einfach zu heftig – lohnend erscheinen ließ. Alcatraz galt als ausbruchssicher, 1962 jedoch flohen die Brüder Anglin und Frank Morris auf einem improvisierten Floß und wurden nie wieder gesehen. Die Sicherheitsmaßnahmen und der Unterhalt der Anlage erwiesen sich als zu teuer und so wurde die Gefängnisinsel 1963 schließlich den Vögeln überlassen.

eigenen Bädern in allen Zimmern umgestaltet. Pancakes oder Eier gibt's für 1 US$ (All You Can Eat) und es befindet sich auch eine Bar vor Ort, doch ohnehin sind die Kneipen und billige Lokale die Hauptattraktion in dieser Gegend.

★ **Axiom** BOUTIQUEHOTEL **$$**
(Karte S. 1090; ☎415-392-9466; www.axiomhotel.com; 28 Cyril Magnin St; DZ 189–342 US$; @ 📶 🐾; 🚋Powell-Mason, Powell-Hyde, Ⓑ Powell, Ⓜ Powell) Viele Hotels in der Downtown wollen High-Tech-Appeal ausstrahlen – diesem hier gelingt es auch. Die Lobby beeindruckt mit LED-Leuchten, Marmor und vernietetem Stahl, das Spielzimmer wirkt mit seinen Spielautomaten und Tischkicker wie die Zentrale eines Start-up-Unternehmens und die Gästezimmer haben große Doppelbetten auf Plattformen, eigene Router für Highspeed-WLAN-Verbindungen und Bluetooth-Bedienelemente für dies und das.

★ **Marker** BOUTIQUEHOTEL **$$**
(Karte S. 1090; ☎844-736-2753, 415-292-0100; http://themarkersanfrancisco.com; 501 Geary St; Zi. ab 209 US$; ❄ @ 📶 🐾; 🚌38, 🚋Powell-Hyde, Powell-Mason) 🍃 Das schicke Marker setzt auf die richtigen Details. Die Zimmer haben ein farbenfrohes Dekor – knallroter Lack, marineblauer Samt und violett leuchtende Seide – und durchdachte Annehmlichkeiten wie hochwertige Bettwäsche, ergonomische Arbeitsbereiche, Zugang zu einer digitalen Bibliothek, zahlreiche Steckdosen sowie große Kommoden, Schränke und Bäder. Zu den Extras zählen ein Spa mit Whirlpool, ein kleiner Fitnessraum und ein Weinempfang am Abend. Außerdem kann man damit prahlen, eine stilvoll Adresse in Downtown gefunden zu haben.

★ **Palace Hotel** HOTEL **$$$**
(Karte S. 1090; ☎415-512-1111; www.sfpalace.com; 2 New Montgomery St; Zi. ab 300 US$; ❄ @ 📶 🏊 🐾; Ⓜ Montgomery, Ⓑ Montgomery) Das Hotelwahrzeichen von 1906 bleibt mit 100 Jahre alten österreichischen Kristallleuchtern und Gemälden von Maxfield Parrish ein Denkmal für die Pracht Anfang des 20. Jhs. Die gemütlichen, wenn auch biederen Zimmer sind auf Traveller mit Spesenkonto ausgerichtet, aber an den Wochenenden purzeln die Preise. Auch wer nicht hier wohnt, kann im opulenten Garden Court unter einer Glasdecke einen Tee trinken. Im Haus gibt's ein Spa; Kinder lieben den großen Pool.

North Beach

Pacific Tradewinds Hostel HOSTEL **$**
(Karte S. 1090; ☎415-433-7970; www.san-francisco-hostel.com; 680 Sacramento St; B 35–45 US$; ⏱Rezeption 8–24 Uhr; 🚭 @ 📶; 🚌1, 🚋California, Ⓑ Montgomery) San Franciscos attraktivstes Hostel ohne Privatzimmer hat ein blau-weißes nautisches Dekor, eine voll ausgestattete Küche (ganztägig kostenlose Erdnussbutter- und Marmeladen-Sandwichs!), eine Waschküche (Socken waschen kostenlos!), eine Ge-

päckaufbewahrung und keine Sperrstunde. Die Stockbetten sind in der Wand verankert, sodass nichts wackelt, wenn sich der Zimmergenosse nachts umdreht. Das Hostel hat keinen Fahrstuhl, man muss sein Gepäck in den vierten Stock wuchten; das aber lohnt sich! Toller Service; freundliches Personal.

San Remo Hotel HOTEL $
(Karte S. 1090; ☎800-352-7366, 415-776-8688; www.sanremohotel.com; 2237 Mason St; Zi. ohne Bad 119–159 US$; ; 30, 47, Powell-Mason) Das 1906 direkt nach dem Erdbeben erbaute Hotel hat ein besonders gutes Preis-Leistungs-Verhältnis. Mehr als 100 Jahre später bietet die hervorragende Pension in North Beach immer noch im italienischen Oma-Stil aufgemachte Zimmer mit bunt zusammengewürfelten alten Möbeln und Gemeinschaftsbad. Die billigsten Zimmer gehen nur zum Korridor raus. Die Familiensuiten bieten Platz für bis zu fünf Personen. Kein Fahrstuhl.

★ **Hotel Bohème** BOUTIQUEHOTEL $$
(Karte S. 1090; ☎415-433-9111; www.hotelboheme.com; 444 Columbus Ave; Zi. 235–295 US$; ; 10, 12, 30, 41, 45) Das bunte, historische und poetische Boutiquehotel ist typisch für North Beach. Das Erscheinungsbild ist geprägt von Farbschemen der Jazz-Ära, Polstermöbeln mit Pagodenmuster und Fotos der Beat-Ära an den Wänden. Die historischen Zimmer sind ziemlich klein und liegen mitunter an der lauten Columbus Ave (die Zimmer nach hinten sind ruhiger); überdies sind die Badezimmer winzig. Aber vor allem nach einem Kneipenbummel könnte man hier gut einen Roman schreiben.

Fisherman's Wharf, The Marina & Presidio

★ **HI San Francisco Fisherman's Wharf** HOSTEL $
(Karte S. 1090; ☎415-771-7277; www.sfhostels.com; Fort Mason, Bldg. 240; B 30–53 US$, Zi. 116–134 US$; P; 28, 30, 47, 49) Die praktische Downtown-Lage wird hier gegen eine wunderschöne parkähnliche Umgebung mit Traumblick auf die San Francisco Bay eingetauscht. Das Hostel in einem ehemaligen Armeehospital hat sehr preiswerte Privatzimmer und Schlafsäle (einige nicht nach Geschlechtern getrennt) mit vier bis 22 Betten – die an der Tür stehenden Etagenbetten 1 und 2 sollte man meiden. Riesige Gemeinschaftsküche. Es gibt keine Sperrstunde, aber tagsüber auch keine Heizung – also warme Kleidung mitbringen! Begrenzte Anzahl kostenloser Parkplätze.

★ **Inn at the Presidio** HOTEL $$
(Karte S. 1088; ☎415-800-7356; www.innatthepresidio.com; 42 Moraga Ave; Zi. 295–380 US$; P; 43, PresidiGo-Shuttle) Das dreistöckige, rote Backsteinhaus wurde 1903 als Junggesellenquartier für Armeeoffiziere in The Presidio errichtet und 2012 zu einer schicken Nationalpark-Lodge mit viel Leder, Leinen und Holz umgebaut. Es verfügt über große, vornehme Zimmer mit Federbetten und Laken aus ägyptischer Baumwolle. In den Suiten gibt's Kamine und rundherum

SAN FRANCISCO MIT KINDERN

Obwohl auf San Franciscos Einwohner pro Kopf weniger Kinder kommen als fast in jeder anderen US-amerikanischen Stadt – es gibt hier mehr Hunde als Kinder –, ist die Stadt doch voller familienfreundlicher Attraktionen. Zu diesen zählen die **California Academy of Sciences** (Karte S. 1096; ☎415-379-8000; www.calacademy.org; 55 Music Concourse Dr; Erw./Student/Kind 35/30/25 US$; Mo–Sa 9.30–17, So ab 11 Uhr; P; 5, 6, 7, 21, 31, 33, 44, M N) im Golden Gate Park, das Exploratorium (S. 1084) am Wasser, das Crissy Field (S. 1089), das Musée Mécanique (S. 1089) und der **Pier 39** (Karte S. 1090; ☎415-705-5500; www.pier39.com; Ecke Beach St & Embarcadero; P; 47, Powell-Mason, M E, F) mit seinen bellenden Seelöwen und dem handbemalten italienischen Karussell.

Im **Children's Creativity Museum** (Karte S. 1090; ☎415-820-3320; http://creativity.org/; 221 4th St; 12 US$; Mi–So 10–16 Uhr; ; 14, M Powell, B Powell) in SoMa gibt's Technologie, die für Schulen zu cool ist: Roboter, Videospiele mit Live-Action und Workshops über 3D-Animation. Im **Aquarium of the Bay** (Karte S. 1090; ☎415-623-5300; www.aquariumofthebay.org; Pier 39; Erw./Kind/Fam. 24,95/14,95/70 US$; Ende Mai–Anf. Sept. 9–20 Uhr, Nebensaison kürzere Öffnungszeiten; ; 49, Powell-Mason, M E, F) am Pier 39 spaziert man unter Wasser durch Glasröhren, über denen Haie kreisen. Anschließend können die Kleinen in einem Streichelbecken Tiere der Gezeitenzone hautnah erleben.

viel Natur mit Wanderwegen. Ein Taxi ins Zentrum kostet 25 US$. Kostenloses Parken.

The Mission & Castro

Inn San Francisco B&B $$

(Karte S. 1094; ☎ 415-641-0188, 800-359-0913; www.innsf.com; 943 S Van Ness Ave; Zi. 195–255 US$, ohne Bad 165–225 US$, Cottages 365–475 US$; P; 14, 49) Die elegante, 1872 im italienisch-viktorianischen Stil erbaute Villa hat sich zu einem makellos gepflegten, mit Antiquitäten vollgestopften stattlichen Gästehaus im Mission District gemausert. Alle Zimmer sind mit frischen Blumen dekoriert und haben Federbetten und üppige Matratzen, einige verfügen auch über einen Whirlpool. Draußen gibt's einen englischen Garten und einen Redwood-Whirlpool, der rund um die Uhr genutzt werden kann – eine Seltenheit in San Francisco. Man sollte reservieren. Es gibt nur begrenzt Parkplätze und keinen Fahrstuhl.

★ **Parker Guest House** B&B $$

(Karte S. 1094; ☎ 888-520-7275, 415-621-3222; www.parkerguesthouse.com; 520 Church St; Zi. 219–279 US$, ohne Bad 179–199 US$; @; 33, M J) Die stattlichste Schwulenpension in Castro nimmt zwei nebeneinanderliegende edwardianische Villen ein. Die Details sind elegant und formell, keineswegs rüschig. Die Zimmer scheinen eher zu einem schicken Hotel als zu einem B & B zu gehören und haben sehr komfortable Betten und Daunendecken. Der Garten und die Sauna sind ideal für ein Stelldichein. Kein Fahrstuhl.

The Haight

Metro Hotel HOTEL $

(Karte S. 1088; ☎ 415-861-5364; www.metrohotelsf.com; 319 Divisadero St; Zi. 107 US$; @; 6, 24, 71) Das Metro Hotel hat eine erstklassige Lage: Einige Zimmer blicken hinunter auf den Gartenhof der hervorragenden Ragazza Pizzeria. Die Zimmer sind billig und sauber, wenn auch schmucklos – wenn möglich, das Zimmer mit dem San-Francisco-Wandbild nehmen! In einigen Zimmern stehen zwei Doppelbetten. Das Hotel hat eine günstige Lage im Viertel und eine rund um die Uhr besetzte Rezeption, aber keinen Fahrstuhl.

★ **Chateau Tivoli** B&B $$

(Karte S. 1090; ☎ 800-228-1647, 415-776-5462; www.chateautivoli.com; 1057 Steiner St; Zi. 195–300 US$, ohne Bad 150–200 US$; 5, 22) Seit 1892 bietet die vergoldete, mit Türmchen bewehrte Villa, in der einst Isadora Duncan, Mark Twain und (so heißt es) der Geist einer viktorianischen Operndiva hausten, der Nachbarschaft Anlass zu Gerede. Die neun mit Antiquitäten ausstaffierten Zimmer und Suiten sind echt romantisch. Die meisten haben Badezimmer mit Klauenfüßen, zwei Zimmer teilen sich ein Bad. Es gibt weder Fahrstuhl noch Fernseher im Haus.

Essen

Embarcadero & SoMa

★ **Ferry Plaza Farmers Market** MARKT $

(Karte S. 1090; ☎ 415-291-3276; www.cuesa.org; Ecke Market St & Embarcadero; Streetfood 3–12 US$; Di & Do 10–14, Sa ab 8 Uhr; 2, 6, 9, 14, 21, 31, M Embarcadero, B Embarcadero) Der Markt im Ferry Building ist Stolz und Freude der hiesigen Gourmets: Hier verkaufen bis zu 100 erstklassige Anbieter kalifornisches Bio-Obst und -Gemüse, Fleisch von Weidetieren und andere leckere Produkte zu günstigen Preisen. An Samstagen kann man Spitzenköchen beim Einkaufen zuschauen und sich später bei einem Picknick an der Bucht koreanische Tacos von Namu, Porchetta von RoliRoti, Tomaten von Dirty Girl, Käse von Nicasio und Obsttaschen von Frog Hollow schmecken lassen.

★ **In Situ** KALIFORNISCH, INTERNATIONAL $$

(Karte S. 1090; ☎ 415-941-6050; http://insitu.sfmoma.org; SFMOMA, 151 3rd St; Hauptgerichte 14–34 US$; Mo & Di 11–15.30, Do–So 11–15.30 & 17–21 Uhr; 5, 6, 7, 14, 19, 21, 31, 38, B Montgomery, M Montgomery) Diese an das SFMOMA angeschlossene Galerie der modernen Cuisine hat wie das Museum avantgardistische Meisterwerke zu bieten – die man aber aufessen kann. Chefkoch Corey Lee arbeitet mit Starköchen aus aller Welt zusammen, um ihre berühmten Gerichte mit kalifornischen Zutaten peinlich genau zu kopieren. So genießt man Harald Wohlfahrts makellos mit Anis marinierten Lachs, Hiroshi Sasakis dekadente Hähnchenschenkel und Albert Adriàs der Schwerkraft trotzenden Schoko-Puffreis-Kuchen bei einem einzigen, unvergesslichen Mahl.

★ **Benu** KALIFORNISCH, FUSION $$$

(Karte S. 1090; ☎ 415-685-4860; www.benusf.com; 22 Hawthorne St; Verkostungsmenü 285 US$; Di–Sa 18–21 Uhr; 10, 12, 14, 30, 45) San Francisco ist schon seit 150 Jahren Vorreiter der asiatischen Fusionküche, die panpazifischen Kreationen von Inhaber und Chefkoch Corey Lee sind jedoch atemberaubend: Suppe mit Stopfleber-Klößchen, Pazifische Taschenkrebse mit Trüffelcreme oder Lees falsche Haifischflossensuppe, die so „echt" erscheint, dass man glaubt, es schwämme der weiße Hai darin. Ein Abendessen im Benu ist sündhaft teuer, doch sollte man sich dazu die vom Star-Sommelier Yoon Ha ausgewählten passenden Weine nicht entgehen lassen (185 US$).

Union Square, Civic Center & Hayes Valley

★Tout Sweet BÄCKEREI **$**
(Karte S. 1090; ☎ 415-385-1679; www.toutsweetsf.com; Macy's, 3. OG, Ecke Geary & Stockton St; Backwaren 2–8 US$; ⏰ So–Mi 11–18, Do–Sa bis 20 Uhr; 📶 👪; 🚌 2, 38, 🚋 Powell-Mason, Powell-Hyde, Ⓑ Powell) Mango mit Thai-Chili oder Erdnussbutter und Marmelade? Die Wahl unter den kalifornisch-französischen Macarons im Tout Sweet fällt nicht leicht, denn Yigit Pura, Champion bei *Top Chef Just Desserts*, übertrifft immer wieder seine eigenen Kreationen. Sein süßes Refugium im 3. Stock von Macy's bietet zudem einen unschlagbaren Blick auf den Union Sq, ausgezeichnete Tees und kostenloses WLAN.

★Rich Table KALIFORNISCH **$$**
(Karte S. 1090; ☎ 415-355-9085; http://richtablesf.com; 199 Gough St; Hauptgerichte 17–36 US$; ⏰ So–Do 17.30–22, Fr & Sa bis 22.30 Uhr; 🚌 5, 6, 7, 21, 47, 49, Ⓜ Van Ness) 🌿 Im Rich Table wurden Steinpilz-Donuts, mit Miso und Kürbis gefüllte Pasta und Brathähnchen-Madeleines mit Kaviar erfunden. Man darf also auf ungewöhnliche Genüsse gespannt sein. Sarah und Evan Rich, das Inhaber- und Kochehepaar, kreieren aus saisonalen kalifornischen Produkten verspielte Bissen wie abgefahrene Rote-Beete-Marshmallows oder den Dirty Hippie: zarte Ziegenmilch-*Pannacotta* mit Hanfsamen – Gerichte so ausgefallen und betörend wie Trommelkreise am Hippie Hill.

★Cala MEXIKANISCH, KALIFORNISCH **$$$**
(Karte S. 1090; ☎ 415-660-7701; www.calarestaurant.com; 149 Fell St; ⏰ Mo–Mi 17–22, Do–Sa bis 23, So 11–15 Uhr, Tacobar Mo–Fr 11–14 Uhr; 🚌 6, 7, 21, 47, 49, Ⓜ Van Ness) Die nordmexikanische Küche des Cala ist wie die Entdeckung eines verlorenen Zwillings – das Erbe der mexikanischen Rancher in San Francisco wird hier wahrlich geehrt: geschmeidige Knochenmark-Salsa und duftige Tortillas aus historischen Maissorten machen die langsam in Asche gegarten Süßkartoffeln zum Genuss. Die Mezcal-Margaritas bereiten auf ein ultimatives Surf-and-Turf-Erlebnis vor: Seeigel mit Rinderzunge. Das Mahl ist einmalig und unvergesslich, noch ehe als Dessert das Maya-Schokoeis mit Amaranth-Krokant aufgetischt wird.

Chinatown & North Beach

★Liguria Bakery BÄCKEREI **$$**
(Karte S. 1090; ☎ 415-421-3786; 1700 Stockton St; Focaccia 4–6 US$; ⏰ Di–Fr 8–13, Sa 7–13 Uhr; 🖋 👪; 🚌 8, 30, 39, 41, 45, 🚋 Powell-Mason) Übernächtigte Kunststudenten und italienische Großmütter stehen um 8 Uhr wegen der Zimt-Rosinen-Focaccia an, die warm aus dem 100 Jahre alten Ofen kommt. Langschläfern bleibt um 9 Uhr nur noch die Wahl zwischen Tomate und klassisch mit Rosmarin und Knoblauch. Wer um 11 Uhr kommt, geht ganz leer aus. Man bekommt die Leckerei in Wachspapier oder Picknick-Schachteln – man sollte sich aber keine Hoffnung machen, dass man sich etwas für später aufbewahrt. Nur Barzahlung.

★Molinari DELI **$**
(Karte S. 1090; ☎ 415-421-2337; www.molinarisalame.com; 373 Columbus Ave; Sandwichs 10–13,50 US$; ⏰ Mo–Fr 9–18, Sa bis 17.30 Uhr; 🚌 8, 10, 12, 30, 39, 41, 45, 🚋 Powell-Mason) Ein Besuch im Molinari ist in North Beach fast ein religiöses Mittagsritual: Man schnappt sich eine Nummer und ein knuspriges Brötchen. Wenn die Nummer aufgerufen wird, belegt das witzige Personal das Brötchen mit wundervollen Dingen wie milchig-weißem Büffelmozzarella, pikanten sonnengetrockneten Tomaten, hauchdünnem Parmaschinken, der legendären, im Haus geräucherten Salami und Spritzern von Olivenöl und Balsamico. Das heiß aus der Panini-Presse kommende Sandwich genießt man an einem der Tische auf dem Gehsteig.

★Mister Jiu's CHINESISCH **$$**
(Karte S. 1090; ☎ 415-857-9688; http://misterjius.com; 28 Waverly Pl; Hauptgerichte 14–45 US$; ⏰ Di–Sa 17.30–22.30 Uhr; 🚌 30, 🚋 California) Schon seit dem Goldrausch werden chinesisches Essen, starke Cocktails und originelle Spezialitäten in San Francisco sehr geschätzt. Mister Jiu stellt da in jeder Hinsicht zufrieden. Man kann sich sein eigenes Bankett aus chinesischen Klassikern mit kalifornischem Touch zusammenstellen: Chow mein mit

Stadttour
San Francisco mit der Cable Car

START POWELL ST CABLE CAR TURNAROUND
ZIEL FERRY BUILDING
LÄNGE 3,2 KM; 2 STD. MIT STOPPS

Am 1 **Powell St Cable Car Turnaround** (S. 1085) kann man zuschauen, wie die Fahrer die Wagen wenden, und am altmodischen Kiosk eine Muni-Tageskarte für 21 US$ kaufen. An Bord der roten Powell-Hyde Cable Car beginnt die Fahrt auf den Nob Hill, bei der 103 Höhenmeter gemeistert werden.

Während die Bahn den Hügel hinaufschlingert, mag man sich vorstellen, wie sich hier einst Pferde den Hügel hochquälten. Die Idee einer Cable Car wurde von den Stadtplanern des 19. Jhs. skeptisch beäugt, doch die Erfindung von Andrew Hallidie überstand sogar das Erdbeben von 1906. Bis heute bringt sie Fahrgäste zur wiederaufgebauten 2 **Grace Cathedral**, wo man dem Schutzpatron der Stadt, dem hl. Franziskus, Hallo sagen kann.

Wieder in der Bahn genießt man den Ausblick auf die Bucht und fährt, vorbei an der kurvenreichen 3 **Lombard Street** (S. 1086), zum 4 **Fisherman's Wharf**. Der Endbahnhof ist nach Friedel Klussmann benannt, die 1947 die Cable Car vor der Modernisierung bewahrte. Sie argumentierte ganz ökonomisch: Die Cable Car brächte mehr Touristen-Dollars in die Stadt, als ihr Unterhalt kostete. Anlässlich ihres Begräbnisses 1986 trugen die Cable Cars Trauerflor.

Am Kai kann man vom U-Boot 5 **USS Pampanito** sehen, wie die Seeleute San Francisco zu Gesicht bekommen, im 6 **Musée Mécanique** (S. 1089) bewundert man alte Spielautomaten. Anschließend geht's mit der Powell-Mason-Cable-Car nach North Beach.

Am 7 **San Francisco Art Institute** warten Diego Riveras Stadtlandschaft von 1934 und die 8 **Liguria Bakery** (S. 1103). Frisch gestärkt spaziert man durch die Gassen von North Beach und Chinatown oder fährt mit der Powell-Mason-Linie zur 9 **Chinese Historical Society of America** (S. 1086). Unweit von hier kann man eine Fahrt auf der ältesten Cable-Car-Strecke der Stadt, der California St Cable Car, machen. Deren Endbahnhof befindet sich beim 10 **Ferry Building** (S. 1084), wo Champagner und Austern winken.

Pfifferlingen, Reisnudeln mit Kalifornischen Taschenkrebsen, Wachteln und Duftreis mit Feigen. Auch die zum Essen passenden Cocktails sind inspiriert: Empfehlenswert ist der mit Jasmin aromatisierte Gin-Cocktail „Happiness" (13 US$) zu dem mit Teeblättern geräucherten Sonoma-Enten-Confit.

★ Z & Y CHINESISCH $$
(Karte S. 1090; ☎415-981-8988; www.zandyrestaurant.com; 655 Jackson St; Hauptgerichte 9–20 US$; ⏲So–Do 11–21.30, Fr & Sa 11–23 Uhr; 🚌8, 10, 12, 30, 45, 🚋Powell-Mason, Powell-Hyde) Schluss mit langweiligen Süß-Sauer-Gerichten und mittelmäßigem *mu-shu*, hier sind sensationelle Szechuan-Gerichte angesagt: Mit würzigem Schweinefleisch gefüllte Klöße, heiße grüne Bohnen, hausgemachte *tantan*-Nudeln mit Erdnuss-Chili-Sauce und in scharfem Chiliöl gedünsteter Fisch unter roten Szechuan-Chilischoten. Man sollte früh kommen und darauf eingestellt sein, warten zu müssen. Es lohnt sich!

Fisherman's Wharf, The Marina & Presidio

★ Off the Grid FOOD TRUCK $
(Karte S. 1090; www.offthegridsf.com; Fort Mason Center, 2 Marina Blvd; Gerichte 6–14 US$; ⏲April–Okt. Fr 17–22 Uhr; 👪; 🚌22, 28) Von Frühjahr bis Herbst versammeln sich rund 30 Food Trucks zu San Franciscos größtem mobilen Gourmethappening: freitagabends am Fort Mason Center und sonntags von 11 bis 16 Uhr zum **Picnic at the Presidio** auf dem Main Post Lawn. Wer früh kommt, hat die größte Auswahl und muss nicht lange anstehen. Nur Barzahlung.

Fisherman's Wharf Crab Stands SEAFOOD $
(Karte S. 1090; Taylor St; Hauptgerichte 5–15 US$; ⓂF) Am Ende der Taylor St, dem Epizentrum der Fisherman's Wharf, hantieren muskulöse Männer an Krabbenimbissständen mit großen, dampfenden Kesseln, in denen sich Kalifornische Taschenkrebse befinden. Taschenkrebssaison ist normalerweise im Winter und Frühjahr, Shrimps und andere Meeresfrüchte gibt's das ganze Jahr.

★ Greens VEGETARISCH, KALIFORNISCH $$
(Karte S. 1090; ☎415-771-6222; www.greensrestaurant.com; Fort Mason Center, 2 Marina Blvd, Bldg A; Hauptgerichte Mittagessen 16–19 US$, Abendessen 20–28 US$; ⏲11.45–14.30 & 17.30–21 Uhr; 🍷👪; 🚌22,28,30,43,47,49) 🌿 Fleischfans werden gar nicht merken, dass in dem herzhaften Chili mit schwarzen Bohnen oder in Greens's anderen leckeren vegetarischen Gerichten gar kein Fleisch enthalten ist; zubereitet werden sie aus Zutaten von einer Zen-Farm in Marin. Ach ja, und dann ist da auch noch der Blick auf die Golden Gate Bridge. In dem dazugehörigen Café bekommt man Mittagessen zum Mitnehmen. Sitzplätze – auch zum Sonntagsbrunch – gibt's fast ausschließlich nur auf Reservierung.

★ A16 ITALIENISCH $$$
(Karte S. 1088; ☎415-771-2216; www.a16pizza.com; 2355 Chestnut St; Pizzas 18–21 US$, Hauptgerichte 22–36 US$; ⏲Mittagessen Mi–So 11.30–14.30 Uhr, Abendessen Mo–Do 17.30–22, Fr & Sa 17–23, So 17–22 Uhr; 🚌28, 30, 43) Schon ehe das A16 einen James Beard Award gewann, war es eine Herkules-Aufgabe, ein Platz zu reservieren. Doch Ausdauer wird belohnt: Die hausgemachte Mozzarella-*burrata*, die Pizzas mit blasiger Kruste aus dem Holzofen und die zwölf Seiten starke italienische Weinkarte lassen alle Mühen vergessen. Auf die nicht immer überzeugenden Desserts sollte man verzichten und sich lieber an die interessanten Vorspeisen wie die im Haus geräucherte *salumi* oder den köstlichen marinierten Thunfisch halten.

NICHT VERSÄUMEN

COIT TOWER

Ein Ausrufezeichen in San Franciscos Skyline ist der **Coit Tower** (Karte S. 1090; ☎415-249-0995; www.sfrecpark.org; Telegraph Hill Blvd; Fahrstuhlfahrt (Touristen) Erw./Kind 8/5 US$; ⏲April–Okt. 10–18 Uhr, Nov.–März bis 17 Uhr; 🚌39), der einen Rundblick auf die Downtown gewährt und mit umlaufenden Wandgemälden geschmückt ist. Diese wurden in den 1930er-Jahren von der Works Progress Administration (WPA) in Auftrag gegeben und preisen die Arbeiter der Stadt; einst gar als kommunistisches Schandmal verteufelt, sind sie heute ein geschütztes Nationaldenkmal. Um den Panoramablick aus 64 m Höhe über der Stadt zu genießen, fährt man mit dem Fahrstuhl hinauf zur offenen Aussichtsplattform. Will man die sieben kürzlich restaurierten Wandgemälde in einem versteckten Treppenhaus im 2. Stock bewundern, schließt man sich einer kostenlosen Führung an (Mi & Sa 11 Uhr; Spenden willkommen).

The Mission & The Castro

★ La Taqueria MEXIKANISCH $

(Karte S. 1094; ☎ 415-285-7117; 2889 Mission St; Gerichte 3–11 US$; ⏰ Mo–Sa 11–21, So bis 20 Uhr; 👪; 🚌 12, 14, 48, 49, Ⓑ 24th St Mission) Der beste Burrito der Stadt kommt ohne Safranreis, Spinat-Tortilla oder Mango-Salsa aus: Er besteht aus einer Mehl-Tortilla mit perfekt gegrilltem Fleisch, langsam gegarten Bohnen sowie *tomatillo-* oder *mesquite*-Salsa. In diesem mit dem James Beard Award ausgezeichneten Lokal ist man puristisch. Wer keine Bohnen will, zahlt einen Aufpreis, weil dann mehr Fleisch drin ist. Pikante Pickles und *crema* (Sauerrahm) vervollständigen den Burrito-Genuss. Das Warten lohnt sich!

★ Craftsman & Wolves BÄCKEREI, KALIFORNISCH $

(Karte S. 1094; ☎ 415-913-7713; http://craftsman-wolves.com; 746 Valencia St; Gebäck 3–8 US$; ⏰ Mo–Fr 7–18, Sa & So ab 8 Uhr; 🚌 14, 22, 33, 49, Ⓑ 16th St Mission, Ⓜ J) Ein normales Frühstück kann mit dem „Rebel Within" nicht mithalten. Das ist ein Muffin mit Asiago-Käse, Wurststücken und einem weich gekochten Ei als Kern. San Franciscos definitiver Muntermacher ist ein Highwire-Macchiato mit Matcha-Plätzchen. Thailändische Kokos-Curry-Scones mit Erbsensuppe und Rosé ergeben ein perfektes Mittagessen. Die exquisiten Haselnusswürfel und der Vanille-Veilchen-Käsekuchen sind ideal, wenn man sich zwischendurch etwas gönnen will.

★ Ichi Sushi SUSHI $$

(Karte S. 1088; ☎ 415-525-4750; www.ichisushi.com; 3369 Mission St; Sushi 4–8 US$; ⏰ Mo–Do 11.30–14 & 17.30–22, Fr & Sa bis 23, So 17.30–21.30 Uhr; 🚌 14, 24, 49, Ⓑ 24th St Mission, Ⓜ J) 🍃 Verführend für den Gaumen und aufreizend für die Zunge: die Speisen im Ichi Sushi sind um vieles besser als in anderen Seafoodlokalen. Chefkoch Tim Archuleta schneidet den Fisch aus nachhaltiger Herkunft mit der Präzision eines Chirurgen in Stückchen, packt diese auf Reis und obendrauf noch winzige, aber sehr pikante Tropfen gelierter *yuzu*, mikroskopisch fein geschnittene Frühlingszwiebeln und Chili-Daikon. Dazu Sojasauce? Undenkbar!

★ Al's Place KALIFORNISCH $$

(Karte S. 1094; ☎ 415-416-6136; www.alsplacesf.com; 1499 Valencia St; Teller zum Teilen 15–19 US$; ⏰ Mi–So 17.30–22 Uhr; 🖉; 🚌 12, 14, 49, Ⓜ J, Ⓑ 24th St Mission) 🍃 Die Gerichte im Al's präsentieren angestammte heimische Zutaten, feine pazifische Meeresfrüchte und Fleisch von Weidetieren. Die sonnenverwöhnten Aromen und exquisiten Texturen kommen durch die sorgfältige Zubereitung richtig zur Geltung, z. B. beim knusprigen Kabeljau mit schaumigem Limettendip oder den gegrillten Pfirsichen mit samtiger Stopfleber. Die Gerichte hier sind nur halb so groß wie anderswo, aber dreimal so aromatisch – man bestellt also zwei oder drei und erlebt Kalifornien von seiner traumhaften Seite.

Commonwealth KALIFORNISCH $$$

(Karte S. 1094; ☎ 415-355-1500; www.commonwealthsf.com; 2224 Mission St; kleine Teller 15–22 US$; ⏰ So–Do 17.30–22, Fr & Sa bis 23 Uhr; 🖉; 🚌 14, 22, 33, 49, Ⓑ 16th St Mission) Sehr einfallsreiche, farmfrische Gerichte kommen auf den Tisch, wo man das am wenigsten erwartet: in einer umgebauten Kneipe aus Betonschalstein im Mission District. Chefkoch Jason Fox serviert abenteuerlustige Gerichte wie *uni* (Seeigel) mit Knochenmark-Creme und Kapuzinerkresse oder Lamm mit Roter Beete und Meeresalgen. Beim Sechs-Gänge-Verkostungsmenü (80 US$) wird ein Teil des Preises lokalen Wohltätigkeitsorganisationen gespendet.

The Haight & Fillmore

Rosamunde Sausage Grill FASTFOOD $

(Karte S. 1090; ☎ 415-437-6851; http://rosamundesausagegrill.com; 545 Haight St; Würstchen 8–8,50 US$; ⏰ So–Mi 11.30–22, Do–Sa bis 23 Uhr; 🚌 6, 7, 22, Ⓜ N) Hier kann man sein Date mit einem günstigen Abendessen beeindrucken: Man packt einfach Bratwürste (aus Schweinefleisch von den Coleman Farms oder aus dem Fleisch freilaufender Enten) mit kostenlosen Beilagen (gebratene Paprika, geröstete Zwiebeln, körniger Senf, Mango-Chutney) auf seinen Teller und genießt das Ganze mit einem der 45 saisonalen Fassbiere im Toronado (S. 1109) nebenan. Wer beim Mittagessen Eindruck schinden will, bestellt dienstags vorab einen der riesigen Burger für 6 US$ oder stellt sich ab 11.30 Uhr in die Schlange.

★ Jardinière KALIFORNISCH $$

(Karte S. 1090; ☎ 415-861-5555; www.jardiniere.com; 300 Grove St; Hauptgerichte 20–36 US$; ⏰ So–Do 17–21, Fr & Sa bis 22.30 Uhr; 🚌 5, 21, 47, 49, Ⓜ Van Ness) 🍃 *Iron-Chef*-Siegerin, *Top-Chef-Masters*-Finalistin und James-Beard-Award-Preisträgerin Traci Des Jardins ist eine Vorreiterin nachhaltiger, sündhaft guter kalifornischer Küche. Sie setzt bei Gemüse, Fleisch und Meeresfrüchten auf kalifornische Bio-Produkte und kombiniert z. B. Stör mit butterigen Pfifferlingen und Wurzelgemüse mit Trüffeln und Honig aus ihren Bienenstöcken auf dem Dach. Montags gibt's ein Drei-Gänge-Menü (55 US$) mit passenden Weinen.

Golden Gate Park & Umgebung

★ Outerlands KALIFORNISCH $$

(Karte S. 1088; ☎ 415-661-6140; www.outerlandssf.com; 4001 Judah St; Sandwichs & kleine Teller 8–14 US$, Hauptgerichte 15–27 US$; ⏰ 9–15 & 17–22 Uhr; 🔌 👪; 🚌 18, Ⓜ N) Wenn der windige Ocean Beach einen melancholisch macht, kann man sich in diesem Strandbistro mit kalifornischer Bio-Hausmannskost verwöhnen. Zum Brunch gibt's Pancakes in der Eisenpfanne mit hausgemachtem Ricotta, mittags gegrillten Käse auf selbst gemachtem Weizen-Sauerteigbrot und zitrusfrische Strandcocktails. Zum Abendessen schließlich stehen kreative Meeresfrüchte auf dem Programm, z. B. kalifornischer Lachs mit geraspelten Haselnüssen und Augenbohnen. Reservieren unverzichtbar!

Burma Superstar BIRMANISCH $$

(Karte S. 1096; ☎ 415-387-2147; www.burmasuperstar.com; 309 Clement St; Hauptgerichte 11–28 US$; ⏰ So–Do 11.30–15.30 & 17–21.30, Fr & Sa bis 22 Uhr; 🔌; 🚌 1, 2, 33, 38, 44) Da ist eine Warteschlange, aber alle bleiben? Das liegt wahrscheinlich an dem aromatischen *moh hinga* (Wels-Curry), der pikanten vegetarischen *samusa*-Suppe oder den traditionellen birmanischen Grüntee-Salaten mit Limette und gebratenem Knoblauch. Es sind keine Reservierungen möglich, man kann aber darum bitten, angerufen zu werden, wenn man an der Reihe ist. Während man dann wartet, kann man im **Green Apple Books** (Karte S. 1096; ☎ 415-742-5833; www.greenapplebooks.com; 506 Clement St; ⏰ 10–22.30 Uhr; 🚌 2, 38, 44) in birmanischen Kochbüchern stöbern.

Ausgehen & Nachtleben

Für einen Zug durch die Kneipen eignen sich die Saloons in North Beach oder die Bars im Mission District rund um die Valencia St und die 16th St. In The Castro gibt's historische Schwulenbars, in SoMa Clubs, in der Downtown und rund um den Union Sq Kneipen und Flüsterkneipen. Und in den Bars in The Haight tummelt sich ein gemischtes, alternatives Völkchen.

★ Bar Agricole BAR

(Karte S. 1090; ☎ 415-355-9400; www.baragricole.com; 355 11th St; ⏰ Mo–Do 17–23, Fr & Sa 17–24, So 10–14 & 18–21 Uhr; 🚌 9, 12, 27, 47) Bei den gut recherchierten Cocktails kann man seinen Abschluss in Geschichte nachholen: Der „Whiz Bang“ mit hauseigenem Bitter, Whiskey, Wermut und Absinth ist prima, aber „El Presidente“ mit weißem Rum, Farm-Curaçao und kalifornischem Granatapfelsirup toppt jegliche Konkurrenz. Die erfolgreiche Bar sicherte sich den James Beard Award mit ihren Spirituosen und nachhaltigem Design und verwöhnt ihre Gäste während der Happy Hour (Mo–So 17–18 Uhr) mit Austern für 1 US$ und Aperitifs für 5 US$.

★ Caffe Trieste CAFÉ

(Karte S. 1090; ☎ 415-392-6739; www.caffetrieste.com; 601 Vallejo St; ⏰ So–Do 6.30–22, Fr & Sa bis 23 Uhr; 📶; 🚌 8, 10, 12, 30, 41, 45) Gedichte an den Wänden der Toiletten, Opernarien aus der Jukebox, Akkordeon Jam-Sessions und ein gelegentlicher Besuch des Beat-Poeten Lawrence Ferlinghetti: Das Café ist seit den 1950er Jahren eine Institution von North Beach. Man kann unter dem Wandbild mit sardischen Fischern seinen Espresso schlürfen und an einem Drehbuch schreiben, ganz wie es der junge Francis Ford Coppola hier tat – vom Film *Der Pate* dürfte man vielleicht gehört haben. Nur Barzahlung!

★ Comstock Saloon BAR

(Karte S. 1090; ☎ 415-617-0071; www.comstocksaloon.com; 155 Columbus Ave; ⏰ So–Mo 16–24, Di–Do & Sa bis 2, Fr 12–2 Uhr; 🚌 8, 10, 12, 30, 45, 🚋 Powell-Mason) Sich in den Marmortrog unter der Bar zu erleichtern, ist nicht länger geraten – von der Wand hat Kaiser Norton ein wachsames Auge darauf –, aber sonst erweckt dieser viktorianische Saloon von 1907 mit authentischem Pisco-Punsch oder dem Martini-Vorläufer Martinez (Gin, Wermut, Bitter, Maraschino-Likör) die glorreichen Tage der Barbary Coast wieder zum Leben. Man sollte sich an Abenden, an denen Ragtime-Bands spielen, eine Sitznische oder einen Platz im Hinterzimmer reservieren.

★ El Rio CLUB

(Karte S. 1094; ☎ 415-282-3325; www.elriosf.com; 3158 Mission St; Grundpreis frei–8 US$; ⏰ 13–2 Uhr; 🚌 12, 14, 27, 49, Ⓑ 24th St Mission) Auf der Tanzfläche tummelt sich ein cooles

LGBTIQ-SZENE IN SAN FRANCISCO

Egal woher man kommt, wen man liebt oder wer der Vater ist: Hier ist jeder willkommen und fühlt sich schnell zu Hause. In Castro schlägt das Herz der schwulen Szene, aber auch South of Market (SoMa) ist gut bestückt mit Lederbars und Clubs. The Mission ist das bevorzugte Viertel von Frauen und Transsexuellen aller Art.

Im *Bay Area Reporter* (alias BAR; www.ebar.com) finden sich Community-News und Veranstaltungen. Die *San Francisco Bay Times* (www.sfbaytimes.com) enthält Infos über Events, die die ganze Szene interessieren; und das kostenlose *Gloss Magazine* (www.glossmagazine.net) gibt Tipps zum Nachtleben.

Über 1,5 Mio. Menschen kommen Ende Juni zur SF Pride (S. 1097), die mit Umzügen und Partys einhergeht. Wo eine Tanzfete steigt, erfährt man auf der wöchentlich aktualisierten Website von Honey Soundsystem (http://hnysndsystm.tumblr.com).

Blackbird (Karte S. 1094; ☎415-503-0630; www.blackbirdbar.com; 2124 Market St; ⏰Mo–Fr 15–2, Sa & So 14–2 Uhr; Ⓜ Church St) Castros erste Wahl unter den Lounges bietet gute Cocktails, Pooltische und einen allseits beliebten Fotoautomaten.

HiTops (Karte S. 1094; http://hitopssf.com; 2247 Market St; ⏰Mo–Mi 11.30–24, Do & Fr bis 2, Sa & So 10–2 Uhr; Ⓜ Castro St) In Castros angesagtester Sportsbar für sympathische Schwule gibt's Großbildleinwände, ein Shuffleboard und Kneipenessen.

Cafe Flore (Karte S. 1094; ☎415-621-8579; www.cafeflore.com; 2298 Market St; ⏰Mo–Fr 10–22, Sa & So 9–22 Uhr; 📶; Ⓜ Castro St) Wer auf der sonnigen Terrasse des Flore noch nicht abgehangen hat, kennt The Castro nicht.

Stud (Karte S. 1090; www.studsf.com; 399 9th St; 5–8 US$; ⏰Di 12–2, Do–Sa 17–3, So 17–24 Uhr; 🚌12, 19, 27, 47) *Der* Treffpunkt von SoMas Schwulenszene seit 1966. Hier ist immer was los, vor allem am „Club Some Thing"-Freitag.

Oasis (Karte S. 1090; ☎415-795-3180; www.sfoasis.com; 298 11th St; Tickets 15–35 US$; 🚌9, 12, 14, 47, Ⓜ Van Ness) Die Drag-Shows im Oasis in SoMa sind so unverblümt und witzig, dass man Tränen lacht. Danach kann man sich auf der Tanzfläche austoben.

EndUp (Karte S. 1090; ☎415-646-0999; www.facebook.com/theendup; 401 6th St; 10–25 US$; ⏰ Fr 23–Sa 8, Sa 22–Mo 4 Uhr; 🚌12, 19, 27, 47) Schwules und Heteros feiern sich, das Leben und Dance-Marathons, die auch im Morgengrauen noch nicht zu Ende sind.

Aunt Charlie's Lounge (Karte S. 1090; ☎415-441-2922; www.auntcharlieslounge.com; 133 Turk St; frei–5 US$; ⏰Mo–Fr 12–2, Sa 10–2, So 10–24 Uhr; 🚌27, 31, Ⓜ Powell, Ⓑ Powell) Klassische Drag-Bar mit Kneipenflair, zwielichtigem Glamour und Pulp-Fiction-Vibe.

und funky Publikum, das so bunt ist wie der Regenbogen. Zu den Highlights zählen der Salsa Sunday, kostenlose Austern (Fr ab 17.30 Uhr), Drag-Star-DJs, Hinterhofbands und Ping-Pong. Umwerfende Margaritas und schamlose Flirts auf einem Patio, der seit 1978 schon alles erlebt hat. Nur Barzahlung!

★ %ABV COCKTAILBAR

(Karte S. 1094; ☎415-400-4748; www.abvsf.com; 3174 16th St; ⏰14–2 Uhr; 🚌14, 22, Ⓑ 16th St Mission, Ⓜ J) Wie verwandte Geister schon am Namen erkennen (der englischen Abkürzung für % Vol. Alkohol") stehen hinter dieser Bar kundige Cocktail-Fachleute, die einen Rittenhouse Rye von einem japanischen Malt-Whisky zu unterscheiden wissen. Die erstklassigen Getränke werden prompt und unprätentiös serviert, darunter ausgezeichnete kalifornische Weine, Fassbiere und originelle, historisch inspirierte Cocktails.

★ Vesuvio BAR

(Karte S. 1090; ☎415-362-3370; www.vesuvio.com; 255 Columbus Ave; ⏰8–2 Uhr; 🚌8, 10, 12, 30, 41, 45, 🚋Powell-Mason) Ein Typ kommt in eine Bar, krakeelt und geht wieder. Ohne mit der Wimper zu zucken, wendet sich der Barkeeper an den nächsten Gast: „Willkommen im Vesuvio, Schatz – was kann ich bringen?" Jack Kerouac ließ Henry Miller stehen, um sich hier volllaufen zu lassen. Und wenn man sich bei den Charakteren auf dem mit Buntglas verzierten Mezzanin mit einem Craft-Bier oder einem „Kerouac" (Rum, Tequila und Orangensaft) niedergelassen hat, weiß man warum.

Smuggler's Cove BAR
(Karte S. 1090; ☎ 415-869-1900; www.smugglerscovesf.com; 650 Gough St; ⊙17–1.15 Uhr; 🚌5, 21, 47, 49, Ⓜ Civic Center, Ⓑ Civic Center) Jo-ho-ho und ,ne Buddel voll Rum – oder vielleicht doch lieber einen „Dead Reckoning" (Rum aus Nicaragua, Portwein, Ananassaft und Angostura), außer man greift zur lodernden Scorpion Bowl? Piraten haben wirklich die Qual der Wahl in dieser als Schiffswrack aufgemachten Tiki-Bar an der Barbary Coast, die sich hinter getönten Glastüren versteckt: Es gibt 550 Rums aus aller Welt und mehr als 70 Cocktails. Zur Happy Hour (tgl. 17–18 Uhr) zahlt man 2 US$ weniger.

Toronado PUB
(Karte S. 1090; ☎ 415-863-2276; www.toronado.com; 547 Haight St; ⊙11.30–2 Uhr; 🚌6, 7, 22, Ⓜ N) Halleluja, Bierfans – eure Gebete wurden erhört. Auf der Kreidetafel stehen mehr als 40 Fassbiere und Hunderte Flaschenbiere, darunter spektakuläre Sorten aus Mikrobrauereien. Den ganzen Tag gibt's Happy Hours. Nur Barzahlung. Zu dem von Trappistenmönchen gebrauten Bier holt man sich am besten nebenan im Rosamunde (S. 1106) Würstchen. Es kann so laut werden, dass man sein Gegenüber kaum noch versteht. Dafür aber hört man die Engel jubilieren.

Unterhaltung

Am Union Square verkauft **TIX Bay Area** (Karte S. 1090; http://tixbayarea.org; 350 Powell St; 🚋Powell-Mason, Powell-Hyde, Ⓑ Powell, Ⓜ Powell) Last-Minute-Theaterkarten zum halben Preis.

San Francisco Symphony KLASSISCHE MUSIK
(Karte S. 1090; ☎ Konzertkasse 415-864-6000, Hotline für Last-Minute-Tickets 415-503-5577; www.sfsymphony.org; Grove St, zw. Franklin St & Van Ness Ave; Tickets 20–150 US$; 🚌21, 45, 47, Ⓜ Van Ness, Ⓑ Civic Center) Von dem Augenblick an, wenn Chefdirigent Tilson Thomas auf die Zehenspitzen geht und den Taktstock hebt, spitzt das Publikum gespannt die Ohren, um das glanzvolle, mit einem Grammy ausgezeichnete Orchester zu erleben. Dieses ist berühmt für seine Beethoven- und Mahler-Interpretationen, es gibt aber auch Konzerte kombiniert mit Filmen wie *Star Trek* und kreative Zusammenarbeiten mit Künstlern von Elvis Costello bis Metallica.

SFJAZZ Center JAZZ
(Karte S. 1090; ☎ 866-920-5299; www.sfjazz.org; 201 Franklin St; Tickets 25–120 US$; 👪; 🚌5, 6, 7, 21, 47, 49, Ⓜ Van Ness) 🍃 Jazzlegenden und Ausnahmetalente aus aller Welt werden in Nordamerikas neuestem und größten Jazz-Zentrum vorgestellt. Unten im Joe Henderson Lab hört man frische Variationen klassischer Jazzalben und Poeten, die mit Jazz-Combos auftreten. Auf der Hauptbühne kann man Zeuge außergewöhnlicher Joint Ventures werden – von afrokubanischen All-Star-Ensembles bis hin zu den Roots-Legenden Emmylou Harris, Rosanne Cash und Lucinda Williams.

San Francisco Opera OPER
(Karte S. 1090; ☎ 415-864-3330; www.sfopera.com; War Memorial Opera House, 301 Van Ness Ave; Tickets 10–350 US$; 🚌21, 45, 47, 49, Ⓑ Civic Center, Ⓜ Van Ness) Opern begleiteten in San Francisco schon die Goldrauschzeit und das hiesige Opernhaus kann es mit der Met aufnehmen. Die Weltpremieren originaler Werke reichen von Tobias Pickers *Dolores Claiborne* nach dem Roman von Stephen King bis zu John Adams' *Girls of the Golden West*, für das Filmemacher Peter Sellars das Libretto schrieb. Ansonsten darf man elegante Kostüme und radikale Bühnenbilder des Malers David Hockney erwarten. Stehplatztickets für den gleichen Tag gibt's um 10 Uhr für 10 US$; Sonderevents des Opera Lab stehen auf der Website.

Independent LIVEMUSIK
(Karte S. 1088; ☎ 415-771-1421; www.theindependentsf.com; 628 Divisadero St; Tickets 12–45 US$; ⊙Konzertkasse Mo–Fr 11–18 Uhr, an Veranstaltungsabenden bis 21.30 Uhr; 🚌5, 6, 7, 21, 24) Wer ein bahnbrechendes Konzert auf der kleinen, aber mächtigen Bühne gegeben hat, darf prahlen. Hier sind Indie-Träumer (Magnetic Fields, Death Cab for Cutie), Legenden (Steel Pulse, Guided by Voices), Alt-Pop-(The Killers, Imagine Dragons) und internationale Bands (Tokyo Chaotic, Airbourne) zu hören. Die Belüftung in dem maximal 800 Plätze fassenden Treff ist mau, die Akustik erstklassig, die Drinks sind ordentlich und die Toiletten unglaublich sauber.

American Conservatory Theater THEATER
(ACT; Karte S. 1090; ☎ 415-749-2228; www.act-sf.org; 405 Geary St; ⊙Theaterkasse Mo 10–18 Uhr, Di–So bis Vorstellungsbeginn; 🚌8, 30, 38, 45, 🚋Powell-Mason, Powell-Hyde, Ⓑ Powell, Ⓜ Powell) Bahnbrechende Aufführungen zeigt das ACT in dem Theaterwahrzeichen aus der Zeit um 1900. Hier fanden die Premieren von Tony Kushners *Engel in Amerika* und Robert Wil-

sons *Black Rider* mit dem Libretto von William S. Burroughs und der Musik von Tom Waits statt. Bekannte Dramatiker wie Tom Stoppard, Dustin Lance Black, Eve Ensler und David Mamet zeigen hier ihre Werke, während im **Strand Theater** (Karte S. 1090; ☎ 415-749-2228; www.act-sf.org/home/box_office/strand.html; 1127 Market St; 🚋F, Ⓑ Civic Center, Ⓜ Civic Center), der neuen Bühne des ACT, experimentelle Arbeiten Premiere feiern.

San Francisco Ballet TANZ
(Karte S. 1090; ☎ Tickets 415-865-2000; www.sfballet.org; War Memorial Opera House, 301 Van Ness Ave; Tickets 22–141 US$; ⏲ Kartenverkauf Mo–Fr 10–16 Uhr; 🚌 5, 21, 47, 49, Ⓜ Van Ness, Ⓑ Civic Center) Das älteste Ballett-Ensemble der USA gibt jährlich mehr als 100 Vorstellungen, vom *Nussknacker* (dessen US-Premiere hier stattfand) bis zu modernen Originalproduktionen. Die Vorstellungen finden von Januar bis Mai überwiegend im War Memorial Opera House und gelegentlich im Yerba Buena Center for the Arts statt. Stehlplatztickets für den gleichen Tag gibt's für 15 bis 20 US$ an der Theaterkasse (Di–Fr ab 12, Wochenende 10 Uhr).

★ **Beach Blanket Babylon** CABARET
(BBB; Karte S. 1090; ☎ 415-421-4222; www.beachblanketbabylon.com; 678 Green St; $25-130; ⏲ Vorstellungen Mi–Fr 20, Sa 18 & 21, So 14 & 17 Uhr; 🚌 8, 30, 39, 41, 45, 🚋 Powell-Mason) Schneewittchen sucht in San Francisco nach ihrem Märchenprinzen: Was kann da schiefgehen? Die Disney-Parodie – ein Zwischending aus Musical, Comedy und Cabaret – läuft schon seit 1974, aber aktuelle Witze und Perücken so groß wie Umzugswagen sorgen immer noch für Entzücken. Außer bei den klug bearbeiteten Sonntagsmatineen sind wegen des anzüglichen Humors nur Zuschauer ab 21 Jahren zugelassen. Reservierung erforderlich; wer einen guten Platz erwischen will, sollte möglichst eine Stunde früher kommen.

Fillmore Auditorium LIVEMUSIK
(Karte S. 1090; ☎ 415-346-6000; http://thefillmore.com; 1805 Geary Blvd; Tickets ab 20 US$; ⏲ Theaterkasse So 10–15, 30 Min. vor Einlass bis 22 Uhr an Veranstaltungsabenden; 🚌 22, 38) Jimi Hendrix, Janis Joplin, The Doors – sie alle sind schon im Fillmore aufgetreten. Heute kann man in dem historischen, 1250 Stehplätze umfassenden Saal die Indigo Girls, Willie Nelson oder Tracy Chapman bewundern (wer nett ist und sich seinen Weg sanft bahnt, kann sich vielleicht bis an die Bühne vorquetschen). Unbedingt anschauen sollte man sich die unbezahlbare Sammlung psychedelischer Poster in der Wandelhalle im Obergeschoss.

★ **Great American Music Hall** LIVE MUSIC
(Karte S. 1090; ☎ 415-885-0750; www.gamh.com; 859 O'Farrell St; Shows 20–45 US$; ⏲ Konzertkasse Mo–Fr & Veranstaltungstage 10.30–18 Uhr; 👪; 🚌 19, 38, 47, 49) In der opulenten Spielstätte für alle Altersgruppen, einem einstigen Bordell von 1907, gibt jeder sein Bestes: Acts wie The Band Perry legen los, internationale Legenden wie Salif Keita zieren die Bühne und John Waters veranstaltet Weihnachtsspektakel. Ein Abendessen mit guten Plätzen auf dem Rang, von denen aus man die Show bequem sehen kann, kostet 25 US$. Man kann aber auch im Stehparkett-Gedränge abrocken.

★ **Roxie Cinema** KINO
(Karte S. 1094; ☎ 415-863-1087; www.roxie.com; 3117 16th St; reguläre Filmvorführung/Matinee 11/8 US$; 🚌 14, 22, 33, 49, Ⓑ 16th St Mission) Das historische, gemeinnützige Nachbarschaftskino von 1909 hat einen guten internationalen Ruf, weil es Dokumentarfilme und umstrittene Filme zeigt, die anderswo verboten sind. Die Tickets für Filmfestival-Premieren, seltene Retrospektiven und die turbulenten Oscar-Übertragungen sind schnell vergriffen – Tickets online reservieren! Wenn die Hauptveranstaltung ausgebucht ist, kann man aber immer noch nebenan im winzigen Little Roxy fesselnde Dokumentarfilme anschauen. In diesem Kino gibt es keine Werbung, dafür aber eine Einführung zu jedem Film.

Sundance Kabuki Cinema KINO
(Karte S. 1090; ☎ 415-346-3243; www.sundancecinemas.com; 1881 Post St; Erw. 11–16,50 US$; 🚌 2, 3, 22, 38) 🍃 Kino de Luxe! Man reserviert sich seinen Platz, geht an die Bar und bestellt sich Wein und überraschend gutes Essen zum Film. Im Kabuki, einer Multiplex-Initiative von Robert Redfords Sundance Institute stehen große Filme und Festivals auf dem Programm. Das Kino ist nachhaltig: Sitze aus Recycling-Materialien, Dekor aus recyceltem Holz, regionale Pralinen und Alkohol (daher das Mindestalter von 21 Jahren bei den meisten Veranstaltungen). Parken mit Parkschein.

Shoppen

★ **Aggregate Supply** KLEIDUNG, HAUSHALTSWAREN
(Karte S. 1094; ☎ 415-474-3190; www.aggregatesupplysf.com; 806 Valencia St; ⏲ Mo–Sa 11–19, So 12–18 Uhr; 🚌 14, 33, 49, Ⓑ 16th St Mission) Bei

DIE BESTEN EINKAUFSGEGENDEN IN SAN FRANCISCO

Rustikal-schicke Boutiquen, gut bestückte Küchenausstatter und sagenhafte Outfitter sind über die ganze Stadt verteilt. Die Einheimischen wissen, was sie wo finden. Unsere Leser nun auch:

Ferry Building Lebensmittel, Wein und Küchenutensilien

Hayes Valley Unabhängige Modedesigner, Haushaltswaren, Geschenkartikel

Valencia Street Buchläden, lokale Design-Kollektive, Kunstgalerien, Antiquitäten und Trödel aller Art

Haight Street Hanfläden, Musik, Vintage, Skate- und Surfzubehör

Union Square Kaufhäuser, Megamarken, Discounter, Applestore

Russian Hill & The Marina Schicke Klamotten, Accessoires, Haushaltswaren, Geschenke

Grant Avenue Souvenirs in Chinatown, ausgefallene Boutiquen in North Beach

Aggregate Supply, einem Laden für coole kalifornische Mode und Wohndekor, steht moderner Wildweststil hoch im Kurs. Hiesige Designer und unabhängige Produzenten stehen im Vordergrund. Hier gibt's z. B. Vintage-Steingutbecher von Heath, karierte Hemdjacken von Turk+Taylor und 24-Stunden-Uhren der Künstlerin Tauba Auerbach. Authentischere SF-Souvenirs als die von Aggregate Supply selbst kreierten T-Shirts mit kalifornischen Op-Art-Motiven oder die nach nordkalifornischen Wäldern duftenden Bio-Seifen findet man nirgendwo.

★ Amoeba Music MUSIK
(Karte S. 1096; ☎ 415-831-1200; www.amoeba.com; 1855 Haight St; ⌚ 11–20 Uhr; 🚌 6, 7, 33, 43, Ⓜ N) Es braucht eigentlich keinen besonderen Anreiz, um die Kunden in den Laden mit dem buntesten Sortiment neuer und gebrauchter Musik-CDs, Vinyls und Videos an der Westküste zu locken. Dennoch bietet das Amoeba obendrein Hörstationen, kostenlose Magazine mit superexakten Rezensionen durch Mitarbeiter und eine Konzertreihe für umme, bei der in letzter Zeit beispielsweise die Violent Femmes, Kehlani, Billy Bragg und Mike Doughty auftraten. Außerdem hat das Unternehmen eine Stiftung, die schon über 4000 km² Regenwald gerettet hat.

Betabrand KLEIDUNG
(Karte S. 1094; ☎ 415-400-9491; www.betabrand.com; 780 Valencia St; ⌚ Mo–Fr 11–19, Sa bis 20, So 12–18 Uhr; 🚌 14, 22, 33, 49, Ⓑ 16th St Mission) Bei Betabrand werden Modeentscheidungen von der Masse getroffen: Die experimentellen Entwürfe werden online zur Abstimmung gestellt und die Sieger dann in kleinen Stückzahlen produziert. Zu den neuesten Kreationen gehören bürotaugliche Yoga-Hosen, Diskokugel-Windjacken und Sommerkleider mit lächelndem Emoji-Sch...häufchen. Manche Sachen sind daneben – z. B. der „Chillmono", eine lange, aufgeblasene Jacke im Kimono-Stil, aber bei diesen Preisen kann man schon mal ein Risiko eingehen.

ℹ Praktische Informationen

GEFAHREN & ÄRGERNISSE

Man sollte die in Städten gebotene Vorsicht walten lassen, ganz besonders nachts in Tenderloin, South of Market (SoMa) und The Mission.

INFOS IM INTERNET

SFGate.com (www.sfgate.com)
SFist (www.sfist.com)
7x7 (www.7x7.com)

MEDIZINISCHE VERSORGUNG

San Francisco General Hospital (Zuckerberg San Franciso General Hospital and Trauma Center; ☎ Notfall 415-206-8111, Hauptkrankenhaus 415-206-8000; www.sfdph.org; 1001 Potrero Ave; ⌚ 24 Std.; 🚌 9, 10, 33, 48) Beste Notaufnahme bei schweren Verletzungen.

TOURISTENINFORMATION

SF Visitor Information Center (Karte S. 1090; ☎ 415-391-2000; www.sftravel.com/visitor-information-center; untere Ebene, Hallidie Plaza, Ecke Market & Powell St; ⌚ Mo–Fr 9–17, Sa & So bis 15 Uhr, Nov.–April So geschl.; 🚋 Powell-Mason, Powell-Hyde, Ⓜ Powell, Ⓑ Powell) Muni-Fahrkarten, Angebote für Aktivitäten, Kultur- und Event-Kalender.

ℹ An- & Weiterreise

BUS

Bis zur Fertigstellung des neuen Busbahnhofs 2018 bleibt das **Temporary Transbay Terminal** (Karte S. 1090; Ecke Howard & Main St;

(🚌 5,38,41,71) San Franciscos wichtigster Fernbusbahnhof. Hier fahren folgende Busse:

AC Transit (☎ 510-891-4777; www.actransit.org) Busse zur East Bay.

Greyhound (☎ 800-231-2222; www.greyhound.com) Tägliche Busse nach Los Angeles (39–90 US$, 8–12 Std.), Truckee nahe dem Lake Tahoe (35–46 US$, 5½ Std.) und zu anderen größeren Zielen.

Megabus (☎ 877-462-6342; http://us.megabus.com) Preiswerte Busverbindungen zwischen San Francisco und Los Angeles, Sacramento und Reno.

SamTrans (☎ 800-660-4287; www.samtrans.com) Busse südwärts nach Palo Alto und die Pazifikküste hinunter.

FLUGZEUG

Der **San Francisco International Airport** (SFO; www.flysfo.com; S McDonnell Rd) befindet sich 14 Meilen (22 km) südlich des Stadtzentrums am Hwy 101 und ist mit dem Bay Area Rapid Transit (BART) zu erreichen. Der **Oakland International Airport** (OAK; www.oaklandairport.com; 1 Airport Dr; 📶; B Oakland International Airport) auf der anderen Seite der Bucht bedient hauptsächlich Inlandsflüge und ist in einer 40-minütigen BART-Fahrt zu erreichen. Den 45 Meilen (70 km) südlich der Stadt gelegenen **Mineta San José International Airport** (SJC; ☎ 408-392-6000; www.flysanjose.com; 1701 Airport Blvd) erreicht man über den Hwy 101.

ZUG

Die Züge der **Amtrak** (☎ 800-872-7245; www.amtrakcalifornia.com) bedienen San Francisco über die Bahnhöfe Oakland und Emeryville (nahe Oakland). Vom Jack London Sq in Oakland bringen kostenlose Shuttlebusse die Passagiere zum Ferry Building und zum Caltrain-Bahnhof in San Francisco.

Caltrain (www.caltrain.com; Ecke 4th & King St) verbindet San Francisco mit den Zentren im Silicon Valley sowie mit San Jose.

ℹ Unterwegs vor Ort

AUTO & MOTORRAD

Wenn möglich, sollte man in San Francisco aufs Auto verzichten: Der Verkehr ist stets heftig, Parkplätze an der Straße sind absolute Mangelware und die Ableser der Parkuhren gnadenlos.

VOM/ZUM SAN FRANCISCO INTERNATIONAL AIRPORT

Vom **BART-Bahnhof** (Bay Area Rapid Transit; www.bart.gov) des SFO beim Internationalen Terminal sind es 30 Minuten bis zur Downtown von San Francisco. Ein Taxi vom SFO in die Downtown kostet 40 bis 55 US$ zuzüglich Trinkgeld. Airport-Shuttles (einfache Strecke 17–20 US$ zzgl. Trinkgeld) starten am Schalterbereich auf der oberen Ebene (nicht von der Gepäckausgabe auf der unteren Ebene); zu den meisten Zielen in San Francisco muss man 45 Minuten einplanen. **SuperShuttle** (☎ 800-258-3826; www.supershuttle.com) fährt mit Kleinbussen ins Zentrum (17 US$/Pers.).

ÖFFENTLICHE VERKEHRSMITTEL

Wenn es die Einheimischen nicht sehr eilig haben, verzichten sie auf Auto oder Taxi und gehen zu Fuß, fahren Rad oder nehmen die öffentlichen Verkehrsmittel der **Muni** (San Francisco Municipal Transportation Agency). Über die Verkehrsmittel, Ankünfte und Abfahrten in der Bay Area kann man sich telefonisch unter 511 oder online unter www.511.org informieren. Die detaillierte Muni Street & Transit Map ist kostenlos online erhältlich.

Cable Cars Die Kabelbahn ist langsam, aber malerisch und verkehrt täglich in kurzen Takten zwischen 6 und 0.30 Uhr. Einzelfahrten kosten 7 US$; wer viel unterwegs ist, kauft besser den Muni Passport (21 US$/Tag).

Muni-Straßenbahnen und -Busse Die Straßenbahnen und Busse sind vergleichsweise schnell, die Taktungen aber je nach Linie sehr unterschiedlich. Nach 21 Uhr wird das Angebot deutlich eingeschränkt. Der Fahrpreis beträgt 2,50 US$.

BART Hochgeschwindigkeitsverbindung nach East Bay, zur Mission St, zum Flughafen und nach Millbrae, wo Anschluss an den Caltrain besteht.

SCHIFF/FÄHRE

San Francisco Bay Ferry (☎ 415-705-8291; http://sanfranciscobayferry.com) Legt von Pier 41 und vom Ferry Building nach Oakland/Alameda ab. Die Überfahrt kostet 6,60 US$.

TAXI

Eine Meile kostet ca. 2,75 US$, der Grundpreis beträgt 3,50 US$. Ein Taxi auf der Straße anzuhalten, kann schwierig sein. Man sollte sich die App **Flywheel** (http://flywheel.com) auf sein Handy laden, dann wird man prompt bedient.

Marin County

Im lockeren Marin County ragen auf der goldbraun leuchtenden Landzunge direkt jenseits der Golden Gate Bridge majestätische Redwood-Bäume in den Himmel. Der südlichste Ort ist das kleine **Sausalito** (www.sausalito.org) direkt an der Bucht – ein tolles Ziel für Radtouren über die Brücke (nach San Francisco zurück geht's mit der Fähre). In der Nähe des Hafens mit seinen pittoresken, unkonventionellen Hausbooten gibt's im **Bay Model Visitors Center** (Karte S. 1088; ☎ 415-332-3871; www.spn.usace.army.

mil/missions/recreation/baymodelvisitorcenter.aspx; 2100 Bridgeway Blvd; Di–Sa 9–16 Uhr, erweiterte Öffnungszeiten im Sommer Sa & So 10–17 Uhr; P) GRATIS eine gigantische hydraulische Nachahmung der gesamten Bucht inklusive Delta.

Marin Headlands

Wanderwege ziehen sich durch das windumtoste, schroffe Gelände und bieten einen weiten Ausblick auf die Bucht und die Stadt. Zum **Visitor Center** (Karte S. 1088; 415-331-1540; www.nps.gov/goga/marin-headlands.htm; Bunker Rd, Fort Barry; 9.30–16.30 Uhr) nimmt man nördlich der Golden Gate Bridge die Ausfahrt Alexander Ave, biegt links ab, unterquert den Freeway und folgt den Schildern.

Zu den Attraktionen westlich des Hwy 101 gehören das **Point Bonita Lighthouse** (Karte S. 1088; 415-331-1540; www.nps.gov/goga/pobo.htm; Sa–Mo 12.30–15.30 Uhr; P) GRATIS, die aus der Ära des Kalten Kriegs stammende **Nike Missile Site SF-88** (Karte S. 1088; 415-331-1540; www.nps.gov/goga/nike-missile-site.htm; Field Rd; Sa 12.30–15.30 Uhr; P) GRATIS und das informative **Marine Mammal Center** (Karte S. 1088; 415-289-7325; www.marinemammalcenter.org; 2000 Bunker Rd; Eintritt gegen Spende, Audiotour Erw./Kind 9/5 US$; 10–16 Uhr; P) oberhalb des **Rodeo Beach** (Karte S. 1088; www.parksconservancy.org/visit/park-sites/rodeo-beach.html; abseits der Bunker Rd; P). Östlich des Hwy 101 befindet sich in Fort Baker das interaktive und bei Kindern beliebte **Bay Area Discovery Museum** (Karte S. 1088; 415-339-3900; www.baykidsmuseum.org; 557 McReynolds Rd; 14 US$, 1. Mi im Monat frei; Di–Fr 9–16, Sa & So bis 17, einige Mo 9–16 Uhr; P).

Nahe dem Visitor Center nimmt das **HI Marin Headlands Hostel** (Karte S. 1088; 415-331-2777; www.norcalhostels.org/marin; Fort Barry, Bldg 941; Zi. mit Gemeinschaftsbad 105–135 US$, B 31–40 US$; Rezeption 7.30–23.30 Uhr; P@) auf einem bewaldeten Hügel zwei Militärgebäude von 1907 ein. Wer historischen Luxus wünscht, bucht in der LEED-zertifizierten Lodge **Cavallo Point** (Karte S. 1088; 415-339-4700; www.cavallopoint.com; 601 Murray Circle; Zi. ab 399 US$; P@) in Fort Baker ein Zimmer mit Kamin und Blick auf die Bucht.

Mt. Tamalpais State Park

Der majestätische Mt. Tam (784 m) ist ein schöner Tummelplatz für Wanderer und Mountainbiker. Der **Mt. Tamalpais State Park** (Karte S. 1088; 415-388-2070; www.parks.ca.gov; pro Auto 8 US$; 7–Sonnenuntergang; P) umfasst 2550 ha Parklandschaft mit einem mehr als 320 km langen Wanderwegnetz. Man sollte unbedingt zum Aussichtspunkt am East Peak Summit fahren. Vom Hwy 1 führt der Panoramic Hwy durch den Park über Muir Woods zum Küstenstädtchen **Stinson Beach** mit seinem halbmondförmigen Sandstrand.

An der **Pantoll Station** (Karte S. 1088; 415-388-2070; www.parks.ca.gov; 801 Panoramic Hwy; wechselnde Öffnungszeiten;), dem Sitz der Parkverwaltung, beginnen viele Wanderwege. Hier gibt's auch einen **Campingplatz** (Karte S. 1088; Info 415-388-2070; www.parks.ca.gov; Panoramic Hwy; Stellplatz für Zelt 25 US$; P), allerdings ohne Reservierungsoption. Im Voraus buchen muss man hingegen, wenn man eine rustikale Hütte (ohne Strom und fließendes Wasser) oder einen Stellplatz im nur zu Fuß zu erreichenden **Steep Ravine** (Reservierungen 800-444-7275; www.reserveamerica.com; Stellplatz für Zelt 25 US$, Hütte 100 US$; Nov.–Sept.; P) beim Hwy 1 südlich von Stinson Beach haben will. Eine weitere Option ist das abgelegene **West Point Inn** (Karte S. 1088; Infos 415-388-9955, Reservierungen 415-646-0702; www.westpointinn.com; 100 Old Railroad Grade Fire, San Anselmo; Zi. mit Gemeinschaftbad pro Erw./Kind 50/25 US$; Bettwäschengebühr 10 US$;). Hier muss man Schlafsack, Handtücher und Proviant mitbringen. Reservierung erforderlich.

Point Reyes National Seashore

Die windumtoste Halbinsel **Point Reyes National Seashore** (415-654-5100; www.nps.gov/pore; P) GRATIS ragt auf einer anderen tektonischen Platte 16 km weit ins Meer. Über ihre 260 km² verteilen sich Strände, Lagunen und bewaldete Hügel. Im **Bear Valley Visitor Center** (415-464-5100; www.nps.gov/pore; 1 Bear Valley Rd, Point Reyes Station; Mo–Fr 10–17, Sa & So 9–17 Uhr;), 1 Meile (1,6 km) westlich von Olema, gibt's Landkarten, Infos und naturkundliche Exponate. Der knapp 1 km lange **Earthquake Trail**, der die San-Andreas-Verwerfung überquert, beginnt ganz in der Nähe.

Das **Point Reyes Lighthouse** (415-669-1534; www.nps.gov/pore; am Ende des Sir Francis Drake Blvd; Fr–Mo 10–16.30 Uhr, Linsenraum Fr–Mo 14.30–16 Uhr) thront auf dem westlichsten Zipfel der Halbinsel – ein idealer Ort, um im Winter Wale zu beobachten. An der Pierce Point Rd beginnt der **Tomales Point Trail** (hin & zurück 16 km), der auf sturmumtosten Klippen vorbei an Tule-Wapiti-Herden zur Nordspitze der Halbinsel führt. Paddeltouren in der Tomales Bay organisiert **Blue Waters Kayaking** (415-669-2600; www.bluewaterskayaking.com; 12944 Sir Francis Drake Blvd; Verleih/Touren ab 60/68 US$; meist 9–17, letztmögliche Mietzeit 14 Uhr;); los geht's in Inverness und Marshall.

Naturliebhaber übernachten in der einzigen Unterkunft im Park, dem **HI Point Reyes Hostel** (415-663-8811; www.norcalhostels.org/reyes; 1390 Limantour Spit Rd; Z mit Gemeinschaftbad 105–130 US$, B 29–38 US$; Rezeption 7.30–10.30 & 16.30–22 Uhr; P @) , vom Visitor Center 8 Meilen (13 km) landeinwärts. In dem Küstenort Inverness bieten die **Cottages at Point Reyes Seashore** (415-669-7250; www.cottagespointreyes.com; 13275 Sir Francis Drake Blvd; Zi.129–269 US$; P) eine familienfreundliche Unterkunft mitten im Wald. Infos über freie Zimmer in gemütlichen Inns, Cottages und B&Bs gibt's bei der **West Marin Chamber of Commerce** (415-663-9232; www.pointreyes.org).

Rund 2 Meilen (3,2 km) nördlich von Olema gibt's in dem winzigen Ort **Point Reyes Station** Bäckereien, Cafés und Restaurants. Leckereien für ein Mittagspicknick bekommt man bei der **Cowgirl Creamery at Tomales Bay Foods** (415-663-9335; www.cowgirlcreamery.com; 80 4th St; Feinkost 3–10 US$; Mi–So 10–18 Uhr;) ; 10 Meilen (16,1 km) nördlich der Stadt kann man bei der **Hog Island Oyster Company** (415-663-9218; https://hogislandoysters.com; 20215 Hwy 1, Marshall; 12 Austern 13–16 US$, Picknick 5 US$/Pers.; Laden tgl. 9–17 Uhr, Picknickgelände ab 10 Uhr, Café Fr–Mo 11–17 Uhr) Austern schlemmen.

Berkeley

Als Geburtsstätte der Bewegungen für Meinungsfreiheit und die Rechte von Behinderten sowie als Sitz der ehrwürdigen University of California („Cal") ist Berkeley kein Mauerblümchen. Als landesweites Zentrum des (überwiegend links ausgerichteten) intellektuellen Diskurses und mit seiner lautstarken, engagierten Bevölkerung bietet die berühmte Universitätsstadt eine interessante Mischung aus angegrauten Progressiven und idealistischen Studierenden.

Sehenswertes & Aktivitäten

Die zum Südtor des Campus führende **Telegraph Ave** ist eine fröhliche, belebte Straße mit zahlreichen preiswerten Cafés, Musikläden, Straßenhändlern und Straßenmusikanten.

University of California, Berkeley UNIVERSITÄT
(510-642-6000; www.berkeley.edu; P; B Downtown Berkeley) Die „Cal", die älteste Universität Kaliforniens (1866), ist eine der Spitzenuniversitäten des Landes mit 40 000, politisch wachsamen Studenten. Neben dem **California Memorial Stadium** (www.californiamemorialstadium.com) bietet das **Koret Visitor Center** (510-642-5215; http://visit.berkeley.edu; 2227 Piedmont Ave; Mo–Fr 8.30–16.30, Sa & So 9–13 Uhr; AC Transit 36) Infos und Lagepläne und veranstaltet kostenlose Campus-Führungen (Reservierung erforderlich). Das Wahrzeichen der Cal ist der 1914 erbaute **Campanile** (Sather Tower; 510-642-6000; http://campanile.berkeley.edu; Erw./Kind 3/2 US$; Mo–Fr 10–15.45, Sa 10–16.45, So bis 13.30 & 15–16.45 Uhr; ; B Downtown Berkeley) mit Carillon-Konzerten. Ein Fahrstuhl (3 US$) bringt einen nach oben. In der **Bancroft Library** (510-642-3781; www.lib.berkeley.edu/libraries/bancroft-library; University Dr; Archive Mo–Fr 10–16 oder 17 Uhr; B Downtown Berkeley) GRATIS ist das kleine Gold-Nugget ausgestellt, das 1848 den kalifornischen Goldrausch auslöste.

Schlafen

Die Unterkunftspreise schießen bei besonderen Unievents wie bei der Graduierungsfeier (Mitte Mai) oder bei Heimspielen des Footballteams in die Höhe. Bei solch extremer Nachfrage sind dann die älteren, billigeren Motels an der University Ave durchaus praktisch, ebenso die Kettenmotels und Hotels abseits der I-80 in Emeryville und Vallejo.

Hotel Shattuck Plaza HOTEL $$
(510-845-7300; www.hotelshattuckplaza.com; 2086 Allston Way; Zi. ab 200 US$; P @ ; B Downtown Berkeley) Nach der 15 Mio. US$ teuren, ökologisch nachhaltigen Sanierung des 100 Jahre alten Schmuckstücks in der Downtown ist das friedliche Hotel richtig chic geworden. Das Foyer mit Tapeten im viktorianischen Stil wird von roten italienischen Glaslampen beleuchtet, auf dem Boden prunkt ein Peace-Zeichen aus Fliesen (nein, das ist kein Witz!). Die komfortablen Zimmer sind mit Federbetten ausgestattet und in dem luftigen, mit Säulen bestückten Restaurant bekommt man alle Mahlzeiten.

★**Claremont Resort & Spa** RESORT $$$
(☎ 510-843-3000; www.fairmont.com/claremont-berkeley; 41 Tunnel Rd; Zi. ab 240 US$;) Das zu Fairmont gehörende historische Hotel ist das beste an der East Coast: ein glamouröses weißes Gebäude von 1915 mit eleganten Restaurants, einem Fitnesscenter, Swimmingpools, Tennisplätzen und einem Spa mit allem Drum und Dran. Die Zimmer mit Blick auf die Bucht sind hervorragend. Das Hotel steht am Fuß der Berkeley Hills abseits des Hwy 13 (Tunnel Rd) nahe der Grenze zu Oakland. Parken kostet 30 US$.

Essen & Ausgehen

Ippuku JAPANISCH $$
(☎ 510-665-1969; www.ippukuberkeley.com; 2130 Center St; Teller zum Teilen 5–20 US$; Di–Do 17–22, Fr & Sa bis 23 Uhr; B Downtown Berkeley) Japanische Gäste schwärmen, dass das Ippuku sie an die *izakayas* Tokios erinnert (japanische Kneipen, in denen man auch essen kann). Man sitzt an traditionellen Tatami-Tischen (Schuhe ausziehen!) oder in gemütlichen Sitzecken und wählt aus den *yakitori* (Fleisch- und Gemüsespieße) und hausgemachten Soba-Nudeln. Dazu kann man *shōchū* bestellen, einen hochprozentigen Schnaps aus Reis oder Gerste. Reservierung erforderlich!

★**Chez Panisse** KALIFORNISCH $$$
(☎ Café 510-548-5049, Restaurant 510-548-5525; www.chezpanisse.com; 1517 Shattuck Ave; Café Hauptgerichte abends 22–35 US$, Restaurant Festpreismenü abends 75–125 US$; Café Mo–Do 11.30–14.45 & 17–22.30, Fr & Sa 11.30–15 & 17–23.30 Uhr, Restaurant Platzierung Mo–Sa 17.30 & 20 Uhr; ; AC Transit 7) Feinschmecker pilgern scharenweise in diesen Tempel von Alice Waters, Erfinderin der kalifornischen Cuisine. Das Restaurant ist in einem schönen Arts-&-Crafts-Haus in Berkeleys „Gourmet Ghetto" untergebracht. Entweder man geht aufs Ganze und gönnt sich im Erdgeschoss ein Menü zum Festpreis oder man besucht das preiswertere und nicht ganz so formelle Café im Obergeschoss. Einen Monat im Voraus reservieren!

Jupiter KNEIPE
(☎ 500-843-8277; www.jupiterbeer.com; 2181 Shattuck Ave; Mo–Do 11.30–00.30, Fr 11.30–1.30, Sa 12–1.30, So 12–23.30 Uhr; B Downtown Berkeley) Die Kneipe im Stadtzentrum hat viele regionale Biere aus Mikrobrauereien, einen Biergarten, anständige Pizzas und bietet an den meisten Abenden Livemusik. Vom Obergeschoss aus sieht man die geschäftige Shattuck Ave aus der Vogelperspektive.

Unterhaltung

Berkeley Repertory Theatre THEATER
(☎ 510-647-2949; www.berkeleyrep.org; 2025 Addison St; Tickets 40–100 US$; Tageskasse Di–So 12–19 Uhr; B Downtown Berkeley) Das hoch angesehene Ensemble bringt seit 1968 gewagte Inszenierungen klassischer und moderner Stücke auf die Bühne. Zuschauer unter 30 Jahren bezahlen für die meisten Vorstellungen nur die Hälfte.

Freight & Salvage Coffeehouse LIVEMUSIK
(☎ 510-644-2020; www.thefreight.org; 2020 Addison St; Tickets 5–45 US$; tgl. Shows; ; B Downtown Berkeley) Der legendäre Club im Künstlerviertel in Downtown hat fast 50 Jahre auf dem Buckel. Er bietet großartige traditionelle Folk-, Country-, Bluegrass- und Weltmusik für alle Altersstufen. Besucher unter 21 Jahren kommen für den halben Preis rein.

Anreise & Unterwegs vor Ort

Um nach Berkeley zu gelangen, nimmt man einen Zug Richtung Richmond und steigt an einem der folgenden drei **BART-Bahnhöfe** (Bay Area Rapid Transit; www.bart.gov) auf: Ashby, Downtown Berkeley oder North Berkeley. Die Fahrt zwischen Berkeley und San Francisco kostet 4,10 bis 4,40 US$, zwischen Berkeley und dem Zentrum von Oakland 1,95 US$.

NORDKALIFORNIEN

In Nordkalifornien (Northern California) präsentiert sich der Golden State mit riesigen, aus dem Küstennebel ragenden Redwoods, den Weingütern des Wine Country und den versteckten Thermalquellen von seiner wilden Seite. Der dramatischen Kulisse aus Land und Meer entspricht die unglaubliche Verschiedenheit der Einwohner: Man trifft hier Holzbarone und Bäume umarmende Hippies an, Rastafaris mit Dreadlocks und Bio-Rancher, Cannabis-Farmer und politische Radikale jeder Richtung. Zum Besuch der Region verlocken Spitzenweine, Restaurants mit einer Küche aus frischen, regionalen Zutaten, Nebelwanderungen unter den größten Bäumen des Planeten und ausufernde Gespräche, die mit einem *Hey, dude!* beginnen.

Wine Country

Die erste Weinbauregion der USA gehört zugleich zu den besten weltweit. Trotz des Hypes um den Wine-Country-Stil drehen sich alle Geschichten eigentlich nur um das Land. Die Landschaft ist geprägt von welligen Hügeln mit jahrhundertealten Eichen, die unter der Sommersonne die Farbe eines Löwenfells annehmen. Und natürlich von Weinbergen, die so weit das Auge reicht, die Hänge bedecken. Dahinter folgen Redwood-Wälder den gewundenen Flüssen zum Meer.

Anreise & Unterwegs vor Ort

Sowohl das Napa als auch das Sonoma Valley sind von San Francisco aus über den Hwy 101 oder die I-80 in 90 Minuten zu erreichen.

Die Anreise in die Täler mit öffentlichen Verkehrsmitteln (hauptsächlich mit Bussen und vielleicht auch in Kombination mit BART-Zügen oder Fähren) dauert lange und ist kompliziert, aber machbar. Gleiches gilt für Rundreisen vor Ort. Tipps für die Planung und Fahrpläne stehen auf der Website http://511.org.

Fahrräder verleihen **Wine Country Cyclery** (707-966-6800; www.winecountrycyclery.com; 262 W Napa St; Rad 30–75 US$/Tag; 10–18 Uhr), **Napa Valley Bike Tours** (707-944-2953; www.napavalleybiketours.com; 6500 Washington St, Yountville; Rad 45–75 US$/Tag, Touren 109–124 US$; 8.30–17 Uhr), **Calistoga Bike Shop** (707-942-9687; http://calistogabikeshop.com; 1318 Lincoln Ave; Rad ab 27 US$; geführte Touren ab 149 US$; 10–18 Uhr) und **Spoke Folk Cyclery** (707-433-7171; www.spokefolk.com; 201 Center St; Hybrid-Fahrrad pro Std./Tag ab 14/38 US$; Mo–Fr 10–18, Sa & So 10–17 Uhr).

Napa Valley

Mehr als 200 Weingüter drängen sich im fast 50 km langen Napa Valley an den drei Hauptstrecken. Der **Hwy 29** mit seinen Verkehrsstaus an den Wochenenden ist gesäumt von berühmten Weingütern. Der parallel verlaufende **Silverado Trail**, auf dem man schneller vorankommt, hat Boutiquewinzereien, bizarre Architektur und kultverdächtige Cabernet Sauvignons zu bieten. Die nicht minder berühmten Weingüter am **Carneros Hwy** (Hwy 121), der westwärts zum Sonoma Valley führt, sind auf Schaumweine und Pinot Noir spezialisiert.

Am Südende des Tals liegt **Napa**, das Geschäftszentrum des Tals. Dem Ort mangelt es ein wenig an ländlichem Charme, dafür hat er im Zentrum trendige Restaurants und Probierstuben. Im **Napa Valley Welcome Center** (855-847-6272, 707-251-5895; www.visitnapavalley.com; 600 Main St; 9–17 Uhr;) sind Pässe für Weinproben und Lagepläne der Weingüter erhältlich.

Fährt man auf dem Hwy 29 weiter gen Norden, erreicht man das winzige **Yountville**, eine ehemalige Postkutschenstation. Hier gibt es mehr mit Michelin-Sternen ausgezeichnete Restaurants pro Kopf als in San Francisco! Weitere 10 Meilen (16 km) nördlich stockt der Verkehr im reizenden **St. Helena**, wo man wunderbar bummeln und shoppen kann – wenn man denn einen Parkplatz findet. Am nördlichen Zipfel des Tals gibt's im netten **Calistoga** Thermal- und Schlammbäder, die vulkanische Asche vom nahen Mt. St. Helena benutzen.

Sehenswertes & Aktivitäten

Bei vielen Weingütern in Napa ist eine Reservierung erforderlich. Weniger ist mehr: Pro Tag sollte man sich mit ein paar Probierstuben begnügen.

★ Hess Collection WEINGUT, GALERIE
(707-255-1144; www.hesscollection.com; 4411 Redwood Rd, Napa; Museum Eintritt frei, Verkostung 25 & 35 US$, Führungen frei; 10–17.30 Uhr, letzte Verkostung 17 Uhr) Kunstliebhaber sollten sich die Hess Collection anschauen, in deren Sälen mannigfaltige und mitunter großformatige Kunstwerke zu sehen sind, darunter Arbeiten von Francis Bacon und Robert Motherwell. In dem eleganten Verkostungsraum mit Natursteinwänden gibt es bekannte Sorten wie Cabernet Sauvignon und Chardonnay, man sollte sich aber auch den Viognier nicht entgehen lassen. In den wärmeren Monaten wird auch im Garten mit schönem Blick hinunter ins Tal ausgeschenkt. Man sollte reservieren und sich auf eine kurvenreiche Anfahrt einstellen. Flaschenweine kosten zwischen 30 und 100 US$. Eine öffentliche Führung gibt's um 10.30 Uhr.

★ Frog's Leap WEINGUT
(707-963-4704; www.frogsleap.com; 8815 Conn Creek Rd, Rutherford; Weinprobe 20–25 US$, inkl. Führung 25 US$; 10–16 Uhr, nur nach Vereinbarung; P) Pfade winden sich hier durch zauberhafte Gärten und Obstplantagen – mittendrin liegt ein Gehöft von 1884 mit Scheune, Katzen und Hühnern. Die Atmosphäre ist locker, bodenständig und spaßbetont. Das Gut macht vor allem mit seinem Sauvignon Blanc von sich reden,

aber auch der Merlot verdient Beachtung. Außerdem gibt's einen trockenen, dezenten und für Napa untypischen Cabernet.

★ Tres Sabores WEINGUT
(☎ 707-967-8027; www.tressabores.com; 1620 Whitehall Lane, St Helena; Führung & Verkostung 40 US$; ⌚10.30–15 Uhr, nach Vereinbarung;) Am westlichsten Rand des Tals weichen die Weinberge bewaldeten Hügeln. Hier bildet Tres Sabores ein Tor zum alten Napa. Einen schicken Verkostungsraum und Snobismus sucht man vergeblich, stattdessen gibt es einfach nur einen wunderbaren Wein in spektakulärer Umgebung. Das Gut bricht mit der Vorliebe für Cabernet und produziert hingegen einen vollen, an Burgunder erinnernden Zinfandel und einen spritzigen Sauvignon Blanc, den die *New York Times* unter die zehn besten seiner Art in Kalifornien zählte. Reservierung erforderlich!

Castello di Amorosa WEINGUT, BURG
(☎ 707-967-6272; www.castellodiamorosa.com; 4045 Hwy 29, Calistoga; Eintritt & Weinprobe 25–35 US$, inkl. Führung 40–85 US$; ⌚März–Okt. 9.30–18 Uhr, Nov.–Feb. 9.30–17 Uhr; P) Die perfekte Kopie einer italienischen Burg aus dem 13. Jh. benötigte eine Bauzeit von 14 Jahren. In dieser Zeit entstanden ein Burggraben, Mauern aus handbehauenen Steinen, Deckenfresken von italienischen Künstlern, Kreuzgewölbe-Katakomben im römischen Stil und eine Folterkammer mit historischen Gerätschaften. Verkostungen sind ohne Voranmeldung möglich, eine extra Führung lohnt sich aber auf jeden Fall. Und der Wein? Es gibt ein paar anständige italienische Sorten wie einen samtweichen toskanischen Cuvée und einen Merlot, der ausgezeichnet zu Pizza passt. Flaschenpreise zwischen 20 und 98 US$.

Schlafen

Teure wie fabelhafte Hotels verteilen sich über das Napa Valley; die opulentesten Häuser liegen in und rund um St. Helena und Yountville. Calistoga ist ein wenig legerer und günstiger. Die beste Budgetunterkunft ist ohne jeden Zweifel eine Jurte (oder ein Stellplatz) im Bothe-Napa Valley State Park.

★ El Bonita MOTEL $$
(☎ 707-963-3216, 800-541-3284; www.elbonita.com; 195 Main St; Zi. 140–325 US$; P @) Wer in dem gefragten Motel nächtigen will, sollte reservieren. Hier findet man moderne Zimmer (die hinten sind am ruhigsten), ein hübsches Areal, einen beheizten Pool, einen Whirlpool und eine Sauna.

Napa Valley Railway Inn INN $$
(☎ 707-944-2000; www.napavalleyrailwayinn.com; 6523 Washington St; Zi. 215–295 US$; P @) Hier übernachtet man in einem umgebauten Waggon, der zu zwei kurzen, an einer Bahnhofsplattform abgestellten Zügen gehört. Die Unterkunft bietet kaum Privatsphäre, ist aber, verglichen mit der Konkurrenz, günstig. Ohrstöpsel mitbringen!

Las Alcobas BOUTIQUEHOTEL $$$
(☎ 707-963-7000; www.lasalcobasnapavalley.com; 1915 Main St; Zi. ab 600–2500 US$;) Dieser Newcomer, ein Unternehmen mit einem zweiten Haus in Mexiko-Stadt, hat sich bereits einen Platz unter den feinsten Unterkünften im Napa Valley gesichert. Die opulenten, modernen Zimmer prahlen mit einem Blick in die Weinberge und mit der Nähe zu einigen der besten Restaurants, Einkaufsmöglichkeiten und Weinverkostungsstuben in der Region. Die kann man allerdings nur entdecken, wenn man es schafft, sich von dem hervorragenden Hotelrestaurant Acacia, dem beheizten Pool und dem entspannenden Spa loszueisen.

Essen

Zwölf-Gänge-Menüs für 400 US$ pro Person bieten Thomas Keller mit seiner French Laundry in Yountville und das genauso sagenhafte Meadowwood in St. Helena. Wer weniger verschwenderisch ist, findet im Tal aber auch viele Mittelklasserestaurants mit leckerem Essen und Läden, in denen man Picknickzutaten und Gourmet-Sandwichs bekommt. Und auf den Weingütern gibt's zum Wein Wurstplatten und andere passende Speisen – man kann also ruhig hungrig kommen.

★ Oxbow Public Market MARKT $
(☎ 707-226-6529; www.oxbowpublicmarket.com; 610 & 644 1st St; kleine Gerichte ab 3 US$; ⌚9–21 Uhr;) In dem Feinkostmarkt kann man in die nordkalifornische Gourmet-Szene eintauchen. Besonders zu empfehlen sind **Hog Island Oyster Co,** die Hausmannskost im **Kitchen Door** von Starkoch Todd Humphries, die tollen kalifornisch-mexikanischen Tacos in der **C Casa & Taco Lounge,** die India Pale Ales (IPAs) und Sour Beers der **Fieldwork Brewing Company,** der Espresso von **Ritual Coffee** und die Eiscreme mit Bio-Siegel von **Three Twins**.

Bouchon Bakery BÄCKEREI $
(☎707-944-2253; www.bouchonbakery.com; 6528 Washington St; Gebäck ab 3 US$; ⏲7–19 Uhr; ✎) Das französische Gebäck schmeckt so gut wie in Paris, der starke Kaffee belebt müde Geister. Hier gibt's immer eine Schlange und selten einen Sitzplatz – also einfach einpacken lassen!

Gott's Roadside AMERIKANISCH $$
(☎707-963-3486; http://gotts.com; 933 Main St; Hauptgerichte 8–16 US$; ⏲Mai–Sept. 10–22, Okt.–April bis 21 Uhr; 👪) Mit den Zehen im Gras futtert man an diesem klassischen Drive-in-Lokal prima Burger – mit Rindfleisch, Truthahn, Ahi-Thun oder vegetarisch –, Cobb-Salat oder Fischtacos. Die Wartezeit am Wochenende lässt sich vermeiden, wenn man vorher anruft oder sein Essen online bestellt. Eine weitere Filiale findet sich im Oxbow Public Market.

★ **French Laundry** KALIFORNISCH $$$
(☎707-944-2380; www.thomaskeller.com/tfl; 6640 Washington St; Festpreismenü abends 310 US$; ⏲Platzierungen Fr–So 11–12.30, tgl. 17–21 Uhr) Thomas Kellers Restaurant hat den Olymp der kalifornischen Küche erklommen, das dortige hochkarätige kulinarische Erlebnis muss den Vergleich mit der Weltspitze nicht scheuen. Man bucht einen Monat vorab auf der Online-App Tock, wo die Tickets gruppenweise freigegeben werden. Von einer Mahlzeit im French Laundry wird man sein ganzes Leben lang schwärmen.

Sonoma Valley

Ganz ehrlich, wir haben eine Vorliebe für die ungezwungene Art in Sonoma, das die Einheimischen auch gerne als „Slow-noma" bezeichnen. Anders als im schicken Napa, kümmert es hier keinen, wenn man eine Schrottkarre fährt und Grün wählt. Den Mittelpunkt des beschaulichen, 27 km langen Tals bildet das namensgebende Städtchen, das eine Autostunde entfernt von San Francisco liegt – ein wunderbares Sprungbrett zur Erkundung des Wine Country mit berühmten historischen Sehenswürdigkeiten aus dem 19. Jh. rund um den größten Stadtplatz im Bundesstaat.

Sehenswertes & Aktivitäten

Sonoma war früher die Hauptstadt der kurzlebigen Bear Flag Republic. Heute ist die Sonoma Plaza – der größte Stadtplatz Kaliforniens – gesäumt von historischen Hotels, gut besuchten Restaurants, schicken Geschäften und einem **Visitor Center** (☎866-966-1090; www.sonomavalley.com; 453 1st St E; ⏲Mo–Sa 9–17, So 10–17 Uhr).

★ **Gundlach-Bundschu Winery** WEINGUT
(☎707-938-5277; www.gunbun.com; 2000 Denmark St, Sonoma; Verkostung 20–30 US$, inkl. Führung 30–60 US$; ⏲Mai–Okt. 11–17.30 Uhr, Nov.–April bis 16.30 Uhr; P) Kaliforniens ältestes Weingut in Familienhand sieht zwar aus wie ein Schloss, hat aber eine bodenständige Atmosphäre. Die Aushängeschilder des Guts, das 1858 von einem bayerischen Einwanderer gegründet wurde, sind der Gewürztraminer und der Pinot Noir; „Gun-Bun" war aber auch die erste US-amerikanische Winzerei, die einen unverschnittenen Merlot produzierte. Das Gut liegt am Ende einer kurvenreichen Nebenstraße, die sich auch perfekt zum Radeln eignet. Vor Ort kann man picknicken und wandern. Es gibt einen kleinen See und häufig Konzerte, darunter ein zweitägiges Folk-Festival im Juni. Wer den Weinkeller mit seinen 1800 Fässern besichtigen will, muss reservieren. Flaschenpreise zwischen 20 und 50 US$.

Bartholomew Park PARK
(☎707-938-2244; www.bartholomewpark.org; 1000 Vineyard Lane; ⏲10–16.30 Uhr; P 👪) GRATIS Das beste Ausflugsziel nahe der Stadt ist der 152 ha große Bartholomew Park abseits der Castle Rd. Hier picknickt man unter großen Eichen, geht auf den insgesamt rund 3 km langen Wegen spazieren und genießt den Blick auf San Francisco. Die **Palladianische Villa** am Parkeingang (geöffnet Sa & So 12–15 Uhr) ist die Kopie des ursprünglichen pompejanischen Herrenhauses von Ágoston Haraszthy. Auch ein gutes, eigenständiges **Weingut** hat hier seinen Sitz. Letzter Einlass ist um 16.30 Uhr.

Jack London State Historic Park PARK
(☎707-938-5216; www.jacklondonpark.com; 2400 London Ranch Rd, Glen Ellen; 10 US$/Auto, Cottage Erw./Kind 4/2 US$; ⏲9.30–17 Uhr; P 👪) Napa hat Robert Louis Stevenson, Sonoma Jack London. In dem 567 ha großen Park verbrachte der Autor von *Wolfsblut* seine letzten Lebensjahre; das ausgezeichnete **Museum** sollte man sich nicht entgehen lassen. **Wanderwege** (von denen einige auch für Mountainbikes geöffnet sind) erstrecken sich auf einer Höhe zwischen 188 und 700 m über etliche Kilometer durch die Eichenwälder; ein leichter, gut 3 km langer Rundweg

führt zum **London Lake**, der sich prima zum Picknicken eignet. An manchen Abenden verwandelt sich der Park bei „Broadway Under the Stars" in ein Freilufttheater. Vorsicht vor Giftefeu (zu erkennen an seinem eichenblättrigen Laub)!

Benziger WEINGUT

(☎888-490-2739, 707-935-3000; www.benziger.com; 1883 London Ranch Rd, Glen Ellen; Verkostung 20–40 US$, Führungen 25–50 US$; ⏲10–17 Uhr; P) Wein-Novizen besuchen in Sonoma am besten zuerst Benziger für einen Crashkurs in Weinherstellung. Die lohnende Führung (11–15.30 Uhr; Reservierung empfohlen) beinhaltet eine Fahrt in einem offenen Wagen durch die biodynamisch bewirtschafteten Weinberge (bei geeignetem Wetter) und die Verkostung von fünf Weinen. Man kann hier wunderbar picknicken, sodass der Besuch auch für Familien ein schönes Erlebnis ist. Die in großen Chargen produzierten Weine sind ordentlich, die länger gelagerten Riserva aber besser – doch eigentlich kommt man wegen der Führung. Flaschenpreise zwischen 20 und 80 US$.

Kunde WEINGUT

(☎707-833-5501; www.kunde.com; 9825 Hwy 12, Kenwood; Verkostung 15–50 US$, Kellerführung kostenlos; ⏲10.30–17 Uhr; P) Das Weingut auf einer historischen Ranch befindet sich in Familienbesitz; manche Weinberge sind schon über 100 Jahre alt. Bei der Verkostung oben auf dem Berg genießt man den herrlichen Blick ins Tal; saisonal werden geführte Wanderungen veranstaltet (Reservierung empfohlen), man kann aber auch einfach auf eine Führung und eine Weinprobe hereinschauen. Zu den eleganten, nachhaltig produzierten Weinen, für die nur eigene Trauben verwendet werden, zählen ein spritziger Chardonnay und einfache Rotwein-Cuvées. Flaschenpreise zwischen 17 und 100 US$.

Cline Cellars WEINGUT

(☎707-940-4030; www.clinecellars.com; 24737 Arnold Dr, Hwy 121; Weinprobe 0–20 US$; ⏲Weinkeller 10–18 Uhr, Museum 10–16 Uhr) An lauen Tagen genießt man ein Picknick am Teich, an Regentagen macht man es sich in dem Farmhaus aus den 1850er-Jahren am Kamin gemütlich und probiert einen Zinfandel oder Mourvèdre. Im **California Mission Museum** kann man in den 1930er-Jahren geschaffene, originalgetreue Mini-Nachbauten von 21 spanischen Kolonialmissionen bewundern.

Schlafen

Die sinnvollsten Standorte zur Erkundung des Tals sind das historische Zentrum von Sonoma und das grüne, romantische Glen Ellen. In Kenwood gibt's zudem einen luxuriösen Gasthof.

★ **Windhaven Cottage** COTTAGES $$

(☎707-938-2175, 707-483-1856; www.windhavencottage.com; 21700 Pearson Ave; Cottages 165–175 US$) Dieses Anwesen mit tollem Preis-Leistungs-Verhältnis umfasst zwei Einheiten: ein versteckt liegende Cottage mit Holzdecke und Kamin sowie ein hübsches, 74 m² großes Wohnstudio. Uns gefiel das romantische Cottage besser. Zu beiden gehören Whirlpools im Freien. Leihfahrräder und Grills sind willkommene Extras.

Beltane Ranch B&B $$

(☎707-833-4233; www.beltaneranch.com; 11775 Hwy 12, Glen Ellen; DZ 185–375 US$; P) Inmitten von Pferdekoppeln und Weinbergen fühlt man sich ins Sonoma des 19. Jhs. zurückversetzt. Die freundliche Ranch aus den 1890er-Jahren hat doppelte Veranden mit Schaukelstühlen und weißen Korbmöbeln. Obwohl sie eigentlich als B&B firmiert, hat doch jedes Zimmer im amerikanischen Landhausstil sowie das Cottage seinen eigenen Eingang – Ruhe ist also garantiert, zumal weder Telefon noch TV von der ländlichen Glückseligkeit ablenken.

Essen & Ausgehen

★ **Fremont Diner** AMERIKANISCH, SÜDSTAATEN $$

(☎707-938-7370; www.thefremontdiner.com; 2698 Fremont Dr; Hauptgerichte 9–22 US$; ⏲Mo–Mi 8–15, Do–So bis 21 Uhr) Zu Stoßzeiten bilden sich lange Schlangen vor diesem Diner, der seine Zutaten frisch von der Farm bezieht. Die Tische drinnen sind zwar schöner, aber auch an den Picknicktischen nimmt man gerne Platz, um sich Buttermilch-Pancakes mit hausgemachtem Zimt-Vanille-Sirup, Hühnchen und Waffeln, Austern-Po'boys, leckere Grillspeisen und in der Pfanne gebackenes Maisbrot schmecken zu lassen.

Fig Cafe & Winebar FRANZÖSISCH, KALIFORNISCH $$

(☎707-938-2130; www.thefigcafe.com; 13690 Arnold Dr, Glen Ellen; Hauptgerichte 12–24 US$, 3-Gänge-Abendmenü 36 US$; ⏲Sa & So 10–14.30, So–Do 17–21, Fr & Sa 17–21.30 Uhr) Zu den bodenständigen Gerichten kalifornisch-provenzalischer Hausmannskost zählen kurz gebratene Calamari mit pikantem Zitronen-Aioli, Feigen und Rucola sowie Steaks mit Fritten. Der günstige Wein und der Wochenend-Brunch sind gute Gründe zum Wiederkommen. Keine Reservierung, keine Korkgebühr.

Hopmonk Tavern KNEIPENKOST $$
(☎ 707-935-9100; www.hopmonk.com; 691 Broadway; Hauptgerichte 11–23 US$; ⏲ So–Do 11.30–21, Fr & Sa bis 22 Uhr) Der muntere Gastropub mit Biergarten bietet mehr als ein Dutzend Fassbiere, teils eigene, teils von anderen Brauereien, die in passenden Gläsern serviert werden. Freitags bis sonntags gibt's Livemusik, mittwochs Open Mic Sessions (ab 20 Uhr).

★ **Cafe La Haye** KALIFORNISCH $$$
(☎ 707-935-5994; www.cafelahaye.com; 140 E Napa St; Hauptgerichte 19–25 US$; ⏲ Di–Sa 17.30–21 Uhr) Eine von Sonomas besten Adressen in puncto moderner amerikanischer Küche. Das La Haye bezieht seine Zutaten aus einem Umkreis von maximal 100 km. Der Speiseraum ist zwar stets rappelvoll und der Service manchmal fast schon etwas nachlässig, doch das schlichte, schmackhafte Essen macht das La Haye für viele Feinschmecker dennoch zum Restaurant der ersten Wahl. Lange im Voraus reservieren!

Russian River Valley

Redwood-Bäume ragen über die Weingüter im Russian River Valley, das ca. 75 Meilen (120 km) nordwestlich von San Francisco (Anfahrt über die Hwys 101 & 116) im westlichen Sonoma County liegt. Das für Apfelbaumplantagen und Farmtouren bekannte **Sebastopol** hat mit seinen Buchläden, Kunstgalerien und Boutiquen im Zentrum und den Antiquitätenläden weiter im Süden ein modernes, intellektuelles Gesicht bekommen. Wie wär's mit einem Bummel über den überdachten Markt **Barlow** (☎ 707-824-5600; www.thebarlow.net; Ecke Sebastopol & Morris Sts; ⏲ Zeiten variieren; P 👪), wo Lebensmittelhersteller, Winzer, Kaffeeröster, Schnapsbrenner und Indie-Chefköche ihre Produkte anbieten? Oder mit einer Farmtour per Auto oder Rad direkt zur Quelle (www.farmtrails.org)?

Guerneville ist der wichtigste Ort am Fluss – hier brummen die Harleys, und es gibt schwulenfreundliche Kneipen. Alte Redwood-Bäume kann man im **Armstrong Redwoods State Reserve** (☎ Infos 707-869-2015, Besucherzentrum 707-869-2958; www.parks.ca.gov; 17000 Armstrong Woods Rd; 8 US$/Auto; ⏲ 8 Uhr–1 Std. nach Sonnenuntergang; P 👪) bestaunen. Direkt nebenan befindet sich der **Bullfrog Pond Campground** (☎ 707-869-2015; www.stewardscr.org; Stellplatz mit/ohne Reservierung 35/25 US$; 🐾), auf dem man auch ohne Reservierung einen Platz bekommt. Mit **Burke's Canoe Trips** (☎ 707-887-1222; www.burkescanoetrips.com; 8600 River Rd, Forestville; Kanu-/Kajakverleih inkl. Shuttle 68/45 US$, nur Barzahlung) kann man flussabwärts paddeln. Weiter im Südosten befinden sich die **Iron Horse Vineyards** (☎ 707-887-1507; www.ironhorsevineyards.com; 9786 Ross Station Rd, abseits des Hwy 116, Sebastopol; Weinprobe 25 US$, inkl. Führung 50 US$; ⏲ 10–16.30 Uhr; letzte Weinprobe 16 Uhr; P), wo man oben auf dem Hügel wunderbar ein Glas Schaumwein genießen kann (Führungen vorab buchen!).

Weitere ausgezeichnete Weingüter, von denen einige für preisgekrönte Pinot Noirs bekannt sind, reihen sich an der ländlichen, dem Flusslauf nach Healdsburg folgenden **Westside Rd** aneinander. Im **Visitor Center** (☎ 707-869-9000; www.russianriver.com; 16209 1st St; ⏲ Mo–Sa 10–17 Uhr & Mai–Okt. So bis 15 Uhr) in Guerneville sind Lagepläne der Weingüter und Infos über Unterkünfte erhältlich. Es lohnt sich, im netten **Boon Eat + Drink** (☎ 707-869-0780; http://eatatboon.com; 16248 Main St; Hauptgerichte mittags 15–18 US$, abends 15–26 US$; ⏲ Do–Di mittags 11–15 Uhr, So–Do 17–21, Fr & Sa 17–22 Uhr; 🌱) auf einen Tisch zu warten. Die gleichen Leute betreiben auch das schicke **Boon Hotel + Spa** (☎ 707-869-2721; www.boonhotels.com; 14711 Armstrong Woods Rd; Zelte 175–225 US$, Zi. 225–425 US$; P 🚭 📶 🏊 🐾), eine minimalistische Oase mit Salzwasserpool.

Südlich des Flusses schlängelt sich der 10 Meilen (16 km) lange und kurvige, sehr passend benannte Bohemian Hwy ins winzige **Occidental**. Dort lädt das **Howard Station Cafe** (☎ 707-874-2838; www.howardstationcafe.com; 3611 Bohemian Hwy; Hauptgerichte 8–14 US$; ⏲ Mo–Fr 7–14.30, Sa 6 So 7–15 Uhr; 👪 🐾) zu einem herzhaften Frühstück, etwa mit Blaubeer-Pancakes aus Maismehl (nur Barzahlung), und die **Barley & Hops Tavern** (☎ 707-874-9037; www.barleynhops.com; 3688 Bohemian Hwy; ⏲ Mo–Do 16–21, Fr–So 13–21.30 Uhr) zu einem Craft-Bier. Ein paar Kilometer weiter südlich liegt Freestone mit der phänomenalen Bäckerei **Wild Flour Bread** (☎ 707-874-2938; www.wildflourbread.com; 140 Bohemian Hwy, Freestone; Gebäckstücke ab 3 US$; ⏲ Fr–Mo 8.30–18.30 Uhr; 👪) und dem Spa **Osmosis** (☎ 707-823-8231; www.osmosis.com; 209 Bohemian Hwy, Freestone; Pakete ab 219 US$; ⏲ nach Vereinbarung 9–20 Uhr), in dem man sich ein Bad mit Kiefern-Enzymen gönnen kann.

Healdsburg & Umgebung

Mehr als 100 Weingüter liegen in einem Umkreis von 20 Meilen (32 km) in den Tälern rund um Healdsburg. Um die baumreiche Plaza gruppieren sich dort gehobene Restaurants, Probierstuben und schicke Hotels. Weinprobenpässe und Karten sind im **Visitor Center** (☎800-648-9922, 707-433-6935; www.healdsburg.com; 217 Healdsburg Ave; ⏲Mo–Fr 10–16, Sa & So 10–15 Uhr) erhältlich. Mit kalifornischen Leckereien aus lokalen Zutaten kann man sich im **Shed** (☎707-431-7433; www.healdsburgshed.com; 25 North St; Hauptgerichte abends 15–30 US$; ⏲Mi–Mo 8–21, Di 8–18 Uhr; 🚻) 🍃 oder im **SingleThread** (☎707-723-4646; www.singlethreadfarms.com; 131 North St; Degustationsmenü 293 US$/Pers.; ⏲Di–So 17.30–23 Uhr) verwöhnen lassen. Im rustikal eingerichteten **Dry Creek General Store** (☎707-433-4171; www.drycreekgeneralstore1881.com; 3495 Dry Creek Rd; Sandwiches 10–13 US$; ⏲Mo–Fr 7–17, Sa & So 7–17.30 Uhr) in der Nähe der Weingüter kann man gut zu Mittag essen. Ein Dach überm Kopf bieten das altmodische **L&M Motel** (☎707-433-6528; www.landmmotel.com; 70 Healdsburg Ave; Zi. 175–195 US$; P 🚭 ❄ 📶 ≋ 🐾) und die romantischen **Healdsburg Modern Cottages** (☎707-395-4684; www.healdsburgcottages.com; 425 Foss St; DZ 340–575 US$; ❄ 📶 ≋).

Im Dry Creek Valley, westlich vom Hwy 101 und von Healdsburg gelegen, warten Bilderbuchweingüter darauf, von Travellern entdeckt zu werden. Einfach ein Fahrrad mieten und los geht's! Bei den biodynamisch bewirtschafteten **Preston Vineyards** (☎707-433-3372; www.prestonvineyards.com; 9282 W Dry Creek Rd; Weinprobe/Führungen 10/25 US$; ⏲11–16.30 Uhr; P 🚻) 🍃 und **Quivira Vineyards** (☎707-431-8333, 800-292-8339; www.quivirawine.com; 4900 W Dry Creek Rd; Weinprobe 15–30 US$, inkl. Führung 40 US$, Führung & Verkostung nur nach Reservierung; ⏲11–17 Uhr, April–Okt. 10–16.30 Uhr; P 🚻 🐾) 🍃 kann man nach Zitrusfrüchten schmeckenden Sauvignon Blanc und Zinfandel mit Anklängen an Pfeffer probieren. Mit dem Auto kann man Richtung Russian River fahren und bei **Porter Creek Vineyards** (☎707-433-6321; www.portercreekvineyards.com; 8735 Westside Rd; Weinprobe 15 US$; ⏲10.30–16.30 Uhr; P) 🍃 erdige Pinot Noirs und fruchtige Viogniers probieren. Hier genießt man den Wein an einer Theke, die aus einer alten Bowlingbahn gezimmert wurde.

Nordwestlich von Healdsburg am Hwy 101 führt der Hwy 128 durch das **Anderson Valley**, das bekannt ist für seine Obstplantagen und Familien-Weingüter wie **Navarro** (☎707-895-3686; www.navarrowine.com; 5601 Hwy 128, Philo; ⏲Mo–Fr 8–18, Sa & So 8–17 Uhr) GRATIS und **Husch** (☎707-462-5370; www.huschvineyards.com; 4400 Hwy 128, Philo; ⏲10–18 Uhr, Nov.–März 10–17 Uhr; P) GRATIS. Außerhalb von Boonville mit seinen Straßencafés, Bäckereien und Delis bietet sich ein Zwischenstopp in der mit Solarenergie betriebenen **Anderson Valley Brewing Company** (☎707-895-2337; www.avbc.com; 17700 Hwy 253, Boonville; Verkostung ab 2 US$, Führung & Frisbee-Golf frei; ⏲Sa–Do 11–18, Fr 11–19 Uhr; P 🚻) 🍃 an, wo man Frisbee-Golf spielen und ein Bier genießen kann.

Nordküste

Das ist nicht das Kalifornien aus dem Song der Beach Boys – hier findet man nur sehr wenige Surfer und keine von Palmen gesäumten Strände. Der zerklüftete Rand des Kontinents ist wild, malerisch und sogar etwas unheimlich: In der geisterhaft nebligen Außenseiterregion gibt's die höchsten Bäume der Welt, das stärkste Marihuana und eine Reihe eigenwilliger kleiner Ortschaften.

Auf dem Coastal Hwy 1 nach Mendocino

Dieser stellenweise gefährliche Abschnitt des Hwy 1 führt in Serpentinen vorbei an Fischerdörfern und versteckten Stränden. Von Haltebuchten aus kann man den Horizont über dem Pazifik nach wandernden Walen absuchen und eine Küste bestaunen, deren Felsformationen ständig von einer starken Brandung umspült werden. Für die 110 Meilen (177 km) lange Strecke von Bodega Bay nach Fort Bragg braucht man ohne Zwischenstopp mindestens drei Stunden – nachts oder wenn Nebel aufzieht, stahlharte Nerven und sehr viel mehr Zeit.

Bodega Bay, Kulisse für Hitchcocks 1963 gedrehten Psychothriller *Die Vögel*, ist die erste Perle einer Kette verschlafener Fischerdörfer. Heute sind am Himmel zwar keine blutrünstigen Krähen mehr zu sehen, seinen Picknickkorb sollte man aber dennoch im Auge behalten, während man die Felsbogen, stürmischen Buchten und mit Wildblumen übersäten Klippen im **Sonoma Coast State Park** (www.parks.ca.gov; 8 US$/Auto) erkundet. Dessen Strände ragen über das 10 Meilen (16 km) nördlich gelegene Jenner hinaus. Das **Bodega Bay Sportfishing Center** (☎707-875-3495; www.bodegacharters.com; 1410b Bay Flat Rd; Angeltour 135 US$, Walbeobachtungstour Erw./Kind 50/35 US$; 👪) veranstaltet im Winter Walbeobachtungstouren (Erw./Kind 50/35 US$). Landratten wandern zum Bodega Head oder schwingen sich bei **Chanslor Ranch** (☎707-875-3333, 707-875-2721; www.horsenaroundtrailrides.com; 2660 N Hwy 1; Ausritt ab 125 US$; ⏱10–17 Uhr; 👪) in den Sattel.

Wo der breite, träge Russian River in den Pazifik mündet, liegt **Jenner**, eine Ansammlung von Geschäften und Restaurants auf den Küstenhügeln. Freiwillige Helfer schützen die an der Flussmündung lebenden Seehunde in der Wurfzeit zwischen März und August und beantworten Fragen der Besucher. **Water Treks Ecotours** (☎707-865-2249; www.watertreks.com; Kajaks ab 30 US$; ⏱Zeiten variieren) am Hwy 1 verleiht Kajaks; Reservierung empfohlen.

12 Meilen (19 km) nördlich von Jenner liegt der **Fort Ross State Historic Park** (☎707-847-3437; www.fortross.org; 19005 Hwy 1; 8 US$/Auto; ⏱10–16.30 Uhr) mit den vom Salz zerfressenen Gebäuden eines 1812 eingerichteten Handelspostens und einer russisch-orthodoxen Kirche. Der ruhige Ort hat eine fesselnde Geschichte: Er war einst der südlichste Punkt der Handelsexpeditionen des russischen Zarenreichs in Nordamerika. Das kleine, nach Holz duftende Museum beherbergt historische Exponate und bietet Schutz vor den an den Klippen wütenden Winden.

Ein paar Kilometer weiter nördlich befindet sich der **Salt Point State Park** (☎707-847-3221; www.parks.ca.gov; 25050 Hwy 1; 8 US$/Auto; ⏱Park Sonnenaufgang–Sonnenuntergang, Visitor Center April–Okt. Sa & So 10–15 Uhr; 🅿) mit unzähligen Wanderwegen, Gezeitenpools und zwei **Campingplätzen** (☎800-444-7275; www.reserveamerica.com; Stellplatz für Zelt/Wohnmobil 25/35 US$; 🅿). Im benachbarten **Kruse Rhododendron State Natural Reserve** leuchten zwischen April und Juni rosa Blumen in den dunstig grünen Wäldern. Kühe grasen auf den Wiesen oben auf Klippen, die sich gen Norden bis zur **Sea Ranch** (www.tsra.org) erstrecken. Dort führen öffentlich zugängliche Wanderwege vom Parkplatz (7 US$/Auto) runter zu winzigen Stränden.

2 Meilen (3,2 km) nördlich des Ortes Point Arena lohnt sich ein Abstecher zum 1908 errichteten, vom Wind umtosten **Point Arena Lighthouse** (☎707-882-2809; www.pointarenalighthouse.com; 45500 Lighthouse Rd; Erw./Kind 7,50/1 US$; ⏱ Mitte Sept.–Mitte Mai 10–15.30 Uhr, Mitte Mai–Mitte Sept. 10–16.30 Uhr; 🅿). Wer die 145 Stufen hinaufsteigt, kann die blinkende Fresnel-Linse in Augenschein nehmen und kommt in den Genuss eines atemberaubenden Blickes über die Küste. 8 Meilen (13 km) nördlich der Stelle, an der der Hwy 128 den Little River überquert, liegt der **Van Damme State Park** (☎707-937-5804; www.parks.ca.gov; 8001 N Hwy 1, Little River; 8 US$/Auto; ⏱8–21 Uhr; 🅿). Dort führt der beliebte **Fern Canyon Trail** (hin & zurück 8 km) durch einen saftig grünen Fluss-Canyon mit jungen Redwood-Bäumen. Wer noch 1,6 km in die eine oder andere Richtung wandert, kommt in einen Zwergwald. Auf dem **Campingplatz** (☎800-444-7275; www.reserveamerica.com; 8001 Hwy 1, Little River; Stellplatz für Zelt/Wohnmobil 25/35 US$; 🅿🚿) im Park gibt's Münz-Warmwasserduschen.

In **Mendocino**, einem historischen Dorf auf einer spektakulären Landspitze, bummeln Baby-Boomer durch Straßen mit Giebelhäusern, die an New England erinnern – mit B&Bs in Wassertürmen, urigen Geschäften und Kunstgalerien. Im **Mendocino Headlands State Park** (www.parks.ca.gov) führen unbefestigte Wege vorbei an Brombeersträuchern, Wildblumen und Zypressen, die über den Felsklippen und der tosenden Brandung Wache stehen. Das **Ford House Museum & Visitor Center** (☎707-537-5397; www.mendoparks.org; 45035 Main St; ⏱11–16 Uhr) befindet sich ganz in der Nähe.

Gleich südlich des Ortes kann man mit **Catch a Canoe & Bicycles, Too** (☎707-937-0273; www.catchacanoe.com; 44850 Comptche-Ukiah Rd, Stanford Inn by the Sea; 3 Std. Kajak, Kanu oder Fahrrad Erw./Kind 28/14 US$; ⏱9–17 Uhr; 👪) den Big River hinaufpaddeln. Die nördlich des Ortes gelegene **Point Cabrillo Light Station** (☎707-937-6123; www.pointcabrillo.org; 45300 Lighthouse Rd; ⏱Park Sonnenaufgang–Sonnenuntergang, Leuchtturm 11–16 Uhr) GRATIS aus dem Jahr 1909 eignet sich im Winter perfekt zur Walbeobachtung.

Schlafen

Im stilvollen Mendocino sind der Standard und die Preise gleichermaßen hoch; an Wochenenden muss man zudem oft zwei Nächte buchen. Im 10 Meilen (16,1 km) nördlich gelegenen Fort Bragg gibt's preiswertere Unterkünfte. In allen B&B-Preisen ist das Frühstück enthalten; nur wenige Unterkünfte haben Fernseher. Für eine Übersicht der Cottages und B&Bs wendet man sich an

Mendocino Coast Reservations (☎707-937-5033; www.mendocinovacations.com; 45084 Little Lake St; ⏲9–17 Uhr).

Gualala Point Regional Park CAMPING $
(☎707-567-2267; http://parks.sonomacounty.ca.gov; 42401 Hwy 1, Gualala; Stellplatz für Zelt & Wohnmobil 35 US$; P) Schattiger Platz mit Redwood-Bäumen und duftenden kalifornischen Lorbeerbäumen. Ein kurzer Weg verbindet den an einem Bach gelegenen Campingplatz mit dem windgepeitschten Strand. Die Qualität der Stellplätze – darunter auch einige abgelegene, nur zu Fuß erreichbare – macht diesen Drive-in-Campingplatz zum besten an diesem Küstenabschnitt.

Andiron Seaside Inn & Cabins HÜTTE $$
(☎707-937-1543; http://theandiron.com; 6051 N Hwy 1, Little River; DZ 109–299 US$; P) Die Cottages im hippen Retro-Design der 1950er-Jahre sind eine erfrischend verspielte Option zu Mendocinos ansonsten biederer Rosen- und Spitzendeckchen-Ästhetik. Jede Hütte hat zwei Zimmer, die wiederum ein bestimmtes Motto haben: „Read" ist vollgestopft mit alten Bücher, bequemen Sesseln und Retro-Brillen, „Write" ist mit einer riesigen Tafel und einer alten Schreibmaschine mit Farbband geschmückt.

★**Alegria** B&B $$$
(☎707-937-5150; www.oceanfrontmagic.com; 44781 Main St; Zi. 239–299 US$;) Perfekt für einen romantischen Aufenthalt: Vom Bett aus sieht man die Küste, von der Terrasse den Ozean, und alle Zimmer haben Holzkamine. Draußen führt ein herrlicher Pfad zu einem schönen bernsteinfarbenen Strand. Die überaus freundlichen Gastgeber servieren in dem Esszimmer mit Blick aufs Meer ein umwerfendes Frühstück. Preiswertere Zimmer gibt's auf der gegenüberliegenden Straßenseite im hellen, einfachen **Raku House** (☎800-780-7905; www.rakuhouse.com; 998 Main St; Zi. 109–139 US$; P).

★**Mar Vista Cottages** HÜTTE $$$
(☎707-884-3522; www.marvistamendocino.com; 35101 Hwy 1, Anchor Bay; Cottage 190–310 US$; P) Die elegant renovierten, einfachen, aber stilvollen Fischerhütten aus den 1930er-Jahren sind ein Paradebeispiel für Nachhaltigkeit. Hier herrscht Harmonie bis ins kleinste Detail: Die Bettwäsche wird auf einer Wäscheleine über Lavendel getrocknet, die Gäste können sich aus dem Biogemüsegarten alles fürs Abendessen holen und überall gackern Hühner und legen Frühstückseier. Zu bestimmten Zeiten muss man mindestens zwei Nächte bleiben.

Essen & Ausgehen

Selbst in kleinen Küstenorten gibt's meistens eine Bäckerei, ein Deli und einen Naturkostladen sowie mehrere Straßencafés und Restaurants.

Franny's Cup & Saucer BÄCKEREI $
(☎707-882-2500; www.frannyscupandsaucer.com; 213 Main St; Kuchen ab 2 US$; ⏲Mi–Sa 8–16 Uhr) Die niedlichste Patisserie an diesem Küstenabschnitt wird von Franny und ihrer Mutter Barbara (einer ehemaligen Mitarbeiterin des Chez Panisse in Berkeley) geführt. Die frischen Beerentorten und die kreativen hausgemachten Schoko-Desserts sehen so schön aus, dass man sie zuerst kaum antasten mag. Nach dem ersten Bissen will man dann aber unbedingt noch mehr bestellen. Einmal im Monat werden beim Farmhouse Dinner (28 US$) alle Register gezogen.

Spud Point Crab Company MEERESFRÜCHTE $
(☎707-875-9472; www.spudpointcrab.com; 1860 Westshore Rd; Hauptgerichte 6,75–12 US$; ⏲9–17 Uhr; P) In der Tradition klassischer Krabbenbuden am Kai serviert das Spud Point salzig-süße Krabben-Sandwichs und echten Clam Chowder (der Muscheleintopf räumt ständig kulinarische Preise ab). Wer will, kann auch frische Krabben kaufen und mit nach Hause nehmen. Man isst an Picknicktischen mit Blick über die Marina. Hin kommt man über die Bay Flat Rd.

Mendocino Cafe KALIFORNISCH, FUSION $$
(☎707-937-6141; www.mendocinocafe.com; 10451 Lansing St; Hauptgerichte mittags 12–16 US$, abends 21–33 US$; ⏲11.30–20 Uhr;) Das Restaurant ist eines der wenigen in Mendocino für ein gehobenes Diner. Es serviert aber auch ein Mittagessen, das man schön im Freien auf der von Rosen umgebenen Terrasse mit Meerblick genießen kann. Zu empfehlen sind der Thai-Burrito oder die „Healing Bowl" (Soba-Nudeln, Miso, Shiitake-Pilze und nach Wahl Fleisch oder Seafood). Zum Abendessen gibt's gegrillte Steaks und Meeresfrüchte.

★**Café Beaujolais** KALIFORNISCH $$$
(☎707-937-5614; www.cafebeaujolais.com; 961 Ukiah St; Hauptgerichte mittags 10–18 US$, abends 23–38 US$; ⏲Mi–So 11.30–14.30, abends tgl. ab 17.30 Uhr; P) Mendocinos beliebtes kalifornisch-französisches Kultrestaurant residiert in einem Haus aus dem Jahr 1893,

das in einen einfarbigen, städtisch-schicken Speisesaal umgebaut wurde. Hier kann man wunderbar im Kerzenschein Händchen halten. Wegen der raffinierten, kreativen Gerichte kommen die Gäste sogar aus San Francisco angereist. Die Speisekarte setzt auf regionale Zutaten und wechselt je nach Saison. Das Petaluma-Entenconfit ist einfach nur himmlisch.

955 Ukiah Street KALIFORNISCH **$$$**
(☎707-937-1955; www.955restaurant.com; 955 Ukiah St; Hauptgerichte 18–37 US$; ⊙Do–So ab 18 Uhr) Das Restaurant ist fast schon eine Institution. Die Karte wechselt je nach dem örtlichen Angebot. Bei unserem Besuch gab es beispielsweise als Vorspeise gebratenen Blumenkohl, Feta und karamellisierte Zwiebeln. Aus dem gedämpft beleuchteten, bohemehaften Raum blickt man in weitläufige Gartenanlagen. Donnerstags gibt's es Drei-Gänge-Menü mit Wein mit ausgezeichnetem Preis-Leistungs-Verhältnis (25 US$). Alle Infos dazu und zu weiteren Events stehen auf der Website.

Dick's Place BAR
(☎707-937-6010; 45080 Main St; ⊙11.30–2 Uhr) Die Bar wirkt unter den schicken Läden im Zentrum von Mendocino etwas deplatziert, ist aber ausgezeichnet, um die andere Seite des Orts kennenzulernen und mit rowdyhaften Einheimischen zu bechern. Unbedingt sollte man sich auch das Retro-Erlebnis der Jukebox gönnen (0,50 US$).

ℹ Anreise & Unterwegs vor Ort

Die **Mendocino Transit Authority** (MTA; ☎800-696-4682, 707-462-1422; www.mendocinotransit.org; 241 Plant Rd, Ukiah; einfache Strecke meist 1,50–6 US$) betreibt täglich den Bus 65 zwischen Willits, Ukiah und Santa Rosa mit einer Rückfahrt am Nachmittag (26,25 US$, 3 Std., tgl. 4-mal). Der Bus 95 fährt täglich von Point Arena (Hwy 1) über Jenner und Bodega Bay nach Santa Rosa mit einer Rückfahrt am Nachmittag (8,25 US$, 3¼ Std., tgl. 1-mal). Die North Coast Route 60 führt von Navarro River Junction nordwärts nach Albion, Little River, Mendocino und Fort Bragg (2,25 US$, 1½ Std., Mo–Fr tgl. 2-mal). Die Route 75 verbindet Gualala mit Navarro River Junction und Ukiah (6,75 US$, 2¾ Std., tgl.).

Auf dem Hwy 101 zur Avenue of the Giants

Um in den abgelegensten und wildesten Teil der North Coast hinter dem „Redwood Curtain" zu gelangen, sollte man den kurvigen Hwy 1 gegen den im Landesinneren verlaufenden Hwy 101 eintauschen, der einen hier und da zwingt, in kleinen Orten an roten Ampeln anzuhalten. Abstecher an der Strecke sind die großen Redwood-Wälder hinter Leggett und die verlassene Wildnis der Lost Coast.

Obwohl **Ukiah** hauptsächlich ein Ort für einen Boxenstopp ist, so lohnt sich doch die 30-minütige Fahrt gen Westen zu den **Orr Hot Springs** (☎707-462-6277; www.orrhotsprings.org; 13201 Orr Springs Rd; Tageskarte Erw./Kind 30/25 US$; ⊙10–22 Uhr, nur nach Vereinbarung), in denen man auch hüllenlos baden kann.

Gleich nördlich des winzigen **Leggett** am Hwy 101 kann man in der **Standish-Hickey State Recreation Area** (☎707-925-6482; www.parks.ca.gov; 69350 Hwy 101; 8 US$/Auto; 👪) im Eel River baden und auf Wanderwegen durch ursprüngliche und nachgewachsene Redwood-Wälder wandern. Südlich von **Garberville** am Hwy 101 befindet sich der **Richardson Grove State Park** (☎707-247-3318; www.parks.ca.gov; 1600 Hwy 101, Garberville; 8 US$/Auto) mit alten, geschützten Redwood-Bäumen am Flussufer. In beiden Parks gibt's erschlossene **Campingplätze** (☎Reservierungen 800-444-7275; www.reserveamerica.com; 1600 Hwy 101; Stellplatz für Zelt & Wohnmobil 35 US$; 🅿).

Die **Lost Coast** lockt Wanderer mit der rauesten Küstenlandschaft Kaliforniens. „Verloren" ging die Küste, als der Highway um die Berge der King Range herumgeführt wurde, die wenige Kilometer vom Ozean entfernt 1220 m hoch in den Himmel ragen. Von Garberville führt eine steile und kurvige, 23 Meilen (37 km) lange Asphaltstraße nach **Shelter Cove**. Das hiesige Hauptversorgungszentrum ist aber kaum mehr als ein kleiner Ort am Meer mit einem Gemischtwarenladen, Cafés und relativ teuren Unterkünften mit Meerblick.

Der 212 km² große **Humboldt Redwoods State Park** (☎707-946-2409; www.parks.ca.gov; Hwy 101; 🅿👪) GRATIS am Hwy 101 schützt einige der ältesten Redwood-Bäume Kaliforniens, u. a. mehr als die Hälfte der 100 größten Bäume der Welt. Die prächtigen Baumgruppen können mit denen im viel weiter nördlich gelegenen Redwood National Park durchaus mithalten. Wer keine Zeit für eine Wanderung hat, sollte doch zumindest die beeindruckende **Avenue of the Giants** entlangfahren. Die zweispurige, 31 Meilen

(50 km) lange Straße verläuft parallel zum Hwy 101. Wer hier **campen** (☎ Information 707-946-2263; Reservierungen 800-444-7275; www.reserveamerica.com; Stellplatz für Zelt & Wohnmobil 20–35 US$; P 🐾) will, muss reservieren.

Schlafen & Essen

Die großen Motelketten sind am Hwy 101, besonders in und um Ukiah und Clear Lake, gut vertreten. Mittelklassehotels und einige denkwürdige B&Bs finden sich im und rund um das Anderson Valley.

★ **Old West Inn** MOTEL $

(☎ 707-459-4201; www.theoldwestinn.com; 1221 S Main St; Zi. 79 US$; P ⊖ ❄ 📶) Die Fassade sieht aus wie die Staffage einer Wildwest-Straße und alle Zimmer haben ein eigenes Motiv, vom „Stall" bis zum „Barbierladen". Das Dekor ist schlicht und gemütlich und besitzt gerade so viel Fantasie, dass es nicht langweilt. Davon abgesehen ist dies die sauberste, freundlichste und angesehenste Unterkunft vor Ort.

★ **Lakeport English Inn** B&B $$

(☎ 707-263-4317; www.lakeportenglishinn.com; 675 N Main St, Lakeport; Zi. 185–210 US$, Cottages 210 US$; P ⊖ ❄ 📶) Das schönste B&B am Clear Lake ist ein Gebäude von 1875 im ländlich-gotischen Stil mit zehn makellos eingerichteten Zimmern, die an ein englisches Landhaus erinnern und Namen tragen wie „Prince of Wales" oder „Roll in the Hay". Am Wochenende gibt's einen High Tea mit Scones und echter Devonshire Cream (Streichrahm); Nichtgäste mit Reservierung sind ebenfalls willkommen.

★ **Boonville Hotel** BOUTIQUEHOTEL $$$

(☎ 707-895-2210; www.boonvillehotel.com; 14050 Hwy 128, Boonville; DZ 295–365 US$; P ⊖ ❄ 📶) Mit Seegrasteppichen, Pastellfarben und feiner Bettwäsche verströmt das historische Hotel eine zeitgenössische amerikanische Landhaus-Atmosphäre. Die Zimmer und Suiten sind genau das richtige für Städter, die auch auf dem Land nicht auf Stil verzichten wollen. Die Zimmer sind individuell gestaltet und verfügen über nette Extras wie Hängematten und Kamine.

Jyun Kang Vegetarian Restaurant VEGETARISCH $

(☎ 707-462-0939; www.cttbusa.org; 4951 Bodhi Way; Hauptgerichte 8–12 US$; ⏲ Mi–Mo 11.30–15 Uhr; 🖉) Vegetarier (und Veganer) sind von den hervorragenden, asiatisch angehauchten Gerichten dieses Mittagsrestaurants auf dem Gelände der **City of Ten Thousand Buddhas** (☎ 707-462-0939; www.cttbusa.org; 4951 Bodhi Way; ⏲ 8–18 Uhr; P) begeistert.

★ **Saucy Ukiah** PIZZA $$

(☎ 707-462-7007; www.saucyukiah.com; 108 W Standley St; Pizzas 14–19 US$, Hauptgerichte 13–19 US$; ⏲ Mo–Do 11.30–21, Fr bis 22, Sa 12–22 Uhr) Ja, hier gibt's tatsächlich kunstvolle Pizzas mit Belägen wie Bio-Fenchel-Pollen und Mandel-Basilikum-Pesto, aber auch hervorragende Suppen, Salate, Pasta und Vorspeisen – Nanas Fleischbällchen sind wundervoll und die „kicking" Minestrone wird ihrem Namen gerecht. Das Ambiente ist kleinstädtisch: durchaus stilvoll, aber ganz zwanglos.

Anreise & Unterwegs vor Ort

Die **Mendocino Transit Authority** (☎ 707-462-1422; www.mendocinotransit.org; 241 Plant Rd) betreibt täglich den Bus 65 zwischen Willits, Ukiah und Santa Rosa mit einer Rückfahrt am Nachmittag (26,25 US$, 3 Std., tgl. 4-mal). Der Bus 75 fährt jeden Werktag von Gualala nach Norden zur Navarro River Junction am Hwy 128 und dann landeinwärts durchs Anderson Valley nach Ukiah; die Rückfahrt ist am Nachmittag (6,75 US$, 2½ Std., tgl.).

Auf dem Highway 101 von Eureka nach Crescent City

Hinter den ausufernden Einkaufszentren am Stadtrand präsentiert sich die Altstadt von Eureka mit hübschen viktorianischen Gebäuden, Antiquitätenläden und Restaurants. An Bord der 1910 gebauten blau-weißen **Madaket** (Madaket Cruises; ☎ 707-445-1910; www.humboldtbaymaritimemuseum.com; 1st St; Bootsfahrt mit Kommentar Erw./Kind 22/18 US$; ⏲ Mitte Mai–Mitte Okt. Mi–Sa 13, 14.30 & 16, So–Di 13 & 14.30 Uhr; 👪) kann man eine Hafenrundfahrt machen – die 75-minütige Tour (Erw. 22 US$) startet am Fuß der C St, bei der Cocktailfahrt zu Sonnenuntergang (10 US$) bekommt man seinen Drink an der kleinsten Bar mit Schanklizenz im ganzen Bundesstaat. Das **Visitor Center** (www.fws.gov/refuge/humboldt_bay/visit/visitorcenter.html; 1020 Ranch Rd, Loleta; ⏲ 8–17 Uhr) befindet sich am Hwy 101 südlich vom Zentrum.

An der Nordseite der Humboldt Bay liegt **Arcata**, eine nach Patschuli duftende Hippie-Hochburg. Die Trucks fahren mit Biodiesel zum samstäglichen **Bauernmarkt** (www.humfarm.org; April–Nov. 9–14 Uhr, Dez.–März ab 10

Uhr) auf der zentralen Plaza, die von Kunstgalerien, Läden, Cafés und Bars umgeben ist. Wer bei **Finnish Country Sauna & Tubs** (☎707-822-2228; http://cafemokkaarcata.com; 495 J St; pro 30 Min. Erw./Kind 9,75/2 US$; ⏲So–Do 12–23, Fr & Sa bis 1 Uhr; 👪) ein Bad nehmen will, muss vorher reservieren. Nordöstlich der Downtown befindet sich die umweltbewusste, sozial engagierte **Humboldt State University** (HSU; ☎707-826-3011; www.humboldt.edu; 1 Harpst Dr; P) 🍃.

16 Meilen (26 km) nördlich von Arcata thront das Städtchen **Trinidad** auf einer Klippe mit atemberaubend schönem Blick auf den Fischereihafen. Nachdem man den Bewohnern des Gezeitenbeckens im **HSU Telonicher Marine Laboratory** (☎707-826-3671; www.humboldt.edu/marinelab; 570 Ewing St; 1 US$; ⏲Mo–Fr 9–16.30 Uhr ganzjährig, Mitte Sept.–Mitte Mai Sa & So 10–17 Uhr; P 👪)🍃 einen Besuch abgestattet hat, kann man an Sandstränden spazieren gehen oder kurze Wanderungen um Trinidad Head unternehmen. Am Patrick's Point Dr nördlich der Stadt gibt's bewaldete Campingplätze, Hütten und Lodges. Der **Patrick's Point State Park** (☎707-677-3570; www.parks.ca.gov; 4150 Patrick's Point Dr; 8 US$/Auto; ⏲Sonnenauf–Sonnenuntergang; P 👪)🍃 hat eindrucksvolle felsige Landzungen zu bieten, Strände mit viel Treibgut, den authentischen Nachbau eines Dorfes der Yurok und einen **Campingplatz** (☎Information 707-677-3570; Reservierungen 800-444-7275; www.reserveamerica.com; 4150 Patrick's Point Dr; Stellplatz für Zelt/Wohnmobil 35/45 US$; P 🐾) mit Münz-Warmwasserduschen.

Auf der Fahrt nach Norden führt der Hwy 101 am **Thomas H. Kuchel Visitor Center** (☎707-465-7765; www.nps.gov/redw; Hwy 101, Orick; ⏲Apr.–Okt. 9–17 Uhr, Nov.–März 9–16 Uhr) des Redwood National Parks vorbei. Der Redwood National Park bildet zusammen mit den drei State Parks Prairie Creek, Del Norte und Jedediah Smith eine Weltnaturerbestätte. Sie umfasst mehr als 40 % aller alten, noch existierenden Redwood-Wälder. Der Besuch des Nationalparks ist kostenlos, in den State Parks muss man eine Tagesgsgebühr von 8 US$ zahlen. Dort befinden sich auch erschlossene Campingplätze (S. 1124). Das Flickwerk aus National- und State Parks erstreckt sich nordwärts bis zur Grenze von Oregon. Mittendrin liegen vereinzelt ein paar Ortschaften. Im Süden erreicht man zunächst den **Redwood National Park**, in dem sich ein 1,6 km langer Naturlehrpfad durch den Lady Bird Johnson Grove schlängelt.

6 Meilen (10 km) nördlich von Orick führt der 10 Meilen (16 km) lange Newton B. Drury Scenic Parkway parallel zum Hwy 101 durch den **Prairie Creek Redwoods State Park**. Roosevelt-Wapitis grasen auf der Wiese vor dem **Visitor Center** (☎707-488-2039; www.parks.ca.gov; Newton B Drury Scenic Pkwy; ⏲Mai–Sept. 9–17 Uhr, Okt.–Apr. Mi–So 9–16 Uhr; 👪), an dem auch einige Wanderwege beginnen. 3 Meilen (5 km) weiter südlich führt die vorwiegend unbefestigte Davison Rd nach Nordwesten zum Gold Bluffs Beach und endet schließlich am Beginn des Wanderwegs zum üppig bewachsenen **Fern Canyon.**

Nördlich des winzigen Klamath passiert der Hwy 101 die kitschige Attraktion **Trees of Mystery** (☎707-482-2251; www.treesofmystery.net; 15500 Hwy 101; Museum frei, Gondel Erw./Kind 16/8 US$; ⏲Juni–Aug. 8.30–18.30 Uhr, Sept. & Okt. 9–18 Uhr, Nov.–Mai 9.30–16.30 Uhr; P 👪). Als nächstes kommt der Del Norte Coast Redwoods State Park mit unberührten Redwood-Wäldern und Küstenabschnitten. Der **Damnation Creek Trail** (hin & zurück 7 km) führt an Redwood-Bäumen vorbei etwa 300 m hinunter zu einem versteckten, felsigen Strand, den man am besten bei Ebbe besucht. Der Startpunkt liegt an einem Parkplatz am Hwy 101 beim Meilenmarker 16.

Das öde Crescent City mit seinem Fischereihafen liegt an einer halbmondförmigen Bucht. 1964 wurde mehr als die Hälfte der Stadt von einer Flutwelle zerstört und danach mit hässlichen Zweckbauten wieder aufgebaut. Bei Ebbe kann man vom Südende der A St hinüber laufen zum 1856 errichteten **Battery Point Lighthouse** (☎707-467-3089; www.delnortehistory.org; South A St; Erw./Kind 3/1 US$; ⏲April–Sept. Mi–So 10–16 Uhr).

Der **Jedediah Smith Redwoods State Park**, der nördlichste Park dieser Gruppe, liegt nordöstlich von Crescent City. Die Redwood-Riesen stehen hier so dicht, dass nur wenige Wege durch den Park führen. Einige leichte Wanderwege beginnen nahe der Schwimmstellen am Fluss am Hwy 199; auch die Fahrt über die holprige und unbefestigte, 10 Meilen (16 km) lange Panoramastraße Howland Hill Rd lohnt sich. Im **Crescent City Information Center** (☎707-465-7335; www.nps.gov/redw; 1111 2nd St; ⏲April–Okt. 9–17 Uhr, Nov.–März 9–16 Uhr) gibt's Karten und Infos über die Redwood National & State Parks.

Schlafen

Am Hwy 101 wie auch u. a. in Eureka, Arcata und Crescent City steht Travellern eine bunte Mischung aus Budget- und Mittelklassemotels zur Verfügung.

Curly Redwood Lodge MOTEL $

(☎ 707-464-2137; www.curlyredwoodlodge.com; 701 Hwy 101 S; Zi. 79–107 US$;) Das Motel ist ein Wunderwerk: Es wurde vollständig aus dem Holz eines einzigen Mammutbaums gezimmert, der einen Durchmesser von mehr als 5,5 m hatte. Das schrittweise restaurierte und aufpolierte Haus pflegt den Kitsch aus der Mitte des vorigen Jahrhunderts. Retro-Fans fühlen sich in dieser Zeitkapsel sicher pudelwohl. Die Zimmer sind sauber, groß und komfortabel – nach einem abseits der Straße fragen!

★ **Historic Requa Inn** HISTORISCHES HOTEL $$

(☎ 707-482-1425; www.requainn.com; 451 Requa Rd; Zi. 119–199 US$;) Das gemütlich knarrende, helle, total umweltbewusste Landgasthaus von 1914 mit Blick über die Mündung des Klamath ist eine äußerst beliebte Unterkunft an der North Coast. Viele der bezaubernd altmodischen Zimmer im ländlichen Stil bieten einen traumhaften Blick auf den Fluss, ebenso der Speisesaal, in dem modern-amerikanische Gerichte aus regionalen Biozutaten serviert werden.

Carter House Inns B&B $$$

(☎ 707-444-8062; www.carterhouse.com; 301 L St; Zi. 184–384 US$;) Die Zimmer in dem im viktorianischen Stil erbauten Hotel haben alle modernen Annehmlichkeiten und hochwertige Bettwäsche, die Suiten Whirlpools und Marmorkamine. Die Inhaber betreiben vier weitere aufwendig dekorierte Unterkünfte: ein einstöckiges Haus, zwei versteckte Honeymoon Cottages und den Nachbau einer Villa der 1880er-Jahre aus San Francisco, das der Besitzer eigenhändig gebaut hat.

Essen & Ausgehen

In Arcata gibt's die größte Restaurantauswahl – von Biosaftbars über vegane Cafés bis hin zu Bistros mit kalifornischer und internationaler Fusion-Küche.

Wildberries Marketplace MARKT, FEINKOST $

(☎ 707-822-0095; www.wildberries.com; 747 13th St, Arcata; Sandwiches 4–10 US$; ⏲ 7–24 Uhr;) Arcatas bester Lebensmittelmarkt mit Bioprodukten, Feinkosttheke, einer Bäckerei und einer Saftbar.

★ **Cafe Nooner** MEDITERRAN $

(☎ 707-443-4663; www.cafenooner.com; 409 Opera Alley; Hauptgerichte 10–14 US$; ⏲ So–Mi 11–16, Do–Sa bis 20 Uhr;) Das seit eh und je beliebte Restaurant mit rot-weiß gemusterten Tischdecken und gemütlichem Bistro-Ambiente serviert natürliche, mediterran inspirierte Bio-Kost, z. B. Meze griechischer Art, Kebab, Salate und Suppen. Es gibt auch eine Kinderkarte mit gesunden Sachen.

★ **Brick & Fire** KALIFORNISCH $$

(☎ 707-268-8959; www.brickandfirebistro.com; 1630 F St, Eureka; Hauptgerichte abends 14–23 US$; ⏲ Mo & Mi–Fr 11.30–21, Sa & So 17–21 Uhr;) Eurekas bestes Restaurant ist ein trauliches, in warmen Farben gehaltenes, unkonventionelles Lokal, in dem fast immer viel los ist. Auf der Speisekarte stehen knusprig dünne Pizzas, knackige Salate (den mit Birnen und Blauschimmelkäse probieren!) und eine ständig wechselnde Auswahl von Vorspeisen und Hauptgerichten. Es kommen Zutaten aus der Region und Wildpilze zum Einsatz. Aus der umfangreichen Weinkarte sucht die geschulte Bedienung auf Wunsch den zum Essen passenden Wein aus.

★ **Six Rivers Brewery** KLEINBRAUEREI

(☎ 707-839-7580; www.sixriversbrewery.com; 1300 Central Ave, McKinleyville; ⏲ So & Di–Do 11.30–23.30, Fr & Sa bis 0.30, Mo ab 16 Uhr) Die „Brauerei mit Aussicht" war eine der ersten, von Frauen betriebenen Brauereien Kaliforniens und überzeugt mit tollem Bier, wundervoll geselliger Stimmung, gelegentlicher Livemusik und leckeren Chicken Wings. Das würzige Chili-Ale ist überraschend. Auf den ersten Blick lässt die Karte auf durchschnittliche Kneipenkost schließen, aber die Gerichte sind frisch und die Portionen groß. Die Pizza ist ebenfalls prima.

An- & Weiterreise

Vom **Greyhound-Depot** (☎ 800-231-2222; www.greyhound.com;) in Arcata fahren täglich Busse nach San Francisco (57 US$, 7 Std.) via Eureka, Garberville, Ukiah und Santa Rosa. Die mehrmals täglich fahrenden Busse von **Redwood Transit System** (☎ 707-443-0826; www.redwoodtransit.org) der Hwy 101-Route (Trinidad–Scotia) (3 US$, 2½ Std.) halten in Eureka und Arcata.

Sacramento

Sacramento ist ein Ort der Gegensätze. In der früher landwirtschaftlich geprägten Stadt stehen die SUVs der Politiker zur Rushhour Stoßstange an Stoßstange mit den staubigen Pickups der Farmer. Die kalifornische Hauptstadt hat ausufernde Vorstädte, aber auch neue Lofts und edle Boutiquen, die sich zwischen ältliche Ladenfronten aus der Mitte des letzten Jahrhunderts drängen.

Die Bewohner von „Sac" sind erfinderisch und haben eine kleine, aber blühende gastronomische, Kunst- und Bar-Szene aufgebaut. Zu Recht rühmen sie den **Second Saturday**, den einmal im Monat stattfindenden Galeriebummel in Midtown, der zu einem Symbol für die kulturelle Erneuerung der Stadt geworden ist. Und auch auf die vielen Bauernmärkte, Restaurants mit farmfrischen Gerichten und Craft-Biere ist man stolz.

Sehenswertes

★ Golden 1 Center ARENA

(916-701-5400; www.golden1center.com; 500 David J Stern Walk;) Willkommen in der Arena der Zukunft. Das glänzende Heim der Sacramento Kings ist eine der fortschrittlichsten Sportstätten im Land. Das Stadion wurde nach strengsten Nachhaltigkeits-Normen aus lokalen Materialien erbaut, wird mit Solarstrom versorgt und mittels fünf Stockwerke hoher Flugzeughangar-Tore gekühlt – die Tore werden geöffnet und lassen die Delta-Brise hinein.

★ California Museum MUSEUM

(916-653-0650; www.californiamuseum.org; 1020 O St; Erw./Kind 9/6,50 US$; Di–Sa 10–17, So 12–17 Uhr;) In dem modernen Museum befindet sich die California Hall of Fame – wohl der einzige Ort, an dem man gleichzeitig César Chávez, Mark Zuckerberg und Amelia Earhart treffen kann. Die Ausstellung *California Indians* mit Artefakten und mündlich überlieferten Geschichten von mehr als zehn Stämmen ist ein wahres Highlight.

Crocker Art Museum MUSEUM

(916-808-7000; https://crockerartmuseum.org; 216 O St; Erw./Kind 10/5 US$; Di, Mi & Fr–So 10–17, Do bis 21 Uhr) Das Museum residiert in der prunkvollen viktorianischen Villa eines Eisenbahnkönigs und hat eine ausgezeichnete Sammlung mit Werken kalifornischer und europäischer Meister sowie zeitgenössische Werke, die engagiert präsentiert werden.

★ California State Capitol HISTORISCHES GEBÄUDE

(916-324-0333; http://capitolmuseum.ca.gov; 1315 10th St; Mo–Fr 8–17, Sa & So 9–17 Uhr;) GRATIS Wenn man die glänzende Kuppel des California State Capitol sieht, weiß man, dass man in Sacramento ist. Im West Wing hängt ein Gemälde von Arnold Schwarzenegger im Anzug neben den Porträts der anderen Gouverneure. Der 16 ha große Capitol Park mit seinen Gärten und Gedenkstätten ist vielleicht noch interessanter als das Gebäude selbst. Bis 16 Uhr finden stündlich Führungen statt.

Schlafen

Da die Hotels auf Geschäftsreisende eingestellt sind, gibt es an den Wochenenden Rabatte. An den Freeways und in den Vorstädten rund ums Zentrum befinden sich viele Kettenhotels der Budget- und Mittelklasse.

HI Sacramento Hostel HOSTEL $

(916-443-1691; http://norcalhostels.org/sac; 925 H St; B 30–33 US$, Zi. ab 86 US$, ohne eigenes Bad ab 58 US$; Rezeption 14–22.30 Uhr;) Das in einem prächtigen viktorianischen Herrenhaus untergebrachte Hostel bietet ein beeindruckendes Ambiente zu supergünstigen Preisen. Von hier sind das Capitol, Old Sac und der Bahnhof gut zu Fuß zu erreichen, es gibt einen Salon mit Klavier und einen großen Speisesaal. Da das Hostel ein internationales Publikum anlockt, wird man auf der Suche nach einer Mitfahrgelegenheit nach San Francisco oder zum Lake Tahoe bestimmt fündig.

★ Citizen Hotel BOUTIQUEHOTEL $$

(877-829-2429, 916-442-2700; www.thecitizenhotel.com; 926 J St; Zi. ab 180 US$;) Durch eine elegante, ultrahippe Renovierung ist der lange leer stehende Beaux-Arts-Turm von 1927 zur coolsten Unterkunft in Downtown geworden. Die Details sind beeindruckend: Luxus-Bettwäsche, gestreifte Tapeten und eine Dachterrasse mit tollem Blick auf die Stadt. Im Erdgeschoss befindet sich ein gehobenes **Restaurant** (916-492-4450; www.grangesacramento.com; 926 J St; Hauptgerichte 19–39 US$; Mo–Do 6.30–10.30, 11.30–14 & 17.30–22, Fr bis 23, Sa 8–14 & 17.30–23, So bis 22 Uhr;), das farmfrische Gerichte serviert.

Greens Hotel BOUTIQUEHOTEL $$

(www.thegreenshotel.com; 1700 Del Paso Blvd.; Zi. ab 127 US$;) Das stilvoll modernisierte Motel gehört zu den angesagtesten Unterkünften in Sacramento. Die Nachbarschaft ist zwar ein wenig ungeschliffen, aber dank sicheren Parkplätzen, einem Pool und geräumigen Anlagen ist das Haus ein idealer Stopp für Familien auf dem Weg vom oder zum Lake Tahoe. Die schicken Zimmer haben auch genug Klasse für ein romantisches Wochenende.

Essen & Ausgehen

Die überteuerten Restaurants in Old Sacramento und beim Kapitol sollte man links liegen lassen und sich stattdessen in Midtown oder im Tower District umschauen.

La Bonne Soupe Cafe FEINKOST $
(☎916-492-9506; 920 8th St; kleine Gerichte 5–8 US$; ⏲Mo–Sa 11–15 Uhr) Die göttlichen Suppen und Sandwiches werden mit so viel Liebe zubereitet, dass die Warteschlange mittags bis vor die Tür reicht. Wer es sehr eilig hat, ist hier fehl am Platz: In dem bescheidenen Lunch-Imbiss wird Wert auf Qualität gelegt, nicht auf Schnelligkeit.

★ **Empress Tavern** MODERN-AMERIKANISCH $$$
(☎916-662-7694; www.empresstavern.com; 1013 K St; Hauptgerichte 13–40 US$; ⏲Mo–Do 11.30–21, Fr bis 22, Sa 17–22 Uhr) Das herrliche Restaurant in den Katakomben unter dem historischen Crest Theater serviert kreative Gerichte, bei denen Fleisch im Vordergrund steht. Der Raum selber ist eindrucksvoll: Mit Backsteingewölbe und glitzernder Bar wirkt er wie eine edle Flüsterkneipe aus vergangenen Zeiten.

★ **Fieldwork Brewing Company** BRAUEREI
(☎916-329-8367; www.fieldworkbrewing.com; 1805 Capitol Ave; ⏲So–Do 11–21, Fr & Sa bis 23 Uhr) Der muntere und äußerst hippe Brauerei-Pub hat mehr als ein Dutzend ausgezeichnete, frische Fassbiere. Verspielte, hopfenbetonte IPA-Variationen sind die Spezialität (z. B. das Hammer Pants IPA mit Pfirsichnote), es gibt aber auch leichtere, Saisonbiere wie das Salted Watermelon Gose. Dank der Brettspiele kann man bei drückend heißem Wetter hier gut Zeit verbringen.

Anreise & Unterwegs vor Ort

Der Sacramento International Airport gehört zu den nächstgelegenen Optionen für die Anreise zum Yosemite National Park.

Die Regionalroute 42B von **Yolobus** (☎530-666-2877; www.yolobus.com) pendelt stündlich zwischen Flughafen und Downtown (2 US$); der Bus fährt auch nach West Sacramento, Woodland und Davis. **Sacramento Regional Transit** (RT; ☎916-321-2877; www.sacrt.com; einfache Strecke 2,75 US$) betreibt die Stadtbusse, einen Trolley zwischen Old Sacramento und der Downtown sowie Sacramentos Stadtbahnnetz.

Sacramento eignet sich prima zum Radfahren; Fahrräder verleiht **City Bicycle Works** (www.citybicycleworks.com; 2419 K St; pro Std./Tag ab 5/20 US$; ⏲Mo–Fr 10–19, Sa bis 18, So 11–17 Uhr).

Gold Country

Die Bergleute von 1849 sind längst verschwunden, aber bei einer Fahrt auf dem Hwy 49 durch verschlafene Hügelortschaften, vorbei an aus Schindeln gezimmerten Saloons und von Eichen gesäumten Nebenstraßen, wird man in die wilde Zeit zurückversetzt, in der das moderne Kalifornien geboren wurde. Zahlreiche Hinweisschilder erzählen Geschichten von Gewalttaten und Banditenwesen rund um den Goldrausch.

Hwy 50 trennt die Northern von den Southern Mines. Bindeglied ist der kurvenreiche Hwy 49 mit vielen Aussichtspunkten auf die berühmten Hügel. Anregungen für Touren gibt's bei der **Gold Country Visitors Association** (www.calgold.org).

Anreise & Unterwegs vor Ort

Man kann die Region mit einem Zug der Transkontinentallinie erreichen, die Sacramento mit Truckee/Reno verbindet und einen Haltepunkt in Auburn hat. Auburn ist das wichtigste Sprungbrett in die Region und liegt nur eine kurze Fahrt auf der I-80 von Sacramento entfernt. In Auburn gelangt man auf den Hwy 49, die klassische Route durchs Gold Country.

Northern Mines

Nevada City, die „Königin der Northern Mines", hat schmale Straßen mit liebevoll restaurierten Gebäuden, winzigen Theatern, Kunstgalerien, Cafés und Geschäften. Im **Visitor Center** (☎530-265-2692; www.nevadacitychamber.com; 132 Main St; ⏲Mo–Fr 9–17, Sa 11–16, So 11–15 Uhr) sind Infos und Karten für Spaziergänge auf eigene Faust erhältlich. In den **Tahoe National Forest Headquarters** (☎530-265-4531; www.fs.usda.gov/tahoe; 631 Coyote St; ⏲Mo–Fr 8–16.30 Uhr) am Hwy 49 bekommt man Infos zu Campingplätzen, Wanderwegen und Wildnisgenehmigungen.

Etwas mehr als 1 Meile (1,6 km) östlich von **Grass Valley** und dem Hwy 49 bezeichnet der **Empire Mine State Historic Park** (☎530-273-8522; www.empiremine.org; 10791 Empire St; Erw./Kind 7/3 US$; ⏲10–17 Uhr; P 👪) die Stelle einer der ergiebigsten Goldminen Kaliforniens. Zwischen 1850 und 1956 wurden hier ca. 170 t Gold mit einem heutigen Marktwert von 6 Mrd. US$ gefördert.

Eine der besten Badestellen für einen Sprung ins kühle Nass bei sommerlicher Hitze liegt in der **Auburn State Recreation Area** (☎530-885-4527; www.parks.ca.gov; 10 US$/Auto; ⏲7 Uhr–Sonnenuntergang). Das

Erholungsgebiet liegt gleich östlich von Auburn, einem Boxenstopp an der I-80 rund 25 Meilen (40,2 km) südlich von Grass Valley.

In **Coloma** begann der kalifornische Goldrausch. Der am Fluss gelegene **Marshall Gold Discovery State Historic Park** (☎530-622-3470; www.parks.ca.gov; Hwy 49, Coloma; 8 US$/Auto; ⏲Ende Mai–Anf. Sept. 8–20 Uhr, Anf. Sept.–Ende Mai bis 17 Uhr; P) ist eine Hommage an James Marshalls folgenschwere Entdeckung. Hier kann man Gold waschen und sich restaurierte Gebäude anschauen.

Schlafen & Essen

Nevada City hat die größte Auswahl von Restaurants und historischen B&Bs. Motels säumen den Hwy 49 in Grass Valley und die I-80 in Auburn.

★ **Outside Inn** INN, COTTAGE $$
(☎530-265-2233; http://outsideinn.com; 575 E Broad St; DZ 79–210 US$; P) Der ungewöhnlich freundliche und lustige Gasthof mit zwölf Zimmern, drei Cottages und Outdoor-begeistertem Personal ist die beste Option für aktive Entdecker. Einige Zimmer haben einen Patio mit Blick auf einen kleinen Bach; alle verfügen über hübsche Steppdecken und Zugang zu einem Grillplatz. Ins Zentrum sind es zehn Minuten zu Fuß.

★ **Broad Street Inn** INN $$
(☎530-265-2239; www.broadstreetinn.com; 517 W Broad St; Zi. 119–134 US$;) Das Gästehaus im Zentrum des Städtchens ist wegen seiner Schlichtheit (keine komischen alten Puppen, keine vergilbten Spitzendeckchen) besonders beliebt. Die sechs modernen, hell und ruhig möblierten und eleganten Zimmer haben ein gutes Preis-Leistungs-Verhältnis. Kein Frühstück.

★ **Argonaut Farm to Fork Cafe** AMERIKANISCH $
(☎530-626-7345; www.argonautcafe.com; 331 Hwy 49, Coloma; Gerichte 3–10 US$; ⏲8–16 Uhr;) Wirklich leckere Suppen, Sandwiches, Backwaren und Kaffee von bekannten Lieferanten aus der Gegend und Sacramento werden in diesem kleinen Holzhaus im Marshall Gold Discovery State Historic Park angeboten. Wenn viele Schulkinder nach Eis anstehen, wird man einige Zeit warten müssen.

★ **New Moon Cafe** KALIFORNISCH $$$
(☎530-265-6399; www.thenewmooncafe.com; 203 York St; Hauptgerichte abends 23–38 US$; ⏲Di–Fr 11.30–14, Di–So 17–20.30 Uhr) Peter Selayas elegantes Restaurant setzt auf saisonale Gerichte aus regionalen Bio-Zutaten. Im Frühjahr oder Sommer entscheidet man sich am besten für den fangfrischen Fisch oder die hausgemachten mondförmigen Ravioli. Die Weinkarte ist ausgezeichnet.

Southern Mines

In den Orten der Southern Mines zwischen Placerville und Sonora herrscht nur wenig Verkehr und die staubigen Straßen riechen noch immer nach Wildem Westen – auch dank der hier ansässigen kunterbunten Mischung aus Harleyfahrern und Goldsuchern (kein Witz). Einige der Orte wie **Plymouth** (Ol' Pokerville), **Volcano** und **Mokelumne Hill** sind echte Geisterstädte, die langsam in fotogene Zeugen der Vergangenheit zerfallen. Andere Orte wie **Sutter Creek**, **Murphys** und **Angels Camp** wurden als Vorzeigemodelle des viktorianischen Amerika herausgeputzt. Hier kann man sich wunderbar abseits der ausgetretenen Pfade bewegen und Weingüter in Familienhand sowie Höhlen entdecken, deren geologische Wunder für die darüber liegenden Souvenirläden entschädigen.

Ein kurzer Abstecher vom Hwy 49 führt zum **Columbia State Historic Park** (☎209-588-9128; www.parks.ca.gov; Main St; ⏲meisten Geschäfte 10–17 Uhr; P) GRATIS. In den Blocks mit authentischen Gebäuden aus den 1850er-Jahren trifft man kostümierte Ladenbesitzer und Straßenmusikanten. In der Nähe von Sonora befindet sich der **Railtown 1897 State Historic Park** (☎209-984-3953; www.railtown1897.org; 10501 Reservoir Rd, Jamestown; Erw./Kind 5/3 US$, inkl. Zugfahrt 15/10 US$; ⏲April–Okt. 9.30–16.30 Uhr, Nov.–März 10–15 Uhr, Zugfahrten April–Okt. Sa & So 10.30–15 Uhr; P); hier werden Zugfahrten durch die umliegenden Hügel angeboten werden, in denen Hollywood-Western wie *Zwölf Uhr mittags* gedreht wurden.

Schlafen & Essen

Ältlich-plüschige B&Bs, Cafés und Eisdielen gibt es in fast jedem Ort. Die meisten Motels finden sich in Sonora, das nur etwa eine Autostunde vom Yosemite National Park entfernt ist, und in Placerville.

★ **Imperial Hotel** B&B $$
(☎209-267-9172; www.imperialamador.com; 14202 Hwy 49, Amador City; Zi. 110–155 US$, Suite 125–195 US$;) 1879 erbaut, gehört das Hotel

zu den am innovativsten renovierten in einer Gegend, in der mit Antiquitäten überladene Häuser die Regel sind. Schicke Art-déco-Details bringen den warmen, roten Backstein zur Geltung, es gibt eine vornehme Bar und ein sehr gutes, saisonal ausgerichtetes Restaurant (Hauptgerichte abends 14–30 US$). An Wochenenden und Feiertagen muss man oft mindestens zwei Nächte buchen.

Union Inn HISTORISCHES HOTEL **$$**
(209-296-7711; www.volcanounion.com; 21375 Consolation St; Zi. 130–150 US$; P) Das komfortablere der beiden historischen Hotels in Volcano bietet vier liebevoll modernisierte Zimmer mit schiefen Böden, zwei davon haben Balkone, die auf die Straße blicken. Die Flachbildfernseher und modernen Details wirken in dem alten Gebäude vielleicht etwas unpassend, aber man wohnt gemütlich. Der **Union Pub** (209-296-7711; www.volcanounion.com; 21375 Consolation St; Hauptgerichte 10–30 US$; Mo & Do 17–20, Fr bis 21, Sa 12–21, So 12–20 Uhr) im Haus hat das beste Essen vor Ort und einen hübschen Hofgarten.

City Hotel HISTORISCHES HOTEL **$$**
(Informationen 209-532-1479, Reservierung 800-444-7275; www.reserveamerica.com; 22768 Main St; Zi. 85–115 US$; P) Von den restaurierten viktorianischen Hotels in der Gegend ist das City Hotel am elegantesten; die Zimmer blicken auf einen schattigen Abschnitt der Main St von Columbia. Neben dem Restaurant Christopher's at the City Hotel (Hauptgerichte 10–30 US$) liegt der What Cheer Saloon, eine stimmungsvolle Gold-Country-Kneipe mit lüsternen Aktgemälden und Streifentapeten.

Farm Table Restaurant MEDITERRAN **$$**
(530-295-8140; https://ourfarmtable.com; 311 Main St; Sandwichs ab 8 US$, Hauptgerichte ab 14 US$; Mo 11–17, Mi 11–20, Do–Sa 11–21, So 9–17 Uhr;) Das nette Deli-Restaurant serviert gut zubereitete farmfrische Kost mit mediterranem Touch sowie heimische Gerichte wie Kaninchen-Pastete. Die Spezialität sind Wurstwaren und Eingemachtes, es stehen aber viele glutenfreie und vegetarische Angebote auf der Karte.

Kaliforniens Northern Mountains

Die entlegenen, einsamen und unglaublich schönen Northern Mountains gehören zu den am wenigsten besuchten Ecken Kaliforniens. Wer sie besucht, darf sich auf Wildnis und eine endlose Parade von Landschaftswundern, klaren Seen, rauschenden Flüssen und Wüsten freuen. Die höchsten Gipfel – Lassen, Shasta und die Trinity Alps – haben in geologischer Hinsicht nur wenig gemeinsam, aber überall kann man unter funkelnden Sternen wild zelten.

Von Redding zum Mt. Shasta

Nördlich von Redding schauen Autofahrer die meiste Zeit auf den Mt. Shasta, einen 4322 m hohen, schneebedeckten Goliath am Südende der vulkanischen Cascades Range. Der Anblick des dramatisch in den Himmel ragenden Berges lässt das Herz eines jeden Bergsteigers höher schlagen.

Den Touristenbroschüren sollte man keinen Glauben schenken: Redding, der größte Ort der Region, ist ziemlich langweilig. Der beste Grund für einen Abstecher von der I-5 ist die **Sundial Bridge**, eine grandiose Fußgängerbrücke mit Glasboden, die von dem neofuturistischen spanischen Architekten Santiago Calatrava entworfen wurde. Sie führt über den Sacramento River zum **Turtle Bay Exploration Park** (800-887-8532; www.turtlebay.org; 844 Sundial Bridge Dr; Erw./Kind 16/12 US$, nach 15.30 Uhr 11/7 US$; Mo–Sa 9–17, So 10–17 Uhr, schließt Anfang Nov.–Mitte März eine Stunde früher;), einem kinderfreundlichen Wissenschafts- und Naturzentrum mit botanischem Garten. 6 Meilen (10 km) westlich von Redding kann man am Hwy 299 im **Shasta State Historic Park** (520-243-8194; www.parks.ca.gov; 15312 CA 299; Museum Erw./Kind 3/2 US$; Di–So 10–17 Uhr) eine echte Stadt aus der Goldrausch-Ära erkunden. 2 Meilen (3,2 km) weiter westlich befindet sich die **Whiskeytown National Recreation Area** (530-246-1225; www.nps.gov/whis; Hwy 299 am JFK Memorial Dr, Whiskeytown; 10–16 Uhr) mit dem **Whiskeytown Lake**, an dem es Sandstrände, Wanderwege zu Wasserfällen, Wassersportmöglichkeiten und Campingplätze gibt. Im verschlafenen **Weaverville**, 35 Meilen (56 km) weiter westlich, bewahrt der **Joss House State Historic Park** (530-623-5284; www.parks.ca.gov; 630 Main St; Führung Erw./Kind 4/2 US$; Führungen Do–So stündl. 10–16 Uhr; P) einen 1874 erbauten, kunstvoll verzierten Tempel chinesischer Einwanderer.

Nördlich von Redding überquert die I-5 den tiefblauen **Shasta Lake**, Kaliforniens größten Stausee, der durch den riesigen **Shasta Dam** (530-275-4463; www.usbr.gov/mp/ncao/shasta-dam.html; 16349 Shasta Dam

Blvd; ⌚Visitor Center 8–17 Uhr, Führungen 9, 11, 13 & 15 Uhr; P 👪) GRATIS entstanden und von Hausboothäfen und Wohnmobilparks gesäumt ist. Hoch oben in den Kalksteinmegalithen am Nordufer des Sees befinden sich die prähistorischen **Lake Shasta Caverns** (☎530-238-2341, 800-795-2283; www.lakeshastacaverns.com; 20359 Shasta Caverns Rd, Lakehead; 2-stündige Führung Erw./Kind 3–15 Jahre 26/15 US$; ⌚Führungen Mai–Anfang Sept. 9–16 Uhr alle 30 Min., April–Ende Mai & Anfang–Ende Sept. 9–15 Uhr stündl., Okt.–März 10, 12 & 14 Uhr; P 👪). Teil der Höhlenführungen ist auch eine Fahrt in einem Katamaran.

Weitere 35 Meilen (56 km) nördlich liegt an der I-5 **Dunsmuir**, eine winzige historische Eisenbahnsiedlung mit malerischem Zentrum und dynamischen Galerien. 6 Meilen (10 km) südlich von der I-5 bietet der **Castle Crags State Park** (☎530-235-2684; www.parks.ca.gov; 8 US$/Auto; ⌚Sonnenaufgang–Sonnenuntergang) **Stellplätze** im Wald (☎Reservierungen 800-444-7275; www.reserveamerica.com; Stellplatz für Zelt & Wohnmobil 15–30 US$). Vom höchsten Punkt des 9 km langen Rundwanderwegs **Crags Trail** hat man eine atemberaubende Sicht auf den Mt. Shasta.

9 Meilen (14,5 km) nördlich von Dunsmuir lockt **Mt. Shasta City** Kletterer, Neu-Hippies und Naturfreaks an, die die Schönheit des majestätisch aufragenden Berges bewundern. Der **Everitt Memorial Hwy** oberhalb von Bunny Flat ist normalerweise von Juni bis Oktober schneefrei und geöffnet und führt hinauf auf fast 2500 m. Von dort oben kann man wunderbar den Sonnenuntergang genießen. Vom Ort aus fährt man einfach auf der Lake St gen Osten. Wer ein erfahrener Bergsteiger ist und bis in Höhen von über 3000 m steigen will, benötigt einen Summit Pass (25 US$), der in der **Mt. Shasta Ranger Station** (☎530-926-4511; www.fs.usda.gov/stnf; 204 W Alma St; ⌚Mo–Fr 8–16.30 Uhr) erhältlich ist. Dort gibt es auch Wetterberichte und topografische Karten. Ausrüstung vermietet der Outdoor-Laden **Fifth Season** (☎530-926-3606; http://thefifthseason.com; 300 N Mt. Shasta Blvd; ⌚Mo–Fr 9–18, Sa 8–18, So 10–17 Uhr) im Ortszentrum. **Shasta Mountain Guides** (☎530-926-3117; http://shastaguides.com; 2-tägige Klettertouren ab 625 US$/Person) veranstaltet mehrtägige Bergwanderungen (ab 550 US$).

Schlafen

Motels gibt's überall, so auch in Mt. Shasta City. Die meisten Kettenunterkünfte befinden sich in Redding in der Nähe der großen Highways. Campingplätze gibt's en masse, vor allem auf öffentlichem Land.

★ **Shasta MountInn** B&B $$
(☎530-926-1810; www.shastamountinn.com; 203 Birch St; Zi. 150–175 US$; P ⊖ 📶) Das helle viktorianische Farmhaus von 1904 wirkt nur von außen alt, innen ist es locker minimalistisch, in kräftigen Farben und mit eleganter Dekoration gestaltet. Die luftigen Zimmer haben traumhafte Betten und bieten einen wunderbaren Blick auf den leuchtenden Berg. Gäste können sich in dem großen Garten, auf der Rundum-Terrasse und in der Sauna sowie im Whirlpool im Freien erholen. Wem das zum Relaxen nicht reicht, der macht es sich auf der perfekt platzierten Hollywood-Schaukel bequem.

★ **McCloud River Mercantile Hotel** INN $$
(☎530-964-2330; www.mccloudmercantile.com; 241 Main St; Zi. 129–250 US$; P ⊖ 📶) Wer die Treppe zum 2. Stock des Hotels im Zentrum von McCloud emporsteigt, wird sich angesichts der hohen Decken, der unverputzten Backsteinwände und der perfekten Kombination aus Alt und Neu gleich in das Haus verlieben. Die mit Antiquitäten eingerichteten Zimmer haben einen offenen Grundriss und sind mit frischen Blumen geschmückt. Nach dem Bad in der Wanne mit Klauenfüßen sinkt man in sein Federbett.

Railroad Park Resort INN, CAMPING $$
(☎530-235-4440; www.rrpark.com; 100 Railroad Park Rd; Stellplatz Zelt/Wohnmobil ab 29/37 US$, DZ 135–165 US$; ❄ 📶 🏊 🐾) 2 Meilen (3,2 km) südlich der Stadt, nahe der I-5, können Besucher in umgerüsteten alten Eisenbahnwaggons und Güterwagen übernachten. Kids werden von dem Gelände begeistert sein, denn sie können zwischen Lokomotiven herumrennen und in den zentral gelegenen Pool springen. Die Luxusgüterwagen, die Boxcars, sind mit Antiquitäten und freistehenden Badewannen mit Krallenfüßen ausgestattet.

Essen & Ausgehen

★ **Dunsmuir Brewery Works** KNEIPENKOST $
(☎530-235-1900; www.dunsmuirbreweryworks.com; 5701 Dunsmuir Ave; Hauptgerichte 9–13 US$; ⌚Mai–Sept. 11–22 Uhr, Okt.–April Di–So bis 21 Uhr; 📶) Die kleine Kneipe einer Kleinbrauerei lässt sich kaum beschreiben, ohne ins Schwärmen zu geraten. Das beginnt schon beim Bier: Die frischen Ales und Porter sind

wunderbar ausgewogen, und auch das IPA muss ziemlich gut sein, da die Stammgäste es ohne Unterlass bestellen. Dazu gibt's wunderbare Kneipenkost: warmer Kartoffelsalat, Bratwurst oder ein mächtiger Burger (mit Fleisch vom Angus-Rind oder vegetarisch mit Nüssen).

Berryvale Grocery MARKT, CAFÉ **$**
(☎530-926-1576; www.berryvale.com; 305 S Mt. Shasta Blvd; Cafégerichte ab 5 US$; ⏲Laden 8–20 Uhr, Café bis 19 Uhr;) Der Markt verkauft Lebensmittel und Bioprodukte für Gesundheitsbewusste. Das ausgezeichnete Café serviert guten Kaffee, frische Säfte und schmackhafte, überwiegend vegetarische, Salate, Sandwiches und Wraps.

★ **Café Maddalena** EUROPÄISCH, NORDAFRIKANISCH **$$**
(☎530-235-2725; www.cafemaddalena.com; 5801 Sacramento Ave; Hauptgerichte 15–26 US$; ⏲Feb.–Dez. Do–So 17–21 Uhr) Das schlichte, elegante Café hat Dunsmuir einen Platz auf der kulinarischen Landkarte verschafft. Die saisonal wechselnde Karte stammt aus der Hand von Chefkoch Brett LaMott (bekannt aus dem Trinity Cafe) und präsentiert Gerichte aus Südeuropa und Nordafrika. Zu den Highlights gehören in der Pfanne gebratener Königslachs mit Basilikum-Sahnesauce, Suppe aus Wildpilzen und sautiertes Kaninchen mit Karotten und Morchelsauce.

Seven Suns Coffee & Cafe CAFÉ
(1011 S Mt. Shasta Blvd; ⏲5.30–19 Uhr;) In dem gemütlichen, stets gut besuchten kleinen Treff gibt's vor Ort gerösteten Bio-Kaffee und kleine Gerichte (rund 10 US$). An einigen Abenden ist Livemusik ganz ohne Verstärker zu hören.

ℹ Anreise & Unterwegs vor Ort

Die Busse von Greyhound (www.greyhound.com), die nach Norden und Süden auf der I-5 unterwegs sind, halten im Depot (628 S Weed Blvd) in Weed, 8 Meilen (12,9 km) nördlich der Stadt Mt. Shasta an der I-5. Busse fahren u. a. nach Redding (15 US$, 80 Min., 3-mal tgl.), Sacramento (40 US$, 5½ Std., 3-mal tgl.) und San Francisco (50 US$, 10½ Std., 2- oder 3-mal tgl.).

Die regionale I-5-Route von **STAGE Bus** (☎530-842-8295; www.co.siskiyou.ca.us; 914 Pine St; einfache Strecke 2,50–8 US$, je nach Entfernung) bedient werktags mehrmals Mt. Shasta City, McCloud, Dunsmuir, Weed und Yreka. Zu weiteren Bussen kann man in Yreka umsteigen.

Northeast Corner

Das **Lava Beds National Monument** (☎530-667-8113; www.nps.gov/labe; 1 Indian Well HQ, Tulelake; 7-Tagekarte 15 US$/Auto;) war die Stätte der letzten großen Indianerkriege in Kalifornien und von vulkanischen Zerstörungen, die sich über ca. 500 000 Jahre hinzogen. Heute ist es ein stiller Zeuge für jahrhundertelange Unruhen. Dieser Park hat wirklich alles zu bieten: Lavaströme, Asche- und Schlackenkegel, Vulkankrater und erstaunliche Lavaröhren. Hier, wo einst der Modoc-Krieg tobte, kann man heute in den Fels geritzte Zeichnungen und an Höhlenwände gemalte Piktogramme der amerikanischen Ureinwohner bewundern. Infos und Karten sind im **Visitor Center** (☎530-667-8113; www.nps.gov/labe; Tulelake; ⏲Ende Mai–Anfang Sept. 8–18 Uhr, Mitte Sept.–Mitte Mai 8–17 Uhr) erhältlich, in dem man sich auch das für die Erforschung der Höhlen erforderliche Equipment kaufen kann (Taschenlampen werden gestellt). In der Nähe befindet sich ein einfacher **Campingplatz** (www.nps.gov/labe/planyourvisit/campgrounds.htm; Stellplatz Zelt & Wohnmobil 10 US$;), wo es Trinkwasser gibt.

In dem staubigen Ort **Tulelake**, 20 Meilen (32 km) nordöstlich des Parks am Hwy 139, gibt's einfache Motels, ein paar Diner und eine Tankstelle. Der aus sechs separaten Schutzgebieten in Kalifornien und Oregon bestehende **Klamath Basin National Wildlife Refuge Complex** ist eine wichtige Zwischenstation für Zugvögel auf der Pazifikroute und ein bedeutendes Winterquartier für Weißkopfseeadler. Frühjahr und Herbst sind die Höhepunkte der Zugvogelzeit, dann sind über 1 Mio. Vögel am Himmel zu sehen. Das **Visitor Center** (☎530-667-2231; www.klamathbasinrefuges.fws.gov; 4009 Hill Rd, Tulelake; ⏲Mo–Fr 8–16.30, Sa & So 9–16 Uhr) befindet sich am Hwy 161 etwa 4 Meilen (6,5 km) südlich der Grenze zu Oregon. Die 10 Meilen (16 km) langen Autotouren durch die Schutzgebiete Lower Klamath und Tule Lake bieten ausgezeichnete Möglichkeiten, Vögel zu beobachten. Im Schutzgebiet Upper Klamath gibt's eine 15 km lange Kanustrecke, die am **Rocky Point Resort** (☎541-356-2287; 28121 Rocky Point Rd, Klamath Falls, OR; Kanu & Kajak pro Stunde/½ Tag/ganzer Tag 20/45/60 US$; ⏲Apr.–Okt.;) beginnt. Benzin, Essen und Unterkünfte sind in Klamath Falls, OR, am Hwy 97 vorhanden.

Im eindrucksvollen **Lassen Volcanic National Park** (☎530-595-4480; www.nps.gov/

lavo; 38050 Hwy 36 E, Mineral; 7-Tagekarte/Auto Mitte Apr.–Nov. 20 US$, Dez.–Mitte Apr. 10 US$; P) lassen sich hydrothermale Schwefelteiche, brodelnde Schlammtöpfe und dampfende Becken betrachten, was wunderbar vom **Bumpass Hell** Boardwalk aus geht. Wer will, kann den **Lassen Peak** (3187 m), den weltweit größten Lavadom, in Angriff nehmen. Es ist ein anstrengender, aber nicht allzu schwieriger Rundwanderweg von 8 km. Der Park hat zwei Zugänge: Der eine befindet sich eine Autostunde östlich am Hwy 44 in der Nähe des beliebten **Manzanita Lake Campground** (Reservierungen 877-444-6777; www.recreation.gov; Stellplatz Zelt & Wohnmobil 15–24 US$;), der zweite liegt eine 40-minütige Autofahrt nordwestlich des Lake Almanor am Hwy 89 beim **Kom Yah-mah-nee Visitor Facility** (530-595-4480; www.nps.gov/lavo; 9–17 Uhr, Nov.–März Mo & Di geschl.;) . Der durch den Park führende Hwy 89 ist meistens schneefrei und von Juni bis Oktober für Autos geöffnet.

SIERRA NEVADA

Die mächtige Sierra Nevada, die der Schriftsteller und Naturforscher John Muir als „Range of Light" (Gebirge des Lichts) bezeichnete, bildet das Rückgrat Kaliforniens. Die 644 km lange Phalanx aus zerklüfteten, von Gletschern und Erosion geformten Gipfeln lockt Outdoor-Fans an und fordert sie heraus. Mit ihren drei Nationalparks (Yosemite, Sequoia und Kings Canyon) ist die Sierra ein faszinierendes, wildes Wunderland der Superlative: Hier finden sich der höchste Gipfel der kontinentalen USA (ohne Alaska), der Mt. Whitney, der mächtigste Wasserfall Nordamerikas (Yosemite Falls) sowie die ältesten und höchsten Bäume der Welt.

Yosemite National Park

Dieser Nationalpark ist nicht umsonst so berühmt: Zwischen seinen schwindelerregend hohen Granitgipfeln donnern diesige Wasserfälle zu Tal, und Wildblumen machen die Wiesen zu einem bunten Farbenmeer. Zudem wirken die majestätischen Silhouetten von El Capitan und Half Dome vor dem hellblauen Himmel fast furchteinflößend. Hier sind wir winzig kleine Menschen rundum von einer Traumlandschaft umgeben.

Während der Sommerferien kann der Massenandrang ein Problem sein: am besten kommt man in der Nebensaison, bricht früh auf und wandert, um dem Gedränge zu entgehen.

Sehenswertes

Es gibt vier Hauptzugänge zum Park (25–30 US$/Fahrzeug, je nach Saison): South Entrance (Hwy 41), Arch Rock (Hwy 140), Big Oak Flat (Hwy 120 W) und Tioga Pass (Hwy 120 E). Der Hwy 120 durchquert den Park als Tioga Rd und verbindet das Yosemite Valley mit der Eastern Sierra.

Yosemite Valley

Dieses dramatische Tal wurde vom gewundenen Merced River gegraben. Wer von Talboden nach oben blickt, dem ist nach Singen zumute: wegen des wogenden Wiesengrüns, der stattlichen Kiefern, der tosenden Wasserfälle und der stillen, kühlen Wasserflächen, in denen sich gewaltige Granitmonolithen spiegeln. Im oft überlaufenen und im Verkehr erstickenden **Yosemite Village** befinden sich das größte **Visitor Center** (209-372-0200; 9035 Village Dr; 9–17 Uhr;) des Parks, ein **Museum** (www.nps.gov/yose; 9037 Village Dr; Sommer 9–17 Uhr, Rest des Jahres 10–16 Uhr, oft von 12–13 Uhr geschl.) GRATIS, eine Fotoausstellung, ein Filmtheater, ein Gemischtwarenladen und weitere Service-Einrichtungen. **Curry Village** ist ein weiteres Zentrum. Hier gibt's öffentliche Duschen und Läden, die Outdoor- und Campingausrüstung vermieten und verkaufen.

Während der Schneeschmelze im Frühling werden die berühmten Wasserfälle des Tals zu donnernden Katarakten. Im Spätsommer sind die meisten hingegen nicht viel mehr als zahme Rinnsale. Als Nordamerikas höchste Wasserfälle stürzen die **Yosemite Falls** (740 m) über drei Stufen in die Tiefe. Zu ihrer Basis führt ein rollstuhlgerechter Weg. Mehr Einsamkeit und ein ganz neuer Blickwinkel belohnen für den strapaziösen Aufstieg über den Serpentinenweg bis zum oberen Rand (hin & zurück 11 km). Andere Wasserfälle im Tal sind ähnlich eindrucksvoll. Nach dem anstrengenden Erklimmen der Granitstufen am **Vernal Fall** erreicht man keuchend dessen obere Fallkante. Dort schweift der Blick über Regenbögen im Gischtnebel hinunter in die Tiefe.

Der gigantische **El Capitan** (2307 m) ist ein nicht zu übersehendes Paradies für Sportkletterer. Der prächtige **Half Dome** (2693 m) thront als Yosemites spirituelles Herz über dem Tal. Beliebteste Foto-Location ist der **Tunnel View** oben am Hwy 41 bei der Einfahrt ins Tal.

Glacier Point

Der spektakuläre Glacier Point (2200 m) überragt die Talsole um über 914 m. Hier oben befindet man sich praktisch auf Augenhöhe mit dem Half Dome. Vom Yosemite Valley aus ist diese Stelle in einer Autofahrt (ca. 1 Std.) auf der Glacier Point Rd erreichbar, die vom Hwy 41 abzweigt und normalerweise von Mai bis November befahrbar ist. Wer lieber wandert, absolviert den strapaziösen **Four-Mile Trail** (einfache Strecke tatsächlich 7,4 km) oder den weniger frequentierten **Panorama Trail** (einfache Strecke 13,7 km) mit vielen Wasserfällen. Wer nur vom Glacier Point bergab laufen will, reserviert einen Platz im **Glacier Point Hikers' Bus** (☎888-413-8869; Einfache Strecke/hin und zurück 25/49 US$; ⏲Mitte Mai–Okt.)

Wawona

Eine Autostunde südlich des Yosemite Valley liegt Wawona. Dort befindet sich das **Pioneer Yosemite History Center** (Kutschfahrt Erw./Kind 5/4 US$; ⏲24 Std., Kutschfahrten Juni–Sept. Mi–So; P) mit einer überdachten Brücke, historischen Gebäuden und der Möglichkeit, in einer von Pferden gezogenen Postkutsche zu fahren. Weiter südlich ist der in den Himmel ragende **Mariposa Grove** mit dem Grizzly Giant und anderen riesigen Sequoia-Bäumen. Von Frühjahr bis Herbst fahren normalerweise kostenlose Shuttle-Busse hierher.

Tuolumne Meadows

Nach 90 Minuten Autofahrt vom Yosemite Valley aus kommen die Tuolumne Meadows (2621 m; sprich: *two*-lu-mi), die größte subalpine Wiese der Sierra Nevada, in Sicht, die Wanderer, Backpacker und Kletterer in die nördliche Wildnis des Parks locken. Mit Wildblumenfeldern, azurblauem Wasser, schroffen Granitgipfeln, blanken Felskuppeln und vergleichsweise niedrigeren Temperaturen bildet sie einen starken Gegenpol zum Tal. Die Seen dieses vielfältigen Wander- und Kletterparadieses sind beliebte Reviere zum Baden oder Picknicken. Hierher führt die malerische, nur saisonal befahrbare Tioga Rd. Westlich von Wiese und **Tenaya Lake** liegt der **Olmsted Point** mit weitem Panoramablick auf den Half Dome.

Hetch Hetchy

40 Meilen (65 km) nordwestlich des Yosemite Valley befindet sich der wohl umstrittenste Staudamm in der Geschichte der USA. Obwohl das Hetch Hetchy Valley in seinem Ursprungszustand nicht mehr besteht, ist es doch noch immer schön und selten überlaufen. Ein 8,5 km langer Weg (hin & zurück) führt über den Damm und durch einen Tunnel zum Becken der **Wapama Falls**. Dort steht man aufregend nah an einer Wasserwand, die in den glitzernden Stausee stürzt.

Aktivitäten

Bei rund 1300 km unterschiedlicher Wanderwege hat man die Qual der Wahl. Die leichten Wege auf dem Talboden sind oft überlaufen, weiter oben entgeht man den Massen. Zu den weiteren möglichen Aktivitäten gehören Klettern, Radfahren, Reiten, Schwimmen, Raften und Skilanglauf.

Für Rucksackwanderungen mit Übernachtung braucht man ganzjährig ein Wilderness Permit (ab 10 US$). Ein Quotensystem begrenzt die Zahl der Wanderer, die pro Tag an den verschiedenen Ausgangspunkten starten. Reservierungen sind bis zu 26 Wochen im Voraus möglich. Ansonsten versucht man sein Glück beim **Yosemite Valley Wilderness Center** (☎209-372-0745; Yosemite Village; ⏲Mai–Okt. 8–17 Uhr) oder bei einer anderen Permit-Ausgabestelle um 11 Uhr am Tag vor der geplanten Wanderung.

Yosemite Mountaineering School BERGSTEIGEN
(☎209-372-8344; www.travelyosemite.com; Half Dome Village; ⏲April–Okt.) Das Unternehmen existiert seit den 1960er-Jahren und bietet erstklassige Kurse für Anfänger und Fortgeschrittene im Bergsteigen, geführte Aufstiege, Leihausrüstung und Anleitung im Freiklettern.

Schlafen

Beim Campen, selbst mit einem Wohnmobil auf einem Campingplatz nahe dem geschäftigen Yosemite Village, fühlt man sich der Natur näher. Das Campen im Hinterland erfordert Vorbereitung und Abenteuerlust. Die Reservierungen für alle Unterkünfte im Park, die nichts mit Camping zu tun haben, nimmt **Aramark/Yosemite Hospitality** (☎888-413-8869; www.travelyosemite.com) vor. Reservierungen sind bis zu 366 Tage im Voraus möglich und zwischen Mai und Anfang September unerlässlich. Von Oktober bis April sinken Nachfrage und Preise.

★ Majestic Yosemite Hotel HISTORISCHES HOTEL **$$$**
(☎ Reservierung 888-413-8869; www.travelyosemite.com; 1 Ahwahnee Dr, Yosemite Valley; Zi./Suite ab 480/590 US$;) Das prächtige historische Anwesen (früher Ahwahnee genannt) ist die beste Unterkunft in Yosemite und beeindruckt mit hohen Decken und stimmungsvollen Lounges mit riesigen Steinkaminen. Die klassischen Zimmer bieten einen inspirierenden Blick auf den Glacier Point und einen Teilblick auf den Half Dome. Für die Hauptsaison oder die Ferienzeit sollte man ein Jahr im Voraus buchen.

Yosemite Valley Lodge MOTEL **$$$**
(☎ Reservierung 888-413-8869; www.travelyosemite.com; 9006 Yosemite Lodge Dr, Yosemite Valley; Zi. ab 260 US$;) Der große Komplex mit Restaurants, einer munteren Bar, einem großen Pool und praktischen Einrichtungen ist nur einen kurzen Spaziergang von den Yosemite Falls entfernt. Die Zimmer verteilen sich über 15 Gebäude und vermitteln mit Holzmöbeln und Naturfotografien den Eindruck einer Lodge. Alle Zimmer haben Kabel-TV, Telefon, Kühlschrank und Kaffeemaschine und bieten einen Panoramablick von der Terrasse oder dem Balkon.

May Lake High Sierra Camp HÜTTEN **$$$**
(☎ 888-413-8869; www.travelyosemite.com; Erw./Kind 175/90 US$) Da das Camp die am leichtesten erreichbare Anlage in der High Sierra ist, ist es auch für Kinder am besten geeignet, erfordert aber immer noch einen kilometerlangen Anmarsch. Der Blick auf den Mt. Hoffman ist überwältigend. Frühstück und Abendessen sind im Preis inbegriffen.

Außerhalb von Yosemite

Zu den umliegenden Ortschaften mit einem gemischten Sortiment von Motels, Hotels, Lodges und B&Bs gehören Fish Camp, Oakhurst, El Portal, Midpines, Mariposa, Groveland und Lee Vining in der Eastern Sierra.

★ Yosemite Bug Rustic Mountain Resort HOSTEL, HÜTTEN **$**
(☎ 209-966-6666; www.yosemitebug.com; 6979 Hwy 140, Midpines; B 30 US$, Zelthütten ab 65 US$, Zi. mit/ohne Bad ab 165/95 US$;)

CAMPEN IM YOSEMITE NATIONAL PARK

Von Mitte März bis Mitte Oktober oder November braucht man für viele Campingplätze im Park eine Reservierung. Die Vergabe beginnt fünf Monate im Voraus, und die Stellplätze sind dann regelmäßig online innerhalb von Minuten ausgebucht. Auf allen Plätzen gibt's bärensichere Schließfächer und eingefasste Feuerstellen, auf den meisten auch Trinkwasser.

Im Sommer sind fast alle Campingplätze laut und völlig überlaufen, vor allem **North Pines** (Stellplatz Zelt & Wohnmobil 26 US$; ⏱ April–Okt.;), **Lower Pines** (www.nps.gov/yose; Stellplatz Zelt & Wohnmobil 26 US$; ⏱ April–Okt.;) und **Upper Pines** (www.nps.gov/yose; Stellplatz Zelt & Wohnmobil 26 US$; ⏱ ganzjährig;) im Yosemite Valley sowie **Tuolumne Meadows** (www.nps.gov/yose; Tioga Rd; Stellplatz Zelt & Wohnmobil 26 US$; ⏱ Juli–Sept.;) abseits der Tioga Rd und **Wawona** (www.nps.gov/yose; Stellplatz Zelt & Wohnmobil 18–26 US$; ⏱ ganzjährig;) am Flussufer.

Die folgenden Plätze sind ganzjährig geöffnet, die Vergabe erfolgt nach dem Motto „Wer zuerst kommt, mahlt zuerst": **Camp 4** (www.nps.gov/yose; Gemeinschaftszeltstellplatz 6 US$/Pers.; ⏱ ganzjährig), ein im Tal gelegener Treff für Kletterer, **Bridalveil Creek** (www.nps.gov/yose; Stellplatz Zelt & Wohnmobil 18 US$; ⏱ Juli–Anfang Sept.;) abseits der Glacier Point Rd und **White Wolf** (www.nps.gov/yose; Stellplatz Zelt & Wohnmobil 18 US$; ⏱ Juli–Anfang Sept.;) abseits der Tioga Rd. Diese Plätze sind vor allem an den Wochenenden oft schon vor 12 Uhr voll.

Wer Lust auf eine ruhigere und urtümlichere Erfahrung hat, für den sind die einfachen Campingplätze (ohne Trinkwasser) **Tamarack Flat** (Old Big Oak Flat Rd; Stellplatz Zelt 12 US$; ⏱ Ende Juni–Sept.;), abseits der Tioga Rd, **Yosemite Creek** (www.nps.gov/yose; Stellplatz Zelt 12 US$; ⏱ Juli–Anfang Sept.;) und **Porcupine Flat** (Stellplatz Zelt & Wohnmobil 12 US$; ⏱ Juli–Mitte Okt.;) eine gute Wahl. Auch hier gilt die Devise: „Wer zuerst kommt, mahlt zuerst."

Die rustikale Oase versteckt sich an einem bewaldeten Hang rund 25 Meilen (40 km) westlich des Parks. An den schmalen Graten verteilen sich viele, sehr unterschiedliche Unterkünfte; bei manchen hat man einen recht weiten Weg vom Parkplatz und den Toiletten. Das **June Bug Cafe** (☎206-966-6666; www.yosemitebug.com/cafe.html; Hauptgerichte 8–22 US$; ⊙7–10, 11–14 & 18–21 Uhr;) ist sehr zu empfehlen. Im Angebot sind Yogakurse, Massagen und ein Spa mit Gemeinschafts-Whirlpool.

★ **Evergreen Lodge** HÜTTEN $$$
(☎209-379-2606; www.evergreenlodge.com; 33160 Evergreen Rd, Groveland; Zelte 90–125 US$, Hütten 180–415 US$; ⊙Jan.–Mitte Feb. meist geschl.;) Außerhalb des Yosemite National Park nahe dem Eingang zum Hetch Hetchy Valley bietet dieses klassische, nahezu hundert Jahre alte Resort liebevoll dekorierte, gemütliche Hütten (in jeder gibt's Brettspiele), die sich unter den Bäumen verteilen. Die Unterkünfte sind teils rustikal, teils luxuriös. Alle Hütten haben eigene Veranden – störende Telefone oder Fernseher sucht man vergeblich. Wer es einfacher liebt, übernachtet in den gemütlichen, eingerichteten Zelten.

Praktische Informationen

Die Eintrittsgebühr in den Yosemite National Park beträgt 30 US$ für Fahrzeuge und 15 US$ für Fußgänger und Radler und gilt für sieben aufeinanderfolgende Tage. Die Eintrittspässe (zahlbar in bar, mit Bankscheck, Reisescheck oder Kredit- oder Bankkarte) sind an den verschiedenen Eingangsstellen sowie in den Visitor Centers in Oakhurst, Groveland, Mariposa und Lee Vining erhältlich.

Yosemite Valley Visitor Center (S. 1134) Das geschäftigste Infozentrum im Park teilt sich den Raum mit dem Buchladen der Yosemite Conservancy und befindet sich im Museumskomplex im Zentrum von Yosemite Village.

Anreise & Unterwegs vor Ort

Greyhound-Busse und **Amtrak-Züge** fahren nach Merced, westlich des Parks, wo man Anschluss an die Busse des **Yosemite Area Regional Transportation System** (YARTS; ☎877-989-2787; www.yarts.com) hat; man kann Amtrak-Tickets kaufen, die die Fahrt mit YARTS bis zum Park beinhalten. Die einfache Fahrt von Merced nach Yosemite Valley kostet 13 US$ (Kind & Senior 9 US$, 3 Std.) und von Mammoth Lakes 18 US$ (Kind & Senior 15 US$, 3½ Std.); da im Fahrpreis die Parkeintrittsgebühr enthalten ist, handelt es sich um ein echtes Schnäppchen. Im Bus kann auch mit Kreditkarte bezahlt werden.

Der kostenlose, klimatisierte **Yosemite Valley Shuttle Bus** (www.nps.gov/yose) ist ein bequemes, effizientes Fortbewegungsmittel rund um den Park. Die Busse fahren ganzjährig in kürzeren Abständen und halten an 21 nummerierten Stellen, darunter an Parkplätzen, Campingplätzen, Startpunkten von Wegen und an Lodges.

Das Fahrrad ist ideal, um das Yosemite Valley zu erleben. Cruiser-Fahrräder mit breitem Lenker (11,50/32 US$ pro Std./Tag) oder Fahrräder mit Kinderanhänger (19/59 US$ pro Std./Tag) erhält man in der **Yosemite Valley Lodge** oder im **Half Dome Village** (12,50/30,50 US$ pro Std./Tag; ⊙März–Okt. 9–18 Uhr). Auch Kinderwagen und Rollstühle werden hier vermietet.

Besuchern des Valley wird geraten, ihr Auto abzustellen und den Yosemite Valley Shuttle Bus zu nutzen. Trotzdem kann es auf den Straßen im Tal zugehen wie in Los Angeles während der Rushhour. Die Glacier Point Rd und die Tioga Rd sind im Winter gesperrt.

DER TIOGA PASS

Der Hwy 120 ist die einzige Straßenverbindung zwischen dem Yosemite National Park und der Eastern Sierra und führt über den Tioga Pass (3031 m). Auf den meisten Karten wird diese Straße als „im Winter gesperrt" markiert, was zwar richtig, aber auch irreführend ist: In der Regel bleibt die Tioga Rd vom ersten starken Schneefall im Oktober oder November bis in den Mai oder Juni geschlossen. Aktuelle Infos zum Straßenzustand gibt's telefonisch unter ☎209-372-0200 oder online unter www.nps.gov/yose/planyourvisit/conditions.htm.

Sequoia & Kings Canyon National Parks

In diesen benachbarten Nationalparks sind die Riesenmammutbäume höher (bis zu 27 Stockwerke!) und zahlreicher als sonst irgendwo in der Sierra Nevada. Die zähen und oft vom Feuer leicht verkohlten Bäume werden locker so breit wie zwei Freewayspuren. Gigantisch sind hier auch die Berge – beispielsweise der Mt. Whitney (4421 m), der höchste Berg der USA außerhalb Alaskas. Und schließlich ist da auch noch der gewaltige Kings Canyon, den Gletschereis und ein kraftvoller Fluss nach und nach in den

Granit geschnitten haben. Wer Ruhe und Einsamkeit sucht und Tiere (z.B. Schwarzbären) aus der Nähe beobachten will, kann sich beim Wandern hier schnell in der überwältigenden Wildnis verlieren.

Sehenswertes

Die beiden **Parks** (☎559-565-3341; www.nps.gov/seki; 7-Tage-Eintritt 30 US$/Auto; P) gehören zwar nicht zusammen, werden aber als eine Einheit verwaltet und haben eine gemeinsame Eintrittsgebühr; täglich aktualisierte Infos, u.a. zum Straßenzustand, erhält man per Bandansage unter der angegebenen Nummer oder auf der Website der Parks. An beiden Eingangsstationen (Big Stump & Ash Mountain) erhält man eine NPS-Karte und die Parkzeitschrift *Guide* mit Infos zu saisonalen Aktivitäten, zum Campen und zu besonderen Veranstaltungen. Neben den beiden Parks sind dabei auch die umliegenden National Forests und das **Giant Sequoia National Monument** (www.fs.usda.gov) berücksichtigt. Abschnitte beider Parks lassen sich gut an einem Tag erkunden.

Sequoia National Park

In dem 7,8 km² großen Giant Forest sollte man unbedingt versuchen, einen Baum zu umarmen. In diesem unter Naturschutz stehenden Hain ragt der **General Sherman Tree**, der größte Baum der Welt, in den Himmel. Nach dem Umarmungsversuch kann man sich mit lahmen Flügeln und harzigen Fingern auf einem der Wanderwege durch den Wald von den Menschenmassen entfernen (Karte nicht vergessen!).

Lohnend ist auch ein Abstecher zum **Mineral King Valley**, einem Goldgräber- und Holzfällercamp aus dem späten 19. Jh., das von zerklüfteten Gipfeln und Bergseen umgeben ist. Die 25 Meilen (40 km) lange Panoramafahrt mit fast 700 nervenaufreibenden Haarnadelkurven ist normalerweise von Ende Mai bis Ende Oktober möglich.

Giant Forest Museum MUSEUM
(☎559-565-4480; www.nps.gov/seki; Ecke Generals Hwy & Crescent Meadow Rd; 9–16.30 Uhr; P) GRATIS Zur Einführung in die verblüffende Ökologie und Geschichte der Riesenmammutbäume ist dieses winzige, moderne Museum, das für Groß und Klein interessant ist, bestens geeignet. Anhand interaktiver Exponate erfährt man alles über die einzelnen Lebensabschnitte der riesigen Bäume, die über 3000 Jahre alt werden können, und über die Brandzyklen, durch die Samen freigegeben werden, die dann auf dem kargen Boden sprießen. Das Museum befindet sich in einem historischen Gebäude aus den 1920er-Jahren, das von Gilbert Stanley Underwood, dem berühmten Architekten des Majestic Yosemite (ehemals Ahwahnee) Hotel in Yosemite, entworfen wurde.

Crystal Cave HÖHLE
(www.explorecrystalcave.com; Crystal Cave Rd; Tour Erw./Kind/Jugendliche ab 16/5/8 US$; Mai–Sept.; P) Die einmalige Höhle, die 1918 von zwei Parkmitarbeitern bei einem Angelausflug entdeckt wurde, wurde von einem unterirdischen Fluss gegraben und birgt Marmorformationen, die schätzungsweise 10 000 Jahre alt sind. Die Tickets für die 50-minütigen Einführungstouren sind nur online im Vorverkauf oder, im Oktober und November, im Giant Forest Museum and Foothills Visitor Center, aber nicht an der Höhle erhältlich. Jacke mitbringen!

Kings Canyon National Park & Scenic Byway

Gleich nördlich vom Grant Grove Village strotzt der **General Grant Grove** nur so vor majestätischen Giganten. Jenseits davon führt der Hwy 180 über 30 Meilen (48 km) in Serpentinen hinunter in den **Kings Canyon**, vorbei an kantigen Felswänden mit Wasserfällen. Die Straße trifft auf den Kings River, dessen Donnern von den über 2400 m hohen Granitwänden des Canyons widerhallt, der zu den tiefsten Schluchten Nordamerikas gehört.

Cedar Grove unten im Canyon ist der letzte Außenposten der menschlichen Zivilisation, bevor die raue Schönheit der Sierra Nevada beginnt. Eine beliebte Tageswanderung (einfache Strecke 7,5 km) führt von Roads End zu den tosenden **Mist Falls**. Bei Vogelliebhabern beliebt ist der einfache Naturwanderweg (Rundweg 2,5 km) rund um die **Zumwalt Meadow** direkt westlich von Roads End. Ausschau halten nach tapsigen Schwarzbären und herum hopsenden Maultierhirschen!

Die landschaftlich schöne Strecke vom Hume Lake nach Cedar Grove Village ist im Allgemeinen von Mitte November bis Ende April gesperrt.

Boyden Cavern HÖHLE
(☎209-736-2708, 866-762-2837; www.caverntours.com/BoydenRt.htm; Hwy 180; Tour Erw./Kind

ab 17,50/9,50 US$; ⏲Ende April–Sept.; 👪) Um sich die hiesigen fantastischen Formationen anzuschauen, muss man sich das Ticket nicht vorher besorgen: Es reicht, wenn man kurz vor Beginn der 45-minütigen Standardführungen (Spitzenzeit im Sommer 10–17 Uhr stündl.) vor Ort ist. Zum Eingang führt ein kurzer, aber steiler asphaltierter Weg. Wegen Brandschäden an einer Fußgängerbrücke war die Höhle 2016 und 2017 die meiste Zeit gesperrt. Vor dem Besuch sollte man daher checken, ob sie geöffnet ist.

Aktivitäten

Mit mehr als 1370 km an markierten Wegen sind die Parks ein Traum für Wanderer. Cedar Grove und Mineral King bieten den besten Zugang ins Hinterland. Die Trails sind in der Regel ab Mitte/Ende Mai freigegeben.

Für Touren im Hinterland mit Übernachtung braucht man Wilderness Permits (15 US$/Gruppe), die im Sommer nach einem Quotensystem vergeben werden; außerhalb dieser Zeit sind die Permits kostenlos und per Selbstregistrierung erhältlich. Rund 75% der verfügbaren Plätze können reserviert werden, der Rest wird nach dem Prinzip „Wer zuerst kommt, mahlt zuerst" vergeben. Reservierungen sind vom 1. März bis zwei Wochen vor dem geplanten Ausflug möglich. Detaillierte Infos gibt's unter www.nps.gov/seki/planyourvisit/wilderness_permits.htm. Es gibt auch einen eigenen Wilderness-Schalter im Lodgepole Visitor Center.

In allen Rangerstationen und Visitor Centers erhält man topografische Karten und Wanderführer. Achtung: Mitgebrachtes Essen muss in vom Park genehmigten bärensicheren Kanistern verstaut werden. Diese kann man in Märkten sowie in den Visitor Centers mieten (ab 5 US$/Tour).

Schlafen & Essen

Campen ist die beste und günstigste Art, die Parks zu erleben; in der Hauptsaison sind die Stellplätze aber natürlich schnell belegt. Ausweichmöglichkeiten finden sich im Sequoia National Forest und in anderen Wildnisgebieten, die an die Parks grenzen. Im Sequoia National Park gibt's nur eine offizielle Unterkunftsoption: die **Wuksachi Lodge** (☎Infos 866-807-3598, Reservierung 317-324-0753; www.visitsequoia.com; 64740 Wuksachi Way; Zi. 215–290 US$; P🚭📶🐾). Die meisten Unterkünfte findet man in der Ortschaft Three Rivers direkt vor dem Parkeingang. Im Kings Canyon National Park gibt's Lodges in den Dörfern Grant Grove und Cedar Grove.

Die wenigen Lodges in den Parks – Wuksachi, **John Muir** (☎866-807-3598; www.visitsequoia.com; Grant Grove Village; Zi. ab 225 US$; P🚭📶) und Cedar Grove – verfügen über Restaurants, ebenso auch einige Unterkünfte im angrenzenden Sequoia National Forest. Three Rivers, gleich südlich des Sequoia, ist ein guter Ort, um sich mit Vorräten einzudecken.

NPS & USFS Campgrounds UNTERKUNFTSVERMITTLUNG $
(☎877-444-6777, 518-885-3639; www.recreation.gov) Reservierungs-Service für viele Campingplätze in den Parks.

DNC Parks & Resorts UNTERKUNFTSVERMITTLUNG $$
(☎866-807-3598, 801-559-4930; www.visitsequoia.com) Delaware North ist der konzessionierte Betreiber der Lodges und weiterer Serviceeinrichtungen in den Nationalparks Sequoia und Kings Canyon.

★ **Sequoia High Sierra Camp** HÜTTEN $$
(☎866-654-2877; www.sequoiahighsierracamp.com; Zelthütten ohne Bad inkl. alle Mahlzeiten Erw./Kind 250/150 US$; ⏲Mitte Juni–Mitte Sept.) Das abgelegene, über eine 1,6 km lange Wanderung erreichbare All-Inclusive-Resort im Sequoia National Forest ist ein Nirwana für alle, die Luxus-Camping nicht für einen Widerspruch in sich halten. Die Leinwand-Bungalows sind mit Matratzen mit Kissenkopfteil, Federkissen und behaglichen Wollteppichen ausgestattet. Es gibt nur Gemeinschaftsbäder; die Duschen befinden sich in einem separaten Gebäude. Reservierung erforderlich; in der Regel gilt eine Mindestbuchung von zwei Nächten.

Cedar Grove Lodge LODGE $$
(☎559-565-3096; www.visitsequoia.com; 86724 Hwy 180, Cedar Grove Village; Zi. ab 130 US$; ⏲Mitte Mai–Mitte Okt.; P🚭❄📶) Die Lodge am Flussufer ist die einzige Möglichkeit, im Canyon unter einem festen Dach zu übernachten. Es gibt 21 nicht weiter interessante Zimmer im Motel-Stil. Bei einer kürzlichen Überholung wurde das altmodische Dekor teilweise modernisiert. Drei Zimmer im Erdgeschoss haben Kochnischen und schattige, möblierte Terrassen mit tollem Uferblick.

ℹ Praktische Informationen

Lodgepole Village und Grant Grove Village sind die wichtigsten Anlaufstellen in den Parks. In beiden Orten gibt's ein Visitor Center, eine Post, Märkte, Geldautomaten, einen Münzwaschsalon und (im Sommer) öffentliche Duschen. Benzin ist am Hume Lake (ganzjährig) und Stony Creek (Winter geschl.) auf Gelände des National Forest außerhalb der Parks zu stolzen Preisen erhältlich.

Die folgenden Visitor Centers sind ganzjährig geöffnet:

Kings Canyon Visitor Center (☎559-565-4307; Hwy 180, Grant Grove Village; ⏱9–17 Uhr) Im Grant Grove Village des Kings Canyon National Park.

Lodgepole Visitor Center (☎559-565-4436; Lodgepole Village; ⏱Ende April–Anfang Okt. 7–17 Uhr, Spitzensaison bis 19 Uhr) Im Herzen des Sequoia National Park.

Anreise & Unterwegs vor Ort

Big Trees Transit (☎800-325-7433; www.bigtreestransit.com; hin & zurück inkl. Parkeintritt 15 US$; ⏱Ende Mai–Anfang Sept.) bietet eine Verbindung von Fresno nach Grant Grove im Kings Canyon National Park; der **Sequoia Shuttle** (☎877-287-4453; www.sequoiashuttle.com; ⏱Ende Mai–Ende Sept.) verkehrt im Sommer zwischen Visalia und dem Giant-Forest-Areal des Sequoia National Park.

Die Nationalparks Sequoia und Kings Canyon sind beide per Auto aus Westen über den Hwy 99 von Fresno oder Visalia aus zu erreichen.

Im Sequoia National Park fahren kostenlose Shuttles auf fünf Strecken, im Kings Canyon National Park gibt's keine Shuttles.

Eastern Sierra

In den leeren, majestätischen Weiten grenzen gezackte Gipfel an die Wüste – ein dramatischer Gegensatz, der für einen spektakulären Landschaftsmix sorgt. Der Hwy 395 folgt dem gesamten Verlauf des Ostrands der Sierra Nevada. An der Strecke gibt es Abzweigungen zu Kiefernwäldern, Wiesen voller Wildblumen, idyllischen Seen, Thermalquellen und von Gletschern ausgehöhlten Schluchten. Wanderer, Backpacker, Mountainbiker, Angler und Skifahrer ziehen sich gern hierher zurück.

Im **Bodie State Historic Park** (☎760-647-6445; www.parks.ca.gov/bodie; Hwy 270; Erw./Kind 8/4 US$; ⏱Mitte März–Okt. 9–18 Uhr, Nov.–Mitte März 9–16 Uhr) stehen verwitterte Gebäude aus der Zeit des Goldrauschs auf einer staubigen, windigen Ebene und werden vor dem Verfall geschützt. Um hinzukommen, nimmt man etwa 7 Meilen (11 km) südlich von Bridgeport den Hwy 270 und fährt 13 Meilen (21 km) gen Osten (die letzten 3 Meilen bzw. 5 km sind unbefestigt). Im Winter und zu Beginn des Frühjahrs ist die Zufahrtstraße meist wegen Schnees gesperrt.

Weiter südlich liegt der **Mono Lake** (www.monolake.org). Hier ragen außerirdisch wirkende Tuffsteintürme wie hingetupfte Sandburgen aus dem alkalischen Wasser. Das **Mono Basin Scenic Area Visitor Center** (☎760-647-3044; www.fs.usda.gov/inyo; 1 Visitor Center Dr; ⏱Apr.–Nov. normalerweise 8–17 Uhr; 🚻) am Hwy 395 gewährt einen tollen Blick und hat erklärende Exponate. Die besten Fotomotive gibt's am 1,6 km langen Naturlehrpfad in der **South Tufa Area** (Erw./Kind 3 US$/frei). Vom in der Nähe gelegenen Ort Lee Vining führt der Hwy 120 über den nur saisonal geöffneten Tioga Pass Richtung Westen in den Yosemite National Park.

Auf dem weiteren Weg nach Süden lohnt sich ein Abstecher vom Hwy 395 auf den malerischen 16 Meilen (25 km) langen **June Lake Loop**, wenn man nicht gleich bis **Mammoth Lakes** durchfahren will. Das ganzjährig beliebte Resort liegt im Schatten des 3368 m hohen **Mammoth Mountain** (☎800-626-6684, 760-934-2571, Wetterbericht 24 Std. 888-766-9778; www.mammothmountain.com; Erw./13–18 Jahre/7–12 Jahre 125/98/35 US$; 🚻) mit seinen erstklassigen Skipisten. Im Sommer verwandeln sich die Hänge in einen Mountainbike-Park. Auf der Fahrt mit der Gondel kann man den wunderbaren Blick genießen. In der Gegend rund um das Mammoth Lakes Basin und die Reds Meadow kann man campen und Tageswanderungen unternehmen. Bei Reds Meadow ragen die 18 m hohen Basaltsäulen des **Devils Postpile National Monument** (☎760-934-2289; www.nps.gov/depo; Shuttle Tageskarte Erw./Kind 7/4 US$; ⏱Ende Mai–Okt.) in den Himmel, sie sind vulkanischen Ursprungs. Liebhaber von Thermalquellen können an der Benton Crossing Rd in einfachen Becken baden oder das dampfende Wasser der **Hot Creek Geological Site** bestaunen – beide Stätten befinden sich am Hwy 395 südöstlich der Stadt. Hilfreiche Karten und Infos bekommt man in der Stadt im **Mammoth Lakes Welcome Center & Ranger Station** (☎760-924-5500, 888-466-2666; 2510 Hwy 203; www.visitmammoth.com; ⏱8–17 Uhr).

Weiter südlich führt der Hwy 395 hinunter ins Owens Valley. In **Bishop**, dem Städtchen mit Pionier-Flair, gibt's zwei kleinere Attraktionen: die **Mountain Light Gallery** (☎760-873-7700; www.mountainlight.com; 106 S Main St; ⏱Mo–Sa 10–17, So 11–16 Uhr)

GRATIS und das historische **Laws Railroad Museum** (☎760-873-5950; www.lawsmuseum.org; Silver Canyon Rd; Spende 5 US$; ⊙10–16 Uhr;). Von Bishop aus kommt man zu den besten Angelgründen und Kletterrevieren in der Eastern Sierra, hier ist auch der Hauptausgangspunkt für Treks mit Packpferden. Man sollte einen halben Tag für die grandiose Fahrt zum **Ancient Bristlecone Pine Forest** einplanen. Die knorrigen, außerirdisch anmutenden Bäume – es sind die ältesten der Erde – stehen in über 3000 m Höhe an den Hängen der White Mountains. Die Straße (im Winter und Frühjahr wegen Schnees gesperrt) ist bis zum **Schulman Grove Visitor Center** (☎760-873-2500; www.fs.usda.gov/inyo; White Mountain Rd; Pers./Auto 3/6 US$; ⊙Mitte Mai–Anfang Nov. Fr–Mo 10–16 Uhr), an dem mehrere Wanderwege beginnen, asphaltiert. Vom Hwy 395 in Big Pine fährt man zunächst auf dem Hwy 168 12 Meilen (19 km) nach Osten und folgt dann der White Mountain Rd weitere 10 Meilen (16 km) bergauf.

Richtung Süden führt der Hwy 395 zur **Manzanar National Historic Site** (☎760-878-2194; www.nps.gov/manz; 5001 Hwy 395; ⊙Apr.–Mitte Okt. 9–17.30 Uhr, Mitte Okt.–März 10–16.30 Uhr; P) GRATIS, die an das Lager erinnert, in dem während des Zweiten Weltkriegs 10000 japanischstämmige Amerikaner ungerechtfertigterweise interniert waren. Noch weiter südlich kann man in Lone Pine schließlich einen Blick auf den Mt. Whitney (4421 m), den höchsten Berg in den USA außerhalb Alaskas, werfen. Die 12 Meilen (19 km) lange Fahrt über die malerische **Whitney Portal Rd** (im Winter bis zum Frühjahrsanfang geschl.) ist absolut spektakulär. Für den äußerst beliebten Aufstieg zum Gipfel benötigt man eine Genehmigung (15 US$/Pers.), die jährlich nach dem Lotterieprinzip vergeben wird. Im **Eastern Sierra Interagency Visitor Center** (☎760-876-6222; www.fs.fed.us/r5/inyo; Ecke Hwy 395 & Hwy 136; ⊙8–17 Uhr) direkt südlich der Stadt sind Wilderness Permits, Infos über Outdoor- und Freizeitaktivitäten sowie Bücher und Landkarten erhältlich.

Die bizarren Felsen der Alabama Hills westlich von Lone Pine dienten bereits als Kulisse für Hollywood Western. Alte Erinnerungsstücke und Filmplakate sind in der Stadt im **Museum of Western Film History** (☎760-876-9909; www.museumofwesternfilmhistory.org; 701 S Main St; Erw./unter 12 Jahre 5 US$/frei; ⊙Apr.–Okt. Mo–Mi 10–18, Do–Sa 10–19, So 10–16 Uhr, Nov.–März Mo–Sa 10–17, So 10–16 Uhr; P) zu bewundern.

Schlafen

Campingplätze gibt's in der Eastern Sierra en masse. Fürs Campen in der freien Natur braucht man eine Genehmigung, die in den Ranger-Stationen erhältlich ist. Die meisten Motels finden sich in Bishop, Lone Pine und Bridgeport. Mammoth Lakes hat ein paar Motels, Hotels und Dutzende Gästehäuser, B&Bs, Apartments und Ferienwohnungen. Überall sollte man im Sommer unbedingt vorab reservieren.

★Whitney Portal Hostel & Hotel HOSTEL, MOTEL $
(☎760-876-0030; www.whitneyportalstore.com; 238 S Main St; B/DZ 25/85 US$;) Das Hostel, ein beliebter Ausgangspunkt für Ausflüge zum Mt. Whitney und eine Waschung nach der Wanderung (öffentliche Duschen sind vorhanden), hat die preiswertesten Betten im Ort – für Juli und August sollte man seinen Schlafplatz Monate im Voraus reservieren. Es gibt keinen Gemeinschaftsraum, sondern nur gepflegte, nach Geschlechtern getrennte Zimmer mit Stockbetten und einige Extras, darunter Handtücher, TVs, Kochnischen im Zimmer und Kaffeemaschinen.

★Inn at Benton Hot Springs INN $$
(☎866-466-2824, 760-933-2287; www.historicbentonhotsprings.com; Hwy 120, Benton; Stellplatz Zelt & Wohnmobil für 2 Pers. 40–50 US$, DZ mit/ohne Bad 129/109 US$;) In Benton Hot Springs, einem kleinen historischen Resort in einer 150 Jahre alten ehemaligen Silberbergbausiedlung in den White Mountains kann man in seiner eigenen Thermalwanne baden und im Mondlicht schlafen. Man hat die Wahl zwischen neun großzügigen Stellplätzen mit privater Badewanne und thematisch gestalteten, mit Antiquitäten gefüllten B&B-Zimmern mit halb privaten Badewannen. Tagsüber kann man in den Thermalquellen baden (10 US$/Pers. & Std.). Reservierung erforderlich!

Dow Hotel & Dow Villa Motel HOTEL, MOTEL $$
(☎760-876-5521; www.dowvillamotel.com; 310 S Main St; Hotel Zi. mit/ohne Bad ab 89/70 US$, Motel Zi. 117–158 US$; P@) John Wayne und Errol Flynn gehören zu den Stars, die in diesem ehrwürdigen Hotel abgestiegen sind. Die 1922 errichtete Anlage wurde restauriert, hat aber viel von ihrem

rustikalen Charme behalten. Die Zimmer im neueren Motel-Teil haben Klimaanlagen und sind viel komfortabler und heller, aber auch langweiliger.

Tamarack Lodge LODGE, HÜTTE **$$**
(800-626-6684, 760-934-2442; www.tamaracklodge.com; 163 Twin Lakes Rd; Zi. mit/ohne Bad ab 199/149 US$, Hütte ab 169 US$;)  Das seit 1924 bestehende, charmante, ganzjährig geöffnete Resort am Lower Twin Lake hat einen gemütlichen Kamin, eine Bar und ein sehr gutes Restaurant, elf rustikale Zimmer und 35 Hütten von sehr einfach bis luxuriös. Alle haben komplett eingerichtete Küchen, eigene Bäder, Veranden und Holzöfen. In manchen können bis zu zehn Personen schlafen. (Resort-Gebühr 20 US$/Tag).

Essen & Ausgehen

Alabama Hills Cafe DINER **$**
(760-876-4675; 111 W Post St; Hauptgerichte 8–14 US$; 7–14 Uhr;) In diesem allseits beliebten Frühstückslokal sind die Portionen groß, und das Brot ist frisch gebacken. Dank herzhafter Suppen, Sandwiches und Obstkuchen ist auch das Mittagessen hier eine attraktive Option. Mithilfe der Karte auf der Speisekarte kann man auch gleich seine Fahrt durch die **Alabama Hills** planen.

Mammoth Tavern GASTROPUB **$$**
(760-934-3902; www.mammothtavern.com; 587 Old Mammoth Rd; Hauptgerichte 13–28 US$; Di–So 16–23 Uhr) Die Mammoth Tavern bietet Hausmannskost wie Shepherd's Pie, Austern, Fondue, tolle Salate und knoblauchlastige Truthahn-Fleischbällchen. Angenehm warmes Licht, holzvertäfelte Wände bis zur runden Decke und der herrliche Blick auf die schneebedeckte Sherwin Range machen die Großbild-TVs zu einer eigentlich überflüssigen Ablenkung. Zu trinken gibt's leckere Cocktails nach eigenem Rezept, örtliche Fassbiere, interessante Whiskeys und mehr als zwei Dutzend offene Weine.

★ **Skadi** NORWEGISCH **$$$**
(760-914-0962; www.skadirestaurant.com; 94 Berner St; Hauptgerichte 30–38 US$; Mi–Mo 17–23 Uhr) Angesichts der absolut prosaischen Lage in einem Gewerbegebiet ist das Skadi eine echte Überraschung. Das Schweizer Alpendekor und die innovative Speisekarte sind die Schöpfung von Chefkoch Ian Algerøen, der sich dazu von seinem norwegischen Erbe und seiner Ausbildung in feiner europäischer Kochkunst inspirieren ließ. Auf der Karte findet man vor Ort geräucherte Forelle mit Meerrettich-Sahne, kanadische Entenbrust mit Preiselbeeren und in der Pfanne gebratene fangfrische Jakobsmuscheln. Reservierung erforderlich!

★ **June Lake Brewing** KLEINBRAUEREI
(www.junelakebrewing.com; 131 S Crawford Ave; Mi–Mo 11–20, Fr & Sa 11–21 Uhr;) June Lake Brewing ist eine tolle Attraktion in dieser Gegend. In dem Verkostungsraum gibt's zehn Biere vom Fass, u. a. „SmoKin" Porter, Deer Beer Brown Ale und ein paar sehr gute IPAs. Die Braumeister schwören, dass das Wasser des June Lake den gewissen Unterschied ausmacht.

Mammoth Brewing Company BRAUEREI
(760-934-7141; www.mammothbrewingco.com; 18 Lake Mary Rd; So–Do 10–21.30, Fr & Sa bis 22.30 Uhr) Hier kann man beurteilen, ob sich Bier in großer Höhe gut brauen lässt. Diese Brauerei ist die höchstgelegene an der Westküste (2438 m) und bietet mehr als ein Dutzend Fassbiere (Probegedeck 5–7 US$), darunter spezielle saisonale Sorten, die man anderswo nicht findet. Es gibt auch schmackhafte Bargerichte, und man kann sich ein IPA 395 oder Double Nut Brown für den Weg mitnehmen.

Lake Tahoe

Der in unzähligen Grün- und Blautönen schimmernde Lake Tahoe ist der zweittiefste See in den USA und auf 1907 m Höhe auch einer der höchstgelegenen Seen im Land. Die Fahrt auf der 72 Meilen (116 km) langen Uferstraße rund um den See ist malerisch, aber auch ganz schön anstrengend. Generell ist das Nordufer ruhig und exklusiv, das Westufer zerklüftet und altmodisch, das Ostufer weitgehend unberührt und das Südufer hektisch und kitschig. Hier liegen ältliche Motels und schicke Kasinos. In der Nähe liegt Reno, die größte Kleinstadt in der Region.

Praktische Informationen

Lake Tahoe Visitors Authority (800-288-2463; www.tahoesouth.com; 169 Hwy 50, Stateline, NV; Mo–Fr 9–17 Uhr) Bietet die ganze Palette touristischer Infos.

North Lake Tahoe Visitors Bureaus (800-468-2463; www.gotahoenorth.com) Hilfe bei der Buchung von Unterkünften und Outdoor-Aktivitäten.

Anreise & Unterwegs vor Ort

Greyhound-Busse und der tägliche Zephyr-Zug fahren von Reno, Sacramento und San Francisco nach Truckee. Von dort bringen einen **Truckee Transit** (530-587-7451; www.laketahoetransit.com; einfache Strecke/Tageskarte 2,50/5 US$) zum Donner Lake und die Busse von **Tahoe Area Rapid Transit** (TART; 530-550-1212; www.laketahoetransit.com; 10183 Truckee Airport Rd; einfache Strecke/Tageskarte 2/4 US$) (TART) zum Nord-, West- oder Ostufer des Sees.

Im Winter verbindet der **Bay Area Ski Bus** (925-680-4386; www.bayareaskibus.com) San Francisco und Sacramento mit den Skihängen von Tahoe.

TART-Busse fahren am Nordufer entlang bis Incline Village, am Westufer hinunter zum Ed Z'berg Sugar Pine Point State Park und nordwärts über den Hwy 89 nach Squaw Valley und Truckee. Die Fahrten auf den Hauptstrecken starten meist täglich zwischen 6 und 18 Uhr zur vollen Stunde.

South Lake Tahoe & Western Shore

Die altmodischen Motels und Lokale am stark befahrenen Hwy 50 in South Lake Tahoe sind immer gut besucht. Das Glücksspiel in den Casinohotels von Stateline gleich hinter der Grenze zu Nevada lockt Tausende an, ebenso das erstklassige Skiresort **Heavenly** (775-586-7000; www.skiheavenly.com; 4080 Lake Tahoe Blvd; Erw./Kind 5–12 Jahre/Jugendl. 13–18 Jahre 135/79/113 US$; Mo–Fr 9–16, Sa, So & feiertags 8.30–16 Uhr;). Im Sommer hat man bei einer Fahrt mit Heavenlys Seilbahn (Erw./Kind 42/20 US$) einen grandiosen Blick auf den See und die **Desolation Wilderness**. Diese kahle, wunderschöne Landschaft mit nackten Granitgipfeln, Gletschertälern und Bergseen ist bei Wanderern sehr beliebt. Karten, Infos und Wilderness Permits (5–10 US$/Erw.) gibt's im **USFS Taylor Creek Visitor Center** (530-543-2674; www.fs.usda.gov/ltbmu; Visitor Center Rd, am Hwy 89; Ende Mai–Sept. 8–17 Uhr, Okt. 8–16 Uhr), das sich 3 Meilen (4,8 km) nördlich der Y-förmigen Kreuzung der Hwys 50 und 89 in der **Tallac Historic Site** (www.tahoeheritage.org; Tallac Rd; Führung Erw./Kind 10/5 US$; Mitte Juni–Sept. tgl. 10–16 Uhr, Ende Mai–Mitte Juni nur Fr & Sa;) GRATIS befindet, einer schicken geschützten Ferienanlage aus dem frühen 20. Jh.

Von der sandigen, zum Baden geeigneten **Zephyr Cove** (775-589-4901; www.zephyrcove.com; 760 Hwy 50; 10 US$/Auto;) hinter der Grenze zu Nevada oder von der Ski Run Marina im Ort schippert **Lake Tahoe Cruises** (800-238-2463; www.zephyrcove.com; 900 Ski Run Blvd; Erw./Kind ab 55/20 US$) ganzjährig übers „Große Blau". Wer selbst paddeln will, wendet sich an **Kayak Tahoe** (530-544-2011; www.kayaktahoe.com; 3411 Lake Tahoe Blvd; Einer-/Zweierkajak 1 Std. 25/35 US$, Tag 65/85 US$, Unterricht & Touren ab 40 US$; Juni–Sept. 9–17 Uhr). Zu den schicken Boutiquemotels gehören das **Alder Inn** (530-544-4485; www.alderinn.com; 1072 Ski Run Blvd; Zi. 89–149 US$;) und das hippe **Basecamp Hotel** (530-208-0180; www.basecamphotels.com; 4143 Cedar Ave; DZ 109–229 US$, Schlafsaal für 8 Pers. 209–299 US$; Haustiergebühr 40 US$;) mit Whirlpool auf dem Dach. Alternativ kann man sein Zelt auf dem **Fallen Leaf Campground** (Infos 530-544-0426, Reservierungen 877-444-6777; www.recreation.gov; 2165 Fallen Leaf Lake Rd; Stellplatz Zelt & Wohnmobil 33–35 US$, Jurte 84 US$; Mitte Mai–Mitte Okt.;) am See aufstellen. Zum Auftanken bieten sich die Bio-Gerichte im vegetarierfreundlichen **Sprouts** (www.sproutscafetahoe.com; 3123 Harrison Ave; Hauptgerichte 7–10 US$; 8–21 Uhr;) oder ein Burger mit Erdnussbutter und Knoblauchfritten in der **Burger Lounge** (530-542-2010; 717 Emerald Bay Rd; Gerichte 4–10 US$; Juni–Sept. 10–20 Uhr, Okt.–Mai Do–Mo 11–19 Uhr;) an.

Der Hwy 89 schlängelt sich nordwestwärts am dicht bewaldeten Westufer entlang zum **Emerald Bay State Park** (530-541-6498; www.parks.ca.gov), wo Granitfelsen und Kiefern eine fjordartige Bucht umrahmen. Ein steiler, 1,6 km langer Weg führt hinunter zum **Vikingsholm Castle** (http://vikingholm.com; Führung Erw./Kind 7–17 Jahre 10/8 US$; Ende Mai–Sept. 10.30–15.30 oder 16 Uhr;), einer skandinavischen Villa aus den 1920er-Jahren. Von dort führt der 7,2 km lange **Rubicon Trail** nordwärts am Seeufer entlang und vorbei an einem alten Leuchtturm und kleinen Buchten zum **DL Bliss State Park** (530-525-7277; www.parks.ca.gov; 10 US$/Auto; Ende Mai–Sept.;) mit seinen Sandstränden. Weiter nördlich vermieten **Tahoma Meadows B&B Cottages** (530-525-1553; www.tahomameadows.com; 6821 W Lake Blvd; Cottage 119–239 US$, Haustiergebühr 20 US$;) Hütten im ländlichen Stil.

Northern & Eastern Shores

Das Geschäftszentrum **Tahoe City** ist ideal, um Nahrungsmittel und Vorräte zu kaufen und Outdoor-Ausrüstung zu mieten. Von hier ist es nicht weit bis zu dem großen Skiresort **Squaw Valley USA** (☎530-452-4331; www.squaw.com; 1960 Squaw Valley Rd, abseits des Hwy 89, Olympic Valley; Erw./Kind 5–12 Jahre/Jugendliche 13–22 Jahre 124/75/109 US$; ⊙Mo–Fr 9–16, Sa, So & Feiertage ab 8.30 Uhr; 👪). Zum Après-Ski geht's wieder nach Tahoe in die **Bridgetender Tavern & Grill** (www.tahoebridgetender.com; 65 W Lake Blvd; ⊙11–23, Fr & Sa bis 24 Uhr). Morgens kann man im bodenständigen **Fire Sign Cafe** (www.firesigncafe.com; 1785 W Lake Blvd; Hauptgerichte 7–13 US$; ⊙7–15 Uhr; 🌱👪) 2 Meilen (3,2 km) weiter südlich Eggs Benedict mit geräuchertem Lachs genießen.

Im Sommer kann man in **Tahoe Vista** oder **Kings Beach** schwimmen oder Kajak fahren. Übernachten kann man in der **Cedar Glen Lodge** (☎530-546-4281; www.tahoecedarglen.com; 6589 N Lake Blvd; Zi., Suite & Cottages 139–350 US$, Haustiergebühr 30 US$; @📶🏊🐾), wo es rustikal aufgemachte Cottages und Zimmer mit Kochnischen gibt, oder im gepflegten kleinen **Hostel Tahoe** (☎530-546-3266; www.hosteltahoe.com; 8931 N Lake Blvd; B/DZ/4BZ 33/60/80 US$; @📶) 🍃. Östlich der entspannten Uferlokale von Kings Beach führt der Hwy 28 nach Nevada. In einem Casino gleich hinter der Grenze kann man sich eine Livemusikshow ansehen. Wer Bars und Bistros sucht, in denen mehr los ist, fährt weiter bis nach Incline Village.

Mit unberührten Stränden, Seen und kilometerlangen Wander- und Radwegen ist der **Lake Tahoe-Nevada State Park** der größte Anziehungspunkt am Ostufer. Im Sommer planschen die Massen im türkisgrünen Wasser von **Sand Harbor**. Der 20,9 km lange **Flume Trail**, ein heiliger Gral für Mountainbiker, endet weiter südlich bei **Spooner Lake**. In Incline Village vermietet **Flume Trail Bikes** (http://flumetrailtahoe.com) Fahrräder und bietet einen Shuttle-Service an.

Truckee & Umgebung

Nördlich vom Lake Tahoe an der I-80 ist Truckee nicht etwa ein Rastplatz für Trucker, sondern ein blühendes Bergstädtchen mit einem historischen Viertel voller Cafés mit Bio-Produkten, trendiger Boutiquen und Restaurants. Skihasen können in der Gegend zwischen mehreren Resorts wählen. Dazu gehören z.B. das glamouröse **Northstar California** (☎530-562-1010; www.northstarcalifornia.com; 5001 Northstar Dr, abseits des Hwy 267; Erw./Kind 5–12 Jahre/Jugendl. 13–18 Jahre 130/77/107 US$; ⊙8–16 Uhr; 👪), das kinderfreundliche **Sugar Bowl** (☎530-426-9000; www.sugarbowl.com; 629 Sugar Bowl Rd, an der Donner Pass Rd, Norden; Erw./Kind 6–12 Jahre/Jugendl. 13–22 Jahre 85/35/76 US$; ⊙9–16 Uhr; 👪) und das Langläuferparadies **Royal Gorge** (☎530-426-3871; www.royalgorge.com; 9411 Pahatsi Rd, abseits der I-80, Ausfahrt Soda Springs/Norden, Soda Springs; Erw./Jugendl. 13–22 Jahre 32/25 US$; ⊙in der Schneesaison 9–17 Uhr; 👪🐾).

Westlich vom Hwy 89 befindet sich der **Donner Summit**, wo die berühmt-berüchtigte Donner Party im harten Winter 1846/1847 steckenblieb. Weniger als die Hälfte der Menschen überlebte – einige nur, weil sie das Fleisch der Toten aßen. Die schauerliche Geschichte wird im Museum innerhalb des **Donner Memorial State Park** (☎530-582-7892; www.parks.ca.gov; Donner Pass Rd; 8 US$/Auto; ⊙10–17 Uhr; P👪) nacherzählt, in dem man auch **campen** (☎530-582-7894, Reservierungen 800-444-7275; www.reserveamerica.com; Stellplatz Zelt & Wohnmobil 35 US$; ⊙Ende Mai–Ende Sept.) kann. Der **Donner Lake** in der Nähe ist ein beliebtes Ziel von Badelustigen und Paddlern.

Am Stadtrand von Truckee bietet das mit Ökozertifikat ausgezeichnete **Cedar House Sport Hotel** (☎530-582-5655; www.cedarhousesporthotel.com; 10918 Brockway Rd; Zi. 170–295 US$; P🚭@📶🐾) 🍃 stilvolle Boutiquezimmer und ein hervorragendes Restaurant. Ein großes Glas Donner Party Porter kann man sich in der **Fifty Fifty Brewing Co** (www.fiftyfiftybrewing.com; 11197 Brockway Rd; ⊙So–Do 11.30–21, Fr & Sa 11.30–21.30 Uhr) genehmigen.

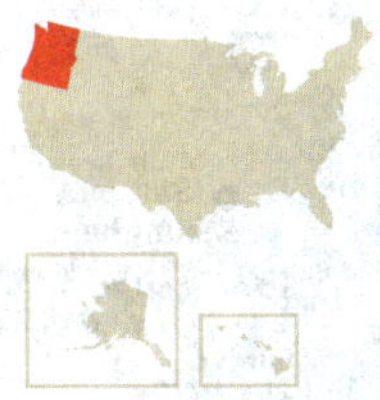

Der Nordwesten

Inhalt ➡

Gut essen

- Ned Ludd (S. 1188)
- Chow (S. 1198)
- Ox (S. 1188)
- Sitka & Spruce (S. 1160)

Schön übernachten

- Timberline Lodge (S. 1195)
- Crater Lake Lodge (S. 1199)
- Hotel Monaco (S. 1158)
- Olympic Lights B&B (S. 1171)
- Historic Davenport Hotel (S. 1176)

Auf in den Nordwesten!

Der Nordwesten der USA ist Ausdruck einer besonderen Geisteshaltung. Wo schneebedeckte Vulkane von immergrünen Bäumen umrahmt werden, gedeihen Subkulturen und entstehen neue Trends. Aus zündenden Ideen, hastig auf Servietten gekritzelt, werden die erfolgreichen Unternehmen von morgen. Historisch hat diese Region nicht viel zu bieten, dafür kann man in hochdynamischen Städten wie Seattle und Portland einen Blick in die Zukunft werfen. Bekannt sind diese beiden Städte auch für Food Carts und Straßenbahnen, Kleinbrauereien und Kaffeekultur, grüne Lungen am Stadtrand und Skulpturen in den Straßen.

Der Nordwesten lockt mit seiner unglaublich sauberen Luft, die man am liebsten in Flaschen mit nach Hause nehmen möchte. Und mit der Küste am Westende des Kontinents, an der man die kraftvolle Weite des größten Ozeans der Welt erlebt und es Bäume gibt, die älter sind als die Renaissancepaläste in Italien.

Reisezeit

Seattle

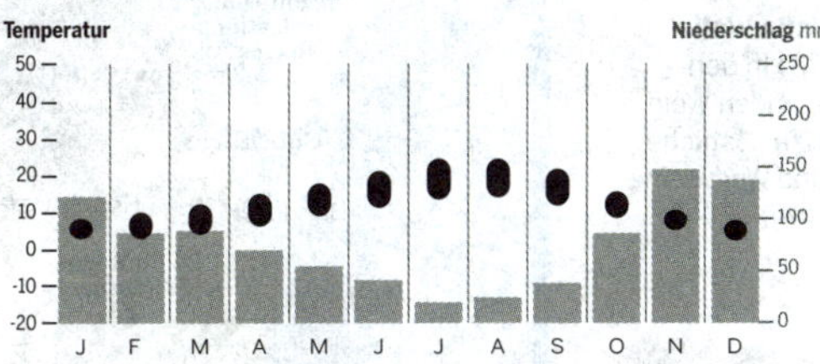

Jan.–März Schneesicherste Zeit zum Skifahren in den Cascades und deren Umgebung.

Mai Festival-Saison: Portland Rose, International Film Festival und viele mehr.

Juli–Sept. Beste Zeit zum Wandern: zwischen der Schneeschmelze und den ersten Herbststürmen.

Highlights

1 San Juan Islands (S. 1170) In den ruhigeren Ecken Rad und Kajak fahren

2 Oregon Coast (S. 1199) Die traumhafte Region vom malerischen Astoria bis zum entzückenden Port Orford erkunden

3 Olympic National Park (S. 1165) Bäume bestaunen, die älter sind als die Renaissanceschlösser Europas

4 Pike Place Market (S. 1150) Dem tollsten Freiluftspektakel im pazifischen Nordwesten beiwohnen

5 Portland (S. 1180) Gestärkt mit Bier, Kaffee und Imbissleckereien durch die grünen, ruhigen Viertel schlendern

6 Crater Lake National Park (S. 1199) Die unglaublich tiefblauen Gewässer und das malerische Panorama bewundern

7 Bend (S. 1196) In diesem Outdoor-Mekka mountainbiken, klettern oder Ski fahren

8 Walla Walla (S. 1178) In den umliegenden Weinregionen köstliche Rot- und Weißweine probieren

0 100 km
0 50 Meilen
Cranbrook (28 Meilen)
KANADA
British Columbia
Castlegar
Winthrop
Methow Valley
Stehekin
Colville Indian Reservation
Colville
Columbia River
Priest Lake
Lake Roosevelt
Spokane Indian Reservation
Newport
Lake Pend Oreille
Coulee Dam
Lake Chelan
Chelan
Spokane River
MONTANA
Leavenworth
Coulee City
Spokane
Coeur d'Alene
Cœur d'Alene Lake
Wenatchee
WASHINGTON
Moses Lake
Missoula (38 Meilen)
Ellensburg
IDAHO
Colfax
Yakima
Columbia River
Pullman
Moscow
Snake River
Toppenish
Lewiston
Yakama Indian Reservation
Kennewick
Walla Walla
Benton City
Blue Mountains
Grande Ronde River
Columbia River
Umatilla
Arlington
Pendleton
Umatilla Indian Reservation
Imnaha
Hells Canyon National Recreation Area
Eagle Cap Wilderness
Enterprise
Joseph
La Grande
Wallowa Mountains
Hells Canyon Dam
John Day River
Oxbow
Halfway
Kimberly
Baker City
Mitchell
John Day Fossil Beds National Monument
John Day
Prineville
Seneca
OREGON
Ontario
Malheur River
Burns
Lake Owyhee
Crane
Harney Lake
Malheur Lake
Jordan Valley
Summer Lake
Steens Mtn. (2979 m)
Burns Junction
IDAHO
Lake Albert
Frenchglen
Warner Lakes
Alvord Desert
Boise (20 Meilen)
Crump Lakes
Lakeview
McDermitt
Goose Lake
NEVADA

Geschichte

Als im 18. Jh. die Europäer in den Nordwesten vordrangen, waren an der Pazifikküste schon lange Indianerstämme wie die Chinook und die Salish ansässig. Im Inland, auf den trockenen Hochebenen zwischen den Cascades (Kaskadenkette) und den Rocky Mountains, lebten die Spokane, die Nez Percé und andere Stämme, die je nach Jahreszeit zwischen den Flusstälern und dem milden Hochland hin- und herzogen.

300 Jahre nach der Entdeckung der Neuen Welt durch Kolumbus begannen spanische und britische Forscher, auf der Suche nach der sagenumwobenen Nordwestpassage die nördliche Pazifikküste zu erkunden. 1792 durchsegelte Kapitän George Vancouver als erster die Gewässer des Puget Sound und erklärte die ganze Region zu britischem Herrschaftsgebiet. Zur selben Zeit entdeckte der Amerikaner Robert Gray die Mündung des Columbia River. Und 1805 durchquerten die Forscher Lewis und Clark die Rocky Mountains, zogen am Columbia River entlang abwärts zum Pazifik und festigten den amerikanischen Anspruch auf die Region.

Die britische Hudson's Bay Company gründete 1824 in Washington Fort Vancouver als Hauptquartier für die Columbia-Region. Das ermöglichte Massen von Siedlern die Zuwanderung, hatte auf die Kultur und Lebensweise der Indianer allerdings einen zerstörerischen Effekt, der vor allem vom Alkohol und von eingeschleppten Krankheiten ausging.

1843 stimmten die Siedler von Champoeg, das am Willamette River südlich von Portland liegt, für die Einrichtung einer provisorischen, von der Hudson's Bay Company unabhängigen Regierung und damit zugleich für den Anschluss an die Vereinigten Staaten, die das Gebiet 1846 formal per Vertrag von den Briten erwarben. Im Lauf des folgenden Jahrzehnts kamen rund 53000 neue Siedler über den 3220 km langen Oregon Trail in den Nordwesten.

Die Eisenbahn ebnete der Region den Weg in die Zukunft. Bis 1914 waren Landwirtschaft und Holz die Säulen der Wirtschaft. Mit der Eröffnung des Panamakanals und dem Ausbruch des Ersten Weltkriegs wurde der Handel in den Pazifikhäfen dann sehr viel lebendiger. Werften entstanden am Puget Sound, der Flugzeugbauer Boeing richtete bei Seattle ein Werk ein.

Durch große Dammbauprojekte in den 1930er- und 1940er-Jahren konnte man billig Elektrizität erzeugen und Gebiete bewässern. Der Zweite Weltkrieg erhöhte erneut die Nachfrage nach Flugzeugen und Schiffen, die Landwirtschaft blühte weiter auf. Nach dem Krieg wuchs die Bevölkerung von Washington auf das Doppelte der Einwohnerzahl von Oregon an, besonders stark in der Gegend um den Puget Sound.

In den 1980er- und 1990er-Jahren hat sich der wirtschaftliche Schwerpunkt durch den Aufschwung der Hightech-Industrie mit den Speerspitzen Microsoft in Seattle und Intel in Portland verlagert.

DER NORDWESTEN IN ...

... vier Tagen

An den ersten beiden Tagen ist man vollauf damit beschäftigt, sich in **Seattle** die Hauptattraktionen wie den **Pike Place Market** und das **Seattle Center** anzusehen. Danach geht es weiter nach **Portland**, wo man ganz in der Manier der Einheimischen mit dem Rad die Bars, Cafés, Lokale und Läden abklappert.

... einer Woche

In eine ganze Woche passen noch Highlights wie der **Mt. Rainier**, der **Olympic National Park**, die **Columbia River Gorge** und der **Mt. Hood**. Oder man erkundet die spektakuläre Oregon Coast (am besten die Gegend rund um den **Cannon Beach**) oder die historische Hafenstadt **Port Townsend** auf der Olympic Peninsula.

... zwei Wochen

Der **Crater Lake** ist einfach unvergesslich und kann mit einem Trip nach **Ashland** (und zum dortigen Shakespeare-Festival) verbunden werden. Auf keinen Fall sollte man die himmlischen **San Juan Islands** in der Nähe der Wassergrenze zu Kanada auslassen, ebenso nicht **Bend**, das größte Outdoor-Zentrum der Region. Wer gern Wein trinkt, für den ist **Walla Walla** in Washington ein Mekka. Das **Willamette Valley** hingegen ist das Pinot-Noir-Paradies Oregons.

Produktion mit Wasserkraft und Bewässerungsanlagen entlang des Columbia River haben in den letzten paar Jahrzehnten das Ökosystem des Flusses bedroht, und auch die Holzgewinnung hat ihre Spuren hinterlassen. Gleichwohl hat die Region ihre Umweltbilanz verbessert, indem sie ein paar der umweltfreundlichsten Firmen des Landes angelockt hat und ihre Großstädte zu den grünsten der USA gemacht hat. In puncto Umweltschutz gehören die beiden Nordweststaaten zu den engagiertesten Regionen der USA.

Einheimische Kultur

Das stereotype Bild des Bewohners des amerikanischen Nordwestens zeigt ihn als lässig gekleideten, Café Latte schlürfenden Städter, der einen Hybridwagen fährt, die Demokraten wählt und einen iPod trägt, aus dem unermüdlich Grunge- und Indie-Musik à la Nirvana ertönt. Aber wie bei den meisten kurzlebigen Verallgemeinerungen ist die Wirklichkeit sehr viel komplexer.

Gewiss, Seattle und Portland, die urbanen Zentren des Nordwestens, sind für ihre feine Kaffeekultur und unzähligen kleinen Brauereikneipen bekannt. Aber weiter im Osten, im trockenen und weitaus weniger grünen Landesinneren, verläuft das Leben viel traditioneller als in den Städten an der Küste. Hier im Südosten Washingtons finden in den Kleinstädten, die sich entlang des Columbia River Valley und in den trockenen Steppen verstecken, wilde Rodeos statt, die Touristenzentren locken mit Cowboy-Kultur und ein Pott Kaffee ist einfach nur ein Pott Kaffee, der nichts mit dem neumodischen Chai Latte oder den Frappés zu tun hat, die in den Städten zelebriert werden.

Im Gegensatz zu der hart arbeitenden Ostküste der USA ist das Leben im Westen lockerer und weniger hektisch. Die Leute hier arbeiten um zu leben – und leben nicht um zu arbeiten. Nach einem verregneten Winter nutzen die Bewohner des pazifischen Nordwestens jede Entschuldigung, um aus dem Arbeitsalltag auszubrechen und einige Stunden (oder auch ganze Tage) im Freien zu verbringen. An den ersten Sommertagen Ende Mai oder Anfang Juni können Besucher einer wahren Völkerwanderung von enthusiastischen Wanderern und Radfahrern beiwohnen, die in die berühmten Nationalparks und in die Wildnis strömen, für die diese Region zu recht bekannt ist.

ℹ Anreise & Unterwegs vor Ort

AUTO

Am bequemsten kommt man mit dem Auto durch den Nordwesten. In der ganzen Region gibt es größere und kleinere Autovermietungen. Die I-5 ist die wichtigste Nord-Süd-Achse. In Washington führt die I-90 von Seattle ostwärts nach Spokane und Idaho. In Oregon zweigt die I-84 von Portland an der Columbia River Gorge gen Osten ab und führt nach Boise in Idaho.

BUS

Greyhound-Busse (www.greyhound.com) fahren entlang der I-5 von Bellingham im Norden Washingtons runter nach Medford im Süden Oregons. Es gibt auch Verbindungen zwischen den USA und Kanada. Ost-West-Verbindungen führen nach Spokane, Yakima, Tri-Cities (Kennewick, Pasco und Richland in Washington), Walla Walla und Pullman in Washington sowie nach Hood River und Pendleton in Oregon. Private Unternehmen fahren die meisten kleineren Dörfer und Städte in der Region an, oftmals mit Verbindungen zu Greyhound oder Amtrak.

FLUGZEUG

Der Seattle-Tacoma International Airport, kurz Sea-Tac genannt, und der Portland International Airport sind die größten Flughäfen der Gegend und bedienen viele nordamerikanische und einige internationale Reiseziele.

SCHIFF/FÄHRE

Die Washington State Ferries (www.wsdot.wa.gov/ferries) verbinden Seattle mit Bainbridge und den Vashon Islands. Weitere WSF-Routen führen von Whidbey Island nach Port Townsend auf der Olympic Peninsula und von Anacortes über die San Juan Islands nach Sidney in British Columbia (BC). Victoria Clipper (www.clippervacations.com) bietet Verbindungen von Seattle nach Victoria, BC, das auch von Port Angeles aus angesteuert wird. Fähren von Alaska Marine Highway (www.dot.state.ak.us/amhs) schippern von Bellingham, WA, nach Alaska.

ZUG

Amtrak (www.amtrak.com) bietet Verbindungen nach Vancouver, BC, im Norden und nach Kalifornien im Süden an und verbindet dabei Seattle, Portland und weitere große Stadtzentren mit den Cascades und den Coast-Starlight-Routen. Der berühmte *Empire Builder* fährt von Seattle und Portland (wird in Spokane zusammengeführt) ostwärts nach Chicago.

WASHINGTON

Der Bundesstaat Washington ist das Herz des pazifischen Nordwestens. Insofern findet man hier alles, was das Herz be-

KURZINFOS WASHINGTON

Spitzname Evergreen State

Bevölkerung 7,3 Mio.

Fläche 184 775 km²

Hauptstadt Olympia (49 218 Ew.)

Weitere Städte Seattle (668 342 Ew.), Spokane (212 052 Ew.), Bellingham (83 365 Ew.)

Verkaufssteuer 6,5 %

Geburtsort von Sänger und Schauspieler Bing Crosby (1903–1977), Gitarrist Jimi Hendrix (1942–1970), Computer-Guru Bill Gates (geb. 1955), Politikkommentator Glen Beck (geb. 1964), Musikikone Kurt Cobain (1967–1994)

Heimat des Mt. St. Helens, von Microsoft, Starbucks, Amazon und dem Evergreen State College

Politik Demokratische Gouverneure seit 1985

Berühmt für Grunge, Kaffee, *Grey's Anatomy*, *Twilight*, Vulkane, Äpfel, Wein, Niederschlag

Staatsgemüse Süßzwiebeln aus Walla Walla

Entfernungen Seattle–Portland 174 Meilen (280 km); Spokane–Port Angeles 365 Meilen (587 km)

gehrt – von der üppig grünen Olympic Peninsula bis hin zu den weißen Gipfeln der Cascade Mountains und den spritzigen San Juan Islands, an denen Wale vorüberziehen. Im Osten zeigt sich der Bundesstaat von einer ganz anderen Seite – eher rustikal als schick, mit weitem Himmel und endlosen Apfelplantagen. Die größte Stadt hier ist Seattle, aber auch andere Ecken wie Spokane, Bellingham und Olympia werden immer großstädtischer.

Seattle

Man nehme die Intelligenz von Portland in Oregon und paare sie mit der Schönheit von Vancouver in British Columbia – das Ergebnis dürfte in etwa so aussehen wie Seattle. Es ist kaum zu glauben, dass die größte Metropole des Nordwestens bis in die 1980er-Jahre nur als US-Stadt „zweiter Klasse" galt. Seitdem hat sie die Mischung aus wagemutiger Innovationsfreude und unerschrockenem Individualismus zu einem der größten Trendsetter der Dotcom-Ära gemacht, dessen Speerspitze aus dem unglaublichen Bündnis aus Café Latte schlürfenden Computerfreaks und selbstverliebten Musikern besteht.

Das mancherorts überraschend elegante, andernorts hypertrendige Seattle ist bekannt für den starken Zusammenhalt in den einzelnen Stadtvierteln, die erstklassige Universität, monströses Verkehrschaos und proaktive Bürgermeister, die sich als grüne Umweltpolitiker verdient machen. Auch wenn die Stadt in jüngster Zeit eine eigene Popkultur hervorgebracht hat, fehlt ihr noch der Mythos einer Metropole wie New York oder Paris. Immerhin hat es den „Berg". Der ist besser unter dem Namen Mt. Rainier bekannt und das alles und alle vereinende Symbol Seattles, ein 4392 m hohes Massiv aus Fels und Eis, das die Einwohner der Stadt permanent daran erinnert, dass die raue Wildnis und ein möglicherweise ausbrechender Vulkan direkt vor der Haustür liegen.

Sehenswertes

Downtown

★ Pike Place Market MARKT

(Karte S. 1152; www.pikeplacemarket.org; 85 Pike St; Mo–Sa 9–18, So bis 17 Uhr; Westlake)

Dieser Markt ist ein buntes Potpourri aus Geräuschen, Gerüchen, Persönlichkeiten, Geplänkel und städtischem Treiben in exponierter Uferlage – eine Art Seattle in klein. Der seit 1907 existierende Markt ist noch immer so stimmungsvoll wie eh und je. Hier lernt man die Stadt so kennen, wie sie wirklich ist: allumfassend, vielseitig und absolut einzigartig. Dank der brandneuen Erweiterung gibt es neuerdings mehr Verkaufsfläche, wettergeschützte Bereiche, zusätzliche Parkplätze und Wohnungen für Senioren mit geringem Einkommen.

★ Seattle Art Museum MUSEUM
(SAM; Karte S. 1152; ☎206-654-3210; www.seattleartmuseum.org; 1300 1st Ave; Erw./Student 24,95/14,95 US$; ⌚Mi & Fr–So 10–17, Do bis 21 Uhr; 🚇University St) Das Museum kann sich zwar nicht mit den ganz Großen in New York oder Chicago vergleichen, muss sich aber nicht verstecken. Die Kunstsammlung wird stetig mit Neuerwerbungen und Wanderausstellungen aufgefrischt. Das Museum ist vor allem für seine umfangreichen Artefakte amerikanischer Ureinwohner und die Arbeiten lokaler Künstler der Northwest School wie Mark Tobey (1890–1976) bekannt. Ebenfalls vertreten ist moderne amerikanische Kunst. Außerdem zeigt das Museum ein paar aufregende Wanderausstellungen (darunter auch Yayoi Kusamas „Infinity Mirrors").

★ Olympic Sculpture Park PARK, SKULPTUREN
(Karte S. 1152; 2901 Western Ave; ⌚Sonnenaufgang–Sonnenuntergang; 🚌13) GRATIS Der 2007 unter großem örtlichen Zuspruch eröffnete Park ist ein smartes Stadterneuerungsprojekt und ein Außenposten des Seattle Art Museum. Der terrassenförmige, landschaftlich gestaltete Park liegt über den Eisenbahngleisen und bietet einen Ausblick auf den Puget Sound mit den Olympic Mountains in der Ferne. Jogger und Hundeausführer schlendern tagsüber über die kurvigen Wege und genießen dabei die mehr als 20 modernen Skulpturen am Wegesrand.

International District

Wing Luke Museum of the Asian Pacific American Experience MUSEUM
(Karte S. 1152; ☎206-623-5124; www.wingluke.org; 719 S King St; Erw./Kind 17/10 US$; ⌚Di–So 10–17 Uhr; 🚇7th & Jackson/Chinatown) Dieses einzigartige Museum dokumentiert die Kultur der Einwanderer aus Asien und dem Pazifikraum. Der Schwerpunkt liegt dabei auf so heiklen Themen wie der Ansiedlung chinesischer Einwanderer in den 1880er-Jahren und der Internierung japanischstämmiger Einwohner im Zweiten Weltkrieg. Gezeigt werden diverse Wechselausstellungen wie zuletzt „A Day in the Life of Bruce Lee". Es gibt auch Kunstausstellungen und eine original erhaltene Wohnung von Einwanderern. Die Teilnahme an Führungen ist ebenfalls möglich; am ersten Donnerstag im Monat ist der Eintritt frei (bei verlängerten Öffnungszeiten bis 20 Uhr).

Seattle Center

Seattle Center WAHRZEICHEN
(Karte S. 1152; ☎206-684-8582; www.seattlecenter.com; 400 Broad St; Ⓢ Seattle Center) Die Überbleibsel der futuristischen Weltausstellung, die 1962 als „Century 21 Exposition" stattfand, sind auch nach mehr als 50 Jahren noch im Zentrum von Seattle zu sehen. Die Expo 62 war mit 10 Mio. Besuchern ein voller Erfolg und konnte sogar (was damals nur selten vorkam) einen Gewinn verbuchen. Hollywood ließ sich sogar zu dem kitschigen Elvis-Film *Ob blond, ob braun* (1963) inspirieren. Dank regelmäßiger Modernisierungen konnte der Komplex seinen Glanz erhalten und umfasst die meisten der bedeutendsten Sehenswürdigkeiten der Stadt.

★ Space Needle WAHRZEICHEN
(Karte S. 1152; ☎206-905-2100; www.spaceneedle.com; 400 Broad St; Erw./Kind 29/18 US$; ⌚Mo–Do 9.30–23, Fr & Sa bis 23.30, So 9–23 Uhr; Ⓢ Seattle Center) Der schnittige Turm war in puncto Modernität seiner Zeit weit voraus. Er wurde für die Weltausstellung von 1962 erbaut und ist seit über 50 Jahren das Wahrzeichen der Stadt. Die „Nadel" bildet das Zentrum des Komplexes, der heute Seattle Center genannt wird. Mit seinem Aussichtsdeck in Form einer fliegenden Untertasse und dem teuren Drehrestaurant lockt es jedes Jahr mehr als 1 Mio. Besucher an. Am besten kauft man ein Kombiticket mit dem Chihuly Garden & Glass für 49 US$.

★ Museum of Pop Culture MUSEUM
(Karte S. 1152; ☎206-770-2700; www.mopop.org; 325 5th Ave N; Erw./Kind 25/16 US$; ⌚Juni–Aug.

SEATTLE CITYPASS

Wer eine Weile in Seattle bleibt und sich die Hauptsehenswürdigkeiten anschauen will, kann den **Seattle CityPASS** (www.citypass.com/seattle; Erw./Kind 4–12 Jahre 144/97 US$) kaufen. Der neun Tage gültige Pass gilt für fünf Attraktionen: die Space Needle, das Seattle Aquarium, die Argosy Cruises Seattle Harbor Tour, das Museum of Pop Culture *oder* den Woodland Park Zoo, das Pacific Science Center *oder* den Chihuly Garden & Glass. Man spart so rund 45 % der Eintrittskosten und muss nicht anstehen. Der Pass ist online und bei jeder dieser Sehenswürdigkeiten erhältlich.

Seattle

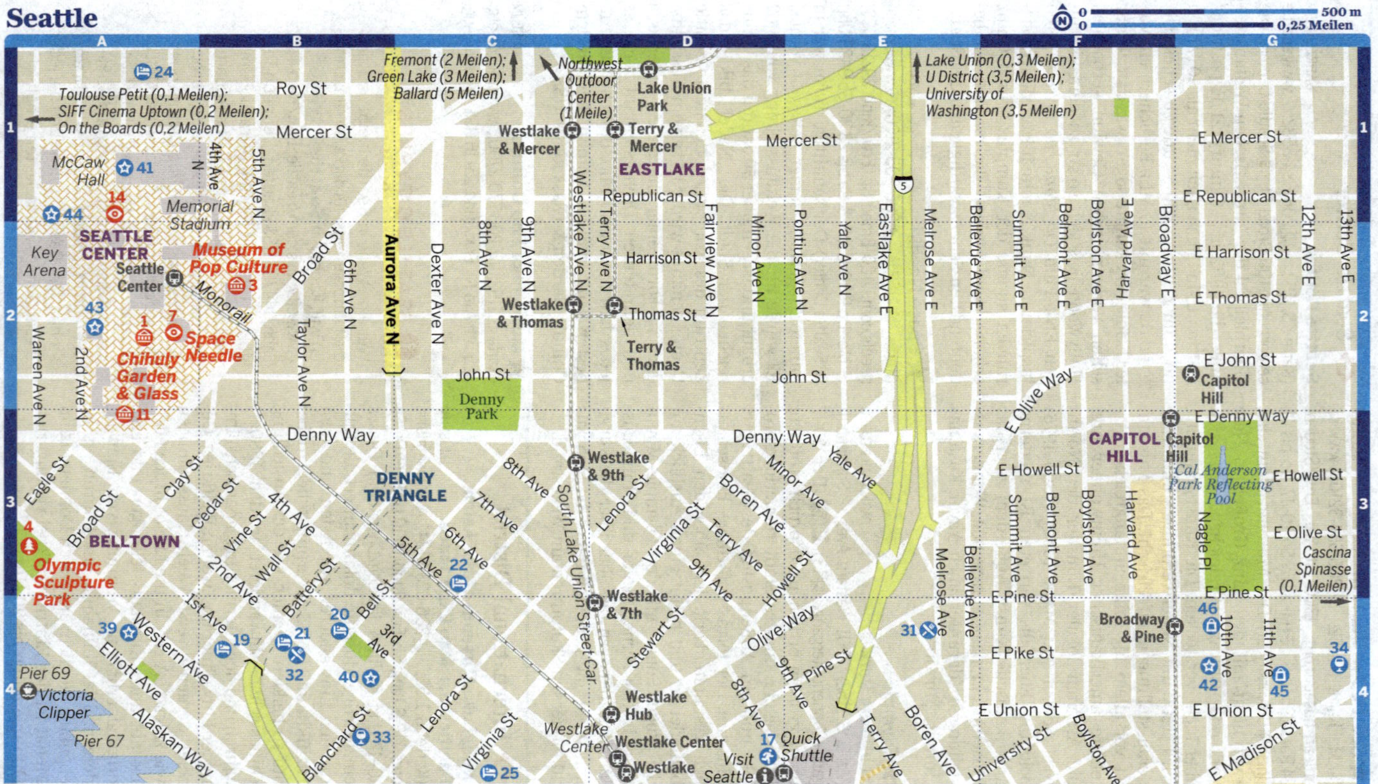
0 500 m
0 0,25 Meilen
A B C D E F G
1 2 3 4
Toulouse Petit (0,1 Meilen); SIFF Cinema Uptown (0,2 Meilen); On the Boards (0,2 Meilen)
Fremont (2 Meilen); Green Lake (3 Meilen); Ballard (5 Meilen)
Northwest Outdoor Center (1 Meile)
Lake Union (0,3 Meilen); U District (3,5 Meilen); University of Washington (3,5 Meilen)
Cascina Spinasse (0,1 Meilen)
SEATTLE CENTER
EASTLAKE
CAPITOL HILL
DENNY TRIANGLE
BELLTOWN
McCaw Hall
Key Arena
Memorial Stadium
Museum of Pop Culture
Seattle Center
Monorail
Space Needle
Chihuly Garden & Glass
Olympic Sculpture Park
Denny Park
Lake Union Park
Cal Anderson Park Reflecting Pool
Westlake & Mercer
Terry & Mercer
Westlake & Thomas
Terry & Thomas
Westlake & 9th
Westlake & 7th
Westlake Hub
Westlake Center
Westlake
Capitol Hill
Broadway & Pine
South Lake Union Street Car
Quick Shuttle
Visit Seattle
Pier 69
Victoria Clipper
Pier 67
Roy St
Mercer St
E Mercer St
Republican St
E Republican St
Harrison St
E Harrison St
Thomas St
E Thomas St
John St
E John St
Denny Way
E Denny Way
E Olive Way
Olive Way
E Howell St
Howell St
E Olive St
E Pine St
Pine St
E Pike St
E Union St
University St
E Madison St
Aurora Ave N
Dexter Ave N
8th Ave N
9th Ave N
Westlake Ave N
Terry Ave N
Fairview Ave N
Minor Ave N
Pontius Ave N
Yale Ave N
Eastlake Ave E
Melrose Ave E
Bellevue Ave E
Summit Ave E
Belmont Ave E
Boylston Ave E
Harvard Ave E
Broadway E
10th Ave E
12th Ave E
13th Ave E
Nagle Pl
10th Ave
11th Ave
Harvard Ave
Boylston Ave
Belmont Ave
Summit Ave
Bellevue Ave
Melrose Ave
Boren Ave
Terry Ave
Minor Ave
Yale Ave
9th Ave
8th Ave
7th Ave
6th Ave
5th Ave
4th Ave
3rd Ave
2nd Ave
1st Ave
Western Ave
Elliott Ave
Alaskan Way
Virginia St
Lenora St
Stewart St
Blanchard St
Bell St
Battery St
Wall St
Vine St
Cedar St
Clay St
Broad St
Eagle St
Warren Ave N
2nd Ave N
4th Ave N
5th Ave N
Taylor Ave N
6th Ave N
5
1 3 4 7 11 14 17 19 20 21 22 24 25 31 32 33 34 39 40 41 42 43 44 45 46

THE WATERFRONT
Pier 66 (Bell St Pier)
Piers 62 & 63
Piers 59 & 60
Pier 58
Pier 57
Pier 56
Pier 55
Pier 54
Pier 53
Pier 52
Pier 51
Pier 50
Pier 48
Elliott Bay
Washington State Ferries (zur Bainbridge Island)
Pike Place Market
Seattle Art Museum
DOWNTOWN
University Street
Pioneer Square
Klondike Gold Rush National Historical Park
Occidental Mall
PIONEER SQUARE
(0,3 Meilen)
King St Station (Amtrak)
Union Station
5th & Jackson/ Japantown
7th & Jackson/ Chinatown
Little Saigon
INTERNATIONAL DISTRICT
Bellair Airporter Shuttle
Freeway Park
Harborview Park
Kobe Terrace Park
Yesler Terrace
Broadway & Marion
Broadway & Terrace
Seattle University
Alaskan Way
Alaskan Way Viaduct
Alaskan Way S
Western Ave
1st Ave
2nd Ave
3rd Ave
4th Ave
5th Ave
6th Ave
7th Ave
8th Ave
9th Ave
10th Ave
11th Ave
12th Ave
Terry Ave
Minor Ave
Boren Ave
Broadway
Hubbell Pl
Stewart St
Pine St
Pike St
Union St
University St
Seneca St
Spring St
Madison St
Marion St
Columbia St
Cherry St
James St
Jefferson St
Alder St
E Cherry St
E Jefferson St
E Spruce St
E Fir St
Yesler Way
E Yesler Way
S Washington St
S Main St
S Jackson St
S King St
S Weller St
S Lane St
1st Ave S
Occidental Ave S
2nd Ave S
4th Ave S
Maynard Ave S
7th Ave S
8th Ave S
12th Ave S
A
B
C
D
E
F
G
5
6
7
8
2
5
6
8
9
10
12
13
15
16
18
23
26
27
28
29
30
35
36
37
38

Seattle

Highlights
1 Chihuly Garden & Glass A2
2 Klondike Gold Rush National Historical Park E8
3 Museum of Pop Culture B2
4 Olympic Sculpture Park A3
5 Pike Place Market C5
6 Seattle Art Museum D6
7 Space Needle A2

Sehenswertes
8 Columbia Center E6
9 Hammering Man C6
10 Occidental Park D7
11 Pacific Science Center A3
12 Pergola D7
13 Seattle Aquarium C6
14 Seattle Center A1
15 Smith Tower E7
16 Wing Luke Museum of the Asian Pacific American Experience F8

Aktivitäten, Kurse & Touren
17 Seattle Cycling Tours D4
18 Seattle Free Walking Tours C5

Schlafen
19 Ace Hotel B4
20 Belltown Inn B4
21 City Hostel Seattle B4
22 Hotel Five C3
23 Hotel Monaco D6
24 Maxwell Hotel A1
25 Moore Hotel C4
26 Thompson Seattle C5

Essen
27 Crumpet Shop C5
28 Le Pichet C5
29 Piroshky Piroshky C5
30 Salumi Artisan Cured Meats E8
31 Sitka & Spruce E4
32 Tavolàta B4
Upper Bar Ferdinand .... (siehe 45)

Ausgehen & Nachtleben
33 Clouburst Brewing B4
34 Elysian Brewing Company G4
35 Panama Hotel Tea & Coffee House F8
36 Zeitgeist Coffee E8
37 Zig Zag Café C5

Unterhaltung
38 A Contemporary Theatre D5
39 Big Picture A4
40 Crocodile B4
41 Intiman Theatre Festival A1
42 Neumo's G4
43 Seattle Children's Theater A2
44 SIFF Film Center A1

Shoppen
45 Chophouse Row G4
46 Elliott Bay Book Company G4

10–19 Uhr, Sept.–Mai bis 17 Uhr; S Seattle Center) Das Museum für Popkultur (ehemals EMP, „Experience Music Project") ist ein inspirierendes Zusammenspiel aus super-moderner Architektur und legendärer Rock-and-Roll-Geschichte. Die Idee für das Museum stammt von Paul Allen, dem Mitbegründer von Microsoft, der das Ganze auch finanziert hat. Den Rahmen bildet ein Avantgarde-Bau des kanadischen Architekten Frank Gehry. Besucher können hier in Seattles berühmte Musik (mit offensichtlichem Hang zu Jimi Hendrix und Grunge) eintauchen oder im Interactive Sound Lab den Meistern nacheifern.

★ **Chihuly Garden & Glass** MUSEUM
(Karte S. 1152; ☎206-753-4940; www.chihulygardenandglass.com; 305 Harrison St; Erw./Kind 24/14 US$; ⊙So–Do 10–20, Fr & Sa bis 21 Uhr; S Seattle Center) Das 2012 eröffnete Museum bestätigt die Stellung Seattles als das Venedig Nordamerikas. Die ausgezeichnete Ausstellung zum Leben und Werk des energiegeladenen einheimischen Bildhauers Dale Chihuly ist die wohl beste Sammlung von Glaskunst, die man je zu Gesicht bekommt. Sie zeigt Chihulys kreative Entwürfe in einer Abfolge von dunkel und hell beleuchteten Räumen, bevor man in ein luftiges Glasatrium und schließlich in einen Landschaftsgarten im Schatten der Space Needle geleitet wird. Ein Höhepunkt des Museumsbesuchs ist die Glasbläser-Vorführung.

Capitol Hill

Millionäre und Punk-Musiker – das wohlhabende und liberale Capitol Hill ist zu Recht bekannt für alternative Musik, experimentelles Theater, unabhängige Cafés und eine sehr lebendige Schwulen- und Lesbenszene. Hier kann man seinem Hund ein Kräuterbad spendieren, auf dem Broadway ethnisches Kunsthandwerk erstehen und sich im kunterbunten Pike-Pine Corridor unter junge Punks und alte Hippies mischen (oder auch nicht). Der Straßenzug zwischen Broadway und E John St ist das Epizentrum des Stadtteils, um das sich unzählige Restaurants, Brauereikneipen, Boutiquen und schummrige (aber nicht schmuddelige) Bars drängen.

Fremont

In Fremont mischen sich in einem ungewöhnlichen städtischen Bündnis junge Hipster unter alte Hippies. Die Gegend konkurriert mit Capitol Hill um den Titel als Seattles respektlosestes Viertel. Sie ist voller Ramschläden und städtischer Skulpturen und hat einen gesunden Sinn für die eigene Schrullen.

Fremont Troll SKULPTUREN
(Ecke N 36th St & Troll Ave; 62) Die ausgefallene Plastik in Form eines Trolls lauert unterhalb des nördlichen Endes der Aurora Bridge an der N 36th St. Mit dem Troll gingen die Künstler Steve Badanes, Will Martin, Donna Walter und Ross Whitehead 1990 bei einem vom Fremont Arts Council gesponserten Kunstwettbewerb als Sieger hervor. Die 5,5 m große Zementfigur, die mit ihrer Hand einen VW-Käfer zerquetscht, ist mittlerweile ein beliebter Platz für nächtliche Biergelage.

Waiting for the Interurban DENKMAL
(Ecke N 34th St & Fremont Ave N; 62) Seattles beliebtestes öffentliches Kunstwerk *Waiting for the Interurban* wurde aus recyceltem Aluminium gegossen. Es stellt eine Figurengruppe von sechs Menschen dar, die auf einen Zug warten, der niemals kommt. Hin und wieder kleiden die Einwohner die Menschengruppe liebevoll ein, je nach Anlass – dem Wetter, einem Geburtstag oder einem Sieg der Baseballmannschaft Mariners. Das eindeutig menschliche Antlitz des Hundes trägt die Gesichtszüge von Armen Stepanian, dem ehemaligen Bürgermeister von Fremont, der es gewagt hatte, die Skulptur abzulehnen.

Der U-District

Im U-dub, einem Viertel voller junger, lernbegieriger Auswärtiger, ist der wunderschöne, grüne Campus der **University of Washington** (www.washington.edu; University of Washington) direkt neben der schäbigeren „Ave" platziert, einer ungewöhnlichen Straße mit billigen Boutiquen, Spelunken und Ethno-Restaurants.

Burke Museum MUSEUM
(206-543-5590; www.burkemuseum.org; Ecke 17th Ave NE & NE 45th St; Erw./Kind 10/7,50 US$, 1. Do im Monat Eintritt frei; 10–17, 1. Do im Monat bis 20 Uhr; 70) Das interessante Museum widmet sich der Naturgeschichte und den indigenen Kulturen der Pazifikküste. In der Etage, wo auch der Eingang ist, findet man die wohl beste naturgeschichtliche Sammlung Washingtons mit Schwerpunkt auf Geologie und Evolution des Staates. Es zeigt eindrucksvolle Fossilien, darunter einen 20 000 Jahre alten Säbelzahntiger. Im Untergeschoss ist die Ausstellung „Pacific Voices" mit kulturellen Artefakten aus dem pazifischen Raum untergebracht. Das Highlight des Museums ist die hervorragende Sammlung aus dem pazifischen Nordwesten mit ein paar spektakulären Kwakwaka'wakw-Masken aus British Columbia.

Ballard

Ballard ist eine ehemalige Seefahrergemeinde mit spürbarem skandinavischem Erbe. Hier fühlt man sich immer noch wie in einer kleinen Stadt, die von einer größeren umschlossen wird. Das Viertel ist traditionell rau, nüchtern und unkommerziell. Und obwohl hier langsam immer mehr moderne Wohnungen entstehen, ist es immer noch ein guter Ort, um ein handgebrautes Bier zu trinken oder sich eine Liveband anzusehen.

★ **Hiram M Chittenden Locks** KANAL
(3015 NW 54th St; 7–21 Uhr; 40) GRATIS An sonnigen Tagen schimmert Seattle rund um diese Schleuse wie ein impressionistisches Gemälde. Hier stürzt das Süßwasser des Lake Washington und des Lake Union fast 7 m hinab ins Salzwasser des Puget Sound. Man kann quasi direkt danebenstehen und beobachten, wie die Boote hinauf oder hinab (je nach Richtung) gelassen werden. Der Bau des Kanals mit der Schleuse begann 1911; heute passieren jährlich rund 100 000 Boote die Schleuse. Besucher können an der Fischtreppe durch die Glasplatten einen Blick auf das Treiben unter Wasser werfen, durch den botanischen Garten schlendern und ein kleines Museum besuchen.

Aktivitäten

Radfahren

Trotz des häufigen Regens und des hügeligen Geländes ist in der Region Seattle das Radfahren als Fortbewegungsart sowie als Freizeitsport sehr beliebt.

In der Stadt gibt es auf vielen Straßen auch eine Spur für Fahrradfahrer, die grün markiert ist. Die Radwege sind gut in Stand gehalten, und die freundliche, enthusiastische Radfahrergemeinde teilt sich gern die Straße mit anderen Radlern. Der 32 km lange, gewundene **Burke-Gilman Trail** ist ein sehr beliebter Radweg, der von Ballard zum

Log Boom Park in Kenmore in Seattles Eastside führt. Dort geht er in den 18 km langen **Sammamish River Trail** über, der sich am Weingut Chateau Ste Michelle in Woodinville vorbeischlängelt, ehe er am Marymoor Park in Redmond endet.

Weitere gute Orte zum Radfahren befinden sich auf dem Rundweg um den Green Lake (überfüllt), am Alki Beach (hervorragend) oder näher an der Innenstadt durch den malerischen Myrtle Edwards Park.

Wer in Seattle Rad fahren will, sollte sich die *Seattle Bicycling Guide Map* besorgen, die online und in Fahrradläden erhältlich ist.

Einen Fahrradverleih und Radtouren gibt's u.a. bei **Recycled Cycles** (206-547-4491; www.recycledcycles.com; 1007 NE Boat St; Verleih ab 40 US$/Tag; Mo–Fr 10–19, Do bis 20, Sa & So 10–18 Uhr; 70) und **Seattle Cycling Tours** (Karte S. 1152; 206-356-5803; www.seattle-cycling-tours.com; 714 Pike St; Tour ab 55 US$; 10).

Wassersport

Seattle hat nicht nur ein dichtes Radwegenetz – das an Venedig erinnernde Zentrum ist von einer Vielzahl Wasserwege durchzogen, auf denen man prima paddeln kann. So verbindet der **Lakes to Locks Water Trail** den Lake Sammamish nicht nur mit dem Lake Washington und dem Lake Union, sondern über die Hiram M Chittenden Locks auch mit dem Puget Sound. Karten und Infos zu den Einstiegstellen gibt's auf der Website der Washington Water Trails Association (www.wwta.org).

Northwest Outdoor Center KAJAKFAHREN
(206-281-9694; www.nwoc.com; 2100 Westlake Ave N; Verleih Kajak/Stehpaddelbrett 16/18 US$/Std.; April–Sept. Mo–Fr 10–20, Sa & So 9–18 Uhr, Okt.–März Mo & Di geschl.; 62) Der am Westufer des Lake Union gelegene Anbieter verleiht Kajaks und Stehpaddelbretter. Außerdem bietet er auch Touren und Einführungen ins Meer- und Wildwasserkajakfahren.

Geführte Touren

★ **Seattle Free Walking Tours** STADTSPAZIERGANG
(Karte S. 1152; www.seattlefreewalkingtours.org) GRATIS Das gemeinnützige Unternehmen wurde 2012 von zwei Weltenbummlern aus Seattle gegründet, die beeindruckt waren von den kostenlosen Stadtführungen in diversen europäischen Städten. Sie veranstalten verschiedene Touren, darunter einen intimen zweistündigen Bummel zum Pike Pl, zur Uferpromenade und zum Pioneer Square. Die verschiedenen Startzeiten und Treffpunkte der Führungen überprüft man online.

Seattle by Foot STADTSPAZIERGANG
(206-508-7017; www.seattlebyfoot.com; ab 30 US$/Pers.) Der Anbieter hat eine Handvoll an Touren im Programm. Ein Muss ist der Coffee Crawl, bei dem man das echte Seattle erlebt, dabei mit reichlich Koffein versorgt wird, die Nuancen der Milchschaumkunst kennenlernt und die Geschichte hinter dem Aufstieg von Starbucks erfährt. Die Tour kostet 30 US$ inklusive Kostproben; Anmeldung ist von Donnerstag bis Sonntag ab 9.50 Uhr am **Hammering Man** (Karte S. 1152; University St) vor dem Seattle Art Museum.

Feste & Events

Seattle International Film Festival FILM
(SIFF; www.siff.net; Mai–Juni) Das prestigeträchtige, dreiwöchige Filmfestival von

SEATTLE MIT KINDERN

Mit Kindern sollte man schnurstracks – und möglichst mit der Monorail – zum Seattle Center fahren. Hier lassen Imbisswagen, Straßenkünstler, Springbrunnen und Grünflächen keine Langeweile aufkommen. Ein absolutes Muss ist das **Pacific Science Center** (Karte S. 1152; 206-443-2001; www.pacificsciencecenter.org; 200 2nd Ave N; nur Ausstellungen Erw./Kind 19,75/14,75 US$; Mo–Fr 10–17, Sa & So bis 18 Uhr; ; S Seattle Center), das mit Virtual-Reality-Exponaten, Lasershows, Hologrammen, einem IMAX-Kino und einem Planetarium unterhält und bildet. Auch die Eltern langweilen sich hier nicht.

Downtown am Pier 59 erfährt man im **Seattle Aquarium** (Karte S. 1152; 206-386-4300; www.seattleaquarium.org; 1483 Alaskan Way; Erw./Kind 24,95/16,95 US$; 9.30–17 Uhr; ; University St) auf lustige Art etwas über die Natur des pazifischen Nordwestens. Noch besser ist der **Woodland Park Zoo** (206-548-2500; www.zoo.org; 5500 Phinney Ave N; Erw./Kind Mai–Sept. 20,95/12,95 US$, Okt.–April 14,95/9,95 US$; Mai–Sept. 9.30–18 Uhr, Okt.–April bis 16 Uhr; ; 5) im Viertel Green Lake, eine der größten Touristenattraktionen Seattles, die beständig zu den zehn besten Zoos der USA gerechnet wird.

Mitte Mai bis Anfang Juni nimmt ein halbes Dutzend Kinos in Beschlag und präsentiert mehr als 400 Filme. Zu den großen Veranstaltungsorten gehören das Egyptian Cinema in Capitol Hill, das **SIFF Cinema Uptown** (☎206-285-1022; 511 Queen Anne Ave N; 🚌13) in Lower Queen Anne und das festivaleigene **SIFF Film Center** (Karte S. 1152; ☎206-324-9996; Northwest Rooms; Ⓢ Seattle Center) im Seattle Center.

Seafair VOLKSFEST

(www.seafair.com; ⊙Juni–Aug.) Dieses Fest auf dem Wasser zieht von Mitte Juni bis Mitte August mit einer Piratenlandung, einem Fackelumzug, einer Flugschau, einem Musikmarathon und sogar einem Milk Carton Derby (selber nachschlagen!) die Massen an.

Bumbershoot DARSTELLENDE KUNST

(www.bumbershoot.com; 3-Tages-Ticket ab 249 US$; ⊙Sept.) Eine Menge Leute – nicht nur Einheimische – würden sagen, dass dies eines der besten Kunstfestivals in Seattle ist. Das Bumbershoot ist ein großes Kunst- und Kulturereignis im Seattle Center am Labor-Day-Wochenende im September. Es gibt Livemusik, Comedy, Theater, bildende Kunst und Tanz, aber auch Menschenmassen und völlig überfüllte Hotels. Rechtzeitig buchen!

Schlafen

Im Sommer, wenn die Hotels voll sind und die Preise durch die Decke schießen, unbedingt im Voraus buchen.

City Hostel Seattle HOSTEL $

(Karte S. 1152; ☎206-706-3255; www.hostelseattle.com; 2327 2nd Ave; B/DZ ab 33/99 US$; 🚭@📶; 🚇Westlake) Bunte Wandgemälde von einheimischen Künstlern zieren die Wände in allen Zimmern des gut gelegenen „Art Hostels" im Boutique-Stil. Es gibt auch einen Gemeinschaftsraum, einen Whirlpool, ein hauseigenes Kino und ein „All-you-can-eat"-Frühstück. Die Schlafsäle (einige davon nur für Frauen) sind mit vier bis sechs Betten bestückt. Es gibt aber auch ein paar private Zimmer, teilweise mit Gemeinschaftsbad.

Ace Hotel HOTEL $$

(Karte S. 1152; ☎206-448-4721; www.acehotel.com; 2423 1st Ave; Zi. mit Gemeinschaftsbad/eigenem Bad ab 129/239 US$; P🚭❄📶🐾; 🚌13) Dies ist die Originaladresse der hochstilisierten Ace-Hotelkette. Das Hotel besticht durch modernes Dekor im neuindustriellen Stil, Bäder mit Schiebetüren und Pendleton-Wolldecken. Getreu seinem ursprünglichen Ethos ist das Hotel wirtschaftlich, aber trendy, vor allem, wenn man nichts dagegen hat, sich das Bad mit anderen zu teilen. Manche Zimmer haben sogar Plattenspieler, was den Reiz noch verstärkt.

Hotel Five BOUTIQUEHOTEL $$

(Karte S. 1152; ☎206-448-0924; www.hotelfiveseattle.com; 2200 5th Ave; Zi. ab 212 US$; P🚭❄📶; 🚌13) In diesem trendigen Hotel sorgen Retromöbel aus den 1970er-Jahren und schrille Farbakzenten für ein umwerfend modernes Ambiente. Die superbequemen Betten helfen garantiert bei Schlaflosigkeit und der große Empfangsbereich eignet sich hervorragend zum Chillen, vor allem nachmittags, wenn kostenlose Cupcakes und Kaffee serviert werden.

Belltown Inn HOTEL $$

(Karte S. 1152; ☎206-529-3700; www.belltown-inn.com; 2301 3rd Ave; Zi. ab 206 US$; 🚭❄@📶; 🚇Westlake) Das verlässliche Belltown Inn ist ein beliebtes Mittelklassehotel – solide, wenn auch nicht besonders reizvoll. Es gibt eine Dachterrasse, kostenlose Leihfahrräder und einige Zimmer mit Kochnische. Die Innenstadt und das Seattle Center sind leicht fußläufig zu erreichen.

Moore Hotel HOTEL $$

(Karte S. 1152; ☎206-448-4851; www.moorehotel.com; 1926 2nd Ave; DZ mit Gemeinschaftsbad/eigenem Bad ab 99/117 US$; 📶; 🚇Westlake) Es ist zwar altmodisch und angeblich spukt es hier auch, doch das hippe und skurrile Moo-

INSIDERWISSEN

HÖHER ALS DIE SPACE NEEDLE

Alle strömen zur berühmten Space Needle, dabei ist sie gar nicht der höchste Aussichtspunkt in Seattle. Diese Ehre gebührt dem geschmeidigen **Columbia Center** (Karte S. 1152; ☎206-386-5564; www.skyviewobservatory.com; 701 5th Ave; Erw./Kind 14,75/9 US$; ⊙10–20 Uhr; 🚇Pioneer Sq) mit seinen 76 Etagen und einer Höhe von 285 m. Ein Aufzug bringt Besucher kostenlos von der Lobby in die 40. Etage, wo es ein Starbucks gibt. Von dort geht's mit einem anderen Aufzug hinauf zum schicken Sky View Observatory im 73. Stock: Von hier aus blickt man auf die Fähren, Autos, Inseln, Dächer – und die Space Needle! – hinunter!

re in zentraler Lage ist zweifellos die verlässlichste Bleibe, denn es bietet das ganze Jahr über viele schlichte, aber coole Zimmer zu gleichbleibenden Budgetpreisen. Neben der unschlagbaren Lage gibt's hier auch ein nettes Café im Erdgeschoss und Teppiche im Zebra- und Leopardenmuster.

★ **Hotel Monaco** BOUTIQUEHOTEL $$$
(Karte S. 1152; ☎206-621-1770; www.monaco-seattle.com; 1101 4th Ave; DZ/Suite 339/399 US$; P @ 📶 🐾; 🚇University St) 🍃 Das markante, von europäischer Eleganz geprägte Monaco in Downtown ist ein typisches Kimpton Hotel. Das illustre Foyer verrät, was die Gäste in den Zimmern erwartet: ausdrucksstarkes, grafisches Dekor und viele Extras (kostenlose Fahrräder, ein Fitnesscenter, kostenlose Weinproben, Yogamatten in den Zimmern).

★ **Maxwell Hotel** BOUTIQUEHOTEL $$$
(Karte S. 1152; ☎206-286-0629; www.themaxwellhotel.com; 300 Roy St; Zi. ab 319 US$; P ❄ @ 📶 🏊; 🚌Rapid Ride D-Line) Das Maxwell im Viertel Lower Queen Anne hat eine riesige Designer-Lobby mit Bodenmosaik und witziger Möblierung, die die Gäste souverän willkommen heißt. Super-chic sind auch die 139 wunderbar modernen Zimmer mit Parkettböden und skandinavischen Betten. Es gibt auch einen kleinen Pool, einen Fitnessraum, kostenlose Leihfahrräder und Gratis-Cupcakes.

Thompson Seattle HOTEL $$$
(Karte S. 1152; ☎206-623-4600; www.thompsonhotels.com/hotels/thompson-seattle; 110 Stewart St; DZ 309 US$; Bus, Stadtbahn University Street Station) Seit der Eröffnung im Frühsommer 2016 ist das Thompson Hotel bei Travellern und Einheimischen gleichermaßen beliebt. Die berühmten einheimischen Architekten von Olson Kundig gestalteten dieses schicke und moderne Boutiquehotel, von dem man einen weiten Blick auf den Puget Sound hat.

Essen

Das beste Essen zum kleinen Preis gibt's auf dem Pike Place Market (S. 1150). Hier kann man aus frischen Erzeugnissen, Backwaren, Feinkost und Gerichten aus aller Welt auswählen – und das alles zum Mitnehmen.

★ **Salumi Artisan Cured Meats** SANDWICHES $
(Karte S. 1152; ☎206-621-8772; www.salumicuredmeats.com; 309 3rd Ave S; Sandwich 10–14 US$; ⏲Mo nur zum Mitnehmen 11–13.30, Di–Fr bis 15.30 Uhr; 🚇International District/Chinatown) Mit einer Ladenfront, die gerade mal so breit wie ein Smart ist, und einer Fangemeinde, so groß wie die der Seattle Mariners, ist das Salumi für seine langen Warteschlangen bekannt. Aber das Warten lohnt sich definitiv für die legendären italienischen Salami- und Wurst-Sandwiches (auch mit gegrilltem Lamm, Schweineschulter oder Fleischbällchen), die einen an der Theke erwarten. Da muss man einfach zuschlagen! Dienstags gibt's meistens auch frische hausgemachte Gnocchi.

★ **Piroshky Piroshky** BÄCKEREI $
(Karte S. 1152; www.piroshkybakery.com; 1908 Pike Pl; Snacks 3–6 US$; ⏲8–18 Uhr; 🚇Westlake) Das Piroshky serviert seine köstlichen süßen und salzigen russischen Kuchen und Pasteten in einem Lokal, das die Größe eines begehbaren Kleiderschrankes hat. Hervorragend sind die geräucherte Lachs- oder die Sauerkraut-Zwiebel-Pastete. Anschließend gibt's ein Schokoladen-Haselnuss-Gebäck oder eine frische Rhabarber-Pirogge.

★ **Fonda la Catrina** MEXIKANISCH $
(☎206-767-2787; www.fondalacatrina.com; 5905 Airport Way S; Hauptgerichte 9–14 US$; ⏲Mo–Do 11–22, Fr bis 23, Sa 10–23, So 10–22 Uhr; 🚌124) Die Suche nach einem ordentlichen mexikanischen Restaurant in Seattle endet in Georgetown in diesem quirligen Lokal mit Tag-der-Toten-Deko, Wandgemälden im Stil von Diego Rivera und – was am wichtigsten ist – köstlichem Essen. Hier wird mehr als das übliche Trio aus Tacos, Burritos und Enchilada aufgetischt – das Catrina verleiht der Latino-Küche wahre Seele.

Das Highlight ist aber, dass es hier die wohl besten *moles poblanos* (typisch mexikanische Saucen) nördlich des Rio Grande gibt.

Crumpet Shop BÄCKEREI $
(Karte S. 1152; ☎206-682-1598; www.thecrumpetshop.com; 1503 1st Ave; Teekuchen 3–6 US$; ⏲Mo, Mi & Do 7–15, Fr–So bis 16 Uhr; 🚇Westlake) 🍃 In dieser legeren Bäckerei im Pike Place Market wird dem beliebten britischen *crumpet* (Teekuchen aus Hefe) eine amerikanische Note verliehen: mit aufwendigen Belägen wie Pesto, Wildlachs oder Zitronenquark. Der familiengeführte Crumpet Shop ist seit fast 40 Jahren im Geschäft. Die Bio-Zutaten verleihen dem Ganzen eine äußerst regionale Note; für von Heimweh geplagte Briten gibt es *Marmite* (Würzpaste).

★ **Tavolàta** ITALIENISCH $$
(Karte S. 1152; ☎206-838-8008; 2323 2nd Ave; Pasta 17–21 US$, Hauptgerichte 24–28 US$; ⏲17–

NICHT VERSÄUMEN

PIONEER SQUARE

Besuchern aus Augsburg oder Köln wird es putzig erscheinen: Der Pioneer Square ist der älteste Stadtteil Seattles. Die meisten Gebäude stammen aus der Zeit nach dem Brand von 1889, einem verheerenden Inferno, dem 25 Straßenzüge zum Opfer fielen, darunter der gesamte Geschäftsbezirk. Die roten Backsteinhäuser wurden im sogenannten Richardson-Stil errichtet, einem von der Romanik inspirierten Architekturstil, der damals groß in Mode war. In den Anfangsjahren, als das Viertel dank des Wirtschaftsbooms florierte, wurde aus der Hauptstraße, der Yesler Way, die erste *skid row* – eine Anspielung auf die Holzstämme, die wie auf einer Rutsche zur Sägemühle von Henry Yesler unten am Pier gezogen wurden. Als es mit der Holzindustrie bergab ging, wurde die Straße zur Heimat der Obdachlosen. Seitdem bezeichnet der Ausdruck *skid row* in den USA heruntergekommene, von Armut geprägte Gegenden einer Stadt. Dem engagierten Einsatz der Öffentlichkeit ist es zu verdanken, dass das Viertel in den 1960er-Jahren nicht der Abrissbirne zum Opfer fiel und nun als Pioneer Square–Skid Road Historic District unter Denkmalschutz steht.

Heute ist der Stadtteil beides: historisch und heruntergekommen. Allerdings haben sich hier auch viele Kunstgalerien, Cafés und ein reges Nachtleben angesiedelt. Das Wahrzeichen des alten Stadtkerns ist der zweistöckige **Smith Tower** (Karte S. 1152; ☎206-622-4004; www.smithtower.com; 506 2nd Ave; Observatoriumtickets ab 12 US$; ⌚10–22 Uhr; Ⓡ Pioneer Sq), der 1914 errichtet wurde und bis 1931 das höchste Gebäude westlich des Mississippis war. Weitere Highlights sind die **Pergola** von 1909 (Karte S. 1152; Ecke Yesler Way & James St; Ⓡ Pioneer Sq), ein schmucker, schmiedeeiserner Unterstand, der an einen Eingang einer Pariser Metrostation erinnert, und der **Occidental Park** (Karte S. 1152; zwischen S Washington & S Main Sts; Ⓡ Occidental Mall) mit dem vom Chinook-Künstler Duane Pasco geschnitzten Totempfählen.

Der **Klondike Gold Rush National Historical Park** (Karte S. 1152; ☎206-553-3000; www.nps.gov/klse; 319 2nd Ave S; ⌚10–17 Uhr; Ⓡ Occidental Mall) GRATIS, eine Zweigstelle der Visitor Centers im Stadtzentrum, zeigt Ausstellungsstücke, Fotos und Zeitungsausschnitte aus der Zeit des Goldrauschs am Klondike River im Jahr 1897. In dieser Zeit deckten sich Schürfer in der Boomtown Seattle mit Vorräten ein, ehe sie ins Yukon Territory in Kanada weiterzogen.

23 Uhr; 🚌13) Das italienisch inspirierte Tavolàta gehört dem Starkoch Ethan Stowell, der in Seattle mehrere Restaurants betreibt. Das Lokal hat nur abends geöffnet und ist auf hausgemachte Pasta spezialisiert: Es gibt z.B. mit Wild gefüllte Ravioli und *linguine nero* (Muscheln mit schwarzer Pasta), die sich durchaus mit denen in Italien messen können!

★ Toulouse Petit CAJUN-KÜCHE, KREOLISCH **$$**
(☎206-432-9069; www.toulousepetit.com; 601 Queen Anne Ave N; Hauptgerichte abends 17–45 US$; ⌚Mo–Fr 9–2, Sa & So ab 8 Uhr; 🚌13) Das stets gut besuchte und gesellige Restaurant an der Queen Anne Avenue ist für seine großzügige Happy Hour, die preiswerten Brunchs und die ausgelassene Atmosphäre bekannt. Auf der langen und abwechslungsreichen Speisekarte finden sich Optionen wie gebratenes Rib-Eye-Steak, Süßwassergarnelen aus dem Golf und hausgemachte Gnocchi mit Artischockenherzen.

Le Pichet FRANZÖSISCH **$$**
(Karte S. 1152; ☎206-256-1499; www.lepichetseattle.com; 1933 1st Ave; Hauptgerichte abends 21–24 US$; ⌚8–24 Uhr; Ⓡ Westlake) Gleich hügelaufwärts vom Pike Place Market liegt das Le Pichet, ein nettes und sehr französisches Bistro mit Pâtés, Käse, Wein, *chocolat* und raffiniertem Pariser Flair. Auf der Karte stehen Delikatessen wie Wildschweinschulter und Gänsestopfleber mit Enteneiern. Die Spezialität ist das Brathähnchen (45 US$) – allerdings muss man eine Wartezeit von einer Stunde mit einplanen.

Revel KOREANISCH, AMERIKANISCH **$$**
(☎206-547-2040; www.revelseattle.com; 403 N 36th St; kleine Teller 11–18 US$; ⌚Mo–Fr 11–14 & 17–22, Sa & So 10–14 & 17–22 Uhr; 🚌40) Das moderne Restaurant mit koreanisch-amerikanischer Küche (und einem Hauch französischem Einschlag) hat sich in Seattles Gastronomie schnell einen Namen gemacht – auch dank seiner einfachen Teller

zum Teilen. Bemerkenswert sind vor allem die Schweinebauch-Pfannkuchen, die mit Rippchen gefüllten Knödel und die diversen saisonalen Aufläufe; zu allem passen wunderbar ein oder zwei Cocktails.

★ **Sitka & Spruce** MODERN-AMERIKANISCH $$$
(Karte S. 1152; ☎ 206-324-0662; www.sitkaandspruce.com; 1531 Melrose Ave; Teller 15–35 US$; ⏰ Mo–Fr 11.30–14 & 17–22, Sa 10–14 & 17–23, So 10–14 & 17–21 Uhr; ; 10) Der König aller Locavore-Restaurants (die alle Produkte nur von lokalen Erzeugern beziehen) begann als Pilotprojekt des gefeierten einheimischen Starkochs Matt Dillon. Inzwischen ist das Sitka & Spruce mit seinem Landhausküchendekor und einer ständig wechselnden Speisekarte mit Zutaten aus Dillons eigener Farm auf Vashon Island eine Art Institution und Trendsetter geworden. Man kann sich auch diverse Kostproben wie hausgemachte Wurstsorten, Glocken-Morcheln oder Leber-Parfait mit gegrilltem Spargel gönnen.

Cascina Spinasse ITALIENISCH $$$
(☎ 206-251-7673; www.spinasse.com; 1531 14th Ave; Hauptgerichte 26–45 US$; ⏰ So–Do 17–22, Fr & Sa bis 23 Uhr; 11) Das Spinasse hat sich auf die norditalienische Küche des Piemont spezialisiert und lässt erfolgreich die Atmosphäre einer italienischen Trattoria wieder auferstehen. Dementsprechend finden sich auf der Karte Gerichte wie *agnolotti* (mit Wild gefüllte Teigtaschen) in Rinderbrühe, Kalbfleisch in Thunsauce und erstklassiges Risotto (mit dem für die Region berühmten Arborio-Reis). Auf der erlesenen Weinkarte stehen auch die royalen Rotweine des Piemont: Barolo und Barbaresco.

Upper Bar Ferdinand AMERIKANISCH $$$
(Karte S. 1152; ☎ 206-693-2434; www.barferdinandseattle.com; 1424 11th Ave; Hauptgerichte 45 US$; ⏰ Di–Fr 16–23, Sa 13–23 Uhr) Das Ferdinand ist heimelig, rustikal, gemütlich, charmant und klassisch in einem. Es serviert asiatisch inspirierte, auf dem Feuer zubereitete Gerichte aus regionalen Produkten zu einer sorgsam abgestimmten Weinauswahl. Es befindet sich in der Chophouse Row (S. 1163), ein paar Häuserblocks von dem originalen Weinladen Bar Ferdinand entfernt, und ist dank des innovativen Essens eine ganz besondere Weinbar.

Ausgehen & Nachtleben

Es fällt schwer, über das schlechte Wetter in Seattle zu jammern, wenn es die zwei besten Trostspender für Regentage – nämlich Kaffee und Bier – in solchem Überfluss gibt. Zweifellos ist Seattle ein einladender Ort für einen Drink, egal welcher Art. Den ohnehin schon komplexen Gebräuen frische Geschmacksrichtungen zu verleihen, ist eine neue Leidenschaft der Mikro-Destillerien und Mostereien.

★ **Fremont Brewing Company** BRAUEREI
(☎ 206-420-2407; www.fremontbrewing.com; 3409 Woodland Park Ave N; ⏰ 11–21 Uhr; ; 62) Die relativ neue Kleinbrauerei hält sich an den derzeitigen Trend und verkauft ihre Waren lieber im angeschlossenen Verkostungsraum als in einer richtigen Kneipe. Nicht nur das Bier ist himmlisch (sehr zu empfehlen ist das saisonale, im Bourbonfass gereifte Abominable), auch der schicke Verkostungsraum im Industriestil und der „urbane" Biergarten sind gesellige Räume, wo scheinbar das ganze Viertel an den Gemeinschaftstischen zusammenkommt.

★ **Zeitgeist Coffee** CAFÉ
(Karte S. 1152; ☎ 206-583-0497; www.zeitgeistcoffee.com; 171 S Jackson St; ⏰ Mo–Fr 6–19, Sa 7–19, So 8–18 Uhr; ; Occidental Mall) Das wohl beste (und auch überlaufenste) Indie-Café in Seattle hat u. a. feine *doppio macchiatos*, die zu den süßen Mandel-Croissants und anderen köstlichen Backwaren passen. Das trendig industrielle Ambiente mit Ziegelwänden und großen Fenstern eignet sich prima zum Leutebeobachten. Es gibt auch Suppen, Salate und Sandwiches.

★ **Blue Moon** BAR
(☎ 206-675-9116; www.bluemoonseattle.wordpress.com; 712 NE 45th St; ⏰ Mo–Fr 14–2, Sa & So 12–2 Uhr; 74) Der legendäre Alternativ-Schuppen wurde erstmalig 1934 eröffnet, um die Aufhebung der Prohibitionsgesetze zu feiern. Die Bar hält viel auf ihre literarischen Gäste wie Dylan Thomas und Allen Ginsberg. Es ist hier ziemlich düster und unvorhersehbar, mit in die Sitze eingeritzten Graffitis und Punk-Poeten, die jederzeit aufspringen und einen Vortrag halten können. Häufig gibt's auch Livemusik.

Noble Fir BAR
(☎ 206-420-7425; www.thenoblefir.com; 5316 Ballard Ave NW; ⏰ Di–Do 16–24, Fr & Sa bis 1, So 13–21 Uhr; 40) Das Noble Fir ist nicht nur eine Bar, sondern könnte fast auch als Reisebuchladen durchgehen. Insofern könnte die gut durchdachte hopfenreiche Bierkarte durchaus so manche haarsträubenden Rei-

sepläne z. B. in den Amazonas oder auch nur eine Erkundungstour durchs Ballard-Viertel beflügeln. Die helle, entspannte Bar hat eine Ecke voll mit Reiseführern und Karten, in der man seinen Drink auf Kisten abstellt.

Elysian Brewing Company KLEINBRAUEREI
(Karte S. 1152; ☎206-860-1920; www.elysianbrewing.com; 1221 E Pike St; ⏲Mo–Fr 11.30–2, Sa & So 12–2 Uhr; 🚊Broadway & Pine) Das hauseigene Immortal IPA verkörpert die starken, bitteren, sehr hopfenhaltigen Biere, die für die Kleinbrauereien im pazifischen Nordwesten typisch sind, und sorgt mit seinem Alkoholgehalt von 6,3% für ein geselliges Publikum. Die Brauerei wurde zwar im Januar 2015 von Anheuser-Busch aufgekauft, betreibt aber in Seattle noch ein paar beliebte Kneipen wie diese (die originale Brauereikneipe von 1996) in Capitol Hill.

Zig Zag Café COCKTAILBAR
(Karte S. 1152; ☎206-625-1146; www.zigzagseattle.com; 1501 Western Ave; Cocktails ab 10 US$; ⏲17–2 Uhr; 🚊University St) Wer ein Buch über die kulinarische Geschichte Seattles schreibt, muss ein Kapitel dem Zig Zag Café widmen. In Bezug auf richtige Cocktails ist diese Bar legendär: Hier wurde in den frühen 2000er-Jahren der während des Jazz Age beliebte, auf Gin basierende Cocktail „The Last Word" wieder populär gemacht. Der Cocktail wurde zur Mode, und die geschniegelten Barkeeper galten zu Recht als die besten Cocktail-Alchimisten der Stadt!

Cloudburst Brewing KLEINBRAUEREI
(Karte S. 1152; ☎206-602-6061; www.cloudburstbrew.com; 2116 Western Ave; ⏲Mi–Fr 14–22, Sa 12–22, So bis 20 Uhr) Das geistige Kind von Steve Luke, dem ehemaligen experimentellen Brauereimeister von Elysian Brewing, hat sich schnell zu einem Liebling von Seattle entwickelt. Anknüpfend an Lukes erfolgreiche frühere Bier-Kreationen bietet das Cloudburst hopfenreiche Biere mit frechen Namen, und der minimalistische Verkostungsraum ist immer vollgepackt mit Bierfans, die gerne die Kleinbrauereien von Seattle unterstützen.

Panama Hotel Tea & Coffee House CAFÉ
(Karte S. 1152; ☎206-515-4000; www.panamahotel.net; 607 S Main St; Tee ab 5 US$; ⏲8–21 Uhr; 🚊5th & Jackson/Japantown) Das sehr stimmungsvolle Teehaus im historischen Panama Hotel hat eine dermaßen altmodische Atmosphäre, dass man versucht ist, seinen Laptop gleich wieder wegzupacken (obwohl es hier auch WLAN gibt). Das denkmalgeschützte Gebäude von 1910 beherbergt das einzige verbliebene japanische Badehaus in den USA und dient gleichzeitig als Gedenkstätte für die japanischstämmigen Einwohner des Viertels, die während des Zweiten Weltkrieges in Internierungslager gepfercht wurden.

GRUNGE – DER PUNK VON DER WESTKÜSTE

Wie der Blitz an einem schwülen Nachmittag schlug der Grunge in den frühen 1990er-Jahren in Seattle ein. Die Mischung aus Wut und Angst der Generation X, gepaart mit einer fragwürdigen Einstellung zur Körperhygiene, gärte schon seit Jahren – nicht nur in Seattle, sondern auch in den ausgedehnten Vorstädten und Satellitenstädten. Einige führten das aufs Wetter, andere auf die isolierte geografische Lage des Nordwestens zurück. Aber egal: Mit dissonanten Tönen und düsteren, manchmal ironischen Texten stürmte eine ungleiche Reihe von Bands höhnisch auf die Bühne, um in einer Stadt, die von den bekannten tourenden Rockbands praktisch ignoriert wurde, eine neue Botschaft zu verkünden. Da waren Screaming Trees aus dem akademischen Ellensburg, die Melvins aus dem verregneten Montesano, Nirvana aus der Holzfällerstadt Aberdeen und Pearl Jam, dessen Bandmitglieder aus dem ganzen Land stammten.

Der Höhepunkt des Grunge kam im Oktober 1992, als Nirvana mit ihrem zweiten Album, dem gelungenen *Nevermind*, Michael Jackson von Platz eins der Charts verdrängten. Aber der Erfolg brachte den Untergang. Nach mehrjährigem Kampf gegen den Mainstream waren Nirvana und der Grunge schließlich ein Teil davon geworden. Die Medien stürzten sich darauf, Grunge-Mode-Seiten erschienen in der Vanity Fair, und Sänger aus Seattle, die noch grün hinter den Ohren waren, räusperten sich nur und bekamen schon einen Plattenvertrag. Viele schreckten zurück, am deutlichsten Nirvana-Sänger und -Songwriter Kurt Cobain, dessen Drogenexzesse 1994 mit seiner Selbsttötung in seinem neuen Haus in Madison Park endeten. Andere Bands kämpften weiter, aber der Funke, der so hell gelodert hatte, war erloschen. Mitte der 1990er-Jahre war der Grunge Geschichte.

NICHT VERSÄUMEN

DISCOVERY PARK

Der **Discovery Park** (www.seattle.gov/parks/environment/discovery.htm; 4–23.30 Uhr; P; 33) ist eine ehemalige Militäranlage, die in einen wilden Küstenpark umgewandelt wurde, der an sonnigen Frühlingstagen wunderschön ist. Wanderwege durchziehen ihn, und man blickt über das Wasser auf die Olympic Mountains. Der Park wurde 1973 eingeweiht, und erst 2012 zog das US-Militär aus dem Gebiet ab. Heute handelt es sich mit 216 ha um die größte Grünfläche der Stadt. Die Wälder, Wiesen, Sanddünen und Strände sind ein beliebter Erholungsort für die Einheimischen und ein lebenswichtiger Korridor für Wildtiere.

☆ Unterhaltung

Im *Stranger*, in der *Seattle Weekly* und in den Tageszeitungen finden sich Veranstaltungstipps.

★ Crocodile LIVEMUSIK
(Karte S. 1152; 206-441-4618; www.thecrocodile.com; 2200 2nd Ave; 13) Das Crocodile ist fast schon so lange im Geschäft, um als eine Institution von Seattle durchzugehen. Die lärmige Musikhalle mit Platz für 560 Leute eröffnete 1991 – gerade rechtzeitig, um die Grunge-Welle mitzunehmen. Seitdem hat hier schon jeder Musiker aus der Alternativeszene Seattles gespielt, der etwas auf sich hält – 1992 traten z. B. Nirvana unangekündigt als Vorband von Mudhoney auf.

★ A Contemporary Theatre THEATER
(ACT; Karte S. 1152; 206-292-7676; www.acttheatre.org; 700 Union St; University St) Dieses Theater beheimatet eines der drei großen Ensembles in der Stadt. Die 30 Mio. US$ teuren Räumlichkeiten am Kreielsheimer Pl werden für Vorführungen mit Seattles besten Schauspielern und gelegentlich für Shows von weltbekannten Theatergrößen genutzt. Die Sitzplätze verteilen sich terrassenförmig rund um die Bühne. Der Innenraum ist mit wunderschönen architektonischen Verzierungen geschmückt.

Big Picture KINO
(Karte S. 1152; 206-256-0566; www.thebigpicture.net; 2505 1st Ave; 14–24 Uhr) Bei einem Bummel durch Seattles Viertel Belltown könnte man das **Big Picture** leicht übersehen. Wer sich auskennt, weiß, dass man in dem „Untergrund"-Kino neue Filme zu erschwinglichen Ticketpreisen in intimem Ambiente sehen kann. Man kann an der Bar einen Cocktail bestellen und gleich noch einen zweiten bezahlen, den man sich dann mitten im Film an den Platz bringen lässt. Vor und nach dem Film kann man auch in dem gemütlichen Barbereich abhängen.

Neumo's LIVEMUSIK
(Karte S. 1152; 206-709-9442; www.neumos.com; 925 E Pike St; Broadway & Pine) Dieser Schuppen für Punk, Hip-Hop und Alternative ist neben dem Crocodile in Belltown einer der angesagtesten kleinen Musiktreffs in Seattle. Die Liste der Musiker, die hier schon auf der Bühne standen, ist zu lang, um sie aufzuzählen, aber wer cool war und durch Seattle kam, spielte vermutlich auch hier. Im Publikum kann's heiß und schwitzig – vielleicht sogar auch müffelig – werden, aber hey, das ist Rock 'n' Roll!

Tractor Tavern LIVEMUSIK
(206-789-3599; www.tractortavern.com; 5213 Ballard Ave NW; Tickets 8–20 US$; 20–2 Uhr; 40) Eine der wichtigsten Bühnen für Folk und Acoustic in Seattle: Das Tractor bucht einheimische Songwriter, regionale Bands und gute Gruppen auf Tour. Bei der Musik handelt es sich vornehmlich um Country, Rockabilly, Folk, Bluegrass und Oldies. Dies ist ein intimer Ort mit einer kleinen Bühne, tollem Sound und gelegentlichem Square Dance als Sahnehäubchen.

On the Boards TANZ, THEATER
(206-217-9888; www.ontheboards.org; 100 W Roy St; 13) Das gemeinnützige On the Boards ist im kuscheligen Behnke Center for Contemporary Performance untergebracht. Gezeigt werden innovative und manchmal auch verrückte Tanz- und Musikshows.

Intiman Theatre Festival THEATER
(Karte S. 1152; 206-441-7178; www.intiman.org; 201 Mercer St; Tickets 20–50 US$; ; S Seattle Center) Das beliebte Theaterensemble hat seinen Sitz im Cornish Playhouse im Seattle Center. Der Intendant Andrew Russell bringt tolle Stücke von Shakespeare und Ibsen mit aufstrebenden Künstlern auf die Bühne. Spielzeit ist von Juli bis Oktober.

Seattle Children's Theater THEATER
(Karte S. 1152; 206-441-3322; www.sct.org; 201 Thomas St; Tickets ab 22 US$; Sept.–Mai

Do–So; 🚸; Ⓢ Seattle Center) Die hoch angesehene Theatertruppe hat zwei Bühnen auf ihrem Campus im Seattle Center. Die Vorstellungen laufen von September bis Mai am Freitag- und Samstagvormittag und am Abend. Im Sommer findet auch eine Theaterschule statt.

Shoppen

Das Rückgrat der Stadt sind die Buch- und Plattenläden, die zweifellos zu den besten des Landes gehören. Die wichtigsten Einkaufsmeilen befinden sich in Downtown zwischen 3rd und 6th Ave und zwischen University und Stewart St. Im Labyrinth des Pike Place Market gibt's neben Galerien und kleinen Geschäften auch jede Menge Stände, an denen Kunst und Kunsthandwerk verkauft wird. Rund um den Pioneer Sq und in Capitol Hill findet man kleine Souvenir- und Trödelläden.

★ **Elliott Bay Book Company** BÜCHER

(Karte S. 1152; ☎206-624-6600; www.elliottbaybook.com; 1521 10th Ave; ⊙Mo–Do 10–22, Fr & Sa bis 23, So bis 21 Uhr; 🚇Broadway & Pine) Seattles beliebtester Buchladen hat mehr als 150 000 Titel auf Lager, die sich in einem großen, luftigen Raum mit Holzbalken verteilen. Gemütliche Ecken laden zum stundenlangen Schmökern ein. Außerdem werden hier regelmäßig Lesungen und Signierstunden veranstaltet.

Chophouse Row ESSEN & TRINKEN

(Karte S. 1152; 1424 11th Ave; 6–23.30 Uhr; 🚇Capitol Hill, Stadtbahn Capitol Hill) Versteckt inmitten der historischen und modernen Architektur von Capitol Hill wirkt das Chophouse Row wie ein gut von den Einheimischen gehütetes Geheimnis. In der 2016 neu eröffneten Einrichtung findet man unabhängige Geschäfte wie Niche Outside, einen charmanten Gartenladen, die Eisdiele Kurt Farm Shop und die Cocktail- und Weinbar Upper Bar Ferdinand.

Praktische Informationen

MEDIEN

KEXP 90.3 FM (stream at http://kexp.org) Legendärer Lokalsender mit Indie-Musik.

Seattle Times (www.seattletimes.com) Größte Tageszeitung im Bundesstaat.

The Stranger (www.thestranger.com) Unverblümtes und intelligentes kostenloses Wochenblatt, das früher von Dan Savage (bekannt von der Sexualratgeberkolumne „Savage Love“) herausgegeben wurde.

NOTFALL & MEDIZINISCHE VERSORGUNG

Seattle Police (☎206-625-5011; www.seattle.gov/police)

Harborview Medical Center (☎206-744-3000; www.uwmedicine.org/harborview; 325 9th Ave; 🚇Broadway & Terrace) Komplette medizinische Versorgung mit Notaufnahme.

POST

Postamt (Karte S. 1152; ☎206-748-5417; www.usps.com; 301 Union St; ⊙Mo–Fr 8.30–17.30 Uhr; 🚇Westlake)

TOURISTENINFORMATIONEN

Visit Seattle (Karte S. 1152; ☎206-461-5800; www.visitseattle.org; Washington State Convention Center, Ecke Pike St & 7th Ave; ⊙Juni–Sept. tgl. 9–17 Uhr, Okt.–Mai Mo–Fr; 🚇Westlake) Infoschalter im Washington State Convention Center. Auch wenn der Schalter geschlossen ist, kann man sich Broschüren mitnehmen.

An- & Weiterreise

BUS

Diverse Fernbusunternehmen bedienen Seattle; je nach Unternehmen gibt's verschiedene Endhaltestellen.

Bellair Airporter Shuttle (Karte S. 1152; ☎866-235-5247; www.airporter.com) Hat Busse nach Yakima, Bellingham und Anacortes und hält an der King Street Station (für Yakima) und am Washington State Convention Center (für Bellingham und Anacortes).

Cantrail (www.cantrail.com) Amtraks Buszubringer fährt viermal täglich nach Vancouver (einfache Fahrt 42 US$) mit Abfahrt und Ankunft an der King Street Station.

Greyhound (☎206-628-5526; www.greyhound.com; 503 S Royal Brougham Way; 🚇Stadium) Verbindet Seattle mit Städten im ganzen Land, z. B. Chicago (einfache Fahrt ab 195 US$, 2 Tage, 2-mal tgl.), Spokane (39 US$, 8 Std., 3-mal tgl.), San Francisco (100 US$, 20 Std., 3-mal tgl.) und Vancouver (Kanada; 23 US$, 4 Std., 5-mal tgl.). Das Unternehmen hat seinen eigenen Busbahnhof gleich südlich der King Street Station in SoDo, der mit der Stadtbahn Central Link (Stadium Station) erreichbar ist.

Quick Shuttle (Karte S. 1152; ☎800-665-2122; www.quickcoach.com; 📶) Schnell und effizient. Quick Shuttle bietet fünf bis sechs Busse täglich nach Vancouver (43 US$). Abfahrt ist am Best Western Executive Inn an der Taylor Ave N nahe dem Seattle Center, erreichbar mit der Einspurbahn oder zu Fuß Richtung Downtown.

FLUGZEUG

Der **Sea-Tac International Airport** (SEA; ☎206-787-5388; www.portseattle.org/sea-tac; 17801 International Blvd;) liegt 13 Meilen (20,9 km) südlich der Innenstadt von Seattle. Von hier aus gibt's Flüge in die gesamten USA und zu einigen Zielen im Ausland. Auf dem Gelände finden sich Restaurants, Wechselstuben, eine Gepäckaufbewahrung, Autovermietungen, ein Handy-Wartebereich (für Fahrer, die auf ankommende Fahrgäste warten) und kostenloses WLAN.

SCHIFF/FÄHRE

Die aus Victoria, British Columbia, kommende Fähre **Victoria Clipper** (Karte S. 1152; 206-448-5000; www.clippervacations.com; 2701 Alaskan Way, Pier 69) hält am Pier 69, gleich südlich des Olympic Sculpture Park in Belltown. **Washington State Ferries** (Karte S. 1152) mit Fähren zwischen Bremerton und Bainbridge Island nutzt den Pier 52.

ZUG

King Street Station (206-296-0100; www.amtrak.com; 303 S Jackson St) Amtrak hält in Seattle an der King Street Station. Drei Hauptlinien führen durch die Stadt: der *Amtrak Cascades* (zwischen Vancouver in British Columbia, Seattle sowie Portland und Eugene in Oregon), der sehr malerische *Coast Starlight* (verbindet Seattle mit Oakland und Los Angeles in Kalifornien) und der *Empire Builder* (quer über den Kontinent nach Chicago, Illinois).

Unterwegs vor Ort

AUTO & MOTORRAD

Für eine Stadt dieser Größe ist der Verkehr in Seattle unverhältnismäßig stark und chaotisch, und Parkplätze sind dünn gesät und teuer. Angesichts des bizarr zusammengewürfelten Mischmaschs aus schiefem Straßenraster, hügeligem Gelände und vielen Einbahnstraßen sollte man das Autofahren in der Innenstadt am besten vermeiden.

VOM/ZUM FLUGHAFEN

Es gibt eine Reihe von Möglichkeiten, um vom Flughafen zur 13 Meilen (20,9 km) entfernten Innenstadt von Seattle zu kommen. Am effizientesten ist die von **Sound Transit** (www.soundtransit.org) betriebene Stadtbahn, die zwischen 5 und 24 Uhr alle 10 bis 15 Minuten fährt. Die Fahrt vom Sea-Tac Airport nach Downtown (Westlake Center) dauert 36 Minuten. Weitere Haltestellen sind Pioneer Sq und International District; die Strecke wurde 2016 bis Capitol Hill und U District erweitert.

Der **Shuttle Express** (425-981-7000; www.shuttleexpress.com) hält im 3. Stock des Flughafenparkhauses, kostet rund 18 US$ und ist sehr praktisch, wenn man viel Gepäck hat.

Taxis warten ebenfalls im 3. Stock des Flughafenparkhauses. Eine Fahrt in die Innenstadt kostet mindestens 39 US$.

ÖFFENTLICHE VERKEHRSMITTEL

Die Busse werden von **King County Metro Transit** (206-553-3000; http://kingcounty.gov/depts/transportation/metro.aspx), Teil des King County Department of Transportation, betrieben. Auf der Website gibt's einen Netz- und Fahrplan sowie einen Routenplaner.

Der Einfachheit halber gilt für alle Fahrten im Stadtgebiet Seattles zu Spitzenzeiten (werktags 6–9 & 15–18 Uhr) eine Pauschale von 2,75 US$ und zu anderen Zeiten eine von 2,50 US$. Kinder und Jugendliche im Alter von sechs bis 18 Jahren zahlen 1,50 US$, Kinder unter sechs Jahren fahren kostenlos mit. Senioren sowie Behinderte zahlen 1 US$. Im Allgemeinen muss die Fahrkarte beim Einsteigen gelöst oder beim Umsteigen vorgezeigt werden. Das Umsteigeticket gilt ab dem Zeitpunkt des Kaufs drei Stunden. Die meisten Busse haben auch Platz für zwei bis drei Fahrräder.

Monorail (206-905-2620; www.seattlemonorail.com; Mo–Fr 7.30–23, Sa & So 8.30–23 Uhr) Die coole, futuristische Einschienenbahn wurde für die Weltausstellung von 1962 gebaut und pendelt nur zwischen zwei Haltestellen: dem Seattle Center und dem Westlake Center (Erw./Kind 2,25/1 US$).

Seattle Streetcar (www.seattlestreetcar.org) Es gibt zwei Straßenbahnlinien: eine von Downtown Seattle (Westlake) bis South Lake Union, die andere vom Pioneer Square über International District, Central District und First Hill nach Capitol Hill. An den Haltestellen hat man Anschluss an viele Buslinien. Die Straßenbahnen fahren tagsüber etwa alle 15 Minuten; eine Fahrt kostet 2,25 US$.

TAXI

Alle Taxis in Seattle fahren zum gleichen Tarif, der vo King County festgelegt wird: 2,60 US$ für die Anfahrt plus 2,70 US$ pro Meile.

Seattle Orange Cab (206-522-8800; www.orangecab.net)

Seattle Yellow Cab (206-622-6500; www.seattleyellowcab.com)

STITA Taxi (206-246-9999; www.stitataxi.com)

Olympia

Klein, aber oho: Olympia, die Hauptstadt des Bundesstaats Washington, ist in puncto Politik, Musik und Freizeitangebot ein echter Kraftprotz, der in einer Liga mitspielt, die man bei nur 49000 Einwohnern nicht erwarten würde. Das erkennt man schon beim Anblick der Straßenkünstler in der 4th Ave, der geschniegelten Anzugträger, die über den Rasen des prächtigen Repräsentantenhauses stolzieren, und der in Gore-Tex-Klamotten gehüllten Outdoor-Fans, die in Olympia übernachten, bevor es in die schroffen Olympic Mountains geht. Die Wahrheit ist: Trotz seines klassizistisch griechischen Namens ist das kreative, querdenkerische Olympia alles andere als durchschnittlich. Das fortschrittliche Evergreen College, an dem u.a. Matt Groening, der Schöpfer der *Simpsons*, studierte, hat der Stadt längst einen künstlerischen Stempel aufgedrückt, während die Bars und Secondhand-Gitarrenläden in der Innenstadt ein Sprungbrett für die Riot-Grrrl-Musik und den Grunge darstellten.

Sehenswertes & Aktivitäten

Washington State Capitol WAHRZEICHEN
(360-902-8880; 416 Sid Snyder Ave SW; Mo–Fr 7–17.30, Sa & So 11–16 Uhr) GRATIS Die Anlage des Capitols befindet sich in einem 12 ha großen Park mit Blick auf den Capitol Lake im Vordergrund und die Olympic Mountains im Hintergrund. Highlight ist jedoch das prächtige **Legislative Building** (1927), ein überwältigendes Gebäude aus poliertem Marmor und Säulen, das gekrönt wird von einer 87 m hohen Kuppel, die nur ein bisschen kleiner ist als ihr Namensvetter in Washington, D.C. Es werden kostenlose Führungen angeboten.

Olympia Farmers Market MARKT
(360-352-9096; www.olympiafarmersmarket.com; 700 N Capitol Way; April–Okt. Do–So 10–15 Uhr, Nov. & Dez. Sa & So, Jan.–März Sa) Nur der Pike Place in Seattle ist größer und atmosphärischer als dieser Markt. Hier kann man nach Herzenslust Kräuter, Gemüse, Blumen, Backwaren und die berühmten Austern kaufen.

Schlafen & Essen

Fertile Ground Guesthouse PENSION $$
(360-352-2428; www.fertileground.org; 311 9th Ave SE; EZ/DZ 110/120 US$;) Die komfortable, heimelige Pension inmitten eines üppig grünen Bio-Gartens bietet drei hübsche Zimmer, eines mit eigenem Bad und zwei mit Gemeinschaftsbad. Das Frühstück wird meist mit regionalen Bio-Produkten zubereitet. Auf dem Gelände gibt's auch eine Sauna. Der Anbieter hat noch weitere Zimmer (darunter ein Schlafsaal) unter anderen Adressen – mehr Infos online.

Traditions Cafe & World Folk Art GESUNDE KOST $
(360-705-2819; www.traditionsfairtrade.com; 300 5th Ave SW; Hauptgerichte 6–12 US$; Mo–Fr 9–18, Sa 10–18, So 11–17 Uhr;) Die behagliche Hippie-Enklave am Rand des Heritage Park bietet frische Salate, leckere, gesunde Sandwiches (mit Zitronen-Sesampaste, Räucherlachs usw.), Kaffeegetränke, Kräutertees, Eis aus der Region, Bier und Wein. Plakate weisen auf Gemeindeveranstaltungen hin, und es gibt eine Bücherecke, die sogenannte „Peace and Social Justice Lending Library". Das Café ist an einen bunt gemischten Folk-Art-Laden angeschlossen.

Praktische Informationen

State Capitol Visitor Center (360-902-8881; http://olympiawa.gov/community/visiting-the-capitol.aspx; 103 Sid Snyder Ave SW; Mo–Fr 10–15, Sa & So 11–15 Uhr) Bietet Infos zum Capitol-Komplex, der Gegend rund um Olympia und dem Bundesstaat Washington, hat aber nur eingeschränkt geöffnet.

Olympic Peninsula

Die abgelegene, an drei Seiten vom Meer umspülte Olympic Peninsula ähnelt eher einer ausgewachsenen Insel als einer Halbinsel. Sie ist so *wild* und *western*, wie Amerika nur sein kann. Einzig die Cowboys fehlen, doch das wird durch eine seltene, vom Aussterben bedrohte Tier- und Pflanzenwelt und dichten Urwald wettgemacht. Etwa die Hälfte der Halbinsel gehört zum bekanntermaßen feuchten Olympic National Park. Die Küstengebiete befinden sich größtenteils in den Händen der Holzindustrie und der amerikanischen Ureinwohner. Hier gibt's ein paar vereinzelte kleine, aber interessante Siedlungen wie Port Townsend zu sehen. Im Westen, dem abgeschiedenen Ende der „Lower 48", treffen der tosende Ozean und der Nebelwald mit seinen uralten Bäumen in feuchter Harmonie aufeinander.

Olympic National Park

Der 3641 km² große **Olympic National Park** (www.nps.gov/olym; 7-Tages-Karte 25 US$/Fahrzeug, Fußgänger/Radfahrer 10 US$, Jahreskarte 50 US$) wurde 1909 zum National Monument und 1938 zum Nationalpark erklärt. Er umfasst einen einzigartigen Regenwald, viele schneebedeckte Berge und einen 92 km langen, rauen Küstenstreifen, der 1953 dem Park hinzugefügt wurde. Dies ist eines der schönsten Wildnisgebiete Nordamerikas, das weitgehend auch von menschlicher

Besiedelung unberührt geblieben ist. Die Möglichkeiten, die Gegend auf eigene Faust zu erkunden, sind nahezu unbegrenzt; natürlich kann man hier auch prima wandern, angeln und Kajak oder Ski fahren.

ÖSTLICHE ZUGÄNGE

Die unbefestigte Dosewallips River Rd folgt ab der US 101 (Abzweigung ca. 1 km nördlich des Dosewallips State Park) über 15 Meilen (24 km) dem Lauf des Flusses bis zur **Dosewallips Ranger Station**, an der die Wanderwege beginnen; Infos über den Straßenzustand gibt's unter *360-565-3130*. Auch wenn man nur eine kurze Tour auf einem der beiden langen Wanderwege plant, lohnt sich ein Ausflug ins Tal, nicht zuletzt wegen der eindrucksvollen Sicht auf die Gletscher des **Mt. Anderson**. Ein weiterer Parkzugang für Wanderer im Osten ist die **Staircase Ranger Station** (360-877-5569; Mai–Okt.) am Rand des Nationalparks. Von Hoodsport aus sind es 15 Meilen (24 km) auf der US 101 dorthin. Die beiden Campingplätze am Ostrand des Nationalparks sind sehr beliebt: der **Dosewallips State Park** (888-226-7688; http://parks.state.wa.us/499/dosewallips; 306996 Hwy 101; Zelt/Wohnmobil 12–35 US$/30–45 US$) und der **Skokomish Park Lake Cushman** (360-877-5760; www.skokomishpark.com; Zeltplatz ab 28 US$; Stellplatz Wohnwagen ab 34 US$; Ende Mai–Anfang Sept.). Beide bieten fließendes Wasser, Toiletten und ein paar Stromanschlüsse. Reservierung ist möglich.

NÖRDLICHE ZUGÄNGE

Der am leichtesten zu erreichende und folglich beliebteste Zugang zum Park befindet sich beim **Hurricane Ridge**, 18 Meilen (29 km) südlich von Port Angeles. Am Straßenende steht ein Infozentrum, von dem aus sich ein atemberaubender Blick auf den Mt. Olympus (2428 m) und Dutzende anderer Berggipfel bietet. In einer Höhe von 1585 m muss man auf schlechtes Wetter und – wie der Name schon andeutet – starken Wind gefasst sein. Im Sommer bieten sich zahlreiche Trekking- und Wandermöglichkeiten, im Winter locken die Pisten der kleinen, familienfreundlichen **Hurricane Ridge Ski & Snowboard Area** (www.hurricaneridge.com; Tageskarte für alle Lifte 34 US$; Mitte Dez–März Sa & So 10–16 Uhr).

Beliebtes Revier für Boots- und Angelausflüge ist der **Lake Crescent**, an dem auch die älteste und preiswerteste **Lodge** (888-896-3818; www.olympicnationalparks.com; 416 Lake Crescent Rd; Lodge Zi. ab 123 US$, Hütte ab 292 US$; Mai–Dez., im Winter begrenzte Verfügbarkeit; P) des Parks steht. Im Öko-Restaurant der Lodge werden opulente, köstliche Gerichte aus dem Nordwesten serviert. Von der am Südufer gelegenen **Storm King Ranger Station** (360-928-3380; 343 Barnes Point Rd; Mai–Sept.) führt ein 1,6 km langer Wanderweg durch den uralten Wald zu den Marymere Falls.

Das **Sol Duc Hot Springs Resort** (360-327-3583; www.olympicnationalparks.com; 12076 Sol Duc Hot Springs Rd, Port Angeles; Parkzugang 25 US$, Stellplatz Zelt/Wohnmobil 20/40 US$, Hütte ab 179 US$; März–Okt.) am Sol Duc River bietet Kost und Logis, Massagen und natürlich auch ein Thermalbad. Von hier aus kann man auch tolle Tageswanderungen unternehmen.

WESTLICHE ZUGÄNGE

Die abgelegene, isolierte und weitaus rauere pazifische Seite der Olympic Mountains ist von einem der regnerischsten Mikroklimata des Landes geprägt. Nur über den US 101 erreicht man die hiesigen gemäßigten Regenwälder und die ungezähmte Küste. Der **Hoh River Rainforest** am Ende der 19 Meilen (30,6 km) langen Hoh River Rd ist ein Labyrinth aus tropfenden Farnen und moosbewachsenen Bäumen à la Tolkien. Infos zu Führungen und längeren Wanderungen im Hinterland bekommt man im **Hoh Rain Forest Visitor Center** (360-374-6925; Sept.–Juni 9–16.30 Uhr, Juli & Aug. bis 18 Uhr). Der angeschlossene **Campingplatz** (360-374-6925; www.nps.gov/olym/planyourvisit/camping.htm; Stellplatz 20 US$) hat keinen Strom und keine Duschen; wer zuerst kommt, mahlt zuerst.

Ein Stück weiter südlich liegt der **Lake Quinault**, ein wunderschöner, von bewaldeten Gipfeln umgebener Gletschersee, der zum Angeln, Bootfahren und Schwimmen sehr beliebt ist. Ein paar der ältesten Bäume des Landes säumen seine Ufer. Die luxuriöse **Lake Quinault Lodge** (360-288-2900; www.olympicnationalparks.com; 345 S Shore Rd; Zi. 219–450 US$), ein typisches Beispiel der „Parkitektur" aus den 1920er-Jahren, verfügt über einen lodernden Kamin, einen perfekt getrimmten Rasen und ein gediegenes Restaurant mit Seeblick und gehobener amerikanischer Küche. Eine billigere Bleibe ist das ultrafreundliche **Quinault River Inn** (360-288-2237; www.quinaultriverinn.com; 8 River Dr; Zi. 159 US$) in Amanda Park, das bei Anglern sehr beliebt ist.

Direkt vor der Lake Quinault Lodge beginnen ein paar kurze Wanderwege. Oder man versucht sich am längeren **Enchanted Valley Trail**, einer mittelschweren, knapp 21 km langen Wanderung, die an der Graves Creek Ranger Station am Ende der South Shore Rd beginnt und bis zu einer großen Wiese mit Wildblumen und zu Erlenwäldchen hinaufführt.

Praktische Informationen

Der Parkeintritt beträgt 10/25 US$ pro Person/Fahrzeug, ist eine Woche gültig und an den Parkeingängen zu bezahlen. Viele Besucherzentren fungieren auch als Ranger-Stationen des United States Forestry Service (USFS), der Genehmigungen zum Wildcampen (8 US$) erteilt.

Olympic National Park Visitor Center (☎360-565-3100; www.nps.gov/olym; 3002 Mt Angeles Rd; ⌚Juli & Aug. 8–18 Uhr, Sept.–Juni bis 16 Uhr)

USFS Headquarters (☎360-956-2402; www.fs.fed.us/r6/olympic; 1835 Black Lake Blvd SW; ⌚Mo–Fr 8–16.30 Uhr)

Forks Chamber of Commerce (☎360-374-2531; www.forkswa.com; 1411 S Forks Ave; ⌚Mo–Sa 10–17, So 11–16 Uhr; 📶)

Port Townsend

Originelle Restaurants, elegante *fin-de-siècle*-Hotels und schräge Festivals über das ganze Jahr hinweg machen Port Townsend zu einer Rarität auf der Olympic Peninsula: einem Wochenendziel, für das man keine Wanderstiefel braucht. Durch acht malerische Meilen (13 km) über den US 101 vom Rest der Gegend abgeschnitten, bietet sich Port Townsend nicht gerade als Basislager zur Erkundung des Nationalparks an, wenn man nicht unbedingt viel hin- und herfahren will. Stattdessen kann man hier absteigen und in Ruhe eines der hübschesten Städtchen im Bundesstaat genießen.

Sehenswertes

Fort Worden State Park PARK
(☎360-344-4412; http://parks.state.wa.us/511/fort-worden; 200 Battery Way; ⌚April–Okt. 6.30 Uhr–Sonnenuntergang, Nov.–März 8 Uhr–Sonnenuntergang) GRATIS In dem interessanten Park innerhalb der Stadtgrenzen von Port Townsend sind die Überreste einer großen Befestigungsanlage zu sehen. Diese wurde in den 1890er-Jahren errichtet, um den strategisch wichtigen Puget Sound vor Angriffen zu schützen, die vor allem durch die Spanier im Krieg von 1898 drohten. Kinofans mit Kennerblick werden die Anlage aus dem Film *Ein Offizier und Gentleman* wiedererkennen.

Besucher können im Rahmen einer Führung die **Commanding Officer's Quarters** (☎360-385-1003; Fort Worden State Park, 200 Battery Way; Erw./Kind 2 US$/frei; ⌚Führung nach Vereinbarung), ein Wohnhaus mit zwölf Schlafzimmern, besichtigen. Hier findet man auch das **Puget Sound Coast Artillery Museum** (Erw./Kind 4/2 US$; ⌚11–16 Uhr, Juni–Aug. Sa & So längere Öffnungszeiten), das die Geschichte der ersten Befestigungsanlagen an der Pazifikküste erzählt.

Wanderungen führen entlang der Landzunge zur **Point Wilson Lighthouse Station** und zu einigen wundervollen windumtosten Stränden. Auf dem Angelpier des Parks steht das **Port Townsend Marine Science Center** (www.ptmsc.org; 532 Battery Way; Erw./Kind 5/3 US$; ⌚April–Okt. Fr–So 12–17 Uhr) mit seinen vier Streichelbecken und täglichen Infoveranstaltungen. Es gibt hier auch einige Übernachtungs- und Campingmöglichkeiten.

Schlafen & Essen

Waterstreet Hotel HOTEL $
(☎360-385-5467; www.watersthotel.com; 635 Water St; Zi. mit Gemeinschaftsbad 50–70 US$, mit eigenem Bad 75–175 US$; ❄📶) Das heimelige und freundliche Hotel bietet Zimmer mit tollem Preis-Leistungs-Verhältnis in einer natürlich gealterten viktorianischen Absteige. Für Familien und Gruppen eignen sich die Suiten 5 und 15 – das sind richtige Apartments mit voll ausgestatteter Küche und großer Terrasse nach hinten zum Puget Sound hinaus. Die Rezeption befindet sich in dem indigenen Souvenirladen neben dem Hotel.

★**Palace Hotel** HISTORISCHES HOTEL $$
(☎360-385-0773; www.palacehotelpt.com; 1004 Water St; Zi. 109–159 US$, an Festival-Wochenenden teurer; 📶🐾) Das wunderschöne viktorianische Gebäude von 1889 war früher ein Bordell der berühmt-berüchtigten Madame Marie. Im zweiten Leben ist es ein hübsches, charaktervolles Hotel im Stil jener Zeit mit antiken Möbeln (und allen modernen Annehmlichkeiten). Es gibt auch hübsche Gemeinschaftsbereiche und Zimmer mit Kochnische. Bei den billigsten Zimmern muss man sich das Bad teilen.

Waterfront Pizza PIZZA $$
(☎360-379-9110; 951 Water St; Stück 4 US$, große Pizza 16–28 US$; ⌚So–Do 11–20, Fr & Sa bis 21

Uhr) Wer Lust auf einen schnellen Snack hat, kann sich unten ein Stück leckere, knusprige Pizza mit dünnem Boden holen – man muss aber in dem winzigen Imbiss mit einer langen Warteschlange rechnen. Wer sich lieber entspannt setzen und bedient werden will, geht die Treppe nach oben und probiert die Pasteten mit köstlicher Füllung (z.B. Cajun-Würstchen, Feta-Käse, Artischockenherzen oder Pesto).

★ Sweet Laurette Cafe & Bistro FRANZÖSISCH $$
(www.sweetlaurette.com; 1029 Lawrence St; Hauptgerichte 10–20 US$, Brunch 9–15 US$; ⏲8–21 Uhr, Di geschl.;) Das französische schäbig-schicke Café serviert Frühstück, Mittag und Abendessen in dem Bistro und köstlichen Kaffee und Gebäck zwischen den Mahlzeiten. Das Essen wird mit nachhaltigen und überwiegend regionalen Zutaten zubereitet. Sehr zu empfehlen ist das *croque madame* mit in Honig gebackenem Schinken und Gruyère auf Baguette fürs Frühstück und die Whidbey-Island-Muscheln in Weißwein-Sahnesauce oder der Cape-Cleare-Königslachs zum Abendessen.

ℹ Praktische Informationen

Visitor Center (☎360-385-2722; www.ptchamber.org; 2409 Jefferson St; ⏲Mo–Fr 9–17 Uhr) Hier kann man sich einen nützlichen Stadtplan für Erkundungstouren durch die Altstadt holen.

ℹ An- & Weiterreise

Washington State Ferries (☎206-464-6400; www.wsdot.wa.gov/ferries) Betreibt (je nach Saison) bis zu 15 Fähren pro Tag nach Coupeville auf Whidbey Island vom Fährhafen in Downtown (Auto & Fahrer/Fahrgast 14,05/3,30 US$, 35 Min.).

Port Angeles

Abgesehen vom Namen hat Port Angeles nichts Spanisches oder gar Engelhaftes an sich. Der Ort mit den steil aufragenden Olympic Mountains als Kulisse wurde für die Holzindustrie errichtet. Besucher sind meist nur auf der Durchreise und nehmen gleich die Fähre nach Victoria in British Columbia oder machen einen Ausflug in den nahe gelegenen Olympic National Park.

Aktivitäten

Der **Olympic Discovery Trail** (www.olympicdiscoverytrail.com) ist eine 48 km lange Wander- und Radstrecke zwischen Port Angeles und Sequim. Sie beginnt am Ende der Ediz Hook, der Sandbank rund um die Bucht. Mieträder gibt's bei **Sound Bikes & Kayaks** (www.soundbikeskayaks.com; 120 Front St; Leihfahrrad pro Std./Tag 10/45 US$; Leihkajak pro Tag 50 US$; ⏲Mo–Sa 10–18, So 11–16 Uhr).

Schlafen & Essen

Downtown Hotel HOTEL $
(☎360-565-1125; www.portangelesdowntownhotel.com; 101 E Front St; DZ mit Gemeinschaftsbad/eigenem Bad ab 45/65 US$;) Von außen nichts Besonderes, aber drinnen erstaunlich geräumig und ordentlich – das schnörkellose, familienbetriebene Hotel unten am Fährhafen ist ein gut gehütetes, preiswertes Schnäppchen in Port Angeles. Die hellen Zimmer sind mit Korb- und Holzmöbeln ausgestattet; einige blicken aufs Wasser. Die billigsten Zimmer teilen sich ein Bad im Flur. Die Geräuschisolierung lässt zu wünschen übrig, aber die Lage ist top.

Olympic Lodge HOTEL $$
(☎360-452-2993; www.olympiclodge.com; 140 Del Guzzi Dr; Zi. ab 139 US$;) Die komfortabelste Unterkunft in Port Angeles hat herrliche Zimmer, Bistro, Schwimmbad mit Whirlpool sowie Gratiskekse und -suppen am Nachmittag. Die Preise variieren stark, je nach Tag und Monat.

Bella Italia ITALIENISCH $$
(☎360-457-5442; www.bellaitaliapa.com; 118 E 1st St; Hauptgerichte abends 10–34 US$; ⏲16–21 Uhr) Das Bella Italia gibt's zwar schon viel länger als die Bella aus der *Twilight*-Reihe, aber weil Bella und Edward in dem Buch ihr erstes Date in diesem Restaurant haben, hat sich das Lokal zu einer Kultadresse entwickelt. Probieren sollte man die Linguine mit Muscheln oder die geräucherte Entenbrust. Oder man bestellt einfach das Gleiche wie Bella: Pilz-Ravioli.

Zum Runterspülen stehen auf der hervorragenden Weinkarte 500 verschiedene Sorten zur Auswahl.

ℹ Praktische Informationen

Port Angeles Visitor Center (☎360-452-2363; www.portangeles.org; 121 E Railroad Ave; ⏲Mai–Sept. Mo–Fr 9.30–17.30, Sa 10–17.30, So 12–15 Uhr, Okt.–April Mo–Sa 10–17, So 12–15 Uhr) Das Besucherzentrum befindet sich neben dem Fährhafen. Im Sommer hat es mitunter länger geöffnet, wenn Freiwillige zur Verfügung stehen.

An- & Weiterreise

Clallam Transit (☎360-452-4511; www.clallamtransit.com) Bietet Busse nach Forks und Sequim, wo man Anschluss an andere Transit-Busse rund um die Olympic Peninsula hat.

Olympic Bus Lines (www.olympicbuslines.com; Gateway Transit Center, 123 E Front St) Fährt zweimal täglich nach Seattle.

Coho Vehicle Ferry (☎888-993-3779; www.cohoferry.com) Fähren von/nach Victoria in British Columbia (1½ Std., hin & zurück 128 US$).

Nordwestliche Halbinsel

Verschiedene Reservate der amerikanischen Ureinwohner befinden sich ganz im Nordwesten des Kontinents und heißen Besucher willkommen. Die kleine, sturmerprobte Siedlung **Neah Bay** am Hwy 112 ist die Stätte der Makah Indian Reservation. In deren **Makah Museum** (☎360-645-2711; www.makahmuseum.com; 1880 Bayview Ave; Erw./Kind 6/5 US$; ⌚10–17 Uhr) Artefakte ausgestellt sind, die aus einem der bedeutendsten archäologischen Funde im 500 Jahre alten Makah-Dorf von Ozette stammen. Ein paar Meilen hinter dem Museum führt ein kurzer Fußweg zum spektakulären **Cape Flattery**, einem 91 m hohen Felssporn, der den nordwestlichsten Punkt der „Lower 48" markiert.

Nicht weit weg vom Hoh River Rainforest und der Küstenlinie liegt **Forks**, ein kleines Holzfällerdorf, das dank des *Twilight*-Hypes Berühmtheit erlangt hat. Der Ort ist ein Startpunkt für Ausflüge in den Olympic National Park. Das **Miller Tree Inn** (☎360-374-6806; www.millertreeinn.com; 654 E Division St; Zi. ab 175 US$; 📶🐾) ist eine gute Unterkunft.

Nordwest-Washington

Zwischen Seattle, den Cascades und Kanada eingeklemmt, wird der Nordwesten Washingtons von drei Seiten geprägt. Sein Zentrum ist das akademische Bellingham, Magneten für Outdoor-Enthusiasten sind die ländlichen San Juan Islands, ein großer Archipel, der wirkt wie ein sepiafarbener Schnappschuss aus vergangenen Zeiten. Hauptanleger für Fähren zu den Inseln sowie nach Victoria, BC, ist Anacortes.

Whidbey Island

Whidbey Island ist zwar nicht ganz so abgeschieden (eine Brücke verbindet die Insel mit dem angrenzenden Fidalgo Island am nördlichsten Punkt) oder so nonkonformistisch wie die San Juans, doch das Leben hier ist fast genauso gemächlich, ruhig und ländlich. Außerdem kann die Insel sechs State Parks, jede Menge B&Bs, zwei historische Fischerdörfer (Langley und Coupeville), bekanntermaßen gute Muscheln und eine florierende Künstlergemeinde ins Rennen schicken.

Der **Deception Pass State Park** (☎360-675-2417; 41229 N State Hwy 20) erstreckt sich beiderseits der gleichnamigen Wasserstraße, die Whidbey und Fidalgo Island voneinander trennt; er umfasst Seen, Inseln, Campingplätze und insgesamt 61 km Wanderwege.

Das große **Ebey's Landing National Historical Reserve** (☎360-678-6084; www.nps.gov/ebla; 162 Cemetery Rd) umfasst 7042 ha Land mit bewirtschafteten Höfen, geschützten Stränden, zwei State Parks und dem Ort **Coupeville**. Die kleine Ortschaft ist eine der ältesten in Washington und hat eine reizende Uferpromenade, alte Läden und eine Reihe alter Gasthäuser wie dem **Captain Whidbey Inn** (☎360-678-4097; www.captainwhidbey.com; 2072 W Captain Whidbey Inn Rd; Zi./Hütte ab 103/210 US$; 📶), einer großen Blockhütte von 1907 mitten im Wald. Die berühmten frischen Muscheln gibt's u.a. bei **Christopher's** (☎360-678-5480; www.christophersonwhidbey.com; 103 NW Coveland St; Hauptgerichte mittags 12–16 US$, abends 16–26 US$; ⌚11.30–14 & 17 Uhr–Ende, Di geschl.).

Anreise & Unterwegs vor Ort

Die **Washington State Ferries** (WSF; ☎888-808-7977; www.wsdot.wa.gov/ferries) fahren regelmäßig von Clinton nach Mukilteo und von Coupeville nach Port Townsend. Die kostenlosen Busse von **Island Transit** (☎360-678-7771; www.islandtransit.org) fahren täglich (außer So) einmal pro Stunde vom Fährhafen Clinton die gesamte Insel Whidbey hinauf.

Bellingham

Willkommen in einer politisch grünen, liberalen und lebenswerten Stadt, in der sich die alles tolerierende Einstellung von Oregons „Stadt der Rosen" (Portland) mit einem ganz besonderen Washingtoner Einschlag verbindet. Die „Stadt der gedämpften Begeisterung", wie sie einer ihrer Bürgermeister einmal nannte, hat nicht nur ein mildes Klima, sondern auch eine milde Erscheinung. Hier lebt eine unglaubliche Mischung aus Espresso trinkenden Studenten, ehrwürdigen Ruheständlern, Wind und Wetter trotzenden Triathleten und Transparente schwingenden Friedensaktivisten. Zeitschriften wie das *Outside Magazine* loben Bellingham regelmäßig für das vielfältige Angebot von Outdoor-Aktivitäten.

Sehenswertes & Aktivitäten

Bellingham bietet Outdoor-Spaß in Hülle und Fülle. Der **Whatcom Falls Park** ist eine unverfälschte Wildnis, die die östlichen Vororte von Bellingham in zwei Teile teilt. Den Höhenunterschied markieren vier Wasserfälle, darunter die **Whirlpool Falls**, die im Sommer ein beliebtes Badeziel sind.

Fairhaven Bike & Mountain Sports RADFAHREN
(☎360-733-4433; www.fairhavenbike.com; 1103 11th St; Leihfahrrad für 4 Std. 25–40 US$; ⏲Mo–Sa 9.30–18, So 11–17 Uhr) Bellingham ist eine der fahrradfreundlichsten Städte des Nordwestens. Das gut ausgebaute Fahrradnetz reicht im Süden bis zum **Larrabee State Park** (wwww.parks.wa.gov; Chuckanut Dr; ⏲Sonnenaufgang–Sonnenuntergang; 👪). In diesem Laden kann man Fahrräder mieten und Karten mit Routen kaufen.

San Juan Cruises BOOTSTOUR
(☎360-738-8099; www.whales.com; 355 Harris Ave; Bootstour 39–109 US$; ⏲8–18 Uhr) Bootsausflüge in der Bellingham Bay mit Bier- oder Weinproben sowie Walbeobachtungstouren rund um die San Juan Islands etc.

Schlafen & Essen

Larrabee State Park CAMPING $
(☎360-676-2093; http://parks.state.wa.us/536/larrabee; Chuckanut Dr; Stellplatz Zelt/Wohnmobil ab 12/30 US$) Etwa 7 Meilen (11,3 km) südlich von Bellingham findet man am malerischen Chuckanut Dr inmitten von Douglas-Tannen und Zedern Stellplätze mit Zugang zur Chuckanut Bay und insgesamt fast 20 km an Wander- und Radwegen.

★**Hotel Bellwether** BOUTIQUEHOTEL $$
(☎360-392-3100; www.hotelbellwether.com; 1 Bellwether Way; Zi. ab 198 US$; ❄@🛜🐾) Bellinghams schönstes und charismatischstes Hotel liegt direkt am Ufer und blickt auf die Lummi Island. Die Standard-Zimmer sind mit italienischen Möbeln und ungarischen Bettüberwürfen ausgestattet. Absolutes Highlight ist jedoch die 84 m² große Lighthouse Suite (ab 525 US$) in einem ehemaligen dreistöckigen Leuchtturm mit einem herrlichen Rundumblick, den man ganz exklusiv für sich allein hat. Zum Komplex gehören auch ein Spa und ein Restaurant.

Old Town Cafe CAFÉ $
(☎360-671-4431; www.theoldtowncafe.com; 316 W Holly St; Hauptgerichte 6–10 US$; ⏲Mo–Sa 6.30–15, So 8–14 Uhr) Das unkonventionelle Frühstückscafé wird von seinen Gästen wegen seiner ungezwungenen, künstlerischen Atmosphäre geschätzt. Der Tag beginnt hier z. B. mit Omeletts, Eier-Tortillas und französischen Vollkornbaguettes. Auf der Karte stehen zudem hausgemachtes Müsli, glutenfreie Pfannkuchen, Rühreier aus Bio-Tofu, Salate und zehn verschiedene Sandwiches.

Mount Bakery FRÜHSTÜCK $
(www.mountbakery.com; 308 W Champion St; Brunch 6–16 US$; ⏲8–15.30 Uhr; 🛜) Hier bekommt man am Sonntagvormittag zur dicken *New York Times* belgische Waffeln, Crêpes und Bio-Eier, wie auch immer man sie haben will. Es gibt auch viele glutenfreie Optionen. Eine zweite Filiale liegt in Fairhaven.

Praktische Informationen

Downtown Info Center (☎360-671-3990; www.bellingham.org; 1306 Commercial St; ⏲Di–Sa 11–15 Uhr)

An- & Weiterreise

Bellingham ist die Endhaltestelle der Fähren von **Alaska Marine Highway** (AMHS; ☎800-642-0066; www.dot.state.ak.us/amhs; 355 Harris Ave), die einmal pro Woche die Inside Passage hinauf nach Juneau, Skagway und zu anderen Häfen im Südosten Alaskas fahren.

Das **Bellair Airporter Shuttle** (www.airporter.com; 1200 Iowa St) fährt rund um die Uhr zum Sea-Tac Airport (hin & zurück 74 US$) und nach Anacortes (hin & zurück 35 US$).

San Juan Islands

Der riesige Archipel besteht aus 172 Inselchen. Wer es sich aber nicht leisten kann, eine Jacht oder ein Wasserflugzeug zu chartern, der wird nur in den Genuss der vier großen Inseln – San Juan, Orcas, Shaw und Lopez – kommen, die täglich von den Washington State Ferries angesteuert werden. Die Inseln sind bekannt für ihre Ruhe, die Möglichkeit, Wale zu beobachten oder im Kajak über die Gewässer zu gleiten, sowie für ihren rebellischen Nonkonformismus.

Großartig lassen sich die San Juan Islands mit einem seefähigen Kajak oder einem Fahrrad erkunden. Die flache, ländliche Lopez Island eignet sich ebenso wie San Juan gut für einen Tagesausflug mit dem

Rad. Wesentlich anspruchsvoller ist das hügelige Gelände von Orcas Island mit dem 8 km langen, steilen Anstieg zum Gipfel des Mt. Constitution.

Anreise & Unterwegs vor Ort

Zwei Fluglinien haben Linienflüge vom Festland zu den San Juans. **Kenmore Air** (☎ 866-435-9524; www.kenmoreair.com) fliegt täglich mit Wasserflugzeugen für drei bis zehn Personen von Lake Union und Lake Washington nach Lopez, Orcas und zu den San Juan Islands (einfacher Flug ab 155 US$). **San Juan Airlines** (☎ 800-874-4434; www.sanjuanairlines.com) verkehrt von Anacortes und Bellingham zu den drei Hauptinseln (einfacher Flug 89 US$).

Die Fähren von Washington State Ferries fahren von Anacortes zu den San Juans, einige auch weiter bis nach Sidney in der Nähe von Victoria in British Columbia. Angelegt wird auf Lopez Island (45 Min.), in Orcas Landing (60 Min.) und Friday Harbor auf San Juan (75 Min.). Der Fahrpreis ist saisonal unterschiedlich. Hin- und Rückfahrkarten werden nur auf den Fähren in Richtung Westen verkauft, ausgenommen die Fähren, die von Sidney in British Columbia zurück in die USA schippern.

Zwischen Mai und Oktober verkehren Shuttle-Busse auf den Inseln Orcas und San Juan.

San Juan Island

San Juan Island ist die inoffizielle Hauptinsel des Archipels. Sie präsentiert sich als harmonischer Mix aus niedrigen bewaldeten Hügeln und kleinen ländlichen Farmen und war im 19. Jh. Schauplatz eines merkwürdigen Konflikts. Die einzige wirkliche Siedlung ist Friday Harbor. Hier befinden sich das Besucherzentrum und die **Chamber of Commerce** (☎ 360-378-5240; www.sanjuanisland.org; 165 1st St S, Friday Harbor; ⏲ 10–17 Uhr).

Sehenswertes

San Juan Island National Historical Park HISTORISCHE STÄTTE
(☎ 360-378-2240; www.nps.gov/sajh; ⏲ Besucherzentrum Juni–Aug. 8.30–17 Uhr, Sept.–Mai bis 16.30 Uhr) GRATIS Auch wenn die San Juans eher für ihre Landschaft und weniger für ihre Geschichte bekannt sind, trug sich hier dennoch einer der seltsamsten politischen Konflikte des 19. Jhs. zu: der um den Grenzverlauf entbrannte sogenannte „Schweinekonflikt“ zwischen den USA und Großbritannien (so benannt, weil ein Schwein das einzige Opfer war). Dieser merkwürdigen Pattsituation wird in zwei historischen Parks jeweils am Ende der Insel gedacht, wo sich einst die gegnerischen **amerikanischen** (☎ 360-378-2240; www.nps.gov/sajh; ⏲ Gelände 8.30–23 Uhr) GRATIS und **britischen** Militärlager befanden.

Lime Kiln Point State Park PARK
(☎ 360-902-8844; http://parks.state.wa.us/540/lime-kiln-point; 1567 Westside Rd; ⏲ 8 Uhr–Sonnenuntergang) Der schöne Park an der felsigen Westküste der Insel überblickt die tiefe Haro Strait und ist angeblich einer der besten Orte der Welt, um von der Küste aus Wale zu beobachten. Das hat sich mittlerweile allerdings herumgesprochen, weshalb die Aussichtsplattformen oft mit erwartungsfrohen Picknickern überfüllt sind. Im Park gibt's auch ein kleines **Infozentrum** (☎ 360-378-2044; ⏲ Juni–Mitte Sept. 11–16 Uhr), Wanderwege, eine restaurierte Kalkbrennerei und das markante **Lime Kiln Lighthouse** von 1919.

Schlafen & Essen

Hotels, B&Bs und Resorts verteilen sich über die ganze Insel, die meisten befinden sich jedoch in Friday Harbor.

Wayfarer's Rest HOSTEL $
(☎ 360-378-6428; www.hostelssanjuan.com; 35 Malcolm St, Friday Harbor; B 40 US$, Zi. ab 70 US$, Hütten ab 85 US$;) Das hübsche Hostel befindet sich in einem heimeligen Haus, einen kurzen Fußmarsch entfernt vom Fähranleger. Übernachtet wird in bequemen Schlafsälen und günstigen Zimmer. Die Hauptküche bietet einen Ausblick auf einen begrünten Hinterhof. In der Suite haben bis zu sechs Personen (245 US$) Platz. Im Sommer zwei Monate im Voraus buchen.

★ **Olympic Lights B&B** B&B $$
(☎ 360-378-3186; www.olympiclights.com; 146 Starlight Way; Zi. 165–185 US$;) Das prächtig restaurierte Farmhaus von 1895 war einst der Mittelpunkt eines 130 ha großen Anwesens und beherbergt heute ein ebenso eindrucksvolles B&B, das frei an einem Steilufer mit Blick auf die schneebedeckten Olympic Mountains steht. Die vier Zimmer haben einfallsreiche Namen (Garden, Ra, Heart und Olympic), Sonnenblumen schmücken den Garten, und das herzhafte Frühstück umfasst auch hausgemachte Buttermilchkekse. Mindestbuchung zwei Nächte.

Market Chef DELI $
(☎ 360-378-4546; 225 A St, Friday Harbor; Sandwich ab 9 US$; ⏲ Mo–Fr 10–16 Uhr) Der Deli ist sehr beliebt und berühmt für seine deliziösen Sandwiches, z. B. mit Roastbeef und

Rucola oder – die Spezialität des Hauses – mit Curry-Eier-Salat, gerösteten Erdnüssen und Chutney. Es gibt auch Salate. Zum Einsatz kommen nur regionale Produkte. Wer an einem Samstag im Sommer hier ist, sollte dem Market Chef auf dem San Juan Island Farmers Market (10–13 Uhr) auf jeden Fall einen Besuch abstatten.

Backdoor Kitchen FUSION $$$
(☎360-378-9540; www.backdoorkitchen.com; 400 A St, Friday Harbor; Hauptgerichte 30–37 US$; ⏲Mo 11.30–14.30, Mi–So 17–21 Uhr) Eines der besten Restaurants auf der Insel. Hier werden frische lokale Erzeugnisse in kreative multiethnische Gerichte verwandelt. Auf den Tisch kommen z. B. Schwein im spanischen Stil mit Wildgarnelen-Eintopf oder scharfe indische Linsen mit Spinatkuchen. Im Sommer wird im hübschen Garten eingedeckt. Im Voraus reservieren.

Orcas Island

Schroffer als Lopez Island, aber weniger bevölkert als San Juan Island: Orcas Island schafft – zumindest bislang – die Balance zwischen Freundlichkeit und Reserviertheit, baulicher Entwicklung und Umweltschutz sowie touristischen Einnahmen und unbezahlbarer Privatsphäre. Der Fährhafen befindet sich in Orcas Landing, 8 Meilen (13 km) südlich der größten Siedlung Eastsound.

Auf dem östlichen Zipfel der Insel erstreckt sich der **Moran State Park** (☎360-376-6173; 3572 Olga Rd; der Discover Pass wird an einigen Parkplätzen gefordert, 10 US$; ⏲April–Sept. 6.30 Uhr–Sonnenuntergang, Okt.–März 8 Uhr–Sonnenuntergang). Er wird vom 734 m hohen Mt. Constitution überragt, von dessen Gipfel man einen fantastischen Rundumblick hat. Für Wanderer gibt's ein 64 km langes Wegenetz. Außerdem kann man hier gut **campen** (☎360-376-2326; http://moranstatepark.com; Stellplatz ab 25 US$).

Schlafen

★ **Golden Tree Hostel** HOSTEL $
(☎360-317-8693; www.goldentreehostel.com; 1159 North Beach Rd, Eastsound; B/DZ mit Gemeinschaftsbad 45/115 US$; @) Das hippe Hostel befindet sich in einem denkmalgeschützten Gebäude aus den 1890er-Jahren. Es bietet gemütliche Zimmer, schöne Gemeinschaftsbereiche sowie einen Whirlpool und eine Sauna im Garten. In einem separaten Gebäude kann man sich mit Billard, Tischfußball, Shuffleboard und Dart die Zeit vertreiben. Das Leihen von Fahrrädern kostet 20 US$. Freitags ist Pizzaabend. Im Sommer im Voraus buchen.

Doe Bay Village Resort & Retreat HOSTEL $
(☎360-376-2291; www.doebay.com; 107 Doe Bay Rd, Olga; Zeltplätze ab 60 US$, Hütten ab 100 US$, Jurten ab 80 US$;) Im mit Abstand günstigsten Resort der San Juan Islands herrscht eine Atmosphäre wie in einer Künstler-Hippie-Kommune. Es hat Zeltstellplätze mit Meerblick und mehrere Hütten und Jurten, einige ebenfalls mit Blick aufs Wasser.

Outlook Inn HOTEL $$
(☎360-376-2200; www.outlookinn.com; 171 Main St, Eastsound; Zi. mit Gemeinschaftsbad/eigenem Bad ab 89/159 US$; @) Das älteste (1888) und auffallendste Gebäude in Eastsound ist eine Institution. Die günstigen Zimmer sind gemütlich und sauber (Zimmer 30 ist super), die luxuriösen, mit Kaminen und Whirlpools ausgestatteten Suiten bieten von ihren Balkonen einen atemberaubenden Ausblick auf das Wasser. Zum Inn gehört ein hervorragendes Café.

Essen & Ausgehen

★ **Brown Bear Baking** BÄCKEREI $
(Ecke Main St & North Beach Rd, Eastsound; Gebäck 7 US$; ⏲8–17 Uhr, Di geschl.) Niemand zahlt gern 7 US$ für Backwaren – außer man hat die von Brown Bear probiert. Zur Auswahl stehen Croissants *aux amandes*, Quiche mit frischen Orcas-Island-Eiern und gebratenem Gemüse, Karamellbrötchen und Obst-Pie. Es gibt aber auch herzhafte Suppen und Sandwiches.

★ **Inn at Ship Bay** MEERESFRÜCHTE $$$
(☎877-276-7296; www.innatshipbay.com; 326 Olga Rd; Hauptgerichte 21–30 US$; ⏲Di–Sa 17.30–22 Uhr) Den Einheimischen zufolge ist dies das feinste Restaurant auf der Insel. Die Leute in der Küche machen Überstunden, um alles von Grund auf nur mit den frischesten Zutaten der Insel selbst zuzubereiten. Meeresfrüchte sind die Spezialität des Hauses. Serviert wird alles in einem reizenden Gewächshaus aus den 1860er-Jahren, ein paar Kilometer südlich von Eastsound. Auf dem Gelände gibt's auch ein Hotel mit elf Zimmern (DZ ab 195 US$).

Island Hoppin' Brewery BRAUEREI
(www.islandhoppinbrewery.com; 33 Hope Lane, Eastsound; ⏲Di–So 12–21 Uhr) Die Brauerei an

der Mt Baker Road, unweit des Flughafens, ist nicht einfach zu finden (notfalls die Einheimischen fragen), belohnt Pioniere aber mit sieben lokalen Bieren vom Fass. Happy Hour ist sonntags bis donnerstags von 19 bis 21 Uhr. Wer möchte, liefert sich am Tischtennistisch ein Duell.

Lopez Island

Wer nach Lopez – bzw. „Slow-pez", wie die Einheimischen es gern nennen – kommt, sollte das Rad dabeihaben. Mit seinem hügeligen Gelände und den freundlich grüßenden Einwohnern (die für ihren Dreifingerhandgruß, die so genannte „Lopez-Welle", berühmt sind) eignet sich die Insel hervorragend für Radtouren. Eine gemütliche Spritztour durch die Landschaft kann an einem Tag bewältigt werden. Gut übernachten kann man neben dem Jachthafen im **Lopez Islander Resort** (☎360-468-2233; www.lopezfun.com; 2864 Fisherman Bay Rd; Zi. ab 129 US$; 📶🏊) oder etwas gehobener im **Edenwild Inn** (☎360-468-3238; www.edenwildinn.com; Lopez Rd, Lopez Village; Zi. 115–225 US$; 📶), einem viktorianischen Herrenhaus in einer hübschen, gepflegten Gartenanlage.

Wer kein eigenes Rad hat, kann bei **Village Cycles** (☎360-468-4013; www.villagecycles.net; 214 Lopez Rd; Fahrradverleih 7–16 US$/Std.) ein Fahrrad bestellen und an den Fährhafen liefern lassen.

North Cascades

Die vom Mt. Baker und – zu einem geringeren Teil – vom entfernteren Glacier Peak dominierten North Cascades bestehen aus einem großen Streifen geschützter Wälder, Parks und Wildnisgebieten, die im Vergleich dazu die weitläufigen Nationalparks Rainier und St. Helen im Süden winzig aussehen lassen. Das Highlight ist der North Cascades National Park, ein urzeitliches Fleckchen Erde mit uraltem Regenwald, ächzenden Gletschern und ungezähmten Ökosystemen. Die wilde Schönheit des Nationalparks versetzt die gerade mal rund 2500 Besucher pro Jahr, die bis ins verregnete Innere des Gebiets vordringen, in Staunen.

Mt. Baker

Wie ein dämonischer Wächter der Geisterwelt erhebt sich der schneebedeckte Mt. Baker über dem glitzernden Wasser des oberen Puget Sound und zieht seit Jahrhunderten Menschen in seinen Bann. Seit dem letzten Ausbruch in den 1850er-Jahren ruht der 3286 m hohe Vulkan, der von zwölf Gletschern umgeben ist. 1999 fiel hier die Rekordmenge von 29 m Schnee in einem Winter!

Der als Mt. Baker Scenic Byway bekannte, gut ausgebaute Hwy 542 windet sich zum 1550 m hoch gelegenen **Artist Point** hinauf, der 56 Meilen (90 km) entfernt von Bellingham liegt. Ganz in der Nähe befindet sich das **Heather Meadows Visitor Center** (Mt. Baker Hwy, Mile 56; ⌚Mitte Juli–Ende Sept. 8–16.30 Uhr), wo zahlreiche Wanderwege beginnen. So führt der 12 km lange **Chain Lakes Loop** rund um mehrere eisige Seen, die von Wiesen voller Heidelbeersträucher gesäumt sind.

In der **Mt. Baker Ski Area** (☎360-734-6771; www.mtbaker.us; Lifttickets Erw./Kind 60/40 US$) gibt es Jahr für Jahr mehr Schnee als in jedem anderen Skigebiet in Nordamerika. Es umfasst 38 Pisten und acht Lifte, der Höhenunterschied beträgt 450 m. Das Gebiet hat unter Snowboardern Kultstatus: Seit 1985 kommen sie jeden Januar zum Legendary Baker Banked Slalom hierher.

Auf dem Weg den Berg hinauf sollte man auf einen Happen im **Graham's** (☎360-599-9883; 9989 Mt. Baker Hwy; Hauptgerichte 6–18 US$; ⌚Mo–Fr 12–21, Sa & So 8–11 & 12–19 Uhr) vorbeischauen, einer authentischer Spelunke mit Restaurant. Oder man holt sich bei **Wake & Bakery** (360-599-1658; www.getsconed.com; Bourne St, Glacier; Snacks ab 4 US$; ⌚7.30–17 Uhr) etwas für unterwegs. Beide befinden sich im Ort **Glacier**.

Leavenworth

Das gibt's doch nicht – ein Alpendorf mitten im amerikanischen Nordwesten? Tatsächlich wurde dem ehemaligen Holzfällerort Leavenworth in den 1960er-Jahren ein bayerisches Facelifting verpasst, um den drohenden Ruin nach der Verlegung der transkontinentalen Eisenbahnlinie zu verhindern. Das Holzgeschäft wurde kurzerhand durch den Tourismus ersetzt. Und Leavenworth hat sich sehr erfolgreich in ein typisches Alpendorf verwandelt. Überall gibt's Bier und Schnitzel, die Einwohner, von denen ein Viertel deutschstämmig sind, tragen Lederhosen und Dirndl. Zum Erfolg beigetragen haben natürlich das tolle Bergpanorama und die Tatsache, dass Leavenworth ein günstiges Basislager für Ausflüge in die nahe gelegene Alpine Lakes Wilderness darstellt.

Auskunft über die Outdoor-Angebote in der Gegend erteilt die **Leavenworth Chamber of Commerce** (www.leavenworth.org; 9240 Hwy 2; ⌚Mo–Do 8–17, Fr & Sa 8–18, So 10–16 Uhr): Zu den Highlights gehört der beste Klettersteig in ganz Washington, der sich am **Castle Rock** im Tumwater Canyon befindet, etwa 3 Meilen (4,8 km) nordwestlich an der US 2.

Der **Devil's Gulch** ist ein beliebter Mountainbike-Trail (40 km, 4–6 Std.). Der einheimische Ausstatter **Der Sportsmann** (☎509-548-5623; www.dersportsmann.com; 837 Front St; 1-tägiger Verleih Langlaufski/Schneeschuhe 15/12 US$ ⌚9–18 Uhr) verleiht Bikes.

Schlafen & Essen

Hotel Pension Anna HOTEL $$

(☎509-548-6273; www.pensionanna.com; 926 Commercial St; Zi. ab 179 US$, Suite ab 300 US$; 📶) Das authentischste bayrische Hotel hier ist blitzblank und unglaublich freundlich. Jedes Zimmer ist mit importiertem Dekor aus Österreich und Deutschland bestückt. Das europäisch inspirierte Frühstück ist im Preis inbegriffen und entlockt den Gästen so manchen fröhlichen Jauchzer. Sehr zu empfehlen ist das Doppelzimmer mit handbemalten Möbeln. Für Familien eignet sich die geräumige Suite in der St.-Joseph-Kapelle nebenan.

Enzian Inn HOTEL $$

(☎509-548-5269; www.enzianinn.com; 590 Hwy 2; DZ ab 140 US$; 📶🏊) In diesem typischen Leavenworth-Hotel beginnt der Tag noch vor dem Frühstück mit dem Alpenhorn. Wer da nicht gleich in seine Lederhosen springt, der lässt sich vielleicht von einer kostenlosen Runde Golf auf dem (von den hauseigenen Ziegen getrimmten) Rasen, den Innen- und Außenpools oder dem Klavierspieler, der allabendlich in der bayrischen Lobby Musikwünsche erfüllt, überzeugen.

München Haus DEUTSCH $

(☎509-548-1158; www.munchenhaus.com; 709 Front St; Bratwurst 5–7 US$; ⌚11–21 Uhr) Heiße deutsche Würstchen und warme Brezeln sind im Winter ein Muss, denn hier findet die ganze Action draußen statt. Im Sommer sorgt dagegen das bayrische Bier für Abkühlung. Die gemütliche Biergartenatmosphäre wird ergänzt durch die laute, schwungvolle Akkordeon-Hintergrundmusik, entspannte Kellner, ein ganzer Kessel mit Apfelkraut und eine gigantische Senfbar. Die Öffnungszeiten variieren im Sommer.

Lake Chelan

Der lange, schmale Lake Chelan ist der Wasserspielplatz im zentralen Washington. An der Südostspitze des Sees befinden sich in der Stadt Chelan die meisten Unterkünfte und Dienstleistungen. Außerdem gibt es hier noch eine **USFS Ranger Station** (☎509-682-4900; 428 W Woodin Ave).

Im **Lake Chelan State Park** (☎509-687-3710; https://washington.goingtocamp.com/lakechelanstatepark; 7544 S Lakeshore Rd; Stellplatz einfach/Standard ab 20/25 US$) gibt es 144 Stellplätze, von denen einige am Seeufer nur mit dem Boot erreichbar sind. Wer lieber in einem richtigen Bett schläft, kann sich in der Stadt im preiswerten **Midtowner Motel** (☎800-572-0943; www.midtowner.com; 721 E Woodin Ave; Zi. 45–130 US$; ❄@📶🏊) oder im tollen **Riverwalk Inn** (☎509-682-2627; www.riverwalkinnchelan.com; 205 E Wapato St; DZ 79–119 US$, FZ 89–189 US$; 📶🐾) einquartieren.

In der Gegend haben auch mehrere Weingüter eröffnet; viele davon haben hervorragende Restaurants. Zu empfehlen sind die **Tsillan Cellars** (☎509-682-9463; www.tsillancellars.com; 3875 Hwy 97A; ⌚12–18 Uhr) oder das piekfeine italienische **Sorrento's Ristorante** (☎509-682-5409; Hauptgerichte 22–36 US$; ⌚Mi–Fr 17 Uhr–open end, Sa ab 12, So ab 10 Uhr).

Die Busse von **Link Transit** (☎509-662-1155; www.linktransit.com) verbinden Chelan mit Wenatchee und Leavenworth (einfache Fahrt 2,50 US$).

Das schöne **Stehekin** am nördlichen Zipfel des Lake Chelan ist nur per **Boot** (www.ladyofthelake.com; 1418 W Woodin Ave, Chelan; hin & zurück 61 US$) oder auf einer langen Wanderung über den 45 km vom See entfernten Cascade Pass erreichbar. Jede Menge Infos über Wanderungen, Campingplätze und Hütten zum Mieten findet man unter www.stehekin.com. Die meisten Einrichtungen sind von Mitte Juni bis Mitte September geöffnet.

Methow Valley

Die Kombination aus Pulverschnee im Winter und viel Sonnenschein im Sommer macht das Methow Valley zu einer der beliebtesten Urlaubsregionen Washingtons. Hier kann man im Sommer radeln, wandern und angeln und im Winter auf Langlaufbrettern das zweitgrößte Loipennetz der USA erkunden.

Die insgesamt 200 km langen Loipen werden von der gemeinnützigen **Methow Valley Sport Trails Association** (MVSTA; ☎509-996-3287; www.methowtrails.org; 309 Riverside Ave, Winthrop; ⌚Mo–Fr 9–15.30 Uhr) verwaltet, die im Winter auch das größte zusammenhängende Netzwerk an Skirouten von Berghütte zu Berghütte (und von Hotel zu Hotel) in ganz Nordamerika bietet. Das Gute daran ist, dass sich dies anscheinend noch nicht allzu sehr herumgesprochen hat. Klassische Unterkünfte und einen guten Zugang zu den Ski-, Wander- und Radtouren bietet die exquisite **Sun Mountain Lodge** (509-996-2211; www.sunmountainlodge.com; 604 Patterson Lake Rd, Winthrop; Zi. ab 205 US$, Hütte ab 405 US$;), 10 Meilen (16 km) westlich von Winthrop. In Winthrop gibt's auch die besten Restaurants, z. B. das **Arrowleaf Bistro** (509-996-3920; www.arrowleafbistro.com; 253 Riverside Ave; Hauptgerichte 22–28 US$; ⌚Mi–So 17–22 Uhr).

North Cascades National Park

Sogar die Namen der wenig besuchten spektakulären Berge im **North Cascades National Park** (www.nps.gov/noca) klingen wild und ungezähmt: Desolation Peak, Jagged Ridge, Mt. Despair und Mt. Terror. So überrascht es kaum, dass die Gegend einige der besten Abenteuer außerhalb Alaskas bietet.

Erste Anlaufstelle für Besucher ist das **North Cascades Visitor Center** (206-386-4495; 502 Newhalem St, Newhalem; ⌚Juni–Sept. tgl. 9–17 Uhr, Mai & Okt. Sa & So) in dem kleinen Ort Newhalem am Hwy 20. Die Mitarbeiter sind erfahrene Ranger, die gern ausführlich über die Highlights des Parks informieren.

Übernachten kann man in der außergewöhnlichsten Unterkunft Washingtons, dem **Ross Lake Resort** (206-386-4437; www.rosslakeresort.com; 503 Diablo St, Rockport; Hütte 195–370 US$; ⌚Mitte Juni–Ende Okt.;) am westlichen Ufer des gleichnamigen Sees. Die auf Stegen im Wasser stehenden Blockhütten wurden in den 1930er-Jahren für die Holzfäller errichtet, die beim Bau des Ross Dam mitarbeiteten, durch den bald darauf das ganze Tal im Wasser versank. Da zu dem Resort keine Straße führt, müssen Gäste entweder die 3,2 km vom Hwy 20 zu Fuß bewältigen oder das Auto auf dem Parkplatz beim Diablo Dam abstellen und das Shuttleboot des Hotels nutzen.

Nordost-Washington

Spokane

Nach der baumlosen Einöde des östlichen Columbia Plateau ist die zweitgrößte Metropole in Washington eine willkommene Abwechslung – und immer für eine Überraschung gut. Die unaufdringliche, aber selbstbewusste Stadt liegt im Zentrum des sogenannten Inland Empire des Nordwestens. Sie erstreckt sich zu beiden Seiten des Spokane River, an dem britische Pelzhändler 1810 für kurze Zeit einen Handelsposten errichteten. Auch wenn Spokane kaum eine touristische Destination an sich ist, hat es doch einiges zu bieten, so z. B. den alljährlich im Mai stattfindenden Bloomsday Run, die weltweit größte Laufveranstaltung für Breitensportler.

Sehenswertes

Riverfront Park PARK
(www.spokaneriverfrontpark.com;) Der Park auf dem Gelände der Weltausstellung von 1974 bietet zahlreiche Highlights, darunter den **Sculpture Walk** (Riverfront Park) mit 17 Stationen und die malerischen **Spokane Falls**. Eine kurze Gondelfahrt mit dem **Spokane Falls SkyRide** (Riverfront Park) lässt Besucher direkt über dem Wasserfall schweben. Ebenso spektakulär ist die **Monroe Street Bridge** (Monroe St), die 1911 erbaut wurde und noch immer eine der größten Betonbogenbrücken der USA ist. Aufgrund des anhaltenden Renovierungsprojekts sind einige Teile des Parks derzeit nicht zugänglich und manche Attraktionen können geschlossen sein. Am besten informiert man sich vorab online.

Northwest Museum of Arts & Culture MUSEUM
(MAC; 509-456-3931; www.northwestmuseum.org; 2316 W 1st Ave; Erw./Kind 15/10 US$; ⌚Di–So 10–17, Mi 10–20 Uhr;) Das Museum in einem beeindruckenden ultramodernen Gebäude im historischen Viertel Browne's Addition beherbergt zweifelsohne eine der schönsten Sammlungen von Artefakten der indigenen Bevölkerung des Nordwestens. Von einem vornehmen Glasfoyer mit Blick auf den Spokane River zweigen vier Galerien ab, die Spokanes Geschichte und diverse Wanderausstellungen zeigen (die alle drei bis vier Monate wechseln).

Schlafen & Essen

Hotel Ruby MOTEL $
(509-747-1041; www.hotelrubyspokane.com; 901 W 1st Ave; Zi. ab 78 US$;) Das ehemals einfache Motel, das sich sein 70er-Jahre-Flair bewahren konnte, hat nun nach der

Neugestaltung coole Originalkunstwerke an den Wänden, witzige Beleuchtungselemente und eine schicke Cocktaillounge in der Lobby. Die einzelnen Zimmer sind mit Minikühlschrank und Mikrowelle ausgestattet. Gäste können auch den Fitnessraum im nahe gelegenen Schwesternhotel, dem Ruby 2, nutzen. Zu den Bars und Restaurants ist es nur ein kleiner Spaziergang.

★ Historic Davenport Hotel HISTORISCHES HOTEL $$
(☎800-899-1482; www.thedavenporthotel.com; 10 S Post St; Zi. ab 188 US$;) Das historische Wahrzeichen öffnete 1914 seine Pforten und gilt als eines der besten Hotels im Land. Selbst wer nicht hier absteigt, sollte einen Blick in die exquisite Lobby werfen oder sich einen Drink in der Peacock Lounge genehmigen. Im angrenzenden modernen Davenport Tower gibt's eine Lobby und Bar im Safaristil.

Mizuna FUSION $$
(☎509-747-2004; www.mizuna.com; 214 N Howard St; Hauptgerichte abends 20–36 US$; ⏲Mo–Sa 11–22, So 16–22 Uhr;) Das schlicht möblierte Mizuna in einem alten Backsteingebäude ist für seine Spezialitäten wie Quinoa-Kroketten und in der Pfanne gebratenem Bio-Hähnchen bekannt, hat aber auch ein umfangreiches vegetarisches Menü. Dazu noch ein hervorragender Wein und das Essen wird zum unvergesslichen Erlebnis.

Ausgehen & Unterhaltung

Von Oper und Cocktailbars bis hin zu Billard und Kleinbrauereien – Spokane hat das größte Angebot an abendlicher Unterhaltung und Bars östlich der Cascades zu bieten.

NoLi Brewhouse BRAUEREI
(☎509-242-2739; www.nolibrewhouse.com; 1003 E Trent Ave; Hauptgerichte 12–16 US$; ⏲So–Mi 11–22, Do–Sa bis 23 Uhr) Ein Studententreffpunkt nahe der Gonzaga University. Spokanes beste Mikrobrauerei serviert einige abgedrehte und wunderbare Biere, z.B. ein Kirsch-Ale und ein Stout mit Noten von Kaffeeschokolade und braunem Zucker. Wer Hunger hat, sollte die Fish'n'Chips probieren – die Panade wird mit dem hellen Ale der Brauerei zubereitet.

Mootsy's BAR
(☎509-838-1570; 406 W Sprague Ave; ⏲14–2 Uhr) Die beliebte Bar ist das Zentrum des Nachtlebens und der alternativen Musikszene zwischen der Stevens St und der Washington St. Das günstige Pabst Blue Ribbon während der Happy Hour hält die treue Kundschaft bei Laune.

Bing Crosby Theater THEATER
(☎509-227-7638; www.bingcrosbytheater.com; 901 W Sprague Ave) Bing Crosby stammt aus Spokane, und jetzt präsentiert das nach ihm benannte „Bing" Konzerte, Theaterstücke und Festivals in recht intimem Ambiente.

Praktische Informationen

Spokane Area Visitor Information Center
(☎888-776-5263; www.visitspokane.com; 808 W Main Ave; ⏲Mo–Sa 8–17, So 11–18 Uhr) Hat viele Broschüren und Karten.

An- & Weiterreise

Spokane International Airport (www.spokaneairports.net) Flüge nach Seattle, Portland in Oregon und Boise in Idaho.

Spokane Intermodal Center (221 W 1st Ave) Busse und Züge starten an diesem Bahnhof.

South Cascades

Die South Cascades sind runder und weniger eingeklemmt als ihre spitzzackigen nördlichen Pendants, aber auch höher. Höhepunkt ist – in vielerlei Hinsicht – der 4392 m hohe Mt. Rainier, der fünfthöchste Berg in den Lower 48 und wohl einer der spektakulärsten alleinstehenden Berge der Welt. Der feuerspuckende Mt. St. Helens weiter südlich benötigt keine weitere Einführung, während der unbesungene Mt. Adams im Osten wie ein schmollendes Mittelkind finster dreinblickt.

Mt. Rainier National Park

Der fünfthöchste Berg der USA außerhalb Alaskas ist zugleich einer der betörendsten. Der majestätische Mt. Rainier liegt in einem 953 km² großen Nationalpark. Hinauf zum schneebedeckten Gipfel und in den bewaldeten Ausläufern des Berges gibt es zahlreiche Wanderwege und riesige blumenbedeckte Wiesen. Und der lockende, kegelförmige Gipfel selbst stellt eine ausgezeichnete Herausforderung für ehrgeizige Kletterer dar.

Der **Mt. Rainier National Park** (www.nps.gov/mora; Auto 25 US$; Fußgänger & Fahrradfahrer 10 US$, unter 17 Jahre kostenlos, Jahrespass 50 US$) hat vier Zugänge. Infos zu den Straßenverhältnissen gibt's unter 800-695-7623. Auf der Website des National Park Service

(NPS) können Karten und Beschreibungen von Dutzenden Wegen im Park heruntergeladen werden. Die bekannteste Strecke ist der knallharte 150 km lange Wonderland Trail, der den Mt. Rainier komplett umrundet und für den Wanderer zehn bis zwölf Tage einplanen sollten.

Die Campingplätze im Park haben fließendes Wasser und Toiletten, aber keine Duschen und Stromanschlüsse. Im Sommer sollte man die **Campingplätze im Park** (☎800-365-2267; www.nps.gov/mora; Campingplatz 20 US$) rechtzeitig reservieren; dies ist bis zu zwei Monate im Voraus telefonisch oder online möglich. Wer im Hinterland übernachten möchte, benötigt eine entsprechende Genehmigung. Infos gibt's auf der NPS-Website.

NISQUALLY ENTRANCE

Der Nisqually Entrance ist das beliebteste und praktischste Einfallstor zum Mt. Rainier National Park. Er liegt am Hwy 706 (via Ashford) in der Nähe der südwestlichen Parkecke und ist ganzjährig geöffnet. In Longmire, 7 Meilen (11 km) hinter dem Nisqually Entrance, gibt es ein **Museum mit Informationszentrum** (☎360-569-6575; Hwy 706; ⌚9–16.30 Uhr), einige wichtige Ausgangspunkte für Wanderungen und das rustikale **National Park Inn** (☎360-569-2275; Hwy 706; Zi., mit Gemeinschaftsbad/eigenem Bad ab 126/177 US$, ❄) mit seinem ausgezeichneten Restaurant.

Weitere Wanderwege und Lehrpfade warten beim 12 Meilen (19 km) weiter östlich gelegenen, vornehmeren **Paradise**, das vom informativen **Henry M Jackson Visitor Center** (☎360-569-6571; Paradise; ⌚Mai–Okt. tgl. 10–17 Uhr, Nov.–Apr. Sa & So) betrieben wird. Hier ist auch das traditionelle **Paradise Inn** (☎360-569-2275; Zi. mit Gemeinschaftsbad/eigenem Bad ab 123/182 US$; ⌚Mai–Okt.; 🚭📶) angesiedelt, ein historisches „Parkitektur"-Gasthaus aus dem Jahre 1916. Vom Inn führen Kletterpfade zum Gipfel des Mt. Rainier. Ausgezeichnete viertägige Besteigungen werden von **Rainier Mountaineering Inc** (☎888-892-5462; www.rmiguides.com; 30027 Hwy 706 E, Ashford; 4-Tages-Klettertour 1087 US$) geleitet.

WEITERE ZUGÄNGE

Die drei anderen Zugänge zum Mt. Rainier National Park sind: **Ohanapecosh**, zu erreichen über Hwy 123 und Packwood, wo es auch Unterkünfte gibt; **White River** am Hwy 410, zu erreichen über eine Höhenstraße (1950 m), die zu dem wunderschönen Aussichtspunkt bei der **Sunrise Lodge Cafeteria** (Snacks 6–9 US$; ⌚Juli & Aug. 10–19 Uhr) führt; und der abgelegene **Carbon River** in der nordwestlichen Ecke, über den man zum Regenwald im Parkinneren gelangt.

Mt. St. Helens National Volcanic Monument

Was dem Mt. St. Helens an Höhe fehlt, macht er durch seine dunkle Geschichte wett: 57 Menschen starben, als der Vulkan am 18. Mai 1980 mit der Wucht von 1500 Atombomben ausbrach. Die Katastrophe begann mit einem Erdbeben der Stärke 5,1 auf der Richterskala, das den größten Erdrutsch seit Beginn der Geschichtsschreibung auslöste und 596 km² Waldfläche unter Millionen Tonnen Vulkangestein und Asche begrub. Heute findet man hier eine faszinierende Landschaft aus sich erholenden Wäldern, neuen Flusstälern und aschebedeckten Hängen. Pro Person zahlt man 8 US$ für den Zugang zu diesem National Monument.

NORDÖSTLICHER ZUGANG

Beim Haupteingang am Hwy 504 im Nordosten schaut man zuerst im **Silver Lake Visitor Center** (www.mtsthelensinfo.com/visitor_centers/silver_lake; 3029 Spirit Lake Hwy; Erw./Kind 5/2,50 US$; ⌚Mai–Sept. 9–17 Uhr, Okt.–April bis 16 Uhr; 👪) 🍃 vorbei, das Filme, Ausstellungen und kostenlose Infos (u.a. auch Wanderkarten) über den Berg bietet. Einen näheren Eindruck von der zerstörerischen Gewalt der Natur bekommt man im **Johnston Ridge Observatory** (☎360-274-2140; 24000 Spirit Lake Hwy; Tageskarte 8 US$; ⌚Mitte Mai–Okt. 10–18 Uhr) am Ende des Hwy 504, von wo aus man direkt in den Krater schaut. In der mit nur wenigen Unterkünften gesegneten Gegend ist das **Eco Park Resort** (☎360-274-7007; www.ecoparkresort.com; 14000 Spirit Lake Hwy, Toutle; Stellplatz 25 US$, Hütte 140–150 US$; 🐾) eine willkommene Bleibe: Es hat Stellplätze, Stromanschlüsse für Wohnmobile und einfache Hütten für zwei oder vier Personen.

SÜDÖSTLICHER & ÖSTLICHER ZUGANG

Wer über den Südost-Zugang beim Städtchen **Cougar** am Hwy 503 kommt, kann sich echten Lavaboden anschauen – u.a. die gut 3 km lange Lavaröhre Ape Cave, die ganzjährig zugänglich ist. Allerdings herrschen hier konstant frostige 5 °C. Jeder Erwachsene sollte zwei Lichtquellen mitbringen oder sich bei **Apes' Headquarters** (☎360-449-7800; ⏲Mitte Juni–Anfang Sept. 10–17 Uhr) Laternen für je 5 US$ ausleihen.

Der östliche Zugang ist der abgelegenste, jedoch vermittelt der schwer zugängliche Aussichtspunkt **Windy Ridge** hier einen greifbaren und zugleich unheimlichen Eindruck von der Zerstörung, die der Ausbruch verursacht hat. Er ist oft bis Juni geschlossen. Ein paar Kilometer weiter kann man auf dem 1,5 km langen Harmony Trail (Wanderweg 224) 183 m zum **Spirit Lake** hinuntersteigen.

Zentral- & Südost-Washington

Die sonnigen, trockenen Gegenden in der Mitte und im Südosten Washingtons erinnern an Kalifornien und verfügen über eine nicht ganz so geheime Geheimwaffe: Wein. Das fruchtbare Land, das an die Flusstäler des Yakima und des Columbia River grenzt (welche wiederum an den Nil erinnern), wird von geschäftstüchtigen neuen Weingütern überflutet, deren hervorragende Tropfen mittlerweile mit denen aus dem Napa und dem Sonoma Valley um Anerkennung konkurrieren. Bisher waren Yakima und das noch attraktivere Ellensburg sehr angesagt, inzwischen aber heißt der echte Star Walla Walla.

Yakima & Ellensburg

Der Hauptgrund für einen Zwischenstopp in Yakima ist der Besuch eines der zahlreichen Weingüter zwischen Yakima und Benton City; Landkarten gibt's im **Visitor Center** (☎800-221-0751; www.visityakima.com; 101 N 8th St; ⏲Juni–Aug. Mo–Sa 9–17, So 10–16 Uhr, Sept.–Mai kürzere Öffnungszeiten).

Ein besserer Aufenthaltsort ist Ellensburg, eine winzige Siedlung 36 Meilen (58 km) nordwestlich von Yakima. Hier findet jedes Jahr am Labor Day das größte Rodeo des Bundesstaats statt, und im Ortszentrum gibt's (angeblich) mehr Cafés pro Kopf als irgendwo anders auf der Welt. Am besten holt man sich beim hiesigen Kaffeeröster **D&M Coffee** (☎509-962-9333; www.dmcoffee.com; 323 N Pearl St; Hauptgerichte 5–7 US$; ⏲Mo–Sa 7–22, So bis 20 Uhr) einen Latte und isst im unkonventionellen **Yellow Church Cafe** (☎509-933-2233; www.theyellowchurchcafe.com; 111 S Pearl St; Abendessen 17–27 US$; ⏲Mo–Do 11–21, Fr–So 8–21 Uhr).

Greyhound bedient beide Orte mit Bussen nach Seattle, Spokane und zu Zielen dazwischen.

Walla Walla

Walla Walla hat sich in das angesagteste Weinanbaugebiet außerhalb von Kalifornien verwandelt. Das ehrwürdige Marcus Whitman College ist das kulturelle Wahrzeichen der Stadt, in der es neben schicken Weinprobierstuben auch skurrile Cafés, herrliche Gebäude im Queen-Anne-Stil und einen der besten und lebhaftesten Bauernmärkte in Washington gibt.

Sehenswertes & Aktivitäten

Man muss nicht weinselig sein, um das historische und kulturelle Erbe von Walla Walla schätzen zu können. Die Main St hat

ABSTECHER

DER GRAND COULEE DAM

Den berühmten Hoover Dam (in günstiger Lage zwischen Las Vegas und dem Grand Canyon) besuchen rund 1,6 Mio. Traveller pro Jahr, während der viermal größere und wohl auch bedeutendere **Grand Coulee Dam** GRATIS (in unpraktischer Lage irgendwo im Nirgendwo) von Reisenden weitgehend ignoriert wird. Wer in der Gegend ist, sollte den Staudamm unbedingt besuchen: Er ist eine der größten Leistungen der Ingenieurbaukunst in den USA, und man kann ihn ganz ohne Massenandrang bestaunen.

Das **Grand Coulee Dam Visitor Center** (☎509-633-9265; www.usbr.gov/pn/grandcoulee/visit; ⏲Juni & Juli 8.30–23 Uhr, Aug. bis 22.30, Sept. bis 21.30 Uhr, Okt.–Mai 9–17 Uhr) informiert mit Filmen, Fotos und interaktiven Exponaten über die Geschichte des Staudamms und der umliegenden Gegend. Kostenlose Führungen durch die Anlage finden von Mai bis September zwischen 10 und 17 Uhr zu jeder vollen Stunde statt und in den übrigen Monaten um 11 und 14 Uhr. Dabei fährt man mit einem verglasten Aufzug 142 m hinunter in das Krafthaus Nr. 3, wo man von einer Beobachtungsterrasse aus einen Blick auf die Generatoren werfen kann.

jede Menge historische Auszeichnungen erhalten, und bei den interessanten, von der hiesigen **Chamber of Commerce** (509-525-0850; www.wallawalla.org; 29 E Sumach St; Mo–Fr 8.30–17 Uhr) zusammengestellten Stadtführungen wird die Vergangenheit lebendig. Rund um die Main St gibt's auch diverse Verkostungsräume der Weingüter (Verkostung 5–10 US$).

Fort Walla Walla Museum MUSEUM
(509-525-7703; www.fwwm.org; 755 Myra Rd; Erw./Kind 8/3 US$; März–Okt. 10–17 Uhr, Nov.–Feb. bis 16 Uhr;) Dieses Museum ist ein Dorf aus der Pionierzeit, zu dem 17 historische Gebäude gehören. Zu sehen sind Sammlungen landwirtschaftlicher Geräte, Utensilien aus der Viehwirtschaft und die größte Plastikreplik eines Maultiergespanns weltweit.

Waterbrook Wine WEIN
(509-522-1262; www.waterbrook.com; 10518 W US 12; Verkostung 5–10 US$; Okt.–April So–Do 11–17, Fr & Sa bis 18 Uhr, Mai–Sept. 11–19 Uhr) Auf der Veranda des riesigen Weinguts, rund 10 Meilen (16 km) westlich der Stadt, kann man an warmen Tagen mit Blick auf den Teich wunderbar viele verschiedene Weine probieren. Donnerstags bis sonntags wird auch Essen serviert.

Amavi Cellars WEINGUT
(509-525-3541; www.amavicellars.com; Peppers Bridge Rd; 10–16 Uhr) Südlich von Walla Walla kann man inmitten hübscher Weinberge und Apfelgärten einige der bekanntesten Weine des Tals probieren (nicht verpassen sollte man den Syrah und den Cabernet Sauvignon!). Die elegante, aber trotzdem gemütliche Veranda bietet Blick auf die Blue Mountains.

Schlafen & Essen

Walla Walla Garden Motel MOTEL $
(509-529-1220; www.wallawallagardenmotel.com; 2279 Isaacs Ave; Zi. ab 72 US$;) Dieses schlichte, familienbetriebene Motel liegt auf halber Strecke zum Flughafen. Das einladende Garden Motel (ehemals Colonial) ist auf Radfahrer eingestellt und hat ein sicheres, großes Fahrradlager sowie viele Karten zur Gegend.

Marcus Whitman Hotel HOTEL $$
(509-525-2200; www.marcuswhitmanhotel.com; 6 W Rose St; Zi. ab 149 US$;) Walla Wallas bekanntestes Wahrzeichen ist auch das einzige hohe Gebäude im Ort – unverkennbar dank seines Dachturms. Im Einklang mit den Bemühungen, die historische Erscheinung der Siedlung zu erhalten, wurde der wunderschöne Ziegelbau von 1928 elegant restauriert und ausgestattet: Die vielen Zimmer sind in Rost- und Brauntönen gehalten, mit italienischen Möbeln und riesigen Betten bestückt und punkten mit einem tollen Blick auf die nahe gelegenen Blue Mountains. Das hauseigene Restaurant, das **Marc** (Hauptgerichte 15–40 US$; ab 17.30 Uhr), ist eines der schicksten im Ort.

Graze CAFÉ $
(509-522-9991; 5 S Colville St; Sandwiches 8–12 US$; Mo–Sa 10–19.30, So bis 15.30 Uhr;) Die wunderbaren Sandwiches kann man sich für ein Picknick einpacken lassen oder direkt in dem einfachen Café verzehren (falls man einen Tisch ergattert). Unser Tipp: das Puten-Birnen-Panino mit Provolone und Blauschimmelkäse oder Steak-Torta mit eingelegten Jalapeños, Avocado, Tomate, Koriander und Chipotle-Dressing. Es gibt auch viele vegetarische Optionen.

Saffron Mediterranean Kitchen MEDITERRAN $$$
(509-525-2112; www.saffronmediterraneankitchen.com; 125 W Alder St; Hauptgerichte 26–42 US$; Mai–Okt. Di–Sa 14–22, So bis 21 Uhr, Nov.–April Di–So 14–21 Uhr) Hier geht's nicht ums Kochen, sondern um Alchemie: Der Koch nimmt saisonale und regionale Zutaten und verwandelt sie in pures Gold. Auf der mediterran inspirierten Karte stehen Gerichte wie Bison-Rib-Eye-Steak und Nessel-Pappardelle mit Entenragout. Die Weine – und Biere – werden passend zum Gericht serviert. Im Voraus reservieren.

An- & Weiterreise

Alaska Airlines bietet täglich zwei Flüge vom nordöstlich der Stadt, abseits des US 12 gelegenen **Walla Walla Regional Airport** (www.wallawallaairport.com) zum Seattle-Tacoma International Airport.

Greyhound hat täglich einen Bus nach Seattle (47 US$, 7 Std.) über Pasco, Yakima und Ellensburg. Nach Spokane steigt man in Pasco um.

OREGON

Es ist schwer, Oregons Landschaft und Einwohner mit wenigen Worten zu beschreiben. Die Landschaft reicht von zerklüfteten Küstenstreifen und üppigen, immergrünen Wäldern bis hin zu öden, fossilienübersäten

KURZINFOS OREGON

Spitzname Beaver State

Bevölkerung 4 028 977 Ew.

Fläche 248 633 km²

Hauptstadt Salem (160 614 Ew.)

Weitere Städte Portland (632 309 Ew.), Eugene (160 561 Ew.), Bend (87 014 Ew.)

Verkaufssteuer keine

Geburtsort von Ex-US-Präsident Herbert Hoover (1874–1964), Schauspielerin und Tänzerin Ginger Rogers (1911–1995), Autor Ken Kesey (1935–2001), Regisseur Gus Van Sant (* 1952), dem Erfinder der *Simpsons* Matt Groening (* 1954)

Heimat des Oregon Shakespeare Festival (OSF), von Nike und dem Crater Lake

Politik Demokratische Gouverneure seit 1987

Berühmt für Wälder, Regen, Kaffee und den Death with Dignity Act (Sterbehilfegesetz Oregons)

Staatsgetränk Milch (Milchprodukte sind hier sehr wichtig)

Entfernungen Portland–Eugene 110 Meilen (177 km); Portland–Aoria 96 Meilen (154 km); in Oregon darf man nicht selbst tanken.

Wüsten, Vulkanen und Gletschern. Und was die Bevölkerung betrifft – auch die ist bunt gemischt, von konservativen Holzfällern bis zu liberalen Umweltschützern. Aber etwas haben sie gemeinsam: den unabhängigen Geist, die Liebe zur Natur und die leidenschaftliche Begeisterung für ihre Heimat.

Es dauert normalerweise nicht lange, bis auch Besucher die gleiche Begeisterung für Oregon fühlen. Wer würde sich denn nicht in den Anblick des glitzernden Crater Lake, die atemberaubenden Farben der Painted Hills in John Day oder die Wanderwege durch tiefe Wälder und über spektakuläre Gebirgspässe verlieben? Und dann gibt's da noch die Städte: Man kann im flippigen Portland wie ein König speisen, in Ashland erstklassige Theaterproduktionen sehen und in Bend jede Menge Biere durchprobieren.

Portland

Oregons größte Stadt war immer wie ein gut gehütetes Geheimnis: Sie bot alle kulturellen Vorteile einer Großstadt und hatte trotzdem die Atmosphäre und Erschwinglichkeit einer Kleinstadt. Aber das kleine alte Stumptown ist dem in vielerlei Hinsicht entwachsen.

Die meisten Veränderungen, die Portland durchgemacht hat, sind positiv. Sicher, das Parken ist etwas schwieriger und Kneipen zum gepflegten Versumpfen sind heute seltener, aber andererseits finden sich in fast jeder Häuserzeile eine Kaffeerösterei und eine Kleinbrauerei. Und es gibt mehr Imbisse, die besser sind denn je.

Portland ist unglaublich reich mit Naturschönheiten gesegnet: Perfekte Parks, grüne Bäume und bunt blühende Sträucher säumen die Straßen in den hübschen Wohnvierteln, der Willamette River schlängelt sich durch die Stadt und am Horizont wacht der Mt. Hood. Und die aufgeschlossene, reizvoll unkonventionelle Einstellung hat sich sicherlich nicht verändert. Insofern gibt es heute noch mehr, was man an der Stadt lieben kann.

Sehenswertes

Downtown

★ **Tom McCall Waterfront Park** PARK

(Karte S. 1182; Naito Parkway) Der beliebte Park, der sich am Westufer des Willamette River erstreckt, wurde 1978 nach einer Bauzeit von vier Jahren fertigstellt. Er ersetzte eine Schnellstraße mit rund 2,5 km langen gepflasterten Spazierwegen, die jede Menge Grünflächen erschließen und Scharen von Joggern, Inlineskatern, Spaziergängern und Radfahrern anziehen. Im Sommer eignet sich der Park hervorragend für große Events unter freiem Himmel wie das Oregon Brewers Festival (S. 1185). Über die Steel und die Hawthorne Bridge geht es hinüber zur **Eastbank Esplanade**, einen gut 4 km langen Rundweg.

★ **Pioneer Courthouse Square** WAHRZEICHEN

(Karte S. 1182; www.thesquarepdx.org; Red, Blue, Green) Der mit Ziegelsteinen gepflasterte Platz ist das Herz von Portland, das auch als „Portlands Wohnzimmer" bezeichnet wird. Auf dem meistbesuchten öffentlichen Platz der Stadt tummeln sich nicht nur Hacky-Sack-Spieler, Sonnenanbeter oder Büroangestellte, die ihre Mittagspause genießen, sondern es finden hier auch Feste, Kundgebungen, Bauernmärkte und (im

Sommer) freitagabends Kinoaufführungen statt („Flicks on the Bricks").

Portland Building WAHRZEICHEN

(Karte S. 1182; Ecke SW 5th Ave & SW Main St) Das umstrittene 15-stöckige Gebäude von 1982 wurde von Michael Graves entworfen und machte den postmodernen Architekten über Nacht berühmt. Die Leute, die in dem Bürogebäude arbeiteten, wurden allerdings mit dem pastellfarbenen Betonklotz nie wirklich warm. Außerdem wurden in den letzten Jahren Probleme mit der Statik aufgedeckt, sodass eine umfassende Renovierung erforderlich ist, wenn das Gebäude gerettet werden soll. Zumindest wurde es mit dem 2006 aufgesetzten Ökodach ein wenig grüner.

Oregon Historical Society MUSEUM

(Karte S. 1182; ☎503-222-1741; www.ohs.org; 1200 SW Park Ave; Erw./Kind 11/5 US$; ⏲Mo–Sa 10–17, So 12–17 Uhr; 🚊Red, Blue) An den von Bäumen beschatteten **South Park Blocks** liegt das bedeutendste Geschichtsmuseum des Bundesstaats, das sich vor allem der Geschichte von Oregon und den Pionieren widmet. Es gibt auch interessante Abteilungen, die sich mit verschiedenen Einwanderer-Gruppen, amerikanischen Ureinwohnern und den Strapazen des Oregon Trail beschäftigen. Im Untergeschoss werden Wechselausstellungen gezeigt.

Portland Art Museum MUSEUM

(Karte S. 1182; ☎503-226-2811; www.portlandartmuseum.org; 1219 SW Park Ave; Erw./Kind 19,99 US$/frei; ⏲Di–So 10–17, Do & Fr bis 20 Uhr; 🚌6, 38, 45, 55, 58, 68, 92, 96, 🚊NS Line, A-Loop) Das Kunstmuseum neben den South Park Blocks stellt hervorragende Exponate aus, u.a. Schnitzereien der amerikanischen Ureinwohner, asiatische und amerikanische Kunst, Fotografien und englisches Silber. Im Museum befindet sich auch das Whitsell Auditorium, ein erstklassiges Filmtheater, das häufig seltene oder internationale Filme zeigt und zum Northwest Film Center & School gehört.

Altstadt & Chinatown

Im Zentrum des ausgelassenen Portland aus den 1890er-Jahren – der einst berüchtigten Altstadt – trieben sich damals zwielichtige Gestalten herum. Heute findet man hier hübsche historische Gebäude, den Waterfront Park, den Samstagsmarkt und ein paar gute Nachtclubs.

Der Altstadt wird im Allgemeinen auch die historische Chinatown zugeschrieben. Diese ist zwar nicht mehr das Zentrum der chinesischen Gemeinde (die ist an den südöstlichen Stadtrand gezogen), aber man kann hier die verzierten **Chinatown Gates** (Karte S. 1182; Ecke W Burnside St & NW 4th Ave; 🚌20), den ruhigen **Lan Su Chinese Garden** (Karte S. 1182; ☎503-228-8131; www.lansugarden.org; 239 NW Everett St; Erw./Kind 10/7 US$; ⏲Mitte April–Mitte Okt. 10–19 Uhr, Mitte Okt.–Mitte April bis 17 Uhr; 🚌4, 8, 16, 35, 44, 77, 🚊Blue, Red) und die sogenannten **Shanghai Tunnels** (Karte S. 1182; ☎503-622-4798; www.shanghaitunnels.info; 120 NW 3rd Ave; Erw./Kind 13/8 US$; 🚌12, 19, 20, 🚊Blue, Red) bewundern. Durch die Tunnel werden teilweise Führungen angeboten.

Saturday Market MARKT

(Karte S. 1182; ☎503-222-6072; www.portlandsaturdaymarket.com; 2 SW Naito Parkway; ⏲März–Dez. Sa 10–17, So 11–16.30 Uhr; 👪; 🚌12, 16, 19, 20, 🚊Red, Blue) Die beste Zeit für einen Bummel am Ufer entlang ist das Wochenende. Samstags wird hier dieser berühmte Markt mit Handwerkskunst, Straßenkünstlern und Imbissbuden abgehalten.

Pearl District & Northwest

Wenn die Portlander von „Northwest" reden, dann meinen sie meistens das nördlich der W Burnside St gelegene attraktive Viertel um die NW 21st und 23rd Ave. Das wichtigste Wohngebiet von Portland im späten 19. Jh. entwickelte sich später zum vornehmen Geschäftsviertel. In den letzten Jahren hat es aber ein wenig zu kämpfen, weil sich die Restaurant- und Einkaufsszene weiter nach Osten verlagert hat. Dennoch kann man schöne Spaziergänge durch das malerische Viertel unternehmen, das schöne alte Apartmentgebäude und eines der besten Kunstfilmkinos der Stadt beherbergt. Es ist schwierig, hier zu parken, aber nicht unmöglich. Man kann alternativ aus Downtown auch die Straßenbahn nehmen (oder einfach laufen).

Gleich östlich von Northwest liegt **Pearl District**, ein altes Industriegebiet, das sich zu Portlands nobelstem Viertel entwickelt hat. Aus den ehemaligen Lagerhäusern sind heute schicke Lofts mit den höchsten Immobilienpreisen in Oregon geworden. Bei einem Bummel kann man die piekfeinen Boutiquen, trendigen Restaurants und Kunstgalerien in Augenschein nehmen.

Portland

0 400 m
0 0,2 Meilen

Olympia Provisions (0,3 Meilen); Ataula (0,9 Meilen)
NW Northrup St
NW Marshall St
NW Lovejoy St
NW Kearney St
NW Johnson St
NW Irving St
NW Hoyt St
NW 18th Ave
NW 17th Ave
NW 16th Ave
NW 15th Ave
NW 14th Ave
PEARL DISTRICT
19
14
NW Flanders St
NW Everett St
NW Davis St
NW Couch St
West Hills (0,7 Meilen); Forest Park (1,2 Meilen); Washington Park (1,2 Meilen)
24
25
W Burnside St
22
21
11
18
17
16
Ecliptic Brewing (1,5 Meilen); Sauvie Island (10 Meilen)
Moda Center (0,3 Meilen); Hotel Eastlund (0,4 Meilen); Oregon Convention Center (0,5 Meilen); Lloyd Center (0,9 Meilen); Culmination Brewing (1,5 Meilen); Portland International (8 Meilen)
Union Station (Amtrak)
NW Irving St
NW Hoyt St
Greyhound
NW Glisan St
NW 9th Ave
NW Park Ave
NW 8th Ave
Bolt Bus
NW Broadway
NW 6th Ave
NW 5th Ave
NW 4th Ave
NW 3rd Ave
NW 2nd Ave
4
15
9
3
OLD TOWN & CHINATOWN
Eastbank Esplanade (0,2 Meilen); Doug Fir Lounge, Jupiter Hotel (0,4 Meilen); Cider Riot (0,5 Meilen)
SW Ankeny St
SW Ash St
10
8
SW Pine St
SW Oak St
SW Stark St
SW Broadway
13
SW Washington St
SW Alder St
Willamette River
Travel Portland
1 Pioneer Courthouse Square
Morrison Bridge
SW 16th Ave
SW 15th Ave
SW 14th Ave
SW 13th Ave
SW 12th Ave
SW 11th Ave
SW 10th Ave
SW 9th Ave
SW Park Ave
SW Morrison St
International Rose Test Garden (0,8 Meilen); Japanese Garden (1 Meilen)
12
20
DOWNTOWN
SW Yamhill St
SW Taylor St
SW Salmon St
SW Main St
SW Front Ave (Naito Pkwy)
2 Tom McCall Waterfront Park
6
5
7
SW Jefferson St
SW Madison St
SW Columbia St
SW Clay St
SW Market St
SW Mill St
SW Park Ave
SW 3rd Ave
SW 2nd Ave
SW 1st Ave
23
Oregon Zoo (1,4 Meilen)
Hawthorne Bridge
Oregon Museum of Science and Industry (0,3 Meilen); Coava Coffee (0,4 Meilen); Potato Champion (0,7 Meilen)
SW Hall St
SW Broadway
SW 6th Ave
SW 5th Ave
SW 4th Ave
405
26
Aerial Tram (0,7 Meilen)

West Hills

Forest Park PARK
(☎503-223-5449; www.forestparkconservancy.org) An den gepflegten Washington Park im Süden (mit dem er über zahlreiche Wege verbunden ist) grenzt der sehr viel wildere 20,6 km² große Forest Park, ein gemäßigter Regenwald, der Pflanzen, Tieren und begeisterten Wanderern ein Zuhause bietet. Die **Portland Audubon Society** (☎503-292-6855; www.audubonportland.org; 5151 NW Cornell Rd; ⏰9–17 Uhr, Naturladen Mo–Sa 10–18 Uhr, So bis 17 Uhr; 🚌20) GRATIS betreibt einen Buchladen

Portland

Highlights
1 Pioneer Courthouse Square C4
2 Tom McCall Waterfront Park D4

Sehenswertes
3 Chinatown Gates C3
4 Lan Su Chinese Garden D2
5 Oregon Historical Society B5
6 Portland Art Museum B5
7 Portland Building C5
8 Saturday Market D3
9 Shanghai Tunnels D3

Aktivitäten, Kurse & Touren
10 Pedal Bike Tours D3

Schlafen
11 Ace Hotel B3
12 Heathman Hotel B4
13 Hotel Monaco C4
14 Northwest Portland Hostel A2
15 Society Hotel C2

Essen
16 Bing Mi! B3
Clyde Common .... (siehe 11)
17 Nong's Khao Man Gai B3
18 Tasty n Alder B3

Ausgehen & Nachtleben
19 Barista B2

Unterhaltung
20 Arlene Schnitzer Concert Hall B4
21 Artists Repertory Theatre A3
22 Crystal Ballroom B3
23 Keller Auditorium C5
24 Portland Center Stage B3

Shoppen
25 Powell's City of Books B3

und ein Rehabilitationszentrum für Wildtiere und pflegt 6,5 km Wanderwege innerhalb des Forest-Park-Naturschutzgebietes.

Washington Park PARK
(www.washingtonparkpdx.org; ; Blue, Red) Der kultivierte und gepflegte Washington Park beherbergt auf seinem 162 ha großen Gelände einige große Attraktionen. Der **International Rose Test Garden** (www.rosegardenstore.org; 400 SW Kingston Ave; 7.30–21 Uhr; 63) GRATIS bildet das Herzstück von Portlands berühmter Rosenblüte. Hier gibt es 400 verschiedene Rosenarten zu bewundern und man kann die tolle Aussicht auf die Stadt genießen. Weiter hügelaufwärts liegt der **Japanese Garden** (503-223-1321; www.japanesegarden.com; 611 SW Kingston Ave; Erw./Kind 14,95/10,45 US$; Mitte März–Sept. Mo 12–19, Di–So 10–19 Uhr, Okt.–Mitte März Mo 12–16, Di–So 10–16 Uhr; 63), eine weitere Oase des Friedens. Wer Kinder dabei hat, sollte im **Oregon Zoo** (503-226-1561; www.oregonzoo.org; 4001 SW Canyon Rd; Erw./Kind 14,95/9,95 US$; Juni–Aug. 9.30–18 Uhr, Sept.–Mai kürzere Öffnungszeiten; ; 63, Blue, Red) und im **Portland Children's Museum** (503-233-6500; www.portlandcm.org; 4015 SW Canyon Rd; 10,75 US$, 1. Fr im Monat 16–19 Uhr Eintritt frei; 9–17 Uhr; ; 63, Red, Blue) vorbeischauen.

Nordosten & Südosten

Vom Stadtzentrum aus betrachtet jenseits des Willamette River liegt das **Lloyd Center** (503-282-2511; www.lloydcenter.com; 2201 Lloyd Center; Mo–Sa 10–21, So 11–18 Uhr; Red, Blue, Green), Oregons größte Shopping-Mall. Hier befindet sich die Eislaufbahn, auf der die berühmte Eiskönigin Tonya Harding das Schlittschuhlaufen lernte. Ein paar Straßen weiter südwestlich stehen die unübersehbaren Glastürme des **Oregon Convention Center** (www.oregoncc.org; 777 NE Martin Luther King Jr Blvd; Red, Blue, Green, Yellow). Ganz in der Nähe befindet sich das **Moda Center** (503-235-8771; www.rosequarter.com/venue/moda-center; 1 N Center Court St; Yellow), wo das Profi-Basketballteam der Trailblazers seine Spiele austrägt.

Ein Stückchen weiter den Willamette River hinauf liegt die **N Mississippi Avenue**, die früher von heruntergekommenen Gebäuden gesäumt war, in der es aber heute jede Menge angesagte Läden und Lokale gibt. Im Nordosten liegt die künstlerisch angehauchte **NE Alberta Street**, ein langer Streifen mit Kunstgalerien, Boutiquen und Cafés (am letzten Donnerstag im Monat steigt hier das Straßenkunst-Event **Last Thursday** (www.lastthursdayonalberta.com), das man nicht verpassen sollte). Den **SE Hawthorne Boulevard** (nahe der SE 39th Ave) haben Hippies voll im Griff: mit Souvenirläden, Cafés, Coffee-Shops und zwei Filialen der Buchladenkette Powell's. Eine begrünte Meile weiter südlich hat sich die **SE Division Street** in ein Paradies für Feinschmecker verwandelt. Hier gibt es jede Menge ausgezeichnete Restaurants, Bars und Kneipen, ebenso wie rund um die Ecke **E Burnside/NE 28th Avenue**, nur das hier alles ein bisschen beengter und schicker ist.

Aktivitäten

Wandern

Mit dem über 2000 ha großen Forest Park innerhalb der Stadtgrenzen hält Portland Wanderer gut auf Trab. In dem mit der Stadtbahn leicht erreichbaren **Hoyt Arboretum** (☎503-865-8733; www.hoytarboretum.org; 4000 Fairview Blvd; ⏱Wanderwege 5–21.30 Uhr, Besucherzentrum Mo–Fr 9–16, Sa & So 11–15 Uhr; Ⓡ Washington Park) GRATIS gibt es ein großes Netz an Wanderwegen, und noch mehr erkunden kann man im **Tryon Creek State Natural Area** (☎503-636-9886; www.oregonstateparks.org; 11321 SW Terwilliger Blvd).

Und wenn das noch nicht reichen sollte, gibt es ja auch noch das Wanderparadies Mt. Hood (S. 1195) und die Columbia River Gorge (S. 1193), die jeweils nur eine Stunde mit dem Auto entfernt sind.

Radfahren

Portland steht auf der Liste der fahrradfreundlichsten Städte der USA oft ganz oben.

Hübsche Radwege gibt's am **Willamette River** in Downtown. Zu empfehlen ist auch der im Vorort Boring beginnende, 34 km lange **Springwater Corridor**.

Mountainbiker können sich auf dem **Leif Erikson Dr** verausgaben. Hervorragende Single Trails und technisch anspruchsvolle Pisten gibt's am **Hood River** und am **Mt. Hood** (beide jeweils eine Fahrtstunde entfernt).

Malerisches Farmland gibt's auf **Sauvie Island** (www.sauvieisland.org; Hwy 30; Parkschein 10 US$/Tag), 10 Meilen (16 km) nordwestlich von Downtown Portland.

Die kostenlose Radtour-Karte *Portland by Bicycle* oder die Karte *Bike There!* (6 US$) erhält man bei der Touristeninformation sowie in jedem Fahrradladen.

Everybody's Bike Rentals & Tours RADFAHREN
(☎503-358-0152; www.pdxbikerentals.com; 305 NE Wygant St; Tour ab 69 US$/Pers., Radverleih 8–15 US$/Std.; ⏱10–15 Uhr; 🚌6) Es stimmt, dass man Portland am besten mit dem Rad erkunden kann, und dieser Anbieter veranstaltet entspannte, lustige Radtouren durch die Stadt und Umgebung zum Thema Essen und Farmen oder Bier und Parks. Fahrräder kann man hier ebenfalls ausleihen.

Kajakfahren

Da Portland in der Nähe des Zusammenflusses des Columbia River und des Willamette River liegt, verfügt es über viele befahrbare Wasserwege.

Portland Kayak Company KAJAKFAHREN
(☎503-459-4050; www.portlandkayak.com; 6600 SW Macadam Ave; Verleih ab 14 US$/Std.; ⏱10–17 Uhr; 🚌43) Dieser Anbietet verleiht Kajaks (mind. 2 Std.) und veranstaltet neben Einführungen auch Kajaktouren, darunter eine dreistündige Umrundung von Ross Island auf dem Willamette River (49 US$). Diese Tour ist täglich um 10 und 14 Uhr sowie von Mai bis September bei Sonnenuntergang (ab 18 Uhr) möglich.

Geführte Touren

Pedal Bike Tours RADFAHREN
(Karte S. 1182; ☎503-243-2453; www.pedalbiketours.com; 133 SW 2nd Ave; Tour 59–199 US$; ⏱10–18 Uhr; 🚌12, 19, 20, Ⓡ Blue, Red) Veranstal-

PORTLAND MIT KINDERN

Der Washington Park hat Familien mit kleinen Kindern am meisten zu bieten. Hier befindet sich der großartige Oregon Zoo in einer schönen, natürlichen Umgebung, die auch die Eltern genießen werden. Gleich daneben bieten das Portland Children's Museum und das **World Forestry Center** (☎503-228-1367; www.worldforestry.org; 4033 SW Canyon Rd; Erw./Kind 7/5 US$; ⏱10–17 Uhr, Labor Day–Memorial Day Di & Mi geschl.; 👪; 🚌63, Ⓡ Blue, Red) sehr anregende und lehrreiche Aktivitäten und Ausstellungen.

Am anderen Ufer des **Willamette River** ist das **Oregon Museum of Science and Industry** (OMSI; ☎503-797-4000; www.omsi.edu; 1945 SE Water Ave; Erw./Kind 14/9,75 US$; ⏱Juni–Aug. 9.30–17.30 Uhr, Sept.–Mai Mo geschl.; 👪; 🚌9, 17, 🚋A Loop, B Loop, Ⓡ Orange) ein hervorragendes Ausflugsziel mit Kino, Planetarium und sogar einem U-Boot. Weiter südlich sorgt der **Oaks Amusement Park** (☎503-233-5777; www.oakspark.com; 7805 SE Oaks Park Way; Tagesticket 15–31 US$, einzelne Fahrgeschäfte 3,75 US$, Eislaufen 6,60–7,50 US$; ⏱wechselnde Öffnungszeiten; 👪; 🚌35, 99) mit Achterbahnen, Minigolf und Jahrmarktsspielen bei Kids für gute Laune.

tet Radtouren zu allen möglichen Themen wie Geschichte, Imbisswagen und Bier. Es gibt sogar eine sogenannte „Pot Tour" durch Portland (69 US$), wo man in drei Stunden die Stadt aus Sicht des neuen Pot-Einzelhandels kennenlernt, einen Einblick in die Geschichte des Hanfanbaus in Oregon erhält, Ausgabestellen und Hanfläden besucht und alles Nötige zum legalen Kauf und Konsum von Marihuana erfährt. Vegane Knabbereien gibt's auch!

Portland Walking Tours STADTSPAZIERGANG
(☎503-774-4522; www.portlandwalkingtours.com; Tour 20–79 US$/Pers.) Bietet jeden Tag Stadtführungen rund ums Thema Essen, Schokolade und Untergrund an – und eine Geistertour steht zur Auswahl. Die neue Tour „Macher und ihre Ateliers" gewährt einen Einblick hinter die Kulissen von Portlands unabhängiger Kreativszene vom Kunsthandwerk und der Holzverarbeitung bis hin zu Lederwaren und einer Brauerei. Alle Führungen haben verschiedene Startpunkte. Reservierung empfohlen!

Feste & Events

Portland Rose Festival KULTUR
(www.rosefestival.org; Ende Mai–Mitte Juni) Rosenbedeckte Flöße, Drachenbootrennen, ein Jahrmarkt am Flussufer, Feuerwerk, Seemänner und die Krönung einer Rosenkönigin machen dieses Fest zum größten in Portland. Höhepunkte sind die abendliche Starlight Parade und die Grand Floral Parade (Mitte Juni).

Oregon Brewers Festival BIER
(www.oregonbrewfest.com; Tom McCall Waterfront Park; Eintritt frei, 7 US$/Probierglas, 1 US$/Probe; Ende Juli) Am letzten Juliwochenende kann man im Waterfront Park Craft-Biere von nah und fern probieren – jeder ist glücklich, selbst Abstinenzler haben ihren Spaß. Es gibt hier auch Imbissbuden und andere Bierverkäufer im Park.

Bite of Oregon ESSEN & TRINKEN
(www.biteoforegon.com; Ticket 6 US$; Anfang Sept.) Essen und Bier, so weit die Vorstellung reicht: Vieles kommt aus den hervorragenden regionalen Restaurants, manches auch von den berühmten Food Carts Portlands. Hier findet man auch gute Biere von Kleinbrauereien. Das Fest findet zu Gunsten der Special Olympics Oregon statt. Veranstaltungsort und -zeit variieren jedes Jahr; online nachprüfen.

Schlafen

Die hier aufgeführten Preise beziehen sich auf die Sommersaison, in der man möglichst vorab reservieren sollte. Die Preise in Spitzenklassehotels hängen stark von der Dauer des Aufenthalts und dem Wochentag ab.

Hawthorne Portland Hostel HOSTEL $
(☎503-236-3380; www.portlandhostel.org; 3031 SE Hawthorne Blvd; B 34–37 US$, DZ mit Gemeinschaftsbad 74 US$; 14) Das umweltfreundliche Hostel in hervorragender Lage in Hawthorne hat zwei Privatzimmer und geräumige Schlafsäle. Im Sommer finden Open-Mic-Abende im grünen Hinterhof statt, und es gibt einen Fahrradverleih (samt Reparaturwerkstatt). Das Hostel kompostiert, recycelt, verwendet Regenwasser für die Toiletten und hat ein hübsches Öko-Dach. Für Radfahrer gibt's Rabatte.

Northwest Portland Hostel HOSTEL $
(Karte S. 1182; ☎503-241-2783; www.nwportlandhostel.com; 425 NW 18th Ave; B 34–40 US$, DZ mit Gemeinschaftsbad ab 89 US$; 77) Das freundliche, saubere Hostel in perfekter Lage zwischen dem Pearl District, der NW 21st und der 23rd Ave verteilt sich über vier alte Gebäude mit vielen Gemeinschaftsbereichen (darunter einer kleinen Terrasse). Es gibt hier außerdem ermäßigte Leihfahrräder. Die Schlafsäle sind geräumig, und die privaten Zimmer sind so hübsch wie Hotelzimmer, teilen sich aber alle die Badezimmer draußen. Nicht-HI-Mitglieder zahlen 3 US$ zusätzlich.

★ Kennedy School HOTEL $$
(☎503-249-3983; www.mcmenamins.com/kennedyschool; 5736 NE 33rd Ave; DZ ab 155 US$; 70) Die frühere Grundschule ist heute ein Hotel (man schläft in den alten Klassenzimmern) mit Restaurant, tollem Hofgarten, mehreren Bars, einer Kleinbrauerei und einem Kino. Gäste können den Pool kostenlos nutzen. Die ganze Schule ist im typischen McMenamins-Stil mit Mosaiken, Fantasiegemälden und alten Fotos dekoriert.

★ Ace Hotel BOUTIQUEHOTEL $$
(Karte S. 1182; ☎503-228-2277; www.acehotel.com; 1022 SW Stark St; DZ mit Gemeinschaftsbad/eigenem Bad ab 175/245 US$; P; 20) Das gut etablierte Hotel vereint erfolgreich Industrie-, Minimal- und Retro-Stile. Von der Fotobox im Foyer bis hin zu den recycelten Stoffen und den Möbeln aus wiederverwertetem Holz in den Zimmern

wirkt das Hotel sehr schick und typisch für Portland. Auf dem Gelände gibt's ein Stumptown Café und eine Untergrund-Bar, und das schicke **Clyde Common Bistro** (Karte S. 1182; 503-228-3333; www.clydecommon.com; 1014 SW Stark St; Hauptgerichte 9–29 US$; Mo–Fr 11.30–24, Sa 15–24, So 15–23 Uhr) befindet sich gleich neben der Lobby. Die Lage ist nicht zu toppen.

★ Society Hotel HOTEL **$$**
(Karte S. 1182; 503-445-0444; www.thesocietyhotel.com; 203 NW 3rd Ave; B 55 US$, DZ ab 129 US$; ; 4, 8, 16, 35, 44, 77, Red, Blue, Green) Dieser Newcomer ist die einzige Absteige in der Altstadt bzw. in Chinatown. Das hübsche Hotel in dem historischen Mariners Building von 1881, ursprünglich eine Herberge für Seeleute, hat einen tadellosen Sinn für Mode. Es gibt hier Schlafsäle und private Zimmer sowie eine lebhafte Bar und eine Dachterrasse. Einige Eckzimmer haben große Fenster, durch die viel Sonnenlicht dringt.

Jupiter Hotel MOTEL **$$**
(503-230-9200; www.jupiterhotel.com; 800 E Burnside St; DZ ab 143 US$; ; 20) Das schicke Motel in Gehweite zur Downtown liegt neben dem Doug Fir (S. 1189), einem tollen Schuppen für Livemusik. Die Standardzimmer sind winzig; man hält sich besser an die Metro-Zimmer und bittet um ein Zimmer möglichst weit weg von der Bar im Hof, wenn man nicht selbst eine Nachteule ist. Es gibt auch einen Fahrradverleih. Wer nach Mitternacht ankommt, erhält einen Rabatt – sofern noch Zimmer frei sind.

Caravan BOUTIQUEHOTEL **$$**
(503-288-5225; www.tinyhousehotel.com; 5009 NE 11th Ave; Zi. 165–175 US$; ; 72) Der Trend zum Mini-Haus hat sich in diesem Hotel im künstlerisch angehauchten Viertel Alberta manifestiert: Hier schlafen die Gäste in bezaubernden Behausungen, die mit 8 bis 16 m² (inklusive Küche und Bad) kleiner als die meisten Hotelzimmer sind. Jeden Abend gibt's Lagerfeuer mit Marshmallows (kostenlos) und an manchen Abenden auch Livemusik. Im Sommer weit im Voraus buchen.

Heathman Hotel HOTEL **$$$**
(Karte S. 1182; 503-241-4100; www.heathmanhotel.com; 1001 SW Broadway; DZ ab 265 US$; P@; 15, 17, 35, 51) Das Heathman mit erstklassigem Service und einem neu eröffneten Meeresfrüchte-Restaurant des beliebten Starkochs Vitaly Paley ist eine Institution in Portland. Die Zimmer sind elegant, stilvoll und luxuriös – und zentral gelegen ist das Ganze auch noch. Nachmittags gibt's traditionellen englischen High Tea, mittwochs bis samstags Jazzkonzerte am Abend, und in der Bibliothek stehen 2700 Bücher, signiert von Autoren, die hier übernachtet haben.

Hotel Eastlund HOTEL **$$$**
(503-235-2100; www.hoteleastlund.com; 1021 NE Grand Ave; Zi. ab 249 US$; P; 6) Das glänzende neue Hotel im Lloyd District ersetzt das Red Lion. Angefangen beim Foyer ist alles mit ultra-modernen Möbeln, großen Kunstwerken, bunten Farben und weiten, offenen Räumen gestaltet. Die Zimmer haben entweder ein breites Doppelbett oder zwei Doppelbetten. Die Suiten sind nicht übermäßig groß, verfügen aber über Kochnischen und bodenlange Fenster. Das oben gelegene Restaurant **Altabira** (503-963-3600; www.altabira.com; 1021 NE Grand Ave; Hauptgerichte 17–28 US$; 11.30–23 Uhr) hat eine große Auswahl an Bieren und eine großartige Terrasse.

Essen

Mit Dutzenden junger Spitzenköche, die die Grenzen der regionalen Küche und der anderer Länder überschreiten und das Beste aus heimischen, nachhaltigen Zutaten kreieren, macht sich Portlands Gastronomie mehr und mehr landesweit einen Namen.

Nong's Khao Man Gai FOOD TRUCK **$**
(Karte S. 1182; 971-255-3480; www.khaomangai.com; Ecke SW 10th Ave & SW Alder St; Hauptgerichte ab 9 US$; Mo–Sa 10–16 Uhr; NS Line, A Loop, Red, Blue) Der weithin beliebte Imbisswagen verkauft zart pochiertes Hühnchen mit Reis und himmlischer Sauce. Das war's – und das ist auch genug! Es gibt auch noch zwei feste Adressen jeweils mit größerer Auswahl: 411 SW College St und 609 SE Ankeny St.

Bing Mi! FOOD TRUCK **$**
(Karte S. 1182; www.bingmiportland.com; Ecke SW 9th Ave & SW Alder St; Crêpes 6 US$; Mo–Fr 7.30–15, Sa 11–16 Uhr; Red, Blue) Der bei den Kritikern sehr beliebte Food Truck in Downtown serviert herzhaftes *jian bing* (gegrillte Crêpes aus Nordchina, gefüllt mit Rührei, eingelegtem Gemüse, frittierten Crackern, Schwarzbohnenpaste und Chilisauce). Das ist alles, was man bekommt – aber mehr braucht man auch nicht.

★ Stammtisch DEUTSCH **$$**
(503-206-7983; www.stammtischpdx.com; 401 NE 28th Ave; kleine Teller 4–9 US$, Hauptgerich-

te 12–23 US$; ⌚Mo–Fr 15–1.30, Sa & So 11–1.30 Uhr; 👪; 🚌19) In der dunklen, gemütlichen Kiezkneipe gibt's gutes deutsches Essen und die passenden Biere. Zu empfehlen sind die hervorragenden Maultaschen in heller, zitroniger Weinsauce, die Muscheln in Nesselbrühe und das mit Paprika gewürzte Brathähnchen.

Ken's Artisan Pizza PIZZA **$$**
(☎503-517-9951; www.kensartisan.com; 304 SE 28th Ave; Pizza 13–18 US$; ⌚Mo–Do 17–21.30, Fr 17–22, Sa 16–22, So 16–21 Uhr; 🚌20) Hier gibt's köstliche Holzofenpizza mit knusprigem, dünnen Boden und Belägen wie Prosciutto, Fenchelwürstchen oder grünem Knoblauch in supercoolem Ambiente mit großen Schiebefenstern zur Straße hin, die an warmen Tagen geöffnet sind. Auf lange Wartezeiten einstellen – keine Reservierung möglich.

Olympia Provisions FRANZÖSISCH **$$**
(☎503-894-8136; www.olympiaprovisions.com; 1632 NW Thurman St; Wurstplatte 14–18 US$, Sandwiches 11–15 US$, Hauptgerichte 22–35 US$; ⌚Mo–Fr 11–22, Sa & So 9–22 Uhr; 🚌16) Das französisch angehauchte Grill-Bistro serviert Wurst- und Käseplatten, Gourmet-Sandwiches, Salate und Feinkost und Hauptgerichte wie Grillhähnchen und gedünstete Muscheln. Zum Brunch gibt's auch köstliche Eier Benedict. Eine weitere Filiale befindet sich in der 107 SE Washington St.

Paadee THAILÄNDISCH **$$**
(☎503-360-1453; www.paadeepdx.com; 6 SE 28th Ave; Hauptgerichte 12–19 US$; ⌚11.30–15 & 17–22 Uhr; 🚌20) An der als „Restaurant Row" titulierten 28th Ave befindet sich dieses wunderschöne Restaurant, in dem Vogelkäfige als Lampenschirme dienen. Bei der Gestaltung ließ sich der Inhaber von seiner Kindheit in Thailand inspirieren. Die frischen Zutaten und Aromen beleben Gerichte wie Steaksalat oder *gra prao muu grob* (knuspriger Schweinebauch mit Basilikum und Chili). Es gibt auch leckere Cocktails.

People's Pig BARBECUE **$$**
(☎503-282-2800; www.peoplespig.com; 3217 N Williams Ave; Sandwich 10–12 US$, Hauptgerichte 14–25 US$; ⌚So–Do 11–21, Fr & Sa bis 22 Uhr; 🚌4, 24, 44) Das hiesige geräucherte Brathähnchen-Sandwich mit Jalapeño-Gelee und würziger Mayo steht bei vielen Einheimischen ganz oben auf der Liste der Lieblingssandwiches. Dazu bekommt man eine Beilage: Sehr gut passt Grünkohl. Man kann sich das Sandwich auch auf einem Teller mit zusätzlichen Beilagen servieren lassen, z.B. mit Schweineschulter, Rippchen, Lammfleisch oder Rinderbrust – alles ist hier gut.

Tasty n Sons AMERIKANISCH **$$**
(☎503-621-1400; www.tastynsons.com; 3808 N Williams Ave; kleine Teller 2–13 US$, Hauptgerichte 12–30 US$; ⌚So–Do 9–14.30 & 17–22, Fr & Sa bis 23 Uhr; 🚌44) Trendiges Restaurant mit hohen Decken, Industrie-Flair und hervorragenden kleinen Gerichten an einem plötzlich total angesagten Abschnitt des Fahrrad- und Autopendler-Highway in Portland. Am besten bestellt man ein paar Delikatessen wie Datteln im Speckmantel, gegrillte Wachteln mit Couscous oder Lamm-Souvlaki und genießt das alles gemeinsam. Falls vorhanden, unbedingt auch den Burmesischen Schmortopf probieren. Beim Brunch sollte man sich auf Wartezeiten einstellen. Beim Vergleich mit der anderen Filiale **Tasty n Alder** (Karte S. 1182; ☎503-621-9251; www.tastynalder.com; 580 SW 12th Ave; Hauptgerichte 16–27 US$; ⌚So–

PORTLANDS FOOD CARTS

Manche der besten Gerichte Portlands kommen aus bescheidenen kleinen Küchen auf Rädern. Überall in der Stadt sammeln sich Food Carts auf Parkplätzen und anderen Freiflächen und bieten hungrigen Spaziergängern die Gelegenheit, ungewöhnliche Gerichte zu günstigen Preisen zu probieren. Oft gibt es sogar überdachte Sitzbereiche, sodass man das Essen in Ruhe genießen kann. Ein paar empfehlenswerte Anbieter:

Holy Mole (https://www.facebook.com/holymolepdx)

Nong's Khao Man Gai

Potato Champion (☎503-683-3797; www.potatochampion.tumblr.com; 1207 SE Hawthorne Blvd; Hauptgerichte 3–11 US$; ⌚Di–Do & So 11–1, Fr & Sa bis 3 Uhr; 🍸)

Bing Mi!

Viking Soul Food (☎971-506-5579; www.vikingsoulfood.com; 4255 SE Belmont St; Hauptgerichte 3–10 US$; ⌚So–Do 12–20, Fr & Sa bis 21 Uhr; 🚌15)

Do 9–14 & 17.30–22, Fr & Sa bis 23 Uhr; 🚌15, 51) wird man Unterschiede feststellen.

★ Ava Gene's ITALIENISCH $$$

(☎971-229-0571; www.avagenes.com; 3377 SE Division St; Hauptgerichte 20–36 US$; ⏲Mo–Do 17–22, Fr 17–23, Sa 16.30–23, So 16.30–22 Uhr; 🚌4) Die bekannte, rustikale Trattoria mit italienischer Küche gehört Duane Sorenson, dem Gründer von Stumptown Coffee. Es gibt exzellente Pasta und Gemüsegerichte. Beste Zutaten, eine großartige Wein- und Cocktailkarte und ein ausgezeichneter Service runden das lohnende kulinarische Erlebnis ab. Vorab reservieren!

★ Ned Ludd AMERIKANISCH $$$

(☎503-288-6900; www.nedluddpdx.com; 3925 NE Martin Luther King Jr Blvd; kleine Teller 4–15 US$, Hauptgerichte 25–32 US$; ⏲17–22 Uhr; 🚌6) Typisch Portland: Von der rustikal-gemütlichen Inneneinrichtung bis hin zum omnipräsenten mit Holz befeuerten Ziegelofen, in dem alle Gerichte zubereitet werden, verströmt dieses unkonventionelle, gehobene Restaurant ein künstlerisches Flair. Die wunderschön angerichteten Speisen werden auf kleinen Tellern serviert und wechseln täglich. Hier schlägt man sich nicht einfach nur den Bauch voll, sondern kommt in den Genuss diverser Delikatessen amerikanischer Hausmannskost.

★ Ox STEAK $$$

(☎503-284-3366; www.oxpdx.com; 2225 NE Martin Luther King Jr Blvd; Hauptgerichte 13–52 US$; ⏲So–Do 17–22, Fr & Sa bis 23 Uhr; 🚌6) Das gehobene, argentinisch inspirierte Steakhaus ist eines der beliebtesten Restaurants von Portland. Am besten beginnt man mit der Suppe aus geräuchertem Muschelfleisch und macht mit dem genüsslichen Rib-Eye-Steak weiter, das von Rindern stammt, die nur frisches grünes Gras auf dem Speiseplan hatten. Für zwei Personen eignet sich das *asado* (80 US$), ein Grillteller mit verschiedenen Fleischsorten. Vorab reservieren!

Ataula SPANISCH $$$

(☎503-894-8904; www.ataulapdx.com; 1818 NW 23rd Pl; Tapas 8–17 US$, Paella 34–40 US$; ⏲Di–Sa 16.30–22 Uhr; 🚌15, 77) Das gefeierte spanische Tapas-Restaurant hat eine hervorragende Küche. Falls sie auf der Karte stehen, sollte man unbedingt die *nuestras bravas* (gebratene Kartoffelspalten in Milch-Aioli), *croquetas* (Kabeljau-Kroketten), *xupa-xup* (Chorizo-Lollis) oder *ataula montadito* (Lachs mit Mascarpone-Joghurt und Trüffelhonig) probieren. Es gibt auch tolle Cocktails. Reservierung unerlässlich!

 Ausgehen & Nachtleben

Das Trinken – ob Kaffee, Bier, Cider oder Kombucha – ist praktisch eine Art Freizeitsport in Portland. Im Winter ist es ein guter Grund, irgendwo einzukehren und dem Regen zu entkommen, im Sommer eine Entschuldigung, in einem Hof oder auf einer Terrasse zu sitzen und die ersehnten Sonnenstrahlen zu genießen. Was auch immer man mag, auf jeden Fall gibt's in Portland eine handgemachte, künstlerische Version davon.

★ Barista CAFÉ

(Karte S. 1182; ☎503-274-1211; www.baristapdx.com; 539 NW 13th Ave; ⏲Mo–Fr 6–18, Sa & So 7–18 Uhr; 🚌4, 6, 10, 14, 15, 30, 51) Das winzige, schicke Café des preisgekrönten Baristas Billy Wilson ist eines der besten in Portland. Die Bohnen kommen von speziellen Kaffeeröstereien. Es gibt noch drei weitere Filialen in der Stadt.

Coava Coffee CAFÉ

(☎503-894-8134; www.coavacoffee.com; 1300 SE Grand Ave; ⏲Mo–Fr 6–18, Sa & So 7–18 Uhr; 📶; 🚌6, 15, 🚋B Loop) Die Deko schöpft den neoindustriellen Look bis ins Extreme aus, doch das funktioniert ganz gut – und außerdem liefert das Coava genau das, worauf es ankommt. Man bekommt hier fantastischen Java-Kaffee, und auch der Espresso ist außergewöhnlich gut. Eine zweite Filiale liegt am 2631 SE Hawthorne Blvd.

Stumptown Coffee Roasters CAFÉ

(☎503-230-7702; www.stumptowncoffee.com; 4525 SE Division St; ⏲Mo–Fr 6–19, Sa & So 7–19 Uhr; 📶; 🚌4) Mit dem kleinen, beengten Stumptown fing alles an: Es ist die erste Kleinrösterei, die Portland zu einer großen Nummer in der Kaffeeszene werden ließ.

Breakside Brewery BRAUEREI

(☎503-719-6475; www.breakside.com; 820 NE Dekum St; ⏲So–Do 11.30–22, Fr & Sa bis 23 Uhr; 🚌8) Hier gibt es mehr als 20 Fassbiere – und es sind die vielleicht experimentellsten und leckersten, die man je trinken wird. Sie werden mit Obst, Gemüse und Gewürzen aromatisiert (unbedingt das hopfige Breakside IPA testen). Hauseigene Kreationen waren bisher z.B. ein Meyer-Lemon-Kölsch, ein Mango IPA und ein Rübenbier mit Ingwer. Das Stout mit Salzkaramell empfiehlt sich als Nachtisch. Es gibt auch gutes Essen und einen hübschen Sitzbereich im Freien.

Culmination Brewing KLEINBRAUEREI
(www.culminationbrewing.com; 2117 NE Oregon St; Teller 5–13 US$; ⏲ So–Do 12–21, Fr & Sa bis 22 Uhr; 🚌 12) Die komfortable Probierstube in einem renovierten alten Lagerhaus hat ein paar der besten Biere der Stadt (u.a. das erstklassige Phaedrus IPA und eine ganze Palette an limitierten saisonalen Bieren) und eine kleine, aber ungewöhnliche Speisekarte. Falls vorhanden, sollte man unbedingt das *pêche* probieren, auch wenn man sonst eigentlich keine obstigen Biere mag.

Ecliptic Brewing BRAUEREI
(☎ 503-265-8002; www.eclipticbrewing.com; 825 N Cook St; ⏲ So–Do 11–22, Fr & Sa bis 23 Uhr; 🚌 4) Das Ambiente ist in kühlem Industrie-Stil gehalten, aber das Bier spricht für sich. Die Brauerei wurde von John Harris gegründet, der vorher für McMenamins, Deschutes und Full Sail gebraut hat. Die pfiffigen Kreationen mit astronomischen Namen (z.B. das preisgekrönte Spica Pilsner) sind anspruchsvoll und sehr erfolgreich. Für Hungrige gibt's Lammbraten-Sandwiches, Muscheln und gedünsteten Kohl.

Cider Riot BRAUEREI
(www.ciderriot.com; 807 NE Couch St; ⏲ Mo & Mi–Fr 16–23, Sa & So 12–23 Uhr; 🚌 12, 19, 20) Portlands bester Cider-Hersteller hat jetzt auch seinen eigenen Schankraum, wo man direkt an der Quelle Everybody Pogo, Never Give an Inch oder Plastic Paddy probieren kann. Die Ciders hier sind trocken und komplex und bestehen aus regionalen Äpfeln – und überregionalem Anspruch.

Hopworks Urban Brewery BRAUEREI
(HUB; ☎ 503-232-4677; www.hopworksbeer.com; 2944 SE Powell Blvd; ⏲ So–Do 11–23, Fr & Sa bis 24 Uhr; 👪; 🚌 9) 🍃 Alle Biere werden mit regionalen Bio-Zutaten gebraut und in einem umweltfreundlichen Gebäude serviert, das mit Fahrradgestellen über dem Tresen dekoriert ist. Empfehlenswert sind das IPA und das mit Stumptown-Kaffee gebraute Survival Stout. Es gibt auch eine gute Essensauswahl, eine familienfreundliche Atmosphäre und eine Terrasse nach hinten hinaus, die bei warmem Wetter unschlagbar ist. Eine weitere Filiale befindet sich in 3947 N Williams Ave.

★ Unterhaltung

Wer wissen will, was in der Stadt gerade los ist, kann sich in diesen beiden Wochenblättern sowie auf deren Websites informieren: Die *Willamette Week* (www.wweek.com) erscheint mittwochs, der *Portland Mercury* (www.portlandmercury.com) donnerstags.

Livemusik

Doug Fir Lounge LIVEMUSIK
(☎ 503-231-9663; www.dougfirlounge.com; 830 E Burnside St; 🚌 20) Der abgedrehte Laden verbindet futuristische Elemente mit Blockhüttenästhetik und hat dazu beigetragen, dass sich das schäbige Lower Burnside (LoBu) in ein schickes Trendviertel verwandelt hat. Hier stehen großartige Bands auf der Bühne, und auch die Soundqualität ist in der Regel hervorragend. Im bunt gemischten Publikum findet sich alles von tätowierten Jugendlichen bis hin zu spießigen Yuppies. Das Restaurant oben hat lange Öffnungszeiten. Das Doug Fir befindet sich neben dem After-Party-freundlichen Jupiter Hotel (S. 1186).

Crystal Ballroom LIVEMUSIK
(Karte S. 1182; ☎ 503-225-0047; www.mcmenamins.com; 1332 W Burnside St; 🚌 20) In der großen historischen Konzerthalle haben schon Größen wie James Brown und Marvin Gaye in den frühen '60er-Jahren auf der Bühne gestanden. Die federnde, „bewegliche" Tanzfläche macht das Tanzen fast mühelos.

Mississippi Studios LIVEMUSIK
(☎ 503-288-3895; www.mississippistudios.com; 3939 N Mississippi Ave; 🚌 4) In der intimen Bar kann man gut musikalische Talente, aber auch etablierte Bands in Augenschein nehmen. Es gibt ein grandioses Soundsystem und nebenan ein gutes Restaurant mit Bar und Patio (sowie himmlischen Burgern). Liegt direkt an der geschäftigen N Mississippi Ave.

Darstellende Kunst

Portland Center Stage THEATER
(Karte S. 1182; ☎ 503-445-3700; www.pcs.org; 128 NW 11th Ave; Tickets ab 25 US$; 🚌 4, 8, 44, 77) Das wichtigste Theaterensemble der Stadt spielt in der Portland Armory, einem renovierten Wahrzeichen im Pearl District, das mit der neuesten Bühnentechnik ausgestattet ist.

Arlene Schnitzer Concert Hall KLASSIK
(Karte S. 1182; ☎ 503-248-4335; www.portland5.com; 1037 SW Broadway; 🚌 10, 14, 15, 35, 36, 44, 54, 56) In der schönen, wenn auch akustisch nicht überragenden Konzerthalle von 1928 in Downtown finden diverse Shows, Vorträge, Konzerte und andere Veranstaltungen statt.

NICHT VERSÄUMEN

POWELL'S

Powell's City of Books (Karte S. 1182; ☎ 800-878-7323; www.powells.com; 1005 W Burnside St; ⏰ 9–23 Uhr; 🚌 20) ist eine der größten unabhängigen Buchhandlungen der USA und nimmt einen ganzen Block mit neuen und gebrauchten Büchern ein. Hinzu kommen gut besuchte Lesungen. Weitere Filialen befinden sich in 3723 SE Hawthorne Blvd (mit einem Buchladen für Heim und Garten nebenan) sowie am Flughafen.

Artists Repertory Theatre THEATER
(Karte S. 1182; ☎ 503-241-1278; www.artistsrep.org; 1515 SW Morrison St; Tickets Preview/normal 25/50 US$; 🚌 15, 51) Einige der besten Stücke Portlands, darunter auch regionale Premieren, werden auf diesen zwei kleinen Theaterbühnen gezeigt.

Keller Auditorium DARSTELLENDE KUNST
(Karte S. 1182; ☎ 503-248-4335; www.portland5.com; 222 SW Clay St; 🚌 38, 45, 55, 92, 96) Im ehemaligen Civic Auditorium von 1917 finden eine Reihe von Veranstaltungen statt: von Konzerten großer Musiker (z. B. Sturgill Simpson) über Aufführungen der Portland Opera und des Oregon Ballet Theatre bis hin zu einigen Broadway-Produktionen.

Shoppen

Portlands Shoppingzone in Downtown erstreckt sich vom Pioneer Courthouse Sq aus über zwei Blocks und beherbergt die üblichen Verdächtigen. Im Pearl District wimmelt es von teuren Galerien, Boutiquen und Inneneinrichtungsläden. Am Wochenende sollte man dem Saturday Market am Skidmore Fountain einen Besuch abstatten. Eine sehr angenehme und vornehme Einkaufsstraße ist die NW 23rd Ave.

In Eastside gibt es viele angesagte Einkaufsstraßen, wo auch Restaurants und Cafés sind. Der SE Hawthorne Blvd ist die größte, die N Mississippi Ave die neueste und die NE Alberta St die künstlerischste und flippigste der Shoppingmeilen. Weiter im Süden ist Sellwood für Antiquitätenläden bekannt.

Praktische Informationen

MEDIEN

KBOO 90.7 FM (www.kboo.fm) Progressiver Lokalsender, der von Freiwilligen betrieben wird; alternative Nachrichten und Ansichten.

Portland Mercury (www.portlandmercury.com) Kostenloses Pendant zu Seattles *The Stranger*.

Willamette Week (www.wweek.com) Kostenlose Wochenzeitung mit lokalen Nachrichten und Kultur.

NOTFALL & MEDIZINISCHE VERSORGUNG

Portland Police Bureau (☎ 503-823-0000; www.portlandoregon.gov/police; 1111 SW 2nd Ave) Polizei und Notdienst.

Legacy Good Samaritan Medical Center (☎ 503-413-7711; www.legacyhealth.org; 1015 NW 22nd Ave) Nahe der Downtown.

POST

Post (Karte S. 1182; ☎ 503-525-5398; www.usps.com; 715 NW Hoyt St; ⏰ Mo–Fr 8–18.30, Sa 8.30–17 Uhr)

TOURISTENINFORMATION

Travel Portland (Karte S. 1182; ☎ 503-275-8355; www.travelportland.com; 701 SW 6th Ave; ⏰ Nov.–Apr. Mo–Fr 8.30–17.30, Sa 10–16, So bis 16, Mai.–Okt. zusätzlich So 10–14 Uhr; 🚋 Red, Blue, Green, Yellow) Superfreundliche Ehrenamtliche arbeiten in diesem Büro am Pioneer Courthouse Sq. Ein kleines Kino zeigt einen zwölfminütigen Film über die Stadt, ein Ticketschalter verkauft Fahrkarten für den Tri-Met-Bus und die Light Rail.

An- & Weiterreise

BUS

Greyhound (Karte S. 1182; ☎ 503-243-2361; www.greyhound.com; 550 NW 6th Ave; 🚋 Green, Orange, Yellow) Greyhound-Busse verbinden Portland mit Städten an der I-5 und der I-84. Ziele über Oregon hinaus sind u. a. Chicago, Denver, San Francisco, Seattle und Vancouver in British Columbia.

Bolt Bus (Karte S. 1182; ☎ 877-265-8287; www.boltbus.com) Verbindet Portland u. a. mit Seattle (ab 25 US$), Bellingham (40 US$), Eugene (15 US$) und Vancouver, British Columbia (50 US$). Abfahrt ist an der Ecke NW 8th Ave und NW Everett St.

FLUGZEUG

Portland International Airport (PDX; ☎ 503-460-4234; www.flypdx.com; 7000 NE Airport Way; 📶; 🚋 Red) Vom preisgekrönten Portland International Airport gehen täglich Flüge in die ganzen USA und zu mehreren internationalen Zielen. Der Flughafen liegt östlich der I-5 am Ufer des Columbia River und ist in einer 20-minütigen Fahrt vom Stadtzentrum aus zu erreichen.

ZUG

Amtrak (☎ 800-872-7245; www.amtrak.com; 800 NW 6th Ave; 🚌 17, 🚋 Green, Yellow) Amtrak-Züge fahren von der Union Station nach Chicago, Oakland, Seattle und Vancouver, British Columbia.

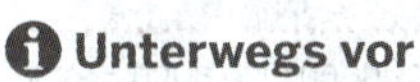

Unterwegs vor Ort

AUTO

Die meisten großen Autoverleiher betreiben in der Innenstadt und am Flughafen Büros. Neuerdings haben viele auch Hybrid-Wagen in ihr Sortiment aufgenommen. **Car 2 Go** (www.car2go.com/en/portland; Mitgliedsgebühr 5 US$, Verleih ab 15 US$/Std.) und **Zipcar** (www.zipcar.com; Mitgliedsgebühr ab 7 US$/Monat, Verleih 8–10 US$/Std.) sind zwei beliebte Car-Sharing-Unternehmen.

CHARTER-SERVICE

Auf Kundenwünsche zugeschnittene Touren im Bus oder Kleinbus veranstaltet **EcoShuttle** (☎503-548-4480; www.ecoshuttle.net). Alle Fahrzeuge fahren mit Biodiesel.

FAHRRAD

Clever Cycles (☎503-334-1560; www.clevercycles.com; 900 SE Hawthorne Blvd; Verleih 30 US$/Tag, Lastenrad 60 US$; ⏰Mo–Fr 11–18, Sa & So bis 17 Uhr; 🚌10, 14) Verleiht Klapp-, Familien- und Lastenräder.

VOM/ZUM FLUGHAFEN

Die Red Line der von TriMet betriebenen MAX-Stadtbahn fährt in rund 40 Minuten von Downtown zum Flughafen (Erw./Kind 2,50/1,25 US$). Wer lieber Bus fährt, nutzt die Shuttlebusse von **Blue Star** (☎503-249-1837; www.bluestarbus.com) zwischen dem Flughafen und mehreren Haltestellen in der Innenstadt.

Taxifahrer nehmen rund 35–40 US$ (plus Trinkeld) für eine Fahrt vom Flughafen bis zur Downtown.

ÖFFENTLICHE VERKEHRSMITTEL

Portland verfügt über ein gutes öffentliches Nahverkehrsnetz, das sich aus Stadtbussen, Straßenbahnen und der MAX-Stadtbahn zusammensetzt. Alle werden von TriMet betrieben, das ein **Information Center** (☎503-238-7433, 503-725-9005; www.trimet.org; 701 SW 6th Ave; ⏰Mo–Fr 8.30–17.30 Uhr; 🚊Blue, Red, Green, Yellow) am Pioneer Courthouse Sq hat.

Die Fahrkarten sind in allen öffentlichen Verkehrsmitteln für 2½ Stunden nach dem Kauf gültig. In den Stadtbussen gibt es Automaten, an denen man nach dem Einsteigen die Fahrkarten kauft. Tickets für die Straßenbahn kauft man an den Haltestellen oder direkt in der Straßenbahn, für die MAX-Stadtbahn vor dem Einsteigen an den Automaten an den Haltestellen (in der Bahn gibt es keinen Fahrer oder Fahrscheinautomaten, dafür aber Kontrolleure).

Nachteulen sollten bedenken, dass nachts die Busse und Bahnen nicht so häufig und meistens nur bis 1 Uhr fahren; genaue Infos für eine bestimmte Linie findet man auf der Website.

TAXI

Taxis sind rund um die Uhr telefonisch bestellbar. In Downtown kann man manchmal auch eines heranwinken. Freundliche Barkeeper bestellen einem auch schon mal ein Taxi, wenn man sie darum bittet.

Broadway Cab (☎503-333-3333; www.broadwaycab.com)

Radio Cab (☎503-227-1212; www.radiocab.net)

Willamette Valley

Das fruchtbare, 96 km breite Willamette Valley war für die Pioniere, die vor mehr als 170 Jahren auf dem Oregon Trail gen Westen zogen, der Heilige Gral. Für die Menschen von heute ist es der Gemüsegarten, in dem mehr als 100 verschiedene Produkte geerntet werden – u. a. gedeiht hier auch ein Pinot Noir. Salem, die Hauptstadt Oregons, liegt ungefähr eine Autostunde von Portland entfernt am nördlichen Talende. Die meisten anderen Sehenswürdigkeiten sind ebenfalls im Rahmen eines Tagesausflugs zu erreichen. Weiter im Süden liegt Eugene, eine dynamische Universitätsstadt, in der man sich gut und gern ein, zwei Tage aufhalten kann.

Salem

Oregons Hauptstadt ist bekannt für ihre Kirschbäume, das Art-déco-Kapitol und die Willamette University.

Im **Hallie Ford Museum of Art** (☎503-370-6855; www.willamette.edu/arts/hfma; 700 State St; Erw./Kind 6 US$/frei; Di frei; ⏰Di–Sa 10–17, So 13–17 Uhr) der Willamette University ist die beste Sammlung von Kunst aus dem Nordwesten zu besichtigen, darunter eine beeindruckende Galerie der amerikanischen Ureinwohner.

Das **Oregon State Capitol** (☎503-986-1388; www.oregonlegislature.gov; 900 Court St NE; ⏰Mo–Fr 8–17 Uhr) GRATIS aus dem Jahr 1938 wirkt wie eine Kulisse aus einem opulenten Film von Cecil B. DeMille. Es werden kostenlose Führungen angeboten. Das weitläufige **Bush House** (☎503-363-4714; www.salemart.org; 600 Mission St SE; Erw./Kind 6/3 US$; ⏰Park Di–Fr 10–17, Sa & So 12–17 Uhr, März–Dez. Führungen Mi–So 13–16 Uhr) aus dem 19. Jh. ist ein Herrenhaus im italienischen Stil, das heute ein Museum mit historischen Akzenten wie Originaltapeten und Marmorkaminen beherbergt.

ABSTECHER

THERMALQUELLEN

Wein ist nicht der einzige flüssige Luxus im Willamette Valley – hier finden sich auch viele natürliche Thermalquellen, von denen drei von Salem und Eugene aus leicht zu erreichen sind.

Die **Bagby Hot Springs** (www.bagbyhotsprings.org; 5 US$; ⌚24 Std.) sind ein rustikales Thermalbad mit mehreren Holzzubern in halb privaten Badehäusern. Die Quellen befinden sich ein paar Autostunden östlich von Salem und sind über einen hübschen, 2,4 km langen Wanderweg erreichbar.

Ein heilendes Klima herrscht in den **Breitenbush Hot Springs** (☎503-854-3320; www.breitenbush.com; 53000 Breitenbush Rd, Detroit; Tagesnutzung 18–32 US$/Pers.; ⌚Büro Mo–Sa 9–16 Uhr), einem schicken Spa mit Massagen, Yoga und ähnlichen Angeboten. Für tägliche Aktivitäten gibt's die Thermalquellen und die Sauna, Yoga, Meditation, Massagen, Wanderwege und eine Bibliothek. Man kann hier auch übernachten. Reservierungen sind erforderlich, auch für die Tagesnutzung.

Rund 40 Meilen (64,4 km) östlich von Eugene präsentieren sich die **Terwilliger Hot Springs** (Cougar Hot Springs; 6 US$) als eine Reihe schöner, terrassierter, von großen Felsen umrahmter Freiluftbecken. Die Anlage ist rustikal, aber gepflegt, und die heißeste Quelle befindet sich ganz oben. Vom Parkplatz marschiert man 400 m bis zu den Quellen. Vom Hwy 126 biegt man nach Süden auf den Aufderheide Scenic Byway ab und fährt weitere 7,5 Meilen (12,1 km). Badekleidung ist optional, Alkohol ist verboten und das Bad ist nur für die Tagesnutzung geöffnet.

Das **Visitors Information Center** (☎503-581-4325; www.travelsalem.com; 181 High St NE; ⌚Mo–Fr 9–17, Sa 10–16 Uhr) ist eine gute Orientierungshilfe. Salem wird täglich von **Greyhound-Bussen** (☎503-362-2428; www.greyhound.com; 500 13th St SE) und **Amtrak-Zügen** (☎503-588-1551; www.amtrak.com; 500 13th St SE) angesteuert.

Eugene

In „Track Town" gibt's eine großartige Kunstszene, außergewöhnlich gute Restaurants, ausgelassene Festivals, kilometerlange Uferwege und mehrere hübsche Parks. Die Lage am Zusammenfluss des Willamette River und des McKenzie River, gleich westlich der Cascades, sorgt für viele Möglichkeiten zur Outdoor-Erholung – insbesondere in der Gegend um den McKenzie River, in der Three Sisters Wilderness und am Willamette Pass.

Sehenswertes

Alton Baker Park PARK
(100 Day Island Rd) Der beliebte 1,6 km² große Park am Fluss ist ein Paradies für Radfahrer und Jogger. Er bietet Zugang zum **Ruth Bascom Riverbank Trail System**, einem 19 km langen Radweg, der sich beiderseits des Willamette River erstreckt. Über die DeFazio Bike Bridge gelangt man leicht ins Stadtzentrum.

University of Oregon UNIVERSITÄT
(☎541-346-1000; www.uoregon.edu; 1585 E 13th Ave) Die Universität von Oregon wurde 1872 gegründet und ist die führende akademische Einrichtung des Bundesstaates. Ihre Schwerpunkte sind Kunst, Wissenschaft und Recht. Der Campus ist voller efeubewachsener historischer Gebäude. Zur Anlage gehört der **Pioneer Cemetery** mit Grabsteinen, die einen eindringlichen Eindruck in das Leben und Sterben in der frühen Siedlung vermitteln. Im Sommer werden Campusführungen angeboten.

Schlafen

Die Preise steigen stark während wichtiger Football-Spiele (Sept.–Nov.) und zu den universitären Abschlussfeiern (Mitte Juni).

Eugene Whiteaker International Hostel HOSTEL $
(☎541-343-3335; www.eugenehostel.org; 970 W 3rd Ave; B ab 35 US$, Zi. ab 50 US$; ⊖@📶) Das zwanglose Hostel in einem alten, weitläufigen Gebäude bietet künstlerisches Flair, hübsche Vorder- und Hinterhöfe zum Abhängen und ein kostenloses schlichtes Frühstück. Handtücher und Bettzeug sind im Preis inbegriffen.

C'est La Vie Inn B&B $$
(☎541-302-3014; www.cestlavieinn.com; 1006 Taylor St; Zi. ab 160 US$; ⊖❄@📶) Das traumhafte viktorianische Haus, das von einer

freundlichen Französin und ihrem US-amerikanischen Ehemann geführt wird, ist ein Highlight im Viertel. Schöne antike Möbel stehen in den Wohn- und Essbereichen, und die vier geschmackvoll eingerichteten (jeweils nach französischen Künstlern benannten) Zimmer bieten Komfort und Luxus. Die Gastgeber sorgen für das komplette Frühstück, den Portwein am Nachmittag und andere nette Extras.

Essen & Ausgehen

Kiva GESUNDE KOST **$**
(☎ 541-342-8666; www.kivagrocery.com; 125 W 11th Ave; Sandwich 4–9 US$; ⊙ Mo–Fr 8–20, Sa & So 9–20 Uhr) Der außergewöhnliche Naturkostladen bietet Bio-Produkte, die überwiegend aus der Region stammen, sowie Sandwiches und Suppen.

Papa's Soul Food Kitchen SÜDSTAATEN **$**
(☎ 541-342-7500; www.papassoulfoodkitchen.com; 400 Blair Blvd; Hauptgerichte 9–14 US$; ⊙ Di–Fr 12–14 & 17–22, Sa 14–22 Uhr) Dieses beliebte Restaurant serviert Südstaaten-Küche, z. B. ein fantastisches mariniertes Grillhühnchen, Sandwiches mit Pulled Pork, Jambalaya mit Flusskrebsen und frittierte Okraschoten. Das Beste aber sind die Bluesbands, die hier freitag- und samstagabends bis spät in die Nacht auftreten, und die hübsche Terrasse auf der Rückseite.

★ **Beppe & Gianni's Trattoria** ITALIENISCH **$$**
(☎ 541-683-6661; www.beppeandgiannis.net; 1646 E 19th Ave; Hauptgerichte 15–26 US$; ⊙ So–Do 17–21, Fr & Sa bis 22 Uhr) Die Trattoria gehört zu den beliebtesten Restaurants in Eugene und tischt hausgemachte Pasta und ausgezeichnete Desserts auf. Warteschlangen sind die Regel, ganz besonders am Wochenende.

Board AMERIKANISCH **$$**
(☎ 541-343-3023; www.boardrestaurant.com; 394 Blair Blvd; Hauptgerichte 10–19 US$; ⊙ Di, Do & So 16–23, Mi bis 22, Fr & Sa bis 1 Uhr) Die Karte wirkt erlesen, aber die Stimmung in diesem Nachbarschaftstreff mit niedrigen Decken – in dem früher Tiny's Tavern, die älteste und lauteste Kneipe der Stadt residierte – ist gemütlich, ruhig und vollkommen unprätentiös. Sägeraues Holz und Kupferdetails sorgen für eine warme Anmutung, und die Cocktails sind auch nicht schlecht. Das Essen ist hervorragend; zu empfehlen sind die perfekt zubereiteten Burger und alle Gerichte mit Lamm, Shrimps oder Maisgrütze.

Ninkasi Brewing Company BRAUEREI
(☎ 541-344-2739; www.ninkasibrewing.com; 272 Van Buren St; ⊙ So–Mi 12–21, Do–Sa bis 22 Uhr) In dieser Probierstube kann man einige der interessantesten und einfallsreichsten Kleinbrauereibiere Oregons kosten. Es gibt einen netten Patio, Snacks, ein wechselndes Angebot von Food Carts in der Nähe und Brauereiführungen (tgl. 16 Uhr plus Do–Mo 14 Uhr sowie Sa & So 12.30 Uhr).

Praktische Informationen

Visitor Center (☎ 541-484-5307; www.eugenecascadescoast.org; 754 Olive St; ⊙ Mo–Fr 8–17 Uhr) Dieses Besucherzentrum ist nur werktags geöffnet. An den Wochenenden kann man auf das Visitor Center in Springfield (3312 Gateway St) ausweichen.

Anreise & Unterwegs vor Ort

Der **Eugene Airport** (☎ 541-682-5544; www.flyeug.com; 28801 Douglas Dr) liegt rund 7 Meilen (11,3 km) nordwestlich vom Stadtzentrum. **Greyhound** (☎ 541-344-6265; www.greyhound.com; 987 Pearl St) hat Fernbusse nach Salem, Corvallis, Portland, Medford, Grants Pass, Hood River, Newport und Bend.

Züge fahren vom **Amtrak-Bahnhof** (☎ 541-687-1383; www.amtrak.com; 433 Willamette St) u. a. nach Portland, nach Seattle in Washington und nach Vancouver in British Columbia.

Die Stadtbusse werden vom **Lane Transit District** (☎ 541-687-5555; www.ltd.org) betrieben. Leihfahrräder gibt's bei **Paul's Bicycle Way of Life** (☎ 541-344-4105; www.bicycleway.com; 556 Charnelton St; Verleih 24–48 US$/Tag; ⊙ Mo–Fr 9–19, Sa & So 10–17 Uhr).

Columbia River Gorge

Der mächtige Columbia River – gemessen an den Wassermengen ist er der viertgrößte Fluss der USA – bahnt sich seinen 2000 km langen Weg von Alberta in Kanada bis zum Pazifik direkt westlich von Astoria. Auf den letzten 500 km bildet der stark gestaute Wasserweg die Grenze zwischen Washington und Oregon, schneidet sich tief in die Cascade Mountains und erzeugt die spektakuläre Columbia River Gorge. Der Uferstreifen mit seinen vielen Ökosystemen, Wasserfällen und grandiosen Aussichtspunkten ist als National Scenic Area eingestuft. Dieses Gebiet ist eine beliebte Spielwiese für Windsurfer, Radler, Angler und Wanderer.

Nicht weit von Portland entfernt ziehen die **Multnomah Falls** viele Traveller an, zudem gewährt das **Vista House** einen umwerfenden Blick auf die Schlucht. Für alle, die sich die Beine vertreten möchten, ist der **Eagle Creek Trail** der beste Wanderweg der Gegend – sofern man keine Höhenangst hat.

Hood River & Umgebung

Die 63 Meilen (101,4 km) östlich von Portland an der I-84 gelegene Kleinstadt Hood River ist bekannt für ihre Obstplantagen und Weinberge; zugleich ist sie aber auch ein echtes Mekka für Windsurfer und Kiteboarder. Die hervorragenden Weingüter in der Gegend sorgen für gute Gelegenheiten zu Verkostungen.

Sehenswertes & Aktivitäten

Mt. Hood Railroad ZUGFAHRT

(☎800-872-4661; www.mthoodrr.com; 110 Railroad Ave; Fahrten Erw./Kind ab 35/30 US$) Die 1906 gebaute Bahnstrecke diente einst dem Transport von Früchten und Bauholz aus dem oberen Hood River Valley zum Anschlussbahnhof in Hood River. Heute transportieren die Oldtimer-Züge Besucher unter dem schneebedeckten Gipfel des Mt. Hood und vorbei an duftenden Obstplantagen. Die Strecke ist rund 34 km lang und endet im hübschen Parkdale. Die Fahrpläne und Preise stehen auf der Website. Rechtzeitig reservieren!

Cathedral Ridge Winery WEIN

(☎800-516-8710; www.cathedralridgewinery.com; 4200 Post Canyon Dr; Verkostung ab 10 US$; ⏲11–18 Uhr) Rote Verschnitte und einige preisgekrönte Tropfen sind das Markenzeichen dieses attraktiven Weinguts in schönem Farmland am Stadtrand. Bei schönem Wetter kann man draußen sitzen und den herrlichen Blick auf den Mt. Hood genießen. Führungen und Verkostungen (in unterschiedlichem Umfang) werden angeboten.

Hood River Waterplay WASSERSPORT

(☎541-386-9463; www.hoodriverwaterplay.com; I-84 Ausfahrt 64; Kurs im Windsurfen 3 Std. 119 US$, Unterricht im Stehpaddeln ab 48 US$/Std.; ⏲Mai–Okt.) Wer sich für Windsurfen, Kajakfahren, Stehpaddeln oder Segeln mit einem Katamaran interessiert, ist bei diesem Unternehmen direkt am Wasser genau richtig.

Discover Bicycles RADFAHREN

(☎541-386-4820; www.discoverbicycles.com; 210 State St; Verleih 30–80 US$/Tag; ⏲Mo–Sa 10–18, So bis 17 Uhr) Der Laden vermietet Straßenräder, E-Bikes und Mountainbikes. Er hat außerdem Infos zu Trails in der Gegend.

Schlafen & Essen

Hood River Hotel HISTORISCHES HOTEL $$

(☎541-386-1900; www.hoodriverhotel.com; 102 Oak St; DZ ab 91 US$, Suite ab 169 US$;) Im Zentrum von Hood River bietet dieses schöne Hotel aus dem Jahr 1913 gemütliche altmodische Zimmer mit Himmelbetten oder französischen Betten und winzigen Badezimmern. Die Suiten sind am besten ausgestattet und haben die schönste Aussicht. Küchenzeilen gibt es ebenfalls. Auf dem Gelände befinden sich ein Restaurant und eine Sauna.

Columbia Gorge Hotel HOTEL $$$

(☎800-345-1921; www.columbiagorgehotel.com; 4000 Westcliff Dr; Zi. 149–329 US$; @) Hood Rivers berühmteste Unterkunft ist dieses historische Hotel in spanischem Stil auf einer Klippe hoch über dem Columbia River. Das Ambiente ist elegant, die Anlagen sind schön, und es gibt auf dem Gelände auch ein gutes Restaurant. Die Zimmer sind mit antiken Betten und Möbeln ausstaffiert. Die Zimmer mit Flussblick lohnen den Aufpreis.

pFriem Tasting Room GASTROPUB $

(☎541-321-0490; www.pfriembeer.com; 707 Portway Ave; Hauptgerichte 10–18 US$; ⏲11.30–21 Uhr) Die hochgeschätzten Biere in dieser Brauerei sind auf die fleischlastige Speisekarte abgestimmt, die z. B. mit Muscheln und Fritten, Rinderzunge, Schweinefleisch-Pastete oder einem Schmortopf mit Lamm und Entenconfit ebenfalls alles andere als durchschnittlich ist. Das Lokal befindet sich in Ufernähe in einem neu erschlossenen Gebiet mit industriellem Schick.

Praktische Informationen

Chamber of Commerce (☎541-386-2000; www.hoodriver.org; 720 E Port Marina Dr; ⏲April–Okt. Mo–Fr 9–17, Sa & So 10–16 Uhr, Nov.–März Mo–Fr 9–17 Uhr) Touristeninformation für Hood River und die umliegende Gegend.

An- & Weiterreise

Greyhound (☎541-386-1212; www.greyhound.com; 110 Railroad Ave) Greyhound-Busse verbinden Hood River täglich mit Portland (3-mal tgl., 1 Std., ab 15 US$).

Oregon Cascades

Die Oregon Cascades sind von unzähligen Vulkanen geprägt, die schon von fern zu sehen sind. Der Mt. Hood an der Columbia

River Gorge ist der höchste Berg Oregons. Hier kann man das ganze Jahr über Ski fahren, auch die Wanderung zum Gipfel stellt kein größeres Problem dar. In Richtung Süden schließen sich der Mt. Jefferson und die Three Sisters an, bevor man den spektakulären Crater Lake erreicht. Der See entstand durch den Ausbruch des Mt. Mazama vor etwa 7000 Jahren, bei dem die gesamte Spitze des Vulkans weggesprengt wurde und der Berg in sich zusammenstürzte.

Mt. Hood

Der höchste Gipfel des Bundesstaates, der Mt. Hood (3426 m), ist an sonnigen Tagen von großen Teilen Nord-Oregons aus zu sehen. Auf Skifahrer, Wanderer und Touristen wirkt er unweigerlich wie ein Magnet. Im Sommer blühen auf den Berghängen Wildblumen und versteckte Teiche schimmern in blau – jede Wanderung wird zu einem unvergesslichen Erlebnis. Im Winter haben die Leute hier nur Skifahren und Langlaufen im Sinn.

Der Mt. Hood ist ganzjährig über den Hwy 26 von Portland (90 km) aus und über den Hwy 35 von Hood River (70 km) aus zu erreichen. Zusammen mit dem Columbia River Hwy bilden diese Straßen den Mt. Hood Loop, eine beliebte, landschaftlich sehr reizvolle Strecke. Government Camp, das Zentrum der Action auf dem Berg, liegt am Pass über den Mt. Hood.

Aktivitäten

Skifahren

Der Mt. Hood wird zu Recht wegen seiner Skipisten geliebt. Auf dem Berg gibt es sechs Skigebiete, darunter Timberline, das einzige ganzjährig geöffnete Skigebiet der USA. Nicht ganz so weit von Portland entfernt liegt die **Mt. Hood SkiBowl** (503-272-3206; www.skibowl.com; Hwy 26; Lifttickets 51 US$; Nacht-Skifahren 37 US$), die ebenfalls nicht von schlechten Eltern ist und sich „größtes Nacht-Skigebiet des Landes" nennt; sie ist vor allem bei Städtern sehr beliebt, die mit der Metro einem lustigen Abend im Pulverschnee entgegenfahren können. Das größte Skigebiet des Berges heißt **Mt. Hood Meadows** (503-337-2222; www.skihood.com; Lifttickets Erw./Kind 89/44 US$), wo normalerweise die besten Schneebedingungen herrschen.

Wandern & Trekken

Der Mt. Hood National Forest umfasst erstaunliche 1931 km Wanderwege. An den meisten Ausgangspunkten ist der Northwest Forest Pass (5 US$/Tag) erforderlich.

Ein beliebter Rundwanderweg führt über 11 km von der Nähe des Dörfchens Zigzag zu den schönen **Ramona Falls**, die moosbedeckten Basalt hinunterstürzen. Ein weiterer Weg führt 2,4 km von der US 26 rauf zum **Mirror Lake**, 800 m rund um den See und nochmal 3,2 km weiter zu einem Bergkamm.

Der 66 km lange **Timberline Trail** umrundet den Mt. Hood und führt durch schöne Wildnis. Mögliche Abstecher sind die Wanderung zum McNeil Point und die kurze Klettertour zum Bald Mountain. Von der Timberline Lodge führt ein 7,2 km langer Rundweg zum Zigzag Canyon Overlook.

Klettertouren auf den Mt. Hood sind kein Kinderspiel – es ereigneten sich bereits tödliche Unfälle. Nichtsdestotrotz dürfen Hundebesitzer ihre vierbeinigen Freunde mitnehmen. Die Klettertour ist an einem (langen) Tag zu schaffen. **Timberline Mountain Guides** (541-312-9242; www.timberlinemtguides.com; 2-tägige Bergtour 645 US$/Pers.) bietet geführte Touren an.

Schlafen & Essen

Die meisten **Campingplätze** (877-444-6777; www.recreation.gov; Stellplatz 16–39 US$) in der Gegend verfügen über Trinkwasser und Komposttoiletten. Für Wochenenden mit großem Besucherandrang sollte man reservieren; allerdings werden in der Regel einige Stellplätze, die nur zu Fuß erreichbar sind, nicht vorab vergeben. Weitere Infos bekommt man bei nahe gelegenen Rangerstationen.

Huckleberry Inn INN **$$**
(503-272-3325; www.huckleberry-inn.com; 88611 E Government Camp Loop; Zi. 90–150 US$, 10-B-Schlafsaal 160 US$;) Die Unterkunft in toller zentraler Lage in Government Camp hat schlichte, gemütlich-rustikale Zimmer und Schlafsäle für bis zu zehn Personen. Das zwanglose Restaurant (das zugleich als Hotelrezeption dient) serviert gutes Frühstück. In der Ferienzeit sind die Preise höher.

★ **Timberline Lodge** LODGE **$$$**
(800-547-1406; www.timberlinelodge.com; 27500 Timberline Rd; B 145–195 US$, DZ ab 255 US$;) Mehr Kleinod als Hotel: Die prächtige **historische Lodge** (800-547-1406; www.timberlinelodge.com; 27500 Timberline Rd) bietet eine große Palette an Zimmern, von Schlafsälen für bis zu zehn Personen bis hin zu luxuriösen Kaminzimmern. Es gibt einen beheizten Außenpool, und die **Skilifte** (503-

272-3158; www.timberlinelodge.com; Government Camp; Lifttickets Erw./Kind 68/46 US$) und Wanderwege liegen ganz in der Nähe. Im Haus warten zwei Bars und ein guter Speisesaal. Der Blick auf den Mt. Hood ist eindrucksvoll, die Preise variieren erheblich.

Mt. Hood Brewing Co. PUBESSEN **$$**
(☎503-272-3172; www.mthoodbrewing.com; 87304 E Government Camp Loop, Government Camp; Hauptgerichte 12–20 US$; ⏲11–22 Uhr) Das einzige Brauereigasthaus in Government Camp bietet eine freundliche, familiäre Atmosphäre und Kneipenessen wie Pizzas, Sandwiches und Rippchen.

Rendezvous Grill & Tap Room AMERIKANISCH **$$**
(☎503-622-6837; http://thevousgrill.com; 67149 E Hwy 26, Welches; Hauptgerichte 12–29 US$; ⏲Di–So 11.30–20, Fr & Sa bis 21 Uhr) Mit hervorragenden Gerichten wie Wildlachs mit karamellisierten Schalotten und Artischockenpüree oder Schweinekoteletts vom Holzkohlegrill mit Rhabarber-Chutney spielt dieses ausgezeichnete Restaurant in seiner eigenen Liga. Mittags gibt's auf der Terrasse Gourmet-Sandwiches, Burger und Salate. Die Cocktails sind ebenfalls hervorragend.

ℹ Praktische Informationen

Landkarten, Genehmigungen und Infos gibt's bei den regionalen Rangerstationen. Wer aus Hood River kommt, hält an der **Hood River Ranger Station** (☎541-352-6002; 6780 OR 35, Parkdale; ⏲Mo–Fr 8–16.30 Uhr). Für Ankömmlinge aus Portland liegt die **Zigzag Ranger Station** (☎503-622-3191; 70220 E Hwy 26; ⏲Mo–Sa 7.45–16.30 Uhr) praktischer. Das Mt. Hood **Information Center** (☎503-272-3301; 88900 E Hwy 26; ⏲9–17 Uhr) befindet sich in Government Camp. Das Wetter kann schnell umschlagen; im Winter sollte man Schneeketten dabei haben!

ℹ An- & Weiterreise

Mt. Hood ist von Portland über den Hwy 26 in einer Stunde per Auto erreichbar (56 Meilen/90,1 km). Die hübschere, aber längere Alternativstrecke führt über den Hwy 84 nach Hood River und dann über den Hwy 35 südwärts (1¾ Std., 95 Meilen/152,9 km).

Der Shuttlebus von **Central Oregon Breeze** (☎800-847-0157; www.cobreeze.com) zwischen Bend und Portland hat einen kurzen Zwischenstopp in Government Camp, 6 Meilen (9,7 km) von der Timberline Lodge entfernt. **Sea to Summit** (☎503-286-9333; www.seatosummit.net; hin & zurück ab 59 US$) bietet im Winter regelmäßige Shuttles von Portland in die Skigebiete.

Sisters

Einst eine Postkutschenstation und ein Handelsposten für Holzfäller und Rancher, ist Sisters heute ein munteres Touristenziel. Die Hauptstraße ist von Läden, Kunstgalerien und Restaurants gesäumt, die in Gebäuden mit Western-Fassaden residieren. Die Besucher kommen wegen der Bergkulisse, der spektakulären Wanderwege, der interessanten Kultur-Events und wegen eines herrlichen Klimas mit viel Sonnenschein und wenig Niederschlägen.

Am südlichen Ende von Sisters gibt's im **City Park** (Creekside Campground; ☎541-323-5220; S Locust St; Stellplatz Zelt/Wohnmobil 20/40 US$; ⏲Mai–Okt.) Stellplätze, aber keine Duschen. Besten Komfort bieten die Zimmer in der luxuriösen **Five Pine Lodge** (☎866-974-5900; www.fivepinelodge.com; 1021 Desperado Trail; DZ ab 159 US$, Hütte ab 179 US$;). Das **Blue Spruce** (☎888-328-9644; www.bluesprucebnb.com; 444 S Spruce St; DZ 149–189 US$;) ist ein schönes B&B mit Kaminen und Whirlpools in allen Zimmern.

Raffinierte französische Gerichte, die man hier draußen gar nicht erwarten würde, hat das **Cottonwood Cafe** (☎541-549-2699; www.intimatecottagecuisine.com; 403 E Hood Ave; Frühstück 9–13 US$, Hauptgerichte mittags 9–13 US$); **Three Creeks Brewing** (☎541-549-1963; www.threecreeksbrewing.com; 721 Desperado Ct; Hauptgerichte 11–21 US$, Pizza 11–26 US$; ⏲So–Do 11.30–21, Fr & Sa bis 22 Uhr) serviert eigene Biere und Kneipenkost.

ℹ Praktische Informationen

Chamber of Commerce (☎541-549-0251; www.sisterscountry.com; 291 E Main Ave; ⏲Mo–Sa 10–16 Uhr)

ℹ An- & Weiterreise

Valley Retriever (☎541-265-2253; www.kokkola-bus.com/VRBSchedule) Busse verbinden Sisters mit Bend, Newport, Corvallis, Salem, McMinnville und Portland; die Busse halten an der Kreuzung Cascade und Spruce St.

Bend

Bend ist ein absolutes Naturparadies. Hier kann man vormittags in feinem Pulverschnee Ski fahren, nachmittags eine Kajaktour unternehmen und abends Golf spielen. Genauso gut kann man auch mountainbiken, wandern, bergsteigen, stehpaddeln, fliegenfischen oder klettern – für all das gibt's in der Nähe großartige Möglichkeiten. Bei nahezu 300 Sonnentagen im Jahr ist prima Wetter dabei nahezu garantiert.

Sehenswertes

★ High Desert Museum MUSEUM

(☎ 541-382-4754; www.highdesertmuseum.org; 59800 Hwy 97; Erw./Kind 12/7 US$; ⏰ Mai–Okt. 9–17 Uhr, Nov.–April 10–16 Uhr; 👪) Mit Nachbildungen eines Indianerlagers, einer Mine und einer alten Westernstadt erzählt das ausgezeichnete Museum, rund 3 Meilen (4,8 km) südlich von Bend, von der Erforschung und Besiedelung des amerikanischen Westens. Auch die Naturgeschichte der Region steht im Blickpunkt: Kinder lieben die Ausstellungen mit lebenden Schlangen, Schildkröten und Forellen; den Greifvögeln und Ottern zuzuschauen, macht immer Spaß. Darüber hinaus gibt's geführte Spaziergänge und andere Events – die Raubvogel-Vorführung ist sehenswert.

Smith Rock State Park STATE PARK

(☎ 800-551-6949; www.oregonstateparks.org; 9241 NE Crooked River Dr; Tagesgebühr 5 US$) Der vor allem für seine tollen Klettermöglichkeiten bekannte Smith Rock State Park prunkt mit rostfarbenen, 240 m hohen Klippen über dem schönen Crooked River. Wer nicht klettern will, findet hier auch schöne Wanderwege mit einer Gesamtlänge von mehreren Kilometern – auf einigen Wegen muss man dabei über ein paar Felsen steigen. Im nahe gelegenen Terrebonne gibt's einen Kletter-Shop, ein paar Restaurants und Lebensmittelgeschäfte. **Campen** kann man gleich neben dem Park oder in **Skull Hollow** (kein Wasser; Stellplatz 5 US$), 8 Meilen (12,9 km) östlich. Die nächstgelegenen Motels befinden sich einige Kilometer weiter südlich in Redmond.

Aktivitäten

Smith Rock Climbing Guides Inc KLETTERN

(☎ 541-788-6225; www.smithrockclimbingguides.com; Terrebonne; halber Tag ab 65 US$/Pers.) Das Unternehmen bietet diverse Kletterkurse (für Anfänger, mit Vorstiegs- und Eigensicherung, Mehrseillängen- und Rettungsklettern, Selbstrettung) sowie geführte Klettertouren zu den berühmten Routen im Smith Rock State Park. Die Ausrüstung ist inbegriffen. Die Preise hängen von der Gruppengröße ab. Geöffnet nach Vereinbarung.

Mt. Bachelor Ski Resort SKIFAHREN

(☎ 800-829-2442; www.mtbachelor.com; Liftticket Erw./Kind 92/52 US$, Tageskarte Skilanglauf 19/12 US$; ⏰ Nov.–Mai, je nach Schneefall; 👪) Eines der besten Skigebiete Oregons befindet sich 22 Meilen (35,4 km) südwestlich von Bend. Das Ski-Resort ist berühmt für den trockenen Pulverschnee, eine lange Saison und jede Menge Platz (es ist das größte Skigebiet im pazifischen Nordwesten). Der Ferienort ist seit Langem für Skilanglauf und Abfahrtslauf attraktiv und verfügt über präparierte Pisten mit einer Gesamtlänge von 56 km.

Mountainbiken

Bend ist ein Paradies für Mountainbiker mit Hunderten Kilometern von hervorragenden Trails. In der Touristeninformation Visit Bend und an anderen Stellen ist die ordentliche Bend Area Trail Map (12 US$; www.adventuremaps.net/shop/product/product/bend-area-trail-map) erhältlich.

Das Highlight unter den Mountainbike-Strecken Bends ist das Wegenetz **Phil's Trail**. Es besteht aus ausgezeichneten, schnellen Singletrails, die durch den Wald führen und nur ein paar Minuten von der Stadt entfernt sind. Wer frische Luft schnappen will, sollte den **Whoops Trail** ausprobieren.

Cog Wild RADFAHREN

(☎ 541-385-7002; www.cogwild.com; 255 SW Century Dr, Suite 201; Halbtagstour ab 60 US$, Verleih 30–80 US$; ⏰ 9–18 Uhr) Das auf Abenteuer ausgerichtete Unternehmen bietet Touren und Shuttles zu den besten Ausgangspunkten. Man kann hier auch Leihfahrräder bekommen, entweder vom Unternehmen selbst oder von anderen örtlichen Läden.

Schlafen

An der 3rd St (US 97) gibt's viele billige Motels, Hotels und Dienstleistungen. Wegen der Festivals und Events schießen die Unterkunftspreise an den meisten Wochenenden in die Höhe – am besten bucht man vorab.

Mill Inn INN $$

(☎ 541-389-9198; www.millinn.com; 642 NW Colorado Ave; DZ 100–170 US$; 🚭📶) Ein Boutiquehotel mit zehn kleinen, eleganten Zimmern, ausgestattet mit Samtvorhängen und Daunendecken. Vier Zimmer teilen sich Gemeinschaftsbäder. Frühstück und Benutzung des Whirlpools sind im Preis inbegriffen. Nette kleine Terrassen laden zum Entspannen ein.

★ McMenamins Old St Francis School HOTEL $$

(☎ 541-382-5174; www.mcmenamins.com; 700 NW Bond St; Zi. ab 155 US$; 🚭❄📶) Eine der besten McMenamins-Filialen ist diese alte

Schule, die zu einem eleganten Hotel mit 19 Zimmern umgebaut wurde – zwei Zimmer verfügen sogar über nebeneinander stehende Badewannen mit Klauenfüßen. Bei einer kürzlichen Erweiterung sind weitere 41 Zimmer hinzugekommen. Das fabelhafte geflieste türkische Bad mit Meerwasser ist allein schon Grund für einen Aufenthalt; Nicht-Gäste kommen für 5 US$ aber auch hinein. Ein Restaurant-Pub, drei Bars, ein Kino und Kunstwerke komplettieren das Bild.

★ Oxford Hotel BOUTIQUEHOTEL **$$$**
(☎541-382-8436; www.oxfordhotelbend.com; 10 NW Minnesota Ave; Zi. ab 249 US$;) Bends bestes Boutiquehotel ist zu Recht beliebt. Noch die kleinsten Zimmer sind sehr groß (44 m²) und mit umweltfreundlichen Details wie Sojaschaummatratzen und Korkböden ausgestattet. High-Tech-Fans kommen dank iPod-Anschluss und Schreibtischen mit Smart Panel auf ihre Kosten. Die Suiten verfügen über Küchen und Dampfduschen; im Untergeschoss ist ein schickes Restaurant.

Essen

★ Chow AMERIKANISCH **$**
(☎541-728-0256; www.chowbend.com; 1110 NW Newport Ave; Hauptgerichte 8–15 US$; ⌚7–14 Uhr) Das Markenzeichen sind die spektakulären Gerichte mit pochierten Eiern, die schön angerichtet und mit Beilagen wie Krabbenpuffer, selbstgeräuchertem Schinken oder Tomaten in Maismehlkruste serviert werden. Unbedingt auch die hausgemachten scharfen Saucen probieren! Mittags gibt's Gourmet-Sandwiches und Salate, teilweise mit asiatischem Einschlag. Viele Zutaten stammen aus dem eigenen Garten. Man kann hier auch gute Cocktails trinken.

10 Barrel Brewing Co AMERIKANISCH **$**
(☎541-678-5228; www.10barrel.com; 1135 NW Galveston Ave; Hauptgerichte 11–15 US$, Pizza 15–20 US$; ⌚So–Do 11–23, Fr & Sa bis 24 Uhr) Das beliebte Brauerei-Restaurant befindet sich in einem charmanten Gebäude und hat eine fantastische Terrasse für laue Sommernächte. Zur köstlichen Kneipenkost gehören Vorspeisen wie gebratener Rosenkohl oder Steak-und-Gorgonzola-Nachos und Hauptgerichte von Wapiti-Burgern bis zu Muscheln mit Kokos und Limetten. Sportfans steuern die Bar im hinteren Teil an.

Sparrow Bakery BÄCKEREI **$**
(☎541-330-6321; www.thesparrowbakery.net; 50 SE Scott St; Frühstück 5–9 US$; ⌚Mo–Sa 7–14, So 8–14 Uhr) Die Bäckerei ist berühmt für ihre Ocean Rolls (köstliches Süßgebäck mit Kardamom), aber auch die Frühstückssandwiches, darunter ein hervorragender Bagel mit Frischkäse und Räucherlachs, sind toll.

Victorian Café FRÜHSTÜCK **$$**
(1404 NW Galveston Ave; Hauptgerichte 13–25 US$; ⌚7–14 Uhr) Das Café zählt zu den besten Frühstückslokalen in Bend und ist vor allem bekannt für seine Eier Benedict (neun Versionen). Und auch die Sandwiches, Burger und Salate sind gut. Im Sommer kann man draußen sitzen. Insbesondere an Wochenenden muss man oft auf einen freien Tisch warten.

Zydeco AMERIKANISCH **$$$**
(☎541-312-2899; www.zydecokitchen.com; 919 NW Bond St; Hauptgerichte abends 12–32 US$; ⌚Mo–Fr 11.30–14.30 & 17–21, Sa & So 17–21 Uhr) Das Zydeco gehört aus gutem Grund zu den am meisten gepriesenen Restaurants vor Ort. Zum Auftakt wählt man die in Entenschmalz frittierten Pommes oder den dreifarbigen Rübchensalat mit Ziegenkäse, als Hauptgang bieten sich z. B. pfannengebratene Stahlkopfforelle, Jambalaya mit Krebsen oder gebratene Ente mit Pilzsauce an. Vorab reservieren!

Praktische Informationen

Visit Bend (☎541-382-8048; www.visitbend.com; 750 NW Lava Rd; ⌚Mo–Fr 9–17, Sa & So 10–16 Uhr) Hier erhält man hervorragende Infos und kann Landkarten, Bücher und Freizeitpässe kaufen.

Anreise & Unterwegs vor Ort

Central Oregon Breeze (☎541-389-7469; www.cobreeze.com) fährt täglich mindestens zweimal nach Portland (einfache Fahrt 52 US$, vorab reservieren).

Busse von **High Desert Point** (☎541-382-4193; http://oregon-point.com/highdesert-point) verbinden Bend mit Chemult (65 Meilen/104,6 km), wo sich der nächstgelegene Bahnhof befindet. Weitere Busse fahren nach Eugene, Ontario und Burns.

Cascades East Transit (☎541-385-8680; www.cascadeseasttransit.com) ist das regionale Busunternehmen in Bend und deckt neben dem Stadtbusverkehr auch La Pine, Mt. Bachelor, Sisters, Prineville und Madras ab.

Newberry National Volcanic Monument

Was in 400 000 Jahren durch dramatische seismische Aktivitäten so alles passieren kann, zeigt das **Newberry National Volca-**

nic Monument (☎541-593-2421; Hwy 97; Tagesgebühr 5 US$; ⏰Mai–Sept.). Der Besuch beginnt im **Lava Lands Visitor Center** (☎541-593-2421; 58201 S Hwy 97; ⏰Ende Mai–Sept. 9–17 Uhr, Nov.– Mai geschlossen), 13 Meilen (21 km) südlich von Bend. Zu den nahe gelegenen Attraktionen zählen die **Lava Butte**, ein perfekter 152 m hoher Kegel, und die **Lava River Cave**, die längste Lavaröhre Oregons. 6 km westlich des Besucherzentrums liegen die **Benham Falls**, ein guter Picknickplatz am Deschutes River.

Der **Newberry Crater** war einst der aktivste Vulkan Nordamerikas, nach einer gewaltigen Eruption wurde er zur Caldera. Ganz in der Nähe liegen der **Paulina Lake** und der **East Lake**, tiefe Seen voller Forellen. Über ihnen ragt der 2434 m hohe **Paulina Peak** auf.

Crater Lake National Park

Der **Crater Lake** (☎541-594-3000; www.nps.gov/crla; 7 Tage Fahrzeugpass 15 US$) ist – ungelogen – so blau, dass einem der Atem stockt. Und wenn man an einem ruhigen Tag hierher kommt, spiegeln sich die umliegenden Klippen in dem tiefen Gewässer – ein atemberaubend schönes Naturschauspiel. Der Crater Lake National Park ist der einzige Nationalpark in Oregon.

Die klassische Tour ist die 53 km lange Strecke am Ufer entlang (geöffnet ca. Juni–Mitte Okt.), aber es gibt auch tolle Wander- und Langlaufrouten. In der Gegend fällt oft der meiste Schnee in ganz Nordamerika, weshalb die Uferstraße sowie der Nordeingang mitunter bis Anfang Juli geschlossen sind.

Von Ende Mai bis Mitte Oktober können Besucher in den **Hütten im Mazama Village** (☎888-774-2728; www.craterlakelodges.com; DZ 160 US$; ⏰Ende Mai–Mitte Okt.; ⊜) oder in der majestätischen **Crater Lake Lodge** (☎888-774-2728; www.craterlakelodges.com; Zi. ab 220 US$; ⏰Ende Mai–Mitte Okt.; ⊜📶) von 1915 übernachten. Camper versuchen es am besten auf dem **Mazama Campground** (☎888-774-2728; www.craterlakelodges.com; Stellplatz Zelt/Wohnmobil ab 22/31 US$; ⏰Juni–Mitte Okt.; 📶🐾). Weitere Infos gibt's beim **Steel Visitor Center** (☎541-594-3000; ⏰Mai–Okt. 9–17 Uhr, Nov.–April 10–16 Uhr).

Oregon Coast

Dieser atemberaubende Küstenstreifen liegt an der US 101, einem malerischen Highway, der durch Dörfer, Resorts und staatliche Parks (davon gibt es über 70) und endlose Wildnis führt. Ob Camper oder Feinschmecker – diese außergewöhnliche Region hat für jeden etwas zu bieten. Die Gegend ist besonders im Sommer beliebt, Unterkünfte also rechtzeitig reservieren!

Astoria

Das nach John Jacob Astor, Amerikas erstem Millionär, benannte Astoria liegt an der 8 km breiten Mündung des Columbia River und war die erste dauerhafte US-amerikanische Siedlung westlich des Mississippi. Das Städtchen blickt auf eine lange Seefahrtsgeschichte zurück; an dem alten Hafen, wo einst arme Künstler und Schriftsteller wohnten, siedeln sich in den letzten Jahren schicke Hotels und Restaurants an. Landeinwärts finden sich viele historische Häuser, darunter liebevoll restaurierte viktorianische Gebäude – einige von ihnen wurden in romantische B&Bs umgewandelt.

Sehenswertes

Zum Stadtbild gehört auch die 6,6 km lange **Astoria-Megler Bridge**, die längste durchgehende Fachwerk-Stahlbrücke Nordamerikas, die den Columbia River bis nach Washington überspannt. Sie ist vom **Astoria Riverwalk** aus zu sehen, der der Straßenbahnstrecke folgt. **Pier 39** ist ein interessanter überdachter Steg mit einem lockerem Konservenmuseum und netten Esslokalen.

Columbia River Maritime Museum MUSEUM
(☎503-325-2323; www.crmm.org; 1792 Marine Dr; Erw./Kind 14/5 US$; ⏰9.30–17 Uhr; 👪) Astorias Schifffahrtsvergangenheit wird in diesem wellenförmigen Museum interessant aufgearbeitet. Blickfang ist das ausgemusterte Boot der Küstenwache, das man durch ein großes Außenfenster auf einer künstlichen Welle sieht. Weitere Exponate widmen sich der Lachsverpackungsindustrie und den chinesischen Einwanderern, die den Großteil ihrer Arbeiter stellten, der Geschichte des Handels auf dem Fluss und der Bedeutung der Seelotsen. Man erhält einen deutlichen Einblick in die tückischen Bedingungen, die dem Gebiet den berechtigten Namen „Friedhof des Pazifiks" eintrugen.

Flavel House HISTORISCHES GEBÄUDE
(☎503-325-2203; www.cumtux.org; 441 8th St; Erw./Kind 6/2 US$; ⏰Okt.–April 11–16 Uhr,

Mai–Sept. 10–17 Uhr) Das extravagante Flavel House wurde in den 1880er-Jahren von Captain George Flavel, einem der wichtigsten damaligen Bürger von Astoria, im Queen-Anne-Stil erbaut. Seine Fassade wurde in den ursprünglichen Farben gestrichen, der Garten in seinen viktorianischen Stil zurückversetzt. Von hier aus hat man eine wundervolle Aussicht auf den Columbia River.

Fort Stevens State Park PARK
(☎Durchwahl 21 503-861-3170; www.oregonstateparks.org; 100 Peter Iredale Rd, Hammond; Eintritt 5 US$/Tag) Zehn Meilen (16 km) westlich von Astoria schützt dieser Park die historische Militäranlage, von der einst die Mündung des Columbia River überwacht wurde. In der Nähe des **Military Museum** (☎503-861-2000; http://visitftstevens.com; Fort Stevens Park; Tagesnutzungsgebühr 5 US$; ⏲Mai–Sept. 10–18, Okt.–April bis 16 Uhr) GRATIS sind Kanonenreihen in die Sanddünen gegraben – interessante Überbleibsel der am stärksten zerstörten Militärgebäude des Forts (Führungen per Truck oder zu Fuß möglich). Beim kleinen Wrack der *Peter Iredale*, die 1906 aufgelaufen ist, befinden sich ein beliebter **Strand**, ein Campingplatz und 19 km befestigte **Radwege**. Vom Parkplatz C hat man einen guten Blick auf das Meer.

Schlafen & Essen

Fort Stevens State Park CAMPING $
(☎503-861-1671; www.oregonstateparks.org; 100 Peter Iredale Rd, Hammond; Stellplatz Zelt/Wohnmobil 22/32 US$, Yurte/Hütte 46/90 US$) Rund 560 Stellplätze (meist für Wohnmobile) bietet dieser beliebte Campingplatz 10 Meilen (16 km) westlich von Astoria. Er ist hervorragend für Familien geeignet; im Sommer sollte man reservieren. Die Zufahrt geht vom Pacific Dr ab.

Commodore Hotel BOUTIQUEHOTEL $$
(☎503-325-4747; www.commodoreastoria.com; 258 14th St; DZ mit Gemeinschaftsbad/eigenem Bad ab 79/154 US$;) Hippe Traveller strömen in dieses aufgestylte Hotel mit attraktiven, aber kleinen, minimalistischen Zimmern. Zur Wahl stehen Zimmer mit Bad oder mit Waschbecken im Raum und Gemeinschaftsbad im Korridor; die „Deluxe"-Zimmer haben die bessere Aussicht. Es gibt ein Foyer im Wohnzimmer-Look mit Café, von 17 bis 19 Uhr kostenlose Proben örtlicher Craft-Biere, eine eindrucksvolle Videothek und Leih-Plattenspieler.

Bowpicker MEERESFRÜCHTE $
(☎503-791-2942; www.bowpicker.com; Ecke 17th & Duane St; Gerichte 8–10 US$; ⏲Mi–So 11–18 Uhr) Auf fast jeder Liste hervorragender Meeresfrüchtelokale steht dieses liebenswerte umgebaute Stellnetz-Fischerboot von 1932. Hier gibt's Weißen Thun in Bierteig und Steaks mit Fritten.

Fort George Brewery KNEIPENKOST $
(☎503-325-7468; www.fortgeorgebrewery.com; 1483 Duane St; Hauptgerichte 7–16 US$, Pizza 13–25 US$; ⏲11–23, So 12–23 Uhr) Dies ist eine der besten und verlässlichsten Kleinbrauereien im Bundesstaat. Das stimmungsvolle Brauerei-Restaurant residiert in einem historischen Gebäude auf einem Gelände, das die Keimzelle der Siedlung Astoria war. Neben ausgezeichnetem Bier gibt's Gourmet-Burger, hausgemachte Würstchen, Salate und im Obergeschoss Holzofenpizza.

Astoria Coffeehouse & Bistro AMERIKANISCH $$
(☎503-325-1787; www.astoriacoffeehouse.com; 243 11th St; Hauptgerichte abends 12–25 US$; ⏲So 7–21, Mo–Do bis 22, Fr & Sa bis 23 Uhr) Das kleine beliebte Café mit angeschlos-

LEWIS & CLARK: DAS ENDE DER REISE

Im November 1805 wankten William Clark und sein Forscherkollege Meriwether Lewis vom Corps of Discovery mit drei Dutzend Männern in eine geschützte Bucht am Columbia River, gut 3 km westlich der heutigen Astoria-Megler Bridge, und beendeten den unbestreitbar längsten Überlandmarsch der amerikanischen Geschichte.

Nach der ersten echten demokratischen Abstimmung in der amerikanischen Geschichte, bei der sowohl eine Frau als auch ein schwarzer Sklave wählen durften, entschied die Gruppe sich dafür, ihr Feldlager 8 km südlich von Astoria beim Fort Clatsop aufzuschlagen. Wo die Truppe 1805/06 einen schrecklichen Winter verbrachte, befindet sich heute der **Lewis and Clark National & Historical Park** (☎503-861-2471; www.nps.gov/lewi; 92343 Fort Clatsop Rd; Erw./Kind 5 US$/frei; Mitte Juni–Aug., Sept.–Mitte Juni bis 17 Uhr) mit einem Nachbau des Fort Clatsop und einem Besucherzentrum. Im Sommer werden außerdem die historischen Ereignisse nachgestellt.

senem Bistro bietet eine bunte Auswahl, z.B. peruanischen Wurzelgemüse-Eintopf, Wasabi-Wan-Tan mit Garnelenfleisch, Chili-Relleno-Burger, Fischtacos, Phat Thai und Käsemakkaroni. Alle Gerichte werden im Haus zubereitet, selbst das Ketchup. Man kann draußen auf dem Bürgersteig sitzen, und die Cocktails sind ausgezeichnet. Fürs Abendessen und den Sonntagsbrunch wird man auf einen Tisch warten müssen.

An- & Weiterreise

Northwest Point (☎503-484-4100; http://oregon-point.com/northwest-point) Hat täglich Busse nach Seaside, Cannon Beach und Portland; die Fahrpläne stehen auf der Website.

Pacific Transit (☎360-642-9418; www.pacifictransit.org) Busse fahren in den Bundesstaat Washington.

Cannon Beach

Das bezaubernde Cannon Beach ist einer der beliebtesten Strandorte an der Küste von Oregon. Mehrere hervorragende Hotels sind auf ein gehobenes Klientel ausgerichtet; gleiches gilt für die vielen Boutiquen und Kunstgalerien vor Ort. Im Sommer sind die Straßen mit Blumen geschmückt. Die Unterkünfte sind teuer und die Straßen verstopft – an einem warmen, sonnigen Samstag muss man lange suchen, bis man einen Parkplatz findet.

Sehenswertes & Aktivitäten

Das spektakulärste Wahrzeichen an der Küste von Oregon ist der 90 m hohe **Haystack Rock**. Zu dem steinernen „Heuhaufen" am südlichen Ende von Cannon Beach kann man bei Ebbe zu Fuß hinüberlaufen. An den Klippen des Basaltfelsens nisten Seevögel, an der Basis ist er von einem Ring aus Gezeitentümpeln umgeben.

Im Naturschutzgebiet des **Ecola State Park** (☎503-436-2844; www.oregonstateparks.org; Tageskarte 5 US$) im Norden von Cannon Beach präsentiert sich Oregon, wie es traumhafter nicht sein könnte: riesige Felsbrocken im Meer, schäumende Wellen, einsame Strände und ursprüngliche Wälder. Der Naturpark ist 1,5 Meilen (2,4 km) von Cannon Beach entfernt und von unzähligen Wanderwegen durchzogen, darunter auch ein Abschnitt des **Oregon Coast Trail**, der über Tillamook Head nach Seaside führt.

Vor Cannoch Beach selbst kann man nicht surfen, dafür aber sehr gut in der Umgebung. Zu den besten Surfstränden gehören der **Indian Beach** im Ecola State Park 3 Meilen (4,8 km) weiter nördlich und der Küstenabschnitt im **Oswald West State Park** 10 Meilen (16 km) weiter südlich. Im Ort befindet sich der freundliche **Cleanline Surf Shop** (☎503-738-2061; www.cleanlinesurf.com; 171 Sunset Blvd; Surfbrett/Neoprenanzug ab 20/15 US$; ⏲So–Fr 10–18, Sa 9–18 Uhr), der Surfbretter und die obligatorischen Nassanzüge verleiht.

Schlafen

Cannon Beach ist ziemlich exklusiv; günstigere Unterkünfte gibt's 7 Meilen (11,3 km) nördlich in Seaside. Ferienwohnungen findet man unter www.visitcb.com.

★ **Ocean Lodge** HOTEL **$$$**
(☎888-777-4047, 503-436-2241; www.theoceanlodge.com; 2864 S Pacific St; DZ 219–369 US$;) Das prächtige Hotel hat einige der luxuriösesten Zimmer in Cannon Beach; die meisten haben Meerblick und alle einen Kamin und eine Einbauküche. Für die Gäste gibt's ein kostenloses kontinentales Frühstück, eine DVD-Sammlung mit 800 Titeln und schöne Sitzbereiche. Die Lodge liegt am Strand am südlichen Ende des Orts.

Essen & Ausgehen

Hier findet man alles von Kaffeehäusern bis hin zu einem Café, das zugleich ein feines Restaurant ist. Wer einfach nur eine Tasse warme, butterige Muschelsuppe bei schöner Aussicht genießen will, geht zu **Mo's** (www.moschowder.com).

★ **Irish Table** IRISCH **$$$**
(☎503-436-0708; 1235 S Hemlock St; Hauptgerichte 20–30 US$; ⏲Fr–Di 17.30–21 Uhr) Das ausgezeichnete Restaurant versteckt sich hinten im Café Sleepy Monk und serviert einen Mix aus irischen Speisen und Gerichten des pazifischen Nordwestens, für die lokale saisonale Zutaten verwendet werden. Die Karte ist kurz und schlicht, aber das Essen ist schmackhaft. Zu empfehlen sind der vegetarische Shepherd's Pie, die Lammkoteletts und das gebratene Piemonter Schultersteak. Wenn Muschelcurry auf der Karte steht, sollte man unbedingt zuschlagen.

Sleepy Monk Coffee KAFFEE
(☎503-436-2796; www.sleepymonkcoffee.com; 1235 S Hemlock St; Getränke & Snacks 2–7 US$; ⏲Mo, Di & Do 8–15, Fr–So bis 16 Uhr) Wer Bio-Fair-Trade-Kaffee möchte, sollte in dieses kleine Café in der Hauptstraße gehen. Gäste

können in dem Adirondack-Stuhl im winzigen Hof sitzen, die köstlichen Kaffees kosten, die auf dem Anwesen geröstet werden, und sich eines der leckeren Gebäckstücke schmecken lassen.

Praktische Informationen

Chamber of Commerce (503-436-2623; www.cannonbeach.org; 207 N Spruce St; 10–17 Uhr) Gute Infos, darunter Gezeitenpläne.

Anreise & Unterwegs vor Ort

Northwest Point (541-484-4100; www.oregon-point.com/northwest-point) Busse vekehren zweimal täglich zwischen Portland und der Küste. Tickets kann man online, an der Union Station in Portland oder im Astoria Transit Center kaufen. Die einfache Fahrt von Portland nach Astoria kostet 18 US$.

Cannon Beach Shuttle (503-861-7433; www.ridethebus.org) Busse fahren zwischen Cannon Beach und Astoria mit mehreren weiteren Haltepunkten an der Küste. Der Cannon-Beach-Bus fährt die gesamte Hemlock St hinunter bis zum Ende des Tolovana Beach; der Fahrplan ändert sich je nach Tag und Jahreszeit.

Tillamook County Transportation (The Wave; 503-815-8283; www.tillamookbus.com) Die Busse verkehren zwischen Astoria und Newport, mit Haltepunkten entlang der Küste.

Newport

Newport, der Standort von Oregons größter kommerzieller Fischereiflotte, ist eine lebhafte Touristenstadt mit einigen schönen Stränden und einem Weltklasseaquarium. Seit 2011 hat hier die NOAA, die National Oceanic and Atmospheric Administration (Nationale Ozean- und Atmosphärenverwaltung), ihren Sitz. In dem Küstenort mit langer Geschichte gibt es jede Menge gute Restaurants sowie ein paar kitschige Attraktionen, Souvenirshops und brüllende Seelöwen. Das unkonventionelle Nye Beach bietet Kunstgalerien und eine freundliche Dorfatmosphäre. Die Gegend wurde in den 1860er-Jahren von Fischern entdeckt, die am oberen Ende der Yaquina Bay Austernbänke gefunden hatten.

Sehenswertes

Das großartige **Oregon Coast Aquarium** (541-867-3474; www.aquarium.org; 2820 SE Ferry Slip Rd; Erw./3–12 Jahre/13–17 Jahre 22,95/14,95/19,95 US$; Juni–Aug. 10–18 Uhr, Sept.–Mai bis 17 Uhr;) ist eine Attraktion, die man auf keinen Fall verpassen sollte. Es umfasst u.a. Seeotterbecken, surreale Quallenaquarien und Plexiglastunnel durch ein Haifischbecken. Das nahe gelegene **Hatfield Marine Science Center** (541-867-0100; www.hmsc.oregonstate.edu; 2030 SE Marine Science Dr; Juni–Aug. 10–17 Uhr, Sept.–Mai Do–Mo 10–16 Uhr;) GRATIS ist viel kleiner, aber dennoch einen Besuch wert. Tolle Gezeitentümpel und Aussichten bietet die **Yaquina Head Outstanding Natural Area** (541-574-3100; 750 NW Lighthouse Dr; 7 US$/Fahrzeug; 8 Uhr–Sonnenuntergang, Bildungszentrum 10–18 Uhr) GRATIS, zu der auch der höchste Leuchtturm der Küste und ein interessantes Bildungszentrum gehören.

Schlafen & Essen

Camper kommen im großen, beliebten **South Beach State Park** (541-867-4715; www.oregonstateparks.org; Stellplatz Zelt/Wohnmobil 21/29 US$, Jurte 44 US$;) 2 Meilen (3,2 km) südlich an der US 101 unter. Literaturfans übernachten im **Sylvia Beach Hotel** (541-265-5428; www.sylviabeachhotel.com; 267 NW Cliff St; DZ 135–235 US$;) und seefahrtsbegeisterte Romantiker im schiffsförmigen **Newport Belle** (541-867-6290; http://newportbelle.com; 2126 SE Marine Science Dr, South Beach Marina, H Dock; DZ 165–175 US$; Feb.–Okt;).

Po'boys mit Krebsfleisch, in der Pfanne gebratene Austern und andere schmackhafte Meeresfrüchte bietet **Local Ocean Seafoods** (541-574-7959; www.localocean.net; 213 SE Bay Blvd; Hauptgerichte 16–28 US$; 11–21 Uhr, Winter bis 20 Uhr). Besonders schön ist es an warmen Tagen, wenn die Glaswände zum Hafenbereich geöffnet sind.

Praktische Informationen

Visitor Center (541-265-8801; www.newportchamber.org; 555 SW Coast Hwy; Mo–Fr 8.30–17 Uhr)

Yachats & Umgebung

Zu den bestgehüteten Geheimnissen an der Küste Oregons gehört das hübsche und freundliche Yachats („Ja-*hots*"). Der Ort unten am gewaltigen Cape Perpetua liegt in einer rauen, windigen Landschaft. Wer hierher kommt, möchte einmal allem entfliehen, was an diesem weitgehend unerschlossenen Küstenabschnitt auch ganz leicht ist.

Am Ort vorbei führt der 804 Coast Trail, ein schöner Spazierweg mit Zugang zu Gezeitenbecken und schönen Ausblicken aufs

Meer. Der Weg hat im Süden Anschluss an den Amanda Trail, der zur Cape Perpetua Scenic Area führt.

★Cape Perpetua Scenic Area PARK
(Hwy 101; Tagesgebühr 5 US$) Der 3 Meilen (4,8 km) südlich von Yachats gelegene Überrest eines Vulkans wurde 1778 von Captain James Cook gesichtet, der dem Kap auch seinen Namen gab. Das Gebiet ist für spektakuläre Felsformationen und eine raue Brandung bekannt und von zahlreichen Wegen durchzogen, die zu antiken Muschelhaufen, Gezeitenbecken und alten Wäldern führen. Die Aussicht vom Kap ist unglaublich – man erblickt die Vorgebirge von Cape Foulweather bis zum Cape Arago.

Um einen spektakulären Blick auf den Ozean zu werfen, fährt man auf der Overlook Rd bis zur **Cape Perpetua Day-Use Area**.

Tiefe Risse in dem alten Vulkan ermöglichten es den Wellen, durch Erosion schmale Kanäle in das Kap zu graben und faszinierende Monumente wie **Devil's Churn**, rund ½ Meile (800 m) nördlich des Besucherzentrums, hervorzubringen – hier brechen sich die Wellen tosend in einem 9 m langen Meeresarm. Der asphaltierte **Captain Cook Trail** (hin & zurück 1,9 km) ist eine leichte Wanderung zu Gezeitenbecken nahe **Cooks Chasm**, wo bei Flut das Wasser ähnlich wie bei einem Geysir aus einer Meereshöhle emporspritzt. (Bei Cooks Chasm gibt's auch Parkplätze am Hwy 101).

Der **Giant Spruce Trail** (hin & zurück 3,2 km) führt den Cape Creek hinauf zu einer 500 Jahre alten Sitka-Fichte mit einem Durchmesser von 4,5 m. Auf dem **Cook's Ridge–Gwynn Creek Loop Trail** (hin & zurück 10,5 km) gelangt man in tiefe alte Wälder am Gwynn Creek; man folgt dem Oregon Coast Trail nach Süden und wendet auf dem Gwynn Creek Trail, der über Cook's Ridge zum Ausgangspunkt zurückführt.

Das **Besucherzentrum** (☎541-547-3289; www.fs.usda.gov/siuslaw; 2400 Hwy 101; 5 US$/Fahrzeug; ⏲Juni–Aug. 9.30–16.30 Uhr, Sept.–Mai 10–16 Uhr) hat Infos zu den Menschen und der Natur sowie Exponate zum früheren indigenen Volk der Alsea.

Heceta Head Lighthouse LEUCHTTURM
(☎541-547-3416; Heceta.h.lighthouse@oregon.gov; 5 US$/Tag; ⏲11–15 Uhr, Winter bis 14 Uhr) Der 1894 erbaute, halsbrecherisch über dem brodelnden Ozean thronende Leuchtturm 13 Meilen (20,9 km) südlich von Yachats am Hwy 101 ist höchst fotogen und immer noch in Betrieb. Führungen werden angeboten; die Besichtigungszeiten wechseln, vor allem im Winter, deswegen sollte man vorher anrufen. Der schönen Aussicht wegen sollte man im Heceta Head State Park einen Stopp einlegen.

Sea Lion Caves HÖHLE
(☎541-547-3111; www.sealioncaves.com; 91560 Hwy 101, Florence; Erw./Kind 14/8 US$; ⏲9–17 Uhr) In dieser riesigen Meeresgrotte 15 Meilen (24,1 km) südlich von Yachats hausen Hunderte Stellersche Seelöwen. Ein Aufzug fährt 63 m hinunter zu einem dunklen Informationsbereich, wo man von einem Observationsfenster aus zuschauen kann, wie die mächtigen Robben sich um die besten Plätze auf den Felsen drängeln. Es gibt auch Beobachtungsbereiche draußen, weil sich von Ende September bis November in der Regel keine Seelöwen in der Höhle aufhalten. Auch viele interessante Vögel der Küste lassen sich hier beobachten.

Ya'Tel Motel MOTEL $
(☎541-547-3225; www.yatelmotel.com; Ecke Hwy 101 & 6th St; DZ 74–119 US$;) Das Motel hat Persönlichkeit und acht große, saubere Zimmer, die teilweise über Kochnischen verfügen. Es gibt auch ein großes Zimmer für sechs Personen (119 US$). Vorn steht ein (auswechselbares) Schild, auf dem Dinge stehen wie: „Immer sauber, meist freundlich".

Green Salmon Coffee House CAFÉ $
(☎541-547-3077; www.thegreensalmon.com; 220 Hwy 101; Kaffeegetränke 2–5 US$; ⏲7.30–14.30 Uhr;) Bio und Fair-Trade sind die Schlagworte in diesem bunt zusammengewürfelten Café, in dem die Einheimischen bei leckeren Frühstücksgerichten (Gebäck, Bagels mit Räucherlachs, hausgemachtem Haferbrei) zusammensitzen. Die einfallsreiche Liste der warmen Getränke reicht von üblichem Filterkaffee über Bio-Schoko-Chai mit Milch bis zu Lavendel-Rosmarin-Kakao. Es gibt auch Gerichte für Veganer und einen Büchertausch.

Oregon Dunes National Recreation Area

Die Oregon Dunes erstrecken sich über 80 km zwischen Florence und Coos Bay und sind damit das größte Areal mit Küstendünen in den USA. Die Dünen sind bis zu 150 m hoch und ragen knapp 5 km ins Landesinnere, wo sie auf Küstenwälder mit sonderbaren Ökosystemen und einer artenreichen Tierwelt, insbesondere Vögel, treffen. Das Gebiet inspirierte den Schriftsteller Frank Herbert zu seinem epischen Sci-Fi-Romanzyklus *Dune*. In der Gegend gibt's Wander- und Reitwege sowie Gelegenheiten zum Bootfahren und Schwimmen. Den Abschnitt südlich von Reedsport sollte man meiden, da hier viele lärmige Strandbuggys das Erlebnis trüben. Touristeninfos gibt's im **Oregon Dunes National Recreation Area Visitor Center** (541-271-6000; www.fs.usda.gov/siuslaw; 855 Hwy 101; Juni–Aug Mo–Sa 8–16.30 Uhr, Sept.–Mai Mo–Fr) in Reedsport.

Zu den State Parks, in denen man campen kann, gehören der beliebte **Jessie M. Honeyman State Park** (800-452-5687, 541-997-3641; www.oregonstateparks.org; 84505 Hwy 101 S; Stellplatz Zelt/Wohnmobil 21/29 US$, Jurte 44 US$), 3 Meilen (4,8 km) südlich von Florence, und der angenehme, waldige **Umpqua Lighthouse State Park** (541-271-4118; www.oregonstateparks.org; 460 Lighthouse Rd; Stellplatz Zelt/Wohnmobil 19/26 US$, Jurte/Luxusjurte 41/80 US$), 4 Meilen (6,4 km) südlich von Reedsport. Es gibt aber noch viele weitere Camping-Gelegenheiten in der Gegend.

Port Orford

Der malerische Weiler Port Orford liegt an einem natürlichen Hafen auf einer Landzunge zwischen zwei prächtigen State Parks und bietet spektakuläre Ausblicke. Der **Cape Blanco State Park** (541-332-2973; www.oregonstateparks.org; Cape Blanco Rd) GRATIS, 9 Meilen (14,5 km) nördlich vom Ort, ist der zweitwestlichste Punkt der Lower 48 (USA ohne Alaska und Hawaii); starke Winde mit Geschwindigkeiten von 160 km fegen oft über die Landspitze. Besucher können hier wandern und das **Cape Blanco Lighthouse** (541-332-2207; www.oregonstateparks.org; 91814 Cape Blanco Rd; Führung Erw./Kind 2 US$/frei; April–Okt. Mi–Mo 10–15.15 Uhr) besichtigen – der 1870 erbaute Leuchtturm ist der älteste und höchste funktionstüchtige Turm in Oregon.

Im **Humbug Mountain State Park** (541-332-6774), 6 Meilen (9,7 km) südlich von Port Orford, treffen Berge und Meer in feuchter Disharmonie (samt starker Brandung) aufeinander. Den 533 m hohen Gipfel kann man über einen 4,8 km langen Wanderweg durch alte Zedernwälder erklimmen.

Eine günstige Unterkunft bietet das **Castaway-by-the-Sea Motel** (541-332-4502; www.castawaybythesea.com; 545 W 5th St; DZ 75–135 US$, Suite 115–165 US$), luxuriösere Hütten das **Wildspring Guest Habitat** (866-333-9453; www.wildspring.com; 92978 Cemetery Loop; DZ 298–328 US$). Wer in dem Fischerdorf gut essen will, lässt sich im schicken **Redfish** (541-366-2200; www.redfishportorford.com; Hawthorne Gallery, 517 Jefferson St; Hauptgerichte 18–34 US$; Mo–Fr 11–21, Sa & So 10–21 Uhr) die frischesten Meeresfrüchte vor Ort schmecken.

Süd-Oregon

Mit seinem warmen, sonnigen und trockenen Klima, das dem im nahen Kalifornien entspricht, ist das südliche Oregon der „Bananengürtel" des Bundesstaats und ein lohnendes Ziel für einen Besuch. Eine Reihe ausgewiesener „wilder und malerischer" Flüsse ziehen sich durch die zerklüftete, abgelegene Landschaft, die bekannt ist für anspruchsvolles Wildwasserrafting, erstklassige Stellen zum Fliegenfischen und ausgezeichnete Wanderungen.

Ashland

Die hübsche Stadt ist dank des international renommierten Oregon Shakespeare Festival (OSF), das neun Monate im Jahr läuft und Hunderttausende Theatergänger aus aller Welt anlockt, das kulturelle Zentrum im südlichen Oregon. Das Festival ist Ashlands Hauptattraktion und sorgt im Sommer für Betrieb und für einen ständigen Geldsegen in den vielen schicken Hotels, gehobenen B&Bs und feinen Restaurants der Stadt.

Aber auch ohne das Festival ist Ashland immer noch ein angenehmer Ort, in dessen trendigen Downtown-Straßen sich gut betuchte Kauflustige und jugendliche Bohemiens tummeln. Im Spätherbst und Frühwinter – den wenigen festivalfreien Monaten – kommen die Besucher zum Skifahren auf den nahe gelegenen Mt. Ashland. In der Gegend gibt's außerdem mehrere gute Weingüter, die einen Besuch lohnen.

Sehenswertes & Aktivitäten

Lithia Park PARK

(59 Winburn Way) Neben den drei prächtigen Theatern von Ashland liegt der wohl schönste Stadtpark Oregons, der sich auf 38 ha längs des Ashland Creeks oberhalb des Stadtzentrums erstreckt. Der Park hat sogar einen Platz im National Register of Historic

NICHT VERSÄUMEN

OREGON SHAKESPEARE FESTIVAL

Als junge Stadt kam Ashland in den Genuss kultureller Bildungsprogramme der Methodisten. In den 1930er-Jahren war eine der dafür gebauten Einrichtungen bis auf eine baufällige Hülle aus Holz verfallen. Angus Bowmer, ein Theaterprofessor am örtlichen College, erkannte die Ähnlichkeit dieser dachlosen Konstruktion mit Shakespeares Globe Theatre, das aus Zeichnungen bekannt ist. Er überredete die Stadt, zwei Aufführungen von Shakespeare-Stücken und einen Boxkampf (die Idee hätte Shakespeare gefallen) im Rahmen der Feiern des 4. Juli 1935 zu finanzieren. Die Aufführungen wurden ein großer Erfolg und damit war das **Oregon Shakespeare Festival** (OSF; 541-482-4331; www.osfashland.org; Ecke Main & Pioneer St; Tickets 30–136 US$; Feb.–Okt. Di–So) geboren. Die Karten für die Aufführungen sind schnell ausverkauft, aber manchmal gibt's eine Stunde vor Vorstellungsbeginn noch Last-Minute-Karten an der Theaterkasse.

Im **OSF Welcome Center** (76 N Main St; Di–So 11–17 Uhr) gibt's Infos zu anderen Events, z. B. wissenschaftlichen Vorträgen, Lesungen von Theaterstücken, Konzerten und Gesprächen vor Vorstellungsbeginn.

Places erhalten. Er ist mit Springbrunnen, Blumen und Pavillons verziert; es gibt einen Spielplatz, Waldwege und im Winter eine Eislaufbahn.

Schneider Museum of Art MUSEUM
(541-552-6245; http://sma.sou.edu; 1250 Siskiyou Blvd; empfohlene Spende 5 US$; Mo–Sa 10–16 Uhr) Freunde zeitgenössischer Kunst sollten dem Museum der Southern Oregon University einen Besuch abstatten, das ungefähr jeden Monat neue Ausstellungen zeigt. Die Universität veranstaltet auch Theatervorstellungen, Opernaufführungen und klassische Konzerte.

Siskiyou Cyclery RADFAHREN
(541-482-1997; www.siskiyoucyclery.com; 1729 Siskiyou Blvd; Leihfahrrad halber Tag/ganzer Tag 30/45 US$; Mo–Sa 10–18 Uhr) Wer gern in die Pedale tritt, kann sich hier ein Rad ausleihen und die Landschaft am Bear Creek Greenway erkunden, einem 34 km langen Radweg zwischen Ashland und Central Point.

Schlafen

Zwischen Mai und Oktober sollte man unbedingt reservieren. Günstigere Zimmer findet man in Medford, 12 Meilen (19,3 km) nördlich von Ashland.

Ashland Hostel HOSTEL $
(541-482-9217; www.theashlandhostel.com; 150 N Main St; B 29 US$, EZ/DZ ab 45/55 US$;) Das zentrale, recht vornehme Hostel (Straßenschuhe sind drinnen unerwünscht) residiert in einem denkmalgeschützten Bungalow. Die meisten Privatzimmer teilen sich die Bäder; einige können zu Schlafsälen zusammengeschlossen werden. Platz zum Entspannen bieten der gemütliche Wohnbereich im Untergeschoss und die schattige Vorderveranda. Haustiere, Alkohol und Nikotin sind auf dem Gelände verboten. Vorher anrufen – die Rezeption ist nur begrenzt besetzt!

Palm BOUTIQUEHOTEL $$
(541-482-2636; www.palmcottages.com; 1065 Siskiyou Blvd; DZ 75–249 US$;) Das fabelhafte kleine Motel wurde zu einer Anlage mit 16 bezaubernden Gartenhaus-Zimmern und Suiten (teilweise mit Einbauküchen) umgestaltet. Die grüne Oase an einer belebten Straße verfügt über Rasenflächen und einen Salzwasserpool. In einem nahe gelegenen Haus gibt's noch drei weitere große Suiten (ab 249 US$). Es wird zwar kein Frühstück serviert, aber das Anwesen liegt direkt neben dem beliebten Morning Glory Café.

Essen & Ausgehen

Morning Glory CAFÉ $
(541-488-8636; 1149 Siskiyou Blvd; Hauptgerichte 9,50–15 US$; 8–13.30 Uhr) Dieses farbenfrohe, gemütliche Café ist eines der besten Frühstückslokale Ashlands. Zu den kreativen Gerichten gehören Alaska-Krabben-Omelette, vegetarisches Haschee mit gerösteten Chilis und Shrimpskuchen mit pochierten Eiern. Mittags gibt es leckere Salate und Sandwiches. Am besten sehr zeitig oder eher spät kommen, um lange Wartezeiten zu vermeiden!

Agave MEXIKANISCH $
(541-488-1770; www.agavetaco.net; 5 Granite St; Tacos 3,75–5 US$; So–Do 11–20, Fr & Sa bis 21

Uhr, Sommer länger geöffnet) Das beliebte Restaurant verwöhnt seine Gäste mit schmackhaften, einfallsreichen Tacos. Neben traditionellen Speisen wie *carnitas* oder Grillhähnchen gibt's exotischere Gerichte wie Entengeschnetzeltes oder sautierten Hummer (9,95 US$), außerdem Ceviche, Salate und Tamales.

Caldera Brewing BRAUEREIKNEIPE **$$**
(☎541-482-4677; www.calderabrewing.com; 590 Clover Lane; Hauptgerichte 13–23 US$; ⏲11–22 Uhr; 👪) Das helle, luftige Brauereilokal liegt gleich abseits der I-5 und hat einen angenehmen Sitzbereich im Freien mit schönem Ausblick ins Land. Bis 22 Uhr geht's kinderfreundlich zu. Zu essen bekommt man hier Pizza, einfallsreiche Pastagerichte, Burger und gute Salate. 40 Fassbiere lassen keinen Durst aufkommen. Eine zweite Filiale mit gemütlicher Kneipenatmosphäre befindet sich in der 31 Water St am Fluss.

Greenleaf DINER **$$**
(☎541-482-2808; www.greenleafrestaurant.com; 49 N Main St; Hauptgerichte 10–21 US$; ⏲8–10 Uhr; 🖉) 🍃 Der zwanglose Diner mit Sitzecken und Plätzen am Tresen verwendet nachhaltige Zutaten in innovativen Kombinationen. Es gibt viele vegetarische Optionen, und die Tafel mit den Tagesspezialitäten ist immer einen Blick wert, auch wenn die reguläre Speisekarte so umfangreich ist, dass man sich bereits damit begnügt. Es gibt sogar eine Karte, auf der nur glutenfreie Speisen stehen.

Amuse FRANZÖSISCH **$$$**
(☎541-488-9000; www.amuserestaurant.com; 15 N 1st St; Hauptgerichte 26–38 US$; ⏲Mi–So 17.30–21 Uhr) Das feine französische Bistro serviert Gerichte wie Pariser Gnocchi, in der Pfanne gebratene Kammmuscheln und mit Trüffeln geröstetes Junghuhn. Zum Dessert wird ein bittersüßer Schoko-Trüffel-Kuchen und warme Beignets mit englischer Creme aufgetischt. Unbedingt reservieren!

ℹ Praktische Informationen

Ashland Chamber of Commerce (☎541-482-3486; www.ashlandchamber.com; 110 E Main St; ⏲Mo–Fr 9–17 Uhr)

Jacksonville

Dieser kleine, aber reizende ehemalige Goldgräberort ist die älteste Siedlung in Süd-Oregon und ein National Historic Landmark. Die Hauptstraße ist gesäumt von gut erhaltenen Gebäuden aus den 1880er-Jahren, die heute Boutiquen und Galerien beherbergen. Musikfans sollten auf keinen Fall das **Britt Festival** (☎541-773-6077; www.brittfest.org; Ecke 1st & Fir Sts; ⏲Juni–Sept.) im September verpassen, ein musikalisches Highlight von Weltklasse mit namhaften Künstlern. Weitere Infos gibt's bei der **Handelskammer** (☎541-899-8118; www.jacksonvilleoregon.org; 185 N Oregon St; ⏲Mai–Okt. tgl. 10–15 Uhr, Nov.–April Mo–Sa 10–14 Uhr).

In Jacksonville gibt es jede Menge schicke B&Bs, Budgetunterkünfte finden sich eher 6 Meilen (9,6 km) weiter östlich in Medford. Das **Jacksonville Inn** (☎541-899-1900; 175 E California St; Zi. ab 159–325 US$; 🅿❄📶🐾), untergebracht in einem kleinen Gebäude aus dem Jahr 1863, ist die schönste Unterkunft. Die Zimmer in dem Downtown-Gasthaus sind mit majestätisch wirkenden Antiquitäten eingerichtet; obendrein gibt es noch ein gutes Restaurant vor Ort.

North Umpqua River

Der „Wild and Scenic River" eignet sich ganz ausgezeichnet zum Fliegenfischen. An seinen Ufern kann man wunderbar wandern und in aller Ruhe campen. Der fast 130 km lange **North Umpqua Trail** beginnt in der Nähe des Idleyld Park (3 Meilen/4,8 km östlich von Glide) und führt durch Steamboat bis zum Pacific Crest Trail. Ein beliebter Abstecher sind die schönen **Umpqua Hot Springs** östlich von Steamboat unweit des Toketee Lake. In der Nähe befinden sich die atemberaubend schönen, zweistufigen **Toketee Falls** (ca. 35 m), die über Basaltfelsen in die Tiefe rauschen. Die **Watson Falls** sind mit 83 m die höchsten Wasserfälle in Oregon. Weitere Infos gibt's in Glide im **Colliding Rivers Information Center** (☎541-496-3532; 18782 N Umpqua Hwy; ⏲Mai–Sept. 9–17 Uhr) und auch nebenan beim **North Umpqua Ranger District** (☎541-496-3532; 18782 N Umpqua Hwy, Glide; ⏲Mo–Fr 8–16.30 Uhr).

Zwischen dem Idleyld Park und dem Diamond Lake finden sich zahlreiche Campingplätze direkt am Flussufer, u.a. am lieblichen **Susan Creek** und am urwüchsigen (ausgetrockneten) **Boulder Flat**. Die Unterkünfte in der Gegend sind im Sommer schnell ausgebucht. Empfehlenswert sind die Zimmer in den Blockhütten des **Dogwood Motels** (☎541-496-3403; www.dogwood-motel.com; 28866 N Umpqua Hwy, Idleyld Park; EZ/DZ ab 60/70 US$; 🅿❄📶🐾).

Oregon Caves National Monument & Preserve

Die sehr beliebte Höhle (es gibt nur eine) liegt 19 Meilen (30,6 km) östlich von Cave Junction am Hwy 46. Im Rahmen der 90-minütigen Führung werden Gänge in einer Länge von knapp 5 km erkundet – es geht über 520 Steinstufen und durch tropfende Kammern am River Styx entlang. Warm anziehen, rutschfestes Schuhwerk tragen und darauf gefasst sein, nass zu werden!

In **Cave Junction**, 28 Meilen (45,1 km) südlich von Grants Pass an der US 199 (Redwood Hwy), gibt's die meisten Serviceeinrichtungen – zu den besten Unterkünften in der Gegend zählt aber das **Out 'n' About Treesort** (☎541-592-2208; www.treehouses.com; 300 Page Creek Rd, Takilma; Baumhaus 150–330 US$; 🚭) mit superlustigen Baumhäusern im 12 Meilen (19,3 km) südlich gelegenen Katilma. Eine schicke Unterkunft direkt bei der Höhle ist das beeindruckende **Oregon Caves Chateau** (☎541-592-3400; www.oregoncaveschateau.com; 20000 Caves Hwy; Zi. 117–212 US$; ⏲Mai–Okt.; 🚭) – am altmodischen Getränkespender sollte man sich unbedingt einen Milchshake holen.

Ost-Oregon

Östlich der Cascades ähnelt der Bundesstaat – geografisch wie kulturell – nur wenig den feuchteren Landstrichen im Westen Oregons. Die Gegend ist nur dünn besiedelt, die größte Stadt Pendleton hat gerade einmal 17 000 Einwohner. Stattdessen findet man hier wüstenähnliche Hochebenen vor, in allen Farben leuchtende Felsformationen, Natronseen und den tiefsten Canyon der USA.

John Day Fossil Beds National Monument

Inmitten des weichen Gesteins und des bröckligen Erdreichs des John Day Country befindet sich eine der tollsten Fossiliensammlungen der Welt; die Fossilien sind zwischen 6 und 50 Mio. Jahre alt. Das National Monument erstreckt sich auf 57 km² über drei verschiedene Zonen: die Sheep Rock Unit, die Painted Hills Unit und die Clarno Unit. Jede bietet Wanderwege und lehrreiche Ausstellungen.

Das ausgezeichnete **Thomas Condon Paleontology Center** (☎541-987-2333; www.nps.gov/joda; 32651 Hwy 19, Kimberly; ⏲10–17 Uhr) GRATIS liegt 2 Meilen (3,2 km) nördlich der US 26 bei der **Sheep Rock Unit**. Ausgestellt sind u.a. ein Dreizehen-Pferd und versteinerte Mistkäfereier. Hinzu kommen noch viele andere Fossilien und geologisch-geschichtliche Ausstellungen. Wer gerne wandert, kann den kurzen Blue Basin Trail ablaufen.

Die **Painted Hills Unit** in der Nähe von Mitchell besteht aus flachen, bunt gestreiften Hügeln, die sich vor über 30 Mio. Jahren formten. Noch einmal 10 Mio. Jahre älter ist die **Clarno Unit** mit freigelegten Schlammläufen, die über einen Wald aus der Eozän-Ära geschwemmt wurden und markante weiße Klippen mit Steinspitzen und Türmchen geformt haben.

Rafting ist sehr beliebt auf dem John Day River, dem längsten, frei fließenden Fluss des Staates. **Oregon River Experiences** (☎800-827-1358; www.oregonriver.com; 4-/5-/9-tägige Touren 635/735/1195 US$/pro Pers.; ⏲Mai–Juni) veranstaltet Touren von bis zu fünf Tagen. Außerdem bieten sich gute Möglichkeiten zum Angeln von Schwarzbarschen und Regenbogenforellen. Weitere Infos gibt's beim Oregon Department of Fish & Wildlife (www.dfw.state.or.us).

In den meisten Städten der Gegend gibt es mindestens ein Hotel, darunter das stimmungsvolle **Historic Oregon Hotel** (☎541-462-3027; www.theoregonhotel.net; 104 E Main St, Mitchell; B 20 US$, DZ 50–110 US$; 📶) in Mitchell in John Day (wo es die meisten Einrichtungen des Bezirks gibt). In der Region liegen auch mehrere öffentliche Campingplätze (Stellplatz 5 US$), z.B. Lone Pine und Big Bend am Hwy 402.

Wallowa Mountains Area

Die Wallowa Mountains gehören mit ihren gletscherbedeckten Gipfeln und den kristallklaren Seen zu den schönsten Naturgebieten in Oregon. Der einzige Nachteil sind die Unmengen Besucher, die im Sommer hierher kommen, vor allem in die hübsche Gegend um den Wallowa Lake.

Aber man kann den Menschenmassen auf einer langen Wanderung in die nahe gelegene **Eagle Cap Wilderness** entkommen – z.B. im Rahmen der 9,6 km lange Tour zum **Aneroid Lake** oder dem 12,8 km langen Marsch auf dem **Ice Lake Trail**.

Nördlich der Berge im Wallowa Valley liegt **Enterprise**, ein gemütliches Provinznest mit einigen Motels wie dem **Ponderosa** (☎541-426-3186; 102 E Greenwood St; EZ/DZ ab

69/75 US$; ❄📶🐾). Wer auf Bier und gutes Essen steht, darf auf keinen Fall die Kleinbrauerei der Stadt, **Terminal Gravity Brewing** (☎541-426-3000; www.terminalgravitybrewing.com; 803 SE School St; Hauptgerichte 9–14 US$; ⏰So, Mo & Mi 11–21, Do–Sa bis 22 Uhr), verpassen. Nur 6 Meilen (9,6 km) weiter südlich liegt der Nachbarort von Enterprise, das vornehme **Joseph**. Die Hauptstraße ist gesäumt von teuren Bronze-Galerien, künstlerischen Boutiquen und einigen guten Lokalen.

Hells Canyon

Der mächtige Snake River brauchte 13 Mio. Jahre, um seinen Lauf 2438 m tief in das Hochplateau des östlichen Oregon zu graben und damit die tiefste Schlucht Nordamerikas zu schaffen.

Für eine tolle Aussicht sollte man von Joseph 30 Meilen (48,3 km) nordostwärts nach Imnaha fahren, wo eine langsam zu befahrende, 24 Meilen (38,6 km) lange Schotterpiste hinauf zum **Hat Point** führt. Von hier überblickt man die Wallowa Mountains, die Idaho Seven Devils, den Imnaha River und die Wildnis des Canyons. Die Straße ist von Ende Mai bis zum ersten Schneefall für den Verkehr freigegeben; für die Hin- und Rückfahrt sollte man jeweils zwei Stunden einplanen.

Wildwasser-Action und eine spektakuläre Landschaft gibt's am **Hells Canyon Dam**, 25 Meilen (40,2 km) nördlich der kleinen Gemeinde Oxbow. Einige Kilometer hinter dem Damm endet die Straße am **Hells Canyon Visitors Center** (Hells Canyon Rd, Hells Canyon Dam; ⏰Mai–Okt. 8–16 Uhr), wo man gute Infos zu den Campingplätzen und Wanderwegen der Gegend erhält. Dahinter bewältigt der Snake River mit wilden Stromschnellen einen Höhenunterschied von fast 400 m. Der Fluss ist nur mit einem Jetboot oder einem Rafting-Floß befahrbar. **Hells Canyon Adventures** (☎800-422-3568; www.hellscanyonadventures.com; Jetboot-Tour Erw./Kind ab 75/38 US$; ⏰Mai–Sept.) ist der Hauptveranstalter für Rafting-Ausflüge und Jetboot-Touren (Reservierung erforderlich).

In der Gegend finden sich viele Campingplätze und feste Unterkünfte. Gleich außerhalb von Imnaha liegt der schöne **Imnaha River Inn** (☎541-577-6002; www.imnahariverinn.com; 73946 Rimrock Rd; EZ/DZ ab 70/130 US$), ein B&B mit Tiertrophäen wie zu Hemingways Zeiten. Mehr Einrichtungen gibt's in den Ortschaften Enterprise, Joseph und Halfway.

Steens Mountain & Alvord Desert

Der höchste Gipfel im südöstlichen Oregon, der 2979 m hohe Steens Mountain, ist Teil eines massiven, knapp 50 km langen Bruchschollengebirges, das vor rund 15 Mio. Jahren entstand.

In Frenchglen beginnt Oregons höchstgelegene Straße, die **Steens Mountain Loop Rd**, eine 59 Meilen (95 km) lange Schotterpiste. Hier hat man den besten Blick auf den Gebirgszug und Zugang zu Campingplätzen und Wanderwegen. Entlang der Piste wachsen Salbeisträucher, Wacholder und Espenwälder, bis man ganz oben schließlich auf spärliche, steinige Tundra stößt. Der 25 Meilen (40,2 km) oberhalb von Frenchglen gelegene **Kiger Gorge Viewpoint** bietet einen überwältigenden Ausblick. Für die gesamte Strecke braucht man ohne anzuhalten rund drei Stunden. Wer die Attraktionen aber gebührend würdigen will, sollte deutlich mehr Zeit einplanen. Die Ostseite des Steens Mountain ist auch von der **Fields-Denio Rd** aus zu sehen, die durch die Alvord Desert zwischen den Hwys 205 und 78 führt. Unbedingt volltanken, viel Wasser mitnehmen und zu jeder Jahreszeit mit Wetterumschwüngen rechnen!

Frenchglen hat zwar nur zwölf Einwohner, aber trotzdem gibt's hier das historische **Frenchglen Hotel** (☎541-493-2825; www.frenchglenhotel.com; 39184 Hwy 205; Zi. mit Gemeinschaftsbad 75–82 US$, Drovers' Inn EZ/DZ 115/135 US$; ⏰Mitte März–Okt.; 🚭❄🐾) mit acht kleinen Zimmern, riesigen Mahlzeiten (fürs Abendessen reservieren!) und einen kleinen Laden mit einer saisonal betriebenen Zapfsäule – das war's dann aber auch. Campingmöglichkeiten finden sich an der Steens Mountain Loop Rd, darunter auch der hübsche BLM-Campingplatz **Page Springs** (8 US$/Fahrzeug, ganzjährig geöffnet). Einige weitere Plätze liegen weiter längs der Rundstraße, sind aber nur im Sommer zugänglich. Auf allen diesen Campingplätzen gibt's Wasser. Das Campen im Hinterland (kostenlos) ist in den Steens erlaubt.

Alaska

Inhalt ➜

Gut essen

- Snow City Café (S. 1214)
- Pel'Meni (S. 1221)
- Rustic Goat (S. 1214)
- Bar Harbor Restaurant (S.1228)
- Ludvig's Bistro (S. 1219)

Schön übernachten

- Gustavus Inn (S. 1226)
- Copper Whale Inn (S. 1213)
- Ultima Thule Lodge (S. 1217)
- Inn at Creek Street – New York Hotel (S. 1227)
- Mendenhall Lake Campground (S. 1221)

Auf nach Alaska!

Unverfälscht, rau, erbarmungslos und riesig: Alaska ist ein Land, das Urinstinkte weckt und das Jack London mit dem „Ruf der Wildnis" assoziierte. Anders als einst London und seine Gefährten aus der Goldrauschzeit können Besucher heute wesentlich einfacher und bequemer in diese Wildnis vordringen. Gerade die gute Erreichbarkeit seiner Naturschönheiten spricht für einen Besuch des 49. Bundesstaats. Nirgendwo sonst in Nordamerika besteht die realistische Chance, einen bisher unbestiegenen Berg zu erklimmen, dort zu wandern, wohin noch nie ein Mensch seinen Fuß hingesetzt hat, oder einen Nationalpark zu erkunden, der pro Jahr weniger Besucher hat als die Internationale Raumstation.

Mit spärlicher Netzabdeckung und nur wenigen Hipster-Cafés mit WLAN ist Alaska eine Region, in der man selbst gefragt ist. Ob man sich nun allein mit Rucksack und Abwehrspray gegen Bären auf den Weg macht oder sich einem „Sourdough" anvertraut, einem landeskundigen Guide, man wird auf jeden Fall reich belohnt werden.

Reisezeit

Anchorage

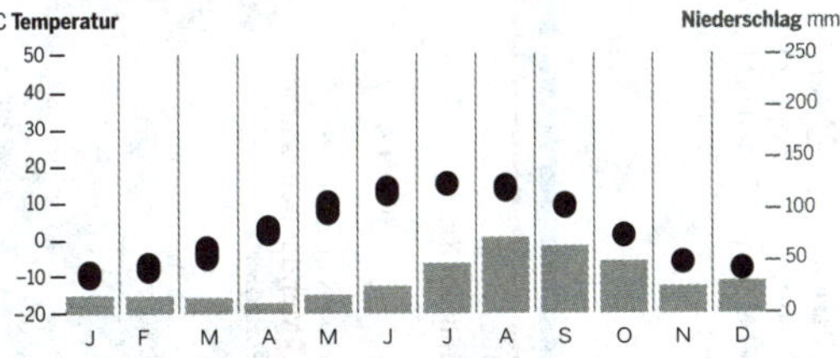

Juni Sonnwendfeste und kurze Nächte: am besten die langen Tage im Freien genießen.

Juli Höhepunkt der Lachswanderung: Millionen Fische wandern zu ihren Laichplätzen stromaufwärts.

Ende Sept. Das geheimnisvolle Nordlicht erscheint allmählich am nächtlichen Himmel.

Highlights

1. **Denali National Park & Preserve** (S. 1229) Die riesigen Eismassen des Mt McKinley (Denali) bestaunen
2. **Kodiak Island** (S. 1216) Auf der smaragdgrünen Insel den größten Bären der Welt beim Lachsfang zuschauen
3. **Sitka National Historical Park** (S. 1218) Der russischen Geschichte Alaskas nachspüren
4. **Mendenhall Glacier** (S. 1220) An Alaskas beliebtestem Eisfluss wandern
5. **Chilkoot Trail** (S.1224) In der Nähe von Skagway den Spuren der Klondike-Goldsucher von 1898 folgen
6. **Anchorage Museum** (S. 1212) In Anchorage Alaskas Geschichte und Kultur erkunden

Geschichte

Vor 20000 Jahren wanderten die Ureinwohner Alaskas – Athabasken, Aleuten und Inuit sowie die Küstenstämme der Tlingit und Haida – über die Landbrücke der Beringstraße ein. Im 18. Jh. kamen die Europäer in mehreren Wellen: zuerst britische und französische Forschungsreisende, dann russische Walfänger und Pelzhändler. Sie gaben den geografischen Gegebenheiten Namen, eigneten sich Otterpelze an und ließen die Eingeborenen verwirrt und verstört zurück.

Die Napoleonischen Kriege hatten den russischen Staatshaushalt ausbluten lassen, und so konnte 1867 der US-amerikanische Außenminister William H. Seward den Russen das Territorium für 7,2 Mio. US$ abkaufen – das sind weniger als 0,5 ¢ pro 10 Ar. Ein Aufschrei über „Seward's Folly" („Sewards Dummheit") ging durch die Vereinigten Staaten, aber bald zeigten sich die Reichtümer des Landes: zunächst Wale, dann Lachs, Gold und schließlich Öl. Nachdem die Japaner im Zweiten Weltkrieg die Aleuten bombardiert und besetzt hatten, baute das Militär den berühmten Alcan (Alaska-Canada) Hwy, der das Territorium mit dem Rest der USA verband. Der knapp 2500 km lange Alcan trug seinen Teil dazu bei, dass aus dem Nachkriegsalaska 1959 der 49. Bundesstaat der USA wurde.

Das Erdbeben am Karfreitag 1964 sorgte in Alaska für großes Chaos, das aber schnell vergessen war, als unter der Prudhoe Bay Erdöllager entdeckt wurden, was der Grund für den Bau einer 1270 km langen Pipeline nach Valdez war. Seither fällt es den meisten Bewohnern Alaskas schwer, über den Tellerrand zu schauen und an etwas anderes als an Öl-Dollar zu denken.

1989 lief die *Exxon Valdez*, ein 300 m langer Öltanker, ein paar Stunden vor dem Hafen von Valdez auf das Bligh Reef auf und es liefen fast 42 Mio. l Öl in den Prince William Sound. So wurden etwa 2522 km Küste verseucht, es kamen geschätzte 100 000 bis 250 000 Vögel und 2800 Seeotter ums Leben, und die Fischpopulationen wurden deutlich dezimiert. Die Fischerei und auch die Tierpopulationen haben sich langsam von dem Unglück erholt, aber trotzdem ist an vielen Stränden noch immer Öl unter dem Sand zu finden.

Im Jahr 2006 überraschte Sarah Palin, die vormalige Bürgermeisterin von Wasilla, die politische Welt, als sie den amtierenden Gouverneur schlug und damit Alaskas erste Frau in diesem Amt und zugleich mit 42 Jahren jüngste Amtsinhaberin wurde. Zwei Jahre später nominierte der republikanische Präsidentschaftskandidat John McCain sie zu seiner Vizepräsidentschaftskandidatin, um mit ihr gemeinsam gegen das Duo Obama/Biden anzutreten. Weniger internationale Aufmerksamkeit erlangte der Republikaner Ted Stevens, der 2009 beim Ausscheiden aus dem Senat seinen Staat 41 Jahre vertreten hatte – die längste Amtszeit eines republikanischen Senators überhaupt.

Geografie & Klima

Erzählt zu bekommen, dass der Denali der höchste Berg Nordamerikas ist, ist eine Sache – ihn im Denali National Park tatsächlich in den Himmel ragen zu sehen, eine andere. Der Berg ist so hoch, so massiv und so überwältigend, dass einige Besucher schon aus den Parkbussen herausgepurzelt sind. Und auch als Bundesstaat kann Alaska sich sehen lassen: Wie der Denali ist auch Alaska so riesig, wild und unbewohnt, dass man es erst glaubt, wenn man dort war.

An- & Weiterreise

Egal ob man aus den USA oder aus Übersee kommt, der Besuch Alaskas ist für jeden eine Reise in fremdes Land. Die Alaska-Marine-Highway-Fähre braucht von den Lower 48 („den Unteren 48") fast eine ganze Woche nach Whittier am Prince William Sound. Auf dem Landweg brauchen Autofahrer aus dem Mittleren Westen der USA zehn Tage bis nach Fairbanks.

Die schnellste und preiswerteste Art, um vom US-Festland nach Alaska zu kommen, ist mit dem Flugzeug. Von etlichen Städten bestehen Nonstop-Verbindungen. Es ist fast unmöglich, von Asien oder Europa direkt nach Alaska zu fliegen, da nur wenige internationale Fluggesellschaften Anchorage ansteuern. Eine Ausnahme bilden die saisonabhängigen Flüge der **Condor Airlines** (☎ 800-524-6975; www.condor.com) ab Frankfurt. Internationale Traveller kommen in der Regel über Seattle, Portland, Minneapolis oder Denver nach Alaska.

Flüge, Autos und Touren können online gebucht werden unter lonelyplanet.com/bookings.

ANCHORAGE

Die Einheimischen sagen, dass Anchorage nur 30 Minuten von Alaska entfernt sei. Der Big Apple des Nordens ist mit keiner anderen Stadt zu vergleichen – sie liegt eingekeilt zwischen 1500 m hohen Gipfeln und einer Bucht voller Lachse und Wale.

Auf den ersten Blick mögen der Verkehr, die großen Einkaufsmeilen und die Zersiedelung auf manche Besucher abschreckend wirken. In den Einkaufszentren gibt es aber zahlreiche erstklassige Restaurants, die frische Meeresfrüchte und Produkte von regionalen Bauernhöfen verarbeiten. Und die beiden Straßen in und aus der Stadt führen direkt in einsame Gegenden mit einer atemberaubenden, majestätischen Wildnis, die weltweit ihresgleichen sucht. In dieser einmaligen Stadt spazieren Bären über Radwege, stillen Elche ihren Hunger in den öffentlichen Gärten, und Einheimische holen Lachse aus einem Bach unweit der Hotels und Geschäftshäuser.

Wer einmal in diese Stadt mit ihren vielen Parks, Museen und Restaurants eingetaucht ist, versteht, warum sich hier jeder zweite Bewohner Alaskas zu Hause fühlt.

Sehenswertes

★Anchorage Museum MUSEUM
(www.anchoragemuseum.org; 625 C St; Erw./Kind 15/7 US$; ⌚Sommer 9–18 Uhr; 👪) Diese Einrichtung von Weltklasse ist das kulturelle Juwel von Anchorage. Das schon zuvor größte Museum im Bundesstaat bekam durch den neuen Westflügel mit seiner vierstöckigen glitzernden Spiegelfassade 7432 m² weitere Ausstellungsfläche hinzu, darüber hinaus befand sich zum Zeitpunkt der Recherchen noch ein Flügel im Bau. Das absolute Highlight des Museums ist das **Smithsonian Arctic Studies Center**, in dem mehr als 600 Objekte der Ureinwohner Alaskas ausgestellt sind – u.a. Kunstwerke, Werkzeuge, Masken und Haushaltsgegenstände –, die zuvor in Washington, DC, untergebracht waren.

★Alaska Native Heritage Center KULTURZENTRUM
(☎907-330-8000; www.alaskanative.net; 8800 Heritage Center Dr; Erw./Kind 25/17 US$; ⌚9–17 Uhr) Wer nicht die Möglichkeit hat, in die Wildnis hinauszufahren, um die Kulturen der Ureinwohner Alaskas aus erster Hand kennenzulernen, sollte unbedingt diesem 10,5 ha großen Zentrum einen Besuch abstatten, um zu erfahren, wie Menschen lebten und überlebten, ehe es Zentralheizungen gab. Das Alaska Native Heritage Center ist viel mehr als nur ein Museum, es ist ein Wissenspool der Sprachen, Kunst und Kulturen, die überleben, egal wie viele Sitcoms durch die Stratosphäre über Alaska flimmern.

Alaska Zoo ZOO
(www.alaskazoo.org; 4731 O'Malley Rd; Erw./Kind 15/7 US$; ⌚9–21 Uhr; 👪) In diesem Zoo kann man die einzigartige Tierwelt der Arktis bewundern. Er ist der einzige in Nordamerika, der sich auf Tiere des Nordens wie Schneeleoparden, Sibirische Tiger und Tibet-Yaks spezialisiert hat. Hier kann man viele in Alaska heimische Arten bestaunen, von Bärenmardern und Elchen über Karibus bis hin zu Dall-Schafen. Kinder werden bestimmt von den Bären entzückt sein. In diesem Zoo leben zwar alle in Alaska heimischen Arten, die Hauptattraktion sind aber ganz eindeutig die Eisbären.

Alaska Native Medical Center GALERIE
(www.anmc.org; 4315 Diplomacy Dr; ⌚24 Std.) GRATIS In diesem Krankenhaus befindet sich eine fantastische Sammlung von Kunstwerken und Artefakten der Ureinwohner Alaskas. Man fährt mit dem Fahrstuhl ins oberste Stockwerk und läuft die Treppe hinunter vorbei an Puppen, Korbwaren und Werkzeugen aus ganz Alaska. Es ist eine kleine, aber sehr lohnenswerte Ausstellung.

Ship Creek Viewing Platform AUSSICHTSPUNKT
GRATIS Von der Mitte bis zum Ende des Sommers laichen Königs-, Silber- und Buckellachse im Ship Creek, der historischen Stätte der Fischercamps der Tanainas. Von einem Aussichtspunkt aus kann man die zahlreichen großen Fische beobachten, wie sie sich ihrem Schicksal nähern. Bei Flut ist das Ufer gesäumt von Anglern, die auf einen guten Fang hoffen – bessere innerstädtische Fischgründe als hier gibt es wohl nirgendwo in den USA.

Um zu der Aussichtsplattform zu gelangen, nimmt man die C St nach Norden, überquert die Ship Creek Bridge und biegt dann rechts in die Whitney Rd ein.

Alaska Aviation Heritage Museum MUSEUM
(www.alaskaairmuseum.org; 4721 Aircraft Dr; Erw./Kind 15/8 US$; ⌚9–17 Uhr) Das Museum am Südufer des Lake Hood, des weltweit verkehrsreichsten Landeplatzes für Wasserflugzeuge, ist eine Hommage an Alaskas schillernde Buschpiloten und ihre von abenteuerlichen Geschichten umrankten Flugzeuge. Zu sehen sind 25 Flugzeuge sowie historische Fotos und Erinnerungsstücke zu fliegerischen Leistungen, vom ersten Flug nach Fairbanks (1913) bis hin zur Frühgeschichte von Alaska Airlines.

Geführte Touren

★ Alaska Railroad EISENBAHN

(☎907-265-2494; www.akrr.com; 411 W 1st Ave) Angeboten werden etliche Tagestouren ab Anchorage, die mit einer Zugfahrt beginnen. Die neunstündige Spencer Glacier Float Tour (242 US$/Pers.) führt zum Spencer Lake; eine einfache Floßfahrt durch die Eisberge ist im Preis inbegriffen. Die Glacier Quest Cruise (223 US$) geht nach Whittier und beinhaltet eine vierstündige Bootsfahrt im Prince William Sound: Hier kann man den Blick auf kalbende Gletscher bei leckeren Krabbenküchlein genießen.

Ghost Tours of Anchorage GESCHICHTE

(☎907-274-4678; www.ghosttoursofanchorage.com; 15 US$/Pers.; ⌚Di–So 19.30 Uhr) Die hervorragenden, spleenigen, 90-minütigen Spaziergänge durch die Innenstadt finden im Sommer jeden Abend (bei jedem Wetter) statt. Wer teilnehmen möchte, kommt einfach vor das Snow City Café (4th Ave Ecke L St), wo der vielleicht berühmt-berüchtigtste Mord in der Geschichte von Anchorage verübt wurde.

Schlafen

Bent Prop Inn Midtown HOSTEL $

(☎907-222-5220; www.bentpropinn.com; 3104 Eide St; B 30–35 US$; 📶) Die winzigen Schlafsäle sind ein echtes Schnäppchen. In den umgebauten Einzimmerapartments mit Küche und Wohnzimmer können vier Personen übernachten – hier trifft Schlafsaal auf Suite. In den normalen, nicht nach Geschlechtern getrennten Schlafsälen stehen sechs Betten. Es gibt zwei Küchen, Münzwaschmaschinen und einen großen TV. Das Privatapartment kostet 149 US$.

★ Copper Whale Inn INN $$

(☎907-258-7999; www.copperwhale.com; Ecke W 5th Ave & L St; Zi. 199–240 US$, Suite 279 US$; @📶) Mit idealer Lage im Stadtzentrum und einem hellen, eleganten Interieur ist dieses Gästehaus eine der besten Mittelklasse-Unterkünfte in Anchorage. Die Suite besitzt eine voll eingerichtete Küche. In den beiden Innenhöfen mit künstlichen Wasserfällen kann man sich prima entspannen und endlich in Ruhe seinen Roman zu Ende lesen. Von vielen Zimmern und aus dem Frühstücksraum hat man einen Ausblick auf den Cook Inlet.

Anchorage Grand Hotel LUXUSHOTEL $$

(☎907-929-8888; www.anchoragegrand.com; 505 W 2nd Ave; Zi. 199 US$; @📶) Das umgebaute Apartmenthaus in einer ruhigen Straße bietet seinen Gästen 31 geräumige Suiten mit komplett eingerichteter Küche und separaten Wohn- und Schlafbereichen. Von vielen der Suiten hat man einen wunderschönen Blick auf den Ship Creek und das Cook Inlet. Aufgrund der komfortablen Lage mitten im Stadtzentrum kommt man schnell überall hin.

Hotel Captain Cook HOTEL $$$

(☎907-276-6000; www.captaincook.com; 939 W 5th Ave; EZ/DZ 295/315 US$; @📶🏊) Die Grande Dame der Unterkünfte in Anchorage hat noch immer viel Aristokratisches zu bieten, so auch passend gekleidete Portiers. Im Angebot enthalten sind auch zahlreiche Annehmlichkeiten und Luxusgeschäfte: so beispielsweise diverse Whirlpools, ein Fitnessclub, ein Schönheitssalon, ein Juwelier und insgesamt vier Restaurants, darunter auch die berühmte Bar Crow's Nest im obersten Stockwerk des Hotels.

ALASKA FÜR SCHWULE UND LESBEN

Alaskas schwul-lesbische Gemeinschaft ist sehr viel kleiner und weit weniger offen als die in anderen amerikanischen Großstädten, und die Bewohner Alaskas sind in dieser Hinsicht weit weniger tolerant. 1998 wurde in Alaska in einem Verfassungszusatz die gleichgeschlechtliche Ehe verboten. Aber trotz allem ist eine langsame Änderung der Verhaltensweise spürbar. Eine Meinungsumfrage im Jahr 2014 ergab, dass 47 % der Stimmberechtigten für gleichgeschlechtliche Ehen sind.

In Anchorage, Alaskas einziger wirklich großen Stadt, gibt es **Identity Inc** (☎907-929-4528; www.identityinc.org) mit einer Beratungsstelle für Schwule und Lesben, ein paar Schwulenclubs und -bars sowie Mitte Juni das einwöchige PrideFest (http://alaskapride.org). Die Southeast Alaska Gay & Lesbian Alliance (www.seagla.org) mit Hauptsitz in Juneau bietet Links und Reiselisten für schwule Reisende. Allerdings ist die Liste kurz, denn es gibt in kaum einer Stadt offene schwul-lesbische Gemeinschaften. Im ländlichen Alaska sollten sich gleichgeschlechtliche Paare diskret verhalten.

Essen

★ Snow City Café CAFÉ $

(☎907-272-2489; www.snowcitycafe.com; 1034 W 4th Ave; Frühstück 8–15 US$, Mittagessen 10–15 US$; ⌚Mo–Fr 6.30–15, Sa & So 6.30–16 Uhr; 📶) Das viel besuchte Café wird von den Lesern der *Anchorage Press* immer wieder zum besten Frühstückslokal der Stadt gewählt. Es serviert seiner bunt gemischten Kundschaft – von tätowiert bis geschniegelt – gesunde Kost. Zum Frühstück sollte man auf die üblichen Eier mit Toast verzichten und stattdessen lieber ein „Crabby"-Omelett oder Eggs Benedict mit geräuchertem Rotlachs bestellen.

Red Chair Cafe FRÜHSTÜCK $

(www.theredchaircafe.com; 337 E 4th Ave; Frühstück 12–16 US$; ⌚Di–So 7–15 Uhr) Das schlimmste in diesem Café mit Steampunk-Deko ist die Qual der Wahl. Die Sauce Hollandaise wird täglich frisch zubereitet, ebenso die Muffins. Oder sollte man sich vielleicht doch lieber für gefüllte Poblano-Paprikas, Zitronen-Pfannkuchen mit Mohnsamen oder eine Grünkohlpfanne entscheiden?

Fromagio's Artisan Cheese SANDWICHES $

(www.fromagioscheese.com; 3555 Arctic Blvd; Sandwiches 11 US$; ⌚Di–Sa 11–18, So 12–17 Uhr) Ein Käsehändler, der Gourmet-Sandwiches zubereitet. Hier sollte man mittags ein paar der exotischen Käsesorten probieren und sich anschließend ein Picknick zusammenstellen.

★ Rustic Goat BISTRO $$

(☎907-334-8100; www.rusticgoatak.com; 2800 Turnagain St; Pizzas 14–16 US$, Hauptgerichte 18–32 US$; ⌚Mo–Do 6–22, Fr 6–23, Sa 7–23, So 7–22 Uhr) Das süße, kleine Bistro befindet sich zwar im Vorortbezirk Turnagain, erweckt aber den Eindruck eines innerstädtischen Lofts. Durch die großen Fenster der beiden Stockwerke mit viel altem Holz hat man einen schönen Blick auf die Chugach Mountains. Auf der Speisekarte stehen u. a. Pizza aus dem Holzkohlenofen, Steaks und Salate. Vormittags ist es einfach nur ein lockeres Café.

Ausgehen & Nachtleben

Williwaw BAR

(www.williwawsocial.com; 609 F St; ⌚11 Uhr–open end) Man fühlt sich fast wie in einer großen Stadt, wenn man einen sonnigen Abend in der Bar auf der Dachterrasse mitten in Anchorages Downtown verbringt. In der versteckt gelegenen Speakeasy-Kneipe (wer rein will, benötigt ein Passwort – auf das Münztelefon in der Lobby achten) werden fantastische Drinks serviert. An den Wochenenden gibt's im 1. OG Livemusik. Tagsüber mutiert die Bar zu einem Café, in dem man wunderbar einen Espresso trinken kann.

Bernie's Bungalow Lounge LOUNGE

(www.bernieslounge.com; 626 D St; ⌚Mo–Fr 11–1, Sa & So 14–2.30 Uhr) Hübsche Leute, nette Drinks – wer in diese Lounge kommt, will sehen und gesehen werden. Der offene Innenhof mit wasserspeiender Schlange ist der schönste in Anchorage. An Sommerwochenenden legen DJs im VIP-Room oben bis spät in die Nacht auf.

Unterhaltung

★ Cyrano's Theatre Company THEATER

(☎907-274-2599; www.cyranos.org; 413 D St) Das kleine, aber wohl beste Theater der Stadt liegt außerhalb des Zentrums und bringt alles auf die Bühne: von *Hamlet* bis zu *Archy and Mehitabel,* einem Jazzmusical mit Texten von Mel Brooks nach den Comics von Don Marquis, in denen eine Küchenschabe und eine Straßenkatze die Hauptfiguren sind. Dabei ist es stets offen für neue Stücke. Das Ensemble tritt in der Regel donnerstags bis sonntags auf.

Alaska Center for the Performing Arts THEATER

(☎Tickets 907-263-2787; www.myalaskacenter.com; 621 W 6th Ave) Touristen werden von dem 40 Minuten langen Film *Aurora: Alaska's Great Northern Lights* (Erw./Kind 13/7 US$), der im Sommer von 9 bis 21 Uhr immer zur vollen Stunde im Sydney Laurence Theatre gezeigt wird, beeindruckt sein. In diesem Zentrum sind auch die **Anchorage Opera** (☎907-279-2557; www.anchorageopera.org), das **Anchorage Symphony Orchestra** (☎907-274-8668; www.anchoragesymphony.org), die **Anchorage Concert Association** (☎907-272-1471; www.anchorageconcerts.org) und das **Alaska Dance Theatre** (☎907-277-9591; www.alaskadancetheatre.org) beherbergt.

Chilkoot Charlie's LIVEMUSIK

(www.koots.com; 2435 Spenard Rd; ⌚Mo–Do 11.45–2.30, Fr & Sa 10.30–3, So bis 2.30 Uhr) Das „Koots", wie die Einheimischen den beliebtesten Club der Stadt nennen, ist ein echtes Wahrzeichen. In dem weitläufigen Holzgebäude gibt es zehn Bars, vier Tanzflächen und Sägemehl auf dem Fußboden. Es werden zahlreiche Live-Acts und jeden Abend mindestens einmal etwas Witziges geboten.

Praktische Informationen

Alaska Public Lands Information Center (907-644-3661; www.alaskacenters.gov; 605 W 4th Ave, Suite 105; 9–17 Uhr) Das Info-Zentrum befindet sich im Federal Building (man muss sich ausweisen, wenn man rein will). Hier sind Faltblätter für Wanderer, Mountainbiker, Kajakfahrer, Fossiliensucher und auch für alle anderen Outdoor-Fans über praktisch jedes Naturareal im Bundesstaat erhältlich. Zudem gibt es ausgezeichnete Ausstellungen, kostenlose Filmvorführungen und lustige Dioramen. Außerdem bieten Ranger um 11 und 15.15 Uhr geführte Spaziergänge an.

Anchorage Convention & Visitors Bureau (907-276-4118; www.anchorage.net) Hilfreiche Website. Vor dem Trip anrufen und bitten, dass einem ein Führer zugewiesen wird.

Log Cabin & Downtown Information Center (907-257-2363; www.anchorage.net; 524 W 4th Ave; 8–19 Uhr) Broschüren, Landkarten, Busfahrpläne, Stadtführer in mehreren Sprachen und eine Rasenfläche auf dem Dach.

Visitors Center (907-266-2437; Anchorage International Airport; 9–16 Uhr) Schalter des Visitors Centers befinden sich in beiden Flughafen-Terminals in der Nähe der Gepäckrückgabebänder.

An- & Weiterreise

AUTO

Wenn möglich, sollte man vermeiden, sich ein Auto direkt am Flughafen von Anchorage zu mieten, denn dort fallen 11,11 % Flughafenmietsteuer an. Autovermieter in Anchorage berechnen lediglich eine Steuer von 18 % und sind im Allgemeinen billiger. Sie können ihre Kunden am Flughafen abholen und, wenn man das Fahrzeug in den Bürozeiten zurückgibt, auch die Rückfahrt zum Flughafen organisieren.

Auch sollte man nicht vergessen, dass die Automiete im Mai oder September in der Regel 30 % niedriger ist als im Juni, Juli und August.

BUS

Anchorage ist ein Verkehrsknotenpunkt für Passagier- und Frachtverkehr. Täglich werden verschiedene Städte angefahren. Wer mit dem Bus fahren will, sollte immer vorher anrufen, denn Alaskas Busunternehmen sind so unzuverlässig wie ein Vulkan auf der Alaska Peninsula.

Alaska Park Connection (800-266-8625; www.alaskacoach.com) Fährt täglich von Anchorage gen Norden nach Talkeetna (65 US$, 2½ Std.) und zum Denali National Park (90 US$, 6 Std.) und gen Süden nach Seward (65 US$, 3 Std.).

Alaska/Yukon Trails (907-479-2277, 907-888-5659; www.alaskashuttle.com) Betreibt einen Bus den George Parks Hwy hinauf nach Denali (75 US$, 6 Std.) und Fairbanks (99 US$, 9 Std.).

Homer Stage Lines (907-868-3914; http://stagelineinhomer.com) Fährt nach Homer (90 US$, 4½ Std.) mit Zwischenstopps in Städten an der Strecke.

Interior Alaska Bus Line (800-770-6652; www.interioralaskabusline.com) Verkehrt regelmäßig zwischen Anchorage und Glennallen (70 US$, 3 Std.), Tok (115 US$, 8 Std.) und Fairbanks (160 US$, 17 Std.) mit Zwischenstopps in Städten an der Strecke.

Seward Bus Line (907-563-0800; www.sewardbuslines.net) Pendelt im Sommer zweimal täglich zwischen Anchorage und Seward (40 US$, 3 Std.). Gegen einen Aufpreis von 5 US$ kann man einen Bringe- bzw. Abholdienst vom Flughafen vereinbaren.

FLUGZEUG

Ted Stevens Anchorage International Airport (ANC; www.dot.state.ak.us/anc; ; 7) Die große Mehrheit der Alaska-Besucher und fast alle internationalen Flüge kommen hier auf Alaskas größtem Flughafen an.

ZUG

Alaska Railroad (800-544-0552; www.akrr.com) Der *Denali Star* fährt vom Betriebshof im Stadtzentrum täglich gen Norden nach Talkeetna (Erw./Kind 101/51 US$), zum Denali National Park (167/84 US$) und nach Fairbanks (239/120 US$). Der *Coastal Classic* stoppt in Girdwood (80/40 US$) und Seward (89/45 US$), der *Glacial Discovery* tuckert nach Whittier (105/53 US$). Im Mai und September kann man zwischen 20 und 30 % sparen.

SÜDOST-ALASKA

Südost-Alaska ist so gar nicht typisch für *Alaska*. Während der Großteil des Bundesstates aus baumlosen Flächen mit Permafrostboden besteht, ist der Panhandle ein schmaler, langer Regenwald, der sich über 870 km von Icy Bay in der Nähe von Yakutat gen Süden bis zum Portland Canal erstreckt. Er bietet eisblaue Gletscher, schroffe schneebedeckte Berge, hohe Sitka-Fichten und um die 1000 Inseln, die als Alexander Archipelago bekannt sind.

Vor dem Zweiten Weltkrieg war der Südosten Alaskas Herz und Seele und Juneau nicht nur die Hauptstadt, sondern auch die größte Stadt des Bundesstaates. Heute ist die Region gekennzeichnet durch große Bäume und kleine Städte. Jede Gemeinde

ABSTECHER

DIE WILDE KODIAK ISLAND

Kodiak Island ist eine Insel des Überflusses. Man denke nur an die berühmte Unterart des Braunbären, die zweitgrößten Bären der Welt (nach den Eisbären): Ausgewachsene männliche Kodiakbären bringen in dem intakten Ökosystem der Insel bis zu 780 kg auf die Waage, schier unbegrenzt ist ihr Nahrungsangebot an fetten Lachsen, die in den hiesigen Seen und Flüssen laichen.

Die Insel gehört zum Kodiak-Archipel und ist nach Big Island (Hawaii) die zweitgrößte Insel der USA. Ökologisch gesehen bildet sie eine Brücke zwischen dem bewaldeten Panhandle Alaskas und den baumlosen Aleuten. Die samtgrünen Berge und geschützten eisfreien Buchten waren der Grund, warum die Russen hier ihre ersten Siedlungen in Alaska errichteten. Und noch heute ankern vor der Insel einige der wichtigsten Fischereiflotten der USA.

Die Hauptattraktion der Insel besteht – abgesehen von den Bären – darin, dass sie typisch Alaska ist. Nur ein kleiner Bereich im Nordosten von Kodiak ist bevölkert. Der Rest ist Wildnis ohne Straßen und steht unter der Verwaltung der Kodiak National Wildlife Refuge.

Die meisten Besucher kommen mit dem Flugzeug oder mit dem Boot über die Stadt Kodiak nach Kodiak Island.

hat ihre eigene Geschichte und ihren eigenen Charme: vom norwegisch beeinflussten Petersburg bis zum russisch angehauchten Sitka. In Skagway ist das Goldrauschfieber noch immer zu spüren, und in der Nähe von Juneau kann man ein Dutzend Gletscher bestaunen. Jede Stadt ist einzigartig, auch sind sie untereinander nicht durch Straßen verbunden. Mit einer der staatlichen Fähren oder auf einer Kreuzfahrt kommt man in all diese Orte mit ihren vielen unterschiedlichen Eigenheiten.

Wrangell

Wrangell ist Südost-Alaskas raue, ruppige Küstenstadt – eine kleine Boom-Bust-Fischergemeinde, die in ihrer Geschichte von den Tlingit und später von den Russen und Briten beherrscht wurde. Piekfein geht es hier nicht zu. Dem Ort fehlt es an Fischereireichtum wie in Petersburg oder auch an einer an Kreuzfahrtschiffen orientierten Wirtschaft wie in Ketchikan. Wrangell hegt und pflegt seinen Outback-Status, und die Bewohner ziehen den kalten Norden dem regnerischen Panhandle vor. Der Zusammenbruch der Holzwirtschaft in den 1990er-Jahren war für die Stadt ein schwerer Schlag, von dem sie sich erst vor Kurzem erholt hat.

In Wrangell legt kaum einer einen Zwischenstopp ein. Wenn doch, dann nur um Bären am Anan-Observatorium zu beobachten und das unglaubliche Stikine River Delta in der Nähe zu erkunden. Das Umland, ein Mix aus sumpfiger „Tundra" und bewaldeten Bergen, bietet gute Möglichkeiten zum Wandern, ein Umstand, der auch dem schottisch-US-amerikanischen Naturalisten John Muir nicht entgangen ist, der sich 1879 anlässlich des ersten seiner vier Alaska-Besuche von hier auf den Weg machte.

Sehenswertes & Aktivitäten

★ Wrangell Museum MUSEUM
(☎907-874-3770; 296 Campbell Dr; Erw./Kind/Fam. 5/2/12 US$; ⏱Ende April–Mitte Sept. Mo–Sa 10–17 Uhr, Mitte Sept.–Ende April Di–Sa 13–17 Uhr) Das eindrucksvolle Museum würdigt die bunte Geschichte und die Charaktere, die Wrangell prägten. Beim Rundgang durch die vielen Räume setzt automatisch ein Audio-Kommentar ein und erklärt jedes Kapitel der Ortsgeschichte, von der Kultur der Tlingit und der Goldrauschära bis hin zu der Zeit, als Hollywood mit *Die Sieben vom Holzfällercamp* den Ort entdeckte. Man kann sich eine Sammlung von Kunst aus Alaska anschauen, zu der auch ein Gemälde von Sydney Laurence gehört, und sich wundern, dass die kleine Stadt zwei Mal von US-amerikanischen Präsidenten besucht wurde.

Petroglyph Beach ARCHÄOLOGISCHE STÄTTE
(Evergreen Ave; 👪) GRATIS Wer glaubt, dass die Geschichte Alaskas mit dem Klondike-Goldrausch begann, liegt falsch. Für Historiker und Anthropologen ist dieser staatliche Park am Nordrand von Wrangell fast schon ein Muss, denn hier kann man primitive Felsbilder sehen, von denen man annimmt,

dass sie mindestens 1000 Jahre alt sind. Außerdem gibt es eine Aussichtsplattform mit Ausstellungsstücken, Nachahmungen und den dazugehörigen Erklärungen und Anzeigetafeln. Rechts abbiegen und am Strand etwa 45 m nach Norden laufen. Kurz vor dem Erreichen des Fischkutterwracks kann man verblasste Bilder an großen Felsen entdecken. Viele dieser Bilder ähneln Spiralen und Gesichtern.

★ **Anan Creek Wildlife Observatory** TIERBEOBACHTUNG
(☎1-800-877-444-6777; www.fs.usda.gov/recarea/tongass/recreation/natureviewing; Genehmigung 10 US$) Knapp 50 km südöstlich von Wrangell auf dem Festland befindet sich der Anan Creek, der Ort mit der größten Buckellachswanderung in Südost-Alaska. Hier kann man beobachten, wie Adler, Seehunde, Schwarzbären und Braunbären die hier laichenden Buckellachse verputzen. Auch ist es einer der wenigen Orte in Alaska, an denen Schwarz- und Braunbären zusammenleben – oder zumindest miteinander auskommen. Von Anfang Juli bis August ist eine Genehmigung erforderlich.

Schlafen & Essen

Wrangell Hostel HOSTEL $
(☎907-874-3534; 220 Church St; B 20 US$; ⏲Juni–Sept.) Das einfache Hostel in der First Presbyterian Church hat nach Geschlechtern getrennte Schlafsäle mit Luftmatratzen, Duschen sowie eine große Küche und einen Speisesaal. Eine Sperrstunde gibt es nicht, bei Dauerregen darf man auch den ganzen Tag in der Unterkunft bleiben. Es gibt kein Schild. Wenn sich die Kirchentür nicht öffnen lässt, einfach anklopfen.

★ **Ultima Thule Lodge** LUXUSHOTEL $$$
(☎907-854-4500; www.ultimathulelodge.com; 4-Nächte-4-Tage-Pauschale 7950 US$/Pers.) Diese Luxusunterkunft befindet sich in einer einsamen Ecke im Wrangell-St Elias National Park am Chitina River. Die nächste Straße ist über 160 km weit entfernt. Eine dermaßen grandiose Luxuslodge erwartet man in einer derart unwirtlichen Gegend eigentlich nicht. Aber Ultima Thule ist weit davon entfernt, nur noch ein weiteres teures Resort zu sein, es ist vielmehr ebenso elegant, geschmackvoll, unprätentiös und wunderschön wie die Gegend drumherum.

★ **Stikine Inn Restaurant** AMERIKANISCH $$
(107 Stikine Ave; Hauptgerichte mittags 14–18 US$, abends 16–30 US$; ⏲11–20 Uhr) Es gehört nicht viel dazu, das beste Restaurant in Wrangell zu sein, aber das Stikine ist wirklich etwas Besonderes. Hier kommen Speisen wie Rotbarsch-Tacos und Po'boy-Sandwiches mit Hummer aus der Küche, alles schmeckt himmlisch und die Preise sind angemessen. Hier ist alles tiptop, vom Blick (auf Wasser und Fischerboote) bis hin zum Service (der so freundlich ist, wie es sich für eine kleine Stadt in Alaska gehört).

Praktische Informationen

USFS Office (☎907-874-2323; 525 Bennet St; ⏲Mo–Fr 8–16.30 Uhr) Das 0,75 Meilen (1,2 km) nördlich der Stadt gelegene Büro bietet Infos über USFS-Hütten in der Region, Wanderwege und Campingplätze.

ALASKA MIT KINDERN

Das Beste, das Alaska zu bieten hat, findet man nicht in muffigen Museen oder Vergnügungsparks mit aufregenden Fahrgeschäften. Es sind vielmehr die zahlreichen Outdoorabenteuer, die Natur und die Landschaft, die die ganze Familie – ob groß oder klein – faszinieren werden.

Pioneer Park (☎907-459-1087; Airport Way; ⏲Geschäfte & Museen Ende Mai–Anfang Sept. 12–20 Uhr, Park 5–24 Uhr; P) Zugfahrten, gebackener Lachs und echte Pionier-Geschichte unterhalten den Nachwuchs in Fairbanks.

Mendenhall Glacier (S. 1220) Beim Anblick dieser umwerfenden und leicht zu erreichenden Naturschönheit wird wohl jede Altersgruppe in Verzückung geraten.

Sitka Sound (☎907-752-0660; www.kayaksitka.com) Ruhiges Wasser, viele bewaldete Inseln und gute Tourveranstalter – die besten Voraussetzungen für die ganze Familie, um einen Ausflug im Seekajak zu unternehmen.

Petroglyph Beach (S. 1216) In Wrangell kann man sich bei Ebbe auf die Suche nach uralten Felszeichnungen und Meereslebewesen machen.

Wrangell Visitor Center (☎ 907-874-3901; www.wrangell.com; 293 Campbell Dr; ⊙ Mo–Sa 10–17 Uhr) Die Touristeninformation in dem vornehmen Nolan Center hat den kostenlosen *Wrangell Guide* vorrätig und zeigt in einem kleinen Vorführraum einen zehnminütigen Film über die Gegend.

An- & Weiterreise

Alaska Airlines (S. 1231) fliegt täglich auf dem sogenannten „Milk Run" nach Norden und Süden, so auch nach Seattle, Ketchikan, Petersburg, Juneau und Anchorage. Es heißt, dass der Flug gen Norden nach Petersburg mit nur neun Minuten der kürzeste der Welt sei – bei gutem Wetter kommt man in den Genuss eines unschlagbaren Blicks.

Der **Flughafen** (☎ 907-874-3107) ist nur etwas mehr als 1 Meile (1,6 km) vom Stadtzentrum entfernt und mit wenig Gepäck ein angenehmer Spaziergang.

Sitka

Es ist nicht immer einfach, Überbleibsel von Alaskas über 135 Jahre andauernder Liebelei mit dem Russischen Kaiserreich zu entdecken. Anders in Sitka: Dieses glitzernde Juwel einer Stadt am Pazifik im westlichen Teil der Baranof Island ist eine der ältesten nicht-indianischen Siedlungen in diesem Bundesstaat und die ehemalige Hauptstadt von Russisch-Alaska (die damals unter dem Namen New Archangel bekannt war).

Besucher mögen an Sitka vor allem die gelungene Mischung aus Geschichte und natürlicher Schönheit. Schaut man über den Sitka Sound, sieht man am Horizont den imposanten Mt. Edgecumbe, einen erloschenen Vulkan mit einem ähnlich anmutigen Kegel wie Japans Fuji. Davor befinden sich unzählig viele kleine, bewaldete Inseln, die bei Sonnenuntergang wunderschön zerklüftete Silhouetten abgeben und mit den schneebedeckten Bergen und den scharfen Granitgipfeln im Osten von Sitka um Aufmerksamkeit ringen. Und in der Stadt selbst verstecken sich hinter jeder Ecke malerische Reste aus Sitkas russischer Vergangenheit. Sitka ist ähnlich wie Skagway, nur mit weniger Touristen.

Sehenswertes & Aktivitäten

★ Sitka National Historical Park HISTORISCHE STÄTTE
(www.nps.gov; Lincoln St; ⊙ 6–22 Uhr) GRATIS Dieses geheimnisvolle Nebeneinander von großen Bäumen und Totempfählen ist Alaskas kleinster Nationalpark und der Ort, an dem die Tlingit 1804 schließlich von den Russen besiegt wurden.

Der 1,6 km lange **Totem Trail** führt die Besucher an insgesamt 18 Totempfählen vorbei, die 1904 auf der Weltausstellung in St. Louis ausgestellt waren und dann in diesen Park versetzt wurden. Die faszinierenden Totempfähle, die in einem dichten Regenwald am Meer stehen und oft in Nebel gehüllt sind, haben sich längst zu einem Symbol für den Nationalpark und die Stadt gemausert.

★ Russian Bishop's House HISTORISCHES GEBÄUDE
(☎ 907-747-0135; Lincoln St; ⊙ 9–17 Uhr) GRATIS Das östlich vom Zentrum in der Lincoln St gelegene Russian Bishop's House ist das älteste vollständig erhaltene russische Gebäude in Sitka. Das 1843 von finnischen Schreinern aus Sitka-Fichtenholz errichtete einstöckige Blockhaus ist eines von nur vier erhaltenen Beispielen kolonialer russischer Architektur in Nordamerika. Der National Park Service (NPS) hat das Gebäude sorgfältig restaurieren und in den Zustand von 1853 zurückversetzen lassen, als es als Schule genutzt wurde und zugleich Wohnsitz des russischen Bischofs Innozenz (Innokenti Weniaminow) war.

Sitka Sound Science Center AQUARIUM
(www.sitkascience.org; 801 Lincoln St; 5 US$; ⊙ 9–16 Uhr; 👪) Kinder werden das Aufzucht- und Wissenschaftszentrum lieben. Die Fassade wurde restauriert und hat jetzt wieder ihr ursprüngliches Aussehen. Im Inneren befinden sich fünf Aquarien, darunter die beeindruckende, 3000 l fassende „Wall of Water" sowie drei Becken, in denen Kinder Seeanemonen, Seegurken und Seesterne anfassen können.

Whale Park PARK
(Sawmill Creek Rd) Wer sich keine Kreuzfahrt durch die Natur leisten kann, sollte dem Whale Park 4 Meilen (6 km) südlich des Stadtzentrums einen Besuch abstatten. Hier kann man über eine Uferpromenade spazieren und durch gebührenfreie Spektive den Ozean nach Walen absuchen. Am besten ist aber, den Walgesängen aus dem „Hydrofon" zu lauschen. Der Herbst ist die beste Zeit, um Wale zu sehen, denn zwischen September und Ende Dezember versammeln sich hier bis zu 80 dieser gigantischen Zeitgenossen – vor allem Buckelwale.

Alaska Raptor Center NATURSCHUTZGEBIET
(907-747-8662; www.alaskaraptor.org; 101 Sawmill Creek Rd; Erw./Kind 12/6 US$; 8–16 Uhr; P) Das Zentrum ist weder ein Zoo, noch ist es eine Vogelshow für schaulustige Kids. Es ist vielmehr ein Krankenhaus und Reha-Zentrum für verletzte Greifvögel, und zwar ein wirklich gutes. In dem fast 7 ha großen Zentrum werden pro Jahr 200 hilfsbedürftige Vögel behandelt; am eindrucksvollsten ist die 1858 m² große Flugtrainingseinrichtung, die verletzten Adlern, Eulen, Falken und Habichten hilft, ihre Flugfähigkeit zurückzugewinnen.

Schlafen

Sitka International Hostel HOSTEL $
(907-747-8661; www.sitkahostel.org; 109 Jeff Davis St; B/DZ 24/65 US$;) Sitkas tolles Hostel befindet sich im Stadtzentrum im historischen Tillie Paul Manor, das einst als städtisches Krankenhaus fungierte. Das attraktive Gebäude, in dem man Unmengen Infos bekommt und zahlreiche interessante Erinnerungsstücke bestaunen kann, hat einen Schlafsaal für Männer mit eigener Küche und mehrere Schlafsäle für Frauen sowie ein Familienzimmer, eine weitere kleine Küche und eine nette Sonnenterrasse mit einem grandiosen Blick auf die Berge.

Cascade Creek Inn INN $$
(907-747-6804; www.cascadecreekinnandcharters.com; 2035 Halibut Point Rd; Zi. 130–160 US$;) Dieses schöne Holzgasthaus, das direkt oberhalb der Küstenlinie steht, verfügt über zehn Zimmer mit Privatbalkon und Blick aufs Meer. Die vier Zimmer im obersten Stockwerk haben außerdem eine kleine Küche. Ok, die Unterkunft liegt 2,5 Meilen (4 km) nördlich der Stadt, aber die Terrasse mit Blick auf den Ozean ist es wert, dass man mit dem Bus ins Stadtzentrum fahren muss.

Aspen Suites Hotel HOTEL $$$
(www.aspenhotelsak.com/sitka; 210 Lake St; Suite 259–269 US$; P @) Diese neue Kette hat in den vergangenen Jahren in mehrere Städte Alaskas – darunter auch in Juneau und Haines – Einzug gehalten. Das nagelneue Hotel in Sitka wurde im Sommer 2017 eröffnet und bietet die Aspen-typischen Annehmlichkeiten: großzügige Business-Suiten mit Kochecken, Sofas und großen Bädern. Zudem gibt es ein hoteleigenes Fitnessstudio und überall herrscht klinische Sauberkeit (und Frische).

Essen & Ausgehen

★ **Grandma Tillie's Bakery** BÄCKEREI $
(www.grandmatilliesbakery.com; Sawmill Creek Rd; Backwaren 3–8 US$; Mi–Sa 6.30–14 Uhr) Die pinkfarbene Drive-in-Bäckerei – etwa 1 Meile (1,6 km) östlich des Stadtzentrums – lohnt unbedingt einen Spaziergang oder natürlich auch die Autofahrt dorthin, denn die frischen Brötchen und die weichen Kekse sind wirklich einfach nur köstlich. Wir riskieren vielleicht Kopf und Kragen, aber es muss mal gesagt werden: Diese Backwaren sind wahrscheinlich die besten in ganz Südost-Alaska.

★ **Ludvig's Bistro** MEDITERRAN $$$
(907-966-3663; www.ludvigsbistro.com; 256 Katlian St; Hauptgerichte 28–40 US$; Mo–Sa 16.30–21.30 Uhr) Raffinesse in der Wildnis! Sitkas kühnstes Restaurant hat gerade einmal sieben Tische und ein paar Hocker an der blau gefliesten Messingtheke. Die nach eigener Beschreibung „rustikal-mediterrane Küche" setzt voll und ganz auf regionale Produkte, selbst beim Meersalz gibt es keine Ausnahme. Wenn die Seafood-Paella auf der Karte steht, sollte man unbedingt zugreifen. Das traditionelle spanische Reisgericht gibt's mit frischen Meeresfrüchten und allem, was den Fischern an diesem Tag ins Netz gegangen ist.

★ **Baranof Island Brewing Co** BRAUEREI
(www.baranofislandbrewing.com; 1209 Sawmill Creek Rd; 14–20 Uhr;) Das Baranof befindet sich seit Juli 2017 in einer schönen neuen Schankstube. Die Brauerei ist eine hiesige Legende und beliefert jede Kneipe und jede Bar in der Stadt. Der Renner ist aber die Schankstube. Hier sollte man sich ein Brett mit vier bis sechs Kostproben bestellen und unbedingt darauf achten, dass Halibut Point Hefeweizen und Redoubt Red Ale dabei sind.

Praktische Informationen

Sitka Information Center (907-747-5940; www.sitka.org; 104 Lake St; Mo–Fr 9–16.30 Uhr) Das Büro mit ultra hilfsbereiten Mitarbeitern befindet sich im Stadtzentrum gegenüber vom Westmark Hotel. Wenn Kreuzfahrtschiffe in der Stadt sind, ist auch der Schalter in der **Harigan Centennial Hall** (907-747-3225; 330 Harbor Dr; 9–17 Uhr) besetzt.

USFS Sitka Ranger District Office (907-747-6671, Infos vom Band 907-747-6685; 2108 Halibut Point Rd; Mo–Fr 8–16.30 Uhr) Infos über Wanderwege, Campingmöglichkeiten und

USFS-Hütten. Das Büro befindet sich 2 Meilen (3,2 km) nördlich der Stadt. Zentraler ist das Visitor Center am Sitka National Historical Park (S. 1218).

An- & Weiterreise

Alaska Airlines (S. 1231) Flüge von/nach Juneau (45 Min.) und Ketchikan (1 Std.).

Harris Aircraft Services (☎ 907-966-3050; www.harrisair.com; Airport Rd) Wasserflugzeuge fliegen in kleine Gemeinden und zu USFS-Hütten sowie in größere Städte im Südosten, wie beispielsweise Juneau.

Sitka Airport (SIT; ☎ 907-966-2960) Auf der Japonski Island, 1,5 Meilen (2,4 km), 20 Minuten zu Fuß, westlich vom Stadtzentrum. Die grüne Buslinie Ride Sitka fährt zur Insel und hält am Flughafen kurz an.

Juneau

Juneau ist eine Hauptstadt, die von Kontrasten und Konflikten geprägt ist. Sie grenzt an eine Wasserstraße, die nie einfriert, liegt aber unterhalb eines Eisfelds, das niemals schmilzt. Sie war die erste Gemeinde im Südosten, die eine Kopfsteuer auf Passagiere der Kreuzfahrtschiffe erhob, zieht aber noch immer mehr als eine Million von ihnen pro Jahr an. Sie ist die Hauptstadt des Bundesstaates, aber seit den 1980er-Jahren versuchen die Bewohner Alaskas sie zu verlegen. Sie hat keine Straßen, die irgendwohin führen, aber die Hälfte der Bewohner und auch der Bürgermeister waren gegen den Plan, auch nur eine zu bauen, die irgendwohin ginge.

Herzlich willkommen in der seltsamsten Hauptstadt eines amerikanischen Bundesstaates. Im Winter brummt es wie in einem Bienenstock: Gesetzgeber, ergebene Berater und Lobbyisten, sie alle befinden sich in einem politischen Kampf. Im Sommer ist sie die Stadt für unzählige Outdoor-Abenteurer. Kaum zehn Minuten vom Stadtzentrum entfernt beginnen phantastische Wanderwege, in einer Entfernung von nur 12 Meilen (19 km) kalbt ein riesiger Gletscher in einen See, und im Hafen starten Boote und Wasserflugzeuge in Gegenden, in denen man Bären und Wale beobachten und an einer Zipline durch die Luft rasen kann.

Sehenswertes & Aktivitäten

★ Mendenhall Glacier GLETSCHER

In Juneau gewesen zu sein und den Mendenhall nicht gesehen zu haben, ist wie ein Besuch in Rom ohne Besichtigung des Kolosseums. Juneaus berühmtester Eisstrom und beliebteste Attraktion der Stadt erstreckt sich von seinem Ursprung, dem Juneau Icefield, über eine Länge von 21 km, erreicht eine Breite von 800 m und endet im **Mendenhall Lake** mit seinen zahlreichen Eisbergen.

Alaska State Museum MUSEUM

(☎ 907-465-2901; www.museums.state.ak.us; 395 Whittier St; Erw./Kind 12 US$/frei; ⌚ 9–17 Uhr; 👪) Das Museum wurde abgerissen und 2016 in einem neuen todschicken 140 Mio. US$ teuren Komplex wieder eingerichtet. Das Ergebnis ist wahrhaft beeindruckend. Das gelegentlich auch SLAM (State Library, Archives and Museum) genannte Museum beherbergt zusammen mit dem Staatsarchiv unterschiedliche Artefakte sowie einen Andenkenladen, das Raven Cafe, ein Auditorium, einen Forschungsraum und eine historische Bücherei. Der wunderschön gestaltete Museumskatalog informiert ausführlich über die Geschichte und Geografie des Bundesstaates, angefangen bei den Kanus der Ureinwohner bis hin zur Ölindustrie.

Mt. Roberts Tramway SEILBAHN

(www.mountrobertstramway.com; 490 S Franklin St; Erw./Kind 33/16 US$; ⌚ Mo 11–21, Di–So 8–21 Uhr; 👪) Für eine gerade einmal fünfminütige Seilbahnfahrt ist diese hübsch teuer, aber ihre Lage ist traumhaft. Von der Anlegestelle der Kreuzfahrtschiffe bringt sie Besucher direkt 533 m hinauf zur Baumgrenze auf dem Mt. Roberts. Dort warten ein Restaurant, Andenkenläden, eine kleine Greifvogelwarte und ein Vorführraum, in dem ein Film über die Kultur der Tlingit gezeigt wird.

★ Alaska Zipline Adventures ABENTEUERSPORT

(☎ 907-321-0947; www.alaskazip.com; Erw./Kind 149/99 US$) Adrenalin-Kick gefällig? Die neun Zip-Lines und die beiden Skybridges befinden sich in der wunderschönen Eaglecrest Ski Area auf Douglas Island und führen im Zickzack über das Fish Creek Valley. Der Transport (in der Regel per Boot) vom Anleger für Kreuzfahrtschiffe ist im Eintrittspreis enthalten.

Feste & Events

★ Celebration KULTUR

(⌚ Juni) Immer im Juni der Jahre mit geraden Jahreszahlen versammeln sich die Tlingit, Haida und Tsimshian, die drei Haupt-

DIE BÄREN VON ADMIRALTY ISLAND & PACK CREEK

Nur 15 Meilen (24 km) südlich von Juneau ist das Admiralty Island National Monument, ein fast 3870 km² großes Naturschutzgebiet, von dem 90 % als Wildnis ausgewiesen sind. Hier leben viele ganz unterschiedliche Tiere – von Sitka-Schwarzwedelhirschen und nistenden Weißkopfseeadlern bis hin zu Seehunden, Seelöwen und Buckelwalen –, aber wirklich bekannt ist die Admiralty Island für ihre Bären. Auf der 154 km langen Insel leben die meisten Bären Alaskas, die Population beläuft sich auf geschätzte 1500 Braunbären, das sind mehr als in allen 48 Lower States zusammen. Deshalb nannten die Tlingit die Insel Admiralty Kootznoowoo „Bärenfestung".

Die Hauptattraktion ist für Besucher des Admiralty Island National Monument der **Pack Creek** (Genehmigungen Erw. 25–50 US$, Kind 10–25 US$), der von 1219 m hohen Bergen hinunter in den Seymour Canal an der Ostseite der Insel strömt. Die großflächigen Sandbänke an der Flussmündung ziehen im Juli und August unzählige Bären an, die sich hier auf die Lachse stürzen. Dieser Umstand und noch dazu die Nähe zu Juneau machen aus dieser Gegend einen beliebten Ort, an dem man wunderbar Tiere beobachten und fotografieren kann.

Admiralty Air Service (☎907-796-2000; www.admiraltyairservice.com) bietet Charterflüge zum Pack Creek und in andere Orte an (450 US$/Std. für bis zu 4 Pers.).

Alaska Seaplanes (☎907-789-3331; www.flyalaskaseaplanes.com) fliegt drei Mal täglich von Juneau nach Angoon (144 US$, 35 Min.).

stämme Südost-Alaskas, zu einem Fest mit dem passenden Namen „Celebration". Es ist das größte Kulturevent der indigenen Bevölkerung Alaskas. Die Stimmung entspricht dem Namen: In erster Linie geht es darum, die alten Traditionen – Tanz, Musik und Kunst –, die im frühen 20. Jh. fast in Vergessenheit geraten waren, zu zelebrieren und zu neuem Leben zu erwecken.

Schlafen

★ Mendenhall Lake Campground CAMPING $
(☎518-885-3639, Reservierung 877-444-6777; www.recreation.gov; Montana Creek Rd; Zelt-/Wohnmobilstellplatz 10/28 US$) Einer der schönsten USFS-Campingplätze in ganz Alaska. Der Platz mit 69 Stellplätzen (davon 17 mit Anschlüssen für Wohnmobile) befindet sich an der Montana Creek Rd unweit der Mendenhall Loop Rd und verfügt über einen separaten Bereich mit sieben Stellplätzen, die nur zu Fuß zu erreichen sind. Die Stellplätze säumen den Mendenhall Lake, und von vielen hat man einen spektakulären Blick auf die Eisberge oder sogar auf den kalbenden Gletscher.

Die Stellplätze verteilen sich im Wald, 20 können im Voraus reserviert werden.

Alaskan Hotel HOTEL $
(☎907-586-1000; www.thealaskanhotel.com; 167 S Franklin St; Zi. mit/ohne Bad 90/80 US$; 📶) Herzlich willkommen in dem absolut typischen Goldrausch-Hotel mit bunt gemusterten Tapeten und Teppichen, vielen Holzpanelen und Wänden, die – könnten sie sprechen – bestimmt einige Possen von damals zum Besten geben würden (es ist nämlich das älteste noch betriebene Hotel und stammt aus dem Jahr 1913).

★ Silverbow Inn BOUTIQUEHOTEL $$$
(☎907-586-4146; www.silverbowinn.com; 120 2nd St; Zi. 199–244 US$; @📶) Die (für Alaskas Verhältnisse) schicke Boutiqueunterkunft hat elf Zimmer. In dem 100 Jahre alten Gebäude trifft Retro auf Neu, Antiquitäten auf moderne Zimmer mit Bad, breite und schmale Doppelbetten sowie Flachbild-TVs. Vom Whirlpool auf der Terrasse im ersten Obergeschoss hat man einen schönen Blick auf die Berge von Douglas Island. Morgens gibt's Frühstück und nachmittags eine „Happy Hour" mit Kakao und Keksen.

Essen

★ Pel'Meni TEIGTASCHEN $
(Merchant's Wharf, Marine Way; Teigtaschen 7 US$; ⏰So–Do 11.30–1.30, Fr & Sa 11.30–3.30 Uhr) Juneau gehörte nie zu Russisch-Amerika, was die Stadt aber nicht daran hinderte, der schleichenden Pelmeni-Invasion zu erliegen. Die hausgemachten russischen Teigtaschen sind mit Kartoffeln oder Rindfleisch gefüllt und mit scharfer Sauce, Curry und Koriander gewürzt. Dazu gibt's auf Wunsch Sauerrahm und Roggenbrot.

★ **Saffron** INDISCH **$$**
(☎907-586-1036; www.saffronalaska.com; 112 N Franklin St; Hauptgerichte 8–19 US$; ⊙Mo–Fr 11.30–21, Sa & So 17–21 Uhr; ⊘) Im Saffron flirtet Juneau mit *nuevo* indischen Gerichten, und das Ergebnis kann sich durchaus sehen lassen. Neben den aromatischen, vorwiegend vegetarischen Currys (darunter auch leckerer Spinat-Panir) gibt es mehrere unterschiedliche Brotsorten. Mittags kommen *thalis* (kleine Teller mit ein wenig von diesem und ein wenig von jenem) aus der Küche. Alle Gerichte werden mit frischen Zutaten zubereitet, und die exotischen Düfte aus der Küche steigen einem schon auf der Straße in die Nase.

Tracy's King Crab Shack SEAFOOD **$$**
(www.kingcrabshack.com; 406 S Franklin St; Krebse 13–45 US$; ⊙10–20 Uhr) Tracy's ist das beste Lokal am Anleger für Kreuzfahrtschiffe. Auf der Promenade zwischen einem Bierstand und einem Souvenirladen serviert das kleine Restaurant köstliche Krebsschwanzsuppe, kleine Krebsküchlein und 1,5-kg-Körbe mit Königskrabbenstücken (110 US$) – genug für bis zu sechs Personen.

Ausgehen & Nachtleben

Alaskan Brewing Company BRAUEREI
(www.alaskanbeer.com; 5429 Shaune Dr; ⊙11–18 Uhr) Alaskas größte Brauerei wurde 1986 gegründet und gilt mit seiner langen Craft-Bier-Geschichte als Pionier in dieser Branche. Das bernsteinfarbene Ale (und anderes Gebräu) wird in ganz Alaska getrunken und das zu Recht. Achtung – es handelt sich hier nicht um eine Brauereikneipe, sondern um eine Probierstube mit Führungen. Auch befindet sich die Brauerei nicht im Stadtzentrum, sondern 5 Meilen (8 km) nordwestlich in Lemon Creek.

ℹ Praktische Informationen

Alaska Division of Parks (☎907-465-4563; www.dnr.state.ak.us/parks; 400 Willoughby Ave; ⊙Mo–Fr 8–16.30 Uhr) Im 4. OG des Natural Resources Building sind Infos über State Parks und die Vermietung von Hütten erhältlich.

Juneau Visitor Center (☎907-586-2201; www.traveljuneau.com; 470 S Franklin St; ⊙8–17 Uhr) Das Visitor Center befindet sich am Terminal für Kreuzfahrtschiffe direkt neben der Mt. Roberts Tramway. Hier bekommt man Infos über Juneau sowie über Wanderwege und Unterkünfte. Das Zentrum betreibt außerdem kleine Schalter am Flughafen, am Fährterminal und im **Stadtzentrum** (Marine Way; ⊙wechselnde Öffnungszeiten) in der Nähe der Bibliothek.

USFS Juneau Ranger District Office (☎907-586-8800; 8510 Mendenhall Loop Rd; ⊙Mo–Fr 8–16.30 Uhr) Das beeindruckende Büro im Mendenhall Valley ist der Ort für Infos über Hütten, Wanderwege, Kajakfahren und Genehmigungen für den Pack Creek, wo man Bären beobachten kann. Es ist auch das für das Admiralty Island National Monument zuständige USFS Office.

An- & Weiterreise

Der **Juneau International Airport** liegt 9 Meilen (14 km) nordwestlich des Stadtzentrums. Es fahren Busse zum Flughafen.

Alaska Airlines (S. 1231) fliegt im Sommer täglich nach Seattle (2 Std.), in größere Städte im Südosten, nach Glacier Bay (30 Min.), Anchorage (2 Std.) und Cordova (2½ Std.).

Alaska Seaplanes (☎907-789-3331; www.flyalaskaseaplanes.com) fliegt täglich von Juneau nach Angoon (144 US$), Gustavus (115 US$), Pelican (180 US$) und Tenakee Springs (144 US$).

Haines

Als erstes stellt man in Haines fest, dass es *nicht* Skagway ist, dieses 33 Seemeilen (61 km) nördlich gelegene touristische Prachtstück. Haines ist vielmehr eine ruhige, unabhängige, unscheinbare Stadt mit einheimischen Künstlern, abenteuerlustigen Outdoorfreaks und Bewohnern, die das ruhige Leben hier in vollen Zügen genießen. Besucher kommen hierher, um Weißkopfseeadler zu beobachten, die 1000 Jahre alte Chilkat-Tlingit-Kultur kennenzulernen, über die Reste alter Militärbaracken nachzusinnen und die beste Nightlife-Szene in einer amerikanischen Stadt dieser Größe zu genießen.

Nachdem die Holzfällerei in den 1970er-Jahren schwere Zeiten durchlebte, wurde sich in Haines mehr auf den Tourismus konzentriert, allerdings nicht so sehr auf Kreuzfahrtschiffe (pro Saison zählt Haines nur 40 000 Kreuzfahrtgäste) sondern vielmehr auf Individualreisende. Im Sommer ist Haines besonders bei Wohnmobilfahrern beliebt, im Winter bei Skifahrern, die sich mit dem Heli ins weiße Paradies fliegen lassen. Folglich sind die Geschäfte hier typisch Haines, und die Person hinter dem Ladentisch ist höchstwahrlich auch der Inhaber des Ladens.

Sehenswertes & Aktivitäten

★ Jilkaat Kwaan Cultural Heritage & Bald Eagle Preserve Visitor Center KULTURZENTRUM
(☎907-767-5485; www.jilkaatkwaanheritagecenter.org; Meile 22, Haines Hwy; 15 US$; ⊙Mo–Fr 10–16, Sa 12–15 Uhr, Okt.–April geschl.) Das neue Kulturzentrum ist Teil einer begrüßenswerten Renaissance der Kunst und Kultur der Tlingit in Alaska. Es befindet sich 22 Meilen (35 km) nördlich von Haines in dem alten Eingeborenendorf Klukwan. In dem Zentrum gibt es einige der wertvollsten Erbstücke der Kultur der Ureinwohner Alaskas, u. a. vier kunstvoll gearbeitete Hauspfosten und ein Regenschutz (die legendäre „Walhaussammlung"). Diese Exponate wurden vor über 200 Jahren von einem Michelangelo der Tlingits geschnitzt und können erst seit Kurzem von den Besuchern bewundert werden.

Fort Seward HISTORISCHE STÄTTE
Alaskas ersten ständig besetzten Militärposten erreicht man, indem man an der Kreuzung Front St–Haines Hwy bergauf (in Richtung Osten) läuft. Das 1903 errichtete und nach dem Zweiten Weltkrieg stillgelegte Fort steht jetzt unter Denkmalschutz und hat in den Originalgebäuden eine Hand voll Restaurants, Lodges und Kunstgalerien zu bieten. Im Visitor Center ist eine Karte des Forts erhältlich, man kann aber auch nur so herumspazieren und die Infotafeln studieren.

Fjord Express BOOTFAHREN
(☎800-320-0146; www.alaskafjordlines.com; Small-Boat Harbor; Erw./Kind 169/139 US$) Keine Zeit, in Juneau eine Bootstour zu machen? Mit dem Katamaran von Fjord Express geht's durch den Lynn Canal (mit Zwischenstopps zum Beobachten von Walen, Seelöwen und anderen Tieren) vorbei an Juneaus Hauptsehenswürdigkeiten und zurück nach Haines. Ein kleines Frühstück und Abendessen sind im Preis enthalten. Los geht's in Haines um 8.30 Uhr, zurück ist man dann gegen 19.30 Uhr.

Schlafen

Bear Creek Cabins & Hostel HOSTEL $
(☎907-766-2259; www.bearcreekcabinsalaska.com; Small Tract Rd; B/Hütte 20/68 US$; 🛜) Eines der wenigen ordentlichen Hostels in Südost-Alaska. Es liegt 20 Gehminuten außerhalb des Orts – der Mud Bay Rd folgen und an ihrem Rechtsknick geradeaus die Small Tract Rd entlanggehen (2,4 km). Die Anlage besteht aus acht Hütten (für jeweils bis zu vier Personen), die rund um einen mit Gras bewachsenen Gemeinschaftsbereich angeordnet sind.

Aspen Suites Hotel HOTEL $$
(☎907-766-2211; www.aspenhotelsak.com/haines; 409 Main St; Zi. 179 US$; P ❄ @ 🛜) Eines der sechs Aspen-Hotels in Alaska. Das schicke neue Haus bietet Zimmer im Look von kleinen Apartments mit Kochecken und bequemen Sofas. An der Rezeption steht für die Gäste ein Kaffeeautomat bereit, es gibt ein kleines Fitnessstudio und überall herrscht glänzende Sauberkeit.

Essen & Ausgehen

Big Al's SEAFOOD $
(Meile 0, Haines Hwy; Hauptgerichte 10–13 US$; ⊙11–19 Uhr) Der witzige Food Truck eines einheimischen Fischers serviert frische, wahrscheinlich noch am selben Tag gefangene Meeresfrüchte. Es gibt drei verschiedene Fish'n'Chips-Varianten: Heilbutt, Rotbarsch und Lachs. Wer sich eine „Combo" bestellt, kann alle drei Sorten probieren.

★ Fireweed Restaurant BISTRO $$
(37 Blacksmith St; Pizza 14–30 US$, Salate 10–19 US$; ⊙Di–Sa 16.30–21 Uhr; ✎) Das saubere, helle und lockere Bistro befindet sich in einem alten Gebäude von Fort Seward. Die Salate sind angesichts der Vorliebe für Frittiertes im Südosten Alaskas eine erfrischende Abwechslung. Auf der Speisekarte finden sich daher auch Worte wie organic, veggie und grilled statt wie üblich deep fried und Captain's Special.

★ Haines Brewing Company BRAUEREI
(☎907-766-3823; www.hainesbrewing.com; Ecke Main St & 4th Ave; ⊙Mo–Sa 12–19 Uhr) Die 1999 gegründete Haines Brewing Company ist wahrscheinlich eine der besten kleinen Brauereien Amerikas. Kürzlich wurde im Zentrum von Haines ein netter neuer Verkostungsraum eröffnet. In dem schönen Bau aus Holz und Glas kann man alle hier gebrauten Lieblingsbiere der Einheimischen probieren, u. a. Spruce Tip Ale, Elder Rock Red und das starke Black Fang (mit einem Alkoholgehalt von 8,2 %).

Praktische Informationen

Alaska Division of Parks (☎907-766-2292; 219 Main St, Suite 25; ⊙Mo–Fr 8–17 Uhr) Hier

NICHT VERSÄUMEN

CHILKOOT TRAIL

Der **Chilkoot Trail** (☎907-983-9234; www.nps.gov; Broadway St, Skagway) ist die ultimative Trekking-Route, auf der 1897–1898 mehr als 30 000 Klondike-Goldgräber ihr Glück suchten. Der Trail trägt auch die Spitznamen „Last Great Adventure" und „Meanest 33 Miles in America". Der Weg ist legendär und mehr als 3000 Personen tummeln sich jeden Sommer drei bis fünf Tage auf den historischen Strecken. Wer beabsichtigt, diese Trekking-Tour zu unternehmen, sollte am Vortag dem Trail Center einen Besuch abstatten.

gibt's Infos über State Parks und Wandermöglichkeiten; oberhalb von Howser's IGA (ohne Schild).

Haines Convention & Visitors Bureau (☎907-766-2234; www.haines.ak.us; 122 2nd Ave; ⏲Mo–Fr 8–17, Sa & So 9–16 Uhr) Hat Toiletten, kostenlosen Kaffee und stapelweise Infomaterial für Touristen. Für alle, die den Alaska Hwy (ALCAN Hwy) befahren wollen, gibt's es hier auch viele Infos zum angrenzenden Yukon Territory in Kanada.

An- & Weiterreise

Flugzeuge steuern Haines nicht an. Mit **Alaska Seaplanes** (☎907-766-3800, 907-789-3331; www.flyalaskaseaplanes.com) kommt man aber siebenmal pro Tag nach Juneau (125 US$). Der Flughafen liegt 3 Meilen (knapp 5 km) nordwestlich der Stadt am Haines Hwy.

Skagway

Auf den ersten Blick erweckt Skagway den Eindruck eines Vergnügungsparks, denn im Sommer spucken die Kreuzfahrtschiffe hier eine Million Tagestouristen aus, die über die sonnigen Promenaden herfallen. Aber diese Stadt mit spukenden Klondike-Geistern und geschönten, unechten Häuserfassaden ist nicht das Las Vegas des Nordens. Ganz im Gegenteil – Skagway hat eine sehr reale Vergangenheit.

Zu Zeiten des Goldrauschs in 1898 kamen 40 000 Goldsucher durch den noch jungen Ort, darunter auch äußerst zwielichtige Gestalten und mit ihnen Bordelle, Schießereien und ausschweifende Feste – es ging wilder zu als im Wilden Westen. Heute sind die Hauptdarsteller Saisonarbeiter sowie Servicepersonal, das in alte, zeitgenössische Kostüme gekleidet ist, und Geschichten erzählende National-Park-Ranger. Die Tatsache, dass die bedeutendsten Häuser der Stadt unter der Verwaltung des National Park Service stehen, und auch Skagways Lage am Rand der Wildnis mit Wanderwegen in alle Richtungen (darunter auch der legendäre Chilkoot Trail) haben dazu beigetragen, dass hier keine wirkliche Disneyfizierung stattgefunden hat. Also nichts wie hin und sich selbst ein Bild machen.

Sehenswertes & Aktivitäten

★ Klondike Gold Rush National Historical Park Museum & Visitor Center MUSEUM
(☎907-983-9200; www.nps.gov/klgo; Broadway St, an der 2nd Ave; ⏲Mai–Sept. 8.30–17.30 Uhr) GRATIS Das erst kürzlich aufgepeppte NPS Center befindet sich im Originaldepot der White Pass & Yukon Route von 1898 und erstreckt sich über zwei miteinander verbundene Gebäude. In dem einen ist ein kleines Museum beherbergt, das den Klondike-Hintergrund mit Schwerpunkt auf die beiden Routen Chilkoot Pass und White Pass erklärt. Das zweite Gebäude ist ein von Parkrangern betriebenes Visitor Center.

Skagway Museum MUSEUM
(☎907-983-2420; Ecke 7th Ave & Spring St; Erw./Kind 2/1 US$; ⏲Mo–Sa 9–17, So 13–16 Uhr) Das Skagway Museum ist nicht nur eines der schönsten Museen in einer Ortschaft mit viel Konkurrenz, sondern überhaupt eines der besten im Südosten Alaskas. Es ist im ersten Stock des ehrwürdigen, 100 Jahre alten McCabe Building, einer früheren Oberschule, untergebracht und widmet sich mit Körben, Ketten und Schnitzereien von Ureinwohnern und -natürlich – mit vielen Exponaten zum Klondike-Goldrausch den vielen Aspekten der Geschichte Skagways.

★ White Pass & Yukon Route Railroad EISENBAHN
(☎800-343-7373; www.wpyr.com; 231 2nd Ave; ⏲Mai–Sept.) Die spektakuläre Eisenbahn aus der Goldrauschzeit startet in Skagway, AK, Fraser, British Columbia, und Carcross sowie Whitehorse, Yukon. Die Strecke wurde zwischen 1898 und 1900 über den White Pass angelegt, also gerade richtig, um auf der Erfolgswelle des Goldrauschs mitschwimmen zu können. Im Zweiten Weltkrieg wurde die Bahn dann für den Transport der Truppen nach Whitehorse in Kanada benutzt.

Skagway Float Tours RAFTING
(☎907-983-3688; www.skagwayfloat.com; 209 Broadway St; ⏲Mo–Sa 9–18.30, So 9–16 Uhr) Wie wär's mit etwas Glückseligkeit auf dem Fluss? Dann ist die dreistündige Dyea-Tour mit 45-minütiger Floßfahrt auf dem Taiya River (Erw./Kind 75/55 US$) genau das Richtige. Es gibt zwei Touren pro Tag, eine um 9 und eine um 13.30 Uhr.

Die vierstündige Hike & Float Tour (95/75 US$) bietet dagegen eine 3 km langen Wanderung auf dem Chilkoot Trail und eine Floßfahrt zurück. Diese Tour wird mehrmals täglich angeboten.

Schlafen

Morning Wood Hotel HOTEL $
(☎907-983-3200; 444 4th Ave; Zi. mit Gemeinschaftsbad/Privatbad 90/150 US$;) Ein freundliches neues Hotel mit hübscher, wenn auch typisch unechter Holzfassade. Die (nach hinten raus liegenden) Zimmer sind nichts Besonderes, haben aber zumindest funkelnagelneue Bäder mit Luxuszubehör und bunten Farbakzenten. Zum Hotel gehören außerdem ein Restaurant und eine Bar.

Skagway Inn INN $$
(☎907-983-2289; www.skagwayinn.com; Broadway St, an der 7th Ave; Zi. 149–249 US$; @) Die schöne Unterkunft im Stadtzentrum befindet sich in einem restaurierten viktorianischen Gebäude aus dem Jahr 1897, das ursprünglich ein Bordell war – gibt es in Skagway überhaupt ein altes Haus, das kein Bordell war? Es hat zehn Zimmer, vier davon mit Gemeinschaftsbad. Alle sind klein, aber mit antiken Kommoden, Eisenbetten und Truhen eingerichtet und nach den „Damen" benannt, die hier gearbeitet haben. Das Frühstück ist im Preis enthalten, ebenso der Transport von der Fähre, vom Flughafen oder Zug und zurück.

Essen & Ausgehen

Woadie's South East Seafood SEAFOOD $$
(☎907-983-3133; State St & 4th Ave; Hauptgerichte 14–19 US$; ⏲Mo–Do 11.30–19, Fr & Sa 12–18 Uhr) In dem Imbisswagen mit einer eigenen Terrasse, Sonnenschutzdach und Picknicktischen wird der beste Fisch der Stadt in affenartiger Geschwindigkeit zubereitet. Die frischen Austern, Krabben und den Heilbutt bestellt man direkt am Wagen. Die neuen wieselflinken Betreiber haben nichts dagegen, wenn die Gäste ihren eigenen Alkohol mitbringen.

Skagway Fish Company SEAFOOD $$$
(☎907-983-3474; Congress Way; Hauptgerichte 18–52 US$; ⏲11–21 Uhr) Dieses Restaurant mit Blick über den Hafen und Krabbenfallen an der Decke ist eine kulinarische Hommage an Fisch. Aus der Küche kommen Köstlichkeiten wie mit Königskrabben, Shrimps und mit Gemüse gefüllter Heilbutt oder leckere Königskrabbensuppe. Überraschenderweise kommen viele Einheimische aber hierher, um Babybackribs zu essen. Die dazugehörige Bar bietet den besten Blick der ganzen Stadt.

Praktische Informationen

Klondike Gold Rush National Historical Park Museum & Visitor Center Allgemeine Infos über historische Stätten in Skagway, Museen und kostenlose Stadtspaziergänge. Das Zentrum steht unter der Verwaltung des National Park Service.

Skagway Convention & Visitors Bureau (☎907-983-2854; www.skagway.com; Ecke Broadway St & 2nd Ave; ⏲Mo–Fr 8–18, Sa & So 8–17 Uhr) Aktuelle Infos über Unterkünfte, geführte Touren und Restaurants sind in diesem Büro in der nicht zu übersehenden Arctic Brotherhood Hall erhältlich.

Trail Center (☎907-983-9234; www.nps.gov/klgo; Broadway St, zw. 5th & 6th Ave; ⏲Juni–Sept. 8–17 Uhr) Wer den Chilkoot Trail in Angriff nehmen möchte, muss einen Tag vorher hier erscheinen, um sich den Streckenpass zu besorgen, die aktuellen Weg- und Wetterbedingungen einzuholen und sich das vorgeschriebene Bärenvideo anzuschauen. Sachkundige Ranger vom US NPS und Parks Canada sind vor Ort, um Fragen zu beantworten.

An- & Weiterreise

Yukon-Alaska Tourist Tours (☎866-626-7383, Whitehorse 867-668-5944; www.yukonalaskatouristtours.com) fährt mit Bussen nach Whitehorse (einfache Fahrt 70 US$). Abfahrt ist täglich um 14 Uhr am Zugdepot in Skagway.

Glacier Bay National Park & Preserve

Glacier Bay ist das Kronjuwel der Kreuzfahrtindustrie und ein Traumziel aller Kajakfahrer. Sieben gewaltige Meeresgletscher schieben sich aus den Bergen hervor und füllen das Meer mit gigantischen Eisbergen in unzähligen Formen, Größen und Blautönen und bilden zusammen den Glacier Bay National Park and Preserve: eine eisige, weltberühmte Wildnis.

Abgesehen von den vielen Meeresgletschern ist Glacier Bay auch Lebensraum für Buckelwale. Ebenso wurden in der Glacier Bay schon Schweinswale, Seeotter, Braun- und Schwarzbären, Wölfe, Elche und Schneeziegen gesichtet.

Der Ausflug in den Park ist selbst für Alaska-Standard eine teure Angelegenheit. Von Juneau aus muss man mit mindestens 400 US$ pro Person rechnen. Von den 500 000 Besuchern pro Jahr kommen über 95 % mit dem Schiff, das sie noch nicht einmal verlassen. Die restlichen 5 % sind Mitglieder von Tourgruppen auf dem Weg zu ihrer Unterkunft und Backpacker, die sich auf dem kostenlosen Campingplatz versammeln.

Sehenswertes

Gustavus STADT
(www.gustavusak.com) Etwa 9 Meilen (14 km) von Bartlett Cove entfernt liegt die kleine Siedlung Gustavus, eine überaus interessante Landgemeinschaft. Die 400 hier lebenden Menschen gehören ganz unterschiedlichen Berufsgruppen an – Ärzte, Rechtsanwälte, ehemalige Regierungsangestellte, Künstler. Sie alle haben jeder für sich entschieden, aus der Tretmühle auszubrechen, um mitten im Wald in der Einsamkeit zu leben. Elektrischen Strom gibt es hier erst seit Anfang der 1980er-Jahre, und in einigen Häusern muss man sich das Wasser ins Waschbecken pumpen oder Feuer anmachen, wenn man warm duschen möchte.

Spirit Walker Expeditions KAJAKFAHREN
(☎907-697-2266; www.seakayakalaska.com; 1 Grandpa's Farm Rd) Kajak-Spezi Spirit Walker organisiert Paddelausflüge zum Point Adolphus, wo sich im Sommer Buckelwale versammeln. Die Trips beginnen mit einer kurzen Bootsfahrt, auf der die Kajaks über Icy Strait nach Point Adolphus gezogen werden. Ein Paddeltag kostet 439 US$ (bei vier oder mehr Teilnehmern 379 US$/Pers.), drei Paddeltage gibt's für 1099 US$.

Schlafen & Essen

Bartlett Cove Campground CAMPING $
(frei) Der 400 m südlich von der Glacier Bay Lodge gelegene NPS-Campingplatz befindet sich in einem üppig grünen Wald an der Küste. Es ist nicht nötig, einen der kostenlosen Stellplätze zu reservieren, denn hier scheint es immer irgendwo ein freies Plätzchen zu geben. Wohnmobile sind auf dem Platz nicht zugelassen.

Glacier Bay Lodge LODGE $$
(☎888-229-8687; www.visitglacierbay.com; 199 Bartlett Cove Rd; Zi. 219–249 US$; ⌚Mai–Sept.) Eigentlich ist dies eine Nationalparklodge und die einzige Unterkunft im Park selbst. Diese Lodge für Selbstversorger mit 55 Zimmern, einem knisternden Feuer im großen Steinkamin und einem Speisesaal, in dem sich abends in der Regel eine bunte Mischung aus Parkangestellten, Travellern und Einheimischen aus Gustavus tummelt, liegt an der Bartlett Cove, 8 Meilen (13 km) nordwestlich von Gustavus.

★ **Gustavus Inn** INN $$$
(☎907-697-2254; www.gustavusinn.com; Meile 1, Gustavus Rd; Zi. alles inkl. 250 US$/Pers.; P 📶) Diese reizende, seit vielen Jahren beliebte Lodge in Familienhand steht zu Recht in jedem Reisebericht über Alaska. Die Unterkunft ist durch und durch modern und komfortabel, ohne dabei steril zu wirken oder ihren volkstümlichen Touch zu verlieren. Das All-Inclusive-Gasthaus ist bekannt für seine Gourmetküche: Gemüse aus dem eigenen Garten und frische Meeresfrüchte nach Hausfrauenart.

Sunnyside Market CAFÉ $
(☎907-697-3060; 3 State Dock Rd; Sandwiches 7–10 US$; ⌚9–18 Uhr; ✎) Der nette Markt mit Café verkauft Bio-Artikel, köstliche Sandwiches und Frühstücksburritos. Drinnen kann man sich an zwei Tischen einen Platz suchen, draußen auf der sonnigen Terrasse hat man eine größere Auswahl an Tischen. Samstags findet hier eine Art Kunstmarkt statt.

Praktische Informationen

Glacier Bay National Park Visitor Center (☎907-697-2661; www.nps.gov/glba; ⌚11–20 Uhr) In diesem Zentrum im 1. OG der Glacier Bay Lodge (S. 1226) ist eine kleine Ausstellung, ein Buchladen und ein Informationsschalter beherbergt. Es werden täglich geführte Wanderungen, Filme über den Park und Diavorträge geboten.

Gustavus Visitors Association (☎907-697-2454; www.gustavusak.com) Auf der Website stehen Infos en masse.

Visitor Information Station (☎907-697-2627; ⌚Mai–Sept. 7–20 Uhr) Camper sowie Kajak- und Bootfahrer können an der Visitor Information Station am Ende des öffentlichen Anlegers in der Bartlett Cove anhalten. Hier sind Hinterland- und Bootsgenehmigungen sowie Logistik-Infos erhältlich, außerdem wird ein 20-minütiges Orientierungsvideo gezeigt.

An- & Weiterreise

Am preiswertesten erreicht man Gustavus über den **Alaska Marine Highway** (☎800-642-0066; www.ferryalaska.com). Mehrmals pro Woche verkehrt die MV *LeConte* zwischen Juneau und Gustavus (eine Strecke 44 US$, 4½ Std.), unterwegs sind des Öfteren Wale zu sehen.

TLC Taxis (☎907-697-2239) warten am Fähranleger auf ankommende Gäste. Die Fahrt nach Bartlett Cove kostet 15 US$ pro Person.

Alaska Airlines (S. 1231) fliegt täglich von Juneau nach Gustavus (25 Min.).

Alaska Seaplanes (☎907-789-3331; www.flyalaskaseaplanes.com) verkehrt bis zu fünfmal täglich zwischen Gustavus und Juneau (eine Strecke 115 US$).

Ketchikan

Fast an Alaskas südlichstem Zipfel, dort, wo der Panhandle nach British Columbia hineinragt, liegt das verregnete Ketchikan. Die viertgrößte Stadt des Bundesstaates erstreckt sich auf einem schmalen Küstenstreifen auf dem an die Tongass Narrows grenzenden Revillagigedo Island. Ketchikan ist für seine kommerzielle Lachsfischerei und das Erbe der Haida und Tlingit bekannt. Es gibt wohl keinen besseren Ort in den USA, an dem man Totempfähle in all ihrer farbenfrohen Pracht bewundern kann. Alljährlich legen in Ketchikan zwischen Mai und September unzählige Kreuzfahrtschiffe an und spucken etwa 1 Mio. Gäste aus, die die Stadt in eine Art Touristen-Zirkus verwandeln. Einige von ihnen bleiben und pendeln auf Fähren zwischen Andenkenläden und Totempfählen hin und her. Andere steigen in Boote oder Wasserflugzeuge und lassen sich zu dem majestätischen Misty Fiords National Monument und in die Wildnis bringen.

Trotz des saisonalen Wahnsinns konnte sich Ketchikan ein beachtliches Erbe bewahren, z. B. die **Creek Street** mit ihrem Durcheinander von Häusern mit Schindelfassaden, die auf Stelzen über einem Fluss gebaut sind.

Sehenswertes

★ Saxman Native Village & Totem Park HISTORISCHE STÄTTE

(☎907-225-4421; www.capefoxtours.com; 5 US$; ⌚8–17 Uhr) Am South Tongass Hwy, 2,5 Meilen (4 km) südlich von Ketchikan, befindet sich dieses Tlingit-Dorf mit 475 Einwohnern und 24 Totempfählen, die aus verlassenen Dörfern im Südosten stammen und in den 1930er-Jahren restauriert oder neu geschnitzt wurden. Darunter befindet sich eine Replik des Lincoln Pole (das Original steht im Alaska State Museum in Juneau), der 1883 geschnitzt wurde und mit einem Abbild von Abraham Lincoln versehen ist. Es soll dem ersten weißen Menschen gedenken, der hier gesichtet wurde. Der Ort ist auch unter dem Namen Saxman Totem Park bekannt.

Southeast Alaska Discovery Center MUSEUM

(www.alaskacenters.gov; 50 Main St; Erw./Kind 5 US$/frei; ⌚8–16 Uhr; 👪) Drei große Totempfähle stehen in dem Eingangsbereich dieses unter der Verwaltung vom NPS stehenden Zentrums. An der Decke ist ein Schwarm von Silberlachsen angebracht, der die Besucher zu einem nachgebauten Ausschnitt von gemäßigtem Regenwald leitet. In der Halle im Obergeschoss zeigen Ausstellungen alles über die Ökosysteme Südost-Alaskas und die Traditionen der Ureinwohner Alaskas.

Schlafen

Last Chance Campground CAMPING $

(Ward Lake Rd; Zelt- & Wohnmobilstellplatz 10 US$) Der schön gelegene Campingplatz nördlich von Ketchikan, ein paar Kilometer vom Ward Lake und vier weiteren Seen entfernt, bietet 19 Stellplätze und drei Wege durch den dichten Regenwald.

Ketchikan Hostel HOSTEL $

(☎907-225-3319; www.ketchikanhostel.com; 400 Main St; B 20 US$; ⌚Mai–Sept.) Wie in vielen anderen Städten Alaskas befindet sich auch Ketchikans „Hostel" in einer (methodistischen) Kirche, ohne Hinweisschild auf der Straße. Es gibt eine große Küche, drei kleine Gemeinschaftsbereiche und nach Geschlechtern getrennte Schlafsäle. Die Unterkunft ist sauber und einfach (ab 23 Uhr ist Ausgangssperre). Im Juli sollte man reservieren.

★ Inn at Creek Street – New York Hotel BOUTIQUEHOTEL $$

(☎907-225-0246; www.thenewyorkhotel.com; 207 Stedman St; Zi. 89–149 US$, Suite 119–289 US$; 📶) Das historische Boutiquehotel bietet seinen Gästen eine Mischung aus altmodischem Ambiente und modernem Komfort. Die acht Zimmer im Stil der 1920er-Jahre sind mit Flachbild-TV, Kühlschrank und Bad ausgestattet. Auf den Betten dürfen weiche Quilts natürlich nicht fehlen.

Essen

Burger Queen BURGER $
(518 Water St; Burger 7–10 US$; ⌚ Di–Sa 11–19, So & Mo 11–15 Uhr) Ketchikans beliebtes Burger-Lokal gehört definitiv keiner Kette an. Im Angebot sind zehn unterschiedliche Burger-Varianten, darunter eine mit einer Krakauer *und* einem Hamburger sowie 30 verschiedene Milkshakes. Das kleine Lokal befindet sich direkt nördlich des Straßentunnels und ist so etwas wie eine lokale Legende.

Alaska Fish House FISH & CHIPS $$
(☎ 907-225-4055; 3 Salmon Landing; Hauptgerichte 13–23 US$; ⌚ 10–21 Uhr) Erst wählt man den Fisch (Kabeljau, Lachs oder Heilbutt) und dann das Drumherum – Panade oder Brötchen. Die Pommes sind Standard. Und danach gibt's dann Krebse – als Ganzes oder nur die Scheren. Wem der Sinn nicht nach Meeresfrüchten steht, bestellt sich einfach einen Hamburger.

★ **Bar Harbor Restaurant** MODERN-AMERIKANISCH $$$
(☎ 907-225-2813; 55 Schoenbar Ct, Berth 4; Hauptgerichte 22–42 US$; ⌚ Di–Fr 11–14 & 17–20, Sa 9–14 & 17–20, So 9–14 Uhr) Das etwas hochpreisige Fischrestaurant wird von den Einheimischen gern als bestes Lokal der Stadt angepriesen. Es wurde in der Saison 2017 an einem neuen Anleger für Kreuzfahrtschiffe, Berth 4, eröffnet. Man sollte sich auf mehr Gäste als üblich einstellen, die hier in modernem, maritimem Ambiente kreativ zubereitete Meeresfrüchte und Fischsuppen genießen.

Praktische Informationen

Ketchikan Visitor Center Substation (Berth 3; ⌚ Mai–Sept. 8–17 Uhr) Das kleinere Visitor Center in der Nähe des Straßentunnels ist nur im Frühjahr und Sommer geöffnet.

Ketchikan Visitor Information & Tour Center (☎ 907-225-6166; www.visit-ketchikan.com; 131 Front St, City Dock; ⌚ 7–18 Uhr) Großes, modernes Gebäude am Anleger der Kreuzfahrtschiffe. Hier gibt's Broschüren, kostenlose Karten, Service-Telefone und Toiletten. Nebenan befindet sich ein riesiges Zentrum mit bis zu 20 Schaltern, an denen verschiedene Veranstalter im Sommer Aktivitäten und Kreuzfahrttouren anbieten. An diesen Schaltern können die meisten Aktivitäten gebucht werden.

Southeast Alaska Discovery Center (☎ 907-228-6220; www.fs.fed.us/r10/tongass/districts/discoverycenter; 50 Main St; ⌚ 8.30–16 Uhr) Wer nur Infos über Freizeitaktivitäten bekommen möchte, muss im Alaska Public Lands Information Center keinen Eintritt zahlen. Hier werden auch Parkpässe verkauft.

An- & Weiterreise

Ketchikans **Alaska Marine Highway Ferry Terminal** (☎ 907-225-6182; www.dot.state.ak.us/amhs; 3501 Tongass Ave) liegt 2 Meilen (3,2 km) nördlich des Stadtzentrums. Fähren gen Norden fahren im Sommer fast täglich nach Wrangell (53 US$, 6 Std.), Petersburg (72 US$, 9½ Std.), Sitka (109 US$, 25 Std.), Juneau (126 US$, 24 Std.) und Haines (155 US$, 26 Std.), gen Süden fahren sie mindestens einmal wöchentlich nach Bellingham, WA (310 US$, 40 Std.), und Prince Rupert in Canada (63 US$, 7½ Std.).

Inter-Island Ferry Authority (☎ 907-225-4838; www.interislandferry.com) Diese Schiffe können auch Fahrzeuge transportieren. Sie starten am Fährterminal in Ketchikan täglich um 15.30 Uhr nach Hollis auf der Prince of Wales Island (einfache Fahrt Erw./Kind 49/22,50 US$, 3 Std.). Die Preise sind unterschiedlich und richten sich nach der Fahrzeuglänge. Ein Kleinwagen kostet 50 US$ (eine Strecke)

FAIRBANKS

Fairbanks ist die einzige „Stadt" im Inneren Alaskas und die größte Siedlung im Umkreis von mehreren hundert Meilen, die aber viele Merkmale einer echten Kleinstadt aufweist. Jeder scheint jeden zu kennen, und zu „jeder" gehören auch ein paar echt faszinierende Typen – Schlittenhundzüchter, Umweltschutzaktivisten, Studenten, Knarrenfanatiker, Armeeangehörige, Outdoorfreaks, Buschpiloten und andere Sonderlinge. Da Fairbanks am Schnittpunkt wahrhaft sagenhafter Routen liegt – nach Norden zur Arktis, nach Osten nach Kanada und nach Süden zum Denali – wird man hier unweigerlich etwas Zeit verbringen und es wird bestimmt nicht langweilig werden.

Es ist eine weitläufige Stadt mit zugegebenermaßen hässlichen Einkaufsmeilen, aber die Wohnstraßen in der kompakten Innenstadt sind bildhübsch, und im Winter ist Fairbanks die perfekte Basis, um Nordlichter zu bestaunen.

Sehenswertes & Aktivitäten

★ **University of Alaska Museum of the North** MUSEUM
(☎ 907-474-7505; www.uaf.edu/museum; 907 Yukon Dr; Erw./Kind 12/7 US$; ⌚ 9–19 Uhr) Eines der besten Museen Alaskas ist in einem Gebäude untergebracht, dessen moderne Architektur den Eindruck einer Mischung aus

DENALI NATIONAL PARK & PRESERVE

In unserem kollektiven Bewusstsein steht Alaska für raue Wildnis. Aber das kann auch abschreckend wirken. Für viele Reisende ist die gründliche Erkundung dieses amerikanischen Grenzlandes eine angsteinflößende Vorstellung.

Der **Denali National Park & Preserve** (907-683-9532; www.nps.gov/dena; George Parks Hwy; 10 US$; P) ist ein Fleckchen Erde, das einerseits urzeitlich, andererseits aber auch leicht zugänglich ist. Hier kann man Grizzlybären, Elche, Karibus und sogar Wölfe ganz entspannt aus dem Fenster der Busse erspähen. Wer aber lieber auf eigene Faust unterwegs ist, auf den warten fast 24 300 km² Tundra, boreale Nadelwälder und schneebedeckte Berge. Damit ist der Park größer als Massachusetts. Und all dies im Schatten des Denali, was in der athapaskischen Sprache der Ureinwohner „Der Große" bedeutet. Früher war der Berg unter dem Namen Mt. McKinley bekannt. Er ist der höchste Gipfel Nordamerikas und zu Recht ein Wahrzeichen für alles, was in diesem Bundesstaat wild und ehrfurchtgebietend ist.

Im Hochsommer müssen Stellplätze im Park mindestens sechs Monate im Voraus reserviert werden, für Unterkünfte außerhalb des Parks reichen drei Monate. Die Eintrittsgebühr in den Park beträgt 10 US$ pro Person, das Ticket ist sieben Tage gültig.

Die einzige durch den Park führende Straße, die 92 Meilen (148 km) lange, unbefestigte Park Rd, ist im Sommer ab Meile 15 für Privatfahrzeuge gesperrt. Von dort verkehren von Mitte Mai bis September Shuttlebusse. Manchmal, wenn der Schnee schon Anfang April schmilzt, dürfen Besucher – solange die Shuttlebusse noch nicht unterwegs sind – bis Meile 30 fahren. Der Eingangsbereich des Parks, in dem sich die meisten Besucher konzentrieren, reicht ungefähr 4 Meilen (6,5 km) die Park Rd hinauf. Hier befinden sich die Parkverwaltung, das Visitor Center und der Hauptcampingplatz sowie das **Wilderness Access Center** (WAC; 907-683-9532; Meile 0,5, Park Rd; Ende Mai–Mitte Sept. 5–19 Uhr), wo man die Eintrittsgebühr in den Park bezahlt und Stellplätze sowie Shuttlebusse buchen kann, die einen tiefer in den Park hineinbringen. Gegenüber vom WAC befindet sich das **Backcountry Information Center** (BIC; 907-683-9532/90; Meile 0,5, Park Rd; Ende Mai–Mitte Sept. 9–18 Uhr), in dem Backpacker Wandergenehmigungen ins Hinterland und bärensichere Behälter bekommen.

Abgesehen von Campingplätzen gibt es kaum Unterkünfte und nur ein Restaurant im Park. Die meisten Besucher übernachten in den nahe gelegenen Orten Canyon, McKinley Village, Carlo Creek und Healy.

Vom 15. Mai bis zum 1. Juni geht es im Park gerade erst los, und der Zugang ins Hinterland ist nur begrenzt möglich. Es gibt nur wenige Besucher, und die Shuttlebusse fahren nur bis zum **Toklat River** (Meile 53, Park Rd; Ende Mai–Mitte Sept. 9–19 Uhr) GRATIS. Vom 1. bis zum 8. Juni ist dann schon mehr los und die Busse fahren bis zum **Eielson Visitor Center** (907-683-9532; www.nps.gov/dena/planyourvisit/the-eielson-visitor-center.htm; Meile 66, Park Rd; Juni–Mitte Sept. 9–19 Uhr) GRATIS. Vom 8. Juni bis Ende August läuft im Park dann alles auf Hochtouren.

Nach dem zweiten Donnerstag nach Labor Day im September stellen die Shuttlebusse ihren Dienst ein. Dann folgen ein paar Tage, an denen einige Auserwählte mit ihren Privatfahrzeugen je nach Wetterlage die Park Rd befahren dürfen. Danach wird die Straße für den gesamten Verkehr bis Mai gesperrt.

Die meisten Lodges in der Gegend sind im Winter geschlossen. Der **Riley Creek Campground** (www.nps.gov/dena; Meile 0,25, Park Rd; Zeltstellplatz 24 US$, Wohnmobilstellplatz 24–30 US$) ist geöffnet und die Stellplätze kosten in dieser Zeit nichts, aber es gibt kein Wasser und auch die Abwasseranlage ist nicht in Betrieb. Mit der richtigen Ausrüstung kann man auf der nicht geräumten Park Rd und im restlichen Park Skilanglaufen, Schneeschuhwandern und Hundeschlitten fahren.

Iglu und Nordlicht erweckt. Es bietet reich bestückte Ausstellungen über Geologie, Geschichte, Kultur und zahlreiche wissenswerte Kleinigkeiten sämtlicher Regionen des Bundesstaates. Die Besucher werden von einem fast 3 m großen und 567 kg schweren Stoffbären begrüßt. Die Exponate sind sehr durchdacht angeordnet und beleuchten die einzelnen Regionen des Bundesstaates als geografische und kulturelle Einheiten.

Morris Thompson Cultural & Visitors Center KULTURZENTRUM
(☎907-459-3700; www.morristhompsoncenter.org; 101 Dunkel St; ⏲Ende Mai–Anfang Sept 8–21 Uhr, Mitte Sept.–Mitte Mai 8–17 Uhr; P) Es gibt mehrere Kandidaten, die für die Auszeichnung als „bestes Visitor Center Alaskas" in Frage kommen, und dieses könnte das Rennen machen, denn es ist eine klug aufgebaute Mischung aus Museum, Informationsbüro und Kulturzentrum. Drinnen werden Ausstellungen über die Geschichte Alaskas und die Kultur der Ureinwohner sowie Filmvorführungen und Kulturveranstaltungen geboten.

Draußen auf dem Gelände sollte man sich auf jeden Fall die historische Hütte und den Bogen aus Elchgeweihen anschauen.

Geführte Touren

Northern Alaska Tour Co PANORAMAFLÜGE
(☎907-474-8600; www.northernalaska.com) Der nördliche Polarkreis mag ja eine imaginäre Linie sein, gehört aber zu Fairbanks Hauptattraktionen, und so boomen kleinere Gesellschaften, die Flüge über den Polarkreis anbieten.

Dieser Veranstalter fliegt zum Dalton Hwy (ab ca. 480 US$), bietet interessante Tagesflüge nach Barrow (900 US$) und Minibustouren zum Polarkreis (220 US$) an und noch vieles mehr.

Schlafen

Sven's Basecamp Hostel HOSTEL, CAMPING $
(☎907-456-7836; www.svenshostel.com; 3505 Davis Rd; Zeltstellplatz 9 US$, Tipi/Zelt/Hütte/Baumhaus 30/35/75/100 US$; P 📶) Sven aus der Schweiz heißt Traveller und Vagabunden jeder Art in seinem schönen, facettenreichen Hostel willkommen. Hier trifft man die unerschrockensten, verschwitztesten Abenteurer Alaskas und hört viele verrückte Reisegeschichten. Übernachtet wird in Hütten, Gemeinschaftszelten, einem schicken Baumhaus oder im eigenen Zelt. Es gibt Münzduschen, einen Kicker, Bücher, einen Fernsehraum und eine Küche.

Springhill Suites HOTEL $$$
(☎907-451-6552; www.marriott.com; 575 1st Ave; Zi. ab 254 US$; P @ 📶 🏊) Der nördliche Ableger der Marriott-Kette wurde vor Kurzem renoviert und bietet saubere, schlichte und mit Werken regionaler Künstler geschmückte Zimmer. Die Lage am Chena River mitten im Zentrum ist unschlagbar. Zu den Annehmlichkeiten gehören ein Hallenbad und ein Fitnessstudio.

Essen & Ausgehen

Big Daddy's BBQ & Banquet Hall BARBECUE $$
(☎907-452-2501; www.bigdaddysbarb-q.com; 107 Wickersham St; Hauptgerichte 9–19 US$; ⏲Mo–Sa 11–22, So 12–21 Uhr) Die Betreiber sagen, dass das nördlichste Lokal mit Southern Barbecue in den USA ein absolutes Muss ist. Und wer langsam geräucherte Rippchen, saftige Bruststücke, Schalen mit gebackenen Bohnen und cremige Käse-Makkaroni mag, wird hier mit Sicherheit auch nicht enttäuscht werden. Zum Essen gibt's ein kühles Bier vom Fass und danach rollt man dann förmlich aus der Tür.

Pike's Landing AMERIKANISCH $$$
(☎907-479-6500; 4438 Airport Way; Hauptgerichte 18–36 US$; ⏲11–23 Uhr) Das gediegene Restaurant am Fluss bietet einen gemütlichen Speiseraum, eine riesige Terrasse mit Blick aufs Wasser und handfeste Hauptgerichte aus Amerika und vor allem aus Alaska: Prime-Rib-Sandwiches, gebratener Lachs, Kokos-Shrimps und vieles mehr. Wer abends hier essen möchte, sollte reservieren.

The Big I BAR
(☎907-456-6437; 122 Turner St; ⏲So–Do 10–2, Fr 10–3.30, Sa 9–2 Uhr; 📶) In dieser exzellenten Bar gibt's einen großen Sitzbereich im Freien, schicke Barkeeper, grauhaarige Einheimische und viel Busch-Kitsch an den Wänden, der aussieht, als sei er seit Beringia nicht mehr abgestaubt worden.

Manchmal bringen Livemusik-Acts Leben in die Bude.

ℹ Praktische Informationen

Alaska Public Lands Information Center
(☎907-456-0527; www.alaskacenters.gov; 101 Dunkel St; ⏲8–18 Uhr) Das Information Center im Morris Thompson Cultural & Visitors Center ist ein Muss für die Planung eines Alaska- oder Nationalparkbesuchs sowie für Reservierungen. Außerdem sind hier detaillierte Broschüren über den Steese, Elliot, Taylor und Denali Hwy erhältlich.

Department of Fish & Game Office (☎907-459-7206; 1300 College Rd)

Fairbanks Convention & Visitors Bureau
(☎907-456-5774; www.explorefairbanks.com; 101 Dunkel St; ⏲Ende Mai–Anfang Sept. 8–21 Uhr, Ende Sept.–Mitte Mai 8–17 Uhr)

An- & Weiterreise

Alaska Airlines (☎800-426-0333; www.alaskaair.com) fliegt direkt nach Anchorage, wo es täglich Flüge in das restliche Alaska, in die Lower 48 und nach Übersee gibt. Delta und Alaska fliegen direkt nach Seattle. In den Busch kommt man mit **Ravn Alaska** (www.flyravn.com), **Warbelow's Air Ventures** (☎907-474-0518; www.warbelows.com; 3758 University Ave S) und **Wright Air Service** (☎907-474-0502; www.wrightairservice.com; 3842 University Ave).

Die **Alaska Railroad** (☎907-458-6025; www.alaskarailroad.com) startet von Mitte Mai bis Mitte September täglich um 8.15 Uhr in Fairbanks und ist um 12.00 Uhr im Denali National Park & Preserve (Erw./Kind 73/37 US$), um 16.40 Uhr in Talkeetna (Erw./Kind 141/71 US$), um 18.15 Uhr in Wasila (Erw./Kind 239/120 US$) und um 20 Uhr in Anchorage (Erw./Kind 239/120 US$). Der **Bahnhof** (☎907-458-6025; www.alaskarailroad.com; 1031 Alaska Railroad Depot Road; ⏲6.30–15 Uhr) befindet sich am südlichen Ende der Danby St. Die Red-Line-Busse von **MACS** (Metropolitan Area Commuter Service; ☎907-459-1010; http://fnsb.us/transportation/Pages/MACS.aspx) fahren zum Bahnhof.

Hawaii

Inhalt ➡

Gut essen

- ➡ Alan Wong's (S. 1237)
- ➡ Hy's Steakhouse (S. 1240)
- ➡ KCC Farmers Market (S. 1240)
- ➡ Umekes (S. 1244)
- ➡ Frida's Mexican Beach House (S. 1251)

Schön übernachten

- ➡ Halekulani (S. 1239)
- ➡ Four Seasons Resort Hualalai (S. 1246)
- ➡ Royal Grove Hotel (S. 1239)
- ➡ Hanalei Dolphin Cottages (S. 1255)
- ➡ Pineapple Inn Maui (S. 1252)

Auf nach Hawaii!

Tatsache ist: Die mehr als 3200 km vom nächsten Festland entfernten smaragdgrünen Inseln im Pazifik sind nicht leicht zu erreichen. Und sind sie nicht zudem noch überlaufen von sonnenbadenden Touristen und turtelnden Flitterwöchnern? Wenn schon! Die Titelmusik von *Hawaii Fünf-Null* einlegen und den mit Leis behangenen Hula-Schönheiten zusehen, die unter den windumspielten Palmen tanzen!

Hawaii, so die Tourismusbranche und Hollywood, ist das Paradies auf Erden. Wer morgens im Korallenriff taucht, beim Sonnenuntergang entspannter Gitarrenmusik lauscht und mit Hibiskusblüten im Haar die saftigen *lilikoi* (Passionsfrüchte) genießt, möchte ihnen glauben: Die polynesische Inselgruppe besticht mit einer traumhaften Naturvielfalt – von feurigen Vulkanen über wundervolle Wasserfälle im Regenwald bis hin zu kristallklaren aquamarinblauen Buchten.

Die Einheimischen wissen zwar, dass Hawaii nicht nur paradiesische Seiten hat – aber es fühlt sich so an!

Reisezeit

Honolulu

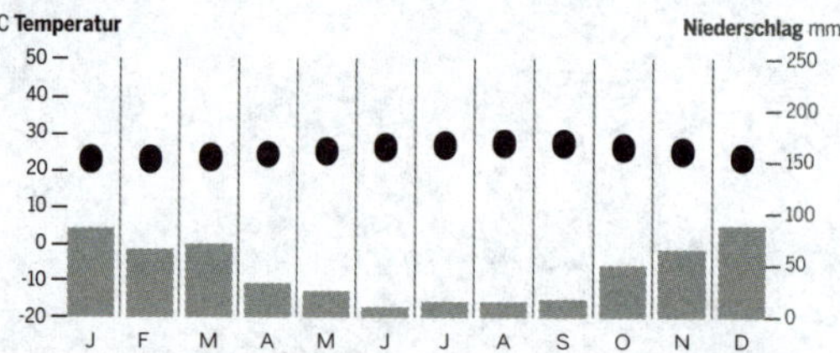

Dez.–April Etwas kühler und feuchter; Hauptsaison für Tourismus, Surfen und Walbeobachtungen.

Mai–Sept. Zumeist sonnig und wolkenlos; in den Ferien belebte Strände und Resorts.

Okt.–Nov. Heiß und sehr feucht; jetzt gibt's günstigere Unterkünfte, weil weniger Touristen da sind.

Highlights

1. **Honolulu** (S. 1234) Das multikulturelle Honolulu mit seinen tollen Museen und ethnischen Restaurants erkunden
2. **Hanauma Bay Nature Preserve** (S. 1242) Schnorcheln mit tropischen Fischen und Meeresschildkröten
3. **Hawai'i Volcanoes National Park** (S. 1249) Zeuge eines Vulkanausbruchs werden
4. **Mauna Kea** (S. 1246) Auf dem Gipfel von Hawaiis höchstem Berg auf Big Island die Sterne bewundern
5. **Haleakalā National Park** (S. 1252) Die Morgendämmerung über dem „Haus der aufgehenden Sonne" erleben
6. **Maui** (S. 1250) Auf dem Hana Hwy an der Küste an schwarzen Sandstränden und Dschungelwasserfällen vorbeikurven
7. **Kaua'i** (S. 1253) An den skulpturartigen Meeresklippen der großartigen Na Pali Coast entlangwandern
8. **Wailua River** (S. 1254) Auf dem heiligen Fluss mit dem Kajak zu Wasserfällen mit Badeteichen paddeln

Geschichte

Hawaiis Entdeckung und Besiedlung ist eine der großen Sagen der Menschheit, die mit der Ankunft der Polynesier begann, die ihren Weg zu den winzigen Inseln – die abgelegensten der Welt – mitten im größten Ozean der Welt fanden. Es verging fast ein Jahrtausend, bis die westlichen Entdecker, Walfänger, Missionare und Unternehmer mit ihren Schiffen eintrafen. Während des turbulenten 19. Jhs. kamen Einwanderer aus der ganzen Welt, um auf Hawaiis Plantagen zu arbeiten. 1893 wurde die Monarchie, die Kamehameha der Große gegründet hatte, gestürzt, womit der Weg für die US-amerikanische Annektierung geebnet war.

Kultur

Hawaii ist vielleicht ein polynesisches Paradies, aber eines mit Shoppingmalls, Mülldeponien, Industriegebieten, eintönigen Wohnsiedlungen und ausgedehnten Militärbasen. In vielerlei Hinsicht sieht es hier genauso aus wie im Rest der USA. Wer hier zum ersten Mal aus dem Flugzeug steigt, ist vielleicht überrascht, dass alles sehr modern ist – Highways und McDonald's-Filialen gibt es auf Hawaii ebenso wie auf „da mainland".

Doch hinter dieser Fassade der Konsumkultur und des Tourismus' versteckt sich eine komplett andere Welt, die bestimmt wird – und darauf ist man hier stolz – von der Gesondertheit, der geografischen Isolation und dem einzigartigen Mix aus polynesischen, asiatischen und westlichen Traditionen. Obwohl diese Kulturen auf Hawaii nicht immer nahtlos ineinander übergehen, gibt es wenige Orte auf der Welt, wo so viele Ethnien sich vertragen, ohne dass eine einzelne Gruppe über die Mehrheit herrscht.

Vielleicht liegt es daran, dass sie auf winzigen Inseln inmitten des großen Ozeans wohnen, dass die Hawaiianer sich gegenseitig mit „Aloha" begegnen, sich höflich und respektvoll benehmen und „keine Welle machen" (also cool sind). Wie ein hawaiisches Sprichwort sagt: „Wir sitzen alle im selben Kanu." Egal, welche Abstammung oder Herkunft – die Bewohner sind sich in einem verbunden: in dem Bewusstsein, dass sie an einem der bezauberndsten Orte der Welt leben.

Sprache

Auf Hawaii gibt es zwei Amtssprachen: Englisch und Hawaiisch. Die mehrsilbigen Wörter mit vielen Vokalen des Hawaiischen sehen vielleicht entmutigend aus, aber die Aussprache ist ziemlich eindeutig, und mit etwas Übung bekommt man das bald hin. Zusätzlich gibt es eine inoffizielle Sprache, das Pidgin (früher „Hawai'i Creole English" genannt) mit einem entspannten, beschwingten Akzent und einem bunten Wortschatz, das die Alltagssprache durchsetzt.

Das Satzzeichen *'okina* (') ist der Knacklaut der hawaiischen Sprache und bestimmt die Aussprache und die Bedeutung der Wörter. In diesem Führer bezieht sich Hawai'i (mit *'okina*) auf die Insel Hawai'i (Big Island), auf das alte Volk Hawai'i und das Königreich Hawai'i vor der Verstaatlichung. Hawaii (ohne *'okina*) meint das US-Territorium, das 1959 ein amerikanischer Bundesstaat wurde.

O'AHU

O'ahu ist ein Angriff auf die Sinne: tropische Aromen und Temperaturen, türkisfarbenes Wasser, ein Kaleidoskop an bunten Fischen, grüner Regenwald und eine sinnliche Landschaft – und so viel zu unternehmen.

Spam (Frühstücksfleisch), Surfen, Hula, Ukulele, Pidgin, Rubbah Slippah (Flip-Flops) – und das sind nur ein paar der Eckpfeiler des alltäglichen Lebens auf O'ahu, einer Insel mitten im Pazifischen Ozean. Die Menschen sind unkompliziert, maßvoll und zwanglos, sie versprühen unverfälschtes Aloha und Spaß. Alle wissen, wie viel Glück sie haben, in diesem Tropenparadies zu wohnen, und O'ahu verteidigt stolz seine eigene Identität gegenüber dem amerikanischen Festland. Hier ist jeder willkommen, ob surfende Globetrotter, frisch vermählte Paare auf Flitterwochen oder *'ohana* (Großfamilien) mit Großeltern und Kindern im Schlepptau.

Honolulu

Hier in Honolulu, weit weg von den überfüllten Plätzen von Waikiki, bekommt man das wahre Hawaii zu Gesicht. Als ausgelassene polynesische Hauptstadt bietet Honolulu die verschiedensten inseltypischen Erlebnisse.

Man futtert sich durch die panasiatischen Straßen von Chinatown, wo sich im 19. Jh. einst Walfänger prügelten und zugewanderte Händler ihre Geschäfte betrieben. Der Blick schweift zum Wahrzeichen Aloha Tower sowie über die Backsteingebäude aus der viktorianischen Zeit, darunter der einzige

HAWAII IN ...

... vier Tagen

Wer auf einer Pazifiküberfahrt einen Hawaii-Zwischenstopp einlegt, wird in **Honolulu** an Land gehen und sollte die paar Tage, die er hat, auf **Oahu** verbringen. Wenn nicht gerade Surfen und Sonnenbaden am **Waikiki Beach** anstehen, lohnen sich ein Besuch in Honolulus Museen und ein Spaziergang durch **Chinatown**, eine Wanderung zum Gipfel des **Diamond Head** oder ein Schnorcheltrip zur **Hanauma Bay**. Im Winter sollte man noch unbedingt die gigantischen Wellen an der **North Shore** bewundern.

... einer Woche

Bei einer Woche bleibt genug Zeit für eine weitere Insel, z. B. **Maui**. Hier kann man die alte Walfängerstadt **Lahaina** besuchen, den Sonnenaufgang über dem Vulkankrater im **Haleakala National Park** erleben, von einem Boot aus Wale beobachten, im **Molokini Crater** schnorcheln oder tauchen oder eine Fahrt auf dem kurvenreichen **Hana Hwy** unternehmen und an den kleinen Wasserfällen von **Oheo Gulch** schwimmen.

... zwei Wochen

Wer zwei Wochen Zeit hat, sollte eine dritte Insel besuchen. Auf **Hawaii (Big Island)** kann man im Puuhonua O Honaunau National Historical Park indigene Traditionen kennenlernen, den **Mauna Kea**, den höchsten Berg des Archipels, erklimmen und die Göttin Pele im **Hawaii Volcanoes National Park** mit einem „Aloha" begrüßen, in **South Kona** Kaffeeplantagen besichtigen und an den goldfarbenen Stränden von **North Kona** oder **South Kohala** abhängen. Auf **Kauai** stehen Kajaktrips entlang des **Wailua River** auf dem Programm, Surfen an der **Hanalei Bay** oder Wandern in den State Parks **Waimea Canyon** und **Kokee**, wo man am Fuß eines Wasserfalls im Urwald ein Bad nehmen kann. Alternativ sind Treks und Paddeltouren an der **Na Pali Coast** mit ihren beeindruckenden, mächtigen Klippen möglich.

Königspalast der USA. Man schlendert zum weltweit größten Freiluft-Shoppingcenter bei Ala Moana und bewundert die beeindruckenden Kunstmuseen der Stadt.

Am Hafen lässt der Ozean die Palmen rauschen, während im kühlen, nebelverschleierten Ko'olau Range bewaldete Wanderwege Postkartenpanoramen der Stadt bieten. Bei Sonnenuntergang verspricht ein Spaziergang auf Magic Island Abkühlung, alternativ nimmt man am Ala Moana Beach ein Bad im Pazifik. Zu später Stunde locken Chinatowns interessante Kunst und das Nachtleben.

Sehenswertes & Aktivitäten

Honolulus kompakte Innenstadt liegt nur einen Steinwurf vom Hafen entfernt. Ganz in der Nähe drängen sich in den geschäftigen Straßen von Chinatown Märkte, Antiquitätenläden, Kunstgalerien und hippe Bars. Zwischen dem Zentrum und Waikiki liegt Ala Moana, Hawaiis größte Mall und der beste Strand der Stadt. Der Campus der University of Hawai'i bildet das Tor zum Manoa Valley. Ein paar abgelegenere Sehenswürdigkeiten, wie das Bishop Museum, lohnen einen Abstecher.

★ Bishop Museum MUSEUM

(☎808-847-3511; www.bishopmuseum.org; 1525 Bernice St; Erw./Kind 23/15 US$; ⌚9–17 Uhr; P 👪) Das hawaiianische Pendant zum Smithsonian Institute in Washington, D. C., präsentiert eine bemerkenswerte Reihe kultureller- und naturgeschichtlicher Exponate. Das Bishop Museum zählt zweifelsohne zu den weltweit besten Museen, die sich der Anthropologie Polynesiens widmen. Ursprünglich zeigte das 1889 zu Ehren von Prinzessin Bernice Pauahi Bishop, einer Nachfahrin der Kamehameha-Dynastie, gegründete Museum ausschließlich hawaiianische und königliche Artefakte, inzwischen aber wird hier die Kultur ganz Polynesiens gewürdigt.

★ Märkte in Chinatown MARKT

(www.chinatownnow.com; ⌚8–18 Uhr) Das quirlige, geschäftliche Leben von Chinatown spielt sich rund um die Märkte und Lebensmittelläden des Viertels ab. Nudelfabriken, Bäckereien und Marktbuden säumen die engen Gehwege, auf denen sich Großmütter mit Einkaufswagen und geschäftige Familien drängen, die ihre Besorgungen erledigen. Seit 1904 eine Institution ist der **O'ahu**

SCHWULE & LESBEN

Im Bundesstaat Hawaii gilt ein strenger Minderheitenschutz, und auch die Privatsphäre ist verfassungsrechtlich geschützt, dazu gehören einvernehmliche sexuelle Beziehungen zwischen Erwachsenen. Gleichgeschlechtliche Paare haben das Recht auf Zivilehen.

Die Einheimischen sind im Allgemeinen sehr auf den Schutz ihrer Privatsphäre bedacht, sodass man selten Händchen haltende Paare und Austausch von Zärtlichkeiten in der Öffentlichkeit sieht, ob schwul, lesbisch oder hetero. Das schwul-lesbische Alltagsleben kocht eher auf kleiner Flamme – man trifft sich mehr zu Picknicks und Dinnerpartys als in Nachtclubs. Selbst in Waikiki, dem entspannten Zentrum der örtlichen Schwulenszene, gibt es nur etwa ein halbes Dutzend Bars, Clubs und Restaurants. Trotzdem ist Hawaii ein beliebtes Reiseziel für Schwule und Lesben, auf die ein kleines Netzwerk schwulengeführter und schwulenfreundlicher B&Bs, Pensionen und Hotels warten. Weitere Empfehlungen zu Unterkünften, Stränden, Veranstaltungen usw. bieten die folgenden Webseiten:

Out Traveler (www.outtraveler.com/hawaii) Kostenlose Reiseberichte online.

Pride Guide Hawaii (www.gogayhawaii.com) Kostenloser Führer für schwulenfreundliche Aktivitäten, Unterkünfte, Restaurants, Nachtleben, Shopping, Festivals, Hochzeiten und mehr.

Hawai'i LGBT Legacy Foundation (http://hawaiilgbtlegacyfoundation.com) Aktuelle News, Tipps und ein Veranstaltungskalender für Schwule und Lesben, hauptsächlich auf O'ahu.

Gay Hawaii (http://gayhawaii.com) Kurze Auflistung von schwulenfreundlichen Geschäften, Stränden und Einrichtungen auf O'ahu, Maui, Kaua'i und Hawai'i.

Purple Roofs (www.purpleroofs.com) Online-Verzeichnis von schwulengeführten und schwulenfreundlichen B&Bs, Ferienwohnungen, Pensionen und Hotels.

Market, der alle Zutaten im Sortiment hat, die ein chinesischer Koch braucht: Ingwerwurzeln, frischer Tintenfisch, Wachteleier, Jasminreis, Thunfischstücke, Spargelbohnen und eingesalzene Quallen. Wer einen Schweinskopf an den Ständen entdeckt, hat sich einen Bubble Tea verdient.

★ 'Iolani Palace PALAST

(☎808-522-0832; www.iolanipalace.org; 364 S King St; Anlage frei, Galerien im UG Erw./Kind 7/3 US$, Audiotour 15/6 US$, geführte Tour 22/6 US$; ⏲Mo–Sa 9–16 Uhr) Kein anderer Ort macht die Geschichte Hawaiis auf ergreifendere Weise spürbar. Der Palast wurde 1882 unter König David Kalakaua erbaut. Zu dieser Zeit folgte die hawaiische Monarchie häufig dem diplomatischen Protokoll der viktorianischen Welt. Der König reiste ins Ausland, traf sich mit anderen Herrschern und empfing seinerseits ausländische Botschafter. Obwohl der Palast für seine Zeit äußerst modern und opulent war, konnte er zur Erhaltung der Souveränität von Hawaii am Ende nichts beitragen: Vor allem US-amerikanische Geschäftsinteressen führten 1893 schließlich zur Abschaffung des Königsreichs.

Blue Hawaiian Helicopters RUNDFLÜGE

(☎808-831-8800; www.bluehawaiian.com; 99 Kaulele Pl; 45 Min.-Flug 240 US$/Pers.) Das ist vielleicht die interessanteste Aktivität, die man auf O'ahu unternehmen kann. Der 45-minütige Blue Skies of O'ahu-Flug führt über Honolulu, Waikiki, Diamond Head, Hanauma Bay und die gesamte Windward Coast, dann über das North Shore, das Zentrum von O'ahu und Pearl Harbor. Alle Informationen, darunter Videoclips, finden sich auf der Website. Weit im Voraus buchen!

Schlafen

Hostelling International (HI) Honolulu HOSTEL $

(☎808-946-0591; www.hostelsaloha.com; 2323a Seaview Ave, Universitätsviertel; B/Zi. 25/60 US$; ⏲Rezeption 8–12 & 16–24 Uhr; P @ 📶) Das gepflegte kleine Haus in einer ruhigen, abgelegenen Wohnstraße nahe des UH Manoa-Campus, nur eine kurze Busfahrt von Waikiki entfernt, bietet nach Geschlechtern getrennte Schlafsäle und schlichte Zimmer mit Ventilatoren. Hier übernachten viele Studenten auf Wohnungssuche, darum ist es häufig voll. Es gibt eine Küche, einen Waschraum, Spinde und zwei kostenlose Parkplätze.

Aston at the Executive Centre Hotel HOTEL $$
(☎855-945-4090; www.astonexecutivecentre.com; 1088 Bishop St, Downtown; Zi. ab 209 US$;) Honolulus einziges Hotel in der Innenstadt ist auf Geschäftsreisende und längere Aufenthalte ausgelegt. Die großen, modernen Suiten mit bodentiefen Fenstern haben Kochnischen, die Appartments mit einem Schlafzimmer sogar eine komplette Küche sowie Waschmaschine und Trockner. Ein Fitnesscenter, ein beheiztes Sportbecken und das im Preis inbegriffene kontinentale Frühstück runden die Oberklasse-Annehmlichkeiten ab. Nah an den Restaurants der Innenstadt und Chinatowns.

Essen

★ **Tamura's Poke** SEAFOOD $
(☎808-735-7100; www.tamurasfinewine.com/pokepage.html; 3496 Wai'alae Ave, Kaimuki; ⏲Mo–Fr 11–20.45, Sa 9.30–20.45, So 9.30–19.45 Uhr; P) Den wohl besten *poke* der Insel gibt es im unscheinbar aussehenden Tamura's Fine Wines & Liquors in der Wai'alae Rd. Gleich hinter dem Eingang geht man rechts zur *poke*-Ecke und und lässt einfach seinen Blick schweifen. Der „Spicy Ahi" und der geräucherte Marlin sind zum Niederknien. Vor dem Kauf darf gerne probiert werden.

Agu Ramen Bistro JAPANISCH $$
(☎808-797-2933; www.aguramen.com; 925 Isenberg St, Universitätsviertel; Ramen ab 13 US$; ⏲Mo–Do 11–23, Fr–So bis 24 Uhr) Hier gibt's eine große Auswahl an leckeren Ramen-Nudelgerichten in Hühner- oder Schweinebrühe sowie leckere kleine Gerichte wie *ban ban ji kurage* (knusprige Qualle), *ikageso* (frittierte Tintenfischbeine) und gebratene *mimiga* (Schweineohren). Dazu werden japanisches Bier, Sake, Shochu, *awamori* aus Okinawa und Kenzo Estate-Weine aus Kalifornien serviert. Parken kann man vor dem Haus.

★ **Alan Wong's** HAWAIISCH $$$
(☎808-949-2526; www.alanwongs.com; 1857 S King St, Ala Moana & Umgebung; Hauptgerichte ab 35 US$; ⏲17–22 Uhr) Alan Wong, einer der Spitzenköche O'ahus, bietet kreative Interpretationen der Hawaii Regional Cuisine (HRC; Hawaiis einheimische Küche) an, die von den multikulturellen Einflüssen der Insel geprägt sind. Der Schwerpunkt liegt auf frischen Meeresfrüchten und lokalen Produkten. Empfehlenswert sind Wongs bewährte Klassiker wie *onaga* (Roter Schnapper) mit Ingwerkruste, Meeresfrüchteeintopf und zweifach gegarte *kalbi* (Rippchen). Man sollte Wochen im Voraus reservieren.

Ausgehen & Nachtleben

★ **La Mariana Sailing Club** BAR
(☎808-848-2800; www.lamarianasailingclub.com; 50 Sand Island Access Rd, Greater Honolulu; ⏲11–21 Uhr) Zeitschleife! Wer sagt denn, dass alle tollen Tiki-Bars vor die Hunde gegangen sind? In dem frechen, kitschigen Laden aus den 1950er-Jahren an der Lagune tummeln sich Jachtbesitzer und leidgeprüfte Einheimische. Die klassischen Mai Tais sind genauso gut wie die anderen tropischen Getränke. Draußen am Wasser lässt es sich herrlich von einem Segeltörn nach Tahiti träumen.

★ **Tea at 1024** TEEHAUS
(☎808-521-9596; www.teaat1024.net; 1024 Nu'uanu Ave, Chinatown; ⏲Di–Fr 11–14, Sa & So bis 15 Uhr) Der Teesalon führt zurück in eine andere Zeit. Zum Tee nach Wahl gibt es delikate Sandwiches, Scones und Kuchen, während man durchs Fenster entspannt das geschäftige Treiben Chinatowns beobachten kann. Sogar an Hüte ist gedacht, um dem Ambiente zu entsprechen. Das Tagesmenü kostet ab 22,95 US$ pro Person – man sollte unbedingt reservieren.

ℹ Praktische Informationen

In den Ankunftsbereichen der Flughäfen befinden sich Informationsschalter für Touristen. Beim Warten am Gepäckband kann man die kostenlosen Touristenbroschüren und Magazine durchblättern, in denen Rabattcoupons für Aktivitäten, Touren, Restaurants etc. zu finden sind.

Auf der Website vom Hawaii Visitors & Convention Bureau (www.gohawaii.com) findet man viele Informationen in mehreren Sprachen, die bei der Reiseplanung helfen.

ℹ Anreise & Unterwegs vor Ort

Die meisten Besucher erreichen O'ahu über den Honolulu International Airport. Flüge, Autos und Touren kann man online auf lonelyplanet.com/bookings buchen.

Honolulu ist das Tor zu Hawaii. Hier landen Flugzeuge aus größeren nordamerikanischen Städten sowie aus Asien und Australien. Außerdem gibt es ein Zentrum für den Flugverkehr zwischen den Inseln.

Honolulu International Airport (HNL; ☎808-836-6411; http://hawaii.gov/hnl; 300 Rodgers Blvd;), O'ahus wichtigster Verkehrsflughafen, liegt etwa 9,6 km nordwestlich vom Zentrum Honolulus und 14,5 km nordwestlich von Waikiki.

Der Flughafen wird von der örtlichen Regierung geleitet, darum wirkt er leicht archaisch: Die Einkaufsmöglichkeiten sind begrenzt und die Konzessionen zum Verkauf von Lebensmitteln sind anscheinend schwer zu ergattern, aber in den Gatebereichen gibt es immerhin Sitzgelegenheiten, die nicht durch Läden ersetzt wurden. Es gibt sogar einen wunderschönen und größtenteils unbekannten tropischen Garten draußen bei Gate 49. Man kann beim Warten auf seinen Flug also an einer Plumeria schnuppern, anstatt Fast Food zu futtern.

Öffentliche Verkehrsmittel gibt's angenehm viele. Mit dem Bus gelangt man in fast alle Teile von O'ahu, aber um die Insel genau zu erkunden und Sehenswürdigkeiten abseits der ausgetretenen Pfade zu besichtigen, braucht man eigene vier Räder.

Waikiki

Waikiki, einst königlicher Rückzugsort, ist heute ein Paradies für Pauschalurlauber. Im Rhythmus hawaiischer Musik pulsiert der berühmte Sandstrand vor einer Kulisse von Hochhäusern und Resorts. Im Dschungel moderner Hotels und Einkaufszentren ist erstaunlicherweise noch immer ein Hauch von Hawaiis Vergangenheit zu spüren, ob beim Gesang von Hula-Tänzern am Kuhio Beach oder beim Wellenreiten, dem Vermächtnis des Goldmedaillengewinners Duke Kahanamoku.

Nach der Surfstunde bei einem braun gebrannten Surflehrer erholt man sich gemütlich an einem von Waikikis goldenen Sandstränden. Bevor die Sonne im Horizont versinkt, springt man auf einen Katamaran und segelt Richtung Diamond Head davon. Man schlürft einen Mai Tai im Sonnenuntergang und lässt sich von den melodischen Klängen der Slack Key-Gitarre bezirzen, dann mischt man sich unter den bunten Mix der Einheimischen, von denen viele diesen Ort zu ihrem Lebensmittelpunkt gemacht haben und nach Feierabend auch hier feiern.

Sehenswertes

Klar, der Strand ist die Hauptattraktion, aber Waikiki bietet auch historische Hotels, interessante öffentliche Kunst, tolle Zeugnisse hawaiischer Geschichte und sogar einen Zoo und ein Aquarium.

★ Royal Hawaiian Hotel HISTORISCHES GEBÄUDE

(☎ 808-923-7311; www.royal-hawaiian.com; 2259 Kalakaua Ave; ⌚ Führung Di & Do 13 Uhr) GRATIS Mit seinen maurischen Türmchen und Torbögen erinnert dieses wunderbar restaurierte Art-Deco-Wahrzeichen von 1927, auch „Pink Palace“ genannt, an die Zeit, als Rudolph Valentino *das* romantische Idol war und die Touristen noch mit dem Luxusliner von Matson Navigation auf die Insel kamen. Die Gästeliste liest sich wie das Who's who der Top-Prominenz, vom Hochadel bis zu den Rockefellers und Stars wie Charlie Chaplin und Babe Ruth. Bei den Führungen werden Architektur und Geschichte der Grande Dame erläutert.

Kuhio Beach Park STRAND

(👪) Dieser Strand lässt keinen einzigen Wunsch offen: geschützte Schwimmbereiche, Fahrten mit Auslegerkanus und sogar eine kostenlose Hula- und Musik-Show bei Sonnenuntergang. Beim **Waikiki Beach Center** (abseits der Kalakaua Ave) in der Nähe der Polizeidienststelle, gibt's Sanitäranlagen, Außenduschen, eine Snackbar und Stände, die Strandutensilien verleihen. Hier befinden sich auch die **Kuhio Beach Surfboard Lockers** (abseits der Kalakaua Ave, Kuhio Beach Park), eine kultige Lagerstätte für die Boards der einheimischen Surfer. Die weltbekannten Surfbreaks **Canoes** (Pops) liegen direkt vor der Küste – man kann stundenlang den Surfern beim Wellenreiten zusehen.

★ Queen's Surf Beach STRAND

(Wall's; abseits der Kalakaua Ave, Kap'iolani Beach Park; 👪) Der nach dem berühmten Surfbreak benannte Strand gleich südlich des Kuhio Beach eignet sich wunderbar für Familien, da die Wellen selten hoch werden, aber sie reichen zum Bodyboarden – ältere Kinder sind also stundenlang beschäftigt. Der Abschnitt vor dem Pavillon am Südende des Strandes ist ein beliebter Schwulentreff.

★ Wizard Stones of Kapaemahu STATUE

(abseits der Kalakaua Ave, Kuhio Beach Park) Bei den vier ganz gewöhnlich aussehenden Felsbrocken neben der Polizeistation am Waikiki Beach Center (S. 1238) handelt es sich um die legendären Wizard Stones of Kapaemahu, welche das Mana (spirituelle Kraft) von vier Magiern enthalten sollen, die um 400 n. Chr. von Tahiti nach O'ahu kamen. Überlieferungen zufolge halfen sie den Inselbewohnern bei Leiden und Schmerzen und wurden für ihre Taten weithin berühmt. Als die Magier fortzogen, stellten die Inselbewohner an deren einstiger Wohnstätte die vier Felsen als Ehrenmal auf.

HAWAII FÜR KINDER

Wer in Hawaii mit Kindern unterwegs ist, braucht sich nicht allzu viele Sorgen zu machen, solange die Kinder ordentlich mit Sonnenschutzcreme eingeschmiert sind. Die Temperaturen an den Küsten fallen selten unter 18 °C, und die Entfernungen für Autofahrten sind recht kurz. Man sollte sich nur nicht zu viel vornehmen, besonders wenn man zum ersten Mal in Hawaii ist. Am besten lässt man es langsam angehen und genießt die Zeit!

Travel with Children (Lonely Planet) steckt voller wertvoller Tipps und witziger Anekdoten, besonders für frischgebackene Eltern.

Lonelyplanet.com Hier können Nutzer in den Thorn Tree-Foren „Kids to Go" und „USA" Fragen stellen und sich von anderen Reisenden Tipps geben lassen.

Go Hawaii (www.gohawaii.com) Auf der offiziellen Tourismusseite des Bundesstaates Hawaii sind Aktivitäten, Veranstaltungen und anderes aufgelistet – nach Begriffen wie „Kinder" oder „Familie" suchen.

Aktivitäten

★ O'ahu Diving TAUCHEN
(808-721-4210; www.oahudiving.com; Trips mit 2 Tauchgängen für Anfänger 130 US$) Spezialist für erste Tauchversuche für Anfänger ohne Tauchschein, außerdem Tiefwassertauchen vom Boot aus vor der Küste und PADI-Auffrischungskurse für alle, die bereits einen Schein und etwas Taucherfahrung haben. Abfahrt von verschiedenen Stellen bei Waikiki.

★ Snorkel Bob's SCHNORCHELN
(808-735-7944; www.snorkelbob.com; 700 Kapahulu Ave; Schnorchelausrüstung ab 9 US$/Woche; 8–17 Uhr) Verleiht sämtliche Ausrüstung. Die Preise hängen von der Qualität der Schnorchelausrüstung und den Extras ab, aber es gibt ausgezeichnete Wochenermäßigungen, und man kann online reservieren. Es ist sogar möglich, die Ausrüstung auf O'ahu auszuleihen und sie in einer Filiale von Snorkel Bob's auf einer anderen Insel zurückzugeben.

Schlafen

Die wichtigste Strandpromenade von Waikiki, die Kalakaua Ave, ist gesäumt von Hotels und ausgedehnten Resorts. Einige davon sind echte Schönheiten mit historischem oder individuellem Flair, die meisten richten sich allerdings an Pauschalurlauber. Etwas weiter weg vom Strand in den Nebenstraßen von Waikiki findet man auch einladende kleinere Hotels, von denen viele das ganze Jahr über erschwingliche Preise haben. Nicht zu vergessen die unzähligen Ferienwohnungen, teilzeitvermieteten Wohnungen und Apartments, die auf Airbnb (www.airbnb.com) und HomeAway (www.homeaway.com) etc. angeboten werden.

★ Royal Grove Hotel HOTEL $
(808-923-7691; www.royalgrovehotel.com; 161 Uluniu Ave; Zi. pro Nacht/Woche ab 90/550 US$;) Keine Extras, aber reichlich Aloha zeichnen dieses kitschige, bonbonrosafarbene Hotel mit sechs Stockwerken aus, das so viele wiederkehrende „Snowbirds" anlockt, dass es im Winter ohne Reservierung kaum möglich ist, ein Zimmer zu ergattern. Die Zimmer im Retromotel-Stil im Hauptflügel sind schlicht, aber haben Balkone. Alle Zimmer verfügen über eine Küchenzeile. Nach ermäßigten Wochenpreisen in der Nebensaison fragen. Tolle Budgetoption.

Waikiki Prince Hotel HOTEL $$
(808-922-1544; www.waikikiprince.com; 2431 Prince Edward St; Zi. ab 120 US$;) Kein Meerblick und ein ziemlich enger Rezeptionsbereich – trotzdem ist dieser sechsstöckige, in einer unspektakulären Nebenstraße gelegene Apartmentkomplex aus den 1970er-Jahren eine erstklassige Budgetoption mit 29 kompakten, aber freundlichen Zimmern inklusive Kochnische. Nach der Renovierung 2017 wirken die Zimmer frisch und modern. Das ganze Jahr über gibt's Wochenrabatte. Eine gute Budgetoption.

★ Halekulani RESORT $$$
(808-923-2311; www.halekulani.com; 2199 Kalia Rd; Zi. ab 490 US$;) Das familienbetriebene Resort mit moderner Eleganz wird seinem Namen gerecht, der übersetzt „himmelsgleiches Haus" bedeutet. Hier übernachtet man nicht einfach nur, sondern genießt allumfassend die mondäne Atmo-

sphäre. Sobald man die kühlen Steinfliesen der Lobby betritt, wird man eine meditative Ruhe empfinden. Das Design ist auf den blauen Pazifik ausgerichtet, und der Trubel von Waikiki ist einfach ausgesperrt. Keine Resortgebühr.

Surfjack Hotel & Swim Club BOUTIQUEHOTEL **$$$**
(808-923-8882; www.surfjack.com; 412 Lewers St; Zi. ab 275 US$;) Wer auch Jahre nach *Mad Men* noch von Don Draper träumt, der wird dieses zehnstöckige Hotel im Retro-Stil lieben. Hier wird der Luxus der frühen 1960er-Jahre wiederbelebt, den es vielleicht gar nicht wirklich gegeben hat, aber wenn doch, wäre es cool gewesen. Die Zimmer in dem Vintage-Gebäude umgeben einen Innenhof mit Pool, verfügen alle über Balkone und sind mit nachempfundenen Möbeln im Mid-Century-Stil eingerichtet, die die eigenen Eltern wahrscheinlich entsorgt hätten.

Essen

★ Rainbow Drive-In HAWAIISCH **$**
(808-737-0177; www.rainbowdrivein.com; 3308 Kanaina Ave; Gerichte 4–9 US$; 7–21 Uhr;) Wer nur ein einziges klassisch-hawaiisches Mittagslokal besuchen kann, der sollte dieses ansteuern. Ein Imbiss in dem berühmten Drive-In in bunten Neonfarben ist wie eine Reise in eine andere Zeit. Bauarbeiter, Surfer und schlaksige Teenager bestellen an der Imbisstheke bodenständige Klassiker wie Burger, gemischte Teller, *loco moco* und French Toast aus portugiesischem Brot. Beliebt ist auch das Hamburger-Steak.

SATURDAY FARMERS MARKET

Auf dem **KCC Farmers Market** (http://hfbf.org/markets; Parkplatz C, Kapi'olani Community College, 4303 Diamond Head Rd; Sa 7.30–11 Uhr;), dem besten Bauernmarkt von O'ahu, der eine treue Stammkundschaft hat, stammen alle Waren aus lokalem Anbau, von Nalo-Gemüse bis zu Kahuku-Krabben und Mais. Restaurants und Verkäufer bieten viele unterschiedliche Imbissgerichte an, es gibt frisch aufgebrühten hawaiischen Kaffee und auf Wunsch aufgeknackte kalte Kokosnüsse. Man sollte früh kommen, um das Beste von allem zu erwischen.

Tonkatsu Ginza Bairin JAPANISCH **$$**
(808-926-8082; www.pj-partners.com/bairin/; 255 Beach Walk; Hauptgerichte 18–24 US$; So–Do 11–21.30, Fr & Sa bis 24 Uhr) Warum für ein perfektes *tonkatsu*-Kotelett nach Tokio reisen, wenn man diese perfekt frittierten Leckerbissen aus frittiertem Schweinefleisch auch direkt hier in Waikiki bekommt? Schon seit 1927 serviert die Betreiber-Familie *tonkatsu* in ihrem Restaurant in Tokios Viertel Ginza. Aber in diesem weit entfernten Ableger ist das japanische Schnitzel genauso gut. Trotz des Namens gibt es auch tolles Sushi, Reisgerichte und vieles mehr.

MAC 24/7 AMERIKANISCH **$$**
(808-921-5564; http://mac247waikiki.com; 2500 Kuhio Ave, Hilton Waikiki Beach; Hauptgerichte 9–25 US$; 24 Std.) Es ist 3 Uhr nachts und man hat furchtbaren Hunger – trotzdem sollte man der Versuchung widerstehen, einen kalten Burger für 25 US$ beim Roomservice zu bestellen (*falls* es den gibt), und lieber das beste Nachtlokal Waikikis aufsuchen. Der Gastraum ist in kräftigen Farben gehalten, und tagsüber blickt man in einen hübschen Garten. Die Gerichte – und die Preise – sind überdurchschnittlich.

★ Hy's Steakhouse STEAK **$$$**
(808-922-5555; http://hyswaikiki.com; 2440 Kuhio Ave; Hauptgerichte 30–80 US$; 18–22 Uhr) Das Hy's ist so old-school, dass man fast Tintenfässchen auf den Tischen erwartet. Das traditionelle Steakhaus verfügt über eine zeitlose Einrichtung aus altem Leder und Holz. Aber schließlich kommt es nicht darauf an, ob man vor dem inneren Auge Frank und Dean an einem Tisch sitzen sieht – im Hy's dreht sich alles um Steaks, und die sind super.

Ausgehen & Unterhaltung

★ Beach Bar BAR
(808-922-3111; www.moana-surfrider.com; 2365 Kalakaua Ave, Moana Surfrider; 10.30–23.30 Uhr) Waikikis beste Strandbar liegt unmittelbar an einem ausgesprochen hübschen Strandabschnitt. Die besondere Atmosphäre versprüht das historische Hotel **Moana Surfrider** (Führungen Mo, Mi & Fr 11 Uhr) und sein riesiger Banyanbaum. Tagsüber und abends kann man hier wunderbar die Passanten, Sonnenanbeter und Surfer beobachten. Auf einer Insel mit mittelmäßigen Mai Tais ist diese Version eine der besten auf O'ahu. Zwar ist hier immer viel los, aber es herrscht ein ständiges Kommen und Ge-

hen, sodass man nicht lange auf einen freien Tisch warten muss. Meistens gibt's Live-Unterhaltung.

★Hula's Bar & Lei Stand SCHWULENBAR

(☎808-923-0669; www.hulas.com; 134 Kapahulu Ave, 2. Stock, Waikiki Grand Hotel; ⏲10–2 Uhr; 📶) Diese sympathische Open-Air-Bar ist Waikikis legendärer Schwulentreff und ein klasse Ort, um neue Bekanntschaften zu schließen, Billard zu spielen, ein wenig die Hüften zu schwingen oder ein paar Drinks und die spektakuläre Aussicht auf den Diamond Head zu genießen. Vom luftigen Balkon aus hat man einen tollen Blick auf den Queen's Surf Beach, der bei Sonnenanbetern aus der LGBT-Szene hoch im Kurs steht.

ℹ Anreise & Unterwegs vor Ort

Waikiki ist ein Bezirk der Stadt Honolulu, darum gelten die meisten Reiseinformationen für beide.

Der Honolulu International Airport (S. 1237) liegt etwa 14,5 km nordwestlich von Waikiki.

Die bunten Busse von **Waikiki Trolley** (☎808-593-2822; www.waikikitrolley.com; Tagespass 25–45 US$, 4 Tage ab 59 US$) bedienen fünf farblich gekennzeichnete Touristen-Routen durch Waikiki, die die wichtigsten Einkaufsbereiche und Sehenswürdigkeiten in Diamond Head, Honolulu und Pearl Harbor abdecken. Die Pässe, mit denen man unbegrenzt fahren kann, sind nicht billig, aber man kann sie an jeder Hotelrezeption erwerben oder online zu einer ermäßigten Gebühr.

Pearl Harbor

Der Schlachtruf aus dem Zweiten Weltkrieg „Remember Pearl Harbor!", der einst eine Nation mobilisierte, hallt auf O'ahu noch dramatisch nach. Hier fand am 7. Dezember 1941 der Überraschungsangriff der Japaner statt, der die USA in den Krieg riss. Jedes Jahr besuchen etwa 1,6 Mio. Menschen die einzigartige Ansammlung von Kriegsdenkmälern und Museen in Pearl Harbor. Sie drängen sich alle um eine stille Bucht, in der einst Austern gezüchtet wurden.

Die ikonische Gedenkstätte über dem Schrein der gesunkenen USS *Arizona* erzählt keine Einzelgeschichte. In der Nähe befinden sich zwei weitere schwimmende historische Stätten: das U-Boot USS *Bowfin*, der „Pearl Harbor Avenger" („Rächer von Pearl Harbor") und das Kriegsschiff USS *Missouri*, auf dem General Douglas MacArthur am Ende des Zweiten Weltkriegs die japanische Kapitulation entgegennahm. Für die USA repräsentieren diese militärischen Denkmäler den Anfang, die Mitte und das Ende des Krieges. Für den Besuch aller drei Gedenkorte sowie des Pacific Aviation Museum sollte man mindestens einen Tag einplanen.

ℹ An- & Weiterreise

Der Eingang zum Valor in the Pacific Monument und den anderen historischen Stätten von Pearl Harbor liegt abseits des Kamehameha Hwy (Hwy 99), südwestlich vom Aloha Stadium. Von Honolulu oder Waikiki geht es auf dem H-1 West bis zur Ausfahrt 15A (Arizona Memorial/ Stadium), von dort den Ausschilderungen zur Gedenkstätte folgen, nicht denen nach Pearl Harbor (die zur Militärbasis führen). Kostenlose Parkplätze sind reichlich vorhanden.

Von Waikiki fährt der Bus 42 ('Ewa Beach) fast direkt zweimal stündlich zwischen 6 und 15 Uhr. Die Fahrt dauert etwas mehr als eine Stunde. Die Haltestelle Arizona Memorial befindet sich direkt vor dem Haupteingang der Nationalpark-Stätte.

Diamond Head

Der Diamond Head, der die dramatische Kulisse für den Waikiki Beach bildet, ist eines der bekanntesten Wahrzeichen von Hawaii. Die alten Hawaiianer nannten ihn Le'ahi und bauten auf seinem Gipfel einen *luakini* heiau, einen Tempel für den Kriegsgott Ku, dem hier Menschenopfer dargebracht wurden. 1825 fanden britische Seefahrer in der Gegend funkelnde Kalkspatkristalle und glaubten irrtümlich, auf Reichtümer gestoßen zu sein. Seither wird der Berg Diamond Head genannt.

Die Küste ist von Waikiki leicht zu Fuß zu erreichen, und es gibt einige schöne Strände unterhalb der Küstenstraße und der Aussichtspunkte.

★Diamond Head State Monument STATE PARK

(☎800-464-2924; www.hawaiistateparks.org; abseits der Diamond Head Rd zw. Makapu'u & 18th Aves; Fußgänger/Auto 1/5 US$; ⏲6–18 Uhr, letzter Zugang 16.30 Uhr; 👪) Der erloschene Krater Diamond Head ist heute ein bundesstaatliches Denkmal mit Picknicktischen und einem spektakulären Wanderweg hinauf zu dem 230 m hohen Gipfel. Der Weg wurde 1908 als Zugang zu militärischen Beobachtungsstationen am Kraterrand angelegt.

★Diamond Head Lookout AUSSICHTSPUNKT

(3483 Diamond Head Rd) Von dem kleinen Parkplatz hat man einen tollen Blick auf den

Kuilei Cliffs Beach Park (3450 Diamond Head Rd) und die Küste hinauf Richtung Kahala. Der Amelia Earhart Marker an der Ostseite des Parkplatzes erinnert an deren Soloflug 1935 von Hawaii nach Kalifornien. Vom **Kaimana Beach** (Sans Souci Beach) in Waikiki aus ist es ein angenehmer Spaziergang von gut 2 km.

Zum Diamond Head gelangt man von Waikiki aus auf einem schönen, 3 km langen Weg. Die Busse 14 und 22 folgen der Diamond Head Rd an den Stränden und der Küste entlang und fahren dann weiter auf der Kahala Ave.

Hanauma Bay

Diese weite, geschwungene Bucht mit türkisfarbenem Wasser ist von einem Korallenriff geschützt und von Palmen gesäumt. Ein echtes Schnorchler-Paradies! Besucher kommen auch wegen der Landschaft und des Strandes hierher, aber eigentlich dreht sich alles ums Schnorcheln – und wer noch nie geschnorchelt ist, hat den perfekten Platz fürs erste Mal gefunden.

Die Bucht ist ein Park und Naturschutzgebiet und sehr beliebt – wer also den Massen entgehen will, sollte kommen, sobald der Park aufmacht.

★ **Hanauma Bay Nature Preserve** PARK
(☎808-396-4229; www.honolulu.gov; abseits des Kalaniana'ole Hwy; Erw./Kind unter 13 J. 7,50 US$/gratis; ⊙Nov. –März Mi–Mo 6–18 Uhr, April–Okt. Mi–Mo bis 19 Uhr; 👪) Von einem Aussichtspunkt sieht man durch das kristallklare Wasser die Umrisse des 7000 Jahre alten Korallenriffs, das sich durch die gesamte Bucht erstreckt. Hier tummeln sich ganze Schwärme silbern glitzernder Fische, hier und da entdeckt man leuchtend blaue Papageienfische und manchmal auch Meeresschildkröten, die so an Schnorchler gewöhnt sind, dass sie einem direkt in die Gesichtsmaske starren. Die Fische zu füttern, ist streng verboten, um das empfindliche ökologische Gleichgewicht der Bucht zu wahren. Trotz des geschützten Status' als Meeresschutzgebiet ist das beliebte Reservat ein labiles Ökosystem, das in ständiger Gefahr schwebt, zu Tode geliebt zu werden.

★ **Marine Educational Center** MUSEUM
(☎808-397-5840; http://hbep.seagrant.soest.hawaii.edu; 100 Hanauma Bay Rd; ⊙Mi–Mo 8–16 Uhr; 👪) 🍃 Hinter dem Kartenschalter am Eingang zum Park befindet sich ein von der University of Hawai'i geleitetes, ausgezeichnetes Bildungszentrum. Die interaktiven und familienfreundlichen Exponate klären die Besucher über die einzigartige Geologie und Ökologie der Bucht auf. Jeder sollte sich das lehrreiche zwölfminütige Video anschauen, das über umweltgerechtes Verhalten beim Schnorcheln informiert. Auf der Website findet man Links zu einer tollen App zum Schnorcheln in der Bucht.

Bus Nummer 22 pendelt zwischen Waikiki und der Hanauma Bay (50 Min., alle 30–60 Min.). Abfahrt ist in Waikiki zwischen 8 und 16 Uhr (16.45 Uhr am Wochenende und an Feiertagen). Die Busse zurück nach Waikiki starten in der Hanauma Bay von 10.50 bis 17.20 Uhr (17.50 Uhr am Wochenende und an Feiertagen). Shuttlebusse und Touren zur Bucht werden Touristen stark angepriesen.

Kailua & Windward Coast

Willkommen an der üppigsten und grünsten Küste O'ahus, wo sich türkisfarbenes Wasser und helle Sandstrände von den dunstigen Felshängen der Ko'olau Range abheben. Auf der Fahrt von Honolulu (nur 20 Min.) über die *pali* (Klippen) ist die erste Station Kailua, ein angenehmer Ort mit einem außergewöhnlichen Strand.

Viele Besucher, die immer wieder hierher kommen, wählen das lässige Dorf als Basis, ob sie nun Kajak fahren oder Stand-Up-Paddeln (SUP), schnorcheln, tauchen, die Insel erkunden oder einfach nur am Strand faulenzen wollen. Im Süden warten in Waimanalo noch mehr schöne Strände (und gutes Essen). An der Küste in Richtung Norden verengt sich der Kamehameha Hwy zu einer kurvigen, zweispurigen Straße mit dramatischer Küstenlandschaft auf der einen und kleinen Bauernhöfen, Dörfern und häufig steilen Klippen auf der anderen Seite.

Der Großteil der Inselrundfahrt führt die Küste entlang, auch im nördlichen Teil.

HAWAI'I, BIG ISLAND

Auf der größten Insel Hawaiis wartet das Abenteuer. Sie ist noch immer ein weites Entdeckerland voll ungeahnter Überraschungen. Hawai'i ist knapp eine Million Jahre alt und damit geologisch gesehen ein Baby. Hier befinden sich die größten und höchsten sowie die einzigen aktiven Vulkane der hawaiischen Inseln. Kilauea auf der Ostseite ist der aktivste Vulkan der Welt und spuckt seit 1983 ununterbrochen flüssige Lava aus. Wer rot glühende Lava sieht, erlebt das Entstehen der Erde, eine beeindruckende und Ehrfurcht einflößende Erfahrung. Vom Meeresboden gemessen ist der Mauna Kea 10 000 m hoch und damit der höchste Berg der Welt. Ebenso groß ist seine Bedeutung als heilige Stätte der Hawaiianer und als bedeutende astronomische Forschungsstätte.

Anreise & Unterwegs vor Ort

So gut wie alle Besucher kommen mit dem Flugzeug nach Big Island, vor allem vom Honolulu International Airport auf O'ahu. Reisende müssen dann einenFlug zwischen den Inseln nehmen zu einem der Hauptflughäfen von Big Island: Kona International Airport in Keahole oder Hilo International Airport. Flüge, Autos und Touren können online auf lonelyplanet.com/bookings gebucht werden. Um die ganze Insel zu erkunden, braucht man einen Mietwagen. Big Island ist in sechs Verwaltungsbezirke (Distrikte) untergliedert: Kona, Kohala, Waimea, Hilo, Puna und Ka'u. Um die Insel führt die Hawai'i Belt Rd, die die wichtigsten Städte und Sehenswürdigkeiten verbindet. Ein Jeep kann praktisch sein für Abenteuer abseits der ausgetretenen Pfade, ist aber für das normale Sightseeing nicht nötig. Es gibt öffentliche Busse, die jedoch selten fahren und sehr viel Zeit rauben.

Kailua-Kona

Man liebt sie oder man hasst sie: Kailua-Kona, auch bekannt als „Kailua", „Kona Town" oder einfach nur „Town". Die Stadt an der Hauptstraße Ali'i Dr am Meer bemüht sich sehr, die Gelassenheit eines sonnigen Tropenparadieses heraufzubeschwören. Allerdings wirkt das eher billig und künstlich.

Aber es ist trotzdem schön hier. Man muss sich nur etwas Zeit nehmen und mal genauer auf die verschrobene Atmosphäre hinter der Touristenfassade des Ortes achten, in dem zwei scheinbar unvereinbare Kräfte aufeinanderprallen: einerseits Festland-Amerikaner, die auf gemächliches hawaiisches Tempo herunterfahren wollen, andererseits ehrgeizige Insulaner, die den Ort zu einem Inselzentrum aufpeppen möchten. Irgendwie funktioniert das Ganze. Kailua-Kona mag etwas kitschig sein, aber es hat Charakter.

Letzten Endes ist Kailua einfach eine praktische Ausgangsbasis für Ausflüge zu den Stränden der Kona Coast, zum Schnorcheln, für Wassersport oder für Besuche althawaiischer Stätten.

NICHT VERSÄUMEN

KONA COFFEE FARMS

Viele der Führungen auf Kaffeeplantagen sind oberflächliche 15-Minuten-Rundgänge. Die Führung der **Kona Coffee Living History Farm** (☎808-323-3222; www.konahistorical.org; 82-6199 Mamalahoa Hwy; Führung 1 Std. Erw./Kind 5–12 J. 15/5 US$; ⌚Mo–Fr 10–14 Uhr; P), geleitet von der Kona Historical Society, eine Unterfiliale des Smithsonian Institute, ist anders und tiefgründiger. Man bekommt einen Einblick in den Kaffeeanbau sowie in das bäuerliche Leben der japanischen Einwanderer in South Kona über einige Jahrzehnte des 20. Jhs. Heute sieht die Pflanzung wieder so aus wie zu der Zeit, bevor das Land zum Bundesstaat wurde. Die 2 ha große Kaffeefarm gehörte einst der Familie Uchida, die bis 1994 hier lebte.

Sehenswertes & Aktivitäten

★ **Magic Sands Beach** STRAND

(La'aloa Beach Park; Ali'i Dr; ⌚Sonnenaufgang–Sonnenuntergang; P) Der kleine, aber wunderschöne Strand (auch White Sands genannt, offiziell heißt er La'aloa Beach) bietet türkisfarbenes Wasser, tolle Sonnenuntergänge, wenig Schatten und wahrscheinlich die besten Bedingungen für Bodysurfing und Bodyboarding auf Big Island. Die Wellen sind gleichmäßig und gerade kräftig genug, um einen über das Wasser in die sandige Bucht zu schubsen (Achtung: An der Nordseite der Bucht gibt es mehr Felsen!). Im Winter kann die Brandung so stark werden, dass der Strand über Nacht komplett weggespült wird – daher der Beiname „Magic Sands". Der Park liegt knapp 6,5 km südlich vom Zentrum Kailua-Konas.

Three Ring Ranch Exotic Animal Sanctuary NATURSCHUTZGEBIET

(☎808-331-8778; www.threeringranch.org; 75-809 Keaolani Sbd, Kailua-Kona; empfohlene Spende 50 US$/Pers.; ⌚Führungen nach Vereinbarung) Dr. Ann Goody leitet diese Tierauffangstation auf 2 ha oberhalb von Kona. Dies ist kein Zoo und auch kein gewöhnliches Tierheim – Dr. Goody kümmert sich um das leibliche Wohl der Tiere und kommuniziert regelrecht mit ihren Schützlingen, darunter Flamingos, Zebras, Schildkröten und mehr. Besucher dürfen im Rahmen von Führungen das Gelände erkunden, aber man merkt immer, dass es an diesem Ort um die Behandlung und Heilung von Tieren geht, nicht um das Begaffen. Anrufen oder mailen, um zu reservieren.

Jack's Diving Locker TAUCHEN
(808-329-7585; www.jacksdivinglocker.com; 75-5813 Ali'i Dr, Coconut Grove Marketplace, Bldg H; Schnorcheln/Tauchen mit Mantarochen ab 105/155 US$; Mo–Sa 8–20, So 8–18 Uhr;) Einer der besten Anbieter von Tauchgängen und Unterricht für Anfänger, mit einem umfassenden Angebot für Kinder. Das umweltfreundliche Unternehmen residiert in einem 460 m² großen Gebäude mit Laden, Unterrichtsräumen, einem Flaschenraum und Hawaiis einzigem, 3,65 m tiefem Innen-Tauchbecken. Es gibt Tauchgänge vom Boot oder direkt an der Küste sowie abendliches Tauchen mit Mantarochen. Auf vielen Trips können auch Schnorchler mitfahren.

Schlafen

My Hawaii Hostel HOSTEL $
(808-374-2131; www.myhawaiihostel.com; 76-6241 Ali'i Drive; B/Zi. 40/80 US$;) Das schlichte, saubere Hostel ist eine willkommene Ergänzung zu der übersichtlichen Auswahl, die Kailua-Kona an Budgetunterkünften zu bieten hat. 40 US$ ist zwar etwas happig für die Schlafsäle, aber preiswertere Privatzimmer wird man kaum finden. Allerdings liegt das Hostel etwa 3 km südlich vom Stadtzentrum.

Kona Tiki Hotel HOTEL $$
(808-329-1425; www.konatikihotel.com; 75-5968 Ali'i Dr; Zi. 99–199 US$;) In diesem dreistöckigen Hotel im Retro-Look, das von sehr freundlichen Besitzern geführt wird, bekommt man die Aussicht aufs Meer für vergleichsweise wenig Geld. Die Zimmer im Motelstil wirken spartanisch, verfügen aber alle über einen Kühlschrank und eine bezaubernde Veranda. Die unkonventionelle, gepflegte Anlage liegt südlich der Innenstadt von Kailua-Kona. Rechtzeitige Reservierung empfehlenswert.

Essen & Ausgehen

★ Umekes HAWAIIANISCH $
(808-329-3050; www.umekespoke808.com; 75-143 Hualalai Rd; Hauptgerichte 5–14 US$; Mo–Sa 10–19 Uhr;) Bei Umekes gibt's Variationen der klassischen Inselküche der Sonderklasse. Lokale Zutaten wie Gelbflossen-Thun, würziger Krabben-Salat und gepökeltes Waimea-Rindfleisch werden zum Mittagessen mit exzellenten, innovativen Beilagen wie gewürzten Algen und Gurken-Kimchi (zusammen mit reichlich Reis) serviert. Ohne Zweifel, hier gibt's mit das beste hawaiianische Essen auf der Insel – und zwar zu sehr anständigen Preisen. In der 74-5563 Kaiwi St. gibt's eine weitere Niederlassung.

Jackie Rey's Ohana Grill HAWAIIANISCH $$
(808-327-0209; www.jackiereys.com; 75-5995 Kuakini Hwy; Hauptgerichte mittags/abends 13–19/16–35 US$; Mo–Fr 11–21, Sa & So 17–21 Uhr;) Ein netter Familienbetrieb mit herrlich kitschiger hawaiianischer Retro-Deko. Zu den gehobeneren Versionen regionaler Gerichte gehören mit Guave glasierte Rippchen, in Wasabi gebratener Gelbflossen-Thun und in *mochiko* (Teig aus Reismehl) frittierte Fischstückchen mit lila Süßkartoffeln von der Insel Molokai.

Kona Brewing Company AMERIKANISCH $$
(808-334-2739; http://konabrewingco.com; 75-5629 Kuakini Hwy; Hauptgerichte 13–25 US$; 11–22 Uhr;) In der weitläufigen, auf Nachhaltigkeit bedachten Brauereikneipe geht's oft zu wie im Tollhaus, die Kellner sind tiefenentspannt, die Sitze im Freien mit Fackeln beleuchtetet. Die Pizzen tendieren in Richtung Gourmet, wobei die Kruste leider mitunter etwas zu weich ausfällt. Da ist man mit den BBQ-Sandwiches und den Fisch-Tacos auf der sicheren Seite. Zugang über den Parkplatz von der Kaiwi St. aus.

Anreise & Unterwegs vor Ort

Sowohl der öffentliche Hele-On-Bus als auch die privat betriebenen Busse von Keauhou und Kona Trolley haben Haltestellen in Kailua-Kona. Die Strecke von Kailua-Kona nach Hilo beträgt 120 km und dauert mindestens 1¾ Stunden über die Saddle Rd, 150 km (2 Std.) über Waimea und 200 km (3 Std.) über Ka'u und Volcano.

Um dem schlimmsten Berufsverkehr auf dem Hwy 11 zu entgehen, der von und nach Kailua-Kona führt, kann man auf die Mamalahoa Hwy Bypass Rd ausweichen. Sie verbindet den Ali'i Dr in Keauhou mit der Haleki'i St in Kealakekua, zwischen den Meilensteinen 111 und 112 auf dem Hwy 11.

South Kona Coast

South Kona verkörpert mehr als jeder andere hawaiische Distrikt die vielen geokulturellen Einflüsse, die Big Island ausmachen. Es gibt sowohl trockene Lavawüste an der Kohala Coast als auch feuchten Nebelwald in

NICHT VERSÄUMEN

DIE STRÄNDE VON NORTH KONA

Wer sich nach einem nahezu menschenleeren, malerischen Strand mit weißem, weichem Sand und blaugrün schillerndem Wasser (hellhörig geworden?) sehnt, dem ist der **Makalawena Beach** ans Herz zu legen. Er ist zwar beliebt, aber die vielen idyllischen Buchten absorbieren die Menschenmengen so gut, dass man das Gefühl hat, das Paradies gefunden zu haben. Die nördlichste Bucht ist sandiger und sanfter abfallend, während die südlichste ein (illegaler) FKK-Strand ist. Man kann toll schwimmen, aber man sollte sich vor der rauen Brandung und den Felsen unter Wasser in Acht nehmen. Bodyboarding und Schnorcheln ist auch möglich.

Die **Kua Bay** (Manini'owali Beach; www.hawaiistateparks.org; ⌚8–19 Uhr; P 👪) ist ein sichelförmiger Strand mit weißem Sand, glitzerndem türkisfarbenem Wasser, besten Möglichkeiten zum Baden und Bodyboarden und bei ruhiger See auch mit recht guten Bedingungen zum Schnorcheln an der Nordseite der Bucht (bei den großen Felsbrocken). Eine geteerte Straße führt direkt hierher, und daher kann der Strand – auch bekannt als Manini'owali – recht voll werden, vor allem am Wochenende. Wenn man spät kommt, stehen die Autos eine halbe Meile die Straße entlang. Am Parkplatz gibt's Toiletten und Duschen.

Der schöne, hakenförmige **Honokohau Beach** (⌚bei Tageslicht; 👪) bietet einen Mix aus schwarzer Lava, weißen Korallen und Muschelresten, das Wasser ist normalerweise zu trüb zum Schnorcheln, aber sogar vom Ufer aus kann man *honu* (Grüne Meeresschildkröten) sehen. Mehr *limu* (Seegras) futternde *honu* sieht man eventuell an der alten **'Ai'opio-Fischreuse**, umrandet von einem **Heiau** am Südende des Strandes. Im Inland befinden sich **Anchialine-Teiche** – Tümpel mit Brackwasser, die einzigartige Lebensräume für Wassergeschöpfe und Pflanzenarten bieten.

Puna und Hilo. Einheimische Fischerdörfer existieren friedlich neben den von Festland-Flüchtigen gegründeten Hippie-Kunstgalerien und Ferienwohnsilos, die von Millionären und Immobilienhaien hochgezogen wurden.

Außerdem zählt der rund 20 km lange Abschnitt zwischen Kailua-Kona und der Kealakekua Bay zu den historisch spannendsten Gebieten Hawaiis. Hier vergruben die Angehörigen des alten Hawaiischen *ali'i* (Königshaus) heimlich die Gebeine ihrer Vorfahren, *kapu* (Tabu)-Brecher versuchten, die von Haien bevölkerten Gewässer zu überwinden und die *pu'uhonua* (Zufluchtsstätte) zu erreichen, und der britische Forschungsreisende James Cook und seine Crew setzten hier zum ersten Mal einen Fuß auf hawaiischen Boden.

ℹ An- & Weiterreise

Die Belt Rd, die rund um die Insel führt, wird in South Kona zum Hwy 11. Auf der kurvigen, manchmal etwas heimtückischen Strecke gibt es zwar nicht viele Haarnadelkurven, aber wer es gewohnt ist, im Flachland zu fahren, muss sich an die Gegebenheiten in den Bergen erst mal gewöhnen.

An manchen Stellen ist der Highway ziemlich schmal. Radfahren ist hier zwar nichts Außergewöhnliches, aber man sollte unbedingt Reflektoren und eine gute Beleuchtung haben. Richtung Süden werden die Meilensteine übrigens abwärts gezählt – das wirkt vielleicht seltsam, da sie auch in North Kona Richtung Norden abwärts gezählt werden, doch offiziell befindet man sich hier unten auf dem Hwy 11 und nicht mehr auf dem Hwy 19. Hin und wieder fährt auch ein Hele-On Bus (www.heleonbus.org) durch diese Gegend, vor allem morgens und am frühen Abend, wenn die Pendler unterwegs sind, die er vom Resort abholt und dorthin zurückbringt; er lässt Reisende auch unterwegs raus.

North Kona Coast

Wer gedacht hat, dass Big Island nur aus mit Dschungel bewaldeten Bergen und weißen Sandstränden besteht, wird an der massiven North Kona Coast mit ihren cremefarbenen Wüsten und den Lavafeldern in Schwarz und Rosttönen sein blaues Wunder erleben. Im wahrsten Sinne – denn immer wieder leuchtet am Horizont der blaue Pazifik, und zwischen den trockenen Steinen blinken wie Jadesplitter einzelne Pflanzen hervor. Biegt man vom Queen Ka'ahumanu Hwy ab und kämpft sich durch diese Lavawüste, kann man an der Küste mit Meeresschildkröten schnorcheln, sich an fast leeren schwarzen Sandstränden in der Sonne aalen und einen kultigen Kona-Sonnenuntergang erleben.

An klaren Tagen sind landeinwärts die Vulkane Mauna Kea und Mauna Loa – beide im Winter oft mit Schneekrone – sowie im Vordergrund zwischen den beiden der Mt. Hualalai zu sehen.

North Kona zieht sich über 53 km am Queen Ka'ahumanu Hwy (Hwy 19) entlang, von Kailua-Kona die Küste hinauf bis nach Kawaihae. 3 km vom Zentrum von Kailua entfernt liegt der Honokohau Harbor.

Schlafen

Die dünn besiedelte Gegend verfügt nur über wenige Unterkünfte; es ist um einiges leichter ein Resort weiter im Norden (South Kohala) oder eine Pension, eine Ferienwohnung und dergleichen weiter im Süden (Kailua-Kona und South Kona) zu finden. In beiden Fällen ist man höchstens 30 Minuten Autofahrt von North Konas besten Sehenswürdigkeiten entfernt.

Four Seasons Resort Hualalai RESORT **$$$**
(☎888-340-5662, 808-325-8000; www.fourseasons.com/hualalai; 72-100 Ka'upulehu Dr; Zi./Suite ab 695/1595 US$; P❄@🛜🏊) Das Resort verdient sich seine Auszeichnungen durch einen Top-Service und seine allgegenwärtige Liebe zum Detail, wie z. B. frische Orchideen in jedem Zimmer, üppige Gärten und ein Infinitypool mit Meerblick. Manche Zimmer am Pool haben erfrischende Außenduschen aus Lavastein. Der Golfplatz und das Spa sind ausgezeichnet. Im King's Pond kann man mit 75 tropischen Fischarten schnorcheln.

An- & Weiterreise

Der Hele-On-Bus (www.heleonbus.org) fährt mindestens einmal am Tag zu den Resorts in Kohala und durchquert dabei North Kona. Mit dem Auto fährt man von Kailua-Kona Richtung Norden nach North Kona; während der Rushhour (7–9 & 15.30–18 Uhr) kann der Verkehr um den Flughafen allerdings extrem zunehmen. Man kommt auch mit dem Rad hierher (Wasser mitnehmen). Diese Gegend ist einer der wenigen Abschnitte der Belt Rd, der etwas breiter ist. Die Meilensteine werden auf dem Weg nach Norden *abwärts* gezählt.

South Kohala Coast

Der Queen Ka'ahumanu Hwy (Hwy 19) führt durch öde Lavafelder, aber je näher man dem Ozean kommt, desto mehr kommen smaragdgrüne Golfplätze vor Apartmenthäusern und leuchtend grünblaue Swimmingpools in Sicht. Dies ist die Gold Coast von Big Island – und egal, was man auch von Hotelanlagen halten mag, hier befinden sich auch die schönsten Strände der Region.

Seltsamerweise findet man in South Kohala auch viele althawaiische Sehenswürdigkeiten. Als sie entstanden, war die Küste noch wesentlich dichter bevölkert als heute. In der Region kann man viele Dörfer, Heiau, Fischteiche, Felszeichnungen und historische Wege bewundern – Stätten, die oft für Besucher erhalten wurden.

Das Wasser vor der Küste von South Kohala ist supersauber und reich an Meeresbewohnern – und es ist oft menschenleer. Das Riff fällt hier sanfter ab als an der Kona Coast, darum besteht die Chance, Haie, Delfine, Schildkröten und Mantarochen zu sehen.

Hier dominieren Hotelanlagen, und Unterkünfte sind teuer. Moderne Ausstattung und Luxusbuden sind die Norm. Man beachte, dass viele Apartments in den Resorts Eigentumswohnungen sind, die häufig über die üblichen Buchungsportale an Kurzzeitbesucher vermietet werden. In Puako ist es üblich, ein ganzes Haus zu mieten, an den Kohala-Stränden gibt es einige Camping-Optionen. Wohnungen findet man auf www.waikoloahawaiivacations.com, www.2papayas.com und www.hawaiis4me.com.

An- & Weiterreise

Die Resorts und Sehenswürdigkeiten von South Kohala liegen nördlich von Kailua-Kona abseits des Hwy 19 – je nachdem welche Hotelanlage man wählt, ist der Ort etwa 40 bis 55 km entfernt.

Der Hele-On-Bus fährt die Strecke Pahala–South Kohala montags bis samstags dreimal und sonntags einmal täglich.

Verkehrsstaus um den Flughafen KOA während der Rushhour können die Fahrzeit erheblich verlängern.

Mauna Kea

Der Berg Mauna Kea (White Mountain) wird in der indigenen hawaiischen Kultur Mauna O Wakea (Berg des Wakea) genannt. Big Island gilt als das erstgeborene Kind von Wakea (Himmelsvater) und Papahānaumoku (Erdmutter). Mauna Kea war immer der heilige *piko* (Nabel), der das Land mit dem Himmel verbindet. Für die Wissenschaft wurde der Berg erst 1968 richtig interessant, als die University of Hawai'i (UH) begann, das Universum von der Spitze des Berges aus zu beobachten. Der Gipfel ist so hoch, trocken, dunkel und schadstofffrei, dass man von dort die entferntesten Stellen des sichtbaren Universums erblicken kann.

Viele Hawaiianer sind gegen die „Golfbälle“ auf dem Berg – die weißen Observatorien prägen die Skyline. Sie sind nicht gegen die Wissenschaft, sie glauben nur, dass das unkontrollierte Wachstum die *wahi pana* (heilige Stätten) des Berges bedrohen, darunter Heiau (Tempel) und Grabstätten. Müll, Vandalismus und Verschmutzung (inkl. giftiges Quecksilber) wurden zum Problem. Man sollte sich also respektvoll verhalten und seinen Müll wieder mitnehmen.

★Mauna Kea Visitor Information Station TOURISTENINFORMATION (MKVIS; ☎808-961-2180; www.ifa.hawaii.edu/info/vis; ⌚9–22 Uhr) GRATIS Die kleine MKVIS bietet Großes im Bereich Astronomie sowie Weltraumforschungsvideos und massenweise Poster. Es gibt Informationen zu Geschichte, Ökologie und Geologie des Berges. Angehende Wissenschaftler jeden Alters schwelgen im Geschenkeladen, während das sachkundige Personal dabei hilft, sich an die luftige Höhe von 2800 m zu gewöhnen. Die Website informiert über Sonderveranstaltungen, wie Lesungen über Wissenschaft und hawaiische Kultur, normalerweise samstagabends.

Außerdem finden abends von 18 bis 22 Uhr je nach Wetterlage ausgezeichnete Sternbeobachtungsprogramme statt.

ℹ An- & Weiterreise

Von Waimea oder Kona nimmt man die Saddle Road (Hwy 200) oder die neue Umleitung Daniel K Inouye. Von Hilo geht's landeinwärts auf dem Kaumana Dr (Hwy 200) oder der Puainako Extension (Hwy 2000), beide werden später zur Saddle Road. Man sollte immer mit vollem Tank losfahren, da es hier draußen keine Tankstellen gibt. Die Visitor Information Station (MKVIS) und der Gipfel dahinter liegen an der Mauna Kea Access Rd, bei Meilenstein 28 an der Saddle Road. Die MKVIS liegt knapp 10 km bergauf von der Saddle Road, der Gipfel weitere 13 km dahinter. Unter der Nummer ☎808-935-6268 erfährt man die aktuellen Straßenbedingungen.

Hamakua Coast

Die Hamakua Coast erstreckt sich vom Waipi'o Valley bis nach Hilo und kombiniert raue Schönheit mit üppiger Fruchtbarkeit. Hier brechen sich die tosenden Wellen an den schroffen Klippen, und es gibt tropische Regenwälder und tosende Wasserfälle. Die Farbe Grün bekommt hier eine ganz neue Bedeutung, vor allem im Waipi'o Valley, das man auf dem Rücken eines Pferdes oder bei einer steilen, spannenden Wanderung erleben kann.

An den Hängen vom Mauna Kea pflanzen die Bauern Vanille, Tee, Pilze und andere Kulturen an, was die Landwirtschaft der Insel modernisiert und verändert. Auf den kleinen Farmen gewinnt man einen Einblick in das Inselleben und kann die leckeren heimischen Erzeugnisse kosten. Einst bestimmte der Zuckerrohranbau die Hamakua Coast, es gab viele Hektar große Plantagen, und lange Züge schnauften die Küste entlang und überwanden auf hohen Brücken gewaltige Schluchten. Stimmungsvolle Museen erinnern an diese Ära und machen die „alten Plantagenzeiten“ erlebbar. Wer es langsam angehen lässt und auch die Nebenstraßen erkundet, begibt sich auf eine spannende Reise in die Vergangenheit.

Wer die Hamakua Coast auf dem Hwy 19 entlang fahren möchte, braucht unbedingt ein Auto. Honoka'a, die größte Stadt an der Hamakua Coast, liegt ungefähr 80 km von Kailua-Kona und 65 km von Hilo entfernt. Von Kona fährt man etwa 75 Minuten, von Hilo eine Stunde.

Der **Hele-On-Bus** (☎808-961-8744; www.heleonbus.org; Fahrt Erw./Senior & Student 2/1 US$) zwischen Kona und Hilo hält in vielen Städten entlang der Küste, darunter Honoka'a, Pa'auilo, Laupahoehoe, Hakalau, Honomu und Papaikou. Busse zwischen Kona und Hilo fahren dreimal täglich. Zwischen Hilo und Honoka'a gibt es häufigere Verbindungen. Auf der Website stehen die Fahrpläne.

ABSTECHER

KOHALA MOUNTAIN ROAD

Die wahrscheinlich malerischste Straße auf Big Island ist die Kohala Mountain Rd (Hwy 250). Hier eröffnen sich grandiose Ausblicke auf die Küstenlinie von Kohala nach Kona und die drei majestätischen Vulkane Mauna Kea, Mauna Loa und Hualalai. Man startet am besten in Waimea, fährt an einem Aussichtspunkt vorbei und folgt den Windungen der Halbinsel durch grüne Weiden, bis man schließlich bei Hawi zum Meer hinunterrollt. Hier heißt die Straße übrigens Hawi Rd.

Hilo

Kailua-Kona hat vielleicht mehr Besucher, aber Hilo ist das Herz und die Seele von Hawai'i Island. Unter dem täglichen Nieselregen verbirgt sich der fruchtbarste Boden, auf dem eine echte Gemeinschaft und wahrer Aloha-Geist gedeiht. Hilos Demografie spiegelt immer noch seine Vergangenheit als Zuckerstadt wider, ein bunter Mix aus gebürtigen Hawaiianern, Japanern, Filipinos, Portugiesen, Puerto Ricanern, Chinesen und Kaukasiern. Die Menschen machen vielleicht einen entspannten Eindruck, aber sie sind ganz schön hart im Nehmen. Niedergeschlagen von zwei Tsunamis, bedroht von der Auslöschung durch die Lavaströme des Mauna Loa, überflutet von der höchsten jährlichen Niederschlagsmenge der USA und immer im Kampf um seinen Anteil an Touristendollars – Hilo weiß, wie man überlebt und Erfolg hat.

Hilo hatte ein Leben, bevor die Touristen kamen, und es ist immer noch erfrischend authentisch. Dennoch bietet es viele Attraktionen in Form von spannenden Museen, einer Innenstadt, die zu Fuß erobert werden kann, zwei quirligen Farmers Markets und Dutzenden alternativen Restaurants. Hilo ist die ideale Basis für Touren in den Hawai'i Volcanoes National Park, zum Mauna Kea, nach Puna und an die Hamakua Coast.

Sehenswertes & Aktivitäten

★ Lili'uokalani Park PARK

(189 Lihiwai St;) Hilos einfache Freuden lassen sich wunderbar mit einem Picknick im japanischen Garten an der Bucht genießen. Der nach der letzten hawaiischen Königin (reg. 1891–93) benannte, 12 ha große, staatliche Park wartet mit riesigen Bäumen, perfektem Rasen und idyllischen Brücken über seichten Teichen auf. Bei Sonnenaufgang und -untergang gehen die Einheimischen hier joggen oder machen Power-Walking – man kann aber auch einfach den Ausblick auf den Mauna Kea genießen.

★ Pacific Tsunami Museum MUSEUM

(808-935-0926; www.tsunami.org; 130 Kamehameha Ave; Erw./Kind 6–17 Jahre 8/4 US$; Di–Sa 10–16 Uhr) Nur wer weiß, dass Hilo in seiner Geschichte schon von zwei mächtigen Tsunamis getroffen wurde – 1946 und 1960 – wird diese Stadt wirklich verstehen können. Das auf den ersten Blick eher bescheiden wirkende Museum wartet mit einer enormen Fülle an Informationen auf – so erfahren Besucher beispielsweise auch, wie sich das verheerende Seebeben vor der japanischen Küste im März 2011 auf Kona ausgewirkt hat. Um die Multimedia-Exponate, darunter dramatische Computersimulationen und bewegende Erlebnisberichte, ausreichend würdigen zu können, sollte man für den Besuch genügend Zeit einplanen.

★ 'Imiloa Astronomy Center of Hawai'i MUSEUM

(808-969-9700; www.imiloahawaii.org; 600 'Imiloa Pl; Erw./Kind 17,50/9,50 US$; Di–So 9–17 Uhr;) Das 'Imiloa, das so viel bedeutet wie „neues Wissen erkunden", ist ein 28 US$ Mio. teurer Museums- und Planetariumskomplex mit einem besonderen Merkmal: Es stellt die moderne Astronomie auf dem Mauna Kea den vor Urzeiten durchgeführten Seefahrten der Polynesier gegenüber. Das Astronomiezentrum ist eine tolle Familienattraktion und eine logische Ergänzung zu einer Gipfeltour. Im Eintrittspreis ist eine Planetariumsshow inbegriffen. Freitags gibt's besondere Abendprogramme, darunter eine überwältigende Led-Zeppelin-Planetarium-Rockshow.

Schlafen

★ Arnott's Lodge HOSTEL, CAMPING $

(808-339-0921; www.arnottslodge.com; 98 Apapane Rd; Camping 16 US$/Pers., B ab 30 US$, Zi. mit/ohne Bad 90/70 US$, Suite ab 100 US$;) Hilos ältestes Hotel ist immer noch ein guter Deal und bietet diverse Unterkünfte in der Nähe vom Onekahakaha Beach. Alle Zimmer und Schlafsäle sind sauber, sicher und komfortabel eingerichtet. Die Deluxe Suite (110 US$) ist besonders angenehm, mit luftiger hoher Decke und einer privaten Küchenzeile. Man kann auch campen.

★ Dolphin Bay Hotel HOTEL $$

(808-935-1466, 877-935-1466; www.dolphinbayhotel.com; 333 Iliahi St; Studio 110–160 US$, Suite 180–200 US$;) Das familiengeführte zweistöckige Hotel verfügt über ein treues Stammpublikum. Das ist auch kein Wunder: Die 18 makellosen Apartments, jeweils mit komplett ausgestatteter Küche, haben ein gutes Preis-Leistungs-Verhältnis. Das freundliche Personal gibt gerne Tipps für den Besuch der Insel und serviert kostenlos Kaffee, Obst und Bananenbrot zum Frühstück. Das Gelände liegt nur fünf Minuten zu Fuß vom Zentrum von Hilo.

Essen & Ausgehen

★ Suisan Fish Market SEAFOOD $
(☎808-935-9349; 93 Lihiwai St; Poke zum Mitnehmen 10–12 US$, Poke pro amerikanischem Pfund 18 US$; ⏲Mo–Fr 8–18, Sa bis 16, So 10–16 Uhr) Ein absolutes Muss für alle, die besonders leckeres, frisch zubereitetes *poke* kosten wollen, das hier pfundweise verkauft wird. Am besten eine Schüssel *poke* und Reis zum Mitnehmen ordern und draußen vor dem Laden oder gegenüber im Lili'uokalani Park verspeisen.

★ Restaurant Kenichi JAPANISCH $
(☎808-969-1776; www.restaurantkenichi.com; 684 Kilauea Ave; Hauptgerichte 13–15 US$; ⏲Mo–Sa 10–14 & 17–21 Uhr; 🚸) Im Kenichi kann man lecker und untouristisch essen: Japanische Hausmannkost, großartige Aromen, freundliches Personal und ein schlichter Speisesaal voller Einheimischer. Besonders empfehlenswert sind Ramen-Schüsseln mit hausgemachtem *dashi* (Brühe), saftige gegrillte *saba* (Makrele), koreanisches Hühnchen ohne Knochen und Rib-Eye-Steak.

Bayfront Kava Bar BAR
(☎808-345-1698; www.bayfrontkava.com; 264 Keawe St; Tasse Kava 5 US$; ⏲Mo–Sa 16–22 Uhr) Wer wissen will, wie Kava (*'awa* auf Hawaiisch) schmeckt, sollte es in dieser minimalistischen Bar probieren. Das freundliche Personal serviert das frisch aufgebrühte Getränk aus hiesigen Kavawurzeln in Kokosschalen – da prickeln die Geschmacksnerven, und ein leichter Rausch setzt ein. Es gibt regelmäßig Livemusik und Kunstausstellungen.

An- & Weiterreise

Die Fahrt von Hilo nach Kailua-Kona (über Waimea) auf dem Hwy 19 beträgt 150 km und dauert etwa 2½ Stunden. Auf der Saddle Road spart man vielleicht 15 Minuten.

Hawai'i Volcanoes National Park

Der Hawai'i Volcanoes National Park erstreckt sich vom häufig schneebedeckten Gipfel des Mauna Loa, dem gewaltigsten Vulkan der Welt, bis zur Küste, an der sich Lava ins Meer ergießt. Es ist eine Art Mikrokontinent mit üppigen Regenwäldern, Wüsten, aus denen Vulkankegel ragen, Bergwiesen, Küstenebenen und allerlei geologischen Wunderwerken dazwischen.

Sein Herzstück bildet der Kilauea – der jüngste und aktivste Schildvulkan der Erde. Seit 1983 befindet sich der Kilauea quasi in einem Dauerausbruch; der Pu'u 'O'o-Schlot in der East Rift Zone ist für einen Landgewinn von etwa 2 km² verantwortlich.

Das Personal des Nationalparks leitet dieses wilde Areal ganz ausgezeichnet. Vielfältigen Bildungsprogramme verbinden gekonnt moderne Wissenschaft mit alten Glaubensvorstellungen und Bräuchen. Viele Informationstafeln, ungewöhnlich sachkundige Wanderführer, eine ganze Reihe gut durchdachte, von Rangern geführte Wanderungen, Programme zur lebendigen Geschichte sowie eine wöchentliche Vortragsreihe sorgen dafür, dass die Besucher einen direkten Bezug zu dem Park und den Bewohnern Hawai'is bekommen.

Die zwei mit dem Auto erreichbaren Campingplätze im Park sind außerhalb der Sommermonate relativ leer. Die Nächte können knackig kalt und nass werden. Bei den Campingplätzen gilt: Wer zuerst kommt, mahlt zuerst (mit einem Limit von sieben Nächten). Im benachbarten Volcano Village gibt es die größte Auswahl für alle, die lieber ein Dach über dem Kopf haben.

★ Kilauea Visitor Center & Museum MUSEUM
(☎808-985-6000; www.nps.gov/havo; Crater Rim Dr; ⏲9–17 Uhr, Filmvorführungen stündl. 9–16 Uhr; 🚸) 🍃 Die erste Anlaufstelle sollte das Besucherzentrum sein. Außergewöhnlich hilfsbereite Ranger und Freiwillige (mit einer Engelsgeduld) liefern Informationen zu Vulkanaktivität, Luftqualität, Straßensperren und die Beschaffenheit der Wanderwege und helfen dabei, die Zeit des Besuchs optimal zu nutzen. Die interaktive Ausstellung ist klein, aber familienfreundlich, und liefert sogar wissenschaftlich versierten Erwachsenen noch neue Erkenntnisse über das empfindliche Ökosystem des Parks und das hawaiische Kulturerbe. Die wechselnden Filme sind alle ausgezeichnet, und man sollte eines der tollen Aktivitätsbücher des Junior-Ranger-Programms für seine Kinder mitnehmen.

Praktische Informationen

Air Quality (www.hawaiiso2network.com) Aktuelle Luftqualität von neun im Park verteilten Messstationen.

Hawai'i County Civil Defense (www.hawaii-county.gov/civil-defense) Informationen über Lavaströme und vulkanische Aktivität.

NICHT VERSÄUMEN

BIG BEACH

Die Perle des Makena State Park, der unberührte **Big Beach** (Oneloa Beach; http://dlnr.hawaii.gov/dsp/parks/maui; Makena Rd; ⏲6–18 Uhr; Ⓟ), ist zweifellos der schönste Strand auf Maui. Auf Hawaiisch nennt man ihn Oneloa: „Langer Sand." Ein sehr passender Name für eine goldene Sandfläche, die fast 1,5 km lang ist und auch durch ihre Breite beeindruckt. Das wunderschön türkisfarbene Wasser ist bei ruhigen Bedingungen bei jugendlichen Boogie-Boardern beliebt. Aber ansonsten kann die Brandung gefährlich sein und ist nur für erfahrene Bodysurfer geeignet.

Trail & Road Closures (www.nps.gov/havo/closed_areas.htm) Aktuelle Infos über Straßen- und Wegsperrungen.

USGS Hawaiian Volcano Observatory (http://hvo.wr.usgs.gov) Aktuelle Infos zur Aktivität des Vulkans Kilauea Volcano, zu aktuellen Erdbeben, Wetterbedingungen und Webcams.

ℹ Anreise & Unterwegs vor Ort

Zum Park sind es ab Hilo 48 km (45 Min.) und ab Kailua-Kona 150 km (2¾ Std.) auf dem Hwy 11. Die Abzweigungen zum Dorf Volcano liegen ein paar Meilen östlich des Hauptparkeingangs. Bei starkem Regen kann es auf dem Hwy 11 zu Überflutungen, Ausschwemmungen und Sperrungen kommen. Bei längerer Trockenheit können die Mauna Loa Rd und die Hilina Pali Rd wegen Feuergefahr gesperrt werden.

Der öffentliche **Hele-On-Bus** (☎808-961-8744; www.heleonbus.org; einfache Fahrt Erw. 2 US$) startet montags bis samstags (sonntags nicht) in Hilo und erreicht etwa 1 ¼ Stunden später das Besucherzentrum des Parks (5 US$ Aufpreis). Ein Bus fährt weiter nach Ka'u. Sobald man im Park ist, gibt es keine öffentlichen Verkehrsmittel; per Anhalter zu fahren, ist in allen Nationalparks illegal.

Fahrradfahrer dürfen die asphaltierten Straßen und ein paar unbefestigte Wege nutzen, darunter die Escape Rd, aber keine Wanderwege – ob asphaltiert oder nicht.

MAUI

Manche Menschen meinen, man könne eben nicht alles haben. Aber die waren wahrscheinlich noch nie auf Maui, das in Umfragen regelmäßig zur romantischsten Insel der Welt gekürt wird. Und das zurecht! Mit seinen Stränden, Luxusresorts, der köstlichen Küche, fantastischen *luaus* (traditionelle hawaiianische Feier mit Festessen) sowie den exzellenten Möglichkeiten zum Wale beobachten, Surfen, Schnorcheln und Wandern bietet es alles, was des Urlaubers Herz begehrt.

ℹ An- & Weiterreise

Maui hat viele Nonstop-Flüge ab/zu Städten auf dem Festland, darunter Los Angeles, San Diego, San Francisco, Seattle, Dallas, Chicago und Vancouver, BC. Ansonsten fliegen viele über Honolulu.

Kahului International Airport (OGG; ☎808-872-3830; http://hawaii.gov/ogg; 1 Kahului Airport Rd) Alle transpazifischen Flüge landen auf Mauis Hauptflughafen Kahului. Bei der Gepäckausgabe befindet sich eine Besucherinformation, die jeden Tag von 7.45 bis 22 Uhr geöffnet ist. Neben dem Schalter stehen Regale mit Reisebroschüren. Der Bau einer großen neuen Autovermietung und einer Einschienenbahn werden den Terminalbereich bis 2019 in eine Baustelle verwandeln.

Kapalua Airport (JHM; ☎808-665-6108; www.hawaii.gov/jhm; 4050 Honoapiilani Hwy) Vom Regionalflughafen südlich von Kapalua in West Maui am Hwy 30 startet die Fluggesellschaft **Mokulele Airlines** (☎866-260-7070; www.mokuleleairlines.com) nach Moloka'i und Honolulu.

Lahaina

Hawaiis historischste Stadt sieht mit ihren verwitterten Fassaden, engen Straßen und dem quirligen Hafen sowie ein paar geschwätzigen Mynahs aus wie eine Anlaufstelle für Captain Ahab. Ist das das 21. Jh. oder ein Walfängerdorf aus den 1850er-Jahren? Tatsächlich bietet es einen Mix aus beidem.

Eingebettet zwischen den West Maui Mountains und einem ruhigen See war Lahaina lange Zeit ein beliebter Konvergenzpunkt. Die alten hawaiischen Royals trafen sich als erste hier, gefolgt von Missionaren, Walfängern und Zuckerplantagenarbeitern. Heute ist die Stadt eine Basis für kreative Köche, passionierte Künstler und engagierte Surflehrer.

Am Hafen drängen sich Ladenfronten aneinander, hinter denen sich früher Saloons, Tanzsäle und Bordelle versteckten, zusammen mit Kunstgalerien, Souvenirshops und natürlich einer großen Zahl an Kneipen. Die Walfänger wurden schließlich durch eine neue Art Jäger von Meeresungeheuern abgelöst: Walbeobachter, die bei ihrer Jagd ebenso engagiert sind wie einst Ahab. Zwischen Januar und März müssen sie nicht lange suchen.

Sehenswertes & Aktivitäten

★ Banyan Tree Square PARK
(Ecke Front St & Hotel St) Das schattige Wahrzeichen (der größte Baum in Hawaii) steht mitten im Zentrum von Lahaina, wo es sich über den ganzen Platz ausdehnt. Am 24. April 1873 wurde der Baum als Setzling hier eingepflanzt, im Gedenken an die Ankunft der Missionare 50 Jahre zuvor. Seitdem ist er zu einem Miniwald herangewachsen, mit 16 Stämmen und waagerecht wachsenden Zweigen, die fast einen halben Hektar überspannen. Kürzlich wurde der Platz umfangreich restauriert.

★ Wo Hing Museum MUSEUM
(www.lahainarestoration.org/wo-hing-museum; 858 Front St; Erw./Kind 7 US$/gratis; ⏲10–16 Uhr) Der Tempel wurde 1912 für die Treffen des Wohltätigkeitsvereins Chee Kung Tong erbaut. Chinesische Einwanderer nutzten den Ort, um ihre Kultur zu pflegen, Feste zu feiern und sich in ihrer Muttersprache zu unterhalten. Nach dem Zweiten Weltkrieg zerstreute sich Lahainas chinesische Bevölkerung in alle Winde, und der Tempel verfiel. Das inzwischen restaurierte Gebäude ist heute ein Kulturmuseum mit zeremoniellen Instrumenten, einem Arzneischrank aus Teakholz von etwa 1900, tausende Jahre alten Jade-Stücken und einem taoistischen Schrein.

★ Trilogy Excursions BOOTFAHREN
(☎808-874-5649, 888-225-6284; www.sailtrilogy.com; 207 Kupuohi St; Schnorcheltrip 4 Std. Erw./Kind ab 120/60 US$; ⏲Mo–Fr 8.30–16 , So 12–15 Uhr) Dieses familiengeführte Unternehmen bietet seit mehr als 40 Jahren Schnorchelausflüge in Maui an und hat sich auf Katamarantouren spezialisiert. Es gibt verschiedene Trips, z. B. zum Riff bei Olowalu und zu dem beliebten Inselchen Molokini. In der Saison gibt's Walbeobachtungstouren sowie Dinner- und Sonnenuntergangsfahrten.

Schlafen & Essen

★ Ilikahi BOUTIQUEHOTEL $$
(☎808-662-8780; www.theilikahi.com; 441 Ilikahi St; Zi. 170–220 US$; P ❄ 📶) Gelassenheit ist das passende Wort für dieses tropische Refugium, das Attribute aus Hawaii und Bali vereint. Die vier Privatzimmer sind groß und verfügen alle über modernen Komfort und Lanais (Balkone) sowie über breite Betten oder Himmelbetten für zwei. Die Ginger Suite hat eine schöne Terrasse. Umweltfreundliche Feinheiten wie Solarstrom.

★ Frida's Mexican Beach House MEXIKANISCH $$$
(☎808-661-1287; http://fridasmaui.com; 1287 Front St; Hauptgerichte 20–40 US$; ⏲11–21.30 Uhr) Das Frida's ist zwar nicht der billigste Tacoladen, aber es wartet mit vielen Bildern der Namenspatronin Frida Kahlo sowie einer wunderbaren Uferlage, einem großen offenen Speisebereich und einer Terrasse auf – kurz nach der Ankunft sinkt der Blutdruck auch schon. Steaks und Meeresfrüchte mit südländischem Flair bestimmen die gehobene Karte. Die Cocktails sind kreativ, aber es gibt natürlich auch Margaritas!

Ausgehen & Nachtleben

★ Fleetwood's on Front St BAR
(☎808-669-6425; www.fleetwoodsonfrontst.com; 744 Front St; ⏲14–22 Uhr) Mit den bequemen Kissen, den gemütlichen Lounges und verschnörkelten Akzenten lässt diese Dachoase – Besitzer ist der Fleetwood Mac-Drummer Mick Fleetwood – seine Gäste von Marokko träumen. Aber der Blick auf den Pazifik und die West Maui Mountains holt sie direkt wieder nach Hawaii zurück. Bei Sonnenuntergang kündigt der Ruf einer Muschel eine Tiki-Lichtzeremonie an, auf die eine Dudelsack-Serenade folgt – gespielt von einem Schotten im Kilt.

★ Down the Hatch BAR
(☎808-661-4900; www.dthmaui.com; 658 Front St, Wharf Cinema Center; ⏲11–2 Uhr) Lahainas beste Nachtbar befindet sich auf einer unteren Ebene der Mall. Die Brunnen unter freiem Himmel werden übertönt von den ausgelassen feiernden Einheimischen und Touristen. Es gibt eine lange Happy Hour (15–19 Uhr), während der man die lange Liste an Drinks zu großen Preisnachlässen genießen kann.

An- & Weiterreise

Die Fahrt von Lahaina zum Flughafen in Kahului dauert etwa eine Stunde.

Hawaii Executive Transportation (☎808-669-2300; www.hawaiiexecutivetransportation.com; 1/2/3/4 Passagiere 51/59/64/66 US$; ⏲Reservierungen 7–23 Uhr) bietet einen Shuttleservice zwischen dem Flughafen und Lahaina und bedient die meisten Adressen in der Stadt.

Ein Taxi zwischen Lahaina und Flughafen kostet ungefähr 80 US$.

Der **Maui-Bus** (☎808-871-4838; www.mauicounty.gov/bus; einfache Fahrt 2 US$, Tagespass 4 US$) fährt auf der Lahaina Islander-Route 20 zwischen dem Busbahnhof von Kahului und Lahaina (1 Std.) und hält am Ma'alaea Harbor, von wo man mit dem Kihei-Villager-Bus-Service nach Kihei gelangt (mehrere Stopps). Eine weitere Route, die Ka'anapali Islander, verbindet Lahaina und Ka'anapali (30 Min.). Beide Islander-Routen starten stündlich von 6.30 bis 20.30 Uhr am Wharf Cinema Center.

Die **Expeditions Ferry** (☎808-661-3756; www.go-lanai.com; Lahaina Harbor; Erw./Kind einfach 30/20 US$) nach Lana'i legt am **Ferry Dock** (abseits der Wharf St) im Lahaina Harbor ab. Die Fähre Moloka'i fährt nicht mehr.

Kihei

Es gibt zwei gute Gründe, Kihei zu besuchen: die Strände und das Reisebudget. Es gibt zwar viele Einkaufszentren und viel Verkehr, aber der Ort bietet außerdem leicht zugängliche Strände mit einer Länge von knapp 10 km, viele erschwingliche Unterkünfte und vielfältige Restaurants – und damit alle Zutaten für einen erholsamen Strandurlaub. Die dynamische Küstenstadt eignet sich auch gut für Kurzurlauber, die verlässlichen Sonnenschein suchen, im Schnitt kann Kihei mit 276 sonnigen Tagen im Jahr dienen – und mit der lebhaftesten Kneipenszene der Insel.

Der schnellste Weg durch Kihei ist der Pi'ilani Hwy (Hwy 31). Er verläuft parallel zur S Kihei Rd und dient als Umgehung für den Stop-and-Go-Verkehr. Beide Straßen sind durch gut beschilderte Kreuzungen miteinander verbunden.

Sehenswertes

★ Keawakapu Beach STRAND

(☎808-879-4364; www.mauicounty.gov/Facilities; P) Von Sonnenauf- bis Sonnenuntergang ist dieser traumhafte Sandstrand ein echtes Highlight und nur schwer zu toppen. Etwas abseits von der Hauptstraße, und daher weniger einsehbar als die Strände am Straßenrand weiter nördlich, erstreckt sich Keawakapu vom südlichen Ende von Kihei bis zum Mokapu Beach in Wailea. Da er nicht so überfüllt ist, kann man hier in Ruhe den Sonnenuntergang genießen.

Schlafen

★ Pineapple Inn Maui GASTHOF **$$**

(☎808-298-4403, 877-212-6284; www.pineappleinnmaui.com; 3170 Akala Dr; Zi. 179–189 US$, Cottage 255 US$; P ❄ 📶 🏊) Besser kann man es in South Maui eigentlich kaum treffen. Das ansprechende Boutique-Hotel bietet

HAWAII MAUI

NICHT VERSÄUMEN

HALEAKALĀ NATIONAL PARK

Der **Haleakalā National Park** (☎808-572-4400; www.nps.gov/hale; Summit District: Haleakalā Hwy, Kipahulu District: Hana Hwy; 3-Tages-Pass Auto 20 US$, Motorrad 15 US$, Fußgänger & Fahrradfahrer 10 US$; P 👪) ist in zwei verschiedene Bereiche aufgeteilt, und wenn man nur einen Tag zur Verfügung hat, sollte man den Gipfel anvisieren. Egal, ob man vor dem Morgengrauen aufsteigt, um den Sonnenaufgang zu bewundern, oder nach dem Frühstück hochschlendert – auf jeden Fall sollte man hier seine Erkundung starten. Das **Visitor Center** (www.nps.gov/hale; Haleakalā Hwy; ⏲Sonnenaufgang–15 Uhr; P) ist nicht nur ideal für spektakuläre Blicke in den Krater, es ist auch ein ausgezeichneter Startpunkt für Ausflüge hinein.

Als Nächstes vertreibt man die Morgenkühle mit einer anregenden Wanderung über die von der Sonne erwärmte Schlacke des überirdischen **Keonehe'ehe'e (Sliding Sands) Trail**. Sobald man die mondähnliche Kraterwanderung geschafft hat, geht es weiter zum höchsten Punkt Mauis, den **Pu'u'ula'ula (Red Hill) Overlook**. Man besichtigt den *'ahinahina* (Silberschwertgarten) und plaudert mit den Rangern.

Jetzt ist es Zeit, wieder abzusteigen zum **Kalahaku Overlook**, der direkt am Kraterrand einen grandiosen Blick auf die Schlackenkegel am Kratergrund bietet.

Nun hat man die karge Seite von Haleakalā gesehen, und es wird Zeit, sein satt-grünes Gesicht kennenzulernen – und zwar auf einer 800 m langen Wanderung auf dem **Hosmer Grove Trail** durch einen Wald voller Vogelgezwitscher. Wie viele andere Tiere in diesem Park gibt es einige dieser Vögel nirgendwo sonst auf der Welt. Die Strecke beträgt insgesamt 27 km.

Stil und Funktionalität mit persönlicher Note, liegt nicht viel mehr als 1 km vom Strand entfernt und ist ebenso attraktiv wie die exklusiven Resorts – das aber zu einem Bruchteil der Kosten. Die vier Zimmer mit eigenem Eingang verfügen über eine Kochnische und eine Veranda mit Meerblick. Das Cottage mit zwei Zimmern hat eine voll ausgestattete Küche.

Kohea Kai Resort BOUTIQUEHOTEL **$$$**
(808-879-1261; www.koheakai.com; 551 S Kihei Rd; Zi. 219–253 US$, Suite 279–479 US$; P ❄ @ 📶) Mit neuen Besitzern und nach einer Namensänderung ist das frühere Maui Sunseeker der Neuling im Viertel, der allerdings nur erwachsene Gäste empfängt. Intim, elegant, progressiv und allumfassend verteilt sich das luftige Boutiquehotel auf fünf Häuser in Nord-Kihei, gegenüber der Straße vom Mai Poina 'Oela'u Beach. Das maßvolle, tropische Dekor stellt andere Unterkünfte derselben Preisklasse in den Schatten.

Essen & Ausgehen

★ Café O'Lei HAWAIISCH **$$**
(808-891-1368; www.cafeoleirestaurants.com; 2439 S Kihei Rd, Rainbow Mall; Hauptgerichte mittags 8–16 US$, abends 17–29 US$; 10.30–15.30 & 16.30–21.30 Uhr) Das Bistro im Einkaufszentrum sieht auf den ersten Blick langweilig aus. Aber bitte unbedingt eintreten: Edles Ambiente, innovative hawaiische Regionalküche, ehrliche Preise und ein hervorragender Service katapultiert das Café O'Lei in die oberste Restaurantliga. Der geschwärzte Mahimahi mit frischer Papayasalsa ist ein absoluter Leckerbissen. Unschlagbar sind auch die Mittagsgerichte mit Salat für unter 10 US$ sowie ein Sushi-Koch, der ab 16.30 Uhr (Di–Sa) die Gäste verwöhnt.

★ 5 Palms COCKTAILBAR
(808-879-2607; www.5palmsrestaurant.com; 2960 S Kihei Rd, Mana Kai Maui; 8–23 Uhr, Happy Hour 15–19 & 21–23 Uhr) Der perfekte Ort für einen Cocktail bei Sonnenuntergang am Strand. Man sollte möglichst eine Stunde vor Sonnenuntergang kommen, denn die Terrassen-Bar liegt nur wenige Schritte vom Keawakapu Beach entfernt und ist schnell voll. Während der Happy Hour gibt's Sushi und eine Auswahl an köstlichen Appetithäppchen zum halben Preis, mit mindestens einem Getränk; Mai Tais und Margaritas kosten 5,75 US$. Beliebt bei Touristen und Einheimischen.

An- & Weiterreise

Der **Maui Bus** (808-871-4838; www.mauicounty.gov/bus; einfache Fahrt 2 US$, Tagespass 4 US$) befährt von Kihei aus zwei verschiedene Strecken. Der Kihei Islander verbindet Kihei mit Wailea und Kahalui mit Haltestellen am Kama'ole Beach Park III, am Einkaufszentrum Pi'ilani Village sowie an der Uwapo Rd und der South Kihei Rd. Der Kihei Villager bedient hauptsächlich die Nordhälfte von Kihei. Er hält sechsmal entlang der South Kihei Rd sowie am Einkaufszentrum Pi'ilani Village und in Ma'alaea. Beide Buslinien fahren stündlich von ca. 6 bis 20 Uhr und kosten 2 US$.

KAUA'I

Smaragdgrüne Berge, tosende Wasserfälle, rote Canyons, atemberaubende Strände, klare Seen und große Wellen. Kaua'is Naturschätze stehen außer Konkurrenz in Hawaii, den USA, der ganzen Welt.

Touristeninformationen sind auf Kaua'i nicht weit verbreitet, aber die örtliche Zentrale für Tourismus **Kaua'i Visitors Bureau** (808-245-3971; www.gohawaii.com/kauai; 4334 Rice St, Suite 101; Mo–Fr 8–16.30 Uhr) hat eine nützliche Website.

Anreise & Unterwegs vor Ort

Vor allem vom Festland der USA und von Kanada kommt man leicht hierher, da es täglich zahlreiche Flüge gibt, meistens mit Zwischenlandung in Honolulu. Fähren gibt es keine. Flüge, Mietwagen und Touren kann man online auf lonelyplanet.com/bookings buchen.

Ein Auto zu mieten, ist äußerst ratsam, wenn das Budget nicht zu schmal ausfällt. Über gut gewartete Highways kommt man auf der Insel fast überallhin, und man kann überwiegend kostenlos parken.

Lihu'e

Das Wirtschaftszentrum der Insel besteht aus schlichten Einkaufsstraßen, aber es gibt zahlreiche günstige Lokale und Läden in einer unkomplizierten Alltagsatmosphäre, die in vielen Urlaubsorten fehlt. Der Kalapaki Beach ist absolut zauberhaft, aber Lihu'e ist eher ein Ort, um nach der Ankunft am Flughafen seine Vorräte aufzustocken, bevor man sich in sein Inselabenteuer stürzt.

Die Stadt entstand 1849 als Plantagensiedlung zur Blütezeit der Zuckerwirtschaft. Die gewaltige Zuckermühle (die noch südlich der Stadt am Kaumuali'i Hwy steht) war die größte auf Kaua'i. 2000 schloss die Mühle nach über einem Jahrhundert ihre Pforten. Zurück blieb ein ethnischer Schmelztiegel aus asiatischen, europäischen und hawaiischen Traditionen, die die Stadt zu dem machen, was sie heute ist.

Aktivitäten konzentrieren sich eher auf den Kalapaki Beach, es gibt ein paar erstklassige Golfplätze und coole Strände in der Nähe. Hier starten außerdem Hubschrauber-Rundflüge und ein paar spannende Ausflüge zu Wasserfällen.

Wailua

Der Wailua River gehörte für die alten Hawaiianer zu den heiligsten Orten auf den Inseln. Das Flussbecken in der Nähe der Mündung war eines der zwei königlichen Zentren der Insel (das andere war Waimea), wo auch die wichtigsten Häuptlinge lebten. Hier findet man noch heute die Überreste vieler wichtiger Heiau (antike Steintempel). Zusammen bilden sie nun ein nationales historisches Wahrzeichen.

Hikina'akala Heiau (Tempel des Sonnenaufgangs) liegt südlich der Mündung des Wailua River, die heute das Nordende des Lydgate Beach Park bildet. In seinen Blütezeiten war der lange, schmale Tempel (etwa 1300 n. Chr.) direkt von Nord nach Süd ausgerichtet, aber heute grenzen nur noch ein paar übrig gebliebene Steinbrocken die ursprüngliche, gewaltige Form ein. Das benachbarte **Hauola Pu'uhonua** („Zufluchtsort des Taus des Lebens") ist durch eine Bronzetafel gekennzeichnet. Im alten Hawaii wurde hier Menschen, die ein *kapu* (Tabu) gebrochen hatten, Zuflucht gewährt, sofern sie es ins Innere des Tempels schafften.

Der vermutlich älteste *luakini* (ein dem Kriegsgott Ku gewidmeter Tempel, oft auch ein Ort für Menschenopfer) der Insel, der **Holoholoku Heiau,** liegt 400 m weiter auf der linken Seite der Kuamo'o Rd. Er soll Kaua'is ältester Heiau sein. In westlicher Richtung liegt ein flacher Geburtsstein, an dem die Königinnen die zukünftigen Könige zur Welt brachten. An ihm ist eine Tafel mit der Aufschrift **Pohaku Ho'ohanau** (Königlicher Geburtsstein) angebracht. Nur ein männliches Kind, das hier geboren wurde, konnte König von Kaua'i werden.

Hoch oben auf einem Hügel über dem sich windenden Wailua River befindet sich der gut erhaltene **Poli'ahu Heiau**, ein weiterer *luakini*. Er wurde nach der Schneegöttin Poli'ahu benannt, eine der Schwestern der Vulkangöttin Pele. Der Heiau liegt direkt vor dem **'Opaeka'a Falls-Aussichtspunkt** auf der anderen Straßenseite.

Die einstigen beeindruckenden Steingebäude sind heute größtenteils nur noch Ruinen und von Büschen überwuchert. Sie

NICHT VERSÄUMEN

WAIMEA CANYON STATE PARK

Von all den einzigartigen Naturwundern Kaua'is kommt keines an den Waimea Canyon heran. Wenige würden hier eine gigantische Schlucht aus alten Lavasteinen vermuten, die 16 km lang und 1066 m tief ist. Sie ist so spektakulär, dass sie liebevoll „Grand Canyon des Pazifik" genannt wird. Durch den Canyon fließt der Waimea River, Kaua'is längster Strom, der von Nebenflüssen gespeist wird, die rötlich-braunes Wasser vom Berggipfel des Alaka'i Swamp mit sich bringen.

Der Waimea Canyon wurde geformt, als Kaua'is ursprünglicher Schildvulkan, der Wai'ale'ale, entlang einer alten Verwerfungslinie abbröckelte. Die horizontalen Schlieren an den Wänden des Canyons deuten auf mehrere aufeinanderfolgende Vulkanausbrüche hin. Die rote Farbe zeigt an, wo das Wasser durch die Felsen geflossen ist und sich Rost aus dem eisenhaltigen Gestein gebildet hat.

Die Fahrt an einem klaren Tag hierher ist phänomenal, aber auch bei Regen braucht man nicht enttäuscht sein: Schließlich lassen Wolkenbrüche die Wasserfälle nur so rauschen. An sonnigen Tagen bieten sich nach Regenfällen die schönsten Ausblicke, allerdings macht der Matsch eine Wanderung dann auch zu einer Herausforderung.

Die Südgrenze des Waimea Canyon State Park liegt etwa 9,6 km bergauf von Waimea. Der Park kann über zwei Straßen erreicht werden: Der landschaftlich reizvollere Waimea Canyon Dr (Hwy 550) beginnt in Waimea gleich hinter dem Meilenstein 23, und die Koke'e Rd (Hwy 552) startet in Kekaha abseits der Mana Rd. Zwischen den Meilensteinen 6 und 7 stoßen die beiden Straßen aufeinander.

sind jedoch noch immer von mächtiger Bedeutung und befinden sich an Orten von großer spiritueller Energie (Mana), darum sollten sie mit Respekt behandelt werden. In Edward Joestings *Kauai: the Separate Kingdom* wird die fesselnde Geschichte des Wailua Rivers und seiner Bedeutung für die alten Hawaiianer erzählt.

Anreise & Unterwegs vor Ort

Nach einem Stadtzentrum sucht man hier vergeblich. Die meisten Attraktionen verteilen sich entlang der Küstenstraße Kuhio Hwy (Hwy 56) oder an der Kuamo'o Rd (Hwy 580) Richtung *mauka* (Inland). Auf dem Weg nach Norden führt der Kapa'a Bypass direkt nördlich vom Wailua River bis hinter Kapa'a und bleibt normalerweise vom Verkehrschaos von Waipouli und Kapa'a verschont.

Hanalei

Wohl nur sehr wenige Orte weisen so majestätische Naturschönheiten auf und haben einen so unverfälschten Charakter wie Hanalei. Natürlich gilt das vor allem für die gleichnamige Bucht. Das halbe Dutzend verschiedener Surfbreaks ist legendär, weil einheimische Surfgötter wie der verstorbene Andy Irons hier ihre ersten Wellenritte absolvierten. Aber auch wer nicht wegen der Wellen hier ist, wird von dem breiten cremefarbenen Sandstreifen vor tiefgrünen Bergen begeistert sein.

Die kleine Stadt lockt mit Yoga-Kursen, Sushi, Shoppingmöglichkeiten für schicke Bademode, Vintage-Schätzen und beeindruckender Kunst, oder man vergnügt sich in einer der erstklassigen Kneipen. Eines ist sicher: Hanalei ist ein Anziehungspunkt für ewig jugendliche Erwachsene mit „Peter-Pan-Syndrom", und man sieht ebenso viele Männer über 60, die ihre Surfbretter wachsen, wie blutjunge Leute mit „Guns" (Big Wave-Surfboards). Was die Frage aufwirft: Warum überhaupt erwachsen werden, wenn man in Hanalei alt werden kann?

Sehenswertes & Aktivitäten

★ Black Pot Beach Park (Hanalei Pier) STRAND

Der kleine Strandabschnitt der Hanalei Bay bei der Mündung des Hanalei River bietet oft die sanftesten Surfwellen der gesamten wilden Nordküste. Wegen des nicht zu übersehenden Wahrzeichens wird dieser Sandstrand auch Hanalei Pier genannt. Er liegt im Schatten mächtiger Hartholzbäume und ist vor allem bei Surfanfängern beliebt. Im Sommer kann man hier auch ganz gut schwimmen und schnorcheln oder Kajak fahren und stehpaddeln.

Hanalei Beach Park STRAND

Mit seinem tollen Panoramablick ist dieser Strand ideal für ein Picknick, Sonnenuntergänge oder einen faulen Tag am Strand. Die Kehrseite der idealen Lage: Parken ist eine Herausforderung. Wenn der offizielle Parkplatz voll ist, kann man es entlang der Weke Rd versuchen. Es gibt Toiletten und Außenduschen. Campen ist nur mit einer Genehmigung der Parkverwaltung erlaubt.

★ Ho'opulapula Haraguchi Rice Mill & Taro Farm Tours TOUREN

(☎ 808-651-3399; www.haraguchiricemill.org; Tour inkl. Mittagessen Erw./Kind 5–12 J. 87/52 US$; ⏲ Tour gewöhnlich Mi 9.45 Uhr, nur mit Vorausbuchung) Auf der in sechster Generation familienbetriebenen, gemeinnützigen Farm, zu der auch die letzte Reismühle auf Hawaii gehört, erfährt man alles über den Taro-Anbau auf Kaua'i. Die Farmer führen Besucher zu den *lo'i kalo* (nasse Taro-Felder), geben einen Einblick in das sonst unzugängliche Hanalei National Wildlife Refuge und erzählen die Geschichte der Einwanderer auf Hawaii.

Schlafen & Essen

★ Hanalei Dolphin Cottages COTTAGE $$$

(☎ 808-826-1675; www.hanaleicottages.com; 5-5016 Kuhio Hwy; Cottage mit 2 Schlafzimmern 260 US$; 📶) Wer hier übernachtet, kann gleich hinterm Haus mit einem Kanu, Kajak oder Stehpaddelboard in den Hanalei River stechen. Die vier Cottages liegen nur einen Steinwurf vom Ortszentrum entfernt und sind alle ähnlich eingerichtet: Bambusmöbel, komplette Küche, Grills, private Duschen draußen (und drinnen), Schlafzimmer im Vorbau und luftige Wohnbereiche mit Blick auf den Fluss. Reinigungsgebühr 130 US$.

Chicken in a Barrel BARBECUE $

(☎ 808-826-1999; www.chickeninabarrel.com; Ching Young Village, 5-5190 Kuhio Hwy; Gerichte 10–17 US$; ⏲ Mo–Sa 11–20, So bis 19 Uhr; 👪) In dem Grilllokal mit maßgefertigtem 190-Liter-Barrel-Drum-Smoker dreht sich alles um das Huhn. Hier werden vollgehäufte Teller mit Hühnchen und belegte Sandwiches mit Chili-Cheese-Pommes serviert. Zusätzlich gibt's Rippchen und Pulled Pork. Egal, wofür man sich entscheidet, man muss den ganzen Tag nichts mehr essen. Es gibt eine Filiale in **Kapa'a** (☎ 808-823-0780; 4-1586 Kuhio Hwy; Gerichte 12–16 US$; ⊙ Mo–Sa 11–20.30, So bis 19 Uhr).

★ **BarAcuda Tapas & Wine** MEDITERRAN $$$
(☎ 808-826-7081; www.restaurantbaracuda.com; Hanalei Center, 5-5161 Kuhio Hwy; Teller zum Teilen 7–26 US$; ⊙ 17.30–22 Uhr, Küche schließt um 21.30 Uhr) Dieses vom Küchenchef persönlich geführte, großartige Lokal in Hanalei hat auch die beste Küche. Die Weinkarte zeugt von großer Sachkenntnis, und die Tapas-Platten mit lokalem Rind- und Schweinefleisch, sowie Fisch und vegetarischen Optionen sind zum Teilen gedacht.

An- & Weiterreise

Nur eine Straße führt in den Ort hinein und wieder hinaus. Bei starkem Regen (vor allem im Winter) kann die Hanalei Bridge wegen Überflutung gesperrt sein, dann sitzt man solange auf der anderen Seite fest, bis die Brücke wieder frei ist.

Autofahrern bereitet nicht nur die Parkplatzsuche Kopfschmerzen, sondern auch die in Gedanken versunkenen Fußgänger. In Hanalei ist alles zu Fuß erreichbar. Ansonsten macht man es einfach wie die Einheimischen und schwingt sich aufs Rad.

Wer kein Auto gemietet hat: Der **North Shore Shuttle** (☎ 808-826-7019; www.kauai.gov/NorthShoreShuttle; einfach 4 US$) verbindet Hanalei mit Ke'e und hält unterwegs mehrmals in Waniha und Haena.

Po'ipu & South Shore

Touristen der South Shore lieben Po'ipu, und das ist kein Wunder: Es ist einer der sonnigsten Orte auf der Insel – mit deutlich weniger Regen (und weniger Grün) als woanders im Norden. Es gibt tolle sonnenverwöhnte Strände, zahlreiche erstklassige Resorts und Ferienwohnungen sowie einige der besten Restaurants von Kaua'i.

Während sich die meisten Urlauber hier den Stränden und Wasseraktivitäten wie Surfen, Tauchen, Schnorcheln, Paddeln oder einfach nur dem Sonnenbaden am Strand widmen, kann sich die South Shore auch mit zwei weltberühmten Botanischen Gärten rühmen, die wunderschöne Sammlungen einheimischer Gewächse zeigen. An der nicht erschlossenen Maha'ulepu Coast stehen versteinerte Sanddünenklippen, und die tosende Brandung eignet sich für einen unvergesslichen Spaziergang. Dazwischen befinden sich die Überreste der ehemaligen Plantagenstadt mit schönen Kunstgalerien, guten Restaurants und interessanten historischen Einblicken in die netten Zentren von Koloa und Kalaheo.

Anreise & Unterwegs vor Ort

Bei nur zwei Hauptstraßen fällt die Orientierung leicht: Die Po'ipu Rd (im Osten von Po'ipu) und die Lawa'i Rd (im Westen von Po'ipu). Man braucht ein Auto, einen Roller oder ein Fahrrad, um irgendwohin – außer zum Strand – zu gelangen. Man kann auch an den Straßen entlang laufen, aber das ist eher Vorstadtfeeling als Surfer-Vibe.

Der **Kaua'i Bus** (☎ 808-246-8110; www.kauai.gov/Bus; 3220 Ho'olako St, Lihu'e; einfache Fahrt Erw./Senior & Kind 7–18 J. 2/1 US$) fährt durch Koloa nach Po'ipu mit Halt an der Po'ipu Rd bei der Abzweigung zum Po'ipu Beach Park sowie am Hyatt. Der Bus bietet zwar die Möglichkeit, von anderen Städten hierher zu kommen, aber für die Fortbewegung in der Stadt nutzt er nicht viel.

Die USA verstehen

USA aktuell

Das brisante Ergebnis der Präsidentschaftswahlen 2016, bei denen der Geschäftsmann Donald Trump zwar nicht die Mehrheit der abgegebenen Stimmen erhielt, wohl aber die der in den USA schlussendlich für die Wahl eines Präsidenten zuständigen Wahlmänner und -Frauen, führte die USA in eine unsichere Zukunft, und spaltete die Nation noch deutlicher bezüglich umstrittener Themen wie Einwanderung und Gesundheitsversorgung und löste große Protestenwellen aus, mit denen sich die Linke dem plötzlichen (und scharfen) Rechtsruck der Nation entgegenstellte. Unterdessen findet die Bewegung, Marihuana für den persönlichen Gebrauch freizugebeben, zunehmend Akzeptanz, die Städte blühen auf, und die Kluft zwischen Arm und Reich wird immer größer.

Top-Filme

Singin' in the Rain („Du sollst mein Glücksstern sein"; 1952) Film-Musical mit einem grandiosen Gene Kelly.

Der Stadtneurotiker (1977) Woody Allens brillante Komödie, in der New York City eine der Hauptrollen spielt.

Der unsichtbare Dritte (1959) Cary Grant flüchtet in diesem Hitchcock-Thriller quer durch die USA.

Der Pate (1972–1990) Trilogie über die amerikanische Gesellschaft, Einwanderer und das organisierte Verbrechen.

Boyhood (2014) Aufwändige Coming-of-Age-Story von Richard Linklater.

Top-Bücher

Unterwegs (Jack Kerouac; 1957) Reise durch die USA der Nachkriegsära.

Der große Gatsby (F Scott Fitzgerald; 1925) Brilliantes Porträt der Jazz-Ära.

Menschenkind (Toni Morrison; 1987) Mit dem Pulitzer-Preis ausgezeichneter Roman über die Jahre nach dem Ende des Bürgerkriegs.

Die Abenteuer des Huckleberry Finn (Mark Twain; 1884) Bewegende Story über Leben und Selbstfindung.

Blue Highways – Eine Reise in Amerika (William Least Heat-Moon; 1982). Klassiker der Reiseliteratur.

Underground Railroad (Colson Whitehead; 2016) Mit dem Pulitzer-Preis ausgezeichneter Roman über den Freiheitsdrang eines jungen Sklaven.

Großstädte im Wandel

Amerikas boomende Großstädte wachsen schneller als das übrige Land und stehen inzwischen keinesfalls mehr für schäbige Überbleibsel aus vergangenen Jahrzehnten. Heute sind sie vergleichsweise sicher und deutlich reizvoller als einst: Kulturprogramme, Restaurants, ein buntes Nachtleben und eine hohe Lebensqualität locken immer mehr Menschen aus den Vorstädten und Außenbezirken in die Stadtzentren. Das aber bringt viele Probleme mit sich – vor allem im Immobiliensektor und Verkehrswesen. Das Schaffen von erschwinglichem Wohnraum zählt aktuell zu den größten Herausforderungen, denen sich US-Metropolen zu stellen haben: Vielerorts sind die Preise und Mieten durch die Decke geschossen. Dies schmerzt vor allem Familien aus der Mittelschicht, deren Einkommenszuwachs nicht mit den Preissteigerungen mithalten kann. Landesweit gibt die Hälfte aller Mieter inzwischen mehr als 30 % ihres Einkommens für die Miete aus, einkommensschwache Familien sogar über 50 %.

Um der steigenden Nachfrage nachzukommen, entstehen in den ganzen USA neue Wohnungen. Viele Angebote richten sich jedoch an Besser- und Spitzenverdiener und bringen daher kaum Entlastung. Bürgermeister wie Bill de Blasio (NYC) oder Ed Lee (San Francisco) haben ehrgeizige Programme für den Bau preiswerter Wohnungen gestartet. De Blasio verkündete, dass New York mutig agieren müsse – andernfalls laufe es Gefahr, eine bewachte Reichengemeinde zu werden, die von Exklusivität und nicht von Möglichkeiten geprägt sei. Dasselbe ist leicht auf andere US-Großstädte übertragbar.

Eine gespaltene Nation

Apropos Exklusivität: Die Einkommensschere in den USA geht nach wie vor immer weiter auseinander. Das oberste Prozent der Bevölkerung verdient inzwischen

20 % des landesweiten Einkommens (1976 waren es noch 9 %). Gleichzeitig werden die Armen immer ärmer: Durchschnittsverdiener haben heute 2,5 % weniger in der Lohntüte als noch 1999. Doch leider wird die Lücke nicht nur in finanzieller Hinsicht immer größer: In den 1980er-Jahren lebten reiche Amerikaner 2,7 Jahre länger als ärmere Landsleute – heute ist dieser Unterschied zwischen den reichsten und ärmsten Amerikanern auf 15 Jahre angewachsen. Zudem lassen priviligiertere Kinder Gleichaltrige mit immer größerem Abstand in den Schulen hinter sich: Die Differenz zwischen den Testergebnissen von Arm und Reich ist mittlerweile um mehr als 30 % größer als vor zwei Jahrzehnten.

Die Herkulesaufgabe besteht im Lösen dieser Probleme: Eine potentielle Maßnahme – Steuererhöhungen für Reiche – gilt als politischer Selbstmord. Doch auch stärkere Gewerkschaften und universelle Betreuungsprogramme vor dem Kindergartenalter haben im derzeitigen politischen Klima kaum Zuspruch erhalten. Einen Silberstreifen am Horizont gibt es allerdings: Bundesstaaten von Kalifornien und Washington bis New York planen, in den kommenden Jahren den Mindestlohn auf bis zu 15 US$ anzuheben, um so die ärmsten Bürger aus der Armut zu holen.

Eine grünere Zukunft

Der verstärkte Zuzug in Ballungsräume stellt Großstädte auch vor Verkehrsprobleme: Ingenieure wissen seit den 1960er-Jahren, dass Straßenbau niemals gegen Stau hilft. Folglich wurde verstärkt in öffentliche Verkehrsmittel investiert. Einst extrem autoverliebte Metropolen wie Houston haben ihre Nahverkehrsnetze inzwischen massiv um neue Stadtbahnen, Expressbusse und Busspuren erweitert.

Bike-Sharing-Programme haben sich im ganzen Land ausgebreitet – mittlerweile bieten fast 120 Städte den problemlosen Verleih von Fahrrädern für Anwohner und Besucher gleichermaßen an (in der Regel tageweise oder für eine Woche). Obwohl Kritiker sich Sorgen wegen Verletzungen machen (keines der Bike-Sharing-Programme bietet Helme an), sowie über die langfristige finanzielle Überlebensfähigkeit dieser oft teuren Programme, liegen die Vorteile auf der Hand: weniger Autos auf den Straßen, ein bisschen mehr Bewegung für Pendler und weniger CO_2 in der Atmosphäre.

Waffenkultur

In den vergangenen 30 Jahren ereigneten sich in den USA zahlreiche Amokläufe mit Schusswaffengebrauch, eine Entwicklung, die sich leider auch in letzter Zeit mit erschütternden Massakern fortgesetzt hat. Im Jahr 2017 feuerte ein schwer bewaffneter Mann in Las Vegas, NV, von seinem Hotelzimmer auf die Besucher eines Country-Musik-Festivals und tötete 58 Menschen. 2016 eröffnete ein Mann in ei-

BEVÖLKERUNG: **324 MIO.**

BIP PRO KOPF: **57300 US$**

ARBEITSLOSENQUOTE: **4,8%**

EINWOHNER UNTER DER ARMUTSGRENZE: **14,5%**

Gäbe es nur 100 US-Amerikaner, wären

65 Weiße
15 Hispanics
13 Afroamerikaner
4 Asiaten
3 Sonstige

Religionen

(in % der Bevölkerung)

Einwohner pro km²

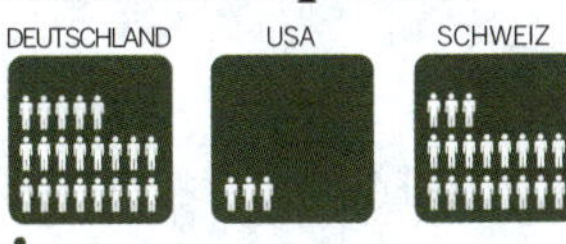

Top-Musik

America (Simon & Garfunkel; 1968) Junge Liebende machen sich per Anhalter auf die Suche nach Amerika.
Cowboy Take Me Away (Dixie Chicks; 1999) Klassische Country-Musik vom Feinsten.
Smells Like Teen Spirit (Nirvana; 1991) *Die* Grunge-Rock-Hymne der Generation X.
Gangsta's Paradise (Coolio; 1995) Hip-Hop-Klassiker, der die zyklische Natur der Gewalt beklagt.
Born This Way (Lady Gaga; 2011) Hymne für eine neue Ära der LGBT-Rechte.
Alright (Kendrick Lamar; 2015) Song gegen Ungerechtigkeit, der bei Black Lives Matter-Proteste gesungen wird.

Grünste Städte

Portland, OR Große Parks, 560 km Radwege, fußgängergerechtes Stadtzentrum und umweltbewusste Bevölkerung.
San Francisco, CA Unzählige Märkte, Bio-Restaurants und ressourcenschonende Gebäude. Radfahrer, Fußgänger und öffentlicher Nahverkehr haben Vorrang.
New York City, NY Bikesharing-Programme, Parks in Ufernähe und Grünanlagen, in denen jährlich 100 000 Bäume gepflanzt werden. Auto unnötig – grundsätzlich.
Minneapolis, MN Das viertgrößte Bike-Sharing-Programm des Landes, eine äußerst erfolgreiche Initiative für Dachbegrünung und 15 % der Gesamtfläche ist für Parks ausgewiesen.

nem LGBT-Nachtclub in Orlando, FL, das Feuer – 49 Menschen verloren ihr Leben. Weitere verheerende Vorkommnisse waren die rassistisch motivierte Ermordung von neun Mitgliedern einer afroamerikanischen Baptistengemeinde in Charleston, SC, während einer Bibelstunde, sowie das Massaker von Newton, CT, 2012, bei dem 20 Kleinkinder und sechs Erwachsene getötet wurden.

Pro Tag werden in den USA durchschnittlich 32 Menschen durch Feuerwaffen getötet, 216 weitere erleiden Verletzungen bei Schießereien. Rechnet man Unfälle und Selbstmorde hinzu, sterben jedes Jahr etwa 34 000 US-Bürger durch Kugeln. Obwohl etwa durch eine Studie des American Journal of Medicine von 2013 belegt wurde, dass mehr Feuerwaffen im Umlauf zu mehr Morden führen und Länder mit strengen Waffengesetzen vergleichsweise wenig Opfer verzeichnen, hat sich der Kongress bislang hartnäckig geweigert, selbst äußerst moderate Bestimmungen zur Schusswaffenkontrolle zu verabschieden. Der Grund dafür liegt zum Teil darin, dass Lobby-Verbände wie die National Rifle Association (NRA) eine unglaubliche Macht ausüben und jährlich über 35 Mio. US$ für nationale und lokale politische Wahlkämpfe zur Verfügung stellen. Doch auch die Amerikaner selbst lieben ihre Kanonen: Einer Umfrage von Pew Research zufolge sprachen sich zuletzt 52 % der US-Bürger dafür aus, ihr Recht auf Waffenbesitz zu schützen; nur 46 % hielten es für wichtiger, diesen strenger per Gesetz zu kontrollieren.

Der „Grüne Rausch"

Im Jahr 2006 waren lediglich 32 % der Amerikaner für die Legalisierung von Marihuana für den persönlichen Gebrauch. Inzwischen liegt die Zustimmung bei fast 60 %. In den vergangenen zehn Jahren hat sich die Einstellung der Menschen der Droge gegenüber deutlich verändert, nicht zuletzt wegen der Entwicklungen in Colorado, das 2012 die persönliche Nutzung für Erwachsene ab 21 Jahren legalisierte und wo infolge mit Pot-Shops, Gras-Touren und cannabisfreundlichen Unterkünften die erste echte Cannabis-Industrie der Nation entstand.

Während die Droge gemäß föderalem Gesetzen nach wie verboten ist, lebt heute jeder fünfte Amerikaner in einem Bundesstaat, in dem es legal ist, Marihuana auch ohne ärztliche Verschreibung zu konsumieren. Unterdessen befindet sich die Cannabis-Industrie mitten in einem regelrechten Rausch: bis 2021 soll der legale Umsatz mit dem Kraut 20 Mrd. US$ übersteigen. Befürworter der Bewegung sagen, dass dies ein wirtschaftlicher Segen ist, der den Drogenkartellen Einnahmen entzieht und in Steuereinnahmen verwandelt. Gegner argumentieren, die Legalisierung normalisiere den Drogenkonsum, fördere die Abhängigkeit und habe negative Auswirkungen auf Jugendliche und die ärmsten Schichten der Gesellschaft. Die Debatte tobt weiter. Inzwischen legalisieren jedes Jahr weitere Bundesstaaten die Droge und die Regierung in Washington drückt dabei ein Auge zu.

Geschichte

Von den Anfängen als englische Kolonie bis zum Aufstieg zur Supermacht Nr. 1 des 20. Jhs. verlief die amerikanische Geschichte alles andere als langweilig. Der Krieg gegen die Briten, der Aufbruch in Richtung Westen, die Sklaverei und ihre Abschaffung, Bürgerkrieg und Wiederaufbau, die Große Depression, der Boom der Nachkriegsjahre und die neuesten Konflikte des 21. Jhs. – das alles hat die komplizierte Identität der amerikanischen Nation geformt.

Die Schildkröteninsel

Mündlichen Überlieferungen und heiligen Mythen zufolge leben indigene Völker seit Menschengedenken auf dem nordamerikanischen Kontinent, den manche von ihnen die „Schildkröteninsel" nannten. Als die Europäer den Kontinent zum ersten Mal betraten, lebten auf dem Rücken der Schildkröte nördlich vom heutigen Mexiko zwischen 2 und 18 Mio. Menschen, die sich in über 300 Sprachen verständigten.

Zu den bedeutendsten prähistorischen Kulturen Nordamerikas gehörten die *Mound Builders* (übersetzt etwa: Erbauer von Erdhügeln), die von ca. 3500 v. Chr. bis 1400 n. Chr. die Flusstäler am Ohio River und am Mississippi bewohnten. Das im heutigen Illinois gelegene Cahokia war mit 20 000 Einwohnern die größte präkolumbische Metropole Nordamerikas.

Im Südwesten besetzten die frühen Pueblo-Indianer zwischen 100 und 1300 n. Chr. das Colorado-Plateau, bis Krieg, Dürre und Ressourcenknappheit sie wahrscheinlich vertrieben. Ihre Höhlenbauten sind noch heute im Mesa Verde National Park in Colorado zu sehen, und im Chaco Culture National Historical Park in New Mexico sind in der Wüste die Überreste der Lehmziegelhütten der Pueblo-Kultur erhalten.

Es waren die Kulturen der Great Plains, die für die eingewanderte europäische Bevölkerung Amerikas zum Sinnbild der „Indianer" werden sollten, was zum Teil darauf gründet, dass diese Stammesvölker sich am längsten der US-amerikanischen Expansion gen Westen widersetzten. In Oklahoma gibt es zahlreiche Stätten, die das Leben der Indianer vor der Ankunft der Europäer veranschaulichen, z. B. in Anadarko und entlang des Trail of Tears (Pfad der Tränen).

1502 verwendete der italienische Seefahrer Amerigo Vespucci den Begriff „Mundus Novus" (Neue Welt), um seine Entdeckungen zu beschreiben. Der Lohn? Auf neuen Karten wurde die westliche Hemisphäre 1507 als „Amerika" bezeichnet.

ZEITLEISTE

40 000–20 000 v. Chr.

Aus Zentralasien wandern die ersten Völker des amerikanischen Kontinents über eine Landbrücke ein, die sich zwischen Sibirien und Alaska erstreckt (der Meeresspiegel ist zu jener Zeit niedriger als heute).

8000 v. Chr.

Die Organisation der Menschen in Jagdgemeinschaften und ein wärmeres Klima sind Gründe für das Aussterben der Eiszeitsäuger. Die indigenen Völker fangen an, Pflanzen zu sammeln und jagen kleinere Tiere.

7000 v. Chr.–100 n. Chr.

Die „Archaische Periode" ist von einem nomadenhaften Lebensstil als Jäger und Sammler geprägt. Am Ende der Periode sind der Anbau von Mais, Bohnen und Kürbissen und das Leben in Siedlungen etabliert.

Die Ankunft der Europäer

1492 reiste der Genueser Christoph Kolumbus im Auftrag Spaniens nach Westen. Auf der Suche nach Ostindien fand er die Bahamas. Schnell folgten weitere spanische Entdecker, die auf Gold hofften: Cortés eroberte große Teile des heutigen Mexiko, Pizarro nahm Peru ein, Ponce de León reiste auf der Suche nach dem Jungbrunnen durch Florida. Und dann waren da noch die Franzosen, die Kanada und den Mittleren Westen erforschten, während Holländer und Engländer an den östlichen Küsten Nordamerikas entlangfuhren.

The People: Indians of the American Southwest (1993) von Stephen Trimble ist ein facettenreicher Bericht über die Geschichte und die heutige Kultur der Ureinwohner – so, als erzählten hier die Ureinwohner selbst.

Im Gepäck hatten die Europäer Krankheiten, gegen die die indigene Bevölkerung keine Abwehrkräfte besaß. Mehr als alle anderen Faktoren – Krieg, Sklaverei und Hunger – dezimierten Epidemien die Bevölkerung der Ureinwohner, und zwar zwischen 50 und 90%. Im 17. Jh. zählten die Indianerstämme Nordamerikas nur noch ca. 1 Mio. Menschen. Viele der einst blühenden Gemeinschaften waren im Chaos versunken.

1607 errichteten englische Adlige in Jamestown die erste dauerhafte europäische Siedlung in Nordamerika. Frühere Siedlungen hatten ein schlechtes Ende genommen, und auch in Jamestown kam es fast dazu. Die Europäer hatten sich einen Sumpf ausgesucht und ihre Felder zu spät bestellt, sodass sie an Krankheiten und Hunger starben. Einige Kolonisten liefen davon, um bei den Stämmen der Region zu leben. Diese halfen der Siedlung so weit, dass das Überleben gerade so gelang.

Für Jamestown und Amerika sollte 1619 ein Schlüsseljahr werden. Die Kolonie gründete das House of Burgesses, eine repräsentative Versammlung von Bürgern, die über die Gesetze in der Region entscheiden sollte. Noch im selben Jahr kam die erste Schiffsladung mit 20 afrikanischen Sklaven an.

Das Folgejahr erwies sich als ähnlich bedeutsam. Eine Gruppe radikal religiöser Puritaner ging damals dort an Land, wo später Plymouth, MA, entstehen sollte. Die Pilgerväter waren auf der Flucht vor der religiösen Verfolgung einer „korrupten" Kirche in England. In der Neuen Welt sahen sie eine gottgegebene Möglichkeit, eine neue Gesellschaft zu erschaffen, die ein leuchtendes Vorbild an Religion und Moral werden sollte. Die radikalen Puritaner unterzeichneten den Mayflower-Vertrag, einen der bahnbrechenden Texte der amerikanischen Demokratie, in dem sie sich zur Errichtung einer gesetzlichen Ordnung verpflichteten.

Kapitalismus & Kolonialismus

Während der nächsten zwei Jahrhunderte wetteiferten die europäischen Mächte um ihre Position und das Territorium in der Neuen Welt. Dabei dehnten sie die europäische Politik auch auf Nord- und Südamerika aus. Nachdem es der British Royal Navy gelungen war, den Atlantik zu be-

1492

Der italienische Forschungsreisende Christoph Kolumbus „entdeckt" Amerika auf drei Reisen durch die Karibik. Aus der falschen Annahme heraus, er hätte Indien erreicht, nennt er die indigenen Völker „Indianer".

Mitte 16. Jh.

Spanier gründen die ersten Kolonien auf amerikanischem Boden, darunter das heute noch existierende St. Augustine in Florida. Andere Neugründungen werden später wieder aufgegeben.

1607

Die erste englische Kolonie, die Siedlung Jamestown im heutigen Virginia, wird auf sumpfigem Marschland gegründet. Die ersten Jahre sind hart; viele Kolonisten sterben an Krankheiten oder verhungern.

1620

Die *Mayflower* landet mit 102 englischen Pilgern an Bord in Plymouth. Sie haben sich in die Neue Welt aufgemacht, um religiöser Verfolgung zu entkommen. Die Wampanoag retten sie vor dem Verhungern.

herrschen, konnte England immer stärker von seinen Kolonien profitieren und gierig die neu gewonnenen, exotischen Produkte konsumieren: Tabak aus Virginia, Zucker und Kaffee aus der Karibik.

Im 17. und 18. Jh. wurde in Amerika die Sklaverei langsam zu einer formellen Einrichtung legalisiert, um so die Plantagenwirtschaft zu unterstützen. Um 1800 war eine von fünf Personen ein Sklave.

In der Zwischenzeit überließen es die Briten den amerikanischen Kolonisten weitgehend, sich selbst zu regieren. Treffen in den Städten und repräsentative Versammlungen wurden zur Regel. Hier diskutierten die Bürger der Region – d.h. weiße Männer mit Besitz – die Probleme der Gemeinschaft und stimmten über Gesetze und Steuern ab.

Dennoch bekam Großbritannien am Ende des Siebenjährigen Krieges 1763 die Belastungen zu spüren, die die Oberherrschaft über solch ein Imperium mit sich bringt: Es hatte 100 Jahre lang gegen Frankreich gekämpft und besaß Kolonien, die überall auf der Welt verstreut lagen. Es war an der Zeit, mit der Bürokratie aufzuräumen und finanzielle Lasten aufzuteilen.

Die Kolonien lehnten die Steuern und sonstigen Taktiken jedoch vehement ab. Die öffentliche Empörung sollte schon bald in der Unabhängigkeitserklärung von 1776 gipfeln. Mit diesem Dokument griffen die amerikanischen Kolonisten viele der damals weltweit verbreiteten Ideen der Aufklärung – Individualismus, Gleichheit und Freiheit, John Lockes „natürliche Rechte" auf Leben, Freiheit und Eigentum – auf, und formten eine neue Regierungsform, um diese umzusetzen.

Die Frustration erreichte 1773 mit der Boston Tea Party ihren Höhepunkt. Die Briten gingen dagegen mit aller Härte vor, sie schlossen den Hafen von Boston und erhöhten ihre Militärpräsenz. Im Jahr 1774 versammelten sich Vertreter aus zwölf Kolonien im Ersten Kontinentalkongress in der Independence Hall in Philadelphia, um ihre Beschwerden vorzutragen und sich auf den unvermeidbar bevorstehenden Krieg vorzubereiten.

Revolution & Republik

Im April 1775 gerieten in Massachusetts britische Truppen in ein Geplänkel mit bewaffneten Kolonisten – der Amerikanische Unabhängigkeitskrieg begann. George Washington, ein wohlhabender Farmer aus Virginia, wurde zum Führer der amerikanischen Armee gewählt. Das Problem war nur, dass Washington Schießpulver und Geld fehlten. Die Kolonisten wehrten sich sogar gegen die Steuern, die für ihr eigenes Militär aufgewendet werden sollten. Zudem stellten seine Truppen eine kunterbunte Mischung aus schlecht bewaffneten Bauern, Jägern und Kaufleuten dar, die regelmäßig aufgaben und auf ihre Farmen zurückkehrten – schließlich wurden sie ja nicht bezahlt. Dagegen verkörperten

Stätten aus der Kolonialzeit

- *Williamsburg (Virginia)*
- *Jamestown (Virginia)*
- *Plymouth (Massachusetts)*
- *North End (Boston)*
- *Philadelphia (Pennsylvania)*
- *Annapolis (Maryland)*
- *Charleston (South Carolina)*

Entschieden und ernüchternd erzählt *Begrabt mein Herz an der Biegung des Flusses* (1970) von Dee Brown die Geschichte der Indianerkriege des späten 19. Jhs. aus der Sicht der amerikanischen Ureinwohner.

1626
Niederländische Kaufleute kaufen Indianern die Insel Manhattan ab und gründen die Stadt Nieuw Amsterdam. Nach der Annexion durch die Engländer 1664 bekommt sie den Namen New York.

1675
Jahrzehntelang leben die Pilgerväter und die einheimischen Stämme in relativer Eintracht nebeneinander, bis 1675 ein tödlicher Konflikt ausbricht: der Indianeraufstand „King Philip's War".

1756–1763
Im Siebenjährigen Krieg in Nordamerika ist Frankreich England unterlegen und zieht sich aus Kanada zurück. Großbritannien kontrolliert nun den Großteil des Territoriums östlich des Mississippi.

1773
Boston Tea Party: Aus Protest gegen die britische Teesteuer verkleiden sich die Einwohner Bostons als Mohawaks, besetzen Schiffe der East India Company und werfen deren Teeladungen über Bord.

DER FLUCH DES TECUMSEH

Einer Legende zufolge lag mehr als 100 Jahre lang ein Fluch über jedem Präsidenten, der in einem Jahr mit einer Null am Ende gewählt wurde (also alle 20 Jahre). Begonnen hat das mit dem späteren Präsidenten William Henry Harrison, der 1811 eine Schlacht gegen die Shawnee gewann und damit die Hoffnungen Tecumsehs, des Häuptlings der Shawnee-Indianer, auf eine gesamtindianische Allianz zerstörte. Nach der bitteren Niederlage verfluchte ihn Tecumseh ungefähr mit diesen Worten: „Harrison wird sterben und alle 20 Jahre nach ihm jeder, der zum großen Häuptling gewählt wird. Und jedes Mal, wenn einer von ihnen stirbt, werdet ihr euch alle an das Sterben meines Volkes erinnern."

die britischen *Redcoats* (Rotröcke) das mächtigste Militär der Welt. Der unerfahrene General Washington musste ständig improvisieren. Mal zog er sich weise zurück, mal unternahm er Angriffe aus dem Hinterhalt. Während des Winters 1777/78 wäre die amerikanische Armee bei Valley Forge beinahe verhungert.

In der Zwischenzeit versuchte der Zweite Kontinentalkongress in Worte zu fassen, wofür man eigentlich kämpfte. Im Januar 1776 veröffentlichte Thomas Paine den unglaublich beliebten *Common Sense*, in dem er sich leidenschaftlich für die Unabhängigkeit von England einsetzte. Bald erschien die Unabhängigkeit nicht nur als logisch, sondern galt als edel und notwendig. Am 4. Juli 1776 wurde ein Schlussstrich gezogen und die Unabhängigkeitserklärung unterzeichnet, die zu großen Teilen von Thomas Jefferson verfasst worden war. In der Gründungsurkunde der USA verkündeten die 13 britischen Kolonien ihre Loslösung von Großbritannien und ihr Recht, von nun an als unabhängige und souveräne Staaten zu handeln.

Der Legende nach soll George Washington so ehrlich gewesen sein, dass er, nachdem er als Kind den Kirschbaum seines Vaters gefällt hatte, zugab: „Ich kann nicht lügen. Ich war es, mit meiner Kinderaxt."

Dennoch: Um auf dem Schlachtfeld erfolgreich zu sein, benötigte General Washington Hilfe anstatt hehrer Gefühle. 1778 überredete Benjamin Franklin die Franzosen – die stets gewillt waren, England Schwierigkeiten zu bereiten –, sich mit den Revolutionären zu verbünden. Sie beschafften die Truppen, das Material und die Seemacht. 1781 kapitulierten die Briten schließlich bei Yorktown, VA. Und zwei Jahre später wurden die „Vereinigten Staaten von Amerika" mit dem Frieden von Paris offiziell anerkannt.

Anfangs konnte dieser lose Bund aufsässiger und zankender Staaten kaum als „vereinigt" bezeichnet werden. Und so kam es, dass sich die Gründerväter im Jahr 1787 noch einmal in Philadelphia trafen, um eine Verfassung zu entwerfen, in der die Gewaltenteilung festgeschrieben wurde. Um den Einzelnen vor dem Missbrauch staatlicher Macht zu schützen, wurde darüber hinaus 1791 schließlich noch die Bill of Rights verabschiedet.

1775

Paul Revere reitet von Boston nach Westen, um die Minutemen-Miliz der Kolonie vor der Ankunft der Briten zu warnen. Einen Tag später bricht der Amerikanische Unabhängigkeitskrieg aus.

1776

Am 4. Juli unterzeichnen die Kolonien die Unabhängigkeitserklärung. Zu den Männern, die an der Ausarbeitung des Dokuments beteiligt waren, zählen John Hancock, Benjamin Franklin und Thomas Jefferson.

1787

Die Constitutional Convention in Philadelphia arbeitet die amerikanische Verfassung aus. Die Machtverhältnisse zwischen dem Präsidenten, dem Kongress und der Judikative sind ausgeglichen.

1791

Die Bill of Rights wird als Zusatzartikel zur Verfassung verabschiedet. Sie umreißt Bürgerrechte wie die Rede-, Versammlungs-, Religions- und Pressefreiheit sowie das Recht, Waffen zu tragen.

Mit der Verfassung wurde festgelegt, welche Wirkung die Amerikanische Revolution haben sollte: radikale Erneuerung der Regierung und Erhalt der wirtschaftlichen und sozialen Zustände. Die reichen Landbesitzer behielten ihren Besitz, wozu auch die Sklaven gehörten. Die Ureinwohner Amerikas wurden von der Nation und die Frauen von der Politik ausgeschlossen. Diese offensichtlichen Diskrepanzen und Ungerechtigkeiten wurden durchaus wahrgenommen. Doch sie waren das Resultat von pragmatischen Kompromissen (z. B. um die von der Sklavenarbeit abhängigen Südstaaten zur Zustimmung zu bewegen) und der allgemeinen Überzeugung von der Unausweichlichkeit der Lage der Dinge.

Auf in den Westen!

Als das 19. Jh. anbrach, machte sich in der jungen Nation Optimismus breit. Die Erfindung der Egreniermaschine zur Entkörnung von Baumwolle 1793 – gefolgt von Dreschern, Erntemaschinen, Mähmaschinen und später Mähdreschern – industrialisierte die Landwirtschaft und kurbelte den US-Handel an. Der Louisiana Purchase von 1803 verdoppelte das Territorium der USA, und die Bevölkerung rückte langsam von den Appalachen in Richtung Westen vor.

Die Beziehungen zwischen den USA und Großbritannien blieben – trotz eines lebhaften Handelsaustauschs – angespannt. 1812 erklärten die Vereinigten Staaten England erneut den Krieg. Doch der zwei Jahre andauernde Konflikt endete ohne große Zugewinne für beide Seiten, obwohl die Briten ihre Forts aufgaben und die USA gelobten, sich aus den *entangling alliances* (verwickelten Allianzen) in Europa herauszuhalten.

In den 1830er- und 1840er-Jahren wuchs, angetrieben durch nationalistischen Eifer und Träumereien von einer Expansion über den gesamten Kontinent, die Einstellung, dass es eine Manifest Destiny (offensichtliche Bestimmung) sei, dass das ganze Land den Amerikanern gehören solle. Während der Indian Removal Act von 1830 (das Gesetz zur Umsiedlung der Indianer) ein „Hindernis" aus dem Weg räumen sollte, beseitigte der Bau der Eisenbahn ein anderes und verband die Farmen im Mittleren Westen mit den Märkten an der Ostküste.

Eine Gruppe von Texanern war es, die 1836 zu einer Revolution gegen Mexiko aufrief. Zehn Jahre später annektierten die Vereinigten Staaten die Republik Texas, und als die Mexikaner sich beschwerten, zogen die Amerikaner einfach gegen sie in den Krieg. Und weil sie gerade dabei waren, nahmen sie sich auch gleich noch Kalifornien. 1848 wurde Mexiko vernichtend geschlagen und musste die beiden Gebiete an die USA abtreten. Damit war die kontinentale Expansion der Vereinigten Staaten abgeschlossen.

Durch einen merkwürdigen Zufall wurde nur Tage nachdem der Vertrag mit Mexiko 1848 unterzeichnet worden war, in Kalifornien Gold ge-

1803

Napoleon verkauft das Gebiet von Louisiana westlich des Mississippi für schlappe 15 Mio. US$ an die USA, woraufhin die Grenzen der jungen Nation nun vom Atlantik bis zu den Rocky Mountains reichen.

1804–1806

Präsident Jefferson schickt Lewis und Clark gen Westen. Unter der Führung einer Stammesangehörigen der Schoschonen, Sacagawea, begeben sie sich auf die Reise von St. Louis zum Pazifik.

1812

Der Britisch-Amerikanische Krieg beginnt mit Schlachten gegen die Briten und die Ureinwohner Amerikas im Gebiet der Großen Seen. Auch nach dem Frieden von Gent von 1814 gehen die Kämpfe an der Golfküste weiter.

1823

Um die Militäreinsätze der Europäer in Amerika zu beenden, formuliert Präsident Monroe die Monroe-Doktrin. Roosevelt dehnt sie später aus, um Interventionen der USA in Lateinamerika zu rechtfertigen.

funden. Bereits 1849 strömten ganze Güterzüge voller Bergleute, Pioniere, Unternehmer, Einwanderer, Outlaws und Prostituierter auf der Suche nach dem großen Glück in Richtung Westen. Dies waren aufregende Zeiten, die in die Geschichte eingehen sollten, doch unter der Oberfläche brodelte eine beunruhigende Frage: Würden neue Staaten, die zu Amerika hinzukamen, Staaten mit Sklaven oder freie Staaten sein? Die Zukunft der Nation hing von der Antwort auf diese Frage ab.

Die außergewöhnliche Reise der Lewis-und-Clark-Expedition nach Westen bis zum Pazifik und wieder zurück kann online unter www.pbs.org/lewisandclark mithilfe historischer Karten, Fotoalben und Tagebuchauszüge nachvollzogen werden.

Der Bürgerkrieg

Die Verfassung der USA hatte nicht zur Abschaffung der Sklaverei geführt, dem Kongress jedoch die Macht gegeben, die Sklaverei in neuen Staaten entweder zu erlauben oder zu verbieten. In der Öffentlichkeit wurde heftig über die Ausweitung der Sklaverei diskutiert, da vor allem diese Streitfrage die Machtverhältnisse zwischen dem industrialisierten Norden und dem landwirtschaftlichen Süden beeinflusste.

Seit der Gründung der USA hatten Politiker aus dem Süden die Regierung dominiert und die Sklaverei fanatisch als „natürlich und normal" verteidigt, was ein Leitartikel der *New York Times* von 1856 als „Irrsinn" abstempelte. Die Abolitionisten (Sklavereigegner) aus dem Norden waren erzürnt über die Sklaverei-Lobby aus dem Süden, doch selbst viele Politiker aus dem Norden befürchteten, dass ein Ende der Sklaverei das Land in den Ruin treiben würde. Sie setzten sich für eine Begrenzung der Sklaverei ein und hofften, dass diese im Wettbewerb mit Fleiß und freier Arbeit dahinwelkte, ohne dass ein gewaltsamer Sklavenaufstand angefacht würde – eine ständig drohende Gefahr. Tatsächlich versuchte der radikale Sklavengegner John Brown 1859 bei Harpers Ferry erfolglos, einen Aufstand anzuzetteln.

Der Historiker James McPherson ist eine Koryphäe in Sachen Bürgerkrieg. Er gewann den Pulitzer-Preis mit *Für die Freiheit sterben* (1988) – einer extrem herzzerreißenden Saga zwischen zwei Buchdeckeln.

Die Wirtschaftlichkeit der Sklaverei ließ sich nicht bestreiten: 1860 gab es in den USA mehr als 4 Mio. Sklaven, die überwiegend auf den Plantagen im Süden arbeiteten. Dort wurden 75% der weltweit angebauten Baumwolle geerntet, was wiederum über die Hälfte der US-amerikanischen Exporte ausmachte. Die Wirtschaft des Südens stützte also die Wirtschaft der ganzen Nation, und dafür brauchte sie Sklaven. Die Präsidentschaftswahl im Jahr 1860 sollte zu einer Abstimmung über dieses Thema werden. Es gewann ein junger Politiker, der sich für die Einschränkung der Sklaverei einsetzte: Abraham Lincoln.

Schon der bloße Gedanke an landesweite Beschränkungen war für die Südstaatler unerträglich. Als Lincoln sein Amt antrat, fielen elf Staaten von der Union ab und gründeten die Konföderation der Staaten von Amerika. Der junge Präsident sah sich mit der bislang schwierigsten Entscheidung konfrontiert, die ein Politiker in seinem Amt je zu treffen hatte. Er hatte zwei Möglichkeiten: entweder die Staaten des Südens ziehen zu lassen und die Union aufzulösen oder einen Krieg zu führen, um

1844

Die erste Telegrafenlinie wird mit der Nachricht „Was hat Gott bewirkt?" eingeweiht. Ein Jahr später regt der Kongress den Bau einer transkontinentalen Eisenbahnlinie an, die 1869 fertig wird.

1845–1848

Die seit 1835/36 von Mexiko unabhängige Republik Texas tritt den USA bei. Ein Jahr später bricht der Mexikanisch-Amerikanische Krieg aus, in dem die USA weitere Territorien hinzugewinnen.

1849

Nach der Entdeckung von Gold bei Sacramento 1848 ist das Land in einem Goldrausch, der 60000 49er zu Kaliforniens Mother Lode lockt. Die Einwohnerzahl San Franciscos schnellt von 850 auf 25000.

1861–1865

Der Amerikanische Bürgerkrieg (Sezessionskrieg) zwischen dem Norden und dem Süden bricht aus. Das Kriegsende vom 9. April 1865 wird eine Woche später von der Ermordung Präsident Lincolns überschattet.

IHR KAMPF FÜR DEN WANDEL: FÜNF MENSCHEN, DIE DIE GESCHICHTE VERÄNDERTEN

Die amerikanische Geschichte ist voller Lichtgestalten, die durch kühne Taten – oft verbunden mit großen persönlichen Opfern – einen Umschwung herbeiführten. Obwohl die meiste Aufmerksamkeit oft den Präsidenten zuteil wird, gibt es doch zahllose, relativ unbekannte Visionäre, die enorme Beiträge zum gesellschaftlichen Leben geleistet haben.

Rachel Carson (1907–1964) Die wortgewandte Schriftstellerin mit dem scharfen wissenschaftlichen Verstand unterstützte die Umweltschutzbewegung, als diese noch in den Kinderschuhen steckte. Ihr Pionierwerk *Der stumme Frühling* beschreibt die Umweltbedrohungen, die von Pestiziden und einer unregulierten Industrie ausgehen. Die danach entstandene Basisbewegung trieb die Gründung der Environmental Protection Agency entscheidend voran.

Cesar Chavez (1927–1993) In der zweiten Generation mexikanischer Einwanderer in den USA in einem Arbeitslager für Landarbeiter aufgewachsen (in dem seine gesamte Familie für 1 US$ am Tag schuftete), war Chavez eine charismatische und beeindruckende Persönlichkeit – Gandhi und Martin Luther King Jr. gehörten zu seinen Idolen. Er gründete die amerikanische Landarbeitergewerkschaft United Farm Workers und gab damit Tausenden mittelloser Immigranten Hoffnung, Würde und eine bessere Zukunft.

Harvey Milk (1930–1978) Kaliforniens erster offen schwuler Staatsdiener war ein unermüdlicher Verfechter im Kampf gegen die Diskriminierung und ermutigte Schwule und Lesben dazu, „sich zu outen, zu erheben und es alle Welt wissen zu lassen. Nur so können wir irgendwann zu unseren Rechten kommen." Milk wurde 1978 zusammen mit dem Bürgermeister von San Francisco, George Moscone, ermordet.

Betty Friedan (1921–2006) Als Gründerin der National Organization for Women (NOW) wirkte Friedan maßgeblich an der Frauenbewegung der 1960er-Jahre mit. Friedans bahnbrechendes Buch *Der Weiblichkeitswahn* inspirierte Millionen Frauen dazu, sich ein Leben jenseits des „Heimchen am Herd"-Klischees vorzustellen.

Ralph Nader (geb. 1934) Der ewige Präsidentschaftskandidat (2008 bekam er 738 000 Stimmen) ist einer der unerschütterlichsten Verbraucherschützer der USA. Anwalt Nader schloss sein Jurastudium in Harvard ab und war entscheidend daran beteiligt, dass die Autos der Amerikaner sicherer, die Medikamente günstiger sowie die Luft und das Wasser sauberer wurden.

die Union aufrechtzuerhalten. Er entschied sich für die zweite Option. Der Krieg kam schnell.

Er brach im April 1861 mit dem Angriff der Konföderation auf Fort Sumter in Charleston, SC, aus und sollte vier Jahre lang toben – mit den bis dahin grausamsten Schlachten, die die Welt je gesehen hatte. Am Ende waren nicht weniger als 750 000 Soldaten tot – beinahe eine ganze

1867

Alaska Purchase: Für etwas mehr als 7 Mio. US$ bzw. knapp 4,50 US$ pro Quadratkilometer verkauft Russland Alaska an die USA. 101 Jahre später wird man dort riesige Erdölfelder entdecken – was für ein Geschäft!

1870

Freie schwarze Männer erhalten das Stimmrecht; die Jim-Crow-Gesetze, die im Süden unter den Befürwortern der Rassentrennung auftauchen, diskriminieren die Schwarzen im Endeffekt aber.

1880–1920

Millionen von Einwanderern strömen aus Europa und Asien nach Amerika und läuten das Zeitalter der Städte ein. New York, Chicago und Philadelphia entwickeln sich zu globalen Industrie- und Handelszentren.

1882

Rassistische Ressentiments führen vor allem in Kalifornien zum Chinese Exclusion Act, dem einzigen US-Einwanderungsgesetz, das die Einwanderung einer bestimmten Rasse ausschließt.

Generation junger Männer –, und die Plantagen und Städte im Süden (vor allem Atlanta) waren geplündert und niedergebrannt. Zwar erwies sich die industrielle Stärke des Nordens als Vorteil, doch war sein Sieg nicht vorherzusehen; er zeichnete sich erst nach unzähligen blutigen Schlachten ab.

Je länger die Kämpfe andauerten, desto stärker war Lincoln davon überzeugt, dass ein Sieg ohne die Abschaffung der Sklaverei völlig sinnlos wäre. In seiner Emanzipationsproklamation von 1863 weitete er die Kriegsziele aus und verkündete die Befreiung aller Sklaven. Im April 1865 kapitulierte der General der Konföderierten, Robert E. Lee, vor dem Unionsgeneral Ulysses S. Grant in Appomattox, VA. Die Union war gerettet, der Preis dafür aber war erschreckend hoch.

Hidden Figures – Unerkannte Heldinnen ist die wahre Geschichte dreier Mathematikerinnen (Katherine Johnson, Dorothy Vaughn und Mary Jackson), deren Talente der NASA halfen, den ersten Amerikaner in den Weltraum zu befördern – und das, obwohl in den 1960er Jahren die Möglichkeiten schwarzer Frauen (nicht nur beruflich) begrenzt waren. Für das Filmstudio Fox war der für drei Oscars nominierte Film der zweiterfolgreichste des Jahres 2016.

Weltwirtschaftskrise, New Deal & Zweiter Weltkrieg

Im Oktober 1929 begannen Investoren, beunruhigt über eine lahmende Weltwirtschaft, ihre Aktienpakete zu verkaufen. Andere Händler gerieten dadurch so in Panik, dass schließlich bald alle alles verkauften, bis nichts mehr übrig war. Der Aktienmarkt kollabierte, und die US-Wirtschaft stürzte in sich zusammen wie ein Kartenhaus.

Die Weltwirtschaftskrise (Great Depression) nahm ihren Lauf: Verängstigte Banker kündigten unsichere Kredite auf, die Menschen konnten diese nicht zurückzahlen, und die Banken brachen zusammen. Millionen Menschen verloren ihre Häuser, Farmen, Geschäfte und Ersparnisse, und rund 25% der amerikanischen Arbeiterschaft verloren ihre Jobs. Die Dürre der Dust Bowl verschärfte die Probleme weiter und führte zur größten Migration der amerikanischen Geschichte: Drei Millionen Menschen zogen auf der Suche nach Arbeit aus den Staaten der Great Plains nach Kalifornien.

Der Demokrat Franklin D. Roosevelt wurde 1932 zum Präsidenten gewählt. Er hatte versprochen, einen „New Deal" ins Leben zu rufen, der die USA aus der Krise retten sollte, was er mit durchschlagendem Erfolg dann auch tat. Als in Europa 1939 erneut Krieg ausbrach, war die isolationistische Stimmung in Amerika so stark wie eh und je. Dennoch hatte der unglaublich beliebte Roosevelt, der 1940 zu einer bis dahin noch nie dagewesenen dritten Amtszeit gewählt worden war, verstanden, dass die USA nicht dasitzen durften, während die faschistischen, totalitären Regime den Sieg errangen. Roosevelt entsandte Hilfe nach Großbritannien und überzeugte den nervösen Kongress, mitzuziehen.

Dann, am 7. Dezember 1941, starteten die Japaner einen Überraschungsangriff auf Pearl Harbor auf Hawaii, töteten dabei über 2000 Amerikaner und versenkten mehrere Schlachtschiffe. Als der US-ame-

1896

Im Fall *Plessy vs. Ferguson* entscheidet der Oberste Gerichtshof, dass „getrennte, aber gleiche" öffentliche Einrichtungen für Schwarze und Weiße legal sind, da die Verfassung nur politische Gleichheit garantiert.

1898

Nach dem Sieg im Spanisch-Amerikanischen Krieg erlangen die USA die Kontrolle u. a. über die Philippinen. Der blutige Krieg lässt die USA vor weiteren kolonialen Bestrebungen zurückschrecken.

1906

Upton Sinclairs Exposé *Der Dschungel* wird veröffentlicht, das sich mit Chicagos unappetitlicher Fleischindustrie befasst. Viele Arbeiter leiden unter Armut und arbeiten unter gefährlichen Bedingungen.

1908

In Detroit, MI, wird das erste Model-T-Auto (auch als „Tin Lizzy", etwa „Blechliesel" bekannt) gebaut. Der Erfinder des Fließbands, Henry Ford, verkauft bald jährlich über 1 Mio. Automobile.

rikanische Isolationismus über Nacht in Empörung umschlug, verfügte Roosevelt plötzlich über die Unterstützung, die er brauchte. Deutschland erklärte auch den Vereinigten Staaten den Krieg, und Amerika schloss sich dem Kampf der Alliierten gegen Hitler und die Achsenmächte an. Von diesem Augenblick an investierten die USA fast ihre gesamte Kraft und ihre gesamte industrielle Macht in die Kriegsanstrengungen.

Zu Anfang liefen die Dinge für die USA weder auf dem pazifischen noch auf dem europäischen Kriegsschauplatz gut. Im Pazifik wendete sich das Blatt erst, als die Amerikaner im Juni 1942 die japanische Flotte unerwarteterweise in der Schlacht um die Midwayinseln schlugen. Danach drängten die USA die Japaner in einer Reihe grausamer Schlachten zurück und nahmen die pazifischen Inseln wieder ein.

In Europa versetzten die USA Deutschland mit ihrer Landung in der Normandie am 6. Juni 1944 den entscheidenden Schlag. Da Deutschland nicht in der Lage war, einen Zweifrontenkrieg durchzustehen (die Sowjetunion an der Ostfront verteidigte erbittert ihr Gebiet), kapitulierten die Deutschen im Mai 1945.

Japan führte seinen Kampf dennoch fort, und so entschloss sich der neu gewählte Präsident Harry Truman – angeblich aus Sorge darüber, dass eine amerikanische Invasion in Japan zu einem beispiellosen Gemetzel führen könnte – im August 1945 zum Abwurf von Atombomben auf Hiroshima und Nagasaki. Die im geheimen Manhattan-Projekt entwickelten Bomben verwüsteten beide Städte und töteten über 200 000 Menschen. Nur wenige Tage später kapitulierte Japan. Das Nuklearzeitalter hatte begonnen.

Die Rote Bedrohung, Bürgerrechte & die Kriege mit Asien

In den Jahrzehnten nach dem Zweiten Weltkrieg genossen die Vereinigten Staaten zwar einen noch nie dagewesenen Wohlstand, erlebten aber auch eine wenig friedliche Zeit.

Im Krieg waren sie noch Verbündete, nun lieferten sich die kommunistische Sowjetunion und die kapitalistischen USA bald einen Wettlauf um die Weltherrschaft. Die Supermächte trugen Stellvertreterkriege wie den Koreakrieg (1950–1953) und den Vietnamkrieg (1954–1975) aus, und nur die drohende Gefahr eines mit Nuklearwaffen ausgetragenen Konflikts, der den gesamten Planeten auslöschen würde, verhinderte einen offenen Krieg. Die im Jahr 1945 gegründeten Vereinten Nationen (UN) konnten diese Spaltung der Welt nicht überwinden, und nur selten gelang es ihnen, Konflikte des Kalten Krieges zu verhindern.

Unterdessen erlebte die amerikanische Heimat, die durch den Zweiten Weltkrieg nicht unmittelbar beeinträchtigt worden war, in den fol-

1914

Der Panamakanal verbindet nun den Atlantik mit dem Pazifik. Die USA bekamen das Recht zum Bau des Kanals, weil sie Panama in dessen Unabhängigkeitskampf gegen Kolumbien maßgeblich unterstützt hatten.

1917

Unter Präsident Woodrow Wilson treten die USA in den Ersten Weltkrieg ein. Es werden 4,7 Mio. Soldaten mobilisiert, von denen 116 000 fallen. Insgesamt fordert der Krieg 11 Mio. Todesopfer.

1919

Prohibition: Die Abstinenzbewegung bewirkt die 18. Verfassungsänderung. Das Verbot von Alkohol ist jedoch ein Fehlschlag und führt zur Blüte des organisierten Verbrechens. 1933 wird die Änderung aufgegeben.

1920er-Jahre

Angestoßen durch die Abwanderung von Schwarzen in die Städte im Norden, regt die Harlem Renaissance eine Blütezeit der Literatur, Kunst und Musik an. Bedeutende Persönlichkeiten: Du Bois und Hughes.

AFROAMERIKANER: DER KAMPF UM DIE GLEICHBERECHTIGUNG

Es ist unmöglich, die Geschichte der USA zu verstehen, ohne das große Ringen und die hart erkämpften Siege der Afroamerikaner in allen Lebensbereichen zu berücksichtigen.

Sklaverei

Von Anfang des 17. Jhs. bis ins 19. Jh. wurden ca. 600 000 Sklaven von Afrika nach Amerika gebracht. Diejenigen, die die schreckliche Reise in überfüllten Schiffen überlebten – manchmal starb dabei die Hälfte der Menschen an Bord –, wurden auf Sklavenmärkten verkauft (1638 kostete ein afrikanischer Mann 27 US$). Die meisten landeten auf den Plantagen im Süden, wo es brutal zuging (Auspeitschungen, Brandzeichen etc.).

Alle (weißen) Menschen sind gleich geschaffen

Viele der Gründerväter – George Washington, Thomas Jefferson und Benjamin Franklin – besaßen selbst Sklaven, verurteilten aber insgeheim diese Praxis. Eine Bewegung zur Abschaffung der Sklaverei entstand erst in den 1830er-Jahren, lange nachdem die aufrüttelnde, aber letztlich leere Phrase *all men are created equal* („alle Menschen sind gleich geschaffen") in der Unabhängigkeitserklärung niedergeschrieben wurde.

Endlich frei

Während einige revisionistische Historiker die Rechte der Staaten als Auslöser des Bürgerkriegs ansehen, sind sich die meisten Wissenschaftler einig, dass es bei dem Krieg eigentlich um die Sklaverei ging. Nachdem die Union bei Antietam den Sieg errungen hatte, verfasste Lincoln die Emanzipationsproklamation, die die Sklaverei in allen eroberten Gebieten abschaffte. Afroamerikaner kämpften von da an gemeinsam mit der Union; am Ende des Krieges dienten 180 000 von ihnen in der Armee.

Jim-Crow-Gesetze

Während der Reconstruction (1865–1877) schützten Bundesgesetze die Bürgerrechte der frisch befreiten Schwarzen. Die Verbitterung der Südstaatler und die jahrhundertealten Vorurteile sorgten aber für einen Rückschlag. In den 1890er-Jahren tauchten die Jim-Crow-Gesetze (benannt nach einem stereotypen Charakter einer Minstrel-Show) auf. Afroamerikaner wurden faktisch entrechtet, und Amerika war tief gespalten.

Bürgerrechtsbewegung

Anfang der 1950er-Jahre bildete sich in afroamerikanischen Gemeinden eine Bewegung heraus, die für Gleichberechtigung kämpfte. Rosa Parks, die sich weigerte, ihren Sitzplatz für einen weißen Fahrgast zu räumen, löste den Montgomery Bus Boykott aus. Es gab Sitzblockaden an Imbissstuben, in denen Schwarze nicht zugelassen waren, Demos, die von Martin Luther King Jr. in Washington, D.C., angeführt wurden, und qualvolle Reisen von „Freiheitsrittern", die darauf abzielten, der Rassentrennung in Bussen ein Ende zu bereiten. Die Anstrengungen von Millionen Menschen zahlten sich aus: Präsident Johnson unterzeichnete 1964 den Civil Rights Act, der Diskriminierung und Rassentrennung verbot.

1929

Der New Yorker Börsencrash als Folge von Überproduktion und Spekulationsfieber löst letztlich die Weltwirtschaftskrise aus. In der Folge verlieren Millionen Amerikaner Job und Vermögen.

1933–1938

Der New Deal von Präsident Franklin D. Roosevelt bekämpft die hohe Arbeitslosigkeit infolge der Weltwirtschaftskrise. Er begründet damit eine US-amerikanische Sozialpolitik.

1941–1945

Zweiter Weltkrieg: Amerika setzt 16 Mio. Soldaten ein, von denen 400 000 fallen. Insgesamt fordert der Krieg doppelt so viele zivile wie militärische Todesopfer.

1948–1951

Der Marshallplan lässt 12 Mrd. US$ nach Europa fließen, die die Erholung vom Zweiten Weltkrieg unterstützen sollen. Der Plan soll außerdem den Sowjet-Einfluss eindämmen und die US-Wirtschaft ankurbeln.

genden Jahrzehnten einen wirtschaftlichen Aufschwung und tauchte in ein Zeitalter wachsenden Wohlstands ein. In den 1950er-Jahren verließen die Menschen in Scharen die Innenstädte und zogen in die Vorstädte, in denen vermehrt erschwingliche Einfamilienhäuser entstanden. Die Amerikaner brausten mit günstigen Autos und preiswertem Sprit über nagelneue Autobahnen. Sie genossen die Bequemlichkeiten, die ihnen die moderne Technik bot, waren ganz verrückt nach TV und lösten einen wahren „Babyboom" aus.

Doch an dem Wohlstand hatte nur die weiße Mittelschicht Anteil. Die Afroamerikaner blieben außen vor, arm und unerwünscht. Unter Berufung auf den Abolitionisten Frederick Douglass (19. Jh.) versuchte die Southern Christian Leadership Conference (SCLC) des afroamerikanischen Predigers Martin Luther King Jr., die Rassentrennung zu überwinden und „Amerikas Seele zu retten" – d.h., eine Gerechtigkeit zu schaffen, die nicht nach Hautfarben unterschied und gleiche, faire Chancen für alle bot. Erstmals predigte und organisierte King in den 1950er-Jahren überwiegend im Süden den gewaltlosen Widerstand in Form von Bus-Boykotten, Märschen und Sitzstreiks. Weiße Polizisten gingen häufig mit Wasserwerfern und Schlagstöcken gegen die Proteste vor, und hin und wieder eskalierten Demonstrationen zu Ausschreitungen, doch mit dem Civil Rights Act von 1964 setzte die afroamerikanische Bewegung eine Gesetzgebung in Gang, mit der die bis dahin gültigen rassistischen Gesetze aufgehoben wurden. Damit wurde der Grundstein für eine gerechtere und gleichberechtigte Gesellschaft gelegt.

Derweil brachten die 1960er-Jahre weitere soziale Umbrüche: Der Rock'n'Roll löste eine Jugendrebellion aus und im 'Summer of Love' des Jahres 1967 schwappte die Hippie-Kultur von ihrem Zentrum in San Franciscos Stadtteil Haight-Ashbury in den amerikanischen Mainstream.

Düstere Realität war hingegen die Ermordung des Präsidenten John F. Kennedy im Jahr 1963 in Dallas, der 1968 die tödlichen Anschläge auf seinen Bruder, Senator Robert Kennedy, und Martin Luther King Jr. folgten. Das Vertrauen der Amerikaner in ihre Oberhäupter und ihre Regierung wurde durch die Bombenanschläge und den Vietnamkrieg, den sie über das Fernsehen verfolgten, weiter erschüttert. In der Folge kam es zu Studentenprotesten.

Doch Richard Nixon, der 1968 u. a. für sein Versprechen zum Präsidenten gewählt wurde, den Krieg zu einem „ehrenvollen Ende" zu führen, verstärkte stattdessen den Einsatz der USA und bombardierte heimlich Laos und Kambodscha. 1972 sorgte die Watergate-Affäre für Aufregung: Zwei unermüdliche Journalisten belasteten „Tricky Dick" im Zusammenhang mit einem Einbruch in das Hauptquartier der Demokratischen Partei. 1974 kam Nixon schließlich einer Amtsenthebung zuvor und erklärte als erster US-Präsident der Geschichte seinen Rücktritt.

In *Die Seelen der Schwarzen* (1903) beschreibt W.E.B. Du Bois wortgewandt das politische und kulturelle „Rassendilemma", dem sich das Amerika des frühen 20. Jhs. gegenübergestellt sah. Du Bois war auch an der Gründung der National Association for the Advancement of Colored People (NAACP; Nationale Organisation für die Förderung farbiger Menschen) beteiligt.

1954

Der Oberste Gerichtshof befindet, dass die Rassentrennung in öffentlichen Schulen dem Gleichheitsprinzip widerspricht. Der Kampf für integrierte Schulen dient der Bürgerrechtsbewegung als Katalysator.

1963

Am 22. November wird Präsident John F. Kennedy an der Dealey Plaza in Dallas, Texas, während einer Fahrt im offenen Wagen von Lee Harvey Oswald erschossen.

1964

Der Civil Rights Act verbietet die Diskriminierung aufgrund von Rasse, Hautfarbe, Religion, Geschlecht oder Abstammung. Von Kennedy initiiert, gilt das Gesetz als politisches Erbe von Lyndon B. Johnson.

1965–1975

Die Beteiligung der USA am Vietnamkrieg spaltet die Nation: Neben 58 000 amerikanischen fordert der Krieg 4 Mio. vietnamesische und 1,5 Mio. laotische und kambodschanische Todesopfer.

In den stürmischen Zeiten der 1960er- und 1970er-Jahre erlebte Amerika außerdem die sexuelle Revolution, die Frauenbewegung, den Kampf um die Rechte Homosexueller sowie Öl- und Energiekrisen und musste – infolge der Veröffentlichung des Buches *Der stumme Frühling* von Rachel Carson 1962 – erkennen, dass die Industrie die Umwelt verschmutzt und krank gemacht hatte.

Wer den Behauptungen von Politikern nicht immer glauben mag, findet auf der unabhängigen Website factcheck.org, die sich selbst als „Verfechter der Verbraucher" sieht, eine Anlaufstelle, die die Statements von US-Politikern während Debatten, Reden, Interviews und in Wahlkampfspots auf ihre Richtigkeit hin überprüft. Eine tolle Seite, um die Wahrheit von leerem Geschätz zu unterscheiden – vor allem in Wahlkampfzeiten.

Reagan, Clinton & Bush

1980 trat der Republikaner, kalifornische Gouverneur und ehemalige Schauspieler Ronald Reagan mit dem Versprechen bei den Präsidentschaftswahlen an, den Amerikanern beim Gedanken an ihr Land wieder ein gutes Gefühl zu geben. Der leutselige Reagan gewann mühelos. Seine Wahl markierte einen ausgeprägten Rechtsruck in der US-Politik.

Reagans Ziel war es, den Kommunismus zu besiegen, die Wirtschaft wieder auf Kurs zu bringen und zu deregulieren und die Steuern zu senken. Um die ersten beiden Punkte zu erreichen, startete er die größte Aufrüstung, die es in Friedenszeiten je gegeben hatte, und forderte die Sowjets heraus, mitzuhalten. Bei diesem Versuch gingen diesen die finanziellen Mittel aus, und die UdSSR brach zusammen.

Die Militärausgaben und die Steuereinschnitte hatten zu einem riesigen Defizit im Staatshaushalt geführt, was die Präsidentschaft von Reagans Nachfolger George Bush erheblich beeinträchtigte. Obwohl er Kuwait 1991 nach einer irakischen Invasion befreien konnte und somit den Golfkrieg gewann, wurde er bei den Präsidentschaftswahlen 1992 von seinem demokratischen Herausforderer aus dem Süden, Bill Clinton, deutlich geschlagen. Dieser hatte das Glück, den vom Silicon Valley angeführten Hightech- und Internetboom der 1990er-Jahre zu erwischen, der eine „neue Wirtschaft" zu verheißen schien, die auf Telekommunikation und geistiger Arbeit basierte. Die amerikanische Wirtschaft glich ihr Defizit aus und fuhr sogar einen Überschuss ein, und Clinton regierte während eines der am längsten anhaltenden Wirtschaftsaufschwünge, die Amerika je gesehen hatte.

George W. Bush, ältester Sohn von George Bush, gewann die Präsidentschaftswahlen 2000 und 2004 mit einem solch knappen Vorsprung, dass die Ergebnisse geradezu ein Sinnbild für die immer stärker geteilte Nation zu sein schienen. Er hatte wiederum das Pech, das Land in der Zeit zu regieren, in der die Hightech-Blase 2000 platzte. Trotzdem ordnete er Steuersenkungen an, die das Staatsdefizit so weit in die Höhe trieben wie nie zuvor. Bush war zudem ein Verfechter der „Backlash"-Bewegung der konservativen Rechten, die sich seit der Zeit Reagans formiert hatte.

Am 11. September 2001 steuerten islamische Terroristen von ihnen entführte Flugzeuge in das World Trade Center in New York und das

1969

Amerikanische Astronauten landen auf dem Mond und erfüllen Präsident Kennedys unglaubwürdiges Versprechen von 1961, dieses Ziel innerhalb der folgenden zehn Jahre zu erreichen.

1973

Im Fall Roe vs. Wade entscheidet der Oberste Gerichtshof, dass Schwangerschaftsabbrüche legal sind. Bis heute wird gestritten – Befürworter fordern Wahlfreiheit, Gegner führen das Recht auf Leben ins Feld.

1980er-Jahre

Die Finanzinstitutionen, die unter Präsident Reagan eine Deregulierung erfahren hatten, spekulieren – und verlieren. Zurück bleibt eine Rechnung von 125 Mrd. US$, die die Regierung übernehmen muss.

1989

Der Fall der 1961 errichteten Berliner Mauer markiert das Ende des Kalten Krieges zwischen den USA und der UdSSR (mittlerweile Russland). Die USA sind nun die letzte verbleibende Supermacht.

Pentagon in Washington, D.C. Dieser verheerende Anschlag vereinte die Amerikaner hinter ihrem Präsidenten, der Rache schwor und den „Krieg gegen den Terror“ ausrief. Bush griff auf seiner erfolglosen Suche nach Al-Qaida-Terrorzellen schon bald Afghanistan an, fiel 2003 in den Irak ein und stürzte dort den antiamerikanischen Diktator Saddam Hussein. Der Irak versank derweil im Bürgerkrieg.

Nach mehreren Skandalen und Misserfolgen – Folterbilder aus Abu Ghraib, die Reaktion der Regierung auf die Folgen des Hurrikans Katrina und die Unfähigkeit, den Irakkrieg zu beenden – erreichten Bushs Umfragewerte in der zweiten Hälfte seiner Präsidentschaft historische Tiefwerte.

Obama

Im Jahr 2008 wählten die Amerikaner in der Hoffnung auf Veränderungen den politischen Newcomer Barack Obama zu Amerikas erstem schwarzen Präsidenten. Und dieser hatte gleich alle Hände voll zu tun. Es waren auch für die Wirtschaft fast beispiellose Zeiten, sahen sich die USA doch der größten Finanzkrise seit der Great Depression ausgesetzt. 2007 platzte die Immobilienblase, gefolgt vom Zusammenbruch einiger Großbanken. Die Schockwelle weitete sich über den Globus aus und bescherte 2008 vielen Industrienationen eine mehr oder weniger stark ausgeprägte Rezession.

Obwohl die Amerikaner versuchten, nach vorne zu blicken, fiel es vielen schwer, die Vergangenheit hinter sich zu lassen – was verständlich war, schließlich brodelten die inzwischen seit rund einem Jahrzehnt andauernden Kriege in Afghanistan und im Irak weiter. 2011 schoben sie sich wieder in den Vordergrund des sich ständig verändernden Nachrichtenzyklus', als Navy Seals in einer von Präsident Obama veranlassten Operation Osama bin Laden in seinem Versteck in Pakistan aufspürten und dem Anführer von Al-Qaida und Amerikas Staatsfeind Nummer 1 ein Ende bereiteten.

Nach seiner nüchternen Verkündung der Operation stieg Obamas Zustimmungsquote um 11 %, einen Auftrieb, der für den Präsident sicherlich zur rechten Zeit kam. Die Wirtschaft war nach wie vor in einem schlechten Zustand, und das ehrgeizige Konjunkturpaket im Umfang von 800 Mrd. US-Dollar, das der Kongress 2009 verabschiedet hatte, trug in den Augen vieler Amerikaner keine Früchte. Ökonomen gingen gleichwohl davon aus, dass der Stimulus die Durchschlagskraft der Rezession reduziert hatte und dass es ohne diese Konjunkturspritze wesentlich schlimmer gekommen wäre.

Arbeitslosigkeit, Hypothekenbelastungen, die den Wert der Gebäude überstiegen und kaum Hoffnung auf baldige Besserung ließ Millionen Amerikaner mit einem Gefühl der Hilfslosigkeit zurück, die sich schließ-

Lesenswertes über Präsidenten

- *Washington (Ron Chernow)*
- *Thomas Jefferson (R. B. Bernstein)*
- *Lincoln (David Herbert Donald)*
- *Mornings on Horseback (David McCullough)*
- *Barack Obama, Leben und Aufstieg (David Remnick)*

1990er

Das World Wide Web gibt 1991 sein Debüt, das die Welt der Kommunikation neu definiert. Die überbewerteten Technologie-Aktien sorgen für einen gigantischen Boom (und eine gigantische Pleite).

2001

Am 11. September entführen Al-Qaida-Terroristen vier Linienflugzeuge und steuern zwei von ihnen in die Türme des New Yorker World Trade Center und eines ins Pentagon. Fast 3000 Menschen werden getötet.

2003

Unter Berufung auf Beweise dafür, dass der Irak Massenvernichtungswaffen besitzt, startet Präsident George W. Bush einen Präventivkrieg, der über 4000 Amerikaner das Leben kosten wird.

2005

Am 29. August trifft der Hurrikan Katrina die Küste von Mississippi und Louisiana und überflutet New Orleans. Über 1800 Menschen kommen ums Leben, der Schaden beziffert sich auf über 220 Mrd. US$.

lich in Wut äußerte und zur Gründung der Tea Party führte. Diese Gruppe politisch konservativer Republikaner war der Meinung, Obama sei mit seiner Politik zu weit nach links gerückt. Auch waren sie der Auffassung, öffentliche Konjunkturprogramme würden die Wirtschaft – und damit Amerika – zerstören. Hohe Staatsausgaben und staatliche Rettungsaktionen (der Banken- und Autoindustrie) weckten ihren Zorn ebenso wie Obamas bahnbrechende Gesundheitsreform von 2010 (spöttisch "Obamacare" genannt).

Obamacare war ein großer Sieg für den Präsidenten. Dank der Reform des Gesundheitssystems erhielten viele Amerikaner erstmals einen Krankenversicherungsschutz, wärend die Kosten hierfür gesenkt und Schlupflöcher, die es Versicherungsgesellschaften bislang ermöglichten, Bürger mit einer Vorerkrankung Versicherungsschutz zu verweigern, geschlossen wurden.

Doch als Obama 2013 für eine zweite Amtszeit ins Weiße Haus zurückkehrte, tat er das ohne die Art Hoffnung, die ihn beim ersten Mal getragen hatte. Die Zeiten hatten sich geändert, und Amerika hatte, wie viele andere Länder der Welt, seit dem Ausbruch der Weltfinanzkrise 2007 harte Jahre durchlebt.

Obama schaffte es bis 2016, die Arbeitslosenquote unter 5 % zu senken, doch er hatte dagegen nur eingeschränkten Erfolg damit, die stockende Wirtschaft wieder in Gang zu bringen. Als seine Präsidentschaft zu Ende ging, richtete er seinen Fokus auf liberale und global ausgerichtete Anliegen – Klimawandel, Umweltschutz, LGBT-Rechte und die Aushandlung von Annäherungen an den Iran und Kuba –, welche die Ressentiments auf Seiten der populistischen Rechte schürten. Am Ende von Obamas zweiter Amtszeit war Amerika eine tief gespaltene Nation zwischen denjenigen, die weiterhin an seine fortschrittlichen Ideale glaubten, und denen, die sich zunehmend von der Weltwirtschaft zurückgelassen fühlten.

Die Wahlen 2016 & Trump

Als Donald J. Trump, der Immobilienmagnat und ehemalige Moderator der Reality TV-Show The Apprentice, im Juni 2015 ankündigte, sich für das Amt des Präsidenten zu bewerben, hielten viele im In- und Ausland die Verlautbarung für einen Werbegag. Was dann folgte, kann durchaus als Medienzirkus beschrieben werden: Die Berichterstattung während des langen Wahlkampfs, in dem sich ein Trump – ohne jegliche politische Erfahrung – und eine ehemalige Außenministerin (2009-13) und First Lady namens Hillary Clinton gegenüberstanden, war unerbittlich. Trumps markante Sprüche und nicht zu übersehende Beleidigungen stachen während der personell reichlich bestückten republikanischen Vorwahlen hervor und versorgten die Medien mit unzähligen, unwider-

2008–2009
Barack Obama wird zum ersten afroamerikanischen Präsidenten der USA gewählt. Er verspricht eine politische und moralische Erneuerung der USA.

2011
Die Arbeitslosigkeit ist hoch, die Haushaltseinkommen sinken. Aktivisten in NYC rufen die Bewegung Occupy Wall Street ins Leben, um gegen wirtschaftliche und soziale Ungleichheit zu protestieren.

2012
Hurrikan Sandy verwüstet die Ostküste. Schäden in Höhe von 65 Mrd. US$ machen ihn zum zweitteuersten der amerikanischen Geschichte. Mehr als 100 Menschen sterben in den USA (200 weitere in anderen Ländern).

2013
Edward Snowden, enthüllt Informationen über ein Abhörprogramm, mit dem der US-Geheimdienst die Kommunikationskanäle amerikanischer Bürger und befreundeter Staaten überwacht und löst einen Skandal aus.

stehlichen Schlagzeilen. Gleichzeitig standen bei den Demokraten mit Clinton und dem populistischen Kandidaten Bernie Sanders die beiden Hauptkontrahenten vergleichsweise früh fest.

Sobald klar war, dass die Amerikaner für ihr höchstes zu vergebende Amt die Wahl zwischen Trump und Clinton haben würden, folgte ein unerbitterlicher Wahlkampf. Trump weigerte sich, der gängigen Praxis der Präsidentschaftskandidaten zu folgen, persönliche Steuererklärungen zu veröffentlichen. Am 7. Oktober kursierten Access-Hollywood-Mitschnitte, in denen Trump einräumte, Frauen anzugreifen. Auf Clintons Seite beriefen sich die Gegner auf die Benghazi-Terroranschläge und ihre Verbindungen zur Wall Street. Eine Woche vor der Wahl schürte FBI-Chef James Comey die Verschwörungstheorien um Hillary Clinton, indem er in einem Brief an den Kongress ankündigte, dass ihre E-Mails, die sie entgegen gängiger Sicherheitsempfehlungen auf einem privaten Server gespeichert hatte, noch untersucht wurden. Dennoch sahen Umfragen Clinton deutlich vor Trump in Führung, und am Wahlabend bereitete sich das Land darauf vor, die Wahl der ersten weiblichen Präsidentin der Vereinigten Staaten zu feiern.

Obwohl Clinton die meisten Stimmen an den Wahlurnen erhielt, stand es bezüglich der Stimmen der Wahlmänner und -Frauen des Electoral Collage (und es sind diese Repräsentanten der jeweiligen Bundesstaaten, die schlussendlich den Präsidenten wählen – wobei die Anzahl jener Wahlmänner und -Frauen je nach Bundesstaat variiert) nicht zu ihren Gunsten. In den frühen Morgenstunden des 9. November gratulierte sie mit einer emotionalen Rede Donald Trump zum Sieg und ermutigte gleichzeitig „all die jungen Mädchen", die Zeuge dieser Wahl wurden, niemals an ihrem Wert und an ihrer Bedeutung zu zweifeln, und erklärte, sie verdienten jede Chance, ihren eigenen Träumen zu folgen und sie für sich wahrzumachen.

In seiner Siegesrede erklärte Trump: „Ich werde Präsident aller Amerikaner sein", obwohl viele sich nicht sicher sind, was seine Definition eines Amerikaners ist. Unsicherheit scheint in der Tat ein definierendes Motiv der Trump-Präsidentschaft zu sein. Die ersten 100 Tage seiner Amtszeit waren von Skandalen und Kontroversen bestimmt, und die demokratische Integrität der Nation wurde wegen ungeklärter Interessenkonflikte zwischen Inhabern öffentlicher Ämter und privaten Unternehmen in Frage gestellt.

Öffentlicher Protest ist seit Trumps Amtsantritt zu einem bestimmenden Merkmal der gesellschaftspolitischen Landschaft geworden: Schon einen Tag nachdem er den Amtseid abgegelegt hatte, zogen im Rahmen des Women's March geschätzte 4 Mio. Menschen in 653 Städten des Landes über die Straßen – die größte eintägige Demonstration in der Geschichte der USA.

Wenn Geschichte eine Frage der Sichtweise ist, so macht Howard Zinn klar, für wen er Partei ergreift: In *Eine Geschichte des amerikanischen Volkes* (1980 und 2005) erzählt er die oft unbeachtete Geschichte der Arbeiter, Minderheiten, Einwanderer, Frauen und Radikalen.

2015

In einer historischen Entscheidung legalisiert der Oberste Gerichtshof der Vereinigten Staaten die gleichgeschlechtliche Ehe – in allen 50 Staaten haben homosexuelle Paare nun das Recht, zu heiraten.

2016

Der politische Außenseiter Donald Trump wird von einer Welle des Populismus ins Weiße Haus getragen, obwohl seine Kontrahentin Hillary Clinton fast 3 Mio. Stimmen mehr an den Wahlurnen erhalten hatte.

2017

Vier Millionen Menschen beteiligen sich an einem weltweiten Frauenmarsch gegen die Trump-Regierung. Es ist der größte eintägige Protest in der US-Geschichte.

2017

Hurrikan Irma, einer der stärksten je verzeichneten Wirbelstürme, zerstört im September große Teile von Florida.

Lebensart

Amerika ist einer der größten Schmelztiegel der Welt und vereint eine erstaunliche Vielzahl von Kulturen und Religionen. Diese Vielfältigkeit des Landes wurde durch die lange Reihe der Einwanderer geprägt, auch wenn regionale Unterschiede zwischen Ost- und Westküste, Mittlerem Westen und Südstaaten heute eine ähnlich herausragende Rolle spielen, wenn es darum geht, die amerikanische Identität zu definieren. Religion, Sport, Politik und natürlich der sozioökonomische Hintergrund sind ebenfalls tragende Säulen der komplexen amerikanischen Befindlichkeiten.

Multikulturell

Von Anfang an galten die Vereinigten Staaten als *melting pot*, als Schmelztiegel. Neuankömmlinge würde es – so das allgemeine Verständnis – auch weiterhin geben, und diese würden sich selbstverständlich in die bestehende Gesellschaft integrieren. Dieser Gedanke ist immer noch spürbar. So wird einerseits die Vielfalt mit dem Cinco de Mayo, dem Martin Luther King Day und dem chinesischen Neujahrsfest gefeiert. Andererseits fühlen sich aber auch viele Amerikaner wohl mit dem Status quo.

In den USA lebt die nach Mexiko größte spanischsprachige Gemeinschaft der Welt, direkt gefolgt von Spanien. Die Hispanics sind die am schnellsten wachsende Minderheit des Landes.

Einwanderung ist daher ein heiß diskutiertes Thema. Immigranten machen heute etwa 13% der Bevölkerung aus. Jährlich wandern rund 1,4 Mio. Menschen legal in die USA ein, wobei die meisten aus Indien, China und Mexiko stammen. Weitere ca. 10,9 Mio. Menschen halten sich illegal im Land auf – und genau darüber erhitzen sich die amerikanischen Gemüter, vor allem wenn das Thema politisiert wird.

Seit nahezu zwei Jahrzehnten geistert das Wort „Einwanderungsreform“ durch Washington. Auf der einen Seite wird die Meinung vertreten, dass die Regierung mit illegalen Einwanderern im Moment zu nachsichtig umgeht; Hardliner fordern die Errichtung von Grenzmauern und -zäunen, die Abschiebung illegaler Einwanderer und Sanktionen gegen die Arbeitgeber, die sie beschäftigen. Auf der anderen Seite werden Stimmen laut, die Gesetze seien zu streng und Einwanderer, die seit Jahren gesetzestreu in den USA lebten und die Gesellschaft bereicherten, sollten eine Aufenthaltsgenehmigung erhalten: Sie könnten eine Strafe zahlen, den nötigen Papierkram für die Einbürgerung erledigen und mit ihren Familien im Land bleiben.

Trotz mehrerer Anläufe war der Kongress bisher nicht in der Lage, ein umfassendes Gesetz zur illegalen Einwanderung zu verabschieden. Stattdessen reichte es bisher nur für die Verschärfung der Umsetzung bestehender Regelungen.

Hinsichtlich der Toleranz in Amerika gegenüber einer multikulturellen Gesellschaft spielt das Alter eine große Rolle. Laut einer vom Pew Research Center durchgeführten Studie bejahen weniger als die Hälfte der älteren Amerikaner die Frage, ob Einwanderung das Land bereichert; bei den 18- bis 35-jährigen sind es mehr als 75%. In einer anderen Umfrage wurden Personen ab 65 gefragt, ob Weiße und Afroamerikaner heiraten sollten – 30% verneinten dies, bei Amerikanern unter 30 sank dieser Wert jedoch auf 4%.

Für viele ist die Wahl Barack Obamas zum US-Präsidenten ein Beleg für die Fähigkeit einer amerikanischen Multikulti-Gesellschaft zur Integration. Nicht nur seine Biografie – weiße Mutter, schwarzer Vater, muslimischer Name, ein Leben in verschiedenen Kulturen (Hawaii, Indonesien und Chicago) – spielt eine Rolle. Oder die Tatsache, dass zum ersten Mal ein Afroamerikaner das höchste Amt in einem Land innehat, in dem in den 1960er-Jahren Schwarze in manchen Regionen nicht einmal wählen durften. Vielmehr ist der entscheidende Punkt, dass Amerikaner mit den verschiedensten Wurzeln und Glaubensrichtungen Obama gewählt und seine Botschaft der Vielfalt und des Wandels mit Offenheit begrüßt haben.

Religion

Als die Pilgerväter – jene frühen Siedler, die ihre europäische Heimat verlassen hatten, um religiöser Verfolgung zu entgehen – an Land gingen, hatten sie sich fest vorgenommen, dass ihr neues Land von religiöser Toleranz geprägt sein sollte. Sie schätzten den Wert der freien Religionsausübung so hoch, dass ihr protestantischer Glaube nicht Staatsreligion werden sollte. Außerdem untersagten sie der Regierung alle Aktionen, die eine bestimmte Religion oder einen bestimmten Glauben gegenüber einem anderen begünstigen könnten. Die Trennung von Staat und Kirche wurde zu einem Grundpfeiler der Verfassung.

Heute sind die Protestanten dabei, in dem von ihnen gegründeten Land zu einer Minderheit zu werden. Dem Pew Research Center zufolge nimmt ihre Zahl stetig ab und liegt gegenwärtig bei unter 50 %. Andere Konfessionen oder Religionen hingegen haben ihre Stellung behauptet oder gar Mitglieder dazugewonnen.

Im Land ist zurzeit eine starke Bereitschaft zur Konversion zu spüren. 44 % aller erwachsenen Amerikaner haben laut Pew ihre religiöse Überzeugung im Lauf ihres Lebens gewechselt und sind zu einer anderen Konfession oder einer anderen Religion übergetreten oder haben sich ganz von Glaubensgemeinschaften gelöst. Eine einmalige Zeit des „religiösen Shoppens“ ist angebrochen. In geografischer Hinsicht verlagert sich die Hochburg des Katholizismus vom Nordosten in den Südwesten der

Die Amerikaner leben ihren Glauben vermehrt außerhalb kirchlicher Institutionen. Rund 21 % geben an, keiner Religion anzugehören. 7 % davon lehnen sie komplett ab, die Mehrheit hat sich jedoch ihrem individuellen Glauben verschrieben.

GENERATIONSFRAGEN UND -ANTWORTEN

Die amerikanische Kultur definiert sich nicht selten nach Altersgruppen. Folgender Überblick soll helfen, die verschiedenen Generationen voneinander zu unterscheiden:

Baby Boomers Zwischen 1946 und 1964 Geborene. Nach der Rückkehr der US-Soldaten aus dem Zweiten Weltkrieg explodierten die Geburtenzahlen, deswegen der Begriff „Baby Boom“. Auf jugendliche Experimentierfreude, Selbstverwirklichung und soziales Engagement folgte mit fortschreitendem Alter oft ein behäbiges Leben im Wohlstand.

Generation X Zwischen 1965 und Anfang der 1980er-Jahre Geborene. Diese Generation ist geprägt von der Ablehnung der Werte der Baby Boomers, von Skepsis und von Entfremdung.

Generation Y Zwischen den frühen 1980er- und späten 1990er-Jahren Geborene (auch „Millennials“ genannt). Die forsche, selbstbewusste Generation ist die erste, die mit dem Internet aufwuchs. Ihre Welt definiert sich durch iPods, Instant Messaging und soziale Netzwerke. Ihre Entwicklung hält noch an; sie stellen zugleich die größte Gruppe, der momentan lebenden US-Amerikaner.

Generation Z Diejenigen, die in den 2000er-Jahren geboren wurden. Man könnte sie auch die „Selfie-Generation“ oder „Generation Like“ nennen. Sie sind die Kinder von heute, diejenigen, die eine Welt ohne das Internet nicht kennen und die oft mehr auf sozialen Medien als von Angesicht zu Angesicht austauschen.

USA, in den Südstaaten dominieren die Evangelikalen und im Westen ist die Zahl der Konfessionslosen besonders hoch.

Trotzdem verlaufen die größten Trennlinien in religiöser Hinsicht in den USA nicht zwischen den Religionen, ja noch nicht einmal zwischen Gläubigkeit und Atheismus, sondern zwischen fundamentalistischen und liberalen Auslegungen innerhalb der jeweiligen Glaubensgemeinschaften. Den meisten US-Amerikanern ist es gleichgültig, ob jemand Katholik, Angehöriger der Episkopalkirche, Buddhist oder Atheist ist. Wichtig hingegen ist, wie man zu Fragen der Abtreibung, der Empfängnisverhütung, der Rechte von Schwulen und Lesben, der Stammzellenforschung, der Evolutionslehre, des Schulgebets oder der staatlichen Verwendung religiöser Symbole steht. Die religiöse Rechte des Landes (wie die evangelikalen Christen oft bezeichnet werden) hat diese Themen ins Zentrum der Öffentlichkeit gerückt und nutzt die Politik, um ihre konservativen Überzeugungen in Gesetze zu gießen. Diese Versuche haben zu unzähligen Prozessen geführt, in denen eines der Grundprinzipien des Landes – die Trennung von Staat und Kirche – auf die Probe gestellt wird. Die Spaltung in ein reaktionär-konservatives und ein liberales Lager ist einer der großen Kulturkämpfe des Landes, der bei fast jeder politischen Entscheidung und bei nahezu jeder Wahl eine wichtige Rolle spielt.

NPR-Radiomoderator Terry Gross interviewt Amerikaner aller Couleur, von Rockstars über Umweltaktivisten bis hin zu Atomwissenschaftlern. Unter www.npr.org/freshair kann man ihm zuhören.

Lebensstil

Der Lebensstandard in den USA gehört zu den höchsten der Welt. Das durchschnittliche Haushaltseinkommen beträgt rund 56 500 US$, wobei es regionale Unterschiede gibt. Am meisten verdient man im Nordosten und Westen, gefolgt vom Mittleren Westen und Süden. Das Einkommen hängt außerdem von der ethnischen Zugehörigkeit ab, so verdienen Afroamerikaner und Latinos weniger als Weiße und Asiaten (laut aktuellen Statistiken 37 000 bzw. 45 000 US$ versus 63 000 bzw. 77 000 US$). Zudem besteht auch weiterhin eine Diskrepanz zwischen den Einkommen von Männern und Frauen, wobei Letztere lediglich knapp 80 % dessen verdienen, was ihre männlichen Kollegen erhalten (bei gleicher Arbeit, wohlgemerkt).

Etwa 90 % der Amerikaner haben einen Highschool-Abschluss, rund 34 % absolvieren anschließend ein vierjähriges Bachelor-Studium auf einem College.

In einem großen Teil der amerikanischen Haushalte leben verheiratete, berufstätige Paare mit Kindern; Alleinerziehende machen 23 % der Haushalte aus. Mehr als 50 % der berufstätigen Amerikaner arbeiten über 40 Stunden pro Woche. Scheidungen sind üblich (etwa 40 % der ersten Ehen zerbrechen), wobei die Zahl der Eheschließungen wie auch der Scheidungen in den letzten 30 Jahren abnahm. Trotz der hohen Scheidungsrate geben die Amerikaner im Jahr über 55 Mrd. US$ für Hochzeiten aus. In einer amerikanischen Familie leben durchschnittlich zwei Kinder.

Viele Amerikaner gehen zwar regelmäßig ins Fitnessstudio, walken, fahren Rad oder joggen, gemäß den Centers for Disease Control (CDC) treiben aber über 50 % gar keinen Sport. Wissenschaftler machen die fehlende Bewegung sowie die Vorliebe der Amerikaner für zucker- und fetthaltiges Essen für die steigende Zahl von Übergewichtigen und Diabeteserkrankungen verantwortlich. Laut der CDC haben über zwei Drittel der Amerikaner zu viel Hüftspeck, ein Drittel davon gilt sogar als fettleibig.

Rund 25 % der Amerikaner engagieren sich ehrenamtlich. Laut der Corporation for National and Community Service liegt dabei der Mittlere Westen ganz vorne, gefolgt vom Westen, Süden und Nordosten. Auch ein

REGIONALE CHARAKTERZÜGE

Dank der Studie *The Geography of Personality* stützen sich regionale US-Stereotypen nun auf solide Daten. Wissenschaftler werteten Persönlichkeitstests von rund 500 000 US-Bürgern aus und untersuchten die regionale Häufung bestimmter Charakterzüge. Das Ergebnis: Das Klischee, dass die Einwohner Minnesotas besonders nett sind, stimmt. Die „liebenswürdigsten" Staaten findet man an den Great Lakes sowie in den Great Plains und im Süden – diese Regionen schnitten bezüglich Freundlichkeit und Hilfsbereitschaft am besten ab. Die neurotischsten Bundesstaaten finden sich im Nordosten. Die Ehre des ersten Platzes wird dabei überraschenderweise nicht New York zuteil, sondern West Virginia. Viele der „offensten" Bundesstaaten liegen im Westen. Kalifornien, Nevada, Oregon und Washington sind allesamt empfänglich für Neues, auch wenn sie sich hinter Washington, D. C., und New York einreihen müssen. Die pflichtbewusstesten, diszipliniertesten Staaten findet man in den Great Plains und im Südwesten, wobei New Mexico hier die Liste anführt. Ob's stimmt? Einfach selbst herausfinden!

gewisses Umweltbewusstsein wächst: Über 75% der Amerikaner recyceln ihren Müll, und die meisten großen Supermarktketten, u.a. Walmart, verkaufen mittlerweile Bio-Lebensmittel.

Die meisten Amerikaner entscheiden sich für Urlaubsziele in der Nähe. Nur rund ein Drittel hat einen Reisepass, folglich verbringt der Großteil der Bevölkerung die Ferien innerhalb der 50 Bundesstaaten. Laut dem Office of Travel and Tourism Industries des US Department of Commerce sind Mexiko und Kanada die beliebtesten internationalen Reiseziele, gefolgt von Großbritannien, der Dominikanischen Republik, Frankreich, Italien und Deutschland. Viele Menschen haben nur fünf bis zehn bezahlte Urlaubstage im Jahr, was Amerikas Ruf als „No-Vacation Nation" untermauert und die meisten Beschäftigten davon abhält, große Reisen anzutreten.

Sport

Was Amerikas Gesellschaft wirklich zusammenschweißt und sich beispielsweise in grellen Farben im Gesicht und komischen Schaumstofffiguren auf dem Kopf manifestiert, ist der Sport. Ob nun konservativ oder liberal, verheiratet oder Single, Mormone oder Heide, montagmorgens im Büro wird meist über den Auftritt des jeweiligen Lieblingsteams am vergangenen Wochenende geplaudert.

Für sportliche Unterhaltung ist das ganze Jahr über gesorgt. Im Frühling und Sommer findet fast jeden Tag ein Baseballspiel statt, im Herbst und Winter vergeht kaum ein Wochenende oder ein Montagabend ohne ein Football-Match, und an langen Wintertagen und -abenden sorgt Basketball für Abwechslung. Diese drei sind die beliebtesten Sportarten. In den letzten Jahren stieg das Interesse an Autorennen und auch die Major League Soccer (MLS) zieht immer mehr Fußballfans in ihren Bann. Und Eishockey, einst ein Sport der nördlichen Breitengrade, ist mittlerweile im ganzen Land sehr beliebt. Nicht zuletzt deshalb gewannen seit 2000 fünf Mannschaften aus Kalifornien oder dem Süden den Stanley Cup.

Wichtige Sport-Websites

Baseball (www.mlb.com)

American Football (www.nfl.com)

Basketball (www.nba.com)

Autorennen (www.nascar.com)

Baseball

Trotz hoher Gehälter und Dopinggerüchte um die großen Stars bleibt die Beliebtheit des Sports ungebrochen. Zwar erreicht Baseball bei Fernsehübertragungen nicht dieselben Zuschauerzahlen und somit Werbeeinnahmen wie Football. Dafür aber bestreitet jedes Team in einer Saison ganze 162 Spiele, beim Football sind es nur 16.

Baseball entfaltet seine volle Wirkung ohnehin nicht vor dem Fernseher, sondern beim Stadionbesuch: Man stelle sich einen sonnigen Tag auf der Tribüne mit Bier und Hotdog vor, dazu kommen die im ganzen

Sogar Footballspiele der Colleges und Highschools werden von jeder Menge Brimborium begleitet, so gehören Cheerleader, Marschkapellen, Maskottchen, Lieder und Rituale vor und nach dem Spiel zum Programm. Obligatorisch sind dabei die Tailgate Partys, die auf den Parkplätzen der Stadien mit viel Bier und Barbecue auf tragbaren Grills gefeiert werden.

Stadion gegrölten *Take Me Out to the Ballgame*-Gesänge, die die 17 Innings begleiten. Die im Oktober stattfindenden Play-offs sorgen für jede Menge Spannung und bringen oft Überraschungssieger hervor. Die New York Yankees, Boston Red Sox und Chicago Cubs sind noch immer die beliebtesten Clubs des Landes, auch wenn sie nicht immer erfolgreich spielen.

Die Tickets für die Spiele sind leicht zu bekommen und verhältnismäßig günstig – die billigeren Sitzplätze kosten in den meisten Stadien durchschnittlich 15 US$. Die Spiele der Minor League kosten sogar nur die Hälfte und sind manchmal mit ihren gut gelaunten Zuschauern, gelegentlich über das Spielfeld rennenden Hühnern oder Hunden und wilden Wurfversuchen der Spieler noch unterhaltsamer. Weitere Infos liefert die Website www.milb.com.

Football

Football ist groß, körperbetont und milliardenschwer. Mit der kürzesten Saison und den wenigsten Spielen aller großen US-Sportarten hat jedes Match die Dimension einer epischen Schlacht, in der jeder Punkt zählt und jede Verletzung das Ende aller Titelträume bedeuten kann.

Football ist außerdem die härteste Sportart, und zwar nicht nur, weil sie im Herbst und Winter gespielt wird, egal ob es regnet, hagelt oder schneit. Zu den denkwürdigsten Matches der Geschichte gehören diejenigen, die bei Minusgraden ausgetragen wurden, wobei den Fans der Green Bay Packers in Sachen schwierige Wetterbedingungen wohl niemand etwas vormacht. Ihr Stadion in Wisconsin, bekannt als Lambeau Field, war Austragungsort des berüchtigten Ice Bowl 1967. Bei dem Finalspiel gegen die Dallas Cowboys fiel das Thermometer auf -25 °C, wobei die gefühlte Temperatur wegen des Windes schlappe -48 °C betrug.

Der über alle Maßen beliebte Super Bowl, das Finale der Profiliga, wird Ende Januar oder Anfang Februar ausgetragen. Bei den Bowl Games wie dem „Rose Bowl" oder „Orange Bowl" handelt es sich um die Finalspiele des College-Footballs; sie finden an bzw. um Neujahr statt.

Der Super Bowl kostet die USA 1 Mrd. US$ in Form verlorener Arbeitszeit, da ganz Amerika lieber über das Spiel redet, Wetten abschließt oder online einen neuen Fernseher ersteht. Das ist allerdings immer noch weniger als die geschätzten 2,1 Mrd. US$, die auf's Konto der March Madness gehen, dem NCAA Basketball-Turnier, das viele Amerikaner begeistert.

Basketball

Zu den beliebtesten Teams gehören die Chicago Bulls (dank des immer noch nachwirkenden Michael-Jordan-Effekts), die nicht gerade für ihre Zimperlichkeit bekannten Detroit Pistons, die Cleveland Cavaliers, die San Antonio Spurs und natürlich die Los Angeles Lakers, die zwischen 2000 und 2005 fünfmal den Titel holten. Weniger bekannte Mannschaften wie die Sacramento Kings oder Portland Trail Blazers haben oft eingeschworene Fangemeinschaften, weswegen Stadionbesuche dort besonders viel Spaß machen.

Auch College-Spiele locken Millionen Zuschauer an, besonders im Frühling während der March Madness. Die Serie von Play-off-Spielen endet mit den Final Four, bei denen die vier verbliebenen Teams um einen Platz im Finale kämpfen. In puncto Atmosphäre und Überraschungen toppt sie sogar die Profiliga. Die Spiele werden landesweit übertragen – sehr zur Freude der Wettbüros in Las Vegas.

Politik

Es gibt nichts Wirkungsvolleres als eine gute, altmodische Diskussion über Politik, um ein Gespräch abzuwürgen. Viele Amerikaner haben ziemlich festgefahrene Meinungen über politische Parteien und Ideologien und der Graben zwischen Republikanern und Demokraten scheint oftmals ähnlich unüberbrückbar wie der Grand Canyon. Um das eine oder andere Fettnäpfchen erfolgreich zu umschiffen, hier ein kleiner Spickzettel zu den dominanten Parteien und ihren Standpunkten zu aktuellen Themen:

Republikaner

Die Republikaner, auch GOP (Grand Old Party) genannt, wollen die Kompetenzen der Bundesregierung begrenzen. Auch fiskalpolitisch denken sie eher konservativ: niedrige Steuern, Privatisierungen und eine schlanke Regierung sind der Weg zu Wohlstand. Historisch betrachtet waren die Republikaner große Umweltschützer: Präsident Theodore Roosevelts Beitrag zum Naturschutz war beträchtlich, half er doch das Nationalparksystem aus der Taufe zu heben; und Präsident Richard Nixon schuf 1970 die Environmental Protection Agency. In letzter Zeit jedoch stehen die Republikaner beim Streit um Umweltschutzbestimmungen auf der Seite der Wirtschaft – ganz besonders seit Trumps Amtsantritt. Der Klimawandel bleibt ein heißes Eisen: Mehr als 55% der republikanischen Kongressabgeordneten und 70% der Senatoren lehnen aktuelle Erkenntnisse der Wissenschaft ab. Einer von ihnen ist James Inhofe, langjähriger Senator für den Bundesstaat Oklahoma, Vorsitzender des Ausschusses für Umwelt und öffentliche Bauten und Autor des Buches *The Greatest Hoax: How the Global Warming Conspiracy Threatens Your Future.* Ein fundamentalistischer Flügel der Partei glaubt an den Kreationismus und die wortgetreue Auslegung der Bibel. Republikaner vertreten konservative Werte, halten am traditionellen Familienbild fest und religiöse Moralvorstellungen hoch. Folglich lehnen sie gleichgeschlechtliche Ehen, Abtreibungen und Trans-Rechte häufig ab. Besonders erfolgreich sind die Republikaner im Süden und mittleren Westen.

Jede Woche lauschen rund 3,5 Mio. Amerikaner der altmodischen Radioshow A Prairie Home Companion , die augenblicklich vom Mandolinisten Chris Thile präsentiert wird; Livemusik, Sketche und Anekdoten gibt's unter http://prairiehome.org.

Demokraten

Die Demokratische Partei ist eher liberal und fortschrittlich, das Vorbild der meisten Demokraten ist Franklin Roosevelt. Dessen Politik des New Deal, mit dem er neue Arbeitsplätze schuf und die Wall Street reglementierte, trug einiges dazu bei, die Weltwirtschaftskrise der 1930er-Jahre zu beenden. Demokraten schreiben der Regierung eine aktive Rolle bei der Regulierung der Wirtschaft zu, um Inflation und Arbeitslosigkeit niedrig zu halten, während eine Steuerprogression ökonomische Ungleichheiten verringern soll. In der Sozialpolitik soll die Regierung Armut bekämpfen, indem sie sozialstaatliche Strukturen schafft und bewahrt, so z.B. allen Bürgern den Zugang zum Gesundheitssystem ermöglicht. Im Wesentlichen garantieren Demokraten die politischen Rechte, sie unterstützen das Recht auf Abtreibung und die gleichgeschlechtliche Ehe. Sie fördern den Ausbau regenerativer Energiequellen, um den Klimawandel zu bekämpfen, der für die meisten Parteimitglieder unstrittig ist. Die Demokraten sind in den Großstädten und im Nordosten am stärksten vertreten.

Amerikanische Ureinwohner

Ihre Zahl mag nur noch einen Bruchteil so viel betragen wie in präkolumbischer Zeit, doch es gibt immer noch über 3 Mio. amerikanische Ureinwohner. Sie sind auf 562 Stämme überall in den USA verteilt; insgesamt existieren rund 175 Sprachen. Logischerweise besitzt jeder Stamm seine einzigartigen Bräuche und Sitten, die von seiner Heimat geprägt sind, seien es die der Inuit in der Tundra Alaskas oder die der vielen Stämme des trockenen, bergigen Südwestens.

Bei einem Besuch sollte man die Etikette des Reservats beachten. Alkohol ist meist verboten. Nicht ohne Erlaubnis fotografieren; danach ist ein Trinkgeld als Dank angemessen. Aufmerksamkeit, Respekt und Zurückhaltung bei Zeremonien oder in Gesprächen sind erwünscht.

Die Stämme

Die Cherokee, Navajo, Chippewa und Sioux sind die größten Stämme der USA (Alaska und Hawaii nicht eingerechnet). Weitere bekannte Gemeinschaften sind die Choctaw, Nachfahren einer bedeutenden, im Mississippi Valley lebenden Kultur, die Apachen, ein Nomadenstamm aus Jägern und Sammlern, der sich lange der Vertreibung widersetzte, und die Hopi, ein 2000 Jahre alter Pueblo-Stamm mit Wurzeln im Südwesten.

Amerikas Stammesangehörige beschäftigen sich heute mit der Frage, wie eine Integration in die moderne Gesellschaft und gleichzeitig der Schutz ihrer Traditionen und ihrer Heimat möglich ist. Zudem suchen sie Wege aus der Armut, ohne Identität oder Glauben einzubüßen.

Cherokee

Die Cherokee (www.cherokee.org) lebten ursprünglich in einem über 320 000 km² großen Gebiet im Süden, das u. a. Tennessee, Virginia,

KUNST & KULTUR DER UREINWOHNER

Die unzähligen Kunsttraditionen der amerikanischen Ureinwohner, von präkolumbischen Felsbildern bis hin zu zeitgenössischer Multimedia, würden eine Enzyklopädie füllen.

Was die diversen Strömungen indigener Kunst und Kultur eint, ist ihre Einbindung in das alltägliche Leben sowie ihre zeremonielle, gesellschaftliche und religiöse Bedeutung. Die Muster und Symbole geben Einblicke in die Seelen der Ureinwohner. Das gilt für Zuñi-Schnitzereien genauso wie für gemusterte Navajo-Teppiche, Pueblo-Töpferkunst aus dem Südwesten, Perlarbeiten der Sioux, Inuit-Skulpturen sowie für Holzschnitte der Cherokee und aus Hawaii, um nur ein paar Kunstformen zu nennen.

Neben der Bewahrung ihrer Kultur haben es sich zeitgenössische indigene Künstler seit Mitte des 20. Jhs. zur Aufgabe gemacht, mit ihren Skulpturen, Gemälden, Textilien, Filmen, ihrer Literatur und Aktionskunst die Moderne abzubilden und infrage zu stellen, besonders nach der Bürgerrechtsbewegung in den 1960er-Jahren und der kulturellen Renaissance der 1970er-Jahre. Eine Einführung in die facettenreiche indigene Kunst gibt *Native North American Art* von Berlo und Phillips.

Viele Stämme betreiben Läden und Galerien, meist in den größeren Städten der Reservate. Das Indian Arts & Crafts Board (www.iacb.doi.gov) listet Galerien und Geschäfte von Ureinwohnern nach Bundesstaaten auf (einfach auf „Source Directory" klicken)..

North und South Carolina sowie Kentucky umfasste. 1830 wurden sie in die Region östlich des Mississippi vertrieben, heute leben viele (über 200 000) in Oklahoma. Seit 1839 ist Tahlequah ihre Hauptstadt.

Die Gemeinschaft der Cherokee war einst matrilinear (verwandtschaftliche Verhältnisse waren von der Mutter geprägt). Wie andere Stämme definieren auch sie sieben Himmelsrichtungen, Norden, Süden, Osten, Westen, oben, unten und die Mitte (bzw. das Innere).

Navajo

Das Navajo-Reservat (www.discovernavajo.com) ist das mit Abstand größte und bevölkerungsreichste der USA. Es wird auch Navajo Nation oder Navajoland genannt und erstreckt sich über rund 70 000 km² in Arizona und in Teile von New Mexico und Utah.

Die Navajo waren gefürchtete Nomaden und Krieger. Sie griffen die Pueblo-Stämme an, handelten mit ihnen und kämpften gegen Siedler und das US-Militär. Die Navajo übernahmen außerdem Traditionen anderer Kulturen, beispielsweise die Schaf- und Pferdehaltung von den Spaniern, die Töpfer- und Webkunst von den Pueblo-Indianern sowie Silberschmiedearbeiten von den Mexikanern. Heute sind sie bekannt für ihre Webteppiche, Töpferwaren, Silberschmuck und die faszinierenden Sandbilder, die bei ihren Heilungszeremonien zum Einsatz kommen.

Chippewa

Der Stamm ist unter dem Namen Chippewa oder Ojibwe bekannt, die Mitglieder bevorzugen aber die Bezeichnung Anishinabe. Sie leben in Minnesota, Wisconsin und Michigan. Der Legende nach waren die Chippewa einst an der Atlantikküste ansässig und zogen innerhalb von 500 Jahren allmählich in Richtung Westen. Traditionell lebten sie vom Angeln, Jagen und dem Anbau von Mais und Kürbissen, zudem ernteten sie mit dem Kanu Wildreis – ein bis heute üblicher Brauch.

Sioux

Wie die Irokesen sind auch die Sioux nicht ein einzelner Stamm, sondern ein Verbund dreier großer Stämme und mehrerer kleiner Gemeinschaften, die verschiedene Dialekte sprechen, aber kulturelle Elemente teilen. Vor der Ankunft der Europäer lebten sie im Nordosten des heutigen Nordamerikas, zogen jedoch um das Jahr 1800 immer weiter in die Great Plains. Die Sioux verteidigten ihr Land mit allen Mitteln. Der entscheidende Faktor für ihre Vertreibung war schließlich die gnadenlose Jagd auf den Büffel, ihre Lebensgrundlage. Heute leben Sioux in Minnesota, Nebraska und North Dakota sowie in South Dakota, wo sich die über 8000 km² große Pine Ridge Reservation, das zweitgrößte Reservat des Landes, befindet.

ZEITLEISTE

700–1400

Cahokia, Nordamerikas größte präkolumbische Stadt, hat zu ihrer Blütezeit 10 000 bis 20 000 Einwohner. 1400 wird sie aufgegeben.

750–1300

Ahnen der Pueblo-Stämme leben nahe dem Chaco Canyon. Die Wüstenstämme errichten riesige Lehmhüttenanlagen.

1831

Infolge des Indian Removal Act von 1930 werden die Cherokee und andere Stämme aus ihrer Heimat in Gebiete westlich des Mississippi vertrieben. Tausende sterben auf dem 1600 km langen Pfad der Tränen.

1876

Der Lakota-Häuptling Sitting Bull schlägt Custer in der Schlacht am Little Big Horn – einer der letzten Siege der Ureinwohner im Versuch, ihr Land zu verteidigen.

1968

Das American Indian Movement (AIM) wird gegründet. Mit Protesten und Demos macht es auf Randgruppen aufmerksam.

1975

Unter Nixon wird der Indian Self-Determination Act verabschiedet; nun können die Ureinwohner über Ausgaben für indigene Angelegenheiten bestimmen.

2011

FNX, der erste Sender für Ureinwohner, geht u. a. mit indigenen Filmen, Dokumentationen und Kinderprogrammen auf Sendung.

2016

Die Standing Rock Reservation reicht gegen den Bau der 1890 km langen Dakota Access Pipeline eine einstweilige Verfügung ein.

Kunst & Architektur

Die Liebe der Amerikaner zur Unterhaltung ist für jeden offensichtlich, der jemals in einem Broadway-Musical oder einem aufwendigen Hollywood-Film war. Dank seiner Top-Entertainer, exzentrischen Künstler, scheuen Romanciers, postmodernen Tänzer und alle Regeln brechenden Architekten hat Amerika einen gewaltigen kulturellen Einfluss auf der ganzen Welt gehabt. Geografie und Ethnie sind die Schlüsselelemente, die gemeinsam den vielfältigen Regionalismus antreiben, welcher der Kern der US-Kultur ist.

Film

Hollywood und der amerikanische Film sind untrennbar miteinander verbunden. Wie das Weiße Haus ist auch Hollywood zu einem Symbol Amerikas geworden und entwickelt sich immer mehr zum Produkt der internationalisierten Film- und Kinokultur. Diese Entwicklung ist zum Teil reinstes Business: Hollywoodstudios sind Vorzeigeobjekte multinationaler Konzerne, und die Finanzierung fließt in die Talente, die den höchsten Profit einfahren, ungeachtet ihrer Staatsangehörigkeit.

Dieser Wandel hat aber auch eine kreative Seite. Hollywood hat erkannt, dass die Filmstudios das riesige Potenzial von Talenten weltweit nutzen müssen, um nicht ins Abseits manövriert zu werden. Die Aufnahme der Talente in die Filmgemeinschaft ist eine alte Strategie Hollywoods, die zuletzt dazu benutzt wurde, die Herausforderung zu unterlaufen, die von der Independent-Filmbewegung der 1990er-Jahre ausging. Sie brachte gewagte, amerikanische Filme wie *Sex, Lügen und Video* und *Reservoir Dogs – Wilde Hunde* sowie innovative europäische Filme auf die Leinwand. Aber abgesehen davon steht das amerikanische Mainstream-Publikum ausländischen Filmen unverändert gleichgültig gegenüber.

Amerikanische Top-Fotografen

- *Ansel Adams*
- *Walker Evans*
- *Man Ray*
- *Alfred Stieglitz*
- *Richard Avedon*
- *Robert Frank*
- *Dorothea Lange*
- *Cindy Sherman*
- *Edward Weston*
- *Diane Arbus*
- *Lee Friedlander*

Fernsehen

Das Fernsehen mauserte sich im 20. Jh. zum maßgeblichen Medium der Moderne. In seiner kurzen Geschichte erwies es sich als das umstrittenste kulturelle Reizthema in der amerikanischen Gesellschaft. Es wird für viele gesellschaftliche Missstände – von enormer Fettleibigkeit bis hin zu schwindender Aufmerksamkeit und schlechten schulischen Leistungen – verantwortlich gemacht. Glaubt man den veröffentlichten Zahlen, dann sieht der durchschnittliche Amerikaner noch immer erstaunliche 34 Stunden in der Woche fern. Die Amerikaner lieben die Glotze – aber immer häufiger nutzen sie sie anders, beispielsweise indem sie ihre Lieblingssendungen bei Anbietern wie Netflix und Amazon Prime streamen.

Über Jahrzehnte hinweg verspotteten Kritiker das Fernsehen als geistig anspruchslos, und Kinostars wären eher gestorben, als sich für eine Fernsehproduktion herzugeben. Aber schon von Anfang an gab es gut geschriebene und nachdenklich stimmende Fernsehsendungen. Die in den 1950er-Jahren ausgestrahlte Show *I Love Lucy* war bahnbrechend: Zum ersten Mal wurde eine Sendung mit Live-Publikum aufgenommen, bearbeitet und ausgestrahlt – ein wegweisendes Format: Die Show, in der es um die dynamische Lucille Ball und ihre amerikanisch-kubanische Ehe geht, machte die Sitcom *(situation comedy)* bekannt.

FRAUEN IM KINO UND FERNSEHEN

Nach Jahren der im Wesentlichen männlichen Dominanz schafft die TV- und Filmindustrie der USA endlich auch Platz für Projekte, die von Frauen vorangetrieben werden. Kreativtalente wie Lena Dunham, Mindy Kaling und Rachel Bloom produzieren erfolgreiche TV-Projekte, in denen sie auch vor der Kamera glänzen, während die rein weiblichen (und afroamerikanen) Stars von *Hidden Figures – Unerkannte Heldinnen* Kinogänger in Scharen anlockten. Am vielleicht Bedeutsamsten kommt diese Entwicklung in Auftauchen weiblicher Superhelden zum Ausdruck: *Supergirl* (TV), *Jessica Jones* (Netflix) und *Wonder Woman* (Kino) – letzterer der erste Film einer Regisseurin, der in Nordamerika an einem Startwochenende mehr als 100 Millionen Dollar eingespielt hat.

Tatsächlich gibt es „gutes" amerikanisches Fernsehen schon lange, es basiert auf künstlerischen Leistungen und ist von kultureller und politischer Bedeutung. Die in den 1970er-Jahren ausgestrahlte Sitcom *All in the Family* war eine unnachgiebige Auseinandersetzung mit Vorurteilen, verkörpert durch den von Carroll O'Connor gespielten engstirnigen Patriarchen Archie Bunker. Die Comedy-Show *Saturday Night Live* ging 1975 auf Sendung und beleuchtete mit ihrem subversiven, politischen Humor soziale Brennpunkte.

In den 1980er-Jahren brachten Videos das Kino in die amerikanischen Wohnzimmer. Der Unterschied zwischen Großleinwand und Kleinbildschirm verwischte und das Stigma, das Hollywood dem Fernsehen aufgedrückt hatte, verblasste. Das Jahrzehnt sah auch den Aufstieg von kommerziell erfolgreichen und bei Kritikern beliebten Serien wie *Golden Girls*, einer witzigen Sitcom über vier pensionierte Frauen, die in einer WG in Miami leben. Altern und Sterblichkeit waren häufig Gegenstand der einzelnen Episoden (sowie - nicht selten - Tabuthemen wie Sexualität im Alter).

In den 1990erJahren begeisterte sich das Fernsehpublikum für die ungewöhnliche wie kompromisslose Kultserie *Twin Peaks*, was eine Reihe von provokanten Abwandlungen zur Folge hatte, allen voran Akte X.

Heute haben die Sender vor allem mit einer Mischung aus hochkarätigen Seriendramen mit geschickt erzählten Handlungsbögen und günstigen drehbuchlosen Realityshows Erfolg: Was im Jahr 2000 mit *Survivor* begann, führen die Kandidaten und „Schauspieler" von *The Voice*, *Dancing with the Stars*, *Project Runway* und *Keeping up with the Kardashians* bis heute auf Gedeih und Verderb fort.

Mit der Einführung des Kabelfernsehens und einer damit einhergehenden gewagteren und innovativeren Programmgestaltung haben sich einige der TV-Shows der letzten zehn Jahre als fesselnder und einprägsamer erwiesen als alles jemals Ausgestrahlte (und die Zahl der Zuschauer, die sich amerikanische Sendungen ansehen, war nie höher).

Nachdem sich das amerikanische Bezahlfernsehen zum Vorreiter für gewagte und innovative TV-Programme entwickelt hatte, entstanden im vergangenen Jahrzehnt einige fesselnde und einzigartige Fernsehserien, wie sie zuvor weder amerikanische noch internationale Zuschauer zu sehen bekommen hatten.

Streaming-Dienste wie Netflix, Amazon und Hulu sowie Nischen-Anbieter wie AMC und HBO haben zahlreiche hochgelobte Serien geschaffen, darunter *Mad Men* (über die Exzesse New Yorker Werbeleute in den 1960er Jahren), *Portlandia* (eine Satire über Oregons Subkulturen) und *Breaking Bad* (über einen todkranken Gymnasiallehrer, der anfängt, Meth zu kochen, um die finanzielle Zukunft seiner Familie zu sichern). Zu den jüngeren Favoriten gehören *Transparent* (über eine Familie, die sich mit einem Transgender-Elternteil arrangiert hat), *Atlanta* (eine Dramedy mit Donald Glover), *Stranger Things* (eine in den 1980er Jahren spielende, übernatürliche Saga, die an *Die Goonies* erinnert) sowie *The Handmaid's Tale – Der Report der Magd* (eine in naher Zukunft verortete Dystopie, die auf Margaret Atwoods Roman von 1985 basiert); zudem sind einige einst abgesetzte Serien mittlerweile von den Toten auferstanden, wenn auch mit wechselndem Erfolg, darunter *Gilmore Girls*, *Twin Peaks*, *Full House* und *Akte X – Die unheimlichen Fälle des FBI*.

Literatur

Amerika formulierte sein Selbstbildnis zuerst in der Literatur. Bis zum Amerikanischen Unabhängigkeitskrieg betrachteten sich die Bewohner des Kontinents größtenteils als Engländer, weshalb nach der Staatsgründung schnell eine nationale Identität gebraucht wurde. Die Schriftsteller begannen erst in den 1820er-Jahren, zwei Aspekte des nordamerikanischen Kontinents aufzugreifen, die es in Europa nicht und schon gar nicht in dem Maße gab: ungezähmte Wildnis und Grenzerfahrungen.

James Fenimore Cooper gilt als der Erste, der mit *Die Ansiedler oder die Quellen des Susquehannah* (1823) eine wirklich amerikanische Literatur erschuf. In Coopers „Jedermanns-Humor" und Individualismus erkannten sich die Amerikaner zum ersten Mal wieder.

In seinem Essay *Natur* (1836) brachte Ralph Waldo Emerson Ähnliches zum Ausdruck, allerdings auf einer eher philosophischen und metaphysischen Ebene. Emerson vertrat die Meinung, dass sich Gott in der Natur offenbart, dass man von ihr genauso viel lernen kann wie aus der Bibel und dass jeder Einzelne diese Anweisungen durch rationales Denken und Selbstvertrauen verstehen kann. Emersons Schriften wurden zum Herzstück der transzendentalen Bewegung, für die auch Henry David Thoreau in *Walden oder Leben in den Wäldern* (1854) eintrat.

Zu den literarischen Highlights in dieser Zeit gehören Herman Melvilles anspruchsvolles Werk *Moby Dick* (1851) und Nathaniel Hawthornes Erkundung der dunklen Seite des konservativen Neuenglands in *Der scharlachrote Buchstabe* (1850). Und die anerkannte Dichterin Emily Dickinson schrieb eindringliche, streng gegliederte Gedichte, die erstmals 1890, vier Jahre nach ihrem Tod, veröffentlicht wurden.

In Amerika einst verbotene Bücher

- *Bist Du da, Gott? Ich bin's, Margaret (Judy Blume)*
- *Herr der Fliegen (William Golding)*
- *1984 (George Orwell)*
- *Der Fänger im Roggen (J. D. Salinger)*
- *Die Abenteuer des Huckleberry Finn (Mark Twain)*
- *Die Farbe Lila (Alice Walker)*

Der amerikanische Bürgerkrieg & die Zeit danach

Die Würdigung des kleinen Mannes und der Natur erreicht ihren Höhepunkt mit Walt Whitman, dessen Gedichtsammlung *Grashalme* (1855) die Geburt eines amerikanischen Meisters und literarischen Visionärs signalisierte. Whitmans ungezwungene, intime, rebellische und freie Verse waren Hymnen auf Individualismus, Demokratie, bodenständige Spiritualität, tabubrechende Sexualität und fröhlichen Optimismus – Eigenschaften, die den Kern der neuen Nation beschrieben.

Doch nicht alles verlief so reibungslos. Der umstrittene Roman *Onkel Toms Hütte* (1852) der Abolitionistin Harriet Beecher Stowe beschreibt das Leben der Amerikaner afrikanischer Herkunft unter der Sklaverei mit christlicher Romantik, aber auch mit genug Realismus, um beide Seiten der „großen Debatte" über Sklaverei gleichermaßen zu erhitzen – ein Streit, der die Nation schon bald in einen Bürgerkrieg stürzen sollte.

Nach dem Bürgerkrieg (1861–1865) kamen in der Literatur zwei dauerhafte Trends auf: Realismus und Regionalismus. Der Regionalismus gewann besonders durch die schnelle Besiedlung des Westens Ende des 19. Jhs. an Bedeutung. Der Romanautor Jack London veröffentlichte seine Abenteuer als Serien in populären Zeitungen wie der *Saturday Evening Post*.

Aber es war Samuel Clemens, der unter seinem Pseudonym Mark Twain die amerikanische Literatur neu erfand. In seinem Roman *Die Abenteuer des Huckleberry Finn* (1884) hat Twain sozusagen der Quintessenz des amerikanischen Erzählens – eine individuelle Reise zur Selbsterkenntnis – Ausdruck verliehen. Das Bild von Huck und Jim, einem armen weißen Teenager und einem durchgebrannten schwarzen Sklaven, die außerhalb gesellschaftlicher Normen stehen und gemeinsam auf dem Mississippi einer ungewissen Zukunft entgegentreiben, provoziert die amerikanische Gesellschaft noch heute. Twain schrieb umgangssprachlich, liebte „große Geschichten" und warf mit satirischem Humor und Absurditäten um sich. Seine gesellige, anti-intellektuelle Haltung machte ihn bei einer breiten Leserschaft sehr beliebt.

Ernüchterung & Vielfalt

Die Schrecken der Weltkriege und die frisch industrialisierte Gesellschaft boten der amerikanischen Literatur ausreichend Stoff, um im 20. Jh. ihren Höhepunkt zu erreichen.

Als „Lost Generation" bezeichnet, siedelten viele amerikanische Schriftsteller nach Europa über – der bekannteste ist wohl Ernest Hemingway. Hemingways Romane sind das Exempel schlechthin für die gesamte Ära, sein sparsamer, stilisierter Realismus wurde oft kopiert, aber nie erreicht. Weitere bedeutende amerikanische Autoren der Pariser Literatursalons waren die modernistischen Schriftsteller Gertrude Stein und Ezra Pound sowie der ikonoklastische Henry Miller, dessen halbautobiografische Romane in Paris veröffentlicht wurden und wegen ihres obszönen und pornografischen Inhalts in den USA bis in die 1960er-Jahre verboten waren.

F. Scott Fitzgerald stellt die Leere der High Society an der Ostküste dar, während John Steinbeck besonders in der Weltwirtschaftskrise zur Stimme der armen Landbevölkerung des Westens wurde. William Faulkner beschrieb die sozialen Gräben der Gesellschaft des Südens in komplexer, mit schwarzem Humor durchsetzter Prosa.

Zwischen den beiden Weltkriegen erblühte die Harlem Renaissance – afroamerikanische Intellektuelle und Künstler trugen ihre Kultur stolz zur Schau und unterliefen rassistische Stereotype. Zu den bekanntesten Schriftstellern gehörten der Dichter Langston Hughes und die Romanautorin Zora Neale Hurston.

Nach dem Zweiten Weltkrieg brachten amerikanische Schriftsteller regionale und ethnische Trennlinien noch stärker zum Ausdruck. Sie unternahmen verschiedene stilistische Experimente und verhöhnten oft bissig die Werte der konservativen amerikanischen Mittelklasse. Die Werke der Schriftsteller der Beat Generation der 1950er-Jahre, darunter Jack Kerouac, Allen Ginsburg und Lawrence Ferlinghetti, schlugen wie Molotow-Cocktails in die manikürten Rasenflächen der schmucken Vorstadtsiedlungen ein. Gleichzeitig schilderten J.D. Salinger und Ken Kelsey, der russische Immigrant Vladimir Nabokov und Sylvia Plath ungeschminkt, wie Menschen, die gegen die beengten gesellschaftlichen Normen kämpften, in den Wahnsinn abgleiten.

Der schon immer an Widersprüchen reiche Süden inspirierte die Meisterinnen der Kurzgeschichten, Flannery O'Connor und Eudora Welty sowie die Romanautorin Dorothy Allison zu ihren Werken. Die mythische Romanze und die moderne Tragödie des Westens fanden ihren Meister im mexikanisch-amerikanischen Schriftsteller Rudolfo Anaya, in Larry McMurtry und in Cormac McCarthy, dessen Charaktere auf ergreifende Weise versuchen, mit den rauen Lebensbedingungen im Westen fertig zu werden.

Gegen Ende des 20. Jhs. wurde die amerikanische Literatur persönlicher, beginnend mit dem „Ich"-Jahrzehnt der 1980er-Jahre. Die narzisstischen und oft auch nihilistischen Erzählungen von Schriftstellern wie Jay McInerney und Bret Easton Ellis katapultierten das „Brat Pack" in die Popkultur.

Seit den 1990er-Jahren spiegelt eine zunehmend breit gefächerte Palette von Stimmen die bunt zusammengewürfelte Gesellschaft Amerikas wider. Ethnische Identitäten (besonders die der Einwandererkulturen), Regionalismus und Schilderungen von Selbstfindungen stehen immer noch an der Spitze der amerikanischen Literatur, ganz gleich wie experimentell sie sein mag.

Die von Dave Eggers gegründete vierteljährlich erscheinende Zeitschrift McSweeney's veröffentlicht Werke von Titanen zeitgenössischer Literatur wie der erfolgreichen Joyce Carol Oates und Michael Chabon, sowie originelle humorige Stücke neuerer Stimmen. Man darf gespannt sein auf die nächsten Werke von Nachwuchsautoren wie Emma Cline, Brit Bennett, Roxane Gay, Yaa Gyasi und Nathan Hill.

Einen mitreißenden, fast panoramahaften Einblick in die amerikanische Gesellschaft bieten *Die Korrekturen* (2001) von Jonathan Franzen. Zu den aktuelleren literarischen Erfolgen gehört Phil Klays beeindruckende Sammlung von 12 Kurzgeschichten *Wir erschossen auch Hunde* (2014), die während der US-Kriege im Irak und in Afghanistan angesiedelt ist. Angela Flournoys 2015 mit dem National Book Award ausgezeichnetes Debüt *The Turner House* zeichnet die Geschichte einer Familie aus Detroit über drei Generationen nach. Paul Beattys begeisternde Satire über Rassenfragen in Amerika, *The Sellout* (2015), machte ihn zum ersten amerikanischen Autor, der den britischen Man Booker Prize gewann. Und Paulette Jiles' historischer Roman *News of the World* (2016) befasst sich mit der nahezu in Vergessenheit geratenen Bedeutung reisender Nachrichtenvorträger im amerikanischen Westen.

Malerei & Bildhauerei

Einen Ozean entfernt von den adligen Mäzenen, den religiösen Kommissionen und den historischen Kunstakademien und Salons Europas war Kolonialamerika nicht gerade der fruchtbarste Boden für die bildenden Künste. Seit damals haben sich die Zeiten aber Gott sei Dank geändert: New York, einst ein sumpfiger Handelsposten der Niederländer, ist jetzt eines der wichtigsten Zentren der Kunstwelt und übt einen entscheidenden Einfluss auf den Kunstgeschmack, nicht nur in den USA, sondern rund um den Globus aus.

Kunst an ungewöhnlichen Orten

- *Marfa (Texas)*
- *Santa Fe (New Mexico)*
- *Traverse City (Michigan)*
- *Lucas (Kansas)*
- *Bellingham (Washington)*
- *Beacon (New York)*
- *Provincetown (Massachusetts)*

Das Formen einer nationalen Identität

Künstler spielten bei der amerikanischen Expansion im 19. Jh. eine zentrale Rolle: Sie verbreiteten Bilder weit entlegener Gebiete und verstärkten den Ruf nach der „Manifest Destiny", der „offensichtlichen Bestimmung" der USA zur Expansion auf dem ganzen Kontinent. Thomas Cole und seine Kollegen an der Hudson River School übertrugen die europäische Romantik auf die leuchtenden, wilden Landschaften des New Yorker Hinterlands, während Frederic Remington idealisierte, oft stereotype Bilder des Wilden Westens schuf.

Nach dem Bürgerkrieg und dem Beginn der Industrialisierung gewann der Realismus zunehmend an Bedeutung. Eastman Johnson malte nostalgische Szenen des Landlebens wie auch Winslow Homer, der später für seine Aquarelle von Seelandschaften bekannt wurde.

Eine amerikanische Avantgarde

Die New Yorks Armory Show machte das Land 1913 mit der europäischen Moderne bekannt und veränderte das Gesicht der amerikanischen Kunst. Gezeigt wurden Werke des Impressionismus, Fauvismus und Kubismus, u.a. auch das berühmt-berüchtigte Bild *Akt, eine Treppe hinabsteigend No. 2* aus dem Jahr 1912 von Marcel Duchamp, einem französischen Künstler, der später die amerikanische Staatsbürgerschaft annahm. Die Show war lediglich die erste Ausstellung, die die radikalen

AMERIKA TANZT

Im 20. Jh. gab sich die USA dem Tanz hin. New York City ist schon seit jeher das Epizentrum für innovativen Tanz und die Heimat der bedeutendsten Tanzgruppen, mittlerweile aber gibt es in jeder größeren US-Stadt feste Tanz- und Gastensembles – sowohl Ballett als auch Modern Dance.

Das moderne Ballett begann, so sagt man, mit den Stücken *Apollo* (1928) und *Prodigal Son* (1929) des in Russland geborenen Choreografen George Balanchine. Mit ihnen erfand Balanchine das „handlungslose Ballett", dessen Choreografie der inneren Struktur der Musik folgt und nicht einfach eine Geschichte erzählt. So entstand ein neues, modernes Vokabular für das Ballett. 1934 gründete Balanchine die School of American Ballet und 1948 das New York City Ballet, das er in eines der weltweit besten Ballettensembles verwandelte. 1983 übernahm Jerome Robbins, der mit der Choreografie einiger der erfolgreichsten Broadway-Musicals wie etwa der *West Side Story* (1957) Ruhm erlangt hatte, die Leitung des Balletts. Auch heute noch ist der Broadway eine zentrale Stätte des Tanzes, doch auch andere Ensembles wie das Lines Ballet aus San Francisco entwickeln das zeitgenössische Ballett weiter.

Die Pionierin des Modern Dance, Isadora Duncan, wurde erst bekannt, als sie an der Wende zum 20. Jh. begann, in Europa aufzutreten. Sie orientierte sich an antiken griechischen Mythen und Schönheitsidealen, stellte die Einschränkungen des klassischen Balletts infrage und strebte nach einer intensiven Form der Selbstdarstellung.

Nach ihrem Umzug nach New York 1926 gründete Martha Graham die Martha Graham School for Contemporary Dance. Viele der heute die Szene prägenden Choreografen wurden von ihr ausgebildet. In ihrer langen Karriere choreografierte sie mehr als 140 Stücke und entwickelte eine neue Tanztechnik, die inzwischen weltweit gelehrt wird und darauf abzielt, innere Bewegtheit und dramatische Narrativität auszudrücken. Ihr bekanntestes Stück war *Appalachian Spring* (1944).

Merce Cunningham, Paul Taylor und Twyla Tharp folgten Graham als führende Vertreter des modernen Tanzes und haben bis heute allesamt aktive Tanzkompanien. In den 1960er- und 1970er-Jahren entdeckte Cunningham den Abstrakten Expressionismus in der Bewegung und kooperierte erfolgreich mit dem Musiker John Cage. Taylor experimentierte mit Bewegungen und Ausdrucksformen des Alltags, während Tharp dafür bekannt ist, dass er Elemente von Popmusik, Jazz und Ballett integriert.

Ein anderer Schüler von Martha Graham, Alvin Ailey, war Teil der afroamerikanischen Kulturblüte nach dem Zweiten Weltkrieg. Er machte sich einen Namen mit *Revelations* (1960), zwei Jahre nach der Gründung seines immer noch viel gepriesenen Alvin Ailey American Dance Theater in New York City.

Weitere gefeierte postmoderne Choreografen sind Mark Morris und Bill T. Jones. Neben New York sind auch San Francisco, Los Angeles, Chicago, Minneapolis und Philadelphia bedeutende Zentren für Modern Dance.

ästhetischen Veränderungen der europäischen Moderne predigte. Viele weitere folgten ihr. Die Ausstellungen hatten unausweichlich zur Folge, dass sich die amerikanischen Künstler mit dem, was sie gesehen hatten, auseinandersetzen mussten. Alexander Calder, Joseph Cornell und Isamu Noguchi schufen Skulpturen, die vom Surrealismus und Konstruktivismus inspiriert waren, während die Präzisionisten Charles Demuth, Georgia O'Keeffe und Charles Sheeler den Realismus mit einem Hauch kubistischer Geometrie kombinierten.

In den 1930er-Jahren gab die Federal Art Project of Works Progress Administration (WPA) als Teil von Franklin D. Roosevelts New Deal in Auftrag, dass öffentliche Gebäude im ganzen Land mit Wandmalereien, Gemälden und Skulpturen versehen wurden. WPA-Künstler ließen sich vom sowjetischen sozialistischen Realismus und von mexikanischen Wandmalern inspirieren und kreierten einen sozial engagierten, figurativen Stil mit regionalem Touch.

Abstrakter Expressionismus

Nach dem Zweiten Weltkrieg erfuhr die amerikanische Kunst eine grundlegende Veränderung durch die New York School, der Maler wie Franz Kline, Jackson Pollock und Mark Rothko angehörten. Inspiriert vom Surrealismus, dessen Zelebrierung der Spontaneität und des Unbewussten, erkundeten diese Künstler die Abstraktion und ihre psychologische Kraft durch Einsatz riesiger Formate und gestischer Pinselstriche. Die „Action Painter" dieser Kunstbewegung gingen bis zum Äußersten: Pollock beispielsweise schuf seine Tropfbilder, indem er Pigmente auf große Leinwände schüttete und spritzte.

Da der Abstrakte Expressionismus die Zeiten überdauert hat, wird er als erste wirklich eigenständige amerikanische Kunstschule betrachtet.

Die Pop-Art-Ikone Andy Warhol stellte die Kunstwelt Anfang der 1960er-Jahre mit seinen Porträts von Berühmtheiten wie Marilyn Monroe und Jackie Onassis auf den Kopf. Seine Werke warfen einen kritischen Blick auf Starkult und Kommerz und tauchten gleichzeitig diese legendären Persönlichkeiten in ein verblüffend neues Licht.

Kunst + Massenware = Pop

Nachdem sich der Abstrakte Expressionismus in Amerika etabliert hatte, wurde er zum Alleinherrscher. Stilistische Revolutionen hatten jedoch schon viel früher – in den 1950er-Jahren – begonnen. Vor allem Jasper Johns wurde mit Darstellungen von alltäglichen Symbolen wie Zielscheiben und der amerikanischen Flagge bekannt, die er im künstlerischen Verfahren der Collage und Schichtmalweise herstellte, während Robert Rauschenberg Kunstwerke aus Comics, Werbeanzeigen und sogar – à la Duchamp – gefundenen Objekten (einer Matratze, einem Reifen, einer ausgestopften Ziege) zusammenbastelte. Beide Künstler trugen maßgeblich dazu bei, die traditionellen Grenzen zwischen Malerei und Bildhauerei zu durchbrechen und so der Pop-Art in den 1960er-Jahren den Weg zu bereiten.

Auch der Wirtschaftsaufschwung der Nachkriegszeit beeinflusste die Pop-Art. Die Künstler wandten sich nicht nur Symbolen zu, sie schöpften auch Inspiration aus Werbeträgern wie Plakatwänden, Produktverpackungen und Medienikonen. Andy Warhol benutzte profane Massenproduktionstechniken, um Siebdruckbilder von Kinostars und Coca-Cola-Flaschen herzustellen, und beendete damit den Mythos des einsamen, im Studio schuftenden Künstlers. Roy Lichtenstein kombinierte die Benday-Dots-Drucktechnik mit den Techniken des Comics. Und urplötzlich war die sogenannte „seriöse" Kunst politisch, skurril, ironisch und witzig.

Minimalismus

Der Minimalismus schließlich teilte das Interesse der Pop-Art an der Massenproduktion: Das war's dann aber auch schon mit den Gemeinsamkeiten. Wie die Vertreter des Abstrakten Expressionismus lehnten Künstler wie Donald Judd, Agnes Martin und Robert Ryman die Gegenständlichkeit ab. Ihre kühlen, reduzierten Arbeiten der 1960er- und 1970er-Jahre fertigten sie oft aus industriellen Materialien an und stellten sie zu seriellen Kompositionen zusammen.

Die 1980er-Jahre & danach

Seit den 1980er-Jahren hatten Themen wie Bürgerrechte, Feminismus und Aids großen Einfluss auf die Bildende Kunst. Die Künstler drückten in ihren Werken nicht nur ihren Unmut über die Politik aus, sondern verwendeten ganz bewusst ehemals ausgegrenzte Kunstformen, angefangen bei Textilien über Graffiti bis hin zu Videos, Sounds und Performance. Das Jahrzehnt führte auch zu den sogenannten Culture Wars, die mit Protesten gegen die Fotografien von Robert Mapplethorpe und Andres Serrano begannen. Newcomer wie Futura 2000, Keith Haring und Jean-Michel Basquiat zogen von den U-Bahn-Stationen und Straßen in die Galerien und eroberten mit ihrer neuen Kunstrichtung schließlich die Mode- und Werbewelt.

Wer in puncto zeitgenössischer Kunst in den USA am Puls der Zeit sein will, sollte sich die Arbeiten von Künstlern wie Cindy Sherman, Kara Walker, Chuck Close, Kerry James Marshall, Eddie Martinez und Josh Smith nicht entgehen lassen.

Theater

Das amerikanische Theater ist ein Stück in drei Akten: sentimentale Unterhaltung, Revival der Klassiker und eindringliche Sozialkritik. Von Anfang an wollten Broadway-Musicals (www.livebroadway.com) eine Touristenattraktion sein, über die gesagt wird: „Das muss man gesehen haben!" Auch heute noch gehören sie zu den Hauptattraktionen in New York City. Jährlich werden Eintrittskarten für Broadway-Shows im Wert von über 1 Mrd. US$ verkauft, Top-Shows spülen bis zu 2 Mio. US$ pro Woche in die Kasse. Die erfolgreichsten Broadway-Shows, darunter auch der Hip-hop-Hit *Hamilton* (der dem Leben des Gründervaters Alexander Hamilton in eine neue Form gießt), ziehen oft um die Welt und erzielen noch höhere Gewinne – die weltweiten Bruttoeinnahmen von *Das Phantom der Oper* betragen bis dato unvorstellbare 6 Mrd. US$. Dauerbrenner wie *Der König der Löwen* und *Wicked – Die Hexen von Oz* sorgen noch immer für allabendlich ausverkaufte Häuser.

Das unabhängige Theater kam in den 1920er- und 1930er-Jahren im Zuge des Little Theatre Movement auf, das dem progressiven europäischen Theater nacheiferte und sich schließlich zur heutigen Off-Broadway-Theaterszene entwickelte. Die 2000 gemeinnützigen Regionaltheater, die es aller finanziellen Schwierigkeiten zum Trotz schaffen, sich über Wasser zu halten, sind nicht nur Brutstätten für neue Stücke, sie fördern auch unbekannte Bühnenautoren. Einige zeigen Broadway-Produktionen, andere haben sich dem Barden schlechthin – William Shakespeare – verschrieben.

Eugene O'Neill – der erste große und für viele immer noch beste amerikanische Dramatiker – verhalf dem amerikanischen Schauspiel erstmals zu Ansehen. Nach dem Zweiten Weltkrieg schlossen sich die amerikanischen Dramatiker der landesweiten künstlerischen Renaissance an. Zwei der berühmtesten waren Arthur Miller, der bekanntermaßen Marilyn Monroe heiratete und über alles schrieb – von der Desillusionierung der männlichen Mittelklasse bis hin zur dunklen Psychologie des Mobs in den Hexenprozessen von Salem –, und der produktive Südstaatler Tennessee Williams.

Wie auch in Europa waren die 1960er-Jahre vom absurden Avantgarde-Theater geprägt. Kaum einer schrieb beißender als Edward Albee, der die Empfindlichkeiten der Bourgeoisie traf. Etwa zur gleichen Zeit trat Neil Simon in Erscheinung, dessen stets beliebte Komödien 40 Jahre lang am Broadway für Stimmung sorgten.

In den 1970er-Jahren wurden weitere hervorragende amerikanische Dramatiker bekannt, u.a. David Mamet, Sam Shephard und der innovative „Concept Musical"-Komponist Stephen Sondheim. August Wilson schuf einen monumentalen Zyklus aus zehn Stücken, den *Pittsburgh Cycle*, der das afroamerikanische Leben im 20. Jh. analysiert.

In einem Zeitalter zunehmend isolierender Medien bemüht sich das amerikanische Theater heute, ein bedeutungsvolles Gemeinschaftserlebnis zu bleiben. Stücke wie *Breakfast with Mugabe* decken die Wunden der Vergangenheit auf, wohingegen *Avenue Q* mit den schnodderig sprechenden, liebenswerten Handpuppen das Leben in der *Sesamstraße* auf urkomische Art und Weise parodiert. Eindringlicher sind Stücke wie *Sleep No More*, bei dem die Theaterbesucher durch wild dekorierte Räume – Friedhof, Stall, Psychiatrie und Ballsaal – schlendern und das Schauspiel (frei nach *Macbeth*) rund um die Zuschauer stattfindet.

Architektur

Im 21. Jh. erlauben Computertechnik und neue Materialien die Konstruktion von gebogenen, asymmetrischen Gebäuden, die einst als unmöglich, ja unvorstellbar galten. Architekten stehen vor der Herausforderung, „Grünes" in ihren Entwürfen zu berücksichtigen, was eine ganz neue, aufregende Kreativität freisetzt, die Skylines verändert und die Haltung der Amerikaner gegenüber ihrer architektonischen Umwelt beeinflusst. Der Architekturgeschmack der Öffentlichkeit mag zwar konservativ bleiben, aber das macht nichts: Avantgardistische „Starchitekten" schmücken städtische Landschaften mit so radikalen Visionen, dass die Bevölkerung eines Tages unweigerlich nachziehen wird.

Die Kolonialzeit

Der einzig bleibende Einfluss, den die Kultur der Ureinwohner eventuell auf die amerikanische Architektur ausgeübt hat, ging von den Lehmhütten im Südwesten aus. Im 17. und 18. Jh. übernahmen die Spanier Elemente der von ihnen als *pueblo* (Dorf) bezeichneten Siedlungen. Ende des 19. und Anfang des 20. Jhs. tauchte die daraus resultierende architektonische Mischung wieder auf – im Pueblo-Stil (Südwesten) und im Mission-Revival-Stil (Südkalifornien).

Bis zum 20. Jh. übernahmen Amerikaner hauptsächlich englische und kontinentaleuropäische Stile und folgten den Trends der Alten Welt. Für die meisten frühen Kolonisten im Osten der USA musste Architektur funktional und nicht ästhetisch sein. Der Möchtegern-Adel ließ sich prächtige englische Herrenhäuser nachbauen – einige gut erhaltene Beispiele gibt's in Williamsburg, VA.

Art-déco-Architektur breitete sich zeitgleich im ganzen Land aus: Kinos, Bahnhöfe und Bürohäuser wurden in diesem Stil errichtet und prägten Viertel wie die Innenstadt von Detroit und Miamis South Beach. Zu den bemerkenswertesten Art-déco-Wolkenkratzern gehören das Chrysler Building und das Empire State Building in New York City.

Nach dem Unabhängigkeitskrieg suchten die Landesväter einen Stil, der der jungen Republik gebührte, und entschieden sich für den Neoklassizismus. Vorbild für das von Thomas Jefferson entworfene Kapitol in Virginia war der antike römische Tempel in Nîmes mit Säulen und Dreieckgiebel, allerdings ohne Kuppel. Bei seinem Privatdomizil Monticello orientierte sich Jefferson an den Villen des italienischen Renaissancearchitekten Andrea Palladio. Auch Monticello besitzt einen vorgelagerten Portikus und eine flache Kuppel.

Der Berufsarchitekt Charles Bulfinch half bei der Entwicklung des eher monumentalen Baustils vieler Bundesgebäude, der dem englisch-georgianischen Stil glich. Das prächtigste Beispiel ist das Kapitol in Washington, D.C., das als Vorbild für Parlamente im ganzen Land diente. Im 19. Jh. orientierten sich die Amerikaner dann an der englischen Mode und bevorzugten zuerst den Stil des Neoklassizismus und dann der Neogotik – beide Stile findet man heute in vielen Kirchen und College-Gebäuden vor.

Die Errichtung der Nation

Die Bauweise kleiner Häuser wurde unterdessen durch die „Balloon-Frame"-Konstruktion revolutioniert: Bei dieser Holzrahmenbauweise wird ein leichter Rahmen aus einfach gefrästen Holzbalken von billigen Nägeln zusammengehalten. Die einfachen und preiswerten „Balloon-Frame"-Läden und -Häuser ermöglichten eine rasche Besiedlung des expandierenden Westens und dann die rasante Ausbreitung der Vororte. Das eigene Heim war plötzlich in Reichweite normaler Mittelklassefamilien gerückt – der amerikanische Traum wurde Wirklichkeit.

Nach dem Bürgerkrieg studierten einflussreiche amerikanische Architekten an der Pariser École des Beaux-Arts, was sich deutlich in der gehobeneren und selbstbewussteren Bauweise amerikanischer Gebäude widerspiegelte. Bedeutende Beispiele für den Beaux-Arts-Stil sind Richard Morris Hunts Biltmore Estate in North Carolina und die Public Library in New York.

Mitte des 19. Jhs. kam in San Francisco und in anderen Städten Amerikas die viktorianische Architektur auf. Die großen und schicken Privathäuser der Wohlhabenderen erhielten immer mehr Verzierungen: Balkone, Vorbauten, Türme, kunstvoll gestrichene Zierleisten und aufwendig gearbeitete Holzschnitzereien im viktorianischen Gingerbread-Stil.

Als Reaktion auf die viktorianische Opulenz entstand ab 1900 die Arts-and-Crafts-Bewegung, die bis in die 1930er-Jahre anhielt. Die bescheidenen Bungalows wie das Gamble House in Pasadena, CA, bestanden aus Holz- und Glasarbeiten, Keramikfliesen und anderen vor Ort hergestellten Kunsthandwerkselementen.

Den Wolken so nah

Stahlskelettbauten tauchten in Manhattan erstmals in den 1850er-Jahren auf. Sie ermöglichten eine größere architektonische Gestaltungsfreiheit, besonders nach der Erfindung des hydraulischen Otis-Aufzugs in den 1880er-Jahren. Die Chicago School of Architecture kombinierte diese Innovationen mit dem Beaux-Arts-Stil und entwickelte Wolkenkratzer – die erste wirklich moderne Architektur und Amerikas berühmtester Beitrag zur Weltarchitektur von damals.

Unter dem Einfluss des Art déco in den 1930er-Jahren – der nach der Pariser Weltausstellung 1925 schlagartig beliebt wurde – schossen überall Wolkenkratzer in den Himmel und wurden zu idealen Symbolen für Amerikas technische Errungenschaften, seine großen Ambitionen, die Kommerzialisierung und die Liebe zur Moderne.

Modernisums & mehr

Als die Vertreter des Bauhaus aus Deutschland emigrierten, brachten Architekten wie Walter Gropius und Ludwig Mies van der Rohe ihren bahnbrechenden modernen Stil nach Amerika. Van der Rohe ließ sich in Chicago nieder, wo Louis Sullivan, der als Erfinder des modernen Wolkenkratzers gilt, bereits an einem reduzierten architektonischen Stil arbeitete, in dem „die Form stets der Funktion folgen" sollte. Daraus entwickelte sich der Internationale Stil, der „Vorhangfassaden" aus Glas über einem Stahlskelett favorisierte. I.M. Pei, der u. a. die Rock and Roll Hall of Fame in Cleveland entworfen hat, wird als der letzte noch lebende Architekt der Hochmoderne bezeichnet.

In der Mitte des 20 Jhs. hielt der Modernismus auch Einzug in die amerikanischen Vorstädte, besonders in Südkalifornien. Die moderne Architektur der Jahrhundertmitte wurde nicht nur durch die organische Architektur der von Frank Lloyd Wright entworfenen Häuser beeinflusst, sondern orientierte sich auch an den schlichten, geometrischen und gradlinigen Designs aus Skandinavien. Die Pfosten-Riegel-Konstruktion ermöglichte Wände aus reinem Glas, die die Grenze zwischen Innen und Außen aufzuheben schienen. Heute kann man in Palm Springs, CA, eine beachtliche Anzahl moderner Privathäuser und öffentlicher Gebäude bestaunen, die um die Jahrhundertmitte von Albert Frey, Richard Neutra und anderen Koryphäen entworfen wurden.

Die später im 20 Jh. aufkommende Postmoderne lehnte die „hässlichen Kisten" des Modernismus ab. Mit ihr kehrten Dekoration, Farbe und historische Bezüge zurück, begleitet von jeder Menge Kapriolen. Architekten wie Michael Graves und Philip Johnson übernahmen hierbei die Führungsrollen. Ein weiterer Ausdruck der Postmoderne ist die aufdringliche, mimetische Architektur des Las Vegas Strip, die der mit dem Pritzker-Preis ausgezeichnete Architekt Robert Venturi als triumphale Antithese des Modernismus ausgab (den er süffisant mit den Worten „Weniger ist langweilig" kommentierte).

Die am Computer gestaltete Architektur von heute bevorzugt kühne und einzigartige Entwürfe. Frank Gehry hat den Futurismus auf die Spitze getrieben – seine Walt Disney Concert Hall in Los Angeles ist nur ein Beispiel. Weitere bemerkenswerte Architekten sind Richard Meier (Getty Center in Los Angeles) und Daniel Libeskind (Contemporary Jewish Museum in San Francisco und das Hamilton Building des Denver Art Museum).

Selbst als 2008 die Rezession die amerikanische Wirtschaft lahmlegte und neue Bauten eigentlich nicht angesagt waren, wurden ein paar phänomenale neue Beispiele einer visionären Architektur in amerikanischen Städten aus dem Boden gestampft. Besonders bemerkenswert sind das Aqua Building in Chicago von Jeanne Gang, Santiago Calatravas World Trade Center Transportation Hub in New York City, die California Academy of Sciences in San Francisco von Renzo Piano, David Ajayes beeindruckendes National Museum of African American History and Culture in Washington, D. C. und Norman Fosters Apple Park, der einem Raumschiff ähnelt, in Cupertino, CA.

Die Musikszene

Die amerikanische Musik ist der Herzschlag der Nation und ihre unbeugsame Seele. Sie umfasst John Lee Hookers tiefe Bluesstimme und John Coltranes leidenschaftliche Jazz-Arien, Hank Williams jodelnden Gesang und Elvis' Schmollmund, Beyoncé und Bob Dylan, Duke Ellington und Patti Smith. Sie ist Gefühl und Kunstform zugleich und zieht Menschen in ihren Bann – sei es mitreißender Bluegrass, schweißtreibender Zydeco, rhythmischer Hip-Hop oder zum Stagediving animierender Punk-Rock.

Blues

Der Süden ist die Heimat der amerikanischen Musik, die größtenteils vom spannungsgeladenen Zusammenleben verschiedener ethnischer Gruppen geprägt ist. Der Blues entstand nach dem Bürgerkrieg aus Arbeiterliedern und „Shouts" Sklaven, aus spirituellen Songs und „Call and Response"-Elementen, die ihre Wurzeln in der afrikanischen Musik haben.

Mit seinen improvisierten, tief persönlichen Elementen bleibt der Blues unmittelbarer Ausdruck von Schmerz, Leid, Hoffnung, Sehnsucht und Stolz. Fast alle folgenden Musikstile wurden von ihm geprägt.

Um die Jahrhundertwende machten sich durch den Süden reisende Bluesmusiker, insbesondere Bluessängerinnen, einen Namen. Zu den frühen Pionieren gehören Robert Johnson, W.C. Handy, Ma Rainey, Huddie Ledbetter (alias Lead Belly) und Bessie Smith, für viele die beste Bluessängerin aller Zeiten. Zur gleichen Zeit entwickelte sich aus afroamerikanischen christlichen Chorgesängen die Gospelmusik, deren größte Repräsentantin, Mahalia Jackson, in den 1920er-Jahren Berühmtheit erlangte.

Nach dem Zweiten Weltkrieg gelangte der Blues aus Memphis und dem Mississippi-Delta in den Norden, vor allem nach Chicago, wo ihn eine neue Generation von Musikern wie Muddy Waters, Buddy Guy, B.B. King, John Lee Hooker und Etta James weiterentwickelte.

Die heutige Generation der Bluesmusiker sind u.a. Leute wie Bonamassa, Warren Haynes (langjähriges Mitglied der Allman Brothers), Seasick Steve, die Tedeschi Trucks Band, Alabama Shakes und die ebenfalls manchmal Blues spielenden The Black Keys.

Eine der eindrucksvollsten Erfolgsgeschichten der Rockmusik schrieb Prince, der in den 1950er-Jahren als Prince Rogers Nelson in Minneapolis geboren wurde. Eigentlich wollte er ins Basketballteam seiner Highschool, war jedoch mit knappen 1,58 m zu klein. Womit er sich tröstete? Mit einer Gitarre ...

Jazz

Mitten in New Orleans, gilt der Congo Square – auf dem sich ab dem späten 18. Jh. Sklaven zum Singen und Tanzen versammelten – als Geburtsstätte des Jazz. Die Holzblas-, Blechblas- und Saiteninstrumente der überwiegend französischsprachigen, von verschiedenen Wurzeln geprägten Kreolen, die selbst förmliche europäische Musik bevorzugten, wurden von ihren ehemaligen Sklaven übernommen, um ihre eigene, afrikanisch inspirierte Musik zu interpretieren. Dieses fruchtbare Zusammenspiel brachte einen steten Strom innovativer Klänge hervor.

Die erste Stilrichtung war der Ragtime, benannt nach seinen „zerrissenen" *(ragged)*, synkopierten afrikanischen Rhythmen. Er geht auf die 1890er-Jahre zurück, wurde durch Musiker wie Scott Joplin bekannt und fand über Notenblätter und Klavierpartituren Verbreitung.

Bald folgte der Dixieland-Jazz, dessen Zentrum New Orleans' berüchtigtes Rotlichtviertel Storyville war. 1917 wurde Storyville geschlossen und die Jazzmusiker der Stadt zerstreuten sich. 1919 zog der Bandleader King Oliver nach Chicago, bald folgte ihm sein Star-Trompeter Louis Armstrong. Armstrongs charakteristischer Gesang und seine großartigen Improvisationen machten Solostücke zu einem bedeutenden Bestandteil des Jazz des 20. Jhs. Die 1920er- und 1930er-Jahre sind als Jazz Age bekannt, wobei Musik nur ein Teil des Aufblühens afroamerikanischer Kultur während der Harlem Renaissance in New York war. Der Swing, ein urbaner, von Bigbands umgesetzter Jazzstil, verbreitete sich und wurde von innovativen Bandleadern wie Duke Ellington und Count Basie geprägt. Ella Fitzgerald und Billie Holiday kombinierten Jazzgesang mit seinem Südstaaten-Bruder, dem Blues.

Nach dem Zweiten Weltkrieg entstand der Bebop, auch Bop genannt, der sich von den sanften Melodien und einengenden Rhythmen des Bigband-Swings absetzte. Eine neue Generation von Musikern wie Charlie Parker, Dizzy Gillespie und Thelonious Monk übernahm das Ruder. Kritiker belächelten zunächst Varianten der 1950er- und 1960er-Jahre wie Cool Jazz, Hard Bop, Free Jazz, Avantgarde Jazz und Fusion (eine Kombination aus Jazz und lateinamerikanischer Musik bzw. Rock), die postmoderne Dekonstruktion des Jazz war jedoch nicht mehr aufzuhalten. Zu den Pionieren jener Zeit gehören Miles Davis, Dave Brubeck, Chet Baker, Charles Mingus, John Coltrane, Melba Liston und Ornette Coleman.

Der Soundtrack Amerikas

- *'America', Simon & Garfunkel (1968)*
- *'Respect', Aretha Franklin (1967)*
- *'Like a Prayer', Madonna (1989)*
- *'Fast Car', Tracy Chapman (1988)*
- *'Push it', Salt-N-Pepa (1987)*
- *'Born to Run', Bruce Springsteen (1975)*
- *'I've Been Everywhere', Johnny Cash (1996)*
- *'Carolina in My Mind', James Taylor (1968)*
- *'West Coast', Coconut Records (2007)*
- *'City of New Orleans', Arlo Guthrie (1972)*
- *'Jolene', Dolly Parton (1973)*
- *'Home', Edward Sharpe & the Magnetic Zeros (2010)*
- *'Summertime', Ella Fitzgerald (1968)*
- *'Nikes', Frank Ocean (2016)*

Country-Musik

Frühe schottische, irische und englische Einwanderer brachten ihre eigenen Instrumente und ihre traditionelle Musik mit nach Amerika. Mit der Zeit entwickelte sich daraus in den abgeschiedenen Appalachen der Fiddle-and-Banjo-Hillbilly bzw. die Countrymusik. Im Südwesten prägten Steel-Gitarre und größere Bands die sogenannte Western Music. In den 1920er-Jahren verschmolzen beide Stile zur Country-and-Western-Musik. Ihr Zentrum wurde Nashville, TN, besonders seit dem Jahr 1925, als die Radioshow *Grand Ole Opry* auf Sendung ging. Berühmte Vertreter des Genres sind u. a. Hank Williams, Johnny Cash, Willie Nelson, Patsy Cline, Loretta Lynn und Dolly Parton.

Die Country-Musik beeinflusste den Rock'n'Roll der 1950er-Jahre, Country mit Rock-Elementen wiederum wurde „Rockabilly" getauft. In den 1980er-Jahren gewann Country-und-Western-Musik durch Stars wie Garth Brooks enorm an Popularität. Heute beherrschen Country-Sender die Radioszene, wobei zu den erfolgreichsten Künstlern Shania Twain, Dwight Yoakam, Tim McGraw, Carrie Underwood und Taylor Swift gehören. Vertreter des facettenreichen Alternative Country sind Lucinda Williams und Lyle Lovett.

Folk-Musik

Die Tradition der amerikanischen Folk-Musik begründete Woody Guthrie, der zur Zeit der Depression das Land bereiste und politische Lieder sang. Ab den 1940er-Jahren machte sich Pete Seeger in seinem unermüdlichen Bemühen um die amerikanische Folkkultur einen Namen. Während der Protestbewegung in den 1960er-Jahren erlebte die Folk-Musik eine neue Blüte, der allerdings der damalige Folk-Musiker Bob Dylan quasi im Alleingang ein Ende setzte, als er unter „Verräter"-Rufen seine E-Gitarre anschloss.

Die Folk-Musik ist seit dem letzten Jahrzehnt wieder im Kommen, vor allem im Nordwesten. Während Joanna Newsom, mit ihrer außergewöhnlichen Stimme und ungewöhnlichen Instrumenten (sie spielt Harfe), ein neue Ebene der Folk-Musik betritt, verbinden die schwermütigen Melodien von Iron & Wine Pop, Blues und Rock. Zu den Indie-

Folk-Künstlern, die seit einiger Zeit von sich reden machen – und die die Grenzen des Genres verschieben –, gehören Edward Sharpe and the Magnetic Zeros, Laura Gibson, Lord Huron, Pater John Misty und Angel Olsen.

Rock 'n' Roll

Für die meisten ist das Jahr 1954, in dem Elvis Presley in Sam Phillips' Sun Studio *That's All Right* aufnahm, die Geburtsstunde des Rock'n'Roll. Anfangs fragten sich die Radiosender, warum ein weißer Country-Junge schwarze Musik sang, und zögerten zunächst, seine Lieder zu spielen. Zwei Jahre später aber feierte Presley mit *Heartbreak Hotel* seinen großen Durchbruch.

Der Rock'n'Roll mischte Gitarren-Blues mit Rhythm and Blues (R&B) und der Country-und-Western-Musik. R&B entwickelte sich in den 1940er-Jahren aus Swing und Blues und wurde damals als „Race Music" bezeichnet. Mit dem Rock'n'Roll verwandelten weiße Künstler und afroamerikanische Musiker diese Race Music in einen Stil, der die weiße Jugend begeistern sollte – und das tat er.

Der Rock'n'Roll bereitete den Weg für eine gesellschaftliche Revolution, die noch bedeutender war als die musikalische: Offen sexuell konnotiert, riss er die Jugend, unabhängig von ihrer Hautfarbe, in seinen Bann und schockierte so die Nation. Die Behörden waren eifrig darum bemüht, gegen „jugendliche Delinquenten" vorzugehen und den Rock'n'Roll zu zensieren. Sie hätten vielleicht Erfolg gehabt, doch dann startete Anfang der 1960er-Jahre die „britische Invasion" und die von Chuck Berry, Little Richard und anderen inspirierten Beatles und Rolling Stones katapultierten den Rock'n'Roll zurück ins Leben.

Die 1960er-Jahre standen ganz im Zeichen einer rebellierenden Jugend, verkörpert von den von Drogen inspirierten, psychedelischen Klängen von Grateful Dead und Jefferson Airplane und den elektrischen Wehklagen von Janis Joplin und Jimi Hendrix. Seitdem steht Rock immer auch für einen Lebensstil, zerrissen zwischen Hedonismus und Ernsthaftigkeit, Kommerzialisierung und Authentizität.

Ende der 1970er-Jahre führten die Ramones und die Dead Kennedys die Punk-Welle an, zudem hielt der Arbeiter-Rock von Bruce Springsteen und Tom Petty Einzug. In den 1980er-Jahren wurde Gegenkultur zu Kultur und der Rock voreilig für tot erklärt. Doch er konnte gerettet werden, u.a. von den Talking Heads, R.E.M, Nirvana, Sonic Youth, Pavement und Pearl Jam, indem er sich immer wieder in einem neuen Gewand präsentiert, sei es als New Wave, Heavy Metal, Grunge, Indie Rock, World Beat, Skate Punk, Hardcore, Gothic Rock, Emo oder Electronica.

In den frühen 2000er-Jahren galten Gruppen wie The Killers, The Strokes, The Yeah Yeah Yeahs und The White Stripes wegen ihres abgespeckten Sounds, der das Genre im kommerziellen Mainstream etablierte, als Retter des Rocks.

Während die amerikanische Rockmusik auf ihre nächste große Wiederbelebung wartet, sorgen heute Bands wie Alabama Shakes, die Pop-Rocker Haim und diverse Inkarnationen von Jack White dafür, dass es zunächst bleibt, wie es ist.

Das Land, das die weltweit erfolgreichste Plattenindustrie hervorgebrachte, verbreitete auch die Technologie, die für ihren Niedergang verantwortlich gemacht wird. Von Filesharing über Apples iTunes bis hin zu den aktuellen Musik-Streaming-Diensten wie Spotify – es ist kein Wunder, dass Amerikas Musikindustrie massiven Druck verspürt. Obwohl man das angesichts ihrer Wandlungsfähigkeit kaum für möglich halten sollte.

Hip-Hop

Aus den vielen verschiedenen Musikstilen der frühen 1970er-Jahre – Funk, Soul, Latin, Reggae und Rock'n'Roll – entwickelten junge DJs aus der Bronx in NYC einen bahnbrechenden, neuen Sound, um die Tanzflächen zum Brodeln zu bringen: Der Hip-Hop war geboren. Bands wie Grandmaster Flash & the Furious Five verlagerten die Party von der Straße in die hippen Clubs Manhattans und arbeiteten mit Punk- und New-Wave-Bands wie The Clash und Blondie zusammen.

Gruppen wie Run-DMC, Public Enemy und die Beastie Boys verdienten Millionen, und schnell entwickelten sich verschiedene Stilrichtungen. Der provokante „Gangsta Rap“ von NWA (Niggaz With Attitude) aus L. A. wurde für seinen kühnen Sound und die gesellschaftskritischen Texte über Gewalt, Drogen, Sex und städtische Armut sowohl gelobt als auch verdammt.

Zur Jahrtausendwende war aus dem, was mit ein paar abgehalfterten Jungs begonnen hatte, die auf illegalen Straßenpartys die Funk-Platten ihrer Eltern auflegten, ein Milliardengeschäft geworden. Russell Simmons und P. Diddy führten Medien-Imperien an, und Stars wie Queen Latifah und Will Smith stiegen in die oberste Hollywood-Liga auf. Ein weißer Rapper aus Detroit namens Eminem verkaufte Millionen von Platten – Hip-Hop avancierte zur erfolgreichsten Musikrichtung Amerikas nach dem Pop-Rock.

Heute ist Hip-Hop für viele ein seelenloses Niemandsland kommerziellen Erfolgs, das Konsum, Frauenfeindlichkeit, Schwulenhass, Drogen und andere gesellschaftliche Übel glorifiziert. Doch so wie die hedonistischen Zeiten des Megakonzert-Rock’n’Roll den Weg für den rebellischen Punkrock ebneten, bricht auch die auf die Hip-Hop- und DJ-Kultur folgende Generation erneut die Regeln, um etwas Neues, noch Energetischeres hervorzubringen. Große Künstler sind momentan u.a. Jay-Z, Kanye West, Nicki Minaj, Drake und das etwas experimentellere Wohlfühl-Hip-Hop-Duo Macklemore & Ryan Lewis; ebenfalls hoch gelobt werden aufstrebende Stars wie Danny Brown, Anderson Paak und Kamaiyah.

Natur & Umwelt

Die Bandbreite der in den USA heimischen Tiere reicht von groß bis klein und vom wilden Grizzly bis hin zum emsigen Biber – so gehören riesige Bisons, Schnee-Eulen, majestätische Adler, heulende Kojoten und sanfte Seekühe allesamt zur vielfältigen Fauna. Die facettenreiche Landschaft – die Küsten zweier Ozeane, Berge, Wüsten, Regenwälder, gewaltige Buchten und Gewässernetze – beherbergt ein außergewöhnlich vielfältiges Ökosysteme mit Pflanzen und Tieren.

Geografie

Die USA sind groß, so viel steht fest. Mit einer Fläche von mehr als 10 Mio. km² sind sie nach Russland und dem sympathischen nördlichen Nachbarn Kanada das drittgrößte Land der Erde. Sie bestehen aus 48 zusammenhängenden Bundesstaaten („The Lower 48", Kernstaaten), dazu kommen Alaska, der größte Bundesstaat, nordwestlich von Kanada gelegen, und als 50. Staat im Bunde Hawaii mit seinen Vulkaninseln, zu finden im Pazifik rund 2300 Meilen (3700 km) südwestlich vom Festland.

Doch es ist nicht allein die Fläche, die Amerika so groß wirken lässt, sondern auch seine unglaublich vielfältige Topografie, die vor 50 bis 60 Mio. Jahren entstand.

Der Osten der amerikanischen Kernstaaten – inklusive der Appalachen, eines Mittelgebirges, das parallel zum Atlantik verläuft – ist von Laubwäldern bedeckt. Zwischen den Bergen und der Küste liegt die am dichtesten besiedelte Region des Landes, vor allem zwischen Washington, D.C., und Boston, MA.

Nördlich davon befinden sich die Großen Seen, die sowohl zu den USA als auch zu Kanada gehören. Die fünf Seen, Teil des Kanadischen Schildes, sind das größte Süßwasserreservoir der Erde – sie fassen rund 20 % des Weltbestands!

Weiter im Süden der Ostküste wird es feuchter und wärmer, bis schließlich die Sümpfe Südfloridas erreicht sind. Ein kleiner Schlenker bringt einen dann zum Golf von Mexiko und damit zur südlichen Küstenlinie der USA.

Westlich der Appalachen erstrecken sich die Ebenen des Landesinneren bis hin zu den Rocky Mountains. Der östliche Teil der Ebenen ist der Brotkorb der USA und lässt sich grob in den nördlichen „Getreidegürtel" und den südlichen „Baumwollgürtel" aufgliedern. Die Ebenen, einst ein Binnenmeer, werden vom mächtigen Mississippi bewässert, der zusammen mit dem Missouri das viertgrößte Flusssystem der Welt bildet, nur übertroffen vom Nil, dem Amazonas und dem Jangtsekiang. Weiter im Westen weichen unter dem weiten Himmel der semiariden Great Plains die Farmen den Cowboys und Ranches.

Die jungen, zerklüfteten Rocky Mountains sind ein komplexes System aufragender Gebirgsketten, die sich von Mexiko bis hinauf nach Kanada erstrecken und ein wahres Paradies für Skifahrer bilden. Westlich dieser Gebirgsketten folgen die Wüsten des Südwestens, eine aride Region, in welcher das Flusssystem des Colorado dramatische Spuren hinterlassen hat. Auf dem Weg durch Nevada gelangt man aus diesem Land

Hoch in den White Mountains, einer kleinen Gebirgskette östlich der kalifornischen Sierra Nevada, wächst die langlebigste Baumart der Welt. Die sogenannte Langlebige Kiefer (*Pinus longaeva*), zu erkennen an ihren kahlen verdrehten Ästen, ist über 4000 Jahre alt und gibt Wissenschaftlern mit ihrer außergewöhnlich langen Lebensdauer Rätsel auf.

der erodierten Canyons in das erbarmungslose Great Basin. Das Gebiet, ebenfalls ein urzeitlicher Meeresboden, dient als militärisches Trainings- und Testgelände, und hier soll auch der Atommüll der USA eingelagert werden.

Nun folgt das dritte große Gebirgssystem Nordamerikas, bestehend aus dem Granitgebirge der Sierra Nevada im Süden und der vulkanischen Kaskadenkette im Norden, die beide parallel zur Pazifikküste verlaufen. Das kalifornische Central Valley ist eine der fruchtbarsten Regionen der Erde, und die Küste zwischen San Diego und Seattle mit ihren Sandstränden und uralten Wäldern, in denen teilweise Küstenmammutbäume wachsen, wird in den Legenden der amerikanischen Ureinwohner genauso gepriesen wie in den Folksongs der Einwanderer.

Aber das sind noch nicht die ganzen USA: Nordwestlich von Kanada erstreckt sich Alaska bis zum Nordpolarmeer, ein Bundesstaat voller Tundra, Gletscher und einem Regenwald im Landesinneren. Alaska besitzt den Löwenanteil aller geschützten Naturgebiete des Landes. Und schließlich ist da noch Hawaii, eine Kette traumhafter tropischer Inseln im Pazifik.

Filme über die Wildnis

Der große Trip – Wild (Jean-Marc Vallée)

Nomaden der Lüfte – Das Geheimnis der Zugvögel (Jacques Perrin)

Grizzly Man (Werner Herzog)

Into the Wild (Sean Penn)

Jeremiah Johnson (Sydney Pollack)

The Revenant – Der Rückkehrer (Alejandro González Iñárritu)

Landsäugetiere

Im 19. Jh. setzten sich die Amerikaner massiv gegen Raubtiere zur Wehr. So löschten staatliche Jagdprogramme in den USA fast alle Wölfe und Großkatzen sowie viele Bären aus. Sie alle eint ein ähnliches Schicksal: Ursprünglich in großer Zahl vertreten, wurden sie innerhalb kürzester Zeit fast vollständig ausgerottet und die Populationen erholen sich heute nur langsam wieder.

Der Grizzlybär, eine Unterart des Braunbären, ist eines der größten Landsäugetiere Nordamerikas. Männchen erreichen eine Größe von bis zu 2 m und ein Gewicht von bis zu 385 kg. Ihr Lebensraum umfasst

DIE RÜCKKEHR DES WOLFES

Der Wolf verkörpert auf eindrucksvolle Weise die Wildnis Nordamerikas. Das intelligente, in Rudeln lebende Raubtier ist mit einem durchschnittlichen Gewicht von 45 kg und einer Schulterhöhe von rund 80 cm die weltweit größte Art aus der Familie der Hunde. Einst zogen etwa 400 000 Wölfe von Küste zu Küste, von Alaska bis nach Mexiko.

Wölfe stießen bei den europäischen Siedlern auf wenig Sympathie. Das erste Tiergesetz, das in den britischen Kolonien in Kraft trat, war eine Kopfgeldprämie auf Wölfe. Im 19. Jh. metzelten die amerikanischen Siedler in ihrem Bestreben, den Westen zu zähmen, die unzähligen Herden von Bisons, Hirschen, Rehen und Elchen nieder und ersetzten sie durch Hausrinder und Schafe. Die Wölfe jedoch fanden diese genauso schmackhaft.

Die Regierung machte sich aufgrund der Angriffe auf Nutztiere durch die Wölfe deren Ausrottung zum Ziel. Bis 1965 wurden Wölfe gegen ein Kopfgeld von 20–50 US$ pro Tier geschossen, vergiftet oder gefangen und getötet, bis nur noch ein paar hundert Tiere im nördlichen Minnesota und Michigan übrig blieben.

1944 trat der Naturforscher Aldo Leopold für die Rückkehr des Wolfes ein. Seine Argumente waren dabei ökologischer, nicht nostalgischer Natur. Seine Studien hatten gezeigt, dass Ökosysteme ihre Spitzenprädatoren brauchen, um eine gesunde Artenvielfalt zu bewahren. Aufgrund komplexer wechselseitiger Abhängigkeiten litten nämlich alle Tiere und Pflanzen unter dem Niedergang des Wolfes.

Trotz großer Proteste von Farmern und Jägern wurde der graue Wolf in den Jahren 1995 und 1996 in der Greater Yellowstone Region wieder heimisch gemacht, der Mexikanische Wolf 1998 in Arizona.

Im Rahmen der Schutzprogramme konnten sich die Wolfspopulationen recht schnell erholen, so leben heute über 5700 Tiere in den US-Kernstaaten und etwa 8000 Tiere in Alaska.

DIE SCHLIMMSTEN NATURKATASTROPHEN DER USA

Erdbeben, Waldbrände, Tornados, Hurrikane und Blizzards – die USA haben immer wieder unter Naturkatastrophen zu leiden. Hier eine Liste der schlimmsten Ereignisse, die sich tief in das Gedächtnis der Nation eingegraben haben:

Johnstown-Flut 1889 führten sintflutartigen Regenfälle zum Bersten des South-Fork-Staudamms in Pennsylvania. Als der Damm brach, rauschten etwa 20 Mio. t Wasser und Schlamm den Little Conemaugh River hinab und überfluteten das nahegelegene Johnstown. Über 2200 Menschen kamen dabei ums Leben, 1600 Häuser wurden zerstört.

Galveston-Hurrikan Im Jahr 1900 wurde Galveston, das als das „Juwel von Texas" bekannt war, von einem Hurrikan der Kategorie 4 praktisch ausgelöscht. 4,6 m hohe Flutwellen zerstörten Gebäude und überschwemmten zeitweilig die gesamte Insel. Mehr als 8000 Menschen starben, mehr als bei jeder anderen Naturkatastrophe in den USA zuvor.

Erdbeben von San Francisco 1906 Ein starkes Erdbeben (nach Schätzungen der Stärke 8 auf der Richter-Skala) erschütterte im Jahre 1906 die Stadt, gefolgt von noch verheerenderen Bränden. Die Stöße waren noch in Oregon und Zentral-Nevada zu spüren. Man schätzt, dass mehr als 3000 Menschen ihr Leben verloren, mehr als 200 000 (der insgesamt 410 000) Einwohner der Stadt wurden obdachlos.

Dust Bowl Während einer langen Dürre in den 1930er-Jahren trocknete die überbeanspruchte Humusschicht in den Great Plains aus, verwandelte sich in Staub und wurde in gewaltigen Staubstürmen Richtung Osten geweht – sogar New York und Washington, D.C., bekamen sie noch ab. Auf Hunderttausenden Hektar Anbaufläche brachen die Erträge ein, sodass mehr als 500 000 Menschen gezwungen waren, ihre Heimat zu verlassen. Den großen Exodus der Bauern und Landarbeiter machte John Steinbeck in seinem Roman *Die Früchte des Zorns* unsterblich.

Hurrikan Katrina An den 29. August 2005 wird man sich in New Orleans noch lange erinnern. Ein massiver Hurrikan der Kategorie 5 fegte über den Golf von Mexiko und traf die Küste von Louisiana. Als die Dämme brachen, wurden mehr als 80 % der Stadtfläche überschwemmt. 1836 Menschen kamen ums Leben, der materielle Schaden belief sich laut Schätzungen auf mehr als 100 Mrd. US$.

Wirbelsturm Sandy 2012 suchte dieser Wirbelsturm etwa 24 Bundesstaaten heim, die schlimmsten Schäden erlitten New Jersey und New York. Mehr als 100 Menschen starben allein in den USA, die Schäden summierten sich auf mehr als 65 Mrd. US$. Sandy war auch der größte Wirbelsturm über dem Atlantik seit Beginn der Aufzeichnungen, die Sturmwinde erstreckten sich über 1100 km.

Hurrikan Irma Am 10. September 2017 fegte einer der größten jemals gemessenen Wirbelstürme über Florida hinweg und verursachte Überschwemmungen und Zerstörungen. Hurrikan Irma erreichte die Florida Keys als Strum der Kategorie 4 mit der Breite des Bundesstaates Texas. Häuser und Geschäfte in Everglades City wurden von einer 2,5 m hohen Sturmflut überrollt und unter Schlamm begraben; laut der Katastrophenschutzbehörde FEMA wurden 25 % der Gebäude auf den Keys zerstört und weitere 65 % beschädigt.

knapp 1300 km². Einst bevölkerten schätzungsweise 100 000 Grizzlys den Westen, doch 1975 waren es nicht einmal mehr 1000. Schutzprogramme, insbesondere in der Greater Yellowstone Region, ließen die Population in den USA (ohne Alaska) auf heutige 1200–1400 anwachsen. In Alaska hingegen tummeln sich heute über 30 000 Exemplare. Obwohl auch ihre Zahl abgenommen hat, überleben die kleineren Schwarzbären fast überall. Die anpassungsfähigen, neugierigen Tiere geben sich mit einem sehr kleinen Revier zufrieden.

Ein weiteres sehr anpassungsfähiges Tier ist der Kojote. Er ähnelt einem Wolf, ist jedoch nur halb so groß und wiegt zwischen 7 und 20 kg. Im Südwesten sind die Tiere allgegenwärtig, manchmal trifft man sie sogar in den Städten. In den USA lebt außerdem eine Raubkatze, die zahlreiche Namen trägt – z. B. Silberlöwe, Puma oder Panther. Im Everglades National Park im Osten lebt eine kleine Population von Panthern. Im Westen sind die Tiere in immerhin so großer Zahl vertreten, dass sie ab und an auf Menschen treffen. Die kräftigen Tiere zeichnen sich durch rund 70 kg pure Muskelmasse, kurzes gelbbraunes Fell, einen langen Schwanz und ein scheues Wesen aus.

Die Geschichte des amerikanischen Büffels ist tragisch. Um 1800 gab es noch rund 65 Mio. der riesigen Pflanzenfresser. So beschrieben die Entdecker Lewis und Clark eindrücklich, wie sich durch ihre dichten Herden „ganze Ebenen verdunkelten". Die Tiere wurden wegen ihres Fleischs und wegen ihres Fells getötet, außerdem machte man sich ein Freizeitvergnügen aus der Jagd oder wollte den Ureinwohnern, denen die Tiere als Lebensgrundlage dienten, damit schaden. Im 20. Jh. galt der Büffel deswegen mit nur noch wenigen Hundert Exemplaren als nahezu ausgestorben. Die Nachkommen jener Tiere bildeten jedoch neue Herden, sodass eines der edelsten Tiere Amerikas mittlerweile wieder in seiner ganzen Pracht bewundert werden kann. Um sie zu sehen, besucht man am besten die Nationalparks Yellowstone, Grand Teton oder Badlands.

Ungewöhnliche Tierlektüre

- *Rats* (Robert Sullivan)
- *Pigeons* (Andrew Blechman)
- *Secret Life of Lobsters* (Trevor Corson)
- *American Buffalo* (Steven Rinella)
- *The Beast in the Garden* (David Baron)

Meeressäugetiere & Fische

Wohl keinem anderen einheimischen Fisch wird so viel Aufmerksamkeit zuteil wie dem Lachs. Während dessen Laichzeit wird entlang der Flüsse an der Pazifikküste ein einzigartiges Spektakel geboten. Dennoch gilt der pazifische ebenso wie der atlantische Lachs als bedroht. Jedes Jahr werden deshalb Millionen junger Zuchtlachse ausgesetzt – es ist aber umstritten, ob dieses Vorgehen der Population wirklich hilft oder doch eher schadet.

Jedes Jahr locken wandernde Grau-, Buckel- und Blauwale entlang der Pazifikküste zahlreiche Schaulustige an. Alaska und Hawaii sind für Wale und Meeressäuger bedeutende Stätten für die Jungtieraufzucht, Washingtons San Juan Islands wiederum werden von Killerwalen frequentiert. Die Pazifikküste bildet außerdem den Lebensraum für schwergewichtige See-Elefanten, verspielte Seelöwen und den bedrohten Seeotter.

In Kalifornien warten der Channel Islands National Park und die Monterey Bay mit einzigartigen, facettenreichen Meereslandschaften auf. Für Fans von Korallenriffen und tropischen Fischarten sind Hawaii und die Florida Keys die richtigen Reiseziele. An der Küste Floridas ist die faszinierende, sanfte Rundschwanzseekuh („Manatee") beheimatet, die sowohl in Süßwasserflüssen als auch im Meer lebt. Von den eindrucksvollen, wendigen Tieren, die rund 3 m lang sind und durchschnittlich 450 kg wiegen, gibt es noch etwa 6600 Exemplare. Früher hat man sie übrigens wohl häufiger für Meerjungfrauen gehalten.

Auch der Golf von Mexiko ist ein bedeutender Meereslebensraum. Am bekanntesten sind dabei die bedrohten Meeresschildkröten, die an den Stränden ihre Eier ablegen.

Vögel

Die USA stehen bei Vogelbeobachtern ganz hoch im Kurs. Kein Wunder, schließlich machen alle Zugvögel der Hemisphäre, seien es Sing- oder Watvögel, hier irgendwann halt – und so sind hier rund 800 Vogelarten heimisch.

Der Weißkopfseeadler wurde 1782 zum Wappentier der USA erklärt und ist die einzige Adlerart, die nur in Nordamerika vorkommt. Einst beherrschten rund eine halbe Million Tiere den amerikanischen Himmel. 1963 hatte sich ihre Zahl aufgrund der Zerstörung ihres Lebens-

TIERBEOBACHTUNG: BEDROHTE ARTEN

Aktuell gelten über 1650 Pflanzen- und Tierarten in den USA als gefährdet oder bedroht. Natürlich sind sie für das Ökosystem alle gleichermaßen bedeutend, wer jedoch die spektakulärsten sehen (oder fotografieren) möchte, sollte folgende Ziele ansteuern, ehe es zu spät ist:

Kalifornischer Kondor Big Sur, Kalifornien, und Grand Canyon National Park, Arizona

Kalifornische Gopherschildkröte Mojave National Preserve, Kalifornien

Florida-Panther Everglades National Park, Florida

Hawaii-Gans Haleakalā National Park, Hawaii

Rundschwanzseekuh Everglades National Park, Florida

Mexikanische Langnasen-Fledermaus Big Bend National Park, Texas

Schreikranich Aransas National Wildlife Refuge, Texas, und Bosque del Apache National Wildlife Refuge, New Mexico

raums, vor allem aber infolge des Einsatzes des Insektizids DDT auf 487 Brutpaare (ohne Alaska) reduziert. Bis ins Jahr 2006 konnte sich die Population jedoch merklich erholen, sodass es mittlerweile wieder 9800 Brutpaare gibt (und in Alaska weitere 50 000) und der Weißkopfseeadler von der Liste der bedrohten Arten gestrichen werden konnte.

Ein anderer eindrucksvoller Vogel ist der bedrohte Kalifornische Kondor. Der prähistorische Aasfresser wiegt rund 9 kg und hat eine Flügelspannweite von bis zu 3 m. In den 1980er-Jahren galt der Kondor mit nur noch 22 Exemplaren als fast ausgestorben, doch dann sorgten Schutzprogramme für die erneute Ansiedlung in Kalifornien und im nördlichen Arizona, wo sie heute manchmal gesichtet werden können, wenn sie über dem Grand Canyon kreisen.

Die Umweltschutzbewegung

Die USA sind bekannt für ihre politischen und gesellschaftlichen Umwälzungen, aber auch der Umweltschutz wurde hier geboren. Die USA waren der erste Staat, der wirksame Maßnahmen zur Erhaltung seiner Naturgebiete einführte, und US-amerikanische Umweltschützer stehen häufig an vorderster Front bei weltweiten Umweltschutzkampagnen.

Die protestantischen Siedler glaubten noch, dass die Zivilisation den göttlichen Auftrag hätte, die Natur ihren Absichten zu unterwerfen. Die Wildnis war nicht nur lebensgefährlich und unberechenbar, sie war auch ein mächtiges Symbol für das Gottlose im Menschen, seine Triebe – und die Pilgerväter setzten alles daran, beides zu unterdrücken.

In der Mitte des 19. Jhs. wurden dann die europäischen Romantiker zum Vorbild der US-amerikanischen Transzendentalisten: Für diese war die Natur nicht mehr gefallen und verflucht, sondern heilig. In *Walden oder Leben in den Wäldern* (1854) beschrieb der Bilderstürmer Henry David Thoreau seinen zweijährigen Aufenthalt in den Wäldern, wo er zufrieden fern der Annehmlichkeiten der Zivilisation lebte. Mit viel Überzeugungskraft behauptete er, dass die menschliche Gesellschaft sich gefährlich weit von den wesentlichen Wahrheiten der Natur entfernt hätte. Seine Ansichten bedeuteten einen tiefen Bruch mit der gängigen Sichtweise – denn für ihn waren Natur, Seele und Gott eine Einheit.

Zu den faszinierendsten Theorien über unseren Planeten gehört James Lovelocks Gaia-Hypothese, nach der die Erde ein lebender, komplexer, selbstregulierender Organismus ist. Mehr über Lovelocks überwältigende Ideen erfährt man in seinem Buch *The Ages of Gaia*.

John Muir & die Nationalparks

Die Naturwunder des Kontinents, welche die amerikanischen Landschaftsmaler des 19. Jhs. so packend in ihren Bildern festgehalten haben, sprachen für sich selbst, und wegen des ungezügelten Nationalismus der Zeit sah man in ihnen einen Aktivposten. Daher begannen die US-amerikanischen Präsidenten im späten 19. Jh., besonders wichtige Gebiete in Form von State Parks oder National Parks unter speziellen Schutz zu stellen.

Der schottische Naturforscher John Muir setzte sich für die Wildnis um ihrer selbst willen ein. Für Muir war die Natur der Zivilisation überlegen. Er verbrachte einen großen Teil seines Lebens auf Wanderungen durch die Sierra Nevada und setzte sich leidenschaftlich für ihre Bewahrung ein. Muir war die treibende Kraft hinter der wachsenden Naturschutzbewegung des Landes, die 1890 mit der Gründung des Yosemite National Park ihren ersten großen Sieg feiern konnte. 1892 gründete Muir den Sierra Club und wurde langsam im ganzen Land bekannt.

Umweltschutzgesetze & Klimawandel

Gegen Ende des 19 Jhs. und in den darauf folgenden Jahrzehnten haben die USA eine Reihe wegweisender Gesetze zum Schutz von Umwelt und Natur erlassen, die zu beträchtlichen Verbesserungen der Luft- und Wasserqualität geführt haben, sodass die Bestände nahezu ausgerotteter Pflanzen und Tiere sich teilweise wieder erholen konnten. Der Umweltschutz erfasst immer weitere Bereiche. Angesichts verheerender Verschmutzungen, durch menschliche Eingriffe verursachte Habitatszerstörung, Artensterben und des Einbringens nicht einheimischer Arten geht es längst nicht mehr ausschließlich um die Schaffung neuer Nationalparks, sondern darum, ganze Ökosysteme zu erhalten.

Heute ist der Umweltschutz eine weltweite Bewegung, die begreift, dass die Probleme eines jeden Landes zu einer weltweiten Bedrohung beitragen: dem Klimawandel. In den USA beflügeln die Gefahren der globalen Erwärmung ein bislang nie gekanntes Umweltbewusstsein. Ob die durchschnittlichen Amerikaner glauben, dass Gott durch die Natur spricht, oder nicht – eines ist gewiss: Immer mehr sind über die Botschaft, die sie da hören, tief beunruhigt.

Praktische Informationen

Allgemeine Informationen

Arbeiten in den USA

Wer sich als Ausländer bzw. im Rahmen des US-Visa-Waiver-Programms oder mit normalem Touristenvisum in den USA aufhält, darf vor Ort keinerlei bezahlte Arbeit annehmen. Aufgedeckte Verstöße haben die sofortige Ausweisung zur Folge. Amerikanische Arbeitgeber sind verpflichtet, die Arbeitsberechtigung ihrer Angestellten zu kontrollieren – sonst müssen sie mit Geldstrafen rechnen. Arbeitsuchende Ausländer haben es in den USA daher heute wesentlich schwerer als früher.

Um als Ausländer legal in den USA arbeiten zu können, muss man bereits vor der Abreise ein Arbeitsvisum beantragen. Junge Leute (Altersbegrenzung variiert) erhalten ein J1-Visum für Austauschbesucher. Es umfasst den Studienaufenthalt, studentische Ferienjobs, Mitarbeit in Sommercamps und Kurzpraktika bei einem bestimmten Arbeitgeber. Verschiedene Organisationen helfen bei der Suche nach einer Praktikumsstelle sowie beim Beantragen von J1-Visa und beantworten Fragen zu Studentenaustauschprogrammen mit diversen deutschen, österreichischen und Schweizer Universitäten, z. B. ISEP (www.isep.org).

Für befristete Tätigkeiten oder Festanstellungen brauchen Nicht-Studenten die Unterstützung eines US-Arbeitgebers, der ein Visum der Kategorie H beschafft. Solche Visa sind nicht leicht zu bekommen: Der Arbeitgeber muss nachweisen, dass kein US-Bürger oder in den USA lebender Ausländer mit unbefristeter Aufenthaltsgenehmigung den jeweiligen Job übernehmen kann.

Nationalparks, Touristenattraktionen und Skiorte suchen häufig Saisonarbeiter. Interessenten wenden sich am besten an örtliche Chambers of Commerce (Handelskammern), Inhaber von Parkkonzessionen oder das Management von Skizentren. Weitere Informationen zum Arbeiten auf Reisen findet man im englischsprachigen *Gap Year Book* von Lonely Planet.

Au Pair in America (www.aupairinamerica.com) Hilft bei der Suche nach Au-Pair-Jobs in den USA.

Camp America (www.campamerica.co.uk) Engagements in Sommerlagern für Jugendliche.

Council on International Educational Exchange (www.ciee.org) Bietet Ausländern im Rahmen von Kultur- und Bildungsaustausch vier Optionen zum offiziellen Arbeiten in Amerika: Arbeiten und Reisen (Work & Travel USA), Praktika (Internship USA), professionelle Berufsausbildung (Professional Career Training USA) und Jobs in Sommerlagern (Camp Exchange USA).

InterExchange (www.interexchange.org) Internationale Austauschprogramme mit Arbeitsmöglichkeiten (beispielsweise in Sommerlagern oder als Au-pair).

Botschaften & Konsulate

Neben ihren Botschaften in Washington, D.C. (s. unter www.embassy.org) unterhalten die meisten Länder auch UN-Vertretungen in NYC. Teilweise kommen Konsulate in anderen US-Großstädten hinzu. Deren Adressen lassen sich online, per *Yellow Pages* (Gelbe Seiten; unter *consulates*) oder über die örtliche Telefonauskunft ermitteln.

Deutschland (☎202-298-4000; www.germany.info; 4645 Reservoir Rd NW; ⏲Mo–Do 8–11.45 & 13–14.30, Fr 8–12 Uhr; 🚌D6)

Kanada (☎202-682-1740; www.can-am.gc.ca; 501 Pennsylvania Ave NW; ⏲Mo–Fr 8.30–16.40 Uhr; Ⓜ Green od. Yellow Line bis Archives)

Mexiko (☎202-728-1600; https://embamex.sre.gob.mx/eua; 1911 Pennsylvania Ave NW; ⏲Mo–Fr 9–18 Uhr; Ⓜ Orange, Silver od. Blue Line bis Farragut West)

Österreich (☎202-895-6700; www.austria.org; 3524 International Court NW)

Schweiz (☎202-745-7900; www.swissemb.org; 32900 Cathedral Ave NW).

Ermäßigungen

Folgende Ausweise bzw. Mitgliedschaften bringen Ermäßigung bei Museen, Unterkünften und manchen Verkehrsmitteln:

American Association of Retired Persons (AARP; www.aarp.org) Akzeptiert auch ausländische Senioren ab 50 Jahren als Mitglieder.

Internationaler Studentenausweis (International Student Identity Card, ISIC; www.isic.org) Für Vollzeitstudenten bzw. -schüler ab zwölf Jahren; ähnliche Rabatte gibt's mit einem Internationalen Lehrerausweis (International Teacher Identity Card, ITIC) oder Internationalen Jugendreiseausweis (International Youth Travel Card, IYTC; Höchstalter 30 Jahre).

Student Advantage Card (www.studentadvantage.com) Für studentische Reisende aus aller Welt.

Mitglieder der **American Automobile Association** (AAA; www.aaa.com) und von deren internationalen Partnerorganisationen (beispielsweise ADAC) erhalten bestimmte Ermäßigungen (u.a. bei manchen Unterkünften).

Essen & Trinken

Ein ganzes Gourmetleben würde nicht mal ansatzweise ausreichen, um die zahllosen regionalen Spezialitäten der riesigen USA zu probieren: Das gigantische kulinarische Angebot reicht von Sandwiches mit Pulled Pork in alten Raststätten bis hin zu nachhaltig gefangenem Seafood in Restaurants am Meer.

Feiertage & Ferien

An den folgenden öffentlichen Feiertagen sind Banken, Schulen und Behörden (einschließlich Postfilialen) landesweit geschlossen. Bei Verkehrsmitteln, Museen und anderen Einrichtungen gelten dann die jeweiligen Sonntagszeiten. Falls Feiertage aufs Wochenende fallen, werden sie gewöhnlich am darauffolgenden Montag „nachgeholt".

Neujahr 1. Januar

Martin Luther King Jr. Day Dritter Montag im Januar

Presidents Day Dritter Montag im Februar

Memorial Day Letzter Montag im Mai

US-Unabhängigkeitstag 4. Juli

Labor Day Erster Montag im September

Columbus Day Zweiter Montag im Oktober

Veterans Day 11. November

Thanksgiving Vierter Donnerstag im November

Weihnachten 25. Dezember

Während der einwöchigen Frühjahrsferien (Spring Break) fallen Highschoolschüler und Collegestudenten scharenweise in Strand- bzw. Ferienorten ein. Dies gilt für den ganzen März und April. Schüler und Studenten aller Altersstufen genießen ihre Sommerferien von Juni bis August.

Frauen unterwegs

Ob allein oder in Gruppen: Frauen bekommen in den USA meist keine besonderen Probleme. Die Community-Website www.journeywoman.com liefert neben Travel-Tipps von Frauen für Frauen auch Links zu weiteren praktischen Informationsquellen.

Die Broschüre *Her Own Way* der kanadischen Regierung enthält viele nützliche allgemeine Reisehinweise. Sie kann auf http://travel.gc.ca/travelling/publications als PDF heruntergeladen oder auch online durchgelesen werden.

Manche Frauen haben eine Trillerpfeife, Reizgas oder Pfefferspray zur Selbstverteidigung griffbereit. Wer Pfefferspray kaufen will, sollte sich bei der örtlichen Polizei nach den entsprechenden Bestimmungen erkundigen, die von Bundesstaat zu Bundesstaat variieren. US-Bundesgesetze verbieten die Mitnahme jeglicher Selbstverteidigungssprays oder -gase in Flugzeugen.

Opfer sexueller Übergriffe wenden sich am besten zuerst an eine Hotline für Vergewaltigungsopfer und rufen erst danach die Polizei (☎911) an (es sei denn, es besteht akute Lebensgefahr) – nicht alle Polizeibeamten besitzen genug Sensibilität oder Erfahrung für den Umgang mit Opfern von sexueller Gewalt. Spezielle Hilfszentren setzen sich dagegen unermüdlich für die Opfer ein und fungieren als Schnittstellen gegenüber anderen Einrichtungen (z.B. Polizei, Krankenhäuser). Telefonbücher enthalten Verzeichnisse mit örtlichen Anlaufstellen für Vergewaltigungsopfer. Zudem steht die National Sexual Assault Hotline (☎800-656-4673) rund um die Uhr zur Verfügung. Andernfalls direkt die Notaufnahme eines Krankenhauses aufsuchen!

PREISKATEGORIEN: ESSEN

Die folgenden Preise gelten jeweils für ein Hauptgericht. Sofern nicht anders vermerkt, verstehen sie sich stets ohne Steuern (5–10%) und Trinkgeld (allgemein 15–20%).

**$** unter 15 US$

**$$** 15–25 US$

**$$$** über 25 US$

PRAKTISCH & KONKRET

DVD NTSC-Videostandard (nicht kompatibel mit PAL oder SECAM); DVD-Regionalcode 1 (nur USA und Kanada).

Maße & Gewichte Gewichte: Unze (*ounce*; oz), Pfund (*pound*; lb), Tonne (*ton*; t); Hohlmaße: Flüssigunze (*fluid ounce*; fl oz), US-Pint *(pint)*, US-Quart *(quart)*, US-Gallone (*gallon*; gal); Längenmaße: Fuß (*foot*; ft), Yard *(yd)*, Meile (*mile*; mi).

Radio & Fernsehen Öffentlich-rechtliches Radio: National Public Radio (NPR) am unteren Ende der FM-Skala; Öffentlich-rechtliche Fernsehsender: ABC, CBS, NBC, FOX und PBS (Public Broadcasting Service); Größte Kabelsender: CNN (Nachrichten), ESPN (Sport), HBO (Spielfilme), Weather Channel (Wetter)

Zeitungen & Zeitschriften Überregionale Zeitungen: *New York Times*, *Wall Street Journal* und *USA Today*; Große Nachrichtenmagazine: *Time* und *Newsweek*

Diese landesweit tätigen Interessenverbände könnten ebenfalls hilfreich sein:

National Organization for Women (NOW; www.now.org) Bewegung, die für Frauenrechte kämpft.

Planned Parenthood (www.plannedparenthood.org) Empfiehlt spezielle Frauenkliniken und Beratungszentren im ganzen Land.

Freiwilligenarbeit

Die USA bieten zahllose Möglichkeiten für Freiwillige, mit denen sich lange Trips wunderbar auflockern lassen. Zudem warten dabei äußerst wertvolle Erfahrungen: Man lernt Land, Leute und Kultur so intensiv kennen, wie es bei einer reinen Durchreise kaum möglich ist.

In Großstädten gibt's jede Menge Gelegenheiten, Einheimische bei spontanen Engagements für gemeinnützige Organisationen kennenzulernen. Als Quellen empfehlen sich z. B. die Veranstaltungsverzeichnisse alternativer Wochenzeitungen – ebenso die Website von Craigslist (www.craigslist.org) mit ihren nach Sparten sortierten Gratis-Anzeigen. Das staatliche Internetportal Serve.gov sowie die privat betriebenen Plattformen Idealist.org und VolunteerMatch (www.volunteermatch.org) umfassen Datenbanken, die sich kostenlos nach kurz- und längerfristigen Freiwilligenjobs im ganzen Land durchsuchen lassen.

Formellere Freiwilligenprogramme sind meist mit einer deftigen Teilnahmegebühr von 250 bis 1000 US$ verbunden – vor allem, wenn sie speziell auf ausländische Traveller abzielen. Der genaue Betrag hängt von Dauer und Leistungsumfang (z. B. Unterkunft, Essen) ab, beinhaltet aber in keinem Fall die Anreisekosten.

Empfehlenswerte Organisationen sind beispielsweise die Folgenden:

Habitat for Humanity (www.habitat.org) Fördert soziale Wohnungsbauprojekte.

Sierra Club (www.sierraclub.org) „Freiwilligenferien", deren Teilnehmer an Renaturierungsmaßnahmen mitwirken und Wanderwege instand halten (z. B. in Nationalparks oder Naturschutzgebieten).

Volunteers for Peace (www.vfp.org) Mehrwöchige Freiwilligenprojekte, die Handwerk und internationalen Austausch an der Basis fördern.

Wilderness Volunteers (www.wildernessvolunteers.org) Wochenlange Trips, die der Erhaltung von US-Nationalparks und Outdoor-Erholungsgebieten dienen.

World Wide Opportunities on Organic Farms USA (www.wwoofusa.org) Repräsentiert über 2000 Bio-Bauernhöfe im ganzen Land, die Freiwilligenarbeit mit Kost und Logis entlohnen. Kurz- und längerfristige Aufenthalte möglich.

Geld

Geldautomaten

Bei den meisten Banken sowie in Einkaufszentren, Flughäfen, Lebensmittelläden und Supermärkten stehen Geldautomaten sieben Tage in der Woche rund um die Uhr zur Verfügung. Pro Transaktion wird üblicherweise eine Gebühr von 2,50 US$ oder mehr fällig, die sich eventuell noch um Gebühren der eigenen Bank erhöhen. Achtung: Automatenabhebungen per Kreditkarte sind normalerweise besonders teuer!

Man sollte sich bei der eigenen Bank erkundigen, wie und zu welchen Konditionen die Bank- oder Kreditkarte an US-Geldautomaten verwendet werden kann. Wer den Bargeldbedarf vor allem durch Abhebungen vor Ort decken will – was durchaus empfehlenswert ist –, hat am besten mehrere Karten dabei und bewahrt diese getrennt voneinander auf. Die Wechselkurse am Automaten sind jedenfalls selten besser oder schlechter als anderswo. Vor dem Start ist es ratsam, die eigene Bank oder Kreditkartenfirma von der Reise zu unterrichten. Andernfalls löst die ungewohnte Auslandsbenutzung der Karten dort eventuell falschen Betrugsalarm aus, was dazu führen kann, dass die Konten vorübergehend eingefroren werden.

Geldwechsel

Fremdwährungen tauscht man normalerweise am besten bei Banken um. Große Stadtfilialen bieten meist einen Devisenservice an, auf dem Land kann der Geldwechsel etwas schwieriger werden. Die schlechtesten Kurse gibt's üblicherweise an den Wechselstuben von Flughäfen und Touristenzentren. Vor allem dort ist es also ratsam, zuerst nach anfallenden Gebühren und Zuschlägen zu fragen. Travelex (☎516-300-1622; www.travelex.com) zählt zu den größeren Dienstleistern, während die Filialen von American Express (☎800-528-4800; www.americanexpress.com) mitunter bessere Konditionen bieten.

Kreditkarten

Bekannte Kreditkarten (Visa, MasterCard) werden in den USA fast überall akzeptiert. Für das Mieten von Autos oder Reservierungen per Telefon oder Internet sind sie so gut wie immer ein Muss. (Manche Fluglinien bestehen sogar auf US-Kreditkartenadressen – sehr lästig, wenn man Inlandsflüge vor Ort buchen möchte.) Eine Kreditkarte gehört auf jeden Fall ins Gepäck, um Notfälle abzudecken. Visa und MasterCard werden am häufigsten akzeptiert.

Steuern

Nur fünf US-Bundesstaaten (Alaska, Delaware, Montana, New Hampshire, Oregon) erheben aktuell keine Verkaufssteuern. Diese liegen im übrigen Land zwischen 5 und 10 % (je nach Bundesstaat, Bezirk und/oder Kommune). Zusätzlich fällt überall noch eine lokale Übernachtungssteuer an (10–18 %; in NYC noch höher).

Trinkgeld

In den USA sind Trinkgelder mehr oder weniger obligatorisch und sollten deshalb nur bei extrem schlechtem Service nicht gegeben werden.

Barkeeper Mindestens 1 US$ pro Getränk bzw. 15–20 % des Rechungsbetrags.

Gepäckträger An Flughäfen bzw. in Hotels mindestens 2 US$ pro Gepäckstück oder 5 US$ pro Gepäckwagen.

Parkservice Mindestens 2 US$ bei Rückgabe des Autoschlüssels.

Restaurantkellner 15–20 % des Gesamtbetrags (sofern nicht in der Rechnung enthalten).

Taxifahrer 10–15 % des Fahrpreises; auf den nächsten vollen Dollarbetrag aufrunden.

Zimmermädchen Pro Übernachtung 2 bis 4 US$ unter der dafür vorgesehenen Karte hinterlegen.

Gesundheit

Die USA haben ein hervorragendes Gesundheitssystem. Das Problem dabei: Ohne gute Versicherung sind die Behandlungen unbezahlbar. Der Abschluss einer entsprechenden Auslandskrankenversicherung, die medizinische Behandlungen in Amerika abdeckt, ist daher extrem wichtig. Falls die eigene Krankenversicherung nicht für Behandlungskosten im Ausland aufkommt, braucht man einen zusätzlicher Schutz.

Alle benötigten Medikamente sollten in ihren etikettierten Originalverpackungen mitgebracht werden. Sinnvoll ist zudem ein datierter und unterschriebener Brief des eigenen Arztes, der detailliert Aufschluss über den ganzen Gesundheitszustand und alle verordneten Medikamente (inkl. internationaler Freinamen) gibt.

Impfungen

Zum Recherchezeitpunkt erforderten touristische Aufenthalte in den USA keine besonderen Impfungen. Bei Bedarf sollte jedoch der Standardschutz rechtzeitig vor dem Start aufgefrischt werden. Infos zu aktuellen Impfbestimmungen und -empfehlungen liefert z. B. die Website der US-Gesundheitsbehörde (Centers for Disease Control; www.cdc.gov). Ergänzend empfiehlt sich ein Blick auf die Reisewebsite des eigenen Außenministeriums.

Infos im Internet

Die Weltgesundheitsorganisation (World Health Organization; WHO) veröffentlicht auf ihrer Website regelmäßig Tipps und Hinweise zur Gesundheit auf Reisen. Zudem stellt sie dort den hervorragenden Führer *International Travel and Health* (www.who.int/ith/en) zum Gratis-Download bereit. Nützliche und aktuelle Details zu vielen Reiseländern liefern z. B. auch das **Centrum für Reisemedizin** (CRM; https://www.crm.de/) oder **Fit for Travel** (CRM; https://www.fit-for-travel.de/).

Zudem empfiehlt sich stets ein Blick auf die Reisewebsite des eigenen Außenministeriums:

Deutschland (www.auswaertiges-amt.de/de/ReiseUndSicherheit)

Österreich (www.bmeia.gv.at/reise-aufenthalt/)

Schweiz (www.eda.admin.ch/eda/de/home/vertretungen-und-reisehinweise.html)

Krankenversicherung

Die extrem hohen Behandlungskosten in den USA können sich sehr schnell auf Tausende Dollar belaufen (vor allem bei Notfallversorgung) und sind ohne Versicherung jeweils in voller Höhe selbst zu tragen. Falls die eigene Krankenversicherung nicht für Behandlungen im Ausland (inkl. stationärer Krankenhausaufenthalte, Notfallrettung bzw. -evakuierung, Rettungsflüge in die Heimat) aufkommt, sollte der vorhandene Schutz daher unbedingt angemessen erweitert werden. Zudem gilt es herauszufinden, ob die eigene Versicherung direkt mit medizinischen Behandlungseinrichtungen im Ausland abrechnet. Andernfalls muss man bei späterer Rückerstattung zunächst selbst in Vorleistung gehen.

Leitungswasser

Sofern keine lokalen Warnungen bestehen, kann Leitungswasser in den USA bedenkenlos getrunken werden. Bei ungenießbarem kühlem Nass (z.B. in manchen Nationalparks oder State Parks) weisen darauf meist Schilder mit Aufschrift *Not potable* oder *Not safe to drink* („Kein Trinkwasser") hin.

Medizinische Versorgung & Kosten

Bei schweren Gesundheitsproblemen ist es allgemein am besten, die Notaufnahme des am nächsten gelegenen Krankenhauses aufzusuchen. In weniger dringenden Fällen sollte man am besten dort anrufen und sich einen örtlichen Facharzt empfehlen lassen – dieser ist normalerweise deutlich günstiger als ein Ausflug in die Notaufnahme. Eigenständige, kommerzielle Notfallkliniken können praktisch sein, führen aber selbst bei kleinen Wehwehchen eventuell viele teure Tests durch.

US-amerikanische Apotheken haben große Sortimente. Achtung: Manche Medikamente sind im Ausland rezeptfrei erhältlich, in den USA aber verschreibungspflichtig. Es kann extrem teuer werden, wenn die eigene Reiseversicherung keine Rezeptkosten abdeckt.

Reiseapotheke

Die persönliche Reiseapotheke sollte beinhalten:

- Acetylaminophenol (z.B. Paracetamol) oder Aspirin
- Antibakterielle Salbe (z.B. Betaisodona) für Schnitt- und Schürfwunden
- Antihistaminika (bei Heuschnupfen und Allergien)
- Entzündungshemmer (z.B. Ibuprofen)
- Insektenschutzmittel (für die Haut)
- Sonnenschutzmittel
- Verbandszeug, Mullbinden

Gefahren & Ärgernisse

Trotz der scheinbar endlosen Gefahrenliste (z.B. Gewaltverbrechen, soziale Unruhen, Erdbeben, Tornados) ist Amerika ein sehr sicheres Reiseland. Verkehrsunfälle sind das größte Risiko für Traveller. Darum bitte immer anschnallen – hier herrscht Gurtpflicht!

Abzocke

Auch in den USA heißt es stets achtsam sein: In den Großstädten nehmen Betrüger gutgläubige Opfer gern mit gezinkten Karten oder bei Hütchenspielen aus. Wenn teure Elektronikgeräte, Uhren und Designerstücke auf dem Bürgersteig zu Schleuderpreisen verkauft werden, sind sie entweder geklaut oder gefälscht.

Kriminalität

Traveller fallen höchstwahrscheinlich eher Diebstählen als Gewaltverbrechen zum Opfer. Geld sollte möglichst nur tagsüber bzw. bei Dunkelheit nur in gut beleuchteten und belebten Gegenden am Automaten abgehoben werden. Autofahrer tun gut daran, niemals Tramper mitzunehmen und Wertsachen schon vor Ankunft am Ziel sicher im Kofferraum einzuschließen. In Hotels empfiehlt sich der Haus- oder Zimmertresor.

Naturkatastrophen

In Risikogebieten warnen meist sirenengestützte Alarmsysteme vor bevorstehenden Naturkatastrophen (z.B. Tornados in den Great Plains, Flutwellen auf Hawaii, Hurrikans im Süden oder Erdbeben in Kalifornien). Die Sirenen werden mitunter mittags um 12 Uhr getestet. Wer ihr Signal hört und Unheil fürchtet, sollte Radio oder Fernseher einschalten: Lokalsender übermitteln Gefahrenwarnungen und entsprechende Verhaltenshinweise. Die Hurrikan-Saison dauert etwa von Juni bis November.

Die Vorbereitungstipps, News und Infos des US-Ministeriums für Gesundheit und Soziales (US Department of Health & Human Services; www.phe.gov) decken so ziemlich alle Fälle ab, die eine USA-Reise zum Horrortrip machen könnten. Aber keine Panik: Höchstwahrscheinlich geht alles gut!

STAATLICHE REISEINFORMATIONEN

Deutschland (https://www.auswaertiges-amt.de/de/ReiseUndSicherheit)

Österreich (https://www.bmeia.gv.at/reise-aufenthalt/)

Schweiz (www.eda.admin.ch/eda/de/home/vertretungen-und-reisehinweise.html)

Internetzugang

In den technikbegeisterten USA kommt man größtenteils problemlos ins Netz. Die meisten Hotels, Pensionen, Hostels und Motels offerieren WLAN. Dieses ist normalerweise gratis, in Luxushotel manchmal aber auch gebührenpflichtig (beim Buchen nachfragen!).

Landesweit haben auch die meisten Cafés einen WLAN-Zugang. In einigen Großstädten geht's auch in Parks und auf öffentlichen Plätzen drahtlos ins Internet. Zudem sind Bibliotheken immer eine gute Wahl für Traveller ohne internetfähiges Gerät (z.B. Laptop): Dort gibt's meist öffentliche Computerterminals (eventuell mit

Zeitlimit). Wer außerhalb des jeweiligen US-Bundesstaats wohnt, muss jedoch mitunter eine kleine Nutzungsgebühr bezahlen.

Wichtig: Ausländische Laptops erfordern einen US-kompatiblen Steckdosen- und Stromadapter. Beides ist bei größeren Elektronikläden wie Best Buy erhältlich.

Öffnungszeiten

Allgemeine Öffnungszeiten:

Banken Mo–Do 8.30–16.30, Fr 8.30–17.30 Uhr (z. T. auch Sa 9–12 Uhr).

Bars So–Do 17–24, Fr & Sa 17–2 Uhr

Einkaufszentren tgl. 9–21 Uhr

Geschäfte Mo–Sa 10–18, So 12–17 Uhr

Nachtclubs Do–Sa 22–4 Uhr

Postämter Mo–Fr 9–17 Uhr

Supermärkte tgl. 8–20 Uhr (z. T. 24 Std.).

Post

Die amerikanische Post, der US Postal Service (www.usps.com), ist verlässlich und günstig. Die Website liefert alle wichtigen Infos (u. a. Adressen und Öffnungszeiten von Filialen).

Kurierdienste wie FedEx (www.fedex.com) und UPS (www.ups.com) empfehlen sich für wichtige bzw. dringende Sendungen ins In- oder Ausland. Sie sind vergleichsweise teurer, bieten dafür aber Direktzustellung.

Rechtsfragen

Bußgelder für alltägliche Ordnungsvergehen (z. B. im Straßenverkehr) sind von den ertappten Sündern keinesfalls an Ort und Stelle zu bezahlen: Wer Bußgelder direkt an die Polizei loswerden möchte, wird bestenfalls schief angeguckt und schlimmstenfalls wegen versuchter Bestechung angeklagt. Bei Verkehrsverstößen erklärt der jeweilige Ordnungshüter alle Optionen für die Zahlung. Diese muss normalerweise innerhalb von 30 Tagen geleistet werden. Damit verbundene Angelegenheiten lassen sich meist postalisch regeln.

Wer wegen des Verdachts verhaftet wird, eine Straftat begangen zu haben, kann die Aussage verweigern und hat Anspruch auf einen Anwalt. Somit gibt's keinerlei Grund, unfreiwillig mit einem Vernehmungsbeamten zu sprechen. Es ist jedoch strikt untersagt, sich ohne ausdrückliche Erlaubnis zu entfernen. Allen Verhafteten ist gesetzlich ein Telefonat gestattet. Wer sich keinen Anwalt leisten kann, erhält einen kostenlosen Pflichtverteidiger. Traveller ohne anwaltliche, familiäre oder anderweitige Unterstützung sollten ihre eigene Botschaft kontaktieren. Deren Nummer wird auf Anfrage von der Polizei ermittelt.

Bis zu einer rechtswirksamen Verteidigung gilt in den USA prinzipiell die Unschuldsvermutung. Achtung: Sämtliche Bundesstaaten haben eigene Zivil- und Strafgesetze – was in dem einen Staat erlaubt ist, kann anderswo illegal sein.

Alkohol

In Bars und Läden muss man das Personal oft mit dem Ausweis davon überzeugen, dass man alt genug – nämlich mindestens 21 Jahre – ist, um Alkohol zu trinken. Dies ist gängige Praxis und sollte nicht persönlich genommen werden. Der Alkoholverkauf unterliegt lokalen Bestimmungen: Manche Countys bzw. Bezirke verbieten ihn z. B. sonntags, nach Mitternacht, vor dem Frühstück oder sogar komplett.

Drogen

In puncto Marihuana bestehen Unterschiede zwischen den einzelnen US-Bundesstaaten: Mitte 2017 hatten Alaska, Kalifornien, Colorado, Maine, Massachusetts, Nevada, Oregon, Washington und der District of Columbia den Besitz von geringen Marihuanamengen (meist max. 1 Unze/28 g) für den Freizeitkonsum legalisiert. 13 weitere Staaten betrachteten den Freizeitkonsum von Cannabis nicht mehr als Verbrechen, sondern nur noch als Ordnungswidrigkeit (ähnlich wie kleine Verkehrsdelikte). Anderswo ist der nicht-medizinische Konsum nach wie vor illegal. Teils wird beim Besitz auch zwischen kleineren (Ordnungswidrigkeit) und größeren Mengen (Straftat) unterschieden. Wer in den USA Marihuana konsumieren will, sollte die lokale Gesetzeslage daher jeweils ganz genau kennen (Details zu den einzelnen Bundesstaaten unter http://norml.org/laws).

Ansonsten verbieten Amerikas Bundes- und Staatsgesetze weiterhin jegliche andere Drogen (u. a. Kokain, Ecstasy, LSD, Heroin,

RAUCHEN

2017 galt in 24 US-Bundesstaaten, dem District of Columbia und vielen Gemeinden im ganzen Land ein Rauchverbot für alle geschlossenen Arbeitsräume (inkl. Bars, Restaurants). Weitere elf Staaten hatten dies zumindest teilweise für bestimmte Einrichtungen eingeführt. Bis auf manche Budget-Bleiben (u. a. Kettenhotels, Pensionen) untersagen die meisten amerikanischen Unterkünfte das Qualmen ebenfalls komplett. Details zu öffentlichen Rauchverboten in den einzelnen US-Bundesstaaten gibt's unter www.cdc.gov und www.no-smoke.org.

Haschisch). Verstöße gelten als Straftaten und können lange Haftstrafen nach sich ziehen. Bei Ausländern ist jegliche Verhaftung und/oder Verurteilung in Verbindung mit Drogen ein Ausweisungsgrund.

Straßenverkehr

In allen Bundesstaaten ist Fahren unter Alkohol- und/oder Drogeneinfluss eine schwere Straftat, die mit hohen Geldstrafen oder sogar Gefängnis geahndet wird. Die Promillegrenze im Straßenverkehr liegt landesweit bei 0,8‰.

Reisen mit Behinderung

Traveller mit körperlichem Handicap können sich in den USA größtenteils barrierefrei fortbewegen: Dank des Americans with Disabilities Act (ADA) müssen alle öffentlichen Gebäude und Verkehrsmittel sowie Immobilien, die nach 1993 gebaut wurden (z. B. Hotels, Restaurants, Theater oder Museen), für Rollstuhlfahrer zugänglich sein. Dennoch ist es immer ratsam, vorab telefonisch nach vorhandenen Einrichtungen zu fragen. Diese werden von manchen Touristeninformationen in detaillierten Broschüren zusammengefasst.

US-Telefongesellschaften offerieren Gehörlosenservices über Fernschreibernummern (TTY). Die Geldautomaten der meisten Banken haben Bedienungshinweise in Braille, Hörbehinderten stehen oft Kopfhöreranschlüsse zur Verfügung. Alle großen Fluglinien, Greyhound-Busse und Amtrak-Züge sind auf Passagiere mit Behinderung eingestellt: Wenn man spätestens 48 Stunden vorher reserviert und seine Bedürfnisse anmeldet, wird alles veranlasst. Blindenhunde dürfen mit offiziellem Nachweis mit an Bord. Achtung: Nicht die Reisedokumente vergessen!

Manche Autovermieter (z. B. Budget, Hertz) bieten handgesteuerte Autos und Vans mit Rollstuhlliften ohne Aufpreis an. Solche Fahrzeuge müssen aber lange im Voraus reserviert werden. **Wheelchair Getaways** (www.wheelchairgetaways.com) vermietet behindertengerechte Vans. Viele Groß- und Kleinstädte betreiben barrierefreie Nahverkehrsbusse – einfach dem Fahrer sagen, dass der Lift oder die Rampe benötigt wird!

Die Taxiunternehmen der meisten Großstädte haben mindestens ein behindertengerechtes Fahrzeug (jeweils Reservierung per Telefon erforderlich). In Sachen Barrierefreiheit unterscheiden sich die U-Bahn-Netze verschiedener Städte, viele haben Aufzüge oder Rollstuhlrampen. Diesbezüglich ist der District of Columbia am besten (alle Bahnhöfe barrierefrei). In NYC verfügt dagegen nur etwa ein Viertel aller Stationen über Aufzüge.

Viele Nationalparks sowie manche State Parks und Erholungsgebiete haben barrierefreie Wege (asphaltiert, gekiest oder aus Holzplanken). Die Websites der Parks informieren jeweils über behindertengerechte Einrichtungen vor Ort.

Tipps und detaillierte Erfahrungsberichte zum Thema liefern die Twitter-Blogs von Martin Heng (twitter.com/martin_heng), der bei Lonely Planet für barrierefreies Reisen zuständig ist.

Weitere nützliche Infoquellen:

Disabled Sports USA (www.disabledsportsusa.org) Organisiert diverse Programme (Sport, Freizeit, Abenteuer-Aktivitäten) für Menschen mit Handicap und gibt die Zeitschrift *Challenge* heraus.

Flying Wheels Travel (www.flyingwheelstravel.com) Sehr empfehlenswertes Reisebüro mit Rundumservice für Traveller mit Mobilitätsproblemen oder anderen Handicaps (z. B. chronischen Krankheiten).

Mobility International Schweiz (www.mis-ch.ch) Allgemeine Informationen.

Mobility International USA (www.miusa.org) Berät Traveller mit Handicap in Mobilitätsfragen und betreibt internationale Programme zum Kultur- bzw. Bildungsaustausch.

MyHandicap Deutschland (www.myhandicap.de) Allgemeine Informationen.

MyHandicap Schweiz (www.myhandicap.ch) Allgemeine Informationen.

Nationale Koordinierungsstelle Tourismus für Alle e. V. (www.natko.de) Allgemeine Informationen.

Wheelchair Getaways (www.wheelchairgetaways.com) Verleiht behindertengerechte Kleinbusse in den ganzen USA.

Ergänzend empfiehlt sich der Accessible Travel Guide von Lonely Planet, der unter http://lptravel.to/AccessibleTravel gratis zum Download bereitsteht.

Schwule & Lesben

In den USA hatte es die LGBTIQ-Szene nie einfacher als heute: Vielerorts können Schwule, Lesben, Bi- und Transsexuelle nun ohne Bedenken ganz sie selbst sein. Strände und Großstädte sind üblicherweise am schwulenfreundlichsten.

Szene-Hotspots

Manhattan hat jede Menge tolle Schwulenbars bzw. -clubs (vor allem in Hells Kitchen, Chelsea und dem West Village). Ein paar Fähr- oder Zugstunden entfernt liegt Long Island mit seinem sandigen Schwulenmekka namens Fire Island. Zu den anderen US-Ostküstenstädten mit stolzer LGBTIQ-Szene zählen Boston, Philadelphia, Washington, D. C., Provincetown (Cape Cod; MA) und Rehoboth Beach (DE). Mit Ogunquit hat sogar Maine einen schwulenfreundlichen Strandort.

Im Süden ist „Hotlanta" ein heißes Pflaster, während sich Texas mit Austin und Teilen von Houston und Dallas sehr szenefreundlich zeigt. Floridas blühende Schwulengemeinden konzentrieren sich vor allem auf Miami und die „Conch Republic" (Key West); Fort Lauderdale zieht ebenfalls bronzebraune Jungs und Mädels an. New Orleans hat eine sehr lebendige Schwulenszene.

In der Region rund um die Großen Seen empfehlen sich Chicago und Minneapolis als Anlaufstellen. Noch weiter westlich liegt mit San Francisco die wohl fröhlichste Schwulenmetropole der USA. Auch in Los Angeles und Las Vegas ist so ziemlich alles möglich. Wer will, kann auch in die Wüstenresorts von Palm Springs flüchten.

Zu guter Letzt steht Hawaii (vor allem Waikiki) für eine schwulenfreundliche Inselidylle.

Infos im Internet & Medien

In *The Queerest Places: A Guide to Gay and Lesbian Historic Sites* liefert Paula Martinac viele pikante und geschichtliche Details zu den ganzen USA. Die Autorin bloggt unter www.queerestplaces.com.

Advocate (www.advocate.com) Schwulenorientierte Website mit News aus Business, Politik, Kunst, Unterhaltung und Tourismus.

Damron (www.damron.com) Veröffentlicht klassische Szene-Reiseführer, die jedoch stark werbelastig und teils veraltet sind.

Gay & Lesbian National Help Center (www.glnh.org) Beratung, Informationen und Empfehlungen.

Gay Travel (www.gaytravel.com) Online-Reiseführer zu zahllosen Zielen in den USA.

National LGBTQ Task Force (www.thetaskforce.org) Landesweit aktive Interessengruppe mit aktuellen News und politischer Berichterstattung auf ihrer Website.

Out Traveler (www.outtraveler.com) Spezialmagazin für schwullesbische Reisende.

Purple Roofs (www.purpleroofs.com) Führt Unterkünfte auf, die schwulenfreundlich sind und/oder homosexuelle Inhaber haben.

Toleranz & Akzeptanz

Die meisten US-amerikanischen Großstädte haben offene LGBTIQ-Gemeinden, mit denen man leicht in Kontakt treten kann. Der amerikanische Supreme Court hat gleichgeschlechtliche Ehen im Jahr 2015 landesweit legalisiert. Einer Umfrage von Pew Research zufolge wurde dieses Vorgehen 2016 von 55 % aller Amerikaner unterstützt, wobei der größte Zuspruch (71 %) von der sogenannten Generation Y (alias Millennials; zwischen 1980 und 2000 geborene Menschen) kam.

Das allgemeine Akzeptanzlevel variiert landesweit sehr stark: Mancherorts ist Toleranz ein absolutes Fremdwort. Anderswo wird sie nur geübt, solange sexuelle die Orientierung und Identität nicht öffentlich zu erkennen gegeben werden. Bigotterie existiert in den USA leider immer noch. In ländlichen und/oder extrem konservativen Gegenden sollte man sich am besten niemals offen outen – andernfalls ist mit Beschimpfungen oder sogar Gewalt zu rechnen. Im Zweifelsfall gilt die Devise: *Don't ask, don't tell* (Nichts fragen, nichts sagen!).

Strom

Die Netzspannung in den USA liegt bei 120 V/60 Hz (AC bzw. Wechselstrom). Wenn man hier ausländischer Elektrogeräte betreiben will, braucht man generell einen geeigneten Steckdosenadapter mit Spannungsumwandler.

Typ A
120 V/60 Hz

Typ B
120 V/60 Hz

Telefon

Auf dem US-Telefonmarkt konkurrieren regionale Gesellschaften, Ferngesprächsanbieter und diverse Handy- bzw. Münztelefonfirmen miteinander. Insgesamt ist dieses Netzwerk sehr effektiv, aber mitunter auch ziemlich teuer. Das gilt vor allem für Ferngespräche über Hotel- oder Münzapparate – normale Festnetz- oder

Handyverbindungen sind da normalerweise günstiger. Hotelgäste können Ortsgespräche meist gratis führen.

Telefonbücher sind nützliche Informationsquellen: Einige davon enthalten nicht nur Rufnummern, sondern führen auch Sehenswürdigkeiten, Aktivitäten, Firmen und öffentliche Einrichtungen oder Verkehrsmittel auf. Online-Telefonverzeichnisse finden sich unter www.411.com und www.yellowpages.com.

Handys

Ausländische Handys benötigen zwingend eine Tri- oder Quadband-Ausstattung, um in den USA funktionieren zu können. Besitzer solcher Geräte sollten sich vorab unbedingt beim jeweiligen Netzbetreiber nach den Nutzungsbedingungen bzw. anfallenden Roaming-Gebühren in Amerika erkundigen: Selbst Ortsgespräche per Handy werden hier potenziell zu teuren Auslandsverbindungen.

Wer als günstigere Alternative eine US-Handynummer inklusive Mailbox haben möchte, kann sein Tri- oder Quadband-Gerät mit einer kompatiblen amerikanischen Prepaid-SIM-Karte (z. B. von AT&T) versehen. Telestial (www.telestial.com) bietet solche Karten sogar inklusive Leihhandy an.

Traveller ohne kompatibles Mobiltelefon können sich ohne Vertrag ein günstiges Prepaid-Handy mit US-Nummer und bestimmtem Gesprächsguthaben zulegen. Das Guthaben lässt sich nach Bedarf aufladen. Über Elektronikläden (z. B. Radio Shack, Best Buy) bieten u. a. Virgin Mobile, T-Mobile und AT&T solche Handys ab ca. 20 US$ an (zzgl. Gesprächsguthaben ab ca. 20 US$/400 Minuten, Flatrate ab ca. 30 US$/Monat).

Wichtig: In weiten Teilen der ländlichen USA (u. a. Nationalparks, Freizeitgebiete) gibt's keinerlei Handyempfang. Daher immer vorab die Netzabdeckung beim jeweiligen Betreiber ermitteln!

Telefonkarten

Prepaid-Telefonkarten sind eine gute Alternative für Traveller, die kein Handy besitzen oder US-Regionen mit begrenzter Netzabdeckung besuchen. Die erworbenen Gesprächsminuten lassen sich meist mit allen Telefon-Typen (inkl. Festnetz) nutzen. Generell muss man bei jedem Gespräch per Karte zuerst eine Zugangsnummer mit ☎800 am Anfang wählen und dann einen persönlichen PIN-Code eingeben.

Prepaid-Telefonkarten sind u. a. bei Gemischtwarenläden und online (z. B. über amazon.com) erhältlich. Achtung: Bei vielen Varianten erhöhen sich die Tarife um versteckte „Aktivierungskosten" oder „Verbindungsgebühren pro Anruf" (*activation* bzw. *connection fees*). Daher das Kleingedruckte immer sorgfältig lesen!

Vorwahlen

Alle US-Telefonnummern bestehen aus einer dreistelligen Ortsvorwahl und einer siebenstelligen Anschlussnummer. Mancherorts müssen auch bei Ortsgesprächen alle zehn Ziffern gewählt werden.

Bei Ferngesprächen wählt man zuerst die ☎1, dann die Regionalvorwahl und die Anschlussnummer. Die Regionalvorwahlen ändern sich allerdings so oft, dass sogar Einheimische nicht mehr durchblicken. Unsicherheit bezüglich Orts- oder Ferngespräch ist dennoch kein Grund zur Panik: Einfach die bekannte Vorwahl nehmen – sollte sie nicht stimmen, wird man in der Regel durch eine automatische Ansage korrigiert.

Kostenlose Servicenummern beginnen mit ☎800, ☎888, ☎877, ☎866, ☎855 und ☎844; zusätzlich ist zuvor die 1 einzugeben. Die meisten funktionieren nur innerhalb der USA, andere wiederum nur inner- oder außerhalb bestimmter Bundesstaaten. Da hilft nur Ausprobieren! Für teure Sondertarife (z. B. Telefonsex, Horoskope, Witze) stehen Nummern, die u. a. mit ☎900 beginnen.

➡ Die 1 ist der internationale Ländercode für Ferngespräche in die USA und nach Kanada; Verbindungen zwischen beiden Ländern sind dennoch immer Auslandstelefonate.

➡ ☎011 ist der Ländercode für Auslandsgespräche ab den USA; es folgen die Kennzahl des jeweiligen anderen Landes, Ortsvorwahl (normalerweise ohne die erste „0") und Anschlussnummer.

➡ ☎00 Vermittlung für internationale Gespräche.

➡ ☎411 Landesweite Telefonauskunft.

➡ ☎800-555-1212 Auskunft über gebührenfreie Servicenummern.

Toiletten

Sitz-WCs im westlichen Stil sind Standard in Amerika. An den großen Highways der meisten US-Bundesstaaten gibt's Rastplätze mit gebührenfreien Toilettenhäuschen. Ansonsten empfehlen sich die Örtchen von Tankstellen, Cafés und Kettenrestaurants. Diese sind eigentlich jeweils für zahlende Kunden gedacht, dürfen bei höflicher Nachfrage aber wahrscheinlich gratis benutzt werden. Öffentliche Gebäude (beispielsweise Flughäfen, Bahnhöfe, Busbahnhöfe, Bibliotheken, Museen) haben meist kostenlose Besuchertoiletten. Kommunale sanitäre Anlagen sind in den gesamten USA leider recht rar gesät.

Touristeninformation

Die offizielle Tourismus-Website der USA (www.visit-usa.com) liefert Links zu allen regionalen und bundesstaatlichen Touristeninformationen. Das ähnlich benannte Portal www.visittheusa.com wartet mit vielen nützlichen Infos und Vorschlägen für Reiserouten auf.

Alle empfehlenswerten US-Touristeninformationen betreiben eigene Websites mit gratis herunterladbaren E-Guides und geben telefonische Auskünfte. Manche Lokalbüros führen täglich aktualisierte Verzeichnisse mit freien Gästezimmern (Hinweis: Reservierung nur sehr selten möglich!). Alle Touristeninformationen haben SB-Ständer voller Broschüren und Rabattgutscheine. Besucher können teilweise auch Karten und Bücher kaufen.

Die offiziellen Welcome Centers der Bundesstaaten liegen meist an Interstate-Highways. Sie erleichtern die Planung durch diverse Materialien (z.B. Broschüren, kostenlose Straßenkarten) und haben vergleichsweise längere Öffnungszeiten (auch an Wochenenden und Feiertagen).

Viele Großstädte unterhalten offizielle Convention & Visitors Bureaus (CVBs), die mitunter auch als Touristeninformationen fungieren. Da sich CVBs aber in erster Linie um Geschäftsreisende und Tagungsteilnehmer kümmern, sind sie für Individualreisende wahrscheinlich weniger nützlich.

Hinweis: Die Touristeninformationen kleinerer Städte werden oft von lokalen Handelskammern (Chambers of Commerce) betrieben. In diesem Fall nennen die Unterkunfts-, Restaurant- und Dienstleisterverzeichnisse meist nur Mitglieder der Kammer, während die günstigsten Adressen eventuell unterschlagen werden.

Manche privaten „Touristeninformationen" in beliebten Urlaubsregionen sind in Wirklichkeit Agenturen, die Hotelzimmer und geführte Touren gegen Provision buchen. Auswahl und Service sind dabei teils vom Feinsten, beschränken sich aber ausschließlich auf bestimmte Optionen.

Unterkunft

Außer bei den allerbilligsten Bleiben oder in der absoluten Nebensaison ist rechtzeitige Reservierung stets ratsam. Die Hauptsaison in Touristenhochburgen (Juni–Aug. in Sommerferienorten, Jan.–Feb. in Skiorten) bedingt Zimmerbuchung mindestens drei Monate im Voraus. Quartiere in beliebten Nationalparks (z.B. Grand Canyon, Yosemite, Yellowstone) muss man sich sogar teils bis zu einem Jahr vor seinem Besuch sichern.

Viele US-amerikanische Hotels stellen Sonderangebote auf ihre Websites. Bei telefonischer Direktbuchung gewähren Billigketten aber mitunter noch etwas bessere Preise. Kettenhotels offerieren zudem oft Rabattprogramme (u.a. für Vielflieger) – einfach beim Buchen nachfragen!

Über Online-Reisebüros oder -Auktionshäuser und Vergleichswebsites lassen sich vergünstigte Zimmer ganz gut auftreiben. Normalerweise beschränkt sich dies aber auf Hotelketten. Hotels.com, Hotwire (www.hotwire.com) und Booking.com sind ebenfalls einen Blick wert. Für Smartphone-Besitzer bietet jede dieser Websites eine eigene App an, mit der man oft gute Last-Minute-Angebote ergattern kann. Hotel Tonight (www.hoteltonight.com) heißt eine weitere gute App für spontane Zimmerbuchungen (u.a. bei Boutiquehotels und historischen Anwesen).

Viele Stellplätze, auch die in National oder State Parks, können ebenfalls online gebucht werden (und das sollte man auch tun, vor allem für die Hauptsaison). Die beiden wichtigsten Websites sind www.reserveamerica.com und www.recreation.gov.

B&Bs

Viele B&Bs (Bed & Breakfast – Übernachtung mit Frühstück) sind opulente Romantikdomizile in restaurierten historischen Gebäuden – persönlich geführt von sympathischen Gastgebern, die leckeres Frühstück servieren. Sie stehen häufig unter einem bestimmten Motto (z.B. viktorianisch, rustikal oder à la Cape Cod), und der Einrichtungsstandard fällt meistens komfortabel, mitunter sogar ausgesprochen luxuriös aus. Die Zimmerpreise beginnen in der Regel bei 120 US$; Spitzenoptionen verlangen jedoch pro Übernachtung auch 200 bis 300 US$ oder mehr. Bei einigen wird ein Mindestaufenthalt verlangt.

PREISKATEGORIEN: SCHLAFEN

Die folgenden Angaben gelten jeweils für ein Doppelzimmer in der Hauptsaison und verstehen sich stets ohne Steuern (teils zzgl. 10–15 % oder mehr) – daher beim Buchen immer nach dem Bruttopreis fragen!

**$** unter 100 US$

**$$** 100–250 US$

**$$$** über 250 US$

Richtwerte für New York City, San Francisco und Washington, D.C.:

**$** unter 150 US$

**$$** 150–350 US$

**$$$** über 350 US$

FERIENHÄUSER & -WOHNUNGEN

Airbnb (www.airbnb.com) listet landesweit zahllose Ferienhäuser und -wohnungen in Privatbesitz auf. Budgetreisende ohne Abneigung gegen Gemeinschaftseinrichtungen können über die Plattform auch Zimmer mieten und dabei super Kontakte zu Einheimischen knüpfen.

Die meisten B&Bs nehmen keine Kleinkinder auf.

Darüber hinaus gibt's in den USA immer noch B&Bs im Stil europäischer Frühstückspensionen. Deren etwas schlichtere Zimmer befinden sich manchmal in privaten Wohnhäusern mit Gemeinschaftsbädern. Das einfachere Frühstück gewinnt durch günstigere Preise an Attraktivität – oft sind diese B&Bs ideale Optionen für Familien.

In der Nebensaison sind manche B&Bs geschlossen. Reservierungen sind vor allem im Luxussegment ein absolutes Muss. Um unangenehme Überraschungen zu vermeiden, sollte man neben der Kinderfrage auch vorab klären, ob jedes Zimmer ein eigenes Bad hat oder ob nur Gemeinschaftsbäder vorhanden sind. Im Folgenden einige sehr gute Vermittlungsagenturen:

Bed & Breakfast Inns Online (www.bbonline.com)

BedandBreakfast.com (www.bedandbreakfast.com)

BnB Finder (www.bnbfinder.com)

Select Registry (www.selectregistry.com)

Camping & Ferienparks

Campingmöglichkeiten gibt's in vielen von Bundesbehörden verwalteten Naturschutzgebieten und in State Parks. „Rustikale" Stellplätze (kostenlos oder bis max. 10 US$/Nacht) erfordern keine Reservierung, bieten dafür aber auch keinerlei Einrichtungen. Basic-Optionen (8–20 US$/Nacht) können teilweise vorab gebucht werden. Hier gibt's normalerweise Toiletten (WCs od. Plumpsklos), Trinkwasser, Feuerstellen und Picknicktische. Gut ausgebaute moderne Campingplätze (18–50 US$/Nacht) befinden sich üblicherweise in National oder State Parks und lassen oft Reservierungen zu. Mit besseren Einrichtungen (z. B. Warmwasserduschen, Grillplätzen, Wohnmobilstellplätzen inkl. Anschlüssen) bieten sie mehr Komfort.

Über Recreation.gov (www.recreation.gov) lassen sich Stellplätze in den meisten staatlich verwalteten Gebieten reservieren. Zu diesen zählen z. B. Nationalparks, National Forests und Gelände des Bureau of Land Management (BLM). Campingaufenthalte sind dort auf 14 Tage beschränkt und können bis zu sechs Monate im Voraus gebucht werden. Auch ReserveAmerica (www.reserveamerica.com) nimmt Stellplatzreservierungen für manche State Parks entgegen. Auf beiden Websites kann man gezielt nach Regionen oder Einrichtungen fahnden, nach freien Stellplätzen suchen, direkt reservieren, Karten einsehen und Anfahrtsbeschreibungen abrufen.

Private Campingplätze zielen meist auf Familien und Wohnmobilurlauber ab, haben aber eventuell nur wenige und charakterlose Stellplätze für Zelte. Ihr Angebot umfasst z. B. Spielplätze, Verbrauchermärkte, WLAN-Zugang, Pools und weitere Einrichtungen und Aktivitäten. Außerdem gibt's auf vielen Anlagen Campinghütten, von einfachen Konstruktionen mit Holzplattformen und Zeltwänden bis hin zu beheizten Blockhütten mit eigenen Bädern und Betten. Kampgrounds of America (www.koa.com) heißt ein landesweites Netzwerk privater Campingplätze mit Rundumservice. Über die Website mit umfangreichem Platzverzeichnis sind auch Online-Buchungen möglich.

UNTERKÜNFTE ONLINE BUCHEN

Unter www.lonelyplanet.com/usa/hotels gibt's weitere Unterkunftsbewertungen und unabhängig recherchierte Infos von Lonely Planet Autoren – inklusive Empfehlungen zu den besten Adressen. Außerdem kann online gebucht werden.

Hostels

Hostels konzentrieren sich meist auf städtische Großräume, Kalifornien, den Nordosten, den Südwesten und den pazifischen Nordwesten.

Hostelling International USA (www.hiusa.org) betreibt landesweit über 50 Herbergen. Die meisten davon haben nach Geschlechtern getrennte Schlafsäle (B 25–45 US$/Nacht, in NYC teils ab 75 US$/Nacht), ein paar Privatzimmer sowie Gemeinschaftsbäder und -küchen. Ein Internationaler Jugendherbergsausweis bringt etwas Rabatt. Gebucht werden kann auch online. Reservierungen sind möglich und vor allem während der Hauptsaison ratsam: Dann gilt eventuell ein Limit von drei Übernachtungen.

Zudem gibt's landesweit viele eigenständige Hostels, die nicht zu HI-USA gehören (für Verzeichnisse s. Hostels.com, Hostelworld.com oder Hostelz.com).

Hotels

Hotels aller Preiskategorien warten normalerweise mit

Zimmertelefonen, Kabelfernsehern, eigenen Bädern, WLAN und einfachem europäischem Frühstück auf. Im Mittelklassebereich gibt's meist auch Minibars, Mikrowellen, Haartrockner, Internetzugang, Klimaanlage bzw. Heizung, Pools und Schreibtische. Spitzenklassehotels bieten obendrein Extras wie Conciergedienste, Spas, Restaurants, Bars, hochwertige Möbel, Business- und Fitnesszentren.

Auch wenn mit Gratisübernachtungen für Kinder geworben wird, kosten Gitter- oder Beistellbetten eventuell extra. Und unbedingt immer nach der Abrechnungspraxis für Telefonate fragen: Alle Hotels verlangen exorbitante Gebühren für Fern- und Auslandsverbindungen – teilweise sogar für Orts- und Freigespräche!

Motels

Der Hauptunterschied zwischen Hotels und Motels besteht darin, dass bei Letzteren die Parkplätze direkt vor der Zimmertür liegen. Motels stehen meist an Interstate-Ausfahrten und den Hauptzubringern von Städten. Einige sind recht kleine, günstige Familienbetriebe. Frühstück ist fast nie im Preis enthalten, und die Extras im Zimmer beschränken sich oft auf ein Telefon und einen Fernseher (vielleicht mit Kabelanschluss); viele haben auch kostenloses WLAN. Häufig gibt's aber auch ein paar Wohneinheiten mit einfachen Kochgelegenheiten.

Obwohl viele Motels relativ fad und durchschnittlich wirken, können sie prima Sparoptionen sein – oder eine gute Option, falls sich sonst nichts findet.

Bitte niemals nur nach dem Äußeren gehen: Hinter den teils verblassten, alten Fassaden verbergen sich oft blitzsaubere Quartiere. Da natürlich auch das Gegenteil der Fall sein kann, sollte man Zimmer vor dem konkreten Buchen möglichst immer besichtigen.

Versicherung

Unabhängig von der Länge einer USA-Reise sollte vor dem Start eine angemessene Reiseversicherung abgeschlossen werden. Als Minimum ist ein Versicherungsschutz erforderlich, der medizinische Notfälle und Behandlungen abdeckt (einschließlich Krankenhausaufenthalte und Rückflug in die Heimat). Die medizinische Versorgung in den USA ist von bester Qualität, aber leider auch ausgesprochen teuer.

Darüber hinaus könnten eine Reiserücktrittversicherung (besonders wenn der Großteil der Reise weit im Voraus bezahlt wird) und eine Reisegepäckversicherung nützlich sein. Auf alle Fälle sollte man sich erkundigen, für welche Verluste die Hausratversicherung aufkommt, und für die übrigen Fälle eventuell eine Zusatzversicherung abschließen. Wer für seine Reise einen umfassenden Versicherungsschutz wünscht, muss mit zusätzlichen Kosten in Höhe von 5 bis 7 % des gesamten Reisepreises rechnen.

Als Autofahrer braucht man außerdem eine Kfz-Haftpflichtversicherung. Die Autovermietungen bieten Versicherungen an, die Beschädigungen am Mietwagen abdecken, und zusätzliche Haftpflichtversicherungen für Personenschäden und Sachschäden an anderen Autos.

Weltweit geltende Reiseversicherungen gibt es auch auf www.lonelyplanet.com/travel-insurance. Hier kann man jederzeit online Policen abschließen, verlängern oder Ansprüche geltend machen – auch wenn man bereits unterwegs ist.

Visa

Im Rahmen des Visa Waiver Program (VWP; s. Kasten S. 1318) können sich Bürger bestimmter Staaten (u. a. EU-Bürger und Schweizer) maximal 90 Tage lang visumfrei in den USA aufhalten, sofern der Besuch rein touristischen Zwecken dient. Voraussetzungen hierfür sind ein gültiger Reisepass und die rechtzeitige Online-Registrierung beim Electronic System for Travel Authorization (ESTA).

Achtung: Die strengen offiziellen US-Einreisebestimmungen werden ständig überarbeitet und können sich daher jederzeit ändern. Daher den aktuellen Stand unbedingt rechtzeitig und vollständig vor dem Start ermitteln!

Die umfangreichsten Visuminformationen liefert die Website des US-Außenministeriums (US State Department; www.travel.state.gov). Dort findet man auch herunterladbare Formulare und Verzeichnisse mit amerikanischen Auslandsvertretungen. Hinzu kommen Richtwerte bezüglich der länderabhängigen Bearbeitungszeit von Visumanträgen.

Aufenthaltsverlängerungen

Um über den in den Pass eingestempelten spätesten Ausreisetag hinaus in den USA bleiben zu können, muss man sich an das örtliche USCIS-Büro (www.uscis.gov) wenden. Ein Antrag auf Verlängerung sollte dort sehr frühzeitig *vor* dem eingestempelten Ausreisedatum gestellt werden. Wenn das Datum schon verstrichen ist, ist es am besten und aussichtsreichsten, einen US-Bürger als Leumundszeugen mitzubringen und mit allen nur möglichen Dokumenten nachzuweisen, dass man nicht illegal in den USA arbeiten will und genügend Geld hat, um seinen Aufenthalt hier auch zu finanzieren. Dennoch wird man im Fall eines eigenhändig verlängerten Aufenthalts normalerweise sofort ausgewiesen. Wer im Rahmen des VWP

DAS VISA WAIVER PROGRAM

Achtung: Da sich die Vorschriften immer wieder ändern, sollten sämtliche Bestimmungen rechtzeitig vor der Reise auf Aktualität und Gültigkeit während des Aufenthalts sorgfältig überprüft werden!

Dank des Visa Waiver Program (VWP) können sich Bürger bestimmter Staaten (u.a. Deutsche, Österreicher und Schweizer) maximal 90 Tage lang visumfrei in den USA aufhalten. Wer jedoch eine doppelte Staatsbürgerschaft besitzt, die auch die Staatsangehörigkeit von Iran, Irak, Syrien oder Sudan umfasst, ist vom VWP ausgeschlossen, selbst wenn die Registrierung vor Inkrafttreten dieser Regelung erfolgte. Auch wer sich nach Februar 2011 in einem der Länder aufgehalten hat (für Soldaten und einige andere Berufsgruppen gibt es mitunter Ausnahmen) kann am VWP nicht teilnehmen.

Bürger von VWP-Ländern benötigen außerdem nur dann kein Visum, wenn ihr Reisepass allen aktuellen US-Bestimmungen entspricht – so müssen die Pässe seit April 2016 etwa mit einem integrierten elektronischen Chip versehen sein („elektronischer Reisepass“). Vorab muss auch eine bestätigte Registrierung im Electronic System for Travel Authorization (ESTA) erfolgt sein. Die ESTA-Registrierung muss allerspätestens 72 Stunden vor der Einreise bei der US-Heimatschutzbehörde (Department of Homeland Security; https://esta.cbp.dhs.gov/esta) vorgenommen worden sein und kostet 14 US$ (online zu bezahlen). Nach Erteilen der Einreisegenehmigung ist sie zwei Jahre lang gültig.

Auch wer aus einem VWP-Land stammt, muss bei der Einreise alle Voraussetzungen für ein herkömmliches Besuchervisum erfüllen. So ist z.B. nachzuweisen, dass der Aufenthalt maximal 90 Tage dauert. Benötigt werden zudem ein Rückflug- bzw. Anschlussticket, ausreichende finanzielle Mittel für sämtliche Reisekosten und der Nachweis von Verpflichtungen in der Heimat.

Ferner gelten im Rahmen des VWP für Fälle, in denen die Einreise aus bestimmten Gründen verweigert oder die Ausweisung angeordnet wird *(grounds for exclusion and deportation)*, dieselben Bestimmungen wie ohne Teilnahme am VWP – allerdings ohne die Option, Beschwerde einzulegen oder einen Härtefallantrag zu stellen: Wenn die US-Behörden eine Einreise im Rahmen des VWP verweigern, ist das Rückflug- bzw. Anschlussticket für den nächsten verfügbaren Flug zu nutzen.

eingereist ist, kann die Aufenthaltsdauer ohnehin nicht verlängern.

Einreise

➡ Bei der Einreise muss jedermann die US-Zollerklärung ausfüllen. Bei Teilnahme am VWP-Programm (u.a. für EU-Bürger und Schweizer möglich) lässt sich dies direkt nach der Ankunft elektronisch am APC-Kiosk (Automated Passport Control) vornehmen. Andernfalls ist das normale Papierformular (wird meist schon im Flugzeug ausgeteilt) sorgfältig und vollständig auszufüllen, was schon vor dem Gang zum Einreiseschalter erledigt werden sollte. Ins Feld „US Street Address“ (US-Wohnadresse) dann einfach die erste Übernachtungsadresse eintragen (ein Hotel reicht)!

➡ Unabhängig von den Angaben im Visum haben US-Grenzbeamte jederzeit das Recht, die Einreise zu verweigern oder bestimmten Bedingungen zu unterwerfen. Zudem fragen sie eventuell nach den jeweiligen Reiseplänen oder dem Vorhandensein ausreichender Geldmittel. Somit empfiehlt es sich, eine schriftliche Darstellung der eigenen Reiseroute vorlegen zu können – ebenso ein Anschluss- bzw. Rückflugticket und mindestens eine bekannte Kreditkarte.

➡ Das Office of Biometric Identity Management (Registrierungsprogramm der US-Heimatschutzbehörde) erfasst alle möglichen Einreisepunkte und nahezu alle ausländischen Besucher. Letztere werden bei der Einreise digital registriert (Foto plus E-Fingerabdrücke), was nicht einmal eine Minute dauert.

Einreiseverweigerung & Ausweisung

Wer auf seinem Visumantrag zugibt, subversive Tätigkeiten auszuüben, ein Schmuggler, eine Prostituierte, drogenabhängig, ein Terrorist oder ein ehemaliger Nazi zu sein, kann von der Visumserteilung ausgeschlossen werden. Nichts mit Visum und Einreise wird's auch eventuell, wenn eine Vorstrafe oder „eine ansteckende, die öffentliche Gesundheit gefährdende Krankheit“ vorliegt – ebenso, wenn der Bewerber bei einem früheren Visumantrag nachgewiesenermaßen falsche Angaben gemacht hat. In den letzten drei Fällen kann man jedoch um eine Ausnahmegenehmigung bitten, die dann häufig auch gewährt wird.

Als ansteckende Krankheiten gelten Tuberkolose, Ebola, Gonorrhö, Syphilis, Lepra und alle Infektionen, die per Präsidentenverfügung quarantänepflichtig sind. Die US-Einwanderungsbeamten nehmen keine Tests vor, können aber bei der Einreise nach dem Gesundheitszustand fragen. Die Einreise kann verweigert werden, falls medizinische Dokumente, Rezepte und/oder mitgeführte Medikamente den Schluss zulassen, dass der oder die Einreisewillige eine ansteckende Krankheit hat. Gleiches gilt im Fall von HIV-positiven Drogenabhängigen. Heute ist eine HIV-Infektion an sich kein Grund mehr für Einreiseverweigerung oder Abschiebung. Nachgewiesenermaßen falsche bzw. unterschlagene Angaben zu HIV im Visumantrag können diese Konsequenzen jedoch jeweils haben.

Die US-Einwanderungsbehörde fasst den Begriff des Vorstrafenregisters weit. Wer jemals verhaftet oder wegen eines Vergehens angeklagt wurde, hat einen Vorstrafenregistereintrag, auch wenn die betroffene Person später nicht verurteilt wurde. In solchen Fällen sollte man nie versuchen, unter den Bedingungen des visumfreien Reiseverkehrs in die USA einzureisen – die US-Behörden prüfen genau!

Häufig gewährt der United States Citizenship and Immigration Services (USCIS) eine Ausnahmegenehmigung – einen „Verzicht auf Ausschluss" *(waiver of ineligibility)* – für Personen, bei denen Ausschließungsgründe vorliegen. Das bedeutet aber, dass man sich an ein regionales Einwanderungsbüro wenden muss, und das kann einige Zeit dauern (min. 2 Monate). Man sollte der Versuchung widerstehen, irgendetwas zu verheimlichen, da die US-Einwanderungsbehörde bei Falschaussagen absolut unnachgiebig ist. Antragsteller, die alte Vorstrafen oder eine ansteckende Krankheit angeben, werden häufig dennoch eine Einreisegenehmigung erhalten; wer aber jemals versucht hat, die Behörde auch nur bezüglich Kleinigkeiten hinters Licht zu führen, kann nicht auf irgendwelche Nachsicht hoffen. Nach zugelassener Einreise in die USA ist jeder Beweis für eine Falschaussage gegenüber der US-Einwanderungsbehörde ein Grund für die sofortige Ausweisung des Betreffenden.

Besucher, bei denen Ausschließungsgründe vorliegen, sollten sich *vor* der Stellung eines Visumsantrags genau über ihre Möglichkeiten informieren.

Kurzfristige Aus- & Wiedereinreise

- Ausflüge über die Grenze nach Kanada oder Mexiko sind kein Problem, Nicht-US-Bürger werden bei der Wiedereinreise jedoch der vollen Einreiseprozedur erneut unterzogen.
- Beim Überschreiten der Grenze muss man stets den Pass mitführen!
- Wenn die Einreisebescheinigung noch einige Zeit gültig ist, wird eine Einreise damit normalerweise kein Problem darstellen. Ist sie aber fast abgelaufen, muss eine neue beantragt werden – die Grenzbeamten werden dann dieselben Dokumente sehen wollen wie bei der ersten Einreise (Rück- oder Anschlussflugticket, Nachweis ausreichender Mittel usw.).
- Seit jeher war ein kurzer Trip über die Grenze eine Option, seinen Aufenthalt in den USA zu verlängern, ohne eine Verlängerung bei einem USCIS-Büro beantragen zu müssen. Man sollte sich aber keinesfalls darauf verlassen, dass dies funktioniert. Wichtig ist es, die alte Einreisekarte bei der Ausreise an die US-Einwanderungsbehörde auszuhändigen und bei der Rückreise alle Dokumente zur Hand zu haben, die bei der ersten Einreise erforderlich waren. Die US-Einwanderungsbehörde ist sehr argwöhnisch gegenüber Leuten, die für ein paar Tage ausreisen, dann zurückkommen und auf eine neue sechsmonatige Aufenthaltsgenehmigung hoffen; Traveller müssen sich bei dieser Vorgehensweise auf eine intensive Befragung einstellen.
- Bürger der meisten westlichen Länder benötigen kein Visum für Kanada, weshalb es kein Hindernis gibt, die kanadische Seite der Niagarafälle zu besuchen, einen Abstecher nach Quebec zu machen oder auf dem Landweg nach Alaska zu fahren.
- Wer per Bus aus Kanada in die USA einreist, könnte eingehend überprüft werden. Ein Rundreiseticket, das nach Kanada zurückführt, dürfte die US-Grenzer in aller Regel weniger misstrauisch machen.
- Fast entlang der ganzen Grenze zu den USA hat Mexiko eine visumfreie Zone, zu der z. B. die Baja-Halbinsel und Grenzstädte wie Tijuana oder Ciudad Juárez gehören. 2017 konnten EU-Bürger und Schweizer die Grenzzone ohne ein separates Touristenvisum verlassen und sich dann frei in Mexiko bewegen. Da sich dies aber jederzeit wieder ändern kann, sollte der aktuelle Stand unbedingt rechtzeitig vor dem Grenzübertritt in Erfahrung gebracht werden.

Visumsanträge

Besucher aus der EU und der Schweiz brauchen nur für einen Aufenthalt von mehr als 90 Tagen ein Visum von einem US-Konsulat oder einer Botschaft (zur obligatorischen Registrierung über das ESTA). Sofern ein Visum erforderlich ist, benötigt man normalerweise einen Termin für ein persönliches Gespräch, zu dem alle erforderlichen Dokumente und die Quittungen für die gezahlten Gebühren mitzubringen sind. Die Wartezeiten für ein solches Gespräch sind unterschiedlich; im Anschluss daran wird das Visum innerhalb von wenigen Tagen bis höchstens einigen Wochen ausgestellt.

➡ Die Gültigkeit des Reisepasses muss mindestens die gesamte Aufenthaltsdauer in den USA abdecken (je nach Nationalität teils auch längere Zeiträume). Dem Antrag beizulegen ist zudem ein aktuelles Passfoto (5x5 cm). Zur nicht erstattbaren Bearbeitungsgebühr (160 US$) kommt mitunter eine Visums-Empfangsgebühr hinzu. Obendrein muss man online das elektronische Formular DS-160 für Nicht-Immigranten ausfüllen.

➡ In fast allen Fällen müssen Visumantragssteller folgende Nachweise vorlegen: die Kreditwürdigkeit oder einen US-Bürgen, der im Bedarfsfall finanzielle Unterstützung leisten würde, ein Rück- bzw. Anschlussflugticket und „bindende Verpflichtungen" zur Heimkehr (Familienangehörige, fester Wohnsitz, feste Arbeit etc.). Wer plant, über Drittstaaten in die USA einzureisen, sollte aufgrund dieser Anforderungen das US-Visum sinnvollerweise vor Reiseantritt in seinem Heimatland und nicht erst in dem Drittstaat beantragen, denn das würde die Dinge unnötig erschweren.

➡ Das am häufigsten ausgestellte Visum ist ein Besuchervisum für Nicht-Immigranten, und zwar Typ B-1 für Geschäftsreisen und Typ B-2 für touristische Aufenthalte oder Besuche von Freunden oder Verwandten. Ein Besuchervisum ist für mehrere Einreisen im Zeitraum von einem bis zu fünf Jahren gültig; es verbietet jegliche Annahme bezahlter Arbeit in den USA. Der derzeitige Gültigkeitszeitraum unterscheidet sich für einzelne Herkunftsländer des Visumsberechtigten. Der Aufenthaltszeitraum in den USA wird bei der Einreise von der Einreisebehörde festgelegt.

➡ Wer zum Arbeiten oder zum Studium in die USA einreist, braucht ein anderes Visum; die Formalitäten erledigt in diesem Fall meist die Institution oder Gesellschaft, bei der man zu arbeiten beabsichtigt.

➡ Weitere Kategorien von Visa, die nicht für Einwanderer gelten, sind Typ F-1 für Teilnehmer an einem Studiengang einer anerkannten Institution, H-1-, H-2- oder H-3-Visa für zeitweilige Beschäftigungen und das J-1-Visum für Teilnehmer an anerkannten Besucher-Austauschprogrammen.

Zeit

Mit Beginn der US-Sommerzeit (Daylight Saving Time; DST) werden die Uhren am zweiten Märzsonntag um 2 Uhr eine Stunde vorgestellt *(spring forward)*. Am ersten Novembersonntag wandern die Zeiger dann wieder eine Stunde zurück *(fall back)*. Arizona (außer Navajo Nation) und Hawaii haben jedoch jeweils keine Sommerzeit.

Bei US-Datumsangaben gilt die Reihenfolge Monat/Tag/Jahr (z. B. 6/8/18 für den 8. Juni 2018).

Zoll

Die Website der amerikanischen Zoll- und Grenzschutzbehörde (US Customs and Border Protection; www.cbp.gov) informiert über alle aktuellen US-Zollbestimmungen.

Freimengen pro Person:

➡ 1 l alkoholische Getränke (Mindestalter 21 Jahre)

➡ 100 Zigarren und 200 Zigaretten (Mindestalter 18 Jahre)

➡ Geschenke und gekaufte Waren im maximalen Gesamtwert von 200 US$

➡ Bargeldbeträge ab einem Gesamtwert von 10 000 US$ (in Dollar und/oder ausländischer Währung) sind grundsätzlich beim Zoll anzugeben.

➡ Achtung: Das Einschmuggeln jeglicher illegaler Betäubungsmittel wird besonders streng bestraft. Ebenfalls strikt verboten ist die Einfuhr von jeglichen Drogenutensilien, Feuerwaffen (inkl. Munition), Lotterielosen und gefälschten Markenprodukten. Gleiches gilt für die meisten Waren aus Nordkorea, Kuba, Syrien, dem Iran und dem Sudan. Lebensmittel und Pflanzenprodukte (z. B. Obst, Gemüse) sind anzumelden oder im Wartebereich zu entsorgen.

Verkehrsmittel & -wege

AN- & WEITERREISE

Flüge und geführte Touren findet man online unter www.lonelyplanet.de/buchen.

Einreise

Bei Flügen in die USA sind am ersten Zielflughafen die Einreise- und Zollformalitäten zu erledigen. Das gilt auch, wenn man danach zu einem anderen Flughafen weiterfliegt. Bei der Ankunft müssen sich alle Besucher beim Department of Homeland Security's Office of Biometric Identity Management Program registrieren lassen. Dazu gehört auch, Fingerabdrücke nehmen und ein digitales Foto machen zu lassen. Mehr Informationen dazu, welche Visumsbestimmungen für einen Besuch in den USA gelten, und auch zum Electronic System for Travel Authorization (ESTA), das für Bürger aus Visa-Waiver-Program-(VWP-) Ländern (darunter auch Deutschland, Österreich und die Schweiz) Pflicht ist, sind auf S. 1317 zu finden. Da sich Bestimmungen jederzeit ändern können, sollte man sich zudem beim zuständigen Amt seines Heimatlandes aktuell informieren.

Nach der Einreise nehmen die Reisenden ihr Gepäck in Empfang und durchlaufen den Zoll. Wenn man nichts zu verzollen hat, bleibt es einem vermutlich erspart, dass das Gepäck durchsucht wird – eine Garantie dafür gibt's allerdings nicht. Wer mit demselben Flugzeug weiterfliegt oder in ein anderes umsteigen will, muss sich selbst darum kümmern, dass

REISEN & KLIMAWANDEL

Der Klimawandel stellt eine ernste Bedrohung für unsere Ökosysteme dar. Zu diesem Problem tragen Flugreisen immer stärker bei. Lonely Planet sieht im Reisen grundsätzlich einen Gewinn, ist sich aber der Tatsache bewusst, dass jeder seinen Teil dazu beitragen muss, die globale Erwärmung zu verringern.

Fast jede Art der motorisierten Fortbewegung erzeugt CO_2 (die Hauptursache für die globale Erwärmung), doch Flugzeuge sind mit Abstand die schlimmsten Klimakiller – nicht nur wegen der großen Entfernungen und der entsprechend großen CO_2-Mengen, sondern auch, weil sie diese Treibhausgase direkt in hohen Schichten der Atmosphäre freisetzen. Die Zahlen sind erschreckend: Zwei Personen, die von Europa in die USA und wieder zurück fliegen, erhöhen den Treibhauseffekt in demselben Maße wie ein durchschnittlicher Haushalt in einem ganzen Jahr.

Die englische Website www.climatecare.org und die deutsche Internetseite www.atmosfair.de bieten sogenannte CO_2-Rechner. Damit kann jeder ermitteln, wie viele Treibhausgase seine Reise produziert. Das Programm errechnet den zum Ausgleich erforderlichen Betrag, mit dem der Reisende nachhaltige Projekte zur Reduzierung der globalen Erwärmung unterstützen kann, beispielsweise Projekte in Indien, Honduras, Kasachstan und Uganda.

Lonely Planet unterstützt gemeinsam mit Rough Guides und anderen Partnern aus der Reisebranche das CO_2-Ausgleichs-Programm von climatecare.org. Alle Reisen von Mitarbeitern und Autoren von Lonely Planet werden ausgeglichen. Weitere Informationen gibt's auf www.lonelyplanet.com.

sein Gepäck an die richtige Stelle kommt. Üblicherweise stehen hilfsbereite Angestellte der Fluglinie gleich außerhalb des Zolls bereit.

Väter oder Mütter, die mit Kind, aber ohne den anderen Elternteil reisen, sowie Großeltern und andere Aufsichtspersonen, die Minderjährige unter 18 Jahren begleiten, sollten ein Dokument mitführen, das die Aufsichtspflicht nachweist. Alternativ wird eine notariell beglaubigte Einverständniserklärung des anderen Elternteils/der Eltern benötigt, in dem das Einverständnis zur Reise erklärt wird. Man ist dazu zwar nicht gesetzlich verpflichtet, jedoch sind die USA bestrebt, Kindesentführungen zu vereiteln: Fehlen die entsprechenden Dokumente, sind Verzögerungen möglich – im schlimmsten Fall wird sogar die Einreise verweigert.

Reisepass

Wer aus dem Ausland in die USA einreist, braucht einen gültigen Reisepass, der bei Besuchern aus den meisten Ländern nur die geplante Aufenthaltsdauer in Amerika abdecken muss. Bei bestimmten Nationalitäten sowie längeren und/oder nichttouristischen Aufenthalten hat der Pass aber eventuell noch länger gültig zu sein. Die neuesten Details dazu liefert das Six-Month Club Update der amerikanischen Zoll- und Grenzschutzbehörde (US Customs & Border Protection). Achtung: Die Einreise wird ausnahmslos verweigert, falls der Pass nicht allen aktuellen US-Bestimmungen entspricht! Die Teilnahme am Visa Waiver Program (VWP) erfordert einen E-Reisepass mit Digitalfoto und biometrischen Daten auf einem integrierten RFID-Chip (Radio Frequency Identification).

Flugzeug

Flughäfen

In den USA gibt es mehr als 375 Inlandsflughäfen, aber nur 13 internationale Flughäfen. Sie sind die Tore zu den USA. Viele weitere Flughäfen nennen sich International, haben aber kaum Auslandsflüge zu bieten – in aller Regel Flüge nach/ab Mexiko und Kanada. Und auch wer zu einem internationalen Flughafen fliegen will, muss manchmal auf einem anderen Einreiseflughafen umsteigen (bei vielen Flügen von London nach Los Angeles steigt man z. B. in Houston um).

Die USA haben keine nationale Fluglinie. Die größten US-Gesellschaften sind American, Delta, United und Southwest.

Internationale Großflughäfen in den USA:

Atlanta Hartsfield-Jackson International Airport (ATL; ☎800-897-1910; www.atl.com)

Boston Logan International Airport (BOS; ☎800-235-6426; www.massport.com/logan)

Chicago O'Hare International Airport (ORD; ☎800-832-6352; www.flychicago.com)

Dallas-Fort Worth International Airport (DFW; ☎972-973-3112; www.dfwairport.com; 2400 Aviation Dr)

Honolulu International Airport (HNL; ☎808-836-6411; http://hawaii.gov/hnl; 300 Rodgers Blvd; 📶)

Houston George Bush Intercontinental Airport (IAH; ☎281-230-3100; www.fly2houston.com/iah; 2800 N Terminal Rd abseits der I-59, I-45 od. Beltway 8; 📶)

Los Angeles International Airport (LAX; www.lawa.org/welcomeLAX.aspx; 1 World Way)

Miami International Airport (MIA; ☎305-876-7000; www.miami-airport.com; 2100 NW 42nd Ave)

New York JFK International Airport (JFK; ☎718-244-4444; www.kennedyairport.com; Ⓢ A bis Howard Beach od. E bzw. J/Z bis Sutphin Blvd-Archer Ave, dann Monorail JFK Airtrain)

Newark Liberty International Airport (EWR; ☎973-961-6000; www.panynj.gov)

San Francisco International Airport (SFO; www.flysfo.com; S McDonnell Rd)

Seattle-Tacoma International Airport (SEA; ☎206-787-5388; www.portseattle.org/Sea-Tac; 17801 International Blvd; 📶)

Washington Dulles International Airport (IAD; ☎703-572-2700; www.flydulles.com)

Auf dem Landweg

Grenzübergänge

KANADA

Auto & Motorrad

Wer per Auto von Kanada aus in die USA einreisen möchte, benötigt die Zulassungspapiere des Fahrzeugs, den Nachweis einer Haftpflichtversicherung und seinen Führerschein – idealerweise ergänzt durch eine internationale Fahrerlaubnis (International Driving Permit bzw. IDP). Kanadische und amerikanische Autoversicherungen und Führerscheine gelten meistens auch im jeweils anderen Land.

Wenn alle Papiere in Ordnung sind, geht der Grenzübertritt meist schnell und stressfrei vonstatten. Gelegentlich nehmen die Beamten hüben oder drüben ein Auto aber *wirklich* gründlich unter die Lupe. Vor allem im Sommer können die wichtigsten Übergänge an Wochenenden und Feiertagen stark frequentiert sein – dann ist viel Geduld vonnöten.

Bus

Greyhound unterhält Direktverbindungen zwischen kanadischen Großstädten und Zielen in den nördlichen USA. Allerdings muss an der Grenze mitunter der Bus gewechselt werden. Tickets gibt's direkt bei Greyhound USA (www.greyhound.com) oder Greyhound Canada (www.greyhound.ca).

Zug

Amtrak (www.amtrak.com) und VIA Rail Canada (www.

viarail.ca) sind täglich auf den Strecken Montreal–NYC, Toronto–NYC (über Niagara Falls) und Vancouver–Seattle unterwegs. Die Zollkontrolle findet an der Grenze statt.

MEXIKO

Auto & Motorrad
Wer aus Mexiko mit einem Fahrzeug in die USA einreist, benötigt alle Fahrzeugpapiere, den Nachweis einer Haftpflichtversicherung und einen gültigen nationalen Führerschein (aus der Heimat oder mexikanisch). Ergänzend empfiehlt sich eine internationale Fahrerlaubnis (International Driving Permit; IDP).

Nur sehr wenige Autovermieter gestatten die Mitnahme ihrer Fahrzeuge nach Mexiko. Amerikanische Kfz-Versicherungen gelten in Mexiko nicht. So erfordern selbst Kurztrips in die mexikanische Grenzregion stets eine mexikanische Versicherung. Eine solche ist für ca. 25 US$ pro Tag an den meisten Grenzübergängen oder bei der AAA (www.aaa.com) erhältlich.

Ab 25 km Distanz zur Grenze braucht man für längere Ausflüge nach Mexiko eine mexikanische *permiso de importación temporal de vehículos* (Genehmigung zur zeitweiligen Kfz-Einfuhr). Diese gibt's direkt an der Grenze (60 US$) sowie online bei der Banjercito-Bank (53 US$; www.banjercito.com.mx/registroVehiculos).

Bus
Greyhound USA (www.greyhound.com) und Greyhound México (www.greyhound.com.mx) haben Direktverbindungen zwischen mexikanischen und amerikanischen Verkehrsknotenpunkten.

Viele mexikanische Busgesellschaften steuern kleinere Ziele südlich der Grenze an.

Übers Meer

Das spezialisierte Reisebüro Cruise Web (www.cruiseweb.com) empfiehlt sich für alle, die Amerika und weitere interessante Ziele im Rahmen einer Kreuzfahrt besuchen möchten.

Auch Frachter legen in den USA an und ab. Verglichen mit Kreuzfahrtschiffen sind sie wesentlich günstiger (manchmal nur halb so teuer), aber auch deutlich langsamer und weniger komfortabel. Dennoch ist die Einrichtung keinesfalls spartanisch und wird gelegentlich sogar mit „Kreuzfahrtniveau" beworben. Die einwöchige bis zweimonatige Überfahrt umfasst zumeist kurze Zwischenstopps in verschiedenen Häfen.

Für mehr Information führt die Cruise and Freighter Travel Association (www.travltips.com) Verzeichnisse für Trips mit Frachtern und anderen Schiffen.

Geführte Touren

Die USA lassen sich auch angenehm mit einer organisierten Gruppenreise besuchen. Zu den angesehenen Tour-Anbietern gehören folgende:

Contiki (www.contiki.com) Feierwütige Sightseeing-Bustouren für 18- bis 35-Jährige.

Karawane Reisen (www.karawane.de) Gruppentouren plus individuell gestaltbare Trips.

Sunwave (www.sunwave.de) Besucht u. a. Florida, NYC und die US-Westküste.

Trek America (www.trekamerica.com) Outdoor-Aktivabenteuer für 18- bis 38-Jährige.

UNTERWEGS VOR ORT

Auto & Motorrad

Detaillierte Informationen für Selbstfahrer liefern die Kapitel „Road Trips & Panoramastraßen" (S. 40) und „Fahren in den USA" (S. 1328).

Bus

Wer es sich leisten kann, bevorzugt in den USA meist das Flugzeug oder Auto. Vor allem bei Reisen zwischen Großstädten sparen Busreisen jedoch Bares. Zudem sieht man dabei die Landschaft und kann Kontakte zu Einheimischen knüpfen. Die Fernbusse sind generell verlässlich, komfortabel und recht sauber. Zur Ausstattung gehören in der Regel eine Klimaanlage, eine Bordtoilette und eingeschränkt verstellbare Liegesitze. An Bord herrscht immer Rauchverbot.

Als größte Fernbusgesellschaft des Landes deckt Greyhound (www.greyhound.com) ganz Amerika und Kanada ab. Zwecks Effizienz- und Profitsteigerung steuert die Firma viele kleinere US-Städte nun nicht mehr an: Generell halten die Busse nur noch in größeren Ballungszentren an wichtigen Highways. Das Erreichen von Landstädten über Nebenstrecken erfordert daher eventuell Fahrten mit lokalen bzw. regionalen Busgesellschaften. Greyhound liefert meist entsprechende Kontaktdaten. Auf der Firmenwebsite gibt's zudem häufig tolle Sonderangebote, die im Vergleich zum Kauf am Ticketschalter deutlich günstiger sind.

Mit Greyhound konkurrieren mehr als 75 Subunternehmen von Trailways (www.trailways.com). Diese schneiden bei Langstreckenfahrten zwar vergleichsweise etwas schlechter ab, sind dafür aber auch günstiger. Zu den anderen Fernbusgesellschaften mit erschwinglichen Preisen und Gratis-WLAN (funktioniert nicht immer!) zählen z. B. Megabus (www.megabus.com) oder BoltBus (www.boltbus.com). Beide Unternehmen betreiben Routen entlang der Ost- und Westküste. Megabus bedient zudem Ziele in Texas und im Bereich der Great Lakes.

Der Großteil des Gepäcks muss aufgegeben werden,

wobei klares und deutliches Kennzeichnen gegen Verluste hilft. Der eventuelle Aufpreis für sperrige Gegenstände (z. B. Ski, Surfbretter, Fahrräder) sollte rechtzeitig vorab ermittelt werden.

Die Verbindungshäufigkeit hängt stark von der jeweiligen Strecke ab. Trotz der Streichung vieler kleinerer Ziele halten normale Greyhound-Busse immer noch alle 50 bis 100 Meilen (80–160 km). Auf Fernrouten legen sie zusätzlich Zwischenstopps ein, bei denen die Gäste etwas essen können und der Fahrer gewechselt wird.

Die Busbahnhöfe sind oft sicher und sauber, liegen aber teilweise auch in zwielichtigen Ecken. Bei Ankunft bzw. Abfahrt am Abend ist dann die Investition in ein Taxi ratsam. Manche Ortschaften haben lediglich Haltestellen ohne Schalter. Wer dort zusteigen und sein Ticket direkt beim Fahrer kaufen will, muss den exakten Fahrtpreis bereithalten.

Die meisten großen und größeren Städte der USA haben verlässliche lokale Busnetze (teils gratis, oft 1–4 US$/Einzelfahrt). Deren Linien zielen aber häufig auf Berufspendler ab und verkehren daher abends und/oder am Wochenende vergleichsweise seltener.

Preise

Bei der Buchung im Voraus sind Greyhound-Tickets günstiger: Die besten Preise gibt es meistens zwei Wochen vor dem Reiseantritt. Die regelmäßigen Sonderangebote auf der Firmenwebsite gelten vor allem bei Onlinebuchungen (Details unter www.greyhound.com/promos).

Weitere Rabatte gewährt Greyhound z. B. für Kinder (2–16 Jahre; 20 % in der Nachsaison), Senioren (ab 62 Jahren; 5 %) und Studenten (10 %) mit einer Student Advantage Discount Card (zzgl. 23 US$; www.studentadvantage.com).

Reservierungen

Für die meisten Fahrten mit Greyhound, Trailways, Megabus oder BoltBus lassen sich Tickets auch online kaufen und zu Hause ausdrucken. Bei Megabus und BoltBus reicht es sogar aus, einfach die Kaufquittung in E-Mail-Form auf dem Smartphone vorzuzeigen. Greyhound-Passagiere können vorab gebuchte Tickets auch persönlich an speziellen „Will-Call"-Terminals abholen.

Platzreservierungen sind meistens nicht möglich. Greyhound empfiehlt daher, spätestens eine Stunde vor Abfahrt zu erscheinen, um einen freien Sitz zu ergattern.

Fahrrad

Radtouren durch die Regionen sind sehr beliebt. Dabei strampelt man meist über kurvige Nebenstrecken (Drahtesel sind auf Freeways oft tabu), und man sollte die zurückgelegten Distanzen daher eher nach Tagen statt nach Stunden berechnen. Für Rad- und Kraftfahrer gelten dieselben Verkehrsregeln – dennoch glaubt manch motorisierter Verkehrsteilnehmer, es gelte das Recht des Stärkeren. Der Better World Club (www.betterworldclub.com) leistet spezielle Pannenhilfe für Radler.

Für Langstreckentrips durch das ganze Land wendet man sich am besten an Tourveranstalter: Die anspruchsvolle Fahrt von Küste zu Küste dauert etwa zwei Monate.

Die Websites von Adventure Cycling (www.adventurecycling.org) und der League of American Bicyclists (www.bikeleague.org) liefern nützliche Tipps plus Planungshilfe (u. a. Routenkarten, Verzeichnisse mit örtlichen Touranbietern, Fahrradclubs oder Reparaturwerkstätte). Wer sein eigenes Rad in den USA fahren möchte, sollte sich unbedingt rechtzeitig nach den Preisen und Bestimmungen für Sperrgepäck erkundigen. Amtrak-Züge und Greyhound-Busse nehmen Fahrräder landesweit mit (teilweise gegen Aufpreis).

Vor Ort lassen sich Drahtesel problemlos erwerben und vor der Abreise wieder verkaufen. Neue Modelle gibt's überall bei Fahrradläden. Für vergleichsweise günstigere Gebrauchträder empfehlen sich Garagenverkäufe, die Schwarzen Bretter

FERNBUSVERBINDUNGEN & -PREISE

Beispiele für Standardpreise und Reisezeiten bei Greyhound-Fernbussen (jeweils pro Erw. & einfache Strecke):

STRECKE	PREIS (US$)	DAUER (STD.)
Boston–Philadelphia	31–58	7
Chicago–New Orleans	89–164	24
Los Angeles–San Francisco	24–48	8
New York–Chicago	56–102	18
New York–San Francisco	139–318	72
Washington, D. C.–Miami	72–145	25

von Hostels oder Hochschulen und die kostenlosen Kleinanzeigen auf Craigslist (craigslist.org). Über diese Optionen wird man das gute Stück auch am leichtesten wieder los. Alternativ kaufen spezielle Secondhand-Bikeshops teilweise auch Fahrräder an.

Ebenfalls unkompliziert ist eine lokale Langzeitmiete (ab 100 US$/Woche), bei der meist mehrere Hundert US$ Kaution per Kreditkarte zu hinterlegen sind.

Amerikanische Großstädte sind unterschiedlich fahrradfreundlich. Zumeist gibt's dort aber mindestens ein paar ausgewiesene Radwege bzw. -spuren sowie Nahverkehrsmittel mit optionaler Fahrradmitnahme.

Flugzeug

Bei einem straffen Reiseplan empfiehlt es sich, größere Distanzen mit dem Flugzeug zurückzulegen. Das Inlandsflugnetz ist gut ausgebaut und vertrauenswürdig – dafür sorgen etliche konkurrierende Airlines, Hunderte von Flughäfen und Tausende von Flugverbindungen pro Tag. Im Vergleich zu Bus-, Zug- oder Autoreisen sind Flüge normalerweise teurer, doch man gelangt mit keinem anderen Transportmittel so schnell und direkt ans Ziel.

Zu den wichtigsten Knotenpunkten in den USA gehören neben allen internationalen Flughäfen auch die Airports diverser anderer Großstädte. Die regionalen Flughäfen der restlichen Städte und Ortschaften sind normalerweise nur über einen dieser Verkehrsknoten zu erreichen.

Flugpässe

Bei vielen geplanten Inlandsflügen kann sich ein spezieller Nordamerika-Flugpass für ausländische Besucher lohnen. Solche Pässe sind zumeist nur zusammen mit einem internationalen Flugticket erhältlich. Die Bedingungen und Kosten können teilweise recht verwirrend sein. Standard ist jedoch eine bestimmte Anzahl von Inlandsflügen (2–16), die innerhalb von 60 Tagen genutzt werden müssen. Oft muss man seine Reiseroute im Voraus festlegen; mitunter können die Flugtermine (oder sogar -ziele) aber auch offengelassen werden. Zu den Fluglinienverbänden mit Passangeboten zählen z. B. Star Alliance (www.staralliance.com), One World (www.oneworld.com) und Skyteam (www.skyteam.com).

US-Inlandsfluglinien

Verglichen mit Fahrten auf amerikanischen Highways besteht bei US-Inlandsflügen nur ein sehr geringes Risiko. Airsafe.com informiert umfassend über die Sicherheitsstatistiken der einzelnen Airlines.

Die größten Inlandsfluglinien:

Alaska Airlines (www.alaskaair.com) Fliegt ab Seattle, Chicago, Los Angeles oder Denver nach Anchorage und verkehrt auch zwischen vielen Ortschaften innerhalb Alaskas. Beispielsweise geht's ganzjährig gen Norden und Süden durch Südost-Alaska, wobei alle großen Siedlungen (u. a. Ketchikan, Juneau) angesteuert werden.

American Airlines (www.aa.com) Landesweites Streckennetz.

Delta Air Lines (www.delta.com) Landesweites Streckennetz.

Frontier Airlines (www.flyfrontier.com) Ist in Denver ansässig und bedient die gesamten kontinentalen USA.

Hawaiian Airlines (www.hawaiianairlines.com; Hauptsitz: Honolulu, HI) Direktflüge innerhalb von Hawaii und zu diversen Zielen auf dem US-Festland.

JetBlue Airways (www.jetblue.com; Hauptsitz: NYC) Bedient verschiedene Ziele in den ganzen USA (u. a. viele Städte an der Ostküste).

Southwest Airlines (www.southwest.com; Hauptsitz: Dallas, TX) Billiganbieter mit Liniennetz in den ganzen kontinentalen USA.

Spirit Airlines (www.spirit.com; Hauptsitz: Miramar, FL) Billigfluglinie mit Verbindungen zu vielen großen US-Verkehrsknotenpunkten.

United Airlines (www.united.com; Hauptsitz: Chicago, IL) Landesweites Liniennetz.

Virgin America (www.virginamerica.com Hauptsitz: Burlingame, CA) Steuert mehr als zwei Dutzend US-Großstädte an (z. B. Honolulu und Boston).

Nahverkehr

Außer in Amerikas Großstädten sind öffentliche Verkehrsmittel für Traveller nur selten eine gute Wahl: Die Verbindungen zu abgelegenen Ortschaften und Vorstädten lassen oft stark zu wünschen übrig. Dennoch ist der öffentliche Nahverkehr generell günstig, sicher und verlässlich.

In mehr als zwei Dritteln aller US-Bundesstaaten gibt's universelle Nahverkehrsinfos unter ☎511.

Taxi & Mitfahrzentralen

Taxis verfügen über Gebührenzähler (Startpreis ca. 3 US$, zzgl. 2–3 US$/weitere Meile). Gepäck und Wartezeit kosten jeweils extra. Am Ziel erwarten die Fahrer ein Trinkgeld von 10 bis 15 %. In den betriebsamsten Gegenden von Großstädten lassen sich Taxis auf der Straße anhalten; generell ist es aber am einfachsten, eines telefonisch zu bestellen.

Alternativ sind Mitfahrdienste wie Uber (www.uber.com) oder Lyft (www.lyft.com) nun auch in den USA sehr beliebt.

U-Bahn & Stadtbahn

NYC, Chicago, Boston, Philadelphia, Atlanta, Los Angeles, die San Francisco Bay Area und Washington, D. C. haben die größten U- bzw. Stadtbahnnetze des Landes. Anderswo gibt es teilweise nur ein bis zwei Linien im Bereich des Zentrums.

Schiff/Fähre

Die Flüsse und Kanäle der USA gehören nicht zum öffentlichem Verkehrsnetz. Trotzdem gibt es vielerorts kleinere Küstenfähren, die oft von den Bundesstaaten sehr effizient betrieben werden. Mit diesen Schiffen kann man malerische Touren zu den Inseln vor beiden US-Küsten unternehmen. Die meisten größeren Fähren nehmen auch Privatautos, Fahr- und Motorräder an Bord.

Die spektakulärsten Fährrouten folgen der Inside Passage und Alaskas Südostküste. Viele Inseln in den Großen Seen sind nur per Boot zu erreichen. Dazu zählen z.B. Mackinac Island, MI, die Apostle Islands vor Wisconsin und der entlegene Isle Royale National Park, MI. Andere Fähren schippern von der pazifischen Küste zu den malerischen San Juan Islands in Washington und nach Catalina Island in Kalifornien.

Zug

Das große Schienennetz der Amtrak (www.amtrak.com) deckt die ganzen USA ab. Dank der firmeneigenen Thruway-Busse gibt es auch Anschluss zu einigen kleineren Städten und Nationalparks. Verglichen mit anderen Verkehrsmitteln sind Züge wohl kaum die schnellste, günstigste, praktischste oder pünktlichste Option. Dafür lässt sich der typisch amerikanische Charakter von Land und Leuten bei entspannten Bahnfahrten besonders gut erleben. Dies gilt vor allem für Routen im Westen, auf denen doppelstöckige Superliner-Züge mit geräumigen Panoramawagen verkehren.

Mehrere Amtrak-Fernstrecken durchziehen die USA von Osten nach Westen. In Nord-Süd-Richtung gibt's noch wesentlich mehr Verbindungen. Dieses landesweite Netz deckt alle großen amerikanischen Ballungsräume

BITTE ALLES EINSTEIGEN!

Wer genießt nicht gern das Schnaufen und Pfeifen einer mächtigen Dampflok, während draußen vor dem Fenster eine herrliche Landschaft vorbeizieht? In den USA gibt's Dutzende von historischen Schmalspurbahnen (heute sind sie aber eher Touristenattraktionen als Verkehrsmittel). Diese verkehren meist nur in den wärmeren Monaten und sind teilweise äußerst beliebt – Tickets sollten daher unbedingt rechtzeitig gebucht werden!

Hier eine Auswahl von besonders schönen Strecken:

1880 Train (☎605-574-2222; www.1880train.com; 222 Railroad Ave; hin & zurück Erw./Kind 29/14 US$; ⏱Mitte Mai–Dez.) Klassische Dampfzugfahrt durch die wilden Black Hills.

Cass Scenic Railroad (www.cassrailroad.com) Durch die Appalachen in West Virginia.

Cumbres & Toltec Scenic Railroad Depot (☎888-286-2737; www.cumbrestoltec.com; 5234 Hwy 285; Erw./Kind ab 99/59 US$) Lebendiges Museum, das von Chama (NM) aus in die Rocky Mountains (CO) hineinrollt.

Durango & Silverton Narrow Gauge Railroad (☎970-247-2733; www.durangotrain.com; 479 Main Ave; hin & zurück Erw./Kind 4–11 Jahre ab 89/55 US$; ⏱Mai–Okt.) Endstation ist die historische Bergbaustadt Silverton in den Rocky Mountains (CO).

Great Smoky Mountains Railroad (☎800-872-4681; www.gsmr.com; 226 Everett St; Fahrt durch die Nantahala Gorge Erw./Kind 2–12 Jahre ab 55/31 US$) Rattert ab Bryson City (NC) durch die Great Smoky Mountains.

Mount Hood Railroad (☎800-872-4661; www.mthoodrr.com; 110 Railroad Ave; Erw./Kind ab 35/30 US$) Fährt durch die malerische Columbia River Gorge außerhalb von Portland (OR).

Skunk Train (☎707-964-6371; www.skunktrain.com; 100 W Laurel St; Erw./Kind 84/42 US$; ⏱9–15 Uhr) Durchquert Kaliforniens Redwood-Wälder zwischen Fort Bragg an der Küste und dem weiter landeinwärts gelegenen Willits.

White Pass & Yukon Route Railroad (☎800-343-7373; www.wpyr.com; 231 2nd Ave; ⏱Mai–Sept.) Verbindet Skagway (AK) seit dem Goldrausch am Klondike mit Fraser (British Columbia), Carcross und Whitehorse (beide Yukon) in Kanada.

Ebenso lohnend sind die alten Diesel- bzw. Dampfzüge der **Grand Canyon Railway** (Arizona; ☎Reservierungen 800-843-8724; www.thetrain.com; 233 N Grand Canyon Bvd, Railway Depot; hin & zurück Erw./Kind ab 79/47 US$), der **Delaware & Ulster Railroad** (New York State; ☎800-225-4132; www.durr.org; 43510 Rte 28, Arkville; Erw./Kind 18/12 US$; ⏱Juli–Okt. Sa & So) oder der **Pikes Peak Cog Railway** (Colorado; ☎719-685-5401; www.cograilway.com; 515 Ruxton Ave; hin & zurück Erw./Kind 40/22 US$; ⏱Mai–Okt. 8–17.20 Uhr, Nov.–April kürzere Zeiten).

und viele kleinere Städte ab. Auf den meisten Routen sind täglich Fernzüge mit eigenen Namen unterwegs. Sie bedienen manche Strecken aber nur drei- bis fünfmal pro Woche. Detaillierte Streckenpläne liefert die Amtrak-Website.

Pendlerzüge bedienen kürzere Strecken schneller und häufiger, besonders im nordöstlichen Korridor zwischen Boston, MA, und Washington, D.C. Die Acela-Expresszüge der Amtrak kosten am meisten und dürfen nicht mit den Zugpässen des Unternehmens genutzt werden. Weitere Pendlerzüge sind rund um Chicago, IL, am Ufer des Lake Michigan im Einsatz – ebenso zwischen Großstädten an der Westküste und im Großraum von Miami, FL.

ZUGVERBINDUNGEN & -PREISE

Beispiele für Standardpreise und Reisezeiten bei Amtrak-Fernzügen (jeweils pro Erw. & einfache Strecke in der *Coach Class*):

STRECKE	PREIS (US$)	DAUER (STD.)
Chicago–New Orleans	133	20
Los Angeles–San Antonio	151	29
New York–Chicago	108	19
New York–Los Angeles	232	63
Seattle–Oakland	109	23
Washington, D.C.–Miami	147	23

Klassen & Preise

Die Amtrak-Ticketpreise richten sich nach Zugtyp und gewünschtem Sitzplatz. Auf Fernstrecken gibt's Großraumwaggons (einfache *coach seats* mit und ohne Reservierungsmöglichkeit), eine Businessclass und die 1. Klasse, zu der auch alle Schlafwagenabteile gehören. Letztere enthalten einfache Kojen (*roomettes*), Schlafkabinen mit eigenen Toiletten und Vierpersonen-Suiten mit zwei Bädern. Der Schlafwagentarif beinhaltet Mahlzeiten im Speisewagen. Dort können alle Passagiere reservierungsfrei essen – allerdings recht teuer, sofern das Essen nicht im Ticketpreis inbegriffen ist. Auf Pendlerstrecken gibt's (wenn überhaupt) nur Sandwiches und Snacks. Allgemein empfiehlt sich bei Zugreisen somit eigene Verpflegung.

Amtrak-Tickets gelten für die einfache Strecke, Hin- und Rückfahrt oder für Rundreisen. Rabatte gibt's u.a. für Senioren ab 62 Jahren, Studenten mit gültigem Ausweis (jeweils 15 %) und Kinder von zwei bis zwölf Jahren (50 %; ein Erwachsener als Begleiter erforderlich). Mitglieder der AAA und deren internationalen Partnerorganisationen (z.B. ADAC) erhalten standardmäßig 10 % Ermäßigung. Für wenig genutzte Amtrak-Routen gibt's über die AAA aber teils bis zu 30 % Preisnachlass per SmartFare (nur Onlinebuchung, wöchentl. wechselnde Ziele; Details unter www.aaa.com).

Allgemein gilt: Je früher die Buchung, desto niedriger der Preis. Viele Standardrabatte greifen nur, wenn man mindestens drei Tage im Voraus reserviert. Wer Acela- oder Metroliner-Züge nutzen will, sollte die betriebsamsten Pendlerzeiten meiden und lieber am Wochenende fahren.

Amtrak Vacations (www.amtrakvacations.com) sind Pauschalangebote inklusive Mietwagen, Hotelzimmer, geführter Touren und Eintritt zu Sehenswürdigkeiten. Nutzer der Air-Rail Packages reisen per Zug zum Ziel und fliegen dann von dort zurück.

Reservierungen

Reservierungen können bis zu elf Monate im Voraus und spätestens am Abreisetag vorgenommen werden. Da die Platzkontingente begrenzt und manche Strecken sehr gefragt sind (vor allem zur Sommer- bzw. Ferienzeit), sollten Zugpassagiere so früh wie möglich buchen. Diese Methode bringt zudem die besten Rabatte ein.

Zugpässe

Mit dem USA Rail Pass können ausländische Traveller die *coach class* der Amtrak insgesamt 15 (459 US$), 30 (689 US$) oder 45 Tage (899 US$) lang nutzen. Diese Passvarianten sind auf acht, 12 bzw. 18 „Abschnitte" (*segments*) in einfacher Fahrtrichtung beschränkt. Achtung: Ein solcher Abschnitt entspricht nicht der einfachen Fahrtstrecke im herkömmlichen Sinn! Wenn man vor dem Endziel umsteigen bzw. den Zug wechseln muss (z.B. zwischen NYC und Miami in Washington, D.C.), benötigt man mindestens zwei *segments*.

Um die Tickets für die einzelnen Reiseabschnitte abzuholen, legt man seinen Zugpass bei einem Büro bzw. Schalter der Amtrak vor. Zudem empfiehlt sich frühestmögliche Reservierung per Telefon (☎800-872-7245, außerhalb der USA ☎215-856-7953): Das spezielle Platzkontingent für Zugpassinhaber ist begrenzt. An manchen Bahnhöfen auf dem Land halten die Züge nur, wenn eine Reservierung vorliegt. Die Tickets beziehen sich nicht auf nummerierte Sitze, aber ein Zugbegleiter übernimmt eventuell die Platzzuweisung. Businessclass, 1. Klasse oder Schlafwagen kosten extra und sind separat zu reservieren.

Ab Kaufdatum müssen alle Reisetage innerhalb von 330 Tagen wahrgenommen werden. Alle Passvarianten gelten nicht für Acela-Expresszüge, Autozüge (Auto Trains), Thruway-Anschlussbusse oder die kanadischen Abschnitte der Gemeinschaftsstrecken von Amtrak und Via Rail Canada.

Fahren in den USA

Vor allem für Trips durch die Weiten der ländlichen USA gilt: Wer möglichst flexibel und komfortabel reisen will, braucht unbedingt einen eigenen fahrbaren Untersatz. Benzin und Diesel sind mit Europa verglichen recht günstig. Mietwagen gibt's außer in New York City oft recht preiswert, manchmal schon für 20 US$ pro Tag.

Automobilclubs

Die American Automobile Association (AAA; www.aaa.com) kooperiert wechselseitig mit diversen internationalen Automobilclubs (z.B. dem ADAC). Deren Mitglieder sollten trotzdem ein paar Infos vorab einholen und unbedingt ihren eigenen Clubausweis mitbringen. Wer der AAA bzw. einem offiziellen Partnerverband angehört, profitiert z.B. von einer Reiseversicherung, von Straßenkarten oder -atlanten, von Gebrauchtwagen-Gutachten und von einem landesweiten Zweigstellennetz. Allerdings steht die AAA auf der Seite der Fahrzeugindustrie.

Der umweltbewusstere Better World Club (www.betterworldclub.com) spendet 1% seiner Einnahmen für Umweltschutzmaßnahmen und gestaltet seine Dienstleistungen nachhaltig und ökologisch sinnvoll. Außerdem tritt er auch auf der politischen Bühne für die Umwelt ein.

Diese Organisationen bieten den großen Vorteil eines landesweiten Pannendienstes, den die Mitglieder rund um die Uhr anfordern können – jeweils ergänzt durch Hilfe bei der Routenplanung, kostenlose Karten, Reisebüroservices, Autoversicherung und diverse Rabatte (z.B. bei Hotelzimmern, Mietwagen oder Sehenswürdigkeiten).

Das eigene Auto einführen

Es ist möglich, das eigene Fahrzeug über die kanadische (S. 1322) oder mexikanische (S. 1323) Grenze zu fahren. Sofern man nicht in die USA umsiedelt, ist das Verschiffen des eigenen Autos aber vollkommen sinnlos.

Drive-Away-Cars

Mit dem Begriff Drive-Away-Cars wird ein Modell umschrieben, Autos für Leute durch die Staaten zu fahren, die umziehen oder ihren Wagen aus anderen Gründen nicht selbst von A nach B befördern können. Für flexible Traveller kann das ein wahr gewordener Traum sein: Lange Strecken kosten nur den Sprit, lediglich das Timing und die Verfügbarkeit müssen stimmen.

Der Fahrer muss dafür mindestens 23 Jahre alt sein, einen gültigen, möglichst internationalen Führerschein besitzen und 350 US$ als Sicherheit hinterlegen (die manchmal in bar verlangt und bei Ablieferung des unbeschädigten Autos zurückerstattet werden). Es müssen auch eine Kopie des Auszugs aus dem „sauberen" heimischen Verkehrszentralregister, eine gültige Kreditkarte und ein Pass (oder drei andere Identifikationsdokumente) vorgelegt werden.

Das Überführungsunternehmen trägt die Versicherungskosten, der Fahrer bezahlt das Benzin. Die Bedingungen sind, dass das Auto zu einem bestimmten Zeitpunkt an seinem Zielort abgeliefert und nur die vereinbarte Kilometerzahl zurückgelegt wird. Mit anderen Worten: Man darf pro Tag nicht mehr als acht Stunden hinter dem Steuer sitzen und nur etwa 400 Meilen fahren – und jeweils die kürzeste Route wählen (d.h., es ist kein Sightseeing möglich). Das Angebot richtet sich nach der Nachfrage.

Eine großes Unternehmen ist Auto Driveaway (www.autodriveaway.com/driver) mit über 40 Büros in den ganzen USA.

Führerschein

Ausländische Besucher können ihre heimische Fahrerlaubnis maximal zwölf Monate lang legal in den USA benutzen. Ein zusätzlicher internationaler Führerschein

(International Driving Permit; IDP) dürfte allerdings die Kommunikation mit US-Verkehrspolizisten erleichtern – vor allem, wenn die eigene Version keine englischen Erklärungen umfasst. Heimischer und internationaler Führerschein sind grundsätzlich zusammen mitzuführen! In Deutschland und der Schweiz werden internationale Führerscheine von den Straßenverkehrsbehörden (Führerscheinstelle) ausgestellt, in Österreich von Automobilclubs (beispielsweise ÖAMTC). Deutsche und österreichische Antragsteller benötigen einen EU-Führerschein im Scheckkartenformat.

Motorradfahrer brauchen entweder einen gültigen US-Motorradführerschein oder ein entsprechendes internationales Pendant.

Kaufen

Ein Autokauf ist in der Regel mit so viel Theater verbunden, dass sich der Aufwand meist nicht lohnt – besonders wenn man weniger als vier Monate im Land bleiben will. Am leichtesten ist es noch für Ausländer, die Freunde oder Verwandte in den USA haben, deren Adresse man für die Zulassung, Registrierung und Versicherung angeben kann.

Nach dem Kauf müssen die Dokumente zur Eigentumsübertragung innerhalb von zehn Tagen beim Department of Motor Vehicles (DMV) des jeweiligen Bundesstaates registriert werden; erforderlich sind dafür der Kaufvertrag, die Besitzurkunde *(pink slip)* und der Versicherungsnachweis. Manche Bundesstaaten verlangen außerdem ein aktuelles Abgaszertifikat. Dafür muss der Verkäufer sorgen. Kein Auto kaufen, für das dieses Zertifikat fehlt! Autohändler erledigen den nötigen Papierkram mit dem DMV.

Für Ausländer ist es fast unmöglich, ohne einen US-amerikanischen Führerschein eine Haftpflichtversicherung abzuschließen. Ein Autohändler oder die AAA kennen vielleicht ein Unternehmen, das sich darauf einlässt. Doch selbst mit einem lokalen Führerschein kann die Versicherung teuer oder nur schwer erhältlich sein, wenn man nicht nachweisen kann, in der Vergangenheit unfallfrei gefahren zu sein. Tipp: Geeignete Dokumente wie eine Kopie der heimischen Autoversicherungspolice mitnehmen, mit denen man den Versicherer überzeugen kann, dass er ein berechenbares Risiko eingeht. Fahrer unter 25 Jahren werden kaum eine Versicherung finden.

Schließlich kann auch noch das Verkaufen des Autos zum Albtraum werden. Wer sich an einen Händler wendet, erzielt den schlechtesten Preis, hat aber den geringsten Behördenaufwand. Ansonsten sind andere Traveller und Collegestudenten die besten Kunden. Man muss aber aufpassen, dass der Käufer bei der DMV den Besitzwechsel registriert – ansonsten kann es passieren, dass man später fremde Strafzettel bezahlen muss.

TANKEN

Viele Tankstellen in den USA haben Tanksäulen mit automatischen Kreditkarten-Zahlsystemen. Einige Systeme fragen nach dem ZIP Code (Postleitzahl), nachdem man die Karte durchgezogen hat. Ausländer – oder Inhaber von ausländischen Kreditkarten – müssen vor dem Tanken in der Tankstelle bezahlen. Man gibt an, wie viel man tanken möchte, und der Betrag wird von der Karte abgebucht. Wenn man weniger tankt, geht man zurück in die Tankstelle, und der Rest wird auf der Karte wieder gutgeschrieben.

Mieten

Auto

Der US-Leihwagenmarkt ist heiß umkämpft. Die meisten Autovermieter bestehen auf einer bekannten Kreditkarte, einem gültigen Führerschein und einem Mindestalter von 25 Jahren. Gegen Aufpreis (ca. 25 US$/Tag) akzeptieren manche landesweit tätigen Großfirmen eventuell auch Kunden zwischen 21 und 24 Jahren. Jüngere Traveller haben allerdings fast immer Pech.

Die Mietwagenpreise fallen höchst unterschiedlich aus – man sollte deshalb sorgfältig vergleichen. Der durchschnittliche Tagespreis für Kleinwagen liegt etwa zwischen 20 und 75 US$ (125–500 US$/Woche). Automobilclubmitglieder oder Vielflieger bekommen eventuell Rabatte bzw. Bonuspunkte oder -meilen.

Weiterhin wichtig: Landesweit vertretene Unternehmen vermieten Autos meist standardmäßig mit unbegrenzter Meilenzahl *(unlimited mileage)*, für die eigenständige Anbieter gelegentlich einen Aufpreis verlangen. Die Mietpreissteuer variiert je nach Bundesstaat und Unternehmenssitz. Daher unbedingt immer nach dem Gesamtpreis inklusive aller Steuern und Gebühren fragen! Meist wird ein Zuschlag *(drop-off charge)* fällig, wenn man das Auto an einem Ort abholt und woanders zurückgibt. Diesen Service bieten normalerweise nur landesweit tätige Firmen. Achtung: Verspätete Rückgabe ist oft mit einem saftigen Aufpreis verbunden. Wer sein Auto dagegen früher zurückbringt, verspielt vielleicht den

Entfernungen & Fahrtzeiten

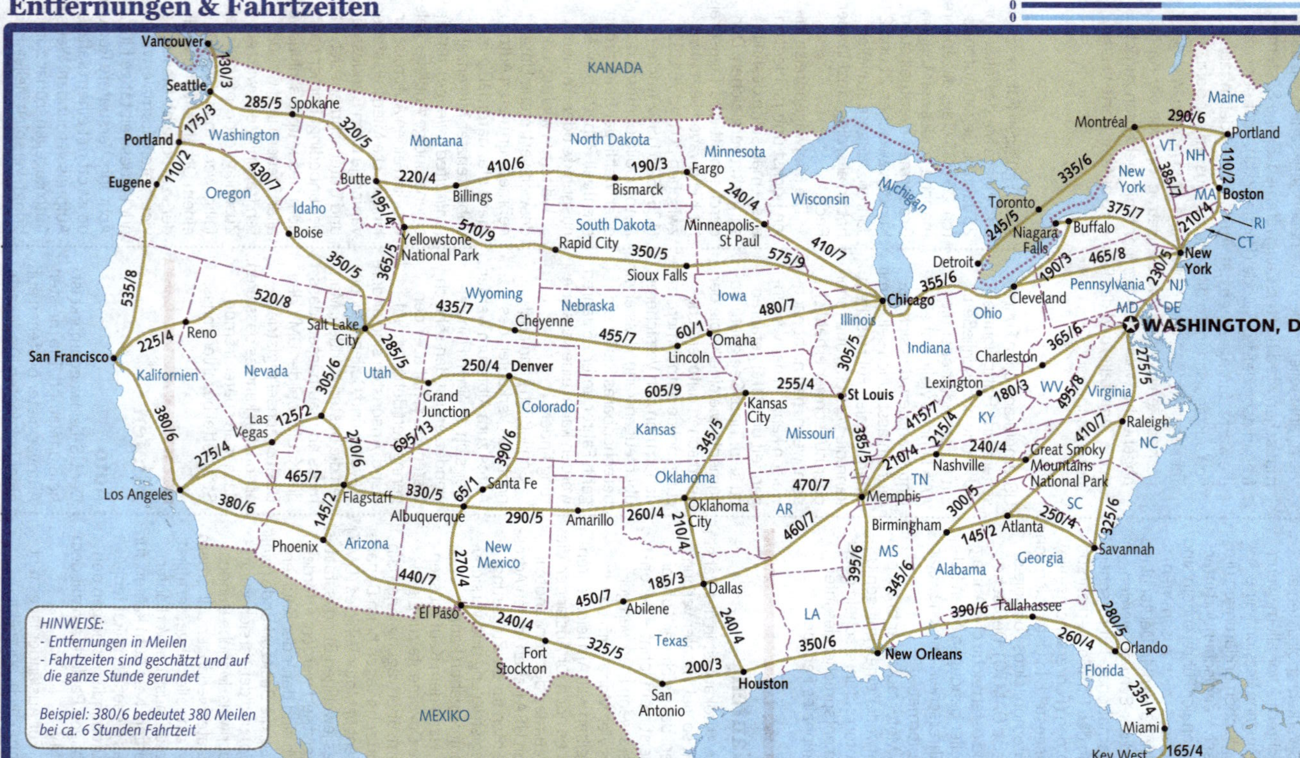

ursprünglich vereinbarten Wochen- oder Monatsrabatt.

Manche landesweit vertretenen Großfirmen wie Avis, Budget oder Hertz vermieten auch Hybridautos (z. B. Toyota Prius und Honda Civic) im Rahmen von „grünen" Fuhrparks. Allerdings kosten solche Sprit sparenden Modelle in der Regel wesentlich mehr. Vor allem an der Westküste werden Hybridfahrzeuge auch von eigenständigen Agenturen angeboten. Diesbezüglich empfehlen sich beispielsweise Simply RAC (www.simplyrac.com) in Südkalifornien und Bio-Beetle (www.bio-beetle.com) auf Hawaii.

Motorrad & Wohnmobil

Wer von einem Harley-Ritt durch Amerika träumt, ist bei EagleRider (www.eaglerider.com) richtig. Dieser Verleiher ist mit Großstadtfilialen landesweit vertreten.Wem der Sinn eher nach einem RV – einem Wohnmobil – steht, sollte ein Blick auf www.usarvrentals.com und www.cruiseamerica.com werfen. Dabei gilt zu bedenken, dass Miet- und Versicherungsgebühren für diese Fahrzeuge alles andere als billig sind.

Straßenzustand & Gefahren

Amerikas Highways sind makellos asphaltiert. Ausnahmen bestätigen allerdings die Regel. Gefahren stellen u. a. Schlaglöcher, die Rushhour und Wildtiere dar – und Fahrer, die am Steuer in Rage geraten, mit dem Handy telefonieren oder von ihren Kindern abgelenkt werden. Doch bei vorsichtiger, vorausschauender und passiver Fahrweise lassen sich kritische Situationen mit etwas Glück normalerweise meistern. Die Website www.fhwa.dot.gov/trafficinfo informiert über die Verkehrslage und gesperrte Straßen im ganzen Land.

In schneereichen Gegenden sind die Winterreifen vieler Autos mit Spikes besetzt. In Bergregionen werden teilweise Schneeketten benötigt. Viele Autovermieter untersagen es ihren Kunden, mit den Mietautos *offroad* oder auf unbefestigten Straßen zu fahren. Das birgt nämlich vor allem bei Regen ein beachtliches Gefahrenpotenzial.

In Wüsten- und Weideregionen gibt's mancherorts keine Zäune, die grasendes Vieh von der Straße fernhalten. Schilder mit der Aufschrift *Open Range* oder der Abbildung einer Kuh weisen auf solche Straßenabschnitte hin. Verkehrszeichen mit einem abgebildeten Hirsch warnen vor Wildwechsel – besonders bei Dämmerung sollte man die damit verbundenen Risiken nicht auf die leichte Schulter nehmen!

Verkehrsregeln

In den USA herrscht Rechtsverkehr. Gurtpflicht gilt in jedem Bundesstaat mit Ausnahme von New Hampshire, Kindersitze sind in jedem Bundesstaat vorgeschrieben. Die meisten Autovermieter verleihen Kindersitze (ca. 10–14 US$/Tag), die aber beim Buchen reserviert werden müssen. Manche Bundesstaaten schreiben Schutzhelme für Motorradfahrer vor.

Auf den Interstates sind teilweise 75 mph (120 km/h) erlaubt. Ansonsten gelten generell Höchstgeschwindigkeiten von 55 oder 65 mph (89 bzw. 105 km/h) auf Highways und 25 bis 35 mph (40–56 km/h) innerhalb geschlossener Ortschaften. Das Tempolimit im Bereich von Schulen liegt bei 15 mph (24 km/h) und wird während der Schulzeit sehr streng kontrolliert. Schulbusse mit blinkenden Warnlichtern dürfen grundsätzlich nicht überholt werden.

Sofern es nicht durch Schilder untersagt ist, darf man an roten Ampeln rechts abbiegen. (Vorsicht: In New York City ist es verboten, an einer roten Ampel rechts abzubiegen!) Dabei ist die Vorfahrt des fließenden Verkehrs zu beachten. An Kreuzungen mit vier Stoppschildern geht's in Ankunftsreihenfolge weiter. Bei gleichzeitigem Erreichen gilt „rechts vor links". Im Zweifelsfall sollte man dem anderen Fahrer einfach mittels höflichen Winkens Vorrang gewähren. Sobald sich Einsatzfahrzeuge (z. B. Polizei, Feuerwehr, Rettungswagen) aus beliebiger Richtung nähern, heißt es verkehrsgerecht am Straßenrand halten bzw. eine ausreichend große Gasse bilden.

In vielen US-Bundesstaaten ist es mittlerweile verboten, während der Fahrt mit dem Handy am Ohr zu telefonieren. Eine geeignete Freisprecheinrichtung ist sinnvoll.

In den USA gilt eine Promillegrenze von 0,8. Parallel sind die Strafen für DUI – *Driving Under the Influence* (Fahren unter dem Einfluss von Alkohol oder anderen Drogen) – sehr streng. Die Polizei kann Verkehrsteilnehmer jederzeit auf Alkohol- und Drogenkonsum überprüfen. Wer dabei negativ auffällt, muss sich einem Atem-, Urin- oder Bluttest unterziehen. So wird festgestellt, wie viel Alkohol oder Drogen man intus hat. Eine Weigerung entspricht einem Schuldeingeständnis.

Manche Bundesstaaten verbieten das Mitführen von „geöffneten Alkoholbehältern" *(open containers)* im Fahrzeuginnenraum – selbst dann, wenn sie leer sind.

Versicherung

Ohne offiziell vorgeschriebene Versicherung sollte man den Schlüssel gar nicht erst ins Zündschloss stecken: Im Fall eines Unfalls drohen finanzieller Ruin und rechtliche Konsequenzen. Wer bereits eine (heimische)

Kraftfahrzeugversicherung hat oder eine spezielle Reiseversicherung abschließt, sollte sicherstellen, dass die Police auch einen adäquaten Haftpflichtschutz für ausländische Mietwagen umfasst. Die verschiedenen US-Bundesstaaten verlangen unterschiedliche Mindestdeckungen.

Die meisten Autovermieter bieten Haftpflichtversicherungen gegen einen Aufpreis an. Vollkaskoschutz ist jedoch so gut wie nie möglich. Stattdessen gibt's optional Collision Damage Waivers (CDW) oder Loss Damage Waivers (LDW), die im Schadensfall normalerweise eine Selbstbeteiligung zwischen 100 und 500 US$ vorsehen. Auch diese kann in der Regel gegen eine Extraprämie abgedeckt werden. Maximaler Versicherungsschutz erhöht die Mietwagenkosten um bis zu 30 US$ pro Tag.

Parallel offerieren viele Kreditkartenfirmen kostenlose Versicherungen für Mietwagenkunden. Voraussetzung hierfür: Die Leihdauer darf 15 Tage nicht überschreiten, und die Mietgebühr muss komplett per Kreditkarte bezahlt werden. So lassen sich Zusatzkosten beim Autovermieter ganz gut vermeiden. Eventuell muss man diesem aber zunächst den ganzen Schaden ersetzen und sich sein Geld dann vom Kreditkartenunternehmen zurückholen.

Auch wegen potenzieller Ausschlussklauseln (z. B. für besondere „Exoten" wie Allrad-Jeeps oder Cabrios) sollten alle Kreditkartenkonditionen unbedingt rechtzeitig und mit Sorgfalt überprüft werden!

Sprache

Briten, Amerikaner, Australier und Neuseeländer, deutsche Geschäftsleute und norwegische Wissenschaftler, der indische Verwaltungsbeamte und die Hausfrau in Kapstadt – fast jeder scheint Englisch zu sprechen. Und wirklich: Englisch ist die am weitesten verbreitete Sprache der Welt (wenn es auch nur den zweiten Platz für die am meisten gesprochene Muttersprache gibt – Chinesisch ist diesbezüglich die Nr. 1).

Logisch, dass es bei einer solchen Verbreitung nicht *das* Englische gibt, sondern vielmehr eine Unmenge von lokalen Eigenheiten in der Aussprache und im Wortschatz. Ein texanischer Ranger wird also wahrscheinlich seine Schwierigkeiten haben, einen australischen Jugendlichen aus Sydney zu verstehen.

Hier folgen nur die wichtigsten Begriffe und Wendungen, um sich bei einem Urlaub in den USA durchschlagen zu können.

Konversation & Nützliches

Hallo.	*Hello.*
Guten ...	*Good ...*
Tag	*day*
Tag (nachmittags)	*afternoon*
Morgen	*morning*
Abend	*evening*
Auf Wiedersehen.	*Goodbye.*
Bis später.	*See you later.*
Tschüss.	*Bye.*
Wie geht es Ihnen/dir?	*How are you?*
Danke, gut.	*Fine. And you?*
Und Ihnen/dir?	*... and you?*
Wie ist Ihr Name?/ Wie heißt du?	*What's your name?*
Mein Name ist ...	*My name is ...*
Wo kommen Sie her?/ Wo kommst du her?	*Where do you come from?*
Ich komme aus ...	*I'm from ...*
Wie lange bleiben Sie/ bleibst du hier?	*How long do you stay here?*
Ja.	*Yes.*
Nein.	*No.*
Bitte.	*Please.*
Danke/ Vielen Dank.	*Thank you (very much).*
Bitte (sehr).	*You're welcome.*
Entschuldigen Sie, ...	*Excuse me, ...*
Entschuldigung.	*Sorry.*
Es tut mir leid.	*I'm sorry.*
Verstehen Sie (mich)?	*Do you understand (me)?*
Ich verstehe (nicht).	*I (don't) understand.*
Könnten Sie ...?	*Could you please ...?*
bitte langsamer sprechen	*speak more slowly*
das bitte wiederholen	*repeat that*
es bitte aufschreiben	*write it down*

NOCH MEHR GEFÄLLIG?

Noch besser kommt man mit dem *Sprachführer Englisch* von Lonely Planet durch die USA. Man findet den Titel unter **http://shop.lonelyplanet.de** und im Buchhandel.

Fragewörter

Wer?	*Who?*
Was?	*What?*

Wo?	*Where?*
Wann?	*When?*
Wie?	*How?*
Warum?	*Why?*
Welcher?	*Which?*
Wie viel/viele?	*How much/many?*

Gesundheit

Wo ist der/die/das nächste …?
Where's the nearest …?

Apotheke	*chemist*
Zahnarzt	*dentist*
Arzt	*doctor*
Krankenhaus	*hospital*

Ich brauche einen Arzt.
I need a doctor.

Gibt es in der Nähe eine (Nacht-)Apotheke?
Is there a (night) chemist nearby?

Ich bin krank.	*I'm sick.*
Es tut hier weh.	*It hurts here.*
Ich habe mich übergeben.	*I've been vomiting.*
Ich habe …	*I have …*
Durchfall	*diarrhoea*
Fieber	*fever*
Kopfschmerzen	*headache*
(Ich glaube,)	*(I think)*
Ich bin schwanger.	*I'm pregnant.*
Ich bin allergisch …	*I'm allergic …*
gegen Antibiotika	*to antibiotics*
gegen Aspirin	*to aspirin*
gegen Penizillin	*to penicillin*

Mit Kindern reisen

Ich brauche …	*I need a/an …*
Gibt es …?	*Is there a/an …?*
einen Wickelraum	*baby change room*
einen Babysitter	*babysitter*
einen Kindersitz	*booster seat*
eine Kinderkarte	*children's menu*
einen Kinderstuhl	*highchair*
(Einweg-)Windeln	*(disposable) nappies*
ein Töpfchen	*potty*
einen Kinderwagen	*stroller*

Stört es Sie, wenn ich mein Baby hier stille?
Do you mind if I breastfeed here?

NOTFALL

Hilfe!
Help!

Es ist ein Notfall!
It's an emergency!

Rufen Sie die Polizei!
Call the police!

Rufen Sie einen Arzt!
Call a doctor!

Rufen Sie einen Krankenwagen!
Call an ambulance!

Lassen Sie mich in Ruhe!
Leave me alone!

Gehen Sie weg!
Go away!

Sind Kinder zugelassen?
Are children allowed?

Papierkram

Name	*name*
Staatsangehörigkeit	*nationality*
Geburtsdatum	*date of birth*
Geburtsort	*place of birth*
Geschlecht	*sex/gender*
(Reise-)Pass	*passport*
Visum	*visa*

Shoppen & Service

Ich suche …
I'm looking for …

Wo ist der/die/das (nächste) …?
Where's the (nearest) …?

Wo kann ich … kaufen?
Where can I buy …?

Ich möchte … kaufen.
I'd like to buy …

Wie viel (kostet das)?
How much (is this)?

Das ist zu viel/zu teuer.
That's too much/too expensive.

Können Sie mit dem Preis heruntergehen?
Can you lower the price?

Ich schaue mich nur um.
I'm just looking.

Haben Sie noch andere?
Do you have any others?

Können Sie ihn/sie/es mir zeigen?
Can I look at it?

mehr	*more*
weniger	*less*
kleiner	*smaller*
größer	*bigger*

Nehmen Sie ...?	*Do you accept ...?*
Kreditkarten	*credit cards*
Reiseschecks	*traveller's cheques*
Ich möchte ...	*I'd like to ...*
Geld umtauschen	*change money*
einen Scheck einlösen	*cash a cheque*
Reiseschecks einlösen	*change traveller's cheques*

Ich suche ...	*I'm looking for ...*
einen Arzt	*a doctor*
eine Bank	*a bank*
die ... Botschaft	*the ... embassy*
einen Geldautomaten	*an ATM*
das Krankenhaus	*the hospital*
den Markt	*the market*
ein öffentliches Telefon	*a public phone*
eine öffentliche Toilette	*a public toilet*
die Polizei	*the police*
das Postamt	*the post office*
die Touristen-information	*the tourist information*
eine Wechselstube	*an exchange office*

Wann macht er/sie/es auf/zu?
What time does it open/close?

Ich möchte eine Telefonkarte kaufen.
I want to buy a phone card.

Wo ist hier ein Internetcafé?
Where's the local Internet cafe?

Ich möchte ...	*I'd like to ...*
ins Internet	*get Internet access*
meine E-Mails checken	*check my email*

Uhrzeit & Datum

Wie spät ist es?	*What time is it?*
Es ist (ein) Uhr.	*It's (one) o'clock.*
Zwanzig nach eins	*Twenty past one*
Halb zwei	*Half past one*
Viertel vor eins	*Quarter to one*
morgens/vormittags	*am*
nachmittags/abends	*pm*

jetzt	*now*
heute	*today*
heute Abend	*tonight*
morgen	*tomorrow*
gestern	*yesterday*
Morgen	*morning*
Nachmittag	*afternoon*
Abend	*evening*

Montag	*Monday*
Dienstag	*Tuesday*
Mittwoch	*Wednesday*
Donnerstag	*Thursday*
Freitag	*Friday*
Samstag	*Saturday*
Sonntag	*Sunday*

Januar	*January*
Februar	*February*
März	*March*
April	*April*
Mai	*May*
Juni	*June*
Juli	*July*
August	*August*
September	*September*
Oktober	*October*
November	*November*
Dezember	*December*

Unterkunft

Wo ist ...?	*Where's a ...?*
eine Pension	*bed and breakfast guesthouse*
ein Campingplatz	*camping ground*
ein Hotel/Gasthof	*hotel*
ein Privatzimmer	*room in a private home*
eine Jugend-herberge	*youth hostel*

Wie ist die Adresse?
What's the address?

Ich möchte bitte ein Zimmer reservieren.
I'd like to book a room, please.

Für (drei) Nächte/Wochen.
For (three) nights/weeks.

EIN ZIMMER RESERVIEREN
(per Brief, Fax oder E-Mail)

An ... *To ...*
Vom ... *From ...*
Datum *Date*

Ich möchte reservieren ...
I'd like to book ...
auf den Namen ... *in the name of ...*
vom ... bis zum ... *from ... to ...*

(Bett-/Zimmeroptionen s. Liste Unterkunft)

Kreditkarte *credit card*
Nummer *number*
gültig bis *expiry date*

Bitte bestätigen Sie Verfügbarkeit und Preis.
Please confirm availability and price.

Haben Sie ein ...? *Do you have a ... room?*
Einzelzimmer *single*
Doppelzimmer *double*
Zweibettzimmer *twin*

Wieviel kostet es pro Nacht/Person?
How much is it per night/person?
Kann ich es sehen?
May I see it?
Kann ich ein anderes Zimmer bekommen?
Can I get another room?
Es ist gut, ich nehme es.
It's fine. I'll take it.
Ich reise jetzt ab.
I'm leaving now.

Verkehrsmittel & -Wege

Öffentliche Verkehrsmittel

Wann fährt ... ab?
What time does the ... leave?
das Boot/Schiff *boat/ship*
die Fähre *ferry*
der Bus *bus*
der Zug *train*
Wann fährt der ... Bus?
What time's the ... bus?
erste *first*
letzte *last*
nächste *next*

Wo ist der nächste U-Bahnhof?
Where's the nearest metro station?
Welcher Bus fährt nach ...?
Which bus goes to ...?

U-Bahn *metro*
(U-)Bahnhof *(metro) station*
Straßenbahn *tram*
Straßenbahnhaltestelle *tram stop*
S-Bahn *suburban (train) line*

Eine ... nach (Sydney).
A ... to (Sydney).
einfache Fahrkarte *one-way ticket*
Rückfahrkarte *return ticket*
Fahrkarte 1. Klasse *1st-class ticket*
Fahrkarte 2. Klasse *2nd-class ticket*

Der Zug wurde gestrichen.
The train is cancelled.
Der Zug hat Verspätung.
The train is delayed.
Ist dieser Platz frei?
Is this seat free?
Muss ich umsteigen?
Do I need to change trains?

Sind Sie frei?
Are you free?
Was kostet es bis ...?
How much is it to ...?
Bitte bringen Sie mich zu (dieser Adresse).
Please take me to (this address).

Private Transportmittel

Wo kann ich ein ... mieten?
Where can I hire a/an ...?
Ich möchte ein ... mieten.
I'd like to hire a/an ...
Allradfahrzeug *4WD*
Auto *car*
Fahrrad *bicycle*
Fahrzeug mit Automatik *automatic*
Fahrzeug mit Schaltung *manual*
Motorrad *motorbike*

VERKEHRSSCHILDER

Danger	*Gefahr*
No Entry	*Einfahrt verboten*
One-way	*Einbahnstraße*
Entrance	*Einfahrt*
Exit	*Ausfahrt*
Keep Clear	*Ausfahrt freihalten*
No Parking	*Parkverbot*
No Stopping	*Halteverbot*
Toll	*Mautstelle*
Cycle Path	*Radweg*
Detour	*Umleitung*
No Overtaking	*Überholverbot*

Wieviel kostet es pro Tag/Woche?
How much is it per day/week?

Wo ist eine Tankstelle?
Where's a petrol station?

Benzin	*petrol*
Diesel	*diesel*
Bleifreies Benzin	*unleaded*

Führt diese Straße nach ...?
Does this road go to ...?

Wo muss ich bezahlen?
Where do I pay?

Ich brauche einen Mechaniker.
I need a mechanic.

Das Auto hat eine Panne.
The car has broken down.

Ich habe einen Platten.
I have a flat tyre.

Das Auto/Motorrad springt nicht an.
The car/motorbike won't start.

Ich habe kein Benzin mehr.
I've run out of petrol.

Wegweiser

Können Sie mir bitte helfen?
Could you help me, please?

Ich habe mich verirrt.
I'm lost.

Wo ist (eine Bank)?
Where's (a bank)?

In welcher Richtung ist (eine öffentliche Toilette)?
Which way's (a public toilet)?

Wie kann ich da hinkommen?
How can I get there?

Wie weit ist es?
How far is it?

Können Sie es mir (auf der Karte) zeigen?
Can you show me (on the map)?

links	*left*
rechts	*right*
nahe	*near*
weit weg	*far away*
hier	*here*
dort	*there*
an der Ecke	*on the corner*
geradeaus	*straight ahead*
gegenüber ...	*opposite ...*
neben ...	*next to ...*
hinter ...	*behind ...*
vor ...	*in front of ...*

Norden	*north*
Süden	*south*
Osten	*east*
Westen	*west*

Biegen Sie ... ab.	*Turn ...*
links/rechts	*left/right*
an der nächsten Ecke	*at the next corner*
bei der Ampel	*at the traffic lights*

Zahlen

0	*zero*
1	*one*
2	*two*

SCHILDER

Police	*Polizei*
Police Station	*Polizeiwache*
Entrance	*Eingang*
Exit	*Ausgang*
Open	*Offen*
Closed	*Geschlossen*
No Entry	*Kein Zutritt*
No Smoking	*Rauchen verboten*
Prohibited	*Verboten*
Toilets	*Toiletten*
Men	*Herren*
Women	*Damen*

3	*three*
4	*four*
5	*five*
6	*six*
7	*seven*
8	*eight*
9	*nine*
10	*ten*
11	*eleven*
12	*twelve*
13	*thirteen*
14	*fourteen*
15	*fifteen*
16	*sixteen*
17	*seventeen*
18	*eighteen*
19	*nineteen*
20	*twenty*
21	*twentyone*
22	*twentytwo*
23	*twentythree*
24	*twentyfour*
25	*twentyfive*
30	*thirty*
40	*fourty*
50	*fifty*
60	*sixty*
70	*seventy*
80	*eigthy*
90	*ninety*
100	*hundred*
1000	*thousand*
2000	*two thousand*
100 000	*hundred thousand*

Hinter den Kulissen

WIR FREUEN UNS ÜBER EIN FEEDBACK

Post von Travellern zu bekommen, ist für uns ungemein hilfreich – Kritik und Anregungen halten uns auf dem Laufenden und helfen, unsere Bücher zu verbessern. Unser reiseerfahrenes Team liest alle Zuschriften ganz genau, um zu erfahren, was an unseren Reiseführern gut und was schlecht ist. Wir können solche Post zwar nicht individuell beantworten, aber jedes Feedback wird garantiert schnurstracks an die jeweiligen Autoren weitergeleitet, rechtzeitig vor der nächsten Nachauflage.

Wer Ideen, Erfahrungen und Korrekturhinweise zum Reiseführer mitteilen möchte, hat die Möglichkeit dazu auf **www.lonelyplanet.com/contact/guidebook_feedback/new**. Anmerkungen speziell zur deutschen Ausgabe erreichen uns über **www.lonelyplanet.de/kontakt**.

Hinweis: Da wir Beiträge möglicherweise in Lonely Planet Produkten (Reiseführer, Websites, digitale Medien) veröffentlichen, ggf. auch in gekürzter Form, bitten wir um Mitteilung, falls ein Kommentar nicht veröffentlicht oder ein Name nicht genannt werden soll. Wer Näheres über unsere Datenschutzpolitik wissen will, erfährt das unter www.lonelyplanet.com/privacy.

DANK VON LONELY PLANET

Vielen Dank den Reisenden, die uns nach der letzten Auflage des Reiseführers hilfreiche Hinweise, nützliche Ratschläge und interessante Anekdoten schickten: Adrienne Nielsen, Antonio Dutra, Ashley Turner, Bella Wang, Hugo Gundewall, Jo Evans, Katie Mitchell, Luna Soo, Meghan Hagedorn, Michael Greene, Nuria Guilayn, Paul Jeffries, Pete Reilich, Peter Marshall, Sagar Wadgaonkar, Susanna Locke

DANK DER AUTOREN

Benedict Walker

Zuallererst bin ich Alex Howard, meinem Redakteur auf der anderen Seite des Planeten, auf ewig dankbar dafür, dass er für mich bei diesem Projekt einen Platz gefunden hat – und weil er weiß, dass ich die Berge liebe. Er wurde mit einigen seltsamen Herausforderungen, die ich ihm bereitet habe, dank seiner ganzen Ruhe fertig und blieb dabei so vorurteilsfrei, wie es heutzutage nur wenige junge Männer fertigbringen. Mein Dank gilt außerdem Brad, meinem wunderschönen Freund aus Missoula: Er hat mich daran erinnert, dass, während viele Männer Kriege führen, einige Feuer löschen – und andere mit Worten Bilder malen. Vielen Dank auch den Aliens von Nevada und Colorado, die mich auf die Probe gestellt haben. Die Welt da draußen ist fantastisch und schön, man muss nur hinschauen. Und es gibt immerzu Neues zu entdecken …

Kate Armstrong

La'Vell Brown: Danke für deinen Zauberstab, deine Leidenschaft und dein Wissen über Disney World – und dafür, dass du mich von einem Biest in Aschenputtel verwandelt hast. Danke auch an Cory O'Born, Visit Orlando, Nathalia Romano und Ashlynn Webb, Universal Orlando, Jessica Savage und das Greater Fort Lauderdale Convention & Visitors Bureau. Danke Chris für deine Flexibilität, Geduld und alles andere (außer dafür, dass du im Hogwarts Express meine Hand gehalten hast). Schließlich möchte ich mich bei Lauren Keith und Trisha Ping für ihr Verständnis bedanken und für das Löschen einiger bestimmter Disney-Feuerwerke.

Brett Atkinson

Ich möchte mich bei allen bedanken, die meine Erkundung der Central Coast in Kalifornien so angenehm gemacht haben, besonders bei Christina Glynn in Santa Cruz. Danke Margaret Leonard für die Anregung, mich auch jenseits der Grenzen von Monterey Bay umzusehen. Die Mitarbeiter in den Besucherzentren der Region waren alle immer hilfsbereit. Bei Lonely

Planet bedanke ich mich bei Cliff Wilkinson für die Chance, Big Sur wieder besuchen zu können. Über den gewaltigen Südpazifik hinweg schicke ich ein Dankeschön nach Auckland an Carol und an meine Familie für ihrer Unterstützung.

Carolyn Bain

Ein herzliches Dankeschön all den geselligen Wirten, Barkeepern und Kneipengängern, mit denen ich glücklicherweise Zeit verbringen durfte – von wem sonst erhält man schon die besten Tipps für Strände, Wanderwege, Craft-Biere und für die leckersten Lobster Rolls der Region? Ausdrücklich möchte ich mich auch bei den Menschen von Nantucket bedanken, vor allem bei Roselyne Hatch und Tania Jones, die mich – und meine Sehnsüchte – erneut bei sich aufgenommen haben. Schließlich bedanke ich mich außerdem bei Emily Golin, Carla Tracy, Thomas Masters und Kimberly und Barry Hunter für ihre Freundlichkeit.

Amy C. Balfour

Es war mir ein großes Vergnügen, meine eigene Region besser kennenzulernen. Mein besonderer Dank gilt folgenden Personen, die mir ihre Lieblingsplätze verraten haben: Dave Dekema, Sketchy, Barbra Byington, Ed & Melissa Reid, Lynn Neumann, Lori Jarvis, Andrew McRoberts, Tom Fleming, Melissa & Mary Peeler, Erin Stolle, Alicia Hay Matthai, Liz Smith Robinson, Alice Merchant Dearing, Severn Miller, James Foley, John Park, Suzie Lublin Tiplitz, Sharon Nicely, Eone Moore Beck, Kendall Sims Hunt, Lee Bagby Ceperich, Justin Shephard, Tim Stinson, Trish Mullen und Steve Bruce.

Ray Bartlett

Dieses Projekt wäre niemals zustande gekommen ohne die großartige Liebe und Unterstützung meiner Familie – inklusive meiner Großfamilie in Pennsylvania, die mir angeboten hat, mich während meiner Recherchen unterzubringen und herumzuführen. Vielen Dank auch den zahlreichen Reiseleitern, Hotelrezeptionisten, Kellnerinnen und Kellnern und Museumskuratoren, die sich die Zeit genommen haben, ihr Wissen und ihre Einschätzungen mit mir zu teilen. Das ist ein schöner Teil unseres Planeten und einer, den ich hoffentlich bald wieder besuchen werde. Auf die Leser und Leserinnen wartet etwas ganz Besonderes.

Loren Bell

Für die heißen Tipps, das kalte Bier und die herzliche Unterstützung bedanke ich mich bei meiner ganzen Familie und all meinen Freunden – ohne euch wäre nichts von alledem lohnenswert. An Kari: Ich weiß nicht, wie du es geschafft hast, mich während dieser Projekte zu ertragen, aber deine Geduld muss tiefer sein als der Grand Prismatic Spring – deine Schönheit ist es auf jeden Fall. Und schließlich an Hawkeye: Ich weiß, du kannst nicht lesen, aber dich an meiner Seite zu haben, war der Höhepunkt der Reise. Du bist ein guter Junge.

Greg Benchwick

Dieses Buch wäre ohne die Unterstützung und Liebe meiner Familie nicht möglich gewesen. In erster Linie wäre da die kleine Violeta „Monkey Face" Benchwick, die mit ihrem eigensinnigen Papa weiterhin die Welt erforscht. Auch möchte ich mich bei Sarah dafür bedanken, dass sie die Reise nach Estes (und darüber hinaus) auf sich genommen hat. Und schließlich gilt mein Dank all den netten Redakteuren, Autoren und großen Denkern bei Lonely Planet.

Andrew Bender

Danke Denise Lengyeltoti, Christie Bacock, Melissa Perez, Jackie Alvarez, Jennifer Tong, Erin Ramsauer, Michael Ramirez, Jenny Wedge, Ashley Johnson und den vielen Mitarbeitern in den Besucherzentren, Hotels und Restaurants, die mir viel mehr ihrer Zeit geschenkt haben, als ich es verdient hätte. Bei Lonely Planet möchte ich mich vor allem bei Clifton Wilkinson, Sarah Stocking, Anita Isalska, Judith Bamber und Kathryn Rowan bedanken.

Sara Benson

Ich bedanke mich bei den Redakteuren Cliff Wilkinson und Alex Howard für die Unterstützung. Ein dickes Dankeschön an Jonathan Hayes, der Tausende von Kilometern mit mir durch Gold Country, Wine Country, die Sierra Nevada und die gesamte Bay Area gefahren ist. PS: Hallo, Beth!

Alison Bing

Ich bedanke mich bei Cliff Wilkinson, Sarah Sung, Lisa Park, DeeAnn Budney, PT Tenenbaum und vor allem bei Marco Flavio Marinucci, weil er eine Busfahrt in Muni zu einem der Abenteuer meines Lebens gemacht hat.

Catherine Bodry

Bei einem Reiseführer arbeitet man nicht allein, es gibt viele Menschen, denen ich für ihre Mithilfe und Unterstützung dankbar bin: Danke Steph Johnson, Emily Mechtenberg, Jenny Miller und Josh Kelly für eure Freundschaft und Kameradschaft; danke Michael und Micheley für die Hütte in Homer und das Refugium in Seward; danke all den Mitarbeitern von Lonely Planet, die geduldig einer Person, die mit moderner Technik wenig am Hut hat, zur Seite standen. Last but not least möchte ich mich bei allen Autoren früherer Ausgaben bedanken, die mir den Weg geebnet haben. Mein erster Reiseführer kam aus dem Hause Lonely Planet und hat mich 1999 durch Alaska begleitet.

Cristian Bonetto

Ein herzliches Dankeschön den vielen Angelenos (und New Yorkern), die ihr L. A.-Geheimwissen und ihre Tipps mit mir geteilt haben, insbesondere John-Mark Horton, Michael Amato, Andy Bender, Norge Yip, Calvin Yeung, Douglas Levine, Daphne Barahona, Nicholas Maricich, David Singleman, William J. Brockschmidt, Richard Dragisic und Andy Walker. Danke auch meinen Mitaustraliern in SoCal, Mary-Ann Gardner und Natalie Yanoulis. Bei Lonely Planet gilt mein Dank Cliff Wilkinson.

Celeste Brash

Danke an meine Tante Kem und meinen Onkel Ken für Susanville, an Gerad in Mt. Shasta City für großartiges Bier und klasse Infos; danke auch den unzähligen Freunden und der Familie für Tipps und Anregungen; und ich danke meinem Mann und meinen Kindern für die Freude, die es mir bereitet, zurück nach Hause zu kommen. Außerdem gilt meine Liebe dem wunderbaren Bundesstaat Kalifornien – mein Herz wird dich nie verlassen.

Jade Bremner

Mein Dank gilt meinem Redakteur Clifton Wilkinson für seine Unterstützung und sein unerschöpfliches Wissen über die Lonely Planet Reiseführer. Danke auch allen, die hinter den Kulissen arbeiten: Cheree Broughton, Dianne Schallmainer, Jane Grisman, Neill Coen, Evan Godt und Helen Elfer. Nicht zuletzt ein Dankeschön dem freundlichen Personal im Fig Tree Cafe für die wunderbaren Eier Benedict, die mich oft startklar für den Tag gemacht haben.

Nate Cavalieri

Vielen Dank an meine Partnerin Florence, die immer für einen Last-Minute-Trip nach Bakersfield zu haben ist. Danke an Cliff, Daniel, Jane, Diane und die Mitarbeiter von Lonely Planet für all die Unterstützung – und an meine Kollegin Alison Bing, die mich dazu angeregt hat, nach einer langen und unüberlegten Pause wieder als Reiseschriftsteller zu arbeiten.

Gregor Clark

Herzlichen Dank all den vielen Einwohnern Bostons, die ihre Liebe zu ihrer Stadt so großzügig mit mir geteilt haben, besonders Aaron Miller von HI Boston, Dave O'Donnell von GBCVB, Joanne Chang von Myers & Chang, Ayr Muir von Clover Food Lab und Maria Cole von NPS. Besonderer Dank geht an die Lonely Planet Autorin Mara Vorhees, deren hervorragende Arbeit an früheren Ausgaben meinen Job unermesslich angenehmer gemacht hat. Schließlich bedanke ich mich bei meiner Frau Gaen und meinen Töchtern Meigan und Chloe für die Hilfe bei der Cannoli-Verkostung im North End.

Michael Grosberg

Mein besonderer Dank gilt Carly, Rosie und Booney dafür, dass sie sich Zuhause um alles gekümmert haben, und Carly für das Teilen ihrer Erfahrungen, die sie als Ranger in Mammoth Lakes und Mono Lake vor all den Jahren gesammelt hat. Danke auch an Peter Bartelme von der Yosemite Conservancy, Lisa Cesaro von Aramark, Joe Juszkiewicz von der Rush Creek Lodge, Lauren Burke aus Mammoth, Tawni Thompson aus Bishop und Julie Wright für ihre Hilfe in Sequoia.

Ashley Harrell

Mein Dank gilt den Redakteurinnen Lauren und Trisha sowie meinen Co-Autoren Adam, Kate und Regis für ihre Unterstützung. Bei Josie, Nora und Ashley Guttuso möchte ich mich für die Aufnahme in der Festung bedanken und bei Tiffany Grandstaff für das Upgrade. Danke Alex Pickett dafür, dass es dich gibt; danke meiner Ersatzfamilie Trevor, Malissa und Soraya Aaronson; danke Tom Francis dafür, dass du endlich vorbeigekommen bist; danke Alanna Björk fürs Hundesitten und die gemütliche Hütte; danke Beanie Guez, dass du mich beim Shuffleboard fertig gemacht hast; danke Elodie Guez für den Wein (und die Gläser); danke Andy Lavender – für dein Erscheinen in Sarasota und im Allgemeinen.

Alexander Howard

Ein dickes Dankeschön all den Barkeepern, B & B-Betreibern, Kellnern und Kellnerinnen und all den Menschen in Alaska, die mich vor Ärger im Bärenland bewahrt haben. Danke auch meinen Co-Autoren Catherine Bodry, Adam Karlin und Brendan Sainsbury für ihren Rat, ihren Input und die viele Arbeit, die sie in dieses Buch gesteckt haben. Vielen Dank an Evan Godt für sein Wirken im Hintergrund. Schließlich möchte ich mich bei meinen Eltern für ihre Unterstützung und Abenteuerlust bedanken und bei Danielle – dank ihr war ich unterwegs nicht so einsam.

Mark Johanson

Ganz besonders möchte ich meinen Eltern danken, die mich als Kind auf unzähligen Reisen über die Straßen Amerikas gezerrt und dabei meine Begeisterung für die unterschiedlichsten Landschaften und Kulturen geweckt haben. Bei meinem Partner Felipe möchte ich mich dafür bedanken, dass er mir erlaubt hat, so viel Zeit weg von meinem derzeitigen Zuhause in Südamerika zu verbringen, um die tiefsten Tiefen meines Heimatlandes zu erkunden. JP Bumby, Jamie Thomas und all den gastfreundlichen Leuten der Great Plains, die ich unterwegs getroffen habe, bin ich dankbar für ihre Unterstützung, die warmen Mahlzeiten und ihre Tipps.

Adam Karlin

Danke an alle: An Lauren Keith und Trisha Ping, wirklich außergewöhnliche Redakteurinnen; an Kevi Raub, meinen Waffenbruder während meiner Road Trips durch den Süden; an die Parkmitarbeiter, die Barkeeper, die Baristas und alle Dienstleister, die mir gezeigt haben, wie viel es in meinem eigenen Hinterhof zu entdecken gibt. Danke Mama und Papa für die ständige Unterstützung; danke Karen Shacham und Michelle Putnam (und Lior!), ihr seid einfach die besten Gastgeber Atlantas. Danke Rachel und Sanda für eure Begleitung unterwegs – und dafür, dass ihr mir meine Abwesenheiten nicht übel genommen habt.

Brian Kluepfel

Paula Zorrilla, mein Vorbild und meine Co-Pilotin – ohne dich hätte ich es nicht geschafft. Danke an Trisha Ping, Greg Benchwick, Jane Grisman und Dianne Schallmeiner bei Lonely Planet für ihre moralische und inhaltliche Unterstützung. Danke an Tom Kluepfel, ehrenamtlicher Bürgermeister von Hoboken und Mozzarella-Experte; Laura Collins, Rebecca Rozen und ihren Hund Gizmo für ihr Wissen über die Hamptons und für ihre gute Laune; Stacey Borelli und Peggy Watson, weil sie bei Siemens die Stellung gehalten haben; danke an den Polizisten aus Ocean Grove, der mir jenen Strafzettel nicht gegeben hat, und danke an June McPartland, weil sie mir dieses Auto verkauft hat.

Stephen Lioy

Mein Dank gilt vielen Menschen, ganz speziell aber den folgenden: Aileen für ihre tausend Tipps, Anthony für seine Gesellschaft unterwegs, Jess und Kevin, weil sie immer für mich da sind, Kalli und Tonie dafür, dass ich dank ihnen Gefallen an Ineffizienz finden konnte, Shane für seine Tipps, seine Zeit und das ein oder andere Bier, Cindy/Payton/Pres, weil sie schlechte Catan-Spieler sind, Dav und Nan und UpChuck für die vielen Nächte und Mahlzeiten und all die Hilfe, und Jack dafür, dass er Jack ist. Hey, Tonie ... wollen wir Freeeeeeunde sein?

Carolyn McCarthy

Ein herzliches Dankeschön gilt dem Fremdenverkehrsamt von Utah und meinen Freunden Drew und Zinnia, Francisco Kjolseth und Meg und Dave. Bedanken möchte ich mich zudem bei meinen Mitautoren, besonders bei Chris Pitts. Einmal mehr hat Utah seine Magie entfaltet. Vielen Dank all den feinen Leute des südlichen Colorado, deren Hilfe und Gastfreundschaft in der Schlammsaison unvergessen bleibt. Meine Dankbarkeit gilt zudem Dave und Lyn in Telluride, Angela und Jim in Ouray und Katie in Durango. Gracias Sandra für ihren Beitrag zum Wanderteil der Reise. Hasta la próxima, Colorado!

Craig McLachlan

Ein riesiges und von Herzen kommendes Mahalo meinen Helfern unterwegs und meiner außergewöhnlich schönen Frau Yuriko sowie unserem Sohn Riki. Außerdem möchte ich mich natürlich bei Alex von Lonely Planet, meinem Mitautoren Ryan, bei Paul und Nezia, Phil und Liwei und allen anderen bedanken, die uns unterstützt haben.

Hugh McNaughtan

Mein aufrichtiger Dank gilt allen, die mir bei meiner heroischen Forschungsreise durch Arizona geholfen haben – Tas und meinen Mädels, meinem Redakteur Alex, den stets hilfsbereiten Mitarbeitern von Lonely Planet und den freundlichen Leuten des Grand Canyon State. Und Matt für den Mescal.

Becky Ohlsen

Danke Papa, du bist der bislang großartigste Mitarbeiter bei Recherchearbeiten! Danke auch allen Parkrangern und Campingplatzmitarbeitern, die mich über das Wetter und die Straßenverhältnisse informiert haben. Mein Dank geht außerdem an Paul Bracke für abgehobene Informationen zu Spokane, an die früheren Autoren dieses Kapitels und an den Superredakteur Alex Howard.

Christopher Pitts

Ich möchte mich bei den unendlich freundlichen Menschen New Mexicos bedanken, insbesondere bei Michael Benanav in Dixon, John Feins und Cynthia Delgado in Santa Fe und all den Rangern in den Nationalparks – ganz speziell bei dem Mann, der die unglaubliche Carlsbad Cave Tour geführt hat. Macht unbedingt weiter so! Ich bedanke mich bei meinen Mitautoren Carolyn McCarthy, Benedict Walker und Hugh McNaughtan für ihre Vorschläge und bei Alex Howard, weil er das ganze Projekt auf Kurs gehalten hat. Vielen Dank zudem Debbie Lew für ihre Kontakte in Summit County, Melissa Wisenbaker in Aspen, Sara Stookey in Snowmass und Sally Gunter in Vail.

Liza Prado

Herzlichen Dank dem außergewöhnlichen Team von Lonely Planet, besonders Alex Howard und meinen Mitautoren. Ein besonderer Dank geht an meine Freunde in Colorado: Meghan Howes, Alexia Eslan, Samantha Lentz, Kate McGoldrick, Paisley Johnson, Darin Pitts und Rob Roberts für die Insider-Infos zu euren Lieblingsplätzen. *Mil Gracias* Mama, Papa, Joe, Elyse und Susan für die liebevolle Hilfe mit den Kindern. Vielen Dank an Eva und Leo für das geduldige Warten auf den Familienfilmabend. Und an Gary: Danke für deine grenzenlose Liebe und Unterstützung – du bist die Sonne meiner Welt.

Josephine Quintero

Danke Cliff Wilkinson für die Gelegenheit, diese fabelhafte Region Kaliforniens erkunden zu dürfen. Danke auch meinem Kumpel Robin Chapman, der mit mir unterwegs war, und meinen guten Freunden Janice Crowe und Linda Sinclair für die unschätzbare Unterstützung. Vielen Dank auch all den hilfsbereiten Leuten in den diversen Besucherzentren und nicht zuletzt den Mitarbeitern beim SPP Helpdesk, die mir bei technischen Problemen geholfen haben!

Kevin Raub

Danke an meine Frau Adriana Schmidt Raub, die trotz meiner Reisen erschreckenderweise an meiner Seite bleibt. Danke an Lauren Keith, Trisha Ping, MaSovaida Morgan und all meinen Partnern bei Lonely Planet. Mein Dank gilt außerdem den Menschen, die ich unterwegs traf: Jana Clauser, Kristi Amburgey, Susan Dallas, Dawn Przystal, Niki Heichelbech-Goldey, Erin Hilton, Courtney McKinney, Brian Mansfield, Alison Duke, Erin Donovan, Liz Beck, Eleanor Talley, Dodie Stephens, Sarah Lowery, Anne Fitten Glenn, Kaitlin Sheppard, Heather Darnell, Scott Peacock, Doug Warner, Halsey Perrin, Charlie Clark, Kim Jamieson und Jeff Hulett.

Simon Richmond

Vielen Dank an Van Vahle, Tonny Wong und Curtis Maxwell Perrin für all euer Wissen, die Unterstützung und eure Gastfreundschaft.

Brendan Sainsbury

Lieben Dank allen Piloten, Köchen, Reiseführern, Hoteliers, Nationalpark-Rangern, den Kapitänen all jener Fähren und den vermeintlich Unbeteiligten, die mir bei meinen Recherchen geholfen haben – unwissentlich oder sonstwie. Ein besonderer Dank gilt meinem Neffen Matt und meinem Sohn Kieran für ihre Gesellschaft während meiner Zeit in Juneau und Sitka.

Andrea Schulte-Peevers

Für ihre wertvollen Tipps, Einblicke und die Gastfreundschaft möchte ich mich von ganzem Herzen bei den folgenden Personen bedanken (in keiner bestimmten Reihenfolge): Valerie Summers, Kristin Schmidt, Joyce Kiehl, Andrew Bender, Abigail Wines, Bruce Moore, Susan Witty, Brandy Marino und Mona Spicer.

Adam Skolnick

Ein dickes Aloha und Mahalo Taj Jure und Marc-Andre Gagnon, Jeffrey Courson, Susan Dierker, Camille Page und ihrer ganzen lieben Familie, Derek Pellin, Gary Hooser, Andrea Brower, Michelle Marsh, Josh Meneley, John Moore und Jacklynn Evans. Zudem gilt mein Dank Alexander Howard, Greg Benchwick und dem gesamten Lonely Planet Team für die Zusammenarbeit. Schließlich ganz viele Mahalos der zauberhaften Insel selbst. Du bist mein Zuhause.

Helena Smith

Vielen Dank all denen, die mir im Gold Country und in Lake Tahoe ihre Gastfreundschaft gewährt haben, ganz besonders Naomi Terry, die uns Gesellschaft geleistet hat, und Anna und ihrer Familie für ihre Gastfreundschaft und ihr Wissen über die Region. King war unterwegs ein großartiger Kumpel, ebenso Art Terry, der mich in Kalifornien durch die Gegend fuhr, dabei den DJ gegeben und jede Erkundung zu einem schönen Erlebnis gemacht hat.

Regis St. Louis

Unterwegs haben mir unzählige Leute geholfen, und ich bin all den Führern in den Nationalparks, den Hotelmitarbeitern, den Restaurantmitarbeitern, Barkeepern und Baristas in ganz Südflorida dankbar für die Tipps und Einblicke. Vielen Dank an Adam Karlin, der bei früheren Ausgaben so hervorragende Arbeit geleistet hat. Ich möchte auch Cassandra und unseren Töchtern Magdalena und Genevieve danken – ihr habt die Reise nach Miami um so vieles lohnenswerter gemacht.

Ryan Ver Berkmoes

Vielen Dank all den vielen Menschen in Texas, die schon vor zwei Jahrzehnten so hilfreich waren und mir auch dieses Mal wieder unter die Arme gegriffen haben. Ein ganz besonders herzliches Dankeschön gilt meiner lieben Alexis Ver Berkmoes, die immer wieder der Beweis dafür ist, dass, während manches vergeht, anderes besser und besser wird.

John A. Vlahides

Mein Dank gilt meinem verantwortlichen Redakteur Clifton Wilkinson und meiner Mitautorin Alison Bing, mit der zu arbeiten immer eine Freude ist. Und vor allem danke ich euch lieben Lesern! Ihr macht mein Leben lebenswert und ich bin dankbar für die Ehre, euer Führer durch die kühle graue Stadt der Liebe sein zu dürfen.

Mara Vorhees

Ich möchte mich bei meinen Freunden und Nachbarn bedanken, die mir im Laufe der Jahre so viel über Neuengland beigebracht haben. Auch bin ich meinen treuen Reisegefährten Shay und Van dankbar: Es macht immer mehr Spaß zu reisen, wenn sie mit dabei sind – auch wenn es dann gelegentlich schwieriger ist, zu schreiben. Und danke Jerz, dass du nun schon zum 19. Mal bei diesem Sonnenaufgangsding mitgemacht hast (und was hoffentlich auch für die Zukunft gilt).

Clifton Wilkinson

Danke all den Leuten, die sich im Santa Barbara County um den Tourismus kümmern (Karna, Danielle, Christie) und die hervorragende Empfehlungen geben – einschließlich des besten Essens, das ich während der Aktualisierung dieses Bandes genießen durfte. Danke auch dem gesamten Lonely Planet Team, besonders den Kollegen, die sich geduldig alle meine Reisepläne angehört haben. Schließlich möchte ich mich noch beim Wetter bedanken, weil es größtenteils bei meinen Erkundungen mitgemacht hat – abgesehen vom ganzen Schlamm auf Santa Cruz Channel Island.

Luci Yamamoto

Ein Mahalo an Alex Howard für die Gelegenheit, meine Heimatinsel erneut erkunden zu dürfen. Den Inselbewohnern – die Einheimischen und diejenigen, die es dorthin verschlagen hat – danke ich dafür, dass sie ihre Geschichten und ihr Leben mit mir geteilt haben. David Bock, Derek Kurisu und Bobby Camara danke ich für die einzigartigen Einblicke, die sie mir über Hawaii gewährt haben. Vor allem aber gilt mein unendlicher Dank meinen Eltern, die mich immer unterstützen und die wahre *kama'aina* sind.

Karla Zimmerman

Vielen Dank an Lisa Beran, Lisa DiChiera, Ruggero Fatica, Cathy McKee, Chuck Palmer, Keith Pandolfi, Tamara Robinson, Susan Hayes Stephan, Hannah Stephan und Mark Wallace, die sich die Zeit genommen haben, um mir von ihren Lieblingsplätzen zu erzählen. Vor allem aber gilt mein Dank Eric Markowitz, dem besten Lebensgefährten der Welt, der meine Bier und Donuts geschwängerten Ausschweifungen mit seiner unerschöpflichen guten Laune ertragen hat.

QUELLENNACHWEIS

Die Klimakartendaten stammen von Peel MC, Finlayson BL & McMahon TA (2007) *Updated World Map of the Köppen-Geiger Climate Classification, Hydrology and Earth System Sciences*, 11, 163344.

Titelfoto: Weidende Bisons im Yellowstone National Park, Maciej Bledowski/Shutterstock ©

Abbildungen S. 104/105 und S. 298/299 von Javier Martinez Zarracina, S. 1098/1099 von Michael Weldon.

ÜBER DIESES BUCH

Dies ist die 7. deutschsprachige Auflage von *USA*, basierend auf der 10. englischsprachigen Auflage von *USA*, die von Benedict Walker, Kate Armstrong, Brett Atkinson, Carolyn Bain, Amy C. Balfour, Robert Balkovich, Ray Bartlett, Loren Bell, Greg Benchwick, Andrew Bender, Sara Benson, Alison Bing, Catherine Bodry, Cristian Bonetto, Celeste Brash, Jade Bremner, Nate Cavalieri, Gregor Clark, Michael Grosberg, Ashley Harrell, Alexander Howard, Mark Johanson, Adam Karlin, Brian Kluepfel, Stephen Lioy, Carolyn McCarthy, Craig McLachlan, Hugh McNaughtan, Becky Ohlsen, Christopher Pitts, Liza Prado, Josephine Quintero, Kevin Raub, Simon Richmond, Brendan Sainsbury, Andrea Schulte-Peevers, Adam Skolnick, Helena Smith, Regis St. Louis, Ryan Ver Berkmoes, John A. Vlahides, Mara Vorhees, Clifton Wilkinson, Luci Yamamoto und Karla Zimmerman recherchiert und geschrieben wurde. Dieser Reiseführer wurde von folgenden Mitarbeitern betreut:

Projektredakteure Alexander Howard, Evan Godt, Lauren Keith, Trisha Ping, Sarah Stocking, Clifton Wilkinson

Produktredakteurinnen Carolyn Boicos, Kate Mathews

Leitende Kartografin Alison Lyall

Layoutdesign Jessica Rose

Redaktionsassistenz Sarah Bailey, James Bainbridge, Judith Bamber, Imogen Bannister, Michelle Bennett, Nigel Chin, Michelle Coxall, Melanie Dankel, Andrea Dobbin, Carly Hall, Jennifer Hattam, Gabrielle Innes, Anita Isalska, Kellie Langdon, Ali Lemer, Jodie Martire, Rosie Nicholson, Kristin Odijk, Charlotte Orr, Monique Perrin, Christopher Pitts, Sarah Reid, Saralinda Turner, Amanda Williamson, Simon Williamson

Umschlagrecherche Naomi Parker

Dank an William Allen, Sasha Drew, Bailey Freeman, Shona Gray, Paul Harding, Elizabeth Jones, Kate Kiely, Indra Kilfoyle, Rachel Rawling, Valerie Stimac, Greg Thilmont, Maureen Wheeler

Register

Verweise auf Karten **000**
Verweise auf Fotos **000**

C

Verweise auf Karten **000**
Verweise auf Fotos **000**

G

H

Verweise auf Karten **000**
Verweise auf Fotos **000**

Verweise auf Karten **000**
Verweise auf Fotos **000**

N

Verweise auf Karten **000**
Verweise auf Fotos **000**

Verweise auf Karten **000**
Verweise auf Fotos **000**

O

P

Verweise auf Karten **000**
Verweise auf Fotos 000

S

T

Verweise auf Karten **000**
Verweise auf Fotos **000**

U

V

W

Verweise auf Karten **000**
Verweise auf Fotos **000**

Y

Z

Kartenlegende

Sehenswertes

- Strand
- Vogelschutzgebiet
- buddhistisch
- Schloss/Palast
- christlich
- konfuzianisch
- hinduistisch
- islamisch
- jainistisch
- jüdisch
- Denkmal
- Museum/Galerie/historisches Gebäude
- Ruine
- schintoistisch
- sikhistisch
- taoistisch
- Weingut/Weinberg
- Zoo/Tierschutzgebiet
- andere Sehenswürdigkeit

Aktivitäten, Kurse & Touren

- bodysurfen
- tauchen
- Kanu/Kajak fahren
- Kurs/Tour
- Sento-Bad/Onsen
- Ski fahren
- schnorcheln
- surfen
- Schwimmbecken
- wandern
- windsurfen
- andere Aktivität

Schlafen

- Unterkunft
- Camping

Essen

- Lokal

Ausgehen & Nachtleben

- Bar/Kneipe
- Café

Unterhaltung

- Unterhaltung

Shoppen

- Shoppen

Praktisches

- Bank
- Botschaft/Konsulat
- Krankenhaus/Arzt
- Internetzugang
- Polizei
- Post
- Telefon
- Toilette
- Touristeninformation
- andere Einrichtung

Geografisches

- Strand
- Tor
- Hütte/Unterstand
- Leuchtturm
- Aussichtspunkt
- Berg/Vulkan
- Oase
- Park
- Pass
- Picknickplatz
- Wasserfall

Städte

- Hauptstadt (Staat)
- Hauptstadt (Bundesland/Provinz)
- Großstadt
- Kleinstadt/Ort

Verkehrsmittel

- Flughafen
- BART-Station
- Grenzübergang
- T-Station (Boston)
- Bus
- Seilbahn/Gondelbahn
- Fahrrad
- Fähre
- Metro/Muni-Station
- Einschienenbahn
- Parkplatz
- Tankstelle
- U-Bahn/SkyTrain-Station
- Taxi
- Bahnhof/Zug
- Straßenbahn
- U-Bahnhof
- anderes Verkehrsmittel

Achtung: Nicht alle der abgebildeten Symbole werden auf den Karten im Buch verwendet

Verkehrswege

- Mautstraße
- Autobahn
- Hauptstraße
- Landstraße
- Verbindungsstraße
- sonstige Straße
- unbefestigte Straße
- Straße im Bau
- Platz/Promenade
- Treppe
- Tunnel
- Fußgänger-Überführung
- Stadtspaziergang
- Abstecher (Stadtspaziergang)
- Pfad/Wanderweg

Grenzen

- Internationale Grenze
- Bundesstaat/Provinz
- umstrittene Grenze
- Region/Vorort
- Meerespark
- Klippen
- Mauer

Gewässer

- Fluss/Bach
- periodischer Fluss
- Kanal
- Wasser
- Trocken-/Salz-/periodischer See
- Riff

Gebietsformen

- Flughafen/Startbahn
- Strand/Wüste
- Friedhof (christlich)
- Friedhof
- Gletscher
- Watt
- Park/Wald
- Sehenswürdigkeit (Gebäude)
- Sportgelände
- Sumpf/Mangrove

DIE AUTOREN

Benedict Walker
Gesamtleitung, Connecticut, Rhode Island, Colorado, Nevada Ben wuchs in der australischen Vorstadt Newcastle auf, wo er die Wochenenden und die langen Sommer am Strand verbrachte. Und obwohl er sich von großen Bergen magisch angezogen fühlt, liegt dem heute in Berlin lebenden Autor doch vor allem das Strandleben im Blut. Bislang hat er zu den Lonely Planet Bänden *Australien*, *Kanada*, *Germany*, *Japan*, *Schweden*, *Schweiz*, *USA* und *Vietnam* beigetragen. Bei Instagram kann man ihn unter @wordsandjourneys auf seinen Reisen begleiten. Ben hat auch die Abschnitte *Reiseplanung*, *Die USA verstehen* und *Gefahren & Ärgernisse* geschrieben.

Kate Armstrong
Florida Kate hat den Großteil ihres Erwachsenenlebens damit verbracht, um die Welt zu reisen. Als freiberufliche Journalistin hat sie zu rund 40 Lonely Planet Reiseführern und Fachpublikationen beigetragen und veröffentlicht regelmäßig Beiträge in australischen und internationalen Medien. Sie ist Autorin mehrerer Bücher und Bildungstitel für Kinder.

Brett Atkinson
Kalifornien Brett lebt in Neuseeland, ist als hauptberuflicher Reise- und Food-Autor allerdings häufig für Lonely Planet unterwegs. Er hat sich auf Abenteuerreisen spezialisiert, auf ungewöhnliche Orte und darauf, selbst bekanntere Reiseziele auf neue und überraschende Weise zu erkunden, wobei für Brett die jeweiligen Craft-Biere und Street Food-Leckereien vor Ort wesentlicher Antrieb sind.

Carolyn Bain
Maine, Massachusetts Carolyn arbeitet seit mehr als 20 Jahren als Reiseschriftstellerin und Redakteurin. Sie hat in den verschiedensten Ecken der Welt gelebt, gearbeitet und studiert, u.a. in London, Dänemark, St. Petersburg und Nantucket. Carolyn schreibt für eine Reihe von Verlagen über Reisen und Essen; unter carolynbain.com.au erfährt man mehr über sie.

Amy C. Balfour
Delaware, Maryland, Virginia, West Virginia, Hawaii, Texas Amy wuchs in Richmond, VA, auf und lebt heute im Shenandoah Valley in den Ausläufern der Blue Ridge Mountains. Ein paar ihrer klassischen Lieblingsorte zwischen Atlantik und den Appalachen sind Sharp Top Mountain, Lexington, VA, Berlin, MD, und die New River Gorge. Amy ist Autorin oder Ko-Autorin von mehr als 30 Lonely Planet Bänden, einschließlich *USA*, *USA – Der Osten* und *Florida & the South's Best Trips*. Ihre Geschichten sind in den Publikationen *Backpacker*, *Sierra*, *Southern Living* und *Women's Health* erschienen.

Robert Balkovich
New York Robert ist in Oregon geboren und aufgewachsen, nennt aber inzwischen seit fast einem Jahrzehnt New York City sein Zuhause. Wenn andere Kinder mit ihren Familien in Themenparks gingen oder ihre Oma besuchten, fuhr er nach Mexiko City oder reiste mit dem Zug durch Osteuropa. Als Schriftsteller und Reiseenthusiast ist Robert immer auf der Suche nach Erfahrungen, die ungewöhnlich genug sind, um über sie zu schreiben. Instagram: @oh_balky

Ray Bartlett
Pennsylvania Ray ist Reiseschriftsteller und hat sich auf Japan, Korea, Mexiko und die Vereinigten Staaten spezialisiert. Seit seinem ersten Lonely Planet Band (über Japan) 2004 hat er bis heute an vielen verschiedenen Lonely Planet Titeln mitgearbeitet.

Loren Bell

Hawaii, Idaho, Montana, Rocky Mountains, Wyoming Als Loren zum ersten Mal auf einer Rucksacktour durch Europa reiste, hockte er noch selbst im Rucksack. Diese denkwürdige Erfahrung korrumpierte sein damals erst sechs Monate altes Gehirn und sorgte dafür, dass es ihm unmöglich sein würde, jemals stillzusitzen (und dabei glücklich zu sein). Sofern er nicht gerade Reiseziele für Lonely Planet enträtselt, schreibt Loren über Neuigkeiten aus Wissenschaft und Naturschutz.

Greg Benchwick

Colorado Greg, der schon seit vielen Jahren für Lonely Planet schreibt, hat sich durch den Urwald von Bolivien geschlagen, ist auf dem Jakobsweg durch Spanien gewandert, hat Präsidenten und Grammy-Preisträger interviewt, ist fliegenden Lachsen in Alaska ausgewichen und hat zwischendurch Berge (große und kleine) erklommen.

Andrew Bender

Kalifornien Der preisgekrönte Reise- und Food-Autor Andrew Bender hat drei Dutzend Lonely Planet-Reiseführer (von *Amsterdam* bis *Los Angeles*, *Germany* bis *Taiwan* und mehr als ein Dutzend Titel über Japan) sowie zahlreiche Artikel für lonelyplanet.com geschrieben.

Sara Benson

Hawaii, Kalifornien Die Arbeiten der Autorin von mehr als 70 Reise- und Sachbüchern – darunter zahlreiche Lonely Planet Titel – erschienen in amerikanischen und internationalen Zeitungen und Magazinen, bei CNN, *National Geographic Adventure* sowie auf beliebten Reise-Websites wie *Jetsetter*.

Alison Bing

Kalifornien Im Laufe der 20 Jahre, die sie nun schon in San Francisco lebt, und dank ihrer zehn Reiseführer hat die Autorin Alison Bing mehr Zeit auf Alcatraz verbracht als einige der Häftlinge seinerzeit. Nebenbei machte die Stadt sie zu einer Verehrerin des Drag und von Burritos. Sie ignoriert vorsätzlich die Hinweise im öffentlichen Nahverkehr, aus Sicherheitsgründen auf unnötige Konversationen mit den Mitreisenden zu verzichten.

Catherine Bodry

Alaska Catherines Zuhause ist zwar Anchorage, AK, sie ist aber oft in Südostasien unterwegs. In ihrer Funktion als Autorin hat sie u. a. Alaska, Thailand und China bereist. Als Bergfreundin verbringt sie so viel Zeit wie möglich auf oder in der Nähe von Hügeln, um dort zu laufen, zu wandern, zu campen, Beeren zu pflücken, zu raften oder um die erhabenen Erhebungen einfach nur anzustarren.

Cristian Bonetto

Kalifornien Cristian hat zu mehr als 30 Lonely Planet Bänden beigetragen. Darüber hinaus sind seine Gedanken zu Reisen, Essen, Kultur und Design in zahlreichen Publikationen auf der ganzen Welt erscheinen. Wenn er nicht unterwegs ist, genießt der reformierte Dramatiker und TV-Drehbuchautor gern einen Espresso in seiner geliebten Heimatstadt Melbourne.

Celeste Brash

Kalifornien, Washington Celeste schreibt seit 2005 Reiseführer für Lonely Planet, und ihre Reiseartikel sind in Publikationen wie BBC Travel und *National Geographic* erschienen. Im Moment schreibt sie ein Buch über jene fünf Jahre, die sie auf einer abgelegenen Perlenfarm im Tuamotu-Archipel verbracht hat.

Jade Bremner

Kalifornien Jade ist seit mehr als einem Jahrzehnt Journalistin. Als Redakteurin hat sie für Reisemagazine, *Time Out* und *Radio Times*, und als Korrespondentin für die *Times*, CNN und den *Independent* gearbeitet. Sie schätzt sich glücklich, Geschichten über diesem wundervollen Planeten, den wir unser Zuhause nennen, mit anderen zu teilen, und ist immer auf der Suche nach dem nächsten Abenteuer.

Nate Cavalieri

Kalifornien Nate ist Autor und Musiker mit Wohnsitz in Kalifornien und hat über ein Dutzend Titel für Lonely Planet verfasst, darunter *Epic Bike Rides of the World*. Als Reiseleiter ist er auf der Tour d'Afrique durch China und Südafrika gereist. Außerdem arbeitete er als Perkussionist in einem Themenpark in Orlando.

Gregor Clark

Connecticut, Maine, Massachusetts, New Hampshire, Vermont, Rhode Island Gregor ist Autor und lebt in den USA. Seine Liebe zu Fremdsprachen und seine Neugierde auf das, was sich hinter der nächsten Ecke verbergen könnte, haben ihn in Dutzende Länder auf fünf Kontinenten geführt. Zudem hat ihn seine chronische Wanderlust auf unzähligen Roadtrips durch seine Heimat Nordamerika getrieben, wobei er alle 50 Staaten und die meisten kanadischen Provinzen bereist hat. Seit 2000 hat Gregor regelmäßig Beiträge für diverse Lonely Planet Reiseführer geschrieben.

Michael Grosberg

Kalifornien, New York Michael hat an über 45 Lonely Planet Führern von *Myanmar* bis *New Jersey* mitgearbeitet. Jedes Projekt hat zu seiner reichen und komplizierten Seele beigetragen und ihn Jahre seines (noch?) relativ jungen Leben gekostet. Vor seiner freiberuflichen Schriftstellerkarriere arbeitete er als Lehrer in Quinto, Ecuador, war an einem Projekt zur touristischen Entwicklung auf der Insel Rota im westlichen Pazifik beteiligt und forschte und schrieb er über politische Gewalt in Südafrika, wo er auch dazu beitrug, neu gewählte Regierungsvertreter auszubilden. Michael hat einen Master in vergleichender Literatur und lehrte Literatur und Schreiben als außerordentlicher Professor an mehreren New Yorker Hochschulen.

Ashley Harrell

Florida Ashley gab den Job, Wellness-Gutscheine an Privathaushalte in Südflorida zu verkaufen, schon nach kurzer Zeit auf und beschloss, stattdessen Schriftstellerin zu werden. Sie ging auf eine Journalistenschule, überzeugte eine Zeitung, sie einzustellen, und fing an, über Wildtiere, Kriminalität und Tourismus zu berichten, manchmal in ein und derselben Geschichte. Ashley ist viel auf der Welt herumgekommen und hat häufig den Wohnort gewechselt – sie hat schon in einer winzigen Wohnung in New York, auf einer riesigen kalifornischen Ranch und in einer Urwaldhütte in Costa Rica gelebt, wo sie für Lonely Planet zu schreiben begann.

Alexander Howard

Alaska Alexander ist Chefredakteur der US-Ausgabe des Lonely Planet Magazine. Er fing bei Lonely Planet als Redakteur an (bevor er schließlich auch als Autor tätig wurde) und war hierbei für den Westen der USA und Kanada zuständig – eine Arbeit, die oft Abenteuer mit sich brachte, sei es beim Trekking über die Lavafelder von Hawaii, am Steuerknüppel eines Kunstflugzeugs in Vegas oder (bis vor Kurzem) im Zusammenhang mit seiner Angst vor Grizzlys.

Mark Johanson

Missouri, Iowa, North Dakota, South Dakota, Nebraska, Kansas, Oklahoma Mark ist in Virginia aufgewachsen und nannte in den zurückliegenden zehn Jahren fünf verschiedene Länder sein Zuhause. Seine Karriere als Reiseschriftsteller ergab sich aus einer eine Art Midlife-Crisis (bloß, dass die ihn eben schon nach dem ersten Lebensviertel überkam), und er verbrachte die vergangenen acht Jahre damit, um den Globus zu reisen und für australische Reisemagazine wie *Get Lost*, britische Zeitungen wie den *Guardian*, amerikanische Lifesyle Magazine wie *Men's Journal* und international arbeitende TV-Sender (wie CNN und BBC) zu berichten. Wenn er nicht gerade unterwegs ist, kann man ihn dabei erwischen, wie er von seinem Haus in Santiago, Chile, aus auf die Anden blickt. Seine Abenteuer lassen sich über www.markjohanson.com verfolgen.

Adam Karlin

Florida, Alabama, Arkansas, Georgia, Louisiana, Mississippi, Alaska, Hawaii Adam hat zu Dutzenden Lonely Planet Reiseführern beigetragen, die eine Weltumrundung von den Andamanen bis zur Grenze von Simbabwe beschreiben würden. Als Journalist hat er u. a. über Reisen, Kriminalität, Politik, Archäologie und den Bürgerkrieg in Sri Lanka geschrieben. Adam lebt in New Orleans, was seiner Liebe zu Feuchtgebieten, Essen und guter Musik geschuldet ist. Unter http://walkonfine.com kann man mehr über ihn erfahren.

Brian Kluepfel

New Jersey, New York Brian hat seit 2006 für Lonely Planet über Nord- und Südamerika geschrieben. Er war Redakteur der *Bolivian Times* in La Paz, Korrespondent der Major League Soccer und Mitarbeiter des Bordmagazins *Frontier Airlines*. Seine Lonely Planet Abenteuer haben ihn nach Venezuela, Bolivien und auch in die Pinienwälder von New Jersey geführt. Seine Geschichten über den *Sleepy Hollow*-Friedhof und die Minen von Potosi, Bolivien, finden sich im Lonely Planet-Band *Amazing Secret Marvels*.

Stephen Lioy

Texas Stephen ist Fotograf, Schriftsteller, Wanderer und Reiseblogger. Eine „einzigartige" Reise durch Europa und ein Umzug nach China nach Beendigung seines Studiums ebneten den Weg für seinen schließlich halbnomadischen Lebensstil. Sofern Stephen sich nicht in seinem Haus in Kirgisistan aufhält, was eher selten der Fall ist, kümmert er sich üblicherweise um sehr große Gruppen sehr kleiner Kinder. In den Pausen zwischen einzelnen Aufträgen schläft er draußen in den Bergen in einem Zelt und ernährt sich von Dingen, vor denen einen der Magen eigentlich warnt. Stephens Reisen lassen sich auf www.monkboughtlunch.com begleiten.

Carolyn McCarthy

Colorado, Rocky Mountains, Utah Carolyn hat sich auf die Themen Reisen, Kultur und Abenteuer in Nord-, Süd- und Mittelamerika spezialisiert und für *National Geographic*, *Outside*, *BBC Magazine*, *Boston Globe* und weitere Publikationen geschrieben. Sie hat zu über 30 Reiseführern von Lonely Planet beigetragen, etwa über Colorado, Argentinien, Chile, Panama, Peru und zum Band *Trekking in the Patagonian Andes*. Mehr erfährt man über sie unter www.carolynmccarthy.org; auf Instagram teilt sie ihre Reiseerfahrungen unter @masmerquen.

Craig McLachlan

Hawaii Craig deckt für Lonely Planet schon seit zwei Jahrzehnten Reiseziele auf der ganzen Welt ab. Die eine Hälfte des Jahres verbringt er in Queenstown, Neuseeland, wo er ein Unternehmen für Outdoor-Aktivitäten betreibt (und eine Sake-Brauerei). Die andere Hälfte verbringt er im Ausland, leitet Touren und schreibt für Lonely Planet. Craig, der sich selbst als „Freiberufler" bezeichnet, hat einen MBA von der University of Hawaii und ist Japanischdolmetscher, Pilot, Fotograf, Wanderführer, Tourleiter, Karatelehrer und angehender Romanautor. Ein Besuch von www.craigmclachlan.com lohnt sich!

Hugh McNaughtan

Arizona Anstatt Anträge für Stipendien zu bearbeiten, entschied sich der ehemalige Englischdozent dafür, lieber selbige für Visa zu stellen – und machte seine Liebe zum Reisen zu einer Vollzeitbeschäftigung. Nachdem er in seiner Heimatstadt (Melbourne, Australien) auch ein bisschen als Restaurantkritiker gearbeitet hat, mümmelt er sich jetzt quer durch Europa und Nordamerika und ist inzwischen ziemlich gut darin, sich seinen Appetit für die prächtigen, gut portionierten Leckerbissen der USA zu erhalten, indem er tagelang durch die atemberaubenden Landschaften dieses Landes radelt.

Becky Ohlsen

Oregon, Washington Becky lebt und arbeitet als freiberufliche Autorin, Redakteurin und Kritikerin in Portland, OR. Für Lonely Planet schreibt sie Reiseführer und Reiseberichte über Skandinavien, Portland und andere Orte. Wenn sie nicht für Lonely Planet unterwegs ist, arbeitet Becky an einem Buch über Motorräder und die paradoxe Attraktivität von Risiken.

Christopher Pitts

Colorado, New Mexico Chris' erste Expedition endete mit einem Misserfolg, als er im Alter von sechs Jahren versuchte, sich von Pennsylvania nach China durchzugraben. An der Uni studierte er Chinesisch und lebte anschließend mehrere Jahre in China. Er verbrachte mit seiner Frau und seinen zwei Kindern mehr als zehn Jahre in Paris, bevor die Verlockungen von Colorados sonnigem Himmel und Outdoor-Abenteuern zu groß wurden, um sich zu widersetzen.

Liza Prado

Colorado Seit sie sich 2003 vom Unternehmensrecht verabschiedet hat, arbeitet Liza als Reiseschriftstellerin. Sie hat Dutzende Reiseführer und Artikel über Ziele auf dem Doppelkontinent Amerika geschrieben. Gemeinsam mit ihrem Ehemann und Schriftstellerkollegen Gary Chandler und ihren beiden Kindern lebt sie sehr glücklich in Denver, CO.

Josephine Quintero

Kalifornien Ihre ersten Erfahrungen mit Reisen der weniger ernsthaften Art sammelte Josephine, als sie sich in den frühen 1970ern eine Gitarre auf den Rücken schnallte und durch Europa fuhr. Während eines Abstechers nach Israel, wo sie in einem Kibbuz arbeitete, lernte sie ihren späteren Ehemann kennen. Für Lonely Planet schreibt sie hauptsächlich über Spanien und Italien.

Kevin Raub

Great Smoky Mountains National Park, Kentucky, North Carolina, South Carolina, Tennessee Kevin wuchs in Atlanta auf und begann seine Karriere als Musikjournalist in New York, wo er fürs *Men's Journal* und den *Rolling Stone* arbeitete. Der Junge aus Georgia, den es einst in die Welt hinaus zog, liebt es nach wie vor, zurück nach Hause in den Süden zu kommen, auch wegen des BBQs und des Biers. Auf Twitter und Instagram ist er unter @RaubOnTheRoad zu finden. Unter www.lonelyplanet.com/members/kraub kann man mehr über Kevin erfahren.

Simon Richmond

New York Journalist und Fotograf Simon hat sich Anfang der 1990er-Jahre auf den Reisejournalismus spezialisiert und arbeitete 1999 das erste Mal für Lonely Planet (über Zentralasien). Er hat schon vor geraumer Zeit aufgegeben, die Reiseführer zu zählen, die er für Lonely Planet recherchiert und geschrieben hat, u. a. über Länder wie Australien, China, Indien, Iran, Japan, Korea, Malaysia, die Mongolei, Myanmar (Birma), Russland, Singapur, Südafrika und die Türkei. Auf der Website von Lonely Planet hat er Beiträge zu Themen von den besten Schwimmbädern der Welt bis hin zu den Freuden von Urban Sketching geschrieben.

Brendan Sainsbury
Alaska Eigentlich stammt Brendan aus Hampshire, England. Trotzdem reiste er mit dem Bus, dem Zug, im Kajak, auf dem Fahrrad, mit der Fähre, dem Flugzeug und auf seinen eigenen zwei Beinen durch ganz Alaska – von Ketchikan im Süden bis nach Deadhorse im Norden. Zu den unvergesslichen Momenten gehören für ihn: die Fahrt mit dem Bus auf dem Dalton Highway von Fairbanks zum Arktischen Ozean, die Reise mit der Fähre von Alaska zu den Aleuten und jener Tag, als er den Spuren der Klondike-Verrückten über den Chilkoot-Trail folgte. Brendan hat zu über 50 Lonely Planet Bänden beigetragen, darunter sechs Ausgaben über Kuba.

Andrea Schulte-Peevers
Kalifornien Andrea, die in Deutschland geboren und aufgewachsen ist und in London sowie an der UCLA studiert hat, hat bei ihren Reisen durch 75 Länder inzwischen einmal die Entfernung von der Erde zum Mond und zurück hinter sich gebracht. Seit nunmehr zwei Jahrzehnten verdient sie sich ihren Lebensunterhalt als professionelle Reiseschriftstellerin und hat fast 100 Lonely Planet Titel verfasst oder zu ihnen beigetragen.

Adam Skolnick
Hawaii Die Reisebesessenheit übermannte Adam, als er Mitte der 1990er-Jahre als Umweltaktivist arbeitete. Heute schreibt der preisgekrönter Journalist und Reiseschriftsteller für eine Vielzahl Publikationen über Reisen, Kultur, Menschenrechte, Sport und Umwelt, etwa für die *New York Times*, den *Playboy*, *Outside*, BBC.com, *Wired*, ESPN.com und *Men's Health*. Für Lonely Planet hat er als Autor oder Mitautor an 35 Reiseführern mitgearbeitet. Er lebt in Malibu, Kalifornien.

Helena Smith
Kalifornien Helena ist eine preisgekrönte Schriftstellerin und Fotografin mit den Themenschwerpunkten Reisen, Natur und Essen. Helena stammt aus Schottland, wuchs aber teilweise in Malawi auf, sodass sie sich in Afrika immer wie zu Hause fühlt. Sie genießt ihre multikulturelle Heimat Hackney und schrieb und fotografierte für den von ihr herausgegeben *Inside Hackney*.

Regis St. Louis
Florida Regis wuchs in einer kleinen Stadt im Mittleren Westen der USA auf – einem jener Orte, in denen Träume von der großen, weiten Welt geträumt werden. Früh entwickelte er eine Faszination für fremde Dialekte und Weltkulturen. Er verbrachte seine prägenden Jahre damit, Russisch sowie eine Handvoll romanischer Sprachen zu lernen, was ihm auf Reisen in weiten Teilen der Welt gute Dienste leistete. Regis hat zu mehr als 50 Lonely Planet Titeln beigetragen, die Reiseziele auf sechs Kontinenten abdecken. Auf Instagram postet er unter www.instagram.com/regisstlouis.

Ryan Ver Berkmoes
Hawaii, Texas Ryan hat mehr als 110 Reiseführer für Lonely Planet geschrieben. Er wuchs in Santa Cruz, CA, auf, das er im Alter von 17 Jahren verließ, um im Mittleren Westen das College zu besuchen – und zum ersten Mal Schnee anzufassen. Doch seine Begeisterung für diese Erfahrung ließ bald nach. Seither bereist er die Welt, sowohl zum Vergnügen als auch, um Geld zu verdienen (für ihn oft beides ein und dasselbe). Geschrieben hat er über alles, von Kriegen bis Bars, wobei er Letztere definitiv bevorzugt. Ryan ist in New York City zu Hause. Mehr über ihn gibt's unter ryanverberkmoes.com und @ryanvb.

John A. Vlahides

Kalifornien John war Koch in einem Pariser Bordell, Concierge eines Luxushotels, Moderator bei einem Fernsehsender, für die Sicherheit in einem Sexclub zuständig und Dolmetscher für Französisch-Englisch. Er ist einer der erfahrensten Autoren von Lonely Planet. Wenn er nicht gerade auf Reisen ist, singt John mit der San Francisco Symphony und verbringt seine Freizeit in der Sierra Nevada.

Mara Vorhees

Massachusetts Mara ist in St. Clair Shores geboren und aufgewachsen. Sie entschloss sich, die Welt (wenn nicht gar das Universum) zu bereisen, bevor sie sich schließlich niederließ. Die schreibende Reisende hat sich so unterschiedliche Reiseziele wie Belize und Russland sowie ihre Heimat Neuengland vorgenommen. Mit ihrem Ehemann, zwei Kindern und zwei Kätzchen lebt sie in einem rosafarbenen Haus in Somerville, Massachusetts.

Clifton Wilkinson

Kalifornien Seit seinem ersten Aufenthalt im Jahr 1995 ist Clifton in Kalifornien verliebt. Mehrere Weihnachten in der Nähe von Sacramento, Radtouren über die Golden Gate Bridge und Wanderungen im Yosemite National Park haben Cliftons Meinung gefestigt: Der Golden State ist der beste Bundesstaat der gesamten USA – und Santa Barbara eine seiner schönsten Ecken. Clifton arbeitet seit mehr als elf Jahren für Lonely Planet und ist inzwischen im Londoner Büro tätig, wobei er die Hoffnung nicht aufgegeben hat, bald wieder nach Kalifornien zurückgerufen zu werden – und die Chance zu bekommen, zu beweisen, dass Merlot lange nicht so übel ist wie sein Ruf.

Luci Yamamoto

Hawaii Luci ist Hawaiianerin der vierten Generation, und entsprechend bringen sie weder Regen noch Pidgin-Englisch oder gar lange hawaiianische Wörter aus der Ruhe. Als sie sich von ihrer Anwaltskarriere verabschiedete, um Schriftstellerin zu werden, gab ihr jemand ein altes Sprichwort mit auf den Weg: „Schreib', was du weißt". Weswegen sie sich für Lonely Planet die hawaiianischen Inseln vorgenommen hat. Zu ihrer Überraschung entdeckte sie viele außergewöhnliche neue Leute und Orte auf ihrer Heimatinsel. Derzeit arbeitet sie als Redakteurin, Autorin, Iyengar-Yogalehrerin und Bloggerin (www.yogaspy.com) in Vancouver, kommt aber regelmäßig zurück nach Hawaii, um Heimatluft zu atmen. Selbst Papayas und hawaiianischer Fischsalat können sie nicht mit so viel Freude erfüllen wie das Aloha von Big Island.

Karla Zimmerman

Illinois; Indiana; Michigan; Minnesota; Virginia; Ohio; Washington, D.C.; Wisconsin Karla lebt in Chicago, wo sie Donuts isst, bei Cubs-Spielen ihren Verein anfeuert und alles Mögliche für Bücher, Magazine und Websites schreibt – sofern sie nicht gerade eines der ersten beiden Dinge macht. Sie hat zu mehr als 40 Reiseführern und Reise-Anthologien beigetragen, die Ziele in Europa, Asien, Afrika, Nordamerika und der Karibik abdecken, was sie bemerkenswert findet, angesichts ihrer Anfänge, als sie für ein Baumagazin über Kies schrieb und Orte wie Fredonia, KS, bereiste. Wer mehr über sie wissen will, folgt ihr auf Instagram und Twitter (@karlazimmerman).

Mit Beiträgen von: Laura Pearson, Illinois; Trisha Ping, Michigan

DIE LONELY PLANET STORY

Ein ziemlich mitgenommenes, altes Auto, ein paar Dollar in der Tasche und eine Vorliebe für Abenteuer – 1972 war das alles, was Tony und Maureen Wheeler für die Reise ihres Lebens brauchten, die sie durch Europa und Asien bis nach Australien führte. Die Tour dauerte einige Monate, und am Ende saßen die beiden – pleite, aber voller Inspiration – an ihrem Küchentisch und schrieben ihren ersten Reiseführer *Across Asia on the Cheap*. Innerhalb einer Woche hatten sie 1500 Exemplare verkauft. Lonely Planet war geboren.

Heute hat der Verlag Büros in Melbourne, London und Oakland und mehr als 600 Mitarbeiter und Autoren. Und alle teilen Tonys Überzeugung: „Ein guter Reiseführer sollte drei Dinge tun: informieren, bilden und unterhalten."

Lonely Planet Global Limited
Digital Depot
The Digital Hub
Dublin D08 TCV4
Ireland

Verlag der deutschen Ausgabe:
MAIRDUMONT, Marco-Polo-Str. 1, 73760 Ostfildern,
www.lonelyplanet.de, www.mairdumont.com
lonelyplanet-online@mairdumont.com

Chefredakteurin deutsche Ausgabe: Birgit Borowski

Übersetzung: Berna Ercan, Tobias Ewert, Derek Frey, Karen Gerwig, Marion Gref-Timm, Stefanie Gross, Gabriela Huber Martins, Christina Kagerer, Laura Leibold, Britt Maaß, Marion Matthäus, Dr. Christian Rochow, Erwin Tivig

An früheren Auflagen haben außerdem mitgewirkt: Julie Bacher, Dorothee Büttgen, Anne Cappel, Eva Dinnessen, Agnes Dubberke, Imke Früh, Karen Gerwig, Dr. Peter Göbel, Marion Gref-Timm, Nicola Halschke, Joachim Henn, Barbara Imgrund, Christina Jacobs, Jürgen Kucklinski, Dr. Alwin Letzkus, Ute Perchtold, Annika Plank, Andrea Schleipen, Dr. Frauke Sonnabend, Katja Weber

Redaktion: Annegret Gellweiler, Frank J. Müller, Olaf Rappold, Katrin Schmelzle, Ellen Weitbrecht, Julia Wilhelm, Stephanie Ziegler (red.sign, Stuttgart), Birgit Gläser

Redaktionsassistenz: Helin Dag, Annika Häfner, Sara Kimmich, Sylvia Scheider-Schopf (red.sign, Stuttgart)

Satz: Sylvia Scheider-Schopf (red.sign, Stuttgart)

USA

7. deutsche Auflage Juli 2018, übersetzt von *USA*, *10th edition*, April 2018, Lonely Planet Global Limited

Printed in Poland